¿Qué otra información en las entradas me ayudará a usar las palabras correctamente?

otras formas posibles de escribir una palabra

fla
▶ n s
▶ vt dar sabor a, condimentar

detox /ˈdiːtɑks/ n (coloq) **1** limpieza del organismo **2** (tb **detoxification** /ˌdiːˌtɒksɪfɪˈkeɪʃn/) desintoxicación

pronunciación y acento

diplomacy /dɪˈploʊməsi/ n diplomacia
■ **diplomat** /ˈdɪpləmæt/ n diplomático, -a
diplomatic /ˌdɪpləˈmætɪk/ adj diplomático
diplomatically /-kli/ adv diplomáticamente, con diplomacia

ejemplos que te ayudarán a ver cómo se utiliza la palabra

foster /ˈfɒstər/ verbo, adjetivo
▶ vt **1** fomentar **2** acoger en una familia
▶ adj adoptivo: *foster parents/home* padres adoptivos/casa de acogida

deporte nm sport: *¿Practicas algún ~? Do you play any sports?*

notas de vocabulario que te mostrarán palabras relacionadas con la que vas a utilizar

En inglés hay tres construcciones que se pueden utilizar al hablar de deportes. *Jugar al fútbol, golf, baloncesto*, etc. se dice **play + sustantivo**, p.ej. **play football, golf, basketball**, etc. *Hacer aeróbicos, judo*, etc. se dice **do + sustantivo**, p.ej. **do aerobics, judo**, etc. *Hacer natación, excursionismo, ciclismo*, etc. se dice **go + -ing**, p.ej. **go swimming, hiking, cycling**, etc. Esta última construcción se usa sobre todo cuando en inglés existe un verbo relacionado con ese deporte, como **swim, hike** o **cycle**.

LOC **bolsa/maleta de deporte(s)** sports bag
◆ **hacer deporte** to get some exercise *Ver tb* ROPA

Groundhog Day /ˈɡraʊndhɔːɡ deɪ; GB -hɒɡ/ n Día de la Marmota

notas culturales que te explican detalles interesantes y prácticos sobre las costumbres británicas y americanas

El 2 de febrero, en los Estados Unidos, se celebra el Día de la Marmota. La gente se reúne para ver a la marmota salir de su guarida. La leyenda dice que si hace sol y la marmota ve su propia sombra al salir, habrá seis semanas más de invierno.

palabras que se utilizan en situaciones determinadas, por ejemplo, en un contexto informal

reˈality check n (coloq) hecho o momento que le devuelve a uno a la realidad

Diccionario
Oxford Pocket

para estudiantes
latinoamericanos
de inglés

español–inglés | inglés–español

OXFORD
UNIVERSITY PRESS

Great Clarendon Street, Oxford, OX2 6DP, United Kingdom

Oxford University Press is a department of the University of Oxford. It furthers the University's objective of excellence in research, scholarship, and education by publishing worldwide. Oxford is a registered trade mark of Oxford University Press in the UK and in certain other countries

© Oxford University Press 2013

Database right Oxford University Press (maker)

First published 2013

2017 2016 2015 2014 2013

10 9 8 7 6 5 4 3 2 1

No unauthorized photocopying

All rights reserved. No part of this publication may be reproduced, stored in a retrieval system, or transmitted, in any form or by any means, without the prior permission in writing of Oxford University Press, or as expressly permitted by law, by licence or under terms agreed with the appropriate reprographics rights organization. Enquiries concerning reproduction outside the scope of the above should be sent to the ELT Rights Department, Oxford University Press, at the address above

You must not circulate this work in any other form and you must impose this same condition on any acquirer

This dictionary includes some words which have or are asserted to have proprietary status as trademarks or otherwise. Their inclusion does not imply that they have acquired for legal purposes a non-proprietary or general significance nor any other judgement concerning their legal status. In cases where the editorial staff have some evidence that a word has proprietary status this is indicated in the entry for that word but no judgement concerning the legal status of such words is made or implied thereby

Links to third party websites are provided by Oxford in good faith and for information only. Oxford disclaims any responsibility for the materials contained in any third party website referenced in this work

ISBN: 978 0 19 433731 1   Book
ISBN: 978 0 19 433732 8   CD-ROM
ISBN: 978 0 19 433733 5   Pack

Typeset by Data Standards Limited

Printed in China

ACKNOWLEDGEMENTS

Edited by: Mark Temple, assisted by Ángela Corredor Oviedo, Manuel Cristóbal Aguilar Díaz, Claudia Toledo Vera and Francisco Tovar Romero.

The publisher would like to thank the following for their kind permission to reproduce photographs and other copyright material: Alamy 329 (text book), 331 (sailboat), 335 (fruit and vegetables, girl eating sandwich); Alamy Ltd. 347 (block of flats); Bananastock 352 (girl with braids); Classet (Getty) 348 (hardware store); Corbis 346 (apartment complex, apartments, detached house), 351 (pilot), 360 (basketball game), 364 (bagel), 368 (blossom); Corel 345 (tanker, airplane, double-decker bus, hydrofoil, truck, train, coach), 346 (farm), 347 (bungalow, detached house, thatched cottage), 349 (bridge, pub, dam, castle, lighthouse, monument, office buildings, ruins, stately home, tower, warehouse), 350 (deck of cards and dice, darts, dominoes, painting, snooker, playing guitar, exercising), 351 (fishing boat), 353 (belt), 355 (goat, hare, rabbit, fox, cow and calf, dog, donkey, horse and foal, sheep with lambs, squirrel, cat), 356 (buffalo, elephant, giraffe, hippo, leopard, lion, rhinoceros, tiger, zebra), 357 (koala, bear with cubs, chimpanzee, deer, dolphin, monkey, otter, polar bear, seals, wolf), 358 (duck, kingfisher, goose, hummingbird, parrot, peacock, pigeon, seagull, turkey, woodpecker, parakeet), 359 (daffodils, geraniums, rose, pansies, lilies, poppies, primrose, carnation, tulips, snowdrops, water lily), 360 (baseball, cricket, football, hockey players), 361 (boxing, fencing, gymnast, horseback riding, judo, jogging), 362 (rowers, sailboats, surfer, swimmer, windsurfer), 363 (bobsled, figure skater, skier, ski jumping, snowboarder, speed skaters), 364 (eggs, glass of wine, pint of beer, cheese, glass of milk, orange juice, water, ham, milkshake), 365 (casserole, chips, muffins, fish in a pan, pumpkin pie, roast beef, roast chicken, soup, spaghetti, waffles), 366 (bananas, apples, cherries, grapes, lemon, lychees, orange, pineapple), 367 (asparagus, eggplant, broccoli, lettuce, cabbage, radishes, bell peppers, spinach, zucchini), 368 (winter road); Corel Corporation 361 (mountain biking, track and field), 362 (jetskiing, kayaking, scuba diver, waterskiing, white-water rafting), 363 (hockey); Digital vision 345 (ferry, sports car), 350 (friends); Fotosearch 351 (carpenter, chef, hairdresser, teacher), 360 (volleyball); Getty Images 327 (couple on sofa), 337 (office worker); Getty Images/Blend Images 333 (shirts in wardrobe); Getty Images/Stockbyte 337 (architect); Getty Images/Stockbyte Platinum 329 (classroom); Hemera CD 327 (chair), 348 (briefcase), 365 (fried egg), 579 (brooch), 685 (trash can); Hemera Technologies Inc. 345 (mountain bike), 346 (duplex house), 348 (fanny pack, brown bag, carryall, basket, rucksack, purse, girl with backpack, wheeled suitcase, suitcase), 350 (hand of cards), 353 (walking boots, red hat), 359 (sunflower), 361 (soccer player), 364 (bread roll, bread), 365 (ice cream), 366 (pear, mango, strawberry), 373 (camper, RV), 407 (cup and saucer, beer mug, wine glass, mug, plastic and paper cups, trophy), 579 (pins), 685 (black trash can, wastebasket); Ingram Publishing 367 (carrots, celery); Meiklejohn Illustrations 354 (ring binder); OUP p.114 (plugs), 116 (opposite/in front of), 118 (between/among), 128 (Labels), 150 (maggot/earthworm), 168 (website), 221 (pack of chips, french fries), 263 (wall clock, alarm clock, watches), 269 (back to front, inside out, upside down), 275 (hopping , jumping), 287 (casting a shadow, shade), 333 (shopping), 335 (cafetiÈre), 340 (arm in arm/arms crossed, check the time), 347 (semi-detached houses), 354 (ballpoint pen, exercise book, felt-tip pen, highlighter, open textbook, pencil, pencil sharpener, eraser, ruler, world map), 357 (llama), 362 (borrowing money), 367 (corn), 369 (map of Australasia), 371 (map of America and Canada), 373 (map of United Kingdom), 378 (prepositions of place), 379 (prepositions of movement), 382 (bath overflowing, spelling test), 383 (woman on phone), 390 (telephone conversations), 398 (can of cola, cans, cartons, container, jars, packaging, pack, tube, tubs), 406 (sitting cross-legged), 430 (spilt drink, dropping a book), 479 (handles, knobs, buttons), 512 (kettle, electric kettle and saucepan), 527 (mailboxes, postbox, letter box), 579 (thumbtacks, safety pin), 586 (pots, pans), 669 (bringing/taking/fetching a newspaper), 787 (calculator, pie chart), 788 (glass, ruler, scales), 789 (dollars, calendar), 790 (clock faces), iv (exam results); Oxford University Press (digital camera) 347 (terraced houses); Peter Burgess 354 (pencil case); Photodisc/Getty 331 (soccer game), 339 (sunglasses), 346 (ranch house), 348 (bakery, butcher shop, clothes shop, dry cleaners, flower stall, grocery store, market, newsstand, optician, shopping mall), 350 (hiker, in-line skater, skateboarder, woman reading, chessboard), 351 (farmer driving tractor), 352 (handstand), 353 (gloves, girl wearing a yellow skirt, teenagers wearing jeans), 354 (pupil writing on blackboard, school bag), 360 (rugby, tennis player), 361 (bike race), 364 (tagliatelle), 365 (apple pie, cereal, porridge), 368 fall, beach, lightning, boy wearing yellow coat, clouds, rainbow, sunset, winter scene); Photolibrary Group Ltd. 72 (computer); 331 (musicians), 339 (umbrellas, couple with snowman); PictureNet/Corbis Corporation/OUp.346 (row houses); Punchstock 351 (decorator), 352 (high kick), 365 (jacket potato), 368 (palm trees); Stockbyte/Getty 353 (businessman)

Cover: Corbis (mountain/fabrics/bridge/coffee/toucan); Oxford University Press (Radcliffe Camera/keyboard/butterfly).

Índice

Interior portada	Cómo utilizar el Oxford Pocket
iv-v	Prueba sobre el diccionario
vi	Pronunciación
1-324	**Diccionario español-inglés**
325-388	Sección de referencia
389-782	**Diccionario inglés-español**
784-788	Expresiones numéricas
789	Abreviaturas y símbolos
790–791	Verbos irregulares

Prueba sobre el diccionario

Para que veas que el *Diccionario Oxford Pocket* te puede ayudar a aprender inglés, te proponemos una pequeña prueba que puedes realizar consultando el diccionario. Las palabras en azul te indican la entrada o sección en la que encontrarás la respuesta.

Español-Inglés

A menudo, una palabra tiene muchas traducciones. El *Oxford Pocket* te ayuda a encontrar la palabra que tú buscas dando un sentido aproximado entre paréntesis cuando hay más de una traducción.

1. ¿Cómo dirías en inglés: "Tengo que **arreglar** mi cuarto"?
2. Me apetece **navegar** por internet y se lo propongo a mi amigo inglés: 'Let's sail the Internet!'. No me entiende. ¿Qué debería decir?

También te damos información sobre cómo se usan las palabras en inglés, sobre todo cuando su uso es diferente al español. Corrige las siguientes frases:

3. Mali is a country in development. (**desarrollo**)
4. She gave me a good advice. (**consejo**)

Para encontrar la traducción adecuada, también es importante saber elegir una palabra apropiada según el contexto sea formal o informal.
¿Cómo traducirías las siguientes frases?

5. (*a un amigo*) Voy a **saludar** a Juan.
6. (*en un cajero automático*) **Introduzca** su tarjeta.

Para que te expreses bien en inglés, es importante que sepas qué preposición sigue al verbo. Esto lo mostramos entre paréntesis al lado de la traducción. Completa estas frases:

7. Sonia está **loca** por los caballos.
   Sonia is mad _____ horses.
8. Nos **disfrazamos** todos de pirata.
   We all dressed up _____ pirates.

También aprenderás a utilizar expresiones típicas inglesas.

9. Busca una forma coloquial de decir **buenos días**.
10. Busca dos formas de decir **de acuerdo**.

Las ilustraciones y las páginas a color te ayudarán a aprender palabras de una misma categoría y a entender las diferencias entre expresiones y palabras inglesas que son muy similares. Encontrarás una explicación ilustrada junto a las entradas que a veces provocan confusión.

11. En Gran Bretaña hay dos formas de decir **papas** fritas. ¿Cuáles son y cuál es la diferencia?
12. Ve a las páginas a color y mira la sección de **Leisure**. Averigua cómo se dice **excursionismo**.

En el centro del diccionario encontrarás las hojas de estudio donde te ofrecemos información adicional sobre el inglés.

13. Mira la página **En la ciudad**. ¿Cómo se pregunta donde está la oficina de turismo?
14. Ve a la página **Los mensajes de texto**. Si alguien te pone 'c u l8r' en un mensaje de texto, ¿qué significa?
15. Ve a la página **Falsos amigos**. ¿La palabra inglesa **carpet** significa "carpeta"?
16. Mira la página **El inglés de Estados Unidos y Gran Bretaña** ¿Cómo se dice **candy** en inglés británico?

Inglés-Español

El *Oxford Pocket* te ayudará a ampliar tu vocabulario. En él encontrarás las palabras más usadas por los norteamericanos y los británicos, incluidas las más actuales.

1 Si entregas un trabajo del que estás muy orgulloso y te ponen un 10, ¿cómo te sentirías: **clunky, iffy** o **chuffed**?

2 ¿Cuál de estas personas se dedica a dar consejo – **lollipop lady, agony aunt** o **house husband**?

También podrás buscar expresiones corrientes y *phrasal verbs*.

3 Si alguien te dice: 'I lost my temper yesterday', ¿le recomendarías que fuera a objetos perdidos?

4 ¿Qué tienen en común estas expresiones: **give sb a ring, hold the line, put sb through** y **hang up**?

Entender la cultura de cada país ayuda a aprender el idioma. Por eso, en este diccionario te mostramos algunos elementos importantes de la cultura norteamericana y británica.

5 ¿Qué quiere decir **stars and stripes**?

6 ¿Qué son los **bank holidays**? ¿En qué día suelen caer?

Y también te indicamos cuando una palabra se usa solamente en Estados Unidos o en Gran Bretaña.

7 Si alguien dice 'My niece has a **fringe**', ¿la persona que habla es británica o norteamericana?

8 ¿Dónde se le llama a la universidad **school**?

El *Oxford Pocket* te ayudará con la gramática y la ortografía inglesas. Podrás usar el diccionario para asegurarte de cómo se escriben las formas irregulares del plural, del participio pasado, etc.

9 ¿Cuál es el plural de **cranberry**?

10 ¿Cuál es la forma *ing* (gerundio) del verbo **chat**?

También encontrarás información que te ayudará a entender la gramática de las palabras.
¿Verdadero o falso?

11 **Yet** sólo se usa en frases afirmativas.

12 **Bubblegum** es contable.

Te indicamos además la pronunciación de las palabras inglesas y los símbolos fonéticos aparecen a pie de página. No olvides que puedes escuchar la pronunciación de las palabras inglesas en el CD-ROM.

13 Fíjate en la pronunciación de **I'll, aisle** y **isle**, ¿qué notas?

14 ¿Qué letras no se pronuncian en las palabras **wrist** y **salmon**?

15 Imagínate que le quieres dar esta dirección de **email** a una amiga norteamericana:
pablo.reyes@indie.pe.
¿Cómo la leerías?

Respuestas

Español-Inglés 1 I have to clean (up) my room. 2 Let's surf the Net! 3 Mall is a developing country. 4 She gave me good advice. 5 I'm going to say hello to Juan. 6 Insert your card. 7 about 8 as 9 morning! 10 all right o OK 11 (French) fries o chips. Chips son de bolsa. 12 hiking 13 Could you tell me the way to the tourist information office? 14 See you later 15 No. Significa "alfombra". 16 sweets

Inglés-Español 1 chuffed 2 agony aunt 3 no 4 Todas tienen que ver con el teléfono. 5 la bandera de Estados Unidos 6 días festivos. Suelen caer en lunes. 7 británica 8 en Estados Unidos 9 cranberries 10 chatting 11 falso 12 falso 13 Todas se pronuncian igual. 14 W y L 15 Pablo dot Reyes at indie dot p e

Pronunciación

Hay palabras que tienen más de una pronunciación posible. En el **Oxford Pocket** encontrarás las más comunes, ordenadas por su frecuencia de uso:
  either /ˈaɪðər, ˈiːðər/

Si la pronunciación de la palabra cambia mucho en inglés británico, te lo indicamos mediante la abreviatura *GB:*
  bath /bæθ; *GB* bɑːθ/

/ˈ/ indica el acento principal de la palabra:
  money /ˈmʌni/ lleva el acento en la primera sílaba
  lagoon /ləˈguːn/ lleva el acento en la segunda sílaba

/ˌ/ indica el acento secundario de la palabra:
  pronunciation /prəˌnʌnsiˈeɪʃn/ lleva el acento secundario en la segunda sílaba /ˌnʌn/ y el principal en la sílaba /ˈeɪ/

También mostramos la acentuación en las palabras compuestas:
  ˌNative Aˈmerican

En inglés británico no se pronuncia la **r** final, salvo que la palabra siguiente empiece por vocal.

La **r** no se pronuncia en la frase *His car broke down*, pero sí en *His car is brand new*.

Por esta razón, en la versión británica aclaramos esta dificultad añadiendo una **r** entre paréntesis en la transcripción fonética.
  chauffeur /ʃoʊˈfɜːr; *GB* ˈʃoʊfə(r)/

Formas tónicas y átonas

Algunas palabras de uso frecuente (**an**, **are**, **as**, **was**, etc.) tienen dos pronunciaciones posibles, una tónica y otra átona. De las dos, la forma átona es más común.

La preposición **from**, por ejemplo, normalmente se pronuncia /frəm/ en frases como:
  He comes from Mexico.

Si aparece al final de la oración, en cambio, o si se le quiere dar un énfasis especial, se utiliza la pronunciación tónica /frɑm/, como en el caso de:
  The ˌpresent's not ˈfrom John, it's ˈfor him.

Palabras derivadas

En muchas ocasiones, la pronunciación de una palabra derivada es la suma de la pronunciación de sus elementos. En estos casos, no damos la transcripción fonética, ya que es predecible:
conscious = **consciously**
/ˈkɑnʃəs/ /ˈkɑnʃəsli/

Pero a veces el acento de la palabra cambia al añadirle las desinencias, y en estos casos sí te mostramos la pronunciación:
acid = **acidity**
/ˈæsɪd/ /əˈsɪdəti/

En el caso de las palabras derivadas terminadas en **-tion**, la norma de que el acento recaiga sobre la penúltima sílaba se cumple con regularidad, y por lo tanto no indicamos la pronunciación:
alter = **alteration**
/ˈɔːltər/ /ˌɔːltəˈreɪʃn/

Símbolos fonéticos

Vocales y diptongos

iː	**see** /siː/	ɜː	**fur** /fɜːr/
i	**happy** /ˈhæpi/	ə	**ago** /əˈgoʊ/
ɪ	**sit** /sɪt/	eɪ	**pay** /peɪ/
e	**ten** /ten/	aɪ	**five** /faɪv/
æ	**hat** /hæt/	oʊ	**go** /goʊ/
ɑː	**father** (*GB*) /ˈfɑːðə(r)/	aʊ	**now** /naʊ/
ɑ	**hot** /hɑt/	ɔɪ	**join** /dʒɔɪn/
ɒ	**long** (*GB*) /lɒŋ/	ɪə	**near** /nɪər/
ɔː	**saw** /sɔː/	eə	**hair** /heər/
ʊ	**put** /pʊt/	ʊə	**pure** /pjʊər/
uː	**too** /tuː/	ɒ̃	**avant-garde**
ʌ	**cup** /kʌp/		/ˌævɒ̃ˈgɑrd/
u	**actual** /ˈækt∫uəl/		

Consonantes

p	**pen** /pen/	s	**so** /soʊ/
b	**bad** /bæd/	z	**zoo** /zuː/
t	**tea** /tiː/	ʃ	**she** /ʃiː/
d	**did** /dɪd/	ʒ	**vision** /ˈvɪʒn/
k	**cat** /kæt/	h	**how** /haʊ/
g	**got** /gɑt/	m	**man** /mæn/
tʃ	**chin** /tʃɪn/	n	**no** /noʊ/
dʒ	**June** /dʒuːn/	ŋ	**sing** /sɪŋ/
f	**fall** /fɔːl/	l	**leg** /leg/
v	**van** /væn/	r	**red** /red/
θ	**thin** /θɪn/	j	**yes** /jes/
ð	**then** /ðen/	w	**woman** /ˈwʊmən/

A a

a *prep*
- **dirección** to: *Se acercó a mí.* She came up to me.
- **posición** on: *a la izquierda* on the left ◊ *a este lado* on this side ◊ *Estaban sentados a la mesa.* They were sitting at the table.
- **distancia**: *a diez kilómetros de aquí* ten kilometers from here
- **tiempo 1** (*hora, edad*) at: *a las doce* at twelve o'clock ◊ *a los sesenta años* at (the age of) sixty ◊ *Estamos a dos de enero.* It's the second of January. **2** (*después de*): *al año de su llegada* a year after his arrival ◊ *Volvieron a las cuatro horas.* They returned four hours later.
- **indicando finalidad** to: *Voy a repetirlo.* I'm going to do it again. ◊ *Me agaché a recogerlo.* I bent down to pick it up.
- **indicando modo o manera**: *ir a pie* to go on foot ◊ *Hazlo a tu manera.* Do it your way. ◊ *vestir a lo hippy* to dress like a hippy
- **complemento directo**: *No conozco a tu hermano.* I don't know your brother. ◊ *Llame al mesero.* Call the waiter over.
- **complemento indirecto 1** to: *Dáselo a tu hermano.* Give it to your brother. **2** (*para*) for: *Le compré una bicicleta a mi hija.* I bought a bicycle for my daughter. **3** (*de*) from: *No le copies el examen a Juan.* Don't copy from Juan.
- **otras construcciones 1** (*medida*) at: *Iban a 60 kilómetros por hora.* They were going at 60 kilometers an hour. **2** (*tarifa*) a, per (*más formal*): *cinco dólares al mes* five dollars a month **3** (*Dep*): *Ganaron tres a cero.* They won three to nothing. **4** (*en órdenes*): *¡A trabajar!* Let's do some work! ◊ *Sal a buscarla.* Go out and look for her. **LOC** **¡a él, ella, etc.!** get him, her, etc.!
♦ **¿a qué…?** what…for?: *¿A qué fuiste?* What did you go for? *Ver tb* AL

abadía *nf* abbey

abajo *adv* **1** (*posición*) below: *desde ~ from below* **2** (*en un edificio*) downstairs: *el vecino de ~* the man who lives downstairs ◊ *Hay otro baño ~.* There is another bathroom downstairs. **3** (*dirección*) down: *calle/escaleras ~* down the street/stairs
▸ **¡abajo!** *interj* down with…! **LOC** **echar abajo 1** (*edificio*) to knock *sth* down **2** (*gobierno*) to bring *sth* down ♦ **el de abajo** the bottom one ♦ **hacia abajo** downwards ♦ **más abajo 1** (*más lejos*) further down: *en esta misma calle, más ~* further down this street **2** (*en sentido vertical*) lower down: *Pon el cuadro más ~.* Put the picture lower down. ♦ **venirse abajo 1** (*edificio*) to collapse **2** (*persona*) to go to pieces: *Perdió el empleo y se vino ~.* He lost his job and went completely to pieces. **3** (*nivel, calidad*) to go downhill *Ver tb* AHÍ, ALLÁ, ALLÍ, ARRIBA, BOCA, CALLE, CUESTA, PARTE¹, RÍO, RODAR

abalanzarse *vp* **1 ~ sobre** to pounce on *sb/sth*: *Me abalancé sobre mi adversario.* I pounced on my opponent. **2 ~ hacia** to rush toward *sb/sth*: *El público se abalanzó hacia la puerta.* The crowd rushed toward the door.

abanderado, -a *nm-nf* **1** standard-bearer (*for sth*): *Es un ~ de las causas nobles.* He's a standard-bearer for noble causes. **2** (*Pol*) candidate

abandonado, -a *adj* (*edificio*) derelict *Ver tb* ABANDONAR

abandonar *vt* **1** to abandon: *~ una criatura/un animal* to abandon a child/an animal ◊ *~ un proyecto* to abandon a project **2** (*lugar*) to leave: *~ la sala* to leave the room **3** (*Informát*) to quit

abanicar(se) *vt, vp* to fan (yourself) **LOC** **abanicarse con algo** (*Chi*) not to have a problem with sth

abanico *nm* **1** fan **2** (*gama*) range: *un amplio ~ de opciones* a wide range of options

abarrotado, -a *adj* packed: *~ de gente* packed with people

abarrotes *nm* groceries **LOC** *Ver* TIENDA

abastecer *vt* to supply *sb* (*with sth*): *La granja abastece de huevos a todo el pueblo.* The farm supplies the whole town with eggs.
▸ **abastecerse** *vp* **abastecerse de** to stock up on *sth*: *~se de harina* to stock up on flour

abastecimiento *nm* **1** (*acción*) supplying: *¿Quién se encarga del ~ de las tropas?* Who is in charge of supplying the troops? **2** (*suministro*) supply: *controlar el ~ de agua* to regulate the water supply

abasto *nm* **LOC** **no dar abasto**: *Con tantas cosas que hacer no doy ~.* I have far too many things to do.

abdicar *vt, vi* **(en favor de)** to abdicate (in favor of *sb*): *Eduardo VIII abdicó (la corona) en favor de su hermano.* Edward the Eighth abdicated in favor of his brother.

abdomen *nm* abdomen

abdominal *adj* abdominal
▸ **abdominales** *nm* **1** (*músculos*) stomach muscles, abdominal muscles (*más formal*) **2** (*ejercicios*) sit-ups: *hacer ~es* to do sit-ups

abecedario *nm* alphabet

abedul *nm* birch (tree)

abeja

abeja nf bee `LOC` **abeja obrera** worker (bee)
♦ **abeja reina** queen bee

abejorro nm bumblebee

abertura nf **1** (*hueco*) gap **2** (*grieta*) crack

abeto nm fir (tree)

abierto, -a adj **1** ~ **(a)** open (to *sb/sth*): *Deja la puerta abierta.* Leave the door open. ◊ ~ *al público* open to the public ◊ *El caso sigue* ~. The case is still open. **2** (*llave*) running: *dejar una llave abierta* to leave a faucet running **3** (*cremallera, cierre*) undone: *Llevas la cremallera abierta.* Your fly is undone. **4** (*persona*) sociable
Ver tb ABRIR

abismo nm **1** (*Geog*) abyss **2** ~ **entre…** (*diferencia*) gulf between…: *Hay un* ~ *entre tú y yo.* There is a gulf between us.

ablandar(se) vt, vp to soften: *El calor ablanda la mantequilla.* Heat softens butter.

abobado, -a adj Ver ATONTADO

abofetear vt to slap

abogacía nf legal profession `LOC` **ejercer/ practicar la abogacía** to practice law

abogado, -a nm-nf lawyer

Lawyer en Gran Bretaña y los Estados Unidos es un término general que comprende los distintos tipos de abogado. En Estados Unidos se emplea la palabra **attorney** para referirse a los diferentes tipos de abogado: **criminal attorney**, **tax attorney**, **defense attorney**, **corporate attorney**. En Gran Bretaña se distingue entre **barristers**, quienes pueden actuar en todos los tribunales, y **solicitors**, quienes pueden intervenir únicamente en tribunales inferiores, y normalmente se encargan de preparar documentos legales y asesorar a los clientes.

`LOC` **abogado defensor** defense counsel
♦ **abogado del diablo** devil's advocate

abolición nf abolition

abolir vt to abolish

abolladura nf dent: *La puerta del garaje tiene una* ~. There's a dent in the garage door. ◊ *Le hice una* ~ *al carro.* I dented the car.

abollar vt **1** (*carro, etc.*) to dent **2** (*Per*) (*golpear*) to thump

abombado, -a adj convex

abonar vt (*tierra*) to fertilize

abono nm **1** (*fertilizante*) fertilizer **2** (*pago*) payment: *mediante el* ~ *de 10.000 pesos* on payment of 10,000 pesos

abordaje nm (*barco*) boarding

abordar vt **1** (*barco*) to board **2** (*asunto, problema*) to approach

aborigen nmf native

aborrecer vt **1** (*detestar*) to detest *sth/doing sth* **2** (*animal*) to abandon

abortar vi **1** (*espontáneamente*) to have a miscarriage **2** (*voluntariamente*) to have an abortion

aborto nm **1** (*espontáneo*) miscarriage: *sufrir un* ~ to have a miscarriage **2** (*provocado*) abortion

abotonar vt to button *sth* (up): *Le abotoné la camisa.* I buttoned (up) his shirt.

abrasivo, -a adj, nm abrasive

abrazar vt to hug, to embrace (*formal*): *Abrazó a sus hijos.* She hugged her children.

abrazo nm hug, embrace (*formal*) `LOC` **un (fuerte) abrazo** (lots of) love: *Les mando un fuerte* ~. Lots of love. ◊ *Deles un* ~ *a sus papás.* Give my love to your parents.

abrelatas nms can opener, tin opener (*GB*)

abreviación nf shortening

abreviar vt (*palabra*) to abbreviate
▸ vi (*ahorrar tiempo*) to save time `LOC` **¡abrevia!** hurry up!

abreviatura nf abbreviation (*for/of sth*)

abridor nm opener

abrigado, -a adj **1** (*lugar*) sheltered **2** (*persona*): *bien* ~ dressed very warmly ◊ *Vas demasiado* ~. You've got too much on. Ver tb ABRIGAR

abrigador, -ora adj warm: *Ponte algo más* ~. Put something warmer on.

abrigar vt **1** (*prenda*) to keep *sb* warm: *Esa bufanda te abrigará.* That scarf will keep you warm. **2** (*arropar*) to dress *sb* warmly: *Abriga bien a la niña.* Dress the child very warmly.
▸ vi to be warm: *Esta chaqueta abriga mucho.* This jacket is very warm.
▸ **abrigarse** vp to dress warmly: *Abrígate, hace mucho frío.* Dress very warmly, it's really cold outside.

abrigo nm coat: *Ponte el* ~. Put your coat on. `LOC` **al abrigo de** sheltered from *sth*: *al* ~ *de la lluvia* sheltered from the rain ♦ **de abrigo** warm: *ropa de* ~ warm clothes

abril nm April (*abrev* Apr.) ➲ Ver ejemplos en ENERO

abrir vt **1** to open: *No abra la ventana.* Don't open the window. ◊ ~ *fuego* to open fire **2** (*llave, gas*) to turn *sth* on **3** (*agujero, camino*) to make **4** (*túnel*) to bore
▸ vi (*abrir la puerta*) to open up: *¡Abre!* Open up!
▸ **abrirse** vp **1** to open: *De repente se abrió la puerta.* Suddenly the door opened. **2** (*tierra*) to crack `LOC` **abrirse camino en la vida** to get on in life ♦ **abrirse la cabeza** to split your head open
♦ **abrir (un) expediente** to take proceedings (*against sb*) ♦ **en un abrir y cerrar de ojos** in the

twinkling of an eye ♦ **no abrir la boca** not to say a word: *No abrió la boca en toda la tarde.* He didn't say a word all afternoon. *Ver tb* PASO

abrochar(se) *vt, vp* **1** to do *sth* up (*for sb*): *Abróchate el abrigo.* Do your coat up. **2** (*broche, cinturón*) to fasten

abrumador, -ora *adj* overwhelming: *una responsabilidad abrumadora* an overwhelming responsibility

abrupto, -a *adj* **1** (*terreno*) rugged **2** (*cambio, etc.*) sudden

absceso *nm* abscess

absentismo *nm Ver* AUSENTISMO

absolución *nf* **1** (*Relig*) absolution: *dar la ~* to give absolution **2** (*Jur*) acquittal

absolutamente *adv* **1** absolutely **2** [*con palabras negativas*]: *~ nada* nothing at all ◊ *No se deja influir ~ por nadie.* He won't be influenced by anyone.

absoluto, -a *adj* absolute: *conseguir la mayoría absoluta* to obtain an absolute majority LOC **en absoluto**: *nada en ~* nothing at all ◊ *–¿Te importa? – En absoluto.* 'Do you mind?' 'Not at all.'

absolver *vt* **1** (*Relig*) to absolve *sb* (*from sth*) **2** (*Jur*) to acquit *sb* (*of sth*): *El juez absolvió al acusado.* The defendant was acquitted.

absorbente *adj* absorbent

absorber *vt* to absorb: *~ un líquido/olor* to absorb a liquid/smell

abstención *nf* abstention (*from sth*)

abstenerse *vp ~* (**de**) to abstain (from *sth*): *~ de beber/fumar* to abstain from drinking/smoking ◊ *El Senador se abstuvo.* The Senator abstained.

abstinencia *nf* abstinence LOC *Ver* SÍNDROME

abstracto, -a *adj* abstract

abstraído, -a *adj* (*preocupado*) preoccupied

absurdo, -a *adj* absurd

abuchear *vt* to boo

abuelo, -a *nm-nf* **1** (*masc*) grandfather, grandpa (*coloq*) **2** (*fem*) grandmother, grandma (*coloq*) **3 abuelos** grandparents: *en casa de mis ~s* at my grandparents'

abultar *vi* to take up room: *Esta caja abulta demasiado.* This box takes up far too much room. ◊ *¿Abulta mucho?* Does it take up much room?

aburrido, -a *adj* **1** (*tb* aburridor, -ora) (*que aburre*) boring: *un discurso ~* a boring speech **2** (*que siente aburrimiento*) bored: *Estoy ~.* I'm bored. ➲ *Ver nota en* BORING; *Ver tb* ABURRIR

aburrimiento *nm* (*tb* aburrición *nf*) boredom: *Como de puro ~.* I eat from sheer boredom. LOC **¡qué aburrimiento de...!** what a boring...: *¡Qué ~ de película!* What a boring movie! *Ver tb* MORIR(SE)

aburrir *vt* **1** to bore: *Espero no estar aburriéndole.* I hope I'm not boring you. ◊ *Me aburre este programa.* I'm getting bored with this program. **2** (*hartar*): *Me aburren con sus quejas.* I'm sick of your moaning.
▸ **aburrirse** *vp* to get bored LOC **aburrirse como una ostra** to be bored stiff

abusado, -a *adj* (*Méx*) **1** (*listo*) clever **2** (*precavido*) cautious LOC **¡ponte abusado!** watch out! *Ver tb* ABUSAR

abusador, -ora *nm-nf* abuser

abusar *vi ~* (**de**) to abuse *sb/sth*: *No abuses de su confianza.* Don't abuse his trust. ◊ *Declaró que abusaron de ella.* She claims to have been sexually abused. LOC **abusar del alcohol, tabaco, etc.** to drink, smoke, etc. too much

abusivo, -a *adj* (*Col*) (*aprovechado*): *¡Mira que es ~!* You're a real scrounger!

abuso *nm* abuse: *sufrir ~s* to suffer abuse LOC **abuso del alcohol, tabaco, etc.** excessive drinking, smoking, etc. ♦ **abuso de menores/sexual** child/sexual abuse [*incontable*] ♦ **ser un abuso**: *¡Es un ~!* That's outrageous!

acá *adv* here: *Ven ~.* Come here. ◊ *Ponlo más (para) ~.* Bring it nearer. LOC **de acá para allá**: *Llevo todo el día de ~ para allá.* I've been running around all day. ◊ *He andado de ~ para allá buscándote.* I've been looking for you everywhere.

acabado, -a *adj* **1** ending in *sth*: *una palabra acabada en "d"* a word ending in 'd' **2** (*destruido*) clapped out **3** (*persona*) worn out *Ver tb* ACABAR

acabar *vt, vi ~* (**de**) to finish (*sth/doing sth*): *Aún no he acabado el artículo.* I haven't finished the article yet. ◊ *Tengo que ~ de lavar el carro.* I have to finish washing the car. ◊ *La función acaba a las tres.* The show finishes at three.
▸ *vi* **1** ~ (**en/por**) to end up: *Ese vaso acabará por quebrarse.* That glass will end up getting broken. ◊ *~ en la ruina/arruinado* to end up penniless ◊ *Acabé cediendo.* I ended up giving in. **2** ~ **de hacer algo** to have just done *sth*: *Acabo de verlo.* I've just seen him. **3** ~ **en (a)** (*forma*) to end in *sth*: *Acaba en punta.* It ends in a point. **(b)** (*palabra*) to end with *sth*: *¿En qué acaba, en "d" o en "z"?* What does it end with? A 'd' or a 'z'? **4** ~ **con (a)** (*persona*) to be the death of *sb*: *Vas a ~ conmigo.* You'll be the death of me. **(b)** (*poner fin*) to put an end to *sth*: *~ con la injusticia* to put an end to injustice
▸ **acabarse** *vp* to run out (of *sth*): *Se acabó el azúcar.* The sugar's run out. ◊ *Se nos acabó el café.* We've run out of coffee. LOC **acabar mal**:

Esto tiene que ~ mal. No good can come of this. ◊ *Ese muchacho acabará mal.* That boy will come to no good. ♦ *¡se acabó!* that's it!

acabose *nm* LOC **ser el acabose** to be the limit

academia *nf* **1** academy [*pl* academies]: *~ militar* military academy **2** (*escuela*) school: *~ de idiomas* language school

académico, -a *adj* academic: *curso/expediente ~* academic year/record

acalambrarse *vp* **1** (*en la pierna, etc.*) to get cramp **2** (*Col*) (*sorprenderse*) to get a shock: *¡Te vas a acalambrar!* You'll get a shock!

acampada *nf* LOC **ir de acampada** to go camping

acampanado, -a *adj* flared

acampar *vi* to camp

acantilado *nm* cliff

acariciar *vt* **1** (*persona*) to caress **2** (*animal*) to pet, to stroke (*GB*)

acarrear *vt* **1** (*problemas, etc.*) to bring: *Eso le acarreó muchos problemas.* It brought him a lot of problems. **2** (*materiales*) to transport **3** (*Chi*) (*en carro*) to take
▸ **acarrearse** *vp* (*Chi*) (*moverse*) to move

acaso *adv* **1** (*quizás*) perhaps **2** (*en preguntas*): *¿Acaso dije yo eso?* Did I say that? LOC **por si acaso** just in case

acatar *vt* (*leyes, órdenes*) to obey

acceder *vi ~* **(a) 1** (*estar de acuerdo*) to agree (*to sth/to do sth*) **2** (*institución*) to be admitted to *sth: Las mujeres podrán ~ al ejército.* Women will be admitted to the army.

accesible *adj* accessible (*to sb*)

acceso *nm ~* **(a) 1** access (*to sb/sth*): *tener ~ a internet* to have Internet access ◊ *~ a la cámara blindada* access to the strongroom ◊ *la puerta de ~ a la cocina* the door into the kitchen **2** (*vía de entrada*) entrance (*to sth*): *Hay cuatro ~s al palacio.* There are four entrances to the palace. **3** *~ de* fit: *Le dan ~s de tos.* He has coughing fits.

accesorio *nm* accessory [*pl* accessories]: *bisutería y ~s* fashion jewelry and accessories

accidentado, -a *adj* **1** (*terreno*) rugged **2** (*difícil*) difficult: *un viaje ~* a difficult journey
▸ *nm-nf* casualty [*pl* casualties]

accidental *adj* accidental: *muerte ~* accidental death

accidente *nm* **1** accident: *~ ferroviario* train accident ◊ *sufrir un ~* to have an accident **2** (*Geog*) (geographical) feature LOC **accidente aéreo/de tránsito** plane/car crash

acción *nf* **1** action: *entrar en ~* to go into action ◊ *~ criminal/legal* criminal/legal action **2** (*obra*) act: *una mala ~* a wrongful act **3** (*Fin*) share LOC **una buena acción** a good deed

accionar *vt* to work

accionista *nmf* shareholder

acechar *vt, vi* to lie in wait (for *sb/sth*): *El enemigo acechaba en la oscuridad.* The enemy lay in wait in the darkness.

acecho *nm* LOC **estar al acecho** to lie in wait (*for sb/sth*)

aceitada *nf* (*Chi*) (*soborno*) bribe

aceitar *vt* (*Chi*) (*sobornar*) to bribe

aceite *nm* oil: *~ de girasol/oliva* sunflower/olive oil LOC *Ver* UNTAR

aceituna *nf* olive: *~s rellenas/sin pepa* stuffed/pitted olives

aceleración *nf* acceleration

acelerador *nm* gas pedal, accelerator (*GB*)

acelerar *vt, vi* to accelerate: *Acelera, que se para.* Accelerate or you'll stall. LOC **acelerar el paso** to quicken your pace

acelga *nf* chard [*incontable*]: *~s con besamel* chard in white sauce

acento *nm* accent: *con ~ en la última sílaba* with an accent on the last syllable ◊ *hablar con ~ extranjero* to speak with a foreign accent LOC **pegársele a algn un acento** to pick up an accent

acentuar *vt* **1** (*poner tilde*) to accent: *Acentúa las siguientes palabras.* Put the accents on the following words. **2** (*resaltar, agravar*) to accentuate
▸ **acentuarse** *vp* (*llevar tilde*) to have an accent: *Se acentúa en la segunda sílaba.* It has an accent on the second syllable.

aceptable *adj* acceptable (*to sb*)

aceptar *vt* **1** (*admitir*) to accept: *Por favor acepta este pequeño regalo.* Please accept this small gift. ◊ *¿Vas a ~ su oferta?* Are you going to accept their offer? **2** (*acceder a*) to agree to do *sth: Aceptó irse.* He agreed to leave.

acera *nf* sidewalk, pavement (*GB*)

acerca *adv* LOC **acerca de** about, concerning (*formal*)

acercar *vt* **1** (*aproximar*) to bring *sth* closer (*to sb/sth*): *Acercó el micrófono a la boca.* He brought the microphone closer to his mouth. **2** (*dar*) to pass: *Acércame ese cuchillo.* Pass me that knife. **3** (*en vehículo*) to give *sb* a ride: *Me acercaron a la casa/estación.* They gave me a ride home/to the station.
▸ **acercarse** *vp* **acercarse (a)** to get closer (to *sb/sth*): *Se acerca mi cumpleaños.* My birthday is getting closer. ◊ *Acérquese a mí.* Come closer.

acero *nm* steel: *~ inoxidable* stainless steel LOC *Ver* PULMÓN

acertado, -a *adj* **1** (*correcto*) right: *la respuesta acertada* the right answer **2** (*inteligente*) clever: *una idea acertada* a clever idea *Ver tb* ACERTAR

acertar *vt* to guess: *~ la respuesta* to guess the answer
▸ *vi* **1** ~ **(en/con)** (*al elegir*) to get *sth* right **2** (*al obrar*) to be right *to do sth*: *Acertamos al negarnos.* We were right to refuse. **3** ~ **(a/en)** (*al disparar*) to hit *sth*: *~ en el blanco* to hit the target

acertijo *nm* riddle

achacado, -a *adj* ~ **con** (*Chi*) stuck with *sth*: *Sigo ~ con ellos.* I'm stuck with them.

achancharse *vp* (*Per*) to get fat

achantado, -a *adj* (*Col*) down

achaque *nm* ailment: *los ~s de la edad* old people's ailments ◊ *Siempre con tus ~s.* You're always complaining of aches and pains.

achatar *vt* to flatten
▸ **achatarse** *vp* to get flattened

achicar *vt* **1** (*empequeñecer*) to make *sth* smaller **2** (*agua*) to bail *sth* out

achicharrar *vt* **1** (*quemar*) to burn **2** (*calor*) to scorch
▸ **achicharrarse** *vp* (*pasar calor*) to roast: *Nos achicharraremos en la playa.* We'll roast on the beach.

¡achís! *interj* achoo

La persona que estornuda suele disculparse con **excuse me!** La gente a su alrededor puede decir **bless you!**, aunque muchas veces no dicen nada.

acholado, -a *adj* mestizo

achuncharse *vp* (*avergonzarse*) to get embarrassed

achuntar *vi* (*Chi*) **1** (*dar, pegar*): *Tiré una piedra y le achunté a la caja.* I threw it and got it in the box. ◊ *Tiró a la canasta pero no le achuntó.* He shot at the basket but missed. **2** (*acertar*) to get *sth* right ◊ *Le achuntó con el tipo de vestido.* She got the type of dress just right.

acidez *nf* acidity LOC **acidez estomacal** heartburn

ácido, -a *adj* (*sabor*) sharp
▸ *nm* acid LOC *Ver* LLUVIA

acierto *nm* **1** (*respuesta correcta*) correct answer **2** (*buena idea*) good idea: *Fue un ~ venir.* It was a good idea to come.

aclamar *vt* to acclaim

aclarar *vt* **1** (*explicar*) to clarify: *¿Puedes ~ este punto?* Can you clarify this point? **2** (*juagar*) to rinse **3** (*color*) to lighten

▸ *vi, v imp* (*cielo*) to clear up
▸ **aclararse** *vp* (*entender*) to understand: *A ver si me aclaro.* Let's see if I can understand this. LOC **¡a ver si te aclaras!** make up your mind!

acné *nm* acne

acobardar *vt* to intimidate
▸ **acobardarse** *vp* **acobardarse (ante/por)** to feel intimidated (by *sb/sth*)

acogedor, -ora *adj* (*lugar*) cozy

acoger *vt* **1** (*invitado, idea, noticia*) to welcome: *Me acogió con una sonrisa.* He welcomed me with a smile. ◊ *Acogieron la propuesta con entusiasmo.* They welcomed the proposal. ◊ *Nos acogieron muy bien.* We were given a warm welcome. **2** (*refugiado, huérfano*) to take *sb* in

acolitar *vt* (*Col*) to cover for *sb*

acollerarse *vp* (*Per*) to hang around

acomodado, -a *adj* **1** (*con dinero*) well off ⇒ *Ver nota en* WELL BEHAVED **2** (*con palancas*): *Está ~ con el ministerio.* He has contacts in the ministry. *Ver tb* ACOMODARSE

acomodador, -ora *nm-nf* **1** (*masc*) usher **2** (*fem*) usherette

acomodarse *vp* **1** (*instalarse*) to settle down: *Se acomodó en el sofá.* He settled down on the sofa. **2** ~ **a** (*adaptarse*) to adjust to *sth*

acompañante *nmf* LOC *Ver* CARRO

acompañar *vt* **1** ~ **a** to go with *sb/sth*, to accompany (*más formal*): *el DVD que acompaña al libro* the DVD which accompanies the book ◊ *Voy de paseo. ¿Me acompaña?* I'm going for a walk. Are you coming (with me)? **2** (*Mús*) to accompany *sb* (*on sth*): *Su hermana lo acompañaba al piano.* His sister accompanied him on the piano.

acomplejarse *vp* to get a complex

acondicionado, -a *adj* LOC *Ver* AIRE

acondicionador *nm* (*de pelo*) conditioner

aconsejable *adj* advisable

aconsejar *vt* to advise *sb* (*to do sth*): *Te aconsejo que aceptes ese trabajo.* I advise you to accept that job. ◊ *–¿Lo compro? –No te lo aconsejo.* 'Should I buy it?' 'I wouldn't advise you to.' ⇒ *Ver nota en* ADVISE

acontecimiento *nm* event: *Fue todo un ~.* It was quite an event. LOC *Ver* ADELANTAR

acoplarse *vp* ~ **(a)** to fit in (with *sb/sth*): *Trataremos de acoplarnos a tu horario.* We'll try to fit in with your schedule.

acorazado, -a *adj* armor-plated
▸ *nm* battleship

acordar *vt* to agree (*to do sth*): *Acordamos volver al trabajo.* We agreed to return to work.
▸ **acordarse** *vp* **acordarse (de)** to remember:

acorde

Acuérdate de poner la carta. Remember to mail the letter. ◊ *No me acuerdo de su nombre.* I can't remember his name. **LOC** **acordarse de haber hecho algo** to remember doing sth: *Me acuerdo de haberlo visto.* I remember seeing it. ➔ Ver nota en REMEMBER ♦ **¡te acordarás!** you'll regret it!

acorde *nm (Mús)* chord

acordeón *nm* accordion

acordonar *vt (lugar)* to cordon *sth* off

acorralar *vt (persona)* to corner

acortar *vt* to shorten
▸ **acortarse** *vp* to get shorter

acoso *nm* **LOC** **acoso escolar** bullying ♦ **acoso laboral** harassment in the workplace ♦ **acoso sexual** sexual harassment

acostado, -a *adj* **LOC** **estar acostado 1** *(recostado)* to be lying down **2** *(en la cama)* to be in bed *Ver tb* ACOSTAR

acostar *vt* to put *sb* to bed: *Tuvimos que ~lo.* We had to put him to bed.
▸ **acostarse** *vp* **1** *(ir a la cama)* to go to bed: *Deberías ~te temprano hoy.* You should go to bed early today. ◊ *Es hora de ~se.* Time for bed. **2** *(recostarse)* to lie down ➔ Ver nota en LIE² **LOC** **acostarse con algn** to sleep with sb

acostumbrado, -a *adj* **LOC** **estar acostumbrado a** to be used to *sb/sth/doing sth*: *Está ~ a levantarse temprano.* He's used to getting up early. *Ver tb* ACOSTUMBRARSE

acostumbrarse *vp* **~ (a)** to get used to *sb/sth/doing sth*: *~ al calor* to get used to the heat ◊ *Tendrás que acostumbrarte a madrugar.* You'll have to get used to getting up early.

ACPM *nm (Col)* diesel

acreedor, -ora *nm-nf* creditor **LOC** **ser acreedor de** to be worthy of *sth*

acribillar *vt* **1** to riddle: *~ a algn a balazos* to riddle sb with bullets **2** *(mosquitos)* to bite *sb* to death

acrobacia *nf* acrobatics [*pl*]: *Sus ~s recibieron grandes aplausos.* Her acrobatics were greeted with loud applause. ◊ *realizar ~s* to perform acrobatics

acróbata *nmf* acrobat

acrobático, -a *adj* **LOC** *Ver* PARACAIDISMO

acta *nf* **1** *(reunión)* minutes [*pl*]: *Carlos levantó el ~ de la reunión.* Carlos took the minutes of the meeting. **2** *(certificado)* certificate: *~ de nacimiento/defunción* birth/death certificate

actitud *nf* attitude *(to/toward sb/sth)*

activar *vt* **1** *(poner en marcha)* to activate: *~ un mecanismo* to activate a mechanism **2** *(acelerar)* to accelerate

actividad *nf* activity [*pl* activities]

activo, -a *adj* active

acto *nm* **1** *(acción, Teat)* act: *un ~ violento* an act of violence ◊ *una obra en cuatro ~s* a four-act play **2** *(ceremonia)* ceremony [*pl* ceremonies]: *el ~ de clausura* the closing ceremony **LOC** **acto seguido** immediately afterward ♦ **en el acto** right away: *Me levanté en el ~.* I stood up right away.

actor *nm* actor **LOC** *Ver* PRINCIPAL

actriz *nf* actress, actor ➔ Ver nota en ACTRESS **LOC** *Ver* PRINCIPAL

actuación *nf* performance

actual *adj* **1** *(del momento presente)* current: *el estado ~ de las obras* the current state of the building work **2** *(de hoy en día)* present-day: *La ciencia ~ se enfrenta a problemas éticos.* Present-day science faces ethical problems.

> La palabra inglesa **actual** significa *exacto, real* o *verdadero*: *What's the actual date of the wedding?* ¿Cuál es la fecha exacta de la boda?

actualidad *nf* present situation: *la ~ de nuestro país* the present situation in our country **LOC** **de actualidad** topical: *estar de ~* to be topical ◊ *asuntos/temas de ~* topical issues

actualización *nf* update **LOC** *Ver* CURSO

actualizar *vt* to update

actualmente *adv (ahora)* at the moment

> La palabra inglesa **actually** significa *en realidad, de hecho*: *It was actually quite cheap.* En realidad fue bastante barato. ➔ *Ver tb nota en* ACTUALLY

actuar *vi* **1** *(artista)* to perform **2** **~ de** to act as *sth*: *~ de intermediario* to act as an intermediary

acuarela *nf* watercolor **LOC** *Ver* PINTAR

Acuario *nm, nmf (Astrol)* Aquarius ➔ *Ver ejemplos en* AQUARIUS

acuario *nm* aquarium [*pl* aquariums/aquaria]

acuático, -a *adj* **1** *(Biol)* aquatic **2** *(Dep)* water: *deportes ~s* water sports **LOC** *Ver* MOTO, ESQUÍ, PARQUE

acudiente *nmf* guardian

acudir *vi* **1** *(ir)* to go *(to sb/sth)*: *~ en ayuda de algn* to go to sb's aid **2** *(venir)* to come *(to sb/sth)*: *Los recuerdos acudían a mi memoria.* Memories came flooding back. **3** *(recurrir)* to turn *to sb*: *No sé a quién ~.* I don't know who to turn to.

acueducto *nm* aqueduct

acuerdo *nm* agreement: *llegar a un ~* to reach an agreement **LOC** **¡de acuerdo!** all right, OK *(más coloq)* ♦ **estar de acuerdo** to agree *(with* *sb*) (*about/on sth*): *Estoy de ~ con él.* I agree with him. ♦ **ponerse de acuerdo** to agree (*to do sth*): *Se pusieron de ~ para ir juntos.* They agreed to go together.

acuerpado, -a *adj* muscly

acumular(se) *vt, vp* to accumulate

acupuntura *nf* acupuncture

acurrucarse *vp* to curl up

acusación *nf* accusation: *hacer una ~ contra algn* to make an accusation against sb

acusado, -a *nm-nf* accused: *los ~s* the accused

acusar *vt* **1** to accuse *sb* (*of sth/doing sth*) **2** (*Jur*) to charge *sb* (*with sth/doing sth*): *~ a algn de asesinato* to charge sb with murder **3** (*mostrar*) to show signs of *sth*: *~ el cansancio* to show signs of tiredness

acusetas *nmf* (*tb* **acusete, -a** *nm-nf*) tattletale, telltale (*GB*)

acústica *nf* acoustics [*pl*]: *La ~ de este local no es muy buena.* The acoustics in this hall aren't very good.

adaptador *nm* (*Electrón*) adapter

adaptar *vt* to adapt: *~ una novela para el teatro* to adapt a novel for the stage
▸ **adaptarse** *vp* to adapt (*to sth*): *~se a los cambios* to adapt to change

adecuado, -a *adj* **1** right: *No es el momento ~.* This isn't the right time. ◊ *No encuentran a la persona adecuada para el puesto.* They can't find the right person for the job. **2** [*con artículo indeterminado*] suitable: *un traje ~ para la ocasión* a suitable dress for the occasion

adefesio *nm* monstrosity [*pl* monstrosities] **LOC estar hecho un adefesio** to look terrible

adelantado, -a *adj* **1** (*aventajado*) advanced: *Este niño está muy ~ para su edad.* This child is very advanced for his age. **2** (*que se ha hecho mucho*): *Llevo la tesis muy adelantada.* I'm coming along very well with my thesis. **3** (*en comparaciones*) ahead: *Vamos muy ~s con respecto a los de la otra clase.* We're way ahead of the other class. **4** (*reloj*) fast: *Tienes el reloj cinco minutos ~.* Your watch is five minutes fast. **LOC por adelantado** in advance *Ver tb* ADELANTAR

adelantar *vt* **1** (*objeto*) to move *sth* forward: *Adelanté un peón.* I moved a pawn forward. **2** (*acontecimiento, fecha*) to bring *sth* forward: *Queremos ~ el examen una semana.* We want to bring the exam forward a week. **3** (*reloj*) to put *sth* forward: *No te olvides de ~ el reloj una hora.* Don't forget to put your watch forward an hour. **4** (*sobrepasar*) to pass, to overtake (*GB*): *El camión me adelantó en la curva.* The lorry passed me on the curve.

sb) (*about/on sth*): *Estoy de ~ con él.* I agree with him. ♦ **ponerse de acuerdo** to agree (*to do sth*): *Se pusieron de ~ para ir juntos.* They agreed to go together.

▸ **adelantar(se)** *vi, vp* (*reloj*) to gain (time): *Este reloj se adelanta.* This clock gains time. **LOC adelantarse a los acontecimientos** to jump the gun

adelante *adv* forward: *un paso ~* a step forward
▸ **¡adelante!** *interj* **1** (*entre*) come in! **2** (*siga*) go ahead! **LOC de adelante**: *los asientos de ~* the front seats ◊ *el conductor de ~* the driver in front ♦ **hacia/para adelante** forward ♦ **más adelante 1** (*espacio*) further on **2** (*tiempo*) later *Ver tb* AHORA, HOY, SEGUIR

adelanto *nm* advance: *los ~s de la medicina* advances in medicine ◊ *Pedí un ~.* I asked for an advance.

adelgazamiento *nm* slimming: *una clínica de ~* a slimming clinic

adelgazar *vi* to lose weight
▸ *vt*: *~ tres kilos* to lose three kilos

además *adv* **1** (*también*) also: *Se le acusa ~ de estafa.* He's also accused of fraud. ➔ *Ver nota en* TAMBIÉN **2** (*lo que es más*) (and) what's more: *Además, no creo que vengan.* What's more, I don't think they'll come. **LOC además de** as well as

adentro *adv* inside: *Está muy ~.* It's right inside. **LOC más adentro** further in ♦ **para mis adentros** to myself, yourself, etc.: *Rió para sus ~s.* He laughed to himself. *Ver tb* MAR, TIERRA

aderezar *vt* to dress *sth* (*with sth*): *~ una ensalada* to dress a salad

adhesivo, -a *adj* adhesive
▸ *nm* (*calcomanía*) sticker **LOC** *Ver* CINTA

adicción *nf* addiction (*to sth*): *~ a las drogas* drug addiction

adicional *adj* (*cama, mesa*) spare

adictivo, -a *adj* addictive

adicto, -a *adj* *~* (**a**) addicted (to *sth*)
▸ *nm-nf* addict

adiestrar *vt* to train *sb/sth* (*as/in sth*)

¡adiós! *interj* **1** (*despedida*) goodbye, bye (*más coloq*) **2** (*saludo al pasar*) hi **LOC decir adiós con la mano** to wave goodbye (*to sb/sth*)

adivinanza *nf* riddle

adivinar *vt* to guess: *Adivina lo que traigo.* Guess what I have. **LOC** *Ver* PENSAMIENTO

adivino, -a *nm-nf* fortune-teller

adjetivo *nm* adjective

adjuntar *vt* **1** (*Informát*) to attach: *~ un archivo* to attach a file **2** (*en una carta*) to enclose: *Les adjunto mi currículo.* Please find enclosed my résumé.

administración *nf* administration: *la ~ de la justicia* the administration of justice **LOC administración de empresas** (*estudios*)

administrador

business administration [*incontable*], business studies [*incontable*] (*GB*)

administrador, -ora *nm-nf* administrator

administrar *vt* **1** (*gestionar*) to run, to manage (*más formal*): ~ *un negocio* to run a business **2** (*dar*) to administer *sth* (*to sb*): ~ *un medicamento/justicia* to administer a medicine/justice

administrativo, -a *adj* administrative
▶ *nm-nf* administrative assistant

admirable *adj* admirable

admiración *nf* **1** admiration **2** (*signo de puntuación*) exclamation point, exclamation mark (*GB*) ➜ *Ver pág. 377*

admirador, -ora *nm-nf* admirer

admirar *vt* to admire: ~ *el paisaje* to admire the scenery

admisión *nf* admission **LOC** **examen/prueba de admisión** entrance examination

admitir *vt* **1** (*aceptar*) to accept **2** (*culpa, error*) to admit: *Admito que fue culpa mía.* I admit (that) it was my fault. **3** (*dejar entrar en un sitio*) to admit *sb/sth* (*to/into sth*): *Me admitieron en el colegio.* I've been admitted to the school.
LOC **no se admite(n)...**: *No se admiten perros.* No dogs. ◊ *No se admiten menores de 18 años.* No admittance to persons under 18. ◊ *No se admiten tarjetas de crédito.* We do not accept credit cards.

ADN *nm* DNA

adolescencia *nf* adolescence

adolescente *nmf* teenager, adolescent (*más formal*)

adolorido, -a *adj* sore: *Tengo el hombro ~.* My shoulder is sore.

adónde *adv* where: *¿Adónde van?* Where are you going?

adonde *adv* where

adoptar *vt* to adopt

adoptivo, -a *adj* **1** adopted: *hijo/país ~* adopted child/country **2** (*padres*) adoptive

adoquín *nm* paving stone

adorar *vt* to adore

adormecerse *vp* **1** (*dormirse*) to doze off **2** (*pierna, pie, etc.*) to go numb

adormecido, -a *adj* sleepy

adornar *vt* to decorate, to adorn (*formal*)

adorno *nm* **1** decoration: *~s de Navidad* Christmas decorations **2** (*objeto*) ornament

adquirir *vt* **1** to acquire: ~ *riqueza/fama* to acquire wealth/fame **2** (*comprar*) to buy **LOC** *Ver* IMPORTANCIA

adquisición *nf* (*Dep*) signing: *la nueva ~ del Chelsea* Chelsea's new signing

adrede *adv* on purpose

ADSL *nm* (*Informát*) broadband

aduana *nf* **1** (*oficina*) customs [*pl*]: *Pasamos la ~.* We went through customs. **2** (*derechos*) customs duty [*pl* customs duties]

adulterio *nm* adultery

adúltero, -a *adj* adulterous

adulto, -a *adj, nm-nf* adult: *las personas adultas* adults

adverbio *nm* adverb

adversario, -a *nm-nf* adversary [*pl* adversaries]

advertencia *nf* **1** (*aviso*) warning: *Es mi última ~.* That's my last warning. **2** (*consejo*) advice [*incontable*]: *Siempre hago caso de las ~s de mi padre.* I always take my father's advice.

advertir *vt* **1** (*avisar*) to warn *sb* (*about/of sth*): *Les advertí del peligro.* I warned them about the danger. **2** (*decir*) to tell: *Te lo advertí.* I told you so! ◊ *Te advierto que a mí me da lo mismo.* Listen, it's all the same to me.

aéreo, -a *adj* **1** air: *tráfico ~* air traffic **2** (*vista, fotografía*) aerial **LOC** *Ver* ACCIDENTE, APARTADO, BASE, COMPAÑÍA, CONTROLADOR, CORREO, FUERZA, LÍNEA, PUENTE, VÍA

aeróbicos (*tb* aeróbics) *nm* aerobics [*incontable*]

aeromoza *nf* (air) stewardess

aeronave *nf* aircraft [*pl* aircraft]
LOC **aeronave espacial** spacecraft [*pl* spacecraft]

aeroplano *nm* airplane, aeroplane (*GB*)

aeropuerto *nm* airport: *Vamos a ir a buscarlos al ~.* We're going to meet them at the airport.

aerosol *nm* aerosol

afán *nm* (*Col*) hurry [*incontable*]: *No hay ~.* There's no hurry. ◊ *Con los afanes se me olvidó desenchufarlo.* I was in such a hurry that I forgot to unplug it. **LOC** **estar de afán** to be rushed off your feet ♦ **tener afán** to be in a hurry

afanado, -a *adj* **1** (*con prisa*) in a hurry **2** (*preocupado*) worried *Ver tb* AFANAR

afanar *vt* **1** (*Col*) (*meter prisa*) to rush: *¡No me afanes!* Don't rush me! **2** (*Per*) (*chica*) to hit on *sb*, to try to get off with *sb* (*GB*)
▶ **afanarse** *vp* **1** (*preocuparse*) to worry: *No ganas nada con ~te, espera a que llame.* There's no point in your worrying, wait till he calls. **2** (*Col*) (*apurarse*) to hurry up: *¡Afánate!* Hurry up!
LOC **afanarse (en/por)** to try your hardest (*to do sth*)

afectar vt to affect: *El golpe le afectó el oído.* The blow affected his hearing. ◊ *Su muerte me afectó mucho.* I was deeply affected by his death.

afecto nm affection LOC **tomar afecto** to become attached *to sb/sth*: *Le hemos tomado mucho ~ al perro.* We've become very attached to our dog.

afeitarse vp **1** to shave: *~ la cabeza* to shave your head ◊ *¿Te afeitaste hoy?* Did you shave today? **2** (*barba, bigote*) to shave *sth* off: *Se afeitó el bigote.* He shaved his mustache off. LOC **cuchilla/hoja de afeitar** razor blade *Ver tb* BROCHA, CREMA, MÁQUINA

afeminado, -a adj effeminate

aferrarse vp **~ (a)** to cling *to sb/sth*: *~ a una idea* to cling to an idea

afiche nm poster: *poner/pegar un ~* to stick up a poster

afición nf **1 ~ (a/por)** interest (in *sth*): *Ahora hay menos ~ por la lectura.* Nowadays there's less interest in reading. **2** (*pasatiempo*) hobby [*pl* hobbies]: *Su ~ es la fotografía.* Her hobby is photography. LOC **por afición** as a hobby

aficionado, -a adj **1 ~ a** (*entusiasta*) into *sth*: *Soy muy ~ al ciclismo.* I'm really into cycling. **2** (*amateur*) amateur: *una compañía de actores ~s* an amateur theater company
▸ nm-nf **1** (*espectador*) **(a)** (*Dep, música pop*) fan: *un ~ al fútbol* a soccer fan **(b)** (*cine, música clásica, teatro*) lover: *un ~ a la ópera* an opera lover **2** (*amateur*) amateur: *No tocan mal para ser ~s.* They don't play badly for amateurs. *Ver tb* AFICIONARSE

aficionarse vp **~ a 1** (*pasatiempo*) to get into *sth/doing sth*: *Se ha aficionado al ajedrez.* She's really gotten into chess. **2** (*placeres, vicios*) to acquire a taste for *sth*: *~ a la buena vida* to acquire a taste for the good life

afilado, -a adj sharp *Ver tb* AFILAR

afilar vt to sharpen

afiliarse vp **~ (a)** to join: *Decidí afiliarme al partido.* I decided to join the party.

afinar vt (*instrumento musical, motor*) to tune LOC **afinar la puntería** to take better aim

afirmar vt to state, to say (*más coloq*) LOC **afirmar con la cabeza** to nod (your head)

afirmativo, -a adj affirmative

aflojar vt to loosen: *Le aflojé la corbata.* I loosened his tie.
▸ **aflojarse** vp **1** to loosen: *Me aflojé el cinturón.* I loosened my belt. **2** (*tornillo, nudo*) to come loose: *Se aflojó el nudo.* The knot has come loose.

afluente nm tributary [*pl* tributaries]

afónico, -a adj LOC **estar afónico** to have lost your voice ◆ **quedarse afónico** to lose your voice

afortunadamente adv luckily, fortunately (*más formal*)

afortunado, -a adj lucky, fortunate (*más formal*)

África nf Africa

africano, -a adj, nm-nf African

afrontar vt to face up to *sth*: *~ la realidad* to face up to reality

afuera adv **1 ~ (de)** outside: *Los gritos se oían desde ~.* You could hear the cries from outside. ◊ *Vámonos ~.* Let's go outside. ◊ *Cruzamos el puente y estamos ~ de Ecuador.* We cross the bridge and then we're out of Ecuador. ◊ *~ del almacén* outside the store **2** (*no en casa*) out: *comer ~* to eat out ◊ *Se pasan todo el día ~.* They're out all day.
▸ **afueras** nf outskirts: *Viven en las ~s de Lima.* They live on the outskirts of Lima.

agachar vt to lower: *~ la cabeza* to lower your head
▸ **agacharse** vp to bend down LOC **¡agáchate!/ ¡agáchense!** duck!

agallinarse vp to lose your nerve

agalludo, -a adj (*Col*) (*tacaño*) stingy

agarrado, -a adj **1** (*tacaño*) tight **2** (*Chi*) (*enamorado*) crazy (*about sb*) LOC *Ver* BAILAR; *Ver tb* AGARRAR

agarrador, -ora adj (*bebida*) strong

agarrar vt **1** (*asir*) to grab: *Me agarró del brazo.* He grabbed me by the arm. **2** (*sujetar*) to hold: *Agarra eso para que no se caiga.* Hold it and don't let it fall. **3** (*atrapar, contraer*) to catch: *Si agarro a ese mocoso lo mato.* If I catch the little brat I'll kill him. ◊ *~ una pulmonía* to catch pneumonia
▸ **agarrarse** vp **1 agarrarse a/de** (*sostenerse*) to hold on (*to sb/sth*): *Agárrate a/de mí.* Hold on to me. **2** (*pelearse*) to have a fight: *~se a golpes/palo* to come to blows **3 agarrarse (en/con)** (*dedo*) to get *sth* caught (*in sth*): *Me agarré el dedo en/con la puerta.* I got my finger caught in the door. LOC **agarrar al toro por los cuernos** to take the bull by the horns ◆ **agarrar la costumbre** to get into the habit (*of doing sth*) ◆ **agarrar la onda** to get it *Ver tb* PUNTO

agazaparse vp to crouch (down)

agencia nf agency [*pl* agencies] LOC **agencia de viajes** travel agency [*pl* travel agencies] ◆ **agencia inmobiliaria** real estate agency, estate agent's (*GB*)

agenda nf **1** (*libreta*) datebook, diary (*GB*) **2** (*de direcciones y teléfonos*) address book

agente

3 (*intención*) agenda LOC **agenda electrónica** personal organizer

agente *nmf* **1** (*representante*) agent: *Eso trátelo con mi ~.* See my agent about that. **2** (*policía*) (police) officer LOC **agente inmobiliario** Realtor®, estate agent (*GB*) ♦ **agente viajero** sales rep *Ver tb* TRÁNSITO

ágil *adj* (*persona*) agile

agilidad *nf* agility

agitado, -a *adj* **1** (*vida, día*) hectic **2** (*mar*) rough *Ver tb* AGITAR

agitar *vt* **1** (*botella*) to shake: *Agítese antes de usarlo.* Shake (well) before using. **2** (*pañuelo, brazos*) to wave **3** (*alas*) to flap
▸ **agitarse** *vp* to get worked up: *Se agitó mucho.* She got very worked up.

agnóstico, -a *adj, nm-nf* agnostic

agobiante *adj* **1** (*ambiente*) oppressive: *Hace un calor ~.* It's oppressively hot. **2** (*lleno de gente*) congested: *El metro es siempre muy ~.* The subway is always very congested. **3** (*persona*) annoying

agobiar *vt* to overwhelm
▸ **agobiarse** *vp* to get worked up

agobio *nm* **1** (*calor*): *¡Qué ~! Abre un poco la ventana.* It's stifling in here! Open the window a bit. **2** (*preocupación*) worry [*pl* worries]: *Para entonces estaré con el ~ de los exámenes.* I'll be worrying about the exams by then.

agonía *nf* agony [*pl* agonies]

agonizar *vi* to be dying

agosto *nm* August (*abrev* Ag.) ➔ *Ver ejemplos en* ENERO LOC **hacer el/su agosto** to make a fortune

agotado, -a *adj* **1** (*cansado*) worn out, exhausted (*más formal*) **2** (*existencias*) sold out **3** (*libros*) out of print *Ver tb* AGOTAR

agotador, -ora *adj* exhausting

agotamiento *nm* exhaustion

agotar *vt* **1** (*cansar*) to wear *sb* out: *Los niños me agotan.* The children wear me out. **2** (*existencias, reservas*) to use *sth* up: *Hemos agotado las existencias.* We've used up all our supplies. **3** (*tema*) to exhaust
▸ **agotarse** *vp* **1** (*gastarse*) to run out: *Se me está agotando la paciencia.* My patience is running out. **2** (*libro, entradas*) to sell out

agraciado, -a *adj* (*apariencia*) attractive

agradable *adj* pleasant LOC **agradable a la vista/al oído** pleasing to the eye/ear

agradar *vi* to please *sb*: *Intenta ~ a todo el mundo.* He tries to please everyone.

agradecer *vt* to thank *sb* (for *sth/doing sth*): *Agradezco mucho que hayan venido.* Thank you very much for coming. ➔ *Ver nota en* THANK

agradecido, -a *adj* grateful: *Le quedo muy ~.* I am very grateful to you. *Ver tb* AGRADECER

agradecimiento *nm* gratitude: *Deberías mostrar tu ~.* You should show your gratitude. ◊ *unas palabras de ~* a few words of thanks

agrandar *vt* to enlarge

agrario, -a *adj* (*ley, reforma*) agrarian

agravar *vt* to make *sth* worse
▸ **agravarse** *vp* to get worse

agredir *vt* to attack

agregado *adj* LOC *Ver* IMPUESTO; *Ver tb* AGREGAR

agregar *vt* to add *sth* (*to sth*)

agresión *nf* aggression: *un pacto de no ~* a non-aggression pact

agresivo, -a *adj* aggressive

agresor, -ora *nm-nf* attacker

agrícola *adj* agricultural LOC *Ver* EXPLOTACIÓN, FAENA, LABOR, PRODUCTO

agricultor, -ora *nm-nf* farmer

agricultura *nf* agriculture, farming (*más coloq*)

agridulce *adj* sweet and sour

agrietar(se) *vt, vp* **1** to crack **2** (*piel*) to chap

agrio, -a *adj* **1** (*leche, vino, carácter*) sour **2** (*limón, experiencia*) bitter

agriparse *vp* to catch a cold

agronomía *nf* agronomy LOC *Ver* PERITO

agrónomo, -a *adj* agricultural LOC *Ver* INGENIERO

agrupar *vt* to put *sb/sth* in a group
▸ **agruparse** *vp* to get into groups: *~se de tres en tres* to get into groups of three

agruras (*tb* agriera) *nf* heartburn

agua *nf* water LOC **agua corriente** running water ♦ **agua de la llave/del caño** tap water ♦ **agua dulce/salada** fresh/salt water: *peces de ~ salada* saltwater fish ♦ **agua mineral con/sin gas** carbonated/noncarbonated mineral water ♦ **agua oxigenada** hydrogen peroxide ♦ **agua potable** drinking water ♦ **aguas negras/servidas** sewage [*incontable*] ♦ **aguas subterráneas** groundwater [*incontable*] *Ver tb* AHOGAR, BOLSA¹, CLARO, CUELLO, GOTA, MOLINO, MOTO, PAÑO, PEZ

aguacate *nm* avocado [*pl* avocados]

aguacero *nm* (heavy) shower: *Ayer cayó un buen ~.* It really poured down yesterday.

aguafiestas *nmf* spoilsport

aguamala *nf* jellyfish [*pl* jellyfish]

aguanieve *nf* sleet

aguantar *vt* **1** to put up with *sb/sth*: *Tendrás que ~ el dolor.* You'll have to put up with the pain.

Cuando la frase es negativa se utiliza mucho **stand**: *No aguanto este calor.* I can't stand this heat. ◊ *No los aguanto.* I can't stand them. ◊ *¡No hay quien te aguante!* You're unbearable!

2 (*peso*) to take: *El puente no aguantó el peso del camión.* The bridge couldn't take the weight of the truck.
▸ *vi* **1** (*durar*) to last: *La alfombra aguantará otro año.* The carpet will last another year. **2** (*esperar*) to hold on: *Aguanta, que ya casi llegamos.* Hold on, we're almost there. **3** (*resistir*) to hold: *Esta estantería no aguantará.* This shelf won't hold.
▸ **aguantarse** *vp* to grin and bear it: *Yo también tengo hambre, pero me aguanto.* I'm hungry as well, but I grin and bear it. ◊ *Si no te gusta, te aguantas.* If you don't like it, tough!
LOC **aguantar la respiración** to hold your breath

aguante *nm* stamina: *Tienen muy poco ~.* They have very little stamina.

aguardiente *nm* clear brandy

aguarrás *nm* turpentine

agudo, -a *adj* **1** (*dolor, sentido, inteligencia*) sharp: *una inteligencia aguda* a sharp mind **2** (*enfermedad, ángulo*) acute **3** (*sonido, voz*) high-pitched **4** (*gracioso*) witty: *un comentario ~* a witty remark **5** (*palabra*): *Es una palabra aguda.* The accent is on the last syllable.
▸ *nm* (*Mús*) treble [*incontable*]: *No se oyen bien los ~s.* You can't hear the treble very well.

aguijón *nm* (*insecto*) sting: *clavar el ~* to sting

águila *nf* eagle

aguinaldo *nm* **1** (*paga extra*) extra salary paid at certain times of the year **2** (*Col*) (*regalo de Navidad*) Christmas present

aguja *nf* **1** (*Costura, Med*) needle: *enhebrar una ~* to thread a needle **2** (*de reloj*) hand **3** (*de tocadiscos*) stylus [*pl* styluses/styli] **LOC** Ver BUSCAR

agujero *nm* hole: *hacer un ~* to make a hole **LOC** **agujero negro** black hole

agujeta *nf* (*Méx*) (*cordón*) shoelace

ahí *adv* **1** there: *Ahí van.* There they go. ◊ *Ahí lo tienes.* There it is. ◊ *¡Quédate ~!* Stand over there! **2** (*más o menos*) not so bad: – *¿Cómo anda tu mamá? – Ahí.* 'How's your mother?' 'Not so bad.' **LOC** **ahí abajo/arriba** down/up there: *¿Están mis libros ~ abajo?* Are my books down there? ◆ **ahí dentro/fuera** in/out there: *Ahí fuera hace mucho frío.* It's freezing out there. ◆ **¡ahí va!** (*¡agárralo!*) catch! ◆ **por ahí 1** (*lugar determinado*) over there **2** (*lugar no determinado*): *He estado por ~.* I've been out. ◊ *ir por ~ a dar una vuelta* to go out for a walk **3** (*tiempo*): *Llego por ~ a las tres.* I'll get there at around three. *Ver tb* MISMO, QUITAR

ahijado, -a *nm-nf* **1** (*masc*) godson **2** (*fem*) god-daughter **3** (*sin distinción de sexo*) godchild [*pl* godchildren]

ahogar *vt* **1** (*asfixiar*) to suffocate: *El humo me ahogaba.* The smoke was suffocating me. **2** (*en agua*) to drown
▸ **ahogarse** *vp* **1** (*asfixiarse*) to suffocate: *Por poco se ahogan con el humo del incendio.* They nearly suffocated in the smoke from the fire. **2** (*en agua*) to drown **3** (*respirar mal*) to be unable to breathe: *Cuando me da asma me ahogo.* When I have an asthma attack, I can't breathe. **4** (*al atragantarse*) to choke: *Casi me ahogo con esa espina.* I almost choked on that bone. **LOC** **ahogarse en un vaso de agua** to get worked up over nothing

ahora *adv* now: *¿Qué voy a hacer ~?* What am I going to do now? ◊ *Ahora voy.* I'm coming. **LOC** **ahora mismo 1** (*en este momento*) right now: *Ahora mismo no puedo.* I can't do it right now. **2** (*enseguida*) right away: *Ahora mismo te lo doy.* I'll give it to you right away. ◆ **de ahora en adelante** from now on ◆ **hasta ahora** up until now ◆ **¡hasta ahora!** see you soon!

ahorcado (*tb* **ahorcadito**) *nm* hangman: *jugar al ~* to play hangman

ahorcar(se) *vt, vp* to hang (yourself)

En el sentido de *ahorcar* el verbo **hang** es regular y por lo tanto forma el pasado añadiendo **-ed**.

ahorita *adv* **1** (*en este momento*) right now **2** (*enseguida*) right away

ahorrador, -ora *adj* thrifty
▸ *nm-nf* saver **LOC** **ser poco ahorrador** to be bad with money

ahorrar *vt, vi* to save: *~ tiempo/dinero* to save time/money

ahorro *nm* saving: *mis ~s de toda la vida* my life savings **LOC** *Ver* CAJA, LIBRETA

ahuesarse *vp* (*Per*) (*persona*) to get into a rut

ahumado, -a *adj* smoked
▸ **ahumados** *nm* smoked fish [*incontable*] *Ver tb* AHUMAR

ahumar *vt* **1** (*alimentos*) to smoke **2** (*habitación*) to fill *sth* with smoke
▸ **ahumarse** *vp* **1** (*habitación*) to fill with smoke **2** (*ennegrecerse*) to blacken

ahuyama (*tb* **auyama**) *nf* pumpkin

ahuyentar *vt* to frighten *sb/sth* away/off

aire *nm* air: *~ puro* fresh air **LOC** **aire acondicionado** air conditioning ◆ **al aire libre** in the open air: *un concierto al ~ libre* an open-air concert ◆ **a mi aire**: *Le gusta estar a su ~.* He likes to do his own thing. ◆ **cogerlas en el aire** to catch on fast ◆ **darse aires de superioridad** to

airear

put on airs ♦ **estar al aire** to be on the air ♦ **pistola/rifle de aire comprimido** air gun ♦ **saltar/volar por los aires** to blow up ♦ **tomar el aire** to get a breath of fresh air *Ver tb* BOMBA²

airear *vt* to air
▸ **airearse** *vp* to get some fresh air

aislado, -a *adj* isolated: *casos ~s* isolated cases *Ver tb* AISLAR

aislante (*tb* aislador, -ora) *adj* insulating
▸ *nm* insulator LOC **cinta/huincha/tela aislante** insulating tape

aislar *vt* **1** (*separar*) to isolate *sb/sth* (*from sb/sth*) **2** (*incomunicar*) to cut *sb/sth* off (*from sb/sth*): *Las inundaciones aislaron la aldea.* The town was cut off by the floods. **3** (*con material aislante*) to insulate

ajedrez *nm* **1** (*juego*) chess **2** (*tablero y piezas*) chess set LOC *Ver* TABLERO

ajeno, -a *adj* **1** (*de otro*) somebody else's: *en casa ajena* in somebody else's house **2** (*de otros*) other people's: *meterse en los problemas ~s* to interfere in other people's lives

ajetreado, -a *adj* **1** (*persona*) busy **2** (*día*) hectic

ají *nm* chili [*pl* chilies]

ajo *nm* garlic LOC **como el ajo** (*Chi*) terrible *Ver tb* CABEZA, DIENTE

ajuar *nm* trousseau [*pl* trousseaus/trousseaux]

ajustado, -a *adj* **1** (*apretado*) tight-fitting: *un vestido muy ~* a tight-fitting dress **2** (*puerta, portón*) ajar *Ver tb* AJUSTAR

ajustar *vt* **1** (*regular*) to adjust: *~ la televisión* to adjust the television **2** (*apretar*) to tighten: *~ un tornillo* to tighten a screw **3** (*puerta, portón*) to leave *sth* ajar
▸ *vi* to fit: *La puerta no ajusta.* The door doesn't fit.
▸ **ajustarse** *vp* **ajustarse** (**a**) to fit in (with *sth*): *Es lo que mejor se ajusta a nuestras necesidades.* It's what suits our needs best. LOC **ajustarle las cuentas a algn** to settle accounts with sb

al *prep* + **infinitivo 1** (*después de*) when: *Al verme se echaron a reír.* They burst out laughing when they saw me. **2** (*simultaneidad*) as: *Lo vi al salir.* I saw him as I was leaving. *Ver tb* A

ala *nf* **1** wing: *las ~s de un avión* the wings of a plane ◊ *el ~ conservadora del partido* the conservative wing of the party **2** (*sombrero*) brim: *un sombrero de ~ ancha* a wide-brimmed hat LOC **ala delta 1** (*aparato*) hang-glider **2** (*deporte*) hang-gliding

alabanza *nf* praise [*incontable*]: *Se deshicieron en ~s hacia ti.* They were full of praise for you.

alabar *vt* to praise *sb/sth* (*for sth*): *Lo alabaron por su valentía.* They praised him for his courage.

alacrán *nm* scorpion

alambrada *nf* wire fence

alambre *nm* wire: *~ de acero/cobre* steel/copper wire

álamo *nm* poplar

alarde *nm* LOC **hacer alarde de** to show off about *sth*

alardear *vi* **~ (de)** to boast (about/of *sth*)

alargado, -a *adj* long *Ver tb* ALARGAR

alargar *vt* **1** (*extender*) to extend: *~ una carretera* to extend a road **2** (*prenda*) to lengthen **3** (*duración*) to prolong: *~ la guerra* to prolong the war **4** (*estirar, brazo, mano*) to stretch *sth* out
▸ **alargarse** *vp* **1** to get longer: *Los días se van alargando.* The days are getting longer. **2** (*prolongarse demasiado*) to drag on: *La reunión se alargó hasta las dos.* The meeting dragged on till two. **3** (*hablando, explicando*) to go on for too long

alarma *nf* alarm: *dar la (voz de) ~* to raise the alarm ◊ *Saltó la ~.* The alarm went off.
LOC **alarma antirrobo 1** burglar alarm **2** (*carro*) car alarm ♦ **alarma de incendios** fire alarm

alarmante *adj* alarming

alarmarse *vp* **~ (por)** to be alarmed (at *sth*)

alba *nf* dawn: *al ~* at dawn

albahaca *nf* basil

albañil *nm* **1** construction worker, builder (*GB*) **2** (*que solo pone ladrillos*) bricklayer

albaricoque *nm* apricot

alberca *nf* (*Méx*) swimming pool LOC **alberca cubierta/techada** indoor pool

albergar *vt* to house
▸ **albergarse** *vp* to shelter

albergue *nm* **1** (*residencia*) hostel: *un ~ juvenil* a youth hostel **2** (*de montaña, emergencia*) shelter

albóndiga *nf* meatball

alborotado, -a *adj* **1** (*excitado*) in a state of excitement: *Los ánimos están ~s.* Feelings are running high. **2** (*con confusión*) in confusion: *La gente corría alborotada.* People were running around in confusion. *Ver tb* ALBOROTAR

alborotar *vt* **1** (*desordenar*) to mess *sth* up: *El viento nos alborotó el pelo.* The wind messed up our hair. **2** (*revolucionar*) to stir *sb* up: *~ al resto de la clase* to stir up the rest of the class
▸ **alborotarse** *vp* to get excited

alboroto *nm* **1** (*barullo*) racket: *¿A qué viene tanto ~?* What's all the racket about? ◊ *armar/*

montar un ~ to make a racket **2** (*disturbio*) disturbance: *El ~ hizo que viniera la policía.* The disturbance led the police to intervene.

álbum *nm* album

alcachofa *nf* artichoke

alcalde, -esa *nm-nf* mayor

alcance *nm* **1** reach: *fuera de tu ~* out of your reach **2** (*arma, emisora, telescopio*) range: *misiles de medio ~* medium-range missiles LOC **al alcance de la mano** within reach: *Tenían el premio al ~ de la mano.* The prize was within reach.

alcancía *nf* money box

alcanfor *nm* LOC *Ver* BOLA

alcantarilla *nf* sewer

alcantarillado *nm* sewage system

alcanzar *vt* **1** (*llegar a*) to reach: *~ un acuerdo* to reach an agreement **2** (*conseguir*) to achieve: *~ los objetivos* to achieve your objectives **3** (*seguir*) to catch up with *sb*: *No pude ~los.* I couldn't catch up with them. ◊ *Ve saliendo, ya te alcanzaré.* You go on — I'll catch up with you.
▸ *vi* **1** (*ser suficiente*) to be enough: *La comida no alcanzará para todos.* There won't be enough food for everybody. **2** (*llegar*) to reach: *No alcanzo.* I can't reach.

alcaparra *nf* caper

alcoba *nf* bedroom LOC *Ver* JUEGO

alcohol *nm* alcohol LOC **sin alcohol** non-alcoholic *Ver tb* CERVEZA

alcoholemia *nf* blood alcohol level LOC **hacer el control/la prueba de alcoholemia** to breathalyze *sb*

alcohólico, -a *adj, nm-nf* alcoholic

alcoholímetro *nm* Breathalyzer®

alcoholismo *nm* alcoholism

aldea *nf* (small) village LOC **la aldea global** the global village

aldeano, -a *nm-nf* villager

alegar *vt* **1** to claim: *Alegan que existió fraude.* They're claiming that there was a fraud. ◊ *Alegan no tener dinero.* They claim not to have money. **2** (*razones, motivos*) to cite: *Alegó motivos personales.* He cited personal reasons.

alegrar *vt* **1** (*hacer feliz*) to make *sb* happy: *La carta me alegró mucho.* The letter made me very happy. **2** (*animar*) (**a**) (*persona*) to cheer *sb* up: *Intentamos ~ a los ancianos.* We tried to cheer the old people up. (**b**) (*fiesta*) to liven *sth* up: *Los magos alegraron la fiesta.* The magicians livened up the party. **3** (*casa, lugar*) to brighten *sth* up
▸ **alegrarse** *vp* **1** (*estar contento*) (**a**) **alegrarse (de/**

por) to be pleased (about *sth/to do sth*): *Me alegro de saberlo.* I'm pleased to hear it. (**b**) **alegrarse por algn** to be delighted for *sb*: *Me alegro por ustedes.* I'm delighted for you. **2** (*cara, ojos*) to light up: *Se le alegró la cara.* His face lit up.

alegre *adj* **1** (*feliz*) happy **2** (*de buen humor*) cheerful: *Tiene un carácter ~.* He's a cheerful person. **3** (*música, espectáculo*) lively **4** (*color, habitación*) bright

alegría *nf* joy: *gritar/saltar de ~* to shout/jump for joy LOC **¡qué/vaya alegría!** great! *Ver tb* CABER

alejamiento *nm* LOC *Ver* ORDEN

alejar *vt* **1** (*retirar*) to move *sb/sth* away (*from sb/sth*): *Debes ~lo de la ventana.* You should move it away from the window. **2** (*distanciar*) to distance *sb/sth* (*from sb/sth*): *El desacuerdo nos alejó de mis padres.* The disagreement distanced us from my parents.
▸ **alejarse** *vp* **alejarse (de)** **1** (*apartarse*) to move away (from *sb/sth*): *~se de un objetivo* to move away from a goal ◊ *No se alejen mucho.* Don't go too far away. **2** (*camino*) to leave

¡aleluya! *interj* hallelujah

alemán, -ana *adj, nm-nf, nm* German: *los alemanes* the Germans ◊ *hablar ~* to speak German LOC *Ver* PASTOR

Alemania *nf* Germany

alentado, -a *adj* (*Chi*) (*listo*) bright

alergia *nf ~* (**a**) allergy [*pl* allergies] (to *sth*): *tener ~ a algo* to be allergic to sth LOC **alergia al polen** hay fever

alérgico, -a *adj ~* (**a**) allergic (to *sth*)

alero *nm* **1** (*tejado*) eaves [*pl*] **2** (*Dep*) winger

alerta *nf* alert: *en estado de ~* on alert ◊ *Dieron la (voz de) ~.* They gave the alert.
▸ *adj* alert (*to sth*)

alertar *vt* to alert *sb* (*to sth*): *Nos alertaron del riesgo.* They alerted us to the risk.

aleta *nf* **1** (*pez*) fin **2** (*buceador, foca*) flipper **3** (*vehículo*) wing

alfabético, -a *adj* alphabetical

alfabeto *nm* alphabet

alfalfa *nf* alfalfa

alféizar *nm* (*ventana*) windowsill

alfil *nm* bishop

alfiler *nm* pin LOC **alfiler de gancho** safety pin

alfombra *nf* **1** (*grande*) carpet **2** (*más pequeña*) rug

alga *nf* **1** (*de agua dulce*) weed [*incontable*]: *El estanque está lleno de ~s.* The pond is full of weed. **2** (*de agua salada*) seaweed [*incontable*]

álgebra

❶ También existe la palabra **algae**, pero es de uso científico.

álgebra *nf* algebra

algo *pron* something, anything **❶** La diferencia entre **something** y **anything** es la misma que hay entre **some** y **any**. ➔ *Ver tb nota en* SOME.
▸ *adv* **1** [*con adjetivo*] rather: *~ ingenuo* rather naive ➔ *Ver nota en* FAIRLY **2** [*con verbo*] a little: *Mi hija me ayuda ~.* My daughter helps me a little.
▸ *nm* (*Col*) tea: *Ellos vienen a tomar el ~ con nosotros.* They're coming for tea with us. LOC **¿algo más?** (*almacén*) anything else? ♦ **en algo** in any way: *Si en ~ puedo ayudarles…* If I can help you in any way… ♦ **o algo así** or something like that ♦ **por algo será** there must be a reason

algodón *nm* **1** (*planta, fibra*) cotton **2** (*Med*) cotton ball: *Me tapé los oídos con algodones.* I put cotton balls in my ears. LOC **algodón dulce/de azúcar** cotton candy, candyfloss (*GB*)

alguien *pron* someone, anyone: *¿Cree que vendrá ~?* Do you think anyone will come? **❶** La diferencia entre **someone** y **anyone** es la misma que hay entre **some** y **any**. ➔ *Ver tb notas en* EVERYONE *y* SOME.

algún *adj Ver* ALGUNO

alguno, -a *adj* **1** some, any: *Te he comprado ~s libros para que te entretengas.* I've bought you some books to pass the time. ◊ *¿Hay algún problema?* Are there any problems? ➔ *Ver nota en* SOME **2** (*con número*) several: *~s centenares de personas* several hundred people **3** (*uno que otro*) the odd: *Alguna mala nota sacarás.* You're bound to get the odd bad grade.
▸ *pron: Algunos de ustedes son muy perezosos.* Some of you are very lazy. ◊ *Seguro que fue ~ de ustedes.* It must have been one of you. ◊ *Algunos protestaron.* Some (people) protested. LOC **alguna cosa** something, anything **❶** La diferencia entre **something** y **anything** es la misma que hay entre **some** y **any**. *Ver nota en* SOME. ♦ **algunas veces** sometimes ♦ **alguna vez** ever: *¿Has estado allá alguna vez?* Have you ever been there? ♦ **algún día** some day ♦ **en algún lugar/sitio/en alguna parte** somewhere, anywhere **❶** La diferencia entre **somewhere** y **anywhere** es la misma que hay entre **some** y **any**. ➔ *Ver tb nota en* SOME.

aliado, -a *adj* allied
▸ *nm-nf* ally [*pl* allies] *Ver tb* ALIARSE

alianza *nf* alliance: *una ~ entre cinco partidos* an alliance between five parties

aliarse *vp* ~ **(con/contra)** to form an alliance (with/against *sb/sth*)

alicates *nm* pliers: *Necesito unos ~.* I need a pair of pliers. ➔ *Ver nota en* PAIR

aliento *nm* breath: *tener mal ~* to have bad breath LOC **sin aliento** out of breath: *Vengo sin ~.* I'm out of breath.

alimaña *nf* pest

alimentación *nf* **1** (*acción*) feeding **2** (*dieta*) diet: *una ~ equilibrada* a balanced diet

alimentar *vt* to feed *sb/sth* (*on/with sth*): *~ a los caballos con heno* to feed the horses (on) hay
▸ *vi* to be nourishing: *Alimenta mucho.* It's very nourishing.
▸ **alimentarse** *vp* **alimentarse de** to live on *sth*

alimenticio, -a *adj* **1** (*tb* **alimentario, -a**) (*comida*) food: *productos ~s* foodstuffs **2** (*nutritivo*) nutritious: *Los bananos son muy ~s.* Bananas are very nutritious.

alimento *nm* **1** (*comida*) food: *~s enlatados* canned food(s) **2** (*valor nutritivo*): *Las lentejas son de mucho ~.* Lentils are very nourishing.

alineación *nf* (*Dep*) line-up

alinear *vt* **1** (*poner en hilera*) to line *sb/sth* up **2** (*Dep*) to field

aliñar *vt* to season *sth* (*with sth*): *~ la carne* to season meat

alisar *vt* to smooth

alistar *vt* to get *sb* ready
▸ **alistarse** *vp* **1** ~ **(en)** (*enrolarse*) to enlist (in *sth*) **2** (*prepararse*) to get ready: *Alístate que nos vamos.* Get ready, we're leaving.

aliviar *vt* to relieve: *~ el dolor* to relieve pain ◊ *El masaje me alivió un poco.* The massage made me feel a little better.

alivio *nm* relief: *¡Qué ~!* What a relief! ◊ *Ha sido un ~ para todos.* It came as a relief to everybody.

allá *adv* **1** (*lugar*) (over) there: *Déjalo ~.* Leave it (over) there. ◊ *de Cuenca para ~* from Cuenca on ◊ *Tengo un amigo ~.* I have a friend there. ◊ *a 30 kilómetros de ~* 30 kilometers from there **2** ~ **en/por…** (*tiempo*) back in…: *~ por los años 60* back in the 60s LOC **allá abajo/arriba** down/up there ♦ **allá adentro/afuera** in/out there ♦ **allá mismo** right there ♦ **allá tú** it's your, his, etc. problem ♦ **¡allá voy!** here I come! ♦ **el más allá** the afterlife ♦ **más allá 1** (*más lejos*) further on: *seis kilómetros más ~* six kilometers further on **2** (*hacia un lado*) further over: *correr la mesa más ~* to push the table further over ♦ **más allá de** beyond: *más ~ del río* beyond the river *Ver tb* ACÁ

allanar *vt* (*casa, edificio*) to raid: *La policía allanó la casa de Jorge.* The police raided Jorge's house.

allegado, -a *nm-nf* **1** (*amigo, pariente*) close friend: *los ~s de la familia* close friends of the family **2** (*Chi*) (*huésped*) guest

allí adv there: *¡Allí están!* There they are! ◊ *una chica que pasaba por ~* a girl who was passing by LOC **allí abajo/arriba** down/up there ♦ **allí adentro/afuera** in/out there ♦ **es allí donde...** that's where...: *Fue ~ donde me caí.* That's where I fell. *Ver tb* MISMO

alma *nf* **1** soul: *No había ni un ~.* There wasn't a soul. **2** (*carácter, mente*) spirit: *un ~ noble* a noble spirit LOC **con toda mi alma** with all my heart

almacén *nm* **1** store: *Hay unos almacenes buenísimos en ese centro comercial.* There are some wonderful stores in that mall. **2** (*tienda de comestibles*) grocery store, grocer's (*GB*) ➔ *Ver nota en* CARNICERÍA

almacenar *vt* to store

almeja *nf* clam

almendra *nf* almond

almendro *nm* almond tree

almíbar *nm* syrup

almirante *nmf* admiral

almohada *nf* pillow LOC *Ver* CONSULTAR

almorzar *vi* to have lunch: *¿A qué hora almorzamos?* What time are we going to have lunch? ◊ *¿Qué hay para ~?* What's for lunch?
▶ *vt* to have *sth* for lunch

almuerzo *nm* lunch: *¿Qué hay de ~?* What's for lunch? ➔ *Ver nota en* DINNER

¡aló! *interj* (*por teléfono*) hello

alocado, -a *adj* rash: *una decisión alocada* a rash decision

alojamiento *nm* accommodations [*pl*], accommodation [*incontable*] (*GB*)

alojar *vt* **1** to accommodate: *El hotel puede ~ a 200 personas.* The hotel can accommodate 200 people. **2** (*sin cobrar*) to put *sb* up: *Después del incendio nos alojaron en un colegio.* After the fire, they put us up in a school.
▶ **alojarse** *vp* to stay: *Nos alojamos en un hotel.* We stayed in a hotel.

alpiste *nm* birdseed

alquilar *vt*
● referido a la persona que toma algo en **alquiler** to rent: *Alquiló un disfraz para la fiesta.* She rented a fancy dress costume for the party.

En Gran Bretaña se emplea la palabra **hire** si se trata de un plazo breve de tiempo, como en el caso de un automóvil o disfraz: *Vale la pena alquilar un automóvil.* It's worth hiring a car.
Rent implica períodos de tiempo más largos, por ejemplo cuando se arrienda una casa o una habitación: *¿Cuánto me costaría alquilar un apartamento de dos habitaciones?* How much would it cost me to rent a two-bedroom apartment?

● referido a la persona que deja algo en **alquiler** to rent *sth* out: *Viven de alquilar apartamentos.* They make a living by renting out apartments. ◊ *Alquilan caballos para el paseo.* They rent out horses for the trail ride.

En Gran Bretaña se emplea **hire sth (out)** si se trata de un plazo breve de tiempo: *Viven del alquiler de caballos a los turistas.* They make their living hiring (out) horses to tourists.
Rent sth (out) se refiere a períodos de tiempo más largos y se suele utilizar para referirse a objetos, casas o habitaciones: *Alquilan habitaciones a estudiantes.* They rent (out) rooms to students.
Let sth (out) se refiere solo a casas o habitaciones: *En nuestro edificio hay un apartamento en arriendo.* There's an apartment to let in our building.

alquiler *nm* **1** (*acción de alquilar*) **(a)** (*apartamento*) renting **(b)** (*televisor, disfraz*) rental: *una compañía de ~ de carros* a car rental company **2** (*precio*) rent: *¿Pagaste el ~?* Did you pay the rent? LOC *Ver* CARRO, MADRE

alquitrán *nm* tar

alrededor *adv* **~ (de) 1** (*en torno a*) around: *las personas a mi ~* the people around me **2** (*aproximadamente*) around: *Vamos a llegar ~ de las diez y media.* We'll get there at around half past ten.
▶ **alrededores** *nm* (*ciudad*) outskirts LOC *Ver* GIRAR, VUELTA

alta *nf* LOC **dar de alta a algn** to discharge *sb* (from hospital)

altanero, -a *adj* cocky: *ponerse (en plan) ~* to get cocky

altar *nm* altar

altavoz *nm* loudspeaker: *Lo anunciaron por los altavoces.* They announced it over the loudspeakers.

alterar *vt* to alter
▶ **alterarse** *vp* **1** (*enojarse*) to get angry **2** (*ponerse nervioso*) to get nervous: *¡No te alteres!* Keep calm! LOC **alterar el orden público** to cause a breach of the peace

alternar *vt, vi* to alternate
▶ *vi* (*con gente*) to socialize

alternativa *nf* **~ (a)** alternative (to *sth*): *Es nuestra única ~.* It is our only option.

alternativo, -a *adj* alternative: *música alternativa* alternative music

alterno

alterno, -a *adj* alternate: *en días ~s* on alternate days

altibajos *nm (cambios)* ups and downs: *Todos tenemos ~.* We all have our ups and downs.

altiro *adv* Ver TIRO

altitud *nf* height, altitude *(más formal)*: *a 3.000 metros de ~* at an altitude of 3,000 meters

alto, -a *adj* **1** tall, high

> **Tall** se usa para referirnos a personas, árboles y edificios que suelen ser estrechos además de altos: *el edificio más alto del mundo* the tallest building in the world ◊ *una niña muy alta* a very tall girl. **High** se utiliza mucho con sustantivos abstractos: *altos niveles de contaminación* high levels of pollution ◊ *altos tipos de interés* high interest rates, y para referirnos a la altura sobre el nivel del mar: *La Paz es la capital más alta del mundo.* La Paz is the highest capital in the world.
> Los antónimos de **tall** son **short** y **small**, y el antónimo de **high** es **low**. Las dos palabras tienen en común el sustantivo **height**, *altura*.

2 *(mando, funcionario)* high-ranking **3** *(clase social, región)* upper: *el ~ Magdalena* the upper Magdalena **4** *(sonido, voz)* loud: *No pongas la música tan alta.* Don't play the music so loud.
▶ *adv* **1** *(poner, subir)* high: *Ese cuadro está muy ~.* That picture is too high up. **2** *(hablar, tocar)* loudly
▶ *nm* height: *Tiene tres metros de ~.* It is three meters high. LOC **alta fidelidad** hi-fi ◆ **alta mar** the high sea(s): *El barco estaba en alta mar.* The ship was on the high sea. ◆ **¡alto!** stop! ◆ **pasar por alto** to overlook Ver tb BARRIO, CLASE, CUELLO, HABLAR, LUZ, POTENCIA, TRIBUNA

altura *nf* height: *caerse desde una ~ de tres metros* to fall from a height of three meters LOC **a estas alturas** at this stage ◆ **a la altura de…**: *una cicatriz a la ~ del codo* a scar near the elbow ◆ **altura máxima** maximum headroom ◆ **de gran/poca altura** high/low ◆ **estar a la altura (de algo)** to be up to sth: *Ninguno de los candidatos estaba a la ~.* None of the candidates was up to it. ◆ **estar a la altura de algn** to be as good as sb ◆ **tener dos, etc. metros de altura** *(cosa)* to be two, etc. meters high Ver tb SALTO

alucinación *nf* hallucination

alucinar *vi* to hallucinate

alud *nm* avalanche

aludido, -a *adj* LOC **darse por aludido**: *No se dieron por ~s.* They didn't take the hint. ◊ *Enseguida te das por ~.* You always take things personally.

alumbrado *nm* lighting

alumbrar *vt* to light sth (up): *Una gran lámpara alumbra la sala.* The room is lit by a huge lamp.
▶ *vi* to give off light: *Esa lámpara alumbra mucho.* That lamp gives off a lot of light. ◊ *Alumbra debajo de la cama.* Shine a light under the bed.

aluminio *nm* aluminum, aluminium *(GB)* LOC Ver PAPEL

alumnado *nm* students *[pl]*: *El ~ organizó una fiesta de fin de curso.* The students have organized an end of year party.

alumno, -a *nm-nf* **1** pupil: *uno de mis ~s* one of my pupils **2** *(universidad)* student

> **Student** es la palabra más general, y se refiere a la persona que estudia en una universidad o una escuela: *una excursión para los alumnos* an outing for students. La palabra **pupil** ya casi no se usa para alumnos de Secundaria, aunque se sigue usando para alumnos de Primaria. En Primaria y Preescolar también se usa mucho la palabra **child** *[pl* **children** *]*.

alzar *vt* to raise: *~ el telón* to raise the curtain
▶ **alzarse** *vp* **alzarse (contra)** to rebel (against sb/sth): *Los militares se alzaron contra el gobierno.* The military rebelled against the government.

ama *nf* LOC **ama de casa** housewife *[pl* housewives*]* ◆ **ama de llaves** housekeeper

amable *adj* **~ (con)** kind (to sb): *Han sido muy ~s ayudándome.* It was very kind of them to help me. ◊ *Gracias, es usted muy ~.* Thank you, that's very kind of you. LOC **si es tan amable (de…)** if you would be so kind (as to…): *Si es tan ~ de cerrar la puerta.* If you would be so kind as to close the door.

amaestrar *vt* to train LOC **sin amaestrar** untrained

amamantar *vt* **1** *(persona)* to breastfeed **2** *(animal)* to suckle

amanecer¹ *nm* **1** *(alba)* dawn: *Nos levantamos al ~.* We got up at dawn. **2** *(salida del sol)* sunrise: *contemplar el ~* to watch the sunrise

amanecer² *v imp* to dawn: *Estaba amaneciendo.* Day was dawning. ◊ *Amaneció soleado.* It was sunny in the morning.
▶ *vi (despertarse)* to wake up: *Amanecí con dolor de cabeza.* I woke up with a headache.
▶ **amanecer(se)** *vi, vp (quedarse despierto)* to stay up all night: *Nos amanecimos conversando.* We stayed up all night talking.

amanerado, -a *adj* **1** *(rebuscado)* affected **2** *(afeminado)* effeminate

amante *adj* loving: *~ padre y esposo* loving husband and father ◊ *~ de la música* music-loving
▸ *nmf* lover

amañado, -a *adj* LOC **estar amañado** to feel comfortable

amañador, -ora *adj* pleasant

amapola *nf* poppy [*pl* poppies]

amar *vt* to love

amargado, -a *adj* bitter: *estar ~ por algo* to be bitter about sth
▸ *nm-nf* bellyacher, moaner (GB): *Son un par de ~s.* They're a couple of bellyachers. *Ver tb* AMARGAR

amargar *vt* **1** (*persona*) to make *sb* bitter **2** (*ocasión*) to ruin: *Eso nos amargó las vacaciones.* That ruined our vacation.
▸ **amargarse** *vp* to get upset: *No te amargues (la vida) por eso.* Don't get upset over something like that. LOC **amargarle la vida a algn** to make sb's life a misery

amargo, -a *adj* bitter

amarillento, -a *adj* yellowish

amarillo, -a *adj* (*color*) yellow: *Es de color ~.* It is yellow. ◊ *Yo iba de ~.* I was wearing yellow. ◊ *pintar algo de ~* to paint sth yellow ◊ *el muchacho de la camisa amarilla* the boy in the yellow shirt
▸ *nm* yellow: *No me gusta el ~.* I don't like yellow. LOC *Ver* COBRE, PÁGINA, PRENSA

amarra *nf* (*Náut*) mooring rope LOC *Ver* SOLTAR

amarrado, -a *adj* (*tacaño*) stingy *Ver tb* AMARRAR

amarrar *vt* **1** to tie *sb/sth* up: *Lo amarraron con cuerdas.* They tied him up with a rope. **2** (*Náut*) to moor
▸ **amarrar(se)** *vt, vp* to do *sth* up: *No puedo ~me los zapatos.* I can't do my shoes up.

amasar *vt* **1** (*Cocina*) to knead **2** (*fortuna*) to amass

amateur *adj, nmf* amateur

amazona *nf* (*jinete*) horsewoman [*pl* horsewomen]

ámbar *nm* amber

ambición *nf* ambition

ambicionar *vt* (*desear*) to want: *Lo que más ambiciono es...* What I want more than anything else is...

ambicioso, -a *adj* ambitious

ambientación *nf* (*película, obra de teatro*) setting

ambientador *nm* air freshener

ambiental *adj* **1** (*del medio ambiente*) environmental **2** (*del aire*) atmospheric: *condiciones ~es* atmospheric conditions LOC *Ver* MÚSICA

ambientar *vt* (*novela, película*) to set *sth in*...

ambiente *nm* **1** atmosphere: *un ~ contaminado* a polluted atmosphere ◊ *El local tiene buen ~.* The place has a good atmosphere. ◊ *No hay ~ en la calle.* The streets are dead. **2** (*entorno*) environment: *El ~ familiar nos afecta.* Our family environment has quite an influence on us. **3** (*habitación*) room
LOC **estar en tu ambiente** to be in your element ◆ **no estar en tu ambiente** to be like a fish out of water *Ver tb* MEDIO, RESPETUOSO, TEMPERATURA

ambiguo, -a *adj* ambiguous

ambos, -as *pron* both (of us, you, them): *Me llevo bien con ~.* I get along well with both of them. ◊ *A ~ nos gusta viajar.* Both of us like traveling./We both like traveling.

ambulancia *nf* ambulance

ambulante *adj* traveling: *un circo ~* a traveling circus LOC *Ver* VENDEDOR

ambulatorio, -a *adj* outpatient: *Es un paciente ~ del hospital San José.* He's an outpatient at San José hospital.

amén *nm* amen

amenaza *nf* threat LOC **amenaza de bomba** bomb scare

amenazador, -ora (*tb* **amenazante**) *adj* threatening

amenazar *vt* to threaten (*to do sth*): *Amenazaron con acudir a los tribunales.* They threatened to take them to court. ◊ *Lo amenazaron de muerte.* They've threatened to kill him. ◊ *Me amenazó con una navaja.* He threatened me with a knife.

ameno, -a *adj* **1** (*entretenido*) entertaining: *una novela muy amena* a very entertaining novel **2** (*agradable*) pleasant: *una conversación muy amena* a very pleasant conversation

América *nf* America ❶ Las palabras **America** y **American** en inglés suelen referirse a Estados Unidos.

americano, -a *adj, nm-nf* American ➲ *Ver nota en* AMÉRICA LOC *Ver* CAFÉ, PAGAR

ametralladora *nf* machine gun

amígdala *nf* tonsil: *Me operaron de las ~s.* I had my tonsils out.

amigdalitis *nf* tonsilitis [*incontable*]

amigo, -a *adj* **1** (*voz*) friendly **2** (*mano*) helping
▸ *nm-nf* friend: *mi mejor ~* my best friend ◊ *Es íntimo ~ mío.* He's a very close friend of mine.
LOC **hacerse amigo (de algn)** to make friends (with sb) ◆ **ser (muy) amigo (de algn)** to be

(good) friends (*with sb*): *Soy muy ~ de él.* We're good friends.
amiguismo *nm* favoritism
amistad *nf* **1** (*relación*) friendship: *romper una ~* to end a friendship **2 amistades** friends: *Tiene ~es influyentes.* He has friends in high places. **LOC entablar/hacer amistad** to become friends
amistoso, -a *adj* friendly **LOC** *Ver* PARTIDO
amnesia *nf* amnesia
amnistía *nf* amnesty [*pl* amnesties]
amo, -a *nm-nf* owner
amoblar *vt* to furnish **LOC sin amoblar** unfurnished
amodorrarse *vp* to get drowsy
amoniaco (*tb* **amoníaco**) *nm* ammonia
amontonar *vt* **1** (*apilar*) to pile *sth* up **2** (*acumular*) to amass: *~ trastos* to amass junk
▸ **amontonarse** *vp* **1** to pile up: *Se me amontonó el trabajo.* My work piled up. **2** (*apiñarse*) to cram (*into…*): *Se amontonaron en el carro.* They crammed into the car.
amor *nm* love: *una canción/historia de ~* a love song/love story ◊ *el ~ de mi vida* the love of my life ◊ *con ~* lovingly **LOC amor platónico** platonic love ◆ **amor propio** pride ◆ **hacer el amor (a/con)** to make love (to/with *sb*) ◆ **¡por (el) amor de Dios!** for God's sake!
amoratado, -a *adj* **1** (*de frío*) blue **2** (*con morados*) black and blue: *Tenía todo el cuerpo ~.* My whole body was black and blue. **3** (*ojo*) black
amordazar *vt* to gag
amorío *nm* (love) affair
amoroso, -a *adj* **1** (*relativo al amor*) love: *vida/carta amorosa* love life/letter **2** (*cariñoso*) loving **LOC** *Ver* DESENGAÑO
amortiguador *nm* shock absorber
amotinarse *vp* **1** (*preso, masas*) to riot **2** (*Náut, Mil*) to mutiny (*against sb/sth*)
amparar *vt* to protect *sb/sth* (*against/from sb/sth*): *La ley nos ampara contra los abusos.* The law protects us from abuse.
▸ **ampararse** *vp* **1 ampararse (de)** (*refugiarse*) to shelter (from *sb/sth*): *~se de una tormenta* to shelter from a storm **2 ampararse en** (*apoyarse*) to seek the protection of *sb/sth*: *Se amparó en su familia.* He sought the protection of his family.
amparo *nm* **1** (*protección*) protection **2** (*lugar de abrigo*) shelter **3** (*apoyo*) support **LOC al amparo de** under the protection of *sth/sb*
amperio *nm* amp
ampliación *nf* **1** (*número, cantidad*) increase: *una ~ de planta* an increase in personnel

2 (*local, negocio, información*) expansion: *la ~ del aeropuerto* the expansion of the airport **3** (*plazo, acuerdo*) extension **4** (*Fot*) enlargement
ampliar *vt* **1** to extend: *~ el local/plazo de matrícula* to extend the premises/registration period **2** (*número, cantidad*) to increase: *La revista amplió su difusión.* The magazine increased its circulation. **3** (*negocio, imperio*) to expand **4** (*Fot*) to enlarge
amplificador *nm* amplifier
amplio, -a *adj* **1** (*gama, margen*) wide: *una amplia gama de productos* a wide range of goods **2** (*lugar*) spacious: *un apartamento ~* a spacious apartment **3** (*ropa*) baggy
ampolla *nf* blister
ampolleta *nf* **1** (*Med*) ampoule **2** (*Chi*) (*Electrón*) light bulb
amputar *vt* to amputate
amueblar *vt* to furnish **LOC sin amueblar** unfurnished
amuleto *nm* amulet **LOC amuleto de la suerte** good-luck charm
amurallado, -a *adj* walled
analfabeto, -a *adj, nm-nf* illiterate: *ser un ~* to be illiterate
analgésico *nm* painkiller
análisis *nm* analysis [*pl* analyses] **LOC análisis de sangre** blood test
analizar *vt* to analyze
anaranjado, -a *adj, nm* Ver NARANJADO
anarquía *nf* anarchy
anarquismo *nm* anarchism
anarquista *adj, nmf* anarchist
anatomía *nf* anatomy [*pl* anatomies]
ancheta *nf* (*Col*) Christmas hamper
ancho, -a *adj* **1** (*de gran anchura*) wide: *el ~ mar* the wide sea **2** (*ropa*) baggy: *un suéter ~* a baggy sweater ◊ *La cintura me queda ancha.* The waist is too big. **3** (*sonrisa, hombros, espalda*) broad: *Es muy ~ de espaldas.* He has broad shoulders. ➔ *Ver nota en* BROAD
▸ *nm* width: *¿Cuánto mide de ~?* How wide is it? ◊ *Tiene dos metros de ~.* It is two meters wide. **LOC a mis anchas 1** (*como en casa*) at home: *Ponte a tus anchas.* Make yourself at home. **2** (*con libertad*) quite happily: *Aquí los niños pueden jugar a sus anchas.* The children can play here quite happily. ◆ **ancho de banda** (*Internet*) bandwidth *Ver tb* BANDA[1]
anchoa *nf* anchovy [*pl* anchovies]
anchura *nf* (*medida*) width: *No tiene suficiente ~.* It isn't wide enough.
ancianato *nm* (*Col*) nursing home

anciano, -a *adj* elderly
▸ *nm-nf* elderly man/woman [*pl* elderly men/women]: *los ~s* the elderly LOC *Ver* RESIDENCIA

ancla *nf* anchor LOC **echar el ancla/anclas** to drop anchor *Ver tb* LEVAR

andado *nm* walk: *Lo reconocí por su ~.* I recognized him by his walk.

andamio *nm* scaffolding [*incontable*]: *Hay ~s por todas partes.* There's scaffolding everywhere.

andar *vi* **1** (*caminar*) to walk: *Vine andando.* I walked here. **2** (*funcionar*) to work: *Este reloj no anda.* This clock's not working. **3** (*estar*) to be: *¿Quién anda ahí?* Who's there? ◊ *~ ocupado/deprimido* to be busy/depressed ◊ *¿Qué andas buscando?* What are you looking for? **4** *~ por* to be about *sth*: *Debe ~ por los 50 años.* He must be about 50.
▸ **andarse** *vp* **andarse con**: *No te andes con bromas.* Stop fooling around. ◊ *Habrá que ~se con cuidado.* We'll have to be careful.
LOC **¡ándale!** (*Méx*) **1** come on: *¡Ándale, muévete!* Come on, get a move on! **2** (*sorpresa*) hey: *¡Ándale, si está lloviendo!* Hey, it's raining! ❶ Para otras expresiones con **andar**, véanse las entradas del sustantivo, adjetivo, etc., p. ej. **andar con rodeos** en RODEO.

andén *nm* **1** (*acera*) sidewalk, pavement (*GB*) **2** (*en estación*) platform

andinismo *nm* mountaineering: *hacer ~* to go mountaineering

andinista *nmf* mountaineer

andrajoso, -a *adj* ragged

anécdota *nf* anecdote: *contar una ~* to tell an anecdote

anemia *nf* anemia LOC **tener anemia** to be anemic

anémico, -a *adj* anemic

anestesia *nf* anesthetic: *Me pusieron ~ general/local.* They gave me a general/local anesthetic.

anestesiar *vt* to anesthetize

anestesiólogo, -a *nm-nf* (*tb* **anestesista** *nmf*) anesthetist

anexo *nm* (*del teléfono*) extension

anfetamina *nf* amphetamine

anfibio, -a *adj* amphibious
▸ *nm* amphibian

anfiteatro *nm* **1** (*romano*) amphitheater **2** (*morgue*) morgue

anfitrión, -ona *nm-nf* **1** (*masc*) host **2** (*fem*) hostess LOC *Ver* EQUIPO

ánfora *nf* (*urna*) ballot box

ángel *nm* angel: *~ de la guarda* guardian angel LOC *Ver* SOÑAR

anglicano, -a *adj, nm-nf* Anglican

anglosajón, -ona *adj* **1** (*Hist*) Anglo-Saxon **2** (*de habla inglesa*) English-speaking: *los países anglosajones* English-speaking countries

anguila *nf* eel

ángulo *nm* angle: *~ recto/agudo/obtuso* right/acute/obtuse angle ◊ *Yo veo las cosas desde otro ~.* I see things from a different angle.

angustia *nf* anguish: *Gritó con ~.* He cried out in anguish.

angustiado, -a *adj* anxious: *Esperaba ~.* I waited anxiously. *Ver tb* ANGUSTIAR

angustiar *vt* to worry: *Me angustian los exámenes.* I'm worried about my exams.
▸ **angustiarse** *vp* **angustiarse (por)** to worry (about *sb/sth*): *No debes ~te cada vez que llegan tarde.* You mustn't worry every time they're late.

anidar *vi ~ (en)* (*aves*) to nest (in *sth*)

anillo *nm* ring LOC **anillo vial/periférico** beltway, ring road (*GB*) ♦ **venir como anillo al dedo** to be just right *Ver* COMPROMISO

animado, -a *adj* **1** lively: *La fiesta estuvo muy animada.* It was a very lively party. **2 ~ (a)** (*dispuesto*) eager (*to do sth*): *Yo estoy ~ a ir.* I am eager to go. LOC **dibujos/monos animados** cartoons *Ver tb* ANIMAR

animal *adj, nm* animal: *~ doméstico/salvaje* domestic/wild animal ◊ *el reino ~* the animal kingdom

animar *vt* **1** (*persona*) to cheer *sb* up: *Animé a mi hermana y dejó de llorar.* I cheered my sister up and she stopped crying. **2** (*conversación, partido*) to liven *sth* up **3** (*apoyar*) to cheer *sb* on: *~ a un equipo* to cheer a team on
▸ **animarse** *vp* **1** (*persona*) to cheer up: *¡Anímate hombre!* Cheer up! **2** (*decidirse*) to decide (*to do sth*): *A lo mejor me animo a ir.* I may decide to go. LOC **animar a algn a que haga algo** to encourage *sb* to do *sth*: *Yo los animo a que hagan deporte.* I'm encouraging them to take up sport.

ánimo *nm* spirits [*pl*]: *Estábamos bajos de ~.* Our spirits were low. LOC **¡ánimo!** cheer up! *Ver tb* LUCRO

aniquilar *vt* to annihilate: *~ al adversario* to annihilate the enemy

anís *nm* **1** (*semilla*) aniseed **2** (*licor*) anisette LOC **estar hecho un anís** (*Per*) to be dressed (up) to the nines

aniversario *nm* anniversary [*pl* anniversaries]: *nuestro ~ de bodas* our wedding anniversary

ano *nm* anus

anoche *adv* last night

anochecer *v imp* to get dark: *Está anocheciendo muy temprano.* It's getting dark very early.
▶ *nm* dusk: *al ~* at dusk `LOC` **antes/después del anochecer** before/after dark

anónimo, -a *adj* anonymous
▶ *nm* (*carta*) anonymous letter `LOC` *Ver* SOCIEDAD

anorexia *nf* anorexia (nervosa)

anoréxico, -a *adj, nm-nf* anorexic

anormal *adj* abnormal: *un comportamiento ~* abnormal behavior

anotar *vt* **1** (*apuntar*) to note *sth* down: *Anoté la dirección.* I noted down the address. **2** (*triunfo*) to score: *El equipo anotó su primera victoria.* The team scored its first victory.

ansia *nf* **1** *~ (de)* longing (for *sth*): *~ de cambio* a longing for change **2** *~ (por)* desire (for *sth/to do sth*): *~ por mejorar* a desire to improve

ansiedad *nf* anxiety [*pl* anxieties]

antártico, -a *adj, nm* (the) Antarctic `LOC` *Ver* CÍRCULO

Antártida *nf* Antarctica

ante *prep* **1** (*delante de*) before: *~ las cámaras* before the cameras ◊ *comparecer ~ el juez* to appear before the judge **2** (*enfrentado con*) in the face of *sth*: *~ las dificultades* in the face of adversity `LOC` **ante todo** *Ver* TODO

anteayer *adv* the day before yesterday

antebrazo *nm* forearm

antecedente *nm* **1** (*precedente*) precedent: *No hay ningún ~ de este caso.* This case is unprecedented. **2 antecedentes** (*policiales*) criminal record [*v sing*]: *No tiene ~s.* He doesn't have a criminal record.

antelación *nf* `LOC` **con antelación** in advance: *con dos años de ~* two years in advance

antemano *adv* `LOC` **de antemano** beforehand

antena *nf* **1** (*Radio, TV*) antenna [*pl* antennas] **2** (*Zool*) antenna [*pl* antennae] `LOC` **antena parabólica** satellite dish

antenoche *adv* the night before last

antepasado, -a *nm-nf* ancestor

anteponer *vt* (*poner delante*) to put *sth* in front of *sth*: *Anteponga el adjetivo al nombre.* Put the adjective before the noun.

anterior *adj* previous

antes *adv* **1** (*previamente*) before: *Ya lo habíamos discutido ~.* We had discussed it before. ➡ *Ver nota en* AGO **2** (*más temprano*) earlier: *Los lunes cerramos ~.* We close earlier on Mondays. `LOC` **antes de** before *sth/doing sth*: *~ de ir a la cama* before going to bed ◊ *~ de Navidad* before Christmas ◆ **antes que nada** above all ◆ **de antes** previous: *en el trabajo de ~* in my previous job ◆ **lo antes posible** as soon as possible *Ver tb* CONSUMIR, CUANTO

antiadherente *adj* nonstick

antiaéreo, -a *adj* anti-aircraft

antibala (*tb* **antibalas**) *adj* bulletproof `LOC` *Ver* CHALECO

antibiótico *nm* antibiotic

anticipación *nf* `LOC` **con anticipación** in advance: *reservar entradas con ~* to book tickets in advance

anticipado, -a *adj* `LOC` **por anticipado** in advance *Ver tb* JUBILACIÓN; *Ver tb* ANTICIPAR

anticipar *vt* **1** (*adelantar*) to bring *sth* forward: *Anticipamos la boda.* We brought the wedding forward. **2** (*dinero*) to advance *sth* (*to sb*): *Me anticipó 10.000 pesos.* He advanced me 10,000 pesos. **3** (*sueldo, alquiler*) to pay *sth* in advance

anticipo *nm* (*dinero*) advance: *Pedí un ~ del sueldo.* I've asked for an advance on my salary.

anticlímax *nm* anticlimax

anticonceptivo, -a *adj, nm* contraceptive: *los métodos ~s* contraceptive methods `LOC` *Ver* PASTILLA

anticuado, -a *adj, nm-nf* old-fashioned: *Esta camisa es muy anticuada.* This shirt's very old-fashioned. ◊ *¡Eres un ~, papá!* You're really old-fashioned, Dad!

anticuario *nf* (*tb* **anticuario** *nm*) antique shop

anticuerpo *nm* antibody [*pl* antibodies]

antidoping `LOC` **control/prueba antidoping** drug test: *Salió positivo en la prueba ~.* He tested positive for drugs.

antídoto *nm* *~* (**contra**) antidote (to *sth*)

antidroga *adj* anti-drug: *organizar una campaña ~* to organize an anti-drug campaign

antier *adv* *Ver* ANTEAYER

antifaz *nm* mask

antigüedad *nf* **1** (*cualidad*) age: *la ~ de las viviendas* the age of the housing **2** (*en trabajo*) seniority **3** (*época*) ancient times **4** (*objeto*) antique: *tienda de ~es* antique shop

antiguamente *adv* in the olden days

antiguo, -a *adj* **1** (*viejo*) old: *carros ~s* old cars **2** (*anterior*) former, old (*más coloq*): *la antigua Unión Soviética* the former Soviet Union ◊ *mi ~ jefe* my old boss **3** (*Hist*) ancient: *la Grecia antigua* ancient Greece `LOC` *Ver* CHAPADO

antílope *nm* antelope

antimotines *adj* riot: *policía ~* riot police

antipático, -a *adj* unpleasant

antipatriótico, -a *adj* unpatriotic
antirrobo *adj* anti-theft: *sistema ~* anti-theft device LOC *Ver* ALARMA
antiterrorista *adj* anti-terrorist
antivirus *adj* antivirus
▶ *nm* antivirus protection [*incontable*]: *Hay que tener un ~ actualizado.* You must have up-to-date antivirus protection.
antojarse *vp* to feel like *(doing) sth*: *Iré cuando se me antoje.* I'll go when I feel like it. ◊ *El niño se antojó de un robot.* The child took a fancy to a robot.
antojitos *nm* (*Méx*) (savory) snacks
antojo *nm* (*capricho*) whim LOC **tener antojo de** to have a craving for *sth* ◆ **tener antojos** to have cravings: *Algunas embarazadas tienen ~s.* Some pregnant women have cravings.
antónimo, -a *adj, nm*: *¿Cuál es el ~ de alto?* What's the opposite of tall? ◊ *Alto y bajo son ~s.* Tall and short are opposites.
antorcha *nf* torch: *la ~ olímpica* the Olympic torch
antro *nm* (*local*) dive
antropología *nf* anthropology
anual *adj* annual
anualmente *adv* annually
anulación *nf* **1** cancellation: *la ~ del torneo* the cancellation of the tournament **2** (*matrimonio*) annulment
anular¹ *vt* **1** (*cancelar*) to cancel: *Se anuló el partido.* The game was canceled. **2** (*matrimonio*) to annul **3** (*gol, tanto*) to disallow **4** (*votación, examen*) to declare *sth* invalid
anular² *nm* (*dedo*) ring finger
anunciar *vt* **1** (*informar*) to announce: *Anunciaron el resultado por los altavoces.* They announced the result over the loudspeakers. **2** (*hacer publicidad*) to advertise
▶ **anunciarse** *vp* **anunciarse (en...)** (*hacer publicidad*) to advertise (in...)
anuncio *nm* **1** (*prensa, televisión*) advertisement, ad (*coloq*) **2** (*cartel*) poster **3** (*declaración*) announcement LOC **anuncio espectacular** (*Méx*) billboard
anzuelo *nm* hook LOC *Ver* MORDER(SE)
añadir *vt* to add
añicos *nm* LOC **hacerse añicos** to shatter
año *nm* year: *todo el ~* all year (round) ◊ *todos los ~s* every year ◊ *~ académico/escolar* academic/school year LOC **año bisiesto** leap year ◆ **año luz** light year ◆ **Año Nuevo 1** (*noche*) New Year's Eve: *¿Qué hiciste en Año Nuevo?* What did you do on New Year's Eve? **2** (*día*) New Year's Day: *En Año Nuevo salimos a pasear al campo.* On New Year's Day we went for a walk in the country. ◆ **de dos, etc. años**: *una mujer de treinta años* a woman of thirty/a thirty-year-old woman ◊ *A Miguel, de 12 ~s, le gusta el cine.* Miguel, aged 12, likes movies. ◆ **¡Feliz Año!** Happy New Year! ◆ **hace años** years ago: *Hace ~s que no voy al teatro.* I haven't been to the theater for a long time. ◆ **los años 50, 60, etc.** the 50s, 60s, etc. ◆ **quitarse años** to lie about your age ◆ **tener dos, etc. años** to be two, etc. (years old): *Tengo diez ~s.* I'm ten (years old). ◊ *¿Cuántos ~s tienes?* How old are you? ➔ *Ver nota en* OLD ◆ **un año sí y otro no** every other year *Ver tb* CADA, CURSO
añorar *vt* (*echar de menos*) to miss
apaciguar *vt* to appease
▶ **apaciguarse** *vp* to calm down: *cuando se hayan apaciguado los ánimos* once everybody has calmed down
apagado, -a *adj* **1** (*persona*) listless **2** (*color*) dull **3** (*volcán*) extinct LOC **estar apagado 1** (*luz, aparato*) to be off **2** (*fuego*) to be out *Ver tb* APAGAR
apagar *vt* **1** (*fuego*) to put *sth* out **2** (*vela*) to blow *sth* out **3** (*cigarrillo*) to stub *sth* out **4** (*luz, aparato*) to switch *sth* off
▶ **apagarse** *vp* to go out: *Se me apagó la vela.* My candle went out.
apagón *nm* power outage, power cut (*GB*)
apanado, -a *adj* breaded: *un filete ~* steak in breadcrumbs *Ver tb* APANAR
apanar *vt* **1** (*con pan rallado*) to cover *sth* in breadcrumbs **2** (*con harina*) to dip *sth* in batter
aparador *nm* sideboard
aparato *nm* **1** (*máquina*) machine: *¿Cómo funciona este ~?* How does this machine work? **2** (*doméstico*) appliance **3** (*TV, Radio*) set **4** (*Anat*) system: *el ~ digestivo* the digestive system **5** (*Gimnasia*) apparatus [*incontable*]
aparatoso, -a *adj* (*caída, choque*) dramatic
aparecer *vi* **1** (*dejarse ver*) to appear: *Aparece mucho en la televisión.* He appears a lot on TV. **2** (*algn/algo que se había perdido*) to turn up: *Perdí las gafas pero aparecieron.* I lost my glasses but they turned up later. **3** (*figurar*) to be: *Mi número de teléfono no aparece en el directorio.* My number isn't in the directory. **4** (*llegar*) to show up: *A eso de las diez apareció Pedro.* Pedro showed up around ten.
▶ **aparecerse** *vp* **aparecerse (a/ante)** to appear (to *sb*)
aparentar *vt* **1** (*fingir*) to pretend: *Tuve que ~ alegría.* I had to pretend I was happy. **2** (*edad*) to look: *Aparenta unos 50 años.* He looks about 50.
▶ *vi* to show off: *Les gusta ~.* They love showing off.

aparente *adj* apparent: *sin un motivo ~* for no apparent reason

aparentemente *adv* apparently

aparición *nf* **1** appearance **2** (*Relig*) vision **3** (*fantasma*) apparition **LOC hacer (su) aparición** to appear

apariencia *nf* appearance **LOC** *Ver* GUARDAR

apartado, -a *adj* remote
▸ *nm* **1** section **2** (*párrafo*) paragraph **LOC apartado aéreo** PO box *Ver tb* APARTAR

apartamento *nm* apartment, flat (*GB*): *bloques de ~s* apartment buildings **LOC** *Ver* COMPAÑERO

apartar *vt* **1** (*obstáculo*) to move *sth* (out of the way) **2** (*alejar*) to separate *sb/sth from sb/sth*: *Sus papás lo apartaron de los amigos.* His parents separated him from his friends.
▸ **apartarse** *vp* to move (over): *Apártate, que estorbas.* Move (over), you're in the way. **LOC apartar la vista** to look away

aparte *adv* **1** (*a un lado*) aside: *Voy a poner estos papeles ~.* I'll set these documents aside. **2** (*separadamente*) separately: *Esto lo pago ~.* I'll pay for this separately.
▸ *adj* **1** (*diferente*) different: *un mundo ~* a different world **2** (*separado*) separate: *¿Puede darme una cuenta ~ para estas cosas?* Could you give me a separate bill for these items? **LOC aparte de 1** (*excepto*) apart from *sb/sth*: *Aparte de eso no pasó nada.* Apart from that nothing happened. ◊ *No lo dijo nadie ~ de mí.* Nobody said it apart from me. **2** (*además de*) as well as: *Aparte de bonito, parece práctico.* It's practical as well as pretty. *Ver tb* CASO, PUNTO

apasionado, -a *adj* passionate: *un temperamento muy ~* a very passionate temperament
▸ *nm-nf* **de/por** lover of *sth*: *los ~s de la ópera* opera lovers *Ver tb* APASIONAR

apasionante *adj* exciting

apasionar *vi* to love *sth/doing sth*: *Me apasiona el jazz.* I love jazz.
▸ **apasionarse** *vp* **apasionarse con/por** to be crazy about *sb/sth*

apedrear *vt* to stone

apego *nm* **~ (a/por)** affection for *sb/sth* **LOC tenerle apego a algn/algo** to be very attached to sb/sth

apelación *nf* appeal

apelar *vi* to appeal: *Apelaron a nuestra generosidad.* They appealed to our generosity. ◊ *Apelaron contra la sentencia.* They appealed against the sentence.

apellidarse *vp*: *¿Cómo te apellidas?* What's your surname? ◊ *Se apellidan Morán.* Their surname's Morán.

apellido *nm* surname **LOC** *Ver* NOMBRE

apenado, -a *adj* **~ (por)** embarrassed (about *sth*) *Ver tb* APENARSE

apenarse *vp* to be embarrassed (*about sth*)

apenas *adv* **1** (*escasamente*) scarcely: *hace ~ un año* scarcely a year ago **2** (*en cuanto*) as soon as: *~ llegaron* as soon as they arrived

apéndice *nm* **1** (*Anat*) appendix [*pl* appendixes] **2** (*libro, documento*) appendix [*pl* appendices]

apendicitis *nf* appendicitis

apeñuscar *vt* (*Col*) to stuff *sth* into *sth*

aperitivo *nm* **1** (*bebida*) aperitif **2** (*entrada*) appetizer

apertura *nf* **1** opening: *la ceremonia de ~* the opening ceremony **2** (*comienzo*) beginning: *la ~ del curso* the beginning of the academic year

apestar *vi* **~ (a)** to stink (of *sth*)

apestarse *vp* **1** (*persona*) to catch the flu **2** (*planta*) to become blighted

apetito *nm* appetite: *El paseo te abrirá el ~.* The walk will give you an appetite. ◊ *tener buen ~* to have a good appetite

apetitoso, -a *adj* appetizing

apiadarse *vp* **~ de** to take pity on *sb*

apicultura *nf* bee-keeping

apilar *vt* to stack

apiñarse *vp* to crowd (together)

apio *nm* celery

aplanadora *nf* steamroller

aplastante *adj* overwhelming: *ganar por mayoría ~* to win by an overwhelming majority

aplastar *vt* **1** (*cosa hueca, persona*) to crush **2** (*cosa blanda, insecto*) to squash **3** (*derrotar*) to crush **4** (*peinado*) to flatten

aplaudir *vt, vi* to applaud

aplauso *nm* applause [*incontable*]: *grandes ~s* loud applause

aplazar *vt* **1** to put *sth* off, to postpone (*más formal*) **2** (*pago*) to defer

aplicable *adj* **~ (a)** applicable (to *sb/sth*)

aplicación *nf* application

aplicado, -a *adj* **1** (*persona*) hard-working **2** **~ (a)** applied (to *sth*): *matemática aplicada* applied mathematics *Ver tb* APLICAR

aplicar *vt* **1** to apply *sth* (to *sth*): *~ una regla* to apply a rule ◊ *Aplique la crema sobre la zona afectada.* Apply the cream to the affected area. **2** (*poner en práctica*) to put *sth* to use: *Vamos a ~ los conocimientos aprendidos.* Let's put what we've learned to use.
▸ *vi* **~ para** to apply for *sth*: *~ para una beca* to apply for a scholarship

▸ **aplicarse** *vp* **aplicarse (a/en)** to apply yourself (to *sth*): *~se a una tarea* to apply yourself to a task

apoderarse *vp* **~ de** to take: *Se apoderaron de las joyas.* They took the jewels.

apodo *nm* nickname

apolítico, -a *adj* apolitical

apología *nf* **~ de** defense of *sb/sth*

aporrear *vt* **1** (*puerta*) to hammer at *sth* **2** (*piano*) to bang away on *sth*
▸ **aporrearse** *vp* to hit yourself: *Me aporreé durísimo en la mano.* I hit my hand very hard.

aportar *vt* to contribute: *~ una idea interesante* to contribute an interesting idea

aporte *nm* **~ a/para** contribution to *sth*

aposta *adv* on purpose

apostar *vt, vi* **~ (por)** to bet (on *sb/sth*): *~ por un caballo* to bet on a horse ◊ *Apuesto lo que quieras a que no vienen.* I bet anything you like they won't come. ◊ *¿Qué apuestas?* What do you bet?

apóstol *nm* apostle

apoyado, -a *adj* **~ en/sobre/contra 1** (*descansando*) resting on/against *sth*: *Tenía la cabeza apoyada en el respaldo.* I was resting my head on the back of the chair. **2** (*inclinado*) leaning against *sth*: *~ contra la pared* leaning against the wall ➲ *Ver dibujo en* LEAN *Ver tb* APOYAR

apoyar *vt* **1** (*recostar*) to lean *sth* against *sth*: *No lo apoyes contra la pared.* Don't lean it against the wall. ➲ *Ver dibujo en* LEAN **2** (*descansar*) to rest *sth* on/against *sth*: *Apoya la cabeza en mi hombro.* Rest your head on my shoulder. **3** (*defender*) to support: *~ una huelga/a un compañero* to support a strike/colleague
▸ **apoyarse** *vp* to lean on/against *sth*: *~se en un bastón/contra una pared* to lean on a stick/against a wall

apoyo *nm* support: *una manifestación de ~ a la huelga* a demonstration in support of the strike

apreciado, -a *adj* (*cartas*) dear ➲ *Ver nota en* ATENTAMENTE *y pág. 386; Ver tb* APRECIAR

apreciar *vt* **1** (*cosa*) to value: *Aprecio el trabajo bien hecho.* I value a job well done. **2** (*persona*) to think highly of *sb*: *Te aprecian mucho.* They think very highly of you. **3** (*percibir*) to see

aprecio *nm* regard (*for sb/sth*) LOC **tenerle mucho aprecio a algn** to be very fond of *sb*

aprender *vt, vi* to learn: *~ francés* to learn French ◊ *Deberías ~ a escuchar a los demás.* You should learn to listen to other people. ◊ *Quiero ~ a manejar.* I want to learn to drive.
▸ **aprenderse** *vp* to learn: *~se tres capítulos* to learn three chapters ◊ *~se algo de memoria* to learn *sth* by heart

aprendiz *nmf* apprentice: *~ de peluquería* apprentice hairdresser

aprendizaje *nm*: *el ~ de un idioma* learning a language

apresurarse *vp* **~ a** to hasten *to do sth*: *Me apresuré a darles las gracias.* I hastened to thank them. LOC **¡apresúrate!** hurry up!

apretado, -a *adj* **1** (*ajustado*) tight: *Estos zapatos me quedan muy ~s.* These shoes are too tight. **2** (*gente*) squished together *Ver tb* APRETAR

apretar *vt* **1** (*botón, pedal*) to press **2** (*tuerca, tapa, nudo*) to tighten **3** (*gatillo*) to pull **4** (*exigir*) to be strict with *sb* **5** (*mano*) to squeeze
▸ *vi* **1** (*ropa*) to be too tight (*for sb*): *El pantalón me aprieta.* The pants are too tight (for me). **2** (*zapatos*) to pinch
▸ **apretarse** *vp* **apretarse (contra)** to squeeze up (against *sth*) LOC **apretarse el cinturón** to tighten your belt

aprieto *nm* LOC **estar en aprietos/un aprieto** to be in a fix ◆ **poner en un aprieto** to put *sb* in a tight spot

aprisa *adv* fast
▸ **¡aprisa!** *interj* hurry up!

aprobación *nf* approval LOC **dar su aprobación** to give your consent (*to sth*)

aprobado *nm* (*Educ*) pass: *Saqué dos ~s.* I got two passes. ➲ *Ver nota en* A, A

aprobar *vt* **1** (*examen, ley*) to pass: *No aprobé ni una materia.* I haven't passed a single subject. **2** (*aceptar*) to approve of *sb/sth*: *No apruebo su comportamiento.* I don't approve of their behavior.

aproblemar(se) *vt, vp* (*Chi*) (*preocuparse*) to worry

aprontarse *vp* (*alistarse*) to get ready (*for sth*)

apropiado, -a *adj* appropriate *Ver tb* APROPIARSE

apropiarse *vp* **~ de** to take: *Niegan haberse apropiado del dinero.* They say they didn't take the money.

aprovechado, -a *nm-nf* scrounger

aprovechar *vt* **1** (*utilizar*) to use: *~ bien el tiempo* to use your time well **2** (*recursos naturales*) to exploit: *~ la energía solar* to exploit solar energy **3** (*oportunidad*) to take advantage of *sb/sth*: *Aproveché el viaje para visitar a mi hermano.* I took advantage of the journey to visit my brother.
▸ *vi*: *Aprovecha ahora que no está el jefe.* Seize the chance now that the boss isn't here.
▸ **aprovecharse** *vp* **aprovecharse (de)** to take

aproximadamente adv more or less, approximately (*más formal*)

aproximado, -a adj LOC Ver CÁLCULO; Ver tb APROXIMARSE

aproximarse vp to get closer (*to sb/sth*), to approach (*más formal*): *Se aproximan los exámenes.* The final exams are getting closer.

aptitud nf **1** aptitude (*for sth/doing sth*): *prueba de ~* aptitude test **2 aptitudes** gift [v sing]: *tener ~es musicales* to have a gift for music

apto, -a adj suitable (*for sth/to do sth*): *No son ~s para este trabajo.* They're not suitable for this job.

apuesta nf bet: *hacer una ~* to make a bet

apuntar vt **1** (*anotar*) to note sth down: *Voy a ~ la dirección.* I'm going to note down the address. **2** (*inscribir*) to put sb's name down
▶ vt, vi to aim (*sth*) (*at sb/sth*): *Apunté demasiado alto.* I aimed too high. ◊ *Me apuntó con una pistola.* He aimed his gun at me. ❶ La palabra inglesa **appoint** significa *nombrar*.
▶ **apuntarse** vp **1** (*inscribirse*) to put your name down: *Me apunté en una lista.* I put my name down on the list. **2** (*participar*): *Si van a la playa, yo me apunto.* If you're going to the beach, I'll come along. **3** (*rifa*): *Me apunté a una rifa.* I bought a raffle ticket. **4** (*Dep, triunfo*) to score: *El equipo se apuntó una gran victoria.* The team scored a great victory.

apunte nm note: *tomar ~s* to take notes

apuñalar vt to stab

apurar vt **1** (*acabar*) to finish sth up **2** (*apresurar*) to rush
▶ vi (*Chi*) (*apremiar*): *No me apura.* It's not urgent.
▶ **apurarse** vp (*darse prisa*) to get a move on: *¡Apúrate que nos deja el bus!* Get a move on or we'll miss the bus!

apuro nm **1** (*aprieto*) fix: *Eso nos sacaría del ~.* That would get us out of this fix. **2** (*prisa*) rush [*incontable*]: *No hay ~.* There's no rush. **3 apuros** trouble [*incontable*]: *un alpinista en ~s* a climber in trouble

aquel, aquella adj that [pl those]
▶ pron (tb **aquél, aquélla**) **1** (*cosa*) that one [pl those (ones)]: *Este carro es mío y ~ de Pedro.* This car's mine and that one is Pedro's. ◊ *Prefiero aquellos.* I prefer those (ones). **2** (*persona*): *¿Conoces a aquellos?* Do you know those people? LOC Ver ENTONCES

aquello pron: *¿Ves ~ de allá?* Can you see that thing over there? ◊ *No te imaginas lo que fue ~.* You can't imagine what it was like. LOC **aquello que…** what…: *Recuerda ~ que tu madre siempre decía.* Remember what your mother always used to say.

aquí adv **1** (*lugar*) here: *Ya están ~.* They're here. ◊ *Es ~ mismo.* It's right here. **2** (*ahora*) now: *de ~ en adelante* from now on ◊ *Hasta ~ todo va bien.* Up till now everything's been fine. LOC **(por) aquí cerca** near here ♦ **por aquí (por favor)** this way (please) Ver tb MISMO

árabe nm (*lengua*) Arabic

arábico, -a adj LOC Ver NUMERACIÓN, NÚMERO

arado nm plow

arancel nm tariff

arandela nf **1** (*aro*) metal ring **2** (*para un tornillo*) washer

araña nf spider

arañar(se) vt, vp to scratch: *Me arañé los brazos recogiendo moras.* I scratched my arms picking blackberries.

arañazo nm scratch

arar vt to plow

arbitrar vt **1** (*Fútbol, Boxeo*) to referee **2** (*Tenis*) to umpire

arbitrario, -a adj arbitrary

árbitro, -a nm-nf **1** referee, umpire

La traducción depende del deporte. En la mayor parte de los casos (fútbol, baloncesto, etc.), se dice **referee**, pero en algunos deportes (p. ej. tenis, béisbol) se usa **umpire**.

2 (*mediador*) arbitrator

árbol nm tree: *~ frutal* fruit tree LOC **árbol genealógico** family tree Ver tb TOMATE

arboleda nf grove

arbusto nm bush

arcada nf LOC **dar arcadas** to retch: *Me daban ~s.* I was retching.

archipiélago nm archipelago [pl archipelagos/archipelagoes]

archivador nm **1** (*mueble*) file cabinet, filing cabinet (*GB*) **2** (*carpeta*) file

archivar vt **1** (*clasificar*) to file **2** (*Informát*) to store: *~ datos* to store data **3** (*asunto*) to shelve

archivo nm **1** (*policía, Informát*) file **2** (*Hist*) archive(s) [*gen pl*]: *un ~ histórico* historical archives

arcilla nf clay

arco nm **1** (*Arquit*) arch **2** (*Mat*) arc: *un ~ de 36°* a 36°arc **3** (*Dep, Mús*) bow: *el ~ y las flechas* a bow and arrows **4** (*Fútbol*) goal: *Tiró al ~ pero falló.* He shot at goal but missed. LOC **arco iris** rainbow: *¡Mira!, salió el ~ iris.* Look! There's a rainbow. Ver tb TIRO

arder vi **1** (*quemarse*) to burn **2** (*estar muy caliente*) to be boiling hot: *La sopa está* *ardiendo*. The soup is boiling hot. LOC **estar que arde** (*persona*) to be fuming: *Tu papá está que arde*. Your father is fuming.

ardiente *adj* LOC *Ver* CAPILLA

ardilla *nf* squirrel

ardor *nm* (*entusiasmo*) enthusiasm LOC **ardor de estómago** heartburn

área *nf* area: *el ~ de un rectángulo* the area of a rectangle ◊ *un ~ de servicio* a service area

arena *nf* sand: *jugar en la ~* to play in the sand LOC **arenas movedizas** quicksands *Ver tb* BANCO, CASTILLO

arenque *nm* herring

arepa *nf* corn pancake

arequipe *nm* caramelized milk spread

arete *nm* earring

Argentina *nf* Argentina

argentino, -a *adj, nm-nf* Argentinian

argolla *nf* ring LOC *Ver* COMPROMISO

argot *nm* **1** (*lenguaje coloquial*) slang **2** (*profesional*) jargon

argumento *nm* **1** (*razón*) argument: *los ~s a favor y en contra* the arguments for and against **2** (*Cine, Liter*) plot

árido, -a *adj* (*terreno, tema*) dry

Aries *nm, nmf* (*Astrología*) Aries ➩ *Ver ejemplos en* AQUARIUS

arisco, -a *adj* unfriendly

arista *nf* (*Geom*) edge

aristocracia *nf* aristocracy [*v sing o pl*]

aristócrata *nmf* aristocrat

aritmética *nf* arithmetic

arma *nf* weapon: *~s nucleares* nuclear weapons ❶ *En algunos contextos, se dice* **arms**: *un traficante/fabricante de ~s* an arms dealer/manufacturer. LOC **arma blanca** knife ◆ **arma de doble filo** double-edged sword ◆ **arma de fuego** firearm ◆ **arma homicida** murder weapon *Ver tb* CONTRABANDISTA, CONTRABANDO, ESCUDO

armada *nf* navy [*v sing o pl*] [*pl* navies]: *tres buques de la ~* three navy ships

armadillo *nm* armadillo [*pl* armadillos]

armadura *nf* armor [*incontable*]: *una ~* a suit of armor

armamento *nm* arms [*pl*]: *el control de ~s* arms control LOC *Ver* CARRERA

armar *vt* **1** (*entregar armas*) to arm *sb* (*with sth*): *Armaron a los soldados con fusiles*. They armed the soldiers with guns. **2** (*montar*) to assemble: *~ una carpa* to put up a tent LOC **armar barullo** to make a racket ◆ **armarse de paciencia** to be patient ◆ **armarse de valor** to pluck up courage ◆ **armar un lío** to have a fit *Ver tb* BRONCA, ESCÁNDALO

armario *nm* **1** (*de cocina, etc.*) cupboard **2** (*para ropa*) closet, wardrobe (*GB*)

armisticio *nm* armistice

armonía *nf* harmony [*pl* harmonies]

armónica *nf* harmonica

arnés *nm* **arneses** harness [*v sing*]

aro *nm* **1** ring: *los ~s olímpicos* the Olympic rings **2** (*accesorio*) **(a)** (*pendiente*) earring **(b)** (*piercing*) ring **3** (*Gimnasia*) hoop

aroma *nm* aroma

aromaterapia *nf* aromatherapy

aromático, -a *adj* aromatic

arpa *nf* harp

arpón *nm* harpoon

arqueología *nf* archaeology

arqueólogo, -a *nm-nf* archaeologist

arquero *nm* goalkeeper

arquitecto, -a *nm-nf* architect

arquitectura *nf* architecture

arraigado, -a *adj* deep-rooted: *una costumbre muy arraigada* a deep-rooted custom *Ver tb* ARRAIGAR(SE)

arraigar(se) *vi, vp* to take root

arrancar *vt* **1** (*sacar*) to pull *sth* out: *~ un clavo* to pull a nail out **2** (*planta*) to pull *sth* up: *~ la maleza* to pull the weeds up **3** (*página*) to tear *sth* out **4** (*quitar*) to pull *sth* off: *~ la etiqueta de una camisa* to pull the label off a shirt
▶ *vt, vi* (*motor*) to start
▶ *vi* **1** (*persona*) to get going: *¿Qué tal si arrancamos?* Should we get going? **2 ~ (de)** (*Chi*) (*huir*) to run away (from *sb*)

arranque *nm* **1** (*motor*) starting: *Tengo problemas con el ~*. I'm having problems starting the car. **2** (*persona*) get-up-and-go: *una persona de poco ~* a person with very little get-up-and-go **3 ~ de** fit of *sth*: *un ~ de celos* a fit of jealousy

arrasar *vt* to destroy: *El incendio arrasó varios edificios*. The fire destroyed several buildings.
▶ *vi* (*ganar*) to win hands down: *El equipo local arrasó*. The local team won hands down.

arrastrar *vt* to drag: *No arrastres los pies*. Don't drag your feet. ◊ *No querían irse, los tuve que sacar arrastrando*. They didn't want to go so I had to drag them away.
▶ **arrastrarse** *vp* **1** (*gatear*) to crawl: *~se por el suelo* to crawl along the floor **2 arrastrarse (ante)** (*humillarse*) to grovel (to *sb*)

arrastre nm (Chi) (atractivo) appeal: *Ese chico tiene mucho ~.* That guy's really popular with the girls.

¡arre! interj giddy up!

arrear vt (ganado) to drive

arrebato nm LOC **darle el arrebato a algn** to take it into your head (*to do sth*): *Me dio el ~ y me fui a comprarme ropa.* I took it into my head to go and buy some clothes.

arrecife nm reef

arreglado, -a adj 1 (persona) dressed up: *¿Dónde va tan arreglada?* Where are you going all dressed up? ◊ *una señora muy arreglada* a smartly-dressed lady 2 (ordenado) neat, tidy (GB) 3 (asunto) sorted out: *Ya está ~ el problema.* The problem's sorted out now. Ver tb ARREGLAR

arreglar vt 1 (reparar) to fix: *Van a venir a ~ la lavadora.* They're coming to fix the washing machine. 2 (hacer obras) to fix sth up: *Estamos arreglando el cuarto de baño.* We're fixing up the bathroom. 3 (ordenar) to clean sth (up), to tidy sth (up) (GB): *~ la casa* to clean up the house 4 (asunto, problema) to sort sth out: *No te preocupes que yo lo arreglaré.* Don't worry, I'll sort it out. 5 (ensalada) to dress
▸ **arreglarse** vp 1 (acicalarse) to get ready 2 (mejorar) to get better, to improve (*más formal*): *Si se arregla la situación económica…* If the economic situation improves… 3 (salir bien) to work out: *Al final todo se arregló.* It all worked out in the end. 4 (rebuscárselas) to manage: *Hay poca comida pero ya nos arreglaremos.* There's not much food but we'll manage.
LOC **arreglárselas** to get by

arreglo nm 1 (reparación) repair: *hacer ~s* to do repairs 2 (acuerdo) agreement LOC **no tiene arreglo 1** (objeto) it can't be fixed 2 (problema) it can't be solved 3 (persona) he/she is a hopeless case

arrendador, -ora nm-nf 1 (masc) landlord 2 (fem) landlady [pl landladies]

arrendar vt 1 (ceder) to rent sth out: *Arrendaron la casa de la playa el verano pasado.* They rented out their beach house last summer. 2 (tomar) to rent: *Arrendé un apartamento en Medellín.* I rented an apartment in Medellín. ➔ Ver nota en ALQUILAR

arrepentido, -a adj LOC **estar arrepentido (de)** to be sorry (for/about sth) Ver tb ARREPENTIRSE

arrepentimiento nm 1 (pesar) regret 2 (Relig) repentance

arrepentirse vp ~ (de) 1 (lamentar) to regret: *Me arrepiento de habérselo prestado.* I regret lending it to him. 2 (pecado) to repent (*of sth*)

arrestar vt 1 (detener) to arrest 2 (encarcelar) to imprison

arresto nm 1 (detención) arrest 2 (prisión) imprisonment: *dos semanas de ~* two weeks' imprisonment

arrevesado, -a adj 1 complicated 2 (persona) awkward

arriar vt to lower: *~ (la) bandera* to lower the flag

arriba adv 1 up: *aquel castillo allá ~* that castle up there ◊ *de la cintura para ~* from the waist up 2 (piso) upstairs: *Viven ~.* They live upstairs. ◊ *los vecinos de ~* our upstairs neighbors
▸ **¡arriba!** interj come on!: *¡Arriba Nacional!* Come on Nacional! LOC **¡arriba las manos!** hands up! ◆ **de arriba abajo 1** up and down: *Me miró de ~ abajo.* He looked me up and down. ◊ *mover algo de ~ abajo* to move something up and down 2 (completamente): *cambiar algo de ~ abajo* to change sth completely ◆ **hacia arriba** upwards ◆ **más arriba 1** (más lejos) further up: *Está en esta misma calle, más ~.* It's further up this street. 2 (en sentido vertical) higher up: *Pon el cuadro más ~.* Put the picture higher up. 3 (en un texto) above Ver tb AHÍ, ALLÁ, ALLÍ, BOCA, CALLE, CUESTA, PARTE¹, PATA¹, RÍO

arriendo nm rent

arriesgado, -a adj 1 (peligroso) risky 2 (audaz) daring Ver tb ARRIESGAR

arriesgar vt to risk: *~ la salud/el dinero/la vida* to risk your health/money/life
▸ **arriesgarse** vp to take a risk/risks: *Si yo fuera tú no me arriesgaría.* If I were you I wouldn't take that risk. LOC Ver PELLEJO

arrimar vt to bring sth closer (*to sth*): *Arrima la silla a la chimenea.* Bring your chair closer to the fire.
▸ **arrimarse** vp **arrimarse (a)** to go/come near: *No te arrimes a la pared.* Don't go near that wall. ◊ *No te arrimes a esa puerta, está recién pintada.* Don't go near that door. It's just been painted. ◊ *No te arrimes tanto, que te vas a manchar.* Don't come so near or you'll get dirty.

arrinconar vt 1 (poner en un rincón) to put sth in a corner 2 (acorralar) to corner 3 (marginar) to exclude

arroba nf (Informát) at

> El símbolo @ se lee **at**: *juan@rednet.cl* se lee "juan at rednet dot c l" /dat si: el/.

arrodillarse vp to kneel (down)

arrogante adj arrogant

arrojar vt to throw: *~ piedras a la policía* to throw stones at the police

arrollar vt **1** (*peatón*) to run over *sb*: *Lo arrolló un carro.* He was run over by a car. **2** (*viento, agua*) to carry *sth* away: *El viento arrolló el tejado.* The wind carried the roof away. **3** (*vencer*) to whip, to thrash (*GB*)

arropar(se) vt, vp to dress (*sb*) warmly: *Arrópate bien.* Dress up warmly.

arroyo nm stream

arroz nm rice LOC **arroz con leche** rice pudding

arrozal nm ricefield

arruga nf **1** (*piel*) wrinkle **2** (*papel, ropa*) crease

arrugar(se) vt, vp **1** (*piel, ropa*) to wrinkle: *Esta falda se arruga enseguida.* This skirt wrinkles very easily. **2** (*papel*) to crumple *sth* (up): *Dóblalo bien para que no se arrugue.* Fold it properly so that it doesn't get crumpled.

arruinar vt to ruin: *La tormenta arruinó las cosechas.* The storm has ruined the crops.
▸ **arruinarse** vp to go bankrupt

arsenal nm (*armas*) arsenal

arsénico nm arsenic

arte nm **1** art: *una obra de ~* a work of art **2** (*habilidad*) skill (*at sth/doing sth*): *Tienes ~ para pintar.* You show great skill at painting. LOC **arte dramático** drama ♦ **artes marciales** martial arts ♦ **artes plásticas** plastic arts ♦ **como por arte de magia** as if by magic *Ver tb* BELLO

artefacto nm **1** (*dispositivo*) device: *un ~ explosivo* an explosive device **2** (*aparato extraño*) contraption

arteria nf artery [*pl* arteries]

artesanal adj **1** craft: *un taller ~* a craft workshop ◊ *cervezas ~es* craft beers **2** (*productos alimenticios*) handmade: *quesos de fabricación ~* handmade cheeses

artesanía nf **1** (*productos*) handicrafts [*pl*] **2** (*habilidad*) craftsmanship LOC **de artesanía** handmade

artesano, -a nm-nf **1** (*masc*) craftsman [*pl* craftsmen] **2** (*fem*) craftswoman [*pl* craftswomen]

ártico, -a adj, nm (the) Arctic LOC *Ver* CÍRCULO

articulación nf **1** (*Anat, Mec*) joint **2** (*pronunciación*) articulation

artículo nm article: *Ojalá publiquen mi ~.* I hope my article gets published. ◊ *el ~ definido/indefinido* the definite/indefinite article

artificial adj artificial LOC *Ver* FUEGO, PULMÓN, RESPIRACIÓN

artillería nf artillery

artista nmf **1** (*creador, cantante, etc.*) artist **2** (*Cine, Teat*) actor, actress ➔ *Ver nota en* ACTRESS

arveja nf pea

arzobispo nm archbishop

as nm ace: *el as de corazones* the ace of hearts ◊ *ases del ciclismo* ace cyclists ➔ *Ver nota en* BARAJA

asa nf handle ➔ *Ver dibujo en* HANDLE

asado, -a adj roast: *pollo ~* roast chicken
▸ nm (*parrillada, reunión*) barbecue: *hacer un ~* to have a barbecue LOC **bien asado** well done *Ver tb* ASAR

asalariado, -a adj wage-earning
▸ nm-nf wage earner

asaltante nmf **1** (*agresor*) attacker **2** (*ladrón*) raider

asaltar vt **1** (*establecimiento*) to raid: *Dos tipos asaltaron el banco.* Two men raided the bank. **2** (*persona*) to mug: *Nos asaltó un enmascarado.* We were mugged by a masked man.

asalto nm **1 ~ (a)** (*a un establecimiento*) raid (on *sth*): *un ~ a una joyería* a raid on a jewelry store **2 ~ (a)** (*a una persona*) attack (on *sb*) **3** (*Boxeo*) round

asamblea nf **1** (*reunión*) meeting **2** (*parlamento*) assembly [*pl* assemblies]

asar vt **1** (*carne*) to roast **2** (*papa entera*) to bake **3** (*a la parrilla*) to barbecue
▸ **asarse** vp to roast: *Me estoy asando vivo.* I'm roasting alive.

ascendente nm (*Astrología*) ascendant

ascender vt to promote *sb* (*to sth*): *Lo ascendieron a capitán.* He was promoted to captain.
▸ vi **1** (*elevarse*) to go up, to rise (*más formal*) **2** (*montañismo*) to climb (up) *sth* **3** (*trabajador*) to be promoted (*to sth*)

ascenso nm **1** (*temperatura, precios*) rise: *Habrá un ~ de las temperaturas.* There will be a rise in temperatures. **2** (*montaña*) ascent **3** (*de un empleado, de un equipo*) promotion

ascensor nm elevator, lift (*GB*): *llamar al ~* to call the elevator

asco nm LOC **dar asco**: *Me da ~ la sangre.* I can't stand the sight of blood. ♦ **¡qué asco!** how disgusting! ♦ **¡qué asco de...!**: *¡Qué ~ de tiempo!* What dreadful weather! *Ver tb* CARA

ascua nf LOC **estar en ascuas** to be on tenterhooks

aseado, -a adj **1** (*persona*) clean **2** (*lugar*) neat *Ver tb* ASEARSE

asearse vp **1** (*lavarse*) to wash up **2** (*arreglarse*) to tidy yourself up

asegurar vt **1** (*garantizar*) to ensure: *~ que todo funcione* to ensure that everything works **2** (*afirmar*) to assure: *Asegura que no los vio.* She assures us she didn't see them. **3** (*con una compañía de seguros*) to insure *sb/sth* (against

asentamiento

sth): *Quiero ~ el carro contra incendio y robo.* I want to insure my car against fire and theft.
▸ **asegurarse** *vp* (*comprobar*) to make sure (*of sth/that...*): *Asegúrese de cerrar las ventanas.* Please make sure you close the windows.

asentamiento *nm* (*colonia*) settlement **LOC asentamiento humano** (*Per*) shanty town

asentir *vi* **LOC asentir con la cabeza** to nod

aseo *nm* cleanliness: *el ~ de la casa* cleaning the house **LOC aseo personal** personal hygiene

aserrín *nm* sawdust

asesinar *vt* to murder: *Parece que lo asesinaron.* He seems to have been murdered.

Existe también el verbo **assassinate** y los sustantivos **assassination** (*asesinato*) y **assassin** (*asesino*), pero solo se utilizan cuando nos referimos a un personaje importante: *¿Quién asesinó al senador?* Who assassinated the senator? ◊ *Hubo un intento de asesinato contra el Presidente.* There was an assassination attempt on the President. ◊ *un asesino a sueldo* a hired assassin.

asesinato *nm* murder: *cometer un ~* to commit (a) murder ➜ *Ver nota en* ASESINAR

asesino, -a *nm-nf* murderer ➜ *Ver nota en* ASESINAR
▸ *adj* (*mirada*) murderous **LOC** *Ver* MANO

asesor, -ora *nm-nf* adviser **LOC asesora del hogar** (*Chi*) maid

asfaltar *vt* to blacktop, to tarmac (*GB*): *Asfaltaron la carretera.* They blacktopped the road.

asfalto *nm* blacktop, Tarmac® (*GB*)

asfixia *nf* suffocation, asphyxia (*más formal*)

asfixiar *vt* **1** (*con humo, gas*) to suffocate, to asphyxiate (*más formal*) **2** (*con una almohada*) to smother
▸ **asfixiarse** *vp* to suffocate

así *adv, adj* **1** (*de este modo, como este*) like this: *Sujételo ~.* Hold it like this. **2** (*de ese modo, como ese*) like that: *Quiero un carro ~.* I want a car like that. ◊ *Con gente ~ da gusto trabajar.* It's nice working with people like that. ◊ *Yo soy ~.* That's the way I am. **LOC así de grande, gordo, etc.** this big, fat, etc. ◆ **así, no más** so so ◆ **así que** so: *No llegaban, ~ que me fui.* They didn't come so I left. ◊ *¡Así que se mudan!* So you're moving, are you? ◆ **¡así se habla/hace!** well said/done! ◆ **o así** or so: *unos doce o ~* about twelve or so ◆ **y así sucesivamente** and so on (and so forth) *Ver tb* ALGO

Asia *nf* Asia

asiático, -a *adj, nm-nf* Asian

asiento *nm* seat

asignación *nf* **LOC asignación familiar** welfare payment (for children and dependents), benefit (*GB*)

asignar *vt* to assign

asignatura *nf* subject: *Perdí dos ~s.* I failed two subjects.

asilo *nm* **1** (*residencia*) home **2** (*Pol*) asylum: *buscar ~ político* to seek political asylum

asimilar *vt* **1** (*absorber, comprender*) to assimilate **2** (*noticia*) to take: *Asimilaron resignadamente la noticia.* They took the news philosophically.

asistencia *nf* **1** (*presencia*) attendance **2** (*a enfermos*) care: *~ médica/sanitaria* medical/health care **LOC** *Ver* FALTA, TÉCNICO

asistente *adj, nmf* **~ (a)** present (at *sth*): *entre los ~s a la reunión* among those present at the meeting **LOC asistente social** social worker

asistir *vi* **(a)** (*acudir*) to attend: *~ a una clase/una reunión* to attend a lesson/meeting
▸ *vt* (*médico*) to treat: *¿Qué médico te asistió?* Which doctor treated you? ❶ La palabra inglesa **assist** significa *ayudar* y es bastante formal.

asma *nf* asthma

asmático, -a *adj, nm-nf* asthmatic

asno *nm* ass: *¡No seas ~!* Don't be such an ass!

asociación *nf* association

asociar *vt* to associate *sb/sth* (*with sb/sth*): *~ el calor con las vacaciones* to associate good weather with the vacation
▸ **asociarse** *vp* to form a partnership (*to do sth*)

asomar *vt*: *~ la cabeza por la ventana* to put your head out of the window ◊ *~ la cabeza por la puerta* to put your head around the door
▸ **asomarse** *vp*: *Me asomé a la ventana para verlo mejor.* I put my head out of the window to get a better look. ◊ *Asómate al balcón.* Come out onto the balcony.

asombrarse *vp* to be amazed (*at/by sth*): *Se asombraron al vernos.* They were amazed to see us. ◊ *Me asombré del desorden.* I was amazed by the mess.

asombro *nm* amazement: *mirar con ~* to look in amazement ◊ *poner cara de ~* to look amazed

aspa *nf* (*molino*) sail

aspecto *nm* **1** (*apariencia*) look: *No puedo salir con este ~.* I can't go out looking like this. **2** (*faceta*) aspect: *el ~ jurídico* the legal aspect **LOC en algunos/ciertos aspectos** in some ways
◆ **en ese/este aspecto** in that/this respect
◆ **tener aspecto (de)** to look: *Tienes ~ (de) cansado.* You look tired. ◆ **tener buen/mal aspecto** to look good/not to look good: *Tu*

abuela no tiene muy buen ~. Your granny doesn't look too good.
aspereza *nf* LOC *Ver* LIMAR
áspero, -a *adj* rough
aspiradora *nf* (*tb* **aspirador** *nm*) vacuum cleaner: *pasar la ~* to vacuum
aspirante *nmf ~* **(a)** candidate (for *sth*): *los ~s al puesto* the candidates for the job
aspirar *vt* **1** (*respirar*) to breathe *sth* in **2** (*máquina*) to suck *sth* up **3** (*cocaína, etc.*) to snort
▸ *vi ~* **a** to aspire to *sth*: *~ a ganar un sueldo decente* to aspire to a decent salary
aspirina *nf* aspirin: *tomarse una ~* to take an aspirin
asqueroso, -a *adj* **1** (*sucio*) filthy: *¡Tienes el carro ~!* Your car's filthy! **2** (*repugnante*) disgusting
asta *nf* flagpole LOC *Ver* MEDIO
asterisco *nm* asterisk LOC *Ver* TECLA
astilla *nf* splinter LOC *Ver* TAL
astillero *nm* shipyard
astro *nm* star
astrología *nf* astrology
astrólogo, -a *nm-nf* astrologer
astronauta *nmf* astronaut
astronomía *nf* astronomy
astrónomo, -a *nm-nf* astronomer
astucia *nf* **1** (*habilidad*) shrewdness: *tener mucha ~* to be very shrewd **2** (*malicia*) cunning **3** (*ardid*) trick: *Emplearon todo tipo de ~s para ganar.* They used all kinds of tricks to win.
astuto, -a *adj* **1** (*hábil*) shrewd: *un hombre muy ~* a very shrewd man **2** (*malicioso*) cunning: *Elaboraron un plan muy ~.* They devised a cunning plan.
asunto *nm* **1** (*tema*) matter: *un ~ de interés general* a matter of general interest **2** (*Pol*) affair LOC **no es asunto mío** it's none of my, your, etc. business *Ver tb* DESCUBRIR
asustar *vt* to scare, to frighten (*más formal*): *Me asustó el perro.* The dog frightened me. ◊ *¿Te asusta la oscuridad?* Are you scared of the dark?
▸ **asustarse** *vp* to be scared, to be frightened (*más formal*): *Te asustas por nada.* You're frightened of everything.
atacante *nmf* attacker
▸ *adj* (*Chi*) (*molesto*) infuriating
atacar *vt* to attack
atajar *vt* to catch: *Atajó las llaves.* He caught the keys.
atajo *nm* short cut: *tomar un ~* to take a short cut

ataque *nm* **1** *~* **(a/contra)** attack (on *sb/sth*): *un ~ al corazón* a heart attack **2** (*risa, tos*) fit: *Le dio un ~ de tos.* He had a coughing fit.
LOC **ataque de nervios** nervous breakdown ◆ **de ataque** (*Col*) (*maravilloso*) great: *Estamos pasando de ~.* We're having a great time. *Ver tb* CARDIACO
atar *vt* to tie *sb/sth* (up): *Nos ataron las manos.* They tied our hands. ◊ *Ata bien el paquete.* Tie the package tightly.
atarantado, -a *adj* **1** (*tonto*) dopey **2** (*por un golpe*) dazed **3** (*confundido*) dazed *Ver tb* ATARANTAR
atarantar *vt* **1** (*aturdir*) to make *sb's* head spin **2** (*intimidar*) to intimidate
▸ **atarantarse** *vp* **1** (*aturdirse*) to get flustered **2** (*Chi*) (*precipitarse*) to rush into *sth*: *¡No te atarantes!* Don't rush into it!
atardecer *nm* dusk: *al ~* at dusk
atareado, -a *adj* busy
atascamiento *nm* (*carros*) traffic jam
atascar *vt* to block *sth* (up)
▸ **atascarse** *vp* **1** to get stuck: *Siempre me atasco en esa palabra.* I always get stuck on that word. **2** (*mecanismo*) to jam
ataúd *nm* casket, coffin (*GB*)
atención *nf* attention
▸ **¡atención!** *interj* attention, please LOC **atención al cliente** customer service ◆ **con atención** attentively ◆ **poner/prestar atención** to pay attention (*to sb/sth*) *Ver tb* HORARIO, LLAMAR
atender *vt* **1** (*recibir*) to see: *Tienen que ~ a muchas personas.* They have to see lots of people. **2** (*en un almacén*) to serve: *¿Lo atendieron?* Are you being served? **3** (*tarea, problema, solicitud*) to deal with *sth*: *Solo atendemos casos urgentes.* We only deal with emergencies. **4** (*contestar*) to answer: *~ llamadas/al teléfono* to answer calls/the phone
▸ *vi* to pay attention (*to sb/sth*): *No atienden a lo que el profesor dice.* They don't pay any attention to what the teacher says.
atenerse *vp ~* **a 1** (*reglas, órdenes*) to abide by *sth*: *Nos atendremos a las normas.* We'll abide by the rules. **2** (*consecuencias*) to face: *Aténganse a las consecuencias.* You'll have to face the consequences. LOC **(no) saber a qué atenerse** (not) know what to expect
atentado *nm* **1** (*ataque*) attack (on *sb/sth*): *un ~ contra un cuartel del ejército* an attack on an army headquarters **2** (*intento de asesinato*) attempt on *sb's* life: *un ~ contra dos senadores* an attempt on the lives of two senators
atentamente *adv* (*fórmula de despedida*) Yours truly, Yours faithfully (*GB*) ⮕ *Ver nota en pág. 30*

atentar

> Recuerda que **Yours truly** (**Yours faithfully** en Gran Bretaña) se utiliza cuando se ha empezado una carta con un saludo como *Dear Sir*, *Dear Madam*, etc. Si se ha empezado con *Dear Mr. Jones*, *Dear Mrs. Smith*, etc., la expresión para despedirse debe ser **Sincerely (yours)** (**Yours sincerely** en Gran Bretaña). ➔ *Ver tb pág. 386*

LOC Ver SALUDAR

atentar *vi* ~ **contra** to make an attempt on *sb's* life: *Atentaron contra el juez.* They made an attempt on the judge's life.

atento, -a *adj* **1** *(prestando atención)* attentive: *Escuchaban ~s.* They listened attentively. **2** *(amable)* kind **LOC** **estar atento a algo 1** *(mirar)* to watch out for sth: *estar ~ a la llegada del bus* to watch out for the bus **2** *(prestar atención)* to pay attention to sth

ateo, -a *nm-nf* atheist: *ser ~* to be an atheist

aterrador, -ora *adj* terrifying

aterrizaje *nm* landing **LOC** **aterrizaje forzoso/de emergencia** emergency landing *Ver tb* TREN

aterrizar *vi* to land: *Aterrizaremos en Gatwick.* We will be landing at Gatwick.

aterrorizar *vt* **1** *(dar miedo)* to terrify: *Me aterrorizaba que pudieran tumbar la puerta.* I was terrified they might knock the door down. **2** *(con violencia)* to terrorize: *Esos hombres aterrorizan a los vecinos.* Those men terrorize the neighborhood.

atestado, -a *adj* **- (de)** crammed (with *sth*)
▸ *nm* statement **LOC** **atestado (de gente)** crowded *Ver tb* ATESTAR

atestar *vt* to fill *sth* to overflowing: *El público atestaba la sala.* The audience filled the hall to overflowing.

atiborrarse *vp* ~ **(de)** to stuff yourself (with *sth*): *Nos atiborramos de dulces.* We stuffed ourselves with candy.

ático *nm* **1** *(último piso)* top-floor flat **2** *(desván)* attic

atizar *vt* *(fuego)* to poke

atlántico, -a *adj, nm* (the) Atlantic

atlas *nm* atlas [*pl* atlases]

atleta *nmf* athlete

atlético, -a *adj* athletic

atletismo *nm* track and field, athletics [*incontable*] (*GB*)

atmósfera *nf* atmosphere: *~ cargada/de malestar* stuffy/uneasy atmosphere

atómico, -a *adj* atomic **LOC** *Ver* REACTOR

átomo *nm* atom

atontado, -a *adj* **1** *(alelado)* groggy: *Esas pastillas me dejaron ~.* Those pills have made me groggy. **2** *(por un golpe)* stunned
▸ *nm-nf* idiot *Ver tb* ATONTAR

atontar *vt* **1** *(marear)* to make *sb* dopey **2** *(volver tonto)* to dull your senses: *Esas revistas te atontan.* Magazines like these dull your senses.

atorado, -a *adj* stuck *Ver tb* ATORARSE

atorarse *vp* to get stuck

atormentar *vt* to torment

atornillar *vt* to screw *sth* down/in/on: *~ la última pieza* to screw on the last part

atorrante *adj* (*Col*, *Per*) *(pesado)*: *¡No seas ~, déjame en paz!* Don't be such a pain, leave me alone!
▸ *nmf* (*Col*, *Per*) pain (in the neck)

atracador, -ora *nm-nf* **1** *(ladrón)* robber **2** *(en la calle)* mugger

atracar *vt* **1** *(asaltar)* to hold *sth* up: *~ una sucursal del Banco Central* to hold up a branch of the Central Bank **2** *(en la calle)* to mug: *Me atracaron en el bus.* I was mugged on the bus.
▸ *vt, vi* *(barco)* to dock
▸ *vi* **1** (*Per*) *(ser convencido)*: *Quería besarla pero no atracó.* I wanted to kiss her, but she wouldn't go for it. ◊ *Esa chica atraca fácilmente.* That girl will swallow anything. **2** (*Chi*) *(pareja)* to make out, to snog (*GB*)
▸ **atracarse** *vp* *(puerta, ascensor, etc.)* to get stuck

atracción *nf* attraction: *una ~ turística* a tourist attraction ◊ *sentir ~ por algn* to be attracted to *sb* **LOC** *Ver* PARQUE

atraco *nm* **1** *(robo)* hold-up: *Cometieron un ~ en una joyería.* They held up a jewelry store. **2** *(en la calle)* mugging **LOC** *Ver* MANO

atractivo, -a *adj* attractive
▸ *nm* **1** *(cosa que atrae)* attraction: *uno de los ~s de la ciudad* one of the city's attractions **2** *(interés)* appeal [*incontable*] **3** *(persona)* charm

atraer *vt* **1** to attract: *~ a los turistas* to attract tourists ◊ *Me atraen los hombres mediterráneos.* I'm attracted to Mediterranean men. **2** *(idea)* to appeal to *sb*

atragantarse *vp* ~ **(con)** to choke (on *sth*): *Me atraganté con una espina.* I choked on a bone. **2** *(objeto)* to get stuck in *sb's* throat: *Se le atragantó una pepa de aceituna.* An olive pit got stuck in his throat.

atrancarse *vp* **1** *(tubería)* to get blocked **2** *(mecanismo, persona)* to get stuck: *Esta puerta se atrancó.* This door has stuck.

atrapado, -a *adj* **LOC** **estar/quedarse atrapado** to be trapped *Ver tb* ATRAPAR

atrapar *vt* to catch

atrás *adv* back: *Vamos a ponernos más ~.* Let's sit further back. ◊ *Siempre se sientan ~.* They always sit in back. LOC **de atrás**: *el asiento/las filas de ~* the back seat/rows ♦ **dejar atrás** to leave *sb/sth* behind ♦ **echarse/volverse atrás** *(desdecirse)* to go back on your word ♦ **hacia/ para atrás** backwards: *andar hacia ~* to walk backwards *Ver tb* CUENTA, MARCHA, PARTE¹

atrasado, -a *adj* **1** *(publicación, sueldo)* back: *los números ~s de una revista* the back issues of a magazine **2** *(país, región)* backward **3** *(reloj)* slow: *Tu reloj está ~.* Your watch is slow. LOC **tener trabajo, etc. atrasado** to be behind with your work, etc. *Ver tb* ATRASAR

atrasar *vt* **1** *(aplazar)* to put *sth* off, to postpone *(más formal)*: *Tuvieron que ~ la reunión una semana.* They had to postpone the meeting for a week. **2** *(reloj)* to put *sth* back: *~ el reloj una hora* to put the clock back an hour
▸ **atrasar(se)** *vi, vp (reloj)* to be slow: *(Se) atrasa cinco minutos.* It's five minutes slow.

atraso *nm* **1** *(demora)* delay **2** *(subdesarrollo)* backwardness

atravesar *vt* **1** *(cruzar)* to cross: *~ la frontera* to cross the border **2** *(perforar, experimentar)* to go through *sth*: *Atraviesan una grave crisis.* They're going through a serious crisis. ◊ *La bala le atravesó el corazón.* The bullet went through his heart.
▸ **atravesarse** *vp* **1** *(en el camino)* to block *sb's* path: *Se nos atravesó un camión.* A truck blocked our path. **2** *(en la garganta)* to get *sth* stuck in your throat: *Se me atravesó una espina.* I got a bone stuck in my throat.

atreverse *vp ~* **(a)** to dare *(do sth)*: *No me atrevo a pedirle dinero.* I daren't ask him for money. ➲ *Ver nota en* DARE

atrevido, -a *adj* **1** daring: *una blusa/ decisión atrevida* a daring blouse/decision **2** *(insolente)* sassy, cheeky *(GB) Ver tb* ATREVERSE

atributo *nm* attribute

atril *nm (música)* music stand

atropellado, -a *adj (por un vehículo)*: *Murió ~.* He died after being run over by a car. *Ver tb* ATROPELLAR

atropellar *vt* to run *sb* over: *Me atropelló un carro.* I was run over by a car.

atún *nm (pl* tuna) tuna

audaz *adj* bold

audición *nf* **1** *(oído)* hearing: *perder ~* to lose your hearing **2** *(prueba)* audition

audiencia *nf* audience: *el programa de mayor ~* the program with the largest audience

audífonos *nm* headphones

audiovisual *adj* audio-visual: *materiales ~es* audio-visual materials

auditorio *nm* **1** *(audiencia)* audience **2** *(edificio)* concert hall

auge *nm* boom *(in sth)*: *el ~ económico* the economic boom ◊ *el ~ de la literatura fantástica* the boom in fantasy literature LOC **estar en (pleno) auge** to be enjoying a boom

aula *nf* **1** *(de escuela)* classroom **2** *(de universidad)* lecture room

aullar *vi* to howl

aullido *nm* howl

aumentar *vt* **1** to increase: *~ la competitividad* to increase competition **2** *(lupa, microscopio)* to magnify
▸ *vi* to increase: *Aumenta la población.* The population is increasing.

aumento *nm* rise, increase *(más formal) (in sth)*: *un ~ de la población* an increase in population

aún *adv* **1** [*en oraciones afirmativas e interrogativas*] still: *Aún faltan dos horas.* There are still two hours to go. ◊ *¿Aún estás aquí?* Are you still here? **2** [*en oraciones negativas e interrogativas-negativas*] yet: *– ¿Aún no te han contestado? – No, ~ no.* 'Didn't they write back yet?' 'No, not yet.' ➲ *Ver nota en* STILL **3** [*en oraciones comparativas*] even: *Esta me gusta ~ más.* I like this one even better.

aun *adv* even: *Aun así no lo aceptaría.* Even so, I wouldn't accept it.

aunque *conj* **1** *(a pesar de que)* although, though *(más coloq)*

Although es más formal que though. Si se quiere dar más énfasis se puede usar even though: *No quisieron venir, aunque sabían que estarían ustedes.* They didn't want to come, although/though/even though they knew you'd be here.

2 *(incluso si)* even if: *Ven, ~ sea tarde.* Come along even if it's late.

auricular *nm* **1** *(teléfono)* receiver **2 auriculares** headphones

aurora *nf* dawn

ausencia *nf* absence

ausentarse *vp ~* **(de) 1** *(no ir)* to stay away *(from…)*: *~ de la escuela* to stay home from school **2** *(estar fuera)* to be away *(from…)*

ausente *adj ~* **(de)** absent *(from…)*: *Estaba ~ de la reunión.* He was absent from the meeting.
▸ *nmf* absentee

ausentismo *nm* absenteeism
LOC **ausentismo escolar** truancy

austeridad *nf* austerity

austero, -a *adj* austere

Australia *nf* Australia

australiano, -a *adj, nm-nf* Australian
Austria *nf* Austria
austriaco, -a (*tb* austríaco, -a) *adj, nm-nf* Austrian: *los ~s* the Austrians
auténtico, -a *adj* genuine, authentic (*más formal*): *un Renoir ~* an authentic Renoir
auto *nm* (*carro*) car **LOC** **autos locos/de choque** bumper cars, dodgems (*GB*) *Ver tb* LAVADERO
autoadhesivo *nm* sticker
autobiografía *nf* autobiography [*pl* autobiographies]
autobiográfico, -a *adj* autobiographical
autobús *nm* bus
autodefensa *nf* self-defense
autodidacta *adj, nmf* self-taught: *Fue esencialmente un ~.* He was basically self-taught.
autoestima *nf* self-esteem
autoestop *nm Ver* AUTOSTOP
autoevaluación *nf* (*Educ*) self-assessment
autogol *nm* own goal: *meter un ~* to score an own goal
autógrafo *nm* autograph
autolavado *nm* car wash
automático, -a *adj* automatic
▶ *nm* (*Costura*) snap, press stud (*GB*) **LOC** **débito/pago automático** bank draft, direct debit (*GB*) *Ver tb* CAJERO, CONTESTADOR, PILOTO, TRADUCTOR
automóvil *nm* car
automovilismo *nm* auto racing, motor racing (*GB*)
automovilista *nmf* motorist
autonomía *nf* **1** (*autogobierno*) autonomy **2** (*independencia*) independence: *la ~ del poder judicial* the independence of the judiciary
autónomo, -a *adj* (*departamento, entidad*) autonomous
autopista *nf* freeway, motorway (*GB*) **LOC** **autopista de cuota/peaje** turnpike, toll road (*GB*)
autopsia *nf* post-mortem
autor, -ora *nm-nf* **1** (*escritor*) author **2** (*compositor musical*) composer **3** (*crimen*) perpetrator
autoridad *nf* authority [*pl* authorities]
autorización *nf* permission
autorizar *vt* **1** (*acción*) to authorize: *No han autorizado la huelga.* They haven't authorized the strike. **2** (*dar derecho*) to give *sb* the right (*to do sth*): *El cargo nos autoriza a utilizar un carro oficial.* The job gives us the right to use an official car.

autorretrato *nm* self-portrait
autoservicio *nm* **1** (*restaurante*) cafeteria **2** (*supermercado*) supermarket **3** (*gasolinera*) self-service gas station
autostop *nm* hitch-hiking **LOC** **hacer autostop** to hitchhike
autosuficiente *adj* self-sufficient
auxiliar *adj* **LOC** **auxiliar de limpieza** cleaner ◆ **auxiliar de vuelo** flight attendant *Ver tb* MESA
auxilio *nm* help: *un grito de ~* a cry for help **LOC** *Ver* PRIMERO, PUESTO
avalancha *nf* avalanche
avance *nm* advance: *los ~s de la técnica* advances in technology
avanzado, -a *adj* **LOC** *Ver* TECNOLOGÍA
avanzar *vi* to advance
avaricia *nf* greed
avaro, -a *adj* miserly
▶ *nm-nf* miser
ave *nf* bird
avellana *nf* hazelnut
▶ *nm* (*color*) hazel: *ojos de color ~* hazel eyes
avemaría *nf* Hail Mary: *rezar tres ~s* to say three Hail Marys
avena *nf* oats [*pl*]
avenida *nf* avenue (*abrev* Ave.)
aventar (*pelota, piedra*) to throw: *¿Me puedes aventar las llaves?* Can you throw me the keys? ◊ *Me aventó un golpe.* He thumped me.
aventón *nm* (*Méx*) ride **LOC** **dar un aventón a algn** to give sb a ride ◆ **pedir aventón** to hitch a ride
aventura *nf* **1** (*peripecia*) adventure: *Vivimos una ~ fascinante.* We had a fascinating adventure. **2** (*amorío*) fling
aventurero, -a *adj* adventurous
▶ *nm-nf* adventurer
avergonzar *vt* **1** (*humillar*) to make *sb* feel ashamed: *~ a la familia* to make your family feel ashamed **2** (*abochornar*) to embarrass: *Tu manera de vestir me avergüenza.* The way you dress embarrasses me.
▶ **avergonzarse** *vp* **1** (*arrepentirse*) to be ashamed (*of sth/doing sth*): *Me avergüenzo de haberles mentido.* I'm ashamed of having told them a lie. **2** (*sentirse incómodo*) to be embarrassed: *Se avergüenzan de su propia ignorancia.* They're embarrassed by their own ignorance.
avería *nf* (*vehículo, mecanismo*) breakdown: *La ~ del carro me va a costar un ojo de la cara.* The breakdown's going to cost me an arm and a leg.
averiado, -a *adj* broken down: *Tenemos la lavadora averiada.* Our washing machine has

broken down. ◊ *El ascensor está ~.* The lift is out of order. *Ver tb* AVERIARSE

averiarse *vp (Mec)* to break down

averiguar *vt* to find *sth* out, to discover *(más formal)*

avestruz *nm* ostrich

aviación *nf* **1** aviation: *~ civil* civil aviation **2** *(fuerzas aéreas)* air force [*v sing o pl*]

avinagrado, -a *adj (vino)* vinegary

avión *nm* airplane, aeroplane *(GB)* LOC *ir/viajar en avión* to fly ♦ *por avión (correo)* airmail

avioneta *nf* light aircraft [*pl* light aircraft]

avisar *vt* **1** *(informar)* to let *sb* know *(about sth)*: *Avíseme cuando lleguen.* Let me know when they arrive. **2** *(advertir)* to warn: *Te aviso que si no me pagas...* I'm warning you that if you don't pay me... LOC *sin avisar: Vinieron sin ~.* They showed up unexpectedly. ◊ *Se fue de la casa sin ~.* He left home without saying anything.

aviso *nm* **1** notice: *Cerrado hasta nuevo ~.* Closed until further notice. **2** *(advertencia)* warning: *sin previo ~* without prior warning LOC *aviso luminoso/de neón* neon sign ♦ *aviso(s) clasificado(s)/económico(s)* classified ad(s) *Ver tb* PROHIBIDO

avispa *nf* wasp

avispado, -a *adj* bright

avispero *nm (nido)* wasps' nest

axila *nf* armpit

¡ay! *interj* **1** *(de dolor)* ow **2** *(de aflicción)* oh (dear)

ayer *adv* yesterday LOC *antes de ayer* the day before yesterday ♦ *ayer por la noche* last night ♦ *de ayer: el periódico de ~* yesterday's paper ◊ *Este pan es de ~.* This bread isn't fresh.

ayuda *nf* help [*incontable*]: *Gracias por tu ~.* Thanks for your help. ◊ *Necesito ~.* I need some help. ➲ *Ver nota en* HELP LOC *Ver* TELÉFONO

ayudante *nmf* assistant

ayudar *vt, vi* to help *sb (to do sth)*: *¿Le ayudo?* Can I help you?

ayunar *vi* to fast

ayunas LOC *en ayunas: Estoy en ~.* I've had nothing to eat or drink.

ayuno *nm* fast: *40 días de ~* 40 days of fasting

ayuntamiento *nm* **1** *(concejo)* council **2** *(edificio)* city hall, town hall *(GB)*

azabache *nm* jet: *negro como el ~* jet black

azadón *nm* hoe

azafata *nf* (air) stewardess

azafate *nm* tray

azafrán *nm* saffron

azahar *nm* orange blossom

azar *nm* **1** *(casualidad)* chance: *juego de ~* game of chance **2** *(destino)* fate LOC *al azar* at random: *Elija un número al ~.* Choose a number at random.

azote *nm: darle ~s a algn* to give sb a beating

azotea *nf* (flat) roof

azúcar *nm* sugar: *un terrón/cubo de ~* a lump of sugar LOC *Ver* ALGODÓN

azucarera *nf* sugar bowl

azucena *nf* lily [*pl* lilies]

azufre *nm* sulphur

azul *adj, nm* blue ➲ *Ver ejemplos en* AMARILLO LOC *azul celeste/marino* sky/navy blue ♦ *azul turquesa* turquoise *Ver tb* PRÍNCIPE

azulejo *nm* tile

B b

baba nf 1 (*de persona*) dribble 2 (*de animal*) foam **LOC** **caérsele la baba a algn** to dote on sb: *Se le cae la ~ por sus nietos.* She dotes on her grandchildren.

babear vi to dribble

babero nm bib

babor nm port: *a ~* to port

babosa nf slug

bacalao nm cod [*pl* cod]

bacán, -ana (*tb* **bacano, -a**) adj, adv great: *¡Qué fiesta más bacana!* What a great party! ◊ *Pasamos muy ~.* We had a great time.
▸ nm-nf (*Per*) (*engreído*) big-head

bache nm 1 (*hoyo*) pothole: *Estas carreteras tienen muchos ~s.* These roads are full of potholes. 2 (*dificultad*) tough time: *atravesar por un ~* to go through a tough time

bachiller nmf (*Per*) (*licenciado*) university graduate

bachillerato nm 1 high school diploma ➲ *Ver nota en* A LEVEL 2 (*Per*) (*licenciatura*) (university) degree

bacilo nm bacillus [*pl* bacilli]

bacteria nf bacterium [*pl* bacteria]

bafle nm (*altavoz*) speaker

bahía nf bay

bailar vt, vi 1 (*danza*) to dance: *¿Bailas conmigo?* Would you like to dance? ◊ *~ un tango* to dance a tango 2 (*trompo*) to spin
▸ vi 1 (*estar suelto*) to be loose: *Me baila un diente.* I have a loose tooth. 2 (*quedar grande*) to be too big (*for sb*): *Esta falda me baila.* This skirt's too big for me. **LOC** **bailar agarrado/pegado** to dance close together ◆ **bailar con la más fea** to draw the short straw ◆ **sacar a bailar** to ask *sb* to dance

bailarín, -ina nm-nf dancer

baile nm 1 (*fiesta, danza*) dance: *El ~ empieza a las doce.* The dance begins at twelve. 2 (*acción*) dancing: *Me gusta mucho el ~.* I like dancing a lot. **LOC** **baile de disfraces** costume ball, fancy dress ball (*GB*) *Ver tb* PISTA

baja nf 1 (*Econ*) fall (*in sth*): *una ~ en el precio del pan* a fall in the price of bread ◊ *Continúa la ~ de los tipos de interés.* Interest rates continue to fall. 2 (*Mil*) casualty [casualties] **LOC** **baja policía** (*Per*) garbage collection and street cleaning service ◆ **dar de baja** (*Mil*) to kill ◆ **darse de baja** to cancel your membership, subscription, etc. *Ver tb* MATERNIDAD

bajada nf 1 (*descenso*) descent: *durante la ~* during the descent 2 (*pendiente*) slope: *La calle tiene mucha ~.* The street slopes steeply.

bajamar nf low tide

bajar vt 1 to get *sth* down: *¿Me ayuda a ~ la maleta?* Could you help me get my suitcase down? 2 (*traer, poner más abajo*) to bring *sth* down: *Bájelo un poco más.* Bring it down a little. 3 (*llevar*) to take *sth* down: *¿Tenemos que ~ esta silla al segundo piso?* Do we have to take this chair down to the third floor? 4 (*ir/venir abajo*) to go/come down: *~ la cuesta* to go down the hill 5 (*cabeza*) to bow 6 (*vista, voz*) to lower 7 (*volumen*) to turn *sth* down 8 (*precio*) to bring *sth* down, to lower (*más formal*)
▸ vi 1 (*ir/venir abajo*) to go/to come down: *¿Puede ~ a recepción, por favor?* Can you come down to reception, please? 2 (*temperatura, río*) to fall: *La temperatura ha bajado.* The temperature has fallen. 3 (*hinchazón*) to go down 4 (*marea*) to go out 5 (*precios*) to come down: *El pan volvió a ~.* (The price of) bread has come down again.
▸ **bajar(se)** vi, vp ~ **(se) (de)** 1 (*automóvil*) to get out (of *sth*): *Nunca (se) baje de un carro en marcha.* Never get out of a moving car. 2 (*transporte público, caballo, bicicleta*) to get off (*sth*): *~(se) de un bus* to get off a bus **LOC** **bajarle los humos a algn** to take sb down a peg or two ◆ **bajársele a algn la moral** to be in low spirits *Ver tb* ESCALERA

bajista (*tb* **bajo**) nmf bass (guitarist)

bajo¹ prep under: *Nos resguardamos ~ un paraguas.* We sheltered under an umbrella. ◊ *~ la lluvia* in the rain

bajo² adv low

bajo³ nm 1 (*vivienda*) first-floor apartment, ground-floor flat (*GB*) 2 (*voz*) bass

bajo, -a adj 1 (*persona*) short 2 ~ **(en)** low (in *sth*): *una sopa baja en calorías* a low-calorie soup ◊ *El volumen está muy ~.* The volume is too low. 3 (*zapato*) flat 4 (*voz*) quiet: *hablar en voz baja* to speak quietly/softly 5 (*pobre*) poor: *los barrios ~s de la ciudad* the poor areas of the city **LOC** *Ver* CLASE, CONTROL, GOLPE, HABLAR, LUZ, PAÍS, PLATO

bala nf (*arma*) bullet **LOC** **como una bala** like a shot *Ver tb* PRUEBA

balaca nf (*Col*) 1 (*accesorio*) hairband 2 (*Dep*) sweatband

balance nm 1 (*Fin*) balance: *~ positivo/negativo* a positive/negative balance 2 (*número de víctimas*) toll

balancear(se) vt, vp 1 to swing 2 (*cuna, mecedora*) to rock

balanza nf **1** (*instrumento*) scales [*pl*] **2** (*Econ*) balance

balar vi to bleat

balazo nm **1** (*disparo*) shot **2** (*herida*) bullet wound LOC **sacarse los balazos** (*Chi*) to get over a problem

balbucear (*tb* **balbucir**) vt, vi (*adulto*) to stammer: *Balbuceó unas palabras.* He stammered a few words.
▸ vi (*bebé*) to babble

balcón nm balcony [*pl* balconies]: *salir al ~ to go out onto the balcony*

balde¹ nm bucket

balde² LOC **en balde** in vain

baldosa nf **1** (*interior*) floor tile **2** (*exterior*) paving stone

balear vt to shoot

baleta nf (*Col*) flat shoe

baliza nf **1** (*Náut*) buoy **2** (*Aviación*) beacon

ballena nf whale

ballet nm ballet

balneario nm **1** (*en la costa*) seaside resort **2** (*de aguas termales*) spa

balón nm **1** ball **2** (*para cuerpos gaseosos*) bag LOC *Ver* CABEZAZO

baloncesto nm basketball: *jugar ~ to play basketball* LOC *Ver* PISTA

balonmano nm handball

balsa nf (*embarcación*) raft

bálsamo nm (*para el pelo*) conditioner

bambolearse vp to sway

bambú nm bamboo: *una mesa de ~ a bamboo table*

banano nm **1** banana **2** (*Chi*) (*riñonera*) fanny pack, bumbag (*GB*)

banca nf **1** (*bancos*) banks [*pl*]: *la ~ japonesa* Japanese banks **2** (*sector*) banking: *los sectores de ~ y comercio* the banking and business sectors **3** (*asiento*) bench **4** (*Chi*) (*escaño*) seat

bancario, -a adj LOC *Ver* GIRO, PAGO, TRANSFERENCIA

bancarrota nf bankruptcy LOC **estar en bancarrota** to be bankrupt

banco nm **1** (*Fin, Med, etc.*) bank: *~ de datos/sangre* data/blood bank **2** (*de parque, etc.*) bench **3** (*taburete*) stool **4** (*iglesia*) pew **5** (*Chi*) (*pupitre*) desk **6** (*peces*) shoal LOC **banco de arena** sandbank

banda¹ nf **1** band: *~ para el pelo* hairband **2** (*Dep*) wing LOC **banda ancha** (*Internet*) broadband: *conexión de ~ ancha* broadband connection ♦ **banda sonora** soundtrack *Ver tb* ANCHO, SAQUE

banda² nf **1** (*pandilla*) gang: *una ~ de delincuentes* a gang of thugs **2** (*grupo musical*) band LOC **banda terrorista** terrorist group

bandada nf **1** (*aves*) flock **2** (*peces*) shoal

bandearse vp to get by: *Voy a ver cómo me bandeo sin trabajo.* Let's see how I get by without a job.

bandeja nf tray LOC **bandeja de entrada/salida** (*Informát*) inbox/outbox ♦ **poner/servir en bandeja** to hand *sb sth* on a plate

bandera nf **1** flag: *Las ~s están a media asta.* The flags are flying at half-mast. **2** (*Mil*) colors [*pl*] LOC **bandera blanca** white flag *Ver tb* JURAR

banderín nm pennant

bandido, -a nm-nf bandit

bando nm **1** (*Mil, Pol*) faction **2** (*en juegos*) side: *Jugaremos en ~s distintos.* We'll be playing on different sides.

banquero, -a nm-nf banker

banqueta nf **1** (*taburete*) stool: *subirse a una ~ to stand on a stool* **2** (*Méx*) (*acera*) sidewalk, pavement (*GB*)

banquete nm banquet, dinner (*más coloq*): *Dieron un ~ en su honor.* They organized a dinner in his honor. LOC **banquete (de bodas)** wedding reception ⊃ *Ver nota en* MATRIMONIO

banquillo nm **1** (*Dep*) bench: *Me dejaron en el ~.* I was left on the bench. **2** (*Jur*) dock: *estar en el ~* to be in the dock

bañado, -a adj bathed: *~ en lágrimas/sudor/sangre* bathed in tears/sweat/blood LOC **bañado en oro/plata** gold-plated/silver-plated *Ver tb* BAÑAR

bañar vt **1** to bathe, to bath (*GB*) **2** (*en metal*) to plate *sth* (*with sth*) **3** (*Cocina*) to coat *sth* (*in/with sth*): *~ una torta de chocolate* to coat a cake in chocolate
▸ **bañarse** vp **1** (*en ducha*) to take a shower **2** (*lavarse*) to wash up, to wash (*GB*): *Me voy a ~ el pelo.* I'm going to wash my hair. **3** (*nadar*) to go for a swim

baño nm **1** (*cuarto de baño, w.c.*) bathroom: *¿Los ~s por favor?* Where's the bathroom, please? ⊃ *Ver nota en* BATHROOM **2** (*en ducha*) shower **3** (*mar, piscina*) swim: *¿Nos damos un ~? Shall we go for a swim?* LOC **baño María** double boiler, bain-marie (*GB*): *cocinar algo al ~ María* to cook sth in a double boiler ❶ Se pronuncia /ˌbæn məˈriː/. ♦ **ropa/traje/vestido de baño 1** (*de mujer*) swimsuit **2** (*de hombre*) swimming trunks ❶ *Un traje/vestido de baño para hombre se dice* **a pair of swimming trunks**. ⊃ *Ver tb nota en* PAIR *Ver tb* BATA, CUARTO, GEL, GORRO, PANTALONETA, SAL, TRUSA

baqueta nf drumstick

bar nm 1 (*bebidas alcohólicas*) bar 2 (*cafetería*) snack bar 3 (*mueble*) drinks cabinet

baraja nf deck of cards, pack of cards (*GB*)

Los palos de la baraja española (*oros, copas, espadas* y *bastos*) no tienen traducción porque en Estados Unidos y Gran Bretaña se utiliza la baraja francesa. La baraja francesa consta de 52 cartas divididas en cuatro *palos* o **suits**: **hearts** (*corazones*), **diamonds** (*diamantes*), **clubs** (*tréboles*) y **spades** (*picas*). Cada palo tiene un **ace** (*as*), **king** (*rey*), **queen** (*reina*), **jack** (*jota*), y nueve cartas numeradas del 2 al 10. Antes de empezar a jugar, se *baraja* (**shuffle**), se *corta* (**cut**) y se *reparten* las cartas (**deal**).

barajar vt to shuffle LOC **barajárselas** (*Chi*) to get by

barandilla nf (*tb* **barandal** nm) 1 (*de una escalera*) banister(s) [*gen pl*]: *bajar por la* ~ to slide down the banisters 2 (*de un balcón*) railing(s) [*gen pl*]

barata nf (*Méx*) (*liquidación*) sale

barato, -a adj cheap: *Aquel es más* ~. That one's cheaper.
▶ adv: *comprar algo* ~ to buy sth cheaply ◊ *Esa tienda vende* ~. Prices are low in that store.

barba nf beard: *dejarse crecer la* ~ to grow a beard ◊ *un hombre con* ~ a bearded man LOC *Ver* SUBIR

barbaridad nf 1 (*crueldad*) barbarity 2 (*disparate*) nonsense [*incontable*]: *¡No diga* ~*es!* Don't talk nonsense! LOC **¡qué barbaridad!** good heavens!

bárbaro, -a adj, nm-nf barbarian

barbecho nm fallow land LOC **dejar en barbecho** to leave sth fallow

barbilla nf chin

barbudo, -a adj bearded

barca nf (small) boat: *dar un paseo en* ~ to go out in a boat ⊃ *Ver nota en* BOAT LOC **barca de remos** rowboat, rowing boat (*GB*)

barco nm 1 (*buque*) ship 2 (*más pequeño*) boat ⊃ *Ver nota en* BOAT LOC **barco de vapor** steamship ♦ **barco de vela** sailboat, sailing boat (*GB*) ♦ **ir en barco** to go by boat/ship

bareto nm (*tb* **bareta** nf) (*Col*) 1 marijuana 2 (*cigarrillo*) joint

barítono nm baritone

barniz nm 1 (*madera*) varnish 2 (*cerámica*) glaze

barnizar vt 1 (*madera*) to varnish 2 (*cerámica*) to glaze

barómetro nm barometer

barquillo nm ice-cream cone

barra nf 1 bar: *Tomaban café sentados en la* ~. They were sitting at the bar having a cup of coffee. ◊ ~ *de jabón* bar of soap 2 (*pandilla*) gang 3 (*signo gráfico*) slash: ~ *oblicua/invertida* (forward) slash/backslash ⊃ *Ver pág.* 377 LOC **barra de herramientas** (*Informát*) toolbar ♦ **barra de labios** lipstick ♦ **barra espaciadora** (*Informát*) space bar ⊃ *Ver dibujo en* COMPUTADOR ♦ **tenerle buena/mala barra a algn** (*Chi*): *Mi jefe me tiene buena/mala* ~. I'm in my boss's good/bad books. ♦ **tomarle buena/mala barra a algn** (*Chi*) to take to/against sb

barraca nf barrack hut

barranco nm (*tb* **barranca** nf) ravine

barrendero, -a nm-nf road sweeper

barrer vt 1 (*limpiar, arrasar*) to sweep: *Una ola de terror barrió al país.* A wave of terror swept the country. 2 (*derrotar*) to whip, to thrash (*GB*): *Los vamos a* ~. We're going to whip you.
▶ vi to sweep up: *Si tú barres, yo lavo los platos.* If you sweep up, I'll do the dishes.

barrera nf 1 barrier: *La* ~ *estaba subida.* The barrier was up. ◊ *la* ~ *de comunicación* the language barrier 2 (*Fútbol*) wall

barriada nf 1 area 2 (*zona marginal*) shanty town

barricada nf barricade: *construir una* ~ to build a barricade

barriga nf 1 (*estómago*) tummy [*pl* tummies]: *Me duele un poco la* ~. I've got tummy ache. 2 (*panza*) paunch: *Estás echando* ~. You're getting a paunch.

barril nm barrel LOC *Ver* CERVEZA

barrio nm 1 neighborhood, area (*GB*): *Yo me crié en este* ~. I grew up in this neighborhood. 2 (*en las afueras*) suburb 3 (*zona típica*) quarter: *el* ~ *gótico* the Gothic quarter LOC **barrio de tugurios** shanty town ♦ **del barrio** local: *el carnicero del* ~ the local butcher

barro nm 1 (*lodo*) mud: *¡No se metan en el* ~*!* Stay away from that mud! 2 (*arcilla*) clay LOC **de barro** earthenware: *vasijas de* ~ earthenware pots

barroco, -a adj, nm baroque

barrote nm iron bar

bartolear vi to laze around

barullo nm 1 (*ruido*) racket: *armar mucho* ~ to make a big racket 2 (*confusión*) muddle: *Se organizó un* ~ *tremendo.* There was a terrible muddle. LOC *Ver* ARMAR

basar vt to base sth on sth: *Basaron la película en una novela.* They've based the movie on a novel.
▶ **basarse** vp **basarse en 1** (*persona*) to have grounds (*for sth/doing sth*): *¿En qué te basas para decir eso?* What grounds do you have for

saying that? **2** (*teoría, película*) to be based on sth

báscula *nf* scales [*pl*]: ~ *de baño* bathroom scales

base *nf* **1** base: *un jarrón con poca* ~ a vase with a small base ◊ ~ *militar* military base **2** (*fundamento*) basis [*pl* bases]: *La confianza es la* ~ *de la amistad*. Trust is the basis of friendship. LOC **base aérea** airbase ♦ **base de datos** database ♦ **base espacial** space station *Ver tb* SALARIO

básicamente *adv* basically

básico, -a *adj* basic

basketball (*tb* basquetbol) *nm* basketball: *jugar* ~ to play basketball

bastante *adj* **1** (*número considerable, mucho*): *Hace* ~ *tiempo que no la veo*. It's quite a long time since I last saw her. ◊ *Tengo ~s cosas que hacer*. I have quite a lot of things to do. **2** (*suficiente*) enough: *No tenemos* ~ *plata*. We don't have enough money.
▸ *pron* **1** (*mucho*) quite a lot **2** (*suficiente*) enough: *No, gracias; ya comimos ~s*. No thank you; we've had enough.
▸ *adv* **1** [*con adjetivo o adverbio*] quite: *Es ~ inteligente*. He's quite intelligent. ◊ *Leen ~ bien para su edad*. They read quite well for their age. ➲ *Ver nota en* FAIRLY **2** (*lo suficiente*) enough: *Hoy no has comido ~*. You haven't eaten enough today. **3** (*mucho*) quite a lot: *Aprendí ~ en tres meses*. I learned quite a lot in three months.

bastar *vi* to be enough: *Bastará con 30.000 pesos*. 30,000 pesos will be enough. LOC **¡basta (ya)!** that's enough!

basto (*tb* bastos) *nm* (*Naipes*) ➲ *Ver nota en* BARAJA

basto, -a *adj* **1** (*persona, tejido, lenguaje*) coarse **2** (*superficie*) rough

bastón *nm* walking stick LOC **bastón de esquí** ski pole

basura *nf* garbage, rubbish (*GB*) [*incontable*]: *En esta calle hay mucha* ~. There's a lot of garbage in this street. ◊ *Esa película es una* ~. That movie is garbage. LOC **tirar algo a la basura** to throw sth away *Ver tb* BOLSA¹, CAMIÓN, CARRO, COMIDA, CORREO, RECOGIDA

basurero, -a *nm-nf* garbage collector, dustman [*pl* dustmen] (*GB*)
▸ *nm* **1** (*depósito de basuras*) (garbage) dump, (rubbish) dump (*GB*) **2** (*contenedor*) garbage can, dustbin (*GB*) ➲ *Ver dibujo en* TRASH CAN LOC *Ver* TARRO

bata *nf* **1** (*de casa*) robe **2** (*de colegio, de trabajo*) overall **3** (*de laboratorio*) lab coat **4** (*de hospital*) white coat LOC **bata de baño** bathrobe, dressing gown (*GB*)

batalla *nf* battle LOC **de batalla** everyday: *Tengo puestas las botas de* ~. I'm wearing my everyday boots. *Ver tb* CAMPO

batallón *nm* battalion

bate *nm* bat: ~ *de béisbol* baseball bat

batería *nf* **1** (*Electrón, Mil*) battery [*pl* batteries]: *Se quedó sin* ~. The battery is flat. **2** (*Mús*) drums [*pl*]: *Jeff Porcaro en la* ~. Jeff Porcaro on drums.
▸ *nmf* drummer LOC **batería de cocina** set of saucepans ➲ *Ver dibujo en* SAUCEPAN

batido *nm* milkshake

batidora *nf* (*tb* batidor *nm*) mixer

batir *vt* **1** to beat: ~ *huevos* to beat eggs ◊ ~ *al contrincante* to beat your opponent **2** (*crema*) to whip **3** (*récord*) to break: ~ *el récord mundial* to beat the world record LOC **batírselas** (*Chi*) to manage *Ver tb* TIERRA

batuta *nf* baton

baúl *nm* **1** (*de viaje*) trunk **2** (*de automóvil*) trunk, boot (*GB*)

bautismal *adj* baptismal: *pila* ~ (baptismal) font

bautismo *nm* baptism

bautizar *vt* **1** (*sacramento*) to baptize **2** (*barco, invento*) to name

bautizo *nm* baptism: *Mañana celebramos el* ~ *de mi hermano*. We're celebrating my brother's baptism tomorrow.

bayetilla *nf* cloth: *Pásale una* ~ *a la mesa por favor*. Can you please wipe the table?

bazo *nm* spleen LOC *Ver* DOLER

bebé *nm* baby [*pl* babies]

bebedor, -ora *nm-nf* (*heavy*) drinker

beber(se) *vt, vi, vp* to drink: *Bébaselo todo*. Drink it up. ◊ *Se bebieron una botella entera de vino*. They drank a whole bottle of wine. LOC **beber a la salud de algn** to drink to sb's health ♦ **beber a pico de botella** to drink straight from the bottle ♦ **beber a sorbos** to sip ♦ **beber como un caballo** to drink like a fish ♦ **beber en vaso** to drink from a glass ♦ **beberse algo de un trago** to drink sth in one go

bebida *nf* drink: ~ *no alcohólica* nonalcoholic drink

bebido, -a *adj* **1** (*ligeramente*) tipsy **2** (*borracho*) drunk *Ver tb* BEBER(SE)

beca *nf* **1** (*del Estado*) grant **2** (*de entidad privada*) scholarship

bechamel *nf* white sauce

beige *adj, nm* beige ➲ *Ver ejemplos en* AMARILLO

béisbol *nm* baseball

belga *adj, nmf* Belgian: *los ~s* the Belgians

Bélgica *nf* Belgium

Belice nm Belize

bélico, -a adj 1 (belicoso) warlike 2 (armas, juguetes) war: películas bélicas war movies

belleza nf beauty [pl beauties] LOC **belleza integral** total beauty: servicio de ~ integral total beauty service Ver tb CONCURSO, SALÓN

bello, -a adj beautiful LOC **bellas artes** fine art(s) ♦ **la Bella Durmiente** Sleeping Beauty

bemol adj, nm (Mús) flat: si ~ B flat

bendecir vt to bless LOC **bendecir la mesa** to say grace

bendición nf blessing LOC **dar/echar la bendición** to bless sb/sth

bendito, -a adj blessed

beneficiar vt ~ (a) to benefit sb/sth
▸ **beneficiarse** vp **beneficiarse (con/de)** to benefit (from sth): Se beneficiaron del descuento. They benefited from the reduction.

beneficio nm 1 (bien) benefit 2 (Econ, Fin) profit: dar/obtener ~s to produce/make a profit LOC **a beneficio de** in aid of sth/sb ♦ **en beneficio de** to the advantage of sb/sth: en ~ tuyo to your advantage

beneficioso, -a adj beneficial

benéfico, -a adj charity: obras benéficas charity work LOC **institución/organización benéfica** charity [pl charities]

bengala nf 1 flare 2 (de mano) sparkler

benigno, -a adj 1 (tumor) benign 2 (clima) mild

berenjena nf eggplant, aubergine (GB)

berma nf breakdown lane, hard shoulder (GB)

bermudas nm o nf Bermuda shorts

berrinche nm tantrum: estar con/tener un ~ to have a tantrum

besar vt to kiss: Le besó la mano. He kissed her hand. ◊ Me besó en la frente. She kissed me on the forehead.

beso nm kiss: Dale un ~ a tu prima. Give your cousin a kiss. ◊ Nos dimos un ~. We kissed. LOC **tirar un beso** to blow (sb) a kiss Ver tb COMER

bestia nf beast
▸ adj, nmf brute: ¡Qué ~ eres! You're such a brute! LOC **como una bestia**: Trabajaba como una ~. He was working like crazy. ◊ Come como una ~. He eats a huge amount.

bestial adj 1 (enorme) huge: Tengo un hambre ~. I'm famished. 2 (genial) great

bestialidad nf 1 (brutalidad): Hicieron muchas ~es. They did a lot of disgusting things. 2 (estupidez): hacer/decir muchas ~es to do/say a lot of stupid things

betabel nm (Méx) beet, beetroot (GB)

betún nm 1 (calzado) (shoe) polish: Échales ~ a los zapatos. Polish your shoes. 2 (para torta) frosting, icing (GB)

biberón nm baby bottle

Biblia nf Bible

bíblico, -a adj biblical

bibliografía nf bibliography [pl bibliographies]

biblioteca nf 1 (edificio, conjunto de libros) library [pl libraries] 2 (mueble) bookcase LOC Ver RATÓN

bibliotecario, -a nm-nf librarian

bicarbonato nm bicarbonate

bíceps nm biceps [pl biceps]

bicho nm 1 (insecto) bug, creepy-crawly [pl creepy-crawlies] (coloq) 2 (cualquier animal) animal LOC **¿qué bicho te picó?** what's bugging you, him, her, etc.? ♦ **ser un bicho** to be a nasty/rotten guy ♦ **ser un bicho raro** to be a weirdo

bicicleta (tb **bici**) nf bicycle, bike (coloq): dar un paseo en ~ to go for a bike ride ◊ ¿Sabes montar en ~? Can you ride a bike?
LOC **bicicleta de carreras** racing bike ♦ **bicicleta de montaña/todo terreno** (abrev **BTT**) mountain bike ♦ **bicicleta estática** exercise bike ♦ **ir en bicicleta** (a un sitio) to cycle: ir en ~ al trabajo to cycle to work

bidé nm bidet ❶ Se pronuncia /bɪˈdeɪ/, o /ˈbiːdeɪ/ en Gran Bretaña.

bien¹ adv 1 well: portarse ~ to behave well ◊ Hoy no me encuentro ~. I don't feel well today. ◊ – ¿Cómo está tu papá? – Muy ~, gracias. 'How's your father?' 'Very well, thanks.' 2 (de acuerdo, adecuado) OK: Les pareció ~. They thought it was OK. ◊ – ¿Me lo presta? – Está ~, pero tenga cuidado. 'Can I borrow it?' 'OK, but be careful.' 3 (calidad, aspecto, olor, sabor) good: La escuela está ~. The school is good. ◊ ¡Qué ~ huele! That smells really good! 4 (correctamente): Contesté ~ la pregunta. I got the right answer. ◊ Habla ~ el español. You speak good Spanish. LOC **andar/estar bien de** to have plenty of sth ♦ **¡(muy) bien!** (very) good! ❶ Para otras expresiones con **bien**, véanse las entradas del adjetivo, verbo, etc., p. ej. **bien educado** en EDUCADO.

bien² conj LOC **bien… bien…** either… or…: Voy a ir ~ en tren, o ~ en bus. I'll go either by train or by bus.

bien³ nm 1 (lo bueno) good: el ~ y el mal good and evil 2 **bienes** possessions LOC **bienes de consumo** consumer goods ♦ **por el bien de** for the good of sb/sth ♦ **por tu bien** for your, his, her, etc. own good Ver tb MAL

bien⁴ *adj* well-to-do: *Son de familia ~.* They're from a well-to-do family. LOC *Ver* GENTE, NIÑO
bienestar *nm* well-being
bienvenida *nf* welcome: *dar la ~ a algn* to welcome sb
bienvenido, -a *adj* welcome
bigote *nm* **1** (*persona*) mustache: *un hombre con ~* a man with a mustache ◊ *Papá Noel tenía unos grandes ~s.* Santa Claus had a large mustache. **2** (*gato*) whiskers [*pl*]
bikini *nm* bikini [*pl* bikinis]
biliar *adj* LOC *Ver* VESÍCULA
bilingüe *adj* bilingual
bilis *nf* bile
billar *nm* **1** (*juego*) pool: *jugar ~* to play pool

El billar americano, de 16 bolas, se llama **pool**. El billar de 22 bolas, muy popular en Gran Bretaña, es el **snooker**. **Billiards** se refiere a la modalidad que se juega con solo tres bolas.

2 (*mesa*) pool table **3 billares** (*local*) pool hall [*v sing*]
billete *nm* **1** (*Fin*) bill, note (*GB*): *~s de 1.000 (pesos)* 1,000 peso bills **2** (*dinero*) dough LOC **billete de lotería** lottery ticket
billetera *nf* wallet
billón *nm* (*un millón de millones*) trillion ➪ *Ver nota en* BILLION
binario, -a *adj* binary
bingo *nm* **1** (*juego*) bingo: *jugar ~* to play bingo **2** (*sala*) bingo hall
binoculares (*tb* binóculos) *nm* binoculars
biodegradable *adj* biodegradable
biodiversidad *nf* biodiversity
biodiverso, -a *adj* biodiverse
biografía *nf* biography [*pl* biographies]
biología *nf* biology
biológico, -a *adj* biological LOC *Ver* MADRE
biólogo, -a *nm-nf* biologist
biombo *nm* screen
biotecnología *nf* biotechnology
bioterrorismo *nm* bioterrorism
bisabuelo, -a *nm-nf* **1** (*masc*) great-grandfather **2** (*fem*) great-grandmother **3 bisabuelos** great-grandparents
bisagra *nf* hinge
bisexual *adj, nmf* bisexual
bisiesto *adj* LOC *Ver* AÑO
bisnieto, -a *nm-nf* **1** (*masc*) great-grandson **2** (*fem*) great-granddaughter **3** (*sin distinción de sexo*) great-grandchild [*pl* great-grandchildren]

bisonte *nm* bison [*pl* bison]
bisoñé *nm* toupee
bistec *nm* steak
bisturí *nm* scalpel
bisutería *nf* costume jewelry
bit *nm* bit
bizco, -a *adj* cross-eyed
bizcocho *nm* **1** (*sponge*) cake: *~ de novia* wedding cake **2** (*mujer*) stunner
biznieto, -a *nm-nf Ver* BISNIETO
blanca *nf* (*Mús*) half note, minim (*GB*)
Blancanieves *n pr* Snow White
blanco, -a *adj* white: *pescado/vino ~* white fish/wine ➪ *Ver ejemplos en* AMARILLO
▸ *nm-nf* (*persona*) white man/woman [*pl* white men/women]
▸ *nm* **1** (*color*) white **2** (*diana*) target: *dar en el ~* to hit the target LOC **en blanco** blank: *un cheque/página en ~* a blank check/page ♦ **en blanco y negro** black and white: *ilustraciones en ~ y negro* black and white illustrations ♦ **más blanco que la nieve** as white as snow ♦ **quedarse en blanco** to go blank *Ver tb* ARMA, BANDERA, CHEQUE, MANJAR, PALO, PUNTA, VOTAR
blando, -a *adj* **1** soft: *queso ~* soft cheese ◊ *un profesor ~* a soft teacher **2** (*carne*) tender
blanqueador *nm* bleach
blanquear *vt* **1** to whiten **2** (*echar cal*) to whitewash **3** (*dinero*) to launder
blanquimento *nm* whitewash
blasfemar *vi* to blaspheme (*against sb/sth*)
blasfemia *nf* blasphemy [*incontable*]: *decir ~s* to blaspheme
blindado, -a *adj* **1** (*vehículo*) armored: *un carro ~* an armored car **2** (*puerta*) reinforced
bloc *nm* writing pad
blogosfera (*tb* blogósfera) *nf* (*Internet*) blogosphere
bloque *nm* **1** block: *~ de mármol* marble block ◊ *~ de viviendas* apartment building **2** (*Pol*) bloc
bloquear *vt* **1** (*obstruir*) to block: *~ el paso/una carretera* to block access/a road ◊ *~ a un jugador* to block a player **2** (*Mil*) to blockade
▸ **bloquearse** *vp* (*persona*) to freeze
bloqueo *nm* **1** (*Dep*) block **2** (*Mil*) blockade
blusa *nf* blouse
bluyín *nm* **1** (*tb* bluyines) (*pantalones*) jeans [*pl*]: *¡Te pusiste mi ~!* You're wearing my jeans! **2** (*tela*) denim: *una chaqueta de ~* a denim jacket
boa *nf* boa constrictor

bobada *nf* **1** nonsense [*incontable*]: *decir ~s* to talk nonsense ◊ *Deje de hacer ~s.* Stop being silly. **2** (*tb* **bobadita**) (*cosita*) (little) thing: *Compré unas bobaditas para la comida.* I've bought a couple of things for dinner. ◊ *Te traje esta bobadita por tu cumpleaños.* I've brought you a little something for your birthday.

bobina *nf* **1** (*hilo*) spool, reel (*GB*) **2** (*Electrón, alambre*) coil

bobo, -a *adj, nm-nf* **1** (*tonto*) dumb, stupid (*GB*)

> Dumb y stupid son prácticamente sinónimos, aunque **stupid** es un poco más fuerte: *una excusa tonta* a dumb excuse ◊ *No seas tan bobo, y deja de llorar.* Don't be so stupid; stop crying.

2 (*ingenuo*) naive: *Eres un ~.* You're so naive. **LOC hacerse el bobo** to play the fool

boca *nf* **1** (*Anat*) mouth: *No hables con la ~ llena.* Don't talk with your mouth full. **2** (*entrada*) entrance: *la ~ de la mina* the entrance to the mine **LOC boca abajo/arriba** (*recostado*) face down/up ♦ **boca de incendio/riego** hydrant ♦ **quedarse con la boca abierta** (*por sorpresa*) to be dumbfounded *Ver tb* ABRIR, CALLAR, PALABRA

bocacalle *nf* side street: *Está en una ~ de la calle Colombia.* It's in a side street off Colombia Street.

bocadillo *nm* (*Col*) guava jelly

bocado *nm* bite: *Se lo comieron de un ~.* They ate it all in one bite.

boceto *nm* **1** (*Arte*) sketch **2** (*idea general*) outline

bochinche (*tb* **bonche**) *nm* **1** (*alboroto*) racket: *Armó un ~ en el almacén.* He caused a racket in the store. **2** (*discusión*) fight

bochorno *nm* **1** (*calor*): *Hace mucho ~.* It's very muggy. ◊ *un día de ~* a stiflingly hot day **2** (*vergüenza*) embarrassment: *¡Qué ~!* How embarrassing!

bocina *nf* horn: *tocar la ~* to sound your horn

bocón, -ona *nm-nf* big mouth: *¡Qué ~ eres!* You and your big mouth!

boda *nf* wedding: *aniversario de ~(s)* wedding anniversary ◊ *Mañana vamos a una ~.* We're going to a wedding tomorrow. ➔ *Ver nota en* MATRIMONIO **LOC bodas de oro/plata** golden/silver wedding [*v sing*]

bodega *nf* **1** (*edificio*) warehouse **2** (*cuarto*) storeroom **3** (*tienda*) grocery store, grocer's (*GB*) **4** (*para vino*) wine cellar **5** (*barco, avión*) hold: *en las ~s del barco* in the ship's hold

bodegón *nm* (*Arte*) still life [*pl* still lifes]

bodeguero, -a *nm-nf* (*tendero*) store owner, shopkeeper (*GB*)

body *nm* (*ropa interior*) bodysuit, body [*pl* bodies] (*GB*)

bodyboard *nm* bodyboarding **LOC** *Ver* TABLA

bofetada *nf* (*tb* **bofetón** *nm*) slap (in the face): *Me dio una ~.* She slapped me (in the face).

boicot *nm* boycott

boicotear *vt* to boycott

boina *nf* beret

bola *nf* ball: *una ~ de cristal* a crystal ball **LOC bola de nieve** snowball ♦ **bolas de alcanfor** mothballs ♦ **darle bola a algn** (*Per*) to pay attention to sb ♦ **estar en bola 1** (*desnudo*) to be buck naked, to be stark naked (*GB*) **2** (*Per*) (*embarazada*) to be pregnant

bolera *nf* bowling alley

bolero *nm* frill: *un vestido de baño de ~s* a frilly swimsuit

boleta *nf* **1** (*tb* **boleto** *nm*) ticket **2** (*recibo*) receipt **3** (*Méx*) (*escuela*) report **LOC** IDA

boletín *nm* bulletin: *~ informativo* news bulletin **LOC** *Ver* ESCOLAR

boliche *nm* (*Chi*) (*tienda pequeña*) small store, small shop (*GB*)

bolígrafo *nm* (ballpoint) pen

bolillo *nm* (*Col*) (*de policía*) nightstick, truncheon (*GB*)

Bolivia *nf* Bolivia

boliviano, -a *adj, nm-nf* Bolivian

bollo *nm* **1** (*dulce*) bun **2** (*de pan*) roll ➔ *Ver nota en* PAN

bolo *nm* skittle: *jugar ~s* to play skittles

bolsa[1] *nf* **1** bag: *~ de deportes* sports bag ◊ *~ de plástico* plastic bag ◊ *~ de confites/papas fritas* bag of candy/chips ➔ *Ver dibujo en* CONTAINER **2** (*concentración*) pocket: *~ de aire* air pocket **LOC bolsa de agua caliente** hot-water bottle ♦ **bolsa de basura** garbage bag, bin bag (*GB*) ♦ **bolsa de empleo** job openings [*pl*] ♦ **bolsa de gatos** (*Chi*): *Fue una verdadera ~ de gatos.* It was a complete shambles. ♦ **¡la bolsa o la vida!** your money or your life! *Ver tb* DEPORTE, VIAJE

bolsa[2] *nf* stock exchange: *la ~ londinense* the London Stock Exchange **LOC** *Ver* CORREDOR

bolsear *vt* **~ algo a algn** (*Chi*) (*gorronear*) to scrounge sth off sb

bolsero, -a *nm-nf* (*Chi*) scrounger

bolsillo *nm* pocket: *Está en el ~ de mi abrigo.* It's in my coat pocket. **LOC de bolsillo** pocket(-sized): *guía de ~* pocket guide *Ver tb* LIBRO

bolsiquear *vt* (*Per*): *Me bolsiquearon.* I had my pocket picked.

bolso *nm* purse, handbag (*GB*)

bolsón *nm* (*Chi*) (*de colegial*) school bag

bomba¹ *nf* **1** (*Mil*) bomb: ~ *atómica* atomic bomb ◊ *colocar una* ~ to plant a bomb **2** (*noticia*) bombshell **LOC** **carro/carta bomba** car/letter bomb ♦ **hombre/mujer bomba** suicide bomber ♦ **pegarse una bomba** (*Per*) to get smashed *Ver tb* AMENAZA

bomba² *nf* **1** (*Mec*) pump **2** (*de gasolina*) gas station, petrol station (*GB*) **3** (*Chi*) (*bomberos*) **(a)** (*cuerpo*) fire department, fire brigade (*GB*) **(b)** (*vehículo*) fire engine **4** (*elástica*) balloon **LOC** **bomba de aire** (air) pump

bombacho, -a *adj* loose
▸ **bombachos** *nm* **1** baggy pants, baggy trousers (*GB*) **2** (*de deporte*) sweatpants, tracksuit bottoms (*GB*)

bombardear *vt* to bombard: *Me bombardearon a preguntas.* They bombarded me with questions.

bombardeo *nm* **1** bombing: ~*s masivos sobre la ciudad* massive bombing of the city **2** (*con artillería*) bombardment

bombero *nmf* firefighter

Aunque existen las palabras **fireman** y **firewoman**, se utiliza más **firefighter**, que se aplica tanto a un hombre como a una mujer.

LOC **los bomberos** the fire department [*v sing o pl*], the fire brigade [*v sing o pl*] (*GB*) *Ver tb* CARRO, CUERPO, ESTACIÓN

bombillo *nm* light bulb

bombo *nm* **1** (*Mús*) bass drum **2** (*lotería*) lottery drum **LOC** **a bombo y platillo** with a great song and dance: *Lo anunciaron a ~ y platillo.* They made a great song and dance about it. ♦ **dar bombo** to make a fuss (*about sb/sth*)

bombón *nm* **1** (*de chocolate*) chocolate **2** (*Col*) (*chupete*) lollipop **3** (*persona*) stunner

bombona *nf* cylinder: ~ *de oxígeno* oxygen cylinder

bómper *nm* (*Col*) (*parachoques*) bumper

bondad *nf* goodness **LOC** **tener la bondad de** to be so good as *to do sth*: *¿Tiene la ~ de ayudarme?* Would you be so good as to help me?

bondadoso, -a *adj* ~ **(con)** kind (*to sb/sth*)

bonito, -a *adj* pretty, attractive (*más formal*): *Me probé un vestidito muy ~.* I tried on a very pretty dress. ◊ *una voz bonita* an attractive voice

bono *nm* (*vale*) voucher

boom *nm* boom (*in sth*): *el ~ del smartphone* the boom in smartphones

boquiabierto, -a *adj* (*sorprendido*) speechless

boquilla *nf* (*Mús*) mouthpiece

borda *nf* side of the ship: *asomarse por la ~* to lean over the side of the ship **LOC** **echar/tirar por la borda** (*fig*) to throw *sth* away: *echar por la ~ una ocasión de oro* to throw away a golden opportunity

bordado, -a *adj* embroidered: ~ *a mano* hand-embroidered
▸ *nm* embroidery [*incontable*]: *un vestido con ~s en las mangas* a dress with embroidery on the sleeves *Ver tb* BORDAR

bordar *vt* to embroider

borde *nm* **1** edge: *al ~ de la mesa* on the edge of the table **2** (*objeto circular*) rim: *el ~ del vaso* the rim of the glass **LOC** **al borde de** (*fig*) on the verge of *sth*: *al ~ de las lágrimas* on the verge of tears

bordo *nm* **LOC** **a bordo (de)** on board: *subir a ~ del avión* to get on board the plane

borrachera *nf*: *agarrar/coger una ~ (de whiskey)* to get drunk (on whiskey)

borracho, -a *adj, nm-nf* drunk

borrador *nm* **1** (*de borrar lápiz, pizarrón*) eraser, rubber (*GB*) **2** (*texto provisional*) draft

borrar *vt* **1** (*con borrador*) to erase, to rub *sth* out (*GB*): ~ *una palabra* to erase a word **2** (*pizarrón*) to clean **3** (*Informát*) to delete
▸ **borrarse** *vp* **borrarse (de)** to withdraw (*from sth*)

borrasca *nf* storm

borrascoso, -a *adj* stormy

borrón *nm* ~ **(en)** smudge (*on sth*): *hacer borrones* to make smudges

borroso, -a *adj* **1** (*impreciso*) blurred: *Sin gafas lo veo todo ~.* Everything is blurred without my glasses. **2** (*escritura*) illegible

bosque *nm* wood

bostezar *vi* to yawn

bostezo *nm* yawn

bota¹ *nf* boot: ~*s de caminar* walking boots **LOC** *Ver* GATO

bota² *nf* (*vino*) wineskin

botadero *nm* (*garbage*) dump, (*rubbish*) dump (*GB*)

botana *nf* (*Méx*) appetizer

botánica *nf* botany

botar *vt* **1** (*desechar*) to throw *sth* away: *Bótalo que está muy viejo.* Throw it away, it's really old now. **2** (*expulsar*) to throw *sb* out (*of sth*) **3** (*Chi*) (*novio, etc.*) to ditch **4** (*buque*) to launch **LOC** **hasta para botar** to feed an army: *Tenemos* *comida hasta para ~.* We've got enough food to feed an army.

bote[1] *nm* boat LOC **bote de pedal** pedal boat ◆ **bote salvavidas** lifeboat

bote[2] *nm* can LOC **bote (de basura)** garbage can, bin (*GB*) ⊃ *Ver dibujo en* TRASH CAN

botella *nf* bottle LOC **de/en botella** bottled: *Compramos la leche en ~.* We buy bottled milk. *Ver tb* BEBER(SE), VERDE

botín[1] *nm* (*bota*) ankle boot

botín[2] *nm* (*dinero*) loot

botiquín *nm* **1** (*maletín*) first-aid kit **2** (*armario*) medicine chest

botón *nm* **1** (*ropa*) button **2** (*control*) knob: *El ~ rojo es el del volumen.* The red knob is the volume control. **3** (*Bot*) bud **4 botones** (*en un hotel*) bellboy

bóveda *nf* vault

boxeador *nm* boxer

boxear *vi* to box

boxeo *nm* boxing

boya *nf* **1** (*señal*) buoy **2** (*de pescar*) float

bozal *nm* muzzle

brackets *nm* braces [*pl*], brace (*GB*)

bragueta *nf* fly: *Se te bajó la ~.* Your fly is undone.

brasa *nf* ember LOC **a la brasa** grilled: *chuletas a la ~* grilled chops

brasier *nm* bra

Brasil *nm* Brazil

brasileño, -a *adj, nm-nf* Brazilian

bravo, -a *adj* **1** (*animal*) fierce **2** ~ **(con) (por)** (*persona*) angry (with *sb*) (at/about *sth*): *Están ~s conmigo.* They're angry with me. ◊ *Estoy ~ por la pérdida de mi billetera.* I'm angry about losing my wallet. ◊ *No te pongas ~ por esa tontería.* Don't get angry about such a silly thing.
▸ **¡bravo!** *interj* bravo!

braza *nf* fathom

brazada *nf* **1** stroke **2** (*pecho*) breaststroke

brazalete *nm* armband

brazo *nm* **1** arm: *Me quebré el ~.* I've broken my arm. **2** (*lámpara*) bracket **3** (*río*) branch LOC **brazo de reina** Swiss roll ◆ **de brazos cruzados**: *¡No te quedes ahí de ~s cruzados y haz algo!* Don't just stand there! Do something. ◊ *Se pasaron el día de ~s cruzados.* They did nothing all day. ◆ **ir del brazo** to walk arm in arm ◆ **ponerse con los brazos en cruz** to stretch your arms out to the side *Ver tb* COGIDO, CRUZAR

brea *nf* tar

breve *adj* short: *una estancia ~* a short stay LOC **en breve** shortly ◆ **en breves palabras** in a few words ◆ **ser breve** (*hablando*) to be brief

brevete *nm* (*Per*) driver's license, driving licence (*GB*)

bricolaje *nm* do-it-yourself

brigada *nf* **1** (*Mil*) brigade **2** (*policía*) squad: *la ~ antimotines/antidroga* the riot/drug squad
▸ *nmf* sergeant major

brillante *adj* **1** (*luz, color*) bright **2** (*superficie*) shiny **3** (*fenomenal*) brilliant
▸ *nm* diamond

brillar *vi* to shine: *Sus ojos brillaban de alegría.* Their eyes shone with joy. ◊ *¡Cómo brilla!* Look how shiny it is! LOC **no todo lo que brilla es oro** all that glitters is not gold

brillo *nm* gleam LOC **sacar brillo (a)** to polish *sth*

brincar *vi* to jump

brinco *nm* jump LOC **dar/pegar un brinco/brincos** to jump: *dar ~s de alegría* to jump for joy

brindar *vi* ~ **(a/por)** to drink a toast (to *sb/sth*): *Brindemos por su felicidad.* Let's drink (a toast) to their happiness.
▸ *vt* **1** (*dedicar*) to dedicate *sth* to *sb* **2** (*proporcionar*) to provide: *~ ayuda* to provide help
▸ **brindarse** *vp* **brindarse a** to offer *to do sth*

brindis *nm* toast LOC **hacer un brindis** to drink a toast (*to sb/sth*)

brisa *nf* breeze

británico, -a *adj* British
▸ *nm-nf* Briton: *los ~s* the British ⊃ *Ver nota en* BRITISH LOC *Ver* ISLA

brocha *nf* brush ⊃ *Ver dibujo en* BRUSH LOC **brocha de afeitar/rasurar** shaving brush

broche *nm* **1** (*Costura*) fastener **2** (*joya*) pin, brooch (*GB*) LOC **broche a presión** snap (fastener), press stud (*GB*)

brócoli *nm* broccoli [*incontable*]

broma *nf* joke: *Le hicieron muchas ~s.* They played a lot of jokes on him. LOC **broma pesada** practical joke ◆ **de/en broma** jokingly: *Lo digo en ~.* I'm only joking. ◆ **¡ni en broma(s)!** no way! *Ver tb* FUERA

bromear *vi* to joke

bromista *adj, nmf* joker: *Es muy ~.* He's a real joker.

bronca *nf* **1** (*pelea*) row **2** (*reprimenda*) talking-to: *Me echaron una ~.* They told me off. LOC **armar/montar una bronca** to kick up a fuss ◆ **tener bronca a algn** to have it in for *sb*

bronce *nm* bronze

bronceado *nm* (sun)tan

bronceador nm suntan lotion
broncearse vp to get a suntan
bronquitis nf bronchitis [incontable]
brotar vi **1** (plantas) to sprout **2** (flores) to bud **3** (líquido) to gush (out) (from sth)
brote nm **1** (planta) shoot **2** (flor) bud **3** (epidemia, violencia) outbreak: *un ~ de cólera* an outbreak of cholera LOC **brotes de soya** bean sprouts
bruces LOC **caerse de bruces** to fall flat on your face
bruja nf witch
brujería nf witchcraft
brujo nm **1** (hechicero) wizard **2** (en tribus primitivas) witch doctor
brújula nf compass
bruma nf mist
brusco, -a adj **1** (repentino) sudden **2** (persona) abrupt
brutal adj **1** (violento) brutal **2** (fenomenal) awesome
bruto, -a adj **1** (torpe) dense: *¡No seas ~!* Don't be so dense! **2** (grosero) crude **3** (peso, ingresos) gross
▶ nm-nf **1** (torpe) idiot **2** (grosero) slob
buceador, -ora nm-nf diver
bucear vi to dive
buceo nm diving: *practicar el ~* to go diving
budismo nm Buddhism
budista adj, nmf Buddhist
buen adj Ver BUENO
buen mozo adj good-looking: *¡Qué hombre tan ~!* What a good-looking man!
bueno, -a adj **1** good: *Es una buena noticia.* That's good news. ◊ *Es ~ hacer ejercicio.* It is good to exercise. **2** (amable) kind: *Fueron muy ~s conmigo.* They were very nice to me. **3** (comida) tasty **4** (correcto) right: *No andas por buen camino.* You're on the wrong road. **5** (menudo): *¡Buena la hiciste!* You really screwed up this time! ◊ *¡Buena se va a poner tu mamá!* Your mother'll get in a terrible state!
▶ nm-nf good guy: *Ganó el ~.* The good guy won. ◊ *Lucharon los ~s contra los malos.* There was a fight between the good guys and the bad guys.
▶ adv: *– ¿Quiere ir al cine? – Bueno.* 'Would you like to go to the movies?' 'OK.' ◊ *Bueno, yo pienso que...* Well, I think that... LOC **el bueno de...** good old...: *el ~ de Enrique* good old Enrique ◆ **estar bueno** to be a stunner: *Ese tipo está muy ~.* That guy's a stunner. ◆ **¡(muy) buenas!** good day! ◆ **pasar bueno** to have fun ◆ **por las buenas**: *Es mejor que lo hagas por las buenas.* It would be better if you did it willingly. ◊ *Se lo pido por las buenas.* I'm asking you nicely. ◆ **por las buenas o por las malas** whether you like it or not, whether he/she likes it or not, etc. ❶ Para otras expresiones con **bueno**, véanse las entradas del sustantivo, p. ej. **¡buen provecho!** en PROVECHO.

buey nm ox [pl oxen] LOC Ver OJO
búfalo nm buffalo [pl buffalo/buffaloes]
bufanda nf scarf [pl scarves]
bufé (tb **bufet**) nm buffet
bufete nm (abogado) legal practice
buhardilla nf **1** (ático) attic, loft (GB) **2** (ventana) dormer window
búho nm owl
buitre nm vulture
buitrear vt, vi (Chi, Per) to throw sth up
bujía nf (Mec) spark plug
buldog nm bulldog
bulimia nf bulimia
bulímico, -a adj, nm-nf bulimic
bulla nf racket: *armar/meter ~* to make a racket
bullicio nm **1** (ruido) ruckus **2** (actividad) hustle and bustle: *el ~ de la capital* the hustle and bustle of the capital
bullicioso, -a adj **1** (ruidoso) noisy **2** (con mucha actividad) bustling
bulto nm shape: *Me pareció ver un ~ que se movía.* I thought I saw a shape moving. LOC **a bulto** roughly: *A ~, calculo 500 personas.* I think there are roughly 500 people. ◆ **hacer bulto** to be bulky: *Esta caja hace mucho ~.* This box is too bulky. ◊ *Hace muy poco ~.* It hardly takes up any room at all. ◊ *¿Hace mucho ~?* Does it take up much room?
buñuelo nm fritter
buque nm ship LOC **buque de guerra** warship
burbuja nf bubble: *un baño de ~s* a bubble bath LOC **con/sin burbujas** carbonated/non-carbonated ◆ **hacer burbujas** to bubble ◆ **tener burbujas** (bebida) to be fizzy: *Tiene muchas ~s.* It's very fizzy.
burgués, -esa adj middle-class
burguesía nf middle class
burla nf **1** (mofa) mockery [incontable]: *un tono de ~* a mocking tone **2** (broma) joke: *Déjate de ~s.* Stop joking. LOC **hacer burla** to make fun of sb/sth: *No me hagas ~.* Don't make fun of me.
burlar vt (eludir) to evade: *~ la justicia* to evade justice
▶ **burlarse** vp **burlarse (de)** to make fun of sb/sth
burlón, -ona adj (gesto, sonrisa) mocking

burocracia nf (*excesivo papeleo*) red tape

burrada nf: *Eso fue una verdadera ~.* That was a really stupid thing to do. ◊ *decir ~s* to talk nonsense

burro, -a adj **1** (*estúpido*) dense **2** (*terco*) pig-headed
▶ nm-nf **1** (*animal*) donkey **2** (*persona*) idiot LOC **burro de carga** (*persona*) drudge *Ver tb* PLANCHAR

burro nm LOC *Ver* PLANCHAR

bus nm bus: *coger/perder el ~* to catch/miss the bus LOC *Ver* TERMINAL

busca nf LOC **en busca de** in search of *sb/sth*: *La policía salió en ~ de los delincuentes.* The police went in search of the criminals.

buscador nm (*Internet*) search engine

buscador, -ora nm-nf LOC **buscador de oro** gold prospector ♦ **buscador de tesoros** treasure hunter

buscar vt **1** to look for *sb/sth*: *Busco trabajo.* I'm looking for work. **2** (*sistemáticamente*) to search for *sb/sth*: *Usan perros para ~ droga.* They use dogs to search for drugs. **3** (*en un libro, en una lista*) to look *sth* up: *~ una palabra en el diccionario* to look a word up in the dictionary **4** (*recoger a algn*) **(a)** (*en carro*) to pick *sb* up: *Fuimos a ~lo a la estación.* We picked him up at the station. **(b)** (*andando*) to meet

5 (*conseguir y traer*) to get: *Fui a ~ al médico.* I went to get the doctor.
▶ vi *~* **(en/por)** to look (in/through *sth*): *Busqué en el archivo.* I looked in the file. LOC **buscar una aguja en un pajar** to look for a needle in a haystack ♦ **se busca** wanted: *Se busca apartamento.* Apartment wanted. ♦ **te lo buscaste**; **te lo estás buscando** you're asking for it

buseta nf (*Col*) small bus [*pl* small buses]

búsqueda nf *~* **(de)** search (for *sth*): *la ~ de una solución pacífica* the search for a peaceful solution LOC **a la búsqueda de** in search of *sth*

busto nm bust

butaca nf **1** (*sillón*) armchair **2** (*Cine, Teat*) seat

butano nm gas, butane (*más formal*): *Me quedé sin ~.* I've run out of gas.

buzo[1] nm (*Náut*) diver

buzo[2] nm **1** (*suéter*) sweater ➲ *Ver nota en* SWEATER **2** (*Chi, Per*) (*para deportes*) tracksuit LOC *Ver* PANTALÓN

buzón nm mailbox, postbox (*GB*) ➲ *Ver dibujo en* MAILBOX LOC **buzón de correo electrónico** mailbox ♦ **buzón de voz** voicemail ♦ **echar al buzón** to mail, to post (*GB*)

byte nm (*Informát*) byte

C c

cabal adj (*persona*) upright LOC **(no) estar en sus cabales** (not) to be in your right mind

cabalgar vi ~ **(en)** to ride (on *sth*): *Cabalgar en mula es muy divertido.* Riding (on) a mule is a lot of fun.

caballería nf **1** (*animal*) mount **2** (*Mil*) cavalry [*v sing o pl*] **3** (*caballeros andantes*) chivalry

caballeriza nf stable

caballero nm **1** gentleman [*pl* gentlemen]: *Mi abuelo era todo un ~.* My grandfather was a real gentleman. **2** (*Hist*) knight LOC **de caballero(s)**: *sección de ~s* men's clothing department

caballete nm **1** (*Arte*) easel **2** (*soporte*) trestle **3** (*Gimnasia*) horse

caballitos nm (*carrusel*) merry-go-round [*v sing*]

caballo nm **1** (*animal*) horse **2** (*Ajedrez*) knight **3** (*Mec*) horsepower (*abrev* hp): *un motor de doce ~s* a twelve horsepower engine LOC **caballo de carrera(s)** racehorse ◆ **caballo de mar** sea horse *Ver tb* BEBER(SE), CARRERA, COLA¹, MONTAR, POTENCIA

cabaña nf (*choza*) hut

cabecear vi **1** (*de sueño*) to nod off **2** (*caballo*) to toss its head **3** (*Fútbol*) to head (the ball)

cabecera nf **1** (*extremo*) head: *sentarse en la ~ de la mesa* to sit at the head of the table **2** (*cama*) headboard LOC **cabecera municipal** town

cabecilla nmf ringleader

cabello nm hair

caber vi **1** ~ **(en)** to fit (in/into *sth*): *Mi ropa no cabe en la maleta.* My clothes won't fit in the suitcase. ◊ *¿Quepo?* Is there room for me? **2** ~ **por** to go through *sth*: *El piano no cabía por la puerta.* The piano wouldn't go through the door. LOC **no cabe duda** there is no doubt ◆ **no caber en sí de contento/alegría** to be beside yourself with joy *Ver tb* DENTRO

cabestrillo nm sling: *con el brazo en ~* with your arm in a sling

cabeza nf **1** head: *tener buena/mala ~ para las matemáticas* to have a good head/to have no head for math **2** (*lista, liga*) top: *en la ~ de la lista* at the top of the list **3** (*ajo*) **cabeza de ajo(s)** head of garlic ◆ **cabeza de familia** head of the household ◆ **cabeza de pescado** (*Chi*) silly remark: *Hablaba puras ~s de pescado.* She was talking a load of nonsense. ◆ **cabeza de pollo** (*Chi*) scatterbrain ◆ **cabeza de serie** (*Tenis*) seed ◆ **de cabeza** headlong: *tirarse a la piscina de ~* to dive headlong into the swimming pool

◆ **estar mal de la cabeza** to be touched ◆ **ir a la cabeza** to be in the lead ◆ **metérsele a algn en la cabeza hacer algo** to take it into your head to do *sth*: *Se les metió en la ~ ir allá caminando.* They took it into their heads to walk there. ◆ **por cabeza** a/per head ◆ **ser un cabeza de chorlito** to be a scatterbrain ◆ **ser un cabeza dura** to be stubborn ◆ **tener la cabeza en otro planeta** to have your head in the clouds *Ver tb* ABRIR, AFIRMAR, ASENTIR, DOLOR, ENTRAR, LAVAR, PERDER, PIE¹, SENTAR, SITUAR, SUBIR

cabezal nm headrest

cabezazo nm **1** (*golpe*) butt **2** (*Dep*) header LOC **dar un cabezazo (al balón)** to head the ball

cabida nf place: *No tiene ~ en esta empresa.* There's no place for him in this company.

cabina nf **1** (*avión*) cockpit **2** (*barco*) cabin **3** (*camión*) cab LOC **cabina telefónica/de teléfonos** telephone booth

cabizbajo, -a adj downcast

cable nm cable LOC **andar con los cables pelados** (*Chi*) to be around the bend *Ver tb* TELEVISIÓN

cabo nm **1** (*extremo*) end **2** (*Náut*) rope **3** (*Geog*) cape: *el ~ de Buena Esperanza* the Cape of Good Hope
▶ nmf (*Mil*) corporal: *el ~ Ramos* Corporal Ramos LOC **al cabo de** after: *al ~ de un año* after a year ◆ **de cabo a rabo** from beginning to end ◆ **llevar a cabo** to carry *sth* out *Ver tb* FIN

cabra nf goat

> Goat es el sustantivo genérico. Para referirnos solo al macho decimos **billy goat**, y a la hembra **nanny goat**. Los cabritos se llaman **kids**.

LOC **estar más loco que una cabra** to be off your rocker

cabrear vt (*Chi*) (*cansar*): *Me cabrea comer tanto pescado.* I'm sick of eating fish all the time.

cabreo nm (*Chi*) (*aburrimiento*) boredom

cabrilla nf (*Col*) (*timón*) steering wheel

cabritas nf (*Chi*) (*de maíz*) popcorn [*incontable*]

cabrito nm (*animal*) kid

cabro, -a nm-nf (*Chi*) (*niño*) kid

caca nf poop, poo (*GB*) LOC **hacer caca** to poop, to poo (*GB*)

cacahuate (*tb* cacahué) nm (*Méx*) peanut

cacao nm **1** (*planta, en polvo*) cocoa **2** (*para labios*) lipsalve

cacarear vi **1** (gallo) to crow **2** (gallina) to cackle

cacería nf: ir de ~ to go shooting

cacerola nf casserole ➲ Ver dibujo en POT

cacha nf (Per) (burla): hacerle ~ a algn to make fun of sb

cachaciento, -a adj (Per) (bromista): No seas ~. Don't be such a tease.

cachaco, -a nm-nf **1** (Col) (bogotano) person from Bogotá **2** (Per) (soldado) squaddie

cachar vt (enterarse) to get, to understand (más formal)

cacharro nm **1** (vasija) pot **2** (vehículo) beater, (old) banger (GB) **3** cacharros (de cocina) pots and pans: No dejes los ~s sin lavar. Don't forget to wash the pots and pans.

cachetada nf slap LOC dar una cachetada to slap sb

cachete nm cheek

cachimbo, -a nm-nf (Per) (novato) freshman, fresher (GB)

cachiporra (tb **cachetón, -ona**) adj (Chi) (engreído) big-headed
▸ nmf big-head

cachiporrearse (tb **cachetonearse**) vp ~ (de) (Chi) to show off (about sth)

cacho nm **1** (pedazo) piece **2** (cuerno) horn **3** (Chi) (cosa inútil) nuisance

cachorro, -a nm-nf **1** (perro) puppy [pl puppies] **2** (león, tigre) cub

cachucha nf (peaked) cap

cactus (tb **cacto**) nm cactus [pl cacti/cactuses]

cada adj **1** each: Le dieron un regalo a ~ niño. They gave each child a gift. ➲ Ver nota en EVERY **2** (con expresiones de tiempo, con expresiones numéricas) every: ~ semana/vez every week/time ◊ ~ diez días every ten days **3** (con valor exclamativo): ¡Dices ~ cosa! The things you come out with! LOC cada año por la cuaresma once in a blue moon ♦ cada cosa a su tiempo all in good time ♦ cada cual everyone ♦ ¿cada cuánto? how often? ♦ cada día, semana, etc. de por medio every other day, week, etc. ♦ cada dos por tres every five minutes: Hemos llegado tarde porque parábamos ~ dos por tres. We're late because we kept stopping every five minutes. ♦ cada loco con su tema each to his own ♦ cada uno each (one): Cada uno valía 5.000 pesos. Each one cost 5,000 pesos. ◊ Nos dieron una bolsa a ~ uno. They gave each of us a bag./They gave us a bag each. ♦ cada vez más more and more: Cada vez hay más problemas. There are more and more problems. ◊ Estás ~ vez más bonita. You're looking prettier and prettier. ♦ cada vez mejor/peor better and better/worse and worse ♦ cada vez menos: Tengo ~ vez menos plata. I have less and less money. ◊ Cada vez hay menos alumnos. There are fewer and fewer students. ◊ Nos vemos ~ vez menos. We see less and less of each other. ♦ cada vez que… whenever… ♦ para cada… between: un libro para ~ dos/tres alumnos one book between two/three students

cadáver nm corpse, body [pl bodies] (más coloq)

cadena nf **1** chain **2** (Radio) station **3** (TV) channel **4** (organizaciones, sucursales) chain LOC **cadena perpetua** life imprisonment ♦ **en cadena**: una reacción en ~ a chain reaction ◊ explosiones en ~ a series of explosions Ver tb PRODUCCIÓN

cadera nf hip

cadete nmf cadet

caducar vi **1** (documento, plazo) to expire **2** (alimento) to go past its expiration date, to go past its expiry date (GB) **3** (medicamento) to be out of date: ¿Cuándo caduca? When does it have to be used by?

caducidad nf LOC Ver FECHA

caduco, -a adj LOC Ver HOJA

caer vi **1** to fall: El vaso cayó desde el balcón. The glass fell off the balcony. ◊ ~ en la trampa to fall into the trap ◊ Mi cumpleaños cae un martes. My birthday falls on a Tuesday. ◊ Caía la noche. Night was falling. **2** ~ (en) (entender) to get sth: Ya caigo. Now I get it. **3** (persona): Le caíste muy bien a mi mamá. My mother really liked you. ◊ Me cae muy mal. I can't stand him. ◊ ¿Qué tal te cayó su novia? What did you think of his girlfriend? **4** (Chi) (equivocarse) to goof, to mess up (GB)
▸ **caerse** vp **1** to fall: Cuidado, se cae. Careful you don't fall. ◊ Se me caen los pantalones. My pants are falling down. **2** (diente, pelo) to fall out: Se le está cayendo el pelo. His hair is falling out. LOC **caérsele algo a algn** to drop sth: Se me cayó el helado. I dropped my ice cream. ➲ Ver dibujo en DROP ❶ Para otras expresiones con **caer**, véanse las entradas del sustantivo, adjetivo, etc., p.ej. **caer gordo** en GORDO.

café nm **1** coffee [incontable]: ~ con leche coffee with milk **2** (taza de café) cup of coffee: ¿Quieres un ~? Would you like a cup of coffee? **3** (establecimiento) café
▸ adj, nm (color) brown: zapatos ~s brown shoes LOC **café americano** filter coffee ♦ **café expreso** espresso [pl espressos] ♦ **café instantáneo** instant coffee ♦ **café molido/en grano** ground coffee/coffee beans ♦ **café negro/puro/tinto** black coffee

cafeína nf caffeine: sin ~ caffeine free

cafetal nm coffee plantation

cafetera nf coffee pot LOC **cafetera eléctrica** coffee maker ◆ **cafetera italiana** espresso machine

cafetería nf snack bar

cafetero, -a adj **1** coffee: *la industria cafetera* the coffee industry **2** (*persona*): *ser muy ~* to be very fond of coffee
▶ nm-nf coffee grower

caficultor, -ora (*tb* cafetalero, -a) nm-nf coffee grower

cafre adj (*bruto*) wild

caída nf **1** fall: *una ~ de tres metros* a three-meter fall ◊ *la ~ del gobierno* the fall of the government **2** ~ **de** (*descenso*) fall in *sth*: *una ~ de los precios* a fall in prices **3** (*pelo*) loss: *prevenir la ~ del pelo* to prevent hair loss LOC **a la caída de la tarde/noche** at dusk/nightfall ◆ **caída libre** free fall

caído, -a adj fallen: *un pino ~* a fallen pine
▶ nm: *los ~s en la guerra* those who died in the war LOC **caído del cielo 1** (*inesperado*) out of the blue **2** (*oportuno*): *Nos llega ~ del cielo.* It's a real godsend. *Ver tb* CAER

caimán nm alligator

caja nf **1** box: *una ~ de cartón* a cardboard box ◊ *una ~ de chocolates* a box of chocolates ⮕ *Ver dibujo en* CONTAINER **2** (*botellas*) **(a)** crate **(b)** (*vino*) case **3** (*ataúd*) casket, coffin (*GB*) **4** (*supermercado*) checkout **5** (*otras tiendas*) cash register, till (*GB*) **6** (*banco*) teller's window LOC **caja de ahorros** savings bank ◆ **caja de cambios/velocidades** gearbox ◆ **caja de herramientas** toolbox ◆ **caja fuerte** safe ◆ **caja negra** black box ◆ **caja registradora** till *Ver tb* CUADRAR

cajero, -a nm-nf cashier LOC **cajero automático** automated teller machine (*abrev* ATM)

cajetilla nf pack, packet (*GB*): *una ~ de cigarrillos* a pack of cigarettes

cajón nm **1** (*mueble*) drawer **2** (*de madera*) crate

cajuela nf trunk, boot (*GB*)

cal nf lime

cala nf (*bahía*) cove

calabacín nm zucchini [*pl* zucchini/zucchinis], courgette (*GB*)

calabaza nf pumpkin

calabozo nm **1** (*mazmorra*) dungeon **2** (*celda*) cell

calamar nm squid [*pl* squid/squids]

calambre nm cramp: *Me dan ~s en las piernas.* I get cramps in my legs.

calamidad nf (*desgracia*) misfortune: *pasar ~es* to suffer misfortune LOC **ser una calamidad** (*persona*) to be useless: *Eres una ~.* You're useless.

calar vt (*mojar*) to soak: *La lluvia me caló hasta la camiseta.* The rain soaked through my T-shirt.
▶ **calarse** vp (*mojarse*) to get soaked LOC **calarse hasta los huesos** to get soaked to the skin

calatearse vp (*Per*) (*desnudarse*) to strip off

calato, -a adj (*Per*) (*desnudo*) naked

calavera nf skull

calcante nm tracing: *papel ~* tracing paper

calcar vt to trace

calcetín nm sock

calcinado, -a adj charred *Ver tb* CALCINAR

calcinar vt to burn *sth* down: *El fuego calcinó la fábrica.* The factory was burned down in the fire.

calcio nm calcium

calcomanía nf sticker

calculadora nf calculator

calcular vt **1** (*averiguar*) to work *sth* out, to calculate (*más formal*): *Calcula cuánto necesitamos.* Work out how much we need. **2** (*suponer*) to reckon: *Calculo que habrá 60 personas.* I reckon there must be around 60 people.

cálculo nm calculation: *Según mis ~s son 105.* It's 105 according to my calculations. ◊ *Tengo que hacer unos ~s antes de decidir.* I have to make some calculations before deciding. LOC **(hacer) un cálculo aproximado** (to make) a rough estimate *Ver tb* HOJA

caldera nf boiler

caldo nm **1** (*para cocinar*) stock: *~ de pollo* chicken stock **2** (*sopa*) broth [*incontable*]: *Para mí el ~ de verduras.* I'd like the vegetable broth.

calefacción nf heating: *~ central* central heating

calendario nm calendar

calentador nm heater: *~ de agua* water heater

calentamiento nm warm-up: *ejercicios de ~* warm-up exercises ◊ *Primero haremos un poco de ~.* We're going to warm up first. LOC **calentamiento global** global warming

calentar vt **1** (*Cocina*) to heat *sth* up: *Voy a ~te la comida.* I'll heat up your supper. **2** (*templar*) to warm *sb/sth* up **3** (*Chi*) (*interesar*): *El deporte no le calienta.* He's not interested in sport.
▶ **calentarse** vp **1** (*ponerse muy caliente*) to get very hot: *El motor se calentó demasiado.* The engine overheated. **2** (*templarse, Dep*) to warm up LOC *Ver* SESO

caleta nf (Col) (escondite) cache
▸ adj (Per) (disimuladamente) discreetly

calibre nm caliber: *una pistola del ~ 38* a .38 caliber gun

calidad nf quality: *la ~ de vida en las ciudades* the quality of life in the cities ◊ *fruta de ~* quality fruit **LOC de alta, buena, etc. calidad** high, good, etc. quality: *Las imágenes son de buena ~.* The pictures are of good quality. ◊ *materiales de baja ~* poor-quality materials ◆ **de (primera) calidad** top quality: *fruta de (primera) ~* top-quality fruit ⊃ *Ver nota en* WELL BEHAVED ◆ **en calidad de** as: *en ~ de portavoz* as a spokesperson *Ver tb* RELACIÓN

cálido, -a adj warm

caliente adj **1** hot: *agua ~* hot water **2** (*templado*) warm: *La casa está ~.* The house is warm.

No se deben confundir las palabras **hot** y **warm**. **Hot** describe una temperatura bastante más caliente que **warm**. **Warm** es más *tibio* o *templado* y muchas veces tiene connotaciones agradables. Compara los siguientes ejemplos: *No lo puedo beber, está muy caliente.* I can't drink it, it's too hot. ◊ *¡Qué calor hace aquí!* It's too hot in here! ◊ *Siéntate al lado del fuego, pronto entrarás en calor.* Sit by the fire, you'll soon warm up.
⊃ *Ver tb nota en* FRÍO

LOC *Ver* BOLSA¹, PERRO, TIERRA, VENDER

calificación nf **1** (*nota escolar*) grade, mark (GB): *buenas calificaciones* good grades **2** (*descripción*) description: *Su comportamiento no merece otra ~.* His behavior cannot be described in any other way.

calificado, -a adj **1** (*profesional*) qualified **2** (*mano de obra*) skilled *Ver tb* CALIFICAR

calificar vt **1** (*corregir*) to grade, to mark (GB) **2** (*describir*) to label sb (*as sth*): *La calificaron de excéntrica.* They labeled her as eccentric.

caligrafía nf handwriting

callado, -a adj **1** (*sin hablar apenas*) quiet: *Tu hermano está muy ~ hoy.* Your brother is very quiet today. **2** (*en completo silencio*) silent: *Permaneció ~.* He remained silent. **LOC más callado que un muerto** as quiet as a mouse *Ver tb* CALLAR

callampa nf (Chi) **1** (*hongo*) mushroom **2** (*vivienda*) shanty [*pl* shanties] **LOC** *Ver* POBLACIÓN

callar vt **1** (*persona*) to get sb to be quiet: *¡Calle a esos niños!* Get those kids to be quiet! **2** (*información*) to keep quiet about sth
▸ **callar(se)** vi, vp **1** (*no hablar*) to say nothing: *Prefiero ~(me).* I'd rather say nothing. **2** (*dejar de hablar o hacer ruido*) to go quiet, to shut up (*coloq*): *Déselo, a ver si (se) calla.* Give it to him and see if he shuts up. **LOC ¡calla!/¡cállate (la boca)!** be quiet!, shut up! (*coloq*)

calle nf street (*abrev* St.): *~ peatonal* pedestrian street ◊ *Está en la ~ Santander.* It's in Santander Street.

Cuando se menciona el número de la casa o portal se usa la preposición **at**: *Vivimos en la calle Santander 49-10.* We live at 49-10 Santander Street. ⊃ *Ver nota en* STREET

LOC calle arriba/abajo up/down the street ◆ **calle cerrada/ciega** cul-de-sac ◆ **calle de sentido único/de un solo sentido** one-way street

callejero, -a adj street: *la violencia callejera* street violence **LOC** *Ver* MÚSICO, PERRO

callejón nm alleyway **LOC callejón sin salida** dead end

callo nm **1** (*dedo del pie*) corn **2** (*mano, planta del pie*) callus [*pl* calluses] **3** callos (*Cocina*) tripe [*incontable*]

calma nf calm: *mantener la ~* to keep calm **LOC ¡(con) calma!** calm down! ◆ **tomarse algo con calma** to take sth easy: *Tómeselo con ~.* Take it easy. *Ver tb* PERDER

calmante nm **1** (*dolor*) painkiller **2** (*nervios*) tranquilizer

calmar vt **1** (*nervios*) to calm **2** (*dolor*) to relieve **3** (*hambre, sed*) to satisfy
▸ **calmarse** vp to calm down

calor nm heat: *El ~ resecó las plantas.* The heat has dried up the plants. **LOC hacer calor** to be hot: *Hace mucho ~.* It's very hot. ◊ *¡Qué ~ está haciendo!* It's so hot! ◆ **tener calor** to be/feel hot: *Tengo ~.* I'm hot. *Ver tb* ENTRAR, GOLPE, OLA

caloría nf calorie: *una dieta baja en ~s* a low-calorie diet ◊ *quemar ~s* to burn off calories

caluroso, -a adj **1** (*muy caliente*) hot: *Fue un día muy ~.* It was a very hot day. **2** (*tibio, afectuoso*) warm: *una noche/bienvenida calurosa* a warm night/welcome

calva nf bald patch

calvo, -a adj bald: *quedarse ~* to go bald

calza nf **1** (Col) (*muela*) filling **2 calzas** (Chi) (*prenda*) leggings

calzada nf road

calzado nm footwear [*incontable*]: *~ de cuero* leather footwear

calzar vt **1** (*zapato*) to wear: *Calzo zapato plano.* I wear flat shoes. **2** (*número*) to take: *¿Qué número calzas?* What size do you take? **3** (*persona*) to put sb's shoes on: *¿Puede ~ al niño?* Can you put the boy's shoes on for him? **4** (Col) (*diente*) to fill: *Me tienen que ~ tres muelas.* I have to have three teeth filled.

▶ **calzarse** *vp* to put your shoes on LOC *Ver* VESTIR

calzón *nm* **calzones** panties, knickers (GB) ❶ Nótese que *unos calzones* se dice **a pair of panties**: *Tiene unos calzones limpios en el cajón.* You have a clean pair of panties in the drawer. ➲ *Ver tb nota en* PAIR

calzoncillo *nm* **calzoncillos** underpants ❶ Nótese que *unos calzoncillos* se dice **a pair of underpants**. ➲ *Ver tb nota en* PAIR

cama *nf* bed: *irse a la ~* to go to bed ◊ *¿Todavía está en la ~?* Are you still in bed? ◊ *meterse en la ~* to get into bed ◊ *salir de la ~* to get out of bed LOC **cama camarote** bunk bed: *Los niños duermen en ~ camarote.* The children sleep in bunk beds. ♦ **cama doble/matrimonial** double bed ♦ **cama individual** single bed ♦ **estar/quedar de cama** to be shattered *Ver tb* CARRO, DESTENDER, JUEGO, SOFÁ

camada *nf* litter

camaján *nm* (*Col*) well-built man [*pl* well-built men]

camaleón *nm* chameleon

cámara *nf* **1** (*Pol*, *Mús*) chamber: *la ~ legislativa* the legislative chamber ◊ *música de ~* chamber music **2** (*Cine*, *Fot*) camera LOC **a/en cámara lenta** in slow motion ♦ **Cámara de Comercio** Chamber of Commerce ♦ **cámara de fotos/fotográfica** camera ♦ **cámara de video** camcorder ♦ **cámara web** webcam

camarada *nmf* **1** (*Pol*) comrade **2** (*colega*) buddy [*pl* buddies]

camarero, -a *nm-nf* **1** (*en un restaurante*) **(a)** (*masc*) waiter **(b)** (*fem*) waitress **2** (*en un bar*) **(a)** (*masc*) bartender, barman (GB) **(b)** (*fem*) bartender, barmaid (GB)

camarín *nm* **camarines** (*Dep*) locker room, changing room (GB) [*v sing*]

camarógrafo, -a *nm-nf* cameraman/woman [*pl* cameramen/-women]

camarón *nm* **1** shrimp [*pl* shrimp/shrimps], prawn (GB) **2** (*Per*) (*en una fiesta*) gatecrasher

camarote *nm* cabin LOC *Ver* CAMA

cambiante *adj* changing

cambiar *vt* **1** to change *sth* (*for sth*): *Voy a ~ mi carro por uno más grande.* I'm going to trade in my car for a bigger one. **2** (*dinero*) to change *sth* (*into sth*): *~ pesos por dólares* to change pesos into dollars **3** (*intercambiar*) to exchange *sth* (*for sth*): *Si no te queda bien lo puedes ~.* You can exchange it if it doesn't fit you.
▶ *vi* **~ (de)** to change: *~ de trabajo/tren* to change jobs/trains ◊ *No van a ~.* They're not going to change. ◊ *~ de tema* to change the subject
▶ **cambiarse** *vp* **1 cambiarse (de)** to change: *~se de zapatos* to change your shoes **2** (*persona*) to get changed: *Voy a ~me porque tengo que salir.* I'm going to get changed because I have to go out.
LOC **cambiar de/el chip** to change your mindset ♦ **cambiar de opinión** to change your mind ♦ **cambiar de velocidad** to shift gear ♦ **cambiar(se) de casa** to move house

cambio *nm* **1 ~ (de)** change (in/of *sth*): *un ~ de temperatura* a change in temperature ◊ *Hubo un ~ de planes.* There has been a change of plan. **2** (*carro, bicicleta, etc.*) gear: *hacer un ~* to change gear **3** (*intercambio*) exchange: *un ~ de impresiones* an exchange of views **4** (*monedas*) change: *Me dieron mal el ~.* They gave me the wrong change. ◊ *¿Tiene ~ de 1.000 soles?* Do you have change for 1,000 soles? **5** (*Fin*) exchange rate LOC **a cambio (de/de que)** in return (for *sth/doing sth*): *No recibieron nada a ~.* They got nothing in return. ◊ *a ~ de que me ayudes en matemáticas* in return for you helping me with my math ♦ **cambio climático** climate change ♦ **cambio de sentido** U-turn ♦ **en cambio** on the other hand ♦ **tasa/tipo de cambio** exchange rate *Ver tb* CAJA, CASA, PALANCA

camellar *vi* (*Col*) to work

camello, -a *nm-nf* camel
▶ *nm* (*Col*) (*trabajo*) work LOC **¡qué camello!** (*esfuerzo*) what a job

camerino *nm* **1** (*Teat*) dressing room **2** (*Dep*) locker room, changing room (GB)

camilla *nf* stretcher

caminante *nmf* hiker

caminar *vt*, *vi* to walk: *Caminamos 150km.* We've walked 150km. LOC **ir caminando** to go on foot

caminata *nf* trek LOC **darse una caminata** to go on a long walk

camino *nm* **1** (*carretera no asfaltada*) dirt road **2** (*ruta, medio*) way: *No me acuerdo del ~.* I can't remember the way. ◊ *Me la encontré en el ~.* I met her on the way. ◊ *~ (a/de)* (*senda*) path (to *sth*): *el ~ a la fama* the path to fame
LOC **camino vecinal** minor road ♦ **coger camino** to clear off ♦ **en camino** on the way ♦ **(estar/ir) camino de...** (be) on the/your way to... ♦ **ir por buen/mal camino** to be on the right/wrong track ♦ **ponerse en camino** to set off *Ver tb* ABRIR, CAMINO, MEDIO, MITAD

camión *nm* **1** (*vehículo de carga*) truck, lorry [*pl* lorries] (GB) **2** (*Méx*) (*bus*) bus LOC **camión cisterna** tanker ♦ **camión de la basura** garbage truck, dustcart (GB) ♦ **camión de mudanzas/trasteos** moving van, removal van (GB)

camionero, -a *nm-nf* truck driver

camioneta *nf* van

camisa

camisa nf shirt LOC **camisa de fuerza** straitjacket ◆ **meterse en camisa de once varas** to get yourself into a mess

camiseta nf **1** T-shirt: *¡Te pusiste mi ~!* You're wearing my T-shirt! **2** (*Dep*) jersey: *la ~ número 11* the number 11 jersey ◊ *la ~ amarilla* the yellow jersey **3** (*ropa interior*) undershirt, vest (*GB*)

camisón nm nightgown, nightie (*coloq*)

camorra nf **1** (*jaleo*) ruckus: *armar/montar ~* to have/throw a fit **2** (*pelea*) fight: *buscar ~* to be looking for a fight

camorrero, -a nm-nf troublemaker

camote nm (*Cocina*) sweet potato [*pl* sweet potatoes]
▶ nmf (*Per*) (*persona querida*) sweetheart: *agarrar ~ a algn* to become fond of sb

campamento nm camp: *ir de ~* to go to a camp

campana nf **1** bell: *¿Oye las ~s?* Can you hear the bells ringing? **2** (*extractor*) extractor hood LOC *Ver* VUELTA

campanada nf **1** (*campana*): *Sonaron las ~s.* The bells rang out. **2** (*reloj*) stroke: *las doce ~s de medianoche* the twelve strokes of midnight LOC **dar dos, etc. campanadas** to strike two, etc.: *El reloj dio seis ~s.* The clock struck six.

campanario nm belfry [*pl* belfries]

campaña nf (*Econ, Pol, Mil*) campaign: *~ electoral* election campaign LOC **hacer campaña a favor de/en contra de algo/algn** to campaign for/against sth/sb

campeón, -ona nm-nf champion: *el ~ del mundo/de Europa* the world/European champion

campeonato nm championship: *el Campeonato Mundial de Taekwondo* the World Tae Kwon Do Championship

campesino, -a nm-nf **1** (*agricultor*) farmworker ❶ También se puede decir **peasant**, pero tiene connotaciones de pobreza. **2** (*aldeano*) countryman/woman [*pl* countrymen/-women]: *los ~s* country people LOC *Ver* TRENZA

campestre adj LOC *Ver* COMIDA

camping nm campground, campsite (*GB*) LOC **ir de camping** to go camping

campo nm **1** (*naturaleza*) country: *vivir en el ~* to live in the country **2** (*tierra de cultivo*) field: *~s de maíz* corn fields **3** (*paisaje*) countryside: *El ~ es precioso en abril.* The countryside looks nice in April. **4** (*ámbito, Fís, Informát*) field: *~ magnético* magnetic field ◊ *el ~ de la ingeniería* the field of engineering **5** (*terreno*) field, pitch (*GB*): *~ de fútbol* soccer field ◊ *salir al ~* to come out onto the field **6** (*campamento*) camp: *~ de concentración/prisioneros* concentration/prison camp LOC **campo de batalla** battlefield ◆ **campo de golf** golf course ◆ **campo de juego** field, pitch (*GB*) ◆ **campo minado** minefield ◆ **campo minero** mine ◆ **en campo contrario** (*Dep*) away: *jugar en ~ contrario* to play an away game *Ver tb* CARRERA, FAENA, LABOR, MEDIO, PRODUCTO

campus nm campus [*pl* campuses]

camuflaje nm camouflage

camuflar vt to camouflage

cana^1 nf gray hair: *tener ~s* to have gray hair

cana^2 nf (*cárcel*) jail

Canadá nm Canada

canadiense adj, nmf Canadian

canal nm **1** (*estrecho marítimo natural, TV*) channel: *el ~ Beagle* the Beagle Channel ◊ *un ~ de televisión* a TV channel ➔ *Ver nota en* TELEVISIÓN **2** (*estrecho marítimo artificial, de riego*) canal: *el ~ de Panamá* the Panama Canal

canario nm (*pájaro*) canary [*pl* canaries]

canasta nf basket: *meter una ~* to score a basket

cancelar vt **1** to cancel: *~ un vuelo/una reunión* to cancel a flight/meeting **2** (a) (*cuenta*) to pay (b) (*deuda*) to settle

Cáncer nm, nmf (*Astrología*) Cancer ➔ *Ver ejemplos en* AQUARIUS

cáncer nm cancer [*incontable*]: *~ de pulmón* lung cancer

cancha nf **1** (*Tenis, Squash, Basketball*) court: *Los jugadores ya están en la ~.* The players are on court. **2** (*Fútbol*) field, pitch (*GB*) **3** (*Golf*) course **4** (*Chi*) (*de aterrizaje*) runway **5** (*desenvoltura*) self-assurance: *un político con mucha ~* a very self-assured politician LOC **tener cancha** to be experienced *in* sth

canchero, -a adj (*experto*) whiz (*at* sth)

canción nf song LOC **canción de cuna** lullaby [*pl* lullabies] *Ver tb* NACIONAL

candado nm padlock: *cerrado con ~* padlocked

candela nf light: *¿Tienes ~?* Do you have a light?

candelero nm (*para velas*) candlestick

candidato, -a nm-nf **(a)** candidate (for sth): *el ~ a la presidencia del club* the candidate for chair of the club

candidatura nf *~* **(a)** candidacy (for sth): *renunciar a una ~* to withdraw your candidacy ◊ *Presentó su ~ al senado.* He is running for the senate.

caneca nf (*Col*) **1** (*en cocina, calle*) trash can, (rubbish) bin (*GB*) **2** (*en oficina, etc.*)

wastebasket, waste-paper basket (GB) ⊃ Ver dibujo en TRASH CAN **3** (tambor) oil drum

canela nf cinnamon

canelón nm **canelones** cannelloni [incontable]: *Mi plato favorito son los canelones.* Cannelloni is my favorite food.

cangrejo nm **1** (*de mar*) crab **2** (*de río*) crayfish [*pl* crayfish]

canguro nm **1** kangaroo [*pl* kangaroos] **2** (*riñonera*) fanny pack, bumbag (GB)

caníbal nmf cannibal: *una tribu de ~es* a cannibal tribe

canibalismo nm cannibalism

canica nf marble: *jugar a las ~s* to play marbles

canillera nf shin guard

canino, -a adj canine **LOC** Ver HAMBRE, RESIDENCIA

canjear vt to exchange *sth* (*for sth*): *~ una mercancía* to exchange a piece of merchandise

canoa nf canoe

canoso, -a adj gray

canotaje nm canoeing: *hacer ~* to go canoeing

cansado, -a adj **1 ~ (de)** (*fatigado*) tired (from *sth/doing sth*): *Están ~s de tanto correr.* They're tired from all that running. **2 ~ de** (*harto*) fed up with *sb/sth/doing sth*: *¡Estoy ~ de ti!* I'm fed up with you! **3** (*agotador*) tiring: *un viaje muy ~* a really tiring journey ⊃ Ver nota en BORING Ver tb CANSAR

cansancio nm tiredness **LOC** Ver MUERTO

cansar vt **1** (*fatigar*) to tire *sb/sth* (out) **2** (*aburrir, hartar*): *Me cansa tener que repetir las cosas.* I get tired of having to repeat things.
▶ vi to be tiring: *Este trabajo cansa mucho.* This work is very tiring.
▶ **cansarse** vp **cansarse (de)** to get tired (of *sb/sth/doing sth*): *Se cansa enseguida.* He gets tired very easily.

cansón, -ona adj (Col) **1** (*agotador*) tiring: *El viaje fue muy ~.* It was a very tiring journey. **2** (*molesto*) tiresome: *Los niños de Marta son muy cansones.* Marta's children are very tiresome. ◊ *¡Qué tipo más ~!* That guy is such a pain (in the neck)!

cantaleta nf: *Esa ha sido la ~ de toda su vida.* That's been the story of his life. **LOC** **echar cantaleta** to be a nuisance: *¡Cállese, no eche tanta ~!* Be quiet! Don't be such a nuisance.

cantante nmf singer **LOC** Ver VOZ

cantar vt, vi to sing
▶ vi **1** (*cigarra, pájaro pequeño*) to chirp **2** (*gallo*) to crow **LOC** **cantar las cuarenta/las verdades** to tell *sb* a few home truths ♦ **cantar victoria** to celebrate

cántaro nm pitcher **LOC** Ver LLOVER

cantautor, -ora nm-nf singer-songwriter

cantera nf **1** (*de piedra*) quarry [*pl* quarries] **2** (*Dep*) youth squad

cantidad nf **1** [*con sustantivo contable*] amount: *una ~ pequeña de pintura/agua* a small amount of paint/water ◊ *¿Cuánta ~ necesita?* How much do you need? **2** [*con sustantivo incontable*] number: *una gran ~ de personas/animales* a large number of people/animals **3** (*dinero*) amount, sum (*formal*) **4** (*magnitud*) quantity: *Prefiero la calidad a la ~.* I prefer quality to quantity.
▶ adv a lot: *Habla ~es.* He talks a lot.
LOC **cantidad de** a lot of *sth*: *¡Qué ~ de carros!* What a lot of cars! ◊ *Había ~ de gente.* There were lots of people. ♦ **en cantidades industriales** in huge amounts

cantimplora nf water bottle

cantina nf (*bar*) bar

canto¹ nm **1** (*arte*) singing: *estudiar ~* to study singing **2** (*canción, poema*) song: *un ~ a la belleza* a song to beauty

canto² nm (*piedra*) pebble

canturrear vt, vi to hum

caña nf **1** (*junco*) reed **2** (*bambú, azúcar*) cane: *~ de azúcar* sugar cane **LOC** **caña (de pescar)** fishing rod ♦ **estar/andar con la caña (mala)** (Chi) to have a hangover

cañería nf pipe: *la ~ de desagüe* the drainpipe **LOC** Ver GAS

caño nm **1** (*grifo del agua*) faucet, tap (GB) **2** (*de aguas residuales*) drainage channel

cañón nm **1** (*de artillería*) cannon **2** (*fusil*) barrel: *una escopeta de dos cañones* a double-barreled shotgun **3** (*Geog*) canyon: *el ~ del Colorado* the Grand Canyon

cañonearse vp (Chi) to get drunk

caoba nf mahogany

caos nm chaos [*incontable*]: *La reunión fue un ~ total.* The meeting was total chaos.

caótico, -a adj chaotic

capa nf **1** layer: *la ~ de ozono* the ozone layer **2** (*pintura, barniz*) coat **3** (*prenda*) **(a)** (*larga*) cloak **(b)** (*corta*) cape **LOC** **capa de hielo** ice cap

capacidad nf **~ (de/para) 1** capacity (*for sth*): *una gran ~ de trabajo* a great capacity for work ◊ *un hotel con ~ para 300 personas* a hotel with capacity for 300 guests **2** (*aptitud*) ability (*to do sth*): *Tiene la ~ necesaria para hacerlo.* She has the ability to do it.

capacitado, -a adj **1** (*capaz*) capable: *una persona muy capacitada* a very capable person

capar

2 ~ para qualified *to do sth*: *~ para ejercer como médico* qualified to practise as a doctor

capar *vt* to castrate LOC **capar clase** (*Col*) to skip class: *Perdió la materia porque capó mucha clase.* He failed the subject because he was always skipping class.

caparazón *nm* shell: *un ~ de tortuga* a tortoise shell

capataz *nmf* foreman/woman [*pl* foremen/women]

capaz *adj* **~ (de)** capable (of *sth/doing sth*): *Quiero gente ~ y trabajadora.* I want capable, hard-working people. LOC **ser capaz de** to be able *to do sth*: *No sé cómo fueron capaces de decírselo así.* I don't know how they could tell her like that. ◊ *No soy ~ de aprendérmelo.* I just can't learn it.

capellán *nm* chaplain

Caperucita LOC **Caperucita Roja** Little Red Riding Hood

capicúa *nm* palindromic number

capilla *nf* chapel LOC **capilla ardiente** chapel of rest

capital *nf* capital
▶ *nm* (*Fin*) capital

capitalismo *nm* capitalism

capitalista *adj, nmf* capitalist

capitán, -ana *nm-nf* captain: *el ~ del equipo* the team captain
▶ *nmf* (*Mil*) captain

capítulo *nm* **1** (*libro*) chapter: *¿En que ~ vas?* What chapter are you on? **2** (*Radio, TV*) episode LOC *Ver* SERIE

capó *nm* (*automóvil*) hood, bonnet (*GB*)

capote *nm* cape

capricho *nm* (*antojo*) whim: *los ~s de la moda* the whims of fashion LOC **darle un capricho a algn** to give sb a treat

caprichoso, -a *adj* **1** (*que quiere cosas*) demanding: *¡Qué niño más ~!* That child's so demanding! **2** (*que cambia de idea*): *Tiene un carácter ~.* He's always changing his mind. ◊ *un cliente ~* a fussy customer

Capricornio *nm, nmf* Capricorn ➲ *Ver ejemplos en* AQUARIUS

cápsula *nf* capsule

captar *vt* **1** (*emisión, onda*) to pick *sth* up **2** (*atención, imagen*) to capture: *La propuesta captó nuestra atención.* The proposal captured our attention.

captura *nf* **1** (*fugitivo*) capture **2** (*armas, drogas*) seizure

capturar *vt* **1** (*fugitivo*) to capture **2** (*armas, drogas*) to seize

capucha *nf* (*tb* **capuchón** *nm*) hood

capul *nf* (*Col*) bangs [*pl*], fringe (*GB*)

capullo *nm* **1** (*flor*) bud **2** (*insecto*) cocoon

caqui *nm* khaki: *unos pantalones ~* a pair of khaki trousers ➲ *Ver ejemplos en* AMARILLO

cara *nf* **1** (*rostro*) face **2** (*papel, Geom*) side: *Escribí tres hojas por las dos ~s.* I wrote six sides. LOC **cara a cara** face to face ◆ **cara dura** (*desvergonzado*): *Es un ~ dura.* What a jerk! ◆ **cara o sello** heads or tails ◆ **dar la cara** to face the music ◆ **echar algo en cara a algn** to reproach sb for sth ◆ **partirle/romperle la cara a algn** to smash sb's face in ◆ **poner cara de asco** to make a face: *No pongas ~ de asco y cómetelo.* Don't make a face—just eat it. ◆ **tener buena/mala cara** (*persona*) to look well/sick *Ver tb* COSTAR, VOLTEAR

carabina *nf* (*arma*) carbine

caracol *nm* **1** (*de tierra*) snail **2** (*de mar*) winkle LOC *Ver* ESCALERA

caracola *nf* conch

carácter *nm* **1** (*modo de ser*) character: *un defecto de ~* a character defect **2** (*índole*) nature LOC **tener buen/mal carácter** to be good-natured/ill-tempered ◆ **tener mucho/poco carácter** to be strong-minded/weak-minded

característica *nf* characteristic

característico, -a *adj* characteristic

caracterizar *vt* to characterize: *El orgullo caracteriza a este pueblo.* Pride characterizes this people.

¡caramba! *interj* **1** (*sorpresa*) my goodness! **2** (*enojo*) for heaven's sake!

carambolo *nm* starfruit

caramelo *nm* caramel

carantoña *nf* LOC **hacer carantoñas** to caress

carátula *nf* **1** (*libro, revista*) cover **2** (*disco*) jacket

caravana *nf* **1** (*expedición*) caravan **2** (*tráfico*) tailback

carbón *nm* coal LOC **carbón vegetal** charcoal

carboncillo *nm* charcoal

carbonizar(se) *vt, vp* to burn

carbono *nm* carbon LOC *Ver* DIÓXIDO, HIDRATO, HUELLA, MONÓXIDO

carburante *nm* fuel

carca *adj, nmf* old fogey: *¡Qué papás más ~s tienes!* Your parents are real old fogeys!

carcacha *nf* (*carro*) beater, old banger (*GB*)

carcajada *nf* roar of laughter [*pl* roars of laughter] LOC *Ver* REÍR, SOLTAR

cárcel *nf* prison: *ir a la ~* to go to prison ◊ *Lo metieron en la ~.* They put him in prison. ◊ *Fue* *condenado a diez meses de ~*. He was sentenced to ten months' imprisonment.

carcelero, -a *nm-nf* jailer

cardenal *nm* cardinal

cardiaco, -a (*tb* cardíaco, -a) *adj* **LOC** **ataque/paro cardiaco** cardiac arrest

cardinal *adj* cardinal

cardo *nm* thistle

carecer *vi* ~ **de** to lack *sth*: *Carecemos de medicinas.* We lack medicines. **LOC** **carece de sentido** it doesn't make sense

careta *nf* mask

carga *nf* **1** (*peso*) load: *~ máxima* maximum load **2** (*mercancía*) **(a)** (*avión, barco*) cargo [*pl* cargoes/cargos] **(b)** (*camión*) load **3** (*explosivo, munición, Electrón*) charge: *una ~ eléctrica* an electric charge **4** (*obligación*) burden **5** (*para pluma*) refill **LOC** **¡a la carga!** charge! *Ver tb* BURRO

cargada *nf* loading: *La ~ del buque llevó varios días.* Loading the ship took several days.

cargadera *nf* **1** (*vestido, brasier*) shoulder strap **2** (*pantalones*) suspenders [*pl*], braces [*pl*] (*GB*)

cargado, -a *adj* **1** ~ **(de/con)** loaded (with *sth*): *Venían ~s de maletas.* They were loaded down with suitcases. ◊ *un arma cargada* a loaded weapon **2** ~ *de* (*responsabilidades*) burdened down with *sth* **3** (*cuarto*) stuffy **4** (*bebida*) strong: *un café muy ~* a very strong coffee **5** (*comida*) big: *un desayuno bien ~* a big breakfast *Ver tb* CARGAR

cargador *nm* (*Electrón*) charger: *~ de pilas* battery charger

cargamento *nm* **1** (*avión, barco*) cargo [*pl* cargoes/cargos] **2** (*camión*) load

cargante *adj* (*Chi*) (*antipático*) horrible

cargar *vt* **1** to load: *Cargaron el camión de cajas.* They loaded the truck with boxes. ◊ *~ un arma* to load a weapon **2** (*encendedor, etc.*) to fill **3** (*pila, batería*) to charge
▶ *vi* **1** ~ **con (a)** (*llevar*) to carry *sth*: *Siempre me toca ~ con todo.* I always end up carrying everything. **(b)** (*responsabilidad*) to shoulder *sth* **2** ~ **(contra)** (*Mil*) to charge (at *sb*)

cargo *nm* **1** (*puesto*) position: *un ~ importante* an important position **2** (*Pol*) office: *el ~ de alcalde* the office of mayor **3** **cargos** (*Jur*) charges **LOC** **dar/tener cargo de conciencia** to feel guilty: *Me da ~ de conciencia.* I feel guilty. ◆ **hacerse cargo de 1** (*responsabilizarse*) to take charge of *sth* **2** (*cuidar de algn*) to look after *sb*

cargosear *vt* to pester

cargoso, -a *adj* annoying

cargue *nm* loading: *~ y descargue* loading and unloading

caribeño, -a *adj, nm-nf* Caribbean

caricatura *nf* caricature: *hacer una ~* to draw a caricature

caricia *nf* caress **LOC** **hacer caricias** to caress

caridad *nf* charity: *vivir de la ~* to live on charity

caries *nf* **1** (*enfermedad*) tooth decay [*incontable*]: *para prevenir la ~* to prevent tooth decay **2** (*agujero*) cavity [*pl* cavities]: *Tengo ~ en la muela.* I have a cavity.

cariño *nm* **1** (*afecto*) affection **2** (*delicadeza*) loving care: *Trata sus cosas con mucho ~.* He treats his things with loving care. **3** (*apelativo*) sweetheart: *¡Cariño mío!* Sweetheart! **4** (*Chi*) (*regalito*) little something **LOC** **agarrarle cariño a algn** to become fond of sb ◆ **con cariño** (*en cartas*) with love ◆ **tenerle cariño a algn/algo** to be fond of sb/sth

cariñoso, -a *adj* ~ **(con) 1** affectionate (toward *sb/sth*) **2** (*abrazo, saludos*) warm

caritativo, -a *adj* ~ **(con)** charitable (to/toward *sb*)

carmelito, -a *adj, nm* brown ➔ *Ver ejemplos en* AMARILLO

carnada *nf* bait

carnal *adj* (*sensual*) carnal **LOC** *Ver* PRIMO

carnaval *nm* carnival **LOC** *Ver* MARTES

carne *nf* **1** (*Anat, Relig, fruta*) flesh **2** (*alimento*) meat: *Me gusta la ~ bien cocida.* I like my meat well done. ❶ *Una carne casi cruda se dice* **rare** *y si está asada a término medio se dice* **medium rare**.

El inglés suele emplear distintas palabras para referirse a los animales y a la carne que se obtiene de ellos: del *cerdo* (**pig**) se obtiene **pork**, de la *vaca* (**cow**), **beef**, del *ternero* (**calf**), **veal**. Mutton es la carne de la *oveja* (**sheep**), y del *cordero* (**lamb**) se obtiene la carne de cordero o **lamb**.

LOC **carne de res** beef ◆ **carne molida** ground meat, mince (*GB*) ◆ **carnes frías** cold cuts, cold meats (*GB*) ◆ **en carne viva** raw: *Tienes la rodilla en ~ viva.* Your knee is red and raw. ◆ **ser de carne y hueso** to be only human ◆ **tener carne de gallina** to have goosebumps, to have goose pimples (*GB*) *Ver tb* PARRILLA

carné (*tb* carnet) *nm* card **LOC** **carné de afiliado** membership card ◆ **carné de estudiante** student card ◆ **carné del seguro** medical card *Ver tb* EXAMINAR, FOTO, IDENTIDAD

carnicería *nf* **1** (*tienda*) butcher shop, butcher's (*GB*) ➔ *Ver nota en pág. 54*

carnicero

En inglés británico muchas tiendas llevan el nombre del profesional que trabaja en ellas + 's, p. ej. **butcher's, baker's**, etc. Si se quiere hablar de varias carnicerías, se suele utilizar la forma **butchers**, lo mismo que cuando se habla de varios carniceros. En algunos casos también se puede decir **butcher's shops**: *Hay dos carnicerías en esta calle.* There are two butchers/two butcher's shops in this street.

2 (*matanza*) massacre
carnicero, -a *nm-nf* (*lit y fig*) butcher
carnívoro, -a *adj* carnivorous
caro, -a *adj* expensive
▸ *adv*: *comprar/pagar algo muy ~* to pay a lot for sth **LOC costar/pagar caro** to cost *sb* dearly: *Pagarán ~ su error.* Their mistake will cost them dearly.
carpa¹ *nf* (*pez*) carp [*pl* carp]
carpa² *nf* tent: *armar/desarmar una ~* to put up/take down a tent
carpeta *nf* **1** (*legajador*) folder **2** (*tejido*) mat
carpintería *nf* carpentry
carpintero, -a *nm-nf* carpenter **LOC** *Ver* PÁJARO
carraspear *vi* to clear your throat
carraspera *nf* hoarseness **LOC tener carraspera** to be hoarse
carrera *nf* **1** (*corrida*) run: *Ya no estoy para ~s.* I'm not up to running any more. **2** (*Dep*) race: *~ de relevos/de encostalados* relay/sack race **3** carreras (*caballos*) races **4** (*licenciatura*) degree: *¿Qué ~ tienes?* What did you major in? **5** (*profesión*) career: *Estoy en el mejor momento de mi ~.* I'm at the peak of my career. **6** (*Col*) (*vía*) street **7** (*en el pelo*) part, parting (*GB*) **LOC carrera a campo traviesa** cross-country race ♦ **carrera de armamentos** arms race ♦ **carrera de caballos** horse race *Ver tb* BICICLETA, CABALLO, CARRO
carreta *nf* cart **LOC echar carreta** (*Col*) to pad sth out
carrete *nm* **1** (*de hilo*) spool, reel (*GB*) **2** (*Chi*) (*ambiente*) nightlife: *La zona tiene mucho ~.* The nightlife in the area is great. ◊ *irse de ~* to go clubbing
carretear *vi* (*Chi*) (*ir de discoteca*) to go clubbing
carretera *nf* road **LOC carretera circunvalar/de circunvalación** bypass ♦ **carretera de doble vía** divided highway, dual carriageway (*GB*) ♦ **carretera intermunicipal** secondary road ♦ **carretera principal** interstate, main road (*GB*) ♦ **por carretera** by road *Ver tb* LUZ
carretero, -a *adj* (*Chi*): *ser muy ~* to be a real party animal

▸ *nm-nf* clubber
carretilla *nf* wheelbarrow
carril *nm* **1** (*Dep, carretera*) lane: *el corredor del ~ dos* the athlete in lane two **2** (*riel*) rail
carrilera *nf* track: *la ~ del tren* the train track
carrillo *nm* cheek
carriola (*tb* **carreola**) *nf* (*Méx*) stroller, pushchair (*GB*)
carrito *nm* cart, trolley (*GB*): *~ del mercado* shopping cart
carro *nm* **1** (*automóvil*) car: *ir en ~* to go by car **2** (*vehículo*) cart **3** (*vagón, carruaje*) car, carriage (*GB*) **4** (*supermercado, aeropuerto*) cart, trolley (*GB*) **5** (*para bebé*) baby carriage, pram (*GB*) **6 el Carro** (*Osa Mayor*) the Plough **LOC carro acompañante** (*Col*) team car ♦ **carro cama** sleeping car ♦ **carro de alquiler** rental car ♦ **carro de bomberos** fire engine ♦ **carro de carreras** racecar, racing car (*GB*) ♦ **carro de la basura** garbage truck, dustcart (*GB*) ♦ **carros chocones** bumper cars, dodgems (*GB*): *montarse en los ~s chocones* to go on the bumper cars *Ver tb* ACCIDENTE, BOMBA¹, CEMENTERIO
carrocería *nf* bodywork [*incontable*]
carroña *nf* carrion
carrotanque *nm* (*Col*) tanker
carroza *nf* **1** (*tirada por caballos*) carriage **2** (*en un desfile*) float
carruaje *nm* carriage
carrusel *nm* merry-go-round
carta *nf* **1** (*misiva*) letter: *poner una ~* to mail a letter ◊ *¿Llegaron ~s para mí?* Are there any letters for me? ◊ *~ recomendada/urgente* certified/express letter **2** (*naipe*) card: *jugar a las ~s* to play cards ⮕ *Ver nota en* BARAJA **3** (*menú*) menu **4** (*documento*) charter **LOC carta de navegación** chart ♦ **carta de presentación** cover letter, covering letter (*GB*) ♦ **echar las cartas** to tell *sb's* fortune *Ver tb* BOMBA¹
cartabón *nm* set square
cartel¹ *nm* sign: *poner un ~* to put up a sign **LOC cartel indicador** sign *Ver tb* PROHIBIDO
cartel² *nm* cartel: *el ~ de Cali* the Cali cartel
cartelera *nf* **1** (*sección de periódico*) listings [*pl*]: *~ teatral* theater listings **2** (*de avisos*) bulletin board, noticeboard (*GB*) **LOC en cartelera** on: *Lleva un mes en ~.* It has been on for a month.
cartera *nf* **1** (*billetera*) wallet **2** (*de mujer*) purse, handbag (*GB*) **3** (*maletín*) briefcase
carterista *nmf* pickpocket
cartero, -a *nm-nf* letter carrier, postman/woman [*pl* postmen/-women] (*GB*)
cartilla *nf* (*Educ*) reader

casta

cartón nm **1** (*material*) cardboard: *cajas de ~* cardboard boxes **2** (*cigarrillos, leche*) carton ➩ *Ver dibujo en* CONTAINER **LOC cartón piedra** papier mâché

cartuchera nf (*escolar*) pencil case

cartucho nm (*proyectil, recambio*) cartridge

cartulina nf card

casa nf **1** (*vivienda*) **(a)** house **(b)** (*apartamento*) apartment, flat (*GB*) **(c)** (*edificio*) apartment building, block of flats (*GB*) **2** (*hogar*) home: *No hay nada como la ~ de uno.* There's no place like home. **3** (*empresa*) company [*pl* companies]: *~ discográfica* record company **LOC casa de cambio** bureau de change [*pl* bureaux/bureaus de change] ♦ **casa de empeño** pawnshop ♦ **casa de estudios** (*Chi*) college, university (*GB*) ♦ **casa de la cultura** arts center ♦ **casa habitación** dwelling ♦ **como una casa** huge: *una mentira como una ~* a huge lie ♦ **en la casa** home: *Me quedé en la ~.* I stayed home. ◊ *¿Está tu mamá en la ~?* Is your mother in? ♦ **en la casa de** at *sb's* (house): *Voy a estar en la ~ de mi hermana.* I'll be at my sister's (house). ❶ En lenguaje coloquial se omite la palabra **house**: *Estaré en la ~ de Ana.* I'll be at Ana's. ♦ **ir a la casa** to go home ♦ **ir a la casa de** to go to *sb's* (house): *Voy a ir a la ~ de mis papás.* I'm going to go to my parents' (house). ♦ **oficios/tareas de la casa** housework [*incontable*] ♦ **pasar por la casa de algn** to drop by (sb's house): *Pasaré por tu casa mañana.* I'll drop by tomorrow. *Ver tb* AMO, CAMBIAR, DUEÑO, LLEGAR

casado, -a adj: *estar ~ (con algn)* to be married (to sb)
▸ nm-nf married man/woman [*pl* married men/women] **LOC** *Ver* RECIÉN; *Ver tb* CASAR

casar vi **~ (con)** to balance (with *sth*): *Las cuentas no casaban.* The accounts didn't balance.
▸ **casarse** vp **1** to get married: *¿Sabes quién se casa?* Guess who's getting married. **2 casarse con** to marry *sb*: *Jamás me casaré contigo.* I'll never marry you. **LOC casarse por la Iglesia/por lo civil** to get married in church/a civil ceremony ➩ *Ver nota en* MATRIMONIO

cascabel nm bell **LOC** *Ver* SERPIENTE

cascada nf waterfall

cascajo nm (*Col*) piece of gravel

cascanueces nm nutcrackers [*pl*]

cáscara nf **1** (*huevo, nuez*) shell: *~ de huevo* eggshell **2** (*limón, naranja*) peel **3** (*banano*) skin **4** (*cereal*) husk

cascarón nm eggshell

cascarrabias nmf grouch

casco nm **1** (*cabeza*) helmet: *llevar ~* to wear a helmet **2** (*animal*) hoof [*pl* hoofs/hooves] **3** (*barco*) hull

caserío nm hamlet

casero, -a adj **1** (*producto*) homemade: *mermelada casera* homemade jam **2** (*persona*) home-loving
▸ nm-nf (*Chi*) (*cliente*) regular customer **LOC** *Ver* COCINA

caseta nf **1** (*en una feria*) stand **2** (*casa pequeña*) hut **LOC caseta de peaje** tollbooth ♦ **caseta electoral** voting booth

casi adv **1** [*en frases afirmativas*] almost, nearly: *Casi me caigo.* I almost/nearly fell. ◊ *Estaba ~ lleno.* It was almost/nearly full. ◊ *Yo ~ diría que...* I would almost say...

A menudo **almost** y **nearly** son intercambiables. Sin embargo, solo **almost** se puede usar para calificar otro adverbio en **-ly**: *almost completely* casi completamente, y solo **nearly** puede ser calificado por otros adverbios: *I very nearly left.* Me faltó muy poco para irme.

2 [*en frases negativas*] hardly: *No la veo ~ nunca.* I hardly ever see her. ◊ *No vino ~ nadie.* Hardly anybody came. ◊ *No queda ~ nada.* There's hardly anything left. **LOC casi, casi** very nearly: *Casi, casi llegaban a mil personas.* There were very nearly a thousand people.

casilla nf **1** (*Ajedrez, Damas*) square **2** (*formulario*) box: *marcar la ~ con una cruz* to put a check mark in the box **3** (*cartas, llaves*) pigeonhole **LOC sacar a algn de sus casillas** to drive sb up the wall

casillero nm **1 (a)** (*compartimento*) pigeonhole **(b)** (*con llave*) locker **2** (*en formulario, etc.*) box

casino nm **1** (*juego*) casino [*pl* casinos] **2** (*de socios*) club

caso nm case: *en cualquier ~* in any case **LOC el caso es que... 1** (*el hecho es que...*) the fact is (that)...: *El ~ es que no puedo ir.* The fact is I can't go. **2** (*lo que importa*) the main thing is that...: *No importa cómo, el ~ es que vaya.* It doesn't matter how he goes, the main thing is that he goes. ♦ **en caso de** in the event of *sth*: *Rómpase en ~ de incendio.* Break the glass in the event of fire. ♦ **en caso de que...** if...: *En ~ de que pregunte...* If he asks you... ♦ **en el mejor/peor de los casos** at best/worst ♦ **en todo caso** in any case ♦ **hacer caso a/de** to take notice of *sb/sth* ♦ **hacer/venir al caso** to be relevant ♦ **ser un caso** to be a right one ♦ **ser un caso aparte** to be something else ♦ **ser un caso perdido** to be a hopeless case ♦ **yo en tu caso** if I were you *Ver tb* TAL

caspa nf dandruff

cassette nm cassette

casta nf **1** (*grupo social*) caste **2** (*animal*) breed **LOC de casta** thoroughbred

castaño, -a adj brown: *ojos ~s* brown eyes ◊ *Tiene el pelo ~.* He has brown hair.
castañuelas nf castanets
castellano nm (*lengua*) (Castilian) Spanish
castidad nf chastity
castigar vt **1** to punish sb (*for sth*): *Me castigaron por mentir.* I was punished for telling lies. ◊ *Nos castigaron sin recreo.* We were kept in at recess. **2** (*Dep*) to penalize **LOC** **castigar a algn sin salir** to ground sb: *Me castigaron sin salir el fin de semana.* I was grounded for the weekend.
castigo nm punishment: *Habrá que darles un ~.* They'll have to be punished. ◊ *levantar un ~* to withdraw a punishment
castillo nm castle **LOC** **castillo de arena** sandcastle
casto, -a adj chaste
castor nm beaver
castrar vt to castrate
casual adj chance: *un encuentro ~* a chance meeting
casualidad nf chance: *Nos conocimos de/por pura ~.* We met by sheer chance. ◊ *¿No tendrás por ~ su teléfono?* You wouldn't have their number by any chance? **LOC** **da la casualidad (de) que…** it so happens that…
♦ **¡qué casualidad!** what a coincidence!
cata nf (*de vinos*) wine tasting
catalán nm (*lengua*) Catalan
catálogo nm catalog
catamarán nm catamaran
catar vt to taste
catarata nf **1** (*cascada*) waterfall **2** (*Med*) cataract
catarro nm (*resfriado*) cold
catástrofe nf catastrophe
catastrófico, -a adj catastrophic **LOC** Ver ENFERMEDAD
catecismo nm catechism
catedral nf cathedral
catedrático, -a nm-nf **1** (*universidad*) professor **2** (*colegio*) head of department
categoría nf **1** (*sección*) category [pl categories] **2** (*nivel*) level: *un torneo de ~ intermedia* an intermediate-level tournament **3** (*estatus*) status: *mi ~ profesional* my professional status **LOC** **de (primera) categoría** first-rate ♦ **de segunda/tercera categoría** second-rate/third-rate
categórico, -a adj categorical
catete adj (*Chi*) (*molesto*) annoying
catolicismo nm Catholicism

católico, -a adj, nm-nf Catholic

En inglés, cuando se habla de las creencias religiosas o políticas o las actitudes sociales de una persona, se suele utilizar el sustantivo en singular con el artículo indefinido adelante: *Soy católico.* I'm a Catholic. ◊ *No soy racista.* I'm not a racist.

catorce nm, adj, pron **1** fourteen **2** (*fecha*) fourteenth ➜ *Ver ejemplos en* ONCE, SEIS **LOC** **hacerle un catorce a algn** (*Col*) to do sb a favor
cauce nm **1** (*río*) river bed **2** (*fig*) channel
cauchera nf slingshot, catapult (*GB*)
caucho nm **1** (*sustancia*) rubber **2** (*Col*) (*banda elástica*) rubber band
caudal nm (*agua*) flow: *el ~ del río* the flow of the river
caudaloso, -a adj large: *El Amazonas es un río muy ~.* The Amazon is a very large river.
caudillo nm **1** (*líder*) leader **2** (*jefe militar*) commander
causa nf **1** (*origen, ideal*) cause: *la ~ principal del problema* the main cause of the problem ◊ *Lo abandonó todo por la ~.* He left everything for the cause. **2** (*motivo*) reason: *sin ~ aparente* for no apparent reason **LOC** **a/por causa de** because of *sb/sth*
causar vt **1** (*ser la causa de*) to cause: *~ la muerte/heridas/daños* to cause death/injury/damage **2** (*alegría, pena*): *Me causó una gran alegría/tristeza.* It made me very happy/sad. **LOC** **causar un trastorno a algn** to inconvenience sb Ver tb DISGUSTO, SENSACIÓN
cautela nf **LOC** **con cautela** cautiously
cauteloso, -a (tb **cauto, -a**) adj cautious
cautivador, -ora adj captivating
cautivar vt (*atraer*) to captivate
cautiverio nm captivity
cautivo, -a adj, nm-nf captive
cavar vt, vi to dig
caverna nf cavern
caviar nm caviar
cavilar vi to think deeply *about sth*: *después de mucho ~* after much thought
caza nf (*actividad*) shooting **LOC** **ir a la caza de** to be after *sb/sth* Ver tb FURTIVO, TEMPORADA
cazabombardero nm fighter-bomber
cazador, -ora nm-nf hunter **LOC** Ver FURTIVO
cazar vt **1** to shoot **2** (*capturar*) to catch: *~ mariposas* to catch butterflies **3** (*conseguir*) to land: *~ un buen marido* to land a good husband
▶ vi to shoot
cazuela nf casserole ➜ Ver dibujo en POT

CD nm CD **LOC** Ver GRABADORA
CD-ROM nm CD-ROM
cebada nf barley
cebar vt **1** (engordar) to fatten sb/sth up **2** (atiborrar) to fill sb/sth up: *Su mamá los ceba.* Their mother fills them up.
cebo nm bait
cebolla nf onion
cebolleta nf **1** (fresca) scallion, spring onion (GB) **2** (en vinagre) pickled onion
cebra nf zebra
ceder vt to hand sth over (to sb): *~ el poder* to hand over power ◊ *Cedieron el edificio al municipio.* They handed over the building to the city council.
▸ vi **1** (transigir) to give in (to sb/sth): *Es importante saber ~.* It's important to know how to give in gracefully. **2** (intensidad, fuerza) to ease off: *El viento cedió.* The wind eased off. **3** (romperse) to give way: *La estantería cedió por el peso de los libros.* The bookcase gave way under the weight of the books. **LOC** **ceda el paso** yield, give way (GB): *No vi la señal de ceda el paso.* I didn't see the Yield sign. ◆ **ceder el paso** to yield ◆ **ceder la palabra** to hand over to sb

cedro nm cedar
cédula nf (finanzas) bond **LOC** **cédula de ciudadanía** (Col) identity card, ID card (más coloq) ➔ Ver nota en IDENTIDAD Ver tb FOTO
cegar vt to blind: *Las luces me cegaron.* I was blinded by the lights.
ceguera nf blindness
ceja nf eyebrow
celador nm nightwatchman [pl nightwatchmen]
celda nf cell
celebración nf **1** (fiesta, aniversario) celebration **2** (acontecimiento): *La ~ de las elecciones será en junio.* The elections will be held in June.
celebrar vt **1** (festejar) to celebrate: *~ un cumpleaños* to celebrate a birthday **2** (llevar a cabo) to hold: *~ una reunión* to hold a meeting
▸ **celebrarse** vp to take place
celeste adj heavenly **LOC** Ver AZUL
celo nm celos jealousy [gen incontable]: *No son más que ~s.* That's just jealousy. ◊ *Sentía ~s.* He felt jealous. **LOC** **dar celos a algn** to make sb jealous ◆ **estar en celo 1** (hembra) to be in heat, to be on heat (GB) **2** (macho) to be in rut ◆ **tener celos (de algn)** to be jealous (of sb) Ver tb COMIDO
celofán nm Cellophane®: *papel de ~* Cellophane wrapping
celosía nf lattice

celoso, -a adj, nm-nf jealous: *Es un ~.* He's very jealous.
célula nf cell
celular adj cellular
▸ nm cell phone, mobile (phone) (GB) **LOC** **celular de contrato/libre** contract/pay-as-you-go cell phone/mobile
celulitis nf cellulite
cementerio nm **1** cemetery [pl cemeteries] **2** (de iglesia) graveyard **LOC** **cementerio de carros** breaker's yard ◆ **cementerio nuclear** nuclear waste dump
cemento nm cement
cena nf dinner ➔ Ver nota en DINNER **LOC** **cena de navidad** Christmas dinner
cenar vi to have dinner
cenicero nm ashtray
Cenicienta n pr Cinderella
cenit nm zenith
ceniza nf ash: *esparcir las ~s* to scatter the ashes **LOC** Ver MIÉRCOLES
censo nm census [pl censuses] **LOC** **censo electoral** electoral register
censor, -ora nm-nf censor
censura nf censorship
censurar vt **1** (libro, película) to censor **2** (reprobar) to censure
centavo nm (moneda) cent: *ganar unos ~s* to earn some cash ➔ Ver pág. 787 **LOC** **estar sin un centavo/no tener ni un centavo** to be flat broke
centella nf spark
centellear vi **1** (estrellas) to twinkle **2** (luz) to flash
centena nf hundred: *unidades, decenas y ~s* hundreds, tens and units
centenar nm (cien aproximadamente) a hundred or so: *un ~ de espectadores* a hundred or so spectators **LOC** **centenares de...** hundreds of...: *~es de personas* hundreds of people
centenario nm centennial: *el ~ de su fundación* the centennial of its founding ◊ *el sexto ~ de su nacimiento* the 600th anniversary of his birth
centeno nm rye
centésimo, -a adj, pron, nm-nf hundredth: *una centésima de segundo* a hundredth of a second
centígrado, -a adj Celsius (abrev C): *cincuenta grados ~s* fifty degrees Celsius

> En Estados Unidos se usa el sistema **Fahrenheit** para medir la temperatura. Alguna gente en Gran Bretaña también lo utiliza: *La temperatura es de 21 grados.* The temperature is seventy degrees Fahrenheit.

centímetro nm centimeter (abrev cm): ~ cuadrado/cúbico square/cubic centimeter ⊃ Ver pág. 786

centinela nmf **1** (Mil) sentry [pl sentries] **2** (vigía) lookout

centrado, -a adj **1** (en el centro) centered: El título no está bien ~. The heading isn't centered. **2** (persona) settled Ver tb CENTRAR

central adj central: calefacción ~ central heating
▶ nf **1** (energía) power plant: una ~ nuclear a nuclear power plant **2** (oficina principal) head office LOC **central telefónica** telephone exchange

centralita nf switchboard

centrar vt **1** (colocar en el centro) to center: ~ la fotografía en una página to center the picture on a page **2** (atención, mirada) to focus sth on sth: Centraron sus críticas en el gobierno. They focused their criticism on the government. **3** (esfuerzos) to concentrate (sth) (on sth/doing sth)
▶ vi (Dep) to center (the ball): Rápidamente centró y su compañero marcó gol. He centered quickly and his teammate scored.
▶ **centrarse** vp **1 centrarse en** (girar en torno) to center on/around sth/doing sth: Se centra toda su vida en sus hijos. She centers her whole life around her children. **2** (adaptarse) to settle down

céntrico, -a adj: calles céntricas downtown ◊ un apartamento ~ an apartment in the center of town

centro nm center: el ~ de la ciudad downtown ◊ el ~ de atención the center of attention LOC **centro cívico** community center ◆ **centro comercial** shopping mall ◆ **centro cultural** arts center ◆ **centro escolar/de enseñanza** school ◆ **centro de menores** (reformatorio) reform school, young offenders' institution (GB) ◆ **ir al centro** to go downtown

centroamericano, -a adj, nm-nf Central American

centrocampista nmf (Dep) midfielder

ceñido, -a adj tight

ceño nm frown LOC Ver FRUNCIR

cepa nf **1** (vid) vine **2** (árbol) stump

cepillar vt **1** (prenda de vestir, pelo) to brush **2** (madera) to plane
▶ **cepillarse** vp **1** (prenda de vestir, pelo) to brush: ~se la chaqueta/el pelo to brush your jacket/hair **2** (Col) (adular) to butter sb up

cepillo nm **1** brush ⊃ Ver dibujo en BRUSH **2** (madera) plane LOC **cepillo de dientes** toothbrush ◆ **cepillo de pelo** hairbrush ◆ **cepillo de uñas** nail brush ⊃ Ver dibujo en BRUSH
◆ **echarle cepillo a algn** (Col) to butter sb up

cepo nm trap

cera nf **1** wax **2** (oídos) earwax

cerámica nf pottery

cerca¹ nf (valla) fence

cerca² adv near (by): Vivimos muy ~. We live very near by. LOC **cerca de 1** (a poca distancia) near: ~ de aquí near here **2** (casi) nearly: El avión se retrasó ~ de una hora. The plane was nearly an hour late. ◆ **de cerca**: Deja que lo vea de ~. Let me see it close up. Ver tb AQUÍ

cercado nm (Per) (distrito) old town

cercanías nf outskirts

cercano, -a adj **1** ~ **(a)** close (to sth): un amigo/pariente ~ a close friend/relative ◊ fuentes cercanas a la familia sources close to the family **2** ~ **a** (referido a distancia) near sb/sth: un pueblo ~ a Quito a village near Quito ⊃ Ver nota en NEAR LOC Ver ORIENTE

cercar vt **1** (poner una valla) to fence sth in **2** (rodear) to surround

cerco nm (seto) hedge

cerdo, -a nm-nf pig

Pig es el sustantivo genérico, **boar** se refiere solo al macho y su plural es 'boar' o 'boars'. Para referirnos solo a la hembra utilizamos **sow**. **Piglet** es la cría del cerdo.

▶ nm (carne) pork: lomo de ~ loin of pork LOC Ver MANTECA

cereal nm **1** (planta, grano) cereal **2** cereales cereal [gen incontable]: Desayuno con ~es. I have cereal for breakfast.

cerebral adj (Med) brain: tumor ~ brain tumor LOC Ver CONMOCIÓN, LAVADO

cerebro nm **1** (Anat) brain **2** (persona) brains [sing]: el ~ de la banda the brains behind the gang

ceremonia nf ceremony [pl ceremonies]

cereza nf cherry [pl cherries]

cerillo nm match

cero nm **1** (en cifras) zero, nought (GB): un cinco y dos ~s a five and two zeros ◊ ~ coma cinco zero point five ◊ temperaturas bajo ~ temperatures below zero ◊ Estamos a diez grados bajo ~. It's ten below (zero). ⊃ Ver pág. 784 **2** (para teléfonos) O ❶ Se pronuncia /oʊ/: Mi teléfono es el veintinueve, ~ dos, cuarenta. My telephone number is two nine O two four O. **3** (Dep) **(a)** nothing, nil (GB): uno a ~ one to nothing ◊ Empataron ~ a ~. It was a scoreless tie. **(b)** (Tenis) love: quince a ~ fifteen love LOC **empezar/partir de cero** to start from scratch ◆ **ser un cero a la izquierda** to be a nobody

cerrado, -a adj **1** closed, shut (más coloq) ➲ Ver nota en SHUT **2** (con llave) locked **3** (espacio) enclosed **4** (noche) dark **5** (curva) sharp LOC Ver CALLE, HERMÉTICAMENTE; Ver tb CERRAR

cerradura nf lock

cerrajero, -a nm-nf locksmith

cerrar vt **1** to close, to shut (más coloq): *Cierra la puerta.* Shut the door. ◊ *Cerré los ojos.* I closed my eyes. **2** (gas, llave de paso, grifo) to turn sth off **3** (sobre) to seal **4** (botella) to put the top on sth
▸ vi to close, to shut (más coloq): *No cerramos a mediodía.* We don't close at midday.
▸ **cerrarse** vp to close, to shut (más coloq): *Se me cerró la puerta.* The door closed on me. ◊ *Se me cerraban los ojos.* My eyes were closing. LOC **cerrar con cerrojo** to bolt sth ◆ **cerrar con llave** to lock ◆ **cerrar la puerta en las narices a algn** to shut the door in sb's face ◆ **cerrar(se) de un golpe/portazo** to slam ◆ **¡cierra el pico!** shut up! Ver tb ABRIR

cerro nm hill

cerrojo nm bolt LOC **poner/quitar el cerrojo** to bolt/unbolt sth Ver tb CERRAR

certamen nm competition

certeza (tb **certidumbre**) nf certainty [pl certainties] LOC **tener la certeza de que…** to be certain that…

certificado, -a adj certified: *por correo ~* by certified mail
▸ nm certificate: *~ de defunción* death certificate LOC **certificado escolar** school-leaving certificate Ver tb CERTIFICAR

certificar vt **1** (dar por cierto) to certify **2** (carta, paquete) to register

cervatillo nm fawn ➲ Ver nota en CIERVO

cerveza nf beer: *Me da dos ~s, por favor.* Two beers, please. ◊ *Nos tomamos unas ~s con los de la oficina.* We had a few beers with the guys from the office.

En Gran Bretaña, cuando se pide una cerveza se suele especificar el tipo, p.ej. **lager** (cerveza rubia), o **bitter** (la tradicional cerveza amarga). Se puede pedir **a pint**, o bien **a half** (una pinta o media pinta): *Can I have a half of lager, please?*

LOC **cerveza de barril** beer on tap ◆ **cerveza negra** stout ◆ **cerveza sin alcohol** alcohol-free beer Ver tb FÁBRICA, JARRO

cesante adj (Chi) (sin trabajo) unemployed
▸ nmf (Chi) unemployed person

cesantía nf **1** (Chi) (desempleo) unemployment **2** (Col) (pago) severance pay

cesar vi **1** ~ **(de)** to stop (doing sth) **2** ~ **(en)** (dimitir) to resign (from sth) LOC **sin cesar** incessantly

cese nm LOC **cese del fuego** ceasefire

césped nm **1** grass: *No pisar el ~.* Keep off the grass. **2** (en jardín privado) lawn LOC Ver CORTAR

cesta nf basket: *una ~ con comida* a basket of food

cesto nm (big) basket LOC **cesto de la ropa sucia** laundry basket

chabacano, -a adj vulgar

chacal nm jackal

cháchara nf chatter: *¡Déjate de ~!* Stop chattering! LOC **estar de cháchara** to chatter away

chal nm shawl: *un ~ de seda* a silk shawl

chaleco nm **1** (de un traje) vest, waistcoat (GB) **2** (Chi) (rebeca) cardigan LOC **chaleco antibalas** bulletproof vest ◆ **chaleco salvavidas** life vest, life jacket (GB)

chalet (tb **chalé**) nm **1** (en la ciudad) house: *un ~ en las afueras de Lima* a house on the outskirts of Lima **2** (en la costa) villa **3** (en el campo) cottage LOC **chalet individual** detached house

chamaquear vt (Méx) **1** to trick **2** (dinero) to swindle sb (out of sth)

chamarra nf jacket

chamba nf **1** (Méx, Per) **(a)** (empleo) job: *dar (una) ~ a algn* to give sb a job **(b)** (actividad) work: *Tengo mucha ~.* I have a lot of work to do. ◊ *estar en la ~* to be at work **2** (Col) (herida) gash

chambeador, -ora adj (Méx, Per) hard-working

chambear vi (Méx, Per) to work

chambón, -ona adj slapdash

chambonada nf screw-up: *Ese dibujo es una ~.* You really screwed up that drawing.

champaña nm champagne

champazo nm LOC **al champazo** (Per) any which way, any old how (GB)

champiñón nm mushroom

champú nm shampoo [pl shampoos]: *~ anticaspa* dandruff shampoo

chamullar vi (Chi) **1** (hablar) to talk **2** (de forma confusa) to burble on (about sth)
▸ vt (Chi) (chica, etc.) to chat sb up

chamuscar vt to singe

chancar vi (Per) (estudiar) to cram, to swot (GB)
▸ vt (Chi) (pegar) to beat sb up

chancho, -a adj filthy
▸ nm-nf pig ➲ Ver nota en CERDO

chanchullo

chanchullo nm swindle: *¡Qué ~!* What a swindle! LOC **hacer chanchullos** to be involved in a racket

chancleta (tb **chancla**) nf (de caucho) thong, flip-flop (GB)

chancón, -ona adj (Per) hard-working
▸ nm-nf (Per) grind, swot (GB)

chanfaina nf (Per) (desorden) shambles [sing]

changarro nm (Méx) (local) small store, small shop (GB)

chantaje nm blackmail LOC **hacer chantaje** to blackmail

chantajear vt to blackmail *sb* (*into doing sth*)

chantajista nmf blackmailer

chantar vt 1 (golpe, etc.) to give: *~le una paliza a algn* to give sb a beating 2 (trabajo) to land *sth on sb*

chapa nf 1 (cerradura) lock 2 (de botella, etc.) cap

chapado, -a adj (metal) plated: *un anillo ~ en oro* a gold-plated ring LOC **chapado a la antigua** old-fashioned

chapar vt (Per) 1 (agarrar, apresar) to catch 2 (besar) to kiss

chaparro, -a adj short

chaparrón nm downpour: *¡Qué ~!* What a downpour!

chapola nf (Col) moth

chapucear vt to have a smattering of *sth*: *~ el italiano* to have a smattering of Italian
▸ vi to splash around: *Los niños chapuceaban en los charcos.* The children were splashing around in the puddles.

chapucero, -a adj slapdash

chapulín nm (Méx) grasshopper

chapuzón nm dip LOC **darse un chapuzón** to go for a dip

chaqueta nf jacket

charanga nf brass band

charco nm 1 (de lluvia) puddle 2 (bañadero) pool

charcutería nf (tienda) delicatessen

charla nf 1 (conversación) chat 2 (conferencia) talk (*on sb/sth*)

charlar vi to chat (*to sb*) (*about sth*)

charlatán, -ana adj talkative
▸ nm-nf 1 (hablador) chatterbox 2 (indiscreto) gossip 3 (persona deshonesta) trickster

charol nm patent leather: *un bolso de ~* a patent leather bag

charola nf (bandeja) tray

charro, -a adj 1 (excesivo) kitsch 2 (deficiente) badly-made
▸ nm (Méx) (jinete, vaquero) horseman [pl horsemen]

chárter adj, nm: *un (vuelo) ~* a charter flight

chasco nm (decepción) let-down, disappointment (*más formal*): *¡Vaya ~!* What a let-down! LOC **llevarse un chasco** to be disappointed

chasis nm chassis [pl chassis]

chasquear vt 1 (lengua) to click 2 (látigo) to crack 3 (dedos) to snap
▸ vi 1 (látigo) to crack 2 (madera) to crackle 3 (dientes) to chatter

chasquido nm 1 (látigo) crack 2 (madera) crackle 3 (lengua) click: *dar un ~ con la lengua* to click your tongue 4 (dedos) snap

chat nm (Internet) chat room

chatarra nf scrap [incontable]: *vender un carro como ~* to sell a car for scrap ◊ *Esta nevera es una ~.* This fridge is only fit for scrap. LOC *Ver* COMIDA

chatarrero, -a nm-nf scrap merchant

chatear vi (Internet) to chat

chato, -a adj 1 snub-nosed 2 (nariz) snub 3 (edificio, árbol) squat 4 (Per) (de baja estatura) short

chavo, -a nm-nf (Méx) 1 (masc) guy 2 (fem) girl 3 **chavos** young people

chazo nm (Col) wall plug

chécheres nm (Col) stuff [incontable] LOC *Ver* CUARTO

checo, -a adj, nm-nf, nm Czech: *hablar ~* to speak Czech LOC *Ver* REPÚBLICA

chepa nf (Col) (suerte) stroke of luck

cheque nm check: *consignar/cobrar un ~* to pay a check in LOC **cheque en blanco/sin fondos** blank/bad check ◆ **cheque viajero** traveler's check *Ver tb* PAGAR

chequeada nf (Chi, Per) (revisión) check: *hacer una ~ de algo* to check sth

chequear (tb **checar**) vt to check

chequeo nm check-up: *hacerse un ~* to have a check-up

chévere adj great

chibolo, -a adj (Per) kid

chicanear vi to show off

chicha nf alcoholic drink made from fermented corn, rice or pineapple, etc. LOC **ni chicha ni limonada** neither one thing nor the other

chícharo nm (Méx) pea

chicharra nf (insecto) cicada

chicharrón *nm* crackling [*incontable*]

chichón *nm* lump: *Me salió un ~.* A lump came up on my head.

chicle *nm* **1** (*de mascar*) chewing gum [*incontable*]: *Cómprame un ~ de menta.* Buy me some spearmint chewing gum. **2 chicles** (*Col*) (*prenda*) leggings

chico, -a *nm-nf* **1** (*masc*) boy: *el ~ de la oficina* the office boy **2** (*fem*) girl ❶ Si son adultos, también se puede decir **young man/woman**: *un ~ de 22 años* a young man of twenty-two. **3 chicos** (*sin distinción de sexo*) children, kids (*coloq*)

chicoco, -a *nm-nf* (*Chi*) **1** (*niño*) kid **2** (*persona baja*) short guy, girl, etc.

chifa *nf* **1** (*restaurante*) Chinese restaurant **2** (*comida*) Chinese food

chiflado, -a *adj* (*loco*) crazy
▸ *nm-nf* nut LOC **estar chiflado (por algn/algo)** to be crazy (about sb/sth) *Ver tb* CHIFLAR

chifladura *nf* **1** (*locura*) madness **2** (*idea*) wild notion

chiflar *vi* **1** (*dar silbidos*) to whistle **2** (*encantar*) to love *sth/doing sth*: *Me chifla el pescado.* I love fish.
▸ *vt* **1** (*con la boca*) to whistle: *~ una canción* to whistle a song **2** (*instrumento*) to blow
▸ **chiflarse** *vp* **1** (*enloquecer*) to go crazy **2 chiflarse con/por** (*entusiasmarse*) to be crazy about *sb/sth*: *Mi prima se chifla con los dibujos animados.* My cousin is crazy about cartoons.

chigüiro *nm* capybara

chilango, -a *nm-nf* native of Mexico City

Chile *nm* Chile

chile *nm* chili [*pl* chilies]

chileno, -a *adj, nm-nf* Chilean

chillar *vi* **1** to yell (*at sb*): *¡No me chille!* Don't yell at me! **2** (*berrear*) to bawl **3** (*aves, frenos*) to screech **4** (*cerdo*) to squeal **5** (*ratón*) to squeak **6** (*colores*) to clash

chillido *nm* **1** (*persona*) shriek **2** (*ave, frenos*) screech **3** (*cerdo*) squeal **4** (*ratón*) squeak

chillón, -ona *adj* **1** (*persona*) noisy **2** (*sonido, color*) loud

chimenea *nf* **1** (*hogar*) fireplace: *Enciende la ~.* Light the fire. ◊ *sentados al lado de la ~* sitting by the fireplace **2** (*conducto de salida del humo*) chimney: *Desde acá se ven las ~s de la fábrica.* You can see the factory chimneys from here. **3** (*de barco*) funnel

chimpancé *nm* chimpanzee

China *nf* China

chinche *nf* **1** (*bicho*) bedbug **2** (*tachuela*) thumbtack, drawing pin (*GB*)

chinchín *nm* (*brindis*) cheers

chinear *vt* (*Per*) (*mirar*) to check *sb/sth* out

chino, -a *adj, nm* Chinese: *hablar ~* to speak Chinese
▸ *nm-nf* **1** Chinese man/woman [*pl* Chinese men/women]: *los ~s* the Chinese **2** (*joven*) kid LOC **estar chino de risa** (*Per*) to be in stitches *Ver tb* CUENTO, RAÍZ, TINTA

chip *nm* **1** (*Informát*) chip **2** (*Méx*) (*celular*) SIM card LOC *Ver* CAMBIAR

chipirón *nm* small squid [*pl* small squid]

chiquero *nm* (*lit y fig*) pigsty [*pl* pigsties]

chiquillo, -a *nm-nf* kid

chiquito, -a *adj* small: *un carro ~* a small car
▸ *nm-nf* kid: *cuando yo era ~* when I was a kid

chirimoya *nf* custard apple

chiripa *nf* stroke of luck: *¡Qué ~!* What a stroke of luck! LOC **de chiripa** by sheer luck

chirriar *vi* **1** (*bicicleta*) to squeak: *La cadena de mi bicicleta chirría.* My bicycle chain squeaks. **2** (*puerta*) to creak **3** (*frenos*) to screech **4** (*ave*) to squawk

chirrido *nm* **1** (*bicicleta*) squeak **2** (*puerta*) creak **3** (*frenos*) screech **4** (*ave*) squawk

chisme *nm* gossip [*incontable*]: *contar ~s* to gossip ◊ *No me gustan los ~s en la oficina.* I don't want any gossip in the office. ◊ *¿Sabes el último ~?* Have you heard the latest gossip? LOC *Ver* PROGRAMA

chismear (*tb* **chismorrear, chismosear**) *vi* to gossip

chismoseo *nm* gossip [*incontable*]: *No me gustan los ~s.* I don't like gossip. ◊ *¿Oíste el último ~?* Did you hear the latest gossip?

chismoso, -a *adj* gossipy
▸ *nm-nf* gossip: *¡Es un ~!* He's such a gossip!

chispa *nf* spark LOC **estar algn que echa chispas** to be hopping mad ♦ **estar chispa** to be tipsy ♦ **tener chispa** to be witty

chispazo *nm* spark: *pegar un ~* to send out sparks

chispear *v imp* (*llover*) to spit: *Solo chispeaba.* It was only spitting.

chistar *vi*: *sin ~* without saying a word ◊ *¡Hazlo sin ~!* Shut up and get on with it! ◊ *Se fue sin ~.* She went without saying a word.

chiste *nm* **1** (*hablado*) joke: *contar un ~* to tell a joke ◊ *entender el ~* to get the joke **2** (*dibujo*) cartoon LOC **no verle el chiste a algo**: *No le veo el ~.* I can't see what's so funny.

chistoso, -a *adj* funny LOC **hacerse el chistoso** to play the fool

chita *nf* cheetah

¡chito! (tb **¡chitón!**) interj **1** (¡silencio!) sh **2** (¡oiga!) hey

chiva nf (Col) **1** (bus) (country) bus **2** (primicia) exclusive

chivato, -a nm-nf **1** tattletale, telltale (GB) **2** (de la policía) nark

chivo nm (billy) goat ⊃ Ver nota en CABRA **LOC** **chivo expiatorio** scapegoat

chocante adj (desagradable) unpleasant

chocar vi to surprise: *Me chocó que llegara sin avisar.* I was surprised he didn't tell us he was coming.
▸ **chocarse** vp (colisionar) to crash: *El carro se chocó contra una tapia.* The car crashed into a wall. ◊ *El balón se chocó contra la puerta.* The ball crashed against the door. **LOC** **¡choca esos cinco!/¡chócala!** give me five!, put it there! (GB)

chochear vi **1** to go senile **2** **~ por algn** to dote on sb

chochera nmf (Per) (amigo) buddy [pl buddies], mate (GB)

choclo nm corn on the cob [incontable]: *Comimos unos ~s.* We ate some corn on the cob.

choclón nm (Chi) (montón) pile

choco, -a adj **LOC** Ver PERRO

chocolate nm **1** chocolate: *una caja de ~s* a box of chocolates **2** (líquido) hot chocolate

chocolatina (tb **chocolata**) nf candy bar, chocolate bar (GB)

chocón, -a adj **LOC** Ver CARRO

chofer nmf **1** (carro privado) chauffeur **2** (camión, bus) driver

choke nm choke

cholo, -a adj, nm-nf mestizo [pl mestizos]

chompa nf **1** (chaqueta) jacket **2** (Chi **chomba**) (suéter) sweater

choque nm **1** (colisión, ruido) crash **2** (enfrentamiento) clash **LOC** Ver AUTO

chorear vt **1** (robar) to swipe, to pinch (GB) **2** (Chi) (aburrir) to bore **3** (Chi) (molestar) to annoy
▸ **chorearse** vp (Chi) **1** (aburrirse) to get bored **2** (molestarse) to get annoyed

chorizo nm chorizo

chorlito nm **LOC** Ver CABEZA

choro nm (Cocina) mussel

choro, -a nm-nf (delincuente) crook

chorrear vi **1** (gotear) to drip **2** (estar empapado) to be dripping wet: *Estas sábanas están chorreando.* These sheets are dripping wet.

chorro nm **1** (agua, gas) jet **2** (abundante) gush **3** (Cocina) dash: *Añadir un ~ de limón.* Add a dash of lemon. **LOC** **a chorros**: *salir a ~s* to gush out

chotear vt (Per) (rechazar) to turn sb down

choza nf hut

chubasco nm shower: *Fue solo un ~.* It was only a shower.

chuchería nf (golosina) sweet

chulear vt **1** (Col) (marcar con signo) to check, to tick (GB) **2** (Méx) (persona) to compliment

chuleta nf (Cocina) chop: *~s de cerdo* pork chops

chulla adj single
▸ nmf single man/woman [pl single men/women]

chulo (tb **chulito**) nm (Col) (marca) check mark, tick (GB)
▸ adj **1** (Méx) (bonito) attractive **2** (Chi) (de mal gusto) tacky

chuncho, -a adj (Per) unfriendly

chupada nf **1** suck: *El niño le daba ~s a su paleta.* The boy was sucking his Popsicle. **2** (cigarrillo) puff: *dar una ~ a un cigarrillo* to have a puff of a cigarette

chupado, -a adj **1** (flaco) skinny ⊃ Ver nota en DELGADO **2** (Chi, Per) (tímido) shy Ver tb CHUPAR

chupar vt **1** to suck **2** (absorber) to soak sth up: *Esta planta chupa mucha agua.* This plant soaks up a lot of water. **LOC** **chupar del bote** to freeload, to scrounge (GB) ♦ **chuparse el dedo 1** (lit) to suck your thumb **2** (fig): *¿Crees que me chupo el dedo?* Do you think I'm stupid?
♦ **chuparse los dedos** to lick your fingers ♦ **para chuparse los dedos** delicious: *Estaba para ~se los dedos.* It was delicious.

chupatintas nmf pen-pusher

chupete nm **1** (de bébé) pacifier, dummy [pl dummies] (GB) **2** (golosina) lollipop **LOC** **chupete helado** Popsicle®, ice lolly [pl ice lollies] (GB)

chupo nm **1** Ver CHUPETE (1) **2** (de biberón) teat

churrasco nm **1** (filete) steak **2** (Chi) (sándwich) steak sandwich

churro nm **1** kind of doughnut **2** (persona) stunner **3** (Méx) (marihuana) joint **LOC** **tirarle el churro a algn** (Chi) to give sb the come-on

chusco, -a adj **1** (Chi, Per) (persona) common **2** (Chi, Per) (perro) mongrel **3** (Col) (atractivo) good-looking

chutar vi to shoot
▸ **chutarse** vp to shoot sth up

chutear vt (Chi) (novio, etc.) to dump

chuzar vt (Col) **1** to prick: *~ algo con una aguja* to prick sth with a needle **2** (apuñalar) to knife **3** (teléfono) to bug

ciberespacio nm cyberspace

cibernauta nmf Internet user

cicatriz nf scar: *Me quedó una ~.* I was left with a scar.

cicatrizar vi to heal

ciclismo nm cycling: *hacer ~* to cycle
LOC **ciclismo de montaña** mountain biking

ciclista nmf bicyclist LOC *Ver* VUELTA

ciclo nm cycle: *un ~ de cuatro años* a four-year cycle

ciclón nm cyclone

ciclovía nf **1** (*carril*) bike lane **2** (*evento*) Bicycle Day

ciego, -a adj ◆ **(de)** blind (with *sth*): *quedarse ~ to go* blind ◇ *~ de rabia* blind with rage
▸ nm-nf blind man/woman [*pl* blind men/women]: *una colecta para los ~s* a collection for the blind

En un contexto más formal se prefiere la expresión **people who are visually impaired**: *Es una organización para ciegos.* It's an organization for visually impaired people.

LOC **a ciegas**: *Lo compraron a ciegas.* They bought it without seeing it. *Ver tb* GALLINA

cielo nm **1** (*firmamento*) sky [*pl* skies] **2** (*Relig*) heaven
▸ **¡cielos!** interj good heavens! LOC **ser un cielo** to be an angel *Ver tb* CAÍDO, SÉPTIMO

ciempiés nm centipede

cien nm, adj, pron **1** a hundred: *Hoy cumple ~ años.* She's a hundred today. ◇ *Había ~ mil personas.* There were a hundred thousand people.

Se suele traducir por **one hundred** cuando se quiere hacer énfasis en la cantidad: *Te dije cien, no doscientos.* I said one hundred, not two.

2 (*centésimo*) hundredth: *Soy el ~ en la lista.* I'm hundredth on the list. ⮕ *Ver pág. 784* LOC **(al) cien por cien** a hundred percent ◆ **cien mil veces** hundreds of times ◆ **poner a algn a cien** to drive sb crazy *Ver tb* OJO

ciencia nf **1** science **2 ciencias** (*Educ*) science [*incontable*]: *mi profesor de ~s* my science teacher ◇ *Estudié ~s.* I studied science.
LOC **ciencia ficción** science fiction ◆ **ciencias de la comunicación/información** media studies [*incontable*] ◆ **ciencias empresariales** business administration [*incontable*] ◆ **ciencias naturales** natural science [*incontable*] (*GB*) ◆ **ciencias naturales** natural science [*incontable*] ◆ **saber a ciencia cierta** to know *sth* for certain

científico, -a adj scientific
▸ nm-nf scientist

ciento nm, adj (a) hundred [*pl* hundred]: *~ sesenta y tres* a hundred and sixty-three ◇ *varios ~s* several hundred ⮕ *Ver pág. 784*

LOC **cientos de…** hundreds of…: *~s de libras* hundreds of pounds ◆ **por ciento** percent: *un/el 50 por ~ de la población* 50 percent of the population *Ver tb* TANTO

cierre nm **1** (*acto de cerrar*) closure **2** (*collar, bolso*) clasp **3** (*cremallera*) zipper, zip (*GB*)
LOC *Ver* LIQUIDACIÓN

cierto, -a adj **1** (*verdadero*) true: *Es ~.* It's true. **2** (*determinado*) certain: *con cierta inquietud* with a certain anxiety ◇ *Solo están a ciertas horas del día.* They're only there at certain times of the day. LOC **¿cierto?**: *Estas flores son bonitas, ¿cierto?* These flowers are lovely, aren't they? ◇ *Estás cansada, ¿cierto?* You're tired, aren't you? ◆ **en cierto sentido** in a sense ◆ **estar en lo cierto** to be right (*about sth*) ◆ **hasta cierto punto** up to a point ◆ **¿(no es) cierto que no?**: *No vinieron, ¿(no es) cierto que no?* They haven't come, have they? ◆ **por cierto** by the way *Ver tb* CIENCIA

ciervo, -a nm-nf deer [*pl* deer]

La palabra **deer** es el sustantivo genérico, **stag** (o **buck**) se refiere solo al ciervo macho y **doe** solo a la hembra. **Fawn** es el cervatillo.

cifra nf **1** figure: *un número de tres ~s* a three-figure number **2** (*teléfono*) digit: *un teléfono de seis ~s* a six-digit phone number **3** (*dinero*) figure: *una ~ de un millón de bolívares* a figure of one million bolivars

cigarra nf cicada

cigarrillo (*tb* cigarro) nm cigarette

cigüeña nf stork

cilantro nm cilantro, coriander (*GB*)

cilíndrico, -a adj cylindrical

cilindro nm cylinder: *~ de oxígeno* oxygen cylinder

cima nf top: *llegar a la ~* to reach the top

cimientos nm foundations

cinc nm *Ver* ZINC

cincel nm chisel

cinco nm, adj, pron **1** five **2** (*fecha*) fifth ⮕ *Ver ejemplos en* SEIS

cincuenta nm, adj, pron **1** fifty **2** (*cincuentavo*) fiftieth ⮕ *Ver ejemplos en* SESENTA

cine nm **1** (*local*) movie theater, cinema (*GB*): *ir al ~* to go to the movies **2** (*arte, industria*) movies [*pl*], films [*pl*] (*GB*): *Me gusta el ~ de terror.* I like horror movies. ◇ *hacer ~* to make movies
LOC **cine multisalas** multiplex ◆ **de cine** (*festival, director, crítico*) film: *un actor/director de ~* a film actor/director

cinematográfico, -a adj film: *la industria cinematográfica* the film industry

cínico, -a adj hypocritical
▸ nm-nf hypocrite

cinta nf 1 (*para sellar, de video, etc.*) tape 2 (*lazo*) ribbon LOC **cinta adhesiva/pegante** Scotch tape®, Sellotape® (*GB*) ♦ **cinta para el pelo** hairband *Ver tb* AISLANTE

cintura nf waist: *Tengo 60cm de ~.* I have a 24inch waist.

cinturón nm belt: *ser ~ negro* to be a black belt LOC **cinturón (de seguridad)** seat belt *Ver tb* APRETAR

ciprés nm cypress

circo nm 1 (*espectáculo*) circus [*pl* circuses] 2 (*anfiteatro*) amphitheatre

circuito nm 1 (*Dep*) track: *El piloto dio diez vueltas al ~.* The driver did ten laps of the track. 2 (*Electrón*) circuit

circulación nf 1 circulation: *mala ~ de la sangre* poor circulation 2 (*tráfico*) traffic LOC *Ver* CÓDIGO

circular¹ adj, nf circular: *una mesa ~* a round table ◊ *remitir una ~* to send out a circular

circular² vt, vi to circulate: *La sangre circula por las venas.* Blood circulates through your veins. ◊ *~ una carta* to circulate a letter
▸ vi 1 (*automóvil*) to drive: *Circulen con precaución.* Drive carefully. 2 (*tren, bus*) to run 3 (*rumor*) to go around LOC **¡circulen!** move along!

círculo nm 1 circle: *formar un ~* to form a circle 2 (*asociación*) society [*pl* societies] LOC **círculo polar ártico/antártico** Arctic/Antarctic Circle ♦ **círculo vicioso** vicious circle

circunferencia nf 1 (*círculo*) circle: *El diámetro divide una ~ en dos partes iguales.* The diameter divides a circle into two equal halves. ◊ *dos ~s concéntricas* two concentric circles 2 (*perímetro*) circumference: *La Tierra tiene unos 40.000 kilómetros de ~.* The earth has a circumference of about 40,000 kilometers.

circunstancia nf circumstance

circunvalación nf (*tb* **circunvalar** nm) LOC *Ver* CARRETERA

cirio nm candle

ciruela nf plum LOC **ciruela pasa** prune

ciruelo nm plum tree

cirugía nf surgery: *~ estética/plástica* cosmetic/plastic surgery

cirujano, -a nm-nf surgeon

cisma nm schism

cisne nm swan

cisterna nf 1 (*depósito*) tank 2 (*baño*) cistern LOC *Ver* CAMIÓN

cita nf 1 (*amigos, pareja*) date 2 (*médico, abogado*) appointment: *Tengo una ~ con el odontólogo.* I have a dental appointment. 3 (*frase*) quotation, quote (*más coloq*) LOC **darse cita** to meet *Ver tb* PEDIR

citar vt 1 (*convocar*) to arrange to meet sb 2 (*Jur*) to summons 3 (*hacer referencia*) to quote (from sb/sth)
▸ **citarse** vp **citarse (con)** to arrange to meet (sb)

citófono nm intercom, Entryphone® (*GB*)

cítricos nm citrus fruits

ciudad nf 1 (*importante*) city [*pl* cities] 2 (*más pequeña*) town

¿**Town** o **city**?

Town es la palabra general para referirnos a una ciudad: *Tengo que ir a la ciudad a hacer unas compras.* I have to go into town and do some shopping. **City** se refiere a una ciudad grande e importante como, por ejemplo, Nueva York, Lima, etc. En Gran Bretaña **city** también se refiere a una ciudad que tiene derechos especiales y que normalmente tiene catedral.

LOC **ciudad dormitorio** dormitory town ♦ **ciudad natal** home town ♦ **ciudad universitaria** university campus *Ver tb* GAS

ciudadanía nf citizenship LOC *Ver* CÉDULA, EDUCACIÓN

ciudadano, -a adj: *por razones de seguridad ciudadana* for reasons of public safety ◊ *El alcalde pidió la colaboración ciudadana.* The mayor asked everyone to work together.
▸ nm-nf citizen: *ser ~ de la república del Ecuador* to be a citizen of the republic of Ecuador ◊ *Dio las gracias a todos los ~s de Concepción.* He thanked the people of Concepción. LOC *Ver* FORMACIÓN, INSEGURIDAD

cívico, -a adj public-spirited: *sentido ~* public-spiritedness LOC *Ver* CENTRO, PARO

civil adj civil: *un enfrentamiento ~* a civil disturbance
▸ nmf civilian LOC **de civil 1** (*militar*) in civilian dress 2 (*policía*) in plain clothes *Ver tb* CASAR, ESTADO, INGENIERO, REGISTRO

civilización nf civilization

civilizado, -a adj civilized

civismo nm community spirit

clamar vt (*exigir*) to demand
▸ vi (*gritar*) to shout

clamor nm 1 (*gritos*) shouts [*pl*]: *el ~ de la muchedumbre* the shouts of the crowd 2 (*en espectáculos*) cheers [*pl*]: *el ~ del público* the cheers of the audience

clan nm clan

clandestino, -a *adj* clandestine

clara *nf* egg white

claraboya *nf* skylight

clarear *v imp* **1** (*despejarse*) to clear up **2** (*amanecer*) to get light

claridad *nf* **1** (*luz*) light **2** (*fig*) clarity

clarificar *vt* to clarify

clarín *nm* bugle

clarinete *nm* clarinet

claro, -a *adj* **1** (*evidente, nítido*) clear **2** (*color*) light: *verde ~* light green **3** (*luminoso*) bright **4** (*pelo*) fair **5** (*poco espeso*) thin
▶ *nm* (*bosque*) clearing
▶ *adv* clearly: *No oigo ~.* I can't hear clearly.
▶ **¡claro!** *interj* of course **LOC claro que no** of course not ◆ **claro que sí** of course ◆ **dejar claro** to make *sth* clear ◆ **estar más claro que el agua** to be crystal clear ◆ **poner en claro** to make *sth* clear

clase *nf* **1** (*categoría, curso, Ciencias, Sociol*) class: *Estudiamos en la misma ~.* We were in the same class. ◊ *viajar en primera ~* to travel first class **2** (*lección*) lesson: *~s de manejar* driving lessons ◊ *~ particular* private lesson **3** (*variedad*) kind: *distintas ~s de pan* different kinds of bread **4** (*aula*) classroom **LOC clase alta/baja/media** upper/lower/middle class(es) [*gen pl*] ◆ **dar clase** to teach: *Doy ~ en un colegio privado.* I teach at a private school. *Ver tb* CAPAR, COMPAÑERO, DICTAR, ESCAPAR(SE), SALA

clásico, -a *adj* **1** (*Arte, Hist, Mús*) classical **2** (*típico*) classic: *el ~ comentario* the classic remark
▶ *nm* classic

clasificación *nf* **1** classification: *la ~ de las plantas* the classification of plants **2** (*Dep*): *partido de ~* qualifying game ◊ *El tenista alemán encabeza la ~ mundial.* The German player is number one in the world rankings. ◊ *la ~ general de la liga* the league table

clasificado, -a *adj* classified **LOC** *Ver* AVISO; *Ver tb* CLASIFICAR

clasificar *vt* to classify: *~ los libros por materias* to classify books according to subject
▶ **clasificarse** *vp* **clasificarse (para)** to qualify (for *sth*): *~se para la final* to qualify for the final **LOC clasificarse en segundo, tercer, etc. lugar** to come second, third, etc.

clasificatorio, -a *adj* qualifying

clasista *adj* class-conscious
▶ *nmf* snob

claudicar *vi* to surrender

claustro *nm* **1** (*Arquit*) cloister **2** (*conjunto de profesores*) faculty **3** (*reunión*) faculty meeting

claustrofobia *nf* claustrophobia: *tener ~* to suffer from claustrophobia

claustrofóbico, -a *adj* claustrophobic

cláusula *nf* clause

clausura *nf* (*cierre*) closure **LOC de clausura** closing: *acto/discurso de ~* closing ceremony/speech

clausurar(se) *vt, vp* to end

clavado *nm* dive **LOC hacer un clavado** to dive

clavar *vt* **1** (*clavo, estaca*) to hammer *sth* into *sth*: *~ clavos en la pared* to hammer nails into the wall **2** (*cuchillo, puñal*) to stick *sth* into *sb/sth*: *Clavó el cuchillo en la mesa.* He stuck the knife into the table. **3** (*sujetar algo con clavos*) to nail: *Clavaron el cuadro en la pared.* They nailed the picture onto the wall. **4** (*estafar*) to rip *sb* off
▶ **clavarse** *vp*: *Me clavé una espina en el dedo.* I have a thorn in my finger. ◊ *Ten cuidado, te vas a ~ el alfiler/las tijeras.* Be careful you don't hurt yourself with that pin/the scissors. **LOC clavarse a estudiar** to study really hard

clave *nf* **1** (*código*) code **2 ~ (de/para)** key (to *sth*): *la ~ de su éxito* the key to their success **3** (*fundamental*) key: *factor/persona ~* key factor/person **4** (*Mús*) clef **LOC clave de sol/fa** treble/bass clef ◆ **clave LADA** (*Méx*) area code ◆ **clave secreta 1** (*Informát*) password **2** (*de banco*) PIN number ◆ **ser clave** to be central (*to sth*)

clavel *nm* carnation

clavícula *nf* collarbone

clavo *nm* **1** nail **2** (*Cocina*) clove **LOC dar en el clavo** to hit the nail on the head

claxon *nm* horn: *tocar el ~* to sound your horn

clero *nm* clergy [*pl*]

clic (*tb* **click**) *nm* click **LOC hacer clic** to click: *Haz ~ en el icono.* Click on the icon. ◊ *hacer doble ~* to double-click ◊ *Hicieron ~ en una fiesta.* It was at a party where they really clicked.

cliché *nm* **1** (*tópico*) cliché **2** (*Fot*) negative

cliente, -a *nm-nf* **1** (*tienda, restaurante*) customer: *uno de mis mejores ~s* one of my best customers **2** (*empresa*) client **LOC** *Ver* ATENCIÓN

clima *nm* **1** (*lit*) climate: *un ~ húmedo* a damp climate **2** (*fig*) atmosphere: *un ~ de cordialidad/tensión* a friendly/tense atmosphere **LOC al clima** at room temperature: *Las gaseosas están al ~.* The sodas are at room temperature.

climático, -a *adj* **LOC** *Ver* CAMBIO

climatizado, -a *adj* air-conditioned **LOC** *Ver* PISCINA

clímax

clímax *nm* climax
clínica *nf* clinic
clip *nm* **1** (*papel*) paper clip **2** (*video*) video [*pl* videos]
cloaca *nf* sewer
cloch, cloche *nm* Ver CLUTCH
clon *nm* clone
clonación *nf* cloning: *la ~ humana* human cloning
clonar *vt* to clone
cloro *nm* **1** (*Quim*) chlorine **2** (*blanqueador*) bleach
clorofila *nf* chlorophyll
clóset *nm* closet LOC **salir del clóset** to come out of the closet
club *nm* club
clutch *nm* clutch: *pisar el ~* to put the clutch in
coacción *nf* coercion
coaccionar *vt* to coerce *sb* (*into doing sth*)
coagular(se) *vt, vp* to clot
coágulo *nm* clot
coala *nm* Ver KOALA
coalición *nf* coalition
coartada *nf* alibi [*pl* alibis]: *tener una buena ~* to have a good alibi
coba *nf* LOC **dar coba** to soft-soap *sb*
cobarde *adj* cowardly: *No sea ~.* Don't be so cowardly.
▸ *nmf* coward
cobardía *nf* cowardice [*incontable*]: *Es una ~.* It's an act of cowardice.
cobertizo *nm* shed
cobertura *nf* **1** (*de un seguro*) cover **2** (*Period, TV, etc.*) coverage LOC **tener cobertura** (*Telefonía*) to get a signal: *No tengo ~.* I can't get a signal.
cobija *nf* blanket: *Póngale una ~.* Put a blanket over him.
cobijar *vt* to shelter *sb* (*from sth*)
▸ **cobijarse** *vp* **cobijarse (de)** to shelter (from *sth*): *~se del frío* to shelter from the cold
cobra *nf* cobra
cobrador, -ora *nm-nf* **1** (*bus*) conductor **2** (*deudas, recibos*) collector
cobrar *vt, vi* **1** (*pedir un pago*) to charge (*sb*) (*for sth*): *Me cobraron diez mil pesos por una cerveza.* They charged me ten thousand pesos for a beer. ◊ *¿Me cobra, por favor?* Can I have the check, please? **2** (*salario*): *Todavía no he cobrado las clases.* I still haven't been paid for those classes. ◊ *¡El jueves cobramos!* Thursday is pay day!
▸ *vt* **1** (*cheque*) to cash **2** (*adquirir*) to gain: *~ fuerza* to gain momentum
▸ *vi* to get a slap: *¡Vas a ~!* You'll get a slap!
▸ **cobrarse** *vp* **1** : *Cóbrese, por favor.* Here you are. ◊ *¿Se cobra las bebidas?* How much are the drinks? **2** (*costar*) to cost: *La guerra se cobró muchas vidas.* The war has cost many lives. LOC **cobrar de más/menos** to overcharge/undercharge Ver tb LLAMADA, LLAMAR, IMPORTANCIA
cobre *nm* copper LOC **cobre amarillo** brass
cobro *nm* **1** (*pago*) payment **2** (*recaudación*) charging
Coca-Cola® *nf* Coke®
cocaína *nf* cocaine
cocción *nf* cooking: *tiempo de ~* cooking time
cocear *vi* to kick
cocer *vt* **1** (*hervir*) to boil **2** (*pan*) to bake **3** (*cerámica*) to fire
▸ *vi* (*alimento*) to cook
coche *nm* (*automóvil*) car
cochecito *nm* **1** stroller, pushchair (*GB*) **2** (*coche cuna*) baby carriage, pram (*GB*)
cochera *nf* **1** (*automóvil*) garage **2** (*bus*) depot
cochinada *nf* **1** (*cosa sucia*) disgusting: *¡Qué ~ de cocina!* This kitchen is disgusting! **2** (*mala jugada*) dirty trick: *hacerle una ~ a algn* to play a dirty trick on *sb* LOC **hacer cochinadas** to make a mess: *No hagas ~s con la comida.* Don't make a mess with your food.
cochino, -a *adj* **1** (*sucio*) dirty **2** (*tramposo*): *Los del equipo contrario fueron muy ~s.* The other team were terrible cheats. **3** (*indecoroso*) offensive: *una revista cochina* an offensive magazine **4** (*despreciable*) rotten: *Estoy harto de esta cochina vida.* I'm fed up with this rotten life.
cocina *nf* **1** (*lugar*) kitchen **2** (*para cocinar*) stove, cooker (*GB*) **3** (*arte de cocinar*) cookery: *un curso de ~* a cookery course **4** (*gastronomía*) cooking: *la ~ china* Chinese cooking LOC **cocina casera** home cooking ♦ **paño/toalla/trapo de cocina** dish towel, tea towel (*GB*) Ver tb BATERÍA, LIBRO, MENAJE, SAL
cocinado *nm* (*guiso*) stew
cocinar *vt, vi* to cook: *No sé ~.* I can't cook.
▸ **cocinarse** *vp* **1** (*alimento*) to cook **2** (*tener calor*) to boil: *Me estoy cocinando con este suéter.* I'm boiling in this sweater. LOC **cocinar a fuego lento** to simmer
cocinero, -a *nm-nf* cook: *ser buen ~* to be a good cook
coco *nm* **1** (*fruto*) coconut **2** (*cabeza*) nut **3** (*ser fantástico*) bogeyman **4** (*persona fea*) fright LOC **tener mucho coco** to be very brainy Ver tb COMER

cocodrilo nm crocodile LOC Ver LÁGRIMA
cocotero nm coconut palm
coctel (tb **cóctel**) nm **1** (bebida) cocktail **2** (reunión) cocktail party [pl cocktail parties]
cocuyo nm **1** (insecto) firefly [pl fireflies], glow-worm (GB) **2** (automóvil) parking light, sidelight (GB)
codazo nm **1** (violento, para abrirse paso): Me abrí paso a ~s. I elbowed my way through the crowd. **2** (para llamar la atención) nudge: Me dio un ~. He gave me a nudge.
codearse vp ~ **con** to rub shoulders with sb
codicia nf **1** (avaricia) greed **2** ~ **de** lust for sth: su ~ de poder/riquezas their lust for power/riches
codiciar vt (ambicionar) to covet
codicioso, -a adj greedy
codificar vt to encode
código nm code LOC **código de circulación/tránsito** Traffic Laws, Highway Code (GB) ♦ **código postal** zip code, postcode (GB)
codo nm elbow LOC Ver HABLAR
codorniz nf quail
coeficiente nm coefficient LOC **coeficiente intelectual** intelligence quotient (abrev IQ)
coexistencia nf coexistence
cofradía nf brotherhood
cofre nm case
coger vt **1** (tomar) to take: Coge los libros que quieras. Take as many books as you like. ◊ Prefiero ~ el bus. I'd rather take the bus. ◊ Lo cogí del brazo. I took him by the arm. **2** (agarrar) to catch: ~ una pelota to catch a ball ◊ Los cogieron robando. They were caught stealing. ◊ ~ un resfriado to catch a cold **3** (entender) to get: No lo cojo. I don't get it. **4** (fruta, flores) to pick **5** (tomar prestado) to borrow: ¿Puedo ~ tu bicicleta? Can I borrow your bicycle? ➔ Ver dibujo en BORROW **6** (atropellar) to run sb over: Lo cogió un carro. He was run over by a car. **7** (toro) to gore
▶ **cogerse** vp to hold: Cójase de mi mano. Hold my hand. ◊ ~se de la barandilla to hold on to the railings LOC **coger y…** to up and do sth: Cogí y me fui. I upped and left. ❶ Para otras expresiones con **coger**, véanse las entradas del sustantivo, adjetivo, etc., p.ej. **coger camino** en CAMINO.
cogido, -a adj LOC **cogidos de la mano** holding hands ♦ **cogidos del brazo** arm in arm ➔ Ver dibujo en ARM; Ver tb COGER
cogote nm back of the neck
cogotear vt (Chi) to mug
cogotero, -a nm-nf (Chi) mugger

coherencia nf coherence
coherente adj **1** (congruente) coherent **2** ~ **(con)** (consecuente) consistent (with sth)
cohete nm rocket
cohibir vt to inhibit
▶ **cohibirse** vp to feel inhibited
coima nf **1** (soborno) bribe **2** (acción) bribery
coimear vt **1** (sobornar) to bribe **2** (aceptar sobornos) to take bribes from sb
coimero, -a adj (corrupto) corrupt
coincidencia nf coincidence LOC **da la coincidencia de que…** it just so happens (that)…
coincidir vi **1** (estar de acuerdo) to agree (with sb) (on/about sth): Coinciden conmigo en que es un muchacho estupendo. They agree with me (that) he's a great guy. ◊ Coincidimos en todo. We agree on everything. **2** (en un lugar): Coincidimos en el congreso. We were both at the conference. **3** (acontecimientos, resultados) to coincide (with sth): Espero que no me coincida con los exámenes. I hope it doesn't coincide with my exams.
cojear vi ~ **(de) 1** (ser cojo) to be lame (in sth): Cojeo del pie derecho. I'm lame in my right foot. **2** (por lesión) to limp: Todavía cojeo un poco, pero estoy mejor. I'm still limping, but I feel better. **3** (mueble) to be wobbly LOC **cojear del mismo pie** to have the same faults (as sb)
cojera nf limp: Casi no se le nota la ~. He has a very slight limp.
cojín nm cushion
cojo, -a adj **1** (persona): estar ~ (de un pie) to have a limp ◊ Se quedó ~ después del accidente. The accident left him with a limp. **2** (animal) lame **3** (mueble) wobbly
▶ nm-nf cripple LOC **andar/ir cojo** to limp
col nm cabbage
cola¹ nf **1** (animal) tail **2** (vestido) train: El vestido tiene un poco de ~. The dress has a short train. **3** (fila) line, queue (GB): ponerse en la ~ to join the line ◊ Había mucha ~ para el concierto. There was a long line for the concert. **4** (trasero) bottom: Se cayó y se pegó en la ~. She fell and hurt her bottom. LOC **¡a la cola!** get in line! ♦ **cola (de caballo)** ponytail ♦ **hacer cola** to stand in line, to queue (GB) Ver tb PIANO
cola² nf (pegamento) glue
colaboración nf collaboration: hacer algo en ~ con algn to do sth in collaboration with sb
colaborador, -ora nm-nf collaborator
colaborar vi ~ **(con) (en)** to collaborate (with sb) (on sth)
colador nm **1** (infusión, café) strainer **2** (verduras, etc.) colander

colapsado, -a *adj* at a standstill: *El tráfico está ~.* The traffic is at a standstill. ◊ *Las carreteras quedaron colapsadas por una nevada.* The roads were brought to a standstill by a heavy fall of snow. *Ver tb* COLAPSAR

colapsar *vt* to bring *sth* to a standstill: *Las obras van a ~ el tráfico.* The roadwork will bring traffic to a standstill.

colar *vt* **1** (*infusión*) to strain **2** (*café*) to filter **3** (*verduras*) to drain
▸ **colarse** *vp* **1** (*líquido*) to seep *through sth* **2** (*persona*) **(a)** (*sin pagar*) to sneak in: *Vi cómo se colaban.* I noticed them sneaking in. ◊ *Nos colamos en el bus sin pagar.* We sneaked onto the bus without paying. **(b)** (*en una cola*) to cut in, to push in (*GB*): *¡Oiga, no se cuele!* Hey! No cutting in! **LOC colarse en una fiesta** to crash a party

colcha *nf* bedspread

colchón *nm* mattress

colchoneta *nf* **1** (*gimnasio*) mat **2** (*camping, playa*) air mattress, airbed (*GB*)

colección *nf* collection

coleccionar *vt* to collect

coleccionista *nmf* collector

colecta *nf* collection **LOC hacer una colecta** (*con fines caritativos*) to collect for charity

colectivo, -a *adj* collective
▸ *nm* **1** (*agrupación*) collective **2** (*Transportes*) collective taxi with fixed route and fare **LOC** *Ver* LOCOMOCIÓN, MOVILIZACIÓN

colega *nmf* **1** (*compañero*) colleague: *un ~ mío* a colleague of mine **2** (*amigo*) friend

colegial, -ala *nm-nf* **1** (*masc*) schoolboy **2** (*fem*) schoolgirl **3** (*sin distinción de sexo*) schoolchild [*pl* schoolchildren]

colegiatura *nf* (*Méx*) tuition fees [*pl*]

colegio *nm* **1** (*Educ*) school: *Los niños están en el ~.* The children are at school. ◊ *ir al ~* to go to school ⊃ *Ver nota en* SCHOOL **2** (*asociación*) association: *el ~ de médicos* the medical association **LOC colegio de curas/monjas** Catholic school ♦ **colegio electoral** electoral college ♦ **colegio mayor** hall of residence ♦ **colegio privado/público** private/public school

cólera¹ *nm* (*enfermedad*) cholera

cólera² *nf* (*ira*) rage

colesterol *nm* cholesterol: *Me ha aumentado el ~.* My cholesterol (level) has gone up.

colgado, -a *adj* ~ **en/de** hanging on/from *sth* **LOC dejar a algn colgado** to leave sb in the lurch ♦ **estar colgado** to be behind ♦ **mal colgado**: *Creo que tienen el teléfono mal ~.* They must have left the phone off the hook. *Ver tb* COLGAR

colgante *nm* pendant

colgar *vt* **1** to hang *sth from/on sth* **2** (*prenda de vestir*) to hang *sth* up **3** (*ahorcar*) to hang: *Lo colgaron en 1215.* He was hanged in 1215.
⊃ *Ver nota en* AHORCAR(SE)
▸ *vi* to hang (*from/on sth*) **LOC colgar (el teléfono)** to hang up: *Se enojó y me colgó el teléfono.* He got angry and hung up (on me). ◊ *No cuelgue, por favor.* Please hold. ♦ **colgar los guantes** to retire

cólico *nm* colic [*incontable*]

coliflor *nf* cauliflower

colilla *nf* cigarette butt, cigarette end (*GB*)

colina *nf* hill

colirio *nm* eye drops [*pl*]

coliseo *nm* stadium [*pl* stadiums/stadia]

colisión *nf* collision (*with sth*): *una ~ de frente* a head-on collision

colitis *nf* colitis [*incontable*]

collage *nm* collage: *hacer un ~* to make a collage

collar *nm* **1** (*adorno*) necklace: *un ~ de esmeraldas* an emerald necklace **2** (*perro, gato*) collar

collera *nf* **1** (*Per*) (*pandilla*) gang **2** (*Chi*) (*gemelo*) cuff link

colmena *nf* beehive

colmillo *nm* **1** (*persona*) canine (tooth) **2** (*elefante, jabalí*) tusk

colmo *nm* **LOC para colmo** to make matters worse ♦ **ser el colmo** to be the limit

colocado, -a *adj* **LOC estar colocado** to be employed: *estar bien ~* to have a good job *Ver tb* COLOCAR

colocar *vt* **1** to place **2** (*bomba*) to plant **3** (*emplear*) to find *sb* a job (*with sb*)
▸ **colocarse** *vp* **colocarse (de/como)** to get a job (as *sth*)

Colombia *nf* Colombia

colombiano, -a *adj, nm-nf* Colombian

colombina® *nf* (*Col*) lollipop

colon *nm* (*Anat*) colon

colonia¹ *nf* **1** (*territorio*) colony [*pl* colonies] **2** (*grupo de viviendas*) housing development **3** (*Méx*) (*vecindario*) suburb

colonia² *nf* (*perfume*) cologne [*incontable*]: *echarse ~* to put (some) cologne on

colonial *adj* colonial

colonización *nf* colonization

colonizador, -ora *adj* colonizing
▸ *nm-nf* settler

colonizar *vt* to colonize

coloquial *adj* colloquial

coloquio nm discussion (*about sth*)

color nm **1** color

Cuando la palabra *color* aparece seguida del nombre de un color concreto, esta no se traduce al inglés: *Llevaba un abrigo de color azul*. She was wearing a blue coat. ◊ *La cortina es de color verde*. The curtain is green.

2 colores (*lápices de colores*) colored pencils **LOC a color**: *una televisión a ~* a color TV ♦ **de colores** colored: *mariposas de ~es* colored butterflies *Ver tb* PEZ, TIZA

colorado, -a *adj* red **LOC estar colorado como un tomate** to be as red as a beet, to be as red as a beetroot (*GB*) ♦ **ponerse colorado** to blush *Ver tb* COLORÍN

colorante *adj, nm* coloring **LOC sin colorantes** no artificial colorings

colorear *vt* to color *sth* (in)

colorido nm coloring: *una ceremonia de gran ~* a very colorful ceremony

colorín nm **LOC colorín colorado...** and they all lived happily ever after

columna nf **1** column **2** (*Anat*) spine **LOC columna vertebral 1** (*Anat*) spinal column **2** (*fig*) backbone

columpiar *vt* to give *sb* a swing
▸ **columpiarse** *vp* to have a swing

columpio nm swing: *jugar en los ~s* to play on the swings

coma¹ nm (*Med*) coma: *estar en ~* to be in a coma **LOC** *Ver* ESTADO

coma² nf **1** (*puntuación*) comma ➲ *Ver pág*. 377 **2** (*Mat*) point: *cuarenta ~ cinco (40,5)* forty point five (40.5) ➲ *Ver pág*. 785 **LOC** *Ver* PUNTO

comadreja nf weasel

comal nm (*Méx*) griddle

comandante nmf major **LOC comandante en jefe** commander-in-chief [*pl* commanders-in-chief]

comando nm **1** (*Mil*) commando [*pl* commandos/commandoes] **2** (*terrorista*) cell

comarca nf area

combate nm combat [*incontable*]: *soldados caídos en ~* soldiers killed in combat ◊ *Hubo feroces ~s*. There was fierce fighting. **LOC de combate** fighter: *avión/piloto de ~* fighter plane/pilot *Ver tb* FUERA, PANTALÓN

combatiente nmf combatant

combatir *vt* to combat: *~ a la guerrilla* to combat the guerrillas
▸ *vi* **~ (contra/por)** to fight (against/for *sb/sth*): *~ contra los rebeldes* to fight (against) the rebels

combinación nf **1** combination: *la ~ de una caja fuerte* the combination of a safe **2** (*prenda*) slip

combinar *vt* **1** (*mezclar*) to combine **2** (*ropa*) to match *sth* (*with sth*)
▸ *vi* **1** (*colores*) to go *with sth*: *El negro combina bien con todos los colores*. Black goes well with any color. **2** (*ropa*) to match: *Esos zapatos no combinan con el bolso*. Those shoes don't match the purse.

combo nm **1** (*Chi, Per*) (*puñetazo*) punch: *Me dio un ~ en la cara*. He punched me in the face. **2** (*Col*) **(a)** (*Mús*) band **(b)** (*pandilla*) gang

combustible *adj* combustible
▸ nm fuel **LOC combustibles fósiles** fossil fuels

combustión nf combustion

comedia nf comedy [*pl* comedies]
LOC comedia musical musical

comedor nm **1** (*casa, hotel*) dining room **2** (*colegio, fábrica*) cafeteria **3** (*muebles*) dining-room suite

comelón, -ona *adj* greedy
▸ nm-nf big eater

comentar *vt* **1** (*decir*) to say: *Se limitó a ~ que estaba enfermo*. He would only say he was sick. **2** (*tema*) to discuss

comentario nm remark: *hacer un ~* to make a remark **LOC comentario de texto** textual criticism ♦ **hacer comentarios** to comment (*on sb/sth*) ♦ **sin comentarios** no comment

comentarista nmf commentator

comenzar *vt, vi* **~ (a)** to start (*sth/doing sth/to do sth*): *Comencé a sentirme mal*. I started to feel sick.

comer *vt* **1** (*ingerir*) to eat: *Deberías ~ algo antes de salir*. You should eat something before you go. **2** (*insectos*) to eat *sb* alive: *Me han comido los mosquitos*. I've been eaten alive by the mosquitoes. **3** (*Ajedrez, Damas*) to take
▸ *vi* **1** (*ingerir*) to eat: *Su hijo no quiere ~*. Your son won't eat. **2** (*en la noche*) to have dinner: *¿A qué hora comemos?* What time are we going to have dinner? ◊ *¿Qué hay para ~?* What's for dinner? ◊ *Mañana comemos fuera*. We're going out for dinner tomorrow.
▸ **comerse** *vp* **1** (*ingerir*) to eat: *~se un pescado* to eat fish **2** (*omitir*) to miss *sth*: *~se una palabra* to miss a word **LOC comer a besos** to smother *sb* with kisses ♦ **comer como una lima/fiera/vaca** to eat like a horse ♦ **comer de pecho** to feed
♦ **comerle el coco a algn** to brainwash *sb*
♦ **comerse el cuento** to fall for *sth*: *Se comió el cuento que tenía una cita médica*. He fell for my story about the doctor's appointment.
♦ **comérsela la lengua los ratones** to have lost your tongue: *¿Se te comieron la lengua los*

ratones? Have you lost your tongue? ◆ **dar/echar de comer** to feed

comercial *adj* commercial
▸ *nm* (*televisión*) advertisement, ad (*coloq*) LOC *Ver* CENTRO, GALERÍA

comercializar *vt* to market

comerciante *nmf* (*dueño de una tienda*) store owner, shopkeeper (*GB*)

comerciar *vi* ~ **con 1** (*producto*) to trade (in *sth*): ~ *con armas* to trade in arms **2** (*persona*) to do business (with *sb*)

comercio *nm* **1** (*negocio*) trade: ~ *exterior* foreign trade **2** (*almacén*) store, shop (*GB*): *Tienen un pequeño* ~ . They have a small store. ◊ ¿*A qué hora abre el* ~? What time do the stores open? LOC **comercio justo** fair trade ◆ **comercio electrónico** e-commerce *Ver tb* CÁMARA

comestible *adj* edible

cometa *nm* (*astro*) comet
▸ *nf* (*juguete*) kite

cometer *vt* **1** (*delito*) to commit **2** (*error*) to make

cometido *nm* **1** (*encargo*) assignment **2** (*obligación*) duty [*pl* duties]

cómic *nm* comic

comicios *nm* elections

cómico, -a *adj* **1** (*gracioso*) funny **2** (*de comedia*) comedy: *actor* ~ comedy actor
▸ *nm-nf* comedian LOC *Ver* PELÍCULA

comida *nf* **1** (*alimento*) food: *Tenemos la nevera llena de* ~. The fridge is full of food. **2** (*ocasión en que se come*) meal: *una* ~ *ligera* a light meal **3** (*en la noche*) dinner: ¿*Qué hay de* ~? What's for dinner? ➜ *Ver nota en* DINNER LOC **comida basura/chatarra** junk food ◆ **comida campestre** picnic ◆ **comida precocinada/preparada** ready meals [*pl*] ◆ **comida rápida** fast food

comidilla *nf* LOC **ser la comidilla de** to be the talk of *sth*

comido, -a *adj*: *Ya vinieron* ~s. They had already eaten. LOC **comido por la envidia/la rabia/los celos** eaten up with envy/anger/jealousy *Ver tb* COMER

comienzo *nm* start, beginning (*más formal*) LOC **a comienzos de…** at the beginning of… ◆ **dar comienzo** to begin ◆ **estar en sus comienzos** to be in its early stages

comillas *nf* quotation marks, quotes (*más coloq*) ➜ *Ver pág.* 377 LOC **entre comillas** in quotation marks

comilona *nf* LOC **pegarse una comilona** to stuff yourself full (*of sth*)

comisaría *nf* **1** (*de policía*) police station **2** (*Col*) (*provincia*) province

comisario, -a *nm-nf* (*policía*) superintendent

comisión *nf* commission: *una* ~ *del 10%* a 10% commission LOC **a comisión** on commission

comité *nm* committee [*v sing o pl*] LOC **comité de empresa** works committee

como *adv* **1** (*modo, en calidad de, según*) as: *Respondí* ~ *pude*. I answered as best I could. ◊ *Me lo llevé* ~ *recuerdo*. I took it home as a souvenir. ◊ *Como te iba diciendo…* As I was saying… **2** (*comparación, ejemplo*) like: *Tiene un carro* ~ *el de nosotros*. He has a car like ours. ◊ *frutas* ~ *el mango y la papaya* fruits like mango and papaya ◊ *suave* ~ *la seda* smooth as silk **3** (*aproximadamente*) around: *Llamé* ~ *a diez personas*. I called around ten people.
▸ *conj* **1** (*condición*) if: *Como vengas tarde, no podremos ir.* If you're late, we won't be able to go. **2** (*causa*) as: *Como llegué temprano, me preparé un café.* As I was early, I made myself a cup of coffee. LOC **como que/si** as if: *Me trata* ~ *si fuera su hija*. He treats me as if I were his daughter.

En este tipo de expresión lo más correcto es decir 'as if I/he/she/it **were**', pero hoy en día en el lenguaje hablado se usa mucho 'as if I/he/she/it **was**'.

◆ **como sea 1** (*a cualquier precio*) at all costs: *Tenemos que ganar* ~ *sea*. We must win at all costs. **2** (*no importa*): – ¿*Cómo quieres el café?* – *Como sea.* 'How do you like your coffee?' 'I don't care.'

cómo *adv* **1** (*interrogación*) how: ¿*Cómo se traduce esta palabra?* How do you translate this word? ◊ *No sabemos* ~ *pasó*. We don't know how it happened. **2** (¿*por qué?*) why: ¿*Cómo no me lo dijiste?* Why didn't you tell me? **3** (*cuando no se ha oído o entendido algo*) sorry: ¿*Cómo? ¿Puedes repetir?* Sorry? Can you say that again? **4** (*exclamación*): ¡*Cómo te pareces a tu papá!* You're just like your father!
▸ **¡cómo!** *interj* (*enojo, asombro*) what!: ¡*Cómo! ¿No estás vestido todavía?* What! Aren't you dressed yet? LOC **¿a cómo está/están?** how much is it/are they? ◆ **¿cómo es?** (*descripción*) what is he, she, it, etc. like? ◆ **¿cómo es eso?** how come? ◆ **¿cómo es que…?** (*por qué*): ¿*Cómo es que no saliste?* How come you didn't go out? ◆ **¿cómo estás?** how are you? ◆ **¡cómo no!** of course! ◆ **¿cómo que…?** (*asombro, enojo*): ¿*Cómo que no lo sabías?* What do you mean, you didn't know? ◆ **¡cómo voy a…!** how am I, are you, etc. supposed to…!: ¡*Cómo lo iba a saber!* How was I supposed to know!

cómoda *nf* dresser

comodidad nf **1** (confort) comfort **2** (conveniencia) convenience: *la ~ de tener el colegio cerca* the convenience of having the school nearby

comodín nm joker

cómodo, -a adj **1** (confortable) comfortable: *sentirse ~* to feel comfortable **2** (conveniente) convenient: *Es muy ~ olvidarse del asunto.* It's very convenient to forget about it. **LOC ponerse cómodo** to make yourself comfortable

compact disc (tb **compacto**) nm **1** (disco) compact disc (abrev CD) **2** (aparato) CD player

compacto, -a adj compact

compadecer(se) vt, vp **~ (de)** to feel sorry for sb

compaginar vt **1** to combine sth (with sth): *~ el trabajo con la familia* to combine work with your family life **2** (ordenar) to sort sth out

compañerismo nm comradeship

compañero, -a nm-nf **1** (amigo) companion **2** (en pareja) partner **3** (en trabajo) colleague **LOC compañero de apartamento** roommate, flatmate (GB) ◆ **compañero de clase** classmate ◆ **compañero de equipo** teammate ◆ **compañero sentimental** partner

compañía nf company [pl companies]: *Trabaja en una ~ de seguros.* He works for an insurance company. **LOC compañía aérea** airline ◆ **hacer compañía a algn** to keep sb company

comparable adj *~* **a/con** comparable to/with sb/sth

comparación nf comparison: *Esta casa no tiene ~ con la anterior.* There's no comparison between this house and the old one. **LOC en comparación con** compared to/with sb/sth

comparar vt to compare sb/sth (to/with sb/sth): *¡No compares esta ciudad con la mía!* Don't go comparing this town to mine!

comparecer vi to appear: *~ ante un comité* to appear before a committee

compartimento (tb **compartimiento**) nm compartment

compartir vt to share: *~ un apartamento* to share an apartment

compás nm **1** (Mat, Náut) compass **2** (Mús) **(a)** (tiempo) time: *el ~ de tres por cuatro* three four time **(b)** (división de pentagrama) measure, bar (GB): *los primeros compases de una sinfonía* the first measures of a symphony **LOC Ver MARCAR**

compasión nf pity, compassion (más formal) **LOC tener compasión de algn** to take pity on sb

compasivo, -a adj *~* **(con)** compassionate (toward sb)

compatible adj compatible

compatriota nmf fellow countryman/woman [pl fellow countrymen/-women]

compenetrarse vp *~* **(con)** to get along well (with sb)

compensación nf compensation

compensar vt **1** (dos cosas) to make up for sth: *para ~ la diferencia de precios* to make up for the difference in price **2** (a una persona) to repay sb (for sth): *No sé cómo ~los por todo lo que hicieron.* I don't know how to repay them for all they've done.
▸ vi: *No me compensa ir solo media hora.* It's not worth going for half an hour. ◊ *A la larga compensa.* It's worth it in the long run.

competencia nf **1** (tb **competición**) (rivalidad, certamen) competition: *La ~ siempre es buena.* Competition is a good thing. **2** (eficacia, habilidad) competence: *falta de ~* incompetence **LOC hacer la competencia** to compete with sb/sth

competente adj competent: *un profesor ~* a competent teacher

competir vi to compete: *~ por el título* to compete for the title ◊ *~ con empresas extranjeras* to compete with foreign companies

competitivo, -a adj competitive

compinche nmf buddy [pl buddies]: *Han sido ~s desde que estaban en el colegio.* They've been buddies ever since they were at school.

complacer vt to please: *Es bastante difícil ~los.* They're rather hard to please.

complejo, -a adj, nm complex: *Es un problema muy ~.* It's a very complex problem. ◊ *un ~ de oficinas* an office complex ◊ *tener ~ de gordo* to have a complex about being fat ◊ *tener ~ de superioridad* to have a superiority complex

complementario, -a adj **1** (servicios, alimentos, etc.) complementary **2** (Educ) subsidiary: *asignaturas complementarias* subsidiary subjects

complemento nm **1** (suplemento) supplement: *como ~ a su dieta* as a dietary supplement **2** (Gram) object

completamente adv completely

completar vt to complete

completo, -a adj complete: *la colección completa* the complete collection ◊ *El equipo está ~.* The team is complete. **LOC por completo** completely *Ver tb* PENSIÓN, TIEMPO

complicación nf complication

complicado, -a adj complicated *Ver tb* COMPLICAR

complicar

complicar vt **1** (*liar*) to complicate **2** (*implicar*) to implicate sb in sth
▸ **complicarse** vp to become complicated
LOC **complicarse la vida** to make life difficult for yourself

cómplice nmf accomplice (*in/to sth*)

complot nm plot

componente nm (*parte*) component

componer vt **1** (*formar*) to make sth up: *Cuatro relatos componen el libro.* The book is made up of four stories. **2** (*Mús*) to compose
▸ **componerse** vp **componerse de** to consist of sth: *El curso se compone de seis asignaturas.* The course consists of six subjects.

comportamiento nm behavior [*incontable*]: *Tuvieron un ~ ejemplar.* Their behavior was exemplary.

comportarse vp to behave

composición nf composition

compositor, -ora nm-nf composer

compota nf compote: *~ de manzana* apple compote

compra nf purchase: *una buena ~* a good buy LOC **ir/salir de compras** to go shopping

comprador, -ora nm-nf buyer

comprar vt to buy: *Quiero ~les un regalo.* I want to buy them a gift. ◊ *¿Me lo compra?* Will you buy it for me? ◊ *Le compré la bicicleta a un amigo.* I bought the bicycle from a friend.
⊃ Ver nota en GIVE LOC **comprar a plazos** to buy sth on installments, to buy sth by instalments (GB) Ver tb CONTRABANDO

comprender vt, vi (*entender*) to understand: *Mis papás no me comprenden.* My parents don't understand me. ◊ *Como comprenderás…* As you will understand…
▸ vt **1** (*darse cuenta*) to realize: *Han comprendido su importancia.* They've realized how important it is. **2** (*incluir*) to include

comprendido, -a adj: *niños de edades comprendidas entre los 11 y 13 años* children aged between 11 and 13 Ver tb COMPRENDER

comprensión nf understanding LOC Ver MOSTRAR

comprensivo, -a adj understanding (*toward sb*)

compresa nf sanitary napkin, sanitary towel (GB)

comprimido nm (*pastilla*) tablet LOC Ver AIRE

comprobar vt to check

comprometedor, -ora adj compromising

comprometer vt **1** (*obligar*) to commit sb to sth/doing sth **2** (*poner en un compromiso*) to put sb in an awkward position

▸ **comprometerse** vp **1** (*dar tu palabra*) to promise (*to do sth*): *No me comprometo a ir.* I'm not promising I'll go. **2** (*en matrimonio*) to get engaged (*to sb*)

comprometido, -a adj (*situación*) awkward Ver tb COMPROMETER

compromiso nm **1** (*obligación*) commitment: *El matrimonio es un gran ~.* Marriage is a great commitment. **2** (*acuerdo*) agreement **3** (*cita, matrimonial*) engagement **4** (*aprieto*) awkward situation: *Me pone en un ~.* You're putting me in an awkward position. ❶ La palabra **compromise** no significa *compromiso*, sino *acuerdo*. LOC **anillo/argolla de compromiso** engagement ring ♦ **por compromiso** out of a sense of duty ♦ **sin compromiso** without obligation

compuesto, -a adj **1** compound: *palabras compuestas* compound words **2** *~ de/por* consisting of sth
▸ nm compound Ver tb COMPONER

computador nm (*tb* **computadora** *nf*) computer

Al empezar a trabajar en computador, entras en el sistema (**log in/on**). A veces tienes que introducir una contraseña (**key in/enter your password**) y entonces puedes abrir un archivo (**open a file**). También puedes navegar por internet (**surf the Net**) y mandar mensajes por correo electrónico a tus amigos (**email your friends**).
Cuando acabes, no olvides guardar el documento (**save the document**). Es buena idea hacer una copia de seguridad (**make a backup copy**). Finalmente, sales del sistema (**log off/out**) antes de apagar el computador.

LOC **computador personal** personal computer (*abrev* PC) ♦ **computador portátil** laptop Ver tb JUEGO

comulgar vi (*Relig*) to take Communion

común adj **1** common: *un problema ~* a common problem ◊ *características comunes a un grupo* characteristics common to a group **2** (*compartido*) joint: *un esfuerzo ~* a joint effort **3** (*conocido*) unoriginal: *Ese motilado es muy ~.* That's not a very original haircut. LOC **común y corriente** ordinary: *una casa ~ y corriente* an ordinary house ♦ **poner algo en común** to discuss sth ♦ **tener algo en común 1** (*aficiones*) to share sth **2** (*parecerse*) to have sth in common Ver tb FUERA, SENTIDO

comuna nf (*municipio*) municipality [*pl* municipalities]

comunal adj (*del municipio*) town, municipal (*más formal*)

comunicación nf **1** communication: *la falta de ~* lack of communication **2** (*teléfono*): *Se*

computador

screen, monitor, keys, mouse, keyboard, space bar

cortó la ~. We were cut off. LOC Ver CIENCIA, MEDIO

comunicado nm announcement LOC Ver PRENSA

comunicado, -a adj LOC **estar bien/mal comunicado** (*transporte*) to be well/poorly served by public transportation: *Toda la zona está mal comunicada.* All that area is poorly served by public transportation. *Ver tb* COMUNICAR

comunicar vt to communicate *sth* (*to sb*): *Comunicaron sus sospechas a la policía.* They've communicated their suspicions to the police.
▸ **comunicarse** vp **comunicarse (con) 1** to communicate with *sb/sth*: *Me cuesta ~me con los demás.* It's hard for me to communicate with other people. ◊ *Mi habitación se comunica con la tuya.* My room communicates with yours. **2** (*ponerse en contacto*) to get in touch with *sb*: *No puedo ~me con ellos.* I can't get in touch with them.

comunicativo, -a adj communicative

comunidad nf community [v sing o pl] [pl communities]

comunión nf communion LOC **hacer la (primera) comunión** to take (your first) Communion

comunismo nm communism

comunista adj, nmf communist

con prep **1** with: *Vivo ~ mis papás.* I live with my parents. ◊ *Pégalo ~ una tachuela.* Stick it up with a thumbtack. ◊ *¿Con qué lo limpia?* What do you clean it with?

A veces se traduce por **and**: *pan con mantequilla* bread and butter ◊ *agua con azúcar* sugar and water. También se puede traducir por **to**: *¿Con quién hablabas?* Who were you talking to? ◊ *Es muy simpática con todo el mundo.* She's very nice to everyone.

2 (*contenido*) of: *una maleta ~ ropa* a suitcase (full) of clothes ◊ *un balde ~ agua y jabón* a bucket of soapy water **3** (*a pesar de*): *Con lo duro que trabajan y no lo van a acabar.* They're working so hard but they won't get it done. ◊ *¡Pero ~ lo que te gusta el chocolate!* But you're so fond of chocolate! **4** [+ infinitivo]: *Con estudiar el fin de semana, pasará el examen.* You'll pass if you study on the weekend. ◊ *Será suficiente con llamarlos por teléfono.* All you'll need to do is call them. LOC **con (tal de) que...** as long as...: *~ tal de que me avise* as long as you tell me

cóncavo, -a adj concave

concebir vt **1** (*idea, plan, novela*) to conceive **2** (*entender*) to understand: *¡Es que no lo concibo!* I just don't understand!
▸ vt, vi (*quedar embarazada*) to conceive

conceder vt **1** to give: *~ un préstamo a algn* to give sb a loan ◊ *¿Me concede unos minutos, por favor?* Could you spare me a couple of minutes, please? **2** (*premio, beca*) to award: *Me concedieron una beca.* I was awarded a scholarship. **3** (*reconocer*) to acknowledge: *Hay que ~les algún mérito.* We have to acknowledge that they have some merit.

concejal, -ala nm-nf (city) councilor

concejo nm **1** (*cabildo*) (city) council [v sing o pl] **2** (*edificio*) city hall, town hall (*GB*)

concentración nf concentration: *falta de ~* lack of concentration

concentrado, -a adj **1** (*persona*): *Estaba tan ~ en la lectura que no le oí entrar.* I was so immersed in the book that I didn't hear you come in. **2** (*sustancia*) concentrated
▸ nm concentrate: *~ de mango* mango juice concentrate *Ver tb* CONCENTRAR

concentrar vt to concentrate
▸ **concentrarse** vp **concentrarse (en)** to

concentrate (on *sth*): *Concéntrate en lo que haces.* Concentrate on what you are doing.

concepto *nm* **1** (*idea*) concept **2** (*opinión*) opinion: *No sé qué ~ tiene de mí.* I don't know what you think of me.

concertar *vt* (*organizar*) to arrange: *~ una cita* to arrange an appointment

concesionario, -a *nm-nf* dealer: *un ~ (de) Fiat* a Fiat dealer

concha *nf* shell

concho *nm* **1** (*de un líquido*) dregs [*pl*] **2** (*parte final*) last bit: *disfrutar algo al ~* to enjoy something to the last

conchudo, -a *adj, nm-nf*: *Tu hermano es un ~.* Your brother has a nerve. ◊ *¡Cómo eres de conchuda!* You've got some nerve!

conciencia *nf* **1** (*sentido moral*) conscience: *tener la ~ limpia* to have a clear conscience **2** (*conocimiento*) consciousness: *~ de clase* class consciousness LOC **a conciencia** thoroughly ◆ **tener la conciencia tranquila** to have a clear conscience *Ver tb* CARGO, OBJETOR, REMORDER, REMORDIMIENTO

concientizar *vt* to make *sb* aware (*of sth*)
▸ **concientizarse** *vp* to become aware (*of sth*)

concierto *nm* **1** (*recital*) concert **2** (*composición musical*) concerto [*pl* concertos]

concilio *nm* council

conciso, -a *adj* concise

conciudadano, -a *nm-nf* fellow citizen

concluir *vt, vi* (*terminar*) to conclude, to finish (*más coloq*)
▸ *vt* (*deducir*) to conclude *sth* (*from sth*): *Concluyeron que era inocente.* They concluded that he was innocent.

conclusión *nf* conclusion: *llegar a/sacar una ~* to reach/draw a conclusion

concordar *vi ~* **(con) (en que…)** to agree (with *sb/sth*) (that…): *Su respuesta no concuerda con la de él.* Your answer doesn't agree with his. ◊ *Todos concuerdan en que fue un éxito.* Everyone agrees (that) it was a success.

concretar *vt* **1** (*precisar*) to specify **2** (*fecha*) to fix

concreto, -a *adj* **1** (*específico*) specific: *las tareas concretas que desempeñan* the specific tasks they perform **2** (*preciso*) definite: *una fecha concreta* a definite date
▸ *nm* concrete

concurrido, -a *adj* **1** (*lleno de gente*) crowded **2** (*popular*) popular

concursante *nmf* contestant

concursar *vi* **1** (*en un concurso*) to take part (*in sth*) **2** (*para un puesto*) to compete

concurso *nm* **1** (*juegos de habilidad, Dep*) competition **2** (*Radio, TV*) game show **3** (*para puestos vacantes*): *Conseguí el puesto por ~.* I got the job by going through a selection process of exams and interviews. LOC **concurso de belleza** beauty pageant, beauty contest (*GB*)

condecoración *nf* medal

condecorar *vt* to award *sb* a medal (*for sth*)

condena *nf* sentence LOC **poner una condena** to give *sb* a sentence

condenado, -a *adj* **1** (*maldito*) wretched: *¡Ese ~ perro…!* That wretched dog…! **2 ~ a** (*predestinado*) doomed (to *sth*) *Ver tb* CONDENAR

condenar *vt* **1** (*desaprobar*) to condemn **2** (*Jur*) **(a)** (*a una pena*) to sentence *sb* (to *sth*): *~ a algn a muerte* to sentence sb to death **(b)** (*por un delito*) to convict *sb* (*of sth*)
▸ **condenarse** *vp* to go to hell

condensado, -a *adj* LOC *Ver* LECHE; *Ver tb* CONDENSAR(SE)

condensar(se) *vt, vp* to condense

condescendiente *adj* **1** (*amable*) kind (*to sb*) **2** (*transigente*) tolerant (*of/toward sb*): *Sus papás son muy ~s con él.* His parents are very tolerant (toward him). **3** (*con aires de superioridad*) condescending: *una sonrisita ~* a condescending smile

condición *nf* **1** condition: *Esa es mi única ~.* That is my one condition. ◊ *Lo hago con la ~ de que me ayudes.* I'll do it on condition that you help me. ◊ *Ellos pusieron las condiciones.* They laid down the conditions. ◊ *La mercancía llegó en perfectas condiciones.* The goods arrived in perfect condition. **2** (*social*) background LOC **estar en condiciones de 1** (*físicamente*) to be fit *to do sth* **2** (*tener la posibilidad*) to be in a position *to do sth* ◆ **sin condiciones** unconditional: *una rendición sin condiciones* an unconditional surrender ◊ *Aceptó sin condiciones.* He accepted unconditionally.

condicional *adj* conditional LOC *Ver* LIBERTAD

condicionar *vt* to condition: *La educación te condiciona.* You are conditioned by your upbringing.

condimentar *vt* to season *sth* (*with sth*)

condimento *nm* seasoning

condominio *nm* condominium, condo [*pl* condos] (*coloq*)

condón *nm* condom

cóndor *nm* condor

conducción *nf* LOC *Ver* ESCUELA, EXAMEN, LICENCIA

conducir *vt, vi ~* **(a)** (*llevar*) to lead *sb* (to *sb/sth*): *Las pistas nos condujeron al ladrón.* The

clues led us to the thief. ◊ *Este camino conduce al palacio.* This path leads to the palace.
LOC *Ver* LICENCIA

conducta *nf* behavior [*incontable*]

conducto *nm* **1** (*tubo*) pipe **2** (*Med*) duct

conductor, -ora *nm-nf* driver ❶ En inglés **conductor** significa *director de orquesta* o *inspector/cobrador (en un bus)*. LOC **conductor de noticiero** newscaster, newsreader (*GB*)

conectar *vt* **1** (*unir*) to connect *sth* (up) (*with/to sth*): *~ la impresora al computador* to connect the printer to the computer **2** (*enchufar*) to plug *sth* in

conejillo *nm* LOC **conejillo de Indias** guinea pig

conejo, -a *nm-nf* rabbit

> Rabbit es el sustantivo genérico, **buck** se refiere solo al macho y su plural es 'buck' o 'bucks'. Para referirnos solo a la hembra utilizamos **doe**.

conexión *nf* **1** ~ (**con**) connection (to/with *sth*) **2** ~ (**entre**) connection (between…)

confección *nf* LOC *Ver* CORTE¹

confeccionar *vt* to make

conferencia *nf* **1** (*charla*) lecture **2** (*congreso*) conference LOC *Ver* PRENSA

conferencista *nmf* lecturer

confesar *vt, vi* **1** to confess (to *sth/doing sth*): *Tengo que ~ que prefiero el tuyo.* I must confess I prefer yours. ◊ *~ un crimen/asesinato* to confess to a crime/murder ◊ *Confesaron haber robado el banco.* They confessed to robbing the bank. **2** (*Relig*) to hear (*sb's*) confession: *Los domingos no confiesan.* They don't hear confession on Sundays. ◊ *¿Quién te confiesa?* Who is your confessor?
▸ **confesarse** *vp* **1** (*Relig*) **(a)** to go to confession **(b) confesarse de** to confess *sth*, to confess (to *doing sth*) **2** (*declararse*): *Se confesaron autores/culpables del crimen.* They confessed they had committed the crime. LOC **confesar la verdad** to tell the truth

confesión *nf* confession

confesionario (*tb* **confesonario**) *nm* confessional

confesor *nm* confessor

confeti *nm* confetti

confiado, -a *adj* trusting *Ver tb* CONFIAR

confianza *nf* **1** ~ (**en**) confidence (in *sb/sth*): *No tienen mucha ~ en él.* They don't have much confidence in him. **2** (*naturalidad, amistad*): *tratar a algn con ~* to treat sb in a friendly way ◊ *Te lo puedo decir porque tenemos ~.* I can tell you because we're friends. LOC **confianza en uno mismo** self-confidence: *No tengo ~ en mí mismo.* I lack self-confidence. ♦ **de confianza** trustworthy: *un empleado de ~* a trustworthy employee ♦ **en confianza** in confidence *Ver tb* DIGNO

confiar *vi* ~ **en 1** (*fiarse*) to trust *sb/sth*: *Confíe en mí.* Trust me. ◊ *No confío en los bancos.* I don't trust banks. **2** (*esperar*) to hope: *Confío en que no llueva.* I hope it doesn't rain. ◊ *Confío en que lleguen a tiempo.* I hope they arrive on time.
▸ *vt* to entrust *sb/sth* with *sth*: *Sé que puedo ~le la organización de la fiesta.* I know I can entrust him with the arrangements for the party.
▸ **confiarse** *vp* to be overconfident

confidencial *adj* confidential

confidente *nmf* (*amigo*) confidant

configuración *nf* settings [*pl*]

confirmar *vt* to confirm

confiscar *vt* to confiscate: *La policía les confiscó los documentos.* The police confiscated their documents.

confite *nm* candy [*pl* candies], sweet (*GB*)

> Nótese que **candy** se usa frecuentemente como sustantivo incontable: *A Carlos le gustan mucho los confites.* Carlos loves candy. ◊ *Me gustan los confites de anís.* I like aniseed candies.

confitería *nf* **1** (*tienda*) confectioner **2** (*ramo comercial*) confectionery

conflicto *nm* conflict: *un ~ entre las dos potencias* a conflict between the two powers LOC **conflicto de intereses** clash of interests

conformarse *vp* ~ (**con**) **1** (*contentarse*) to be happy (with *sth/doing sth*): *Me conformo con un seis.* I'll be happy with a pass. ◊ *Se conforman con poco.* They're easily pleased. **2** (*resignarse*): *No me gusta, pero tendré que conformarme.* I don't like it, but I'll have to get used to the idea.

conforme *conj* as: *Se sentaban ~ iban entrando.* They sat down as they arrived.
▸ *adj* LOC **estar conforme (con) 1** (*de acuerdo*) to agree with (*sth*): *Estoy ~ con las condiciones del contrato.* I agree with the terms of the contract. **2** (*contento*) to be satisfied (with *sb/sth*)

conformista *adj, nmf* conformist

confort *nm* comfort LOC *Ver* PAPEL

confundir *vt* **1** (*mezclar*) to mix *sth* up: *La bibliotecaria confundió todos los libros.* The librarian mixed up all the books. ◊ *Sepáralos, no los confundas.* Separate them, don't mix them up. **2** (*dejar perplejo*) to confuse: *No me confundas.* Don't confuse me. **3** (*equivocar*) to mistake *sb/sth* for *sb/sth*: *Creo que me*

confusión

confundiste con otra persona. I think you've mistaken me for somebody else. ◊ *~ la sal con el azúcar* to mistake the salt for the sugar
▸ **confundirse** *vp* **confundirse (de)** *(equivocarse)*: *~se de puerta* to knock/ring at the wrong door ◊ *Te confundiste de casa.* You have the wrong house. ◊ *Todo el mundo se puede ~.* We all make mistakes.

confusión *nf* **1** *(falta de claridad)* confusion: *crear ~* to cause confusion **2** *(equivocación)* mistake: *Debe de haber sido una ~.* It must have been a mistake.

confuso, -a *adj* **1** *(poco claro)* confusing: *Sus indicaciones eran muy confusas.* His directions were very confusing. **2** *(desconcertado)* confused ⊃ *Ver nota en* BORING

congelado, -a *adj* frozen: *productos ~s* frozen food *Ver tb* CONGELAR

congelador *nm* freezer

congelar *vt* to freeze
▸ **congelarse** *vp* **1** *(helarse)* to freeze (over): *El lago se congeló.* The lake has frozen over. **2** *(tener frío)* to be freezing: *Me estoy congelando.* I'm freezing. **3** *(Med)* to get frostbite

congénito, -a *adj* congenital

congestionado, -a *adj* **1** *(calles)* congested: *Las calles están congestionadas por el tráfico.* The streets are congested with traffic. **2** *(nariz)* blocked up: *Todavía tengo la nariz muy congestionada.* My nose is still blocked up. **3** *(cara)* flushed *Ver tb* CONGESTIONAR

congestionar *vt: El accidente congestionó el tráfico.* The accident caused traffic congestion.
▸ **congestionarse** *vp* *(enrojecer)* to get red in the face

congreso *nm* congress **LOC Congreso de los Diputados** Congress

> En Estados Unidos el equivalente es **the House of Representatives**, y en Gran Bretaña es **the House of Commons**.

cónico, -a *adj* conical

conífera *nf* conifer

conjugar *vt* to conjugate

conjunción *nf* conjunction

conjuntivitis *nf* conjunctivitis [*incontable*]

conjunto *nm* **1** *(de objetos, obras)* collection **2** *(totalidad)* whole: *el ~ de la industria brasileña* Brazilian industry as a whole **3** *(musical)* group **4** *(ropa)* outfit **5** *(Mat)* set **LOC en conjunto** as a whole ◆ **hacer conjunto con** to match *sth*: *Esa falda hace ~ con la chaqueta.* That skirt matches the jacket.

conjuro *nm* spell

conmigo *pron* with me: *Venga ~.* Come with me. ◊ *No quiere hablar ~.* He doesn't want to speak to me. **LOC conmigo mismo** with myself: *Estoy contenta ~ misma.* I'm very pleased with myself.

conmoción *nf* shock **LOC conmoción cerebral** concussion

conmovedor, -ora *adj* moving

conmover *vt* to move

conmutador *nm* switchboard

cono *nm* cone

conocer *vt* **1** to know: *Los conozco desde la universidad.* I know them from college. ◊ *Conozco muy bien París.* I know Paris very well. **2** *(a una persona por primera vez)* to meet: *Los conocí durante las vacaciones.* I met them on vacation. **3** *(saber de la existencia)* to know of *sb/sth*: *¿Conoce un buen hotel?* Do you know of a good hotel? **LOC conocer algo como la palma de la mano** to know sth like the back of your hand ◆ **conocer de vista** to know *sb* by sight ◆ **se conoce que…** it seems (that)… *Ver tb* ENCANTADO

conocido, -a *adj* *(famoso)* well known ⊃ *Ver nota en* WELL BEHAVED
▸ *nm-nf* acquaintance *Ver tb* CONOCER

conocimiento *nm* knowledge [*incontable*]: *Pusieron a prueba sus ~s.* They put their knowledge to the test. **LOC perder/recobrar el conocimiento** to lose/regain consciousness ◆ **sin conocimiento** unconscious

conque *conj* so: *Conque ya lo sabes.* So now you know.

conquista *nf* conquest

conquistador, -ora *adj* conquering
▸ *nm-nf* **1** conqueror: *Guillermo el Conquistador* William the Conqueror **2** *(América)* conquistador [*pl* conquistadores/conquistadors]

conquistar *vt* **1** *(Mil)* to conquer **2** *(enamorar)* to win *sb's* heart

consagrar *vt* **1** *(Relig)* to consecrate **2** *(dedicar)* to devote *sth* (*to sth*): *Consagraron su vida al deporte.* They devoted their lives to sport. **3** *(lograr fama)* to establish *sb/sth* (*as sth*): *La exposición lo consagró como pintor.* The exhibit established him as a painter.

consciente *adj* **1** *~ (de)* conscious, aware *(más coloq)* (of *sth*) **2** *(Med)* conscious

consecuencia *nf* **1** *(secuela)* consequence: *pagar las ~s* to suffer the consequences **2** *(resultado)* result: *como ~ de aquello* as a result of that

consecuente *adj* **LOC ser consecuente** to act according to your principles

conseguir vt **1** (*obtener*) to obtain, to get (*más coloq*): ~ *una visa* to obtain a visa ◊ ~ *que algn haga algo* to get sb to do sth **2** (*lograr*) to achieve: *para ~ nuestros objetivos* to achieve our aims **3** (*ganar*) to win: ~ *una medalla* to win a medal

consejero, -a nm-nf (*asesor*) adviser LOC **consejero matrimonial** marriage guidance counselor

consejo nm **1** (*recomendación*) advice [*incontable*]: *Te voy a dar un ~.* I'm going to give you some advice. ◊ *No siga sus ~s.* Don't follow their advice.

Hay algunas palabras en español, como *consejo, noticia,* etc., que tienen una traducción incontable al inglés (**advice, news,** etc.). Existen dos formas de utilizar estas palabras. "Un consejo/una noticia" se dice some **advice/news** o **a piece of advice/news**: *Te voy a dar un consejo.* I'm going to give you some advice/a piece of advice. ◊ *Tengo una buena noticia que darte.* I have some good news/a piece of good news for you. Si se utiliza el plural (*consejos, noticias,* etc.) se traduce por el sustantivo incontable correspondiente (**advice, news,** etc.): *No seguí sus consejos.* I didn't follow her advice. ◊ *Tengo buenas noticias.* I have some good news.

2 (*organismo*) council LOC **consejo de administración** board of directors ♦ **el consejo de ministros** the Cabinet [*v sing o pl*]

consentimiento nm consent

consentir vt **1** (*tolerar*) to allow: *No consentiré que me trates así.* I won't allow you to treat me like this. ◊ *No se lo consientas.* Don't let him get away with it. **2** (*mimar*) to spoil: *Sus papás lo consienten demasiado.* His parents really spoil him.

conserje nmf **1** (*oficinas, casa, hotel*) porter **2** (*escuela, instituto*) custodian, caretaker (*GB*)

conserva nf **1** (*en lata*) canned food, tinned food (*GB*): *tomates en ~* canned tomatoes **2** (*en cristal*) food in jars

conservador, -ora adj, nm-nf conservative

conservante nm preservative

conservar vt **1** (*comida*) to preserve **2** (*cosas*) to keep: *Aún conservo sus cartas.* I still have his letters. **3** (*calor*) to retain

conservatorio nm school of music

consideración nf **1** (*reflexión, cuidado*) consideration: *tomar algo en ~* to take sth into consideration **2** ~ (**por/hacia**) (*respeto*) respect (for sb) LOC **con/sin consideración** considerately/inconsiderately

considerado, -a adj (*respetuoso*) considerate *Ver tb* CONSIDERAR

considerar vt **1** (*sopesar*) to weigh, to consider (*más formal*): ~ *los pros y los contras* to weigh the pros and cons **2** (*ver, apreciar*) to regard sb/sth (*as sth*): *La considero nuestra mejor jugadora.* I regard her as our best player.

consignación nf (*de dinero*) deposit

consignar vt **1** (*dinero, cheques*) to pay sth in: ~ *dinero en una cuenta bancaria* to pay money into a bank account **2** (*anotar*) to record: *Consigna lo siguiente en tu cuaderno.* Write the following in your notebook.

consigo pron **1** (*él, ella*) with him/her **2** (*usted, ustedes*) with you **3** (*ellos, ellas*) with them LOC **consigo mismo** with himself, herself, etc.

consiguiente adj LOC **por consiguiente** therefore, consequently (*más formal*)

consistir vi ~ **en** to consist of *sth/doing sth*: *Mi trabajo consiste en atender al público.* My work consists of dealing with the public.

consola nf control panel

consolación nf consolation: *premio de ~* consolation prize

consolar vt to console: *Traté de ~la por la pérdida de su mamá.* I tried to console her for the loss of her mother.

consonante nf consonant

conspiración nf conspiracy [*pl* conspiracies]

conspirar vi to conspire

constancia nf (*perseverancia*) perseverance

constante adj **1** (*continuo*) constant **2** (*perseverante*) hard-working: *Mi hijo es muy ~ en sus estudios.* My son works hard at his studies.

constar vi **1** (*ser cierto*) to be sure (*of sth/that…*): *Me consta que ellos no lo hicieron.* I'm sure they didn't do it. **2** ~ **de** to consist of *sth*: *La obra consta de tres actos.* The play consists of three acts.

constelación nf constellation

constipado, -a adj **1** (*resfriado*): *Estoy ~.* I have a bad cold. **2** (*estreñido*) constipated

constitución nf constitution LOC **tener una constitución de hierro** to have an iron constitution

constitucional adj constitutional

constituir vt to be, to constitute (*formal*): *Puede ~ un riesgo para la salud.* It may be a health hazard.

construcción nf construction, building (*más coloq*): *en ~* under construction ◊ *Trabajan en ~.* They're construction workers.

constructor, -ora *nm-nf* building contractor

construir *vt, vi* to build: *~ un futuro mejor* to build a better future ◊ *No han empezado a ~ todavía.* They haven't started building yet.

consuelo *nm* consolation: *Es un ~ saber que no soy el único.* It is (of) some consolation to know that I am not the only one. ◊ *buscar ~ en algo* to seek consolation in sth

cónsul *nmf* consul

consulado *nm* consulate

consulta *nf* **1** (*pregunta*) question: *¿Le puedo hacer una ~?* Could I ask you something? **2** (*Med*) office hours [*pl*], surgery (*GB*): *La doctora tiene ~ hoy.* The doctor has office hours today. **LOC de consulta** reference: *libros de ~* reference books

consultar *vt* **1** (*pedir consejo*) to consult *sb/sth* (*about sth*): *Nos han consultado sobre ese tema.* They've consulted us about this matter. **2** (*palabra, dato*) to look *sth* up: *Consúltalo en el diccionario.* Look it up in the dictionary. **LOC consultar algo con la almohada** to sleep on sth

consultorio *nm* (*de médico, etc.*) (doctor's) office, surgery [*pl* surgeries] (*GB*)
LOC consultorio sentimental 1 (*Period*) problem page **2** (*Radio*) (phone-in) advice program

consumidor, -ora *adj* consuming: *países ~es de petróleo* oil-consuming countries
▸ *nm-nf* consumer

consumir *vt* **1** to consume: *un país que consume más de lo que produce* a country which consumes more than it produces **2** (*energía*) to use: *Esta plancha consume mucha luz.* This iron uses a lot of electricity.
LOC consumir preferentemente antes de… best before…

consumismo *nm* consumerism

consumista *adj, nmf* consumerist

consumo *nm* consumption **LOC** *Ver* BIEN³

contabilidad *nf* **1** (*cuentas*) accounts [*pl*]: *la ~ de una empresa* a company's accounts **2** (*profesión*) accounting, accountancy (*GB*)
LOC llevar la contabilidad to do the accounts

contactar *vt* to contact: *Traté de ~ a mi familia.* I tried to contact my family.

contacto *nm* contact **LOC mantenerse/ponerse en contacto con algn** to keep/get in touch with sb ♦ **poner a algn en contacto con algn** to put sb in touch with sb *Ver tb* LENTE

contado **LOC al/de contado** cash: *pagar algo al/de ~* to pay cash for sth

contador, -ora *nm-nf* accountant
▸ *nm* meter: *el ~ de energía* the electricity meter

contagiar *vt* to pass *sth* on *to sb*: *Le contagió la varicela.* He passed the chickenpox on to her.
▸ **contagiarse** *vp* **contagiarse (de)** to catch *sth*, to become infected (with *sth*) (*más formal*)

contagioso, -a *adj* contagious

contaminación *nf* **1** pollution: *~ atmosférica* atmospheric pollution **2** (*radiactiva, alimenticia*) contamination

contaminar *vt, vi* **1** to pollute: *Los vertidos de la fábrica contaminan el río.* Waste from the factory is polluting the river. **2** (*radiactividad, alimentos*) to contaminate

contante *adj* **LOC** *Ver* PLATA

contar *vt* **1** (*enumerar, calcular*) to count: *Contó el número de viajeros.* He counted the number of passengers. **2** (*explicar*) to tell: *Nos contaron un cuento.* They told us a story. ◊ *Cuénteme lo de ayer.* Tell me about yesterday.
▸ *vi* **1** to count: *Cuenta hasta 50.* Count to 50. **2** *~ con* (*confiar*) to count on *sb/sth*: *Cuento con ellos.* I'm counting on them. **LOC ¿qué me cuenta(s)?** how are things? *Ver tb* LARGO

contemplar *vt* to contemplate: *~ un cuadro/una posibilidad* to contemplate a painting/possibility

contemporáneo, -a *adj, nm-nf* contemporary [*pl* contemporaries]

contenedor *nm* **1** (*de basura*) garbage can, dustbin (*GB*) ➔ *Ver dibujo en* TRASH CAN **2** (*de mercancías*) container **LOC contenedor de vidrio** bottle bank

contener *vt* **1** (*tener*) to contain: *Este texto contiene algunos errores.* This text contains a few mistakes. **2** (*aguantarse*) to hold *sth* back: *El niño no podía ~ el llanto.* The little boy couldn't hold back his tears.

contenido *nm* contents [*pl*]: *el ~ de un frasco* the contents of a bottle

contentarse *vp* *~ con* to be satisfied with *sth*: *Se contenta con poco.* He's easily pleased.

contento, -a *adj* **1** (*feliz*) happy **2** *~ (con/de)* (*satisfecho*) pleased (with *sb/sth*): *Estamos ~s con el nuevo profesor.* We're pleased with the new teacher. **LOC** *Ver* CABER

contestador *nm* **LOC contestador (automático)** answering machine

contestar *vt* to answer *sth*, to reply to *sth* (*más formal*): *Nunca contestan mis cartas.* They never answer my letters.
▸ *vi* **1** (*dar una respuesta*) to answer, to reply (*más formal*) **2** (*replicar*) to answer back: *¡No me contestes!* Don't mouth off to me!

contexto *nm* context: *fuera de ~* out of context

contigo *pron* with you: *Se fue ~.* He left with you. ◊ *Quiero hablar ~.* I want to talk to you. **LOC** **contigo mismo** with yourself

continente *nm* continent

continuación *nf* continuation **LOC** **a continuación** (*ahora*) next: *Y a ~ les ofrecemos una película de terror.* And next we have a horror movie.

continuar *vi* **1** (*actividad*) to go on (*with sth/doing sth*), to continue (*with sth/to do sth*) (*más formal*): *Continuaremos apoyándole.* We shall go on supporting you. **2** (*estar todavía*) to be still…: *Continúa haciendo mucho calor.* It's still very hot. **LOC** **continuará…** to be continued…

continuo, -a *adj* continuous, continual
➔ *Ver nota en* CONTINUAL **LOC** *Ver* JORNADA

contorno *nm* **1** (*perfil*) outline **2** (*medida*) measurement: *~ de cintura* waist measurement

contra *prep* **1** against: *la lucha ~ el crimen* the fight against crime ◊ *Ponte ~ la pared.* Stand against the wall. **2** (*con verbos como lanzar, disparar, tirar*) at: *Lanzaron piedras ~ las ventanas.* They threw stones at the windows. **3** (*con verbos como chocarse, arremeter*) into: *Mi carro se chocó ~ el muro.* My car crashed into the wall. ◊ *Se estrelló ~ un árbol.* He hit a tree. **4** (*golpe, ataque*) on: *Se dio un buen golpe ~ el concreto.* She fell down on the concrete. ◊ *un atentado ~ su vida* an attempt on his life **5** (*resultado*) to: *Ganaron por once votos ~ seis.* They won by eleven votes to six. **6** (*tratamiento, vacuna*) for: *una cura ~ el cáncer* a cure for cancer **7** (*enfrentamiento*) versus (*abrev* v, vs): *el Millonarios ~ el Nacional* Millonarios v Nacional **LOC** **en contra (de)** against (*sb/sth*): *¿Estás a favor o en ~?* Are you for or against? ◊ *en ~ de su voluntad* against their will *Ver tb* PRO²

contraatacar *vi* to fight back

contraataque *nm* counter-attack

contrabajo *nm* (*instrumento*) double bass

contrabandista *nmf* smuggler
LOC **contrabandista de armas** gunrunner

contrabando *nm* **1** (*actividad*) smuggling **2** (*mercancía*) contraband **3** (*cargamento*) haul: *un ~ de 500 kg de cocaína* a haul of 500 kg of cocaine **LOC** **comprar/vender algo de contrabando** to buy/sell sth on the black market ♦ **contrabando de armas** gunrunning ♦ **pasar algo de contrabando** to smuggle sth in

contradecir *vt* to contradict

contradicción *nf* contradiction

contradictorio, -a *adj* contradictory

contraer *vt* **1** to contract: *~ un músculo* to contract a muscle ◊ *~ deudas/la malaria* to contract debts/malaria **2** (*compromisos, obligaciones*) to take *sth* on
▸ **contraerse** *vp* (*materiales, músculos*) to contract **LOC** **contraer matrimonio** to get married (*to sb*)

contraluz *nm o nf* **LOC** **a contraluz** against the light

contrapeso *nm* counterweight

contrapié **LOC** **a contrapié** on the wrong foot

contraportada *nf* **1** (*libro*) back cover **2** (*revista, periódico*) back page

contrariedad *nf* setback

contrario, -a *adj* **1** (*equipo, opinión, teoría*) opposing **2** (*dirección, lado*) opposite **3** *~* **(a)** (*persona*) opposed (*to sth*)
▸ *nm-nf* opponent **LOC** **al/por el contrario** on the contrary ♦ **de lo contrario** otherwise ♦ **llevar la contraria** to disagree: *Les gusta llevar siempre la contraria.* They always like to disagree.
♦ **(todo) lo contrario** (quite) the opposite: *Sus profesores opinan lo ~.* His teachers think the opposite. *Ver tb* CAMPO

contraseña *nf* password

contrastar *vt, vi* **~ (con)** to contrast (*sth*) (*with sth*): *~ unos resultados con otros* to contrast one set of results with another

contraste *nm* contrast

contratar *vt* **1** to take *sb* on, to contract (*más formal*) **2** (*deportista, artista*) to sign *sb* up

contratiempo *nm* **1** (*problema*) setback **2** (*accidente*) mishap

contrato *nm* contract

contraventana *nf* shutter

contravía *nm*: *manejar/ir en ~* to drive the wrong way (down the road) ◊ *Por ahí no, que es ~.* Not down there, it's one way. ◊ *¡Ese carro va en ~!* That car is driving the wrong way down the road!

contribuir *vi* **1** to contribute (*sth*) (*to/toward sth*): *Contribuyeron con diez millones de soles a la construcción del hospital.* They contributed ten million soles to the construction of the hospital. **2** *~* **a hacer algo** to help to do sth: *Contribuirá a mejorar la imagen del colegio.* It will help (to) improve the school's image.

contribuyente *nmf* taxpayer

contrincante *nmf* rival

control *nm* **1** control: *~ de natalidad* birth control ◊ *perder el ~* to lose control **2** (*de policía, Dep*) checkpoint **LOC** **control remoto** remote control ♦ **estar bajo/fuera de control** to be under/out of control *Ver tb* ANTIDOPING

controlador, -ora *nm-nf* **LOC** **controlador (de tráfico) aéreo** air traffic controller

controlar *vt* to control: ~ *a la gente/una situación* to control people/a situation

convalidar *vt* to recognize: ~ *un título* to have a degree recognized

convencer *vt* **1** (*de una idea*) to convince *sb* (*of sth/to do sth/that…*): *Nos convencieron de que estaba bien.* They convinced us that it was right. **2** (*persuadir*) to persuade *sb* (*to do sth*), to talk *sb* (*into doing sth*) (*más coloq*): *A ver si lo convences para que venga.* See if you can persuade him to come.
▸ *vi* to be convincing
▸ **convencerse** *vp* **convencerse de** to get *sth* into your head: *Tienes que ~te de que se acabó.* You must get it into your head that it's over.

convencido, -a *adj* certain: *Están ~s de que ganarán.* They are certain they're going to win. *Ver tb* CONVENCER

conveniente *adj* convenient: *una hora/un lugar ~* a convenient time/place LOC **ser conveniente** to be a good idea *to do sth*: *Creo que es ~ que salgamos de madrugada.* I think it's a good idea to leave early.

convenio *nm* agreement

convenir *vi* **1** (*ser conveniente*) to suit: *Haz lo que más te convenga.* Do whatever suits you best. **2** (*ser aconsejable*): *No te conviene trabajar tanto.* You shouldn't work so hard. ◊ *Convendría repasarlo.* We should go over it again.
▸ *vt, vi* ~ **(en)** to agree on *sth/to do sth*: *Hay que ~ la fecha de la reunión.* We must agree on the date of the meeting.

convento *nm* **1** (*de monjas*) convent **2** (*de monjes*) monastery [*pl* monasteries]

conversación *nf* conversation: *un tema de ~* a topic of conversation

conversar *vi* to talk (*to/with sb*) (*about sb/sth*): *Conversamos sobre temas de actualidad.* We talked about current affairs.

convertir *vt* **1** to turn *sb/sth into sth*: *Convirtieron su casa en museo.* His house was turned into a museum. **2** (*Relig*) to convert *sb* (*to sth*)
▸ **convertirse** *vp* **1 convertirse en** (*llegar a ser*) to become *sth* **2 convertirse en** (*transformarse*) to turn into *sth*: *El príncipe se convirtió en rana.* The prince turned into a frog. **3 convertirse** (**a**) (*Relig*) to convert (*to sth*): *Se convertieron al protestantismo.* They have converted to Protestantism. LOC **convertirse en realidad** to come true

convexo, -a *adj* convex

convivir *vi* to live together, to live with *sb*: *Convivieron antes de casarse.* They lived together before they got married. ◊ *Conviví con ella.* I lived with her.

convocar *vt* **1** (*huelga, elecciones, reunión*) to call: ~ *una huelga general* to call a general strike **2** (*citar*) to summon: ~ *a los líderes a una reunión* to summon the leaders to a meeting

convocatoria *nf* **1** (*huelga, elecciones*) call: *una ~ de huelga/elecciones* a strike call/a call for elections **2** (*Educ*): *Pasé en la ~ de junio.* I passed in June. ◊ *Lo intentaré otra vez en la ~ de septiembre.* I'll try again when they give the exam in September.

coñac *nm* brandy [*pl* brandies]

cooperación *nf* cooperation

cooperar *vi* ~ **(con) (en)** to cooperate (*with sb*) (*on sth*): *Se negó a ~ con ellos en el proyecto.* He refused to cooperate with them on the project.

cooperativa *nf* cooperative

coordenada *nf* LOC *Ver* EJE

coordinar *vt* to coordinate

copa *nf* **1** (*vaso*) (wine) glass **2** (*bebida*) drink **3** (*árbol*) top **4 Copa** (*Dep*) Cup: *la Copa Mundial* the World Cup **5 copas** (*Naipes*) ➤ *Ver nota en* BARAJA LOC *Ver* HUEVO, SOMBRERO

copetón, -ona *adj* (*Col*) (*achispado*) tipsy

copia *nf* copy [*pl* copies]: *hacer/sacar una ~* to make a copy LOC **copia de seguridad** (*Informát*) backup: *hacer/crear una ~ de seguridad* to make a backup

copiar *vt, vi* to copy *sth* (*from sb/sth*): *¿Copiaste este cuadro del original?* Did you copy this painting from the original? ◊ *Se lo copié a Luis.* I copied it from Luis.
▸ *vt* (*escribir*) to copy *sth* down: *Copiaban lo que el profesor iba diciendo.* They copied down what the teacher said.

copiloto *nmf* **1** (*avión*) copilot **2** (*automóvil*) relief driver

copión, -ona *nm-nf* copycat

copo *nm* flake: *~s de nieve* snowflakes

coquetear *vi* to flirt (*with sb*)

coqueto, -a *adj* (*que coquetea*) flirtatious
▸ *nm-nf* flirt: *Es un ~.* He's a flirt.

coral¹ *nm* (*Zool*) coral

coral² *adj* choral
▸ *nf* (*coro*) choir

Corán *nm* Koran

corazón *nm* **1** heart: *en el fondo de su ~* deep down (in his heart) ◊ *en pleno ~ de la ciudad* in the very heart of the city **2** (*fruta*) core: *Pelar y quitar el ~.* Peel and remove the core. **3** (*dedo*) middle finger **4 corazones** (*Naipes*) hearts ➤ *Ver nota en* BARAJA LOC **de todo corazón**: *Lo digo de todo ~.* I mean it with all my heart. ◆ **tener buen corazón** to be kind-hearted *Ver tb* OJO

corbata nf tie: *Todo el mundo iba con ~.* They were all wearing ties.

corbatín nm bow tie

corcharse vp (Col) (*reprobar*) to fail

corchea nf (*Mús*) eighth note, quaver (*GB*)

corchetear vt (*Chi*) to staple

corchetera nf (*Chi*) stapler

corcho nm **1** cork **2** (*pesca*) float

cordel nm string

cordero, -a nm-nf lamb

cordillera nf mountain range: *la ~ Oriental* the Eastern Andes

cordón nm **1** (*cuerda*) cord, flex (*GB*) **2** (*zapato*) (shoe)lace: *amarrarse los cordones de los zapatos* to do your shoelaces up **3** (*electricidad*) lead LOC **cordón policial** police cordon ♦ **cordón umbilical** umbilical cord

córnea nf cornea

corneta nf bugle

coro nm (*Arquit, coral*) choir

corona nf **1** (*de un rey, la monarquía, diente*) crown **2** (*de flores*) wreath

coronación nf (*de un rey*) coronation

coronar vt to crown: *Lo coronaron rey.* He was crowned king.

coronel nmf colonel

coronilla nf **1** (*parte de la cabeza*) crown **2** (*calvo*) bald patch LOC **estar hasta la coronilla** to be sick to death *of sb/sth/doing sth*

corporal adj **1** body: *lenguaje/temperatura ~* body language/temperature **2** (*necesidades, funciones, contacto*) bodily: *las necesidades ~es* bodily needs

corpulento, -a adj hefty

corral nm **1** (*para animales*) yard **2** (*de niño*) playpen

correa nf **1** (*cinturón*) belt **2** (*reloj, zapato, etc*.) strap: *~ del reloj* watch strap **3** (*para perro*) leash, lead (*GB*)

corrección nf correction: *hacer correcciones en un texto* to make corrections to a text

correcto, -a adj correct: *el resultado ~* the correct result ◊ *Tu abuelo es muy ~.* Your grandfather is very correct. LOC *Ver* POLÍTICAMENTE

corrector nm LOC **corrector ortográfico** spell-checker

corredizo, -a adj LOC *Ver* NUDO, PUERTA, TECHO

corredor, -ora nm-nf **1** (*atleta*) runner **2** (*ciclista*) cyclist
▶ nm (*pasillo*) corridor LOC **corredor de bolsa** stockbroker

corregimiento nm (*Col*) small village

corregir vt to correct: *~ exámenes* to correct final exams ◊ *Corrígeme si lo digo mal.* Correct me if I get it wrong.

correo nm **1** mail, post (*GB*): *Me llegó en el ~ del jueves.* It came in the mail on Thursday. ➔ *Ver nota en* MAIL **2** (*oficina*) post office LOC **correo aéreo** airmail ♦ **correo basura 1** junk mail **2** (*email*) spam ♦ **correo electrónico** email ♦ **del correo** postal: *huelga/paro del ~* postal strike ♦ **enviar/mandar algo por correo**; **echar algo al correo** to mail sth, to post sth (*GB*) ♦ **enviar/mandar algo por correo electrónico** to email sth: *Te mando los detalles por ~ electrónico.* I'll email you the details. *Ver tb* BUZÓN, LISTA

correr vi **1** to run: *Corrían por el patio.* They were running around the schoolyard. ◊ *Salí corriendo detrás de él.* I ran out after him. ◊ *Cuando me vio echó a ~.* He ran off when he saw me. **2** (*apurarse*) to hurry: *No corras, aún tienes tiempo.* There's no need to hurry, you've still got time. ◊ *¡Corre!* Hurry up! **3** (*automóvil*) to go fast: *Su moto corre mucho.* His motorcycle goes very fast. **4** (*conducir deprisa*) to drive fast **5** (*líquidos*) to flow: *El agua corría por la calle.* Water flowed down the street.
▶ vt **1** (*mover*) to move sth (along/down/over/up): *Corre un poco la silla.* Move your chair over a little. **2** (*cortina*) to draw **3** (*Dep*) to compete in sth: *~ los 100 metros planos* to compete in the 100 meters
▶ **correrse** vp **1** (*moverse una persona*) to move up/over **2** (*tinta, maquillaje*) to run LOC **correr la voz** to spread the word (*that...*) ♦ **corrérsele la teja a algn** to lose it: *A mi hermana se le corrió la teja.* My sister has completely lost it. ♦ **salir corriendo** to rush off: *Miró su reloj y salió corriendo.* He looked at his watch and rushed off. *Ver tb* PAREJO

correspondencia nf **1** (*correo*) correspondence **2** (*relación*) relation

corresponder vi **1** (*tener derecho*) to be entitled *to sth*: *Te corresponde lo mismo que a los demás.* You're entitled to exactly the same as the others. **2** (*pertenecer, ser adecuado*): *Pon una cruz donde corresponda.* Check as appropriate. ◊ *Ese texto corresponde a otra foto.* That text goes with another photograph. **3** (*premio*) to go to sb/sth: *El premio le correspondió a mi grupo.* The prize went to my group.

correspondiente adj **1** ~ **(a)** (*relacionado*) corresponding (*to sth*): *¿Cuál es la expresión ~ en chino?* What's the corresponding expression in Chinese? ◊ *las palabras ~s a las definiciones* the words corresponding to the definitions **2** (*propio*) own: *Cada estudiante tendrá su título ~.* Each student will have their own diploma. **3** (*adecuado*) relevant: *presentar la documentación ~* to produce the relevant documents **4 ~ a** for: *temas ~s al primer trimestre* subjects for the first term

corresponsal *nmf* correspondent

corrida *nf* LOC **corrida (de toros)** bullfight

corriente *adj* **1** (*normal*) ordinary: *gente ~* ordinary people **2** (*común*) common: *un árbol muy ~* a very common tree
▸ *nf* **1** (*agua, electricidad*) current: *Fueron arrastrados por la ~.* They were swept away by the current. **2** (*aire*) draft LOC **ponerse al corriente** to get up to date *Ver tb* AGUA, COMÚN, CUENTA, GENTE, SEGUIR

corro *nm* **1** (*personas*) circle: *hacer (un) ~* to form a circle **2** (*juego*) ring-around-the-rosy

corroer(se) *vt, vp* (*metales*) to corrode

corromper *vt* to corrupt

corrugado, -a *adj* corrugated: *cartón ~* corrugated cardboard

corrupción *nf* corruption

cortacésped *nm* lawnmower

cortada *nf* cut: *una ~ en el dedo* a cut on your finger

cortar *vt* **1** to cut: *Córtalo en cuatro pedazos.* Cut it into four pieces. **2** (*agua, luz, parte del cuerpo, rama*) to cut sth off: *Cortaron el teléfono/gas.* The telephone/gas has been cut off. ◊ *La máquina le cortó un dedo.* The machine cut off one of his fingers. **3** (*con tijeras*) to cut sth out: *Corté los pantalones siguiendo el patrón.* I cut out the pants according to the pattern.
▸ *vi* **1** to cut: *Este cuchillo no corta.* This knife doesn't cut. ◊ *Ten cuidado que esas tijeras cortan mucho.* Be careful, those scissors are very sharp. **2** (*teléfono*) to hang up
▸ **cortarse** *vp* **1** (*herirse*) to cut: *Me corté la mano con los cristales.* I cut my hand on the glass. **2** (*leche, mayonesa*) to curdle **3** (*teléfono*): *Estábamos hablando y de repente se cortó.* We were talking and then suddenly we got cut off. **4** (*turbarse*) to get embarrassed LOC **cortar el césped** to mow the lawn ♦ **cortarse el pelo 1** (*uno mismo*) to cut your hair **2** (*en la peluquería*) to have your hair cut ♦ **cortarse las puntas** to have a trim

cortaúñas *nm* nail clippers [*pl*]

corte¹ *nm* cut: *Sufrió varios ~s en el brazo.* He got several cuts on his arm. ◊ *un ~ de luz* a power outage LOC **corte de pelo** haircut ♦ **corte (y confección)** dressmaking

corte² *nf* court

cortesía *nf* courtesy [*pl* courtesies]: *por ~* out of courtesy

corteza *nf* **1** (*árbol*) bark **2** (*pan*) crust **3** (*queso*) rind LOC **la corteza terrestre** the earth's crust

cortina *nf* curtain: *abrir/cerrar las ~s* to draw the curtains

corto, -a *adj* **1** short: *Ese pantalón te queda ~.* Those pants are too short for you. ◊ *una camisa de manga corta* a short-sleeved shirt **2** (*persona*) dumb, dim (*GB*)
▸ *nm* (*Cine*) trailer LOC **ni corto ni perezoso** without thinking twice ♦ **ser corto de vista** to be nearsighted, to be short-sighted (*GB*)

cortocircuito *nm* short-circuit

cortometraje *nm* short (movie)

cosa *nf* **1** thing: *Una ~ ha quedado clara…* One thing is clear… **2** (*algo*): *Te quería preguntar una ~.* I wanted to ask you something. **3** (*nada*) nothing, anything: *No hay ~ más impresionante que el mar.* There's nothing more impressive than the ocean. **4 cosas** (*asuntos*) affairs: *Quiero solucionar primero mis ~s.* I want to sort out my own affairs first. ◊ *Nunca habla de sus ~s.* He never talks about his personal life. LOC **¡cosas de la vida!** that's life! ♦ **entre una cosa y otra** what with one thing and another ♦ **¡lo que son las cosas!** would you believe it! ♦ **¡qué cosa más rara!** how odd! ♦ **ser cosa de algn**: *Esta broma es ~ de mi hermana.* This joke must be my sister's doing. ♦ **ser poca cosa 1** (*herida*) not to be serious **2** (*persona*) to be a poor little thing ♦ **ver cosa igual/semejante**: *¿Hábrse visto ~ igual?* Did you ever see anything like it? *Ver tb* ALGUNO, CADA, CUALQUIERA, OTRO

cosecha *nf* **1** harvest: *Este año habrá buena ~.* There's going to be a good harvest this year. **2** (*vino*) vintage: *la ~ del 2010* the 2010 vintage

cosechar *vt, vi* to harvest

coser *vt, vi* to sew: *~ un botón* to sew a button on

cosmético, -a *adj, nm* cosmetic

cósmico, -a *adj* cosmic

cosmos *nm* cosmos

cosquillas *nf* LOC **hacer cosquillas** to tickle ♦ **tener cosquillas** to be ticklish: *Tengo muchas ~ en los pies.* My feet are very ticklish.

costa¹ *nf* coast: *Cartagena está en la ~ del Caribe.* Cartagena is on the Caribbean coast.

costa² LOC **a costa de** at sb's expense: *a ~ de nosotros* at our expense ♦ **a costa de lo que sea/a toda costa** at all costs *Ver tb* VIVIR

costado *nm* side: *Duermo de ~.* I sleep on my side.

costal *nm* **1** (*grande*) sack **2** (*pequeño*) bag

costar *vi* **1** (*dinero, vidas*) to cost: *La entrada cuesta 30 dólares.* The ticket costs thirty dollars. ◊ *El accidente costó la vida a cien personas.* The accident cost the lives of a hundred people. **2** (*tiempo*) to take: *Leerme el libro me costó un mes.* It took me a month to read the book. **3** (*resultar difícil*) to find it hard (*to do sth*): *Me cuesta levantarme temprano.* I find it hard to get up early. **LOC costar mucho/poco 1** (*dinero*) to be expensive/cheap **2** (*esfuerzo*) to be hard/easy ♦ **costar trabajo**: *Me cuesta trabajo madrugar.* I find it hard to get up early. ◊ *Este vestido me costó mucho trabajo.* This dress was a lot of work. ♦ **costar un riñón/un ojo de la cara** to cost an arm and a leg ♦ **cueste lo que cueste** at all costs *Ver tb* CARO, CUÁNTO

Costa Rica *nf* Costa Rica

costilla *nf* **1** (*Anat*) rib **2** (*Per*) (*enamorada*) girlfriend

costo *nm* cost: *el ~ de la vida* the cost of living

costra *nf* scab

costumbre *nf* **1** (*de persona*) habit: *Escuchamos el radio por ~.* We listen to the radio out of habit. **2** (*de país*) custom: *Es una ~ colombiana.* It's a Colombian custom. **LOC de costumbre** usual: *más simpático que de ~* nicer than usual *Ver tb* AGARRAR, QUITAR

costura *nf* **1** (*labor*) sewing: *una caja de ~* a sewing box **2** (*puntadas*) seam: *Se descosió el abrigo por la ~.* The seam of the coat has come undone. **3** (*Col*) (*asignatura fácil*) easy subject: *Esa materia es pura ~.* That subject is really easy.

cotelé *nm* (*Chi*) corduroy

cotidiano, -a *adj* daily

cotizado, -a *adj* sought after ➔ *Ver nota en* WELL BEHAVED

cotorra *nf* parrot

coyote *nm* coyote

coz *nf* kick: *dar/pegar coces* to kick

cranear *vt* (*planear*) to figure *sth* out
▸ **cranearse** *vp* **1** (*pensar*) to think **2** (*estudiar mucho*) to cram, to swot (*GB*)

cráneo *nm* skull

cráter *nm* crater

creación *nf* creation

creador, -ora *nm-nf* creator

crear *vt* **1** to create: *~ problemas* to create problems **2** (*empresa*) to set *sth* up
▸ **crearse** *vp*: *~se enemigos* to make enemies

creatividad *nf* creativity

creativo, -a *adj* creative

crecer *vi* **1** to grow: *¡Cómo te ha crecido el pelo!* Hasn't your hair grown! **2** (*criarse*) to grow up: *Crecí en el campo.* I grew up in the country.

3 (*río*) to rise **LOC dejarse crecer el pelo, la barba, etc.** to grow your hair, a beard, etc.

creciente *adj* increasing **LOC** *Ver* CUARTO, LUNA

crecimiento *nm* growth

crédito *nm* **1** (*préstamo*) loan **2** (*forma de pago*) credit: *comprar algo a ~* to buy sth on credit **LOC** *Ver* TARJETA

credo *nm* creed

crédulo, -a *adj* gullible

creencia *nf* belief

creer *vt, vi* **1** (*aceptar como verdad, tener fe*) to believe (*in sb/sth*): *~ en la justicia* to believe in justice ◊ *Nadie me creerá.* Nobody will believe me. **2** (*pensar*) to think: *Creen haber descubierto la verdad.* They think they've uncovered the truth. ◊ *¿Tú crees?* Do you think so? ◊ *– ¿Lloverá mañana? – No creo.* 'Will it rain tomorrow?' 'I don't think so.'
▸ **creerse** *vp* **1** to believe: *No me lo creo.* I don't believe it. **2** (*a uno mismo*) to think you are *sb/sth*: *Se cree muy listo.* He thinks he's very clever. ◊ *¿Qué se habrán creído?* Who do they think they are? **LOC creo que sí/no** I think so/I don't think so

creído, -a *adj, nm-nf* (*engreído*) conceited: *ser un ~* to be conceited *Ver tb* CREER

crema *nf* **1** cream: *Échate/Ponte un poco de ~ en la espalda.* Put some cream on your back. ◊ *una bufanda color ~* a cream(-colored) scarf **2** (*pastelería*) confectioner's custard **LOC crema bronceadora** suncream ♦ **crema de afeitar/rasurar** shaving cream ♦ **crema de leche** cream ♦ **la crema y nata** the crème de la crème *Ver tb* DENTAL, DESMAQUILLADOR, HIDRATANTE

cremallera *nf* **1** zipper, zip (*GB*): *No puedo subir la ~.* I can't do my zipper up. ◊ *Bájame la ~ (del vestido).* Unzip my dress for me. **2** (*del pantalón*) fly: *Tienes la ~ abajo.* Your fly is open.

crematorio *nm* crematorium [*pl* crematoria/crematoriums]

crepe *nf* crepe

crepúsculo *nm* twilight

crespo, -a *adj* curly: *Tengo el pelo ~.* I have curly hair.
▸ *nm* (*pelo*) curl

cresta *nf* **1** (*gallo*) comb **2** (*otras aves, montaña, ola*) crest **LOC sacarse la cresta** (*Chi*) (*hacerse daño*): *Me saqué la ~ al caerme de la moto.* I nearly killed myself when I fell off my motorbike. ◊ *sacarse la ~ trabajando* to work your butt off ♦ **tener hasta la cresta a algn** (*Chi*): *Me tiene hasta la ~ .* I'm really fed up with him.

cretino, -a *adj* stupid
▸ *nm-nf* idiot

creyente nmf believer LOC **no creyente** nonbeliever

cría nf 1 (*animal recién nacido*) baby [pl babies]: *una ~ de conejo* a baby rabbit 2 (*crianza*) breeding: *la ~ de perros* dog breeding

criadero nm farm: *~ de peces* fish farm LOC **criadero de perros** kennels [pl]

criado, -a nm-nf servant

criar vt 1 (*educar*) to bring sb up 2 (*animales*) to rear
▸ **criarse** vp to grow up: *Me crié en la ciudad.* I grew up in the city. LOC Ver MOHO

crimen nm 1 crime: *cometer un ~* to commit a crime 2 (*asesinato*) murder

criminal adj, nmf criminal

crin nf **crines** mane [v sing]

crisis nf crisis [pl crises]

crisma nf (*cabeza*) LOC Ver ROMPER

crispetas nf (*Col*) popcorn [incontable]

cristal nm 1 glass [incontable]: *Me corté con un ~ roto.* I cut myself on a piece of broken glass. 2 (*vidrio fino, mineral*) crystal: *una licorera de ~ a crystal decanter* 3 (*lámina*) pane: *el ~ de la ventana* the windowpane LOC Ver PESTE

cristalero, -a nm-nf glazier

cristalino adj (*agua*) crystal clear

cristianismo nm Christianity

cristiano, -a adj, nm-nf Christian

Cristo n pr Christ LOC **antes/después de Cristo** BC/AD ❶ Las siglas significan **before Christ/Anno Domini**.

criterio nm 1 (*principio*) criterion [pl criteria] 2 (*capacidad de juzgar, Jur*) judgement: *tener buen ~* to have sound judgement 3 (*opinión*) opinion: *según nuestro ~* in our opinion

crítica nf 1 criticism: *Estoy harta de tus ~s.* I'm fed up with your criticisms. 2 (*en un periódico*) review, write-up (*más coloq*): *La obra tuvo una ~ excelente.* The play got an excellent review. 3 (*conjunto de críticos*) critics [pl]: *bien acogida por la ~* well received by the critics

criticar vt, vi to criticize

crítico, -a nm-nf critic

crol nm crawl: *nadar a ~* to do the crawl

cromo nm 1 (*de colección*) picture card 2 (*Quim*) chromium

crónico, -a adj chronic

cronológico, -a adj chronological

cronometrar vt to time

cronómetro nm (*Dep*) stopwatch

croqueta nf croquette

cruasán nm croissant ➪ Ver dibujo en PAN

cruce nm 1 (*de carreteras*) intersection, junction (*GB*): *Al llegar al ~, gira a la derecha.* Turn right when you reach the intersection. 2 (*para peatones*) crosswalk, pedestrian crossing (*GB*) 3 (*híbrido*) cross: *un ~ de bóxer y doberman* a cross between a boxer and a Dobermann

crucero nm (*viaje*) cruise: *hacer un ~* to go on a cruise

crucificar vt to crucify

crucifijo nm crucifix

crucigrama nm crossword: *hacer un ~* to do a crossword

cruda nf (*Méx*) hangover

crudo, -a adj 1 (*sin cocinar*) raw 2 (*poco hecho*) underdone 3 (*clima, realidad*) harsh 4 (*ofensivo*) shocking: *unas escenas crudas* some shocking scenes 5 (*Chi*) (*muy bueno*) excellent
▸ nm (*petróleo*) crude oil

cruel adj cruel

crueldad nf cruelty [pl cruelties]

crujido nm 1 (*hojas secas, papel*) rustle 2 (*madera, huesos*) creak

crujiente adj (*alimentos*) crunchy

crujir vi 1 (*hojas secas*) to rustle 2 (*madera, huesos*) to creak 3 (*alimentos*) to crunch 4 (*dientes*) to grind

crustáceo nm crustacean

cruz nf cross: *Señale la respuesta con una ~.* Put an "x" next to the answer. LOC **Cruz Roja** Red Cross Ver tb BRAZO

cruzado, -a adj LOC Ver BRAZO, PIERNA; Ver tb CRUZAR

cruzar vt 1 to cross: *~ la calle/un río* to cross the street/a river ◇ *~ la calle corriendo* to run across the street ◇ *~ el río a nado* to swim across the river 2 (*palabras, miradas*) to exchange
▸ **cruzarse** vp to meet (*sb*): *Nos cruzamos en el camino.* We met on the way. LOC **cruzar las piernas** to cross your legs ♦ **cruzar los brazos** to fold your arms

cuaderno nm 1 (*para apuntar*) notebook 2 (*de ejercicios*) exercise book

cuadra nf 1 (*distancia*) block: *Hay tres ~s de aquí hasta mi casa.* It's only three blocks to my house from here. 2 (*para caballos*) stable

cuadrado, -a adj, nm square LOC **estar cuadrado** to be stocky Ver tb CUELLO, ELEVADO, ESCOTE, RAÍZ; Ver tb CUADRAR

cuadrar vi ~ (**con**) to square (with *sth*): *La noticia no cuadra con lo ocurrido.* The news doesn't square with what happened.
▸ vt (*Econ*) to balance
▸ **cuadrarse** vp 1 (*estacionarse*) to park 2 (*Col*) (*ennoviarse*) to get together (with *sb*) 3 (*Mil*) to

stand to attention **LOC** **cuadrar la caja** to cash up

cuadriculado, -a *adj* **LOC** *Ver* PAPEL

cuadro *nm* **1** *(Arte)* painting **2 cuadros** *(tela)* plaid *[incontable]*, check *[incontable]* *(GB)*: *unos pantalones de ~s* plaid pants ◊ *Los ~s te favorecen.* You look good in plaid. **3 cuadros** *(Chi)* *(calzones)* panties, knickers *(GB)* **LOC** **cuadro escocés** tartan ◆ **cuadro sinóptico** diagram *Ver tb* ÓLEO

cuádruple *adj* quadruple
▸ *nm* four times: *¿Cuál es el ~ de cuatro?* What is four times four?

cuajar *vt* **1** *(leche)* to curdle **2** *(yogur, etc.)* to set
▸ *vi* to get off the ground: *El proyecto nunca cuajó.* The project never got off the ground.
▸ **cuajarse** *vp* **1** *(leche)* to curdle **2** *(yogur, etc.)* to set

cual *pron* **1** *(persona)* whom: *Tengo diez alumnos, de los ~es dos son ingleses.* I have ten students, two of whom are English. ◊ *la familia para la ~ trabaja* the family he works for ➲ *Ver nota en* WHOM **2** *(cosa)* which: *Me pegó, lo ~ no está nada bien.* She hit me, which just isn't right. ◊ *un trabajo en el ~ me siento muy cómodo* a job I feel very comfortable in ➲ *Ver nota en* WHICH **LOC** *Ver* CADA

cuál *pron* **1** what: *¿Cuál es la capital de Perú?* What's the capital of Peru? **2** *(entre varios)* which (one): *¿Cuál prefieres?* Which one do you prefer? ➲ *Ver nota en* WHAT

cualidad *nf* quality [*pl* qualities]

cualquiera *(tb* **cualquier***) adj* **1** any: *Cualquier bus que vaya al centro te sirve.* You can get any bus that goes into town. ◊ *en cualquier caso* in any case ➲ *Ver nota en* SOME **2** *(uno cualquiera)* any old: *Trae un trapo ~.* Get any old cloth.
▸ **cualquiera** *pron* **1** *(cualquier persona)* anyone: *Cualquiera puede equivocarse.* Anyone can make a mistake. **2** *(entre dos)* either (one): *Cualquiera de los dos me sirve.* Either (of them) will do. ◊ *– ¿Cuál de las mermeladas puedo usar? – Cualquiera.* 'Which jam can I use?' 'Either one (of them).' **3** *(entre más de dos)* any (one): *en ~ de esas ciudades* in any one of those cities
▸ **cualquiera** *nmf* *(don nadie)* nobody: *No es más que un ~.* He's just a nobody. **LOC** **cualquier cosa** ◆ **cualquier cosa que…** whatever: *Cualquier cosa que pide, se la compran.* They buy her whatever she wants. ◆ **de cualquier forma/manera/modo 1** *(sin cuidado)* any old how **2** *(de todos modos)* whatever happens: *De cualquier forma, el proyecto se aprobará.* Whatever happens, the plan will be approved. ◆ **en cualquier lugar/parte/sitio** anywhere ◆ **por cualquier cosa** over the slightest thing: *Discuten por ~ cosa.* They argue over the slightest thing.

cuando *adv* when: *Cuando venga Juan iremos al zoológico.* When Juan gets here, we'll go to the zoo. ◊ *Me atacaron ~ volvía del cine.* I was attacked as I was going home from the theater. ◊ *Pásese por el banco ~ quiera.* Pop into the bank whenever you want. **LOC** **cuando mucho** at most ◆ **cuando sea grande** when I, you, etc. grow up: *Cuando sea grande quiero ser médico.* I want to be a doctor when I grow up. ◆ **de cuando en cuando** from time to time *Ver tb* VEZ

cuándo *adv* when: *¿Cuándo es tu examen?* When's your exam? ◊ *Pregúntale ~ va a llegar.* Ask him when he'll be arriving. **LOC** **¿desde cuándo?** how long…?: *¿Desde ~ juegas tenis?* How long have you been playing tennis?

También se puede decir **since when?** pero tiene un fuerte matiz irónico: *Pero tú ¿desde cuándo te interesas por el deporte?* And since when have you been interested in sport?

◆ **¿hasta cuándo?** how long…?: *¿Hasta ~ te quedas?* How long are you staying?

cuanto, -a *adj*: *Haz cuantas pruebas sean necesarias.* Do whatever tests are necessary. ◊ *Lo haré cuantas veces haga falta.* I will do it as many times as I have to. **LOC** **cuanto antes** as soon as possible ◆ **cuanto más/menos…** the more/less…: *Cuanto más tiene, más quiere.* The more he has, the more he wants. ◊ *Cuanto más lo pienso, menos lo entiendo.* The more I think about it, the less I understand. ◆ **en cuanto** as soon as: *En ~ me vieron, salieron corriendo.* As soon as they saw me, they ran off. ◆ **en cuanto a…** as for… ◆ **unos cuantos** a few: *unos ~s amigos* a few friends ◊ *Unos ~s llegaron tarde.* A few people were late.

cuánto, -a *adj*
● **uso interrogativo 1** [*con sustantivo incontable*] how much: *¿Cuánto dinero te gastaste?* How much money did you spend? **2** [*con sustantivo contable*] how many: *¿Cuántas personas había?* How many people were there?
● **uso exclamativo**: *¡Cuánto vino han tomado!* What a lot of wine they've drunk! ◊ *¡A cuántas personas ha ayudado!* He's helped so many people!
▸ *pron* how much [*pl* how many]
▸ *adv* **1** [*uso interrogativo*] how much **2** [*uso exclamativo*]: *¡Cuánto los quiero!* I'm so fond of them! **LOC** **¿cuánto es/cuesta/vale?** how much is it? ◆ **¿cuánto (tiempo)/cuántos días, meses, etc.?** how long…?: *¿Cuánto tardaste en llegar?* How long did it take you to get here? ◊ *¿Cuántos años llevas en Londres?* How long have you been living in London? *Ver tb* CADA

cuarenta *nm, adj, pron* **1** forty **2** *(cuadragésimo)* fortieth ➲ *Ver ejemplos en*

SESENTA LOC **los cuarenta principales** the top forty *Ver tb* CANTAR

cuaresma *nf* Lent: *Estamos en ~.* It's Lent. LOC *Ver* CADA

cuarta *nf* **1** : *Es una ~ más alto que yo.* He's several inches taller than me. **2** (*automóvil*) fourth (gear) *Ver tb* CUARTO

cuartel *nm* barracks [*v sing o pl*]: *El ~ está muy cerca de aquí.* The barracks is/are very near here. LOC **cuartel general** headquarters [*v sing o pl*]

cuartilla *nf* sheet of paper

cuarto *nm* room: *No entres en mi ~.* Don't go into my room. LOC **cuarto de baño** bathroom ♦ **cuarto de estar** living room ♦ **cuarto de los chéncheres** (*Col*) lumber room ♦ **cuarto de San Alejo/del reblujo** (*Col*) junk room ♦ **hacerle un cuarto a algn** (*Col*) to cover for sb

cuarto, -a *adj, pron, nm-nf* fourth (*abrev* 4th) ➔ *Ver ejemplos en* SEXTO
▸ *nm* quarter: *un ~ de hora/kilo* a quarter of an hour/a kilo LOC **cuarto creciente/menguante** first/last quarter ♦ **cuartos de final** quarter finals ♦ **un cuarto para las seis, etc.** a quarter to six, etc.: *Llegaron a un ~ para las diez.* They arrived at a quarter to ten. ♦ **y cuarto** a quarter after, a quarter past (*GB*): *Es la una y ~.* It's a quarter after one.

cuate, -a *nm-nf* (*Méx*) **1** (*gemelo*) twin **2** (*amigo*) buddy [*pl* buddies]

cuatro *nm, adj, pron* **1** four **2** (*fecha*) fourth ➔ *Ver ejemplos en* SEIS LOC **en cuatro patas** on all fours: *ponerse en ~ patas* to get down on all fours

cuatrocientos, -as *adj, pron, nm* four hundred ➔ *Ver ejemplos en* SEISCIENTOS

Cuba *nf* Cuba

cubano, -a *adj, nm-nf* Cuban

cúbico, -a *adj* cubic: *metro ~* cubic meter LOC *Ver* RAÍZ

cubierta *nf* (*Náut*) deck: *subir a ~* to go up on deck

cubiertería *nf* silverware, cutlery (*GB*)

cubierto, -a *adj* **1** *~* (**de/por**) covered (in/with *sth*): *~ de manchas* covered in stains ◇ *El sillón estaba ~ con una sábana.* The chair was covered with a sheet. **2** (*cielo, día*) overcast **3** (*instalación*) indoor: *piscina cubierta* indoor swimming pool
▸ *nm* silverware [*incontable*], cutlery [*incontable*] (*GB*): *Solo me falta poner los ~s.* I have just to put out the silverware. ◇ *Todavía no ha aprendido a usar los ~s.* He hasn't learned how to use a knife and fork yet. LOC **ponerse a cubierto** to take cover *from sb/sth Ver tb* CUBRIR

cubilete *nm* (*para dados*) shaker

cubo *nm* (*Geom*) cube

cubrecama *nm* bedspread

cubrir *vt* to cover *sb/sth* (*with sth*): *Han cubierto las paredes de propaganda electoral.* They've covered the walls with election posters. ◇ *~ los gastos de desplazamiento* to cover traveling expenses

cucaracha *nf* cockroach

cuchara *nf* spoon LOC **cuchara de palo/madera** wooden spoon ♦ **meter la cuchara** to butt in

cucharada *nf* spoonful: *dos ~s de azúcar* two spoonfuls of sugar

cucharadita *nf* teaspoonful

cucharita *nf* teaspoon

cucharón *nm* ladle

cuchichear *vi* to whisper

cuchilla *nf* **1** blade **2** (*Col*) (*profesor, etc.*) slavedriver LOC *Ver* AFEITARSE

cuchillo *nm* knife [*pl* knives]

cucho, -a *nm-nf* (*Col*) **1** (**a**) (*padre*) dad (**b**) (*madre*) mom **2** (*viejito*) (**a**) (*masc*) old man [*pl* old men] (**b**) (*fem*) old girl **3** (*profesor*) teacher

cuclillas LOC **en cuclillas** squatting ♦ **ponerse en cuclillas** to squat

cucú *nm* cuckoo [*pl* cuckoos] LOC *Ver* RELOJ

cucurucho *nm* (*helado, papel*) cone

cuello *nm* **1** neck: *Me duele el ~.* My neck hurts. ◇ *el ~ de una botella* the neck of a bottle **2** (*prenda de vestir*) collar: *el ~ de la camisa* the shirt collar LOC **cuello alto/de tortuga** turtleneck, polo neck (*GB*) ♦ **cuello cuadrado/redondo** square/round neck ♦ **cuello en V** V-neck ♦ **cuello ortopédico** (*surgical*) collar ♦ **estar con el agua/la soga al cuello** to be in a bind ♦ **quedarse con cuello** (*Chi*) to be disappointed

cuenca *nf* (*Geog*) basin: *la ~ del Amazonas* the Amazon basin LOC **cuenca minera** (*de carbón*) coalfield

cuenta *nf* **1** (*Econ, Fin*) account: *~ de ahorros* savings account ◇ *~ de correo electrónico* email account **2** (*factura*) bill: *la ~ del teléfono* the phone bill ◇ *¡Camarero, la ~ por favor!* Could I have the check, please? **3** (*operación aritmética*) sum: *No me salen las ~s.* I can't work this out. **4** (*rosario*) bead LOC **cuenta atrás** countdown ♦ **cuenta corriente** checking account, current account (*GB*) ♦ **darse cuenta de 1** to realize (*that …*): *Me di ~ de que no me estaban escuchando.* I realized (that) they weren't listening. **2** (*ver*) to notice *sth/that …* ♦ **echar/sacar la cuenta/hacer cuentas** to work *sth* out ♦ **más de la cuenta** too much: *He comido más de la ~.* I've had too much to eat. ♦ **tener/tomar en**

cumpleaños

cuenta 1 (*hacer caso*) to bear *sth* in mind: *Tendré en ~ los consejos que me das.* I'll bear your advice in mind. **2** (*reprochar*) to take *sth* to heart: *No se lo tomes en ~.* Don't take it to heart. *Ver tb* AJUSTAR, PERDER

cuentakilómetros *nm* ≈ milometer

cuentista *nmf* short-story writer

cuento *nm* **1** story [*pl* stories]: *~s de hadas* fairy stories ◊ *Cuéntame un ~.* Tell me a story. **2** (*mentira*) fib: *No me vengas con ~s.* Don't tell fibs. LOC **cuento chino** tall story ◆ **cuento del tío** (*Chi*) con trick: *Me quiso hacer el ~ del tío.* He tried to con me. ◆ **no venir a cuento** to be irrelevant: *Lo que dices no viene a ~.* What you say is irrelevant. *Ver tb* COMER, TRAGAR

cuerazo (*Méx cuero*) *nm* **1** (*mujer*) stunner **2** (*hombre*) hunk

cuerda *nf* **1** (*gruesa*) rope: *una ~ de saltar* a jump rope ◊ *Amárralo con una ~.* Tie it with some rope. **2** (*Mús*) string: *instrumentos de ~* stringed instruments LOC **cuerdas vocales** vocal cords ◆ **dar cuerda a algn** to encourage sb (to talk) ◆ **dar cuerda a un reloj** to wind a clock/watch

cuerdo, -a *adj* sane

cuerno *nm* horn LOC **ponerle los cuernos a algn** (*ser infiel*) to cheat on sb *Ver tb* AGARRAR

cuero *nm* leather: *una chaqueta de ~* a leather jacket LOC **en cueros** buck naked, stark naked (*GB*)

cuerpo *nm* body [*pl* bodies] LOC **a cuerpo de rey** like a king ◆ **cuerpo de bomberos** fire department ◆ **de cuerpo entero** full-length: *una fotografía de ~ entero* a full-length photograph ◆ **sacarle el cuerpo a algn** to avoid sb: *No me sigas sacando el ~.* Stop avoiding me.

cuervo *nm* crow

cuesta *nf* slope LOC **a cuestas** on your back ◆ **cuesta abajo/arriba** downhill/uphill

cuestión *nf* (*asunto, problema*) matter: *en ~ de horas* in a matter of hours ◊ *Es ~ de vida o muerte.* It's a matter of life or death. LOC **en cuestión** in question ◆ **en cuestión de días, horas, minutos, etc.** in a matter of days, hours, minutes, etc. ◆ **la cuestión es...** the thing is... ◆ **ser cuestión de...** to be a matter of...: *Es ~ de vida o muerte.* It's a matter of life and death. ◊ *ser solo ~ de tiempo* to be just a matter of time

cuestionario *nm* questionnaire: *llenar un ~* to fill out a questionnaire

cueva *nf* cave

cuidado *nm* care
▶ **¡cuidado!** *interj* **1** look out!: *¡Cuidado! Viene un carro.* Look out! There's a car coming. **2** *~ con*: *¡Cuidado con el perro!* Beware of the dog! ◊ *¡Cuidado con el escalón!* Watch the step! LOC **al cuidado de** in charge of *sb/sth*: *Estoy al ~ de la oficina.* I'm in charge of the office. ◆ **con (mucho) cuidado** (very) carefully ◆ **tener cuidado (con)** to be careful (with *sb/sth*) *Ver tb* UNIDAD

cuidadoso, -a *adj ~ (con)* careful (with *sth*): *Es muy ~ con sus juguetes.* He is very careful with his toys.

cuidar *vt, vi ~ (de)* to look after *sb/sth*: *Siempre he cuidado mis plantas.* I've always looked after my plants. ◊ *¿Puedes ~ de los niños?* Can you look after the children?
▶ **cuidarse** *vp* to look after yourself: *No se cuida nada.* She doesn't look after herself at all. ◊ *Cuídate.* Look after yourself. LOC *Ver* LÍNEA

culantro *nm Ver* CILANTRO

culata *nf* (*arma*) butt LOC *Ver* TIRO

culebra *nf* **1** (*Zool*) snake **2** (*Col*) (*deuda*) debt

culebrón *nm* soap (opera)

culinario, -a *adj* culinary

culpa *nf* fault: *No es ~ mía.* It isn't my fault. LOC **echar la culpa a algn (de algo)** to blame sb (for *sth*) ◆ **por culpa de** because of *sb/sth* ◆ **tener la culpa (de algo)** to be to blame (for *sth*): *Nadie tiene la ~ de lo que pasó.* Nobody is to blame for what happened.

culpabilidad *nf* guilt

culpable *adj ~ (de)* guilty (of *sth*): *ser ~ de asesinato* to be guilty of murder
▶ *nmf* culprit LOC *Ver* DECLARAR

culpar *vt* to blame *sb* (*for sth*): *Me culpan de lo ocurrido.* They blame me for what happened.

cultivar *vt* to grow

cultivo *nm* **1** (*actividad*) cultivation, growing (*más coloq*): *el ~ de tomates* tomato growing **2** (*cosecha*) crop: *los ~s ecológicos más importantes* the most important organic crops

culto, -a *adj* **1** (*persona*) cultured **2** (*lengua, expresión*) formal
▶ *nm* **1** ~ **(a)** (*veneración*) worship (of *sb/sth*): *el ~ al sol* sun worship ◊ *libertad de ~* freedom of worship **2** (*secta*) cult: *miembros de un nuevo ~ religioso* members of a new religious cult **3** (*misa*) service LOC **de culto** cult: *una película de ~* a cult movie

cultura *nf* culture LOC *Ver* CASA

cultural *adj* cultural LOC *Ver* CENTRO

cuma *adj* (*Chi*) (*ordinario*) common

cumbamba *nf* (*Col*) jaw

cumbre *nf* summit

cumpleaños *nm* birthday: *El lunes es mi ~.* It's my birthday on Monday. ◊ *¡Feliz ~!* Happy Birthday! ❶ También se puede decir 'Many happy returns!'.

cumplido, -a adj (puntual) punctual
▶ nm compliment **LOC** **sin cumplidos** without ceremony Ver tb RECIÉN; Ver tb CUMPLIR

cumplir vt **1** (años) to be: *En agosto cumplirá 30.* She'll be 30 in August. ◊ *¿Cuántos años cumples?* How old are you? **2** (condena) to serve
▶ vt, vi ~ **(con) 1** (orden) to carry sth out **2** (promesa, obligación) to fulfill
▶ vi **1** (hacer lo que corresponde) to do your part: *Yo he cumplido.* I've done my part. **2** (plazo) to expire
▶ **cumplirse** vp (realizarse) to come true: *Se cumplieron sus sueños.* His dreams came true. **LOC** **cumplir/no cumplir con su palabra** to keep/break your word ♦ **hacer algo por cumplir** to do sth to be polite: *No lo hagas por ~.* Don't do it just to be polite.

cuna nf (bebé) crib, cot (GB) **LOC** Ver CANCIÓN, SALA

cuncho (tb **cunchos**) nm (sedimento) dregs [pl]

cundir vi (extenderse) to spread: *Cundió el pánico.* Panic spread. ◊ *Que no cunda el pánico.* Don't panic.

cuneta nf **1** ditch **2** (Chi) (en la calle) curb

cuña nf **1** (de puerta) wedge **2** (TV) advertisement, ad (coloq) **3** (Chi) (palanca) contacts [pl]

cuñado, -a nm-nf **1** (pariente) **(a)** (masc) brother-in-law [pl brothers-in-law] **(b)** (fem) sister-in-law [pl sisters-in-law] **2** (Per) (compañero) buddy [pl buddies], mate (GB)

cuota nf fee: *la ~ de socio* the membership fee **LOC** **cuota inicial** deposit (on sth) Ver tb AUTOPISTA

cupón nm **1** (vale) coupon **2** (para un sorteo) ticket

cúpula nf dome

cura¹ nf **1** (curación, tratamiento) cure: *~ de reposo* rest cure **2** (de una herida) bandage: *Después de lavar la herida, aplique la ~.* After washing the wound apply the bandage. **3** Ver CURITA **LOC** **tener/no tener cura** to be curable/incurable

cura² nm priest **LOC** Ver COLEGIO

curandero, -a nm-nf **1** (traditional) healer **2** (estafador) quack

curar vt **1** (sanar) to cure (sb) (of sth): *Esas pastillas me curaron la tos.* Those pills have cured my cough. **2** (herida) to bandage **3** (alimentos) to cure
▶ **curarse** vp **1** curarse **(de)** (ponerse bien) to recover (from sth): *El niño se curó del sarampión.* The little boy recovered from the measles. **2** (herida) to heal (over/up)

curiosidad nf curiosity **LOC** **por curiosidad** out of curiosity: *Entré por pura ~.* I went in out of pure curiosity. ♦ **tener curiosidad (por)** to be curious (about sth): *Tengo ~ por saber cómo son.* I'm curious to find out what they're like.

curioso, -a adj curious
▶ nm-nf **1** (mirón) onlooker **2** (indiscreto) busybody [pl busybodies]

curita (tb **cura**) nf Band-Aid®, plaster (GB)

currículo nm **1** (Educ) curriculum **2** (historial profesional) résumé, CV (GB)

curriculum vitae nm résumé, CV (GB)

cursi adj **1** (persona) affected: *¡Qué niña más ~!* What an affected little girl! **2** (cosa, estilo) flashy: *Viste muy ~.* He's a very flashy dresser.

cursillo nm short course

cursiva nf italics [pl]

curso nm course: *el ~ de un río* the course of a river ◊ *~s de idiomas* language courses **LOC** **curso de actualización/reciclaje** refresher course ♦ **el año/mes en curso** the current year/month

cursor nm (Informát) cursor

curtir vt to tan: *~ pieles* to tan leather hides

curul nm (Col) (en el senado, etc.) seat

curva nf curve: *dibujar una ~* to draw a curve ◊ *una ~ peligrosa/cerrada* a dangerous/sharp curve

curvo, -a adj **1** (forma) curved: *una línea curva* a curved line **2** (doblado) bent

custodia nf custody

custodiar vt to guard: *~ a los prisioneros* to guard the prisoners

customizar vt to customize

cutícula nf cuticle

cutis nm **1** (piel) skin **2** (tez) complexion: *Tu ~ es muy pálido.* You have a very pale complexion.

cuyo, -a adj whose: *una persona ~ nombre no aparece en el directorio* a person whose name isn't in the directory

D d

dactilar *adj* LOC Ver HUELLA

dado *nm* die [*pl* dice]: *echar/tirar los ~s* to roll the dice

dálmata *nmf* Dalmatian

daltónico, -a *adj* color-blind

dama *nf* **1** (*señora*) lady [*pl* ladies] **2** (*en el juego de damas*) king **3 damas** checkers [*incontable*], draughts [*incontable*] (*GB*): *jugar a las ~s* to play checkers LOC **dama de honor** bridesmaid ⊃ *Ver nota en* MATRIMONIO

damasco *nm* apricot

damnificado, -a *nm-nf* victim: *los ~s por el terremoto* the victims of the earthquake

danés, -esa *adj, nm* Danish: *hablar ~* to speak Danish
▸ *nm-nf* Dane: *los daneses* the Danes LOC *Ver* GRANDE

danza *nf* dance LOC **danza del vientre** belly dancing

dañado, -a *adj* **1** (*mercancías, muebles, etc.*) damaged **2** (*aparato, etc.*) out of order: *El ascensor está ~.* The elevator is out of order. ◇ *Tenemos el lavavajillas ~.* Our dishwasher has broken down. **3** (*comida*) bad, off (*GB*): *Esta leche está dañada.* This milk has gone bad. *Ver tb* DAÑAR

dañar *vt* **1** (*hacer daño a*) to damage: *La sequía dañó las cosechas.* The drought damaged the crops. ◇ *El fumar puede ~ la salud.* Smoking can damage your health. **2** (*aparato*) to break: *Alguien dañó el televisor.* Somebody broke the TV. ◇ *¡Vas a ~ la lavadora!* You're going to wreck the washing machine! **3** (*persona*) to hurt
▸ **dañarse** *vp* **1** (*comida*) to go bad **2** (*aparato*) to break **3** (*vehículo*) to break down

dañino, -a *adj* harmful

daño *nm* damage (*to sth*) [*incontable*]: *La lluvia ha ocasionado muchos ~s.* The rain has caused a lot of damage. ◇ *El carro sufrió varios ~s con el choque.* The car was damaged in the crash. LOC **daños y perjuicios** damages ♦ **hacer daño** to hurt: *Tus palabras me hicieron ~.* Your words hurt me. ◇ *Me hace ~ la comida picante.* Spicy food disagrees with me. ♦ **hacerse daño** to hurt yourself

dar *vt* **1** (*pasar, hacer sentir*) to give: *Me dio la llave.* He gave me the key. ◇ *~le un susto a algn* to give sb a scare ⊃ *Ver nota en* GIVE **2** (*Educ*) to teach: *~ ciencias* to teach science ◇ *~ clases nocturnas para adultos* to teach adults at night school **3** (*reloj*) to strike: *El reloj dio las doce.* The clock struck twelve. **4** (*fruto, flores*) to bear **5** (*olor*) to give *sth* off **6** (*película, programa*) to show: *¿Qué dan esta noche?* What's on tonight?
▸ *vi* **1 ~ a** to overlook *sth*: *El balcón da a una plaza.* The balcony overlooks a square. **2 ~ (con/contra)** (*golpear*) to hit *sb/sth*: *El carro dio contra el árbol.* The car hit the tree. ◇ *La rama me dio en la cabeza.* The branch hit me on the head. **3** (*ataque*) to have: *Le dio un ataque al corazón/de tos.* He had a heart attack/a coughing fit. **4** (*hora*) to be: *¿Ya dieron las cinco?* Is it five o'clock yet? **5** (*luz*) to shine: *La luz me daba de lleno en los ojos.* The light was shining in my eyes.
▸ **darse** *vp* **1** (*tomarse*) to take: *~se un baño* to take a shower **2 darse (con/contra/en)** to hit: *Se dio con la rodilla en la mesa.* He hit his knee against the table. LOC **dárselas de** to act: *dárselas de listo* to act smart ◇ *Ese se las da de rico y no tiene ni un peso.* He acts like he's rich, but he doesn't have a peso. ♦ **no doy (ni) una** I, you, etc. can't do anything right: *Hoy no das ni una.* You can't do anything right today. **❶** *Para otras expresiones con* **dar**, *véanse las entradas del sustantivo, adjetivo, etc., p.ej.* **darle duro** *en* DURO.

dátil *nm* date

dato *nm* **1** (*información*) information [*incontable*]: *un ~ importante* an important piece of information **2 datos** (*Informát*) data [*incontable*]: *procesamiento de ~s* data processing LOC **datos personales** personal details *Ver tb* BASE

de *prep*
• **posesión 1** (*de algn*): *el libro de Pedro* Pedro's book ◇ *el perro de mis amigos* my friends' dog ◇ *Es de ella/mi abuela.* It's hers/my grandmother's. **2** (*de algo*) *una página del libro* a page of the book ◇ *las habitaciones de la casa* the rooms in the house ◇ *la catedral de Arequipa* Arequipa cathedral
• **origen, procedencia** from: *Son de Maracaibo.* They are from Maracaibo. ◇ *de Bogotá a Quito* from Bogotá to Quito
• **en descripciones de personas 1** (*cualidades físicas*) **(a)** with: *una niña de pelo rubio* a girl with fair hair **(b)** (*ropa, colores*) in: *la señora del vestido verde* the lady in the green dress **2** (*cualidades no físicas*) of: *una persona de gran carácter* a person of great character ◇ *una mujer de 30 años* a woman of 30
• **en descripciones de cosas 1** (*cualidades físicas*) **(a)** (*materia*): *un vestido de lino* a linen dress **(b)** (*contenido*) of: *un vaso de leche* a glass of

debajo

milk **2** (*cualidades no físicas*) of: *un libro de gran interés* a book of great interest
• **tema, asignatura**: *un libro/profesor de física* a physics book/teacher ◊ *una clase de historia* a history class ◊ *No entiendo nada de política*. I don't understand anything about politics.
• **con números y expresiones de tiempo**: *más/menos de diez* more/less than ten ◊ *una estampilla de 200 pesos* a 200-peso stamp ◊ *un cuarto de kilo* a quarter of a kilogram ◊ *de noche/día* at night/during the day ◊ *a las diez de la mañana* at ten in the morning
• **agente** by: *un libro de García Márquez* a book by García Márquez ◊ *seguido de tres jóvenes* followed by three young people
• **causa**: *morirse de hambre* to die of hunger ◊ *Saltamos de alegría*. We jumped for joy.
• **otras construcciones**: *el mejor actor del mundo* the best actor in the world ◊ *Lo rompió de un golpe*. He broke it with one blow. ◊ *de un trago* in one gulp ◊ *¿Qué hay de postre?* What's for dessert? **LOC de a** each: *Tocan de a tres*. There are three each.

debajo *adv* **1** underneath: *Llevo una camiseta ~.* I'm wearing a T-shirt underneath. ◊ *Prefiero el de ~.* I'd prefer the bottom one. **2 ~ de** under: *Está ~ de la mesa.* It's under the table **LOC por debajo de** below *sth*: *por ~ de la rodilla* below the knee

debate *nm* debate: *hacer un ~* to have a debate

deber[1] *vt* **1** + *sustantivo* to owe: *Te debo 3.000 pesos/una explicación.* I owe you 3,000 pesos/an explanation. **2** + *infinitivo* **(a)** [*en presente o futuro*] must: *Debes estudiar/obedecer las reglas.* You must study/obey the rules. ◊ *La ley deberá ser anulada.* The law must be abolished. ➔ *Ver nota en* MUST **(b)** [*en pasado o condicional*] should: *Hace una hora que debías estar aquí.* You should have been here an hour ago. ◊ *No deberías salir así.* You shouldn't go out like that.
▶ *v aux* **~ de 1** (*en frases afirmativas*) must: *Ya debe de estar en la casa.* She must be home by now. **2** (*en frases negativas*): *No debe de ser fácil.* It can't be easy.
▶ **deberse** *vp* to be due to *sth*: *Esto se debe a la falta de fondos.* This is due to lack of funds.

deber[2] *nm* duty [*pl* duties]: *cumplir con un ~* to do your duty

debido, -a *adj* proper **LOC como es debido** properly: *Coge el tenedor como es ~.* Hold your fork properly. ♦ **debido a** because of *sb/sth Ver tb* DEBER[1]

débil *adj* weak: *Está ~ del corazón.* He has a weak heart. **LOC** *Ver* PUNTO

debilidad *nf* weakness

debilitar(se) *vt, vp* to weaken

débito *nm* debit **LOC** *Ver* AUTOMÁTICO, TARJETA

debut *nm* debut

década *nf* decade **LOC la década de los ochenta, noventa, etc.** the eighties, nineties, etc. [*pl*]

decadente *adj* decadent

decano, -a *nm-nf* dean

decapitar *vt* to behead

decena *nf* **1** (*Mat, numeral colectivo*) ten **2** (*aproximadamente*) about ten: *una ~ de personas/veces* about ten people/times

decente *adj* decent

decepción *nf* disappointment: *llevarse una ~* to be disappointed

decepcionante *adj* disappointing

decepcionar *vt* **1** (*desilusionar*) to disappoint: *Me decepcionó la película.* The movie was disappointing. **2** (*fallar*) to let *sb* down: *Me has vuelto a ~.* You've let me down again.

decidir *vt, vi* to decide: *Decidieron vender la casa.* They've decided to sell the house.
▶ **decidirse** *vp* **1 decidirse (a)** to decide (*to do sth*): *Al final me decidí a salir.* In the end I decided to go out. **2 decidirse por** to decide on *sb/sth*: *Todos nos decidimos por el rojo.* We decided on the red one. **LOC ¡decídete!** make up your mind!

decimal *adj, nm* decimal

décimo, -a *adj, pron, nm-nf* tenth ➔ *Ver ejemplos en* SEXTO **LOC tener unas décimas (de fiebre)** to have a slight fever

decimotercero, -a *adj, pron* thirteenth ➔ *Para decimocuarto, decimoquinto, etc., ver pág. 784.*

decir[1] *vt* to say, to tell

Decir se traduce generalmente por **say**: – *Son las tres, dijo Rosa.* 'It's three o'clock,' said Rosa. ◊ *¿Qué dijo?* What did he say? Cuando especificamos la persona con la que hablamos, es más normal utilizar **tell**: *Me dijo que llegaría tarde.* He told me he'd be late. ◊ *¿Quién te lo dijo?* Who told you? **Tell** se utiliza también para dar órdenes: *Me dijo que me lavara las manos.* She told me to wash my hands. ➔ *Ver tb nota en* SAY

LOC ¡diga! (*teléfono*) hello ♦ **digamos…** let's say…: *Digamos las seis.* Let's say six o'clock. ♦ **digo…** I mean…: *Cuesta cuatro, digo cinco mil pesos.* It costs four, I mean five, thousand pesos. ♦ **el qué dirán** what people will say ♦ **es decir** in other words ♦ **¡no me digas!** you don't say! ♦ **se dice que…** they say that… ♦ **sin decir nada** without a word ❶ *Para otras expresiones* con **decir**, véanse las entradas del sustantivo, adjetivo, etc., p.ej. **decir tonterías** en TONTERÍA.

decir² nm saying LOC **es un decir** you know what I mean

decisión nf **1** decision: *la ~ del árbitro* the referee's decision **2** (*determinación*) determination: *Hace falta mucha ~.* You need a lot of determination. LOC **tomar una decisión** to make/take a decision

decisivo, -a adj decisive

declaración nf **1** declaration: *una ~ de amor* a declaration of love **2** (*manifestación pública, Jur*) statement: *No quiso hacer declaraciones.* He didn't want to make a statement. ◊ *La policía le tomó ~.* The police took his statement. LOC **dar/prestar declaración** to give evidence ◆ **declaración de renta** tax return

declarar vt, vi **1** to declare: *¿Algo que ~?* Anything to declare? **2** (*en público*) to state: *según declaró el ministro* according to the senator's statement **3** (*Jur*) to testify
▸ **declararse** vp **1** to announce: *~se a favor/en contra de algo* to announce (that) you are in favor of/against **2** (*incendio, epidemia*) to break out **3** (*confesar amor*): *Se me declaró.* He told me he loved me. LOC **declararse culpable/inocente** to plead guilty/not guilty

declaratoria nf (*Jur*) ruling

decodificador (*tb* **descodificador**) nm decoder

decomisar vt to seize: *La policía les decomisó las posesiones.* The police seized their possessions.

decoración nf **1** (*acción, adorno*) decoration **2** (*estilo*) décor

decorado nm (*Cine, Teat*) set

decorar vt to decorate

decorativo, -a adj decorative

decreto nm decree

dedal nm thimble

dedicación nf dedication: *Tu ~ a los pacientes es admirable.* Your dedication to your patients is admirable.

dedicar vt **1** to devote *sth to sb/sth*: *Dedicaron su vida a los animales.* They devoted their lives to animals. ◊ *¿A qué dedicas el tiempo libre?* How do you spend your free time? **2** (*canción, poema*) to dedicate *sth* (*to sb*): *Le dediqué el libro a mi papá.* I dedicated the book to my father. **3** (*ejemplar*) to autograph
▸ **dedicarse** vp **dedicarse a**: *¿A qué te dedicas?* What do you do for a living? ◊ *Se dedica a las antigüedades.* He's in antiques.

dedicatoria nf dedication

dedillo nm LOC **al dedillo** by heart

dedo nm **1** (*de la mano*) finger **2** (*del pie*) toe LOC **dedo anular/corazón/índice** ring/middle/index finger ◆ **dedo meñique 1** (*de la mano*) little finger **2** (*del pie*) little toe ◆ **dedo pulgar/gordo 1** (*de la mano*) thumb **2** (*del pie*) big toe ◆ **echar/tirar dedo** to hitchhike *Ver tb* ANILLO, CHUPAR, DOS, SEÑALAR

deducir vt **1** (*concluir*) to deduce *sth* (*from sth*): *Deduje que no estaba en la casa.* I deduced that he wasn't home. **2** (*restar*) to deduct *sth* (*from sth*)

defecto nm **1** defect: *un ~ en el habla* a speech defect **2** (*moral*) fault **3** (*ropa, objeto delicado*) flaw ➲ *Ver nota en* MISTAKE
LOC **encontrar/sacar defectos a todo** to find fault with everything

defectuoso, -a adj defective, faulty (*más coloq*)

defender vt to defend *sb/sth* (*against sb/sth*)
▸ **defenderse** vp to get by: *No sé mucho inglés pero me defiendo.* I don't know much English but I get by.

defendido, -a nm-nf defendant

defensa nf defense: *las ~s del cuerpo* the body's defenses ◊ *un equipo con muy buena ~* a team with a very good defense
▸ nmf (*Dep*) defender LOC **defensa personal** self-defense ◆ **en defensa propia** in self-defense

defensivo, -a adj defensive LOC **estar/ponerse a la defensiva** to be/go on the defensive

defensor, -ora adj LOC *Ver* ABOGADO

deficiencia nf deficiency [*pl* deficiencies]

definición nf definition LOC **de alta definición** high-definition (*abrev* HD)

definido, -a adj LOC *Ver* ARTÍCULO; *Ver tb* DEFINIR

definir vt to define

definitivamente adv **1** (*para siempre*) for good: *Volvió ~ a su país.* He returned home for good. **2** (*de forma determinante*) definitely

definitivo, -a adj **1** (*final*) final: *el resultado ~* the final result ◊ *el número ~ de víctimas* the final death toll **2** (*solución*) definitive LOC **en definitiva** in short

deforestación nf deforestation

deformado, -a adj (*prenda*) out of shape *Ver tb* DEFORMAR

deformar vt **1** (*cuerpo*) to deform **2** (*prenda*) to pull *sth* out of shape **3** (*imagen, realidad*) to distort
▸ **deformarse** vp **1** (*cuerpo*) to become deformed **2** (*prenda*) to lose its shape

deforme adj deformed

defraudar vt **1** (*decepcionar*) to disappoint **2** (*estafar*) to defraud

degeneración nf degeneration

degenerado, -a adj, nm-nf degenerate *Ver tb* DEGENERAR(SE)

degenerar(se) vi, vp to degenerate

degradar vt to degrade

dejar vt **1** (*poner, cesar una actividad, no molestar*) to leave: *¿Dónde dejaste las llaves?* Where did you leave the keys? ◊ *Déjelo para después.* Leave it till later. ◊ *¡Déjame en paz!* Leave me alone! **2** (*abandonar*) to give sth up: *~ el trabajo* to give up work **3** (*permitir*) to let sb (*do sth*): *Mis papás no me dejan salir por la noche.* My parents don't let me go out at night.
▸ vi ~ **de 1** (*parar*) to stop *doing sth*: *Dejó de llover.* It's stopped raining. **2** (*abandonar una costumbre*) to give up *doing sth*: *~ de fumar* to give up smoking
▸ v aux [*con participio*]: *La noticia nos dejó preocupados.* We were worried by the news.
LOC ❶ Para expresiones con **dejar**, véanse las entradas del sustantivo, adjetivo, etc., p.ej. **dejar colgado** en COLGADO.

del *Ver* DE

delantal nm **1** (*de cocina*) apron **2** (*de niño*) overall

delante adv ~ (**de**) in front (of sb/sth): *Si no ves el pizarrón, ponte ~.* Sit at the front if you can't see the board. ◊ *Me lo contó estando otros ~.* She told me in front of other people. ◊ *~ del televisor* in front of the television **LOC de delante**: *los asientos de ~* the front seats ◊ *el conductor de ~* the driver in front ◆ **hacia delante** forward ◆ **por delante 1** (*día, curso, etc.*) ahead: *Tenemos todo el año por ~.* We have the whole year ahead of us. **2** (*vestido*) at the front: *El vestido se abrocha por ~.* The dress does up at the front. **3** (*lugar*) in front: *El bus se encontraba unos metros por ~.* The bus was a few meters in front. *Ver tb* PARTE¹

delantero, -a adj front
▸ nm-nf (*Dep*) forward: *Juega de centro ~.* He plays center forward. **LOC llevar la delantera** to be in the lead

delatar vt to inform on sb

delegación nf **1** (*comisión*) delegation: *una ~ de paz* a peace delegation **2** (*oficina*) office: *la Delegación de Hacienda* the tax office

delegado, -a nm-nf (*Pol*) delegate

deletrear vt to spell

delfín nm dolphin

delgado, -a adj thin, slim

Thin es la palabra más general para decir delgado y se puede utilizar para personas, animales o cosas. **Slim** se utiliza para referirnos a una persona delgada y con buen tipo. Existe también la palabra **skinny**, que significa *delgaducho*.

deliberado, -a adj deliberate

delicadeza nf (*tacto*) tact: *Podías haberlo dicho con más ~.* You could have put it more tactfully. ◊ *Es una falta de ~.* It's very tactless. **LOC tener la delicadeza de** to have the courtesy to do sth

delicado, -a adj delicate

delicioso, -a adj delicious **LOC pasar delicioso** to have a fantastic time

delincuencia nf crime **LOC delincuencia juvenil** juvenile delinquency

delincuente nmf criminal

delineador nm **LOC delineador (de ojos)** eyeliner

delinquir vi to commit an offense

delirar vi **1** (*Med*) to be delirious **2** (*decir bobadas*) to talk nonsense

delito nm crime: *cometer un ~* to commit a crime **LOC delito informático** cybercrime

delta nm delta **LOC** *Ver* ALA

demanda nf **1** (*Econ*) demand: *la oferta y la ~* supply and demand **2** (*Jur*) lawsuit **LOC poner/presentar una demanda** to sue sb for sth

demandar vt **1** (*exigir*) to demand **2** (*Jur*) to sue sb (*for sth*)

demás adj other: *los ~ estudiantes* (the) other students
▸ pron (the) others: *Solo vino Juan; los ~ se quedaron en la casa.* Only Juan came; the others stayed home. ◊ *ayudar a los ~* to help others **LOC lo demás** the rest: *Lo ~ no importa.* Nothing else matters. ◆ **y demás** and so on

demasiado, -a adj **1** [*con sustantivo incontable*] too much: *Hay demasiada comida.* There is too much food. **2** [*con sustantivo contable*] too many: *Llevas demasiadas cosas.* You're carrying too many things.
▸ pron too much [*pl* too many]
▸ adv **1** [*modificando a un verbo*] too much: *Fumas ~.* You smoke too much. **2** [*modificando a un adjetivo o adverbio*] too: *Vas ~ rápido.* You're going too fast. **LOC demasiadas veces** too often ◆ **demasiado tiempo** too long

demo nf demo [*pl* demos]

democracia nf democracy [*pl* democracies]

demócrata nmf democrat

democrático, -a adj democratic

demonio nm **1** (*diablo*) devil **2** (*espíritu*) demon **3** (*niño*) little devil: *Esos niños son unos ~s.* Those children are little devils. **LOC de mil/de todos los demonios**: *Hace un frío de mil ~s.*

It's freezing. ◆ **¿dónde, cómo, qué, etc. demonios?** where, how, what, etc. on earth? ◆ **saber a demonios** to taste foul ◆ **ser un demonio** to be a (little) devil

demorar vt **1** (*tardar*) to take (time) *to do sth*: *La operación demoró dos horas.* The operation took two hours. **2** (*retrasar*) to hold *sb/sth up*: *No te voy a ~ mucho.* I won't hold you up for long.
▸ **demorarse** vp: *¡Cómo se demora tu hermana!* Your sister's taking a long time! ◊ *Se demoraron bastante en contestar.* It took them a long time to reply. ◊ *Me demoré dos meses en recuperarme.* It took me two months to get better. ◊ *No te demores.* Don't be long. **LOC no demorar en...**: *¡Rápido, que no demora en llegar el avión!* Quick! The plane will be here soon. ◆ **no demorarse nada** not to take a minute: *Tranquilo, eso no se demora nada.* Don't worry, it won't take a minute. ◆ **se demora...** it takes...: *En carro se demora tres horas.* It takes three hours by car.

demorón, -ona adj slow

demostrar vt **1** (*probar*) to prove: *Le demostré que estaba equivocado.* I proved him wrong. **2** (*mostrar*) to show

denante (*tb* **denantes**) adv (*Chi*) just now

denegar vt to refuse

densidad nf **1** density [*pl* densities] **2** (*niebla*) thickness **LOC densidad de población** population density

denso, -a adj dense

dentadura nf teeth [*pl*]: **~ postiza** false teeth

dental adj dental: *la higiene ~* dental hygiene **LOC crema/pasta dental** toothpaste ◆ **hilo/seda dental** dental floss

dentífrico nm toothpaste

dentista nmf dentist

dentro adv **1** in, inside: *allá/acá ~* in there/here ◊ *El gato está ~.* The cat's inside. **2** (*edificio*) indoors: *Prefiero que nos quedemos ~.* I'd rather stay indoors. **3 ~ de (a)** (*espacio*) in/inside: *~ del sobre* in/inside the envelope **(b)** (*tiempo*) in: *~ de una semana* in a week ◊ *~ de un rato* in a little while ◊ *~ de tres meses* in three months' time **LOC de/desde dentro** from (the) inside ◆ **dentro de lo que cabe** all things considered ◆ **dentro de nada** very soon ◆ **por dentro** (on the) inside: *pintado por ~* painted on the inside *Ver tb* AHÍ

denuncia nf **1** (*accidente, delito*) report: *presentar una ~* to report sth to the police **2** (*contra una persona*) complaint: *presentar una ~ contra algn* to make a formal complaint against sb

denunciar vt **1** to report *sb/sth* (*to sb*): *Denunció el robo de su bicicleta.* He reported the theft of his bicycle. ◊ *Me denunciaron a la policía.* They reported me to the police. **2** (*criticar*) to denounce

departamento nm **1** department **2** (*apartamento*) apartment, flat (*GB*)

depender vi **1 ~ de/de que/de si...** to depend on sth/on whether...: *Depende del tiempo que haga.* It depends on the weather. ◊ *Eso depende de que me traigas la plata.* That depends on whether you bring me the money. ◊ *– ¿Vas a venir? – Depende.* 'Will you be coming?' 'That depends.' **2 ~ de algn (que...)** to be up to sb (whether...): *Depende de mi jefe que pueda tener un día libre.* It's up to my boss whether I can have a day off. **3 ~ de** (*económicamente*) to be dependent on *sb/sth*

depilación nf hair removal

depilar(se) vt, vp **1** (*cejas*) to pluck **2** (*piernas, axilas*) **(a)** (*con cera*) to wax: *Me tengo que ~ para ir de vacaciones.* I must have my legs waxed before we go on vacation. **(b)** (*con máquina*) to shave

deporte nm sport: *¿Practicas algún ~?* Do you play any sports?

> En inglés hay tres construcciones que se pueden utilizar al hablar de deportes. *Jugar al fútbol, golf, baloncesto,* etc. se dice **play + sustantivo**, p.ej. **play football, golf, basketball,** etc. *Hacer aeróbicos, judo,* etc. se dice **do + sustantivo**, p.ej. **do aerobics, judo,** etc. *Hacer natación, excursionismo, ciclismo,* etc. se dice **go + -ing**, p.ej. **go swimming, hiking, cycling,** etc. Esta última construcción se usa sobre todo cuando en inglés existe un verbo relacionado con ese deporte, como **swim, hike** o **cycle**.

LOC bolsa/maleta de deporte(s) sports bag ◆ **hacer deporte** to get some exercise *Ver tb* ROPA

deportista adj athletic, sporty (*coloq*): *Siempre fue muy ~.* She's always been very sporty.
▸ nmf sportsman/woman [*pl* sportsmen/-women] ➪ *Ver nota en* POLICÍA

deportivo, -a adj **1** sports: *competición deportiva* sports competition **2** (*conducta*) sporting: *una conducta poco deportiva* unsporting behavior
▸ nm (*carro*) sports car **LOC** *Ver* PUERTO, SUÉTER

depósito nm **1** (*Fin, Geol, Quím*) deposit **2** (*almacén*) warehouse

depresión nf depression

deprimente adj depressing

deprimir vt to depress
▸ **deprimirse** vp to get depressed

deprisa *adv* quickly
▸ **¡deprisa!** *interj* hurry up!

depuradora *nf* water treatment plant

derecha *nf* **1** (*anverso*) right: *Es la segunda puerta a la ~.* It's the second door on the right. ◊ *Cuando llegues al semáforo, voltea a la ~.* Turn right at the traffic lights. ◊ *Muévete un poco hacia la ~.* Move a little to the right. **2 la derecha** (*Pol*) the Right [*v sing o pl*] **3** (*mano*) right hand: *escribir con la ~* to be right-handed **4** (*pie*) right foot **LOC de derecha(s)** right-wing

derecho *nm* **1** (*anverso*) right side **2** (*facultad legal o moral*) right: *¿Con qué ~ entras acá?* What right do you have to come in here? ◊ *los ~s humanos* human rights ◊ *el ~ de voto* the right to vote **3** (*estudios*) law **LOC derechos humanos** human rights ♦ **estar en su derecho** to be within my, your, etc. rights: *Estoy en mi ~.* I'm within my rights. ♦ **¡no hay derecho!** it's not fair!

derecho, -a *adj* **1** (*diestro*) right: *romperse el pie ~* to break your right foot **2** (*recto*) straight: *Ese cuadro no está ~.* That picture isn't straight. ◊ *Ponte ~.* Sit up straight. **3** (*erguido*) upright
▸ **derecho** *adv* straight: *Vete ~ a la casa.* Go straight home. ◊ *Siga ~ hasta el final de la calle.* Go straight on to the end of the road. **LOC** *Ver* HECHO, MANO

deriva *nf* **LOC a la deriva** adrift

derivar(se) *vi, vp* **derivar(se) de 1** (*Ling*) to derive from *sth* **2** (*proceder*) to stem from *sth*

dermatología *nf* dermatology

dermatólogo, -a *nm-nf* dermatologist

derramamiento *nm* spillage
LOC derramamiento de sangre bloodshed

derramar(se) *vt, vp* to spill: *Derramé un poco de vino en la alfombra.* I've spilled some wine on the carpet. ⮕ *Ver dibujo en* DROP
LOC derramar sangre/lágrimas to shed blood/tears

derrame *nm* (*Med*) hemorrhage

derrapar *vi* to skid

derretir(se) *vt, vp* to melt

derribar *vt* **1** (*edificio*) to demolish **2** (*puerta*) to batter *sth* down **3** (*persona*) to knock *sb* down **4** (*avión, pájaro*) to bring *sth* down

derrochador, -ora *adj* wasteful
▸ *nm-nf* squanderer

derrochar *vt* **1** (*dinero*) to squander **2** (*rebosar*) to be bursting with *sth*: *~ felicidad* to be bursting with happiness

derrota *nf* defeat

derrotar *vt* to defeat

derruir *vt* to demolish

derrumbamiento *nm* **1** (*hundimiento*) collapse **2** (*demolición*) demolition

derrumbar *vt* to demolish
▸ **derrumbarse** *vp* to collapse

desabrigado, -a *adj*: *Vas muy ~.* You're not very warmly dressed.

desabrochar *vt* to undo
▸ **desabrocharse** *vp* to come undone: *Se me desabrochó la falda.* My skirt came undone.

desactivar *vt* to defuse

desacuerdo *nm* disagreement **LOC estar en desacuerdo (con)** to disagree (with *sth/sb*)

desafiar *vt* **1** (*retar*) to challenge *sb* (*to sth*): *Te desafío a las damas.* I challenge you to a game of checkers. **2** (*peligro*) to brave

desafilado, -a *adj* blunt

desafinado, -a *adj* out of tune *Ver tb* DESAFINAR

desafinar *vi* **1** (*cantando*) to sing out of tune **2** (*instrumento*) to be out of tune **3** (*instrumentista*) to play out of tune

desafío *nm* challenge

desafortunado, -a *adj* unfortunate

desagüe *nm* waste pipe

desagradable *adj* unpleasant

desagradar *vi* to dislike *sth/doing sth*: *No me desagrada.* I don't dislike it.

desagradecido, -a *adj* ungrateful

desahogarse *vp* **1** to let off steam **2 ~ con algn** to confide in sb

desalentador, -ora *adj* discouraging

desaliñado, -a *adj* scruffy

desalmado, -a *adj* heartless

desalojar *vt* to clear: *Desalojen la sala por favor.* Please clear the hall.

desamarrar *vt* (*nudo, cuerda, animal*) to untie
▸ **desamarrarse** *vp* **1** (*animal*) to get loose **2** (*paquete, cuerda*) to come undone: *Se me desamarró un zapato.* One of my laces has come undone. **3** (*barco*) to come untied

desamparado, -a *adj* helpless

desangrarse *vp* to bleed to death

desanimado, -a *adj* (*deprimido*) depressed *Ver tb* DESANIMAR

desanimar *vt* to discourage
▸ **desanimarse** *vp* to lose heart

desaparecer *vi* to disappear
LOC desaparecer del mapa to vanish off the face of the earth

desaparición *nf* disappearance

desapegado, -a *adj* cold: *Es muy ~ a su familia.* He's very cold toward his family.

desapercibido, -a *adj* unnoticed: *pasar ~* to go unnoticed

desaprovechar *vt* to waste: *No desaproveches esta oportunidad.* Don't waste this opportunity.

desarmar *vt* **1** (*persona, ejército*) to disarm **2** (*desmontar*) to take *sth* to pieces

desarme *nm* disarmament: *el ~ nuclear* nuclear disarmament

desarrollado, -a *adj* developed: *los países ~s* developed countries LOC **poco desarrollado** undeveloped *Ver tb* DESARROLLAR(SE)

desarrollar(se) *vt, vp* to develop: *~ los músculos* to develop your muscles

desarrollo *nm* development LOC **en (vía de) desarrollo** developing: *países en (vía de) ~* developing countries

desastre *nm* disaster LOC **hecho un desastre**: *Siempre vas hecho un ~.* You always look such a mess. ◊ *Tienes la habitación hecha un ~.* Your room is a real mess.

desastroso, -a *adj* disastrous

desatar *vt* (*nudo, cuerda, animal*) to untie
▸ **desatarse** *vp* **1** (*cordón, nudo*) to come undone: *Se me desató un zapato.* One of my laces has come undone. **2** (*animal*) to get loose

desatascar *vt* to unblock

desatender *vt* (*descuidar*) to neglect

desatornillar *vt* to unscrew

desatrancar *vt* **1** (*desatascar*) to unblock **2** (*puerta*) to unbolt

desautorizado, -a *adj* unauthorized

desayunar *vi* to have breakfast: *Me gusta ~ en la cama.* I like having breakfast in bed. ◊ *antes de ~* before breakfast
▸ *vt* to have *sth* for breakfast: *¿Qué quieres ~?* What would you like for breakfast? ◊ *Solo desayuno un café.* I just have a cup of coffee for breakfast.
▸ **desayunarse** *vp* **1 desayunarse (de)** (*enterarse*) to find out (about *sth*) **2** (*Chi*) **desayunarse con** (*sorprenderse*) to be stunned at/by *sth*

desayuno *nm* breakfast: *¿Te preparo el ~?* Can I get you some breakfast?

desbandada *nf* LOC **salir en desbandada** to scatter in all directions

desbarajuste *nm* mess: *¡Qué ~!* What a mess!

desbaratar *vt* to foil: *~ un plan* to foil a plan

desbocado, -a *adj* (*caballo*) runaway *Ver tb* DESBOCARSE

desbocarse *vp* (*caballo*) to bolt

desbordamiento *nm* flood: *Hay peligro de ~ del río.* There's a danger that the river will flood.

desbordar *vt*: *La basura desborda la caneca.* The garbage can is overflowing with trash.
▸ **desbordarse** *vp* (*río*) to burst its banks

descafeinado, -a *adj* decaffeinated

descalificación *nf* (*Dep*) disqualification

descalificar *vt* (*Dep*) to disqualify: *Lo descalificaron por hacer trampa.* He was disqualified for cheating.

descalzarse *vp* to take your shoes off

descalzo, -a *adj* barefoot: *Me gusta andar descalza por la arena.* I love walking barefoot on the sand. ◊ *No andes ~.* Don't go around in your bare feet.

descampado *nm* area of open ground

descansado, -a *adj* refreshed *Ver tb* DESCANSAR

descansar *vt, vi* to rest (*sth*) (*on sth*): *Déjame ~ un rato.* Let me rest for a few minutes. ◊ *~ la vista* to rest your eyes
▸ *vi* to take a break: *Terminamos esto y descansamos cinco minutos.* We'll finish this and take a break for five minutes. LOC **¡que descanse(s)!** have a good rest!

descansillo *nm* landing

descanso *nm* **1** (*reposo*) rest: *El médico le mandó ~ y aire fresco.* The doctor prescribed rest and fresh air. **2** (*en el trabajo*) break: *trabajar sin ~* to work without a break **3** (*en escalera*) landing

descapotable *adj, nm* convertible

descarado, -a *adj* sassy, cheeky (*GB*)

descarga *nf* **1** (*mercancía*) unloading: *la carga y ~ de mercancías* the loading and unloading of goods **2** (*eléctrica*) discharge

descargado, -a *adj* (*pila, batería*) dead *Ver tb* DESCARGAR

descargar *vt* **1** to unload: *~ un camión/una pistola* to unload a truck/gun **2** (*Internet*) to download
▸ **descargarse** *vp* (*pila, batería*) to go dead

descaro *nm* nerve: *¡Qué ~!* What (a) nerve!

descarriarse *vp* to go off the straight and narrow

descarrilamiento *nm* derailment

descarrilarse *vp* to be derailed: *El tren se descarriló.* The train was derailed.

descartar *vt* to rule *sb/sth* out: *~ una posibilidad/a un candidato* to rule out a possibility/candidate

descendencia *nf* descendants [*pl*]

descender

descender vi **1** (ir/venir abajo) to go/come down, to descend (formal) **2** (temperatura, precios, nivel) to fall **3** ~ **de** (familia) to be descended from sb: *Desciende de un príncipe ruso.* He's descended from a Russian prince. **4** (Dep) to be relegated: *Descendieron a tercera división.* They've been relegated to the third division.

descendiente nmf descendant

descenso nm **1** (bajada) descent: *Es un ~ peligroso.* It's a dangerous descent. ◊ *El avión tuvo problemas en el ~.* The plane had problems during the descent. **2** (temperatura) drop in sth **3** (precios) fall in sth **4** (Dep) relegation

deschavetado, -a adj crazy

descifrar vt **1** (mensaje) to decode **2** (escritura) to decipher **3** (enigma) to solve

descodificar vt to decode

descolgado, -a adj (teléfono) off the hook: *Lo debieron de dejar ~.* They must have left it off the hook. Ver tb DESCOLGAR

descolgar vt **1** (algo colgado) to take sth down: *Ayúdame a ~ el espejo.* Help me take the mirror down. **2** (teléfono) to pick sth up

descolorido, -a adj faded

descomponer vt (Quim) to split sth (into sth)
▸ **descomponerse** vp **1** (averiarse) to break down **2** (pudrirse) to rot

descompuesto, -a adj LOC **estar descompuesto 1** (disgustado) to be upset **2** (nervioso) to be very nervous: *Está ~ de los nervios.* He's extremely nervous. Ver tb DESCOMPONER

desconcertado, -a adj LOC **estar/quedar desconcertado** to be taken aback: *Quedaron ~s ante mi negativa.* They were taken aback by my refusal. Ver tb DESCONCERTAR

desconcertar vt to disconcert: *Su reacción me desconcertó.* I was disconcerted by his reaction.

desconectar vt **1** (luz, teléfono) to disconnect: *Nos desconectaron el teléfono.* Our phone's been disconnected. **2** (apagar) to turn sth off **3** (desenchufar) to unplug
▸ **desconectarse** vp **1** (aparato) to turn off **2** (persona) to cut yourself off (from sb/sth)

desconfiado, -a adj wary Ver tb DESCONFIAR

desconfianza nf distrust

desconfiar vi ~ **de** not to trust sb/sth: *Desconfía hasta de su sombra.* He doesn't trust anyone.

descongelar vt (nevera, alimento) to defrost

desconocer vt not to know: *Desconozco el porqué.* I don't know the reason why.

desconocido, -a adj unknown: *un equipo ~* an unknown team
▸ nm-nf stranger Ver tb DESCONOCER

desconsiderado, -a adj inconsiderate

descontado, -a adj LOC **dar por descontado que...** to take it for granted that...
◆ **por descontado** of course Ver tb DESCONTAR

descontar vt **1** (hacer un descuento) to give a discount (on sth): *Descontaban el 10% en todos los juguetes.* They were giving a 10% discount on all toys. **2** (restar) to deduct: *Tienes que ~ los gastos del viaje.* You have to deduct your traveling expenses. **3** (no contar) not to count: *Si descontamos el mes de vacaciones...* If we don't count our month of vacation...

descontento, -a adj ~ **(con)** dissatisfied (with sb/sth)

desconvocar vt (huelga, etc.) to call sth off

descorchar vt to uncork

descortés adj rude

descoser vt to unpick
▸ **descoserse** vp to come apart at the seams

descremado, -a adj LOC Ver LECHE, YOGUR

describir vt to describe

descripción nf description

descuartizar vt **1** (carnicero) to carve sth up **2** (asesino) to chop sb/sth into pieces

descubierto, -a adj: *el pecho ~* bare-chested ◊ *un vestido con la espalda descubierta* a backless dress LOC **al descubierto** (al aire libre) in the open air Ver tb DESCUBRIR

descubridor, -ora nm-nf discoverer

descubrimiento nm discovery [pl discoveries]

descubrir vt **1** (encontrar, darse cuenta) to discover: *~ una isla/vacuna* to discover an island/a vaccine ◊ *Descubrí que no tenía plata.* I discovered I had no money. **2** (averiguar) to find sth (out): *Descubrí que me engañaban.* I found out that they were deceiving me. **3** (estatua, placa) to unveil LOC **se descubrió todo (el asunto)** it all came out

descuento nm discount: *Me hicieron un cinco por ciento de ~.* They gave me a five percent discount. ◊ *Son 5.000 menos el ~.* It's 5,000 before the discount.

descueve adj (Chi) (genial) great

descuidado, -a adj **1** (poco cuidadoso) careless **2** (desatendido) neglected **3** (desaliñado) scruffy Ver tb DESCUIDAR

descuidar vt to neglect
▸ **descuidarse** vp: *Si me descuido, pierdo el bus.* If I don't watch out, I'll miss the bus. ◊ *Si te descuidas, te engañan.* They'll cheat you if you're not careful.

descuido nm: *El accidente ocurrió por un ~ del conductor.* The driver lost his concentration and caused an accident. ◊ *El perro se le escapó en un ~.* His attention wandered and he lost the dog.

desde prep **1** (*tiempo*) since: *Vivo en esta casa ~ 2006.* I've been living in this house since 2006. ◊ *Desde que se fueron...* Since they left... ➲ *Ver nota en* FOR **2** (*lugar, cantidad*) from: *desde abajo* from below ◊ *Desde el apartamento se ve la playa.* You can see the beach from the apartment. LOC **desde... hasta...** from... to...: *~ el 8 hasta el 15* from the 8th to the 15th

desear vt **1** (*suerte*) to wish sb sth: *Te deseo suerte.* I wish you luck. **2** (*anhelar*) to wish for sth: *¿Qué más podría ~?* What more could I wish for?

desechable adj disposable

desembarcar vt **1** (*mercancía*) to unload **2** (*persona*) to set sb ashore
▸ vi to disembark

desembocadura nf **1** (*río*) mouth **2** (*calle*) end

desembocar vi ~ **en 1** (*río*) to flow into sth **2** (*calle, túnel*) to lead to sth

desembolsar vt to pay sth (out)

desempacar vt to unpack LOC *Ver* MALETA

desempatar vi **1** (*Dep*) to break a tie **2** (*Pol*) to break the deadlock

desempate nm (*en concurso*) tiebreaker LOC (**partido de**) **desempate** (*Fútbol*) play-off

desempeñar vt **1** (*cargo*) to hold: *~ el puesto de decano* to hold the post of dean **2** (*papel*) to play

desempleado, -a adj unemployed
▸ nm-nf unemployed person: *los ~s* the unemployed

desempleo nm unemployment

desencajado, -a adj **1** (*cara*) contorted **2** (*hueso*) dislocated

desenchufar vt to unplug

desenfocado, -a adj out of focus

desenfundar vt to pull sth out

desenganchar vt to unhook

desengañar vt **1** (*desilusionar*) to disillusion **2** (*revelar la verdad*) to open sb's eyes
▸ **desengañarse** vp **1** (*desilusionarse*) to become disillusioned **2** (*enfrentarse a la verdad*) to face facts: *Desengáñate, no van a venir.* Face facts. They're not coming.

desengaño nm disappointment
LOC **llevarse/sufrir un desengaño amoroso** to be disappointed in love

desenlace nm (*obra literaria, película*) ending

desenredarse vp LOC **desenredarse el pelo** to get the tangles out of your hair

desenrollar(se) vt, vp **1** (*papel*) to unroll **2** (*cable*) to unwind

desenterrar vt to dig sth up: *~ un hueso* to dig up a bone

desentonar vi ~ (**con**) to clash (with sth): *¿Crees que estos colores desentonan?* Do you think these colors clash?

desenvolver vt to unwrap: *~ un paquete* to unwrap a package
▸ **desenvolverse** vp to get along: *Se desenvuelve bien en el trabajo/colegio.* He's getting along well at work/school.

deseo nm wish: *Piensa un ~.* Make a wish.

desequilibrado, -a adj, nm-nf (mentally) unbalanced: *Es un ~.* He's mentally unbalanced.

deserción nf LOC **deserción escolar** school dropout rate

desértico, -a adj **1** (*zona*) desert: *una zona desértica* a desert area **2** (*clima*) arid

desertificación nf desertification

desertor, -ora nm-nf deserter

desesperado, -a adj **1** desperate: *Estoy ~ por verla.* I'm desperate to see her. **2** (*situación, caso*) hopeless *Ver tb* DESESPERAR

desesperar vt to drive sb crazy: *Lo desesperaba no conseguir trabajo.* Not being able to get a job was driving him crazy.
▸ vi ~ (**de**) to despair (of doing sth): *No desesperes, aún puedes pasar.* Don't despair. You can still pass.

desespero nm (*tb* **desesperación** nf) despair: *para ~ mío/de los médicos* to my despair/the despair of the doctors

desfasado, -a adj out of date: *ideas desfasadas* out-of-date ideas ➲ *Ver nota en* WELL BEHAVED

desfavorable adj unfavorable

desfavorecido, -a adj, nm-nf disadvantaged: *los ~s de la sociedad* disadvantaged members of society

desfigurar vt to disfigure

desfiladero nm gorge

desfilar vi **1** (*Mil, manifestación*) to march **2** (*modelos*) to parade

desfile nm parade LOC **desfile de modas** fashion show

desgarrar(se) vt, vp to tear: *~se el pantalón/un ligamento* to tear your pants/a ligament

desgastar(se) vt, vp **1** (*ropa, zapatos*) to wear (sth) out: *~ unas botas* to wear out a pair of boots ◊ *Se me desgastó la chaqueta por los codos.* My jacket's worn at the elbows. **2** (*rocas*) to wear (*sth*) away, to erode (*más formal*)

desgaste nm **1** (*por el uso*) wear: *Esta alfombra sufre mucho ~.* This rug gets very heavy wear. **2** (*rocas*) erosion

desgracia nf misfortune: *Han tenido muchas ~s.* They've had many misfortunes. **por desgracia** unfortunately ◆ **tener la desgracia de** to be unlucky enough *to do sth*

desgraciadamente adv unfortunately

desgraciado, -a adj **1** (*sin suerte*) unlucky **2** (*infeliz*) unhappy: *llevar una vida desgraciada* to lead an unhappy life
▸ nm-nf **1** (*pobre*) wretch **2** (*mala persona*) swine

deshabitado, -a adj deserted

deshacer vt **1** (*nudo, paquete*) to undo **2** (*desmontar*) to take *sth* apart: *~ un rompecabezas* to take a jigsaw apart **3** (*derretir*) to melt
▸ **deshacerse** vp **1** (*nudo, costura*) to come undone **2** (*derretirse*) to melt **3 deshacerse de** to get rid of *sb/sth*: *~se de un carro viejo* to get rid of an old car

deshelar(se) vt, vp to thaw

deshidratarse vp to become dehydrated

deshinchar vt (*desinflar*) to let the air out of *sth*
▸ **deshincharse** vp to go down: *Ya se me deshinchó el tobillo.* The swelling in my ankle has gone down.

deshonesto, -a adj dishonest

desierto, -a adj deserted
▸ nm desert LOC *Ver* ISLA

designar vt **1** (*persona*) to appoint *sb* (*sth/to sth*): *Fue designado (como) presidente/para el puesto.* He was appointed chairman/to the post. **2** (*sitio*) to designate *sth* (*as sth*): *~ a Rio como sede de los Juegos* to designate Rio as the venue for the Games

desigual adj (*irregular*) uneven: *un terreno ~* uneven terrain

desigualdad nf inequality [pl inequalities]

desilusión nf disappointment LOC **llevarse una desilusión** to be disappointed

desilusionar vt to disappoint

desinfectante nm disinfectant

desinfectar vt to disinfect

desinflar vt to let the air out of *sth*
▸ **desinflarse** vp (*objeto inflado*) to deflate

desinhibirse vp to let your hair down

desinstalar vt (*Informát*) to uninstall

desintegración nf disintegration

desintegrarse vp to disintegrate

desinterés nm lack of interest

desistir vi *~* (**de**) to give up (*sth/doing sth*): *~ de buscar trabajo* to give up looking for work

desleal adj disloyal

deslizamiento nm LOC **deslizamiento de tierra(s)** landslide

deslizar vt **1** to slide: *Puedes ~ el asiento hacia adelante.* You can slide the seat forward. **2** (*con disimulo*) to slip: *Deslizó la carta en su bolsillo.* He slipped the letter into his pocket.
▸ **deslizarse** vp to slide: *~se sobre el hielo* to slide on the ice

deslumbrante adj dazzling: *una luz/actuación ~* a dazzling light/performance

deslumbrar vt to dazzle

desmantelar vt to dismantle

desmaquillador, -ora adj LOC **crema/loción desmaquilladora** make-up remover

desmayarse vp to faint

desmayo nm fainting fit LOC **darle a algn un desmayo** to faint

desmedido, -a adj excessive

desmejorado, -a adj: *La encontré un poco desmejorada.* She wasn't looking too well. ◊ *Está muy ~ desde la última vez que lo vi.* He's gone rapidly downhill since the last time I saw him.

desmentir vt to deny: *Desmintió las acusaciones.* He denied the accusations.

desmenuzar vt **1** (*pescado*) to break *sth* into small pieces **2** (*pan, galletas*) to crumble *sth* (up)

desmontar vt **1** to take *sth* apart: *~ una bicicleta* to take a bicycle apart **2** (*andamio, estantería, carpa*) to take *sth* down
▸ vi (*bajar de un caballo*) to dismount

desmoralizarse vp to lose heart: *Sigue adelante, no te desmoralices.* Keep going, don't lose heart.

desnivel nm: *el ~ entre la casa y el jardín* the difference in level between the house and the yard

desnivelado, -a adj not level: *El suelo está ~.* The ground isn't level.

desnudo, -a adj **1** (*persona*) naked: *El niño está medio ~.* The child is half-naked. **2** (*parte del cuerpo, vacío*) bare: *brazos ~s/paredes desnudas* bare arms/walls ➲ *Ver nota en* NAKED

desnutrido, -a adj undernourished

desobedecer vt to disobey: *~ órdenes/a tus papás* to disobey orders/your parents

desobediencia nf disobedience

desobediente adj, nmf disobedient: *¡Eres una ~!* You're a very disobedient girl!

desodorante nm deodorant

desolador, -ora adj devastating

desolar vt to devastate: *La noticia nos desoló.* We were devastated by the news.

desorden nm mess: *Perdone el ~.* Sorry for the mess. ◊ *Tenía la casa en ~.* The house was a mess.

desordenado, -a adj, nm-nf **1** messy: *¡Eres un ~!* You're so messy! **2** (*Chi*) (*revoltoso*) badly behaved ➔ *Ver nota en* WELL BEHAVED
LOC **dejar algo desordenado** to mess sth up *Ver tb* DESORDENAR

desordenar vt to mess sth up: *Me desordenaste el armario.* You've made a mess of my closet.

desorganizado, -a adj, nm-nf disorganized: *Ya sé que soy un ~.* I know I'm disorganized. *Ver tb* DESORGANIZAR

desorganizar vt (*desordenar*) to mess sth up

desorientar vt (*desconcertar*) to confuse: *Sus instrucciones me desorientaron.* I was confused by his directions.
▸ **desorientarse** vp to get lost: *Me desorienté.* I'm lost.

despachar vt **1** (*atender*) to serve **2** (*solucionar*) to settle: *Despachamos el tema en media hora.* We settled the matter in half an hour. **3** (*librarse de algn*) to get rid of sb: *Nos despachó rápido.* He soon got rid of us.

despacho nm **1** (*oficina*) office: *Nos recibió en su ~.* She saw us in her office. **2** (*en casa*) study [*pl* studies]

despacio adv **1** (*lentamente*) slowly: *Maneja ~.* Drive slowly. **2** (*largo y tendido*) at length: *¿Por qué no lo hablamos más ~ durante la comida?* Why don't we talk about it at length over dinner? **3** (*Chi*) **(a)** (*en voz baja*) softly **(b)** (*con poca fuerza*) gently
▸ **¡despacio!** interj slow down! LOC *Ver* TORTUGA

despampanante adj stunning

despaturrarse vp to sprawl

despectivo, -a adj **1** scornful: *en tono ~* in a scornful tone **2** (*término*) pejorative

despedida nf **1** goodbye, farewell (*más formal*): *cena de ~* farewell dinner **2** (*celebración*) leaving party [*pl* leaving parties]
LOC **despedida de soltero/soltera** bachelor/bachelorette party, stag/hen night (*GB*)

despedir vt **1** (*decir adiós*) to see sb off: *Fuimos a ~los a la estación.* We went to see them off at the station. **2** (*empleado*) to dismiss, to fire (*más coloq*) **3** (*calor, luz, olor*) to give sth off
▸ **despedirse** vp **despedirse (de)** to say goodbye (to sb/sth): *Ni siquiera se despidieron.* They didn't even say goodbye.

despegado, -a adj unstuck *Ver tb* DESPEGAR

despegar vt to pull sth off
▸ vi (*avión*) to take off: *El avión está despegando.* The plane is taking off.
▸ **despegarse** vp to come off: *Se despegó el asa.* The handle came off.

despegue nm take-off

despeinado, -a adj messy: *Estás ~.* Your hair's messy *Ver tb* DESPEINAR(SE)

despeinar(se) vt, vp to mess sb's/your hair up: *No me despeines.* Don't mess my hair up.

despejado, -a adj clear: *un cielo ~/una mente despejada* a clear sky/mind *Ver tb* DESPEJAR

despejar vt to clear: *¡Despejen la zona!* Clear the area!
▸ v imp (*cielo*) to clear up: *Despejó a eso de las cinco.* It cleared up at about five.
▸ **despejarse** vp **1** (*nubes*) to clear (away) **2** (*despertarse*) to wake up

despelote nm chaos [*incontable*], mess (*más coloq*): *La casa es un ~.* The house is a mess. ◊ *¡Qué ~ tengo en la cabeza!* I'm in such a muddle.

despensa nf pantry

desperdiciar vt to waste

desperdicio nm **1** (*desaprovechamiento*) waste **2 desperdicios** scraps

desperezarse vp to stretch

despertador nm alarm (clock): *Puse el ~ para las siete.* I set the alarm for seven. ➔ *Ver dibujo en* RELOJ

despertar vt **1** (*persona*) to wake sb up: *¿A qué hora quiere que lo despierte?* What time do you want me to wake you up? **2** (*interés, sospecha*) to arouse
▸ **despertar(se)** vi, vp to wake up LOC **tener (un) buen/mal despertar** to wake up in a good/bad mood

despido nm dismissal

despierto, -a adj **1** (*no dormido*) awake: *¿Estás ~?* Are you awake? **2** (*espabilado*) bright
LOC *Ver* SOÑAR; *Ver tb* DESPERTAR

despistado, -a adj **1** (*por naturaleza*) absentminded **2** (*distraído*) miles away: *Iba ~ y no los vi.* I was miles away and didn't see them. LOC **hacerse el despistado**: *Nos vio pero se hizo el ~.* He saw us but pretended not to. *Ver tb* DESPISTAR

despistar vt **1** (*desorientar*) to confuse **2** (*a un perseguidor*) to shake sb off: *Despistó a la policía.* He shook off the police.

despiste nm absentmindedness [*incontable*]: *¡Qué ~ el suyo!* He's so absentminded!

desplazado, -a *adj* out of place: *sentirse ~* to feel out of place *Ver tb* DESPLAZAR

desplazar *vt* (*sustituir*) to take the place of *sb/sth*: *El computador ha desplazado a la máquina de escribir.* Computers have taken the place of typewriters.
▸ **desplazarse** *vp* to go: *Se desplazan a todos los sitios en taxi.* They go everywhere by taxi.

desplegar *vt* **1** (*mapa, papel*) to unfold **2** (*velas*) to unfurl **3** (*tropas, armamento*) to deploy

despliegue *nm* deployment

desplomarse *vp* to collapse

despoblado, -a *adj* (*sin habitantes*) uninhabited

déspota *nmf* tyrant

despreciable *adj* despicable

despreciar *vt* **1** (*menospreciar*) to despise, to look down on *sb* (*más coloq*): *Despreciaban a los otros alumnos.* They looked down on the other students. **2** (*rechazar*) to reject: *Despreciaron nuestra ayuda.* They rejected our offer of help.

desprecio *nm* contempt (*for sb/sth*): *mostrar ~ por algn* to show contempt for sb

desprender *vt* **1** (*separar*) to take *sth* off, to remove (*más formal*): *Desprende la etiqueta.* Take the price tag off. **2** (*emanar*) to give *sth* off: *Desprende un olor fuerte.* It gives off a strong smell.
▸ **desprenderse** *vp* **1** (*separarse*) to come off: *Se te desprendió un botón.* One of your buttons has come off. **2 desprenderse de** to get rid of *sth*: *Se desprendió de varios libros.* He got rid of some books.

desprendimiento *nm* LOC **desprendimiento de tierras** landslide

desprestigiar *vt* to discredit

desprevenido, -a *adj* LOC **coger/pillar a algn desprevenido** to catch sb unawares

desproporcionado, -a *adj* disproportionate (*to sth*)

desprovisto, -a *adj ~ de* lacking in *sth*

después *adv* **1** (*más tarde*) afterward(s), later (*más coloq*): *Después dijo que no le había gustado.* He said afterward(s) he hadn't liked it. ◊ *Salieron poco ~.* They came out shortly afterward(s). ◊ *Si estudias ahora, ~ puedes ver la televisión.* If you do your homework now, you can watch TV later. ◊ *No me lo dijeron hasta mucho ~.* They didn't tell me until much later. **2** (*a continuación*) next: *¿Y qué pasó ~?* And what happened next? LOC **después de** after *sth/doing sth*: *~ de las dos* after two o'clock ◊ *~ de hablar con ellos* after talking to them ◊ *La farmacía está ~ del banco.* The drugstore is after the bank. ◆ **después de que** when: *~ de que acabes las tareas pon la mesa.* When you've finished your homework, you can set the table. ◆ **después de todo** after all

despuntar *vi* (*alba, día*) to break

destacador *nm* highlighter

destacar *vt* to point *sth* out: *El profesor destacó varios aspectos de su obra.* The teacher pointed out various aspects of his work.
▸ **destacar(se)** *vi, vp* to stand out: *El rojo destaca sobre el verde.* Red stands out against green.

destapador *nm* bottle opener

destapar *vt* **1** (*quitar la tapa*) to take the lid off *sth*: *~ una olla* to take the lid off a saucepan **2** (*en la cama*) to pull the covers off *sb*: *No me destapes.* Don't pull the covers off me.
▸ **destaparse** *vp* (*en la cama*) to throw the covers off

destaponar(se) *vt, vp* to unblock

destartalado, -a *adj* dilapidated

destemplado, -a *adj* **1** (*desagradable*) unpleasant **2** (*diente*) sensitive LOC **estar destemplado** (*con fiebre*) to be under the weather *Ver tb* DESTEMPLAR

destemplar *vt* **1** (*dientes*) to set *sb's* teeth on edge **2** (*aflojar*) to loosen
▸ **destemplarse** *vp* (*desafinar*) to go out of tune: *Se destiempla cada vez que canta.* She always sings out of tune. LOC **destemplársele a algn los dientes**: *Se me destiemplan los dientes comiendo mango verde.* Eating green mangoes sets my teeth on edge.

destender *vt* LOC **destender la cama 1** (*para acostarse*) to pull the covers back: *Destendió la cama y se acostó.* She pulled the covers back and went to bed. **2** (*desordenar*) to mess the bed up

desteñir(se) *vt, vp* to fade: *Se te destiñó la falda.* Your skirt's faded.
▸ *vi*: *Esa camisa roja destiñe.* The color runs in that red shirt.

destinar *vt* to post: *La destinaron a Sincelejo.* She's been posted to Sincelejo.

destinatario, -a *nm-nf* addressee

destino *nm* **1** (*sino*) fate **2** (*avión, barco, tren, pasajero*) destination **3** (*lugar de trabajo*): *Me van a cambiar de ~.* I'm going to be transferred somewhere else. LOC **con destino a...** for...: *el ferry con ~ a las islas* the ferry for the islands

destornillador *nm* screwdriver

destrozado, -a *adj* (*abatido*) devastated (*at/by sth*): *~ por la pérdida de su hijo* devastated by the loss of his son *Ver tb* DESTROZAR

destrozar *vt* **1** (*destruir*) to destroy **2** (*hacer trozos*) to smash: *Destrozaron los vidrios del la vitrina.* They smashed the display window.

3 (*arruinar*) to ruin: *~ la vida de algn* to ruin sb's life

destrucción *nf* destruction

destructivo, -a *adj* destructive

destructor *nm* (*Náut*) destroyer

destruir *vt* to destroy

desvalido, -a *adj* helpless

desvalijar *vt* **1** (*posesiones*): *Me habían desvalijado el carro.* Everything had been stolen from my car. **2** (*persona*) to rob *sb* of all they have

desván *nm* attic, loft (*GB*)

desvanecerse *vp* **1** (*desmayarse*) to faint **2** (*desaparecer*) to disappear

desvariar *vi* **1** (*delirar*) to be delirious **2** (*decir disparates*) to talk nonsense

desvelar *vt* **1** (*espabilar*) to keep *sb* awake **2** (*revelar*) to reveal
▸ **desvelarse** *vp* **1** (*no poder dormir*) not to be able to get to sleep: *Me desperté con el ruido y me desvelé.* The noise woke me up and I couldn't get back to sleep. **2** (*desvivirse*) to do your utmost *for sb*

desventaja *nf* disadvantage LOC **estar en desventaja** to be at a disadvantage

desvergonzado, -a *adj, nm-nf* **1** (*que no tiene vergüenza*) shameless: *ser un ~* to have no shame **2** (*insolente*) sassy, cheeky (*GB*)

desvestir *vt* to undress
▸ **desvestirse** *vp* to get undressed: *Se desvistió y se metió en la cama.* He got undressed and went to bed.

desviación *nf* **1** (*tráfico*) detour, diversion (*GB*) **2** *~* (**de**) (*irregularidad*) deviation (from *sth*)

desviar *vt* to divert: *~ el tráfico* to divert traffic ◊ *~ los fondos de una sociedad* to divert company funds
▸ **desviarse** *vp* **1** (*carretera*) to branch off: *La carretera se desvía hacia la izquierda.* The road branches off to the left. **2** (*vehículo*) to turn off LOC **desviar la mirada** to avert your eyes *Ver tb* TEMA

desvío *nm* detour

desvivirse *vp* *~* **por** to live for *sb/sth*: *Se desviven por sus hijos.* They live for their children. ◊ *Se desvive por los nietos.* She will do anything for her grandchildren.

detalladamente *adv* in detail

detallado, -a *adj* detailed *Ver tb* DETALLAR

detallar *vt* **1** (*contar con detalle*) to give details of *sth* **2** (*especificar*) to specify

detalle *nm* **1** (*pormenor*) detail **2** (*atención*) gesture LOC **¡qué detalle!** how thoughtful!
♦ **tener muchos detalles (con algn)** to be very considerate (to sb) *Ver tb* LUJO

detallista *adj* thoughtful: *Tú siempre tan ~.* You're always so thoughtful.

detalloso, -a *adj* (*Per*) (*vanidoso*) vain

detectar *vt* to detect

detective *nmf* detective

detector *nm* detector: *un ~ de mentiras/metales* a lie/metal detector

detención *nf* **1** (*arresto*) arrest **2** (*paralización*) halt: *La falta de material motivó la ~ de las obras.* Lack of materials brought the building work to a halt.

detener *vt* **1** (*parar*) to stop **2** (*arrestar*) to arrest
▸ **detenerse** *vp* to stop

detenidamente *adv* carefully

detenido, -a *adj*: *estar/quedar ~* to be under arrest
▸ *nm-nf* person under arrest *Ver tb* DETENER

detergente *nm* detergent

deteriorar *vt* to damage
▸ **deteriorarse** *vp* to deteriorate: *Su salud se deterioraba día a día.* Her health deteriorated day by day.

deterioro *nm* deterioration

determinado, -a *adj* **1** (*cierto*) certain: *en ~s casos* in certain cases **2** (*artículo*) definite *Ver tb* DETERMINAR

determinar *vt* to determine: *~ el precio de algo* to determine the price of sth

detestar *vt* to detest *sth/doing sth*, to hate *sth/doing sth* (*más coloq*): *Detesto viajar sola.* I hate to travel alone.

detrás *adv* **1** behind: *Los otros vienen ~.* The others are coming behind. **2** (*atrás*) at/on the back: *El mercado está ~.* The market is at the back. ◊ *El precio está ~.* The price is on the back. LOC **andar/estar detrás de algn** to be after sb ♦ **detrás de 1** behind: *~ de nosotros/la casa* behind us/the house **2** (*después de*) after: *Fuma un cigarrillo ~ de otro.* He smokes one cigarette after another. ♦ **por detrás** from behind

deuda *nf* debt LOC **tener una deuda** to be in debt (*to sb/sth*): *tener una ~ con el banco* to be in debt to the bank

devaluar *vt* to devalue

devanarse *vp* LOC *Ver* SESO

devastador, -ora *adj* devastating

devolución *nf* **1** (*artículo*) return: *la ~ de mercancías defectuosas* the return of defective goods **2** (*dinero*) refund

devolver *vt* **1** to return *sth* (*to sb/sth*): *¿Devolviste los libros a la biblioteca?* Did you return the books to the library? **2** (*dinero*) to refund: *Se le devolverá el importe.* You will have your money refunded. **3** (*ajo, cebolla,*

devorar

pimentón): *Estoy devolviendo el pimentón.* The peppers are repeating (on me).

devorar *vt* to devour: *Mi hija devora libros.* My daughter devours books.

devoto, -a *adj* (*piadoso*) devout

devuelta *nf* change: *Quédate con la ~.* Keep the change.

día *nm* **1** day: *Pasamos el ~ en Viña.* We spent the day in Viña. ◊ *– ¿Qué ~ es hoy? – Martes.* 'What day is it today?' 'Tuesday.' ◊ *al ~ siguiente* the following day **2** (*en fechas*): *Termina el ~ 15.* It ends on the 15th. ◊ *Llegaron el ~ 10 de abril.* They arrived on April 10. **❶** Se dice 'April tenth' o 'the tenth of April'. LOC *al/por día* a day: *tres veces al ~* three times a day ◆ **¡buenos días!** good morning! morning! (*más coloq*) ◆ **dar los buenos días** to say good morning ◆ **de día/durante el día** in the daytime/during the daytime: *Duermen de ~.* They sleep in the daytime. ◆ **del día** fresh: *pan del ~* fresh bread ◆ **día de la madre/del padre** Mother's/Father's Day ◆ **día de los enamorados** St. Valentine's Day ◆ **día de los inocentes** ≈ April Fool's Day ◗ *Ver nota en* APRIL ◆ **día de los Reyes Magos** January 6 ◆ **día de Navidad** Christmas Day ◗ *Ver nota en* NAVIDAD ◆ **día de Todos los Santos** All Saints' Day ◗ *Ver nota en* HALLOWEEN ◆ **día festivo** holiday ◆ **día libre 1** (*no ocupado*) free day **2** (*sin ir a trabajar*) day off: *Mañana es mi ~ libre.* Tomorrow's my day off. ◆ **día sándwich** day between two public holidays ◆ **el día de mañana** in the future ◆ **estar al día** to be up to date ◆ **hacer buen día** to be a nice day: *Hace buen ~ hoy.* It's a nice day today. ◆ **hacerse de día** to get light ◆ **poner al día** to bring *sb/sth* up to date ◆ **ser de día** to be light ◆ **todos los días** every day ◗ *Ver nota en* EVERYDAY ◆ **un día sí y otro no** every other day *Ver tb* ALGUNO, HOY, MENÚ, OTRO, PLENO, QUINCE, VIVIR

diabetes *nf* diabetes [*incontable*]

diabético, -a *adj, nm-nf* diabetic

diablo *nm* devil LOC *Ver* ABOGADO, OLER

diablura *nf* LOC **hacer diabluras/una diablura**: *Ese niño no deja de hacer ~s.* That boy is always up to mischief. ◊ *Deja de hacer ~s, ¿sí?* Don't be so naughty!

diadema *nf* hairband

diagnóstico *nm* diagnosis [*pl* diagnoses]

diagonal *adj, nf* diagonal

diagrama *nm* diagram

dialecto *nm* dialect: *un ~ del inglés* a dialect of English

dialogar *vi* **~ (con)** to talk (to *sb*): *Los padres deberían ~ más con los hijos.* Parents should talk to their children more.

diálogo *nm* conversation: *Tuvimos un ~ interesante.* We had an interesting conversation.

diamante *nm* **1** (*piedra*) diamond **2 diamantes** (*Naipes*) diamonds ◗ *Ver nota en* BARAJA

diámetro *nm* diameter

diapositiva *nf* slide: *una ~ en color* a color slide

diariamente *adv* every day, daily (*más formal*)

diario, -a *adj* daily
▸ *nm* **1** (*periódico*) newspaper **2** (*personal*) diary [*pl* diaries] LOC **a diario** every day ◆ **de/para diario** everyday: *ropa de ~* everyday clothes ◗ *Ver nota en* EVERYDAY ◆ **diario mural** (*Chi*) bulletin board, noticeboard (*GB*)

diarrea *nf* diarrhea [*incontable*]

dibujante *nmf* **1** (*técnico*) draftsman/woman [*pl* draftsmen/-women] **2** (*humor*) cartoonist

dibujar *vt* to draw

dibujo *nm* **1** (*Arte*) drawing: *estudiar ~* to study drawing ◊ *un ~* a drawing ◊ *Haz un ~ de tu familia.* Draw your family. **2** (*motivo*) pattern LOC **dibujo lineal** technical drawing *Ver tb* ANIMADO

diccionario *nm* dictionary [*pl* dictionaries]: *Búscalo en el ~.* Look it up in the dictionary. ◊ *un ~ bilingüe* a bilingual dictionary

dicho, -a *adj* that [*pl* those]: *~ año* that year
▸ *nm* (*refrán*) saying LOC **dicho de otra forma/manera** in other words ◆ **dicho y hecho** no sooner said than done *Ver tb* MEJOR; *Ver tb* DECIR¹

diciembre *nm* December (*abrev* Dec.) ◗ *Ver ejemplos en* ENERO

dictado *nm* dictation: *Vamos a hacer un ~.* We're going to do a dictation.

dictador, -ora *nm-nf* dictator

dictadura *nf* dictatorship: *durante la ~ militar* under the military dictatorship

dictar *vt, vi* to dictate LOC **dictar clase** to teach: *Dicto clase en un colegio privado.* I teach at a private school. ◆ **dictar sentencia** to pass sentence

didáctico, -a *adj* LOC *Ver* MATERIAL

diecinueve *nm, adj, pron* **1** nineteen **2** (*fecha*) nineteenth ◗ *Ver ejemplos en* ONCE, SEIS

dieciocho *nm, adj, pron* **1** eighteen **2** (*fecha*) eighteenth ◗ *Ver ejemplos en* ONCE, SEIS

dieciséis *nm, adj, pron* **1** sixteen **2** (*fecha*) sixteenth ◗ *Ver ejemplos en* ONCE, SEIS

diecisiete *nm, adj, pron* **1** seventeen **2** (*fecha*) seventeenth ◗ *Ver ejemplos en* ONCE, SEIS

diente nm tooth [pl teeth] LOC **diente de ajo** clove of garlic ♦ **diente de leche** milk tooth [pl milk teeth] Ver tb CEPILLO, DESTEMPLAR, LAVAR, PASTA

diesel nm (motor) diesel engine

diestro, -a adj (persona) right-handed LOC **a diestra y siniestra** left, right and center

dieta nf diet: estar a ~ to be on a diet

dietético, -a adj (refresco) diet: Coca-Cola dietética Diet Coke ➔ Ver nota en LOW-CAL

diez nm, adj, pron **1** ten **2** (fechas) tenth ➔ Ver ejemplos en SEIS LOC **sacar un diez** to get an "A"

difamar vt **1** (de palabra) to slander **2** (por escrito) to libel

diferencia nf **1** ~ **con/entre** difference between sth and sth: Venezuela tiene una hora de ~ con Colombia. There's an hour's difference between Venezuela and Colombia. ◊ la ~ entre dos telas the difference between two fabrics **2** ~ **(de)** difference (in/of sth): No hay mucha ~ de precio entre los dos. There's not much difference in price between the two. ◊ ~ de opiniones difference of opinion LOC **a diferencia de** unlike Ver tb MARCAR

diferenciar vt to differentiate (sth from sth), to differentiate between sth and sth
▸ **diferenciarse** vp: No se diferencian en nada. There's no difference between them. ◊ ¿En qué se diferencia? What's the difference?

diferente adj ~ **(a/de)** different (from sb/sth)
▸ adv differently: Pensamos ~. We think differently.

difícil adj difficult LOC Ver FÁCIL

dificultad nf difficulty [pl difficulties]

dificultar vt to make sth difficult: El viento dificultó las tareas de extinción del incendio. The wind made it difficult to put out the fire.

difuminar vt to blur

difundir vt **1** (Radio, TV) to broadcast **2** (publicar) to publish **3** (oralmente) to spread
▸ **difundirse** vp (noticia, luz) to spread

difunto, -a adj late: el ~ presidente the late president
▸ nm-nf deceased: los familiares del ~ the family of the deceased

difusión nf **1** (ideas) dissemination **2** (programas) broadcasting **3** (diario, revista) circulation

digerir vt to digest

digestión nf digestion LOC **hacer la digestión**: Todavía estoy haciendo la ~. I just ate. ◊ Hay que hacer la ~ antes de bañarse en la piscina. You shouldn't go swimming right after meals.

digestivo, -a adj digestive: el aparato ~ the digestive system

digital adj digital LOC Ver TELEVISIÓN

digitalizar vt to digitalize

digitar vt to key sth in, to enter (más formal): Digite su contraseña. Enter your password.

dignarse vp to deign to do sth

dignidad nf dignity

digno, -a adj **1** decent: el derecho a un trabajo ~ the right to a decent job **2** ~ **de** worthy of sth: ~ de atención worthy of attention LOC **digno de confianza** reliable

dije nm charm

dilatar(se) vt, vp **1** (agrandar(se), ampliar(se)) to expand **2** (poros, pupilas) to dilate

dilema nm dilemma

diluir vt **1** (sólido) to dissolve **2** (líquido) to dilute **3** (salsa, pintura) to thin
▸ **diluirse** vp (sólido) to dissolve

diluvio nm flood LOC **el Diluvio Universal** the Flood

dimensión nf dimension: la cuarta ~ the fourth dimension ◊ las dimensiones de una sala the dimensions of a room LOC **de grandes/ enormes dimensiones** huge

diminutivo, -a adj, nm diminutive

diminuto, -a adj tiny

dimisión nf resignation: Presentó su ~. He handed in his resignation.

dimitir vi ~ **(de)** to resign (from sth): ~ de un cargo to resign from a position

Dinamarca nf Denmark

dinámica nf dynamics [incontable]

dinámico, -a adj dynamic

dinamita nf dynamite

dínamo (tb **dinamo**) nf dynamo [pl dynamos]

dinastía nf dynasty [pl dynasties]

dinero nm money [incontable]: ¿Tienes ~? Do you have any money? ◊ Necesito ~. I need some money. LOC Ver LAVADO

dinosaurio nm dinosaur

dioptría nf: ¿Cuántas ~s tienes? How strong are your glasses?

dios nm god LOC **como Dios manda** right: hacer algo como Dios manda to do sth right ◊ una oficina como Dios manda a real office ♦ **¡Dios me libre!** God forbid! ♦ **¡Dios mío!** my God! ♦ **Dios sabe/sabrá Dios** God knows ♦ **¡por Dios!** for God's sake! Ver tb AMOR, PEDIR

diosa nf goddess

dióxido nm dioxide LOC **dióxido de carbono** carbon dioxide

diploma

diploma nm **1** diploma **2** (*universidad*) degree certificate

diplomacia nf diplomacy

diplomático, -a adj diplomatic
▸ nm-nf diplomat

diptongo nm diphthong

diputado, -a nm-nf deputy [*pl* deputies]

> En Estados Unidos, el equivalente es **congressman** o **congresswoman**, mientras que en Gran Bretaña es **Member of Parliament** (*abrev* **MP**).

LOC *Ver* CONGRESO

dique nm dyke LOC **dique (seco)** dry dock

dirección nf **1** (*rumbo*) direction: *Iban en ~ contraria.* They were going in the opposite direction. ◊ *salir con ~ a Cúcuta* to set off for Cúcuta **2** (*datos*) address: *nombre y ~* name and address LOC *Ver* LISTA, SECRETARIO

direccional nf (*carro*) turn signal, indicator (*GB*) LOC **poner las direccionales** to signal

directamente adv (*derecho*) straight: *Volvimos ~ a Lima.* We went straight back to Lima.

directivo, -a adj management: *el equipo ~* the management team
▸ nm-nf director

directo, -a adj **1** direct: *un vuelo ~* a direct flight ◊ *¿Cuál es el camino más ~?* What's the most direct way? **2** (*tren*) through: *un tren ~* a through train LOC **en directo** live: *una transmisión en ~* a live broadcast

director, -ora nm-nf **1** director: *~ artístico/financiero* artistic/financial director ◊ *un ~ de cine/teatro* a movie/theater director **2** (*colegio*) principal, head (teacher) (*GB*) **3** (*banco*) manager **4** (*periódico, editorial*) editor LOC **director (de orquesta)** conductor ♦ **director general** chief executive officer (*abrev* CEO) ♦ **director técnico** (*Fútbol*) coach

directorio nm telephone directory [telephone directories], phone book (*más coloq*): *Búscalo en el ~.* Look it up in the telephone directory.

dirigente adj (*Pol*) ruling
▸ nmf **1** (*Pol*) leader **2** (*empresa*) manager LOC *Ver* MÁXIMO

dirigir vt **1** (*película, obra de teatro, tráfico*) to direct **2** (*carta, mensaje*) to address *sth to sb/sth* **3** (*arma, manguera, telescopio*) to point *sth at sb/sth* **4** (*debate, campaña, expedición, partido*) to lead **5** (*negocio*) to run
▸ **dirigirse** vp **1** dirigirse a/hacia (*ir*) to head for…: *~se hacia la frontera* to head for the border **2** dirigirse a (a) (*hablar*) to speak to *sb* (b) (*por carta*) to write to *sb* LOC **dirigir la palabra** to speak *to sb*

discapacidad nf disability [*pl* disabilities]

discapacitado, -a adj disabled
▸ nm-nf disabled person: *los ~s* the disabled

> En un contexto más formal se prefiere la expresión **people with disabilities**: *un plan para integrar a los discapacitados en el mercado laboral* a plan to bring people with disabilities into the workplace.

disciplina nf **1** discipline: *mantener la ~* to maintain discipline **2** (*asignatura*) subject

discípulo, -a nm-nf **1** (*seguidor*) disciple **2** (*alumno*) student

disc-jockey nmf disc jockey (*abrev* DJ)

disco nm **1** (*objeto circular*) disc **2** (*Informát*) disk: *el ~ duro* the hard disk **3** (*Mús*) record: *poner un ~* to play a record **4** (*señal de tráfico*) (road) sign **5** (*Dep*) discus LOC **disco compacto** compact disc (*abrev* CD)

discográfico, -a adj record: *empresa discográfica* record company

discoteca nf club

discotequero, -a adj (*música*) disco: *un ritmo ~* a disco beat

discreción nf discretion

discreto, -a adj discreet

discriminación nf discrimination (*against sb*): *la ~ racial* racial discrimination ◊ *la ~ de la mujer* discrimination against women

discriminar vt to discriminate against *sb*

disculpa nf **1** (*excusa*) excuse: *Esto no tiene ~.* There's no excuse for this. **2** (*pidiendo perdón*) apology [*pl* apologies] ➔ *Ver nota en* SORRY LOC *Ver* PEDIR

disculpar vt to forgive: *Disculpe la interrupción.* Forgive the interruption. ◊ *Disculpa que llegue tarde.* Sorry I'm late.
▸ **disculparse** vp to apologize (*to sb*) (*for sth*): *Me disculpé con ella por no haber escrito.* I apologized to her for not writing.

discurso nm speech: *pronunciar un ~* to give a speech

discusión nf **1** (*debate*) discussion **2** (*disputa*) argument

discutido, -a adj (*polémico*) controversial *Ver tb* DISCUTIR

discutir vt **1** (*debatir*) to discuss **2** (*cuestionar*) to question: *~ una decisión* to question a decision
▸ vi **1** ~ **de/sobre** (*hablar*) to discuss *sth*: *~ de política* to discuss politics **2** (*pelear*) to argue (*with sb*) (*about/over sth*)

disecar vt **1** (*animal*) to stuff **2** (*flor*) to press **3** (*hacer la disección*) to dissect

diseñador, -ora nm-nf designer

diseñar vt **1** to design **2** (*plan*) to draw *sth* up

diseño nm design: *~ gráfico* graphic design

disforzarse vp (Per) to play the fool

disfraz nm costume: *un sitio donde se alquilan disfraces* a store where you can rent costumes LOC *Ver* BAILE

disfrazarse vp *~ (de)* (*para una fiesta*) to dress up (as sb/sth): *Se disfrazó de Cenicienta.* She dressed up as Cinderella.

disfrutar vi, vt to enjoy *sth/doing sth*: *Disfrutamos bailando/con el fútbol.* We enjoy dancing/soccer. ◊ *Disfruto de buena salud.* I enjoy good health.
▸ vi (*pasarlo bien*) to enjoy yourself: *¡Que disfrutes mucho!* Enjoy yourself!

disgustado, -a adj upset *Ver* DISGUSTAR

disgustar vi to upset *sb*: *Les disgustó mucho que no aprobara.* They were very upset he failed.

disgusto nm LOC **causar un disgusto; dar disgustos** to upset *sb*: *Da muchos ~s a sus padres.* He's always upsetting his parents. ◊ *Su decisión les causó un gran ~.* His decision really upset them. ◆ **llevarse un disgusto** to be upset: *Cuando me dieron las notas me llevé un ~.* I was upset when I got my results. *Ver tb* MATAR

disidente adj, nmf dissident

disimular vt to hide: *~ la verdad/una cicatriz* to hide the truth/a scar
▸ vi to pretend: *Disimula, haz como que no sabes nada.* Pretend you don't know anything. ◊ *¡Ahí vienen! ¡Disimula!* There they are! Pretend you haven't seen them.

disimulo nm LOC **con/sin disimulo** surreptitiously/openly

dislexia nf dyslexia

disléxico, -a adj, nm-nf dyslexic

dislocar(se) vt, vp to dislocate

disminución nf drop (*in sth*): *una ~ en el número de accidentes* a drop in the number of accidents

disminuir vt to reduce: *Disminuye la velocidad.* Reduce your speed.
▸ vi to drop: *Disminuyeron los precios.* Prices have dropped.

disolvente nm solvent

disolver(se) vt, vp **1** (*en un líquido*) to dissolve: *Disuelva el azúcar en la leche.* Dissolve the sugar in the milk. **2** (*manifestación*) to break (*sth*) up: *La manifestación se disolvió enseguida.* The demonstration broke up immediately.

disparado, -a adj LOC **salir disparado** to shoot out (*of…*): *Salieron ~s del banco.* They shot out of the bank. *Ver tb* DISPARAR

disparar vt, vi to shoot: *~ una flecha* to shoot an arrow ◊ *¡No disparen!* Don't shoot! ◊ *Disparaban contra todo lo que se movía.* They were shooting at everything that moved.
▸ **dispararse** vp **1** (*arma, alarma, dispositivo*) to go off: *La pistola se disparó.* The pistol went off. **2** (*aumentar*) to shoot up: *Se dispararon los precios.* Prices have shot up.

disparate nm **1** (*dicho*) nonsense [*incontable*]: *¡No digas ~s!* Don't talk nonsense! **2** (*hecho*) stupid thing LOC *Ver* SARTA

disparo nm shot: *Murió a consecuencia de un ~.* He died from a gunshot wound. ◊ *Oí un ~.* I heard a shot.

dispersar(se) vt, vp to disperse

disponer vi *~ de* **1** (*tener*) to have *sth*: *~ de muy poco tiempo* to have very little time **2** (*utilizar*) to use *sth*: *~ de tus ahorros* to use your savings
▸ **disponerse** vp **disponerse a** to get ready for *sth/to do sth*: *Me disponía a salir cuando llegó mi suegra.* I was getting ready to leave when my mother-in-law arrived.

disponible adj available

dispositivo nm device LOC **dispositivo inalámbrico** wireless device

dispuesto, -a adj **1** (*ordenado*) arranged **2** (*preparado*) ready (*for sth*): *Todo está ~ para la fiesta.* Everything is ready for the party. **3** (*servicial*) willing **4** *~ a* (*decidido*) prepared *to do sth*: *No estoy ~ a dimitir.* I'm not prepared to resign. *Ver tb* DISPONER

disputa nf dispute

disputado, -a adj hard-fought *Ver tb* DISPUTAR

disputar vt (*Dep*) to play
▸ **disputarse** vp to compete for *sth*

distancia nf distance: *¿A qué ~ está la próxima gasolinera?* How far is it to the next gas station? LOC **a mucha/poca distancia de…** a long way/not far from…: *a poca ~ de nuestra casa* not far from our house *Ver tb* EDUCACIÓN, LLAMADA

distante adj distant

distinción nf **1** distinction: *hacer distinciones* to make distinctions **2** (*premio*) award LOC **sin distinción de raza, sexo, etc.** regardless of race, gender, etc.

distinguido, -a adj distinguished *Ver tb* DISTINGUIR

distinguir vt **1** (*diferenciar*) to distinguish *sb/sth (from sb/sth)*: *¿Se pueden ~ los machos de las hembras?* Can you distinguish the males from the females? ◊ *No puedo ~ a los dos hermanos.* I can't tell the difference between the two brothers. **2** (*divisar*) to make *sth* out: *~ una silueta* to make out an outline

distinto

▸ **distinguirse** *vp* **distinguirse por** to be known for sth: *Se distingue por su tenacidad.* He's known for his tenacity.

distinto, -a *adj* **1** ~ **(a/de)** different (from/to sb/sth): *Es muy ~ de/a su hermana.* He's very different from/to his sister. **2 distintos** *(diversos)* various: *los ~s aspectos del problema* the various aspects of the problem

distorsionar *vt* to distort: *~ una imagen/los hechos* to distort an image/the facts

distracción *nf (pasatiempo)* pastime: *Su ~ favorita es leer.* Reading is her favorite pastime.

distraer *vt* **1** *(entretener)* to keep *sb* amused: *Les conté cuentos para ~los.* I told them stories to keep them amused. **2** *(apartar la atención)* to distract *sb (from sth)*: *No me distraigas (de mi labor).* Don't distract me (from what I'm doing).
▸ **distraerse** *vp* **1 distraerse haciendo algo** *(pasar el tiempo)* to pass your time doing sth **2** *(despistarse)* to be distracted: *Me distraje un momento.* I was distracted for a moment.

distraído, -a *adj* absentminded **LOC** **estar/ir distraído** to be in a fog *Ver tb* DISTRAER

distribución *nf* **1** distribution **2** *(casa, apartamento)* layout

distribuidora *nf (empresa)* distributors [*pl*]

distribuir *vt* to distribute: *Distribuirán alimentos a/entre los refugiados.* They will distribute food to/among the refugees.

distrito *nm* district **LOC** **distrito electoral** *(Pol)* congressional district, constituency [*pl* constituencies] *(GB)*

disturbio *nm* riot

disuadir *vt* to dissuade *sb (from sth/doing sth)*

diversión *nf* **1** *(pasatiempo)* pastime **2** *(placer)* fun: *Pinto por ~.* I paint for fun. **3** *(espectáculo)* entertainment: *lugares de ~* places of entertainment ❶ La palabra inglesa **diversion** significa *desviación*. **LOC** *Ver* PARQUE

diverso, -a *adj* **1** *(variado, diferente)* different: *personas de ~ origen* people from different backgrounds **2 diversos** *(varios)* various: *El libro abarca ~s aspectos.* The book covers various aspects.

divertido, -a *adj* **1** *(gracioso)* funny ➔ *Ver nota en* FUN **2** *(agradable)* enjoyable: *unas vacaciones divertidas* an enjoyable vacation **LOC** **estar/ser (muy) divertido** to be a lot of fun *Ver tb* DIVERTIR

divertir *vt* to amuse
▸ **divertirse** *vp* to have fun **LOC** **divertirse en grande** to have a great time ♦ **¡que te diviertas!** have a good time!

dividir *vt* **1** to divide *sth* (up): *~ el trabajo/la torta* to divide (up) the work/cake ◊ *~ algo en tres partes* to divide something into three parts ◊ *Lo dividieron entre sus hijos.* They divided it between their children. **2** *(Mat)* to divide *sth (by sth)*: *~ ocho entre/por dos* to divide eight by two
▸ **dividir(se)** *vt, vp* ~ **(se) (en)** to split (into *sth*): *Ese asunto ha dividido a la familia.* That affair has split the family. ◊ *~se en dos facciones* to split into two factions

divino, -a *adj* divine

divisa *nf (dinero)* (foreign) currency [*gen incontable*]: *pagar en ~s* to pay in foreign currency

divisar *vt* to make *sb/sth* out

división *nf* **1** division **2** *(Dep)* league: *un equipo de primera ~* a major-league team **3** *(pared)* partition

divisorio, -a *adj* **LOC** *Ver* LÍNEA

divorciado, -a *adj* divorced
▸ *nm-nf* **1** *(masc)* divorcé **2** *(fem)* divorcée ❶ En Gran Bretaña se utiliza **divorcee** para ambos sexos. *Ver tb* DIVORCIARSE

divorciarse *vp* ~ **(de)** to get divorced (from *sb*)

divorcio *nm* divorce

divulgar(se) *vt, vp* to spread

DNI *nm* identity card

do *nm* **1** *(nota de la escala)* do **2** *(tonalidad)* C: *en do mayor* in C major

dobladillo *nm* hem

doblaje *nm (Cine)* dubbing

doblar *vt* **1** *(plegar)* to fold: *~ un papel en ocho* to fold a piece of paper into eight **2** *(torcer, flexionar)* to bend: *~ la rodilla/una barra de hierro* to bend your knee/an iron bar **3** *(duplicar)* to double: *Doblaron la oferta.* They doubled their offer. **4** *(esquina)* to turn **5** *(película)* to dub: *~ una película al portugués* to dub a movie into Portuguese
▸ *vi (campanas)* to toll
▸ **doblarse** *vp* **1** *(cantidad)* to double **2** *(torcerse)* to bend

doble *adj* double
▸ *nm* **1** *(cantidad)* twice as much/many: *Cuesta el ~.* It costs twice as much. ◊ *Gana el ~ que yo.* She earns twice as much as me. ◊ *Había el ~ de gente.* There were twice as many people. **2** [*con adjetivo*] twice as…: *el ~ de ancho* twice as wide **3** *(persona parecida)* double **4** *(Cine)* (stunt) double **LOC** **de doble sentido** *(chiste, palabra)* with a double meaning ♦ **estacionar/parquear en doble fila** to double-park *Ver tb* ARMA, CAMA, CARRETERA, HABITACIÓN

doblez *nm* fold

doce *nm, adj, pron* **1** twelve **2** *(fecha)* twelfth ➔ *Ver ejemplos en* ONCE, SEIS

doceavo, -a *adj, nm* twelfth

docena *nf* dozen: *una ~ de personas* a dozen people **LOC** **por docenas** by the dozen

doctor, -ora *nm-nf* doctor *(abrev* Dr.*)*

doctorado *nm* PhD: *estudiantes de ~* PhD students

doctrina *nf* doctrine

documentación *nf* **1** *(de una persona)* (identity) papers [*pl*]: *Me pidieron la ~.* They asked to see my (identity) papers. **2** *(de un carro)* documents [*pl*]

documental *nm* documentary [*pl* documentaries]

documento *nm* document **LOC** *Ver* IDENTIDAD

dólar *nm* dollar ➲ *Ver pág. 787*

doler *vi* **1** to hurt: *Esto no te va a ~ nada.* This won't hurt (you) at all. ◊ *Me duele la pierna/el estómago.* My leg/stomach hurts. ◊ *Me dolió que no me apoyaran.* I was hurt by their lack of support. **2** *(cabeza, muela)* to ache: *Me duele la cabeza.* I have a headache. **LOC** **doler el bazo a algn** to get a stitch

dolido, -a *adj* **1** hurt: *Está ~ por lo que dijiste.* He's hurt at what you said. **2** *~* **con** upset with *sb* *Ver tb* DOLER

dolor *nm* **1** *(físico)* pain: *algo contra/para el ~* something for the pain **2** *(pena)* grief **LOC** **dolor de cabeza/muelas/oídos** headache/toothache/earache ◆ **dolor de estómago** stomach ache *Ver tb* ESTREMECER(SE), GRITAR, RETORCER

dolorido, -a *adj* sore: *Tengo el hombro ~.* My shoulder is sore.

doloroso, -a *adj* painful

domador, -ora *nm-nf* tamer

domar *vt* **1** to tame **2** *(caballo)* to break

domesticar *vt* to domesticate

doméstico, -a *adj* **1** *(relativo a la casa)* household: *tareas domésticas* household chores **2** *(animal)* domestic **LOC** *Ver* LABOR, VIOLENCIA

domicilio *nm*: *cambio de ~* change of address ◊ *servicio a ~* delivery service

dominante *adj* dominant

dominar *vt* **1** to dominate: *~ a los demás* to dominate other people **2** *(idioma)* to be fluent in *sth*: *Domina el ruso.* He's fluent in Russian. **3** *(materia, técnica)* to be good at *sth*

domingo *nm* Sunday *(abrev* Sun.*)* ➲ *Ver ejemplos en* LUNES **LOC** **Domingo de Ramos/Resurrección** Palm/Easter Sunday

dominicano, -a *adj, nm-nf* Dominican **LOC** *Ver* REPÚBLICA

dominio *nm* **1** *(control)* control: *su ~ del balón* his ball control **2** *(lengua)* command **3** *(técnica)* mastery **LOC** **ser del dominio público** to be common knowledge

dominó *nm (juego)* dominoes [*incontable*]: *jugar ~* to play dominoes **LOC** *Ver* FICHA

don, doña *nm-nf* **1** *(masc)* Mr.: *don José Ruiz* Mr. José Ruiz **2** *(fem)* Mrs. **LOC** **ser un don nadie** to be a nobody

dona *nf* donut ➲ *Ver dibujo en* PAN

donante *nmf* donor: *un ~ de sangre* a blood donor

donar *vt* to donate

donativo *nm* donation

donde *adj* **1** where: *la ciudad ~ nací* the city where I was born ◊ *Déjalo ~ puedas.* Leave it over there somewhere. ◊ *un lugar ~ vivir* a place to live **2** [*con preposición*]: *la ciudad a/hacia ~ se dirigen* the city they're heading for ◊ *un alto de/desde ~ se ve el mar* a hill you can see the sea from ◊ *la calle por ~ pasa el bus* the street the bus goes along

dónde *adj* where: *¿Dónde lo pusiste?* Where did you put it? ◊ *¿De ~ eres?* Where are you from? ◊ *¿hacia dónde?* which way?: *¿Hacia ~ fueron?* Which way did they go? ◆ **¿por dónde se va a…?** how do you get to…?

doña *nf* Ver DON

dopaje *(tb* doping*) nm* doping

doparse *vp (Dep)* to take performance-enhancing drugs

dorado, -a *adj* **1** gold: *un bolso ~* a gold bag ◊ *colores/tonos ~s* gold colors/tones **2** *(época, pelo)* golden: *la época dorada* the golden age

dormido, -a *adj* **LOC** **quedarse dormido** **1** *(conciliar el sueño)* to fall asleep **2** *(dormir de más)* to oversleep ◆ **ser un dormido** *(descuidarse)*: *¡No seas un ~ o perderás la oportunidad!* Don't hang around or you'll miss your chance. *Ver tb* DORMIR

dormir *vi* **1** to sleep: *No puedo ~.* I can't sleep. ◊ *No dormí nada.* I didn't sleep a wink. **2** *(estar dormido)* to be asleep: *mientras mi mamá dormía* while my mother was asleep
▸ *vt (niño)* to put *sb* to sleep
▸ **dormirse** *vp* **1** *(conciliar el sueño)* to fall asleep, to get to sleep *(más coloq)* **2** *(parte del cuerpo)* to go to sleep: *Se me durmió la pierna.* My leg's gone to sleep. **LOC** **¡a dormir!** time for bed! ◆ **dormir como un lirón/tronco** to sleep like a log *Ver tb* SIESTA

dormitorio *nm* bedroom **LOC** *Ver* CIUDAD

dorsal *adj* **LOC** *Ver* ESPINA

dorso *nm* back: *al ~ de la tarjeta* on the back of the card

dos *nm, adj, pron* **1** two **2** *(fecha)* second ➲ *Ver ejemplos en* SEIS **LOC** **dos puntos** colon ➲ *Ver pág. 377* ◆ **en un dos por tres** in a flash ◆ **las/los dos** both: *las ~ manos* both hands ◊ *Fuimos los ~.* Both of us went./We both went. ◆ **no tener dos dedos de frente** to be (as) dumb as a post, to be

doscientos

as thick as two short planks (GB) Ver tb CADA, GOTA, VEZ

doscientos, -as adj, pron, nm two hundred ➔ Ver ejemplos en SEISCIENTOS

dosis nf dose

dotado, -a adj ~ **de 1** (de una cualidad) endowed with sth: ~ de inteligencia endowed with intelligence **2** (equipado) equipped with sth: vehículos ~s de radio vehicles equipped with a radio

dote nf **1** (de una mujer) dowry [pl dowries] **2 dotes** talent (for sth/doing sth) [v sing]: Tiene ~s de cómico. He has a talent for comedy.

dragón nm dragon

drama nm drama

dramático, -a adj dramatic LOC Ver ARTE

droga nf **1** (sustancia) drug: ~s blandas/duras soft/hard drugs **2 la droga** (adicción, tráfico) drugs [pl]: la lucha contra la ~ the fight against drugs LOC **meterse en la droga** to get hooked on drugs Ver tb TRÁFICO

drogadicto, -a nm-nf drug addict

drogar vt to drug
▸ **drogarse** vp to take drugs

droguería nf drugstore, chemist's (GB) ➔ Ver nota en PHARMACY

dromedario nm dromedary [pl dromedaries]

ducha nf shower LOC Ver GEL

ducho, -a adj LOC **estar (muy) ducho en algo** to know a lot about sth

duda nf **1** (incertidumbre) doubt: sin ~ (alguna) without doubt ◊ fuera de (toda) ~ beyond (all) doubt **2** (problema): ¿Tienen alguna ~? Are there any questions? LOC **sacar de dudas** to dispel sb's doubts Ver tb CABER, LUGAR

dudar vt, vi ~ **(de/que…)** to doubt: Lo dudo. I doubt it. ◊ ¿Dudas de mi palabra? Do you doubt my word? ◊ Dudo que sea fácil. I doubt that it'll be easy.
▸ vi **1** ~ **de** (persona) to mistrust sb: Duda de todos. She mistrusts everyone. **2** ~ **en** to hesitate to do sth: No dudes en preguntar. Don't hesitate to ask. **3** ~ **entre**: Dudamos entre los dos carros. We couldn't make up our minds between the two cars.

dudoso, -a adj **1** (incierto) doubtful: Estoy algo ~. I'm rather doubtful. **2** (sospechoso) dubious: un penalti ~ a dubious penalty

duelo nm (enfrentamiento) duel

duende nm elf [pl elves]

dueño, -a nm-nf **1** owner **2** (bar, pensión) **(a)** (masc) landlord **(b)** (fem) landlady [pl landladies] LOC **dueña de casa** (Chi) housewife [pl housewives]

dulce adj **1** sweet: un vino ~ a sweet wine **2** (persona, voz) gentle
▸ nm candy [pl candies], sweet (GB) ➔ Ver nota en CONFITE LOC **dulce de leche** caramelized milk spread Ver tb AGUA, ALGODÓN, JAMÓN

dulcero adj LOC Ver PLATO

duna nf dune

dúo nm **1** (composición) duet **2** (pareja) duo [pl duos]

duodécimo, -a adj, pron, nm-nf twelfth

dúplex nm duplex apartment

duplicar vt **1** to double: ~ el presupuesto to double the budget **2** (copiar) to copy

duque, -esa nm-nf **1** (masc) duke **2** (fem) duchess ❶ El plural de **duke** es 'dukes', pero cuando decimos los duques refiriéndonos al duque y a la duquesa, se traduce por **the duke and duchess**.

duración nf **1** length: la ~ de una película the length of a movie **2** (pila, etc.) life: pilas de larga ~ long-life batteries

durante prep during, for: ~ el concierto during the concert ◊ ~ dos años for two years

During se utiliza para referirnos al tiempo o al momento en que se desarrolla una acción, y **for** cuando se especifica la duración de esta acción: Me sentí mal durante la reunión. I felt sick during the meeting. ◊ Anoche llovió durante tres horas. Last night it rained for three hours.

durar vi to last: La crisis duró dos años. The crisis lasted two years. ◊ ~ mucho to last a long time ◊ Duró poco. It didn't last long.

durazno nm peach

durmiente adj LOC Ver BELLO

duro, -a adj **1** hard: La mantequilla está dura. The butter is hard. ◊ una vida dura a hard life ◊ ser ~ con algn to be hard on sb **2** (castigo, clima, crítica, disciplina) harsh **3** (carne) tough **4** (resistente) tough: Hay que ser ~ para sobrevivir. You have to be tough to survive. **5** (Per) (tacaño) cheap, mean (GB) **6** (Per) (drogado) high
▸ adv **1** (mucho) hard: trabajar ~ to work hard **2** (firmemente) tight: ¡Agárrese ~! Hold on tight! **3** (sonido) loud: No hable tan ~. Don't talk so loud. ◊ Ponlo más ~. Turn it up. LOC **darle duro**: Le está dando ~ al piano. She's really pounding the keys. ♦ **duro de oído** hard of hearing ♦ **duro y parejo** flat out: trabajar ~ y parejo to work flat out Ver tb CABEZA, CARA, HUESO, HUEVO, MANO, PAN

DVD nm **1** DVD **2** (aparato) DVD player LOC Ver GRABADORA

E e

e *conj* and
ébano *nm* ebony
ebullición *nf* LOC *Ver* PUNTO
echado, -a *adj* LOC **estar echado** to be lying down *Ver tb* ECHAR
echar *vt* **1** (*tirar*) to throw: *Echa el dado.* Throw the die. **2** (*dar*) to give: *Échame un poco de agua.* Give me some water. **3** (*poner*) to put *sth in/on sth*: *Voy a ~ más leña.* I'm going to put some more logs on the fire. **4** (*humo, olor*) to give *sth* off: *La chimenea echaba mucho humo.* The fire was giving off a lot of smoke. **5** (*expulsar*) **(a)** to kick *sb* out: *Nos echaron del bar.* We were kicked out of the bar. **(b)** (*escuela*) to expel: *Me echaron del colegio.* I've been expelled from school. **(c)** (*trabajo*) to fire
▸ *vi* **~ a** to start *doing sth/to do sth*: *Echaron a correr.* They started to run.
▸ **echarse** *vp* **1** (*tumbarse*) to lie down: *¡Échate!* Lie down! **2** **echarse de** to get covered in *sth*: *¡Cómo te echaste de pintura!* You're covered in paint! LOC ❶ Para expresiones con **echar**, véanse las entradas del sustantivo, adjetivo, etc., p.ej. **echar a suertes** en SUERTE.
eclesiástico, -a *adj* ecclesiastical
eclipse *nm* eclipse
eco *nm* echo [*pl* echoes]: *Había ~ en la cueva.* The cave had an echo.
ecografía *nf* scan: *hacerse una ~* to have a scan
ecología *nf* ecology
ecológico, -a *adj* ecological
ecologismo *nm* environmentalism
ecologista *adj* environmental: *grupos ~s* environmental groups
▸ *nmf* environmentalist
economía *nf* economy [*pl* economies]: *la ~ de nuestro país* our country's economy
económico, -a *adj* **1** (*que gasta poco*) economical: *un carro muy ~* a very economical car ➲ *Ver nota en* ECONOMICAL **2** (*Econ*) economic LOC *Ver* AVISO
economista *nmf* economist
ecosistema *nm* ecosystem
ecoturismo *nm* ecotourism
ecuación *nf* equation LOC **ecuación de segundo/tercer grado** quadratic/cubic equation
Ecuador *nm* Ecuador
ecuador *nm* equator
ecuatorial *adj* equatorial
ecuatoriano, -a *adj, nm-nf* Ecuadorian
edad *nf* age: *¿Qué ~ tienen?* How old are they? ◊ *a tu ~* at your age ◊ *niños de todas las ~es* children of all ages LOC **de mi edad** my, your, etc. age: *No había ningún muchacho de mi ~.* There wasn't anybody my age. ◆ **la Edad Media** the Middle Ages [*pl*]: *la Alta/Baja Edad Media* the Early/Late Middle Ages ◆ **no tener edad** to be too young/too old (*for sth/to do sth*) ◆ **tener edad** to be old enough (*for sth/to do sth*) *Ver tb* MAYOR, MEDIANO, MENOR, RESIDENCIA, TERCERO
edición *nf* **1** (*publicación*) publication **2** (*tirada, versión, Radio, TV*) edition: *la primera ~ del libro* the first edition of the book ◊ *~ pirata/semanal* pirate/weekly edition
edificar *vt, vi* (*construir*) to build
edificio *nm* building: *No queda nadie en el ~.* There is nobody left in the building.
editar *vt* **1** (*publicar*) to publish **2** (*preparar texto, Informát*) to edit
editor, -ora *nm-nf* **1** (*empresario*) publisher **2** (*textos, Period, Radio, TV*) editor
editorial *adj* (*sector*) publishing: *el mundo ~ de hoy* the publishing world of today
▸ *nm* (*periódico*) editorial
▸ *nf* publisher: *¿De qué ~ es?* Who are the publishers?
edredón *nm* comforter, duvet (*GB*)
educación *nf* **1** (*enseñanza*) education: *~ sanitaria/sexual* health/sex education **2** (*crianza*) upbringing: *Tuvieron una buena ~.* They've been well brought up. LOC **educación a distancia** distance learning ◆ **educación especial** special education ◆ **educación física** physical education (*abrev* P.E.) ◆ **Educación para la Ciudadanía** civics [*incontable*], citizenship education (*GB*) ◆ **ser de buena/mala educación** to be good/bad manners (*to do sth*): *Interrumpir al que habla es de mala ~.* It's bad manners to interrupt while someone's talking. *Ver tb* FALTA
educado, -a *adj* polite ❶ La palabra inglesa **educated** significa *culto*. LOC **bien/mal educado** well-mannered/rude: *No seas tan mal ~.* Don't be so rude. *Ver tb* EDUCAR
educar *vt* **1** (*enseñar*) to educate **2** (*criar*) to bring *sb* up: *Es difícil ~ bien a los hijos.* It's difficult to bring your children up well. LOC **educar el oído** to train your ear
educativo, -a *adj* **1** (*que enseña*) educational: *juguetes ~s* educational toys **2** (*sistema*) education: *el sistema ~* the education system LOC *Ver* MATERIAL

efectivamente *adv* (*respuesta*) that's right: – ¿Dice que lo vendió ayer? – Efectivamente. 'Did you say you sold it yesterday?' 'That's right.'

efectivo, -a *adj* effective
▶ *nm* cash **LOC** Ver PAGAR

efecto *nm* **1** effect: *hacer/no hacer ~* to have an effect/no effect **2** (*pelota*) spin: *La pelota iba con ~.* The ball had (a) spin on it. **LOC efecto invernadero** greenhouse effect ◆ **efectos especiales** special effects ◆ **efectos (personales)** belongings ◆ **en efecto** indeed Ver tb SURTIR

efectuar *vt* to carry out: *~ un ataque/una prueba* to carry out an attack/a test

efervescente *adj* effervescent

eficaz *adj* **1** (*efectivo*) effective: *un remedio ~* an effective remedy **2** (*eficiente*) efficient

eficiente *adj* efficient: *un ayudante muy ~* a very efficient assistant

egoísta *adj, nmf* selfish: *No seas tan ~.* Don't be so selfish. ◊ *Son unos ~s.* They're really selfish.

egresado, -a *nm-nf* graduate

egresar *vi* to graduate

eje *nm* **1** (*ruedas*) axle **2** (*Geom, Geog, Pol*) axis [*pl* axes] **LOC eje de coordenadas** x and y axes [*pl*]

ejecutar *vt* **1** (*realizar*) to carry *sth* out: *~ una operación* to carry out an operation **2** (*pena de muerte, Jur, Informát*) to execute

ejecutiva *nf* executive (body): *la ~ del partido* the party executive

ejecutivo, -a *adj, nm-nf* executive: *órgano ~* executive body ◊ *un ~ importante* an important executive **LOC** Ver PODER²

¡ejem! *interj* ahem

ejemplar *adj* exemplary
▶ *nm* (*texto, disco, etc.*) copy [*pl* copies]

ejemplo *nm* example: *Espero que les sirva de ~.* Let this be an example to you. **LOC dar ejemplo** to set an example ◆ **por ejemplo** for example (*abrev* e.g.)

ejercer *vt* **1** (*profesión*) to practice: *~ la abogacía/medicina* to practice law/medicine **2** (*autoridad, poder, derechos*) to exercise
▶ *vi* to practice: *Ya no ejerzo.* I no longer practice.

ejercicio *nm* **1** exercise: *hacer un ~ de matemáticas* to do a math exercise ◊ *Deberías hacer más ~.* You should get more exercise. **2** (*profesión*) practice

ejército *nm* army [*v sing o pl*] [*pl* armies]: *alistarse en el ~* to join the army

el, la *art def* the: *El tren llegó tarde.* The train was late. ➔ Ver nota en THE **LOC el/la de...** **1** (*posesión*): *La de Marisa es mejor.* Marisa's (one) is better. **2** (*característica*) the one (with...): *el de los ojos verdes/la barba* the one with green eyes/the beard ◊ *Prefiero la de lunares.* I'd prefer the spotted one. **3** (*ropa*) the one in...: *el del abrigo gris* the one in the gray coat ◊ *la de rojo* the one in red **4** (*procedencia*) the one from...: *el de La Paz* the one from La Paz ◆ **el/la que...** **1** (*persona*) the one (who/that)...: *Ese no es el que vi.* He isn't the one I saw. **2** (*cosa*) the one (which/that)...: *La que compramos ayer era mejor.* The one (that) we bought yesterday was nicer. **3** (*quienquiera*) whoever: *El que llegue primero que haga café.* Whoever gets there first has to make the coffee.

él *pron* **1** (*persona*) **(a)** [*sujeto*] he: *José y él son primos.* José and he are cousins. **(b)** [*complemento, en comparaciones*] him: *Es para él.* It's for him. ◊ *Eres más alta que él.* You're taller than him. **2** (*cosa*) it: *Se me perdió el reloj y no puedo estar sin él.* I've lost my watch and I can't go without it. **LOC de él** [*posesivo*] his: *el carro de él* his car ◊ *No son de ella, son de él.* They're not hers, they're his. ◊ *los amigos de él* his friends ◆ **es él** it's him

elaborar *vt* **1** (*producto*) to produce **2** (*preparar*) to prepare: *~ un informe* to prepare a report

elástico, -a *adj* **1** elastic **2** (*atleta*) supple
▶ *nm* (*Chi*) rubber band

elección *nf* **1** choice: *no tener ~* to have no choice **2 elecciones** election(s): *convocar elecciones* to call an election **LOC elecciones generales/legislativas** general election(s) ◆ **elecciones municipales** local election(s)

elector, -ora *nm-nf* voter

electorado *nm* electorate: *El ~ está desilusionado.* The electorate is disillusioned.

electoral *adj* electoral: *campaña ~* electoral campaign **LOC lista/registro electoral** list of (election) candidates Ver tb CABINA, COLEGIO, DISTRITO, PROGRAMA

electricidad *nf* electricity

electricista *nmf* electrician

eléctrico, -a *adj* electric, electrical

> Electric se emplea para referirnos a electrodomésticos y aparatos eléctricos concretos, por ejemplo *electric razor/car/fence*, en frases hechas como *an electric shock*, y en sentido figurado en expresiones como *The atmosphere was electric*.
>
> Electrical se refiere a la electricidad en un sentido más general, como por ejemplo *electrical engineering*, *electrical goods* o *electrical appliances*.

LOC *Ver* CAFETERA, ENERGÍA, ESCALERA, INSTALACIÓN, LAVAPLATOS, TENDIDO

electrocutarse *vp* to be electrocuted

electrodo *nm* electrode

electrodoméstico *nm* electrical appliance

electrónica *nf* electronics [*incontable*]

electrónico, -a *adj* electronic **LOC** *Ver* AGENDA, BUZÓN, COMERCIO, CORREO, LIBRO

elefante, -a *nm-nf* elephant

elegante *adj* elegant

elegantoso, -a *adj* stylish

elegir *vt* **1** (*votar*) to elect: *Van a ~ un nuevo presidente.* They are going to elect a new president. **2** (*optar*) to choose: *No me dieron a ~.* They didn't let me choose. ◊ *~ entre matemáticas y latín* to choose between math and Latin

elemental *adj* elementary

elemento *nm* element: *los ~s de la tabla periódica* the elements of the periodic table

elepé *nm* LP

elevado, -a *adj* high: *temperaturas elevadas* high temperatures **LOC elevado a cuatro, etc.** (raised) to the fourth power, etc. ◆ **elevado al cuadrado/cubo** squared/cubed *Ver tb* ELEVAR

elevador *nm* elevator, lift (*GB*)

elevar *vt* to raise: *~ el nivel de vida* to raise living standards

eliminación *nf* elimination

eliminar *vt* to eliminate

eliminatoria *nf* **1** (*partido*) qualifying round: *la ~ del Mundial* the qualifying round for the World Cup **2** (*Atletismo*) heat

elipse *nf* ellipse

élite (*tb* elite) *nf* elite

ella *pron* **1** (*persona*) **(a)** [*sujeto*] she: *María y ~ son primas.* She and María are cousins. **(b)** [*complemento, en comparaciones*] her: *Es para ~.* It's for her. ◊ *Eres más alto que ~.* You're taller than her. **2** (*cosa*) it **LOC de ella** [*posesivo*] her(s): *la tía de ~* her auntie ◊ *Ese collar era de ~.* This necklace was hers. ◊ *la casa de ~* her house ◆ **es ella** it's her

ello *pron* (*complemento*) it

ellos, -as *pron* **1** [*sujeto*] they **2** [*complemento, en comparaciones*] them: *Dígaselo a ~.* Tell them. **LOC de ellos** [*posesivo*] their(s): *el apartamento de ~* their apartment ◆ **son ellos** it's them

elogiar *vt* to praise

elogio *nm* praise [*incontable*]: *Solo tuvieron ~s para ti.* They had nothing but praise for you.

elote *nm* (*Méx*) **1** corn, sweetcorn (*GB*) [*incontable*] **2** (*mazorca*) corn (on the cob) [*incontable*]

El Salvador *nm* El Salvador

email *nm* email

emanciparse *vp* to become independent

embadurnarse *vp* **~ con/de** to get covered in *sth*: *Se embadurnaron de pintura.* They got covered in paint.

embajada *nf* embassy [*pl* embassies]

embajador, -ora *nm-nf* ambassador

embalar *vt* to pack
▸ *vi* (*Per*) (*apurarse*) to get a move on

embalse *nm* (*represa*) reservoir

embarazada *adj* pregnant ❶ La palabra inglesa **embarrassed** significa *avergonzado*.
▸ *nf* pregnant woman [*pl* pregnant women]

embarazo *nm* pregnancy [*pl* pregnancies]: *Tiene cinco meses de ~.* She's five months pregnant.

embarazoso, -a *adj* embarrassing

embarcación *nf* boat, craft [*pl* craft] (*formal*) ⊃ *Ver nota en* BOAT

embarcadero *nm* pier

embarcar *vt* **1** (*pasajeros*) to embark **2** (*mercancías*) to load
▸ *vi* to board: *El avión está listo para ~.* The plane is ready for boarding.

embargo *nm* **LOC sin embargo** however, nevertheless (*más formal*) ◆ **y sin embargo…** and yet…

embarque *nm* **LOC** *Ver* PUERTA, TARJETA

embarrado, -a *adj* muddy *Ver tb* EMBARRAR

embarrar *vt* to get *sth* muddy
▸ **embarrarse** *vp* to get covered in mud **LOC embarrarla** to mess things up

embestida *nf* (*toro*) charge

embestir *vt, vi* (*toro*) to charge (at *sb/sth*)

emblema *nm* emblem

embolador, -ora *nm-nf* (*Col*) shoeshine boy

embolia *nf* stroke

embolinarse *vp* (*Chi*) to get flustered

embolsar(se) *vt, vp* to pocket: *Se embolsaron un dineral.* They pocketed a fortune.

emborracharse *vp* **~ (con)** to get drunk (on *sth*)

emboscada *nf* ambush: *tender una ~ a algn* to lay an ambush for sb

embotellamiento *nm* (*tráfico*) traffic jam

embrión *nm* embryo [*pl* embryos]

embrujado

embrujado, -a *adj* **1** *(persona)* bewitched **2** *(lugar)* haunted: *una casa embrujada* a haunted house

embrujo *nm* spell

embudo *nm* funnel

embutidos *nm* cold cuts, cold meats *(GB)*

emergencia *nf* emergency [*pl* emergencies] **LOC** *Ver* ATERRIZAJE, FRENO, SALIDA

emergente *adj (país, etc.)* developing

emigración *nf* emigration

emigrante *adj, nmf* emigrant: *trabajadores ~s* emigrant workers

emigrar *vi* **1** to emigrate **2** *(dentro de un mismo país, animales)* to migrate

eminencia *nf* **1** *(persona)* leading figure **2 Eminencia** Eminence

emisión *nf* **1** *(emanación)* emission **2** *(Radio, TV)* **(a)** *(programa)* broadcast **(b)** *(transmisión)* transmission: *problemas con la ~* transmission problems **LOC** *Ver* TIEMPO

emisora *nf (Radio)* radio station

emitir *vt (Radio, TV)* to broadcast

emoción *nf* emotion

emocional *adj* emotional

emocionante *adj* **1** *(conmovedor)* moving **2** *(apasionante)* exciting

emocionar *vt* **1** *(conmover)* to move **2** *(apasionar)* to thrill
▸ **emocionarse** *vp* **1** *(conmoverse)* to be moved *(by sth)* **2** *(apasionarse)* to get excited *(about sth)*

emoticón *(tb* **emoticono**) *nm* emoticon, smiley *(más coloq)*

emotivo, -a *adj* **1** *(persona)* emotional **2** *(acto, encuentro)* moving

empacar *vt* to pack **LOC** *Ver* MALETA

empachado, -a *adj* **LOC** **estar empachado** to have indigestion

empacharse *vp* to get indigestion

empacho *nm (indigestión)* indigestion

empalagar *vt, vi* to be (too) sweet *(for sb)*: *Este licor empalaga.* This liqueur is too sweet.

empalagoso, -a *adj* **1** *(alimento)* oversweet **2** *(persona)* smarmy

empalmar *vt* to connect *sth (to/with sth)*
▸ *vi (transportes)* to connect *with sth*

empalme *nm* **1** *(cables)* connection **2** *(ferrocarril, carreteras)* intersection, junction *(GB)*

empanada *nf* turnover

empanado, -a *adj Ver* APANADO

empañar *vt (vapor)* to cloud
▸ **empañarse** *vp* to steam up

empapado, -a *adj* soaked through *Ver tb* EMPAPAR

empapar *vt* to soak: *El último chaparrón nos empapó.* We got soaked in the last shower. ◇ *¡Me empapó la falda!* You've made my skirt soaking wet!
▸ **empaparse** *vp* to get soaked (through) **LOC** **empaparse hasta los huesos** to get soaked to the skin

empapelar *vt* to (wall)paper

empaque *nm* packing [*incontable*]

empaquetar *vt* to pack

emparejar *vt* **1 (a)** *(pelo)* to make *sth* even **(b)** *(muro)* to make *sth* level **2** *(personas)* to pair *sb* off *(with sb)*
▸ **emparejarse** *vp* to pair off *(with sb)*

empaste *nm* filling

empatado, -a *adj* **LOC** **ir empatados**: *Cuando me fui iban ~s.* They were even when I left. ◇ *Van ~s cuatro-cuatro.* It's tied at four. *Ver tb* EMPATAR

empatar *vt, vi* **1** *(Dep)* **(a)** *(referido al resultado final)* to tie *(sth) (with sb)*, to draw *(sth) (with sb)*, *(GB)*: *Empataron (el partido) con Argentina.* They tied with Argentina. **(b)** *(en el marcador)* to catch up: *Tenemos que ~ antes del medio tiempo.* We must catch up before half-time. **2** *(votación, concurso)* to tie *(with sb)* **3** *(cables)* to connect **LOC** **empatar cero-cero, uno-uno, etc.** to tie at zero, one, etc., to draw nil nil, one one, etc. *(GB)*

empate *nm* tie, draw *(GB)*: *un ~ dos-dos* a two-two tie **LOC** *Ver* GOL

empedrado *nm* cobbles [*pl*]

empeine *nm* instep

empelotar *vt* **1** *(desnudar)* to undress **2** *(Per) (hacer caso a)* to take notice of *sb*
▸ **empelotarse** *vp* **1** to get undressed **2** *(Per) (buscar atención)* to be an attention seeker: *Lo hace para ~se.* He does it to attract attention.

empeloto, -a *adj (Col)* naked

empeñado, -a *adj* **LOC** **estar empeñado (en hacer algo)** to be determined (to do sth) *Ver tb* EMPEÑAR

empeñar *vt* to pawn
▸ **empeñarse** *vp* **empeñarse (en)** to persist (in doing sth): *Se empeñó en hacerlo hasta que lo logró.* She persisted in doing it until she succeeded.

empeño *nm ~* **(en/por)** determination *(to do sth)* **LOC** **poner empeño** to take pains *with sth/to do sth Ver tb* CASA

empeorar *vt* to make *sth* worse
▸ *vi* to get worse: *La situación ha empeorado.* The situation has gotten worse.

emperador, -triz nm-nf **1** (masc) emperor **2** (fem) empress

emperatriz nf empress

empezar vt, vi ~ **(a)** to begin, to start (sth/ doing sth/to do sth): *De repente empezó a llorar.* All of a sudden he started to cry. LOC **para empezar** to start with *Ver tb* CERO

empinado, -a adj (cuesta) steep

empírico, -a adj empirical

empleado, -a nm-nf **1** employee **2** (oficina) clerk

emplear vt **1** (dar trabajo) to employ **2** (utilizar) to use **3** (tiempo, dinero) to spend: *He empleado demasiado tiempo en esto.* I've spent too long on this. ◊ ~ *mal el tiempo* to waste your time

empleo nm **1** (puesto de trabajo) job: *conseguir un buen ~* to get a good job ➔ *Ver nota en* WORK **2** (trabajo) employment: *agencia de ~* employment agency LOC **estar sin empleo** to be unemployed *Ver tb* BOLSA¹, FOMENTO, OFERTA, OFICINA

empollar vi (ave) to sit (on sth): *Las gallinas empollan casi todo el día.* The hens sit for most of the day.

empotrado, -a adj built-in

emprendedor, -ora adj enterprising

emprender vt **1** (iniciar) to begin **2** (negocio) to start sth (up) **3** (viaje) to set off on sth: ~ *una gira* to set off on a tour LOC **emprender la marcha/el viaje (hacia)** to set out (for…)

empresa nf **1** (Econ) company [v sing o pl] [pl companies] **2** (proyecto) enterprise LOC **empresa estatal/pública** state-owned company ◆ **empresa privada** private company *Ver tb* ADMINISTRACIÓN, COMITÉ

empresarial adj business: *sentido ~ business sense* LOC *Ver* PARQUE

empresariales nf business administration [incontable], business studies [incontable] (GB)

empresario, -a nm-nf **1** businessman/ woman [pl businessmen/-women] **2** (espectáculo) impresario [pl impresarios]

empujar vt **1** to push: *¡No me empuje!* Don't push me! **2** (carretilla, bicicleta) to wheel **3** (obligar) to push sb into doing sth: *Su familia la empujó a que estudiara periodismo.* Her family pushed her into studying journalism.

empujón nm shove: *dar un ~ a algn* to give sb a shove LOC **a empujones**: *Salieron a empujones.* They pushed (and shoved) their way out.

empuñar vt **1** (de forma amenazadora) to brandish **2** (tener en la mano) to hold

en prep

- **lugar 1** (dentro) **(a)** (posición) in, inside: *Las llaves están en el cajón.* The keys are in the drawer. **(b)** (con movimiento) into: *Entró en el cuarto.* He went into the room. **2** (sobre) **(a)** (posición) on: *Está en la mesa.* It's on the table. **(b)** (con movimiento) onto: *Está goteando agua en el suelo.* Water is dripping onto the floor. **3** (ciudad, país, campo) in: *Trabajan en Lima/el campo.* They work in Lima/the country. **4** (punto de referencia) at

Cuando nos referimos a un lugar sin considerarlo un área, sino como punto de referencia, utilizamos **at**: *Espéreme en la esquina.* Wait for me at the corner. ◊ *Nos encontramos en la estación.* We'll meet at the station. También se utiliza **at** para referirse a edificios donde la gente trabaja, estudia o se divierte: *Están en el colegio.* They're at school. ◊ *Mis papás están en teatro.* My parents are at the theater. ◊ *Trabajo en el supermercado.* I work at the supermarket.

- **con expresiones de tiempo 1** (meses, años, siglos, estaciones) in: *en verano/el siglo XII* in the summer/the twelfth century **2** (Navidad, Semana Santa, momento) at: *Siempre voy a mi casa en Navidad.* I always go home at Christmas. ◊ *en ese momento* at that moment **3** (dentro de) in: *Te veo en una hora.* I'll see you in an hour.
- **otras construcciones 1** (medio de transporte) by: *en tren/avión/carro* by train/plane/car **2** + **infinitivo** to do sth: *Fuimos los primeros en llegar.* We were the first to arrive.

enamorado, -a adj in love: *estar ~ de algn* to be in love with sb
▸ nm-nf (aficionado) lover: *un ~ del arte* an art lover LOC *Ver* DÍA; *Ver tb* ENAMORAR

enamorar vt to win sb's heart
▸ **enamorarse** vp **enamorarse (de)** to fall in love (with sb/sth)

enano, -a adj **1** (muy pequeño) tiny **2** (Bot, Zool) dwarf: *una conífera enana* a dwarf conifer
▸ nm-nf dwarf [pl dwarfs/dwarves]

encabezado nm **1** (periódico) headline **2** (página, documento) heading

encabezamiento nm heading

encabezar vt to head

encadenar vt **1** (atar) to chain sb/sth (to sth) **2** (ideas) to link

encajar vt **1** (colocar, meter) to fit sth (into sth) **2** (juntar) to fit sth together: *Estoy tratando de ~ las piezas del rompecabezas.* I'm trying to fit the pieces of the jigsaw together.
▸ vi to fit: *No encaja.* It doesn't fit.

encaje nm lace

encalambrarse vp *Ver* ACALAMBRARSE

encallar vi (embarcación) to run aground

encamarse vp ~ **(con)** to go to bed (with *sb*)
encaminarse vp ~ **a/hacia** to head (for…): *Se encaminaron hacia su casa.* They headed for home.
encanar vt to lock *sb* up (in jail)
encantado, -a adj **1** ~ **(con)** (very) pleased (with *sb/sth*) **2** ~ **de/de que** (very) pleased to do sth/(that…): *Estoy encantada de que hayan venido.* I'm very pleased (that) you've come. **3** (*hechizado*) **(a)** enchanted: *un príncipe* ~ an enchanted prince **(b)** (*edificio*) haunted: *una casa encantada* a haunted house **LOC** **encantado (de conocerlo)** pleased to meet you *Ver tb* ENCANTAR
encantador, -ora adj lovely
encantamiento nm spell: *romper un* ~ to break a spell
encantar vt to cast a spell on *sb/sth*
▸ vi to love *sth/doing sth*: *Me encanta ese vestido.* I love that dress. ◊ *Nos encanta ir al cine.* We love going to the movies.
encanto nm charm: *Tiene mucho* ~. He has a lot of charm. **LOC** **como por encanto** as if by magic ♦ **ser un encanto** to be delightful
encapricharse vp ~ **(con/de)** to take a fancy to *sb/sth*: *Se ha encaprichado con ese vestido.* She's taken a fancy to that dress.
encapuchado, -a adj hooded: *dos hombres ~s* two hooded men
encarcelar vt to imprison
encargado, -a adj, nm-nf (person) in charge (*of sth/doing sth*): *¿Quién es el ~?* Who's in charge? ◊ *el juez ~ del caso* the judge in charge of the case ◊ *Usted es la encargada de recoger la plata.* You're in charge of collecting the money. *Ver tb* ENCARGAR
encargar vt **1** (*mandar*) to ask *sb to do sth*: *Me encargaron que regara el jardín.* They asked me to water the garden. **2** (*producto*) to order: *Ya encargamos el sofá a la tienda.* We've already ordered the couch from the store.
▸ **encargarse** vp **encargarse de 1** (*cuidar*) to look after *sb/sth*: *¿Quién se encarga del niño?* Who will look after the baby? **2** (*ser responsable*) to be in charge of *sth/doing sth*
encargo nm **1** (*recado*) errand: *hacer un* ~ to run an errand **2** (*Econ*) order: *hacer/cancelar un* ~ to place/cancel an order
encariñado, -a adj **LOC** **estar encariñado con** to be fond of *sb/sth Ver tb* ENCARIÑARSE
encariñarse vp ~ **con** to get attached to *sb/sth*
encarretarse vp (*Col*) **1** (*hablar*) to get talking **2** ~ **con** (*primer beso*) to make out with *sb*, to get off with *sb*, (*GB*)
encarrilar vt (*tren*) to put *sth* on the rails

encartar vt (*Col*) to land *sb* with *sth*: *Mi hermano me encartó con este paquete.* My brother landed me with this package.
▸ **encartarse** vp **encartarse con algn/algo** (*Col*) to get landed with sb/sth
encauzar vt **1** (*agua*) to channel **2** (*asunto*) to conduct
encendedor nm lighter
encender vt **1** (*con llama*) to light: *Encendimos una hoguera para calentarnos.* We lit a bonfire to warm ourselves. **2** (*aparato, luz*) to turn *sth* on
▸ **encenderse** vp (*aparato, luz*) to come on: *Se encendió una luz roja.* A red light came on.
encendido, -a adj **1** (*con llama*) **(a)** (*con el verbo "estar"*) lit: *Vi que el fuego estaba* ~. I noticed that the fire was lit. **(b)** (*detrás de un sustantivo*) lighted: *un cigarrillo* ~ a lighted cigarette **2** (*aparato, luz*) on: *Tenían la luz encendida.* The light was on. **LOC** *Ver* LLAVE; *Ver tb* ENCENDER
encerrado, -a adj **LOC** *Ver* GATO; *Ver tb* ENCERRAR
encerrar vt **1** to shut *sb/sth* up **2** (*con llave, encarcelar*) to lock *sb/sth* up
▸ **encerrarse** vp **1** to shut yourself in **2** (*con llave*) to lock yourself in
encestar vi to score (a basket)
enchape nm veneer: *La mesa tiene ~ de caoba.* The table has a mahogany finish.
encharcado, -a adj (*terreno*) covered with puddles
enchufar vt (*aparato*) to plug *sth* in

enchufe

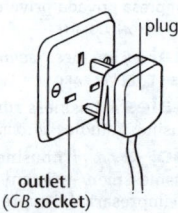

plug
outlet
(*GB* socket)

enchufe nm **1** (*macho*) plug **2** (*hembra*) outlet, socket (*GB*)
encía nf gum
enciclopedia nf encyclopedia
encima adv ~ **(de) 1** (*en*) on: *Déjelo ~ de la mesa.* Leave it on the table. **2** (*sobre*) on top (of *sb/sth*): *Lo dejé ~ de los otros discos.* I've put it on top of the other records. ◊ *¿No prefieres el de ~?.* Would you prefer the top one?. **3** (*cubriendo algo*) over: *poner una cobija ~ del sofá* to put a blanket over the couch **4** (*además*)

on top of everything: *¡Y ~ te ríes!* And on top of everything, you stand there laughing! **LOC** **estar encima de algn** to be on sb's back ♦ **hacer algo por encima** to do sth superficially ♦ **llevar encima** to have sth on you: *No llevo un peso ~.* I don't have any cash on me. ♦ **mirar por encima del hombro** to look down your nose at sb ♦ **por encima de** above: *El agua nos llegaba por ~ de las rodillas.* The water came above our knees. ◊ *Está por ~ de los demás.* He is above the rest. ♦ **venirse encima** (*estar cerca*): *La Navidad se nos viene ~.* Christmas is just around the corner. *Ver tb* QUITAR

encina *nf* holm oak

encoger(se) *vi, vp* to shrink: *En agua fría no encoge.* It doesn't shrink in cold water. **LOC** **encogerse de hombros** to shrug your shoulders

encontrar *vt* to find: *No encuentro mi reloj.* I can't find my watch.
▸ **encontrarse** *vp* **1** **encontrarse (con)** (*citarse*) to meet: *Decidimos ~nos en la librería.* We decided to meet in the bookstore. **2** (*por casualidad*) to run into sb: *Me la encontré en el supermercado.* I ran into her in the supermarket. **LOC** *Ver* DEFECTO

encorbatado, -a *adj* wearing a tie

encorvarse *vp* (*persona*) to become stooped

encrespar *vt* to curl
▸ **encresparse** *vp* to get frizzy: *Con la lluvia se me encrespó el pelo.* My hair is frizzy because of the rain.

encuadernador, -ora *nm-nf* bookbinder

encuadernar *vt* to bind

encubrir *vt* **1** to conceal: *~ un delito* to conceal a crime **2** (*delincuente*) to harbor

encuentro *nm* **1** (*reunión*) meeting **2** (*Dep*) game, match (*GB*)

encuesta *nf* **1** survey: *efectuar una ~* to carry out a survey **2** (*sondeo*) (opinion) poll: *según las últimas ~s* according to the latest polls

enderezar *vt* **1** (*poner derecho*) to straighten: *Enderece la espalda.* Straighten your back. **2** (*persona*) to correct
▸ **enderezarse** *vp* to straighten (up): *¡Enderécese!* Stand up straight!

endeudarse *vp* to get into debt

endibia *nf* endive, chicory [*incontable*] (*GB*)

endulzar *vt* to sweeten

endurecer *vt* **1** (*material, ley*) to harden **2** (*músculos*) to firm sth up
▸ **endurecerse** *vp* to harden

enemigo, -a *adj, nm-nf* enemy [*pl* enemies]: *las tropas enemigas* the enemy troops

enemistar *vt* to set sb at odds (*with sb*): *Con sus habladurías enemistaron a las dos hermanas.* With their gossip they set the two sisters at odds.
▸ **enemistarse** *vp* ~ **(con)** to have a falling out (with sb)

energía *nf* energy: *~ nuclear* nuclear energy ◊ *No tengo ~s ni para levantarme de la cama.* I don't even have the energy to get out of bed. **LOC** **energía eléctrica** electric power ♦ **energías renovables** renewable energy sources

enero *nm* January (*abrev* Jan.): *Los exámenes son en ~.* We have exams in January. ◊ *Mi cumpleaños es el 12 de ~.* My birthday's (on) January 12. ❶ Se dice 'January twelfth' o 'the twelfth of January'. ➲ *Ver tb pág. 787*

enésimo, -a *adj* (*Mat*) nth **LOC** **por enésima vez** for the umpteenth time

énfasis *nm* emphasis [*pl* emphases]

enfermarse *vp* ~ **(de)** to get sick (with sth)

enfermedad *nf* **1** illness: *Acaba de salir de una ~ gravísima.* He has just recovered from a very serious illness. **2** (*infecciosa, contagiosa*) disease: *~ hereditaria/de Parkinson* hereditary/Parkinson's disease ➲ *Ver nota en* DISEASE **LOC** **enfermedad catastrófica** illness which incurs high treatment costs ♦ **enfermedad de transmisión sexual** sexually-transmitted disease

enfermería *nf* infirmary [*pl* infirmaries]

enfermero, -a *nm-nf* nurse

enfermo, -a *adj* sick
▸ *nm-nf* **1** sick person ❶ Cuando nos referimos al conjunto de los enfermos, decimos **the sick**: *cuidar de los ~s* to look after the sick. **2** (*paciente*) patient

enfiestado, -a *adj* **LOC** **estar enfiestado** to be living it up

enfocar *vt* **1** (*ajustar*) to focus sth (*on sb/sth*) **2** (*iluminar*) to shine a light *on sth*: *Enfoque la caja de los fusibles.* Shine a light on the fuse box. **3** (*asunto, problema*) to approach

enfoque *nm* **1** (*Fot*) focus [*pl* focuses/foci] **2** (*planteamiento*) approach

enfrentamiento *nm* confrontation

enfrentar *vt* to bring sb face to face *with sb/sth*
▸ **enfrentarse** *vp* **1** **enfrentarse a** (*situación, peligro*) to face: *El país se enfrenta a una profunda crisis.* The country is facing a serious crisis. **2** **enfrentarse a** (*Dep*) to take sb on: *México se enfrenta a Colombia en la Copa América.* Mexico is taking on Colombia in the Copa America. **3** **enfrentarse (con)** to argue (*with sb*): *Si te enfrentas con ellos será peor.* You'll only make things worse if you argue with them.

enfrente

They're sitting **opposite** each other. She's sitting **in front of** him.

enfrente *adv* ~ **(de)** opposite: *el señor que estaba sentado* ~ the man sitting opposite

enfriar *vt* **1** to cool *sth* (down) **2** (*Per*) (*matar*) to bump *sb* off
▸ **enfriarse** *vp* **1** to get cold: *Se te está enfriando la sopa.* Your soup's getting cold. **2** (*Per*) (*morirse*) to drop dead

enfurecer *vt* to infuriate
▸ **enfurecerse** *vp* **enfurecerse (con) (por)** to become furious (with *sb*) (at *sth*)

enganchar *vt* **1** (*acoplar*) to hitch: ~ *un remolque al tractor* to hitch a trailer to the tractor **2** (*garfio, anzuelo*) to hook
▸ **engancharse** *vp* **1** (*atascarse*) to get caught: *Se me enganchó el zapato en la alcantarilla.* My shoe has gotten caught in the grating. **2** (*rasgarse*) to get snagged: *Se me volvieron a* ~ *las medias.* My pantyhose got snagged again.

engañar *vt* **1** (*mentir*) to lie to *sb*: *No me engañes.* Don't lie to me. ◊ *Me engañaron diciéndome que era de oro.* They told me it was gold but it wasn't. ➔ *Ver nota en* LIE¹ **2** (*ser infiel*) to cheat on *sb*
▸ **engañarse** *vp* to fool yourself

engaño *nm* (*estafa*) con (*coloq*)

engarzar *vt* to hook: *Engárcelo en esa puntilla.* Hook it onto that nail.
▸ **engarzarse** *vp* to get caught: *Se me engarzó la camisa en el alambre de púas.* My shirt got caught on the barbed wire.

engatusar *vt* to sweet-talk *sb* (*into doing sth*)

engendrar *vt* **1** (*concebir*) to conceive **2** (*causar*) to generate

engordar *vt* (*cebar*) to fatten *sb/sth* (up)
▸ *vi* **1** (*persona*) to put on weight: *He engordado mucho.* I've put on a lot of weight. **2** (*alimento*) to be fattening: *Los dulces engordan.* Candy is fattening.

engrasar *vt* **1** (*con grasa*) to grease **2** (*con aceite*) to oil

engreído, -a *adj* **1** conceited **2** (*mimado*) spoiled
▸ *nm-nf* **1** big-head: *No es más que un* ~. He's such a big-head. **2** (*mimado*) spoiled brat

engullir *vt* to gobble *sth* (up/down)

enhebrar *vt* to thread

enigma *nm* enigma

enjabonar(se) *vt, vp* to soap: *Primero me gusta* ~*me la espalda.* I like to soap my back first.

enjambre *nm* swarm

enjaular *vt* to cage

enjuagar(se) *vt, vp* to rinse: *Enjuáguese bien las manos.* Rinse your hands well. ◊ *Enjuáguese (la boca).* Rinse (your mouth) out.

enjugarse *vp* (*sudor, lágrimas*) to wipe *sth* (away): *Se enjugó las lágrimas.* He wiped his tears away.

enlace *nm* **1** (*conexión, Internet, Ling*) link **2** (*buses, trenes*) connection

enlatar *vt* to can

enlazar *vt, vi* to connect (*sth*) (*to/with sth*)

enloquecedor, -ora *adj* infuriating

enloquecer *vi* **1** (*volverse loco*) to go crazy: *El público enloqueció de entusiasmo.* The audience went crazy with excitement. **2** (*gustar mucho*) to be crazy *about sth*: *El chocolate me enloquece.* I'm crazy about chocolate.
▸ *vt* to drive *sb* crazy

enmarcar *vt* to frame

enmascarar *vt* to mask
▸ **enmascararse** *vp* to put on a mask

enmendar *vt* **1** (*errores, defectos*) to correct **2** (*daños*) to repair **3** (*ley*) to amend
▸ **enmendarse** *vp* to mend your ways

enmienda *nf* (*ley*) amendment (*to sth*)

enmohecerse *vp* to go moldy

enmudecer *vi* **1** (*perder el habla*) to lose your voice **2** (*callar*) to get quiet

ennegrecer *vt* to blacken
▸ **ennegrecerse** *vp* to turn

enojado, -a *adj* ~ **(con) (por)** angry, mad (*coloq*) (*with sb*) (*about sth*): *Están* ~*s conmigo.* They're mad with me. ◊ *Pareces* ~. You look angry. *Ver tb* ENOJAR

enojar *vt* to make *sb* mad
▸ **enojarse** *vp* **enojarse (con) (por)** to get mad (*at/with sb*) (*about sth*): *No se enoje con ellos.* Don't get mad at them.

enorgullecer *vt* to make *sb* proud: *Su labor nos enorgullece.* We're proud of your achievements.
▸ **enorgullecerse** *vp* to be proud *of sb/sth*

enorme *adj* enormous LOC *Ver* DIMENSIÓN

enredadera *nf* creeper

enredado, -a *adj* LOC **estar enredado con algn** to be involved with sb ◆ **estar enredado en algo** to be involved in sth *Ver tb* ENREDAR

enredar *vt* **1** (*pelo, cuerdas*) to get *sth* tangled (up) **2** (*confundir*) to confuse: *No me enrede.* Don't confuse me. **3** (*complicar*) to complicate: *Enredaste aún más el asunto.* You complicated things even more. **4** (*involucrar*) to involve *sb* (*in sth*)
▸ *vi* to stir up trouble: *Siempre está enredando en la oficina.* She's always stirring up trouble in the office.
▸ **enredarse** *vp* **1** (*pelo, cuerdas*) to get tangled (up) **2 enredarse (en)** (*disputa, asunto*) to get involved (in *sth*) **3 enredarse (con/en)** (*confundirse*) to get confused (about/over *sth*): *Se enreda con las fechas.* He gets confused over dates. **4 enredarse con** (*amorío*) to get involved with *sb*: *Se enredó con la secretaria.* He got involved with his secretary.

enredo *nm* mess

enrejado *nm* **1** (*jaula, ventana*) bars [*pl*] **2** (*para plantas*) trellis

enriquecer *vt* **1** (*lit*) to make *sb* rich **2** (*fig*) to enrich: *Enriqueció su vocabulario con la lectura.* He enriched his vocabulary by reading.
▸ **enriquecerse** *vp* to get rich

enrojecer *vt* to redden
▸ **enrojecer(se)** *vi, vp* ~ **(se) (de)** to get red (with *sth*): *Enrojeció de ira.* He got red with anger.

enrolarse *vp* ~ **(en)** to enlist (in *sth*)

enrollar *vt* to roll *sth* up

enroscar *vt* **1** (*tapón*) to screw *sth* on: *Enrosca bien el tapón.* Screw the top on tightly. **2** (*piezas, tuercas*) to screw *sth* together

ensalada *nf* salad LOC **ensalada de frutas** fruit salad ◆ **ensalada de lechuga/mixta** green/mixed salad

ensaladera *nf* salad bowl

ensamblar *vt* to assemble

ensanchar *vt* to widen
▸ **ensancharse** *vp* **1** (*extenderse*) to widen **2** (*dar de sí*) to stretch: *Estos zapatos se ensancharon.* These shoes have stretched.

ensangrentado, -a *adj* bloodstained *Ver tb* ENSANGRENTAR

ensangrentar *vt* (*manchar*) to get blood on *sth*

ensayar *vt, vi* **1** (*para espectáculo*) to practice **2** (*Mús, Teat*) to rehearse

ensayo *nm* **1** (*experimento*) test: *tubo de* ~ test tube **2** (*Mús, Teat*) rehearsal **3** (*Liter*) essay LOC **ensayo general** dress rehearsal

enseguida *adv* straight away

ensenada *nf* **1** inlet **2** (*más pequeña*) cove

enseñado, -a *adj* LOC **bien enseñado** well-trained ◆ **tener a algn/algo mal enseñado**: *Los tiene muy mal* ~s. You spoil them. *Ver tb* ENSEÑAR

enseñanza *nf* **1** teaching **2** (*sistema nacional*) education: ~ *primaria/secundaria* primary/secondary education LOC *Ver* CENTRO

enseñar *vt* to teach *sth*, to teach *sb* to do *sth*: *Enseña matemáticas.* He teaches math.
◊ *¿Quién te enseñó a jugar?* Who taught you to play?

ensillar *vt* to saddle *sth* (up)

ensimismado, -a *adj* **1** (*pensativo*) lost in thought **2** ~ **(en)** (*embebido*) engrossed in *sth*: *Estaba muy ensimismada leyendo el libro.* She was deeply engrossed in her book.

ensordecedor, -ora *adj* deafening: *un ruido* ~ a deafening noise

ensordecer *vt* to deafen
▸ *vi* to go deaf: *Corre peligro de* ~. You run the risk of going deaf.

ensuciar *vt* to get *sth* dirty: *No me ensucies la mesa.* Don't get the table dirty.
▸ **ensuciarse** *vp* to get dirty: *Te ensuciaste el vestido con aceite.* You've got oil on your dress.

ensueño *nm* LOC **de ensueño** dream: *una casa de* ~ a dream home

entablar *vt* (*comenzar*) to start *sth* (up): ~ *una conversación* to start up a conversation LOC *Ver* AMISTAD

entablillar *vt* to put *sth* in a splint

entapetar *vt* to carpet

entender *vt* to understand: *No entiendo.* I don't understand.
▸ *vi* **1** to understand: *fácil/difícil de* ~ easy/difficult to understand **2** ~ **de** to be well versed in *sth*: *No entiendo mucho de eso.* I don't know much about that.
▸ **entenderse** *vp* **entenderse (con)** to get along (with *sb*): *Nos entendemos muy bien.* We get along very well. LOC **dar a entender** to imply ◆ **entender mal** to misunderstand *Ver tb* JOTA

entendido, -a *nm-nf* ~ **(en)** expert (at/in/on *sth*)
▸ *interj* *¡Entendido!* Right! ◊ *¿Entendido?* All right?

enterado, -a *adj* LOC **estar enterado (de)** to know (about *sth*) ◆ **no darse por enterado** to turn a deaf ear (*to sth*) *Ver tb* ENTERARSE

enterarse *vp* ~ **(de)** (*suceso*) to hear (about *sth*): *Ya me enteré de lo de tu abuelo.* I've heard about your grandfather. LOC **se va a enterar** (*amenaza*) you, he, they, etc. will get what for

entero

entero, -a adj **1** (*completo*) whole, entire (*formal*) **2** (*intacto*) intact **3** (*leche*) whole LOC *Ver* CUERPO

enterrador, -ora nm-nf gravedigger

enterrar vt (*lit y fig*) to bury LOC **enterrarse en vida** to shut yourself away

entierro nm **1** (*ceremonia*) funeral: *Había mucha gente en el ~.* There were a lot of people at the funeral. **2** (*sepelio*) burial LOC *Ver* VELA¹

entonación nf intonation

entonar vt (*cantar*) to sing
▶ vi to sing in tune
▶ **entonarse** vp to perk up: *Báñate y verás como te entonas.* Take a shower and you'll soon perk right up.

entonces adv then LOC **en/por aquel entonces** at that time

entornar vt to half-close

entorno nm **1** (*ambiente*) environment **2** (*círculo*) circle: *~ familiar* family circle **3** (*alrededores*): *en el ~ de la ciudad* in and around the city

entrada nf **1 ~ (en)** (*acción de entrar*) **(a)** entry (into *sth*): *Prohibida la ~.* No entry. **(b)** (*club, asociación*) admission (to *sth*): *No cobran ~ a los socios.* Admission is free for members. **2** (*boleto*) ticket: *No hay ~s.* Sold out. **3** (*puerta*) entrance (*to sth*): *Te espero a la ~.* I'll wait for you at the entrance. **4 entradas** (*pelo*) receding hairline [*v sing*]: *Cada vez tienes más ~s.* Your hairline is receding fast. **5** (*en una comida*) appetizer, starter (*GB*) LOC **entrada gratuita/libre** free admission *Ver tb* BANDEJA, PROHIBIDO

entraña nf **entrañas** (*Anat*) entrails

entrañable adj (*querido*) much-loved

entrar vi **1 (a)** (*ir dentro*) to go in/inside: *No me atreví a ~.* I didn't dare to go in. ◊ *El clavo no entró bien.* The nail didn't go in right. **(b)** (*pasar*) to come in/inside: *Hágalo ~.* Ask him to come in. **2 ~ en (a)** (*ir dentro, ahondar*) to go into..., to enter (*formal*): *No entra en mi oficina cuando no estoy.* Don't go into my office when I'm not there. ◊ *~ en detalles* to go into detail **(b)** (*pasar*) to come into..., to enter (*formal*): *No entra en mi habitación sin llamar.* Knock before you come into my room. **3 ~ en** (*ingresar*) **(a)** (*profesión, esfera social*) to enter *sth* **(b)** (*institución, club*) to join *sth*: *~ en el ejército* to join the army **4** (*caber*) **(a)** (*ropa*) to fit: *Esta falda no me entra.* This skirt doesn't fit (me). **(b)** **~ (en)** to fit (in/into *sth*): *No creo que entre en la maleta.* I don't think it'll fit in the suitcase. **5** (*Informát*) to log in/on: *~ en el sistema* to log in/on **6** (*cambios*) to engage: *La primera nunca entra bien.* First never seems to engage right. LOC **entrar en calor** to warm up ◆ **entrar en juego 1** to come into play **2** (*jugador*) to come on ◆ **entrar ganas de** to feel like *doing sth*: *Me entraron ganas de llorar.* I felt like crying. ◆ **no me entra (en la cabeza)...** I, you, etc. just don't understand... *Ver tb* PEREZA, RAZÓN

entre

a small house **between** two large ones — a house **among** trees

entre prep **1** (*dos cosas, personas*) between: *~ el almacén y el teatro* between the store and the movie theater **2** (*más de dos cosas, personas*) among: *Nos sentamos ~ los árboles.* We sat among the trees. **3** (*en medio*) somewhere between: *Tiene los ojos ~ agrisados y azules.* Her eyes are somewhere between gray and blue. LOC **entre más/menos...** the more/less...: *Entre más tiene, más quiere.* The more he has, the more he wants. ◆ **entre sí 1** (*dos personas*) each other: *Hablaban ~ sí.* They were talking to each other. **2** (*varias personas*) among themselves: *Los muchachos lo discutían ~ sí.* The boys were discussing it among themselves. ◆ **entre tanto** in the meantime ◆ **entre todos** together: *Lo haremos ~ todos.* We'll do it together.

entreabierto, -a adj half-open

entrecejo nm space between the eyebrows

entrecortado, -a adj **1** (*voz*) faltering **2** (*frases*) broken

entredicho nm (*Chi, Per*) (*disputa*) dispute LOC **poner en entredicho** to call *sth* into question

entrega nf **1** handing over: *la ~ del dinero* the handing over of the money **2** (*mercancía*) delivery **3** (*fascículo*) installment: *Se va a publicar por ~s.* It will be published in installments. LOC **entrega de medallas** medal ceremony ◆ **entrega de premios** prize-giving ◆ **entrega inmediata** express delivery: *mandar una carta por ~ inmediata* to send a letter express *Ver tb* PAGO

entregado, -a adj **~ (a)** devoted (*to sb/sth*) *Ver tb* ENTREGAR

entregar vt **1** to hand *sb/sth* over (*to sb*): *~ los documentos/las llaves* to hand over the documents/keys ◊ *~ a algn a las autoridades* to hand sb over to the authorities **2** (*premio,*

medallas) to present *sth* (*to sb*) **3** (*mercancía*) to deliver
▸ **entregarse** *vp* **entregarse (a) 1** (*rendirse*) to give yourself up, to surrender (*más formal*) (to *sb*): *Se entregaron a la policía.* They gave themselves up to the police. **2** (*dedicarse*) to devote yourself to *sb/sth*

entrenador, -ora *nm-nf* **1** (*Dep*) coach **2** (*animales*) trainer

entrenamiento *nm* training LOC *Ver* PESA

entrenar(se) *vt, vp* to train

entrepierna *nf* crotch

entretanto *adv Ver* ENTRE

entretener *vt* **1** (*demorar*) to keep: *No quiero ~lo demasiado.* I won't keep you long. **2** (*divertir*) to keep *sb* amused **3** (*distraer*) to keep *sb* busy: *Entretenlo mientras yo entro.* Keep him busy while I go in.
▸ **entretenerse** *vp* **1 entretenerse (con)** (*disfrutar*): *Lo hago por ~me.* I just do it to pass the time. ◊ *Me entretengo con cualquier cosa.* I'm easily amused. **2** (*distraerse*) to hang around (*doing sth*): *No se entretengan y vengan a la casa enseguida.* Don't hang around; come home right away.

entretenido, -a *adj* entertaining LOC **estar entretenido** to be happy (*doing sth*) *Ver tb* ENTRETENER

entretenimiento *nm* (*tb* entretención *nf*) **1** (*diversión*) entertainment **2** (*pasatiempo*) pastime LOC *Ver* PARQUE

entretiempo *nm* (*Dep*) half-time

entrevista *nf* **1** (*reunión*) meeting **2** (*trabajo, Period*) interview

entrevistado, -a *nm-nf* interviewee

entrevistador, -ora *nm-nf* interviewer

entrevistar *vt* to interview
▸ **entrevistarse** *vp* **entrevistarse (con)** to meet: *Se entrevistó con él en el hotel.* She met him in the hotel.

entristecer *vt* to sadden
▸ **entristecerse** *vp* **entristecerse (por)** to be sad (because of/about *sth*)

entrometerse *vp* ~ **(en)** to interfere (in *sth*)

entrometido, -a *adj* meddlesome
▸ *nm-nf* meddler *Ver tb* ENTROMETERSE

enturbiar *vt* **1** (*líquido*) to make *sth* cloudy **2** (*relaciones, asunto*) to cloud
▸ **enturbiarse** *vp* **1** (*líquido*) to become cloudy **2** (*relaciones, asunto*) to become muddled

entusiasmado, -a *adj* LOC **estar entusiasmado (con)** to be delighted (at/about *sth*) *Ver tb* ENTUSIASMAR

entusiasmar *vt* to thrill
▸ **entusiasmarse** *vp* **entusiasmarse (con/por)** to get excited (about/over *sth*)

entusiasmo *nm* ~ **(por)** enthusiasm (for *sth*) LOC **con entusiasmo** enthusiastically

entusiasta *adj* enthusiastic
▸ *nmf* enthusiast: *los ~s del fútbol* soccer enthusiasts

enumerar *vt* to list, to enumerate (*formal*)

enunciado *nm* (*problema, teoría*) wording

enunciar *vt* to enunciate

envasado, -a *adj* LOC **envasado al vacío** vacuum-packed *Ver tb* ENVASAR

envasar *vt* **1** (*embotellar*) to bottle **2** (*enlatar*) to can

envase *nm* **1** (*botella*) bottle **2** (*lata*) can, tin (*GB*) **3** (*caja*) package

envejecer *vi* (*persona*) to get old: *Ha envejecido mucho.* He's gotten very old.
▸ *vt* **1** (*persona, vino*) to age: *La enfermedad lo ha envejecido.* Illness has aged him. **2** (*madera*) to season

envenenar *vt* to poison
▸ **envenenarse** *vp*: *Se envenenaron comiendo hongos.* They ate poisonous mushrooms.

enviado, -a *nm-nf* **1** (*emisario*) envoy **2** (*Period*) correspondent: *~ especial* special correspondent

enviar *vt* to send ➔ *Ver nota en* GIVE LOC *Ver* CORREO

enviciarse *vp* ~ **(con)** to get hooked (on *sth*)

envidia *nf* envy: *hacer algo por ~* to do sth out of envy ◊ *¡Qué ~!* I really envy you! LOC **dar envidia** to make *sb* jealous ♦ **tener envidia** to be jealous (*of sb/sth*) *Ver tb* COMIDO, MUERTO

envidiar *vt* to envy

envidioso, -a *adj, nm-nf* envious: *Es un ~.* He's very envious.

envío *nm* **1** (*acción*) sending **2** (*paquete*) package, parcel (*GB*) **3** (*Econ*) consignment LOC **envío contra reembolso** cash on delivery (*abrev* COD) *Ver tb* GASTO

enviudar *vi* to be widowed

envoltorio *nm* wrapper

envolver *vt* to wrap *sb/sth* (up) (*in sth*): *¿Se lo envolvemos?* Would you like it wrapped? LOC **envolver para regalo** to gift-wrap: *¿Me lo envuelve para regalo?* Can you gift-wrap it for me, please? *Ver tb* PAPEL

envuelto, -a *adj* LOC **verse envuelto en** to find yourself involved in *sth Ver tb* ENVOLVER

enyesado, -a *adj* in a cast: *Tengo el brazo ~.* My arm's in a cast. *Ver tb* ENYESAR

enyesar vt to put sth in plaster: *Me enyesaron una pierna.* They put my leg in plaster.

eólico, -a adj LOC *Ver* PARQUE

¡epa! interj **1** (*para animar*) hey **2** (*cuidado*) careful!

epicentro nm epicenter

epidemia nf epidemic: *una ~ de cólera* a cholera epidemic

epilepsia nf epilepsy

episodio nm episode: *una serie de cinco ~s* a serial in five episodes

época nf **1** (*período*) time: *en aquella ~* at that time ◊ *la ~ más fría del año* the coldest time of the year **2** (*era*) age: *la ~ de Felipe II* the age of Philip II LOC **de época** period: *mobiliario de ~* period furniture *Ver tb* GLACIAR

equilátero, -a adj LOC *Ver* TRIÁNGULO

equilibrar vt to balance: *~ el peso* to balance the weight

equilibrio nm **1** balance: *mantener/perder el ~* to keep/lose your balance ◊ *~ de fuerzas* balance of power **2** (*Fís*) equilibrium

equilibrista nmf **1** (*acróbata*) acrobat **2** (*en la cuerda floja*) tightrope walker

equino, -a adj LOC *Ver* GANADO

equipaje nm baggage [incontable]: *No tengo mucho ~.* I don't have much baggage. ◊ *~ de mano* hand baggage LOC **hacer el equipaje** to pack *Ver tb* EXCESO

equipar vt **1** (*casa, oficina*) to equip sb/sth (with sth): *~ una oficina con muebles* to equip an office with furniture **2** (*ropa, Náut*) to fit sb/sth out (with sth): *~ a los niños para el invierno* to fit the children out for the winter

equipo nm **1** (*grupo de personas*) team [v sing o pl]: *~ de fútbol* soccer team ◊ *~ de expertos* team of experts **2** (*equipamiento*) **(a)** equipment [incontable]: *un ~ de laboratorio* laboratory equipment **(b)** (*Dep*) gear: *~ de caza/pesca* hunting/fishing gear LOC **equipo anfitrión** home team ♦ **equipo de música/sonido** sound system *Ver tb* COMPAÑERO, TRABAJO

equitación nf (horseback) riding, (horse) riding (*GB*)

equivalente adj **(a)** equivalent (to sth) ▶ nm **~** (**a/de**) equivalent (of/to sth)

equivaler vi *~* **a** (*valer*) to be equivalent to sth: *Esto equivale a mil pesos.* That is equivalent to one thousand pesos.

equivocación nf **1** (*error*) mistake: *cometer una ~* to make a mistake **2** (*malentendido*) misunderstanding

equivocado, -a adj wrong: *estar ~* to be wrong *Ver tb* EQUIVOCARSE

equivocarse vp **1** **~ (en)** (*confundirse*) to be wrong (about sth): *En eso te equivocas.* You're wrong about that. **2** **~ (de)**: *Te equivocaste de número.* You have the wrong number. ◊ *~ de carretera* to take the wrong road

era¹ nf (*período*) era

era² nf (*Agric*) threshing floor

erección nf erection

erguir vt (*cabeza*) to hold sth up

erizo nm hedgehog LOC **erizo de mar** sea urchin

ermita nf hermitage

erosión nf erosion

erosionar vt to erode

erótico, -a adj erotic

errar vt to miss: *Erró el tiro.* He missed (with) his shot.
▶ vi (*vagar*) to wander

errata nf mistake

erróneo, -a adj: *La información era errónea.* The information was incorrect. ◊ *Tomaron la decisión errónea.* They made the wrong decision.

error nm mistake: *cometer un ~* to make a mistake ➔ *Ver nota en* MISTAKE

eructar vi to burp, to belch (*más formal*)

eructo nm burp, belch (*más formal*)

erupción nf **1** (*volcán*) eruption **2** (*Med*) rash

esbelto, -a adj **1** (*delgado*) slender **2** (*elegante*) graceful

escabeche nm LOC **en escabeche** (*para conservas*) in brine

escabullirse vp **1** (*irse*) to slip away **2** **~ de/de entre** to slip out of sth: *~ de las manos* to slip out of your hands

escafandra nf diving suit

escala nf **1** (*en mediciones*) scale: *en una ~ de uno a diez* on a scale of one to ten **2** (*viajes*) stopover LOC **escala (musical)** scale ♦ **hacer escala** to stop (over) *in…*

escalada nf (*montaña*) climb

escalador, -ora nm-nf climber

escalar vt, vi to climb

escaleno adj LOC *Ver* TRIÁNGULO

escalera nf (*de un edificio*) stairs [pl], staircase (*más formal*)

Stairs se refiere solo a los escalones: *Me caí por las escaleras.* I fell down the stairs. ◊ *al pie de la escalera* at the foot of the stairs. **Staircase** hace referencia a toda la estructura de la escalera (los escalones, el pasamanos, etc.): *La casa tiene una escalera antigua.* The house has an antique staircase. Si la escalera está en el exterior de un edificio, se llama **stairway** y los escalones, **steps**.

LOC **bajar/subir las escaleras** to go downstairs/upstairs ◆ **escalera de caracol** spiral staircase ◆ **escalera de incendios** fire escape ◆ **escalera (de mano)** stepladder ◆ **escalera eléctrica** escalator Ver tb RODAR

escalofrío nm shiver LOC **dar escalofríos** to send shivers down your spine ◆ **tener/sentir escalofríos** to shiver

escalón nm step

escalope nm cutlet

escama nf scale

escampar v imp to clear up

escandalizar vt to shock

escándalo nm **1** (asunto) scandal **2** (ruido) racket: *¡Qué ~!* What a racket! LOC **armar/hacer un escándalo** to make a scene

escandaloso, -a adj (risa, color) loud

escanear vt to scan

escáner nm (aparato) scanner

escapada nf **1** (fuga) escape **2** (viaje) short break: *una ~ de fin de semana* a weekend break **3** (Dep) breakaway

escaparate nm **1** (aparador) sideboard **2** (de ropa) wardrobe

escapar(se) vi, vp **escapar(se) (de) 1** (lograr salir) to escape (from sb/sth): *El loro se escapó de la jaula.* The parrot escaped from its cage. **2** (evitar) to escape sth: *~ de la justicia* to escape arrest
▸ **escaparse** vp **1** (gas, líquido) to leak **2** (detalles, oportunidad, medio de transporte) to miss: *No se te escapa nada.* You don't miss a thing. **3 ~ de** (de una obligación) to get out of sth/doing sth: *¡Siquiera! Me escapé de lavar los platos hoy.* Thank goodness! I got out of washing the dishes today. LOC **dejar escapar 1** (persona) to let sb get away **2** (oportunidad) to pass sth up: *Dejaste ~ la mejor ocasión de tu vida.* You've passed up the chance of a lifetime. ◆ **escaparse de clase** to skip class

escapatoria nf way out: *Es nuestra única ~.* It's the only way out.

escape nm (gas, líquido) leak LOC Ver TUBO, VÁLVULA

escarabajo nm beetle

escarbar vi, vt (tierra) to dig

escarcha nf frost

escarmentado, -a adj LOC **estar escarmentado** to have learned your lesson Ver tb ESCARMENTAR

escarmentar vt to teach sb a lesson
▸ vi to learn your lesson: *No escarmientas, ¿eh?* Will you never learn?

escarpín nm **escarpines** bootees

escasear vi to be scarce

escasez nf shortage: *Hay ~ de profesorado.* There is a shortage of teachers.

escaso, -a adj **1** [con sustantivo contable en plural] few: *a ~s metros de distancia* a few meters away **2** [con sustantivo incontable] little: *La ayuda que recibieron fue escasa.* They received very little help. ◊ *debido al ~ interés* due to lack of interest ◊ *productos de escasa calidad* poor-quality products **3** (apenas) only just, barely (más formal): *Tiene tres años ~s.* She is barely three. LOC **andar escaso de** to be short of sth

escena nf scene: *acto primero, ~ segunda* act one, scene two LOC **poner en escena** to stage

escenario nm **1** (teatro, auditorio) stage: *salir al ~* to come onto the stage **2** (lugar) scene: *el ~ del crimen* the scene of the crime

escenificar vt **1** (representar) to stage **2** (adaptar) to dramatize

esclarecer vt **1** (explicar) to clarify **2** (delito) to clear sth up: *~ un asesinato* to clear a murder up

esclavitud nf slavery

esclavizado, -a adj LOC **tener esclavizado a algn** to treat sb like a slave Ver tb ESCLAVIZAR

esclavizar vt to enslave

esclavo, -a adj, nm-nf slave: *Los tratan como a ~s.* You are treated like slaves. ◊ *ser ~ del dinero* to be a slave to money

esclusa nf lock

escoba nf **1** (para barrer) broom, brush ➔ Ver dibujo en BRUSH **2** (de bruja) broomstick

escobilla nf (cuarto de baño) toilet brush

escocer vi to sting

escocés, -esa adj Scottish
▸ nm-nf Scotsman/woman [pl Scotsmen/-women]: *los escoceses* the Scots LOC Ver CUADRO, FALDA

Escocia nf Scotland

escoger vt, vi to choose: *Escojas tú.* You choose. ◊ *~ entre dos cosas* to choose between two things ◊ *Hay que ~ del menú.* You have to choose from the menu.

escolar adj **1** school: *año ~* school year ◊ *el comienzo de las vacaciones ~es* the start of school vacation **2** (sistema) education: *el sistema ~* the education system
▸ nmf **1** (masc) schoolboy **2** (fem) schoolgirl **3** (sin distinción de sexo) schoolchild [pl schoolchildren] ❶ También se dice **school student**. ➔ Ver tb nota en ALUMNO LOC **boletín/**

informe escolar school report *Ver tb* CENTRO, CERTIFICADO, DESERCIÓN, MOCHILA

escolta *nf, nmf* escort

escoltar *vt* to escort

escombro *nm* **escombros** rubble [*incontable*]: *reducir algo a ~s* to reduce sth to rubble ◊ *un montón de ~s* a pile of rubble

esconder *vt* to hide: *Lo escondieron debajo de la cama.* They hid it under the bed. ◊ *Esconde el regalo para que no lo vea mi mamá.* Hide the gift from my mother.
▸ **esconderse** *vp* **esconderse (de)** to hide (from *sb/sth*): *¿De quién se esconden?* Who are you hiding from?

escondido, -a *adj* (*recóndito*) secluded **LOC a escondidas** in secret *Ver tb* ESCONDER

escondite *nm* **1** (*escondrijo*) hiding place **2** (*juego*) hide-and-seek: *jugar al ~* to play hide-and-seek

escopeta *nf* **1** rifle **2** (*de perdigones*) shotgun

Escorpión (*tb* **escorpio, Escorpio**) *nm, nmf* (*Astrol*) Scorpio [*pl* Scorpios] ➔ *Ver ejemplos en* AQUARIUS

escorpión *nm* (*alacrán*) scorpion

escotado, -a *adj* low-cut: *Es demasiado ~.* It's too low-cut. ◊ *un vestido ~ por detrás* a dress with a low-cut back

escote *nm* **1** (*prenda*) neckline: *Amplié el ~ de la blusa nueva.* I lowered the neckline on my new shirt. **2** (*pecho*) chest **LOC escote cuadrado/redondo** square/round neck ♦ **escote en V** V-neck

escotilla *nf* hatch

escozor *nm* sting

escribir *vt* **1** to write: *~ un libro* to write a book ➔ *Ver nota en* WRITE **2** (*ortografía*) to spell: *No sé ~lo.* I don't know how to spell it. ◊ *¿Cómo se escribe?* How do you spell it?
▸ *vi* to write: *Nunca me escribes.* You never write to me. ◊ *Todavía no sabe ~.* He can't write yet. ◊ *Este marcador no escribe.* This marker pen doesn't write.
▸ **escribirse** *vp* **escribirse con**: *Me gustaría ~me con un inglés.* I'd like to have an English pen pal. **LOC escribir a mano** to write *sth* in longhand *Ver tb* MÁQUINA

escrito, -a *adj*: *poner algo por ~* to put sth in writing
▸ *nm* **1** (*carta*) letter **2** (*documento*) document *Ver tb* ESCRIBIR

escritor, -ora *nm-nf* writer

escritorio *nm* desk **LOC** *Ver* FONDO

escritura *nf* **1** writing **2 Escritura(s)** Scripture: *la Sagrada Escritura/las Escrituras* the Holy Scripture(s)/the Scriptures

escrupuloso, -a *adj* **1** (*aprensivo*) fussy: *Préstame su vaso, no soy ~.* Give me your glass. I'm not fussy. **2** (*honrado*) scrupulous

escrutinio *nm* (*recuento*) count

escuadra *nf* **1** (*regla*) set square **2** (*Mil*) squad

escuadrón *nm* squadron

escuchar *vt, vi* to listen (to *sb/sth*): *Nunca me escuchas.* You never listen to me. ◊ *¡Escucha! ¿Lo oyes?* Listen! Can you hear it?

escudero *nm* squire

escudo *nm* **1** shield: *~ protector* protective shield **2** (*insignia*) emblem **LOC escudo de armas** coat of arms

escuela *nf* **1** school: *Iremos después de la ~.* We'll go after school. ◊ *El lunes no va a haber ~.* There'll be no school on Monday. ◊ *Todos los días voy a la ~ en el bus.* I go to school on the bus every day. ◊ *El martes voy a ir a la ~ para hablar con tu profesor.* On Tuesday I'm going to go the school to talk to your teacher.

En Estados Unidos, una escuela pública es un **public school**.
En Gran Bretaña hay escuelas del estado, **state schools**, y escuelas privadas, **independent schools**. Los **public schools** son un tipo de colegios privados más tradicionales y conocidos, como por ejemplo Eton y Harrow. ➔ *Ver tb nota en* SCHOOL

2 (*academia*) academy [*pl* academies]: *~ de policía* police academy **LOC escuela de conducción/manejo** driving school ♦ **escuela infantil** preschool, nursery school (*GB*) ♦ **escuela primaria** elementary school, primary school (*GB*) ♦ **escuela secundaria** secondary school

escuincle *nm* (*Méx*) (*niño*) kid

esculcar *vt* to go through *sth*: *¡No me esculques!* Don't go through my things.
▸ *vi*: *Esculcar es de muy mala educación.* It's very rude to go through other peoples' things.

esculpir *vt, vi* to sculpt: *Me gustaría ~ en piedra.* I'd like to sculpt in stone.

escultor, -ora *nm-nf* sculptor

escultura *nf* sculpture

escupir *vt* **1** (*expectorar*) to spit *sth* (out) **2** (*a algn*) to spit at *sb*
▸ *vi* to spit

escupitajo *nm* spittle [*incontable*]: *Había un ~ en el suelo.* There was some spittle on the ground. ◊ *soltar un ~* to spit

escurridor *nm* (*tb* **escurridora** *nf*) **1** (*verduras*) colander **2** (*platero*) dish rack

escurrir *vt* **1** (*ropa*) to wring *sth* (out) **2** (*platos, verduras, legumbres*) to drain
▸ *vi* **1** to drain: *Pon los platos a ~.* Leave the dishes to drain. **2** (*ropa*) to drip

▸ **escurrirse** *vp* **escurrirse (de/entre/de entre)** to slip (out of/from *sth*): *El jabón se le escurrió de entre las manos.* The soap slipped out of his hands.

escusado *nm* toilet ➔ *Ver nota en* BATHROOM

ese, esa *adj* that [*pl* those]: *a partir de ~ momento* from that moment on ◊ *esos libros* those books
▸ *pron* (*tb* **ése, ésa**) **1** (*cosa*) that one [*pl* those (ones)]: *Yo no quiero ese/esos.* I don't want that one/those ones. **2** (*persona*): *¡Fue esa!* It was her! ◊ *Yo no voy con esos.* I'm not going with them.

esencia *nf* essence

esencial *adj* **~ (para)** essential (to/for *sth*)

esfera *nf* **1** (*Geom*) sphere **2** (*reloj*) face

esférico, -a *adj* spherical

esfero *nm* (ballpoint) pen

esfinge *nf* sphinx

esforzarse *vp* **~ (en/para/por)** to try (hard) (*to do sth*): *Se esforzaron mucho.* They tried very hard.

esfuerzo *nm* **1** effort: *Haz un ~ y come algo.* Make an effort to eat something. ◊ *No deberías hacer ~s, aún no estás recuperado.* You shouldn't overdo it, you're still recovering. **2** (*intento*) attempt (*at doing sth/to do sth*): *en un último ~ por evitar el desastre* in a last attempt to avoid disaster **LOC** **sin esfuerzo** effortlessly

esfumarse *vp* to vanish **LOC** **¡esfúmate!** get lost!

esgrima *nf* (*Dep*) fencing

esgrimir *vt* (*arma*) to wield

esguince *nm* (*Med*) sprain: *hacerse un ~ en el tobillo* to sprain your ankle

eslogan *nm* slogan

esmaltar *vt* to enamel

esmalte *nm* enamel **LOC** **esmalte de uñas** nail varnish

esmeralda *nf* emerald

esmerarse *vp* **~ (en/por)** to try very hard (*to do sth*): *Esmérate un poco más.* Try a bit harder.

esmero *nm* **LOC** **con esmero** (very) carefully

esmoquin *nm* tuxedo [*pl* tuxedos], dinner jacket (*GB*)

esnob *adj* snobbish
▸ *nmf* snob

esnórquel *nm* snorkel

eso *pron* that: *¿Qué es ~?* What's that? ◊ *Eso es, muy bien.* That's right, very good. **LOC** **a eso de** at about: *a ~ de la una* at about one o'clock ➔ *Ver nota en* AROUND ◆ **¡eso sí que no!** no way!

◆ **por eso** (*consecuencia*) so, therefore (*más formal*)

esófago *nm* esophagus [*pl* esophagi/esophaguses]

esos, -as (*tb* **ésos, -as**) *adj Ver* ESE

espabilado, -a *adj* bright **LOC** **estar espabilado** to be wide awake *Ver tb* ESPABILAR

espabilar *vt* to wake *sb* up
▸ *vi* to get with it: *¡Ya es hora de que espabiles!* It's about time you got with it!

espaciador, -ora *adj* **LOC** *Ver* BARRA

espacial *adj* space: *misión/vuelo ~* space mission/flight **LOC** *Ver* AERONAVE, BASE, NAVE, TRAJE

espacio *nm* **1** (*Mús*) space **2** (*sitio*) room: *En mi maleta hay ~ para tu suéter.* There is room for your sweater in my suitcase. **3** (*Radio, TV*) program

espada *nf* **1** (*arma*) sword **2 espadas** (*Naipes*) ➔ *Ver nota en* BARAJA **LOC** **estar entre la espada y la pared** to be between a rock and a hard place *Ver tb* PEZ

espagueti *nm* **espaguetis** spaghetti [*incontable*]: *Me encantan los ~s.* I love spaghetti.

espalda *nf* **1** back: *Me duele la ~.* My back hurts. **2** (*Natación*) backstroke: *100 metros ~* 100-meter backstroke **LOC** **dar la espalda a algn/algo** to turn your back on sb/sth ◆ **de espaldas**: *Ponte de ~s a la pared.* Stand with your back to the wall. ◊ *ver a algn de ~s* to see sb from behind ◆ **hacer algo a espaldas de algn** to do sth behind sb's back *Ver tb* NADAR

espantapájaros *nm* scarecrow

espantar *vt* **1** (*asustar*) to terrify **2** (*ahuyentar*) to drive *sb/sth* away
▸ *vi* to appal: *Nos dejaron espantados las condiciones del hospital.* We were appalled by conditions at the hospital.

espanto *nm* **1** (*miedo*) fear **2** (*fantasma*) ghost: *Se me apareció un ~.* I saw a ghost.

espantoso, -a *adj* terrible: *Está haciendo un calor ~.* It's terribly hot.

España *nf* Spain

español, -ola *adj, nm* Spanish: *hablar ~* to speak Spanish
▸ *nm-nf* Spaniard: *los ~es* the Spanish

esparadrapo *nm* Band-Aid®, plaster (*GB*)

esparcimiento *nm* recreation: *Los niños necesitan un rato de ~.* Children need a time for recreation.

esparcir *vt* **1** to scatter **2** (*rumor, mantequilla, etc.*) to spread

espárrago *nm* asparagus [*incontable*]

esparto (*tb* **espartillo**) *nm* esparto

espátula

espátula nf spatula
especia nf spice
especial adj **1** special **2** (*quisquilloso*) fussy
▶ nm (*Chi*) (*perro caliente*) hot dog LOC **en especial 1** (*sobre todo*) especially: *Me gustan mucho los animales, en ~ los perros.* I'm very fond of animals, especially dogs. ⮕ *Ver nota en* SPECIAL **2** (*en concreto*) in particular: *Sospechan de uno de ellos en ~.* They suspect one of them in particular. *Ver tb* EDUCACIÓN, EFECTO

especialidad nf specialty [pl specialties]
especialista nmf **~ (en)** specialist (in *sth*): *un ~ en informática* a computer specialist
especializarse vp **~ (en)** to specialize (in *sth*)
especialmente adv **1** (*sobre todo*) especially: *Me encantan los animales, ~ los gatos.* I love animals, especially cats. **2** (*en particular*) particularly: *Estoy ~ preocupada por el abuelo.* I'm particularly concerned about grandpa. ◊ *No es un hombre ~ corpulento.* He's not a particularly fat man. **3** (*expresamente*) specially: *~ diseñado para minusválidos* specially designed for handicapped people ⮕ *Ver nota en* SPECIALLY

especie nf **1** (*Biol*) species [pl species] **2** (*clase*) kind: *Era una ~ de barniz.* It was a kind of varnish.
especificar vt to specify
específico, -a adj specific
espécimen nm specimen
espectacular adj spectacular LOC *Ver* ANUNCIO
espectáculo nm **1** (*escena, suceso*) spectacle: *un ~ impresionante* an impressive spectacle **2** (*función*) show LOC **dar un espectáculo** to make a scene *Ver tb* GUÍA, MUNDO
espectador, -ora nm-nf **1** (*Teat, Mús*) member of the audience **2** (*Dep*) spectator
especulación nf speculation: *la ~ inmobiliaria* property speculation
especular vi **1 ~ (con)** (*Econ*) to speculate (in *sth*) **2 ~ (sobre)** (*suponer*) to speculate (about *sth/sb*)
espejismo nm mirage
espejo nm mirror LOC **espejo retrovisor** rear-view mirror ♦ **mirarse en el espejo** to look (at yourself) in the mirror
espera nf wait LOC *Ver* LISTA, SALA
esperanza nf hope LOC **esperanza de vida** life expectancy
esperar vt to wait for *sb/sth*, to expect, to hope

Los tres verbos **wait**, **expect** y **hope** significan esperar, pero no deben confundirse:
Wait indica que una persona espera, sin hacer otra cosa, a que alguien llegue o a que algo suceda por fin: *Espérame, por favor.* Wait for me, please. ◊ *Estoy esperando al bus.* I'm waiting for the bus. ◊ *Estamos esperando a que deje de llover.* We are waiting for it to stop raining.
Expect se utiliza cuando lo esperado es lógico y muy probable: *Había más tráfico de lo que yo esperaba.* There was more traffic than I had expected. ◊ *Esperaba carta suya ayer, pero no recibí ninguna.* I was expecting a letter from him yesterday, but didn't receive one. Si una mujer está embarazada, también se dice **expect**: *Está esperando un bebé.* She's expecting a baby.
Con **hope** se expresa el deseo de que algo suceda o haya sucedido: *Espero volver a verte pronto.* I hope to see you again soon.
◊ *Espero que sí/no.* I hope so/not.

▶ vi to wait: *Estoy harta de ~.* I'm fed up of waiting.
esperma nf sperm
espesar(se) vt, vp to thicken
espeso, -a adj thick: *La salsa está muy espesa.* This sauce is very thick. LOC **¡no seas espeso!** (*Per*) don't be such a pain!
espía nmf spy [pl spies]
espiar vt, vi to spy (on *sb*): *No me espíe.* Don't spy on me.
espichar vt (*Col*) **1** (*botón, etc.*) to press **2** (*tubo, etc.*) to squeeze **3** (*fruta, insecto*) to squash
espiga nf (*cereal*) ear
espina nf **1** (*Bot*) thorn **2** (*pez*) bone LOC **darle a uno mala espina** to have a bad feeling *about sth*: *Ese asunto me da mala ~.* I have a bad feeling about it. ♦ **espina dorsal** spine ♦ **espinas de pino** pine needles
espinaca nf spinach [*incontable*]: *Me encantan las ~s.* I love spinach.
espinilla nf **1** (*pierna*) shin **2** (*grano*) blackhead
espinillera nf shin guard
espionaje nm spying: *Me acusan de ~.* I've been accused of spying. ◊ *Se dedica al ~.* He's a spy.
espiral adj, nf spiral
espiritismo nm spiritualism LOC **hacer espiritismo** to attend a seance
espíritu nm **1** spirit: *~ de equipo* team spirit **2** (*alma*) soul LOC **Espíritu Santo** Holy Spirit

espiritual *adj* spiritual

espléndido, -a *adj* **1** (*magnífico*) splendid: *Fue una cena espléndida.* It was a splendid dinner. **2** (*generoso*) generous

espolvorear *vt* to sprinkle *sth* (*with sth*)

esponja *nf* sponge

esponjoso, -a *adj* **1** (*torta, pan*) light **2** (*lana*) soft

espontáneo, -a *adj* **1** (*impulsivo*) spontaneous **2** (*natural*) natural

esporádico, -a *adj* sporadic

esposar *vt* to handcuff

esposas *nf* handcuffs LOC **ponerle las esposas a algn** to handcuff sb

esposo, -a *nm-nf* **1** (*masc*) husband **2** (*fem*) wife [*fem* wives]

espuela *nf* spur

espuma *nf* **1** (*olas, de afeitar*) foam **2** (*cerveza, café, huevo*) froth **3** (*jabón, champú*) lather LOC **espuma de pelo** (hair) mousse ♦ **hacer espuma 1** (*olas*) to foam **2** (*jabón*) to lather LOC

espumoso, -a *adj* (*vino*) sparkling

esqueje *nm* cutting

esquela *nf* notelet

esquelético, -a *adj* (*flaco*) skinny ➔ Ver nota en DELGADO

esqueleto *nm* **1** (*Anat*) skeleton **2** (*estructura*) framework

esquema *nm* **1** (*diagrama*) diagram **2** (*resumen*) outline

esquí *nm* **1** (*tabla*) ski [*pl* skis] **2** (*Dep*) skiing LOC **esquí acuático** waterskiing: *hacer ~ acuático* to go waterskiing Ver tb BASTÓN, PISTA

esquiador, -ora *nm-nf* skier

esquiar *vi* to ski: *Me gusta mucho ~.* I love skiing. ◊ *Esquían todos los fines de semana.* They go skiing every weekend.

esquilar *vt* to shear

esquimal *nmf* Eskimo [*pl* Eskimo/Eskimos] ❶ Los esquimales prefieren el término **the Inuit** [*pl*].

esquina *nf* corner: *Es la casa que hace ~ con la Séptima.* It's the house on the corner of Seventh Street. LOC *Ver* SAQUE, TIRO, VUELTA

esquirol *nmf* blackleg

esquivar *vt* **1** (*golpe, obstáculo*) to dodge **2** (*persona*) to avoid

esquizofrenia *nf* schizophrenia

esquizofrénico, -a *adj, nm-nf* schizophrenic

esta (*tb* **ésta**) *adj Ver* ESTE

estabilidad *nf* stability

estabilizar(se) *vt, vp* to stabilize: *El enfermo se estabilizó.* The patient's condition has stabilized.

estable *adj* stable

establecer *vt* **1** (*crear*) to set *sth* up: *~ una compañía* to set up a company **2** (*determinar, ordenar*) to establish: *~ la identidad de una persona* to establish the identity of a person **3** (*récord*) to set
▶ **establecerse** *vp* **1** (*afincarse*) to settle **2** (*en un negocio*) to set up: *~se por su cuenta* to set up your own business

establo *nm* **1** (*vacas*) barn **2** (*caballos*) stable

estación *nf* **1** (*trenes, buses*) station: *¿Dónde está la ~ de metro más cercana?* Where's the nearest subway station? ◊ *~ de policía* police station **2** (*del año*) season LOC **estación de bomberos** fire station *Ver tb* JEFE

estacionamiento *nm* **1** (*acción*) parking **2** (*lugar*) parking lot, car park (*GB*) LOC *Ver* PLAYA

estacionar *vi* to park LOC *Ver* DOBLE

estadero *nm* (*Col*) small restaurant

estadio *nm* (*Dep*) stadium [*pl* stadiums/stadia]

estadística *nf* **1** (*ciencia*) statistics [*incontable*] **2** (*cifra*) statistic

estado *nm* **1** (*Pol, Fís, situación*) state: *la seguridad del ~* state security **2** (*condición médica*) condition: *Su ~ no reviste gravedad.* Her condition isn't serious. LOC **en buen estado** in good condition ♦ **en estado de coma** in a coma ♦ **en mal estado 1** (*alimento*): *agua en mal ~* contaminated water ◊ *El pescado estaba en mal ~.* The fish was bad. **2** (*carretera*) in a bad state of repair ♦ **estado civil** marital status ♦ **estar en estado** to be expecting ♦ **los Estados Unidos** the United States (*abrev* U.S./U.S.A.) [*v sing o pl*] *Ver tb* GOLPE

estadounidense *adj, nmf* American ➔ Ver nota en AMÉRICA

estafa *nf* swindle, rip-off (*coloq*)

estafar *vt* to swindle *sb* (*out of sth*): *Estafó a los inversores por millones de dólares.* He has swindled the investors out of millions of dollars.

estalactita *nf* stalactite

estalagmita *nf* stalagmite

estallar *vi* **1** (*bomba explosiva*) to explode **2** (*bomba inflable*) to burst **3** (*guerra, epidemia*) to break out **4** (*escándalo, tormenta*) to break

estallido *nm* **1** (*bomba*) explosion **2** (*guerra*) outbreak

estampa *nf* (*dibujo*) picture

estampado, -a *adj* (*tela*) patterned *Ver tb* ESTAMPAR

estampar *vt* **1** (*imprimir*) to print **2** (*arrojar*) to hurl *sb/sth* (*against sth*)
▸ **estamparse** *vp* **estamparse contra** to smash into *sth*

estampida *nf* stampede

estampilla *nf* stamp: *Dos ~s para Chile, por favor.* Two stamps for Chile, please. ◊ *Ponle una ~ a la postal.* Put a stamp on the postcard.
↪ *Ver nota en* STAMP

estancado, -a *adj* (*agua*) stagnant *Ver tb* ESTANCARSE

estancarse *vp* (*agua*) to stagnate

estancia *nf* **1** stay: *su ~ en el hospital* his stay in hospital **2** (*hacienda*) ranch

estanco *nm* (*Col*) (*de vinos, etc.*) liquor store, off-licence (*GB*)

estándar *adj, nm* standard

estandarte *nm* banner

estanque *nm* (*jardín, parque*) pond

estante *nm* **1** (*repisa*) shelf [*pl* shelves] **2** (*mueble de entrepaños*) set of shelves

estantería *nf* shelves [*pl*]: *Esa ~ está torcida.* Those shelves are crooked.

estaño *nm* tin

estar *vi* **1** to be: *¿Dónde está la biblioteca?* Where's the library? ◊ *¿Está Ana?* Is Ana in? ◊ *~ enfermo/cansado* to be ill/tired **2** (*aspecto*) to look: *Hoy estás muy buen mozo.* You look very nice today.
▸ *v aux* (*con gerundio*) to be doing sth: *Estaban jugando.* They were playing.
▸ **estarse** *vp* to be: *~se callado/quieto* to be quiet/still LOC **está bien** (*de acuerdo*) OK: – *¿Me lo prestas?* – *Está bien.* 'Can I borrow it?' 'OK.'
◆ **¿estamos?** all right? ◆ **estar a 1** (*fecha*): *Estamos a tres de mayo.* It's May third. **2** (*temperatura*): *En Barranquilla están a 30°C.* It's 30°C in Barranquilla. **3** (*precio*): *¿A cuánto/cómo están las naranjas?* How much are the oranges? ◆ **estar con** (*apoyar*) to be behind *sb*: *¡Ánimo, estamos contigo!* Go for it, we're behind you! ◆ **estar en algo** to be working on sth: *Todavía no solucionamos el problema, pero estamos en eso.* We haven't solved the problem yet, but we're working on it. ◆ **estar que...**: *Estoy que me caigo de sueño.* I'm dead on my feet. ◆ **estar sin** to manage without *sb/sth*: *No puedo ~ sin carro.* I can't manage without a car. ◆ **no estar para** not to be in the mood for *sth*: *No estoy para chistes.* I'm not in the mood for jokes. ◆ **ya está bien** (*¡basta!*) that's enough
ⓘ Para otras expresiones con **estar**, véanse las entradas del sustantivo, adjetivo, etc., p.ej. **estar al día** en DÍA.

estatal *adj* state: *un organismo ~* a state organization ◊ *escuela ~* public school LOC *Ver* EMPRESA

estático, -a *adj* static LOC *Ver* BICICLETA

estatua *nf* statue

estatura *nf* height: *Es pequeño de ~.* He's short. ◊ *Es una mujer de mediana ~.* She's of average height.

estatuto *nm* statute

este *nm* east (*abrev* E)

este, -a *adj* this [*pl* these]
▸ *pron* (*tb* **éste, -a**) **1** (*cosa*) this one [*pl* these (ones)]: *Prefiero aquella chaqueta a esta.* I prefer that jacket to this one. ◊ *¿Prefieres estos?* Do you prefer these ones? **2** (*persona*): *¿Quién es ~?* Who's this? ◊ *La entrada se la di a esta.* I've given the ticket to her.

estela *nf* **1** (*embarcación*) wake **2** (*avión*) vapor trail

estelar *adj* **1** (*Astron*) stellar **2** (*fig*) starring: *un papel ~ en la nueva película* a starring role in the new movie

estera *nf* mat

estéreo *nm* stereo: *grabado en ~* recorded in stereo

estéril *adj* sterile

esterilizar *vt* to sterilize

esterlina *adj* sterling: *libras ~s* pounds sterling

esternón *nm* breastbone

estero *nm* (*Chi*) (*arroyo*) stream

estética *nf* aesthetics [*incontable*]

esteticista *nmf* beautician

estético, -a *adj* aesthetic

estiércol *nm* manure

estilista *nmf* stylist

estilizar *vt* (*hacer delgado*): *Ese vestido te estiliza la figura.* That dress makes you look very slim.

estilo *nm* **1** style: *tener mucho ~* to have a lot of style **2** (*Natación*) stroke: *~ espalda* backstroke ◊ *~ mariposa* butterfly (stroke) LOC **algo por el estilo** something like that: *pimienta o algo por el ~* pepper or something like that ◆ **con estilo** stylish

estima *nf* esteem LOC **tener estima a/por algn** to think highly of sb

estimado, -a *adj* (*cartas*) dear ↪ *Ver nota en* ATENTAMENTE *y pág.* 386

estimulante *adj* stimulating
▸ *nm* stimulant: *La cafeína es un ~.* Caffeine is a stimulant.

estimular *vt* to stimulate

estímulo nm stimulus [pl stimuli]
estirado, -a adj (altivo) stiff Ver tb ESTIRAR
estirar vt **1** to stretch: ~ una cuerda to stretch a rope tight **2** (brazo, pierna) to stretch sth out **3** (dinero) to spin sth out **4** (alisar) to smooth
▸ **estirar** vi (crecer) to shoot up
▸ **estirarse** vp **1** (desperezarse) to stretch **2** (crecer) to shoot up LOC **estirar la pata** to croak

estirón nm LOC **dar/pegar un estirón** (crecer) to shoot up

esto pron **1** this: Hay que terminar con ~. We have to put a stop to this. ◊ ¿Qué es ~? What's this? **2** (vacilación) er: Quería decirle que, ~... I wanted to tell you...er...

estofado nm stew

estómago nm stomach: Me duele el ~. I have stomach ache. LOC Ver ARDOR, DOLOR, PATADA

estorbar vt, vi to be in sb's way, to be in the way: Si te estorban esas cajas dímelo. Tell me if those boxes are in your way. ◊ ¿Estorbo? Am I in the way?

estornudar vi to sneeze ➔ Ver nota en ¡ACHÍS!

estrago nm LOC **hacer estragos** to create havoc

estrangular vt to strangle

estrategia nf strategy [pl strategies]

estratégico, -a adj strategic

estrato nm (Geol, Sociol) stratum [pl strata]

estrechar(se) vt, vp **1** to narrow: La carretera se estrecha a 50 metros. The road narrows in 50 meters. **2** (abrazar) to embrace
▸ vt (ropa) to take sth in

estrecho, -a adj **1** narrow **2** (ropa) tight: Esa falda te queda estrecha. That skirt's too tight (for you).
▸ nm strait(s) [gen pl]: el ~ de Magallanes the Strait of Magellan

estrella nf star: ~ polar pole star ◊ un hotel de tres ~s a three-star hotel ◊ ~ de cine movie star LOC **estrella de mar** starfish ◆ **estrella fugaz** shooting star ◆ **estrella invitada** celebrity guest ◆ **ver las estrellas** to see stars Ver tb VUELTA

estrellado, -a adj **1** (noche, cielo) starry **2** (figura) star-shaped Ver tb ESTRELLAR

estrellar vt to smash sth (into/against sth): Estrellaron el carro contra un árbol. They smashed the car into a tree.
▸ **estrellarse** vp **1** estrellarse **(contra)** (chocarse) to crash (into sth): ~se contra otro vehículo to crash into another vehicle **2** (fracasar) to founder

estremecer(se) vt, vp to shake LOC **estremecerse de dolor** to wince with pain

estrenar vt **1** (ropa, casa, etc.): Estoy estrenando zapatos. I'm wearing new shoes. ◊ ¿Estás estrenando carro? Is that a new car you're driving? **2** (película) to première **3** (obra de teatro) to stage sth for the first time

estreno nm **1** (película) première **2** (obra de teatro) first night

estreñido, -a adj constipated Ver tb ESTREÑIR

estreñimiento nm constipation

estreñir vt to make sb constipated
▸ **estreñirse** vp to become constipated

estrés nm stress LOC **tener estrés** to be suffering from stress

estresado, -a adj stressed (out): Está muy ~. He's really stressed (out).

estresante adj stressful

estría nf **1** (Arquit) groove **2** (piel) stretch mark

estribillo nm **1** (canción) chorus **2** (poema) refrain

estribo nm stirrup

estribor nm starboard LOC **a estribor** to starboard

estricto, -a adj strict

estridente adj **1** (sonido) shrill **2** (color) gaudy

estrofa nf verse

estropajo nm scourer

estropear vt to spoil: Nos estropeaste los planes. You've spoiled our plans.

estructura nf structure

estruendo nm racket

estrujar vt (papel) to crumple sth (up)
▸ vi (empujar) to push

estuario nm estuary [pl estuaries]

estuche nm **1** (pinturas, maquillaje, joyas) box **2** (lápices, instrumento musical) case: Pásame el ~ de las gafas, por favor. Could you pass me my glasses case?

estudiante nmf student: un grupo de ~s de medicina a group of medical students LOC Ver CARNÉ, RESIDENCIA

estudiar vt, vi to study: Me gustaría ~ francés. I'd like to study French. ◊ Estudia en un colegio privado. She goes to a private school. ◊ Estudia mucho. He works hard. LOC **estudiar de memoria** to learn sth by heart Ver tb CLAVAR, MATAR

estudio nm **1** (actividad de estudiar, trabajo, habitación) study [pl studies]: Realizaron ~s sobre la materia. They've done studies on the subject. ◊ Tiene todos los libros en el ~. All her books are in the study. **2** (apartamento) studio (apartment), studio (flat) (GB) **3** (Cine, Fot, TV) studio [pl studios] **4 estudios** education

estudioso

[*incontable*]: ~*s primarios* elementary education **LOC** **estudios superiores** higher education *Ver tb* CASA, PLAN, PROGRAMA, VIAJE

estudioso, -a *adj* studious

estufa *nf* stove: *Dejaste la olla sobre la ~.* You left the pan on the stove.

estupendo, -a *adj* fantastic

estúpido, -a *adj* stupid
▸ *nm-nf* idiot

etapa *nf* stage: *Hicimos el viaje en dos ~s.* We made the trip in two stages. **LOC** **por etapas** in stages

etcétera *nm* et cetera (*abrev* etc.)

eternidad *nf* eternity **LOC** **una eternidad** forever: *Te demoraste una ~.* You took forever.

eternizarse *vp* to take forever (*doing sth*): *Se eterniza en el baño.* He takes forever in the bathroom.

eterno, -a *adj* eternal

ética *nf* **1** (*Fil*) ethics [*incontable*] **2** (*reglas morales*) ethics [*pl*]: *la ~ profesional* professional ethics

ético, -a *adj* ethical

etimología *nf* etymology [*pl* etymologies]

etiqueta

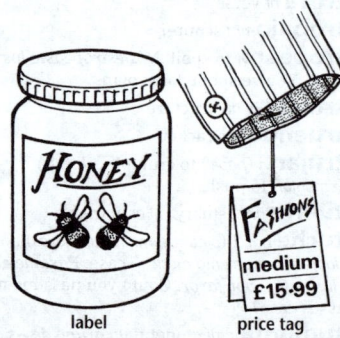

label   price tag

etiqueta *nf* **1** label: *la ~ de un paquete/una botella* the label on a package/bottle **2** (*precio*) price tag **3** (*Informát*) tag **LOC** **de etiqueta** formal: *traje de ~* formal dress

etiquetar *vt* to label

etnia *nf* ethnic group

étnico, -a *adj* ethnic **LOC** *Ver* LIMPIEZA

eucalipto *nm* eucalyptus [*pl* eucalyptuses/eucalypti]

Eucaristía *nf* Eucharist

euforia *nf* euphoria

eufórico, -a *adj* euphoric

euro *nm* euro [*pl* euros]

Europa *nf* Europe

europeo, -a *adj, nm-nf* European **LOC** *Ver* UNIÓN

eurozona *nf* eurozone

eutanasia *nf* euthanasia

evacuación *nf* evacuation

evacuar *vt* **1** (*desalojar*) to vacate: *El público evacuó el teatro.* The public vacated the theater. **2** (*trasladar*) to evacuate: *~ a los refugiados* to evacuate the refugees

evadido, -a *nm-nf* escapee

evadir *vt* **1** (*eludir*) to evade: *~ impuestos* to evade taxes **2** (*dinero*) to smuggle *sth* out of the country
▸ **evadirse** *vp* **evadirse (de)** to escape (from *sth*)

evaluación *nf* (*Educ*) assessment

evaluar *vt* to assess

evangelio *nm* gospel: *el ~ según San Juan* the gospel according to Saint John

evaporación *nf* evaporation

evaporar(se) *vt, vp* to evaporate

evasión *nf* **1** (*fuga*) escape **2** (*distracción*) distraction **LOC** **evasión de impuestos** tax evasion

evasiva *nf* excuse: *Siempre está con ~s.* He's always making excuses.

eventual *adj* **1** (*temporal*) casual: *un trabajo ~* casual work **2** (*hipotético*) possible: *en caso de un ~ incendio* in case of fire

evidencia *nf* evidence **LOC** **poner a algn en evidencia** to make a fool of sb

evidente *adj* obvious

evitamiento *nm* **LOC** *Ver* VÍA

evitar *vt* **1** (*impedir*) to prevent: *~ una catástrofe* to prevent a disaster **2** (*rehuir*) to avoid *sb/sth/doing sth*: *Me evita a toda costa.* He does everything he can to avoid me. **LOC** **no lo puedo evitar** I, you, etc. can't help it ♦ **si puedo evitarlo** if I, you, etc. can help it

evocar *vt* to evoke

evolución *nf* **1** (*Biol*) evolution **2** (*desarrollo*) development

evolucionar *vi* **1** (*Biol*) to evolve **2** (*desarrollarse*) to develop

ex *adj* former, old (*más coloq*): *mi ex novio* my old boyfriend
▸ *nmf* ex [*pl* exes]

exactamente *adv* exactly

exactitud *nf* **1** (*precisión*) exactness **2** (*descripción, reloj*) accuracy **LOC** **con exactitud** exactly: *No se sabe con ~.* We don't know exactly.

exacto, -a *adj* **1** (*no aproximado*) exact: *Necesito las medidas exactas.* I need the exact measurements. ◊ *Dos kilos ~s.* Exactly two kilograms. **2** (*descripción, reloj*) accurate: *No me dieron una descripción muy exacta.* They didn't give me a very accurate description. **3** (*idéntico*) identical: *Las dos copias son exactas.* The two copies are identical.
▸ **¡exacto!** *interj* exactly

exageración *nf* exaggeration

exagerado, -a *adj* **1** (*que exagera*) exaggerated: *No sea ~.* Don't exaggerate. **2** (*excesivo*) excessive: *El precio me parece ~.* I think the price is excessive. *Ver tb* EXAGERAR

exagerar *vt, vi* to exaggerate: *~ la importancia de algo* to exaggerate the importance of sth ◊ *No exageres.* Don't exaggerate.

exaltado, -a *adj* angry (*about sth*)
▸ *nm-nf* hothead: *un grupo de ~s* a group of hotheads *Ver tb* EXALTAR

exaltar *vt* (*alabar*) to praise
▸ **exaltarse** *vp* to get heated

examen *nm* exam, examination (*más formal*): *presentar un ~* to take an exam **LOC** **estar en exámenes** to be taking exams ♦ **examen de conducción** driving test ♦ **examen de ingreso** entrance exam ♦ **examen de recuperación** retake ♦ **examen de selección múltiple** multiple-choice exam ♦ **examen extraordinario** (*Méx*) retake ♦ **examen final** finals [*pl*] *Ver tb* ADMISIÓN

examinador, -ora *nm-nf* examiner

examinar *vt* to examine **LOC** **hacerse examinar los ojos** to have your eyes tested

excavación *nf* excavation

excavadora *nf* digger

excavar *vt* **1** to dig: *~ un túnel* to dig a tunnel **2** (*Arqueología*) to excavate
▸ *vi* to dig

excelencia *nf* **LOC** **por excelencia** par excellence ♦ **Su Excelencia** His/Her Excellency ♦ **Su/Vuestra Excelencia** Your Excellency

excelente *adj* excellent

excéntrico, -a *adj, nm-nf* eccentric

excepción *nf* exception **LOC** **a/con excepción de** except (for) *sb/sth*

excepcional *adj* exceptional

excepto *prep* except (for) *sb/sth*: *todos ~ yo* everyone except me ◊ *todos ~ el último* all of them except (for) the last one

exceptuar *vt*: *Exceptuando a uno, el resto son veteranos.* Except for one, the rest are all veterans.

excesivo, -a *adj* excessive: *Tienen una excesiva afición por el fútbol.* They're much too fond of soccer.

exceso *nm* **~ (de)** excess (of *sth*) **LOC** **con/en exceso** too much ♦ **exceso de equipaje** excess baggage ♦ **exceso de velocidad** speeding

excitar *vt* **1** (*estimular, sexualmente*) to excite **2** (*nervios*) to make *sb* nervous
▸ **excitarse** *vp* to get excited (*about/over sth*)

exclamación *nf* (*signo de puntuación*) exclamation point, exclamation mark (*GB*) ⊃ *Ver pág.* 377

exclamar *vi, vt* to exclaim

excluir *vt* to exclude *sb/sth* (*from sth*)

exclusiva *nf* (*reportaje*) exclusive

exclusivo, -a *adj* exclusive

excomulgar *vt* to excommunicate

excomunión *nf* excommunication

excursión *nf* excursion **LOC** **ir/salir de excursión** to go on an excursion

excursionismo *nm* hiking: *hacer ~* to go hiking

excursionista *nmf* **1** (*en montaña, etc.*) hiker **2** (*viaje*) day tripper

excusa *nf* excuse (*for sth/doing sth*): *Siempre inventa ~s para no venir.* He always finds an excuse not to come.

exento, -a *adj* **~ (de) 1** (*exonerado*) exempt (from *sth*) **2** (*libre*) free (from *sth*)

exhalar *vt* **1** (*gas, vapor, olor*) to give *sth* off **2** (*suspiro, queja*): *~ un suspiro de alivio* to heave a sigh of relief ◊ *~ un gemido de dolor* to groan with pain
▸ *vi* to breathe out, to exhale (*formal*)

exhaustivo, -a *adj* thorough, exhaustive (*más formal*)

exhausto, -a *adj* exhausted

exhibición *nf* exhibition

exhibicionismo *nm* **1** exhibitionism **2** (*sexual*) indecent exposure

exhibicionista *nmf* **1** exhibitionist **2** (*sexual*) flasher (*coloq*)

exhibir *vt* **1** (*exponer*) to exhibit **2** (*película*) to show
▸ **exhibirse** *vp* (*presumir*) to show off

exigencia *nf* **1** (*requerimiento*) requirement **2** (*pretensión*) demand (*for sth/that…*)

exigente *adj* **1** (*que pide mucho*) demanding **2** (*estricto*) strict

exigir *vt* **1** (*pedir*) to demand *sth* (*from sb*): *Exijo una explicación.* I demand an explanation. **2** (*requerir*) to require: *Exige una preparación especial.* It requires special training. **LOC** *Ver* RESCATE

exiliado, -a *adj* exiled
▶ *nm-nf* exile *Ver tb* EXILIAR

exiliar *vt* to exile *sb* (*from…*)
▶ **exiliarse** *vp* **exiliarse (a/en)** to go into exile (*in…*)

exilio *nm* exile

existencia *nf* **1** (*hecho de existir*) existence **2 existencias** (*provisiones*) stock [*v sing*]: *Se nos están acabando las ~s de carne.* Our stock of meat is running low.

existente *adj* existing

existir *vi* **1** (*tener existencia*) to exist: *Esa palabra no existe.* That word doesn't exist. **2** (*haber*): *No existe una voluntad de colaboración.* There is no spirit of cooperation.

éxito *nm* **1** success **2** (*disco, canción, etc.*) hit: *su último ~* their latest hit **LOC tener éxito** to be successful *Ver tb* LISTA

exorcismo *nm* exorcism

exótico, -a *adj* exotic

expandir *vt* **1** to expand **2** (*incendio, rumor*) to spread
▶ **expandirse** *vp* to spread

expansión *nf* expansion

expatriado, -a *adj, nm-nf* expatriate: *suramericanos ~s en Estados Unidos* expatriate South Americans living in the United States *Ver tb* EXPATRIAR

expatriar *vt* to exile
▶ **expatriarse** *vp* to emigrate

expectación *nf* sense of expectancy: *La ~ está creciendo.* The sense of expectancy is growing.

expectativa *nf* **1** (*esperanza*) expectation: *Superó mis ~s.* It exceeded my expectations. **2** (*perspectiva*) prospect: *~s electorales* electoral prospects **LOC estar a la expectativa** to be on the lookout (*for sth*)

expedición *nf* (*viaje*) expedition

expediente *nm* **1** (*documentación*) file: *los ~s municipales* municipal files **2** (*empleado, estudiante*) record: *tener un buen ~ académico* to have a good academic record **3** (*Jur*) proceedings [*pl*] **LOC** *Ver* ABRIR

expedir *vt* **1** (*carta, paquete*) to send **2** (*emitir*) to issue: *~ un pasaporte* to issue a passport

expensas *nf*: *a nuestras ~* at our expense

experiencia *nf* experience: *años de ~ laboral* years of work experience ◊ *Fue una gran ~.* It was a great experience. **LOC sin experiencia** inexperienced

experimentado, -a *adj* (*persona*) experienced *Ver tb* EXPERIMENTAR

experimental *adj* experimental: *con carácter ~* on an experimental basis

experimentar *vi ~* **(con)** to experiment (with *sth*)
▶ *vt* **1** (*aumento, mejoría*) to show **2** (*cambio*) to undergo

experimento *nm* experiment: *hacer un ~* to carry out an experiment

experto, -a *nm-nf ~* **(en)** expert (at/in *sth/doing sth*)

expiatorio, -a *adj* **LOC** *Ver* CHIVO

expirar *vi* to expire

explanada *nf* open area

explicación *nf* explanation

explicar *vt* to explain *sth* (*to sb*): *Me explicó sus problemas.* He explained his problems to me.
▶ **explicarse** *vp* (*entender*) to understand: *No me explico cómo sucedió todo esto.* I don't understand how all that happened. **LOC ¿me explico?** do you see what I mean?

explorador, -ora *nm-nf* explorer

explorar *vt* **1** (*país, región*) to explore **2** (*Med*) to examine

explosión *nf* explosion: *una ~ nuclear* a nuclear explosion ◊ *la ~ demográfica* the population explosion **LOC hacer explosión** to explode

explosivo, -a *adj, nm* explosive

explotación *nf* (*recursos, personas*) exploitation **LOC explotación agrícola/ganadera** farming/livestock farming

explotar *vi* (*hacer explosión*) to explode

exponer *vt* **1** (*cuadro*) to exhibit **2** (*ideas*) to present **3** (*vida*) to risk
▶ **exponerse** *vp* **exponerse a** to expose yourself to *sth*: *No se exponga demasiado al sol.* Don't stay out in the sun too long. **LOC exponerse a que…** to risk *sth*: *Te expones a que te multen.* You're risking a fine.

exportación *nf* export **LOC** *Ver* IMPORTACIÓN

exportador, -ora *adj* exporting: *los países ~es de petróleo* the oil-exporting countries
▶ *nm-nf* exporter

exportar *vt* to export

exposición *nf* **1** (*de arte*) exhibit: *una ~ de fotografías* an exhibition of photographs ◊ *montar una ~* to put on an exhibition **2** (*de un tema*) presentation

exprés *adj* express **LOC** *Ver* OLLA

expresar *vt* to express

expresión *nf* expression **LOC** *Ver* LIBERTAD

expresivo, -a *adj* **1** expressive: *una expresiva pieza musical* an expressive piece of music **2** (*mirada*) meaningful **3** (*afectuoso*) affectionate

expreso, -a adj, nm express LOC Ver CAFÉ

exprimidor nm **1** (manual) lemon/orange squeezer **2** (eléctrico) juicer

exprimir vt (fruta) to squeeze

expulsar vt **1** to expel sb (from …): *La van a ~ del colegio.* They're going to expel her (from school). **2** (Dep) to send sb off: *Fue expulsado del terreno de juego.* He was sent off (the field).

expulsión nf expulsion: *Este año ha habido tres expulsiones en la escuela.* There have been three expulsions from the school this year.

exquisito, -a adj **1** (comida, bebida) delicious **2** (gusto, objeto) exquisite

éxtasis nm ecstasy [pl ecstasies]

extender vt **1** (desdoblar, desplegar) to spread sth (out): *~ un mapa sobre la mesa* to spread a map out on the table **2** (alargar) to extend: *~ una mesa* to extend a table **3** (brazo) to stretch out sth **4** (alas, mantequilla, pintura) to spread
▸ **extender(se)** vi, vp to spread: *La epidemia se extendió por todo el país.* The epidemic spread through the whole country.
▸ **extenderse** vp **1** (en el espacio) to stretch: *El jardín se extiende hasta el lago.* The garden stretches down to the lake. **2** (en el tiempo) to last: *El debate se extendió durante horas.* The debate lasted for hours.

extendido, -a adj **1** (general) widespread **2** (brazos) outstretched Ver tb EXTENDER

extensión nf **1** (superficie) area: *una ~ de 30 metros cuadrados* an area of 30 square meters **2** (duración): *una gran ~ de tiempo* a long period of time ◊ *¿Cuál es la ~ del contrato?* How long is the contract for? **3** (teléfono) extension

extenso, -a adj **1** (grande) extensive **2** (largo) long

exterior adj **1** outer: *la capa ~ de la Tierra* the outer layer of the earth **2** (comercio, política) foreign: *política ~* foreign policy
▸ nm outside: *el ~ de la casa* the outside of the house ◊ *desde el ~ del teatro* from outside the theater LOC Ver MINISTERIO, MINISTRO

exterminar vt to exterminate

externo, -a adj **1** external: *influencias externas* external influences **2** (capa, superficie) outer: *la capa externa de la piel* the outer layer of skin
▸ nm-nf day student LOC Ver USO

extinción nf (especie) extinction LOC **en peligro/vía(s) de extinción** in danger of extinction: *las especies en peligro de ~* endangered species

extinguidor nm fire extinguisher

extinguir vt **1** (fuego) to put sth out **2** (especie) to wipe sth out
▸ **extinguirse** vp **1** (fuego) to go out **2** (especie) to become extinct

extirpar vt (Med) to remove

extra adj **1** (superior) top quality **2** (adicional) extra: *una capa ~ de barniz* an extra coat of varnish
▸ nmf (Cine, Teat) extra LOC Ver HORA

extracto nm **1** (libro, documento) summary [pl summaries] **2** (cuenta bancaria) (bank) statement

extracurricular adj extra-curricular

extradición nf extradition

extraer vt **1** to extract sth from sb/sth: *~ oro de una mina* to extract gold from a mine ◊ *~le información a algn* to extract information from sb **2** (sangre) to take sth from sb

extraescolar adj: *actividades ~es* extra-curricular activities

extranjero, -a adj foreign
▸ nm-nf foreigner LOC **al/en el extranjero** abroad

extrañar vt **1** (sorprender) to surprise: *Me extrañó ver tanta gente.* I was surprised to see so many people. **2** (hacer falta) to miss: *Extraño mucho mi cama.* I really miss my bed.
▸ **extrañarse** vp to be surprised (at sb/sth): *No me extraña que no quiera venir.* I'm not surprised he doesn't want to come. LOC **ya me extrañaba a mí** I thought it was strange

extraño, -a adj strange: *Oí un ruido ~.* I heard a strange noise.
▸ nm-nf stranger

extraordinario, -a adj **1** (excelente) excellent: *La comida estaba extraordinaria.* The food was excellent. **2** (especial) special: *edición extraordinaria* special edition **3** (convocatoria, reunión) extraordinary: *convocatoria extraordinaria* extraordinary meeting LOC Ver EXAMEN

extraterrestre adj extraterrestrial
▸ nmf alien

extravagante adj **1** (aspecto) flamboyant **2** (actitud) outrageous
▸ nmf eccentric

extraviado, -a adj **1** (persona, cosa) lost **2** (animal) stray Ver tb EXTRAVIAR

extraviar vt to lose
▸ **extraviarse** vp **1** (persona) to get lost **2** (animal) to stray **3** (objeto) to be missing: *Se me extraviaron las gafas.* My glasses are missing.

extremar vt: *~ las precauciones* to take strict precautions ◊ *~ las medidas de control* to implement tight controls

extremidad nf **1** (extremo) end **2 extremidades** (cuerpo) extremities

extremista *adj, nmf* extremist: *grupos ~s* extremist groups

extremo, -a *adj* extreme: *un caso ~* an extreme case ◊ *hacer algo con extrema precaución* to do sth with extreme care
▶ *nm* **1** (*punto más alto y más bajo*) extreme: *ir de un ~ a otro* to go from one extreme to another **2** (*punta*) end: *Viven en el otro ~ de la ciudad.* They live at the other end of town.

extrovertido, -a *adj* extrovert: *Es muy ~.* He's a real extrovert.

F f

fa *nm* **1** (*nota de la escala*) fa **2** (*tonalidad*) F: *fa mayor* F major **LOC** Ver CLAVE

fábrica *nf* **1** factory [*pl* factories]: *una ~ de conservas* a canning factory **2** (*cemento, acero, ladrillos*) works [*v sing o pl*]: *Va a cerrar la ~ de acero.* The steelworks is/are closing down. **LOC** **fábrica de cerveza** brewery [*pl* breweries] ◆ **fábrica de papel** paper mill

fabricación *nf* manufacture, making (*más coloq*): *~ de aviones* aircraft manufacture **LOC** **de fabricación colombiana, peruana, etc.** made in Colombia, Peru, etc.

fabricado, -a *adj* **LOC** **fabricado en…** made in… Ver tb FABRICAR

fabricante *nmf* manufacturer

fabricar *vt* to manufacture, to make (*más coloq*): *~ carros* to manufacture cars **LOC** **fabricar en serie** to mass-produce

facha *nf* **1** (*aspecto*) look: *No me gusta mucho su ~.* I don't much like the look of him. **2** (*adefesio*) sight: *Esta chaqueta te hace ver con una ~ terrible.* You're a real sight in that jacket.

fachada *nf* (*Arquit*) front, facade (*más formal*): *la ~ del hospital* the front of the hospital

fácil *adj* (*sencillo*) easy: *Es más ~ de lo que parece.* It's easier than it looks. ◊ *Eso es ~ de decir.* That's easy to say. **LOC** **quedar fácil/difícil** (*convenir*) be good/bad (for sb): *Mañana me queda difícil.* Tomorrow isn't good for me. ◊ *Si lo dejamos para la próxima semana me quedaría más ~.* It would be better if we left it till next week.

factor *nm* factor: *un ~ clave* a key factor

factura *nf* bill: *la ~ del gas/de la luz* the gas/electric bill ◊ *Haga la ~.* Make out the bill.

facultad *nf* **1** (*capacidad*) faculty [*pl* faculties]: *en plena posesión de sus ~es mentales* in full possession of his mental faculties ◊ *Perdió ~es.* He's lost his faculties. **2** (*Educ*) **(a)** (*universidad*) college: *un compañero de la ~* a friend of mine from college **(b) Facultad** Faculty [*pl* Faculties]: *~ de Filosofía y Letras* Faculty of Arts

faena *nf* (*tarea*) job: *No le dedique mucho tiempo a esa ~.* Don't spend a lot of time on that job. **LOC** **faenas agrícolas/del campo** farm work [*incontable*]

faisán *nm* pheasant

faja *nf* **1** (*fajín*) sash **2** (*ropa interior*) girdle

fajo *nm* bundle: *un ~ de billetes nuevos* a bundle of crisp bills

falda *nf* **1** (*prenda*) skirt **2** (*montaña*) lower slope **LOC** **falda escocesa 1** plaid skirt **2** (*traje típico*) kilt ◆ **falda pantalón** culottes [*pl*]

faldero, -a *adj* **LOC** Ver PERRO

falla *nf* **1** (*error*) mistake, error (*más formal*): *debido a una ~ humana* due to human error **2** (*defecto*) fault: *una ~ en los frenos* a fault in the brakes ➔ Ver nota en MISTAKE

fallar *vi* **1** to fail: *Me falla la vista.* My eyesight's failing. **2** (*a un amigo*) to let sb down ▸ *vt* to miss: *El cazador falló el tiro.* The hunter missed. **LOC** **¡no falla!** it, he, etc. is always the same: *Seguro que llega tarde, no falla nunca.* He's bound to be late; he's always the same.

falleba *nf* catch: *echar la ~* to put the catch on

fallecer *vi* to pass away

fallecimiento *nm* death, passing (*formal*)

fallo *nm* (*Jur*) ruling

falsificación *nf* forgery [*pl* forgeries]

falsificar *vt* to forge

falso, -a *adj* **1** false: *una falsa alarma* a false alarm **2** (*de imitación*) fake: *diamantes ~s* fake diamonds

falta *nf* **1** **~ de** (*carencia*) lack of sth: *su ~ de ambición/respeto* his lack of ambition/respect **2** (*error*) mistake: *muchas ~s de ortografía* a lot of spelling mistakes **3** (*Fútbol*) foul: *hacer (una) ~* to commit a foul **LOC** **falta (de asistencia)** absence: *Ya tienes tres ~s este mes.* That's three times you've been absent this month. ◊ *No quiero que me pongan ~.* I don't want to be marked absent. ◆ **falta de educación** rudeness [*incontable*]: *¡Qué ~ de educación!* How rude! ◆ **hacer falta** to need *sth/to do sth*: *Me hace ~ un carro.* I need a car. ◊ *Hacen ~ cuatro sillas más.* We need four more chairs. ◊ *Llévaselo, no me hace ~.* Take it, I don't need it. ◊ *Te hace ~ estudiar más.* You need to study harder. ◊ *No hace ~ que vengas.* You don't have to come. ◆ **sin falta** without fail Ver tb PITAR

faltar *vi* **1** (*necesitar*) to need *sb/sth*: *Les falta cariño.* They need affection. ◊ *Aquí falta un director.* This place needs a manager. ◊ *Me faltan dos monedas para poder llamar.* I need two coins to make a phone call. ◊ *Faltan medicinas en muchos hospitales.* Many hospitals need medicines. **2** (*no estar*) to be missing: *¿Falta alguien?* Is there anyone missing? **3 ~ (a) (a)** (*no acudir a un sitio*) to miss *sth*: *~ a una clase* to miss a class **4** (*quedar tiempo*): *Faltan diez minutos (para que se termine la clase).* There are ten minutes to go (till the end

fama

of class). ◊ *¿Falta mucho para comer?* Is it long till lunch? ◊ *¿Te falta mucho?* Are you going to be long? **5** *(hora): Faltan cinco para las doce.* It's five to twelve. ◊ *El bus sale faltando un cuarto para las cinco.* The bus leaves at a quarter to five. **LOC** **faltar al/el respeto** to show no respect *to sb* ♦ **faltarle un tornillo a algn** to have a screw loose ♦ **falta ver si…** what if…: *¡Falta ver si les pasó algo!* What if something has happened to them? ♦ **¡lo que faltaba!** that's all I, we, etc. needed!

fama *nf* **1** *(celebridad)* fame: *alcanzar la ~ to achieve fame* **2** **~ (de)** *(reputación)* reputation (for *sth/doing sth*): *tener buena/mala ~ to have a good/bad reputation* ◊ *Tiene ~ de ser un tirano.* He has a reputation for being very strict.

familia *nf* family [*pl* families]: *¿Cómo está tu ~?* How's your family? ◊ *Mi ~ vive en Ecuador.* My family lives in Ecuador. ◊ *Mi ~ es del norte.* My family is from the north.

Hay dos formas posibles de expresar el apellido de la familia en inglés: con la palabra **family** ('the Robertson family') o poniendo el apellido en plural ('the Robertsons').

LOC **familia numerosa** large family ♦ **madre/padre de familia** mother/father ♦ **no ver ni por la familia** to be blind as a bat ♦ **venir de familia** to run in the family *Ver tb* CABEZA, MÉDICO

familiar *adj* **1** *(de la familia)* family: *lazos ~es* family ties **2** *(conocido)* familiar: *una cara ~ a familiar face*
▸ *nmf (pariente)* relative **LOC** *Ver* ASIGNACIÓN

famoso, -a *adj* **~ (por) 1** *(célebre)* famous (for *sth*): *hacerse ~ to become famous* **2** *(de mala fama)* notorious (for *sth*): *Es ~ por su genio.* He's notorious for his bad temper.

fan *nmf* fan

fanático, -a *nm-nf* fanatic

fanatismo *nm* fanaticism

fandango *nm (fiesta)* party [*pl* parties]

fanfarrón, -ona *adj, nm-nf* show-off: *Es un ~ sin remedio.* He's a terrible show-off.

fanfarronear *vi* to show off

fantasía *nf* fantasy [*pl* fantasies]: *Son ~s de él.* That's just a fantasy of his.

fantasma *nm* ghost: *un relato de ~s* a ghost story

fantástico, -a *adj* fantastic

faringitis *nf* pharyngitis [*incontable*]

farmacéutico, -a *nm-nf* pharmacist

farmacia *nf* **1** *(tienda)* drugstore, chemist's (*GB*): *¿Dónde hay una ~ por acá?* Is there a drugstore near here? ➔ *Ver nota en* PHARMACY **2** *(estudios)* pharmacy **LOC** **farmacia de turno** all-night pharmacy [*pl* all-night pharmacies]

faro *nm* **1** (*tb* **farola** *nf*) *(de carro, etc.)* headlight **2** *(torre)* lighthouse

farol *nm* **1** *(lámpara)* lantern **2** *(de papel)* paper lantern

fascículo *nm* installment: *publicar/vender algo por ~s* to publish/sell sth in installments

fascinante *adj* fascinating

fascinar *vi* to love *sth/doing sth*: *Me fascina la comida italiana.* I love Italian food.

fascismo *nm* fascism

fascista *adj, nmf* fascist

fase *nf* stage, phase *(más formal)*: *la ~ previa/clasificatoria* the preliminary/qualifying stage

fastidiar *vt (ropa, zapatos)*: *Me fastidia la etiqueta de la camiseta.* The label on my T-shirt is irritating me. ◊ *Ya sabía yo que estos zapatos me iban a ~.* I could tell these shoes were going to rub.
▸ *vi* to annoy, to bug *(coloq)*: *Me fastidia tener que cocinar.* It really bugs me having to cook.

fastidio *nm* **LOC** **dar fastidio**: *Los riñones me dan ~.* I can't stand kidney. ♦ **¡qué fastidio!** **1** *(qué repugnante)* how revolting! **2** *(qué molesto)* what a pain!

fastidioso, -a *adj* **1** *(molesto)* annoying **2** *(quisquilloso)* fussy **3** *(trabajo)* tiresome

fatal *adj* **1** *(fatal)*: *un accidente ~ a fatal accident* **2** *(Chi) (desafortunado)* unlucky

fauna *nf* fauna

favor *nm* favor: *¿Me haces un ~?* Can you do me a favor? ◊ *pedirle un ~ a algn* to ask sb a favor **LOC** **a favor de** in favor of *sb/sth/doing sth*: *Estamos a ~ de actuar.* We're in favor of taking action. ♦ **por favor** please *Ver tb* SEGUIR

favorable *adj* favorable

favorecer *vt* **1** *(beneficiar)* to favor: *Estas medidas nos favorecen.* These measures favor us. **2** *(ropa, peinado)* to look good on *sb*: *Te favorece el rojo.* Red looks good on you.

favorecido, -a *adj* winning: *El número ~ es el 24.* The winning number is 24 *Ver tb* FAVORECER

favoritismo *nm* favoritism

favorito, -a *adj, nm-nf* favorite

fax *nm* fax: *mandar un ~* to send a fax ◊ *Lo mandaron por ~.* They faxed it.

fe *nf* faith (*in sb/sth*)

febrero *nm* February (*abrev* Feb.) ➔ *Ver ejemplos en* ENERO

fecha *nf* **1** date: *¿A qué ~ estamos?* What's the date today? ◊ *Tiene ~ del 3 de mayo.* It is dated May 3. **2 fechas** *(época)* time [*v sing*]: *en/por* *estas ~s* at/around this time (of the year) LOC **fecha de caducidad** expiration date, expiry date (*GB*) ♦ **fecha límite/tope 1** (*solicitud*) closing date **2** (*proyecto*) deadline ♦ **hasta la fecha** up to now *Ver tb* PASADO

fecundar *vt* to fertilize

federación *nf* federation

federal *adj* federal

felicidad *nf* happiness: *cara de ~* a happy face LOC **¡felicidades!** happy birthday!

felicitaciones *nf ~* (**por**) congratulations (on *sth/doing sth*): *¡Felicitaciones por sus exámenes!* Congratulations on passing your exams.

felicitar *vt* to congratulate *sb* (*on sth*): *Lo felicité por el ascenso.* I congratulated him on his promotion. ◊ *¡Te felicito!* Congratulations! ➔ *Ver nota en* CONGRATULATION

feliz *adj* happy LOC **¡Feliz cumpleaños!** Happy birthday! ♦ **¡Feliz Navidad!** Merry Christmas! *Ver tb* AÑO, VIAJE

felpa *nf* plush LOC *Ver* MUÑECO, OSO

femenino, -a *adj* **1** female: *el sexo ~* the female sex **2** (*Dep, moda*) women's: *el equipo ~* the women's team **3** (*característico de la mujer, Gram*) feminine: *Lleva ropa muy femenina.* She wears very feminine clothes. ➔ *Ver nota en* FEMALE

feminista *adj, nmf* feminist

fenomenal *adj* fantastic

fenómeno *nm* phenomenon [*pl* phenomena]: *~s sísmicos* seismic phenomena LOC **ser un fenómeno** to be fantastic: *Este actor es un ~.* This actor is fantastic.

feo, -a *adj* **1** (*aspecto*) ugly: *una persona/casa fea* an ugly person/house **2** (*desagradable*) nasty: *Esa es una costumbre muy fea.* That's a very nasty habit. LOC **ser más feo que un pecado mortal** to be as ugly as sin *Ver tb* BAILAR

féretro *nm* casket, coffin (*GB*)

feria *nf* **1** fair: *~ del libro* book fair ◊ *Ayer fuimos a la ~.* We went to the fair yesterday. **2** (*mercado*) market LOC **feria de muestras** trade fair

fermentar *vt, vi* to ferment

feroz *adj* fierce LOC *Ver* HAMBRE

ferretería *nf* **1** (*tienda*) hardware store **2** (*objetos*) hardware: *artículos de ~* hardware

ferrocarril *nm* railroad, railway (*GB*) ❶ En lenguaje coloquial, se utiliza más la palabra **train**: *viajar por ~* to travel by train ◊ *estación de ~* train/railway station.

ferry *nm* ferry [*pl* ferries]

fértil *adj* (*tierra, persona*) fertile

fertilización *nf* fertilization

fertilizante *nm* fertilizer

festín *nm* feast: *¡Qué ~ el que nos dimos!* What a feast we had!

festival *nm* festival

festividad *nf* **1** (*celebración*) festivity [*pl* festivities] **2** (*Relig*) feast

festivo *nm* holiday LOC *Ver* DÍA

fétido, -a *adj* foul-smelling

feto *nm* fetus [*pl* fetuses]

fiable *adj* reliable

fiambre *nm* **1 fiambres** (*Cocina*) cold cuts, cold meats (*GB*) **2** (*Col*) (*comida al aire libre*) picnic

fianza *nf* **1** (*Jur*) bail [*incontable*]: *una ~ de tres millones de pesos* bail of three million pesos **2** (*Econ*) deposit LOC *Ver* LIBERTAD

fiar *vt* to let *sb* have *sth* on credit: *Me fiaron el pan.* They let me have the bread on credit.
▶ *vi* to give credit
▶ **fiarse** *vp* **fiarse de** to trust: *No me fío de ella.* I don't trust her. LOC **ser de fiar** to be trustworthy

fibra *nf* fiber LOC **fibra de vidrio** fiberglass ♦ **fibra óptica** optical fiber

ficción *nf* fiction LOC *Ver* CIENCIA

ficha *nf* **1** (*tarjeta*) (index) card **2** (*pieza de juego*) (playing) piece: *Se perdió una ~.* We've lost a piece. LOC **ficha de dominó** domino [*pl* dominoes] ♦ **ficha médica/policial** medical/police record

fichaje *nm* (*Dep*) signing: *el nuevo ~ del Barcelona* Barcelona's new signing

fichar *vt* (*policía*) to open a file on *sb*

fichero *nm* **1** (*mueble*) file cabinet, filing cabinet (*GB*) **2** (*caja*) card catalog, card index (*GB*)

ficho *nm* (*Col*) (*que reemplaza el dinero*) token

fidelidad *nf* faithfulness LOC *Ver* ALTO

fideo *nm* noodle: *sopa de ~s* noodle soup LOC **estar como un fideo** to be as skinny as a rail, to be as thin as a rake (*GB*)

fiebre *nf* **1** (*temperatura anormal*) temperature: *Le bajó/subió la ~.* Your temperature has gone down/up. ◊ *tener ~* to have a temperature ◊ *Tiene 38° de ~.* He has a temperature of 38°. **2** (*enfermedad, interés exagerado*) fever: *~ amarilla* yellow fever LOC *Ver* DÉCIMO

fiel *adj* **1 ~ (a)** (*leal*) faithful (to *sb/sth*) **2 ~ a** (*creencias, palabra*) true to *sth*: *~ a sus ideas* true to his ideas

fieltro *nm* felt

fiera *nf* wild animal LOC **estar/ponerse como una fiera** to be furious/to blow your top *Ver tb* COMER

fiero, -a *adj* fierce

fiesta *nf* **1** (*celebración*) party [*pl* parties]: *hacer una ~ de cumpleaños* to hold a birthday party **2 fiestas**: *las ~s navideñas* the Christmas festivities ◊ *las ~s del pueblo* the town festival LOC **día de fiesta** public holiday: *Mañana es día de ~.* Tomorrow is a public holiday. *Ver tb* COLAR, SAL

figura *nf* figure: *una ~ de arcilla* a clay figure ◊ *una ~ política* a political figure

figurado, -a *adj* figurative

figurar *vi* to be: *Colombia figura entre los mayores exportadores de flores.* Colombia is among the main exporters of flowers.

fijamente *adv* LOC **mirar fijamente** to stare at *sb/sth*: *Me miró fijamente.* He stared at me.

fijar *vt* **1** (*sujetar, establecer*) to fix: *~ un precio/una fecha* to fix a price/date **2** (*atención*) to focus
▶ **fijarse** *vp* **fijarse (en) 1** (*darse cuenta*) to see: *¿Te fijaste si estaban?* Did you see if they were there? **2** (*prestar atención*) to pay attention (to *sth*): *sin ~se en los detalles* without paying attention to detail **3** (*mirar*) to look at *sb/sth*: *Se fijaba mucho en ti.* He was looking at you a lot. LOC *Ver* PROHIBIDO

fijo, -a *adj* **1** (*establecido*) fixed: *Las patas están fijas al suelo.* The legs are fixed to the ground. **2** (*permanente*) permanent: *un puesto/contrato ~* a permanent position/contract
▶ *adv* definitely: *Eso es ~ que hoy me llama.* She'll definitely call me today.
▶ *nm* (*carreras de caballos*) favorite LOC *Ver* RUMBO, TELÉFONO

fila *nf* **1** (*uno al lado de otro*) row: *Se sentaron en la primera/última ~.* They sat in the front/back row. **2** (*uno detrás de otro*) line: *Formen una ~.* Get in line. **3 filas** (*Mil, Pol*) ranks LOC **en fila india** in single file ♦ **hacer fila** to stand in line *Ver tb* DOBLE, ROMPER

filete *nm* **1** (*fino*) filet: *~s de bacalao* cod filets **2** (*grueso*) steak

filmadora *nf* video camera

filmar *vt* to film

filo *nm* **1** (*de una navaja*) cutting edge **2** (*de una montaña*) ridge LOC **tener un filo (enorme)** to be ravenous *Ver tb* ARMA

filología *nf* philology LOC **filología hispánica, inglesa, etc.** Spanish, English, etc.: *Soy licenciado en Filología Hispánica.* I have a degree in Spanish.

filosofía *nf* philosophy [*pl* philosophies]

filósofo, -a *nm-nf* philosopher

filtrar *vt* to filter
▶ **filtrarse** *vp* **1** (*luz, noticia*) to filter (in/out) (*through sth*): *La luz se filtraba por las ranuras.* Light was filtering in through the cracks. **2** (*líquido*) to leak (in/out) (*through sth*): *Se filtró agua por la pared.* Water has leaked in through the wall.

filtro *nm* filter LOC **filtro solar** sunblock

filudo, -a *adj* sharp

fin *nm* **1** end: *a ~ de mes* at the end of the month ◊ *No es el ~ del mundo.* It's not the end of the world. **2** (*película, novela*) the end **3** (*finalidad*) purpose LOC **al fin y al cabo** after all ♦ **al/por fin** at last ♦ **en fin 1** (*bien*) well: *En ~, así es la vida.* Well, that's life. **2** (*en resumen*) in short: *En ~, que los pillaron desprevenidos.* To cut a long story short, they caught them unawares. ♦ **fin de semana** weekend: *Solo nos vemos los ~es de semana.* We only see each other on weekends. ⮕ *Ver nota en* WEEKEND *Ver tb* LUCRO

final *adj* final: *la decisión ~* the final decision
▶ *nm* **1** end: *a dos minutos del ~* two minutes from the end **2** (*novela, película*) ending: *un ~ feliz* a happy ending
▶ *nf* final: *la ~ de la copa* the Cup Final LOC **a finales de...** at the end of...: *a ~es del año* at the end of the year ♦ **al final** at the end, in the end

At the end es una expresión neutra: *El curso dura seis meses, y se obtiene un diploma al final.* The course runs for six months, and you get a diploma at the end. In the end se utiliza cuando se hace referencia a un período de tiempo largo o con muchos cambios o problemas: *No te preocupes, ya verás como al final todo sale bien.* Don't worry, it will all work out in the end. "Al final de" se dice siempre at the end of: *al final de la cola/del partido* at the end of the line/match.

Ver tb CUARTO, EXAMEN, OCTAVO, PUNTO, RECTA, RESULTADO

finalista *adj, nmf* finalist: *Quedó ~ del torneo.* He reached the final. ◊ *los equipos ~s* the finalists

financiar *vt* to finance

financiero, -a *adj* financial

finca *nf* **1** (*casa en el campo*) country estate **2** (*terreno de cultivo*) (plot of) land

finde *nm* weekend

fingir *vt, vi* to pretend: *Seguro que está fingiendo.* He's probably just pretending. ◊ *Fingieron no vernos.* They pretended they hadn't seen us.

finlandés, -esa *adj, nm* Finnish: *hablar ~* to speak Finnish
▶ *nm-nf* Finn: *los finlandeses* the Finns

Finlandia *nf* Finland

fino, -a *adj* **1** (*delgado*) fine: *un lápiz de punta fina* a fine pencil **2** (*dedos, talle*) slender **3** (*elegante, de buena calidad*) elegant, fancy (*coloq*): *¡Como te volviste de ~!* You've become very fancy! **4** (*educado*) polite **5** (*vista, oído*) keen

firma *nf* **1** (*nombre*) signature: *Recogieron 10.000 ~s.* They've collected 10,000 signatures. **2** (*acto*) signing: *Hoy es la ~ del contrato.* The signing of the contract takes place today.

firmar *vt, vi* to sign: *Firme en la línea punteada.* Sign on the dotted line.

firme *adj* **1** firm: *un colchón ~* a firm mattress ◊ *Me mostré ~.* I stood firm. **2** (*Per*) (*en serio*) honest: *Firme hermano, no te estoy mintiendo.* Honest man, I'm not lying.
▸ *nf* (*Chi*) (*la verdad*) truth: *Cuenta la ~.* Tell the truth! LOC **a la firme** (*Per*) (*en serio*) honest ◆ **¡firmes!** attention! ◆ **ponerse firme** to stand to attention *Ver tb* TIERRA

fiscal *adj* tax: *los impuestos ~es* taxes
▸ *nmf* district attorney, public prosecutor (*GB*) LOC *Ver* FRAUDE

fisgonear (*tb fisgar*) *vt, vi* ▸ **(en)** to snoop around in *sth*: *No me fisgonees las cartas.* Don't snoop around in my letters. ◊ *Alguien ha estado fisgoneando en mis cosas.* Somebody has been snooping around in my things.

física *nf* physics [*incontable*]

físico, -a *adj* physical
▸ *nm-nf* (*científico*) physicist
▸ *nm* (*aspecto*) appearance: *El ~ es muy importante.* Appearance is very important.
LOC *Ver* EDUCACIÓN, IMPEDIMENTO

fisiculturismo *nm* bodybuilding: *hacer ~* to do bodybuilding

fisioterapeuta *nmf* physiotherapist

fisioterapia *nf* physiotherapy

flaco, -a *adj* **1** (*delgado*) thin, skinny (*coloq*) ➲ *Ver nota en* DELGADO **2** (*débil*) weak

flamante *adj* **1** (*espléndido*) smart **2** (*nuevo*) brand new

flamenco, -a *adj, nm* (*cante y baile*) flamenco
▸ *nm* (*ave*) flamingo [*pl* flamingos/flamingoes]

flan *nm* crème caramel ❶ La palabra inglesa **flan** también significa *torta*, sobre todo en Gran Bretaña.

flaquear *vi* to flag: *Me flaquean las fuerzas.* My strength is flagging.

flash *nm* flash

flauta *nf* flute LOC *Ver* PITO

flautista *nmf* flautist

flecha *nf* arrow

flechazo *nm* love at first sight: *Fue un ~.* It was love at first sight.

fleco *nm* **flecos 1** (*adorno*) fringe [*v sing*]: *una chaqueta de cuero con ~s* a fringed leather jacket **2** (*borde deshilachado*) frayed edge [*v sing*] LOC **dejar hecho flecos** to exhaust

flequillo *nm* bangs [*pl*], fringe (*GB*)

flexible *adj* flexible LOC *Ver* HORARIO

flexión *nf* (*ejercicio*) push-up [*pl* push-ups]: *hacer flexiones* to do push-ups

flojear *vi* (*holgazanear*) to laze around

flojera *nf* lethargy [*incontable*] LOC **dar flojera**: *Me da ~ ponerme a trabajar.* I can't be bothered to start work. ◆ **tener flojera** to feel lazy

flojo, -a *adj* **1** (*poco apretado*) **(a)** (*tornillo, etc.*) loose **(b)** (*caucho, cuerda*) slack **2** (*cobarde*) cowardly: *Soy muy ~ para manejar en el centro.* I'm very cowardly about driving downtown. **3** (*perezoso*) lazy LOC **estar flojo en algo** to be weak at/in sth: *Estoy muy ~ en historia.* I'm very weak at history.

flor *nf* **1** flower: *~es secas* dried flowers **2** (*árbol frutal, arbusto*) blossom [*gen incontable*]: *las ~es del almendro* almond blossom
▸ *adj* (*Chi*) (*genial*) wonderful LOC **en flor** in bloom

flora *nf* flora

florecer *vi* **1** (*planta*) to flower **2** (*árbol frutal, arbusto*) to blossom **3** (*prosperar*) to flourish: *La industria está floreciendo.* Industry is flourishing.

florero *nm* vase

floristería (*tb florería*) *nf* flower shop, florist's (*GB*) ➲ *Ver nota en* CARNICERÍA

flota *nf* fleet

flotador *nm* rubber ring

flotar *vi* to float: *El balón flotaba en el agua.* The ball was floating on the water.

flote LOC **a flote** afloat: *El barco/negocio sigue a ~.* The ship/business is still afloat. ◆ **sacar a flote 1** (*barco*) to refloat **2** (*negocio*) to put *sth* back on its feet ◆ **salir a flote** (*fig*) to pull through

fluidez *nf* LOC **con fluidez 1** (*hablar*) fluently: *Habla inglés con ~.* She speaks English fluently. **2** (*circular*) smoothly: *El tráfico circulaba con ~.* The traffic was flowing smoothly.

fluido, -a *adj* **1** (*circulación, diálogo*) free-flowing **2** (*lenguaje, estilo*) fluent
▸ *nm* fluid *Ver tb* FLUIR

fluir *vi* to flow

flúor *nm* **1** (*gas*) fluorine **2** (*dentífrico*) fluoride

fluorescente *adj* fluorescent
▸ *nm* fluorescent light

fluvial *adj* river: *el transporte ~* river transport

¡fo! *interj* ugh

foca *nf* seal

foco *nm* **1** (*centro, Fot*) focus [*pl* focuses/foci]: *Eres el ~ de todas las miradas.* You're the focus of attention. **2** (*lámpara*) **(a)** (*reflector*) spotlight: *Varios ~s iluminaban el monumento.* Several spotlights lit up the monument. **(b)** (*bombillo*) light bulb **(c)** (*en un estadio*) floodlight

fogata *nf* bonfire

fogón *nm* burner: *Tengo la leche en el ~.* The milk's heating up.

fogueo *nm* LOC **de fogueo** blank: *munición de ~* blank ammunition

folclore (*tb* **folklore**) *nm* folklore

follaje *nm* foliage

folleto *nm* **1** (*librito*) **(a)** (*de publicidad*) brochure: *~ de viajes* travel brochure **(b)** (*de información, de instrucciones*) booklet **2** (*hoja*) leaflet: *Me dieron un ~ con el horario.* They gave me a leaflet with the timetable in it.

fome *adj* (*Chi*) (*aburrido*) boring

fomentar *vt* to promote

fomento *nm* promotion LOC **fomento de empleo** job creation

fondear *vt* (*Chi*) (*esconder*) to hide

fondista *nmf* long-distance runner

fondo *nm* **1** bottom: *llegar al ~ del asunto* to get to the bottom of things **2 (a)** (*calle, pasillo*) end: *Está al ~ del corredor, a la derecha.* It's at the end of the hallway on the right. **(b)** (*habitación, escenario*) back: *al ~ del restaurante* at the back of the restaurant ◇ *la habitación del ~* the back room **3** (*mar, río*) bed **4** (*vaca*) kitty [*pl* kitties]: *poner/hacer un ~ (común)* to have a kitty **5 fondos** (*dinero*) funds: *recaudar ~s* to raise funds LOC **a fondo 1** (*con sustantivo*) thorough: *una revisión a ~* a thorough review **2** (*con verbo*) thoroughly: *Límpialo a ~.* Clean it thoroughly. ♦ **de fondo** distance: *un corredor de ~* a distance runner ♦ **en el fondo 1** (*a pesar de las apariencias*) deep down: *Dices que no, pero en el ~ sí que te importa.* You say you don't mind, but deep down you do. **2** (*en realidad*) basically: *En el ~ todos pensamos lo mismo.* We are all basically in agreement. ♦ **fondo de escritorio** (*Informát*) wallpaper ♦ **sin fondo** bottomless *Ver tb* CHEQUE, MÚSICA, TOCAR

fonética *nf* phonetics [*incontable*]

forado *nm* hole

forastero, -a *nm-nf* stranger

forcejear *vi* to struggle

forense *nmf* forensic scientist

forestal *adj* forest: *un guarda/incendio ~* a forest ranger/fire

forjar *vt* to forge LOC **forjarse ilusiones** to get your hopes up

forma *nf* **1** (*contorno*) shape: *en ~ de cruz* in the shape of a cross ◇ *La sala tiene ~ rectangular.* The room is rectangular. **2** (*modo*) way: *Si lo hace de esta ~ es más fácil.* It's easier if you do it this way. ◇ *Es su ~ de ser.* It's just the way he is. ◇ *¡Qué ~ de manejar!* What a way to drive! LOC **de forma espontánea, indefinida, etc.** spontaneously, indefinitely, etc. ♦ **de todas formas** anyway ♦ **estar/ponerse en forma** to be/get in shape *Ver tb* CUALQUIERA, DICHO, MANTENER, PLENO

formación *nf* **1** (*creación*) formation: *la ~ de un gobierno* the formation of a government **2** (*educación*) education LOC **formación ciudadana** civics [*incontable*], citizenship education (*GB*) ♦ **formación profesional/vocacional** vocational training

formado, -a *adj* LOC **estar formado por** to consist of sb/sth *Ver tb* FORMAR

formal *adj* **1** (*ropa, compromiso, etc.*) formal: *un noviazgo ~* a formal engagement **2** (*que se porta bien*) well behaved: *un niño muy ~* a very well-behaved child ➲ *Ver nota en* WELL BEHAVED

formar *vt* **1** (*crear*) to form: *~ un grupo* to form a group **2** (*educar*) to educate
▸ *vi* (*Mil*) to fall in: *¡A ~!* Fall in!
▸ **formarse** *vp* **1** (*hacerse*) to form **2** (*educarse*) to train

formatear *vt* to format

formato *nm* format

fórmula *nf* **1** formula [*pl* formulas/formulae] **2** (*receta médica*) prescription

formulario *nm* form: *llenar un ~* to fill out a form

foro *nm* forum: *los ~s de debate* discussion forums

forrado, -a *adj* LOC **estar forrado** (*tener dinero*) to be rolling in it *Ver tb* FORRAR

forrar *vt* **1** (*el interior*) to line sth (*with sth*): *~ una caja de terciopelo* to line a box with velvet **2** (*el exterior*) to cover sth (*with sth*): *~ un libro con papel* to cover a book with paper
▸ **forrarse** *vp* (*enriquecerse*) to make a killing: *Se forraron vendiendo empanadas.* They've made a killing selling turnovers.

forro *nm* **1** (*interior*) lining: *ponerle un ~ a un abrigo* to put a lining in a coat **2** (*exterior*) cover

fortaleza *nf* **1** (*fuerza*) strength **2** (*fortificación*) fortress

fortuna *nf* **1** (*riqueza*) fortune **2** (*suerte*) fortune, luck (*más coloq*): *probar ~* to try your luck

forzado, -a *adj* LOC *Ver* MARCHA, TRABAJO; *Ver tb* FORZAR

forzar *vt* to force

forzoso, -a *adj* LOC *Ver* ATERRIZAJE

fosa *nf* **1** (*hoyo*) ditch **2** (*sepultura*) grave

fosforescente *adj* phosphorescent

fósforo *nm* **1** (*Quim*) phosphorus **2** (*para prender fuego*) match: *prender un ~* to strike a match ◊ *una caja de ~s* a box of matches

fósil *nm* fossil LOC *Ver* COMBUSTIBLE

foso *nm* **1** (*hoyo*) ditch **2** (*de castillo*) moat

foto *nf* photograph, picture (*más coloq*): *un álbum de ~s* a photograph album ◊ *Me tomó una ~.* He took my picture. LOC **foto tamaño cédula** passport photograph ◆ **tomarse una foto** to have your picture taken *Ver tb* CÁMARA

fotocopia *nf* photocopy [*pl* photocopies]: *hacer/sacar una ~ de algo* to photocopy sth

fotocopiadora *nf* photocopier

fotocopiar *vt* to photocopy

fotogénico, -a *adj* photogenic

fotografía *nf* **1** (*actividad*) photography **2** (*foto*) photograph

fotografiar *vt* to photograph

fotográfico, -a *adj* LOC *Ver* CÁMARA

fotógrafo, -a *nm-nf* photographer

fracasado, -a *nm-nf* failure

fracasar *vi* **1** to fail **2** (*planes*) to fall through

fracaso *nm* failure

fracción *nf* **1** (*porción, Mat*) fraction **2** (*Pol*) faction **3** (*lotería*) share

fraccionamiento *nm* (*Méx*) (*urbanización*) housing development, housing estate (*GB*)

fractura *nf* fracture

fracturar(se) *vt, vp* to fracture

fragancia *nf* fragrance

frágil *adj* fragile

fragmento *nm* fragment

fraile *nm* monk

frambuesa *nf* raspberry [*pl* raspberries]

francamente *adv* **1** (*con sinceridad*) frankly: *Francamente, no quería ir, pero me tocó.* Frankly, I didn't want to go, but I had to. **2** (*muy*) really: *Es ~ difícil.* It's really hard.

francés, -esa *adj, nm* French: *hablar ~* to speak French
▶ *nm-nf* Frenchman/woman [*pl* Frenchmen/-women]: *los franceses* the French LOC *Ver* PAN, PAPA², TOSTADA

Francia *nf* France

franco, -a *adj* **1** (*sincero*) frank **2** (*claro*) marked: *un ~ deterioro* a marked decline **3** (*Per*) (*en serio*) honest

franela *nf* **1** (*material*) flannel **2** (*Col*) (*camiseta interior*) undershirt, vest (*GB*) **3** (*Per*) (*adulador*) crawler

franja *nf* strip

franquear *vt* (*carta, paquete*) to pay postage on *sth*

franqueza *nf* frankness: *Hablemos con ~.* Let's be frank.

franquicia *nf* (*Econ*) franchise

frasco *nm* **1** (*colonia, medicina*) bottle **2** (*conservas, mermelada*) jar ➔ *Ver dibujo en* CONTAINER

frase *nf* **1** (*oración*) sentence **2** (*locución*) phrase LOC **frase hecha** set phrase

fraternal (*tb* **fraterno, -a**) *adj* brotherly, fraternal (*más formal*): *el amor ~* brotherly love

fraude *nm* fraud LOC **fraude fiscal** tax fraud

fraudulento, -a *adj* fraudulent

frecuencia *nf* frequency [*pl* frequencies] LOC **con frecuencia** often, frequently (*más formal*)

frecuentar *vt* **1** (*lugar*) to frequent **2** (*amigos*) to hang around with *sb*: *Ya no frecuento ese grupo de amigos.* I don't go around with that group of friends any more.

frecuente *adj* **1** (*reiterado*) frequent: *Tengo ~s ataques de asma.* I have frequent asthma attacks. **2** (*habitual*) common: *Es una práctica ~ en este país.* It is (a) common practice in this country. LOC *Ver* PREGUNTA

fregadero *nm* sink

fregado, -a *adj* **1** (*molesto*) annoying **2** (*difícil, complicado*) difficult **3** (*fastidiado*) in a bad way **4** (*estricto*) strict

fregar *vt* **1** (*molestar*) to annoy: *Deje de ~ a los niños.* Stop annoying the children. **2** (*estropear*) to ruin: *La lluvia nos fregó los planes.* The rain ruined our plans. **3** (*lavar*) to scrub
▶ **fregarse** *vp* to be ruined: *Se nos fregaron las vacaciones.* Our vacation was ruined. ◊ *Ahora sí me fregué.* That really messed things up!
LOC **¡no friegue(s)!** you're kidding! ◆ **para que no friegue** so there! ◆ **¡te fregaste!/se fregó** tough!

freír *vt* to fry

frenar *vi* to brake: *Frené en seco.* I slammed on the brakes.

frenazo *nm*: *Se oyó un ~.* There was a screech of brakes. LOC **dar un frenazo** to slam on the brakes

frenillo *nm* braces [*pl*], brace (*GB*): *Me tienen que poner ~.* I have to have braces.

freno nm **1** (vehículo) brake: *Me fallaron los ~s.* My brakes failed. ◊ *poner/quitar el ~* to apply/release the brake(s) **2** (reducción) curb (on sth): *un ~ a las exportaciones* a curb on exports **LOC** **freno de mano/emergencia** emergency brake, handbrake (GB)

frente nf (Anat) forehead
▸ nm front **LOC** **al frente** forward: *Di un paso al ~.* I took a step forward. ◆ **al frente de** in charge of sth: *Está al ~ de la empresa.* He's in charge of the company. ◆ **de frente** (choque, enfrentamiento) head-on ◆ **hacerle frente a algn/algo** to stand up to sb/sth Ver tb DOS

fresa nf **1** (fruta) strawberry [pl strawberries] **2** (de dentista) drill

fresco, -a adj **1** (temperatura, ropa) cool: *El día está ~.* It is quite cool today. ⮕ Ver nota en FRÍO **2** (comida) fresh **3** (noticia) latest: *noticias frescas* the latest news **4** (persona) **(a)** (descarado): *¡Qué tipo más ~!* What a nerve! **(b)** (Col) (tranquilo, dejado) laid-back
▸ nm-nf (descarado) cheeky so-and-so
▸ nm (bebida) soda, fizzy drink (GB) **LOC** **¡fresco!** (Col) don't worry! ◆ **fresco como una lechuga** (as) fresh as a daisy ◆ **hacer fresco** to be chilly: *Por la noche hace ~.* It's chilly at night. ◆ **tomar el fresco** to get some fresh air Ver tb PINTURA

fríjol (tb frijol) nm bean **LOC** **fríjol rojo** red kidney bean

frío, -a adj, nm cold: *Cierra la puerta, que está entrando ~.* Shut the door, you're letting the cold in.

No se deben confundir las siguientes palabras: **cold**, **chilly** y **cool**. **Cold** indica una temperatura más baja que **chilly** o **cool**, y muchas veces desagradable: *Ha sido un invierno muy frío.* It's been a terribly cold winter. Tanto **cool** como **chilly** se utilizan cuando no hace frío del todo. Sin embargo, en el caso de **chilly** la percepción es desagradable, mientras que **cool** expresa una temperatura agradable: *Hace fresco, ponte una chaqueta.* It's chilly. Put a jacket on. ◊ *It's hot outside but it's nice and cool in here.* Afuera hace calor, pero acá está fresquito.

LOC **hacer frío** to be cold: *Está haciendo mucho ~ en la calle.* It's very cold outside. ◊ *¡Está haciendo un frío mortal!* It's freezing! ◆ **tener frío** to be/feel cold: *Tengo ~ en las manos.* My hands are cold. Ver tb CARNE, MORIR(SE), MUERTO, OLA, SANGRE, TEMBLAR, TIERRA, TIESO

friolento, -a adj, nm-nf: *Soy muy ~.* I feel the cold a lot.

fritar vt to fry

frito, -a adj **1** fried **2** (en problemas) done for **LOC** Ver HUEVO, PAPA², Ver tb FREÍR

frondio, -a adj (Col) **1** (sucio) filthy: *Estás ~.* You're filthy. ◊ *El tapete quedó ~ después de la fiesta.* The carpet was filthy after the party. **2** (feo) ugly: *¡Qué pintura tan frondia!* What an ugly picture!

frondoso, -a adj leafy

frontal adj (ataque) frontal

frontera nf border, frontier (más formal): *pasar la ~* to cross the border

¿**Border** o **frontier**? Utilizamos **border** tanto para hablar de la división entre países o entre provincias, etc. dentro de un mismo país como para referirnos a las fronteras naturales: *en la frontera peruana* on the Peruvian border ◊ *El río constituye la frontera entre los dos países.* The river forms the border between the two countries. **Frontier** se utiliza para hablar de la división entre países, aunque es un poco más formal que **border**. Tiene también un uso figurado: *las fronteras de la ciencia* the frontiers of science.

fronterizo, -a adj **1** (en la frontera) border: *la región fronteriza* the border area **2** (limítrofe) neighboring: *dos países ~s* two neighboring countries

frotar(se) vt, vp to rub **LOC** **frotarse las manos** to rub your hands together

fruncir vt (Costura) to gather **LOC** **fruncir el ceño** to frown

frustración nf frustration

frustrado, -a adj **1** (persona) frustrated **2** (intento) failed Ver tb FRUSTRAR

frustrar vt **1** (persona) to frustrate **2** (plan, robo, etc.) to thwart **3** (esperanzas) to dash

fruta nf fruit [gen incontable]: *¿Quieres una ~?* Do you want some fruit? ◊ *un pedazo de ~* a piece of fruit ◊ *¿Compramos ~s?* Shall we buy some fruit? **LOC** Ver ENSALADA

frutal adj fruit: *árbol ~* fruit tree

frutería nf fruit store, greengrocer's (GB) ⮕ Ver nota en CARNICERÍA

frutero, -a nm-nf fruit seller
▸ nm fruit bowl

frutilla nf strawberry [pl strawberries]

fruto nm fruit **LOC** **frutos secos 1** (de cáscara dura) nuts **2** (frutas cristalizadas) dried fruit [incontable]

fucsia nm fuchsia

fuego nm fire: *encender el ~* to light the fire **LOC** **a fuego lento/vivo** over a low/high heat ◆ **fuegos artificiales** fireworks Ver tb ARMA, CESE, COCINAR, FUEGO, MANO, PRENDER

fuente nf **1** (en una plaza, en un jardín) fountain **2** (bandeja) dish: *una ~ de carne* a dish of meat

3 (*origen*) source: *~s cercanas al gobierno* sources close to the government LOC **saber algo de buena fuente** to have sth on good authority *Ver tb* ROMPER

fuera *adv* **1** ~ **(de)** (*en el exterior*) outside: *~ de Venezuela* outside Venezuela ◊ *Hay grietas por ~.* There are cracks on the outside. **2** (*no en casa*) out: *comer ~* to eat out **3** (*de viaje*) away: *Está ~ en viaje de negocios.* He's away on a business trip. **4** ~ **de** (*fig*) out of *sth*: *~ de peligro/de lo normal* out of danger/the ordinary ◊ *Mantener ~ del alcance de los niños.* Keep out of reach of children.
▸ **¡fuera!** *interj* get out! LOC **dejar a algn fuera de combate** to knock sb out ♦ **estar fuera de combate 1** (*Boxeo*) to be knocked out **2** (*fig*) to be out of action ♦ **fuera (de) broma** joking apart ♦ **fuera de juego/lugar** offside ♦ **fuera de lo común/normal** out of the ordinary ♦ **fuera de sí** beside himself, herself, etc. ♦ **fuera de tono** inappropriate *Ver tb* AHÍ, ALLÁ, ALLÍ, CONTROL

fuerte *adj* **1** strong: *un acento/olor muy ~* a very strong accent/smell **2** (*lluvia, nevada, tráfico, pesado*) heavy: *un ~ ritmo de trabajo* a heavy work schedule **3** (*dolor, crisis, descenso*) severe **4** (*abrazo*) big
▸ *adv* (*con fuerza, intensamente*) hard: *tirar ~ de una cuerda* to pull a rope hard
▸ *nm* (*fortaleza*) fort LOC *Ver* ABRAZO, CAJA, PISAR, PLATO

fuerza *nf* **1** (*potencia, Fís, Mil, Pol*) force: *la ~ de la gravedad* the force of gravity ◊ *las ~s armadas* the armed forces **2** (*energía física*) strength [*incontable*]: *recobrar las ~s* to get your strength back ◊ *No tengo ~s para seguir.* I don't have the strength to carry on. LOC **a la fuerza 1** (*forzando*) by force: *Los sacaron a la ~.* They removed them by force. **2** (*por necesidad*): *Tengo que hacerlo a la ~.* I just have to do it. ♦ **fuerza de voluntad** willpower ♦ **fuerza(s) aérea(s)** air force [*v sing o pl*] ♦ **hacer fuerza** to try hard *to do sth Ver tb* CAMISA, UNIÓN

fuga *nf* **1** (*huida*) flight: *emprender la ~* to take flight **2** (*gas, agua*) leak

fugarse *vp* **1** (*de un país*) to flee: *Se fugaron del país.* They have fled the country. **2** (*de la cárcel*) to escape (*from sth*) **3** (*de la casa, del colegio*) to run away (*from sth*)

fugaz *adj* fleeting LOC *Ver* ESTRELLA

fugitivo, -a *nm-nf* fugitive

ful (*tb* **full**) *adj* LOC **a ful 1** (*velocidad*) at top speed: *Siempre manejan a ~ en esos carros.* They always drive at top speed in those cars. **2** (*trabajar*) flat out **3** (*ocupado*) busy: *Estamos a ~.* We're awfully busy.

fulano, -a *nm-nf* so-and-so [*pl* so-and-so]: *Imagínate que viene ~…* Just suppose so-and-so comes… LOC **(señor/don) Fulano de Tal** Mr. So-and-so

fulbito *nm* (*de mesa*) foosball®, table football (*GB*)

fulminante *adj* **1** (*instantáneo*) immediate: *un éxito ~* an immediate success **2** (*mirada*) withering **3** (*muerte*) sudden

fumador, -ora *nm-nf* smoker
LOC **¿fumador o no fumador?** (*en transportes, en restaurantes*) smoking or nonsmoking?

fumar *vt, vi* to smoke: *~ pipa* to smoke a pipe ◊ *Deberías dejar de ~.* You should give up smoking. LOC *Ver* PROHIBIDO, ROGAR

función *nf* **1** (*tarea, cometido*) function: *Nuestra ~ es informar.* Our function is to inform. **2** (*Teat*) performance: *una ~ de gala* a gala performance LOC **en función de**: *Está en ~ del precio.* It depends on the price. ◊ *en ~ de tus aptitudes* according to your ability ♦ **en funciones** (*en ejercicio*) in office

funcionamiento *nm* operation: *poner algo en ~* to put sth into operation

funcionar *vi* **1** to work: *La alarma no funciona.* The alarm doesn't work. ◊ *¿Cómo funciona?* How does it work? **2** ~ **(con)** to run (on *sth*): *Este carro funciona con biocombustible.* This car runs on biofuel. LOC **no funciona** (*en un aviso*) out of order

funcionario, -a *nm-nf* civil servant

funda *nf* pillowcase

fundación *nf* (*institución*) foundation

fundador, -ora *adj, nm-nf* founder: *los miembros ~es* the founding members

fundamental *adj* fundamental

fundamentalismo *nm* fundamentalism

fundamentalista *adj, nmf* fundamentalist

fundar *vt* to found

fundido, -a *adj* **1** (*agotado*) worn out **2** (*arruinado*) broke **3** (*Per*) (*fastidioso*) annoying **4** (*Chi*) (*consentido*) spoilt

fundillo *nm* **1** (*del pantalón*) seat **2** (*nalgas*) behind

fundir *vt* **1** to melt: *~ queso* to melt cheese **2** (*fusible*) to blow **3** (*fastidiar*) to annoy
▸ *vi* (*fastidiar*) to be a nuisance
▸ **fundirse** *vp* **1** to melt **2** (*fusible*) to blow: *Se fundieron los fusibles.* The fuses blew. **3** (*Per*) (*negocio*) to go bust **4** (*Per*) (*fastidiarse*) to get into trouble

fúnebre *adj* **1** (*para un funeral*) funeral: *la marcha ~* the funeral march **2** (*triste*) mournful LOC *Ver* POMPA

funeral (*tb* **funerales**) *nm* funeral [*v sing*]: *los ~es de un vecino* a neighbor's funeral

funeraria

funeraria *nf* funeral home, undertaker's (*GB*)

furgoneta *nf* van

furia *nf* fury LOC **con furia** furiously ◆ **estar hecho una furia** to be in a rage

furioso, -a *adj* furious: *Estaba ~ con ella.* I was furious with her. LOC **ponerse furioso** to fly into a rage

furor *nm* (*rabia*) rage LOC **causar/hacer/estar en furor** to be all the rage

furtivo, -a *adj* furtive LOC **cazador/pescador furtivo** poacher ◆ **caza/pesca furtiva** poaching

fusible *nm* fuse: *Saltaron los ~s.* The fuses blew.

fusil *nm* rifle

fusión *nf* **1** (*Fís*) fusion: *la ~ nuclear* nuclear fusion **2** (*hielo, metales*) melting **3** (*empresas, partidos políticos*) merger LOC *Ver* PUNTO

fusionar(se) *vt, vp* (*empresas, etc.*) to merge

fusta *nf* riding crop

fútbol *nm* soccer, football (*GB*) ❶ En Estados Unidos solo se dice **soccer**, para diferenciarlo del fútbol americano. LOC **fútbol sala** five-a-side soccer/football

futbolín *nm* **1** (*juego*) foosball®, table football (*GB*) **2 futbolines** (*local*) amusement arcade [*v sing*]

futbolista *nmf* footballer

futbolito *nm* five-a-side soccer/football

futre *nmf* (*de clase bien*) well-off person

futuro, -a *adj, nm* future

G g

gabardina *nf* raincoat

gabinete *nm* **1** (*despacho*) office **2** (*Pol*) Cabinet [*v sing o pl*] LOC **gabinete de prensa** press office

gacela *nf* gazelle

gafas *nf* **1** (*recepción, ceremonia, actuación*) glasses: *un muchacho mono, con ~ a fair boy with glasses* ◊ *No lo vi porque no tenía las ~.* I couldn't see him because I didn't have my glasses on. ◊ *Me tienen que poner ~.* I need glasses. **2** (*motociclista, esquiador, buzo*) goggles LOC **gafas de sol** sunglasses

gago, -a *nm-nf* person with a speech defect

gaita *nf* **1** (*flauta*) flute **2** (*escocesa, gallega*) bagpipes [*pl*]

gaitero, -a *nm-nf* piper

gajes *nm* LOC **ser gajes del oficio** to go along with the job

gajo *nm* segment

gala *nf* **1** (*recepción, ceremonia, actuación*) gala: *Vamos a asistir a la ~ inaugural.* We'll attend the gala opening. ◊ *una cena de ~* a gala dinner **2 galas** best clothes: *Los invitados tenían sus mejores ~s.* The guests were wearing their best clothes. LOC **ir/vestirse de gala** to be dressed up

galáctico, -a *adj* galactic

galante *adj* gallant

galápago *nm* **1** (*Zool*) turtle **2** (*bicicleta*) saddle

galardón *nm* award

galardonado, -a *adj* prizewinning: *un autor/libro ~* a prizewinning author/book *Ver tb* GALARDONAR

galardonar *vt* to award *sb* a prize

galaxia *nf* galaxy [*pl* galaxies]

galería *nf* **1** (*Arte, Teat*) gallery [*pl* galleries]: *una ~ de arte* an art gallery ➔ *Ver nota en* MUSEUM **2** (*balcón*) balcony [*pl* balconies] LOC **galerías (comerciales)** shopping mall [*v sing*]

Gales *nm* Wales

galés, -esa *adj, nm* Welsh: *hablar ~* to speak Welsh
▸ *nm-nf* Welshman/woman [*pl* Welshmen/-women]: *los galeses* the Welsh

galgo *nm* greyhound

galguerías *nf* (*Col*) snacks

gallada *nf* crowd of people

galleta *nf* cookie, biscuit (*GB*)

gallina *nf* hen
▸ *adj, nmf* (*cobarde*) chicken: *¡No seas tan ~!* Don't be so chicken! LOC **la gallina/gallinita ciega** blind man's buff *Ver tb* CARNE, PIEL

gallinazo *nm* **1** (*pájaro*) black vulture **2** (*Col*) (*hombre*) womanizer

gallinero *nm* **1** (*para gallinas*) hen house **2** (*griterío*) madhouse **3 el gallinero** (*Teat*) the gallery

gallo *nm* **1** (*ave*) rooster, cock (*GB*) **2** (*nota desafinada*) wrong note: *Se le salió un ~.* He hit the wrong note. LOC *Ver* MAMAR, MISA, PATA¹, PENSAR

galón¹ *nm* (*uniforme*) stripe

galón² *nm* (*medida*) gallon ➔ *Ver pág.* 786

galopar *vi* to gallop: *salir a ~* to go for a gallop

galope *nm* gallop LOC **al galope**: *El caballo se puso al ~.* The horse started to gallop. ◊ *Se fueron al ~.* They galloped off.

gama *nf* range: *una amplia ~ de colores* a wide range of colors

gambeta *nf* (*Fútbol*) dribble

gambetear *vt, vi* (*Fútbol*) to dribble

gamín, -ina *nm-nf* (*Col*) street urchin

gamuza *nf* suede: *Estos zapatos son de piel de ~.* These shoes are suede.

gana *nf* LOC **como me da la gana** however I, you, etc. want: *Lo haré como me da la ~.* I'll do it however I want. ◆ **con/sin ganas** enthusiastically/half-heartedly ◆ **dar ganas de** to feel like *doing sth* ◆ **darle a algn la (real) gana** to want *to do sth*: *Lo hago por que me da la ~.* I'm doing it because I want to. ◆ **de buena/mala gana** willingly/reluctantly: *Lo hizo de mala ~.* She did it reluctantly. ◆ **hacer lo que me da la gana** to do what I, you, etc. like: *Haz lo que te da la ~.* Do what you like. ◆ **quedarse con las ganas** to never get *to do sth*: *Me quedé con las ~s de verlos.* I never got to see them. ◆ **tenerle ganas a algn** to have the hots for *sb* ◆ **tener/sentir ganas (de hacer algo)** to feel like *sth/doing sth*: *Tengo ~s de comer algo.* I feel like having something to eat. ◊ *Hoy no tengo ~s.* I don't feel like it today. *Ver tb* ENTRAR, QUITAR

ganadería *nf* **1** (*actividad*) livestock farming **2** (*conjunto de ganado*) livestock

ganadero, -a *nm-nf* livestock farmer LOC *Ver* EXPLOTACIÓN

ganado *nm* livestock LOC **ganado equino** horses [*pl*] ◆ **ganado lanar/ovino** sheep [*pl*]

ganador

♦ **ganado porcino** pigs [*pl*] ♦ **ganado (vacuno)** cattle [*pl*]

ganador, -ora *adj* winning
▸ *nm-nf* winner

ganancia *nf* profit LOC *Ver* PÉRDIDA

ganar *vt* **1** (*sueldo, sustento*) to earn: *Este mes gané poco.* I didn't earn much this month. ◊ *~se la vida* to earn your living **2** (*premio, partido, guerra*) to win: *~ la lotería* to win the lottery ◊ *¿Quién ganó el partido?* Who won the game? **3** (*a un contrincante*) to beat: *Inglaterra le ganó a Alemania.* England beat Germany. **4** (*conseguir*) to gain (*by/from sth/doing sth*): *¿Qué gano yo con decírtelo?* What do I gain by telling you?
▸ **ganarse** *vp* **1** (*dinero, respeto*) to earn: *Se ganó el respeto de todos.* He has earned everybody's respect. **2** (*castigo, recompensa*) to deserve: *Te ganaste unas buenas vacaciones.* You deserve a vacation. LOC **ganarse el pan** to earn your living ♦ **ganar tiempo** to save time ♦ **salir ganando** to do well (*out of sth*): *Salí ganando con la reorganización.* I've done well out of the reorganization.

gancho *nm* **1** (*para colgar*) hook **2** (*para ropa*) **(a)** (*colgador*) hanger: *Cuelga la chaqueta en un ~.* Put your jacket on a hanger. **(b)** (*pinza*) clothespin, (clothes) peg (*GB*) **3** (*cebo*) bait: *utilizar a algn como ~* to use sb as bait **4** (*Chi*) (*amigo*) buddy [*pl* buddies], mate (*GB*)
LOC **gancho de cosedora** staple ♦ **gancho de nodriza** (*Col*) safety pin ♦ **gancho de pelo** bobby pin, hairgrip (*GB*) *Ver tb* ALFILER

ganga *nf* bargain

gangrena *nf* gangrene

gángster *nm* gangster

ganso, -a *nm-nf* goose [*pl* geese]

Si queremos especificar que se trata de un ganso macho, diremos **gander** /ˈɡændər/.

garabatear *vt, vi* **1** (*dibujar*) to doodle **2** (*escribir*) to scribble **3** (*Chi*) (*decir groserías*) to swear

garabato *nm* **1** (*dibujo*) doodle **2** (*escritura*) scribble **3** (*Chi*) (*grosería*) swear word

garaje *nm* garage

garantía *nf* guarantee

garantizar *vt* **1** (*dar garantía*) to guarantee: *Garantizamos la calidad del producto.* We guarantee the quality of the product. **2** (*asegurar*) to assure: *Van a venir, te lo garantizo.* They'll come, I assure you.

garbanzo *nm* garbanzo [*pl* garbanzos], chickpea (*GB*)

garbo *nm* LOC **andar con garbo** to walk gracefully ♦ **tener garbo** to be graceful

garfio *nm* hook

garganta *nf* **1** (*Anat*) throat: *Me duele la ~.* I have a sore throat. **2** (*Geog*) gorge LOC *Ver* NUDO, TACO

gargantilla *nf* necklace

gárgaras *nf* LOC **hacer gárgaras** to gargle

garita *nf* **1** (*centinela*) sentry box **2** (*portería*) lodge

garra *nf* **1** (*animal*) **(a)** (*mano, pie*) paw **(b)** (*uñas*) claw **2** (*ave de rapiña*) talon **3** (*empeño*) guts [*pl*]

garrafa *nf* carafe

garrafal *adj* monumental

garrapata *nf* tick

garrocha *nf* LOC *Ver* SALTO

garrote *nm* stick

garrotear *vt* (*Chi*) (*estafar*) to rip sb off

garza *nf* heron

garzón, -ona *nm-nf* (*Chi*) **1** (*masc*) waiter **2** (*fem*) waitress

¡gas! *interj* yuck

gas *nm* **1** gas: *Huele a ~.* It smells of gas. **2 gases** (*Med*) gas [incontable]: *El bebé tiene ~es.* The baby has gas. LOC **gas ciudad/de cañería** town gas, mains gas (*GB*) ♦ **gases lacrimógenos** tear gas [incontable] *Ver tb* AGUA

gasa *nf* **1** (*tejido*) gauze **2** (*vendaje*) bandage

gaseosa *nf* soda, fizzy drink (*GB*)

gaseoso, -a *adj* **1** (*Quim*) gaseous **2** (*bebida*) carbonated, fizzy (*GB*)

gasfitero, -a *nm-nf* (*Per*) plumber

gasolina *nf* gas, gasoline (*más formal*), petrol (*GB*) LOC **gasolina normal** regular gas ♦ **gasolina súper** premium gas ♦ **gasolina verde/sin plomo** unleaded gas *Ver tb* INDICADOR

gasolinera (*tb* **gasolinería**) *nf* gas station, petrol station (*GB*)

gastado, -a *adj* (*desgastado*) worn out *Ver tb* GASTAR

gastar *vt* **1** (*dinero*) to spend sth (*on sb/sth*) **2** (*consumir*) to use: *~ menos electricidad* to use less electricity **3** (*agotar*) to use sth up: *Me gastaste toda la colonia.* You've used up all my cologne.

gasto *nm* **1** (*dinero*) expense: *No gano ni para los ~s.* I don't earn enough to cover my expenses. **2** (*agua, energía, gasolina*) consumption LOC **gastos de envío** postage and handling [*v sing*], postage and packing [*v sing*] (*GB*)

gastroenteritis *nf* gastroenteritis [incontable]

gastronomía nf cooking, cuisine (más formal): la ~ francesa French cuisine

gatear vi to crawl

gatillo nm trigger: apretar el ~ to pull the trigger

gato, -a nm-nf cat

> Tomcat (o tom) es un gato macho, kittens son los gatitos. Los gatos ronronean (purr) y hacen miau (miaow).

▶ nm **1** (tb **gata** nf) (automóvil) jack **2** (juego) tic-tac-toe, noughts and crosses (GB) LOC **andar a gatas** to crawl ♦ **dar gato por liebre** to take sb in ♦ **el Gato con Botas** Puss in Boots ♦ **gato siamés** Siamese ♦ **haber gato encerrado**: En esta oferta hay ~ encerrado. There's something fishy about this offer. Ver tb BOLSA¹, PERRO

gaviota nf seagull

gay adj, nm gay

gel nm gel LOC **gel de baño/ducha** shower gel

gelatina nf **1** (sustancia) gelatine **2** (Cocina) Jell-O®, jelly (GB) LOC **estar como una gelatina** to be shaking like a leaf

gemelo, -a adj, nm-nf twin: hermanas gemelas twin sisters

gemido nm **1** (persona) groan: Se podían oír los ~s del enfermo. You could hear the sick man groaning. **2** (animal) whine: los ~s del perro the whining of the dog

Géminis nm, nmf (Astrol) Gemini ➔ Ver ejemplos en AQUARIUS

gemir vi **1** (persona) to groan **2** (animal) to whine

gene (tb **gen**) nm gene

genealógico, -a adj genealogical LOC Ver ÁRBOL

generación nf generation LOC Ver ÚLTIMO

generacional adj: el conflicto ~ the generation gap

generador nm (Electrón) generator

general¹ adj general LOC **en general/por lo general** as a general rule Ver tb CUARTEL, DIRECTOR, ELECCIÓN, ENSAYO, MÉDICO

general² nmf (Mil) general

generalizar vt, vi to generalize: No se puede ~. You can't generalize.

generalmente adv usually

generar vt to generate: ~ energía to generate energy

genérico, -a adj generic

género nm **1** (tipo) kind: problemas de ese ~ problems of that kind **2** (Arte, Liter) genre **3** (Gram) gender **4** (tela) material ➔ Ver nota en TELA LOC **género policíaco** crime writing Ver tb VIOLENCIA

generosidad nf generosity

generoso, -a adj generous: Es muy ~ con sus amigos. He is very generous to his friends.

genética nf genetics [incontable]

genéticamente adv LOC **genéticamente modificado** genetically modified (abrev GM)

genético, -a adj genetic LOC Ver INGENIERÍA

genial adj brilliant: una idea/un pianista ~ a brilliant idea/pianist

genio nm **1** ~ **(con/para)** (lumbrera) genius [pl geniuses] (at sth/doing sth): Eres un ~ haciendo arreglos. You're a genius at doing repairs. **2** (mal humor) temper: ¡Qué ~ el que tienes! What a temper you have! LOC **estar de mal genio** to be in a bad mood ♦ **tener mal genio** to be bad-tempered

genital adj genital
▶ **genitales** nm genitals

genocidio nm genocide

genoma nm genome

gente nf people [pl]: Había mucha ~. There were a lot of people. ◊ La ~ lloraba de alegría. People were crying with joy. LOC **gente bien** well-off people ♦ **gente normal y corriente** ordinary people ♦ **ser buena gente** to be nice: Son buena ~. They're really nice. Ver tb ATESTADO

geografía nf geography

geográfico, -a adj geographical

geología nf geology

geológico, -a adj geological

geometría nf geometry

geométrico, -a adj geometric(al)

geranio nm geranium

gerente nmf manager LOC Ver DIRECTOR

geriátrico nm old people's home

germen nm germ

germinar vi to germinate

gesticular vi **1** (con las manos) to gesticulate **2** (con la cara) to pull a face, to grimace (más formal)

gestión nf **1 gestiones** (trámites) business [incontable]: Tengo que hacer unas gestiones en el centro. I have some business to attend to downtown. ◊ hacer las gestiones necesarias para obtener una visa to take the necessary steps to get a visa **2** (administración) management

gesto nm **1** gesture: un ~ simbólico a symbolic gesture ◊ comunicarse/hablar por ~s to communicate by gesture **2** (cara) expression: con ~ pensativo with a thoughtful expression

gigante

LOC **hacer un gesto/gestos 1** (*con la mano*) to signal (*to sb*): *Me hizo un ~ para que entrara.* He signaled to me to come in. **2** (*con la cara*) to pull a face/faces (*at sb*)

gigante *adj* **1** (*enorme*) gigantic **2** (*Bot*) giant: *un olmo ~* a giant elm
▶ *nm* giant **LOC** *Ver* RUEDA

gigantesco, -a *adj* enormous

gimnasia *nf* **1** gymnastics [*incontable*]: *el campeonato de ~ deportiva* the gymnastics championships **2** (*educación física*) physical education (*abrev* P.E.): *un profesor de ~* a P.E. teacher **LOC** **gimnasia reductiva** fitness, keep-fit (*GB*) ♦ **hacer gimnasia** to exercise, to work out (*más coloq*)

gimnasio *nm* gym, gymnasium (*formal*)

gimnasta *nmf* gymnast

ginebra *nf* gin

ginecología *nf* gynecology

ginecólogo, -a *nm-nf* gynecologist

gira *nf* tour **LOC** **estar/ir de gira** to be/go on tour ♦ **hacer una gira por…** to tour…

girar *vi* to turn: *~ a la derecha* to turn right **LOC** **girar alrededor de algn/algo** to revolve around sb/sth: *La Tierra gira alrededor del Sol.* The earth revolves around the sun. ♦ **girar en torno a** to center on/around *sth*

girasol *nm* sunflower

giratorio, -a *adj* **LOC** *Ver* PUERTA, PUERTA

giro *nm* **LOC** **giro bancario** bank draft ♦ **giro postal** money order, postal order (*GB*)

gitano, -a *adj*, *nm-nf* Gypsy [*pl* Gypsies]

glacial *adj* **1** (*viento*) icy **2** (*temperatura*) freezing **3** (*período*, *zona*) glacial

glaciar *nm* glacier **LOC** **época/período glaciar** Ice Age

glándula *nf* gland

global *adj* **1** (*total*) overall: *el costo ~ de las obras* the overall cost of the repairs **2** (*mundial*) global **LOC** *Ver* ALDEA, CALENTAMIENTO

globalización *nf* globalization

globalizar(se) *vt*, *vp* to globalize

globo *nm* balloon: *una excursión en ~* a balloon trip **LOC** **el globo terráqueo** the globe *Ver tb* PAPEL

gloria *nf* **1** (*grandeza*, *esplendor*) glory: *fama y ~* fame and glory **2** (*persona célebre*) great name: *las viejas ~s del deporte* the great sporting names of the past **LOC** **huele/sabe a gloria** it smells/tastes delicious

glorieta *nf* traffic circle, roundabout (*GB*)

glosario *nm* glossary [*pl* glossaries]

glucosa *nf* glucose

gobernador, -ora *nm-nf* governor

gobernante *adj* governing
▶ *nmf* leader

gobernar *vt* **1** (*país*) to govern **2** (*barco*) to steer

gobierno *nm* government [*v sing o pl*]: *~ autónomo/central* regional/central government

gol *nm* goal: *marcar/meter un ~* to score a goal **LOC** **gol del empate** equalizer

goleador, -ora *nm-nf* (*jugador*) goalscorer: *el máximo ~* the top goalscorer

golear *vt*, *vi*: *Alemania goleó a Holanda por cinco a cero.* Germany thrashed Holland five to nothing.

golf *nm* golf **LOC** *Ver* CAMPO

golfista *nmf* golfer

golfo *nm* gulf: *el ~ Pérsico* the Persian Gulf

golondrina *nf* swallow

goloso, -a *adj*, *nm-nf*: *ser muy/un ~* to have a sweet tooth ◊ *la gente golosa* people with a sweet tooth

golpe *nm* **1** (*choque*, *impacto*) blow: *un buen ~ en la cabeza* a severe blow to the head ◊ *Su muerte fue un duro ~ para nosotros.* Her death came as a heavy blow. ◊ *Lo mataron a ~s.* They beat him to death. **2** (*accidente*): *Me di un ~ en la cabeza.* I banged my head. ◊ *No corras que nos vamos a dar un ~.* Slow down or we'll have an accident. **3** (*moratón*) bruise **4** (*para llamar la atención*) knock: *Oí un ~ en la puerta.* I heard a knock at the door.

> Cuando *golpe* se utiliza en construcciones con el verbo *dar*, se suele traducir con los verbos **knock** o **bang**: *Di unos golpes en la puerta a ver si había alguien.* I knocked on the door to see if anyone was in. ◊ *Me di un golpe contra la mesa.* I banged myself on the table.

5 (*Dep*) stroke **LOC** **de (un) golpe** in one go ♦ **golpe bajo**: *Eso fue un ~ bajo.* That was below the belt. ♦ **golpe de calor** heatstroke [*incontable*]: *Cada año fallecen personas por ~s de calor.* Every year people die from heatstroke. ♦ **golpe de estado** coup *Ver tb* CERRAR

golpear *vt* **1** to bang: *Esa puerta golpea la pared.* That door is banging against the wall. **2** (*repetidamente*) to beat (*against/on sth*): *El granizo golpeaba los cristales.* The hail was beating against the windows. ◊ *Golpeaban los tambores con fuerza.* They were beating the drums.

goma *nf* (*borrador*) eraser, rubber (*GB*) **LOC** **tener la goma de (hacer) algo** (*Col*) to be keen on (doing) sth

gomear *vt* (*Per*) (*dar una paliza*) to beat *sb* up

gomina *nf* (hair) gel

gomoso, -a *adj* (Col) keen

gordo, -a *adj* **1** (*persona, animal*) fat **2** (*grueso*) thick
▸ *nm-nf* fat man/woman [*pl* fat men/women]
▸ *nm* (*lotería*) first prize **LOC** **caer gordo**: *Me cae muy ~*. I can't stand him. *Ver tb* DEDO, PEZ, SUDAR, VISTA

gorila *nm* **1** (*animal*) gorilla **2** (*guardaespaldas*) bodyguard

gorra *nf* cap **LOC** **de gorra** (*gratis*) free: *A ver si entramos de ~*. Let's see if we can get in free.

gorrear *vt* **1** (*tb* **gorronear**) (*pedir*) to scrounge sth (*off/from sb*) **2** (*Chi*) (*ser infiel*) to cheat on sb
▸ *vi* to scrounge

gorrión *nm* sparrow

gorro *nm* hat: *un ~ de lana/de cocinero* a knit/chef's hat **LOC** **estar hasta el gorro** to be fed up to the back teeth (*with sb/sth*) ◆ **gorro de baño 1** (*para piscina*) swimming cap **2** (*para ducha*) shower cap ◆ **ponerle el gorro a algn** (*Chi*) to cheat on sb

gota *nf* drop **LOC** **ser como dos gotas de agua** to be like two peas in a pod ◆ **ser la gota que rebosa el vaso** to be the last straw *Ver tb* SUDAR

gotear *vi* **1** to drip: *Esa llave gotea*. That faucet's dripping. **2** (*tubería*) to leak

gotera *nf* leak: *Cada vez que llueve tenemos ~s*. The roof leaks every time it rains.

gótico, -a *adj, nm* Gothic

gozar *vi* ~ **(con/de)** to enjoy sth/doing sth: *Gozan fastidiando a la gente*. They enjoy annoying people. ◇ *~ de buena salud* to enjoy good health

grabación *nf* recording

grabado *nm* **1** (*técnica*) engraving **2** (*en un libro*) illustration

grabadora *nf* tape recorder

grabar *vt* **1** (*sonido, imagen*) to record **2** (*metal, piedra*) to engrave

gracia *nf* **1** (*encanto, simpatía*) charm: *No es bonita pero tiene ~*. She's not pretty but there's something about her all the same. **2** (*elegancia, Relig*) grace **3 gracias** witty remarks: *Con sus ~s nos hizo reír*. She made us laugh with her witty remarks. **LOC** **dar las gracias** to thank sb (*for sth/doing sth*): *sin darme las ~s without thanking me* ◆ **¡gracias!** thank you!, thanks! (*más coloq*): *muchas ~s* thank you very much ◆ **gracias a...** thanks to sb/sth: *Gracias a ti, me dieron el puesto*. Thanks to you, I got the job. ◆ **hacer (una) gracia** to amuse sb: *Me hace una ~ oírlo hablar*. The way he talks amuses me. ◆ **no hacer (ninguna) gracia** to (really) not like sth/doing sth: *No me hace ninguna ~*. I really don't like it. ◆ **no tener gracia**: *El espectáculo sin música no tiene ~*. The show doesn't work without music. ◆ **no verle la gracia a algo**: *No le veo la ~*. I can't see what's so funny.

gracioso, -a *adj* funny, amusing (*más formal*): *Ese chiste no me parece ~*. I don't find that joke very funny. **LOC** **hacerse el gracioso** to play the clown ◆ **¡qué tan gracioso!** how funny!

grada *nf* stand: *Las ~s estaban llenas*. The stands were full.

grado *nm* **1** degree: *Estamos a dos ~s bajo cero*. It's two degrees below zero. ◇ *quemaduras de tercer ~* third-degree burns **2 grados** (*alcohol*): *Este vino tiene 14 ~s*. The alcoholic content of this wine is 14%. ◇ *Esta cerveza tiene muchos ~s*. This beer is very strong.

graduación *nf* (*universidad*) graduation

graduado, -a *adj* qualified: *una enfermera graduada* a qualified nurse *Ver tb* GRADUAR

gradual *adj* gradual

graduar *vt* (*regular*) to adjust: *Gradúa la temperatura, por favor*. Please adjust the temperature.
▸ **graduarse** *vp* to graduate: *Se graduó en Derecho el año pasado*. She graduated with a law degree last year.

gráfico, -a *adj* graphic
▸ *nm* (*tb* **gráfica** *nf*) graph **LOC** *Ver* REPORTERO

grafiti *nm* graffiti

gramática *nf* grammar

gramo *nm* gram (*abrev* g) ➔ *Ver pág. 786*

gran *adj Ver* GRANDE

granada *nf* **1** (*fruta*) pomegranate **2** (*Mil*) hand grenade

granadero *nm* **granaderos** (*Méx*) riot police [*pl*]

granate *adj, nm* maroon ➔ *Ver ejemplos en* AMARILLO

Gran Bretaña *nf* Great Britain (*abrev* GB)

grande *adj* **1** (*tamaño*) large, big (*más coloq*): *una casa/ciudad ~* a big house/city ◇ *¿Grande o pequeño?* Large or small? ➔ *Ver nota en* BIG **2** (*fig*) big: *un gran problema* a big problem **3** (*número, cantidad*) large: *una gran cantidad de arena* a large amount of sand ◇ *una gran cantidad de gente* a large number of people **4** (*importante, notable*) great: *un gran músico* a great musician **LOC** **a grandes rasgos** in general terms ◆ **gran danés** Great Dane ◆ **(la/una) gran parte de** most of: *Una gran parte de la audiencia eran niños*. Most of the audience members were children. *Ver tb* DIMENSIÓN, DIVERTIR, POTENCIA

granel **LOC** **a granel** from the cask

granero *nm* barn

granito

granito *nm* granite

granizada *nf* hailstorm

granizado *nm* drink with crushed ice

granizar *v imp* to hail: *Anoche granizó.* It hailed last night.

granizo *nm* hail: *¿Cayó ~ ayer?* Did it hail yesterday?

granja *nf* farm

granjero, -a *nm-nf* farmer

grano *nm* **1** (*arena, arroz, cereal*) grain: *un ~ de arena* a grain of sand **2** (*semilla*) seed **3** (*café*) bean **4** (*en la piel*) pimple: *Me salieron ~s.* My face has broken out. LOC **ir al grano** to get to the point *Ver tb* CAFÉ

grapa *nf* **1** (*para papel*) staple **2** (*Med*) stitch

grapadora *nf* stapler

grasa *nf* **1** grease: *Quedé toda untada de ~.* I got covered in grease. ◊ *No me gusta la comida con tanta ~.* I don't like such greasy food. **2** (*en el cuerpo*) fat LOC *Ver* UNTAR

grasiento, -a *adj* greasy

graso, -a *adj* (*cutis, pelo, comida*) oily: *un champú para pelo ~* a shampoo for oily hair

gratificación *nf* (*paga extra*) bonus

gratis *adj, adv* free: *La bebida era ~.* The drinks were free. ◊ *Los jubilados viajan ~.* Senior citizens travel free. ◊ *trabajar ~* to work for nothing

grato, -a *adj* **1** (*agradable*) pleasant: *una grata sorpresa* a pleasant surprise **2** (*placentero*) pleasing: *~ al oído* pleasing to the ear

gratuito, -a *adj* free LOC *Ver* ENTRADA

grava *nf* gravel

grave *adj* **1** (*importante, serio*) serious: *un problema/una enfermedad ~* a serious problem/illness **2** (*solemne*) solemn: *expresión ~* solemn expression **3** (*sonido, nota*) low: *El bajo produce sonidos ~s.* The bass guitar produces low notes. **4** (*voz*) deep LOC *Ver* PRONÓSTICO

gravedad *nf* **1** (*Fís*) gravity **2** (*importancia*) seriousness LOC **de gravedad** seriously: *Está herido de ~.* He's seriously injured.

gravemente *adv* seriously

graznar *vi* **1** (*cuervo*) to caw **2** (*pato*) to quack

Grecia *nf* Greece

gremio *nm* **1** (*oficio*) trade **2** (*artesanos, artistas*) guild **3** (*sindicato*) (labor) union, (trade) union (*GB*)

griego, -a *adj, nm* Greek: *hablar ~* to speak Greek
▸ *nm-nf* Greek man/woman [*pl* Greek men/women]: *los ~s* the Greeks

grieta *nf* crack

grifo *nm* **1** faucet, tap (*GB*): *abrir/cerrar el ~* to turn the faucet on/off **2** (*Per*) (*gasolinera*) gas station, petrol station (*GB*)

grillo *nm* cricket

gringo, -a *adj, nm-nf* gringo [*pl* gringos]

gripe (*tb* **gripa**) *nf* **1** (*con fiebre*) flu [*incontable*]: *Tengo ~.* I have the flu. **2** (*resfriado*) cold

gris *adj* **1** (*color*) gray ⊃ *Ver ejemplos en* AMARILLO **2** (*tiempo*) dull: *El día está ~.* It's a dull day.
▸ *nm* gray

gritar *vt, vi* to shout (*at sb*): *El profesor nos gritó para que nos calláramos.* The teacher shouted at us to be quiet. ◊ *Gritaron pidiendo ayuda.* They shouted for help. ⊃ *Ver nota en* SHOUT LOC **gritar de dolor** to cry out in pain

grito *nm* **1** shout: *Oímos un ~.* We heard a shout. **2** (*auxilio, dolor, alegría*) cry [*pl* cries]: *~s de alegría* cries of joy LOC **a gritos** at the top of your voice ♦ **pegar un grito** to shout: *Pégale un ~ a tu hermano para que venga.* Give your brother a shout. *Ver tb* VOZ

grosería *nf* swear word: *decir ~s* to swear

grosero, -a *adj, nm-nf* rude: *Eres un ~.* You're so rude.

grosor *nm* thickness: *Esta madera tiene dos centímetros de ~.* This piece of wood is two centimeters thick.

grotesco, -a *adj* grotesque

grúa *nf* **1** (*máquina*) crane **2** (*para vehículos*) **(a)** (*averiados*) tow truck, breakdown truck (*GB*) **(b)** (*del tránsito*): *La ~ se me llevó el carro.* My car has been towed away.

grueso, -a *adj* thick

grumo *nm* lump: *una salsa con ~s* a lumpy sauce

gruñir *vi* **1** (*persona, cerdo*) to grunt **2** (*perro, león*) to growl **3** (*refunfuñar*) to grumble

gruñón, -ona *adj, nm-nf* grumpy: *Es una gruñona.* She's really grumpy.

grupo *nm* **1** group: *Nos pusimos en ~s de seis.* We got into groups of six. ◊ *Me gusta el trabajo en ~.* I enjoy group work. **2** (*Educ*) year: *Todos los del ~ vamos a hacer una excursión.* All the people in my year are going on an excursion. LOC **grupo sanguíneo** blood group *Ver tb* REPRESENTANTE

gruta *nf* **1** (*natural*) cave **2** (*artificial*) grotto [*pl* grottoes/grottos]

¡guácala! (*tb* **¡guácatela!**) *interj* ugh

guacamaya *nf* macaw

guadaña *nf* scythe

guagua *nf* (*bebé*) baby [*pl* babies]

guandoca *nf* (*Col*) jail, slammer (*argot*): *estar en la ~* to be in the slammer

guante *nm* **1** glove **2** (*de cocina*) mitten **LOC echarle el guante a algn** to catch sb: *La policía les echó el ~.* The police caught them. Ver tb COLGAR

guantera *nf* glove compartment

guapachoso, -a *adj* lively

guapear *vi* (*hacerse el valentón*) to act tough

guapo, -a *adj* **1** (*atractivo*) good-looking **2** (*valiente*) brave, gutsy (*coloq*): *Es muy ~ para las inyecciones.* He's very brave about injections. **3** (*Chi*) (*estricto*) strict

guarda *nmf* **1** guard: *~ de seguridad* security guard **2** (*zoológico*) keeper

guardabarros *nm* fender, mudguard (*GB*)

guardacostas *nm* (*barco*) coastguard vessel

guardaequipaje *nm* baggage room

guardaespaldas *nmf* bodyguard: *rodeado de ~* surrounded by bodyguards

guardar *vt* **1** to keep: *Guarda la entrada.* Keep your ticket. ◊ *~ un secreto* to keep a secret ◊ *¿Me puedes ~ el puesto?* Could you please keep my place in line? **2** (*recoger*) to put sth away: *Ya guardé la ropa limpia.* I've put away all my clean clothes. **3** (*custodiar*) to guard: *Dos soldados guardan la entrada al cuartel.* Two soldiers guard the entrance to the barracks. **LOC guardar la línea** to keep in shape ◆ **guardar las apariencias** to keep up appearances ◆ **guardarle rencor a algn** to bear a grudge against sb: *No le guardo ningún rencor.* I don't bear any grudge against him.

guardarropa *nm* (*en locales públicos*) coat check, cloakroom (*GB*)

guardería *nf* daycare center, day nursery [*pl* day nurseries] (*GB*)

guardia *nf* guard: *la Guardia Nacional* the National Guard **LOC de guardia** on duty: *el médico de ~* the doctor on duty ◊ *estar de ~* to be on duty ◆ **estar en guardia** to be on your guard ◆ **hacer guardia** to mount guard ◆ **hacer la guardia** (*Chi*) to do military service

guardián, -ana *nm-nf* guardian **LOC** Ver PERRO

guarecer *vt* to shelter *sb* (*from sth*)
▶ **guarecerse** *vp* to take shelter (*from sth*)

guarida *nf* **1** (*animales*) den **2** (*ladrones*) hideout

guarnición *nf* **1** (*Cocina*): *una ~ de verduras* with vegetables **2** (*Mil*) garrison

guarura *nm* (*Méx*) bodyguard

guata *nf* (*barriga*) paunch

guatearse *vp* (*Chi*) (*equivocarse*) **~ (con)** to be wrong (about *sth*)

Guatemala *nf* Guatemala

guatón, -ona *nm-nf* (*Chi, Per*) (*gordo*) fatty [*pl* fatties]

guau *nm* woof

guayaba *nf* guava

guayabo *nm* **1** (*árbol*) guava tree **2** (*Col*) (*borrachera*) hangover: *tener ~* to have a hangover

guayo *nm* (*Col*) cleat, football boot (*GB*)

gubernamental *adj* government: *fuentes ~es* government sources

guepardo *nm* cheetah

güero, -a *adj* (*Méx*) (*pelo, persona*) fair, blond(e) ➔ Ver nota en BLOND **LOC** Ver TEÑIR

guerra *nf* war: *estar en ~* to be at war ◊ *en la Primera Guerra Mundial* during the First World War ◊ *declarar la ~ a algn* to declare war on sb **LOC dar guerra** to give *sb* trouble: *Estos niños dan mucha ~.* These kids are a real handful. Ver tb BUQUE

guerrilla *nf* (*grupo*) guerrillas [*pl*]

guerrillero, -a *adj* guerrilla: *ataque ~* guerrilla attack
▶ *nm-nf* guerrilla

gueto *nm* ghetto [*pl* ghettos/ghettoes]

guey *nm* (*Méx*) **1** (*tipo*) guy **2** (*apelativo*) man: *Oye, ~, ¿qué hora es?* Hey man, what time is it?

guía *nmf* (*persona*) guide
▶ *nf* **1** guide: *~ turística/de hoteles* tourist/hotel guide **2** (*estudios*) prospectus [*pl* prospectuses]: *La universidad publica una ~ anual.* The university publishes a prospectus every year. **LOC guía del ocio/de espectáculos** listings guide

guiar *vt* to guide **LOC guiarse por algo** to go by sth: *No deberías ~te por las apariencias.* You can't go by appearances.

guijarro *nm* pebble

guiñar *vt, vi* to wink (*at sb*): *Me guiñó el ojo.* He winked at me.

guiño *nm* wink

guion *nm* **1** (*Cine*) script **2** (*esquema*) plan **3** (*Ortografía*) **(a)** (*para unir o separar palabras*) hyphen **(b)** (*diálogo*) dash ➔ Ver pág. 377 **LOC guion bajo** (*Informát*) underscore

guionista *nmf* scriptwriter

guiso *nm* stew

guitarra *nf* guitar

guitarrista *nmf* guitarist
gula *nf* greed

gusano

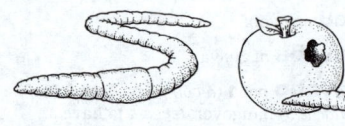

worm   maggot

gusano *nm* **1** (*lombriz*) worm **2** (*en los alimentos*) maggot **3** (*de mariposa*) caterpillar
LOC gusano de seda silkworm

gustar *vi* **1** to like *sth/doing sth*: *No me gusta.* I don't like it. ◊ *Les gusta pasear.* They like walking. ◊ *Me gusta cómo explica.* I like the way she explains things.

¿**Like to do** o **like doing**? En el sentido de "disfrutar haciendo algo", se utiliza **like doing sth**: *¿Te gusta pintar?* Do you like painting? En el sentido de "preferir hacer algo", se utiliza **like to do sth**: *Me gusta darme una ducha antes de acostarme.* I like to have a shower before I go to bed.

2 (*atraer sentimentalmente*) to have a crush on *sb*: *Creo que le gustas.* I think he has a crush on you. **LOC me gusta más** I, you, etc. prefer *sth/doing sth*: *Me gusta más el vestido rojo.* I prefer the red dress.

gusto *nm* taste: *Tenemos ~s totalmente diferentes.* Our tastes are completely different. ◊ *Hizo un comentario de mal ~.* His remark was in bad taste. ◊ *para todos los ~s* to suit all tastes **LOC estar a gusto** to feel comfortable
♦ **¡mucho gusto!** pleased to meet you!

H h

haba nf fava bean, broad bean (GB)

haber v aux **1** (tiempos compuestos) to have: *Yo ya he ido a ese bar.* I've been to that bar before. ◊ *No he terminado.* I haven't finished. **2** ~ que must: *Hay que ser valiente.* You must be brave.
▸ **haber** v imp there is, there are

There is se utiliza con sustantivos en singular e incontables: *Hay una botella de vino en la mesa.* There's a bottle of wine on the table. ◊ *No hay pan.* There isn't any bread. ◊ *No había nadie.* There wasn't anyone there. **There are** se utiliza con sustantivos en plural: *¿Cuántas botellas de vino hay?* How many bottles of wine are there?

LOC de haber... if...: *De ~lo sabido no le habría dicho nada.* If I'd known, I wouldn't have said anything. ♦ **¡haberlo dicho, hecho, etc.!** you should have said so, done it, etc.: *¡Haberlo dicho antes de salir!* You should have said so before we left! ♦ **¡qué hay/hubo!** (saludo) how are things? ❶ Para otras expresiones con **haber**, véanse las entradas del sustantivo, adjetivo, etc., p.ej. **no hay derecho** en DERECHO.

hábil adj **1** (diestro) skillful: *un jugador muy ~* a very skillful player **2** (astuto) clever: *una maniobra muy ~* a clever move

habilidad nf skill

habilidoso, -a adj handy

habilitación nf (Col) (examen) retake

habilitar vt (edificio, local) to convert

habitación nf **1** (cuarto) room: *un apartamento de cuatro habitaciones* a four-roomed apartment **2** (dormitorio) bedroom **LOC habitación doble/individual** double/single room *Ver tb* CASA

habitacional adj housing: *el déficit ~* the housing shortage

habitante nmf inhabitant

habitar vt, vi **~ (en)** to live in...: *la fauna que habita (en) los bosques* the animals that live in the woods

hábitat nm habitat

hábito nm habit **LOC coger el hábito** to get into the habit (of doing sth)

habitual adj **1** (acostumbrado) usual **2** (cliente, lector, visitante) regular

habituarse vp **(a)** to get used to sth/doing sth: *Terminarás por habituarte.* You'll get used to it eventually.

habla nf **1** (facultad) speech **2** (modo de hablar) way of speaking: *el ~ boyacense* the way of speaking in Boyacá **LOC de habla francesa, hispana, etc.** French-speaking, Spanish-speaking, etc. ♦ **sin habla** speechless: *Me dejó sin ~.* It left me speechless.

hablado, -a adj spoken: *el inglés ~* spoken English **LOC** *Ver* RETRATO; *Ver tb* HABLAR

hablador, -ora adj talkative
▸ nm-nf chatterbox

hablante nmf speaker

hablar vt **1** (idioma) to speak: *¿Hablas ruso?* Do you speak Russian? **2** (tratar) to talk about sth: *Luego lo hablamos.* We'll talk about it.
▸ vi **~ (con algn) (de/sobre algn/algo)** to speak, to talk (to sb) (about sb/sth)

Speak y **talk** tienen prácticamente el mismo significado, aunque **speak** es el término más general: *Habla más despacio.* Speak more slowly. ◊ *hablar en público* to speak in public ◊ *¿Puedo hablar con Juan?* Can I speak to Juan? **Talk** se utiliza más cuando nos referimos a una conversación o a un comentario, o cuando nos referimos a varios hablantes: *hablar de política* to talk about politics ◊ *Están hablando de nosotros.* They're talking about us. ◊ *Están hablando de cambiar de trabajo.* They're talking about changing jobs. ◊ *Estuvimos hablando toda la noche.* We talked all night.

LOC habla más alto/bajo speak up/lower your voice ♦ **hablar hasta por los codos/como lora mojada** to talk a blue streak, to talk nineteen to the dozen (GB) ♦ **no hablarse con algn** not to be on speaking terms with sb *Ver tb* ASÍ

hacer vt
● se traduce por **make** en los siguientes casos: **1** (fabricar): ~ *bicicletas/una blusa* to make bicycles/a blouse **2** (dinero, ruido): *El taladro hacía mucho ruido.* The drill was making a lot of noise. **3** (comentario, promesa, esfuerzo): *Tienes que ~ un esfuerzo.* You must make an effort. **4** (amor): *Haz el amor y no la guerra.* Make love, not war. **5** (convertir en): *Dicen que los sufrimientos te hacen más fuerte.* They say suffering makes you stronger. ➲ *Ver ejemplos en* MAKE
● se traduce por **do** en los siguientes casos: **1** (cuando hablamos de una actividad sin decir de qué se trata): *¿Qué hacemos esta tarde?* What should we do this afternoon? ◊ *Hago lo que puedo.* I do what I can. ◊ *Cuéntame lo que haces en el colegio.* Tell me what you do at school. **2** (estudios): ~ *las tareas* to do your homework ◊ ~ *sumas y restas* to do sums **3** (favor): *¿Me*

hacha

haces un favor? Will you do me a favor? ➲ *Ver ejemplos en* DO
• **hacer (que...)** to get *sb* to do *sth*: *Nos hacen venir todos los sábados.* They're getting us to come in every Saturday. ◊ *Hice que cambiaran la llanta.* I got them to change the tire.
• **otros usos: 1** (*escribir*) to write: ~ *una redacción* to write an essay **2** (*pintar, dibujar*) to paint, to draw: ~ *un cuadro/una raya* to paint a picture/ to draw a line **3** (*examen, curso*) to take **4** (*nudo*) to tie: ~ *un moño* to tie a bow **5** (*distancia*): *Todos los días hago 50km.* I travel/drive 50km every day. ◊ *A veces hacemos cinco kilómetros corriendo.* We sometimes go for a five-kilometer run. **6** (*pregunta*) to ask: *¿Por qué haces tantas preguntas?* Why do you ask so many questions? **7** (*papel*) to play: *Hice el papel de Julieta.* I played the part of Juliet. **8** (*deportes*): ~ *judo/aeróbicos* to do judo/ aerobics ◊ ~ *ciclismo/alpinismo* to go bicycling/ climbing
▶ *vi* – **de** to serve as *sth*: *Una caja de cartón hacía de mesa.* A cardboard box served as a table.
▶ *v imp* **1** (*tiempo meteorológico*): *Está haciendo frío/calor/sol.* It's cold/hot/sunny. **2** (*tiempo cronológico*): *Me casé hace diez años.* I got married ten years ago. ◊ *Se habían conocido hacía pocos meses.* They had met a few months earlier. ◊ *¿Hace mucho que vives acá?* Have you been living here long? ◊ *Hace años que nos conocemos.* We've known each other for ages. ➲ *Ver nota en* AGO
▶ **hacerse** *vp* **1** + **sustantivo** to become: *Nos hicimos amigos muy rápido.* We very quickly became friends. **2** + **adjetivo**: *El problema se hace cada vez más complicado.* The problem is getting more and more complicated. ◊ *La última clase se me hace eterna.* The last class seems to go on for ever. **3 hacerse el/la + adjetivo** to pretend to be *sth*: *No te hagas el sordo.* It's no good pretending to be deaf. ◊ *No te hagas la viva conmigo.* Don't try and be smart with me. **4** (*cuando otra persona realiza la acción*) to have *sth* done: *Se está haciendo arreglar las uñas.* She's having her nails done. ◊ ~*se tomar una foto* to have your photo taken
LOC **desde hace/hacía...** for...: *Viven acá desde hace dos años.* They've been living here for two years. ♦ **hacer bien/mal** to be right/wrong (*to do sth*): *¿Hice bien en ir?* Was I right to go?
♦ **hacer como si...** to pretend: *Hizo como si no me hubiera visto.* He pretended he hadn't seen me. ♦ **hacerse pasar por...** to pass yourself off as *sb/sth*: *Se hizo pasar por el hijo del dueño.* He passed himself off as the owner's son.
♦ **hacer una de las suyas** to be up to his, her, etc. old tricks again: *Nacho volvió a ~ una de las suyas.* Nacho's been up to his old tricks again.
♦ **¿qué haces? 1** (*profesión*) what do you do?: – *¿Qué hace?– Es profesora.* 'What does she do?' 'She's a teacher.' **2** (*en este instante*) what are you doing?: – *Hola, ¿qué haces?* – *Estoy viendo una película.* 'Hi, what are you doing?' 'Watching a movie.' ❶ *Para otras expresiones con* **hacer**, *véanse las entradas del sustantivo, adjetivo, etc., p.ej.* **hacer trampa(s)** *en* TRAMPA.

hacha *nf* axe **LOC** **ser un hacha** to be a genius (*at sth/doing sth*)

hacia *prep* **1** (*dirección*) toward(s): *ir ~ algn/algo* to go toward(s) sb/sth **2** (*tiempo*): ~ *finales del embarazo* toward the end of her pregnancy ◊ ~ *principios de abril* in early April ➲ *Ver nota en* AROUND

hacienda *nf* (*finca*) estate **LOC** *Ver* MINISTERIO, MINISTRO

hada *nf* fairy [*pl* fairies]: *un cuento de ~s* a fairy story

halagar *vt* to flatter

halar *vt* to pull *sth*: *Hala la cadena.* Pull the chain.

halcón *nm* falcon

hall *nm* hall

hallar *vt* to find
▶ **hallarse** *vp* to be

hallazgo *nm* **1** (*descubrimiento*) discovery [*pl* discoveries]: *Los científicos hicieron un gran ~.* Scientists have made an important discovery. **2** (*persona, cosa*) find: *La nueva bailarina es un auténtico ~.* The new dancer is a real find.

hamaca *nf* hammock

hambre *nf* hunger, starvation, famine

> No deben confundirse las palabras **hunger**, **starvation** y **famine**:
>
> **Hunger** es el término general y se usa en casos como: *hacer huelga de hambre* to go on (a) hunger strike, o para expresar un deseo: *hambre de conocimiento/poder* hunger for knowledge/power.
>
> **Starvation** se refiere al hambre sufrida durante un período prolongado de tiempo: *Le dejaron morir de hambre.* They let him die of starvation. El verbo **starve** significa *morir de hambre* y se utiliza mucho en la expresión: *Me muero de hambre.* I'm starving.
>
> **Famine** es hambre que afecta normalmente a un gran número de personas y suele ser consecuencia de una catástrofe natural: *una población debilitada por el hambre* a population weakened by famine ◊ *A la larga sequía siguieron meses de hambre.* The long drought was followed by months of famine.

LOC **dar hambre** to make *sb* hungry: *Caminar da mucha ~.* Walking makes you very hungry.
♦ **pasar hambre** to go hungry ♦ **tener hambre** to be hungry: *La niña tiene ~.* The baby's hungry.

◆ **tener un hambre canina/feroz** to be starving *Ver tb* MATAR, MUERTO

hambriento, -a *adj* starving

hamburguesa *nf* hamburger, burger (*más coloq*)

hámster *nm* hamster

harapo *nm* rag

harina *nf* flour

hartarse *vp* **1** ~ (**de**) (*cansarse*) to be fed up (with *sb/sth/doing sth*): *Ya me harté de tus quejas.* I'm fed up with your complaints. **2** (*atiborrarse*) **(a)** to be full (up): *Comí hasta hartarme.* I ate till I was full (up). **(b)** ~ **de** to stuff yourself (with *sth*): *Me harté de pasteles.* I stuffed myself with pastries.

harto, -a *adj* **1** (*hastiado*) fed up (with *sb/sth/doing sth*) **2** (*mucho*) a lot of: *Hay* ~ *tráfico.* There's a lot of traffic.

hasta *prep*
• **tiempo** until, till (*más coloq*)

> Until se usa tanto en inglés formal como informal. Till se usa sobre todo en inglés hablado y no suele aparecer al principio de la frase: *Voy a estar en la casa hasta las tres.* I'll be at home until three.

• **lugar 1** (*distancia*) as far as…: *Vinieron conmigo* ~ *Ibagué.* They came with me as far as Ibagué. **2** (*altura, longitud, cantidad*) up to…: *El agua llegó* ~ *acá.* The water came up to here. **3** (*hacia abajo*) down to…: *La falda me llega* ~ *los tobillos.* The skirt comes down to my ankles.
• **saludos** see you…: *¡Hasta mañana/el lunes!* See you tomorrow/on Monday! ◊ *¡Hasta luego!* Bye!
▸ *adv* even: *Hasta yo lo hice.* Even I did it. LOC **hasta cuándo** how long: *¿Hasta cuándo te quedas?* How long are you staying?

hay *Ver* HABER

hazaña *nf* exploit LOC **ser toda una hazaña** to be quite a feat

hebilla *nf* **1** (*de correa*) buckle **2** (*para el pelo*) barrette, hairslide (*GB*)

hebra *nf* (piece of) thread

hechicero, -a *nm-nf* **1** (*masc*) wizard **2** (*fem*) witch

hechizar *vt* to cast a spell (on *sb*): *La bruja hechizó al príncipe.* The witch cast a spell on the Prince.

hechizo *nm* spell: *estar bajo un* ~ to be under a spell

hecho, -a *adj* (*manufacturado*) made: *¿De qué está* ~*?* What's it made of? ◊ ~ *a mano/máquina* handmade/machine-made ◊ *Hecho en…* Made in… *Ver tb* HACER
▸ *nm* **1** (*asunto*) fact **2** (*acontecimiento*) event: *su versión de los* ~*s* his version of the events LOC **¡bien hecho!** well done! ◆ **dar por hecho** to take *sth* for granted: *Da por* ~ *que va a aprobar.* He takes it for granted that he's going to pass. ◆ **de hecho** in fact ◆ **hecho y derecho** grown: *un hombre* ~ *y derecho* a grown man ◆ **mal hecho**: *Si se lo dijiste, mal* ~. You shouldn't have told him. ◊ *Está mal* ~ *que le contestes a tu mamá.* It's wrong to mouth off to your mother. *Ver tb* DICHO, FRASE, LUGAR, PAREJA, TRATO, UNIÓN

hectárea *nf* hectare (*abrev* ha) ➔ *Ver pág.* 786

helada *nf* frost LOC *Ver* TORTA

heladería *nf* ice-cream parlor

helado, -a *adj* **1** (*congelado*) frozen: *un estanque* ~ a frozen pond **2** (*persona, habitación*) freezing: *Estoy* ~. I'm freezing!
▸ *nm* ice cream: ~ *de chocolate* chocolate ice cream LOC *Ver* CHUPETE

helar(se) *vt, vi, vp* to freeze: *El frío ha helado las cañerías.* The pipes are frozen. ◊ *Nos vamos a* ~ *de frío.* We're going to freeze to death.
▸ *v imp*: *Anoche heló.* There was a frost last night.

helecho *nm* fern

hélice *nf* (*avión, barco*) propeller

helicóptero *nm* helicopter

helio *nm* helium

hembra *nf* **1** (*animal, persona*) female: *un leopardo* ~ a female leopard ➔ *Ver nota en* FEMALE **2** (*enchufe*) socket ➔ *Ver dibujo en* ENCHUFE

hemisferio *nm* hemisphere: *el* ~ *norte/sur* the northern/southern hemisphere

hemorragia *nf* hemorrhage

hepatitis *nf* hepatitis [*incontable*]

herbívoro, -a *adj* herbivorous

heredar *vt* to inherit *sth* (*from sb*): *Cuando él se murió, heredé sus propiedades.* On his death I inherited all his property.

heredero, -a *nm-nf* ~ (**de**) heir (to *sth*): *el* ~/*la heredera del trono* the heir to the throne

> También existe el femenino **heiress**, pero solo se usa para referirnos a una *rica heredera*.

LOC *Ver* PRÍNCIPE

hereditario, -a *adj* hereditary

herencia *nf* inheritance

herida *nf* **1** (*por accidente*) injury [*pl* injuries] **2** (*bala, navaja*) wound

> Es difícil saber cuándo usar **wound** y cuándo **injury**, o los verbos **wound** e **injure**.
> **Wound** se utiliza para referirnos a heridas causadas por un arma (p. ej. una navaja,

herido

pistola, etc.) de forma deliberada: *heridas de bala* gunshot wounds ◊ *La herida no va a demorar en cicatrizar.* The wound will soon heal. ◊ *Lo hirieron en la guerra.* He was wounded in the war.
Si la herida es resultado de un accidente utilizamos **injury** o **injure**, que también se puede traducir a veces por *lesión* o *lesionarse*: *Solo sufrió heridas leves.* He only suffered minor injuries. ◊ *Los trozos de cristal hirieron a varias personas.* Several people were injured by flying glass. ◊ *El casco protege a los jugadores de posibles lesiones cerebrales.* Helmets protect players from brain injuries.

herido, -a *nm-nf* casualty [*pl* casualties]
herir *vt* **1** (*accidente*) to injure **2** (*bala, navaja*) to wound ➔ *Ver nota en* HERIDA
hermanastro, -a *nm-nf* **1** (*masc*) stepbrother **2** (*fem*) stepsister

Para referirnos a un medio hermano decimos **half-brother** y **half-sister**: *Son hermanos por parte de padre.* They're half-brothers.

hermandad *nf* **1** (*entre hombres*) brotherhood **2** (*entre mujeres*) sisterhood **3** (*gremio*) association
hermano, -a *nm-nf* **1** (*pariente*) **(a)** (*masc*) brother: *Tengo un ~ mayor.* I have an older brother. **(b)** (*fem*) sister: *mi hermana la pequeña* my youngest sister ❶ Estas traducciones se usan también en un contexto religioso. En ese caso se escriben en mayúscula: *el ~ Francisco* Brother Francis. **2** (*compañero*) buddy [*pl* buddies], mate (*GB*) **3 hermanos**

A veces decimos *hermanos* refiriéndonos a hermanos y hermanas, en cuyo caso debemos decir en inglés **brothers and sisters**: *¿Tienes hermanos?* Do you have any brothers and sisters? ◊ *Somos seis hermanos.* I have five brothers and sisters. ◊ *Son dos hermanos y tres hermanas.* There are two boys and three girls.

LOC hermanos siameses Siamese twins *Ver tb* MEDIO, PRIMO
herméticamente *adv*
LOC herméticamente cerrado airtight
hermético, -a *adj* airtight
hermoso, -a *adj* beautiful
hermosura *nf* beauty: *¡Qué ~!* How beautiful!
hernia *nf* hernia
héroe *nm* hero [*pl* heroes]
heroína *nf* **1** (*mujer*) heroine **2** (*droga*) heroin
herradura *nf* horseshoe
herramienta *nf* tool **LOC** *Ver* BARRA, CAJA

herrar *vt* to shoe
herrería *nf* forge
herrero, -a *nm-nf* blacksmith
hervir *vt, vi* to boil: *La leche está hirviendo.* The milk is boiling. ◊ *Pon a ~ las papas.* Put the potatoes on to boil. ◊ *Me hierve la sangre cuando me acuerdo.* Just thinking about it makes my blood boil.
heterosexual *adj, nmf* heterosexual
hexágono *nm* hexagon
¡hey! *interj* hey: *¡Hey, cuidado!* Hey, watch out!
hibernar *vi* to hibernate
hidratante *adj* moisturizing **LOC crema/leche hidratante** moisturizer
hidratar *vt* (*piel*) to moisturize
hidrato *nm* hydrate **LOC hidratos de carbono** carbohydrates
hidráulico, -a *adj* hydraulic: *energía/bomba hidráulica* hydraulic power/pump
hidroavión *nm* seaplane
hidroeléctrico, -a *adj* hydroelectric
hidrógeno *nm* hydrogen
hiedra *nf* ivy
hielo *nm* ice [*incontable*]: *Saca unos ~s.* Bring me some ice. **LOC hacerle hielo a algn** (*Chi*) to send sb to Coventry *Ver tb* CAPA, HOCKEY, PISTA, ROMPER
hiena *nf* hyena
hierba *nf* **1** grass: *acostarse en la ~* to lie down on the grass **2** (*Med, Cocina*) herb **3** (*marihuana*) weed **LOC mala hierba** weed
hierbabuena *nf* mint
hierro *nm* iron: *una barra de ~* an iron bar ◊ *~ forjado/fundido* wrought/cast iron **LOC** *Ver* CONSTITUCIÓN
hígado *nm* liver
higiene *nf* hygiene: *la ~ bucal/corporal* oral/personal hygiene
higiénico, -a *adj* hygienic **LOC** *Ver* PAPEL, TOALLA
higo *nm* fig
higuera *nf* fig tree
hijastro, -a *nm-nf* **1** (*masc*) stepson **2** (*fem*) stepdaughter **3** (*sin distinción de sexo*) stepchild [*pl* stepchildren]
hijo, -a *nm-nf* **1** (*masc*) son **2** (*fem*) daughter: *Tienen dos hijas y un ~.* They have two daughters and a son. **3** (*sin distinción de sexo*) child [*pl* children]

Cuando decimos *hijos* refiriéndonos a hijos e hijas, en inglés debemos decir **children**: *¿Cuántos hijos tienen?* How many children do they have? ◊ *No tenemos hijos.* We don't have any children.

LOC **hijo/hija de papi** daddy's boy/girl ♦ **hijo único/hija única** only child: *Soy ~ único.* I'm an only child.

hilera *nf* **1** (*fila*) row: *una ~ de niños/árboles* a row of children/trees **2** (*Mil, hormigas*) column

hilo *nm* **1** thread: *un carrete de ~* a spool of thread ◊ *Perdí el ~ de la conversación.* I've lost the thread of the conversation. **2** (*tela*) linen: *una falda de ~* a linen skirt

himno *nm* hymn LOC Ver NACIONAL

hincada *nf* (*dolor súbito*) sharp pain

hincapié *nm* LOC **hacer hincapié en algo** to stress sth

hincar *vt* **1** (*diente*) to sink *your teeth into sth*: *Hincó los dientes en la sandía.* He sank his teeth into the watermelon. **2** (*clavo, estaca*) to drive *sth into sth*: *Hincó las estacas en la tierra.* He drove the stakes into the ground.

hincha *nmf* supporter

hinchado, -a *adj* **1** swollen: *un brazo/pie ~* a swollen arm/foot **2** (*estómago*) bloated *Ver tb* HINCHARSE

hincharse *vp* to swell (up): *Se me hinchó el tobillo.* My ankle has swollen up.

hinchazón *nf* (*Med*) swelling: *Parece que bajó la ~.* The swelling seems to have gone down.

hincón *nm* (*Per*) **1** (*dolor súbito*) sharp pain **2** (*inyección*) shot

hindú *adj, nmf* (*Relig*) Hindu

hinduismo *nm* Hinduism

hipermercado *nm* superstore

hipermétrope *adj* farsighted, long-sighted (*GB*)

hipermetropía *nf* farsightedness, long-sightedness (*GB*): *tener ~* to be farsighted

hipertensión *nf* high blood pressure

hípica *nf* riding

hípico, -a *adj* riding: *club/concurso ~* riding club/competition

hipnotizar *vt* to hypnotize

hipo *nm* hiccups [*pl*]: *Tengo ~.* I have the hiccups. ◊ *quitar el ~* to cure the hiccups

hipócrita *adj* hypocritical
▸ *nmf* hypocrite

hipódromo *nm* racetrack, racecourse (*GB*)

hipopótamo *nm* hippo [*pl* hippos]
❶ **Hippopotamus** es la palabra científica.

hipoteca *nf* mortgage: *pedir una ~* to apply for a mortgage

hipótesis *nf* hypothesis [*pl* hypotheses]

hippy (*tb* **hippie**) *adj, nmf* hippie

hispano, -a *adj, nm-nf* (*latinoamericano en Estados Unidos*) Hispanic
▸ *adj* **1** (*español, hispanohablante*) Spanish: *de habla hispana* Spanish-speaking **2** (*latinoamericano*) Latin American: *la cultura/música hispana* Latin culture/music

hispanohablante *adj* Spanish-speaking
▸ *nmf* Spanish speaker

histeria *nf* hysteria: *Le dio un ataque de ~.* He became hysterical.

histérico, -a *adj* hysterical LOC **ponerse histérico** to have a fit ♦ **ser un histérico** to get worked up about things

historia *nf* **1** history: *~ antigua/natural* ancient/natural history ◊ *Aprobé ~.* I've passed history. **2** (*relato*) story [*pl* stories]: *Cuéntenos una ~.* Tell us a story. LOC **dejarse de historias** to get to the point ♦ **historia médica** medical history

historiador, -ora *nm-nf* historian

historial *nm* record

histórico, -a *adj* **1** (*de la historia*) historical: *documentos/personajes ~s* historical documents/figures **2** (*importante*) historic: *un triunfo/acuerdo ~* a historic victory/agreement

historieta *nf* **1** (*aventuras, cómic*) cartoon: *Les encantan las ~s de Batman.* They love Batman cartoons. ◊ *una revista de ~s* a comic **2** (*anécdota*) story [*pl* stories]

hobby *nm* hobby [*pl* hobbies]

hocico *nm* **1** (*perro, caballo*) muzzle **2** (*cerdo*) snout

hockey *nm* field hockey, hockey (*GB*)
LOC **hockey sobre hielo** hockey, ice hockey (*GB*)

hogar *nm* **1** (*casa*) home: *Hogar dulce hogar.* Home sweet home. **2** (*familia*) family: *casarse y fundar un ~* to get married and start a family **3** (*chimenea*) fireplace LOC *Ver* ASESOR

hogareño, -a *adj* (*persona*) home-loving: *ser muy ~* to love being at home

hoguera *nf* bonfire: *hacer una ~* to make a bonfire ➲ *Ver nota en* BONFIRE NIGHT

hoja *nf* **1** (*planta*) leaf [*pl* leaves]: *las ~s de un árbol* the leaves of a tree ◊ *En otoño se caen las ~s.* The trees lose their leaves in the fall. **2** (*libro, periódico*) page **3** (*de papel*) sheet (of paper): *Dame una ~ de papel.* Can I have some paper, please? ◊ *una ~ en blanco* a clean sheet of paper **4** (*arma blanca, herramienta*) blade
LOC **de hoja caduca/perenne** deciduous/evergreen ♦ **hoja de cálculo** spreadsheet ♦ **hoja**

de vida (*Col*) résumé, CV (*GB*) ♦ **pasar la hoja/página** to turn over (the page) *Ver tb* AFEITARSE

hojalata *nf* tin

hojaldre *nm* puff pastry

hojear *vt* **1** (*pasar hojas*) to flip through *sth*: *~ una revista* to flip through a magazine **2** (*mirar por encima*) to glance at *sth*: *~ el periódico* to glance at the paper

¡hola! *interj* hello, hi (*coloq*)

> La palabra más general es **hello**, que se usa en cualquier situación, y también para contestar el teléfono. **Hi** y **hey** son más coloquiales y muy comunes.
> Muchas veces estas palabras van seguidas de **how are you?** o **how are you doing?** (*más coloq*). La respuesta puede ser **very well, thank you** o **fine, thanks** (*más coloq*).

Holanda *nf* Holland

holandés, -esa *adj, nm* Dutch: *hablar ~* to speak Dutch
▸ *nm-nf* Dutchman/woman [*pl* Dutchmen/-women]: *los holandeses* the Dutch

holgazán, -ana *adj* lazy
▸ *nm-nf* lazybones: *Es un ~.* He's a lazybones.

holgazanear *vi* to laze around

hollejo *nm* **1** skin **2 hollejos** (*hortalizas*) peelings: *~s de papa* potato peelings

hollín *nm* soot

holocausto *nm* holocaust: *un ~ nuclear* a nuclear holocaust

holograma *nm* hologram

hombre *nm* **1** man [*pl* men]: *el ~ contemporáneo* modern man ◊ *tener una conversación de ~ a ~* to have a man-to-man talk ◊ *el ~ de la calle* the man in the street **2** (*humanidad*) mankind: *la evolución del ~* the evolution of mankind ➲ *Ver nota en* MAN
▸ **¡hombre!** *interj*: *¡Hombre! ¡qué bien que haya venido!* Great! You've come! ◊ *¡Hombre! ¿qué hace acá?* Gee! What are you doing here? LOC **hacerse hombre** to grow up ♦ **hombre lobo** werewolf [*pl* werewolves] ♦ **hombre rana** frogman [*pl* frogmen] *Ver tb* BOMBA¹, NEGOCIO, NIEVE, TIEMPO

hombrera *nf* shoulder pad

hombro *nm* shoulder LOC **llevar/sacar en hombros** to carry *sb/sth* on your shoulders *Ver tb* ENCIMA, ENCOGER(SE), MANGA

homenaje *nm* homage [*incontable*]: *hacer un ~ a algn* to pay homage to sb LOC **en homenaje a** in honor of *sb/sth*

homeopatía *nf* homeopathy

homicida *nmf* murderer LOC *Ver* ARMA

homicidio *nm* homicide, murder (*más coloq*)

homogéneo, -a *adj* homogeneous

homónimo *nm* homonym

homosexual *adj, nmf* homosexual

hondo, -a *adj* deep: *Es un pozo muy ~.* It's a very deep well.

Honduras *nf* Honduras

honestidad *nf* honesty: *Nadie duda de su ~.* Nobody doubts his honesty.

honesto, -a *adj* honest: *una persona honesta* an honest person

hongo *nm* fungus [*pl* fungi/funguses] LOC **hongo venenoso** toadstool

honor *nm* **1** (*privilegio*) honor: *el invitado de ~* the guest of honor ◊ *Es un gran ~ para mí estar hoy aquí.* It's a great honor for me to be here today. **2** (*buen nombre*) good name: *El ~ del banco está en peligro.* The bank's good name is at risk. LOC **tener el honor de** to have the honor of *doing sth Ver tb* DAMA, PALABRA

honra *nf* honor LOC **¡(y) a mucha honra!** and proud of it!

honradez *nf* honesty

honrado, -a *adj* honest *Ver tb* HONRAR

honrar *vt* **1** (*mostrar respeto*) to honor *sb* (*with sth*): *un acto para ~ a los soldados* a ceremony to honor the soldiers **2** (*ennoblecer*) to do *sb* credit: *Tu comportamiento te honra.* Your behavior does you credit.

hora *nf* **1** (*unidad de tiempo*) hour: *La clase dura dos ~s.* The class lasts two hours. ◊ *120km por ~* 120km an hour **2** (*reloj, momento, horario*) time: *¿Qué ~s son?* What time is it? ◊ *¿A qué ~ vienen?* What time are they coming? ◊ *a cualquier ~ del día* at any time of the day ◊ *~s de oficina/visita* office/visiting hours ◊ *a la ~ del almuerzo/de la comida* at lunchtime/supper time LOC **a estas horas**: *A estas ~s deben estar saliendo.* They must be leaving about now. ♦ **a la hora de la verdad** when it comes down to it: *A la ~ de la verdad nunca hacen nada.* When it comes down to it they never do anything. ♦ **dar la hora 1** (*Chi*) (**a**) (*en el vestir, comportamiento*) to look/feel out of place (**b**) (*al hablar*) to say things that are out of place **2** (*Per*) (*triunfar*) to make your mark ♦ **hora pico/punta** rush hour ♦ **horas extras** overtime [*incontable*] ♦ **no dar ni la hora** not to be interested *in sb*: *Que se olvide de ese chico, no le da ni la ~.* I'd forget about that boy—he's just not interested! ♦ **no ver la hora de...** not to be able to wait to *do sth*: *No veo la hora de irme de vacaciones.* I can't wait to go on holiday. ♦ **pasarse las horas haciendo algo** to do sth for hours on end ♦ **ser hora de**: *Es ~ de irse a la cama.* It's time to go to bed. ◊ *Creo que ya es ~ de que nos vayamos.* I think it's time we were going. ◊ *Ya era ~ de que nos escribieras.*

It was about time you wrote to us. ◆ **¡ya era hora!** about time too! *Ver tb* ÚLTIMO

horario *nm* **1** (*clases, tren*) schedule, timetable (*GB*) **2** (*consulta, trabajo*) hours [*pl*]: *El ~ de oficina es de nueve a tres.* Office hours are nine to three. LOC **horario de atención al público** opening hours [*pl*] ◆ **horario flexible** flexitime [*incontable*]: *Tengo un ~ flexible.* I work flexitime.

horca *nf* (*cadalso*) gallows [*pl* gallows]

horizontal *adj* horizontal

horizonte *nm* horizon: *en el ~* on the horizon

hormiga *nf* ant

hormigón *nm* concrete

hormigueo *nm* pins and needles [*pl*]: *Siento un ~ en las yemas de los dedos.* I have got pins and needles in my fingers.

hormiguero *nm* **1** (*agujero*) ants' nest **2** (*montículo*) anthill LOC *Ver* OSO

hormona *nf* hormone

hornear *vt* to bake

horno *nm* **1** (*en cocina*) oven: *prender el ~* to turn the oven on ◊ *Esta sala es un ~.* It's like an oven in here. **2** (*Metalurgia*) furnace **3** (*cerámica, ladrillos*) kiln LOC **al horno** roast: *pollo al ~* roast chicken

horóscopo *nm* horoscope

horqueta *nf* **1** fork **2** (*Agricultura*) pitchfork

horquilla *nf* **1** (*palo, rama*) fork **2** (*Col*) (*pelo*) split ends [*pl*] LOC **horquilla de moño** hairpin

horrible *adj* awful

horror *nm* **1** (*miedo*) horror: *un grito de ~* a cry of horror ◊ *los ~es de la guerra* the horrors of war **2** (*mucho*): *Les han gustado ~es.* They loved them. LOC **¡qué horror!** how awful! ◆ **tenerle horror a** to hate *sth/doing sth*

horrorizar *vt* to frighten: *Lo horroriza la oscuridad.* He's frightened of the dark. ▸ *vi* to hate *sth/doing sth*: *Me horroriza ese vestido.* I hate that dress.

horroroso, -a *adj* **1** (*aterrador*) horrific: *un incendio ~* a horrific fire **2** (*muy feo*) hideous: *Tiene una nariz horrorosa.* He has a hideous nose. **3** (*malo*) awful: *Hace un tiempo ~.* The weather is awful.

hortaliza *nf* vegetable

hospedarse *vp* to stay

hospital *nm* hospital ⊃ *Ver nota en* SCHOOL

hospitalidad *nf* hospitality

hospitalizar *vt* to admit *sb* (to hospital): *Lo hospitalizan mañana.* They're admitting him tomorrow. ◊ *Me tuvieron que ~.* I had to be taken into hospital.

hostería *nf* hotel

hostil *adj* hostile

hotel *nm* hotel

hotelería (*tb* **hostelería**) *nf* (*estudios*) catering and hotel management

hoy *adv* today: *Hay que terminarlo ~.* We have to get it finished today. LOC **de hoy**: *la música de ~* present-day music ◊ *el periódico de ~* today's paper ◊ *Este pan no es de ~.* This bread isn't fresh. ◆ **de hoy en adelante** from now on ◆ **hoy (en) día** nowadays

hoyo *nm* hole: *hacer/cavar un ~* to dig a hole

hoyuelo *nm* dimple

hoz *nf* sickle

huachafo, -a *adj* (*Per*) pretentious ▸ *nm-nf* (*Per*) snob

huaso, -a *nm-nf* (*Chi*) (*campesino*) peasant

hueco, -a *adj* hollow: *Este muro está ~.* This wall is hollow. ◊ *sonar a ~* to sound hollow ▸ *nm* **1** (*agujero*) hole: *hacer un ~ en la pared* to make a hole in the wall **2** (*bache*) pothole: *Esta calle está llena de ~s.* This street is full of potholes.

huelga *nf* strike: *estar/ponerse en ~* to be/go on strike ◊ *una ~ general/de hambre* a general/hunger strike

huelguista *nmf* striker

huella *nf* **1** (*pie, zapato*) footprint **2** (*animal, vehículo*) track: *~s de oso* bear tracks LOC **huella (dactilar)** fingerprint ◆ **huella de carbono** carbon footprint ◆ **sin dejar huella** without trace: *Desaparecieron sin dejar ~.* They disappeared without trace.

huérfano, -a *adj, nm-nf* orphan: *~s de guerra* war orphans ◊ *ser ~* to be an orphan LOC **huérfano de madre/padre** motherless/fatherless ◆ **quedar huérfano de madre/padre** to lose your mother/father

huerta *nf* truck farm, market garden (*GB*)

huerto *nm* **1** (*de verduras, legumbres*) vegetable garden **2** (*solo de árboles frutales*) orchard

hueso *nm* **1** (*Anat*) bone **2** (*color*) ivory LOC **estar/quedarse en los huesos** to be nothing but skin and bone ◆ **ser un hueso** (*ser malo*) to be bad: *Esa película es un ~.* That movie is awful. ◆ **un hueso duro de roer** a hard grind *Ver tb* CALAR, CARNE, EMPAPAR

huésped, -eda *nm-nf* guest

huevo *nm* egg: *poner un ~* to lay an egg LOC **huevo duro/a la copa** hard-boiled egg ◆ **huevo frito** fried egg ◆ **huevos revueltos/pericos** scrambled eggs *Ver tb* PAN, PENSAR

huida *nf* escape, flight (*más formal*)

huincha *nf* **1** (*para medir*) tape measure **2** (*para el pelo*) hairband LOC **estar que corta las**

huir

huinchas por algo (*Chi*) to be dying for sth *Ver tb* AISLANTE

huir *vi* ~ **(de)** to escape (from *sb/sth*): *Huyeron de la prisión.* They escaped from prison.
▸ *vt, vi* ~ **(de)** to avoid *sb/sth*: *No nos huyas.* Don't try to avoid us. ◊ *Conseguimos* ~ *de la prensa.* We managed to avoid the press. LOC **huir del país** to flee the country

hule *nm* **1** (*para mantel*) oilcloth **2** (*Méx*) (*goma*) rubber

humanidad *nf* humanity [*pl* humanities]

humanitario, -a *adj* humanitarian: *ayuda humanitaria* humanitarian aid

humano, -a *adj* **1** (*del ser humano*) human: *el cuerpo* ~ the human body ◊ *los derechos* ~*s* human rights **2** (*comprensivo, justo*) humane: *un sistema judicial más* ~ a more humane judicial system
▸ *nm* human being LOC *Ver* ASENTAMIENTO

humareda *nf* cloud of smoke

humedad *nf* **1** (*ropa, pared, etc.*) dampness: *Esta pared tiene* ~. This wall is damp. **2** (*atmósfera*) humidity

humedecer *vt* to dampen: ~ *la ropa para plancharla* to dampen clothes before ironing them
▸ **humedecerse** *vp* to get wet

húmedo, -a *adj* **1** (*ropa, pared, etc.*) damp: *Estas medias están húmedas.* These socks are damp. **2** (*aire, calor*) humid **3** (*lugar*) wet: *un país* ~ a wet country ➲ *Ver nota en* MOIST

humildad *nf* humility

humilde *adj* humble

humillante *adj* humiliating

humo *nm* **1** smoke: *Había demasiado* ~. There was too much smoke. ◊ *Salía* ~ *por la puerta.* There was smoke coming out of the door. **2** (*de vehículo*) fumes [*pl*] **3 humos** (*arrogancia*) airs: *darse muchos* ~*s* to put on airs LOC *Ver* BAJAR, SUBIR

humor *nm* **1** humor: *tener sentido del* ~ to have a sense of humor ◊ ~ *negro* black humor **2** (*comicidad*) comedy: *una serie de* ~ a comedy series LOC **estar de buen/mal humor** to be in a good/bad mood ♦ **estar de humor** to be in the mood (*for sth/doing sth*) ♦ **poner a algn de mal humor** to make sb angry ♦ **tener buen/mal humor** to be good-tempered/bad-tempered

humorista *nmf* humorist

hundido, -a *adj* **1** (*barco*) sunken: *un galeón* ~ a sunken galleon **2** (*persona*) depressed *Ver tb* HUNDIR

hundir *vt* **1** to sink: *Una bomba hundió el barco.* A bomb sank the boat. ◊ ~ *los pies en la arena* to sink your feet into the sand **2** (*persona*) to destroy
▸ **hundirse** *vp* **1** (*irse al fondo*) to sink **2** (*derrumbarse*) to collapse: *El puente se hundió.* The bridge collapsed. **3** (*negocio*) to go under: *Muchas empresas se hundieron.* Many companies have gone under.

huracán *nm* hurricane

hurgar *vi* ~ **en** to rummage in/through *sth*: *No hurgue en mis cosas.* Don't rummage through my things. LOC **hurgarse (en) la nariz** to pick your nose

¡hurra! *interj* hooray

husmear *vi* **1** (*olfatear*) to sniff around **2** (*curiosear*) to snoop around: *La policía ha estado husmeando por aquí.* The police have been snooping around here.
▸ *vt* (*olfatear*) to sniff

¡huy! *interj* **1** (*sorpresa*) wow **2** (*dolor*) ow

I i

iceberg *nm* iceberg

icono (*tb* **ícono**) *nm* (*Informát, Relig*) icon

ida *nf* outward journey: *durante la ~* on the way there LOC **boleto/pasaje/tiquete de ida** one-way ticket, single (ticket) (*GB*) ◆ **boleto/pasaje/tiquete de ida y vuelta** round-trip ticket, return (ticket) (*GB*) ◆ **ida y vuelta** there and back: *Son tres horas de ~ y vuelta.* It's three hours there and back. *Ver tb* PARTIDO

idea *nf* 1 (*ocurrencia*) idea: *Tengo una ~.* I have an idea. 2 (*concepto*) concept: *la ~ de la democracia* the concept of democracy 3 (*impresión*) impression: *Su comportamiento deja muy mala ~.* His behavior creates a very bad impression. 4 **ideas** (*ideología*) convictions: *~s políticas/religiosas* political/religious convictions LOC **¡ni idea!** I don't have a clue!

ideal *adj, nm* ideal: *Eso sería lo ~.* That would be ideal/the ideal thing. ◊ *Es un hombre sin ~es.* He's a man without ideals.

idealista *adj* idealistic
▸ *nmf* idealist

idealizar *vt* to idealize

ídem *pron* (*en una lista*) ditto ➔ *Ver nota en* DITTO

idéntico, -a *adj ~* (**a**) identical (to *sb/sth*): *gemelos ~s* identical twins ◊ *Es ~ al mío.* It's identical to mine.

identidad *nf* identity [*pl* identities] LOC **carné/documento de identidad** identity card, ID card (*más coloq*)

En Gran Bretaña y Estados Unidos no existe un carné de identidad. Si es necesario probar la identidad, se utiliza el pasaporte o el carné de conducir.

identificar *vt* to identify
▸ **identificarse** *vp* **identificarse con** to identify with *sb/sth*: *No podía ~me con el personaje principal.* I couldn't identify with the main character. LOC **sin identificar** unidentified

ideología *nf* ideology [*pl* ideologies]

I+D *nf* research and development (*abrev* R & D)

idioma *nm* language

idiota *adj* stupid
▸ *nmf* idiot: *¡Qué ~ (es)!* What an idiot (he is)!

idiotez *nf* stupidity: *el colmo de la ~* the height of stupidity LOC **decir idioteces** to talk nonsense

ido, -a *adj* 1 (*distraído*) absent-minded 2 (*loco*) crazy *Ver tb* IR

ídolo *nm* idol

iglesia *nf* (*institución, edificio*) church: *la Iglesia católica* the Catholic Church ➔ *Ver nota en* SCHOOL LOC *Ver* CASAR

ignorante *adj* ignorant
▸ *nmf* ignoramus [*pl* ignoramuses]

ignorar *vt* 1 (*desconocer*) not to know: *Ignoro si salieron ya.* I don't know if they've already left. 2 (*hacer caso omiso*) to ignore

igual *adj* 1 equal: *Todos los ciudadanos son ~es.* All citizens are equal. ◊ *A es ~ a B.* A is equal to B. 2 ~ (**a**) (*idéntico*) the same (as *sb/sth*): *Esa falda es ~ a la tuya.* That skirt is the same as yours.
▸ *nmf* equal
▸ *adv* 1 ~ **de** equally: *Son ~ de culpables.* They are equally guilty. 2 ~ **de...que** as...as: *Son ~ de responsables que nosotros.* They are as responsible as we are. 3 (*de todos modos*) anyway: *No le di permiso pero ~ salió.* I didn't give him permission but he went out anyway. LOC **da igual** it doesn't matter (*whether...*) ◆ **me da igual** it's all the same to me, you, etc. ❶ "Me da igual" también se puede decir *I don't care*, pero a veces puede resultar maleducado, como en "me importa un comino". *Ver tb* COSA

igualar *vt* (*terreno*) to level
▸ *vi* (*Dep*) to equalize LOC **igualar el marcador** to level the score

igualdad *nf* equality: *libertad, ~, fraternidad* liberty, equality and fraternity LOC **igualdad de derechos/oportunidades** equal rights/opportunities

igualmente *adv* equally LOC **¡igualmente!** the same to you!

iguana *nf* iguana

ilegal *adj* illegal

ileso, -a *adj* unharmed: *resultar ~* to escape unharmed

ilimitado, -a *adj* unlimited

iluminado, -a *adj ~* (**con**) lit (up) (with *sth*): *La cocina estaba iluminada con velas.* The kitchen was lit (up) with candles. *Ver tb* ILUMINAR

iluminar *vt* to light *sth* up: *~ un monumento* to light a monument up

ilusión *nf* 1 (*noción falsa*) illusion 2 (*sueño*) dream: *Era la ~ de su vida.* It was her dream. 3 (*esperanza*) hope: *lleno de ilusiones* full of hope LOC **con la ilusión de (que...)** hoping to/that...: *con la ~ de ganar* hoping to win *Ver tb* FORJAR

ilusionado

ilusionado, -a *adj* **1** *(esperanzado)* enthusiastic: *Vine muy ~ al puesto.* I was very enthusiastic when I started the job. **2** ~ **con** excited about *sth/doing sth*: *Están muy ~s con el viaje.* They're really excited about the trip.

iluso, -a *adj* gullible
▸ *nm-nf* mug: *Es un completo ~.* He's a real mug.

ilustración *nf (dibujo)* illustration

ilustrar *vt* to illustrate

ilustre *adj* illustrious: *personalidades ~s* illustrious figures

imagen *nf* **1** image: *Los espejos distorsionaban su ~.* The mirrors distorted his image. ◊ *Me gustaría un cambio de ~.* I'd like to change my image. **2** *(Cine, TV)* picture

imaginación *nf* imagination

imaginario, -a *adj* imaginary

imaginar(se) *vt, vp* to imagine: *Me imagino (que sí).* I imagine so. ◊ *¡Imagínese!* Just imagine! ◊ *Ya me lo imaginaba yo.* I thought as much.

imaginativo, -a *adj* imaginative

imán *nm* magnet

imbécil *adj* stupid: *No sea ~.* Don't be stupid.
▸ *nmf* idiot: *¡Cállate, ~!* Be quiet, you idiot!

imitación *nf* imitation **LOC de imitación** fake ◆ **ser una imitación** to be a fake

imitar *vt* **1** *(copiar)* to imitate **2** *(parodiar)* to mimic: *Imita increíble a los profesores.* He's really good at mimicking the teachers.

impacientar *vt* to exasperate
▸ **impacientarse** *vp* **impacientarse (por)** to get worked up (about *sth*)

impaciente *adj* impatient

impacto *nm* **1** *(colisión, impresión, repercusión)* impact: *el ~ ambiental* the impact on the environment **2** *(huella)* hole: *dos ~s de bala* two bullet holes

impajaritable *adj* unavoidable

impar *adj* odd: *número ~* odd number

imparcial *adj* unbiased

impecable *adj* impeccable

impedido, -a *adj, nm-nf* disabled: *ser un ~* to be disabled *Ver tb* IMPEDIR

impedimento *nm* **1** *(obstáculo)* obstacle **2** *(Jur)* impediment **LOC impedimento físico** physical handicap

impedir *vt* **1** *(paso)* to block *sth* (up): *~ la entrada* to block the entrance (up) **2** *(imposibilitar)* to prevent *sb/sth (from doing sth)*: *La lluvia impidió que se celebrara la boda.* The rain prevented the wedding from taking place. ◊ *Nada te lo impide.* There's nothing stopping you.

impenetrable *adj* impenetrable

impensable *adj* unthinkable

imperativo, -a *adj, nm* imperative

imperdonable *adj* unforgivable

imperfección *nf* imperfection

imperfecto, -a *adj* imperfect
▸ *nm (defecto)* flaw

imperialismo *nm* imperialism

imperio *nm* empire

impermeable *adj* waterproof
▸ *nm* raincoat

impersonal *adj* impersonal

impertinente *adj* impertinent

implantar *vt* to introduce: *Quieren ~ un nuevo sistema.* They want to introduce a new system.

implante *nm (Med)* implant

implicar *vt* **1** *(mezclar a algn en algo)* to implicate: *Lo implicaron en el asesinato.* He was implicated in the murder. **2** *(significar)* to imply

imponer *vt* to impose: *~ condiciones/una multa* to impose conditions/a fine
▸ **imponerse** *vp* to prevail *(over sb/sth)*: *La justicia se impuso.* Justice prevailed.

importación *nf* import: *la ~ de trigo* the import of wheat ◊ *reducir la ~* to reduce imports **LOC de importación** imported: *un carro de ~* an imported car ◆ **de importación y exportación** import-export: *un negocio de ~ y exportación* an import-export business

importador, -ora *nm-nf* importer
▸ *nm-nf* importer

importancia *nf* importance **LOC adquirir/cobrar importancia** to become important ◆ **no tiene importancia** it doesn't matter ◆ **sin importancia** unimportant *Ver tb* QUITAR, RESTAR

importante *adj* **1** important: *Es ~ que asistas a clase.* It's important for you to attend lectures. **2** *(considerable)* considerable: *un número ~ de ofertas* a considerable number of offers

importar¹ *vt* to import: *Chile importa productos químicos.* Chile imports chemicals.

importar² *vi* **1** *(tener importancia)* to matter: *Lo que importa es la salud.* Health is what matters most. ◊ *No importa.* It doesn't matter. **2** *(preocupar)* to care (about *sb/sth*): *No me importa lo que piensen.* I don't care what they think. ◊ *No parecen ~le sus hijos.* He doesn't seem to care about his children. ◊ *¡Claro que me importa!* Of course I care! **LOC me importa un bledo, pepino, pito, etc.** I, you, etc. couldn't care less ◆ **no me importa** I, you, etc. don't mind *(sth/doing sth)*: *No me importa levantarme* *temprano*. I don't mind getting up early. ♦ **¿te importa...?** do you mind...?: *¿Te importa cerrar la puerta?* Do you mind shutting the door? ◊ *¿Te importa que abra la ventana?* Do you mind if I open the window?

importe *nm* **1** (*cantidad*) amount: *el ~ de la deuda* the amount of the debt **2** (*costo*) cost: *el ~ de la reparación* the cost of the repair

imposible *adj, nm* impossible: *No pida ~s.* Don't ask (for) the impossible.

impotente *adj* impotent

imprenta *nf* **1** (*taller*) print shop **2** (*máquina*) printing press

imprescindible *adj* essential

impresentable *adj* **1** (*aspecto*): *¡Estás ~!* You can't go out looking like that! **2** (*comportamiento*) disgraceful
▸ *nmf*: *¡Eres un ~!* You're a disgrace!

impresión *nf* **1** (*sensación*) impression **2** (*proceso*) printing: *listo para ~* ready for printing LOC **me da la impresión de que...** I get the impression that...

impresionante *adj* **1** impressive: *un logro ~* an impressive achievement **2** (*espectacular*) striking: *una belleza ~* striking beauty

impresionar *vt* **1** (*favorablemente*) to impress: *Me impresiona su eficacia.* I am impressed by her efficiency. **2** (*emocionar*) to move: *El final me impresionó mucho.* The ending was very moving. **3** (*desagradablemente*) to shock: *Nos impresionó el accidente.* We were shocked by the accident.

impreso, -a *adj* printed
▸ *nm* form: *llenar un ~* to fill out a form

impresora *nf* printer ➔ *Ver dibujo en* COMPUTADOR

imprevisible *adj* unpredictable

imprevisto, -a *adj* unforeseen
▸ *nm*: *Surgió un ~.* Something unexpected has come up. ◊ *Tengo un dinero ahorrado para ~s.* I have some money put aside for a rainy day.

imprimir *vt* **1** (*imprenta*) to print **2** (*huella*) to imprint

improbable *adj* unlikely, improbable (*más formal*)

improvisar *vt* to improvise

imprudente *adj* **1** rash **2** (*conductor*) careless

impuesto *nm* tax: *libre de ~s* tax free LOC **Impuesto al Valor Agregado** sales tax, VAT (*GB*) ♦ **impuesto predial** property tax *Ver tb* EVASIÓN, LIBRE

impulsar *vt* **1** (*llevar*) to drive: *La curiosidad me impulsó a entrar.* Curiosity drove me to enter. **2** (*estimular*) to stimulate: *~ la producción* to stimulate production

impulsivo, -a *adj* impulsive

impulso *nm* **1** (*deseo*) impulse: *actuar por ~* to act on impulse **2** (*empujón*) boost: *El buen tiempo ha dado gran ~ al turismo.* The good weather has given tourism a boost. LOC **tomar impulso** to take a run-up

impune *adj* unpunished LOC **salir impune** to get away with it

impuro, -a *adj* impure

inaccesible *adj* inaccessible

inaceptable *adj* unacceptable

inadaptado, -a *adj* maladjusted

inadecuado, -a *adj* inappropriate

inadvertido, -a *adj* unnoticed: *pasar ~* to go unnoticed

inagotable *adj* **1** (*inacabable*) inexhaustible **2** (*incansable*) tireless

inaguantable *adj* unbearable

inalámbrico, -a *adj* **1** (*Internet, etc.*) wireless **2** (*teléfono*) cordless LOC *Ver* DISPOSITIVO

inapreciable *adj* (*valioso*) invaluable: *su ~ ayuda* their invaluable help

inauguración *nf* opening, inauguration (*más formal*): *la ceremonia de ~* the opening ceremony ◊ *Había unas cien personas en la ~.* There were a hundred people at the inauguration.

inaugurar *vt* to open, to inaugurate (*más formal*)

incalculable *adj* incalculable

incapacitado, -a *adj* disabled
▸ *nm-nf* disabled person: *los ~s* the disabled
➔ *Ver nota en* DISCAPACITADO

incapaz *adj* **~ de** incapable of *sth/doing sth*: *Son incapaces de prestar atención.* They are incapable of paying attention.

incautar *vt* to seize: *La policía incautó 10kg de cocaína.* The police seized 10kg of cocaine.

incendiar *vt* to set fire to *sth*: *Un loco incendió la escuela.* A madman set fire to the school.
▸ **incendiarse** *vp* to catch fire: *El establo se incendió.* The stable caught fire.

incendio *nm* fire: *apagar un ~* to put out a fire LOC **incendio provocado** arson *Ver tb* ALARMA, BOCA, ESCALERA, SALIDA

incidente *nm* incident

incinerar *vt* **1** (*residuos*) to incinerate **2** (*cadáver*) to cremate

incisivo *nm* incisor

inclinar

inclinar *vt* **1** (*ladear*) to tilt: *Inclina el paraguas un poco.* Tilt the umbrella a little. **2** (*cabeza, para asentir o saludar*) to nod
▸ **inclinarse** *vp* **1** (*lit*) to lean: *El edificio se inclina hacia un lado.* The building leans over to one side. **2 inclinarse por** (*fig*) *Nos inclinamos por el partido verde.* Our sympathies lie with the Green Party.

incluido, -a *adj* including: *con el IVA ~ including sales tax* LOC **todo incluido** all-inclusive: *Son 10.000 pesos todo ~.* It's 10,000 pesos all-inclusive. *Ver tb* INCLUIR

incluir *vt* to include: *El precio incluye el servicio.* The price includes a service charge.

inclusive *adv* inclusive: *hasta el sábado ~* up to and including Saturday ◊ *del 3 al 7 ambos ~* from the 3rd through the 7th

incluso *adv* even: *Incluso me dieron dinero.* They even gave me money. ◊ *Eso sería ~ mejor.* That would be even better.

incógnito, -a *adj* LOC **de incógnito** incognito: *viajar de ~* to travel incognito

incoherente *adj* **1** (*confuso*) incoherent: *palabras ~s* incoherent words **2** (*ilógico*) inconsistent: *comportamiento ~* inconsistent behavior

incoloro, -a *adj* colorless

incombustible *adj* fireproof

incomible *adj* inedible

incomodar *vt* to make *sb* uncomfortable: *La sola presencia de él me incomoda.* Just his presence makes me feel uncomfortable.

incómodo, -a *adj* **1** uncomfortable **2** (*penoso*) embarrassing: *una situación incómoda* an embarrassing situation

incompatible *adj* incompatible

incompetente *adj, nmf* incompetent

incompleto, -a *adj* **1** (*fragmentario*) incomplete: *información incompleta* incomplete information **2** (*sin acabar*) unfinished

incomprensible *adj* incomprehensible

incomunicado, -a *adj* **1** (*aislado*) cut off: *Nos quedamos ~s por la inundación.* We were cut off by the floods. **2** (*preso*) in solitary confinement

inconfundible *adj* unmistakable

inconsciente *adj* unconscious: *El paciente está ~.* The patient is unconscious. ◊ *un gesto ~* an unconscious gesture
▸ *adj, nmf* (*irresponsable*) irresponsible: *Es un ~.* You're so irresponsible.

inconstitucional *adj* unconstitutional

incontable *adj* **1** (*incalculable*) countless **2** (*Gram*) uncountable

inconveniente *adj* **1** (*inoportuno, molesto*) inconvenient: *una hora ~* an inconvenient time **2** (*no apropiado*) inappropriate: *un comentario ~* an inappropriate comment
▸ *nm* **1** (*dificultad, obstáculo*) problem: *Surgieron algunos ~s.* Some problems have arisen. **2** (*desventaja*) disadvantage: *Tiene ventajas e ~s.* It has its advantages and disadvantages. LOC **no tener inconveniente (en)** not to mind doing *sth*: *No tengo ~ en verlos.* I don't mind seeing them.

incorporación *nf* ~ **(a)** (*entrada*) entry (into *sth*): *la ~ de Venezuela a la OPEP* Venezuela's entry into OPEC

incorporado, -a *adj* **1** ~ **a** incorporated into *sth*: *nuevos vocablos ~s al idioma* new words incorporated into the language **2** (*incluido*) built-in: *con antena incorporada* with a built-in antenna *Ver tb* INCORPORAR

incorporar *vt* **1** (*persona*) to include *sb* (*in sth*): *Me incorporaron al equipo.* I've been included in the team. **2** (*territorio*) to annex **3** (*persona caída*) to sit *sb* up: *Lo incorporé para que no se ahogara.* I sat him up so he wouldn't choke.
▸ **incorporarse** *vp* **incorporarse (a)** **1** (*participar*) to join *sth* **2** (*trabajo*) to start *sth*: *El lunes me incorporo a mi nuevo empleo.* I start my new job on Monday.

incorrecto, -a *adj* **1** (*erróneo*) incorrect **2** (*conducta*) impolite

increíble *adj* incredible

incrustarse *vp*: *La bala se incrustó en la pared.* The bullet embedded itself in the wall.

incubadora *nf* incubator

incubar(se) *vt, vp* to incubate

inculto, -a *adj, nm-nf* ignorant: *Es un ~.* He's so ignorant.

incultura *nf* lack of culture

incumplido, -a *adj, nmf* unreliable: *Es un ~, siempre llega tarde.* He's very unreliable; he's always late.

incumplir *vt* **1** (*ley, promesa*) to break **2** (*contrato*) to breach
▸ *vi*: ~ *a una cita* not to show up LOC **no me vayas a incumplir** don't let me down

incurable *adj* incurable

incursión *nf* (*Mil*) raid

indagación *nf* inquiry [*pl* inquiries]

indecente *adj* **1** (*sucio*) filthy: *Esta cocina está ~.* This kitchen is filthy. **2** (*espectáculo, gesto, lenguaje*) obscene **3** (*ropa*) indecent

indeciso, -a *adj, nm-nf* (*de carácter*) indecisive: *ser un ~* to be indecisive

indecoroso, -a *adj* LOC *Ver* PROPOSICIÓN

indefenso, -a adj defenseless

indefinido, -a adj **1** (período, Ling) indefinite: *una huelga indefinida* an indefinite strike **2** (color, edad, forma) indeterminate
LOC Ver PRETÉRITO

indemnizar vt to pay sb compensation (*for sth*)

independencia nf independence

independiente adj **1** independent **2** (*trabajador*) self-employed

independizarse vp **1** (*individuo*) to leave home **2** (*país, colonia*) to gain independence

indestructible adj indestructible

India nf India

indicación nf **1** (*señal*) sign **2 indicaciones (a)** (*instrucciones*) instructions: *Siga las indicaciones del folleto.* Follow the instructions in the leaflet. **(b)** (*camino*) directions

indicado, -a adj **1** (*conveniente*) suitable **2** (*convenido*) specified: *la fecha indicada en el documento* the date specified in the document **3** (*aconsejable*) advisable Ver tb INDICAR

indicador nm turn signal, indicator (*GB*)
LOC **indicador de gasolina** gas gauge, petrol gauge (*GB*) ◆ **indicador de presión** pressure gauge

indicar vt **1** (*mostrar*) to show, to indicate (*más formal*): *~ el camino* to show the way **2** (*señalar*) to point *sth* out (*to sb*): *Indicó que se trataba de un error.* He pointed out that it was a mistake.

indicativo nm (*Col*) (*teléfono*) area code: *¿Cuál es el ~ de Medellín?* What's the area code for Medellín?

índice nm **1** index **2** (*dedo*) index finger
LOC **índice (de materias)** table of contents ◆ **índice de natalidad** birth rate

índico, -a adj Indian
▸ nm **el Índico** the Indian Ocean

indiferencia nf indifference (*to sb/sth*)

indiferente adj indifferent (*to sb/sth*), not interested (*in sb/sth*) (*más coloq*): *Es ~ a la moda.* She isn't interested in fashion. LOC **me es indiferente** I, you, etc. don't care ◆ **ser indiferente**: *Es ~ que sea blanco o negro.* It doesn't matter whether it's black or white.

indígena adj indigenous
▸ nmf native ❶ *A los indígenas de Estados Unidos y Canadá también se les llama* **Native Americans**.

indigente adj destitute

indigestión nf indigestion

indignado, -a adj indignant (*at/about sth*) Ver tb INDIGNAR

indignante adj outrageous

indignar vt to infuriate
▸ **indignarse** vp **indignarse (con) (por)** to get angry (with *sb*) (about *sth*)

indigno, -a adj **1** (*despreciable*) contemptible **2 ~ de** unworthy of *sb/sth*: *una conducta indigna de un director* behavior unworthy of a director

indio, -a adj, nm-nf Indian: *los ~s* the Indians
LOC Ver FILA

indirecta nf hint LOC **agarrar/coger la indirecta** to take the hint ◆ **echar/lanzar/soltar una indirecta** to drop a hint

indirecto, -a adj indirect

indiscreción nf: *Fue una ~ por su parte preguntarlo.* She shouldn't have asked. ◇ *si no es ~* if you don't mind my asking

indiscutible adj indisputable

indispensable adj essential LOC **lo indispensable** the bare essentials [*v sing*]

indispuesto, -a adj (*enfermo*) not well: *No vino a clase porque está ~.* He hasn't come to school because he's not well.

individual adj individual LOC Ver CAMA, CHALET, HABITACIÓN

individuo, -a nm-nf individual

indudable adj undoubted LOC **es indudable que...** there is no doubt that…

indulto nm pardon: *El juez le concedió el ~.* The judge pardoned him.

industria nf industry [*pl* industries]: *~ alimenticia/siderúrgica* food/iron and steel industry

industrial adj industrial
▸ nmf industrialist LOC Ver CANTIDAD, INGENIERO

industrialización nf industrialization

industrializar vt to industrialize
▸ **industrializarse** vp to become industrialized

inédito, -a adj (*desconocido*) previously unknown

ineficaz adj **1** (*medida*) ineffective: *un tratamiento ~* ineffective treatment **2** (*persona*) inefficient

ineficiente adj (*persona*) inefficient

inercia nf inertia LOC **por inercia** through force of habit

inesperado, -a adj unexpected

inestable adj **1** unstable: *Tiene un carácter muy ~.* He's very unstable. **2** (*tiempo*) changeable

inevitable adj inevitable

inexperiencia nf inexperience

inexperto, -a adj inexperienced

inexplicable adj inexplicable

infancia nf childhood
infantería nf infantry [v sing o pl] LOC **infantería de marina** marines [pl]
infantil adj **1** (de niño) children's: *literatura/programación* ~ children's books/programs **2** (inocente) childlike: *una sonrisa* ~ a childlike smile **3** (peyorativo) childish, infantile (más formal): *No sea* ~. Don't be childish. LOC Ver ESCUELA, JARDÍN
infarto nm heart attack
infección nf infection
infeccioso, -a adj infectious
infectar vt to infect *sb/sth (with sth)*
▸ **infectarse** vp to become infected: *Se infectó la herida*. The wound has become infected.
infeliz adj unhappy
▸ nmf wretch
inferior adj ~ (a) **1** (posición, cantidad) lower (than sth): *una tasa de natalidad* ~ *a la del año pasado* a lower birth rate than last year **2** (calidad) inferior (to sb/sth): *de una calidad* ~ *a la tuya* inferior to yours
inferioridad nf inferiority: *Tiene complejo de* ~. He has an inferiority complex.
infertilidad nf infertility
infidelidad nf infidelity [pl infidelities]
infiel adj unfaithful (to sb/sth): *Le ha sido* ~. He has been unfaithful to her.
infierno nm hell: *ir al* ~ to go to hell
infinidad nf (multitud) a great many: *una* ~ *de gente/cosas* a great many people/things LOC **infinidad de veces/en infinidad de ocasiones** countless times
infinito, -a adj infinite: *Las posibilidades son infinitas*. The possibilities are infinite. ◊ *Se necesita una paciencia infinita*. You need infinite patience.
inflable adj inflatable
inflación nf inflation
inflamable adj inflammable
inflamación nf (Med) swelling, inflammation (más formal)
inflamarse vp **1** (encenderse) to catch fire: *Se inflamó el depósito de la gasolina*. The gas tank caught fire. **2** (Med) to swell: *Se me inflamó un poco el tobillo*. My ankle is a little swollen.
inflar vt to blow *sth* up, to inflate (más formal): ~ *un balón* to blow up a ball
influencia nf influence (on/over sb/sth): *No tengo* ~ *sobre él*. I have no influence over him.
influir vi ~ **en** to influence *sb/sth*: *No quiero* ~ *en tu decisión*. I don't want to influence your decision.

información nf **1** information (on/about sb/sth) [incontable]: *pedir* ~ to ask for information **2** (noticias) news [incontable]: *La televisión ofrece mucha* ~ *deportiva*. There's a lot of sports news on television. **3** (telefónica) directory assistance [incontable] **4** (recepción) information desk LOC Ver CIENCIA, OFICINA, TELÉFONO
informal adj (ropa, acto) informal: *una reunión* ~ an informal gathering
informante nmf (police) informer
informar vt **1** (notificar) to inform *sb (of/about sth)*: *Debemos* ~ *a la policía del accidente*. We must inform the police of the accident. **2** (anunciar) to announce: *Se informó por radio que…* It was announced on the radio that…
▸ vi ~ **(de/acerca de)** (dar un informe) to report (on sth): ~ *de lo decidido en la reunión* to report on what was decided at the meeting
▸ **informarse** vp **informarse (de/sobre/acerca de)** to find out (about sb/sth): *Tengo que* ~*me de lo sucedido*. I have to find out what happened.
informática nf **1** (actividad) computing **2** (disciplina) computer science/studies
informático, -a adj computer: *centro* ~ computer center LOC Ver DELITO, PIRATA, VIRUS
informativo, -a adj **1** (panfleto, campaña) information: *centro* ~ information center **2** (referido a noticias) news: *resumen* ~ news bulletin
▸ nm (Radio, TV) news
informatizar vt to computerize
informe nm **1** (documento, exposición oral) report: *el* ~ *anual de una sociedad* the company's annual report **2 informes** information [incontable]: *de acuerdo con sus* ~*s* according to their information **3** (Per) (en empresas, etc.) information desk LOC Ver ESCOLAR
infracción nf **1** (de tráfico) offense: *una* ~ *de tráfico* a traffic offense **2** (acuerdo, contrato, regla) breach *of sth*: *una* ~ *de la ley* a breach of the law
infrarrojo, -a adj infrared
infundado, -a adj unfounded
infundir vt **1** (miedo) to instill *sth (in/into sb)* **2** (sospechas) to arouse *sb's suspicions* **3** (respeto, confianza) to inspire *sth (in sb)*
infusión nf herbal tea
ingeniar vt to think *sth* up, to devise (más formal) LOC **ingeniárselas** to find a way (to do sth/of doing sth): *Nos las ingeniamos para entrar en la fiesta*. We found a way to get into the party. ◊ *Ingéniatelas como puedas*. You'll have to manage somehow.
ingeniería nf engineering LOC **ingeniería genética** genetic engineering

ingeniero, -a *nm-nf* engineer `LOC` **ingeniero agrónomo** agriculturalist ♦ **ingeniero civil** civil engineer ♦ **ingeniero de sistemas** computer engineer ♦ **ingeniero industrial** industrial engineer *Ver tb* SONIDO

ingenio *nm* **1** (*inventiva*) ingenuity **2** (*humor*) wit **3** (*de azúcar*) sugar mill

ingenioso, -a *adj* **1** ingenious **2** (*perspicaz*) witty

ingenuo, -a *adj, nm-nf* **1** (*inocente*) innocent **2** (*crédulo*) naive: *¡Es un ~!* You're so naive!

ingerir *vt* to consume

Inglaterra *nf* England

ingle *nf* groin

inglés, -esa *adj, nm* English: *hablar ~* to speak English
▸ *nm-nf* Englishman/woman [*pl* Englishmen/-women]: *los ingleses* the English ⊃ *Ver nota en* BRITISH `LOC` *Ver* LLAVE, PAGAR

ingrato, -a *adj* **1** (*persona*) ungrateful **2** (*trabajo, tarea*) thankless

ingrediente *nm* ingredient

ingresar *vi ~* **(a/en) 1** (*Mil, club*) to join *sth*: *~ en el ejército* to join the army **2** (*centro sanitario*): *Ingresó a La Paz a las 4.30.* He was admitted to La Paz at 4.30. ◊ *Ingreso mañana.* I'm going into hospital tomorrow.

ingreso *nm* **1 (a)** (*organización*) entry (*into sth*): *el ~ de Chile en el Grupo de Río* Chile's entry into the Group of Rio **(b)** (*hospital, institución*) admission (*to sth*) **(c)** (*ejército*) enlistment (*in sth*) **2 ingresos** (*Fin*) **(a)** (*persona, institución*) income [*v sing*] **(b)** (*Estado, municipio*) revenue [*v sing*] `LOC` *Ver* EXAMEN

inhabitado, -a *adj* uninhabited

inhalador *nm* inhaler

inhalar *vt* to inhale

inherente *adj ~* **(a)** inherent (*in sb/sth*): *problemas ~s al cargo* problems inherent in the job

inhumano, -a *adj* **1** (*cruel*) inhuman **2** (*injusto*) inhumane

iniciación *nf ~* **(a) 1** introduction (*to sth*): *~ a la música* an introduction to music **2** (*rito*) initiation (*into sth*)

inicial *adj, nf* initial `LOC` *Ver* CUOTA, PÁGINA

iniciar *vt* **1** (*comenzar*) to begin: *~ la reunión* to begin the meeting **2** (*conversaciones*) to initiate

iniciativa *nf* initiative: *tener ~* to show initiative ◊ *tomar la ~* to take the initiative `LOC` **por iniciativa propia** on your own initiative

inicio *nm* **1** (*principio*) beginning: *desde los ~s de su carrera* right from the beginning of his career **2** (*guerra, enfermedad*) outbreak `LOC` *Ver* PÁGINA

injusticia *nf* injustice: *Cometieron muchas ~s.* Many injustices were done. `LOC` **ser una injusticia**: *Es una ~.* It's not fair.

injusto, -a *adj ~* **(con/para con)** unfair (on/to *sb*): *Es ~ para con los demás.* It's unfair on the others.

inmaduro, -a *adj, nm-nf* (*persona*) immature: *Eres un ~.* You're so immature.

inmediatamente *adv* immediately

inmediato, -a *adj* `LOC` *Ver* ENTREGA

inmejorable *adj* **1** (*resultado, referencia, tiempo*) excellent **2** (*calidad, nivel*) top **3** (*precio, récord*) unbeatable

inmenso, -a *adj* **1** immense: *de una importancia inmensa* of immense importance **2** (*sentimientos*) great: *una alegría/pena inmensa* great happiness/sorrow `LOC` **la inmensa mayoría** the vast majority [*v sing o pl*]

inmigración *nf* immigration

inmigrante *nmf* (*tb* **inmigrado, -a** *nm-nf*) immigrant

inmigrar *vi* to immigrate

inmobiliaria *nf* real estate agency, estate agent's (*GB*) ⊃ *Ver nota en* CARNICERÍA

inmobiliario, -a *adj* `LOC` *Ver* AGENCIA, AGENTE

inmoral *adj* immoral

inmortal *adj, nmf* immortal

inmóvil *adj* still: *permanecer ~* to stand still

inmueble *nm* building `LOC` *Ver* IMPUESTO

inmunidad *nf* immunity: *gozar de/tener ~ diplomática* to have diplomatic immunity

inmutarse *vp*: *No se inmutaron.* They didn't bat an eye.

innato, -a *adj* innate

innovador, -ora *adj* innovative

innumerable *adj* innumerable

inocente *adj, nmf* innocent: *hacerse el ~* to play the innocent ◊ *Soy ~.* I'm innocent.
▸ *adj* **1** (*ingenuo*) naive **2** (*broma*) harmless `LOC` *Ver* DECLARAR, DÍA

inofensivo, -a *adj* harmless

inolvidable *adj* unforgettable

inoportuno, -a *adj* inopportune: *un momento ~* an inopportune moment `LOC` **¡qué inoportuno!** what a nuisance!

inoxidable *adj* (*acero*) stainless

inquieto, -a *adj* **1** (*agitado, activo*) restless: *un niño ~* a restless child **2 ~ (por)** (*preocupado*) worried (about *sb/sth*): *Estoy ~ por los niños.* I'm worried about the children.

inquietud *nf* **1** (*preocupación*) anxiety **2 inquietudes** (*interés*) interest [*v sing*]: *Es una*

inquilino

persona sin ~es. He has no interest in anything.

inquilino, -a *nm-nf* tenant

insatisfecho, -a *adj* dissatisfied (*with sb/sth*)

inscribir *vt* **1** (*en un registro*) to register: *~ un nacimiento* to register a birth **2** (*en un curso*) to enroll *sb*: *Voy a ~ a mi hijo en el colegio.* I'm going to enroll my son in school. **3** (*grabar*) to inscribe
▸ **inscribirse** *vp* **1** (*curso*) to enroll (*for/on sth*) **2** (*organización, partido*) to join **3** (*competencia, concurso*) to enter

inscripción *nf* **1** (*grabado*) inscription **2 (a)** (*registro*) registration **(b)** (*curso, ejército*) enrollment

insecticida *nm* insecticide

insecto *nm* insect

inseguridad *nf* **1** (*falta de confianza*) insecurity **2** (*tiempo, trabajo, proyecto*) uncertainty [*pl* uncertainties] **LOC inseguridad ciudadana** lack of safety on the streets

inseguro, -a *adj* **1** (*sin confianza en uno mismo*) insecure **2** (*peligroso*) unsafe **3** (*paso, voz*) unsteady

insensible *adj* **1** ~ **(a)** insensitive (to *sth*): *~ al frío/sufrimiento* insensitive to cold/suffering **2** (*miembro, nervio*) numb

inservible *adj* useless

insignia *nf* badge

insignificante *adj* insignificant

insinuación *nf* **1** (*sugerencia*) hint **2** (*ofensiva*) insinuation

insinuar *vt* **1** (*sugerir*) to hint: *Insinuó que había aprobado.* He hinted that I'd passed. **2** (*algo desagradable*) to insinuate: *¿Qué insinúas, que miento?* Are you insinuating that I'm lying?

insistente *adj* **1** (*con palabras*) insistent **2** (*actitud*) persistent

insistir *vi* ~ **(en/sobre)** to insist (on *sth/doing sth*): *Insistió en que fuéramos.* He insisted that we go.

insolación *nf* sunstroke [*incontable*]

insoluble *adj* insoluble

insomnio *nm* insomnia

insonorizar *vt* to soundproof

insoportable *adj* unbearable

inspeccionar *vt* to inspect

inspector, -ora *nm-nf* inspector

inspiración *nf* inspiration

inspirado, -a *adj* inspired: *Hoy está ~.* He's feeling inspired today. *Ver tb* INSPIRAR

inspirar *vt* to inspire (*sb*) (with *sth*): *Ese médico no me inspira ninguna confianza.* That doctor doesn't inspire me with confidence.
▸ **inspirarse** *vp* **inspirarse (en)** to get inspiration (from *sth*): *El autor se inspiró en un hecho real.* The author got his inspiration from a real-life event.

instalación *nf* **1** (*colocación*) installation **2 instalaciones** facilities: *instalaciones deportivas* sports facilities **LOC instalación eléctrica** (electrical) wiring

instalar *vt* to install
▸ **instalarse** *vp* **1** (*en una ciudad, un país*) to settle (down) **2** (*en una casa*) to move into *sth*: *Acabamos de ~nos en la nueva casa.* We've just moved into our new house.

instancia *nf* **LOC** *Ver* ÚLTIMO

instantáneo, -a *adj* instantaneous **LOC** *Ver* CAFÉ, MENSAJERÍA

instante *nm* moment: *en ese mismo ~* at that very moment

instinto *nm* instinct **LOC por instinto** instinctively

institución *nf* (*organismo*) institution **LOC** *Ver* BENÉFICO

instituto *nm* **1** institute **2** (*Educ*) school **LOC instituto técnico** ≈ technical college

instrucción *nf* **1** (*Mil*) training **2 instrucciones** instructions: *instrucciones de uso* instructions for use

instructor, -ora *nm-nf* instructor

instrumental *nm* instruments [*pl*]: *el ~ médico* medical instruments

instrumento *nm* instrument

insubordinado, -a *adj* rebellious, insubordinate (*formal*)

insuficiencia *nf* **1** (*deficiencia*) inadequacy [*pl* inadequacies] **2** (*Med*) failure: *~ cardiaca/renal* heart/kidney failure

insuficiente *adj* **1** (*escaso*) insufficient **2** (*deficiente*) inadequate
▸ *nm* F: *Muchos sacaron ~ en historia.* A lot of people got F's in history. ⸰ *Ver nota en* A, A

insultar *vt* to insult

insulto *nm* insult

insuperable *adj* **1** (*hazaña, belleza*) matchless **2** (*dificultad*) insuperable **3** (*calidad, oferta*) unbeatable

insustituible *adj* irreplaceable

intachable *adj* irreproachable

intacto, -a *adj* **1** (*no tocado*) untouched **2** (*no dañado*) intact: *Su reputación permaneció intacta.* His reputation remained intact.

integración *nf* ~ **(en)** integration (into *sth*)

integral *adj* comprehensive: *una reforma ~* a comprehensive reform ◊ *un programa ~* a comprehensive program LOC *Ver* BELLEZA, PAN

integrarse *vp ~ (en)* (*adaptarse*) to integrate (into *sth*)

integridad *nf* integrity

integrismo *nm* fundamentalism

integrista *adj, nmf* fundamentalist

íntegro, -a *adj* whole: *mi sueldo ~* my whole salary

intelectual *adj, nmf* intellectual LOC *Ver* COEFICIENTE

inteligencia *nf* intelligence

inteligente *adj* intelligent LOC *Ver* TARJETA, TELÉFONO

intemperie *nf* LOC **a la intemperie** out in the open

intención *nf* intention: *tener malas intenciones* to have evil intentions LOC **con (mala) intención** maliciously ♦ **hacer algo con buena intención** to mean well: *Lo hizo con buena ~.* He meant well. ♦ **tener intención de** to intend *to do sth*: *Tenemos ~ de comprar un apartamento.* We intend to buy an apartment.

intencionado, -a *adj* deliberate LOC **bien/mal intencionado** well-meaning/malicious

intendente *nmf* (*gobernador*) governor

intensidad *nf* **1** (*color, luz, lluvia, sentimiento*) intensity **2** (*corriente eléctrica, viento, voz*) strength

intensificar(se) *vt, vp* to intensify

intensivo, -a *adj* intensive LOC *Ver* UNIDAD

intenso, -a *adj* **1** (*temperatura, color, sentimiento, dolor*) intense: *una ola de frío/calor ~* intense cold/heat **2** (*vigilancia*) close **3** (*negociaciones*) intensive

intentar *vt* to try (*sth/to do sth*): *Inténtelo.* Just try.

intento *nm* attempt LOC **al primer, segundo, etc. intento** at the first, second, etc. attempt ♦ **de intento** (*Col*) (*a propósito*) on purpose

interactivo, -a *adj* interactive LOC **pizarra interactiva/tablero interactivo** interactive whiteboard

intercambiar *vt* to exchange, to trade (*más coloq*): *~ prisioneros* to exchange prisoners ◊ *~ estampillas* to trade stamps

intercambio *nm* exchange LOC *Ver* VIAJE

interceder *vi ~* (**a favor de/por**) to intervene (on *sb's* behalf): *Intercedieron por mí.* They intervened on my behalf.

interés *nm* **1** *~* (**en/por**) interest (in *sb/sth*): *La novela ha suscitado un gran ~.* The novel has aroused a lot of interest. ♦ **tener *~* en la política** to be interested in politics ◊ *a un 10% de ~* at 10% interest **2** (*egoísmo*) self-interest: *Lo hicieron por puro ~.* They did it in their own self-interest. LOC **hacer algo sin ningún interés** to show no interest in sth: *Trabajan sin ningún ~.* They show no interest in their work. *Ver tb* CONFLICTO

interesante *adj* interesting

interesar *vi* to be interested in *sth/doing sth*: *Nos interesa el arte.* We're interested in art. ◊ *¿Te interesa participar?* Are you interested in taking part?
▶ *vt ~* **a algn (en algo)** to interest sb (in sth): *No consiguió ~ al público en la reforma.* He didn't manage to interest the public in the reforms.
▶ **interesarse** *vp* **interesarse por 1** (*mostrar interés*) to show (an) interest in *sth*: *El director se interesó por mi obra.* The director showed (an) interest in my work. **2** (*preocuparse*) to ask after *sb/sth*: *Se interesó por mi salud.* He asked after my health.

interfaz (*tb* **interface**) *nf* (*Informát*) interface

interferencia *nf* interference [*incontable*]: *Hubo ~s en la emisión.* The program has been affected by interference. ◊ *Hay muchas ~s.* We're getting a lot of interference.

interferir *vi ~* (**en**) to interfere, to meddle (*más coloq*) (in *sth*): *Deja de ~ en mis asuntos.* Stop meddling in my affairs.

interfón *nm* (*Méx*) intercom, Entryphone® (*GB*)

interior *adj* **1** inner: *una habitación ~* an inner room **2** (*bolsillo*) inside **3** (*comercio, política*) domestic
▶ *nm* interior: *el ~ de un edificio/país* the interior of a building/country LOC **en el interior** (*casa, carro, etc.*) inside: *Había mucha gente en el ~.* There were lots of people inside. *Ver tb* MINISTERIO, MINISTRO, ROPA

interjección *nf* interjection

intermediario, -a *nm-nf* **1** (*mediador*) mediator: *La ONU actuó de intermediaria en el conflicto.* The UN acted as a mediator in the conflict. **2** (*Econ*) middleman [*pl* middlemen]

intermedio, -a *adj* intermediate
▶ *nm* **1** (*Teat*) intermission: *Me encontré con ellos en el ~.* I met them during the intermission. **2** (*Dep*) half-time: *En el ~ iban tres a uno.* The score was three to one at half-time.

interminable *adj* endless

intermitente *nm* (*automóvil*) turn signal, indicator (*GB*) LOC **poner los intermitentes** to signal

intermunicipal *adj* intercity: *servicios ~es* intercity services LOC *Ver* CARRETERA

internacional *adj* international

internet

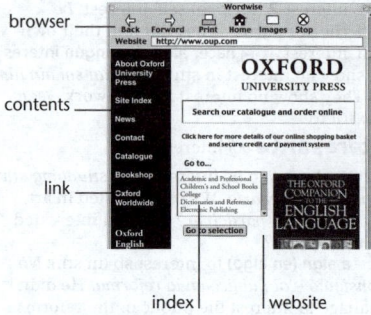

browser, contents, link, index, website

Para tener acceso a internet (**to access the Net**) hace falta un navegador (**browser**). Desde la página de inicio (**home page**) puedes realizar una búsqueda (**do a search**) con un buscador (**a search engine**) o hacer clic en un enlace (**click on a link**). Esto te permite acceder a otras webs donde podrás leer el periódico o hacer una compra en línea (**online**), descargar un fichero (**download a file**), subir fotos (**upload photos**) a una web o entrar en un chat (**enter a chatroom**) o en un foro (**a forum**).

www.oup.com se lee "www dot oup dot com".

internado nm (escuela) boarding school

internar vt: Lo internaron en el hospital. He was admitted to hospital. ◊ Internaron al papá en un ancianato. They got their father into a home.

internauta nmf Internet user

internet nm o nf (the) Internet: buscar algo en ~ to search for sth on the Internet

En inglés **Internet** se utiliza normalmente con el artículo definido **the**: Lo encontré en internet. I found it on the Internet. Sin embargo, cuando va delante de un sustantivo, no se utiliza el artículo definido: un proveedor de servicio de internet an Internet service provider.

LOC Ver PÁGINA, SERVIDOR

interno, -a¹ adj **1** internal: órganos ~s internal organs **2** (dentro de un país) domestic: comercio ~ domestic trade **3** (cara, parte) inner: la parte interna del muslo the inner thigh

interno, -a² nm-nf **1** (alumno) boarder **2** (cárcel) inmate

interpretación nf interpretation

interpretar vt **1** (explicar, traducir) to interpret: ~ la ley to interpret the law **2** (Cine, Teat, Mús) to perform

intérprete nmf **1** (traductor) interpreter **2** (Teat, Cine, Mús) performer

interrogación nf **1** (signo de puntuación) question mark ⊃ Ver pág. 377 **2** (Chi) (examen) test

interrogar vt to question

interrogatorio nm interrogation

interrumpir vt **1** to interrupt: ~ la emisión to interrupt a program ◊ No me interrumpas. Don't interrupt me. **2** (tráfico, clase) to disrupt: Las obras interrumpirán el tráfico. The roadworks will disrupt the traffic.

interruptor nm switch

interurbano, -a adj (transporte) intercity: servicios ~s intercity services

intervalo nm interval: a ~s de media hora at half-hourly intervals

intervenir vi **1** ~ (en) to intervene (in sth): Tuvo que ~ la policía. The police had to intervene. **2** (hablar) to speak
▸ vt (operar) to operate (on sb)

intestino nm intestine: ~ delgado/grueso small/large intestine

intimidad nf (vida privada) private life: No le gusta que se metan en su ~. He doesn't like people interfering in his private life. ◊ el derecho a la ~ the right to privacy

íntimo, -a adj **1** (personal, familiar) intimate: una conversación íntima an intimate conversation **2** (amistad, relación) close: Son ~s amigos. They're very close friends.

intolerable adj intolerable

intolerancia nf (intransigencia) intolerance
LOC intolerancia alimentaria (food) allergy [pl (food) allergies]

intolerante adj (intransigente) intolerant

intoxicación nf (alimenticia) poisoning: ~ por alimentos en mal estado food poisoning

intransigente adj intransigent

intransitivo, -a adj intransitive

intriga nf **1** (película, novela) suspense: una película con mucha ~ a movie with lots of suspense **2** (enredo): ~s políticas political intrigues

intrigar vt to intrigue: Ahora me intriga. I'm intrigued now.

introducción nf introduction: una ~ a la música an introduction to music

introducir vt to put sth in, to put sth into sth, to insert (más formal): Introduzca la moneda en la ranura. Insert the coin in the slot.

introvertido, -a *adj* introverted
▶ *nm-nf* introvert
intruso, -a *nm-nf* intruder
intuición *nf* intuition: *Contesté por ~.* I answered intuitively.
intuir *vt* to sense
inundación *nf* flood
inundar *vt* to flood
▶ **inundarse** *vp* **1** (*mojarse*) to flood: *Se inundaron los campos.* The fields flooded. **2** (*motor*) to stall: *Se me inundó el carro.* I stalled the car.
inútil *adj* useless: *cosas ~es* useless stuff ◊ *Es un esfuerzo ~.* It's a waste of time.
▶ *nmf* good-for-nothing **LOC es inútil (que...)**: *Es ~ que intentes convencerlo.* It's pointless trying to convince him. ◊ *Es ~ que grites.* There's no point in shouting.
invadir *vt* to invade
inválido, -a *adj* (*Med*) disabled
▶ *nm-nf* disabled person ➪ *Ver nota en* DISCAPACITADO
invasión *nf* **1** (*de un país, etc.*) invasion **2** (*barrio*) shanty town
invasor, -ora *adj* invading
▶ *nm-nf* invader
invencible *adj* invincible
inventar *vt* (*descubrir*) to invent: *Gutenberg inventó la imprenta.* Gutenberg invented the printing press.
▶ **inventar(se)** *vt, vp* to make *sth* up: *~(se) una excusa* to make up an excuse ◊ *Te lo inventaste.* You've made that up.
invento *nm* invention: *Esto es un ~ mío.* This is an invention of mine.
inventor, -ora *nm-nf* inventor
invernadero *nm* greenhouse **LOC** *Ver* EFECTO
inversión *nf* (*Fin*) investment
inversionista, -ora *nmf* (*tb* inversor, -ora *nm-nf*) investor
inverso, -a *adj* **1** (*proporción*) inverse **2** (*orden*) reverse **3** (*dirección*) opposite: *en sentido ~ a la rotación* in the opposite direction from the rotation **LOC a la inversa** the other way round
invertebrado, -a *adj, nm* invertebrate
invertir *vt* (*tiempo, dinero*) to invest: *Invirtieron diez millones en la compañía.* They've invested ten million pesos in the company.
investigación *nf* ~ **(de/sobre)** **1** (*policial*) investigation (into *sth*): *Habrá una ~ sobre el accidente.* There'll be an investigation into the accident. **2** (*científica, académica*) research [*incontable*], (into/on *sth*): *Están haciendo un trabajo de ~ sobre la malaria.* They're doing research on malaria.
investigador, -ora *nm-nf* **1** (*policial*) investigator **2** (*científico, académico*) researcher **LOC investigador privado** private detective
investigar *vt, vi* **1** (*policialmente*) to investigate: *~ un caso* to investigate a case **2** (*científico, académico*) to do research (into/on *sth*): *Están investigando sobre el virus del sida.* They're doing research on the AIDS virus.
invierno *nm* **1** winter: *ropa de ~* winter clothes ◊ *Nunca uso la bicicleta en ~.* I never ride my bicycle in the winter. **2** (*en los países tropicales*) rainy season
invisible *adj* invisible
invitación *nf* invitation (to *sth*/to do *sth*)
invitado, -a *adj, nm-nf* guest: *el artista ~* the guest artist ◊ *Los ~s llegarán a las siete.* The guests will arrive at seven. **LOC** *Ver* ESTRELLA; *Ver tb* INVITAR
invitar *vt* to invite *sb* (to *sth*/to do *sth*): *Me invitó a su fiesta de cumpleaños.* She's invited me to her birthday party. ➪ *Ver nota en* INVITE
▶ *vi* (*pagar*): *Invito yo.* I'll get this one. ◊ *Invita la casa.* It's on the house.
involuntario, -a *adj* involuntary
inyección *nf* injection: *poner una ~ a algn* to give sb an injection
inyectar *vt* to give *sb* an injection
ir *vi* **1** to go: *Van a Roma.* They're going to Rome. ◊ *ir en carro/tren/avión* to go by car/train/plane ◊ *ir a pie* to go on foot ◊ *¿Cómo te va (con tu novio)?* How's it going (with your boyfriend)? ◊ *¿Cómo van las cosas?* How are things going? **2** (*estar, haber diferencia*) to be: *Íbamos cansados.* We were tired. ◊ *ir bien/mal vestido* to be well/badly dressed ◊ *¡Lo que va de un hermano a otro!* It's amazing the difference between the two brothers.
▶ *v aux* **1 ir a hacer algo (a)** to be going to do *sth*: *Vamos a vender la casa.* We're going to sell the house. ◊ *Íbamos a comer cuando sonó el teléfono.* We were just going to eat when the phone rang. **(b)** (*en órdenes*) to go and do *sth*: *Ve a hablar con tu papá.* Go and talk to your father. **(c)** (*en sugerencias*): *¡Vamos a comer!* Let's go and eat! ◊ *¡Vamos a ver!* Let's see! **2 ir haciendo algo** to start doing *sth*: *Vayan preparando la mesa.* Start laying the table.
▶ **irse** *vp* **1** (*marcharse*) to leave: *Mañana me voy para España.* I'm leaving for Spain tomorrow. ◊ *irse de la casa* to leave home **2** (*mancha, luz, dolor*) to go: *Se fue la luz.* The electricity's gone (off). **3** (*líquido, gas*) to leak **LOC (a mí) ni me va ni me viene** that's nothing to do with me, you, etc. ◆ **ir a dar a** (*calle*) to lead to *sth*: *Este camino va a dar al pueblo.* This track leads to the

iris

town. ◆ **ir a lo suyo** to mind your own business: *Ve a lo tuyo.* Mind your own business. ◆ **ir con** (*combinar*) to go with *sth*: *Esas medias no van con estos zapatos.* Those socks don't go with these shoes. ◆ **ir de** to be dressed as *sb/sth*/in *sth*: *Iba de payaso.* I was dressed as a clown. ◊ *ir de azul* to be dressed in blue ◆ **ir por 1** (*traer*) to go and get *sb/sth*: *Tengo que ~ por pan.* I have to go and get some bread. **2** (*llegar*) to be up to *sth*: *Voy por la página 100.* I'm up to page 100. ◆ **¡qué va!** no way! ◆ **¡vamos!** come on!: *¡Vamos, que perdemos el tren!* Come on or we'll miss the train! ◆ **¡(ya) voy!** coming!
❶ Para otras expresiones con **ir**, véanse las entradas del sustantivo, adjetivo, etc., p.ej. **ir al grano** en GRANO.

iris *nm* iris LOC *Ver* ARCO

Irlanda *nf* Ireland LOC **Irlanda del Norte** Northern Ireland

irlandés, -esa *adj, nm* Irish: *hablar ~ to speak Irish*
▸ *nm-nf* Irishman/woman [*pl* Irishmen/-women]: *los irlandeses* the Irish

ironía *nf* irony [*pl* ironies]: *una de las ~s de la vida* one of life's little ironies

irónico, -a *adj* ironic

irracional *adj* irrational: *un miedo ~* irrational fear

irreal *adj* unreal

irreconocible *adj* unrecognizable: *Estaba ~ con ese disfraz.* He was unrecognizable in that disguise. ◊ *Últimamente está ~, siempre sonriendo.* She's been a changed woman recently; she's always smiling.

irregular *adj* **1** irregular: *verbos ~es* irregular verbs ◊ *un latido ~* an irregular heartbeat **2** (*anormal*) abnormal: *una situación ~* an abnormal situation

irremediable *adj* irreparable: *una pérdida/un error ~* an irreparable loss/mistake ◊ *Eso ya es ~.* Nothing can be done about it now.

irreparable *adj* irreparable

irrepetible *adj* (*excelente*) unique: *una experiencia/obra de arte ~* a unique experience/work of art

irresistible *adj* irresistible: *un atractivo/una fuerza ~* an irresistible attraction/force ◊ *Tenían ganas ~s de verse.* They were dying to see each other.

irrespetuoso, -a *adj* **~ con/para con** disrespectful (to/toward *sb/sth*)

irresponsable *adj, nmf* irresponsible: *¡Eres un ~!* You're so irresponsible!

irreversible *adj* irreversible

irritar *vt* to irritate
▸ **irritarse** *vp* (*Med*) to get irritated

irrompible *adj* unbreakable

isla *nf* island: *las Islas Galápagos* the Galapagos Islands LOC **isla desierta** desert island ◆ **las Islas Británicas** the British Isles

islam *nm* **el islam** Islam

islámico, -a *adj* Islamic

islamista *adj, nmf* Islamist

isleño, -a *nm-nf* islander

isósceles *adj* LOC *Ver* TRIÁNGULO

istmo *nm* isthmus [*pl* isthmuses]: *el ~ de Panamá* the Isthmus of Panama

Italia *nf* Italy

italiano, -a *adj, nm-nf, nm* Italian: *los ~s* the Italians ◊ *hablar ~* to speak Italian LOC *Ver* CAFETERA, ZAPALLO

itinerario *nm* itinerary [*pl* itineraries], route (*más coloq*)

IVA *nm* sales tax

izar *vt* to hoist: *~ una bandera/las velas* to hoist a flag/the sails

izquierda *nf* **1** left: *Siga por la ~.* Keep left. ◊ *manejar por la ~* to drive on the left ◊ *la casa de la ~* the house on the left ◊ *La carretera se desvía hacia la ~.* The road bears left. **2 the Left** (*Pol*) the Left [*v sing o pl*]: *La ~ ganó las elecciones.* The Left has won the election.
LOC **de izquierda(s)** left-wing: *grupos de ~* left-wing groups *Ver tb* CERO

izquierdo, -a *adj* left: *Me rompí el brazo ~.* I've broken my left arm. ◊ *la orilla izquierda del Sena* the left bank of the Seine LOC *Ver* LEVANTAR, MANO

J j

¡ja! *interj* ha! ha!
jabalí, -ina *nm-nf* wild boar [*pl* wild boar]
jabalina *nf* (*Dep*) javelin: *lanzamiento de* ~ javelin throwing
jabón *nm* soap [*incontable*]: *una barra/pasta de* ~ a bar of soap ◊ ~ *de afeitar* shaving soap **LOC jabón lavaplatos** detergent, washing-up liquid (*GB*)
jabonar(se) *vt, vp Ver* ENJABONAR(SE)
jabonera *nf* soap dish
jacinto *nm* hyacinth
jadear *vi* to pant
jaguar *nm* jaguar
jalada *nf* (*Per*) (*en automóvil*) ride, lift (*GB*)
jalado, -a *adj* (*borracho*) drunk
▶ *nm* (*Per*) (*en examen*) fail *Ver tb* JALAR
jalador, -ora *nm-nf* **1** (*Col*) (*ladrón*) car thief [*pl* car thieves] **2** (*Per*) (*profesor*) slavedriver
jalar *vt* **1** to pull **2** (*Per*) (*en carro, etc.*) to give *sb* a ride **3** (*Per*) (*examen, etc.*) to flunk, to fail (*GB*)
jalea *nf* **LOC jalea real** royal jelly
jalonear *vt* to tug (at) *sth*
jamás *adv* never: *Jamás he conocido a alguien así.* I've never known anyone like him. ➔ *Ver nota en* ALWAYS **LOC** *Ver* NUNCA
jamón *nm* ham **LOC jamón dulce** cooked ham
Japón *nm* Japan
japonés, -esa *adj, nm* Japanese: *hablar* ~ to speak Japanese
▶ *nm-nf* Japanese man/woman [*pl* Japanese men/women]: *los japoneses* the Japanese
jaque *nm* check **LOC jaque mate** checkmate: *dar/hacer* ~ *mate* to checkmate
jaqueca *nf* migraine
jarabe *nm* mixture: ~ *para la tos* cough syrup
jarana *nf* (*Per*) (*fiesta*) party
jardín *nm* garden ❶ *En Estados Unidos también se dice* **yard**. **LOC jardín infantil** nursery school
jardinera *nf* **1** (*para plantas*) window box **2** (*Chi*) (*ropa*) overalls [*pl*], dungarees [*pl*] (*GB*)
jardinería *nf* gardening
jardinero, -a *nm-nf* gardener
jarra *nf* pitcher, jug (*GB*)
jarro *nm* (large) pitcher, (large) jug (*GB*) **LOC jarro de cerveza** beer mug
jarrón *nm* vase

jartera *nf* (*Col*) **1** drag: *Mañana comienzan los exámenes. ¡Qué* ~*!* The exams start tomorrow. What a drag! ◊ *¡Qué* ~ *de película!* What a boring movie! ◊ *Tengo* ~ *de levantarme hoy.* I can't be bothered to get up today. **2** (*persona*) bore: *Ese tipo es una* ~*.* What a bore that man is!
jarto, -a *adj* (*Col*) **1** ~ **(de/con)** (*hastiado*) fed up (with *sb/sth/doing sth*): *Estoy* ~ *de viajar en bus.* I'm fed up with traveling by bus. **2** (*aburrido*) boring: *¡Qué novela tan jarta!* What a boring novel! **3** (*molesto*) annoying: *Es muy* ~ *tener que esperar.* It's very annoying to have to wait.
jaula *nf* cage
jazz *nm* jazz
jefatura *nf* **1** (*oficina central*) headquarters (*abrev* HQ) [*v sing o pl*]: *La* ~ *está al final de la calle.* The headquarters is/are at the end of the street. **2** (*cargo, dirección*) leadership
jefe, -a *nm-nf* **1** (*superior*) boss: *ser el* ~ to be the boss **2** (*de una institución*) head: ~ *de departamento/estado* head of department/state **3** (*de una asociación*) leader: *el* ~ *de un partido* the party leader **4** (*de una tribu*) chief **LOC jefe de estación** station master ◆ **jefe de policía** police chief *Ver tb* COMANDANTE
jengibre *nm* ginger
jerarquía *nf* hierarchy [*pl* hierarchies]
jerez *nm* sherry
jeringa *nf* (*Med*) syringe
jeroglífico *nm* hieroglyph
Jesucristo *n pr* Jesus Christ
jesuita *adj, nm* Jesuit
Jesús *n pr* **LOC ¡Jesús!** (*sorpresa*) good heavens!
jeta *nf* mug (*argot*) **LOC** *Ver* ROMPER
jíbaro, -a *nm-nf* (*Col*) (drug) dealer
jincho, -a *adj* (*Col*) (*borracho*) smashed
jinete *nmf* **1** (*persona que va a caballo*) rider **2** (*jockey*) jockey
jirafa *nf* giraffe
jirón *nm* (*Per*) (*avenida*) avenue
jitomate *nm* (*Méx*) tomato [*pl* tomatoes]
jockey *nmf* jockey
jolgorio *nm* celebrations [*pl*]: *El* ~ *continuó hasta bien entrada la noche.* The celebrations continued till well into the night.
jornada *nf* **1** (*día*) day: *una* ~ *de ocho horas* an eight-hour day ◊ *al final de la* ~ at the end of the day **2** **jornadas** (*congreso*) conference [*v sing*] **LOC jornada continua/única**: *un colegio*

jornalero

de ~ continua a school where they don't have a lunch break and finish early ♦ **jornada laboral** working day ♦ **jornada reducida** shorter working hours [*pl*]

jornalero, -a *nm-nf* casual laborer

joroba *nf* hump

jorobado, -a *adj* hunched
▸ *nm-nf* hunchback *Ver tb* JOROBAR

jorobar *vt* to get on *sb's* nerves

jota *nf* (*Naipes*) jack ⊃ *Ver nota en* BARAJA ᴸᴼᶜ **no decir ni jota** not to say a word ♦ **no entender/saber ni jota** not to understand/know a thing (*about sth*): *No entendí ni ~ de lo que dijo.* I didn't understand a thing he said. ◊ *No sé ni ~ de francés.* I don't know a word of French.

joven *adj* young
▸ *nmf* **1** (*muchacho*) guy, young man (*más formal*) **2** (*muchacha*) girl, young woman (*más formal*) **3 jóvenes** young people ᴸᴼᶜ *Ver* PUEBLO

joya *nf* **1** (*objeto de valor*) jewelry [*incontable*]: *Las ~s estaban en la caja fuerte.* The jewelry was in the safe. ◊ *~s robadas* stolen jewelry

> Cuando se trata de joyas valiosas también se dice **jewels**: *joyas valiosísimas* priceless jewels ◊ *las joyas de la Corona* the Crown jewels.

2 (*cosa, persona*) treasure: *Eres una ~.* You're a treasure.

joyería *nf* jewelry store, jeweller's (*GB*) ⊃ *Ver nota en* CARNICERÍA

joyero, -a *nm-nf* jeweler
▸ *nm* jewelry box

juagado, -a *adj* ᴸᴼᶜ **estar juagado de la risa** (*Col*) to kill yourself laughing: *¡Estábamos ~s de la risa con esa película!* That movie had us in stitches. *Ver tb* JUAGAR(SE)

juagar(se) *vt, vp Ver* ENJUAGAR(SE)

juanete *nm* bunion

jubilación *nf* **1** (*retiro*) retirement **2** (*pensión*) pension ᴸᴼᶜ **jubilación anticipada** early retirement

jubilado, -a *adj* retired: *estar ~* to be retired
▸ *nm-nf* senior citizen

jubilarse *vp* to retire

judaísmo *nm* Judaism

judicial *adj* ᴸᴼᶜ *Ver* PODER²

judío, -a *adj* Jewish
▸ *nm-nf* Jew

judo *nm* judo

juego *nm* **1** game: *~ de cartas* card game ◊ *El tenista español gana tres ~s a uno.* The Spanish player is winning by three games to one. **2** (*azar*) gambling **3** (*conjunto*) set: *~ de llaves* set of keys ᴸᴼᶜ **estar en juego** to be at stake: *Está en ~ tu nota.* Your final result is at stake.
♦ **hacer juego (con)** to match: *Los aretes hacen ~ con el collar.* The earrings match the necklace. ◊ *La falda y la chaqueta hacen ~.* Her skirt and jacket match. ♦ **juego de alcoba** bedroom suite ♦ **juego de azar** game of chance ♦ **juego de cama** bedding ♦ **juego de computador** computer game ♦ **juego de manos** conjuring trick ♦ **juego de mesa/salón** board game ♦ **juego de niños** child's play ♦ **juego de palabras** pun ♦ **juego de rol** role-play ♦ **juego limpio/sucio** fair/foul play ♦ **Juegos Olímpicos** Olympic Games ♦ **poner en juego** to put *sth* at stake *Ver tb* CAMPO, ENTRAR, FUERA, SALA, TERRENO

juerga *nf*: *Montamos una gran ~ el día de la boda.* We had a big party on the day of the wedding. ᴸᴼᶜ **ir(se) de juerga** to go out (partying)

jueves *nm* Thursday (*abrev* Thur(s).) ⊃ *Ver ejemplos en* LUNES ᴸᴼᶜ **Jueves Santo** Holy Thursday

juez *nmf* judge ᴸᴼᶜ **juez de línea** assistant referee

jugada *nf* move ᴸᴼᶜ **hacerle una mala jugada a algn** to play a dirty trick on sb

jugador, -ora *nm-nf* **1** (*competidor*) player **2** (*que apuesta*) gambler

jugar *vt* **1** to play: *~ un partido de fútbol/una partida de cartas* to play a game of soccer/cards ◊ *El trabajo juega un papel importante en mi vida.* Work plays an important part in my life. **2** (*dinero*) to put *sth* on *sth*: *~ 30.000 pesos a un caballo* to put 30,000 pesos on a horse
▸ *vi* **1 ~ (a)** to play *sth*: *~ al fútbol* to play soccer ◊ *~ a las muñecas* to play with dolls **2 ~ con/contra** to play: *Jugamos contra el América.* We're playing América. **3** (*apostar*) to gamble
▸ **jugarse** *vp* **1** (*apostar*) to gamble *sth* (away) **2** (*arriesgarse*) to risk: *~se la vida* to risk your life ᴸᴼᶜ **jugar la lotería** to buy a lottery ticket
♦ **jugar limpio/sucio** to play fair/dirty *Ver tb* LAZO, PASADA, PELLEJO

jugarreta *nf* ᴸᴼᶜ **hacer una jugarreta** to play a dirty trick *on sb*

jugo *nm* **1** (*de frutas*) juice: *~ de piña* pineapple juice **2** (*salsa*) gravy ᴸᴼᶜ **sacarle el jugo a algo** to get the most out of sth

jugoso, -a *adj* **1** (*fruta*) juicy **2** (*carne*) succulent

juguera *nf* (*Chi*) (*licuadora*) blender

juguete *nm* toy ᴸᴼᶜ **de juguete** toy: *camión de ~* toy truck

juguetería *nf* toy store, toy shop (*GB*)

juguetón, -ona *adj* playful

juicio *nm* **1** (*cualidad*) judgment: *Confío en el ~ de las personas.* I trust people's judgment.

2 (*sensatez*) (*common*) sense: *Careces totalmente de ~.* You're totally lacking in common sense. **3** (*opinión*) opinion: *emitir un ~* to give an opinion **4** (*Jur*) trial LOC **a mi juicio** in my, your, etc. opinion ♦ **llevar a juicio** to take *sb/sth* to court *Ver tb* MUELA, PERDER, SANO

juicioso, -a *adj* **1** (*comportamiento*) well behaved **2** (*serio, responsable*) conscientious: *un estudiante ~* a conscientious student

julio *nm* July (*abrev* Jul.) ➔ *Ver ejemplos en* ENERO

jungla *nf* jungle

junio *nm* June (*abrev* Jun.) ➔ *Ver ejemplos en* ENERO

junta *nf* LOC **andar con malas juntas** to keep bad company ♦ **junta directiva** board of directors

juntar *vt* **1** (*poner juntos*) to put *sb/sth* together: *¿Juntamos las mesas?* Should we put the tables together? **2** (*unir*) to join *sth* (*together*): *Junté los dos trozos.* I've joined the two pieces (together). **3** (*reunir*) to get *sb* together

junto, -a *adj* **1** (*a la vez, en compañía*) together: *todos ~s* all together ◊ *Siempre estudiamos ~s.* We always study together. **2** (*cerca*) close together: *Los árboles están muy ~s.* The trees are very close together.
▸ *adv* **1** **~ a** next to: *El teatro está ~ al café.* The movie theater is next to the café. **2** **~ con** with

Júpiter *nm* Jupiter

jurado *nm* jury [*v sing o pl*] [*pl* juries]: *El ~ salió para deliberar.* The jury retired to consider its verdict.

En inglés británico muchas palabras como **jury, committee, crew, government, staff** y **team** pueden llevar el verbo tanto en singular como en plural: *El jurado está a punto de adjudicar el premio.* The jury is/are about to award the prize. Si estas palabras van precedidas de **a, each, every, this** y **that**, el verbo va en singular: *Cada equipo tiene un líder.* Each team has a leader. Por otro lado, si llevan el verbo en plural, los pronombres y adjetivos posesivos que se utilizan van también en plural (es decir, **them** y **their**): *El gobierno ha decidido mejorar su imagen.* The government have decided to smarten up their image. En inglés americano siempre se usa el verbo en singular.

juramento *nm* oath LOC *Ver* PRESTAR

jurar *vt, vi* to swear LOC **jurar (a la) bandera** to swear allegiance to the flag ♦ **jurar lealtad a algn/algo** to swear allegiance to sb/sth

jurgo *nm* (*Col*) awful lot (*of sth*): *un ~ de plata* an awful lot of money ◊ *Se aprende un ~.* You learn an awful lot.

justicia *nf* **1** justice: *Espero que se haga ~.* I hope justice is done. **2** (*organización estatal*) law: *No te tomes la ~ por tu cuenta.* Don't take the law into your own hands.

justificar *vt* to justify

justo, -a *adj* **1** (*razonable*) fair: *una decisión justa* a fair decision **2** (*correcto, exacto*) right: *el precio ~* the right price **3** (*apretado*) tight: *Esta falda me queda muy justa.* This skirt is too tight for me. **4 justos** (*suficientes*) just enough: *Tenemos los platos ~s.* We have just enough plates.
▸ *adv* just, exactly (*más formal*): *Lo encontré ~ donde dijiste.* I found it just where you told me. LOC **justo cuando…** just as…: *Llegaron ~ cuando nos íbamos.* They arrived just as we were leaving. *Ver tb* COMERCIO

juvenil *adj* **1** (*carácter*) youthful: *la moda ~* young people's fashion **2** (*Dep*) junior LOC *Ver* DELINCUENCIA

juventud *nf* **1** (*edad*) youth **2** (*los jóvenes*) young people [*pl*]: *A la ~ de hoy en día le gusta tener libertad.* The young people of today like to have their freedom.

juzgado *nm* court

juzgar *vt* to judge LOC **juzgar mal** to misjudge

K k

karate *nm* karate: *hacer ~* to do karate
kart *nm* go-kart
karting *nm* go-kart racing
kayak *nm* **1** *(embarcación)* kayak **2** *(deporte)* kayaking
ketchup *nm* ketchup
kilo *(tb* **kilogramo***) nm* kilogram *(abrev* kg) ➲ *Ver pág.* 786
kilómetro *nm* kilometer *(abrev* km) ➲ *Ver pág.* 786

kilovatio *nm* kilowatt *(abrev* kw)
kimono *nm* kimono *[pl* kimonos]
kinder *nm* kindergarten
kiosco *nm Ver* QUIOSCO
kitesurf *(tb* kiteboard) *nm* kiteboarding
 LOC *Ver* TABLA
kiwi *nm* kiwi fruit *[pl* kiwi fruit]
kleenex® *nm* kleenex®
koala *nm* koala (bear)

L l

la¹ *art def* the: *La casa es vieja.* The house is old. ➲ *Ver nota en* THE
▸ *pron* **1** *(ella)* her: *La sorprendió.* It surprised her. **2** *(cosa)* it: *Déjame que la vea.* Let me see it. **3** *(usted)* you **LOC** **la de/que…** *Ver tb* EL

la² *nm* **1** *(nota de la escala)* la **2** *(tonalidad)* A: *la menor* A minor

laberinto *nm* **1** maze **2** *(fig)* labyrinth

labial *nm* lipstick

labio *nm* lip **LOC** *Ver* BARRA, LEER, PINTAR

labor *nf* **1** *(trabajo)* work *[incontable]*: *Llevaron a cabo una gran ~.* They did some great work. **2** *(de coser)* needlework *[incontable]* **3** *(de punto)* knitting *[incontable]* **LOC** **labores agrícolas/del campo** farm work *[incontable]* ◆ **labores domésticas** housework *[incontable]*

laborable *adj* working: *los días ~s* working days

laboral *adj* **LOC** *Ver* ACOSO, JORNADA

laboratorio *nm* laboratory *[pl* laboratories*]*, lab *(coloq)*

labrador, -ora *nm-nf* **1** *(propietario)* small farmer **2** *(jornalero)* farm laborer

laca *nf* lacquer *[incontable]*

lacra *nf (Col) (persona)* degenerate

lacrimógeno, -a *adj* **LOC** *Ver* GAS

lácteo, -a *adj* **LOC** *Ver* VÍA

ladera *nf* hillside

ladilla *nf (persona pesada)* pain (in the neck)

lado *nm* **1** side: *Un triángulo tiene tres ~s.* A triangle has three sides. ◊ *ver el ~ bueno de las cosas* to look on the bright side **2** *(lugar)* place: *de un ~ para otro* from one place to another ◊ *¿Nos vamos a otro ~?* Should we go somewhere else? ◊ *en algún/ningún ~* somewhere/nowhere **3** *(dirección)* way: *Fueron por otro ~.* They went a different way. ◊ *mirar a todos ~s* to look in all directions ◊ *Se fueron cada uno por su ~.* They all went their separate ways. **LOC** **al lado 1** *(cerca)* really close: *Está aquí al ~.* It's really close. **2** *(contiguo)* next door: *el edificio de al ~* the building next door ◊ *los vecinos de al ~* the next-door neighbors ◆ **al lado de** next to *sb/sth*: *Se sentó al ~ de su amiga.* She sat down next to her friend. ◊ *Ponte a mi ~.* Stand next to me. ◆ **de lado** sideways: *ponerse de ~* to turn sideways ◆ **estar/ponerse del lado de algn** to be on/take sb's side: *¿De qué ~ estás?* Whose side are you on? ◆ **por un lado… por otro (lado)** on the one hand… on the other (hand) *Ver tb* OTRO

ladrar *vi* **1** to bark *(at sb/sth)*: *El perro no dejaba de ~nos.* The dog wouldn't stop barking at us. **2** *(persona)* to yell **LOC** *Ver* PERRO

ladrillo *nm* brick

ladrón, -ona *nm-nf* **1** thief *[pl* thieves*]*: *Los de esa tienda son unos ladrones.* They're a bunch of thieves at that store. **2** *(en una casa)* burglar **3** *(en un banco)* robber ➲ *Ver nota en* THIEF

lagaña *nf* sleep *[incontable]*: *Tienes los ojos llenos de ~s.* Your eyes are full of sleep. **LOC** **no es cualquier lagaña de mico** *(Col)* it's not to be sneezed at

lagartija *nf (small)* lizard

lagarto, -a *nm-nf* **1** *(Zool)* lizard **2** *(Col) (persona)* crawler

lago *nm* lake

lágrima *nf* tear **LOC** **lágrimas de cocodrilo** crocodile tears *Ver tb* DERRAMAR(SE), LLORAR

laguna *nf* **1** *(lago)* (small) lake **2** *(omisión)* gap

lama *nf* slime

lambón, -ona *nm-nf (Col)* bootlicker

lamentable *adj* **1** *(aspecto, condición)* pitiful **2** *(desafortunado)* regrettable: *Es ~ que…* It's regrettable that…

lamentar *vt* to regret *sth/doing sth/to do sth*: *Lamentamos haberles causado tanto trastorno.* We regret having caused you so much trouble. ◊ *Lamentamos comunicarle que…* We regret to inform you that… ◊ *Lo lamento mucho.* I am terribly sorry.
▸ **lamentarse** *vp* to complain *(about sth)*: *Ahora no sirve de nada ~se.* It's no use complaining now.

lamer *(tb* **lamber***) vt* **1** *(con la lengua)* to lick **2** *(Col) (lisonjear)* to brown-nose: *No le lamas que no lo convencerás.* It's no good brown-nosing him; you won't persuade him.

lámina *nf* **1** *(hoja)* sheet **2** *(ilustración)* plate: *~s en color* color plates

laminar *vt* to laminate

lámpara *nf* **1** *(linterna)* lamp: *una ~ de escritorio* a desk lamp **2** *(calle)* street light **LOC** **lámpara de pie** floor lamp

lana *nf* **1** *(material)* wool **2** *(plata)* dough **LOC** **de lana** woolen: *un suéter de ~* a woolen sweater ◆ **lana virgen** new wool

lanar *adj* **LOC** *Ver* GANADO

lancha *nf* launch **LOC** **lancha de motor** motorboat

langosta nf 1 (de mar) lobster 2 (insecto) locust

langostino nm jumbo shrimp [pl jumbo shrimp/shrimps], king prawn (GB)

lánguido, -a adj languid

lanza nf 1 spear 2 (Chi) (delincuente) pickpocket 3 (Col) (compañero) buddy [pl buddies], mate (GB)

lanzamiento nm 1 (misil, satélite, producto) launch: el ~ de su nuevo disco the launch of their new album 2 (bomba) dropping 3 (Dep) throw: Su último ~ fue el mejor. His last throw was the best one.

lanzar vt 1 (en un juego o deporte) to throw sth to sb: Lánzale la pelota a tu compañero. Throw the ball to your team mate. 2 (con intención de hacer daño) to throw sth at sb ➲ Ver nota en THROW 3 (misil, producto) to launch 4 (bomba) to drop
▸ **lanzarse** vp 1 (arrojarse) to throw yourself: Me lancé al agua. I threw myself into the water. 2 **lanzarse sobre** to pounce on sb/sth: Se lanzaron sobre mí/el dinero. They pounced on me/the money. LOC Ver INDIRECTA, PARACAÍDAS

lapicero nm (tb **lapicera** nf) pen

lápida nf gravestone

lápiz nm pencil: lápices de colores colored pencils LOC **a lápiz** in pencil ◆ **lápiz labial** lipstick ◆ **lápiz pasta** (Chi) (ballpoint) pen

largarse vp 1 (irse) to clear off 2 **~ a** (empezar) to start doing sth/to do sth

largo, -a adj long: El abrigo te queda muy ~. That coat is too long for you.
▸ nm length: ¿Cuánto mide de ~? How long is it? ◊ Tiene cincuenta metros de ~. It's fifty meters long. LOC **a lo largo** lengthwise ◆ **a lo largo de** 1 (referido a espacio) along… 2 (referido a tiempo) throughout…: a lo ~ del día throughout the day ◆ **es largo de contar** it's a long story ◆ **hacerse largo** to drag: El día se me está haciendo muy ~. Today is really dragging. ◆ **¡largo (de aquí)!** clear off! ◆ **pasar de largo** to go straight past sb/sth ◆ **tener para largo** Yo acá tengo para ~. I'm going to be a while. Ver tb LLAMADA

largometraje nm feature film

larguero nm (Fútbol) crossbar

las art def, pron Ver LOS

lasaña nf lasagne

láser nm laser LOC Ver RAYO

lástima nf: ¡Qué ~! That's too bad! ◊ Es una ~ botarlo. It's a shame to throw it away. LOC **dar lástima 1** (persona) to feel sorry for sb: Esos niños me dan mucha ~. I feel very sorry for those children. **2** (cosa, situación): Me da ~ que se tengan que ir. I'm sorry you have to go.

lastimar vt to hurt

lata nf 1 (envase) can, tin (GB)

En Gran Bretaña se utiliza **can** para hablar de bebidas en lata: una lata de cerveza a can of beer. Para otros alimentos se puede usar **can** o **tin**: una lata de sardinas a can/tin of sardines. ➲ Ver dibujo en CONTAINER

2 (de hornear) baking tray 3 (material) tin 4 (molestia) pain: ¡Qué ~! What a pain! LOC **a la lata** very fast ◆ **dar lata 1** (molestar) to be a pain: ¡Cuánta ~ das! What a pain you are! **2** (pedir con insistencia) to pester: Nos estuvo dando ~ para que le compráramos la bicicleta. He kept pestering us to get him the bike. ◆ **de/en lata** canned, tinned (GB)

latearse vp (Chi) (aburrirse) to get bored

lateral adj, nm side: una calle ~ a side street

latido nm (corazón) (heart)beat

latifundio nm large estate

latigazo nm 1 (golpe) lash 2 (chasquido) crack

látigo nm whip

latín nm Latin

latino, -a adj Latin: la gramática latina Latin grammar ◊ el temperamento ~ the Latin temperament

latir vi to beat

latitud nf latitude

latón nm brass

latonería nf (Col) (de carros) bodywork

latoso, -a adj 1 (molesto) annoying: ¡Que niño más ~! That kid is such a pain! 2 (aburrido) dull
▸ nm-nf (persona molesta) pain

laurel nm 1 (Cocina) bay leaf [pl bay leaves]: una hoja de ~ a bay leaf ◊ No tengo ~. I don't have any bay leaves. 2 (árbol) bay tree

lava nf lava

lavada nf wash: Hago dos ~s al día. I do two washes a day. LOC **pegarse una lavada** (Col) to get drenched

lavadero nm 1 (edificio) washhouse 2 (tina) sink LOC **lavadero de autos** car wash

lavado nm wash LOC **lavado cerebral** brainwashing ◆ **lavado de dinero** money laundering Ver tb SECO

lavadora nf 1 (de ropa) washing machine 2 (de platos) dishwasher

lavamanos (tb **lavabo**) nm (bathroom) sink, washbasin (GB)

lavanda nf lavender

lavandería nf dry-cleaner's ➲ Ver nota en CARNICERÍA

lavaplatos nm sink LOC **lavaplatos eléctrico** dishwasher

lavar *vt* to wash: *~ la ropa* to wash your clothes
▸ **lavarse** *vp* **1** (*bañarse*) to wash: *~se los pies* to wash your feet ◊ *Lávate bien la cara.* Wash your face well. **2** (*Col*) (*con la lluvia*) to get drenched LOC **lavar a mano** to wash *sth* by hand ◆ **lavar la loza/los platos/los trastes** to do the dishes ◆ **lavarse la cabeza/el pelo** to wash your hair ◆ **lavarse las manos** (*no asumir responsabilidad*) not to take any responsibility *for sth*: *Si algo sale mal, yo me lavo las manos.* If something goes wrong, I'm not taking any responsibility. ◆ **lavarse los dientes** to brush your teeth *Ver tb* SECO

lavatorio *nm* (*lavamanos*) sink, washbasin (*GB*)

laxante *adj*, *nm* laxative

lazo *nm* **1** (*cuerda*) rope **2** (*de amistad, familia*) bond: *Me unen ~s muy fuertes con mi hermano.* There is a strong bond between my brother and me. **3** (*moño*) bow: *una blusa con ~s rojos* a blouse with red bows **4** (*cinta*) ribbon **5** (*Col*) **(a)** (*cuerda*) jump rope, skipping rope (*GB*) **(b)** (*juego*) jumping rope, skipping (*GB*) **jugar/saltar lazo** (*Col*) to jump rope, to skip (*GB*): *Están saltando ~.* They're jumping rope.

le *pron* **1** (*él/ella/ello*) **(a)** (*complemento*): *Le compramos la casa.* We bought our house from him/her. ◊ *Vi a mi jefa pero no le hablé.* I saw my boss but I didn't speak to her. ◊ *Le vamos a comprar un vestido.* We're going to buy her a dress. ◊ *No le des importancia.* Ignore it. **(b)** (*partes del cuerpo, efectos personales*): *Le quitaron el pasaporte.* They took away his passport. ◊ *Le arreglaron la falda.* She's had her skirt repaired. **2** (*usted*) **(a)** (*complemento*) you: *Le hice una pregunta.* I asked you a question. **(b)** (*partes del cuerpo, efectos personales*): *Tenga cuidado, o le robarán el bolso.* Be careful or they'll steal your bag.

leal *adj* **1** (*persona*) loyal (*to sb/sth*) **2** (*animal*) faithful (*to sb*)

lealtad *nf* loyalty (*to sb/sth*) LOC **con lealtad** loyally *Ver tb* JURAR

lección *nf* lesson LOC **preguntar/tomar la lección** to test *sb* (*on sth*): *Repasa los verbos, que luego te tomaré la ~.* Revise your verbs and then I'll test you (on them).

leche *nf* milk: *Se nos acabó la ~.* We've run out of milk. ◊ *¿Compro ~?* Should I get some milk? LOC **leche condensada** condensed milk ◆ **leche descremada** skim milk, skimmed milk (*GB*) ◆ **leche entera** whole milk, full-cream milk (*GB*) ◆ **leche en polvo** powdered milk ◆ **mala leche 1** (*mala suerte*): *¡Qué mala ~, empezó a llover!* What bad luck! It's started to rain. **2** (*mala intención*): *Lo hizo con mala ~.* He did it out of spite. *Ver tb* ARROZ, CREMA, DIENTE, HIDRATANTE, MOSCA

lechero, -a *adj* **1** dairy: *vaca lechera* dairy cow **2** (*afortunado*) lucky
▸ *nm-nf* **1** milkman [*pl* milkmen] **2** (*afortunado*) lucky devil

lechucear *vi* (*Per*) (*trabajar*) to work nights

lechuga *nf* lettuce LOC *Ver* ENSALADA

lechuza *nf* barn owl

lector, -ora *nm-nf* reader

lectura *nf* reading: *Mi pasatiempo favorito es la ~.* My favorite hobby is reading. LOC **lectura obligatoria** (*Educ*) set text

leer *vt, vi* to read: *Léeme la lista.* Read me the list. ◊ *Me gusta ~.* I like reading. LOC **leer los labios** to lip-read ◆ **leer para sí** to read to yourself *Ver tb* PENSAMIENTO

legajador *nm* (*Col*) (*carpeta*) folder

legal *adj* (*Jur*) legal

legalizar *vt* to legalize

legislación *nf* legislation

legislar *vi* to legislate

legislativo, -a *adj* LOC *Ver* ELECCIÓN, PODER^2

legislatura *nf* term (of office)

legista *nmf* LOC *Ver* MÉDICO

legua *nf* LOC **a leguas/a la legua**: *A ~s se ve que está borracho.* It's obvious he's drunk. ◊ *Es a ~s el más importante.* It's by far the most important.

legumbre *nf* pulse: *pasta y ~s* pasta and pulses

lejano, -a *adj* distant: *un lugar/pariente ~* a distant place/relative

lejos *adv ~* **(de)** far (away), a long way (away) (*from sb/sth*)

> **A long way (away)** se suele utilizar en frases afirmativas, especialmente en lenguaje informal: *Queda lejos.* It's a long way (away). ◊ *Vivo lejos del colegio.* I live a long way (away) from the school.
>
> **Far** se usa normalmente en preguntas y frases negativas: *¿Queda lejos?* Is it far? ◊ *No vivo lejos del colegio.* I don't live far from the school. Nótese que *demasiado lejos* se traduce por **too far**: *Es demasiado lejos para caminar.* It's too far to walk.

LOC **a lo lejos** in the distance ◆ **de/desde lejos** from a distance ◆ **más lejos** further *Ver tb* LLEGAR

lema *nm* **1** (*Econ, Pol*) slogan **2** (*regla de conducta*) motto [*pl* mottoes/mottos]

lencería *nf* (*ropa interior*) lingerie

lengua *nf* **1** (*Anat, zapato*) tongue: *sacar la ~ a algn* to stick your tongue out at sb **2** (*idioma*)

lenguaje

language **LOC** **echar lengua** to talk too much ◆ **las malas lenguas** gossip [*incontable*]: *Dicen las malas ~s que…* Word has it that… ◆ **lengua materna** mother tongue ◆ **tener lengua viperina** to have a sharp tongue *Ver tb* COMER, MEDIO, PELO, SOLTAR, TRABARSE

lenguaje *nm* **1** language **2** (*hablado*) speech

lente *nm* **1** lens [*pl* lenses]: *el ~ de la cámara* the camera lens **2 lentes** (*gafas*) glasses **LOC** **lentes de contacto** contact lenses

lenteja *nf* lentil

lento, -a *adj* slow **LOC** **lento pero seguro** slowly but surely *Ver tb* CÁMARA, COCINAR, FUEGO, TORTUGA

leña *nf* firewood

leñador, -ora *nm-nf* lumberjack

leño *nm* log

Leo *nm, nmf* (*Astrología*) Leo [*pl* Leos] ➡ *Ver ejemplos en* AQUARIUS

león, -ona *nm-nf* **1** (a) (*macho*) lion (b) (*hembra*) lioness **2** (*puma*) puma

leopardo *nm* leopard

lepra *nf* leprosy

leproso, -a *adj* leprous
▸ *nm-nf* leper

les *pron* **1** (*a ellos, a ellas*) (a) (*complemento*) them: *Les di todo lo que tenía.* I gave them everything I had. ◊ *Les compré una torta.* I bought them a cake./I bought a cake for them. (b) (*partes del cuerpo, efectos personales*): *Les robaron el bolso.* Their bag was stolen. **2** (*a ustedes*) (a) (*complemento*) you: *¿Les interesa ver unas fotos?* Would you like to see some photos? (b) (*partes del cuerpo, efectos personales*): *¿Les quito los abrigos?* Can I take your coats?

lesbiana *nf* lesbian

lesión *nf* **1** (*por accidente*) injury [*pl* injuries]: *lesiones graves* serious injuries **2** (*herida*) wound: *lesiones de bala* bullet wounds **3** (*hígado, riñón, cerebro*) damage [*incontable*] **LOC** ➡ *Ver nota en* HERIDA

lesionado, -a *adj* injured: *Está ~.* He is injured.
▸ *nm-nf* injured person: *la lista de los ~s* the list of people injured *Ver tb* LESIONARSE

lesionarse *vp* to hurt yourself: *Me lesioné la pierna.* I hurt my leg. ➡ *Ver nota en* HERIDA

letal *adj* lethal

letargo *nm* **1** (*sopor*) lethargy **2** (*hibernación*) hibernation

letra *nf* **1** (*abecedario, grafía*) letter **2** (*signo de escritura*) character: *las ~s chinas* Chinese characters **3** (*escritura*) writing **4** (*canción*) lyrics [*pl*]: *La ~ de esta canción es muy difícil.* The lyrics of this song are very difficult. **LOC** *Ver* PIE[1], PUÑO

letrero *nm* **1** (*nota*) notice: *Había un ~ en la puerta.* There was a notice on the door. **2** (*rótulo*) sign: *Pon el ~ de cerrado en la puerta.* Put the closed sign on the door.

leucemia *nf* leukemia

levadizo, -a *adj* **LOC** *Ver* PUENTE

levadura *nf* yeast

levantadora *nf* (*Col*) bathrobe, dressing gown (*GB*)

levantamiento *nm* uprising **LOC** *Ver* PESA

levantar *vt* **1** to raise: *Levanta el brazo izquierdo.* Raise your left arm. ◊ *~ la moral/voz* to raise your spirits/voice **2** (*peso, tapa*) to lift sth up: *Levanta esa tapa.* Lift that lid up. **3** (*recoger*) to pick sb/sth up: *Lo levantaron entre todos.* They picked him up between them.
▸ **levantarse** *vp* **1** (*ponerse de pie*) to stand up **2** (*de la cama, viento*) to get up: *Suelo ~me temprano.* I usually get up early. **3** (*conquistar*) to pick sb up **LOC** **levantarse con el pie izquierdo** to get up on the wrong side of the bed *Ver tb* MESA

levar *vt* **LOC** **levar anclas** to weigh anchor

leve *adj* slight **LOC** *Ver* PRONÓSTICO

ley *nf* **1** law: *la ~ de la gravedad* the law of gravity ◊ *ir contra la ~* to break the law **2** (*parlamento*) act **LOC** *Ver* PROYECTO

leyenda *nf* legend

libélula *nf* dragonfly [*pl* dragonflies]

liberación *nf* **1** (*país*) liberation **2** (*presos*) release

liberado, -a *adj* **1** (*prisionero, rehén*) freed **2** (*mujer*) liberated *Ver tb* LIBERAR

liberal *adj, nmf* liberal

liberar *vt* **1** (*país*) to liberate **2** (*prisionero*) to free

libertad *nf* freedom **LOC** **libertad bajo fianza/provisional** bail: *salir en ~ bajo fianza* to be released on bail ◆ **libertad condicional** parole ◆ **libertad de expresión** freedom of speech ◆ **libertad de prensa** freedom of the press

Libra *nf, nmf* (*Astrol*) Libra ➡ *Ver ejemplos en* AQUARIUS

libra *nf* **1** (*dinero*) pound (*abrev* £): *cincuenta ~s* (£50) fifty pounds ◊ *~s esterlinas* pounds sterling ➡ *Ver pág. 787* **2** (*peso*) pound (*abrev* lb.) ➡ *Ver pág. 786*

librar *vt* to save sb/sth from sth/doing sth: *Lo libraron de perecer en el incendio.* They saved him from the fire.
▸ **librarse** *vp* **librarse (de) 1** (*escaparse*) to get out of sth/doing sth: *Me libré del servicio militar.* I got out of doing military service. **2** (*desembarazarse*) to get rid of sb/sth: *Quiero*

~*me de este televisor*. I want to get rid of this TV. **LOC** **librarse por un pelo** to escape by the skin of your teeth *Ver tb* DIOS

libre *adj* **1** free: *Soy ~ de hacer lo que quiera*. I'm free to do what I want. ◊ *¿Está ~ esta silla?* Is this seat free? **2** (*disponible*) vacant: *No quedan asientos ~s*. There are no vacant seats. **LOC** **libre de impuestos** tax-free *Ver tb* AIRE, CAÍDA, DÍA, ENTRADA, LUCHA, MANO, NADAR, NADO, TIRO, UNIÓN

librería *nf* bookstore, bookshop (*GB*) ❶ La palabra **library** no significa *librería*, sino *biblioteca*.

librero *nm* (*mueble*) bookcase

libreta *nf* notebook **LOC** **libreta de ahorro(s)** savings book

libro *nm* book **LOC** **libro de bolsillo** paperback ◆ **libro de cocina** cookbook ◆ **libro de texto** textbook ◆ **libro electrónico** e-book

licencia *nf* license: *~ de pesca/armas* fishing/gun license **LOC** **licencia de conducción/conducir** driver's license, driving licence (*GB*) *Ver tb* MATERNIDAD, PATERNIDAD

licenciado, -a *adj, nm-nf* **(en)** (*person*) with a degree (in *sth*): *~ en Ciencias Biológicas* with a degree in biology ◊ *un ~ de la Universidad de Londres* a person with a degree from London University *Ver tb* LICENCIARSE

licenciarse *vp* **(en)** to graduate (in *sth*): *~ de la Universidad Nacional* to graduate from the National University

licenciatura *nf* **1** (*título*) degree **2** (*estudios*) program of study

licor *nm* liqueur: *~ de manzana* apple liqueur

licorera *nf* **1** (*mueble*) drinks cabinet **2** (*recipiente*) decanter

licuadora *nf* blender

líder *nmf* leader

liderar *vt* to lead: *el partido que lidera Clegg* the party led by Clegg ◊ *Alianza Lima lidera la clasificación*. Alianza Lima are league leaders.

liebre *nf* hare **LOC** *Ver* GATO

liendre (*tb* **liendra**) *nf* nit

lienzo *nm* canvas

lifting *nm* facelift: *hacerse un ~* to have a facelift

liga *nf* **1** league: *la ~ de baloncesto* the basketball league **2** (*cinta*) garter **3** (*banda elástica*) rubber band

ligamento *nm* ligament: *sufrir una fractura/rotura de ~s* to tear a ligament

ligar *vi* ~ **(con)**: *Me gusta ~ con las chicas*. I like sweet-talking girls. ◊ *~ mucho* to be popular with the boys/girls

▸ **ligarse** *vp*: *Se ligó a la más bonita de la clase*. He went out with the prettiest girl in the class.

ligeramente *adv* slightly: *~ inestable* slightly unsettled

ligero, -a *adj* **1** (*liviano*) light: *comida/ropa ligera* light food/clothing ◊ *tener el sueño ~* to sleep lightly **2** (*que casi no se nota*) slight: *un ~ acento venezolano* a slight Venezuelan accent **3** (*ágil*) agile **LOC** **hacer algo a la ligera** to do sth hastily ◆ **tomarse algo a la ligera** to take sth lightly

light *adj* (*refresco*) diet: *Coca-Cola ~* Diet Coke

lija *nf* sandpaper

lijar *vt* to sand

lila *nf, nm* lilac: *El ~ te sienta muy bien*. Lilac suits you.

lima *nf* **1** (*herramienta*) file: *~ de uñas* nail file **2** (*fruta*) lime **LOC** *Ver* COMER

limar *vt* to file **LOC** **limar asperezas** to smooth things over

limbo *nm* limbo **LOC** **estar en el limbo** to have your head in the clouds

limitación *nf* limitation: *Conoce sus limitaciones*. He knows his limitations.

limitado, -a *adj* limited: *un número ~ de puestos* a limited number of places **LOC** *Ver* SOCIEDAD; *Ver tb* LIMITAR

limitar *vt* to limit
▸ *vi* ~ **con** to border on…: *Colombia limita con Venezuela*. Colombia borders on Venezuela.
▸ **limitarse** *vp* **limitarse a**: *Limítese a responder a la pregunta*. Just answer the question.

límite *nm* **1** limit: *el ~ de velocidad* the speed limit **2** (*Geog, Pol*) boundary [*pl* boundaries] ↻ *Ver nota en* BORDER **LOC** **sin límite** unlimited: *kilometraje sin ~* unlimited mileage ◊ *Tiene una paciencia sin ~*. She has unlimited patience. *Ver tb* FECHA

limón *nm* **1** (*fruto, color*) lemon: *un vestido amarillo ~* a lemon yellow dress **2** (*árbol*) lemon tree **LOC** *Ver* RALLADURA

limonada *nf* (traditional) lemonade ❶ En Gran Bretaña, la palabra **lemonade** también significa *refresco*. **LOC** *Ver* CHICHA

limosna *nf*: *Le dimos una ~*. We gave him some money. ◊ *Una ~ por favor*. Could you spare some change, please? **LOC** *Ver* PEDIR

limosnero, -a *nm-nf* beggar

limpiador, -ora *nm-nf* (*persona*) cleaner

limpiaparabrisas (*Col* **limpiabrisas**) *nm* windshield wiper, windscreen wiper (*GB*)

limpiar *vt* **1** to clean: *Tengo que ~ los vidrios*. I have to clean the windows. **2** (*pasar un trapo*) to wipe **3** (*sacar brillo*) to polish

limpieza

▸ **limpiarse** *vp* to clean yourself up **LOC** **limpiarse la nariz** to wipe your nose *Ver tb* SECO

limpieza *nf* **1** *(acción de limpiar)* cleaning: *productos de ~* cleaning products **2** *(pulcritud)* cleanliness **LOC** *Ver* AUXILIAR, SECO, SEÑORA

limpio, -a *adj* **1** clean: *El hotel estaba bastante ~.* The hotel was quite clean. ◊ *Mantén limpia tu ciudad.* Keep your city tidy. **2** *(pelado)* broke
▸ *adv* fair: *jugar ~* to play fair **LOC** **pasar/poner en limpio** to make a final copy *of sth* ♦ **sacar en limpio** *(entender)* to get *sth* out of *sth*: *No he sacado nada en ~.* I didn't get anything out of it. *Ver tb* JUEGO, JUGAR

limpión *nm (Col)* dishtowel, tea towel *(GB)*

lince *nm* lynx **LOC** **ser un lince** not to miss a trick: *Es un ~.* She never misses a trick.

lindo, -a *adj* **1** *(bonito)* pretty **2** *(amable)* kind: *Fue un detalle muy ~.* It was a very kind gesture.
▸ *adv* beautifully: *Escribe muy ~.* She writes beautifully. **LOC** **de lo lindo**: *divertirse de lo ~* to have a great time

línea *nf* line: *una ~ recta* a straight line **LOC** **cuidar/mantener la línea** to watch your weight ♦ **en línea** *(Internet)* online ♦ **línea aérea** airline ♦ **línea de llegada/salida** finishing/starting line ♦ **línea divisoria** dividing line ♦ **por línea materna/paterna** on my, your, etc. mother's/father's side *Ver tb* GUARDAR, JUEZ, PATÍN

lineal *adj* **LOC** *Ver* DIBUJO

lingüística *nf* linguistics [*incontable*]

lingote *nm* ingot

lino *nm* **1** *(Bot)* flax **2** *(tela)* linen

linterna *nf* flashlight, torch *(GB)*

lío *nm*: *¡Qué ~!* What a mess! ◊ *Lo metieron en un ~.* They got him into trouble. ◊ *No se meta en ~s.* Don't get into trouble. **LOC** **estar hecho un lío** to be really confused ♦ **hacerse un lío** *(confundirse)* to get into a muddle ♦ **meterse en un lío/líos** to get into trouble *Ver tb* ARMAR

liquidación *nf (rebaja)* sale **LOC** **liquidación por cierre (de negocio)** clearance sale

liquidar *vt* **1** *(deuda)* to settle **2** *(negocio)* to liquidate **3** *(matar)* to bump *sb* off

líquido, -a *adj, nm* liquid: *Solo puedo tomar ~s.* I can only have liquids.

lírica *nf* lyric poetry

lirio *nm* iris

lirón *nm* dormouse [*pl* dormice] **LOC** *Ver* DORMIR

liso, -a *adj* **1** *(llano)* flat **2** *(suave)* smooth **3** *(sin adornos, de un solo color)* plain **4** *(pelo)* straight **5** *(Per) (insolente)* fresh, cheeky *(GB)*

lista *nf* list: *~ del mercado* shopping list **LOC** **lista de correos/direcciones/mailing** mailing list ♦ **lista de espera** waiting list ♦ **lista de éxitos** charts [*pl*]: *estar en la ~ de éxitos* to be in the charts ◊ *ser número uno en la ~ de éxitos* to be top of the charts ♦ **pasar lista** to take attendance *Ver tb* ELECTORAL

listo, -a *adj* **1** *(preparado)* ready: *Estamos ~s para salir.* We're ready to leave. **2** *(de acuerdo)* OK **LOC** *Ver* PREPARADO

lisura *nf (Per)* **1** *(grosería)* four-letter word, coarse remark **2** *(gracia)* gracefulness

litera *nf* **1** *(en barco)* bunk **2** *(en tren)* couchette

literario, -a *adj* literary

literatura *nf* literature

litoral *nm* coast

litro *nm* liter *(abrev* l*): medio ~* half a liter ➔ *Ver pág. 786*

liviano, -a *adj* light **LOC** **liviano de sangre** *(Chi)* likable

living *nm* **1** *(habitación)* living room **2** *(muebles)* three-piece suite

llaga *nf* ulcer

llama[1] *nf (de fuego)* flame **LOC** **estar en llamas** to be ablaze

llama[2] *nf (animal)* llama

llamada *nf* call: *hacer una ~ (telefónica)* to make a (phone) call ◊ *la ~ del deber* the call of duty **LOC** **darle/pegarle una llamada a algn** to give sb a call ♦ **llamada de larga distancia** long-distance call: *hacer una ~ de larga distancia* to make a long-distance call ♦ **llamada por cobrar** collect call, reverse-charge call *(GB) Ver tb* TONO

llamado, -a *adj* so-called: *el ~ Tercer Mundo* the so-called Third World *Ver tb* LLAMAR

llamar *vt* to call, to ring: *~ a la policía* to call the police ◊ *Llámame cuando llegues.* Give me a call when you get there.
▸ *vi* **1** *(por teléfono)* to call: *¿Quién llama?* Who's calling? **2** *(puerta)* to knock: *Están llamando a la puerta.* Someone's knocking at the door.
▸ **llamarse** *vp* to be called: *¿Cómo te llamas?* What's your name? ◊ *Me llamo Ana.* I'm called Ana./My name's Ana. ◊ *Se llama Ignacio pero lo llaman Nacho.* His name's Ignacio but they call him Nacho. **LOC** **llamar la atención 1** *(sobresalir)* to attract attention: *Se viste así para ~ la atención.* He dresses like that to attract attention. **2** *(sorprender)* to surprise: *Nos llamó la atención que volvieras sola.* We were surprised that you came back alone. **3** *(atraer)* to like *sb/sth/doing sth*: *No me llama la atención estudiar.* I really don't like studying. **4** *(reprender)* to tell *sb* off: *Me llamaron la atención por llegar tarde.* They told me off for being late. ♦ **llamar por cobrar** to call collect, to

reverse the charges (*GB*) ♦ **llamar por teléfono** to telephone *sb*, to give *sb* a call (*más coloq*) *Ver tb* PAN

llamativo, -a *adj* **1** (*noticia, persona*) striking: *Esta canción es muy llamativa.* That song really has something. **2** (*ostentoso*) flashy: *un carro muy* ~ a flashy car

llano, -a *adj* **1** (*terreno*) flat **2** (*sencillo*) simple
▶ *nm* plain: *los Llanos Orientales* the Eastern Plains

llanta *nf* tire

llanto *nm* crying

llanura *nf* plain

llave *nf* **1** ~ **(de)** key (to *sth*): *la* ~ *de la caja fuerte* the key to the safe ◊ *la* ~ *de la puerta* the door key **2** (*agua*) faucet, tap (*GB*): *abrir/cerrar el* ~ to turn the faucet on/off ◊ *No tomes agua de la* ~. Don't drink the tap water. **3** (*Mec*) wrench, spanner (*GB*) LOC **bajo llave** under lock and key ♦ **echar llave (a algo)** to lock (*sth*) up ♦ **llave de encendido** ignition key ♦ **llave de paso** (*del agua*) stopcock ♦ **llave inglesa** monkey wrench, (adjustable) spanner (*GB*) *Ver tb* AMO, CERRAR

llavero *nm* key ring

llegada *nf* arrival

llegar *vi* **1** to arrive (at/in…): *Llegamos al aeropuerto/hospital a las cinco.* We arrived at the airport/hospital at five o'clock. ◊ *Llegué a Inglaterra hace un mes.* I arrived in England a month ago. ➔ *Ver nota en* ARRIVE **2** (*alcanzar*) to reach: *¿Llegas?* Can you reach? ◊ ~ *a una conclusión* to reach a conclusion **3** (*altura*) to come up *to sth*: *Mi hija ya me llega al hombro.* My daughter comes up to my shoulder. **4** ~ **hasta** (*extenderse*) to go as far as…: *La finca llega hasta el río.* The estate goes as far as the river. **5** (*tiempo*) to come: *cuando llegue el verano* when summer comes ◊ *Ha llegado el momento de…* The time has come to… LOC **estar por llegar** to be due to arrive any time: *Tu papá debe estar por* ~. Your father must be due any time now. ♦ **llegar a hacer algo** (*lograr*) to manage to do sth ♦ **llegar a la casa** to get home ♦ **llegar a las manos** to come to blows ♦ **llegar a saber** to find out ♦ **llegar a ser** to become ♦ **llegar a tiempo** to be on time ♦ **llegar lejos** to go far ♦ **llegar tarde/temprano** to be late/early ♦ **si no llega a ser por él** if it hadn't been for him, her, etc.: *Si no llega a ser por él me mato.* If it hadn't been for him, I would have been killed. *Ver tb* RECIÉN

llenar *vt* **1** to fill *sb/sth* (*with sth*): *Llena la jarra de agua.* Fill the pitcher with water. ◊ *No lo llenes tanto que se derrama.* Don't fill it too much or it'll run over. ◊ *Se la pasaba llenando los vasos.* He just kept refilling everybody's glasses. **2** (*satisfacer*) to satisfy: *Aquel estilo de vida no me llenaba.* That lifestyle didn't satisfy me. **3** (*formulario, impreso*) to fill *sth* out: ~ *un formulario* to fill out a form

▶ **llenarse** *vp* **1** to fill (up) (*with sth*): *La casa se llenó de invitados.* The house filled (up) with guests. **2** (*comiendo*) to stuff yourself (*with sth*)

lleno, -a *adj* **1** full (*of sth*): *Esta habitación está llena de humo.* This room is full of smoke. ◊ *No quiero más, estoy* ~. I don't want any more, I'm full. ◊ *El bus estaba* ~ *hasta el tope.* The bus was packed full. **2** (*cubierto*) covered in/with *sth*: *El techo estaba* ~ *de telarañas.* The ceiling was covered in cobwebs. LOC **dar de lleno** (*sol*): *El sol nos daba de* ~ *en la cara.* The sun was shining full in our faces. *Ver tb* LUNA

llevadero, -a *adj* bearable

llevar *vt* **1** to take: *Lleva las sillas a la cocina.* Take the chairs to the kitchen. ◊ *Me llevará un par de días arreglarlo.* It'll take me a couple of days to fix it. ◊ *Llevé el perro al veterinario.* I took the dog to the vet. ➔ *Ver nota en* GIVE

Cuando el hablante se ofrece a llevarle algo al oyente, se utiliza **bring**: *No hace falta que vengas, te lo llevo el viernes.* You don't need to come, I'll bring it on Friday. ➔ *Ver tb dibujo en* TAKE

2 (*carga*) to carry: *Se ofreció a* ~*le la maleta.* He offered to carry her suitcase. **3** (*gafas, ropa, peinado*) to wear: *Lleva gafas.* She wears glasses. **4** (*manejar*) to drive: *¿Quién llevaba el carro?* Who was driving? **5** (*tener*) to have: *No llevaba nada de plata conmigo.* I didn't have any cash on me. ◊ *¿Llevas sencillo?* Do you have any change? **6** (*tiempo*) to have been (*doing sth*): *Llevan dos horas esperando.* They've been waiting for two hours. ◊ *¿Cuánto tiempo lleva en Caracas?* How long have you been in Caracas?

▶ *vi* to lead *to sth*: *Esta carretera lleva a la desembocadura del río.* This road leads to the mouth of the river.

▶ *v aux* [*con participio*] to have: *Llevo vistas tres películas esta semana.* I've seen three movies this week.

▶ **llevarse** *vp* **1** (*robar*) to take: *El ladrón se llevó el dinero.* The thief took the money. **2** (*Mat*) to carry: *22 y llevo dos.* 22 and carry two. LOC **llevarle a algn dos, etc. años, etc.** to be two, etc. years older than *sb*: *Me lleva seis meses.* She's six months older than me. ♦ **llevarse bien/mal** to get along well/badly (*with sb*) ♦ **para llevar** to go, to take away (*GB*): *una pizza para* ~ a pizza to go ❶ *Para otras expresiones con* **llevar**, *véanse las entradas del sustantivo, adjetivo, etc., p.ej.* **llevar la voz cantante** *en* VOZ.

llorar *vi* **1** to cry: *No llores.* Don't cry. ◊ *ponerse a* ~ to burst into tears ◊ ~ *de alegría/rabia* to cry with joy/rage **2** (*ojos*) to water: *Me* *lloran los ojos.* My eyes are watering. LOC **llorar a lágrima viva/a moco tendido** to cry your eyes out

llorón, -ona *adj, nm-nf* crybaby [*pl* crybabies]: *No sea tan ~.* Don't be such a crybaby. LOC *Ver* SAUCE

llover *v imp* to rain: *Estuvo lloviendo toda la tarde.* It was raining all afternoon. ◊ *¿Llueve?* Is it raining? LOC **llover a cántaros** to pour: *Está lloviendo a cántaros.* It's pouring. *Ver tb* PARECER

llovizna *nf* drizzle

lloviznar *v imp* to drizzle

lluvia *nf* **1** rain: *La ~ no me dejó dormir.* The rain kept me awake. ◊ *un día de ~* a rainy day ◊ *Estas son unas buenas botas para la ~.* These boots are good for wet weather. **2** ~ **de** (*estrellas, regalos, polvo*) shower of *sth* **3** ~ **de** (*balas, piedras, golpes, insultos*) hail of *sth* LOC **bajo la lluvia** in the rain ♦ **lluvia ácida** acid rain ♦ **lluvia radiactiva** radioactive fallout

lluvioso, -a *adj* **1** (*zona, temporada*) wet **2** (*día, tiempo*) rainy

lo *art def* (*para sustantivar*) the...thing: *lo interesante/difícil es...* the interesting/difficult thing is...
▸ *pron* **1** (*él*) him: *Lo eché de casa.* I threw him out of the house. **2** (*cosa*) it: *¿Dónde lo tienes?* Where is it? ◊ *No lo creo.* I don't believe it.

Cuando se usa como complemento directo de algunos verbos como *decir, saber* y *ser* no se traduce: *Te lo digo mañana.* I'll tell you tomorrow. ◊ *Todavía no eres médico pero lo serás.* You are not a doctor yet, but you will be.

3 (*usted*) you LOC **lo cual** which: *lo cual no es cierto* which isn't true ♦ **lo de...** **1** (*posesión*): *Todo ese equipaje es lo de Juan.* All that baggage is Juan's. **2** (*asunto*): *Lo del viaje fue muy inesperado.* The journey came as a real surprise. ◊ *Lo de la fiesta era una broma ¿no?* What you said about the party was a joke, wasn't it? ♦ **lo mío 1** (*posesión*) my, your, etc. things: *Todo lo mío es tuyo.* Everything I have is yours. **2** (*afición*) my, your etc. thing: *Lo suyo es la música.* Music's his thing. ♦ **lo que...** what: *No te imaginas lo que fue aquello.* You can't imagine what it was like. ◊ *Haré lo que diga.* I'll do whatever you say. ◊ *Haría lo que fuera por pasar.* I'd do anything to pass.

lobo, -a *nm-nf* wolf [*pl* wolves]
▸ *adj* (*Col*) **1** (*objetos, ideas*) tacky **2** (*colores*) garish LOC *Ver* HOMBRE

local *adj* local
▸ *nm* premises [*pl*]: *El ~ es bastante grande.* The premises are quite big.

localidad *nf* **1** (*ciudad pequeña*) town ➲ *Ver nota en* CIUDAD **2** (*pueblo*) village **3** (*Cine, Teat*) seat LOC **no hay localidades** sold out

localizar *vt* **1** (*encontrar*) to locate: *Localizaron su paradero.* They've located his whereabouts. **2** (*contactar*) to get hold of *sb*: *Llevo toda la mañana tratando de ~te.* I've been trying to get hold of you all morning.

locha *nf* (*Col*) laziness LOC **tener locha** to feel lazy

lochar *vi* (*Col*) to laze around

locho, -a *adj* (*Col*) lazy

loción *nf* lotion LOC *Ver* DESMAQUILLADOR

locker *nm* locker

loco, -a *adj* crazy: *volverse ~* to go crazy ◊ *El chocolate me vuelve ~.* I'm crazy about chocolate.
▸ *nm-nf* madman/woman [*pl* madmen/-women]
▸ *nm* (*Chi*) (*marisco*) abalone LOC **estar como loco con/por algn/algo** (*encantado*) to be crazy about *sb/sth* ♦ **estar loco de** to be beside yourself with *sth*: *Está loca de alegría.* She's beside herself with joy. ♦ **estar loco de remate** to be around the bend ♦ **hacerse el loco** to pretend not to notice ♦ **ni loco** no way: *Ni ~ hago lo que me pidió.* No way would I do what he asked. *Ver tb* AUTO, CABRA, CADA, VOLVER

locomoción *nf* transportation, transport (*GB*) LOC **locomoción colectiva** (*Chi*) public transportation, public transport (*GB*)

locura *nf* (*disparate*) crazy thing: *He hecho muchas ~s.* I've done a lot of crazy things. ◊ *Es una ~ ir solo.* It's crazy to go alone.

locutor, -ora *nm-nf* (*de noticias*) newscaster, newsreader (*GB*)

lodo *nm* mud

lógico, -a *adj* **1** (*normal*) natural: *Es ~ que se preocupe.* It's only natural that you're worried. **2** (*pensamiento, deducción*) logical

logotipo *nm* logo [*pl* logos]

lograr *vt* **1** (*obtener*) to get, to achieve (*más formal*): *Logré buenos resultados.* I got good results. **2** [*con infinitivo*] to manage *to do sth*: *Logré convencerlos.* I managed to persuade them. **3** ~ **que...** to get *sb* to do *sth*: *No lograrás que vengan.* You'll never get them to come.

logro *nm* achievement

lolo, -a *nm-nf* (*Chi*) teenager

lombriz *nf* worm

lomo *nm* **1** (*Anat*) back **2** (*Cocina*) loin: *~ de cerdo* loin of pork **3** (*libro*) spine **4** (*cuchillo*) back LOC *Ver* SOBAR

lonchera *nf* lunch box

longitud *nf* **1** length: *Tiene dos metros de ~.* It is two meters long. **2** (*Geog*) longitude ◾LOC *Ver* SALTO

lonja *nf* slice ◾LOC **en lonjas** sliced

loquear *vi* to clown around

loro, -a *nm-nf* **1** (*ave*) parrot **2** (*persona*) windbag ◾LOC *Ver* HABLAR

los, las *art def* the: *los libros que compré ayer* the books I bought yesterday ➲ *Ver nota en* THE
▸ *pron* **1** (*a ellos*) them: *Los/las vi en el teatro.* I saw them at the movie theater. **2** (*a ustedes*) you ◾LOC **de los/las de...**: *un terremoto de los de verdad* a really violent earthquake ◊ *El diseño del carro es de los de antes.* The design of the car is old-fashioned. ◆ **los/las de... 1** (*posesión*): *los de mi abuela* my grandmother's **2** (*característica*) the ones (with...): *Prefiero los de punta fina.* I prefer the ones with a fine point. ◊ *Me gustan las de cuadros.* I like the plaid ones. **3** (*ropa*) the ones in...: *las de rojo* the ones in red **4** (*procedencia*) the ones from...: *los de Puno* the ones from Puno ◆ **los/las hay**: *Los hay con muy poco dinero.* There are some with very little money. ◊ *Dígame si los hay o no.* Tell me if there are any or not. ◆ **los/las que... 1** (*personas*): *los que se encontraban en la casa* the ones who were in the house ◊ *los que tenemos que madrugar* those of us who have to get up early ◊ *Entrevistamos a todos los que se presentaron.* We interviewed everyone who applied. **2** (*cosas*) the ones (which/that)...: *las que compramos ayer* the ones we bought yesterday

losa *nf* flagstone

lote *nm* **1** (*terreno*) plot **2** (*grupo*) group **3** (*Econ*) batch **4** (*Chi*) (*montón*) loads [*pl*]: *un ~ de cosas que hacer* loads of things to do ◾LOC **al lote** (*Chi*) (*en desorden*): *Se viste muy al ~.* He always looks such a mess.

lotería *nf* lottery [*pl* lotteries] ◾LOC *Ver* BILLETE, JUGAR

loto *nm* lotus [*pl* lotuses]

loza *nf* china: *un plato de ~* a china plate ◾LOC *Ver* LAVAR

lucha *nf* ~ **(contra/por)** fight (against/for *sb/sth*): *la ~ contra la contaminación/por la igualdad* the fight against pollution/for equality ◾LOC **lucha libre** wrestling

luchador, -ora *adj, nm-nf* fighter: *Es un hombre muy ~.* He's a real fighter.
▸ *nm-nf* (*deportista*) wrestler

luchar *vi* **1** to fight (*for/against sb/sth*), to fight *sb/sth*: *~ por la libertad* to fight for freedom ◊ *~ contra los prejuicios raciales* to fight racial prejudice **2** (*Dep*) to wrestle

lúcido, -a *adj* lucid

luciérnaga *nf* firefly [*pl* fireflies], glow-worm (*GB*)

lucir *vt* (*ropa*) to wear
▸ *vi* **1** (*resaltar*) to look nice: *Esa figura luce mucho ahí.* That figure looks very nice there. **2** (*aparecer*) to look: *El panorama lucía esperanzador.* Prospects looked hopeful.
▸ **lucirse** *vp* to show off: *Lo hace para ~se.* He just does it to show off.

lucro *nm* ◾LOC **sin ánimo/fines de lucro** nonprofit

luego *adv* **1** (*más tarde*) later: *Te lo cuento ~.* I'll tell you later. **2** (*a continuación*) then: *Se baten los huevos y ~ se añade el azúcar.* Beat the eggs and then stir in the sugar. ◊ *Primero está el hospital y ~ la farmacia.* First there's the hospital and then the drugstore.
▸ *conj* therefore: *Pienso, ~ existo.* I think therefore I am. ◾LOC **desde luego** of course: *¡Desde ~ que no!* Of course not! ◆ **¡hasta luego!** bye!

lugar *nm* **1** (*sitio*) place: *Me gusta este ~.* I like this place. ◊ *En esta fiesta estoy fuera de ~.* I feel out of place at this party. **2** (*posición, puesto*) position: *ocupar un ~ importante en la empresa* to have an important position in the company **3** (*pueblo*) town: *los del ~* the people from the town ◾LOC **dar lugar a algo** to cause sth ◆ **en el lugar de los hechos** on the spot ◆ **en lugar de** instead of *sb/sth/doing sth*: *En ~ de salir tanto, más te valdría estudiar.* Instead of going out so much, you'd be better off studying. ◆ **en primer, segundo, etc. lugar 1** (*posición*) first, second, etc.: *El equipo francés quedó clasificado en último ~.* The French team came last. **2** (*en un discurso*) first of all, secondly, etc.: *En último ~...* Last of all... ◆ **lugar de nacimiento** birthplace **2** (*en impresos*) place of birth ◆ **sin lugar a dudas** undoubtedly ◆ **tener lugar** to take place: *El accidente tuvo ~ a las dos de la madrugada.* The accident took place at two in the morning. ◆ **yo en tu lugar** if I were you: *Yo, en tu ~, aceptaría la invitación.* If I were you, I'd accept the invitation. *Ver tb* ALGUNO, CLASIFICAR, CUALQUIERA, FUERA, NINGUNO, OTRO

lúgubre *adj* gloomy

lujo *nm* luxury [*pl* luxuries]: *No puedo permitirme esos ~s.* I can't afford such luxuries. ◾LOC **a todo lujo** in style: *Viven a todo ~.* They live in style. ◆ **con (todo) lujo de detalles** with a wealth of detail ◆ **de lujo** luxury: *un apartamento de ~* a luxury apartment

lujoso, -a *adj* luxurious

lujuria *nf* lust

lumbre *nf* fire: *Nos sentamos al calor de la ~.* We sat down by the fire.

luminoso

luminoso, -a *adj* **1** bright: *una habitación/idea luminosa* a bright room/idea **2** (*que despide luz*) luminous: *un reloj ~* a luminous watch **LOC** *Ver* AVISO

luna *nf* moon: *un viaje a la Luna* a trip to the moon **LOC** **estar en la luna** to be lost in thought ◆ **luna creciente/menguante** waxing/waning moon ◆ **luna de miel** honeymoon ◆ **luna llena/nueva** full/new moon

lunar *adj* lunar
▸ *nm* **1** (*piel*) **(a)** (*grande*) mole **(b)** (*pequeño*) freckle **2** (*dibujo*) polka dot: *una falda de ~es* a polka-dot skirt **LOC** *Ver* NACIMIENTO

lunático, -a *adj, nm-nf* lunatic

lunes *nm* Monday (*abrev* Mon.): *el ~ por la mañana/tarde* on Monday morning/afternoon ◊ *Los ~ no trabajo.* I don't work on Mondays. ◊ *un ~ sí y otro no* every other Monday ◊ *Ocurrió el ~ pasado.* It happened last Monday. ◊ *Nos vemos el ~ que viene.* We'll meet next Monday. ◊ *Mi cumpleaños cae en (un) ~ este año.* My birthday falls on a Monday this year. ◊ *Se casarán el ~ 25 de julio.* They're getting married on Monday July 25. ❶ Se lee: 'Monday, July twenty-fifth'.

lupa *nf* magnifying glass

luquear *vt* (*Chi*) (*mirar*) to look at *sb/sth*

luto *nm* mourning: *una jornada de ~* a day of mourning **LOC** **estar de luto** to be in mourning (*for sb*) ◆ **ir de/llevar luto** to be dressed in mourning

luz *nf* **1** light: *prender/apagar la ~* to turn the light on/off ◊ *Hay mucha ~ en este apartamento.* This apartment gets a lot of light. **2** (*electricidad*) electricity: *Con la tormenta se fue la ~.* The electricity went off during the storm. **3** (*día*) daylight **4** luces **(a)** (*inteligencia*): *tener muchas/pocas luces* to be bright/dim **(b)** (*carro*) headlights: *hacer señas con las luces* to flash your lights **LOC** **dar a luz** to give birth (to *sb*): *Dio a ~ una niña.* She gave birth to a baby girl. ◆ **luces altas** headlights ◆ **luces bajas** low beams, dipped headlights (*GB*): *Puse las luces bajas.* I put my headlights on low beam. ◆ **luces de parqueo** parking lights ◆ **sacar a la luz** to bring *sth* (out) into the open ◆ **salir a la luz** (*secreto*) to come to light *Ver tb* AÑO, PLENO

lycra® *nf* lycra®

M m

macabro, -a *adj* macabre

macarrón *nm* **macarrones** macaroni [*incontable*]: *Los macarrones son fáciles de hacer.* Macaroni is easy to cook.

maceta *nf* (*tb* **macetero** *nm*) flowerpot

machacar *vt* **1** (*aplastar*) **(a)** to crush: *~ ajo/nueces* to crush garlic/nuts **(b)** (*fruta, papa, zanahoria*) to mash **2** (*romper*) to smash: *El niño machacó los juguetes.* The boy smashed his toys to pieces.
▶ *vt, vi* to go over (and over) *sth*: *Les machaqué la canción hasta que se la aprendieron.* I went over and over the song until they learned it. **LOC machacárselas** (*Chi*) to get by

machera *nf* (*Col*) fantastic: *El nuevo equipo de sonido es la ~.* The new sound system is fantastic. **LOC ¡qué machera!** great! ◆ **¡qué machera de…!**: *¡Qué ~ de moto!* What a great motorcycle!

machete *nm* machete

machismo *nm* machismo

machista *adj, nmf* sexist: *publicidad/sociedad ~* sexist advertising/society ◇ *Mi jefe es un ~ de tiempo completo.* My boss is really sexist.

macho *adj, nm* **1** (*Zool*) male: *una camada de dos ~s y tres hembras* a litter of two males and three females ◇ *¿Es ~ o hembra?* Is it male or female? ⮕ *Ver nota en* FEMALE **2** (*machote*) macho: *Ese tipo se las da de ~.* He's kind of a macho man.
▶ *nm* (*enchufe*) plug ⮕ *Ver dibujo en* ENCHUFE

macizo, -a *adj* (*objeto*) solid

madeja *nf* skein

madera *nf* **1** (*material*) wood [*gen incontable*]: *El roble es una ~ de alta calidad.* Oak is a high-quality wood. ◇ *~ procedente de Perú* wood from Peru **2** (*tabla*) piece of wood: *Esa ~ puede servir para tapar el agujero.* We could use that piece of wood to block the hole. **3** (*de construcción*) lumber, timber (*GB*): *las ~s del techo* the roof beams **LOC de madera** wooden: *una silla/viga de ~* a wooden chair/beam
◆ **madera de pino, roble, etc.** pine, oak, etc.: *una mesa de ~ de pino* a pine table ◆ **madera terciada** (*Chi*) plywood ◆ **tener madera de artista, líder, etc.** to be a born artist, leader, etc. ◆ **¡toca madera!** knock on wood!, touch wood! (*GB*) *Ver tb* CUCHARA

madero *nm* **1** (*tronco*) log **2** (*tablón*) piece of lumber

madrastra *nf* stepmother

madre *nf* mother: *ser ~ de dos hijos* to be the mother of two children **LOC madre biológica** birth mother ◆ **madre de alquiler** surrogate mother ◆ **¡madre mía!** good heavens! ◆ **madre soltera** single parent ◆ **madre superiora** Mother Superior *Ver tb* DÍA, FAMILIA, HUÉRFANO

madriguera *nf* **1** (*de lobo, león, etc.*) den: *una ~ de lobo* a wolf's den **2** (*de conejo, etc.*) burrow

madrina *nf* **1** (*bautizo*) godmother **2** (*confirmación*) sponsor **3** (*matrimonio*) woman who accompanies the bride and groom ⮕ *Ver nota en* MATRIMONIO

madrugada *nf* early morning: *en la ~ del viernes al sábado* in the early hours of Saturday morning ◇ *a las dos de la ~* at two in the morning

madrugar *vi* to get up early

madurar *vi* **1** (*fruta*) to ripen **2** (*persona*) to mature

maduro, -a *adj* **1** (*fruta*) ripe **2** (*de mediana edad*) middle-aged: *un hombre ya ~* a middle-aged man **3** (*sensato*) mature: *Javier es muy ~ para su edad.* Javier is very mature for his age.
▶ *nm* (*Col*) plantain

maestría *nf* (*Educ*) master's (degree): *hacer una ~ en comunicaciones* to do a master's degree in communications

maestro, -a *nm-nf* **1** (*profesor*) teacher **2** ~ **(de/en)** (*figura destacada*) master: *un ~ del ajedrez* a chess master **LOC** *Ver* OBRA

mafia *nf* mafia: *la ~ de la droga* the drug mafia ◇ *la Mafia* the Mafia

magdalena *nf* cupcake

magia *nf* magic: *~ blanca/negra* white/black magic **LOC** *Ver* ARTE

mágico, -a *adj* magic: *poderes ~s* magic powers **LOC** *Ver* OJO, VARITA

magisterio *nm* **1** (*profesión*) teaching: *ejercer el ~* to be a teacher **2** (*conjunto de maestros*) teachers [*pl*]: *la huelga del ~* the teachers' strike

magma *nm* magma

magnate *nmf* tycoon, magnate (*más formal*)

magnético, -a *adj* magnetic

magnetismo *nm* magnetism

magnífico, -a *adj, interj* wonderful: *Hizo un tiempo ~.* The weather was wonderful. ◇ *una magnífica nadadora* a wonderful swimmer

mago, -a *nm-nf* (*ilusionista*) magician **LOC** *Ver* REY

magro, -a *adj* lean

magullado

magullado, -a *adj* **1** *(fruta)* bruised **2** *(carro, etc.)* dented

maicena® *nf* cornstarch, corn flour *(GB)*

mail *nm* email

mailing *nm* mailshot `LOC` Ver LISTA

maíz *nm* corn, maize *(GB)* `LOC` **maíz pira** *(crispetas)* popcorn *[incontable]*: *¿Quieres comer ~ pira?* Would you like some popcorn?

Majestad *nf* Majesty *[pl* Majesties*]*: *Su ~* His/Her/Your Majesty

mal *adj* Ver MALO
▸ *adv* **1** badly: *portarse/hablar ~* to behave/speak badly ◊ *un trabajo ~ pagado* a poorly/badly-paid job ◊ *Mi abuela oye muy ~.* My grandmother's hearing is very bad. ◊ *¡Qué ~ la pasamos!* What a terrible time we had! **2** *(calidad, aspecto)* bad: *Esa chaqueta no está ~.* That jacket's not bad. **3** *(equivocadamente, moralmente)*: *Escogiste ~.* You've made the wrong choice. ◊ *contestar ~ a una pregunta* to give the wrong answer
▸ *nm* **1** *(daño)* harm: *No te deseo ningún ~.* I don't wish you any harm. **2** *(problema)* problem: *La venta de la casa nos salvó de ~es mayores.* The sale of the house saved us any further problems. **3** *(Fil)* evil: *el bien y el ~* good and evil `LOC` **andar/estar mal de** to be short of *sth* ♦ **estar/encontrarse mal 1** *(enfermo)* to be/feel ill **2** *(deprimido)* to be/feel depressed, to be/feel down *(coloq)* ♦ **no hay mal que por bien no venga** every cloud has a silver lining ❶ Para otras expresiones con **mal**, véanse las entradas del sustantivo, adjetivo, etc., p. ej. **¡menos mal!** en MENOS.

malabarismo *nm* `LOC` **hacer malabarismos** to juggle

malabarista *nmf* juggler

malagua *nf (Per)* jellyfish *[pl* jellyfish*]*

malcriado, -a *adj* spoiled: *¡Que niños tan ~s!* What spoiled children!

malcriar *vt* to spoil

maldad *nf* wickedness *[incontable]*: *Siempre se han caracterizado por su ~.* Their wickedness is notorious. ◊ *Fue una ~ de su parte.* It was a wicked thing to do.

maldecir *vt* to curse

maldición *nf* curse: *Nos cayó una ~.* There's a curse on us. ◊ *echarle una ~ a algn* to put a curse on sb ◊ *No dejaba de soltar maldiciones.* He kept cursing and swearing.

maldito, -a *adj* **1** *(que causa enojo)* rotten: *¡Estos ~s zapatos me aprietan!* These rotten shoes are too tight for me! **2** *(Relig)* damned Ver *tb* MALDECIR

malecón *nm (paseo marítimo)* seafront

maleducado, -a *adj, nm-nf* rude: *¡Que niños tan ~s!* What rude children! ◊ *Es un ~.* You're so rude!

malentendido *nm* misunderstanding: *Hubo un ~.* There has been a misunderstanding.

malestar *nm* **1** *(indisposición)*: *Siento un ~ general.* I don't feel very well. **2** *(inquietud)* unease: *Sus palabras causaron ~ en medios políticos.* His words caused unease in political circles.

maleta *nf* **1** *(equipaje)* suitcase, case *(más coloq)* **2** *(de colegio)* school bag **3** *(de automóvil)* trunk, boot *(GB)* **4** *(Col) (joroba)* hump `LOC` **empacar/desempacar la(s) maleta(s)** to pack/unpack ♦ **estar de maleta** *(Chi)* to be in a bad mood Ver *tb* DEPORTE

maletear *vt (Per)* to talk behind someone's back: *Se la pasa maleteando a todos.* She's always talking about everyone behind their back.

maletero, -a *nm-nf (en estación)* porter

maletín *nm* **1** *(para documentos)* briefcase **2** *(médico)* (doctor's) bag `LOC` Ver VIAJE

malgastar *vt* to waste: *~ la plata* to waste money

malgeniado, -a *adj* bad-tempered

malhablado, -a *adj, nm-nf* foul-mouthed: *ser un ~* to be foul-mouthed

malherido, -a *adj* badly injured

maligno, -a *adj (Med)* malignant

malla *nf* **1** *(ballet, Gimnasia)* tights *[pl]* **2** *(Dep)* net **3** *(de alambre)* wire mesh

malo, -a *adj* **1** bad: *una mala persona* a bad person ◊ *~s modales/mala conducta* bad manners/behavior ◊ *Tuvimos muy mal tiempo.* We had very bad weather. **2** *(inadecuado)* poor: *mala alimentación/visibilidad* poor food/visibility ◊ *debido al mal estado del terreno* due to the poor condition of the ground **3** *(travieso)* naughty: *No sea ~ y tómate la leche.* Don't be naughty — drink up your milk. **4** *~* **en/para** *(torpe)* bad at *sth/doing sth*: *Soy malísimo en matemáticas.* I'm hopeless at math.
▸ *nm-nf* villain, bad guy *(coloq)*: *El ~ muere en el último acto.* The villain dies in the last act. ◊ *Al final luchan los buenos contra los ~s.* At the end there is a fight between the good guys and the bad guys. `LOC` **estar de malas** to be unlucky ♦ **estar malo** to be ill ♦ **lo malo es que...** the trouble is (that)... ❶ Para otras expresiones con **malo**, véanse las entradas del sustantivo, p. ej. **mala hierba** en HIERBA.

malograrse *vp* **1** *(planes, etc.)* to come to nothing **2** *(Per) (reloj, carro, etc.)* to break down **3** *(Col) (comida)* to go bad

malpensado, -a *adj* LOC **ser un malpensado 1** (*que siempre sospecha*) to have a suspicious mind **2** (*obsceno*) to have a dirty mind: *¡Cómo eres de ~!* What a dirty mind you have!

malteada *nf* milkshake: *una ~ de fresa* a strawberry milkshake

maltratado, -a *adj* **1** (*persona*) battered **2** (*animal*) maltreated *Ver tb* MALTRATAR

maltratar *vt* to mistreat: *Dijeron que las habían maltratado.* They said they had been mistreated. ◊ *Nos maltrataron física y verbalmente.* We were subjected to physical and verbal abuse.

maluco, -a (*tb* maluchо, -a) *adj* **1** (*enfermo*) under the weather **2** (*de mala calidad*) (of) poor quality: *Esta fruta me sabe muy maluca.* This fruit doesn't taste too good.

malva *nf* (*flor*) mallow
▸ *nm* (*color*) mauve ➔ *Ver ejemplos en* AMARILLO

malvado, -a *adj* wicked

mamá *nf* mom ❶ *Los niños pequeños suelen decir* **mommy**.

mama *nf* breast

mamadera *nf* (*biberón*) baby's bottle

mamado, -a *adj* (*Col*) **1** (*cansado*) exhausted **2 ~ (de)** (*hastiado*) fed up (with *sb/sth/doing sth*) *Ver tb* MAMAR

mamagallista *nmf* (*Col*) (*bromista*) joker

mamar *vi* to nurse, to feed (*GB*)
▸ **mamarse** *vp* **1** (*aguantarse*): *No me mamo esa clase tan aburrida.* I can't stand that boring class. ◊ *Se mamó todo el discurso.* He sat through the whole speech. **2** (*Col*) (*cansarse*) to get tired: *Me mamé de tus insultos.* I've gotten tired of your insults. LOC **dar de mamar** to nurse, to breastfeed (*GB*) ♦ **mamar gallo** (*Col*) to joke around: *No son serios, maman mucho gallo.* They're not serious — they like to joke around. ♦ **mamarle gallo a algn** (*Col*) to pull sb's leg

mamífero *nm* mammal

mamón, -ona *adj* (*Col*) **1** (*aburrido*) boring **2** (*molesto*) annoying

manada *nf* **1 (a)** (*animales*) herd: *una ~ de elefantes* a herd of elephants **(b)** (*lobos, perros*) pack **(c)** (*leones*) pride **2** (*gente*) crowd

manantial *nm* spring: *agua de ~* spring water

manar *vi* to flow (*from sb/sth*)

mancha *nf* **1** (*suciedad*) stain: *una ~ de grasa* a grease stain **2** (*leopardo*) spot **3** (*Per*) (*grupo de amigos*) gang LOC *Ver* NACIMIENTO

manchado, -a *adj* **1 ~ (de)** (*embadurnado*) stained (with *sth*): *Llevas la camisa manchada de vino.* You have a wine stain on your shirt. ◊ *una carta manchada de sangre/tinta* a bloodstained/ink-stained letter **2** (*animal*) spotted *Ver tb* MANCHAR

manchar *vt* to get *sth* dirty: *No manche el mantel.* Don't get the tablecloth dirty. ◊ *Manchaste el suelo de barro.* You've gotten mud on the floor.
▸ **mancharse** *vp* to get dirty

manco, -a *adj* **1** (*sin un brazo*) one-armed **2** (*sin una mano*) one-handed

mancorna *nf* **mancornas** (*Col*) (*Méx* **mancuernillas**) (*gemelo*) cuff link

mandado *nm* errand: *Tengo que hacer unos ~s.* I have to run a few errands.

mandamiento *nm* (*Relig*) commandment

mandar *vt* **1** (*ordenar*) to tell *sb* to do *sth*: *Mandó a los niños que se callaran.* He told the children to be quiet. **2** (*enviar*) to send: *Te he mandado una carta.* I've sent you a letter. ◊ *El ministerio mandó a un inspector.* The ministry has sent an inspector. ➔ *Ver nota en* GIVE **3** (*llevar*) to have *sth* done: *Lo voy a ~ limpiar.* I'm going to have it cleaned.
▸ *vi* **1** (*gobierno*) to be in power **2** (*ser el jefe*) to be in charge, to be the boss (*más coloq*) **3** (*arrojar*) to throw: *~ una piedra* to throw a stone ◊ *Me mandó un puño/una patada.* He punched/kicked me. LOC **mandar a algn a la porra** to tell sb to get lost ♦ **mandarle el zarpazo a algn/algo** to get your hands on *sb/sth* ♦ **¿mande?** (*Méx*) **1** (*¿perdone?*) excuse me? **2** (*¿en qué le puedo servir?*) can I help you? *Ver tb* CORREO, DIOS

mandarina *nf* tangerine

mandato *nm* **1** (*período*) term of office: *durante el ~ del alcalde* during the mayor's term of office **2** (*orden*) mandate: *bajo ~ de la ONU* under UN mandate

mandíbula *nf* jaw

mando *nm* **1 (a)** (*liderazgo*) leadership: *tener don de ~* to be a born leader **(b)** (*Mil*) command: *entregar/tomar el ~* to hand over/take command **2** (*Informát*) joystick ➔ *Ver dibujo en* COMPUTADOR **3 mandos** controls: *tablero de ~s* control panel

mandón, -ona *adj, nm-nf* bossy: *Eres un ~.* You're very bossy.

manecilla *nf* (*reloj*) hand

manejar *vt* **1** to handle **2** (*automóvil*) to drive **3** (*moto, bicicleta*) to ride **4** (*máquina*) to operate **5** (*manipular*) to manipulate: *No te dejes ~.* Don't let yourself be manipulated.
▸ *vi* to drive: *Estoy aprendiendo a ~.* I'm learning to drive.
▸ **manejarse** *vp* (*Col*) (*portarse*) to behave: *Manéjese bien.* Behave yourself.

manejo nm (conducción) driving LOC Ver ESCUELA

manera nf ~ (de) 1 (modo) way (of doing sth): su ~ de hablar/vestir her way of speaking/dressing 2 **maneras** manners: *buenas ~s* good manners ◊ *pedir algo de buenas ~s* to ask nicely for sth LOC **a mi manera** my, your, etc. way ♦ **de mala manera 1** (*mal*) badly: *Hizo los deberes de mala ~.* The homework was very badly done. **2** (*de forma maleducada*) rudely: *Me contestó de muy mala ~.* She answered me very rudely. ♦ **de manera que** (*por tanto*) so: *Has estudiado poco, de ~ que no puedes aprobar.* You haven't studied much, so you won't pass. ♦ **de todas (las) maneras** anyway ♦ **manera de ser**: *Es mi ~ de ser.* It's just the way I am. ♦ **no haber manera de** to be impossible *to do sth*: *No hubo ~ de prender el carro.* It was impossible to start the car. ♦ **¡qué manera de…!** what a way to…!: *¡Qué ~ de hablar!* What a way to speak! Ver tb CUALQUIERA, DICHO, NINGUNO

manga nf sleeve: *una camisa de ~ larga/corta* a long-sleeved/short-sleeved shirt LOC **estar manga por hombro** to be in a mess ♦ **sacarse algo de la manga** to make sth up ♦ **sin mangas** sleeveless

mango[1] nm (*asa*) handle ➲ Ver dibujo en HANDLE

mango[2] nm (*fruta*) mango [*pl* mangoes/mangos]

mangonear vi to boss people around

manguera nf hose

maní nm peanut

manía nf quirk: *Todo el mundo tiene sus pequeñas ~s.* Everybody has their own little quirks. ◊ *¡Qué ~!* You're getting obsessed about it! LOC **cogerle/tenerle manía a algn** to have it in for sb: *El profesor me ha cogido ~.* The teacher has it in for me. ♦ **cogerle/tenerle manía a algo** to hate sth ♦ **tener la manía de hacer algo** to have the strange habit of doing sth Ver tb QUITAR

maniático, -a adj (*quisquilloso*) fussy

manicomio nm psychiatric hospital

manifestación nf **1** (*protesta*) demonstration **2** (*expresión*) expression: *una ~ de apoyo* an expression of support **3** (*declaración*) statement

manifestante nmf demonstrator

manifestar vt **1** (*opinión*) to express **2** (*mostrar*) to show

▸ **manifestarse** vp to demonstrate: *~se en contra/a favor de algo* to demonstrate against/in favor of sth

manifiesto nm manifesto [*pl* manifestos/manifestoes]: *el ~ comunista* the Communist Manifesto

manija nf handle ➲ Ver dibujo en HANDLE

maniobra nf maneuver

maniobrar vi **1** (*vehículo*) to maneuver **2** (*ejército*) to be on maneuvers

manipular vt **1** (*deshonestamente*) to manipulate: *~ los resultados de las elecciones* to manipulate the election results **2** (*lícitamente*) to handle: *~ alimentos* to handle food

maniquí nm mannequin

manirroto, -a nm-nf big spender

manivela nf handle

manjar nm delicacy [*pl* delicacies] LOC **manjar blanco** caramelized milk spread

mano nf **1** (*persona*) hand: *Levanta la ~.* Put your hand up. ◊ *estar en buenas ~s* to be in good hands **2** (*animal*) forefoot [*pl* forefeet] **3** (*pintura*) coat LOC **a la mano** at hand: *¿Tienes un diccionario a la ~?* Do you have a dictionary at hand? ♦ **a mano** by hand: *Hay que lavarlo a ~.* It needs to be washed by hand. ◊ *hecho a ~* handmade ♦ **a mano derecha/izquierda** on the right/left ♦ **atraco/robo a mano armada 1** (*lit*) armed robbery **2** (*fig*) daylight robbery ♦ **dar la mano** to hold sb's hand: *Dame la ~.* Hold my hand. ♦ **darle una mano a algn** to give sb a hand ♦ **dar(se) la mano** to shake hands (*with sb*): *Se dieron la ~.* They shook hands. ♦ **de la mano** hand in hand (*with sb*): *Paseaban (cogidos) de la ~.* They were walking along hand in hand. ♦ **en mano** in hand: *Salió de la casa, maleta en ~.* He left the house suitcase in hand. ♦ **estar en buenas manos** to be in good hands ♦ **la mano asesina** the murderer ♦ **mano a mano** clash: *un ~ a ~ entre varios miembros de la Cámara de Representantes* a clash between several members of the Chamber of Representatives ♦ **mano de obra** labor ♦ **mano derecha** right-hand man ♦ **mano dura** firm hand ♦ **¡manos a la obra!** let's get to work! ♦ **¡manos arriba!** hands up! ♦ **manos libres** (*teléfono*) hands-free ♦ **meterle mano a algo** to tackle sth ♦ **poner la mano en el fuego** (*por algo*) to stake your life *on sth* **2** (*por algn*) to stick your neck out *for sb* ♦ **quedar a mano** (*sin deudas*) to be even (*with sb*) ♦ **sacar la mano** (*Col*) to have had it: *La televisión ya sacó la ~.* The TV has had it. ♦ **tener algo entre manos** to be working on something: *Tengo un asunto entre ~s.* I'm working on a deal. ♦ **tener buena mano** to be good *at sth/with sb*: *Tiene muy buena ~ para la cocina/los niños.* She's very good at cooking/with children. Ver tb ¡ADIÓS!, ALCANCE, COGIDO, CONOCER, ESCRIBIR, FRENO, FROTAR(SE), JUEGO, LAVAR, LLEGAR, PÁJARO, PILLAR, SALUDAR

manojo nm bunch

manopla nf knuckleduster

manosear vt to touch
manotazo nm slap
mansión nf mansion
manso, -a adj 1 (animal) tame 2 (persona) meek: *más ~ que un cordero* as meek as a lamb 3 (Chi) (tremendo) massive
manteca nf fat LOC **manteca (de cerdo)** lard
mantel nm tablecloth
mantener vt 1 (conservar) to keep: *~ la comida caliente* to keep food hot ◊ *~ una promesa* to keep a promise 2 (económicamente) to support: *~ a una familia de ocho* to support a family of eight 3 (afirmar) to maintain 4 (sujetar) to hold: *Mantén bien sujeta la botella.* Hold the bottle tight.
▸ **mantenerse** vp to live *on sth*: *~se a base de comida enlatada* to live on canned food
LOC **mantenerse en forma** to keep in shape ♦ **mantenerse en pie** to stand (up): *No puede ~se en pie.* He can't stand (up) any more. ♦ **mantenerse firme** to stand your ground ♦ **mantener vivo** to keep *sb/sth* alive: *~ viva la ilusión* to keep your hopes alive *Ver tb* CONTACTO, LÍNEA
mantenimiento nm maintenance
mantequilla nf butter
manual adj, nm manual: *~ de instrucciones* instruction manual LOC *Ver* TRABAJO
manubrio nm handlebars [pl]
manufacturar vt to manufacture
manuscrito nm manuscript
manzana nf 1 (fruta) apple 2 (de casas) block LOC **manzana de Adán** Adam's apple *Ver tb* VUELTA
manzanilla nf 1 (planta) camomile 2 (infusión) camomile tea
manzano nm apple tree
maña nf 1 (habilidad) skill 2 **mañas** cunning [incontable]: *Empleó todas sus ~s para que lo ascendieran.* He used all his cunning to get promoted. 3 (mala costumbre) bad habit
LOC **darse maña 1** (lograr hacer algo) to manage to do sth: *Se dio ~ de llegar allá sin mapa.* He managed to get there without a map. 2 (ser bueno en algo) to be good *at sth/doing sth*: *darse ~ con la carpintería* to be good at woodworking
mañana nf morning: *a la ~ siguiente* the following morning ◊ *a las dos de la ~* at two o'clock in the morning ◊ *Se marcha hoy por la ~.* He's leaving this morning. ◊ *El examen es el lunes por la ~.* The exam is on Monday morning. ◊ *Salimos ~ por la ~.* We're leaving tomorrow morning. ➲ *Ver nota en* MORNING
▸ nm future: *No pienses en el ~.* Don't think about the future.
▸ adv tomorrow: *Mañana es sábado ¿no?* Tomorrow is Saturday, isn't it? ◊ *el periódico de ~* tomorrow's paper LOC **¡hasta mañana!** see you tomorrow! ♦ **mañana por la mañana/tarde/noche** tomorrow morning/afternoon/evening *Ver tb* DÍA, MEDIO, NOCHE, PASADO
mañoso, -a adj (caprichoso) fussy
mapa nm map: *Está en el ~.* It's on the map. LOC *Ver* DESAPARECER
mapamundi nm world map
maqueta nf model
maquillaje nm make-up [incontable]: *Ana se compra un ~ carísimo.* Ana buys very expensive make-up.
maquillar vt to make *sb* up
▸ **maquillarse** vp to put on your make-up: *No he tenido tiempo de ~me.* I haven't had time to put on my make-up.
máquina nf machine: *~ de coser* sewing machine LOC **escribir/pasar a máquina** to type ♦ **máquina de afeitar** razor ♦ **máquina de escribir** typewriter ♦ **máquina tragamonedas** slot machine, fruit machine (*GB*)
maquinaria nf machinery
maquinista nmf engineer
mar nm o nf sea: *Este verano quiero ir al ~.* I want to go to the beach this summer.

En inglés **sea** se escribe en mayúscula cuando aparece con el nombre de un mar: *el mar Negro* the Black Sea.

LOC **hacerse a la mar** to put out to sea ♦ **mar adentro** out to sea ♦ **por mar** by sea *Ver tb* ALTO, CABALLO, ERIZO, ESTRELLA, ORILLA, SAL
maracuyá nm passion fruit [pl passion fruit]
maratón nm o nf marathon
maravilla nf wonder LOC **hacer maravillas** to work wonders: *Este jarabe hace ~s.* This cough mixture works wonders. ♦ **¡qué maravilla!** how wonderful!
maravilloso, -a adj wonderful
marca nf 1 (señal) mark 2 (productos de limpieza, alimentos) brand: *una ~ de desodorante* a brand of deodorant 3 (carros, electrodomésticos, computadores) make: *¿Qué ~ de carro tienes?* What make of car do you have? 4 (récord) record: *batir/establecer una ~* to beat/set a record LOC **de marca**: *productos de ~* brand name goods ◊ *ropa de ~* designer clothes ♦ **marca registrada** registered trademark *Ver tb* NACIMIENTO
marcado, -a adj (fuerte) strong: *hablar con ~ acento venezolano* to speak with a strong Venezuelan accent *Ver tb* MARCAR
marcador nm 1 (Dep) scoreboard 2 (para escribir) marker pen 3 (Internet) bookmark LOC *Ver* IGUALAR

marcar vt **1** to mark: ~ *el suelo con tiza* to mark the ground with chalk **2** (*ganado*) to brand **3** (*indicar*) to say: *El reloj marcaba las cinco.* The clock said five o'clock.
▶ vt, vi **1** (*Dep*) to score: *Marcaron (tres goles) en el primer tiempo.* They scored (three goals) in the first half. **2** (*teléfono*) to dial: *Marcaste mal.* You've dialed the wrong number. LOC **marcar el compás/ritmo** to beat time/the rhythm ♦ **marcar la diferencia** to make the difference: *Lo que marca la diferencia es…* What makes the difference is… ◊ *Nuestros precios marcan la diferencia.* Our prices are what make us different. ♦ **marcar tarjeta** (*en el trabajo*) to punch in/out, to clock in/out (*GB*)

marcha nf **1** (*Mil, Mús, manifestación*) march **2** (*velocidad*) speed: *reducir la ~* to reduce speed LOC **a marchas forzadas** against the clock ♦ **a toda marcha** at top speed ♦ **dar marcha atrás** to reverse ♦ **poner en marcha 1** (*máquina*) to turn sth on **2** (*carro*) to start **3** (*fig*) to launch: *poner en ~ un proyecto* to launch a project ♦ **sobre la marcha** as I, you, etc. go (along): *Lo decidiremos sobre la ~.* We'll decide as we go along. *Ver tb* EMPRENDER

marchar vi to go: *Todo marcha a las mil maravillas.* Everything's going wonderfully.
▶ **marcharse** vp to leave: *Me marcho.* I'm taking off. LOC *Ver* RUEDA

marchito, -a adj (*flor*) withered

marcial adj martial LOC *Ver* ARTE

marciano, -a adj, nm-nf Martian

marco nm (*cuadro, puerta*) frame

marea nf tide: ~ *alta/baja* high/low tide ◊ *Subió/bajó la ~.* The tide has come in/gone out. LOC **marea negra** oil slick *Ver tb* VIENTO

mareado, -a adj **1** sick: *Estoy un poco ~.* I'm feeling rather sick. **2** (*harto*) sick and tired: *Me tiene ~ con la idea de la moto.* I'm sick and tired of him going on about that motorcycle. *Ver tb* MAREAR

marear vt **1** (*con náuseas*) to make *sb* feel sick: *Ese olor me marea.* That smell makes me feel sick. **2** (*hartar*) to get on *sb's* nerves: *La están mareando con esa música.* Their music is getting on her nerves. ◊ *¡No me marees!* Don't bug me!
▶ **marearse** vp **1** to get sick: *Me mareo en el asiento de atrás.* I get sick if I sit in the back seat. **2** (*perder el equilibrio*) to feel dizzy **3** (*en el mar*) to get seasick

maremoto nm tidal wave

mareo nm dizziness: *sufrir/tener ~s* to feel dizzy LOC *Ver* PASTILLA

marfil nm ivory

margarina nf margarine

margarita nf daisy [*pl* daisies]

margen nf bank
▶ nm **1** (*en una página*) margin **2** (*libertad*) room (*for sth*): ~ *de duda* room for doubt LOC **al margen**: *Lo dejan al ~ de todo.* They leave him out of everything.

marginado, -a adj **1** (*persona*) left out, alienated (*más formal*): *sentirse ~* to feel left out **2** (*zona*) deprived
▶ nm-nf outcast *Ver tb* MARGINAR

marginar vt to shun

marica nm sissy [*pl* sissies]

marido nm husband

marihuana nf marijuana

marina nf navy [*v sing o pl*]: *la Marina Mercante* the Merchant Marine LOC *Ver* INFANTERÍA

marinero, -a adj, nm sailor: *una gorra marinera* a sailor hat

marino, -a adj **1** marine: *vida/contaminación marina* marine life/pollution **2** (*aves, sal*) sea
▶ nm sailor LOC *Ver* AZUL

marioneta nf **1** puppet **2 marionetas** puppet show [*v sing*]

mariposa nf butterfly [*pl* butterflies]: *los 200 metros ~* the 200-meter butterfly LOC *Ver* NADAR

mariquita nf (*Zool*) ladybug, ladybird (*GB*)

marisco nm shellfish

marisma nf marsh

marítimo, -a adj **1** (*pueblo, zona*) coastal **2** (*puerto, ruta*) sea: *puerto ~* sea port

marketing nm marketing

mármol nm marble

marranada nf dirty trick: *Me hicieron una ~ en la oficina.* They played a dirty trick on me at the office.

marranito nm suckling pig

marrano, -a nm-nf **1** (*animal*) pig ⊃ *Ver nota en* CERDO **2** (*persona*) (filthy) pig **3** (*Col*) (*carne*) pork LOC **estar como un marrano** to be very fat

Marte nm Mars

martes nm Tuesday (*abrev* Tue(s).) ⊃ *Ver ejemplos en* LUNES LOC **martes de Carnaval** Shrove Tuesday

En Gran Bretaña el martes de Carnaval también se llama **Pancake Day** porque es típico comer crepes con jugo de limón y azúcar.

♦ **martes trece** ≈ Friday the thirteenth ❶ En los países anglosajones es el viernes 13 el que da mala suerte, no el martes.

martillo nm hammer

mártir nmf martyr

marxismo nm marxism

marzo nm March (abrev Mar.) ➲ Ver ejemplos en ENERO

más adv
- **uso comparativo** more (*than sb/sth*): *Es ~ alta/inteligente que yo.* She's taller/more intelligent than me. ◊ *Tú has viajado ~ que yo.* You have traveled more than me/than I have. ◊ *~ de cuatro semanas* more than four weeks ◊ *Me gusta ~ que el tuyo.* I like it better than yours. ◊ *durar/trabajar ~* to last longer/work harder ◊ *Son ~ de las dos.* It's after two.

> En comparaciones como *más blanco que la nieve*, *más sordo que una tapia*, etc. el inglés utiliza la construcción **as...as**: 'as white as snow', 'as deaf as a post'.

- **uso superlativo** most (*in/of...*): *el edificio ~ antiguo de la ciudad* the oldest building in the town ◊ *el ~ simpático de todos* the nicest one of all ◊ *el almacén que ~ libros ha vendido* the store that has sold most books

> Cuando el superlativo se refiere solo a dos cosas o personas, se utiliza la forma **more** o **-er**. Compárense las frases siguientes: *¿Cuál es la cama más cómoda (de las dos)?* Which bed is more comfortable? ◊ *¿Cuál es la cama más cómoda de la casa?* Which is the most comfortable bed in the house?

- **con pronombres negativos, interrogativos e indefinidos** else: *Si tienes algo ~ que decirme...* If you have anything else to tell me... ◊ *¿Alguien ~?* Anyone else? ◊ *nada/nadie ~* nothing/nobody else ◊ *¿Qué ~ puedo hacer por ustedes?* What else can I do for you?
- **otras construcciones 1** (*exclamaciones*): *¡Qué paisaje ~ hermoso!* What lovely scenery! ◊ *¡Es ~ aburrido!* He's so boring! **2** (*negaciones*) only: *No sabemos ~ que lo que dijo el radio.* We only know what it said on the radio. ◊ *Esto no lo sabe nadie ~ que tú.* Only you know this.
▶ nm, prep plus: *Dos ~ dos, cuatro.* Two plus two is four. **LOC a más no poder**: *Gritamos a ~ no poder.* We shouted as loud as we could. ◆ **de lo más...** really: *una cara de lo ~ antipática* a really nasty face ◆ **de más 1** (*que sobra*) too much, too many: *Hay dos sillas de ~.* There are two chairs too many. ◊ *Pagaste tres dólares de ~.* You paid three dollars too much. **2** (*de sobra*) spare: *No te preocupes, yo llevo un lápiz de ~.* Don't worry. I have a spare pencil. ◆ **más bien** rather: *Es ~ bien feo, pero muy simpático.* He's rather ugly, but very nice. ◆ **más o menos** Ver MENOS ◆ **más que nada** particularly ◆ **por más que** however much: *Por ~ que grites...* However much you shout... ◆ **¿qué más da?** what difference does it make? ◆ **sin más ni más** just like that ❶ Para otras expresiones con **más**, véanse las entradas del adjetivo, adverbio, etc., p.ej. **más que nunca** en NUNCA.

masa nf **1** mass: *~ atómica* atomic mass ◊ *una ~ de gente* a mass of people **2** (*pan*) dough **3** (*para tarta, etc.*) pastry **LOC de masas** mass: *cultura/movimientos de ~s* mass culture/movements Ver tb PILLAR

masacre nf massacre

masaje nm massage: *¿Me das un poco de ~ en la espalda?* Can you massage my back for me?

mascar vt, vi to chew

máscara nf mask

mascarilla nf **1** (*de protección*) mask **2** (*cosmética*) face mask

mascota nf **1** (*de la suerte*) mascot **2** (*animal doméstico*) pet

masculino, -a adj **1** male: *la población masculina* the male population **2** (*Dep, moda*) men's: *la prueba masculina de los 100 metros* the men's 100 meters **3** (*característico del hombre*, *Gram*) masculine ➲ Ver nota en MALE

masivo, -a adj huge, massive (*más formal*): *una afluencia masiva de turistas* a huge influx of tourists

masoquismo nm masochism

masoquista nmf masochist

máster nm master's (degree): *un ~ de economía* a master's in economics

masticar vt, vi to chew: *Hay que ~ bien la comida.* You should chew your food thoroughly.

mástil nm **1** (*barco*) mast **2** (*bandera*) flagpole

masturbarse vp to masturbate

mata nf **1** (*planta*) plant **2** (*arbusto*) bush

matadero nm slaughterhouse

matanza nf slaughter

matar vt, vi to kill: *~ el tiempo* to kill time ◊ *¡Te voy a ~!* I'm going to kill you! **LOC matar a disgustos** to make sb's life a misery ◆ **matar a tiros/de un tiro** to shoot sb dead ◆ **matar dos pájaros de un (solo) tiro** to kill two birds with one stone ◆ **matar el hambre**: *Compramos frutas para ~ el hambre.* We bought some fruit to keep us going. ◆ **matarse estudiando/trabajando** to work like crazy

matasellos nm postmark

mate¹ nm (*Ajedrez*) mate **LOC** Ver JAQUE

mate² adj (*sin brillo*) matt

matearse vp (*Chi*) (*Educ*) to cram, to swot (*GB*)

matemáticas nf math [*incontable*], maths [*incontable*] (*GB*): *Le va bien en ~.* He's good at math. ❶ También se dice **mathematics**, pero es más formal.

matemático, -a adj mathematical
▶ nm-nf mathematician

mateo

mateo, -a nm-nf (Chi) (Educ) grind, swot (GB)
matera nf (Col) (maceta) flowerpot
materia nf **1** matter: ~ *orgánica* organic matter **2** (*asignatura, tema*) subject: *ser un experto en la* ~ to be an expert on the subject **LOC** **materia prima** raw material *Ver tb* ÍNDICE
material adj material
▸ nm **1** (*materia, datos*) material: *un ~ resistente al fuego* fire-resistant material ◊ *Tengo todo el ~ que necesito para el artículo.* I have all the material I need for the article. **2** (*equipo*) equipment [incontable]: *~ deportivo/de laboratorio* sports/laboratory equipment **LOC** **material de oficina** office stationery ◆ **material didáctico/educativo** teaching materials [pl]
materialista adj materialistic
▸ nmf materialist
maternal adj motherly, maternal (*más formal*)
maternidad nf **1** (*condición*) motherhood, maternity (*más formal*) **2** (*sala*) maternity ward **LOC** **licencia/permiso de maternidad**; **baja por maternidad** maternity leave
materno, -a adj **1** (*maternal*) motherly: *amor ~* motherly love **2** (*parentesco*) maternal: *abuelo ~* maternal grandfather **LOC** *Ver* LENGUA, LÍNEA
matinal adj morning: *un vuelo ~* a morning flight
matiz nm **1** (*color*) shade **2** (*rasgo*) nuance: *matices de significado* nuances of meaning ◊ *un ~ irónico* a touch of irony
matizar vt **1** (*palabras, afirmaciones*) to qualify **2** (*colores*) to blend
matón nm (*en la escuela, etc.*) bully [pl bullies]
matorral nm scrub [incontable]: *Estábamos escondidos entre unos ~es.* We were hidden in the scrub.
matrícula nf registration: *Están abiertas las ~s.* Registration has begun.
matricular(se) vt, vp to enroll (sb) (in sth): *Todavía no me he matriculado.* I still haven't enrolled.
matrimonial adj **LOC** *Ver* CONSEJERO
matrimonio nm **1** (*institución*) marriage **2** (*ceremonia*) wedding: *La próxima semana es el ~ de su hija.* It's their daughter's wedding next week.

Wedding se refiere a la ceremonia, **marriage** suele referirse al matrimonio como institución. En Estados Unidos y Gran Bretaña los matrimonios se pueden celebrar en una iglesia (a **church wedding**) o en un juzgado (a **civil ceremony**). La novia (**bride**) suele llevar damas de honor (**bridesmaids**). El novio (**groom**) no lleva madrina, sino que va acompañado del **best man** (normalmente su mejor amigo). Tampoco se habla del padrino, aunque la novia normalmente entra con su padre. Después de la ceremonia se da un banquete (a **reception**).

3 (*pareja*) (married) couple **LOC** *Ver* CAMA, CONTRAER, PROPOSICIÓN
matriz nf **1** (*Anat*) womb **2** (*Mat*) matrix [pl matrices/matrixes]
matutino, -a adj morning: *al final de la sesión matutina* at the end of the morning session
maullar vi to meow
máxima nf (*temperatura*) maximum temperature
máximo, -a adj maximum: *temperatura máxima* maximum temperature ◊ *Tenemos un plazo ~ de siete días para pagar.* We have a maximum of seven days in which to pay. ◊ *el ~ goleador de la liga* the top scorer in the league
▸ nm maximum: *un ~ de diez personas* a maximum of ten people **LOC** **al máximo**: *Debemos aprovechar los recursos al ~.* We must make maximum use of our resources. ◊ *Me esforcé al ~.* I tried my best. ◆ **como máximo** at most ◆ **máximo dirigente** leader *Ver tb* ALTURA, PENA
mayo nm May ➔ *Ver ejemplos en* ENERO
mayonesa nf mayonnaise [incontable]
mayor adj
● **uso comparativo 1** (*tamaño*) bigger (*than sth*): *Londres es ~ que Madrid.* London is bigger than Madrid. ◊ *~ de lo que parece* bigger than it looks **2** (*edad*) older (*than sb*): *Soy ~ que mi hermano.* I'm older than my brother. ➔ *Ver nota en* ELDER
● **uso superlativo ~ (de)** (*edad*) oldest (in...): *Es el alumno ~ de la clase.* He's the oldest student in the class. ➔ *Ver nota en* ELDER
● **otros usos 1** (*adulto*) grown-up: *Sus hijos son ya ~es.* Their children are grown-up now. **2** (*anciano*) old **3** (*principal*) main: *la plaza ~* the main square **4** (*Mús*) major: *en do ~* in C major
▸ nmf **1 ~ (de)** oldest (one) (in/of...): *El ~ tiene quince años.* The oldest (one) is fifteen. ◊ *la ~ de las tres hermanas* the oldest of the three sisters ➔ *Ver nota en* ELDER **2 mayores** (*adultos*) grown-ups: *Los ~es no llegarán hasta las ocho.* The grown-ups won't get here till eight. **LOC** **al por mayor** wholesale ◆ **de mayor/cuando sea, seas, etc. mayor** when I, you, etc. grow up: *Cuando sea ~/De ~ quiero ser médico.* I want to be a doctor when I grow up. ◆ **de mayor importancia, prestigio, etc.** The most important, prestigious, etc.: *la zona de ~ riesgo* the most dangerous area ◆ **hacerse mayor** to grow up ◆ **la mayor parte (de)** most (of sb/sth): *La ~ parte*

son católicos. Most of them are Catholics. ◆ **ser mayor de edad**: *Cuando sea ~ de edad podré votar.* I'll be able to vote when I'm eighteen. ◊ *Puede sacar la licencia de conducir porque es ~ de edad.* He can get his driver's license because he is over eighteen. *Ver tb* COLEGIO, PERSONA

mayordomo *nm* butler

mayoreo *nm* wholesale

mayoría *nf* majority [*pl* majorities]: *obtener la ~ absoluta* to get an absolute majority LOC **la mayoría de...** most (of...): *A la ~ de nosotros nos gusta.* Most of us like it. ◊ *La ~ de mis amigos preferiría vivir en el campo.* Most of my friends would prefer to live in the country. ➔ *Ver nota en* MOST; *Ver tb* INMENSO

mayoritario, -a *adj* majority: *un gobierno ~* a majority government

mayúscula *nf* capital letter LOC **con mayúscula** with a capital letter ◆ **en mayúsculas** in capitals

mazacote *nm* lump

mazapán *nm* marzipan

mazo *nm* (*martillo*) mallet

me *pron* **1** (*complemento*) me: *¿No me viste?* Didn't you see me? ◊ *Dámelo.* Give it to me. ◊ *¡Cómpremelo!* Buy it for me. **2** (*partes del cuerpo, efectos personales*): *Me voy a lavar las manos.* I'm going to wash my hands. **3** (*reflexivo*) (myself): *Me vi en el espejo.* I saw myself in the mirror. ◊ *Me vestí enseguida.* I got dressed right away.

mear *vi* to pee

mecánica *nf* mechanics [*incontable*]

mecánico, -a *adj* mechanical
▶ *nm-nf* mechanic

mecanismo *nm* mechanism: *el ~ de un reloj* a watch mechanism

mecato *nm* (*Col*) snack

mecedora *nf* rocking chair

mecer(se) *vt, vp* **1** (*columpio*) to swing **2** (*cuna, bebé, barca*) to rock

mecha *nf* **1** (*vela*) wick **2** (*bomba*) fuse **3 mechas** (*pelo*) hair: *Me voy a hacer cortar las ~s.* I'm going to have my hair cut. LOC **a toda mecha** at full speed

mechón *nm* **1** (*porción de pelo*) lock **2 mechones** (*Col*) (*claros en el pelo*) highlights LOC **hacerse mechones** (*Col*) to have highlights put in

mechonear *vt* (*Chi*) to pull *sb's* hair

mechudo, -a *adj* (*Col*) (*melenudo*) long-haired

medalla *nf* medal: *~ de oro* gold medal LOC *Ver* ENTREGA

medida

media¹ *nf* **1** (*promedio*) average **2** (*Mat*) mean **3** (*reloj*): *Son las tres y ~.* It's three thirty.

media² *nf* **1** (*corta*) sock: *¿Has visto la otra ~?* Have you seen my other sock? **2 medias** (*largas*) pantyhose [*pl*], tights [*pl*] (*GB*) LOC **írsele a uno las medias**: *Se me fueron las ~s.* I have a run in my pantyhose. ◆ **media media** knee sock ◆ **medias pantalón** (*Col*) pantyhose [*pl*], tights [*pl*] (*GB*) ◆ **medias veladas** (*Col*) nylon stockings ◆ **media tobillera** anklet

mediador, -ora *nm-nf* mediator

mediados LOC **a mediados de...** in the middle of... ◆ **hacia mediados de...** around the middle of...

mediagua *nf* hut

mediano, -a *adj* **1** (*intermedio*) medium: *de tamaño ~* of medium size ◊ *Uso la talla mediana.* I wear a medium size. **2** (*regular*): *de mediana estatura/inteligencia* of average height/intelligence LOC **de mediana edad** middle-aged

medianoche *nf* midnight: *Llegaron a ~.* They arrived at midnight.

mediante *prep* by means of *sth*

mediar *vi* to mediate

mediático, -a *adj* media: *un fenómeno ~* a media phenomenon ◊ *Tuvo un gran impacto ~.* It had a big impact in the media.

medicamento *nm* medicine

medicina *nf* medicine: *recetar una ~* to prescribe a medicine

médico, -a *adj* medical: *un chequeo ~* a medical examination
▶ *nm-nf* doctor: *ir al ~* to go to the doctor's

Recuerda que en inglés al indicar la profesión de alguien se utiliza el artículo indefinido *a/an*: *Es médico/profesor/ingeniero.* He's a doctor/a teacher/an engineer.

LOC **médico general/de familia** GP ◆ **médico forense/legista** forensic scientist *Ver tb* FICHA, HISTORIA, RECONOCIMIENTO

medida *nf* **1** (*extensión*) measurement: *¿Qué ~s tiene esta habitación?* What are the measurements of this room? ◊ *El sastre me tomó las ~s.* The tailor took my measurements. **2** (*unidad, norma*) measure: *pesos y ~s* weights and measures LOC **a medida que** as ◆ (**hecho**) **a la medida** (made) to measure ◆ **tomar medidas** (*actuar*) to take steps *to do sth*, to take measures *to do sth* (*más formal*): *Tomaré ~s para que esto no vuelva a ocurrir.* I shall take steps to avoid this happening again. ◊ *El gobierno deberá tomar ~s estrictas para evitar el fraude.* The government must take strict measures to stop fraud. ◊ *Habrá que tomar ~s*

medieval

al respecto. Something must be done about it. Ver tb POSIBLE

medieval adj medieval

medio nm **1** (centro) middle: *una plaza con un quiosco en el ~* a square with a newsstand in the middle **2** (entorno) environment **3** (Mat) half [pl halves]: *Dos ~s suman un entero.* Two halves make a whole. **4** (procedimiento, recurso) means [pl means]: *~ de transporte* means of transport ◊ *No tienen ~s para comprar una casa.* They lack the means to buy a house. **LOC en medio de** in the middle of *sth* ◆ **estar/ponerse en el medio** to be/get in the way: *No puedo pasar, siempre estás en el ~.* I can't get by — you're always (getting) in the way.
◆ **medio ambiente** environment ◆ **medio (de comunicación)** medium [pl media]: *un ~ tan poderoso como la televisión* a powerful medium like TV ◆ **por medio de 1** (a través de) through *sth/sb*: *Lo supe por ~ de su padre.* I found out through his father. **2** (mediante) by (means of): *Sacaron la mercancía del barco por ~ de una grúa.* The ship was unloaded by crane. Ver tb RESPETUOSO

medio, -a adj **1** (la mitad de) half a/an: *media botella de vino* half a bottle of wine ◊ *media hora* half an hour **2** (promedio, normal) average: *temperatura/velocidad media* average temperature/speed ◊ *un muchacho de inteligencia media* a boy of average intelligence
▸ adv half: *Cuando llegó estábamos ~ dormidos.* We were half asleep when he arrived. **LOC a media asta** at half-mast ◆ **a media mañana/tarde** in the middle of the morning/afternoon

'In the middle of the morning' suele hacer referencia a las diez u once de la mañana. Para referirse a una hora alrededor de las doce del mediodía, es mejor utilizar **midday**: *Siempre me tomo algo a media mañana.* I always have something to eat around midday. 'In the middle of the afternoon' suele hacer referencia a las tres de la tarde. Para referirse a las cinco o seis de la tarde, es mejor decir 'between five and six (o'clock)': *Calculo que llegaremos a media tarde.* I think we'll arrive between five and six.

◆ **a medio camino** halfway: *A ~ camino paramos a descansar.* We stopped to rest halfway.
◆ **media lengua**: *Está hablando en media lengua.* He's babbling. ◆ **media punta** (Fútbol): *Juega de media ~.* He plays just behind the strikers.
◆ **medias tintas** half measures: *No me gustan las medias tintas.* I don't like to do things by halves. ◆ **medio campo** midfield: *un jugador de ~ campo* a midfield player ◆ **medio hermano/media hermana** half-brother/half-sister ◆ **medio mundo** lots of people [pl] ◆ **medio tiempo 1** (Dep) half-time **2** (trabajo) part-time: *trabajar ~ tiempo* to have a part-time job ◆ **y medio** and a half: *kilo y ~ de tomates* one and a half kilograms of tomatoes ◊ *Tardamos dos horas y media.* It took us two and a half hours. Ver tb CLASE, EDAD, HERMANO, ORIENTE, PENSIÓN, VUELTA

medioambiental adj environmental

mediocre adj second-rate: *una película/un actor ~* a second-rate movie/actor
▸ nmf nobody [pl nobodies]: *Es un ~.* He's a nobody.

mediodía nm noon: *Llegaron al ~.* They arrived at lunchtime. ◊ *la comida del ~* the noon meal

medir vt to measure: *~ la cocina* to measure the kitchen
▸ vi: *–¿Cuánto mides?* 'How tall are you?' ◊ *La mesa mide 1,50m de largo por 1m de ancho.* The table is 1.50m long by 1m wide. **LOC medírsele a algn/algo** to take sb/sth on

meditar vt, vi *~* **(sobre)** to think (about *sth*): *Meditó sobre su respuesta.* He thought about his answer.

mediterráneo, -a adj, nm Mediterranean

médula (tb medula) nf marrow: *~ ósea* bone marrow

medusa nf jellyfish [pl jellyfish]

megáfono nm megaphone

mejilla nf cheek

mejillón nm mussel

mejor adj, adv (uso comparativo) better (than sb/sth): *Tienen un apartamento ~ que el nuestro.* Their apartment is better than ours. ◊ *Me siento mucho ~.* I feel much better. ◊ *cuanto antes ~* the sooner the better ◊ *Cantas ~ que yo.* You're a better singer than me.
▸ adj, adv, nmf **~ (de)** (uso superlativo) best (in/of/that…): *mi ~ amigo* my best friend ◊ *el ~ equipo de la liga* the best team in the league ◊ *Es la ~ de la clase.* She's the best in the class. ◊ *el que ~ canta* the one who sings best **LOC a lo mejor** maybe ◆ **hacer algo lo mejor posible** to do your best: *Preséntate al examen y hazlo lo ~ posible.* Go to the exam and do your best. ◆ **mejor dicho** I mean: *cinco, ~ dicho, seis* five, I mean six
◆ **mejor que nunca** better than ever Ver tb CADA, CASO

mejorar vt **1** to improve: *~ las carreteras* to improve the roads **2** (enfermo) to make *sb* feel better
▸ vi to improve: *Si las cosas no mejoran…* If things don't improve…
▸ **mejorarse** vp to get better: *¡Que te mejores!* Get well soon!

mejoría nf improvement (in sb/sth): *la ~ de su estado de salud* the improvement in his health

melancólico, -a *adj* sad

melcochudo, -a *adj* (*Col*) chewy

melena *nf* hair: *llevar ~ suelta* to wear your hair loose

mellizo, -a *adj*, *nm-nf* twin

melocotón *nm* peach

melodía *nf* tune **LOC** **estar hecho/quedar vuelto una melodía** (*Col*) to be in a mess: *El bebé comió solo y está hecho una ~*. The baby fed himself and he's in a real mess.

melón *nm* melon

memorable *adj* memorable

memoria *nf* **1** memory: *Tienes buena ~*. You have a good memory. ◊ *perder la ~* to lose your memory **2 memorias** (*autobiografía*) memoirs **LOC** **de memoria** by heart: *saberse algo de ~* to know something by heart ◆ **hacer memoria** to try to remember ◆ **memoria USB** flash drive, memory stick (*GB*) *Ver tb* ESTUDIAR, LÁPIZ, TARJETA

memorizar *vt* to memorize

menaje *nm* **LOC** **menaje de cocina** kitchenware [*incontable*]

mención *nf* mention

mencionar *vt* to mention **LOC** **sin mencionar** not to mention

mendigar *vt*, *vi* to beg (for *sth*): *~ comida* to beg for food

mendigo, -a *nm-nf* beggar

mendrugo *nm* crust

menear *vt* **1** (*sacudir*) to shake **2** (*cabeza*) **(a)** (*para decir que sí*) to nod **(b)** (*para decir que no*) to shake **3** (*cola*) to wag

menguante *adj* (*luna*) waning **LOC** *Ver* CUARTO

meningitis *nf* meningitis [*incontable*]

menopausia *nf* menopause

menor *adj*
• **uso comparativo 1** (*tamaño*) smaller (*than sth*): *Mi casa es ~ que la tuya*. My house is smaller than yours. **2** (*edad*) younger (*than sb*): *Eres ~ que ella*. You're younger than her.
• **uso superlativo ~ (de)** (*edad*) youngest (in/of…): *el alumno ~ de la clase* the youngest student in the class ◊ *el hermano ~ de María* María's youngest brother
• **música** minor: *una sinfonía en mi ~* a symphony in E minor
▶ *nmf* **1 ~ (de)** youngest (one) (in/of…): *La ~ tiene cinco años*. The youngest (one) is five. ◊ *el ~ de la clase* the youngest in the class **2** (*menor de edad*) minor: *No se sirve alcohol a ~es*. Alcohol will not be served to minors. **LOC** **al por menor** retail ◆ **menor de 18, etc. años**: *Prohibida la entrada a los ~es de 18 años*. No entry for persons under 18. ◆ **menor de edad** minor: *No puedes votar porque eres ~ de edad*. You can't vote because you're still under age. *Ver tb* ABUSO, CENTRO, PAÑO

menos *adv*
• **uso comparativo** less (*than sb/sth*): *A mí sírvame ~*. Give me less. ◊ *Tardé ~ de lo que yo pensaba*. It took me less time than I thought it would.

Con sustantivos contables es más correcta la forma **fewer**, aunque cada vez más gente utiliza **less**: *Había menos gente/carros que ayer*. There were fewer people/cars than yesterday. ➔ *Ver tb nota en* LESS

• **uso superlativo** least (in/of…): *la ~ habladora de la familia* the least talkative member of the family ◊ *el alumno que ~ trabaja* the student who works least

Con sustantivos contables es más correcta la forma **fewest**, aunque cada vez más gente utiliza **least**: *la clase con menos alumnos* the class with fewest pupils ➔ *Ver tb nota en* LESS

▶ *prep* **1** (*excepto*) except: *Fueron todos ~ yo*. Everyone went except me. **2** (*Mat, temperatura*) minus: *Estamos a ~ diez grados*. It's minus ten. ◊ *Cinco ~ tres, dos*. Five minus three is two.
▶ *nm* (*signo matemático*) minus (sign) **LOC** **al menos** at least ◆ **a menos que** unless: *a ~ que deje de llover* unless it stops raining ◆ **de menos** too little, too few: *Me dieron mil pesos de ~*. They gave me a thousand pesos too little. ◊ *tres tenedores de ~* three forks too few ◆ **echar de menos** to miss *sb/sth/doing sth*: *Echaremos de ~ el ir al cine*. We'll miss going to the movies. ◆ **lo menos** the least: *¡Es lo ~ que puedo hacer!* It's the least I can do! ◊ *lo ~ posible* as little as possible ◆ **más o menos** more or less ◆ **¡menos mal!** thank goodness! ◆ **ni mucho menos** hardly ◆ **por lo menos** at least *Ver tb* MIENTRAS

menospreciar *vt* **1** (*subestimar*) to underestimate **2** (*despreciar*) to despise

mensaje *nm* message **LOC** **mensaje de texto** text message, text (*más coloq*)

mensajería *nf* **1** (*Telefonía*) messaging **2** (*de paquetes, etc.*): *empresa/servicio de ~* courier firm/service **LOC** **mensajería instantánea/de texto** instant/text messaging

mensajero, -a *nm-nf* messenger

mensajito *nm* text message, text (*más coloq*)

menso, -a *adj* stupid
▶ *nm-nf* fool

menstruación *nf* menstruation

mensual *adj* monthly: *salario ~* monthly salary **LOC** *Ver* PUBLICACIÓN

mensualidad nf (plazo) monthly payment
menta nf mint
mental adj mental
mentalidad nf mentality [pl mentalities] LOC **tener una mentalidad abierta/estrecha** to be open-minded/narrow-minded
mentalizar vt (concienciar) to make sb aware (of sth): ~ *a la población de la necesidad de cuidar del medio ambiente* to make people aware of the need to look after the environment
mente nf mind LOC **tener algo en mente** to have sth in mind: *¿Tiene algo en ~?* Do you have anything in mind?
mentir vi to lie: *¡No me mientas!* Don't lie to me! ➲ *Ver nota en* LIE¹
mentira nf lie: *meter/decir ~s* to tell lies ◊ *¡Eso es ~!* That isn't true! LOC **¡mentiras!** nonsense! [incontable]: *– ¿Que van a crear empleos? ¡Mentiras!* They're going to create jobs? That's nonsense! ◆ **mentira piadosa** white lie *Ver tb* PARECER, VERDAD
mentiroso, -a adj deceitful: *una persona mentirosa* a deceitful person
▸ nm-nf liar
mentón nm chin
menú nm menu: *No estaba en el ~.* It wasn't on the menu. LOC **menú del día** set menu
menudencia nf **menudencias** giblets
menudeo nm retail trade
menudo, -a adj **1** (pequeño) small **2** (en exclamaciones): *¡En ~ lío te metiste!* You've gotten yourself into a real mess!
▸ nm **1** (cocina) tripe **2** (Col) (tb **menuda** nf) (cambio) small change: *Necesito ~ para comprar pan.* I need some small change to buy bread. LOC **a menudo** often ➲ *Ver nota en* ALWAYS
meñique nm **1** (de la mano) little finger **2** (del pie) little toe
mercadeo nm marketing
mercado nm **1** (lugar) market: *Lo compré en el ~.* I bought it at the market. **2** (compras) shopping: *la lista del ~* the shopping list LOC **hacer (el) mercado** to do the shopping ◆ **mercado negro** black market ◆ **mercado persa** street market
mercancía nf goods [pl]: *La ~ estaba defectuosa.* The goods were damaged.
mercar vi to do the shopping
mercería nf **1** (almacén) sewing notions store **2** (puesto) sewing notions stand
mercurio nm **1** (Quim) mercury **2 Mercurio** (planeta) Mercury

merecer(se) vt, vp to deserve: *(Te) mereces un castigo.* You deserve to be punished. ◊ *El equipo mereció perder.* The team deserved to lose. LOC *Ver* PENA
merecido, -a adj well deserved: *una victoria bien merecida* a well-deserved victory ➲ *Ver nota en* WELL BEHAVED LOC **lo tienes bien merecido** it serves you right *Ver tb* MERECER(SE)
merendar vt to have sth for tea: *¿Qué quieres ~?* What do you want for tea?
▸ vi **1** to have tea: *Merendamos a las seis.* We have tea at six o'clock. **2** (al aire libre) to have a picnic
merengue nm **1** (Cocina) meringue **2** (baile) merengue
meridiano nm meridian
merienda nf **1** tea: *Termínate la ~.* Eat up your tea. **2** (al aire libre) picnic: *Fueron de ~ al campo.* They went for a picnic in the country. LOC **merienda-cena** early dinner
mérito nm merit LOC **tener mérito** to be praiseworthy
merluza nf hake [pl hake]
mermelada nf **1** jam: *~ de mora* mulberry jam **2** (de cítricos) marmalade
mero, -a adj mere: *Fue una mera casualidad.* It was mere coincidence.
mes nm month: *Dentro de un ~ empiezan las vacaciones.* Vacation starts in a month. ◊ *el ~ pasado/que viene* last/next month ◊ *a primeros de ~* at the beginning of the month LOC **al mes 1** (cada mes) a month: *¿Cuánto gastas al ~?* How much do you spend a month? **2** (transcurrido un mes) within a month: *Al ~ de empezar se enfermó.* Within a month of starting he got sick. ◆ **por meses** monthly: *Nos pagan por ~es.* We're paid monthly. ◆ **tener dos, etc. meses de embarazo** to be two, etc. months pregnant ◆ **un mes sí y otro no** every other month *Ver tb* CURSO
mesa nf table: *No pongas los pies en la ~.* Don't put your feet on the table. ◊ *¿Nos sentamos a la ~?* Shall we sit at the table? LOC **levantar/recoger la mesa** to clear the table ◆ **mesa auxiliar** (occasional) table ◆ **mesa redonda** (lit y fig) round table ◆ **poner la mesa** to set the table *Ver tb* BENDECIR, JUEGO, TENIS
mesada nf (dinero) allowance
mesero, -a nm-nf **1** (masc) waiter **2** (fem) waitress
meseta nf plateau [pl plateaus/plateaux]
mesita nf LOC **mesita (de noche)** bedside table
mesón nm **1** inn **2** (en cocina) counter, worktop (GB) **3** (Chi) (en tienda) counter
mestizo, -a adj, nm-nf mestizo [pl mestizos]

meta *nf* **1** (*Atletismo*) finish line, finishing line (*GB*): *el primero en cruzar la ~ the* first across the finish line **2** (*objetivo*) goal: *alcanzar una ~* to achieve a goal

metáfora *nf* metaphor

metal *nm* metal

metálico, -a *adj* **1** metal: *una barra metálica* a metal bar **2** (*color, sonido*) metallic LOC **en metálico** cash: *un premio en ~* a cash prize

metalizado, -a *adj* metallic: *color gris ~* metallic gray

meteorito *nm* meteor

meteorología *nf* meteorology, weather (*más coloq*)

meteorológico, -a *adj* weather, meteorological (*más formal*): *informe ~* weather bulletin

meter *vt* **1** to put: *Mete el carro en el garaje.* Put the car in the garage. ◊ *¿Dónde metiste mis llaves?* Where have you put my keys? ◊ *Metí 1.000 dólares en mi cuenta.* I put 1,000 dollars into my account. **2** (*gol, canasta*) to score
▸ **meterse** *vp* **1** (*introducirse*) to get into *sth*: *~se en la cama/ducha* to get into bed/the shower ◊ *Se me metió una piedra en el zapato.* I have a stone in my shoe. **2** (*involucrarse, interesarse*) to get involved *in sth*: *~se en política* to get involved in politics **3** (*en los asuntos de otro*) to interfere (*in sth*): *Se meten en todo.* They interfere in everything. **4 meterse con** (*criticar*) to pick on *sb* LOC ❶ *Para expresiones con* **meter**, *véanse las entradas del sustantivo, adjetivo, etc., p.ej.* **meter la pata** EN PATA.

metiche (*tb* **metete**) *nmf* busybody [*pl* busybodies]

metida *nf* LOC **metida de pata** blunder

metido, -a *adj* nosy
▸ *nm-nf* busybody [*pl* busybodies] LOC **dejar metido a algn 1** (*meter en problemas*) to put sb in a tight spot **2** (*Col*) (*dejar plantado*) to stand sb up **3** (*Chi*) (*sin comprender*): *Me dejó ~ con su explicación.* I didn't really understand his explanation. *Ver tb* METER

método *nm* method

metralleta *nf* sub-machine gun

métrico, -a *adj* metric: *el sistema ~* the metric system

metro¹ *nm* **1** (*medida*) meter (*abrev* m.): *los 200 ~s pecho* the 200-meter breaststroke ◊ *Se vende por ~s.* It's sold by the meter. ➲ *Ver pág.* 786 **2** (*cinta para medir*) tape measure

metro² *nm* subway, underground (*GB*): *Podemos ir en ~.* We can go there on the subway.

El metro de Londres se llama también **the tube**: *Tomamos el último metro.* We caught the last tube.

mexicano, -a *adj, nm-nf* Mexican

México *nm* (*país*) Mexico

mezanín *nm* (*edificio*) mezzanine

mezcla *nf* **1** mixture: *una ~ de aceite y vinagre* a mixture of oil and vinegar **2** (*tabaco, alcohol, café, té*) blend **3** (*racial, social, musical*) mix

mezclar *vt* **1** to mix: *Hay que ~ bien los ingredientes.* Mix the ingredients well.
2 (*desordenar*) to get *sth* mixed up: *No mezcles las fotos.* Don't get the pictures mixed up.
▸ **mezclarse** *vp* **1** (*alternar*) to mix *with sb*: *No quiere ~se con la gente del pueblo.* He doesn't want to mix with people from the town.
2 (*meterse*) to get mixed up *in sth*: *No quiero ~me en asuntos de familia.* I don't want to get mixed up in family affairs.

mezclilla *nf* (*tela*) denim LOC *Ver* PANTALÓN

mezquita *nf* mosque

mí *pron* me: *¿Es para mí?* Is it for me? ◊ *No me gusta hablar de mí misma.* I don't like talking about myself.

mi¹ *adj* my: *mis amigos* my friends

mi² *nm* **1** (*nota de la escala*) mi **2** (*tonalidad*) E: *mi mayor* E major

miau *nm* meow ➲ *Ver nota en* GATO

mico, -a *nm-nf* monkey LOC **decirle a algn hasta mico** (*Col*) to call sb all the names under the sun *Ver tb* LAGAÑA

microbio *nm* microbe, germ (*más coloq*)

microbús (*tb* **micro**) *nm* (small) bus

micrófono *nm* microphone, mike (*coloq*)

microfútbol *nm* five-a-side football

microondas *nm* microwave (oven)

microorganismo *nm* micro-organism

microscopio *nm* microscope

miedo *nm* fear (*of sb/sth/doing sth*): *el ~ a volar/al fracaso* fear of flying/failure LOC **coger miedo** to be scared *of sb/sth/doing sth* ◆ **dar miedo** to frighten, to scare (*más coloq*): *Sus amenazas no me dan ningún ~.* His threats don't frighten me. ◊ *Me dio un ~ espantoso.* I was terribly frightened. ◆ **por miedo a/de** for fear *of sb/sth/doing sth*: *No lo hice por ~ a que me regañaran.* I didn't do it for fear of being scolded. ◆ **¡qué miedo!** how scary! ◆ **tener miedo** to be afraid (*of sb/sth/doing sth*), to be scared (*más coloq*): *Le tiene mucho ~ a los perros.* He's very scared of dogs. ◊ *¿Tenías ~ de perder la materia?* Were you afraid you'd fail? *Ver tb* MORIR(SE), MUERTO, PELÍCULA

miel *nf* honey LOC *Ver* LUNA

miembro nm **1** (*persona*) member: *hacerse ~ to become a member* **2** (*Anat*) limb

mientras adv in the meantime
▸ conj **1** (*simultaneidad*) while: *Canta ~ pinta.* He sings while he paints. **2** (*tanto tiempo como, siempre que*) as long as: *Aguanta ~ puedas.* Put up with it as long as you can. **LOC mientras más/menos...** the more/less...: *Mientras más tiene, más quiere.* The more he has, the more he wants. ◊ *Mientras más lo pienso, menos lo entiendo.* The more I think about it, the less I understand. ♦ **mientras que** while ♦ **mientras tanto** in the meantime

miércoles nm Wednesday (*abrev* Wed(s).) ➲ *Ver ejemplos en* LUNES **LOC Miércoles de Ceniza** Ash Wednesday

miga nf crumb: *~s de galleta* cookie crumbs **LOC hacer buenas migas** to get along well (*with sb*)

migración nf migration

migraña nf migraine

mijo, -a pron dear

mil nm, adj, pron **1** (*cifra*) (a) thousand: *~ personas* a thousand people ◊ *un billete de cinco ~* a five-thousand peso bill

> **Mil** puede traducirse también por **one thousand** cuando va seguido de otro número: *mil trescientos sesenta* one thousand three hundred and sixty, o para dar énfasis: *Te dije mil, no dos mil.* I said one thousand, not two. De 1.100 a 1.900 es muy frecuente usar las formas **eleven hundred, twelve hundred**, etc.: *una carrera de mil quinientos metros* a fifteen-hundred-meter race.

2 (*años*): *en 1600* in sixteen hundred ◊ *1713* seventeen thirteen ◊ *el año 2000* the year two thousand ➲ *Ver pág. 784* **LOC miles de...** thousands of...: *~es de moscas* thousands of flies ♦ **mil millones** (a) billion: *Costó tres ~ millones de pesos.* It cost three billion pesos. ♦ **por miles** in their thousands *Ver tb* CIEN, DEMONIO

milagro nm miracle

milenio nm millennium [*pl* millennia/millenniums]

milésimo, -a adj, pron, nm-nf thousandth: *una milésima de segundo* a thousandth of a second

miligramo nm milligram (*abrev* mg)

mililitro nm millilitre (*abrev* ml)

milímetro nm millimetre (*abrev* mm) ➲ *Ver pág. 786*

militante nmf (*en un partido político*) member (of a political party)

militar adj military: *uniforme ~* military uniform
▸ nmf soldier: *Mi papá era ~.* My father was in the forces. **LOC** *Ver* SERVICIO

milla nf mile

millar nm thousand [*pl* thousand]: *dos ~es de libros* two thousand books **LOC millares de...** thousands of...: *~es de personas* thousands of people

millón nm million [*pl* million]: *dos millones trescientas quince* two million three hundred and fifteen ◊ *Tengo un ~ de cosas que hacer.* I have a million things to do. ➲ *Ver pág. 784* **LOC millones de...** millions of...: *millones de partículas* millions of particles *Ver tb* MIL

millonario, -a nm-nf millionaire ➲ *Ver nota en* MILLIONAIRE

mimar vt to spoil

mimbre nm wicker: *un cesto de ~* a wicker basket

mímica nf (*lenguaje*) sign language **LOC hacer mímica** to mime

mimo nm mimos **1** (*cariño*) fuss [*incontable*]: *Los niños necesitan ~s.* Children need to be made a fuss of. **2** (*excesiva tolerancia*): *No le des tantos ~s.* Don't spoil him.
▸ nmf mime artist

mina nf **1** (*yacimiento*) mine: *~ de carbón* coal mine **2** (*lápiz*) lead

minado, -a adj **LOC** *Ver* CAMPO

mineral nm mineral **LOC** *Ver* AGUA

minero, -a adj mining: *varias empresas mineras* several mining companies
▸ nm-nf miner **LOC** *Ver* CAMPO, CUENCA

miniatura nf miniature

minifalda nf miniskirt

mínima nf minimum temperature

minimizar vt **1** (*reducir*) to minimize: *~ los costos* to minimize costs ◊ *~ una ventana* to minimize a window **2** (*infravalorar*) to play *sth* down: *Intenta ~ la importancia de los problemas que tiene.* He tries to play down the problems he has.

mínimo, -a adj **1** (*menor*) minimum: *la tarifa mínima* the minimum charge **2** (*insignificante*) minimal: *La diferencia entre ellos era mínima.* The difference between them was minimal.
▸ nm minimum: *reducir al ~ la contaminación* to cut pollution to a minimum **LOC como mínimo** at least *Ver tb* SALARIO

mini-portátil nm (*Informát*) netbook

ministerio nm (*Pol, Relig*) ministry [*pl* ministries]

El nombre oficial de la mayoría de los ministerios en Gran Bretaña es **Department**, p.ej. **Department of Health, Department for Education**, etc.

LOC **Ministerio de Relaciones Exteriores** Foreign Ministry, ≈ State Department (*USA*) ◆ **Ministerio de Hacienda** Finance Minister, ≈ Treasury Department (*USA*) ◆ **Ministerio del Interior** Interior Ministry, ≈ Department of the Interior (*USA*)

ministro, -a *nm-nf* minister: *el Ministro colombiano de Educación* the Colombian Minister for Education

En Gran Bretaña la persona a cargo de un ministerio se llama **Secretary of State** o simplemente **Secretary**: *el ministro de Sanidad* the Secretary of State for Health/Health Secretary.

LOC **Ministro de Relaciones Exteriores** Foreign Minister, ≈ Secretary of State (*USA*) ◆ **Ministro de Hacienda**, ≈ Treasury Secretary ◆ **Ministro del Interior** Interior Minister, ≈ Secretary of the Interior (*USA*) *Ver tb* CONSEJO, PRIMERO

minivan *nm* minivan, people carrier (*GB*)

minoría *nf* minority [*v sing o pl*] [*pl* minorities] **LOC** **ser minoría** to be in the minority

minoritario, -a *adj* minority: *un gobierno ~* a minority government

minúscula *nf* small letter, lower case letter (*más formal*) **LOC** **con minúscula** with a small letter ◆ **en minúsculas** in small letters

minúsculo, -a *adj* **1** (*diminuto*) tiny **2** (*letra*) small, lower case (*más formal*): *una "m" minúscula* a small 'm'

minusválido, -a *adj, nm-nf* disabled: *asientos reservados para los ~s* seats for the disabled

minutero *nm* minute hand

minuto *nm* minute: *Espere un ~.* Just a minute.

mío, -a *adj, pron* mine: *Estos libros son ~s.* These books are mine.

Nótese que *un amigo mío* se traduce por **a friend of mine** porque significa *uno de mis amigos*.

miope *adj* nearsighted, short-sighted (*GB*)

miopía *nf* nearsightedness, short-sightedness (*GB*)

mirada *nf* **1** look: *tener una ~ inexpresiva* to have a blank look (on your face) **2** (*vistazo*) glance: *Solo me dio tiempo de echarle una ~ rápida al periódico.* I only had time for a glance at the newspaper. **LOC** *Ver* DESVIAR

mirador *nm* viewpoint

mirar *vt* **1** to look at *sb/sth*: *~ el reloj* to look at the clock **2** (*observar*) to watch: *Estaban mirando cómo jugaban los niños.* They were watching the children play.
▸ *vi* to look: *~ hacia arriba/abajo* to look up/down ◊ *~ por una ventana/un agujero* to look out of a window/through a hole **LOC** **mira que...**: *No vayas, mira que es peligroso.* Don't go; it might be dangerous. ◊ *Mira que mi paciencia tiene un límite.* Be careful, there's a limit to my patience. ◆ **se mire como/por donde se mire** whichever way you look at it ❶ Para otras expresiones con **mirar**, véanse las entradas del sustantivo, adjetivo, etc., p.ej. **mirar de reojo** en REOJO.

mirlo *nm* (*Col* **mirla** *nf*) blackbird

misa *nf* mass **LOC** **misa del gallo** midnight mass

miserable *adj* **1** (*sórdido, escaso*) miserable: *un cuarto/sueldo ~* a miserable room/salary **2** (*persona, vida*) wretched
▸ *nmf* **1** (*malvado*) wretch **2** (*tacaño*) miser

miseria *nf* **1** (*pobreza*) poverty **2** (*cantidad pequeña*) pittance: *Gana una ~.* He earns a pittance.

misil *nm* missile

misio, -a *adj* (*sin dinero*) broke

misión *nf* mission

misionero, -a *nm-nf* missionary [*pl* missionaries]

mismo, -a *adj* **1** (*idéntico*) same: *al ~ tiempo* at the same time ◊ *Vivo en la misma casa que él.* I live in the same house as him. **2** (*uso enfático*): *Yo ~ lo vi.* I saw it myself. ◊ *estar en paz contigo ~* to be at peace with yourself ◊ *la princesa misma* the princess herself
▸ *pron* same one: *Es la misma que vino ayer.* She's the same one who came yesterday.
▸ *adv*: *delante ~ de mi casa* right in front of my house ◊ *Te prometo hacerlo hoy ~.* I promise you I'll get it done today. **LOC** **aquí/ahí/allí mismo** right here/there ◆ **lo mismo** the same: *Dame lo ~ de siempre.* I'll have the same as usual. ◆ **me da lo mismo** I, you, etc. don't mind: – *¿Café o té? – Me da lo ~.* 'Coffee or tea?' 'I don't mind.' ◆ **quedarse en las mismas** not to understand a thing: *Me quedé en las mismas.* I didn't understand a thing. ◆ **ya mismo** right away *Ver tb* AHORA, COJEAR, CONFIANZA, VESTIR

misterio *nm* mystery [*pl* mysteries]

misterioso, -a *adj* mysterious

mitad *nf* half [*pl* halves]: *La ~ de los diputados votó en contra.* Half the representatives voted against. ◆ **en la primera ~ del partido** in the first half of the game ◊ *partir algo por la ~* to cut sth in half **LOC** **a la mitad**: *reducir algo a la*

~ to cut sth by half ◊ *La botella estaba a la ~.* The bottle was half empty. ♦ **a mitad de...** halfway through...: *a ~ de la reunión* halfway through the meeting ♦ **a mitad de camino** halfway: *Vamos a hacer una parada a ~ de camino.* We're going to stop halfway. ♦ **a mitad de precio** half-price: *Lo compré a ~ de precio.* I bought it half-price. ♦ **por la mitad**: *cortar/partir algo por la ~* to cut sth in half ◊ *La botella estaba por la ~.* The bottle was half empty. ◊ *Voy por la ~.* I'm halfway through it. ◊ *Me rompió el mapa por la ~.* The map has torn down the middle.

mitin *nm* (*reunión política*) meeting: *hacer un ~* to hold a meeting

mito *nm* **1** (*leyenda*) myth **2** (*persona famosa*) legend: *Es un ~ del fútbol colombiano.* He's a Colombian soccer legend.

mitología *nf* mythology

mixto, -a *adj* (*colegio*) coeducational LOC *Ver* ENSALADA

mobiliario *nm* furniture

mochila *nf* **1** (*de excursionista*) backpack **2** (*Col*) shoulder bag LOC **mochila (escolar)** school bag ➔ *Ver dibujo en* BAG

mochilear *vi* to go backpacking

mochilero, -a *nm-nf* backpacker

mocho, -a *adj*: *Tiene una oreja mocha.* He's only got one ear.

moco *nm* **mocos** LOC **tener mocos** to have a runny nose *Ver tb* LLORAR

moda *nf* fashion: *seguir la ~* to follow fashion LOC **(estar/ponerse) de moda** (be/become) fashionable: *un bar de ~* a fashionable bar ♦ **pasarse de moda** to go out of fashion *Ver tb* DESFILE, PASADO

modales *nm* manners: *tener buenos ~* to have good manners

modelar *vt, vi* **1** (*barro, plastilina, etc, para desfiles*) to model **2** (*escultor*) to sculpt

modelo *nm* **1** model: *un ~ a escala* a scale model **2** (*ropa*) style: *Tenemos varios ~s de chaqueta.* We have several styles of jacket. ▸ *nmf* (*persona*) model

módem *nm* modem

moderado, -a *adj* moderate *Ver tb* MODERAR

moderador, -ora *nm-nf* moderator

moderar *vt* **1** (*velocidad*) to reduce **2** (*lenguaje*) to watch: *Modera tus palabras.* Watch your language.

modernización *nf* modernization

modernizar(se) *vt, vp* to modernize

moderno, -a *adj* modern

modestia *nf* modesty

modesto, -a *adj* modest

modificar *vt* **1** (*cambiar*) to change **2** (*Gram*) to modify LOC *Ver* GENÉTICAMENTE

modista *nf* (*costurera*) dressmaker

modisto, -a *nm-nf* (*diseñador*) designer

modo *nm* way (*of doing sth*): *un ~ especial de reír* a special way of laughing ◊ *Lo hace del mismo ~ que yo.* He does it the same way as me. LOC **a mi modo** my, your, etc. way: *Déjelos que lo hagan a su ~.* Let them do it their way. ♦ **con/de malos modos** rudely: *Me lo pidió de malos ~s.* He asked for it so rudely. ♦ **de modo que** (*por tanto*) so: *Has estudiado poco, de ~ que no puedes pasar.* You haven't studied much, so you won't pass. ♦ **de todos modos** anyway *Ver tb* CUALQUIERA, NINGUNO

modular *adj* (*curso, etc.*) modular

módulo *nm* **1** module: *El curso consta de diez ~s independientes.* The course consists of ten separate modules. **2** (*muebles*) unit

mofle *nm* muffler

moflete *nm* chubby cheek

mogolla *nf* (*Col*) (*pan*) bread roll

moho *nm* mold LOC **criar/tener moho** to get/be moldy

mojado, -a *adj* wet LOC *Ver* HABLAR; *Ver tb* MOJAR

mojar *vt* **1** to get *sb/sth* wet: *No mojes el suelo.* Don't get the floor wet. **2** (*empapar*) to dip, to dunk (*más coloq*): *~ el pan en la sopa* to dip your bread in the soup
▸ **mojarse** *vp* to get wet: *~se los pies* to get your feet wet ◊ *¿Te mojaste?* Did you get wet?

molde *nm* **1** (*Cocina*) can **2** (*de yeso*) cast: *un ~ de yeso* a cast

moldear *vt* **1** (*barro, plástico, carácter*) to mould **2** (*metal*) to cast

molécula *nf* molecule

moler *vt* **1** (*café, trigo, carne*) to grind **2** (*cansar*) to wear *sb* out **3** (*trabajar*) to work LOC **moler a palo(s)** to give *sb* a beating

molestar *vt* **1** (*importunar*) to bother: *Siento ~te a estas horas.* I'm sorry to bother you so late. **2** (*interrumpir*) to disturb: *No quiere que la molesten mientras trabaja.* She doesn't want to be disturbed while she's working. **3** (*ofender*) to upset
▸ *vi* to be a nuisance: *No quiero ~.* I don't want to be a nuisance.
▸ **molestarse** *vp* **1 molestarse (por)** (*disgustarse*) to get upset (about *sth*): *Se molestó por mis comentarios.* She got upset about my remarks. ◊ *Me molesta que hables mal de la gente.* It upsets me when you say unkind things about people. **2 molestarse (en)** (*tomarse trabajo*) to bother (*to do sth*): *Ni se molestó en contestar mi*

carta. He didn't even bother to reply to my letter. LOC **no molestar** do not disturb ♦ **¿te molesta que...?** do you mind if...?: *¿Te molesta que fume?* Do you mind if I smoke?

molestia *nf* **1** (*dolor*) discomfort [*incontable*] **2 molestias** inconvenience [*v sing*]: *causar ~s a algn* to cause inconvenience to sb ◊ *Disculpen las ~s.* We apologize for any inconvenience. LOC **si no es molestia** if it's no bother ♦ **tomarse la molestia de** to take the trouble *to do sth*

molesto, -a *adj* **1** (*que fastidia*) annoying **2** (*disgustado*) annoyed (*with sb*): *Está ~ conmigo por lo del carro.* He's annoyed with me about the car.

molido, -a *adj* **1** (*cansado*) pooped (out) **2** (*cuerpo*) stiff: *Tengo las piernas molidas.* My legs are stiff. LOC *Ver* CAFÉ, CARNE; *Ver tb* MOLER

molinillo *nm* whisk

molino *nm* mill LOC **molino de agua/viento** watermill/windmill

momento *nm* **1** (*instante*) moment: *Espere un ~.* Hold on a moment. **2** (*período*) time: *en estos ~s de crisis* at this time of crisis LOC **del momento** contemporary: *el mejor cantante del ~* the best contemporary singer ♦ **de momento** at/for the moment: *De ~ tengo bastante trabajo.* I have enough work for the moment. ♦ **de un momento a otro** from one minute to the next ♦ **en el momento menos pensado** when I, you, least expect it ♦ **por/en el momento** for the time being: *Por/en el ~ tengo bastante trabajo.* I have enough work for the time being. ♦ **¡un momentico!** wait a minute! *Ver tb* NINGUNO

momia *nf* mummy [*pl* mummies]

monaguillo *nm* altar boy

monarca *nmf* monarch

monarquía *nf* monarchy [*pl* monarchies]

monasterio *nm* monastery [*pl* monasteries]

moneda *nf* **1** (*pieza*) coin: *¿Tienes una ~ de 50?* Do you have a 50 peso coin? **2** (*unidad monetaria*) currency [*pl* currencies]: *la ~ europea* the European currency

monedero *nm* change purse, purse (*GB*)

monitor, -ora *nm-nf* (*Col*) student who acts as an assistant teacher
▶ *nm* (*pantalla*) monitor ➔ *Ver dibujo en* COMPUTADOR

monje, -a *nm* **1** (*masc*) monk **2** (*fem*) nun LOC *Ver* COLEGIO

mono, -a *adj* (*Col*) (*rubio*) fair, blond(e) ➔ *Ver nota en* BLOND
▶ *nm-nf* (*animal*) monkey
▶ *nm* (*dibujo*): *Pintaba ~s en el cuaderno.* He was doodling in his exercise book. ◊ *los ~s del periódico* the cartoons in the newspaper LOC *Ver* ANIMADO, NIEVE, TEÑIR

monolito *nm* monolith

monólogo *nm* monologue

monono, -a *adj* (*Chi*) (*bonito*) divine

monopolio *nm* monopoly [*pl* monopolies]

monótono, -a *adj* monotonous

monóxido *nm* monoxide LOC **monóxido de carbono** carbon monoxide

monstruo *nm* **1** monster: *un ~ de tres ojos* a three-eyed monster **2** (*genio*) genius [*pl* geniuses]: *un ~ de las matemáticas* a mathematical genius

montado, -a *adj*: *~ en un caballo/una moto* riding a horse/a motorcycle *Ver tb* MONTAR

montaje *nm* **1** (*máquina*) assembly: *una línea de ~* an assembly line **2** (*truco*) set-up: *Seguro que todo es un ~.* I bet it's all a set-up.

montaña *nf* **1** mountain: *en lo alto de una ~* at the top of a mountain **2** (*tipo de paisaje*) mountains [*pl*]: *Prefiero la ~ a la playa.* I prefer the mountains to the beach. LOC **montaña rusa** roller coaster *Ver tb* BICICLETA, CICLISMO

montañismo *nm* mountaineering

montañoso, -a *adj* mountainous LOC *Ver* SISTEMA

montar *vt* **1** (*establecer*) to set *sth* up: *~ un negocio* to set up a business **2** (*piedras preciosas*) to mount **3** (*máquina*) to assemble **4** (*exposición, campaña*) to mount **5** (*obra de teatro*) to put *sth* on
▶ *vi* to ride: *~ en bicicleta* to ride a bicycle ◊ *botas/traje de ~* riding boots/clothes
▶ **montar(se)** *vi, vp* to get on (*sth*): *Se montaron dos pasajeros.* Two passengers got on. LOC **montar a caballo** to go (horseback) riding: *Me gusta ~ a caballo.* I like riding. *Ver tb* BRONCA, ESCÁNDALO, SILLA

monte *nm* **1** mountain

Si se refiere a un monte muy alto o a una montaña, se dice **mountain**, pero una colina o un monte de menor altura se llama **hill**.

2 (*con nombre propio*) Mount: *el ~ Everest* Mount Everest **3** (*terreno cubierto de maleza*) scrub [*incontable*]

montón *nm* **1** (*pila*) pile: *un ~ de arena/libros* a pile of sand/books **2** (*muchos*) lot (*of sth*): *un ~ de problemas* a lot of problems ◊ *Tienes montones de amigos.* You have lots of friends. LOC **del montón** ordinary: *una muchacha del ~* an ordinary girl ♦ **por montones**: *Gastas plata por montones.* You spend loads of money.

montura *nf* (*gafas*) frame

monumental *adj* **1** (*con monumentos*) historical: *el área ~ de la ciudad* the historical area of the city **2** (*descomunal*) massive: *un esfuerzo ~* a massive effort

monumento

monumento nm monument

moño nm 1 (tb **moña** nf) bun: *Siempre va peinada con ~.* She always wears her hair in a bun. 2 (*lazo*) bow LOC *Ver* HORQUILLA

moñona nf (*Col*) (*bolos, etc.*) strike

mora nf 1 (*del arbusto*) blackberry [pl blackberries] 2 (*del árbol*) mulberry [pl mulberries]

morado, -a adj, nm purple ➲ *Ver ejemplos en* AMARILLO
▸ nm bruise: *Tengo ~s en las piernas.* I have bruises on my legs.

moral adj moral
▸ nf 1 (*principios*) morality 2 (*ánimo*) morale: *La ~ está baja.* Morale is low.

moraleja nf moral

morcilla nf blood sausage

mordaza nf gag LOC **ponerle una mordaza a algn** to gag sb: *Los asaltantes le pusieron una ~.* The robbers gagged him.

mordedura nf bite

morder(se) vt, vi, vp to bite: *El perro me mordió en la pierna.* The dog bit my leg. ◊ *Mordí la manzana.* I bit into the apple. ◊ *~se las uñas* to bite your nails LOC **estar que muerde**: *No le pregunte, está que muerde.* Don't ask him; he'll bite your head off. ◆ **morder el anzuelo** to swallow the bait ◆ **morderse la lengua** (*lit, fig*) to bite your tongue *Ver tb* PERRO

mordida nf 1 bite 2 (*Méx*) (*soborno*) bribe

mordisco nm bite LOC **dar/pegar un mordisco** to bite

mordisquear vt to nibble

moreno, -a adj 1 (*pelo, piel*) dark: *Mi hermana es mucho más morena que yo.* My sister has a much darker complexion than me. 2 (*bronceado, azúcar, pan*) brown: *ponerse ~* to go brown

moretón nm bruise

morfina nf morphine

morgue nf morgue

moribundo, -a adj dying

morir(se) vi, vp to die: *~ de un infarto/en un accidente* to die of a heart attack/in an accident LOC **morirse de aburrimiento** to be bored stiff ◆ **morirse de frío** to be freezing ◆ **morirse del susto** to get the fright of your life ◆ **morirse de miedo** to be scared stiff ◆ **morirse de sed** to be dying of thirst ◆ **morirse por (hacer) algo** to be dying for sth/to do sth *Ver tb* MOSCA, RISA

moro, -a adj Moorish
▸ nm-nf Moor

morocho, -a adj 1 (*de tez oscura*) dark 2 (*negro*) black

▸ nm-nf (*negro*) black man/woman [pl black men/women]

morral nm backpack

morrón nm (*Chi*) (*pimentón*) red pepper LOC (**pimentón**) **morrón** red pepper

morsa nf walrus [pl walruses]

morse nm Morse Code

mortadela nf bologna, luncheon meat (*GB*)

mortal adj 1 (*no inmortal, pecado*) mortal: *Los seres humanos son ~es.* Human beings are mortal. ◊ *pecado ~* mortal sin 2 (*enfermedad, accidente*) fatal 3 (*veneno, enemigo*) deadly 4 (*aburrición, ruido, trabajo*) dreadful: *La película es de una pesadez ~.* The movie is terribly boring.
▸ nmf mortal LOC *Ver* FEO, RESTO

mortalidad nf mortality

mortero nm mortar

mosaico nm mosaic

mosca nf (*Col* **mosco** nm) fly [pl flies] LOC **caer/morir como moscas** to drop like flies ◆ **como mosca en leche** (*Col*) like a fish out of water ◆ **estar mosca** (*Col*) (*alerta*) to keep on your toes ◆ **ponerse mosca** to smell a rat ◆ **por si las moscas** just in case ◆ **¿qué mosca te picó?** what's eating you?

mosquito nm mosquito [pl mosquitoes/mosquitos]

mostaza nf mustard

mostrador nm 1 (*tienda*) counter 2 (*bar*) bar 3 (*aeropuerto*) check-in desk

mostrar vt to show: *Mostraron mucho interés por ella.* They showed great interest in her. ◊ *Muéstrame tu habitación.* Show me your room.
▸ **mostrarse** vp (*parecer*) to seem: *Se mostraba algo pesimista.* He seemed rather pessimistic. LOC **mostrar comprensión** to be understanding (*toward sb*)

mota nf speck

motel nm hotel where couples go to have sex

motero, -a (tb **motoquero, -a**) nm-nf biker

motilado nm haircut

motilar vt to cut *sb's* hair
▸ **motilarse** vp to have your hair cut

motín nm mutiny [pl mutinies]

motivación nf motivation: *falta de ~* lack of motivation

motivar vt 1 (*causar*) to cause 2 (*incentivar*) to motivate

motivo nm reason (*for sth*): *el ~ de nuestro viaje* the reason for our trip ◊ *por ~s de salud* for health reasons ◊ *Se puso bravo conmigo sin*

muela

~ *alguno*. He got angry with me for no reason. **LOC** **¡que sea un motivo!** let's drink to that

moto (*tb* **motocicleta**) *nf* motorcycle: *ir en ~ to ride a motorcycle* **LOC** **moto acuática/de agua** jetski® [*pl* jetskis] ♦ **moto todo terreno** dirt bike

motociclismo *nm* motorcycling

motociclista (*tb* **motorista**) *nmf* (*tb* **motoquero, -a** *nm-nf*) motorcyclist, biker (*más coloq*)

motocross *nm* motocross

motor, -ora *adj* motive: *potencia ~a* motive power
▸ *nm* engine, motor ➔ *Ver nota en* ENGINE **LOC** *Ver* LANCHA, VUELO

mouse *nm* mouse [*pl* mice/mouses]

movedizo, -a *adj* **LOC** *Ver* ARENA

mover(se) *vt, vi, vp* to move: *~ una pieza del ajedrez* to move a chess piece ◊ *Te toca ~.* It's your move. ◊ *Muévete un poco para que me siente.* Move up a little so I can sit down. **LOC** **¡muévete!; ¡movámonos!**: *¡Muévete que nos va a dejar el bus!* Get a move on or we'll miss the bus! ◊ *¡Movámonos!* Let's get a move on! ♦ **no moverse ni a palos** to be bone idle

movida *nf* (*vida nocturna*) nightlife: *Esta es la zona de la ~.* This is the area where the nightlife is.

movido, -a *adj* **1** (*ajetreado*) busy: *Hemos tenido un mes muy ~.* We've had a very busy month. **2** (*foto*) blurry *Ver tb* MOVER(SE)

móvil *adj* mobile

movilización *nf* **LOC** **movilización colectiva** (*Chi*) public transportation, public transport (*GB*)

movimiento *nm* **1** (*cambio de posición, político, cultural*) movement: *un leve ~ de la mano* a slight movement of the hand ◊ *el ~ obrero/romántico* the labor/Romantic movement **2** (*marcha*) motion: *El carro estaba en ~.* The car was in motion. ◊ *poner algo en ~* to set sth in motion **3** (*actividad*) activity

mozo, -a *nm-nf* (*camarero*) **1** (*masc*) waiter **2** (*fem*) waitress

MP3 *nm* MP3

mu *nm* moo **LOC** **no decir ni mu** not to open your mouth

muchacho, -a *nm-nf* **1** (*masc*) boy, guy (*coloq*) **2** (*fem*) girl **3** **muchachos** (*sin distinción de sexo*) young people, kids (*coloq*) **LOC** *Ver* SERVICIO

muchedumbre *nf* crowd

mucho, -a *adj*
• **en oraciones afirmativas** a lot of *sth*: *Tengo ~ trabajo.* I have a lot of work. ◊ *Había ~s carros.* There were a lot of cars.
• **en oraciones negativas e interrogativas** **1** [*con sustantivo incontable*] much, a lot of *sth* (*más coloq*): *No tiene mucha suerte.* He doesn't have much luck. ◊ *¿Tomas ~ café?* Do you drink a lot of coffee? **2** [*con sustantivo contable*] many, a lot of *sth* (*más coloq*): *No había ~s ingleses.* There weren't many English people.
• **otras construcciones**: *¿Tienes mucha hambre?* Are you very hungry? ◊ *hace ~ tiempo* a long time ago
▸ *pron* **1** [*en oraciones afirmativas*] a lot: *~s de mis amigos* a lot of my friends **2** [*en oraciones negativas e interrogativas*] much [*pl* many] ➔ *Ver nota en* MANY
▸ *adv* **1** a lot: *Se parece ~ al papá.* He's a lot like his father. ◊ *Tu amigo viene ~ por acá.* Your friend comes over here a lot. ◊ *trabajar ~* to work hard

Fíjate en la frase siguiente: *Quiere mucho a sus padres.* She loves her parents very much/a lot. **A lot** y **very much** se colocan al final de la frase, aunque *mucho* en español vaya entre el verbo y el objeto directo.

2 [*con formas comparativas*] much: *Eres ~ mayor que ella.* You're much older than her. ◊ *~ más interesante* much more interesting **3** (*mucho tiempo*) a long time: *Llegaron ~ antes que nosotros.* They got here a long time before us. ◊ *hace ~* a long time ago **4** (*en respuestas*) very: *– ¿Estás cansado? – No ~.* 'Are you tired?' 'Not very.' ◊ *– ¿Te gustó? – Mucho.* 'Did you like it?' 'Very much.' **LOC** **por mucho que…** however much…: *Por ~ que insistas…* However much you insist…

mudanza *nf* move **LOC** **estar de mudanza** to be moving *Ver tb* CAMIÓN

mudar(se) *vt, vp* **mudar(se) (de)** (*cambiar*) to change: *Hay que ~ al bebé.* The baby needs changing. ◊ *~se de camisa* to change your shirt
▸ **mudarse** *vp* **~ de** (*trasladarse*) to move: *~se de casa* to move house

mudo, -a *adj* mute: *Es ~ de nacimiento.* He was born mute.

En un contexto más formal se prefiere la expresión **people who are speech-impaired**.

LOC *Ver* PELÍCULA

mueble *nm* **1** [*en singular*] piece of furniture: *un ~ muy elegante* a lovely piece of furniture **2** **muebles** (*conjunto*) furniture [*incontable*]: *Los ~s estaban cubiertos de polvo.* The furniture was covered in dust.

mueca *nf* **LOC** **hacer muecas** to make faces (*at sb*)

mueco, -a *adj* (*Col*) gap-toothed

muela *nf* molar **LOC** **muela del juicio** wisdom tooth *Ver tb* DOLOR

muelle

muelle nm 1 (*resorte*) spring 2 (*de un puerto*) wharf [*pl* wharves]

muenda nf (*Col*) (*paliza*) beating: *darle una ~ a algn* to give sb a beating

muerte nf death **LOC** *dar muerte a algn/algo* to kill sb/sth ◆ **de mala muerte** horrible: *un barrio de mala ~* a horrible neighborhood *Ver tb* PENA, REO

muerto, -a *adj, nm-nf* dead: *La habían dado por muerta.* They had given her up for dead. ◊ *El pueblo queda ~ durante el invierno.* The town is dead in winter. ◊ *los ~s en la guerra* the war dead ◊ *Hubo tres ~s en el accidente.* Three people were killed in the accident. **LOC** **muerto de cansancio** dog-tired ◆ **muerto de envidia** green with envy ◆ **muerto de frío/hambre** freezing/starving ◆ **muerto de miedo** scared to death ◆ **muerto de risa** helpless with laughter ◆ **muerto de sed** dying of thirst *Ver tb* CALLADO, NATURALEZA, PUNTO, TIEMPO, VIVO; *Ver tb* MORIR(SE)

muestra nf 1 (*Med, Estadística, mercancía*) sample: *una ~ de sangre* a blood sample 2 (*prueba*) token: *una ~ de amor* a token of love 3 (*señal*) sign: *dar ~s de cansancio* to show signs of fatigue **LOC** *Ver* FERIA

mugir vi 1 (*vaca*) to moo 2 (*toro*) to bellow

mugre nf filth **LOC** *Ver* UÑA

mujer nf 1 woman [*pl* women] 2 (*esposa*) wife [*pl* wives] **LOC** *Ver* BOMBA¹, NEGOCIO, TIEMPO

mula nf mule

mulato, -a *adj, nm-nf* (person) of mixed race

muleta nf crutch: *andar con ~s* to walk on crutches

mullido, -a *adj* soft

multa nf fine **LOC** *poner una multa* to fine: *Le pusieron una ~.* He's been fined.

multicultural *adj* multicultural

multiculturalismo nm multiculturalism

multifunción *adj* multi-purpose
▸ nm: *un (equipo) ~* an all-in-one (printer)

multimedia *adj* multimedia

multinacional *adj* multinational
▸ nf multinational company [*pl* multinational companies]

múltiple *adj* 1 (*no simple*) multiple: *una fractura ~* a multiple fracture 2 (*numerosos*) numerous: *en ~s casos* on numerous occasions **LOC** *Ver* EXAMEN

multiplicación nf multiplication

multiplicar *vt, vi* (*Mat*) to multiply: *~ dos por cuatro* to multiply two by four ◊ *¿Ya sabe ~?* Do you know how to do multiplication yet?

multirracial *adj* multiracial

multitud nf 1 (*muchedumbre*) crowd [*v sing o pl*] 2 **~ de** (*muchos*) a lot of sth: *(una) ~ de problemas* a lot of problems

multitudinario, -a *adj* mass: *una manifestación multitudinaria* a mass demonstration

mundial *adj* world: *el récord ~* the world record
▸ nm world championship: *los Mundiales de Atletismo* the World Athletics Championships ◊ *el Mundial de fútbol* the World Cup

mundo nm 1 (*planeta*) world: *dar la vuelta al ~* to go around the world 2 (*gran número*): *Había un ~ de carros.* There were loads of cars. **LOC** *el mundo del espectáculo* show business ◆ **todo el mundo** everyone *Ver tb* MEDIO, TERCERO, VUELTA

munición nf ammunition [*incontable*]: *quedarse sin municiones* to run out of ammunition

municipal *adj* municipal **LOC** *Ver* CABECERA, ELECCIÓN, PRESIDENTE

municipio nm municipality [*pl* municipalities]

muñeca nf 1 (*juguete*) doll: *¿Te gusta jugar con ~s?* Do you like playing with dolls? 2 (*parte del cuerpo*) wrist: *fracturarse la ~* to fracture your wrist

muñeco nm 1 (*juguete*) doll: *~ de trapo* rag doll 2 (*de un ventrílocuo, maniquí*) dummy [*pl* dummies] **LOC** *estar con los muñecos* (*Per*) to be really on edge ◆ **muñeco de felpa** stuffed toy *Ver tb* NIEVE

muñequear *vt* (*Chi*) to wangle
▸ *vp* (*Per*) (*ponerse nervioso*) to get into a state

muñequera nf wristband

mural nm mural **LOC** *Ver* DIARIO

muralla nf wall(s) [*gen pl*]: *la ~ medieval* the medieval walls

murciélago nm bat

murmullo nm murmur: *el ~ de su voz/del viento* the murmur of his voice/the wind

murmurar *vt, vi* (*hablar en voz baja*) to mutter
▸ *vi* (*chismosear*) to gossip (*about sb/sth*)

muro nm wall

musa nf muse

musaraña nf (*Zool*) shrew **LOC** *Ver* PENSAR

muscular *adj* muscle: *una lesión ~* a muscle injury

músculo nm muscle

musculoso, -a *adj* muscular

museo nm museum: *Está en el Museo de Arte Moderno.* It's in the Museum of Modern Art.
➲ *Ver nota en* MUSEUM

musgo *nm* moss
música *nf* music: *Me gusta la ~ clásica.* I like classical music. **LOC** **música ambiental/de fondo** background music ◆ **música en vivo** live music *Ver tb* EQUIPO
musical *adj, nm* musical **LOC** *Ver* COMEDIA
músico *nmf* musician **LOC** **músico callejero** busker
muslo *nm* **1** (*humano*) thigh **2** (*ave*) leg
musulmán, -ana *adj, nm-nf* Muslim
mutante *adj, nmf* mutant
mutilar *vt* to mutilate
mutuamente *adv* each other, one another: *Se odian ~.* They hate each other. ➲ *Ver nota en* EACH OTHER
mutuo, -a *adj* mutual
muy *adv* **1** [*con adjetivo o adverbio*] very: *Están ~ bien/cansados.* They're very well/tired. ◊ *~ despacio/temprano* very slowly/early **2** [*con sustantivo*]: *El ~ sinvergüenza se fue sin pagar.* The pig left without paying. ◊ *Es ~ hombre.* He's a real man. **LOC** **muy bien** (*de acuerdo*) OK ◆ **por muy… que…** however…: *Por ~ simpático que sea…* However nice he is…

N n

nabo *nm* turnip

nácar *nm* mother-of-pearl

nacer *vi* **1** (*persona, animal*) to be born: *¿Dónde naciste?* Where were you born? ◊ *Nací en 1971.* I was born in 1971. **2** (*río*) to rise **3** (*planta, pelo, plumas*) to grow LOC **nacer para actor, cantante, etc.** to be a born actor, singer, etc.

nacido, -a *adj* LOC *Ver* RECIÉN; *Ver tb* NACER

naciente *adj* (*sol*) rising

nacimiento *nm* **1** birth: *fecha de ~* date of birth **2** (*río*) source **3** (*pelo, uña*) root LOC **de nacimiento**: *Es ciega de ~.* She was born blind. ◊ *ser peruano de ~* to be Peruvian by birth ◆ **lunar/mancha/marca de nacimiento** birthmark *Ver tb* LUGAR

nación *nf* nation LOC *Ver* ORGANIZACIÓN

nacional *adj* **1** (*de la nación*) national: *la bandera ~* the national flag **2** (*no internacional*) domestic: *el mercado ~* the domestic market ◊ *vuelos/salidas ~es* domestic flights/departures LOC **canción/himno nacional** national anthem *Ver tb* PARQUE

nacionalidad *nf* **1** nationality [*pl* nationalities] **2** (*ciudadanía*) citizenship

nacionalismo *nm* nationalism

nacionalista *adj, nmf* nationalist

nacionalizar *vt* to nationalize
▶ **nacionalizarse** *vp* to become a British, Chilean, etc. citizen

nada *pron* (*ninguna cosa*) nothing, anything

Nothing se utiliza cuando el verbo está en forma afirmativa en inglés y **anything** cuando está en negativa: *No queda nada.* There's nothing left. ◊ *No tengo nada que perder.* I have nothing to lose. ◊ *No quiero nada.* I don't want anything. ◊ *No tienen nada en común.* They don't have anything in common. ◊ *¿No quieres nada?* Don't you want anything?

▶ *adv* at all: *No está ~ claro.* It's not at all clear. LOC **con nada más que hacer algo**: *Lo conocí con ~ más que verlo.* I recognized him as soon as I saw him. ◆ **de nada** you're welcome: *– Gracias por la comida. – ¡De ~!* 'Thank you for the meal.' 'You're welcome!'

También se puede decir **don't mention it**.

◆ **nada de nada** not a thing ◆ **nada más 1** (*eso es todo*) that's all **2** (*solo*) only: *Tengo un hijo ~ más.* I only have one son. ◆ **nada más hacer algo**: *Lo reconocí ~ más verlo.* I recognized him as soon as I saw him. ◆ **nada más y nada menos que… 1** (*persona*) none other than…: *~ más y ~ menos que el Presidente* none other than the President **2** (*cantidad*) no less than…: *~ más y ~ menos que 100 personas* no less than 100 people ◆ **nada que…**: *– ¿Hablaste con Paula? – Nada que me llama.* 'Did you talk to Paula?' 'She hasn't called me yet.' ◆ **para nada** not at all: *No estoy para ~ cansada.* I'm not at all tired. *Ver tb* DENTRO, SERVIR

nadador, -ora *nm-nf* swimmer

nadar *vi* to swim: *No sé ~.* I can't swim. LOC **nadar cinco, diez, etc. piscinas** to swim five, ten, etc. lengths ◆ **nadar espalda** to do the backstroke ◆ **nadar libre** to do the crawl ◆ **nadar pecho/mariposa** to do (the) breaststroke/butterfly

nadie *pron* no one: *Eso no lo sabe ~.* No one knows that. ◊ *No había ~ más.* There was no one else there.

Nótese que cuando el verbo en inglés está en forma negativa, usamos **anyone** (o **anybody**): *Está bravo y no habla con nadie.* He's angry and won't talk to anyone.

LOC *Ver* DON

nado LOC **a nado**: *Cruzaron el río a ~.* They swam across the river. ◆ **nado libre** crawl

nailon (*tb* **nilón, nylon**) *nm* nylon

naipe *nm* (playing) card ➲ *Ver nota en* BARAJA

nalga *nf* **nalgas** bottom, butt (*coloq*) [*v sing*]: *Las ~s me duelen de estar sentada.* I have a sore bottom from sitting down so long.

nana *nf* (*niñera*) nanny [*pl* nannies]

naranja *nf* (*fruta*) orange
▶ *adj, nm* (*color*) orange ➲ *Ver ejemplos en* AMARILLO
LOC *Ver* RALLADURA

naranjada *nf* orangeade

naranjado, -a *adj, nm* orange ➲ *Ver ejemplos en* AMARILLO

naranjo *nm* orange tree

narco *nmf* drug trafficker

narcótico *nm* **narcóticos** drugs

narcotraficante *nmf* drug dealer

narcotráfico *nm* drug trafficking

nariz *nf* nose: *Suénate la ~.* Blow your nose. LOC **en mis narices** right under my, your, etc. nose: *Le robaron el celular en sus (mismas/propias) narices.* They stole his cell phone from right under his nose. ◆ **estar hasta las narices (de)** to be fed up (with *sb/sth/doing sth*)

♦ **meter las narices** to poke/stick your nose *into sth* Ver tb CERRAR, HURGAR, LIMPIAR, PALMO

narrador, -ora *nm-nf* narrator
narrar *vt* to tell
narrativa *nf* (*género*) fiction
nasal *adj* LOC *Ver* TABIQUE
nata *nf* (*de leche hervida*) skin LOC **hacer nata** (*Chi*): *Los delincuentes hacen ~ en esa zona.* There are swarms of criminals in that area. *Ver tb* CREMA
natación *nf* swimming
natal *adj* native: *país ~* native country LOC *Ver* CIUDAD
natalidad *nf* birth rate LOC *Ver* ÍNDICE
nativo, -a *adj, nm-nf* native
nato, -a *adj* born: *un músico ~* a born musician
natural *adj* **1** natural: *causas ~es* natural causes ◊ *¡Es ~!* It's only natural! **2** (*fruta, flor*) fresh **3** (*espontáneo*) unaffected: *un gesto ~* an unaffected gesture LOC **ser natural de...** to come from... *Ver tb* CIENCIA, PARQUE
naturaleza *nf* nature LOC **naturaleza muerta** still life ♦ **por naturaleza** by nature
naturalidad *nf*: *con la mayor ~ del mundo* as if it were the most natural thing in the world LOC **con naturalidad** naturally
naturalmente *adv* of course: *Sí, ~ que sí.* Yes, of course.
naturista *adj* LOC *Ver* TIENDA
naufragar *vi* to be wrecked
naufragio *nm* shipwreck
náufrago, -a *nm-nf* castaway
náusea *nf* LOC **dar náuseas** to make *sb* feel nauseous ♦ **sentir/tener náuseas** to feel nauseous
náutico, -a *adj* sailing: *club ~* sailing club
navaja *nf* **1** (*pequeña*) penknife [*pl* penknives] **2** (*arma*) knife [*pl* knives]: *Me sacaron una ~ en la calle.* They pulled a knife on me in the street. LOC *Ver* PUNTA
navajazo *nm* knife wound: *Tenía un ~ en la cara.* He had a knife wound on his face. LOC **dar un navajazo** to stab *sb*
nave *nf* **1** (*Náut*) ship **2** (*iglesia*) nave LOC **nave espacial** spaceship
navegable *adj* navigable
navegación *nf* navigation LOC *Ver* CARTA
navegador *nm* (*Internet*) browser LOC **navegador (de a bordo)** GPS, satnav (*GB*)
navegar *vi* **1** (*barcos*) to sail **2** (*aviones*) to fly **3** *~ en/por* (*Internet*) to surf *sth*: *~ por internet* to surf the Net

navidad (*tb* Navidad) *nf* Christmas: *¡Feliz Navidad!* Merry Christmas! ◊ *Siempre nos reunimos en Navidad.* We always get together at Christmas.

En Estados Unidos y Gran Bretaña apenas se celebra el día de Nochebuena o **Christmas Eve**. El día más importante es el 25 de diciembre, llamado **Christmas Day**. La familia se levanta por la mañana y todos abren los regalos que ha traído **Santa Claus**.

LOC *Ver* CENA
navideño, -a *adj* Christmas
neblina *nf* **1** (*espesa*) fog: *Hay mucha ~.* It's very foggy. **2** (*suave*) mist
necesario, -a *adj* necessary: *Haré lo que sea ~.* I'll do whatever's necessary. ◊ *No lleves más de lo ~.* Only take what you need. ◊ *No es ~ que vengas.* You don't have to come. LOC **si es necesario** if necessary
neceser *nm* toiletry bag, toilet bag (*GB*)
necesidad *nf* **1** (*cosa imprescindible*) necessity [*pl* necessities]: *La calefacción es una ~.* Heating is a necessity. **2** *~ (de)* need (*for sth/to do sth*): *No veo la ~ de ir en carro.* I don't see the need to go by car. LOC **no hay necesidad** there's no need (*for sth/to do sth*) ♦ **pasar necesidades** to suffer hardship *Ver tb* PRIMERO
necesitado, -a *adj* (*pobre*) needy
▸ *nm-nf*: *ayudar a los ~s* to help the poor *Ver tb* NECESITAR
necesitar *vt* to need
necio, -a *adj* **1** (*travieso*) naughty **2** (*tonto*) dumb, dim (*GB*)
nectarina *nf* nectarine
negado, -a *adj, nm-nf* useless LOC **ser negado** to be useless (*at sth/doing sth*): *Soy ~ para las matemáticas.* I'm useless at math. *Ver tb* NEGAR
negar *vt* **1** (*hecho*) to deny *sth/doing sth/that...*: *Negó haber robado el cuadro.* He denied stealing the picture. **2** (*permiso, ayuda*) to refuse: *Nos negaron la entrada al país.* We were refused admittance into the country.
▸ **negarse** *vp* **negarse a** to refuse *to do sth*: *Se negaron a pagar.* They refused to pay.
negativa *nf* refusal
negativo, -a *adj, nm* negative
negociación *nf* negotiation
negociador, -ora *adj* negotiating: *el proceso ~* the negotiating process
▸ *nm-nf* negotiator
negociante *nmf* businessman/woman [*pl* businessmen/-women]
negociar *vt, vi* to negotiate

negocio nm **1** (*comercio, asunto*) business: *hacer ~s* to do business ◊ *Muchos ~s han fracasado.* A lot of businesses have gone broke. ◊ *Los ~s son los ~s.* Business is business. ◊ *Estoy aquí de ~s.* I'm here on business. **2** (*irónicamente*) bargain: *¡Qué negocito el que hemos hecho!* Some bargain we got there! **3** (*tienda*) store, shop (*GB*)
LOC **hombre/mujer de negocios** businessman/woman [*pl* businessmen/-women] *Ver tb* VIAJE

negrear vt **1** (*explotar*) to treat *sb* like a slave **2** (*Col*) (*marginar*) to ostracize

negrita nf (*Tipografía*) bold

negro, -a adj, nm black ⊃ *Ver ejemplos en* AMARILLO
▶ nm-nf black man/woman [*pl* black men/women] **LOC** *Ver* AGUA, AGUJERO, BLANCO, CAFÉ, CAJA, CERVEZA, MAREA, MERCADO, OVEJA

neón nm neon **LOC** *Ver* AVISO

Neptuno nm Neptune

nervio nm **1** nerve; (*Anat, nerviosismo*): *Eso son los ~s.* That's nerves. **2** (*carne*) gristle: *Esta carne tiene mucho ~.* This meat is very gristly.
LOC **poner los nervios de punta** to set *sb's* nerves on edge *Ver tb* ATAQUE

nerviosismo nm nervousness

nervioso, -a adj **1** (*sistema, tensión*) nervous: *el sistema ~* the nervous system ◊ *estar ~* to be nervous

En este sentido también se puede decir **tense** o **edgy** (*coloq*): *Últimamente parece un poco nervioso, como preocupado por algo.* He's been rather tense recently, as though he had something on his mind. ◊ *Hoy estoy un poco nerviosa.* I'm feeling rather edgy today.

2 (*Anat, célula, fibra, impulso*) nerve: *tejido ~* nerve tissue **LOC** **poner nervioso a algn** to get on sb's nerves ♦ **ponerse nervioso** to get worked up

neto, -a adj net: *ingresos ~s* net income ◊ *peso ~* net weight

neumático nm tire

neumonía nf pneumonia [*incontable*]: *Me dio una ~.* I caught pneumonia.

neurona nf (*Biol*) neuron

neurótico, -a adj, nm-nf neurotic

neutral adj neutral

neutro, -a adj **1** neutral **2** (*Biol, Gram*) neuter
▶ nm neutral: *poner el carro en ~* to put the car in neutral

neutrón nm neutron

nevada nf snowfall

nevado, -a adj (*cubierto de nieve*) snow-covered
▶ nm (*montaña con nieve perpetua*) snow-capped mountain *Ver tb* NEVAR

nevar v imp to snow: *Creo que va a ~.* I think it's going to snow.

nevera nf refrigerator, fridge (*coloq*)

ni conj **1** (*doble negación*) neither…nor…: *Ni tú ni yo hablamos inglés.* Neither you nor I speak English. ◊ *Ni lo sabe ni le importa.* He neither knows nor cares. ◊ *No dijo ni que sí ni que no.* He hasn't said either yes or no. **2** (*ni siquiera*) not even: *Ni él mismo sabe lo que gana.* Not even he knows how much he earns. **LOC** **ni aunque** even if: *ni aunque me dieran dinero* not even if they paid me ♦ **ni nada** or anything ♦ **¡ni que fuera…!** anyone would think…: *¡Ni que yo fuera millonario!* Anyone would think I was a millionaire! ♦ **ni una palabra, un día, etc.** más not another word, day, etc. more ♦ **ni uno** not a single (one): *No me queda ni un peso.* I don't have a single peso left. ♦ **ni yo (tampoco)** neither am I, do I, have I, etc.: *– Yo no voy a la fiesta. – Ni yo tampoco.* 'I'm not going to the party.' 'Neither am I.'

Nicaragua nf Nicaragua

nicho nm **1** niche **2** (*de sepultura*) burial niche

nicotina nf nicotine

nido nm nest: *hacer un ~* to build a nest

niebla nf fog: *Hay mucha ~.* It's very foggy.

nieto, -a nm-nf **1** (*masc*) grandson **2** (*fem*) granddaughter **3** (*sin distinción de sexo*) grandchild [*pl* grandchildren]: *Tengo dos ~s: un niño y una niña.* I have two grandchildren: one boy and one girl.

nieve nf snow **LOC** **hombre/mono/muñeco de nieve** snowman [*pl* snowmen] *Ver tb* BLANCO, BOLA, PUNTO

ningún adj *Ver* NINGUNO

ninguno, -a adj no, any: *No es ningún imbécil.* He's no fool.

Se utiliza **no** cuando el verbo va en forma afirmativa en inglés: *Aún no ha llegado ningún alumno.* No students have arrived yet. ◊ *No mostró ningún entusiasmo.* He showed no enthusiasm. **Any** se utiliza cuando el verbo va en negativa: *No le dio ninguna importancia.* He didn't pay any attention to it.

▶ pron **1** (*entre dos personas o cosas*) neither, either

Neither se utiliza cuando el verbo está en forma afirmativa en inglés: *– ¿Cuál de los dos prefieres? – Ninguno.* 'Which one do you prefer?' 'Neither (of them).' **Either** se utiliza cuando está en negativa: *No peleé con ninguno de los dos.* I didn't argue with either of them.

2 (*entre más de dos personas o cosas*) none: *Había*

tres, pero no queda ~. There were three, but there are none left. ◊ *Ninguno de los concursantes acertó.* None of the participants got the right answer. LOC **de ninguna manera/de ningún modo** no way! (*coloq*) certainly not!: *No quiso quedarse de ninguna manera.* He absolutely refused to stay. ♦ **en ningún lugar/sitio/en ninguna parte** nowhere, anywhere

Nowhere se utiliza cuando el verbo está en forma afirmativa en inglés: *Al fin no iremos a ningún sitio.* We'll go nowhere in the end. **Anywhere** se utiliza cuando está en negativa: *No lo encuentro en ninguna parte.* I can't find it anywhere.

♦ **en ningún momento** never: *En ningún momento pensé que lo harían.* I never thought they would do it.

niña *nf* LOC **ser la niña de los ojos de algn** to be the apple of sb's eye *Ver tb* OJO

niñez *nf* childhood

niño, -a *nm-nf* **1** (*sin distinción de sexo*) **(a)** child [*pl* children] **(b)** (*recién nacido*) baby [*pl* babies]: *tener un* ~ to have a baby **2** (*masc*) boy **3** (*fem*) girl LOC **de niño** when I was, you were, etc. a child ♦ **niño bien** rich kid ♦ **niño prodigio** child prodigy [*pl* child prodigies] *Ver tb* JUEGO, SILLA

nitrógeno *nm* nitrogen

nivel *nm* **1** (*altura, grado*) level: ~ *del agua/mar* water/sea level ◊ *a todos los ~es* in every respect **2** (*calidad, preparación*) standard: *un excelente ~ de juego* an excellent standard of play LOC **nivel de vida** standard of living *Ver tb* PASO

nivelar *vt* **1** (*superficie, terreno*) to level **2** (*desigualdades*) to even sth out

no *adv* **1** (*respuesta*) no: *No, gracias.* No, thank you. ◊ *He dicho que no.* I said no. **2** [*referido a verbos, adverbios, frases*] not: *No lo sé.* I don't know. ◊ *No es un buen ejemplo.* It's not a good example. ◊ *¿Empezamos ya o no?* Are we starting now or not? ◊ *Por supuesto que no.* Of course not. ◊ *Que yo sepa, no.* Not as far as I know. **3** [*doble negación*]: *No sale nunca.* He never goes out. ◊ *No sé nada de fútbol.* I know nothing about soccer. **4** [*palabras compuestas*] non-: *no fumador* nonsmoker ◊ *fuentes no oficiales* unofficial sources
▸ *nm* no [*pl* noes]: *un no categórico* a categorical no LOC **¿a que no…?** I bet…: *¿A que no ganas?* I bet you don't win. ♦ **¿no?**: *Hoy es jueves ¿no?* Today is Thursday, isn't it? ◊ *Lo compraste, ¿no?* You did buy it, didn't you? ❶ Para otras expresiones con **no**, véanse las entradas del verbo, sustantivo, etc., p.ej. **no obstante** en OBSTANTE.

noble *adj* **1** (*de la nobleza, honesto*) noble **2** (*madera, material*) fine
▸ *nmf* nobleman/woman [*pl* noblemen/-women]

nobleza *nf* nobility

noche *nf* night, evening: *el lunes por la* ~ on Monday evening/night ◊ *las diez de la* ~ ten o'clock at night

Night tiene un uso más general y se refiere principalmente al período en que la gente está dormida. **Evening** se usa para referirse al período entre las seis y las diez aproximadamente.

LOC **buenas noches** good evening ♦ **de la noche a la mañana** overnight ♦ **de noche 1** (*trabajar, estudiar, etc.*) at night **2** (*vestido*) evening ♦ **esta noche** tonight ♦ **hacerse de noche** to get dark ♦ **¡que pase buena noche!** good night! *Ver tb* AYER, CAÍDA, MAÑANA, MESITA, TRAJE

Nochebuena *nf* Christmas Eve: *En ~ nos reunimos todos.* We all get together on Christmas Eve. ➔ *Ver nota en* NAVIDAD

Nochevieja *nf* New Year's Eve

noción *nf* notion LOC **tener nociones de algo** to have a basic grasp of sth

nocivo, -a *adj* ~ (**para**) harmful (*to sb/sth*)

nocturno, -a *adj* **1** (*horario, trabajo, tarifa, club*) night: *servicio ~ de buses* night bus service **2** (*clases*) evening: *función nocturna* evening performance LOC *Ver* VIDA

nodriza *nf* LOC *Ver* GANCHO

nogal *nm* walnut (tree)

nómada *adj* nomadic
▸ *nmf* nomad

nombramiento *nm* appointment: *el ~ de los nuevos ministros* the appointment of the new ministers

nombrar *vt* **1** (*citar*) to mention sb's name: *sin ~lo* without mentioning his name **2** (*designar a algn para un cargo*) to appoint

nombre *nm* **1 (a)** name **(b)** (*en formularios*) first name ➔ *Ver nota en* MIDDLE NAME **2** (*Gram*) noun: ~ *común* common noun LOC **a nombre de** in the name of sb: *una reserva a ~ de Piccardo* a reservation in the name of Piccardo ♦ **en nombre de** on behalf of sb: *Le dio las gracias en ~ del presidente.* He thanked her on behalf of the president. ♦ **nombre de pila** given name ♦ **nombre de usuario** (*Informát*) username ♦ **nombre propio** proper noun ♦ **nombres y apellidos** full name

nómina *nf* (*de sueldos*) payroll

nominar *vt* to nominate sb/sth (*for sth*): *Fue nominada a un Oscar.* She was nominated for an Oscar.

noreste (*tb* **nordeste**) *nm* **1** (*punto cardinal, región*) north-east (*abrev* NE) **2** (*viento, dirección*) north-easterly

norma nf rule LOC **tener por norma hacer/no hacer algo** to always/never do sth: *Tengo por ~ no comer a deshoras.* I never eat between meals.

normal adj **1** (*común*) normal: *el curso ~ de los acontecimientos* the normal course of events ◊ *Es lo ~.* That's the normal thing. **2** (*corriente*) ordinary: *un empleo ~* an ordinary job **3** (*estándar*) standard: *el procedimiento ~* the standard procedure LOC *Ver* FUERA, GASOLINA, GENTE

normalizar vt (*relaciones, situación*) to restore sth to normal
▸ **normalizarse** vp to return to normal

normalmente adv normally ➲ *Ver nota en* ALWAYS

noroccidental adj north-western: *la zona ~ de la ciudad* the north-west of the city

noroccidente nm north-west (*abrev* NW)

noroeste nm **1** (*punto cardinal, región*) north-west (*abrev* NW) **2** (*dirección, viento*) north-westerly

nororiental adj north-eastern: *la zona ~ de la ciudad* the north-east of the city

nororiente nm north-east (*abrev* NE)

norte nm north (*abrev* N): *en el ~ de Colombia* in the north of Colombia ◊ *en la costa ~* on the north coast LOC *Ver* IRLANDA

norteamericano, -a adj, nm-nf **1** (*de América del Norte*) North American **2** (*de Estados Unidos*) American ➲ *Ver nota en* AMÉRICA

Noruega nf Norway

noruego, -a adj, nm-nf, nm Norwegian: *los ~s* the Norwegians ◊ *hablar ~* to speak Norwegian

nos pron **1** [*complemento*] us: *Nos vieron.* They've seen us. ◊ *Nunca nos dicen la verdad.* They never tell us the truth. ◊ *Nos mintieron.* They've lied to us. ◊ *Nos prepararon la comida.* They made supper for us. **2** [*reflexivo*] (ourselves): *Nos divertimos mucho.* We enjoyed ourselves very much. ◊ *Nos acabamos de bañar.* We've just taken a shower. ◊ *¡Vámonos!* Let's go! **3** (*partes del cuerpo, efectos personales*): *Nos quitamos el abrigo.* We took our coats off. **4** (*recíproco*) each other, one another: *Nos queremos mucho.* We love each other very much. ➲ *Ver nota en* EACH OTHER

nosotros, -as pron **1** [*sujeto*] we: *Tú no lo sabes. ~ sí.* You don't know. We do. ◊ *Lo vamos a hacer ~.* We'll do it. **2** [*complemento, en comparaciones*] us: *¿Vienes con ~?* Are you coming with us? ◊ *Hace menos deporte que ~.* He does less sport than us. LOC **de nosotros** our(s): *un amigo de ~* a friend of ours ◊ *el carro de ~* our car ◆ **entre nosotros** (*confidencialmente*) between ourselves ◆ **somos nosotros** it's us

nostalgia nf **1** (*del pasado*) nostalgia **2** (*del hogar, del país, etc.*) homesickness: *En cuanto estoy fuera de casa me entra una ~ terrible.* Whenever I'm away from home I feel really homesick. LOC **sentir/tener nostalgia de algn/algo** to miss sb/sth: *Siente ~ de su país.* He misses his country.

nota nf **1** (*escrito, Mús*) note: *Te dejé una ~ en la cocina.* I left you a note in the kitchen. **2** (*Educ*) grade, mark (*GB*): *sacar buenas/malas ~s* to get good/bad grades LOC **las notas** report [v sing]: *El jueves me dan las ~s.* I'm getting my report on Thursday. ◆ **tomar nota** to take note (*of sth*) *Ver tb* PRENSA

notable adj noteworthy

notar vt **1** (*advertir*) to notice: *No noté ningún cambio.* I haven't noticed any change. **2** (*encontrar*): *Lo noto muy triste.* He seems very sad.
▸ **notarse** vp **1** (*sentirse*) to feel: *Se nota la tensión.* You can feel the tension. **2** (*verse*) to show: *No se le notan los años.* He doesn't look his age. LOC **se nota que...** you can tell (that)...: *Se notaba que estaba nerviosa.* You could tell she was nervous.

notaría nf (*oficina*) notary's office

notario, -a nm-nf notary public, solicitor (*GB*) ➲ *Ver nota en* ABOGADO

noticia nf **1** news [incontable]: *Te tengo que dar una buena/mala ~.* I have some good/bad news for you. ◊ *Las ~s son alarmantes.* The news is alarming. **2** (*Period, TV*) news item LOC **las noticias** the news [incontable]: *Lo dijeron en las ~s de las tres.* It was on the three o'clock news. ◆ **tener noticias de algn** to hear from sb: *¿Tienes ~s de tu hermana?* Have you heard from your sister?

noticiero nm news [incontable]: *¿A qué hora es el ~?* What time is the news on? ◊ *Lo dijeron en el ~ de las tres.* It was on the three o'clock news. ◊ *Ni siquiera pude ver el ~ hoy.* I didn't even have time to watch the news today. LOC *Ver* CONDUCTOR

notificar vt to announce of sth: *La Corte ya notificó su decisión.* The Court has announced its decision.

novato, -a adj inexperienced
▸ nm-nf **1** beginner **2** (*colegio*) freshman **3** (*cuartel*) new recruit

novecientos, -as adj, pron, nm nine hundred ➲ *Ver ejemplos en* SEISCIENTOS

novedad nf **1** (*cosa nueva*) novelty [pl novelties]: *la ~ de la situación* the novelty of the situation ◊ *la gran ~ de la temporada* the latest thing **2** (*cambio*) change: *No hay ~ en el estado del enfermo.* There's no change in the patient's condition. **3** (*noticia*) news [*incontable*]: ¿Alguna ~? Any news?

novela *nf* novel: ~ de aventuras/espionaje adventure/spy novel LOC **novela rosa/policíaca** romance/detective novel

novelista *nmf* novelist

noveno, -a *adj, pron, nm-nf* ninth ⮕ *Ver ejemplos en* SEXTO

noventa *nm, adj, pron* **1** ninety **2** (*nonagésimo*) ninetieth ⮕ *Ver ejemplos en* SESENTA

noviembre *nm* November (*abrev* Nov.) ⮕ *Ver ejemplos en* ENERO

novillo, -a *nm-nf* **1** (*masc*) bullock **2** (*fem*) heifer

novio, -a *nm-nf*
• **pareja 1** (*masc*) boyfriend **2** (*fem*) girlfriend: ¿Tienes novia? Do you have a girlfriend?
• **prometido 1** (*masc*) fiancé **2** (*fem*) fiancée
• **en un matrimonio 1** (*masc*) bridegroom, groom **2** (*fem*) bride ⮕ *Ver nota en* MATRIMONIO LOC **los novios 1** (*en un matrimonio*) the bride and groom **2** (*recién casados*) the newly-weds ◆ **ser novios**: Hace un año que somos ~s. We've been together for a year. *Ver tb* VESTIDO

nube *nf* cloud LOC **estar en las nubes** to have your head in the clouds

nublado, -a *adj* cloudy *Ver tb* NUBLARSE

nublarse *vp* **1** (*cielo*) to cloud over **2** (*vista*) to be blurred

nubosidad *nf* LOC **nubosidad variable** patchy cloud

nuca *nf* nape (of the neck)

nuclear *adj* nuclear LOC *Ver* NUCLEAR, REACTOR

núcleo *nm* nucleus [*pl* nuclei]

nudillo *nm* knuckle

nudo *nm* knot: hacer/deshacer un ~ to tie/undo a knot LOC **nudo corredizo** slip knot ◆ **tener un nudo en la garganta** to have a lump in your throat

nuera *nf* daughter-in-law [*pl* daughters-in-law]

nuestro, -a *adj* our: nuestra familia our family
▸ *pron* ours: El carro de ustedes es mejor que el ~. Your car is better than ours. gram

Nótese que *una amiga nuestra* se traduce por **a friend of ours** porque significa *una de nuestras amigas*.

nueve *nm, adj, pron* **1** nine **2** (*fecha*) ninth ⮕ *Ver ejemplos en* SEIS

nuevo, -a *adj* **1** new: ¿Son ~s esos zapatos? Are those new shoes? **2** (*adicional*) further: Se han presentado ~s problemas. Further problems have arisen. LOC **de nuevo** again ◆ **como nuevo** as good as new: Me dejaron el carro como ~. My car was as good as new when I got it back. *Ver tb* AÑO, LUNA

nuez *nf* pecan LOC **nuez moscada** nutmeg *Ver tb* RUIDO

nulo, -a *adj* **1** (*inválido*) invalid: un acuerdo ~ an invalid agreement **2** (*inexistente*) nonexistent: Las posibilidades son prácticamente nulas. The chances are almost nonexistent. **3** ~ **en/para** hopeless at sth/doing sth: Soy ~ para el deporte. I'm hopeless at sport. LOC *Ver* VOTO

numeración *nf* numbers [*pl*]
LOC **numeración arábica/romana** Arabic/Roman numerals [*pl*]

numeral *nm* numeral

numerar *vt* to number
▸ **numerarse** *vp* to number off

número *nm* **1** number: ~ de teléfono telephone number ◇ ~ par/impar even/odd number **2** (*talla*) size: ¿Qué ~ de zapatos usas? What size shoe do you wear? **3** (*publicación*) issue: un ~ atrasado a back issue **4** (*Teat*) act: un ~ circense a circus act LOC **estar en números rojos** to be in the red ◆ **número de placa** license number, registration number (*GB*) ◆ **número primo** prime number ◆ **números arábicos/romanos** Arabic/Roman numerals

numeroso, -a *adj* **1** (*grande*) large: una familia numerosa a large family **2** (*muchos*) numerous: en numerosas ocasiones on numerous occasions LOC *Ver* FAMILIA

nunca *adv* never, ever

Never se utiliza cuando el verbo está en forma afirmativa en inglés: *Nunca estuve en París*. I've never been to Paris. Ever se utiliza con conceptos negativos o palabras como **nobody**, **nothing**, etc.: *Nunca pasa nada*. Nothing ever happens. ⮕ *Ver nota en* ALWAYS

LOC **casi nunca** hardly ever: No nos vemos casi ~. We hardly ever see each other. ◆ **como nunca** like never before ◆ **más que nunca** more than ever: Hoy está haciendo más calor que ~. It's hotter than ever today. ◆ **nunca jamás** never ever: Nunca jamás volveré a prestarle nada. I'll never ever lend him anything again. ◆ **nunca más** never again *Ver tb* MEJOR

nupcial *adj* wedding

nutria *nf* otter

nutrición *nf* nutrition

nutritivo, -a *adj* nutritious

nylon *nm Ver* NAILON

Ñ ñ

¡ñam! *interj* LOC **¡ñam, ñam!** yum-yum
ñame *nm* yam
ñapa *nf*: *Me dieron dos mandarinas de ~.* They gave me two tangerines for free.

ñato, -a *adj* snub-nosed
▶ *nm-nf* (*Chi*) (*persona*) **1** (*masc*) guy **2** (*fem*) woman [*pl* women]

O o

o *conj* or: *¿Té o café?* Tea or coffee? ◊ *O te comes todo, o no sales a jugar.* If you don't eat it all up, you're not going out to play. ◊ *llueva o no llueva* whether it rains or not

oasis *nm* oasis [*pl* oases]

obedecer *vt* to obey: *~ a tus papás* to obey your parents
▸ *vi* to do as you are told: *¡Obedece!* Do as you're told!

obediente *adj* obedient

obesidad *nf* obesity

obeso, -a *adj* obese

obispo *nm* bishop

obituario *nm* obituary [*pl* obituaries]

objetar *vt* to object

objetivo, -a *adj* objective
▸ *nm* **1** (*finalidad*) aim, objective (*más formal*): *~s a largo plazo* long-term aims **2** (*Mil*) target **3** (*Fot*) lens

objeto *nm* **1** (*cosa, Gram*) object **2** (*propósito*) purpose LOC **objetos perdidos** lost and found [*incontable*], lost property [*incontable*] (*GB*): *oficina de ~s perdidos* lost and found

objetor, -ora *nm-nf* LOC **objetor (de conciencia)** conscientious objector

oblea *nf* wafer

oblicuo, -a *adj* oblique

obligación *nf* obligation LOC **tener (la) obligación de** to be obliged *to do sth*

obligado, -a *adj* LOC **estar obligado a** to have *to do sth*: *Estamos ~s a cambiarlo.* We have to change it. ♦ **sentirse/verse obligado** to feel obliged *to do sth Ver tb* OBLIGAR

obligar *vt* to force *sb to do sth*: *Me obligaron a entregar el maletín.* They forced me to hand over the case.

obligatorio, -a *adj* compulsory: *la enseñanza obligatoria* compulsory education LOC *Ver* LECTURA

oboe *nm* oboe

obra *nf* **1** (*trabajo, creación*) work: *una ~ de arte* a work of art ◊ *la ~ completa de Borges* the complete works of Borges **2** (*acción*) deed: *realizar buenas ~s* to do good deeds **3** (*lugar en construcción*) site: *Hubo un accidente en la ~.* There was an accident at the site. **4** **obras** (*de carretera*) roadwork [*incontable*] LOC **obra maestra** masterpiece ♦ **obra (teatral/de teatro)** play *Ver tb* MANO

obrar *vi* to act

obrero, -a *adj* **1** (*familia, barrio*) blue-collar, working-class (*GB*) **2** (*sindicato*) labor: *el movimiento ~* the labor movement
▸ *nm-nf* worker LOC *Ver* ABEJA

obsceno, -a *adj* obscene

observación *nf* observation: *capacidad de ~* powers of observation LOC **estar en observación** to be under observation

observador, -ora *adj* observant
▸ *nm-nf* observer

observar *vt* **1** (*mirar*) to watch, to observe (*más formal*): *Observaba a la gente desde mi ventana.* I was watching people from my window. **2** (*notar*) to notice: *¿Has observado algo extraño en él?* Have you noticed anything odd about him?

observatorio *nm* observatory [*pl* observatories]

obsesión *nf* obsession (*with sb/sth/doing sth*): *una ~ por las motos/ganar* an obsession with motorcycles/winning LOC **tener obsesión por** to be obsessed with *sb/sth/doing sth*

obsesionado, -a *adj* obsessed: *Está ~ con su trabajo.* He's obsessed with work. *Ver tb* OBSESIONAR

obsesionar *vt* to obsess: *Le obsesionan los libros.* He's obsessed with books.
▸ **obsesionarse** *vp* to become obsessed (*with sb/sth/doing sth*)

obstaculizar *vt* to block

obstáculo *nm* obstacle

obstante LOC **no obstante** however, nevertheless (*más formal*)

obstruir *vt* **1** (*cañería, baño*) to block **2** (*dificultar*) to obstruct: *~ la justicia* to obstruct justice

obtener *vt* to obtain, to get (*más coloq*): *~ un préstamo/el apoyo de algn* to get a loan/sb's support

obviamente *adv* obviously

obvio, -a *adj* obvious

ocasión *nf* **1** (*vez*) occasion: *en numerosas ocasiones* on numerous occasions **2** (*oportunidad*) opportunity [*pl* opportunities], chance (*más coloq*) (*to do sth*): *una ~ única* a unique opportunity LOC *Ver* INFINIDAD

ocasional *adj* **1** (*trabajo*) casual: *trabajo ~* casual work **2** (*lluvia, visita*) occasional: *alguna visita ~* the occasional visit **3** (*fortuito*) chance: *un encuentro ~* a chance meeting

occidental *adj* western: *el mundo ~* the western world ◊ *en la costa ~* on the west coast
▸ *nmf* westerner

occidente *nm* west: *en/por el ~* in the west ◊ *las diferencias entre Oriente y Occidente* the differences between East and West

océano *nm* ocean

En inglés **ocean** se escribe con mayúscula cuando aparece con el nombre de un océano: *el océano Índico* the Indian Ocean.

ochenta *nm, adj, pron* **1** eighty **2** (*octogésimo*) eightieth ➲ *Ver ejemplos en* SESENTA

ocho *nm, adj, pron* **1** eight **2** (*fecha*) eighth ➲ *Ver ejemplos en* SEIS

ochocientos, -as *adj, pron, nm* eight hundred ➲ *Ver ejemplos en* SEISCIENTOS

ocio *nm* leisure: *tiempo/ratos de ~* leisure time LOC *Ver* GUÍA

octavo, -a *adj, pron, nm-nf* eighth ➲ *Ver ejemplos en* SEXTO LOC **octavos de final** round prior to quarter-finals

octubre *nm* October (*abrev* Oct.) ➲ *Ver ejemplos en* ENERO

oculista *nmf* eye specialist

ocultar *vt* to hide: *Me ocultaron la verdad.* They hid the truth from me. ◊ *No tengo nada que ~.* I have nothing to hide.
▸ **ocultarse** *vp* to hide (*from sb/sth*): *el sitio donde se ocultaban* their hiding place

oculto, -a *adj* hidden

ocupado, -a *adj* **1** *~* (**en/con**) (*persona*) busy (with *sb/sth*), busy (*doing sth*): *Si llaman, di que estoy ~.* If anyone calls, say I'm busy. **2** (*asiento, taxi*) taken: *¿Está ~ este puesto?* Is this seat taken? **3** (*teléfono*) busy, engaged (*GB*) **4** (*inodoro*) occupied, engaged (*GB*) **5** (*país*) occupied *Ver tb* OCUPAR

ocupar *vt* **1** (*espacio, tiempo*) to take up *sth*: *Ocupa media página.* It takes up half a page. ◊ *Ocupa todo mi tiempo libre.* It takes up all my spare time. **2** (*cargo oficial*) to hold **3** (*país*) to occupy **4** (*usar*) to use: *¿Estás ocupando el cuchillo?* Are you using the knife?

ocurrencia *nf* idea LOC **¡qué ocurrencia(s)!** what will you, he, etc. think of next?

ocurrir *vi* to happen, to occur (*formal*): *Lo que ocurrió fue…* What happened was that… ◊ *No quiero que vuelva a ~.* I don't want it to happen again.
▸ **ocurrirse** *vp* to occur *to sb*, to think *of sth/doing sth*: *Se me acaba de ~ que…* It has just occurred to me that… ◊ *¿Se te ocurre algo?* Can you think of anything?

odiar *vt* to hate *sb/sth/doing sth*: *Odio cocinar.* I hate cooking.

odio *nm* hatred (*for/of sb/sth*)

odioso, -a *adj* horrible

oeste *nm* west (*abrev* W): *más al ~* further west LOC *Ver* PELÍCULA

ofender *vt* to offend
▸ **ofenderse** *vp* to take offense (*at sth*): *Te ofendes por cualquier tontería.* You take offense at the slightest thing.

ofensa *nf* offense

ofensiva *nf* offensive

ofensivo, -a *adj* offensive

oferta *nf* **1** (*rebaja*) offer: *una ~ especial* a special offer **2** (*Econ, Fin*) supply: *La demanda supera a la ~.* Demand outstrips supply. LOC **de/en oferta** on special offer ♦ **ofertas de empleo** job vacancies

oficial *adj* official
▸ *nmf* (*policía, Mil*) officer LOC **no oficial** unofficial

oficina *nf* office: *~ de correos* post office ◊ *Estaré en la ~.* I'll be at the office. LOC **oficina de empleo** unemployment office, job centre (*GB*) ♦ **oficina de información y turismo** tourist information center *Ver tb* MATERIAL

oficinista *nmf* office worker

oficio *nm* trade: *Es plomero de ~.* He is a plumber by trade. ◊ *aprender un ~* to learn a trade LOC *Ver* GAJES, CASA

ofrecer *vt* to offer: *Nos ofrecieron un café.* They offered us a cup of coffee. ➲ *Ver notas en* LIKE *y* OFFER
▸ **ofrecerse** *vp* ofrecerse (**a/para**) to volunteer (*to do sth*): *Me ofrecí para llevarlos a su casa.* I volunteered to take them home.

oftalmólogo, -a *nm-nf* ophthalmologist

ofuscación *nf* LOC **dar(se) una ofuscación** to go mad

ofuscado, -a *adj* LOC **estar ofuscado** to be in a bad mood *Ver tb* OFUSCAR

ofuscar *vt* to annoy: *Lo que más me ofusca es que…* What annoys me most of all is that…
▸ **ofuscarse** *vp* ofuscarse (**con**) (**por**) to get annoyed (with *sb*) (about *sth*)

oída LOC **de oídas**: *Lo conozco de ~s pero no nos han presentado.* I've heard a lot about him but we haven't been introduced yet.

oído *nm* **1** (*Anat*) ear **2** (*sentido*) hearing LOC **al oído**: *Dímelo al ~.* Whisper it in my ear. ♦ **de oído** by ear: *Toco el piano de ~.* I play the piano by ear. ♦ **tener buen oído** to have a good ear *Ver tb* DOLOR, DURO, EDUCAR, ZUMBAR

oír *vt* **1** (*percibir sonidos*) to hear: *No oyeron el despertador.* They didn't hear the alarm. ◊ *No te oí entrar.* I didn't hear you come in.

Para referirse a lo que se oye en un momento dado, se usan **can** y **could** con el verbo **hear**. Raramente se usa **hear** con tiempos continuos: *¿Oyes eso?* Can you hear that? ◊ *No se oía nada.* You couldn't hear a thing.

2 (*escuchar*) to listen (to *sb/sth*): *~ el radio* to listen to the radio **LOC** *¡oiga!* excuse me! *Ver tb* PARED

ojal *nm* buttonhole

¡ojalá! *interj* **1** (*espero que*) I hope…: *¡Ojalá ganen!* I hope they win! ◊ *– Vas a ver que pasas. – ¡Ojalá!* 'I'm sure you'll pass.' 'I hope so!' **2** (*ya quisiera yo*) if only: *¡Ojalá pudiera ir!* If only I could go!

ojeada *nf* glance: *con una sola ~* at a glance **LOC** **echar una ojeada** to have a (quick) look (*at sth*)

ojeras *nf* dark circles: *¡Qué ~ tienes!* You really have dark circles under your eyes.

ojo *nm* **1** eye: *Tiene los ~s verdes.* She has green eyes. ◊ *tener los ~s saltones* to have bulging eyes **2** (*cerradura*) keyhole **3** (*cuidado*) (be) careful: *¡Ojo con esa jarra!* (Be) careful with that pitcher! ◊ *Debes tener ~ con lo que haces.* You must be careful what you do. **LOC** **andar con cien ojos** to be very careful ♦ **a ojo** roughly: *Lo calculé a ~.* I worked it out roughly. ♦ **con los ojos vendados** blindfold ♦ **echarle el ojo a algn/algo** (*gustar*) to have your eye on sb/sth ♦ **echarle (un) ojo a algn/algo** (*cuidar*) to keep an eye on sb/sth ♦ **mirar a los ojos** to look into *sb's* eyes ♦ **mirarse a los ojos** to look into each other's eyes ♦ **no pegar el ojo** not to sleep a wink ♦ **ojo de buey** (*ventana*) porthole ♦ **ojo mágico** spyhole ♦ **ojos que no ven, corazón que no siente** what the eye doesn't see, the heart doesn't grieve over ♦ **sacarse un ojo**: *Casi me saco un ~ para entenderlo.* I'm going crazy trying to understand it. *Ver tb* ABRIR, COSTAR, EXAMINAR, PICAR, PINTAR, QUITAR, RABILLO, SOMBRA, VENDAR

ola *nf* wave **LOC** **ola de calor** heatwave ♦ **ola de frío** cold spell

¡olé! (*tb* ¡ole!) *interj* bravo

oleaje *nm* swell: *un fuerte ~* a heavy swell

óleo *nm* oil **LOC** **cuadro/pintura al óleo** oil painting *Ver tb* PINTAR

oler *vt, vi* **~ (a)** to smell (of *sth*): *~ a pintura* to smell of paint ◊ *¿A qué huele?* What's that smell? ◊ *Ese perfume huele bien.* That perfume smells nice. ⊃ *Ver nota en* SMELL **LOC** **oler a diablos** to stink ♦ **oler a quemado** to smell like *sth* is burning ♦ **oler raro** to smell fishy ♦ **olerse algo** to suspect sth ♦ **olérsela** to smell a rat *Ver tb* GLORIA

olfatear *vt* **1** (*oler*) to sniff **2** (*seguir el rastro*) to scent

olfato *nm* (*sentido*) smell **LOC** **tener olfato** to have a nose *for sth*: *Tienen ~ para las antigüedades.* They have a nose for antiques.

olimpiada (*tb* olimpíada) *nf* Olympics [*pl*] **LOC** **las Olimpiadas** the Olympic Games

olímpico, -a *adj* Olympic: *el récord ~* the Olympic record **LOC** *Ver* JUEGO, VILLA

oliva *nf* olive

olivo *nm* olive tree

olla *nf* pot **LOC** **estar en la olla** (*Col*) (*no tener dinero*) to be flat broke ♦ **olla a vapor** steamer ♦ **olla exprés/a presión** pressure cooker ⊃ *Ver dibujo en* POT *Ver tb* PARAR

olmo *nm* elm (tree)

olor *nm* smell (*of sth*): *Había un ~ a rosas/quemado.* It smelled like roses/something burning. ⊃ *Ver nota en* SMELL

oloroso, -a *adj* **1** (*que huele mal*) smelly **2** (*que huele bien*) sweet-smelling

olvidadizo, -a *adj* forgetful

olvidado, -a *adj* **LOC** **dejar algo olvidado** to leave sth (behind): *No lo dejes ~.* Don't leave it behind. *Ver tb* OLVIDAR(SE)

olvidar(se) *vt, vp* **1** to forget: *Se me olvidó (comprar) el detergente.* I forgot (to buy) the laundry detergent. **2** (*dejar*) to leave *sth* (behind): *Se me olvidó el paraguas en el bus.* I left my umbrella on the bus.

ombligo *nm* navel, belly button (*coloq*)

omitir *vt* to leave *sth* out, to omit (*formal*)

omnívoro, -a *adj* omnivorous
▸ *nm* omnivore

omoplato (*tb* omóplato) *nm* shoulder blade

once *nm, adj, pron* **1** eleven **2** (*fecha*) eleventh **3** (*títulos*) the Eleventh: *Alfonso XI* Alfonso XI ⊕ *Se lee:* 'Alfonso the Eleventh'. ⊃ *Ver ejemplos en* SEIS
▸ *nm* **onces 1** (*Col*) (*esp por la mañana*) light meal [*v sing*] **2** (*Chi*) (*por la tarde*) tea [*v sing*]: *¿Qué quieren de ~s?* What do you want for tea? **LOC** **tomar onces** to have tea: *Tomamos ~s a las cinco.* We have tea at five o'clock.

onceavo, -a *adj, nm* eleventh

onda *nf* wave: *~ sonora/explosiva* sound/shock wave ◊ *~ corta/media/larga* short/medium/long wave **LOC** **buena/mala onda** cool/uncool ♦ **estar en la onda** to be up to date (*with sth*) ♦ **estar en la misma onda** to be on the same wavelength ♦ **qué buena/mala onda** that's great/terrible ♦ **¿qué onda?** how's it going? ♦ **tirarle la onda a algn** (*Méx*) to flirt with sb *Ver tb* AGARRAR

ondear *vt* to wave: *~ una pancarta* to wave a banner
▸ *vi* (*bandera*) to fly

ondulado

ondulado, -a *adj* **1** (*pelo*) wavy **2** (*superficie*) undulating

ONG *nf* NGO [*pl* NGOs]

> En inglés, el término **NGO** se usa sobre todo en el contexto político, mientras que para referirse a organizaciones como UNICEF, Greenpeace, etc. lo normal es utilizar la palabra **charity** [*pl* **charities**].

ONU *nf* UN

¡opa! *interj* careful!

opaco, -a *adj* opaque

opción *nf* option: *No tiene otra ~.* He has no option.

opcional *adj* optional

ópera *nf* opera

operación *nf* **1** (*quirúrgica, policial*) operation: *sufrir una ~ cardiaca* to have a heart operation ◊ *una ~ policial* a police operation **2** (*Fin*) transaction LOC **operación tortuga** slowdown, go-slow (*GB*)

operar *vt* to operate on *sb*: *Me operaron de apendicitis.* I had my appendix out.
▸ *vi* to operate
▸ **operarse** *vp* to have an operation: *Tengo que ~me del pie.* I have to have an operation on my foot. LOC **operarse de amígdalas, apendicitis, etc.** to have your tonsils, appendix, etc. out

operativo, -a *adj* (*Informát*) operating: *sistema ~* operating system

opinar *vt* to think: *¿Qué opinas?* What do you think?

opinión *nf* opinion: *en mi ~* in my opinion LOC **tener buena/mala opinión de** to have a high/low opinion of *sb/sth Ver tb* CAMBIAR

oponente *nmf* opponent (*of sb/sth*)

oponer *vt* to offer: *~ resistencia a algn/algo* to offer resistance to *sb/sth*
▸ **oponerse** *vp* **1 oponerse a** to oppose: *~se a una idea* to oppose an idea **2** (*poner reparos*) to object: *Iré a la fiesta si mis padres no se oponen.* I'll go to the party if my parents don't object.

oportunidad *nf* **1** chance, opportunity [*pl* opportunities] (*más formal*): *Tuve la ~ de ir al teatro.* I had the chance to go to the theater. **2** (*ganga*) bargain

oportuno, -a *adj* **1** (*en buen momento*) timely: *una visita oportuna* a timely visit **2** (*adecuado*) appropriate: *Tu respuesta no fue muy oportuna.* Your reply wasn't very appropriate.

oposición *nf* opposition (*to sb/sth*): *el líder de la ~* the leader of the opposition

opositor, -ora *nm-nf* (*oponente*) opponent (*of sb/sth*)

opresivo, -a *adj* oppressive

oprimir *vt* to oppress

optar *vi* ~ **por** to opt for *sth/ to do sth*: *Optaron por seguir estudiando.* They opted to carry on studying.

optativo, -a *adj* optional

óptica *nf* (*establecimiento*) optical establishment, optician's (*GB*) ➔ *Ver nota en* CARNICERÍA

óptico, -a *adj* optical LOC *Ver* FIBRA

optimismo *nm* optimism

optimista *adj* optimistic
▸ *nmf* optimist

optómetra *nmf* optometrist

opuesto, -a *adj* **1** (*extremo, lado, dirección*) opposite: *El frío es lo ~ al calor.* Cold is the opposite of heat. **2** (*dispar*) different: *Mis dos hermanos son totalmente ~s.* My two brothers are totally different. LOC *Ver* POLO

oración *nf* **1** (*Relig*) prayer: *rezar una ~* to say a prayer **2** (*Gram*) **(a)** sentence: *una ~ compuesta* a complex sentence **(b)** (*proposición*) clause: *una ~ subordinada* a subordinate clause

oral *adj* oral

orar *vi* to pray

órbita *nf* (*Astron*) orbit

orden *nm* order: *en/por ~ alfabético* in alphabetical order ◊ *por ~ de importancia* in order of importance
▸ *nf* **1** order: *por ~ judicial* by order of the court ◊ *la ~ franciscana* the Franciscan Order **2** (*Jur*) warrant: *~ de allanamiento/cateo* search warrant LOC **orden de alejamiento** exclusion order *Ver tb* ALTERAR

ordenado, -a *adj* neat: *una niña/habitación muy ordenada* a very neat girl/room *Ver tb* ORDENAR

ordenar *vt* **1** (*habitación*) to clean *sth* up, to tidy *sth* up (*GB*): *¿Podrías ~ tu cuarto?* Could you clean your bedroom up? **2** (*apuntes, carpetas*) to put *sth* in order: *~ las tarjetas alfabéticamente* to put the cards in alphabetical order **3** (*mandar*) to order *sb* to do *sth*: *Me ordenó que me sentara.* He ordered me to sit down.

ordeñar *vt* to milk

ordinario, -a *adj* **1** (*habitual*) ordinary: *acontecimientos ~s* ordinary events **2** (*vulgar*) vulgar: *Son muy ~s.* They're very vulgar.

orégano *nm* oregano

oreja *nf* ear LOC *Ver* PULGA

orfanato (*tb* **orfelinato**) *nm* orphanage

orgánico, -a *adj* organic
organismo *nm* **1** (*Biol*) organism **2** (*organización*) organization
organización *nf* organization: *organizaciones internacionales* international organizations ◊ *una ~ juvenil* a youth group LOC **Organización de las Naciones Unidas** (*abrev* **ONU**) the United Nations (*abrev* UN) *Ver tb* BENÉFICO
organizador, -ora *adj* organizing
▸ *nm-nf* organizer
organizar *vt* to organize
▸ **organizarse** *vp* (*persona*) to get yourself organized: *Debería ~me mejor.* I should get myself better organized.
órgano *nm* (*Anat, Mús*) organ
orgullo *nm* pride: *herir el ~ de algn* to hurt sb's pride
orgulloso, -a *adj, nm-nf* proud: *Está ~ de sí mismo.* He is proud of himself. ◊ *Son unos ~s.* They're very proud.
orientación *nf* LOC **orientación profesional/vocacional** careers advice
orientado, -a *adj* LOC **estar orientado a/hacia** (*edificio, habitación*) to face: *El balcón está ~ hacia el sureste.* The balcony faces southeast. *Ver tb* ORIENTAR
oriental *adj* eastern: *Europa Oriental* Eastern Europe ◊ *en la costa ~* on the east coast ◊ *la zona ~ del país* the east of the country
▸ *nmf* oriental: *En mi clase hay dos ~es.* There are two Asian people in my class.

> Existe la palabra **Oriental** como sustantivo en inglés, pero es preferible no usarla porque puede ofender.

orientar *vt* **1** (*colocar*) to position: *~ una antena* to position an antenna **2** (*dirigir*) to direct: *El policía los orientó.* The policeman directed them.
▸ **orientarse** *vp* (*encontrar el camino*) to find your way around
oriente *nm* east: *en/por el ~* in the east LOC **el Cercano/Lejano/Medio Oriente** the Near/Far/Middle East
origen *nm* origin LOC **dar origen a** to give rise to *sth*
original *adj, nm* original LOC *Ver* VERSIÓN
originar *vt* to lead to *sth*
▸ **originarse** *vp* to start: *Se originó un incendio en el bosque.* A fire started in the woods.
orilla *nf* **1** (*borde*) edge: *a la ~ del camino* at the edge of the path **2** (*río*) bank: *a ~s del Sena* on the banks of the Seine **3** (*lago, mar*) shore LOC **a la orilla del mar/río** on the seashore/riverside

orillarse *vp* to pull over
orina *nf* urine
orinar *vi* to urinate
▸ **orinarse** *vp* to wet your pants
oro *nm* **1** (*metal*) gold: *tener un corazón de ~* to have a heart of gold ◊ *una medalla de ~* a gold medal **2 oros** (*Naipes*) ⊃ *Ver nota en* BARAJA LOC *Ver* BAÑADO, BODA, BRILLAR, BUSCADOR, SIGLO
orquesta *nf* **1** (*de música clásica*) orchestra **2** (*de música ligera*) band: *una ~ de baile/jazz* a dance/jazz band LOC *Ver* DIRECTOR
orquídea *nf* orchid
ortografía *nf* spelling: *faltas de ~* spelling mistakes
ortográfico, -a *adj* LOC *Ver* CORRECTOR
ortopédico, -a *adj* LOC *Ver* CUELLO
orzuelo *nm* sty(e) [*pl* sties/styes]: *Me salió un ~.* I have a stye on my eye.
oscilar *vi* **1** (*lámpara, péndulo*) to swing **2** *~ entre* (*precios, temperaturas*) to vary from *sth* to *sth*: *El precio oscila entre las cinco y las siete dólares.* The price varies from five to seven dollars.
oscurecer *vt* to darken
▸ **oscurecer(se)** *v imp, vp* to get dark
oscuridad *nf* **1** (*lit*) darkness: *la ~ de la noche* the darkness of the night ◊ *Me da miedo la ~.* I'm afraid of the dark. **2** (*fig*) obscurity: *vivir en la ~* to live in obscurity
oscuro, -a *adj* **1** (*lit*) dark: *azul ~* dark blue **2** (*poco conocido*) obscure: *un ~ poeta* an obscure poet LOC **a oscuras** in the dark: *Nos quedamos a oscuras.* We were left in the dark.
oso, -a *nm-nf* bear: *~ polar* polar bear LOC **hacer el oso** to make a fool of yourself ♦ **oso de felpa** teddy bear ♦ **oso hormiguero** anteater ♦ **(oso) perezoso** sloth ♦ **oso polar** polar bear
ostra *nf* oyster LOC *Ver* ABURRIR
otoño *nm* fall, autumn (*GB*): *en ~* in (the) fall
otorgar *vt* to award *sth* (*to sb*)
otro, -a *adj* another, other

> **Another** se usa con sustantivos en singular y **other** con sustantivos en plural: *No hay otro tren hasta las cinco.* There isn't another train until five. ◊ *en otra ocasión* on another occasion ◊ *¿Tienes otros colores?* Do you have any other colors? **Other** también se utiliza en expresiones como: *la otra noche* the other night ◊ *mi otro hermano* my other brother. A veces **another** va seguido de un número y un sustantivo plural cuando tiene el sentido de "más": *Me quedan otros tres exámenes.* I have another three exams to take. También se puede decir en estos casos 'I have three more exams.'

▸ *pron* another (one) [*pl* others]: *un día u ~ one day or another* ◊ *¿Tienes ~?* Do you have another (one)? ◊ *No me gustan. ¿Tienes ~s?* I don't like these ones. Do you have any others? ❶ **El otro, la otra** se traducen por 'the other one': *¿Dónde está el ~?* Where's the other one? **LOC** **en otro lugar/sitio/en otra parte** somewhere else ◆ **lo otro 1** (*la otra cosa*) the other thing: *¿Qué era lo ~ que quería?* What was the other thing you wanted? **2** (*lo demás*) the rest: *Lo ~ no importa.* The rest doesn't matter. ◆ **nada del otro mundo** nothing to write home about ◆ **otra cosa** something else: *Había otra cosa que quería decirte.* There was something else I wanted to tell you.

Si la oración es negativa podemos decir **nothing else** o **anything else**, dependiendo de si hay o no otra partícula negativa en la frase: *No hay otra cosa.* There's nothing else./There isn't anything else. ◊ *No pudieron hacer otra cosa.* They couldn't do anything else.

◆ **otra vez** again: *Perdí otra vez.* I've failed again. ◆ **otro día** some other time: *¡Por supuesto que iremos ~ día!* Of course we'll go some other time! ◆ **otro(s) tanto(s)** as much/as many again: *Me ha pagado 50.000 pesos y todavía me debe ~ tanto.* He's paid me 50,000 pesos and still owes me as much again. ◆ **por otra parte/otro lado** on the other hand *Ver tb* COSA, MES, SEMANA, SITIO

ovalado, -a *adj* oval

óvalo *nm* **1** (*Geom*) oval **2** (*Per*) traffic circle, roundabout (*GB*)

ovario *nm* ovary [*pl* ovaries]

oveja *nf* sheep [*pl* sheep]: *un rebaño de ~s* a flock of sheep **LOC** **oveja negra** black sheep

overol (*tb* **overoles**) *nm* **1** (*de trabajo*) coveralls [*pl*], overalls [*pl*] (*GB*): *Llevaba un ~ azul.* He was wearing blue coveralls. **2** (*de tirantes*) overalls [*pl*], dungarees [*pl*] (*GB*)

ovillo *nm* ball: *un ~ de lana* a ball of wool **LOC** **hacerse un ovillo** to curl up

ovino, -a *adj* **LOC** *Ver* GANADO

ovni *nm* UFO [*pl* UFOs]

oxidado, -a *adj* rusty *Ver tb* OXIDAR(SE)

oxidar(se) *vt, vp* to rust: *Se oxidaron las tijeras.* The scissors have rusted.

oxigenado, -a *adj* **LOC** *Ver* AGUA

oxígeno *nm* oxygen

oyente *nmf* listener

ozono *nm* ozone: *la capa de ~* the ozone layer

P p

pabellón nm **1** (*exposición*) pavilion: *el ~ de Francia* the French pavilion **2** (*hospital*) block **3** (*cárcel*) prison

pacay nm guava

pacer vi to graze

paciencia nf patience: *Se me está acabando la ~.* My patience is wearing thin.
LOC **¡paciencia!** be patient! ◆ **tener paciencia** to be patient: *Hay que tener ~.* You must be patient. Ver tb ARMAR, VISTA

paciente adj, nmf patient

pacificar vt to pacify
▸ **pacificarse** vp to calm down

pacífico, -a adj peaceful
▸ adj, nm **Pacífico** (the) Pacific: *el (océano) Pacífico* the Pacific (Ocean)

pacifista nmf pacifist

paco, -a adj (*Chi*) hard

paco, -a nm-nf (*policía*) cop

pactar vt to agree on *sth*: *Pactaron un alto al fuego.* They agreed on a ceasefire.
▸ vi to make an agreement (*with sb*) (*to do sth*)

pacto nm agreement: *romper un ~* to break an agreement

padecer vi ~ **de** to suffer (from *sth*): *Padece de dolores de cabeza.* He suffers from headaches. LOC **padecer de la espalda, del corazón, etc.** to have back, heart, etc. trouble

padrastro nm **1** (*familiar*) stepfather **2** (*pellejo*) hangnail

padre nm **1** father: *Es ~ de dos hijos.* He is the father of two children. ◊ *el ~ García* Father García **2** **padres** (*padre y madre*) parents
▸ adj (*Méx*) cool: *¡Qué ~!* That's really cool!
LOC Ver DÍA, FAMILIA, HUÉRFANO

padrenuestro nm Our Father: *rezar dos ~s* to say two Our Fathers

padrino nm **1** (*bautizo*) godfather **2** (*boda*) man who accompanies the bride, usually her father ⊃ Ver nota en MATRIMONIO **3 padrinos** godparents

paella nf paella

pagano, -a adj pagan

pagar vt to pay (for) *sth*: *~ las deudas/los impuestos* to pay your debts/taxes ◊ *Mi abuelo me paga los estudios.* My grandfather is paying for my education.
▸ vi to pay: *Pagan bien.* They pay well. LOC **¡me las vas a pagar!** you'll pay for this! ◆ **pagar a la americana/inglesa** to go Dutch ◆ **pagar con cheque/tarjeta** to pay (for *sth*) by check/credit card ◆ **pagar el pato** to carry the can ◆ **pagar en efectivo** to pay (*for sth*) in cash Ver tb CARO, SERVICIO

página nf page (*abrev* p.): *en la ~ tres* on page three LOC **páginas amarillas** yellow pages
◆ **página inicial/principal/de inicio** (*Internet*) home page ◆ **página social** gossip column
◆ **página web/de internet** web page Ver tb HOJA, VUELTA

pago nm (*dinero*) payment: *efectuar/hacer un ~* to make a payment LOC **pago contra entrega** collect on delivery, cash on delivery (*GB*) (*abrev* COD) Ver tb AUTOMÁTICO, TELEVISIÓN

paila nf (*Chi*) (*plato*) dish LOC **irse a las pailas** to come to grief

pailón, -ona adj (*Chi*) big

país nm country [*pl* countries] LOC **los Países Bajos** the Netherlands Ver tb HUIR

paisaje nm landscape ⊃ Ver nota en SCENERY

paisano, -a nm-nf **1** (*compatriota*) fellow countryman/woman [*pl* fellow countrymen/-women] **2** (*de la misma región, ciudad*): *Somos ~s, ambos nacimos en Cali.* We're from the same place, we were both born in Cali.

paja nf **1** (*Agric*) (**a**) (*hierba seca*) hay (**b**) (*tallo de los cereales*) straw **2** (*en texto, discurso*) waffle
▸ adj (*Per*) (*excelente*) great LOC **hablar/echar paja** (*Col*) **1** (*decir mentiras*) to tell lies: *Nadie le cree porque echa mucha ~.* Nobody believes him because he tells a lot of lies. **2** (*charlar*) to chat: *Pasaron la tarde echando ~.* They spent the afternoon chatting. ◆ **¡paja!** nonsense!

pajar nm hay loft LOC Ver BUSCAR

pajarear vi (*Chi, Méx*) **1** (*no prestar atención*) to daydream **2** (*vagar*) to potter around

pájaro nm bird LOC **más vale pájaro en mano que cien volando** a bird in the hand is worth two in the bush ◆ **pájaro carpintero** woodpecker Ver tb MATAR

pajarón, -ona adj (*Chi*) **1** (*tonto*) silly **2** (*distraído*) scatty
▸ nm-nf (*Chi*) **1** (*tonto*) dummy [*pl* dummies], twit (*GB*) **2** (*distraído*) scatterbrain

paje nm page

pajecito, -a nm-nf **1** (*masc*) pageboy **2** (*fem*) bridesmaid

pala nf **1** shovel **2** (*playa*) spade: *jugar con el balde y la ~* to play with your bucket and spade

palabra nf word: *una ~ de tres letras* a three-letter word ◊ *Te doy mi ~.* I give you my word. ◊ *No dijo ni ~.* He didn't say a word. ◊ *en otras ~s* in other words LOC **cogerle la palabra a algn**

palabrota

to take sb at their word ◆ **decir palabras** to swear ◆ **dejar a algn con la palabra en la boca** to cut sb short: *Me dejó con la ~ en la boca y se fue.* He cut me short and walked off. ◆ **en dos/pocas palabras** briefly ◆ **¡palabra (de honor)!** honestly! ◆ **tener la última palabra** to have the last word (*on sth*) *Ver tb* BREVE, CEDER, CUMPLIR, DIRIGIR, JUEGO, SOLTAR

palabrota *nf* swear word: *decir ~s* to swear
palacio *nm* palace
paladar *nm* palate LOC *Ver* VELO
palanca *nf* **1** (*Mec*) lever: *En caso de emergencia, jale la ~.* In an emergency, pull the lever. **2** (*contactos*) contacts [*pl*] LOC **palanca de cambios** gearshift, gear lever (*GB*) ◆ **tener palanca(s)** to be well connected: *Tiene ~(s) con todos los políticos.* He's well in with all the politicians.
palanquear *vt, vi* to pull strings (for *sb*): *Su amigo lo palanqueó para conseguir ese trabajo.* A friend pulled some strings to get him that job.
palco *nm* box
paleta *nf* **1** (a) (*helado*) Popsicle®, ice lolly [*pl* ice lollies] (*GB*) (b) (*Méx*) (*dulce*) lollipop **2** (*Arte*) palette
palidecer *vi* to go pale
pálido, -a *adj* pale: *rosado ~* pale pink LOC **ponerse/quedar pálido** to go pale
palillo *nm* **1** (*de dientes*) toothpick **2 palillos** (a) (*para tambor*) drumsticks (b) (*para comida*) chopsticks LOC **estar hecho un palillo** to be as thin as a rake
paliza *nf* beating: *El América les metió una buena ~.* América gave them a sound beating. LOC **darle una paliza a algn** (*pegar*) to beat sb up
palma *nf* **1** (*mano*) palm: *Acompañaban con las ~s.* They clapped in time to the music. **2** (*tb*) (*árbol*) palm (tree): *~ de coco* coconut palm *Ver* CONOCER
palmada *nf* **1** (*gesto amistoso*) pat: *Me dio una ~ en la espalda.* He gave me a pat on the back. **2** (*golpe de castigo*) smack: *dar/pegar una ~ a* smack ◊ *Le voy a dar una ~ si me vuelve a contestar (mal).* I'm going to smack him if he talks back to me. LOC **dar palmadas** to clap: *Dio tres ~.* He clapped three times.
palmera *nf* palm (tree)
palmo *nm* **1** LOC **dejar a algn con un palmo de narices** to snub *sb* ◆ **palmo a palmo** inch by inch
palo *nm* **1** (*vara*) stick **2** (*barco*) mast **3** (*Naipes*) suit ◊ *Ver nota en* BARAJA **4** (*Golf*) (golf) club LOC **a palo seco** on its own ◆ **de palo** wooden: *cuchara/pata de ~* wooden spoon/leg ◆ **ni a palo(s)** for love nor money: *Este niño no come*

ni a ~. This child won't eat for love nor money. ◆ **palo blanco** (*Chi*) figurehead *Ver tb* CUCHARA, MOLER, MOVER(SE), TAL
paloma *nf* **1** (*gris o azulada*) pigeon: *una ~ mensajera* a carrier pigeon **2** (*blanca*) dove: *la ~ de la paz* the dove of peace LOC **se me fue la paloma** (*Col*) it's gone right out of my head
palomar *nm* dovecote
palomilla *adj* (*Chi, Per*) (*travieso*) naughty ▸ *nmf* (*Chi, Per*) little devil
palpar(se) *vt, vi, vp* to feel: *El médico me palpó el estomago.* The doctor felt my stomach. ◊ *Se palpó los bolsillos.* He felt his pockets.
palpitar *vi* to beat
palta *nf* (*Chi, Per*) avocado [*pl* avocados] LOC **¡qué palta!** (*Per*) how embarrassing!
palteado, -a *adj* (*Per*) down
palurdo *adj, nm-nf* hick: *No seas tan ~.* Don't be such a hick.
pan *nm* **1** (*sustancia*) bread [*incontable*]: *Me gusta el ~ recién hecho.* I like freshly-baked bread. ◊ *¿Quieres ~?* Do you want some bread? ➲ *Ver nota en* BREAD **2** (*pieza*) **(a)** (*grande*) loaf [*pl* loaves] **(b)** (*pequeña*) roll: *¿Me da tres ~es?* Could I have three rolls, please? LOC **(llamar) al pan pan y al vino vino** to call a spade a spade ◆ **pan de huevo** (*Chi*) bun ◆ **pan de Pascua** (*Chi*) Christmas cake ◆ **pan duro** stale bread ◆ **pan francés** baguette ◆ **pan integral/tajado** wholemeal/sliced bread ◆ **pan rallado** breadcrumbs [*pl*] *Ver tb* GANAR, VENDER
pana *nf* **1** (*tela*) corduroy: *Ponte los pantalones de ~.* Wear your corduroy pants. **2** (*Chi*) (*avería*) breakdown: *quedar en ~* to break down
panadería *nf* bakery [*pl* bakeries], baker's (*GB*) ➲ *Ver nota en* CARNICERÍA
panadero, -a *nm-nf* baker
panal *nm* honeycomb
Panamá *nm* Panama
panameño, -a *adj, nm-nf* Panamanian
pancarta *nf* **1** (*de cartón*) placard **2** (*de tela*) banner
páncreas *nm* pancreas
panda *nm* panda
pandereta *nf* tambourine
pandilla *nf* gang: *Vendrá toda la ~.* All the gang are coming.
pando, -a *adj* (*Col*) shallow LOC *Ver* PLATO
panel *nm* **1** (*placa, de personas*) panel: *~es solares* solar panels **2** (*de información, etc*) board: *el ~ de salidas* the departures board
panfleto *nm* pamphlet
pánico *nm* panic LOC **darle a algn pánico**: *Me dio ~.* I was panic-stricken. ◊ *Le da ~ salir sola*

de noche. She's scared stiff of going out alone at night. ♦ **tenerle pánico a algn/algo** to be scared stiff of sb/sth: *Le tienen ~ al mar.* They're scared stiff of the ocean. *Ver tb* PRESA

panorama *nm* **1** (*vista*) view: *contemplar un hermoso ~* to look at a lovely view **2** (*perspectiva*) prospect: *un oscuro ~* a bleak prospect

panqueque *nm* pancake

pantalla *nf* **1** (*de televisor, etc.*) screen: *~ de computador* computer screen ➡ *Ver dibujo en* COMPUTADOR **2** (*lámpara*) lampshade **3** (*fig*) front: *La empresa es solo una ~.* The company is just a front. LOC **de pantalla plana** widescreen: *un televisor de ~ plana* a widescreen TV ♦ **pantalla de plasma** plasma screen ♦ **pantalla táctil** touch screen *Ver tb* PROTECTOR

pantalón (*tb* **pantalones**) *nm* pants [*pl*], trousers [*pl*] (*GB*): *No encuentro el ~ de la piyama.* I can't find my pajama pants.

Pants es una palabra plural en inglés, por lo tanto para referirnos a *un pantalón o unos pantalones* utilizamos **some/a pair of pants**: *Llevaba un pantalón viejo.* He was wearing some old pants/an old pair of pants.
◊ *Necesito unos pantalones negros.* I need a pair of black pants.

LOC **pantalones de buzo** (*Chi, Per*) sweatpants, tracksuit bottoms (*GB*) ♦ **pantalones de combate** cargo pants ♦ **pantalones de mezclilla** (*Chi, Méx*) jeans ♦ **pantalones pescadores** three-quarter length trousers *Ver tb* FALDA, MEDIA²

pantaloncillos *nm* underpants [*pl*]

pantaloneta *nf* boxer shorts [*pl*]: *Le compré una ~ de algodón.* I bought him some cotton boxer shorts. LOC **pantaloneta de baño** swimming trunks [*pl*] ❶ Nótese que *una pantaloneta de baño* se dice **a pair of swimming trunks.** ➡ *Ver tb nota en* PAIR

pantano *nm* marsh

pantera *nf* panther

pants *nm* (*Méx*) **1** sweatsuit, tracksuit (*GB*) **2** (*pantalón*) sweatpants [*pl*], tracksuit bottoms [*pl*] (*GB*) ➡ *Ver notas en* PAIR *y* PANTALÓN

pantufla *nf* slipper

pañal *nm* diaper: *cambiar el ~ a un niño* to change a baby's diaper

paño *nm* woolen cloth: *un vestido de ~* a woolen dress LOC **en paños menores** in your underwear ♦ **paños/pañitos de agua tibia** half measures *Ver tb* COCINA

pañuelo *nm* **1** (*para sonarse*) handkerchief [*pl* handkerchiefs/handkerchieves] **2** (*cuello*) scarf [*pl* scarves] LOC **pañuelo de papel** Kleenex®

papá *nm* **1** (*padre*) dad, father (*más formal*): *Pregúntale a tu ~.* Ask your dad. ❶ Los niños pequeños suelen decir **daddy**. **2 papás** parents: *una reunión con los ~s en el colegio* a parents' evening at school LOC **Papá Noel** Santa Claus ➡ *Ver nota en* NAVIDAD

papa¹ *nm* pope: *el ~ Francisco I* Pope Francis I

papa

(French) fries
(*GB* chips)

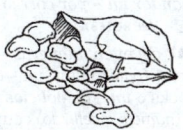
chips (*GB* crisps)

papa² *nf* potato [*pl* potatoes] LOC **ni papa** not a thing: *No oigo ni ~.* I can't hear a thing.
♦ **papas a la francesa** (French) fries, chips (*GB*)
♦ **papas fritas** (*de paquete*) chips, crisps (*GB*)
♦ **ser buena papa** (*Col*) to be nice *Ver tb* PURÉ

papada *nf* double chin

papagayo *nm* parrot

paparazzi *nmf* paparazzo [*pl* paparazzi] ❶ En inglés se suele utilizar la forma plural: *un ~* a member of the paparazzi.

papaya *nf* papaya

papel *nm* **1** (*material*) paper [*incontable*]: *una hoja de ~* a sheet of paper ◊ *La acera está llena de ~es.* The sidewalk is covered in bits of paper. ◊ *servilletas de ~* paper napkins ◊ *~ reciclado* recycled paper **2** (*recorte, cuartilla*) piece of paper: *anotar algo en un ~* to note sth down on a piece of paper **3** (*personaje, función*) part: *hacer el ~ de Otelo* to play the part of Othello ◊ *Jugará un ~ importante en la reforma.* It will play an important part in the reform. LOC **papel cuadriculado** graph paper ♦ **papel (de) aluminio** foil ♦ **papel de envolver/regalo** wrapping paper ♦ **papel globo/de seda** tissue paper ♦ **papel higiénico/confort®** toilet paper ♦ **papel principal/secundario** (*Cine, Teat*) starring/supporting role *Ver tb* FÁBRICA, PAÑUELO, VASO

papeleo *nm* paperwork [*incontable*]

papelera *nf* wastebasket, waste-paper basket (*GB*): *Tíralo a la ~.* Throw it in the wastebasket.

papelería *nf* office supply store, stationer's (*GB*) ➡ *Ver nota en* CARNICERÍA

papeleta *nf* **1** (*electoral*) ballot paper **2** (*sorteo, rifa*) raffle ticket **3** (*Per*) (*infracción de tránsito*) ticket for a traffic offence

paperas *nf* mumps [*incontable*]: *tener ~ to have (the) mumps*

papi *nm* pop **LOC** Ver HIJO

papilla *nf* (*de bebé*) baby food

papitas *nf* (potato) chips, crisps (*GB*) ➪ *Ver dibujo en* PAPA²

paprika *nf* paprika

paquete *nm* **1** (*comida, tabaco*) pack, packet (*GB*): *un ~ de cigarrillos* a pack of cigarettes ➪ *Ver dibujo en* CONTAINER **2** (*bulto*) package: *mandar un ~ por correo* to mail a package **LOC** Ver BOMBA¹

par *adj* even: *números ~es* even numbers ▸ *nm* **1** (*pareja*) pair: *un ~ de medias* a pair of socks ◊ *un ~ de policías* two police officers **2** (*número indefinido*) couple: *hace un ~ de meses* a couple of months ago **LOC** **a la par** (*a la vez*) at the same time ♦ **de par en par** wide open: *dejar la puerta de ~ en ~* to leave the door wide open

para *prep* **1** for: *muy útil ~ la lluvia* very useful for the rain ◊ *demasiado complicado ~ mí* too complicated for me ◊ *¿Para qué lo quieres?* What do you want it for? **2** [*con infinitivo*] to do sth: *Llegaron ~ quedarse.* They've come to stay. ◊ *Lo hice ~ no molestarte.* I did it so as not to bother you. **3** (*futuro*): *Lo necesito ~ el lunes.* I need it for Monday. ◊ *Va a estar terminado ~ octubre.* It will be finished by October. **4** (*hora*) to: *Son cinco ~ las seis.* It's five to six. **5** (*dirección*): *Ahora mismo voy ~ la casa.* I'm going home now. ◊ *Van ~ allá.* They're on their way. **LOC** **para eso**: *Para eso, me compro uno nuevo.* I might as well buy a new one. ◊ *¿Para eso me hiciste venir?* You got me here just for that? ♦ **para que...** so (that)...: *Los reprendió ~ que no lo volvieran a hacer.* He told them off so that they wouldn't do it again. ♦ **para sí** to yourself: *hablar ~ sí* to talk to yourself

parábola *nf* **1** (*Biblia*) parable **2** (*Geom*) parabola

parabólico, -a *adj* **LOC** Ver ANTENA

parabrisas *nm* windshield, windscreen (*GB*)

paracaídas *nm* parachute **LOC** **lanzarse/tirarse en paracaídas** to parachute

paracaidismo *nm* parachuting: *hacer ~* to go parachuting **LOC** **paracaidismo acrobático** skydiving

paracaidista *nmf* parachutist

parachoques *nm* bumper

parada *nf* **1** stop: *hacer una ~ para almorzar* to make a stop for lunch **2** (*Fútbol*) save

paradero *nm* **1** (*de bus*) bus stop **2** (*de taxi*) taxi stand **3** (*de una persona*) whereabouts: *Se desconoce su ~.* His whereabouts are unknown.

parado, -a *adj* **1** (*de pie*) standing up **2** (*paralizado*) at a standstill: *Las obras están paradas desde hace dos meses.* The construction work has been at a standstill for two months. **3** (*Chi*) (*engreído*) stuck up **LOC** **salir bien/mal parado** to come off well/badly *Ver tb* PARAR

paragüero *nm* umbrella stand

paraguas *nm* umbrella: *abrir/cerrar un ~* to put up/take down an umbrella

Paraguay *nm* Paraguay

paraguayo, -a *adj, nm-nf* Paraguayan

paraíso *nm* paradise **LOC** **paraíso terrenal** heaven on earth

paraje *nm* spot

paralelas *nf* parallel bars

paralelo, -a *adj ~* **(a)** parallel (to *sth*): *líneas paralelas* parallel lines

parálisis *nf* paralysis [*incontable*]: *Sufre una ~ facial.* He suffers from facial paralysis.

paralítico, -a *adj* paralyzed: *quedarse ~ de la cintura para abajo* to be paralyzed from the waist down

paralizar *vt* **1** (*Med*) to paralyze **2** (*negociación*) to bring *sth* to a standstill

paramédico, -a *nm-nf* paramedic

paramilitar *adj, nmf* paramilitary [*pl* paramilitaries]

páramo *nm* **1** high plateau [*pl* high plateaus/plateaux] **2** (*lugar desolado*) moor

parapente *nm* paragliding

parar *vt* to stop: *Para el carro.* Stop the car. ▸ *vi* to stop: *El tren no paró.* The train didn't stop. ◊ *Paré a hablar con una amiga.* I stopped to talk to a friend. ▸ **pararse** *vp* to stand (up): *Me paré en la cola.* I stood in line. ◊ *Párense cuando entre el alcalde.* Stand up when the mayor comes in. **LOC** **ir a parar** to end up: *Fueron a ~ a la cárcel.* They ended up in prison. ◊ *¿Dónde habrá ido a ~?* Where can it have gone? ♦ **no parar** to be always on the go ♦ **para parar un tren** to feed an army: *Tenemos comida para ~ un tren.* We have enough food here to feed an army. ♦ **pararla(s)** (*Chi, Per*) (*entender*) to get it: *¿No la paras?* Don't you get it? ♦ **parar la olla** (*Chi, Per*) to make ends meet: *No tenemos con qué ~ la olla.* We can't make ends meet. ♦ **sin parar** nonstop: *trabajar sin ~* to work nonstop *Ver tb* SECO

pararrayos *nm* lightning rod

parásito *nm* parasite

parcela *nf* (*terreno*) plot

parcero, -a *nm-nf* (*tb* **parce** *nmf*) (*Col*) buddy [*pl* buddies], mate (*GB*)

parche *nm* patch **LOC** **parche curita** (*Chi*) Band-Aid®, plaster (*GB*)

parcial *adj* **1** (*incompleto*) partial: *una solución ~* a partial solution **2** (*partidista*) biased
▸ *nm* end of semester/year exam **LOC** *Ver* TIEMPO

pare *nm* **LOC** *Ver* SIGNO

parecer *vi* **1** (*dar la impresión*) to seem: *Parecen (estar) seguros.* They seem certain. ◊ *Parece que fue ayer.* It seems like only yesterday. **2** (*tener aspecto*) **(a)** [*con adjetivo*] to look: *Parece más joven de lo que es.* She looks younger than she really is. **(b)** [*con sustantivo*] to look like *sb/sth*: *Parece una actriz.* She looks like an actress. **3** (*opinar*) to think: *Me pareció que no tenía razón.* I thought he was wrong. ◊ *¿Qué te parecieron mis primos?* What did you think of my cousins? ◊ *No me parece bien que no los llames.* I think you ought to call them. ◊ *¿Te parece bien mañana?* Is tomorrow all right?
▸ **parecerse** *vp* **parecerse (a) 1** (*personas*) **(a)** (*físicamente*) to look alike, to look like *sb*: *Se parecen mucho.* They look very much alike. ◊ *Te pareces mucho a tu hermana.* You look very much like your sister. **(b)** (*en carácter*) to be alike, to be like *sb*: *Nos llevamos mal porque nos parecemos mucho.* We don't get along because we are so alike. ◊ *Te pareces a tu papá en eso.* You're like your father in that. **2** (*cosas*) to be similar (to *sth*): *Se parece mucho al mío.* It's very similar to mine. **LOC al parecer/según parece** apparently ♦ **parece mentira (que...)**: *¡Parece mentira!* I can hardly believe it! ◊ *Parece mentira que seas tan despistado.* How can you be so absentminded? ♦ **parece que...** it looks like...: *Parece que va a llover.* It looks like rain.

parecido, -a *adj ~* **(a) 1** (*personas*) alike, like *sb*: *¡Ustedes son tan ~s!* You're so alike! ◊ *Eres muy parecida a tu mamá.* You're very like your mother. **2** (*cosas*) similar (to *sth*): *Tienen estilos ~s.* They have similar styles. ◊ *Ese vestido es muy ~ al de Ana.* That dress is very similar to Ana's.
▸ *nm* similarity **LOC algo parecido** something like that *Ver tb* PARECER

pared *nf* wall: *Hay varios carteles en la ~.* There are several posters on the wall. **LOC las paredes oyen** walls have ears *Ver tb* ESPADA, SUBIR

pareja *nf* **1** (*relación amorosa*) couple: *Hacen muy buena ~.* They make a really nice couple. **2** (*animales, equipo*) pair: *la ~ vencedora del torneo* the winning pair **3** (*cónyuge, compañero, de juegos, de baile*) partner: *No puedo jugar porque no tengo ~.* I can't play because I don't have a partner. ◊ *Pedro y su ~* Pedro and his partner **LOC en parejas** two by two: *Entraron en ~s.* They went in two by two. ♦ **pareja de hecho/en unión libre** unmarried couple ♦ **sacar pareja** to ask sb to dance: *¡Saquen sus ~s!* Take your partners!

parejo, -a *adj* (*sin desniveles*) even: *Las dos hojas tienen que quedar parejas.* The two sheets have to be even.
▸ *nm* (*compañero, de baile*) partner: *Ana vino con su ~.* Ana came with her partner. **LOC correr/estar/ir parejo** to go hand in hand: *Los ciclistas van muy ~s.* The two cyclists are neck and neck. *Ver tb* DURO

parentela *nf* relations [*pl*]

parentesco *nm* relationship **LOC tener parentesco con algn** to be related to sb

paréntesis *nm* (*signo*) parenthesis [*pl* parentheses], brackets [*pl*] (*GB*): *abrir/cerrar (el) ~* to open/close (the) parentheses **LOC entre paréntesis** in parentheses, in brackets (*GB*)

pareo *nm* sarong

pargo *nm* bream [*pl* bream]

pariente, -a *nm-nf* relation: *~ cercano/lejano* close/distant relation

parir *vt, vi* to give birth (*to sb/sth*)

parlamentario, -a *adj* parliamentary
▸ *nm-nf* Member of Parliament

parlamento *nm* parliament [*v sing o pl*]

parlanchín, -ina *adj* talkative
▸ *nm-nf* chatterbox

parlante *nm* speaker

paro *nm* (*huelga*) strike **LOC paro cívico** community protest *Ver tb* CARDIACO

parpadear *vi* **1** (*ojos*) to blink **2** (*luz*) to flicker

párpado *nm* eyelid

parque *nm* **1** (*jardín*) park **2** (*munición*) ammunition **LOC parque acuático** water park ♦ **parque de atracciones/diversiones** amusement park ♦ **parque empresarial/tecnológico** business/technology park ♦ **parque eólico** wind farm ♦ **parque nacional** national park ♦ **parque natural** nature reserve ♦ **parque temático** theme park

parqueadero *nm* (*Col*) **1** (*parking*) parking lot, car park (*GB*): *~ subterráneo* underground parking garage **2** (*espacio*) parking space: *No encuentro ~.* I can't find a parking space.

parquear *vt, vi* to park: *¿Dónde se parquea?* Where can you park? **LOC** *Ver* DOBLE

parqueo *nm* parking **LOC** *Ver* LUZ

parqués *nm* Parcheesi®, ludo (*GB*)

párrafo *nm* paragraph

parranda *nf* party [*pl* parties]

parrandear *vi* to go out partying

parrilla nf 1 (*Cocina*) grill 2 (*automóvil*) roof rack LOC **carne/pescado a la parrilla** grilled meat/fish

párroco nm parish priest

parroquia nf 1 (*iglesia*) parish church 2 (*comunidad*) parish

parte¹ nf 1 (*porción, lugar*) part: *tres ~s iguales* three equal parts ◊ *¿En qué ~ de la ciudad vives?* What part of the town do you live in? ◊ *las dos terceras ~s* two thirds ◊ *Vete a hacer ruido a otra ~.* Go and make a noise somewhere else. ◊ *Esto te lo arreglan en cualquier ~.* This can be repaired anywhere. 2 (*persona*) party [*pl* parties]: *la ~ contraria* the opposing party LOC **de parte de algn** on behalf of sb: *de ~ de todos nosotros* on behalf of us all ◆ **¿de parte de quién?** (*por teléfono*) who's calling? ◆ **en parte** (*en cierto modo*) in a way: *En ~, tienes razón.* In a way you're right. ◆ **en/por todas partes** everywhere ◆ **la parte de abajo/arriba** the bottom/top ◆ **la parte de atrás/delante** the back/front ◆ **por mi parte** as far as I am, you are, etc. concerned: *Por nuestra ~ no hay ningún problema.* As far as we're concerned there's no problem. ◆ **por partes** little by little: *Estamos arreglando el tejado por ~s.* We're repairing the roof little by little. ◆ **por una parte… por la otra…** on the one hand… on the other…: *Por una ~ me alegro, pero por la otra me da tristeza.* On the one hand I'm pleased, but on the other I think it's sad. ◆ **tomar parte en algo** to take part in sth ◆ **¡vamos/vayamos por partes!** one thing at a time! *Ver tb* ALGUNO, CUALQUIERA, GRANDE, MAYOR, NINGUNO, OTRO, SALUDAR, SEXTO

parte² nm 1 (*informe*) report: *~ médico/meteorológico* medical/weather report 2 (*multa*) fine: *Me pusieron un ~ por exceso de velocidad.* I got a fine for speeding. LOC **dar parte** to inform sb (*of/about sth*)

partero, -a nf midwife [*pl* midwives]

participación nf 1 (*intervención*) participation: *la ~ del público* audience participation 2 (*Fin*) share

participante adj participating: *los países ~s* the participating countries
▸ *nmf* participant

participar vi **~ (en)** to take part, to participate (*más formal*) (in *sth*): *~ en un proyecto* to participate in a project

participio nm participle

partícula nf particle

particular adj 1 (*característico*) characteristic: *Cada vino tiene su sabor ~.* Each wine has its own characteristic taste. 2 (*privado*) private: *clases ~es* private classes LOC **en particular** in particular

partida nf 1 (*juego*) game: *echar una ~ de ajedrez* to have a game of chess 2 (*nacimiento, matrimonio, defunción*) certificate

partidario, -a adj **~ de** in favor of sth/doing sth: *No soy ~ de hacer eso.* I'm not in favor of doing that.
▸ *nm-nf* supporter

partido nm 1 (*Pol*) party [*pl* parties] 2 (*Dep*) game, match (*GB*): *ver un ~ de fútbol* to watch a soccer game LOC **partido amistoso** friendly [*pl* friendlies]: *jugar un ~ amistoso* to play a friendly ◆ **partido de ida/vuelta** first/second leg ◆ **sacar partido a/de algo** to make the most of sth ◆ **tomar partido** to take sides

partir vt 1 (*con cuchillo*) to cut *sth* (up): *~ la torta* to cut up the cake 2 (*con las manos*) to break *sth* (off): *¿Me partes un pedazo de pan?* Could you break me off a piece of bread? 3 (*quebrar*) to crack
▸ vi 1 (*marcharse*) to leave (*for…*): *Parten mañana hacia Medellín.* They're leaving for Medellín tomorrow. 2 (*Chi*) (*automóvil*) to start
▸ **partirse** vp 1 to split: *Si te caes te vas a ~ la cabeza.* You'll split your head open if you fall. 2 (*diente, alma*) to break LOC **a partir de** from… (on): *a ~ de las nueve de la noche* from 9 p.m. onwards ◊ *a ~ de entonces* from then on ◊ *a ~ de mañana* starting from tomorrow *Ver tb* CARA, CERO, RISA

partitura nf score

parto nm birth LOC *Ver* TRABAJO

pasa nf LOC *Ver* UVA

pasabordo nm (*Col*) boarding card

pasada nf LOC **de pasada** in passing ◆ **hacer/jugar una mala pasada** to play a dirty trick on sb

pasadizo nm passage

pasado, -a adj 1 (*día, semana, mes, verano, etc.*) last: *el martes ~* last Tuesday 2 (*Gram, época*) past: *siglos ~s* past centuries 3 (*comida*) **(a)** (*demasiado cocinada*) overdone **(b)** (*estropeada*) bad
▸ *nm* past LOC **pasado de fecha** (*producto*) past its expiration date, past its expiry date (*GB*) ◆ **pasado de moda** (*ropa*) unfashionable ◆ **pasado mañana** the day after tomorrow *Ver tb* PASAR

pasador nm 1 (*de puerta, etc.*) bolt 2 (*Per*) (*cordón*) shoelace

pasaje nm 1 (*boleto*) ticket 2 (*calle pequeña*) side street

pasajero, -a nm-nf passenger: *un barco de ~s* a passenger boat

pasamontañas nm ski mask, balaclava (*GB*)

pasaporte nm passport

pasar vi **1** (*vehículo, tiempo*) to pass: *La moto pasó a toda velocidad.* The motorcycle passed at top speed. ◊ *Pasaron tres horas.* Three hours passed. ◊ *Ya pasaron dos días desde que llamó.* It's two days since he called. ◊ *¡Cómo pasa el tiempo!* Doesn't time fly! ◊ *Ese bus pasa por el museo.* That bus goes past the museum. **2** (*entrar*) to come in: *¿Puedo ~?* May I come in? **3** (*ir*) to go: *Mañana voy a ~ por el banco.* I'll go to the bank tomorrow. **4** (*ocurrir*) to happen: *A mí me pasó lo mismo.* The same thing happened to me.
▶ vt **1** to pass: *¿Me pasas ese libro?* Can you pass me that book, please? ◊ *Teje para ~ el tiempo.* She knits to pass the time. **2** (*período de tiempo*) to spend: *Pasamos la tarde/dos horas charlando.* We spent the afternoon/two hours chatting. ◊ *~ un examen* to pass an exam
▶ **pasarse** vp **1** (*ir demasiado lejos*): *No te pases comiendo.* Don't eat too much. ◊ *¡Esta vez te pasaste!* You've gone too far this time! ◊ *~se del paradero* to go past your stop **2** (*comida*) **(a)** (*ponerse mala*) to go bad **(b)** (*demasiado cocinada*) to be overcooked: *Se te pasó el arroz.* The rice is overcooked. **3** (*olvidarse*) to forget: *Se me pasó completamente lo del entrenamiento.* I completely forgot about the training session. **4** (*el tiempo*) to spend: *Me pasé toda la semana estudiando.* I spent the whole week studying. LOC *¿pasa algo?* is anything the matter?
♦ **pasarla bien** to have a good time ♦ **pasarla mal** to have a hard time: *La está pasando muy mal.* She's having a very hard time. ♦ **pasar por algn/algo 1** (*aparentar*) to pass for sb/sth: *Esa muchacha podría ~ por italiana.* That girl could easily pass for an Italian. **2** (*recoger*) to pick sb/sth up: *Paso por ti a las tres.* I'll pick you up at three. ♦ **¿qué pasa?** (*¿hay problemas?*) what's the matter? ❶ Para otras expresiones con **pasar**, véanse las entradas del sustantivo, adjetivo, etc., p.ej. **pasar el rato** en RATO.

pasarela nf (*de desfile de moda*) catwalk

pasatiempo nm **1** (*afición*) hobby [pl hobbies] **2 pasatiempos** (*en un periódico*) puzzles: *la página de ~s* the puzzle page

pascua nf **1** (*Semana Santa*) Easter **2 pascuas** (*Navidad*) Christmas [v sing]: *¡Felices Pascuas!* Merry Christmas! LOC *Ver* PAN, SANTO

pascuero, -a adj LOC *Ver* VIEJO

pase nm **1** (*autorización*) pass: *No se puede entrar sin ~.* You can't get in without a pass. **2** (*Col*) (*licencia de conducción*) driver's license, drivig licence (*GB*)

pasear vt, vi to walk: *~ al perro* to walk the dog ◊ *Todos los días salgo a ~.* I go for a walk every day.

paseo nm **1** (*a pie*) walk **2** (*en bicicleta, a caballo*) ride LOC **dar un paseo** to go for a walk ♦ **ser un paseo** to be dead easy: *Para él las matemáticas son un ~.* Math is dead easy for him.

pasillo nm **1** (*casa*) corridor: *No corras por los ~s.* Don't run through the corridors. **2** (*iglesia, avión, teatro*) aisle

pasión nf passion LOC **tener pasión por algn/algo** to be crazy about sb/sth

pasito adv (*Col*) quietly: *Hable ~.* Speak quietly. ◊ *Ponga el televisor más ~, por favor.* Turn the television down, please.

pasiva nf (*Gram*) passive (voice): *en (voz) ~* in the passive

pasivo, -a adj passive

pasmado, -a adj amazed (*at/by sth*): *Me quedé ~ ante su insolencia.* I was amazed at their insolence.
▶ nm-nf halfwit

paso nm **1** step: *dar un ~ adelante/atrás* to step forward/back ◊ *un ~ hacia la paz* a step toward peace **2** (*acción de pasar*) passage: *el ~ del tiempo* the passage of time **3** (*camino*) way (through): *Por aquí no hay ~.* There's no way through. **4** (*de montaña*) pass **5 pasos** footsteps: *Me pareció oír ~s.* I thought I heard footsteps. LOC **abrir/dar paso** to make way (for sb/sth): *¡Denle ~ a la ambulancia!* Make way for the ambulance! ♦ *Nos abrimos ~ a codazos entre la gente.* We elbowed our way through the crowd. ♦ **a paso de tortuga** at a snail's pace ♦ **de paso 1** (*en el camino*) on the way: *Me queda de ~.* It's on my way. **2** (*al mismo tiempo*): *Lleva esto a la oficina y de ~ habla con la secretaria.* Take this to the office, and while you're there have a word with the secretary. ♦ **paso a nivel** railroad crossing, level crossing (*GB*) ♦ **paso a paso** step by step ♦ **paso de peatones** crosswalk, pedestrian crossing (*GB*) ♦ **paso subterráneo** underpass ♦ **salir del paso** to get by: *Estudian solo lo justo para salir del ~.* They do just enough work to get by. *Ver tb* ACELERAR, CEDER, LLAVE, PROHIBIDO

pasta nf **1** (*masa, concentrado*) paste: *Mézclese hasta que la ~ quede espesa.* Mix to a thick paste. **2** (*fideos, macarrones*) pasta **3** (*libro*) cover **4** (*de jabón, etc.*) bar LOC **pasta de dientes/dental** toothpaste *Ver tb* LÁPIZ

pastar vt, vi to graze

pastel nm **1** (*de dulce*) cake: *~ de chocolate* chocolate cake **2** (*de sal, hojaldre*) pie: *~ de pollo* chicken pie ◊ *un ~ de manzana* an apple pie ➜ *Ver nota en pág. 642* **3** (*Arte*) pastel

pastelería nf cake shop

pastelero, -a nm-nf (*Per*) (*drogadicto*) dopehead

pasteurizadora nf dairy [pl dairies]

pastilla nf 1 (*píldora*) tablet 2 (*de chocolate, etc.*) bar LOC **pastilla anticonceptiva** the pill
• **pastilla del día siguiente** morning-after pill
• **pastillas contra el mareo** travel-sickness pills

pasto nm 1 (*hierba*) grass 2 (*Agric*) pasture

pastor, -ora nm-nf 1 (*masc*) shepherd 2 (*fem*) shepherdess LOC **pastor alemán** German shepherd *Ver tb* PERRO

pata[1] nf 1 leg: *la ~ de la mesa* the table leg 2 (*pie*) (a) (*de cuadrúpedo con uñas*) paw: *El perro se hizo daño en la ~.* The dog has hurt its paw. (b) (*pezuña*) hoof [*pl* hoofs/hooves]: *las ~s de un caballo* a horse's hooves 3 (*animal*) duck ⊃ *Ver nota en* PATO 4 (*gafas*) arm 5 **patas** (*Chi*) (*descaro*) nerve [*v sing*]: *¡Las ~s que tiene este tipo!* What nerve that guy has! LOC **ir/venir a pata** (*andando*) to go/to come on foot • **mala pata** bad luck: *¡Qué mala ~ tienen!* They're so unlucky! • **meter la pata** to put your foot in it • **patas arriba**: *La casa está ~s arriba.* The house is a mess. • **patas de gallo** crow's feet *Ver tb* CUATRO, ESTIRAR, METIDA, SALTAR

pata[2] nm (*Per*) 1 (*tipo*) guy 2 (*amigo*) buddy [*pl* buddies], mate (*GB*)

patada nf 1 (*puntapié*) kick: *Le dio una ~ a la mesa.* He kicked the table. 2 (*en el suelo*) stamp LOC **caer/sentar como una patada (en el estómago)** to be like a kick in the teeth • **echar a algn a patadas** to kick sb out • **ni a patadas** (*Méx*): *No vamos a llegar a tiempo ni a ~.* There's no way we're going to get there on time.

patalear vi 1 (*en el suelo*) to stamp (your feet) 2 (*en el aire*) to kick (your feet)

pataleta nf tantrum: *hacer una ~* to throw a tantrum

patán adj loutish
▸ nm lout

patatús nm LOC **darle a algn un patatús** 1 (*desmayarse*) to faint 2 (*disgustarse*) to have a fit

paté nm pâté

patear vt to kick

patente nf 1 (*de un invento*) patent 2 (*Chi*) (a) (*placa*) license plate, number plate (*GB*) (b) (*impuesto*) road tax

paternal adj fatherly, paternal (*más formal*)

paternidad nf fatherhood, paternity (*más formal*) LOC **licencia/permiso de paternidad** paternity leave

paterno, -a adj 1 (*paternal*) fatherly 2 (*parentesco*) paternal: *abuelo ~* paternal grandfather LOC *Ver* LÍNEA

patilla nf 1 (*pelo*) sideburn 2 (*Col*) (*fruta*) watermelon

patín nm 1 (*con ruedas*) roller skate 2 (*con cuchilla*) ice skate 3 (*de bebé*) bootee LOC **patín en línea** Rollerblade®

patinador, -ora nm-nf skater

patinaje nm skating: *~ sobre hielo/artístico* ice skating/figure skating LOC *Ver* PISTA

patinar vi 1 (*persona*) to skate 2 (*vehículo*) to skid

patineta nf 1 skateboard 2 (*con manubrio*) scooter

patio nm 1 (*casa*) courtyard 2 (*colegio*) playground

patito, -a (*tb* patico, -a) nm-nf duckling

pato, -a nm-nf duck

Duck es el sustantivo genérico. Para referirnos solo al macho decimos **drake**. **Ducklings** son los paticos.

▸ adj (*Chi*) (*sin dinero*) broke LOC **ir de pato** to ride pillion • **pato malo** (*Chi*) punk, yob (*GB*) *Ver tb* PAGAR

patonear(se) vi, vt, vp (*Col*) (*andar mucho*) to tramp around: *Nos patoneamos la ciudad entera.* We tramped around the whole city.

patota nf gang

patria nf (*native*) country

patrimonio nm heritage: *~ de la humanidad* world heritage

patriota nmf patriot

patriotismo nm patriotism

patrocinador, -ora nm-nf sponsor

patrocinar vt to sponsor

patrón, -ona nm-nf 1 (*jefe*) boss 2 (*Relig*) patron saint: *San Isidro es el ~ de Madrid.* Saint Isidore is the patron saint of Madrid.
▸ nm (*Costura*) pattern

patrulla nf patrol: *un carro ~* a patrol car

patrullar vt, vi to patrol

pausa nf pause LOC **hacer una pausa** to have a short break

pavimento nm pavement

pavo, -a nm-nf 1 (*ave*) turkey 2 (*persona*) dummy [*pl* dummies], twit (*GB*) LOC **de pavo** (*Chi, Per*) (*gratis*) free: *A ver si entramos de ~.* Let's see if we can get in free. • **pavo real** peacock

pay nm pie ⊃ *Ver nota en pág. 641*

payasada nf LOC **hacer payasadas** to goof around: *Siempre estás haciendo ~s.* You're always goofing around.

payaso, -a nm-nf clown LOC **hacerse el payaso** to clown around

paz *nf* peace: *plan de ~* peace plan ◊ *en tiempo(s) de ~* in peacetime **LOC** **dejar en paz** to leave sb/sth alone: *No me dejan en ~.* They won't leave me alone. ◆ **estar/quedar en paz** to be even (with sb): *Yo te pago la entrada y así estamos en ~.* I'll pay for the ticket and then we'll be even. ◆ **hacer las paces** to make up (with sb): *Hicieron las paces.* They've made up.

PD. *Ver* POSDATA

pe *nf* **LOC** **de pe a pa** from beginning to end

peaje *nm* toll **LOC** *Ver* AUTOPISTA

peatón *nm* pedestrian **LOC** *Ver* PASO

peatonal *adj* pedestrian: *calle/zona ~* pedestrian street/area

peca *nf* freckle: *Me salieron muchas ~s.* I've gotten freckles all over.

pecado *nm* sin **LOC** *Ver* FEO

pecador, -ora *nm-nf* sinner

pecar *vi* to sin **LOC** **pecar de** to be too…: *Pecas de confiado.* You're too trusting.

pecera *nf* fish bowl

pecho *nm* **1** chest: *Tengo un dolor en el ~.* I have a pain in my chest. **2** *(solo mujer)* **(a)** *(busto)* bust **(b)** *(mama)* breast **3** *(carne de res)* fillet mignon **LOC** **dar pecho** to breastfeed ◆ **tomar(se) algo a pecho 1** *(en serio)* to take sth seriously: *Se toma el trabajo demasiado a ~.* He takes his work too seriously. **2** *(ofenderse)* to take sth to heart: *Era una broma, no lo tomes a ~.* It was a joke; don't take it to heart. *Ver tb* COMER, NADAR

pechuga *nf (ave)* breast: *~ de pollo* chicken breast

pecoso, -a *adj* freckled: *brazos ~s* freckled arms ◊ *una chica pecosa* a girl with freckles

peculiar *adj* **1** *(característico)* characteristic: *un sabor ~* a characteristic flavour **2** *(raro)* peculiar: *Su mujer es una persona muy ~.* His wife is quite a peculiar woman.

pedagogía *nf* education

pedagógico, -a *adj* educational

pedal *nm* pedal **LOC** *Ver* BOTE¹

pedalear *vi* to pedal

pedante *adj* pedantic
▸ *nmf* pedant

pedazo *nm* piece, bit *(más coloq)*: *un ~ de torta* a piece of cake ◊ *unos ~s de queso* a few pieces of cheese **LOC** **caerse algo a pedazos** to fall apart ◆ **hacerse pedazos** to smash (to pieces)

pedestal *nm* pedestal

pediatra *nmf* pediatrician

pedido *nm* order: *hacer un ~* to place an order

pedir *vt* **1** to ask *(sb)* for *sth*: *~ pan/la cuenta* to ask for bread/the check ◊ *~ ayuda a los vecinos* to ask the neighbors for help ➔ *Ver nota en* PLEASE **2** *(permiso, favor, cantidad)* to ask *(sb)* *(sth)*: *Te quiero ~ un favor.* I want to ask you a favor. ◊ *Piden dos mil dólares.* They're asking two thousand dollars. **3** *~ a algn que haga algo* to ask sb to do sth: *Me pidió que esperara.* He asked me to wait. **4** *(encargar)* to order: *De entrada pedimos sopa.* We ordered soup as a first course. **LOC** **pedir cita** to make an appointment ◆ **pedir disculpas/perdón** to apologize *(to sb)* *(for sth)* ◆ **pedir (limosna)** to beg ◆ **pedir prestado** to borrow: *Me pidió prestado el carro.* He borrowed my car. ➔ *Ver dibujo en* BORROW ◆ **pedir turno** to take your place in the line ◆ **te pido por Dios/por lo que más quieras que…** I beg you to… *Ver tb* RESCATE

pedo *nm (gases)* gas [incontable], fart *(coloq)* **LOC** **pedo químico** stink bomb ◆ **tirarse un pedo** to pass gas, to fart *(coloq)*

pedófilo, -a *nm-nf* pedophile

pedrada *nf*: *Lo recibieron a ~s.* They threw stones at him.

pega *nf (broma)* trick **LOC** **hacer pegas** to play tricks/jokes: *Le hicieron una ~ de muy mal gusto.* They played a joke on him that was in very bad taste.

pegado, -a *adj* **LOC** **estar pegado a** *(muy cerca)* to be right next to… ◆ **pegado del teléfono** on the phone *Ver tb* PEGAR

pegajoso, -a *(tb* **pegoteado, -a**, **pegachento, -a**) *adj* **1** sticky **2** *(molesto)* clingy **3** *(música)* catchy

pegamento *(Col* **pegante**) *nm* glue **LOC** *Ver* CINTA

pegar *vt* **1** *(golpear)* to hit **2** *(adherir)* to stick: *~ una etiqueta en un paquete* to stick a label on a package ◊ *~ una taza rota* to glue a broken cup together **3** *(acercar)* to put *sth* against *sth*: *Pegó la cama a la ventana.* He put his bed against the window. **4** *(contagiar)* to give: *Me pegaste el resfriado.* You've given me your cold.
▸ *vi* **1** *(ropa, colores)* to go *(with sth)*: *La chaqueta no pega con la falda.* The jacket doesn't go with the skirt. **2** *(sol, bebida)* to be strong **3** *~ para…* *(Chi) (dirigirse)* to head for…
▸ **pegarse** *vp* **1** *(pelearse)* to fight **2** *(adherirse, comida)* to stick **3** *(enfermedad)* to be catching **4** *(golpearse)* to knock: *Me pegué con la silla.* I knocked myself on the chair. ◊ *Me pegué en la cabeza.* I knocked my head. **LOC** **pegarse a algn** to latch on to sb: *Siempre se me pega ese pesado.* That bore always latches on to me.
◆ **pegarse una perra/rasca** to get plastered
❶ Para otras expresiones con **pegar**, véanse las entradas del sustantivo, adjetivo, etc., p.ej. **no pegar ojo** en OJO.

pegote nm sticky mess: *El arroz está hecho un ~.* This rice is a sticky mess.

peinado, -a adj: *¿Todavía no estás peinada?* Haven't you done your hair yet?
▶ nm hairstyle **LOC** **hacerse un peinado** to have your hair styled ◆ **ir bien/mal peinado**: *Iba muy bien peinada.* Her hair looked really nice. ◇ *Siempre va muy mal ~.* His hair is always a mess. *Ver tb* PEINAR

peinar vt **1** to comb *sb's* hair: *Déjame que lo peine.* Let me comb your hair. **2** (*peluquero*) to do *sb's* hair: *Voy a que me peinen.* I'm going to have my hair done. **3** (*zona*) to comb
▶ **peinarse** vp to comb your hair: *Péinate antes de salir.* Comb your hair before you go out.

peinilla nf (*tb* **peine** nm) comb

pela nf smack **LOC** **darle/pegarle una pela a algn** to wallop sb

pelado, -a adj **1** (*sin dinero*) flat broke: *Está ~.* He's flat broke **2** (*calvo*) bald **3** (*Méx*) (*grosero*) rude
▶ nm-nf **1** (*calvo*) bald guy **2** (*Col*) (*niño*) kid **LOC** *Ver* CABLE

pelador, -ora nm-nf (*Chi*) (*persona*) gossip

pelambre nm o nf (*Chi*) (*chisme*) gossip [*incontable*]

pelar vt **1** (*fruta, verdura*) to peel: *~ una naranja* to peel an orange **2** (*arvejas, mariscos*) to shell **3** (*dulce*) to unwrap **4** **~ a algn** (*Méx*) to pay attention to sb **5** **~ a algn** (*Chi*) to badmouth sb
▶ vi (*Chi*) (*chismear*) to gossip
▶ **pelarse** vp to peel: *Se te va a ~ la nariz.* Your nose will peel.

peldaño nm step

pelea nf fight: *meterse en una ~* to get into a fight ◇ *Siempre están de ~.* They're always fighting.

peleador, -ora (*tb* **peleón, -ona**) adj **1** (*que discute*) argumentative **2** (*que pelea*): *No me gustan los niños peleadores.* I don't like children who are always fighting.

pelear(se) vi, vp **1** (*luchar*) to fight (*for/against/over sb/sth*): *Los niños (se) peleaban por los juguetes.* The children were fighting over the toys. **2** (*reñir*) to quarrel

pelícano (*tb* **pelicano**) nm pelican

película nf movie, film (*GB*) **LOC** **dar una película** to show a movie ◆ **de película** fantastic ◆ **película cómica/de risa** comedy [*pl* comedies] ◆ **película del oeste** western ◆ **película de miedo/terror** horror movie ◆ **película muda** silent movie ◆ **película policíaca** thriller ◆ **poner una película** to show a movie

peligrar vi to be in danger

peligro nm danger: *Está en ~.* He's in danger. ◇ *fuera de ~* out of danger **LOC** *Ver* EXTINCIÓN

peligroso, -a adj dangerous

pelirrojo, -a adj red-haired, ginger (*más coloq*)
▶ nm-nf redhead

pellejo nm **1** skin **2** (*en una uña*) hangnail **LOC** **arriesgar/jugarse el pellejo** to risk your neck

pellizcar vt to pinch

pellizco nm **1** (*en la piel*) pinch **2** (*pedacito*) little bit: *un pellizquito de pan* a little bit of bread **LOC** **dar/pegar un pellizco** to pinch

pelo nm **1** hair: *tener el ~ crespo/liso* to have curly/straight hair **2** (*piel de animal*) fur [*incontable*] coat: *Ese perro tiene un ~ muy suave.* That dog has a silky coat. **LOC** **no tener pelos en la lengua** not to mince your words ◆ **ponérsele los pelos de punta a algn**: *Se me pusieron los ~s de punta.* My hair stood on end. ◆ **por un pelo** by the skin of your teeth: *Se libraron del accidente por un ~.* They missed having an accident by the skin of their teeth. ◆ **tomarle el pelo a algn** to pull sb's leg *Ver tb* CEPILLO, CINTA, CORTAR, CORTE¹, DESENREDARSE, ESPUMA, LAVAR, LIBRAR, RECOGER, SALVAR, SOLTAR, TOMADURA

pelón, -ona adj **1** (*sin pelo*) bald **2** (*con mucho pelo*) hairy

pelota nf ball: *una ~ de tenis* a tennis ball
▶ adj, nmf jerk: *No seas ~.* Don't be such a jerk. **LOC** **arriba de la pelota** (*Chi*) (*borracho*) smashed ◆ **darle pelota a algn** (*Chi*) to pay attention to sb

pelotera nf **1** (*pelea*) ruckus: *Hubo ~ en la discoteca.* There was a terrible ruckus at the club. **2** (*ruido*) uproar: *La reunión terminó en una ~ tremenda.* The meeting ended in an uproar.

pelotón nm (*Ciclismo*) pack, peloton (*más formal*)

peluca nf wig

peludo, -a adj **1** (*persona*) hairy: *unos brazos ~s* hairy arms **2** (*animal*) long-haired

peluquería nf **1** (*para mujeres, unisex*) salon, hairdresser's (*GB*) **2** (*para hombres*) barber shop, barber's (*GB*) ➔ *Ver nota en* CARNICERÍA

peluquero, -a nm-nf **1** hair stylist **2** (*para hombres*) barber

pelusa (*tb* **pelusilla**) nf **1** (*fruta*) fuzz **2** (*tela, suciedad*) piece of lint

pena nf **1** (*tristeza*) sorrow: *ahogar las ~s* to drown your sorrows **2** (*vergüenza*) embarrassment: *Le dio ~ que lo vieran así.* He was embarrassed to be seen like that. ◇ *Pasé una ~ horrible.* I felt so embarrassed. **3** (*condena*) sentence **4 penas** (*problemas*) troubles: *No me cuentes tus ~s.* Don't tell me your troubles. **LOC** **darle pena a algn** to feel embarrassed: *Me dio mucha ~.* I felt really embarrassed. ◆ **merecer/valer la pena** to be worth *doing sth*: *Vale la ~ leerlo.* It's worth reading. ◊ *No merece la ~.* It's not worth it. ◆ **pena de muerte** death penalty ◆ **pena máxima** (*Fútbol*) penalty [*pl* penalties] ◆ **¡qué pena!** **1** (*para disculparse*) I'm so sorry! **2** (*situación embarazosa*) how embarrassing!

penal *adj* penal
▸ *nm* (*tb* **pénal**) penalty [*pl* penalties] **LOC** *Ver* **RONDA**

penalti *nm* penalty [*pl* penalties]: *meter un gol de ~* to score from a penalty ◊ *meter un ~* to score a penalty **LOC** *Ver* **PITAR**

pendejada *nf* **1** (*estupidez*) stupid thing to say/do **2** (*Per*) (*mala jugada*) dirty trick

pendejo, -a *nm-nf* **1** (*estúpido*) dummy [*pl* dummies], twit (*GB*): *hacerse el ~* to act dumb **2** (*Per*) (*persona lista*) sly devil

pendiente *adj* **1** (*asunto, factura, problema*) outstanding **2** (*decisión, veredicto*) pending
▸ *nf* slope: *una ~ suave/pronunciada* a gentle/steep slope **LOC** **estar pendiente (de algn/algo)** **1** (*vigilar*) to keep an eye on sb/sth: *Esté ~ de los niños.* Keep an eye on the children. **2** (*estar atento*) to be attentive (to sb/sth): *Estaba muy ~ de sus invitados.* He was very attentive to his guests. **3** (*estar esperando*) to be waiting (for sth): *Estamos ~s de su decisión.* We're waiting for his decision.

pene *nm* penis

penetrante *adj* **1** penetrating: *una mirada ~* a penetrating look **2** (*frío, viento*) bitter

penetrar *vt, vi ~* **(en) 1** (*entrar*) to enter, to get into *sth* (*más coloq*): *El agua penetró en el sótano.* The water got into the basement. **2** (*bala, flecha, sonido*) to pierce: *La bala le penetró el corazón.* The bullet pierced his heart.

penicilina *nf* penicillin

península *nf* peninsula

penique *nm* penny [*pl* pennies] ❶ Con cantidades exactas suele utilizarse la abreviatura **p**: *Cuesta 50 ~s.* It costs 50p. Se pronuncia /ˌfɪfti 'piː/. ➲ *Ver tb pág.* 787

penitencia *nf* penance: *hacer ~* to do penance

penitenciaría *nf* penitentiary [*pl* penitentiaries]

penoso, -a *adj* shy

pensado *adj* **LOC** *Ver* **MOMENTO**; *Ver tb* **PENSAR**

pensamiento *nm* thought **LOC** **adivinar/leer el pensamiento** to read sb's mind

pensar *vt, vi* **1** *~* **(en)** to think (about/of *sb/sth*), to think (about/of *doing sth*): *Piensa un número.* Think of a number. ◊ *Estamos pensando en casarnos.* We're thinking about getting married. ◊ *¿Piensas que vendrán?* Do you think they'll come? ◊ *¿En quién piensas?* Who are you thinking about? **2** (*opinar*) to think *sth* of *sb/sth*: *¿Qué piensas de Juan?* What do you think of Juan? ◊ *No pienses mal de ellos.* Don't think badly of them. **3** (*tener decidido*): *Pensábamos irnos mañana.* We were going to go tomorrow. ◊ *No pienso ir.* I'm not going. ◊ *¿Piensas venir?* Are you going to come? **LOC** **¡ni pensarlo!** no way! ◆ **pensándolo bien…** on second thoughts… ◆ **pensar en las musarañas/los huevos del gallo** to daydream ◆ **piénsalo** think it over

pensativo, -a *adj* thoughtful

pensión *nf* **1** (*jubilación, subsidio*) pension: *~ de viudez* widow's pension **2** (*mensualidad*) tuition fees [*pl*] **3** (*hospedaje*) guest house **LOC** **pensión completa/media pensión** (*alojamiento*) full/half board

pensionado, -a *nm-nf* retired person [*pl* retired people]

pentagrama *nm* (*Mús*) staff, stave (*GB*)

penúltimo, -a *adj* penultimate, second-to-last (*más coloq*): *el ~ capítulo* the penultimate chapter ◊ *el ~ paradero* the second-to-last stop
▸ *nm-nf* second-to-last

peña *nf* rock

peón *nm* **1** (*obrero*) laborer **2** (*Ajedrez*) pawn

peor *adj, adv* (*uso comparativo*) worse (*than sb/sth*): *Este carro es ~ que aquel.* This car is worse than that one. ◊ *Hoy me encuentro mucho ~.* I feel much worse today. ◊ *Fue ~ de lo que me esperaba.* It was worse than I had expected. ◊ *Cocina aún ~ que la mamá.* She's an even worse cook than her mother.
▸ *adj, adv, nmf* **(de)** (*uso superlativo*) worst (in/of…): *Soy el ~ corredor del mundo.* I'm the worst runner in the world. ◊ *la ~ de todas* the worst of all ◊ *el que ~ canta* the one who sings worst **LOC** *Ver* **CADA, CASO**

pepa *nf* **1** (*limón, uva, etc.*) seed, pip

¿**Seed** o **pip**? En Gran Bretaña, se utiliza **seed** cuando el fruto tiene muchas pepitas (p.ej. tomate, sandía, etc.) y **pip** cuando tiene pocas (p.ej. manzana, uva, mandarina, etc.). En Estados Unidos, se usa siempre **seed**.

2 (*aceituna, aguacate*) pit, stone (*GB*) **3** (*inteligencia*) intelligence **4** (*Per*) (*cara*) face

pepinillo *nm* pickle, gherkin (*GB*): *~s en vinagre* pickles

pepino *nm* (*cohombro*) cucumber **LOC** *Ver* **IMPORTAR²**

pepita *nf* nugget: *~s de oro* gold nuggets

pepón, -ona *adj* (*Per*) (*atractivo*) good-looking

pequeño, -a adj **1** small: *un ~ problema/detalle* a small problem/detail ◊ *El cuarto es demasiado ~.* The room is too small. ◊ *Todas las faldas me quedaron pequeñas.* All my skirts are too small for me now. ➲ *Ver nota en* SMALL **2** (*joven*) little: *cuando yo era ~* when I was little ◊ *los niños ~s* little children **3** (*el más joven*) youngest: *mi hijo ~* my youngest son **4** (*poco importante*) minor: *unos ~s cambios* a few minor changes
▸ nm-nf youngest (one): *El ~ está estudiando Derecho.* The youngest one is studying law.

pera nf **1** pear **2** (*Chi*) **(a)** (*mentón*) chin **(b)** (*barba*) goatee LOC **tirarse la pera** (*Per*) to skip class

peral nm pear tree

perchero nm (*tb* **percha** nf) **1** (*de pared*) coat rack **2** (*de pie*) coat stand

percibir vt **1** (*notar*) to perceive **2** (*recibir dinero*) to receive: *~ un sueldo* to receive a salary

perdedor, -ora adj losing: *el equipo ~* the losing team
▸ nm-nf loser: *ser un buen/mal ~* to be a good/bad loser

perder vt **1** to lose: *~ altura/peso* to lose height/weight ◊ *Se me perdió el reloj.* I've lost my watch. **2** (*medio de transporte, oportunidad*) to miss: *~ el bus/avión* to miss the bus/plane ◊ *¡No pierdas esta oportunidad!* Don't miss this opportunity! **3** (*desperdiciar*) to waste: *~ el tiempo* to waste time ◊ *sin ~ un minuto* without wasting a minute **4** (*reprobar*) to fail: *Perdí matemáticas.* I failed math. **5** (*líquido, gas*) to leak: *El tanque está perdiendo gasolina.* The tank is leaking (gas). ◊ *~ aceite/gas* to have an oil/gas leak
▸ vi **1** - **(en)** to lose (at *sth*): *Perdimos.* We've lost. ◊ *~ en ajedrez* to lose at chess **2** (*salir perjudicado*) to lose out: *Tú eres el único que pierde.* You're the only one to lose out.
▸ **perderse** vp **1** to get lost: *Si no llevas mapa te vas a ~.* If you don't take a map you'll get lost. **2** (*película, espectáculo*) to miss: *No te pierdas esa película.* Don't miss that movie. LOC **echar algo a perder** to ruin sth ◆ **perder a algn/algo de vista** to lose sight of sb/sth ◆ **perder el rastro** to lose track of sb/sth ◆ **perder la cabeza/el juicio** to go crazy ◆ **perder la calma** to lose your temper ◆ **perder la cuenta** to lose count (*of sth*) ◆ **¡piérdase!** get lost! ◆ **salir perdiendo** to lose out *Ver tb* CONOCIMIENTO

pérdida nf **1** loss: *Su salida fue una gran ~.* His leaving was a great loss. ◊ *sufrir ~s económicas* to lose money **2** (*de tiempo*) waste: *Esto es una ~ de tiempo.* This is a waste of time. **3 pérdidas** (*daños*) damage [*incontable*]: *Las ~s a causa de la tormenta son cuantiosas.* The storm damage is extensive. LOC **pérdidas y ganancias** profit and loss

perdido, -a adj **1** lost: *Estoy completamente perdida.* I'm completely lost. **2** (*perro*) stray LOC *Ver* CASO, OBJETO; *Ver tb* PERDER

perdigón nm pellet

perdiz nf partridge

perdón nm forgiveness
▸ **¡perdón!** interj sorry! ➲ *Ver nota en* EXCUSE LOC *Ver* PEDIR

perdonar vt **1** to forgive sb (for *sth/doing sth*): *¿Me perdonas?* Will you forgive me? ◊ *Jamás le perdonaré lo que me hizo.* I'll never forgive him for what he did to me. **2** (*deuda, obligación, condena*) to write sth off: *Me perdonó los diez mil pesos que le debía.* He wrote off the ten thousand pesos I owed him. LOC **perdona, perdone, etc.** **1** (*para pedir disculpas*) sorry: *¡Ay! Perdona, ¿te pisé?* Sorry, did I stand on your foot? **2** (*para llamar la atención*) excuse me: *¡Perdone! ¿Tiene hora?* Excuse me! Do you have the time, please? **3** (*cuando no se ha oído bien*) sorry, I beg your pardon (*formal*): *– Soy la señora de Rodríguez. – ¡Perdone! ¿Señora de qué?* 'I am Mrs. Rodríguez.' 'Sorry? Mrs. who?' ➲ *Ver nota en* EXCUSE

perecear vi (*Col*) to laze around

peregrinación nf (*tb* **peregrinaje** nm) pilgrimage: *ir en ~* to go on a pilgrimage

peregrino, -a nm-nf pilgrim

perejil nm parsley

perenne adj LOC *Ver* HOJA

pereque nm (*Col*) nuisance LOC **poner pereque** to be a nuisance: *No me ponga ~.* Don't be a nuisance.

pereza nf LOC **dar/entrar pereza**: *Me da ~ ponerme a trabajar.* I can't be bothered to start work. ◊ *Después del almuerzo me entra mucha ~.* I always feel very lazy after lunch. ◊ *¡Me da ~ tener que ir!* It's a real drag to have to go! ◆ **qué pereza**: *¡Qué ~ tener que levantarme ahora!* I really don't feel like getting up now.

perezoso, -a adj, nm-nf lazy: *Mi hermano es un ~.* My brother is really lazy. LOC *Ver* CORTO, OSO

perfeccionar vt (*mejorar*) to improve: *Quiero ~ mi alemán.* I want to improve my German.

perfecto, -a adj perfect LOC **salir perfecto** to turn out perfectly: *Nos salió todo ~.* It all turned out perfectly for us. *Ver tb* PRETÉRITO

perfil nm **1** (*persona*) profile: *Se ve más buen mozo de ~.* He's better-looking in profile. ◊ *retrato de ~* profile portrait ◊ *Ponte de ~.* Stand sideways. **2** (*edificio, montaña*) outline

perfilar vt (*dibujo*) to draw the outline of sth

persecución

perforadora *nf* hole punch

perforar *vt* **1** to pierce: *Me perforaron las orejas.* I had my ears pierced. **2** (*con taladro o similar*) to drill: *Quieren ~ la zona en busca de petróleo.* They want to drill for oil in the area. **3** (*Med*) to perforate

perfumado, -a *adj* scented *Ver tb* PERFUMAR

perfumar *vt* to perfume
▸ **perfumarse** *vp* to put perfume on

perfume *nm* perfume

perfumería *nf* perfumery [*pl* perfumeries]

perico *nm* **1** (*pájaro*) parakeet, budgerigar (*GB*) **2** (*cocaína*) cocaine **3** (*Col*) (*café*) coffee with a dash of milk LOC *Ver* HUEVO

periférico, -a *adj* LOC *Ver* ANILLO

perilla *nf* doorknob

perímetro *nm* perimeter

periódico, -a *adj* periodic
▸ *nm* newspaper, paper (*más coloq*) LOC *Ver* PUESTO, QUIOSCO, REPARTIDOR

periodismo *nm* journalism

periodista *nmf* journalist

período (*tb* periodo) *nm* period LOC **en período de prueba** on trial: *Me admitieron en ~ de prueba en la fábrica.* I was hired at the factory for a trial period. ◆ **tener el período** to have your period *Ver tb* GLACIAR

periquito *nm* parakeet

perito *nmf* expert (*in sth*) LOC **perito en agronomía** agronomist

perjudicar *vt* **1** (*salud*) to damage **2** (*intereses*) to prejudice

perjudicial *adj* ~ (**para**) (*salud*) bad (*for sb/sth*): *El tabaco es ~ para la salud.* Smoking is bad for your health.

perjuicio *nm* harm: *ocasionar un ~ a algn* to cause/do sb harm LOC **ir en perjuicio de algn** to go against sb *Ver tb* DAÑO

perla *nf* pearl LOC **caer de perlas** to come in (very) handy: *Me cae de ~s.* It will come in very handy.

permanecer *vi* to remain, to be (*más coloq*): *~ pensativo/sentado* to remain thoughtful/seated ◊ *Permanecí despierta toda la noche.* I was awake all night.

permanente *adj* permanent
▸ *nf* (*pelo*) perm LOC **hacerse la permanente** to have your hair permed

permiso *nm* **1** (*autorización*) permission (*to do sth*): *pedir/dar ~* to ask for/give permission ➔ *Ver nota en* PERMISSION **2** (*documento*) permit: *~ de residencia/trabajo* residence/work permit **3** (*para faltar al trabajo*) leave: *Estoy en ~.* I'm on leave. ◊ *Pedí una semana de ~.* I've asked for a week off. LOC **con (su) permiso**: *Con ~, ¿puedo seguir?* May I come in? ◊ *Me siento aquí, con su ~.* I'll sit here, if you don't mind. *Ver tb* MATERNIDAD, PATERNIDAD

permitir *vt* **1** (*dejar*) to let *sb* (*do sth*): *Permítame ayudarle.* Let me help you. ◊ *No me lo permitirían.* They wouldn't let me. **2** (*autorizar*) to allow *sb to do sth*: *No permiten entrar sin corbata.* You are not allowed in without a tie. ➔ *Ver nota en* ALLOW
▸ **permitirse** *vp* **1** (*atreverse, tomarse*) to take: *Se permite demasiadas confianzas con ellos.* He takes too many liberties with them. **2** (*económicamente*) to afford: *No nos lo podemos ~.* We can't afford it. LOC **¿me permite...?** may I...?: *¿Me permite su encendedor?* May I use your lighter? ◆ **no se permite...** it is forbidden *to do sth*: *No se permite fumar aquí.* It is forbidden to smoke here. ◊ *No se permite pisar el césped.* Keep off the lawn.

permutación *nf* (*Mat*) permutation

pero *conj* but: *lento ~ seguro* slowly but surely
▸ *nm* (*defecto*) fault: *Le encuentras ~s a todo.* You find fault with everything.

perpendicular *adj* perpendicular (*to sth*)
▸ *nf* perpendicular

perpetuo, -a *adj* perpetual LOC *Ver* CADENA

perplejo, -a *adj* puzzled: *Quedé ~.* I was puzzled.

perra *nf* **1** (*animal*) bitch ➔ *Ver nota en* PERRO **2** (*Col*) (*borrachera*): *Se pegó una ~ espantosa.* He got terribly drunk. LOC *Ver* PEGAR

perrera *nf* kennel

perrito, -a *nm-nf* puppy [*pl* puppies] ➔ *Ver nota en* PERRO

perro, -a *nm-nf* dog

> Para referirnos solo a la hembra, decimos **bitch**. A los perros recién nacidos se les llama **puppies**.

▸ *nm* (*Chi*) (*para ropa*) clothespin, clothes peg (*GB*) LOC **de perros** lousy: *un día de ~s* a lousy day ◆ **echar los perros a algn** (*Col*) (*coquetear*) to flirt with sb ◆ **llevarse como perros y gatos** to fight like cat and dog ◆ **perro caliente** hot dog ◆ **perro callejero** stray (dog) ◆ **perro choco** (*Chi*) (*persona querida*) sweetheart ◆ **perro faldero** (*lit, fig*) lapdog ◆ **perro guardián** guard dog ◆ **perro pastor** sheepdog ◆ **perro que ladra no muerde** his/her bark is worse than his/her bite *Ver tb* CRIADERO, VIDA

persa *adj* LOC *Ver* MERCADO

persecución *nf* **1** (*tratando de alcanzar*) pursuit: *La policía iba en ~ de los atracadores.* The police went in pursuit of the robbers. **2** (*Pol, Relig*) persecution

perseguir

perseguir *vt* **1** (*persona, animal, etc.*) to pursue: *~ un carro/objetivo* to pursue a car/an objective **2** (*Pol, Relig*) to persecute

persiana *nf* blind [*pl*]: *subir/bajar las ~s* to raise/lower the blinds

persistente *adj* persistent

persistir *vi* to persist (*in sth*)

persona *nf* person [*pl* people]: *miles de ~s* thousands of people LOC **en persona 1** personally: *Lo conozco en ~.* I know him personally. **2** (*estando presente*) in person: *Hay que recogerlo en ~.* You have to collect it in person. ◆ **persona mayor** grown-up ◆ **por persona** a head: *5.000 pesos por ~* 5,000 pesos a head ◆ **ser (una) buena persona** to be nice: *Son muy buenas ~s.* They're very nice.

personaje *nm* **1** (*de un libro, una película*) character: *el ~ principal* the main character **2** (*persona importante*) personality [*pl* personalities]

personal *adj* personal
▶ *nm* personnel [*v sing o pl*] LOC *Ver* ASEO, COMPUTADOR, DATO, DEFENSA, EFECTO, PLANTA

personalidad *nf* personality [*pl* personalities]

personalizar *vt* to customize: *~ la pantalla* to customize your desktop

personalmente *adv* **1** personally: *Personalmente, prefiero ir al mar.* Personally, I'd rather go to the seaside. **2** (*en persona*) in person: *conocer a algn ~* to meet sb in person

perspectiva *nf* **1** (*punto de vista, en dibujo*) perspective: *A ese cuadro le falta ~.* The perspective's not quite right in that painting. **2** (*vista*) view **3** (*en el futuro*) prospect: *buenas ~s* good prospects LOC **tener en perspectiva** to have sth lined up: *Tengo varias cosas en ~.* I've got a few things lined up.

perspicacia *nf* insight

perspicaz *adj* perceptive

persuadir *vt* to persuade: *Me persuadieron de que fuera al cine.* They persuaded me to go to the movies.
▶ **persuadirse** *vp* to become convinced (*of sth/that…*)

persuasivo, -a *adj* persuasive

pertenecer *vi* to belong *to sb/sth*: *Este collar perteneció a mi abuela.* This necklace belonged to my grandmother.

perteneciente *adj* ~ **a** belonging to *sb/sth*: *los países ~s a la OEA* the countries belonging to the OAS

pertenencia *nf* **1** (*a un partido, club, etc.*) membership **2 pertenencias** belongings

pértiga *nf* pole

pertinente *adj* relevant

Perú *nm* Peru

peruano, -a *adj, nm-nf* Peruvian

pervertir *vt* to pervert

pesa *nf* **1** weight **2** (*balanza*) scales [*pl*]: *Esta ~ no es muy exacta.* These scales aren't very accurate. LOC **hacer pesas** to lift weights
◆ **levantamiento de/entrenamiento con pesas** weightlifting/weight training

pesadez *nf* **1** (*aburrimiento*): *¡Qué ~ de película!* What a boring movie! **2** (*molestia*) nuisance: *Estas moscas son una ~.* These flies are a nuisance.

pesadilla *nf* nightmare: *Anoche tuve una ~.* I had a nightmare last night.

pesado, -a *adj* **1** heavy: *una maleta/comida pesada* a heavy suitcase/meal **2** (*aburrido*) boring
▶ *adj, nm-nf* (*pelmazo*) pain: *Son unos ~s.* They're a pain. ◊ *No seas ~.* Don't be such a pain. LOC **ser pesado de sangre/tener la sangre pesada** (*Chi*) to be a nasty piece of work *Ver tb* BROMA; *Ver tb* PESAR¹

pésame *nm* condolences [*pl*]: *Mi más sentido ~.* My deepest condolences. LOC **dar el pésame** to offer *sb* your condolences

pesar¹ *vt* to weigh: *~ una maleta* to weigh a suitcase
▶ *vi* **1** to weigh: *¿Cuánto pesas?* How much do you weigh? ◊ *¡Cómo pesa!* It weighs a ton! **2** (*tener mucho peso*) to be heavy: *¡Este paquete sí que pesa!* This package is very heavy. ◊ *¿Te pesa?* Is it very heavy? ◊ *¡No pesa nada!* It hardly weighs a thing! LOC **pesar una tonelada** to weigh a ton

pesar² *nm* (*tristeza*) sorrow LOC **a pesar de** in spite of *sth*: *Fuimos a ~ de la lluvia.* We went in spite of the rain. ◆ **a pesar de que…** although…: *A ~ de que implicaba riesgos…* Although it was risky… ◆ **es un pesar…** it's a pity… ◆ **¡qué pesar!** what a pity

pesca *nf* fishing: *ir de ~* to go fishing LOC *Ver* FURTIVO

pescadería *nf* fish market, fishmonger's (*GB*) ⊃ *Ver nota en* CARNICERÍA

pescado *nm* fish [*incontable*]: *Voy a comprar ~.* I'm going to buy some fish. ◊ *Es un tipo de ~.* It's a kind of fish. ⊃ *Ver nota en* FISH LOC *Ver* CABEZA, PARRILLA

pescador, -ora *nm-nf* fisherman/woman [*pl* fishermen/-women] LOC *Ver* FURTIVO, PANTALÓN

pescar *vi* to fish: *Habían salido a ~.* They'd gone out fishing.
▶ *vt* **1** (*coger*) to catch: *Pesqué dos truchas.* I caught

two trout. ◊ ~ *una pulmonía* to catch pneumonia LOC *Ver* CAÑA

pesebre *nm* (*nacimiento*) crèche, crib (*GB*): *Vamos a poner el ~.* Let's set up the crèche.

pesimismo *nm* pessimism

pesimista *adj* pessimistic
▸ *nmf* pessimist

pésimo, -a *adj* dreadful

pesista *nmf* weightlifter

peso *nm* **1** (*herramienta*) weight: *ganar/perder ~* to put on/lose weight ◊ *vender algo al ~* to sell sth by weight ◊ *~ bruto/neto* gross/net weight **2** (*moneda*) peso [*pl* pesos]: *ganar unos ~* to earn some money LOC **de peso** (*fig*) **1** (*persona*) influential **2** (*asunto*) weighty ◆ **no tener ni un peso** not to have a dime: *No puedo comprarte nada, no tengo ni un peso.* I can't buy you anything, I don't have a dime. *Ver tb* QUITAR

pesquero, -a *adj* fishing: *un puerto ~* a fishing port
▸ *nm* fishing boat

pesquisa *nf* (*investigación*) investigation: *las ~s policiales* police investigations

pestaña *nf* (*ojo*) eyelash LOC *Ver* QUEMAR

pestañeada *nf* LOC **echar una pestañeada** to have a nap

pestañear *vi* to blink LOC **sin pestañear** without batting an eye: *Escuchó la noticia sin ~.* He heard the news without batting an eye.

pestañina *nf* (*Col*) mascara: *echarse ~* to apply mascara

peste *nf* **1** (*epidemia*) plague **2** (*resfriado*) cold: *Tengo una ~ terrible.* I have a terrible cold. LOC **decir/echar pestes (de)** to rag on *sb/sth* ◆ **peste cristal** (*Chi*) chickenpox

pestillo *nm* catch: *echar el ~* to put the catch on

petaca *nf* **1** (*cesto*) basket **2** (*de cuero, lona*) trunk LOC **echarse por/con las petacas** to go to pieces

pétalo *nm* petal

petardo *nm* firecracker

petición *nf* **1** (*ruego*) request: *hacer una ~ de ayuda* to make a request for help **2** (*instancia*) petition: *redactar una ~* to draw up a petition

petróleo *nm* oil: *un pozo de ~* an oil well

petrolero *nm* oil tanker

pez *nm* fish [*pl* fish]: *peces de agua dulce* freshwater fish ◊ *Hay dos peces en la pecera.* There are two fish in the fish bowl. ⇨ *Ver nota en* FISH LOC **como pez en el agua** in my, your, etc. element: *Acá se mueve como ~ en el agua.* He's in his element here. ◆ **pez de colores** goldfish [*pl* goldfish] ◆ **pez gordo** big shot ◆ **pez espada** swordfish [*pl* swordfish]

pezón *nm* **1** (*persona*) nipple **2** (*animal*) teat

pezuña *nf* hoof [*pl* hoofs/hooves]

piadoso, -a *adj* devout LOC *Ver* MENTIRA

pianista *nmf* pianist

piano *nm* piano [*pl* pianos]: *tocar una pieza en el ~* to play a piece of music on the piano LOC **piano de cola** grand piano

piar *vi* to chirp

pica *nf* **1** (*herramienta*) pick **2** **picas** (*Naipes*) spades ⇨ *Ver nota en* BARAJA

picada *nf* **1** (*comida*) (hot) appetizer: *pedir una ~* to order an appetizer **2** (*dolor*) shooting pain LOC **caer en picada** to nosedive

picado, -a *adj* **1** (*diente*) bad **2** (*mar*) choppy **3** (*enojado*) mad: *Creo que están ~s conmigo.* I think they're mad at me. *Ver tb* PICAR

picadura *nf* **1** (*mosquito, serpiente*) bite: *una ~ de serpiente* a snake bite **2** (*abeja, avispa*) sting

picante *adj* **1** (*Cocina*) hot: *una salsa ~* a hot sauce **2** (*Chi*) (*persona, etc.*) common

picaporte *nm* door handle

picar *vt, vi* **1** (*pájaro*) to peck **2** (*mosquito, serpiente*) to bite **3** (*abeja, avispa*) to sting **4** (*planta espinosa*) to be prickly: *Ten cuidado que pican.* Be careful, they're very prickly. **5** (*comer*): *¿Quieres ~ algo?* Do you want something to eat? ◊ *Acabo de ~ un poco de queso.* I've just had some cheese. ◊ *Nos pusieron unas cosas para ~.* They gave us some munchies.
▸ *vt* **1** (*cebolla, verdura*) to chop *sth* (up) **2** (*Per*) (*obtener dinero*) to get some money out of *sb*
▸ *vi* **1** (*producir picor*) to itch: *Este suéter pica.* This sweater makes me itch. **2** (*ojos*) to sting: *Me pican los ojos.* My eyes are stinging. **3** (*pez*) to bite: *¡Picó uno!* I've got a bite! **4** (*ser picante*) to be hot: *¡Esta salsa pica muchísimo!* This sauce is terribly hot!
▸ **picarse** *vp* **1** (*diente, fruta, vino, crema*) to go bad **2 picarse (con) (por)** (*molestarse*) to get annoyed (with *sb*) (about *sth*): *Se pica por todo.* He's always getting annoyed about something. LOC **picar el ojo** (*Col*) to wink *Ver tb* BICHO, MOSCA

picardía *nf* craftiness: *tener mucha ~* to be very crafty ◊ *Tienes que hacerlo con ~.* You have to be crafty.

pichón *nm* young pigeon

picnic *nm* picnic: *ir de ~* to go for a picnic

pico *nm* **1** (*pájaro*) beak **2** (*montaña*) peak: *los ~s cubiertos de nieve* the snow-covered peaks LOC **y pico 1** odd: *dos mil y ~ de pesos/personas* two thousand odd pesos/people ◊ *treinta y ~ de años.* He's thirty something. **2** (*hora*) just after: *Eran las dos y ~.* It was just after two. *Ver tb* BEBER(SE), CERRAR, HORA

picón, -ona *adj* (*Per*) (*indignado*) huffy

picor (tb picazón) nm **1** (picazón) itch: *Tengo ~ en la espalda.* My back itches. **2** (escozor) stinging **3** (garganta) tickle

picotazo nm **1** (mosquito) bite **2** (abeja, avispa) sting: *No te muevas o te pegará un ~.* Don't move or it'll sting you. **3** (pájaro) peck

pie[1] nm **1** foot [pl feet]: *el ~ derecho/izquierdo* your right/left foot ◊ *tener los ~s planos* to have flat feet **2** (copa) stem **3** (lámpara) stand LOC **al pie (de)** near: *al ~ de la casa* near the house ◆ **al pie de la letra** word for word ◆ **andar con pies de plomo** to tread carefully ◆ **a pie** on foot ◆ **de pies a cabeza** from top to toe ◆ **estar de pie** to be standing (up) ◆ **hacer pie**: *No hago ~.* My feet don't touch the bottom. ◆ **no tener ni pies ni cabeza** to be absurd ◆ **ponerse de pie** to stand up *Ver tb* COJEAR, LÁMPARA, LEVANTAR, MANTENER, PLANTA, SEGUIR

pie[2] nm *Ver* PAY

piedad nf **1** (compasión) mercy (*on sb*): *Señor ten ~.* Lord have mercy. **2** (devoción) piety **3** (imagen, escultura) pietà

piedra nf stone: *una pared de ~* a stone wall ◊ *una ~ preciosa* a precious stone LOC **quedarse como una piedra** to be speechless ◆ **sacar la piedra a algn** to get on sb's nerves *Ver tb* CARTÓN

piel nf **1** (Anat) skin: *tener la ~ blanca/morena* to have fair/dark skin **2** (con pelo) fur: *un abrigo de ~es* a fur coat **3** (cuero) leather: *una cartera de ~* a leather wallet **4** (fruta) skin: *Quítale la ~ a las uvas.* Peel the grapes. LOC **piel de gallina** goosebumps [pl], goose pimples [pl] (GB): *Se me puso la ~ de gallina.* I got goosebumps.

piercing nm piercing: *un ~ en la lengua* a tongue piercing ◊ *hacerse un ~ en el ombligo* to have your belly button pierced

pierde nm LOC **no tiene pierde** (Col) you can't miss it

pierna nf leg: *romperse una ~* to break your leg ◊ *cruzar/estirar las ~s* to cross/stretch your legs LOC **con las piernas cruzadas** cross-legged *Ver tb* CRUZAR

pieza nf **1** (Ajedrez, Mús) piece **2** (Mec) part: *una ~ de repuesto* a spare part **3** (dormitorio) bedroom LOC **quedarse de una pieza** to be speechless

pifiar vt (Chi, Per) (abuchear) to boo

pigmento nm pigment

pila nf **1** (montón) pile: *una ~ de periódicos* a pile of newspapers **2** (gran cantidad): *Tienen ~s de plata.* They have loads of money. ◊ *Tengo una ~ de trabajo.* I have loads of work. **3** (Electrón) battery [pl batteries]: *Se acabaron las ~s.* The batteries have run out. **4** (fuente) fountain LOC **estar pilas** (Col) to watch out: *¡Hay que estar ~s que no venga la policía!* Watch out in case the police arrive! ◆ **ponerse las pilas** to get cracking *Ver tb* NOMBRE

pilar nm pillar

píldora nf pill: *¿Estás tomando la ~?* Are you on the pill?

pillaje nm plunder

pillar vt to catch: *¡A que no me pillas!* I bet you can't catch me! ◊ *Pillé a un muchacho robando manzanas.* I caught a boy stealing apples.
▶ **pillarse** vp **pillarse (con)**: *Me pillé con mis amigos.* I met up with my friends. LOC **¡nos pillamos!** (Col) see you later! ◆ **pillar a algn con las manos en la masa** to catch sb red-handed *Ver tb* DESPREVENIDO

pilo, -a adj (Col) (inteligente) capable

pilotear vt **1** (avión) to fly **2** (carro) to drive

piloto nmf **1** (avión) pilot **2** (carro) racing driver LOC **piloto automático** automatic pilot: *El avión iba con el ~ automático.* The plane was on automatic pilot.

pimentón (tb pimiento) nm bell pepper, pepper (GB) LOC *Ver* MORRÓN

pimienta nf pepper

pin nm **1** (insignia) badge **2** PIN (código secreto) PIN (number)

pinar nm pine wood

pincel nm paintbrush ➔ *Ver dibujo en* BRUSH

pinchar vt **1** (balón, llanta) to puncture **2** (picar) to prick: *~ a algn con un alfiler* to prick sb with a pin
▶ vi (tener un pinchazo) to have a flat (tire), to have a puncture (GB): *He pinchado dos veces en una semana.* I've had two flat tires in a week.
▶ **pincharse** vp **1** (llanta) to puncture: *Se me pinchó una rueda.* I've got a flat (tire).
2 pincharse (con) to prick yourself (on/with *sth*): *~se con una aguja* to prick yourself on/with a needle

pinchazo nm flat (tire), puncture (GB): *arreglar un ~* to mend a flat (tire)

pincho nm **1** (varilla para asar) spit **2** (de carne) shish kebab

pingüino nm penguin

Ping-Pong® nm Ping-Pong®

pino nm pine (tree) LOC *Ver* ESPINA, QUINTO

pinta nf **1** (aspecto) look: *No me gusta la ~ de ese pescado.* I don't like the look of that fish. **2** (medida) pint (abrev pt.) ➔ *Ver pág. 786* LOC **irse de pinta** (Méx) to play truant ◆ **ponerse la pinta** (Col) to get dressed up ◆ **tener buena/mala pinta** to look nice/nasty: *Esas galletas tienen muy buena/mala ~.* Those cookies look very nice/really nasty. ◆ **tener pinta de** to look like *sth*: *Con esa ropa tienes ~ de payaso.* You look like a clown in those clothes.

pintada *nf* graffiti [*incontable*]: *Había ~s por toda la pared.* There was graffiti all over the wall. ◊ *Había una ~ que decía…* There was graffiti saying…

pintado, -a *adj* LOC **quedar/salir/venir que ni pintado** to be perfect: *Ese trabajo me va que ni ~.* A job like that is just perfect for me.
♦ **pintado de** painted: *Las paredes están pintadas de azul.* The walls are painted blue. *Ver tb* PINTAR

pintalabios *nm* lipstick

pintar *vt, vi* to paint: *~ una pared de rojo* to paint a wall red ◊ *Me gusta ~.* I like painting.
▸ *vt* (*colorear*) to color *sth* (in): *El niño había pintado la casa de azul.* The little boy had colored the house blue. ◊ *Dibujó una pelota y luego la pintó.* He drew a ball and then colored it in.
▸ *vi* (*situación, etc.*) to look: *El proyecto pinta muy bien.* The project looks really good. ◊ *Ahora las cosas pintan mucho mejor.* Everything's looking much better now.
▸ **pintarse** *vp* **1** to paint: *~se las uñas* to paint your nails **2** (*maquillarse*) to put on your make-up: *No he tenido tiempo de ~me.* I haven't had time to put on my make-up. LOC **pintar al óleo/ a la acuarela** to paint in oils/watercolors
♦ **pintarse los labios/ojos** to put on your lipstick/ eye make-up

pintor, -ora *nm-nf* painter

pintoresco, -a *adj* picturesque: *un paisaje ~* a picturesque landscape

pintura *nf* **1** (*actividad, cuadro*) painting: *La ~ es una de mis aficiones.* Painting is one of my hobbies. **2** (*producto*) paint: *una mano de ~* a coat of paint LOC **pintura fresca** (*cartel*) wet paint *Ver tb* ÓLEO

pinza *nf* **1** (*para tender*) clothespin, (clothes) peg (*GB*) **2** (*de pelo*) clip **3** (*cangrejo, langosta*) pincer **4 pinzas (a)** tweezers: *unas ~s de/para las cejas* tweezers **(b)** (*azúcar, hielo, carbón*) tongs **(c)** (*alicates*) pliers ◆ *Ver nota en* PAIR

piña *nf* **1** (*fruta tropical*) pineapple **2** (*pino*) pine cone LOC **estar/ser piña** (*Per*) to be unlucky

piñón *nm* (*Cocina*) pine nut

pío *nm* (*sonido*) tweet LOC **no decir ni pío** not to open his mouth

piojo *nm* louse [*pl* lice]

pionero, -a *adj* pioneering
▸ *nm-nf* pioneer (*in sth*): *un ~ de la cirugía estética* a pioneer in cosmetic surgery

pipa *nf* pipe: *fumar ~* to smoke a pipe ◊ *la ~ de la paz* the pipe of peace

pipeta *nf* pipette

pique *nm* LOC **irse a pique 1** (*negocio*) to go broke **2** (*plan*) to fall through **3** (*barco*) to sink
♦ **tenerse pique**: *Se tienen mucho ~.* There's a lot of rivalry between them.

piquete *nmf* **1** (*soldados*) squad **2** (*Col*) (*comida*) picnic: *Llevamos ~.* Let's take a picnic. **3** (*Méx*) (*con aguja*) **(a)** prick **(b)** (*inyección*) jab

piquetear *vi* (*Col*) to have a picnic: *Fueron al campo a ~.* They went for a picnic in the country.

pira *nf* LOC *Ver* MAÍZ

piragua *nf* large canoe

pirámide *nf* pyramid

piraña *nf* piranha

pirata *adj, nmf* pirate: *un barco/una emisora ~* a pirate boat/radio station LOC **pirata informático** hacker

piratear *vt* **1** (*CD, DVD, etc.*) to pirate **2** (*entrar en un sistema informático*) to hack into *sth*

piratería *nf* **1** (*Náut, de DVDs, etc.*) piracy **2** (*Informát*) hacking

pirómano, -a *nm-nf* arsonist

piropo *nm* **1** (*cumplido*) compliment **2** (*en la calle*): *echar un ~* to whistle at *sb*

pirueta *nf* pirouette

pis *nm* pee LOC **hacer pis** to pee

pisada *nf* **1** (*sonido*) footstep **2** (*huella*) footprint

pisar *vt* **1** to step on/in *sth*: *~le el pie a algn* to step on *sb*'s foot ◊ *~ un charco* to step in a puddle **2** (*tierra*) to tread *sth* down **3** (*acelerador, freno*) to put your foot on *sth* **4** (*humillar*) to walk all over *sb*: *No te dejes ~.* Don't let people walk all over you.
▸ *vi* to tread
▸ **pisarse** *vp* to clear off LOC **pisar fuerte** to make a big impact (*on sth*) ♦ **pisárselas** (*Col*) to leg it *Ver tb* PROHIBIDO

piscifactoría *nf* fish farm

piscina *nf* swimming pool LOC **piscina climatizada/cubierta** heated/indoor pool *Ver tb* NADAR

Piscis *nm, nmf* Pisces ◆ *Ver ejemplos en* AQUARIUS

piso *nm* **1** (*suelo, planta*) floor: *Vivo en el tercer ~.* I live on the third floor. ◆ *Ver nota en* FLOOR **2** (*Chi*) (*taburete*) stool LOC **de dos, etc. pisos** (*edificio*) two-story, etc.: *un bloque de cinco ~s* a five-story block *Ver tb* MOVER(SE), RAYA

pisotear *vt* **1** (*pisar*) to stamp on *sth* **2** (*fig*) to trample on *sth*: *~ los derechos de algn* to trample on *sb*'s rights

pisotón *nm* LOC **dar un pisotón a algn** to tread on *sb*'s foot

pista nf **1** (huella) track(s) [gen pl]: seguir la ~ de un animal to follow an animal's tracks ◊ Le perdí la ~ a Juan. I've lost track of Juan. **2** (dato) clue: Dame más ~s. Give me more clues. **3** (Atletismo) track: una ~ al aire libre/cubierta an outdoor/indoor track **4** (Aeronáut) runway **5** (Chi) (carril) lane LOC **estar sobre la pista de algn** to be on sb's trail ♦ **pista de baile** dance floor ♦ **pista de baloncesto/tenis** basketball/tennis court ♦ **pista de esquí** ski slope ♦ **pista de hielo/patinaje** ice/skating rink

pistacho nm pistachio [pl pistachios]

pistola nf gun LOC **pistola/rifle de aire comprimido** air gun Ver tb AIRE, PUNTA

pita nf twine

pitanza nf (Chi) (broma) joke

pitar vi **1** (policía, árbitro) to blow your whistle (at sb/sth): El policía nos pitó. The policeman blew his whistle at us. **2** (con el pito de un carro) to honk (at sb/sth): El conductor me pitó. The driver honked at me. LOC **irse/salir pitando** to dash off ♦ **pitar un penalti/una falta** to award a penalty/free kick

pitido nm **1** (tren, árbitro, policía) whistle: los ~s del tren the whistle of the train **2** (pito de carro) honk **3** (despertador) ring

pitillo nm (Col) straw

pito nm **1** whistle **2** (Chi) (de marihuana) joint LOC **entre pitos y flautas** what with one thing and another

pitón nm python

pituco, -a adj (Chi, Per) posh
▶ nm-nf (Chi, Per) snob

piyama nf pajamas [pl]: Esa ~ te queda pequeña. Those pajamas are too small for you. 🛈 Nótese que **una piyama** se dice **a pair of pajamas**: Mete dos ~s en la maleta. Pack two pairs of pajamas. ➲ Ver tb nota en PAIR

pizarra nf **1** (mineral) slate: un piso de ~ a slate floor **2** (tb **pizarrón** nm) (en clase) board LOC **pizarra acrílica** whiteboard Ver tb INTERACTIVO

pizca nf: una ~ de sal a pinch of salt ◊ una ~ de humor a touch of humor LOC **ni pizca**: Hoy no hace ni ~ de frío. It's not at all cold today. ◊ No tiene ni ~ de gracia. It's not the least bit funny.

pizza nf pizza

placa nf **1** (lámina, Fot, Geol) plate: ~s de acero steel plates ◊ La ~ de la puerta dice "dentista". The plate on the door says 'dentist'. **2** (vehículo) **(a)** (número) license plate number, registration number (GB): Apunté la ~. I wrote down the license plate number. **(b)** (placa) license plate, number plate (GB) **3** (conmemorativa) plaque: ~ conmemorativa commemorative plaque **4** (policía) badge LOC Ver NÚMERO

placer nm pleasure: un viaje de ~ a pleasure trip ◊ Tengo el ~ de presentarles al Dr García. It is my pleasure to introduce Dr García. ◊ Pinto por ~. I paint for fun.

plaga nf plague: una ~ de mosquitos a plague of mosquitoes

plan nm **1** plan: Cambié de ~es. I've changed my plans. ◊ ¿Tienes ~ para el sábado? Do you have anything planned for Saturday? **2** (humor): Si sigues en ese ~, me voy. If you're going to keep this up, I'm going. LOC **plan de estudios** curriculum [pl curricula/curriculums]

plana nf LOC **plana mayor** top brass [v sing o pl] (coloq) Ver tb PRIMERO

plancha nf **1** (electrodoméstico) iron **2** (Chi) embarrassment: Me dio mucha ~. I was really embarrassed. LOC **a la plancha** grilled

planchar vt to iron: ~ una camisa to iron a shirt
▶ vi to do the ironing: Hoy me toca ~. I have to do the ironing today. LOC **tabla/burro de planchar** ironing board

planear¹ vt (organizar) to plan: ~ la fuga to plan your escape

planear² vi (avión, pájaro) to glide

planeo nm gliding

planeta nm planet LOC Ver CABEZA

planificación nf planning

planificar vt to plan

plano, -a adj flat: una superficie plana a flat surface
▶ nm **1** (nivel) level: Las casas están construidas en distintos ~s. The houses are built on different levels. ◊ en el ~ personal on a personal level **2** (diagrama) **(a)** (ciudad, metro) map **(b)** (Arquit) plan **3** (Cine) shot LOC Ver PANTALLA, PRIMERO

planta nf **1** (Bot) plant **2** (piso) floor: Vivo en la ~ baja. I live on the ground floor. ➲ Ver nota en FLOOR LOC **planta del pie** sole ♦ **planta de personal** personnel [v sing o pl]

plantación nf plantation

plantado, -a adj LOC **dejar plantado** to stand sb up Ver tb PLANTAR

plantar vt **1** to plant **2** (dejar plantado) to stand sb up

planteamiento nm approach: tu ~ del problema your approach to the problem

plantear vt to raise: ~ dudas/preguntas to raise doubts/questions ◊ El libro plantea temas muy importantes. The book raises very important issues.
▶ **plantearse** vp to think (about sth/doing sth): ¡Eso ni me lo planteo! I don't even think about that!

plantel nm **1** (*cuerpo*) staff [*v sing o pl*] **2** (*escuela*) school

plantilla nf **1** (*zapato*) insole **2** (*para dibujar*) template

plasma nm LOC Ver PANTALLA

plástico, -a adj plastic: *cirugía plástica* plastic surgery
▸ nm plastic [*incontable*]: *un envase de* ~ a plastic container ◊ *Tápalo con un* ~. Cover it with a plastic sheet. LOC Ver ARTE, VASO

plastificar vt to laminate

plastilina® nf Play-Doh®, Plasticine® (*GB*)

plata nf **1** (*metal*) silver: *un anillo de* ~ a silver ring **2** (*dinero*) money [*incontable*]: *¿Tienes* ~? Do you have any money? ◊ *Necesito* ~. I need some money. LOC **andar/estar mal de plata** to be short of money ◆ **plata contante y sonante** hard cash ◆ **plata suelta** (loose) change *Ver tb* BAÑADO, BODA

plataforma nf platform

platal nm fortune: *Cuesta un* ~. It costs a fortune.

plátano nm **1** (a) (*fruta*) banana (b) (*para freír*) plantain **2** (*árbol*) banana tree

platea nf orchestra, stalls [*pl*] (*GB*)

plateado, -a adj **1** (*color*) silver: *pintura plateada* silver paint **2** (*revestido de plata*) silver-plated

platero nm dish rack

plática nf **1** (*informal*) chat **2** (*charla pública*) talk **3 pláticas** (*negociaciones*) discussions

platicar vi to chat

platillo nm **platillos** cymbals LOC **platillo volador** flying saucer *Ver tb* BOMBO

platino nm platinum

plato nm **1** (*utensilio*) (a) plate: *¡Ya se rompió otro* ~*!* There goes another plate! (b) (*para debajo de la taza*) saucer **2** (*guiso*) dish: *un* ~ *típico del país* a national dish **3** (*parte de la comida*) course: *De primer* ~ *tomé sopa.* I had soup for my first course. LOC **plato dulcero** saucer ◆ **plato fuerte** main course: *¿Qué quieres de* ~ *fuerte?* What would you like as a main course? ◆ **plato hondo/sopero** soup plate ◆ **plato bajo/pando** (*Col*) dinner plate ◆ **ser un plato** to be a scream *Ver tb* LAVAR, SECAR

platón nm bowl

platónico, -a adj LOC Ver AMOR

platudo, -a adj well-heeled

playa nf beach: *Pasamos el verano en la* ~. We spent the summer at the beach. LOC **playa de estacionamiento** (*Chi*, *Per*) parking lot, car park (*GB*)

playera nf (*Méx*) (*camiseta*) T-shirt

plaza nf **1** (*espacio abierto*) square: *la* ~ *mayor* the main square **2** (*mercado*) market (place) **3** (*asiento*) seat: *un avión de cuatro* ~*s* a four-seater plane **4** (*puesto de trabajo*) position LOC **plaza de toros** bullring

plazo nm **1** (*período*): *el* ~ *de inscripción* the registration period ◊ *Tenemos un mes de* ~ *para pagar.* We have a month to pay. ◊ *El* ~ *vence mañana.* The deadline is tomorrow. **2** (*pago*) installment: *pagar algo a* ~*s* to pay for sth in installments LOC Ver COMPRAR

plectro nm (*Mús*) plectrum [*pl* plectra]

plegable adj folding: *una cama* ~ a folding bed

plegar vt to fold

pleito nm lawsuit

plenamente adv fully: *Estoy* ~ *consciente de ello.* I am fully aware of it. ◊ *Está* ~ *recuperada.* She's completely recovered.

pleno, -a adj full: *Soy miembro de* ~ *derecho.* I'm a full member. ◊ ~*s poderes* full powers LOC **a plena luz del día** in broad daylight ◆ **en pleno…** (right) in the middle of…: *en* ~ *invierno* in the middle of winter ◊ *en* ~ *centro de la ciudad* right in the center of the city ◆ **estar en plena forma** to be in peak condition

pliegue nm **1** fold: *La tela caía formando* ~*s.* The material hung in folds. **2** (*falda*) pleat

plomero, -a nm-nf plumber

plomo nm lead LOC Ver PIE¹

pluma nf **1** (*de ave*) feather: *un colchón de* ~*s* a feather mattress **2** (*para escribir*) pen

plumero nm feather duster

plumón nm felt-tip (pen)

plural adj, nm plural

plus nm bonus [*pl* bonuses]

plusmarquista nmf record holder

Plutón nm Pluto

plutonio nm plutonium

población nf **1** (*conjunto de personas*) population: *la* ~ *económicamente activa* the working population **2** (*localidad*) (a) (*ciudad grande*) city [*pl* cities] (b) (*ciudad pequeña*) town ➔ *Ver nota en* CIUDAD LOC **población (callampa)** (*Chi*) shanty town *Ver tb* DENSIDAD

poblado nm small town

pobre adj poor
▸ nmf **1** poor man/woman [*pl* poor men/women]: *los ricos y los* ~*s* the rich and the poor **2** (*desgraciado*) poor thing: *¡Pobre! Tiene hambre.* He's hungry, poor thing!

pobreza nf poverty

pocilga nf pigsty [*pl* pigsties]: *No puedo vivir en esta* ~. I can't live in this pigsty.

pocillo nm (taza) cup
poción nf potion
poco, -a adj **1** [con sustantivo incontable] little, not much (más coloq): *Tienen muy ~ interés.* They have very little interest. ◊ *Tengo poca suerte.* I don't have much luck. **2** [con sustantivo contable] few, not many (más coloq): *en muy pocas ocasiones* on very few occasions ◊ *Tiene ~s amigos.* He doesn't have many friends.
➜ Ver nota en LESS
▸ pron little [pl few]: *Vinieron muy ~s.* Very few came.
▸ adv **1** not much: *Come ~ para lo alto que es.* He doesn't eat much for his size. **2** (poco tiempo) not long: *La vi hace ~.* I saw her not long ago/recently. **3** [con adjetivo] not very: *Es ~ inteligente.* He's not very intelligent. LOC **poco a poco** gradually ♦ **poco después de** shortly after: *~ después de su ida* shortly after he left ♦ **poco más/menos (de)** just over/under: *~ menos de 5.000 personas* just under 5,000 people ♦ **por poco** nearly: *Por ~ me atropellan.* I was almost run over. ♦ **un poco** a little: *un ~ más/mejor* a little more/better ◊ *un ~ de azúcar* a little sugar ◊ *Espera un ~.* Wait a moment. ♦ **unos pocos** a few: *unos ~s claveles* a few carnations ◊ *– ¿Cuántos quieres? – Dame unos ~s.* 'How many would you like?' 'Just a few.'
➜ Ver nota en FEW ❶ Para otras expresiones con **poco**, véanse las entradas del sustantivo, adjetivo, etc., p.ej. **ser poca cosa** en COSA.

podadora nf (Méx) lawnmower
podar vt to prune
poder¹ vt, vi **1** (tener la posibilidad, ser capaz) can *do sth*, to be able *to do sth*: *Puedo escoger Londres o Quito.* I can choose London or Quito. ◊ *No podía creerlo.* I couldn't believe it. ◊ *Desde entonces no ha podido caminar.* He hasn't been able to walk since then. ➜ Ver nota en CAN¹ **2** (tener permiso) can, may (más formal): *¿Puedo hablar con Andrés?* Can I talk to Andrés? ➜ Ver nota en MAY **3** (probabilidad) may, could, might

El uso de **may**, **could**, **might** depende del grado de probabilidad de realizarse la acción: **could** y **might** expresan menor probabilidad que **may**: *Pueden llegar en cualquier momento.* They may arrive at any minute. ◊ *Podría ser peligroso.* It could/might be dangerous.

LOC **¡bien pueda!** (Col) go (right) ahead! ♦ **no poder más** (estar cansado) to be exhausted ♦ **no puede ser (que)...** I can't believe...: *¡No puede ser!* I can't believe it! ◊ *No puede ser que no lo sepa.* I can't believe he doesn't know. ♦ **poder con** to cope with *sth*: *No puedo con tantas tareas.* I can't cope with so much homework. ♦ **puede (que...)** maybe: *Puede que sí, puede que no.* Maybe, maybe not. ♦ **se puede/no se puede**: *¿Se puede?* May I come in? ◊ *No se puede fumar aquí.* You can't smoke in here. ❶ Para otras expresiones con **poder**, véanse las entradas del sustantivo, adjetivo, etc., p.ej. **a más no poder** en MÁS.

poder² nm power: *tomar el ~* to seize power LOC **el poder ejecutivo/judicial/legislativo** the executive/judiciary/legislature [v sing o pl] ♦ **en poder de** in the hands of *sth/sb*: *El documento está en ~ del FBI.* The document is in the hands of the FBI.
poderoso, -a adj powerful
podio (tb **pódium**) nm podium: *subir al ~* to go up onto the podium
podrido, -a adj rotten: *una manzana/sociedad podrida* a rotten apple/society LOC **estar podrido en plata** to be stinking rich
poema nm poem
poesía nf **1** poetry: *la ~ épica* epic poetry **2** (poema) poem
poeta nmf poet
poético, -a adj poetic
póker nm poker
pola nf (Col) (cerveza) beer
polaco, -a adj, nm Polish: *hablar ~* to speak Polish
▸ nm-nf Pole: *los ~s* the Poles
polar adj polar
▸ nm (Col) (ropa) fleece LOC Ver CÍRCULO, OSO
polea nf pulley
polémica nf controversy [pl controversies]
polémico, -a adj controversial
polen nm pollen LOC Ver ALERGIA
polera nf (Chi) (camiseta) T-shirt
polerón nm sweatshirt
poli nmf cop
▸ nf cops [pl]: *Viene la poli.* The cops are coming.
policía nmf police officer

Es preferible evitar el uso del sufijo **-man** en palabras que hacen referencia a un trabajo o una profesión, como p.ej. **policeman**, **sportsman** o **salesman**, a menos que se esté hablando de un hombre en concreto. En su lugar se utilizan palabras que no hacen referencia al sexo de la persona, como **police officer**, **sportsperson** o **salesperson**. La tendencia a no hacer distinciones entre los sexos se da también en el caso de palabras como **doctor** y **nurse**. Cada vez está peor visto utilizar términos como **male nurse** y **woman/lady doctor**. ➜ Ver tb notas en ACTRESS y BOMBERO

▸ nf police [pl]: *La ~ está investigando el caso.* The police are investigating the case. LOC Ver BAJA, JEFE, TRÁNSITO

por

policíaco, -a (tb policiaco, -a) adj LOC Ver GÉNERO, NOVELA, PELÍCULA
policial adj LOC Ver CORDÓN, FICHA
polideportivo nm sports center
polígono nm polygon
polilla nf moth
polio nf polio
politécnico, -a adj polytechnic
▸ nm technical college
política nf **1** (Pol) politics [incontable]: *meterse en ~* to get involved in politics **2** (*postura, programa*) policy [pl policies]: *la ~ exterior* foreign policy
políticamente adv LOC **políticamente correcto** politically correct (*abrev* PC)
político, -a adj **1** (Pol) political: *partido ~* political party **2** (*diplomático*) diplomatic **3** (*familia*): *mi familia política* my in-laws
▸ nm-nf politician: *un ~ de izquierda* a left-wing politician
póliza nf policy [pl policies]: *tomar una ~* to take out a policy
polizón nmf stowaway: *colarse de ~* to stow away
polla nf **1** (*apuesta*) bet **2** (Chi) (*lotería*) national lottery **3** (Per) (*quiniela*) sports lottery, (football) pools (GB)
pollito (tb **polluelo**) nm chick
pollo nm chicken: *~ asado* roast chicken LOC Ver CABEZA
polo nm **1** (Geog, Fís) pole: *el ~ Norte/Sur* the North/South Pole **2** (*camisa*) polo shirt LOC **ser polos opuestos** (*carácter*) to be like chalk and cheese
pololear vi (Chi) to have a boyfriend/girlfriend LOC **pololear con algn** to date sb, to go out with sb (GB)
pololo, -a nm-nf (Chi) **1** (*masc*) boyfriend **2** (*fem*) girlfriend
▸ adj: *Es muy polola.* She has a lot of boyfriends.
Polonia nf Poland
polución nf pollution
polvareda nf cloud of dust: *levantar una ~* to raise a cloud of dust
polvo nm **1** (*suciedad*) dust: *Hay mucho ~ en la biblioteca.* There's a lot of dust on the bookcase. ◊ *Estás levantando ~.* You're kicking up the dust. **2** (*Cocina, Quim*) powder **3 polvos** (*tocador*) powder [*incontable*] LOC **estar hecho polvo** (*cansado*) to be shattered ♦ **limpiar/quitar el polvo (a/de)** to dust (*sth*) *Ver tb* LECHE, TRAPO
pólvora nf gunpowder
polvoriento, -a adj dusty
polvorín nm (*depósito*) magazine

pomada nf ointment
pomelo nm grapefruit [pl grapefruit/grapefruits]
pomo nm **1** (*puerta*) doorknob **2** (*cajón*) knob
pompa nf **1** (*burbuja*) bubble: *hacer ~s de jabón* to blow bubbles **2** (*solemnidad*) pomp LOC **pompas fúnebres** funeral [v sing]
pomposo, -a adj pompous: *un lenguaje retórico y ~* rhetorical, pompous language
pómulo nm cheekbone
ponchadura nf (Méx) flat, puncture (GB)
ponchar vt (Méx) to puncture
▸ **poncharse**: *Se ponchó la llanta.* The tire is flat.
poner vt **1** (*colocar*) to put: *Pon los libros sobre la mesa/en una caja.* Put the books on the table/in a box. **2** (*aparato*) to turn sth on: *~ el radio* to turn on the radio **3** (*CD, etc.*) to play **4** (*reloj*) to set: *Pon el despertador a las seis.* Set the alarm for six. **5** (*vestir*) to put sth on (*for sb*): *Ponle la bufanda a tu hermano.* Put your brother's scarf on for him. **6** (*servir*) to give: *Ponme un poco más de sopa.* Give me some more soup please. **7** (*huevos*) to lay **8** (*tareas*) to set **9** (*sábana, mantel*) to put sth on: *Pon el mantel/la sábana.* Put the tablecloth on the table./Put the sheet on the bed. **10** (*correo*) to mail, to post (GB): *~ una carta (en el correo)* to mail a letter
▸ **ponerse** vp **1** (*de pie*) to stand: *Ponte a mi lado.* Stand next to me. **2** (*sentado*) to sit **3** (*vestirse*) to put sth on: *¿Qué me pongo?* What shall I put on? **4** (*sol*) to set **5 + adjetivo** to get: *Se puso enfermo.* He got sick. ◊ *¡No te pongas atrevido conmigo!* Don't get fresh with me! **6 ponerse a** to start doing sth/to do sth: *Se puso a llover.* It's started raining. ◊ *Ponte a estudiar.* Get on with some work. LOC ❶ Para expresiones con **poner**, véanse las entradas del sustantivo, adjetivo, etc., p.ej. **ponerse rojo** en ROJO.
ponqué nm (Col) cake: *un ~ de cumpleaños* a birthday cake
pontífice nm pontiff: *el Sumo Pontífice* the Supreme Pontiff
pony (tb **poni**) nm pony [pl ponies]
popa nf stern
popote nm (Méx) straw
popular adj popular
popularidad nf popularity
por prep
● **lugar 1** (*con verbos de movimiento*): *manejar ~ la derecha/izquierda* to drive on the right/left ◊ *¿Pasas ~ una farmacia?* Are you going past a drugstore? ◊ *pasar ~ el centro de París* to go through the center of Paris ◊ *Pasaré ~ tu casa mañana.* I'll drop by tomorrow. ◊ *viajar ~ Europa* to travel around Europe **2** (*con verbos*

porcelana

como coger, agarrar) by: *Lo agarré ~ el brazo.* I grabbed him by the arm.
• **tiempo 1** (*tiempo determinado*): *~ la mañana/tarde* in the morning/afternoon ◊ *~ la noche* at night ◊ *mañana ~ la mañana/noche* tomorrow morning/night **2** (*duración*) for: *solo ~ unos días* only for a few days ➔ *Ver nota en* FOR
• **causa**: *Se suspende ~ (el) mal tiempo.* It's been canceled because of bad weather. ◊ *hacer algo ~ dinero* to do sth for money ◊ *Lo despidieron ~ robar/vago.* He was fired for stealing/being lazy.
• **finalidad**: *Por ti haría cualquier cosa.* I'd do anything for you. ◊ *~ ayudar* to help ◊ *~ no molestar* so as not to annoy
• **agente** by: *firmado por…* signed by… ◊ *pintado ~ Botero* painted by Botero
• **hacia/en favor de** for: *sentir cariño ~ algn* to feel affection for sb ◊ *¡Vote ~ nosotros!* Vote for us!
• **con expresiones numéricas**: *4 ~ 3 son 12.* 4 times 3 is 12. ◊ *Mide 7 ~ 2.* It measures 7 by 2. ◊ *50 dólares ~ hora* 50 dollars an/per hour
• **otras construcciones 1** (*medio, instrumento*): *~ correo/mar/avión* by mail/sea/air **2** (*sustitución*): *Ella irá ~ mí.* She'll go instead of me. ◊ *Cámbialo ~ una camisa.* Exchange it for a shirt. ◊ *Lo compré ~ dos millones.* I bought it for two million pesos. **3** (*sucesión*) by: *uno ~ uno* one by one ◊ *paso ~ paso* step by step **4** [*con adjetivo o adverbio*] however: *Por simple que…* However simple… ◊ *Por mucho que trabajes…* However much you work… **LOC** **por mí** as far as I am, you are, etc. concerned ♦ **por qué** why: *No dijo ~ qué no venía.* He didn't say why he wasn't coming. ◊ *¿Por qué no?* Why not? ♦ **por si…** in case…: *Llévatelo ~ si te hace falta.* Take it in case you need it.

porcelana *nf* porcelain
porcentaje *nm* percentage
porcino, -a *adj* **LOC** *Ver* GANADO
pornografía *nf* pornography
pornográfico, -a *adj* pornographic
poro *nm* **1** (*Anat*) pore **2** (*Chi, Méx*) leek
poroso, -a *adj* porous
poroto *nm* bean **LOC** **poroto verde** green bean
porque *conj* because: *No viene ~ no quiere.* He's not coming because he doesn't want to.
porqué *nm* ~ **(de)** reason (for *sth*): *el ~ de la huelga* the reason for the strike **LOC** **¿por qué?** *Ver* POR
porquería *nf* **1** (*suciedad*) filthy: *En esta cocina hay mucha ~.* This kitchen is filthy. ◊ *La calle quedó hecha una ~.* The street was filthy. **2** (*asquerosidad*) disgusting: *Lo que estás haciendo con la comida es una ~.* What you're doing with your food is disgusting. **3** (*golosina*) junk (food) [*incontable*]: *Deja de comer ~s.* Stop eating junk food.
porra *nf* **LOC** *Ver* MANDAR, QUINTO
porrazo *nm* **LOC** **de porrazo** (*Per*) in one go
porrista *nf* (*animadora*) cheerleader
portaaviones (*tb* **portaviones**) *nm* aircraft carrier
portada *nf* **1** (*libro, revista*) cover **2** (*disco*) sleeve
portafolios *nm* **1** (*maletín*) briefcase **2** (*Chi*) (*archivador*) folder
portal *nm* (*entrance*) hall
portarse *vp* to behave: *~ bien/mal* to behave well/badly **LOC** **portarse bien con algn** to be good to sb: *Pórtate bien.* Be good. ♦ **portarse mal con algn** to treat sb badly
portátil *adj* portable: *un televisor ~* a portable television **LOC** *Ver* COMPUTADOR
portavasos *nm* coaster
portavoz *nmf* spokesperson [*pl* spokespersons/-people]

> Existen las formas **spokesman** y **spokeswoman**, pero se prefiere usar **spokesperson** porque se refiere tanto a un hombre como a una mujer: *los portavoces de la oposición* spokespersons for the opposition. ➔ *Ver tb nota en* POLICÍA

portazo *nm* bang **LOC** **dar un portazo** to slam the door *Ver tb* CERRAR
portería *nf* **1** (*de un edificio público*) reception desk **2** (*de un edificio privado*) superintendent room **3** (*Dep*) goal
portero, -a *nm-nf* **1** (*de un edificio público*) custodian, caretaker (*GB*) **2** (*de un edificio privado*) superintendent **3** (*de una discoteca*) bouncer **4** (*Dep*) goalkeeper, goalie (*coloq*)
portón *nm* main door
Portugal *nm* Portugal
portugués, -esa *adj, nm* Portuguese: *hablar ~* to speak Portuguese.
▸ *nm-nf* Portuguese man/woman [*pl* Portuguese men/women]: *los portugueses* the Portuguese
porvenir *nm* future: *tener un buen ~* to have a good future ahead of you
posar *vi* (*para una foto*) to pose
▸ **posarse** *vp* **1** posarse **(en/sobre)** (*aves, insectos*) to land (on *sth*) **2** (*polvo, sedimento*) to settle (on *sth*)
posdata *nf* postscript (*abrev* P.S.)
poseer *vt* (*ser dueño*) to own
posesivo, -a *adj* possessive

posibilidad *nf* possibility [*pl* possibilities] LOC **tener (muchas) posibilidades de...** to have a (good) chance of *doing sth*

posible *adj* **1** possible: *Es ~ que ya hayan llegado.* It's possible that they've already arrived. **2** (*potencial*) potential: *un ~ accidente* a potential accident LOC **en (la medida de) lo posible** as far as possible ♦ **hacer (todo) lo posible por/para** to do your best *to do sth Ver tb* ANTES, MEJOR

posiblemente *adv* possibly: *– ¿Crees que vendrán? – Posiblemente.* 'Do you think they'll come?' 'Possibly.' ◊ *El jefe volverá ~ mañana.* The boss may be back tomorrow.

posición *nf* position: *Terminaron en última ~.* They finished last.

positivo, -a *adj* positive: *La prueba salió positiva.* The test was positive.

posta *nf* (*Chi*) (*centro médico*) accident and emergency center

postal *adj* postal
▶ *nf* postcard LOC *Ver* CÓDIGO, GIRO

poste *nm* post: *~ de la luz* lamppost ◊ *El balón dio en el ~.* The ball hit the post. ◊ *~ telegráfico* telegraph pole

póster *nm* poster

posterior *adj ~* **(a) 1** (*tiempo*): *un suceso ~ a* a subsequent event ◊ *los años ~es a la guerra* the years after the war **2** (*lugar*): *en la parte ~ del bus* in the back of the bus ◊ *la fila ~ a la de ustedes* the row behind yours

postizo, -a *adj* false: *dentadura postiza* false teeth

postre *nm* dessert: *¿Qué hay de ~?* What's for dessert? ◊ *De ~ me comí un flán.* I had crème caramel for dessert. LOC *Ver* PLATO

postulación *nf* (*solicitud*) application (*for sth*)

postulante, -a *nm-nf* (*para trabajo, curso, etc.*) applicant (for *sth*)

postular *vi* (*para un puesto*) ~ **para** to apply for *sth*

postura *nf* **1** (*del cuerpo*) position: *dormir en mala ~* to sleep in an awkward position **2** (*actitud*) stance

posudo, -a *adj* (*Col*) snobbish: *No puede ser más ~.* He's incredibly snobbish.

potable *adj* drinkable LOC *Ver* AGUA

potencia *nf* power: *~ atómica/económica* atomic/economic power ◊ *80 vatios de ~* 80 watts of power LOC **de alta/gran potencia** powerful ♦ **potencia (en caballos)** horsepower (*abrev* hp)

potenciar *vt* to promote: *~ el transporte público/turismo* to promote public transport/tourism

potente *adj* powerful

potro, -a *nm-nf* foal

> **Foal** es el sustantivo genérico. Para referirnos solo al macho decimos **colt**. **Filly** se refiere solo a la hembra y su plural es 'fillies'.

▶ *nm* (*Gimnasia*) vaulting horse

pozo *nm* well: *un ~ de petróleo* an oil well

práctica *nf* **1** practice: *En teoría funciona, pero en la ~...* It's all right in theory, but in practice... ◊ *poner algo en ~* to put sth into practice **2** (*Educ*) practical

prácticamente *adv* practically

practicante *adj* practicing: *Soy católico ~.* I'm a practicing Catholic.
▶ *nmf* **1** (*Educ*) student teacher **2** (*Med*) student doctor

practicar *vt* **1** to practice: *~ la medicina* to practice medicine **2** (*deporte*) to play: *¿Practicas algún deporte?* Do you play any sports?

práctico, -a *adj* **1** practical: *Debemos ser ~s.* We must be practical. **2** (*útil*) handy: *una excusa muy práctica* a very handy excuse

pradera *nf* meadow

prado *nm* meadow LOC *Ver* PROHIBIDO

preámbulo *nm* **1** (*prólogo*) introduction **2** (*rodeos*): *Déjate de ~s.* Stop beating about the bush.

precaución *nf* precaution: *tomar precauciones contra incendios* to take precautions against fire LOC **con precaución** carefully: *Manejen con ~.* Drive carefully. ♦ **por precaución** as a precaution

precedente *nm* precedent: *sentar (un) ~* to set a precedent LOC **sin precedentes** unprecedented

preceder *vt ~* **a** to go/come before *sb/sth*, to precede (*formal*): *El adjetivo precede al nombre.* The adjective goes before the noun. ◊ *Al incendio precedió una gran explosión.* A huge explosion preceded the fire.

precepto *nm* rule

precio *nm* price: *~s de fábrica* factory prices ◊ *¿Qué ~ tiene la habitación doble?* How much is a double room? ➲ *Ver nota en* COST LOC *Ver* MITAD, RELACIÓN

precioso, -a *adj* **1** (*valioso*) precious: *el ~ don de la libertad* the precious gift of freedom ◊ *una piedra preciosa* a precious stone **2** (*persona, cosa*) cute: *¡Qué gemelos tan ~s!* What cute twins!

preciosura (*tb* preciosidad) *nf* **LOC** **ser una preciosura** to be lovely: *Ese vestido es una ~.* That dress is lovely.

precipicio *nm* precipice

precipitaciones *nf* (*lluvia*) rainfall [*incontable*]: *~ abundantes* heavy rainfall

precipitado, -a *adj* hasty *Ver tb* PRECIPITARSE

precipitarse *vp* **1** (*sin pensar*) to be hasty: *No te precipites, piénsalo bien.* Don't be hasty. Think it over. **2** (*arrojarse*) to jump out of *sth*: *El paracaidista se precipitó al vacío desde el avión.* The parachutist jumped out of the plane. **LOC** *Ver* VACÍO

precisamente *adv* **1** (*exactamente*) exactly: *Es ~ por eso que no quiero que venga.* This is exactly why I don't want him to come. ◊ *No estaban ~ encantados.* They weren't exactly delighted. **2** (*justamente*) just: *Precisamente ahora no puedo recibirle.* I can't see you just at this moment. **3** (*de hecho*) actually: *Fuiste ~ tú el que lo sugirió.* Actually, it was you who suggested it.

precisar *vt* **1** (*necesitar*) to need, to require (*formal*) **2** (*especificar*) to specify: *~ hasta el más mínimo detalle* to specify every last detail

precisión *nf* accuracy **LOC** **con precisión** accurately

preciso, -a *adj*: *decir algo en el momento ~* to say sth at the right moment **LOC** **ser preciso** (*necesario*): *No fue ~ recurrir a los bomberos.* They didn't have to call the fire department. ◊ *Es ~ que vengas.* You must come.

precocinado, -a *adj* **LOC** *Ver* COMIDA

precoz *adj* (*niño*) precocious

predecible *adj* predictable

predecir *vt* to foretell

predial *adj* **LOC** *Ver* IMPUESTO

predicar *vt, vi* to preach

predominante *adj* predominant

preescolar *adj* preschool: *niños en edad ~* preschool children
▸ *nm* kindergarten

prefabricado, -a *adj* prefabricated

prefacio *nm* preface

prefecto *nm* (*Per*) (*gobernador*) civil governor

preferencia *nf* preference

preferible *adj* preferable **LOC** **ser preferible**: *Es ~ que no entres ahora.* It would be better not to go in now.

preferido, -a *adj, nm-nf* favorite, pet (*más coloq*): *Es el ~ del profesor.* He is the teacher's pet. *Ver tb* PREFERIR

preferir *vt* to prefer *sb/sth* (*to sb/sth*): *Prefiero el té al café.* I prefer tea to coffee.

◊ *Prefiero estudiar por las mañanas.* I prefer to study in the morning.

Cuando se pregunta qué prefiere una persona, se suele utilizar **would prefer** si se trata de dos cosas o **would rather** si se trata de dos acciones, por ejemplo: *¿Prefieres té o café?* Would you prefer tea or coffee? ◊ *¿Prefieres ir al cine o ver un DVD?* Would you rather go to the movies or watch a DVD? Para contestar a este tipo de preguntas se suele utilizar **I would rather**, **he/she would rather**, etc., o **I'd rather**, **he'd/she'd rather**, etc.: *– ¿Prefieres té o café? – Prefiero té.* 'Would you prefer tea or coffee?' 'I'd rather have tea, please.' ◊ *– ¿Quieres salir? – No, prefiero quedarme en la casa esta noche.* 'Would you like to go out?' 'No, I'd rather stay home tonight.' Nótese que **would rather** siempre va seguido de infinitivo sin **to**. ⊃ *Ver tb nota en* PREFER

prefijo *nm* prefix

pregonar *vt* (*divulgar*): *Lo ha ido pregonando por todo el colegio.* He told the whole school.

pregunta *nf* question: *contestar a una ~* to answer a question **LOC** **hacer una pregunta (a algn)** to ask (sb) a question ◆ **preguntas frecuentes** frequently asked questions (*abrev* FAQ)

preguntar *vt, vi* to ask
▸ *vi* **~ por 1** (*buscando a algn/algo*) to ask for *sb/sth*: *Vino un señor preguntando por ti.* A man was asking for you. **2** (*interesándose por algn/algo*) to ask about *sb/sth*: *Pregúntale por el niño.* Ask about her little boy.
▸ **preguntarse** *vp* to wonder: *Me pregunto quién será a estas horas.* I wonder who it can be at this time of night. **LOC** *Ver* LECCIÓN

preguntón, -ona *adj* nosy

prehistórico, -a *adj* prehistoric

prejuicio *nm* prejudice

prematuro, -a *adj* premature

premenstrual *adj* **LOC** *Ver* SÍNDROME

premiar *vt* to award *sb* a prize: *Premiaron al novelista.* The novelist was awarded a prize. ◊ *Fue premiado con un Oscar.* He was awarded an Oscar.

premio *nm* **1** prize: *Gané el primer ~.* I won first prize. ◊ *~ de consolación* consolation prize **2** (*recompensa*) reward: *como ~ a tu esfuerzo* as a reward for your efforts **LOC** *Ver* ENTREGA

prenatal *adj* prenatal

prenda *nf* **1** (*ropa*) garment **2 prendas** (*juego*) forfeits

prender *vt* **1** (*luz, aparato*) to turn *sth* on: *Si tienes miedo, puedes ~ la luz.* If you're scared,

you can turn the light on. ◊ ~ *la televisión* to turn on the television **2** (*automóvil*) to start: *Prende el carro y nos vamos.* Start the car and we'll go. **3** (*con alfileres*) to pin *sth* (*to/on sth*): *Prendí la manga con alfileres.* I pinned on the sleeve.
▸ *vi* **1** (*fuego*) to light: *Si está mojado no prende.* It won't light if it's wet. **2** (*carro*) to start: *No prende, se le dañó la batería.* It won't start, the battery's dead.
▸ **prenderse** *vp* (*aparato eléctrico, luz*) to come on: *Se prendió una luz roja.* A red light came on. **LOC** **prender fuego** to set light *to sth*: *Prendieron fuego al carbón.* They set light to the coal.

prensa *nf* **1** (*Mec, imprenta*) press: ~ *hidraúlica* hydraulic press **2** (*periódicos*) papers [*pl*]: *No te olvides de comprar la ~.* Don't forget to buy the papers. **3 la prensa** (*periodistas*) the press: *Acudió toda la ~ internacional.* All the international press was there. **LOC** **comunicado/nota de prensa** press release ◆ **conferencia/rueda de prensa** press conference ◆ **prensa amarilla/sensacionalista** tabloid press ◆ **prensa/revistas del corazón; prensa rosa** gossip magazines [*pl*] *Ver tb* GABINETE, LIBERTAD

prensar *vt* to press
preñada *adj* pregnant
preocupación *nf* worry [*pl* worries]
preocupado, -a *adj* worried *Ver tb* PREOCUPAR
preocupante *adj* worrying
preocupar *vt* to worry: *Me preocupa la salud de mi papá.* My father's health worries me.
▸ **preocuparse** *vp* **preocuparse (por)** to worry (about *sb/sth*): *No te preocupes por mí.* Don't worry about me.

prepa *nf Ver* PREPARATORIA
prepago *adj* **LOC** *Ver* TARJETA
preparación *nf* **1** preparation: *tiempo de ~: 10 minutos* preparation time: 10 minutes **2** (*entrenamiento*) training: ~ *profesional/física* professional/physical training

preparado, -a *adj* **1** (*listo*) ready: *La comida está preparada.* Dinner is ready. **2** (*persona*) qualified **LOC** **preparados, listos, ¡ya!** ready, set, go! *Ver tb* PREPARAR

preparador, -ora *nm-nf* trainer
preparar *vt* to prepare, to get *sb/sth* ready (*más coloq*) (*for sth*): ~ *la comida* to get supper ready
▸ **prepararse** *vp* **prepararse para** to prepare for *sth*: *Se prepara para el examen de conducción.* He's preparing for his driver's test.

preparativos *nm* preparations

preparatoria *nf* (*Méx*) senior high school, sixth form (*GB*)
preposición *nf* preposition
presa *nf* **1** prey [*incontable*]: *aves de ~* birds of prey **2** (*embalse*) dam **3** (*de pollo*) piece **LOC** **ser presa del pánico** to be seized by panic
presagio *nm* omen
prescindir *vi* ~ **de 1** (*privarse*) to do without *sth*: *No puedo ~ del carro.* I can't do without the car. **2** (*deshacerse*) to dispense with *sb*: *Prescindieron del entrenador.* They dispensed with the trainer.
presencia *nf* **1** presence: *Su ~ me pone nerviosa.* I get nervous when he's around. **2** (*apariencia*) appearance: *buena/mala ~* pleasant/unattractive appearance
presencial *adj* **LOC** *Ver* TESTIGO
presenciar *vt* **1** (*ser testigo*) to witness: *Mucha gente presenció el accidente.* Many people witnessed the accident. **2** (*estar presente*) to attend: *Presenciaron el partido más de 10.000 espectadores.* More than 10,000 spectators attended the game.
presentación *nf* **1** presentation: *La ~ es muy importante.* Presentation is very important. **2 presentaciones** introductions: *No hiciste las presentaciones.* You haven't introduced us. **LOC** *Ver* CARTA
presentador, -ora *nm-nf* presenter
presentar *vt* **1** to present (*sb*) (with *sth*), to present (*sth*) (*to sb*): *Presentó las pruebas ante el juez.* He presented the judge with the evidence. **2** (*dimisión*) to submit: *Presentó su renuncia.* She submitted her resignation. **3** (*denuncia, demanda, queja*) to make: ~ *una denuncia* to make an official complaint **4** (*persona*) to introduce *sb* (*to sb*): *¿Cuándo nos la presentas?* When are you going to introduce her to us? ◊ *Les presento a mi esposo.* This is my husband.

Hay varias formas de presentar a la gente en inglés según el grado de formalidad de la situación, por ejemplo: 'John, meet Mary.' (*informal*); 'Mrs. Smith, this is my daughter Jane' (*informal*); 'May I introduce you. Bob Smith, this is Mary Jones. Mary, Bob Smith.' (*formal*). Cuando te presentan a alguien, se puede responder 'Hello' o 'Nice to meet you' si la situación es informal, o 'How do you do?' si es formal. A 'How do you do?' la otra persona responde 'How do you do?'

5 (*en la televisión*): *Van a ~ una película esta noche.* There's a movie on tonight. **6** (*examen*) to take: ~ *el examen de conducción* to take your driver's test
▸ **presentarse** *vp* **1** (*a elecciones*) to run (*for sth*): *~se para diputado* to run for Congress **2** (*a un*

presente

cargo) to apply (for *sth*): *~se a un puesto en el Concejo* to apply for a job with the Council **3** (*aparecer*) to turn up: *Se presenta cuando le da la gana.* He turns up whenever he feels like it. **LOC** Ver DEMANDA, VOLUNTARIO

presente *adj, nmf* present: *los ~s* those present
▸ *nm* (*Gram*) present

presentimiento *nm* feeling: *Tengo el ~ de que…* I have a feeling that…

presentir *vt* to have a feeling (*that…*): *Presiento que vas a pasar el examen.* I have a feeling that you're going to pass the exam.

preservativo *nm* **1** (*condón*) condom **2** (*Quim*) preservative

presidencia *nf* **1** (*país*) presidency [*pl* presidencies]: *la ~ de un país* the presidency of a country **2** (*club, comité, empresa, partido*) chairmanship

presidencial *adj* presidential

presidente, -a *nm-nf* **1** (*nación*) president **2** (*club, comité, empresa, partido*) chair ➔ *Ver nota en* POLICÍA **LOC** **presidente municipal** (*Méx*) mayor

presidiario, -a *nm-nf* convict

presidir *vt* to preside at/over *sth*: *El secretario presidirá la asamblea.* The secretary will preside at/over the meeting.

presión *nf* pressure: *la ~ atmosférica* atmospheric pressure **LOC** Ver BROCHE, INDICADOR, OLLA

presionar *vt* **1** (*apretar*) to press **2** (*forzar*) to put pressure on *sb* (*to do sth*): *No lo presiones.* Don't put pressure on him.

preso, -a *adj*: *estar ~* to be in prison ◊ *Se lo llevaron ~.* They took him prisoner.
▸ *nm-nf* prisoner

prestado, -a *adj*: *No es mío, es ~.* It's not mine. I borrowed it. ◊ *¿Por qué no te lo pides ~?* Why don't you ask him if you can borrow it? **LOC** **dejar prestado** to lend: *Te lo dejo ~ si tienes cuidado.* I'll lend it to you if you're careful. ➔ *Ver dibujo en* BORROW; *Ver tb* PEDIR; *Ver tb* PRESTAR

préstamo *nm* loan

prestar *vt* to lend: *Le presté mis libros.* I lent her my books. ◊ *¿Me lo prestas?* Can I borrow it? ◊ *¿Me prestas mil pesos?* Can you lend me a thousand pesos, please? ➔ *Ver dibujo en* BORROW **LOC** **prestar juramento** to take an oath *Ver tb* ATENCIÓN, DECLARACIÓN

prestigio *nm* prestige **LOC** **de mucho prestigio** very prestigious

prestigioso, -a *adj* prestigious

presumido, -a *adj* vain *Ver tb* PRESUMIR

presumir *vi* **1** to show off: *Les encanta ~.* They love showing off. **2** *~ de*: *Presume de avispado.* He thinks he's so smart. ◊ *Siempre están presumiendo de su carro.* They're always bragging about their car.

presunto, -a *adj* alleged: *el ~ criminal* the alleged criminal

presupuesto *nm* **1** (*cálculo anticipado*) estimate: *Pedí que me hagan un ~ para el baño.* I've asked for an estimate for the bathroom. **2** (*de gastos*) budget: *No quiero pasarme del ~.* I don't want to exceed my budget.

pretemporada *nf* pre-season: *un partido de ~* a pre-season match

pretender *vt* **1** (*querer*): *¿Qué pretendes de mí?* What do you want from me? ◊ *Si pretendes ir sola, ni lo sueñes.* Don't even think about going alone. ◊ *¿No pretenderá quedarse en nuestra casa?* He's not expecting to stay at our house, is he? ◊ *No pretenderás que lo crea, ¿no?* You don't expect me to believe that, do you? **2** (*intentar*) to try *to do sth*: *¿Qué pretende decirnos?* What's he trying to tell us?

pretérito *nm* past (tense) **LOC** **pretérito indefinido** preterite (tense) ♦ **pretérito perfecto** perfect (tense)

pretexto *nm* excuse: *Siempre encuentras algún ~ para no lavar la loza.* You always find some excuse not to do the dishes.

prevención *nf* prevention

prevenido, -a *adj* **1** (*preparado*) prepared: *estar ~ para algo* to be prepared for sth **2** (*prudente*) prudent: *ser ~* to be prudent *Ver tb* PREVENIR

prevenir *vt* **1** (*evitar*) to prevent: *~ un accidente* to prevent an accident **2** (*avisar*) to warn *sb about sth*: *Los campesinos previnieron al gobierno del desastre.* The peasants warned the government about the disaster. ◊ *Te previne de lo que planeaban.* I warned you what they were planning.

prever *vt* to foresee

previa *nf* (*Col*) (*Educ*) written test

previo, -a *adj*: *experiencia previa* previous experience ◊ *sin ~ aviso* without prior warning

previsible *adj* predictable

previsional *adj* welfare

previsor, -ora *adj* far-sighted

previsto, -a *adj* **1** (*esperado*) anticipated: *Tuvimos más problemas de lo ~.* We had more trouble than we'd anticipated. **2** (*planificado*) planned: *la reunión prevista para hoy* the meeting planned for today ◊ *a la hora y en el lugar ~s* at the time and place planned **LOC** **tener previsto** to plan *sth/to do sth*: *No* teníamos ~ gastar tanto. We didn't plan to spend so much. Ver tb PREVER

prima nf bonus [pl bonuses]

primaria nf **1** (enseñanza) elementary education, primary education (GB) **2** (escuela) elementary school, primary school (GB): Hizo la ~ en este colegio. He went to elementary school here. ◊ Está en ~. She's at elementary school. ◊ maestra de ~ elementary school teacher

primario, -a adj primary: color ~ primary color ◊ enseñanza primaria elementary education

primavera nf spring: en ~ in (the) spring

primer adj Ver PRIMERO

primera nf **1** (automóvil) first (gear): Puse la ~ y salí zumbando. I put it into first and sped off. **2** (clase) first class: viajar en ~ to travel first class LOC **a la primera** first time: Me salió bien a la ~. I got it right first time.

primero, -a adj **1** first (abrev 1st): primera clase first class ◊ Me gustó desde el primer momento. I liked it from the first moment. **2** (días) first: el ~ de mayo the first of May **3** (principal) main, principal (más formal): el primer país azucarero del mundo the principal sugar-producing country in the world
▶ pron, nm-nf **1** first (one): Fuimos los ~s en salir. We were the first (ones) to leave. **2** (mejor) top: Eres el ~ de la clase. You're at the top of the class.
▶ adv first: Prefiero hacer las tareas ~. I'd rather do my homework first. LOC **de primera necesidad** absolutely essential ◆ **de primero** first: Llegó de ~. He came in first. ◆ **en primera plana 1** in the headlines: La noticia saldrá en primera plana del noticiero. It'll be in the news headlines. **2** (en periódico, etc.) on the front page ◆ **primer ministro** prime minister ◆ **primeros auxilios** first aid [incontable] ◆ **primer plano** close-up Ver tb PUESTO

primitivo, -a adj primitive

primo, -a nm-nf (pariente) cousin LOC **primo hermano/segundo** first/second cousin Ver tb MATERIA, NÚMERO

princesa nf princess

principal adj main, principal (más formal): comida/oración ~ main meal/clause ◊ Eso es lo ~. That's the main thing. LOC **actor/actriz principal** male/female lead Ver tb CARRETERA, CUARENTA, PÁGINA, PAPEL

principalmente adv mainly

príncipe nm prince ❶ El plural de **prince** es 'princes', pero si nos referimos a la pareja de príncipes, decimos **prince and princess**: Los ~s nos recibieron en palacio. The prince and princess received us at the palace.

LOC **príncipe azul** Prince Charming ◆ **príncipe heredero** Crown prince

principiante, -a nm-nf beginner

principio nm **1** (comienzo) beginning: al ~ de la novela at the beginning of the novel ◊ desde el ~ from the beginning **2** (concepto, moral) principle LOC **al principio** at first ◆ **a principio(s) de...** at the beginning of...: a ~s del año at the beginning of the year ◊ a ~s de enero in early January ◆ **en principio** in principle: En ~ me parece bien. It seems fine to me, in principle. ◆ **por principio** on principle: Estamos en contra por ~. We're against it on principle.

prioridad nf priority [pl priorities]

prisa nf LOC **darse prisa** to hurry up ◆ **tener prisa** to be in a hurry

prisión nf prison

prisionero, -a nm-nf prisoner LOC **hacer prisionero** to take sb prisoner

privacidad nf privacy

privado, -a adj private: en ~ in private LOC Ver COLEGIO, EMPRESA, INVESTIGADOR; Ver tb PRIVARSE

privarse vp **1** ~ **de** to do without sth **2** (desmayarse) to pass out

privatización nf privatization

privatizar vt to privatize

privilegiado, -a adj **1** (excepcional) exceptional: una memoria privilegiada an exceptional memory **2** (favorecido) privileged: las clases privilegiadas the privileged classes
▶ nm-nf privileged: Somos unos ~s. We're privileged people.

privilegio nm privilege

pro¹ prep for: la organización ~ ciegos the association for the blind LOC **en pro de** in favor of sb/sth

pro² nm LOC **los pros y los contras** the pros and cons

proa nf bow(s) [gen pl]

probabilidad nf ~ **(de)** chance (of sth/doing sth): Creo que tengo muchas ~s de pasar. I think I have a good chance of passing. ◊ Tiene pocas ~es. He doesn't have much chance.

probable adj likely, probable (más formal): Es ~ que no esté en casa. He probably won't be in. ◊ Es muy ~ que llueva. It's likely to rain. LOC **poco probable** unlikely

probablemente adv probably

probador nm fitting room

probar vt **1** (demostrar) to prove: Esto prueba que yo tenía razón. This proves I was right. **2** (comprobar que funciona) to try sth out: ~ la lavadora to try out the washing machine **3** (comida, bebida) **(a)** (por primera vez) to try:

probeta

Nunca he probado el caviar. I've never tried caviar. **(b)** (*catar, degustar*) to taste: *Prueba esto. ¿Le falta sal?* Taste this. Does it need salt?
▸ *vi* ~ **(a)** to try (*doing sth*): *¿Probaste a abrir la ventana?* Did you try opening the window? ◊ *He probado con todo y no hay manera.* I've tried everything but with no success.
▸ **probar(se)** *vt, vp* (*ropa*) to try *sth* on **LOC probar suerte** to try your luck

probeta *nf* test tube

problema *nm* problem

procedencia *nf* origin

procedente *adj* ~ **de** from…: *el tren* ~ *de Londres* the train from London

proceder *vi* ~ **de** to come from…: *La sidra procede de la manzana.* Cider comes from apples.

procedimiento *nm* procedure: *según los* ~*s establecidos* according to established procedure

procesador *nm* processor: ~ *de datos/palabras* data/word processor

procesamiento *nm* processing
LOC procesamiento de textos word processing

procesar *vt* **1** (*juzgar*) to prosecute *sb* (*for sth/doing sth*): *La procesaron por fraude.* She was prosecuted for fraud. **2** (*producto, Informát*) to process

procesión *nf* procession: *la* ~ *de los Reyes Magos* the Twelfth Night procession

proceso *nm* **1** process: *un* ~ *químico* a chemical process **2** (*Jur*) proceedings [*pl*]

proclamar *vt* **1** (*anunciar*) to announce **2** (*rey, presidente, etc.*) to proclaim **3** (*designar*) to declare: *La proclamaron ganadora.* They declared her the winner. **LOC proclamarse campeón** to become champion

procurador, -ora *nm-nf* **1** (*abogado*) attorney **2** (*asistente*) paralegal, clerk (*GB*)

procurar *vt* **1** ~ **hacer algo** to try to do sth: *Procuremos descansar.* Let's try to rest. **2** ~ **que** to make sure (that…): *Procuraré que vengan.* I'll make sure they come. ◊ *Procura que todo esté en orden.* Make sure everything's OK.

prodigio *nm* (*persona*) prodigy [*pl* prodigies] **LOC Ver** NIÑO

producción *nf* **1** (*fabricación, Cine, Teat*) production: *la* ~ *del acero* steel production **2** (*agrícola*) harvest **3** (*industrial, artística*) output **LOC producción en cadena/serie** mass production

producir *vt* to produce: ~ *aceite/papel* to produce oil/paper **LOC Ver** VÉRTIGO

productividad *nf* productivity

productivo, -a *adj* **1** (*que produce, útil*) productive: *unas tierras productivas* productive land ◊ *una reunión muy productiva* a very useful meeting **2** (*rentable*) profitable: *un negocio* ~ a profitable business

producto *nm* product: ~*s de belleza/limpieza* beauty/cleaning products **LOC productos agrícolas/del campo** agricultural/farm produce [*incontable*] ➲ *Ver nota en* PRODUCT

productor, -ora *adj* producing: *un país* ~ *de petróleo* an oil-producing country
▸ *nm-nf* producer

productora *nf* (*Cine*) production company [*pl* production companies]

profesión *nf* profession, occupation ➲ *Ver nota en* WORK

profesional *adj, nmf* professional: *un* ~ *del ajedrez* a professional chess player **LOC Ver** FORMACIÓN, INSTITUTO, ORIENTACIÓN

profesor, -ora *nm-nf* **1** teacher: *un* ~ *de geografía* a geography teacher **2** (*de universidad*) professor

profesorado *nm* teachers [*pl*]: *El* ~ *está muy descontento.* The teachers are very unhappy. ◊ *la formación del* ~ teacher training

profeta, -isa *nm-nf* **1** (*masc*) prophet **2** (*fem*) prophetess

profundamente *adv* deeply: *Lo lamento* ~. I deeply regret it.

profundidad *nf* depth: *a 400 metros de* ~ at a depth of 400 meters **LOC tener dos metros, etc. de profundidad** to be two meters, etc. deep ◆ **tener poca profundidad** to be shallow

profundo, -a *adj* deep: *una voz profunda* a deep voice ◊ *sumirse en un sueño* ~ to fall into a deep sleep **LOC estar profundo** (*Col*) to be fast asleep ◆ **poco profundo** shallow

programa *nm* **1** (*TV, Radio, plan, folleto*) program: ~ *de televisión* TV program **2** (*Informát*) program **3** (*temario de una asignatura*) syllabus [*pl* syllabuses]
LOC programas de chismes celebrity gossip shows ◆ **programa de estudios** curriculum [*pl* curricula/curriculums] ◆ **programa de risa** comedy program ◆ **programa electoral** election manifesto [*pl* election manifestos]

programación *nf* programs [*pl*]: *la* ~ *infantil* children's programs

programador, -ora *nm-nf* (*Informát*) programmer

programar *vt* **1** (*elaborar*) to plan **2** (*aparato*) to set: *Programa el televisor para que grabe el partido.* Set the TV to record the game.
▸ *vt, vi* (*Informát*) to program

progresar *vi* to make progress: *Ha progresado mucho.* He's made good progress.

progresista *adj, nmf* progressive

progreso *nm* progress [*incontable*]: *hacer ~s* to make progress

prohibición *nf* **1** (*orden*) ban (*on sth*): *la ~ de fumar en el metro* the smoking ban/ban on smoking in the metro **2** (*acción*) prohibition: *verbos que expresan ~* verbs expressing prohibition

prohibido, -a *adj* LOC prohibido el paso/prohibida la entrada no entry ◆ prohibido fijar avisos/carteles post no bills ◆ prohibido fumar no smoking ◆ prohibido pisar el césped/prado keep off the grass *Ver tb* PROHIBIR

prohibir *vt* **1** to forbid *sb to do sth*: *Mi papá me prohibió salir de noche.* My father has forbidden me to go out at night. ◊ *Le prohibieron los dulces.* She's been forbidden to eat candy. **2** (*oficialmente*) to prohibit *sb/sth* (*from doing sth*): *Prohibieron el tráfico por el centro.* Traffic has been prohibited downtown. ◊ *Se prohibe fumar.* No smoking.

prójimo *nm* neighbor: *amar al ~* to love your neighbor

prólogo *nm* prologue

prolongar *vt* to make *sth* longer, to prolong (*formal*): *~ la vida de un enfermo* to prolong a patient's life
▸ **prolongarse** *vp* to go on: *La reunión se prolongó demasiado.* The meeting went on too long.

promedio *nm* average LOC como/de/en promedio on average

promesa *nf* promise: *cumplir/hacer una ~* to keep/make a promise ◊ *una joven ~* a young man/woman with great promise

prometer *vt* to promise: *Te prometo que volveré.* I promise I'll come back. ◊ *Te lo prometo.* I promise.

prometido, -a *nm-nf* **1** (*masc*) fiancé **2** (*fem*) fiancée

promoción *nf* **1** promotion: *la ~ de una película* the promotion of a movie **2** (*curso*) year: *un compañero de mi ~* one of the people in my year

promocionar *vt* to promote

promover *vt* (*fomentar*) to promote: *~ el diálogo* to promote dialogue

pronombre *nm* pronoun

pronosticar *vt* to forecast

pronóstico *nm* **1** (*predicción*) forecast **2** (*Med*) prognosis [*pl* prognoses]: *Sufrió heridas de ~ grave.* He was seriously injured. ◊ *¿Cuál es el ~ de los especialistas?* What do the specialists think? LOC de pronóstico grave/leve serious/minor: *Sufrió heridas de ~ grave.* He suffered serious injuries.

pronto *adv* **1** (*enseguida*) soon: *Vuelve ~.* Come back soon. ◊ *lo más ~ posible* as soon as possible **2** (*rápidamente*) quickly: *Por favor, doctor, venga ~.* Please, doctor, come quickly. LOC de pronto **1** (*tal vez*) maybe: *Cuidado, que de ~ te caes.* Be careful, you might fall. **2** (*de repente*) suddenly ◆ ¡hasta pronto! see you soon!

pronunciación *nf* pronunciation

pronunciar *vt* **1** (*sonidos*) to pronounce **2** (*discurso*) to give: *~ un discurso* to give a speech
▸ *vi*: *Pronuncias muy bien.* Your pronunciation is very good.
▸ **pronunciarse** *vp* pronunciarse en contra/a favor de to speak out against/in favor of *sth*: *~se en contra de la violencia* to speak out against violence

propaganda *nf* **1** (*publicidad*) advertising: *hacer ~ de un producto* to advertise a product **2** (*aviso*) advertisement, ad (*coloq*): *una ~ de chicles* an ad for chewing gum **3** (*material publicitario*) leaflets, flyers [*pl*]

Los **leaflets** suelen tener más información, mientras que los **flyers** normalmente solo son una hoja con información sobre un acontecimiento, producto, etc.: *Estaban repartiendo propaganda de la nueva discoteca.* They were handing out flyers for the new club.
En sentido peyorativo, la propaganda por correo se llama **junk mail**: *En el buzón no había más que propaganda.* The letter box was full of junk mail. La propaganda por email se llama también **spam**.

4 (*Pol*) propaganda: *~ electoral* election propaganda LOC hacer propaganda de to advertise *sth/sb*

propagar(se) *vt, vp* to spread: *El viento propagó las llamas.* The wind spread the flames.

propenso, -a *adj* *~ a* prone to *sth/to do sth*

propiedad *nf* property [*pl* properties]: *~ particular/privada* private property ◊ *las ~es medicinales de las plantas* the medicinal properties of plants

propietario, -a *nm-nf* owner

propina *nf* **1** tip: *¿Dejamos ~?* Should we leave a tip? ◊ *Le di cinco dólares de ~.* I gave him a five-dollar tip. **2** (*Per*) (*para un niño*) pocket money

propio, -a *adj* **1** (*de uno*) my, your, etc. own: *Todo lo que haces es en beneficio ~.* Everything you do is for your own benefit. **2** (*mismo*) himself [*fem* herself, *pl* themselves]: *El ~ pintor inauguró la exposición.* The painter himself opened the show. **3** (*característico*) typical *of sb*:

proponer

Llegar tarde es ~ de ella. It's typical of her to be late. LOC **en propia meta/puerta**: *marcar (un gol) en propia puerta* to score an own goal *Ver tb* AMOR, DEFENSA, INICIATIVA, NOMBRE

proponer *vt* **1** *(medida, plan)* to propose: *Te propongo un trato.* I have a deal for you. **2** *(acción)* to suggest *doing sth/(that…)*: *Propongo ir al cine esta tarde.* I suggest going to the movies this evening. ◊ *Propuso que nos fuéramos.* He suggested (that) we should leave.
▶ **proponerse** *vp* to set out *to do sth*: *Me propuse acabarlo.* I set out to finish it.

proporción *nf* **1** *(relación, tamaño)* proportion: *El largo debe estar en ~ con el ancho.* The length must be in proportion to the width. **2** *(Mat)* ratio: *La ~ de niños y niñas es de uno a tres.* The ratio of boys to girls is one to three.

proporcionar *vt* **1** *(suministrar)* to provide: *La compañía me proporciona auto.* The company provides me with a car. **2** *(producir)* to give: *Les proporcionó una inmensa alegría.* It gave them great joy.

proposición *nf* proposal LOC **hacer proposiciones indecorosas** to make improper suggestions ♦ **proposición de matrimonio** proposal (of marriage): *hacerle una ~ de matrimonio a algn* to propose to sb

propósito *nm* **1** *(intención)* intention: *buenos ~s* good intentions **2** *(objetivo)* purpose: *El ~ de esta reunión es…* The purpose of this meeting is… LOC **a propósito 1** *(adrede)* on purpose **2** *(por cierto)* by the way

propuesta *nf* proposal: *Desestimaron la ~.* The proposal was turned down.

prórroga *nf* **1** *(de un plazo)* extension **2** *(Dep)* overtime, extra time *(GB)*

prosa *nf* prose

prospecto *nm* leaflet

prosperar *vi* to prosper

prosperidad *nf* prosperity

próspero, -a *adj* prosperous

prostituta *nf* prostitute

protagonismo *nm* high profile: *dar mayor ~ a algo/algn* to give sth/sb a higher profile ◊ *Tiene mucho afán de ~.* He always wants to be the center of attention.

protagonista *nmf* main character

protagonizar *vt* to star in *sth*: *Protagonizan la película dos actores desconocidos.* Two unknown actors star in this movie.

protección *nf* protection

protector, -ora *adj* protective *(toward sb)* LOC **protector de pantalla** screen saver

proteger *vt* to protect *sb (against/from sb/sth)*: *El sombrero te protege del sol.* Your hat protects you from the sun.

proteína *nf* protein

protesta *nf* protest: *Ignoraron las ~s de los alumnos.* They ignored the students' protests. ◊ *una carta de ~* a letter of protest

protestante *adj, nmf* Protestant

protestantismo *nm* Protestantism

protestar *vi* **1 ~ (por)** *(quejarse)* to complain (about *sth*): *Deje ya de ~.* Stop complaining. **2 ~ (contra/por)** *(reivindicar)* to protest (against/about *sth*): *~ contra una ley* to protest against a law

prototipo *nm* **1** *(primer ejemplar)* prototype: *el ~ de las nuevas locomotoras* the prototype for the new engines **2** *(modelo)* epitome: *el ~ del hombre moderno* the epitome of modern man

provecho *nm* benefit LOC **¡buen provecho!** enjoy your meal!

> No existe una fórmula típica para desear buen provecho al comienzo de una comida. Si se quiere, se puede decir **Enjoy your meal!** o **Bon appétit!**

♦ **sacar provecho** to benefit *from sth*

proveedor, -ora *nm-nf* supplier

proverbio *nm* proverb

providencia *nf* providence

provincia *nf* **1** *(región)* province: *un pueblo de la ~ del Tequendama* a town in the province of Tequendama **2** *(fuera de la capital)* provinces *[pl]*: *un hombre de ~* a man from the provinces

provisional *adj* provisional LOC *Ver* LIBERTAD

provocado, -a *adj* LOC *Ver* INCENDIO; *Ver tb* PROVOCAR

provocar *vt* **1** *(hacer enojar)* to provoke **2** *(causar)* to cause: *~ un accidente* to cause an accident **3** *(incendio)* to start
▶ *vi (Col, Per)* to feel like *sth/doing sth*: *¿Te provoca un trago?* Do you feel like a drink?

próximamente *adv* shortly, soon *(más coloq)*

proximidad *nf* nearness, proximity *(formal)*: *la ~ del mar* the nearness/proximity of the sea

próximo, -a *adj* **1** *(siguiente)* next: *el ~ paradero* the next stop ◊ *el mes/martes ~* next month/Tuesday **2** *(en el tiempo)*: *La Navidad/primavera está próxima.* It will soon be Christmas/spring.

proyectar *vt* **1** *(reflejar)* to project: *~ una imagen sobre una pantalla* to project an image onto a screen **2** *(Cine)* to show: *~ diapositivas/una película* to show slides/a movie

proyectil *nm* projectile

proyecto nm **1** (*de investigación, de obra*) project: *Estamos casi al final del ~.* We're almost at the end of the project. **2** (*plan*) plan: *¿Tienes algún ~ para el futuro?* Do you have any plans for the future? LOC **proyecto de ley** bill

proyector nm projector

prudencia nf good sense: *¡Qué poca ~ tienes!* You have no sense! LOC **con prudencia** carefully: *manejar con ~* to drive carefully

prudente adj **1** (*sensato*) sensible: *un hombre/una decisión ~* a sensible man/decision **2** (*cauto*) careful

prueba nf **1** (*test*) test: *una ~ de aptitud* an aptitude test ◊ *hacerse la ~ de embarazo* to have a pregnancy test **2** (*Jur*) evidence [*incontable*]: *No hay ~s contra mí.* There's no evidence against me. **3** (*Mat*) proof **4** (*Dep*): *Hoy comienzan las ~s de salto de altura.* The high jump competition begins today. LOC **a prueba** on trial: *Me admitieron a ~ en la fábrica.* I was taken on at the factory for a trial period. ♦ **a prueba de balas** bulletproof ♦ **poner a prueba** to test *sb/sth* Ver tb ADMISIÓN, ANTIDOPING

psicología nf psychology

psicológico, -a adj psychological

psicólogo, -a nm-nf psychologist

psiquiatra nmf psychiatrist

psiquiatría nf psychiatry

psiquiátrico, -a adj psychiatric: *hospital ~* psychiatric hospital

púa nf **1** (*punta aguda*) spike **2** (*animal*) spine **3** (*peine*) tooth [*pl* teeth]

pubertad nf puberty

pubis nm pubic area

publicación nf publication LOC **de publicación mensual/quincenal/semanal** monthly/fortnightly/weekly: *una revista de ~ semanal* a weekly magazine

publicar vt **1** (*editar*) to publish: *~ una novela* to publish a novel **2** (*divulgar*) to publicize

publicidad nf **1** (*divulgación*) publicity: *Le han dado demasiada ~ al caso.* The case has had too much publicity. **2** (*propaganda*) advertising: *Hay demasiada ~ en la televisión.* There's too much advertising on TV. ◊ *hacer ~ en el radio* to advertise on the radio

publicista nmf publicist

publicitario, -a adj advertising: *campaña publicitaria* advertising campaign LOC Ver VALLA

público, -a adj public: *la opinión pública* public opinion ◊ *transporte ~* public transportation ◊ *una escuela pública* a public school ◊ *el sector ~* the public sector

▶ nm **1** public: *abierto/cerrado al ~* open/closed to the public ◊ *El ~ está en favor de la nueva ley.* The public is in favor of the new law. ◊ *hablar en ~* to speak in public **2** (*clientela*) clientele: *un ~ selecto* a select clientele **3** (*espectadores*) audience LOC **hacerse público** to be made public Ver tb ALTERAR, COLEGIO, DOMINIO, EMPRESA, HORARIO, RELACIÓN, REPARTICIÓN

puchero nm **1** (*recipiente*) cooking pot **2** (*cocido*) stew LOC **hacer pucheros** to pout

pucho nm (*cigarrillo*) cigarette

pudiente adj wealthy

pudor nm shame

pudrirse vp to rot

pueblo nm **1** (*gente*) people [*pl*]: *el ~ ecuatoriano* the Ecuadorian people **2** (*población*) town LOC **pueblo joven** (*Per*) shanty town

puente nm **1** bridge: *~ colgante* suspension bridge **2** (*vacaciones*) long weekend LOC **puente aéreo** shuttle service ♦ **puente levadizo** drawbridge

puerco, -a adj filthy LOC **puerco espín** porcupine

puerro (tb **poro**) nm leek

puerta nf **1** (*de casa, carro, etc.*) door: *la ~ principal/trasera* the front/back door ◊ *Llaman a la ~.* There's somebody at the door. **2** (*de ciudad, palacio*) gate LOC **puerta corrediza/giratoria** sliding/revolving door ♦ **puerta de embarque** gate Ver tb CERRAR, SAQUE

puerto nm port: *un ~ comercial/pesquero* a commercial/fishing port LOC **puerto deportivo** marina

pues conj well: *Pues como íbamos diciendo…* Well, as we were saying… ◊ *¡Pues a mí no me dijo nada!* Well, he didn't mention it to me! ◊ *¿Que no quieres salir?, ~ no salgas.* You don't feel like going out? Well, don't.

puesta nf LOC **puesta de sol** sunset

puesto, -a adj: *Voy a dejar la mesa puesta.* I'll leave the table set. ◊ *No lo envuelvas, me lo llevo ~.* There's no need to put it in a bag, I'll wear it.

▶ nm **1** (*lugar, en un curso*) place: *El ciclista colombiano ocupa el primer ~.* The Colombian cyclist is in first place. ◊ *llegar en tercer ~* to be third ◊ *¡Todo el mundo a sus ~s!* Places, everyone! **2** (*empleo*) job: *solicitar un ~ de trabajo* to apply for a job ◊ *Su esposa tiene un buen ~.* His wife has a good job. ➔ Ver nota en WORK **3** (*caseta*) **(a)** (*en un mercado*) stall **(b)** (*en una feria*) stand **4** (*asiento*) seat: *¿Queda algún ~ en el bus?* Are there any seats left on the bus? LOC **bien puesto** well dressed ➔ Ver nota en WELL BEHAVED ♦ **puesto de periódicos** newsstand

♦ **puesto de primeros auxilios** first-aid post *Ver tb* PONER

puf *nm* hassock, pouffe (*GB*)

púgil *nm* boxer

pulcritud *nf* neatness

pulcro, -a *adj* neat

pulga *nf* flea LOC **ser una pulga en la oreja** (*Chi, Per*) to be a pain in the neck ♦ **tener malas pulgas** to have a bad temper

pulgada *nf* inch (*abrev in.*) ➲ *Ver pág. 786*

pulgar *nm* **1** (*de la mano*) thumb **2** (*del pie*) big toe

Pulgarcito *n pr* Tom Thumb

pulir *vt* to polish
▶ **pulirse** *vp* (*refinarse*) to become more refined

pullman *nm* bus

pulmón *nm* lung LOC **pulmón artificial/de acero** iron lung

pulmonar *adj* lung: *una infección* ~ a lung infection

pulmonía *nf* pneumonia [*incontable*]: *coger una* ~ to catch pneumonia

pulpa *nf* pulp

púlpito *nm* pulpit

pulpo *nm* octopus [*pl* octopuses]

pulsación *nf* (*corazón*) pulse rate: *Con el ejercicio aumenta el número de pulsaciones.* Your pulse rate increases after exercise.

pulsar *vt* **1** (*tecla, botón*) to press: *Pulsa la tecla dos veces.* Press the key twice. **2** (*timbre*) to ring

pulsera *nf* **1** (*brazalete*) bracelet **2** (*de reloj*) strap

pulso *nm* **1** (*Med*) pulse: *Tienes el* ~ *muy débil.* You have a very weak pulse. ◊ *El médico me tomó el* ~. The doctor took my pulse. **2** (*mano firme*) (steady) hand: *tener buen* ~ to have a steady hand ◊ *Me tiembla el* ~. My hand is trembling. LOC **a pulso** with my, your, etc. bare hands: *Me levantó a* ~. He lifted me up with his bare hands. ♦ **echar un pulso** to arm-wrestle

pulverizador *nm* spray

pulverizar *vt* **1** (*rociar*) to spray **2** (*destrozar*) to pulverize

puma *nm* puma

puna *nf* high plateau [*pl* plateaus/plateaux]

punk *adj, nmf* punk

punta *nf* **1** (*cuchillo, arma, lápiz*) point **2** (*lengua, dedo, isla, iceberg*) tip: *Lo tengo en la* ~ *de la lengua.* It's on the tip of my tongue. **3** (*extremo, pelo*) end: *en la otra* ~ *de la mesa* at the other end of the table LOC **a punta de navaja/pistola** at knifepoint/gunpoint ♦ **de punta a punta**: *de* ~ *a* ~ *de Bogotá* from one side of Bogotá to the other ♦ **de punta en blanco** dressed up to the nines ♦ **sacar punta** (*afilar*) to sharpen *Ver tb* CORTAR, HORA, MEDIO, NERVIO, PELO

puntada *nf* stitch: *Dale una* ~ *a ese dobladillo.* Put a stitch in the hem. ◊ *Me dio una* ~ (*en el costado*). I got a stitch (in my side).

puntaje *nm* (*Educ*) grades [*pl*], marks [*pl*] (*GB*): *Entró a la universidad con el* ~ *más alto en Inglés.* She got into college with the highest grades in English.

puntapié *nm* kick: *Le di un* ~. I kicked him.

puntería *nf* aim: *¡Qué* ~ *la mía!* What good aim I have! LOC **tener buena/mala puntería** to be a good/bad shot *Ver tb* AFINAR

puntero, -a *adj* (*empresa, país, etc.*) leading
▶ *nm* **1** (*equipo*) leader **2** (*para señalar*) pointer

puntiagudo, -a *adj* pointed

puntilla *nf* LOC **en puntillas** on tiptoe: *andar en* ~*s* to walk on tiptoe ◊ *Entré/salí en* ~*s*. I tiptoed in/out.

punto *nm* **1** (*cuestión, tanto, zona*) point: *en todos los* ~*s del país* all over the country ◊ *Pasemos al siguiente* ~. Let's go on to the next point. ◊ *Perdimos por dos* ~*s*. We lost by two points. **2** (*signo de puntuación*) period, full stop (*GB*) ➲ *Ver pág. 377* **3** (*grado*) extent: *¿Hasta qué* ~ *es cierto?* To what extent is this true? **4** (*Costura, Med*) stitch: *Me pusieron tres* ~*s*. I had three stitches. LOC **agarrar/tomar a algn de punto** (*Per*) **1** (*burlarse de*) to make fun of sb **2** (*aprovecharse de*) to take sb for a ride **3** (*agarrársela con*) to have it in for sb: *El profesor me ha agarrado de* ~. The teacher has it in for me. ♦ **a punto de nieve** stiffly beaten: *batir las claras a* ~ *de nieve* to beat egg whites until they are stiff ♦ **con puntos y comas** down to the last detail ♦ **de punto** knitted: *un vestido de* ~ a knit dress ♦ **en punto** precisely: *Son las dos en* ~. It's two o'clock precisely. ◊ *Salió a las cuatro en* ~. It left at four o'clock on the dot. ♦ **en su punto** (*Cocina*) just right ♦ **estar a punto de hacer algo 1** to be about to do sth: *Está a* ~ *de terminar.* It's about to finish. **2** (*por poco*) to almost do sth: *Estuvo a* ~ *de perder la vida.* He almost lost his life. ♦ **punto débil/flaco** weak point ♦ **punto de ebullición/fusión** boiling point/melting point ♦ **punto de vista** point of view ♦ **punto final** period, full stop (*GB*) ♦ **punto muerto** deadlock ♦ **puntos suspensivos** dot dot dot ♦ **punto y aparte** new paragraph ♦ **punto y coma** semicolon ➲ *Ver pág. 377* ♦ **y punto** and that's that!: *No vas a ir y* ~. You're not going, and that's that. *Ver tb* CIERTO, DOS

puntuación *nf* **1** (*escritura*) punctuation: *signos de* ~ punctuation marks **2** (*competencia*) score(s) [*gen pl*]: *Todo depende de la* ~ *que le den los jueces.* It all depends on what scores the judges award him.

puntual *adj* punctual

> **Punctual** se suele utilizar para referirnos a la cualidad o virtud de una persona: *Es importante ser puntual.* It's important to be punctual. Cuando nos referimos a la idea de *llegar a tiempo* se utiliza la expresión **on time**: *Procura ser/llegar puntual.* Try to get there on time. ◊ *Este muchacho nunca es puntual.* He's always late./He's never on time.

puntualidad *nf* punctuality

puntualizar *vt* to make *sth* clear: *Puntualizó que fue él quien lo había sugerido.* He made it clear that he was the one who had suggested it. ◊ *El testigo puntualizó todos los detalles del accidente.* The witness gave specific details about the accident.

puntuar *vt* **1** (*escritura*) to punctuate **2** (*calificar*) to grade, to mark (*GB*)

punzada *nf* sharp pain: *Siento ~s en la barriga.* I have sharp pains in my stomach.

punzante *adj* sharp: *un objeto ~* a sharp object

puñado *nm* handful: *un ~ de arroz* a handful of rice

puñal *nm* dagger

puñalada *nf* stab

puñetazo *nm* punch: *Me dio un ~ en todo el estómago.* He punched me in the stomach.

puño *nm* **1** (*mano cerrada*) fist **2** (*manga*) cuff **3** (*bastón, paraguas*) handle **4** (*espada*) hilt **LOC** **de a puño** great big…: *mentiras de a ~* great big lies ♦ **de su puño y letra** in his/her own handwriting

pupila *nf* pupil

pupitre *nm* desk

purasangre *nm* thoroughbred

puré *nm* purée: *~ de tomate/manzana* tomato/apple purée **LOC** **naco/puré de papa** mashed potato [*incontable*]

pureza *nf* purity

purgatorio *nm* purgatory

purificar *vt* to purify

puritanismo *nm* puritanism

puritano, -a *adj* **1** (*mojigato*) puritanical **2** (*Relig*) Puritan
▸ *nm-nf* Puritan

puro, -a *adj* **1** pure: *oro ~* pure gold ◊ *por pura casualidad* purely by chance **2** (*uso enfático*) simple: *la pura verdad* the simple truth **LOC** *Ver* CAFÉ

púrpura *nf* purple

pus *nm* pus

puzzle *nm* (*crucigrama*) crossword

Q q

que¹ *pron*
- **sujeto 1** (*personas*) who: *el hombre ~ vino ayer* the man who came yesterday ◊ *Mi hermana, ~ vive allá, dice que es precioso.* My sister, who lives there, says it's lovely. **2** (*cosas*) that: *el carro ~ está estacionado en la plaza* the car that's parked in the square

> Cuando **que** equivale a *el cual, la cual*, etc., se traduce por **which**: *Este edificio, que antes fue sede del Gobierno, hoy es una biblioteca.* This building, which previously housed the Government, is now a library.

- **complemento**

> El inglés prefiere no traducir **que** cuando funciona como complemento, aunque también es correcto usar **that/who** para personas y **that/which** para cosas: *el muchacho que conociste en Roma* the boy (that/who) you met in Rome ◊ *la revista que me prestaste ayer* the magazine (that/which) you lent me yesterday.

LOC **el que/la que/los que/las que** Ver EL

que² *conj* **1** [*con oraciones subordinadas*] (that): *Dijo ~ vendría esta semana.* He said (that) he would come this week. ◊ *Quiero ~ viajes en primera clase.* I want you to travel first class. **2** [*en comparaciones*]: *Mi hermano es más alto ~ tú.* My brother's taller than you. **3** (*en mandatos*): *¡Que te calles!* Shut up! ◊ *¡Que la pasen bien!* Have a good time! **4** (*resultado*) (that): *Estaba tan cansada ~ me quedé dormida.* I was so tired (that) I fell asleep. **5** [*otras construcciones*]: *Súbele al radio ~ no lo oigo.* Turn the radio up—I can't hear it. ◊ *Cuando lavo el carro queda ~ parece nuevo.* When I wash the car, it looks like new. ◊ *No hay día ~ no llueva.* There isn't a single day when it doesn't rain. ◊ *¿Cómo? ¿Que ya pasó el plazo?* What! It's too late to apply? **LOC** **¡que sí/no!** yes/no!

qué *adj*
- **interrogación** what: *¿Qué hora es?* What time is it? ◊ *¿En ~ piso vive?* What floor do you live on?

> Cuando existen solo pocas posibilidades solemos usar **which**: *¿En qué carro nos vamos hoy? ¿En el tuyo o en el mío?* Which car shall we take today? Yours or mine?

- **exclamación 1** [*con sustantivos contables en plural e incontables*] what: *¡Qué casas tan bonitas!* What lovely houses! ◊ *¡Qué valor!* What courage! **2** [*con sustantivos contables en singular*] what a: *¡Qué vida!* What a life! **3** [*cuando se* traduce por adjetivo] how: *¡Qué rabia/horror!* How annoying/awful!
▸ *pron* what: *¿Qué? Habla más alto.* What? Speak up. ◊ *No sé ~ quieres.* I don't know what you want.
▸ *adv* how: *¡Qué interesante!* How interesting! **LOC** **¿a qué estamos (hoy)?** what's the date today? ♦ **¡qué bien!** great! ♦ **¡qué cantidad de…!** what a lot of…!: *¡Qué cantidad de turistas!* What a lot of tourists! ♦ **¡qué mal!** oh no!
♦ **¿qué tal? 1** (*saludo*) how are things? **2** (*¿cómo está/están?*) how is/are…?: *¿Qué tal tus papás?* How are your parents? **3** (*¿cómo es/son?*) what is/are *sb/sth* like?: *¿Qué tal la película?* What was the movie like? ♦ **¡qué va!** no way! ♦ **¿y a mí qué?** what's it to me, you, etc.?

quebrado *nm* fraction

quebrar *vt* **1** to break: *~ un vaso/plato* to break a glass/plate ◊ *Quebré la ventana de un pelotazo.* I broke the window with my ball. **2** (*lápiz*) to snap **3** (*rajar*) to crack **4** (*diente*) to chip
▸ *vi* to go bankrupt
▸ **quebrarse** *vp* to break: *Me quebré el brazo jugando al fútbol.* I broke my arm playing soccer. ◊ *Se quebró sola.* It broke of its own accord.

queda *nf* **LOC** Ver TOQUE

quedado, -a *adj* **LOC** **ser quedado** (*Chi, Per*) to be slow on the uptake Ver tb QUEDAR

quedar *vi* **1** (*haber*) to be left: *¿Queda café?* Is there any coffee left? ◊ *Quedan tres días para las vacaciones.* There are three days left before we go on vacation. ◊ *Todavía quedan cinco kilómetros para Trujillo.* It's still five kilometers to Trujillo. **2** (*tener*) to have *sth* left: *Todavía nos quedan dos botellas.* We have still two bottles left. ◊ *No me queda plata.* I don't have any money left. **3** (*estar situado, llegar*) to be: *¿Dónde queda tu hotel?* Where is your hotel? ◊ *Quedamos (de) terceros en el concurso.* We were third in the competition. **4** (*arreglo personal*): *¿Qué tal le queda la chaqueta?* How does the jacket look on her? ◊ *La falda me quedaba grande.* The skirt was too big for me. ◊ *El pelo corto te queda muy bien.* Short hair looks really good on you. **5 ~ de** to agree to do *sth*: *Quedamos de vernos el martes.* We agreed to meet on Tuesday. ◊ *¿Dónde quedamos de encontrarnos?* Where shall we meet?
▸ **quedarse** *vp* **1** (*en un sitio*) to stay: *~se en la casa/cama* to stay home/in bed **2 + adjetivo** to go: *~se calvo/ciego* to go bald/blind **3 quedarse (con)** to keep: *Quédate con las vueltas.* Keep the change. **LOC** **quedar bien/mal** to make a good/

bad impression (*on sb*): *Quedé muy mal con Raúl.* I made a bad impression on Raúl.
♦ **quedarse sin algo** to run out of sth: *Me quedé sin suelto.* I've run out of change. ❶ Para otras expresiones con **quedar**, véanse las entradas del sustantivo, adjetivo, etc., p. ej. **quedarse como una piedra** en PIEDRA.

queja *nf* complaint

quejarse *vp* **(de/por)** to complain, to bellyache (*coloq*) (about *sb/sth*) ➲ *Ver nota en* COMPLAIN

quejetas *nmf* crybaby [*pl* crybabies]

quejido *nm* **1** (*de dolor*) moan **2** (*lamento, suspiro*) sigh **3** (*animal*) whine

quejumbroso, -a *adj* whiner: *¡Deja de ser ~!* Stop whining!

quemado, -a *adj* **1** burned **2** (*Chi*) (*desafortunado*) unlucky LOC **saber a quemado** to taste burned *Ver tb* OLER; *Ver tb* QUEMAR

quemador *nm* burner: *~ de CD/DVD* CD/DVD burner

quemadura *nf* **1** burn: *~s de segundo grado* second-degree burns **2** (*con líquido hirviendo*) scald LOC **quemadura de sol** sunburn [*incontable*]: *Esta crema es para las ~s de sol.* This cream is for sunburn.

quemar *vt* **1** to burn: *Vas a ~ el arroz.* You're going to burn the rice. **2** (*edificio, bosque*) to burn *sth* down: *Ha quemado ya tres edificios.* He's already burned down three buildings. **3** (*cerámica*) to fire
▸ *vi* to be hot: *¡Cómo quema!* It's very hot!
▸ **quemarse** *vp* **1 quemarse (con)** (*persona*) to burn *sth/yourself* (on *sth*): *~se la lengua* to burn your tongue ◇ *Me quemé con la sartén.* I burned myself on the frying pan. **2** (*comida*) to be burned **3** (*agotarse*) to burn yourself out **4** (*con el sol*) to get sunburned: *Me quemo muy rápido.* I get sunburned very easily. LOC **quemarse las pestañas** to cram

queque *nm* cake

querella *nf* (*Jur*) lawsuit LOC **poner una querella contra** to sue *sb*

querer *vt* **1** (*algo, hacer algo*) **(a)** *~ algo/hacer algo* to want sth/to do sth: *¿Cuál quieres?* Which one do you want? ◇ *Quiero salir.* I want to go out. ◇ *De entrada, quiero sopa de pescado.* I'd like fish soup to start with. **(b)** *~ que algn haga algo* to want sb to do sth: *Quiere que vayamos a su casa.* He wants us to go to his house. ➲ *Ver nota en* WANT **2** (*amar*) to love
▸ *vi* to want to: *No quiero.* I don't want to. ◇ *Pues claro que quiere.* Of course he wants to.
LOC **querer decir** to mean: *¿Qué quiere decir esta palabra?* What does this word mean?
♦ **queriendo** (*a propósito*) on purpose
♦ **quisiera…** I, he, etc. would like *to do sth*:

Quisiera saber por qué siempre llegas tarde. I'd like to know why you're always late. ♦ **sin querer**: *Perdona, fue sin ~.* Sorry, it was an accident.

querido, -a *adj* **1** (*apreciado*) dear **2** (*Col*) (*simpático*) nice: *Es una muchacha muy querida.* She's a really nice girl. *Ver tb* QUERER

queso *nm* cheese: *~ rallado* grated cheese ◇ *No me gusta el ~.* I don't like cheese. ◇ *un sándwich de ~* a cheese sandwich

quicio *nm* LOC **sacar de quicio** to drive *sb* crazy

quiebra *nf* bankruptcy [*pl* bankruptcies]

quien *pron* **1** (*sujeto*) who: *Fue mi hermano ~ me lo dijo.* It was my brother who told me. ◇ *Aquí no hay ~ trabaje.* No one can work here. **2** (*complemento*)

El inglés prefiere no traducir **quien** cuando funciona como complemento, aunque también es correcto usar **who** o **whom**: *Es a mi mamá a quien quiero ver.* It's my mother I want to see. ◇ *Fue a él a quien se lo dije.* He was the one I told. ◇ *El muchacho con quien la vi ayer es su primo.* The boy (who) I saw her with yesterday is her cousin. ◇ *la actriz de quien se ha escrito tanto* the actress about whom so much has been written.

3 (*cualquiera*) whoever: *Invita a ~ quiera.* Invite whoever you want. ◇ *Quien esté a favor, que levante la mano.* Those in favor, raise your hands. ◇ *Pacho, Julián o ~ sea* Pacho, Julián or whoever

quién *pron* who: *¿Quién es?* Who is it? ◇ *¿A ~ viste?* Who did you see? ◇ *¿Quiénes vienen?* Who's coming? ◇ *¿Para ~ es este regalo?* Who is this present for? ◇ *¿De ~ hablas?* Who are you talking about? LOC **¿de quién…?** (*posesión*) whose…?: *¿De ~ es este abrigo?* Whose is this coat?

quienquiera *pron* whoever: *Quienquiera que sea el culpable recibirá su castigo.* Whoever is responsible will be punished.

quieto, -a *adj* still: *estarse/quedarse ~* to keep still

quilate *nm* carat: *oro de 18 ~s* 18-carat gold

química *nf* chemistry

químico, -a *adj* chemical
▸ *nm-nf* chemist LOC *Ver* PEDO

quince *nm, adj, pron* **1** fifteen **2** (*fecha*) fifteenth ➲ *Ver ejemplos en* ONCE, SEIS LOC **quince días** two weeks: *Solo vamos ~ días.* We're only going for two weeks.

quinceañero, -a *nm-nf* (*adolescente*) teenager

quincena nf (quince días) two weeks [pl], fortnight (GB): *la segunda ~ de enero* the last two weeks of January

quincenal adj fortnightly LOC Ver PUBLICACIÓN

quinientos, -as adj, pron, nm five hundred ➲ Ver ejemplos en SEISCIENTOS

quinta nf (automóvil) fifth (gear)

quinto, -a adj, pron, nm-nf fifth ➲ Ver ejemplos en SEXTO LOC **en el quinto pino**; **en la quinta porra** in the middle of nowhere

quiosco nm stand LOC **quiosco de periódicos** newsstand

quiquiriquí nm cock-a-doodle-doo

quirófano nm operating room, operating theatre (GB)

quirúrgico, -a adj surgical: *una intervención quirúrgica* an operation

quisquilloso, -a adj **1** (exigente) fussy **2** (susceptible) touchy

quitamanchas nm stain remover

quitanieves nf snowplough

quitar vt **1** to take sth off/down/out: *Quita tus cosas de mi escritorio.* Take your things off my desk. ◊ *Quítale la camisa.* Take his shirt off. ◊ *Quitó el cartel.* He took the poster down. **2** (Mat, sustraer) to take sth away (from sb/sth): *Si a tres le quitas uno…* If you take one (away) from three… ◊ *Me quitaron la licencia.* I had my driver's license taken away. **3** (mancha) to remove, to get sth out (más coloq) **4** (dolor) to relieve **5** (tiempo) to take up sth: *Los niños me quitan mucho tiempo.* The children take up a lot of my time.
▸ vi (Col) (mancha) to come out: *Esta mancha no quita.* This stain won't come out.
▸ **quitarse** vp (prenda, etc.) to take sth off: *Quítate los zapatos.* Take your shoes off. LOC **no quitar la vista/los ojos (de encima)** not to take your eyes off sb/sth ♦ **quitar importancia** to play sth down: *Siempre le quita importancia a sus triunfos.* She always plays down her achievements. ♦ **quitarse de encima a algn** to get rid of sb ♦ **quitarse la costumbre/manía** to kick the habit (of doing sth): *~se la costumbre de morderse las uñas* to kick the habit of biting your nails ♦ **quitársele las ganas a algn** to not feel like (doing sth anymore): *Se me quitaron las ganas de ir al cine.* I don't feel like going to the movies anymore. ♦ **quitarse un peso de encima**: *Me he quitado un gran peso de encima.* That's a great weight off my mind. ♦ **¡quita (de ahí)!/ ¡quítate de en medio!** get out of the way! Ver tb POLVO

quizá (tb **quizás**) adv maybe: *–¿Crees que vendrá? –Quizás sí.* 'Do you think she'll come?' 'Maybe.'

R r

rábano *nm* radish

rabia *nf* **1** (*ira*) anger **2** (*Med*) rabies [*incontable*]: *El perro tenía ~.* The dog had rabies. LOC **dar rabia** to drive *sb* up the wall: *Me da muchísima ~.* It really drives me up the wall. *Ver tb* COMIDO

rabieta *nf* tantrum: *Le dan muchas ~s.* He's always throwing tantrums.

rabillo *nm* LOC **con/por el rabillo del ojo** out of the corner of your eye

rabioso, -a *adj* **1** (*furioso*) furious: *Me contestó ~.* He replied furiously. **2** (*Med*) rabid: *un perro ~* a rabid dog

rabo *nm* **1** (*animal*) tail **2** (*planta, fruta*) stalk LOC *Ver* CABO

racha *nf* run: *una ~ de suerte* a run of good luck ◊ *una ~ de desgracias* a series of misfortunes LOC **pasar una mala racha** to be going through a bad spell

racial *adj* racial: *la discriminación ~* racial discrimination ◊ *relaciones ~es* race relations

racimo *nm* bunch

ración *nf* (*comida*) portion, helping (*más coloq*): *Tomaron unas buenas raciones.* They took big helpings.

racional *adj* rational

racionamiento *nm* rationing: *el ~ del agua* water rationing

racismo *nm* racism

racista *adj, nmf* racist

radar *nm* radar [*incontable*]: *los ~es enemigos* enemy radar

radiactivo, -a *adj* radioactive LOC *Ver* LLUVIA

radiador *nm* radiator

radial *adj* radio: *cadena ~* radio station

radiante *adj* **1** (*brillante*) bright: *Lucía un sol ~.* The sun was shining brightly. **2** (*persona*) radiant: *~ de alegría* radiant with happiness

radical *adj, nmf* radical

radicalmente *adv* radically

radicar *vi ~ en* to lie in *sth*: *El éxito del grupo radica en su originalidad.* The group's success lies in their originality.

radio¹ *nm* **1** (*Geom*) radius [*pl* radii] **2** (*rueda*) spoke

radio² *nm* (*Quim*) radium

radio³ *nm o nf* radio [*pl* radios]: *oír/escuchar el ~* to listen to the radio LOC **en/por el radio** on the radio: *Lo oí en el ~.* I heard it on the radio. ◊ *hablar por ~* to speak on the radio

radioaficionado, -a *nm-nf* ham radio operator

radioescucha *nmf* listener

radiograbadora *nf* radio cassette player

radiografía *nf* X-ray: *hacer una ~* to take an X-ray

ráfaga *nf* **1** (*viento*) gust **2** (*disparos*) burst: *una ~ de disparos* a burst of gunfire

rafting *nm* white-water rafting: *hacer ~* to go white-water rafting

raído, -a *adj* threadbare

raíz *nf* root LOC **echar raíces 1** (*planta*) to take root **2** (*persona*) to put down roots ◆ **a raíz de** as a result of *sth*: *a ~ del accidente...* as a result of the accident... ◆ **raíces chinas** (*Col*) bean sprouts ◆ **raíz cuadrada/cúbica** square/cube root: *La ~ cuadrada de 49 es 7.* The square root of 49 is 7.

rajado, -a *adj* **1** (*agrietado*) cracked **2** (*Chi*) (*conductor*) reckless LOC **andar/ir rajado** (*Chi*) to go at top speed

rajadura *nf* **1** (*fisura*) crack **2** (*herida*) cut

rajar *vt* **1** (*agrietar*) to crack **2** (*desgarrar*) to tear **3** (*cortar*) to cut: *Por poco me rajas el dedo.* You almost cut my finger. ◊ *~ leña* to chop firewood **4** (*Col, Per*) (*examen*) to flunk, to fail (*GB*)
▸ *vi ~ de* (*Col, Per*) (*criticar*) to bad-mouth *sb*
▸ **rajarse** *vp* **1** (*romperse*) to crack **2** (*tela, etc.*) to tear **3** (*Col, Per*) (*perder un examen*) to flunk, to fail (*GB*): *Me rajé en matemáticas.* I flunked math. **4** (*echarse atrás*) to back out **5** (*Chi*) (*ser generoso*) to invite: *Se rajó con el asado.* He invited us all to the barbecue.

rajatabla *nm* LOC **a rajatabla** to the letter ◆ **echar un rajatablas** (*Col*) to give *sb* a talking-to

rallado *adj* LOC *Ver* PAN; *Ver tb* RALLAR

ralladura *nf* LOC **ralladura de limón/naranja** grated lemon/orange rind

rallar *vt* to grate

rally *nm* rally [*pl* rallies]

rama *nf* branch: *la ~ de un árbol* the branch of a tree ◊ *una ~ de la filosofía* a branch of philosophy LOC **andar/irse por las ramas** to beat about the bush

ramo *nm* **1** (*de flores*) bunch **2** (*sector*) sector **3** (*Chi*) (*Educ*) subject LOC *Ver* DOMINGO

rampa *nf* ramp

rana *nf* frog LOC *Ver* HOMBRE

rancio, -a *adj* **1** (*mantequilla*) rancid: *Sabe a ~.* It tastes rancid. **2** (*pan*) stale **3** (*olor*) musty: *El sótano olía a ~.* The basement smelt musty.

rango *nm* rank

ranura *nf* slot: *Hay que introducir la moneda en la ~.* You have to put the coin in the slot.

rap *nm* rap LOC **hacer rap** to rap

rapar *vt* (*pelo*) to crop

rapaz *nf* (*ave*) bird of prey

rapero, -a *nm-nf* rapper

rápidamente *adv* quickly

rapidez *nf* speed LOC **con rapidez** quickly

rápido, -a *adj* **1** (*breve*) quick: *¿Puedo hacer una llamada rápida?* Can I make a quick phone call? **2** (*veloz*) fast: *un corredor ~* a fast runner ➜ *Ver nota en* FAST
▸ *adv* quickly
▸ *nm* (*río*) rapids [*pl*] LOC **¡rápido!** hurry up! *Ver tb* COMIDA

raponazo *nm* (*Col*) mugging: *Cuidado que esta calle es famosa por los ~s.* Watch out, this street is famous for muggings. ◊ *ser víctima de un ~* to have your bag snatched

raponero, -a *nm-nf* (*Col*) bag snatcher

rappel (*tb* **rápel**) *nm* rappel, abseiling (*GB*): *hacer ~* to go abseiling

raptar *vt* to kidnap

rapto *nm* kidnapping

raptor, -ora *nm-nf* kidnapper

raqueta *nf* **1** racket: *una ~ de tenis* a tennis racket **2** (*de ping-pong*) paddle, bat (*GB*)

rareza *nf* **1** (*singularidad*) rarity: *un material muy apreciado por su ~* a material highly prized because of its rarity **2** (*manía*) little quirk: *Estoy acostumbrado a sus ~s.* I'm used to his little quirks.

raro, -a *adj* **1** (*extraño*) strange: *una manera muy rara de hablar* a very strange way of speaking ◊ *¡Qué ~!* How strange! **2** (*poco común*) rare: *una planta rara* a rare plant LOC **rara vez/raras veces** rarely *Ver tb* BICHO, COSA, OLER

ras *nm* LOC **a ras de** level with *sth*: *a ~ del suelo* along the floor

rasca *adj* (*Chi*) **1** (*ordinario*) common **2** (*de mala calidad*) trashy LOC *Ver* PEGAR

rascacielos *nm* skyscraper

rascar *vt* to scratch: *Oí al perro rascando la puerta.* I heard the dog scratching at the door.
▸ **rascarse** *vp* to scratch: *~se la cabeza* to scratch your head

rasgado *adj* (*ojos*) almond-shaped *Ver tb* RASGAR

rasgar *vt* to tear *sth* (up)
▸ **rasgarse** *vp* to tear

rasgo *nm* **1** feature: *los ~s distintivos de su obra* the distinctive features of her work **2** (*personalidad*) characteristic **3** (*del estilógrafo*) stroke LOC *Ver* GRANDE

rasguño *nm* (*tb* **rasguñadura** *nf*) scratch

raso, -a *adj* **1** (*llano*) flat **2** (*cucharada, medida*) level
▸ *nm* satin

raspar *vt* **1** (*arañar*) to scratch **2** (*quitar*) to scrape *sth* (*off sth*): *Raspa el papel de la pared.* Scrape the paper off the wall.
▸ *vi* to be rough: *Esta toalla raspa.* This towel is rough.
▸ **rasparse** *vp* to graze: *~se la mano* to graze your hand

rastra *nf* LOC **a rastras**: *Se acercó a ~s.* He crawled over.

rastrear *vt* **1** (*seguir la pista*) to follow: *Los perros rastreaban el olor.* The dogs followed the scent. **2** (*zona*) to comb

rastreo *nm* search: *Realizaron un ~ en los bosques.* They searched the woods.

rastrillo *nm* **1** (*para jardín*) rake **2** (*Méx*) (*para rasurar*) razor

rastro *nm* trail: *Los perros siguieron el ~.* The dogs followed the trail. ◊ *No había ni ~ de ella.* There was no trace of her. LOC **sin dejar rastro** without trace *Ver tb* PERDER

rasurarse 1 to shave **2** (*barba, bigote*) to shave *sth* off LOC *Ver* BROCHA, CREMA

rata *nf* rat
▸ *adj, nmf* (*tacaño, malo*) mean: *¡Eres un ~!* You're so mean!

ratero, -a *nm-nf* **1** (*en una casa*) burglar **2** (*callejero*) pickpocket ➜ *Ver nota en* THIEF

ratificar *vt* **1** (*tratado, acuerdo*) to ratify **2** (*noticia*) to confirm

rato *nm* while: *Un ~ más tarde sonó el teléfono.* The telephone rang a while later. LOC **al (poco) rato** shortly after: *Llegaron al poco ~ de irte tú.* They arrived shortly after you left. ◆ **a ratos** sometimes ◆ **más rato** (*Chi*) later: *guardar algo para más ~* to save sth for later ◆ **para rato**: *Todavía tengo para ~, no me esperes.* I still have a lot to do, so don't wait for me. ◆ **pasar el rato** to pass the time

ratón *nm* **1** (*animal*) mouse [*pl* mice] **2** (*Informát*) mouse [*pl* mice/mouses] ➜ *Ver dibujo en* COMPUTADOR
▸ *adj* **1** (*persona*) lowly **2** (*sueldo, etc.*) miserable LOC **el ratón Pérez** the tooth fairy ◆ **ratón de biblioteca** bookworm *Ver tb* COMER

ratonera *nf* **1** (*trampa*) mousetrap **2** (*madriguera*) mousehole

raya *nf* **1** (*línea*): line: *marcar una ~* to draw a line **2** (*franja*) stripe: *una camisa de ~s* a striped shirt **3** (*pelo*) part, parting (*GB*): *un peinado con ~ en el medio* a hairstyle with a center part **4** (*pantalón*) crease LOC **pasarse de la raya** to go too far: *Esta vez te pasaste de la ~.* This time you've gone too far. ◆ **raya al piso** (*Informát*) underscore ◆ **tener a algn a raya** to keep a tight rein on sb *Ver tb* TRES

rayado, -a *adj* crazy *Ver tb* RAYAR

rayar *vt* to scratch
▶ *vi* ~ **(en/con)** to border on *sth*: *Mi admiración por él rayaba en la devoción.* My admiration for him bordered on devotion.

rayitos *nm* (*pelo*) highlights

rayo *nm* **1** (*solar*) ray: *un ~ de sol* a ray of sunshine ◊ *los ~s del sol* the sun's rays **2** (*Meteorología*) lightning [*incontable*]: *Los ~s y los truenos me asustan.* Thunder and lightning frighten me. **3** **rayos** (*en el pelo*) highlights LOC **rayo láser** laser beam ◆ **rayos X** X-rays

rayón *nm* (*en pared, auto, etc.*) scratch

raza *nf* **1** (*humana*) race **2** (*animal*) breed: *¿De qué ~ es?* What breed is it? **3** (*Per*) (*descaro*) nerve: *¡Qué tal ~!* What a nerve! LOC **de raza** (*perro*) pedigree

razón *nf* **1** (*argumento*) reason (*for sth/doing sth*): *La ~ de su dimisión es obvia.* The reason for his resignation is obvious. **2** (*mensaje*) message: *dejar una ~* to leave a message LOC **con razón** no wonder: *¡Con ~ no quiso sentarse acá!* No wonder she didn't sit here! ◆ **darle la razón a algn** to say/admit that sb is right: *Algún día me darán la ~.* Some day they'll admit I was right. ◆ **hacer entrar en razón** to make sb see reason ◆ **no tener razón** to be wrong ◆ **tener razón** to be right

razonable *adj* reasonable

razonamiento *nm* reasoning

razonar *vi* (*pensar*) to think: *No razonaba con claridad.* He wasn't thinking clearly.
▶ *vt* (*explicar*) to give reasons for *sth*: *Razona tu respuesta.* Give reasons for your answer.

re *nm* **1** (*nota de la escala*) re **2** (*tonalidad*) D: *re mayor* D major

reabastecerse *vp* (*combustible*) to refuel

reacción *nf* reaction

reaccionar *vi* to react

reactor *nm* **1** (*motor*) jet engine **2** (*avión*) jet LOC **reactor atómico/nuclear** nuclear reactor

readmitir *vt* to readmit sb (*to…*): *Lo readmitieron en el colegio.* He was readmitted to school.

real¹ *adj* (*caso, historia*) true LOC *Ver* GANA, TIEMPO

real² *adj* (*de reyes*) royal LOC *Ver* JALEA, PAVO

realeza *nf* royal family: *miembros de la ~* members of the royal family

realidad *nf* reality [*pl* realities] LOC **en realidad** actually ◆ **hacerse realidad** to come true *Ver tb* CONVERTIR

realismo *nm* realism

realista *adj* realistic
▶ *nmf* realist

realización *nf* **1** (*proyecto, trabajo*) carrying out: *Yo me encargaré de la ~ del plan.* I'll take charge of carrying out the plan. **2** (*objetivo, sueño*) fulfillment

realizador, -ora *nm-nf* (*Cine, TV*) director

realizar *vt* **1** (*llevar a cabo*) to carry sth out: *~ un proyecto* to carry out a project **2** (*sueño, objetivo*) to fulfill
▶ **realizarse** *vp* **1** (*hacerse realidad*) to come true: *Mis sueños se realizaron.* My dreams came true. **2** (*persona*) to fulfill yourself

realmente *adv* really

realzar *vt* to enhance

reanimar *vt* to revive
▶ **reanimarse** *vp* **1** (*fortalecerse*) to get your strength back **2** (*volver en sí*) to regain consciousness

reanudar *vt* **1** to resume: *~ el trabajo* to resume work **2** (*amistad, relación*) to renew

rearme *nm* rearmament

rebaja *nf* discount: *Nos hicieron una ~.* They gave us a discount.

rebajar *vt* **1** (*reducir*) to reduce: *~ una condena* to reduce a sentence ◊ *Nos rebajó un 15 por ciento.* He gave us a 15 percent reduction. **2** (*color*) to soften **3** (*humillar*) to humiliate: *Me rebajó delante de todos.* He humiliated me in front of everyone.
▶ **rebajarse** *vp* **1 rebajarse (a hacer algo)** to lower yourself (by doing sth): *No me rebajaría a aceptar su plata.* I wouldn't lower myself by accepting your money. **2 rebajarse ante algn** to bow down to sb

rebanada *nf* slice: *dos ~s de pan* two slices of bread ➔ *Ver dibujo en* PAN

rebaño *nm* **1** (*ovejas*) flock **2** (*ganado*) herd

rebelarse *vp* ~ **(contra)** to rebel (against *sb/sth*)

rebelde *adj* **1** (*Mil*) rebel: *el general ~* the rebel general **2** (*espíritu*) rebellious **3** (*niño*) difficult
▶ *nmf* rebel

rebelión *nf* rebellion

reblujo *nm* LOC *Ver* CUARTO

rebobinar *vt* to rewind

rebosante *adj* ~ **(de)** overflowing (with *sth*): *~ de alegría* overflowing with joy

rebosar *vi, vt* to be overflowing *with sth*
LOC *Ver* GOTA

rebotar *vt* to bounce
▸ *vi* **1** to bounce (*off sth*): *El balón rebotó en el aro.* The ball bounced off the hoop. **2** (*bala*) to ricochet (*off sth*)

rebote *nm* rebound **LOC** **de rebote** on the rebound

rebuscado, -a *adj* (*lenguaje*) over-elaborate

rebuscarse *vp* **LOC** **rebuscárselas** to get by

rebuznar *vi* to bray

recaer *vi* **1** (*Med*) to have a relapse **2** (*vicio*) to go back to your old ways **3** ~ **en** (*responsabilidad, sospecha*) to fall on *sb*: *Todas las sospechas recayeron sobre mí.* Suspicion fell on me.

recalcar *vt* to stress

recalentar *vt* to warm *sth* up
▸ **recalentarse** *vp* to overheat

recámara *nf* (*dormitorio*) bedroom

recapacitar *vt* to think *sth* over
▸ *vi* to think things over

recargable *adj* rechargeable

recargado, -a *adj* **1** (*de peso*) overloaded **2** (*estética*): *Estaba un poco recargada para mi gusto.* She was a little overdressed for my taste. *Ver tb* RECARGAR

recargar *vt* **1** (*cargar de nuevo*) **(a)** (*pila, batería*) to recharge **(b)** (*arma*) to reload **(c)** (*pluma, etc.*) to refill **2** (*de peso*) to overload

recargo *nm* surcharge

recaudar *vt* to collect

recepción *nf* reception ➔ *Ver nota en* MATRIMONIO

recepcionista *nmf* receptionist

recesión *nf* recession: *~ económica* economic recession

receta *nf* **1** (*Cocina*) recipe (*for sth*): *Tienes que darme la ~ de este plato.* You must give me the recipe for this dish. **2** (*Med*) prescription: *Solo se vende con ~.* Only available with a prescription.

recetar *vt* to prescribe

rechazar *vt* to turn *sb/sth* down: *Rechazaron nuestra propuesta.* Our proposal was turned down.

rechinar *vt* **LOC** **rechinar los dientes** to grind your teeth

recibidor *nm* (*vestíbulo*) hall

recibir *vt* **1** to receive, to get (*más coloq*): *Recibí tu carta.* I received/got your letter. **2** (*persona*) to welcome: *Salió a ~nos.* He came out to welcome us.

recibo *nm* **1** (*comprobante*) receipt: *Para cambiarlo necesitas el ~.* You'll need the receipt if you want to exchange it. **2** (*factura*) bill: *el ~ de la luz* the electric bill

reciclable *adj* recyclable **LOC** **no reciclable** nonrecyclable

reciclaje *nm* **1** (*de materiales*) recycling: *el ~ de papel* paper recycling **2** (*laboral*) retraining
LOC *Ver* CURSO

reciclar *vt* (*materiales*) to recycle

recién *adv* recently: *~ creado* recently formed
LOC **los recién casados** the newly-weds ♦ **recién cumplidos**: *Tengo 15 años ~ cumplidos.* I've just turned 15. ♦ **recién llegado** recently arrived: *un ~ llegado* a newcomer ♦ **recién nacido** newborn: *un ~ nacido* a newborn baby

reciente *adj* **1** (*huella*) fresh **2** (*acontecimiento*) recent

recientemente *adv* recently

recipiente *nm* container

recital *nm* recital

recitar *vt* to recite

reclamar *vt* to demand: *Reclaman justicia.* They are demanding justice.
▸ *vi* to complain: *Deberías ~, no funciona.* This doesn't work so you ought to complain.

reclamo *nm* (*tb* **reclamación** *nf*) complaint: *hacer/presentar un ~* to make/lodge a complaint

reclinable *adj* (*asiento*) reclining

reclinar *vt* to lean *sth* (*on sb/sth*): *Reclinó la cabeza en mi hombro.* He leant his head on my shoulder.
▸ **reclinarse** *vp* (*persona*) to lean back (*against sb/sth*)

reclinatorio, -a *adj* **LOC** *Ver* SILLA

recluso, -a *nm-nf* prisoner

recluta *nmf* recruit

recobrar *vt* **1** (*posesión, conocimiento, control*) to get *sth* back, to regain (*más formal*): *~ el dinero* to get your money back **2** (*salud, memoria*) to recover, to get *sth* back (*más coloq*): *~ la memoria* to get your memory back
▸ **recobrarse** *vp* to recover (*from sth*): *~se de una enfermedad* to recover from an illness **LOC** *Ver* CONOCIMIENTO

recogedor *nm* dustpan

recogepelotas (*tb* **recogebolas**) *nmf* **1** (*masc*) ballboy **2** (*fem*) ballgirl

recoger *vt* **1** (*objeto caído*) to pick *sth* up: *Recoge el pañuelo.* Pick up the handkerchief. **2** (*reunir*) to collect: *~ firmas* to collect signatures **3** (*ordenar*) to clear *sth* up: *~ el desorden* to clear up the mess ◊ *~ la mesa* to clear the table **4** (*ir a buscar*) to pick *sb/sth* up: *~*

a los niños del colegio to pick the children up from school
▶ *vi* to clear up: *¿Me ayudas a ~?* Will you help me clear up? **LOC** **recogerse el pelo** to tie your hair back

recogida *nf* **LOC** **hacer una recogida** to clear *sth* up: *Haz una ~ de papeles.* Clear the papers up. ♦ **recogida de basura** garbage collection

recogido, -a *adj* **1** (*tranquilo*) quiet **2** (*pelo*) up: *Quedas mejor con el pelo ~.* You look better with your hair up. *Ver tb* RECOGER

recolectar *vt* **1** (*fruta, verduras*) to pick **2** (*cereales*) to harvest **3** (*fondos, dinero*) to collect

recomendable *adj* advisable **LOC** **poco/nada recomendable**: *Es un barrio poco ~.* That area is not to be recommended. ◊ *Ese chico no es nada ~.* That boy is no good.

recomendación *nf* recommendation: *Fuimos por ~ de mi hermano.* We went on my brother's recommendation. ➔ *Ver nota en* RECOMMENDATION

recomendado, -a *adj* **1** (*elogio*) recommended: *muy ~* highly recommended **2** (*correo*) registered: *mandar una carta recomendada* to send a letter by registered mail

recomendar *vt* to recommend

recompensa *nf* reward **LOC** **en/como recompensa (por)** as a reward (for *sth*)

recompensar *vt* to reward *sb* (*for sth*)

reconciliarse *vp* to make up (*with sb*): *Pelearon pero ya se reconciliaron.* They quarrelled but they've made up now.

reconocer *vt* **1** (*identificar*) to recognize: *No la reconocí.* I didn't recognize her. **2** (*admitir*) to admit: *~ un error* to admit a mistake **3** (*examinar*) to examine: *~ a un paciente* to examine a patient

reconocido, -a *adj* (*apreciado*) well known: *un ~ sociólogo* a well-known sociologist ➔ *Ver nota en* WELL BEHAVED; *Ver tb* RECONOCER

reconocimiento *nm* recognition **LOC** **reconocimiento (médico)** physical (examination), medical (*GB*): *Tienes que hacerte un ~ médico.* You have to have a physical.

reconquista *nf* reconquest

reconstruir *vt* **1** (*edificio, monumento*) to rebuild **2** (*hechos, suceso*) to reconstruct

recopilación *nf* compilation

recopilar *vt* to collect

récord *nm* record: *batir/tener un ~* to break/hold a record **LOC** *Ver* TIEMPO

recordar *vt* **1 recordarle algo a algn** to remind *sb* (about *sth*/to do *sth*): *Recuérdame que tengo que comprar pan.* Remind me to buy some bread. ◊ *Recuérdamelo mañana o se me olvidará.* Remind me tomorrow or I'll forget. **2** (*por asociación*) to remind *sb* of *sb/sth*: *Me recuerda a mi hermano.* He reminds me of my brother. ◊ *¿Sabes a qué/quién me recuerda esta canción?* Do you know what/who this song reminds me of? ➔ *Ver nota en* REMIND **3** (*acordarse*) to remember *sth/doing sth*: *No recuerdo su nombre.* I can't remember his name. ◊ *No recuerdo habértelo dicho.* I don't remember telling you. ◊ *Recuerdo que los vi.* I remember seeing them. ➔ *Ver nota en* REMEMBER **LOC** **que yo recuerde** as far as I remember ♦ **te recuerdo que…** remember…: *Te recuerdo que mañana tienes un examen.* Remember you have a test tomorrow.

recorrer *vt* **1** (*lugar*) to go around…: *Recorrimos Ecuador en bus.* We went around Ecuador by bus. **2** (*distancia*) to cover, to do (*más coloq*): *Nos demoramos tres horas en ~ un kilómetro.* It took us three hours to do one kilometer.

recorrido *nm* route: *el ~ del bus* the bus route

recortar *vt* **1** (*artículo, figura*) to cut *sth* out: *Recorté la foto de una revista vieja.* I cut the photograph out of an old magazine. **2** (*lo que sobra*) to trim **3** (*gastos*) to cut

recostado, -a *adj* lying: *Estaba ~ en el sofá.* He was lying on the couch. *Ver tb* RECOSTAR

recostar *vt* (*apoyar*) to lean: *Lo recosté contra la pared.* I leaned it (up) against the wall. ◊ *Recostó la cabeza en la almohada.* He laid his head back on the pillow.
▶ **recostarse** *vp* to lie down ➔ *Ver nota en* LIE¹

recrearse *vp* **con/en** to take pleasure in *sth/doing sth*: *~ con las desgracias ajenas* to take pleasure in other people's misfortunes

recreativo, -a *adj* recreational **LOC** *Ver* SALA, SALÓN

recreo *nm* recess, break (*GB*): *A las once salimos a ~.* Recess is at eleven. **LOC** **de recreo** recreational

recta *nf* straight line **LOC** **recta final 1** (*Dep*) home stretch **2** (*fig*) closing stages [*pl*]: *en la ~ final de la campaña* in the closing stages of the campaign

rectangular *adj* rectangular

rectángulo *nm* rectangle **LOC** *Ver* TRIÁNGULO

rectificar *vt* **1** (*error*) to rectify: *La empresa tendrá que ~ los daños.* The company will have to rectify the damage. **2** (*actitud, conducta*) to improve

recto, -a *adj* straight
▶ *nm* (*Anat*) rectum

rector, -ora adj (junta, consejo) governing
▶ nm-nf **1** (universidad) vice-chancellor **2** (colegio) principal, head (teacher) (GB)

recuadro nm (casilla) box

recuerdo nm **1** (memoria) memory [pl memories]: Guardo un buen ~ de su amistad. I have happy memories of our friendship. **2** (objeto) souvenir **3 recuerdos** regards: Dale ~s de mi parte. Give him my regards. ◊ Mi mamá te manda ~s. My mother sends her regards.

recuperación nf LOC Ver EXAMEN

recuperar vt **1** (recobrar) to recover: Confío en que recupere la vista. I'm sure he'll recover his sight. **2** (tiempo, clases) to make sth up: Tienes que ~ tus horas de trabajo. You'll have to make up the time. **3** (Educ) to pass a retake exam: Recuperé historia. I passed History the second time around.
▶ **recuperarse** vp **recuperarse de** to recover from sth, to get over sth (más coloq)

recurrir vi ~ **a 1** (utilizar) to resort to sth **2** (pedir ayuda) to turn to sb: No tenía a quién ~. I had no one to turn to.

recurso nm **1** (medio) resort: como último ~ as a last resort **2 recursos** resources: ~s humanos/naturales human/natural resources

red nf **1** (Dep, Caza, Pesca) net **2** (Informát, Comunicaciones) network: la ~ de ferrocarriles/carreteras the railroad/road network LOC **caer en la red** to fall into the trap ♦ **red social** (Internet) social networking site

redacción nf essay: hacer una ~ sobre tu ciudad to write an essay on your town

redactar vt, vi to write: ~ una carta to write a letter ◊ Para ser tan pequeño redacta bien. He writes well for his age.

redactor, -ora nm-nf (Period) editor

redada nf raid: efectuar una ~ to carry out a raid

redoblar vi (tambor) to roll

redomado, -a adj out-and-out: un mentiroso ~ an out-and-out liar

redonda nf (Mús) whole note, semibreve (GB)

redondear vt **1** (precio, cifra) to round sth off: ~ un negocio to round off a business deal **2** (precio, cifra) to round sth up/down

redondo, -a adj round: en números ~s in round figures LOC **a la redonda**: No había ninguna casa en diez kilómetros a la redonda. There were no houses within ten kilometers. Ver tb CUELLO, ESCOTE, MESA, VIAJE

reducción nf reduction

reducido, -a adj (pequeño) small LOC Ver JORNADA; Ver tb REDUCIR

reducir vt to reduce: ~ la velocidad to reduce your speed ◊ El fuego redujo la casa a cenizas. The fire reduced the house to ashes. LOC **todo se reduce a...** it all boils down to...

reductivo, -a (tb reductora, -ora) adj LOC Ver GIMNASIA

redundancia nf redundancy

reelegir vt to re-elect: Lo reeligieron como su representante. They've re-elected him as their representative.

reembolsar vt **1** (cantidad pagada) to refund **2** (gastos) to reimburse

reembolso nm LOC **contra reembolso** cash on delivery (abrev COD) Ver tb ENVÍO

reemplazar vt to replace sb/sth (with sb/sth)

reencarnación nf reincarnation

reencarnarse vp ~ **(en)** to be reincarnated (in/as sb/sth)

reenviar vt (Informát) **1** to resend **2** (a nuevo destinatario) to forward

refajo nm (Col) shandy [pl shandies]

referencia nf reference (to sb/sth): servir de/como ~ to serve as a (point of) reference ◊ Con ~ a su carta... With reference to your letter... ◊ tener buenas ~s to have good references LOC **hacer referencia a** to refer to sb/sth

referéndum (tb referendo) nm referendum [pl referendums/referenda]

referente adj ~ **a** regarding sb/sth LOC **(en lo) referente a** with regard to sb/sth

referirse vp ~ **a** to refer to sb/sth: ¿A qué se refiere? What are you referring to?

refilón LOC **de refilón**: Me miraba de ~. He was looking at me out of the corner of his eye. ◊ La vi solo de ~. I only caught a glimpse of her.

refinería nf refinery [pl refineries]

reflejar vt to reflect

reflejo, -a adj reflex: un acto ~ a reflex action
▶ nm **1** reflection: Veía mi ~ en el espejo. I could see my reflection in the mirror. **2** (reacción) reflex: tener buenos ~s to have good reflexes

reflexionar vi ~ **(sobre)** to reflect (on sth)

reflexivo, -a adj **1** (persona) thoughtful: una persona/actitud reflexiva a thoughtful person/approach **2** (Gram) reflexive

reforestación nf reforestation

reforma nf **1** reform **2** (en un edificio) alteration: cerrado por ~s closed for alterations

reformar vt **1** to reform: ~ una ley/a un delincuente to reform a law/criminal **2** (edificio) to make alterations to sth
▶ **reformarse** vp to mend your ways

reformatorio nm juvenile detention center, young offenders' institution (GB)

reforzar vt to reinforce sth (with sth)

refrán nm saying: *Como dice el ~...* As the saying goes...

refrescante adj refreshing

refrescar vt 1 (*enfriar*) to cool 2 (*memoria*) to refresh 3 (*conocimientos*) to brush up on sth: *Necesito ~ mi inglés.* I have to brush up on my English.
▶ v imp to get cooler: *Por las noches refresca.* It gets cooler at night.
▶ **refrescarse** vp to freshen up

refresco nm soda, fizzy drink (GB)

refrigerado, -a adj 1 (*local*) air-conditioned 2 (*alimento, camión*) refrigerated Ver tb REFRIGERAR

refrigerador (tb **refri**) nm refrigerator, fridge (*coloq*)

refrigerar vt to refrigerate

refuerzo nm reinforcement

refugiado, -a nm-nf refugee: *un campo de ~s* a refugee camp

refugiar vt to shelter sb/sth (from sb/sth)
▶ **refugiarse** vp **refugiarse (de)** to take refuge (from sth): *~se de la lluvia* to take refuge from the rain

refugio nm refuge: *un ~ de montaña* a mountain refuge

refundir vt (*extraviar*) to mislay

refunfuñar vi to grumble (*about sth*)

regadera nf watering can

regadío nm irrigation: *tierra de ~* irrigated land

regalado, -a adj 1 (*muy barato*) dirt cheap 2 (*muy fácil*) easy: *El examen estaba ~.* The test was a piece of cake. Ver tb REGALAR

regalar vt 1 (*hacer un regalo*) to give: *Me regaló un ramo de flores.* She gave me a bunch of flowers. 2 (*cuando no se quiere algo*) to give sth away: *Voy a ~ tus muñecas.* I'm going to give your dolls away.

regaliz nm licorice

regalo nm gift: *La última pregunta fue un ~.* The last question was an absolute gift. **LOC dar de regalo**: *Si compra dos le damos una de ~.* If you buy two, we'll give you one free. Ver tb ENVOLVER, PAPEL

regalón, -ona adj (*Chi*) (*mimado*) spoiled

regañadientes LOC a regañadientes reluctantly

regañar vt to tell sb off (*for sth/doing sth*): *Me regañó por no haber regado las plantas.* He told me off for not watering the plants.

regar vt 1 (*planta, jardín*) to water 2 (*esparcir*) to scatter

regatear vt, vi (*precio*) to haggle (*over/about sth*)

regazo nm lap

regenerar vt to regenerate
▶ **regenerarse** vp 1 to regenerate 2 (*persona*) to mend your ways

régimen nm 1 (*Pol, normas*) regime: *un ~ muy liberal* a very liberal regime 2 (*dieta*) diet: *estar a ~* to be on a diet

regimiento nm regiment

regio, -a adj (*estupendo*) great

región nf region

regional adj regional

regir vt 1 (*país, sociedad*) to rule 2 (*empresa, proyecto*) to run
▶ vi to be in force: *El convenio rige desde el pasado día 15.* The agreement has been in force since the 15th.

registrado, -a adj **LOC** Ver MARCA; Ver tb REGISTRAR

registrador, -ora adj **LOC** Ver CAJA

registradora nf (*Col*) (*puerta*) turnstile

registrar vt 1 (*inspeccionar*) to search 2 (*grabar, hacer constar*) to record: *~ información* to record information 3 (*en aeropuerto*) to check sth in: *¿Ya registraste las maletas?* Have you checked in the cases?
▶ **registrarse** vp to register

registro nm 1 (*inscripción*) registration 2 (*inspección*) search 3 (*lugar, oficina*) registry [pl registries] **LOC registro civil** registry, registry office (GB) Ver tb ELECTORAL

regla nf 1 (*norma*) rule: *Va contra las ~s del colegio.* It's against the school rules. ◊ *por ~ general* as a general rule 2 (*instrumento*) ruler 3 (*menstruación*) period: *Tengo la ~.* I have my period. **LOC en regla** in order

reglamentario, -a adj regulation: *uniforme ~* regulation uniform

reglamento nm regulations [pl]

regocijarse vp to be delighted (*at/with sth*): *Se regocijaron con la noticia.* They were delighted at the news.

regocijo nm delight

regresar vi to go/come back (*to ...*): *No quieren ~ a su país.* They don't want to go back to their own country. ◊ *Creo que regresan mañana.* I think they're coming back tomorrow.

regreso nm return (*to...*): *a mi ~ a la ciudad* on my return to the city

reguero nm trickle: *un ~ de agua/aceite* a trickle of water/oil

regular¹ vt to regulate

regular² adj **1** (*no irregular*) regular: *verbos ~es* regular verbs **2** (*mediocre*) poor: *Sus notas han sido muy ~es.* His grades have been very poor. **3** (*mediano*) medium: *de altura ~* of medium height
▶ adv: *– ¿Qué tal te va? – Regular.* 'How are things?' 'So so.' ◊ *El negocio va ~.* Business isn't going too well. ◊ *La abuela está ~ (de salud).* Granny isn't doing too well. **LOC** Ver VUELO

regularidad nf regularity **LOC con regularidad** regularly

rehabilitación nf rehabilitation: *programas para la ~ de delincuentes* rehabilitation programs for young offenders

rehabilitar vt to rehabilitate

rehacer vt to redo **LOC rehacer la vida** to rebuild your life

rehén nmf hostage

rehuir vt to avoid *sb/sth/doing sth*: *Rehuyó mi mirada.* She avoided my gaze.

rehusar vt to refuse *sth/to do sth*: *Rehusaron venir.* They refused to come. ◊ *Rehusé su invitación.* I turned their invitation down.

reina nf queen **LOC** Ver ABEJA, BRAZO

reinado nm reign

reinar vi **1** (*gobernar*) to reign **2** (*prevalecer*) to prevail

reincidir vi ~ **(en)** to relapse (into *sth/doing sth*)

reiniciar vt **1** to resume: *~ el trabajo* to resume work **2** (*Informát*) to reboot

reino nm **1** kingdom: *el ~ animal* the animal kingdom **2** (*ámbito*) realm **LOC el Reino Unido** the United Kingdom (*abrev* U.K.)

reintegro nm **1** (*pago, reembolso*) refund **2** (*en un sorteo*) return of stake

reír vi to laugh: *echarse a ~* to burst out laughing
▶ vt to laugh at *sth*
▶ **reírse** vp **1 reírse con algn** to have a good time with *sb*: *Siempre nos reímos con él.* We always have a laugh with him. **2 reírse con algo** to laugh at *sth* **3 reírse de** to laugh at *sb/sth*: *¿De qué te ríes?* What are you laughing at?
◊ *Siempre se ríen de mí.* They always laugh at me. ◊ *Se ríen de todas sus bromas.* They laugh at all his jokes. **LOC reír(se) a carcajadas** to split your sides (laughing)

reivindicación nf **1** (*derecho*) claim (*for sth*) **2** ~ **(de)** (*atentado*): *No se ha producido una ~ de la bomba.* Nobody has claimed responsibility for the bomb.

reivindicar vt **1** (*reclamar*) to claim **2** (*atentado*) to claim responsibility for *sth*

reja nf **1** (*ventana*) grille **2 rejas** bars: *entre ~s* behind bars

rejilla nf **1** grille **2** (*alcantarilla*) grating

rejuvenecer vt to make *sb* look younger

relación nf **1** ~ **(con)** relationship (with *sb/sth*): *mantener relaciones con algn* to have a relationship with *sb* ◊ *Nuestra ~ es puramente laboral.* Our relationship is strictly professional. **2** ~ **(entre)** (*conexión*) connection (between…) **LOC con/en relación a** in/with relation to *sb/sth* ◆ **relación calidad precio** value for money ◆ **relaciones públicas** public relations (*abrev* PR) Ver tb MINISTERIO, MINISTRO

relacionado, -a adj ~ **(con)** related (to *sth*) Ver tb RELACIONAR

relacionar vt to relate *sth* (*to/with sth*): *Los médicos relacionan los problemas del corazón con el estrés.* Doctors relate heart disease to stress.
▶ **relacionarse** vp **relacionarse (con)** to mix (with *sb*)

relajación nf **1** relaxation: *técnicas de ~* relaxation techniques **2** (*tensión*) easing: *la ~ de las tensiones internacionales* the easing of international tension

relajado, -a adj relaxed Ver tb RELAJAR

relajante adj **1** relaxing **2** (*Chi*) (*demasiado dulce*) sickly sweet

relajar vt to relax: *Relaja la mano.* Relax your hand.
▶ **relajarse** vp **1** to relax: *Tienes que ~te.* You must relax. **2** (*reglas, disciplina, etc.*) to become lax

relajo nm mess: *¡Qué ~ el que tienes en la oficina!* What a mess your office is! **LOC** Ver ARMAR

relámpago nm **1** (*tormenta*) lightning [*incontable*]: *Un ~ y un trueno anunciaron la tormenta.* A flash of lightning and a clap of thunder heralded the storm. ◊ *Me asustan los ~s.* Lightning frightens me. **2** (*rápido*) lightning: *viaje/visita ~* lightning trip/visit

relatar vt to relate

relativamente adv (*bastante*) relatively

relatividad nf relativity

relativo, -a adj **1** (*no absoluto*) relative: *Hombre, eso es ~.* Well, that depends. **2** ~ **a** relating to *sth*

relato nm **1** (*cuento*) story [*pl* stories]: *un ~ histórico* a historical story **2** (*descripción*) account: *hacer un ~ de los hechos* to give an account of events

relax *nm* relaxation: *No tengo ni un momento de ~.* I don't get a moment to relax.

relevante *adj* important

relevar *vt* **1** (*sustituir*) to take over (from *sb*): *Estuve de guardia hasta que me relevó un compañero.* I was on duty until a colleague took over from me. **2** (*de un cargo*) to relieve *sb* of *sth*: *Fue relevado del cargo.* He has been relieved of his duties.
▸ **relevarse** *vp* to take turns (*at sth/doing sth*)

relevo *nm* **1** relief: *El ~ no tardará en llegar.* The relief will be here soon. **2** (*turno*) shift: *¿Quién va a organizar los ~s?* Who is going to organize the shifts? **3 relevos** (*Dep*): *una carrera de ~s* a relay race

relieve *nm* **1** (*Geog*): *una región de ~ accidentado* an area with a rugged landscape ◊ *un mapa en ~* a relief map **2** (*importancia*) significance: *un acontecimiento de ~ internacional* an event of international significance

religión *nf* religion

religioso, -a *adj* religious
▸ *nm-nf* **1** (*masc*) monk **2** (*fem*) nun

relinchar *vi* to neigh

reliquia *nf* relic

rellenar *vt* (*recipiente, con dulce*) to fill *sth* (*with sth*): *Rellené las tortas de/con fruta.* I filled the cakes with fruit.

relleno *nm* **1** (*dulce*) filling: *pasteles con ~ de guayaba* pastries filled with guava **2** (*cojín*) stuffing LOC **relleno sanitario** landfill site

reloj

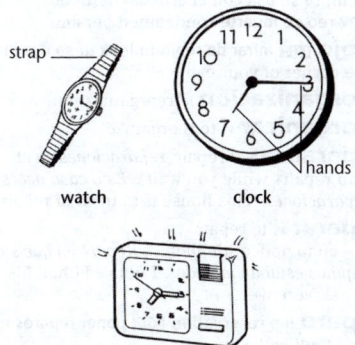

strap / watch / clock / hands / alarm clock

reloj *nm* **1** (*de pared, de mesa*) clock: *¿Qué hora tiene el ~ de la cocina?* What time does the kitchen clock say? **2** (*de pulsera, de bolsillo*) watch: *Tengo el ~ atrasado.* My watch is slow.

LOC **contra reloj** against the clock ◆ **reloj cucú** cuckoo clock ◆ **reloj de sol** sundial *Ver tb* CUERDA

relojería *nf* watch repair shop

relojero, -a *nm-nf* watchmaker

reluciente *adj* **1** (*muebles, pelo, zapatos*) shiny: *zapatos limpios y ~s* clean, shiny shoes **2** (*cara, aspecto*) shining

relucir *vi* to shine

remangar(se) *vt, vp* **1** (*manga, pantalón*) to roll *sth* up: *Se remangó los pantalones.* He rolled up his pants. **2** (*falda*) to lift

remar *vi* to row

rematar *vt* **1** (*acabar*) to finish *sb/sth* off: *Remataré el informe este fin de semana.* I'll finish off the report this weekend. **2** (*Dep*) to shoot: *El capitán recibió la pelota y remató la jugada.* The ball went to the captain, who shot at goal.

remate *nm* **1** (*término*) end **2** (*borde*) border: *un ~ de encaje* a lace border **3** (*Dep*) shot: *El portero evitó el ~.* The goalkeeper saved the shot. **4** (*extremo*) top: *el ~ de una torre* the top of a tower **5** (*rebaja*) sale LOC **de remate**: *ser un imbécil de ~* to be a total idiot *Ver tb* LOCO

remediar *vt* **1** (*solucionar*) to remedy: *~ la situación* to remedy the situation **2** (*daño*) to repair: *Me gustaría ~ todo el daño que he causado.* I'd like to repair all the damage I've caused. LOC **no lo puedo remediar** I, you, etc. can't help it

remedio *nm* ~ (**para/contra**) remedy [*pl* remedies] (*for sth*) LOC **no haber/tener más remedio (que…)** to have no choice (but to…) ◆ **no tener remedio** to be hopeless: *El pobre no tiene ~.* The poor guy's hopeless.

remendar *vt* **1** to mend **2** (*medias*) to darn

remezón *nm* **1** (*temblor*) earth tremor **2** (*cambio brusco*) shake-up

remiendo *nm* (*Costura*) patch LOC **hacer remiendos** (*Col*) (*arreglos*) to do odd jobs

remite *nm* return address

remitente *nmf* sender

remitir *vt* **1** (*carta, pedido*) to send **2** (*nota, comentario*) to refer *sb* to *sth*: *La nota te remite a la bibliografía del final.* The note refers you to the bibliography at the end.
▸ *vi* ~ **a** (*nota, comentario*) to refer to *sth*

remo *nm* **1** (*instrumento*) oar **2** (*Dep*) rowing: *practicar el ~* to row ◊ *un club de ~* a rowing club LOC **a remo**: *Cruzaron el estrecho a ~.* They rowed across the straits. *Ver tb* BARCA

remojar *vt* to soak

remojo *nm*: *Pon los garbanzos en ~.* Soak the garbanzo beans.

remolacha

remolacha nf beet, beetroot (GB) LOC **remolacha azucarera** sugar beet

remolcar vt to tow

remolino nm **1** (pequeño) eddy [pl eddies] **2** (en río) whirlpool **3** (pelo) cowlick

remolón, -ona adj lazy
▸ nm-nf slacker

remolque nm tow

remontar vt **1** (dificultad) to overcome **2** (partido, marcador) to turn sth around: *El equipo no consiguió ~ el marcador.* The team didn't manage to turn the game around.
▸ **remontarse** vp **remontarse a** (hecho, tradición) to date back to sth LOC **remontar el vuelo** to soar

remorder vi LOC **remorderle a algn la conciencia** to have a guilty conscience

remordimiento nm remorse [incontable] LOC **tener remordimientos (de conciencia)** to feel guilty

remoto, -a adj remote: *una posibilidad remota* a remote possibility LOC *Ver* CONTROL

remover vt **1** (líquido) to stir **2** (ensalada) to toss **3** (tierra) to turn sth over **4** (asunto) to bring sth up

renacimiento nm **1** (resurgimiento) revival **2 Renacimiento** Renaissance

renacuajo nm tadpole

rencor nm resentment LOC *Ver* GUARDAR

rencoroso, -a adj resentful

rendición nf surrender

rendido, -a adj (agotado) worn out, exhausted (*más formal*) *Ver tb* RENDIR

rendija nf crack

rendimiento nm **1** (aprovechamiento) performance: *su ~ en los estudios* his academic performance ◊ *un motor de alto ~* a high-performance engine **2** (producción) output

rendir vt **1** (cansar) to tire sb out **2** (examen) to take
▸ vi **1** (alimento): *La pasta rinde mucho.* Pasta goes a long way. **2** (persona): *Rindo mucho más por la mañana.* I work much better in the mornings.
▸ **rendirse** vp **1** to give up: *No te rindas.* Don't give up. **2** (Mil) to surrender (*to sb/sth*) LOC **rendir culto (a)** to worship sb/sth

renegar vi **1** ~ **de** to renounce sth: *~ de la religión/política* to renounce your religion/politics **2** (quejarse) to grumble (*about sth*): *Deja ya de ~.* Stop grumbling.

renglón nm line

reno nm reindeer [pl reindeer]

renombre nm renown: *un médico de mucho ~* a renowned doctor

renovable adj renewable LOC **no renovable** nonrenewable *Ver tb* ENERGÍA

renovación nf **1** (contrato, documento) renewal: *la fecha de ~* the renewal date **2** (estructural) renovation: *Están haciendo renovaciones en el edificio.* They're doing renovation work in the building.

renovar vt **1** (contrato, documento) to renew: *~ un contrato/el pasaporte* to renew a contract/your passport **2** (edificio) to renovate **3** (modernizar) to modernize

renta nf **1** (alquiler) rent **2** (Fin, ingresos) income: *el impuesto sobre la ~* income tax LOC *Ver* DECLARACIÓN

rentabilidad nf profitability

rentable adj profitable: *un negocio ~* a profitable deal

rentar vt to rent ➲ *Ver nota en* ALQUILAR LOC **se renta** for rent, to let (GB)

renuncia nf resignation: *dar/entregar la ~* to hand in your resignation

renunciar vt ~ **a 1** (derecho) to renounce: *~ a una herencia/un derecho* to renounce an inheritance/a right **2** (puesto) to resign (*from sth*): *Renunció a su cargo.* She resigned from her position.

reñido, -a adj hard-fought: *El partido estuvo muy ~.* It was a hard-fought game. *Ver tb* REÑIR

reñir vi ~ **(con) (por) 1** (discutir) to argue (*with sb*) (*about/over sth*): *No riñan por eso.* Don't argue over something like that. **2** (enemistarse) to fall out (*with sb*) (*about/over sth*): *Creo que riñó con su novia.* I think he's fallen out with his girlfriend.

reo nmf accused ❶ En inglés esta palabra siempre se usa con el artículo definido. LOC **reo de muerte** condemned person

reojo LOC **mirar de reojo** to look *at sb* out of the corner of your eye

reorganización nf reorganization

reorganizar vt to reorganize

reparación nf repair: *reparaciones en el acto* repairs while you wait ◊ *Esta casa necesita reparaciones.* This house is in need of repair.

reparar vt to repair
▸ vi ~ **en** to notice sth/(that...): *Reparé en que sus zapatos estaban mojados.* I noticed (that) his shoes were wet.

reparo nm reservation LOC **poner reparos** to find fault *with sth*

repartición nf LOC **repartición pública** (*Chi*) **1** (institución) government department **2** (edificio) government building

repartidor, -ora nm-nf delivery man/woman [pl delivery men/women]

LOC **repartidor de periódicos 1** (*masc*) paperboy **2** (*fem*) papergirl

repartir *vt* **1** (*dividir*) to divide sth up: ~ *el trabajo* to divide the work up **2 (a)** (*distribuir*) to distribute **(b)** (*correo, mercancías*) to deliver **(c)** (*cartas, golpes*) to deal

reparto *nm* **1** (*distribución*) distribution **2** (*mercancías, correo*) delivery [*pl* deliveries] **3** (*Cine, Teat*) cast

repasar *vt* **1** (*revisar*) to check: ~ *un texto* to check a text **2** (*Educ, estudiar*) to review, to revise (*GB*)

repaso *nm* **1** (*Educ*) review, revision [*incontable*] (*GB*): *Hoy vamos a hacer un* ~. We're going to do some reviewing today. ◊ *dar un* ~ *a algo* to review sth **2** (*revisión, inspección*) check **LOC** **dar un repaso a algo 1** (*estudiar*) to review sth, to revise sth (*GB*) **2** (*limpiar*) to give sth a clean

repatriar *vt* to repatriate

repelente *adj, nmf* (*persona*) horrible: *un niño* ~ a horrible child
▸ *nm* (*de insectos*) insect repellent

repente *nm* **LOC** **de repente** suddenly

repentino, -a *adj* sudden

repercusión *nf* repercussion

repercutir *vi* to have repercussions: *Podría* ~ *en la economía*. It could have repercussions on the economy.

repertorio *nm* (*musical*) repertoire

repetición *nf* repetition

repetir *vt* to repeat: *¿Puede repetírmelo? Could you repeat that please?* ◊ *No se lo pienso* ~. I'm not going to tell you again.
▸ *vi* **1** (*servirse otro poco*) to have another helping: *¿Puedo* ~? Can I have another helping? **2** (*volver a hacer*) to do sth again: *Lo voy a tener que* ~. I'm going to have to do it again.
▸ **repetirse** *vp* **1** (*acontecimiento*) to happen again: *¡Y que no se repita!* And don't let it happen again! **2** (*persona*) to repeat yourself

repicar *vt, vi* to ring

repisa *nf* **1** (*estante*) ledge **2** (*chimenea*) mantel, mantelpiece (*GB*) **3** (*ventana*) windowsill

repleto, -a *adj* ~ **(de)** full (of *sb/sth*)

réplica *nf* **1** (*copia*) replica **2** (*de un terremoto*) aftershock

replicar *vt* to retort: – *¿Quién pidió tu opinión? – replicó*. 'Who asked you?' he retorted.
▸ *vi* to answer back: *No me repliques ¿eh?* Don't answer me back!

repollito *nm* **LOC** **repollito de Bruselas** Brussels sprout

repollo *nm* cabbage

reponer *vt* **1** (*combustible, provisiones*) to replenish **2** (*película*) to rerun
▸ **reponerse** *vp* **reponerse (de)** to recover (from sth)

reportaje *nm* documentary [*pl* documentaries]: *Esta noche pasan un* ~ *sobre la India*. There's a documentary about India tonight.

reportero, -a *nm-nf* reporter **LOC** **reportero gráfico** press photographer

reposar *vi* **1** (*descansar*) to rest: *Necesitas* ~. You need to rest. **2** (*yacer*) to lie: *Sus restos reposan en este cementerio*. His remains lie in this cemetery. ➔ *Ver nota en* LIE¹

reposo *nm* **1** (*descanso*) rest: *Los médicos le mandaron* ~. The doctors have told him to rest. **2** (*paz*) peace: *No tengo ni un momento de* ~. I don't get a moment's peace.

repostería *nf* baking: *No soy muy buena en* ~. I'm not very good at baking.

represa *nf* reservoir

represalia *nf* reprisal: *Esperemos que no haya* ~*s contra los vecinos*. Let's hope there are no reprisals against the local people.

representación *nf* **1** representation **2** (*Teat*) performance **LOC** **en representación de** on behalf of *sth/sb*

representante *nmf* **1** representative: *el* ~ *del partido* the party representative **2** (*Cine, Teat*) agent: *el* ~ *de la actriz* the actress's agent **LOC** **representante de grupo** student representative ♦ **representante de ventas** sales rep

representar *vt* **1** (*organización, país*) to represent: *Representaron a Brasil en el mundial de fútbol*. They represented Brazil in the World Cup. **2** (*cuadro, estatua*) to depict: *El cuadro representa una batalla*. The painting depicts a battle. **3** (*simbolizar*) to symbolize: *El verde representa la esperanza*. Green symbolizes hope. **4** (*Teat*) **(a)** (*obra*) to perform **(b)** (*papel*) to play: *Representó el papel de Otelo*. He played the part of Othello. **5** (*edad*) to look: *Representa unos 30 años*. She looks about 30.

representativo, -a *adj* representative

represión *nf* repression

represivo, -a *adj* repressive

reprimido, -a *adj, nm-nf* repressed: *Es un* ~. He's repressed.

reprimir *vt* to repress

reprobar *vt, vi* to fail: *Reprobé inglés*. I've failed English. ◊ *Reprobó en dos asignaturas*. He failed two subjects.

reprochar *vt* to reproach *sb for sth/doing sth*: *Me reprochó el no haberlo llamado*. He reproached me for not telephoning him.

reproche nm reproach: *Mis padres me hicieron duros ~s.* My parents reproached me bitterly.
reproducción nf reproduction
reproducir(se) vt, vp to reproduce
reproductor nm **1** (*de CDs, DVDs, etc.*) CD, DVD, etc. player **2** (*de vídeo*) VCR, video cassette recorder (*GB*)
reptar vi **1** (*serpiente*) to slither **2** (*persona*) to crawl
reptil nm reptile
república nf republic LOC **República Checa** Czech Republic ◆ **República Dominicana** Dominican Republic
republicano, -a adj, nm-nf republican
repuesto nm **1** spare part **2** (*para pluma*) refill LOC **de repuesto** spare: *una llanta de ~ a* spare tire
repugnante adj revolting
reputación nf reputation: *tener buena/mala ~* to have a good/bad reputation
requemado, -a adj burned
requintar vt (*Per*) (*regañar*) to tell sb off
requisar vt to search: *Requisaron a todos los pasajeros.* All the passengers were searched.
requisito nm requirement (*for sth/to do sth*)
res nf (farm) animal
resaltador nm highlighter
resaltar vt **1** (*color, belleza*) to bring sth out **2** (*poner énfasis, con resaltador*) to highlight
▸ vi to stand out (*from sth*) LOC **hacer resaltar** to bring sth out
resbaladizo, -a adj slippery
resbalar vi **1** (*vehículo*) to skid **2** (*superficie*) to be slippery **3** ~ **(por)** to slide (along/down *sth*): *La lluvia resbalaba por la ventana.* The rain slid down the window.
▸ **resbalarse** vp to slip (*on sth*): *Me resbalé en una mancha de aceite.* I slipped on a patch of oil.
resbalón nm slip: *dar/pegarse un ~* to slip
rescatar vt **1** (*salvar*) to rescue sb (*from sth*) **2** (*recuperar*) to recover sth (*from sb/sth*): *Pudieron ~ el dinero.* They were able to recover the money.
rescate nm **1** (*salvación*) rescue: *las labores de ~* rescue work **2** (*pago*) ransom: *pedir un ~ muy elevado* to demand a high ransom LOC **exigir/pedir rescate por algn** to hold sb to ransom
rescoldo nm embers [pl]
reseco, -a adj very dry
resentido, -a adj **1** (*dolido*) upset **2** ~ **(con)** (*enojado*) annoyed (with *sb*): *¿Sigues ~ con ella?* Are you still annoyed with her? **3** (*dolorido*) painful: *Tengo la espalda resentida de tanto estar sentada en esta postura.* My back hurts from sitting so long in this position. LOC **ser (un) resentido** to have a chip on your shoulder: *No le hagas caso, es un ~.* Don't pay any attention to him — he has a chip on his shoulder.
resentimiento nm resentment
resentirse vp **1** (*deteriorarse*) to deteriorate: *Su salud empieza a ~.* His health is starting to deteriorate. **2** (*enojarse*) to be annoyed (*with sb*) (*about sth*): *Se resintió con ella porque le mintió.* He was annoyed with her because she'd lied to him. **3** (*dolerse*) to hurt: *La pierna aún está resentida por la caída.* My leg still hurts from the fall.
reserva nf **1** ~ **(de)** reserve(s) [gen pl]: *una buena ~ de carbón* good coal reserves ◇ *~s de petróleo* oil reserves **2** (*gasolina*) reserve tank **3** (*animales, plantas*) reserve
▸ nmf (*Dep*) reserve
reservación nf (*hotel, viaje, restaurante*) reservation, booking (*GB*): *hacer una ~* to make a reservation ➔ Ver nota en RESERVATION
reservado, -a adj (*persona*) reserved Ver tb RESERVAR
reservar vt **1** (*guardar*) to save: *Resérvame un sitio.* Save me a place. **2** (*pedir con antelación*) to reserve, to book (*GB*): *Quiero ~ una mesa para tres.* I'd like to reserve a table for three.
resfriado, -a adj: *Estoy ~.* I have a cold.
▸ nm cold Ver tb RESFRIARSE
resfriarse vp to catch a cold
resguardar vt to protect sb/sth against/from sth
▸ **resguardarse** vp **resguardarse (de)** to shelter (*from sth*): *~se de la lluvia* to shelter from the rain
residencia nf residence LOC **residencia canina** kennels [pl] ◆ **residencia de ancianos/tercera edad** old people's home ◆ **residencia de estudiantes/universitaria** dormitory, hall of residence (*GB*)
residencial adj residential: *zona ~* residential area
▸ nm (*pensión*) guest house
residuo nm **residuos** waste [incontable]: *~s tóxicos* toxic waste
resignarse vp ~ **(a)** to be resigned to sth: *No se resigna a perderla.* He is not resigned to losing her.
resina nf resin
resistencia nf (*física*) stamina: *No tengo mucha ~.* I don't have a lot of stamina.
resistente adj **1** (*fuerte*) **(a)** (*material*) strong **(b)** (*tela*) hard-wearing **2** (*persona, animal, planta*) hardy **3** ~ **(a)** resistant (to *sth*): *~ al frío/calor/*

agua resistant to cold/heat-resistant/water-resistant

resistir *vt* **1** (*soportar*) to withstand: *Las chozas no resistieron el vendaval.* The shacks didn't withstand the gale. **2** (*peso*) to take: *El puente no va a ~ el peso de ese camión.* The bridge won't take the weight of that truck. **3** (*tentación*) to resist *sth/doing sth*: *No pude ~lo y me comí todos los pasteles.* I couldn't resist eating all the pies.
▸ *vi* to hold up
▸ **resistirse** *vp* to refuse *to do sth*: *Me resistía a creerlo.* I refused to believe it.

resolución *nf* **1** (*solución*) solution: *Colaboraron en la ~ del problema.* They helped solve the problem. **2** (*decisión*) decision **3** (*Jur*) resolution: *las resoluciones de la ONU* UN resolutions

resolver *vt* **1** (*problema, misterio, caso*) to solve **2** ~ **hacer algo** to resolve to do sth: *Resolvimos no decírselo.* We've resolved not to tell her.

resonar *vi* **1** (*metal, voz*) to ring **2** (*retumbar*) to resound

resondrar *vt* (*Per*) to tell *sb* off

resoplar *vi* to huff and puff: *Deja de ~.* Stop huffing and puffing.

resorte *nm* spring

respaldar *vt* to back *sb/sth* up: *Mis padres siempre me respaldaron.* My parents always backed me up.

respaldo *nm* **1** (*silla*) back **2** (*apoyo*) support

respectivo, -a *adj* respective

respecto *nm* LOC **al respecto** about it: *No sé nada al ~.* I know nothing about it. ◆ **(con) respecto a** with regard to *sb/sth*

respetable *adj* respectable: *una persona/cantidad ~* a respectable person/amount

respetar *vt* **1** (*estimar*) to respect *sb/sth* (*for sth*): *~ las opiniones de los demás* to respect other people's opinions **2** (*código, signo*) to obey: *~ las señales de tránsito* to obey road signs

respeto *nm* **1** ~ **(a/hacia)** (*consideración, veneración*) respect (*for sb/sth*): *el ~ a los demás/la naturaleza* respect for others/nature **2** ~ **a** (*miedo*) fear of *sth*: *tenerle ~ al agua* to be afraid of water LOC *Ver* FALTAR

respetuoso, -a *adj* respectful
LOC **respetuoso con el medio ambiente** eco-friendly

respiración *nf*: *ejercicios de ~* breathing exercises ◊ *quedarse sin ~* to be out of breath ◊ *contener la ~* to hold your breath
LOC **respiración artificial** artificial respiration ◆ **respiración boca a boca** mouth-to-mouth resuscitation *Ver tb* AGUANTAR

respirar *vt, vi* to breathe: *~ aire puro* to breathe fresh air ◊ *Respira hondo.* Take a deep breath. LOC **no dejar a algn ni respirar** not to give sb a minute's rest

respiratorio, -a *adj* respiratory

resplandecer *vi* to shine

resplandeciente *adj* shining

resplandor *nm* **1** brightness: *el ~ de la lámpara* the brightness of the lamp **2** (*fuego*) blaze

responder *vt, vi* ~ **(a)** to answer, to reply (*más formal*): *Tengo que ~ estas cartas.* I have to reply to these letters. ◊ *~ a una pregunta* to answer a question
▸ *vi* **1** (*reaccionar*) to respond (*to sth*): *~ a un tratamiento* to respond to treatment ◊ *Los frenos no respondían.* The brakes didn't respond. **2** ~ **por** to answer for *sb/sth*: *¡No respondo por mis acciones!* I won't answer for my actions! ◊ *Yo respondo por él.* I'll answer for him.

responsabilidad *nf* responsibility [*pl* responsibilities]

responsabilizarse *vp* ~ **(de)** to assume responsibility (*for sth*): *Me responsabilizo de mis decisiones.* I assume responsibility for my decisions.

responsable *adj* responsible (*for sth*): *¿Quién es el ~ de este barullo?* Who is responsible for this row?
▸ *nmf* (*encargado*) person in charge: *el ~ de las obras* the person in charge of the construction work ◊ *Los ~s se entregaron.* Those responsible gave themselves up.

respuesta *nf* **1** (*contestación*) answer, reply [*pl* replies] (*más formal*): *una ~ clara* a clear answer ◊ *Quiero una ~ a mi pregunta.* I want an answer to my question. ◊ *No nos dieron ninguna ~.* We haven't had a reply. **2** (*reacción*) response (*to sth*): *una ~ favorable* a favorable response

resquebrajar(se) *vt, vp* to crack

resta *nf* (*Mat*) subtraction

restablecer *vt* **1** (*normalidad, calma*) to restore: *~ el orden* to restore order **2** (*diálogo, negociaciones*) to resume
▸ **restablecerse** *vp* to recover (*from sth*): *Tardó varias semanas en ~se.* He took several weeks to recover.

restante *adj* remaining: *el dinero ~* the remaining money
▸ *nmf* **los restantes** the rest: *Los ~s no sirven.* The rest are no use.

restar *vt* to subtract, to take *sth* away (*más coloq*): *~ 3 de 7* to take 3 away from 7 LOC **restar(le) importancia a algo** to play sth down

restauración nf restoration
restaurador, -ora nm-nf restorer
restaurante nm restaurant
restaurar vt to restore
resto nm **1** (*lo que queda*) rest: *El ~ te lo contaré mañana.* I'll tell you the rest tomorrow. **2** (*Mat*) remainder: *¿Qué ~ te da?* What's the remainder? **3 restos (a)** (*comida*) leftovers **(b)** (*Arqueología*) remains **LOC restos mortales** mortal remains
restregar vt to scrub
▸ **restregarse** vp to rub: *El pequeño se restregaba los ojos.* The little boy was rubbing his eyes.
restricción nf restriction: *restricciones de agua* water restrictions
resucitar vi (*Relig*) to rise from the dead
▸ vt (*Med*) to resuscitate
resuelto, -a adj determined: *Es una chica muy resuelta.* She's a very determined girl. *Ver tb* RESOLVER
resultado nm result: *como ~ de la rifa* as a result of the raffle **LOC dar/no dar resultado** to be successful/unsuccessful ♦ **resultado final** (*Dep*) final score
resultar vi **1** (*ser, quedar*) to be: *Resulta difícil de creer.* It's hard to believe. ◊ *Su cara me resulta familiar.* His face is familiar to me. **2 ~ que…** to turn out (that…): *Resultó que se conocían.* It turned out (that) they knew each other.
resumen nm summary [*pl* summaries]: *~ informativo* news summary **LOC en resumen** in short
resumir vt **1** to summarize: *~ un libro* to summarize a book **2** (*concluir*) to sum *sth* up: *Resumiendo,…* To sum up,…
resurrección nf resurrection **LOC** *Ver* DOMINGO
retablo nm (*altar*) altarpiece
retar vt **1** (*desafiar*) to challenge **2** (*Chi*) (*regañar*) to tell *sb* off
retardado, -a adj delayed: *de acción retardada* delayed-action
retazo nm remnant
retención nf (*tráfico*) hold-up
retener vt **1** (*guardar*) to keep **2** (*memorizar*) to remember **3** (*detener*) to hold: *~ a algn en contra de su voluntad* to hold sb against their will
retina nf retina
retirada nf retreat: *El general ordenó la ~.* The general ordered a retreat.
retirado, -a adj **1** (*remoto*) remote **2** (*jubilado*) retired *Ver tb* RETIRAR

retirar vt to withdraw (*sb/sth*) (*from sth*): *~le la licencia a algn* to withdraw sb's license ◊ *~ una revista de circulación* to withdraw a magazine from circulation
▸ **retirarse** vp **1** (*irse*) to withdraw (*from sth*): *~se de una lucha* to withdraw from a fight **2** (*jubilarse*) to retire (*from sth*): *Se retiró de la política.* He retired from politics. **3** (*Mil*) to retreat
retiro nm **1** (*jubilación, de una profesión*) retirement: *Anunció su ~ del fútbol.* He announced his retirement from soccer. **2** (*lugar*) retreat **3** (*de dinero*) withdrawal
reto nm **1** (*desafío*) challenge **2** (*Chi*) (*regaño*) talking-to
retocar vt (*pintura, fotos*) to retouch
retoñar vi to bud: *Ya están retoñando los rosales.* The roses are starting to bud.
retoque nm finishing touch: *dar los últimos ~s a un dibujo* to put the finishing touches to a drawing
retorcer vt to twist: *Me retorció el brazo.* He twisted my arm. **LOC retorcerse de dolor** to writhe in pain ♦ **retorcerse de risa** to double up with laughter
retorcido, -a adj (*persona*) twisted: *Tiene una mente muy retorcida.* He has a twisted mind. *Ver tb* RETORCER
retorcijón nm cramp: *retorcijones de estómago* stomach cramps
retornable adj returnable **LOC no retornable** nonreturnable
retorno nm return
retrasado, -a adj **1** (*atrasado*) behind (*with sth*): *Voy muy ~ en mi trabajo.* I'm very behind with my work. **2** (*país, región*) backward
▸ adj, nm-nf retarded: *~s mentales* mentally retarded people *Ver tb* RETRASAR
retrasar vt **1** (*retardar*) to hold *sb/sth* up, to delay (*más formal*): *Retrasaron todos los vuelos.* All the flights were delayed. **2** (*reloj*) to put *sth* back: *~ el reloj una hora* to put your watch back an hour
▸ **retrasarse** vp **1** (*llegar tarde*) to be late: *Siento haberme retrasado.* Sorry I'm late. **2** (*en trabajo*) to fall behind (*in/with sth*): *Empezó a ~se en sus estudios.* He began to fall behind in his studies. **3** (*reloj*) to be slow: *Este reloj se retrasa diez minutos.* This watch is ten minutes slow.
retraso nm **1** (*demora*) delay: *Algunos vuelos sufrieron ~s.* Some flights were subject to delays. ◊ *Empezó con cinco minutos de ~.* It began five minutes late. **2** (*subdesarrollo*) backwardness **LOC llevar/tener retraso** to be late: *El tren lleva cinco horas de ~.* The train is five hours late.

revoltoso

retratar vt **1** (*pintar*) to paint *sb's* portrait: *El artista la retrató en 1897.* The artist painted her portrait in 1897. **2** (*Fot*) to take a photograph (of *sb/sth*) **3** (*describir*) to portray: *La obra retrata la vida aristocrática.* The play portrays aristocratic life.

retrato nm **1** (*cuadro*) portrait **2** (*foto*) photograph **3** (*descripción*) portrayal LOC **retrato hablado** identikit picture

retro adj retro

retroceder vi **1** (*ir hacia atrás*) to go back: *Este no es el camino, retrocedamos.* We're going the wrong way, let's go back. **2** (*echarse atrás*) to back down: *No voy a ~ ante las dificultades.* I won't back down in the face of adversity.

retroceso nm **1** (*movimiento*) backward movement **2** (*de arma*) recoil

retrovisor nm rear-view mirror LOC Ver ESPEJO

retumbar vt to resound

reumatismo nm rheumatism

reunificar vt to reunify

reunión nf **1** meeting: *Mañana tenemos una ~ importante.* We have an important meeting tomorrow. **2** (*de antiguos colegas*) reunion: *una ~ de antiguos alumnos* a school reunion

reunir vt **1** (*personas, objetos*) to gather *sb/sth* together: *Reuní a mis amigas/la familia.* I gathered my friends/family together. **2** (*información*) to collect **3** (*dinero*) to raise **4** (*cualidades*) to have: *~ cualidades para ser líder* to have leadership qualities
▸ **reunirse** vp to meet: *Nos reuniremos esta tarde.* We'll meet this evening.

reutilizable adj reusable

revancha nf revenge LOC **tomar revancha** to get/take your revenge (*for sth*)

revelado nm developing

revelar vt **1** (*dar a conocer*) to reveal: *Nunca nos reveló su secreto.* He never revealed his secret to us. **2** (*Fot*) to develop

reventar(se) vt, vi, vp to burst: *Si comes más te vas a ~.* If you eat any more you'll burst. ◇ *¡No revientes la bomba!* Don't burst the balloon!

reventón nm (wild) party [*pl* (wild) parties]: *pegarse un ~* to have a wild party

reverencia nf LOC **hacer una reverencia 1** (*hombres*) to bow **2** (*mujeres*) to curtsy

reversa nf reverse (gear): *meter la ~* to put the car into reverse

reversible adj reversible

reverso nm **1** (*papel*) back **2** (*moneda*) reverse

revés

inside out

backward (*GB* back to front)

upside down

revés nm **1** (*tela*) wrong side **2** (*Dep*) backhand **3** (*bofetada*) slap **4** (*contratiempo*) setback: *sufrir un ~* to suffer a setback LOC **al revés 1** (*mal*) wrong: *¡Todo me está saliendo al ~!* Everything's going wrong for me! **2** (*al contrario*) the other way round: *Lo hice al ~ que tú.* I did it the other way round than you did.
♦ **al/del revés 1** (*con lo de arriba hacia abajo*) upside down **2** (*con lo de dentro hacia afuera*) inside out: *Tienes la camiseta al ~.* Your T-shirt's on inside out. **3** (*con lo de delante hacia atrás*) backwards, back to front (*GB*)

revestir vt (*cubrir*) to cover

revisar vt to check: *Vinieron a ~ el calentador de agua.* They came to check the boiler.

revisión nf **1** revision **2** (*vehículo*) service **3** (*Med*) check-up

revista nf **1** (*publicación*) magazine **2** (*Teat*) revue **3** (*Mil*) review: *pasar ~ a las tropas* to review the troops LOC Ver CORAZÓN

revivir vt, vi to revive: *~ el pasado/una vieja amistad* to revive the past/an old friendship

revolcar vt to knock *sb* over
▸ **revolcarse** vp **1** to roll around: *Nos revolcamos en el césped.* We rolled around on the lawn. **2** (*en agua, barro*) to wallow

revolotear vi to fly around

revoltoso, -a adj (*niño*) naughty
▸ nm-nf troublemaker: *Los niños de este grupo son muy ~s.* The children in this group are real troublemakers.

revolución nf revolution
revolucionar vt **1** (*transformar*) to revolutionize **2** (*alborotar*) to stir sb up: *No revoluciones a todo el mundo.* Don't stir everybody up.
revolucionario, -a adj, nm-nf revolutionary [pl revolutionaries]
revólver nm revolver
revolver vt **1** (*remover*) **(a)** (*salsa, café, etc.*) to stir: *Revuélvelo bien.* Stir it well. **(b)** (*ensalada*) to toss **2** (*desordenar*) **(a)** to mess sth up: *No revuelvas los cajones.* Don't mess the drawers up. **(b)** (*ladrones*) to turn sth upside down: *Los ladrones revolvieron todo el apartamento.* The burglars turned the apartment upside down. **3** (*estómago*) to turn
▶ vi (*fisgar*) to rummage: *Estuvo revolviendo un rato en mi escaparate.* She spent some time rummaging through my closet.
revuelta nf **1** (*alzamiento*) revolt **2** (*desorden*) ruckus
revuelto, -a adj **1** (*desordenado*) messy **2** (*agitado*) worked up: *El pueblo anda ~ con las elecciones.* People are worked up about the elections. **3** (*estómago*) upset: *Tengo el estómago ~.* I've got an upset stomach. LOC Ver HUEVO; Ver tb REVOLVER
rey nm **1** (*monarca*) king ❶ El plural de **king** es regular ('kings'), pero cuando decimos *los reyes* refiriéndonos al rey y la reina, se dice **the king and queen**. **2 Reyes** Epiphany LOC **los Reyes Magos** the Three Wise Men Ver tb CUERPO, DÍA, VIVIR
rezagado, -a adj: *Ven, no te quedes ~.* Come on, don't get left behind.
▶ nm-nf straggler
rezar vt to say: *~ una plegaria* to say a prayer
▶ vi ~ **(por)** to pray (for sb/sth)
riachuelo nm stream
ribera nf **1** (*orilla*) bank **2** (*vega*) riverside
rico, -a adj **1** ~ **(en)** rich (in sth): *una familia rica* a rich family ◊ *~ en minerales* rich in minerals **2** (*comida*) delicious
▶ nm-nf rich man/woman [pl rich men/women]: *los ~s* the rich
ridiculez nf: *¡Qué ~!* How ridiculous! ◊ *Lo que dice es una ~.* He's talking nonsense.
ridiculizar vt to ridicule
ridículo, -a adj ridiculous LOC **dejar/poner a algn en ridículo** to make a fool of sb ◆ **hacer el ridículo** to make a fool of yourself ◆ **quedar en ridículo** to look stupid
riego nm (*Agric*) irrigation LOC **riego sanguíneo** circulation Ver tb BOCA
riel nm rail

rienda nf rein LOC **dar rienda suelta** to give free rein *to sb/sth* ◆ **llevar las riendas** to be in charge (*of sth*)
riesgo nm risk: *Corren el ~ de perder su dinero.* They run the risk of losing their money. LOC **contra todo riesgo** (*seguro*) comprehensive ◆ **¡ni (de) riesgos!** (*Col*) no way!: *¡Ni (de) ~s! Yo allá no voy.* There's no way I'm going there.
rifa nf raffle
rifar vt to raffle
rifle nm rifle LOC Ver AIRE
rígido, -a adj **1** (*tieso*) rigid **2** (*severo*) strict: *Tiene unos padres muy ~s.* She has very strict parents.
rigor nm **1** (*severidad, clima*) harshness: *el ~ del régimen/del invierno* the harshness of the regime/winter **2** (*exactitud*) rigour: *El artículo carece de ~ científico.* The article lacks scientific rigour.
riguroso, -a adj **1** (*estricto*) strict **2** (*minucioso*) thorough **3** (*castigo*) harsh
rima nf rhyme
rimar vi to rhyme
rimbombante adj (*lenguaje*) pompous
rímel nm mascara
rincón nm corner: *en un tranquilo ~ de Cartagena* in a quiet corner of Cartagena
rinoceronte nm rhino [pl rhinos] ❶ **Rhinoceros** es la palabra científica.
riña nf **1** (*pelea*) fight **2** (*discusión*) fight, row (*GB*)
riñón nm **1** (*órgano*) kidney **2 riñones** (*zona lumbar*) lower back [v sing] LOC Ver COSTAR
riñonera nf fanny pack, bumbag (*GB*)
río nm river

> En inglés **river** se escribe en mayúscula cuando aparece con el nombre de un río: *el río Amazonas* the River Amazon.

LOC **río abajo/arriba** downstream/upstream
riqueza nf **1** (*dinero*) wealth [incontable]: *acumular ~s* to amass wealth **2** (*cualidad*) richness: *la ~ del terreno* the richness of the land
risa nf **1** laugh: *una ~ nerviosa/contagiosa* a nervous/contagious laugh ◊ *¡Qué ~!* What a laugh! **2 risas** laughter [incontable]: *Se oían las ~s de los pequeños.* You could hear the children's laughter. LOC **dar risa** to make sb laugh ◆ **me dio la risa** I, you, etc. got the giggles ◆ **morirse/partirse de risa** to die laughing Ver tb MUERTO, PELÍCULA, PROGRAMA, RETORCER, TENTAR
risueño, -a adj **1** (*cara*) smiling **2** (*persona*) cheerful

ritmo nm **1** (*Mús*) rhythm, beat (*más coloq*): *seguir el ~* to keep time **2** (*velocidad*) rate: *el ~ de crecimiento* the growth rate LOC **ritmo de vida** pace of life ◆ **tener ritmo 1** (*persona*) to have a good sense of rhythm **2** (*melodía*) to have a good beat *Ver tb* MARCAR, SEGUIR

rito nm rite

ritual nm ritual

rival adj, nmf rival

rivalidad nf rivalry [pl rivalries]: *la ~ entre los candidatos* the rivalry among the candidates

rizado, -a adj curly: *Tengo el pelo ~.* I've got curly hair.

rizo nm (*pelo*) curl

róbalo nm sea bass [pl sea bass]

robar vt **1** (*banco, tienda, persona*) to rob: *~ un banco* to rob a bank **2** (*dinero, objetos*) to steal: *Me robaron el reloj.* My watch has been stolen. **3** (*casa, caja fuerte*) to break into sth: *Le enseñaron a ~ cajas fuertes.* They taught him how to break into a safe.
▸ vi **1** to steal: *Lo echaron del colegio por ~.* He was expelled for stealing. **2** (*a una persona*) to rob: *¡Me robaron!* I've been robbed! **3** (*en una casa*): *Robaron en la casa de los vecinos.* Our neighbors' house has been broken into. ⊃ *Ver nota en* ROB **4** (*Naipes*) to draw: *Te toca ~.* It's your turn to draw.

roble nm oak (tree)

robo nm **1** (*de un banco, una tienda, o una persona*) robbery [pl robberies]: *el ~ al supermercado* the supermarket robbery ◊ *Fui víctima de un ~.* I've been robbed. **2** (*de objetos*) theft: *acusado de ~* accused of theft ◊ *~ de carros/bicicletas* car/bicycle theft **3** (*a una casa, oficina*) burglary [pl burglaries]: *El domingo hubo tres ~s en esta calle.* There were three burglaries in this street on Sunday. **4** (*estafa*) rip-off: *¡Vaya ~!* That's a rip-off! ⊃ *Ver nota en* THEFT LOC *Ver* MANO

robot nm robot

robusto, -a adj robust

roca nf rock

roce nm **1** (*rozamiento*) rubbing **2** (*discusión*) clash: *Ya he tenido varios ~s con él.* I've already clashed with him several times.

roche nm (*Per*) (*vergüenza*) embarrassment: *¡Qué ~!* How embarrassing! LOC **dar roche** to be embarrassed (*to do sth*): *Me da ~ preguntarles.* I'm too embarrassed to ask them.

rochoso, -a adj (*Per*) embarrassing

rociar vt to spray sth (*with sth*): *Hay que ~ las plantas dos veces al día.* The plants should be sprayed twice a day.

rocío nm dew

rock nm rock: *un grupo de ~* a rock band

rockero, -a adj rock: *Tienen un sonido muy ~.* They have a real rock sound.
▸ nm-nf **1** (*músico*) rock musician **2** (*aficionado*) rock fan

rocoso, -a adj rocky

rodaja nf slice: *una ~ de melón* a slice of melon LOC **en rodajas**: *Córtalo en ~s.* Slice it. ◊ *piña en ~s* pineapple rings

rodaje nm **1** (*Cine*) filming: *el ~ de una serie de televisión* the filming of a TV series **2** (*automóvil*): *El carro está todavía en ~.* I'm still running my car in.

rodar vi **1** (*dar vueltas*) to roll: *Las canicas ruedan.* Marbles roll. ◊ *Las rocas rodaron por el precipicio.* The rocks rolled down the cliff. **2** (*ir de un lado a otro*) to lie around: *Esta carta lleva un mes rodando por la oficina.* This letter has been lying around the office for a month now.
▸ vt **1** (*película*) to film **2** (*vehículo, motor*) to run sth in: *Todavía estoy rodando el carro.* I'm still running the car in. LOC **rodar escaleras abajo** to fall down the stairs

rodear vt **1** to surround sb/sth (*with sb/sth*): *Hemos rodeado al enemigo.* We've surrounded the enemy. ◊ *Sus amigas la rodearon para felicitarla.* She was surrounded by friends wanting to congratulate her. **2** (*con los brazos*): *Sus brazos me rodearon.* He put his arms around me.
▸ vt, vi **~ (por)** to make a detour: *Podemos ~ (por) el bosque.* We can make a detour through the woods.
▸ **rodearse** vp **rodearse de** to surround yourself with sb/sth: *Les encanta ~se de gente joven.* They love to surround themselves with young people.

rodeo nm **1** (*desvío*) detour: *Tuvimos que dar un ~ de cinco kilómetros.* We had to make a five-kilometer detour. **2** (*espectáculo*) rodeo [pl rodeos] LOC **andar con rodeos** to beat about the bush

rodilla nf knee LOC **de rodillas**: *Todo el mundo estaba de ~s.* Everyone was kneeling down. ◊ *Tendrás que pedírmelo de ~s.* You'll have to get down on your knees and beg. ◆ **ponerse de rodillas** to kneel (down)

rodillera nf **1** (*Dep*) kneepad **2** (*Med*) knee support **3** (*parche*) knee patch

rodillo nm **1** (*Cocina*) rolling pin **2** (*pintura, máquina de escribir*) roller

roedor nm rodent

roer vt **1** to gnaw (at) sth: *El perro roía su hueso.* The dog was gnawing (at) its bone. LOC *Ver* HUESO

rogar *vt* **1** (*suplicar*) to beg (*sb*) for *sth*, to beg (*sth*) of *sb*: *Le rogaron misericordia.* They begged him for mercy. ◊ *Les rogué que me soltaran.* I begged them to let me go. **2** (*pedir*): *Tranquilízate, te lo ruego.* Calm down, please. ◊ *Me rogaron que me fuera.* They asked me to go. **3** (*rezar*) to pray: *Roguemos al Señor.* Let us pray. **LOC hacerse de rogar** to play hard to get ♦ **se ruega no fumar** please do not smoke ♦ **se ruega silencio** silence please

rojizo, -a *adj* reddish

rojo, -a *adj, nm* red ➲ *Ver ejemplos en* AMARILLO **LOC al rojo vivo** (*metal*) red-hot ♦ **estar/quedar en rojo** to be in the red: *No puedo darte plata, estoy en ~.* I can't give you any money—I'm in the red. ♦ **ponerse rojo** to turn red *Ver tb* CAPERUCITA, CRUZ, FRÍJOL, NÚMERO

rol *nm* role **LOC** *Ver* JUEGO

rollo *nm* **1** (*de papel, tela, etc.*) roll: *~s de papel higiénico* rolls of toilet paper **2** (*asunto*): *Está metido en un ~ muy raro.* He's involved in something very odd. **3** (*amorío*) fling

romance *nm* **1** (*amorío*) romance **2** (*Liter*) ballad

románico, -a *adj* (*Arquit*) Romanesque

romano, -a *adj* Roman **LOC** *Ver* NUMERACIÓN, NÚMERO

romántico, -a *adj, nm-nf* romantic

rombo *nm* rhombus [*pl* rhombuses]

romero *nm* rosemary

rompecabezas *nm* **1** (*piezas para armar*) jigsaw: *hacer un ~* to do a jigsaw **2** (*acertijo*) puzzle

rompehielos *nm* icebreaker

rompeolas *nm* breakwater

romper *vt* **1** to break: *~ una promesa* to break a promise **2** (*papel, tela*) to tear: *Rompí la falda con un clavo.* I tore my skirt on a nail. ◊ *Rompió la carta.* He tore up the letter. **3** (*ropa, zapatos*) to wear out: *Rompió la chaqueta por el codo.* He wore his jacket out at the elbow.
▸ *vi* **1** ~ **con** to fall out with *sb*: *~ con la familia política* to fall out with your in-laws **2** (*novios*) to split up (with *sb*)
▸ **romperse** *vp* **1** (*tela, papel*) to tear: *Esta tela se rompe fácilmente.* This material tears easily. **2** (*cuerda*) to snap **3** (*ropa, zapatos*) to wear out: *Seguro que se rompen a los dos días.* They're bound to wear out in no time. **LOC romper el hielo** to break the ice ♦ **romper filas** to fall out ♦ **romper fuente**: *Rompió fuente.* Her waters broke. ♦ **romperle la jeta a algn** to smash sb's face ♦ **romperse la crisma** to crack your head open *Ver tb* CARA

ron *nm* rum

roncar *vi* to snore

ronco, -a *adj* (*afónico*) hoarse: *Me quedé ~ de gritar.* I shouted myself hoarse.

ronda *nf* round: *Esta ~ la pides tú.* It's your round. ◊ *Su casa no está incluida en mi ~.* Your house isn't on my round. **LOC hacer la ronda 1** (*policía*) to walk a beat **2** (*soldado, vigilante*) to be on patrol **3** (*repartidor*) to do your rounds ♦ **ronda de penales** penalty shoot-out

rondín *nm* watchman [*pl* watchmen]

ronquido *nm* snoring [*incontable*]: *Sus ~s la mantenían despierta.* His snoring kept her awake.

ronronear *vi* to purr

ronroneo *nm* purr: *Se oía el ~ del gato.* You could hear the cat purring.

roña *nf* (*mugre*) dirt: *Tienes ~ en el cuello.* You've got dirt on your collar. **LOC hacer roña** (*Col*) to sit around doing nothing

roñoso, -a *adj* **1** (*mugriento*) grimy **2** (*tacaño*) stingy

ropa *nf* **1** (*de persona*) clothes [*pl*]: *~ infantil* children's clothes ◊ *~ usada/sucia* second-hand/dirty clothes ◊ *¿Qué ~ me pongo hoy?* What shall I wear today? **2** (*de uso doméstico*) linen: *~ blanca/de cama* household/bed linen **LOC ropa de deporte(s)** sportswear ♦ **ropa interior** underwear *Ver tb* BAÑO, CESTO

ropero *nm* **1** (*de pie*) coat stand **2** (*de pared*) coat rack

rosa *nf* **1** rose **2** (*Chi*) (*nudo*) bow **LOC** *Ver* NOVELA, PRENSA

rosado, -a *adj* pink ➲ *Ver ejemplos en* AMARILLO

rosal *nm* rose bush

rosario *nm* (*Relig*) rosary [*pl* rosaries]: *rezar el ~* to say the rosary

rosca *nf* **1** (*pan*) (ring-shaped) roll **2** (*tornillo*) thread **3** (*Chi*) (*pelea*) fight **LOC pasarse de rosca** to go over the top *Ver tb* TAPÓN

rostizar *vt* to roast

rostro *nm* face: *La expresión de su ~ lo decía todo.* The look on his face said it all.

rotación *nf* rotation: *~ de cultivos* crop rotation

roto, -a[1] *adj* (*papel, ropa*) torn
▸ *nm* hole *Ver tb* ROMPER

roto, -a[2] *nm-nf* (*Chi*) **1 (a)** (*masc*) guy **(b)** (*fem*) girl **2** (*maleducado*): *Es un ~, ni siquiera saluda.* He's so rude—he never even says hello.

rotoso, -a *adj* (*apariencia*) scruffy

rótula *nf* kneecap

rotulador *nm* felt-tip (pen)

rotular vt (*poner rótulos*) to put the lettering on *sth*

rótulo nm **1** (*en un cartel, mapa*) lettering [*incontable*]: *Los ~s son demasiado pequeños.* The lettering's too small. **2** (*letrero*) sign

rotundo, -a adj **1** (*contundente*) resounding: *un sí/fracaso ~* a resounding yes/flop **2** (*negativa*) emphatic

rotura nf: *Sufrió la ~ de varias costillas.* He broke several ribs. ◊ *~ de ligamentos* torn ligaments ◊ *la ~ de una tubería* a burst pipe

rozar vt, vi **1** (*tocar ligeramente*) to brush (against sb/sth): *Le rocé el vestido.* I brushed against her dress. ◊ *La pelota me rozó la pierna.* The ball grazed my leg. **2** (*raspar*) to rub: *Estas botas me rozan atrás.* These boots rub at the back. ◊ *El guardabarros roza con la llanta.* The fender rubs against the tire.
▸ vt (*hacer un rozón*) to scratch: *No me roces el carro.* Don't scratch my car.

ruana nf (*Col*) poncho [*pl* ponchos]

rubeola (*tb* rubéola) nf German measles [*incontable*]

rubí nm ruby [*pl* rubies]

rubio, -a (*Chi* rucio, -a) adj fair, blond(e) ➲ *Ver nota en* BLOND **LOC** *Ver* TEÑIR

rubor nm blusher: *echarse un poco de ~* to apply blusher

rucio, -a adj (*Chi*) fair, blond ➲ *Ver nota en* BLOND

rueda nf **1** wheel: *~ delantera/trasera* front/back wheel ◊ *cambiar la ~* to change the wheel **2** (*neumático*) tire: *Se me pinchó una ~.* I have a flat (tire). **LOC** *ir/marchar sobre ruedas* to go really well ◆ **rueda gigante/de Chicago** Ferris wheel, big wheel (*GB*) *Ver tb* PRENSA, SILLA

ruedo nm **1** (*toros*) ring: *El torero dio la vuelta al ~.* The bullfighter paraded around the ring. **2** (*dobladillo*) hem

ruego nm plea

rugby nm rugby: *un partido de ~* a rugby game

rugido nm roar

rugir vi to roar

ruido nm noise: *No hagas ~.* Don't make any noise. ◊ *Oí ~s raros y me dio miedo.* I heard some strange noises and got frightened. ◊ *¿Oíste un ~?* Did you hear something? **LOC** **hacer ruido** to make noise: *No hagas ~.* Don't make any noise. ◊ *El carro hace mucho ~.* The car's very noisy. ◆ **mucho ruido (y) pocas nueces** all talk: *¿Un aumento de sueldo? Mucho ~ y pocas nueces.* A pay rise? It's all talk. ◆ **sin hacer ruido** quietly

ruidoso, -a adj noisy

ruina nf **1** ruin: *La ciudad estaba en ~s.* The city was in ruins. ◊ *las ~s de una ciudad romana* the ruins of a Roman city ◊ *~ económica* financial ruin **2** (*hundimiento*) collapse: *Ese edificio amenaza ~.* That building is in danger of collapsing. **LOC** **estar en la ruina** to be flat broke ◆ **estar hecho una ruina** to be a wreck ◆ **ser la/una ruina**: *Los carros son una ~.* Cars cost a fortune.

ruiseñor nm nightingale

ruleta nf roulette

rulo nm roller

rumba nf rumba

rumbear vi (*Col*) to go clubbing

rumbo nm **1** (*camino, dirección*) direction **2** (*avión, barco*) course: *El barco tomó ~ al sur.* The ship set course southward. **LOC** **(con) rumbo a** bound for: *El barco iba con ~ a Cartagena.* The ship was bound for Cartagena. ◆ **sin rumbo (fijo)**: *andar sin ~ (fijo)* to wander aimlessly

rumiante adj, nm ruminant

rumiar vi (*vaca*) to ruminate, to chew the cud (*más coloq*)

rumor nm **1** (*noticia*) rumor: *Corre el ~ de que se van a casar.* There's a rumor going round that they're getting married. **2** (*murmullo*) murmur

rumorear (*tb* rumorar) vt **LOC** **se rumorea que...** there are rumors (that…): *Se rumorea que han hecho un fraude.* There are rumors of a fraud.

ruptura nf **1** (*negociaciones, etc.*) breakdown: *la ~ de las negociaciones* the breakdown of negotiations **2** (*contrato, pacto*) breaking **3** (*de una relación*): *Me acabo de enterar de su ~ con Elena.* I've just heard that he's split up with Elena.

rural adj rural

Rusia nf Russia

ruso, -a adj, nm-nf, nm Russian: *los ~s* the Russians ◊ *hablar ~* to speak Russian **LOC** *Ver* MONTAÑA

rústico, -a adj rustic

RUT nm fiscal identification number

ruta nf route: *¿Qué ~ seguiremos?* What route will we take?

rutina nf routine: *inspecciones de ~* routine inspections ◊ *No quiere cambiar la ~ diaria.* She doesn't want to change her daily routine. ◊ *Se ha convertido en ~.* It's become a routine.

S s

sábado *nm* Saturday (*abrev* Sat.) ➲ *Ver ejemplos en* LUNES

sábana *nf* sheet

saber *vt* **1** to know: *No supe qué contestar.* I didn't know what to say. ◊ *No sé nada de mecánica.* I don't know anything about mechanics. ◊ *Sabía que volvería.* I knew he would be back. ◊ *¡Ya lo sé!* I know! **2** ~ **hacer algo** can: *¿Sabes nadar?* Can you swim? ◊ *No sé escribir a máquina.* I can't touch-type. **3** (*enterarse*) to find out: *Lo supe ayer.* I found out yesterday. **4** (*idioma*) to speak: *Sabe mucho inglés.* He speaks good English.
▸ *vi* **1** to know: *Le tengo mucho aprecio, ¿sabes?* I'm very fond of her, you know. ◊ *¿Sabes? Santiago se casa.* You know what? Santiago's getting married. ◊ *Nunca se sabe.* You never know. **2** ~ **de** (*tener noticias*) to hear of *sb/sth*: *Nunca más supimos de él.* That was the last we heard of him. **3** ~ **(a)** to taste (of *sth*): *Sabe a menta.* It tastes of mint. ◊ *¡Qué bueno sabe!* It tastes really good! **LOC no sé qué/cuántos** something or other: *Me habló de no sé qué.* He talked to me about something or other. ◆ **¡qué sé yo!/¡yo qué sé!** how should I know? ◆ **que yo sepa** as far as I know ◆ **saber mal** to have a nasty taste ◆ **sabérselas todas** to know it all: *Se cree que se las sabe todas.* He thinks he knows it all. ❶ *Para otras expresiones con* **saber**, *véanse las entradas del sustantivo, adjetivo, etc., p. ej.* **saber a quemado** *en* QUEMADO.

sabiduría *nf* wisdom

sabio, -a *adj* wise

sabor *nm* ~ **(a)** **1** (*gusto*) taste (of *sth*): *El agua no tiene* ~. Water is tasteless. ◊ *Tiene un* ~ *muy raro.* It tastes very strange. **2** (*gusto que se añade a un producto*) flavor: *Viene en siete* ~*es distintos.* It comes in seven different flavors. ◊ *¿De qué* ~ *lo quieres?* Which flavor would you like? **LOC con sabor a** flavored: *un yogur con* ~ *a durazno* a peach-flavored yogurt

saborear *vt* to savor: *Le gusta* ~ *su café.* He likes to savor his coffee.

sabotaje *nm* sabotage

sabotear *vt* to sabotage

sabroso, -a *adj* **1** (*comida*) delicious **2** (*música, etc.*) pleasant: *La fiesta estuvo muy sabrosa.* The party was great. **3** (*clima*) beautiful

sabrosón, -ona *adj* **1** (*comida*) tasty **2** (*mujer*) gorgeous **3** (*Per*) (*divertido*) fun

sacacorchos *nm* corkscrew

sacapuntas *nm* pencil sharpener

sacar *vt* **1** (*fuera*) to take *sb/sth* out (*of sth*): *Sacó una carpeta del cajón.* He took a folder out of the drawer. ◊ *El dentista le sacó una muela.* The dentist took his tooth out. ◊ ~ *la basura* to take the trash out **2** (*conseguir*) to get: *¿Cuánto sacaste en matemáticas?* What did you get in math? ◊ *No sé dónde sacó la plata.* I don't know where she got the money from. **3** (*parte del cuerpo*) to stick *sth* out: *No me saques la lengua.* Don't stick your tongue out at me. ◊ ~ *la cabeza por la ventanilla* to stick your head out of the window ◊ *¡Casi me sacas un ojo!* You nearly poked my eye out! **4** (*producir*) to make *sth* (*from sth*): ~ *la mantequilla de la leche* to make butter from milk
▸ *vt, vi* (*Tenis*) to serve
▸ **sacarse** *vp*: *¡Sácate las manos de los bolsillos!* Take your hands out of your pockets.
LOC ❶ *Para expresiones con* **sacar**, *véanse las entradas del sustantivo, adjetivo, etc., p.ej.* **sacar de quicio** *en* QUICIO.

sacarina *nf* saccharin

sacerdote *nm* priest

saciar *vt* **1** (*hambre, ambición, deseo*) to satisfy **2** (*sed*) to quench

saco *nm* **1** (*prenda*) **(a)** (*de punto*) cardigan ➲ *Ver nota en* SWEATER **(b)** (*de tela*) jacket **2** (*de papas, etc.*) sack

sacramento *nm* sacrament

sacrificar *vt* to sacrifice: *Sacrificó su carrera para tener hijos.* She sacrificed her career to have children. ◊ *Lo sacrifiqué todo para sacar adelante a mi familia.* I sacrificed everything for my family.
▸ **sacrificarse** *vp* **sacrificarse (por/para)** to make sacrifices: *Mis papás se han sacrificado mucho.* My parents have made a lot of sacrifices.

sacrificio *nm* sacrifice: *Tendrás que hacer algunos* ~*s.* You'll have to make some sacrifices.

sacudida *nf* (*eléctrica*) shock: *Me pegó una buena* ~. I got an electric shock.

sacudir *vt* **1** to shake: *Sacude el mantel.* Shake the tablecloth. ◊ ~ *la arena (de la toalla)* to shake the sand off (the towel) **2** (*limpiar*) to dust **3** (*pegar*) to give *sb* a slap
▸ **sacudirse** *vp* to brush *sth* (off): ~*se la caspa del abrigo* to brush the dandruff off your coat

sacudón *nm* (*revuelo*) upheaval

sádico, -a *nm-nf* sadist

sadismo *nm* sadism

safari *nm* safari: *ir de* ~ to go on a safari

Sagitario nm, nmf (Astrol) Sagittarius ➔ Ver ejemplos en AQUARIUS

sagrado, -a adj **1** (Relig) holy: un lugar ~ a holy place ◊ la Sagrada Familia the Holy Family **2** (intocable) sacred: Los domingos para mí son ~s. My Sundays are sacred.

sal nf salt LOC **sal de cocina/de mar** table/sea salt ♦ **sales de baño** bath salts

sala nf **1** (de reuniones, en museo) room: ~ de juntas meeting room **2** (casa) living room **3** (Cine) screen: La ~ 1 es la más grande. Screen 1 is the largest. **4** (hospital) ward LOC **sala cuna** (Chi) day care center, day nursery [pl day nurseries] (GB) ♦ **sala de clases** classroom ♦ **sala de espera** waiting room ♦ **sala de estar** living room ♦ **sala de juegos recreativos** arcade Ver tb FÚTBOL

salado, -a adj **1** (gusto) salty **2** (desafortunado) jinxed: Debe estar ~ que todo le sale mal. He seems to be jinxed; nothing turns out right for him. **3** (Chi) (caro) pricey LOC Ver AGUA

salar vt (dar mala suerte) to put a jinx on sb/sth

salarial adj salary: una subida ~ a salary increase

salario nm salary [pl salaries] LOC **salario base/mínimo** basic/minimum wage

salchicha nf sausage

salchichón nm salami [incontable]

saldar vt (cuenta, deuda) to settle

saldo nm **1** (en una cuenta) balance **2** (rebaja) sale

salero nm (para la sal) salt shaker

salida nf **1** (acción de salir) way out (of sth): a la ~ del teatro on the way out of the theater **2** (puerta) exit: la ~ de emergencia the emergency exit **3** (avión, tren) departure: ~s nacionales/internacionales domestic/international departures ◊ la cartelera de ~s the departures board LOC **salida de emergencia/incendios** emergency/fire exit ♦ **salida del sol** sunrise ♦ **tener muchas/pocas salidas** (carrera): La informática tiene muchas ~s. There are lots of job opportunities in computing. Ver tb BANDEJA, CALLEJÓN, LÍNEA

salir vi **1** (ir/venir fuera) to go/come out: ¿Salimos al jardín? Should we go out into the yard? ◊ No quería ~ del baño. He wouldn't come out of the bathroom. ◊ Salí a ver qué pasaba. I went out to see what was going on. **2** (partir) to leave: ¿A qué hora sale el avión? What time does the plane leave? ◊ Salimos de la casa a las dos. We left home at two. ◊ ~ para Cuzco to leave for Cuzco **3** (alternar): Anoche salimos a comer. We went out for a meal last night. ◊ Sale con un estudiante. She's going out with a student. **4** (producto, flor) to come out: El libro sale en abril. The book is coming out in April. **5** (sol) **(a)** (amanecer) to rise **(b)** (de entre las nubes) to come out: Por la tarde salió el sol. The sun came out in the afternoon. **6** ~ **de** (superar): ~ de una operación to pull through an operation ◊ ~ de la droga to quit taking drugs **7** ~ **a algn** (parecerse) to take after sb **8** ~ **a/por** (costar) to work out at sth: Sale a 6.000 pesos el metro. It works out at 6,000 pesos a meter. **9** (al hacer cuentas): A mí me sale 18. I make it 18. **10** (resultar) to turn out: ¿Qué tal te salió la receta? How did the recipe turn out? ◊ El viaje salió muy bien. The trip turned out really well. **11** (saber hacer algo): Todavía no me sale bien la parada de manos. I still can't do handstands properly.

▶ **salirse** vp **1** to come off: Se salió una pieza. A piece has come off. ◊ El carro se salió de la carretera. The car came off the road. **2** (líquido) to leak LOC **salirse con la(s) suya(s)** to get your own way ❶ Para otras expresiones con **salir**, véanse las entradas del sustantivo, adjetivo, etc., p.ej. **salir a flote** en FLOTE.

saliva nf saliva

salmo nm psalm

salmón nm salmon [pl salmon]
▶ adj, nm (color) salmon ➔ Ver ejemplos en AMARILLO

salón nm **1** (de una escuela) classroom **2** (de universidad) lecture room **3** (de un hotel) lounge LOC **salón de actos** main hall ♦ **salón de belleza** beauty salon ♦ **salón de fiestas** function room ♦ **salón recreativo** amusement arcade Ver tb JUEGO

salpicar vt to splash sb/sth (with sth): Un carro me salpicó los pantalones. A car splashed water onto my pants.

salpicón nm (de frutas) fruit cocktail

salsa nf **1** sauce: ~ de tomate tomato sauce **2** (de jugo de carne) gravy **3** (Mús) salsa

saltamontes nm grasshopper

saltar

hop　　　　　jump

saltar vt to jump: El caballo saltó la valla. The horse jumped the fence.
▶ vi to jump: Saltaron al agua/por la ventana. They jumped into the water/out of the

window. ◊ *Salté de la silla cuando oí el timbre.* I jumped up from my chair when I heard the bell. ◊ *~ sobre algn* to jump on sb
▸ **saltarse** *vp* **1** *(omitir)* to skip: *~se una comida* to skip a meal **2** *(cola, semáforo)* to jump: *~se un semáforo* to jump the lights LOC **saltar a la vista** to be obvious ♦ **saltar en una pata** to hop *Ver tb* AIRE, LAZO

salto *nm* **1** jump: *Los niños daban ~s de alegría.* The children were jumping for joy. ◊ *Atravesé el arroyo de un ~.* I jumped over the stream. **2** *(pájaro, conejo, canguro)* hop: *El conejo se escapó dando ~s.* The rabbit hopped away to safety. **3** *(de trampolín)* dive **4** *(salto vigoroso, progreso)* leap LOC **salto de altura/longitud** high jump/long jump ♦ **salto de/con garrocha** pole vault

saltón, -ona *adj* **1** *(ojos)* bulging **2** *(Per)* *(celoso)* jealous

salud *nf* health: *estar bien/mal de ~* to be in good/poor health LOC **¡salud! 1** *(para brindar)* cheers **2** *(al estornudar)* bless you! ➔ *Ver nota en* ¡ACHÍS!

saludable *adj* healthy

saludar *vt* to say hello *(to sb)*, to greet *(más formal)*: *Me vio pero no me saludó.* He saw me but didn't say hello. LOC **lo saluda atentamente** Yours sincerely ➔ *Ver pág. 386* ♦ **salúdalo de mi parte** give him my regards ♦ **saludar con la mano** to wave *(to sb)*

saludo *nm* **1** greeting **2 saludos** best wishes, regards *(más formal)*: *Te mandan ~s.* They send their regards.

salvación *nf* salvation: *Fuiste mi ~.* You've saved my life.

salvada *nf (de la muerte, etc.)* escape

salvador, -ora *nm-nf* savior

salvajada *nf* atrocity [*pl* atrocities] LOC **ser una salvajada** to be outrageous

salvaje *adj* **1** *(planta, animal, tierra)* wild: *animales ~s* wild animals **2** *(pueblo, tribu)* uncivilized

salvamento *nm* rescue: *equipo de ~* rescue team

salvar *vt* **1** to save: *El cinturón de seguridad le salvó la vida.* The seat belt saved his life. **2** *(obstáculo)* to cross: *~ un río* to cross a river
▸ **salvarse** *vp* to survive LOC **salvarse por un pelo** to escape by the skin of your teeth ♦ **¡sálvese quien pueda!** every man for himself!

salvavidas *nm* life preserver, lifebelt *(GB)* LOC *Ver* BOTE¹, CHALECO

salvo *prep* except: *Todos vinieron ~ él.* Everybody came except him. LOC **estar a salvo** to be safe ♦ **salvo que…** unless…: *Lo haré, ~* *que me digas lo contrario.* I'll do it, unless you say otherwise.

San *adj* Saint *(abrev* St.*)*

sanar *vi* **1** *(herida)* to heal **2** *(enfermo)* to recover

sanción *nf* **1** *(castigo)* sanction: *sanciones económicas* economic sanctions **2** *(multa)* fine

sancionar *vt* **1** *(penalizar)* to penalize **2** *(económicamente)* to sanction

sandalia *nf* sandal

sandía *nf* watermelon

sándwich *(tb sánduche) nm* sandwich: *~ de queso* cheese sandwich LOC *Ver* DÍA

sangrar *vt, vi* to bleed: *Estoy sangrando por la nariz.* I've got a nosebleed.

sangre *nf* blood: *donar ~* to give blood LOC **a sangre fría** in cold blood ♦ **salirle sangre a algn**: *Me caí y me salió ~ de la rodilla.* I fell and cut my knee. ♦ **tener sangre fría** *(serenidad)* to keep your cool *Ver tb* ANÁLISIS, DERRAMAMIENTO, DERRAMAR(SE), LIVIANO, PESADO, SUDAR

sangriento, -a *adj* **1** *(lucha)* bloody **2** *(herida)* bleeding

sanguíneo, -a *adj* blood: *grupo ~* blood group LOC *Ver* RIEGO

sanidad *nf* **1** *(pública)* public health **2** *(higiene)* sanitation

sanitario, -a *adj* **1** *(de salud)* health: *medidas sanitarias* health measures **2** *(de higiene)* sanitary LOC *Ver* RELLENO, TOALLA

sano, -a *adj* **1** *(clima, vida, ambiente, cuerpo, comida)* healthy **2** *(en forma)* fit **3** *(madera)* sound LOC **no estar en su sano juicio** not to be in your right mind ♦ **sano y salvo** safe and sound

santiamén LOC **en un santiamén** in no time at all

santo, -a *adj* **1** *(Relig)* holy: *la santa Biblia* the Holy Bible **2** *(uso enfático)*: *No salimos de casa en todo el ~ día.* We didn't go out of the house all day.
▸ *nm-nf* **1** *(título)* saint: *Esa mujer es una santa.* That woman is a saint. **2** *(título)* Saint *(abrev* St.*)* LOC **ser un santo varón** to be a saint ♦ **¡y santas pascuas!** and that's that! *Ver tb* DÍA, ESPÍRITU, JUEVES, SEMANA, VIERNES

santuario *nm* shrine

sapear *vt, vi (Col) (delatar)* to tell: *No le sapees.* Don't tell him. ◊ *Me sapearon la última pregunta.* They told me the answer to the last question. ◊ *Me vio copiando y le sapeó al profesor.* He saw me copying and told on me to the teacher.

sapo *nm* toad

sapo, -a *adj* **1** *(astuto)* smart **2** *(mirón)* nosy

saque nm 1 (*Fútbol*) kickoff 2 (*Tenis*) serve LOC **saque de banda** throw-in ◆ **saque de esquina** corner ◆ **saque de puerta/valla** goal kick

saquear vt 1 (*ciudad*) to sack 2 (*despensa*) to raid 3 (*robar*) to loot

sarampión nm measles [*incontable*]

sarcástico, -a adj sarcastic

sardina nf sardine

sardinel nm (*Col*) 1 (*andén*) sidewalk, pavement (*GB*) 2 (*borde exterior del andén*) curb

sardino, -a nm-nf (*Col*) (*joven*) kid

sargento nmf sergeant

sarpullido (*tb* salpullido) nm rash

sarta nf string LOC **decir una sarta de disparates/tonterías** to talk a load of rubbish ◆ **una sarta de mentiras** a pack of lies

sartén nf 1 (*para freír*) frying pan 2 (*Col*) (*cacerola*) saucepan ➲ Ver dibujo en POT

sastre, -a nm-nf tailor LOC Ver VESTIDO

satélite nm satellite LOC Ver TELEVISIÓN, VÍA

satín nm satin

satisfacción nf satisfaction

satisfacer vt 1 (*curiosidad, hambre*) to satisfy: *~ el hambre/la curiosidad* to satisfy your hunger/curiosity 2 (*sed*) to quench 3 (*ambición, sueño*) to fulfill
▸ vi 1 (*bastar*) to satisfy *sb*: *Nada le satisface.* He's never satisfied. 2 (*complacer*) to please *sb*: *Me satisface poder hacerlo.* I'm pleased to be able to do it.

satisfactorio, -a adj satisfactory

satisfecho, -a adj 1 (*contento*) satisfied (with sth): *un cliente ~* a satisfied customer 2 (*complacido*) pleased (with sb/sth): *Estoy muy satisfecha del rendimiento de mis alumnos.* I'm very pleased with the way my students are working. LOC **darse por satisfecho** to be happy with sth: *Me daría por ~ con un seis.* I'd be happy with a passing grade. ◆ **satisfecho de sí mismo** self-satisfied *Ver tb* SATISFACER

saturar vt 1 (*líquido, mercado*) to saturate *sth* (with sth) 2 (*persona, línea, servicio*) to overload: *Estamos saturados de trabajo.* We're overloaded with work.

Saturno nm Saturn

sauce nm willow LOC **sauce llorón** weeping willow

sauna nf sauna

savia nf (*Bot*) sap

saxofón nm saxophone, sax (*coloq*)

sazonar vt to season

se pron
• **reflexivo** 1 (*él, ella, ello*) himself, herself, itself: *Se compró un smartphone.* He bought himself a smartphone. ◊ *Se aporreó.* She hurt herself. 2 (*usted, ustedes*) yourself [*pl* yourselves] 3 (*ellos, ellas*) themselves 4 (*partes del cuerpo, efectos personales*): *Se lavó las manos.* He washed his hands. ◊ *Se secó el pelo.* She dried her hair.
• **recíproco** each other, one another: *Se quieren.* They love each other. ➲ *Ver nota en* EACH OTHER
• **pasivo**: *Se construyó hace años.* It was built a long time ago. ◊ *Se registraron tres muertes.* Three deaths were recorded. ◊ *Se dice que están arruinados.* People say they're flat broke.
• **impersonal**: *Se vive bien aquí.* Life here is terrific. ◊ *Se les recompensará.* They'll get their reward. ◊ *No se admiten tarjetas de crédito.* No credit cards. ◊ *Se prohíbe fumar.* No smoking.
• **en lugar de le, les** him, her, you, them: *Se lo di.* I gave it to him/her. ◊ *Se lo robamos.* We stole it from them.

secador nm 1 (*Méx* **secadora** nf) hair dryer 2 (*Per*) (*paño*) dishtowel, tea towel (*GB*)

secadora nf (*de ropa*) clothes dryer, tumble dryer (*GB*)

secar vt, vi to dry
▸ **secarse** vp 1 to dry: *Se secó las lágrimas.* He dried his tears. 2 (*planta, río, estanque, tierra, herida*) to dry up: *El estanque se había secado.* The pond had dried up. LOC **secar los platos** to dry the dishes

sección nf 1 section 2 (*almacén*) department: *~ de hombres* mens' clothing department 3 (*periódico, revista*) pages [*pl*]: *la ~ deportiva* the sports pages LOC **sección transversal** cross section

seco, -a adj 1 dry: *¿Está ~?* Is it dry? ◊ *un clima muy ~* a very dry climate 2 (*persona*) unfriendly 3 (*sin vida*) dead: *hojas secas* dead leaves 4 (*frutos, flores*) dried 5 (*sonido, golpe*) sharp LOC **a secas** just: *Me dijo que no, a secas.* He just said 'no'. ◆ **frenar/parar en seco** to stop dead ◆ **lavado/limpieza en seco** dry-cleaning ◆ **lavar/limpiar en seco** to dry-clean *Ver tb* DIQUE, FRUTO, PALO

secretaría nf 1 (*oficina para matricularse*) admissions office 2 (*oficina del secretario*) secretary's office 3 (*cargo*) secretariat: *la ~ de la ONU* the UN secretariat 4 (*Méx*) (*ministerio*) department, ministry (*GB*)

secretariado nm (*estudios*) secretarial course

secretario, -a nm-nf 1 secretary [*pl* secretaries] 2 (*Méx*) (*ministro, Pol*) Secretary of State, minister (*GB*) LOC **secretario de dirección** personal assistant (*abrev* PA)

secreto, -a adj, nm secret LOC **en secreto** secretly *Ver tb* CLAVE, VOTACIÓN

secta nf sect

sector nm **1** (*zona, industria*) sector **2** (*grupo de personas*) section: *un pequeño ~ de la población* a small section of the population

secuela nf (*accidente, enfermedad*) consequence

secuencia nf sequence

secuestrador, -ora nm-nf **1** (*de una persona*) kidnapper **2** (*de un avión*) hijacker

secuestrar vt **1** (*persona*) to kidnap **2** (*avión*) to hijack

secuestro nm **1** (*de una persona*) kidnapping **2** (*de un avión*) hijacking

secundaria nf **1** (*enseñanza*) secondary education **2** (*escuela*) secondary school: *Hizo la ~ en este colegio.* He went to secondary school here. ◊ *Está en ~.* She's at secondary school. ◊ *profesora de ~* secondary school teacher

secundario, -a adj secondary LOC Ver PAPEL

sed nf thirst LOC **dar sed** to make sb thirsty: *El jamón crudo da mucha ~.* Cured ham makes you very thirsty. ◆ **tener/pasar sed** to be thirsty: *Tengo mucha ~.* I'm very thirsty. *Ver tb* MORIR(SE), MUERTO

seda nf silk: *una camisa de ~* a silk shirt LOC *Ver* GUSANO, PAPEL

sedante nm sedative

sede nf headquarters (*abrev* HQ) [*v sing o pl*]

sediento, -a adj thirsty

sedimento nm sediment

seducción nf seduction

seducir vt to seduce

seductor, -ora adj seductive
▸ nm-nf seducer

segadora nf combine harvester

segar vt to cut

segmento nm segment

segregar vt to segregate *sb/sth* (*from sb/sth*)

seguido, -a adj in a row: *cuatro veces seguidas* four times in a row ◊ *Lo hizo tres días ~s.* He did it three days running. LOC *Ver* ACTO; *Ver tb* SEGUIR

seguidor, -ora nm-nf follower

seguir vt to follow: *Sígueme.* Follow me.
▸ vi **1** (*continuar*) to go on (*doing sth*): *Siga hasta la avenida séptima.* Go on till you reach Seventh Avenue. ◊ *Siguieron trabajando hasta las nueve.* They went on working till nine. **2** (*en una situación*) to be still…: *¿Sigue enferma?* Is she still sick? ◊ *Sigo en el mismo trabajo.* I'm still in the same job. LOC **seguir adelante con algo** to carry on with sth: *Tenemos que ~ adelante con el trabajo aunque estemos cansados.* We have to carry on with the work even though we're tired. ◆ **seguir el ritmo** (*Mús*) to keep time ◆ **seguir en pie 1** (*edificio, puente, etc.*) to remain standing **2** (*invitación, oferta, etc.*) to stand: *La invitación sigue en pie.* The invitation still stands. ◆ **seguirle la corriente a algn** to humor sb ◆ **siga por favor** come in, please

según prep according to *sb/sth*: *~ ella/los planes* according to her/the plans
▸ adv **1** (*dependiendo de*) depending on *sth*: *~ sea el tamaño* depending on what size it is ◊ *Tal vez lo haga, ~.* I might do it; it depends. **2** (*de acuerdo con, a medida que*) as: *~ van entrando* as they come in

segunda nf (*automóvil*) second (gear)

segundero nm second hand

segundo, -a adj, pron, nm-nf second (*abrev* 2nd) ➔ *Ver ejemplos en* SEXTO
▸ nm (*tiempo*) second LOC **de segunda (mano)** second-hand *Ver tb* ECUACIÓN, PRIMO

seguramente adv probably

seguridad nf **1** (*contra accidente*) safety: *la ~ ciudadana/vial* public/road safety **2** (*contra un ataque/robo, garantía*) security: *controles de ~* security checks **3** (*certeza*) certainty **4** (*en sí mismo*) self-confidence LOC **con seguridad** for certain: *No lo saben con ~.* They don't know for certain. *Ver tb* CINTURÓN, COPIA

seguro, -a adj **1** (*sin riesgo*) safe: *un lugar ~* a safe place **2** (*convencido*) sure: *Estoy segura de que vendrán.* I'm sure they'll come. **3** (*firme, bien sujeto*) secure
▸ nm **1** (*póliza*) insurance [*incontable*]: *sacarse un ~ de vida* to take out life insurance **2** (*mecanismo*) safety catch **3** (*Méx*) (*imperdible*) safety pin LOC **seguro que…**: *Seguro que llegan tarde.* They're bound to be late. ◆ **seguro social** ≈ social security *Ver tb* CARNÉ, LENTO

seis nm, adj, pron **1** six: *el número ~* number six ◊ *El ~ sigue al cinco.* Six comes after five. ◊ *Seis y tres son nueve.* Six and three are/make nine. ◊ *Seis por tres (son) dieciocho.* Three sixes (are) eighteen. ◊ *Faltan cinco/falta un cuarto para las seis.* It's five/a quarter to six. **2** (*fecha, sexto*) sixth: *en el minuto ~* in the sixth minute ◊ *Fuimos el 6 de mayo.* We went on May 6. ❶ *Se lee:* 'May sixth'. LOC **a las seis** at six o'clock ◆ **dar las seis** to strike six: *Dieron las ~ en el reloj.* The clock struck six. ◆ **las seis menos cinco, etc.** five, etc. to six ◆ **las seis menos cuarto** a quarter to six ◆ **las seis y cinco, etc.** five, etc. after six, five, etc. past six (*GB*) ◆ **las seis y cuarto** a quarter after six, a quarter past six (*GB*) ◆ **las seis y media** six thirty ◆ **seis de cada diez** six out of ten ◆ **son las seis** it's six o'clock ➔ *Para más información sobre el uso de los números, fechas, etc., ver págs. 784-8.*

seiscientos, -as adj, pron six hundred: *~ cuarenta y dos* six hundred (and) forty-two

◊ *Eramos ~ en la boda.* There were six hundred of us at the wedding. ◊ *hace ~ años* six hundred years ago
▸ *nm* six hundred LOC **seiscientos un(o), seiscientos dos,** etc. six hundred (and) one, six hundred (and) two, etc. ➲ *Ver pág. 784*

selección *nf* **1** selection **2** (*equipo*) (national) team: *la ~ ecuatoriana de baloncesto* the Ecuadorian basketball team LOC *Ver* EXAMEN

seleccionar *vt* to select

selecto, -a *adj* select: *un grupo/restaurante ~* a select group/restaurant

sellar *vt* **1** (*cerrar*) to seal: *~ un sobre/una amistad* to seal an envelope/a friendship **2** (*marcar con un sello*) to stamp: *~ una carta/un pasaporte* to stamp a letter/passport

sello *nm* **1** (*correo*) stamp **2** (*oficial*) seal ➲ *Ver nota en* STAMP LOC *Ver* CARA

selva *nf* jungle

semáforo *nm* traffic light: *un ~ en rojo* a red light

semana *nf* week: *la ~ pasada/que viene* last/next week ◊ *dos veces por ~* twice a week LOC **entre semana** during the week ◆ **Semana Santa** Easter: *¿Qué vas a hacer en Semana Santa?* What are you doing at Easter?

También existe la expresión **Holy Week**, pero se usa solamente para referirse a las festividades religiosas.

◆ **una semana sí y otra no** every other week *Ver tb* FIN

semanal *adj* **1** (*de cada semana*) weekly: *una revista ~* a weekly magazine **2** (*a la semana*): *Tenemos una hora ~ de gimnasia.* We have one hour of PE a week. LOC *Ver* PUBLICACIÓN

sembrar *vt* **1** to sow: *~ trigo/un campo* to sow wheat/a field **2** (*hortalizas*) to plant: *Sembraron ese campo de papas.* They've planted that field with potatoes.

semejante *adj* **1** (*parecido*) similar: *un modelo ~ a este* a model similar to this one **2** (*tal*): *¿Cómo pudiste hacer ~ cosa?* How could you do a thing like that? LOC *Ver* COSA

semejanza *nf* similarity [*pl* similarities]

semen *nm* semen

semestre *nm* **1** six months [*pl*]: *durante el primer ~ del año* in the first six months of the year **2** (*universitario*) term, semester (*más formal*)

semicírculo *nm* semicircle

semicorchea *nf* (*Mús*) sixteenth note, semiquaver (*GB*)

semidescremado, -a *adj* semi-skimmed

semifinal *nf* semifinal

semifinalista *nmf* semifinalist

semilla *nf* seed

seminario *nm* **1** (*clase*) seminar **2** (*Relig*) seminary [*pl* seminaries]

senado *nm* senate

senador, -ora *nm-nf* senator (*abrev* Sen.)

sencillez *nf* simplicity

sencillo, -a *adj* **1** (*sin ostentación, fácil*) simple: *una comida sencilla* a simple meal **2** (*persona*) straightforward
▸ *nm* **1** (*dinero*) small change **2** (*disco*) single: *el último ~ del grupo* the group's latest single

senda *nf* path

sendero *nm* (*tb* **senda** *nf*) path

seno *nm* breast: *cáncer de ~* breast cancer

sensación *nf* feeling LOC **causar/hacer sensación 1** (*hacer furor*) to cause a sensation **2** (*emocionar*) to make an impression *on sb*: *Volver a verlo me causó una gran ~.* Seeing him again made a deep impression on me.

sensacional *adj* sensational

sensacionalista *adj* sensationalist LOC *Ver* PRENSA

sensatez *nf* good sense

sensato, -a *adj* sensible

sensibilidad *nf* sensitivity

sensible *adj* **1** sensitive (*to sth*): *Mi piel es muy ~ al sol.* My skin is very sensitive to the sun. ◊ *Es una niña muy ~.* She's a very sensitive child. ❶ La palabra inglesa **sensible** significa *sensato* o *acertado*. **2** (*grande*) noticeable: *una mejora ~* a noticeable improvement

sensual *adj* sensual

sentada *nf* (*protesta*) sit-in LOC **de/en una sentada** in one go

sentado, -a *adj* sitting, seated (*más formal*): *Estaban ~s a la mesa.* They were sitting at the table. ◊ *Se quedaron ~s.* They remained seated. LOC **dar algo por sentado** to assume sth *Ver tb* SENTAR

sentar *vt* to sit: *Sentó al niño en su cochecito.* He sat the baby in its stroller.
▸ *vi* to look good (*on sb*): *Te sienta mejor el rojo.* The red one looks better on you. ◊ *¿Qué tal me sienta?* How does it look?
▸ **sentarse** *vp* to sit (down): *Siéntese.* Sit down, please. ◊ *Nos sentamos en el suelo.* We sat (down) on the floor. LOC **sentar bien/mal 1** (*ropa*) to look good/bad *on sb*: *Este vestido me sienta muy mal.* This dress doesn't look good on me at all. **2** (*alimentos*) to agree/not to agree *with sb*: *El café no me sienta bien.* Coffee doesn't agree with me. **3** (*hacer buen efecto*) to do *sb* good/no good: *Me sentó bien el descanso.* The rest did me good. **4** (*tomar bien/mal*): *Me*

sentencia

sentó mal que no me invitaran. I was upset that I wasn't invited. ◆ **sentar cabeza** to settle down *Ver tb* PATADA

sentencia *nf* **1** (*Jur*) sentence **2** (*dicho*) maxim LOC *Ver* DICTAR

sentenciar *vt* to sentence *sb to sth*

sentido *nm* **1** sense: *los cinco ~s* the five senses ◊ *~ del humor* sense of humor **2** (*significado*) meaning **3** (*dirección*) direction LOC **en este/ese sentido** in this/that respect ◆ **sentido común** common sense ◆ **tener sentido** to make sense: *No tiene ~.* It doesn't make sense. *Ver tb* CALLE, CARECER, CIERTO, DOBLE, SEXTO

sentimental *adj* **1** (*valor, persona*) sentimental: *valor ~* sentimental value **2** (*vida*) love: *vida ~* love life LOC *Ver* COMPAÑERO, CONSULTORIO

sentimiento *nm* feeling

sentir *vt* **1** (*sensación, sentimiento*) to feel: *~ frío/hambre* to feel cold/hungry **2** (*oír*) to hear **3** (*lamentar*) to be sorry about *sth/(that…)*: *Siento no poder ayudarte.* I'm sorry (that) I can't help you. ◊ *Sentimos mucho su desgracia.* We're very sorry about your misfortune.
▸ **sentirse** *vp* **1** to feel: *Me siento bien/mal.* I feel/don't feel very well. ◊ *¿Te sientes bien?* Do you feel all right? **2 sentirse (con)** (*ofenderse*) to be upset with *sb* LOC **lo siento (mucho)** I'm (very) sorry *Ver tb* ESCALOFRÍO, GANA, NÁUSEA, OBLIGADO, OJO, SIMPATÍA, SOLO

seña *nf* **1** (*gesto*) sign **2 señas** (*dirección*) address [*v sing*] LOC **hacer señas** to signal: *Me hacían ~s para que parara.* They were signaling to me to stop.

señal *nf* **1** (*indicio, signo*) sign: *~es de tránsito* road signs ◊ *Es una buena/mala ~.* It's a good/bad sign. ◊ *en ~ de protesta* as a sign of protest **2** (*marca*) mark **3** (*teléfono*) tone: *la ~ para marcar/de ocupado* the dial tone/busy signal LOC **dar señales** to show signs *of sth/doing sth* ◆ **hacer una señal/señales** to signal: *El conductor me hacía ~es.* The driver was signaling to me.

señalar *vt* **1** (*marcar*) to mark: *Señala las faltas con un lápiz rojo.* Mark the mistakes in red pencil. **2** (*mostrar, afirmar*) to point *sth* out: *~ algo en un mapa* to point sth out on a map ◊ *Señaló que…* He pointed out that… LOC **señalar con el dedo** to point at/to/toward *sth/sb*

señalizar *vt* to signpost

señor, -ora *nm-nf* **1** (*hombre*) man [*pl* men]: *Hay un ~ que quiere hablar contigo.* There's a man who wants to talk to you. **2** (*mujer*) lady [*pl* ladies]: *ropa para señoras* ladies' clothing **3 el señor/la señora Pérez, etc.** Mr./Mrs. Pérez, etc. ❶ En inglés no se usa el artículo delante de **Mr.** o **Mrs.**: *¿Está el ~ López?* Is Mr. López in? ◊ *los ~es de Soler* Mr. and Mrs. Soler. **4** (*delante del nombre o de cargos*): *La señora Luisa es la costurera.* Luisa is the dressmaker. ◊ *el ~ alcalde* the mayor **5** (*para llamar la atención*) excuse me!: *¡Señor! Se le cayó el boleto.* Excuse me! You've dropped your ticket. **6** (*en saludos formales*) **(a)** (*masc*) sir: *Buenos días ~.* Good morning, sir. **(b)** (*fem*) madam: *¿Le pasa algo, señora?* Is anything the matter, madam? ◊ *Señoras y señores…* Ladies and gentlemen…
▸ *nm* **Señor** (*Relig*) Lord LOC **¡no señor!** no way! ◆ **¡señor!** good Lord! ◆ **¡sí señor!** that's right! *Ver tb* SERVICIO

señora *nf* (*esposa*) wife [*pl* wives] *Ver tb* SEÑOR LOC **señora de la limpieza** cleaning lady [*pl* cleaning ladies]

señorita *nf* **1** (*fórmula de cortesía*) Miss, Ms.

> **Miss** se utiliza con el apellido o con el nombre y el apellido: 'Miss Jones' o 'Miss Mary Jones'. Nunca se utiliza solo con el nombre propio: *Llame a la señorita Elena/a la señorita Pelayo.* Phone Elena/Miss Pelayo.
>
> **Ms.** se usa para mujeres casadas o solteras cuando no se conoce su estado civil.

2 (*maestra*) teacher: *La ~ nos pone muchas tareas.* Our teacher gives us a lot of homework. **3** (*para llamar la atención*) excuse me: *¡Señorita! ¿Me puede atender, por favor?* Excuse me! Can you help me, please?

separación *nf* **1** separation **2** (*distancia*) gap: *Hay siete metros de ~.* There's a seven-meter gap.

separado, -a *adj* **1** (*matrimonio*) separated: *–¿Soltera o casada? –Separada.* 'Married or single?' 'Separated.' **2** (*distinto*) separate: *llevar vidas separadas* to lead separate lives LOC **por separado** separately *Ver tb* SEPARAR

separar *vt* **1** (*dividir*) to separate *sb/sth (from sb/sth)*: *Separa las bolas rojas de las verdes.* Separate the red balls from the green ones. **2** (*alejar*) to move *sb/sth* away *(from sb/sth)*: *~ la mesa de la ventana* to move the table away from the window **3** (*guardar*) to save: *Sepárame un pan.* Save a loaf of bread for me.
▸ **separarse** *vp* **1** to separate, to split up (*más coloq*): *Se separó de su marido.* She separated from her husband. ◊ *Nos separamos a mitad de camino.* We split up halfway. **2** (*apartarse*) to move away (*from sb/sth*): *~se de la familia* to move away from your family

separatista *adj, nmf* separatist

septiembre *nm* September (*abrev* Sept.)
➲ *Ver ejemplos en* ENERO

séptimo, -a *adj, pron, nm-nf* seventh ➲ *Ver ejemplos en* SEXTO LOC **estar en el séptimo cielo** to be in seventh heaven

sepultura *nf* grave

sequía *nf* drought

ser[1] *vi* **1** to be: *Es alta.* She's tall. ◊ *Soy de La Paz.* I'm from La Paz. ◊ *Dos y dos son cuatro.* Two and two are four. ◊ *Son las siete.* It's seven o'clock. ◊ *– ¿Cuánto es? – Son 320 pesos.* 'How much is it?' '(It's) 320 pesos.' ◊ *– ¿Quién es? – Soy Ana.* 'Who's that?' 'It's Ana.' ◊ *En mi familia somos seis.* There are six of us in my family.

> En inglés se utiliza el artículo indefinido **a/an** delante de profesiones en oraciones con el verbo **be**: *Es médico/ingeniero.* He's a doctor/an engineer.

2 ~ **de** (*material*) to be made of *sth*: *Es de aluminio.* It's made of aluminum.
▸ *v aux* to be: *Será juzgado el lunes.* He will be tried on Monday. LOC **a no ser que...** unless... ♦ **de no ser por...** if it wasn't/weren't for...: *De no ~ por él, me iría.* If it wasn't for him, I'd go. ◊ *De no ~ por ti, nos hubiéramos perdido.* If it weren't for you, we'd have got lost. ♦ **es más** what's more ♦ **¡eso es!** that's right! ♦ **es que...**: *Es que no quiero.* I just don't feel like it. ◊ *¡Es que es muy caro!* It's very expensive! ◊ *¿Es que no se conocían?* Didn't you know each other, then? ♦ **lo que sea** whatever ♦ **no sea que/no vaya a ser que** (just) in case ♦ **o sea...**: *¿O sea que se van mañana?* So you're leaving tomorrow, are you? ◊ *El 17, o sea el martes pasado.* The 17th, that's to say last Tuesday. ♦ **por si fuera poco** to top it all ♦ **¿qué ha sido de...?**: *¿Qué ha sido de tu hermana?* What's your sister been up to? ◊ *¿Qué ha sido de tu vida?* What have you been up to? ♦ **sea como sea/sea lo que sea/sea quien sea** no matter how/what/who ♦ **si no es/fuera por** if it weren't for *sb/sth* ♦ **si yo fuera...** if I were... ♦ **soy yo** it's me, you, etc. ❶ Para otras expresiones con **ser**, véanse las entradas del sustantivo, adjetivo, etc., p. ej. **ser el colmo** en COLMO.

ser[2] *nm* being: *un ~ humano/vivo* a human/living being

serenazgo *nm* (*Per*) municipal police force

serial *nm* serial ➔ Ver nota en SERIES

serie *nf* series [*pl* series]: *una ~ de desgracias* a series of disasters ◊ *una nueva ~ televisiva* a new TV series ➔ Ver nota en SERIES LOC **serie en capítulos** serial *Ver tb* CABEZA, FABRICAR, PRODUCCIÓN

serio, -a *adj* **1** (*riguroso, importante, de aspecto severo*) serious: *un libro/asunto ~* a serious book/matter **2** (*cumplidor*) reliable: *Es un hombre de negocios ~.* He's a reliable businessman. LOC **en serio** seriously: *tomar algo en ~* to take sth seriously ◊ *¿Lo dices en ~?* Are you serious? ♦ **ponerse serio con algn** to get annoyed with sb

sermón *nm* (*Relig*) sermon LOC **echar un sermón** to give *sb* a lecture *Ver tb* SOLTAR

seropositivo, -a *adj* HIV-positive

serpentina *nf* streamer

serpiente *nf* snake LOC **serpiente de cascabel** rattlesnake

serrar *vt* to saw *sth* (up): *Serré la madera.* I sawed up the wood.

servicentro *nm* **1** (*estación de servicio*) service station **2** (*tienda gasolinera*) gas station convenience store

servicio *nm* **1** (*Tenis*) service: *~ de buses* bus service **2** (*doméstico*) domestic help LOC **hacer/pagar el servicio (militar)** to do (your) military service ♦ **muchacha/señora del servicio** maid

servido, -a *adj* LOC **darse por bien servido** to count yourself lucky *Ver tb* AGUA; *Ver tb* SERVIR

servidor *nm* (*Informát*) server LOC **servidor de internet** Internet Service Provider (*abrev* ISP)

servilleta *nf* napkin: *~s de papel* paper napkins

servilletero *nm* napkin ring

servir *vt* to serve: *Demoraron mucho en ~nos.* They took a long time to serve us. ◊ *¿Te sirvo un poco más?* Would you like some more?
▸ *vi* **1** ~ **de/como/para** to serve as *sth/to do sth*: *Sirvió para aclarar las cosas.* It served to clarify things. ◊ *La caja me sirvió de mesa.* I used the box as a table. ◊ *Este vaso sirve de florero.* This glass will do as a vase. **2** ~ **para** (*usarse*) to be (used) for *doing sth*: *Sirve para cortar.* It is used for cutting. ◊ *¿Para qué sirve?* What do you use it for? **3** (*Col*) (*ropa*) to fit: *Ya no me sirve este pantalón.* These pants don't fit me any more. **4** (*Tenis*) to serve: *~ en la marina* to serve in the navy
▸ **servirse** *vp* (*comida*) to help yourself (to *sth*): *Me serví ensalada.* I helped myself to salad. ◊ *Sírvase usted mismo.* Help yourself. LOC **no servir 1** (*utensilio*) to be no good (*for doing sth*): *Este cuchillo no sirve para cortar carne.* This knife is no good for cutting meat. **2** (*persona*) to be no good *at sth/doing sth*: *No sirvo para enseñar.* I'm no good at teaching. ♦ **no servir para nada/taco** to be useless: *Este gobierno no sirve para nada.* This government is useless. *Ver tb* BANDEJA

sesenta *nm, adj, pron* **1** sixty **2** (*sexagésimo*) sixtieth: *Eres el número ~ en la lista.* You're sixtieth on the list. ◊ *el ~ aniversario* the sixtieth anniversary LOC **los sesenta** (*los años 60*) the sixties ♦ **sesenta y un(o), sesenta y dos, etc.** sixty-one, sixty-two, etc. ➔ Ver pág. 784

sesión *nf* **1** session: ~ *de entrenamiento/clausura* training/closing session **2** (*Cine*) showing **3** (*Teat*) performance

seso *nm* brain `LOC` **calentarse/devanarse los sesos** to rack your brains

set *nm* set `LOC` **salir al set** to go/come onto the stage

setecientos, -as *adj, pron, nm* seven hundred ➲ *Ver ejemplos en* SEISCIENTOS

setenta *nm, adj, pron* **1** seventy **2** (*septuagésimo*) seventieth ➲ *Ver ejemplos en* SESENTA

seto *nm* hedge

seudónimo *nm* pseudonym

severo, -a *adj* **1** (*intenso*) severe: *un golpe* ~ a severe blow **2** ~ **(con)** (*estricto*) strict (with *sb*): *Mi papá era muy* ~ *con nosotros*. My father was very strict with us. **3** (*castigo, crítica*) harsh

sexista *adj, nmf* sexist

sexo *nm* sex

sexto, -a *adj* **1** sixth: *la sexta hija* the sixth daughter ◊ *Vivo en el* ~ *piso*. I live on the sixth floor. **2** (*en títulos*): *Felipe VI* Philip VI ❶ *Se lee:* 'Philip the Sixth'. ➲ *Ver tb pág. 784*
▸ *pron, nm-nf* sixth: *Es el* ~ *de la familia*. He's sixth in the family. ◊ *Fui el* ~ *en cruzar la meta*. I was the sixth to finish.
▸ *nm* sixth: *cinco* ~*s* five sixths `LOC` **la/una sexta parte** a sixth ◆ **sexto sentido** sixth sense

sexual *adj* **1** sexual: *acoso* ~ sexual harassment **2** (*educación, órganos, vida*) sex `LOC` *Ver* ABUSO, ENFERMEDAD

sexualidad *nf* sexuality

sexy *adj* sexy

shorts *nm* shorts ❶ *Nótese que unos shorts se dice* **a pair of shorts**. ➲ *Ver tb nota en* PAIR

show *nm* (*espectáculo*) show

si¹ *nm* (*Mús*) **1** (*nota de la escala*) ti **2** (*tonalidad*) B: *si mayor* B major

si² *conj* **1** (*condición*) if: *Si llueve no iremos*. If it rains, we won't go. ◊ *Si fuera rico me compraría una moto*. If I were rich, I'd buy a motorcycle.

> Es más correcto decir 'if I/he/she/it **were** ', pero hoy en día en el lenguaje hablado se suele usar 'if I/he/she/it **was** '.

2 (*duda*) whether: *No sé si quedarme o irme*. I don't know whether to stay or go. **3** (*deseo*) if only: *¡Si me lo hubieras dicho antes!* If only you had told me before! **4** (*protesta*) but: *¡Si no me lo habías dicho!* But you didn't tell me! **5** (*uso enfático*) really: *Si será despistada*. She's really scatterbrained. `LOC` **si no** otherwise

sí¹ *adv* **1** (*afirmación*) yes: – *¿Quieres un poco más?* – *Sí*. 'Would you like a bit more?' 'Yes, please.' **2** (*énfasis*): *Sí que estoy contenta*. I am really happy. ◊ *Ella no irá, pero yo sí*. She's not going but I am.
▸ *nm*: *Contestó con un tímido sí*. He shyly said yes. ◊ *Aún no me ha dado el sí*. He still hasn't said yes. `LOC` **¡eso sí que no!** definitely not! ◆ **¿sí?**: *¡Estate quieta!¿sí?* Keep still, will you!

sí² *pron* **1** (*él*) himself: *Hablaba para sí (mismo)*. He was talking to himself. **2** (*ella*) herself: *Solo sabe hablar de sí misma*. She can only talk about herself. **3** (*ello*) itself: *El problema se solucionó por sí mismo*. The problem solved itself. **4** (*ellos, ellas*) themselves **5** (*impersonal, usted*) yourself: *querer algo para sí* to want sth for yourself ➲ *Ver nota en* YOU **6** (*ustedes*) yourselves `LOC` **darse de sí** (*prendas, zapatos*) to stretch ◆ **de por sí/en sí (mismo)** in itself

siamés, -esa *adj* `LOC` *Ver* GATO, HERMANO

sida (*tb* SIDA) *nm* AIDS

siderurgia *nf* iron and steel industry

siderúrgico, -a *adj* iron and steel: *el sector* ~ *latinoamericano* the Latin American iron and steel sector

siembra *nf* sowing

siempre *adv* always: *Siempre dices lo mismo*. You always say the same thing. ◊ *Siempre he vivido con mis primos*. I've always lived with my cousins. ➲ *Ver nota en* ALWAYS `LOC` **como siempre** as usual ◆ **de siempre** (*acostumbrado*) usual: *Nos veremos en el sitio de* ~. We'll meet in the usual place. ◆ **lo de siempre** the usual thing ◆ **para siempre 1** (*permanentemente*) for good: *Me voy de Perú para* ~. I'm leaving Peru for good. **2** (*eternamente*) forever: *Nuestro amor es para* ~. Our love will last for ever. ◆ **siempre que…** whenever…: *Siempre que vamos de vacaciones te enfermas*. Whenever we go on vacation you get sick.

sien *nf* temple

sierra *nf* **1** (*herramienta*) saw **2** (*región*) mountains [*pl*]: *una casita en la* ~ a cabin in the mountains **3** (*Geog*) mountain range **4** (*pez*) tuna [*pl* tuna]

siesta *nf* siesta `LOC` **dormir/hacer la siesta** to take a siesta

siete *nm, adj, pron* **1** seven **2** (*fecha*) seventh ➲ *Ver ejemplos en* SEIS `LOC` **tener siete vidas** to have nine lives

sigilosamente *adv* very quietly

sigla *nf siglas*: *¿Cuáles son las* ~*s de…?* What's the abbreviation for…? ◊ *CEPAL son las* ~*s de la Comisión Económica para América Latina y el Caribe*. CEPAL stands for 'Comisión Económica para América Latina y el Caribe'.

siglo nm **1** (*centuria*) century [*pl* centuries]: *en el ~ XX* in the 20th century ❶ Se lee: 'in the twentieth century'. **2** (*era*) age: *Vivimos en el ~ de los computadores.* We live in the age of computers. **LOC** **Siglo de Oro** Golden Age

significado nm meaning

significar vt, vi to mean (*sth*) (*to sb*): *¿Qué significa esta palabra?* What does this word mean? ◊ *El significa mucho para mí.* He means a lot to me.

signo nm **1** (*señal, gesto, Astrol*) sign: *los ~s del zodíaco* the signs of the zodiac **2** (*imprenta, fonética*) symbol **LOC** **signo de admiración/exclamación** exclamation point, exclamation mark (*GB*) ♦ **signo de interrogación** question mark ➲ *Ver pág. 377* ♦ **signo más/menos** (*Mat*) plus/minus sign ♦ **signo pare** (*tránsito*) stop sign

siguiente adj next: *al día ~* the next day ▸ nmf next one: *Que pase la ~.* Tell the next one to come in. **LOC** **lo siguiente** the following

sílaba nf syllable

silbar vt, vi **1** to whistle: *~ una canción* to whistle a tune **2** (*abuchear*) to boo

silbato nm whistle: *El árbitro tocó el ~.* The referee blew the whistle.

silbido nm **1** whistle: *el ~ del viento* the whistling of the wind **2** (*protesta, serpiente*) hiss **3** (*oídos*) buzzing

silenciar vt **1** (*persona*) to silence **2** (*suceso*) to hush *sth* up

silencio nm silence: *En la clase había ~ absoluto.* There was total silence in the classroom. **LOC** **¡silencio!** be quiet! *Ver tb* ROGAR

silencioso, -a adj **1** (*en silencio, callado*) silent: *La casa estaba completamente silenciosa.* The house was totally silent. ◊ *un motor ~* a silent engine **2** (*tranquilo*) quiet: *una calle muy silenciosa* a very quiet street

silicona nf (*Méx* **silicón** nm) silicone

silla nf chair: *sentado en una ~* sitting on a chair **LOC** **silla de montar** saddle ♦ **silla de ruedas** wheelchair ♦ **silla giratoria** swivel chair ♦ **silla para niños** highchair ♦ **silla reclinatoria** recliner

sillón nm armchair: *sentado en un ~* sitting in an armchair

silueta nf silhouette

silvestre adj wild

simbólico, -a adj symbolic

simbolizar vt to symbolize

símbolo nm symbol

simétrico, -a adj symmetrical

similar adj *~* (a) similar (to *sb/sth*)

simio, -a nm-nf ape

simpatía nf charm **LOC** **sentir/tener simpatía hacia/por algn** to like sb

simpático, -a adj nice: *Es una muchacha muy simpática.* She's a very nice girl. ◊ *Me pareció muy ~.* I thought he was very nice.

> Nótese que **sympathetic** no significa *simpático* sino *comprensivo, compasivo*: *Todos fueron muy comprensivos.* Everyone was very sympathetic.

LOC **hacerse el simpático**: *Se estaba haciendo el ~.* He was trying to be nice.

simpatizante nmf sympathizer: *ser ~ del partido liberal* to be a liberal party sympathizer

simpatizar vi (*llevarse bien*) to get along (well) (*with sb*)

simple adj **1** (*sencillo, fácil*) simple: *No es tan ~ como parece.* It's not as simple as it looks. **2** (*Col*) (*soso*) tasteless: *La sopa está algo ~.* This soup needs a little salt. **3** (*persona*) plain: *Ella es muy ~.* She's rather plain. ◊ *Víctor es muy ~ para vestir.* Victor doesn't make much effort in the way he dresses. **4** (*mero*) : *Es un ~ apodo.* It's just a nickname. **LOC** **a simple vista** at first glance

simplemente adv simply, just (*más coloq*) **LOC** **es simplemente que...** it's just that...

simplificar vt to simplify

simulacro nm **1** (*de vuelo*) simulation **2** (*de ataque*) mock: *un ~ de batalla* a mock battle **3** (*de fuego, salvamento*) drill: *un ~ de incendio* a fire drill

simultáneo, -a adj simultaneous

sin prep **1** without: *~ azúcar* without sugar ◊ *~ pensar* without thinking

> Cuando *sin* va seguido de una palabra negativa como "nada", "nadie", etc., éstas se traducen por **anything, anyone**, etc.: *Salió sin decir nada.* She left without saying anything. ◊ *Salieron sin que nadie les viera.* They left without anyone seeing them.

2 (*por hacer*): *Los platos estaban todavía ~ lavar.* The dishes still hadn't been done. ◊ *Tuve que dejar el trabajo ~ terminar.* I had to leave the work unfinished. **LOC** *Ver* EMBARGO

sinagoga nf synagogue

sinceramente adv **1** (*con sinceridad*) sincerely: *Lo dijo ~.* He said it sincerely. **2** (*para dar opinión*) honestly: *Sinceramente, me parece una pérdida de tiempo.* To be honest, I think it's a waste of time.

sinceridad nf sincerity

sincero, -a adj sincere

sincronización nf (*motor*) tuning

sincronizar

sincronizar vt to synchronize: *Sincronicemos los relojes.* Let's synchronize our watches.

sindical adj trade union: *un líder ~* a trade union leader

sindicato nm (labor) union, (trade) union (GB): *el ~ de trabajadores* the workers' union

síndrome nm syndrome LOC **síndrome de abstinencia** withdrawal symptoms [pl]
♦ **síndrome de inmunodeficiencia adquirida** (abrev **SIDA**) Acquired Immune Deficiency Syndrome (abrev AIDS) ♦ **síndrome premenstrual** premenstrual syndrome (abrev PMS)

sinfonía nf symphony [pl symphonies]

sinfónico, -a adj **1** (*música*) symphonic **2** (*orquesta*) symphony: *orquesta sinfónica* symphony orchestra

singular adj (Gram) singular

siniestro, -a adj sinister: *aspecto ~* sinister appearance LOC Ver DIESTRO

sino conj but: *no solo en Cartagena, ~ también en otros sitios* not only in Cartagena but in other places as well ◊ *No haces ~ criticar.* You do nothing but criticize.

sinónimo, -a adj *~ (de)* synonymous (with sth)
▸ nm synonym

sinóptico, -a adj LOC Ver CUADRO

síntoma nm symptom

sintonizar vt, vi to tune in (*to sth*): *~ (con) Caracol* to tune in to Radio Caracol

sinvergüenza nmf scoundrel

siquiera adv **1** [en frases negativas] even: *Ni ~ me llamaste.* You didn't even call me. ◊ *sin vestirme ~* without even getting dressed **2** (*al menos*) at least: *Dame ~ una idea.* At least give me an idea. **3** (*afortunadamente*) thank goodness: *Siquiera llegaste.* Thank goodness you've arrived.

sirena nf **1** (*señal acústica*) siren: *~ de policía* police siren **2** (*mujer-pez*) mermaid

sirvienta nf maid

sirviente, -a nm-nf servant

sísmico, -a adj seismic

sismo nm earthquake

sistema nm **1** system: *~ político/educativo* political/education system ◊ *el ~ solar* the solar system **2** (*método*) method: *los ~s pedagógicos modernos* modern teaching methods
LOC **sistema montañoso** mountain range
♦ **sistema solar** solar system Ver tb INGENIERO

sitio nm **1** (*lugar*) place: *un ~ para dormir* a place to sleep **2** (*espacio*) room: *¿Hay ~? Is there any room?* ◊ *Creo que no habrá ~ para todos.* I don't think there'll be enough room for everybody. LOC **hacer sitio** to make room (*for sb/sth*) ♦ **ir de un sitio a/para otro** to rush around ♦ **sitio web** website: *Visita nuestro ~ web.* Visit our website. Ver tb ALGUNO, CUALQUIERA, NINGUNO, OTRO

situación nf situation: *una ~ difícil* a difficult situation

situado, -a adj situated Ver tb SITUAR

situar vt **1** (*colocar*) to put, to place (*más formal*): *Me sitúa en una posición muy comprometida.* This puts me in a very awkward position. **2** (*en un mapa*) to find: *Sitúame Cuzco en el mapa.* Find Cuzco on the map.
▸ **situarse** vp (*clasificación*) to be: *~se entre las cinco primeras* to be among the top five LOC **situarse a la cabeza** to lead the field

snowboard (tb snow) nm snowboarding LOC Ver TABLA

sobaco nm armpit

sobar vt **1 (a)** (*cosa*) to finger: *Deja de ~ la tela.* Stop fingering the material. **(b)** (*persona*) to paw **2** (tb **sobonear**) (*Per*) (*adular*) to suck up to sb LOC **sobar el lomo a algn** (*Chi*) to suck up to sb

soberano, -a adj, nm-nf sovereign

soberbia nf arrogance

soberbio, -a adj arrogant

sobornar vt to bribe

soborno nm: *intento de ~* attempted bribery ◊ *aceptar ~s* to accept/take bribes

sobra nf **1** (*exceso*) surplus: *Hay mano de obra barata de ~.* There is a surplus of cheap labor. **2 sobras** (*restos*) leftovers LOC **de sobra 1** (*suficiente*) plenty (of sth): *Hay comida de ~.* There's plenty of food. ◊ *Tenemos tiempo de ~.* We have plenty of time. **2** (*muy bien*) very well: *Sabes de ~ que no me gusta.* You know very well that I don't like it.

sobrado adv easily
▸ nm-nf stuck-up person: *Es un ~.* He's so stuck-up.

sobrar vi **1** (*quedar*): *Sobra queso de anoche.* There's some cheese left (over) from last night. **2** (*haber más de lo necesario*): *Sobra tela para la falda.* There's plenty of material for the skirt. ◊ *Sobran dos sillas.* There are two chairs too many. **3** (*estar de más*) **(a)** (*cosa*) to be unnecessary: *Sobran las palabras.* Words are unnecessary. **(b)** (*persona*) to be in the way: *Aquí sobramos.* We're in the way here.
LOC **sobrarle algo a algn 1** (*quedar*) to have sth left: *Me sobran dos galletas.* I have two cookies left. **2** (*tener demasiado*) to have too much/many…: *Me sobra trabajo.* I've got too much work.

sobre¹ nm **1** (carta) envelope **2** (envoltorio) package, sachet (GB): un ~ de sopa a package of soup

sobre² prep **1** (encima de) on: ~ la mesa on the table **2** (por encima, sin tocar) over: Volamos ~ Caracas. We flew over Caracas. **3** (temperatura) above: diez grados ~ cero ten degrees above zero **4** (acerca de, expresando aproximación) about: una película ~ Machu Picchu a film about Machu Picchu ◊ Llegaré ~ las ocho. I'll arrive about eight. **LOC** **sobre todo** Ver TODO

sobrecargado, -a adj overloaded: una línea sobrecargada an overloaded line

sobredosis nf overdose

sobremesa nf. ¿Qué quieres de ~? ¿Jugo o leche? What would you like to drink with your meal? Juice or milk?

sobrenatural adj supernatural

sobrentenderse (tb sobreentenderse) vp to be understood **LOC** **se sobrentiende que...** it goes without saying (that)...

sobrepasar vt **1** (cantidad, límite, medida, esperanzas) to exceed: Sobrepasó los 170 km por hora. It exceeded 170 km an hour. **2** (rival, récord) to beat

sobrepeso nm excess weight: tener problemas de ~ to be overweight

sobrepoblado, -a adj overpopulated

sobreprotector, -ora adj overprotective

sobresaliente adj outstanding: una actuación ~ an outstanding performance

sobresalir vi **1** (objeto, parte del cuerpo) to stick out, to protrude (formal) **2** (destacar, resaltar) to stand out (from sb/sth): Sobresale entre sus compañeras. She stands out from her friends.

sobresaltar vt to startle

sobrevivir vi to survive

sobrino, -a nm-nf **1** (masc) nephew **2** (fem) niece **3 sobrinos**

A veces decimos sobrinos refiriéndonos a sobrinos y sobrinas, en cuyo caso debemos decir en inglés **nephews and nieces**: ¿Cuántos sobrinos tienes? How many nephews and nieces do you have?

sobrio, -a adj sober
sociable adj sociable
social adj social
▸ **sociales** nf gossip column [v sing]: La noticia saldrá publicada mañana en ~. The news will be published in tomorrow's gossip column. **LOC** Ver ASISTENTE, PÁGINA, RED, SEGURO, VIVIENDA

socialismo nm socialism
socialista adj, nmf socialist

sociedad nf **1** society [pl societies]: una ~ de consumo a consumer society **2** (Econ) company [pl companies] **LOC** **sociedad anónima** public corporation ♦ **sociedad limitada** limited company (abrev Ltd)

socio, -a nm-nf **1** (club) member: hacerse ~ de un club to become a member of a club/to join a club **2** (Econ) partner **LOC** **hacerse socio** (asociación, club) to join sth: hacerse ~ de un club de fútbol to join a soccer club

sociología nf sociology
sociológico, -a adj sociological
sociólogo, -a nm-nf sociologist
socorrer vt to help
socorrismo nm life-saving
socorrista nmf lifeguard
socorro nm help
▸ **¡socorro!** interj help!

sofá nm couch **LOC** **sofá cama** sofa bed
sofisticado, -a adj sophisticated
sofocante adj stifling: Hacía un calor ~. It was stiflingly hot.

sofocar vt **1** (fuego) to smother **2** (rebelión) to put sth down
▸ **sofocarse** vp **1** (de calor) to suffocate: Me estaba sofocando en el bus. I was suffocating on the bus. **2** (quedarse sin aliento) to get out of breath **3** (irritarse) to get worked up

sofoco nm **1** (vergüenza) embarrassment: ¡Qué ~! How embarrassing! **2** (sudores) hot flash, hot flush (GB)

sofreír vt to fry sth lightly

software nm (Informát) software [incontable]: Crearon un nuevo ~. They've developed some new software/a new software package.

soga nf rope **LOC** Ver CUELLO

sol¹ nm sun: Me daba el ~ en la cara. The sun was shining on my face. ◊ sentarse al ~ to sit in the sun ◊ una tarde de ~ a sunny afternoon **LOC** **de sol a sol** from morning to night ♦ **hacer sol** to be sunny ♦ **no dejar a algn ni a sol ni a sombra** not to leave sb in peace ♦ **tomar (el) sol** to sunbathe Ver tb GAFAS, PUESTA, QUEMADURA, RELOJ, SALIDA

sol² nm **1** (nota de la escala) so **2** (tonalidad) G: ~ bemol G flat **LOC** Ver CLAVE

solamente adv Ver SOLO
solapa nf **1** (chaqueta) lapel **2** (libro, sobre) flap
solapado, -a adj sly
solar¹ adj (del sol) solar **LOC** Ver SISTEMA, TECHO
solar² nm (terreno) plot
soldado nmf soldier
soldar vt to solder

soleado, -a *adj* sunny
soledad *nf* **1** *(involuntaria)* loneliness: *Los ancianos se quejan de su ~.* Old people complain about loneliness. ◊ *Sentía una gran ~ en medio de aquella multitud.* He felt very lonely among all those people. **2** *(voluntaria)* solitude: *Se refugió en la ~ de su cuarto.* She took refuge in the solitude of her room. ◊ *Le gusta la ~.* She likes being alone.
solemne *adj* solemn
soler *vi* **1** *(en presente)* to usually do sth: *No suelo desayunar.* I don't usually have breakfast. ⊃ *Ver nota en* ALWAYS **2** *(en pasado)* used to do sth: *Solíamos visitarlo en el verano.* We used to visit him in the summer. ◊ *No solíamos salir.* We didn't use to go out. ⊃ *Ver nota en* USED TO
solera *nf* *(Chi)* *(cuneta)* curb
solfeo *nm* music theory
solicitante *nmf* applicant *(for sth)*
solicitar *vt* **1** *(información, permiso, apoyo, servicio)* to request: *~ una entrevista* to request an interview **2** *(empleo, beca)* to apply for *sth*
solicitud *nf* **1** *(petición)* request *(for sth)*: *una ~ de información* a request for information **2** *(instancia)* application *(for sth)*: *una ~ de trabajo* a job application ◊ *rellenar una ~* to fill out an application (form)
solidaridad *nf* solidarity
solidario, -a *adj* supportive: *ser/hacerse ~ con algo/algn* to be supportive of sth/sb ◊ *un acto ~* an act of solidarity
solidez *nf* solidity
solidificar(se) *vt, vp* **1** to solidify **2** *(agua)* to freeze
sólido, -a *adj, nm* solid
solista *nmf* soloist
solitario, -a *adj* **1** *(sin compañía)* solitary: *Lleva una vida solitaria.* She leads a solitary life. **2** *(lugar)* lonely: *las calles solitarias* the lonely streets
▸ *nm (Naipes)* solitaire [*incontable*]: *hacer un ~* to play a game of solitaire
sollozo *nm* sob
solo *(tb* **sólo, solamente***) adv* only: *Trabajo ~ los sábados.* I only work on Saturdays. ◊ *Es ~ un niño.* He's only a child. ◊ *Tan ~ te pido una cosa.* I'm just asking you one thing. LOC **no solo… sino también…** not only… but also… ♦ **solo con/de…** just doing *sth*: *Solo con verla tengo bastante.* Just seeing her is enough for me. ◊ *Solo de pensarlo me pongo mala.* Just thinking about it makes me feel ill.
solo, -a *adj* **1** *(sin compañía)* alone: *Estaba sola en la casa.* She was alone in the house. **2** *(sin ayuda)* by myself, yourself, etc.: *El niño ya come ~.* He can eat by himself now. ⊃ *Ver nota en* ALONE
▸ *nm* solo [*pl* solos]: *hacer un ~* to play/sing a solo LOC **estar a solas** to be alone ♦ **estar/sentirse solo** to be/feel lonely ♦ **quedarse solo** to be (left) on your own *Ver tb* USO
solomillo *(tb* **solomito***) nm* sirloin (steak)
soltar *vt* **1** *(desasir)* to let go of *sb/sth*: *¡Suéltame!* Let go of me! **2** *(dejar caer)* to drop **3** *(dejar libre)* to set *sb/sth* free, to release *(más formal)* **4** *(perro)* to set *sth* loose **5** *(cable, cuerda)* to let *sth* out: *Suelta un poco de cuerda.* Let the rope out a little. **6** *(olor, humo)* to give *sth* off: *Suelta mucho humo.* It gives off a lot of smoke. **7** *(dinero)* to cough *sth* up **8** *(grito, suspiro)* to let *sth* out
▸ **soltarse** *vp* **1** *(separarse)* to let go (*of sb/sth*): *No te sueltes de mi mano.* Don't let go of my hand. **2 soltarse (en)** to get the hang of *sth*: *Ya se está soltando en inglés.* She's getting the hang of English now. LOC **soltarle la lengua a algn** to make sb talk ♦ **no soltar palabra/prenda** not to say a word ♦ **soltarse el pelo** to let your hair down ♦ **soltar una carcajada** to burst out laughing ♦ **soltar un sermón** to give *sb* a lecture (*on sth*) *Ver tb* INDIRECTA
soltero, -a *adj* single: *ser/estar ~* to be single
▸ *nm-nf* single man/woman [*pl* single men/women] LOC *Ver* DESPEDIDA, MADRE
solterón, -ona *nm-nf* **1** *(masc)* bachelor: *Es un ~ empedernido.* He's a confirmed bachelor. **2** *(fem)* spinster ⊃ *Ver nota en* SPINSTER
soltura *nf* **1** *(desparpajo)* self-confidence: *Se desenvuelve con ~.* He's very confident. **2** *(facilidad)*: *Habla francés con ~.* She speaks fluent French. ◊ *manejar con ~* to drive well ◊ *adquirir ~ en el computador* to get the hang of the computer
soluble *adj* soluble
solución *nf* solution (*to sth*): *encontrar la ~ del problema* to find a solution to the problem
solucionar *vt* to solve: *Lo solucionaron con una llamada.* They solved the problem with a phone call.
solvente *adj* solvent
sombra *nf* **1** *(ausencia de sol)* shade: *Nos sentamos en la ~.* We sat in the shade. ◊ *El árbol daba ~ al carro.* The car was shaded by the tree. **2** *(silueta)* shadow: *proyectar una ~* to cast a shadow ◊ *No es ni la ~ de lo que era.* She is a shadow of her former self. LOC **sombra (de ojos)** eyeshadow
sombreado, -a *adj* shady

sombra

a shadow | They're sitting in the **shade**.

sombrero nm hat LOC **sombrero de copa** top hat

sombrilla nf (playa) sunshade

someter vt **1** (dominar) to subdue **2** (exponer) to subject sb/sth to sth: ~ a los presos a torturas to subject prisoners to torture ◊ Sometieron el metal al calor. The metal was subjected to heat. **3** (buscar aprobación) to submit sth (to sb/sth): Tienen que ~ el proyecto al consejo. The project must be submitted to the council.
▸ **someterse** vp (rendirse) to surrender (to sb) LOC **someter a votación** to put sth to the vote

somier nm bed base

somnífero nm sleeping pill

sonado, -a adj **1** (comentado) much talked-about: la sonada dimisión del ministro the much talked-about resignation of the minister **2** (impresionante) incredible Ver tb SONAR

sonajero nm rattle

sonámbulo, -a nm-nf sleepwalker

sonante adj LOC Ver PLATA

sonar vi **1** to sound: Esta pared suena hueca. This wall sounds hollow. ◊ El piano suena de maravilla. The piano sounds great. ◊ ¿Cómo te suena este párrafo? How does this paragraph sound to you? **2** (alarma, sirena) to go off **3** (timbre, campanilla, teléfono) to ring **4** (ser familiar) to ring a bell: Ese nombre me suena. That name rings a bell. **5** (tripas) to rumble: Me sonaban las tripas. My tummy was rumbling. **6** (estar en problemas) to have had it: Si te descubren, suenas. If they find you, you've had it. **7** (Chi) (estropearse) to pack up
▸ **sonarse** vp (nariz) to blow your nose

sonda nf (Med) probe

sondear vt **1** (persona) to sound sb out (about/on sth) **2** (opinión, mercado) to test

sondeo nm (opinión, mercado) poll: un ~ de opinión an opinion poll

sonido nm sound LOC **ingeniero/técnico de sonido** sound engineer Ver tb EQUIPO

sonoro, -a adj **1** sound: efectos ~s sound effects **2** (voz) loud LOC Ver BANDA¹

sonreír vi to smile (at sb): Me sonrió. He smiled at me.

sonriente adj smiling

sonrisa nf smile

sonrojarse vp to blush

sonrosado, -a adj rosy

soñador, -ora nm-nf dreamer

soñar vi ~ **con 1** (durmiendo) to dream about sb/sth: Anoche soñé contigo. I dreamed about you last night. **2** (desear) to dream of doing sth: Sueño con una moto. I dream of having a motorcycle. ◊ Sueñan con ser famosos. They dream of becoming famous.
▸ vt to dream: No sé si lo soñé. I don't know if I dreamed it. LOC **ni lo sueñes/ni soñarlo** no chance ♦ **soñar con los angelitos** to have sweet dreams ♦ **soñar despierto** to daydream ♦ **¡sueñe!** you wish!

sopa nf soup: ~ de fideos noodle soup ◊ ~ de sobre instant soup mix LOC **hasta en la sopa** all over the place

sopero, -a adj soup: cuchara sopera soup spoon
▸ **sopera** nf soup tureen LOC Ver PLATO

soplar vt **1** (para apagar algo) to blow sth out: ~ una vela to blow out a candle **2** (para enfriar algo) to blow on sth: ~ la sopa to blow on your soup **3** (decir en voz baja) to whisper: Me soplaba las respuestas. He whispered the answers to me. **4** (chivarse) **(a)** (entre niños) to tell (on sb): Si no me lo devuelves se lo soplo a la maestra. If you don't give it back to me, I'll tell the teacher on you. **(b)** (a la policía) to squeal **5** (Méx, Per) (aguantar) to put up with sb/sth)
▸ vi **1** (persona, viento) to blow **2** (beber) to drink

soplo nm **1** (soplido) blow: Apagó todas las velas de un ~. He blew out the candles in one go. **2** (viento) gust

soplón, -ona nm-nf **1** (entre niños) tattletale, telltale (GB) **2** (de la policía) informant

soportar vt to put up with sb/sth: ~ el calor to put up with the heat ❶ Cuando la frase es negativa se utiliza mucho **stand**: No la soporto. I can't stand her. ◊ No soporto tener que esperar. I can't stand waiting.

soporte nm **1** (persona) support **2** (estantería) bracket LOC Ver TÉCNICO

soprano *nf* soprano [*pl* sopranos]

sorber *vt, vi* **1** (*líquido*) **(a)** to sip **(b)** (*con pitillo/pajita*) to suck **2** (*por las narices*) to sniff

sorbete *nm* sorbet

sorbo *nm* sip: *tomar un ~ de café* to have a sip of coffee LOC *Ver* BEBER(SE)

sordera *nf* deafness

sórdido, -a *adj* sordid

sordo, -a *adj, nm-nf* deaf: *un colegio especial para ~s* a special school for the deaf ◊ *quedarse ~* to go deaf

En un contexto más formal se prefiere la expresión **people who are hearing-impaired**.

LOC **hacerse el sordo** to turn a deaf ear (*to sb/sth*) ♦ **sordo como una tapia** as deaf as a post

sordomudo, -a *adj* deaf and dumb
▸ *nm-nf* deaf mute

En un contexto más formal se prefiere la expresión **people who are hearing and speech impaired**.

soroche *nm* altitude sickness

sorprendente *adj* surprising

sorprender *vt* **1** (*causar sorpresa*) to surprise: *Me sorprende que no haya llegado todavía.* I'm surprised he hasn't arrived yet. **2** (*agarrar desprevenido*) to catch *sb* (unawares): *Los sorprendió robando.* He caught them stealing. ◊ *Sorprendieron a los atracadores.* They caught the robbers off guard.
▸ **sorprenderse** *vp* to be surprised: *Se sorprendieron al vernos.* They were surprised to see us.

sorprendido, -a *adj* surprised *Ver tb* SORPRENDER

sorpresa *nf* surprise LOC **coger por sorpresa** to take *sb* by surprise

sortear *vt* **1** (*echar a suertes*) to draw straws for *sth* **2** (*rifar*) to raffle **3** (*golpe, obstáculo*) to dodge **4** (*dificultad, trabas*) to overcome

sorteo *nm* **1** (*lotería, adjudicación*) draw **2** (*rifa*) raffle LOC **por sorteo** by drawing lots

sortija *nf* ring

SOS *nm* SOS: *enviar un ~* to send out an SOS

sosegado, -a *adj* calm *Ver tb* SOSEGARSE

sosegarse *vp* to calm down

sosiego *nm* calm

sospecha *nf* suspicion

sospechar *vt, vi* ~ (**de**) to suspect: *No sospechaban de mí.* They didn't suspect me. ◊ *Sospechan que el joven es un terrorista.* They suspect the young man of being a terrorist.
LOC **¡ya (me) lo sospechaba!** just as I thought!

sospechoso, -a *adj* suspicious
▸ *nm-nf* suspect

sostén *nm* (*brasier*) bra

sostener *vt* **1** (*sujetar*) to hold **2** (*peso, carga*) to support **3** (*afirmar*) to maintain
▸ **sostenerse** *vp* to stand up

sostenible *adj* sustainable: *desarrollo ~* sustainable development

sostenido, -a *adj* (*Mús*) sharp: *fa ~* F sharp *Ver tb* SOSTENER

sotana *nf* cassock

sótano *nm* basement

soya *nf* soya LOC *Ver* BROTE

spam *nm* (*correo basura*) spam

sport *nm* LOC **de sport** casual: *zapatos/ropa de ~* casual shoes/clothes

squash *nm* squash

stop *nm* stop light

su *adj* **1** (*de él*) his **2** (*de ella*) her **3** (*de objeto, animal, concepto*) its **4** (*de ellos/ellas*) their **5** (*impersonal*) their: *Cada cual tiene su opinión.* Everyone has their own opinion. **6** (*de usted, de ustedes*) your

suave *adj* **1** (*color, luz, música, piel, ropa, voz*) soft **2** (*superficie*) smooth **3** (*brisa, persona, curva, pendiente, sonido*) gentle **4** (*castigo, clima, sabor*) mild **5** (*ejercicios, lluvia, viento*) light **6** (*café, té*) weak

suavidad *nf* **1** (*piel, pelo, tela*) softness **2** (*superficie*) smoothness **3** (*movimiento, voz, jabón, etc.*) gentleness **4** (*clima, sabor*) mildness
LOC **con suavidad** gently

suavizante *nm* **1** (*pelo*) conditioner **2** (*ropa*) (fabric) softener

suavizar *vt* **1** (*piel*) to moisturize **2** (*pelo*) to condition

subasta *nf* auction

subcampeón, -ona *nm-nf* runner-up [*pl* runners-up]

subconsciente *adj, nm* subconscious

subcultura *nf* subculture

subdesarrollado, -a *adj* underdeveloped

subdesarrollo *nm* underdevelopment

subdirector, -ora *nm-nf* **1** (*colegio*) deputy head **2** (*empresa, banco*) assistant manager

súbdito, -a *nm-nf* subject: *una súbdita británica* a British subject

subestimar *vt* to underestimate

subida *nf* **1** (*acción*) ascent **2** (*pendiente*) hill: *al final de esta ~* at the top of this hill **3** (*aumento*) rise (*in sth*): *una ~ de precios* a rise in prices

subido, -a *adj* (*color*) bright *Ver tb* SUBIR

subir vt **1** (*llevar*) to take/bring *sth* up: *Subió las maletas a la habitación.* He took the suitcases up to the room. **2** (*poner más arriba*) to put *sth* up: *Súbelo un poco más.* Put it up a little higher. **3** (*levantar*) to lift *sth* (up): *Subí el equipaje al tren.* I lifted the baggage onto the train. **4** (*ir/venir arriba*) to go/come up: *~ una calle* to go up a street **5** (*cuesta*) to go up **6** (*volumen*) to turn *sth* up **7** (*precios*) to put *sth* up, to raise (*más formal*) **8** (*a internet*) to upload
▸ vi **1** (*ir/venir arriba*) to go/come up: *Subimos al segundo piso.* We went up to the second floor. ◊ *~ al tejado* to go up onto the roof **2** (*temperatura, río*) to rise **3** (*marea*) to come in **4** (*precios*) to go up (in price): *Subió la gasolina.* Gas has gone up in price. **5** (*volumen, voz*) to get louder
▸ **subir(se)** vi, vp **~ (se) (a) 1** (*automóvil*) to get in, to get into *sth*: *Subí al taxi.* I got into the taxi. **2** (*transporte público, caballo, bicicleta*) to get on (*sth*) LOC **subirse a la cabeza** to go to your head ◆ **subirse a las barbas** to walk all over *sb* ◆ **subírsele los humos a algn** to become high and mighty ◆ **subirse por las paredes** to hit the roof *Ver tb* ESCALERA

subjetivo, -a *adj* subjective

subjuntivo, -a *adj, nm* subjunctive

sublevación *nf* uprising

sublime *adj* sublime

submarinismo *nm* scuba-diving: *hacer ~* to go scuba-diving

submarino, -a *adj* underwater
▸ *nm* submarine

subordinado, -a *adj, nm-nf* subordinate

subrayar vt to underline

subsidio *nm* subsidy

subsistir vi to subsist (*on sth*)

subsuelo *nm* **1** (*Geol*) subsoil **2** (*Chi*) (*de un edificio*) basement

subterráneo, -a *adj* underground LOC *Ver* AGUA, PASO

subtítulo *nm* subtitle

suburbio *nm* **1** (*alrededores*) suburb **2** (*barrio pobre*) slum quarter

subvención *nf* subsidy [*pl* subsidies]

subvencionar vt to subsidize

sucedáneo *nm* substitute (*for sth*)

suceder vi (*ocurrir*) to happen (*to sb/sth*): *¡Que no vuelva a ~!* Don't let it happen again!
▸ vt (*en un cargo, etc.*) to succeed: *Su hijo lo sucederá en el trono.* His son will succeed to the throne.

sucesión *nf* succession

sucesivamente *adv* successively LOC *Ver* ASÍ

suceso *nm* **1** (*acontecimiento*) event: *los ~s de los últimos días* the events of the past few days **2** (*incidente*) incident

sucesor, -ora *nm-nf* **(a)** successor (*to sb/sth*): *Todavía no han nombrado a su sucesora.* They have yet to name her successor.

suciedad *nf* dirt

sucio, -a *adj* dirty LOC *Ver* CESTO, JUEGO, JUGAR, TRAPO

suculento, -a *adj* succulent

sucursal *nf* branch

sudadera *nf* **1** (*suéter*) sweatshirt **2** (*Col*) (*conjunto*) tracksuit

sudamericano, -a *adj, nm-nf* South American

sudar vi to sweat LOC **sudar la gota gorda/sangre/tinta** to sweat blood

sudor *nm* sweat

sudoroso, -a *adj* sweaty

Suecia *nf* Sweden

sueco, -a *adj, nm* Swedish: *hablar ~* to speak Swedish
▸ *nm-nf* Swede: *los ~s* the Swedes

suegro, -a *nm-nf* **1** (*masc*) father-in-law **2** (*fem*) mother-in-law **3** **suegros** parents-in-law, in-laws (*coloq*)

suela *nf* (*de zapato*) sole: *zapatos con ~ de caucho* rubber-soled shoes

sueldo *nm* **1** pay [incontable]: *pedir un aumento de ~* to ask for a pay increase **2** (*mensual*) salary [*pl* salaries]

suelo *nm* **1** (*superficie de la tierra*) ground: *caer al ~* to fall (to the ground) **2** (*dentro de un edificio*) floor **3** (*terreno*) land

suelto, -a *adj* loose: *una página suelta* a loose page ◊ *Siempre llevo el pelo ~.* I always wear my hair loose. ◊ *Creo que hay un tornillo ~.* I think there's a screw loose.
▸ *nm* small change LOC *Ver* PLATA, RIENDA

sueño *nm* **1** (*descanso*) sleep: *debido a la falta de ~* due to lack of sleep ◊ *No dejes que te quite el ~.* Don't lose any sleep over it. **2** (*somnolencia*) drowsiness: *Estas pastillas producen ~.* These pills make you drowsy. **3** (*lo soñado, ilusión*) dream: *Fue un ~ hecho realidad.* It was a dream come true. LOC **caerse de sueño** to be dead on your feet ◆ **dar sueño** to make *sb* drowsy ◆ **tener sueño** to be sleepy

suerte *nf* **1** (*fortuna*) luck: *¡Buena ~ con el examen!* Good luck with your test! ◊ *dar/traer buena/mala ~* to bring good/bad luck **2** (*destino*) fate LOC **de la suerte** lucky: *mi número de la ~* my lucky number ◆ **echar a suertes** to toss for *sth*: *Lo echamos a ~s.* We tossed for it. ◆ **por suerte** fortunately ◆ **tener mala suerte** to be unlucky ♦ **tener suerte** to be lucky *Ver tb* AMULETO, PROBAR

suéter *nm* **1** sweater **2** *(de la sudadera)* sweatshirt ➪ *Ver nota en* SWEATER

suficiente *adj* enough: *No tengo arroz ~ para tantas personas.* I don't have enough rice for all these people. ◊ *¿Serán ~s?* Will there be enough? ◊ *Gano lo ~ para vivir.* I earn enough to live on.
▸ *nm (exámenes)* pass ➪ *Ver nota en* A, A

sufrido, -a *adj (persona)* long-suffering *Ver tb* SUFRIR

sufrimiento *nm* suffering

sufrir *vt* **1** to suffer: *~ una derrota/lesión* to suffer a defeat/an injury **2** *(tener)* to have: *~ un accidente/ataque al corazón* to have an accident/a heart attack ◊ *La ciudad sufre problemas de tráfico.* The city has traffic problems. **3** *(cambio)* to undergo
▸ *vi ~* **(de)** to suffer (from *sth*): *Sufre del corazón.* He suffers from heart trouble. LOC *Ver* DESENGAÑO

sugerencia *nf* suggestion ➪ *Ver nota en* SUGGESTION

sugerir *vt* to suggest: *Sugiero que consultemos con un abogado.* I suggest we consult a lawyer.

sugestión *nf* LOC **es (pura) sugestión** it's all in the mind

sugestionar *vt* to influence
▸ **sugestionarse** *vp* to convince yourself that...

suicida *adj* suicide: *un atentado ~* a suicide bombing
▸ *nmf* **1** suicide victim **2** *(terrorista)* suicide bomber

suicidarse *vp* to commit suicide

suicidio *nm* suicide

Suiza *nf* Switzerland

suizo, -a *adj* Swiss
▸ *nm-nf* Swiss man/woman [*pl* Swiss men/women]: *los ~s* the Swiss

sujetar *vt* **1** *(agarrar)* to hold: *Sujeta bien la maleta.* Hold the suitcase tight. **2** *(asegurar)* to fasten: *~ unos papeles con un clip* to fasten papers together with a paper clip
▸ **sujetarse** *vp* **sujetarse (a/de)** *(agarrarse)* to hold on (to *sth*): *Sujétate de mi brazo.* Hold on to my arm.

sujeto, -a *adj* **1** *(atado)* fastened: *El equipaje iba bien ~.* The baggage was tightly fastened. **2** *(agarrado)*: *Dos policías lo tenían ~.* Two policemen were holding him down. **3** *(fijo)* secure: *El gancho no estaba bien ~.* The hook wasn't secure. **4** *~* **a** *(sometido)* subject to *sth*: *Estamos ~s a las reglas del club.* We are subject to the rules of the club.

▸ *nm* **1** *(tipo)* character **2** *(Gram)* subject *Ver tb* SUJETAR

suma *nf* sum: *hacer una ~* to do a sum

sumar *vt, vi* to add (*sth*) up: *Suma dos y cinco.* Add up two and five. ◊ *¿Sabes ~?* Can you add up?

sumergible *adj* water-resistant

sumergir *vt* to submerge
▸ **sumergirse** *vp* **1** *(en agua)* to dive (into *sth*) **2** *(en un tema, trabajo, ambiente, estado)* to immerse yourself (in *sth*)

sumergir(se) *vt, vp* to submerge

suministrar *vt* to supply (*sb*) (with *sth*): *Me suministró los datos.* He supplied me with the information.

suministro *nm* supply [*pl* supplies]: *Nos cortaron el ~ de agua.* Our water supply has been cut off.

sumiso, -a *adj* submissive

superalimento *nm* superfood

superar *vt* **1** *(dificultad, problema)* to overcome, to get over *sth (más coloq)*: *Superé el miedo a volar.* I've gotten over my fear of flying. **2** *(récord)* to beat **3** *(prueba)* to pass **4** *(ser mejor)* to surpass: *~ las expectativas* to surpass expectations ◊ *El equipo chileno superó a los argentinos en el partido.* The Chilean team outplayed the Argentinians.
▸ **superarse** *vp* to better yourself

superdotado, -a *adj* gifted

superficial *adj* superficial

superficie *nf* **1** surface: *la ~ del agua* the surface of the water **2** *(Mat, extensión)* area

superfluo, -a *adj* **1** superfluous: *detalles ~s* superfluous detail **2** *(gastos)* unnecessary

superhéroe *nm* superhero [*pl* superheroes]

superior *adj* **1** *~* **(a)** *(cantidad)* higher (than *sb/sth*): *una cifra 20 veces ~ a la normal* a figure 20 times higher than normal **2** *~* **(a)** *(calidad)* superior (to *sb/sth*): *Fue ~ a su rival.* He was superior to his rival. **3** *(posición)* top, upper *(más formal)*: *el ángulo ~ izquierdo* the top left-hand corner ◊ *el labio ~* the upper lip
▸ *nm* superior LOC *Ver* ESTUDIO

superiora *nf (Relig)* Mother Superior

superioridad *nf* superiority LOC *Ver* AIRE

supermercado *(tb* **súper)** *nm* supermarket

supermodelo *nmf* supermodel

superstición *nf* superstition

supersticioso, -a *adj* superstitious

supervisar *vt* to supervise

supervisión *nf* supervision

supervisor, -ora *nm-nf* supervisor

supervivencia *nf* survival

superviviente *adj* surviving
▸ *nmf* survivor

suplementario, -a *adj* supplementary
LOC *Ver* TIEMPO

suplemento *nm* supplement: *el ~ dominical* the Sunday supplement

suplente *adj, nmf* **1** relief: *un conductor ~* a relief driver **2** (*maestro*) substitute **3** (*Dep*) substitute: *estar de ~* to be a substitute

súplica *nf* plea

suplicar *vt* to beg (*sb*) (for *sth*): *Le supliqué que no lo hiciera*. I begged him not to do it. ◊ *~ piedad* to beg for mercy

suplicio *nm* **1** (*tortura*) torture: *Estos tacones son un ~*. These high heels are torture. **2** (*experiencia*) ordeal: *Aquellas horas de incertidumbre fueron un ~*. Those hours of uncertainty were an ordeal.

suponer *vt* **1** (*creer*) to suppose: *Supongo que vendrán*. I suppose they'll come. ◊ *Supongo que sí/no*. I suppose so/not.

> Cuando se usa en forma imperativa, p.ej. "supón que…" o "supongamos que…", se traduce como **supposing (that)…**: *Supongamos que sea cierto…* Supposing this is true…

2 (*significar*) to mean: *Esos ahorros suponen mucho para nosotros*. Those savings mean a lot to us.

suposición *nf* supposition

supositorio *nm* suppository [*pl* suppositories]

supremacía *nf* supremacy (*over sb/sth*)

supremo, -a *adj* supreme **LOC** *Ver* TRIBUNAL

suprimir *vt* **1** (*omitir, excluir*) to leave *sth* out: *Yo suprimiría este párrafo*. I'd leave this paragraph out. **2** (*abolir*) to abolish: *~ una ley* to abolish a law

supuestamente *adv* supposedly

supuesto, -a *adj* (*presunto*) alleged: *el ~ culpable* the alleged culprit **LOC** **por supuesto (que…)** of course *Ver tb* SUPONER

sur *nm* south (*abrev* S): *en el ~ de Ecuador* in the south of Ecuador ◊ *Queda al ~ de Ica*. It's south of Ica. ◊ *en la costa ~* on the south coast

surco *nm* **1** (*agricultura, arruga*) furrow **2** (*en el agua*) wake **3** (*disco, metal*) groove

sureste *nm* **1** (*punto cardinal, región*) south-east (*abrev* SE): *la fachada ~ del edificio* the south-east face of the building **2** (*viento, dirección*) south-easterly: *en dirección ~* in a south-easterly direction

surf *nm* surfing: *hacer/practicar el ~* to go surfing **LOC** *Ver* TABLA

surfista *nmf* surfer

surgir *vi* to arise: *Espero que no surja ningún problema*. I hope that no problems arise.

suroccidental *adj* south-western: *la zona ~ de la ciudad* the south-west of the city

suroccidente *nm* south-west (*abrev* SW)

suroeste *nm* **1** (*punto cardinal, región*) south-west (*abrev* SW) **2** (*viento, dirección*) south-westerly

suroriental *adj* south-eastern: *la zona ~ de la ciudad* the south-east of the city

suroriente *nm* south-east (*abrev* SE)

surtido, -a *adj* (*variado*) assorted: *chocolates ~s* assorted chocolates
▸ *nm* selection: *Tienen muy poco ~*. They have a very poor selection. *Ver tb* SURTIR

surtidor *nm* fountain

surtir *vt* **LOC** **surtir efecto** to have an effect

susceptible *adj* (*irritable*) touchy

suscribirse *vp* **~ (a) 1** (*publicación*) to take out a subscription (to *sth*) **2** (*asociación*) to become a member (of *sth*)

suscripción *nf* subscription

susodicho, -a *adj, nm-nf* above-mentioned: *los ~s* the above-mentioned

suspender *vt* to suspend: *El árbitro suspendió el partido media hora*. The referee suspended the game for half an hour.

suspensivo, -a *adj* **LOC** *Ver* PUNTO

suspenso *nm* suspense **LOC** **libro/película de suspenso** thriller

suspensores *nm* suspenders [*pl*], braces [*pl*] (*GB*)

suspirar *vi* to sigh

suspiro *nm* sigh

sustancia *nf* substance

sustancial *adj* substantial

sustancioso, -a *adj* (*comida*) nourishing

sustantivo *nm* noun

sustentable *adj* (*desarrollo, etc.*) sustainable

sustento *nm* **1** (*alimento*) sustenance **2** (*soporte, apoyo*) support

sustitución *nf* **1** (*permanente*) replacement **2** (*temporal, Dep*) substitution

sustituir *vt* (*suplir*) to stand in for *sb*: *Mi ayudante me va a ~*. My assistant will stand in for me.

sustituto, -a *nm-nf* **1** (*permanente*) replacement: *Están buscando un ~ para el jefe de personal*. They're looking for a replacement

susto

for the personnel manager. **2** (*suplente*) stand-in

susto *nm* **1** (*miedo, sobresalto*) fright: *¡Qué ~ el que me pegaste!* What a fright you gave me! **2** (*falsa alarma*) scare LOC **meterle un susto a algn** to frighten sb *Ver tb* MORIR(SE)

sustraer *vt* (*Mat*) to subtract

susurrar *vt, vi* to whisper

susurro *nm* whisper

sutil *adj* subtle

sutura *nf* suture

suyo, -a *adj, pron* **1** (*de usted/ustedes*) yours: *un despacho junto al ~* an office next to yours

Nótese que *un amigo suyo* se traduce por 'a friend of yours' porque significa *uno de sus amigos*.

2 (*de él*) his **3** (*de ella*) hers **4** (*de ellas/ellos*) theirs **5** (*de animal*) its

T t

tabaco *nm* **1** (*planta, picadura*) tobacco: ~ *de pipa* pipe tobacco **2** (*cigarro*) cigar: *fumarse un* ~ to smoke a cigar **LOC** **tabaco rubio/negro** Virginia/black tobacco

tábano *nm* horsefly [*pl* horseflies]

tabaquismo *nm* nicotine addiction **LOC** **tabaquismo pasivo** passive smoking

taberna *nf* bar

tabique *nm* **LOC** **tabique nasal** nasal septum

tabla *nf* **1** (*de madera sin alisar*) plank: *un puente construido con ~s* a bridge made from planks **2** (*de madera pulida, plancha*) board **3** (*lista, índice, Mat*) table: *~ de equivalencias* conversion table ◊ *saberse las ~s (de multiplicar)* to know your (multiplication) tables **LOC** **la tabla del dos, etc.** the two, etc. times table ♦ **tabla de bodyboard/kitesurf/ snowboard/surf/windsurf** bodyboard/ kiteboard/snowboard/surfboard/windsurfer *Ver tb* PLANCHAR

tablero *nm* **1** (*de anuncios, etc.*) bulletin board, noticeboard (*GB*) **2** (*Col*) (*en una clase*) board: *pasar al* ~ to go up to the board **3** (*panel*) panel: *~ de control/mandos* control/instrument panel **LOC** **tablero de ajedrez** chessboard *Ver tb* INTERACTIVO

tableta *nf* **1** (*Med, Informát*) tablet **2** (*chocolate*) bar

tabú *nm* taboo [*pl* taboos]: *un tema/una palabra* ~ a taboo subject/word

taburete *nm* stool

tacaño, -a *adj* cheap, mean (*GB*)
▶ *nm-nf* tightwad

tachar *vt* to cross *sth* out: *Tacha todos los adjetivos.* Cross out all the adjectives.

tacho *nm* **1** (*en cocina, calle*) trash can, (rubbish) bin (*GB*) **2** (*en oficina, etc.*) wastebasket, waste-paper basket (*GB*) ➲ *Ver dibujo en* TRASH CAN

tachón *nm* crossed-out word: *lleno de tachones* full of crossed-out words

tachuela *nf* (thumb)tack

taco *nm* **1** (*Méx*) (*Cocina*) taco [*pl* tacos] **2** (*Chi*) (*embotellamiento*) traffic jam **3** (*tb* **taquito**) (*Fútbol*) back-heel **LOC** **a todo taco 1** (*con lujo*) in style: *Decoraron la casa a todo ~.* They decorated the house in style. **2** (*muy rápido*) at top speed: *manejar a todo ~* to drive at top speed ◊ *Pasó a todo ~.* He shot past. **3** (*volumen*) (at) full blast: *No es necesario poner la música a todo ~.* You don't need to put the music on full blast. ♦ **tener un taco en la garganta** to have a lump in your throat *Ver tb* SERVIR

tacón (*tb* **taco**) *nm* heel: *Se me dañó el ~.* I've broken my heel. ◊ *Nunca se pone tacones.* She never wears high heels. **LOC** **de tacón** high-heeled

táctica *nf* **1** (*estrategia*) tactics [*pl*]: *la ~ de guerra de los romanos* Roman military tactics ◊ *un cambio de* ~ a change of tactics **2** (*maniobra*) tactic: *una brillante ~ electoral* a brilliant electoral tactic

táctil *adj* **LOC** *Ver* PANTALLA

tacto *nm* sense of touch: *tener un ~ muy desarrollado* to have a highly developed sense of touch ◊ *reconocer algo por el* ~ to recognize sth by touch **LOC** **tener/no tener tacto** to be tactful/tactless: *Díselo tú que tienes más ~.* You tell her—you're more tactful.

taekwondo *nm* tae kwon do

tajada *nf* slice

tajado, -a *adj* **LOC** *Ver* PAN

tajalápiz (*Per* **tajador**) *nm* pencil sharpener

tajante *adj* adamant: *una negativa* ~ an adamant refusal

tal *adj* **1** [*con sustantivos contables en plural e incontables*] such: *en ~es situaciones* in such situations ◊ *un hecho de ~ gravedad* a matter of such importance **2** [*con sustantivos contables en singular*] such a: *¿Cómo puedes decir ~ cosa?* How can you say such a thing? **LOC** **con tal de** to: *Haría cualquier cosa con ~ de ganar.* I'd do anything to win. ♦ **de tal palo tal astilla** like father like son ♦ **el/la tal** the so-called: *La ~ esposa no era más que su cómplice.* His so-called wife was only his accomplice. ♦ **en tal caso** in that case ♦ **(ser) tal para cual** to be two of a kind ♦ **tal como** the way: *Se escribe ~ como suena.* It's spelled the way it sounds. ♦ **tales como...** such as... ♦ **tal vez** maybe ♦ **un/una tal** a: *Lo llamó un ~ Luis Moreno.* A Luis Moreno rang for you. *Ver tb* FULANO, QUÉ

taladrar *vt* to drill a hole in *sth*: *Los albañiles taladraron el cemento.* The workmen drilled a hole in the cement.

taladro *nm* drill

talaje *nm* (*Chi*) (*lugar*) pasture land

talar *vt* (*árboles*) to fell

talco (*tb* **talcos**) *nm* talcum powder

talego *nm* (*Col*) (*bolsa*) bag

talento *nm* **1** (*habilidad*) talent (*for sth/doing sth*): *Tiene ~ para la música/pintar.* He has a

talla

talent for music/painting. **2** (*inteligencia*) ability: *Tiene ~ pero no le gusta estudiar.* He has ability but doesn't like studying.

talla *nf* **1** (*prenda*) size: *¿Qué ~ de camisa usas?* What size shirt do you wear? ◊ *No tienen la ~.* They don't have the right size. **2** (*escultura*) carving **3** (*Chi*) (*broma*) joke LOC **dar la talla** (*estar a la altura*) to be up to *sth/doing sth*: *Ninguno de los candidatos daba la ~ para el puesto.* None of the candidates was up to the job.

tallar *vt* **1** (*madera, piedra*) to carve: *~ algo en coral* to carve sth in coral **2** (*joya, cristal*) to cut

tallarines *nm* **1** noodles **2** (*tipo italiano*) tagliatelle [*incontable*]

taller *nm* **1** (*lugar de trabajo, curso*) workshop: *un ~ de teatro/carpintería* a theater/carpenter's workshop **2** (*Mec*) garage **3** (*Arte*) studio [*pl* studios]

tallo *nm* stem

talón *nm* (*Anat*) heel

talonario *nm* **1** (*cheques*) checkbook **2** (*boletas, recibos*) book

tamal *nm* tamale

tamaño *nm* size: *¿Qué ~ tiene la caja?* What size is the box? ◊ *ser del/tener el mismo ~* to be the same size LOC *Ver* FOTO

tamaño, -a *adj* such (a/an): *¿Quién iba a creer tamaña mentira/idiotez?* Who'd believe such a big lie/something so stupid? LOC **tamaño de** (*Chi*) enormous: *Está tamaña de gorda.* She's enormously fat.

tamarindo *nm* tamarind

también *adv* also, too, as well

> Too y as well suelen ir al final de la frase: *Yo también quiero ir.* I want to go too/as well. ◊ *Yo también llegué tarde.* I was late too/as well. Also es la variante más formal y se coloca delante del verbo principal, o detrás si es un verbo auxiliar: *También venden zapatos.* They also sell shoes. ◊ *Conocí a Jane y también a sus papás.* I've met Jane and I've also met her parents.

LOC **yo también** me too: – *Quiero un pastel.* – *Yo ~.* 'I want a cake.' 'Me too.' *Ver tb* SOLO

tambor *nm* drum: *tocar el ~* to play the drum

tampoco *adv* neither, nor, either: – *No he visto esa película.* – *Yo ~.* 'I haven't seen that movie.' 'Neither have I./Me neither./Nor have I.' ◊ –*A mí ~. No me gusta.* –*A mí ~.* 'I don't like it.' 'Nor do I./Neither do I/I don't like either. ◊ *Yo ~ fui.* I didn't go either. ➜ *Ver nota en* NEITHER

tampón *nm* tampon

tan *adv* **1** (*delante de adjetivo/adverbio*) so: *No creo que sea ~ ingenuo.* I don't think he's so naive. ◊ *No creí que llegarías ~ tarde.* I didn't think you'd be this late. ◊ *Es ~ difícil que…* It's so hard that… **2** (*detrás de sustantivo*) such: *No me esperaba un regalo ~ caro.* I wasn't expecting such an expensive gift. ◊ *Son unos niños ~ buenos que…* They're such good children that… ◊ *¡Qué casa ~ bonita tiene!* What a lovely house you have! LOC **tan… como…** as… as…: *Es ~ buenmozo como el papá.* He's as good-looking as his father. ◊ *~ pronto como llegues* as soon as you arrive

tanga *nm* thong

tangente *adj, nf* tangent: *una línea ~* a tangent line

tanque *nm* tank: *~ de gasolina* gas tank

tanquear *vt, vi* (*Col*) (*carro*) to fill (*sth*) up

tantear *vt* **1** (*persona*) to sound *sb* out **2** (*situación*) to weigh *sth* up

tanto *nm* **1** (*cantidad*) so much: *Me dan un ~ al mes.* They give me so much a month. **2** (*gol*) goal: *marcar un ~* to score a goal LOC **estar al tanto 1** (*al corriente*) to be aware *of sth*: *Está al ~ de lo ocurrido.* He's aware of what's happened. ◊ *mantenerse al ~ de algo* to keep up to date with sth **2** (*pendiente*) to look/listen out (*for sth*): *Estaré al ~ del teléfono.* I'll listen out for the phone. ♦ **poner al tanto** to fill *sb* in (*on sth*): *Me puso al ~ de la situación.* He filled me in on what was happening. ♦ **un tanto** (*bastante*) rather ♦ **un tanto por ciento** a percentage *Ver tb* ENTRE, MIENTRAS, OTRO

tanto, -a *adj* **1** [con sustantivo incontable] so much: *No me pongas ~ arroz.* Don't give me so much rice. ◊ *Nunca había pasado tanta hambre.* I'd never been so hungry. **2** [con sustantivo contable] so many: *¡Había tanta gente!* There were so many people! ◊ *¡Tenía ~s problemas!* He had so many problems!
▸ *pron* so much [*pl* so many]: *¿Por qué compraste ~s?* Why did you buy so many?
▸ *adv* **1** (*tanta cantidad*) so much: *He comido ~ que no me puedo mover.* I've eaten so much (that) I can't move. **2** (*tanto tiempo*) so long: *¡Hace ~ que no te veo!* I haven't seen you for so long! **3** (*tan rápido*) so fast: *No corras ~ con el carro.* Don't drive so fast. **4** (*tan a menudo*) so often LOC **entre tanto** *Ver* ENTRETANTO ♦ **no ser para tanto**: *¡Sé que te duele, pero no es para ~!* I know it hurts but it's not as bad as all that! ♦ **por (lo) tanto** therefore ♦ **tanto… como… 1** (*en comparaciones*) **(a)** [con sustantivo incontable] as much… as…: *Bebí tanta cerveza como tú.* I drank as much beer as you. **(b)** [con sustantivo contable] as many… as…: *No tenemos ~s amigos como antes.* We don't have as many friends as we had before. **2** (*los dos*) both… and…: *Lo sabían ~ él como su hermana.* Both he and his sister knew. ♦ **y tantos 1** (*con cantidad, con edad*)

odd: *cuarenta y tantas personas* forty-odd people **2** (*con año*): *mil novecientos sesenta y ~s* nineteen sixty something *Ver tb* MIENTRAS

tap *nm* tap dancing

tapa *nf* **1** (*olla*) lid: *Pon la ~.* Put the lid on. **2** (*botella, pluma*) top **3** (*zapatos*) heel: *Estas botas necesitan ~s.* These boots need new heels.

tapada *nf* (*Dep*) save: *El arquero hizo una ~ fantástica.* The goalkeeper made a spectacular save.

tapadera *nf* **1** (*tapa*) lid **2** (*de un fraude, etc.*) cover: *La empresa es solo una ~.* The company is just a cover.

tapado, -a *adj* **1** (*bloqueado*) blocked: *Tengo la nariz tapada.* My nose is blocked. **2** (*tonto*) dumb, dim (*GB*) *Ver tb* TAPAR

tapar *vt* **1** (*cubrir*) to cover *sb/sth* (*with sth*): *~ una herida con una venda* to cover a wound with a bandage **2** (*abrigar*) to wrap *sb/sth* up (*in sth*): *La tapé con una cobija.* I wrapped her up in a blanket. **3** (*con una tapa*) to put the lid on *sth*: *Tapa la olla.* Put the lid on the pan. **4** (*con un tapón*) to put the top on *sth*: *~ la crema dental* to put the top on the toothpaste **5** (*agujero, gotera*) to plug *sth* (*up*) (*with sth*): *Tapé los agujeros con yeso.* I plugged (up) the holes with plaster. **6** (*obstruir*) to block: *La suciedad tapó el desagüe.* The garbage blocked the drainpipe. **7** (*gol*) to save **8** (*la vista*) to block *sb's* view of *sth*: *No me tapes la televisión.* Don't block my view of the TV. **9** (*diente*) to fill
▸ **taparse** *vp* **1 taparse (con)** (*abrigarse*) to bundle up (*in sth*), to wrap up (*in sth*), (*GB*): *Tápate bien.* Bundle up well. **2** (*obstruirse*) to get blocked: *Siempre se me tapan los oídos en un avión.* My ears always get blocked on a plane.

tapete *nm* **1** (*en la puerta*) doormat **2** (*alfombra grande*) carpet **3** (*alfombra pequeña*) rug

tapia *nf* wall LOC *Ver* SORDO

tapicería *nf* (*carro, mueble*) upholstery [*incontable*]

tapir *nm* tapir

tapiz *nm* tapestry [*pl* tapestries]

tapizar *vt* (*automóvil, mueble*) to upholster

tapón *nm* **1** top **2** (*tina, para los oídos*) plug: *ponerse tapones en los oídos* to put earplugs in LOC **tapón de rosca** screw top

taquigrafía *nf* shorthand

taquilla *nf* **1** (*estación, Dep*) ticket office **2** (*Cine, Teat*) box office **3** (*dinero recaudado*) takings [*pl*] **4** (*Chi*) (*diversión*) fun
▸ *adj* (*Chi*) (*genial*) cool

taquillero, -a *adj* **1** (*espectáculo*): *Fue una película muy taquillera.* It was a big box-office hit. **2** (*Chi*) (*de moda*) trendy

tarántula *nf* tarantula

tararear *vt, vi* to hum

tardar *vi* to take (time) *to do sth*: *Tardaron bastante en contestar.* They took a long time to reply. ◊ *Tardé dos meses en recuperarme.* It took me two months to get better. LOC **a más tardar** at the latest: *Tienes que tenerlo listo el lunes a más ~.* It has to be ready by Monday at the latest. ◆ **no tardar (nada)** not to be long: *No tardes.* Don't be long. ◆ **se tarda...** it takes...: *En bus se tarda dos horas.* It takes two hours by bus. ◊ *¿Cuánto se tarda?* How long does it take?

tarde *nf* afternoon: *El concierto es por la ~.* The concert is in the afternoon. ◊ *Llegaron el domingo por la ~.* They arrived on Sunday afternoon. ◊ *Te veo mañana por la ~.* I'll see you tomorrow afternoon. ◊ *¿Qué vas a hacer esta ~?* What are you doing this afternoon? ◊ *a las cuatro de la ~* at four o'clock in the afternoon

> **Afternoon** se utiliza desde el mediodía hasta aproximadamente las seis de la tarde, y **evening** desde las seis de la tarde hasta la hora de acostarse. ➔ *Ver tb nota en* MORNING

▸ *adv* **1** late: *Nos levantamos ~.* We got up late. ◊ *Me voy, que se hace ~.* I'm going; it's getting late. **2** (*demasiado tarde*) too late: *Es ~ para llamarlos por teléfono.* It's too late to call them. LOC **¡buenas tardes!** good afternoon! ◆ **como muy tarde** at the latest ◆ **tarde o temprano** sooner or later *Ver tb* CAÍDA, LLEGAR, MAÑANA, MEDIO

tarea *nf* **1** (*actividad*) task: *una ~ imposible* an impossible task **2** (*Educ*) homework [*incontable*]: *terminar la ~ de geografía* to finish your Geography homework ◊ *El profesor nos pone muchas ~s.* The teacher gives us a lot of homework. LOC *Ver* CASA

tarifa *nf* **1** prices [*pl*]: *las ~s hoteleras* hotel prices ◊ *Aumentó la ~ eléctrica.* Electricity prices have gone up. **2** (*transporte*) fare: *Los niños pagan ~ reducida.* There is a reduced fare for children. LOC **tarifa fija/plana/única** (*Internet, teléfono, etc.*) flat rate ◆ **tarifa nocturna** evening rate

tarima *nf* platform

tarjeta *nf* card: *~ de identidad/Navidad* identity/Christmas card ◊ *Le sacaron ~ roja.* He was given a red card. LOC **tarjeta Bip** (*Chi*) integrated transport card ◆ **tarjeta de crédito/débito** credit/debit card ◆ **tarjeta de embarque** boarding card ◆ **tarjeta de memoria** (*Informát*) memory card ◆ **tarjeta (de) prepago** prepaid card ◆ **tarjeta inteligente** smart card ◆ **tarjeta SIM** SIM card *Ver tb* MARCAR, PAGAR, TIMBRAR

tarro nm can ➲ Ver dibujo en CONTAINER
 LOC **tarro basurero** trash can, rubbish bin (GB)

tarta nf 1 (pastel) cake: ~ helada ice-cream cake 2 (de hojaldre) tart, pie: una ~ de manzana an apple pie ➲ Ver nota en pág. 641

tartamudear vt to stutter

tartamudo, -a adj, nm-nf: los ~s people who stutter LOC **ser tartamudo** to have a stutter

tasa nf 1 (índice) rate: la ~ de natalidad the birth rate 2 (impuesto) tax 3 (cuota) fee: ~s académicas tuition fees LOC Ver CAMBIO

tatarabuelo, -a nm-nf 1 (masc) great-great-grandfather 1 (fem) great-great-grandmother 2 **tatarabuelos** great-great-grandparents

tatuaje nm tattoo [pl tattoos]

taurino, -a adj LOC Ver TEMPORADA

Tauro nm, nmf (Astrol) Taurus ➲ Ver ejemplos en AQUARIUS

taxi nm taxi

taxista nmf taxi driver

taza nf 1 cup: una ~ de café a cup of coffee 2 (sin plato) mug ➲ Ver dibujo en CUP 3 (inodoro) bowl

tazón nm bowl

te pron 1 [complemento] you: ¿Te vio? Did he see you? ◊ Te traje un libro. I've brought you a book. ◊ Te escribiré pronto. I'll write to you soon. ◊ Te lo compré. I bought it for you. 2 [reflexivo] (yourself): Te vas a aporrear. You'll hurt yourself. ◊ Vístete. Get dressed. 3 (partes del cuerpo, efectos personales): Quítate el abrigo. Take your coat off. ◊ ¿Te duele la espalda? Does your back hurt?

té nm tea: ¿Quieres un té? Would you like a cup of tea?

teatral adj LOC Ver OBRA

teatro nm 1 theater: el ~ clásico/moderno classical/modern theater 2 (sala de cine) (movie) theater LOC **hacer teatro** to put on an act: Le duele el pie, pero también hace un poquito de ~. His foot does hurt, but he's also putting on a bit of an act. ♦ **hacerle teatro a algn** to try it on with sb Ver tb OBRA

techno adj, nm (Mús) techno

techo nm 1 (interior) ceiling: Hay una mancha de humedad en el ~. There's a damp patch on the ceiling. 2 (exterior, automóvil) roof LOC **bajo techo** indoor(s): atletismo bajo ~ indoor track and field ◊ Cuando llovió, nos pusimos bajo ~. We went indoors when it started raining. ♦ **sin techo** (persona) homeless ♦ **techo corredizo/solar** sliding roof/sunroof

tecla nf key: tocar una ~ to press a key ➲ Ver dibujo en COMPUTADOR LOC **tecla asterisco** (teléfono) star key ♦ **tecla numeral** hash key

teclado nm keyboard ➲ Ver dibujo en COMPUTADOR

teclear vt to key sth in, to enter (más formal)

técnica nf 1 (método) technique 2 (tecnología) technology: los avances de la ~ technological advances

técnico, -a adj technical: una falla técnica a technical fault
▸ nm-nf technician LOC **asistencia técnica/soporte técnico** technical support Ver tb DIRECTOR, INSTITUTO, SONIDO

tecnología nf technology [pl technologies] LOC **tecnología de avanzada** state-of-the-art technology

tecnológico, -a adj technological LOC Ver PARQUE

teja nf tile LOC Ver CORRER

tejado nm roof

tejer vt 1 (hacer punto) to knit 2 (en un telar) to weave: ~ una canasta to weave a basket 3 (araña, gusano) to spin

tejido nm 1 (tela) fabric ➲ Ver nota en TELA 2 (Anat) tissue

tela nf cloth, material, fabric

Cloth es la palabra más general para decir tela y se puede utilizar tanto para referirnos a la tela con la que se hacen los trajes, cortinas, etc. como para describir de qué está hecha una cosa: Está hecho de tela. It's made of cloth. ◊ una bolsa de tela a cloth bag. **Material** y **fabric** se utilizan solo para referirnos a tela que se usa en sastrería y tapicería, aunque **fabric** suele indicar que tiene distintos colores. **Material** y **fabric** son sustantivos contables e incontables, mientras que **cloth** suele ser incontable cuando significa tela: Algunas telas encogen al lavar. Some materials/fabrics shrink when you wash them. ◊ Necesito más tela para las cortinas. I need to buy some more cloth/material/fabric for the curtains.

telaraña nf cobweb

tele nf TV: Pon la ~. Turn on the TV.

teleadicto, -a adj, nm-nf TV addict: los niños ~s children who are addicted to TV

telecomunicaciones nf telecommunications [pl]

teledirigido, -a adj remote-controlled

teleférico nm cable car

telefonazo nm call: Dame un ~ mañana. Give me a call tomorrow.

telefonear vt, vi to telephone

telefónico, -a adj telephone, phone (*más coloq*): *hacer una llamada telefónica* to make a phone call **LOC** *Ver* CABINA

telefonista nmf telephonist

teléfono nm **1** (*aparato*) telephone, phone (*más coloq*): *¡Ana, al ~!* Phone for you, Ana! ◊ *~ público* public telephone ◊ *Está hablando por ~ con la mamá.* She's on the phone with her mother. ◊ *¿Puedes contestar el ~?* Can you answer the phone? **2** (*número*) phone number: *¿Tienes mi ~?* Do you have my phone number? **LOC** **teléfono celular** cell phone, mobile (phone) (*GB*) ♦ **teléfono de ayuda/información** helpline ♦ **teléfono fijo** landline ♦ **teléfono inteligente** smartphone *Ver tb* CABINA, COLGAR, LLAMAR, PEGADO

telenovela nf soap (opera)

teleobjetivo nm telephoto lens

teleoperador, -ora nm-nf telesales worker

telepatía nf telepathy

telescopio nm telescope

telespectador, -ora nm-nf viewer

teletrabajo nm teleworking

televentas nf telesales

televidencia nf (TV) audience

televidente nmf viewer

televisar vt to televise

televisión nf television (*abrev* TV): *salir en la ~* to be on television ◊ *Prende/apaga la ~.* Turn the TV on/off. ◊ *¿Qué presentan en la ~ esta noche?* What's on tonight? ◊ *Estábamos viendo ~.* We were watching television. ⊃ *Ver nota en* TELEVISIÓN **LOC** **televisión de pago** pay TV ♦ **televisión digital** digital TV ♦ **televisión por cable/satélite** cable/satellite TV

televisivo, -a adj television, TV (*más coloq*): *la programación televisiva* the TV schedule

televisor nm television (set) (*abrev* TV)

telón nm curtain: *Subieron el ~.* The curtain went up.

telonero, -a nm-nf support artist: *los ~s* the support band

tema nm **1** subject: *el ~ de una charla/poema* the subject of a talk/poem ◊ *No cambies de ~.* Don't change the subject. **2** (*Mús*) theme **3** (*cuestión importante*) question: *~s ecológicos/económicos* ecological/economic questions **LOC** **desviarse/salirse del tema** to wander off the subject, to digress (*formal*) *Ver tb* CADA

temario nm syllabus [*pl* syllabuses]

temático, -a adj **LOC** *Ver* PARQUE

temblar vi **1** ~ **(de)** to tremble (with *sth*): *La mujer temblaba de miedo.* The woman was trembling with fear. ◊ *Le temblaba la voz.* His voice trembled. **2** (*edificio, muebles*) to shake: *El terremoto hizo ~ el pueblo entero.* The earthquake made the whole town shake. **LOC** **temblar de frío** to shiver

temblor nm tremor: *un ligero ~ en la voz* a slight tremor in his voice ◊ *un ~ de tierra* an earth tremor

temer vt to be afraid *of sb/sth/doing sth*: *Le teme a la oscuridad.* He's afraid of the dark. ◊ *Temo equivocarme.* I'm afraid of making mistakes.
▸ **temerse** vp to be afraid: *Me temo que no van a venir.* I'm afraid they won't come.

temible adj fearful

temor nm fear: *No lo dije por ~ a que se enojara.* I didn't say it for fear of offending him.

temperamento nm temperament: *un ~ abierto* an open temperament **LOC** **tener temperamento** to have spirit

temperatura nf temperature **LOC** **temperatura ambiente** room temperature

tempestad nf storm

templado, -a adj **1** (*clima*) mild **2** (*comida, líquidos*) lukewarm

templo nm temple

temporada nf **1** (*período de tiempo*) time: *Llevaba enfermo una larga ~.* He had been ill for a long time. **2** (*época*) season: *la ~ futbolística* the soccer season ◊ *la ~ alta/baja* the high/low season **LOC** **de temporada** seasonal ♦ **temporada de caza** open season

temporal adj temporary
▸ nm storm

temprano, -a adj, adv early: *Llegó por la mañana ~.* He arrived early in the morning. **LOC** *Ver* TARDE

tenaz adj tenacious

tenazas nf pliers ⊃ *Ver nota en* PAIR

tendedero nm **1** (*cuerda*) clothes line **2** (*plegable*) (clothes) drying rack **3** (*lugar*) drying room

tendencia nf **1** (*predisposición*) tendency [*pl* tendencies]: *Tiene ~ a engordar.* He has a tendency to put on weight. **2** (*moda*) trend: *las últimas ~s de la moda* the latest trends in fashion

tender vt **1** (*ropa*) **(a)** (*fuera*) to hang *sth* out: *Todavía tengo que ~ la ropa.* I have still to hang the laundry out. **(b)** (*dentro*) to hang *sth* up **2** (*cama*) to make: *Tiende la cama y organiza tu cuarto.* Make your bed and clean up your room.

tendero

▶ *vi* ~ **a**: *Tiende a complicar las cosas.* He tends to complicate things. ◊ *La economía tiende a recuperarse.* The economy is recovering.

tendero, -a *nm-nf* store owner, shopkeeper (GB)

tendido, -a *adj*: *La ropa está tendida.* The wash is on the line. LOC **tendido eléctrico** cables [*pl*] *Ver tb* TENDER

tendón *nm* tendon

tenebroso, -a *adj* sinister

tenedor *nm* fork

tener *vt*
● **posesión** to have

Existen dos formas para expresar *tener* en presente: **have** y **have got**. **Have** es más frecuente en Estados Unidos y siempre va acompañado de un auxiliar en interrogativa y negativa: *¿Tienes hermanos?* Do you have any brothers or sisters? ◊ *No tiene dinero.* He doesn't have any money. **Have got** no necesita un auxiliar en oraciones negativas e interrogativas: Have you got any brothers or sisters? ◊ He hasn't got any money. En los demás tiempos verbales se utiliza **have**: *Cuando era pequeña tenía una bicicleta.* I had a bicycle when I was little.

● **estados, actitudes 1** (*edad, tamaño*) to be: *Mi hija tiene diez años.* My daughter is ten (years old). ◊ *Tiene tres metros de largo.* It's three meters long. **2** (*sentir, tener una actitud*) to be

Cuando *tener* significa "sentir", el inglés utiliza el verbo **be** con un adjetivo mientras que en español usamos un sustantivo: *Tengo mucha hambre.* I'm very hungry. ◊ *tener calor/frío/sed/miedo* to be hot/cold/thirsty/frightened ◊ *Le tengo un gran cariño a tu mamá.* I'm very fond of your mother. ◊ *tener cuidado/paciencia* to be careful/patient.

● **en construcciones con adjetivos**: *Me tiene harta de tanto esperar.* I'm sick of waiting for him. ◊ *Tienes las manos sucias.* Your hands are dirty. ◊ *Tengo a mi mamá enferma.* My mother is sick.

▶ *v aux* **1** ~ **que hacer algo** to have to do sth: *Tuvieron que irse enseguida.* They had to leave straight away. ◊ *Tienes que decírselo.* You must tell him. ⊃ *Ver nota en* MUST **2** [*con participio*]: *Lo tienen todo planeado.* It's all arranged. ◊ *Su comportamiento nos tiene preocupados.* We're worried about the way he's been behaving. LOC **tener que ver** (*asunto*) to have to do with sb/sth: *Pero ¿eso qué tiene que ver?* What's that got to do with it? ◊ *Eso no tiene nada que ver.* That has nothing to do with it. ❶ Para otras expresiones con **tener**, véanse las entradas del sustantivo, adjetivo, etc., p. ej. **tener chispa** en CHISPA.

teniente *nmf* lieutenant

tenis *nm* **1** (*Dep*) tennis **2** (*zapatos*) sneakers, trainers (GB) LOC **tenis de mesa** table tennis *Ver tb* PISTA

tenista *nmf* tennis player

tenor *nm* tenor

tensar *vt* to tighten: ~ *las cuerdas de una raqueta* to tighten the strings of a racket

tensión *nf* **1** tension: *la ~ de una cuerda* the tension of a rope ◊ *Hubo mucha ~ durante la comida.* There was a lot of tension during dinner. **2** (*eléctrica*) voltage: *cables de alta ~* high voltage cables **3** (*Med*) blood pressure

tenso, -a *adj* tense

tentación *nf* temptation: *No pude resistir la ~ de comérmelo.* I couldn't resist the temptation to eat it up. LOC **caer en la tentación** to fall into temptation: *Caí en la ~ de llamarle.* I couldn't stop myself from calling him.

tentáculo *nm* tentacle

tentador, -ora *adj* tempting

tentar *vt* **1** (*inducir*) to tempt: *Me tienta la idea de irme de vacaciones.* I'm tempted to go on vacation. **2** (*palpar*) to feel
▶ **tentarse** *vp* (*caer en la tentación*) to give in to temptation LOC **tentarse de la risa**: *Me tenté de la risa y tuve que salir.* I was bursting to laugh, so I had to go out.

tentativa *nf* attempt

tenue *adj* (*luz, sonido, línea*) faint

teñir *vt* to dye: ~ *una camisa de rojo* to dye a shirt red
▶ **teñirse** *vp* to dye your hair: *~se de castaño* to dye your hair dark brown LOC **teñirse de güero/mono/rubio** to bleach your hair

teología *nf* theology

teoría *nf* theory [*pl* theories]

teórico, -a *adj* theoretical

terapéutico, -a *adj* therapeutic

terapia *nf* therapy [*pl* therapies]: ~ *de grupo* group therapy

tercer *adj Ver* TERCERO

tercera *nf* (*automóvil*) third (gear)

tercero, -a *adj, pron, nm-nf* third (*abrev* 3rd) ⊃ *Ver ejemplos en* SEXTO
▶ *nm* third party: *seguro a/contra ~s* third-party insurance
▶ **tercera** *nf* (*cambio del carro*) third (gear) LOC **a la tercera va la vencida** the third time is the charm ◆ **tercera edad**: *actividades para la tercera edad* activities for senior citizens ◆ **Tercer Mundo** Third World: *los países del Tercer Mundo* Third World countries *Ver tb* ECUACIÓN, RESIDENCIA

terciado, -a adj LOC Ver MADERA
tercio nm third: *dos ~s de la población* two thirds of the population
terciopelo nm velvet
terco, -a adj stubborn
térmico, -a adj thermal
terminación nf ending
terminal adj, nf, nm terminal: *enfermos ~es* terminally ill patients ◊ *~ de pasajeros* passenger terminal LOC **terminal de buses** bus station
terminar vt to finish
▶ vi **1 ~ (en algo)** to end (in sth): *Las fiestas terminan el próximo lunes.* The festivities end next Monday. ◊ *La manifestación terminó en tragedia.* The demonstration ended in tragedy. **2 ~ (de hacer algo)** to finish (doing sth): *Ya terminé de hacer las tareas.* I've finished doing my homework. **3 ~ haciendo/por hacer algo** to end up doing sth: *Terminamos riéndonos.* We ended up laughing. **4 ~ como/igual que...** to end up like sb/sth: *Vas a ~ igual que tu papá.* You'll end up like your father.
▶ **terminarse** vp (*llegar a su fin*) to be over: *Se terminó la fiesta.* The party's over.
término nm **1** term: *en ~s generales* in general terms **2** (*fin*) end
termo nm Thermos® bottle, Thermos® flask (*GB*)
termómetro nm thermometer LOC **ponerle el termómetro a algn** to take sb's temperature
termostato nm thermostat
ternera nf (*Cocina*) veal
ternero, -a nm-nf calf [*pl* calves]
terno nm suit
ternura nf tenderness: *tratar a algn con ~* to treat sb tenderly
terramoza nf (*Per*) bus attendant
terrapuerto nm (*Per*) (*de autobuses*) bus station
terráqueo, -a adj LOC Ver GLOBO
terrateniente nmf landowner
terraza nf **1** (*balcón*) balcony [*pl* balconies] **2** (*bar*): *Sentémonos en la ~.* Let's sit outside. **3** (*Agric*) terrace
terremotear vi: *En Chile terremotea mucho.* In Chile there are lots of earthquakes.
terremoto nm earthquake
terrenal adj LOC Ver PARAÍSO
terreno nm **1** (*tierra*) land [*incontable*]: *un ~ muy fértil* very fertile land ◊ *Compraron un ~.* They bought some land. **2** (*fig*) field: *el ~ de la biología* the field of biology LOC **sobre el terreno 1** (*en el lugar*) on the spot **2** (*sobre la marcha*) as I, you, etc. go along ♦ **terreno de juego** field, pitch (*GB*) *Ver tb* BICICLETA, MOTO
terrestre adj land: *un animal/ataque ~* a land animal/attack LOC *Ver* CORTEZA
terrible adj terrible
territorio nm territory [*pl* territories]
terrón nm lump: *un ~ de azúcar* a sugar cube
terror nm terror LOC **de terror** (*película, novela*) horror: *una película de ~* a horror movie ♦ **tenerle terror a algn/algo** to be terrified of sb/sth: *Le tengo ~ al dentista.* I'm terrified of the dentist.
terrorífico, -a adj terrifying
terrorismo nm terrorism
terrorista adj, nmf terrorist LOC *Ver* BANDA²
tertulia nf get-together: *hacer/tener una ~* to have a get-together
tesis nf thesis [*pl* theses]
teso, -a adj (*Col*) **1** (*difícil*) hard **2** (*valiente*) feisty
tesón nm determination: *trabajar con ~* to work with determination
tesorero, -a nm-nf treasurer
tesoro nm treasure: *encontrar un ~ escondido* to find hidden treasure ◊ *¡Eres un ~!* You're a treasure! LOC *Ver* BUSCADOR, -ORA
testamento nm **1** (*Jur*) will: *hacer ~* to make a will **2 Testamento** Testament: *el Antiguo/Nuevo Testamento* the Old/New Testament
testarudo, -a adj stubborn
testículo nm testicle
testigo nmf witness
▶ nm (*Dep*) baton: *entregar el ~* to pass the baton LOC **ser testigo de algo** to witness sth ♦ **testigo presencial** eyewitness
tetera nf **1** (*para té*) teapot **2** (*para hervir agua*) kettle
tetero nm baby's bottle
tétrico, -a adj gloomy
textil adj textile: *una fábrica ~* a textile factory
texto nm text LOC *Ver* COMENTARIO, LIBRO, MENSAJE, MENSAJERÍA, PROCESAMIENTO
textualmente adv word for word
textura nf texture
tez nf complexion
ti pron you: *Lo hago por ti.* I'm doing it for you. ◊ *Siempre estás pensando en ti misma.* You're always thinking of yourself.
tianguis nm (*Méx*) street market
tibio, -a adj lukewarm LOC *Ver* PAÑO
tiburón nm shark

tiempo nm **1** time: *en ~s de los romanos* in Roman times ◊ *Hace mucho ~ que vivo acá.* I've been living here for a long time. ◊ *en mi ~ libre* in my spare time ◊ *¿Cuánto ~ hace que estudias inglés?* How long have you been studying English? **2** (*meteorológico*) weather: *Ayer hizo buen/mal ~.* The weather was good/bad yesterday. **3** (*Dep*) half [*pl* halves]: *el primer ~* the first half **4** (*verbal*) tense LOC **al poco tiempo** soon afterwards ♦ **a) tiempo completo** full-time: *trabajar (a) ~ completo* to work full-time ♦ **(a) tiempo parcial/medio tiempo** part-time ♦ **con el tiempo** in time: *Lo entenderás con el ~.* You'll understand in time. ♦ **con tiempo (de sobra)** in good time: *Avísame con ~.* Let me know in good time. ♦ **dar tiempo al tiempo** to give it time: *Eres demasiado impaciente, tienes que dar ~ al ~.* You're too impatient—you must give it time. ♦ **en tiempo real** in real time ♦ **en un tiempo récord** in record time ♦ **estar a tiempo** to have the time *to do sth*: *Todavía estás a ~ de enviarlo.* You've still got time to send it. ♦ **hacer tiempo** to while away your time ♦ **hombre/mujer del tiempo** weatherman/weathergirl ♦ **tiempo de emisión** (*TV, Radio*) airtime ♦ **tiempo muerto** (*Dep*) timeout ♦ **tiempo suplementario** (*Dep*) overtime, extra time (*GB*) *Ver tb* CADA, CUÁNTO, DEMASIADO, GANAR, LLEGAR, MEDIO

tienda nf grocery store, grocer's (*GB*) LOC **tienda de abarrotes** grocery store, grocer's (*GB*) ➜ *Ver nota en* CARNICERÍA ♦ **tienda naturista** health food store: *Siempre compra las tortas de la ~ naturista.* She always buys cakes from the health food store.

tierno, -a adj **1** tender: *un filete ~* a tender steak ◊ *una mirada tierna* a tender look **2** (*pan*) fresh

tierra nf **1** (*por oposición al mar, campo, fincas*) land [*incontable*]: *viajar por ~* to travel by land ◊ *cultivar la ~* to work the land ◊ *Vendió las ~s de su familia.* He sold his family's land. **2** (*para plantas, terreno*) soil: *~ para las materas* soil for the plants ◊ *una ~ fértil* fertile soil **3** (*patria*) home: *costumbres de mi ~* customs from back home **4 Tierra** (*planeta*) earth: *La Tierra es un planeta.* The earth is a planet. LOC **echar por tierra** to ruin ♦ **tierra adentro** inland ♦ **¡tierra a la vista!** land ahoy! ♦ **tierra batida** (*Tenis*) clay ♦ **tierra caliente/fría** lowlands/highlands [*pl*] ♦ **tierra firme** dry land ♦ **Tierra Santa** the Holy Land ♦ **tomar tierra** to land *Ver tb* DESLIZAMIENTO, DESPRENDIMIENTO, TOMA

tieso, -a adj stiff: *Me molesta ponerme los cuellos ~s.* I can't stand wearing stiff collars. LOC **dejar a algn tieso** (*asombrar*) to leave sb speechless: *La noticia nos dejó ~s.* The news left us speechless. ♦ **quedarse tieso (de frío)** to be frozen stiff

tiestazo nm (*Col*) **1** (*golpe*) bump **2** (*ruido*) racket LOC **darse un tiestazo** (*manejando*) to have a crash

tifón nm typhoon

tifus nm typhus

tigre, -esa nm-nf **1** (*macho*) tiger **2** (*hembra*) tigress

tijera nf **tijeras** scissors [*pl*]

> Scissors es una palabra plural en inglés, por lo tanto para referirnos a *unas tijeras* utilizamos **some/a pair of scissors**: *Necesito unas tijeras nuevas.* I need some new scissors/a new pair of scissors. ➜ *Ver tb nota en* PAIR

tilde nf **1** (*acento*) accent: *con ~ en la última sílaba* with an accent on the last syllable **2** (*en la eñe*) tilde

tilo nm (*infusión*) lime tea

timar vt to swindle

timbrar vt **1** (*impreso*) to print **2** (*documento*) to stamp
▸ vi to ring the bell: *Están timbrando.* Someone's ringing the bell.
▸ **timbrarse** vp (*ponerse nervioso*) to get jumpy LOC **timbrar tarjeta** to start to work

timbre nm **1** (*campanilla*) bell: *tocar el ~* to ring the bell **2** (*voz*) pitch: *Tiene un ~ de voz muy alto.* He has a very high-pitched voice.

tímido, -a adj, nm-nf shy: *Es un ~.* He's shy.

timo nm swindle, rip-off (*coloq*): *¡Qué ~!* What a rip-off!

timón nm **1** (*automóvil*) steering wheel **2** (*Per*) (*bicicleta, moto*) handlebars [*pl*] **3** (*barco*) rudder

tímpano nm (*oído*) eardrum

tina nf bathtub

tinieblas nf darkness [*incontable*]

tino nm (*juicio*) good sense LOC **cogerle el tino a algo** to get the hang of sth

tinta nf ink: *un dibujo a ~* an ink drawing LOC **tinta china** Indian ink *Ver tb* MEDIO, SUDAR

tinte nm dye

tinto, -a adj (*vino*) red
▸ nm **1** (*vino*) red wine **2** (*Col*) (*café*) black coffee: *Todos los días me tomo un ~ en la mañana.* I have a cup of black coffee every morning. LOC *Ver* VINO

tintorería nf dry-cleaner's ➜ *Ver nota en* CARNICERÍA

tinturar vt to dye
▸ **tinturarse** vp to dye your hair

tío, -a nm-nf **1** (*masc*) uncle: *el ~ Daniel* Uncle Daniel **2** (*fem*) aunt, auntie (*coloq*) **3 tíos** uncle

and aunt: *Voy a la casa de mis ~s.* I'm going to my uncle and aunt's.
- *adj* (Per) (*viejo*) old LOC *Ver* CUENTO

tipear *vt, vi* to type

típico, -a *adj* **1** (*característico*) typical (*of sb/sth*): *Eso es ~ de Ana.* That's just typical of Ana. **2** (*tradicional*) traditional: *un baile/traje ~* a traditional dance/costume

tipo *nm* **1** (*clase*) kind (*of sth*): *el ~ de persona nerviosa* the nervous kind ◊ *todo ~ de gente/animales* all kinds of people/animals ◊ *No es mi ~.* He's not my type. **2** (*cuerpo*) **(a)** (*de mujer*) figure: *Tiene un ~ bonito.* She has a nice figure. **(b)** (*de hombre*) body [*pl* bodies] **3** (*individuo*) guy: *¡Qué ~ más feo!* What an ugly guy! **4** [*como adverbio*] around: *Venga ~ dos.* Come around two (o'clock). LOC *Ver* CAMBIO, VESTIDO

tiquete (*tb* tíquet) *nm* **1** (*entrada, transporte*) ticket: *~ de avión* airline ticket ◊ *sacar un ~* to get a ticket **2** (*recibo*) receipt LOC *Ver* IDA

tira *nf* **1** (*papel, tela*) strip: *Corta el papel en ~s.* Cut the paper into strips. **2** (*zapato*) strap
- *nmf* (*policía*) cop

tiradero *nm* (garbage) dump, (rubbish) dump (GB)

tirado, -a *adj* lying (around): *~ en el suelo* lying on the ground ◊ *Lo dejaron todo ~.* They left everything lying around. *Ver tb* TIRAR

tirador, -ora *nm-nf* shot: *Es un buen ~.* He's a good shot.
- *nm* (*cajón, puerta*) knob

tiranía *nf* tyranny

tiranizar *vt* to tyrannize

tirano, -a *adj* tyrannical
- *nm-nf* tyrant

tirante *adj* **1** tight: *Pon la cuerda bien ~.* Make sure the rope is tight. **2** (*ambiente, situación*) tense
- *nm* **tirantes** suspenders [*pl*], braces [*pl*] (GB)

tirar *vt* **1** (*lanzar*) to throw *sth* (*to sb*): *Los niños tiraban piedras.* The children were throwing stones. ◊ *Tírale la pelota a tu compañero.* Throw the ball to your team mate.

Cuando se tira algo a alguien con intención de hacerle daño, se usa **throw sth at sb**: *Le tiraban piedras al pobre gato.* They were throwing stones at the poor cat.

2 (*residuos*) to dump
- *vi* **1 ~ a**: *Tiene el pelo tirando a mono.* He's got blondish hair. ◊ *rosa tirando a rojo* pinkish red ◊ *Tira un poco a la familia de la mamá.* He looks a little like his mother's side of the family. **2** (*disparar, Dep*) to shoot (at *sb/sth*): *~ a la red/al arco* to shoot at goal
- **tirarse** *vp* **1** to jump: *~se por la ventana/al agua* to jump out of the window/into the water

2 (Col) (*echar a perder*) to ruin LOC ❶ Para otras expresiones con **tirar**, véanse las entradas del sustantivo, adjetivo, etc., p.ej. **tirar la toalla** en TOALLA.

tiritar *vi* **~ (de)** to shiver (with *sth*): *~ de frío* to shiver with cold

tiro *nm* **1** (*lanzamiento*) throw **2** (*disparo, Dep*) shot: *un ~ a la red* a shot at goal **3** (*herida de disparo*) bullet wound: *un ~ en la cabeza* a bullet wound in the head **4** (*chimenea*) draft LOC **al tiro** (Chi) (*inmediatamente*) straight away ◆ **caer como un tiro**: *Me cayó como un ~ que me dijera eso.* I was really upset when he said that. ◊ *La comida me cayó como un ~.* Dinner didn't agree with me. ◆ **cogerle el tiro a algo** to get the hang of sth ◆ **pegar un tiro** to shoot: *Se pegó un tiro.* He shot himself. ◆ **salir como un tiro** to rush out ◆ **salir el tiro por la culata** to backfire: *Me salió el ~ por la culata.* Things backfired on me. ◆ **tiro con arco** archery ◆ **tiro de esquina** corner: *El jugador cobró un ~ de esquina.* The player took a corner. ◆ **tiro libre** (*Fútbol*) free kick *Ver tb* MATAR

tirón *nm* tug: *dar un ~ de pelo* to give sb's hair a tug ◊ *Sentí un ~ en la manga.* I felt a tug on my sleeve.

tiroteo *nm* **1** (*entre policía y delincuentes*) shoot-out: *Murió en el ~.* He died in the shoot-out. **2** (*ruido de disparos*) shooting [*incontable*]: *Escuchamos un ~ desde la calle.* We heard shooting out in the street. **3** (*durante una guerra*) fighting

tirria *nf* grudge LOC **tenerle/tomarle tirria a algn** to be out to get sb: *El profesor me tiene ~.* The teacher is out to get me. ◆ **tenerle/tomarle tirria a algo** to hate sth

títere *nm* **1** (*muñeco*) puppet **2 títeres** (*representación*) puppet show [*v sing*]

titulado, -a *adj* (*libro, película*) called, entitled (*más formal*) *Ver tb* TITULAR¹

titular¹ *vt* to call: *No sé cómo ~ el poema.* I don't know what to call the poem.

titular² *adj* varsity: *el equipo ~* the varsity team ◊ *un jugador ~* a varsity player
- *nmf* (*pasaporte, cuenta bancaria*) holder
- *nm* headline: *Estaba en los ~es de esta mañana.* It was in the headlines this morning.

título *nm* **1** (*nombre, nobiliario, Dep*) title: *¿Qué ~ le pusiste a tu novela?* What title have you given your novel? ◊ *Mañana van a boxear por el ~.* They're fighting for the title tomorrow. **2** (*estudios*) degree: *obtener el ~ de abogado* to get a degree in law ◊ *~ universitario* university degree

tiza *nf* chalk [*gen incontable*]: *Dame una ~.* Give me a piece of chalk. ◊ *Tráeme unas ~s.* Bring

tlapalería

me some chalk. LOC **tizas de colores** colored chalks

tlapalería nf (Méx) hardware store, hardware shop (GB)

toalla nf towel: ~ *de baño/de las manos* bath/hand towel LOC **tirar la toalla** to throw in the towel ◆ **toalla higiénica/sanitaria** sanitary napkin, sanitary towel (GB) *Ver tb* COCINA

tobillera nf ankle support LOC *Ver* MEDIA²

tobillo nm ankle: *Me torcí el ~.* I've sprained my ankle.

tobogán nm (en parque) slide

tocadiscos nm record player

tocar vt **1** to touch: *¡No lo toques!* Don't touch it! **2** (palpar) to feel: *¿Me dejas ~ la tela?* Can I feel the fabric? **3** (Mús) to play: *~ la guitarra/un villancico* to play the guitar/a carol **4** (hacer sonar) **(a)** (campana, timbre) to ring **(b)** (bocina, sirena) to sound
▶ vi **1** (Mús) to play **2** (turno) to be sb's turn (to do sth): *Te toca tirar.* It's your turn to throw. ◊ *¿Ya me toca?* Is it my turn yet? **3** (corresponder) **(a)** (seguido de acción) to have to *do sth*: *Hoy nos toca ir a mercar.* We have to go shopping today. **(b)** (en un reparto) to get: *Me ha tocado el mismo profesor que el año pasado.* I have the same teacher as last year. **(c)** (en un sorteo) to win: *Me tocó una muñeca.* I won a doll. LOC **tocar fondo** to hit rock bottom: *Su credibilidad tocó fondo.* His credibility hit rock bottom. *Ver tb* MADERA

tocayo, -a nm-nf namesake: *¡Somos ~s!* We have the same name!

tocino nm **1** (tb **tocineta** nf) (carne) bacon **2** (grasa) pork fat

todavía adv **1** [en oraciones afirmativas e interrogativas] still: *¿Todavía vives en Londres?* Do you still live in London? **2** [en oraciones negativas e interrogativas-negativas] yet: *Todavía no están maduras.* They're not ripe yet.
◊ *–¿Todavía no te han contestado? –No, ~ no.* 'Haven't they written back yet?' 'No, not yet.' ➲ *Ver nota en* STILL **3** [en oraciones comparativas] even: *Ella pinta ~ mejor.* She paints even better.

todo nm whole: *considerado como un ~* taken as a whole

todo, -a adj **1** all: *Yo he hecho ~ el trabajo.* I've done all the work. ◊ *Lleva ~ el mes enfermo.* He's been sick all month. ◊ *Van a limpiar ~s los edificios del pueblo.* They're going to clean up all the buildings in town.

Con un sustantivo contable en singular, el inglés prefiere utilizar **the whole**: *Van a limpiar todo el edificio.* They're going to clean the whole building.

2 (cada) every: *Todos los días me levanto a las siete.* I get up at seven every day. ➲ *Ver nota en* EVERY
▶ pron **1** all: *Eso es ~ por hoy.* That's all for today. ◊ *ante/después de ~* above/after all ◊ *A ~s nos gustó la obra.* We all/All of us liked the play. **2** (todas las cosas) everything: *Todo lo que te dije era verdad.* Everything I told you was true.
◊ *Llora ~ lo que quieras.* Cry as much as you like. **3** (cualquier cosa) anything: *Mi loro come de ~.* My parrot eats anything. **4 todos** everyone [v sing]: *Todos dicen lo mismo.* Everyone says the same thing. ➲ *Ver nota en* EVERYONE
LOC **ante todo** above all ◆ **a toda** very fast ◆ **a todo esto 1** (por cierto) by the way **2** (entretanto) meanwhile ◆ **con todo eso** in spite of this/that ◆ **por todo el mundo, toda Colombia, etc.** throughout the world, Colombia, etc. ◆ **sobre todo** especially ❶ Para otras expresiones con **todo**, véanse las entradas del sustantivo, adjetivo, etc., p.ej. **todo el mundo** en MUNDO y **a todo taco** en TACO.

toldo nm awning

tolerancia nf tolerance

tolerante adj tolerant

tolerar vt **1** (soportar) to bear, to tolerate (más formal): *No tolera a las personas como yo.* He can't bear people like me. **2** (consentir) to let *sb* get away with *sth*: *Te toleran demasiadas cosas.* They let you get away with too much.

toma nf **1** (ocupación) taking: *la ~ de la ciudad* the taking of the city **2** (medicina) dose **3** (Cine, TV) take LOC **toma de tierra** ground, earth (GB): *El cable está conectado a la ~ de tierra.* The cable is grounded.

tomadura nf LOC **tomadura de pelo** joke

tomar vt **1** to take: *~ una decisión* to take a decision ◊ *~ apuntes/precauciones* to take notes/precautions **2** (beber) to drink: *¿Qué vas a ~?* What are you going to drink?
▶ vi **1** to take: *Toma, es para ti.* Here, it's for you. **2** (beber) to drink: *Mi hermano toma mucho.* My brother drinks a lot.
▶ **tomarse** vp to take: *He decidido ~me unos días de descanso.* I've decided to take a few days off. ◊ *No deberías habértelo tomado así.* You shouldn't have taken it like that. LOC **tomar a algn por algo** to think sb is sth: *¿Por quién me tomas?* What do you take me for? ◊ *Me tomas por boba, ¿cierto?* You think I'm dumb, don't you? ❶ Para otras expresiones con **tomar**, véanse las entradas del sustantivo, adjetivo, etc., p.ej. **tomar el sol** en SOL.

tomate nm tomato [pl tomatoes] LOC **ponerse como un tomate** to get as red as a beet, to go as red as a beetroot (GB) ◆ **tomate de árbol** tree tomato [pl tree tomatoes] *Ver tb* COLORADO

tomba *nf* (*Col*) cops [*pl*]: *Viene la tomba.* The cops are coming.

tombo, -a *nm-nf* (*Col*) cop

tomillo *nm* thyme

tomo *nm* volume

ton *nm* **LOC sin ton ni son** for no particular reason

tonalidad *nf* **1** (*Mús*) key **2** (*color*) tone

tonel *nm* barrel

tonelada *nf* ton **LOC** *Ver* PESAR¹

tónica *nf* (*bebida*) tonic: *Dos ~s, por favor.* Two tonics, please.

tónico, -a *adj* (*Ling*) stressed
▶ *nm* tonic

tonificante *adj* invigorating

tono *nm* **1** tone: *¡No me hables en ese ~!* Don't speak to me in that tone of voice! **2** (*color*) shade **3** (*Mús*) key **LOC tono (de llamada)** ringtone: *descargar ~s de llamada polifónicos* to download polyphonic ringtones *Ver tb* FUERA

tontear *vi* to fool around (*with sb*)

tontería *nf* (*acción, dicho*) silly thing: *Siempre discutimos por ~s.* We're always arguing over silly little things. **LOC decir tonterías** to talk nonsense ◆ **dejarse de tonterías** to stop messing around ◆ **hacer tonterías** to be silly: *¡Deja de hacer ~s!* Stop being silly! *Ver tb* SARTA

tonto, -a *adj* dumb
▶ *nm-nf* fool **LOC hacerse el tonto** to play the fool ◆ **ser como tonto para algo** (*Chi*) to be crazy about sth

top *nm* (*ropa*) top

toparse *vp* **~ con** to bump into *sb/sth*

tope *nm* **1** (*punto más alto*) top: *en el ~ de la lista/del cerro* at the top of the list/hill **2** (*límite*) limit: *¿Hay una edad ~?* Is there an age limit? **LOC hasta el tope**: *El supermercado estaba hasta el ~.* The supermarket was packed. ◊ *Estoy hasta el ~ de trabajo.* I'm up to my neck in work. *Ver tb* FECHA

tópico *nm* (*tema*) topic **LOC** *Ver* USO

topo *nm* mole

toque *nm* **1** (*golpecito*) tap **2** (*matiz*) touch: *dar el ~ final a algo* to put the finishing touch to sth **LOC toque de queda** curfew

tórax *nm* thorax [*pl* thoraxes/thoraces]

torbellino *nm* whirlwind

torcedura *nf* sprain

torcer *vt* **1** (*retorcer*) to twist: *Le torció el brazo.* She twisted his arm. **2** (*cabeza*) to turn
▶ **torcerse** *vp* (*tobillo, muñeca*) to sprain: *Se torció el tobillo.* He sprained his ankle.

torcido, -a *adj* **1** (*dientes, nariz*) crooked **2** (*cuadro, ropa*) not straight: *¿No ves que el cuadro está ~?* Can't you see the picture isn't straight? **3** (*muñeca, tobillo*) sprained *Ver tb* TORCER

torear 1 *vt, vi* to fight (a bull) **2** *vt* (*provocar*) to tease

torero, -a *nm-nf* bullfighter

tormenta *nf* storm: *Se avecina una ~.* There's a storm brewing. ◊ *Parece que va a haber ~.* It looks like there's going to be a storm.

tormento *nm* **1** (*tortura*) torture **2** (*persona, animal*) pest: *Este niño es un ~.* This child's a pest.

tornado *nm* tornado [*pl* tornadoes/tornados]

torneo *nm* **1** tournament **2** (*Atletismo*) meet, meeting (*GB*)

tornillo *nm* **1** screw: *apretar un ~* to put a screw in **2** (*para tuerca*) bolt **LOC** *Ver* FALTAR

torniquete *nm* (*Med*) tourniquet

torno *nm* **1** (*mecanismo elevador*) winch **2** (*alfarero*) (potter's) wheel **LOC** *Ver* GIRAR

toro *nm* **1** (*animal*) bull **2 toros**: *ir a los ~s* to go to a bullfight ◊ *A mi hermano le encantan los ~s.* My brother loves bullfighting. **LOC** *Ver* AGARRAR, CORRIDA, PLAZA

toronja *nf* grapefruit [*pl* grapefruit/grapefruits]

torpe *adj* **1** (*maniflojo*) clumsy **2** (*zoquete*) slow

torpedo *nm* torpedo [*pl* torpedoes]

torpeza *nf* **1** (*falta de habilidad*) clumsiness **2** (*lentitud*) slowness

torre *nf* **1** (*electricidad*) tower, pylon (*GB*) **2** (*Telecomunicaciones*) antenna **3** (*Ajedrez*) castle **LOC torre de vigilancia** watchtower

torrencial *adj* torrential: *lluvias ~es* torrential rain

torrente *nm* (*río*) torrent

torso *nm* torso [*pl* torsos]

torta *nf* **1** (*dulce*) cake **2** (*de sal*) **(a)** (*al horno*) pie ➔ *Ver nota en pág. 641* **(b)** (*frita*) fritter **3** (*Méx*) (*sándwich*) (large) sandwich **LOC torta helada** ice-cream cake

tortícolis *nm o nf* crick in your neck: *Me produjo ~.* It's given me a crick in my neck.

tortilla *nf* omelet

tortuga *nf* turtle **LOC ir más despacio/lento que una tortuga** to go at a snail's pace *Ver tb* CUELLO, OPERACIÓN, PASO

tortura *nf* torture: *métodos de ~* methods of torture

torturar *vt* to torture

tos *nf* cough: *El humo del cigarrillo me da ~.* Cigarette smoke makes me cough.

toser *vi* to cough

tostada *nf* toast [*incontable*]: *Se me quemaron las ~s.* I've burned the toast. ◊ *una ~ con mermelada* a slice of toast with jam
LOC tostada a la francesa French toast [*incontable*]

tostado, -a *adj* (*Chi*) (*enojado*) annoyed *Ver tb* TOSTAR

tostador *nm* (*tb* **tostadora** *nf*) toaster

tostar *vt* **1** (*pan, frutos secos*) to toast **2** (*café*) to roast **3** (*piel*) to tan

total *adj, nm* total **LOC en total** altogether: *Somos diez en ~.* There are ten of us altogether.

totalmente *adv* totally

tóxico, -a *adj* toxic

trabado, -a *adj* (*Col*) (*con droga*) stoned *Ver tb* TRABARSE

trabajador, -ora *adj* hard-working
▸ *nm-nf* worker: *~es calificados/no calificados* skilled/unskilled workers

trabajar *vi, vt* to work: *Trabaja para una compañía inglesa.* She works for an English company. ◊ *Nunca he trabajado de profesora.* I've never worked as a teacher. ◊ *¿En qué trabaja tu hermana?* What does your sister do? ◊ *~ la tierra* to work the land **LOC** *Ver* COSTAR, MATAR

trabajo *nm* **1** (*actividad*) work [*incontable*]: *Tengo mucho ~.* I have a lot of work to do. ◊ *Debes ponerte al día con el ~ atrasado.* You must get up to date with your work. ◊ *Me dieron la noticia en el ~.* I heard the news at work. **2** (*empleo*) job: *dar (un) ~ a algn* to give sb a job ◊ *un ~ bien pagado* a well-paid job ◊ *quedarse sin ~* to lose your job ➔ *Ver nota en* WORK **3** (*en el colegio*) project: *hacer un ~ sobre el medio ambiente* to do a project on the environment **LOC estar en trabajo de parto** to be in labor ◆ **estar sin trabajo** to be out of work
◆ **trabajo de/en equipo** teamwork [*incontable*]
◆ **trabajos forzados** hard labor [*incontable*]
◆ **trabajos manuales** arts and crafts

trabalenguas *nm* tongue-twister

trabarse *vp* **(con)** (*Col*) to get high (on *sth*)
LOC trabarse la lengua to get tongue-tied

tractor *nm* tractor

tradición *nf* tradition: *seguir una ~ familiar* to follow a family tradition

tradicional *adj* traditional

traducción *nf* translation (*from sth*) (*into sth*): *hacer una ~ del español al ruso* to do a translation from Spanish into Russian

traducir *vt, vi* to translate (*from sth*) (*into sth*): *~ un libro del francés al inglés* to translate a book from French into English ➔ *Ver nota en* INTERPRET

traductor, -ora *nm-nf* translator
LOC traductor automático machine translation (software) [*incontable*]: *Los ~es automáticos no son fiables.* Machine translation (software) is unreliable.

traer *vt* **1** to bring: *¿Qué quieres que te traiga?* What do you want me to bring you? ➔ *Ver dibujo en* TAKE *y nota en* GIVE **2** (*causar*) to cause: *El nuevo sistema nos va a ~ problemas.* The new system is going to cause problems.
▸ **traerse** *vp* to bring *sb/sth* (with you): *Tráete una almohada.* Bring a pillow with you.
LOC traerse algo (entre manos) to be up to *sth*: *¿Qué te traes entre manos?* What are you up to?

traficante *nmf* dealer: *~ de armas* arms dealer

traficar *vi* **~ con/en** to deal in *sth*: *Traficaban con drogas.* They dealt in drugs.

tráfico *nm* traffic: *Hay mucho ~ en el centro.* There's a lot of traffic downtown. **LOC tráfico de drogas** (*delito*) drug trafficking

traga *nf* **LOC tener una traga** (*Col*) (*enamorado*) to have a crush (on *sb*)

tragado, -a *adj* **LOC estar tragado de algn** (*Col*) to have a crush on *sb*

tragamonedas *nmf* **LOC** *Ver* MÁQUINA

tragar *vt, vi* to swallow: *Me duele la garganta al ~.* My throat hurts when I swallow.
▸ **tragarse** *vp* **1** to swallow: *Me tragué una pepa de aceituna.* I swallowed an olive pit. ◊ *~se el orgullo* to swallow your pride **2** (*Col*) (*soportar*) to put up with *sb*: *Será tragárnoslo por un rato.* We'll just have to put up with him for a while. ◊ *Yo a ese no me lo trago ni en pintura.* I really can't stand him. **LOC tragarse el cuento** to fall for the story: *Se tragó el cuento de mi embarazo.* He fell for the story of my pregnancy.

tragedia *nf* tragedy [*pl* tragedies]

trágico, -a *adj* tragic

trago *nm* **1** drink: *un ~ de agua* a drink of water **2** (*bebida alcohólica*) alcoholic drink **3** (*mal momento*) shock **LOC tomarse unos tragos** to have a few drinks *Ver tb* BEBER(SE)

traición *nf* **1** (*deslealtad*) betrayal: *cometer ~ contra tus amigos* to betray your friends **2** (*contra el Estado*) treason: *Lo juzgarán por alta ~.* He will be tried for high treason. **LOC a traición**: *Le dispararon a ~.* They shot him in the back. ◊ *Lo hicieron a ~.* They went behind his back.

traicionar *vt* **1** to betray: *~ a un compañero/una causa* to betray a friend/cause **2** (*nervios*) to

transmitir

let sb down: *Los nervios me traicionaron.* My nerves let me down.

traidor, -ora *nm-nf* traitor

tráiler *nm* **1** (*casa rodante*) camper, caravan (*GB*) ➪ *Ver dibujo en* CAMPER **2** (*Méx*) (*camión*) trailer

traje *nm* dress [*incontable*]: *Me encanta el ~ típico llanero.* I love the regional dress of the Llanos region. LOC **traje de noche** evening dress ◆ **traje espacial** spacesuit *Ver tb* BAÑO

trama *nf* plot

tramar *vt* to plot LOC **estar tramando algo** to be up to something: *Sé que están tramando algo.* I know they're up to something.

tramitar *vt* to process

trámite *nm* procedure [*incontable*]: *Cumplió con los ~s habituales.* He followed the usual procedure. ◊ *todos los ~s necesarios para obtener el certificado* all the steps required to obtain the certificate LOC **en trámite(s) de** in the process of *doing sth*: *Estamos en ~s de divorcio.* We are in the process of getting a divorce.

tramo *nm* **1** (*carretera*) stretch **2** (*escalera*) flight

trampa *nf* **1** trap: *caer en una ~* to fall into a trap ◊ *tenderle una ~ a algn* to set a trap for sb ◊ *Esto es demasiado barato, ¿cuál será la ~?* This is too cheap. What's the catch? **2** (*en un juego*) cheating [*incontable*]: *Una ~ más y estás eliminado.* Any more cheating and you're out of the game. ◊ *Eso es ~.* That's cheating. LOC **hacer trampa(s)** to cheat: *Siempre haces ~s.* You always cheat.

trampolín *nm* **1** (*Gimnasia*) trampoline **2** (*Natación*) diving board: *tirarse del ~* to dive from the board

tramposo, -a *adj, nm-nf* cheat: *No seas tan ~.* Don't be such a cheat.

trancón *nm* (*Col*) (*atasco*) traffic jam

tranquilidad *nf* **1** (*atmósfera*) calm: *un ambiente de ~* an atmosphere of calm ◊ *¡Qué ~, no tener que trabajar!* What a relief, no work! ◊ *la ~ del campo* the peace of the countryside **2** (*espíritu*) peace of mind: *Para tu ~, te diré que es cierto.* For your peace of mind, I can tell you it is true.

tranquilizante *nm* (*medicamento*) tranquilizer

tranquilizar *vt* **1** (*calmar*) to calm *sb* down: *No logró ~la.* He couldn't calm her down. **2** (*aliviar*) to reassure: *Las noticias lo tranquilizaron.* The news reassured him.
▸ **tranquilizarse** *vp* to calm down: *Tranquilízate, que están para llegar.* Calm down, they'll soon be here.

tranquilo, -a *adj* **1** calm: *Es una mujer muy tranquila.* She's a very calm person. ◊ *El mar está ~.* The sea is calm. **2** (*lento*) laid-back: *Es tan ~ que me pone nerviosa.* He's so laid-back he makes me nervous. **3** (*apacible*) quiet: *Vivo en una zona tranquila.* I live in a quiet area. LOC **(estate) tranquilo** don't worry: *Tranquila, que no es tu culpa.* Don't worry, it's not your fault. ◆ **tan tranquilo** not at all worried: *Perdió el año y se quedó tan tranquila.* She failed, but she didn't seem worried at all. ◊ *Me dio una cachetada y se fue tan ~.* He slapped me and walked off just like that. *Ver tb* CONCIENCIA

transatlántico *nm* liner

transbordador *nm* LOC **transbordador espacial** space shuttle

transbordo *nm* LOC **hacer transbordo** to change: *Tuvimos que hacer dos ~s.* We had to change twice.

transcripción *nf* transcription: *una ~ fonética* a phonetic transcription

transcurrir *vi* **1** (*tiempo*) to pass: *Han transcurrido dos días desde su partida.* Two days have passed since he left. **2** (*ocurrir*) to take place

transeúnte *nmf* passer-by [*pl* passers-by]

transferencia *nf* transfer LOC **transferencia bancaria** credit transfer

transferir *vt* to transfer: *Dos jugadores del América han sido transferidos.* Two América players have been transferred.

transformador *nm* transformer

transformar *vt* to transform *sb/sth* (*into sth*): *~ un lugar/a una persona* to transform a place/person
▸ **transformarse** *vp* **transformarse en** to turn into *sb/sth*: *La rana se transformó en príncipe.* The frog turned into a prince.

transfusión *nf* transfusion: *Le hicieron dos transfusiones (de sangre).* He was given two (blood) transfusions.

transgénico, -a *adj* genetically modified: *alimentos/cultivos ~s* genetically-modified foods/crops

transición *nf* transition

transistor *nm* (*transistor*) radio

transitado, -a *adj* busy

transitivo, -a *adj* transitive

tránsito *nm* LOC **agente/policía de tránsito** traffic police officer *Ver tb* ACCIDENTE, CÓDIGO

transmisión *nf* broadcast: *una ~ en directo/diferido* a live/recorded broadcast LOC *Ver* ENFERMEDAD

transmitir *vt* **1** to transmit: *~ una enfermedad* to transmit a disease ◊ *Les* transmitimos la noticia. We passed the news on to them. **2** (*programa*) to broadcast: ~ *un partido* to broadcast a game

transparentar(se) *vi, vp*: *Esa tela (se) transparenta demasiado.* That material is really see-through. ◊ *Con esa falda se te transparentan las piernas.* You can see your legs through that skirt.

transparente *adj* **1** (*cristal, agua, papel, persona*) transparent: *El cristal es ~.* Glass is transparent. **2** (*ropa*) *una blusa ~* a see-through blouse ◊ *Es demasiado ~.* You can see right through it.

transportador *nm* carrier

transportar *vt* to carry

transporte *nm* transportation, transport (*GB*): *~ público/escolar* public/school transportation ◊ *el ~ aéreo* air travel

transversal *adj* transverse: *eje ~* transverse axis ◊ *La 47 es ~ a la avenida 50.* 47th Street crosses 50th Avenue. LOC *Ver* SECCIÓN

tranvía *nm* streetcar, tram (*GB*)

trapeador (*tb* **trapero**) *nm* mop

trapear *vt, vi* to mop

trapecio *nm* **1** (*circo*) trapeze **2** (*Geom*) trapezoid

trapecista *nmf* trapeze artist

trapo *nm* **1** (*limpieza*) cloth **2 trapos** (*ropa*) clothes LOC **sacar (a relucir) los trapos sucios** to wash your dirty linen in public ♦ **trapo del polvo** duster ♦ **trapo viejo** old rag *Ver tb* COCINA

tráquea *nf* windpipe, trachea [*pl* tracheas/ tracheae] (*más formal*)

tras *prep* **1** (*después de*) after: *día ~ día* day after day **2** (*detrás de*) behind: *La puerta se cerró ~ ella.* The door closed behind her. **3** (*más allá de*) beyond: *Tras las montañas está el mar.* Beyond the mountains is the sea. LOC **andar/estar/ir tras algn/algo** to be after sb/sth

trasbocar *vt* (*vomitar*) to bring *sth* up
▸ *vi* to be sick: *El niño trasbocó.* The baby has been sick.

trasbordo *nm* LOC **hacer transbordo** to change: *Tuvimos que hacer dos ~s.* We had to change twice.

trasero, -a *adj* back: *la puerta trasera* the back door
▸ *nm* bottom, butt (*coloq*)

trasladar *vt* **1** to move: *Trasladaron todas mis cosas al otro despacho.* They moved all my things to the other office. **2** (*destinar*) to transfer: *Lo trasladaron al servicio de inteligencia.* He's been transferred to the intelligence service.

▸ **trasladarse** *vp* to move: *Nos trasladamos al número 44.* We moved to number 44.

traslado *nm* **1** (*trasteo, desplazamiento*) move **2** (*cambio de destino*) transfer

traslucir *vt* to reveal

trasluz *nm* LOC **al trasluz** against the light: *mirar los negativos al ~* to look at the negatives against the light

trasmano LOC **(a) trasmano** out of the way: *Nos queda muy a ~ pasar por tu casa primero.* It would be out of our way to go by your house first.

trasnochar *vi* to stay up late

traspapelarse *vp* to be mislaid

traspasar *vt* **1** (*atravesar*) to go through *sth*: *~ la barrera del sonido* to go through the sound barrier **2** (*líquido*) to soak **3** (*negocio*) to sell

traspié *nm* LOC **dar un traspié** to trip

trasplantar *vt* to transplant

trasplante *nm* transplant

traste *nm* (*Méx*) (*de cocina*) (kitchen) utensil LOC *Ver* LAVAR

trastearse *vp* (*Col*) (*trasladarse*) to move (house)

trasteo *nm* (*Col*) move LOC **estar de trasteo** to be moving *Ver tb* CAMIÓN

trastornado, -a *adj* **1** (*alterado*) upset **2** (*loco*) (mentally) disturbed *Ver tb* TRASTORNAR

trastornar *vt* **1** (*alterar*) to upset: *La huelga trastornó todos mis planes.* The strike has upset all my plans. **2** (*volver loco*) to drive *sb* out of their mind
▸ **trastornarse** *vp* **1** (*persona*) to go crazy **2** (*planes*) to be upset

trastorno *nm* **1** (*Med*) disorder: *un ~ alimentario* an eating disorder **2** (*molestia*) disruption: *los ~s ocasionados por la huelga* the disruption caused by the strike LOC *Ver* CAUSAR

tratado *nm* (*Pol*) treaty [*pl* treaties]

tratamiento *nm* treatment: *un ~ contra la celulitis* treatment for cellulite LOC *Ver* UNIDAD

tratar *vt* **1** to treat: *Nos gusta que nos traten bien.* We like people to treat us well. **2** (*discutir*) to deal with *sth*: *Trataremos estas cuestiones mañana.* We will deal with these matters tomorrow.
▸ *vi* **1** ~ **con** to deal with *sb/sth*: *No trato con ese tipo de gente.* I don't have any dealings with people like that. **2** (*intentar*) to try *to do sth*: *Trata de llegar a tiempo.* Try to/and get there on time. ⊃ *Ver nota en* TRY
▸ **tratarse** *vp* **tratarse de** to be about *sb/sth/doing sth*: *Se trata de tu hermano.* It's about your brother. ◊ *Se trata de aprender, no de aprobar.* It's about learning, not just passing. ◊ *La*

película se trata del mundo del espectáculo. The movie is about show business. LOC **tratar a algn de tú/usted** to be on first-name/formal terms with sb

trato *nm* **1** (*acuerdo*) deal: *hacer/cerrar un ~* to make/close a deal **2** (*relación*): *Debemos mejorar nuestro ~ con los vecinos*. We must try to get along with our neighbors a little better. ◊ *El ~ que tenemos entre nosotros no es muy bueno*. We don't get along very well. **3** (*tratamiento*) treatment: *el mismo ~ para todos* the same treatment for everyone LOC **malos tratos** abuse [*incontable*]: *Sufrieron malos ~s en la cárcel*. They were subjected to abuse in prison. ♦ **tener/no tener trato con algn** to see/not to see sb: *No tengo demasiado ~ con ellos*. I don't see much of them. ♦ **trato hecho** it's a deal!

trauma *nm* trauma

traumático, -a *adj* traumatic

través LOC **a través de** through: *Corría a ~ del bosque*. He was running through the wood. ◊ *Huyeron a ~ del parque/de los campos*. They ran across the park/fields.

travesaño *nm* (*Fútbol*) crossbar

travesía *nf* crossing

travesti *nmf* transvestite

travesura *nf* prank LOC **hacer travesuras** to play pranks

travieso, -a *adj* naughty

trayecto *nm* route: *Este bus hace el ~ Bogotá-Cúcuta*. This bus runs on the Bogotá-Cúcuta route.

trayectoria *nf* trajectory [*pl* trajectories]

trazar *vt* **1** (*línea, plano*) to draw **2** (*plan, proyecto*) to draw *sth* up, to devise (*más formal*): *~ un plan* to draw up a plan

trébol *nm* **1** (*Bot*) clover **2** **tréboles** (*Naipes*) clubs ➲ *Ver nota en* BARAJA

trece *nm, adj, pron* **1** thirteen **2** (*fecha*) thirteenth ➲ *Ver ejemplos en* ONCE, SEIS LOC *Ver* MARTES

treceavo, -a *adj, nm* thirteenth ❶ Para *catorceavo, quinceavo*, etc., ver pág. 784.

trecho *nm* stretch: *un ~ peligroso* a dangerous stretch of road ◊ *De aquí a mi casa hay un buen ~*. It's quite a way to my house from here.

tregua *nf* truce: *romper una ~* to break a truce

treinta *nm, adj, pron* **1** thirty **2** (*trigésimo*) thirtieth ➲ *Ver ejemplos en* SESENTA

tremendo, -a *adj* **1** (*algo negativo*) terrible: *un disgusto/dolor ~* a terrible blow/pain **2** (*positivo*) tremendous: *El niño tiene una fuerza tremenda*. That child is tremendously strong. ◊ *Tuvo un éxito ~*. It was a tremendous success.

tren *nm* train: *coger/perder el ~* to catch/miss the train LOC **tren de aterrizaje** undercarriage: *bajar el ~ de aterrizaje* to lower the undercarriage ♦ **tren de vida** lifestyle *Ver tb* PARAR

trenza *nf* braid, plait (*GB*): *Hágase una ~*. Braid your hair. LOC **trenzas de campesina** pigtails

trepar *vi* to climb, to climb (up) *sth*: *~ a un árbol* to climb (up) a tree

tres *nm, adj, pron* **1** three **2** (*fecha*) third ➲ *Ver ejemplos en* SEIS LOC *Ver* CADA

trescientos, -as *adj, pron, nm* three hundred ➲ *Ver ejemplos en* SEISCIENTOS

triangular *adj* triangular

triángulo *nm* triangle LOC **triángulo equilátero/escaleno/isósceles** equilateral/scalene/isosceles triangle ♦ **triángulo rectángulo** right triangle

triatlón *nm* triathlon

tribu *nf* tribe

tribuna *nf* bleachers [*pl*], terraces [*pl*] (*GB*): *Montaron una ~*. They've put up bleachers.

tribunal *nm* court: *comparecer ante el ~* to appear before the court LOC **llevar a los tribunales** to take *sb/sth* to court ♦ **Tribunal Supremo** ≈ Supreme Court, High Court (*GB*)

triciclo *nm* tricycle, trike (*coloq*)

trigo *nm* wheat

trigonometría *nf* trigonometry

trillizos, -as *nm-nf* triplets

trimestral *adj* quarterly: *revistas/facturas ~es* quarterly magazines/bills

trimestre *nm* **1** (*Educ*) quarter **2** (*Educ*) term

trinar *vi* (*pájaro*) to sing

trinchera *nf* trench

trineo *nm* **1** sledge **2** (*de caballos*) sleigh: *Papá Noel viaja siempre en ~*. Santa Claus always travels by sleigh.

trinidad *nf* trinity

trino *nm* **1** (*de pájaro*) trill **2** (*a través de Twitter®*) tweet

trío *nm* trio [*pl* trios]

tripas *nf*: *Me suenan las ~*. My stomach's rumbling.

triple *adj* triple: *~ salto* triple jump
▸ *nm* three times: *Nueve es el ~ de tres*. Nine is three times three. ◊ *Este es el ~ de grande que el otro*. This one's three times bigger than the other one. ◊ *Gana el ~ que yo*. He earns three times as much as me.

triplicado, -a *adj* LOC **por triplicado** in triplicate *Ver tb* TRIPLICAR(SE)

triplicar(se) *vt, vp* to treble

tripulación *nf* crew [*v sing o pl*]

tripular *vt* **1** (*barco*) to sail **2** (*avión*) to fly

triqui *nm* tic-tac-toe, noughts and crosses (*GB*)

triste *adj* **1** (*persona*) sad: *estar/sentirse ~* to be/feel sad **2** (*deprimente, deprimido, habitación*) gloomy: *un paisaje/una habitación ~* a gloomy landscape/room

tristeza *nf* **1** (*de persona*) sadness **2** (*melancolía*) gloominess

triturar *vt* **1** (*carne*) to mince **2** (*cosas duras*) to crush **3** (*papel*) to shred

triunfal *adj* **1** (*arco, entrada*) triumphal **2** (*gesto, regreso*) triumphant

triunfar *vi* **1** (*tener éxito*) to succeed: *~ en la vida* to succeed in life ◊ *Esta canción va a ~ en el extranjero.* This song will do well abroad. **2** *~* (**en**) (*ganar*) to win: *~ a cualquier precio* to win at any price **3** *~* (**sobre**) to triumph (over *sb/sth*): *Triunfaron sobre sus enemigos.* They triumphed over their enemies.

triunfo *nm* **1** (*Pol, Mil*) victory [*pl* victories] **2** (*logro personal, proeza*) triumph: *un ~ de la ingeniería* a triumph of engineering **3** (*Mús, éxito*) hit: *sus últimos ~s cinematográficos* his latest box-office hits **4** (*Naipes*) trump

trivial *adj* trivial

trivialidad *nf* **1** (*cosa trivial*) triviality [*pl* trivialities] **2** (*comentario*) trite remark: *decir ~es* to make trite remarks

triza *nf* LOC **hacer trizas** (*papel, tela*) to tear *sth* to shreds ♦ **hecho trizas** (*persona*) beat: *Terminé hecho ~s.* I was beat.

trofeo *nm* trophy [*pl* trophies]

trombón *nm* (*instrumento*) trombone

trompa *nf* **1** (*Zool*) (**a**) snout (**b**) (*elefante*) trunk (**c**) (*insecto*) proboscis **2** (*avión, automóvil*) nose

trompeta *nf* (*instrumento*) trumpet

trompetista *nmf* trumpeter

trompo *nm* spinning top: *tirar el ~* to spin a top

tronar *v imp* to thunder: *¡Está tronando!* It's thundering!

tronco *nm* **1** (*árbol, Anat*) trunk **2** (*leño*) log LOC *Ver* DORMIR

trono *nm* throne: *subir al ~* to come to the throne ◊ *el heredero del ~* the heir to the throne

tropa *nf* troop LOC **toda la tropa** everyone: *No quiero estar con toda la ~.* I don't want to be with everyone.

tropezar(se) *vi, vp* **tropezar(se)** (**con**) **1** (*caerse*) to trip (over *sth*): *~ con una raíz* to trip over a root **2** (*problemas*) to come up against *sth*: *Hemos tropezado con serias dificultades.* We've come up against serious difficulties.

tropezón *nm* (*traspié*) stumble LOC **dar un tropezón** (**con**) to trip up (over *sth*)

tropical *adj* tropical

trópico *nm* **1** tropic: *el ~ de Cáncer/Capricornio* the tropic of Cancer/Capricorn **2** **el trópico** (*región del mundo*) the tropics [*pl*]

trotar *vi* **1** (*correr*) to go jogging **2** (*caballo*) to trot

trote *nm* **1** trot: *ir al ~* to go at a trot **2** (*Dep*) jogging: *El ~ es bueno para el corazón.* Jogging is good for the heart. **3** (*actividad intensa*): *Tanto ~ va a acabar conmigo.* All this rushing around will finish me off. LOC **no estar para muchos/esos trotes**: *Ya no estoy para esos ~s.* I'm not up to it any more.

trozo *nm* piece: *un ~ de pan* a piece of bread ◊ *Corte la carne en ~s.* Cut the meat into pieces.

trucha *nf* trout [*pl* trout]

truco *nm* trick LOC **coger el truco** to get the hang (*of sth*)

trueno *nm* thunder [*incontable*]: *¿No oíste un ~?* Wasn't that a clap of thunder? ◊ *Los ~s ya pararon.* The thunder's stopped. ◊ *rayos y ~s* thunder and lightning

trufa *nf* truffle

trusa *nf* (*Per*) (*calzoncillos*) underpants [*pl*] ❶ Nótese que *unas trusas* se dice **a pair of underpants**. ➔ *Ver tb nota en* PAIR LOC **trusa de baño** swimming trunks [*pl*]

tú *pron* you: *¿Eres tú?* Is that you? LOC *Ver* YO

tu *adj* your: *tus libros* your books

tuberculosis *nf* tuberculosis (*abrev* TB)

tubería *nf* pipe: *Se rompió una ~.* A pipe has burst.

tubo *nm* **1** (*de conducción*) pipe **2** (*recipiente*) tube: *un ~ de crema dental* a tube of toothpaste ➔ *Ver dibujo en* CONTAINER LOC **tubo de escape** exhaust (pipe)

tucán *nm* toucan

tuerca *nf* nut

tuerto, -a *adj* one-eyed LOC **ser tuerto** to be blind in one eye

tufo *nm* (*rotten*) smell: *¡Qué ~ hay!* What a smell!

tugurio *nm* **1** (*cuchitril*) hovel **2** (*taberna*) dive
LOC *Ver* BARRIO
tulipán *nm* tulip
tumba *nf* **1** grave **2** (*mausoleo*) tomb: *la ~ de Marx* Marx's tomb
tumbar *vt* **1** (*a propósito*) to knock *sb/sth* down: *Me tumbó de un puñetazo.* He knocked me down. **2** (*por accidente*) to knock *sb/sth* over: *Cuidado tumbas ese jarrón.* Careful you don't knock that vase over.
tumbo *nm* LOC **dar tumbos 1** (*tambalearse*) to stagger **2** (*tener dificultades*) to lurch from one crisis to another
tumor *nm* tumor: *~ benigno/cerebral* benign/brain tumor
tumulto *nm* (*multitud*) crowd
túnel *nm* tunnel: *pasar por un ~* to go through a tunnel
tupido, -a *adj* **1** (*vegetación*) dense **2** (*tela*) densely woven
turbante *nm* turban
turbio, -a *adj* **1** (*líquido*) cloudy **2** (*asunto*) shady
turco, -a *adj, nm* Turkish: *hablar ~* to speak Turkish
▶ *nm-nf* Turk: *los ~s* the Turks
turismo *nm* **1** (*industria*) tourism **2** (*turistas*) tourists [*pl*]: *un 40% del ~ que visita nuestra zona* 40% of the tourists visiting our area LOC **hacer turismo 1** (*por un país*) to tour: *hacer ~ por África* to tour around Africa **2** (*por una ciudad*) to go sightseeing ♦ **turismo rural** agritourism *Ver tb* OFICINA
turista *nmf* tourist
turistear *vi* to tour
turístico, -a *adj* **1** tourist: *una atracción turística* a tourist attraction ◊ *el sector turístico* the tourist industry **2** (*con muchos turistas*): *La zona no es muy turística.* The area isn't very popular with tourists. ◊ *Este pueblo es demasiado ~ para mí.* This town is too touristy for me. **3** (*empresa, guía*) tour: *un guía ~* a tour guide
turnarse *vp ~* **(con) (para)** to take turns (with *sb*) (*to do sth*): *Nos turnamos para hacer la limpieza de la casa.* We take turns doing the housework.
turno *nm* **1** (*orden*) turn: *Espera tu ~ en la cola.* Wait your turn in line. **2** (*trabajo*) shift: *~ de día/noche* day/night shift LOC **estar de turno** to be on duty *Ver tb* FARMACIA, PEDIR
turquesa *nf* LOC *Ver* AZUL
turrón *nm* Spanish nougat [*incontable*]
tutear(se) *vt, vp* to be on first-name terms (with *sb*)
tuyo, -a *adj, pron* yours: *Esos zapatos no son ~s.* Those shoes aren't yours. ◊ *No es problema ~.* That's none of your business.

Nótese que *un amigo tuyo* se traduce por 'a friend of yours' porque significa *uno de tus amigos*.

U

U u

u *conj* or
uchuvas *nf* physalis [*v sing*]
úlcera *nf* ulcer
últimamente *adv* lately
ultimátum *nm* ultimatum [*pl* ultimatums/ultimata]
último, -a *adj* **1** last: *el ~ episodio* the last episode ◊ *estos ~s días* the last few days ◊ *Te lo digo por última vez.* I'm telling you for the last time. **2** (*más reciente*) latest: *la última moda* the latest fashion

El superlativo **latest** significa "el más reciente, el más nuevo": *the latest technology* la última tecnología. El adjetivo **last** significa el último de una serie: *The last bus is at twelve.* El último autobús sale a las doce.

3 (*más alto*) top: *en el ~ piso* on the top floor **4** (*más bajo*) bottom: *Están en ~ lugar de la tabla de posiciones.* They are at the bottom of the league.
▶ *nm-nf* **1** last (one): *Fuimos los ~s en llegar.* We were the last (ones) to arrive. **2** (*mencionado en último lugar*) latter **LOC a última hora 1** (*en último momento*) at the last moment **2** (*al final de un día*) late: *a última hora de la tarde de ayer* late yesterday afternoon ◊ *a última hora del martes* late last Tuesday ♦ **de última generación** state of the art ♦ **en última instancia** ultimately ♦ **ir/vestir a la última** to be fashionably dressed

ultraderecha *nf* extreme right
ultraliviano (*tb* **ultraligero**) *nm* (*avión*) ultralight, microlight (*GB*)
umbilical *adj* **LOC** *Ver* CORDÓN
umbral *nm* threshold: *en el ~ del nuevo siglo* on the threshold of the new century
un, una *art indef* **1** a, an ❶ La forma **an** se emplea delante de sonido vocálico: *un árbol* a tree ◊ *un brazo* an arm ◊ *una hora* an hour **2 unos** some: *Necesito unos zapatos nuevos.* I need some new shoes. ◊ *Ya que vas, compra unos tomates.* Get some tomatoes while you're there. ◊ *Tienes unos ojos preciosos.* You have beautiful eyes.
▶ *adj Ver* UNO

unanimidad *nf* unanimity **LOC por unanimidad** unanimously
undécimo, -a *adj, pron, nm-nf* eleventh
únicamente *adv* only
único, -a *adj* **1** (*solo*) only: *la única excepción* the only exception **2** (*excepcional*) extraordinary: *una mujer única* an extraordinary woman **3** (*sin igual*) unique: *una obra de arte única* a unique work of art
▶ *nm-nf* only one: *Es la única que sabe nadar.* She's the only one who can swim. **LOC lo único** the only thing: *Lo ~ que me importa es…* The only thing that matters to me is… *Ver tb* CALLE, HIJO, JORNADA, TARIFA

unidad *nf* **1** unit: *~ de medida* unit of measurement **2** (*unión*) unity: *falta de ~* lack of unity **LOC Unidad de Cuidados Intensivos/Tratamiento Intensivo** intensive care unit (*abrev* ICU)
unido, -a *adj* close: *una familia muy unida* a very close family ◊ *Están muy ~s.* They're very close. **LOC** *Ver* ESTADO, ORGANIZACIÓN, REINO; *Ver tb* UNIR
unifamiliar *adj*: *una casa/vivienda ~* a house ⊃ *Ver nota en* CASA
unificar *vt* to unify
uniforme *adj* **1** (*igual*) uniform: *de tamaño ~* of uniform size **2** (*superficie*) even
▶ *nm* uniform **LOC con/de uniforme**: *soldados de ~* uniformed soldiers ◊ *estudiantes con ~* children in school uniform
unión *nf* **1** (*asociación, relación, matrimonio*) union: *la ~ matrimonial* marital union **2** (*unidad*) unity: *La ~ es nuestra mejor arma.* Unity is our best weapon. **3** (*acción*) joining (together): *la ~ de las dos partes* the joining together of the two parts **LOC la unión hace la fuerza** united we stand ♦ **unión libre/de hecho** common-law marriage ♦ **Unión Europea** European Union *Ver tb* PAREJA
unir *vt* **1** (*intereses, personas*) to unite: *los objetivos que nos unen* the aims that unite us **2** (*piezas, objetos*) to join **3** (*carretera, ferrocarril*) to link
▶ **unirse** *vp* **unirse a** to join: *Se unieron al grupo.* They joined the group.
unisex *adj* unisex
universal *adj* **1** (*siempre vigente*) universal: *Es un problema ~.* It's a universal problem. **2** (*mundial*) world: *historia ~* world history **LOC** *Ver* DILUVIO
universidad *nf* university [*pl* universities]: *ir a la ~* to go to college
universitario, -a *adj* college, university (*GB*)
▶ *nm-nf* **1** (*estudiante*) college student, university student (*GB*) **2** (*licenciado*) graduate **LOC** *Ver* CIUDAD, RESIDENCIA
universo *nm* universe

uno, -a *adj* **1** (*cantidad*) one: *Dije un kilo, no dos.* I said one kilogram, not two. **2 unos** (*aproximadamente*): *~s quince días* around two weeks ◊ *Solo estaré ~s días.* I'll only be there a few days. ◊ *Tendrá ~s 50 años.* He must be about 50.
▸ *pron* **1** (*cantidad*) one: *No tenía corbata y le presté una.* He didn't have a tie, so I lent him one. **2** (*uso impersonal*) you, one (*formal*): *Uno no sabe a qué atenerse.* You don't know what to think, do you? **3 unos**: *A ~s les gusta y a otros no.* Some (people) like it; some don't.
▸ *nm* one: *~, dos, tres* one, two, three LOC **¡a la una, a las dos y a las tres!** ready, set, go! ◆ **de una** all at once ◆ **de uno en uno** one by one: *Mételos de ~ en ~.* Put them in one by one. ◆ **es la una** it's one o'clock ◆ **(los) unos a (los) otros** each other, one another: *Se ayudaban (los) ~s a (los) otros.* They helped each other. ➲ *Ver nota en* EACH OTHER ❶ *Para más información sobre el uso del numeral* **uno**, *ver ejemplos en* SEIS.

untar *vt* to spread sth on sth: *~ las tostadas con/de mermelada* to spread jam on toast LOC **untar con aceite/grasa** to grease: *~ un molde con aceite* to grease a tin

uña *nf* **1** (*mano*) (finger)nail: *comerse las ~s* to bite your nails **2** (*pie*) toenail LOC **ser uña y mugre** to be inseparable *Ver tb* CEPILLO, ESMALTE

uranio *nm* uranium

Urano *nm* Uranus

urbanismo *nm* town planning

urbanista *nmf* (town) planner

urbanizable *adj*: *suelo ~* land for building

urbanización *nf* housing development

urbano, -a *adj* urban

urgencia *nf* **1** (*emergencia, caso urgente*) emergency [*pl* emergencies]: *en caso de ~* in case of emergency **2 urgencias** (*en un hospital*) emergency room (*abrev* ER), accident and emergency (*abrev* A & E) (*GB*) [*v sing*] LOC **con urgencia** urgently

urgente *adj* **1** urgent: *un pedido/trabajo ~* an urgent order/job **2** (*correo*) express

urna *nf* **1** (*para cenizas, etc.*) urn **2** (*Pol*) ballot box

urraca *nf* magpie

Uruguay *nm* Uruguay

uruguayo, -a *adj, nm-nf* Uruguayan

usado, -a *adj* **1** (*ropa*) second-hand **2** (*automóvil*) used *Ver tb* USAR

usar *vt* **1** (*utilizar*) to use: *Uso mucho el computador.* I use the computer a lot. **2** (*ponerse*) to wear: *¿Qué colonia usas?* What cologne do you wear? **3** (*talla*) to wear: *~ pantalones talla cuarenta* to wear size forty pants
▸ **usarse** *vp* (*estar de moda*) to be in: *Ahora se usa mucho el pelo corto.* Short hair is in at the moment.

USB *nm o nf* LOC *Ver* MEMORIA

uso *nm* use: *instrucciones de ~* instructions for use LOC **de un solo uso** single-use ◆ **de uso externo/tópico** (*pomada*) for external application

usted *pron* you: *Todo se lo debo a ~.* I owe it all to you. LOC **de usted** yours: *Es de ~.* It's yours.

ustedes *pron* you: *Es más fácil para ~ porque ya lo conocen.* It's easier for you because you know him. LOC **de ustedes** yours: *¿Es de ~?* Is it yours?

usual *adj* usual

usuario, -a *nm-nf* user LOC *Ver* NOMBRE

utensilio *nm* **1** (*herramienta*) tool **2** (*de cocina*) utensil

útero *nm* womb

útil *adj* useful
▸ **útiles** *nm* equipment [*incontable*]

utilidad *nf* usefulness LOC **tener mucha utilidad** to be very useful

utilizar *vt* to use

utopía *nf* Utopia

uva *nf* grape LOC **uva pasa** raisin

V v

vaca nf **1** (*animal*) cow **2** (*carne*) beef LOC **hacer (una) vaca/vaquita** to club together (*to buy sth*): *Todos los del grupo hicieron ~ para comprar el regalo.* They all clubbed together to buy the gift. *Ver tb* COMER

vacación nf vacation, holiday (*GB*)

En Gran Bretaña *vacaciones* generalmente se traduce por **holiday**, en singular: *Fueron unas vacaciones inolvidables.* It was an unforgettable holiday. ◊ *¡Que pases unas buenas vacaciones!* Have a great holiday! En algunos contextos también se utiliza el plural **holidays**: *durante las vacaciones escolares/de verano/de Navidad* during the school/summer/Christmas holidays.

LOC **estar de/en vacaciones** to be on vacation ♦ **irse de/salir a vacaciones** to go on vacation

vaciar vt **1** to empty *sth* (*out*) (*into sth*): *Vaciemos esta caja.* Let's empty (out) that box. **2** (*un lugar*) to clear *sth* (*of sth*): *Quiero que vacíes tu cuarto de basura.* I want you to clear your room of junk.

vacilar vi (*dudar*) to hesitate
▸ vt (*tomar del pelo*) to tease

vacilón nm **1** (*diversión*) fun: *La fiesta fue un ~.* The party was a lot of fun. ◊ *No fue nada serio, solo fue un ~.* It was nothing serious, just a bit of fun. **2** (*tomadura de pelo*) joke

vacío, -a adj empty: *una caja/casa vacía* an empty box/house
▸ nm vacuum LOC **caer/precipitarse al vacío** to fall over the edge, etc.: *El bus cayó al ~.* The bus fell over the edge. ◊ *El alpinista se precipitó al ~.* The climber fell into the abyss. ♦ **mirar al vacío** to stare into space *Ver tb* ENVASADO

vacuna nf vaccine: *la ~ contra la polio* the polio vaccine

vacunar vt to vaccinate *sb/sth* (*against sth*): *Tenemos que ~ al perro contra la rabia.* We have to get the dog vaccinated against rabies.

vacuno, -a adj LOC *Ver* GANADO

vado nm (*de un río*) ford

vagabundo, -a adj **1** (*persona*) wandering **2** (*animal*) stray
▸ nm-nf vagrant

vagar vi **1** (*deambular*) to wander: *Pasaron toda la noche vagando por las calles de la ciudad.* They spent all night wandering the city streets. **2** (*no estudiar*) to laze around

vagina nf vagina

vago, -a adj **1** (*perezoso*) lazy (*impreciso*) vague: *una respuesta vaga* a vague answer ◊ *un ~ parecido* a vague resemblance
▸ nm-nf slacker

vagón nm (*train*) car, carriage (*GB*): *~ de pasajeros* passenger car

vaho nm **1** (*vapor*) steam **2** (*aliento*) breath

vaina nf **1** (*problema, contratiempo*) nuisance, drag (*coloq*): *Es una ~ que no puedas venir.* It's a drag that you can't come. **2** (*cosa*) thing: *esa ~ roja de allá* that red thing over there

vainilla nf vanilla

vaivén nm swinging: *el ~ del péndulo* the swinging of the pendulum

vajilla nf **1** china, crockery (*GB*) [*incontable*] **2** (*juego completo*) dinner service

vale nm **1** (*cupón*) voucher **2** (*entrada*) (free) ticket

valentía nf courage

valer vt **1** (*costar*) to cost: *El libro valía 1.500 pesos.* The book cost 1,500 pesos. **2** (*tener un valor*) to be worth: *Un dólar vale unos 2,5 soles.* One dollar is worth around 2.5 sols.
▸ vi **1** ~ **por** to entitle *sb* to *sth*: *Este cupón vale por un descuento.* This coupon entitles you to a discount. **2** (*estar permitido*) to be allowed: *No vale hacer trampas.* No cheating.
▸ **valerse** vp **valerse de** to use: *Se valió de todos los medios para triunfar.* He used every means possible to get on. LOC **más vale...**: *Más vale que lleves el paraguas.* You'd better take your umbrella. ◊ *Más te vale decir la verdad.* You're better off telling the truth. ♦ **¡me vale!** (*Méx*) I don't give a damn! ♦ **¡no vale!** (*no es justo*) that's not fair! ♦ **valerse (por sí mismo)** to manage (on your own) *Ver tb* CUÁNTO, PENA

válido, -a adj valid: *Este pasaporte ya no es ~.* This passport is no longer valid.

valiente adj, nmf brave: *¡Eres un ~!* You're very brave!

valioso, -a adj valuable

valla nf **1** (*cerca*) fence **2** (*Dep*) hurdle: *los 500 metros ~s* the 500-meters hurdles **3** (*Fútbol*) goal LOC **valla publicitaria** billboard *Ver tb* SAQUE

valle nm valley

valor nm **1** value: *Tiene un gran ~ sentimental para mí.* It has great sentimental value for me. **2** (*precio*) price: *Las joyas alcanzaron un ~ muy alto.* The jewels sold for a very high price. **3** (*valentía*) courage: *Me falta ~.* I don't have the courage. LOC **sin valor** worthless *Ver tb* ARMAR, IMPUESTO

valorar vt **1** to value sth (at sth): *Valoraron el anillo en un millón de pesos.* The ring was valued at a million pesos. **2** (*considerar*) to assess: *Llegó el momento de ~ los resultados.* It was time to assess the results.

vals nm waltz

válvula nf valve: *~ de seguridad* safety valve LOC **válvula de escape 1** safety valve **2** (*fig*): *El deporte es mi ~ de escape.* Sport's my way of escaping everyday life.

vampiro nm **1** (*murciélago*) vampire bat **2** (*Cine*) vampire

vandalismo nm vandalism

vándalo, -a nm-nf vandal

vanguardia nf **1** (*Mil*) vanguard **2** (*Arte*) avant-garde: *teatro de ~* avant-garde theater LOC **estar a la vanguardia** (*fig*) to be at the forefront *of sth*

vanguardismo nm (*Arte, Liter*) avant-gardism

vanguardista adj avant-garde

vanidad nf vanity

vanidoso, -a adj, nm-nf vain: *Eres un ~.* You're so vain.

vano, -a adj vain: *un intento ~ a* vain attempt LOC **en vano** in vain

vapor nm **1** (*de agua*) steam: *locomotora/plancha a ~* steam engine/iron **2** (*Quim*) vapor: *~es tóxicos* toxic vapors LOC **al vapor** steamed *Ver tb* BARCO

vaporera nf (*para cocinar*) steamer ⇒ *Ver dibujo en* POT

vaquero, -a nm-nf (*pastor*) cowherd
▸ nm (*cowboy*) cowboy

vara nf **1** (*palo*) stick **2** (*rama*) branch **3** (*Per*) (*contactos*) connections [*pl*] LOC *Ver* CAMISA

vararse vp (*automóvil*) to break down

variable adj (*carácter*) changeable
▸ nf variable LOC *Ver* NUBOSIDAD

variación nf variation: *ligeras variaciones de presión* slight variations in pressure

variar vt, vi **1** (*dar variedad, ser variado*) to vary: *Los precios varían según el restaurante.* Prices vary depending on the restaurant. ◊ *Hay que ~ la alimentación.* You should vary your diet. **2** (*cambiar*) to change: *No varía en plural.* It doesn't change in the plural. LOC **para variar** for a change

varicela nf chickenpox

variedad nf variety [*pl* varieties]

varilla nf rod

varios, -as adj, pron several: *en varias ocasiones* on several occasions ◊ *Hay varias posibilidades.* There are several possibilities. ◊ *Varios en este grupo van a tener que estudiar más.* Several people in this group are going to have to work harder.

varita nf stick LOC **varita mágica** magic wand

variz nf várices varicose veins

varón nm (*hijo*) boy: *Nos gustaría un ~.* We would like a boy. LOC *Ver* SANTO

varonil adj manly, virile (*más formal*): *una voz ~* a manly voice

vasija nf vessel

vaso nm **1** (*para beber*) glass: *un ~ de agua* a glass of water **2** (*Anat, Bot*) vessel: *~s capilares/sanguíneos* capillary/blood vessels LOC **vaso de plástico/papel** plastic/paper cup *Ver tb* AHOGAR, GOTA

vatio nm watt: *un bombillo de 60 ~s* a 60-watt light bulb

vecinal adj LOC *Ver* CAMINO

vecindario nm residents [*pl*]: *Todo el ~ salió a la calle.* All the residents took to the streets.

vecino, -a adj neighboring: *países ~s* neighboring countries
▸ nm-nf neighbor: *¿Qué tal son tus ~s?* What are your neighbors like?

veda nf closed season: *El salmón está en ~.* It's the closed season for salmon.

vegetación nf **1** vegetation **2** vegetaciones (*Med*) adenoids

vegetal adj vegetable: *aceites ~es* vegetable oils ◊ *el reino ~* the vegetable kingdom
▸ nm vegetable LOC *Ver* CARBÓN

vegetar vi **1** (*Bot*) to grow **2** (*persona*) to be a vegetable

vegetariano, -a adj, nm-nf vegetarian: *ser ~* to be a vegetarian

vehículo nm vehicle

veinte nm, adj, pron **1** twenty **2** (*vigésimo*) twentieth: *el siglo ~* the twentieth century ⇒ *Ver ejemplos en* SESENTA

vejestorio nm old relic

vejez nf old age

vejiga nf bladder

vela¹ nf candle: *prender/apagar una ~* to light/put out a candle LOC **estar/pasarse la noche en vela 1** to stay up all night **2** (*con un enfermo*) to keep watch (*over sb*) ♦ **no cargar/tener velas en el entierro** to be none of your business: *Yo me quedo callada, porque no tengo ~s en el entierro.* I'm keeping quiet because it's none of my business.

vela² nf **1** (*de un barco*) sail **2** (*Dep*) sailing: *hacer ~* to go sailing LOC *Ver* BARCO

velada nf evening

velado, -a adj LOC *Ver* MEDIA²

veladora *nf* candle

velar *vt* to keep vigil over *sb*
▸ *vi* ~ **por** to look after *sb/sth*: *Tu padrino velará por ti.* Your godfather will look after you.

velero *nm* sailboat, sailing boat (*GB*)

veleta *nf* weathervane

vello *nm* **1** (*en la cara*) peach fuzz **2** (*en el cuerpo*) hair: *tener ~ en las piernas* to have hair on your legs

velo *nm* veil **LOC** **velo del paladar** soft palate

velocidad *nf* **1** (*rapidez*) speed: *la ~ del sonido* the speed of sound ◊ *trenes de gran ~* high-speed trains **2** (*Mec*) gear: *cambiar de ~* to shift gear ◊ *un carro con cinco ~es* a car with a five-speed gearbox **LOC** **a toda velocidad** as fast as possible *Ver tb* CAJA, CAMBIAR, EXCESO

velocímetro *nm* speedometer

velocista *nmf* sprinter

velódromo *nm* velodrome, cycle track (*más coloq*)

velorio *nm* wake

veloz *adj* fast: *No es tan ~ como yo.* He isn't as fast as me. ➔ *Ver nota en* FAST

vena *nf* vein

venado *nm* deer [*pl* deer] ➔ *Ver nota en* CIERVO

vencedor, -ora *adj* **1** (*de concurso, competencia*) winning: *el equipo ~* the winning team **2** (*país, ejército*) victorious
▸ *nm-nf* **1** (*en concurso, competencia*) winner: *el ~ de la prueba* the winner of the competition **2** (*Mil*) victor

vencer *vt* **1** (*Dep*) to beat: *Nos vencieron en la semifinal.* We were beaten in the semifinal. **2** (*Mil*) to defeat **3** (*rendir*) to overcome: *Me venció el sueño.* I was overcome with sleep.
▸ *vi* **1** to win: *Venció el equipo visitante.* The visiting team won. **2** (*plazo*) to expire: *El plazo venció ayer.* The deadline expired yesterday. **3** (*pago*) to be due: *El pago del préstamo vence hoy.* Repayment of the loan is due today.

vencido, -a *adj*: *darse por ~* to give in
▸ *nm-nf* loser: *vencedores y ~s* winners and losers **LOC** *Ver* TERCERO; *Ver tb* VENCER

venda *nf* bandage: *Me puse una ~ en el dedo.* I bandaged (up) my finger.

vendado, -a *adj* **LOC** *Ver* OJO; *Ver tb* VENDAR

vendaje *nm* bandage

vendar *vt* to bandage *sb/sth* (up): *Me vendaron el tobillo.* They bandaged (up) my ankle. ◊ *La vendaron de pies a cabeza.* She was bandaged from head to foot. **LOC** **vendarle los ojos a algn** to blindfold *sb*

vendaval *nm* gale

vendedor, -ora *nm-nf* **1** (*particular*) salesman/woman [*pl* salesmen/-women] ➔ *Ver nota en* POLICÍA **2** (*en un almacén*) salesclerk, shop assistant (*GB*) **LOC** **vendedor ambulante** hawker

vender *vt* to sell: *Se lo vendí a mi cuñado.* I sold it to my brother-in-law. ◊ *Se venden en el mercado.* They are on sale in the market. ◊ *Están vendiendo el apartamento de arriba.* The upstairs apartment is for sale.
▸ **venderse** *vp* (*dejarse sobornar*) to sell yourself **LOC** **se vende** for sale ♦ **venderse como pan caliente** to sell like hot cakes *Ver tb* CONTRABANDO

vendimia *nf* grape harvest

vendimiar *vi* to harvest grapes

veneno *nm* poison

venenoso, -a *adj* poisonous **LOC** *Ver* HONGO

venezolano, -a *adj, nm-nf* Venezuelan

Venezuela *nf* Venezuela

venganza *nf* revenge

vengarse *vp* to take revenge (*on sb*) (*for sth*): *Se vengó de lo que le hicieron.* He took revenge for what they'd done to him. ◊ *Me vengaré de él.* I'll get my revenge on him.

vengativo, -a *adj* vindictive

venida *nf* **LOC** **a la venida** on the way back: *A la ~ nos volvimos a encontrar.* We met up again on the way back. ◊ *Te veo a la ~.* I'll see you when I get back.

venir *vi* **1** to come: *¡Ven acá!* Come here! ◊ *Nunca vienes a hacerme la visita.* You never come to see me. ◊ *No me vengas con excusas.* Don't come to me with excuses. **2** (*volver*) to be back: *Vengo enseguida.* I'll be back in a minute. **3** (*estar*) to be: *Viene en todos los periódicos.* It's in all the papers. ◊ *Hoy vengo como cansado.* I'm a little tired today.
▸ *v aux* ~ **haciendo algo** to have been doing *sth*: *Hace años que te vengo diciendo lo mismo.* I've been telling you the same thing for years.
LOC **que viene** next: *el martes que viene* next Tuesday ♦ **venir bien/mal** (*convenir*) to suit/not to suit: *Mañana me viene muy mal.* Tomorrow doesn't suit me. ❶ Para otras expresiones con **venir**, véanse las entradas del sustantivo, adjetivo, etc., p.ej. **no venir a cuento** en CUENTO.

venta *nf* sale: *en ~* for sale **LOC** *Ver* REPRESENTANTE

ventaja *nf* advantage: *Vivir en el campo tiene muchas ~s.* Living in the country has a lot of advantages. **LOC** **llevarle ventaja a algn** to have an advantage over *sb*

ventana *nf* window

ventanilla *nf* (*vehículo*) window: *Baja/sube la ~.* Open/shut the window.

ventear vi: *En Cartagena ventea mucho.* It's very windy in Cartagena. ◊ *Está venteando muy fuerte.* There's a strong wind (blowing).

ventilación nf ventilation

ventilador nm fan

ventilar vt (*habitación, ropa*) to air

ventrílocuo, -a nm-nf ventriloquist

Venus nm Venus

ver vt **1** to see: *Hace mucho que no la veo.* I haven't seen her for a long time. ◊ *¿Lo ves?, ya te volviste a caer.* You see? You've fallen down again. ◊ *No veo por qué.* I don't see why. ◊ *¿Ve aquel edificio de allá?* Can you see that building over there? ◊ *Esta vez vi a tu papá mucho mejor.* Your father was looking much better this time. **2** (*televisión*) to watch: ~ *televisión* to watch TV **3** (*examinar*) to look at sth: *Necesito ~lo con más calma.* I need more time to look at it.
▸ vi to see: *Espere, voy a ~.* Wait, I'll go and see.
▸ **verse** vp **1** verse (**con**) to meet (sb): *Me vi con tu hermana en el parque.* I met your sister in the park. **2** (*estar*) to be: *Nunca me había visto en una situación igual.* I'd never been in a situation like that. **3** (*apariencia*) to look: *Mi mamá se ve mucho mejor.* My mother is looking much better. LOC **a ver** let's see ♦ **a ver si... 1** (*deseo*) I hope...: *A ~ si paso el examen esta vez.* I hope I pass this time. **2** (*ruego, mandato*) how about...?: *A ~ si me escribes de una vez.* How about writing to me sometime? ♦ **ver venir algo** to see it coming: *Lo estaba viendo venir.* I could see it coming. ❶ Para otras expresiones con **ver**, véanse las entradas del sustantivo, adjetivo, etc., p.ej. **tener que ver** en TENER.

veraniego, -a adj summer: *un vestido/el calor ~* a summer dress/the summer heat LOC **estar veraniego** to look summery: *¡Qué veraniega estás hoy!* You look very summery today!

verano nm **1** summer: *En ~ hace mucho calor.* It's very hot in (the) summer. **2** (*en países tropicales*) dry season: *Estamos pasando por un ~ muy largo.* We're having a very long dry season.

verbena nf open-air dance

verbo nm verb

verborrea nf verbal diarrhoea

verdad nf truth: *Di la ~.* Tell the truth. LOC **de verdad 1** (*auténtico*) real: *No es un juguete, es de ~.* It's not a toy, it's real. **2** (*en serio*) really: *Lo dijo de ~.* He really meant it. ◊ *¿De ~?* Really? ◊ *¿De ~ tienes hambre?* Are you really hungry? ♦ **ser verdad** to be true: *No puede ser ~.* It can't be true. ♦ **¿verdad?**: *Este carro es más rápido, ¿verdad?* This car's faster, isn't it? ◊ *No te gusta la leche, ¿verdad?* You don't like milk, do you? ♦ **¿verdad o mentira?** true or false? *Ver tb* CANTAR, CONFESAR, HORA

verdadero, -a adj true: *la verdadera historia* the true story

verde adj **1** (*color*) green ➲ *Ver ejemplos en* AMARILLO **2** (*fruta*) unripe: *Todavía están ~s.* They're not ripe yet. **3** (*obsceno*) dirty: *chistes ~s* dirty jokes
▸ nm **1** (*color*) green **2** (*hierba*) greenery LOC **verde botella** bottle-green *Ver tb* GASOLINA, POROTO, VIEJO, ZONA

verdugo nm executioner

verdura nf vegetable(s) [gen pl]: *frutas y ~s* fruit and vegetables ◊ *Comer ~s es muy sano.* Vegetables are good for you. ◊ *sopa de ~s* vegetable soup

vereda nf **1** (*Chi, Per*) (*acera*) sidewalk, pavement (*GB*) **2** (*Col*) (*distrito*) district

vergüenza nf **1** (*timidez, sentido del ridículo*) embarrassment: *¡Qué ~!* How embarrassing! **2** (*sentido de culpabilidad, modestia*) shame: *No tienes ~.* You have no shame. ◊ *Le daba ~ confesarlo.* He was ashamed to admit it. LOC **dar/pasar vergüenza** to be embarrassed (*to do sth*): *Me da ~ preguntarles.* I'm too embarrassed to ask them.

vergonzoso, -a adj disgraceful

verídico, -a adj true

verificar vt to check

verja nf **1** (*cerca*) railing(s) [gen pl]: *saltar una ~ de hierro* to jump over some iron railings **2** (*puerta*) gate: *Cierra la ~, por favor.* Shut the gate, please.

verraquera nf (*Col*) (*valentía*) guts [pl] (*coloq*) LOC **ser la verraquera** to be fantastic ♦ **tener verraquera** to be angry

verruga nf wart

versión nf version LOC **en versión original** (*película*) with subtitles

verso nm **1** (*línea de un poema*) line **2** (*género literario*) poetry **3** (*poema*) verse

vértebra nf vertebra [pl vertebrae]

vertebrado, -a adj, nm vertebrate

vertebral adj LOC *Ver* COLUMNA

vertedero nm (garbage) dump, (rubbish) dump (*GB*)

verter vt to pour: *Vierte la leche en otra taza.* Pour the milk into another cup.

vertical adj **1** (*dirección*) vertical: *una línea ~* a vertical line **2** (*posición*) upright: *en posición ~* in an upright position

vértice nm vertex [pl vertexes/vertices]

vértigo nm vertigo: *tener ~* to get vertigo LOC **dar/producir vértigo** to make sb dizzy

vesícula nf LOC **vesícula (biliar)** gall bladder

vestíbulo nm **1** (entrada, recibidor) hall **2** (teatro, cine, hotel) foyer

vestido nm **1** (para mujer) dress: *Tienes un ~ precioso.* You're wearing a beautiful dress. **2** (Col) (para hombre) suit: *un ~ muy elegante* a very smart suit LOC **vestido de novia** wedding dress ◆ **vestido tipo sastre** woman's suit *Ver tb* BAÑO

vestidor (tb **vestier**) nm **1** (en almacén) fitting room **2** (en gimnasio, piscina) locker room, changing room (GB)

vestir vt **1** to dress: *Vestí a los niños.* I got the children dressed. **2** (tener puesto) to wear: *Mercedes vestía ropa de diseño.* Mercedes was wearing designer clothes.
▸ **vestir(se)** vi, vp ~ **(se) (de)** to dress (in *sth*): *~ bien/de blanco* to dress well/in white
▸ **vestirse** vp to get dressed: *Vístete o vas a llegar tarde.* Get dressed or you'll be late. LOC **el mismo que viste y calza** the very same *Ver tb* GALA, ÚLTIMO

vestuario nm **1** wardrobe **2** (en gimnasio, etc.) locker room, changing room (GB)

vetar vt **1** (rechazar) to veto: *~ una propuesta* to veto a proposal **2** (prohibir) to ban

veterano, -a adj experienced: *el jugador más ~ del equipo* the most experienced player in the team
▸ nm-nf veteran: *ser ~* to be a veteran

veterinaria nf veterinary science

veterinario, -a nm-nf vet

veto nm veto [pl vetoes]

vez nf time: *tres veces al año* three times a year ◊ *Se lo he dicho cien veces.* I've told you hundreds of times. ◊ *Gano cuatro veces más que él.* I earn four times as much as he does. LOC **a la vez (que)** at the same time (as): *Lo dijimos a la ~.* We said it at the same time. ◊ *Terminó a la ~ que yo.* He finished at the same time as I did. ◆ **a veces** sometimes ⊃ *Ver nota en* ALWAYS ◆ **de una vez (por todas)** once and for all: *¡Contéstalo de una ~!* Hurry up and answer! ◆ **de vez en cuando** from time to time ◆ **dos veces** twice ◆ **en vez de** instead of *sb/sth/doing sth* ◆ **érase una vez…** once upon a time there was… ◆ **una vez** once *Ver tb* ALGUNO, CADA, CIEN, INFINIDAD, DEMASIADO, OTRO, RARO

vía nf **1** (calle) road **2** **vías** (Med) tract [v sing]: *~s respiratorias* respiratory tract LOC **de una vía** one-way: *Esta calle es de una ~.* This a one-way street. ◆ **(por) vía aérea** (correos) (by) airmail ◆ **vía de evitamiento** (Per) beltway, ring road (GB) ◆ **Vía Láctea** Milky Way ◆ **vía satélite** satellite: *una conexión ~ satélite* a satellite link *Ver tb* CARRETERA, DESARROLLO, EXTINCIÓN

viajar vi to travel: *~ en avión/carro* to travel by plane/car

viaje nm journey, trip, travel

Las palabras **travel**, **journey** y **trip** no deben confundirse.
El sustantivo **travel** es incontable y se refiere a la actividad de viajar en general: *Sus principales aficiones son los libros y los viajes.* Her main interests are reading and travel.
Journey y **trip** se refieren a un viaje concreto. **Journey** indica solo el desplazamiento de un lugar a otro: *El viaje fue agotador.* The journey was exhausting. **Trip** incluye también la estancia: *¿Qué tal tu viaje a París?* How did your trip to Paris go? ◊ *un viaje de negocios* a business trip.
Otras palabras que se utilizan para referirnos a viajes son **voyage** y **tour**. **Voyage** es un viaje largo por mar: *Colón es famoso por sus viajes al Nuevo Mundo.* Columbus is famous for his voyages to the New World. **Tour** es un viaje organizado donde se va parando en distintos sitios: *Jane va a hacer un viaje por Tierra Santa.* Jane is going on a tour around the Holy Land.

LOC **bolsa/maletín de viaje** travel bag ◆ **¡buen/feliz viaje!** have a good trip! ◆ **estar/irse de viaje** to be/go away ◆ **viaje de estudios** study trip ◆ **viaje de intercambio** exchange visit ◆ **viaje de negocios** business trip ◆ **viaje redondo** (Méx) round trip *Ver tb* AGENCIA, EMPRENDER

viajero, -a nm-nf **1** (pasajero) passenger **2** (turista) traveler: *un ~ incansable* a tireless traveler LOC *Ver* CHEQUE, AGENTE

vial adj road: *seguridad ~* road safety LOC *Ver* ANILLO

viáticos nm traveling expenses

víbora nf viper

vibrar vi to vibrate

vicepresidente, -a nm-nf vice-president

vicesecretario, -a nm-nf deputy secretary [pl deputy secretaries]

viceversa adv vice versa

viciarse vp *Ver* ENVICIARSE

vicio nm **1** (mala costumbre) vice: *No tengo ~s.* I don't have any vices. **2** (adicción) addiction: *El juego se convirtió en ~.* Gambling became an addiction. LOC **coger/tener el vicio de algo** to get/be addicted to sth

vicioso, -a adj depraved LOC **ser (un) vicioso** to have bad habits: *No quiero ser (un) ~ como él.* I don't want to get bad habits like him. *Ver tb* CÍRCULO

víctima nf victim: *ser ~ de un robo* to be the victim of a burglary LOC **hacerse la víctima** to play the victim

victoria nf **1** victory [pl victories] **2** (Dep) win: *una ~ en campo contrario* a win on the road LOC *Ver* CANTAR

victorioso, -a adj LOC *salir victorioso* to triumph

vid nf vine

vida nf **1** life [pl lives]: *¿Qué hay de tu ~?* How's life? **2** (*sustento*) living: *ganarse la ~* to make a living LOC *con vida* alive: *Siguen con ~.* They're still alive. ◆ *darse la gran vida* to live the good life ◆ *de toda la vida*: *La conozco de toda la ~.* I've known her all my life. ◇ *amigos de toda la ~* lifelong friends ◆ *en la vida* never: *En la ~ he visto una cosa igual.* I've never seen anything like it. ◆ *¡esto (sí) es vida!* this is the life! ◆ *llevar una vida de perros* to lead a dog's life ◆ *para toda la vida* for life ◆ *vida nocturna* nightlife *Ver tb* ABRIR, AMARGAR, BOLSA¹, COMPLICAR, COSA, ENTERRAR, ESPERANZA, HOJA, NIVEL, RITMO, SIETE, TREN

vidente nmf clairvoyant

video nm **1** (*cinta*) video [pl videos] **2** (*aparato*) video cassette recorder (*abrev* VCR) LOC *filmar/grabar en video* to film *Ver tb* CÁMARA

videocámara nf camcorder

videoclip nm video [pl videos]

videoconferencia nf teleconference

videojuego nm video game

videoteca nf video library [pl video libraries]

vidriera nf glazier's

vidrio nm glass [incontable]: *una botella de ~* a glass bottle LOC *Ver* CONTENEDOR, FIBRA

vieja nf **1** woman [pl women] **2** (*joven*) girl

viejo, -a adj old: *estar/volverse ~* to look/get old
▸ nm-nf old man/woman [pl old men/women] LOC *Viejo Pascuero* (*Chi*) Santa Claus ◆ *viejo verde* dirty old man *Ver tb* TRAPO

viento nm wind LOC *contra viento y marea* come hell or high water ◆ *hacer viento* to be windy *Ver tb* MOLINO

vientre nm **1** (*abdomen*) belly [pl bellies] **2** (*matriz*) womb LOC *Ver* DANZA

viernes nm Friday (*abrev* Fri.) ➲ *Ver ejemplos en* LUNES LOC *Viernes Santo* Good Friday

viga nf **1** (*madera*) beam **2** (*metal*) girder

vigente adj current LOC *estar vigente* to be in force

vigía nmf lookout

vigilancia nf (*control*) surveillance: *Van a aumentar la ~.* They're going to increase surveillance. LOC *Ver* TORRE

vigilante nmf guard

vigilar vt **1** (*prestar atención, atender*) to keep an eye on sb/sth **2** (*enfermo*) to look after sb **3** (*custodiar*) to guard: *~ la frontera/a los presos* to guard the border/prisoners **4** (*examen*) to proctor

vigor nm **1** (*Jur*) force: *entrar en ~* to come into force **2** (*energía*) vigor

villa nf (*finca*) villa LOC *villa olímpica* Olympic village

villancico nm (Christmas) carol

vilo LOC *en vilo* (*intranquilo*) on tenterhooks: *Nos has tenido en ~ toda la noche.* You've kept us on tenterhooks all night.

vinagre nm vinegar

vinagrera nf vinegar bottle

vinagreta nf vinaigrette

vínculo nm link

vinícola adj wine: *industria ~* wine industry ◇ *región ~* wine-growing region

vinicultor, -ora nm-nf wine-grower

vinicultura nf wine-growing

vino nm wine: *¿Quieres un ~?* Would you like a glass of wine? ◇ *~ blanco/rojo/de mesa* white/red/table wine LOC *vino tinto* (*color*) burgundy *Ver tb* PAN

viña nf (*tb viñedo* nm) vineyard

violación nf **1** (*delito*) rape **2** (*transgresión, profanación*) violation

violador, -ora nm-nf rapist

violar vt **1** (*forzar*) to rape **2** (*incumplir*) to break **3** (*profanar*) to violate

violencia nf violence LOC *violencia doméstica/de género* domestic/gender violence

violentar vt to force: *~ una cerradura* to force a lock

violento, -a adj violent: *una película violenta* a violent movie

violeta adj, nf, nm violet ➲ *Ver ejemplos en* AMARILLO

violín nm violin

violinista nmf violinist

violoncelo nm cello [pl cellos]

violonchelo (*tb violoncelo*) nm cello [pl cellos]

viperino, -a adj LOC *Ver* LENGUA

viral adj viral

virar vi to swerve: *Tuvo que ~ rápidamente hacia la derecha.* He had to swerve to the right.

virgen adj **1** virgin: *bosques vírgenes* virgin forests ◇ *aceite de oliva ~ extra* virgin olive oil **2** (*cassette*) blank
▸ nmf virgin: *la Virgen del Carmen* the Virgin of Carmen ◇ *ser ~* to be a virgin LOC *Ver* LANA

virginidad *nf* virginity
Virgo *nm, nmf* (*Astrol*) Virgo [*pl* Virgos] ➾ *Ver ejemplos en* AQUARIUS
viril *adj* manly, virile (*más formal*)
virilidad *nf* manliness
virtual *adj* virtual
virtualmente *adv* virtually
virtud *nf* virtue: *tu mayor ~* your greatest virtue
virtuoso, -a *adj* (*honesto*) virtuous
viruela *nf* smallpox
virus *nm* virus [*pl* viruses] LOC **virus informático** computer virus
visa *nf* visa: *~ de entrada/salida* entry/exit visa
visar *vt* (*pasaporte*) to stamp a visa in *sth*
viscoso, -a *adj* viscous
visera *nf* **1** (sun) visor **2** (*de una gorra*) bill, peak (*GB*)
visibilidad *nf* visibility: *poca ~* poor visibility
visible *adj* visible
visión *nf* **1** (*vista*) (eye)sight: *perder la ~ en un ojo* to lose the sight of one eye **2** (*punto de vista*) view: *una ~ personal/de conjunto* a personal/an overall view **3** (*alucinación*) vision: *tener una ~* to have a vision **4** (*instinto*): *un político con mucha ~* a very far-sighted politician ◊ *Tiene mucha ~ para los negocios.* You have a good eye for a deal/bargain. LOC **ver visiones** to hallucinate
visita *nf* **1** visit: *horario de ~(s)* visiting hours **2** (*visitante*) visitor: *Me parece que tienes ~.* I think you've got visitors/a visitor. LOC **estar de visita** to be visiting ♦ **hacer una visita** to pay *sb* a visit
visitante *adj* visiting: *el equipo ~* the visiting team
▸ *nmf* visitor: *Los ~s hicieron una buena donación.* The visitors made a generous donation.
visitar *vt* to visit: *Fui a ~lo al hospital.* I went to visit him in the hospital.
visón *nm* mink
víspera *nf* day before (*sth*): *Dejé todo preparado la ~.* I got everything ready the day before. ◊ *la ~ del examen* the day before the test

También existe la palabra **eve**, que se usa cuando es la víspera de una fiesta religiosa o de un acontecimiento importante: *la víspera de la navidad* Christmas Eve ◊ *Llegaron la víspera de las elecciones.* They arrived on the eve of the elections.

LOC **en vísperas de** just before *sth*: *en ~s de exámenes* just before the exams
vista *nf* **1** (*facultad, ojos*) eyesight: *La zanahoria es muy buena para la ~.* Carrots are very good for your eyesight. ◊ *Lo operaron de la ~.* He had an eye operation. **2** (*panorama*) view: *la ~ desde mi cuarto* the view from my room ◊ *con ~s al mar* overlooking the sea LOC **a vista y paciencia de algn** (*Chi, Per*) in front of sb ♦ **con vista(s) a 1** (*ventana, etc.*) overlooking: *un balcón con ~ al mar* a balcony overlooking the sea **2** (*intención*) with a view to *sth/doing sth*: *Trabajó duro con ~s a ahorrar dinero.* She worked hard with a view to saving money. ◊ *con ~s al futuro* with the future in mind ♦ **dejar algo a la vista**: *Déjalo a la ~ para que no se me olvide.* Leave it where I can see it or I'll forget it. ♦ **de vista** by sight: *Solo la conozco de ~.* I only know her by sight. ♦ **en vista de** in view of *sth*: *en ~ de lo ocurrido* in view of what has happened ♦ **hacer el/la de la vista gorda** to turn a blind eye (*to sth*) ♦ **¡hasta la vista!** see you! *Ver tb* APARTAR, CONOCER, CORTO, PERDER, PUNTO, QUITAR, SALTAR, SIMPLE, TIERRA
vistazo *nm* look: *Con un ~ tengo suficiente.* Just a quick look will do. LOC **dar/echar un vistazo** to have a look (*at sb/sth*)
visto, -a *adj* LOC **estar bien/mal visto** to be well thought of/frowned upon ♦ **por lo visto** apparently ♦ **visto bueno 1** (*aprobación*) approval **2** (*marca*) check (mark), tick (*GB*) ➾ *Ver dibujo en* TICK; *Ver tb* VER
vistoso, -a *adj* colorful
visual *adj* visual
visualizar *vt* **1** (*imaginar*) to visualize **2** (*Informát*) to view: *~ una página de internet* to view a web page
vital *adj* **1** (*Biol*) life: *el ciclo ~* the life cycle **2** (*persona*) full of life **3** (*decisivo*) vital
vitalidad *nf* vitality
vitamina *nf* vitamin: *la ~ C* vitamin C
vitamínico, -a *adj* vitamin: *un suplemento ~* a vitamin supplement
viticultura *nf* wine-growing
vitral *nm* stained glass [*incontable*]: *Me encantaron los ~es de esa iglesia.* I loved the stained glass windows in that church.
vitrina *nf* **1** (*en un almacén*) shop window **2** (*en una casa*) glass cabinet
vitrinear *vi* to go window-shopping
viudo, -a *adj* widowed: *Se quedó viuda muy joven.* She was widowed at an early age.
▸ *nm-nf* **1** (*masc*) widower **2** (*fem*) widow
viva *nm* cheer: *¡Tres ~s al campeón!* Three cheers for the champion!

▸ **¡viva!** interj hooray: *¡Viva, ganamos!* Hooray! We won!
víveres nm provisions
vivero nm nursery [pl nurseries]: *un ~ de árboles* a tree nursery
vividor, -ora nm-nf scrounger
vivienda nf **1** (*alojamiento*) housing [*incontable*]: *el problema de la ~* the housing problem **2** (*casa*) house: *buscar ~* to look for a house LOC **vivienda social 1** (*alojamiento*) social housing **2** (*casa*) state-subsidized house/apartment
vivir vi **1** to live: *Vivió casi noventa años.* He lived for almost ninety years. ◊ *¿Dónde vives?* Where do you live? ◊ *Viven en Santiago/el segundo piso.* They live in Santiago/on the second floor. ◊ *¡Cómo vives de bien!* What a nice life you have! **2** (*subsistir*) to live on sth: *No sé de qué viven.* I don't know what they live on. ◊ *Vivimos con 500 dólares al mes.* We live on 500 dollars a month. **3** (*existir*) to be alive: *Mi bisabuelo aún vive.* My great-grandfather is still alive.
▸ vt to live (through sth): *Vive tu vida.* Live your own life. ◊ *una mala experiencia* to live through a bad experience LOC **no dejar vivir (en paz)** not to leave sb in peace: *El jefe no nos deja ~ en paz.* Our boss won't leave us in peace. ♦ **¡viva el rey!** long live the king! ♦ **vivir a costa de algn** to live off sb ♦ **vivir al día** to live from hand to mouth
vivo, -a adj **1** living: *seres ~s* living beings ◊ *lenguas vivas* living languages **2** (*persona*) smart, clever (GB) **3** (*luz, color, ojos*) bright **4** (*activo*) lively: *una ciudad viva* a lively city **5** (*astuto*) sharp LOC **dárselas de vivo** to be too clever by half: *No te las des de ~ conmigo.* Don't try and be clever with me. ♦ **en vivo** (*en directo*) live ♦ **estar vivo** to be alive: *¿Está ~?* Is he alive? ♦ **vivo o muerto** dead or alive Ver tb CARNE, FUEGO, LLORAR, MANTENER, MÚSICA, ROJO
vocabulario nm vocabulary [pl vocabularies]
vocación nf vocation
vocacional adj LOC Ver FORMACIÓN, ORIENTACIÓN
vocal adj vocal
▸ nf (*letra*) vowel
▸ nmf member LOC Ver CUERDA
vocalista nmf vocalist
vocalizar vi to speak clearly
vodka nm vodka
volado, -a adj **1** (*drogado*) high **2** (*Chi*) (*distraído*) absentminded **3** (*Col*) (*irascible*) quick-tempered
volador, -ora adj flying LOC Ver PLATILLO

volante nm **1** (*automóvil*) steering wheel **2** (*de tela*) frill LOC **estar al volante** to be driving
volar vi **1** to fly: *Volamos a Lima desde Bogotá.* We flew to Lima from Bogotá. ◊ *El tiempo vuela.* Time flies. **2** (*con el viento*) to blow away: *El sombrero voló por los aires.* His hat blew away.
▸ vt (*hacer explotar*) to blow sth up: *~ un edificio* to blow up a building LOC **hacer algo volando** to do sth in a rush ♦ **irse, salir, etc. volando** (*de prisa*) to rush off: *Fuimos volando a la estación.* We rushed off to the station. Ver tb AIRE, PÁJARO
volcán nm volcano [pl volcanoes]
volcánico, -a adj volcanic
volcar vi, vt to knock sth over: *Los muchachos volcaron el contenedor de basuras.* The children knocked the garbage can over.
▸ **volcarse** vp to overturn: *El carro se volcó al patinar.* The car skidded and overturned.
voleibol nm volleyball
voltaje nm voltage
voltear vt, vi to turn: *~ a la derecha* to turn right ◊ *Volteó la cabeza.* He turned his head.
▸ vt **1** (*página, carne, etc.*) to turn sth over: *Volteé el filete.* I turned the steak over. **2** (*tumbar, echar abajo*) **(a)** (*botella, etc.*) to knock sth over **(b)** (*gobierno*) to overthrow
▸ **voltearse** vp to turn around: *Se volteó y me miró.* She turned around and looked at me. ◊ *Se volteó hacia Elena.* He turned toward Elena. LOC **voltear la cara** to look the other way
voltearepas adj (*Col*) opportunistic
voltereta nf somersault: *dar una ~* to do a somersault
voltio nm volt
voluble adj changeable
volumen nm volume: *Compré el primer ~.* I bought the first volume. ◊ *bajar/subir el ~* to turn the volume down/up LOC **a todo volumen** at full blast
voluntad nf **1** will: *No tiene ~ propia.* He has no will of his own. ◊ *contra mi ~* against my will **2** (*deseo*) wishes [pl]: *Debemos respetar su ~.* We must respect his wishes. LOC **buena voluntad** goodwill: *mostrar buena ~* to show goodwill Ver tb FUERZA
voluntario, -a adj voluntary
▸ nm-nf volunteer: *Trabajo de ~.* I work as a volunteer. LOC **presentarse/ofrecerse como voluntario** to volunteer
volver vi **1** (*regresar*) to go/come back: *Volví a mi casa.* I went back home. ◊ *Vuelve acá.* Come back here. ◊ *¿A qué hora vas a volver?* What time will you be back? **2 ~ a hacer algo** to do sth again: *No vuelvas a decirlo.* Don't say that again.

volverse *vp* to become: *Se ha vuelto muy tranquilo.* He's become very calm. ◊ *~se loco* to go insane ◊ *Ya me estoy volviendo viejo.* I'm getting old now. LOC **volver en sí** to come round ◆ **volver loco 1** (*molestar*) to drive sb crazy **2** (*gustar*): *Las pastas me vuelven ~.* I'm crazy about pasta.

vomitar *vt* to throw sth up: *Vomité toda la comida.* I threw up all my dinner.
▶ *vi* to vomit, to throw up: *Tengo ganas de ~.* I think I'm going to throw up.

vómito *nm* vomit

votación *nf* vote LOC **hacer una votación** to vote ◆ **votación secreta** secret ballot *Ver tb* SOMETER

votante *nmf* voter

votar *vt, vi* to vote (*for sb/sth*): *Voté por el Partido Verde.* I voted for the Green Party. ◊ *~ a favor/en contra de algo* to vote for/against sth LOC **votar en blanco** to spoil your vote

voto *nm* **1** (*Pol*) vote: *100 ~s a favor y dos en contra* 100 votes in favor, two against **2** (*Relig*) vow LOC **voto nulo** spoiled ballot *Ver tb* voz

voz *nf* voice: *decir algo en ~ alta/baja* to say sth in a loud/quiet voice LOC **a voz en grito** at the top of your voice ◆ **correr la voz** to spread the word (*that…*) ◆ **en voz alta/baja** loudly/quietly: *¡Acá no hables en ~ tan alta!* Don't talk so loudly here! ◊ *decir algo en ~ baja* to say sth quietly ◆ **leer, pensar, etc. en voz alta** to read, think, etc. aloud ◆ **llevar la voz cantante** to be the boss ◆ **no tener ni voz ni voto** to have no say *in sth*: *Yo me callo porque no tengo ni ~ ni voto.* I'll be quiet, as I've got no say in the matter. *Ver tb* BUZÓN

vuelo *nm* **1** (*pájaro, avión*) flight: *el ~ Santiago-Caracas* the Santiago-Caracas flight ◊ *~s nacionales/internacionales* domestic/international flights **2** (*prenda*): *Esa falda tiene mucho ~.* That skirt's very full. LOC **vuelo regular** scheduled flight ◆ **vuelo sin motor** gliding *Ver tb* AUXILIAR, REMONTAR

vuelta *nf* **1** (*regreso*) return: *la ~ a la normalidad* the return to normality **2** (*Dep*) lap: *Dieron tres ~s a la pista.* They did three laps of the track. **3 vueltas** (*trámites*) business [*incontable*]: *Tengo que ir a hacer unas ~s para la visa.* I have to deal with some business for the visa. LOC **a la vuelta de la esquina** (just) around the corner: *La Navidad está a la ~ de la esquina.* Christmas is just around the corner. ◆ **dar (dos, etc.) vueltas a/alrededor de algo** to go around sth (twice, etc.): *La Luna da ~s alrededor de la Tierra.* The moon goes around the earth. ◆ **dar la vuelta a la manzana/al mundo** to go around the block/world ◆ **darle vueltas a algo 1** to turn sth: *Siempre le doy dos ~s a la llave.* I always turn the key twice. **2** (*pensar*) to worry about sth: *Deja de darle ~s al asunto.* Stop worrying about it. ◆ **dar media vuelta** to turn around ◆ **darse la vuelta 1** (*de pie, sentado*) to turn around: *Se dio la ~ y nos vio.* She turned around and saw us. **2** (*tumbado*) to turn over: *Acuéstate y no te des la ~ hasta que yo lo diga.* Lie down and don't turn over till I tell you. ◆ **dar vuelta (a) la página** (*lit y fig*) to turn the page ◆ **dar vueltas** to spin: *La Tierra da ~s sobre su eje.* The earth spins on its axis. ◆ **de vuelta** (*de nuevo*) again ◆ **hacer vueltas** to run errands ◆ **(ir/salir a) dar una vuelta** to go (out) for a walk ◆ **vuelta ciclística** cycle race ◆ **vuelta de campana** somersault: *El carro dio tres ~s de campana.* The car somersaulted three times. ◆ **vuelta estrella** cartwheel *Ver tb* IDA, PARTIDO

vuelto *nm* change: *Quédese con el ~.* Keep the change.

vulgar *adj* vulgar

vulnerable *adj* vulnerable

W w

walkie-talkie *nm* walkie-talkie
waterpolo *nm* water polo
web *nm o nf* **1** the Web **2** (*sitio web*) website
  LOC *Ver* CÁMARA
webcam *nf* webcam

whisky *nm* whiskey: *tomarse un ~* to drink a glass of whiskey
Wi-Fi® *nm* Wi-Fi®: *zona ~* Wi-Fi area
windsurf *nm* windsurfing: *practicar el ~* to go windsurfing LOC *Ver* TABLA

X x

xenofobia *nf* xenophobia
xenófobo, -a *adj* xenophobic

xilófono *nm* xylophone

Y y

y *conj* **1** (*copulativa*) and: *hombres y mujeres* men and women **2** (*en interrogaciones*) and what about...?: *¿Y tú?* And what about you? **3** (*para expresar las horas*) after, past (*GB*): *Son las dos y diez.* It's ten after two. LOC *¿y qué?* so what?

ya *adv* **1** (*referido al presente o al pasado*) already: *Ya son las tres.* It's already three o'clock. ◊ *¿Ya lo terminaste?* Have you finished it already? ◊ *Estaba muy enfermo pero ya está bien.* He was very sick but he's fine now. ◊ *Ya terminé.* I've finished. ➔ *Ver nota en* YET **2** (*referido al futuro*): *Ya veremos.* We'll see. ◊ *Ya te escribirán.* They'll write to you (eventually). LOC **ya no...**: *Ya no vivo allá.* I don't live there any more. ♦ **¡ya no más!** that's enough! ♦ **ya que...** as...: *Me quedo en casa, ya que no sale nadie.* As no one's going out, I'll stay at home too. ♦ **¡ya voy!** coming! *Ver tb* BASTAR

yacimiento *nm* **1** (*Geol*) deposit **2** (*Arqueología*) site

yanqui *adj, nmf* Yankee: *la hospitalidad ~* Yankee hospitality

yapa *nf Ver* ÑAPA

yate *nm* yacht

yegua *nf* mare

yema *nf* **1** (*huevo*) (egg) yolk **2** (*dedo*) (finger) tip: *No siento las ~s de los dedos.* I can't feel my fingertips. ◊ *la ~ del pulgar* the tip of the thumb

yerba *nf* (*marihuana*) pot

yerno *nm* son-in-law [*pl* sons-in-law]

yeso *nm* plaster

yo *pron* **1** [*sujeto*] I: *Vamos a ir mi hermana y yo.* My sister and I will go. ◊ *Lo voy a hacer yo mismo.* I'll do it myself. **2** [*en comparaciones, con preposición*] me: *excepto yo* except (for) me ◊ *Llegaste antes que yo.* You got here before me. LOC **soy yo** it's me ♦ **¿yo?** me?: *¿Quién dices? ¿Yo?* Who do you mean? Me? ♦ **yo de ti/usted** if I were you: *Yo de ti no iría.* I wouldn't go if I were you.

yodo *nm* iodine

yoga *nm* yoga: *hacer ~* to practice yoga

yogur (*tb* yogurt) *nm* yogurt LOC **yogur descremado** low-fat yogurt

yuca *nf* cassava

yudo *nm* judo

yugular *adj, nf* jugular

Z z

zafar vt **1** (Col) (desatar) to untie **2** (dedo, etc.) to dislocate
▸ **zafarse** vp **1** (involuntariamente): *Se le zafó una grosería.* He accidentally swore. **2** (secreto) to let sth slip: *Se me zafó que estaba embarazada.* I let (it) slip that she was expecting. **3** ~ **de** (evitar) to avoid: *Se zafó del abrazo.* She avoided the embrace. **4** (Col) (soltar) to loosen: *Se zafó el cinturón.* He loosened his belt.

zafiro nm sapphire

zaguán nm hallway

zamarra nf **1** (chaqueta de piel) sheepskin jacket **2** (chaqueta gruesa) heavy jacket

zambomba nf traditional percussion instrument

zambullirse vp (meterse al agua) to take a dip

zanahoria nf carrot

zancada nf stride

zancadilla nf LOC **poner zancadilla** to trip sb up: *Le pusiste ~.* You tripped him up.

zancudo nm mosquito [pl mosquitoes/mosquitos]

zángano, -a nm-nf slacker

zanja nf trench

zanjar vt to put an end to sth

zapallo nm pumpkin LOC **zapallo italiano** (Chi, Per) zucchini [pl zucchini/zucchinis], courgette (GB)

zapatería nf shoe store, shoe shop (GB)

zapatero, -a nm-nf shoemaker

zapatilla nf sneaker, trainer (GB) LOC **zapatillas de ballet** ballet shoes

zapato nm shoe: *~s de tacón/planos* high-heeled/flat shoes ◊ *~s de lona* canvas sneakers

zarandear vt to shake: *La zarandeó para que dejara de gritar.* He shook her to stop her shouting.

zarcillo nm earring

zarpar vi ~ **(hacia/con rumbo a)** to set sail (for...): *El buque zarpó hacia Cuba.* The boat set sail for Cuba.

zarpazo nm swipe LOC *Ver* MANDAR

zarza nf bramble

¡zas! interj bang

zigzag nm zigzag: *un camino en ~* a zigzag path LOC **hacer zigzag 1** (carretera, animal) to zigzag **2** (persona) to stagger

zinc nm zinc

zócalo nm (town) square

zodiaco (tb **zodíaco**) nm zodiac: *los signos del ~* the signs of the zodiac

zombi adj, nmf zombie: *estar como un ~* to go around like a zombie

zona nf **1** (área) area: *~ industrial/residencial/peatonal* industrial/residential/pedestrianized area **2** (Anat, Geog, Mil) zone: *~ fronteriza/neutral* border/neutral zone LOC **zona norte**, etc. north, etc.: *la ~ sur de la ciudad* the south of the city ♦ **zonas verdes** parks

zoológico nm zoo [pl zoos]

zopenco, -a adj stupid
▸ nm-nf jerk

zoquete adj dense
▸ nmf idiot

zorro, -a nm-nf (animal) fox

Para referirse solo a la hembra, se dice **vixen**. A los cachorros se les llama **cubs**.

▸ nm (piel) fox fur

zueco nm clog

zumbar vt, vi LOC **zumbarle los oídos a algn** to have a buzzing in your ears

zumbido nm **1** (insecto) buzzing [incontable]: *Se oían los ~s de las moscas.* You could hear the flies buzzing. **2** (máquina) humming [incontable]

zurcir vt to darn

zurdo, -a adj left-handed: *ser ~* to be left-handed

Sección de referencia

Sección "I can…"
Para ampliar el vocabulario y mejorar las técnicas de uso del diccionario

326–7	I can talk about where I live	328–9	I can talk about my school
330–1	I can talk about my hobbies	332–3	I can talk about clothes
334–5	I can talk about food	336–7	I can talk about work
338–9	I can talk about the weather		

Sección de Comunicación
Para desenvolverse mejor en situaciones cotidianas

340	En la ciudad	341	De compras
342	Comer fuera	343	Los viajes
344	Errores típicos		

Diccionario en imágenes

345	Transportation	346	Homes in the US
347	Homes in Britain	348	Stores
349	Buildings	350	Leisure
351	Jobs	352	The body
353	Clothes	354	In class
355–7	Animals	358	Birds
359	Flowers	360–3	Sports
364	Food	365	Meals
366	Fruit	367	Vegetables
368	Weather and seasons		

Mapas

369	Australia and New Zealand	370–1	The United States of America and Canada
372–3	The British Isles		
374–6	Nombres geográficos		

377	La puntuación
378–9	Preposiciones de lugar y movimiento
380	Modal verbs
381	Phrasal verbs
382–3	Falsos amigos
384–5	El inglés en Estados Unidos y Gran Bretaña
386–7	Cómo escribir cartas y correos electrónicos
388	Por teléfono
388	Los mensajes de texto

I can talk about where I live

1. Piensa en todos los tipos de casa que conozcas (e.g. *chalet, granja*). Luego mira las páginas 346–7 y agrega las que te falten. Escribe las palabras en el Recuadro 1.

2. Ve a las entradas de las palabras en **negrita**, mira los ejemplos y busca cómo se dicen las siguientes expresiones en inglés.
   - el **centro** de la ciudad
   - vivir en el **campo**
   - ir a la **ciudad**
   - en las **afueras** de Quito
   - un bloque de ocho **pisos**
   - un **chalet** individual

3. ¿Qué palabras están más relacionadas con la vida en la ciudad y cuáles se refieren a la vida en el campo? Busca el significado de las palabras que no conozcas y escribe cada una en el espacio correspondiente, en el Recuadro 3.

   quiet exciting noisy healthy stressful peaceful hectic boring convenient

4. Mira el recuadro **More to Explore** en la página 347 y elige las palabras que describen el exterior de una casa.

5. Busca los nombres de cinco habitaciones en inglés. Puedes encontrar ayuda en el recuadro **More to Explore** o puedes emplear el lado Español-Inglés del diccionario.

6. Las siguientes palabras son objetos de mobiliario.
   ¿Puedes ordenar las letras?

   h a c r i   CHAIR
   b o c p a r u d
   g u r
   t o o s l
   c u n o i s h
   f a s o

   Escribe las palabras en el Recuadro 6. ¿Puedes pensar en más muebles? Anótalos en el Recuadro 6.

7. ¿De qué material está hecho? Relaciona los muebles del Ejercicio 6 con los siguientes materiales.

   silk leather wool wood metal plastic cotton

8. ¿De qué color es? Escribe estas palabras en la categoría correcta en el Recuadro 8.

   burgundy jade lilac lime scarlett mauve olive crimson violet

9. Busca cómo se dicen en inglés las siguientes palabras.

   bonito moderno luminoso cómodo oscuro anticuado acogedor elegante desordenado

10. Ahora prepara una pequeña presentación oral utilizando una de las siguientes ideas:

    a) Describe tu dormitorio y di lo que te gusta y lo que no te gusta, o;

    b) Busca una foto de la casa de algún famoso y descríbela. Los demás tienen que adivinar de quién es la casa.

327

homes 1
house
farm

2
go into town

city   **country** 3
hectic

exteriors 4
balcony

rooms 5
bathroom

furniture 6
chair

materials 7
chair – leather

colours 8
shades of red

shades of green
olive

shades of purple

style 9
elegant

I can talk about my school

1. ¿Qué llevas en tu mochila escolar? Mira la página 354 o busca las palabras en el lado Español-Inglés del diccionario para saber cómo se dicen en inglés. Anótalas en el Recuadro 1.

2. ¿Sabes decir estas expresiones? ¿Dónde llevan el acento? Búscalas para saber cuál es la sílaba acentuada, y escríbelas en el Recuadro 2.

   wastebasket   whiteboard
   half-term   homeschooling
   ICT   felt-tip pen
   set square   boarding school

3. Escribe en el Recuadro 3 tu horario de clases con los nombres de las asignaturas en inglés.

4. Relaciona los objetos de la izquierda con las asignaturas en las que se utilizan.

   calculator   P.E.
   atlas   chemistry
   dictionary   math
   leotard   English
   test tube   geography

5. ¿Dónde se encuentran estos objetos? Escríbelos en el espacio correspondiente. Algunos objetos pueden encontrarse en más de un lugar.

   encyclopedia   desk   funnel
   projector   microscope
   goalpost   textbook   track

6. Busca estos ejemplos en las entradas de las palabras en **negrita** y escribe las traducciones en el Recuadro 6.

   - presentar un **examen**
   - estar en **exámen**es
   - terminar la **tarea**
   - cometer un **error**
   - hacer un **repaso**

7. Ahora ve a las entradas de las palabras inglesas en **negrita** y completa las frases.

   - to **test** somebody ___ their vocabulary
   - to **study** ___ an exam
   - We're ___ **class**.
   - **Look** the words ___ in your dictionary.
   - The school **breaks** ___ on the 21st of December.

8. Hay algunas diferencias entre las escuelas británicas y las norteamericanas. ¿Cuál de estas palabras se usan sólo en Gran Bretaña? Anótalas en el Recuadro 8.

   A level
   senior high school
   head teacher
   grade point average
   comprehensive school
   half-term
   schoolwork
   junior
   sixth form
   humanities

I can talk about my hobbies

1. Mira la página 350 y anota las actividades que más te gustan. Hay más actividades deportivas en las páginas 360–3.

2. Busca las palabras en **negrita** en el diccionario y completa las siguientes frases con las preposiciones correctas. Escribe las frases en el Recuadro 2.
   - I'm **interested** ____ rock climbing.
   - I'm **looking forward** ____ going skiing again.
   - She's not very **keen** ____ sport.
   - He's **obsessed** ____ his bike.
   - She's **crazy** ____ ballet.

3. Escribe cada actividad en la columna correspondiente del Recuadro 3.

   drawing crochet judo
   long jump reggae karate
   sketching relay rock
   knitting pole vault sewing
   blues painting tae kwon do

4. ¿Sabes decir estas expresiones? ¿Dónde llevan el acento? Búscalas para saber cuál es la sílaba acentuada, y escríbelas en el Recuadro 4.

   basejumping skateboarding
   table football rappel
   rollerskating DIY

5. ¿Músicos o deportistas? Escribe cada palabra en su columna correspondiente.

   referee conductor striker
   substitute vocalist
   defender soloist drummer

6. Algunas palabras se utilizan en el mundo del deporte y en el de la música, aunque con diferentes significados. Busca las siguientes palabras en el diccionario y escribe cómo se traducirían al español tanto en el contexto deportivo como en el musical.

   baton pitch score
   base jumping skateboarding
   table football rappel
   roller skating DIY

7. Busca el equivalente en inglés de los siguientes términos futbolísticos.

   tiro libre travesaño taco
   empate a cero cabecear
   juez de línea

   Ahora añade palabras en inglés relacionadas con otro deporte o actividad de tu interés.

8. Anota los resultados de abajo en el Recuadro 8 y escribe junto a cada uno lo que significan en números. Si necesitas ayuda, mira el lado Inglés-Español del diccionario.

   four all nil-nil
   love-forty one zero
   love-all

9. Estas palabras relacionadas con la música contienen una letra muda. Anótalas en el Recuadro 9 y subraya la letra que no se pronuncia.

   rhythm chord guitar choir

10. Prepara una pequeña presentación oral sobre cómo pasas tu tiempo libre o sobre alguna actividad que te guste practicar. También puedes hablar de algún deporte o tipo de música de tu interés.

331

My hobbies 1

I'm interested in the cinema. 2

| music | art | craft | track and field | martial arts 3 |

base jumping 4

musicians | sportspeople 5

baton — 6
pitch —
score —

free kick 7

scores 8
4:4 – *four all*

rhythm 9

I can talk about clothes

1. Imagina que estás preparando la maleta para las siguientes ocasiones. ¿Qué prendas de vestir te llevarías? Escribe tus respuestas en el Recuadro 1.
   - a holiday in the sun
   - a hiking trip in Ireland
   - the wedding of a relative
   - a party in the summer

2. ¿**Wear** o **carry**?
   ¿Cuál de estos verbos se emplea con cada una de las siguientes palabras? Pon cada palabra en la columna correspondiente del Recuadro 2. Si tienes dudas, ve a la entrada **wear** y lee la nota explicativa.

glasses	a backpack
a briefcase	gloves
earrings	a purse
a bracelet	a suitcase
boots	

3. Decide si las siguientes parejas de palabras riman.

   shirt/skirt   wear/gear
   blouse/loose   suit/boot
   fleece/lace   cap/cape

4. ¿Cómo se dicen en inglés las siguientes palabras? Escribe las respuestas en el Recuadro 4.

   manga   hebilla   collar
   cintura   capucha   botón
   cinturón   cremallera

5. Pon cada palabra en la columna correspondiente en el Recuadro 5.

   stripe   spot   satin   silk
   checked   suede   zigzag
   cashmere   floral   cotton

6. Busca las parejas de palabras que tienen significados opuestos y escríbelas en el Recuadro 6.

   put sth on   clash   lengthen
   go with sth   take sth off
   undo   fasten   loose
   tight   shorten

7. ¿Cómo se dicen estas palabras en inglés? ¿Qué tienen todas en común?

   pantaloneta   pantalón   medias
   piyama   gafas   calzoncillo

8. Hay algunas diferencias entre el inglés norteamericano y el británico. ¿Cuál de estas palabras se usan solamente en Gran Bretaña? Anótalas en el Recuadro 8.

   tights   miniskirt   pantyhose
   dinner jacket   knickers   sneakers

9. Busca el significado de las palabras de abajo en el diccionario.

   like   suit   size   fit   alter
   smart   casual   stylish

   Ahora inventa un diálogo entre dos amigos en una tienda de ropa, utilizando estas palabras y otras que hayas repasado en esta sección.

   En la página **I can talk about where I live** encontrarás más palabras relacionadas con los tejidos.

333

holiday in the sun
shorts

hiking trip in Ireland

wedding of a relative

party in the summer

1

wear   carry **2**
glasses

rhymes **3**
shirt – skirt ✓

4
manga – sleeve

patterns   materials **5**
stripe

6
put sth on – take sth off

7
boxer shorts

inglés británico **8**
tights

I can talk about food

1 En el Recuadro 1, haz una lista de:
   - 4 bebidas
   - 4 tipos de carne
   - 4 tipos de verdura
   - 4 tipos de fruta

   Si necesitas ayuda, ve a las páginas 364–7 de tu diccionario.

2 En cada grupo de palabras hay una que no encaja con las demás. Escribe en el Recuadro 2 qué tienen en común el resto de las palabras y escribe la que no encaja en la columna sobrante. La primera se presenta a manera de ejemplo.

   ¿Qué tienen en común las palabras de la columna sobrante?

   plum   peach   basil
   pear   pineapple

   trout   cod   tuna
   sole   parsley

   rosemary   Jello®   trifle
   ice cream   custard

   mustard   ketchup   coriander
   gravy   mayonnaise

   lobster   crab   oyster
   thyme   squid

   mint   nutmeg   ginger
   cinnamon   pepper

3 Relaciona los métodos de cocción con los alimentos.

   fry   pasta
   bake   French fries
   roast   cake
   boil   chicken

4 En las recetas, a veces se emplea el sistema imperial en lugar del métrico para indicar las cantidades de los ingredientes. Mira la siguiente lista de ingredientes y ve a la página 788 para descubrir lo que significan las abreviaturas. Anótalo en el Recuadro 4.

   Apple pie
   2 cups flour   *2 tbsp. sugar*
   1 stick butter   *2 fl. oz. water*
   10-in. pie pan   *2 lb. apples*
   1 tsp. salt   *custard*

   ¿Qué crees que significan *tbsp.* y *tsp.*? Busca la respuesta en las páginas 733 y 736.

   Ahora lee la receta y busca el significado de los verbos en **negrita**. Escribe las traducciones en el Recuadro 4.

   > METHOD:
   > Put the flour and salt in a bowl and **add** the butter. **Mix** until the mixture looks like fine breadcrumbs. **Stir** in the water. **Roll out** half the pastry to fit the pie pan. **Peel** and **slice** the apples, arrange them on the pastry and **sprinkle** with sugar. Roll out the rest of the pastry to make a lid for the pie. Bake in a hot oven for 25 mins.
   > **Serve** hot with custard.

5 Escribe un email a tu amigo americano describiendo una de estas dos cosas:
   a) un plato tradicional que se come en ocasiones especiales, o;
   b) el mejor plato que hayas comido en tu vida.

335

1

drinks	meat	vegetables	fruit

2

fruit				basil
plum				
peach				
pear				
pineapple				

3

fry – French fries

4

oz. = ounce   add – añadir

I can talk about work

1. Anota las siguientes profesiones en su categoría correspondiente en el Recuadro 1.

   doctor executive carpenter
   technician software developer
   photographer surgeon
   surveyor entrepreneur
   midwife architect accountant
   editor programmer journalist

   ¿Puedes añadir alguna más? Ve a la página 351 si necesitas ayuda.

2. ¿Cuáles son los pasos para conseguir un trabajo? Ordena las siguientes frases en el Recuadro 2.

   You sign a contract.
   You get an interview.
   You apply for the job.
   You are offered the job.
   You see an advertisement.

3. Busca el significado de estas expresiones. Todas tienen que ver con dejar un trabajo.

   retire be fired resign
   be laid off

4. Utiliza el lado Español-Inglés de tu diccionario para saber cómo se dicen en inglés las siguientes expresiones. Escribe tus respuestas en el Recuadro 4.

   - *trabajar **medio** tiempo*
   - *trabajar **tiempo** completo*
   - *estar sin **trabajo***
   - *licencia de **maternidad***
   - *los trabajadores **independientes***
   - ***día** festivo*
   - *el **salario** mínimo*

5. Relaciona las palabras de las dos columnas para formar expresiones relacionadas con el mundo laboral. Comprueba tus respuestas en las entradas de las palabras en **negrita**.

   pay ⟶ tax
   labor   park
   work   relations
   industrial experience
   income ⟶ raise

   Ahora utiliza tu diccionario para buscar otras tres expresiones que empiecen con el verbo **pay**.

6. Lee la nota explicativa en la entrada de **work** y corrige las palabras en **negrita**.

   - *I've found a new **work**.*
   - *She's looking for **job**.*
   - *the legal **occupation***
   - *He's a plumber by **profession**.*

7. ¿Cómo describirías un trabajo? Anota los siguientes adjetivos en su categoría correspondiente en el Recuadro 7.

   rewarding tedious
   responsible well paid
   challenging boring
   exciting varied
   stressful dull

8. a) Prepara una presentación oral sobre tu trabajo ideal, o;

   b) Compara dos trabajos muy diferentes, p.ej. minero y comerciante.

337

medicine	computers	newspapers	building	business 1
doctor				

2
You see an advertisement.

3
resign – dimitir

4
work part-time

5
pay raise
labour
work
industrial
income

6
I've found a new job.

7
☺   ☹
exciting

I can talk about the weather

1. ¿Sabes cómo se dicen las cuatro estaciones del año en inglés? Escríbelas en la parte superior de las columnas del Recuadro 1. La primera se presenta a manera de ejemplo. Si necesitas ayuda mira la página 368 de tu diccionario.

   ¿Qué prendas son necesarias en cada una de las estaciones del año? Pon cada una de las siguientes prendas en su columna correspondiente en el Recuadro 1. Quizá alguna prenda haga falta en más de una estación.

   **gloves   sunglasses   scarf
   T-shirt   umbrella   fleece
   overcoat   light jacket
   shorts   sweater   sweatshirt**

2. Las siguientes palabras están relacionadas con el tiempo. Ordena las letras y escribe las palabras en el Recuadro 2.

   w o s n
   n i r a
   o r s t m
   d i w n y
   g o f
   y n n u s

   Verifica tus respuestas en la página 368.

3. En el recuadro **More to Explore** de la página 368 hay más palabras para describir el tiempo. Búscalas en el diccionario y escríbelas junto a su significado en el Recuadro 3.

   ¿Cómo se dice *llovizna* en inglés? ¿Y *chubasco*? Busca más palabras relacionadas con el tiempo en el lado Español-Inglés del diccionario y escríbelas en el Recuadro 3 junto a su traducción.

4. En inglés se utiliza el verbo **be** para hablar del tiempo. Por ejemplo, "*Hace calor*" se dice *'It's hot'*. Escribe en el Recuadro 4 las siguientes frases traducidas al inglés. En la página 368 encontrarás las palabras que necesitas.

   - *Hace sol.*
   - *Hace viento.*
   - *Hace mucho calor.*
   - *Hace mucho frío.*
   - *Hace un poco de frío.*
   - *Llueve.*

5. ¿Cuál es la diferencia entre **cold** y **chilly**? ¿Y entre **hot** y **warm**? Mira las notas explicativas en las entradas *frío* y *caliente*.

6. Imagina que estás escribiendo un email a un amigo de otro país que va a venir a estudiar a tu ciudad. Háblale del tiempo y describe las condiciones meteorológicas a lo largo del año. Cuéntale lo que te gusta y lo que no, y aconséjale en cuanto al tipo de ropa que debería traer.

spring			1

2
snow

3
boiling – sofocante

4
It's hot.

En la ciudad

1 Cuando estás en una ciudad desconocida y necesitas pedir indicaciones para llegar a un lugar, es importante saber pronunciar las palabras correctamente.

Subraya la sílaba acentuada en las palabras de abajo.

EJEMPLO: <u>su</u>permarket

**station   newsstand   drugstore
library   subway   ATM**

Verifica tus respuestas en el diccionario.

2 Estas palabras corresponden a lugares que se encuentran en una ciudad.

Relaciona las palabras de cada columna.

post → station
department   cafe
police   salon
city   store
Internet   centre
beauty   office

¿Se te ocurren otras palabras compuestas para describir lugares de la ciudad? Si necesitas ayuda mira las páginas 348–349 del diccionario.

¿Sabes decir estas expresiones? ¿Dónde llevan el acento? Subraya la sílaba acentuada en cada expresión.

3 Busca las palabras en **negrita** en tu diccionario para ver cómo se dicen en inglés las siguientes frases.

- **girar** a la izquierda/derecha
- sigue **derecho**
- **cruzar** la calle
- sigue por la **izquierda**
- Hay que **subir**/**bajar** a esta calle.
- El bus **pasa** por el centro.

4 Lee el siguiente diálogo.

You: Excuse me, could you tell me the way to the *tourist information office*?

Passer-by: Yes, of course. Go straight down this street and turn *left* at the *traffic light*. Then it's on your *right*.

You: Thank you. Is it far?

Passer-by: No, about *five* minutes.

You: Oh, and is there *a coffee shop* near here?

Passer-by: Yes. There's one *opposite the supermarket*. Cross the road, go past the *bank*, and take the *first* road on your *left*.

You: Thank you for your help!

Passer-by: No problem. You're welcome.

Ahora inventa otro diálogo en el que alguien pide indicaciones. Sustituye las palabras en *cursiva* por otras diferentes.

Mira las notas de vocabulario en las entradas de **help**, **information** y **thank** para encounter más expresiones que utilizar en tu diálogo.

De compras

1 Mira la lista de compras. Escribe los nombres de las tiendas a las que tendrías que ir para conseguir cada cosa. Si necesitas ayuda, ve a la página 348 del diccionario.

bread   sunglasses   aspirin
plant for Aunt Kate's birthday
magazine   can of tomatoes   T-shirt

2 ¿Qué se puede comprar en cada tienda? Escribe cada artículo en el recuadro correspondiente.

sausages	pills
rolls	ground beef
sunscreen	toothpaste
bagels	panini
chops	game

PHARMACY

BAKERY

BUTCHER SHOP

¿Se te ocurren más cosas que se podrían comprar en estas tiendas?

3 Relaciona cada palabra de la columna izquierda con una de la columna derecha que tenga un significado similar.

cheap	make
reduction	receipt
cash register	cash
client	discount
changing room	checkout

brand
bill
money

inexpensive
customer
fitting room

4 Mira las entradas de las palabras en **negrita** y busca cómo se dicen en inglés las siguientes expresiones.

- *zapato*s planos/de tacón
- ir a **vitrinear**
- ¿Qué número calzas? (**calzar**)
- No me gusta mucho el **amarillo**.
- **probarse** unos zapatos
- ¿Estos son del mismo **tamaño**?
- ¿Puedo **pagar** con tarjeta de crédito?

Ahora mira la acepción número 4 de la entrada **quedar**. ¿Cómo se dicen las siguientes frases en inglés?

- ¿Qué tal me quedan los zapatos?
- Te quedan muy bien.
- Los negros te quedan grandes.

5 Lee el siguiente diálogo.

Assistant: Can I help you?
You: Yes, please. I like the *gray shoes* in the window. Do you have them in *white*?
Assistant: No, I'm afraid not. But we have them in *red*. Would you like to see them?
You: Yes. Can I try them on?
Assistant: Yes, of course. What size do you take?
You: *Eight*, please.
Assistant: OK. Here you go.
******
You: They're a little too *small*, I think. How do they look?
Assistant: Yes, they're a little *small*. Why don't you try on the *size 9*?
******
You: That feels better.
Assistant: Oh yes! They look great.
You: OK, I'll take them. Can I pay *in cash*?
Assistant: Yes, of course.

Practica el diálogo. Luego escribe un nuevo diálogo sustituyendo las palabras en *cursiva*.

Comer fuera

1 ¿Qué palabras podrías poner en las siguientes categorías? Busca más palabras en las páginas a color 364–5.

BREAKFAST	MEAT AND FISH	OBJECTS ON THE TABLE

Ahora busca las siguientes palabras en el diccionario y ponlas en la categoría correspondiente.

| juice | chopsticks | mackerel | glass | duck | decaf |
| omelet | tuna | pork | yogurt | dish | napkin |

2 Utiliza tu diccionario para encontrar otras cinco comidas que pedirías en un restaurante. Anótalas junto a su traducción al español.
Encontrarás muchas más en la sección "**Food**" en el **Diccionario temático** del CD-ROM.

3 Une las dos mitades de las frases para formar expresiones.

Could I see the ——— the check, please?
What would you like   eat here or take out?
Do you have a   the pasta, and then the chicken.
Do you want to   table for two?
I'll have   ———▶ menu, please?
Can we have   to drink?

4 Lee el siguiente diálogo.

You: Do you have a table for *four*, please?
Waiter: Would this one be OK, sir?
You: Yes, fine. Could we see the menu?
******
Waiter: Are you ready to order?
You: I'd like the *salad* as an appetizer.
Waiter: And for the main course?
You: I'll have the *steak*.
Waiter: How would you like it?

You: *Medium rare*, please.
Waiter: It comes with *fries* and *green beans*. What would you like to drink?
You: A *Coke*, please.
******
Waiter: Can I get you anything else? Would you like to see the dessert menu?
You: No, thanks. Could we have the check, please?

Ahora practica el diálogo cambiando las palabras en *cursiva* por palabras del Ejercicio 1.

5 Escribe tu propio diálogo.

Tú y un amigo están en un restaurante y quieren comer algo. Pides algo pero hoy no tienen. Elige otra cosa y pídela. Cuando hayan terminado, pide postre, café y la cuenta. Mira las notas de vocabulario en las entradas de **like**, **please** y **recommendation** para encontrar más variedad de frases y expresiones que utilizar en tu diálogo.

Los viajes

1 ¿Qué medios de transporte conoces en inglés? Mira la página 345 para descubrir más.

2 Busca las palabras de abajo en el diccionario y ponlas en la categoría correspondiente.

track	airline	check-in	flight attendant	rail	sailing
oar	port	station	sleeper car	gate	dock

TRAINS & BUSES	BOATS	PLANES

3 Busca los verbos en **negrita** en tu diccionario y escribe *phrasal verbs* que signifiquen lo mismo que las palabras en español.

registrar	check ____	averiarse	break ____
despegar	take ____	parar (en…)	stop ____
salir, escaparse	get ____	salir, partir	set ____

4 ¿Cómo te gusta viajar? ¿Prefieres el bus o el avión? ¿Sueles llevar mucho equipaje? Mira la nota explicativa en **prefer** para encontrar expresiones que podrías utilizar. También puedes utilizar las palabras del recuadro de abajo.

fast/slow	cheap/expensive	fun/boring
comfortable/uncomfortable	convenient/inconvenient	reliable/unreliable

5 Lee los siguientes diálogos.

AT THE BUS STATION
You: What time is the next bus to *Cleveland*?
Clerk: It's at *4:30*, in *15* minutes.
You: And what time does it get in?
Clerk: It takes about *two* hours.
You: Can I have a *round-trip ticket*, please?
Clerk: Yes, of course. That's *thirty* dollars.
You: Is there a student discount?
Clerk: Yes, it's *eighteen fifty* for students.

AT THE AIRPORT
Clerk: Good morning. Can I see your passport, please?
You: Here you go.
Clerk: Do you have any luggage to check in?
You: *One* suitcase. Can I have an *aisle* seat, please?
Clerk: Sorry, there aren't any left, I'm afraid. Any hand luggage?
You: Just this bag. Which gate does the flight leave from?
Clerk: Gate *27*, in *45* minutes.

Ahora escribe un diálogo nuevo. Sustituye las palabras en *cursiva*.

6 Escribe tu propio diálogo basado en la siguiente escena:

> Quieres ir a Bath a pasar el día. En la estación te dicen que hay un tren en diez minutos. Es demasiado caro, así que preguntas si más tarde hay algún tren más barato. Te dicen que hay un tren a las 10. Pregunta si tiene descuento de estudiante y di que quieres un puesto junto a la ventana. Luego pregunta de qué plataforma sale el tren.

Errores típicos

El verbo *like*

~~'I like very much swimming.'~~
~~'How do you feel about ballet? I don't like much.'~~

"Me gusta…", "le gusta…", etc. se dice en inglés 'I like…' 'you like…', 'he/she likes…', etc. Si queremos decir "me gusta mucho…", se pone **very much** o **a lot** al final de la frase, pero no inmediatamente después del verbo **like**:
I like swimming very much.
He likes computers a lot.

El verbo **like** en inglés siempre lleva complemento directo:
'How do you feel about ballet?'
'I don't like it very much.'

Recuerda que para ofrecerle algo a alguien, se usa '**would** you like':
***Would** you like some coffee?*
➲ Ver tb nota en GUSTAR

Adjetivos posesivos

~~She went with his husband.~~
~~He's broken the leg.~~

En inglés los adjetivos posesivos (**his, her, their, its,** etc.) concuerdan con el poseedor:
*She went with **her** husband.*
*He put on **his** shirt.*

En inglés también se pone un adjetivo posesivo delante de las partes del cuerpo:
*He broke **his** leg.*

Pronombre sujeto *it*

~~Is possible to phone them?~~
~~My flat it's very near the sea.~~

En inglés los verbos siempre llevan sujeto:
*Is **it** possible to call them?*
***It** is very interesting to visit Seattle.*

Pero si la oración ya lleva sujeto, no hace falta añadir el pronombre **it**:
My apartment is very close to the ocean.

He se utiliza para referirnos a un hombre, **she** a una mujer, y para referirnos a un objeto, el pronombre personal siempre es **it**:
*I like my bed – **it** is very soft.*

La tercera persona del singular

~~She live on the seventh floor.~~
~~Do he speaks French?~~

La tercera persona singular del presente acaba en **s** y las preguntas en tercera persona singular se forman con **does**:
*She live**s** on the seventh floor.*
***Does** he speak French?*

Formas pasadas

~~I didn't watched the film last night.~~
~~Did you went to the cinema yesterday?~~

En inglés las formas verbales que indican pasado acaban en **d** o **ed**, excepto en el caso de los verbos irregulares:
*I live**d** in Chicago for five years.*

En oraciones negativas e interrogativas, el tiempo pasado se expresa con **did**, con el verbo en infinitivo. No termina en **d** o **ed** si se trata de un verbo regular ni se usa la forma irregular en los demás casos:
*I **did**n't **watch** the show last night.*
***Did** you **go** to the movies yesterday?*

¿Presente o pretérito perfecto?

~~I know my best friend for five years.~~
~~How long are you living in Spain?~~

En inglés se utiliza el *present perfect* en lugar del *present simple* para describir acciones o estados que empezaron en el pasado, pero que continúan en el presente:
*I**'ve known** my best friend for five years.*
*She**'s been** a teacher since 2001.*
*How long **have you been living** in Canada?*
➲ Ver tb nota en FOR

El verbo *want*

~~I want that you do me a favor.~~
~~Do you want that I make some coffee?~~

En inglés el verbo **want** no va seguido de una oración introducida por **that** (como sucede en español con la palabra "que"), pero sí puede ir seguido de la estructura complemento + infinitivo:
*I want **you to do** me a favor.*
*Do you want **me to make** some coffee?*

Transportation
El transporte

❶ **plane** avión
❷ **helicopter** helicóptero
❸ **oil tanker** petrolero
❹ **hydrofoil** aerodeslizador
❺ **ferry** ferry
❻ **coach** bus, pullman
❼ **(double-decker) bus** bus (de dos pisos)
❽ **truck** (*GB tb* **lorry**) camión
❾ **car** carro, auto, coche
❿ **bicycle** bicicleta
⓫ **train** tren

MORE TO EXPLORE

caravan	RV
cyclist	scooter
driver	ship
minibus	subway
moped	taxi
motorcycle	trailer
motorway	underground
rail	van

Homes in the US
Las casas en Estados Unidos

1. **row house** casa de una hilera con muros divisorios comunes
2. **apartment building** edificio de apartamentos/departamentos
3. **condominium** (*tb coloq* **condo**) condominio
4. **duplex** casa chalet adosado/anexo
5. **ranch house** casa de un solo piso
6. **detached house** casa independiente
7. **farm** granja, finca, hacienda

Homes in Britain
Las casas en Gran Bretaña

❶ **thatched cottage** casita con techo de paja

❷ **detached house** casa independiente

❸ **bungalow** casa de un solo piso

❹ **semi-detached house** casa adosada/anexa

❺ **terraced house** casa de una hilera con muros divisorios comunes

❻ **block of flats** bloque de apartamentos/departamentos

MORE TO EXPLORE

downstairs	garden	porch
back door	ground floor	roof
balcony	hall	story
bathroom	kitchen	upstairs
bedroom	loft	yard
corridor	lounge	attic
front door	maisonette	patio

Stores
Las tiendas

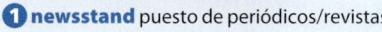

1. **newsstand** puesto de periódicos/revistas
2. **optician** óptica
3. **grocery store** (*GB* **grocer's**) tienda de abarrotes
4. **bakery** (*GB tb* **baker's**) panadería
5. **butcher shop** (*GB* **butcher's**) carnicería
6. **market** mercado
7. **flower shop** (*GB* **florist's**) floristería
8. **dry-cleaners** lavandería
9. **clothes store** (*GB* **clothes shop**) tienda de ropa
10. **shopping center** (*GB* **shopping centre**) (*tb* **shopping mall**) centro comercial
11. **hardware store** ferretería

MORE TO EXPLORE

bill	counter	newsagent
bookstore	customer	receipt
cart	drugstore	takeout
change	florist	till
checkout	laundromat®	trolley

Buildings
Los edificios

MORE TO EXPLORE
- brick
- church
- concrete
- library
- mosque
- police station
- power station
- skyscraper
- steel
- stone
- synagogue
- temple
- tower block
- town hall

1. **stately home** casa señorial, mansión
2. **monument** monumento
3. **ruin** ruina
4. **tower** torre
5. **castle** castillo
6. **pub** bar, taberna
7. **office building** (*GB* **office block**) bloque de oficinas
8. **warehouse** bodega
9. **dam** represa
10. **bridge** puente
11. **lighthouse** faro

Leisure
El ocio

1. **hiking** excursionismo
2. **skateboarding** montar en patineta, skate
3. **painting** pintura
4. **meeting friends** encontrarse con los amigos
5. **playing the guitar** tocar la guitarra
6. **reading** lectura
7. **in-line skating** patinaje en línea
8. **working out** hacer ejercicio
9. **chess** ajedrez
10. **dominoes** dominó
11. **snooker** billar inglés (con 22 bolas)
12. **darts** dardos
13. **dice** dados
14. **cards** cartas

MORE TO EXPLORE

backpacking	clubbing	hobby
billiards	cookery	knitting
bowling	dancing	photography
camping	DIY	pool
cinema	drawing	roller skating

Jobs
Las profesiones

1. **fisherman** pescador
2. **cook** cocinero, -a
3. **teacher** profesor, -ora
4. **hairdresser** peluquero, -a
5. **painter** pintor, -ora
6. **nurse** enfermero, -a
7. **farmer** agricultor, -ora, hacendado, -a
8. **carpenter** carpintero, -a
9. **pilot** piloto

MORE TO EXPLORE

apprentice	manager
barber	plumber
baker	postman
designer	secretary
doctor	sales clerk
dustman	technician

The body
El cuerpo

1. **foot** pie
2. **knee** rodilla
3. **leg** pierna
4. **bottom** trasero
5. **back** espalda
6. **shoulder** hombro
7. **hand** mano
8. **arm** brazo
9. **head** cabeza
10. **wrist** muñeca
11. **finger** dedo
12. **hair** pelo, cabello
13. **eye** ojo
14. **ear** oreja
15. **nose** nariz
16. **mouth** boca
17. **neck** cuello

MORE TO EXPLORE

ankle   face
cheek   lip
chin   stomach
elbow   thigh
eyebrow toe
eyelash tooth

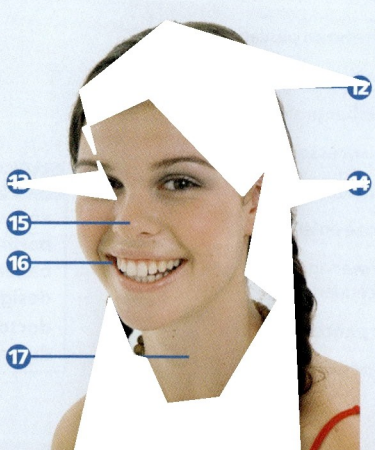

Clothes
La ropa

1. **wooly hat** (GB **woolly hat**) gorro de lana
2. **hood** capucha
3. **sweatshirt** suéter deportivo
4. **sunglasses** gafas de sol
5. **leather jacket** chaqueta de cuero
6. **sweater** suéter, saco
7. **jeans** jeans, pantalón de mezclilla
8. **shoe** zapato
9. **hat** sombrero
10. **boot** bota
11. **belt** cinturón
12. **glove** guante
13. **denim jacket** chaqueta jean
14. **shoulder bag** bolso para llevar colgado del hombro
15. **skirt** falda
16. **pantyhose** (GB **tights**) medias, pantimedias, medias pantalón
17. **shirt** camisa
18. **tie** corbata
19. **jacket** saco, chaqueta
20. **briefcase** maletín (de ejecutivo)
21. **pants** (GB **trousers**) pantalones
22. **suit** vestido, terno

MORE TO EXPLORE	
anorak	sandal
blouse	scarf
cap	shorts
coat	sock
crop top	T-shirt
dress	tracksuit
raincoat	underwear

In class
En la clase

1. **blackboard** (*tb* **chalkboard**) pizarrón, tablero
2. **map** mapa
3. **textbook** libro de texto
4. **file** carpeta
5. **notebook** (*GB* **exercise book**) cuaderno (de ejercicios)
6. **calculator** calculadora
7. **pencil case** estuche, cartuchera
8. **school bag** mochila (del colegio)
9. **eraser** (*GB* **rubber**) goma, borrador
10. **pencil sharpener** sacapuntas, tajalápiz
11. **pencil** lápiz
12. **ballpoint** (**pen**) esfero, lapicero, lápiz pasta
13. **felt-tip** (**pen**) rotulador, plumón
14. **highlighter** resaltador, destacador
15. **ruler** regla

MORE TO EXPLORE

compass	register
dictionary	stapler
netbook	timetable
noticeboard	wastebasket
pen	whiteboard

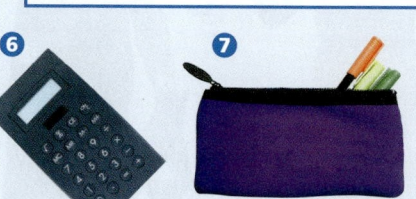

Animals
Los animales

1. **donkey** burro
2. **cow** vaca
3. **calf** becerro, ternero
4. **horse** caballo
5. **foal** potro
6. **sheep** oveja
7. **lamb** cordero
8. **goat** cabra
9. **cat** gato
10. **dog** perro
11. **fox** zorro
12. **squirrel** ardilla
13. **rabbit** conejo
14. **hare** liebre

MORE TO EXPLORE

anteater	cub	kitten
antelope	fawn	panther
ape	guinea pig	pony
camel	hamster	puma
cheetah	kid	puppy

1. **elephant** elefante
2. **rhinoceros** (*tb coloq* **rhino**) rinoceronte
3. **buffalo** búfalo
4. **zebra** cebra
5. **hippopotamus** (*tb coloq* **hippo**) hipopótamo
6. **tiger** tigre
7. **giraffe** jirafa
8. **leopard** leopardo
9. **lion** león

MORE TO EXPLORE

endangered
extinct
habitat
hibernate
mammal
pet
prey
species
tame
wild
wildlife
young

1. **seal** foca
2. **dolphin** delfín
3. **otter** nutria
4. **polar bear** oso polar
5. **monkey** mico, mono
6. **chimpanzee** chimpancé
7. **gorilla** gorila
8. **koala** koala
9. **bear** oso
10. **wolf** lobo
11. **llama** llama
12. **deer** venado

MORE TO EXPLORE

antler	mane
claw	paw
coat	snout
fur	tail
horn	whiskers

Birds
Las aves

MORE TO EXPLORE

beak	nest
chick	owl
chicken	penguin
eagle	sparrow
egg	stork
feather	swan
hen	wing

1. **peacock** pavo real
2. **turkey** pavo, guajolote
3. **woodpecker** pájaro carpintero
4. **pigeon** paloma, pichón
5. **parakeet** (*GB* **budgerigar**) periquito
6. **hummingbird** colibrí, picaflor
7. **parrot** loro, perico
8. **goose** ganso, oca
9. **duck** pato
10. **seagull** gaviota
11. **kingfisher** martín pescador

Flowers
Las flores

MORE TO EXPLORE
- bud
- bulb
- buttercup
- crocus
- daisy
- dandelion
- orchid
- petal
- seed
- stalk
- sweet pea
- violet

1. **sunflower** girasol
2. **lily** lirio
3. **water lily** nenúfar
4. **daffodil** narciso
5. **snowdrop** campanilla blanca
6. **geranium** geranio
7. **carnation** clavel
8. **primrose** primavera
9. **rose** rosa
10. **poppy** amapola
11. **tulip** tulipán
12. **pansy** pensamiento

Sport
Los deportes

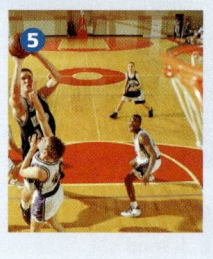

❶ **field hockey** (*GB* **hockey**)
hockey (sobre hierba)

❷ **football** (*GB* **American football**)
fútbol americano

❸ **volleyball** voleibol

❹ **rugby** rugby

❺ **basketball** baloncesto

❻ **baseball** béisbol

❼ **cricket** críquet

❽ **tennis** tenis

MORE TO EXPLORE
badminton
golf
handball
netball
showjumping
squash
table tennis
weightlifting
wrestling

① **fencing** esgrima
② **riding** equitación
③ **gymnastics** gimnasia
④ **boxing** boxeo
⑤ **cycling** ciclismo
⑥ **jogging** correr, trotar
⑦ **judo** judo
⑧ **track and field** (*GB* **athletics**) atletismo
⑨ **mountain biking** ciclomontañismo
⑩ **soccer** (*GB* **football**) fútbol

MORE TO EXPLORE

bat	net
club	pitch
court	race
ground	racket
helmet	score
lane	track

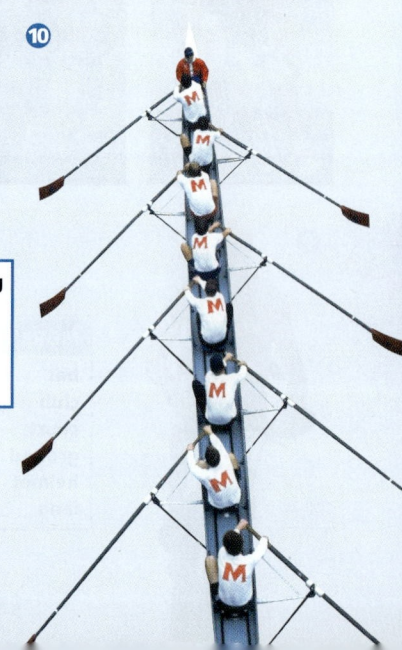

MORE TO EXPLORE

abseiling	mountaineering
climbing	paragliding
cross-country	rappel
downhill	snorkeling
hang-gliding	trekking

1. **windsurfing** windsurf
2. **scuba-diving** submarinismo
3. **sailing** vela
4. **jet skiing** motociclismo acuático
5. **surfing** surf
6. **kayaking** kayak
7. **waterskiing** esquí acuático
8. **white-water rafting** rafting
9. **swimming** natación
10. **rowing** remo
11. **figure skating** patinaje artístico
12. **hockey** (*GB* **ice hockey**) hockey sobre hielo
13. **speed skating** patinaje de velocidad
14. **bobsled** (*GB* **bobsleigh**) bobsleigh
15. **snowboarding** snowboard, snow
16. **skiing** esquí
17. **ski-jumping** salto de esquí

MORE TO EXPLORE
canoe
champion
crash helmet
goggles
lap
paddle
racecar
runner-up
skate
toboggan

Food
Los alimentos

1. **eggs** huevos
2. **roll** pan pequeño
3. **bagel** pan pequeño en forma de rosca
4. **bread** pan
5. **pasta** pasta
6. **cheese** queso
7. **ham** jamón
8. **beer** cerveza
9. **wine** vino
10. **milk** leche
11. **milkshake** malteada, batido
12. **fruit juice** jugo
13. **mineral water** agua mineral

MORE TO EXPLORE		
butter	margarine	sandwich
curry	mayonnaise	sausage
dip	olive	sauce
gherkin	pâté	slice

Meals
Las comidas

1. **roast chicken** pollo asado
2. **stew** guisado, cocido
3. **fried egg** huevo frito
4. **trout** trucha
5. **roast beef** carne al horno
6. **soup** sopa, caldo
7. **French fries** (*GB* **chips**) papas fritas
8. **jacket potato** papa asada (con piel)
9. **spaghetti with tomato sauce** espaguetis con salsa de tomate
10. **muffins** magdalenas
11. **waffles** waffles
12. **cereal** cereales
13. **porridge** avena
14. **apple pie** pay de manzana
15. **pumpkin pie** tarta de zapallo/ahuyama
16. **ice cream** helado

MORE TO EXPLORE

bowl	pepper
cream	plate
cup	salt
fork	saucer
knife	spoon
mustard	sugar
oil	vinegar

Fruit
Las frutas

MORE TO EXPLORE

apricot	pip
blackcurrant	plum
blueberry	redcurrant
core	rind
grapefruit	seed
melon	skin
peach	stalk
peel	stone

1. **grape** uva
2. **raspberry** frambuesa
3. **lychee** lichi
4. **banana** plátano
5. **orange** naranja
6. **lemon** límon amarillo
7. **lime** lima
8. **strawberry** fresa, frutilla
9. **pear** pera
10. **apple** manzana
11. **cherry** cereza
12. **mango** mango
13. **pineapple** piña

Vegetables
Las verduras

1. **lettuce** lechuga
2. **cabbage** repollo, col
3. **celery** apio
4. **carrot** zanahoria
5. **radish** rábano
6. **zucchini** (*GB* **courgette**) calabacín, zapallo italiano
7. **broccoli** brócoli
8. **eggplant** (*GB* **aubergine**) berenjena
9. **spinach** espinaca(s)
10. **bell pepper** (*GB* **pepper**) pimentón, pimiento
11. **asparagus** espárrago(s)
12. **corn on the cob** mazorca (de maíz), choclo

MORE TO EXPLORE

bean	onion
cauliflower	parsley
cucumber	pea
garlic	potato
leek	pumpkin
mushroom	tomato

Weather and seasons
El tiempo y las estaciones

1. **winter** invierno
2. **spring** primavera
3. **summer** verano
4. **fall** (*GB* **autumn**) otoño
5. **snow** nieve
6. **rainbow** arco iris
7. **sunset** puesta del sol
8. **clouds** nubes
9. **lightning** relámpago, rayo
10. **it's raining** llueve
11. **it's windy** hace viento

MORE TO EXPLORE
- boiling
- chilly
- fog
- freezing
- hail
- mist
- sleet
- storm
- sunny
- thunder

Australia and New Zealand
Australia y Nueva Zelanda

Ciudades principales de Australia y Nueva Zelanda

Adelaide /ˈædəleɪd/
Alice Springs /ˌælɪs ˈsprɪŋz/
Auckland /ˈɔːklənd/
Brisbane /ˈbrɪzbən/
Canberra /ˈkænbərə; USA tb -berə/
Christchurch /ˈkraɪstʃɜːrtʃ/
Darwin /ˈdɑrwɪn/
Dunedin /dʌˈniːdɪn/
Geelong /dʒɪˈlɔːŋ; GB -ˈlɒŋ/

Hamilton /ˈhæmɪltən/
Hobart /ˈhoʊbɑrt/
Melbourne /ˈmelbərn/
Newcastle /ˈnuːkæsl; GB ˈnjuːkɑːsl/
Perth /pɜːrθ/
Sydney /ˈsɪdni/
Townsville /ˈtaʊnzvɪl/
Wellington /ˈwelɪŋtən/

Los estados que configuran Australia

Australian Capital Territory (ACT) /ɔːˌstreɪliən kæpɪtl ˈterətɔːri; GB ɒˌstreɪliən, ˈterətri/
New South Wales /ˌnuː saʊθ ˈweɪlz; GB ˌnjuː/
Northern Territory /ˌnɔːrðərn ˈterətɔːri; GB ˈterətri/
Queensland /ˈkwiːnzlənd/
South Australia /ˌsaʊθ ɔːˈstreɪliə; GB ɒˈs-/
Tasmania /tæzˈmeɪniə/
Victoria /vɪkˈtɔːriə/
Western Australia /ˌwestərn ɔːˈstreɪliə; GB ɒˈs-/

The United States of America and Canada
Los Estados Unidos de América y Canadá

Los estados que configuran los EE. UU.

Alabama /ˌæləˈbæmə/
Alaska /əˈlæskə/
Arizona /ˌærəˈzoʊnə/
Arkansas /ˈɑrkənsɔː/
California /ˌkæləˈfɔːrnjə/
Colorado /ˌkɑləˈrædoʊ; GB -ˈrɑːd-/
Connecticut /kəˈnetɪkət/
Delaware /ˈdeləweər/
Florida /ˈflɔːrɪdə; GB ˈflɒr-/
Georgia /ˈdʒɔːrdʒə/
Hawaii /həˈwaii/
Idaho /ˈaɪdəhoʊ/
Illinois /ˌɪləˈnɔɪ/
Indiana /ˌɪndiˈænə/
Iowa /ˈaɪəwə/
Kansas /ˈkænzəs/
Kentucky /kenˈtʌki/
Louisiana /luˌiːziˈænə/
Maine /meɪn/
Maryland /ˈmærɪlənd/
Massachusetts /ˌmæsəˈtʃuːsɪts/
Michigan /ˈmɪʃɪgən/
Minnesota /ˌmɪnəˈsoʊtə/
Mississippi /ˌmɪsəˈsɪpi/
Missouri /məˈzʊəri; GB mɪˈz-/
Montana /mɑnˈtænə/
Nebraska /nəˈbræskə/
Nevada /nəˈvɑdə, nəˈvædə/
New Hampshire /ˌnuː ˈhæmpʃər; GB ˌnjuː/
New Jersey /ˌnuː ˈdʒɜːrzi; GB ˌnjuː/
New Mexico /ˌnuː ˈmeksɪkoʊ; GB ˌnjuː/
New York /ˌnuː ˈjɔːrk; GB ˌnjuː/
North Carolina /ˌnɔːrθ kærəˈlaɪnə/
North Dakota /ˌnɔːrθ dəˈkoʊtə/
Ohio /oʊˈhaɪoʊ/
Oklahoma /ˌoʊkləˈhoʊmə/
Oregon /ˈɔːrəgən, -gən; GB ˈɒrɪgən/
Pennsylvania /ˌpenslˈveɪnjə/
Rhode Island /ˌroʊd ˈaɪlənd/
South Carolina /ˌsaʊθ kærəˈlaɪnə/
South Dakota /ˌsaʊθ dəˈkoʊtə/
Tennessee /ˌtenəˈsiː/
Texas /ˈteksəs/
Utah /ˈjuːtɑ/
Vermont /vərˈmɑnt/
Virginia /vərˈdʒɪnjə/
Washington /ˈwɑʃɪŋtən/
West Virginia /ˌwest vərˈdʒɪnjə/
Wisconsin /wɪsˈkɑnsɪn/
Wyoming /waɪˈoʊmɪŋ/

Províncias y territorios de Canadá

Alberta /ælˈbɜːrtə/
British Columbia /ˌbrɪtɪʃ kəˈlʌmbiə/
Manitoba /ˌmænəˈtoʊbə/
New Brunswick /ˌnuː ˈbrʌnzwɪk; GB ˌnjuː/
Newfoundland and Labrador /ˌnuːfəndlənd ən ˈlæbrədɔːr; GB ˌnjuː-/
Northwest Territories /ˌnɔːrθwest ˈterətɔːriz; GB ˈterətriz/
Nova Scotia /ˌnoʊvə ˈskoʊʃə/
Nunavut /ˈnʊnəvʊt/
Ontario /ɑnˈteərioʊ/
Prince Edward Island /ˌprɪns ˈedwərd aɪlənd/
Quebec /kwɪˈbek/
Saskatchewan /səˈskætʃəwən/
(the) Yukon /ˈjuːkɑn/

Ciudades principales de EE. UU. y Canadá

Atlanta /ətˈlæntə/
Baltimore /ˈbɔːltɪmɔːr/
Boston /ˈbɔːstən; GB ˈbɒs-/
Chicago /ʃɪˈkɑgoʊ/
Dallas /ˈdæləs/
Denver /ˈdenvər/
Detroit /dɪˈtrɔɪt/
Houston /ˈhjuːstən/
Los Angeles /ˌlɔːs ˈændʒələs; GB ˌlɒs ˈændʒəliːz/
Miami /maɪˈæmi/
Minneapolis /ˌmɪniˈæpəlɪs/
Montreal /ˌmɑntriˈɔːl/
New Orleans /ˌnuː ˈɔːrliənz; GB ˌnuː ɔːˈliːənz/
New York /ˌnuː ˈjɔːrk; GB ˌnjuː/
Ottawa /ˈɑtəwə/
Philadelphia /ˌfɪləˈdelfiə/
Pittsburgh /ˈpɪtsbɜːrg/
Quebec City /kwɪˌbek ˈsɪti/
San Diego /ˌsæn diˈeɪgoʊ/
San Francisco /ˌsæn frənˈsɪskoʊ/
Seattle /siˈætl/
St. Louis /ˌseɪnt ˈluːɪs; GB ˌsnt/
Toronto /təˈrɑntoʊ/
Vancouver /vænˈkuːvər/
Washington D.C. /ˌwɑʃɪŋtən diː ˈsiː/
Winnipeg /ˈwɪnɪpeg/

The British Isles
Las Islas Británicas

Great Britain (**GB**) o **Britain** está formada por Inglaterra (**England** /ˈɪŋglənd/), Escocia (**Scotland** /ˈskɑtlənd/) y Gales (**Wales** /weɪlz/).

El estado político es oficialmente conocido como el **United Kingdom of Great Britain and Northern Ireland** (**U.K.**) e incluye Irlanda del Norte además de Gran Bretaña. Sin embargo, muchas veces se usa el término **Great Britain** como sinónimo de the **United Kingdom**.

Cuando hablamos de **the British Isles** nos referimos a la isla de Gran Bretaña y la isla de Irlanda (**Ireland** /ˈaɪərlənd/).

Ciudades principales de las Islas Británicas

Aberdeen /ˌæbərˈdiːn/
Bath /bæθ; GB bɑːθ/
Belfast /ˈbɛlfæst; GB ˈbɛlfɑːst, bɛlˈfɑːst/
Berwick-upon-Tweed /ˌbɛrɪk əpɑn ˈtwiːd/
Birmingham /ˈbɜːrmɪŋəm; USA tb ˈbɜːrmɪŋhæm/
Blackpool /ˈblækpuːl/
Bournemouth /ˈbɔːrnməθ/
Bradford /ˈbrædfərd/
Brighton /ˈbraɪtn/
Bristol /ˈbrɪstl/
Caernarfon /kərˈnɑrvn; USA tb kɑr-/
Cambridge /ˈkeɪmbrɪdʒ/
Canterbury /ˈkæntərbəri; USA tb -bɛri/
Cardiff /ˈkɑrdɪf/
Carlisle /ˈkɑrlaɪl; GB kɑːˈlaɪl/
Chester /ˈtʃɛstər/
Colchester /ˈkoʊltʃɛstər/
Cork /kɔːrk/
Coventry /ˈkɑvəntri/
Derby /ˈdɑrbi; USA tb ˈdɜːrbi/
Douglas /ˈdʌɡləs/
Dover /ˈdoʊvər/
Dublin /ˈdʌblɪn/
Dundee /dʌnˈdiː/
Durham /ˈdʌrəm; USA tb ˈdɜːrəm/

Eastbourne /ˈiːstbɔːrn/
Edinburgh /ˈɛdɪnbrə, -bərə/
Ely /ˈiːli/
Exeter /ˈɛksɪtər/
Galway /ˈɡɔːlweɪ/
Glasgow /ˈɡlæzɡoʊ; GB ˈɡlɑːz-/
Gloucester /ˈɡlɑstər/
Hastings /ˈheɪstɪŋz/
Hereford /ˈhɛrɪfərd/
Holyhead /ˈhɑlihɛd/
Inverness /ˌɪnvərˈnɛs/
Ipswich /ˈɪpswɪtʃ/
Keswick /ˈkɛzɪk/
Kingston upon Hull /ˌkɪŋstən əpɑn ˈhʌl/
Leeds /liːdz/
Leicester /ˈlɛstər/
Limerick /ˈlɪmərɪk/
Lincoln /ˈlɪŋkən/
Liverpool /ˈlɪvərpuːl/
London /ˈlʌndən/
Londonderry /ˈlʌndənderi/
Luton /ˈluːtn/
Manchester /ˈmæntʃɪstər/
Middlesbrough /ˈmɪdlzbrə/
Newcastle upon Tyne /ˌnuːkæsl əpɑn ˈtaɪn; GB ˌnjuːkɑːsl/
Norwich /ˈnɑrɪdʒ/

Nottingham /ˈnɑtɪŋəm; USA tb ˈnɑtɪŋhæm/
Oxford /ˈɑksfərd/
Plymouth /ˈplɪməθ/
Poole /puːl/
Portsmouth /ˈpɔːrtsməθ/
Ramsgate /ˈræmzɡeɪt/
Reading /ˈrɛdɪŋ/
Salisbury /ˈsɔːlzbəri; USA tb -bɛri/
Sheffield /ˈʃɛfiːld/
Shrewsbury /ˈʃroʊzbəri; USA tb -bɛri/
Southampton /saʊˈθæmptən/
St Andrews /ˌseɪnt ˈændruːz; GB ˌsnt/
Stirling /ˈstɜːrlɪŋ/
Stoke-on-Trent /ˌstoʊk ɑn ˈtrɛnt/
Stratford-upon-Avon /ˌstrætfərd əpɑn ˈeɪvn/
Swansea /ˈswɑnzi/
Taunton /ˈtɔːntən/
Warwick /ˈwɔːrwɪk; GB ˈwɑrɪk/
Worcester /ˈwʊstər/
York /jɔːrk/

Nombres geográficos

Afghanistan /æfˈgænɪstæn, -stɑn/ — **Afghan** /ˈæfgæn/
Africa /ˈæfrɪkə/ — **African** /ˈæfrɪkən/
Algeria /ælˈdʒɪəriə/ — **Algerian** /ælˈdʒɪəriən/
America /əˈmerɪkə/ — **American** /əˈmerɪkən/
Angola /æŋˈgoʊlə/ — **Angolan** /æŋˈgoʊlən/
Antarctica /ænˈtɑrktɪkə/ — **Antarctic** /ænˈtɑrktɪk/
Antigua and Barbuda /ænˌtiːgwə ən bɑrˈbjudə; GB -gə/ — **Antiguan** /ænˈtiːgwən; GB -gən/, **Barbudan** /bɑrˈbjuːdən/
Asia /ˈeɪʒə/ — **Asian** /ˈeɪʒn/
Australia /ɔːˈstreɪliə; GB ɒˈs-/ — **Australian** /ɔːˈstreɪliən; GB ɒˈs-/
Austria /ˈɔːstriə; GB ˈɒs-/ — **Austrian** /ˈɔːstriən; GB ˈɒs-/
(the) Bahamas /bəˈhɑməz/ — **Bahamian** /bəˈheɪmiən/
Bangladesh /ˌbæŋgləˈdeʃ/ — **Bangladeshi** /ˌbæŋgləˈdeʃi/
Barbados /bɑrˈbeɪdɑs, -doʊs/ — **Barbadian** /bɑrˈbeɪdiən/
Belgium /ˈbeldʒəm/ — **Belgian** /ˈbeldʒən/
Belize /bəˈliːz/ — **Belizean** /bəˈliːziən/
Bolivia /bəˈlɪviə/ — **Bolivian** /bəˈlɪviən/
Brazil /brəˈzɪl/ — **Brazilian** /brəˈzɪliən/
Bulgaria /bʌlˈgeəriə/ — **Bulgarian** /bʌlˈgeəriən/
Canada /ˈkænədə/ — **Canadian** /kəˈneɪdiən/
(the) Caribbean Sea /ˌkærəˌbiːən ˈsiː, kəˌrɪbiən/ — **Caribbean** /ˌkærəˈbiːən, kəˈrɪbiən/
Chad /tʃæd/ — **Chadian** /ˈtʃædiən/
Chile /ˈtʃɪli, ˈtʃɪleɪ/ — **Chilean** /tʃɪˈleɪən; GB ˈtʃɪliən/
China /ˈtʃaɪnə/ — **Chinese** /tʃaɪˈniːz/
Colombia /kəˈlʌmbiə, -ˈlɑm-/ — **Colombian** /kəˈlʌmbiən, -ˈlɑm-/
Costa Rica /ˌkoʊstə ˈriːkə, ˌkɑstə/ — **Costa Rican** /ˌkoʊstə ˈriːkən, ˌkɑstə/
Croatia /kroʊˈeɪʃə/ — **Croatian** /kroʊˈeɪʃn/, **Croat** /ˈkroʊæt/
Cuba /ˈkjuːbə/ — **Cuban** /ˈkjuːbən/
Cyprus /ˈsaɪprəs/ — **Cypriot** /ˈsɪpriət/
(the) Czech Republic /ˌtʃek rɪˈpʌblɪk/ — **Czech** /tʃek/
Denmark /ˈdenmɑrk/ — **Danish** /ˈdeɪnɪʃ/, **Dane** /deɪn/
Dominica /ˌdɑməˈniːkə/ — **Dominican** /ˌdɑməˈniːkən/
(the) Dominican Republic /dəˌmɪnɪkən rɪˈpʌblɪk/ — **Dominican** /dəˈmɪnɪkən/
Ecuador /ˈekwədɔːr/ — **Ecuadorian, Ecuadorean** /ˌekwəˈdɔːriən/
Egypt /ˈiːdʒɪpt/ — **Egyptian** /ɪˈdʒɪpʃn/
El Salvador /ˌel ˈsælvədɔːr/ — **Salvadorean** /ˌsælvəˈdɔːriən/
England /ˈɪŋglənd/ — **English** /ˈɪŋglɪʃ/, **Englishman** /ˈɪŋglɪʃmən/, **Englishwoman** /ˈɪŋglɪʃwʊmən/, **(the English)**
Ethiopia /ˌiːθiˈoʊpiə/ — **Ethiopian** /ˌiːθiˈoʊpiən/

Europe /ˈjʊərəp/	European /ˌjʊərəˈpiːən/
Finland /ˈfɪnlənd/	Finnish /ˈfɪnɪʃ/, Finn /fɪn/
France /fræns; GB frɑːns/	French /frentʃ/, Frenchman /ˈfrentʃmən/, Frenchwoman /ˈfrentʃwʊmən/, (the French)
Germany /ˈdʒɜːrməni/	German /ˈdʒɜːrmən/
Ghana /ˈgɑnə/	Ghanaian /gɑˈneɪən/
Great Britain /ˌgreɪt ˈbrɪtn/	British /ˈbrɪtɪʃ/, Briton /ˈbrɪtn/, (the British)
Greece /griːs/	Greek /griːk/
Guatemala /ˌgwɑtəˈmɑlə/	Guatemalan /ˌgwɑtəˈmɑlən/
Guinea /ˈgɪni/	Guinean /ˈgɪniən/
Haiti /ˈheɪti/	Haitian /ˈheɪʃn/
Holland /ˈhɑlənd/ Ver (the) Netherlands	
Honduras /hɑnˈdʊərəs; GB -ˈdjʊər-/	Honduran /hɑnˈdʊərən; GB -ˈdjʊər-/
Hungary /ˈhʌŋgəri/	Hungarian /hʌŋˈgeəriən/
Iceland /ˈaɪslənd/	Icelandic /aɪsˈlændɪk/, Icelander /ˈaɪsləndər/
India /ˈɪndiə/	Indian /ˈɪndiən/
Indonesia /ˌɪndəˈniːʒə/	Indonesian /ˌɪndəˈniːʒn/
Iran /ɪˈrɑn, ɪˈræn/	Iranian /ɪˈreɪniən/
Iraq /ɪˈrɑk, ɪˈræk/	Iraqi /ɪˈrɑki, ɪˈræki/
(the Republic of) Ireland /ˈaɪərlənd/	Irish /ˈaɪrɪʃ/, Irishman /ˈaɪrɪʃmən/, Irishwoman /ˈaɪrɪʃwʊmən/, (the Irish)
Israel /ˈɪzreɪl/	Israeli /ɪzˈreɪli/
Italy /ˈɪtəli/	Italian /ɪˈtæliən/
Jamaica /dʒəˈmeɪkə/	Jamaican /dʒəˈmeɪkən/
Japan /dʒəˈpæn/	Japanese /ˌdʒæpəˈniːz/
Jordan /ˈdʒɔːrdn/	Jordanian /dʒɔːrˈdeɪniən/
Kazakhstan /ˌkæzækˈstæn, -ˈstɑn/	Kazakh /ˈkæzæk, kəˈzæk/
Kenya /ˈkenjə, ˈkiːnjə/	Kenyan /ˈkenjən, ˈkiːnjən/
Korea /kəˈriə/ North Korea, South Korea	North Korean /ˌnɔːrθ kəˈriən/, South Korean /ˌsaʊθ kəˈriən/
Lebanon /ˈlebənɑn, -nən/	Lebanese /ˌlebəˈniːz/
Libya /ˈlɪbiə/	Libyan /ˈlɪbiən/
Malaysia /məˈleɪʒə/	Malaysian /məˈleɪʒn/
Mexico /ˈmeksɪkoʊ/	Mexican /ˈmeksɪkən/
Mongolia /mɑŋˈgoʊliə/	Mongolian /mɑŋˈgoʊliən/, Mongol /ˈmɑŋgl/
Morocco /məˈrɑkoʊ/	Moroccan /məˈrɑkən/
(the) Netherlands /ˈneðərləndz/	Dutch /dʌtʃ/, Dutchman /ˈdʌtʃmən/, Dutchwoman /ˈdʌtʃwʊmən/, (the Dutch)
New Zealand /ˌnuː ˈziːlənd; GB ˌnjuː/	New Zealand, New Zealander /ˌnuː ˈziːləndər; GB ˌnjuː/
Nicaragua /ˌnɪkəˈrɑgwə; GB -ˈræg-/	Nicaraguan /ˌnɪkəˈrɑgwən; GB -ˈræg-/

Nigeria /naɪˈdʒɪəriə/	**Nigerian** /naɪˈdʒɪəriən/
Northern Ireland /ˌnɔːrðərn ˈaɪərlənd/	**Northern Irish** /ˌnɔːrðərn ˈaɪərɪʃ/ (adj)
Norway /ˈnɔːrweɪ/	**Norwegian** /nɔːrˈwiːdʒən/
Pakistan /ˌpækɪˈstæn, ˌpɑkɪ-, -ˈstɑn/	**Pakistani** /ˌpækɪˈstæni, ˌpɑkɪ-, -ˈstɑni/
Panama /ˈpænəmɑ/	**Panamanian** /ˌpænəˈmeɪniən/
Paraguay /ˈpærəgwaɪ, -gweɪ/	**Paraguayan** /ˌpærəˈgwaɪən, -ˈgweɪən/
Peru /pəˈruː/	**Peruvian** /pəˈruːviən/
(the) Philippines /ˈfɪlɪpiːnz/	**Philippine** /ˈfɪlɪpiːn/, **Filipino** /ˌfɪlɪˈpiːnoʊ/, **Filipina** /ˌfɪlɪˈpiːnə/
Poland /ˈpoʊlənd/	**Polish** /ˈpoʊlɪʃ/, **Pole** /poʊl/
Portugal /ˈpɔːrtʃəgl/	**Portuguese** /ˌpɔːrtʃəˈgiːz, ˈpɔːrtʃəgiːz/
Romania /roʊˈmeɪniə; GB ruˈm-/	**Romanian** /roʊˈmeɪniən; GB ruˈm-/
Russia /ˈrʌʃə/	**Russian** /ˈrʌʃn/
Saudi Arabia /ˌsɔːdi əˈreɪbiə; GB ˌsaʊdi/	**Saudi** /ˈsɔːdi; GB ˈsaʊdi/, **Saudi Arabian** /ˌsɔːdi əˈreɪbiən; GB ˌsaʊdi/
Scandinavia /ˌskændɪˈneɪviə/	**Scandinavian** /ˌskændɪˈneɪviən/
Scotland /ˈskɑtlənd/	**Scottish** /ˈskɑtɪʃ/, **Scot** /skɑt/, **Scotsman** /ˈskɑtsmən/, **Scotswoman** /ˈskɑtswʊmən/, (**the Scots**)
Singapore /ˈsɪŋəpɔːr, ˈsɪŋgə-; GB tb ˌsɪŋəˈpɔː(r)/	**Singaporean** /ˌsɪŋəˈpɔːriən, ˌsɪŋgə-/
South Africa /ˌsaʊθ ˈæfrɪkə/	**South African** /ˌsaʊθ ˈæfrɪkən/
Spain /speɪn/	**Spanish** /ˈspænɪʃ/, **Spaniard** /ˈspæniərd/, (**the Spanish**)
Suriname /ˌsʊərɪˈnɑm/	**Surinamese** /ˌsʊərənəˈmiːz/
Sweden /ˈswiːdn/	**Swedish** /ˈswiːdɪʃ/, **Swede** /swiːd/
Switzerland /ˈswɪtsərlənd/	**Swiss** /swɪs/, (**the Swiss**)
Syria /ˈsɪriə/	**Syrian** /ˈsɪriən/
Thailand /ˈtaɪlænd; GB -lənd/	**Thai** /taɪ/
Trinidad and Tobago /ˌtrɪnɪdæd ən təˈbeɪgoʊ/	**Trinidadian** /ˌtrɪnɪˈdædiən/, **Tobagan** /təˈbeɪgən/, **Tobagonian** /ˌtoʊbəˈgoʊniən/
Tunisia /tuːˈniːʒə; GB tjuˈnɪziə/	**Tunisian** /tuːˈniːʒn; GB tjuˈnɪziən/
Turkey /ˈtɜːrki/	**Turkish** /ˈtɜːrkɪʃ/, **Turk** /tɜːrk/
Ukraine /juːˈkreɪn/	**Ukrainian** /juːˈkreɪniən/
(the) United Kingdom /juˌnaɪtɪd ˈkɪŋdəm/	
(the) United States of America /juˌnaɪtɪd ˌsteɪts əv əˈmerɪkə/	**American** /əˈmerɪkən/
Uruguay /ˈjʊərəgwaɪ, -gweɪ/	**Uruguayan** /ˌjʊərəˈgwaɪən, -ˈgweɪən/
Venezuela /ˌvenəˈzweɪlə/	**Venezuelan** /ˌvenəˈzweɪlən/
Vietnam /ˌviːetˈnɑm, ˌvjet-, -ˈnæm/	**Vietnamese** /viːˌetnəˈmiːz, ˌvjet-/
Wales /weɪlz/	**Welsh** /welʃ/, **Welshman** /ˈwelʃmən/, **Welshwoman** /ˈwelʃwʊmən/, (**the Welsh**)
(the) West Indies /ˌwest ˈɪndɪz, -diːz/	**West Indian** /ˌwest ˈɪndiən/
Yemen /ˈjemən/	**Yemeni** /ˈjeməni/
Zimbabwe /zɪmˈbɑbweɪ, -wi/	**Zimbabwean** /zɪmˈbɑbweɪən, -wiən/

La puntuación inglesa

. El punto (**period**, GB **full stop**) pone fin a la frase siempre que esta no sea una pregunta o una exclamación:
We're leaving now. ◊ *Thank you.*
También se usa en abreviaturas:
Walton St.
y en direcciones de internet o de email, donde se lee "dot":
www.oup.com

? El signo de interrogación (**question mark**) se pone al final de una frase interrogativa directa:
'Who's that man?', Jenny asked.

! El signo de admiración (**exclamation point**, GB **exclamation mark**) se pone al final de una frase exclamativa y después de una interjección:
Oh no! The cat's been run over. ◊ *Wow!*

, La coma (**comma**) indica una breve pausa dentro de una frase:
I ran all the way to the station, but I still missed the train.
También se usa para citar a una persona:
Fiona said, 'I'll help you.'
◊ *'I'll help you', she said.*
y para separar los elementos de una lista:
This store sells books, DVDs and CDs.
La coma se usa también para separar un *question tag* del resto de la frase:
It's pretty expensive, isn't it?

: Los dos puntos (**colon**) se utilizan para introducir listas de objetos:
There is a choice of main course: roast beef, turkey or omelet.

; El punto y coma (**semicolon**) se usa en lugar de una coma para separar elementos de una lista cuando la frase ya contiene comas:
The school uniform consists of navy blue skirt or pants; gray, white or pale blue shirt; navy sweater or cardigan.

' El apóstrofo (**apostrophe**) se usa para indicar que se ha omitido una letra, como en el caso de las formas contractas:
hasn't ◊ *don't* ◊ *I'm* ◊ *he's*
También indica posesión:
my friend's car ◊ *Jane's mother*

" " Las comillas (**quotation marks**, **inverted commas** o **quotes**) pueden ser simples (') o dobles ("). Se usan para introducir las palabras o los pensamientos de una persona:
'Come and see,' said Martin.
También se usan para hacer referencia a títulos de libros, películas, etc.:
'Have you read "Emma"?' he asked.

- El guión (**hyphen**) se usa para unir dos o más palabras que forman una unidad:
mother-in-law ◊ *a ten-ton truck*
También se usa para unir un prefijo a una palabra:
non-violent ◊ *anti-British*
y en números compuestos:
thirty-four ◊ *seventy-nine*

— La raya (**dash**) se utiliza para separar una frase o explicación dentro de una oración más amplia:
A few people — not more than ten — had already arrived.
También se utiliza al final de la oración para resumir su contenido:
Men were shouting, women were screaming, children were crying — it was chaos.

/ La barra (**slash**) se usa para separar los diferentes componentes de una dirección de internet. Se le llama también **forward slash** para distinguirla de la barra invertida (**backslash**):
http://www.oup.com/elt

Preposiciones de lugar

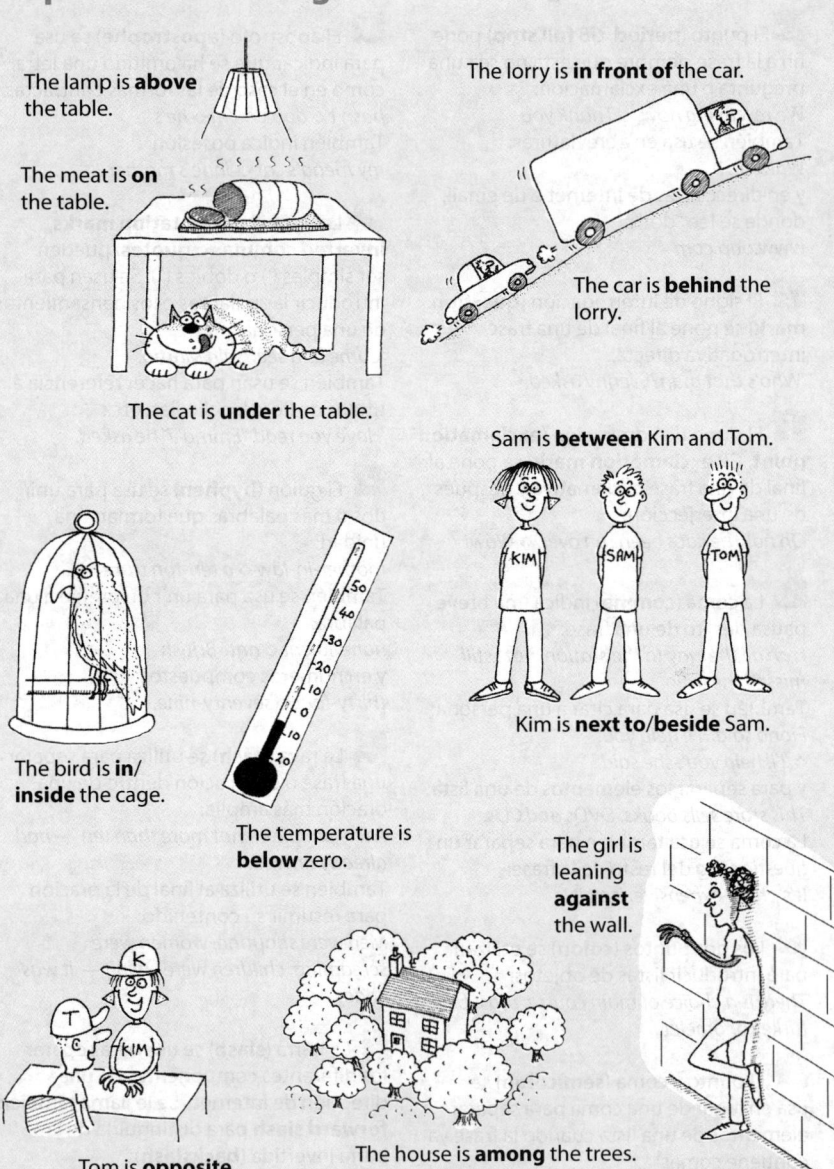

The lamp is **above** the table.

The meat is **on** the table.

The cat is **under** the table.

The lorry is **in front of** the car.

The car is **behind** the lorry.

Sam is **between** Kim and Tom.

Kim is **next to/beside** Sam.

The bird is **in/inside** the cage.

The temperature is **below** zero.

The girl is leaning **against** the wall.

Tom is **opposite** Kim.

The house is **among** the trees.

Preposiciones de movimiento

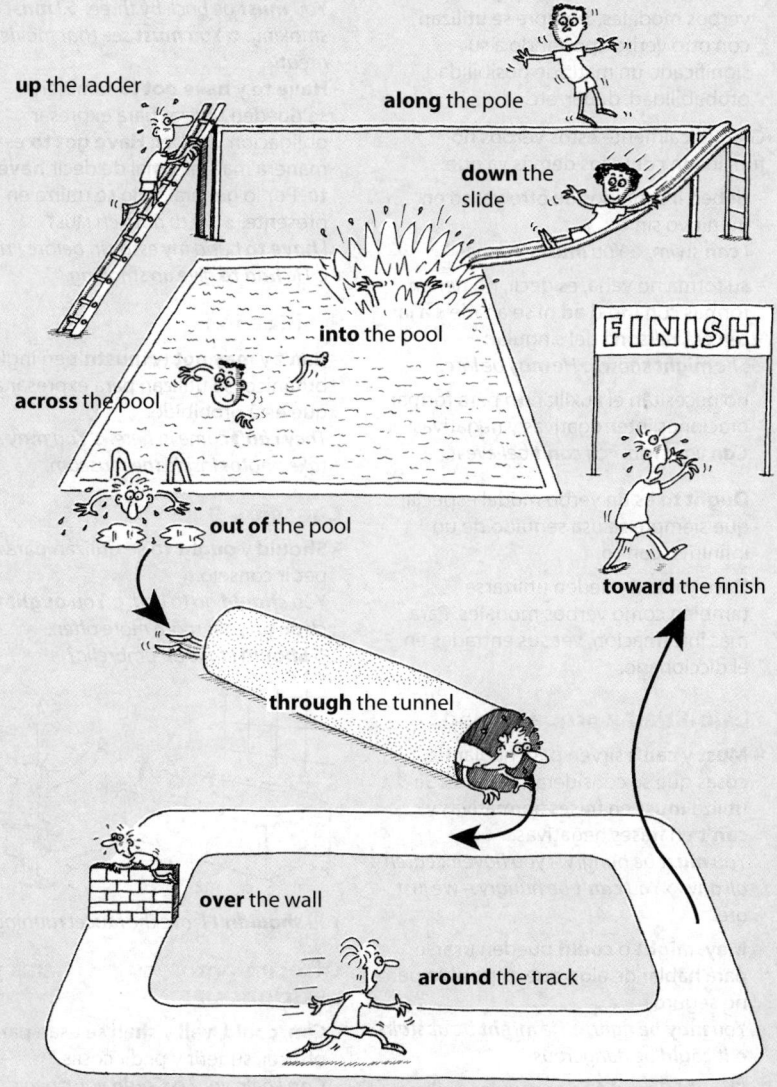

Modal verbs

Can, **could**, **may**, **might**, **must**, **will**, **would**, **shall**, **should** y **ought to** son verbos modales. Siempre se utilizan con otro verbo aportando a su significado un matiz de posibilidad, probabilidad, deber, etc.

Gramaticalmente estos verbos no funcionan como los demás ya que:
- deben ir seguidos de otro verbo en infinitivo sin **to**:
I *can* swim. ◊ You *must* be Jane.
- su forma no varía, es decir, no tienen formas con **ing** o **ed** ni se añade **s** a la tercera persona del singular:
She *might* know. ◊ He *may* be late.
- no necesitan el auxiliar **do** para formar oraciones interrogativas y negativas:
Can you swim? ◊ I *can't* believe it.

Ought to es un verbo modal especial que siempre se usa seguido de un infinitivo con **to**.

Dare y **need** pueden utilizarse también como verbos modales. Para más información, ver sus entradas en el diccionario.

Posibilidad y probabilidad

- **Must** y **can't** sirven para hablar de cosas que se consideran seguras. Se utiliza **must** en frases afirmativas y **can't** en frases negativas.
You *must* be hungry – you haven't eaten all day. ◊ You *can't* be hungry – we just ate!
- **May**, **might** o **could** pueden usarse para hablar de algo que es posible pero no seguro.
You *may* be right. ◊ He *might* be upstairs. ◊ It *could* be dangerous.
- **Should** y **ought to** se pueden utilizar para hacer predicciones de futuro.
Five *should* be enough. ◊ She *ought to* pass – she has studied hard.

Obligación y deber

- **Must** se utiliza para expresar una obligación o para dar énfasis a un consejo.
You *must* be back by three. ◊ I *must* stop smoking. ◊ You *must* see that movie – it's great!
- **Have to** y **have got to** también se pueden utilizar para expresar obligación y deber. **Have got to** es una manera más informal de decir **have to**. Por lo general, sólo se utiliza en presente. ⊃ Ver tb nota en MUST
I *have to* hand my essay in before Friday. ◊ He *had to* give up smoking.

Prohibición

- **Can't** y **may not** (y **mustn't** en inglés británico) se utilizan para expresar algo que está prohibido.
They *can't* come in here. ◊ You *may not* take photos inside the museum.

Consejos

- **Should** y **ought to** se utilizan para dar y pedir consejo.
You *should* go to bed. ◊ You *ought to* clean up your room more often. ◊ *Should* I take an umbrella?

You *shouldn't* leave the faucet running.

Ofrecimientos, sugerencias y peticiones

- **Can**, **could**, **will** y **shall** se usan para ofrecer, sugerir y pedir cosas.
Can I help you? ◊ *Could* you open the door, please? ◊ *Will* you stay for tea? ◊ *Shall* we go out for a meal?

Permiso

- **Can** y **could** se utilizan en presente y en pasado para expresar permiso para hacer algo.
  Can I go now? ◊ *Could I possibly borrow your car?* ◊ *You can come if you want.*
- En presente también se pueden usar **may** y **might**, pero son más formales.
  May I use your phone? ◊ *Books may only be borrowed for two weeks.* ◊ *Might I make a suggestion?*

Capacidades y habilidades

- **Can** y **could** se utilizan para expresar lo que uno puede o sabe hacer, tanto en presente como en pasado.
  I can speak Italian. ◊ *Can you ride a bike?* ◊ *She couldn't do it.* ◊ *I could run for miles when I was younger.*

> Recuerda que **be able to** también se utiliza en este sentido.
> *He has been able to swim for a year now.* ◊ *One day we will be able to travel to Mars.*
> ⮕ Ver tb nota en CAN

Phrasal verbs

Los *phrasal verbs* son verbos formados por dos o tres palabras. La primera palabra es siempre un verbo y puede ir seguido de un adverbio (**lie down**), una preposición (**look after sb/sth**) o ambas (**put up with sb/sth**).

Los *phrasal verbs* aparecen al final de la entrada del verbo principal, en la sección marcada PHRV. Esta es la última parte de la entrada de **count**:

> LOC **count the cost (of sth)** pagar las consecuencias (de algo) PHRV **count down (to sth)** hacer la cuenta regresiva (para algo) ♦ **count sb in** incluir a algn ♦ **count on sb/sth** contar con algn/algo ♦ **count sb out** no contar con algn ♦ **count toward sth** contribuir a algo

Como puedes ver, los *phrasal verbs* de cada verbo están ordenados alfabéticamente según las partículas que les siguen (**away**, **back**, **in**, etc.).

Muchas veces un *phrasal verb* puede ser sustituido por otro verbo con el mismo significado. Sin embargo, los *phrasal verbs* se utilizan mucho en el inglés hablado y los equivalentes no "*phrasal*" en el inglés escrito o en situaciones más formales. Tanto **get over** como **overcome** significan "superar", pero se utilizan en contextos diferentes.

Algunas partículas tienen significados especiales que se mantienen incluso cuando ocurren con verbos distintos. Fíjate en el uso de **back**, **on** y **up** en las siguientes frases:

I'll call you back later. ◊ *She wrote to him but he never wrote back.*

Read on and you'll find out what happens ◊ *They stayed on for another week at the hotel.*

◊ *Drink up! We have to go.* ◊ *Eat up all your vegetables. They're good for you.*

En estas frases **back** indica que se devuelve algo (una llamada, una carta), **on** da un sentido de continuidad a los verbos y **up** indica que algo se ha terminado por completo.

*I'll **call** you **back** later.*

Falsos amigos

¡Ojo con los falsos amigos!
Muchas palabras inglesas se parecen a las españolas. Algunas tienen el mismo significado, como **television** (*televisión*) y **biology** (*biología*), pero otras tienen significados totalmente distintos. Estas palabras parecidas pero de distinto significado se llaman **false friends** (*falsos amigos*). Es muy importante aprender las diferencias para no cometer errores, como, por ejemplo, decir que alguien es **sympathetic** (*comprensivo*) cuando lo que quieres decir es que es **nice** (*simpático*).

Aquí hay una lista de algunos **false friends** con su verdadero significado en inglés.

Esta palabra en español...	se dice en inglés...	y no...	que es...
actual	current; present-day	actual	exacto; verdadero
actualmente	at the moment	actually	en realidad, de hecho; por cierto
agenda	diary; address book	agenda	orden del día
asistir	to attend; to treat	to assist	ayudar
aviso	notice; warning	advice	consejos
conductor, -ora	driver	conductor	director de orquesta; cobrador; jefe de tren
diversión	pastime; fun; entertainment	diversion	desvío
educado	polite	educated	culto
embarazada	pregnant	embarrassed	avergonzado
éxito	success; hit	exit	salida
genial	brilliant	genial	afable
intentar	to try	to intend	tener la intención de
largo	long	large	grande; extenso, amplio
lectura	reading	lecture	conferencia; sermón
librería	bookshop; bookcase	library	biblioteca
molestar	to bother; to disturb; to upset	to molest	agredir sexualmente
noticia	news; news item	notice	anuncio
pariente	relation	parent	madre/padre
profesor, -ora	teacher; lecturer	professor	profesor/catedrático de universidad
receta	recipe; prescription	receipt	recibo
recordar	to remind; to remember	to record	registrar, anotar; grabar
resumir	to summarize; to sum up	to resume	reanudar(se); recobrar, volver a asumir
sensible	sensitive; noticeable	sensible	sensato
simpático	nice	sympathetic	comprensivo, compasivo

¡No te confundas!

Cuando leas un texto en inglés, no te dejes engañar por palabras como las siguientes, que se parecen mucho a palabras españolas, pero tienen un significado completamente distinto.

Que no te engañe...	que significa...
carpet	alfombra
casual	superficial; informal; ocasional; fortuito
comprehensive	global, completo
compromise	acuerdo
constipated	estreñido
to contest	disputar; rebatir; impugnar
costume	traje, disfraz; vestuario
crude	burdo; ordinario
deception	engaño
disgust	asco, repugnancia
fabric	tejido, tela
intoxication	embriaguez
marmalade	mermelada de cítricos
mascara	rímel, pestañina
petrol	gasolina
to presume	asumir, suponer
to pretend	fingir
to realize	darse cuenta; cumplir
stranger	desconocido, -a; forastero, -a
topic	tema

Busca las diferencias

La palabra española *collar* se traduce **collar** cuando nos referimos al collar de un perro, un gato, etc. Sin embargo, si hablamos del adorno que se pone alrededor del cuello, se dice **necklace**.

> **collar** *nm* **1** *(adorno)* necklace: *un ~ de esmeraldas* an emerald necklace **2** *(perro, gato)* collar

> **collar** /'kɑlər/ *n* **1** *(camisa, etc.)* cuello **2** *(perro, gato)* collar

Ten cuidado al utilizar palabras como estas, ya que a veces tienen el mismo significado en los dos idiomas, pero otras veces no.

1 Completa el siguiente cuadro dando una segunda traducción de las palabras en **negrita**:

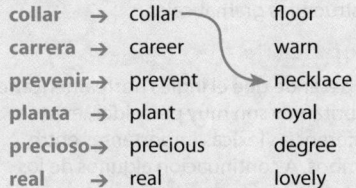

collar →	collar	floor
carrera →	career	warn
prevenir →	prevent	necklace
planta →	plant	royal
precioso →	precious	degree
real →	real	lovely

2 Elige ahora la palabra correcta en las siguientes frases:

1 *Have you finished your* **degree/career** *yet?*

2 *Our dog has a leather* **necklace/collar** .

3 *I* **prevented/warned** *him that he would get into trouble.*

4 *In hot weather, water your* **floors/plants** *every day.*

5 *What a* **lovely/precious** *dress!*

6 *The* **real/royal** *family have a palace on the island.*

El inglés de Estados Unidos y Gran Bretaña

Las diferencias entre el inglés norteamericano y el británico no se limitan a la pronunciación, sino que también se extienden al vocabulario, la ortografía y las estructuras gramaticales.

Vocabulario

A pesar de que el inglés norteamericano y británico son muy parecidos, existen diferencias léxicas importantes entre ambos. A continuación algunos de los ejemplos más comunes:

USA	GB
fall	autumn
movie theater	cinema
(potato) chips	crisps
cell phone	mobile (phone)
sidewalk	pavement
gas	petrol
trash	rubbish
candy	sweets
pants	trousers
zucchini	courgette

Este diccionario incluye tanto el inglés norteamericano como el británico. Cuando una palabra tiene una variante geográfica, esta aparece en la entrada correspondiente.

> **eggplant** /'egplænt; GB -plɑːnt/ (GB aubergine) n berenjena

> **aubergine** /'oʊbərʒiːn/ sustantivo, adjetivo
> ▶ n (GB) (USA eggplant) berenjena
> ▶ adj (color) morado

Ortografía

En inglés británico

La **l** al final de algunos verbos se duplica:

USA	GB
cance**l**ing	cance**ll**ing
trave**l**ed	trave**ll**ed

La terminacion **ter** del inglés norteamericano se cambia a **tre**:

USA	GB
cen**ter**	cen**tre**
thea**ter**	thea**tre**

La terminacion **ense** del inglés norteamericano se cambia normalmente a **ence**:

USA	GB
def**ense**	def**ence**
lic**ense**	lic**ence**

Muchas palabras que tienen terminación **or** en el inglés norteamericano, así como sus derivadas, en inglés británico se escriben con **our**:

USA	GB
fav**or**	fav**our**
col**or**	col**our**
col**or**ful	col**our**ful

Varias palabras que se escriben con **og** o **ogue** en inglés norteamericano, se escriben solamente con **ogue** en inglés británico:

USA	GB
catal**og**/catal**ogue**	catal**ogue**
dial**ogue**/dial**og**	dial**ogue**

Muchos verbos que en inglés norteamericano sólo existen en la forma **ize** pueden terminar con **ize** o **ise** en inglés británico. Lo mismo sucede con sus derivados:

USA	GB
real**ize**	real**ize**, **-ise**
real**iz**ation	real**iz**ation, **-is**ation

Sin embargo, hay palabras como **advise**, **surprise** y **exercise** que se escriben con **ise** tanto en inglés norteamericano como británico.

Otros casos en que la ortografía cambia:

USA	GB
analyze	analyse
anemia	anaemia
check	cheque
cozy	cosy
gray	grey
jewelry	jewellery
mold	mould
pajamas	pyjamas
plow	plough
practice	practise (verbo)
skeptical	sceptical
tire	tyre

Gramática

Present perfect y past simple

En el inglés norteamericano se puede utilizar el *past simple* con adverbios como **just**, **yet** y **already**. En estos casos, a su vez, en el inglés británico se utiliza el *present perfect*:

USA	GB
I just saw her.	I've just seen her.
Did you hear the news yet?	Have you heard the news yet?
I already gave her my present.	I have already given her my present.

Have en frases interrogativas y negativas

Para indicar la idea de posesión el inglés norteamericano utiliza **have** cuando la frase es interrogativa o negativa. En el inglés británico se puede usar **have** o **have got**:

USA	GB
I don't have enough time.	I haven't (got) enough time./I don't have enough time.
Do you have a camera?	Have you got a camera?/Do you have a camera?

Gotten y got

En el inglés norteamericano el participio pasado de **got** es **gotten**, y en el inglés británico se utiliza **got**:

USA	GB
Her driving has gotten much better.	Her driving has got much better.

Will y shall

En el inglés norteamericano, para formar la primera persona del futuro, sólo se utiliza **will**. En el inglés británico se puede usar **shall** o **will**:

USA	GB
I will be here tomorrow.	I shall/will be here tomorrow.

En el inglés británico también se utiliza **shall** para ofrecer algo o hacer una sugerencia. En el inglés norteamericano se emplea **should**:

USA	GB
Should I open the window?	Shall I open the window?

Preposiciones y adverbios

USA	GB
to stay home	to stay at home
Monday through Friday	Monday to Friday
on the weekend	at the weekend
a quarter after ten	a quarter past ten
Write me.	Write to me.

Verbos irregulares

Los verbos **burn**, **dream**, **lean**, **leap**, **learn**, **smell**, **spill**, y **spoil** tienen dos formas de pasado y participio, una regular (**burned**, **dreamed**, etc.) y otra irregular (**burnt**, **dreamt**, etc.) En el inglés norteamericano se utiliza solamente la forma regular para el pasado y participio, pero en el inglés británico se usan ambas formas indistintamente:

USA	GB
They burned the old sofa.	They burned/burnt the old sofa.

Cómo escribir cartas y correos electrónicos

Cartas formales

Escribe el nombre, puesto, y dirección de la persona a quien está dirigida la carta.

No escribas tu nombre al principio de la carta.

Escribe tu dirección aquí, alineada con la despedida y la firma al final de la carta. Puedes también preferir alinear todos los párrafos al margen izquierdo de la página.

<pre>
                                          3 Brook Road
                                          St. Louis, Missouri
                                          63130
Chris Summit
Director of Human Resources
BLC Computers
15 Laclede Street
St. Louis, Missouri 63157
</pre>

Escribe la fecha completa aquí.

April 20, 2007

Usa el título de la persona a quien está dirigida la carta (Mr., Ms., etc..), acompañado de su apellido. Usa los saludos Dear Sir o Dear Madam sólo cuando no sabes el nombre de la persona.

Dear Mr. Summit,

I am writing to apply for the position of software technician advertised in The Echo on April 16. I have enclosed a copy of my résumé. ❶

Evita contracciones o formas abreviadas.

Since graduating from the University of Michigan, I have been working in software design and have gained considerable experience in developing personalized packages. I am proficient at programming in five different languages, including C++ and Java. My job has also given me some insight into systems analysis. ❷

Usa conjunciones y expresiones formales.

I am now seeking employment with a company where I can gain more experience and where there are more opportunities for promotion. I am sure I could make a significant contribution and would be happy to demonstrate some of my programs to you. ❸

I am available for an interview at your convenience and look forward to hearing from you soon. ❹

Termina tu carta con *Sincerely* o *Sincerely Yours*.

Sincerely yours,

Andrew Mason

Andrew Mason

Firma arriba de tu nombre completo.

párrafo ❶
Explica cuál es el puesto que estás solicitando y cómo y dónde fue que supiste sobre dicho puesto.

párrafo ❷
Describe brevemente lo más relevante de tus estudios y tu experiencia.

párrafo ❸
Explica por qué quieres este puesto y por qué te consideras capacitado para ejercerlo.

párrafo ❹
Informa sobre tus datos de contacto y acerca de tu disponibilidad para entrevistas.

Correos electrónicos

Los mensajes de correo electrónico pueden ser formales o informales, dependiendo de la relación entre las personas involucradas. De cualquier manera, todos los emails deben seguir ciertas reglas básicas:

- Presentar un estilo consistente. No pasar de estilo informal a formal, o viceversa.
- Las apariencias son importantes y hay que recordar que las frases y los párrafos deben estar bien construidos.
- Los correos electrónicos deben ser breves y objetivos.

En un email formal, se recomienda comenzar con *Dear*…. Sin embargo, no hay un fórmula específica sobre cómo finalizar el mensaje, y puede usarse simplemente el nombre.

Ejercicio

Ve los siguientes dos emails que solicitan algo. La relación entre el remitente y el destinatario es diferente en cada uno de los dos mensajes. Usa las expresiones de la lista de abajo para completar los espacios en los dos emails.

a I am writing to ask you
b Should we also
c We would like you to
d Could you
e I would be grateful if you
f Can you arrange this

Solicitud informal a un compañero de trabajo:

Andrew
1 _____ order 20 packs of the photocopy paper? 2 _____ and let me know the delivery date?
3 _____ get some packs of staples at the same time?
Sarah

Solicitud formal a alguien que tú no conoces personalmente:

Dear Mr. Webb,
4 _____ if you would be able to give a presentation at our board meeting on Thursday, February 7.

5 _____ talk about your current projects and how your consultants could help our company.

6 _____ could let me know as soon as possible.

Regards,
Elaine Jackson

Por teléfono

Hello.
Hello, is this Helen?
Yes, speaking.
Oh, hello. This is Mike.

Hello.

Hello, could I speak to Simon, please?
Yes, of course. Can I ask who's calling?
It's Liz.
OK, just a minute, please.

Hello, is this Helen?

Yes, speaking.

Oh, hello. This is Mike.

Good morning. Could I speak to Dr Jones, please?
I'm afraid Dr Jones is out at the moment. Can I take a message?
No, thank you. I'll call back later. Goodbye.

Hi, Will. This is Sarah.
Hi, Sarah. Where are you calling from?
I'm on my cell phone. I just wanted to tell you that I'll be an hour late.
Thanks for letting me know. I'll see you later then.
OK. See you later.

Los mensajes de texto

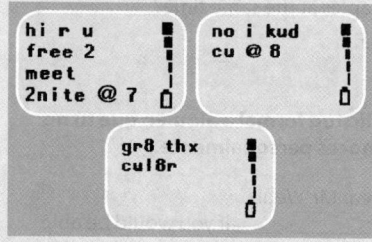

hi r u
free 2
meet
2nite @ 7

no i kud
cu @ 8

gr8 thx
cul8r

- Hi. Are you free to meet tonight at 7?
- No. I could see you at 8.
- Great. Thanks. See you later.

Para mandar mensajes de texto, se pueden usar las siguientes formas abreviadas:

2	to, too, two	cn	can
2day	today	cu	see you
2moro	tomorrow	cud	could
2nite	tonight	evry1	everyone
4	for, four	ez	easy
4eva	forever	fone	phone
@	at	gd	good
asap	as soon as possible	gr8	great
b	be	l8	late
b4	before	l8r	later
brb	be right back	lol	laugh out loud
btw	by the way	luvu	love you
		msg	message
		ne1	anyone
		neway	anyway
		no1	no one
		pls	please
		ppl	people
		ruok?	are you OK?
		sn	soon
		spksn	speak soon
		txt	text
		thanx o thx	thanks
		u	you
		ur	you are
		v	very
		w	with
		xoxoxo	hugs and kisses
		yr	your, you're

A a

A, a /eɪ/ n (pl **As, A's, a's** /eɪz/)

> **Uso de las letras**
>
> **1 para deletrear**
> '*Alex*' begins with (an) '*A*'. "Alex" empieza por "A". ◊ '*Lisa*' ends in (an) '*a*'. "Lisa" termina en "a". ◊ *Do you spell that with an 'a' or an 'e'?* ¿Se escribe con "a" o con "e"? ◊ '*April*' *with a capital A* "Abril" con A mayúscula ◊ *How many ls are there in 'lily'?* ¿Cuántas eles tiene la palabra "lily"? ◊ *It's spelt d-e-e-p.* Se escribe d-e-e-p.
>
> **2 notas musicales**
> A = la B = si C = do D = re E = mi F = fa G = sol: *A sharp* la sostenido ◊ *B flat* si bemol
>
> **3 notas escolares**
> A es la nota más alta y, dependiendo del nivel del examen, las calificaciones van hasta E o G. U indica que no se ha aprobado el examen: *She got a D in French.* ◊ *I got two Bs and a C.*
> En clase un profesor puede usar letras (generalmente entre la A y la C o la D) o números (sobre diez, veinte, etc.): *He gave me 6 out of 10 for my homework.*
> Si un profesor pone un comentario como 'very good' no corresponde a una nota concreta.

⸙ **a** /ə, eɪ/ (tb **an** /ən, æn/) art ❶ **A, an** corresponde al español *un, una* excepto en los siguientes casos: **1** (*números*) *a hundred and twenty people* ciento veinte personas **2** (*profesiones*) *My mother is a lawyer.* Mi madre es abogada. **3** por: *200 words a minute* 200 palabras por minuto ◊ *50¢ a dozen* 50 centavos la docena **4** (*con desconocidos*) un(a) tal: *Do we know a Tim Smith?* ¿Conocemos a un tal Tim Smith?

A2 /ˌeɪ ˈtuː/ (tb **A2 level**) n (*GB*) examen que hacen los estudiantes de dieciocho años en Gran Bretaña ➲ *Ver nota en* A LEVEL

aback /əˈbæk/ adv LOC **be taken aback (by sb/sth)** estar sorprendido (por algn/algo): *I was really taken aback.* Me sorprendió mucho.

⸙ **abandon** /əˈbændən/ vt abandonar: *We abandoned the attempt.* Abandonamos el intento. ◊ *an abandoned baby/car/village* un bebé/carro/pueblo abandonado

abbey /ˈæbi/ n (pl **abbeys**) abadía

abbreviate /əˈbriːvieɪt/ vt abreviar
▪ **abbreviation** n **1** abreviación **2** abreviatura

ABC /ˌeɪ biː ˈsiː/ n **1** abecedario **2** abecé

abdicate /ˈæbdɪkeɪt/ vt, vi abdicar: *to abdicate (all) responsibility* declinar toda responsabilidad

abdomen /ˈæbdəmən/ n abdomen
▪ **abdominal** /æbˈdɒmɪnl/ adj abdominal

abduct /əbˈdʌkt, æb-/ vt secuestrar
▪ **abduction** n secuestro

abide /əˈbaɪd/ vt **can't/couldn't ~ sb/sth** no poder soportar a algn/algo: *I can't abide them.* No los puedo soportar. PHR V **abide by sth 1** (*veredicto, decisión*) acatar algo **2** (*promesa*) cumplir algo

⸙ **ability** /əˈbɪləti/ n (pl **abilities**) **1** capacidad: *her ability to accept change* su capacidad para asumir los cambios **2** aptitud, habilidad: *Despite his ability as a dancer…* A pesar de sus aptitudes como bailarín… ◊ *to the best of your ability* lo mejor que puedas

ablaze /əˈbleɪz/ adj **1** en llamas: *to set sth ablaze* prender fuego a algo **2 be ~ with sth** resplandecer de algo: *The garden was ablaze with flowers.* El jardín estaba inundado de flores.

⸙ **able** /ˈeɪbl/ adj **1 be ~ to do sth** poder hacer algo: *Will he be able to help you?* ¿Podrá ayudarte? ◊ *They are not yet able to swim.* No saben nadar todavía. ➲ *Ver nota en* CAN¹ **2** (**abler, -est**) capaz: *the ablest students in the class* los estudiantes más avanzados de la clase

abnormal /æbˈnɔːrml/ adj anormal
▪ **abnormality** /ˌæbnɔːrˈmæləti/ n (pl **abnormalities**) anormalidad

aboard /əˈbɔːrd/ adv, prep a bordo: *aboard the ship* a bordo del barco ◊ *Welcome aboard.* Bienvenidos a bordo.

abode /əˈboʊd/ n (*formal*) morada LOC *Ver* FIXED

abolish /əˈbɒlɪʃ/ vt abolir ▪ **abolition** /ˌæbəˈlɪʃn/ n abolición

abominable /əˈbɒmənəbl/ adj abominable

Aboriginal /ˌæbəˈrɪdʒənl/ adj, n aborigen (*de Australia*)

Aborigine /ˌæbəˈrɪdʒəni/ n aborigen (*de Australia*)

abort /əˈbɔːrt/ vt, vi abortar: *They aborted the launch.* Detuvieron el lanzamiento.

abortion /əˈbɔːrʃn/ n aborto (*intencionado*): *to have an abortion* abortar

abortive /əˈbɔːrtɪv/ *adj* fracasado: *an abortive coup/attempt* un golpe de estado fracasado/un intento fallido

abound /əˈbaʊnd/ *vi* ~ **(with sth)** *(formal)* abundar (en algo)

⚑ **about** /əˈbaʊt/ *adverbio, preposición, adjetivo*
❶ Para los usos de **about** en PHRASAL VERBS ver las entradas de los verbos correspondientes, p.ej. **lie about** en LIE¹.
▸ *adv* **1** *(tb* around*)* más o menos: *about the same height as you* más o menos de tu misma altura **2** *(tb* around*)* hacia: *I got home at about half past seven.* Llegué a la casa hacia las siete y media. ➲ *Ver nota en* AROUND **3** *(tb esp USA* around*)* por aquí: *She's somewhere about.* Está por aquí. ◊ *There are no jobs about at the moment.* Por el momento no hay ningún trabajo. **4** casi: *Dinner's about ready.* La comida está casi lista. **5** de un lado a otro: *I could hear people moving about.* Oía gente yendo de un lado para otro. **6** aquí y allá: *People were standing about in the street.* Había gente parada en la calle.
▸ *prep* **1** por: *papers strewn about the room* papeles esparcidos por el cuarto ◊ *She's somewhere about the place.* Anda por aquí. **2** sobre: *a book about flowers* un libro sobre flores ◊ *What's the book about?* ¿De qué trata el libro? **3** *[con adjetivo] angry/happy about sth* enojado por/contento con algo **4** *(característica) There's something about her I like.* Tiene algo que me gusta. LOC **how/what about…?** **1** *(pregunta)* ¿y?: *How about the money you owe me/the risks involved?* ¿Y qué hay de la plata que me debes/del riesgo que implica? ◊ *What about his car?* ¿Y su carro? **2** *(sugerencia)* ¿qué te parece si …?: *How about going swimming?* ¿Qué te parece ir a nadar? ◊ *What about it?* ¿Qué te parece?
▸ *adj* LOC **be about to do sth** estar a punto de hacer algo

⚑ **above** /əˈbʌv/ *adverbio, preposición*
▸ *adv* arriba: *the people in the apartment above* la gente del apartamento de arriba ◊ *children aged eleven and above* los niños de once años en adelante
▸ *prep* **1** por encima de, más arriba de: *3,000 meters above sea level* 3.000 metros sobre el nivel del mar ◊ *I live in the apartment above the store.* Vivo en el apartamento que está justo encima del almacén. **2** más de: *above 50%* más del 50% LOC **above all** sobre todo

abrasive /əˈbreɪsɪv/ *adj* **1** *(persona)* brusco y desagradable **2** *(superficie)* áspero: *abrasive paper* papel de lija

abreast /əˈbrest/ *adv*: *to cycle two abreast* andar en bicicleta parejo con algn LOC **keep abreast of sth** mantenerse al tanto de algo

⚑ **abroad** /əˈbrɔːd/ *adv* en el extranjero, en el exterior: *to go abroad* ir al extranjero ◊ *Have you ever been abroad?* ¿Has estado en el extranjero?

abrupt /əˈbrʌpt/ *adj* **1** *(cambio)* repentino, brusco **2** *(persona)* brusco, cortante: *He was very abrupt with me.* Fue muy brusco conmigo.

abseil /ˈæbseɪl/ *vi (GB) (USA* rappel*)* hacer rappel ■ **abseiling** *n (GB) (USA* rappel*)* rappel

⚑ **absence** /ˈæbsəns/ *n* **1** ausencia: *absences due to illness* ausencias por enfermedad **2** *[incontable]* ausencia, falta: *the complete absence of noise* la ausencia total de ruido ◊ *in the absence of new evidence* a falta de nuevas pruebas LOC *Ver* CONSPICUOUS

⚑ **absent** /ˈæbsənt/ *adj* **1** ausente **2** distraído

absentee /ˌæbsənˈtiː/ *n* ausente: *absentee ballot* voto por correo

absentminded /ˌæbsəntˈmaɪndɪd/ *(tb* absent-minded*) adj* distraído

⚑ **absolute** /ˈæbsəluːt/ *adj* absoluto

⚑ **absolutely** /ˈæbsəluːtli/ *adv* **1** absolutamente: *You are absolutely right.* Tienes toda la razón. ◊ *Are you absolutely sure/certain that…?* ¿Estás completamente seguro de que…? ◊ *It's absolutely essential/necessary that…* Es imprescindible que… **2** *[en negativa] absolutely nothing* nada en absoluto **3** /ˌæbsəˈluːtli/ *(mostrando acuerdo con algn) Oh absolutely!* ¡Sin duda!

absolve /əbˈzɑlv/ *vt* ~ **sb (from/of sth)** absolver a algn (de algo)

⚑ **absorb** /əbˈsɔːrb, əbˈz-/ *vt* **1** absorber, asimilar: *The root hairs absorb the water.* Los pelos de la raíz absorben el agua. ◊ *easily absorbed into the bloodstream* fácilmente asimilado por la sangre ◊ *to absorb information* asimilar información **2** amortiguar: *to absorb the shock* amortiguar el golpe

absorbed /əbˈsɔːrbd, əbˈz-/ *adj* absorto

absorbent /əbˈsɔːrbənt, əbˈz-/ *adj* absorbente *(papel, etc.)*

absorbing /əbˈsɔːrbɪŋ, əbˈz-/ *adj* absorbente *(libro, película, etc.)*

absorption /əbˈsɔːrpʃn, əbˈz-/ *n* **1** *(líquidos)* absorción **2** *(minerales, ideas)* asimilación

abstain /əbˈsteɪn/ *vi* ~ **(from sth)** abstenerse (de algo)

abstract /ˈæbstrækt/ *adjetivo, sustantivo*
▸ *adj* abstracto

▶ n (Arte) obra de arte abstracto **LOC** **in the abstract** en abstracto

absurd /əbˈsɜːrd/ adj absurdo: *You look absurd in that hat.* Te ves ridículo con ese sombrero. ◊ *How absurd!* ¡Qué disparate! ■ **absurdity** n (pl **absurdities**) absurdo: *the absurdity of the situation* lo absurdo de la situación

abundance /əˈbʌndəns/ n abundancia

abundant /əˈbʌndənt/ adj abundante

abuse verbo, sustantivo
▶ vt /əˈbjuːz/ **1** abusar de: *to abuse your power* abusar de tu poder **2** insultar **3** maltratar **4** (*sexualmente*) abusar de
▶ n /əˈbjuːs/ **1** abuso: *human rights abuses* abusos contra los derechos humanos **2** malos tratos **3** [*incontable*] insultos: *They shouted abuse at him.* Lo insultaron a gritos. **4** abuso sexual (*esp infantil*)

abusive /əˈbjuːsɪv/ adj insultante, grosero

academic /ˌækəˈdemɪk/ adj **1** académico **2** especulativo

academy /əˈkædəmi/ n (pl **academies**) academia

accelerate /əkˈseləreɪt/ vt, vi acelerar ■ **acceleration** n **1** aceleración **2** (*vehículo*) arranque **accelerator** n (*esp GB*) acelerador

accent /ˈæksent, ˈæksənt/ n **1** acento **2** énfasis **3** tilde

accentuate /əkˈsentʃueɪt/ vt **1** acentuar **2** resaltar **3** agravar

accept /əkˈsept/ **1** vt, vi aceptar **2** vt admitir: *I've been accepted by the university.* Me aceptaron en la universidad. **3** vt (*máquina*) *The machine only accepts dimes.* La máquina solo funciona con monedas de diez centavos.

acceptable /əkˈseptəbl/ adj ~ (**to sb**) aceptable (para algn)

acceptance /əkˈseptəns/ n **1** aceptación **2** aprobación

access /ˈækses/ n ~ (**to sb/sth**) acceso (a algn/algo)

accessible /əkˈsesəbl/ adj accesible

accessory /əkˈsesəri/ n (pl **accessories**) **1** accesorio **2** [*gen pl*] (*ropa*) complemento **3** ~ (**to sth**) (*Jur*) cómplice (de algo)

accident /ˈæksɪdənt/ n **1** accidente **2** casualidad **LOC** **by accident 1** accidentalmente **2** por casualidad **3** por descuido

accidental /ˌæksɪˈdentl/ adj **1** accidental **2** casual

accidentally /ˌæksɪˈdentəli/ adv **1** sin querer **2** por casualidad

accident and emergency n (abrev A & E) (GB) (USA **emergency room**) (servicio de) urgencias, emergencia

acclaim /əˈkleɪm/ verbo, sustantivo
▶ vt aclamar
▶ n [*incontable*] elogios

accommodate /əˈkɒmədeɪt/ vt **1** alojar **2** (*vehículo*) tener capacidad para: *The car can accommodate five people.* El carro tiene capacidad para cinco personas.

accommodations /əˌkɒməˈdeɪʃnz/ n [pl] (GB **accommodation** [*incontable*]) alojamiento

accompaniment /əˈkʌmpənimənt/ n acompañamiento

accompany /əˈkʌmpəni/ vt (pt, pp **-nied**) acompañar

accomplice /əˈkɒmplɪs; GB əˈkʌm-/ n cómplice

accomplish /əˈkɒmplɪʃ; GB əˈkʌm-/ vt **1** llevar a cabo **2** lograr

accomplished /əˈkɒmplɪʃt; GB əˈkʌm-/ adj consumado, logrado

accomplishment /əˈkɒmplɪʃmənt; GB əˈkʌm-/ n **1** logro **2** talento

accord /əˈkɔːrd/ sustantivo, verbo
▶ n acuerdo **LOC** **in accord (with sth/sb)** de acuerdo (con algo/algn) ◆ **of your own accord** por decisión propia, (de) motu proprio
▶ (*formal*) **1** vt otorgar, conceder **2** vi ~ **with sth** concordar con algo

accordance /əˈkɔːrdns/ n **LOC** **in accordance with sth** de acuerdo con algo

accordingly /əˈkɔːrdɪŋli/ adv **1** por lo tanto, por consiguiente **2** en consecuencia: *to act accordingly* obrar en consecuencia

according to /əˈkɔːrdɪŋ tə/ prep según

accordion /əˈkɔːrdiən/ n acordeón

account /əˈkaʊnt/ sustantivo, verbo
▶ n **1** (Fin, Econ) cuenta: *checking account* cuenta corriente **2** factura **3** **accounts** [pl] contabilidad **4** relato, relación **LOC** **by/from all accounts** por lo que dicen ◆ **of no account** sin ninguna importancia ◆ **on account of sb/sth** a causa de algn/algo ◆ **on no account**; **not on any account** bajo ningún concepto, de ninguna manera ◆ **on this/that account** por esta/esa razón ◆ **take account of sb/sth**; **take sb/sth into account** tener a algn/algo en cuenta
▶ v **PHR V** **account for sth 1** explicar algo **2** rendir cuentas de algo **3** constituir algo: *Rice accounts for a fraction of exports.* El arroz constituye una parte mínima de las exportaciones.

accountable /əˈkaʊntəbl/ adj ~ (**to sb**) (**for sth**) responsable (ante algn) (de algo)

accountant

- **accountability** /əˌkaʊntəˈbɪləti/ n responsabilidad de la que hay que dar cuenta
- **accountant** /əˈkaʊntənt/ n contador, -ora
- **accounting** /əˈkaʊntɪŋ/ (GB **accountancy** /əˈkaʊntənsi/) n contabilidad
- **accumulate** /əˈkjuːmjəleɪt/ vt, vi acumular(se) ■ **accumulation** n acumulación
- **accuracy** /ˈækjərəsi/ n precisión
- **accurate** /ˈækjərət/ adj exacto: *an accurate shot* un disparo certero
- **accusation** /ˌækjuˈzeɪʃn/ n acusación
- **accuse** /əˈkjuːz/ vt ~ **sb (of sth)** acusar a algn (de algo): *He was accused of murder.* Fue acusado de asesinato. ■ **the accused** n (pl **the accused**) el acusado, la acusada **accusingly** adv: *to look accusingly at sb* lanzar una mirada acusadora a algn
- **accustomed** /əˈkʌstəmd/ adj ~ **to sth** acostumbrado a algo: *to be accustomed to sth* estar acostumbrado a algo ◊ *to become/get/grow accustomed to sth* acostumbrarse a algo
- **ace** /eɪs/ n as
- **ache** /eɪk/ sustantivo, verbo
  - ▸ n dolor
  - ▸ vi doler
- **achieve** /əˈtʃiːv/ vt **1** (*objetivo, éxito*) lograr **2** (*resultados*) conseguir
- **achievement** /əˈtʃiːvmənt/ n logro
- **aching** /ˈeɪkɪŋ/ adj adolorido
- **acid** /ˈæsɪd/ sustantivo, adjetivo
  - ▸ n ácido
  - ▸ adj (tb **acidic** /əˈsɪdɪk/) **1** ácido **2** (*sabor*) ácido, agrio ■ **acidity** /əˈsɪdəti/ n acidez
- **acid rain** n lluvia ácida
- **acknowledge** /əkˈnɒlɪdʒ/ vt **1** reconocer **2** (*carta*) acusar recibo de **3** darse por enterado de ■ **acknowledgment** (tb **acknowledgement**) n **1** reconocimiento **2** acuse de recibo **3** agradecimiento (*en un libro, etc.*)
- **acne** /ˈækni/ n acné
- **acorn** /ˈeɪkɔːrn/ n bellota
- **acoustic** /əˈkuːstɪk/ adj acústico
- **acoustics** /əˈkuːstɪks/ n [pl] acústica
- **acquaintance** /əˈkweɪntəns/ n **1** amistad **2** conocido, -a LOC **make sb's acquaintance**; **make the acquaintance of sb** (*formal*) conocer a algn (*por primera vez*) ■ **acquainted** /əˈkweɪntɪd/ adj familiarizado: *to become/get acquainted with sb* (llegar a) conocer a algn
- **acquiesce** /ˌækwiˈes/ vi ~ **(in sth)** (*formal*) consentir (algo/en algo), aceptar (algo) ■ **acquiescence** n (*formal*) consentimiento

- **acquire** /əˈkwaɪər/ vt **1** (*conocimientos, posesiones*) adquirir **2** (*información*) obtener **3** (*reputación*) adquirir, ganarse **4** hacerse con, apoderarse de
- **acquisition** /ˌækwɪˈzɪʃn/ n adquisición
- **acquit** /əˈkwɪt/ vt (**-tt-**) ~ **sb (of sth)** absolver a algn (de algo) ■ **acquittal** n absolución
- **acre** /ˈeɪkər/ n acre (4,047 *metros cuadrados*) ⮕ *Ver pág. 786*
- **acrobat** /ˈækrəbæt/ n acróbata
- **across** /əˈkrɔːs; GB əˈkrɒs/ adverbio, preposición
  - ❶ Para los usos de **across** en PHRASAL VERBS ver las entradas de los verbos correspondientes, p. ej. **come across sb/sth** en COME.
  - ▸ adv **1** [*suele traducirse por un verbo*] de un lado a otro: *to swim across* cruzar nadando ◊ *to walk across the border* cruzar la frontera a pie ◊ *to take the path across the fields* tomar el camino que atraviesa los campos **2** al otro lado: *We were across in no time.* Llegamos al otro lado en un instante. **3** de ancho: *The river is half a mile across.* El río tiene media milla de ancho.
  - ▸ prep **1** sobre, a lo largo de: *a bridge across the river* un puente sobre el río ◊ *A branch lay across the path.* Había una rama atravesada en el camino. **2** al otro lado de: *from across the room* desde el otro lado de la habitación
- **aˈcross from** (GB **opposite**) prep enfrente de
- **acrylic** /əˈkrɪlɪk/ adj, n acrílico
- **act** /ækt/ sustantivo, verbo
  - ▸ n **1** acto: *an act of violence/kindness* un acto de violencia/amabilidad **2** (*Teat*) acto **3** número: *a circus act* un número de circo **4** (*Jur*) decreto LOC **get your act together** (*coloq*) organizarse ◆ **in the act of doing sth** en el momento de hacer algo ◆ **put on an act** (*coloq*) fingir
  - ▸ **1** vi actuar **2** vi comportarse **3** vt (*Teat*) hacer el papel de LOC *Ver* FOOL
- **acting** /ˈæktɪŋ/ sustantivo, adjetivo
  - ▸ n teatro (*como profesión*): *his acting career* su carrera como actor ◊ *Her acting was awful.* Su actuación fue espantosa.
  - ▸ adj [*solo antes de sustantivo*] en funciones: *acting director* director interino ◊ *He was acting chairman at the meeting.* Actuó como presidente en la reunión.
- **action** /ˈækʃn/ n **1** acción **2** [*incontable*] medidas: *Drastic action is needed.* Hay que tomar medidas drásticas. **3** acto **4** (*Mil*) acción: *to go into action* entrar en acción LOC **in action** en acción ◆ **out of action 1** (*soldado*) fuera de combate **2** *This machine is out of action.* Esta máquina no funciona. ◆ **put sth into action** poner algo en práctica ◆ **take action** tomar medidas *Ver tb* COURSE, SPRING

| u actual | ɔː saw | ɜː bird | ə about | j yes | w woman | ʒ vision | h hat | ŋ sing |

administration

¹action-packed *adj* **1** (*fin de semana, etc.*) animado **2** (*película, etc.*) con mucha acción

activate /ˈæktɪveɪt/ *vt* activar

active /ˈæktɪv/ *adjetivo, sustantivo*
▶ *adj* **1** activo: *to take an active part in sth* participar activamente en algo ◊ *to take an active interest in sth* interesarse vivamente por algo **2** (*volcán*) en actividad
▶ *n* (*tb* ˌactive ˈvoice) (*Gram*) (voz) activa

activity /ækˈtɪvəti/ *n* (*pl* **activities**) **1** actividad **2** bullicio

actor /ˈæktər/ *n* actor, actriz ➲ *Ver nota en* ACTRESS

actress /ˈæktrəs/ *n* actriz

Hay mucha gente que prefiere el término **actor** tanto para el femenino como para el masculino.

actual /ˈæktʃuəl/ *adj* **1** exacto: *What were his actual words?* ¿Qué fue lo que dijo exactamente? **2** verdadero: *based on actual events* basado en hechos reales **3** propiamente dicho: *the actual city center* el centro propiamente dicho ➲ *Comparar con* CURRENT, PRESENT-DAY **LOC** **in actual fact** en realidad

actually /ˈæktʃuəli/ *adv* **1** en realidad, de hecho **2** por cierto ➲ *Comparar con* CURRENTLY, PRESENTLY

Actually se usa principalmente:
1 para enfatizar una expresión o pregunta: *What did she actually say?* ¿Qué dijo exactamente? ◊ *You actually met her?* ¿De verdad la conociste? ◊ *He actually expected me to leave.* En realidad esperaba que me fuera.
2 para corregir una equivocación: *He's actually very bright.* De hecho, es muy inteligente. ◊ *Actually, my name's Sue, not Ann.* En realidad, me llamo Sue, no Ann.

acupuncture /ˈækjupʌŋktʃər/ *n* acupuntura

acute /əˈkjuːt/ *adj* **1** extremo: *to become more acute* agudizarse **2** agudo: *acute angle* ángulo agudo ◊ *acute appendicitis* apendicitis aguda **3** (*remordimiento*) profundo

A.D. (*GB* AD) /ˌeɪ ˈdiː/ *abrev de* anno domini después de Cristo

ad /æd/ *n* (*coloq*) *Ver* ADVERTISEMENT

adamant /ˈædəmənt/ *adj* firme, categórico: *He was adamant about staying behind.* Se empeñó en quedarse.

Adam's apple /ˌædəmz ˈæpl/ *n* (*Anat*) manzana de Adán

adapt /əˈdæpt/ *vt, vi* adaptar(se) ■ **adaptable** *adj* **1** (*persona*) *to learn to be adaptable* aprender a adaptarse **2** (*aparatos, etc.*) adaptable
adaptation /ˌædæpˈteɪʃn/ *n* adaptación

adapter (*tb* **adaptor**) /əˈdæptər/ *n* enchufe múltiple, adaptador

add /æd/ *vt* **1** añadir, agregar **2** ~ **A to B**; ~ **A and B together** sumar A y B **PHR V** **add sth on (to sth)** añadir algo (a algo) ◆ **add to sth 1** aumentar algo **2** ampliar algo ◆ **add up** (*coloq*) cuadrar: *His story doesn't add up.* Hay cosas en su relato que no cuadran. ◆ **add (sth) up** sumar (algo) ◆ **add up to sth** ascender a algo: *The bill adds up to $40.* La cuenta asciende a 40 dólares.

adder /ˈædər/ *n* víbora

addict /ˈædɪkt/ *n* adicto, -a: *drug addict* drogadicto ■ **addicted** /əˈdɪktɪd/ *adj* adicto
addiction /əˈdɪkʃn/ *n* adicción **addictive** /əˈdɪktɪv/ *adj* adictivo

addition /əˈdɪʃn/ *n* **1** (*Mat*) suma: *Children are taught addition and subtraction.* Los niños aprenden a sumar y a restar. **2** incorporación **3** adquisición **LOC** **in addition (to sth)** además (de algo)

additional /əˈdɪʃənl/ *adj* adicional

additive /ˈædətɪv/ *n* aditivo

address *sustantivo, verbo*
▶ *n* /əˈdres, ˈædres; *GB* əˈdres/ **1** dirección: *address book* libreta de direcciones **2** discurso **LOC** *Ver* FIXED
▶ *vt* /əˈdres/ **1** (*carta, etc.*) dirigir **2** dirigirse a (*una persona*) **3** ~ **(yourself to) sth** hacer frente a algo

adept /əˈdept/ *adj* hábil

adequate /ˈædɪkwət/ *adj* **1** adecuado **2** aceptable

adhere /ədˈhɪər/ *vi* (*formal*) **1** adherirse **2** ~ **to sth** (*creencia, etc.*) observar algo

adhesive /ədˈhiːsɪv/ *adj, n* adhesivo

adjacent /əˈdʒeɪsnt/ *adj* adyacente

adjective /ˈædʒɪktɪv/ *n* adjetivo

adjoining /əˈdʒɔɪnɪŋ/ *adj* contiguo, colindante

adjourn /əˈdʒɜːrn/ **1** *vt* aplazar **2** *vt, vi* (*reunión, sesión*) suspender(se)

adjust /əˈdʒʌst/ **1** *vt* ajustar, arreglar **2** *vt, vi* ~ **(sth) (to sth)** adaptar algo (a algo), adaptarse (a algo) ■ **adjustable** *adj* ajustable **adjustment** *n* **1** ajuste, modificación **2** adaptación

administer /ədˈmɪnɪstər/ *vt* **1** administrar **2** (*organización*) dirigir **3** (*castigo*) aplicar

administration /ədˌmɪnɪˈstreɪʃn/ *n* administración, dirección

administrative

administrative /əd'mɪnɪstreɪtɪv; *GB* -strətɪv/ *adj* administrativo

administrator /əd'mɪnɪstreɪtər/ *n* administrador, -ora

admirable /'ædmərəbl/ *adj* admirable

admiral /'ædmərəl/ *n* almirante

admiration /ˌædmə'reɪʃn/ *n* admiración

admire /əd'maɪər/ *vt* admirar, elogiar ■ **admirer** *n* admirador, -ora **admiring** *adj* lleno de admiración

admission /əd'mɪʃn/ *n* **1** entrada, admisión **2** (*hospital, colegio, etc.*) ingreso **3** reconocimiento (*de culpa, etc.*)

admit /əd'mɪt/ (**-tt-**) **1** *vt* dejar entrar, admitir, ingresar **2** *vt, vi* ~ (**to**) **sth** (*crimen*) confesar algo **3** *vt, vi* ~ (**to**) **sth** (*error*) reconocer algo ■ **admittedly** *adv*: *Admittedly*... Hay que admitir que...

adolescent /ˌædə'lesnt/ *adj, n* adolescente ■ **adolescence** /ˌædə'lesns/ *n* adolescencia

adopt /ə'dɑpt/ *vt* adoptar ■ **adopted** *adj* adoptivo **adoption** *n* adopción

adore /ə'dɔːr/ *vt* adorar: *I adore cats.* Me encantan los gatos.

adorn /ə'dɔːrn/ *vt* (*formal*) adornar

adrenalin /ə'drenəlɪn/ *n* adrenalina

adrift /ə'drɪft/ *adj* a la deriva

adult /ə'dʌlt, 'ædʌlt/ *adjetivo, sustantivo*
▸ *adj* adulto, mayor de edad
▸ *n* adulto, -a

adultery /ə'dʌltəri/ *n* adulterio

adulthood /'ædʌlthʊd/ *n* madurez

advance /əd'væns; *GB* -'vɑːns/ *sustantivo, verbo, adjetivo*
▸ *n* **1** avance **2** (*sueldo*) adelanto **LOC in advance 1** de antemano **2** con antelación **3** por adelantado
▸ **1** *vi* avanzar **2** *vt* hacer avanzar
▸ *adj* anticipado: *advance warning* previo aviso

advanced /əd'vænst; *GB* -'vɑːnst/ *adj* avanzado

advancement /əd'vænsmənt; *GB* əd'vɑːns-/ *n* (*formal*) **1** desarrollo, fomento **2** (*trabajo*) ascenso

advantage /əd'væntɪdʒ; *GB* -'vɑːn-/ *n* **1** ventaja **2** provecho **LOC take advantage of sth 1** aprovecharse de algo **2** sacar provecho de algo ◆ **take advantage of sth/sb** abusar de algo/algn ■ **advantageous** /ˌædvən'teɪdʒəs/ *adj* ventajoso

advent /'ædvent/ *n* **1** (*formal*) advenimiento **2 Advent** (*Relig*) adviento

adventure /əd'ventʃər/ *n* aventura ■ **adventurer** *n* aventurero, -a **adventurous** *adj* **1** aventurero **2** aventurado **3** audaz

adverb /'ædvɜːrb/ *n* adverbio

adversary /'ædvərseri; *GB* -səri/ *n* (*pl* **adversaries**) (*formal*) adversario, -a

adverse /'ædvɜːrs/ *adj* **1** adverso **2** (*crítica*) negativo ■ **adversely** *adv* negativamente

adversity /əd'vɜːrsəti/ *n* (*pl* **adversities**) (*formal*) adversidad

advertise /'ædvərtaɪz/ **1** *vt* anunciar **2** *vi* hacer publicidad **3** *vi* ~ **for sb/sth** buscar a algn/algo ■ **advertiser** *n* anunciante

advertisement /ˌædvər'taɪzmənt; *GB* əd'vɜːtɪsmənt/ (*coloq* **ad**, *GB tb* **advert** /'ædvɜːrt/) *n* ~ (**for sth**) anuncio, aviso (de algo) (*publicidad*)

advertising /'ædvərtaɪzɪŋ/ *n* **1** publicidad: *advertising campaign* campaña publicitaria **2** anuncios

advice /əd'vaɪs/ *n* [*incontable*] consejo(s): *a piece of advice* un consejo ◊ *I asked for her advice.* Le pedí consejo. ◊ *to seek/take legal advice* consultar a un abogado ⮕ *Ver nota en* CONSEJO

advisable /əd'vaɪzəbl/ *adj* aconsejable

advise /əd'vaɪz/ *vt, vi* **1** aconsejar, recomendar: *to advise sb to do sth* aconsejar a algn que haga algo ◊ *You would be well advised to...* Sería prudente... **2** asesorar ■ **adviser** (*tb* **advisor**) *n* consejero, -a, asesor, -ora **advisory** /əd'vaɪzəri/ *adj* consultivo

> **Advising someone**
> Darle consejo a alguien
> *If I were you, I'd wait.* Si yo fuera tú, esperaría.
> *I think you should see a doctor.* Creo que deberías ver a un médico.
> *Why don't you get some expert help?* ¿Por qué no pides la opinión de un experto?

advocacy /'ædvəkəsi/ *n* ~ **of sth** (*formal*) apoyo a algo, defensa de algo

advocate /'ædvəkeɪt/ *vt* abogar por

aerial /'eəriəl/ *sustantivo, adjetivo*
▸ *n* (*GB*) (*USA* **antenna**) antena
▸ *adj* aéreo

aerobics /eə'roʊbɪks/ *n* [*incontable*] aeróbicos

aerodynamic /ˌeərədaɪ'næmɪk/ *adj* aerodinámico

aeroplane /'eərəpleɪn/ *n* (*GB*) (*USA* **airplane**) avión

aesthetic /es'θetɪk/ *adj* estético

| i happy | ɪ sit | iː see | æ cat | ɑ hot | ɒ long (*GB*) | ɑː bath (*GB*) | ʌ cup | ʊ put | uː too |

affair /əˈfeər/ n **1** asunto: *the Watergate affair* el caso Watergate **2** acontecimiento **3** aventura (amorosa): *to have an affair with sb* tener relaciones (amorosas) con algn LOC Ver STATE

affect /əˈfekt/ vt afectar, influir en

affection /əˈfekʃn/ n cariño ■ **affectionate** adj ~ **(toward sb/sth)** cariñoso (con algn/algo)

affinity /əˈfɪnəti/ n (pl **affinities**) (formal) **1** afinidad **2** simpatía

affirm /əˈfɜːrm/ vt afirmar, sostener

affirmative /əˈfɜːrmətɪv/ adjetivo, sustantivo
▸ adj (formal) afirmativo: *an affirmative response* una respuesta afirmativa
▸ n (formal) afirmativa

afflict /əˈflɪkt/ vt afligir: *to be afflicted with sth* sufrir de algo

affluent /ˈæfluənt/ adj rico, opulento
■ **affluence** n riqueza, opulencia

afford /əˈfɔːrd/ vt **1** permitirse (el lujo de) ❶ Afford se utiliza normalmente con **can** o **could**: *Can you afford it?* ¿Te puedes dar el lujo de comprarlo? **2** (formal) proporcionar
■ **affordable** adj accesible

afield /əˈfiːld/ adv LOC **far/further afield** muy lejos/más allá: *from as far afield as…* desde lugares tan lejanos como…

afloat /əˈfloʊt/ adj a flote

afraid /əˈfreɪd/ adj [nunca antes de sustantivo] **1 be ~ (of sb/sth)** tener miedo (de algn/algo) **2 be ~ to do sth** no atreverse a hacer algo **3 be ~ for sb** temer por algn LOC **I'm afraid (that…)** me temo que…, lo siento, pero…: *I'm afraid so/not.* Me temo que sí/no.

afresh /əˈfreʃ/ adv de nuevo

African /ˈæfrɪkən/ adj, n africano, -a

African American (GB **Afro-Caribbean** /ˌæfroʊ kærəˈbiːən, kəˈrɪbiən/) adj, n afrocaribeño, -a

African American se utiliza para referirse a la población de origen afroamericano en Estados Unidos. En Gran Bretaña se dice **Afro-Caribbean** o también **black**, pero **black** puede resultar ofensivo en Estados Unidos.

after /ˈæftər; GB ˈɑːf-/ adverbio, preposición, conjunción
▸ adv **1** después: *soon after* poco después ◊ *the day after* al día siguiente **2** detrás: *She came running after.* Llegó corriendo detrás.
▸ prep **1** después de: *after doing your homework* después de hacer la tarea ◊ *after lunch* después de almorzar ◊ *the day after tomorrow* pasado mañana **2** detrás de, tras: *time after time* una y otra vez **3** *We named him after you.*

Le pusimos tu nombre. LOC **after all** después de todo, al fin y al cabo ◆ **be after sth/sb** (búsqueda): *They're after me.* Me están buscando. ◊ *What are you after?* ¿Qué estás buscando? ◊ *She's after a job in advertising.* Está buscando un trabajo en publicidad.
▸ conj después de que

aftermath /ˈæftərmæθ; GB ˈɑːf-/ n [gen sing] secuelas: *in the aftermath of the war* en el período subsiguiente a la guerra

afternoon /ˌæftərˈnuːn; GB ˌɑːf-/ n tarde: *tomorrow afternoon* mañana por la tarde ➲ Ver nota en TARDE LOC **good afternoon** buenas tardes ➲ Ver nota en MORNING

aftershave /ˈæftərʃeɪv; GB ˈɑːf-/ n loción para después de afeitar

aftersun /ˈæftərsʌn; GB ˈɑːf-/ n loción para después de tomar el sol

afterthought /ˈæftərθɔːt; GB ˈɑːf-/ n ocurrencia tardía

afterward /ˈæftərwəd; GB ˈɑːf-/ (tb esp GB **afterwards**) adv después: *shortly/soon afterward* poco después

again /əˈgen, əˈgeɪn/ adv otra vez, de nuevo: *once again* una vez más ◊ *never again* nunca más ◊ *Don't do it again.* No lo vuelvas a hacer. LOC **again and again** una y otra vez ◆ **then/there again** por otra parte Ver tb MANY, NOW, OVER, TIME, YET

against /əˈgenst, əˈgeɪnst/ prep ❶ Para los usos de **against** en PHRASAL VERBS ver las entradas de los verbos correspondientes, p.ej. **come up against sth** en COME. **1** (contacto, contraste) contra: *Put the piano against the wall.* Ponga el piano contra la pared. ◊ *The mountains stood out against the blue sky.* Las montañas se recortaban contra el azul del cielo. **2** (oposición) en contra de, contra: *We were rowing against the current.* Remábamos contra la corriente.

age /eɪdʒ/ sustantivo, verbo
▸ n **1** edad: *to be six years of age* tener seis años (de edad) **2** vejez: *It improves with age.* Mejora con el tiempo. **3** época, era **4** eternidad: *It's been ages since I saw her.* Hace tiempos que no la veo. LOC **age of consent** edad legal para mantener relaciones sexuales ◆ **come of age** alcanzar la mayoría de edad ◆ **under age** menor de edad, demasiado joven Ver tb LOOK
▸ vt, vi (part pres **aging**, pt, pp **aged** /eɪdʒd/) (hacer) envejecer

aged adjetivo, sustantivo
▸ adj **1** /eɪdʒd/ de… años de edad: *He died aged 81.* Murió a la edad de 81 años. **2** /ˈeɪdʒɪd/ anciano
▸ n /ˈeɪdʒɪd/ **the aged** [pl] los ancianos

ageism

Para referirse a las personas mayores se suele decir **old people** o **the elderly**. Para "personas de la tercera edad" se dice **senior citizens**: *activities for senior citizens* actividades para la tercera edad.

ageism (tb agism) /ˈeɪdʒɪzəm/ n discriminación por edad ■ **ageist** (tb agist) adj que discrimina por edad

agency /ˈeɪdʒənsi/ n (pl **agencies**) agencia, organismo

agenda /əˈdʒendə/ n orden del día

agent /ˈeɪdʒənt/ n agente, representante

aggravate /ˈæɡrəveɪt/ vt **1** agravar, empeorar **2** fastidiar ■ **aggravating** adj molesto **aggravation** n **1** fastidio **2** agravamiento

aggression /əˈɡreʃn/ n [incontable] agresión, agresividad: *an act of aggression* una agresión

aggressive /əˈɡresɪv/ adj agresivo

agile /ˈædʒl; GB ˈædʒaɪl/ adj ágil ■ **agility** /əˈdʒɪləti/ n agilidad

aging (GB tb **ageing**) /ˈeɪdʒɪŋ/ adjetivo, sustantivo
▸ adj **1** envejecido **2** no tan joven
▸ n envejecimiento

agitated /ˈædʒɪteɪtɪd/ adj perturbado, agitado: *to get agitated* perturbarse/molestarse ■ **agitation** n **1** inquietud, perturbación **2** (Pol) agitación

agnostic /æɡˈnɒstɪk/ adj, n agnóstico, -a

ago /əˈɡoʊ/ adv hace: *ten years ago* hace diez años ◇ *How long ago did she die?* ¿Cuánto hace que murió? ◇ *as long ago as 1950* ya en 1950

Ago se usa con el pasado simple y el pasado continuo, pero nunca con el pretérito perfecto: *She arrived a few minutes ago.* Llegó hace unos minutos. Con el pretérito pluscuamperfecto se usa **before** o **earlier**: *She had arrived two days before.* Había llegado hacía dos días/dos días antes. ⊃ Ver tb ejemplos en FOR

agonize (GB tb -ise) /ˈæɡənaɪz/ vi ~ (about/over sth) angustiarse (por/con motivo de algo): *to agonize over a decision* angustiarse tratando de decidir algo ■ **agonized** (GB tb -ised) adj angustiado **agonizing** (GB tb -ising) adj **1** angustioso, desconsolador **2** (dolor) horroroso

agony /ˈæɡəni/ n (pl **agonies**) **1** *to be in agony* tener unos dolores espantosos **2** (coloq) *It was agony!* ¡Fue una pesadilla!

ˈagony aunt n (GB) consejera sentimental (en una revista, etc.), Dra. Corazón

agree /əˈɡriː/ **1** vi ~ (with sb) (on/about sth) estar de acuerdo (con algn) (en/sobre algo): *They agreed with me on all the major points.* Estuvieron de acuerdo conmigo en todos los puntos fundamentales. **2** vi ~ (to sth) consentir (en algo), acceder (a algo): *He agreed to let me go.* Accedió a que me fuera. **3** vt acordar: *It was agreed that…* Se acordó que… **4** vi llegar a un acuerdo **5** vt (informe, etc.) aprobar **6** vi (Gram) concordar **PHR V** **not agree with sb** no sentarle bien a algn (comida, clima): *The climate didn't agree with him.* El clima no le sentaba bien. ■ **agreeable** adj (formal) **1** agradable **2** ~ (to sth) conforme (con algo)

agreement /əˈɡriːmənt/ n **1** conformidad, acuerdo **2** convenio, acuerdo, pacto **3** (Econ) contrato **LOC** **in agreement with sth/sb** de acuerdo con algo/algn

agribusiness /ˈæɡrɪbɪznəs/ n agroindustria

agriculture /ˈæɡrɪkʌltʃər/ n agricultura ■ **agricultural** /ˌæɡrɪˈkʌltʃərəl/ adj agrícola

agritourism /ˌæɡrɪˈtʊərɪzəm; GB tb -ˈtɔːr-/ n turismo rural, agriturismo

ah /ɑː/ interj ¡ah!

ahead /əˈhed/ adv ❶ Para los usos de **ahead** en PHRASAL VERBS ver las entradas de los verbos correspondientes, p. ej. **press ahead** en PRESS. **1** hacia adelante: *She looked (straight) ahead.* Miró hacia adelante. **2** próximo: *during the months ahead* durante los próximos meses **3** por delante: *the road ahead* la carretera que se abre por delante de nosotros **LOC** **be ahead** llevar ventaja

aˈhead of prep **1** (por) delante de: *directly ahead of us* justo delante de nosotros **2** antes de **LOC** **be/get ahead of sb/sth** llevar ventaja/adelantarse a algn/algo

aid /eɪd/ sustantivo, verbo
▸ n **1** ayuda **2** auxilio: *to come/go to sb's aid* acudir en auxilio de algn **3** apoyo **LOC** **in aid of sth/sb** a beneficio de algo/algn
▸ vt ayudar, facilitar

AIDS (GB) (tb **Aids**) /eɪdz/ abrev de **acquired immune deficiency syndrome** sida

ailment /ˈeɪlmənt/ n achaque, dolencia

aim /eɪm/ verbo, sustantivo
▸ **1** vi ~ **at/for sth**; ~ **at doing sth** aspirar a algo/a hacer algo **2** vi ~ **to do sth** tener la intención de hacer algo **3** vt **be aimed at sth/doing sth** tener como objetivo algo/hacer algo **4** vt, vi ~ **(sth) (at sb/sth)** (arma) apuntar (a algn/algo) (con algo) **5** vt ~ **sth at sb/sth** dirigir algo contra algn/algo: *She aimed a blow at his head.* Le dirigió un golpe a la cabeza.
▸ n **1** objetivo, propósito **2** puntería **LOC** **take aim** apuntar

aimless /ˈeɪmləs/ adj sin objeto ■ **aimlessly** adv sin rumbo

ain't /eɪnt/ (coloq) **1** abrev de am/are/is not Ver BE **2** abrev de have/has not Ver HAVE

ʒ **air** /eər/ sustantivo, verbo
▶ n aire: *air fares* tarifas aéreas ◇ *air pollution* contaminación atmosférica LOC **be on (the) air** estar al aire ♦ **by air 1** en avión **2** por vía aérea ♦ **give yourself airs; put on airs** darse aires ♦ **in the air**: *There's something in the air.* Hay algo raro en el ambiente. ♦ **up in the air**: *The plan is still up in the air.* El proyecto sigue en el aire. Ver tb BREATH, CLEAR, OPEN, THIN
▶ vt **1** airear, ventilar **2** (*ropa*) orear **3** (*queja*) ventilar

airbase /ˈeərbeɪs/ n base aérea

air-conditioned adj climatizado

air conditioning n aire acondicionado

ʒ **aircraft** /ˈeərkræft; GB -krɑːft/ n (pl **aircraft**) avión, aeronave

airfare /ˈeərfeər/ n tarifa aérea

air force n [v sing o pl] fuerza(s) aérea(s)

air freshener n ambientador

airhead /ˈeərhed/ n (coloq, pey) imbécil

air hostess n (GB, antic) azafata, aeromoza

airline /ˈeərlaɪn/ n línea aérea ■ **airliner** n avión (de pasajeros)

airmail /ˈeərmeɪl/ n correo aéreo: *by airmail* por vía aérea

airplane /ˈeərpleɪn/ (GB **aeroplane**) n avión

ʒ **airport** /ˈeərpɔːrt/ n aeropuerto

airtight /ˈeərtaɪt/ adj hermético

airtime /ˈeərtaɪm/ n (TV, Radio) tiempo al aire

aisle /aɪl/ n pasillo

aka /ˌeɪ keɪ ˈeɪ/ abrev de also known as alias

akin /əˈkɪn/ adj **~ to sth** semejante a algo

ʒ **alarm** /əˈlɑːrm/ sustantivo, verbo
▶ n **1** alarma: *to raise/sound the alarm* dar/hacer sonar la alarma **2** (*tb* **aˈlarm clock**) (*reloj*) despertador ⊃ Ver dibujo en RELOJ **3** (*tb* **aˈlarm bell**) timbre de alarma LOC Ver FALSE
▶ vt alarmar

ʒ **alarmed** /əˈlɑːrmd/ adj alarmado: *to be/become/get alarmed* alarmarse

ʒ **alarming** /əˈlɑːrmɪŋ/ adj alarmante

alas /əˈlæs/ interj ¡por desgracia!

albeit /ˌɔːlˈbiːɪt/ conj (formal) aunque

albino /ælˈbaɪnoʊ; GB -ˈbiː-/ adj, n (pl **albinos**) albino, -a

album /ˈælbəm/ n álbum

ʒ **alcohol** /ˈælkəhɔːl; GB -hɒl/ n alcohol: *alcohol-free* sin alcohol

ʒ **alcoholic** /ˌælkəˈhɔːlɪk; GB -ˈhɒl-/ adj, n alcohólico, -a

alcoholism /ˈælkəhɔːlɪzəm; GB -hɒl-/ n alcoholismo

ale /eɪl/ n tipo de cerveza ⊃ Ver nota en CERVEZA

alert /əˈlɜːrt/ adjetivo, sustantivo, verbo
▶ adj despierto
▶ n **1** alerta: *to be on the alert* estar alerta **2** aviso: *bomb alert* alerta de bomba
▶ vt **~ sb (to sth)** alertar a algn (de algo)

ˈA level n (abrev de **Advanced level**) (GB) (Educ): *What A levels are you doing/taking?* ¿Qué exámenes vas a tomar?

En Gran Bretaña, los **A levels** son exámenes que hacen los estudiantes de dieciséis o dieciocho años para acceder a la universidad, y están divididos en dos niveles. Primero se debe aprobar un curso **AS** para luego pasar al curso de **A2**. ⊃ Ver tb AS y A2

algae /ˈældʒiː, ˈælgiː/ n [v sing o pl] algas ❶ Para referirse a las algas marinas, es más frecuente el uso de la palabra **weed**, o **seaweed**.

algebra /ˈældʒɪbrə/ n álgebra

alibi /ˈæləbaɪ/ n (pl **alibis**) coartada

alien /ˈeɪliən/ adjetivo, sustantivo
▶ adj **1** extraño **2** extranjero **3** ~ **to sb/sth** ajeno a algn/algo
▶ n **1** (formal) extranjero, -a **2** extraterrestre
■ **alienate** vt enajenar

alight /əˈlaɪt/ adj: *to be alight* estar ardiendo LOC **set sth alight** prender fuego a algo

align /əˈlaɪn/ vt alinear PHR V **align yourself with sb** (Pol) aliarse con algn

alike /əˈlaɪk/ adjetivo, adverbio
▶ adj **1** parecido: *to be/look alike* parecerse **2** igual: *No two are alike.* No hay dos iguales.
▶ adv (por) igual, del mismo modo: *It appeals to young and old alike.* Atrae a viejos y jóvenes por igual. LOC Ver GREAT

ʒ **alive** /əˈlaɪv/ adj [nunca antes de sustantivo] **1** vivo, con vida: *to stay alive* sobrevivir **2** en el mundo: *He's the best player alive.* Es el mejor jugador del mundo. ⊃ Comparar con LIVING LOC **alive and kicking** vivito y coleando ♦ **keep sth alive 1** (tradición) conservar algo **2** (recuerdo) mantener fresco algo ♦ **keep yourself alive** sobrevivir

ʒ **all** /ɔːl/ adjetivo, pronombre, adverbio
▶ adj **1** todo: *all four of us* los cuatro **2** *He denied all knowledge of the crime.* Negó todo conocimiento del crimen. LOC **for all 1** a pesar de: *for*

all-around

all his wealth a pesar de toda su riqueza **2** *for all I know* que yo sepa ◆ **on all fours** a gatas
▶ *pron* **1** todo: *I ate all of it.* Me lo comí todo. ◊ *All of us liked it.* Nos gustó a todos. ◊ *Are you all going?* ¿Se van todos? **2** *All I want is...* Lo único que quiero es... **LOC all in all** en conjunto ◆ **at all**: *I didn't like it at all.* No me gustó nada. ◊ *if it's at all possible* si existe la más mínima posibilidad ◆ **in all** en total *Ver tb* NOT
▶ *adv* **1** todo: *all in white* todo de blanco ◊ *all alone* completamente solo **2** *all excited* muy emocionado **3** (*Dep*) *The score is two all.* Están empatados dos a dos. **LOC all along** (*coloq*) todo el tiempo ◆ **all but** casi: *It was all but impossible.* Fue casi imposible. ◆ **all over 1** por todas partes **2** *That's her all over.* Eso es muy de ella. ◆ **all the best** (*coloq*) **1** (buena) suerte **2** (*en cartas*) saludos ◆ **all the better** tanto mejor ◆ **all the more** tanto más, aún más ◆ **all too** demasiado ◆ **be all for sth** estar totalmente a favor de algo

all-a'round (*GB* **all-round**) *adj* **1** general **2** (*persona*) completo

allegation /ˌæləˈgeɪʃn/ *n* acusación

allege /əˈledʒ/ *vt* afirmar ■ **alleged** *adj* presunto **allegedly** /əˈledʒɪdli/ *adv* supuestamente

allegiance /əˈliːdʒəns/ *n* lealtad: *political allegiances* filiaciones políticas

allergic /əˈlɜːrdʒɪk/ *adj* ~ **(to sth)** alérgico (a algo)

allergy /ˈælərdʒi/ *n* (*pl* **allergies**) alergia

alleviate /əˈliːvieɪt/ *vt* aliviar ■ **alleviation** *n* alivio

alley /ˈæli/ *n* (*pl* **alleys**) (*tb* **alleyway** /ˈæliweɪ/) callejón **LOC (right) up your alley** (*GB* **(right) up your street**): *This job seems right up your alley.* Este trabajo parece ideal para ti.

alliance /əˈlaɪəns/ *n* alianza

ʅ **allied** /ˈælaɪd/ *adj* ~ **(to sth) 1** relacionado (con algo) **2** (*Pol*) aliado (a algo)

allies *pl de* ALLY

alligator /ˈælɪɡeɪtər/ *n* caimán

allocate /ˈæləkeɪt/ *vt* asignar ■ **allocation** *n* asignación

allot /əˈlɑt/ *vt* (-tt-) ~ **sth (to sb/sth)** asignar algo (a algn/algo) ■ **allotment** /əˈlɑtmənt/ *n* **1** asignación **2** (*GB*) parcela que el municipio alquila a particulares para cultivar

all-'out *adjetivo, adverbio*
▶ *adj* [*solo antes de sustantivo*] total
▶ *adv* **all out**: *to go all out to win* hacer hasta lo imposible para ganar

ʅ **allow** /əˈlaʊ/ *vt* **1** ~ **sb/sth to do sth** permitir a algn/algo que haga algo: *Dogs are not allowed.* No se admiten perros.

> **Allow** se usa igualmente en inglés formal y coloquial. La forma pasiva **be allowed to** es muy común. **Permit** es una palabra muy formal y se usa fundamentalmente en lenguaje escrito. **Let** es informal y se usa mucho en inglés hablado.

2 conceder **3** calcular **4** admitir **PHR V allow for sth** tener algo en cuenta

allowable /əˈlaʊəbl/ *adj* admisible, permisible

allowance /əˈlaʊəns/ *n* **1** límite permitido **2** subvención **LOC make allowance(s) for sth** tener algo en cuenta ◆ **make allowances for sb** ser indulgente con algn

alloy /ˈælɔɪ/ *n* aleación

all ˈright (*tb* **alright**) *adjetivo, adverbio, interjección*
▶ *adj, adv* **1** bien: *Did you get here all right?* ¿Te fue fácil llegar? **2** (*adecuado*) *The food was all right.* La comida no estaba mal. **3** *That's him all right.* Seguro que es él.
▶ *interj* de acuerdo

all-ˈround (*GB*) = ALL-AROUND

all-time *adj* de todos los tiempos

ʅ **ally** *verbo, sustantivo*
▶ *vt* /əˈlaɪ/ *vi* (*pt, pp* **allied**) ~ **(yourself) with/to sb/sth** aliarse con algn/algo
▶ *n* /ˈælaɪ/ (*pl* **allies**) aliado, -a

almond /ˈɑmənd/ *n* **1** almendra **2** (*tb* **ˈalmond tree**) almendro

ʅ **almost** /ˈɔːlmoʊst/ *adv* casi ➔ *Ver nota en* CASI

ʅ **alone** /əˈloʊn/ *adj, adv* solo: *Are you alone?* ¿Está sola? ◊ *You alone can help me.* Solo tú me puedes ayudar.

> Nótese que **alone** no se usa delante de sustantivo y es una palabra neutra, mientras que **lonely** sí puede ir delante del sustantivo y siempre tiene connotaciones negativas: *I want to be alone.* Quiero estar solo. ◊ *She was feeling very lonely.* Se sentía muy sola. ◊ *a lonely house* una casa solitaria.

LOC leave/let sb/sth alone dejar a algn/algo en paz *Ver tb* LET

ʅ **along** /əˈlɔːŋ; *GB* əˈlɒŋ/ *preposición, adverbio*
❶ Para los usos de **along** en PHRASAL VERBS ver las entradas de los verbos correspondientes, p. ej. **get along** en GET.
▶ *prep* por, a lo largo de: *a walk along the beach* un paseo por la playa
▶ *adv*: *I was driving along.* Iba manejando.

| i happy | ɪ sit | iː see | æ cat | ɑ hot | ɒ long (*GB*) | ɑː bath (*GB*) | ʌ cup | ʊ put | uː too |

◊ Bring some friends along (with you). Tráete a algunos amigos.

Along se emplea a menudo con verbos de movimiento en tiempos continuos cuando no se menciona ningún destino y generalmente no se traduce en español.

LOC along with sb/sth junto con algn/algo

alongside /əlɔːŋˈsaɪd; *GB* əˈlɒŋ-/ *prep, adv* junto (a): *A car drew up alongside.* Un carro paró junto al de nosotros.

aloud /əˈlaʊd/ *adv* **1** en voz alta **2** a voces

alphabet /ˈælfəbet/ *n* alfabeto

alphabetical /ˌælfəˈbetɪkl/ *adj* alfabético
■ **alphabetically** /-kli/ *adv* alfabéticamente

already /ɔːlˈredi/ *adv* ya: *We got there at 6:30 but Martin had already left.* Llegamos a las 6:30, pero Martin ya se había ido. ◊ *Have you already eaten?* ¿Ya comiste? ◊ *Surely you are not going already!* ¡Ya te vas! ➔ *Ver nota en* YET

alright = ALL RIGHT

also /ˈɔːlsoʊ/ *adv* también, además: *I've also met her parents.* También conocí a sus padres. ◊ *She was also very rich.* Además era muy rica. ➔ *Ver nota en* TAMBIÉN

altar /ˈɔːltər/ *n* altar

alter /ˈɔːltər/ **1** *vt, vi* cambiar **2** *vt* (*ropa*) arreglar: *The skirt needs altering.* La falda necesita arreglos. ■ **alteration** *n* **1** cambio **2** (*ropa*) arreglo

alternate *adjetivo, verbo*
▸ *adj* /ˈɔːltərnət; *GB* ɔːlˈtɜːnət/ alterno
▸ *vt, vi* /ˈɔːltərneɪt/ alternar(se)

alternative /ɔːlˈtɜːrnətɪv/ *sustantivo, adjetivo*
▸ *n* alternativa: *She had no alternative but to…* No tuvo más remedio que…
▸ *adj* alternativo

alternatively /ɔːlˈtɜːrnətɪvli/ *adv* como alternativa, también

although /ɔːlˈðoʊ/ *conj* aunque

altitude /ˈæltɪtuːd; *GB* -tjuːd/ *n* altitud

altogether /ˌɔːltəˈɡeðər/ *adv*
1 completamente, del todo: *I don't altogether agree.* No estoy completamente de acuerdo.
2 en total **3** *Altogether, it was disappointing.* En general, fue decepcionante.

aluminum /əˈluːmɪnəm/ (*GB* **aluminium** /ˌæljəˈmɪniəm/) *n* aluminio

always /ˈɔːlweɪz/ *adv* siempre **LOC** **as always** como siempre

La posición de los adverbios de frecuencia (**always, never, ever, usually,** etc.) depende del verbo al que acompañan, es decir, van detrás de los verbos auxiliares y modales (**be, have, can,** etc.) y delante de los demás verbos: *I have never visited her.* Nunca la he visitado. ◊ *I am always tired.* Siempre estoy cansado. ◊ *I usually go shopping on Mondays.* Normalmente hago las compras los lunes.

am /æm, əm/ *Ver* BE

a.m. /ˌeɪ ˈem/ *abrev* de la mañana: *at 11 a.m.* a las once de la mañana ➔ *Ver nota en* P.M.

amalgam /əˈmælɡəm/ *n* amalgama

amalgamate /əˈmælɡəmeɪt/ *vt, vi* fusionar(se)

amateur /ˈæmətər, -tʃər/ *adj, n* **1** aficionado, -a **2** (*pey*) chapucero, -a

amaze /əˈmeɪz/ *vt* asombrar ■ **amazement** /əˈmeɪzmənt/ *n* asombro

amazed /əˈmeɪzd/ *adj* **1** asombrado: *to be amazed at/by sth* asombrarse de algo **2** (*cara, etc.*) de asombro

amazing /əˈmeɪzɪŋ/ *adj* asombroso

ambassador /æmˈbæsədər/ *n* embajador, -ora

amber /ˈæmbər/ *adj, n* ámbar

ambiguity /ˌæmbɪˈɡjuːəti/ *n* (*pl* **ambiguities**) ambigüedad

ambiguous /æmˈbɪɡjuəs/ *adj* ambiguo

ambition /æmˈbɪʃn/ *n* ambición

ambitious /æmˈbɪʃəs/ *adj* ambicioso

ambulance /ˈæmbjələns/ *n* ambulancia

ambush /ˈæmbʊʃ/ *n* emboscada

amen /ɑːˈmen, eɪˈmen/ *interj, n* amén

amend /əˈmend/ *vt* enmendar ■ **amendment** *n* enmienda

amends /əˈmendz/ *n* [*pl*] **LOC** **make amends (to sb) (for sth)** compensar (a algn) (por algo)

amenities /əˈmenətiz; *GB* əˈmiːn-/ *n* [*pl*] **1** comodidades, servicios **2** (*GB*) instalaciones (*públicas*)

American /əˈmerɪkən/ *adj, n* estadounidense ➔ *Ver nota en* AMÉRICA; *Ver tb* NATIVE AMERICAN

amiable /ˈeɪmiəbl/ *adj* amable

amicable /ˈæmɪkəbl/ *adj* amistoso

amid /əˈmɪd/ (*tb* **amidst** /əˈmɪdst/) *prep* (*formal*) entre, en medio de: *Amid all the confusion, the thieves got away.* Entre tanta confusión, los ladrones se escaparon.

ammunition /ˌæmjuˈnɪʃn/ *n* [*incontable*]
1 municiones: *live ammunition* fuego real
2 (*fig*) argumentos (*para refutar una idea*)

amnesty /ˈæmnəsti/ *n* (*pl* **amnesties**) amnistía

among

among /əˈmʌŋ/ (tb **amongst** /əˈmʌŋst/) prep entre (más de dos cosas/personas): *I was among the last to leave.* Fui de los últimos en irse. ⊃ Ver dibujo en ENTRE

amount /əˈmaʊnt/ sustantivo, verbo
▸ n **1** cantidad **2** (factura) importe **3** (dinero) suma LOC **any amount of sth** una gran cantidad de algo
▸ v PHR V **amount to sth 1** ascender a algo: *The cost amounted to 250 euros.* El costo ascendió a 250 euros. ◊ *John will never amount to much.* John nunca llegará a nada. **2** equivaler a algo: *Our information doesn't amount to much.* No tenemos muchos datos.

amp /æmp/ n **1** amperio **2** (coloq) amplificador

amphibian /æmˈfɪbiən/ adj, n anfibio

amphitheater (GB **amphitheatre**) /ˈæmfɪθiːətər; GB -θɪə-/ n anfiteatro

ample /ˈæmpl/ adj **1** abundante **2** (suficiente) bastante **3** (extenso) amplio ■ **amply** /ˈæmpli/ adv ampliamente

amplify /ˈæmplɪfaɪ/ vt (pt, pp **-fied**) **1** amplificar **2** (relato, etc.) ampliar ■ **amplifier** n amplificador

amuse /əˈmjuːz/ vt **1** hacer gracia **2** distraer, divertir ■ **amusement** n **1** diversión **2** atracción: *amusement park* parque de atracciones ◊ *amusement arcade* sala de juegos

amusing /əˈmjuːzɪŋ/ adj divertido, gracioso

an /ən, æn/ Ver A

anaemia (GB) = ANEMIA

anaesthetic (GB) = ANESTHETIC

analogy /əˈnælədʒi/ n (pl **analogies**) analogía: *by analogy with sth* por analogía con algo

analysis /əˈnæləsɪs/ n (pl **analyses** /-siːz/) análisis LOC **in the final/last analysis** a fin de cuentas

analyst /ˈænəlɪst/ n analista, psicólogo, -a

analytical /ˌænəˈlɪtɪkl/ adj analítico

analyze (GB **analyse**) /ˈænəlaɪz/ vt analizar

anarchic /əˈnɑrkɪk/ adj anárquico

anarchist /ˈænərkɪst/ adj, n anarquista

anarchy /ˈænərki/ n anarquía

anatomy /əˈnætəmi/ n (pl **anatomies**) anatomía

ancestor /ˈænsestər/ n antepasado, -a ■ **ancestral** /ænˈsestrəl/ adj ancestral: *ancestral home* casa de los antepasados **ancestry** /ˈænsestri/ n (pl **ancestries**) ascendencia

anchor /ˈæŋkər/ sustantivo, verbo
▸ n **1** ancla: *to be at anchor* estar anclado **2** (fig) soporte **3** (tb **anchorman, -woman**) (TV, Radio) presentador, -ora que coordina reportajes y entrevistas en vivo
▸ vt, vi anclar

anchovy /ænˈtʃoʊvi; GB ˈæntʃəvi/ n (pl **anchovies**) anchoa

ancient /ˈeɪnʃənt/ adj **1** antiguo **2** (coloq) viejísimo

and /ænd, ənd/ conj **1** y **2** con: *ham and eggs* huevos con jamón **3** (números) *one hundred and three* ciento tres **4** a: *Come and help me.* Ven a ayudarme. **5** [con comparativos] *bigger and bigger* cada vez más grande **6** (repetición) *They shouted and shouted.* Gritaron sin parar. ◊ *I've tried and tried.* Lo he intentado muchas veces.

anecdote /ˈænɪkdoʊt/ n anécdota

anemia (GB **anaemia**) /əˈniːmiə/ n anemia ■ **anemic** (GB **anaemic**) adj anémico

anesthetic (GB **anaesthetic**) /ˌænəsˈθetɪk/ n anestesia: *to give sb an anesthetic* anestesiar a algn

angel /ˈeɪndʒl/ n ángel: *guardian angel* ángel de la guarda

anger /ˈæŋgər/ sustantivo, verbo
▸ n ira, enojo
▸ vt enojar, enfurecer

angle /ˈæŋgl/ n **1** ángulo **2** punto de vista LOC **at an angle** inclinado

Anglican /ˈæŋglɪkən/ adj, n anglicano, -a

angling /ˈæŋglɪŋ/ n pesca (con caña)

angrily /ˈæŋgrəli/ adv con ira

angry /ˈæŋgri/ adj (**angrier, -iest**) **1** ~ (at/about sth); ~ (with sb) enojado (por algo), enojado (con algn) **2** (cielo) tormentoso LOC **get angry** enojarse ♦ **make sb angry** enojar a algn

anguish /ˈæŋgwɪʃ/ n (formal) angustia ■ **anguished** adj (formal) angustiado

angular /ˈæŋgjələr/ adj **1** angular **2** (facciones) anguloso

animal /ˈænɪml/ n animal: *animal experiments* experimentos con animales

animate adjetivo, verbo
▸ adj /ˈænɪmət/ animado (vivo)
▸ vt /ˈænɪmeɪt/ animar

ankle /ˈæŋkl/ n tobillo

anniversary /ˌænɪˈvɜːrsəri/ n (pl **anniversaries**) aniversario LOC **golden/silver (wedding) anniversary** bodas de oro/plata

announce /əˈnaʊns/ vt anunciar (hacer público) ■ **announcement** n anuncio (en público) LOC **make an announcement** comunicar algo **announcer** n locutor, -ora (Radio, etc.)

annoy /əˈnɔɪ/ vt molestar ■ **annoyance** n molestia: *much to our annoyance* para molestia nuestra

annoyed /əˈnɔɪd/ adj enojado LOC **get annoyed** enojarse

annoying /əˈnɔɪɪŋ/ adj molesto

annual /ˈænjuəl/ adj anual

annually /ˈænjuəli/ adv anualmente

anonymity /ˌænəˈnɪməti/ n anonimato

anonymous /əˈnɑnɪməs/ adj anónimo

anorak /ˈænəræk/ n **1** (*esp GB*) anorak **2** (*GB*, *coloq*) (*persona*) obsesionado, -a: *He's a real computer anorak.* Está obsesionado con los computadores.

anorexia /ˌænəˈreksiə/ n anorexia ■ **anorexic** adj, n anoréxico, -a

another /əˈnʌðər/ adjetivo, pronombre
▶ adj otro: *another one* otro (más) ◊ *another five* cinco más ◊ *I'll do it another time.* Lo hago en otro momento. ➔ *Ver nota en* OTRO
▶ pron otro, -a: *one way or another* de una manera u otra ❶ El plural del pronombre **another** es **others**. ➔ *Ver tb* ONE ANOTHER

answer /ˈænsər; *GB* ˈɑːn-/ sustantivo, verbo
▶ n **1** respuesta: *I called, but there was no answer.* Llamé, pero no contestaban. **2** solución **3** (*Mat*) resultado LOC **have/know all the answers** saberlo todo ♦ **in answer to sth** en respuesta a algo
▶ **1** vt, vi contestar (a): *to answer the door* abrir la puerta **2** vt (*acusación, propósito*) responder a **3** vt (*ruegos*) oír PHR V **answer (sb) back** contestar (a algn) (*con insolencia*): *Don't answer back!* ¡No me contestes! ♦ **answer for sb/sth** responder por algn/algo ♦ **answer to sb (for sth)** responder ante algn (de algo) ♦ **answer to sth** responder a algo (*descripción*)

ˈanswering machine (*tb* **answerphone** /ˈɑːnsərfoʊn; *GB* ˈɑːn-/) n contestador (automático)

ant /ænt/ n hormiga

antagonism /ænˈtæɡənɪzəm/ n antagonismo ■ **antagonistic** /ænˌtæɡəˈnɪstɪk/ adj hostil

anteater /ˈæntiːtər/ n oso hormiguero

antenna /ænˈtenə/ n **1** (*pl* **antennae** /-niː/) (*insecto*) antena **2** (*esp USA*) (*pl* **antennas** o **antennae**) (*GB* **aerial**) (*Radio, TV*) antena

anthem /ˈænθəm/ n himno: *national anthem* himno nacional

anthology /ænˈθɑlədʒi/ n (*pl* **anthologies**) antología

anthropology /ˌænθrəˈpɑlədʒi/ n antropología ■ **anthropological** /ˌænθrəpəˈlɑdʒɪkl/ adj antropológico **anthropologist** /ˌænθrəˈpɑlədʒɪst/ n antropólogo, -a

antibiotic /ˌæntibaɪˈɑtɪk/ adj, n antibiótico

antibody /ˈæntibɑdi/ n (*pl* **antibodies**) anticuerpo

anticipate /ænˈtɪsɪpeɪt/ vt **1** prever: *We anticipate some difficulties.* Prevemos algunas dificultades. ◊ *as anticipated* de acuerdo con lo previsto **2** anticiparse a

anticipation /ænˌtɪsɪˈpeɪʃn/ n **1** previsión **2** expectativa

anticlimax /ˌæntiˈklaɪmæks/ n anticlímax

anticlockwise /ˌæntiˈklɑkwaɪz/ adv, adj (*GB*) (*USA* **counterclockwise**) en sentido contrario a las agujas del reloj

antics /ˈæntɪks/ n [*pl*] payasadas

antidote /ˈæntidoʊt/ n ~ **(for/to sth)** antídoto (contra algo)

antiquated /ˈæntɪkweɪtɪd/ adj anticuado

antique /ænˈtiːk/ sustantivo, adjetivo
▶ n (*objeto*) antigüedad: *an antique shop* una anticuaria
▶ adj antiguo (*generalmente de objetos valiosos*) ■ **antiquity** /ænˈtɪkwəti/ n (*pl* **antiquities**) antigüedad

antithesis /ænˈtɪθəsɪs/ n (*pl* **antitheses** /-siːz/) antítesis

antivirus /ˈæntivaɪrəs/ adj (*Informát*) antivirus

antler /ˈæntlər/ n **1** asta de ciervo, reno, alce **2** **antlers** [*pl*] cornamenta

anus /ˈeɪnəs/ n ano

anxiety /æŋˈzaɪəti/ n (*pl* **anxieties**) **1** angustia, preocupación **2** (*Med*) ansiedad **3** ~ **for sth/to do sth** ansia de algo/de hacer algo

anxious /ˈæŋkʃəs/ adj **1** ~ **(about sth)** preocupado (por algo): *an anxious moment* un momento de ansiedad **2** ~ **to do sth** ansioso por hacer algo

anxiously /ˈæŋkʃəsli/ adv con ansia

any /ˈeni/ adjetivo, pronombre, adverbio
▶ adj, pron ➔ *Ver nota en* SOME
• **frases interrogativas 1** *Do you have any cash?* ¿Tienes plata? **2** algo (de): *Do you know any French?* ¿Sabes algo de francés? **3** algún: *Are there any problems?* ¿Hay algún problema? ❶ En este sentido el sustantivo suele ir en plural en inglés.
• **frases negativas 1** *He doesn't have any friends.* No tiene amigos. ◊ *There isn't any left.* No queda nada. ➔ *Ver nota en* NINGUNO **2** [*uso enfático*] *We won't do you any harm.* No te vamos a hacer ningún daño.
• **frases condicionales 1** *If I had any relatives...*

anybody

Si yo tuviera familiares… **2** algo (de): *If he has any sense, he won't go.* Si tiene un poco de sentido común, no irá. **3** algún: *If you see any mistakes, tell me.* Avísame si ves algún error. ❶ En este sentido el sustantivo suele ir en plural en inglés.

En las frases condicionales se puede emplear la palabra **some** en vez de **any** en muchos casos: *If you need some help, tell me.* Avísame si necesitas ayuda.

• frases afirmativas **1** cualquier(a): *just like any other boy* como cualquier otro niño **2** *Take any one you like.* Toma el que quieras. **3** todo: *Give her any help she needs.* Préstale toda la ayuda que necesite.
▶ *adv* [antes de comparativo] más: *She doesn't work here any longer.* Ya no trabaja acá. ◊ *I can't walk any faster.* No puedo caminar más rápido.

anybody /'enibɑdi/ *pron Ver* ANYONE

anyhow /'enihaʊ/ *adv* **1** *Ver* ANYWAY **2** (*coloq*, *any old 'how*) de cualquier manera

anymore /ˌeni'mɔːr/ (*GB tb* any more) *adv*: *She doesn't live here anymore.* Ya no vive acá.

⚑ **anyone** /'eniwʌn/ (*tb* anybody) *pron* **1** alguien: *Is anyone there?* ¿Hay alguien ahí? **2** [*en frases negativas*] nadie: *I can't see anyone.* No veo a nadie. ➲ *Ver nota en* NO ONE **3** [*en frases afirmativas*] *Invite anyone you like.* Invita a quien quieras. ◊ *Ask anyone.* Pregúntale a cualquiera. **4** [*en frases comparativas*] nadie: *He spoke more than anyone.* Habló más que nadie. ➲ *Ver nota en* EVERYONE LOC **anyone else** alguien más: *Anyone else would have refused.* Cualquier otro se habría negado. *Ver tb* GUESS

⚑ **anything** /'eniθɪŋ/ *pron* **1** algo: *Is anything wrong?* ¿Pasa algo? ◊ *Is there anything in these rumors?* ¿Hay algo de verdad en estos rumores? **2** [*en frases afirmativas*] cualquier cosa, todo: *We'll do anything you say.* Haremos lo que nos diga. **3** [*frases negativas y comparativas*] nada: *He never says anything.* Nunca dice nada. ◊ *It was better than anything he'd seen before.* Fue mejor que todo lo que había visto antes. ➲ *Ver nota en* NO ONE LOC **anything but**: *It was anything but pleasant.* Fue de todo menos agradable. ◊ *'Are you tired?' 'Anything but.'* —¿Está cansado? —¡Para nada! ♦ **if anything**: *I'm a pacifist, if anything.* En todo caso, soy pacifista.

⚑ **anyway** /'eniweɪ/ (*tb* anyhow) *adv* **1** de todas formas **2** en fin

⚑ **anywhere** /'eniweər/ (*USA tb* anyplace /'enipleɪs/) *adv, pron* **1** [*en frases interrogativas*] en/a alguna parte **2** [*en frases afirmativas*] *I'd live anywhere.* Viviría en cualquier sitio. ◊

◊ *anywhere you like* donde quieras **3** [*en frases negativas*] en/a/por ninguna parte: *I didn't go anywhere special.* No fui a ningún sitio en especial. ◊ *I don't have anywhere to stay.* No tengo donde quedarme. ➲ *Ver nota en* NO ONE **4** [*en frases comparativas*] *more beautiful than anywhere* más bonito que cualquier otro lugar LOC *Ver* MILE, NEAR

⚑ **apart** /ə'pɑrt/ *adv* ❶ Para los usos de **apart** en PHRASAL VERBS ver las entradas de los verbos correspondientes, p. ej. **fall apart** en FALL. **1** *The two men were five meters apart.* Los dos hombres estaban a cinco metros uno del otro. ◊ *They are a long way apart.* Están muy lejos el uno del otro. **2** aislado **3** separado: *They live apart.* Viven separados. ◊ *I can't pull them apart.* No puedo separarlos. LOC **take sth apart** desarmar algo *Ver tb* POLE

⚑ **apartment** /ə'pɑrtmənt/ (*GB* flat) *n* apartamento, departamento

apathy /'æpəθi/ *n* apatía ■ **apathetic** /ˌæpə'θetɪk/ *adj* apático

ape /eɪp/ *sustantivo, verbo*
▶ *n* simio
▶ *vt* remedar

apologetic /əˌpɑlə'dʒetɪk/ *adj* de disculpa: *an apologetic look* una mirada de disculpa ◊ *to be apologetic (about sth)* disculparse (por algo)

⚑ **apologize** (*GB tb* -ise) /ə'pɑlədʒaɪz/ *vi* ~ (**for sth**) disculparse (por algo) ➲ *Ver nota en* SORRY

apology /ə'pɑlədʒi/ *n* (*pl* apologies) disculpa LOC **make no apology/apologies (for sth)** no disculparse (por algo)

apostle /ə'pɑsl/ *n* apóstol

apostrophe /ə'pɑstrəfi/ *n* apóstrofo ➲ *Ver pág 331*

app /æp/ *n* (*coloq*) (*Informát*) aplicación, app

appall (*GB* appal) /ə'pɔːl/ *vt* (-**ll**-) aterrar, horrorizar: *He was appalled at/by her behavior.* Estaba aterrado con su comportamiento.
■ **appalling** *adj* espantoso, horrible

apparatus /ˌæpə'rætəs; *GB* -'reɪtəs/ *n* [*incontable*] aparato (*en un gimnasio, laboratorio*)

⚑ **apparent** /ə'pærənt/ *adj* **1** evidente: *to become apparent* hacerse evidente **2** aparente: *for no apparent reason* sin motivo aparente

⚑ **apparently** /ə'pærəntli/ *adv* al parecer: *Apparently not.* Parece que no.

⚑ **appeal** /ə'piːl/ *sustantivo, verbo*
▶ *n* **1** recurso: *appeal(s) court* tribunal de apelación **2** atractivo **3** llamado: *an appeal for help* un llamado pidiendo ayuda **4** súplica
▶ *vi* **1** ~ (**against sth**) (*sentencia, etc.*) apelar (algo)

2 ~ **(to sb)** atraer (a algn) **3** ~ **(to sb) for sth** pedir algo (a algn) **4** ~ **to sb to do sth** hacerle un llamado a algn para que haga algo ■ **appealing** *adj* **1** atractivo: *to look appealing* tener un aspecto atractivo **2** suplicante

appear /əˈpɪər/ *vi* **1** aparecer: *to appear on TV* salir en televisión **2** parecer: *You appear to have made a mistake.* Parece que cometiste un error. **3** (*fantasma*) aparecerse **4** (*acusado*) comparecer

appearance /əˈpɪərəns/ *n* **1** apariencia **2** aparición LOC **keep up appearances** mantener las apariencias

appendicitis /əˌpendəˈsaɪtɪs/ *n* apendicitis

appendix /əˈpendɪks/ *n* (*pl* **appendices** /-dɪsiːz/ o **appendixes**) (*Anat, escrito*) apéndice

appetite /ˈæpɪtaɪt/ *n* **1** apetito: *to give sb an appetite* abrirle el apetito a algn **2** apetencia LOC *Ver* WHET

appetizer (*GB tb* -**iser**) /ˈæpɪtaɪzər/ *n* entrada (*en una comida*)

appetizing (*GB tb* -**ising**) /ˈæpɪtaɪzɪŋ/ *adj* apetitoso

applaud /əˈplɔːd/ *vt, vi* aplaudir ■ **applause** *n* [*incontable*] aplausos: *a big round of applause* un fuerte aplauso

apple /ˈæpl/ *n* **1** manzana **2** (*tb* **apple tree**) manzano *Ver tb* ADAM'S APPLE, THE BIG APPLE

appliance /əˈplaɪəns/ *n* aparato: *electrical/kitchen appliances* electrodomésticos

applicable /ˈæplɪkəbl, əˈplɪkəbl/ *adj* aplicable

applicant /ˈæplɪkənt/ *n* solicitante, aspirante, postulante

application /ˌæplɪˈkeɪʃn/ *n* **1** ~ (**for sth/to do sth**) solicitud (de algo/de hacer algo), postulación (a algo/para hacer algo): *application form* formulario de solicitud **2** (*uso, Informát*) aplicación

applied /əˈplaɪd/ *adj* aplicado

apply /əˈplaɪ/ (*pt, pp* **applied**) **1** *vi* ~ (**for sth**) solicitar algo, hacer una solicitud, postular (a/para algo) **2** *vt* aplicar **3** *vi* ser aplicable: *This applies to men and women.* Esto se aplica tanto a los hombres como a las mujeres. **4** *vt* ~ **yourself (to sth)** aplicarse (a algo) **5** *vt* (*fuerza, etc.*) ejercer: *to apply the brakes* frenar

appoint /əˈpɔɪnt/ *vt* **1** nombrar **2** (*formal*) (*hora, lugar*) señalar

appointment /əˈpɔɪntmənt/ *n* **1** cita (*profesional, médica*) **2** (*acto*) nombramiento **3** puesto de trabajo

appraisal /əˈpreɪzl/ *n* evaluación, valoración

appreciate /əˈpriːʃieɪt/ **1** *vt* apreciar **2** *vt* (*ayuda, etc.*) agradecer **3** *vt* (*problema, etc.*) comprender **4** *vi* revalorizarse ■ **appreciation** *n* **1** apreciación **2** agradecimiento **3** valoración

appreciative /əˈpriːʃətɪv/ *adj* **1** ~ (**of sth**) agradecido (por algo) **2** (*mirada, comentario*) de admiración **3** (*público*) agradecido

apprehend /ˌæprɪˈhend/ *vt* (*formal*) detener, capturar ■ **apprehension** *n* aprensión: *filled with apprehension* lleno de aprensión

apprehensive *adj* aprensivo

apprentice /əˈprentɪs/ *n* **1** aprendiz: *apprentice plumber* aprendiz de plomero **2** principiante ■ **apprenticeship** *n* aprendizaje

approach /əˈproʊtʃ/ *verbo, sustantivo*
▶ **1** *vt, vi* acercarse (a) **2** *vt* (*por ayuda*) acudir a **3** *vt* (*tema, persona*) abordar
▶ *n* **1** llegada **2** aproximación **3** acceso **4** enfoque

appropriate *verbo, adjetivo*
▶ *vt* /əˈproʊprieɪt/ (*formal*) apropiarse de
▶ *adj* /əˈproʊpriət/ **1** apropiado, adecuado **2** (*momento, etc.*) oportuno ■ **appropriately** *adv* apropiadamente, adecuadamente

approval /əˈpruːvl/ *n* aprobación, visto bueno LOC **on approval** a prueba

approve /əˈpruːv/ **1** *vt* aprobar **2** *vi* ~ (**of sth**) estar de acuerdo (con algo) **3** *vi* ~ (**of sb**) *I don't approve of him.* No tengo un buen concepto de él.

approving /əˈpruːvɪŋ/ *adj* de aprobación

approximate /əˈprɒksɪmət/ *adj* aproximado

approximately /əˈprɒksɪmətli/ *adv* aproximadamente

apricot /ˈeɪprɪkɑt/ *n* **1** albaricoque, damasco **2** (*tb* **apricot tree**) albaricoquero, damasco **3** (*color*) albaricoque

April /ˈeɪprəl/ *n* (*abrev* **Apr.**) abril ➲ *Ver nota y ejemplos en* JANUARY

April Fool's Day *n* ❶ **April Fool's Day** es el 1 de abril y equivale al día de los inocentes.

apron /ˈeɪprən/ *n* delantal

apt /æpt/ *adj* acertado LOC **be apt to do sth** tener tendencia a hacer algo ■ **aptly** *adv* acertadamente

aptitude /ˈæptɪtuːd; *GB* -tjuːd/ *n* aptitud

aquarium /əˈkweəriəm/ *n* (*pl* **aquariums** o **aquaria**) acuario

Aquarius /əˈkweəriəs/ *n* Acuario: *My sister is (an) Aquarius.* Mi hermana es Acuario. ◇ *born under Aquarius* nacido bajo el signo de Acuario

aquatic /əˈkwætɪk/ *adj* acuático

Arabic

Arabic /ˈærəbɪk/ *adj, n* (*lengua*) árabe
arable /ˈærəbl/ *adj* cultivable: *arable land* tierra de cultivo ◊ *arable farming* agricultura
arbitrary /ˈɑrbɪtreri; *GB* -trəri, -tri/ *adj* **1** arbitrario **2** indiscriminado
arbitrate /ˈɑrbɪtreɪt/ *vt, vi* arbitrar ■ **arbitration** *n* arbitraje
arc /ɑrk/ *n* arco
arcade /ɑrˈkeɪd/ *n* **1** galería: *amusement arcade* sala de juegos/maquinitas **2** portales
arch /ɑrtʃ/ *sustantivo, verbo*
▸ *n* arco
▸ *vt, vi* **1** (*espalda*) arquear(se) **2** (*cejas*) enarcar (se), arquear(se)
archaeology (*USA tb* **archeology**) /ˌɑrkiˈɑlədʒi/ *n* arqueología ■ **archaeological** (*USA tb* **archeological**) /ˌɑrkiəˈlɑdʒɪkl/ *adj* arqueológico **archaeologist** (*USA tb* **archeologist**) /ˌɑrkiˈɑlədʒɪst/ *n* arqueólogo, -a
archaic /ɑrˈkeɪɪk/ *adj* arcaico
archbishop /ˌɑrtʃˈbɪʃəp/ *n* arzobispo
archer /ˈɑrtʃər/ *n* arquero, -a ■ **archery** *n* tiro con arco
architect /ˈɑrkɪtekt/ *n* arquitecto, -a
architecture /ˈɑrkɪtektʃər/ *n* arquitectura ■ **architectural** /ˌɑrkɪˈtektʃərəl/ *adj* arquitectónico
archive /ˈɑrkaɪv/ *n* archivo
archway /ˈɑrtʃweɪ/ *n* arco (*arquitectónico*)
ardent /ˈɑrdnt/ *adj* (*formal*) ferviente, entusiasta
ardor (*GB* **ardour**) /ˈɑrdər/ *n* fervor
arduous /ˈɑrdʒuəs/ *adj* arduo
are /ɑr, ər/ *Ver* BE
area /ˈeəriə/ *n* **1** superficie **2** (*Mat, de actividad, etc.*) área **3** (*Geog*) zona, región: *area manager* director regional **4** (*de uso específico*) zona, recinto
ˈarea code *n* código (de área), indicativo (*teléfono*)
arena /əˈriːnə/ *n* **1** (*Dep*) estadio **2** (*circo*) pista **3** (*plaza de toros*) ruedo **4** ámbito
aren't /ɑrnt/ *abrev de* **are not** *Ver* BE
arguable /ˈɑrgjuəbl/ *adj* **1** *It is arguable that…* Podría decirse que… **2** discutible ■ **arguably** *adv* probablemente
argue /ˈɑrgjuː/ **1** *vi* discutir **2** *vt, vi* argumentar: *to argue for/against sth* dar argumentos a favor de/en contra de algo
argument /ˈɑrgjumənt/ *n* **1** discusión: *to have an argument* discutir ᑐ *Comparar con* DISCUSSION, ROW² **2** ~ (**for/against sth**) argumento (a favor de/en contra de algo)
argumentative /ˌɑrgjuˈmentətɪv/ *adj* (*persona*) discutidor
arid /ˈærɪd/ *adj* árido
Aries /ˈeəriːz/ *n* Aries ᑐ *Ver ejemplos en* AQUARIUS
arise /əˈraɪz/ *vi* (*pt* **arose** /əˈroʊz/, *pp* **arisen** /əˈrɪzn/) **1** (*problema*) surgir **2** (*oportunidad*) presentarse **3** (*tormenta*) levantarse **4** (*situación, etc.*) producirse: *should the need arise* si fuera preciso **5** (*cuestión, etc.*) plantearse **6** (*antic*) alzarse
aristocracy /ˌærɪˈstɑkrəsi/ *n* [*v sing o pl*] (*pl* **aristocracies**) aristocracia
aristocrat /əˈrɪstəkræt; *GB* ˈærɪstəkræt/ *n* aristócrata ■ **aristocratic** /əˌrɪstəˈkrætɪk; *GB* ˌærɪst-/ *adj* aristocrático
arithmetic /əˈrɪθmətɪk/ *n* aritmética: *mental arithmetic* cálculos mentales
ark /ɑrk/ *n* arca
arm

arm in arm · arms crossed/folded

arm /ɑrm/ *sustantivo, verbo*
▸ *n* **1** brazo: *I've broken my arm.* Me partí el brazo.

Nótese que en inglés las partes del cuerpo van normalmente precedidas por un adjetivo posesivo (*my, your, her, etc.*).

2 (*camisa, etc.*) manga *Ver tb* ARMS LOC **arm in arm (with sb)** del brazo (de algn) *Ver tb* CHANCE, FOLD
▸ *vt, vi* armar(se): *to arm yourself with sth* armarse con/de algo
armament /ˈɑrməmənt/ *n* armamento: *armaments factory* fábrica de armamento
armband /ˈɑrmbænd/ *n* brazalete
armchair /ˈɑrmtʃeər/ *n* sillón
armed /ɑrmd/ *adj* armado

the ͵armed ˈforces (tb **the ͵armed ˈservices**) n las fuerzas armadas

͵armed ˈrobbery n asalto a mano armada

armistice /ˈɑrmɪstɪs/ n armisticio

armor (GB **armour**) /ˈɑrmər/ n [incontable] **1** armadura: *a suit of armor* una armadura **2** blindaje **LOC** *Ver* CHINK ■ **armored** (GB **armoured**) adj **1** (*vehículo*) blindado **2** (*barco*) acorazado

armpit /ˈɑrmpɪt/ n axila

arms /ɑrmz/ n [pl] **1** armas: *arms race* carrera armamentista **2** escudo (de armas) **LOC** **be up in arms (about/over sth)** estar en pie de guerra (por algo)

army /ˈɑrmi/ n (pl **armies**) ejército

aroma /əˈroʊmə/ n aroma ➔ *Ver nota en* SMELL

aromatherapy /əˌroʊməˈθerəpi/ n aromaterapia

aromatic /ˌærəˈmætɪk/ adj aromático

arose pt de ARISE

around /əˈraʊnd/ adverbio, preposición ❶ Para los usos de **around** en PHRASAL VERBS ver las entradas de los verbos correspondientes, p.ej. **lie around** en LIE¹.
▸ adv **1** más o menos: *around 200 people* más o menos 200 personas **2** hacia: *around 1850* hacia 1850

En expresiones temporales, la palabra **about** suele ir precedida por las preposiciones **at**, **on**, **in**, etc., mientras que la palabra **around** no requiere preposición: *around/at about five o'clock* a eso de las cinco ◊ *around/on about June 15* hacia el 15 de junio.

3 (GB tb **round**) a su alrededor: *to look around* mirar (algn) a su alrededor **4** (GB tb **round**) de aquí para allá: *I've been dashing around all morning.* Llevo toda la mañana de aquí para allá. **5** (GB tb **round**) por acá: *There's no one around.* No hay nadie por acá.
▸ (GB tb **round**) prep **1** por: *to travel around the world* viajar por todo el mundo **2** alrededor de: *sitting around the table* sentados alrededor de la mesa

arouse /əˈraʊz/ vt **1** provocar **2** excitar (sexualmente) **3** ~ **sb (from sth)** despertar a algn (de algo)

arrange /əˈreɪndʒ/ vt **1** organizar **2** ~ **to do sth/that…** quedar en hacer algo/en que… **3** ~ **for sb to do sth** asegurarse de que algn haga algo **4** disponer **5** ordenar **6** (*Mús*) arreglar

arrangement /əˈreɪndʒmənt/ n **1** disposición **2** arreglo **3** acuerdo **4 arrangements** [pl] preparativos

arrest /əˈrest/ verbo, sustantivo
▸ vt **1** (*delincuente*) detener, arrestar **2** (*formal*) (*inflación, etc.*) contener
▸ n **1** detención **2** *cardiac arrest* paro cardiaco **LOC** **be under arrest** estar/quedar detenido

arrival /əˈraɪvl/ n **1** llegada **2** (*persona*) *new/recent arrivals* recién llegados

arrive /əˈraɪv/ vi **1** llegar

¿**Arrive in** o **arrive at**? **Arrive in** se utiliza cuando se llega a un país o a una población: *When did you arrive in England?* ¿Cuándo llegaste a Inglaterra? **Arrive at** se usa seguido de lugares específicos como un edificio, una estación, etc.: *We'll call as soon as we arrive at the airport.* Llamaremos en cuanto lleguemos al aeropuerto. El uso de **at** seguido del nombre de una población implica que se está considerando esa población como un punto en un itinerario. Nótese que "llegar a casa" se dice *arrive home* o *get home*.

2 (*coloq*) (*éxito*) llegar a la cima

arrogant /ˈærəgənt/ adj arrogante
■ **arrogance** n arrogancia

arrow /ˈæroʊ/ n flecha

arson /ˈɑrsn/ n incendio provocado

art /ɑrt/ n **1** arte: *a work of art* una obra de arte **2 the arts** [pl] las Bellas Artes *Ver tb* THE PERFORMING ARTS **3 arts** [pl] (*estudios*) letras: *Bachelor of Arts* Licenciado (en una carrera de Humanidades) **4** maña

artery /ˈɑrtəri/ n (pl **arteries**) arteria

arthritis /ɑrˈθraɪtɪs/ n artritis ■ **arthritic** /ɑrˈθrɪtɪk/ adj, n artrítico, -a

artichoke /ˈɑrtɪtʃoʊk/ n alcachofa

article /ˈɑrtɪkl/ n **1** artículo: *definite/indefinite article* artículo definido/indefinido **2** *articles of clothing* prendas de vestir

articulate adjetivo, verbo
▸ adj /ɑrˈtɪkjələt/ capaz de expresarse con claridad
▸ vt, vi /ɑrˈtɪkjuleɪt/ (*formal*) articular

artificial /ˌɑrtɪˈfɪʃl/ adj artificial

artillery /ɑrˈtɪləri/ n artillería

artisan /ˈɑrtəzn; GB ˌɑːtɪˈzæn/ n artesano, -a ❶ La traducción normal de *artesano, -a* es **craftsman** o **craftswoman**.

artist /ˈɑrtɪst/ n artista

artistic /ɑrˈtɪstɪk/ adj artístico

ˈarts centre n centro cultural

artwork /ˈɑrtwɜːrk/ n [incontable] material gráfico (en una publicación) **2** obra de arte

AS /ˌeɪ ˈes/ (tb **A'S level**) n (GB) examen que hacen los estudiantes de diecisiete años en Gran Bretaña ⇒ Ver nota en A LEVEL

as /əz, æz/ conjunción, preposición, adverbio
▸ conj **1** mientras: *I watched her as she combed her hair.* La miré mientras se peinaba. **2** como: *As you weren't there…* Como no estabas… **3** tal como: *Leave it as you find it.* Déjalo tal como lo encuentres. LOC **as for sb/sth** en cuanto a algn/algo ◆ **as if; as though** como si: *as if nothing had happened* como si no hubiera sucedido nada ◆ **as it is** dada la situación ◆ **as many 1** tantos: *We no longer have as many members.* Ya no tenemos tantos socios. ◇ *I didn't win as many as him.* No gané tantos como él. ◇ *You ate three times as many as I did.* Comiste tres veces más que yo. **2** otros tantos: *four jobs in as many months* cuatro trabajos en otros tantos meses ◆ **as many again/more** otros tantos ◆ **as many as…** hasta: *as many as ten people* hasta diez personas ◆ **as many… as** tantos… como ◆ **as much**: *I don't have as much as you.* No tengo tanto como tú. ◇ *I thought as much.* Eso pensé. ◆ **as much again** otro tanto ◆ **as of** (tb esp GB **as from**): *as of/from May 12* a partir del 12 de mayo ◆ **as to sth; as regards sth** en cuanto a algo ◆ **as yet** hasta ahora
▸ prep **1** (en calidad de) como: *Treat me as a friend.* Trátame como a un amigo. ◇ *Use this plate as an ashtray.* Usa este plato como cenicero. **2** (con profesiones) de: *to work as a waiter* trabajar de mesero **3** (cuando algn es/era) de: *as a child* cuando era pequeño

> Nótese que para comparaciones y ejemplos usamos **like**: *a car like yours* un carro como el tuyo ◇ *Romantic poets, like Byron, Shelley, etc.* poetas románticos (tales) como Byron, Shelley, etc.

▸ adv **1 as… as** tan… como: *She is as tall as me/as I am.* Es tan alta como yo. ◇ *as soon as possible* lo antes posible ◇ *I earn as much as her/as she does.* Gano tanto como ella. **2** (según) como: *As you can see…* Como puedes ver…

asap /ˌeɪ es eɪ ˈpiː/ abrev de **as soon as possible** lo antes posible

asbestos /æsˈbestəs/ n asbesto

ascend /əˈsend/ (formal) **1** vi ascender **2** vt subir (a): *to ascend the throne* subir al trono

ascendancy /əˈsendənsi/ n ~ (**over sb/sth**) (formal) ascendiente (sobre algn/algo)

ascent /əˈsent/ n ascenso

ascertain /ˌæsərˈteɪn/ vt (formal) averiguar

ascribe /əˈskraɪb/ vt ~ **sth to sb/sth** atribuirle algo a algn/algo

ash /æʃ/ n **1** ceniza **2** (tb ˈash tree) fresno

ashamed /əˈʃeɪmd/ adj ~ (**of sb/sth**) avergonzado (de algn/algo): *I'm ashamed to tell her.* Me da vergüenza decírselo.

ashore /əˈʃɔːr/ adv, prep en/a tierra: *to go ashore* desembarcar

ashtray /ˈæʃtreɪ/ n cenicero

Ash ˈWednesday n miércoles de Ceniza

Asian /ˈeɪʒn/ adj, n asiático, -a

> En Estados Unidos la palabra **Asian** se refiere a la gente del Extremo Oriente (China, Japón, etc.), mientras que en Gran Bretaña se utiliza para referirse a gente de origen indio o paquistaní.

ˌAsian Aˈmerican adj, n americano, -a de ascendencia asiática

aside /əˈsaɪd/ adverbio, sustantivo
▸ adv ❶ Para los usos de **aside** en PHRASAL VERBS ver las entradas de los verbos correspondientes, p.ej. **put sth aside** en PUT. **1** a un lado **2** en reserva
▸ n aparte (Teatro) LOC Ver JOKE

aˈside from prep aparte de

ask /æsk; GB ɑːsk/ **1** vt, vi ~ (**sb**) (**sth**) preguntar (algo) (a algn): *to ask a question* hacer una pregunta ◇ *to ask about sth* preguntar por algo **2** vt, vi ~ (**sb**) **for sth** pedir algo (a algn) **3** vt ~ **sb to do sth** pedir a algn que haga algo **4** vt ~ **sb** (**to sth**) invitar a algn (a algo) LOC **be asking for trouble/it** (coloq) buscársela ◆ **don't ask me!** (coloq) ¡yo qué sé! ◆ **for the asking** con solo pedirlo PHR V **ask about sb** (GB tb **ask after sb**) preguntar cómo está algn ◆ **ask for sb** preguntar por algn (para verle) ◆ **ask sb out** invitar a algn a salir ◆ **ask sb over** invitar a algn (a tu casa)

asleep /əˈsliːp/ adj dormido: *to fall asleep* dormirse ◇ *fast/sound asleep* profundamente dormido

> Nótese que **asleep** no se usa antes de un sustantivo; por lo tanto, para traducir "un niño dormido" tendríamos que decir *a sleeping baby*.

asparagus /əˈspærəgəs/ n [incontable] espárrago(s)

aspect /ˈæspekt/ n **1** (de una situación, etc.) aspecto **2** (Arquit) orientación

asphalt /ˈæsfɔːlt; GB -fælt/ n asfalto

asphyxiate /əsˈfɪksieɪt/ vt asfixiar

aspiration /ˌæspəˈreɪʃn/ n aspiración
aspire /əˈspaɪər/ vi ~ **to sth** aspirar a algo: *aspiring musicians* aspirantes a músicos
aspirin /ˈæsprɪn, ˈæspərɪn/ n aspirina
ass /æs/ n **1** (*esp USA, argot*) cola, trasero **2** (*GB, coloq*) (*idiota*) burro **3** (*GB, antic*) asno
assailant /əˈseɪlənt/ n (*formal*) agresor, -ora
assassin /əˈsæsn; *GB* -sɪn/ n asesino, -a
■ **assassinate** vt asesinar **assassination** n asesinato ᗒ *Ver nota en* ASESINAR
assault /əˈsɔːlt/ verbo, sustantivo
▸ vt agredir
▸ n **1** agresión **2** ~ (**on sb/sth**) ataque (contra algn/algo)
assemble /əˈsembl/ **1** vt, vi reunir(se) **2** vt (*máquina, mueble*) montar, ensamblar
assembly /əˈsembli/ n (*pl* **assemblies**) **1** asamblea **2** (*escuela*) reunión de profesores y alumnos (*al iniciarse la jornada escolar*) **3** montaje, ensamblaje: *assembly line* línea de montaje
assert /əˈsɜːrt/ vt **1** afirmar **2** (*derechos, etc.*) hacer valer **3** ~ **yourself** imponerse ■ **assertion** n afirmación
assertive /əˈsɜːrtɪv/ adj firme, que se hace valer
assess /əˈses/ vt **1** (*propiedad, etc.*) valorar **2** (*impuestos, etc.*) calcular ■ **assessment** n **1** valoración *Ver tb* CONTINUOUS ASSESSMENT **2** análisis **assessor** n tasador, -ora
asset /ˈæset/ n **1** ventaja, baza: *to be an asset to sb/sth* ser muy valioso para algn/algo **2** **assets** [*pl*] (*Econ*) bienes, activos
assign /əˈsaɪn/ vt asignar
assignment /əˈsaɪnmənt/ n **1** (*en colegio*) trabajo, tarea **2** misión **3** (*en el extranjero*) destino
assimilate /əˈsɪməleɪt/ **1** vt asimilar **2** vi ~ **into sth** asimilarse a algo
ꜛ **assist** /əˈsɪst/ vt, vi (*formal*) ayudar
ꜛ **assistance** /əˈsɪstəns/ n (*formal*) **1** ayuda **2** auxilio
ꜛ **assistant** /əˈsɪstənt/ n **1** ayudante *Ver tb* SHOP ASSISTANT **2** *the assistant manager* la subdirectora
ꜛ **associate** verbo, sustantivo
▸ /əˈsoʊʃieɪt, -sieɪt/ **1** vt ~ **sb/sth with sb/sth** relacionar a algn/algo con algn/algo **2** vi ~ **with sb** relacionarse con algn
▸ n /əˈsoʊʃiət, -siət/ socio, -a
ꜛ **association** /əˌsoʊʃiˈeɪʃn, -siˈeɪʃn/ n **1** asociación **2** implicación

assorted /əˈsɔːrtɪd/ adj **1** variados **2** (*galletas, etc.*) surtidos
assortment /əˈsɔːrtmənt/ n variedad, surtido
ꜛ **assume** /əˈsuːm; *GB* əˈsjuːm/ vt **1** suponer **2** dar por hecho **3** (*expresión, nombre falso*) adoptar **4** (*significado*) adquirir **5** (*control*) asumir
assumption /əˈsʌmpʃn/ n **1** suposición **2** (*formal*) (*de poder, etc.*) toma
assurance /əˈʃʊərəns; *GB tb* əˈʃɔːr-/ n **1** garantía **2** confianza
ꜛ **assure** /əˈʃʊər; *GB tb* əˈʃɔː(r)/ vt **1** asegurar **2** ~ **sb of sth** prometer algo a algn **3** ~ **sb of sth** convencer a algn de algo **4** ~ **yourself that…** cerciorarse de que… ■ **assured** adj seguro **LOC** **be assured of sth** tener algo asegurado
asterisk /ˈæstərɪsk/ n asterisco
asthma /ˈæzmə; *GB* ˈæsmə/ n asma ■ **asthmatic** /æzˈmætɪk; *GB* æsˈm-/ adj, n asmático, -a
astonish /əˈstɒnɪʃ/ vt asombrar ■ **astonished** adj **1** asombrado: *to be astonished at/by sth* asombrarse de algo **2** (*cara, etc.*) de asombro **astonishing** adj asombroso **astonishingly** adv increíblemente **astonishment** n asombro
astound /əˈstaʊnd/ vt dejar atónito
■ **astounded** adj atónito: *to be astounded at/by sth* quedarse atónito ante algo **astounding** adj increíble, asombroso
astray /əˈstreɪ/ adv **LOC** **go astray** extraviarse
astride /əˈstraɪd/ adv, prep a horcajadas (en)
astrology /əˈstrɒlədʒi/ n astrología
■ **astrologer** n astrólogo, -a **astrological** /ˌæstrəˈlɒdʒɪkl/ adj astrológico
astronaut /ˈæstrənɔːt/ n astronauta
astronomy /əˈstrɒnəmi/ n astronomía
■ **astronomer** n astrónomo, -a **astronomical** /ˌæstrəˈnɒmɪkl/ adj astronómico
astute /əˈstuːt; *GB* əˈstjuːt/ adj astuto
asylum /əˈsaɪləm/ n **1** asilo **2** (*tb* **lunatic asylum**) (*antic*) manicomio
ꜛ **at** /æt, ət/ prep **1** (*posición*) en: *at home* en la casa ◊ *at the door* en la puerta ◊ *at the top* en lo alto ◊ *You can find us at www.oup.com.* Nos puedes encontrar en www.oup.com. ᗒ *Ver notas en* ARROBA y EN **2** (*tiempo*) *at 3:35* a las 3:35 ◊ *at dawn* al amanecer ◊ *at times* a veces ◊ *at night* por la noche ◊ *at Christmas* en la temporada de Navidad ◊ *at the moment* de momento **3** (*precio, frecuencia, velocidad*) a: *at 50mph* a 80 km/h ◊ *at full volume* a todo volumen ◊ *two at a time* de dos en dos **4** (*hacia*) *to stare at sb* mirar fijamente a algn **5** (*reacción*) *surprised at sth* sorprendido por algo ◊ *At this, she fainted.* Y

entonces, se desmayó. **6** (*actividad*) en: *She's at work.* Está en el trabajo. ◊ *to be at war* estar en guerra ◊ *children at play* niños jugando

ate *pt de* EAT

atheism /ˈeɪθiːzəm/ *n* ateísmo ■ **atheist** *n* ateo, -a

athlete /ˈæθliːt/ *n* atleta

athletic /æθˈletɪk/ *adj* atlético

athletics /æθˈletɪks/ *n* [*incontable*] (*GB*) (*USA* **track and field**) atletismo

atlas /ˈætləs/ *n* (*pl* **atlases**) **1** atlas **2** (*de carreteras*) mapa

ATM /ˌeɪ tiː ˈem/ *n* (*abrev de* automated teller machine) cajero automático

atmosphere /ˈætməsfɪər/ *n* **1** atmósfera **2** ambiente

atmospheric /ˌætməsˈferɪk/ *adj* **1** atmosférico **2** evocador, emocionante

atom /ˈætəm/ *n* átomo

atomic /əˈtɑmɪk/ *adj* atómico: *atomic weapons* armas nucleares

atrium /ˈeɪtriəm/ *n* atrio

atrocious /əˈtroʊʃəs/ *adj* **1** atroz **2** pésimo ■ **atrocity** /əˈtrɑsəti/ *n* (*pl* **atrocities**) atrocidad

attach /əˈtætʃ/ *vt* **1** atar **2** unir **3** (*documentos*) adjuntar **4** *to attach importance to sth* darle importancia a algo

attached /əˈtætʃt/ *adj*: *to be attached to sb/sth* tenerle cariño a algn/algo **LOC** *Ver* STRING

attachment /əˈtætʃmənt/ *n* **1** accesorio **2** ~ **to sth** apego a algo **3** (*Informát*) documento adjunto

attack /əˈtæk/ *sustantivo, verbo*
▸ *n* ~ (**on sb/sth**) ataque (contra algn/algo)
▸ *vt, vi* atacar ■ **attacker** *n* agresor, -ora

attain /əˈteɪn/ *vt* (*formal*) alcanzar ■ **attainment** *n* (*formal*) éxito

attempt /əˈtempt/ *verbo, sustantivo*
▸ *vt* intentar: *to attempt to do sth* intentar hacer algo
▸ *n* **1** ~ (**at doing/to do sth**) intento (de hacer algo) **2** atentado

attempted /əˈtemptɪd/ *adj*: *attempted robbery* intento de robo ◊ *attempted murder* asesinato frustrado

attend /əˈtend/ *vt, vi* (*formal*) asistir (a) **PHR V attend to sb/sth** ocuparse de algn/algo

attendance /əˈtendəns/ *n* asistencia **LOC be in attendance** (*formal*) estar presente

attendant /əˈtendənt/ *n* encargado, -a *Ver tb* FLIGHT ATTENDANT

attention /əˈtenʃn/ *sustantivo, interjección*
▸ *n* atención: *for the attention of the manager* dirigido al director **LOC** *Ver* FOCUS
▸ *interj* (*Mil*) ¡firmes!

attentive /əˈtentɪv/ *adj* atento

attic /ˈætɪk/ *n* desván, ático, zarzo

attitude /ˈætɪtuːd; *GB* -tjuːd/ *n* ~ (**to/toward sb/sth**) actitud (hacia algn/algo)

attorney /əˈtɜːrni/ *n* (*pl* **attorneys**) **1** abogado, -a **2** apoderado, -a ➔ *Ver nota en* ABOGADO

atˌtorney ˈgeneral *n* (*USA*) procurador, -ora general **2** (*GB*) asesor, -ora legal del gobierno

attract /əˈtrækt/ *vt* **1** atraer **2** (*atención*) llamar

attraction /əˈtrækʃn/ *n* **1** atracción **2** atractivo

attractive /əˈtræktɪv/ *adj* **1** (*persona*) atractivo **2** (*salario, etc.*) interesante

attribute *sustantivo, verbo*
▸ *n* /ˈætrɪbjuːt/ atributo
▸ *vt* /əˈtrɪbjuːt/ ~ **sth to sth** atribuir algo a algo

aubergine /ˈoʊbərʒiːn/ *sustantivo, adjetivo*
▸ *n* (*GB*) (*USA* **eggplant**) berenjena
▸ *adj* (*color*) morado

auction /ˈɔːkʃn/ *sustantivo, verbo*
▸ *n* subasta
▸ *vt* subastar ■ **auctioneer** /ˌɔːkʃəˈnɪər/ *n* subastador, -ora

audible /ˈɔːdəbl/ *adj* audible

audience /ˈɔːdiəns/ *n* **1** [*v sing o pl*] (*Teat, etc.*) público **2** ~ **with sb** audiencia con algn

audio /ˈɔːdioʊ/ *adj* de audio: *audio equipment* equipo de audio

ˌaudio-ˈvisual *adj* audiovisual: *audio-visual aids* medios audiovisuales

audit /ˈɔːdɪt/ *sustantivo, verbo*
▸ *n* auditoría
▸ *vt* auditar

audition /ɔːˈdɪʃn/ *sustantivo, verbo*
▸ *n* audición
▸ *vi* ~ **for sth** presentarse a una audición para algo

auditor /ˈɔːdɪtər/ *n* auditor, -ora

auditorium /ˌɔːdɪˈtɔːriəm/ *n* (*pl* **auditoriums** *o* **auditoria** /-riə/) auditorio

August /ˈɔːɡəst/ *n* (*abrev* **Aug.**) agosto ➔ *Ver nota y ejemplos en* JANUARY

aunt /ænt; *GB* ɑːnt/ *n* tía: *Aunt Louise* la tía Luisa ◊ *my aunt and uncle* mis tíos ■ **auntie** (*tb* **aunty**) *n* (*coloq*) tía

au pair /ˌoʊ ˈpeər/ *n* nana, niñera

Se dice de estudiantes en el extranjero quienes realizan servicio doméstico y cuidado de niños a cambio de alojamiento y un salario mínimo.

austere /ɔːˈstɪər; GB tb ɒˈst-/ adj austero
■ **austerity** /ɔːˈsterəti; GB tb ɒˈst-/ n austeridad
Australian /ɔːˈstreɪliən/ (coloq **Aussie** /ˈɔːzi/) adj, n australiano, -a
authentic /ɔːˈθentɪk/ adj auténtico
authenticity /ˌɔːθenˈtɪsəti/ n autenticidad
author /ˈɔːθər/ n autor, -ora, escritor, -ora
authoritarian /ɔːˌθɔːrəˈteəriən; GB ɔːˌθɒrɪˈt-/ adj, n autoritario, -a
authoritative /ɔːˈθɔːrəteɪtɪv; GB ɔːˈθɒrətətɪv/ adj **1** (libro, etc.) de gran autoridad **2** (voz, etc.) autoritario
authority /əˈθɔːrəti; GB ɔːˈθɒr-/ n (pl **authorities**) autoridad: local authority (GB) gobierno local/regional **LOC** have sth on good authority saber algo de buena fuente
authorization (GB tb **-isation**) /ˌɔːθərəˈzeɪʃn; GB -raɪˈz-/ n autorización
authorize (GB tb **-ise**) /ˈɔːθəraɪz/ vt autorizar
autobiographical /ˌɔːtəˌbaɪəˈɡræfɪkl/ adj autobiográfico
autobiography /ˌɔːtəbaɪˈɑɡrəfi/ n (pl **autobiographies**) autobiografía
autograph /ˈɔːtəɡræf; GB -ɡrɑːf/ sustantivo, verbo
▸ n autógrafo
▸ vt firmar
automate /ˈɔːtəmeɪt/ vt automatizar
automatic /ˌɔːtəˈmætɪk/ adjetivo, sustantivo
▸ adj automático
▸ n **1** arma automática **2** carro automático
automatically /ˌɔːtəˈmætɪkli/ adv automáticamente
automation /ˌɔːtəˈmeɪʃn/ n automatización
automobile /ˈɔːtəməbiːl/ n automóvil
autonomous /ɔːˈtɑnəməs/ adj autónomo
■ **autonomy** n autonomía
autopsy /ˈɔːtɑpsi/ n (pl **autopsies**) autopsia
auto racing /ˈɔːtoʊ reɪsɪŋ/ (GB **motor racing**) n carreras de carros
autumn /ˈɔːtəm/ n (GB) (USA **fall**) otoño
auxiliary /ɔːɡˈzɪliəri/ adj, n auxiliar
avail /əˈveɪl/ n **LOC** to little/no avail (formal) en vano
availability /əˌveɪləˈbɪləti/ n disponibilidad
available /əˈveɪləbl/ adj disponible

avalanche /ˈævəlæntʃ; GB -lɑːnʃ/ n avalancha
avant-garde /ˌævɒŋ ˈɡɑrd/ sustantivo, adjetivo
▸ n vanguardia
▸ adj vanguardista, de vanguardia
avenue /ˈævənuː; GB -njuː/ n **1** (abrev **Ave.**) avenida **2** vía, camino
average /ˈævərɪdʒ/ adjetivo, sustantivo, verbo
▸ adj **1** medio: average earnings el sueldo medio **2** mediocre
▸ n promedio: on average como/en promedio
▸ v **PHR V** average out at sth salir a un promedio de algo
aversion /əˈvɜːrʒn/ n aversión
avert /əˈvɜːrt/ vt **1** (mirada) apartar **2** (crisis, etc.) evitar
aviation /ˌeɪviˈeɪʃn/ n aviación
avid /ˈævɪd/ adj ávido
avocado /ˌævəˈkɑdoʊ/ n (pl **avocados**) aguacate, palta
avoid /əˈvɔɪd/ vt **1** ~ (doing) sth evitar (hacer) algo: She avoided going. Evitó ir. **2** (responsabilidad, etc.) eludir
await /əˈweɪt/ vt (formal) **1** estar en espera de **2** aguardar: A surprise awaited us. Nos aguardaba una sorpresa.
awake /əˈweɪk/ adjetivo, verbo
▸ adj [nunca antes de sustantivo] **1** despierto **2** ~ to sth (peligro, etc.) consciente de algo
▸ vt, vi (pt **awoke** /əˈwoʊk/, pp **awoken** /əˈwoʊkən/) despertar(se)

Los verbos **awake** y **awaken** solo se emplean en lenguaje formal o literario. La expresión normal es **wake (sb) up**.

awaken /əˈweɪkən/ **1** vt, vi (formal) despertar(se) ⊃ Ver nota en AWAKE **2** vt ~ sb to sth (peligro, etc.) advertir a algn de algo
award /əˈwɔːrd/ verbo, sustantivo
▸ vt (premio, etc.) conceder, otorgar
▸ n premio, galardón
aˈward-winning adj galardonado
aware /əˈweər/ adj ~ (of sth) consciente (de algo): She became aware that someone was following her. Se dio cuenta de que alguien la seguía. **LOC** as far as I am aware que yo sepa ◆ make sb aware of sth informar, concientizar a algn de algo ■ **awareness** n conciencia
away /əˈweɪ/ adv ❶ Para los usos de **away** en PHRASAL VERBS ver las entradas de los verbos correspondientes, p.ej. **get away** en GET. **1** (indicando distancia) The hotel is two kilometers away. El hotel está a dos kilómetros. ◇ It's a long way away. Queda muy lejos. **2** [con verbos de movimiento] irse de una determinada manera

He limped away. Se fue cojeando. **3** [*uso enfático con tiempos continuos*] *I was working away all night.* Pasé toda la noche trabajando. **4** por completo: *The snow had melted away.* La nieve se había derretido del todo. **5** (*GB*) (*Dep*) como visitante: *an away win* una victoria como visitante LOC *Ver* RIGHT

awe /ɔː/ *n* admiración LOC **be/stand in awe of sb/sth 1** admirar a algn/algo (*de forma reverencial*) **2** sentirse intimidado por algn/algo

awesome /'ɔːsəm/ *adj* **1** impresionante **2** (*coloq*) genial

awful /'ɔːfl/ *adj* **1** (*coloq*) muy malo **2** (*coloq*) [*uso enfático*] *an awful lot of money* un montón de plata **3** (*accidente, etc.*) horroroso

awfully /'ɔːfli/ *adv* terriblemente: *I'm awfully sorry.* Lo siento muchísimo.

awkward /'ɔːkwərd/ *adj* **1** (*momento, etc.*) inoportuno **2** (*sensación, etc.*) incómodo **3** (*persona*) difícil, raro **4** (*movimiento*) torpe

awoke *pt de* AWAKE

awoken *pp de* AWAKE

ax (*GB* **axe**) /æks/ *sustantivo, verbo*
▸ *n* hacha LOC **have an ax to grind** tener un interés particular en algo
▸ *vt* **1** (*servicio, etc.*) cortar, suprimir **2** despedir

axis /'æksɪs/ *n* (*pl* **axes** /'æksiːz/) eje

axle /'æksl/ *n* eje (*de ruedas*)

aye /aɪ/ *interj, n* (*antic*) sí: *The ayes have it.* Ganaron los síes. ❶ **Aye** es común en Escocia y en el norte de Inglaterra.

B b

B, b /biː/ n (pl **Bs**, **B's**, **b's** /biːz/) **1** B, b ⊃ Ver nota en A, A **2** (Educ) ocho: *to get (a) B in Science* sacar un ocho en Ciencias **3** (Mús) si

babble /ˈbæbl/ sustantivo, verbo
▸ n **1** (voces) murmullo **2** (bebé) balbuceo
▸ vt, vi farfullar, balbucear

babe /beɪb/ n (coloq) nena, mamacita

baby /ˈbeɪbi/ n (pl **babies**) **1** bebé: *a newborn baby* un recién nacido ◊ *a baby girl* una niña **2** (animal) cría **3** (esp USA, coloq) mi amor

baby carriage (GB **pram**) n coche (de bebé)

baby shower n fiesta para una futura madre, a la que los asistentes llevan regalos para el bebé

babysit /ˈbeɪbisɪt/ vi (-tt-) (pt **-sat**) ~ **(for sb)** cuidar a un niño (de algn) ■ **babysitter** n niñero, -a (esporádico)

bachelor /ˈbætʃələr/ n soltero

bachelor party n (pl **bachelor parties**) (GB **stag night/party**) despedida de soltero ❶ Para las mujeres, se dice **bachelorette party** /ˌbætʃələˈret pɑːrti/ .

back /bæk/ sustantivo, adjetivo, adverbio, verbo
▸ n **1** parte de atrás, parte de detrás **2** dorso **3** revés **4** espalda: *He was lying on his back.* Estaba acostado boca arriba. **5** (silla) espaldar **LOC** **at the back of your mind** en lo profundo de la mente ♦ **back to back** espalda con espalda ♦ **back to front** (GB) (USA **backward**) al revés ⊃ Ver dibujo en REVÉS ♦ **be glad, etc. to see the back of sb/sth** (esp GB, coloq) alegrarse de librarse de algn/algo ♦ **behind sb's back** a espaldas de algn ♦ **be on sb's back** estar encima de algn ♦ **get/put sb's back up** (coloq) sacar de quicio a algn ♦ **have your back to the wall** (coloq) estar entre la espada y la pared ♦ **turn your back on sb/sth** darle la espalda a algn/algo Ver tb BREAK, PAT
▸ adj **1** de atrás: *back door* puerta de atrás **2** (número de revista) atrasado **LOC** **by/through the back door** por la puerta de atrás
▸ adv ❶ Para los usos de **back** en PHRASAL VERBS ver las entradas de los verbos correspondientes, p. ej. **go back** en GO¹. **1** (movimiento, posición) hacia atrás: *Stand back.* Manténganse alejados. ◊ *a mile back* una milla más atrás **2** (regreso, repetición) de vuelta: *They are back in power.* Están en el poder otra vez. ◊ *on the way back* a la/de venida ◊ *to go there and back* ir y volver **3** (tiempo) allá: *back in the seventies* por los años setenta ◊ *a few years back* hace algunos años **4** (reciprocidad) *He smiled back (at her).* Le devolvió la sonrisa. **LOC** **go, travel, etc. back and forth** ir y venir Ver tb OWN
▸ **1** vt ~ **sb/sth (up)** respaldar a algn/algo **2** vt financiar **3** vt apostar por **4** vi ~ **(up)** reversar, retroceder **PHR V** **back away (from sb/sth)** retroceder (ante algn/algo) ♦ **back down** (USA tb **back off**) retractarse ♦ **back onto sth** (esp GB) dar a algo: *The house backs onto the river.* La parte de atrás de la casa da al río. ♦ **back out (of sth)** echarse atrás (de algo) (acuerdo, etc.) ♦ **back sth up** (Informát) hacer una copia de seguridad de algo

backache /ˈbækeɪk/ n dolor de espalda

backbone /ˈbækboʊn/ n **1** columna vertebral **2** fortaleza, agallas

backdrop /ˈbækdrɑːp/ (GB tb **backcloth** /ˈbækklɔːθ; GB -klɒθ/) n telón de fondo

backer /ˈbækər/ n patrocinador, -ora, auspiciador, -ora

backfire /ˌbækˈfaɪər/ vi **1** ~ **(on sb)** *The plan backfired on him.* Le salió el tiro por la culata. **2** (carro) producir detonaciones en el tubo de escape

background /ˈbækɡraʊnd/ n **1** clase social, educación, formación **2** fondo: *background music* música de fondo **3** contexto

back-heel sustantivo, verbo
▸ n (Fútbol) taconazo
▸ vt, vi: *Messi back-heeled (the ball) to Pedro.* Messi se la pasó de taco a Pedro.

backing /ˈbækɪŋ/ n **1** respaldo, apoyo **2** (Mús) acompañamiento

backlash /ˈbæklæʃ/ n reacción violenta

backlog /ˈbæklɔːɡ; GB -lɒɡ/ n atraso: *a huge backlog of work* un montón de trabajo atrasado

backpack /ˈbækpæk/ sustantivo, verbo
▸ n mochila, morral ⊃ Ver dibujo en BAG
▸ vi: *to go backpacking* mochilear ■ **backpacker** n mochilero, -a

back seat n (carro) asiento trasero/de atrás **LOC** **take a back seat** pasar a segundo plano

backside /ˈbæksaɪd/ n trasero

backslash /ˈbækslæʃ/ n barra invertida ⊃ Ver pág. 377 ⊃ Comparar con SLASH

backstage /ˌbækˈsteɪdʒ/ adv entre bastidores

backstroke /ˈbækstroʊk/ n (estilo) espalda: *to do (the) backstroke* nadar (estilo) espalda

bags

suitcase · backpack (GB tb rucksack) · duffel bag (GB holdall)
purse (tb esp GB handbag) · fanny pack (GB bumbag) · briefcase · shopping bag (GB carrier bag) · basket

backup /'bækʌp/ n **1** refuerzos, asistencia **2** (Informát) copia (de seguridad)

˘ **backward** /'bækwərd/ (tb esp GB **backwards**) adv **1** hacia atrás **2** de espaldas: *He fell backward.* Se cayó de espaldas. **3** (GB **back to front**) al revés ➲ *Ver dibujo en* REVÉS
LOC **backward and forward** de un lado a otro

backyard /ˌbæk'jɑrd/ n **1** (USA) jardín de atrás **2** (GB) patio trasero

bacon /'beɪkən/ n tocino, tocineta

˘ **bacteria** /bæk'tɪəriə/ n [pl] bacterias

˘ **bad** /bæd/ adj (comp **worse** /wɜrs/, superl **worst** /wɜrst/) **1** malo: *It's bad for your health.* Es malo para la salud. ◊ *This movie's not bad.* Esta película no está mal. **2** grave **3** (dolor de cabeza, etc.) fuerte **LOC** **be bad at sth**: *to be bad at sport/names* ser malo para los deportes/para recordar los nombres ◊ *I'm bad at Math.* Soy muy malo en matemáticas. ♦ **too bad 1** *That's too bad!* ¡Qué pesar/lástima! ◊ *It's too bad you can't come.* Qué pesar que no puedas venir. **2** (irón) ¡peor para ti! ❶ Para otras expresiones con **bad**, véanse las entradas del sustantivo, adjetivo, etc., p.ej. **go through/hit a bad patch** en PATCH.

bade /beɪd, bæd/ pt de BID

badge /bædʒ/ n **1** insignia, prendedor **2** (fig) símbolo

badger /'bædʒər/ n tejón

ˌ**bad 'hair day** n (coloq) mal día

ˌ**bad 'language** n [incontable] malas palabras, groserías

˘ **badly** /'bædli/ adv (comp **worse** /wɜrs/, superl **worst** /wɜrst/) **1** mal: *It's badly made.* Está mal hecho. **2** (dañar, etc.) *The house was badly damaged.* La casa sufrió muchos daños. **3** (necesitar, etc.) con urgencia **LOC** **not be badly off** no andar mal de plata

ˌ**badly be'haved** adj: *She's really badly behaved.* Se porta muy mal. ➲ *Ver nota en* WELL BEHAVED

badminton /'bædmɪntən/ n bádminton

'**bad-mouth** vt (coloq) hablar mal de

˘ˌ**bad-'tempered** adj de mal genio

baffle /'bæfl/ vt **1** desconcertar **2** frustrar
■ **baffling** adj desconcertante

˘ **bag** /bæg/ n bolsa, bolso ➲ *Ver dibujo en* CONTAINER **LOC** **bags of sth** (GB, coloq) un montón de algo ♦ **be in the bag** (coloq) estar asegurado *Ver tb* LET, PACK

bagel /'beɪgl/ n pan pequeño en forma de rosca

˘ **baggage** /'bægɪdʒ/ (tb esp GB **luggage**) n [incontable] equipaje

'**baggage room** (GB **left luggage office**) n guardaequipaje

baggy /'bægi/ adj (-ier, -iest) (ropa) ancho, holgado

'**bag lunch** n *Ver* BOX LUNCH

---

u actual · ɔː saw · ɜː bird · ə about · j yes · w woman · ʒ vision · h hat · ŋ sing

bagpipes /ˈbæɡpaɪps/ n [pl] gaita (escocesa)

baguette /bæˈɡet/ n pan baguette ➪ Ver dibujo en PAN

bail /beɪl/ n [incontable] fianza, libertad bajo fianza: *He was granted bail.* Se le concedió la libertad bajo fianza. **LOC** Ver POST

bailiff /ˈbeɪlɪf/ n alguacil

bait /beɪt/ n carnada, cebo

bake /beɪk/ **1** vt, vi (pan, pastel) hacer(se): *baking tray* bandeja para hornear **2** vt, vi (papas) asar(se) ■ **baker** n **1** panadero, -a **2** a baker's (GB) panadería ➪ Ver nota en CARNICERÍA **bakery** n (pl bakeries) panadería

baked beans n [pl] fríjoles en salsa de tomate: *a can of baked beans* una lata de fríjoles en salsa de tomate

balance /ˈbæləns/ sustantivo, verbo
▶ n **1** equilibrio: *to lose your balance* perder el equilibrio **2** (Fin) saldo, balance **3** (instrumento) balanza **LOC** **catch/throw sb off balance** agarrar desprevenido a algn ♦ **on balance** bien mirado
▶ **1** vi ~ **(on sth)** mantener el equilibrio (sobre algo) **2** vt ~ **sth (on sth)** mantener algo en equilibrio (sobre algo) **3** vt equilibrar **4** vt compensar, contrarrestar **5** vt, vi (cuentas) (hacer) cuadrar

balcony /ˈbælkəni/ n (pl balconies) balcón

bald /bɔːld/ adj calvo

ball /bɔːl/ n **1** (Dep) balón, pelota, bola **2** esfera, ovillo **3** baile (de etiqueta) **LOC** **(be) on the ball** (estar) al tanto ♦ **get/set/start the ball rolling** poner las cosas en marcha ♦ **have a ball** (coloq) pasar de ataque

ballad /ˈbæləd/ n **1** (Mús) balada **2** (poesía) romance

ballerina /ˌbæləˈriːnə/ n bailarina

ballet /ˈbæleɪ; GB ˈbæleɪ/ n ballet: *ballet dancer* bailarín, -ina

ball game n partido de béisbol **LOC** **a (whole) different/new ball game** (coloq): *It's a whole new ball game.* Eso ya es otro cantar.

balloon /bəˈluːn/ n bomba, globo

ballot /ˈbælət/ n votación: *absentee ballot* voto por correo

ballot box n urna (electoral)

ballpark /ˈbɔːlpɑːrk/ n **1** campo de béisbol **2** a ballpark figure una cifra aproximada

ballpoint /ˈbɔːlpɔɪnt/ (tb ˌballpoint ˈpen) n esfero, lapicero, lápiz pasta, pluma

ballroom /ˈbɔːlruːm, -rʊm/ n salón de baile: *ballroom dancing* baile de salón

bamboo /ˌbæmˈbuː/ n bambú

ban /bæn/ verbo, sustantivo
▶ vt (-nn-) prohibir
▶ n ~ **(on sth)** prohibición (de algo)

banana /bəˈnænə; GB bəˈnɑːnə/ n banano, plátano: *banana skin* cáscara de banano

band /bænd/ n **1** (Mús) grupo, banda: *a jazz band* un grupo de jazz **2** (de ladrones, etc.) banda **3** cinta, franja Ver tb RUBBER BAND

bandage /ˈbændɪdʒ/ sustantivo, verbo
▶ n venda, vendaje
▶ vt vendar

Band-Aid® (GB plaster) n curita

bandit /ˈbændɪt/ n bandido, -a

bandwagon /ˈbændwæɡən/ n **LOC** **climb/jump on the bandwagon** (coloq) estar en/seguir/meterse en la onda

bandwidth /ˈbændwɪdθ, -wɪtθ/ n (Informát) ancho de banda

bang /bæŋ/ verbo, sustantivo, adverbio, interjección
▶ **1** vt dar un golpe en: *He banged his fist on the table.* Le dio un puño a la mesa. ◊ *I banged the box down on the floor.* Tiré la caja al suelo de un golpe. **2** vt ~ **your head, etc. (against/on sth)** darse en la cabeza, etc. (con algo) **3** vi ~ **into sb/sth** darse contra algn/algo **4** vi (petardo, etc.) estallar **5** vi (puerta, etc.) dar golpes
▶ n **1** golpe **2** estallido
▶ adv (GB, coloq) justo, completamente: *bang on time* justo a tiempo ◊ *bang up to date* completamente al día **LOC** **bang goes sth** (GB, coloq) se acabó algo ♦ **go bang** (coloq) estallar
▶ interj ¡pum!

banger /ˈbæŋər/ n (GB, coloq) **1** salchicha **2** petardo **3** (carro) carcacha: *an old banger* una carcacha vieja

bangs /bæŋz/ n [pl] (GB fringe) capul, flequillo

banish /ˈbænɪʃ/ vt desterrar

banister /ˈbænɪstər/ n baranda, pasamanos

bank /bæŋk/ sustantivo, verbo
▶ n **1** banco: *bank manager* gerente de banco ◊ *bank statement* estado de cuenta ◊ *bank account* cuenta bancaria ◊ *bank balance* saldo bancario **2** orilla (de río, lago) ➪ Comparar con SHORE **LOC** Ver BREAK
▶ **1** vt (dinero) consignar **2** vi tener cuenta: *Who do you bank with?* ¿En qué banco tienes cuenta? **PHR V** **bank on sb/sth** contar con algn/algo ■ **banker** n banquero, -a

bank holiday n (GB) día festivo

> En Gran Bretaña hay ocho días del año que son festivos, en los que los bancos tienen que cerrar por ley. Suelen caer en lunes, de forma que se tiene un fin de semana largo al que se llama **bank holiday weekend**. Los **bank**

holidays no siempre coinciden en Inglaterra, Escocia e Irlanda del Norte: *We are coming back on bank holiday Monday.* Volvemos el lunes del puente.

bankrupt /'bæŋkrʌpt/ *adj* en bancarrota, en quiebra LOC **go bankrupt** ir a la bancarrota
■ **bankruptcy** *n* (*pl* **bankruptcies**) bancarrota, quiebra

banned *pt, pp* de BAN

banner /'bænər/ *n* pancarta, estandarte

banning /'bænɪŋ/ *n* (*GB*) prohibición

banquet /'bæŋkwɪt/ *n* banquete

baptism /'bæptɪzəm/ *n* bautismo, bautizo

baptize (*GB tb* -ise) /'bæptaɪz; *GB* bæp'taɪz/ *vt* bautizar

ᵷ **bar** /bɑr/ *sustantivo, verbo, preposición*
▸ *n* **1** barra **2** bar **3** (*de chocolate*) chocolatina **4** (*de jabón*) barra **5** (*GB*) (*USA* **measure**) (*Mús*) compás **6** prohibición LOC **behind bars** (*coloq*) tras las rejas
▸ *vt* (-rr-) ~ **sb from doing sth** prohibir a algn hacer algo LOC **bar the way** cerrar el paso
▸ *prep* excepto

barbarian /bɑr'beəriən/ *n* bárbaro, -a
■ **barbaric** /bɑr'bærɪk/ *adj* bárbaro

barbecue /'bɑrbɪkjuː/ *sustantivo, verbo*
▸ *n* **1** barbacoa **2** asado, parrillada
▸ *vt* asar a la parrilla

barbed wire *n* alambre de púas

barber /'bɑrbər/ *n* peluquero, -a

Barber es peluquero de hombres y **hairdresser** de mujeres, aunque hoy en día la mayoría de los **hairdressers** trabajan en peluquerías unisex.

barbershop /'bɑrbərʃɑp/ (*GB* **barber's**) *n* peluquería

bar code *n* código de barras

bare /beər/ *adj* (**barer, -est**) **1** desnudo ⊃ *Ver nota en* NAKED **2** descubierto **3** ~ (**of sth**) *a room bare of furniture* una habitación sin muebles **4** mínimo: *the bare essentials* lo mínimo

barefoot /'beərfʊt/ *adv* descalzo

barely /'beərli/ *adv* apenas

ᵷ **bargain** /'bɑrɡən/ *sustantivo, verbo*
▸ *n* **1** trato **2** ganga LOC **in the bargain** (*GB* **into the bargain**) **1** (y) encima, además **2** para acabar de ajustar *Ver tb* DRIVE
▸ *vi* **1** negociar **2** regatear PHR V **bargain for/on sth** (*coloq*) contar con algo, esperar algo
■ **bargaining** *n* [*incontable*] **1** negociación: *wage bargaining* negociaciones salariales **2** regateo

barge /bɑrdʒ/ *n* barcaza

bar graph (*tb* **bar chart**) *n* gráfico de barras

barista /bə'riːstə, -'rɪs-/ *n* camarero, -a (*de un café*)

baritone /'bærɪtoʊn/ *n* barítono

bark /bɑrk/ *sustantivo, verbo*
▸ *n* **1** corteza (*de árbol*) **2** ladrido
▸ **1** *vi* ladrar **2** *vt, vi* (*persona*) gritar ■ **barking** *n* [*incontable*] ladridos

barley /'bɑrli/ *n* cebada

barmaid /'bɑrmeɪd/ *n* mesera de barra o taberna

barman /'bɑrmən/ *n* (*pl* **barmen** /-mən/) (*esp GB*) (*USA* **bartender**) barman, mesero, cantinero

barmy /'bɑrmi/ *adj* (*GB, coloq*) chiflado

barn /bɑrn/ *n* granero

barometer /bə'rɑmɪtər/ *n* barómetro

baron /'bærən/ *n* barón

baroness /ˌbærə'nɛs, 'bærənəs/ *n* baronesa

barracks /'bærəks/ *n* [*v sing o pl*] cuartel

barrage /bə'rɑʒ; *GB* 'bærɑːʒ/ *n* **1** (*Mil*) descarga de fuego **2** (*quejas, preguntas, etc.*) bombardeo

barrel /'bærəl/ *n* **1** barril, tonel **2** cañón

barren /'bærən/ *adj* árido, improductivo (*tierra, etc.*)

barrette /bə'ret/ (*GB* **hairslide**) *n* gancho, pinche (*para el pelo*)

barricade /ˌbærɪ'keɪd/ *sustantivo, verbo*
▸ *n* barricada
▸ *vt* bloquear (con una barricada) PHR V **barricade yourself in/inside (sth)** encerrarse (en algo) (*poniendo barricadas*)

ᵷ **barrier** /'bæriər/ *n* barrera

barrister /'bærɪstər/ *n* (*GB*) abogado, -a ⊃ *Ver nota en* ABOGADO

barrow /'bæroʊ/ *n* carretilla, carreta (*de mano*)

bartender /'bɑrtendər/ (*GB* **barman**) *n* barman, mesero, cantinero

barter /'bɑrtər/ **1** *vt* ~ **sth (for sth)** cambiar algo (por algo) **2** *vi* ~ (**with sb**) (**for sth**) hacer trueque (con algn) (para obtener algo)

ᵷ **base** /beɪs/ *sustantivo, verbo*
▸ *n* base
▸ *vt* **1** basar **2** **be based in/at...** tener su base en...

baseball /'beɪsbɔːl/ *n* béisbol

base jumping *n* salto en paracaídas (*desde un edificio*)

basement /'beɪsmənt/ *n* sótano

bases 1 *pl de* BASE **2** *pl de* BASIS

---

i happy ɪ sit iː see æ cat ɑ hot ɒ long (*GB*) ɑː bath (*GB*) ʌ cup ʊ put uː too

bash /bæʃ/ *verbo, sustantivo*
▸ (*coloq*) **1** *vt* golpear fuertemente **2** *vt* ~ **your head, elbow, etc. (against/on sth)** darse un golpe en la cabeza, el codo, etc. (con algo) **3** *vi* ~ **into sb/sth** darse contra algn/algo
▸ *n* golpe fuerte **LOC have a bash (at sth)** (*GB, coloq*) intentar (algo)

basic /'beɪsɪk/ *adj* **1** fundamental **2** básico **3** elemental

basically /'beɪsɪkli/ *adv* básicamente, fundamentalmente

basics /'beɪsɪks/ *n* [*pl*] lo esencial, la base

basil /'beɪzl, 'bæzl; *GB* 'bæzl/ *n* albahaca

basin /'beɪsn/ *n* **1** (*GB*) (*tb* **washbasin**) lavamanos, lavabo ⊃ *Comparar con* SINK **2** (*Geog*) cuenca

basis /'beɪsɪs/ *n* (*pl* **bases** /-siːz/) base: *on the basis of sth* basándose en algo **LOC** *Ver* REGULAR

basket /'bæskɪt; *GB* 'bɑːs-/ *n* canasta, cesto **LOC** *Ver* EGG

basketball /'bæskɪtbɔːl; *GB* 'bɑːs-/ *n* baloncesto

bass /beɪs/ *sustantivo, adjetivo*
▸ *n* **1** (*cantante*) bajo **2** graves: *to turn up the bass* subir los graves **3** (*tb* ˌbass gui'tar) bajo **4** (*tb* ˌdouble 'bass) contrabajo
▸ *adj* (*Mús*) bajo

bat /bæt/ *sustantivo, verbo*
▸ *n* **1** bate **2** (*GB*) (*USA* **paddle**) raqueta (*de pingpong*) **3** murciélago
▸ *vt, vi* (**-tt-**) batear **LOC not bat an eye** (*GB* **not bat an eyelid**) (*coloq*) no pestañear

batch /bætʃ/ *n* lote

bath /bæθ; *GB* bɑːθ/ *n* (*pl* **baths** /bæðz; *GB* bɑːðz/) **1** baño (*en bañera*): *to take a bath* darse un baño **2** bañera

bathe /beɪð/ **1** *vt, vi* (*GB* **bath**) bañar(se) **2** *vt* (*ojos, herida*) lavar

bathrobe /'bæθroʊb; *GB* 'bɑː-θ-/ (*GB* **dressing gown**) *n* bata, levantadora

bathroom /'bæθruːm, -rʊm; *GB* 'bɑːθ-/ *n* baño

> En inglés norteamericano se dice **bathroom** si es en una casa particular, y **bathroom**, **washroom** o **restroom** en edificios públicos. En inglés británico se dice **toilet** o **loo** (*coloq*) para referirnos al baño de las casas particulares (**lavatory** y **WC** han caído en desuso). **The Gents**, **the Ladies**, **the toilets**, **the cloakroom** o **public conveniences** se usan si hablamos de los baños en lugares públicos.

baton /bə'tɑn; *GB* 'bætɒn/ *n* **1** (*policía*) porra, bolillo, luma **2** (*Mús*) batuta **3** (*Dep*) testigo

battalion /bə'tæliən/ *n* batallón

batter /'bætər/ **1** *vt* apalear a: *to batter sb to death* matar a algn a palo **2** *vt, vi* ~ **(at/on) sth** aporrear algo **PHR V batter sth down** derribar algo a golpes ■ **battered** *adj* (*objeto*) deformado

battery /'bætəri/ *n* (*pl* **batteries**) **1** (*Electrón*) batería, pila **2** de cría intensiva: *battery hen* gallina de cría industrial

battle /'bætl/ *sustantivo, verbo*
▸ *n* batalla, lucha **LOC** *Ver* FIGHT, WAGE
▸ *vi* ~ **(with/against sb/sth) (for sth)** luchar (con/contra algn/algo) (por algo): *to battle on* seguir luchando

battlefield /'bætlfiːld/ (*tb* **battleground** /'bætlgraʊnd/) *n* campo de batalla

battlements /'bætlmənts/ *n* [*pl*] almenas

battleship /'bætlʃɪp/ *n* acorazado

bauble /'bɔːbl/ *n* adorno, chuchería

bawl /bɔːl/ **1** *vi* berrear **2** *vt* gritar

bay /beɪ/ *sustantivo, verbo*
▸ *n* **1** bahía **2** *loading bay* zona de carga **3** (*tb* ˈbay tree) laurel **LOC hold/keep sb/sth at bay** mantener a algn/algo a raya
▸ *vi* aullar

ˈ**bay leaf** *n* (*pl* **bay leaves**) hoja de laurel

bayonet /'beɪənət/ *n* bayoneta

ˌ**bay 'window** *n* ventana (*que forma un ventanal semicircular*)

bazaar /bə'zɑr/ *n* **1** bazar **2** mercado benéfico

BBQ = BARBECUE

B.C. (*GB* **BC**) /ˌbiː 'siː/ *abrev de* **before Christ** antes de Cristo

be /bi, biː/ *verbo, verbo auxiliar* ⊃ *Para los usos de* **be** *con* **there**, *ver* THERE
▸ *vi* **1** ser: *Life is unfair.* La vida es injusta. ◊ *'Who is it?' 'It's me.'* —¿Quién es? —Soy yo. ◊ *It's John's.* Es de John. ◊ *Be quick!* ¡Apúrate! ◊ *I was late.* Llegué tarde. **2** (*estado*) estar: *How are you?* ¿Cómo estás? ◊ *Is he alive?* ¿Está vivo? **3** (*localización*) estar: *Mary's upstairs.* Mary está arriba. **4** (*origen*) ser: *She's from Italy.* Es italiana. **5** [*solo en tiempo perfecto*] visitar: *I've never been to Spain.* Nunca he estado en España. ◊ *Has the postman been yet?* ¿Ya vino el cartero? ◊ *I've been into town.* Estuve en el centro. ❶ A veces **been** se utiliza como participio de **go**. ⊃ *Ver tb nota en* GO¹ **6** tener: *I'm right, aren't I?* ¿A que tengo razón? ◊ *I'm hot/afraid.* Tengo calor/miedo. ◊ *Are you in a hurry?* ¿Tienes prisa?

> Nótese que en español se usa **tener** con sustantivos como *calor, frío, hambre, sed*, etc., mientras que en inglés se usa **be** con el adjetivo correspondiente.

be

present simple

afirmativa

	formas contractas
I am	I'm
you are	you're
he/she/it is	he's/she's/it's
we are	we're
you are	you're
they are	they're

forma -ing **being**

negativa

	formas contractas
I'm not	
you aren't	
he/she/it isn't	
we aren't	
you aren't	
they aren't	

participio pasado **been**

past simple

I was
you were
he/she/it was
we were
you were
they were

---

7 (*edad*) tener: *He is ten (years old).* Tiene diez años. ➲ Ver notas en OLD y YEAR **8** (*tiempo*) *It's cold/hot.* Hace frío/calor. ◊ *It's foggy.* Hay niebla. **9** (*medida*) medir: *He is six feet tall.* Mide 1,80 m. **10** (*hora*) ser: *It's two o'clock.* Son las dos. **11** (*precio*) costar: *How much is that dress?* ¿Cuánto cuesta ese vestido? **12** (*Mat*) ser: *Two and two is/are four.* Dos y dos son cuatro. ❶ Para expresiones con **be**, véanse las entradas del sustantivo, adjetivo, etc., p.ej. **be a drain on sth** en DRAIN. **PHR V** **be onto sb** (*coloq*) seguir la pista de algn ◆ **be onto sth** haber dado con algo ◆ **be through (to sb/sth)** (*GB*) tener línea (con algn/algo) ◆ **be through (with sb/sth)** haber terminado (con algn/algo)
▶ *v aux* **1** [*con participios para formar la voz pasiva*] *He was killed in the war.* Lo mataron en la guerra. ◊ *It is said that he is rich/He is said to be rich.* Dicen que es rico. **2** [*con -ing para formar tiempos continuos*] *What are you doing?* ¿Qué haces/Qué estás haciendo? ◊ *I'm just coming!* ¡Ya voy! **3** [*con infinitivo*] *I am to inform you that…* Debo informarle que… ◊ *They were to be married.* Se iban a casar.

beach /biːtʃ/ *sustantivo, verbo*
▶ *n* playa
▶ *vt*: *to beach a boat* encallar

bead /biːd/ *n* **1** cuenta **2 beads** [*pl*] collar de cuentas **3** (*de sudor, etc.*) gota

beak /biːk/ *n* pico

beaker /ˈbiːkər/ *n* **1** (*Quím*) vaso de precipitados **2** (*GB*) vaso alto (*de plástico*)

beam /biːm/ *sustantivo, verbo*
▶ *n* **1** viga, travesaño **2** (*de luz*) rayo **3** (*de linterna, etc.*) haz de luz **4** sonrisa radiante
▶ **1** *vi* ~ **(at sb)** sonreír radiantemente (a algn) **2** *vt* transmitir (*programa, mensaje*)

bean /biːn/ *n* **1** frijol, poroto: *kidney beans* fríjoles rojos ◊ *green beans* habichuelas/porotos verdes **2** (*café, cacao*) grano

bear /beər/ *verbo, sustantivo*
▶ (*pt* **bore** /bɔːr/, *pp* **borne** /bɔːrn/) **1** *vt* aguantar

2 *vt* resistir: *It won't bear close examination.* No va a resistir un examen a fondo. **3** *vt* (*gastos*) hacerse cargo de **4** *vt* (*responsabilidad*) asumir **5** *vt* (*carga*) soportar **6** *vt* tener: *to bear a resemblance to sth* tener un parecido a algo ◊ *to bear little relation to sth* tener poca relación con algo **7** *vt* (*firma, etc.*) llevar **8** *vt* (*formal*) (*hijo*) dar a luz **9** *vt* (*cosecha, resultado*) producir **10** *vi* ~ **left, etc.** (*carretera, etc.*) girar, voltear hacia la izquierda, etc. **LOC** **bear sb/sth in mind** tener a algn/algo en cuenta *Ver tb* GRIN **PHR V** **bear sb/sth out** confirmar algo/lo que algn dijo ◆ **bear up (under sth)** aguantar (algo): *He's bearing up well under the strain of losing his job.* Ha aguantado bien el tiempo que ha estado sin trabajo. ◆ **bear with sb** tener paciencia con algn
▶ *n* oso

bearable /ˈbeərəbl/ *adj* tolerable

beard /bɪərd/ *n* barba ■ **bearded** *adj* barbudo, con barba

bearer /ˈbeərər/ *n* **1** (*noticias, cheque*) portador, -ora **2** (*documento*) titular

bearing /ˈbeərɪŋ/ *n* (*Náut*) marcación **LOC** **get/find your bearings** orientarse ◆ **have a bearing on sth** tener que ver con algo, afectar algo ◆ **lose your bearings** desorientarse

beast /biːst/ *n* animal, bestia: *wild beasts* fieras

beat /biːt/ *verbo, sustantivo*
▶ (*pt* **beat**, *pp* **beaten** /ˈbiːtn/) **1** *vt* ~ **sb (at sth)** vencer a algn (en algo) **2** *vt* confundir: *It beats me why he did it.* No puedo explicar por qué lo hizo. **3** *vt* (*superar*) batir: *to beat the world record* batir el récord mundial ◊ *Nothing beats home cooking.* No hay nada como la cocina casera. **4** *vt, vi* golpear, dar golpes (en): *She was beaten to death.* La mataron a golpes. **5** *vt* (*metal, huevos, alas*) batir **6** *vi* ~ **against/on sth** batir (contra) algo **7** *vt* (*tambor*) tocar **8** *vi* (*corazón*) latir **LOC** **beat around the bush** (*GB* **beat about the bush**) andarse con rodeos ◆ **off the beaten track** (en un lugar) apartado **PHR V** **beat sb to it/**

sth adelantarse a algn: *Book now before someone beats you to it!* ¡Reserva ahora antes de que alguien se te adelante! ◆ **beat sb up** darle una golpiza a algn
▶ *n* **1** ritmo **2** (*tambor*) redoble **3** (*policía*) ronda

beating /ˈbiːtɪŋ/ *n* **1** (*castigo, derrota*) golpiza **2** batir **3** (*corazón*) latido LOC **take some beating** (*GB*) ser difícil de superar

beautician /bjuːˈtɪʃn/ *n* esteticista

beautiful /ˈbjuːtɪfl/ *adj* **1** hermoso **2** magnífico

beautifully /ˈbjuːtɪfli/ *adv* estupendamente

beauty /ˈbjuːti/ *n* (*pl* **beauties**) **1** belleza **2** (*persona o cosa*) preciosidad

beauty salon (*tb* **beauty parlor**) *n* salón de belleza

beaver /ˈbiːvər/ *n* castor

became *pt de* BECOME

because /bɪˈkɔːz; *GB* -ˈkɒz, -ˈkəz/ *conj* porque

be'cause of *prep* a causa de, debido a: *because of you* por ti

beckon /ˈbekən/ **1** *vi* ~ **to sb** hacerle señas a algn **2** *vt* llamar con señas

become /bɪˈkʌm/ *vi* (*pt* **became** /bɪˈkeɪm/, *pp* **become**) **1** [*con sustantivo*] llegar a ser, convertirse en, hacerse: *She became a doctor.* Se hizo médica. **2** [*con adjetivo*] ponerse, volverse: *to become fashionable* ponerse de moda ◊ *to become aware of sth* darse cuenta de algo PHR V **become of sb/sth** pasar con algn/algo: *What will become of me?* ¿Que será de mí?

bed /bed/ *n* **1** cama: *king-size bed* cama (extragrande) de matrimonio ◊ *to make the bed* tender la cama

Nótese que en las siguientes expresiones no se usa el artículo determinado en inglés: *to go to bed* irse a la cama ◊ *It's time for bed.* Es hora de irse a la cama.

2 (*tb* **river bed**) lecho (*de un río*) **3** (*tb* **seabed**) fondo (*del océano*) **4** (*flores*) macizo LOC *Ver* WET

bed and 'breakfast *n* (*abrev* B & B, b & b) hospedaje y desayuno ❶ En muchos casos los **bed and breakfasts** son casas particulares.

bedding /ˈbedɪŋ/ *n* [*incontable*] (*tb esp GB* **bedclothes** /ˈbedkləʊðz/ [*pl*]) ropa de cama

bedroom /ˈbedruːm, -rʊm/ *n* habitación, alcoba, cuarto

bedside /ˈbedsaɪd/ *n* cabecera: *bedside table* mesita de noche

bedsit /ˈbedsɪt/ *n* (*GB*) habitación con cama y cocina

bedspread /ˈbedspred/ *n* colcha, cubrecama

bedtime /ˈbedtaɪm/ *n* hora de acostarse

bee /biː/ *n* abeja

beech /biːtʃ/ (*tb* **beech tree**) *n* haya

beef /biːf/ *n* carne de res/vaca: *roast beef* carne al horno ➔ *Ver nota en* CARNE

beefburger /ˈbiːfbɜːrɡər/ *n* (*GB*) hamburguesa

beehive /ˈbiːhaɪv/ *n* colmena

been /bɪn; *GB tb* biːn/ *pp de* BE

beep /biːp/ *sustantivo, verbo*
▶ *n* pitido
▶ **1** *vi* (*despertador*) sonar **2** *vt, vi* tocar (la bocina)

beer /bɪər/ *n* cerveza ➔ *Ver nota en* CERVEZA

beet /biːt/ *n* (*GB* **beetroot** /ˈbiːtruːt/) *n* remolacha, betabel

beetle /ˈbiːtl/ *n* escarabajo

before /bɪˈfɔːr/ *adverbio, preposición, conjunción*
▶ *adv* antes: *the day/week before* el día/la semana anterior ◊ *I've never seen her before.* No la había visto nunca.
▶ *prep* **1** antes de (que), antes que: *before lunch* antes de almorzar ◊ *the day before yesterday* anteayer ◊ *He arrived before me.* Llegó antes que yo. **2** ante: *right before my eyes* ante mis propios ojos **3** delante de: *He puts his work before everything else.* Pone su trabajo antes de todo lo demás.
▶ *conj* antes de que: *before he goes on vacation* antes de que se vaya de vacaciones

beforehand /bɪˈfɔːrhænd/ *adv* de antemano

beg /beɡ/ (-**gg**-) **1** *vt* ~ **sb to do sth** rogar, suplicar a algn que haga algo **2** *vt, vi* ~ (**sth/for sth**) (**from sb**) mendigar algo (de/a algn): *They had to beg (for) scraps from storekeepers.* Tenían que mendigarles sobras a los tenderos. LOC **beg sb's pardon** (*esp GB, formal*) pedir perdón a algn ◆ **I beg your pardon 1** (*formal*) lo siento **2** ¿disculpe?, ¿perdón, puede repetir?
■ **beggar** *n* mendigo, -a **begging** *n* mendicidad

begin /bɪˈɡɪn/ *vt, vi* (-**nn**-) (*pt* **began** /bɪˈɡæn/, *pp* **begun** /bɪˈɡʌn/) ~ (**doing/to do sth**) empezar (a hacer algo): *Shall I begin?* ¿Empiezo yo? LOC **to begin with 1** para empezar **2** al principio ■ **beginner** *n* principiante

beginning /bɪˈɡɪnɪŋ/ *n* **1** comienzo, principio: *at/in the beginning* al principio ◊ *from beginning to end* de principio a fin **2** origen

behalf /bɪˈhæf; *GB* -ˈhɑːf/ *n* LOC **in behalf of sb/in sb's behalf** (*GB* **on behalf of sb/on sb's behalf**) en nombre de algn/en su nombre

behave

behave /bɪ'heɪv/ **1** *vi* ~ **well, badly, etc. (toward sb)** comportarse bien, mal, etc. (con algn) **2** *vt, vi* ~ **(yourself)** portarse bien *Ver tb* WELL BEHAVED

behavior (*GB* **behaviour**) /bɪ'heɪvjər/ *n* comportamiento ■ **behavioral** (*GB* **behavioural**) *adj* de comportamiento, conductual: *children with behavioral difficulties* niños con problemas de comportamiento

behind /bɪ'haɪnd/ *preposición, adverbio, sustantivo* ❶ Para los usos de **behind** en PHRASAL VERBS ver las entradas de los verbos correspondientes, p. ej. **stay behind** en STAY.
▸ *prep* **1** detrás de, tras: *I put it behind the couch.* Lo puse detrás del sofá. ◇ *What's behind this sudden change?* ¿Qué hay detrás de este cambio repentino? **2** retrasado con respecto a: *to be behind schedule* estar atrasado (con respecto a los planes) **3** a favor de
▸ *adv* **1** atrás: *to leave sth behind* dejar algo atrás ◇ *to look behind* mirar hacia atrás ◇ *He was shot from behind.* Le dispararon por la espalda. ◇ *to stay behind* quedarse **2** ~ **(in/with sth)** atrasado (en/con algo)
▸ *n* (*coloq*) trasero

beige /beɪʒ/ *adj, n* beige, beis

being /'biːɪŋ/ *n* **1** ser: *human beings* seres humanos **2** existencia LOC **come into being** crearse

belated /bɪ'leɪtɪd/ *adj* tardío

belch /beltʃ/ *verbo, sustantivo*
▸ *vi* eructar
▸ *n* eructo

belief /bɪ'liːf/ *n* **1** creencia **2** ~ **in sth** confianza, fe en algo LOC **beyond belief** increíble ♦ **in the belief that...** confiando en que... *Ver tb* LEAD¹

believe /bɪ'liːv/ *vt, vi* creer: *I believe so.* Creo que sí. LOC **believe it or not** aunque no lo crea *Ver tb* LEAD¹ PHR V **believe in sb/sth 1** creer en algn/algo **2** confiar en algn/algo ■ **believable** *adj* creíble **believer** *n* creyente LOC **be a (great/firm) believer in sth** ser (gran) partidario de algo

bell /bel/ *n* **1** campana, campanilla **2** timbre: *to ring the bell* tocar el timbre LOC *Ver* RING²

bell-bottoms *n* [*pl*] pantalón acampanado

bellow /'beloʊ/ *verbo, sustantivo*
▸ **1** *vi* bramar **2** *vt, vi* gritar
▸ *n* **1** bramido **2** grito

bell pepper (*GB* **pepper**) *n* pimentón, pimiento

belly /'beli/ *n* (*pl* **bellies**) **1** (*persona*) vientre, barriga **2** (*animal*) panza

bellyache /'belieɪk/ *vi* (*coloq*) quejarse

belly button *n* (*coloq*) ombligo

belly dancing *n* danza del vientre

belong /bɪ'lɔːŋ; *GB* -'lɒŋ/ *vi* **1** ~ **to sb/sth** pertenecer a algn/algo: *Who does this book belong to?* ¿De quién es este libro? **2** deber estar: *Where does this belong?* ¿Dónde se pone esto? ■ **belongings** *n* [*pl*] pertenencias

below /bɪ'loʊ/ *preposición, adverbio*
▸ *prep* (por) debajo de, bajo: *five degrees below freezing* cinco grados bajo cero
▸ *adv* (más) abajo: *above and below* arriba y abajo

belt /belt/ *n* **1** cinturón, correa *Ver tb* SEAT BELT **2** (*Mec*) correa: *conveyor belt* correa transportadora **3** (*Geog*) zona *Ver tb* GREEN BELT LOC **below the belt**: *That remark hit below the belt.* Ese comentario fue un golpe bajo.

beltway /'beltweɪ/ (*tb* **outer belt**) (*GB* **ring road**) *n* carretera circunvalar/de circunvalación

bemused /bɪ'mjuːzd/ *adj* perplejo

bench /bentʃ/ *n* **1** (*asiento*) banco **2** [*gen pl*] (*GB*) (*Pol*) escaño **3** **the bench** [*sing*] (*Jur*) el tribunal **4** (*Dep*) banca, banquillo

benchmark /'bentʃmɑːrk/ *n* punto de referencia, parámetro

bend /bend/ *verbo, sustantivo*
▸ (*pt, pp* **bent** /bent/) **1** *vt, vi* doblar(se) **2** *vi* ~ **(down)** agacharse, inclinarse PHR V **be bent on (doing) sth** estar empeñado en (hacer) algo
▸ *n* **1** curva **2** (*tubería*) codo LOC **around the bend** (*coloq*) chiflado

beneath /bɪ'niːθ/ *preposición, adverbio*
▸ *prep* (*formal*) **1** bajo, debajo de **2** indigno de
▸ *adv* (*formal*) abajo

benefactor /'benɪfæktər/ *n* benefactor, -ora

beneficial /ˌbenɪ'fɪʃl/ *adj* beneficioso, provechoso

benefit /'benɪfɪt/ *sustantivo, verbo*
▸ *n* **1** beneficio: *to be of benefit to sb* ser beneficioso para algn **2** subsidio: *unemployment benefit* subsidio de desempleo **3** función benéfica LOC **give sb the benefit of the doubt** conceder a algn el beneficio de la duda
▸ (**-t-** *o* **-tt-**) **1** *vt* beneficiar **2** *vi* ~ **(from/by sth)** beneficiarse, sacar provecho (de algo)

benevolent /bə'nevələnt/ *adj* **1** (*formal*) benévolo **2** benéfico ■ **benevolence** *n* benevolencia

benign /bɪ'naɪn/ *adj* benigno

bent /bent/ *adj* **1** curvado, torcido **2** ~ **on sth/doing sth** empeñado en algo/hacer algo *Ver tb* BEND

bequeath /bɪ'kwiːð/ *vt* ~ **sth (to sb)** (*formal*) legar algo (a algn)

bequest /bɪ'kwest/ *n* (*formal*) legado

bereaved /bɪˈriːvd/ adj (formal) afligido por la muerte de un ser querido ■ **bereavement** n pérdida (de un ser querido)

beret /bəˈreɪ; GB ˈbereɪ/ n boina

Bermuda shorts /bəˌmjuːdə ˈʃɔːrts/ (tb **Bermudas**) n [pl] bermudas

berry /ˈberi/ n (pl **berries**) baya

berserk /bərˈzɜːrk, -ˈsɜːrk/ adj loco: *to go berserk* volverse loco

berth /bɜːrθ/ sustantivo, verbo
▶ n 1 (barco) camarote 2 (tren) litera 3 (Náut) muelle
▶ vt, vi atracar (un barco)

beset /bɪˈset/ vt (-tt-) (pt, pp beset) (formal) acosar: *beset by doubts* acosado por las dudas

beside /bɪˈsaɪd/ prep junto a, al lado de **LOC** **beside yourself (with sth)** fuera de sí (por algo)

besides /bɪˈsaɪdz/ preposición, adverbio
▶ prep 1 además de 2 aparte de: *No one writes to me besides you.* Aparte de ti, nadie me escribe.
▶ adv además

besiege /bɪˈsiːdʒ/ vt 1 asediar 2 acosar

best /best/ adjetivo, adverbio, sustantivo
▶ adj (superl de **good**) mejor: *the best meal I've ever had* la mejor comida que he tenido en mi vida ◊ *the best soccer player in the world* el mejor futbolista del mundo ◊ *my best friend* mi mejor amigo Ver tb GOOD, BETTER **LOC** **best before** (GB): *best before January 2015* consumir antes de enero 2015 ◆ **best wishes**: *Best wishes, Ann.* Un fuerte abrazo, Ann. ◊ *Give her my best wishes.* Mándale saludos de mi parte.
▶ adv (superl de **well**) 1 mejor: *the best-dressed actress* la actriz mejor vestida ◊ *Do as you think best.* Haz lo que te parezca más oportuno. 2 más: *his best-known book* su libro más conocido ➔ Ver nota en WELL BEHAVED **LOC** **as best you can** lo mejor que pueda
▶ n 1 **the best** el/la mejor: *She's the best by far.* Ella es con mucho la mejor. 2 **the best** lo mejor: *to want the best for sb* querer lo mejor para algn 3 (**the**) **~ of sth** *We're (the) best of friends.* Somos excelentes amigos. **LOC** **at best** en el mejor de los casos ◆ **be at its/your best** estar algn/algo en su mejor momento ◆ **do/try your (level/very) best** hacer todo lo posible ◆ **make the best of sth** sacar el máximo partido de algo ◆ **to the best of my belief/knowledge** que yo sepa Ver tb ALL

best ˈman n padrino (de boda) ➔ Ver nota en MATRIMONIO

bestseller /ˌbestˈselər/ n éxito editorial, best seller ■ **best-selling** adj de éxito

bet /bet/ verbo, sustantivo
▶ vt, vi (-tt-) (pt, pp bet o betted) **~ (on sth)** apostar (en algo) **LOC** **I/I'll bet (that)…** (coloq): *I bet you he doesn't come.* Apuesto que no viene. ◆ **you bet!** (coloq) ¡ya lo creo!
▶ n apuesta: *to place/put a bet (on sth)* apostar (por algo)

betide /bɪˈtaɪd/ v **LOC** Ver WOE

betray /bɪˈtreɪ/ vt 1 (país, principios) traicionar 2 (secreto) revelar ■ **betrayal** n traición

better /ˈbetər/ adjetivo, adverbio, sustantivo
▶ adj (comp de **good**) mejor: *It was better than I expected.* Fue mejor de lo que esperaba. ◊ *He is much better today.* Hoy está mucho mejor. Ver tb BEST, GOOD **LOC** **(be) little/no better than…** no valer más que… ◆ **get better** mejorar ◆ **have seen/known better days** no ser lo que era Ver tb ALL
▶ adv 1 (comp de **well**) mejor: *She sings better than me/than I (do).* Canta mejor que yo. 2 más: *I like him better than before.* Me gusta más que antes. **LOC** **be better off (doing sth)**: *He'd be better off leaving now.* Le convendría irse ahora. ◊ *She's better off without him.* Está mejor sin él. ◆ **better late than never** (refrán) más vale tarde que nunca ◆ **better safe than sorry** (refrán) más vale prevenir que lamentar ◆ **I'd, you'd, etc. better do sth** ser mejor que haga, hagas, etc. algo: *I'd better be going now.* Será mejor que me vaya ahora. Ver tb KNOW, SOON
▶ n (algo) mejor: *I expected better of him.* Esperaba más de él. **LOC** **get the better of sb** vencer a algn: *His shyness got the better of him.* Lo venció la timidez.

ˈbetting shop n (GB) agencia de apuestas

between /bɪˈtwiːn/ preposición, adverbio
▶ prep entre (dos cosas/personas) ➔ Ver dibujo en ENTRE
▶ adv (tb **in beˈtween**) en medio

beverage /ˈbevərɪdʒ/ n (formal) bebida

beware /bɪˈweər/ vi **~ (of sb/sth)** tener cuidado (con algn/algo)

bewilder /bɪˈwɪldər/ vt dejar perplejo
■ **bewildered** adj perplejo **bewildering** adj desconcertante **bewilderment** n perplejidad

bewitch /bɪˈwɪtʃ/ vt hechizar

beyond /bɪˈjɑnd/ prep, adv más allá (de) **LOC** **be beyond sb** (coloq): *It's beyond me.* No lo puedo entender.

bias /ˈbaɪəs/ n 1 **~ toward sb/sth** predisposición a favor de algn/algo 2 **~ against sb/sth** prejuicios contra algn/algo 3 parcialidad
■ **biased** (tb **biassed**) adj parcial

bib /bɪb/ n 1 babero 2 peto (de delantal)

bible

bible /ˈbaɪbl/ n biblia ■ **biblical** /ˈbɪblɪkl/ adj bíblico

bibliography /ˌbɪbliˈɑgrəfi/ n (pl **bibliographies**) bibliografía

biceps /ˈbaɪseps/ n (pl **biceps**) bíceps

bicker /ˈbɪkər/ vi discutir (por asuntos triviales)

⚲ **bicycle** /ˈbaɪsɪkl/ n bicicleta: *to ride a bicycle* montar en bicicleta

⚲ **bid** /bɪd/ verbo, sustantivo
▸ vt, vi (**-dd-**) (pt, pp **bid**) **1 ~ (on sth)** (subasta) pujar (por algo) **2** (Econ) hacer ofertas LOC Ver FAREWELL
▸ n **1** (subasta) puja **2** (Econ) oferta **3** intento: *to make a bid for sth* intentar conseguir algo

bidder /ˈbɪdər/ n postor, -ora

bide /baɪd/ vt LOC **bide your time** esperar el momento oportuno

biennial /baɪˈeniəl/ adj bienal

⚲ **big** /bɪg/ adjetivo, adverbio
▸ adj (**bigger**, **-est**) **1** grande: *the biggest desert in the world* el desierto más grande del mundo

> **Big** y **large** describen el tamaño, la capacidad o la cantidad de algo, pero **big** es menos formal.

2 mayor: *my big sister* mi hermana mayor **3** (decisión) importante **4** (error) grave LOC **a big cheese/fish/noise/shot** (coloq) un pez gordo ◆ **big business**: *This is big business.* Esto es una mina.
▸ adv (**bigger**, **-est**) (coloq) a lo grande: *Let's think big.* Vamos a planearlo a lo grande.

bigamy /ˈbɪgəmi/ n bigamia

the ˌBig ˈApple n (coloq) la Gran Manzana (Nueva York)

biggie /ˈbɪgi/ n (coloq) cosa/persona importante LOC **no biggie** (USA, coloq) no pasa nada

ˈbig-head n (coloq, pey) engreído, -a ■ **ˈbig-headed** adj (coloq, pey) engreído

bigoted /ˈbɪgətɪd/ adj intolerante

ˈbig time sustantivo, adverbio
▸ n **the big time** (coloq) el estrellato: *to make/hit the big time* triunfar
▸ adv (coloq): *He's messed up big time.* Metió la pata hasta el fondo.

⚲ **bike** /baɪk/ n (coloq) **1** bici, cicla **2** (tb **motorbike**) moto ■ **biker** n motociclista

bikini /bɪˈkiːni/ n (pl **bikinis**) bikini

bilingual /ˌbaɪˈlɪŋgwəl/ adj, n bilingüe

⚲ **bill** /bɪl/ sustantivo, verbo
▸ n **1** factura: *phone/gas bills* recibos del teléfono/del gas ◊ *a bill for 5,000 pesos* una factura de 5.000 pesos **2** (USA) (GB **note**) *a ten-dollar bill* un billete de diez dólares **3** (GB) (USA **check**) (restaurante) cuenta: *The bill, please.* La cuenta, por favor. **4** programa **5** proyecto de ley **6** pico (de pájaro) **7** (USA) (GB **peak**) visera LOC **fill/fit the bill** satisfacer los requisitos Ver tb FOOT
▸ vt **1 to bill sb for sth** pasar la factura (de algo) a algn **2** anunciar (en un programa)

billboard /ˈbɪlbɔːrd/ n valla publicitaria

billiards /ˈbɪljərdz/ n [incontable] billar (con tres bolas) ➲ Ver nota en BILLAR ■ **billiard** adj: *billiard ball/room/table* bola/sala/mesa de billar

billing /ˈbɪlɪŋ/ n: *to get top/star billing* encabezar el reparto

⚲ **billion** /ˈbɪljən/ adj, n mil millones

> Antiguamente **a billion** equivalía a un billón, pero hoy en día equivale a mil millones.
> **A trillion** equivale a un millón de millones.

⚲ **bin** /bɪn/ n caneca/tacho/bote (de basura): *waste-paper bin* (GB) basurero ➲ Ver dibujo en TRASH CAN

binary /ˈbaɪnəri/ adj binario

bind /baɪnd/ verbo, sustantivo
▸ vt (pt, pp **bound** /baʊnd/) **1 ~ sb/sth (together)** atar a algn/algo **2 ~ sb/sth (together)** unir a algn/algo **3 ~ sb/yourself (to sth)** obligar a algn, obligarse (a algo)
▸ n (coloq) **1** lata: *It's a terrible bind.* Es una lata. **2** apuro: *I'm in a real bind.* Estoy en un apuro.

binder /ˈbaɪndər/ n carpeta

binding /ˈbaɪndɪŋ/ sustantivo, adjetivo
▸ n **1** encuadernación **2** ribete
▸ adj **~ (on/upon sb)** vinculante (para algn)

binge /bɪndʒ/ sustantivo, verbo
▸ n (coloq) parranda, rumba
▸ vi **1** atracarse de comida **2** emborracharse

bingo /ˈbɪŋgoʊ/ n bingo

ˈbin liner n (GB) (coloq **ˈbin bag**) (USA **ˈgarbage sack**) bolsa de basura

binoculars /bɪˈnɑkjələrz/ n [pl] binoculares, prismáticos

biochemistry /ˌbaɪoʊˈkemɪstri/ n bioquímica ■ **biochemical** /ˌbaɪoʊˈkemɪkl/ adj bioquímico **biochemist** n bioquímico, -a

biodegradable /ˌbaɪoʊdɪˈgreɪdəbl/ adj biodegradable

biodiverse /ˌbaɪoʊdaɪˈvɜːrs/ adj biodiverso

biodiversity /ˌbaɪoʊdaɪˈvɜːrsəti/ n biodiversidad

biofuel /ˈbaɪoʊfjuːəl/ n biocombustible

biography /baɪˈɑgrəfi/ n (pl **biographies**) biografía ■ **biographer** n biógrafo, -a **biographical** /ˌbaɪəˈgræfɪkl/ adj biográfico

⚡ **biology** /baɪˈɑlədʒi/ n biología ■ **biological** /ˌbaɪəˈlɑdʒɪkl/ adj biológico **biologist** n biólogo, -a

biotechnology /ˌbaɪoʊtekˈnɑlədʒi/ n biotecnología

⚡ **bird** /bɜːrd/ n ave, pájaro: *bird of prey* ave de rapiña **LOC** *Ver* EARLY, KILL

biro® /ˈbaɪroʊ/ n (pl **biros**) (GB) (USA **ballpoint**) esfero, lapicero, lápiz pasta, pluma

⚡ **birth** /bɜːrθ/ n **1** nacimiento **2** natalidad **3** parto **4** cuna, origen **LOC** **give birth (to sb/ sth)** dar a luz (a algn/algo)

'**birth control** n control de natalidad

⚡ **birthday** /ˈbɜːrθdeɪ/ n cumpleaños: *Happy Birthday!* ¡Feliz cumpleaños! ◊ *birthday card* tarjeta de cumpleaños

birthmark /ˈbɜːrθmɑrk/ n marca de nacimiento

'**birth mother** n madre biológica

birthplace /ˈbɜːrθpleɪs/ n lugar de nacimiento

⚡ **biscuit** /ˈbɪskɪt/ n **1** bollo, panecillo **2** (GB) (USA **cookie**) galleta

bisexual /ˌbaɪˈsekʃuəl/ adj, n bisexual

bishop /ˈbɪʃəp/ n **1** obispo **2** (Ajedrez) alfil

bison /ˈbaɪsn/ n (pl **bison**) bisonte

⚡ **bit** /bɪt/ n **1 a bit** [sing] (esp GB) un poco: *a bit tired* un poco cansado ◊ *I have a bit of shopping to do.* Tengo que hacer algunas compras. **2 a bit** [sing] (esp GB) un rato: *See you in a bit.* Nos vemos dentro de un rato. **3** (esp GB) (USA **piece**) trocito, pedacito **4** (Informát) bit **5** freno (para un caballo) **LOC** **a bit much** (esp GB, coloq) demasiado ♦ **bit by bit** (esp GB) poco a poco ♦ **bits and pieces** (coloq) cosillas ♦ **do your bit** (esp GB, coloq) hacer tu parte ♦ **not a bit; not one (little) bit** en absoluto: *I don't like it one little bit.* No me gusta nada. ♦ **quite a bit** (esp GB, coloq) mucho. ♦ **to bits** (esp GB): *to pull/tear sth to bits* hacer algo pedazos *Ver tb* BITE

bitch /bɪtʃ/ n perra ⊃ *Ver nota en* PERRO

⚡ **bite** /baɪt/ verbo, sustantivo
▸ (pt **bit** /bɪt/, pp **bitten** /ˈbɪtn/) **1** vt, vi ~ (**sth/into sth**) morder (algo): *to bite your nails* comerse las uñas **2** vt (insecto) picar
▸ n **1** mordisco **2** bocado **3** picadura *Ver tb* SOUND BITE

⚡ **bitter** /ˈbɪtər/ adjetivo, sustantivo
▸ adj **1** amargo **2** resentido **3** (clima) glacial

▸ n (GB) cerveza amarga ⊃ *Ver nota en* CERVEZA

⚡ **bitterly** /ˈbɪtərli/ adv amargamente: *It's bitterly cold.* Está haciendo un frío terrible.

bitterness /ˈbɪtərnəs/ n amargura

bizarre /bɪˈzɑr/ adj **1** (suceso) insólito **2** (aspecto) estrafalario

⚡ **black** /blæk/ adjetivo, sustantivo, verbo
▸ adj (**blacker, -est**) **1** negro: *black eye* ojo morado ◊ *black market* mercado negro **2** (cielo, noche) oscuro **3** (café) negro, tinto **4** (té) solo, sin leche
▸ n **1** negro **2** (persona) negro, -a ⊃ *Ver nota en* AFRICAN AMERICAN
▸ v **PHR V** **black out** perder el conocimiento

blackberry /ˈblækberi; GB -bəri/ n (pl **blackberries**) **1** mora **2** zarza

blackbird /ˈblækbɜːrd/ n mirlo

blackboard /ˈblækbɔːrd/ n pizarrón, tablero (en una clase)

blackcurrant /ˌblækˈkɜːrənt, ˈblækkɜːrənt; GB -ˈkʌr-, -kʌr-/ n grosella negra

blacken /ˈblækən/ vt **1** (reputación, etc.) manchar **2** ennegrecer

blacklist /ˈblæklɪst/ sustantivo, verbo
▸ n lista negra
▸ vt poner en la lista negra

blackmail /ˈblækmeɪl/ sustantivo, verbo
▸ n chantaje
▸ vt chantajear ■ **blackmailer** n chantajista

blackout /ˈblækaʊt/ n **1** apagón **2** (tb '**news blackout**) bloqueo informativo **3** pérdida de conocimiento/memoria

blacktop /ˈblæktɑp/ (GB **Tarmac®**) n asfalto

bladder /ˈblædər/ n vejiga

⚡ **blade** /bleɪd/ n **1** (cuchillo, etc.) hoja **2** (patín) cuchilla **3** (ventilador) aspa **4** (remo) pala **5** (pasto) brizna

blag /blæg/ vt (-gg-) (GB, coloq) conseguir (utilizando las artes): *I blagged some tickets for the game.* Engatusé a los organizadores para conseguir entradas para el partido.

⚡ **blame** /bleɪm/ verbo, sustantivo
▸ vt **1** culpar: *He blames it on her/He blames her for it.* Le echa la culpa a ella. ❶ Nótese que **blame sb for sth** es igual que **blame sth on sb**. **2** [en oraciones negativas] *You couldn't blame him for being annoyed.* No me extraña que se hubiera enojado. **LOC** **be to blame (for sth)** tener la culpa (de algo)
▸ n ~ (**for sth**) culpa (de algo) **LOC** **lay/put the blame (for sth) on sb** echar la culpa (de algo) a algn

bland /blænd/ adj (**blander, -est**) insípido

blank

blank /blæŋk/ *adjetivo, sustantivo*
▸ *adj* **1** *(papel, cheque, etc.)* en blanco **2** *(pared, espacio, etc.)* desnudo **3** *(CD, etc.)* virgen **4** *(municiones)* de fogueo **5** *(expresión)* vacío
▸ *n* **1** espacio en blanco **2** *(tb* ˌblank ˈcartridge*)* bala de fogueo

blanket /ˈblæŋkɪt/ *sustantivo, adjetivo, verbo*
▸ *n* cobija
▸ *adj* [solo antes de sustantivo] general, global
▸ *vt* cubrir *(por completo)*

blare /bleər/ *vi* ~ **(out)** sonar a todo volumen

blasphemy /ˈblæsfəmi/ *n* [incontable] blasfemia ■ **blasphemous** *adj* blasfemo

blast /blæst; *GB* blɑːst/ *sustantivo, verbo, interjección*
▸ *n* **1** explosión **2** onda expansiva **3** ráfaga: *a blast of air* una ráfaga de viento LOC *Ver* FULL
▸ *vt* volar *(con explosivos)* PHR V **blast off** *(Aeronáut)* despegar
▸ *interj (esp GB, coloq)* ¡maldición! ■ **blasted** *adj (esp GB, coloq)* condenado

blatant /ˈbleɪtnt/ *adj* descarado

blaze /bleɪz/ *sustantivo, verbo*
▸ *n* **1** incendio **2** hoguera **3** [sing] **a ~ of sth** *a blaze of color* una explosión de color ◊ *in a blaze of publicity* con mucha publicidad
▸ *vi* **1** arder **2** brillar **3** *eyes blazing* echando chispas por los ojos

blazer /ˈbleɪzər/ *n* chaqueta, saco: *an elegant blue blazer* una chaqueta azul elegante

bleach /bliːtʃ/ *verbo, sustantivo*
▸ *vt* blanquear
▸ *n* cloro, blanqueador

bleachers /ˈbliːtʃərz/ *n* [pl] tribuna al aire libre

bleak /bliːk/ *adj* (**bleaker**, **-est**) **1** *(paisaje)* inhóspito **2** *(tiempo)* crudo **3** *(día)* gris y deprimente **4** poco prometedor ■ **bleakly** *adv* desoladamente **bleakness** *n* **1** desolación **2** crudeza

bleat /bliːt/ *vi* balar

bleed /bliːd/ *vi* (*pt, pp* **bled** /bled/) sangrar ■ **bleeding** *n* [incontable] hemorragia

bleep /bliːp/ *sustantivo, verbo*
▸ *n* pitido
▸ *vi* emitir pitidos

blemish /ˈblemɪʃ/ *sustantivo, verbo*
▸ *n* mancha *(reputación, actuación, etc.)*
▸ *vt* manchar

blend /blend/ *verbo, sustantivo*
▸ **1** *vt, vi* mezclar(se) **2** *vi* difuminarse PHR V **blend in (with sth)** armonizar *(con algo)*
▸ *n* mezcla

blender /ˈblendər/ *n* licuadora

bless /bles/ *vt* bendecir LOC **be blessed with sth** gozar de algo ♦ **bless you! 1** ¡que Dios te bendiga! **2** ¡salud! *(al estornudar)* ⊃ *Ver nota en* ¡ACHÍS!

blessed /ˈblesɪd/ *adj* **1** santo **2** bendito **3** *(coloq) the whole blessed day* todo el santo día

blessing /ˈblesɪŋ/ *n* **1** bendición **2** [gen sing] visto bueno LOC **it's a blessing in disguise** *(refrán)* no hay mal que por bien no venga

blew *pt de* BLOW

blind /blaɪnd/ *adjetivo, verbo, sustantivo*
▸ *adj* ciego LOC **turn a blind eye (to sth)** hacerse (el de) la vista gorda (ante algo)
▸ *vt* **1** *(momentáneamente)* deslumbrar **2** cegar
▸ *n* **1** persiana **2 the blind** [pl] los ciegos ■ **blindly** *adv* ciegamente **blindness** *n* ceguera

blindfold /ˈblaɪndfoʊld/ *sustantivo, verbo*
▸ *n* venda *(en los ojos)*
▸ *vt* vendar los ojos a ■ **blindfolded** *(GB tb* **blindfold***) adj, adv* con los ojos vendados

ˈ**blind spot** *n* **1** punto débil **2** *(para conductor)* punto ciego

bling /blɪŋ/ *(tb* **bling-bling** /ˌblɪŋ ˈblɪŋ/*) sustantivo, adjetivo*
▸ *n (coloq)* joyería y ropa llamativas
▸ *adj (coloq)* llamativo *(por su forma de vestir)*

blink /blɪŋk/ *verbo, sustantivo*
▸ *vi* parpadear
▸ *n* parpadeo

blip /blɪp/ *n* **1** problema momentáneo **2** señal luminosa *(en un radar)*

bliss /blɪs/ *n* [incontable] (una) dicha ■ **blissful** *adj* dichoso

blister /ˈblɪstər/ *n* **1** ampolla **2** *(pintura)* burbuja

blistering /ˈblɪstərɪŋ/ *adj* abrasador *(calor)*

blitz /blɪts/ *n* **1** *(Mil)* ataque relámpago **2** ~ **(on sth)** *(coloq)* campaña *(contra/sobre algo)*

blizzard /ˈblɪzərd/ *n* ventisca *(de nieve)*

bloated /ˈbloʊtɪd/ *adj* hinchado

blob /blɑb/ *n* gota *(líquido espeso)*

bloc /blɑk/ *n (Pol)* bloque

block /blɑk/ *sustantivo, verbo*
▸ *n* **1** *(piedra, hielo, etc.)* bloque **2** *(edificios)* cuadra, manzana **3** *(entradas, acciones, etc.)* paquete: *a block reservation* una reservación en grupo **4** obstáculo, impedimento: *a mental block* un bloqueo mental *Ver tb* TOWER BLOCK LOC *Ver* CHIP
▸ *vt* **1** atascar, bloquear **2** tapiar **3** impedir

blockade /blɑˈkeɪd/ *sustantivo, verbo*
▸ *n (Econ, Mil)* bloqueo
▸ *vt* bloquear *(puerto, ciudad, etc.)*

blurt

blockage /ˈblɑkɪdʒ/ n **1** obstrucción **2** bloqueo **3** atasco

blockbuster /ˈblɑkbʌstər/ n película taquillera, best-seller

block ˈcapitals (tb ˌblock ˈletters) n [pl] mayúsculas

blog /blɒg/ n (Internet) blog

blogosphere /ˈblɒgəsfɪər/ n **the blogosphere** [sing] (coloq) la blogosfera

bloke /bloʊk/ n (GB) (USA **guy**) (coloq) tipo

¿ **blond** (tb **blonde**) /blɑnd/ adj, n rubio, -a, mono, -a, güero, -a

> **Blond** se utiliza tanto si es natural como si es teñido, mientras que **fair** (o **fair-haired**) se usa solo si el color es natural. La variante **blonde** también se utiliza para referirnos a una mujer rubia, aunque puede resultar ofensivo.

¿ **blood** /blʌd/ n sangre: blood test examen de sangre ◊ blood group grupo sanguíneo ◊ blood pressure presión arterial **LOC** Ver FLESH

bloodshed /ˈblʌdʃed/ n derramamiento de sangre

bloodshot /ˈblʌdʃɑt/ adj inyectado de sangre (ojos)

ˈblood sports n [pl] caza

bloodstained /ˈblʌdsteɪnd/ adj manchado de sangre

bloodstream /ˈblʌdstriːm/ n flujo sanguíneo

bloodthirsty /ˈblʌdθɜːrsti/ adj **1** (persona) sanguinario **2** (película, etc.) sangriento

bloody¹ /ˈblʌdi/ adj (**bloodier, -iest**) **1** ensangrentado **2** sanguinolento **3** (batalla, etc.) sangriento

bloody² /ˈblʌdi/ adj, adv (GB, argot): That bloody car! ¡Ese maldito carro!

bloom /bluːm/ sustantivo, verbo
▶ n flor
▶ vi florecer

blossom /ˈblɑsəm/ sustantivo, verbo
▶ n flor (de árbol frutal)
▶ vi florecer

blot /blɑt/ sustantivo, verbo
▶ n **1** manchón **2** ~ (**on sth**) mancha (en algo)
▶ vt (**-tt-**) secar (con papel secante) **PHR V** **blot sth out 1** (memoria, etc.) borrar algo **2** (panorama, luz, etc.) tapar algo

blotch /blɑtʃ/ n mancha (esp en la piel)

blouse /blaʊs; GB blaʊz/ n blusa

¿ **blow** /bloʊ/ verbo, sustantivo
▶ (pt **blew** /bluː/, pp **blown** /bloʊn/) **1** vi soplar **2** vt (viento, etc.) llevar: The wind blew us toward the island. El viento nos llevó hacia la isla. **3** vi (movido por el viento) to blow shut/open cerrarse/abrirse de golpe **4** vi (pito) sonar **5** vt (pito) tocar **LOC** blow it! (GB, coloq) ¡maldita sea! ◆ **blow your nose** sonarse (la nariz) **PHR V** **blow away** irse volando (llevado por el viento) ◆ **blow sth away** llevarse algo (el viento) **blow down/over** ser derribado por el viento ◆ **blow sb/sth down/over** derribar a algn/algo **blow sth out** apagar algo **blow over** pasar sin más (tormenta, escándalo) **blow up 1** (bomba, etc.) explotar **2** (tormenta, escándalo) estallar **3** (coloq) cabrearse ◆ **blow sth up 1** (reventar) volar algo **2** (bomba elástica, etc.) inflar algo **3** (Fot) ampliar algo **4** (coloq) (asunto) exagerar algo
▶ n ~ (**to sb/sth**) golpe (para algn/algo) **LOC** **a blow-by-blow account, description, etc. (of sth)** un relato, descripción, etc. (de algo) con pelos y señales ◆ **come to blows (over sth)** irse a las manos (por algo)

¿ **blue** /bluː/ adjetivo, sustantivo
▶ adj **1** azul **2** (coloq) triste **3** (película, etc.) porno
▶ n **1** azul **2** **the blues** [v sing o pl] (Mús) el blues **3** **the blues** [pl] la depre **LOC** **out of the blue** de repente

blueberry /ˈbluːberi; GB -bəri/ n (pl blueberries) arándano

blue-ˈcollar adj manual, de obreros: blue-collar workers obreros ➔ Comparar con WHITE-COLLAR

bluejay /ˈbluːdʒeɪ/ n arrendajo azul

blueprint /ˈbluːprɪnt/ n ~ (**for sth**) anteproyecto (de algo)

bluff /blʌf/ verbo, sustantivo
▶ vi fanfarronear
▶ n fanfarronada

blunder /ˈblʌndər/ sustantivo, verbo
▶ n metedura de pata
▶ vi cometer una equivocación, meter la pata

blunt /blʌnt/ adjetivo, verbo
▶ adj (**blunter, -est**) **1** despuntado, desafilado **2** romo: a blunt instrument un instrumento contundente **3** (negativa) liso y llano: to be blunt with sb hablar a algn sin rodeos **4** (comentario) brusco
▶ vt despuntar

blur /blɜːr/ sustantivo, verbo
▶ n imagen borrosa
▶ vt (**-rr-**) **1** hacer borroso **2** (diferencia) atenuar
  ■ **blurred** adj borroso

blurt /blɜːrt/ v **PHR V** **blurt sth out** soltar algo

blush /blʌʃ/ *verbo, sustantivo*
▶ *vi* sonrojarse
▶ *n* sonrojo ■ **blusher** /ˈblʌʃə(r)/ *n* rubor

blustery /ˈblʌstəri/ *adj* con mucho viento

boar /bɔːr/ *n* **1** jabalí **2** verraco ⊃ *Ver nota en* CERDO

board /bɔːrd/ *sustantivo, verbo*
▶ *n* **1** tabla: *ironing board* mesa/tabla de planchar **2** (*tb* **blackboard**) pizarrón, tablero (*en una clase*) **3** (*tb* **bulletin board**) cartelera **4** (*Ajedrez, etc.*) tablero **5** pasta dura **6 the board (of directors)** la junta directiva **7** (*comida*) pensión: *full/half board* (*GB*) pensión completa/media pensión **LOC above board** legal, limpio ♦ **across the board** en todos los niveles: *a 10% pay increase across the board* un aumento general de sueldo del 10% ♦ **on board** a bordo (de)
▶ **1** *vi* embarcar **2** *vt* subir a **PHRV board sth up** cubrir algo con tablas

boarder /ˈbɔːrdər/ *n* (*esp GB*) **1** (*colegio*) interno, -a **2** (*casa de huéspedes*) huésped

boarding card (*tb* **boarding pass**) *n* tarjeta de embarque

boarding school *n* internado

boardwalk /ˈbɔːrdwɔːk/ *n* paseo marítimo entablado

boast /boʊst/ *verbo, sustantivo*
▶ **1** *vi* ~ (**about/of sth**) alardear (de algo) **2** *vt* gozar de: *The town boasts a famous museum.* La ciudad tiene un museo famoso.
▶ *n* alarde ■ **boastful** *adj* **1** presuntuoso **2** pretencioso

boat /boʊt/ *n* **1** barco: *to go by boat* ir en barco **2** bote, barca: *rowing boat* bote de remos ◊ *boat race* regata **3** buque **LOC** *Ver* SAME

> **Boat** y **ship** tienen significados muy similares, pero **boat** se suele utilizar para embarcaciones más pequeñas.

bob /bɑb/ *vi* (**-bb-**) ~ (**up and down**) (*en el agua*) balancearse **PHRV bob up** surgir

bobby /ˈbɑbi/ *n* (*pl* **bobbies**) (*GB, coloq*) policia

bobsled /ˈbɑbsled/ (*GB* **bobsleigh** /ˈbɑbsleɪ/) (*tb* **bob**) *n* bobsleigh, trineo (*de carreras*)
■ **bobsledder** (*GB* **bobsleigher**) *n* corredor, -ora de bobsleigh

bode /boʊd/ *vt* (*formal*) presagiar, augurar **LOC bode ill/well (for sb/sth)** ser de mal agüero/buena señal (para algn/algo)

bodily /ˈbɑdɪli/ *adjetivo, adverbio*
▶ *adj* del cuerpo, corporal
▶ *adv* **1** a la fuerza **2** en conjunto

body /ˈbɑdi/ *n* (*pl* **bodies**) **1** cuerpo: *body odor* olor corporal **2** cadáver **3** organismo: *government body* organismo gubernamental **4** conjunto **5** (*GB*) *Ver* BODYSUIT **LOC body and soul** en cuerpo y alma

body bag *n* bolsa para cadáveres

bodyboard /ˈbɑdibɔːrd/ *n* tabla de bodyboard ■ **bodyboarding** *n* bodyboard: *to go bodyboarding* hacer bodyboard

bodybuilding /ˈbɑdibɪldɪŋ/ *n* fisiculturismo

bodyguard /ˈbɑdigɑrd/ *n* **1** guardaespaldas **2** (*grupo*) escolta

bodysuit /ˈbɑdisuːt; *GB tb* -sjuːt/ *n* body blusa/reductor

bodywork /ˈbɑdiwɜːrk/ *n* [*incontable*] carrocería

bog /bɔːɡ; *GB* bɒɡ/ *sustantivo, verbo*
▶ *n* **1** ciénaga, pantano **2** (*GB*) (*USA* **john**) (*coloq*) baño
▶ *v* (**-gg-**) **PHRV be/get bogged down (in sth) 1** atascarse (en algo) **2** estancarse (en algo)

bogeyman /ˈboʊɡimæn/ (*tb* **boogeyman**) *n* (*pl* **bogeymen** /-men/) coco, cuco (*espíritu maligno*)

boggy *adj* pantanoso

bog-standard *adj* (*GB, coloq*) común y corriente

bogus /ˈboʊɡəs/ *adj* falso, fraudulento

boil /bɔɪl/ *verbo, sustantivo*
▶ **1** *vt, vi* hervir **2** *vt* (*huevo*) cocinar **PHRV boil down to sth** reducirse a algo ♦ **boil over** rebosarse
▶ *n* forúnculo **LOC be on the boil** (*GB*) estar hirviendo

boiler /ˈbɔɪlər/ *n* caldera, calentador

boiling /ˈbɔɪlɪŋ/ *adj* hirviendo: *boiling point* punto de ebullición ◊ *It's boiling today.* Hoy hace demasiado calor. ◊ *boiling hot* al rojo vivo

boisterous /ˈbɔɪstərəs/ *adj* bullicioso, alborotado

bold /boʊld/ *adj* (**bolder, -est**) **1** valiente **2** audaz, atrevido **3** bien definido, marcado **4** llamativo **5** (*tipografía*) (en) negrita **LOC be/make so bold (as to do sth)** (*formal*) atreverse (a hacer algo) *Ver tb* FACE ■ **boldly** *adv* **1** resueltamente **2** audazmente, atrevidamente **3** marcadamente ■ **boldness** *n* **1** valentía **2** audacia, atrevimiento

Bollywood /ˈbɒliwʊd/ *n* (*coloq*) industria cinematográfica hindú

> La palabra **Bollywood** resulta de la combinación de las palabras Bombay (antiguo nombre de la ciudad de Mumbai) y Hollywood.

bolster /'boʊlstər/ vt **1** ~ sth (up) reforzar algo **2** ~ sb (up) animar, apoyar a algn

bolt /boʊlt/ sustantivo, verbo
▶ n **1** pasador, cerrojo **2** tornillo, perno **3** *a bolt of lightning* un rayo
▶ **1** vt cerrar con pasador **2** vt ~ A to B; ~ A and B together atornillar A a B **3** vi (*caballo*) desbocarse **4** vi salir disparado **5** vt ~ sth (down) engullir algo

bomb /bɑm/ sustantivo, verbo
▶ n **1** bomba: *bomb disposal* desactivación de bombas ◊ *bomb scare* amenaza de bomba **2** *the bomb* la bomba atómica **3** *a bomb* [sing] (*GB, coloq*) un dineral LOC *go like a bomb* (*GB, coloq*) ir como un rayo
▶ **1** vt, vi bombardear **2** vt poner una bomba (*en un edificio, etc.*) **3** vi ~ along, down, up, etc. (*GB, coloq*) ir zumbando

bombard /bɑm'bɑrd/ vt **1** bombardear **2** (*a preguntas, etc.*) acosar ■ **bombardment** n bombardeo

bomber /'bɑmər/ n **1** (*avión*) bombardero **2** persona que pone bombas

bombing /'bɑmɪŋ/ n **1** bombardeo **2** atentado con explosivos

bombshell /'bɑmʃel/ n bomba: *The news came as a bombshell.* La noticia cayó como una bomba.

bond /bɑnd/ verbo, sustantivo
▶ vt unir
▶ n **1** pacto **2** lazos **3** bono: *Government bonds* bonos de Tesorería **4** *bonds* [pl] (*formal*) cadenas

bone /boʊn/ sustantivo, verbo
▶ n **1** hueso **2** (*pez*) espina LOC *be a bone of contention* ser la manzana de la discordia ♦ *have a bone to pick with sb* tener que ajustarle las cuentas a algn ♦ *make no bones about sth* no andarse con rodeos en cuanto a algo *Ver tb* WORK
▶ vt deshuesar

bone dry adj completamente seco

bone marrow (*tb marrow*) n médula, tuétano

bonfire /'bɑnfaɪər/ n hoguera, fogata

Bonfire Night n (*GB*)

El 5 de noviembre se celebra en Gran Bretaña lo que llaman **Bonfire Night**. La gente hace hogueras por la noche y hay fuegos artificiales para recordar aquel 5 de noviembre de 1605 cuando Guy Fawkes intentó quemar el Parlamento.

bonnet /'bɑnɪt/ n **1** (*bebé*) gorrito **2** (*señora*) sombrero **3** (*GB*) (*USA hood*) (*automóvil*) capó

bonus /'boʊnəs/ n (pl **bonuses**) **1** bonificación: *productivity bonus* bonificación de productividad **2** prima de Navidad **3** ventaja adicional

bony /'boʊni/ adj **1** óseo **2** lleno de espinas/huesos **3** huesudo

boo /bu:/ interjección, sustantivo, verbo
▶ interj ¡bu!
▶ n (pl **boos**) abucheo
▶ vt, vi abuchear

boob /bu:b/ sustantivo, verbo
▶ n (*coloq*) **1** teta **2** (*GB*) metida de pata, embarrada
▶ vi (*GB, coloq*) meter la pata

boob tube n (*GB, coloq*) top sin mangas muy ajustado que solo cubre el tronco

booby prize /'bu:bi praɪz/ n premio de consuelo para el perdedor

booby trap /'bu:bi træp/ n trampa (explosiva)

boogeyman /'bu:gimæn/ n = BOGEYMAN

book /bʊk/ sustantivo, verbo
▶ n **1** libro: *book club* club de libros **2** libreta **3** cuaderno **4** *the books* [pl] las cuentas: *to do the books* llevar las cuentas LOC *be in sb's bad books* (*coloq*): *I'm in his bad books.* Me puso en su lista negra. ♦ *be in sb's good books* (*coloq*) gozar del favor de algn ♦ *do sth by the book* hacer algo según las normas *Ver tb* COOK, LEAF, TRICK
▶ **1** vt, vi reservar, hacer una reservación **2** vt contratar **3** vt (*coloq*) (*policía*) fichar **4** vt (*Dep*) amonestar LOC *be booked up* **1** agotarse las localidades **2** (*coloq*) *I'm booked up.* No tengo ni un momento libre. PHR V *book in* registrarse

bookcase /'bʊkkeɪs/ n biblioteca (*mueble*), librero, estante

booking /'bʊkɪŋ/ n (*esp GB*) reservación ➲ *Ver nota en* RESERVATION

booking office n (*GB*) taquilla

booklet /'bʊklət/ n folleto

bookmaker /'bʊkmeɪkər/ (*coloq* **bookie** /'bʊki/) n corredor, -ora de apuestas

bookmark /'bʊkmɑrk/ sustantivo, verbo
▶ n **1** separador (de páginas) **2** (*Internet*) favorito, marcador
▶ vt (*Internet*) añadir a (la lista de) favoritos

bookseller /'bʊkselər/ n librero, -a

bookshelf /'bʊkʃelf/ n (pl **bookshelves** /-ʃelvz/) estante para libros

bookstore /'bʊkstɔːr/ (*GB* **bookshop** /'bʊkʃɑp/) n librería

boom /bu:m/ sustantivo, verbo
▸ n **1** auge, boom **2** estruendo
▸ vi **1** resonar, retumbar **2** *Sales are booming.* Hay un boom de ventas.

boomerang /ˈbu:məræŋ/ n búmeran

boost /bu:st/ verbo, sustantivo
▸ vt **1** (*ventas, confianza*) aumentar **2** (*moral*) levantar **3** (*economía*) estimular
▸ n **1** aumento **2** estímulo

❦ **boot** /bu:t/ sustantivo, verbo
▸ n **1** bota **2** (*GB*) (*USA* **trunk**) (*en un carro*) maleta, baúl, cajuela LOC *Ver* TOUGH
▸ **1** vt dar una patada a **2** vt, vi ~ (**sth**) (**up**) (*Informát*) iniciar (algo) PHR V **boot sb out** (*coloq*) poner a algn de patitas en la calle

booth /bu:θ; *GB* bu:ð/ n **1** cabina: *telephone/polling booth* cabina telefónica/caseta electoral **2** caseta

booty /ˈbu:ti/ n botín

booze /bu:z/ sustantivo, verbo
▸ n [*incontable*] (*coloq*) bebida (alcohólica)
▸ vi (*coloq*): *to go out boozing* ir de parranda

❦ **border** /ˈbɔ:rdər/ sustantivo, verbo
▸ n **1** frontera ⊃ *Ver nota en* FRONTERA **2** (*para matas de adorno*) jardinera **3** borde, ribete
▸ vt limitar con, lindar con PHR V **border on sth** rayar en algo

borderline /ˈbɔ:rdərlaɪn/ adjetivo, sustantivo
▸ adj: *a borderline case* un caso dudoso
▸ n límite

❦ **bore** /bɔ:r/ verbo, sustantivo
▸ vt **1** aburrir **2** (*agujero*) hacer (*con taladro*) *Ver tb* BEAR
▸ n **1** (*persona*) aburrido, -a **2** [*sing*] fastidio, lata **3** (*escopeta*) calibre

❦ **bored** /bɔ:rd/ adj aburrido: *I'm bored.* Estoy aburrido.

boredom /ˈbɔ:rdəm/ n aburrimiento

❦ **boring** /ˈbɔ:rɪŋ/ adj aburrido: *He's boring.* Es aburrido.

> Compara las dos oraciones: *He's boring.* Es aburrido. ◊ *He's bored.* Está aburrido. Con adjetivos terminados en **-ing**, como *interesting, tiring*, etc., el verbo **be** expresa una cualidad y se traduce como "ser", mientras que con adjetivos terminados en **-ed**, como *interested, tired*, etc., expresa un estado y se traduce como "estar". ⊃ *Ver tb nota en* INTERESTING

❦ **born** /bɔ:rn/ verbo, adjetivo
▸ v **be born** nacer: *She was born in Chicago.* Nació en Chicago. ◊ *He was born blind.* Es ciego de nacimiento.
▸ adj **1** [*solo antes de sustantivo*] nato: *He's a born actor.* Es un actor nato. **2** nacido

born-a·gain adj nacido de nuevo: *a born-again Christian* un cristiano nacido de nuevo/reconvertido

borne pp *de* BEAR

borough /ˈbɜ:roʊ; *GB* ˈbʌrə/ n municipio

borrow

She's **lending** her son some money.
He's **borrowing** some money from his mother.

❦ **borrow** /ˈbɑroʊ/ vt ~ **sth** (**from sb/sth**) pedir (prestado) algo (a algn/algo) ❶ Lo más normal en español es cambiar la estructura, y emplear un verbo como "prestar": *Could I borrow a pencil?* ¿Me prestas un lápiz? ■ **borrower** n prestatario, -a **borrowing** n crédito: *public sector borrowing* crédito al sector público

bosom /ˈbʊzəm/ n pecho, busto

❦ **boss** /bɔ:s; *GB* bɒs/ sustantivo, verbo
▸ n (*coloq*) jefe, -a
▸ vt ~ **sb around/about** (*pey*) dar órdenes, mangonear a algn ■ **bossy** adj (**bossier, -iest**) (*pey*) mandón

botany /ˈbɑtəni/ n botánica ■ **botanical** /bəˈtænɪkl/ (*tb* **botanic**) adj botánico **botanist** n botánico, -a

botch /bɑtʃ/ verbo, sustantivo
▸ vt ~ **sth** (**up**) (*coloq*) malograr algo
▸ n (*tb* **botch-up**) (*GB, coloq*) trabajo mal hecho, chambonada

❦ **both** /boʊθ/ adj, adv, pron ambos, -as, los/las dos: *both of us* nosotros dos ◊ *Both of us went./We both went.* Los dos fuimos. LOC **both... and... 1** a la vez ... y...: *The report is both reliable and readable.* El informe es a la vez confiable e interesante. **2** *both you and me* tanto tú como yo **3** *He both plays and sings.* Canta y toca.

❦ **bother** /ˈbɑðər/ verbo, sustantivo, interjección
▸ **1** vt molestar **2** vt preocupar: *What's bothering you?* ¿Qué es lo que te preocupa? **3** vi ~ (**to do sth**) molestarse (en hacer algo): *He didn't even bother to say thank you.* No se molestó ni

siquiera en dar las gracias. **4** *vi* **~ about sb/sth** preocuparse por algn/algo LOC **I can't be bothered (to do sth)** (*GB*) no me dan ganas (de hacer algo) ♦ **I'm not bothered** (*GB*) me da igual
▸ *n* [*incontable*] molestia
▸ *interj* (*GB*) ¡caramba!, ¡qué vaina!

bottle /'bɑtl/ *sustantivo, verbo*
▸ *n* **1** botella **2** frasco **3** biberón
▸ *vt* **1** embotellar **2** envasar

bottle bank *n* (*GB*) contenedor de botellas/frascos

bottle opener *n* destapador

bottom /'bɑtəm/ *n* **1** (*cerro, página, escaleras*) pie **2** (*mar, barco, taza*) fondo **3** (*Anat*) trasero **4** (*calle*) final **5** último: *He's at the bottom of the class.* Es el último de la clase. **6** *bikini bottom* el calzón del bikini ◊ *pajama bottoms* pantalones de piyama *Ver tb* ROCK BOTTOM LOC **be at the bottom of sth** estar detrás de algo ♦ **get to the bottom of sth** llegar al fondo de algo

bough /baʊ/ *n* rama

bought *pt, pp de* BUY

boulder /'boʊldər/ *n* roca (*grande*)

bounce /baʊns/ *verbo, sustantivo*
▸ **1** *vt, vi* rebotar **2** *vi* (*coloq*) (*cheque*) ser devuelto PHR V **bounce back** recuperarse
▸ *n* rebote

bouncer /'baʊnsər/ *n* portero, -a (*de discoteca, etc.*), gorila

bouncy /'baʊnsi/ *adj* **1** (*pelota*) que rebota mucho **2** (*persona*) animado

bound /baʊnd/ *adjetivo, sustantivo, verbo*
▸ *adj* **1 be ~ to do/be sth** *You're bound to pass the exam.* Seguro que apruebas el examen. **2** obligado (*por la ley o el deber*) **3 ~ for...** con destino a... LOC **bound up with sth** ligado a algo
▸ *n* salto
▸ *vi* saltar *Ver tb* BIND

boundary /'baʊndri/ *n* (*pl* **boundaries**) límite

boundless /'baʊndləs/ *adj* ilimitado

bounds /baʊndz/ *n* [*pl*] límites LOC **out of bounds** prohibido

bouquet /buˈkeɪ/ *n* **1** (*flores*) ramo **2** (*vino*) buqué

bourgeois /ˌbʊərˈʒwɑ, ˈbʊərʒwɑ/ *adj, n* burgués, -esa

bout /baʊt/ *n* **1** (*actividad*) racha **2** (*enfermedad*) ataque **3** (*Boxeo*) combate, encuentro

bow¹ /boʊ/ *n* **1** lazo, moño, rosa **2** (*Dep, violín*) arco

bow² /baʊ/ *verbo, sustantivo*
▸ **1** *vi* inclinarse, hacer una reverencia **2** *vt* (*cabeza*) inclinar, bajar
▸ *n* **1** reverencia **2 bows** [*pl*] (*Náut*) proa

bowel /'baʊəl/ *n* **1** [*gen pl*] (*Anat*) intestino(s) **2 bowels** [*pl*] (*fig*) entrañas

bowl /boʊl/ *sustantivo, verbo*
▸ *n* **1** tazón

Bowl se usa en muchas formas compuestas, cuya traducción es generalmente una sola palabra: *a fruit bowl* un frutero ◊ *a sugar bowl* una azucarera ◊ *a salad bowl* una ensaladera.

2 plato hondo **3** (*baño*) taza (del inodoro) *Ver tb* THE SUPER BOWL
▸ *vt, vi* lanzar (la pelota)

bowler /'boʊlər/ *n* **1** (*Críquet*) lanzador, -ora **2** (*esp GB*) (*tb* **bowler hat**) (*USA* **derby**) (sombrero) bombín

bowling /'boʊlɪŋ/ *n* [*incontable*] bolos: *Bowling is fun.* Los bolos son divertidos. ◊ *bowling alley* cancha de bolos

bow tie /ˌboʊ ˈtaɪ/ *n* corbatín, corbata de humita

box /bɑks/ *sustantivo, verbo*
▸ *n* **1** caja: *cardboard box* caja de cartón ⊃ *Ver dibujo en* CONTAINER **2** estuche **3** (*correo*) buzón **4** (*Teat*) palco **5 the box** (*GB, coloq*) la televisión
▸ *vt* **1** *vt, vi* boxear (contra) **2** *vt* **~ sth (up)** empacar algo (*en caja*)

boxer /'bɑksər/ *n* **1** boxeador, -ora **2** (*perro*) bóxer

boxer shorts (*tb* **boxers**) *n* [*pl*] calzoncillos, bóxers: *a pair of boxer shorts* unos bóxers ⊃ *Ver nota en* PAIR

boxing /'bɑksɪŋ/ *n* boxeo

Boxing Day *n* (*GB*) 26 de diciembre ⊃ *Ver nota en* NAVIDAD

box lunch *n* lonchera (*con alimentos preparados en casa*)

En los países anglosajones mucha gente lleva al trabajo o al colegio un sándwich u otra comida preparada para la hora de comer. En Estados Unidos se usa también el término **bag lunch**, y en Gran Bretaña se dice **packed lunch**.

box number *n* apartado postal

box office *n* taquilla

boy /bɔɪ/ *n* **1** niño: *It's a boy!* ¡Es un niño! ◊ *I've got three children, two boys and one girl.* Tengo tres hijos: dos niños y una niña. **2** hijo: *his oldest boy* su hijo mayor **3** muchacho: *boys and girls* muchachos y muchachas

boycott /ˈbɔɪkɑt/ *verbo, sustantivo*
▸ *vt* boicotear
▸ *n* boicot

boyfriend /ˈbɔɪfrend/ *n* novio, pololo: *Is he your boyfriend, or just a friend?* ¿Es tu novio o solo un amigo?

boyhood /ˈbɔɪhʊd/ *n* niñez

boyish /ˈbɔɪɪʃ/ *adj* **1** (*hombre*) aniñado, juvenil **2** (*mujer*) *She has a boyish figure.* Tiene figura de muchacho.

bra /brɑ/ *n* brasier

brace /breɪs/ *sustantivo, verbo*
▸ *n* **1 braces** [*pl*] (*USA*) (*GB* **brace**) (*para los dientes*) aparato, frenillos **2 braces** (*GB*) (*USA* **suspenders**) [*pl*] tirantes, cargaderas, suspensores
▸ *vt* ~ **yourself** (**for sth**) prepararse (para algo)

bracelet /ˈbreɪslət/ *n* pulsera

bracing /ˈbreɪsɪŋ/ *adj* estimulante

bracket /ˈbrækɪt/ *sustantivo, verbo*
▸ *n* **1** (*USA*) (*GB* square bracket) corchete **2** (*GB*) (*USA* **parenthesis**) paréntesis: *in brackets* entre paréntesis **3** soporte (*de estantería*) **4** categoría: *the 20-30 age bracket* el grupo de edad de 20 a 30 años
▸ *vt* **1** poner entre paréntesis **2** agrupar

brag /bræɡ/ *vi* (**-gg-**) ~ (**about sth**) jactarse (de algo)

braid /breɪd/ *n* trenza

brain /breɪn/ *n* **1** cerebro **2 brains** [*pl*] sesos **3** mente **4 brains** [*sing*] cerebro: *He's the brains of the family.* Es el cerebro de la familia. **LOC have sth on the brain** (*coloq*) tener algo metido en la cabeza *Ver tb* PICK, RACK ▪ **brainless** *adj* insensato, estúpido **brainy** *adj* (**brainier, -iest**) (*coloq*) inteligente

brainstorming /ˈbreɪnstɔːrmɪŋ/ *n* lluvia de ideas: *We had a brainstorming session.* Nos reunimos para intercambiar ideas.

brainwash /ˈbreɪnwɑʃ/ *vt* ~ **sb** (**into doing sth**) lavarle el cerebro a algn (para que haga algo) ▪ **brainwashing** *n* [*incontable*] lavado de cerebro

brainwave /ˈbreɪnweɪv/ *n* idea genial

brake /breɪk/ *sustantivo, verbo*
▸ *n* freno: *to put on/apply the brake(s)* frenar/meter el freno
▸ *vt, vi* frenar: *to brake hard* frenar de golpe

bramble /ˈbræmbl/ *n* zarza

bran /bræn/ *n* salvado

branch /bræntʃ; *GB* brɑːntʃ/ *sustantivo, verbo*
▸ *n* **1** rama **2** sucursal: *your nearest/local branch* la sucursal más cercana
▸ *v* **PHR V branch off** desviarse, ramificarse

♦ **branch out** (**into sth**) extenderse (a algo), comenzar (con algo): *They're branching out into Latin America.* Están comenzando a operar en América Latina.

brand /brænd/ *sustantivo, verbo*
▸ *n* **1** (*Econ*) marca (*productos de limpieza, tabaco, ropa, alimentos, etc.*) ➔ *Comparar con* MAKE **2** forma: *a strange brand of humor* un sentido del humor muy peculiar
▸ *vt* (*ganado*) marcar, herrar **2** ~ **sb** (**as sth**) tildar a algn (de algo)

brandish /ˈbrændɪʃ/ *vt* blandir

brand new *adj* completamente nuevo

brandy /ˈbrændi/ *n* coñac, brandy

brash /bræʃ/ *adj* (*pey*) descarado ▪ **brashness** *n* desparpajo

brass /bræs; *GB* brɑːs/ *n* **1** latón **2** (*Mús*) *the brass section* los instrumentos de metal

brat /bræt/ *n* (*coloq, pey*) mocoso malcriado, mocosa malcriada

bravado /brəˈvɑdoʊ/ *n* bravuconería

brave /breɪv/ *adjetivo, verbo*
▸ *adj* (**braver, -est**) valiente **LOC put a brave face on sth** poner al mal tiempo buena cara
▸ *vt* **1** (*peligro, intemperie, etc.*) desafiar **2** (*dificultades*) soportar

brawl /brɔːl/ *n* pelea, bronca

bray /breɪ/ *vi* rebuznar

breach /briːtʃ/ *sustantivo, verbo*
▸ *n* **1** (*contrato, etc.*) incumplimiento **2** (*ley*) violación **3** (*relaciones*) ruptura **4** (*seguridad*) falla **LOC breach of confidence/faith/trust** abuso de confianza
▸ *vt* **1** (*contrato, etc.*) incumplir **2** (*ley*) violar **3** (*muro, defensas*) abrir una brecha en

bread /bred/ *n* **1** [*incontable*] pan: *I bought a loaf/two loaves of bread.* Compré un pan/dos panes. ◊ *a slice of bread* una tajada de pan **2** [*contable*] (*tipo de*) pan ❶ Nótese que el plural **breads** solo se usa para referirse a distintos tipos de pan, no a varias piezas de pan. ➔ *Ver tb dibujo en* PAN

breadcrumbs /ˈbredkrʌmz/ *n* [*pl*] pan rallado: *fish in breadcrumbs* pescado apanado

breadth /bredθ/ *n* **1** amplitud **2** anchura

break /breɪk/ *verbo, sustantivo*
▸ (*pt* **broke** /broʊk/, *pp* **broken** /ˈbroʊkən/) **1** *vt* romper: *to break sth in two/in half* romper algo en dos/por la mitad ◊ *She's broken her leg.* Se le rompió la pierna. ❶ **Break** no se usa con materiales flexibles, como la tela o el papel. **2** *vi* romperse, hacerse pedazos **3** *vt* (*ley*) violar **4** *vt* (*promesa, palabra*) no cumplir **5** *vt* (*récord*) batir **6** *vt* (*caída*) amortiguar **7** *vt* (*viaje*)

interrumpir **8** *vi* hacer un descanso: *Let's break for coffee.* Vamos a parar para tomar un café. **9** *vt* (*voluntad*) quebrantar **10** *vt* (*mala costumbre*) dejar **11** *vt* (*código*) descifrar **12** *vt* (*caja fuerte*) forzar **13** *vi* (*tiempo*) cambiar **14** *vi* (*tormenta, escándalo*) estallar **15** *vi* (*noticia, historia*) hacerse público **16** *vi* (*voz*) quebrarse, cambiar **17** *vi* (*olas, fuente*) romper: *Her waters broke.* Rompió fuente. LOC **break it up!** ¡basta ya! ◆ **break the ice** romper el hielo ◆ **break the news (to sb)** dar la (mala) noticia (a algn) ◆ **break your back (to do sth)** sudar la gota gorda (para hacer algo) ◆ **not break the bank** (*coloq*): *A meal out won't break the bank.* Comer afuera no nos va a arruinar. *Ver tb* WORD
PHR V **break away (from sth)** separarse (de algo), romper (con algo)
break down 1 (*automóvil*) vararse, descomponerse, malograrse, quedar en pana **2** (*máquina*) dañarse **3** (*persona*) perder el control: *He broke down and cried.* Perdió el control y rompió a llorar. **4** (*negociaciones*) romperse ◆ **break sth down 1** echar abajo algo **2** vencer algo **3** descomponer algo
break in forzar la entrada ◆ **break into sth 1** (*ladrones*) entrar en algo **2** (*mercado*) introducirse en algo **3** empezar a hacer algo: *to break into a run* echar a correr ◇ *He broke into a cold sweat.* Le dio un sudor frío.
break off dejar de hablar ◆ **break sth off 1** partir algo (*trozo*) **2** romper algo (*compromiso*)
break out 1 (*epidemia*) declararse **2** (*guerra, violencia*) estallar **3** (*incendio*) producirse **4** llenarse: *I broke out in a rash.* Me llené de granos.
break through sth abrirse camino a través de algo
break up 1 (*reunión*) disolverse **2** (*relación*) terminarse **3** (*GB*) *The school breaks up on 20 July.* Las clases terminan el 20 de julio. ◆ **break sth up** disolver, hacer fracasar algo ◆ **break (up) with sb** romper con algn
▶ *n* **1** rotura, abertura **2** descanso, vacaciones cortas: *coffee break* descanso para tomar café **3** (*GB*) (*USA* **recess**) (*en escuela*) recreo **4** ruptura, cambio: *a break in the routine* un cambio de rutina **5** (*coloq*) golpe de suerte LOC **give sb a break** dar un respiro a algn ◆ **make a break for it** intentar escapar *Ver tb* CLEAN

breakable /ˈbreɪkəbl/ *adj* frágil

breakdown /ˈbreɪkdaʊn/ *n* **1** avería **2** (*salud*) crisis: *a nervous breakdown* una crisis nerviosa **3** (*estadística*) análisis

breakdown lane (*GB* **hard shoulder**) *n* arcén, berma, acotamiento

ℱ **breakfast** /ˈbrekfəst/ *n* desayuno: *to have breakfast* desayunar *Ver tb* BED AND BREAKFAST

break-in *n* robo (*en casa, oficina, etc.*)

breakthrough /ˈbreɪkθruː/ *n* avance (importante)

ℱ **breast** /brest/ *n* seno, pecho (*de mujer*): *breast cancer* cáncer de seno

breastfeed /ˈbrestfiːd/ *vt* (*pt, pp* **breastfed** /-fed/) dar pecho a, amamantar

breaststroke /ˈbreststrəʊk/ *n* (estilo) pecho: *to do breaststroke* nadar (estilo) pecho

ℱ **breath** /breθ/ *n* aliento: *to take a deep breath* respirar profundamente LOC **a breath of fresh air** una bocanada de aire fresco ◆ **(be) out of/short of breath** (quedarse) sin aire ◆ **catch your breath** (*GB tb* **get your breath back**) recuperar el aliento ◆ **don't hold your breath!** ¡espérate sentado! ◆ **hold your breath** contener el aliento ◆ **say sth, speak, etc. under your breath** decir algo, hablar, etc. en voz baja ◆ **take sb's breath away** dejar a algn boquiabierto *Ver tb* WASTE

breathalyze (*GB* **breathalyse**) /ˈbreθəlaɪz/ *vt* someter a una prueba de alcoholemia ■ **Breathalyzer®** (*GB* **breathalyser**) *n* alcoholímetro

ℱ **breathe** /briːð/ *vt, vi* respirar LOC **breathe down sb's neck** (*coloq*) estar encima de algn ◆ **breathe (new) life into sb/sth** infundir vida a algn/algo ◆ **not breathe a word (of/about sth) (to sb)** no soltarle ni una palabra (de algo) (a algn) PHR V **breathe (sth) in** aspirar (algo) ◆ **breathe (sth) out** espirar (algo)

ℱ **breathing** /ˈbriːðɪŋ/ *n* respiración: *heavy breathing* jadeo

breathless /ˈbreθləs/ *adj* jadeante, sin aliento

breathtaking /ˈbreθteɪkɪŋ/ *adj* impresionante, pasmoso

ℱ **breed** /briːd/ *verbo, sustantivo*
▶ (*pt, pp* **bred** /bred/) **1** *vi* (*animal*) reproducirse **2** *vt* (*ganado*) criar **3** *vt* producir, engendrar: *Dirt breeds disease.* La suciedad produce enfermedad.
▶ *n* raza, casta

breeding ground *n* ~ **(for sth)** (*fig*) terreno propicio (para algo)

breeze /briːz/ *n* brisa

brew /bruː/ **1** *vt* (*cerveza*) elaborar **2** *vt, vi* (*té*) hacer(se) **3** *vi* prepararse: *Trouble is brewing.* Se está armando lío.

bribe /braɪb/ *sustantivo, verbo*
▶ *n* soborno
▶ *vt* ~ **sb (into doing sth)** sobornar a algn (para que haga algo) ■ **bribery** *n* [*incontable*] cohecho, soborno

ℱ **brick** /brɪk/ *n* ladrillo

bricklayer

bricklayer /ˈbrɪkleɪər/ n albañil
bride /braɪd/ n novia: *the bride and groom* los novios ➔ *Ver nota en* MATRIMONIO
bridegroom /ˈbraɪdgruːm/ (*tb* **groom**) n novio (*en un matrimonio*): *the bride and bridegroom* los novios ➔ *Ver nota en* MATRIMONIO
bridesmaid /ˈbraɪdzmeɪd/ n **1** dama de honor **2** pajecita ➔ *Ver nota en* MATRIMONIO
bridge /brɪdʒ/ *sustantivo, verbo*
▸ n **1** puente **2** vínculo
▸ vt **LOC** **bridge the gap (between A and B)** acortar la distancia (entre A y B)
bridle /ˈbraɪdl/ n brida
brief /briːf/ *adj* (**briefer, -est**) breve **LOC** **in brief** en pocas palabras
briefcase /ˈbriːfkeɪs/ n maletín (de ejecutivo) ➔ *Ver dibujo en* BAG
briefing /ˈbriːfɪŋ/ n **1** reunión informativa: *a press briefing* una rueda de prensa **2** instrucciones, órdenes
briefly /ˈbriːfli/ *adv* **1** brevemente **2** en pocas palabras
briefs /briːfs/ n [*pl*] **1** calzoncillos **2** calzones ➔ *Ver nota en* PAIR
brigade /brɪˈgeɪd/ n brigada *Ver tb* FIRE DEPARTMENT
bright /braɪt/ *adjetivo, adverbio*
▸ *adj* (**brighter, -est**) **1** brillante, luminoso: *bright eyes* ojos vivos **2** (*color*) vivo **3** (*sonrisa, expresión, carácter*) radiante, alegre **4** inteligente, avispado **LOC** *Ver* LOOK
▸ *adv* (**brighter, -est**) brillantemente
brighten /ˈbraɪtn/ **1** *vt, vi* hacer(se) más brillante **2** *vi* ~ (**up**) (*tiempo*) despejar **3** *vi* ~ (**up**) animarse **4** *vt* ~ **sth** (**up**) animar algo
brightly /ˈbraɪtli/ *adv* **1** brillantemente **2** *brightly lit* con mucha iluminación ◊ *brightly painted* pintado con colores vivos **3** radiantemente, alegremente
brightness /ˈbraɪtnəs/ n **1** brillo, claridad **2** alegría **3** inteligencia
brilliant /ˈbrɪliənt/ *adj* **1** brillante **2** genial
■ **brilliance** n **1** brillo, resplandor **2** brillantez
brim /brɪm/ n **1** borde: *full to the brim* lleno hasta el borde **2** ala (*de sombrero*)
bring /brɪŋ/ *vt* (*pt, pp* **brought** /brɔːt/) **1** ~ **sb/sth** (**with you**) traer a algn/algo (consigo) ➔ *Ver nota en* LLEVAR **2** ~ **sb sth**; ~ **sth for sb** traerle algo a algn: *He always brings me a present.* Siempre me trae un regalo. ➔ *Ver nota en* GIVE **3** llevar: *Can I bring a friend to your party?* ¿Puedo llevar a un amigo a tu fiesta? ➔ *Ver dibujo en* TAKE **4** (*acciones judiciales*) entablar **5** ~ **yourself**

to do sth *I couldn't bring myself to tell her.* No tuve fuerzas para decírselo. ❶ Para expresiones con **bring**, véanse las entradas del sustantivo, adjetivo, etc., p.ej. **bring sth home to sb** en HOME.
PHR V **bring sth about** provocar algo
bring sb around hacer que algn vuelva en sí
bring sth back 1 restaurar algo **2** hacer pensar en algo
bring sth down 1 derribar, derrocar algo **2** (*inflación, etc.*) reducir, bajar algo
bring sth forward adelantar algo
bring sth in introducir algo (*ley*)
bring sth off lograr algo
bring sth on provocar algo ◆ **bring sth on yourself** buscarse algo
bring sth out 1 producir algo **2** publicar algo **3** realzar algo
bring sb round/over (to sth) (*GB*) convencer a algn (de algo)
bring sb to hacer que algn vuelva en sí
bring sb/sth together reconciliar, unir a algn/algo
bring sb up criar a algn: *She was brought up by her granny.* La crió la abuela. ➔ *Comparar con* EDUCATE, RAISE ◆ **bring sth up 1** vomitar algo **2** sacar algo a colación
brink /brɪŋk/ n borde: *on the brink of war* al borde de la guerra
brisk /brɪsk/ *adj* (**brisker, -est**) **1** (*paso*) enérgico **2** (*negocio*) activo
Brit /brɪt/ n (*coloq*) británico, -a
British /ˈbrɪtɪʃ/ *adj* británico

El adjetivo **British** se usa para hablar de la gente de Gran Bretaña, es decir, Inglaterra, Escocia, Gales e Irlanda del Norte. **English** solo se utiliza para referirse a los habitantes de Inglaterra, mientras que el sustantivo **Briton** solamente se usa en los periódicos.

brittle /ˈbrɪtl/ *adj* **1** quebradizo **2** frágil
broach /broʊtʃ/ *vt* abordar
broad /brɔːd/ *adj* (**broader, -est**) **1** ancho **2** (*sonrisa*) amplio **3** (*esquema, acuerdo*) general, amplio: *in the broadest sense of the word* en el sentido más amplio de la palabra

Para referirnos a la distancia entre los dos extremos de algo es más común utilizar **wide**: *The gate is four meters wide.* La reja tiene cuatro metros de ancho. **Broad** se utiliza para referirnos a características geográficas: *a broad expanse of desert* una amplia extensión de desierto, y también en frases como: *broad shoulders* espalda ancha.

LOC **in broad daylight** a la plena luz del día

broadband /ˈbrɔːdbænd/ n (Informát) banda ancha, ADSL

broad bean n (GB) (USA **fava bean**) haba

broadcast /ˈbrɔːdkæst; GB -kɑːst/ verbo, sustantivo
▶ (pt, pp **broadcast**) **1** vt (Radio, TV) transmitir **2** vt (opinión, etc.) difundir **3** vi emitir
▶ n transmisión: *party political broadcast* (GB) espacio electoral

broaden /ˈbrɔːdn/ vt, vi ensanchar(se)

broadly /ˈbrɔːdli/ adv **1** ampliamente: *smiling broadly* con una amplia sonrisa **2** en general: *broadly speaking* hablando en términos generales

broad-minded adj de mente abierta

broadsheet /ˈbrɔːdʃiːt/ n periódico de gran formato

> En Gran Bretaña el término **broadsheet** se refiere a los periódicos serios, mientras que los **tabloids** son diarios de corte sensacionalista, con artículos cortos y muchas noticias sobre los famosos.

broccoli /ˈbrɑkəli/ n [incontable] brócoli

brochure /broʊˈʃʊər; GB ˈbroʊʃə(r)/ n folleto (esp de viajes o publicidad)

broil /brɔɪl/ (GB **grill**) vt asar a la parrilla

broke /broʊk/ adj (coloq) sin plata LOC **go broke** quebrar (negocio) Ver tb BREAK

broken /ˈbroʊkən/ adj **1** roto **2** (corazón, hogar) destrozado Ver tb BREAK

broken-hearted adj: *to be broken-hearted* tener el corazón roto

broker /ˈbroʊkər/ n corredor, -ora de bolsa

bronchitis /brɑŋˈkaɪtɪs/ n [incontable] bronquitis: *to catch bronchitis* coger una bronquitis

bronze /brɑnz/ sustantivo, adjetivo
▶ n bronce
▶ adj de (color) bronce

brooch /broʊtʃ/ n broche ⊃ Ver dibujo en PIN

brood /bruːd/ vi ~ (**on/over/about sth**) darle vueltas a algo

brook /brʊk/ n arroyo

broom /bruːm/ n **1** escoba ⊃ Ver dibujo en BRUSH **2** (Bot) retama

broomstick /ˈbruːmstɪk/ n (palo de) escoba

broth /brɔːθ; GB brɒθ/ n [incontable] caldo

brother /ˈbrʌðər/ n **1** hermano: *Does she have any brothers or sisters?* ¿Tiene hermanos? **2** (Relig) cofrade: *Brother Luke* el Hermano Luke ■ **brotherhood** n [v sing o pl] **1** hermandad **2** cofradía **brotherly** adj fraternal

brother-in-law n (pl **brothers-in-law**) cuñado

brought pt, pp de BRING

brow /braʊ/ n **1** (Anat) frente ❶ La palabra más normal es **forehead**. **2** Ver EYEBROW **3** (cerro) cima

brown /braʊn/ adjetivo, sustantivo, verbo
▶ adj (**browner, -est**) **1** café **2** (pelo) castaño **3** (piel, azúcar) moreno **4** (oso) pardo **5** *brown paper* papel de empacar ◊ *brown bread* (GB) pan integral
▶ n (color) café
▶ vt, vi dorar(se)

brownie /ˈbraʊni/ n **1** bizcocho de chocolate y nueces **2** (tb **Brownie**) guía scout

brownish /ˈbraʊnɪʃ/ adj pardusco

browse /braʊz/ vt, vi **1** (almacén) echar un vistazo (a), curiosear **2** ~ (**through**) **sth** (revista) hojear algo **3** (Internet) buscar (información)

browser /ˈbraʊzər/ n (Internet) navegador

bruise /bruːz/ sustantivo, verbo
▶ n **1** moretón **2** (fruta) magulladura
▶ vt, vi magullar(se) ■ **bruising** n [incontable]: *He had a lot of bruising.* Tenía muchas magulladuras.

brush /brʌʃ/ sustantivo, verbo
▶ n **1** cepillo **2** escoba **3** pincel **4** brocha **5** (Electrón) escobilla **6** cepillado **7** ~ **with sth** roce con algo
▶ vt cepillar: *to brush your hair/teeth* cepillarse el pelo/los dientes PHR V **brush against/past sb/sth** rozarse con algn/contra algo ◆ **brush sth aside** hacer caso omiso de algo ◆ **brush sth up; brush up on sth** pulir algo (idioma, etc.)

brusque /brʌsk; GB bruːsk/ adj brusco (comportamiento, voz)

Brussels sprout /ˌbrʌslz ˈspraʊt/ (tb **sprout**) n repollito/col de Bruselas

brutal /ˈbruːtl/ adj brutal ■ **brutality** /bruːˈtæləti/ n (pl **brutalities**) brutalidad

brute /bruːt/ sustantivo, adjetivo
▶ n **1** bestia **2** bruto, -a
▶ adj bruto ■ **brutish** adj brutal

btw abrev de **by the way** a propósito, por cierto

bubble /ˈbʌbl/ sustantivo, verbo
▶ n **1** burbuja **2** pompa: *to blow bubbles* hacer pompas
▶ vi **1** borbotear **2** burbujear ■ **bubbly** adj (**bubblier, -iest**) **1** burbujeante, efervescente **2** (persona) animado

bubble bath n espuma para baño

bubblegum /'bʌblgʌm/ n [incontable] chicle (*que hace bombas*)

buck /bʌk/ *sustantivo, verbo*
▶ n 1 (*USA, coloq*) (*dólar*) verde 2 **bucks** [*pl*] (*USA, coloq*) lana 3 macho (*de venado, conejo*) ➔ Ver notas en CIERVO y CONEJO **LOC** **make a fast/quick buck** hacer plata fácil ◆ **the buck stops here** yo soy el último responsable
▶ 1 *vi* dar brincos 2 *vt* (*coloq*) oponerse a: *to buck the trend* ir contra la corriente **PHR V** **buck (sb) up** (*coloq*) animar a algn, animarse

bucket /'bʌkɪt/ n 1 balde 2 (*máquina excavadora*) pala **LOC** Ver KICK

buckle /'bʌkl/ *sustantivo, verbo*
▶ n hebilla
▶ 1 *vt* ~ **sth (up)** abrochar algo 2 *vi* (*piernas*) doblarse 3 *vt, vi* (*metal*) deformar(se)

buck 'naked *adj* (*USA, coloq*) (*GB* **stark 'naked**) en cueros, desnudo

bud /bʌd/ n 1 (*flor*) capullo 2 yema (*en rama*), brote

Buddhism /'bʊdɪzəm/ n budismo ■ **Buddhist** *adj, n* budista

budding /'bʌdɪŋ/ *adj* en ciernes

buddy /'bʌdi/ n (*pl* **buddies**) (*esp USA, coloq*) amigo, compinche ❶ Se emplea sobre todo entre chicos.

budge /bʌdʒ/ 1 *vt, vi* mover(se) 2 *vi* (*opinión*) ceder

budgerigar /'bʌdʒərɪɡɑr/ n (*GB*) (*coloq* budgie /'bʌdʒi/) (*USA* **parakeet**) periquito

budget /'bʌdʒɪt/ *sustantivo, verbo*
▶ n 1 presupuesto: *a budget deficit* un déficit presupuestal 2 (*Pol*) presupuesto nacional
▶ 1 *vt* hacer un presupuesto de 2 *vi* (*gastos*) planificarse 3 *vi* ~ **for sth** contar con algo
■ **budgetary** /'bʌdʒɪteri; *GB* -təri/ *adj* presupuestal

buff /bʌf/ *sustantivo, adjetivo*
▶ n 1 entusiasta: *a film buff* un entusiasta del cine 2 beige
▶ *adj* beige

buffalo /'bʌfəloʊ/ n (*pl* **buffalo** o **buffaloes**) 1 bisonte 2 (*tb* 'water buffalo) búfalo

buffer /'bʌfər/ n 1 amortiguador 2 (*en tren, estación*) tope 3 (*Informát*) memoria intermedia 4 (*tb* old 'buffer) (*GB, coloq*) vejestorio

buffet¹ /bə'feɪ; *GB* 'bʊfeɪ/ n 1 bufé 2 cafetería: *buffet car* vagón restaurante 3 aparador

buffet² /'bʌfɪt/ *vt* zarandear

bug /bʌɡ/ *sustantivo, verbo*
▶ n 1 insecto, bicho 2 (*coloq*) virus, infección 3 (*coloq*) (*Informát*) error de programación 4 (*coloq*) micrófono oculto
▶ *vt* (**-gg-**) 1 poner un micrófono escondido en 2 escuchar mediante un micrófono oculto 3 (*esp USA, coloq*) sacar de quicio

buggy /'bʌɡi/ n (*pl* **buggies**) (*GB*) 1 (*USA* **cart**) carrito (*de golf, etc.*) 2 (*USA* **stroller**) cochecito (*de niño*)

build /bɪld/ *vt* (*pt, pp* **built** /bɪlt/) 1 construir 2 crear, producir **PHR V** **build sth in** 1 incorporar algo 2 (*mueble*) empotrar algo ◆ **build on sth** partir de la base de algo ◆ **build sb/sth up** 1 intensificarse 2 acumularse ◆ **build sb/sth up** poner a algn/algo muy bien ◆ **build sth up** 1 (*colección*) acumular algo 2 (*negocio*) crear algo

builder /'bɪldər/ n constructor, -ora, contratista

building /'bɪldɪŋ/ n 1 edificio 2 construcción

'building site n 1 lote para construcción 2 (*construcción*) obra

'building society n (*GB*) corporación de ahorro y vivienda

'build-up n 1 aumento gradual 2 acumulación 3 ~ (**to sth**) preparación (*para algo*)

built *pt, pp de* BUILD

built-'in *adj* 1 incorporado 2 (*mueble*) empotrado

built-'up *adj* edificado: *built-up areas* zonas edificadas

bulb /bʌlb/ n 1 (*Bot*) bulbo 2 Ver LIGHT BULB

bulge /bʌldʒ/ *sustantivo, verbo*
▶ n 1 bulto 2 (*coloq*) aumento (transitorio) 3 protuberancia
▶ *vi* 1 ~ (**with sth**) rebosar (de algo) 2 abombarse

bulimia /bu'lɪmiə, -'liːm-/ n bulimia ■ **bulimic** *adj, n* bulímico, -a

bulk /bʌlk/ n 1 volumen: *bulk buying* compra al por mayor 2 mole 3 **the bulk (of sth)** [*sing*] la mayor parte (de algo) **LOC** **in bulk** 1 al por mayor 2 a granel ■ **bulky** *adj* (**bulkier, -iest**) voluminoso

bull /bʊl/ n 1 toro 2 Ver BULLSEYE

bulldoze /'bʊldoʊz/ *vt* 1 (*con bulldozer*) aplanar 2 derribar

bulldozer /'bʊldoʊzər/ n bulldozer

bullet /'bʊlɪt/ n bala

bulletin /'bʊlətɪn/ n 1 (*declaración*) comunicado 2 boletín: *news bulletin* boletín de noticias

bulletin board (*GB* **noticeboard**) n cartelera (de anuncios)

bulletproof /'bʊlɪtpruːf/ *adj* a prueba de balas

bullfight /'bʊlfaɪt/ *n* corrida de toros ■ **bullfighter** *n* torero, -a **bullfighting** *n* toreo

bullfrog /'bʊlfrɔːg; *GB* -frɒg/ *n* rana toro

bullion /'bʊliən/ *n* [incontable] oro/plata (*en lingotes*)

bullring /'bʊlrɪŋ/ *n* plaza de toros

bullseye /'bʊlzaɪ/ (*tb* **bull**) *n* (centro del) blanco

bully /'bʊli/ *sustantivo, verbo*
▸ *n* (*pl* **bullies**) matón, -ona (*sobre todo en la escuela*)
▸ *vt* (*pt, pp* **bullied**) meterse con algn, intimidar a algn ■ **bullying** *n* [incontable] acoso escolar

bum /bʌm/ *sustantivo, verbo*
▸ *n* (*coloq*) **1** (*esp USA*) vago, -a **2** (*GB*) (*USA* **butt**) trasero
▸ *v* PHR V **bum around** (*coloq*) vagar

bumbag /'bʌmbæg/ *n* (*GB*) (*USA* **fanny pack**) riñonera, canguro ⊃ *Ver dibujo en* BAG

bumblebee /'bʌmblbiː/ *n* abejorro

bummer /'bʌmər/ *n* [*sing*] (*coloq*) mala onda, latazo

bump /bʌmp/ *verbo, sustantivo*
▸ **1** *vt* ~ **sth (against/on sth)** dar(se) con algo (contra/en algo) **2** *vi* ~ **into sb/sth** darse con algn/algo PHR V **bump into sb** tropezarse con algn ♦ **bump sb off** (*coloq*) cargarse a algn ♦ **bump sth up** (*coloq*) aumentar, subir algo
▸ *n* **1** golpe **2** sacudida **3** (*Anat*) chichón **4** abolladura *Ver tb* SPEED BUMP

bumper /'bʌmpər/ *sustantivo, adjetivo*
▸ *n* bómper, parachoques: *bumper cars* carros chocones/autos locos
▸ *adj* abundante

bumper car *n* auto loco/de choque, carro chocón

bumpy /'bʌmpi/ *adj* (**bumpier, -iest**) **1** (*superficie*) desigual **2** (*carretera*) lleno de baches **3** (*viaje*) agitado

bun /bʌn/ *n* **1** pan pequeño **2** bollo (dulce), mojicón **3** (*pelo*) moña

🔑 **bunch** /bʌntʃ/ *sustantivo, verbo*
▸ *n* **1** (*uvas, plátanos*) racimo **2** (*flores*) ramo **3** (*hierbas, llaves*) manojo **4** [*v sing o pl*] (*coloq*) grupo
▸ *vt, vi* agrupar(se), apiñar(se)

bundle /'bʌndl/ *sustantivo, verbo*
▸ *n* **1** (*ropa, papeles*) bulto, atado **2** haz **3** (*billetes*) fajo
▸ *vt* ~ **sth (together/up)** empaquetar algo

bung /bʌŋ/ *sustantivo, verbo*
▸ *n* tapón
▸ *vt* (*GB, coloq*) poner PHR V **bung sth up (with sth)** tapar algo (con algo)

bungalow /'bʌŋgələʊ/ *n* casa de un solo piso

bungee jump /'bʌndʒi dʒʌmp/ *n* salto en bungee

bungee jumping /'bʌndʒi dʒʌmpɪŋ/ *n* bungee, puenting

bungle /'bʌŋgl/ **1** *vt* dañar, tirarse **2** *vi* fracasar, meter la pata

bunk /bʌŋk/ *n* litera

bunny /'bʌni/ (*tb* **bunny rabbit**) *n* conejito

buoy /'buːi, bɔɪ/ *sustantivo, verbo*
▸ *n* boya
▸ *v* PHR V **buoy sb up** dar ánimo a algn ♦ **buoy sth up** mantener algo a flote

buoyant /'bɔɪənt/ *adj* (*Econ*) boyante

burden /'bɜːrdn/ *sustantivo, verbo*
▸ *n* **1** carga **2** peso
▸ *vt* **1** cargar **2** agobiar

bureau /'bjʊroʊ/ *n* (*pl* **bureaux** *o* **bureaus** /-roʊz/) **1** (*USA*) cómoda **2** (*GB*) escritorio **3** (*esp USA*) (*Pol*) departamento (de gobierno) **4** (*GB*) agencia: *travel bureau* agencia de viajes

bureaucracy /bjʊəˈrɒkrəsi/ *n* (*pl* **bureaucracies**) burocracia ■ **bureaucrat** /'bjʊərəkræt/ *n* burócrata **bureaucratic** /ˌbjʊərəˈkrætɪk/ *adj* burocrático

burger /'bɜːrgər/ *n* (*coloq*) hamburguesa

La palabra **burger** se usa mucho en compuestos como: *cheeseburger* hamburguesa con queso.

burglar /'bɜːrglər/ *n* ladrón, -ona: *burglar alarm* alarma antirrobo ⊃ *Ver nota en* THIEF
■ **burglarize** (*GB* **burgle** /'bɜːrgl/) *vt* robar en ⊃ *Ver nota en* ROB **burglary** *n* (*pl* **burglaries**) robo (*en una casa*) ⊃ *Ver nota en* THEFT

burgundy /'bɜːrgəndi/ *n* (color) vino tinto

burial /'beriəl/ *n* entierro

burly /'bɜːrli/ *adj* (**burlier, -iest**) fornido

🔑 **burn** /bɜːrn/ *verbo, sustantivo*
▸ (*pt, pp* **burned** *o* **burnt** /bɜːrnt/) ⊃ *Ver nota en* DREAM **1** *vt, vi* quemar: *to be badly burned* sufrir graves quemaduras **2** *vi* arder: *a burning building* un edificio en llamas **3** *vi* escocer **4** *vi* (*luz, etc.*) *He left the lamp burning.* Dejó la lámpara encendida. **5** *vt The furnace burns oil.* La caldera funciona con petróleo.
▸ *n* quemadura

burner /'bɜːrnər/ *n* quemador (*cocina*)

burning /'bɜːrnɪŋ/ adj **1** ardiente **2** (vergüenza) intenso **3** (tema) candente

burnt /bɜːrnt/ adj quemado Ver tb BURN

burp /bɜːrp/ verbo, sustantivo
▸ (coloq) **1** vi eructar **2** vt (bebé) hacer eructar
▸ n (coloq) eructo

burrow /'bɜːroʊ; GB 'bʌroʊ/ sustantivo, verbo
▸ n madriguera
▸ vt excavar

burst /bɜːrst/ verbo, sustantivo
▸ vt, vi (pt, pp burst) **1** reventar(se) **2** explotar: *The river burst its banks.* El río se desbordó. **LOC be bursting to do sth** reventarse por hacer algo ◆ **burst open** abrirse de golpe ◆ **burst out laughing** echar(se) a reír **PHR V burst into sth 1** *to burst into a room* irrumpir en un cuarto **2** *to burst into tears* romper a llorar
▸ n **1** (ira, etc.) arranque **2** (disparos) ráfaga **3** (aplausos) salva

bury /'beri/ vt (pp buried) **1** enterrar **2** sepultar **3** (cuchillo, etc.) clavar **4** *She buried her face in her hands.* Ocultó la cara entre las manos.

bus /bʌs/ n (pl buses o USA tb busses) bus, micro, camión: *bus driver* conductor de bus ◇ *bus conductor* (GB) cobrador de bus ◇ *bus stop* paradero (de bus)

bush /bʊʃ/ n **1** arbusto: *a rose bush* un rosal ➔ Comparar con SHRUB **2 the bush** [sing] el monte **LOC** Ver BEAT ■ **bushy** adj **1** (barba) poblado **2** (rabo) peludo **3** (planta) frondoso

busily /'bɪzɪli/ adv activamente, con juicio

business /'bɪznəs/ n **1** [incontable] negocios: *business trip* viaje de negocios ◇ *business card* tarjeta de presentación ◇ *business administration/studies* administración de empresas **2** negocio, empresa **3** [incontable] asunto: *It's none of your business!* ¡No es asunto tuyo! **4** [incontable] (en una reunión) *any other business* temas varios ◇ *Is there any other business?* ¿Hay alguna pregunta u otro tema por tratar? **LOC business before pleasure** (refrán) primero el deber (y después el placer) ◆ **do business with sb** hacer negocios con algn ◆ **get down to business** ir al grano ◆ **go out of business** quebrar ◆ **have no business doing sth** no tener derecho a hacer algo ◆ **on business** en viaje de negocios Ver tb BIG, MEAN, MIND

businesslike /'bɪznəslaɪk/ adj **1** formal **2** sistemático

businessman /'bɪznəsmæn/ n (pl businessmen /-men/) hombre de negocios

businesswoman /'bɪznəswʊmən/ n (pl businesswomen /-wɪmɪn/) mujer de negocios

busk /bʌsk/ vi tocar música en un lugar público ■ **busker** n músico callejero

bust /bʌst/ sustantivo, verbo, adjetivo
▸ n **1** (escultura) busto **2** (Anat) pecho
▸ vt, vi (pt, pp busted o bust) (coloq) romper(se) ➔ Ver nota en DREAM
▸ adj (GB, coloq) roto **LOC go bust** (empresa) quebrar

bustle /'bʌsl/ verbo, sustantivo
▸ vi ~ (about/around) trajinar
▸ n (tb hustle and bustle) bullicio, ajetreo
■ **bustling** adj bullicioso

busy /'bɪzi/ adjetivo, verbo
▸ adj (busier, -iest) **1** ~ (at/with sth) ocupado (con algo) **2** (sitio) concurrido **3** (temporada) de mucha actividad **4** (programa) apretado **5** (GB engaged) (teléfono) *The line is busy.* Está ocupado.
▸ vt ~ yourself with (doing) sth ocuparse en algo/haciendo algo

busybody /'bɪzibɑdi/ n (pl busybodies) metido, -a

but /bʌt, bət/ conjunción, preposición
▸ conj **1** pero **2** sino: *Not only him but me too.* No solo él, sino yo también. ◇ *What could I do but cry?* ¿Qué podía hacer sino llorar?
▸ prep excepto: *nobody but you* solo tú **LOC but for sb/sth** de no haber sido por algn/algo ◆ **we can but hope, try, etc.** solo nos queda esperar, intentar, etc.

butane /'bjuːteɪn/ n butano

butcher /'bʊtʃər/ sustantivo, verbo
▸ n **1** carnicero, -a **2 butcher's** (GB) (USA **butcher shop**) carnicería ➔ Ver nota en CARNICERÍA
▸ vt **1** (animal) matar **2** (persona) matar brutalmente

butler /'bʌtlər/ n mayordomo

butt /bʌt/ sustantivo, verbo
▸ n **1** tonel **2** aljibe **3** culata **4** (cigarrillo) colilla **5** (GB bum) (coloq) trasero **LOC be the butt of sth** ser el blanco de algo
▸ vt dar un cabezazo a **PHR V butt in** interrumpir

butter /'bʌtər/ sustantivo, verbo
▸ n mantequilla
▸ vt untar con mantequilla

buttercup /'bʌtərkʌp/ n botón de oro

butterfly /'bʌtərflaɪ/ n (pl butterflies) mariposa **LOC have butterflies (in your stomach)** estar muy nervioso

buttock /'bʌtək/ n nalga

button /'bʌtn/ sustantivo, verbo
▸ n botón Ver tb BELLY BUTTON
▸ vt, vi ~ (sth) (up) abotonar algo, abotonarse

buttonhole /'bʌtnhoʊl/ n ojal

buttress /ˈbʌtrəs/ n contrafuerte

buy /baɪ/ verbo, sustantivo
▸ vt (pt, pp **bought** /bɔːt/) **1** ~ sb sth; ~ sth (for sb) comprar algo (a/para algn): *He bought his girlfriend a present.* Le compró un regalo a la novia. ◇ *I bought one for myself for $10.* Yo me compré uno por diez dólares. ⊃ Ver nota en GIVE **2** ~ sth from sb comprarle algo a algn
▸ n compra: *a good buy* una buena compra

buyer /ˈbaɪər/ n comprador, -ora

buzz /bʌz/ verbo, sustantivo
▸ vi zumbar PHR V **buzz off!** (coloq) ¡lárgate!
▸ n **1** (tb **buzzing**) zumbido **2** [sing] (voces) murmullo **3** [sing] (coloq) *I get a real buzz out of flying.* Ir en avión me vuelve loco. LOC **give sb a buzz** (coloq) pegarle un telefonazo a algn

buzzard /ˈbʌzərd/ n águila ratonera

buzzer /ˈbʌzər/ n timbre eléctrico

buzzword /ˈbʌzwɜːrd/ n palabra de moda

by /baɪ/ preposición, adverbio ❶ Para los usos de **by** en PHRASAL VERBS ver las entradas de los verbos correspondientes, p.ej. **call by** en CALL.
▸ prep **1** por: *by mail* por correo ◇ *ten (multiplied) by six* diez (multiplicado) por seis ◇ *designed by Wren* diseñado por Wren **2** al lado de, junto a: *Sit by me.* Siéntate a mi lado. **3** antes de, a las/para: *to be home by ten o'clock* estar en casa antes de las diez ◇ *I need the work by Friday.* Necesito el trabajo para el viernes. **4** de: *by day/night* de día/noche ◇ *by birth/profession* de nacimiento/profesión ◇ *a novel by Steinbeck* una novela de Steinbeck **5** en: *to go by boat, car, bicycle* ir en barco, carro, bicicleta ◇ *two by two* de dos en dos **6** según: *by my watch* según mi reloj **7** con: *to pay by check* pagar con cheque **8** a: *little by little* poco a poco **9** a base de: *by working hard* a base de trabajo duro **10** by doing sth haciendo algo: *Let me begin by saying…* Quisiera empezar diciendo…
LOC **have/keep sth by you** tener algo a mano
▸ adv LOC **by the way** a propósito ◆ **go, drive, run, etc. by** pasar por delante (en carro, corriendo, etc.) ◆ **keep/put sth by** guardar algo para más tarde Ver tb LARGE

bye /baɪ/ (tb **bye-bye** /ˌbaɪ ˈbaɪ/) interj (coloq) ¡adiós!

by-election n (GB) elecciones parciales

bygone /ˈbaɪɡɔːn; GB -ɡɒn/ adj pasado

bypass /ˈbaɪpæs; GB -pɑːs/ sustantivo, verbo
▸ n carretera de circunvalación
▸ vt **1** circundar **2** evitar

by-product n **1** (lit) subproducto **2** (fig) consecuencia

bystander /ˈbaɪstændər/ n persona que está en un sitio: *seen by bystanders* visto por los que estaban allá

byte /baɪt/ n (Informát) byte

C c

C, c /siː/ n (pl **Cs, C's, c's** /siːz/) **1** C, c ⮕ Ver nota en A, A **2** (Educ) bien: *to get a C in Physics* sacar un siete en Física **3** (Mús) do

cab /kæb/ n **1** taxi **2** cabina (*de un camión*)

cabbage /ˈkæbɪdʒ/ n repollo, col

cabin /ˈkæbɪn/ n **1** (Náut) camarote **2** (Aeronáut) cabina (de pasajeros): *pilot's cabin* cabina de mando **3** cabaña

cabinet /ˈkæbɪnət/ n **1** gabinete: *bathroom cabinet* gabinete de baño ◊ *drinks cabinet* bar (en la casa) **2 the Cabinet** [v sing o pl] gabinete

cable /ˈkeɪbl/ n **1** cable: *cable TV* televisión por cable **2** amarra

ˈcable car n teleférico

cache /kæʃ/ n **1** alijo: *an arms cache* un alijo de armas **2** (Informát) (memoria) caché

cackle /ˈkækl/ sustantivo, verbo
▸ n **1** cacareo **2** carcajada desagradable
▸ vi **1** (gallina) cacarear **2** (persona) reírse a carcajadas

cactus /ˈkæktəs/ n (pl **cactuses** o **cacti** /-taɪ/) cactus

cadet /kəˈdet/ n cadete

café (tb **cafe**) /ˈkæˌfeɪ; GB ˈkæfeɪ/ n cafetería

cafeteria /ˌkæfəˈtɪəriə/ n restaurante de autoservicio

cafetière /ˌkæfəˈtjeər/ n cafetera de émbolo, prensa francesa

caffeine /ˈkæˌfiːn; GB ˈkæfiːn/ n cafeína

cage /keɪdʒ/ sustantivo, verbo
▸ n jaula
▸ vt enjaular

cagey /ˈkeɪdʒi/ adj (**cagier, -iest**) ~ (**about sth**) (coloq) reservado (respecto a algo): *He's very cagey about his family.* No suelta nada sobre su familia.

cagoule /kəˈɡuːl/ n (GB) impermeable

cake /keɪk/ n pastel, ponque, queque: *birthday cake* pastel de cumpleaños **LOC have your cake and eat it too** (coloq) andar en la misa y la procesión Ver tb PIECE

caked /keɪkt/ adj ~ **with sth** cubierto de algo: *caked with mud* cubierto de barro

calamity /kəˈlæməti/ n (pl **calamities**) calamidad

calcium /ˈkælsiəm/ n calcio

calculate /ˈkælkjuleɪt/ vt calcular **LOC be calculated to do sth** estar pensado para hacer algo ▪ **calculating** adj calculador

calculation /ˌkælkjuˈleɪʃn/ n cálculo

calculator /ˈkælkjuleɪtər/ n calculadora

caldron = CAULDRON

calendar /ˈkælɪndər/ n calendario: *calendar month* mes (del calendario)

calf /kæf; GB kɑːf/ n (pl **calves** /kævz; GB kɑːvz/) **1** becerro, ternero ⮕ Ver nota en CARNE **2** cría (de foca, etc.) **3** pantorrilla

caliber (GB **calibre**) /ˈkælɪbər/ n calibre, valía

call /kɔːl/ verbo, sustantivo
▸ **1** vt llamar: *What's your dog called?* ¿Cómo se llama el perro? **2** vi ~ (**out**) (**to sb**) (**for sth**) llamar (a gritos) (a algn) (pidiendo algo): *I thought I heard someone calling.* Creí que había oído gritar a alguien. ◊ *She called to her father for help.* Pidió ayuda a su padre a gritos. **3** vt ~ **sth** (**out**) gritar algo (a voces): *Why didn't you come when I called (out) your name?* ¿Por qué no viniste cuando te llamé? **4** vt, vi hablar (por teléfono) **5** vt llamar: *Please call me at seven o'clock.* Por favor llámame a las siete. **6** vi (GB) ~ (**in/round**) (**on sb**); ~ (**in/round**) (**at…**) visitar (a algn), pasarse (por…): *Let's call (in) on John/at John's house.* Vamos a pasar por la casa de John. ◊ *He was out when I called (round) (to see him).* No estaba cuando fui a la casa de él. ◊ *Will you call in at the supermarket for some eggs?* ¿Puedes pasar por el supermercado a comprar huevos? **7** vt (reunión, elección) convocar **LOC call collect** (GB **reverse the charges**) llamar por cobrar ♦ **call it a day** (coloq) dejarlo por hoy: *Let's call it a day.* Terminemos por hoy. ♦ **call sb names** insultar a algn Ver tb QUESTION
PHR V call at… (GB) (tren) parar en…
call (sb) back 1 volver a llamar (a algn) (por teléfono) **2** devolver la llamada (a algn)
call by (coloq) pasar: *Could you call by on your way home?* ¿Puedes pasar al volver a tu casa?
call for sb ir a buscar a algn: *I'll call for you at seven o'clock.* Voy a buscarte a las siete. ♦ **call for sth** requerir algo: *The situation calls for prompt action.* La situación requiere acción inmediata.
call sth off cancelar, abandonar algo
call sb out llamar a algn: *to call out the troops/the fire department* llamar al ejército/ a los bomberos

call sb up 1 (*por teléfono*) llamar a algn **2** (*GB*) llamar a algn al servicio militar
▸ **n 1** (*tb* **'phone call**) llamada (telefónica) **2** grito, llamada **3** visita **4** ~ **for sth** *There isn't much call for such things.* Hay poca demanda para esas cosas. **5** (*de pájaro*) canto LOC (**be**) **on call** (estar) de guardia *Ver tb* CLOSE¹, PORT

'call center (*GB* **'call centre**) *n* centro de llamadas, call center

caller /'kɔ:lər/ *n* **1** el/la que llama (por teléfono) **2** visita

'call-in (*GB* **phone-in**) *n* programa de radio o televisión abierto al público

callous /'kæləs/ *adj* insensible, cruel

calm /kɑm/ *adjetivo, sustantivo, verbo*
▸ *adj* (**calmer, -est**) tranquilo
▸ *n* calma
▸ *v* PHR V **calm down** calmarse, tranquilizarse: *Just calm down a little!* ¡Tranquilízate un poco!
◆ **calm sb down** calmar, tranquilizar a algn

calmly /'kɑːmli/ *adv* tranquilamente

calorie /'kæləri/ *n* caloría

calves /kævz; *GB* kɑːvz/ *pl de* CALF

camcorder /'kæmkɔːrdər/ *n* cámara de vídeo

came *pt de* COME

camel /'kæml/ *n* **1** camello **2** (*color*) beige

camera /'kæmərə/ *n* cámara (fotográfica): *television/video camera* cámara de televisión/video

cameraman /'kæmərəmæn/ *n* (*pl* **cameramen** /-mən/) camarógrafo

camerawoman /'kæmrəwʊmən/ *n* (*pl* **camerawomen** /-wɪmɪn/) camarógrafa

camouflage /'kæməflɑːʒ/ *sustantivo, verbo*
▸ *n* camuflaje
▸ *vt* camuflar

camp /kæmp/ *sustantivo, verbo, adjetivo*
▸ *n* campamento: *concentration camp* campo de concentración
▸ *vi* acampar: *to go camping* ir a acampar
▸ *adj* **1** afeminado **2** exagerado

campaign /kæm'peɪn/ *sustantivo, verbo*
▸ *n* campaña
▸ *vi* ~ (**for/against sb/sth**) hacer campaña (a favor de/en contra de algn/algo) ■ **campaigner** *n* militante

camper /'kæmpər/ *n* **1** (*persona*) campista **2** (*USA*) (*GB* **caravan**) casa remolque/rodante, tráiler **3** (*GB*) (*tb* **'camper van**) (*USA* **RV**) auto-caravana, carrocasa

campground /'kæmpgraʊnd/ (*GB* **campsite** /'kæmpsaɪt/) *n* camping (*lugar*)

camper

RV (*GB* **camper**)   **camper** (*GB* **caravan**)

camping /'kæmpɪŋ/ *n* camping (*actividad*): *to go camping* ir a acampar

La palabra inglesa **camping** no significa nunca un lugar donde se puede acampar. En inglés "un camping" se dice **a campground** (**campsite** en Gran Bretaña).

campus /'kæmpəs/ *n* (*pl* **campuses**) ciudad universitaria

can¹ /kæn, kən/ *v modal* (*neg* **cannot** /'kænɑt/ *o* **can't** /kænt; *GB* kɑːnt/, *pt* **could** /kəd, kʊd/, *neg* **could not** *o* **couldn't** /'kʊdnt/)

Can es un verbo modal al que sigue un infinitivo sin **to**, y las oraciones interrogativas y negativas se construyen sin el auxiliar **do**. Solo tiene presente: *I can't swim.* No sé nadar., y pasado, que también tiene un valor condicional: *He couldn't do it.* No pudo hacerlo. ◇ *Could you come?* ¿Podrías venir? Cuando queremos utilizar otras formas, tenemos que usar **be able to**: *Will you be able to come?* ¿Podrás venir? ◇ *I'd like to be able to go.* Me gustaría poder ir.

● **posibilidad** poder: *We can take a bus from here.* Podemos tomar un bus aquí. ◇ *She can be very forgetful.* A veces es muy olvidadiza.
● **conocimientos, habilidades** saber: *They can't read or write.* No saben leer ni escribir. ◇ *Can you swim?* ¿Sabes nadar? ◇ *He couldn't answer the question.* No supo contestar la pregunta.
● **permiso** poder: *Can I open the window?* ¿Puedo abrir la ventana? ◇ *You can't go swimming today.* No puedes ir a nadar hoy.
➲ *Ver nota en* MAY
● **ofrecimientos, sugerencias, peticiones** poder: *Can I help?* ¿Puedo ayudarte? ◇ *We can eat in a restaurant, if you want.* Podemos comer en un restaurante si quieres. ◇ *Could you help me with this box?* ¿Me puedes ayudar con esta caja?
● **con verbos de percepción**: *You can see it everywhere.* Se puede ver por todas partes. ◇ *She could hear them clearly.* Los oía claramente. ◇ *I can smell something burning.* Huele a quemado. ◇ *She could still taste the garlic.* Le quedó en la boca el sabor a ajo.

• **incredulidad, perplejidad**: *I can't believe it.* No lo puedo creer. ◊ *Whatever can they be doing?* ¿Pero qué será lo que estarán haciendo? ◊ *Where can she have put it?* ¿Dónde lo habrá dejado?

can² /kæn/ *sustantivo, verbo*
▶ *n* (tb *esp GB* **tin**) lata: *a can of sardines* una lata de sardinas ◊ *a gasoline can* un tarro (de gasolina) ➔ *Ver dibujo en* CONTAINER *y nota en* LATA **LOC** *Ver* CARRY
▶ *vt* (**-nn-**) enlatar, hacer conservas en lata de

canal /kə'næl/ *n* **1** canal **2** tubo, conducto: *the birth canal* el canal del parto

canary /kə'neəri/ *n* (*pl* **canaries**) canario

cancel /'kænsl/ *vt, vi* (**-l-**, *GB* **-ll-**) **1** (*vuelo, pedido, vacaciones*) cancelar **2** (*contrato*) anular **PHRV** **cancel (sth) out** eliminar algo, eliminarse ■ **cancellation** *n* cancelación

Cancer /'kænsər/ *n* Cáncer ➔ *Ver ejemplos en* AQUARIUS

cancer /'kænsər/ *n* [*incontable*] cáncer

candid /'kændɪd/ *adj* franco

candidate /'kændɪdət, -deɪt/ *n* **1** candidato, -a **2** (*GB*) persona que se presenta a un examen ■ **candidacy** /'kændɪdəsi/ *n* candidatura

candle /'kændl/ *n* **1** vela **2** (*Relig*) cirio

candlelight /'kændllaɪt/ *n* luz de una vela

candlestick /'kændlstɪk/ *n* **1** candelero **2** candelabro

candy /'kændi/ *n* **1** [*incontable*] dulces: *a candy bar* una chocolatina **2** (*pl* **candies**) (*GB* **sweet**) dulce (*caramelo, bombón, etc.*)

candyfloss /'kændiflɒs; *GB* -flɔːs/ *n* (*GB*) (*USA* **cotton candy**) algodón de azúcar

cane /keɪn/ *n* **1** (*Bot*) caña **2** mimbre **3** bastón **4 the cane** [*sing*] la vara (*para castigar*)

canister /'kænɪstər/ *n* tarro (*de café, té, galletas*)

cannabis /'kænəbɪs/ *n* marihuana, hachís

canned /kænd/ (*GB tb* **tinned**) *adj* en lata, enlatado

cannibal /'kænɪbl/ *n* caníbal

cannon /'kænən/ *n* (*pl* **cannon** *o* **cannons**) cañón

cannot *abrev de* **can not** *Ver* CAN¹

canoe /kə'nuː/ *n* canoa, piragua ■ **canoeing** *n* canotaje

can opener *n* abrelatas

canopy /'kænəpi/ *n* (*pl* **canopies**) **1** toldo **2** dosel

can't *abrev de* **can not** *Ver* CAN¹

cantaloupe /'kæntəloʊp/ *n* melón chino

canteen /kæn'tiːn/ *n* **1** cantimplora **2** (*esp GB*) comedor

canter /'kæntər/ *n* medio galope

canvas /'kænvəs/ *n* **1** lona **2** (*Arte*) lienzo

canvass /'kænvəs/ **1** *vt, vi* ~ (**sb**) (**for sth**) pedir apoyo (a algn) (para algo) **2** *vt, vi* (*Pol*) to canvass for/on behalf of sb hacer campaña por algn ◊ *to go out canvassing (for) votes* salir a buscar votos **3** *vt* (*opinión*) sondear

canyon /'kænjən/ *n* (*Geog*) cañón

cap /kæp/ *sustantivo, verbo*
▶ *n* **1** gorra **2** gorro **3** cofia **4** tapa, tapón
▶ *vt* (**-pp-**) superar **LOC** **to cap it all** para colmo

capability /ˌkeɪpə'bɪləti/ *n* (*pl* **capabilities**) **1** capacidad, aptitud **2 capabilities** [*pl*] potencial

capable /'keɪpəbl/ *adj* capaz

capacity /kə'pæsəti/ *n* (*pl* **capacities**) **1** capacidad: *filled to capacity* lleno hasta el borde/completo **2** nivel máximo de producción: *at full capacity* al límite de capacidad **LOC** **in your capacity as sth** en tu calidad de algo

cape /keɪp/ *n* **1** capa **2** (*Geog*) cabo

caper /'keɪpər/ *sustantivo, verbo*
▶ *n* **1** alcaparra **2** (*coloq*) broma, travesura
▶ *vi* (*formal*) brincar

capillary /'kæpəleri; *GB* kə'pɪləri/ *n* (*pl* **capillaries**) capilar

capital /'kæpɪtl/ *sustantivo, adjetivo*
▶ *n* **1** (*tb* capital 'city) capital **2** (*tb* capital 'letter) mayúscula **3** capital: *capital gains* utilidades de capital ◊ *capital goods* bienes de capital **4** (*Arquit*) capitel **LOC** **make capital (out) of sth** sacar partido de algo
▶ *adj* **1** capital: *capital punishment* pena de muerte **2** mayúsculo

capitalism /'kæpɪtəlɪzəm/ *n* capitalismo ■ **capitalist** *adj, n* capitalista

capitalize (*GB tb* **-ise**) /'kæpɪtəlaɪz/ *vt* (*Fin*) capitalizar **PHRV** **capitalize on sth** aprovecharse de algo, sacar partido de algo

capitulate /kə'pɪtʃuleɪt/ *vi* ~ (**to sb/sth**) capitular (ante algn/algo)

cappuccino /ˌkæpu'tʃiːnoʊ/ *n* (*pl* **cappuccinos**) capuchino

capricious /kə'prɪʃəs/ *adj* (*formal*) caprichoso

Capricorn /'kæprɪkɔːrn/ *n* Capricornio ➔ *Ver ejemplos en* AQUARIUS

capsize /'kæpsaɪz; *GB* kæp'saɪz/ *vt, vi* volcar(se)

capsule /'kæpsl; *GB* -sjuːl/ *n* cápsula

captain /ˈkæptən/ sustantivo, verbo
▸ n **1** (Dep, Náut) capitán, -ana **2** (avión) comandante
▸ vt capitanear, ser el capitán/la capitana de
■ **captaincy** n (pl **captaincies**) capitanía

caption /ˈkæpʃn/ n **1** encabezamiento, título **2** pie (de foto) **3** (Cine, TV) letrero

captivate /ˈkæptɪveɪt/ vt cautivar
■ **captivating** adj cautivador, encantador

captive /ˈkæptɪv/ adjetivo, sustantivo
▸ adj cautivo LOC hold/take sb captive tener preso/apresar a algn
▸ n preso, -a, cautivo, -a ■ **captivity** /kæpˈtɪvəti/ n cautiverio

captor /ˈkæptər/ n captor, -ora

capture /ˈkæptʃər/ verbo, sustantivo
▸ vt **1** capturar **2** (interés, etc.) atraer **3** (Mil) tomar **4** *She captured his heart.* Le conquistó el corazón. **5** (Arte) captar
▸ n **1** captura **2** (ciudad) toma

car /kɑr/ n **1** carro, auto: *by car* en carro ◊ *car accident* accidente de carro ◊ *car bomb* carro bomba **2** (USA) (GB **carriage**) (Ferrocarril) vagón **3** (GB) (Ferrocarril) *dining/sleeping car* vagón restaurante/para dormir

carafe /kəˈræf/ n garrafa

caramel /ˈkærəməl/ n caramelo (*azúcar quemado*)

carat (esp GB) = KARAT

caravan /ˈkærəvæn/ n **1** caravana **2** (GB) (USA **camper**) carrocasa, casa rodante ➔ *Ver dibujo en* CAMPER

carbohydrate /ˌkɑrboʊˈhaɪdreɪt/ n carbohidrato, hidrato de carbono

carbon /ˈkɑrbən/ n carbono: *carbon dating* datar por medio de la técnica del carbono 14 ◊ *carbon dioxide/monoxide* dióxido/monóxido de carbono

ˌ**carbon ˈcopy** n (pl **carbon copies**) **1** copia al carbón **2** (fig) réplica: *She's a carbon copy of her sister.* Es idéntica a su hermana.

ˌ**carbon ˈfootprint** n huella de carbono

ˌ**carbon ˈoffset** n sistema de derechos para la emisión de carbono

ˈ**carbon trading** n [incontable] comercio de bonos de carbono

ˌ**car ˈboot sale** n (GB) venta de artículos usados que las personas hacen en la maleta de sus carros

carburetor (GB **carburettor**) /ˈkɑrbəreɪtər; GB ˌkɑːbəˈretə(r)/ n carburador

carcass (tb **carcase**) /ˈkɑrkəs/ n **1** restos (de pollo, etc.) **2** res muerta lista para partir

carcinogenic /ˌkɑrsɪnəˈdʒenɪk/ adj cancerígeno

card /kɑrd/ n **1** tarjeta **2** ficha: *card index* fichero **3** (de socio, de identidad, etc.) carné **4** carta (de baraja) **5** [incontable] cartulina LOC **get your cards/give sb their cards** (coloq) ser despedido/despedir a algn ♦ **in the cards** (GB **on the cards**) (coloq) probable ♦ **play your cards right** jugar bien sus cartas Ver tb LAY

cardboard /ˈkɑrdbɔːrd/ n cartón

cardholder /ˈkɑrdhoʊldər/ n poseedor, -ora de tarjeta (*de banco, tienda, etc.*)

cardiac /ˈkɑrdiæk/ adj cardiaco

cardigan /ˈkɑrdɪɡən/ n suéter, saco (abierto/de botones)

cardinal /ˈkɑrdnl/ adjetivo, sustantivo
▸ adj **1** (pecado, etc.) capital **2** (regla, etc.) fundamental
▸ n (Relig) cardenal

care /keər/ sustantivo, verbo
▸ n **1** ~ (**over sth/in doing sth**) cuidado (con algo/al hacer algo): *to take care* tener cuidado **2** atención **3** preocupación LOC **care of sb** (correos) a la atención de algn ♦ **take care 1** tener cuidado **2** **take care!** (coloq) ¡cuídate! ❶ También se usa como forma de despedida. ♦ **take care of sb/sth** encargarse de algn/algo ♦ **take care of sb/sth/yourself** cuidar a algn/algo/cuidarse ♦ **take sb into care; put sb in care** (GB) poner a algn al cuidado de una institución (esp a un niño) ♦ **that takes care of that** así se da por terminado
▸ vi **1** ~ (**about sth**) importarle a algn (algo): *See if I care.* ¿Y a mí qué me importa? **2** ~ **to do sth** querer hacer algo LOC **for all I, you, etc. care** para lo que a mí me, a ti te, etc. importa ♦ **I, you, etc. couldn't care less** me, te, etc. importa un comino PHR V **care for sb 1** querer a algn **2** cuidar a algn ♦ **not care for sth** no gustarle algo a algn

career /kəˈrɪər/ sustantivo, verbo
▸ n carrera (*actividad profesional*): *career prospects* perspectivas profesionales ❶ Una carrera universitaria se dice **a (university) degree**.
▸ vi correr a toda velocidad

carefree /ˈkeərfriː/ adj libre de preocupaciones

careful /ˈkeərfl/ adj **1** *to be careful (about/of/with sth)* tener cuidado (con algo) **2** (trabajo, etc.) cuidadoso

carefully /ˈkeərfəli/ adv con cuidado, cuidadosamente: *to listen/think carefully* escuchar con atención/pensar bien LOC *Ver* TREAD

caregiver /ˈkeɪrɡɪvər/ (GB **carer** /ˈkeɪrər/) n cuidador, -ora (de persona anciana o enferma)

careless /ˈkeərləs/ adj **1** ~ (**about sth**) descuidado, despreocupado (con algo): *a careless mistake* un error por descuido **2** imprudente

caress /kəˈres/ sustantivo, verbo
▸ n caricia
▸ vt acariciar

caretaker /ˈkeərteɪkər/ sustantivo, adjetivo
▸ n (GB) (USA **janitor**) conserje, portero, -a, vigilante
▸ adj (gobierno, etc.) temporal: *a caretaker government* un gobierno temporal

cargo /ˈkɑrɡoʊ/ n (pl **cargoes** o **cargos**) **1** carga **2** cargamento

cargo pants n [pl] pantalones con bolsillos laterales

Caribbean /ˌkærɪˈbiːən, kəˈrɪbiən/ sustantivo, adjetivo
▸ n **the Caribbean** el Caribe
▸ adj caribeño

caricature /ˈkærɪkətʃər, -tʃʊər/ sustantivo, verbo
▸ n caricatura
▸ vt caricaturizar

caring /ˈkeərɪŋ/ adj bondadoso: *a caring image* una imagen bondadosa

carnation /kɑrˈneɪʃn/ n clavel

carnival /ˈkɑrnɪvl/ n carnaval

carnivore /ˈkɑrnɪvɔːr/ n carnívoro
■ **carnivorous** /kɑrˈnɪvərəs/ adj carnívoro

carol /ˈkærəl/ n villancico

carousel /ˌkærəˈsel/ n (GB **merry-go-round**) carrusel

car park n (GB) (USA **parking lot**) estacionamiento, parqueadero

carpenter /ˈkɑrpəntər/ n carpintero, -a, ebanista ■ **carpentry** n carpintería

carpet /ˈkɑrpɪt/ sustantivo, verbo
▸ n alfombra
▸ vt alfombrar ■ **carpeting** n [incontable] alfombrado

carriage /ˈkærɪdʒ/ n **1** carruaje **2** (GB) (USA **car**) (Ferrocarril) vagón **3** (correos) porte
■ **carriageway** /ˈkærɪdʒweɪ/ n carril

carrier /ˈkæriər/ n **1** portador, -ora **2** empresa de transportes

carrier bag n (GB) (USA **shopping bag**) bolsa de plástico/papel ➔ Ver dibujo en BAG

carrot /ˈkærət/ n zanahoria

carry /ˈkæri/ (pt, pp **carried**) **1** vt llevar: *to carry a gun* estar armado ➔ Ver nota en WEAR **2** vt soportar **3** vt (votación) aprobar **4** vt ~ **yourself** *She carries herself well.* Camina con mucha elegancia. **5** vi oírse: *Her voice carries well.* Tiene una voz muy fuerte. **LOC** **be/get carried away** dejarse llevar (por las emociones): *Don't get carried away.* No te emociones. ◆ **carry the can (for sth)** (GB, coloq) cargar con la culpa (de algo) ◆ **carry weight** tener gran peso Ver tb DAY **PHR V** **carry sth away** llevar(se) algo ◆ **carry sth off 1** (premio, etc.) llevarse algo **2** salir airoso de algo, realizar algo con éxito ◆ **carry on (with sb)** (coloq) tener una aventura (con algn) ◆ **carry on (with sth/doing sth)**, **carry sth on** continuar (con algo/haciendo algo): *to carry on a conversation* mantener una conversación ◆ **carry sth out 1** (promesa, orden, etc.) cumplir algo **2** (plan, investigación, etc.) llevar a cabo algo ◆ **carry sth through** llevar a término algo

carryall /ˈkæriɔːl/ (GB **holdall**) n bolsa/maletín de viaje

cart /kɑrt/ sustantivo, verbo
▸ n **1** carreta **2** (GB **trolley**) carrito, carro (de la compra, etc.)
▸ vt acarrear **PHR V** **cart sth around** (GB tb **cart sth about**) (coloq) cargar con algo ◆ **cart sb/sth away/off** (coloq) llevarse a algn/algo

carton /ˈkɑrtn/ n caja, cartón ➔ Ver dibujo en CONTAINER

cartoon /kɑrˈtuːn/ n **1** caricatura, mono **2** tira cómica, historieta **3** dibujos animados **4** (Arte) cartón (boceto) ■ **cartoonist** n caricaturista

cartridge /ˈkɑrtrɪdʒ/ n **1** cartucho **2** (de cámara, etc.) rollo

cartwheel /ˈkɑrtwiːl/ n voltereta, medialuna

carve /kɑrv/ **1** vt, vi esculpir: *carved out of/from/in marble* esculpido en mármol **2** vt, vi (madera) tallar **3** vt (iniciales, etc.) grabar **4** vt, vi (carne) trinchar **PHR V** **carve sth out (for yourself)** ganarse algo ◆ **carve sth up** (coloq) repartir algo ■ **carving** n escultura, talla

car wash n lavadero de carros

cascade /kæˈskeɪd/ n cascada

case /keɪs/ n **1** (situación, Med, Gram) caso: *It's a case of…* Se trata de… **2** argumento(s): *There is a case for…* Hay razones para… ◇ *to make out a case for sth* presentar argumentos convincentes para algo **3** (Jur) causa: *the case for the defense/prosecution* la defensa/la acusación **4** estuche **5** cajón (de embalaje) **6** caja (de vino) **7** maleta **LOC** **in any case** en cualquier caso ◆ **in case…** por si…: *in case it rains* por si llueve ◆ **(just) in case** por si acaso

cash /kæʃ/ sustantivo, verbo
▸ n [incontable] dinero (en efectivo), plata: *to be short of cash* estar mal de plata ◇ *to pay (in)*

cash pagar en efectivo/al contado ◊ *cash price* precio al/de contado ◊ *cash card* tarjeta de cajero automático ◊ *cash flow* movimiento de fondos ◊ *cash register* caja Ver tb COLD CASH **LOC** **cash on delivery** (*abrev* **COD**) pago contra entrega ♦ **cash up front** (*GB tb* **cash down**) pago al/de contado
▸ *vt* hacer efectivo **PHRV** **cash in (on sth)** aprovecharse (de algo) ♦ **cash sth in** canjear algo

cash-back (*GB* **cashback**) *n* **1** reembolso al comprar con tarjeta (que se carga a la tarjeta) **2** devolución de parte del dinero pagada por un producto

cashier /kæˈʃɪər/ *n* cajero, -a

cash machine *n* cajero automático

cashmere /ˈkæʒmɪər, ˈkæʃ-/ *n* cachemir

casino /kəˈsiːnoʊ/ *n* (*pl* **casinos**) casino

cask /kæsk; *GB* kɑːsk/ *n* barril

casket /ˈkæskɪt; *GB* ˈkɑːs-/ *n* **1** (*GB* **coffin**) ataúd **2** cofre (*para joyas, etc.*)

casserole /ˈkæsəroʊl/ *n* **1** (*tb* **casserole dish**) cazuela ⊃ *Ver dibujo en* SAUCEPAN **2** guiso, estofado

cassette /kəˈset/ *n* cassette: *cassette deck/player/recorder* grabadora

cast /kæst; *GB* kɑːst/ *sustantivo, verbo*
▸ *n* **1** [*v sing o pl*] (*Teat*) reparto **2** (*Med*) *My arm's in a cast.* Tengo el brazo enyesado. **3** (*Arte*) vaciado
▸ *vt* (*pt, pp* **cast**) **1** (*Teat*) *to cast sb as Othello* dar a algn el papel de Otelo **2** arrojar, lanzar **3** (*mirada*) echar **4** (*sombra*) proyectar **5** (*voto*) emitir: *to cast your vote* votar **LOC** **cast an eye/your eye(s) over sth** echar un vistazo a algo ♦ **cast a spell on sb/sth** hechizar a algn/algo ♦ **cast/throw doubt (on sth)** hacer dudar (de algo) *Ver tb* CAUTION **PHRV** **cast sb/sth aside** dejar de lado a algn/algo ♦ **cast sth off** deshacerse de algo

castaway /ˈkæstəweɪ; *GB* ˈkɑːst-/ *n* náufrago, -a

caste /kæst; *GB* kɑːst/ *n* casta: *caste system* sistema de castas

cast iron *sustantivo, adjetivo*
▸ *n* hierro fundido
▸ *adj* **cast-iron 1** de hierro fundido **2** (*constitución*) de hierro **3** *a cast-iron alibi* una coartada irrefutable

castle /ˈkæsl; *GB* ˈkɑːsl/ *n* **1** castillo **2** (*Ajedrez*) torre

castrate /ˈkæstreɪt; *GB* kæˈstreɪt/ *vt* castrar ■ **castration** *n* castración

casual /ˈkæʒuəl/ *adj* **1** superficial: *a casual acquaintance* un conocido ◊ *a casual glance* un vistazo **2** (*comportamiento*) despreocupado, informal: *casual sex* sexo casual/promiscuidad sexual **3** (*ropa*) informal **4** (*trabajo*) ocasional: *casual worker* (*GB*) trabajador por horas **5** (*encuentro*) fortuito **6** (*comentario*) sin importancia ■ **casually** *adv* **1** como por casualidad **2** informalmente **3** temporalmente **4** despreocupadamente

casualty /ˈkæʒuəlti/ *n* (*pl* **casualties**) **1** víctima, baja **2** (*GB*) (*USA* **emergency room**) (servicio de) urgencias, emergencia

cat /kæt/ *n* **1** gato: *cat food* comida para gatos ⊃ *Ver nota en* GATO **2** felino: *big cat* felino salvaje **LOC** *Ver* LET

catalog (*tb esp GB* **catalogue**) /ˈkætəlɔːɡ; *GB* -lɒɡ/ *sustantivo, verbo*
▸ *n* **1** catálogo **2** (*fig*) *a catalog of disasters* una serie de desastres
▸ *vt* catalogar ■ **cataloguing** *n* catalogación

catalyst /ˈkætəlɪst/ *n* catalizador

catapult /ˈkætəpʌlt/ *sustantivo, verbo*
▸ *n* (*GB*) (*USA* **slingshot**) honda, cauchera
▸ *vt* catapultar

cataract /ˈkætərækt/ *n* (*Geog, Med*) catarata

catarrh /kəˈtɑːr/ *n* catarro (*mucosidad*)

catastrophe /kəˈtæstrəfi/ *n* catástrofe
■ **catastrophic** /ˌkætəˈstrɑːfɪk/ *adj* catastrófico

catch /kætʃ/ *verbo, sustantivo*
▸ (*pt, pp* **caught** /kɔːt/) **1** *vt, vi* agarrar: *Here, catch!* ¡Toma! **2** *vt* atrapar **3** *vt* sorprender **4** *vt* (*coloq*) pillar **5** *vt* (*esp USA, coloq*) ir a ver: *I'll catch you later.* ¡Nos vemos luego! **6** *vt* ~ **sth (in/on sth)** engarzar algo (en/con algo): *He caught his thumb in the door.* Se machucó el dedo con la puerta. **7** *vt* (*Med*) contagiarse de **8** *vt* oír, entender **9** *vi* (*fuego*) prenderse **LOC** **catch it** (*USA tb* **catch hell**) (*coloq*): *You'll catch it!* ¡Te la vas a ganar! ❶ Para otras expresiones con **catch**, véanse las entradas del sustantivo, adjetivo, etc., p. ej. **catch your breath** en BREATH. **PHRV** **catch on** (*coloq*) hacerse popular ♦ **catch on (to sth)** (*coloq*) entender (algo) ♦ **catch sb out** agarrar en falta a algn ♦ **catch up (with sb)** (*GB tb* **catch sb up**) alcanzar a algn ♦ **be/get caught up in sth** estar metido/meterse en algo ♦ **catch up on sth** ponerse al día (con algo)
▸ *n* **1** acción de agarrar (*esp una pelota*) **2** captura **3** (*peces*) pesca **4** [*sing*] (*antic*) (*marido, pareja*) *He's a good catch.* Es un buen partido. **5** cierre, cerradura **6** (*fig*) trampa **LOC** **(a) catch-22 (situation)** (*coloq*) (una) situación sin salida

catcher /ˈkætʃər/ *n* (*Beisbol*) catcher

catching /ˈkætʃɪŋ/ *adj* contagioso

catchment area /ˈkætʃmənt eəriə/ n (GB) distrito, área de captación (de un hospital, colegio, etc.)

catchphrase /ˈkætʃfreɪz/ n dicho (de persona famosa)

catchy /ˈkætʃi/ adj (**catchier, -iest**) (coloq) (música) pegajoso

catechism /ˈkætəkɪzəm/ n catecismo

categorical /ˌkætəˈɡɒrɪkl; GB -ˈɡɔːr-/ adj **1** (respuesta) categórico **2** (rechazo) rotundo **3** (regla) terminante ■ **categorically** /-kli/ adv categóricamente

categorize (GB tb **-ise**) /ˈkætəɡəraɪz/ vt clasificar

category /ˈkætəɡɔːri; GB -ɡəri/ n (pl **categories**) categoría

cater /ˈkeɪtər/ vi ~ (**for sb/sth**) proveer comida (para algn/algo) PHR V **cater for/to sb/sth** ofrecer servicios para algn/algo: *to cater for all tastes* ofrecer algo para todos los gustos ◊ *novels that cater for the mass market* novelas dirigidas al mercado popular ■ **catering** n [incontable] comida: *the catering industry* la actividad banquetera

caterpillar /ˈkætərpɪlər/ n oruga

catfish /ˈkætfɪʃ/ n bagre

cathedral /kəˈθiːdrəl/ n catedral

Catholic /ˈkæθlɪk/ adj, n católico, -a ⇒ Ver nota en CATÓLICO ■ **Catholicism** /kəˈθɑləsɪzəm/ n catolicismo

cattle /ˈkætl/ n [pl] ganado

catwalk /ˈkætwɔːk/ n pasarela

caught pt, pp de CATCH

cauldron (tb **caldron**) /ˈkɔːldrən/ n caldera

cauliflower /ˈkɔːlɪflaʊər; GB ˈkɒlɪ-/ n coliflor

cause /kɔːz/ verbo, sustantivo
▶ vt causar LOC Ver HAVOC
▶ n **1** ~ (**of sth**) causa (de algo) **2** ~ (**for sth**) motivo, razón (de/para algo): *cause for complaint/to complain* motivo de queja LOC Ver HAVOC

causeway /ˈkɔːzweɪ/ n carretera o camino más elevado que el terreno a los lados

caustic /ˈkɔːstɪk/ adj **1** cáustico **2** mordaz

caution /ˈkɔːʃn/ sustantivo, verbo
▶ n **1** precaución, cautela: *to exercise extreme caution* extremar las precauciones **2** amonestación LOC **throw/cast caution to the wind(s)** abandonar la prudencia
▶ **1** vt, vi ~ (**sb**) **against sth** advertir (a algn) contra algo **2** vt amonestar ■ **cautionary** /ˈkɔːʃəneri; GB -nəri/ adj **1** de advertencia **2** ejemplar: *a cautionary tale* un relato ejemplar

cautious /ˈkɔːʃəs/ adj ~ (**about sth**) cauteloso (con algo): *a cautious driver* un conductor precavido ■ **cautiously** adv con cautela

cavalry /ˈkævlri/ n [v sing o pl] caballería

cave /keɪv/ sustantivo, verbo
▶ n cueva: *cave painting* pintura rupestre
▶ v PHR V **cave in 1** derrumbarse **2** (fig) ceder

caveman /ˈkeɪvmæn/ n (pl **cavemen** /-men/) cavernícola

cavern /ˈkævərn/ n caverna ■ **cavernous** adj cavernoso

caviar /ˈkæviɑr/ n caviar

cavity /ˈkævəti/ n (pl **cavities**) **1** cavidad **2** caries

CCTV /ˌsiː siː tiː ˈviː/ abrev de **closed-circuit television** circuito cerrado de televisión

CD /ˌsiː ˈdiː/ n (abrev de **compact disc**) disco compacto, CD

CD-ROM /ˌsiː diː ˈrɑm/ n (abrev de **compact disc read-only memory**) CD-ROM

cease /siːs/ vt, vi (formal) cesar, terminar: *to cease to do sth* dejar de hacer algo

ceasefire /ˈsiːsfaɪər/ n cese de hostilidades

ceaseless /ˈsiːsləs/ adj incesante

cede /siːd/ vt ~ **sth** (**to sb**) (formal) ceder algo (a algn)

ceiling /ˈsiːlɪŋ/ n **1** techo (en el interior) **2** altura máxima **3** tope, límite

celebrate /ˈselɪbreɪt/ **1** vt celebrar **2** vi festejar **3** vt (formal) alabar ■ **celebrated** adj ~ (**for sth**) célebre (por algo)

celebration /ˌselɪˈbreɪʃn/ n celebración: *in celebration of sth* en conmemoración de algo

celebratory /ˈseləbrətɔːri; GB ˌseləˈbreɪtəri/ adj conmemorativo, festivo

celebrity /səˈlebrəti/ n (pl **celebrities**) celebridad

celery /ˈseləri/ n apio

cell /sel/ n **1** celda **2** (Anat, Pol) célula **3** (Electrón) pila

cellar /ˈselər/ n sótano

cellist /ˈtʃelɪst/ n violonchelista

cello /ˈtʃeloʊ/ n (pl **cellos**) violonchelo

cell phone (tb **cellular phone**) (coloq **cell**) n (esp USA) (GB **mobile, mobile phone**) (teléfono) celular

cellular /ˈseljələr/ adj celular

Celsius /ˈselsiəs/ adj (abrev **C**) centígrado ⇒ Ver nota en CENTÍGRADO

| i happy | ɪ sit | iː see | æ cat | ɑ hot | ɒ long (GB) | ɑː bath (GB) | ʌ cup | ʊ put | uː too |

cement /sɪˈment/ *sustantivo, verbo*
▸ *n* cemento
▸ *vt* **1** revestir de cemento, pegar con cemento **2** (*fig*) cimentar

cemetery /ˈsemətri; *GB* -tri/ *n* (*pl* **cemeteries**) cementerio

censor /ˈsensər/ *sustantivo, verbo*
▸ *n* censor, -ora
▸ *vt* censurar ■ **censorship** *n* [*incontable*] censura

censure /ˈsenʃər/ *verbo, sustantivo*
▸ *vt* ~ **sb** (**for sth**) (*formal*) censurar a algn (por algo)
▸ *n* (*formal*) censura

census /ˈsensəs/ *n* (*pl* **censuses**) censo

cent /sent/ *n* centavo ➲ *Ver pág.* 787

centennial /senˈteniəl/ *n* centenario

center (*GB* **centre**) /ˈsentər/ *sustantivo, verbo*
▸ *n* **1** centro: *the center of town* el centro de la ciudad **2** núcleo: *a center of commerce* un núcleo comercial **3** (*Rugby*) centrocampista
▸ *vt, vi* centrar(se) PHR V **center** (**sth**) **around/on/upon sb/sth** centrar algo, centrarse en/alrededor de algn/algo

ˌ**center** ˈ**back** (*GB* ˌcentre ˈback) (*tb* ˌcenter/ˌcentre ˈhalf) *n* (*Fútbol*) defensa central

ˌ**center** ˈ**forward** (*GB* ˌcentre ˈforward) *n* (*Fútbol, etc.*) (centro) delantero

centigrade /ˈsentɪɡreɪd/ *adj* (*abrev* **C**) centígrado ➲ *Ver nota en* CENTÍGRADO

centimeter (*tb esp GB* **centimetre**) /ˈsentɪmiːtər/ *n* (*abrev* **cm**) centímetro ➲ *Ver pág.* 786

centipede /ˈsentɪpiːd/ *n* ciempiés

central /ˈsentrəl/ *adj* **1** (*en una población*) céntrico: *central Boston* el centro de Boston **2** central: *central air conditioning* aire acondicionado en central **3** principal ■ **centralization** (*GB tb* **-isation**) /ˌsentrələˈzeɪʃn; *GB* -laɪˈz-/ *n* centralización **centralize** (*GB tb* **-ise**) *vt* centralizar **centrally** *adv* centralmente

centre /ˈsentər/ (*GB*) = CENTER

century /ˈsentʃəri/ *n* (*pl* **centuries**) siglo

ceramics /səˈræmɪks/ *n* [*incontable*] cerámica

cereal /ˈsɪəriəl/ *n* cereal(es)

cerebral /səˈriːbrəl; *GB* ˈserəbrəl/ *adj* cerebral

ceremonial /ˌserɪˈmoʊniəl/ *adj, n* ceremonial

ceremony /ˈserəmoʊni; *GB* -məni/ *n* (*pl* **ceremonies**) ceremonia

certain /ˈsɜːrtn/ *adjetivo, pronombre*
▸ *adj* **1** seguro: *That's far from certain.* Eso dista mucho de ser seguro. ◊ *It is certain that he'll be elected.* Es seguro que será elegido. **2** cierto: *to a certain extent* hasta cierto punto **3** (*formal*) tal: *a certain Mr. Brown* un tal Sr. Brown LOC **for certain** con seguridad ◆ **make certain of** (**doing**) **sth** asegurarse de (que se haga) algo ◆ **make certain** (**that…**) asegurarse (de que…)
▸ *pron* ~ **of…** (*formal*): *certain of those present* algunos de los presentes

certainly /ˈsɜːrtnli/ *adv* **1** con toda certeza ➲ *Ver nota en* SURELY **2** (*como respuesta*) ¡por supuesto!, ¡cómo no!: *Certainly not!* ¡Por supuesto que no!

certainty /ˈsɜːrtnti/ *n* (*pl* **certainties**) certeza

certificate /sərˈtɪfɪkət/ *n* **1** certificado: *doctor's certificate* excusa/licencia médica **2** (*nacimiento, etc.*) partida

certify /ˈsɜːrtɪfaɪ/ *vt* (*pt, pp* **-fied**) **1** certificar **2** (*tb* ˌcertify inˈsane) *He was certified* (*insane*). Declararon que no estaba en posesión de sus facultades mentales. ■ **certification** *n* certificación

cesarean /sɪˈzeəriən/ (*tb* ceˌsarean ˈsection) (*tb esp GB* **Caesarean**, **Caesarean section**) *n* cesárea

chain /tʃeɪn/ *sustantivo, verbo*
▸ *n* **1** cadena: *chain reaction* reacción en cadena ◊ *chain mail* cota de malla **2** (*Geog*) cordillera LOC **in chains** encadenado
▸ *vt* ~ **sb/sth** (**up**) encadenar a algn/algo

chainsaw /ˈtʃeɪnsɔː/ *n* sierra mecánica

ˈ**chain-smoke** *vi* fumar uno tras otro

ˈ**chain store** *n* tienda que pertenece a una cadena

chair /tʃeər/ *sustantivo, verbo*
▸ *n* **1** silla: *Pull up a chair.* Toma asiento. ◊ *easy chair* sillón **2** **the chair** [*sing*] (*reunión*) la presidencia, el presidente, la presidenta **3** (*universidad*) cátedra **4** **the** (**electric**) **chair** [*sing*] la silla eléctrica
▸ *vt* presidir (*reunión*)

chairlift /ˈtʃeərlɪft/ *n* telesilla (de esquí)

chairman /ˈtʃeərmən/ *n* (*pl* **chairmen** /-mən/) presidente ❶ Se prefiere utilizar la forma **chairperson**, que se refiere tanto a un hombre como a una mujer. ➲ *Ver tb nota en* POLICÍA

chairperson /ˈtʃeərpɜːrsn/ *n* presidente, -a

chairwoman /ˈtʃeərwʊmən/ *n* (*pl* **chairwomen** /-wɪmɪn/) presidenta ❶ Se prefiere utilizar la forma **chairperson**, que se refiere tanto a un hombre como a una mujer.

chalet /ʃæˈleɪ; *GB* ˈʃæleɪ/ *n* chalet (*esp de estilo suizo*)

chalk /tʃɔːk/ *sustantivo, verbo*
▸ *n* [*gen incontable*] **1** (*Geol*) creta, caliza **2** tiza: *a piece/stick of chalk* una tiza
▸ *v* PHR V **chalk up sth** (*coloq*) apuntarse algo

chalkboard

chalkboard /ˈtʃɔːkbɔːrd/ n pizarrón, tablero (en una clase)

challenge /ˈtʃæləndʒ/ sustantivo, verbo
▸ n **1** desafío: *to issue a challenge to sb* desafiar a algn **2** reto
▸ vt **1** desafiar **2** dar el alto a **3** (*derecho, etc.*) poner en duda **4** (*trabajo, etc.*) estimular
■ **challenger** n (*Dep, Pol*) aspirante **challenging** adj estimulante, exigente

chamber /ˈtʃeɪmbər/ n cámara: *chamber music* música de cámara ◊ *chamber of commerce* cámara de comercio

chambermaid /ˈtʃeɪmbərmeɪd/ n camarera (de cuartos de hotel)

champagne /ʃæmˈpeɪn/ n champaña

champion /ˈtʃæmpiən/ sustantivo, verbo
▸ n **1** (*Dep, etc.*) campeón, -ona: *the defending/reigning champion* el actual campeón **2** (*pleito judicial*) defensor, -ora
▸ vt defender ■ **championship** n campeonato: *world championship* campeonato mundial

chance /tʃæns; GB tʃɑːns/ sustantivo, verbo
▸ n **1** azar **2** casualidad: *a chance meeting* un encuentro casual **3** posibilidad **4** oportunidad **5** riesgo **LOC** **by (any) chance** por casualidad ◆ **on the off chance** por si acaso ◆ **take a chance (on sth)** correr el riesgo (de algo) ◆ **take chances** arriesgarse ◆ **the chances are (that)...** (*coloq*) lo más probable es que... *Ver tb* STAND
▸ vt ~ **doing sth** correr el riesgo de hacer algo **LOC** **chance your arm/luck** (*coloq*) arriesgarse **PHR V** **chance on/upon sb/sth** (*formal*) encontrarse a algn/algo (*por casualidad*)

chancellor /ˈtʃænsələr; GB ˈtʃɑːns-/ n **1** canciller: *Chancellor of the Exchequer* (GB) Ministro de Hacienda **2** (*universidad*) rector, -ora

chandelier /ˌʃændəˈlɪər/ n candelabro

change /tʃeɪndʒ/ verbo, sustantivo
▸ **1** vt, vi cambiar(se) (de): *to change (your clothes)* cambiarse (de ropa) ◊ *to change your mind* cambiar de opinión **2** vt ~ **sth (for sth)** cambiar algo (por algo) **3** vi ~ **from sth to/into sth** pasar de algo a algo **LOC** **change hands** (*posesiones*) cambiar de manos ◆ **change your mind** cambiar de opinión ◆ **change your tune** (*coloq*) cambiar de actitud *Ver tb* PLACE **PHR V** **change back into sth 1** (*ropa*) ponerse algo otra vez **2** volver a convertirse en algo ◆ **change into sth 1** (*ropa*) ponerse algo **2** transformarse en algo ◆ **change sb/sth into sth** convertir a algn/algo en algo ◆ **change over (from sth) (to sth)** cambiar (de algo) (a algo)
▸ n **1** cambio: *a change of socks* otro par de medias **2** [*incontable*] (*dinero*) cambio, vuelto,

vueltas **3** [*incontable*] monedas: *loose change* sencillo/suelto **4** transbordo **LOC** **a change for the better/worse** un cambio para mejor/peor ◆ **a change of heart** un cambio de actitud ◆ **for a change** para variar ◆ **make a change** cambiar las cosas *Ver tb* CHOP

changeable /ˈtʃeɪndʒəbl/ adj variable

changeover /ˈtʃeɪndʒoʊvər/ n cambio (*p.ej. de un sistema político a otro*)

change purse (GB **purse**) n monedero

changing room n vestidor, vestier

channel /ˈtʃænl/ sustantivo, verbo
▸ n **1** (*TV*) cadena, canal **2** (*Radio*) banda **3** cauce **4** canal (de navegación) **5** vía
▸ vt (-l-, GB -ll-) **1** encauzar **2** acanalar

chant /tʃænt; GB tʃɑːnt/ sustantivo, verbo
▸ n **1** (*Relig*) canto (litúrgico) **2** (*multitud*) consigna, canción
▸ vt, vi **1** (*Relig*) cantar **2** (*multitud*) gritar, corear

chaos /ˈkeɪɑs/ n [*incontable*] caos: *to cause chaos* provocar un caos ■ **chaotic** /keɪˈɑtɪk/ adj caótico

chap /tʃæp/ n (GB, coloq, antic) tipo: *He's a good chap.* Es un buen tipo.

chapel /ˈtʃæpl/ n capilla

chapped /tʃæpt/ adj agrietado

chapter /ˈtʃæptər/ n **1** capítulo **2** época

char /tʃɑr/ vt, vi (-rr-) carbonizar(se), chamuscar(se)

character /ˈkærəktər/ n **1** carácter: *character references* referencias personales ◊ *character assassination* difamación **2** (*coloq*) tipo **3** (*Liter*) personaje: *the main character* el protagonista **4** (*formal*) reputación **LOC** **in/out of character** típico/poco típico (de algn)

characteristic /ˌkærəktəˈrɪstɪk/ sustantivo, adjetivo
▸ n rasgo, característica
▸ adj característico ■ **characteristically** /-kli/ adv: *His answer was characteristically frank.* Respondió con la franqueza que lo caracteriza.

characterize (GB tb **-ise**) /ˈkærəktəraɪz/ vt **1** ~ **sb/sth as sth** calificar a algn/algo de algo **2** caracterizar: *It is characterized by...* Se caracteriza por... ■ **characterization** (GB tb **-isation**) /ˌkærəktərəˈzeɪʃn; GB -raɪˈz-/ n descripción, caracterización

charade /ʃəˈreɪd; GB ʃəˈrɑːd/ n farsa

charcoal /ˈtʃɑrkoʊl/ n **1** carbón vegetal **2** (*Arte*) carboncillo **3** (*tb* ˌcharcoal ˈgray) (*color*) gris oscuro

charge /tʃɑrdʒ/ sustantivo, verbo
▸ n **1** precio, cobro: *free of charge* gratis/sin cobro adicional ◊ *Is there a charge?* ¿Hay que

pagar? **2** (*Jur*) acusación **3** cargo: *to leave a child in a friend's charge* dejar a un amigo a cargo de un niño ◊ *in/under sb's charge* a cargo/bajo el cuidado de algn **4** carga (*eléctrica o de un arma*) **5** (*Mil*) carga **6** (*Dep*) ataque **7** (*animales*) embestida LOC **bring/press charges against sb** presentar cargos contra algn ◆ **have charge of sth** estar a cargo de algo ◆ **in charge (of sb/sth)** a cargo (de algn/algo): *Who's in charge here?* ¿Quién es el encargado acá? ◆ **take charge (of sth)** hacerse cargo (de algo) Ver tb EARTH, REVERSE
▶ **1** *vt, vi* cobrar **2** *vt* ~ **sb (with sth)** (*Jur*) acusar a algn (de algo) **3** *vt, vi* ~ **(at) sb/sth** (*Mil*) cargar (contra algn/algo) **4** *vt, vi* ~ **(at) sb/sth** (*animal*) embestir (a algn/algo) **5** *vt* ~ **in, up, down, etc.** lanzarse: *The children charged down/up the stairs.* Los niños se lanzaron escaleras abajo/arriba. **6** *vt* (*pila, pistola*) cargar PHR V **charge sth to sb/sth** cargar algo a la cuenta (de algn) ◆ **charge sb with sth** (*formal*) encomendar algo a algn

chargeable /'tʃɑrdʒəbl/ *adj* **1** ~ **to sb/sth** (*pago*) a cargo de algn/algo **2** gravable, sujeto a pago

charger /'tʃɑrdʒər/ *n* (*Electrón*) cargador

chariot /'tʃæriət/ *n* carroza

charisma /kə'rızmə/ *n* carisma ■ **charismatic** /ˌkærız'mætık/ *adj* carismático

charitable /'tʃærətəbl/ *adj* **1** caritativo **2** bondadoso **3** (*organización*) benéfico

ᨀ **charity** /'tʃærəti/ *n* (*pl* **charities**) **1** caridad **2** comprensión **3** (*organismo*) organización benéfica: *for charity* con fines benéficos

charity shop *n* (*GB*) tienda que vende ropa y objetos de segunda mano con fines benéficos

charm /tʃɑrm/ *sustantivo, verbo*
▶ *n* **1** encanto **2** dije: *a charm bracelet* una pulsera de dijes **3** hechizo LOC Ver WORK
▶ *vt* encantar: *a charmed life* una vida afortunada PHR V **charm sth out of sb** conseguir algo de algn por medio del encanto ■ **charming** *adj* encantador

ᨀ **chart** /tʃɑrt/ *sustantivo, verbo*
▶ *n* **1** carta de navegación **2** gráfica: *flow chart* organigrama **3 the charts** [*pl*] la lista de éxitos (musicales)
▶ *vt* trazar (un mapa de): *to chart the course/the progress of sth* hacer una gráfica de la trayectoria/del progreso de algo

charter /'tʃɑrtər/ *sustantivo, verbo*
▶ *n* **1** estatutos: *royal charter* (*GB*) autorización real **2** flete: *a charter flight* un vuelo chárter ◊ *a charter plane/boat* un avión/barco fletado
▶ *vt* **1** otorgar autorización a **2** (*avión*) fletar

■ **chartered** *adj* diplomado: *chartered accountant* (*GB*) auditor

ᨀ **chase** /tʃeɪs/ *verbo, sustantivo*
▶ **1** *vt, vi* perseguir: *He's always chasing (after) women.* Siempre anda persiguiendo mujeres. **2** *vt* (*coloq*) andar detrás de PHR V **chase around** (*GB tb* **chase about**) correr de un lado para otro ◆ **chase sb/sth away/off** echar, ahuyentar a algn/algo ◆ **chase sth down** (*GB* **chase sth up**) averiguar qué pasó con algo ◆ **chase sb up** hacerle seguimiento a algn: *We need to chase up all members who haven't paid.* Hay que hacerle seguimiento a todos los afiliados que no han pagado.
▶ *n* **1** persecución **2** (*animales*) caza

chasm /'kæzəm/ *n* (*formal*) abismo

chassis /'tʃæsi/ *n* (*pl* **chassis** /'tʃæsiz/) chasis

chaste /tʃeɪst/ *adj* **1** (*antic*) casto **2** (*formal*) (*estilo*) sobrio

chastened /'tʃeɪsnd/ *adj* **1** escarmentado **2** (*tono*) sumiso ■ **chastening** *adj* que sirve de escarmiento

chastity /'tʃæstəti/ *n* castidad

ᨀ **chat** /tʃæt/ *verbo, sustantivo*
▶ *vi* (**-tt-**) ~ **(to/with sb) (about sth)** charlar (con algn) (de algo) PHR V **chat sb up** (*GB, coloq*) intentar ligar con algn, encarretar, afanar a algn
▶ *n* charla: *chat show* (*GB*) programa de entrevistas

chatline /'tʃætlaɪn/ *n* conversación telefónica en conferencia, foro telefónico

chat room *n* chat (*en línea*)

chatter /'tʃætər/ *verbo, sustantivo*
▶ *vi* **1** ~ **(away/on)** parlotear **2** (*mico*) chillar **3** (*pájaro*) trinar **4** (*dientes*) castañear
▶ *n* parloteo

chatterbox /'tʃætərbɑks/ *n* (*coloq*) (*persona*) loro, -a

chatty /'tʃæti/ *adj* (**chattier, -iest**) **1** (*persona*) parlanchín **2** (*carta, etc.*) informal

chauffeur /ʃoʊ'fɜːr; *GB* 'ʃoʊfə(r)/ *sustantivo, verbo*
▶ *n* chofer
▶ *vt* ~ **sb (around)** hacer de chofer para algn, llevar en carro a algn

chauvinism /'ʃoʊvɪnɪzəm/ *n* chovinismo, patriotería

chauvinist /'ʃoʊvɪnɪst/ *sustantivo, adjetivo*
▶ *n* chovinista, patriotero, -a
▶ *adj* (*tb* **chauvinistic** /ˌʃoʊvɪ'nɪstɪk/) chovinista

chav /tʃæv/ *n* (*GB, argot*) joven de bajo nivel socioeconómico que viste con ropa deportiva de marca a menudo falsificada y joyas vistosas

cheap

cheap /tʃiːp/ *adjetivo, adverbio, sustantivo*
▸ *adj* (**cheaper, -est**) **1** barato **2** económico **3** de mala calidad **4** (*comentario, chiste, etc.*) ordinario **5** (*USA, coloq*) tacaño **LOC cheap at the price** regalado
▸ *adv* (**-er**) (*coloq*) barato **LOC be going cheap** estar en oferta ♦ **sth does not come cheap**: *Success doesn't come cheap*. El éxito no lo regalan.
▸ *n* **LOC on the cheap** (*coloq*) barato

cheapen /'tʃiːpən/ *vt* **1** ~ **yourself** rebajarse **2** abaratar

cheaply /'tʃiːpli/ *adv* barato, a bajo precio

cheapo /'tʃiːpoʊ/ *adj* (*coloq, pey*) barato y de mala calidad

cheapskate /'tʃiːpskeɪt/ *n* (*coloq, pey*) tacaño, -a

cheat /tʃiːt/ *verbo, sustantivo*
▸ **1** *vi* hacer trampa(s) **2** *vt* engañar **PHRV cheat sb (out) of sth** quitar algo a algn (por medio de engaños) ♦ **cheat on sb** engañar a algn (*siendo infiel*)
▸ *n* **1** (*USA tb* **cheater**) tramposo, -a **2** [*sing*] engaño, trampa

check /tʃek/ *verbo, sustantivo*
▸ **1** *vt* chequear, revisar **2** *vt, vi* asegurar(se) **3** *vt* contener **4** *vi* detenerse **5** *vt* (*GB* **tick**) marcar con un visto bueno
PHRV check (sth) for sth revisar que no haya algo (en algo)
check in (at…); check into… registrarse (*en un hotel*) ♦ **check (sth) in** registrar/chequear el equipaje, registrarse
check sb/sth off tachar a algn/algo de una lista
check on sb/sth comprobar que algn/algo está bien
check out (of…) saldar la cuenta e irse (*de un hotel*) ♦ **check sb/sth out 1** hacer averiguaciones sobre algn/algo **2** (*coloq*) mirar a algn/algo: *Check out that car!* ¡Tienes que ver ese carro!
check up on sb/sth hacer averiguaciones sobre algn/algo
▸ *n* **1** comprobación, revisión **2** investigación **3** (*Ajedrez*) jaque **4** (*GB* **cheque**) cheque: *to pay by check* pagar con cheque **5** (*GB* **bill**) (*restaurante*) cuenta: *The check, please.* La cuenta, por favor. **6** (*tb* **'check mark**) (*marca*) visto bueno, chulito **LOC hold/keep sth in check** contener/controlar algo

checkbook (*GB* **chequebook**) /'tʃekbʊk/ *n* chequera

checked /tʃekt/ (*tb* **check**) *adj* a cuadros

checkers /'tʃekərz/ (*GB* **draughts**) *n* [*incontable*] damas (*juego*)

'check-in *n* registro, facturación (*en un aeropuerto*)

'checking account (*GB* **current account**) *n* cuenta corriente

checklist /'tʃeklɪst/ *n* lista

check mark

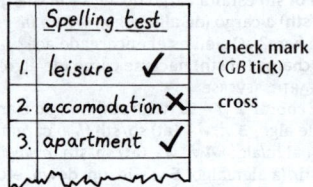

check mark (*GB* tick)
cross

'check mark (*GB* **tick**) *n* visto bueno, chulito, tick

checkmate /ˌtʃek'meɪt/ (*tb* **mate**) *n* jaque mate

checkout /'tʃekaʊt/ *n* **1** caja (*en un almacén*) **2** acto de cancelar y salir de un hotel

checkpoint /'tʃekpɔɪnt/ *n* puesto de control

checkroom /'tʃekruːm, -rʊm/ (*tb* **'coat check**) (*tb esp GB* **cloakroom**) *n* guardarropa

'check-up *n* **1** chequeo (*médico*) **2** verificación

cheek /tʃiːk/ *n* **1** mejilla **2** (*GB*) (*USA* **nerve**) cara: *What (a) cheek!* ¡Qué descaro! **LOC** Ver TONGUE ■ **cheeky** *adj* (**cheekier, -iest**) (*GB, coloq*) descarado

cheekbone /'tʃiːkboʊn/ *n* pómulo

cheer /tʃɪər/ *verbo, sustantivo*
▸ **1** *vt, vi* aclamar, vitorear **2** *vt* animar, alegrar: *to be cheered by sth* animarse con algo **PHRV cheer sb on** alentar a algn ♦ **cheer (sb) up** animar a algn, animarse: *Cheer up!* ¡Ánimo! ♦ **cheer sth up** alegrar algo
▸ *n* ovación, hurra: *Three cheers for…* ¡Tres hurras por…!

cheerful /'tʃɪərfl/ *adj* **1** alegre **2** agradable

cheering /'tʃɪərɪŋ/ *sustantivo, adjetivo*
▸ *n* [*incontable*] ovación
▸ *adj* alentador, reconfortante

cheerio /ˌtʃɪəri'oʊ/ *interj* (*GB, coloq*) ¡hasta luego!

cheerleader /'tʃɪərliːdər/ *n* porrista, animador, -ora

cheers /tʃɪərz/ *interj* **1** ¡salud! **2** (*GB, coloq*) ¡adiós! **3** (*GB, coloq*) ¡gracias!

cheery /'tʃɪəri/ *adj* (**cheerier, -iest**) alegre

cheese /tʃiːz/ *n* queso: *Would you like some cheese?* ¿Quieres queso? ◇ *a wide variety of* *cheeses* una amplia selección de quesos **LOC** *Ver* BIG

cheesecake /'tʃi:zkeɪk/ *n* torta de queso

cheetah /'tʃi:tə/ *n* guepardo

chef /ʃef/ *n* chef, cocinero, -a; jefe

chemical /'kemɪkl/ *adjetivo, sustantivo*
▸ *adj* químico
▸ *n* sustancia química

chemist /'kemɪst/ *n* **1** químico, -a **2** (*GB*) (*USA* **pharmacist**) farmacéutico, -a **3 chemist's** (*GB*) (*USA* **pharmacy**) farmacia, droguería ⊃ *Ver nota en* PHARMACY

chemistry /'kemɪstri/ *n* química

cheque (*GB*) = CHECK *n* (4)

chequebook (*GB*) = CHECKBOOK

cherish /'tʃerɪʃ/ *vt* **1** (*libertad, tradiciones*) valorar **2** (*persona*) querer, cuidar **3** (*esperanza*) abrigar **4** (*recuerdo*) guardar con cariño

cherry /'tʃeri/ *n* (*pl* **cherries**) **1** cereza **2** (*tb* ˌcherry ˈtree) (*árbol*) cerezo: *cherry blossom* flor del cerezo **3** (*tb* ˌcherry ˈred) (*color*) rojo cereza

chess /tʃes/ *n* ajedrez

chessboard /'tʃesbɔ:rd/ *n* tablero de ajedrez

chest /tʃest/ *n* **1** pecho (*tórax*) **2** baúl **LOC** **get sth off your chest** quitarse un peso de encima, desahogarse

chestnut /'tʃesnʌt/ *n* **1** castaña **2** (*árbol, madera*) castaño **3** (*color*) caoba **4 old chestnut** (*coloq*) chiste viejo

ˌchest of ˈdrawers *n* cómoda

chew /tʃu:/ *vt* ~ **sth (up)** masticar algo: *chewing gum* chicle **PHR V chew sth over** (*coloq*) rumiar algo

ˈchewing gum *n* [*incontable*] chicle

chewy /'tʃu:i/ *adj* **1** (*caramelo*) masticable **2** (*alimento*) correoso

chick /tʃɪk/ *n* pollito

chicken /'tʃɪkɪn/ *sustantivo, verbo, adjetivo*
▸ *n* **1** (*carne*) pollo **2** (*ave*) gallina ⊃ *Comparar con* HEN **3** (*coloq*) miedoso
▸ *v* **PHR V chicken out** (*coloq*) quitarse, acobardarse
▸ *adj* (*coloq*) cobarde

chickenpox /'tʃɪkɪnpɑks/ *n* [*incontable*] varicela, peste cristal

chickpea /'tʃɪkpi:/ *n* garbanzo

chicory /'tʃɪkəri/ *n* achicoria

chief /tʃi:f/ *sustantivo, adjetivo*
▸ *n* jefe, -a
▸ *adj* principal ■ **chiefly** *adv* **1** sobre todo **2** principalmente

chieftain /'tʃi:ftən/ *n* cacique (*de tribu o clan*)

child /tʃaɪld/ *n* (*pl* **children** /'tʃɪldrən/) **1** niño, -a: *children's clothes/television* ropa para niños/programación infantil ◊ *child benefit* (*GB*) subsidio familiar **2** hijo, -a: *an only child* un hijo único **3** producto **LOC** **be child's play** (*coloq*) ser juego de niños

childbirth /'tʃaɪldbɜ:rθ/ *n* parto

childcare /'tʃaɪldkeər/ *n* [*incontable*] cuidado de los niños: *childcare facilities* guarderías

childhood /'tʃaɪldhʊd/ *n* infancia, niñez

childish /'tʃaɪldɪʃ/ *adj* **1** infantil **2** (*pey*) inmaduro: *to be childish* portarse como un niño

childless /'tʃaɪldləs/ *adj* sin hijos

childlike /'tʃaɪldlaɪk/ *adj* de (un) niño

childminder /'tʃaɪldmaɪndər/ *n* (*GB*) cuidador, -ora de niños (*que trabaja en su propia casa*)

children *pl de* CHILD

chili (*GB* **chilli**) /'tʃɪli/ *n* (*pl* **chilies**) (*tb* ˈchili pepper) ají, chile

chill /tʃɪl/ *sustantivo, verbo*
▸ *n* **1** frío **2** resfriado: *to catch/get a chill* resfriarse **3** escalofrío
▸ **1** *vt* helar: *I'm chilled to the bone.* Estoy helado hasta los huesos. **2** *vt, vi* (*comestibles*) enfriar(se), refrigerar(se): *frozen and chilled foods* alimentos congelados y refrigerados **3** *vi* ~ **(out)** (*coloq*) relajarse

chilling /'tʃɪlɪŋ/ *adj* escalofriante

chilly /'tʃɪli/ *adj* (**chillier, -iest**) frío ⊃ *Ver nota en* FRÍO

chime /tʃaɪm/ *sustantivo, verbo*
▸ *n* **1** repique **2** campanada
▸ *vi* repicar **PHR V chime in (with sth)** interrumpir (diciendo algo)

chimney /'tʃɪmni/ *n* (*pl* **chimneys**) chimenea

chimpanzee /ˌtʃɪmpænˈzi:/ (*coloq* **chimp** /tʃɪmp/) *n* chimpancé

chin /tʃɪn/ *n* barbilla, mentón **LOC** **keep your chin up** (*coloq*) poner al mal tiempo buena cara

china /'tʃaɪnə/ *n* **1** porcelana **2** vajilla (*de porcelana*)

chink /tʃɪŋk/ *n* grieta, abertura **LOC** **a chink in sb's armor** el punto débil de algn

chip /tʃɪp/ *sustantivo, verbo*
▸ *n* **1** trocito **2** (*madera*) astilla **3** desportilladura **4** (*USA*) (*GB* **crisp**) papa frita (*de bolsa*) ⊃ *Ver dibujo en* PAPA² **5** (*GB*) (*USA* **French fry**) papa a la francesa (*larga*) **6** (*casino*) ficha **7** (*Electrón*) chip **LOC** **a chip off the old block** (*coloq*) de tal palo

tal astilla ◆ **have a chip on your shoulder (about sth)** (*coloq*) estar resentido (por algo)
▸ *vt, vi* desportillar(se) **PHR V** **chip away at sth** minar algo (*destruir poco a poco*) ◆ **chip in (with sth)** (*coloq*) **1** (*comentario*) interrumpir (diciendo algo) **2** (*dinero*) contribuir (con algo)

chipmunk /ˈtʃɪpmʌŋk/ *n* ardillita

chippings /ˈtʃɪpɪŋz/ *n* [*pl*] **1** cascajo **2** (*tb* ˈwood chippings) virutas de madera

chirp /tʃɜːrp/ *sustantivo, verbo*
▸ *n* **1** pío **2** (*grillo*) canto
▸ *vi* **1** piar **2** (*grillo*) cantar ■ **chirpy** /ˈtʃɜːrpi/ *adj* (*coloq*) alegre

chisel /ˈtʃɪzl/ *sustantivo, verbo*
▸ *n* cincel
▸ *vt* **1** cincelar: *finely-chiseled features* rasgos elegantes **2** (*con cincel*) tallar

chivalry /ˈʃɪvəlri/ *n* **1** caballería **2** caballerosidad

chives /tʃaɪvz/ *n* [*pl*] cebollino, cebolleta

chloride /ˈklɔːraɪd/ *n* cloruro

chlorine /ˈklɔːriːn/ *n* cloro

chock-a-block /ˌtʃɑk ə ˈblɑk/ *adj* ~ **(with sth)** (*esp GB, coloq*) atestado (de algo)

chock-full /ˌtʃɑk ˈfʊl/ *adj* ~ **(of sth)** (*coloq*) hasta el tope/los topes (de algo)

᠅ **chocolate** /ˈtʃɑklət/ *n* **1** chocolate: *dark/milk chocolate* chocolate negro/con leche **2** (*color*) chocolate

᠅ **choice** /tʃɔɪs/ *sustantivo, adjetivo*
▸ *n* **1** ~ **(between A and B)** elección (entre A y B): *to make a choice* escoger **2** selección **3** posibilidad: *If I had the choice…* Si de mí dependiera… **LOC** **by choice**; **out of choice** por decisión propia ◆ **have no choice** no tener más remedio
▸ *adj* (**choicer, -est**) **1** de calidad: *choice wines* vinos de calidad **2** escogido

choir /ˈkwaɪər/ *n* [*v sing o pl*] coro

choirboy /ˈkwaɪərbɔɪ/ *n* niño que canta en un coro

choke /tʃoʊk/ *verbo, sustantivo*
▸ **1** *vi* ~ **(on sth)** atragantarse/ahogarse con algo: *to choke to death* asfixiarse **2** *vt* ahogar, estrangular **3** *vt* ~ **sth (up) (with sth)** atascar algo (con algo) **PHR V** **choke sth back** contener algo
▸ *n* ahogador

cholera /ˈkɑlərə/ *n* cólera

cholesterol /kəˈlestərɔːl; *GB* -rɒl/ *n* colesterol

᠅ **choose** /tʃuːz/ (*pt* chose /tʃoʊz/, *pp* chosen /ˈtʃoʊzn/) **1** *vi* ~ **between A and B** elegir, escoger entre A y B **2** *vt* ~ **A from B** elegir, escoger A de entre B **3** *vt* ~ **sb/sth as sth** elegir, escoger a algn/algo como algo **4** *vt* seleccionar **5** *vt, vi* ~ **(to do sth)** decidir (hacer algo) **6** *vi* preferir: *whenever I choose* cuando yo quiera **LOC** *Ver* PICK ■ **choosy** *adj* (**choosier, -iest**) (*coloq*) quisquilloso, melindroso

᠅ **chop** /tʃɑp/ *verbo, sustantivo*
▸ *vt* (**-pp-**) **1** ~ **sth (up) (into sth)** cortar algo (en algo): *to chop sth in two* partir algo por la mitad ◊ *chopping board* tabla de picar **2** picar **3** (*coloq*) reducir **LOC** **chop and change** (*GB, coloq*) cambiar de opinión varias veces **PHR V** **chop sth down** talar algo ◆ **chop sth off (sth)** cortar algo (de algo)
▸ *n* **1** hachazo **2** golpe **3** chuleta, costilla

chopper /ˈtʃɑpər/ *n* **1** (*coloq*) helicóptero **2** hacha (pequeña)

choppy /ˈtʃɑpi/ *adj* (**choppier, -iest**) picado (*mar*)

chopsticks /ˈtʃɑpstɪks/ *n* [*pl*] palillos chinos

choral /ˈkɔːrəl/ *adj* coral

chord /kɔːrd/ *n* acorde

chore /tʃɔːr/ *n* tarea (*habitual*): *household chores* quehaceres domésticos

choreography /ˌkɔːriˈɑɡrəfi; *GB* ˌkɒri-/ *n* coreografía ■ **choreographer** *n* coreógrafo, -a

chorus /ˈkɔːrəs/ *sustantivo, verbo*
▸ *n* [*v sing o pl*] **1** (*Mús, Teat*) coro: *chorus girl* corista **2** estribillo **LOC** **in chorus** a coro
▸ *vt* corear

chose *pt de* CHOOSE

chosen *pp de* CHOOSE

Christ /kraɪst/ (*tb* ˌJesus ˈChrist) *n* Cristo

christen /ˈkrɪsn/ *vt* bautizar (con el nombre de) ■ **christening** *n* bautizo

Christian /ˈkrɪstʃən/ *adj, n* cristiano, -a ■ **Christianity** /ˌkristiˈænəti/ *n* cristianismo

ˈ**Christian name** *n* (*GB*) (*tb* ˈfirst name, ˈgiven name) nombre (de pila)

Christmas /ˈkrɪsməs/ *n* Navidad: *Christmas Day* Día de Navidad ◊ *Christmas Eve* Nochebuena ◊ *Merry/Happy Christmas!* ¡Feliz Navidad! ➔ *Ver nota en* NAVIDAD

chrome /kroʊm/ *n* cromo

chromium /ˈkroʊmiəm/ *n* cromo: *chromium-plating/plated* cromado

chromosome /ˈkroʊməsoʊm/ *n* cromosoma

chronic /ˈkrɑnɪk/ *adj* **1** crónico **2** (*mentiroso, alcohólico, etc.*) empedernido

chronicle /ˈkrɑnɪkl/ *sustantivo, verbo*
▸ *n* crónica
▸ *vt* registrar

chrysalis /ˈkrɪsəlɪs/ n crisálida

chubby /ˈtʃʌbi/ adj (**chubbier, -iest**) gordinflón
➲ Ver nota en FAT

chuck /tʃʌk/ vt (coloq) **1** (esp GB) tirar **2** ~ **sth (in/up)** dejar algo **3** (GB) (USA **dump**) (novio, etc.) dejar PHR V **chuck sth away/out** (esp GB, coloq) tirar algo (a la basura) ◆ **chuck sb out (of sth)** (GB, coloq) echar a algn (de algo)

chuckle /ˈtʃʌkl/ verbo, sustantivo
▸ vi reírse entre dientes
▸ n risita

chuffed /tʃʌft/ adj (GB, coloq) muy satisfecho

chum /tʃʌm/ n (coloq) compinche

chunk /tʃʌŋk/ n trozo ■ **chunky** adj (**chunkier, -iest**) (persona) fornido

ʔ **church** /tʃɜːrtʃ/ n iglesia: *to go to church* ir a misa/ir al oficio ◊ *church hall* salón parroquial
➲ Ver nota en SCHOOL

churchyard /ˈtʃɜːrtʃjɑrd/ n cementerio (alrededor de una iglesia)

churn /tʃɜːrn/ **1** vt ~ **sth (up)** (agua, lodo) remover algo **2** vi (aguas) agitarse **3** vi (estómago) revolverse PHR V **churn sth out** (coloq) fabricar algo en serie (libros, etc.)

chute /ʃuːt/ n chute, vertedero (para mercancías o desechos)

cider /ˈsaɪdər/ n sidra

cigar /sɪˈɡɑr/ n habano, tabaco

ʔ **cigarette** /ˈsɪɡəret; GB ˌsɪɡəˈret/ n cigarrillo: *cigarette butt* colilla

cinder /ˈsɪndər/ n ceniza

ʔ **cinema** /ˈsɪnəmə/ n (GB) (USA **movie theater**) cine, teatro (de cine)

cinnamon /ˈsɪnəmən/ n canela

ʔ **circle** /ˈsɜːrkl/ sustantivo, verbo
▸ n **1** círculo, circunferencia: *the circumference of a circle* el perímetro de una circunferencia **2** círculo, rueda: *to stand in a circle* formar un círculo **3** (Teat) anfiteatro (primer piso) Ver tb TRAFFIC CIRCLE LOC **go around in circles** no progresar Ver tb FULL, VICIOUS
▸ vt **1** dar una vuelta/vueltas a **2** rodear **3** marcar con un círculo

circuit /ˈsɜːrkɪt/ n **1** gira **2** vuelta **3** pista **4** (Electrón) circuito

circular /ˈsɜːrkjələr/ adjetivo, sustantivo
▸ adj redondo, circular
▸ n circular

circulate /ˈsɜːrkjəleɪt/ vt, vi (hacer) circular

circulation /ˌsɜːrkjəˈleɪʃn/ n **1** circulación **2** (periódico) tirada

circumcise /ˈsɜːrkəmsaɪz/ vt circuncidar
■ **circumcision** /ˌsɜːrkəmˈsɪʒn/ n circuncisión

circumference /sərˈkʌmfərəns/ n circunferencia: *the circumference of a circle* el perímetro de una circunferencia ◊ *the circumference of the earth* la circunferencia de la Tierra

ʔ **circumstance** /ˈsɜːrkəmstæns/ n **1** circunstancia **2 circumstances** [pl] situación económica LOC **in/under no circumstances** en ningún caso ◆ **in/under the circumstances** dadas las circunstancias

circus /ˈsɜːrkəs/ n (pl **circuses**) circo

cistern /ˈsɪstərn/ n **1** cisterna **2** depósito

cite /saɪt/ vt **1** citar **2** (Mil) mencionar

ʔ **citizen** /ˈsɪtɪzn/ n ciudadano, -a ■ **citizenship** n ciudadanía

citrus /ˈsɪtrəs/ adj cítrico: *citrus fruit(s)* cítricos

ʔ **city** /ˈsɪti/ n (pl **cities**) **1** ciudad (grande o importante): *the center of the city* el centro de la ciudad ➲ Ver nota en CIUDAD **2 the City** (GB) el centro financiero de Londres

ˌcity ˈhall n (USA) alcaldía, municipalidad

civic /ˈsɪvɪk/ adj **1** municipal: *civic center* centro municipal **2** cívico

civics /ˈsɪvɪks/ n [incontable] educación cívica

ʔ **civil** /ˈsɪvl/ adj **1** civil: *civil law* código/derecho civil ◊ *civil rights/liberties* derechos civiles ◊ *civil strife* disensión social **2** educado, atento

civilian /səˈvɪliən/ n civil

civilization (GB tb **-isation**) /ˌsɪvələˈzeɪʃn; GB -laɪˈz-/ n civilización

civilized (GB tb **-ised**) /ˈsɪvəlaɪzd/ adj civilizado

ˌcivil ˈservant n funcionario público

the ˌCivil ˈService n [sing] la Administración Pública

clad /klæd/ adj ~ **(in sth)** (formal) vestido (de algo)

ʔ **claim** /kleɪm/ verbo, sustantivo
▸ **1** vt afirmar, sostener **2** vt, vi ~ **(for sth)** reclamar (algo) **3** vt (derecho) reivindicar **4** vt (subsidio, etc.) solicitar **5** vt (atención) merecer **6** vt (vidas) cobrarse
▸ n **1** afirmación, pretensión **2** ~ **(on/to sth)** derecho (a algo) **3** ~ **(for sth)** reclamación, reivindicación (de algo): *insurance claim* reclamación al seguro **4** ~ **(for sth)** solicitud (de algo): *wage claim* solicitud de aumento salarial **5** ~ **(against sb/sth)** demanda (contra algn/algo)
LOC Ver LAY, STAKE

claimant /ˈkleɪmənt/ n demandante

clairvoyant /kleərˈvɔɪənt/ n clarividente

clam

clam /klæm/ *sustantivo, verbo*
- *n* almeja
- *v* (**-mm-**) PHR V **clam up** (*coloq*) cerrar el pico

clamber /'klæmbər/ *vi* trepar (*esp con dificultad*)

clammy /'klæmi/ *adj* (**clammier, -iest**) sudoroso, pegajoso

clamor (*GB* **clamour**) /'klæmər/ *sustantivo, verbo*
- *n* (*formal*) clamor, griterío
- *vi* **1** ~ **for sth** (*formal*) pedir algo a voces **2** clamar

clamp /klæmp/ *sustantivo, verbo*
- *n* **1** grapa **2** abrazadera **3** cepo (*para carro*)
- *vt* **1** sujetar **2** poner el cepo a PHR V **clamp down** (**on sb/sth**) apretar los tornillos (a algn/algo)

clampdown /'klæmpdaʊn/ *n* ~ (**on sth**) restricción (de algo), medidas drásticas (contra algo)

clan /klæn/ *n* [*v sing o pl*] clan

clandestine /klæn'destɪn, 'klændəstaɪn/ *adj* (*formal*) clandestino

clang /klæŋ/ *sustantivo, verbo*
- *n* tañido (*metálico*)
- *vt, vi* (hacer) sonar

clank /klæŋk/ *vi* hacer un ruido metálico (*cadenas, maquinaria*)

clap /klæp/ *verbo, sustantivo*
- (**-pp-**) **1** *vt, vi* aplaudir **2** *vt* to clap your hands (*together*) batir palmas ◊ *to clap sb on the back* (*GB*) dar una palmada en la espalda a algn
- *n* **1** aplauso **2** *a clap of thunder* un trueno

clapping /'klæpɪŋ/ *n* [*incontable*] aplausos

clarify /'klærəfaɪ/ *vt* (*pt, pp* **-fied**) aclarar
- ■ **clarification** *n* aclaración

clarinet /ˌklærə'net/ *n* clarinete

clarity /'klærəti/ *n* lucidez, claridad

clash /klæʃ/ *verbo, sustantivo*
- **1** *vi* ~ (**with sb**) tener un enfrentamiento (con algn) **2** *vi* ~ (**with sb**) (**on/over sth**) discrepar (con algn) (en algo) **3** *vi* (*fechas*) coincidir **4** *vi* (*colores*) desentonar **5** *vt, vi* (hacer) chocar (*con ruido*)
- *n* **1** enfrentamiento **2** ~ (**on/over sth**) conflicto, discrepancia (por algo): *a clash of interests* un conflicto de intereses **3** estruendo

clasp /klæsp; *GB* klɑːsp/ *sustantivo, verbo*
- *n* cierre
- *vt* apretar

class /klæs; *GB* klɑːs/ *sustantivo, verbo*
- *n* **1** clase: *They're in class*. Están en clase. ◊ *class struggle/system* lucha/sistema de clases **2** categoría: *They are not in the same class*. No tienen comparación. LOC **in a class of your, its, etc. own** inigualable, sin par
- *vt* ~ **sb/sth** (**as sth**) clasificar a algn/algo (como algo)

classic /'klæsɪk/ *adj, n* clásico: *It was a classic case*. Fue un caso típico.

classical /'klæsɪkl/ *adj* clásico

classification /ˌklæsɪfɪ'keɪʃn/ *n* **1** clasificación **2** categoría

classify /'klæsɪfaɪ/ *vt* (*pt, pp* **-fied**) clasificar
- ■ **classified** *adj* **1** clasificado: *classified advertisements/ads* avisos clasificados **2** confidencial

classmate /'klæsmeɪt; *GB* 'klɑːs-/ *n* compañero, -a de clase

classroom /'klæsruːm, -rʊm; *GB* 'klɑːs-/ *n* aula, clase, salón

classy /'klæsi; *GB* 'klɑːsi/ *adj* (**classier, -iest**) con mucho estilo

clatter /'klætər/ *sustantivo, verbo*
- *n* **1** estrépito **2** (*tren*) traqueteo
- **1** *vt, vi* hacer ruido (*con platos, etc.*) **2** *vi* (*tren*) traquetear

clause /klɔːz/ *n* **1** (*Gram*) proposición **2** (*Jur*) cláusula

claustrophobia /ˌklɔːstrə'foʊbiə/ *n* claustrofobia ■ **claustrophobic** *adj* claustrofóbico

claw /klɔː/ *sustantivo, verbo*
- *n* **1** garra **2** (*gato*) uña **3** (*cangrejo*) pinza **4** (*máquina*) garfio
- *vt* arañar

clay /kleɪ/ *n* arcilla, barro

clean /kliːn/ *adjetivo, verbo*
- *adj* (**cleaner, -est**) **1** limpio: *to wipe sth clean* limpiar algo **2** (*papel, etc.*) en blanco LOC **make a clean break** (**with sth**) romper por completo (con algo)
- *vt, vi* limpiar(se) PHR V **clean sth from/off sth** limpiar algo de algo ♦ **clean sb out** (*coloq*) dejar a algn sin cinco/en la calle ♦ **clean sth out** limpiar algo a fondo ♦ **clean (sth) up** limpiar (algo): *to clean up your image* mejorar tu imagen

clean-'cut *adj* **1** pulcro **2** (*rasgos*) muy bien perfilado

cleaner /'kliːnər/ *n* **1** limpiador, -ora **2 cleaners** lavandería, tintorería

cleaning /'kliːnɪŋ/ *n* limpieza (*trabajo*)

cleanliness /'klenlinəs/ *n* limpieza (*cualidad*)

cleanly /'kliːnli/ *adv* limpiamente

cleanse /klenz/ *vt* ~ **sb/sth** (**of sth**) **1** limpiar en profundidad a algn/algo (de algo)

---

i happy ɪ sit iː see æ cat ɑ hot ɒ long (*GB*) ɑː bath (*GB*) ʌ cup ʊ put uː too

2 purificar a algn/algo (de algo) ■ **cleanser** n **1** producto de limpieza **2** (*para cara*) crema limpiadora

clean-shaven adj afeitado

clean-up n limpieza (*actividad*)

clear /klɪər/ *adjetivo, verbo, adverbio, sustantivo*
▸ adj (**clearer, -est**) **1** claro: *Are you quite clear about what the job involves?* ¿Tienes claro lo que implica el trabajo? **2** (*tiempo, cielo, carretera*) despejado **3** (*cristal*) transparente **4** (*sonido*) claro **5** (*imagen, recuerdo*) nítido **6** (*conciencia*) tranquilo **7** libre: *clear of debt* libre de deudas ◊ *to keep next weekend clear* dejar libre el fin de semana que viene LOC **(as) clear as day** más claro que el agua ♦ **(as) clear as mud** nada claro ♦ **make sth clear (to sb)** dejar algo claro (a algn) Ver tb CRYSTAL
▸ **1** vt despejar: *to clear the table* despejar la mesa **2** vt (*tubería*) destapar **3** vt (*de gente*) desalojar **4** vi ~ **(up)** (*tiempo*) despejar(se) **5** vi (*agua*) aclararse **6** vt ~ **sb (of sth)** absolver a algn (de algo): *to clear your name* limpiar tu nombre **7** vt (*obstáculo*) salvar LOC **clear the air** aclarar las cosas ♦ **clear the table** levantar la mesa PHR V **clear (sth) away/up** recoger (algo) ♦ **clear off** (*coloq*) largarse ♦ **clear sth out** ordenar algo (*tirando lo que no sirve*) ♦ **clear sth up** dejar algo claro
▸ adv (**clearer, -est**) **1** claramente **2** completamente LOC **keep/stay/steer clear (of sb/sth)** mantenerse alejado (de algn/algo)
▸ n LOC **in the clear** (*coloq*) **1** fuera de sospecha **2** fuera de peligro

clearance /ˈklɪərəns/ n **1** despeje: *clearance sale* liquidación **2** espacio libre **3** autorización

clear-cut adj definido

clear-headed adj de mente despejada

clearing /ˈklɪərɪŋ/ n claro (*de bosque*)

clearly /ˈklɪərli/ adv claramente

clear-sighted adj lúcido

cleavage /ˈkliːvɪdʒ/ n escote (*entre el busto*)

clef /klef/ n clave (*Mús*)

clementine /ˈkleməntiːn/ n mandarina

clench /klentʃ/ vt apretar (*puños, dientes*)

clergy /ˈklɜːrdʒi/ n [*pl*] clero

clergyman /ˈklɜːrdʒimən/ n (*pl* **clergymen** /-mən/) **1** clérigo **2** sacerdote anglicano ➔ Ver nota en PRIEST

clerical /ˈklerɪkl/ adj **1** de oficina: *clerical staff* personal administrativo **2** (*Relig*) eclesiástico

clerk /klɜːrk; *GB* klɑːk/ n **1** oficinista, empleado, -a **2** (*concejo, juzgado*) secretario, -a **3** (*tb* **desk clerk**) (*GB* **receptionist**) recepcionista **4** *Ver* SALES CLERK

clever /ˈklevər/ adj (**cleverer, -est**) ❶ También se utilizan las formas **more clever** y **the most clever**. **1** (*esp GB*) inteligente, avispado **2** (*esp GB*) hábil: *to be clever at sth* tener aptitud para algo **3** ingenioso **4** astuto LOC **be too clever (by half)** (*esp GB*) pasarse de listo ■ **cleverness** n inteligencia, habilidad, astucia

cliché /kliːˈʃeɪ; *GB* ˈkliːʃeɪ/ n cliché

click /klɪk/ *sustantivo, verbo*
▸ n **1** clic **2** chasquido **3** taconazo
▸ **1** vt *to click your heels* dar un taconazo ◊ *to click your fingers* chasquear los dedos **2** vt, vi ~ **(sth/on sth)** (*Informát*) hacer clic (en algo) **3** vi (*coloq*) (*hacerse amigos*) conectar **4** vi (*coloq*) caer en la cuenta LOC **click open/shut** abrir(se)/cerrar(se) con un clic

client /ˈklaɪənt/ n cliente, -a

clientele /ˌklaɪənˈtel; *GB* ˌkliːənˈtel/ n clientela

cliff /klɪf/ n acantilado, precipicio

climate /ˈklaɪmət/ n clima: *climate change* el cambio climático ◊ *the economic climate* las condiciones económicas

climax /ˈklaɪmæks/ n clímax

climb /klaɪm/ *verbo, sustantivo*
▸ **1** vt, vi escalar **2** vt, vi subir: *The road climbs steeply.* La carretera es muy empinada. **3** vt, vi trepar **4** vi (*sociedad*) ascender LOC Ver BANDWAGON PHR V **climb down 1** bajar **2** (*fig*) dar marcha atrás ♦ **climb out of sth 1** *to climb out of bed* levantarse de la cama **2** (*vehículo*) bajarse de algo ♦ **climb (up) onto sth** subirse a algo ♦ **climb up sth** subirse a algo, trepar por algo
▸ n **1** escalada, subida **2** pendiente

climber /ˈklaɪmər/ n alpinista

climbing /ˈklaɪmɪŋ/ n escalada: *to go climbing* hacer escalada *Ver tb* ROCK CLIMBING

clinch /klɪntʃ/ vt **1** (*trato, etc.*) cerrar **2** (*partido, etc.*) ganar **3** (*victoria, etc.*) conseguir: *That clinched it.* Eso fue decisivo.

cling /klɪŋ/ vi (*pt, pp* **clung** /klʌŋ/) ~ **(on) to sb/sth** agarrarse, aferrarse a algn/algo: *to cling to each other* abrazarse estrechamente ■ **clinging** (*tb* **clingy**) adj **1** (*ropa*) ceñido **2** (*pey*) (*persona*) pegajoso

cling film n [*incontable*] (*GB*) (*USA* **plastic wrap**) lámina plástica (*para envolver alimentos*)

clinic /ˈklɪnɪk/ n clínica

clinical /ˈklɪnɪkl/ adj **1** clínico **2** imparcial

clink /klɪŋk/ **1** vi tintinear **2** vt *They clinked glasses.* Brindaron.

clip

clip /klɪp/ *sustantivo, verbo*
▶ *n* **1** clip **2** (*joya*) broche, prendedor
▶ *vt* (**-pp-**) **1** ~ **sth (on) (to sth)** prender algo (a algo) (*con un clip*): *to clip sth together* unir algo con un clip **2** cortar, recortar

clipboard /'klɪpbɔːrd/ *n* tablilla con sujetapapeles

clique /kliːk, klɪk/ *n* (*gen pey*) grupo que excluye a los demás

cloak /kloʊk/ *sustantivo, verbo*
▶ *n* capa
▶ *vt* (*formal*) envolver: *cloaked in secrecy* rodeado de un gran secreto

cloakroom /'kloʊkruːm, -rʊm/ *n* **1** guardarropa **2** (*GB*) baño ➲ *Ver nota en* BATHROOM

clock /klɑk/ *sustantivo, verbo*
▶ *n* **1** reloj (*de pared o de mesa*) ➲ *Ver dibujo en* RELOJ **2** (*coloq*) cuentakilómetros LOC **around the clock** las veinticuatro horas ♦ **turn back the clock** volver al pasado
▶ *vt* cronometrar PHRV **clock in/on** (*GB*) (*USA* **punch in**) marcar tarjeta (*al entrar al trabajo*) ♦ **clock off/out** (*GB*) (*USA* **punch out**) marcar tarjeta (*al salir del trabajo*) ♦ **clock up sth** registrar, acumular algo

clockwise /'klɑkwaɪz/ *adv, adj* en el sentido de las manecillas del reloj

clockwork /'klɑkwɜːrk/ *adjetivo, sustantivo*
▶ *adj* con mecanismo de relojería
▶ *n* mecanismo LOC **like clockwork** como un reloj, a pedir de boca

clog /klɑg/ *sustantivo, verbo*
▶ *n* zueco
▶ **1** *vt* ~ **sth (up) (with sth)** obstruir, atascar algo (con algo) **2** *vi* ~ **(up)** obstruirse, atascarse

cloister /'klɔɪstər/ *n* claustro

clone /kloʊn/ *sustantivo, verbo*
▶ *n* clon
▶ *vt* clonar ■ **cloning** *n* clonación

close¹ /kloʊs/ *adjetivo, adverbio*
▶ *adj* (**closer, -est**) **1** ~ **to sth** cerca de algo, al lado de algo: *close to tears* casi llorando **2** (*pariente*) cercano **3** (*amigo*) íntimo **4** (*vínculos, etc.*) estrecho **5** ~ **to sb** (*emocionalmente*) unido a algn **6** (*vigilancia*) estricto **7** (*examen*) minucioso **8** (*partido*) muy reñido **9** (*tiempo*) bochornoso, pesado LOC **it/that was a close call/shave** (*coloq*) por un pelo me salvé, te salvaste, etc… ♦ **keep a close eye/watch on sb/sth** mantener a algn/algo bajo estricta vigilancia
▶ *adv* (**closer, -est**) (*tb* **close 'by**) cerca LOC **close on** casi ♦ **close together** juntos

close² /kloʊz/ *verbo, sustantivo*
▶ **1** *vt, vi* cerrar(se) **2** *vt, vi* (*reunión, etc.*) concluir(se) LOC **close your mind to sth** no querer saber nada de algo PHRV **close (sth) down** (*empresa, etc.*) cerrar (algo) (definitivamente) ♦ **close in (on sb/sth)** (*niebla, noche, enemigo*) venirse encima (de algn/algo)
▶ *n* (*formal*) final: *toward the close of sth* a finales de algo LOC **bring sth to a close** concluir algo ♦ **come/draw to a close** llegar a su fin

closed /kloʊzd/ *adj* cerrado: *a closed door* una puerta cerrada

close-knit /ˌkloʊs 'nɪt/ *adj* muy unido (*comunidad, etc.*)

closely /'kloʊsli/ *adv* **1** estrechamente **2** atentamente **3** (*examinar*) minuciosamente

closeness /'kloʊsnəs/ *n* **1** proximidad **2** intimidad

closet /'klɑzɪt/ *n* clóset, armario (*para ropa*)

close-up /'kloʊs ʌp/ *n* (*Fot*) primer plano

closing /'kloʊzɪŋ/ *adj* **1** (*minutos, años, palabras*) último **2** (*fecha*) límite **3** *closing time* hora de cierre

closure /'kloʊʒər/ *n* cierre

clot /klɑt/ *n* coágulo

cloth /klɔːθ; *GB* klɒθ/ *n* (*pl* **cloths** /klɔːðz; *GB* klɒθs/) **1** tela, paño ➲ *Ver nota en* TELA **2** trapo

clothe /kloʊð/ *vt* ~ **sb/yourself (in sth)** vestir a algn, vestirse (de algo)

clothes /kloʊðz, kloʊz/ *n* [*pl*] ropa: *clothes line* tendedero

clothespin /'kloʊzpɪn/ (*GB* **(clothes) peg**) *n* gancho, pinza (*para tender la ropa*)

clothing /'kloʊðɪŋ/ *n* ropa: *the clothing industry* la industria textil

cloud /klaʊd/ *sustantivo, verbo*
▶ *n* nube
▶ **1** *vt* (*juicio*) ofuscar **2** *vt* (*asunto*) complicar **3** *vi* (*expresión*) ensombrecerse PHRV **cloud over** nublarse

cloudless /'klaʊdləs/ *adj* despejado

cloudy /'klaʊdi/ *adj* (**cloudier, -iest**) **1** nublado **2** (*recuerdo*) vago

clout /klaʊt/ *sustantivo, verbo*
▶ *n* **1** influencia **2** (*GB, coloq*) golpe, palmada
▶ *vt* (*GB, coloq*) darle un golpe/una palmada a

clove /kloʊv/ *n* **1** clavo (*especia*) **2** **clove of garlic** diente de ajo

clover /'kloʊvər/ *n* trébol

clown /klaʊn/ *n* payaso, -a

club /klʌb/ *sustantivo, verbo*
▶ *n* **1** club **2** discoteca, club (*nocturno*) **3** garrote **4** palo (*de golf*) **5** **clubs** [*pl*] (*Naipes*) trébol ➲ *Ver nota en* BARAJA

| u *actual* | ɔː *saw* | ɜː *bird* | ə *about* | j *yes* | w *woman* | ʒ *vision* | h *hat* | ŋ *sing* |

▶ *vt* (**-bb-**) aporrear: *to club sb to death* matar a algn a garrotazos PHR V **club together (to do sth)** hacer un fondo/una vaca (para hacer algo)

clubber /ˈklʌbər/ *n* discotequero, -a

clubbing /ˈklʌbɪŋ/ *n*: *to go clubbing* ir de discotecas/discotequear

cluck /klʌk/ *verbo, sustantivo*
▶ *vi* (*gallina*) cacarear
▶ *n* cacareo

clue /kluː/ *n* **1** ~ (**to sth**) pista (de algo) **2** indicio **3** (*crucigrama*) definición LOC **not have a clue** (*coloq*) **1** no tener ni idea **2** ser un inútil

clump /klʌmp/ *n* grupo (*de plantas, etc.*)

clumsy /ˈklʌmzi/ *adj* (**clumsier, -iest**) **1** torpe, desgarbado **2** tosco

clung *pt, pp de* CLING

clunky /ˈklʌŋki/ *adj* (*esp USA, coloq*) tosco, pesado

cluster /ˈklʌstər/ *sustantivo, verbo*
▶ *n* grupo
▶ *v* PHR V **cluster/be clustered (together) (around sb/sth)** apiñarse (alrededor de algn/algo)

clutch /klʌtʃ/ *verbo, sustantivo*
▶ *vt* **1** (*tener*) apretar, estrechar **2** (*coger*) agarrar PHR V **clutch at sth** agarrarse a/de algo
▶ *n* **1** cloch, embrague **2 clutches** [*pl*] (*pey*) garras

clutter /ˈklʌtər/ *sustantivo, verbo*
▶ *n* (*pey*) desorden, confusión
▶ *vt* ~ **sth (up)** (*pey*) atestar algo

ʅ **coach** /koʊtʃ/ *sustantivo, verbo*
▶ *n* **1** (*GB*) (*USA* **bus**) bus, pullman **2** (*GB*) (*USA* **car**) (*Ferrocarril*) vagón, coche **3** carroza **4** entrenador, -ora **5** profesor, -ora particular **6** (*USA*) (*avión*) tercera clase
▶ **1** (*Dep*) entrenar: *to coach a swimmer for the Olympics* entrenar a una nadadora para las Olimpiadas **2** *vt, vi* ~ (**sb**) (**for/in sth**) dar clases particulares (de algo) (a algn) ■ **coaching** *n* [*incontable*] entrenamiento, preparación

ʅ **coal** /koʊl/ *n* **1** carbón **2** trozo de carbón: *hot/live coals* brasas

coalition /ˌkoʊəˈlɪʃn/ *n* coalición

coal mine (*tb* **pit**) *n* mina de carbón

coarse /kɔːrs/ *adj* (**coarser, -est**) **1** (*arena, etc.*) grueso **2** (*tela, manos*) áspero **3** vulgar **4** (*lenguaje, persona*) grosero **5** (*chiste*) basto, grosero

ʅ **coast** /koʊst/ *sustantivo, verbo*
▶ *n* costa
▶ *vi* **1** (*automóvil*) ir en neutro **2** (*bicicleta*) ir sin pedalear

coastal /ˈkoʊstl/ *adj* costero

coaster /ˈkoʊstər/ *n* portavasos

coastguard /ˈkoʊstɡɑːrd/ *n* (servicio de) guardacostas

coastline /ˈkoʊstlaɪn/ *n* litoral

ʅ **coat** /koʊt/ *sustantivo, verbo*
▶ *n* **1** abrigo, saco **2** *white coat* bata blanca **3** (*animal*) pelo, lana **4** (*pintura*) capa, mano
▶ *vt* ~ **sth (in/with sth)** cubrir, bañar, rebozar algo (de algo) ■ **coating** *n* capa, baño

coat hanger *n* gancho (*para ropa*)

coax /koʊks/ *vt* ~ **sb into/out of (doing) sth**; ~ **sb to do sth** engatusar, persuadir a algn (para que haga/deje de hacer algo) PHR V **coax sth out of/from sb** sonsacar algo a algn

cobbles /ˈkɑblz/ (*tb* **cobblestones** /ˈkɑblstoʊnz/) *n* [*pl*] adoquines

cobweb /ˈkɑbweb/ *n* telaraña

cocaine /koʊˈkeɪn/ *n* cocaína

cock /kɑk/ *n* (*GB*) (*USA* **rooster**) gallo

cockney /ˈkɑkni/ *adjetivo, sustantivo*
▶ *adj* del este de Londres
▶ *n* **1** (*pl* **cockneys**) nativo, -a del este de Londres **2** dialecto del este de Londres

cockpit /ˈkɑkpɪt/ *n* cabina (del piloto)

cockroach /ˈkɑkroʊtʃ/ *n* cucaracha

cocktail /ˈkɑkteɪl/ *n* coctel

cocoa /ˈkoʊkoʊ/ *n* **1** cacao **2** (*bebida*) chocolate

coconut /ˈkoʊkənʌt/ *n* coco

cocoon /kəˈkuːn/ *n* **1** (*gusano*) capullo **2** (*fig*) caparazón

cod /kɑd/ *n* (*pl* **cod**) bacalao

ʅ **code** /koʊd/ *n* **1** código *Ver tb* BAR CODE **2** (*mensaje*) clave: *code name* nombre en clave

coerce /koʊˈɜːrs/ *vt* ~ **sb (into sth/doing sth)** (*formal*) coaccionar a algn (para que haga algo)

coercion /koʊˈɜːrʒn, -ʃn/ *n* coacción

ʅ **coffee** /ˈkɔːfi; *GB* ˈkɒfi/ *n* **1** café: *coffee bar/shop* cafetería ◊ *coffee pot/maker* cafetera ◊ *the coffee industry* la industria cafetera **2** (color) café

coffin /ˈkɔːfɪn; *GB* ˈkɒfɪn/ *n* (*esp GB*) ataúd

cog /kɑɡ/ *n* **1** rueda dentada, piñón **2** (*de rueda dentada/piñón*) diente

cogent /ˈkoʊdʒənt/ *adj* (*formal*) convincente

coherent /koʊˈhɪərənt/ *adj* **1** coherente **2** (*habla*) inteligible

coil /kɔɪl/ *sustantivo, verbo*
▶ *n* **1** rollo **2** (*serpiente*) anillo
▶ **1** *vt* ~ **sth (up)** enrollar algo **2** *vt, vi* ~ (**yourself**) **up (around sth)** enroscarse (en algo)

ʅ **coin** /kɔɪn/ *sustantivo, verbo*
▶ *n* moneda

coincide

▸ vt acuñar

coincide /ˌkoʊɪnˈsaɪd/ vi ~ **(with sth)** coincidir (con algo)

coincidence /koʊˈɪnsɪdəns/ n casualidad

coke /koʊk/ n **1 Coke®** Coca-Cola® **2** (coloq) (cocaína) coca **3** coque

colander /ˈkɑləndər/ n colador

⚑ **cold** /koʊld/ adjetivo, sustantivo, adverbio
▸ adj **(colder, -est)** frío ➔ Ver nota en FRIO LOC be **cold 1** (persona) tener frío **2** (tiempo) hacer frío **3** (objeto) estar frío **4** (lugares, períodos de tiempo) ser (muy) frío ◆ **get cold 1** enfriarse **2** (tiempo) ponerse frío ◆ **get/have cold feet** (coloq) sentir miedo
▸ n **1** frío **2** resfriado: to catch (a) cold resfriarse
▸ adv de improviso

ˌcold-ˈblooded adj **1** (Biol) de sangre fría **2** desalmado

ˌcold ˈcash (GB hard cash) n dinero en efectivo

ˈcold cuts (GB tb ˌcold ˈmeats) n [pl] embutidos

ˌcold-ˈhearted adj frío, despiadado

coleslaw /ˈkoʊlslɔː/ n ensalada de repollo

collaboration /kəˌlæbəˈreɪʃn/ n **1** colaboración **2** colaboracionismo

⚑ **collapse** /kəˈlæps/ verbo, sustantivo
▸ vi **1** derrumbarse, desplomarse **2** caer desmayado **3** (negocio, etc.) hundirse **4** (valor) caer en picada **5** (mueble, etc.) plegarse
▸ n **1** derrumbamiento **2** caída en picada **3** (Med) colapso

collar /ˈkɑlər/ n **1** (camisa, etc.) cuello **2** (perro, gato) collar

collarbone /ˈkɑlərboʊn/ n (Anat) clavícula

collateral /kəˈlætərəl/ sustantivo, adjetivo
▸ n garantía
▸ adj (formal) colateral: collateral damage daños colaterales

⚑ **colleague** /ˈkɑliːɡ/ n colega, compañero, -a (de profesión)

⚑ **collect** /kəˈlekt/ verbo, adjetivo, adverbio
▸ **1** vt recoger: collected works obras completas **2** vt ~ **sth (up/together)** juntar, reunir algo **3** vt (datos) recopilar **4** vt (fondos, impuestos) recaudar **5** vt (estampillas, monedas) coleccionar **6** vi (muchedumbre) reunirse **7** vi (polvo, agua) acumularse
▸ adj, adv LOC Ver CALL

⚑ **collection** /kəˈlekʃn/ n **1** colección **2** recogida **3** (en iglesia) colecta **4** conjunto, grupo

collective /kəˈlektɪv/ adj, n colectivo

collector /kəˈlektər/ n coleccionista

⚑ **college** /ˈkɑlɪdʒ/ n **1** centro de educación superior Ver tb JUNIOR COLLEGE **2** (USA) universidad **3** (GB) colegio universitario ❶ Las universidades de Oxford y Cambridge se dividen en instituciones llamadas **colleges**.

collide /kəˈlaɪd/ vi ~ **(with sb/sth)** chocar (con algn/algo)

collision /kəˈlɪʒn/ n choque

colloquial /kəˈloʊkwiəl/ adj coloquial

collusion /kəˈluːʒn/ n (formal, pey) confabulación

colon /ˈkoʊlən/ n **1** (Anat) colon **2** dos puntos ➔ Ver pág. 377

colonel /ˈkɜːrnl/ n coronel

colonial /kəˈloʊniəl/ adj colonial

colonization (GB tb -**isation**) /ˌkɑlənəˈzeɪʃn/ n colonización

colonize (GB tb -**ise**) /ˈkɑlənaɪz/ vt colonizar
■ **colonizer** (GB tb -**iser**) n colonizador, -ora

colony /ˈkɑləni/ n [v sing o pl] (pl **colonies**) colonia

⚑ **color** (GB **colour**) /ˈkʌlər/ sustantivo, verbo
▸ n **1** color **2 colors** [pl] (equipo, partido, etc.) colores **3 colors** [pl] (Mil) bandera LOC **be/feel off color** (GB, coloq) no estar muy bien
▸ **1** vt colorear, pintar **2** vi ~ **(at sth)** ruborizarse (ante algo) **3** vt (afectar) marcar **4** vt (juicio) ofuscar PHR V **color sth in** colorear algo

ˈcolor-blind (GB ˈcolour-blind) adj daltónico

⚑ **colored** (GB **coloured**) /ˈkʌlərd/ adj **1** de colores: cream-colored (de) color crema **2** (antic o pey) (persona) de color

colorful (GB **colourful**) /ˈkʌlərfl/ adj **1** lleno de color, llamativo **2** (personaje, vida) interesante

coloring (GB **colouring**) /ˈkʌlərɪŋ/ n **1** colorido **2** tez **3** colorante

colorless (GB **colourless**) /ˈkʌlərləs/ adj **1** incoloro, sin color **2** (personaje, estilo) gris

colossal /kəˈlɑsl/ adj colosal

colt /koʊlt/ n potro ➔ Ver nota en POTRO

⚑ **column** /ˈkɑləm/ n columna

coma /ˈkoʊmə/ n coma (Med)

comb /koʊm/ sustantivo, verbo
▸ n **1** peinilla, peine **2** (adorno) peineta
▸ **1** vt peinar **2** vt, vi ~ **(through) sth (for sb/sth)** rastrear, peinar algo (en busca de algn/algo)

combat /ˈkɑmbæt/ sustantivo, verbo
▸ n combate
▸ vt combatir, luchar contra

⚑ **combination** /ˌkɑmbɪˈneɪʃn/ n combinación

| i happy | ɪ sit | iː see | æ cat | ɑ hot | ɒ long (GB) | ɑː bath (GB) | ʌ cup | ʊ put | uː too |

commend

combine /kəmˈbaɪn/ **1** *vt, vi* combinar(se) **2** *vi* ~ **with sb/sth** (*Econ*) fusionarse con algn/algo **3** *vt* (*cualidades*) reunir

come /kʌm/ *vi* (*pt* **came** /keɪm/, *pp* **come**) **1** venir: *to come running* venir corriendo **2** llegar **3** recorrer **4** (*posición*) ser: *to come first* ser el/lo primero ◊ *It came as a surprise.* Fue una sorpresa. **5** (*resultar*) *to come undone* desamarrarse **6** ~ **to/into sth** *to come to a halt* pararse ◊ *to come into a fortune* heredar una fortuna LOC **come off it!** (*coloq*) ¡basta! ◆ **come to nothing**; **not come to anything** quedarse en nada ◆ **come what may** pase lo que pase ◆ **when it comes to (doing) sth** cuando se trata de (hacer) algo ❶ Para otras expresiones con **come**, véanse las entradas del sustantivo, adjetivo, etc., p.ej. **come of age** en AGE. PHR V **come about (that…)** ocurrir, suceder (que…)
come across sb/sth encontrarse con algn/encontrar algo
come along 1 aparecer, presentarse **2** venir también: *Come along!* ¡Vamos! **3** (*tb* **come on**) hacer progresos
come apart deshacerse
come around volver en sí ◆ **come around (to…)** venir (a…)
come away (from sth) desprenderse (de algo) ◆ **come away (with sth)** marcharse, irse (con algo)
come back volver
come by sth 1 (*obtener*) conseguir algo **2** (*recibir*) adquirir algo
come down 1 (*precios, temperatura*) bajar **2** desplomarse, venirse abajo ◆ **come down with sth** contraer algo (*enfermedad leve*)
come forward ofrecerse
come from… ser de…: *Where do you come from?* ¿De dónde eres?
come in 1 entrar: *Come in!* ¡Adelante! **2** llegar ◆ **come in for sth** (*crítica, etc.*) recibir algo
come off 1 (*mancha*) quitarse **2** (*pieza*) *Does it come off?* ¿Se puede quitar? **3** (*coloq*) (*plan*) tener éxito, resultar ◆ **come off (sth)** caerse, desprenderse (de algo)
come on 1 (*jugador, actor*) salir (al campo/a la escena) **2** (*tb* **come along**) hacer progresos
come out 1 salir **2** ponerse de manifiesto **3** declararse homosexual ◆ **come out with sth** soltar algo, salir con algo
come over (to…) venir (a…) ◆ **come over sb** invadir a algn: *I can't think what came over me.* No sé qué me pasó.
come round (*GB*) *Ver* COME AROUND
come through (sth) sobrevivir a (algo)
come to volver en sí ◆ **come to sth 1** ascender a algo **2** llegar a algo
come up 1 (*planta, sol*) salir **2** (*tema*) surgir
◆ **come up against sb/sth** enfrentarse a algn/algo ◆ **come up to sb** acercarse a algn

comeback /ˈkʌmbæk/ *n* retorno: *to make/stage a comeback* reaparecer en escena

comedian /kəˈmiːdiən/ *n* humorista, cómico, -a

comedy /ˈkɒmədi/ *n* (*pl* **comedies**) **1** comedia **2** comicidad

comet /ˈkɒmət/; *GB* -mɪt/ *n* (*Astron*) cometa

comfort /ˈkʌmfərt/ *sustantivo, verbo*
▸ *n* **1** bienestar, comodidad **2** consuelo **3 comforts** [*pl*] comodidades
▸ *vt* consolar

comfortable /ˈkʌmftəbl, -fərt-/ *adj* **1** cómodo **2** (*victoria*) fácil **3** (*mayoría*) amplia

comfortably /ˈkʌmftəbli, -fərt-/ *adv* (*ganar*) cómodamente LOC **be comfortably off** (*esp GB*) vivir holgadamente

comforter /ˈkʌmfərtər/ (*GB* **duvet, quilt**) *n* edredón (nórdico)

comfy /ˈkʌmfi/ *adj* (**comfier, -iest**) (*coloq*) cómodo

comic /ˈkɒmɪk/ *adjetivo, sustantivo*
▸ *adj* cómico
▸ *n* **1** (*tb esp USA* ˈ**comic book**) cómic, tira cómica **2** humorista, cómico, -a

coming /ˈkʌmɪŋ/ *sustantivo, adjetivo*
▸ *n* **1** llegada **2** (*Relig*) advenimiento
▸ *adj* próximo

comma /ˈkɒmə/ *n* coma (*Ortografía*) ➲ *Ver pág. 377*

command /kəˈmænd; *GB* kəˈmɑːnd/ *verbo, sustantivo*
▸ **1** *vt* ordenar ➲ *Ver nota en* ORDER **2** *vt, vi* tener el mando (de) **3** *vt* (*recursos*) disponer de **4** *vt* (*vista*) tener **5** *vt* (*respeto*) infundir **6** *vt* (*atención*) llamar
▸ *n* **1** orden **2** (*Informát*) orden, comando **3** (*Mil*) mando **4** (*idioma*) dominio ■ **commandment** *n* (*Relig*) mandamiento

commander /kəˈmændər; *GB* -ˈmɑːnd-/ *n* **1** (*Mil*) comandante **2** jefe, -a

commando /kəˈmændoʊ; *GB* -ˈmɑːn-/ *n* (*pl* **commandos**) (*Mil*) comando

commemorate /kəˈmeməreɪt/ *vt* conmemorar

commence /kəˈmens/ *vt, vi* (*formal*) dar comienzo (a)

commend /kəˈmend/ *vt* **1** elogiar **2** ~ **sb/sth (to sb)** (*formal*) recomendar a algn/algo (a algn) ■ **commendable** *adj* (*formal*) meritorio, digno de mención

comment /ˈkɑment/ *sustantivo, verbo*
▸ *n* **1** comentario **2** [*incontable*] comentarios: *'No comment.'* "Sin comentarios."
▸ *vi* **1** ~ **(that...)** comentar (que...) **2** ~ **(on sth)** hacer comentarios (sobre algo)

commentary /ˈkɑmənteri; *GB* -tri/ *n* (*pl* **commentaries**) **1** (*Dep*) comentarios **2** (*texto*) comentario

commentator /ˈkɑmenteɪtər/ *n* comentarista

commerce /ˈkɑmɜːrs/ *n* comercio ❶ La palabra más normal es **trade**.

commercial /kəˈmɜːrʃl/ *adjetivo, sustantivo*
▸ *adj* **1** comercial **2** (*derecho*) mercantil **3** (*TV, Radio*) financiado por medio de la publicidad ➔ *Ver nota en* TELEVISION
▸ *n* (*TV, Radio*) propaganda, comercial

commission /kəˈmɪʃn/ *sustantivo, verbo*
▸ *n* **1** (*porcentaje, organismo*) comisión **2** encargo
▸ *vt* encargar

commissioner /kəˈmɪʃənər/ *n* jefe de policía

commit /kəˈmɪt/ *vt* (**-tt-**) **1** cometer **2** ~ **sb/sth to sth** entregar a algn/algo a algo: *to commit sth to memory* aprenderse algo de memoria **3** ~ **yourself (to sth/to doing sth)** comprometerse (a algo/a hacer algo) **4** ~ **yourself (on sth)** definirse (en algo)

commitment /kəˈmɪtmənt/ *n* **1** ~ **(to sth/to do sth)** compromiso (con algo/de hacer algo) ➔ *Comparar con* ENGAGEMENT **2** entrega

committee /kəˈmɪti/ *n* [*v sing o pl*] comité ➔ *Ver nota en* JURADO

commodity /kəˈmɑdəti/ *n* (*pl* **commodities**) **1** producto **2** (*Fin*) mercancía

common /ˈkɑmən/ *adjetivo, sustantivo*
▸ *adj* **1** corriente **2** ~ **(to sb/sth)** común (a algn/algo): *common sense* sentido común **3** (*pey*) ordinario, vulgar ➔ *Comparar con* ORDINARY
LOC **in common** en común
▸ *n* **1** (*tb* ˈ**common land**) tierra comunal **2 the Commons** (*GB*) *Ver* THE HOUSE OF COMMONS

commonly /ˈkɑmənli/ *adv* generalmente

commonplace /ˈkɑmənpleɪs/ *adj* normal

commotion /kəˈmoʊʃn/ *n* revuelo

communal /kəˈmjuːnl, ˈkɑmjənl/ *adj* comunal

commune /ˈkɑmjuːn/ *n* [*v sing o pl*] comuna

communicate /kəˈmjuːnɪkeɪt/ **1** *vt* ~ **sth (to sb/sth)** comunicar algo (a algn/algo) **2** *vi* ~ **(with sb/sth)** comunicarse (con algn/algo)

communication /kəˌmjuːnɪˈkeɪʃn/ *n* **1** comunicación **2** mensaje

communicative /kəˈmjuːnɪkeɪtɪv; *GB* -kətɪv/ *adj* comunicativo, de comunicación

communion /kəˈmjuːniən/ (*tb* ˌ**Holy Comˈmunion**) *n* comunión

communiqué /kəˌmjuːnəˈkeɪ; *GB* kəˈmjuːnɪkeɪ/ *n* comunicado

communism /ˈkɑmjunɪzəm/ *n* comunismo
■ **communist** *adj, n* comunista ➔ *Ver nota en* CATÓLICO

community /kəˈmjuːnəti/ *n* [*v sing o pl*] (*pl* **communities**) **1** comunidad: *community center* centro comunitario **2** (*de expatriados*) colonia

commute /kəˈmjuːt/ *vi* viajar para ir al trabajo ■ **commuter** *n* persona que tiene que viajar para ir al trabajo

compact *adjetivo, sustantivo*
▸ *adj* /ˈkɑmpækt; *GB tb* kəmˈpækt/ compacto
▸ *n* /ˈkɑmpækt/ polvera

ˌ**compact** ˈ**disc** *n* (*abrev* **CD**) disco compacto, compact disc

companion /kəmˈpæniən/ *n* compañero, -a
■ **companionship** *n* compañerismo

company /ˈkʌmpəni/ *n* (*pl* **companies**) **1** compañía **2** (*Econ*) compañía, empresa
LOC **keep sb company** dar compañía a algn *Ver tb* PART

comparable /ˈkɑmpərəbl/ *adj* ~ **(to/with sb/sth)** comparable (a algn/algo)

comparative /kəmˈpærətɪv/ *adj* **1** comparativo **2** relativo ■ **comparatively** *adv* relativamente: *comparatively speaking* en comparación

compare /kəmˈpeər/ **1** *vt* ~ **sth with/to sth** comparar algo con algo **2** *vi* ~ **(with sb/sth)** compararse (con algn/algo)

comparison /kəmˈpærɪsn/ *n* ~ **(of sth and/to/with sth)** comparación (de algo con algo)
LOC **there's no comparison** no hay punto de comparación

compartment /kəmˈpɑrtmənt/ *n* compartimento

compass /ˈkʌmpəs/ *n* **1** brújula **2** (*tb* **compasses** [*pl*]) compás

compassion /kəmˈpæʃn/ *n* compasión
■ **compassionate** *adj* compasivo

compatible /kəmˈpætəbl/ *adj* compatible

compel /kəmˈpel/ *vt* (**-ll-**) (*formal*) **1** obligar **2** forzar ■ **compelling** *adj* **1** irresistible **2** (*motivo*) apremiante **3** (*argumento*) convincente

compensate /ˈkɑmpenseɪt/ **1** *vt, vi* ~ **(sb) (for sth)** compensar (a algn) (por algo) **2** *vt* ~ **sb (for sth)** indemnizar a algn (por algo) **3** *vi* ~ **for sth**

comprehensive

contrarrestar (algo) ■ **compensation** n **1** compensación **2** indemnización

¦ **compete** /kəmˈpiːt/ vi **1** ~ (**against/with sb**) (**for sth**) competir (con algn) (por algo) **2** ~ (**in sth**) (Dep) tomar parte (en algo)

competent /ˈkɒmpɪtənt/ adj **1** ~ (**as/at/in sth**) competente (como/para/en algo) **2** ~ (**to do sth**) competente (para hacer algo) ■ **competence** n aptitud, eficiencia

¦ **competition** /ˌkɒmpəˈtɪʃn/ n **1** ~ (**between/with sb**) (**for sth**) competencia (entre/con algn) (por algo) **2** competencia, concurso **3 the competition** [v sing o pl] la competencia

¦ **competitive** /kəmˈpetətɪv/ adj competitivo

competitor /kəmˈpetɪtər/ n competidor, -ora, concursante

compilation /ˌkɒmpɪˈleɪʃn/ n recopilación

compile /kəmˈpaɪl/ vt compilar

complacency /kəmˈpleɪsnsi/ n ~ (**about sb/sth**) autocomplacencia (con algn/algo)
■ **complacent** /kəmˈpleɪsnt/ adj satisfecho de sí mismo

¦ **complain** /kəmˈpleɪn/ vi **1** ~ (**to sb**) (**about sth**) quejarse (a algn) (de algo) **2** ~ (**that…**) quejarse (de que…)

> **Making a complaint**
> Poner una queja
> *I'm afraid I'm not satisfied with this.* No estoy nada satisfecha con esto.
> *I'm sorry. This isn't good enough. We've been waiting half an hour.* Lo siento. No estamos satisfechos. Llevamos media hora esperando.
> *I'd like to make a complaint. The radio I bought doesn't work.* Quiero poner una queja. La radio que compré no funciona.
> *Excuse me — this isn't what I asked for. I'm having the soup, not the salad.* Disculpe. Esto no es lo que pedí. Yo quiero la sopa, no la ensalada.
> *I'd like to speak to the manager. I have a complaint about something I bought.* Quiero hablar con el encargado. No estoy contento con un artículo que compré.
> *This meat isn't cooked. Could you take it back, please?* Esta carne está cruda. ¿Me la podría poner a cocinar más, por favor?

¦ **complaint** /kəmˈpleɪnt/ n **1** queja, reclamo **2** (Med) afección

complement sustantivo, verbo
▸ n /ˈkɒmplɪmənt/ **1** ~ (**to sth**) complemento (para algo) **2** dotación
▸ vt /ˈkɒmplɪment/ complementar

complementary /ˌkɒmplɪˈmentəri; GB -tri/ adj ~ (**to sth**) complementario (a algo)

¦ **complete** /kəmˈpliːt/ verbo, adjetivo
▸ vt **1** completar **2** terminar **3** (formulario) llenar
▸ adj **1** completo **2** total **3** (éxito) rotundo **4** terminado

¦ **completely** /kəmˈpliːtli/ adv completamente, totalmente

completion /kəmˈpliːʃn/ n conclusión

¦ **complex** adjetivo, sustantivo
▸ adj /ˈkɒmpleks, ˈkɑːmpleks; GB ˈkɒmpleks/ complejo, complicado
▸ n /ˈkɑːmpleks/ complejo

complexion /kəmˈplekʃn/ n **1** tez, cutis **2** (fig) pinta

compliance /kəmˈplaɪəns/ n (formal) obediencia: *in compliance with sth* conforme a algo

¦ **complicate** /ˈkɒmplɪkeɪt/ vt complicar

¦ **complicated** /ˈkɒmplɪkeɪtɪd/ adj complicado

complication /ˌkɒmplɪˈkeɪʃn/ n complicación

compliment /ˈkɒmplɪmənt/ sustantivo, verbo
▸ n **1** cumplido: *to pay sb a compliment* hacer un cumplido a algn **2 compliments** [pl] (formal) saludos: *with the compliments of the manager* con un atento saludo del gerente
▸ vt ~ **sb** (**on sth**) felicitar a algn (por algo)

complimentary /ˌkɒmplɪˈmentəri; GB -tri/ adj **1** elogioso, favorable **2** (entrada, etc.) de cortesía, gratuito

comply /kəmˈplaɪ/ vi (pt, pp **complied**) ~ (**with sth**) obedecer (algo), cumplir (con algo)

component /kəmˈpoʊnənt/ sustantivo, adjetivo
▸ n **1** componente **2** (Mec) pieza
▸ adj: *component parts* piezas integrantes

compose /kəmˈpoʊz/ vt **1** componer **2** (escrito) redactar **3** (pensamientos) poner en orden **4** ~ **yourself** (formal) serenarse ■ **composed** adj sereno **composer** n compositor, -ora

composition /ˌkɒmpəˈzɪʃn/ n **1** composición **2** (colegio) redacción

compost /ˈkɒmpoʊst; GB -pɒst/ n abono

composure /kəmˈpoʊʒər/ n calma

compound sustantivo, adjetivo, verbo
▸ n /ˈkɒmpaʊnd/ **1** compuesto **2** recinto
▸ adj /ˈkɒmpaʊnd/ compuesto
▸ vt /kəmˈpaʊnd/ agravar

comprehend /ˌkɒmprɪˈhend/ vt (formal) comprender (en su totalidad) ■ **comprehensible** adj ~ (**to sb**) (formal) comprensible (para algn) **comprehension** n comprensión

comprehensive /ˌkɒmprɪˈhensɪv/ adj global, completo

| ʃ she | tʃ chin | dʒ June | v van | θ thin | ð then | s so | z zoo | e ten |

compre'hensive school n (GB) colegio de enseñanza secundaria

compress /kəm'pres/ vt **1** comprimir **2** (argumento, tiempo) condensar ■ **compression** n compresión

comprise /kəm'praɪz/ vt **1** constar de **2** formar

compromise /'kɒmprəmaɪz/ sustantivo, verbo
▸ n acuerdo
▸ **1** vi ~ **(on sth)** llegar a un acuerdo (en algo) **2** vt comprometer ■ **compromising** adj comprometedor

compulsion /kəm'pʌlʃn/ n ~ **(to do sth) 1** obligación (de hacer algo) **2** deseo irresistible (de hacer algo)

compulsive /kəm'pʌlsɪv/ adj **1** compulsivo **2** (novela) absorbente **3** (jugador, etc.) compulsivo, empedernido

compulsory /kəm'pʌlsəri/ adj **1** obligatorio **2** (despido) forzoso

com'pulsory 'purchase n (GB) expropiación

computer /kəm'pjuːtər/ n computador, computadora: *computer programmer* programador, -ora de computadores ⊃ Ver dibujo en COMPUTADOR ■ **computerize** (GB tb -ise) vt computarizar **computing** n informática

comrade /'kɒmræd; GB -reɪd/ n **1** (Pol) camarada **2** compañero, -a

con /kɒn/ sustantivo, verbo
▸ n (coloq) estafa: *con artist/man* estafador LOC Ver PRO
▸ vt (-nn-) ~ **sb (out of sth)** (coloq) estafar (algo) a algn

conceal /kən'siːl/ vt (formal) **1** ocultar **2** (alegría) disimular

concede /kən'siːd/ vt **1** conceder **2** ~ **that...** admitir que...

conceit /kən'siːt/ n vanidad ■ **conceited** adj vanidoso

conceivable /kən'siːvəbl/ adj concebible ■ **conceivably** adv posiblemente

conceive /kən'siːv/ vt, vi **1** concebir **2** ~ **(of) sth** imaginar algo

concentrate /'kɒnsntreɪt/ vt, vi concentrar(se)

concentration /ˌkɒnsn'treɪʃn/ n concentración

concept /'kɒnsept/ n concepto

conception /kən'sepʃn/ n **1** concepción **2** idea

concern /kən'sɜːrn/ verbo, sustantivo
▸ vt **1** tener que ver con: *as far as I am concerned* por lo que a mí se refiere/en cuanto a mí **2** tratar de **3** preocupar **4** ~ **yourself with/about sth** interesarse por algo
▸ n **1** preocupación **2** interés **3** negocio LOC Ver GOING

concerned /kən'sɜːrnd/ adj preocupado LOC **be concerned with sth** tratar de algo

concerning /kən'sɜːrnɪŋ/ prep (formal) **1** acerca de **2** en lo que se refiere a

concert /'kɒnsərt/ n concierto: *concert hall* sala de conciertos

concerted /kən'sɜːrtɪd/ adj **1** (ataque) coordinado **2** (intento, esfuerzo) conjunto

concerto /kən'tʃɜːrtoʊ/ n (pl **concertos**) concierto

concession /kən'seʃn/ n **1** concesión **2** (Fin) exención

conciliation /kənˌsɪli'eɪʃn/ n conciliación ■ **conciliatory** /kən'sɪliətɔːri; GB -təri/ adj conciliador

concise /kən'saɪs/ adj conciso

conclude /kən'kluːd/ **1** vt ~ **that...** llegar a la conclusión de que... **2** vt, vi (formal) concluir **3** vt (acuerdo) concertar

conclusion /kən'kluːʒn/ n conclusión LOC Ver JUMP

conclusive /kən'kluːsɪv/ adj definitivo, decisivo

concoct /kən'kɒkt/ vt **1** elaborar **2** (pretexto) inventar **3** (plan, intriga) tramar ■ **concoction** n **1** mezcolanza **2** (líquido) menjurje

concord /'kɒnkɔːrd/ n (formal) concordia, armonía

concourse /'kɒnkɔːrs/ n vestíbulo (de edificio)

concrete /'kɒnkriːt/ adjetivo, sustantivo
▸ adj concreto, tangible
▸ n concreto

concur /kən'kɜːr/ vi (-rr-) ~ **(with sb/sth) (in sth)** (formal) estar de acuerdo, coincidir (con algn/algo) (en algo) ■ **concurrent** /kən'kɜːrənt; GB -'kʌr-/ adj simultáneo (con algo) **concurrently** adv al mismo tiempo

concussion /kən'kʌʃn/ n conmoción cerebral

condemn /kən'dem/ vt **1** ~ **sb/sth (for/as sth)** condenar a algn/algo (por algo) **2** ~ **sb (to sth/to do sth)** condenar a algn (a algo/a hacer algo) **3** (edificio) declarar ruinoso ■ **condemnation** /ˌkɒndəm'neɪʃn/ n condena

condensation /ˌkɒnden'seɪʃn/ n **1** condensación **2** vaho **3** (texto) versión resumida

condense /kən'dens/ **1** *vt, vi* ~ **(sth) (into sth)** condensar algo, condensarse (en algo) **2** *vt* ~ **sth (into sth)** resumir algo (en algo)

condescend /ˌkɒndɪ'send/ *vi* ~ **to do sth** dignarse a hacer algo ■ **condescending** *adj* condescendiente

condition /kən'dɪʃn/ *sustantivo, verbo*
▶ *n* **1** estado, condición **2** *to be out of condition* no estar en forma **3** (*contrato*) requisito **4 conditions** [*pl*] circunstancias, condiciones **LOC** **on condition (that…)** con la condición de que… ♦ **on no condition** (*formal*) bajo ninguna circunstancia ♦ **on one condition** con una condición *Ver tb* MINT
▶ *vt* **1** condicionar, determinar **2** acondicionar

conditional /kən'dɪʃənl/ *adj, n* condicional: *to be conditional on/upon sth* depender de algo

conditioner /kən'dɪʃənər/ *n* bálsamo, acondicionador (*de cabello*)

condolence /kən'doʊləns/ *n* [*gen pl*] condolencia: *to give/send your condolences* dar el pésame

condom /'kɒndəm; *GB* -dɒm/ *n* preservativo, condón

condominium /ˌkɒndə'mɪniəm/ (*coloq* **condo** /'kɒndoʊ/ [*pl* **condos**]) *n* condominio

condone /kən'doʊn/ *vt* **1** aprobar **2** (*abuso*) sancionar

conducive /kən'duːsɪv; *GB* -'djuːs-/ *adj* ~ **to sth** propicio para algo

conduct *verbo, sustantivo*
▶ *vt* /kən'dʌkt/ **1** guiar **2** dirigir **3** (*investigación, etc.*) llevar a cabo **4** (*orquesta*) dirigir **5** ~ **yourself** (*formal*) comportarse **6** (*Electrón*) conducir
▶ *n* /'kɒndʌkt/ **1** conducta **2** ~ **of sth** *her conduct of the investigation* la manera en que condujo la investigación

conductor /kən'dʌktər/ *n* **1** director, -ora (*de orquesta*) **2** (*GB tb* **guard**) (*Ferrocarril*) jefe, -a de tren **3** (*GB*) (*bus*) inspector, -ora, cobrador, -ora ❶ Para referirnos al conductor de un autobús, decimos **driver**. **4** (*Electrón*) conductor

cone /koʊn/ *n* **1** cono **2** (*helado*) cono, cucurucho **3** (*Bot*) piña (*de pino, etc.*)

con'fectioner's sugar (*GB* **'icing sugar**) *n* azúcar en polvo, azúcar flor

confectionery /kən'fekʃəneri; *GB* -nəri/ *n* [*incontable*] productos de confitería

confederation /kənˌfedə'reɪʃn/ *n* confederación

confer /kən'fɜːr/ (**-rr-**) **1** *vi* deliberar **2** *vi* ~ **with sb** consultar a algn **3** *vt* ~ **sth (on/upon sb)** (*título, etc.*) conceder algo (a algn)

conference /'kɒnfərəns/ *n* **1** congreso: *conference hall* sala de conferencias ⊃ *Comparar con* LECTURE **2** (*discusión*) reunión

confess /kən'fes/ *vt, vi* confesar(se): *to confess to sth* confesar algo ■ **confession** *n* **1** confesión **2** (*crimen*) declaración de culpabilidad

confide /kən'faɪd/ *vt* ~ **sth to sb** confiar algo a algn (*secretos, etc.*) **PHR V** **confide in sb** hacer confidencias a algn

confidence /'kɒnfɪdəns/ *n* **1** ~ **(in sb/sth)** confianza (en algn/algo) **2** confidencia **LOC** **take sb into your confidence** hacer confidencias a algn *Ver tb* BREACH, STRICT, VOTE

'confidence trick *n* estafa

confident /'kɒnfɪdənt/ *adj* **1** seguro (de sí mismo) **2** be ~ of sth/that… confiar en algo/en que…

confidential /ˌkɒnfɪ'denʃl/ *adj* **1** confidencial **2** (*tono, etc.*) de confianza

confidently /'kɒnfɪdəntli/ *adv* con toda confianza

confine /kən'faɪn/ *vt* **1** confinar: *to be confined to bed* tener que guardar cama **2** limitar

confined /kən'faɪnd/ *adj* limitado (*espacio*)

confines /'kɒnfaɪnz/ *n* [*pl*] (*formal*) límites, confines

confirm /kən'fɜːrm/ *vt* confirmar ■ **confirmed** *adj* (*solterón, mentiroso*) empedernido

confirmation /ˌkɒnfər'meɪʃn/ *n* confirmación

confiscate /'kɒnfɪskeɪt/ *vt* confiscar

conflict *sustantivo, verbo*
▶ *n* /'kɒnflɪkt/ conflicto
▶ *vi* /kən'flɪkt/ ~ **(with sth)** discrepar (de algo) ■ **conflicting** /kən'flɪktɪŋ/ *adj* discrepante: *conflicting evidence* pruebas contradictorias

conform /kən'fɔːrm/ *vi* **1** ~ **to sth** atenerse a algo **2** seguir las reglas **3** ~ **with/to sth** ajustarse a algo ■ **conformist** *n* conformista **conformity** *n* (*formal*) conformidad: *in conformity with sth* de conformidad con algo

confront /kən'frʌnt/ *vt* hacer frente a, enfrentarse con: *They confronted him with the facts.* Lo hicieron afrontar los hechos. ■ **confrontation** /ˌkɒnfrən'teɪʃn; *GB* -frʌn't-/ *n* enfrentamiento

confuse /kən'fjuːz/ *vt* **1** ~ **sb/sth with sb/sth** confundir a algn/algo con algn/algo **2** (*persona*) desorientar **3** (*asunto*) complicar

confused /kən'fjuːzd/ *adj* **1** confuso **2** (*persona*) desorientado: *to get confused* desorientarse/ofuscarse

confusing /kən'fjuːzɪŋ/ *adj* confuso

confusion /kənˈfjuːʒn/ n confusión

congeal /kənˈdʒiːl/ vi coagularse, cuajarse

congenial /kənˈdʒiːniəl/ adj **1** ~ **(to sb)** agradable (para algn) **2** ~ **(to sth)** propicio (para algo)

congenital /kənˈdʒenɪtl/ adj congénito

congested /kənˈdʒestɪd/ adj ~ **(with sth)** congestionado (de algo) ■ **congestion** /kənˈdʒestʃən/ n congestión: *congestion charge* (*GB*) tasa de circulación que se paga para acceder al centro de una ciudad

conglomerate /kənˈɡlɑmərət/ n grupo (*de empresas*)

congratulate /kənˈɡrætʃuleɪt/ vt ~ **sb (on sth)** felicitar a algn (por algo)

congratulation /kənˌɡrætʃuˈleɪʃn/ n **1** felicitación **2 congratulations!** ¡felicitaciones!

> **Congratulating someone on something**
> Felicitar a alguien por algo
> *Congratulations on your wedding!*
> ¡Felicitaciones por tu boda!
> *Well done for passing your exam.*
> Felicitaciones por aprobar tu examen.
> *I heard you did very well in your exams – congratulations!* Escuché que te fue muy bien en los exámenes. ¡Felicitaciones!

congregate /ˈkɑŋɡrɪɡeɪt/ vi congregarse ■ **congregation** n [v sing o pl] feligreses

congress /ˈkɑŋɡrəs; *GB* -ɡres/ n **1 Congress** [v sing o pl] (*Pol*) Congreso **2** congreso

> El congreso de Estados Unidos está formado por dos cámaras: el Senado (**the Senate**) y la Cámara de los Representantes (**the House of Representatives**). En el Senado hay dos representantes por cada estado, y en la Cámara de los Representantes el número de representantes de cada estado depende de su población.

congressional /kənˈɡreʃənl/ adj del congreso

congressman /ˈkɑŋɡrəsmən; *GB* -ɡres-/ n (pl **congressmen** /-mən/) (*Pol*) congresista

congresswoman /ˈkɑŋɡrəswʊmən; *GB* -ɡres-/ n (pl **comgresswomen** /-wɪmɪn/) (*Pol*) congresista (*mujer*)

conical /ˈkɑnɪkl/ adj cónico

conifer /ˈkɑnɪfər/ n conífera

conjecture /kənˈdʒektʃər/ n (*formal*) **1** conjetura **2** [*incontable*] conjeturas

conjunction /kənˈdʒʌŋkʃn/ n (*Gram*) conjunción **LOC in conjunction with** (*formal*) conjuntamente con

conjure /ˈkʌndʒər; *GB* ˈkʌn-/ vi hacer magia con las manos **PHR V conjure sth up 1** (*imagen, etc.*) evocar algo **2** hacer aparecer algo como por arte de magia **3** (*espíritu*) invocar algo
■ **conjuror** (*tb* **conjurer**) n prestidigitador, -ora, mago, -a

connect /kəˈnekt/ **1** vt, vi conectar(se) **2** vt, vi (*habitaciones*) comunicar(se) **3** vt emparentar: *connected by marriage* emparentados políticamente **4** vt ~ **sb/sth (with sb/sth)** relacionar a algn/algo (con algn/algo) **5** vt ~ **sb (with sb)** (*teléfono*) comunicar a algn (con algn)

connection /kəˈnekʃn/ n **1** conexión **2** relación **LOC have connections** tener palancas ◆ **in connection with sb/sth** (*formal*) en relación con algn/algo

connoisseur /ˌkɑnəˈsɜːr, -ˈsʊər/ n conocedor, -ora, experto, -a

conquer /ˈkɑŋkər/ vt **1** conquistar **2** vencer, derrotar ■ **conqueror** n **1** conquistador, -ora **2** vencedor, -ora

conquest /ˈkɑŋkwest/ n conquista

conscience /ˈkɑnʃəns/ n (*moral*) conciencia **LOC have sth on your conscience** pesar algo sobre la conciencia de algn *Ver tb* EASE

conscientious /ˌkɑnʃiˈenʃəs/ adj concienzudo: *conscientious objector* objetor de conciencia

conscious /ˈkɑnʃəs/ adj **1** consciente **2** (*esfuerzo, decisión*) deliberado ■ **consciously** adv deliberadamente **consciousness** n **1** conocimiento **2** ~ **(of sth)** conciencia (de algo)

conscript /ˈkɑnskrɪpt/ n recluta
■ **conscription** /kənˈskrɪpʃn/ n reclutamiento (*obligatorio*)

consecrate /ˈkɑnsɪkreɪt/ vt consagrar

consecutive /kənˈsekjətɪv/ adj consecutivo

consent /kənˈsent/ verbo, sustantivo
▶ vi ~ **(to sth)** acceder (a algo)
▶ n consentimiento **LOC** *Ver* AGE

consequence /ˈkɑnsəkwens; *GB* -sɪkwəns/ n **1** [gen pl] consecuencia: *as a/in consequence of sth* como/a consecuencia de algo **2** (*formal*) importancia

consequent /ˈkɑnsɪkwənt/ adj (*formal*) **1** consiguiente **2** ~ **on/upon sth** que resulta de algo ■ **consequently** adv por consiguiente

conservation /ˌkɑnsərˈveɪʃn/ n conservación, ahorro: *conservation area* zona protegida

conservative /kənˈsɜːrvətɪv/ (tb **Conservative**) adj, n conservador, -ora

conservatory /kənˈsɜːrvətɔːri; GB -tri/ n (pl **conservatories**) **1** salón contiguo a una casa, con cerramiento completo de vidrio **2** (Mús) conservatorio

conserve /kənˈsɜːrv/ vt **1** conservar **2** (energía) ahorrar **3** (fuerzas) reservar **4** (naturaleza) proteger

consider /kənˈsɪdər/ vt **1** considerar: *to consider doing sth* pensar hacer algo **2** tener en cuenta

considerable /kənˈsɪdərəbl/ adj considerable

considerably /kənˈsɪdərəbli/ adv bastante

considerate /kənˈsɪdərət/ adj ~ (**toward sb/sth**) considerado (con algn/algo)

consideration /kənˌsɪdəˈreɪʃn/ n **1** consideración: *It is under consideration.* Lo están considerando. **2** factor LOC **take sth into consideration** tener algo en cuenta

considering /kənˈsɪdərɪŋ/ conj teniendo en cuenta

consign /kənˈsaɪn/ vt ~ **sb/sth** (**to sth**) abandonar a algn/algo (a/en algo): *consigned to oblivion* relegado al olvido ■ **consignment** n **1** envío **2** pedido

consist /kənˈsɪst/ v PHR V **consist in sth/in doing sth** (formal) consistir en algo/en hacer algo ♦ **consist of sth** consistir en algo, estar formado por/de algo

consistency /kənˈsɪstənsi/ n (pl **consistencies**) **1** consistencia **2** (actitud) coherencia

consistent /kənˈsɪstənt/ adj **1** (persona) consecuente **2** ~ (**with sth**) en concordancia (con algo) ■ **consistently** adv **1** constantemente **2** (actuar) consecuentemente

consolation /ˌkɑːnsəˈleɪʃn/ n consuelo

console verbo, sustantivo
▶ vt /kənˈsoʊl/ consolar
▶ n /ˈkɑːnsoʊl/ consola

consolidate /kənˈsɑːlɪdeɪt/ vt, vi consolidar(se)

consonant /ˈkɑːnsənənt/ n consonante

consortium /kənˈsɔːrtiəm/ n (pl **consortia** /-tiə, -ʃə/) consorcio

conspicuous /kənˈspɪkjuəs/ adj **1** llamativo: *to make yourself conspicuous* llamar la atención **2** visible LOC **be conspicuous by your/its absence** brillar algn/algo por su ausencia ■ **conspicuously** adv notablemente

conspiracy /kənˈspɪrəsi/ n (pl **conspiracies**) **1** conspiración **2** conjura ■ **conspiratorial** /kənˌspɪrəˈtɔːriəl/ adj de complicidad

conspire /kənˈspaɪər/ vi conspirar

constable /ˈkɑːnstəbl; GB ˈkʌn-/ n (GB) (agente de) policía

constant /ˈkɑːnstənt/ adjetivo, sustantivo
▶ adj **1** constante, continuo **2** (amigo, seguidor, etc.) fiel
▶ n constante

constantly /ˈkɑːnstəntli/ adv constantemente

constipated /ˈkɑːnstɪpeɪtɪd/ adj estreñido

constipation /ˌkɑːnstɪˈpeɪʃn/ n estreñimiento

constituency /kənˈstɪtjuənsi/ n (pl **constituencies**) (esp GB) **1** circunscripción electoral ⊃ *Ver nota en* PARLIAMENT **2** votantes de una circunscripción electoral

constituent /kənˈstɪtjuənt/ n **1** (Pol) elector, -ora **2** componente

constitute /ˈkɑːnstətuːt; GB -stɪtjuːt/ vt (formal) constituir

constitution /ˌkɑːnstəˈtuːʃn; GB -stɪˈtjuːʃn/ n constitución ■ **constitutional** adj constitucional

constraint /kənˈstreɪnt/ n **1** coacción **2** limitación

constrict /kənˈstrɪkt/ vt **1** apretar **2** limitar

construct /kənˈstrʌkt/ vt construir ❶ La palabra más normal es **build**.

construction /kənˈstrʌkʃn/ n construcción

constructive /kənˈstrʌktɪv/ adj constructivo

construe /kənˈstruː/ vt (formal) interpretar

consul /ˈkɑːnsl/ n cónsul

consulate /ˈkɑːnsələt; GB -sjələt/ n consulado

consult /kənˈsʌlt/ vt, vi consultar: *consulting room* consultorio ■ **consultant** n **1** asesor, -ora **2** (Med) especialista **consultancy** n (pl **consultancies**) asesoría **consultation** /ˌkɑːnslˈteɪʃn/ n consulta

consume /kənˈsuːm; GB -ˈsjuːm/ vt consumir: *He was consumed with envy.* Lo consumía la envidia.

consumer /kənˈsuːmər; GB -ˈsjuːm-/ n consumidor, -ora

consumerism /kənˈsuːmərɪzəm; GB -ˈsjuː-/ n consumismo

consumerist /kənˈsuːmərɪst; GB -ˈsjuː-/ adj consumista

consummate adjetivo, verbo
▶ adj /ˈkɑːnsəmət, kənˈsʌmət/ (formal) **1** consumado **2** (habilidad, etc.) extraordinario

consumption

containers

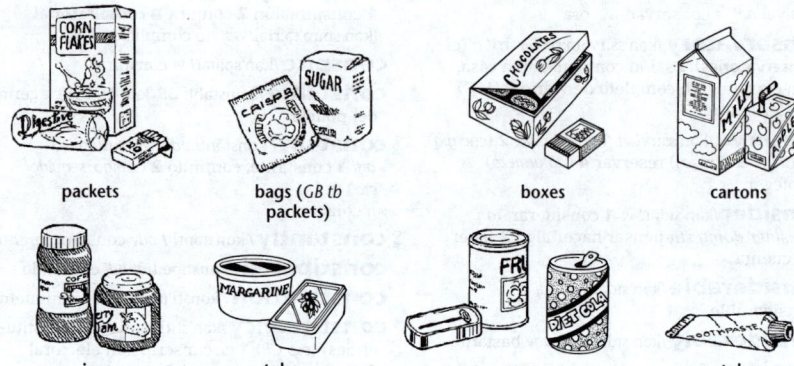

packets   bags (*GB tb* packets)   boxes   cartons

jars   tubs   cans   tube

▸ *vt* /ˈkɒnsəmeɪt/ (*formal*) **1** culminar **2** (*matrimonio*) consumar

consumption /kənˈsʌmpʃn/ *n* **1** consumo **2** (*antic*) (*Med*) tisis

contact /ˈkɒntækt/ *sustantivo, verbo*
▸ *n* contacto LOC **make contact (with sb/sth)** ponerse en contacto (con algn/algo)
▸ *vt* ponerse en contacto con

contact lens *n* (*pl* **contact lenses**) lente de contacto

contagious /kənˈteɪdʒəs/ *adj* contagioso

contain /kənˈteɪn/ *vt* contener: *to contain yourself* contenerse

container /kənˈteɪnər/ *n* **1** recipiente **2** contenedor: *container ship* buque para contenedores

contaminate /kənˈtæmɪneɪt/ *vt* contaminar

contemplate /ˈkɒntəmpleɪt/ **1** *vt, vi* contemplar, meditar (sobre) **2** *vt* considerar: *to contemplate doing sth* considerar la idea de hacer algo

contemporary /kənˈtempəreri; *GB* -prəri/ *adjetivo, sustantivo*
▸ *adj* **1** contemporáneo **2** de la época
▸ *n* (*pl* **contemporaries**) contemporáneo, -a

contempt /kənˈtempt/ *n* **1** desprecio **2** (*tb* contempt of ˈcourt) desacato (al tribunal) LOC **beneath contempt** despreciable ◆ **hold sb/sth in contempt** despreciar a algn/algo
■ **contemptible** *adj* despreciable **contemptuous** /kənˈtemptʃuəs/ *adj* desdeñoso, despectivo

contend /kənˈtend/ **1** *vi* ~ **with sth** luchar contra algo: *She's had a lot of problems to contend with.* Ha tenido que enfrentarse con muchos problemas. **2** *vi* ~ **(for sth)** competir, luchar (por algo) **3** *vt* afirmar ■ **contender** *n* contendiente

content¹ /ˈkɒntent/ (*tb* **contents** [*pl*]) *n* contenido: *table of contents* índice de contenido

content² /kənˈtent/ *adjetivo, verbo*
▸ *adj* ~ **(with sth/to do sth)** contento (con algo/con hacer algo), satisfecho con algo
▸ *vt* ~ **yourself with sth** contentarse con algo
■ **contented** *adj* satisfecho **contentment** *n* contento, satisfacción

contention /kənˈtenʃn/ *n* (*formal*) **1** discusión **2** opinión LOC **in/out of contention (for sth)** en/fuera de la contienda (por algo) *Ver tb* BONE

contentious /kənˈtenʃəs/ *adj* **1** polémico **2** pendenciero

contest *sustantivo, verbo*
▸ *n* /ˈkɒntest/ **1** concurso, competencia **2** ~ **(for sth)** competencia, lucha (por algo)
▸ *vt* /kənˈtest/ **1** (*premio, escaño*) disputar **2** (*afirmación*) rebatir **3** (*decisión*) impugnar

contestant /kənˈtestənt/ *n* concursante

context /ˈkɒntekst/ *n* contexto

continent /ˈkɒntɪnənt/ *n* **1** (*Geog*) continente **2 the Continent** (*GB*) el continente europeo

continental /ˌkɒntɪˈnentl/ *adj* continental

continental ˈbreakfast *n* desayuno continental (*café y pan tostado, etc.*)

contingency /kənˈtɪndʒənsi/ *n* (*pl* **contingencies**) **1** eventualidad **2** contingencia: *contingency plan* plan de emergencia

contingent /kənˈtɪndʒənt/ *n* [*v sing o pl*] **1** (*Mil*) contingente **2** (*grupo representativo, delegación*) representación

---

i happy   ɪ sit   i: see   æ cat   ɑ hot   ɒ long (*GB*)   ɑ: bath (*GB*)   ʌ cup   ʊ put   u: too

continual /kənˈtɪnjuəl/ adj [solo antes de sustantivo] continuo ■ **continually** adv continuamente

> ¿**Continual** o **continuous**? **Continual** y **continually** suelen emplearse para describir acciones que se repiten sucesivamente y a menudo tienen un matiz negativo: *His continual phone calls started to annoy her.* Sus continuas llamadas empezaban a fastidiarla. **Continuous** y **continuously** se utilizan para describir acciones ininterrumpidas: *There has been a continuous improvement in his work.* Su trabajo ha mostrado una mejoría constante. ◊ *It has rained continuously for three days.* Ha llovido sin parar durante tres días.

continuation /kənˌtɪnjuˈeɪʃn/ n continuación

continue /kənˈtɪnjuː/ vt, vi continuar, seguir: *to continue doing sth/to do sth* continuar haciendo algo ■ **continued** adj continuo **continuing** adj continuado

continuity /ˌkɑntɪˈnuːəti; GB -təˈnjuː-/ n continuidad

continuous /kənˈtɪnjuəs/ adj constante, continuo

conˈtinuous asˈsessment n (GB) (Educ) evaluación continua/permanente

continuously /kənˈtɪnjuəsli/ adv continuamente, sin parar ⊃ Ver nota en CONTINUAL

contort /kənˈtɔːrt/ **1** vt (re)torcer **2** vi contorsionarse, retorcerse

contour /ˈkɑntʊər/ n contorno

contraband /ˈkɑntrəbænd/ n contrabando

contraception /ˌkɑntrəˈsepʃn/ n anticoncepción ■ **contraceptive** adj, n anticonceptivo

contract sustantivo, verbo
▶ n /ˈkɑntrækt/ contrato **LOC under contract (to sb/sth)** bajo contrato (con algn/algo)
▶ /kənˈtrækt/ **1** vi contraerse **2** vt (formal) (enfermedad, matrimonio, deudas) contraer **3** vt (trabajador) contratar

contraction /kənˈtrækʃn/ n contracción

contractor /kənˈtræktər/ n contratista

contradict /ˌkɑntrəˈdɪkt/ vt contradecir
■ **contradiction** n contradicción **contradictory** /ˌkɑntrəˈdɪktəri/ adj contradictorio

contraflow /ˈkɑntrəfloʊ/ n contraflujo (de tráfico)

contrary /ˈkɑntreri; GB -trəri/ adjetivo, adverbio, sustantivo

▶ adj contrario
▶ adv ~ **to sth** en contra de algo, contrario a algo
▶ n **the contrary** [sing] lo contrario **LOC on the contrary** por el contrario

contrast sustantivo, verbo
▶ n /ˈkɑntræst; GB -trɑːst/ contraste
▶ vt, vi /kənˈtræst; GB -ˈtrɑːst/ ~ **(A and/with B)** contrastar (A con B)

contrasting /kənˈtræstɪŋ; GB -ˈtrɑːst-/ adj: *two companies with contrasting fortunes* dos empresas que han tenido suertes opuestas

contribute /kənˈtrɪbjuːt/ **1** vt, vi contribuir **2** vt, vi ~ **(sth) to sth** (artículo) escribir (algo) para algo **3** vi ~ **to sth** (debate) participar en algo
■ **contributor** /kənˈtrɪbjətər/ n **1** contribuyente **2** (publicación) colaborador, -ora **contributory** /kənˈtrɪbjətɔːri; GB -təri/ adj **1** que contribuye **2** (plan de jubilación) con aporte obligatorio del empleado

contribution /ˌkɑntrɪˈbjuːʃn/ n **1** contribución, aporte **2** (publicación) artículo

control /kənˈtroʊl/ sustantivo, verbo
▶ n **1** control, mando, dominio: *to be in control of sth* tener el control de algo/tener algo bajo control **2 controls** [pl] mandos **LOC be out of control 1** estar fuera de control: *Her car went out of control.* Perdió el control del carro.
2 (persona) desmandarse
▶ vt **1** controlar, tener el mando de **2** (vehículo) manejar **3** ~ **yourself** dominarse **4** (ley) regular **5** (gastos, inflación) contener

conˈtrol freak n (coloq) controlador obsesivo, controladora obsesiva

conˈtrol pad n gamepad, mando de control

controversial /ˌkɑntrəˈvɜːrʃl/ adj controvertido, polémico

controversy /ˈkɑntrəvɜːrsi; GB tb kənˈtrɒvəsi/ n (pl **controversies**) ~ **(about/over sth)** controversia (acerca de algo)

convene /kənˈviːn/ **1** vt convocar **2** vi reunirse

convenience /kənˈviːniəns/ n **1** comodidad: *public conveniences* (GB) baños públicos **2** conveniencia

conˈvenience store n (tienda) autoservicio, minimarket

convenient /kənˈviːniənt/ adj **1** *if it's convenient (for you)* si te queda bien **2** (momento) oportuno **3** práctico **4** (accesible) a mano **5** ~ **for sth** bien situado en relación con algo ■ **conveniently** adv oportunamente, convenientemente

convent /ˈkɑnvent, -vənt/ n convento

convention /kənˈvenʃn/ n **1** congreso **2** convencionalismo **3** (acuerdo) convención

conventional /kənˈvenʃənl/ adj convencional LOC Ver WISDOM

converge /kənˈvɜːrdʒ/ vi **1** convergir **2** ~ (on...) (personas) reunirse (en...) ■ **convergence** n convergencia

conversant /kənˈvɜːrsnt/ adj ~ **with sth** (formal) versado en algo: *to become conversant with sth* familiarizarse con algo

conversation /ˌkɑnvərˈseɪʃn/ n conversación: *to make conversation* hacer la conversación

converse¹ /kənˈvɜːrs/ vi (formal) conversar

converse² /ˈkɑnvɜːrs/ n **the converse** [sing] (formal) lo contrario ■ **conversely** /kənˈvɜːrsli, ˈkɑnvɜːrsli/ adv (formal) a la inversa

conversion /kənˈvɜːrʒn/ GB -ʃn/ n ~ **(from sth) (into/to sth)** conversión (de algo) (en/a algo)

convert verbo, sustantivo
▶ vt, vi /kənˈvɜːrt/ **1** ~ **(sth) (from sth) (into/to sth)** convertir algo (de algo) (en algo), convertirse (de algo) (en algo): *The sofa converts into a bed.* El sofá se convierte en cama. **2** ~ **(sb) (from sth) (to sth)** (Relig) convertir a algn (de algo) (a algo), convertirse (de algo) (a algo)
▶ n /ˈkɑnvɜːrt/ ~ **(to sth)** converso, -a (a algo)

convertible /kənˈvɜːrtəbl/ adjetivo, sustantivo
▶ adj ~ **(into/to sth)** convertible (en algo)
▶ n (carro) convertible

convey /kənˈveɪ/ vt **1** (formal) llevar, transportar **2** (idea, agradecimiento) expresar **3** (saludos) enviar **4** (propiedad) traspasar

conveyor belt /kənˈveɪər belt/ (tb **conveyor**) n cinta transportadora

convict verbo, sustantivo
▶ vt /kənˈvɪkt/ ~ **sb (of sth)** declarar culpable a algn (de algo)
▶ n /ˈkɑnvɪkt/ preso, -a: *an escaped convict* un preso fugado

conviction /kənˈvɪkʃn/ n **1** ~ **(for sth)** condena (por algo) **2** ~ **(that...)** convicción (de que...): *to lack conviction* no ser convincente

convince /kənˈvɪns/ vt **1** ~ **sb (that.../of sth)** convencer a algn (de que.../de algo) **2** determinar ■ **convinced** adj convencido **convincing** adj convincente

convulse /kənˈvʌls/ vt convulsionar: *convulsed with laughter* muerto de risa ■ **convulsion** n [gen pl] convulsión

cook /kʊk/ verbo, sustantivo
▶ **1** vi (persona) cocinar, hacer la comida **2** vi (comida) cocinar **3** vt preparar: *The potatoes aren't cooked.* Las papas no están cocinadas.
LOC **cook the books** (coloq, pey) alterar los libros de contabilidad PHR V **cook sth up** (coloq)

inventarse algo: *to cook up an excuse* inventar una excusa
▶ n cocinero, -a

cookbook /ˈkʊkbʊk/ (tb ˈ**cookery book**) n libro de cocina

cooker /ˈkʊkər/ n (GB) (USA **stove**) estufa, cocina (electrodoméstico)

cookery /ˈkʊkəri/ n [incontable] cocina: *Oriental cookery* la cocina oriental

cookie /ˈkʊki/ (GB **biscuit**) n galleta

cooking /ˈkʊkɪŋ/ (tb esp GB **cookery** /ˈkʊkəri/) n [incontable] cocina: *French cooking* la cocina francesa ◊ *to do the cooking* hacer la comida

cool /kuːl/ adjetivo, verbo, sustantivo
▶ adj (**cooler**, **-est**) **1** (temperatura) fresco ⊃ Ver nota en FRÍO **2** (coloq) impasible **3** ~ **(about sth/toward sb)** indiferente (a algn/algo) **4** (acogida) frío **5** (coloq) chévere, bacán, genial: *'I'll meet you at three.' 'Cool!'* —Te veo a las tres. —¡Chévere! ◊ *He's so cool!* Es muy buena onda. LOC **keep/stay cool** no perder la calma: *Keep cool!* ¡Tranquilo!
▶ vt, vi enfriar(se) PHR V **cool down/off 1** refrescarse **2** enfriarse **3** calmarse ◆ **cool sb down/off 1** refrescar a algn **2** calmar a algn ◆ **cool sth down/off** enfriar algo
▶ n **the cool** [sing] el fresco LOC **keep/lose your cool** (coloq) mantener/perder la calma

cooperate /koʊˈɑpəreɪt/ vi **1** ~ **(with sb) (on sth/in doing sth)** cooperar (con algn) (en algo/para hacer algo) **2** colaborar ■ **cooperation** n **1** cooperación **2** colaboración

cooperative /koʊˈɑpərətɪv/ adjetivo, sustantivo
▶ adj **1** cooperativo **2** dispuesto a colaborar
▶ n cooperativa

coordinate /koʊˈɔːrdɪneɪt/ vt coordinar ■ **coordinator** vt coordinador, -ora

cop /kɑp/ n (coloq) policía

cope /koʊp/ vi ~ **(with sth)** arreglárselas (con algo), hacer frente a algo: *I can't cope.* No puedo más.

copier /ˈkɑpiər/ n fotocopiadora

copious /ˈkoʊpiəs/ adj (formal) copioso, abundante

copper /ˈkɑpər/ n **1** cobre **2** (GB, coloq) policía

copy /ˈkɑpi/ sustantivo, verbo
▶ n (pl **copies**) **1** copia **2** (libro, etc.) ejemplar **3** (revista, etc.) número **4** texto (para imprimir)
▶ vt (pt, pp **copied**) **1** ~ **sth (down/out) (in/into sth)** copiar algo (en algo) **2** fotocopiar **3** copiar, imitar

copyright /ˈkɑpiraɪt/ sustantivo, adjetivo
▶ n derechos de autor, copyright

▸ *adj* registrado, protegido por las leyes de derechos de autor/por copyright

coral /ˈkɔːrəl; *GB* ˈkɒrəl/ *sustantivo, adjetivo*
▸ *n* coral
▸ *adj* de coral, coralino

cord /kɔːrd/ *n* **1** cordón **2** (*GB tb* **flex**) cable (eléctrico) **3** pana, cotelé **4 cords** [*pl*] pantalón de pana/cotelé

cordless /ˈkɔːrdləs/ *adj* (*teléfono*) inalámbrico

cordon /ˈkɔːrdn/ *sustantivo, verbo*
▸ *n* cordón
▸ *v* PHR V **cordon sth off** acordonar algo

corduroy /ˈkɔːrdərɔɪ/ *n* pana, cotelé

ʔ **core** /kɔːr/ *n* **1** (*fruta*) corazón **2** centro, núcleo: *a hard core* un núcleo arraigado LOC **to the core** hasta la médula

coriander /ˌkɔːriˈændər; *GB* ˌkɒri-/ *n* cilantro, culantro

cork /kɔːrk/ *n* corcho

corkscrew /ˈkɔːrkskruː/ *n* descorchador

corn /kɔːrn/ *n* **1** (*USA*) maíz ⊃ Comparar con SWEETCORN **2** (*GB*) cereal **3** callo

corncob /ˈkɔːrnkɒb/ *n* mazorca

ʔ **corner** /ˈkɔːrnər/ *sustantivo, verbo*
▸ *n* **1** (*desde dentro*) rincón **2** (*desde fuera*) esquina **3** (*tb* ˈ**corner kick**) tiro de esquina LOC **(just) around the corner** a la vuelta de la esquina
▸ **1** *vt* acorralar **2** *vi* tomar una curva **3** *vt* monopolizar: *to corner the market in sth* monopolizar el mercado de algo

cornerstone /ˈkɔːrnərstoʊn/ *n* piedra angular

ˌ**corn on the** ˈ**cob** *n* mazorca (de maíz), choclo

cornstarch /ˈkɔːrnstɑːrtʃ/ (*GB* **cornflour** /ˈkɔːrnflaʊər/) *n* harina de maíz

corny /ˈkɔːrni/ *adj* (**cornier, -iest**) (*coloq*) **1** trillado **2** cursi, sentimental

corollary /ˈkɔːrəleri; *GB* kəˈrɒləri/ *n* ~ (**of/to sth**) (*formal*) consecuencia lógica (de algo)

coronation /ˌkɔːrəˈneɪʃn; *GB* ˌkɒr-/ *n* coronación

coroner /ˈkɔːrənər; *GB* ˈkɒr-/ *n* juez de instrucción (*en casos de muerte violenta o accidentes*)

corporal /ˈkɔːrpərəl/ *sustantivo, adjetivo*
▸ *n* (*Mil*) cabo
▸ *adj*: *corporal punishment* castigo corporal

corporate /ˈkɔːrpərət/ *adj* **1** colectivo **2** corporativo

corporation /ˌkɔːrpəˈreɪʃn/ *n* **1** concejo municipal **2** corporación

corps /kɔːr/ *n* (*pl* **corps** /kɔːrz/) cuerpo (*diplomático, etc.*)

corpse /kɔːrps/ *n* cadáver

ʔ **correct** /kəˈrekt/ *adjetivo, verbo*
▸ *adj* correcto: *Would I be correct in saying…?* ¿Me equivoco si digo…? *Ver tb* POLITICALLY CORRECT
▸ *vt* corregir ■ **correctly** *adv* correctamente

correlation /ˌkɔːrəˈleɪʃn; *GB* ˌkɒr-/ *n* correlación

correspond /ˌkɔːrəˈspɑnd; *GB* ˌkɒr-/ *vi* **1** ~ (**with sth**) coincidir (con algo) **2** ~ (**to sth**) equivaler (a algo) **3** ~ (**with sb**) mantener correspondencia (con algn) ■ **correspondence** *n* correspondencia **correspondent** *n* corresponsal **corresponding** *adj* correspondiente

corridor /ˈkɔːrɪdɔːr; *GB* ˈkɒr-/ *n* corredor, pasillo

corrosion /kəˈroʊʒn/ *n* corrosión

corrugated /ˈkɔːrəɡeɪtɪd; *GB* ˈkɒr-/ *adj* corrugado

corrupt /kəˈrʌpt/ *adjetivo, verbo*
▸ *adj* **1** corrupto, deshonesto **2** depravado
▸ *vt* corromper, sobornar ■ **corruption** *n* corrupción

cos (*tb* ˈ**cos**, ˈ**cause**, **coz**) /kəz, kʌz/ *conj* (*GB, coloq*) porque ❶ Esta forma no se considera gramaticalmente correcta.

cosmetic /kʌzˈmetɪk/ *adj* cósmetico: *cosmetic surgery* cirugía estética

cosmetics /kʌzˈmetɪks/ *n* [*pl*] cosméticos

cosmopolitan /ˌkʌzməˈpɑlɪtən/ *adj, n* cosmopolita

ʔ **cost** /kɔːst; *GB* kɒst/ *verbo, sustantivo*
▸ *vt* **1** (*pt, pp* **cost**) costar, valer **2** (*pt, pp* **costed**) (*Econ*) presupuestar
▸ *n* **1** costo: *whatever the cost* cueste lo que cueste **2 costs** [*pl*] costos, gastos LOC **at all cost(s)** a toda costa *Ver tb* COUNT

> **Asking the price**
> Preguntar el precio de algo
> *Can you tell me how much this is, please?* ¿Me puede decir cuánto cuesta, por favor?
> *How much are the plums?* ¿Cuánto son las ciruelas?
> *What would it cost to repair?* ¿Cuánto costaría repararlo?

co-star /ˈkoʊ stɑr/ *n* coprotagonista

ˌ**cost-ef**ˈ**fective** *adj* rentable

costly /ˈkɔːstli; *GB* ˈkɒstli/ *adj* (**costlier, -iest**) costoso

costume /'kɒstu:m; GB -tju:m/ n **1** traje, disfraz **2 costumes** [pl] (Teat) vestuario

cosy (GB) = COZY

cot /kɒt/ n **1** (USA) catre **2** (GB) (USA **crib**) cuna

⚡ **cottage** /'kɒtɪdʒ/ n casita (de campo)

cottage 'cheese n tipo de queso fresco con grumos

⚡ **cotton** /'kɒtn/ n [incontable] **1** algodón **2** hilo (de algodón) **3** (GB ˌcotton 'wool) algodón (para heridas, maquillaje)

ˌ**cotton 'candy** (GB **candyfloss**) n algodón de azúcar

couch /kaʊtʃ/ sustantivo, verbo
▶ n sofá
▶ vt ~ **sth (in sth)** (formal) expresar algo (en algo)

couchette /kuːˈʃet/ n cama (en tren)

'**couch potato** n (pl **couch potatoes**) (coloq, pey) teleadicto, -a

⚡ **cough** /kɒːf; GB kɒf/ verbo, sustantivo
▶ **1** vi toser **2** vt ~ **sth up** escupir algo
PHR V **cough (sth) up** (coloq) soltar algo (dinero)
▶ n tos

could pt de CAN¹

⚡ **council** /'kaʊnsl/ n **1** concejo, municipio: council flat/house (GB) vivienda protegida perteneciente al municipio **2** consejo
■ **councilor** (GB **councillor**) n concejal

counsel /'kaʊnsl/ sustantivo, verbo
▶ n **1** (formal) consejo ❶ En este sentido la palabra más normal es **advice**. **2** (pl **counsel**) abogado, -a ⊃ Ver nota en ABOGADO
▶ vt (-**l**-, GB -**ll**-) (formal) aconsejar ■ **counseling** (GB **counselling**) n asesoramiento, orientación **counselor** (GB **counsellor**) n **1** asesor, -ora, consejero, -a **2** (USA o Irl) abogado, -a

⚡ **count** /kaʊnt/ verbo, sustantivo
▶ **1** vt, vi ~ **(sth) (up)** contar (algo) **2** vi ~ **(as sth)** contar (como algo) **3** vi ~ **(for sth)** importar, contar (para algo) **4** vi valer **5** vt to count yourself lucky considerarse afortunado
LOC **count the cost (of sth)** pagar las consecuencias (de algo) PHR V **count down (to sth)** hacer la cuenta regresiva (para algo)
◆ **count sb in** incluir a algn ◆ **count on sb/sth** contar con algn/algo ◆ **count sb out** no contar con algn ◆ **count toward sth** contribuir a algo
▶ n **1** conde **2** recuento

countdown /'kaʊntdaʊn/ n ~ **(to sth)** cuenta regresiva (de algo)

countenance /'kaʊntənəns/ verbo, sustantivo
▶ vt (formal) aprobar, tolerar
▶ n (formal) rostro

⚡ **counter** /'kaʊntər/ sustantivo, verbo, adverbio
▶ n **1** (juego) ficha **2** contador **3** mostrador **4** (GB **worktop**) (en cocina) superficie de trabajo
▶ **1** vi rebatir, contrarrestar **2** vt (ataque) contestar, responder a
▶ adv ~ **to sth** en contra de algo

counteract /ˌkaʊntərˈækt/ vt contrarrestar

'**counter-attack** sustantivo, verbo
▶ n contraataque
▶ vi, vi contraatacar

counterclockwise /ˌkaʊntərˈklɒkwaɪz/ (GB **anticlockwise**) adv, adj en sentido contrario a las agujas del reloj

counterfeit /'kaʊntərfɪt/ adj falsificado

counterpart /'kaʊntərpɑrt/ n **1** homólogo, -a **2** equivalente

counterproductive /ˌkaʊntərprəˈdʌktɪv/ adj contraproducente

countess /'kaʊntəs, -es/ n condesa

countless /'kaʊntləs/ adj innumerable

⚡ **country** /'kʌntri/ n (pl **countries**) **1** país **2** zona, tierra **3** patria **4 the country** [sing] el campo: country life la vida rural

countryman /'kʌntrimən/ n (pl **countrymen** /-mən/) **1** compatriota **2** campesino ⊃ Ver nota en CAMPESINO

⚡ **countryside** /'kʌntrisaɪd/ n [incontable] **1** campo **2** paisaje

countrywoman /'kʌntriwʊmən/ n (pl **countrywomen** /-wɪmɪn/) **1** compatriota **2** campesina

⚡ **county** /'kaʊnti/ n (pl **counties**) condado

coup /kuː/ n (pl **coups** /kuːz/) **1** (tb **coup d'état** /ˌkuː deɪˈtɑː/) ❶ La forma plural es **coups d'état**. golpe (de estado) **2** éxito

⚡ **couple** /'kʌpl/ sustantivo, verbo
▶ n **1** pareja (relación amorosa): a married couple un matrimonio **2** par LOC **a couple (of)** un par (de), unos cuantos, unas cuantas
▶ vt **1** asociar, acompañar: coupled with sth junto con algo **2** acoplar, enganchar

coupon /'kuːpɑn, 'kjuː-/ n cupón, vale

⚡ **courage** /'kɜːrɪdʒ; GB 'kʌr-/ n valor LOC Ver DUTCH, PLUCK ■ **courageous** /kəˈreɪdʒəs/ adj **1** (persona) valiente **2** (intento) valeroso

courgette /kʊərˈʒet/ n (GB) (USA **zucchini**) calabacín, zapallo italiano

courier /'kʊriər/ n **1** mensajero, -a, servicio de mensajería **2** guía turístico, -a (persona)

⚡ **course** /kɔːrs/ n **1** ~ **(in/on sth)** (Educ) curso (de algo) **2** (barco, avión, río) rumbo, curso: to be on/off course seguir el rumbo/un rumbo equivocado **3** curso, transcurso **4** ~ **of sth** (*Med*) tratamiento de algo **5** (*Golf*) campo **6** (*carreras*) pista **7** (*comida*) plato `LOC` **a course of action** una línea de acción ◆ **in the course of sth** en el transcurso de algo ◆ **of course** por supuesto *Ver tb* DUE, MATTER

coursebook /ˈkɔːrsbʊk/ *n* (*GB*) libro de texto

court /kɔːrt/ *sustantivo, verbo*
▸ *n* **1** (*tb* **court of ˈlaw**) juzgado, tribunal: *court order* orden judicial ◊ *court case* pleito *Ver tb* THE HIGH COURT, THE SUPREME COURT **2** (*Dep*) pista, cancha **3** [*sing*] corte `LOC` **go to court (over sth)** ir a juicio (por algo) ◆ **take sb to court** demandar a algn
▸ *vt* **1** cortejar **2** (*formal*) (*peligro, etc.*) exponerse a

courteous /ˈkɜːrtiəs/ *adj* cortés

courtesy /ˈkɜːrtəsi/ *n* (*pl* **courtesies**) cortesía `LOC` **(by) courtesy of sb/sth** (por) gentileza de algn/algo

court ˈmartial *n* (*pl* **courts martial**) consejo de guerra

courtship /ˈkɔːrtʃɪp/ *n* (*formal*) noviazgo

courtyard /ˈkɔːrtjɑːrd/ *n* patio

cousin /ˈkʌzn/ (*tb* **first ˈcousin**) *n* primo (hermano), prima (hermana)

cove /koʊv/ *n* bahía, rada

covenant /ˈkʌvənənt/ *n* convenio, pacto

cover /ˈkʌvər/ *verbo, sustantivo*
▸ *vt* **1** ~ **sth (up/over) (with sth)** cubrir algo (con algo) **2** ~ **sb/sth in/with sth** cubrir a algn/algo de algo **3** (*olla, cara*) tapar **4** (*timidez, etc.*) disimular **5** abarcar **6** (*tema*) tratar **7** (*zona*) encargarse de **8** recorrer: *We covered 300 kilometers per day.* Recorrimos 300 kilómetros al día. `PHR V` **cover for sb** sustituir a algn ◆ **cover (sth) up** (*pey*) ocultar (algo) ◆ **cover up for sb** cubrir las espaldas a algn
▸ *n* **1** cubierta **2** funda **3** (*tarro*) tapa **4** (*revista*) portada **5** (*libro*) pasta, tapa *Ver tb* FRONT COVER **6 the covers** [*pl*] las cobijas **7** ~ **(for sth)** tapadera (para algo) **8** identidad falsa **9** (*Mil*) protección **10** ~ **(for sb)** sustitución (de algn) **11** ~ **(against sth)** seguro (contra algo) `LOC` **from cover to cover** de pasta a pasta ◆ **take cover (from sth)** resguardarse (de algo) ◆ **under cover of sth** al amparo de algo *Ver tb* DIVE

coverage /ˈkʌvərɪdʒ/ *n* cobertura

coveralls /ˈkʌvərɔːlz/ (*GB* **overalls**) *n* [*pl*] overol

covering /ˈkʌvərɪŋ/ *n* **1** envoltura **2** capa

ˈcover letter (*GB* **ˌcovering ˈletter**) *n* carta de presentación

covert /ˈkoʊvɜːrt; *GB tb* ˈkʌvət/ *adj* (*formal*) **1** secreto, encubierto **2** (*mirada*) furtivo

ˈcover-up *n* (*pey*) encubrimiento

covet /ˈkʌvət/ *vt* (*formal*) codiciar

cow /kaʊ/ *n* vaca ➔ *Ver nota en* CARNE

coward /ˈkaʊərd/ *n* cobarde ■ **cowardice** /ˈkaʊərdɪs/ *n* [*incontable*] cobardía **cowardly** *adj* cobarde

cowboy /ˈkaʊbɔɪ/ *n* **1** vaquero **2** (*GB, coloq*) pirata (*albañil, plomero, etc.*)

co-worker /ˈkoʊ wɜːrkər/ (*GB tb* **workmate**) *n* compañero, -a de trabajo

coy /kɔɪ/ *adj* **1** tímido (*por coquetería*) **2** ~ **(about sth)** reservado (respecto a algo)

cozy (*GB* **cosy**) /ˈkoʊzi/ *adj* (**cozier, -iest**) acogedor

crab /kræb/ *n* cangrejo

crack /kræk/ *verbo, sustantivo*
▸ **1** *vt, vi* resquebrajar(se): *a cracked cup* una taza agrietada **2** *vt* ~ **sth (open)** abrir algo **3** *vi* ~ **(open)** abrirse (*rompiéndose*) **4** *vt* (*nuez*) cascar **5** *vt* ~ **sth (on/against sth)** golpear algo (contra algo) **6** *vt, vi* chasquear **7** *vt* (*látigo*) restallar **8** *vi* desmoronarse **9** *vt, vi* (*resistencia*) quebrantar(se) **10** *vt* (*coloq*) resolver **11** *vi* (*voz*) quebrarse **12** *vt* (*coloq*) (*chiste*) contar `LOC` **get cracking** (*GB, coloq*) poner manos a la obra `PHR V` **crack down (on sb/sth)** tomar medidas enérgicas (contra algn/algo) ◆ **crack up** (*coloq*) sufrir un colapso nervioso
▸ *n* **1** grieta **2** defecto **3** rendija, abertura **4** chasquido, (r)estallido **5** (*droga*) crack `LOC` **at the crack of dawn** (*coloq*) al amanecer

crackdown /ˈkrækdaʊn/ *n* ~ **(on sth)** medidas enérgicas (contra algo)

cracker /ˈkrækər/ *n* **1** galleta salada **2** (*tb* **ˌChristmas ˈcracker**) (*GB*) petardo sorpresa

crackle /ˈkrækl/ *verbo, sustantivo*
▸ *vi* crepitar
▸ *n* (*tb* **crackling**) crujido, chisporroteo

cradle /ˈkreɪdl/ *sustantivo, verbo*
▸ *n* (*lit y fig*) cuna
▸ *vt* acunar

craft /kræft; *GB* krɑːft/ *sustantivo, verbo*
▸ *n* **1** artesanía: *craft fair* feria artesanal **2** (*destreza*) oficio **3** (*formal*) embarcación
▸ *vt* fabricar artesanalmente

craftsman /ˈkræftsmən; *GB* ˈkrɑːfts-/ *n* (*pl* **craftsmen** /-mən/) artesano ■ **craftsmanship** *n* **1** artesanía **2** arte

craftswoman /ˈkræftswʊmən; *GB* ˈkrɑːfts-/ *n* (*pl* **craftswomen** /-wɪmɪn/) artesana

crafty /ˈkræfti; *GB* ˈkrɑːfti/ *adj* (**craftier, -iest**) astuto, ladino

crag /kræg/ n peñasco, risco ■ **craggy** adj escarpado

cram /kræm/ **1** vt ~ **A into B** atiborrar, llenar B de A, meter A en B (*a presión*) **2** vi ~ **into sth** meterse con dificultad en algo, abarrotar algo **3** vi ~ **(for sth)** (*coloq*) estudiar como loco (para algo)

cramp /kræmp/ sustantivo, verbo
▸ n **1** (*muscular*) calambre, jalón **2** (**stomach**) **cramps** [*pl*] retortijones
▸ vt (*movimiento, desarrollo, etc.*) obstaculizar
■ **cramped** adj **1** (*letra*) apretado **2** (*espacio*) estrecho

cranberry /ˈkrænberi; *GB* -bəri/ n (*pl* **cranberries**) arándano (*rojo y agrio*)

crane /kreɪn/ n **1** (*Mec*) grúa **2** (*ave*) grulla

crank /kræŋk/ n **1** (*Mec*) manivela **2** (*USA*) cascarrabias **3** (*pey*) excéntrico, -a

cranky /ˈkræŋki/ adj (*coloq*) **1** (*esp USA*) cascarrabias **2** excéntrico

❡ **crash** /kræʃ/ sustantivo, verbo, adjetivo
▸ n **1** accidente, choque: *crash helmet* casco protector **2** estrépito **3** (*Econ*) quiebra **4** (*bolsa*) caída **5** (*Informát*) fallo
▸ **1** vt, vi ~ (**sth**) (**into sth**) (*vehículo*) estrellar algo, estrellarse (contra algo): *He crashed his car last Monday.* Se estrelló el lunes pasado. ◊ *He crashed into a lamppost.* Se estrelló contra un poste de la luz. **2** vi (*Econ*) quebrar **3** vi (*bolsa*) hundirse **4** vi (*Informát*) colgarse
▸ adj [*solo antes de sustantivo*] (*curso, dieta*) intensivo

ˌcrash ˈlanding n aterrizaje de emergencia

crass /kræs/ adj (*pey*) **1** craso **2** sumo **3** majadero

crate /kreɪt/ n **1** cajón **2** caja (*para botellas*)

crater /ˈkreɪtər/ n cráter

crave /kreɪv/ vt anhelar ■ **craving** n ~ (**for sth**) ansia, antojo (de algo)

crawl /krɔːl/ verbo, sustantivo
▸ vi **1** gatear, arrastrarse **2** ~ (**along**) (*tráfico*) avanzar a paso de tortuga **3** ~ (**to sb**) (*coloq*) arrastrarse, rebajarse (ante algn) LOC **be crawling with sth** (*coloq*) estar plagado de algo
▸ n **1** paso de tortuga **2** (*Natación*) crol, nado libre

crayfish /ˈkreɪfɪʃ/ n (*pl* **crayfish**) langostino de río

crayon /ˈkreɪən/ n **1** lápiz de colores, crayola **2** (*Arte*) pastel

craze /kreɪz/ n moda, fiebre

❡ **crazy** /ˈkreɪzi/ adj (**crazier, -iest**) ~ (**about sb/sth**) (*coloq*) loco (por algn/algo)

crèche (*tb* **creche**) /kreʃ/ n **1** (*USA*) (*GB* **crib**) pesebre **2** (*GB*) (*USA* **day nursery**) guardería infantil

creak /kriːk/ vi crujir, chirriar

❡ **cream** /kriːm/ sustantivo, verbo
▸ n **1** crema: *cream cheese* queso crema **2** crema, pomada **3 the cream of sth** [*sing*] la flor y nata de algo **4** (*color*) crema
▸ vt batir PHR V **cream sb/sth off** quedarse con lo mejor de algn/algo ■ **creamy** adj (**creamier, -iest**) cremoso

crease /kriːs/ sustantivo, verbo
▸ n **1** arruga, pliegue **2** (*pantalón*) raya
▸ vt, vi arrugar(se)

❡ **create** /kriˈeɪt/ vt crear, producir: *to create a fuss* hacer un escándalo ■ **creation** n creación **creator** n creador, -ora

creative /kriˈeɪtɪv/ adj creativo ■ **creativity** /ˌkriːeɪˈtɪvəti/ n creatividad

❡ **creature** /ˈkriːtʃər/ n criatura: *living creatures* seres vivos ◊ *a creature of habit* un animal de costumbres ◊ *creature comforts* comodidades

credentials /krəˈdenʃlz/ n [*pl*] **1** documentos (*de identidad, etc.*) **2** (*para un trabajo*) currículum, antecedentes

credibility /ˌkredəˈbɪləti/ n credibilidad

credible /ˈkredəbl/ adj verosímil, creíble

❡ **credit** /ˈkredɪt/ sustantivo, verbo
▸ n **1** crédito: *on credit* a crédito **2** saldo positivo: *to be in credit* (*GB*) tener saldo positivo **3** (*contabilidad*) haber **4** mérito **5** [*gen pl*] (*Cine, TV*) crédito LOC **be a credit to sb/sth** hacer honor a algn/algo ♦ **do sb credit; do credit to sb** honrar a algn
▸ vt **1** ~ **sb/sth with sth** atribuir el mérito de algo a algn/algo **2** (*Fin*) abonar, consignar **3** creer
■ **creditable** adj (*formal*) encomiable

❡ˈ**credit card** n tarjeta de crédito

creditor /ˈkredɪtər/ n acreedor, -ora

creditworthy /ˈkredɪtwɜːrði/ adj solvente

creed /kriːd/ n credo

creek /kriːk/ n **1** (*USA*) riachuelo, quebrada **2** (*GB*) ensenada LOC **be up the creek (without a paddle)** (*coloq*) estar en un apuro

creep /kriːp/ verbo, sustantivo
▸ vi (*pt, pp* **crept** /krept/) **1** deslizarse (sigilosamente): *to creep up on sb* aproximarse sigilosamente a algn/coger desprevenido a algn **2** (*fig*) *A feeling of drowsiness crept over him.* Lo invadió una sensación de modorra. **3** (*planta*) trepar
▸ n (*coloq*) **1** persona desagradable **2** (*GB*) lambón, -ona, adulón, -ona LOC **give sb the creeps** (*coloq*) ponerle los pelos de punta a algn

■ **creepy** adj (**creepier, -iest**) (coloq) espeluznante

cremation /kriːˈmeɪʃn; GB krəˈm-/ n cremación

crematorium /ˌkriːməˈtɔːriəm; GB ˌkrem-/ n (pl **crematoria** /-riə/ o **crematoriums**) (tb **crematory** /ˈkriːmətɔːri; GB ˈkrem-/) crematorio

crepe (tb **crêpe**) /kreɪp/ (GB tb **pancake**) n crepe

crept pt, pp de CREEP

crescendo /krəˈʃendoʊ/ n (pl **crescendos**) **1** (Mús) crescendo **2** (fig) punto culminante

crescent /ˈkresnt/ n **1** media luna: *a crescent moon* la media luna **2** calle en forma de media luna

crest /krest/ n **1** cresta **2** (cerro) cima **3** (Heráldica) emblema

crestfallen /ˈkrestfɔːlən/ adj cabizbajo

crevice /ˈkrevɪs/ n grieta (en roca)

crew /kruː/ n **1** tripulación: *cabin crew* tripulación (de un avión) **2** (remo, cine) equipo ◆ Ver nota en JURADO

crew cut n rapada de pelo

crew neck n cuello redondo

crib /krɪb/ sustantivo, verbo
▸ n **1** (USA) (GB **cot**) cuna **2** (GB) (USA **crèche**) pesebre **3** (plagio) copia
▸ vt, vi (**-bb-**) copiar, plagiar

cricket /ˈkrɪkɪt/ n **1** (Zool) grillo **2** (Dep) críquet
■ **cricketer** n jugador, -ora de críquet

cried pt, pp de CRY

cries pl de CRY

ℓ **crime** /kraɪm/ n **1** delito, crimen **2** delincuencia

ℓ **criminal** /ˈkrɪmɪnl/ adjetivo, sustantivo
▸ adj **1** delictivo, criminal: *criminal damage* daños y perjuicios ◇ *a criminal record* antecedentes penales **2** (derecho) penal **3** inmoral
▸ n delincuente, criminal

crimson /ˈkrɪmzn/ adj carmesí

cringe /krɪndʒ/ vi **1** (por miedo) encogerse **2** morirse de vergüenza

cripple /ˈkrɪpl/ sustantivo, verbo
▸ n discapacitado, -a ❶ Hoy en día esta palabra es ofensiva. Se dice **disabled person**.
▸ vt **1** dejar discapacitado **2** (fig) perjudicar seriamente ■ **crippling** adj **1** (enfermedad) que deja discapacitado **2** (deuda) agobiante

ℓ **crisis** /ˈkraɪsɪs/ n (pl **crises** /-siːz/) crisis

ℓ **crisp** /krɪsp/ adjetivo, sustantivo
▸ adj (**crisper, -est**) **1** crujiente **2** (verduras) fresco **3** (papel) sin arrugas, firme: *a crisp new $5 dollar bill* un billete nuevo de $5 **4** (tiempo) seco y frío **5** (manera) tajante
▸ n (tb **potato crisp**) (GB) (USA (**potato**) **chip**) papa frita (de bolsa) ◆ Ver dibujo en PAPA² ■ **crisply** adv tajantemente **crispy** adj (**crispier, -iest**) crujiente

crispbread /ˈkrɪspbred/ n galleta de trigo o centeno que se toma como sustituto del pan

ℓ **criterion** /kraɪˈtɪəriən/ n (pl **criteria** /-riə/) criterio

critic /ˈkrɪtɪk/ n **1** detractor, -ora **2** (Cine, Teat, etc.) crítico, -a

ℓ **critical** /ˈkrɪtɪkl/ adj **1** crítico: *to be critical of sb/sth* criticar a algn/algo ◇ *critical acclaim* el aplauso de la crítica **2** (persona) criticón **3** (momento) crítico, crucial **4** (estado) crítico

critically /ˈkrɪtɪkli/ adv **1** críticamente **2** *critically ill* gravemente enfermo

ℓ **criticism** /ˈkrɪtɪsɪzəm/ n **1** crítica **2** [incontable] críticas: *He can't take criticism.* No soporta que lo critiquen. **3** [incontable] crítica: *literary criticism* crítica literaria

ℓ **criticize** (GB tb **-ise**) /ˈkrɪtɪsaɪz/ vt criticar

critique /krɪˈtiːk/ n análisis crítico

croak /kroʊk/ verbo, sustantivo
▸ vi **1** croar **2** (persona) gruñir
▸ n (tb **croaking**) croar

crochet /ˈkroʊʃeɪ; GB ˈkroʊʃeɪ/ n (labor de) crochet

crockery /ˈkrɑkəri/ n [incontable] (esp GB) loza, vajilla

crocodile /ˈkrɑkədaɪl/ n cocodrilo

crocus /ˈkroʊkəs/ n (pl **crocuses** /-sɪz/) azafrán

croissant /krəˈsɑnt, kwɑˈsɑnt; GB ˈkrwæsɑŋ/ n cruasán

crony /ˈkroʊni/ n (pl **cronies**) (pey) compinche

crook /krʊk/ n (coloq) persona deshonesta

crooked /ˈkrʊkɪd/ adj **1** torcido **2** (camino) tortuoso, lleno de curvas **3** (coloq) (persona) deshonesto **4** (acción) poco limpio

ℓ **crop** /krɑp/ sustantivo, verbo
▸ n **1** cosecha **2** cultivo **3** [sing] **a ~ of sth** un conjunto de algo
▸ vt (**-pp-**) **1** (pelo) cortar muy corto **2** (foto) recortar **3** (animales) *to crop the grass* pastar
PHRV **crop up** surgir, aparecer

crop top n top (corto), ombliguera

croquet /kroʊˈkeɪ; GB ˈkroʊkeɪ/ n croquet

ℓ **cross** /krɔːs; GB krɒs/ sustantivo, verbo, adjetivo
▸ n **1** cruz **2** ~ (**between...**) cruce, mezcla (de...)
▸ **1** vt, vi cruzar, atravesar: *Shall we cross over?* ¿Pasamos al otro lado? **2** vt, vi cruzarse **3** vt ~ **yourself** persignarse **4** vt llevar la contraria a

5 *vt* ~ sth with sth (*Zool, Bot*) cruzar algo con algo LOC **cross your fingers (for me)** deséame suerte ♦ **cross your mind** pasar por la mente, ocurrírsele a uno *Ver tb* DOT PHR V **cross sth off/out/through** tachar algo: *to cross sb off the list* borrar a algn de la lista
▶ *adj* (**crosser, -est**) **1** enojado: *to get cross* enojarse **2** (*viento*) de costado

crossbar /'krɔːsbɑr; *GB* 'krɒs-/ *n* **1** (*de bicicleta*) barra **2** (*Fútbol*) travesaño

crossbow /'krɔːsboʊ; *GB* 'krɒs-/ *n* ballesta

cross-country *adj, adv* a campo traviesa

cross-examine *vt* interrogar

cross-eyed *adj* bizco

crossfire /'krɔːsfaɪər; *GB* 'krɒs-/ *n* fuego cruzado, tiroteo (cruzado) LOC **get caught in the crossfire** encontrarse entre dos fuegos

crossing /'krɔːsɪŋ; *GB* 'krɒs-/ *n* **1** (*viaje*) travesía **2** (*carretera*) cruce **3** cruce peatonal **4** *border crossing* frontera

cross-legged

cross-legged

with her legs crossed

cross-legged /ˌkrɔːs 'legɪd; *GB* ˌkrɒs/ *adj, adv* con las piernas cruzadas

crossly /'krɔːsli; *GB* 'krɒsli/ *adv*: *to say sth crossly* decir algo enojado

crossover /'krɔːsoʊvər; *GB* 'krɒs-/ *n* combinación (*de estilos musicales, etc.*)

cross purposes *n* LOC **at cross purposes**: *We're (talking) at cross purposes.* Aquí hay un malentendido.

cross reference *n* referencia

crossroads /'krɔːsroʊdz; *GB* 'krɒs-/ *n* cruce, encrucijada LOC **at a/the crossroads** en una/la encrucijada

cross section *n* **1** corte transversal **2** (*estadística*) muestra representativa

crosswalk /'krɔːswɔːk; *GB* 'krɒs-/ (*GB* pedestrian crossing) *n* paso peatonal

crossword /'krɔːswɜːrd; *GB* 'krɒs-/ (*tb* **crossword puzzle**) *n* crucigrama

crotch /krɑtʃ/ *n* entrepierna

crouch /kraʊtʃ/ *vi* agacharse, agazaparse, ponerse en cuclillas

crow /kroʊ/ *sustantivo, verbo*
▶ *n* cuervo LOC **as the crow flies** en línea recta
▶ *vi* **1** cantar **2** ~ (**over sth**) jactarse (de algo)

crowbar /'kroʊbɑr/ *n* palanca

crowd /kraʊd/ *sustantivo, verbo*
▶ *n* [*v sing o pl*] **1** multitud: *crowds of people* un montón de gente **2** (*espectadores*) concurrencia **3** (*coloq*) gente, grupo (de amigos) **4** **the crowd** (*pey*) las masas LOC *Ver* FOLLOW
▶ *vt* (*espacio*) llenar PHR V **crowd around (sb/sth)** apiñarse (alrededor de algn/algo) ♦ **crowd in** entrar en tropel ♦ **crowd sb/sth in; crowd sb/sth into/onto sth** apiñar a algn/algo (en algo)

crowded /'kraʊdɪd/ *adj* **1** lleno (de gente) **2** repleto

crown /kraʊn/ *sustantivo, verbo*
▶ *n* **1** corona: *crown prince* príncipe heredero **2** **the Crown** (*GB*) (*Jur*) el estado **3** (*cabeza*) coronilla **4** (*sombrero*) copa **5** (*cerro*) cumbre **6** (*diente*) corona
▶ *vt* coronar

crucial /'kruːʃl/ *adj* ~ (**to/for sb/sth**) crucial (para algn/algo)

crucifix /'kruːsəfɪks/ *n* crucifijo

crucify /'kruːsɪfaɪ/ *vt* (*pt, pp* **-fied**) crucificar

crude /kruːd/ *adj* (**cruder, -est**) **1** burdo **2** ordinario

crude oil (*tb* **crude**) *n* crudo (*petróleo*)

cruel /'kruːəl/ *adj* (**crueler, -est**) ❶ En inglés británico se escribe **crueller** y **cruellest**. ~ (**to sb/sth**) cruel (con algn/algo) ■ **cruelty** *n* (*pl* **cruelties**) crueldad

cruise /kruːz/ *verbo, sustantivo*
▶ *vi* **1** hacer un crucero **2** (*avión*) volar (a velocidad de crucero) **3** (*automóvil*) ir a velocidad constante
▶ *n* crucero (*viaje*)

cruiser /'kruːzər/ *n* **1** (*Mil*) crucero **2** (*tb* **cabin cruiser**) lancha de motor con camarotes

crumb /krʌm/ *n* **1** miga **2** (*fig*) migaja **3** **crumbs!** (*GB, coloq, antic*) ¡caramba!

crumble /'krʌmbl/ **1** *vi* ~ (**away**) desmoronarse, deshacerse **2** *vt* deshacer **3** *vt* (*Cocina*) desmenuzar(se) ■ **crumbly** *adj* que se desmorona, que se deshace en migajas

crumple /'krʌmpl/ *vt, vi* ~ (**sth**) (**up**) arrugarse, arrugar algo

crunch /krʌntʃ/ verbo, sustantivo
▸ **1** vt morder (haciendo ruido) **2** vt, vi (hacer) crujir
▸ n crujido ■ **crunchy** adj crujiente

crusade /kruːˈseɪd/ n cruzada ■ **crusader** n **1** (Hist) cruzado **2** luchador, -ora

crush /krʌʃ/ verbo, sustantivo
▸ vt **1** aplastar: *to be crushed to death* morir aplastado **2** ~ **sth (up)** (roca, etc.) triturar algo: *crushed ice* hielo picado **3** (ajo, etc.) machacar **4** (fruta) exprimir **5** moler **6** (ropa, etc.) arrugar **7** (ánimo) abatir
▸ n **1** (gentío) aglomeración **2** ~ **(on sb)** (coloq) enamoramiento (breve) (de algn), traga: *I had a crush on my teacher.* Me enamoré de mi profesora. **3** (fruta) jugo

crushing /ˈkrʌʃɪŋ/ adj aplastante (derrota, golpe)

crust /krʌst/ n corteza ➲ Ver dibujo en PAN
■ **crusty** adj (de corteza) crujiente

crutch /krʌtʃ/ n **1** muleta **2** (fig) apoyo

crux /krʌks/ n quid

cry /kraɪ/ verbo, sustantivo
▸ (pt, pp **cried**) **1** vi ~ **(over sb/sth)** llorar (por algn/algo): *to cry for joy* llorar de alegría **2** vt, vi ~ **(sth) (out)** gritar (algo) LOC **cry your eyes/heart out** llorar a lágrima viva ◆ **it's no use crying over spilled milk** a lo hecho, pecho PHRV **cry off** echarse atrás ◆ **cry out for sth** (fig) pedir algo a gritos
▸ n (pl **cries**) **1** grito **2** [sing] llorona: *to have a (good) cry* desahogarse llorando

crybaby /ˈkraɪbeɪbi/ n (pl **crybabies**) (coloq, pey) llorón, -ona

crying /ˈkraɪɪŋ/ adj LOC **a crying shame** una verdadera lástima

crypt /krɪpt/ n cripta

cryptic /ˈkrɪptɪk/ adj críptico

crystal /ˈkrɪstl/ n cristal

Cuando **crystal** se refiere a vidrio, indica que es de muy alta calidad. Para el cristal de calidad normal se usa **glass**.

LOC **crystal clear 1** cristalino **2** (significado) claro como el agua

cub /kʌb/ n **1** (león, tigre, zorro) cachorro **2** osezno **3** lobezno **4 the Cub Scouts** (GB tb **the Cubs**) [pl] los lobatos

cube /kjuːb/ n **1** cubo **2** (esp alimento) cubito: *sugar cube* cubo de azúcar ■ **cubic** adj cúbico

cubicle /ˈkjuːbɪkl/ n **1** cubículo **2** vestier, probador

cuckoo /ˈkʊkuː/ n (pl **cuckoos**) cucú

cucumber /ˈkjuːkʌmbər/ n pepino, cocombro

cuddle /ˈkʌdl/ verbo, sustantivo
▸ **1** vt tener en brazos **2** vt, vi abrazar(se)
PHRV **cuddle up (to/against sb)** acurrucarse (junto a algn)
▸ n abrazo ■ **cuddly** adj (**cuddlier, -iest**) (coloq) adorable: *cuddly toy* muñeco de felpa

cue /kjuː/ sustantivo, verbo
▸ n **1** señal **2** (Teat) entrada: *He missed his cue.* Perdió la entrada. **3** ejemplo: *to take your cue from sb* seguir el ejemplo de algn **4** taco (de billar) LOC **(right) on cue** en el momento preciso
▸ vt dar la señal a

cuff /kʌf/ sustantivo, verbo
▸ n **1** (ropa) puño **2** manotazo LOC **off the cuff** de improviso
▸ vt darle un manotazo a

cuff link n mancorna, collera

cuisine /kwɪˈziːn/ n cocina (arte de cocinar)

cul-de-sac /ˈkʌl də sæk/ n (pl **cul-de-sacs** o **culs-de-sac**) calle cerrada/ciega

cull /kʌl/ vt **1** (animales) matar (para controlar el número) **2** (información) seleccionar

culminate /ˈkʌlmɪneɪt/ vi ~ **in sth** (formal) culminar en algo ■ **culmination** n culminación

culottes /kuːˈlɒts/ GB kjuː-/ n [pl] falda pantalón

culprit /ˈkʌlprɪt/ n culpable

cult /kʌlt/ n **1** ~ **(of sb/sth)** culto (a algn/algo) **2** moda

cultivate /ˈkʌltɪveɪt/ vt **1** cultivar **2** (fig) fomentar ■ **cultivated** adj **1** (persona) culto **2** cultivado **cultivation** n cultivo

cultural /ˈkʌltʃərəl/ adj cultural

culture /ˈkʌltʃər/ n **1** cultura: *culture shock* choque cultural **2** (Biol, Bot) cultivo ■ **cultured** adj **1** (persona) culto **2** *cultured pearl* perla cultivada

cum /kʌm/ prep (GB): *a kitchen-cum-dining room* una cocina-comedor

cumbersome /ˈkʌmbərsəm/ adj **1** engorroso **2** voluminoso

cumulative /ˈkjuːmjələtɪv; GB -lətɪv/ adj **1** acumulado **2** acumulativo

cunning /ˈkʌnɪŋ/ sustantivo, adjetivo
▸ n [incontable] astucia
▸ adj **1** (persona, acción) astuto **2** (aparato) ingenioso ■ **cunningly** adv astutamente

cup /kʌp/ sustantivo, verbo
▸ n **1** taza: *paper cup* vaso de papel **2** (premio) copa LOC **not be sb's cup of tea** (coloq) no ser del gusto de algn
▸ vt (**-pp-**) (manos) hacer bocina con, ahuecar: *to*

cupboard

cup

cup and saucer — mug
beer mug — wine glass
plastic cups — cup

cup your chin/face in your hands apoyar la quijada/la cara en las manos ◊ *She cupped a hand over the receiver.* Tapó el teléfono con la mano.

cupboard /ˈkʌbərd/ *n* armario, clóset
❶ *Wardrobe* es un armario para colgar ropa.

cupful /ˈkʌpfʊl/ *n* taza (*cantidad*)

curate /ˈkjʊərət/ *n* (*iglesia anglicana*) coadjutor, -ora (*del párroco*)

curative /ˈkjʊərətɪv/ *adj* curativo

curator /kjʊəˈreɪtər/ *n* curador, -ora, conservador, -ora (*de museo*)

curb /kɜːrb/ *sustantivo, verbo*
▸ *n* **1** ~ (**on sth**) freno (a algo) **2** (*GB* **kerb**) sardinel, cuneta
▸ *vt* frenar

curdle /ˈkɜːrdl/ *vt, vi* **1** cuajar(se) **2** cortar(se)

cure /kjʊər/ *verbo, sustantivo*
▸ *vt* **1** curar **2** (*problema*) remediar **3** (*alimentos*) curar
▸ *n* **1** cura, curación **2** remedio

curfew /ˈkɜːrfjuː/ *n* toque de queda

curiosity /ˌkjʊəriˈɑsəti/ *n* (*pl* **curiosities**)
1 curiosidad **2** cosa rara

curious /ˈkjʊəriəs/ *adj* curioso: *I'm curious to know what happened.* Tengo curiosidad de saber lo que pasó.

En el sentido de "extraño", *curioso* se traduce generalmente como **odd** o **strange**. En el sentido de "fisgón" se dice **nosy** o **inquisitive**.

curl /kɜːrl/ *sustantivo, verbo*
▸ *n* **1** rizo **2** (*humo*) espiral
▸ **1** *vt, vi* rizar(se) **2** *vi The smoke curled upwards.* El humo subía en espiral. **PHR V curl up**
1 rizarse **2** acurrucarse

curly /ˈkɜːrli/ *adj* (**curlier, -iest**) rizado

currant /ˈkɜːrənt; *GB* ˈkʌr-/ *n* **1** uva pasa **2** grosella

currency /ˈkɜːrənsi; *GB* ˈkʌr-/ *n* (*pl* **currencies**)
1 moneda: *foreign/hard currency* divisa extranjera/fuerte **2** aceptación: *to gain currency* generalizarse

current /ˈkɜːrənt; *GB* ˈkʌr-/ *sustantivo, adjetivo*
▸ *n* corriente
▸ *adj* **1** actual: *current affairs* temas de actualidad **2** generalizado

current account *n* (*GB*) (*USA* **checking account**) cuenta corriente

currently /ˈkɜːrəntli; *GB* ˈkʌr-/ *adv* actualmente

curriculum /kəˈrɪkjələm/ *n* (*pl* **curricula** /-lə/ o **curriculums**) plan de estudios

curriculum vitae /kəˌrɪkjələm ˈviːtaɪ/ *n* (*GB*) Ver **CV**

curry /ˈkɜːri; *GB* ˈkʌri/ *sustantivo, verbo*
▸ *n* (*pl* **curries**) (plato al) curry
▸ *vt* (*pp* **curried**) **LOC curry favor (with sb)** congraciarse (con algn)

curse /kɜːrs/ *sustantivo, verbo*
▸ *n* **1** maldición **2** maleficio **3** desgracia
▸ *vt, vi* maldecir **LOC be cursed with sth** tener que sufrir algo: *He was cursed with bad luck.* Le perseguía la mala suerte.

cursor /ˈkɜːrsər/ *n* (*Informát*) cursor

cursory /ˈkɜːrsəri/ *adj* rápido, superficial

curt /kɜːrt/ *adj* (*manera de hablar*) cortante

curtail /kɜːrˈteɪl/ *vt* (*formal*) acortar
■ **curtailment** *n* (*formal*) **1** (*poder*) limitación **2** interrupción

curtain /ˈkɜːrtn/ *n* **1** cortina: *to draw the curtains* abrir/correr las cortinas ◊ *lace/net curtains* visillos **2** (*Teat*) telón **LOC be curtains (for sb)** (*coloq*) ser el fin (para algn): *If she finds out, it'll be curtains for you.* Si ella se entera, hasta ahí llegaste.

curtsy (*tb* **curtsey**) /ˈkɜːrtsi/ *sustantivo, verbo*
▸ *n* (*pl* **curtsies** o **curtseys**) reverencia (*de mujer*)
▸ *vi* (*pt, pp* **curtsied** o **curtseyed**) hacer una reverencia

cystic fibrosis

curve /kɜːrv/ sustantivo, verbo
▸ n curva
▸ vi describir/hacer una curva

curved /kɜːrvd/ adj **1** curvo **2** (tb **curving**) en curva, arqueado

cushion /ˈkʊʃn/ sustantivo, verbo
▸ n **1** cojín **2** colchón
▸ vt **1** amortiguar **2** ~ sb/sth (**against sth**) proteger a algn/algo (de algo)

cushy /ˈkʊʃi/ adj (**cushier, -iest**) (coloq, gen pey) cómodo: *What a cushy job!* ¡Qué trabajo más fácil!

custard /ˈkʌstərd/ n [incontable] crema hecha con leche, huevos y azúcar

custodian /kʌˈstoʊdiən/ n **1** guardián, -ana **2** (de museo, etc.) conservador, -ora, curador, -ora

custody /ˈkʌstədi/ n **1** custodia: *in custody* bajo custodia **2** *to remand sb in custody* ordenar la detención de algn

custom /ˈkʌstəm/ n **1** costumbre **2** (GB, formal) clientela ■ **customary** /ˈkʌstəmeri; GB -məri/ adj acostumbrado, habitual: *It is customary to…* Es costumbre…

customer /ˈkʌstəmər/ n cliente

customize (GB tb **-ise**) /ˈkʌstəmaɪz/ vt personalizar

custom-ˈmade adj hecho por encargo, personalizado

customs /ˈkʌstəmz/ n [pl] **1** (tb ˈ**customs duty**) derechos de aduana **2** aduana

cut /kʌt/ verbo, sustantivo
▸ (**-tt-**) (pt, pp **cut**) **1** vt, vi cortar(se): *to cut sth in half* partir algo por la mitad **2** vt recortar, recortar **3** vt (precio) rebajar **4** vt (gema) tallar: *cut glass* cristal tallado **5** vt (fig) herir LOC **cut it/that out!** (coloq) ¡ya no más! ◆ **cut it/things fine** (coloq) dejar algo hasta el último momento ◆ **cut sb/sth short** interrumpir a algn/algo ◆ **cut sth short** truncar algo
PHR V **cut across sth 1** rebasar algo **2** cortar camino por algo
cut sth back 1 (tb **cut back on sth**) recortar algo **2** podar algo
cut down (on sth) reducir el consumo de algo: *to cut down on smoking* fumar menos ◆ **cut sth down 1** talar algo **2** reducir algo
cut in colarse: *to cut in line* saltarse la fila ◆ **cut in (on sb/sth) 1** (vehículo) atravesarse (delante de algn/algo) **2** interrumpir (a algn/algo)
cut sb off 1 desheredar a algn **2** (teléfono) *I've been cut off.* Se cortó la llamada/comunicación. ◆ **cut sth off 1** cortar algo: *to cut 20 seconds off the record* mejorar el récord en 20 segundos **2** (pueblo) aislar algo: *to be cut off* quedar incomunicado
be cut out to be sth; be cut out for sth (coloq) estar hecho para algo, tener madera de algo ◆ **cut sth out 1** recortar algo **2** dejar de hacer algo: *to cut out candy* dejar de comer dulces **3** (información) suprimir algo
cut sth up cortar algo (en pedazos), picar algo
▸ n **1** corte, incisión **2** reducción, recorte, rebaja **3** (carne) pieza **4** (ropa) corte **5** (coloq) (ganancias) parte LOC **a cut above sb/sth** (coloq) (algo) superior a algn/algo

cutback /ˈkʌtbæk/ n recorte, reducción

cute /kjuːt/ adj (**cuter, -est**) (coloq) cuco, lindo

cutlery /ˈkʌtləri/ n [incontable] cubiertos

cutlet /ˈkʌtlət/ n chuleta

ˈcut-off (tb ˈ**cut-off point**) n límite

ˌcut-ˈrate (tb ˌ**cut-ˈprice**) adj, adv a precio rebajado

cutthroat /ˈkʌtθroʊt/ adj despiadado

cutting /ˈkʌtɪŋ/ sustantivo, adjetivo
▸ n **1** (periódico, etc.) recorte **2** (Bot) esqueje, pie
▸ adj **1** (comentario) mordaz **2** (viento) cortante

ˌcutting ˈedge n [sing] vanguardia

CV /ˌsiː ˈviː/ n (abrev de curriculum vitae) (GB) (USA résumé) currículum vitae, currículo, hoja de vida

cyanide /ˈsaɪənaɪd/ n cianuro

cybercrime /ˈsaɪbərkraɪm/ n delito cibernético

cyberspace /ˈsaɪbərspeɪs/ n ciberespacio

cycle /ˈsaɪkl/ sustantivo, verbo
▸ n **1** ciclo **2** (obras) serie **3** bicicleta
▸ vi ir en bicicleta: *to go cycling* ir de paseo en cicla ■ **cyclic** /ˈsaɪklɪk, ˈsɪk-/ (tb **cyclical**) adj cíclico

cycling /ˈsaɪklɪŋ/ n ciclismo

cyclist /ˈsaɪklɪst/ n ciclista

cyclone /ˈsaɪkloʊn/ n ciclón

cylinder /ˈsɪlɪndər/ n **1** cilindro **2** (gas) cilindro ■ **cylindrical** /səˈlɪndrɪkl/ adj cilíndrico

cymbal /ˈsɪmbl/ n platillo (música)

cynic /ˈsɪnɪk/ n malpensado, -a, desconfiado, -a ■ **cynical** adj **1** que desconfía de todo **2** sin escrúpulos **cynicism** n **1** desconfianza **2** falta de escrúpulos

cypress /ˈsaɪprəs/ n ciprés

cyst /sɪst/ n quiste

cystic fibrosis /ˌsɪstɪk faɪˈbroʊsɪs/ n [incontable] fibrosis pulmonar

D d

D, d /diː/ n (pl **Ds, D's, d's** /diːz/) **1** D, d ◆ Ver nota en A, A **2** (Educ) aprobado: to get (a) D in Math sacar un seis en Matemáticas **3** (Mús) re

dab /dæb/ verbo, sustantivo
▸ vt, vi (**-bb-**) ~ (**at**) **sth** tocar algo ligeramente
PHR V **dab sth on** (**sth**) poner un poco de algo (en algo): She dabbed some cream onto the cut. Se puso un poco de crema en la herida.
▸ n poquito

dad /dæd/ (tb **daddy** /'dædi/) n (coloq) papá

daffodil /'dæfədɪl/ n narciso

daft /dæft; GB dɑːft/ adj (**dafter, -est**) (GB, coloq) bobo, ridículo

dagger /'dægər/ n puñal, daga

daily /'deɪli/ adjetivo, adverbio, sustantivo
▸ adj diario, cotidiano
▸ adv a diario, diariamente
▸ n (pl **dailies**) diario (periódico)

dairy /'deəri/ n (pl **dairies**) lechería

'dairy farm n finca lechera ■ **'dairy farming** n industria lechera

'dairy products n [pl] productos lácteos

daisy /'deɪzi/ n (pl **daisies**) margarita

dale /deɪl/ n valle

dam /dæm/ sustantivo, verbo
▸ n represa (de un río)
▸ vt represar

damage /'dæmɪdʒ/ verbo, sustantivo
▸ vt **1** dañar **2** perjudicar
▸ n **1** [incontable] daño **2 damages** [pl] daños y perjuicios ■ **damaging** adj perjudicial

Dame /deɪm/ n (GB) título honorífico concedido a mujeres

damn /dæm/ interjección, adjetivo, verbo, sustantivo
▸ interj (coloq) ¡maldita sea!
▸ adj (tb **damned**) (coloq) maldito
▸ vt condenar
▸ n **LOC** **not give a damn** (**about sb/sth**) (coloq) importar a algn un comino (algn/algo): She doesn't give a damn about it. Le importa un comino.

damnation /dæm'neɪʃn/ n condenación

damning /'dæmɪŋ/ adj contundente (críticas, pruebas)

damp /dæmp/ adjetivo, sustantivo, verbo
▸ adj (**damper, -est**) húmedo ◆ Ver nota en MOIST
▸ n humedad
▸ vt (tb **dampen** /'dæmpən/) mojar **PHR V** **damp**

down sth amortiguar algo, reducir la intensidad de algo

dance /dæns; GB dɑːns/ verbo, sustantivo
▸ vt, vi bailar
▸ n baile

dancer /'dænsər; GB 'dɑːn-/ n bailarín, -ina

dancing /'dænsɪŋ; GB 'dɑːn-/ n [incontable] baile

dandelion /'dændɪlaɪən/ n diente de león (flor)

dandruff /'dændrʌf/ n caspa

danger /'deɪndʒər/ n peligro **LOC** **in danger of sth** en peligro de algo: They're in danger of losing their jobs. Corren el peligro de quedarse sin trabajo.

dangerous /'deɪndʒərəs/ adj **1** peligroso **2** nocivo

dangle /'dæŋgl/ vi colgar

dank /dæŋk/ adj (pey) húmedo y frío

dare /deər/ **1** v modal, vi (neg **don't/doesn't dare** o GB **dare not** o **daren't** /deərnt/, pt **didn't dare** o GB **dared not**) (en frases negativas y en preguntas) atreverse a

Cuando **dare** es un verbo modal le sigue un infinitivo sin **to**, y construye las oraciones negativas e interrogativas y el pasado sin el auxiliar **do**: Nobody dared speak. Nadie se atrevió a hablar. ◇ I don't dare ask my boss for a day off. No me atrevo a pedirle a mi jefe un día libre.

2 vt ~ **sb** (**to do sth**) desafiar a algn (a hacer algo) **LOC** **don't you dare!** (coloq) ¡ni se te ocurra!: Don't you dare tell her! ¡No se te ocurra decírselo! ◆ **how dare you!** ¡cómo te atreves! ◆ **I dare say** yo diría

daredevil /'deərdevl/ adj, n temerario, -a

daring /'deərɪŋ/ sustantivo, adjetivo
▸ n atrevimiento, osadía
▸ adj atrevido, audaz

dark /dɑːrk/ adjetivo, sustantivo
▸ adj (**darker, -est**) **1** oscuro: to get/grow dark anochecer/oscurecer(se) ◇ dark green verde oscuro **2** (persona, tez) moreno **3** secreto **4** triste, sombrío: These are dark days. Estamos en tiempos difíciles. **LOC** **a dark horse** una persona de talentos ocultos
▸ n **the dark** [sing] la oscuridad **LOC** **after dark** después de que anochezca/anocheciera, de noche ◆ **before dark** antes de que anochezca/anocheciera

---

i happy   ɪ sit   iː see   æ cat   ɑ hot   ɒ long (GB)   ɑː bath (GB)   ʌ cup   ʊ put   uː too

darken /ˈdɑrkən/ vt, vi oscurecer(se)

dark ˈglasses n [pl] gafas oscuras

darkly /ˈdɑrkli/ adv **1** misteriosamente **2** con pesimismo

darkness /ˈdɑrknəs/ n oscuridad, tinieblas: *in darkness* a oscuras

darkroom /ˈdɑrkruːm, -rʊm/ n (Fot) cuarto oscuro

darling /ˈdɑrlɪŋ/ n cariño: *Hello, darling!* ¡Hola, cariño!

dart /dɑrt/ sustantivo, verbo
▸ n dardo: *to play darts* jugar a los dardos
▸ vi precipitarse PHR V **dart away/off** salir disparado

dash /dæʃ/ sustantivo, verbo
▸ n **1** ~ **(of sth)** pizca (de algo) **2** raya ⊃ Ver pág. 377 LOC **make a dash for sth** precipitarse hacia algo
▸ **1** vi apurarse: *I must dash.* Tengo que apurarme. **2** vi ir muy rápido: *He dashed across the room.* Cruzó la sala corriendo. ◇ *I dashed upstairs.* Subí las escaleras volando. **3** vt (esperanzas, etc.) desbaratar PHR V **dash sth off** escribir/dibujar algo muy aprisa

dashboard /ˈdæʃbɔːrd/ n tablero de instrumentos (en carro)

data /ˈdeɪtə, ˈdætə; GB tb ˈdɑːtə/ n **1** (Informát) datos **2** información

database /ˈdeɪtəbeɪs, ˈdætə-/ n base de datos

date /deɪt/ sustantivo, verbo
▸ n **1** fecha **2** cita **3** dátil Ver tb OUT OF DATE, UP TO DATE LOC **to date** hasta la fecha
▸ vt **1** fechar **2** (fósiles, cuadros) datar **3** salir con PHR V **date back (to…); date from… 1** remontarse a…: *Her problems date back to her childhood.* Sus problemas se remontan a su infancia. **2** datar de…

datebook /ˈdeɪtbʊk/ (GB **diary**) n agenda

dated /ˈdeɪtɪd/ adj pasado de moda, anticuado

daughter /ˈdɔːtər/ n hija

daughter-in-law n (pl **daughters-in-law**) nuera

daunting /ˈdɔːntɪŋ/ adj sobrecogedor, abrumador: *a daunting task* una tarea de enormes proporciones

dawn /dɔːn/ sustantivo, verbo
▸ n amanecer: *from dawn till dusk* de sol a sol LOC Ver CRACK
▸ vi amanecer PHR V **dawn on sb**: *It finally dawned on me that he'd been lying.* Finalmente me di cuenta de que había estado mintiendo.

day /deɪ/ n **1** día: *all day* todo el día **2** jornada **3** **days** [pl] época LOC **by day/night** de día/

noche ◆ **carry/win the day** (formal) triunfar ◆ **day after day** día tras día ◆ **day by day** día a día ◆ **day in, day out** todos los días sin excepción ◆ **from day to day; from one day to the next** de un día para otro ◆ **one/some day; one of these days** algún día, un día de éstos ◆ **the day after tomorrow** pasado mañana ◆ **the day before yesterday** anteayer ◆ **these days** hoy en día ◆ **to this day** aún hoy Ver tb BETTER, CALL, CLEAR, EARLY, FINE

ˈday care center (GB **ˈday nursery**) n guardería

daydream /ˈdeɪdriːm/ sustantivo, verbo
▸ n ensueño
▸ vi soñar despierto

daylight /ˈdeɪlaɪt/ n luz del día: *in daylight* de día LOC Ver BROAD

ˌday ˈoff n (pl **days off**) día libre

ˌday reˈturn n (GB) boleto de ida y vuelta para un mismo día

daytime /ˈdeɪtaɪm/ n día: *in the daytime* de día

ˌday-to-ˈday adj día a día

ˈday trip n excursión de un día

daze /deɪz/ n LOC **in a daze** aturdido ∎ **dazed** adj aturdido

dazzle /ˈdæzl/ vt deslumbrar ∎ **dazzling** adj deslumbrante

dead /ded/ adjetivo, sustantivo, adverbio
▸ adj **1** muerto **2** (hojas) seco **3** (brazo, etc.) dormido **4** (pilas) gastado **5** (teléfono) *The line's gone dead.* La línea está muerta.
▸ n LOC **in the/at dead of night** en plena noche
▸ adv (esp GB, coloq) completamente: *You're dead right.* Tienes toda la razón. LOC Ver FLOG, DROP, STOP

deaden /ˈdedn/ vt **1** (sonido) amortiguar **2** (dolor) aliviar

ˌdead ˈend n callejón sin salida

ˌdead ˈheat n empate

deadline /ˈdedlaɪn/ n fecha/hora límite

deadlock /ˈdedlɑk/ n punto muerto

deadly /ˈdedli/ adj (**deadlier**, **-iest**) mortal

deaf /def/ adj (**deafer**, **-est**) sordo: *deaf and dumb* sordomudo ∎ **deafen** vt ensordecer **deafening** adj ensordecedor **deafness** n sordera

deal /diːl/ verbo, sustantivo
▸ vt, vi (pt, pp **dealt** /delt/) (golpe, naipes) dar PHR V **deal in sth** comerciar con/en algo: *to deal in drugs/arms* traficar con drogas/armas ◆ **deal with sb 1** tratar a/con algn **2** castigar a algn **3** ocuparse de algn ◆ **deal with sth 1** (problema)

resolver algo **2** (*situación*) hacer frente a algo **3** (*tema*) tratar de algo
▸ *n* **1** trato **2** contrato LOC **a good/great deal** mucho: *It's a good/great deal warmer today.* Hace mucho más calor hoy.

dealer /'diːlər/ *n* **1** vendedor, -ora, comerciante **2** (*de drogas, armas*) traficante **3** (*Naipes*) tallador, -ora

dealing /'diːlɪŋ/ *n* (*drogas, armas*) tráfico LOC **have dealings with sb/sth** tratar con algn/algo

dean /diːn/ *n* **1** (*universidad*) decano, -a **2** (*GB*) (*Relig*) deán

⚑ **dear** /dɪər/ *adjetivo, sustantivo*
▸ *adj* (**dearer**, **-est**) **1** querido **2** (*carta*) *Dear Sir* Estimado señor ◊ *Dear Jason,...* Querido Jason:... ➔ *Ver págs. 386-7* **3** (*GB*) caro LOC **oh dear!** ¡caramba!
▸ *n* cariño

dearly /'dɪərli/ *adv* mucho

⚑ **death** /deθ/ *n* muerte: *death certificate* certificado de defunción ◊ *death penalty/sentence* pena/sentencia de muerte ◊ *to beat sb to death* matar a algn a golpes LOC **catch your death (of cold)** (*coloq*) agarrar una pulmonía ◆ **put sb to death** dar muerte a algn *Ver tb* MATTER, SICK

deathly /'deθli/ *adjetivo, adverbio*
▸ *adj* sepulcral
▸ *adv*: *deathly cold/pale* frío/pálido como un muerto

debase /dɪ'beɪs/ *vt* degradar

debatable /dɪ'beɪtəbl/ *adj* discutible

⚑ **debate** /dɪ'beɪt/ *sustantivo, verbo*
▸ *n* debate
▸ *vt, vi* debatir

debit /'debɪt/ *sustantivo, verbo*
▸ *n* débito *Ver tb* DIRECT DEBIT
▸ *vt* cobrar

debris /də'briː; *GB* 'debriː, 'deɪ-/ *n* [*incontable*] escombros

⚑ **debt** /det/ *n* deuda: *be in debt* tener deudas
■ **debtor** /'detər/ *n* deudor, -ora

debut (*tb* **début**) /deɪ'bjuː; *GB* 'deɪbjuː, 'debjuː/ *n* debut

⚑ **decade** /'dekeɪd, dɪ'keɪd/ *n* década

decadent /'dekədənt/ *adj* decadente
■ **decadence** *n* decadencia

decaf /'diːkæf/ *n* (*coloq*) café descafeinado

decaffeinated /ˌdiː'kæfɪneɪtɪd/ *adj* descafeinado

decal /'diːkæl/ (*GB* **transfer**) *n* calcomanía

⚑ **decay** /dɪ'keɪ/ *verbo, sustantivo*
▸ *vi* **1** (*dientes*) picarse **2** descomponerse **3** decaer
▸ *n* [*incontable*] **1** (*tb* **tooth decay**) caries **2** descomposición

deceased /dɪ'siːst/ *adjetivo, sustantivo*
▸ *adj* (*formal*) difunto
▸ *n* **the deceased** (*formal*) el difunto, la difunta

deceit /dɪ'siːt/ *n* **1** (*doblez*) falsedad **2** engaño
■ **deceitful** *adj* **1** mentiroso **2** engañoso

deceive /dɪ'siːv/ *vt* engañar

⚑ **December** /dɪ'sembər/ *n* (*abrev* **Dec.**) diciembre ➔ *Ver nota y ejemplos en* JANUARY

decency /'diːsnsi/ *n* decencia, decoro

decent /'diːsnt/ *adj* **1** decente, correcto **2** adecuado, aceptable **3** amable

deception /dɪ'sepʃn/ *n* engaño

deceptive /dɪ'septɪv/ *adj* engañoso

⚑ **decide** /dɪ'saɪd/ **1** *vi* ~ (**against sb/sth**) decidirse (en contra de algn/algo) **2** *vi* ~ **on sb/sth** optar por algn/algo **3** *vt* decidir, determinar
■ **decided** *adj* **1** (*claro*) marcado **2** ~ (**about sth**) decidido, resuelto (en algo)

decimal /'desɪml/ *adj, n* decimal: *decimal point* coma/punto decimal

decipher /dɪ'saɪfər/ *vt* descifrar

⚑ **decision** /dɪ'sɪʒn/ *n* ~ (**on/about sth**) decisión (sobre algo): *decision-making* toma de decisiones

decisive /dɪ'saɪsɪv/ *adj* **1** decisivo **2** decidido, resuelto

deck /dek/ *n* **1** (*Náut*) cubierta **2** (*bus*) piso **3** (*GB* **pack**) juego de naipes

deckchair /'dektʃeər/ *n* silla de piscina/playa, perezosa

declaration /ˌdeklə'reɪʃn/ *n* declaración

⚑ **declare** /dɪ'kleər/ **1** *vt* declarar **2** *vi* ~ **for/against sb/sth** pronunciarse a favor/en contra de algn/algo

⚑ **decline** /dɪ'klaɪn/ *verbo, sustantivo*
▸ **1** *vi* disminuir **2** *vi* ~ **to do sth** (*formal*) negarse a hacer algo **3** *vt* (*formal*) declinar
▸ *n* **1** disminución **2** decadencia, deterioro

decoder /ˌdiː'koʊdər/ *n* decodificador

decompose /ˌdiːkəm'poʊz/ *vt, vi* descomponer(se), pudrir(se)

decor (*tb* **décor**) /deɪ'kɔːr; *GB* 'deɪkɔː(r)/ *n* [*incontable*] decoración (*de una casa*)

⚑ **decorate** /'dekəreɪt/ *vt* **1** ~ **sth** (**with sth**) adornar algo (con/de algo) **2** empapelar, pintar **3** ~ **sb** (**for sth**) condecorar a algn (por algo)

decoration /ˌdekəˈreɪʃn/ n **1** decoración **2** adorno **3** condecoración

decorative /ˈdekəreɪtɪv; GB -rətɪv/ adj decorativo

decoy /ˈdiːkɔɪ/ n señuelo

decrease verbo, sustantivo
▸ /dɪˈkriːs/ **1** vi disminuir **2** vt reducir
▸ n /ˈdiːkriːs/ ~ **(in sth)** disminución, reducción (en/de algo)

decree /dɪˈkriː/ sustantivo, verbo
▸ n decreto
▸ vt (pt, pp **decreed**) decretar

decrepit /dɪˈkrepɪt/ adj decrépito

dedicate /ˈdedɪkeɪt/ vt dedicar, consagrar ■ **dedication** n **1** dedicación **2** dedicatoria

deduce /dɪˈduːs; GB dɪˈdjuːs/ vt deducir (teoría, conclusión, etc.)

deduct /dɪˈdʌkt/ vt deducir (impuestos, gastos, etc.) ■ **deduction** n deducción

deed /diːd/ n **1** (formal) acción, obra **2** hazaña **3** (Jur) escritura

deem /diːm/ vt (formal) considerar

deep /diːp/ adjetivo, adverbio
▸ adj (**deeper**, **-est**) **1** profundo **2** This pool is only one meter deep. Esta piscina solo tiene un metro de profundidad. **3** (respiración) hondo **4** (voz, sonido, etc.) grave **5** (color) intenso **6** ~ **in sth** sumido, absorto en algo
▸ adv (**deeper**, **-est**) muy profundo, con profundidad: Don't go in too deep! ¡No te metas muy adentro! **LOC** **deep down** (coloq) en el fondo
♦ **go/run deep** estar muy arraigado

deepen /ˈdiːpən/ vt, vi hacer(se) más profundo, aumentar

deep freeze n (GB) congelador

deep-fry vt (pt, pp **deep-fried**) freír (con aceite abundante)

deeply /ˈdiːpli/ adv profundamente, a fondo, muchísimo

deep-sea adj de alta mar: deep-sea fishing pesca de altura

deer /dɪər/ n (pl **deer**) venado ⊃ Ver nota en CIERVO

default /dɪˈfɔːlt, ˈdiːfɔːlt/ sustantivo, verbo
▸ n **1** incumplimiento **2** falta de asistencia, incomparecencia **3** (Informát) the default option la opción por defecto ◊ default settings la configuración predeterminada **LOC** **by default** por falta de asistencia, por incomparecencia
▸ vi **1** no comparecer **2** ~ **(on sth)** dejar incumplido (algo)

defeat /dɪˈfiːt/ verbo, sustantivo
▸ vt **1** derrotar, vencer **2** (planes, etc.) frustrar
▸ n derrota: to admit/accept defeat darse por vencido

defect¹ /ˈdiːfekt, dɪˈfekt/ n defecto ⊃ Ver nota en MISTAKE ■ **defective** /dɪˈfektɪv/ adj defectuoso

defect² /dɪˈfekt/ vi **1** ~ **(from sth)** desertar (de algo) **2** ~ **to sth** pasarse a algo ■ **defection** n **1** deserción **2** exilio **defector** n desertor, -ora

defend /dɪˈfend/ vt ~ **sb/sth (against/from sb/sth)** defender, proteger a algn/algo (de algn/algo) ■ **defender** n **1** (Dep) defensa **2** ~ **of sth** defensor, -ora de algo

defendant /dɪˈfendənt/ n acusado, -a, inculpado, -a ⊃ Comparar con PLAINTIFF

defense (GB **defence**) /dɪˈfens/ n **1** ~ **(of sth) (against sth)** defensa (de algo) (contra algo) **2 the defense** [v sing o pl] (Jur) la defensa

defenseless /dɪˈfensləs/ adj indefenso

defensive /dɪˈfensɪv/ adjetivo, sustantivo
▸ adj **1** ~ **(about sth)** a la defensiva (sobre algo) **2** (armas, táctica, etc.) defensivo
▸ n **LOC** **on/onto the defensive** a la defensiva

defer /dɪˈfɜːr/ vt (**-rr-**) (formal) posponer

deference /ˈdefərəns/ n deferencia, respeto **LOC** **in deference to sb/sth** por deferencia a algn/algo

defiance /dɪˈfaɪəns/ n desafío, desobediencia ■ **defiant** adj desafiante

deficiency /dɪˈfɪʃnsi/ n (pl **deficiencies**) deficiencia ■ **deficient** adj ~ **(in sth)** deficiente (en algo)

defied pt, pp de DEFY

define /dɪˈfaɪn/ vt ~ **sth (as sth)** definir algo (como algo)

definite /ˈdefɪnət/ adj **1** definitivo, concreto **2** ~ **(about sth/that...)** seguro (sobre algo/de que...) **3** definido: definite article artículo definido

definitely /ˈdefɪnətli/ adv **1** definitivamente **2** sin duda alguna

definition /ˌdefɪˈnɪʃn/ n definición

definitive /dɪˈfɪnətɪv/ adj definitivo, determinante

deflate /dɪˈfleɪt, ˌdiː-/ vt, vi desinflar(se)

deflect /dɪˈflekt/ vt ~ **sth (from sth)** desviar algo (de algo)

deforestation /ˌdiːˌfɔːrɪˈsteɪʃn; GB -ˌfɒr-/ n deforestación

deform /dɪˈfɔːrm/ vt deformar ■ **deformed** adj deforme **deformity** n (pl **deformities**) deformidad

defrost /ˌdiːˈfrɔːst; GB -ˈfrɒst/ vt descongelar

deft /deft/ adj hábil

defunct /dɪˈfʌŋkt/ adj (formal) **1** muerto **2** extinto, desaparecido

defuse /ˌdiːˈfjuːz/ vt **1** (bomba) desactivar **2** (tensión, crisis) atenuar

defy /dɪˈfaɪ/ vt (pt, pp **defied**) **1** desafiar **2** ~ sb **to do sth** retar, desafiar a algn a que haga algo

degenerate /dɪˈdʒenəreɪt/ vi ~ **(from sth) (into sth)** degenerar (de algo) (en algo) ■ **degeneration** n degeneración

degrade /dɪˈɡreɪd/ vt degradar ■ **degradation** /ˌdeɡrəˈdeɪʃn/ n degradación

degree /dɪˈɡriː/ n **1** grado **2** título: *college/university degree* título universitario ◊ *degree course* (GB) licenciatura LOC **by degrees** poco a poco

deign /deɪn/ vi ~ **to do sth** (pey) dignarse a hacer algo

deity /ˈdeɪəti/ n (pl **deities**) deidad

dejected /dɪˈdʒektɪd/ adj desanimado

delay /dɪˈleɪ/ verbo, sustantivo
▶ **1** vt demorar: *The train was delayed.* El tren se demoró. **2** vi esperar, demorar: *Don't delay!* ¡No te demores! **3** vt aplazar: *delayed action* de acción retardada
▶ n demora ■ **delaying** adj dilatorio: *delaying tactics* tácticas de distracción

delegate sustantivo, verbo
▶ n /ˈdelɪɡət/ delegado, -a
▶ vt /ˈdelɪɡeɪt/ ~ **sth (to sb)** encomendar algo (a algn) ■ **delegation** n [v sing o pl] delegación

delete /dɪˈliːt/ vt **1** suprimir, eliminar **2** tachar **3** (*Informát*) borrar ■ **deletion** n **1** supresión, eliminación **2** (*Informát*) borrado

deliberate adjetivo, verbo
▶ adj /dɪˈlɪbərət/ deliberado
▶ vi /dɪˈlɪbəreɪt/ ~ **(about/on sth)** (formal) deliberar (sobre algo) ■ **deliberation** n (formal) deliberación

deliberately /dɪˈlɪbərətli/ adv intencionadamente, a propósito

delicacy /ˈdelɪkəsi/ n (pl **delicacies**) **1** delicadeza **2** manjar

delicate /ˈdelɪkət/ adj delicado: *delicate china* porcelana fina ◊ *a delicate color* un color suave ◊ *a delicate flavor* un sabor exquisito

delicatessen /ˌdelɪkəˈtesn/ (tb **deli** /ˈdeli/) n delicatessen

delicious /dɪˈlɪʃəs/ adj delicioso

delight /dɪˈlaɪt/ sustantivo, verbo
▶ n deleite: *the delights of traveling* el placer de viajar LOC **take delight in (doing) sth 1** deleitarse en (hacer) algo **2** (pey) regodearse en (hacer) algo
▶ **1** vt encantar **2** vi ~ **in (doing) sth** deleitarse en algo/haciendo algo

delighted /dɪˈlaɪtɪd/ adj **1** ~ **(at/with sth)** encantado (con algo) **2** ~ **(to do sth/that…)** encantado (de hacer algo/de que…)

delightful /dɪˈlaɪtfl/ adj encantador

delinquent /dɪˈlɪŋkwənt/ adj, n delincuente ■ **delinquency** n delincuencia

delirious /dɪˈlɪriəs/ adj delirante: *delirious with joy* loco de alegría ■ **delirium** n delirio

deliver /dɪˈlɪvər/ vt **1** (*correo, mercancías*) repartir **2** (*razón, mensaje*) comunicar **3** (*discurso*) pronunciar **4** ~ **a baby** traer al mundo un bebé: *to deliver a baby by cesarean section* practicar una cesárea **5** (*golpe*) dar

delivery /dɪˈlɪvəri/ n (pl **deliveries**) **1** reparto **2** entrega **3** parto LOC *Ver* CASH

delta /ˈdeltə/ n delta

delude /dɪˈluːd/ vt engañar

deluge /ˈdeljuːdʒ/ sustantivo, verbo
▶ n **1** diluvio **2** (fig) avalancha: *a deluge of criticism* una lluvia de críticas
▶ vt ~ **sb/sth (with sth)** inundar a algn/algo (de algo)

delusion /dɪˈluːʒn/ n engaño, espejismo

deluxe /dəˈlʌks, dəˈlʊks/ adj de lujo

demand /dɪˈmænd; GB dɪˈmɑːnd/ sustantivo, verbo
▶ n **1** ~ **(for sb to do sth)** exigencia (de que algn haga algo) **2** ~ **(that…)** exigencia (de que…) **3** ~ **(for sb/sth)** demanda (de algn/algo) LOC **in demand** solicitado ♦ **on demand** a petición *Ver tb* SUPPLY
▶ vt **1** exigir **2** requerir ■ **demanding** adj exigente

demise /dɪˈmaɪz/ n (formal) fallecimiento: *the demise of the business* el fracaso del negocio

demo /ˈdemoʊ/ n (pl **demos**) (coloq) **1** demostración **2** (*Mús*) ejemplo promocional, demo **3** (*esp GB*) manifestación

democracy /dɪˈmɑkrəsi/ n (pl **democracies**) democracia ■ **democrat** /ˈdeməkræt/ (tb **Democrat**) n demócrata **democratic** /ˌdeməˈkrætɪk/ adj democrático

demographic /ˌdeməˈɡræfɪk/ adj demográfico

demolish /dɪˈmɑlɪʃ/ vt demoler ■ **demolition** /ˌdeməˈlɪʃn/ n demolición

demon /ˈdiːmən/ n demonio ■ **demonic** /dɪˈmɑnɪk/ adj diabólico

demonstrate /ˈdemənstreɪt/ **1** vt demostrar **2** vi ~ **(against/in favor of sb/sth)** manifestarse (en contra/a favor de algn/algo)
■ **demonstration** n **1** demostración

2 ~ (against/in favor of sb/sth) manifestación (en contra/a favor de algn/algo)
demonstrative /dɪˈmɑnstrətɪv/ adj **1** cariñoso **2** (Gram) demostrativo
demonstrator /ˈdemənstreɪtər/ n manifestante
demoralize (GB tb -ise) /dɪˈmɔːrəlaɪz; GB -ˈmɒr-/ vt desmoralizar
demure /dɪˈmjʊər/ adj recatado
den /den/ n guarida
denial /dɪˈnaɪəl/ n **1** ~ (of sth/that...) negación (de algo/de que...) **2** ~ of sth denegación, rechazo de algo
denied pt, pp de DENY
denim /ˈdenɪm/ n tela de jean/mezclilla
denomination /dɪˌnɑmɪˈneɪʃn/ n (Relig) confesión
denounce /dɪˈnaʊns/ vt ~ sb/sth (as sth) denunciar a algn/algo (como algo): *An informer denounced him to the police (as a terrorist).* Un informante lo denunció a la policía (como terrorista).
dense /dens/ adj (denser, -est) **1** denso **2** (coloq) estúpido, bruto ■ **density** n (pl **densities**) densidad
dent /dent/ sustantivo, verbo
▸ n abolladura
▸ vt, vi abollar(se)
dental /ˈdentl/ adj dental
⚡ **dentist** /ˈdentɪst/ n dentista
denunciation /dɪˌnʌnsiˈeɪʃn/ n denuncia
⚡ **deny** /dɪˈnaɪ/ vt (pt, pp **denied**) **1** negar **2** (verdad) desmentir
deodorant /diˈoʊdərənt/ n desodorante
depart /dɪˈpɑrt/ vi ~ (for...) (from...) (formal) salir, partir (hacia...) (de...)
⚡ **department** /dɪˈpɑrtmənt/ n (abrev Dept.) **1** departamento, sección **2** ministerio ■ **departmental** /ˌdiːpɑrtˈmentl/ adj departamental, de departamento
deˈpartment store n almacenes
⚡ **departure** /dɪˈpɑrtʃər/ n **1** ~ (from...) partida (de...) **2** (de avión, tren) salida
⚡ **depend** /dɪˈpend/ vi LOC that depends; it (all) depends depende PHR V depend on/upon sb/sth **1** contar con algn/algo **2** confiar en algn/algo ♦ depend on/upon sb/sth (for sth) depender de algn/algo (para algo) ■ **dependable** adj fiable
dependent /dɪˈpendənt/ adjetivo, sustantivo
▸ adj **1** be ~ on/upon sb/sth depender de algn/algo **2** (persona) poco independiente

▸ n (GB tb **dependant**) persona bajo el cargo de otra ■ **dependence** n ~ (on/upon sb/sth) dependencia (de algn/algo)
depict /dɪˈpɪkt/ vt representar
depleted /dɪˈpliːtɪd/ adj reducido, agotado
deplore /dɪˈplɔːr/ vt (formal) condenar
deploy /dɪˈplɔɪ/ vt desplegar
deport /dɪˈpɔːrt/ vt deportar ■ **deportation** /ˌdiːpɔːrˈteɪʃn/ n deportación
depose /dɪˈpoʊz/ vt destituir, deponer
⚡ **deposit** /dɪˈpɑzɪt/ sustantivo, verbo
▸ n **1** depósito: *safety deposit box* caja de seguridad ◊ *to leave a deposit on sth* dejar un depósito para algo **2** depósito, sedimento
▸ vt **1** (dinero) depositar **2** ~ sth (with sb) (bienes) dejar algo (a cargo de algn)
depot /ˈdiːpoʊ; GB ˈdepoʊ/ n **1** depósito, almacén **2** (USA) terminal (de tren o de buses) **3** (GB) (para vehículos) garaje
⚡ **depress** /dɪˈpres/ vt deprimir ■ **depression** /dɪˈpreʃn/ n depresión
⚡ **depressed** /dɪˈprest/ adj deprimido
⚡ **depressing** /dɪˈpresɪŋ/ adj deprimente
deprivation /ˌdeprɪˈveɪʃn/ n **1** pobreza **2** privación
deprive /dɪˈpraɪv/ vt ~ sb/sth of sth privar a algn/algo de algo ■ **deprived** adj necesitado
⚡ **depth** /depθ/ n profundidad LOC **in depth** a fondo, en profundidad
deputation /ˌdepjuˈteɪʃn/ n [v sing o pl] delegación
deputize (GB tb -ise) /ˈdepjutaɪz/ vi ~ (for sb) sustituir a algn
deputy /ˈdepjuti/ n (pl **deputies**) **1** sustituto, -a, suplente: *deputy chairman* vicepresidente **2** (Pol) diputado, -a, representante

> En Estados Unidos, la traducción normal de *diputado* en el sentido político es **congressman** o **congresswoman**, y en Gran Bretaña es **Member of Parliament** (abrev **MP**).

3 ayudante: *sheriff's deputy* ayudante del sheriff
deranged /dɪˈreɪndʒd/ adj trastornado, loco
derby /ˈdɜːrbi; GB ˈdɑːrbi/ n (pl **derby**) **1** (GB) (Dep) clásico **2** (USA) (GB **bowler (hat)**) sombrero tipo hongo
deregulation /ˌdiːregjuˈleɪʃn/ n liberalización (ventas, servicios, etc.)
derelict /ˈderəlɪkt/ adj abandonado (y en ruinas) (edificio)

deride /dɪˈraɪd/ vt (formal) ridiculizar, burlarse de

derision /dɪˈrɪʒn/ n burla(s) ■ **derisive** /dɪˈraɪsɪv/ adj burlón **derisory** /dɪˈraɪsəri/ adj (formal) irrisorio

derivation /ˌderɪˈveɪʃn/ n derivación

derivative /dɪˈrɪvətɪv/ n derivado

derive /dɪˈraɪv/ v PHR V **derive from sth; be derived from sth** derivar de algo ♦ **derive sth from sth** (formal) sacar, obtener algo de algo: *to derive comfort from sth* hallar consuelo en algo

derogatory /dɪˈrɒɡətɔːri; GB -tri/ adj despectivo

descend /dɪˈsend/ vt, vi (formal) descender ■ **descendant** n descendiente

descent /dɪˈsent/ n **1** descenso **2** ascendencia (familiar)

describe /dɪˈskraɪb/ vt ~ **sb/sth (as sth)** describir a algn/algo (como algo)

description /dɪˈskrɪpʃn/ n descripción

desert sustantivo, verbo
▸ n /ˈdezərt/ desierto
▸ /dɪˈzɜːrt/ **1** vt abandonar **2** vi (Mil) desertar

deserted /dɪˈzɜːrtɪd/ adj desierto

deserter /dɪˈzɜːrtər/ n desertor, -ora

desertification /dɪˌzɜːrtɪfɪˈkeɪʃn/ n desertificación, desertización

deserve /dɪˈzɜːrv/ vt merecer LOC *Ver* RICHLY ■ **deserving** adj digno

design /dɪˈzaɪn/ sustantivo, verbo
▸ n **1** ~ **(for/of sth)** diseño (de algo) **2** plan **3** dibujo
▸ vt diseñar

designate /ˈdezɪɡneɪt/ vt (formal) **1** ~ **sb/sth (as) sth** designar a algn/algo algo **2** nombrar

designer /dɪˈzaɪnər/ sustantivo, adjetivo
▸ n diseñador, -ora
▸ adj de marca: *designer clothes* ropa de marca

desirable /dɪˈzaɪrəbl/ adj deseable

desire /dɪˈzaɪər/ sustantivo, verbo
▸ n **1** ~ **(for sb/sth)** deseo (de/por algn/algo) **2** ~ **(to do sth)** deseo (de hacer algo) **3** ~ **(for sth/to do sth)** ansias (de algo/de hacer algo): *He had no desire to see her.* No tenía ningunas ganas de verla.
▸ vt desear

desk /desk/ n escritorio

desktop /ˈdesktɒp/ adj (Informát): *desktop computer* computador ◊ *desktop publishing* autoedición (por computador)

desolate /ˈdesələt/ adj **1** (*paisaje*) desolado, desierto **2** (*futuro*) desolador ■ **desolation** n **1** desolación **2** desconsuelo

despair /dɪˈspeər/ sustantivo, verbo
▸ n desesperación
▸ vi **1** ~ **(of sth/doing sth)** perder las esperanzas (de algo/de hacer algo) **2** ~ **of sb** desesperarse con algn ■ **despairing** adj desesperado

despatch = DISPATCH

desperate /ˈdespərət/ adj desesperado

despicable /dɪˈspɪkəbl/ adj despreciable

despise /dɪˈspaɪz/ vt despreciar

despite /dɪˈspaɪt/ prep a pesar de

despondent /dɪˈspɒndənt/ adj abatido, desalentado

despot /ˈdespɒt/ n déspota

dessert /dɪˈzɜːrt/ n postre

dessertspoon /dɪˈzɜːrtspuːn/ n **1** cuchara de postre **2** (tb **dessertspoonful**) cucharada (*de postre*)

destination /ˌdestɪˈneɪʃn/ n destino (*de avión, barco, etc.*)

destined /ˈdestɪnd/ adj (formal) destinado: *It was destined to fail.* Estaba condenado a fracasar.

destiny /ˈdestəni/ n (pl **destinies**) destino (*hado*)

destitute /ˈdestɪtuːt; GB -tjuːt/ adj indigente

destroy /dɪˈstrɔɪ/ vt destruir ■ **destroyer** n (Mil) destructor

destruction /dɪˈstrʌkʃn/ n destrucción ■ **destructive** adj destructivo

detach /dɪˈtætʃ/ vt ~ **sth (from sth)** separar algo (de algo) ■ **detachable** adj que se puede separar

detached /dɪˈtætʃt/ adj **1** imparcial **2** (GB) (*vivienda*) no unido a otra casa: *detached house* casa independiente ⊃ *Comparar con* SEMI-DETACHED

detachment /dɪˈtætʃmənt/ n **1** imparcialidad **2** (Mil) destacamento

detail /dɪˈteɪl, ˈdiːteɪl/ sustantivo, verbo
▸ n detalle, pormenor LOC **go into detail(s)** entrar en detalles ♦ **in detail** en detalle, detalladamente
▸ vt detallar

detailed /dɪˈteɪld, ˈdiːteɪld/ adj detallado

detain /dɪˈteɪn/ vt retener ■ **detainee** /ˌdiːteɪˈniː/ n detenido, -a

detect /dɪˈtekt/ vt **1** detectar **2** (*fraude*) descubrir ■ **detectable** adj detectable **detection**

n descubrimiento: *to escape detection* pasar inadvertido/desapercibido

detective /dɪˈtektɪv/ *n* **1** (*policía*) detective, policía vestido de civil: *detective story* novela policíaca **2** (*tb* ˌprivate deˈtective) detective

detention /dɪˈtenʃn/ *n* **1** detención: *detention center* centro de detención preventiva **2** (*Educ*) *to be given (a) detention* quedarse castigado después de clase

deter /dɪˈtɜːr/ *vt* (**-rr-**) **~ sb (from doing sth)** disuadir a algn (de hacer algo)

detergent /dɪˈtɜːrdʒənt/ *n* detergente

deteriorate /dɪˈtɪəriəreɪt/ *vi* deteriorarse, empeorar ■ **deterioration** *n* deterioro

determination /dɪˌtɜːrmɪˈneɪʃn/ *n* determinación

determine /dɪˈtɜːrmɪn/ *vt* determinar, decidir: *to determine the cause of an accident* determinar la causa de un accidente ◊ *determining factor* factor determinante

determined /dɪˈtɜːrmɪnd/ *adj* **~ (to do sth)** resuelto (a hacer algo)

determiner /dɪˈtɜːrmɪnər/ *n* (*Gram*) determinante

deterrent /dɪˈtɜːrənt/ *GB* -ˈter-/ *n* **1** escarmiento **2** argumento disuasorio **3** (*Mil*) fuerza disuasoria: *nuclear deterrent* fuerza disuasoria nuclear

detest /dɪˈtest/ *vt* detestar

detonate /ˈdetəneɪt/ *vt, vi* detonar

detour /ˈdiːtʊər/ *n* desvío

detox /ˈdiːtɑks/ *n* (*coloq*) **1** limpieza del organismo **2** (*tb* **detoxification** /ˌdiːˌtɑksɪfɪˈkeɪʃn/) desintoxicación

detract /dɪˈtrækt/ *v* PHR V **detract from sth** restar mérito a algo: *The incident detracted from our enjoyment of the evening.* El incidente le restó placer a nuestra velada.

detriment /ˈdetrɪmənt/ *n* (*formal*) LOC **to the detriment of sb/sth** en detrimento de algn/algo ■ **detrimental** /ˌdetrɪˈmentl/ *adj* **~ (to sb/sth)** perjudicial (para/a algn/algo)

devalue /ˌdiːˈvæljuː/ *vt, vi* devaluar(se) ■ **devaluation** *n* devaluación

devastate /ˈdevəsteɪt/ *vt* **1** devastar, asolar **2** (*persona*) desolar, destrozar ■ **devastating** *adj* **1** devastador **2** desastroso **devastation** *n* devastación

develop /dɪˈveləp/ **1** *vt, vi* desarrollar(se) **2** *vt* (*plan, estrategia*) elaborar **3** *vt* (*terreno*) urbanizar, construir en **4** *vt* (*Fot*) revelar ■ **developed** *adj* desarrollado **developer** *n* **1** promotor, -ora **2** *software developer* programador de software

developing *adj* en (vías de) desarrollo

development /dɪˈveləpmənt/ *n* **1** desarrollo, evolución: *development area* área de desarrollo ◊ *There has been a new development.* Cambió la situación. **2** (*de terrenos*) urbanización

deviant /ˈdiːviənt/ *adj, n* **1** desviado, -a **2** (*sexual*) pervertido, -a

deviate /ˈdiːvieɪt/ *vi* **~ (from sth)** desviarse (de algo) ■ **deviation** *n* **~ (from sth)** desviación (de algo)

device /dɪˈvaɪs/ *n* **1** aparato, dispositivo, mecanismo: *explosive device* artefacto explosivo ◊ *nuclear device* arma nuclear **2** (*plan*) ardid, estratagema LOC **leave sb to their own devices** dejar a algn a su libre albedrío

devil /ˈdevl/ *n* demonio, diablo: *You lucky devil!* ¡Qué suerte tienes!

devious /ˈdiːviəs/ *adj* **1** enrevesado, intrincado **2** (*método, persona*) poco escrupuloso

devise /dɪˈvaɪz/ *vt* idear, elaborar

devoid /dɪˈvɔɪd/ *adj* **~ of sth** desprovisto, exento de algo

devolution /ˌdevəˈluːʃn; *GB* ˌdiːv-/ *n* **1** descentralización **2** (*de poderes*) delegación

En el Reino Unido **devolution** se refiere a la transferencia de poderes a través de la cual se han establecido parlamentos o asambleas en Escocia, Gales e Irlanda del Norte.

devote /dɪˈvoʊt/ *vt* **1 ~ yourself to sb/sth** dedicarse a algn/algo **2 ~ sth to sb/sth** dedicar algo a algn/algo **3 ~ sth to sth** (*recursos*) destinar algo a algo

devoted /dɪˈvoʊtɪd/ *adj* **~ (to sb/sth)** fiel, leal (a algn/algo): *They're devoted to each other.* Están entregados el uno al otro.

devotee /ˌdevəˈtiː/ *n* devoto, -a

devotion /dɪˈvoʊʃn/ *n* **~ (to sb/sth)** devoción (por/a algn/algo)

devour /dɪˈvaʊər/ *vt* devorar

devout /dɪˈvaʊt/ *adj* **1** devoto, piadoso **2** (*esperanza, deseo*) sincero ■ **devoutly** *adv* **1** piadosamente, con devoción **2** sinceramente

dew /duː; *GB* djuː/ *n* rocío

dexterity /dekˈsterəti/ *n* destreza

diabetes /ˌdaɪəˈbiːtiːz/ *n* [*incontable*] diabetes ■ **diabetic** /ˌdaɪəˈbetɪk/ *adj, n* diabético, -a

diabolical /ˌdaɪəˈbɑlɪkl/ *adj* **1** (*GB, coloq*) espantoso **2** diabólico

diagnose

diagnose /ˌdaɪəɡˈnoʊs; GB ˈdaɪəɡnoʊz/ vt ~ sb with sth; ~ sth (as sth) diagnosticar: *She was diagnosed with cancer.* Le diagnosticaron cáncer. ◊ *I've been diagnosed as having hepatitis.* Me diagnosticaron una hepatitis.
■ **diagnosis** /ˌdaɪəɡˈnoʊsɪs/ n (pl **diagnoses** /-noʊsiːz/) diagnóstico **diagnostic** /ˌdaɪəɡˈnɑstɪk/ adj diagnóstico

diagonal /daɪˈæɡənl/ adj, n diagonal
■ **diagonally** adv diagonalmente

ⁱ **diagram** /ˈdaɪəɡræm/ n diagrama

dial /ˈdaɪəl/ sustantivo, verbo
▶ n **1** (*instrumento*) indicador **2** (*reloj*) cara **3** (*teléfono*) disco
▶ vt (-l-, GB -ll-) marcar: *to dial a wrong number* marcar un número equivocado

dialect /ˈdaɪəlekt/ n dialecto

ⁱ**dialling code** n (GB) (USA **area code**) código (territorial), indicativo (*teléfono*)

dialogue (USA tb **dialog**) /ˈdaɪəlɔːɡ; GB -lɒɡ/ n diálogo

ⁱ**dial tone** (GB ˈ**dialling tone**) n tono de marcar

diameter /daɪˈæmɪtər/ n diámetro: *It is 15cm in diameter.* Tiene 15cm. de diámetro.

ⁱ **diamond** /ˈdaɪəmənd/ n **1** diamante **2** rombo **3** *diamond jubilee* sexagésimo aniversario **4 diamonds** [pl] (*Naipes*) diamantes ➔ Ver nota en BARAJA

diaper /ˈdaɪpər/ (GB **nappy**) n pañal

diaphragm /ˈdaɪəfræm/ n diafragma

diarrhea (GB **diarrhoea**) /ˌdaɪəˈriːə; GB -ˈrɪə/ n [*incontable*] diarrea

ⁱ **diary** /ˈdaɪəri/ n (pl **diaries**) **1** diario **2** (GB) (USA **datebook**) agenda

dice /daɪs/ sustantivo, verbo
▶ (tb esp USA **die** /daɪ/) n (pl **dice**) dado: *to roll/throw the dice* tirar/lanzar los dados ◊ *to play dice* jugar a los dados
▶ vt cortar en cubitos

dictate /ˈdɪkteɪt; GB dɪkˈteɪt/ vt, vi ~ (**sth**) (**to sb**) dictar (algo) (a algn) PHRV **dictate to sb**: *You can't dictate to your children how to run their lives.* No puedes decirles a tus hijos cómo vivir su vida. ■ **dictation** n dictado

dictator /ˈdɪkteɪtər; GB dɪkˈteɪtə(r)/ n dictador, -ora ■ **dictatorship** n dictadura

ⁱ **dictionary** /ˈdɪkʃəneri; GB -nri/ n (pl **dictionaries**) diccionario

did pt de DO

didactic /daɪˈdæktɪk/ adj (formal, a veces pey) didáctico

didn't /ˈdɪdnt/ abrev de did not Ver DO

ⁱ **die** /daɪ/ verbo, sustantivo
▶ vi (pt, pp **died**, part pres **dying**) morir: *to die of/from sth* morir de algo LOC **be dying for sth/to do sth** morirse por algo/por hacer algo
PHRV **die away 1** disminuir poco a poco hasta desaparecer **2** (*ruido*) alejarse hasta perderse ◆ **die down 1** apagarse gradualmente, disminuir **2** (*viento*) amainar ◆ **die off** morir uno tras otro ◆ **die out 1** (*Zool*) extinguirse **2** (*tradiciones*) desaparecer
▶ n Ver DICE

diesel /ˈdiːzl/ n diesel, ACPM

ⁱ **diet** /ˈdaɪət/ sustantivo, verbo
▶ n dieta, régimen: *diet drinks* bebidas light ➔ Ver nota en LOW-CAL LOC **be/go on a diet** estar/ponerse a dieta
▶ vi estar/ponerse a dieta ■ **dietary** /ˈdaɪəteri; GB -təri/ adj dietético

differ /ˈdɪfər/ vi **1** ~ (**from sb/sth**) ser diferente (de algn/algo) **2** ~ (**with sb**) (**about/on sth**) no estar de acuerdo (con algn) (sobre/en algo)

ⁱ **difference** /ˈdɪfrəns/ n diferencia: *to make up the difference (in price)* compensar la diferencia (en el precio) ◊ *a difference of opinion* una desavenencia LOC **it makes all the difference** lo cambia todo ◆ **it makes no difference** da lo mismo ◆ **what difference does it make?** ¿qué más da?

ⁱ **different** /ˈdɪfrənt/ adj ~ (**from/than sb/sth**) diferente, distinto (a/de algn/algo) ❶ En Gran Bretaña se dice **different from/to sb/sth**.

differentiate /ˌdɪfəˈrenʃieɪt/ vt, vi ~ **between A and B**; ~ **A from B** distinguir, diferenciar entre A y B, A de B

differentiation /ˌdɪfəˌrenʃiˈeɪʃn/ n diferenciación

ⁱ **differently** /ˈdɪfrəntli/ adv de otra manera, de distinta manera

ⁱ **difficult** /ˈdɪfɪkəlt/ adj difícil

ⁱ **difficulty** /ˈdɪfɪkəlti/ n (pl **difficulties**) **1** dificultad: *with great difficulty* con mucha dificultad **2** (*situación difícil*) apuro, aprieto: *to get/run into difficulties* verse en un apuro/encontrarse en apuros ◊ *to make difficulties for sb* poner obstáculos a algn

diffident /ˈdɪfɪdənt/ adj poco seguro de sí mismo ■ **diffidence** n falta de confianza en sí mismo

ⁱ **dig** /dɪɡ/ verbo, sustantivo
▶ vt, vi (-**gg**-) (pt, pp **dug** /dʌɡ/) **1** cavar: *to dig for sth* cavar en busca de algo **2** ~ (**sth**) **into sth** clavar algo, clavarse en algo: *The back of the chair was digging into his back.* El respaldo de

---

i happy   ɪ sit   iː see   æ cat   ɑ hot   ɒ long (GB)   ɑː bath (GB)   ʌ cup   ʊ put   uː too

la silla se le clavaba en la espalda. **LOC** **dig your heels in** cerrarse en banda **PHR V** **dig in**; **dig into sth** (*coloq*) (*comida*) atacar (algo) ♦ **dig sb/sth out** sacar a algn/algo (cavando) ♦ **dig sth up 1** (*planta*) sacar de la tierra **2** (*objeto oculto*) desenterrar **3** (*calle*) levantar
▸ *n* excavación ■ **digger** /ˈdɪɡər/ *n* excavadora

digest *sustantivo, verbo*
▸ *n* /ˈdaɪdʒest/ **1** resumen **2** compendio
▸ *vt, vi* /daɪˈdʒest, dɪ-/ digerir(se) ■ **digestion** /daɪˈdʒestʃən, dɪ-/ *n* digestión

diˈgestive system *n* aparato digestivo

digit /ˈdɪdʒɪt/ *n* dígito

digital /ˈdɪdʒɪtl/ *adj* digital

dignified /ˈdɪɡnɪfaɪd/ *adj* digno

dignitary /ˈdɪɡnɪteri; *GB* -təri/ *n* (*pl* **dignitary**) dignatario, -a

dignity /ˈdɪɡnəti/ *n* dignidad

digression /daɪˈɡreʃn/ *n* digresión

dike (*tb* **dyke**) /daɪk/ *n* **1** dique **2** (*argot, pey*) lesbiana

dilapidated /dɪˈlæpɪdeɪtɪd/ *adj* **1** ruinoso **2** (*vehículo*) destartalado

dilemma /dɪˈlemə, daɪ-/ *n* dilema

dilute /daɪˈluːt, dɪˈluːt; *GB tb* daɪˈljuːt/ *vt* **1** diluir **2** (*fig*) suavizar, debilitar

dim /dɪm/ *adjetivo, verbo*
▸ *adj* (**dimmer, -est**) **1** (*luz*) débil, tenue **2** (*recuerdo, noción*) vago **3** (*perspectiva*) poco prometedor, sombrío **4** (*esp GB, coloq*) (*persona*) tonto **5** (*vista*) turbio
▸ (**-mm-**) **1** *vt* (*luz*) bajar **2** *vi* (*luz*) apagarse poco a poco **3** *vt, vi* empañar(se), apagar(se)

dime /daɪm/ *n* (*Can, USA*) moneda de diez centavos

dimension /daɪˈmenʃn, dɪ-/ *n* dimensión

diminish /dɪˈmɪnɪʃ/ *vt, vi* disminuir

diminutive /dɪˈmɪnjətɪv/ *adjetivo, sustantivo*
▸ *adj* (*formal*) diminuto
▸ *n* diminutivo

dimly /ˈdɪmli/ *adv* **1** (*iluminar*) débilmente **2** (*recordar*) vagamente **3** (*ver*) apenas

dimple /ˈdɪmpl/ *n* hoyuelo

din /dɪn/ *n* [*sing*] **1** (*de gente*) alboroto **2** (*de máquinas*) estruendo

dine /daɪn/ *vi* ~ (**on sth**) (*formal*) cenar, comer (algo) **PHR V** **dine out** comer fuera ■ **diner** /ˈdaɪnər/ *n* **1** comensal **2** (*USA*) restaurante (*de carretera*)

dinghy /ˈdɪŋɡi/ *n* (*pl* **dinghies**) **1** bote, barca **2** (*de caucho*) bote neumático

dingy /ˈdɪndʒi/ *adj* (**dingier, -iest**) **1** (*deprimente*) sombrío **2** sucio

ˈdining room *n* comedor

dinner /ˈdɪnər/ *n* **1** comida, cena: *to have/eat dinner* comer

> El término **dinner** se refiere normalmente a la comida principal del día, aunque en Gran Bretaña el uso de **dinner**, **lunch**, **supper** y **tea** varía mucho dependiendo de la zona. **Lunch** siempre hace referencia a la comida del mediodía, que suele ser ligera (una ensalada o un sándwich), aunque si es la comida principal también se le llama **dinner**. Para referirse a la comida que se toma al final de la tarde, hay gente que utiliza **supper**, **tea** o **dinner**. **Supper** puede ser también algo ligero que se toma antes de acostarse. **Tea** puede consistir simplemente de té con galletas y pastel a media tarde. A esto también se le llama **afternoon tea**. Lo que los niños comen en el colegio se llama **school dinner**, si lo prepara el mismo colegio, y **packed lunch**, si se lo llevan preparado de casa. ⊃ *Ver tb nota en* NAVIDAD

2 almuerzo **3** cena (de gala) **4** (*tb* ˈ**dinner party**) (*entre amigos*) cena

ˈdinner jacket *n* (*GB*) (*USA* **tuxedo**) smoking

dinosaur /ˈdaɪnəsɔːr/ *n* dinosaurio

diocese /ˈdaɪəsɪs/ *n* diócesis

dioxide /daɪˈɑksaɪd/ *n* dióxido

dip /dɪp/ *verbo, sustantivo*
▸ (**-pp-**) **1** *vt* ~ **sth (in/into sth)** meter, mojar, bañar algo (en algo) **2** *vi* descender **3** *vt, vi* (*GB*) (*USA* **dim**) bajar: *to dip the headlights* (*of a car*) bajar las luces (de un carro)
▸ *n* **1** (*coloq*) chapuzón **2** (*precios, etc.*) baja **3** declive **4** (*Geog*) depresión **5** (*Cocina*) salsa para mojar aperitivos

diphthong /ˈdɪfθɔːŋ, ˈdɪp-; *GB* -θɒŋ/ *n* diptongo

diploma /dɪˈploʊmə/ *n* diploma

diplomacy /dɪˈploʊməsi/ *n* diplomacia
■ **diplomat** /ˈdɪpləmæt/ *n* diplomático, -a
diplomatic /ˌdɪpləˈmætɪk/ *adj* diplomático
diplomatically /-kli/ *adv* diplomáticamente, con diplomacia

dire /ˈdaɪər/ *adj* (**direr, -est**) **1** (*formal*) horrible, extremo **2** (*GB, coloq*) fatal

direct /dəˈrekt, dɪ-, daɪ-/ *verbo, adjetivo, adverbio*
▸ *vt* dirigir: *Could you direct me to...?* ¿Podría indicarme el camino a...?
▸ *adj* **1** directo **2** franco **3** *the direct opposite* totalmente lo contrario
▸ *adv* **1** directamente: *You don't have to change,*

direct debit

the train goes direct to London. No tienes que hacer trasbordo, el tren va directamente a Londres. **2** en persona

di‚rect 'debit n débito automático

direction /dəˈrekʃn, dɪ-, daɪ-/ n **1** dirección, sentido **2 directions** [pl] instrucciones: *to ask (sb) for directions* preguntar (a algn) el camino a algún sitio

directive /dəˈrektɪv, dɪ-, daɪ-/ n directiva

directly /dəˈrektli, dɪ-, daɪ-/ adv **1** directamente: *directly opposite (sth)* justo enfrente (de algo) **2** enseguida

directness /dəˈrektnəs, dɪ-, daɪ-/ n franqueza

director /dəˈrektər, dɪ-, daɪ-/ n director, -ora

directorate /dəˈrektərət, dɪ-, daɪ-/ n **1** Dirección General **2** junta directiva

directory /dəˈrektəri, dɪ-, daɪ-/ n (pl **directories**) guía (*telefónica, etc.*), directorio

dirt /dɜːrt/ n **1** suciedad, mugre **2** tierra **3** (*coloq*) *to dig up the dirt on sb* sacarle los trapos al sol a algn **LOC** Ver TREAT

‚dirt 'cheap adj, adv (*coloq*) regalado, baratísimo

dirty /ˈdɜːrti/ adjetivo, verbo
▸ adj (**dirtier, -iest**) **1** sucio **2** (*chiste, libro, etc.*) verde, obsceno: *dirty word* palabrota **3** (*coloq*) sucio: *dirty trick* mala pasada
▸ vt, vi (pt, pp **dirtied**) ensuciar(se)

disability /ˌdɪsəˈbɪləti/ n (pl **disabilities**) discapacidad

disabled /dɪsˈeɪbld/ adjetivo, sustantivo
▸ adj discapacitado
▸ n **the disabled** [pl] los discapacitados

disadvantage /ˌdɪsədˈvæntɪdʒ; GB -ˈvɑːn-/ n desventaja **LOC** **put sb/be at a disadvantage** poner a algn/estar en desventaja
■ **disadvantaged** adj desventajado, marginado **disadvantageous** /ˌdɪsədvænˈteɪdʒəs/ adj (*formal*) desventajoso

disagree /ˌdɪsəˈɡriː/ vi ~ (**with sb/sth**) (**about/on sth**) no estar de acuerdo (con algn/algo) (sobre algo): *He disagreed with her on how to spend the money.* No estuvo de acuerdo con ella sobre cómo gastar el dinero. **PHR V** **disagree with sb** sentarle mal a algn (*comida, clima*) ■ **disagreeable** adj (*formal*) desagradable

disagreement /ˌdɪsəˈɡriːmənt/ n **1** desacuerdo **2** discrepancia

disappear /ˌdɪsəˈpɪər/ vi desaparecer: *It disappeared into the bushes.* Desapareció entre los matorrales. ■ **disappearance** n desaparición

disappoint /ˌdɪsəˈpɔɪnt/ vt decepcionar, defraudar

disappointed /ˌdɪsəˈpɔɪntɪd/ adj **1** ~ (**about/at/by sth**) decepcionado, defraudado (por algo) **2** ~ (**in/with sb/sth**) decepcionado (con algn/algo): *I'm disappointed in you.* Me has decepcionado.

disappointing /ˌdɪsəˈpɔɪntɪŋ/ adj decepcionante

disappointment /ˌdɪsəˈpɔɪntmənt/ n decepción

disapproval /ˌdɪsəˈpruːvl/ n desaprobación

disapprove /ˌdɪsəˈpruːv/ vi **1** ~ (**of sth**) desaprobar (algo) **2** ~ (**of sb**) tener mala opinión (de algn)

disapproving /ˌdɪsəˈpruːvɪŋ/ adj de desaprobación

disarm /dɪsˈɑːrm/ vt, vi desarmar(se)
■ **disarmament** n desarme

disassociate /ˌdɪsəˈsoʊʃieɪt/ = DISSOCIATE

disaster /dɪˈzæstər; GB -ˈzɑːs-/ n desastre
■ **disastrous** adj desastroso, catastrófico

disband /dɪsˈbænd/ vt, vi disolver(se)

disbelief /ˌdɪsbɪˈliːf/ n incredulidad

disc (*esp GB*) = DISK

discard /dɪsˈkɑːrd/ vt desechar, deshacerse de

discern /dɪˈsɜːrn/ vt (*formal*) **1** percibir **2** discernir ■ **discernible** adj (*formal*) perceptible

discharge verbo, sustantivo
▸ vt /dɪsˈtʃɑːrdʒ/ **1** (*residuos*) verter **2** (*Mil*) licenciar **3** (*Med, paciente*) dar de alta **4** (*deber*) desempeñar
▸ n /ˈdɪstʃɑːrdʒ/ **1** (*eléctrica, de cargamento, de artillería*) descarga **2** (*residuo*) vertido **3** (*Mil*) licenciamiento **4** (*GB*) (*Jur*) *conditional discharge* libertad condicional **5** (*Med*) supuración

disciple /dɪˈsaɪpl/ n discípulo, -a

disciplinary /ˈdɪsəplənəri; GB -nəri, ˌdɪsəˈplɪnəri/ adj disciplinario

discipline /ˈdɪsəplɪn/ sustantivo, verbo
▸ n disciplina
▸ vt disciplinar

'disc jockey n (pl **disc jockeys**) (tb **'disk jockey**) (*abrev* **DJ**) disc jockey

disclose /dɪsˈkloʊz/ vt (*formal*) revelar
■ **disclosure** /dɪsˈkloʊʒər/ n (*formal*) revelación

disco /ˈdɪskoʊ/ n (pl **discos**) discoteca: *disco music* música disco

discolor (*GB* **discolour**) /dɪsˈkʌlər/ vt, vi decolorar

discomfort /dɪsˈkʌmfərt/ n [*incontable*] incomodidad

disconcerted /ˌdɪskənˈsɜːrtɪd/ adj desconcertado ■ **disconcerting** adj desconcertante

disconnect /ˌdɪskəˈnekt/ vt **1** desconectar **2** (luz) cortar ■ **disconnected** adj inexo, incoherente

discontent /ˌdɪskənˈtent/ (tb **discontentment**) n ~ (**with**/**over sth**) descontento (con algo) ■ **discontented** adj descontento

discontinue /ˌdɪskənˈtɪnjuː/ vt suspender, descontinuar

discord /ˈdɪskɔːrd/ n **1** (formal) discordia **2** (Mús) disonancia ■ **discordant** /dɪsˈkɔːrdənt/ adj **1** (formal) (opiniones) discorde **2** (sonido) disonante

¶ **discount** verbo, sustantivo
▸ vt **1** /dɪsˈkaʊnt/ (formal) descartar, ignorar **2** /ˈdɪskaʊnt, dɪsˈkaʊnt/ (Econ) descontar, rebajar
▸ n /ˈdɪskaʊnt/ descuento LOC **at a discount** a precio rebajado

discourage /dɪsˈkɜːrɪdʒ; GB -ˈkʌr-/ vt **1** desanimar **2** oponerse a, aconsejar que no se haga algo **3** ~ **sb from doing sth** disuadir a algn de hacer algo ■ **discouraging** adj desalentador

¶ **discover** /dɪsˈkʌvər/ vt descubrir

¶ **discovery** /dɪsˈkʌvəri/ n (pl **discoveries**) descubrimiento

discredit /dɪsˈkredɪt/ vt desacreditar

discreet /dɪˈskriːt/ adj discreto

discrepancy /dɪsˈkrepənsi/ n (pl **discrepancies**) discrepancia

discretion /dɪˈskreʃn/ n **1** discreción **2** albedrío LOC **at sb's discretion** a juicio de algn

discriminate /dɪˈskrɪmɪneɪt/ vi **1** ~ (**between...**) discernir (entre...) **2** ~ **against**/**in favor of sb** discriminar a algn, dar trato de favor a algn ■ **discriminating** adj perspicaz **discrimination** n **1** discernimiento, buen gusto **2** discriminación

¶ **discuss** /dɪˈskʌs/ vt ~ **sth** (**with sb**) hablar, tratar de algo (con algn)

¶ **discussion** /dɪˈskʌʃn/ n debate, deliberación
➔ Comparar con ARGUMENT, ROW²

disdain /dɪsˈdeɪn/ n desdén, desprecio

¶ **disease** /dɪˈziːz/ n enfermedad, afección

> En general, **disease** se usa para enfermedades específicas como *heart disease*, *Parkinson's disease*, mientras que *illness* suele referir a la enfermedad como estado o al período en que uno está enfermo. ➔ Ver tb ejemplos en ILLNESS

■ **diseased** adj enfermo

disembark /ˌdɪsɪmˈbɑːrk/ vi ~ (**from sth**) desembarcar (de algo) (barcos y aviones)

disenchanted /ˌdɪsɪnˈtʃæntɪd; GB -ˈtʃɑːn-/ adj ~ (**with sb**/**sth**) desilusionado (con algn/algo)

disentangle /ˌdɪsɪnˈtæŋɡl/ vt **1** desenredar **2** ~ **sth**/**sb** (**from sth**) liberar algo/a algn (de algo)

disfigure /dɪsˈfɪɡjər; GB -ɡə(r)/ vt desfigurar

disgrace /dɪsˈɡreɪs/ verbo, sustantivo
▸ vt deshonrar: *to disgrace yourself* deshonrar tu nombre
▸ n **1** desgracia, deshonra **2 a** ~ (**to sb**/**sth**) una vergüenza (para algn/algo) LOC **in disgrace** (**with sb**) desacreditado (ante algn)

disgraceful /dɪsˈɡreɪsfl/ adj vergonzoso

disgruntled /dɪsˈɡrʌntld/ adj disgustado

disguise /dɪsˈɡaɪz/ verbo, sustantivo
▸ vt **1** ~ **sb**/**sth** (**as sb**/**sth**) disfrazar a algn/algo (de algn/algo) **2** (voz) cambiar **3** (emoción) disimular
▸ n disfraz LOC **in disguise** disfrazado Ver tb BLESSING

¶ **disgust** /dɪsˈɡʌst/ n asco, repugnancia

¶ **disgusted** /dɪsˈɡʌstɪd/ adj indignado, asqueado

¶ **disgusting** /dɪsˈɡʌstɪŋ/ adj asqueroso, repugnante

¶ **dish** /dɪʃ/ sustantivo, verbo
▸ n **1** (guiso) plato: *the national dish* el plato típico nacional Ver tb SIDE DISH **2** (para servir) fuente **3** (vajilla) *to wash/do the dishes* lavar los platos
▸ v PHR V **dish sth out 1** (comida) servir algo **2** (dinero) repartir algo a manos llenas ◆ **dish (sth) up** servir (algo)

disheartened /dɪsˈhɑːrtnd/ adj desalentado, desanimado ■ **disheartening** adj desalentador

disheveled (GB **dishevelled**) /dɪˈʃevld/ adj **1** (pelo) despeinado **2** (ropa, apariencia) desaliñado

¶ **dishonest** /dɪsˈɑnɪst/ adj **1** (persona) deshonesto **2** fraudulento ■ **dishonesty** n deshonestidad

dishonor (GB **dishonour**) /dɪsˈɑnər/ sustantivo, verbo
▸ n deshonor, deshonra
▸ vt deshonrar ■ **dishonorable** (GB **dishonourable**) adj deshonroso

dishtowel /ˈdɪʃtaʊəl/ (GB **tea towel**) n paño/toalla de cocina

dishwasher /ˈdɪʃwɑʃər/ n lavavajillas, lavaplatos

disillusion /ˌdɪsɪˈluːʒn/ *sustantivo, verbo*
▸ *n* (*tb* **disillusionment**) ~ (**with sth**) desengaño, desencanto (con algo)
▸ *vt* desengañar, desencantar ■ **disillusioned** *adj* ~ (**by/with sb/sth**) desengañado, desencantado (con algn/algo)

disinfect /ˌdɪsɪnˈfekt/ *vt* desinfectar ■ **disinfectant** *n* desinfectante

disintegrate /dɪsˈɪntɪɡreɪt/ *vt, vi* desintegrar(se) ■ **disintegration** *n* desintegración

disinterested /dɪsˈɪntrəstɪd, -tərestɪd/ *adj* desinteresado

disjointed /dɪsˈdʒɔɪntɪd/ *adj* inconexo

⚡ **disk** /dɪsk/ *n* **1** (*tb esp GB* **disc**) disco **2** (*Informát*) disco

'disk drive *n* unidad de disco ➔ *Ver dibujo en* COMPUTADOR

⚡ **dislike** /dɪsˈlaɪk/ *verbo, sustantivo*
▸ *vt* no gustar, tener aversión a
▸ *n* ~ (**of sb/sth**) aversión (por/a algn/algo), antipatía (a/hacia algn) **LOC** **take a dislike to sb/sth** tomarle aversión a algn/algo, tomarle antipatía a algn

dislocate /dɪsˈloʊkeɪt, ˈdɪsloʊkeɪt; *GB* ˈdɪsləkeɪt/ *vt* dislocar(se) ■ **dislocation** *n* dislocación

dislodge /dɪsˈlɑdʒ/ *vt* ~ **sb/sth** (**from sth**) desalojar, sacar a algn/algo (de algo)

disloyal /dɪsˈlɔɪəl/ *adj* ~ (**to sb/sth**) desleal (con algn/a algo) ■ **disloyalty** *n* deslealtad

dismal /ˈdɪzməl/ *adj* **1** triste **2** (*coloq*) pésimo

dismantle /dɪsˈmæntl/ *vt* **1** desarmar **2** (*buque, edificio*) desmantelar

dismay /dɪsˈmeɪ/ *sustantivo, verbo*
▸ *n* ~ (**at sth**) consternación (ante algo)
▸ *vt* llenar de consternación

dismember /dɪsˈmembər/ *vt* desmembrar

⚡ **dismiss** /dɪsˈmɪs/ *vt* **1** ~ **sb** (**from sth**) despedir, destituir a algn (de algo) **2** ~ **sb/sth** (**as sth**) descartar, desechar a algn/algo (por ser algo) ■ **dismissal** *n* **1** despido **2** rechazo **dismissive** *adj* desdeñoso

dismount /dɪsˈmaʊnt/ *vi* ~ (**from sth**) (*formal*) desmontar, apearse (de algo)

disobedient /ˌdɪsəˈbiːdiənt/ *adj* desobediente ■ **disobedience** *n* desobediencia

disobey /ˌdɪsəˈbeɪ/ *vt, vi* desobedecer

disorder /dɪsˈɔːrdər/ *n* **1** desorden: *in disorder* desordenado **2** (*Med*) trastorno: *eating disorders* trastornos alimenticios ■ **disorderly** *adj* **1** desordenado **2** indisciplinado, descontrolado **LOC** *Ver* DRUNK

disorganized (*GB tb* **-ised**) /dɪsˈɔːrɡənaɪzd/ *adj* desorganizado

disorient /dɪsˈɔːriənt/ (*GB tb* **disorientate**) /dɪsˈɔːriənteɪt/ *vt* desorientar

disown /dɪsˈoʊn/ *vt* renegar de

dispatch /dɪˈspætʃ/ *verbo, sustantivo*
▸ (*GB* **despatch**) *vt* (*formal*) enviar
▸ *n* **1** envío **2** (*Period*) despacho

dispel /dɪˈspel/ *vt* (**-ll-**) disipar

dispense /dɪˈspens/ *vt* repartir **PHR V** **dispense with sb/sth** prescindir de algn/algo

disperse /dɪˈspɜːrs/ *vt, vi* dispersar(se) ■ **dispersal** (*tb* **dispersion**) *n* dispersión

displace /dɪsˈpleɪs/ *vt* (*formal*) **1** reemplazar **2** desplazar

⚡ **display** /dɪˈspleɪ/ *verbo, sustantivo*
▸ *vt* **1** exponer, exhibir **2** (*emoción, etc.*) mostrar, manifestar **3** (*Informát*) mostrar en pantalla
▸ *n* **1** exposición, exhibición **2** demostración **3** (*Informát*) pantalla (*de información*) **LOC** **on display** expuesto

disposable /dɪˈspoʊzəbl/ *adj* **1** desechable **2** (*Fin*) disponible

disposal /dɪˈspoʊzl/ *n* desecho **LOC** **at your/sb's disposal** a tu disposición/a la disposición de algn

disposed /dɪˈspoʊzd/ *adj* (*formal*) dispuesto **LOC** **be ill/well disposed toward sb/sth** estar mal/bien dispuesto hacia algn/algo

disposition /ˌdɪspəˈzɪʃn/ *n* modo de ser, manera

disproportionate /ˌdɪsprəˈpɔːrʃənət/ *adj* desproporcionado ■ **disproportionately** *adv* desproporcionadamente

disprove /ˌdɪsˈpruːv/ *vt* refutar (*teoría*)

dispute /dɪˈspjuːt, ˈdɪspjuːt/ *sustantivo, verbo*
▸ *n* **1** discusión **2** conflicto, disputa **LOC** **in dispute 1** en discusión **2** (*Jur*) en litigio
▸ *vt, vi* discutir, poner en duda

disqualify /dɪsˈkwɑlɪfaɪ/ *vt* (*pt, pp* **-fied**) descalificar: *to disqualify sb from doing sth* inhabilitar a algn para hacer algo

disregard /ˌdɪsrɪˈɡɑːrd/ *verbo, sustantivo*
▸ *vt* (*formal*) hacer caso omiso de (*consejo, error*)
▸ *n* ~ (**for/of sb/sth**) (*formal*) indiferencia (hacia algn/algo)

disreputable /dɪsˈrepjətəbl/ *adj* **1** de mala reputación **2** (*método, aspecto*) vergonzoso

disrepute /ˌdɪsrɪˈpjuːt/ *n* desprestigio

disrespect /ˌdɪsrɪˈspekt/ *n* falta de respeto ■ **disrespectful** *adj* ~ (**to sb/sth**) irrespetuoso (con algn/algo)

disrupt /dɪsˈrʌpt/ vt interrumpir ■ **disruption** n trastorno, molestia(s)

disruptive /dɪsˈrʌptɪv/ adj molesto, que causa molestias

dissatisfaction /ˌdɪsˌsætɪsˈfækʃn/ n descontento

dissatisfied /dɪsˈsætɪsfaɪd/ adj ~ (**with sb/sth**) insatisfecho (con algn/algo)

dissent /dɪˈsent/ n desacuerdo ■ **dissenting** adj en desacuerdo, contrario

dissertation /ˌdɪsərˈteɪʃn/ n ~ (**on sth**) tesis (sobre algo)

dissident /ˈdɪsɪdənt/ adj, n disidente

dissimilar /dɪˈsɪmɪlər/ adj ~ (**from/to sb/sth**) (formal) distinto (de algn/algo)

dissociate /dɪˈsoʊʃieɪt/ (tb **disassociate** /ˌdɪsəˈsoʊʃieɪt/) vt **1** ~ **yourself from sb/sth** desligarse de algn/algo **2** disociar

⚡ **dissolve** /dɪˈzɑlv/ **1** vt, vi disolver(se) **2** vi desvanecerse

dissuade /dɪˈsweɪd/ vt ~ **sb** (**from sth/doing sth**) disuadir a algn (de algo/hacer algo)

⚡ **distance** /ˈdɪstəns/ sustantivo, verbo
▸ n distancia: *from/at a distance* a distancia
LOC **in the distance** a lo lejos
▸ vt ~ **sb** (**from sb/sth**) distanciar a algn (de algn/algo) ■ **distant** adj **1** distante, lejano **2** (*pariente*) lejano

distaste /dɪsˈteɪst/ n ~ (**for sb/sth**) aversión (a algn/algo) ■ **distasteful** adj (formal) desagradable

distill (GB **distil**) /dɪˈstɪl/ vt (-**ll**-) destilar ■ **distillery** n (pl **distilleries**) destilería

distinct /dɪˈstɪŋkt/ adj **1** claro **2** ~ (**from sth**) distinto (de algo): *as distinct from sth* en contraposición a algo ■ **distinction** n **1** distinción **2** honor **distinctive** adj **1** distintivo, característico **2** particular

⚡ **distinguish** /dɪˈstɪŋgwɪʃ/ **1** vt ~ **A** (**from B**) distinguir A (de B) **2** vi ~ **between A and B** distinguir entre A y B **3** vt ~ **yourself** distinguirse

distort /dɪˈstɔːrt/ vt **1** deformar, distorsionar **2** (fig) tergiversar ■ **distortion** n **1** distorsión **2** tergiversación

distract /dɪˈstrækt/ vt ~ **sb** (**from sth**) distraer a algn (de algo) ■ **distracted** adj distraído **distraction** n distracción: *to drive sb to distraction* sacar a algn de quicio

distraught /dɪˈstrɔːt/ adj consternado

distress /dɪˈstres/ n **1** angustia **2** dolor **3** peligro: *a distress signal* una señal de peligro

■ **distressed** adj afligido **distressing** adj angustioso, angustiante

⚡ **distribute** /dɪˈstrɪbjuːt/ vt ~ **sth** (**to/among sb/sth**) repartir, distribuir algo (a/entre algn/algo)

⚡ **distribution** /ˌdɪstrɪˈbjuːʃn/ n distribución

distributor /dɪˈstrɪbjətər/ n distribuidor, -ora

⚡ **district** /ˈdɪstrɪkt/ n **1** distrito, región **2** zona

distrust /dɪsˈtrʌst/ sustantivo, verbo
▸ n desconfianza
▸ vt desconfiar de

distrustful /dɪsˈtrʌstfl/ adj desconfiado

⚡ **disturb** /dɪˈstɜːrb/ vt **1** molestar, interrumpir: *I'm sorry to disturb you.* Siento molestarlo. **2** (*silencio, sueño*) perturbar **LOC** **disturb the peace** perturbar la paz y el orden ♦ **do not disturb** no molestar ■ **disturbance** n **1** molestia: *to cause a disturbance* causar alteraciones **2** disturbios **disturbed** adj trastornado

⚡ **disturbing** /dɪˈstɜːrbɪŋ/ adj inquietante

disuse /dɪsˈjuːs/ n desuso: *to fall into disuse* caer en desuso ■ **disused** /dɪsˈjuːzd/ adj abandonado

ditch /dɪtʃ/ sustantivo, verbo
▸ n zanja
▸ vt (*coloq*) botar

dither /ˈdɪðər/ vi ~ (**about sth**) titubear (sobre algo)

ditto /ˈdɪtoʊ/ n ídem

Ditto se suele referir al símbolo (") que se utiliza para evitar las repeticiones en una lista.

dive /daɪv/ verbo, sustantivo
▸ vi (pt **dived**, USA tb **dove** /doʊv/, pp **dived**) **1** ~ (**from/off sth**) (**into sth**) tirarse de cabeza (desde algo) (en algo) **2** (*submarino*) sumergirse **3** ~ (**down**) (**for sth**) (*persona*) bucear (en busca de algo) **4** (*avión*) bajar en picada **5** ~ **into/under sth** meterse en/debajo de algo **LOC** **dive for cover** meterse en/debajo de algo para protegerse
▸ n salto ■ **diver** n buzo, -a

diverge /daɪˈvɜːrdʒ/ vi **1** ~ (**from sth**) (*líneas, carreteras*) bifurcarse (de algo) **2** (formal) (*opiniones*) diferir ■ **divergence** n divergencia **divergent** adj divergente

diverse /daɪˈvɜːrs/ adj diverso ■ **diversification** n diversificación **diversify** vt, vi (pt, pp -**fied**) diversificar(se)

diversion /daɪˈvɜːrʒn; GB -ʃn/ n desviación

diversity /daɪˈvɜːrsəti/ n diversidad

divert /daɪˈvɜːrt/ vt ~ **sb/sth** (**from sth**) (**to sth**) desviar a algn/algo (de algo) (a algo)

divide /dɪˈvaɪd/ **1** vt, vi ~ (sth) (up) (into sth) dividir algo, dividirse (en algo) **2** vt ~ sth (out/up) (between/among sb) dividir, repartir algo (entre algn) **3** vt separar **4** vt ~ sth by sth (Mat) dividir algo por algo ■ **divided** adj dividido

diˌvided ˈhighway (GB **dual carriageway**) n autopista de dos carriles

dividend /ˈdɪvɪdend/ n dividendo

divine /dɪˈvaɪn/ adj divino

diving /ˈdaɪvɪŋ/ n buceo

ˈdiving board n trampolín

division /dɪˈvɪʒn/ n **1** división **2** sección, departamento (en una empresa) ■ **divisional** adj divisionario

divorce /dɪˈvɔːrs/ sustantivo, verbo
▸ n divorcio
▸ vt divorciarse de: *to get divorced* divorciarse

divorcé /dɪˌvɔːrˈseɪ/ (GB **divorcee** /dɪˌvɔːrˈseɪ; GB -ˈsiː/) n divorciado

divorcée /dɪˌvɔːrˈseɪ/ (GB **divorcee**) n divorciada

divulge /daɪˈvʌldʒ/ vt ~ sth (to sb) (formal) revelar algo (a algn)

DIY /ˌdiː aɪ ˈwaɪ/ n (abrev de **do-it-yourself**) (GB) bricolaje

dizzy /ˈdɪzi/ adj (**dizzier**, **-iest**) mareado ■ **dizziness** n mareo, vértigo

DJ /ˈdiː dʒeɪ/ n (abrev de **disc jockey**) disc jockey

do	
present simple	
afirmativa	negativa
	formas contractas
I do	I don't
you do	you don't
he/she/it does	he/she/it doesn't
we do	we don't
you do	you don't
they do	they don't
forma -*ing*	doing
past simple	did
participio pasado	done

do /duː/ verbo, verbo auxiliar, sustantivo
▸ vt, vi (3a pers sing **does** /dʌz/, pt **did** /dɪd/, pp **done** /dʌn/) hacer

Usamos **do** cuando hablamos de una actividad sin decir exactamente de qué se trata, como por ejemplo, cuando va acompañado de palabras como *something*, *nothing*, *anything*, *everything*, etc.: *What are you doing this evening?* ¿Qué vas a hacer esta noche? ◊ *Are you doing anything tomorrow?* ¿Vas a hacer algo mañana? ◊ *We'll do what we can to help you.* Haremos lo que podamos para ayudarte. ◊ *What does she want to do?* ¿Qué quiere hacer? ◊ *I have nothing to do.* No tengo nada que hacer. ◊ *What can I do for you?* ¿En qué puedo servirle? ◊ *I have a number of things to do today.* Hoy tengo que hacer varias cosas. ◊ *Do as you please.* Haz lo que quieras. ◊ *Do as you're told!* ¡Haz lo que se te dice! ⊃ *Ver tb ejemplos en* MAKE

● **do + the, my, etc. + -ing** vt (obligaciones y hobbies) hacer: *to do the washing up* lavar los platos ◊ *to do the ironing* planchar ◊ *to do the/your shopping* hacer la compra

● **do + (the, my, etc.) + sustantivo** vt: *to do your homework* hacer la tarea ◊ *to do a test/an exam* (GB) presentar un examen ◊ *to do an English course* (GB) tomar un curso de inglés ◊ *to do business* hacer negocios ◊ *to do your duty* cumplir con tu deber ◊ *to do your job* hacer tu trabajo ◊ *to do the housework* hacer las tareas domésticas ◊ *to do your hair/to have your hair done* arreglarse el pelo/ir a la peluquería

● **otros usos 1** vt *to do your best* hacer lo que se pueda ◊ *to do good* hacer el bien ◊ *to do sb a favor* hacerle un favor a algn **2** vi ser suficiente, servir: *Will $10 do?* ¿Será suficiente con diez dólares? ◊ *All right, a pencil will do.* Da igual, un lápiz me sirve. **3** vi acomodar: *Will next Friday do?* ¿Te queda bien el viernes? **4** vi ir: *She's doing well at school.* Le va bien en la escuela. ◊ *How's the business doing?* ¿Qué tal va el negocio? ◊ *He did badly on the exam.* Le fue mal en el examen.

LOC **be/have to do with sb/sth** tener que ver con algn/algo: *What's it to do with you?* ¡Y a ti que te importa! ◊ *She won't have anything to do with him.* No quiere tener nada que ver con él.
◆ **could do with sth**: *I could do with a good night's sleep.* Me haría bien dormir toda la noche. ◊ *We could do with a holiday.* Nos sentarían bien unas vacaciones. ◆ **it/that will never/won't do**: *It (simply) won't do.* No puede ser. ◊ *It would never do to...* No estaría bien que... ◆ **that does it!** (coloq) ¡se acabó! ◆ **that's done it!** (GB, coloq) ¡se acabó! ◆ **that will do!** ¡ya está bien! ❶ Para otras expresiones con **do**, véanse las entradas del sustantivo, adjetivo, etc., p. ej. **do your bit** en BIT¹. **PHR V** **do away with sth** deshacerse de algo, abolir algo ◆ **do sth up 1** abrochar(se) algo **2** amarrar(se) algo **3** (esp GB) envolver algo **4** (GB) renovar algo ◆ **do without (sb/sth)** arreglárselas sin algn/algo ⊃ *Ver ejemplos en* MAKE

▸ v aux ❶ En español, **do** no se traduce. Lleva el tiempo y la persona del verbo principal de la oración.

● **frases interrogativas y negativas**: *Does she*

speak French? ¿Habla francés? ◊ *Did you go home?* ¿Se fueron para la casa? ◊ *She didn't go to Paris.* No fue a París. ◊ *He doesn't want to come with us.* No quiere venir con nosotros.
• **question tags 1** [*oración afirmativa*] **do + n't + sujeto (pronombre personal)?** *John lives here, doesn't he?* John vive acá ¿verdad? **2** [*oración negativa*] **do + sujeto (pronombre personal)?** *Mary doesn't know, does she?* Mary no lo sabe, ¿verdad? **3** [*oración afirmativa*] **do + sujeto (pronombre personal)?** *So you told them, did you?* O sea que les contaste, ¿no?
• **en afirmativas con un uso enfático**: *He does look tired.* De verdad se ve cansado. ◊ *Well, I did warn you.* Bueno, te lo advertí. ◊ *Oh, do be quiet!* ¡Cállate ya!
• **para evitar repeticiones**: *He drives better than he did a year ago.* Maneja mejor que hace un año. ◊ *She knows more than he does.* Ella sabe más que él. ◊ *'Who won?' 'I did.'* —¿Quién ganó? —Yo. ◊ *'He smokes.' 'So do I.'* —El fuma. —Yo también. ◊ *Peter didn't go and neither did I.* Peter no fue y yo tampoco. ◊ *You didn't know her but I did.* Tú no la conocías pero yo sí.
▸ *n* (*pl* **dos** *o* **do's** /duːz/) LOC **do's and don'ts** reglas

docile /ˈdɑsl; *GB* ˈdoʊsaɪl/ *adj* dócil
dock /dɑk/ *sustantivo, verbo*
▸ *n* **1** muelle **2 docks** [*pl*] puerto **3** (*Jur*) banquillo (de los acusados)
▸ **1** *vt, vi* (*Náut*) (hacer) entrar en dique, atracar (en un muelle) **2** *vi* llegar en barco **3** *vt, vi* (*Aeronát*) acoplar(se) **4** *vt* reducir (*sueldo*)
⚑ **doctor** /ˈdɑktər/ *sustantivo, verbo*
▸ *n* (*abrev* **Dr.**) **1** (*Med*) médico, -a **2** ~ **(of sth)** (*título*) doctor, -ora (en algo)
▸ *vt* adulterar
doctorate /ˈdɑktərət/ *n* doctorado
doctrine /ˈdɑktrɪn/ *n* doctrina
⚑ **document** *sustantivo, verbo*
▸ *n* /ˈdɑkjumənt/ documento
▸ *vt* /ˈdɑkjument/ documentar
documentary /ˌdɑkjuˈmentəri, -tri/ *adj, n* (*pl* **documentaries**) documental
dodge /dɑdʒ/ **1** *vi* hacerse a un lado, apartarse: *She dodged around the corner.* Se escondió rápidamente a la vuelta de la esquina. **2** *vt* evadir, esquivar: *to dodge awkward questions* evadir preguntas embarazosas **3** *vt* (*perseguidor*) eludir
dodgem /ˈdɑdʒəm/ *n* (*GB*) (*USA* **bumper car**) auto loco/de choque, carro chocón
dodgy /ˈdɑdʒi/ *adj* (**dodgier, -iest**) (*GB, coloq*) **1** sospechoso: *Sounds a bit dodgy to me.* Me suena un poco raro. **2** defectuoso: *a dodgy*

wheel una rueda defectuosa **3** (*situación*) delicado
doe /doʊ/ *n* cierva, coneja, liebre hembra ➲ *Ver notas en* CIERVO *y* CONEJO
does /dʌz/ *Ver* DO
doesn't /ˈdʌznt/ *abrev de* **does not** *Ver* DO
⚑ **dog** /dɔːg; *GB* dɒg/ *sustantivo, verbo*
▸ *n* perro
▸ *vt* (**-gg-**) seguir: *He was dogged by misfortune.* Lo persiguió la mala suerte.
dog-eared /ˈdɔːg ɪərd; *GB* ˈdɒg/ *adj* (*libro, etc.*) con las esquinas de las páginas dobladas
dogged /ˈdɔːgɪd; *GB* ˈdɒgɪd/ *adj* tenaz
■ **doggedly** *adv* tenazmente
doggie (*tb* **doggy**) /ˈdɔːgi; *GB* ˈdɒgi/ *n* (*coloq*) perrito
doggy bag *n* (*coloq*) caja/bolsita que dan algunos restaurantes para llevar a casa la comida que sobra
dogsbody /ˈdɔːgzbɑdi; *GB* ˈdɒg-/ *n* (*pl* **dogsbodies**) (*GB*) muchacho, -a para todo
do-it-yourˈself *n* (*GB*) *Ver* DIY
the dole /doʊl/ *n* [*sing*] (*GB, coloq*) (*USA* **welfare**) subsidio de desempleo: *to be/go on the dole* estar cobrando/cobrar subsidio de desempleo
doll /dɑl/ *n* muñeca
⚑ **dollar** /ˈdɑlər/ *n* dólar: *a dollar bill* un billete de dólar ➲ *Ver pág.* 787
dolly /ˈdɑli/ *n* (*pl* **dollies**) muñequita
dolphin /ˈdɑlfɪn/ *n* delfín
domain /doʊˈmeɪn; *GB tb* dəˈm-/ *n* **1** campo: *outside my domain* fuera de mi campo **2** (*tierras*) propiedad **3** (*Internet*) dominio
dome /doʊm/ *n* cúpula ■ **domed** *adj* abovedado
⚑ **domestic** /dəˈmestɪk/ *adj* **1** doméstico **2** nacional ■ **domesticated** *adj* **1** doméstico **2** casero
dominant /ˈdɑmɪnənt/ *adj* dominante
■ **dominance** *n* dominación
⚑ **dominate** /ˈdɑmɪneɪt/ *vt, vi* dominar
■ **domination** *n* dominio
domineering /ˌdɑmɪˈnɪərɪŋ/ *adj* (*pey*) dominante
dominion /dəˈmɪniən/ *n* dominio
domino /ˈdɑmɪnoʊ/ *n* (*pl* **dominoes**) **1** ficha de dominó **2 dominoes** [*incontable*] *to play dominoes* jugar dominó
donate /ˈdoʊneɪt; *GB* doʊˈneɪt/ *vt* donar
■ **donation** *n* **1** donativo **2** [*incontable*] donación

done /dʌn/ adj hecho, terminado Ver tb DO
donkey /ˈdɔːŋki; GB ˈdɒŋ-/ n burro
donor /ˈdoʊnər/ n donante
don't /doʊnt/ abrev de do not Ver DO
donut /ˈdoʊnʌt/ n dona ⊃ Ver dibujo en PAN
doodle /ˈduːdl/ verbo, sustantivo
▸ vi garabatear
▸ n garabato
doom /duːm/ n [incontable] **1** perdición: *to send a man to his doom* mandar a un hombre a la muerte **2** pesimismo ■ **doomed** adj condenado: *doomed to failure* destinado al fracaso
door /dɔːr/ n **1** puerta **2** Ver DOORWAY
LOC (from) door to door de puerta en puerta: *a door-to-door salesman* un vendedor ambulante ◆ **out of doors** al aire libre
doorbell /ˈdɔːrbel/ n timbre (de puerta)
doorknob /ˈdɔːrnɑb/ n perilla
doorman /ˈdɔːrmæn/ n (pl **doormen** /-mən/) portero (de hotel, teatro, etc.)
doormat /ˈdɔːrmæt/ n tapete (en la entrada)
doorstep /ˈdɔːrstep/ n peldaño de la puerta **LOC on your doorstep** a un paso
door-to-door adj puerta a puerta, a domicilio
doorway /ˈdɔːrweɪ/ n entrada
dope /doʊp/ sustantivo, verbo
▸ n (coloq) imbécil
▸ vt narcotizar
dope test n prueba antidoping
dormant /ˈdɔːrmənt/ adj inactivo
dormitory /ˈdɔːrmətɔːri; GB -tri/ n (pl **dormitories**) (tb **dorm**) **1** (USA) (GB **hall**) residencia universitaria **2** (GB) (internado) dormitorio
dosage /ˈdoʊsɪdʒ/ n dosificación
dose /doʊs/ n dosis
dot /dɑt/ sustantivo, verbo
▸ n punto **LOC on the dot** (coloq) a la hora en punto
▸ vt (-tt-) poner un punto sobre **LOC dot your i's and cross your t's** dar los últimos retoques
dot-com /ˌdɑt ˈkɑm/ (tb **dotcom**) n puntocom
dote /doʊt/ v **PHRV dote on/upon sb/sth** adorar a algn/algo ■ **doting** adj devoto
double /ˈdʌbl/ adjetivo, adverbio, sustantivo, verbo
▸ adj doble: *double figures* número de dos cifras ◊ *She earns double what he does.* Gana el doble que él.
▸ adv: *to see double* ver doble ◊ *bent double* encorvado ◊ *to fold a blanket double* doblar una cobija en dos
▸ n **1** doble **2** doubles [pl] (Dep) dobles: *mixed doubles* dobles mixtos
▸ **1** vt, vi duplicar(se) **2** vt ~ sth (over) doblar algo (en dos) **3** vi ~ (up) as sth hacer de algo **PHRV double back** volver sobre sus pasos ◆ **double (sb) up/over**: *to be doubled up with laughter* doblarse de risa ◊ *to double over with pain* doblarse de dolor
double-ˈbarreled (GB **double-ˈbarrelled**) adj **1** (escopeta) de dos cañones **2** (GB) (apellido) compuesto ⊃ Ver nota en SURNAME
ˌdouble ˈbass n contrabajo
ˌdouble ˈbed n cama doble
ˌdouble-ˈbreasted adj cruzado
ˌdouble-ˈcheck vt volver a revisar
ˌdouble-ˈclick vi ~ (on sth) (Informát) hacer doble clic (en algo)
ˌdouble-ˈcross vt engañar
ˌdouble-ˈdecker (tb **double-decker ˈbus**) n (esp GB) bus de dos pisos
ˌdouble-ˈedged adj de doble filo
ˌdouble-ˈglazed adj con doble vidrio
ˌdouble ˈglazing n ventanas de dos vidrios para proteger las casas en invierno
doubly /ˈdʌbli/ adv doblemente: *to make doubly sure of sth* asegurarse bien de algo
doubt /daʊt/ sustantivo, verbo
▸ n ~ (about/as to sth) duda (sobre algo) **LOC beyond (any) doubt** sin duda alguna ◆ **cast/throw doubt (on sth)** hacer dudar (de algo) ◆ **in doubt** dudoso ◆ **no doubt; without/beyond doubt** sin duda Ver tb BENEFIT
▸ vt, vi dudar (de) ■ **doubter** n escéptico, -a
doubtful /ˈdaʊtfl/ adj dudoso: *to be doubtful about (doing) sth* tener dudas sobre (si hacer) algo ■ **doubtfully** adv sin convicción
doubtless /ˈdaʊtləs/ adv sin duda
dough /doʊ/ n **1** masa **2** (coloq) plata, lana
doughnut = DONUT
dour /ˈdaʊər, dʊər/ adj austero
douse (tb **dowse**) /daʊs/ vt ~ sb/sth (in/with sth) empapar a algn/algo (de algo)
dove¹ /dʌv/ n paloma
dove² pt de DIVE
dowdy /ˈdaʊdi/ adj (**dowdier**, **-iest**) sin gracia, sin estilo
down /daʊn/ adverbio, preposición, adjetivo, sustantivo **❶** Para los usos de **down** en PHRASAL VERBS ver las entradas de los verbos correspondientes, p.ej. **go down** en GO¹.

▸ *adv* **1** abajo: *face down* boca abajo **2** bajo: *Inflation is down this month.* La inflación bajó este mes. ◊ *I'm $50 down.* Me faltan 50 dólares. **3** *Ten down, five to go.* Van diez, quedan cinco. **LOC** **be down to sb** (*coloq*) ser (la) responsabilidad de algn ♦ **be down to sb/sth** ser la culpa de algn/algo: *It's all down to luck.* Es todo cuestión de suerte ♦ **down under** (*coloq*) (en) Australia y/o Nueva Zelanda ♦ **down with sb/sth!** ¡abajo algn/algo!
▸ *prep* abajo: *He ran his eyes down the list.* Recorrió la lista de arriba abajo. ◊ *down the hill* cerro abajo ◊ *down the corridor on the right* por el pasillo a la derecha
▸ *adj* **1** (*coloq*) deprimido **2** (*Informát*) *The system's down.* El sistema no funciona.
▸ *n* [*incontable*] **1** plumones **2** pelusa **3** vello

down-and-out *n* vagabundo, -a
downcast /ˈdaʊnkæst; *GB* -kɑːst/ *adj* abatido
downfall /ˈdaʊnfɔːl/ *n* [*sing*] caída: *Drink will be your downfall.* El trago será tu perdición.
downgrade /ˌdaʊnˈɡreɪd/ *vt* ~ **sb/sth (from sth) (to sth)** degradar a algn/algo (de algo) (a algo)
downhearted /ˌdaʊnˈhɑːtɪd/ *adj* desanimado
downhill /ˌdaʊnˈhɪl/ *adv, adj* cuesta abajo **LOC** **be (all) downhill; be downhill all the way 1** todo marchará sobre ruedas (a partir de ahora) **2** ir cuesta abajo ♦ **go downhill** ir cuesta abajo
download *verbo, sustantivo*
▸ *vt* /ˌdaʊnˈloʊd/ (*Informát*) descargar, bajar
▸ *n* /ˈdaʊnloʊd/ (*Informát*) descarga
downloadable /ˌdaʊnˈloʊdəbl/ *adj* descargable
down payment *n* pago inicial, cuota
downplay /ˌdaʊnˈpleɪ/ *vt* restar importancia a, minimizar
downpour /ˈdaʊnpɔːr/ *n* chaparrón
downright /ˈdaʊnraɪt/ *adjetivo, adverbio*
▸ *adj* [*solo antes de sustantivo*] total: *downright stupidity* completa estupidez
▸ *adv* completamente
downscale /ˌdaʊnˈskeɪl/ (*tb esp GB* **downmarket** /ˌdaʊnˈmɑːrkɪt/) *adj* de/para la gran masa, vulgar
downside /ˈdaʊnsaɪd/ *n* [*sing*] inconveniente
downsize /ˈdaʊnsaɪz/ *vt, vi* (*Econ*) reducir (*personal*)
Down's syndrome *n* síndrome de Down
ℹ **downstairs** /ˌdaʊnˈsteərz/ *adverbio, adjetivo, sustantivo*

▸ *adv* (escaleras) abajo
▸ *adj* (en el/del piso de) abajo
▸ *n* [*sing*] planta baja
downstream /ˌdaʊnˈstriːm/ *adv* río abajo
down-to-earth /ˌdaʊn tu ˈɜːrθ/ *adj* práctico, con los pies en la tierra
downtown /ˌdaʊnˈtaʊn/ *adj, adv* (*esp USA*) al/en el centro (*de ciudad*)
downtrodden /ˈdaʊntrɑdn/ *adj* oprimido
downturn /ˈdaʊntɜːrn/ *n* bajada: *a downturn in sales* un descenso en las ventas
ℹ **downward** /ˈdaʊnwərd/ *adjetivo, adverbio*
▸ *adj* hacia abajo: *a downward trend* una tendencia a la baja
▸ *adv* (*tb esp GB* **downwards**) hacia abajo
downy /ˈdaʊni/ *adj* aterciopelado
dowry /ˈdaʊri/ *n* (*pl* **dowries**) dote
dowse = DOUSE
doze /doʊz/ *verbo, sustantivo*
▸ *vi* dormitar **PHR V** **doze off** quedarse dormido
▸ *n* cabeceada
ℹ **dozen** /ˈdʌzn/ *n* (*abrev* **doz.**) docena: *There were dozens of people.* Había muchísima gente. ◊ *two dozen eggs* dos docenas de huevos
dozy /ˈdoʊzi/ *adj* (*GB, coloq*) amodorrado
drab /dræb/ *adj* monótono, gris
ℹ **draft** /dræft; *GB* drɑːft/ *sustantivo, adjetivo, verbo*
▸ *n* **1** borrador: *a draft bill* un anteproyecto de ley **2** (*Fin*) orden de pago, letra de cambio **3 the draft** el reclutamiento para el servicio militar (*obligatorio*) **4** (*GB* **draught**) corriente (*de aire*)
▸ *adj* (*GB* **draught**) de barril: *draft beer* cerveza de barril
▸ *vt* **1** hacer un borrador de **2** (*Mil*) reclutar
draftsman (*GB* **draughtsman**) /ˈdræftsmən; *GB* ˈdrɑːfts-/ *n* (*pl* **draftsmen** /-mən/) dibujante técnico
draftswoman (*GB* **draughtswoman**) /ˈdræftswʊmən; *GB* ˈdrɑːfts-/ *n* (*pl* **draftswomen** /-wɪmɪn/) dibujante técnica
drafty (*GB* **draughty**) /ˈdræfti; *GB* ˈdrɑːfti/ *adj* (**draftier, -iest**) con muchas corrientes (*de aire*)
ℹ **drag** /dræɡ/ *verbo, sustantivo*
▸ (**-gg-**) **1** *vt, vi* arrastrar(se) **2** *vi* (*tiempo*) pasar lentamente **3** *vt* (*Náut*) rastrear **4** *vi* ~ (**on**) hacerse eterno
▸ *n* **1 a drag** [*sing*] (*coloq*) (*persona, cosa*) un rollo, un camello, una lata **2** (*coloq*) *a man dressed in drag* un hombre vestido de mujer
dragon /ˈdræɡən/ *n* dragón
dragonfly /ˈdræɡənflaɪ/ *n* (*pl* **dragonflies**) libélula

drain

drain /dreɪn/ *sustantivo, verbo*
▶ *n* **1** desagüe **2** alcantarilla **LOC** **be a drain on sth** ser un continuo desangre de algo
▶ *vt* **1** (*platos, verduras, etc.*) escurrir **2** (*terreno, lago, etc.*) drenar **PHR V** **drain away 1** perderse (*por un desagüe*) **2** (*fig*) consumirse (*lentamente*)

drainage /ˈdreɪnɪdʒ/ *n* drenaje

drained /dreɪnd/ *adj* agotado: *She felt drained of all energy.* Se sentía completamente agotada.

draining board *n* escurridor

drainpipe /ˈdreɪnpaɪp/ *n* tubería de desagüe

drama /ˈdrɑːmə/ *n* **1** obra de teatro **2** [*incontable*] drama: *drama school* escuela de arte dramático ◊ *drama student* estudiante de arte dramático

dramatic /drəˈmætɪk/ *adj* dramático

dramatically /drəˈmætɪkli/ *adv* dramáticamente, de modo impresionante

dramatist /ˈdræmətɪst/ *n* dramaturgo, -a

dramatization (*GB tb* -isation) /ˌdræmətəˈzeɪʃn; *GB* -taɪˈz-/ *n* dramatización
■ **dramatize** (*GB tb* -ise) *vt, vi* dramatizar

drank *pt de* DRINK

drape /dreɪp/ *vt* **1** ~ **sth across/around/over sth** (*tejido*) colgar algo sobre algo **2** ~ **sb/sth (in/with sth)** cubrir, envolver a algn/algo (en/con algo) ■ **drapes** /dreɪps/ (*tb* **draperies**) *n* [*pl*] cortinas (gruesas)

drastic /ˈdræstɪk/ *adj* **1** drástico **2** grave
■ **drastically** /-kli/ *adv* drásticamente

draught (*GB*) = DRAFT

draughts /drɑːfts; *GB* drɑːfts/ *n* (*GB*) (*USA* **checkers**) [*incontable*] damas (*juego*)

draughtsman, draughtswoman
= DRAFTSMAN, DRAFTSWOMAN

draughty (*GB*) = DRAFTY

draw /drɔː/ *verbo, sustantivo*
▶ (*pt* **drew** /druː/, *pp* **drawn** /drɔːn/) **1** *vt, vi* dibujar, trazar **2** *vi* **to draw level with sb** alcanzar a algn ◊ **to draw near** acercarse **3** *vt* (*cortinas*) correr, descorrer **4** *vt* (*conclusión*) sacar: *to draw comfort from sb/sth* hallar consuelo en algn/algo ◊ *to draw inspiration from sth* inspirarse en algo ◊ *to draw a distinction* hacer una distinción ◊ *to draw an analogy/a parallel* establecer una analogía/un paralelo **5** *vt* (*sueldo*) cobrar **6** *vt* provocar, causar **7** *vt* ~ **sb (to sb/sth)** atraer a algn (hacia algn/algo) **8** *vt, vi* (*esp GB*) (*USA* **tie**) (*Dep*) empatar **LOC** *Ver* CLOSE² **PHR V** **draw back** retroceder, retirarse ♦ **draw sth back** retirar, descorrer algo ♦ **draw in** (*día*) hacerse más corto ♦ **draw on/upon sth** hacer uso de algo ♦ **draw out** (*día*) alargarse ♦ **draw up** pararse ♦ **draw sth up 1** redactar algo **2** (*silla*) acercar algo
▶ *n* (*esp GB*) **1** *Ver* DRAWING (2) **2** (*tb esp USA* **tie**) empate

drawback /ˈdrɔːbæk/ *n* ~ **(of/to sth/to doing sth)** inconveniente, desventaja (de algo/de hacer algo)

ℹ drawer /drɔːr/ *n* cajón

ℹ drawing /ˈdrɔːɪŋ/ *n* **1** dibujo *Ver tb* LINE DRAWING **2** (*GB* **draw**) sorteo

drawing pin *n* (*GB*) chinche, tachuela ➲ *Ver dibujo en* PIN

drawing room *n* (*formal o antic*) sala

drawl /drɔːl/ *n* voz lenta y pesada

drawn /drɔːn/ *adj* demacrado *Ver tb* DRAW

dread /dred/ *sustantivo, verbo*
▶ *n* terror
▶ *vt* tener terror a: *I dread to think what will happen.* Me aterroriza solo pensar lo que pasará.

dreadful /ˈdredfl/ *adj* **1** terrible, espantoso **2** horrible, pésimo: *I feel dreadful.* Me siento muy mal. ◊ *I feel dreadful about what happened.* Me siento muy mal por lo que pasó. ◊ *How dreadful!* ¡Qué horror! ■ **dreadfully** *adv* **1** terriblemente **2** muy mal **3** muy: *I'm dreadfully sorry.* Lo siento muchísimo.

dreadlocks /ˈdredlɒks/ (*coloq* **dreads**) *n* [*pl*] rastas, trenzas al estilo de los rastafaris

ℹ dream /driːm/ *sustantivo, verbo*
▶ *n* sueño: *to have a dream about sb/sth* soñar con algn/algo ◊ *to go around in a dream/live in a dream world* vivir en las nubes
▶ (*pt, pp* **dreamed** *o* **dreamt** /dremt/)

> Algunos verbos poseen tanto formas regulares como irregulares para el pasado y el participio pasado: **spell: spelled/spelt, spill: spilled/spilt**, etc. En inglés británico se prefieren las formas irregulares (**spelt, spilt**, etc.), mientras que en inglés americano se usan las formas regulares (**spelled, spilled**, etc.).

1 *vt, vi* ~ **(about/of sth/doing sth)** soñar (con algo/con hacer algo): *I dreamed (that) I could fly.* Soñé que podía volar. **2** *vt* imaginar: *I never dreamed (that) I'd see you again.* Nunca imaginé que te volvería a ver.

dreamer /ˈdriːmər/ *n* soñador, -ora

dream ticket *n* combinado perfecto (*para elecciones presidenciales, etc.*)

dreamy /ˈdriːmi/ *adj* (**dreamier, -iest**) soñador, distraído ■ **dreamily** *adv* distraídamente

dreary /'drɪəri/ adj (**drearier, -iest**) **1** deprimente **2** aburrido

dredge /dredʒ/ vt, vi dragar ■ **dredger** n draga

drench /drentʃ/ vt empapar: *to get drenched to the skin/drenched through* empaparse hasta los huesos ◊ *(absolutely) drenched* empapado

dress /dres/ sustantivo, verbo
▶ n **1** vestido **2** [incontable] ropa: *to have no dress sense* no saber vestirse *Ver tb* FANCY DRESS
▶ **1** vt, vi vestir(se): *to dress as sth* vestirse de algo ◊ *to dress smartly* vestir bien ❶ Para referirse simplemente a la acción de vestirse se dice **get dressed**. **2** vt (herida) curar **3** vt (ensalada) aderezar LOC (**be) dressed in sth** (ir) vestido de algo PHR V **dress up** engalanarse ♦ **dress (sb) up (in sth)** disfrazarse, disfrazar a algn (con algo) ♦ **dress sth up** disfrazar algo ♦ **dress (sb) up as sb/sth** disfrazarse, disfrazar a algn de algn/algo

dress circle n (GB) (Teat) platea alta

dresser /'dresər/ n **1** (USA) cómoda **2** (GB) alacena, aparador

dressing /'dresɪŋ/ n **1** vendaje **2** aderezo

dressing gown n (esp GB) (USA **robe**) bata, levantadora

dressing room n vestidor, camerino, probador

dressing table n tocador

dressmaker /'dresmeɪkər/ (tb **dress designer**) n modista, sastre ■ **dressmaking** n corte y confección

drew pt de DRAW

dribble /'drɪbl/ **1** vi babear **2** vt, vi driblar

dried pt, pp de DRY

drier = DRYER

drift /drɪft/ verbo, sustantivo
▶ vi **1** flotar **2** (arena, nieve) amontonarse **3** ir a la deriva: *to drift into (doing) sth* hacer algo a la deriva
▶ n **1** [sing] idea general **2** montón: *snow drifts* montones de nieve ■ **drifter** n (pey) vagabundo, -a: *He's a drifter.* Va sin rumbo fijo.

drill /drɪl/ sustantivo, verbo
▶ n **1** taladro: *a dentist's drill* una fresa de odontólogo **2** (Educ) ejercicio **3** *fire drill* simulacro de incendio **4** [incontable] instrucción
▶ vt **1** taladrar, perforar **2** instruir

drily = DRYLY

drink /drɪŋk/ sustantivo, verbo
▶ n bebida: *a drink of water* un trago de agua ◊ *to go for a drink* ir a tomar algo *Ver tb* SOFT DRINK
▶ vt, vi (pt **drank** /dræŋk/, pp **drunk** /drʌŋk/) beber: *Don't drink and drive.* Si tomas, no manejes.

LOC **drink to sb's health** beber a la salud de algn PHR V **drink sth in** empaparse de algo
♦ **drink to sb/sth** brindar por algn/algo ♦ **drink (sth) up** tomarse algo (todo)

drinker /'drɪŋkər/ n bebedor, -ora

drinking /'drɪŋkɪŋ/ n el beber

drinking water n agua potable

drip /drɪp/ verbo, sustantivo
▶ vi (**-pp-**) gotear LOC **be dripping with sth 1** *to be dripping with sweat* estar empapado en sudor **2** *She was dripping with jewels.* Estaba cargada de joyas.
▶ n **1** [sing] goteo **2** gota **3** (Med) gotero: *She's on a drip.* Está con suero.

drive /draɪv/ verbo, sustantivo
▶ (pt **drove** /droʊv/, pp **driven** /'drɪvn/) **1** vt, vi manejar: *Can you drive?* ¿Sabes manejar? **2** vi viajar en carro: *Did you drive?* ¿Viniste en carro? **3** vt llevar (en carro) **4** vt *to drive sb crazy* volver loco a algn ◊ *to drive sb to drink* llevar a algn a la bebida **5** vt (ganado) arrear **6** vt impulsar LOC **drive a hard bargain** ser un negociador duro ♦ **what sb is driving at**: *What are you driving at?* ¿Qué insinúas? PHR V **drive away/off** alejarse en carro ♦ **drive sb/sth off** ahuyentar a algn/algo ♦ **drive sb on** empujar a algn
▶ n **1** vuelta, viaje (en carro, etc.): *to go for a drive* dar una vuelta en carro **2** (Mec) mecanismo de transmisión: *four-wheel drive* tracción en las cuatro ruedas ◊ *a left-hand drive car* un carro con el timón a la izquierda **3** *Ver* DRIVEWAY **4** campaña **5** empuje **6** (Dep) golpe directo, drive *Ver tb* DISK DRIVE, FLASH DRIVE

drive-in n (USA) lugar al aire libre, sobre todo cines, restaurantes, etc. donde se sirve a los clientes sin que tengan que salir del carro

driven pp de DRIVE

driver /'draɪvər/ n conductor, -ora: *train driver* maquinista LOC **be in the driver's seat** tener la sartén por el mango

driver's license (GB **driving licence**) n licencia de conducir

driveway /'draɪvweɪ/ (tb **drive**) n camino de entrada (en una casa)

driving school n escuela de conducción

driving test n examen de conducción

drizzle /'drɪzl/ sustantivo, verbo
▶ n llovizna
▶ vi lloviznar

drone /droʊn/ verbo, sustantivo
▶ vi zumbar PHR V **drone on (about sth)** hablar (sobre algo) en un tono monótono
▶ n **1** zumbido **2** avión no tripulado

drool

drool /druːl/ *vi* babear: *to drool over sb/sth* caérsele la baba a uno por algn/algo

droop /druːp/ *vi* **1** caer **2** (*flor*) marchitarse **3** (*ánimo*) decaer ■ **droopy** *adj* **1** caído **2** (*flor*) marchito

drop

She's **dropped** her book.   He's **spilt** his milk.

drop /drɑp/ *verbo, sustantivo*
▶ (**-pp-**) **1** *vi* caer: *He dropped to his knees.* Se arrodilló. **2** *vt* dejar caer: *to drop a bomb* lanzar una bomba ◊ *to drop anchor* echar el ancla

> Para decir que se cayó un objeto, se utiliza **drop**: *Be careful you don't drop that plate!* ¡Cuidado se te cae el plato! Cuando se derrama un líquido, se utiliza **spill**: *She spilt coffee on her skirt.* Se le cayó el café en la falda.

3 *vi* desplomarse: *I feel ready to drop.* Estoy que me caigo. ◊ *to work till you drop* matarse trabajando **4** *vt, vi* disminuir, caer: *to drop prices* reducir precios **5** *vt* ~ **sb/sth (off)** (*pasajero, paquete*) dejar a algn/algo **6** *vt* omitir: *He's been dropped from the team.* Lo sacaron del equipo. **7** *vt* romper con **8** *vt* (*hábito, actitud*) dejar: *Drop everything!* ¡Déjalo todo! ◊ *Can we drop the subject?* ¿Podemos olvidar el tema? **LOC** **drop a hint** soltarle una indirecta ◆ **drop dead** (*coloq*) **1** caerse muerto **2** *Drop dead!* ¡Vete al demonio! ◆ **drop sb a line** (*coloq*) mandarle unas líneas a algn *Ver tb* LET **PHR V** **drop back/behind** quedarse atrás, rezagarse ◆ **drop by/in/over**: *Why don't you drop by?* ¿Por qué no pasas por la casa? ◊ *They dropped in for breakfast.* Pasaron a desayunar. ◊ *Drop over some time.* Ven a vernos alguna vez. ◆ **drop in on sb** hacer una visita informal a algn ◆ **drop off** (*coloq*) quedarse dormido ◆ **drop out (of sth)** retirarse (de algo): *to drop out (of college)* dejar los estudios ◊ *to drop out (of society)* automarginarse
▶ *n* **1** gota: *Would you like a drop of wine?* ¿Te gustaría un vino? **2** [*sing*] caída: *a sheer drop* un precipicio ◊ *a drop in prices* una caída de los precios ◊ *a drop in temperature* un descenso de la temperatura **LOC** **at the drop of a hat** sin pensarlo dos veces ◆ **be (only) a drop in the bucket** (*GB* **be (only) a drop in the ocean**) no ser más que una gota de agua en el océano

drop-'dead *adv* (*coloq*): *He's drop-dead gorgeous!* ¡Está buenísimo!

drop-down 'menu *n* (*Informát*) menú desplegable

dropout /'drɑpaʊt/ *n* estudiante que no termina los estudios

droppings /'drɑpɪŋz/ *n* [*pl*] excrementos (*de animales o pájaros*)

drought /draʊt/ *n* sequía

drove *pt de* DRIVE

drown /draʊn/ *vt, vi* ahogar(se) **PHR V** **drown sb/sth out** ahogar (a algn/algo): *His words were drowned out by the music.* La música ahogó sus palabras.

drowsy /'draʊzi/ *adj* (**drowsier, -iest**) adormilado: *This drug can make you drowsy.* Este medicamento puede producir somnolencia.

drudgery /'drʌdʒəri/ *n* [*incontable*] trabajo pesado

drug /drʌɡ/ *sustantivo, verbo*
▶ *n* **1** (*Med*) fármaco, medicamento: *drug company* empresa farmacéutica **2** droga: *to be on drugs* consumir drogas habitualmente
▶ *vt* (**-gg-**) drogar

'drug abuse *n* abuso de drogas

'drug addict *n* drogadicto, -a ■ **'drug addiction** *n* drogadicción

drugstore /'drʌɡstɔːr/ *n* (*USA*) farmacia que también vende comestibles, periódicos, etc.
➔ *Ver nota en* PHARMACY

drum /drʌm/ *sustantivo, verbo*
▶ *n* **1** (*Mús*) tambor, batería: *to play the drums* tocar la batería **2** tambor, bidón
▶ (**-mm-**) **1** *vi* tocar el tambor **2** *vt, vi* ~ **(sth) on sth** tamborilear (con algo) en algo **PHR V** **drum sth into sb/into sb's head** machacarle algo a algn ◆ **drum sb out (of sth)** echar a algn (de algo) ◆ **drum sth up** esforzarse por conseguir algo (*apoyo, clientes, etc.*): *to drum up interest in sth* fomentar el interés en algo ■ **drummer** *n* batería (*músico*)

drumstick /'drʌmstɪk/ *n* **1** (*Mús*) baqueta, palillo (de tambor) **2** (*Cocina*) muslo (*de pollo, etc.*)

drunk /drʌŋk/ *adjetivo, sustantivo*
▶ *adj* borracho: *to be drunk with joy* estar ebrio de alegría **LOC** **drunk and disorderly**: *to be charged with being drunk and disorderly* ser acusado de borrachera y alboroto ◆ **get drunk** emborracharse

▶ *n* (*antic* **drunkard** /'drʌŋkərd/) borracho, -a Ver tb DRINK

drunk driving (*GB* drink-driving) *n* conducir en estado de embriaguez

drunken /'drʌŋkən/ *adj* borracho: *to be charged with drunken driving* ser acusado de manejar en estado de embriaguez
■ **drunkenness** *n* embriaguez

dry /draɪ/ *adjetivo, verbo, sustantivo*
▶ *adj* (**drier, -iest**) **1** seco: *dry white wine* vino blanco seco ◊ *Tonight will be dry.* Esta noche no va a llover. **2** árido **3** (*humor*) irónico LOC **run dry** secarse Ver tb HIGH, HOME
▶ *vt, vi* (*pt, pp* **dried**) secar(se): *He dried his eyes.* Se secó las lágrimas. PHR V **dry (sth) off/out** secar algo, secarse ♦ **dry up** (*río, etc.*) secarse ♦ **dry (sth) up** secar (algo) (*platos, etc.*)
▶ *n* LOC **in the dry** a cubierto

dry-clean *vt* limpiar/lavar en seco ■ **dry-cleaners** *n* lavandería ⊃ Ver nota en CARNICERÍA **dry-cleaning** *n* limpieza/lavado en seco

dryer /'draɪər/ *n* secadora

dry land *n* tierra firme

dryly (*tb* **drily**) /'draɪli/ *adv* en tono seco

dryness /'draɪnəs/ *n* **1** sequedad **2** aridez **3** (*humor*) ironía

dual /'du:əl; *GB* 'dju:əl/ *adj* doble

dual carriageway *n* (*GB*) (*USA* **divided highway**) autopista de dos carriles

dub /dʌb/ *vt* (**-bb-**) doblar: *dubbed into English* doblado al inglés ■ **dubbing** *n* doblaje

dubious /'du:biəs; *GB* 'dju:-/ *adj* **1** *to be dubious about sth* tener dudas acerca de algo **2** (*pey*) (*conducta*) sospechoso **3** (*honor*) discutible ■ **dubiously** *adv* **1** de un modo sospechoso **2** en tono dudoso

duchess /'dʌtʃəs/ *n* duquesa

duck /dʌk/ *sustantivo, verbo*
▶ *n* pato, -a ⊃ Ver nota en PATO
▶ **1** *vi* agachar la cabeza: *He ducked behind a rock.* Se escondió detrás de una roca. **2** *vt, vi* ~ (**out of**) **sth** (*responsabilidad*) eludir algo, escabullirse de algo

duckling /'dʌklɪŋ/ *n* patito

duct /dʌkt/ *n* conducto

dud /dʌd/ *adjetivo, sustantivo*
▶ *adj* [*solo antes de sustantivo*] **1** defectuoso **2** inútil
▶ *n* (*coloq*): *This battery is a dud.* Esta pila es defectuosa.

dude /du:d/ *n* (*esp USA, argot*) tipo: *a real cool dude* un tipo genial ◊ *What's happening, dudes?* ¿Qué pasa, amigos?

due /du:; *GB* dju:/ *adjetivo, sustantivo, adverbio*
▶ *adj* **1** *the money due to them* el dinero que se les debe ◊ *Our thanks are due to…* Quedamos agradecidos a… ◊ *Payment is due on the fifth.* El próximo pago vence el cinco. **2** *The bus is due (in) at five o'clock.* El bus debe llegar a las cinco. ◊ *She's due to arrive soon.* Debe llegar pronto. ◊ *She's due back on Thursday.* Vuelve el jueves. **3** ~ (**for**) **sth** *I reckon I'm due (for) a holiday.* Creo que me merezco unas vacaciones. **4** debido: *with all due respect* con el debido respeto ◊ *It's all due to her efforts.* Se lo debemos todo al esfuerzo de ella. LOC **in due course** a su debido tiempo
▶ *n* **dues** [*pl*] cuota LOC **give sb their due** para ser justo
▶ *adv*: *due south* directamente al sur

duel /'du:əl; *GB* 'dju:əl/ *n* duelo

duet /du'et; *GB* dju'et/ *n* dúo (*pieza musical*)

duffel bag (*tb* **duffle bag**) /'dʌfl bæɡ/ (*GB* **holdall**) *n* maletín de viaje ⊃ Ver dibujo en BAG

duffel coat (*tb* **duffle coat**) /'dʌfl koʊt/ *n* (*GB*) abrigo tres cuartos (*con capucha*)

dug *pt, pp de* DIG

duke /du:k; *GB* dju:k/ *n* duque

dull /dʌl/ *adj* (**duller, -est**) **1** (*tiempo*) gris **2** (*color*) apagado **3** (*superficie*) deslustrado **4** (*luz*) sombrío: *a dull glow* una luz mortecina **5** (*dolor, ruido*) sordo **6** aburrido, soso ■ **dully** *adv* con desgana

duly /'du:li; *GB* 'dju:li/ *adv* (*formal*) **1** debidamente **2** a su debido tiempo

dumb /dʌm/ *adj* (**dumber, -est**) **1** (*esp USA, coloq*) tonto **2** mudo: *to be deaf and dumb* ser sordomudo ■ **dumbly** *adv* sin hablar

dumbfounded /dʌm'faʊndɪd/ (*tb* **dumbstruck** /'dʌmstrʌk/) *adj* mudo de asombro

dummy /'dʌmi/ *n* (*pl* **dummies**) **1** maniquí **2** imitación **3** (*GB*) (*USA* **pacifier**) (*para bebé*) chupete, chupo **4** (*USA, coloq*) imbécil

dump /dʌmp/ *verbo, sustantivo*
▶ **1** *vt, vi* tirar, botar: *No dumping.* Prohibido botar basuras. ◊ *dumping ground* basurero **2** *vt* (*coloq, pey*) abandonar **3** *vt* deshacerse de
▶ *n* **1** vertedero **2** (*Mil*) depósito **3** (*coloq, pey*) antro

dumpling /'dʌmplɪŋ/ *n* bola de una masa especial que se come en sopas o guisos

dumps /dʌmps/ *n* [*pl*] LOC **be (down) in the dumps** (*coloq*) tener el ánimo en/por el suelo

Dumpster® /'dʌmpstər/ *n* (*GB* **skip**) contenedor (*para escombros*)

dune /du:n; *GB* dju:n/ *n* (*tb* **sand dune**) *n* duna

dung

dung /dʌŋ/ *n* abono, estiércol
dungarees /ˌdʌŋgəˈriːz/ *n* [*pl*] overol
dungeon /ˈdʌndʒən/ *n* mazmorra
duo /ˈduːoʊ; *GB* ˈdjuː-/ *n* (*pl* **duos**) dúo (*de personas*)
dupe /duːp; *GB* djuːp/ *vt* engañar
duplex /ˈduːpleks; *GB* ˈdjuː-/ *n* **1** chalet semi adosado **2** (apartamento/casa) dúplex
duplicate /ˈduːplɪkeɪt; *GB* ˈdjuː-/ *verbo, adjetivo, sustantivo*
▸ *vt* duplicar
▸ *adj, n* duplicado: *a duplicate (letter)* una copia
durable /ˈdʊərəbl; *GB* ˈdjʊə-/ *adjetivo, sustantivo*
▸ *adj* duradero
▸ *n* **durables** (*tb* durable ˈgoods) [*pl*] electrodomésticos ■ **durability** /ˌdʊərəˈbɪləti; *GB* ˌdjʊə-/ *n* durabilidad
duration /duˈreɪʃn; *GB* dju-/ *n* duración **LOC** **for the duration** (*coloq*) durante el tiempo que dure
duress /duˈres; *GB* dju-/ *n* **LOC** **do sth under duress** (*formal*) hacer algo bajo coacción
during /ˈdʊərɪŋ; *GB* ˈdjʊər-/ *prep* durante: *during the meal* mientras comíamos ᴑ *Ver ejemplos en* FOR (3) *y nota en* DURANTE
dusk /dʌsk/ *n* crepúsculo: *at dusk* al atardecer
dust /dʌst/ *sustantivo, verbo*
▸ *n* polvo: *gold dust* oro en polvo
▸ **1** *vt, vi* limpiar el polvo (de) **2** *vt* ~ **sth (with sth)** espolvorear algo (de algo) **PHR V** **dust sb/sth down/off** quitarle el polvo a algn/algo
dustbin /ˈdʌstbɪn/ *n* (*GB*) (*USA* trash can) caneca/tacho/bote de basura ᴑ *Ver dibujo en* TRASH CAN
dustcloth /ˈdʌstklɔːθ/ *n* trapo (del polvo)
duster /ˈdʌstər/ *n* trapo (del polvo): *feather duster* plumero
dustman /ˈdʌstmən/ *n* (*pl* **dustmen** /-mən/) (*GB*) (*USA* garbage man) basurero
dustpan /ˈdʌstpæn/ *n* recogedor (de basura) ᴑ *Ver dibujo en* BRUSH
dusty /ˈdʌsti/ *adj* (**dustier, -iest**) polvoriento
Dutch /dʌtʃ/ *adj* holandés **LOC** **Dutch courage** (*GB, coloq, hum*) valor infundido por el alcohol ◆ **go Dutch (with sb)** pagar (algo) a partes iguales
dutiful /ˈduːtɪfl; *GB* ˈdjuː-/ *adj* obediente, concienzudo ■ **dutifully** *adv* obedientemente, cumplidamente

duty /ˈduːti; *GB* ˈdjuːti/ *n* (*pl* **duties**) **1** deber, obligación: *to do your duty (by sb)* cumplir con tu deber (para con algn) **2** obligación, función: *duty officer* oficial de guardia ᴑ *the duties of the president* las obligaciones de la presidenta **3** ~ **(on sth)** aranceles (sobre algo) **LOC** **be on/off duty** estar/no estar de servicio
ˌduty-ˈfree *adj* libre de impuestos
duvet /ˈduːveɪ, duːˈveɪ/ *n* (*GB*) (*USA* comforter) edredón (nórdico)
DVD /ˌdiː viː ˈdiː/ *n* (*abrev de* digital videodisc/versatile disc) DVD: *DVD player* reproductor de DVDs
dwarf /dwɔːrf/ *sustantivo, verbo*
▸ *n* (*pl* **dwarfs** *o* **dwarves** /dwɔːrvz/) enano, -a
▸ *vt* empequeñecer: *a house dwarfed by skyscrapers* una casa empequeñecida por los rascacielos
dwell /dwel/ *vi* (*pt, pp* **dwelled** *o* **dwelt** /dwelt/) ᑐ *Ver nota en* DREAM ~ **in/at sth** (*formal*) morar en algo **PHR V** **dwell on/upon sth 1** dejarse obsesionar por algo **2** insistir, extenderse en algo ■ **dwelling** *n* (*formal*) morada, vivienda
dwindle /ˈdwɪndl/ *vi* disminuir, reducirse: *to dwindle (away) (to nothing)* quedar reducido (a la nada)
dye /daɪ/ *verbo, sustantivo*
▸ *vt, vi* (*3a pers sing* **dyes**, *pt, pp* **dyed**, *part pres* **dyeing**) teñir(se): *to dye sth blue* teñir algo de azul
▸ *n* tinte (*para el pelo, la ropa, etc.*)
dying /ˈdaɪɪŋ/ *adj* **1** (*persona*) moribundo, agonizante **2** (*palabras, momentos, etc.*) último: *her dying wish* su último deseo ᴑ *a dying breed* una raza en vía de extinción
dyke = DIKE
dynamic /daɪˈnæmɪk/ *adj* dinámico
dynamics /daɪˈnæmɪks/ *n* [*pl*] dinámica
dynamism /ˈdaɪnəmɪzəm/ *n* dinamismo
dynamite /ˈdaɪnəmaɪt/ *sustantivo, verbo*
▸ *n* (*lit y fig*) dinamita
▸ *vt* dinamitar
dynamo /ˈdaɪnəmoʊ/ *n* (*pl* **dynamos**) dínamo, dínamo
dynasty /ˈdaɪnəsti; *GB* ˈdɪ-/ *n* (*pl* **dynasties**) dinastía
dysentery /ˈdɪsənteri; *GB* -tri/ *n* disentería
dyslexia /dɪsˈleksiə/ *n* dislexia ■ **dyslexic** *adj, n* disléxico, -a

---

u actual ɔː saw ɜː bird ə about j yes w woman ʒ vision h hat ŋ sing

E e

E, e /iː/ n (pl **Es, E's, e's** /iːz/) **1** E, e ◆ Ver nota en A, A **2** (GB) (Educ) cinco: *to get (an) E in French* sacar (un) cinco en Francés **3** (Mús) mi

e- /iː/ pref

Se usa el prefijo **e-** para formar muchas palabras que tengan que ver con la comunicación electrónica, por internet: *e-commerce* comercio electrónico ◊ *e-zine* revista electrónica ◊ *e-pal* amigo, -a por email.

each /iːtʃ/ adjetivo, adverbio, pronombre
▸ adj cada

Each casi siempre se traduce por "cada (uno)" y **every** por "todo(s)". Una excepción importante es cuando se expresa la repetición de algo a intervalos fijos de tiempo: *The Olympics are held every four years.* Los Juegos Olímpicos se celebran cada cuatro años. ◆ Ver tb nota en EVERY

▸ adv, pron cada uno (de dos o más): *We have two each.* Tenemos dos cada uno. ◊ *each for himself* cada cual por su cuenta

each 'other pron uno a otro (mutuamente)

Cada vez hay una mayor tendencia a usar **each other** y **one another** indistintamente, aunque **each other** es más frecuente. Se puede decir tanto: *They all looked at each other.* como: *They all looked at one another.* Todos se miraron (entre sí).

eager /ˈiːgər/ adj ~ (for sth/to do sth) ávido (de algo), ansioso (por hacer algo): *eager to please* ansioso por complacer ■ **eagerly** adv con impaciencia/ilusión **eagerness** n ansia

eagle /ˈiːgl/ n águila

ear /ɪr/ n **1** oreja **2** oído: *to have an ear/a good ear for sth* tener buen oído para algo **3** espiga LOC **be all ears** (coloq) ser todo oídos ◆ **be up to your ears in sth** estar hasta el cuello de algo ◆ **play it by ear** (coloq) improvisar ◆ **play (sth) by ear** tocar (algo) de oído Ver tb PRICK

earache /ˈɪreɪk/ n dolor de oídos

eardrum /ˈɪrdrʌm/ n tímpano

earl /ɜːrl/ n conde

early /ˈɜːrli/ adjetivo, adverbio
▸ adj (**earlier, -iest**) **1** temprano: *at an early age* a una edad temprana **2** primero: *my earliest memories* mis primeros recuerdos **3** (muerte) prematuro **4** (jubilación) anticipado LOC Ver NIGHT

▸ adv (**earlier, -iest**) **1** temprano **2** con anticipación **3** prematuramente **4** a principios de: *early last week* a principios de la semana pasada LOC **as early as...**: *as early as 1998* ya en 1998 ◆ **at the earliest** lo más pronto ◆ **early on** al poco tiempo de empezar: *earlier on* anteriormente ◆ **it's early days (yet)** (esp GB) es demasiado pronto ◆ **the early bird catches the worm** (refrán) al que madruga, Dios le ayuda ◆ **the early hours** la madrugada

earmark /ˈɪrmɑrk/ vt destinar

earn /ɜːrn/ vt **1** (dinero) ganar: *to earn a living* ganarse la vida **2** merecer(se)

earnest /ˈɜːrnɪst/ adj **1** (carácter) serio **2** (deseo, etc.) ferviente LOC **in earnest 1** de veras **2** en serio: *She said it in earnest.* Hablaba con la mayor seriedad. ■ **earnestly** adv con empeño **earnestness** n fervor

earnings /ˈɜːrnɪŋz/ n [pl] ingresos

earphones /ˈɪrfoʊnz/ n [pl] audífonos

earring /ˈɪrɪŋ/ n arete

earshot /ˈɪrʃɑt/ n LOC **out of/within earshot (of sb)** fuera del/al alcance del oído (de algn)

earth /ɜːrθ/ sustantivo, verbo
▸ n **1 the Earth** (planeta) la Tierra **2** (Geol) tierra **3** (GB) (USA **ground**) (electricidad) tierra LOC **charge, cost, pay, etc. the earth** (GB, coloq) cobrar, costar, pagar, etc. un dineral ◆ **come back/down to earth (with a bang/bump)** (coloq) bajar de las nubes ◆ **how, what, why, etc. on earth** (coloq) ¿cómo, qué, por qué, etc. demonios?: *What on earth are you doing?* ¿Qué demonios estás haciendo?
▸ vt (GB) (USA **ground**) (Electrón) conectar a tierra

earthenware /ˈɜːrθnweər/ adj, n (de) barro (cocido)

earthly /ˈɜːrθli/ adj **1** (formal) terrenal **2** concebible: *You don't have an earthly (chance) of winning.* No tienes la más remota posibilidad de ganar. ❶ En este sentido suele usarse en frases negativas o interrogativas.

earthquake /ˈɜːrθkweɪk/ (coloq **quake**) n terremoto

earthworm /ˈɜːrθwɜːrm/ n lombriz

ease /iːz/ sustantivo, verbo
▸ n **1** facilidad **2** desahogo **3** alivio LOC **(be/feel) at (your) ease** (estar/sentirse) a gusto Ver tb ILL, MIND

easel

▸ vt **1** (*dolor*) aliviar **2** (*tensión*) reducir **3** (*tráfico*) disminuir **4** (*situación*) suavizar **5** (*restricción*) aflojar LOC **ease sb's conscience/mind** tranquilizar la conciencia/mente de algn PHR V **ease (sb/sth) across, along, etc. sth** mover (a algn/algo) cuidadosamente a través de/a lo largo de, etc. algo ♦ **ease off/up** aligerarse ♦ **ease up on sb/sth** moderarse con algn/algo

easel /ˈiːzl/ n caballete (*de artista*)

easily /ˈiːzəli/ adv **1** fácilmente **2** seguramente: *It's easily the best.* Es seguramente el mejor. **3** muy probablemente

east /iːst/ sustantivo, adjetivo, adverbio
▸ n **1** (*tb* **the east, the East**) (*abrev* **E**) (el) oriente, (el) este: *Newcastle is in the east of England.* Newcastle está al oriente de Inglaterra. **2 the East** (el) Oriente, los países orientales
▸ adj oriental, (del) este: *east winds* vientos del este
▸ adv al oriente/este: *They headed east.* Fueron hacia el este.

eastbound /ˈiːstbaʊnd/ adj en/con dirección al oriente

Easter /ˈiːstər/ n Pascua: *Easter egg* huevo de Pascua

eastern (*tb* **Eastern**) /ˈiːstərn/ adj oriental, (del) este

eastward /ˈiːstwərd/ (*tb* **eastwards**) adv hacia el oriente/este

easy /ˈiːzi/ adjetivo, adverbio
▸ adj (**easier, -iest**) **1** fácil **2** tranquilo: *My mind is easier now.* Estoy más tranquilo ahora. LOC **I'm easy** (*esp GB, coloq*) me da igual
▸ adv (**easier, -iest**) LOC **easier said than done** del dicho al hecho hay mucho trecho ♦ **go easy on sb** (*coloq*) no ser duro con algn ♦ **go easy on/with sth** (*coloq*) no pasarse con algo ♦ **take it/things easy** tomarse las cosas con calma: *Take it easy!* ¡Cálmate! *Ver tb* FREE

easygoing /ˌiːziˈɡoʊɪŋ/ adj tolerante: *She's very easygoing.* Es muy fácil de tratar.

eat /iːt/ vt, vi (*pt* **ate** /eɪt; *GB tb* et/, *pp* **eaten** /ˈiːtn/) comer LOC **eat out of sb's hand** estar sometido a algn: *She had him eating out of her hand.* Lo tenía totalmente dominado. ♦ **eat your words** tragarse las palabras ♦ **what's eating you, him, etc.?** (*coloq*): *What's eating you?* ¿Qué te atormenta? *Ver tb* CAKE PHR V **eat sth away 1** erosionar algo **2** (*tb* **eat away at sth**) destruir algo gradualmente ♦ **eat into sth 1** corroer, desgastar algo **2** mermar algo (*reservas*) ♦ **eat out** comer fuera ♦ **eat (sth) up** comérselo todo ♦ **eat sth up** devorar algo: *This car eats up gas!* Este carro traga un montón de gasolina. ♦ **be eaten up with sth** estar consumido por algo

eater /ˈiːtər/ n: *He's a big eater.* Es un comelón.

eavesdrop /ˈiːvzdrɑp/ vi (**-pp-**) ~ (**on sb/sth**) espiar (a algn/algo) (*escuchar*)

ebb /eb/ sustantivo, verbo
▸ n **the ebb** [*sing*] el reflujo LOC **the ebb and flow (of sth)** los altibajos (de algo) *Ver tb* LOW
▸ vi **1** (*formal*) (*marea*) bajar **2** ~ (**away**) disminuir

ebony /ˈebəni/ n ébano

eccentric /ɪkˈsentrɪk/ adj, n excéntrico, -a
■ **eccentricity** /ˌeksenˈtrɪsəti/ n (*pl* **eccentricities**) excentricidad

echo /ˈekoʊ/ sustantivo, verbo
▸ n (*pl* **echoes**) eco, resonancia
▸ **1** vi resonar **2** vt, vi repetir, reflejar: *The tunnel echoed back their words.* El eco del túnel repitió sus palabras.

eclipse /ɪˈklɪps/ sustantivo, verbo
▸ n eclipse
▸ vt eclipsar

eco-friendly /ˌiːkoʊ ˈfrendli/ adj ecológico, que no daña el medio ambiente

ecological /ˌiːkəˈlɑdʒɪkl/ adj ecológico
■ **ecologically** /-kli/ adv ecológicamente

ecology /iˈkɑlədʒi/ n ecología ■ **ecologist** /iˈkɑlədʒɪst/ n ecologista, ecólogo, -a

e-commerce /ˈiː kɒmɜːrs/ (*tb* **e-business** /ˈiː bɪznəs/) n comercio electrónico

economic /ˌiːkəˈnɑmɪk, ˌekə-/ adj **1** (*desarrollo, crecimiento, política*) económico ⊃ *Comparar con* ECONOMICAL **2** rentable

economical /ˌiːkəˈnɑmɪkl, ˌekə-/ adj (*combustible, aparato, estilo*) económico

A diferencia de **economic**, **economical** puede ser calificado por palabras como *more*, *less*, *very*, etc.: *a more economical car* un carro más económico.

LOC **be economical with the truth** decir las verdades a medias ■ **economically** /-kli/ adv económicamente

economics /ˌiːkəˈnɑmɪks, ˌekə-/ n [*incontable*] economía ■ **economist** /ɪˈkɑnəmɪst/ n economista

economize (*GB tb* **-ise**) /ɪˈkɑnəmaɪz/ vi ~ (**on sth**) economizar (algo): *to economize on gas* ahorrar gasolina

economy /ɪˈkɑnəmi/ n (*pl* **economies**) economía: *to make economies* economizar ◊ *economy size* envase en tamaño de oferta

ecosystem /ˈiːkoʊsɪstəm/ n ecosistema

ecotourism /ˈiːkoʊtʊərɪzəm; *GB tb* -tɔːr-/ n ecoturismo

---

i happy ɪ sit iː see æ cat ɑ hot ɒ long (*GB*) ɑː bath (*GB*) ʌ cup ʊ put uː too

ecstasy /ˈekstəsi/ n (pl **ecstasies**) éxtasis: *to be in/go into ecstasy/ecstasies (over sth)* extasiarse (con algo) ■ **ecstatic** /ɪkˈstætɪk/ adj extasiado

edge /edʒ/ sustantivo, verbo
▸ n **1** filo (de cuchillo, etc.) **2** borde `LOC` **be on edge** estar con los nervios de punta ◆ **have an/the edge on/over sb/sth** (coloq) tener ventaja sobre algn/algo ◆ **take the edge off sth** suavizar algo
▸ **1** vt ~ **(sth) (with sth)** bordear (algo) (de algo) **2** vt, vi ~ **(your way) along, away, etc.** avanzar, alejarse, etc. poco a poco: *I edged slowly toward the door.* Me fui acercando poco a poco hacia la puerta.

edgy /ˈedʒi/ adj (coloq) nervioso

edible /ˈedəbl/ adj comestible

edit /ˈedɪt/ vt **1** (Cine, TV, texto) editar **2** (libro) preparar una edición de

edition /ɪˈdɪʃn/ n edición

editor /ˈedɪtər/ n **1** director, -ora (de periódico, etc.): *the arts editor* el director/la directora de la sección de cultura **2** redactor, -ora, editor, -ora

editorial /ˌedɪˈtɔːriəl/ adj, n editorial

educate /ˈedʒukeɪt/ vt educar (académicamente): *He was educated abroad.* Se educó en el exterior. ➔ *Comparar con* BRING SB UP, RAISE

educated /ˈedʒukeɪtɪd/ adj culto `LOC` **an educated guess** una conjetura con fundamento

education /ˌedʒuˈkeɪʃn/ n **1** educación, enseñanza **2** pedagogía **3** cultura ■ **educational** adj educativo, educacional, docente

eel /iːl/ n anguila

eerie /ˈɪəri/ adj misterioso, horripilante

effect /ɪˈfekt/ sustantivo, verbo
▸ n efecto: *It had no effect on her.* No le hizo ningún efecto. *Ver tb* SIDE EFFECT `LOC` **come into effect** entrar en vigor ◆ **for effect** para impresionar ◆ **in effect** en realidad ◆ **take effect 1** surtir efecto **2** entrar en vigor ◆ **to no effect** inútilmente ◆ **to this effect** con este propósito *Ver tb* WORD
▸ vt (formal) efectuar (una cura, un cambio)

effective /ɪˈfektɪv/ adj ~ **(in doing sth) 1** (sistema, medicina) eficaz (para hacer algo) **2** de mucho efecto

effectively /ɪˈfektɪvli/ adv **1** eficazmente **2** en efecto

effectiveness /ɪˈfektɪvnəs/ n eficacia

effeminate /ɪˈfemɪnət/ adj afeminado

efficient /ɪˈfɪʃnt/ adj **1** (persona) eficiente **2** (máquina, etc.) eficaz ■ **efficiency** n eficiencia

efficiently /ɪˈfɪʃntli/ adv eficientemente

effort /ˈefərt/ n **1** esfuerzo: *to make an effort* esforzarse/hacer un esfuerzo **2** intento

e.g. /ˌiː ˈdʒiː/ abrev por ejemplo (abrev p.ej.)

egg /eg/ sustantivo, verbo
▸ n huevo `LOC` **put all your eggs in one basket** jugárselo todo a una sola carta
▸ v `PHR V` **egg sb on (to do sth)** animar mucho a algn (a que haga algo)

eggplant /ˈegplænt; GB -plɑːnt/ (GB **aubergine**) n berenjena

eggshell /ˈegʃel/ n cáscara de huevo

ego /ˈiːgoʊ; GB tb ˈegoʊ/ n ego: *to boost sb's ego* alimentarle el ego a algn

egoism /ˈegoʊɪzəm/ (tb **egotism** /ˈegətɪzəm/) n [incontable] egoísmo ■ **egoistic** /ˌegoʊˈɪstɪk/ (tb **egotistical** /ˌegəˈtɪstɪkl/) adj egoísta

eight /eɪt/ adj, pron, n ocho ➔ *Ver ejemplos en* FIVE ■ **eighth 1** adj, adv, pron octavo **2** n octava parte, octavo ➔ *Ver ejemplos en* FIFTH

eighteen /ˌeɪˈtiːn/ adj, pron, n dieciocho ➔ *Ver ejemplos en* FIVE ■ **eighteenth 1** adj, adv, pron decimoctavo **2** n dieciochoava parte, dieciochoavo ➔ *Ver ejemplos en* FIFTH

eighty /ˈeɪti/ adj, pron, n ochenta ➔ *Ver ejemplos en* FIFTY, FIVE ■ **eightieth 1** adj, adv, pron octogésimo **2** n ochentava parte, ochentavo ➔ *Ver ejemplos en* FIFTH

either /ˈaɪðər, ˈiːðər/ adjetivo, pronombre, adverbio
▸ adj **1** cualquiera de los dos: *Either kind of flour will do.* Cualquiera de los dos tipos de harina sirve. ◊ *either way* de cualquiera de las dos maneras **2** ambos: *on either side of the road* en ambos lados de la calle **3** [en frases negativas] ninguno de los dos
▸ pron **1** cualquiera, uno u otro **2** ninguno: *I don't want either of them.* No quiero ninguno de los dos. ➔ *Ver nota en* NINGUNO
▸ adv **1** tampoco: *'I'm not going.' 'I'm not either.'* —No voy a ir. —Yo tampoco. **2** **either…or…** o… o…, ni… ni… ➔ *Comparar con* ALSO *y* TOO *y ver nota en* NEITHER

eject /iˈdʒekt/ **1** vt (formal) expulsar **2** vt arrojar **3** vt, vi eyectar(se)

elaborate adjetivo, verbo
▸ adj /ɪˈlæbərət/ complicado, intrincado
▸ vi /ɪˈlæbəreɪt/ ~ **(on sth)** dar detalles (sobre algo)

elapse /ɪˈlæps/ vi (formal) pasar (tiempo)

elastic /ɪˈlæstɪk/ adjetivo, sustantivo
▸ adj **1** elástico **2** flexible
▸ n elástico

eˌlastic ˈband n (GB) (USA **rubber band**) banda elástica, caucho, liga

elated /iˈleɪtɪd/ adj jubiloso

elbow

⚜ **elbow** /ˈelboʊ/ n codo
elder /ˈeldər/ adj, pron mayor: *Pitt the Elder* Pitt el Viejo

> Los comparativos más normales de **old** son **older** y **oldest**: *He's older than me.* Es mayor que yo. ◊ *the oldest building in the city* el edificio más antiguo de la ciudad. Cuando se comparan las edades de las personas, sobre todo de los miembros de una familia, **elder** y **eldest** se pueden usar como adjetivos y como pronombres: *my eldest brother* mi hermano el mayor ◊ *the elder of the two brothers* el mayor de los dos hermanos. Nótese que **elder** y **eldest** no se pueden usar con **than** y como adjetivos solo pueden ir delante del sustantivo.

⚜ **elderly** /ˈeldərli/ adj anciano: *the elderly* los ancianos
eldest /ˈeldɪst/ adj, pron mayor ➔ Ver nota en ELDER
⚜ **elect** /ɪˈlekt/ vt elegir
⚜ **election** /ɪˈlekʃn/ n elección
electoral /ɪˈlektərəl/ adj electoral
electorate /ɪˈlektərət/ n [v sing o pl] electorado
⚜ **electric** /ɪˈlektrɪk/ adj eléctrico
⚜ **electrical** /ɪˈlektrɪkl/ adj eléctrico ➔ Ver nota en ELÉCTRICO
electrician /ɪˌlekˈtrɪʃn/ n electricista
⚜ **electricity** /ɪˌlekˈtrɪsəti/ n electricidad: *to turn off the electricity* cortar la luz
electrification /ɪˌlektrɪfɪˈkeɪʃn/ n electrificación
electrify /ɪˈlektrɪfaɪ/ vt (pt, pp **-fied**) **1** electrificar **2** (fig) electrizar
electrocute /ɪˈlektrəkjuːt/ vt electrocutar: *to be electrocuted* electrocutarse
electrode /ɪˈlektroʊd/ n electrodo
electron /ɪˈlektrɑn/ n electrón
⚜ **electronic** /ɪˌlekˈtrɑnɪk/ adj electrónico
electronics /ɪˌlekˈtrɑnɪks/ n [incontable] electrónica
⚜ **elegant** /ˈelɪɡənt/ adj elegante ■ **elegance** n elegancia
⚜ **element** /ˈelɪmənt/ n elemento
elementary /ˌelɪˈmentri/ adj elemental
eleˈmentary school n escuela primaria
elephant /ˈelɪfənt/ n elefante Ver tb WHITE ELEPHANT

⚜ **elevator** /ˈelɪveɪtər/ (*GB* lift) n ascensor, elevador
⚜ **eleven** /ɪˈlevn/ adj, pron, n once ➔ Ver ejemplos en FIVE ■ **eleventh 1** adj, adv, pron undécimo **2** n onceava parte, onceavo ➔ Ver ejemplos en FIFTH
elf /elf/ n (pl **elves** /elvz/) elfo
elicit /ɪˈlɪsɪt/ vt (formal) obtener (esp con dificultad)
eligible /ˈelɪdʒəbl/ adj: *to be eligible for sth* tener derecho a algo ◊ *to be eligible to do sth* llenar los requisitos para hacer algo ◊ *an eligible bachelor* un buen partido
eliminate /ɪˈlɪmɪneɪt/ vt **1** eliminar **2** (enfermedad, pobreza) erradicar
elite /eɪˈliːt, ɪˈliːt/ n [v sing o pl] élite
elk /elk/ n (pl **elk** o **elks**) alce
elm /elm/ (tb **ˈelm tree**) n olmo
elope /ɪˈloʊp/ vi fugarse con un amante
eloquent /ˈeləkwənt/ adj elocuente
⚜ **else** /els/ adv ❶ Se usa **else** con pronombres indefinidos, interrogativos o negativos, y con adverbios: *Did you see anyone else?* ¿Viste a alguien más? ◊ *anybody else* cualquier otra persona ◊ *everyone/everything else* todos los/todo lo demás ◊ *It must have been someone else.* Debe haber sido otro. ◊ *nobody else* nadie más ◊ *Anything else?* ¿Algo más? ◊ *somewhere else* a/en otra parte ◊ *What else?* ¿Qué más? **LOC or else 1** o, o si no: *Run or else you'll be late.* Corre o llegarás tarde. **2** (coloq) (como amenaza) *Stop that, or else!* ¡Deja de hacer eso, o verás!
⚜ **elsewhere** /ˌelsˈweər/ adv en, a o de otra parte
elude /iˈluːd/ vt escaparse de ■ **elusive** adj escurridizo: *an elusive word* una palabra difícil de recordar
elves pl de ELF
emaciated /ɪˈmeɪʃieɪtɪd, ɪˈmeɪs-/ adj demacrado
⚜ **email** (tb **e-mail**) /ˈiːmeɪl/ sustantivo, verbo
▸ n **1** correo (electrónico): *My email address is jones@oup.com.* Mi dirección de correo (electrónico) es jones@oup.com. ❶ Se lee "jones at oup dot com" (/ dʒoʊnz æt oʊ juː piː dɑt kɑm/). **2** (mensaje) email ➔ Ver nota en COMPUTADOR
▸ vt **1** ~ sth enviar algo por correo electrónico **2** ~ sb enviar un email a algn
emanate /ˈeməneɪt/ v PHR V **emanate from sth** emanar, provenir de algn/algo
emancipation /ɪˌmænsɪˈpeɪʃn/ n emancipación

| u actual | ɔː saw | ɜː bird | ə about | j yes | w woman | ʒ vision | h hat | ŋ sing |

embankment /ɪmˈbæŋkmənt/ n terraplén

embargo /ɪmˈbɑːrɡoʊ/ n (pl **embargoes**) prohibición, embargo

embark /ɪmˈbɑːrk/ vi ~ **(for...)** (formal) embarcar(se) (con rumbo a...) **PHR V embark on/upon sth** (formal) emprender algo

embarrass /ɪmˈbærəs/ vt avergonzar, turbar: *to be embarrassed at/about sth* avergonzarse de algo

embarrassed /ɪmˈbærəst/ adj avergonzado, apenado: *I'm embarrassed.* Me da vergüenza.

embarrassing /ɪmˈbærəsɪŋ/ adj embarazoso, penoso

embarrassment /ɪmˈbærəsmənt/ n **1** vergüenza, pena **2** (persona o cosa que incomoda) estorbo

embassy /ˈembəsi/ n (pl **embassies**) embajada

embedded /ɪmˈbedɪd/ adj **1** empotrado **2** (dientes, espada) clavado, hincado

ember /ˈembər/ n [gen pl] brasa

embezzlement /ɪmˈbezlmənt/ n desfalco

embittered /ɪmˈbɪtərd/ adj amargado

emblem /ˈembləm/ n emblema

embody /ɪmˈbɑdi/ vt (pt, pp **-died**) encarnar ■ **embodiment** n (formal) personificación

embrace /ɪmˈbreɪs/ verbo, sustantivo
▶ vt, vi (formal) abrazar(se)
▶ n (formal) abrazo

embroider /ɪmˈbrɔɪdər/ vt, vi bordar ■ **embroidery** n [incontable] bordado

embryo /ˈembrioʊ/ n (pl **embryos**) embrión

emerald /ˈemərəld/ n esmeralda

emerge /iˈmɜːrdʒ/ vi ~ **(from sth)** **1** emerger, salir (de algo) **2** surgir (de algo): *It emerged that...* Salió a relucir que... ■ **emergence** n aparición, surgimiento

emergency /iˈmɜːrdʒənsi/ n (pl **emergencies**) emergencia: *emergency exit* salida de emergencia

eˈmergency brake (GB **handbrake**) n freno de mano/emergencia

eˈmergency room n (abrev **ER**) (GB **accident and emergency**) (servicio de) urgencias, emergencia

emergent /iˈmɜːrdʒənt/ adj (país, etc.) emergente

emigrate /ˈemɪɡreɪt/ vi emigrar ■ **emigrant** n emigrante **emigration** n emigración

eminent /ˈemɪnənt/ adj eminente

emission /iˈmɪʃn/ n (formal) emanación

emit /iˈmɪt/ vt (-tt-) **1** (rayos, sonidos) emitir **2** (olores, vapores) despedir

emoticon /iˈmoʊtɪkɑn/ n emoticono, carita emotiva

emotion /iˈmoʊʃn/ n emoción

emotional /iˈmoʊʃnl/ adj emocional, emotivo

emotive /iˈmoʊtɪv/ adj emotivo

empathy /ˈempəθi/ n empatía

emperor /ˈempərər/ n emperador

emphasis /ˈemfəsɪs/ n (pl **emphases** /-siːz/) ~ **(on sth)** énfasis (en algo) ■ **emphatic** /ɪmˈfætɪk/ adj categórico, enfático

emphasize (GB tb **-ise**) /ˈemfəsaɪz/ vt enfatizar, recalcar

empire /ˈempaɪər/ n imperio

employ /ɪmˈplɔɪ/ vt emplear, contratar

employee /ɪmˈplɔɪiː, ˌɪmplɔɪˈiː/ n empleado, -a

employer /ɪmˈplɔɪər/ n empleador, -ora

employment /ɪmˈplɔɪmənt/ n empleo, trabajo ➲ Ver nota en **WORK**

empress /ˈemprəs/ n emperatriz

emptiness /ˈemptinəs/ n vacío

empty /ˈempti/ adjetivo, verbo
▶ adj **1** vacío **2** vano, inútil
▶ (pt, pp **emptied**) **1** vt ~ **sth (out)**; ~ **sth (out of sth)** verter algo (de algo), desocupar algo **2** vt (habitación, edificio) desocupar **3** vi desocuparse, quedar vacío **4** vt (basura) botar

empty-ˈhanded adj con las manos vacías

enable /iˈneɪbl/ vt ~ **sb to do sth** permitir a algn hacer algo

enact /iˈnækt/ vt **1** (Jur) promulgar **2** (formal) (Teat) representar **3** (formal) llevar a cabo

enamel /iˈnæml/ n esmalte

enchanting /ɪnˈtʃæntɪŋ; GB -ˈtʃɑːnt-/ adj encantador

encircle /ɪnˈsɜːrkl/ vt rodear, encerrar

enclose /ɪnˈkloʊz/ vt **1** ~ **sth (with sth)** encerrar, cercar algo (de algo) **2** adjuntar: *I enclose.../Please find enclosed...* Adjunto/Adjuntamos... ■ **enclosure** /ɪnˈkloʊʒər/ n **1** recinto **2** documento adjunto, anexo

encore /ˈɑŋkɔːr/ interjección, sustantivo
▶ interj ¡otra!
▶ n repetición, bis

encounter /ɪnˈkaʊntər/ verbo, sustantivo
▶ vt (formal) encontrarse con
▶ n encuentro

encourage /ɪnˈkɜːrɪdʒ; GB -ˈkʌr-/ vt **1** ~ **sb (in sth/to do sth)** animar, alentar a algn (en algo/a hacer algo) **2** fomentar, estimular

encouragement /ɪnˈkɜːrɪdʒmənt; *GB* -ˈkʌr-/ *n* ~ (**to sb**) (**to do sth**) aliento, estímulo (a algn) (para hacer algo)

encouraging /ɪnˈkɜːrɪdʒɪŋ; *GB* -ˈkʌr-/ *adj* alentador

encyclopedia (*GB tb* **encyclopaedia**) /ɪnˌsaɪkləˈpiːdiə/ *n* enciclopedia

end /end/ *sustantivo, verbo*
▶ *n* **1** (*tiempo*) fin, final: *at the end of sth* al final/a finales de algo ◊ *from beginning to end* de principio a fin ➔ *Ver nota en pág. 136* **2** final, extremo: *from end to end* de punta a punta **3** (*palo, etc.*) punta **4** (*hilo, etc.*) cabo **5** *the east end of town* la parte/zona oriental de la ciudad **6** propósito, fin **7** (*Dep*) campo, lado *Ver tb* DEAD END LOC **be at an end** tocar a su fin, haber terminado (ya) ◆ **be at the end of your rope** (*GB* **be at the end of your tether**) no poder más ◆ **in the end** al final ◆ **make (both) ends meet** sobrevivir ◆ **on end 1** de punta **2** *for days on end* durante días (y días) *Ver tb* LOOSE, MEANS, ODDS, WIT
▶ *vt, vi* terminar, acabar PHRV **end in sth 1** (*resultado*) acabar en algo: *Their argument ended in tears.* La discusión acabó en lágrimas. **2** (*forma*) terminar en algo ◆ **end up** (**as sth/doing sth**) terminar (siendo algo/haciendo algo) ◆ **end up (in…)** ir a parar (a…) (*lugar*)

endanger /ɪnˈdeɪndʒər/ *vt* poner en peligro

endear /ɪnˈdɪər/ *v* PHRV **endear sb/yourself to sb** hacerse querer por algn, granjearle a algn/ granjearse las simpatías de algn ■ **endearing** *adj* atractivo, adorable

endeavor (*GB* **endeavour**) /ɪnˈdevər/ *sustantivo, verbo*
▶ *n* (*formal*) esfuerzo
▶ *vi* ~ **to do sth** (*formal*) esforzarse por hacer algo

ending /ˈendɪŋ/ *n* final

endless /ˈendləs/ *adj* **1** interminable, sin fin: *endless possibilities* infinitas posibilidades **2** (*paciencia*) inagotable

endorse /ɪnˈdɔːrs/ *vt* **1** (*decisión, etc.*) aprobar **2** (*producto*) recomendar ■ **endorsement** *n* **1** aprobación **2** recomendación

endow /ɪnˈdaʊ/ *vt* ~ **sb/sth with sth** dotar a algn/algo de algo ■ **endowment** *n* dotación (*dinero*)

endurance /ɪnˈdʊərəns; *GB* -ˈdjʊə-/ *n* resistencia

endure /ɪnˈdʊər; *GB* -djʊə(r)/ (*formal*) **1** *vt* soportar, aguantar ❶ En negativa es más común decir **can't bear** o **can't stand**. **2** *vi* perdurar ■ **enduring** *adj* duradero

enemy /ˈenəmi/ *n* (*pl* **enemies**) enemigo, -a

energy /ˈenərdʒi/ *n* [*gen incontable*] (*pl* **energies**) energía ■ **energetic** /ˌenərˈdʒetɪk/ *adj* lleno de energía

enforce /ɪnˈfɔːrs/ *vt* hacer cumplir (*ley*) ■ **enforcement** *n* aplicación

engage /ɪnˈɡeɪdʒ/ **1** *vt* ~ **sb** (**as sth**) (*formal*) contratar a algn (como algo) **2** *vt* (*formal*) (*tiempo, pensamientos*) ocupar **3** *vt* (*formal*) (*atención*) llamar **4** *vi* ~ (**with sth**) (*Mec*) encajar (con algo) PHRV **engage in sth** dedicarse a algo ◆ **engage sb in sth** ocupar a algn en algo

engaged /ɪnˈɡeɪdʒd/ *adj* **1** ocupado, comprometido **2** (*GB*) (*USA* **busy**) (*teléfono*) ocupado **3** ~ (**to sb**) comprometido (con algn): *to get engaged* comprometerse

engagement /ɪnˈɡeɪdʒmənt/ *n* **1** compromiso matrimonial **2** (*período*) noviazgo **3** cita, compromiso

engaging /ɪnˈɡeɪdʒɪŋ/ *adj* atractivo

engine /ˈendʒɪn/ *n* **1** motor: *The engine is overheating.* El motor del carro se está recalentando.

> La palabra **engine** se utiliza para referirnos al motor de un vehículo y **motor** para el de los electrodomésticos. **Engine** normalmente es de gasolina y **motor** eléctrico.

2 (*tb* **locomotive**) locomotora: *engine driver* maquinista *Ver tb* SEARCH ENGINE

engineer /ˌendʒɪˈnɪər/ *sustantivo, verbo*
▶ *n* **1** ingeniero, -a **2** (*teléfono, mantenimiento, etc.*) técnico, -a **3** (*en barco o avión*) maquinista **4** (*GB* **driver**) (*en tren*) maquinista
▶ *vt* **1** (*coloq, gen pey*) maquinar **2** construir

engineering /ˌendʒɪˈnɪərɪŋ/ *n* ingeniería

English /ˈɪŋɡlɪʃ/ *adj, n* inglés ➔ *Ver nota en* BRITISH

English ˈbreakfast *n* desayuno inglés (*de cereales, huevos con tocino, tostadas, mermelada, etc.*)

engrave /ɪnˈɡreɪv/ *vt* ~ **B on A/A with B** grabar B en A ■ **engraving** *n* grabado

engrossed /ɪnˈɡroʊst/ *adj* absorto

enhance /ɪnˈhæns; *GB* -ˈhɑːns/ *vt* **1** aumentar, mejorar **2** (*aspecto*) realzar

enigma /ɪˈnɪɡmə/ *n* enigma ■ **enigmatic** /ˌenɪɡˈmætɪk/ *adj* enigmático

enjoy /ɪnˈdʒɔɪ/ *vt* **1** disfrutar de: *Enjoy your meal!* ¡Que aproveche! **2** ~ **doing sth** gustarle a algn hacer algo **3** ~ **yourself** divertirse, pasarla bien: *Enjoy yourself!* ¡Que la pases bien! LOC **enjoy!** (*coloq*) ¡que lo disfrutes!

enjoyable /ɪnˈdʒɔɪəbl/ *adj* agradable, divertido

enjoyment /ɪnˈdʒɔɪmənt/ n satisfacción, disfrute: *He spoiled my enjoyment of the movie.* Me dañó la película.

enlarge /ɪnˈlɑrdʒ/ vt ampliar, agrandar
■ **enlargement** n ampliación

enlighten /ɪnˈlaɪtn/ vt (formal) informar, explicar ■ **enlightened** adj **1** (persona) culto **2** (política) inteligente **enlightenment** n aclaración

enlist /ɪnˈlɪst/ **1** vi ~ (in/for sth) (Mil) enrolarse (en algo) **2** vt ~ sb/sth (in/for sth) reclutar a algn/algo (en/para algo)

enmity /ˈenməti/ n enemistad

enormous /ɪˈnɔːrməs/ adj enorme
■ **enormously** adv enormemente: *I enjoyed it enormously.* Me gustó muchísimo.

enough /ɪˈnʌf/ adjetivo, pronombre, adverbio
▸ adj, pron suficiente, bastante: *Is that enough food for ten?* ¿Será suficiente comida para diez? ◊ *I've saved up enough to go on holiday.* He ahorrado lo suficiente para ir a vacaciones. ◊ *That's enough!* ¡Suficiente! **LOC** **have had enough (of sth/sb)** estar harto/jarto (de algo/algn)
▸ adv **1** ~ (for sb/sth) (lo) bastante (para algn/algo) **2** ~ (to do sth) (lo) bastante (como para hacer algo): *Is it near enough to go on foot?* ¿Está lo bastante cerca como para ir a pie?

Nótese que **enough** siempre aparece después del adjetivo y **too** delante: *You're not old enough./You're too young.* Eres demasiado joven. ⊃ Comparar con TOO

LOC **curiously, oddly, strangely, etc. enough** lo curioso, raro, etc. es que…

enquire = INQUIRE
enquiry = INQUIRY
enrage /ɪnˈreɪdʒ/ vt enfurecer
enrich /ɪnˈrɪtʃ/ vt enriquecer
enroll (tb esp GB enrol) /ɪnˈroʊl/ vt, vi (-ll-) ~ (sb) (in/as sth) inscribirse/inscribir a algn, matricularse/matricular a algn (en/como algo)
■ **enrollment** (tb esp GB enrolment) n inscripción, matrícula

ensure (USA tb insure) /ɪnˈʃʊər; GB tb -ˈʃɔː(r)/ vt asegurar, garantizar

entail /ɪnˈteɪl/ vt suponer, consistir en
entangle /ɪnˈtæŋɡl/ vt ~ sb/sth (in/with sth) enredar a algn/algo (en algo) ■ **entanglement** n enredo

enter /ˈentər/ **1** vt entrar en: *The thought never entered my head.* La idea ni se me pasó por la cabeza. **2** vt, vi ~ (for) sth inscribirse en algo **3** vt (colegio, universidad) matricularse en **4** vt (hospital, sociedad) ingresar en **5** vt ~ sth (in/into/on sth) anotar, introducir algo (en algo): *Enter your password here.* Introduce aquí tu contraseña. **PHR V** **enter into sth 1** (negociaciones) iniciar algo **2** (acuerdo) llegar a algo **3** tener que ver con algo: *What he wants doesn't enter into it.* Lo que él quiera no tiene nada que ver.

enterprise /ˈentərpraɪz/ n **1** (actividad) empresa **2** espíritu emprendedor
■ **enterprising** adj emprendedor

entertain /ˌentərˈteɪn/ vt, vi **1** recibir (en casa) **2** ~ sb (with sth) (divertir) entretener a algn (con algo) **3** (idea) albergar

entertainer /ˌentərˈteɪnər/ n artista (del mundo del espectáculo)

entertaining /ˌentərˈteɪnɪŋ/ adj entretenido, divertido

entertainment /ˌentərˈteɪnmənt/ n entretenimiento, diversión

enthralling /ɪnˈθrɔːlɪŋ/ adj cautivador

enthusiasm /ɪnˈθuːziæzəm; GB -ˈθjuː-/ n ~ (for/about sth) entusiasmo (por algo)
■ **enthusiast** n entusiasta

enthusiastic /ɪnˌθuːziˈæstɪk; GB -ˌθjuː-/ adj entusiasta

entice /ɪnˈtaɪs/ vt tentar
entire /ɪnˈtaɪər/ adj entero, todo
entirely /ɪnˈtaɪərli/ adv totalmente, enteramente
entirety /ɪnˈtaɪərəti/ n (formal) totalidad
entitle /ɪnˈtaɪtl/ vt **1** ~ sb to (do) sth dar derecho a algn a (hacer) algo **2** (libro) titular
■ **entitlement** n derecho

entity /ˈentəti/ n (pl entities) entidad, ente
entrance /ˈentrəns/ n ~ (to sth) entrada (de algo)

entrant /ˈentrənt/ n ~ (for sth) participante (en algo)

entrepreneur /ˌɑntrəprəˈnɜːr/ n empresario, -a

entrust /ɪnˈtrʌst/ vt ~ sb with sth/sth to sb confiar algo a algn

entry /ˈentri/ n (pl entries) **1** ~ (into sth) entrada, ingreso (en algo): *No entry.* Prohibido el paso. **2** (diario) apunte, anotación **3** (diccionario) entrada

enunciate /ɪˈnʌnsieɪt/ vt, vi pronunciar
envelop /ɪnˈveləp/ vt ~ sb/sth (in sth) envolver a algn/algo (en algo)

envelope /ˈenvəloʊp, ˈɑn-/ n sobre (para carta)
enviable /ˈenviəbl/ adj envidiable

envious /ˈenviəs/ adj envidioso: *to be envious of sb* tenerle envidia/envidiar a algn

environment /ɪnˈvaɪrənmənt/ n **1** entorno, ambiente **2 the environment** [sing] el medio ambiente

environmental /ɪnˌvaɪrənˈmentl/ adj ambiental: *environmental groups* grupos ecologistas

environmentalist /ɪnˌvaɪrənˈmentəlɪst/ n ecologista

environmentally friendly adj Ver ECO-FRIENDLY

envisage /ɪnˈvɪzɪdʒ/ vt imaginar(se)

envoy /ˈenvɔɪ/ n enviado, -a

envy /ˈenvi/ sustantivo, verbo
▶ n envidia
▶ vt (pt, pp **envied**) envidiar

enzyme /ˈenzaɪm/ n enzima

ephemeral /ɪˈfemərəl/ adj efímero

epic /ˈepɪk/ sustantivo, adjetivo
▶ n épica, epopeya
▶ adj épico

epidemic /ˌepɪˈdemɪk/ n epidemia

epilepsy /ˈepɪlepsi/ n epilepsia ■ **epileptic** /ˌepɪˈleptɪk/ adj, n epiléptico, -a

episode /ˈepɪsoʊd/ n episodio

epitaph /ˈepɪtæf; GB -tɑːf/ n epitafio

epitome /ɪˈpɪtəmi/ LOC **be the epitome of sth** ser la más pura expresión de algo

epoch /ˈepək; GB ˈiːpɒk/ n (formal) época

equal /ˈiːkwəl/ adjetivo, sustantivo, verbo
▶ adj, n igual: *equal opportunities* igualdad de oportunidades LOC **be on equal terms (with sb)** tener una relación de igual a igual (con algn)
▶ vt (-l-, GB -ll-) **1** igualar **2** (Mat) *13 plus 29 equals 42.* 13 más 29 son 42.

equality /iˈkwɒləti/ n igualdad

equalize (GB tb **-ise**) /ˈiːkwəlaɪz/ **1** vi igualar **2** vt, vi (Fútbol) empatar ■ **equalizer** (GB tb **-iser**) n gol de empate

equally /ˈiːkwəli/ adv **1** igualmente **2** equitativamente

equate /iˈkweɪt/ vt ~ **sth (with sth)** equiparar, comparar algo (con algo)

equation /ɪˈkweɪʒn/ n ecuación

equator /ɪˈkweɪtər/ n ecuador

equilibrium /ˌiːkwɪˈlɪbriəm, ˌek-/ n equilibrio

equinox /ˈiːkwɪnɒks, ˈek-/ n equinoccio

equip /ɪˈkwɪp/ vt (-pp-) ~ **sb/sth (with sth) (for sth)** equipar, proveer a algn/algo (con/de algo) (para algo)

equipment /ɪˈkwɪpmənt/ n [incontable] equipo, material

equitable /ˈekwɪtəbl/ adj (formal) equitativo, justo

equivalent /ɪˈkwɪvələnt/ adj, n ~ **(to sth)** equivalente (a algo)

era /ˈɪərə, ˈeərə/ n era

eradicate /ɪˈrædɪkeɪt/ vt erradicar

erase /ɪˈreɪs; GB ɪˈreɪz/ vt ~ **sth (from sth)** borrar algo (de algo)

eraser /ɪˈreɪsər; GB ɪˈreɪzə(r)/ (GB **rubber**) n goma, borrador

erect /ɪˈrekt/ verbo, adjetivo
▶ vt erigir
▶ adj **1** erguido **2** (pene) erecto

erection /ɪˈrekʃn/ n erección

erode /ɪˈroʊd/ vt erosionar

erosion /ɪˈroʊʒn/ n erosión

erotic /ɪˈrɒtɪk/ adj erótico

errand /ˈerənd/ n mandado: *to run errands for sb* hacer mandados para algn

erratic /ɪˈrætɪk/ adj (gen pey) irregular

error /ˈerər/ n error: *to make an error* cometer un error ◊ *The letter was sent to you in error.* Se le envió la carta por error. ➔ *Ver nota en* MISTAKE; LOC *Ver* TRIAL

erupt /ɪˈrʌpt/ vi **1** (volcán) hacer erupción **2** (violencia) estallar ■ **eruption** n (volcán) erupción

escalate /ˈeskəleɪt/ vt, vi **1** aumentar **2** intensificar(se) ■ **escalation** n escalamiento, intensificación

escalator /ˈeskəleɪtər/ n escalera eléctrica

escapade /ˌeskəˈpeɪd, ˈeskəpeɪd/ n aventura

escape /ɪˈskeɪp/ verbo, sustantivo
▶ **1** vi ~ **(from sb/sth)** escapar (de algn/algo) **2** vt, vi salvarse (de): *They escaped unharmed.* Salieron ilesos. **3** vi (gas, líquido) escaparse, fugarse LOC **escape (sb's) notice** pasar inadvertido (a algn)
▶ n **1** ~ **(from sth)** fuga (de algo): *to make your escape* darse a la fuga **2** (de gas, fluido) escape LOC *Ver* NARROW

escort sustantivo, verbo
▶ n /ˈeskɔːrt/ **1** [v sing o pl] escolta **2** (formal) acompañante **3** dama/caballero de compañía
▶ vt /ɪˈskɔːrt/ ~ **sb (to sth)** acompañar a algn (a algo)

Eskimo /ˈeskɪmoʊ/ n (pl **eskimo** o **eskimos**) esquimal ➔ *Ver nota en* ESQUIMAL

especially /ɪˈspeʃəli/ adv sobre todo, especialmente ➔ *Ver nota en* SPECIALLY

espionage /'espɪənɑʒ/ n espionaje
espresso /e'spresoʊ/ n (pl **espressos**) café expreso
essay /'eseɪ/ n **1** (colegio) redacción **2** (Liter) ensayo
essence /'esns/ n esencia
essential /ɪ'senʃl/ adj **1** ~ **(to/for sth)** imprescindible (para algo) **2** fundamental
essentially /ɪ'senʃəli/ adv básicamente
establish /ɪ'stæblɪʃ/ vt establecer
■ **established** adj **1** (negocio) sólido **2** (religión) oficial **establishment** n **1** establecimiento **2** institución **3 the Establishment** [sing] la clase dirigente, el sistema
estate /ɪ'steɪt/ n **1** finca, hacienda **2** (bienes) herencia
e'state agent n (GB) (USA **'real estate agent**) agente inmobiliario, -a
e'state car (tb **estate**) n (GB) (USA **station wagon**) camioneta, station wagon
esteem /ɪ'stiːm/ n LOC **hold sb/sth in high/low esteem** tener una buena/mala opinión de algn/algo
esthetic = AESTHETIC
estimate sustantivo, verbo
▶ n /'estɪmət/ **1** cálculo **2** valoración **3** (cálculo previo) presupuesto
▶ vt /'estɪmeɪt/ calcular
estimation /ˌestɪ'meɪʃn/ n juicio (opinión)
estranged /ɪ'streɪndʒd/ adj LOC **be estranged from sb 1** estar enemistado con algn **2** vivir separado de algn
estuary /'estʃueri; GB -əri/ n (pl **estuaries**) estuario
etc. /ˌet 'setərə/ abrev etc.
etching /'etʃɪŋ/ n grabado (al aguafuerte)
eternal /ɪ'tɜːrnl/ adj eterno ■ **eternity** n eternidad
ether /'iːθər/ n éter
ethereal /i'θɪəriəl/ adj etéreo
ethic /'eθɪk/ n **1 ethics** [pl] ética **2** [sing] ética: *the work ethic* la ética del trabajo ■ **ethical** adj ético **ethically** /-kli/ adv de manera ética
ethnic /'eθnɪk/ adj étnico
ethos /'iːθɑs/ n (formal) carácter
e-ticket (tb **E-ticket**) /'iː tɪkɪt/ n boleto/pasaje electrónico
etiquette /'etɪket, -kət/ n etiqueta (modales)
EU /ˌiː 'juː/ abrev de **European Union** Unión Europea

eucalyptus /ˌjuːkə'lɪptəs/ n (pl **eucalyptuses** o **eucalypti** /-taɪ/) eucalipto
euphoria /juː'fɔːriə/ n euforia ■ **euphoric** /juː'fɔːrɪk; GB -'fɒr-/ adj eufórico
euro /'jʊəroʊ/ n (pl **euros** o **euro**) euro
'Euro-MP n (GB) eurodiputado, -a (*miembro del Parlamento Europeo*)
European /ˌjʊərə'piːən/ adj, n europeo, -a
euthanasia /ˌjuːθə'neɪʒə; GB -'neɪziə/ n eutanasia
evacuate /ɪ'vækjueɪt/ vt evacuar (*a personas*) ■ **evacuee** /ɪˌvækju'iː/ n evacuado, -a
evade /ɪ'veɪd/ vt evadir, eludir
evaluate /ɪ'væljueɪt/ vt evaluar
evangelical /ˌiːvæn'dʒelɪkl/ adj evangélico
evaporate /ɪ'væpəreɪt/ vt, vi evaporar(se) ■ **evaporation** n evaporación
evasion /ɪ'veɪʒn/ n evasión ■ **evasive** /ɪ'veɪsɪv/ adj evasivo
eve /iːv/ n víspera LOC **on the eve of sth** en vísperas de algo
even /'iːvn/ adverbio, adjetivo, verbo
▶ adv **1** [uso enfático] aun, hasta: *He didn't even open the letter.* Ni siquiera abrió la carta. **2** [con adjetivo o adverbio comparativo] aún LOC **even if/though** aunque, aun cuando ♦ **even so** aun así, no obstante
▶ adj **1** (superficie) llano, liso **2** (color) uniforme **3** (temperatura) constante **4** (competencia, puntuación) empatado **5** (número) par
↪ *Comparar con* ODD
▶ v PHR V **even out** allanarse, nivelarse ♦ **even sth out** repartir algo equitativamente ♦ **even sth up** nivelar algo
evening /'iːvnɪŋ/ n **1** noche: *tomorrow evening* mañana por la tarde/noche ◇ *evening classes* clases nocturnas ◇ *the evening meal* la comida ◇ *an evening newspaper* un periódico de la tarde ◇ *evening dress* (GB) traje de noche/de etiqueta ↪ *Ver notas en* MORNING *y* TARDE **2** atardecer LOC **good evening** buenas tardes, buenas noches ↪ *Ver nota en* NOCHE
evenly /'iːvənli/ adv **1** de modo uniforme **2** (*repartir, etc.*) equitativamente
event /ɪ'vent/ n **1** suceso, acontecimiento **2** (Dep) prueba deportiva LOC **at all events; in any event** en todo caso ♦ **in the event** al final ♦ **in the event of sth** en caso de (que) ■ **eventful** adj lleno de incidentes
eventual /ɪ'ventʃuəl/ adj final
eventually /ɪ'ventʃuəli/ adv finalmente
ever /'evər/ adv nunca, jamás: *more than ever* más que nunca ◇ *Has it ever happened before?*

evergreen

¿Ha pasado alguna vez antes? LOC **ever since** desde entonces ➔ *Ver notas en* ALWAYS *y* NUNCA

evergreen /ˈevəgriːn/ *adj, n* (planta de hoja) perenne

every /ˈevri/ *adj* cada, todos los: *every (single) time* cada vez ◊ *every 10 minutes* cada 10 minutos

Utilizamos **every** para referirnos a todos los elementos de un grupo en conjunto: *Every player was in top form.* Todos los jugadores estaban en plena forma. **Each** se utiliza para referirnos individualmente a cada uno de ellos: *The Queen shook hands with each player after the game.* La Reina le dio la mano a cada jugador después del partido. ➔ *Ver tb nota en* EACH

LOC **every last…** hasta el último… ♦ **every now and again/then** de vez en cuando ♦ **every other** uno sí y uno no: *every other week* cada dos semanas ♦ **every so often 1** cada tanto **2** una que otra vez

everyday /ˈevrideɪ/ *adj* cotidiano, de todos los días: *for everyday use* para uso diario ◊ *in everyday use* de uso corriente

Everyday solo se usa antes de un sustantivo. No se debe confundir con la expresión **every day,** que significa "todos los días".

everyone /ˈevriwʌn/ (*tb* **everybody** /ˈevribɒdi/) *pron* todos, todo el mundo

Everyone, anyone y **someone** (y **everybody, anybody** y **somebody**) llevan el verbo en singular, pero suelen ir seguidos por un pronombre en plural, salvo en lenguaje formal: *Someone has left their jacket behind.* Alguien dejó su chaqueta. ◊ *Does everybody have their pencils?* ¿Todos tienen sus lápices?

everything /ˈevriθɪŋ/ *pron* todo

everywhere /ˈevriweər/ *adv* en/a/por todas partes

evict /ɪˈvɪkt/ *vt* ~ **sb** (**from sth**) desalojar a algn (de algo) ■ **eviction** *n* desalojo

evidence /ˈevɪdəns/ *n* [*incontable*] **1** ~ (**of/for sth**) pruebas (de algo): *insufficient evidence* falta de pruebas **2** testimonio (*en un tribunal*) ■ **evident** *adj* ~ (**to sb**) (**that…**) evidente (para algn) (que…) ■ **evidently** *adv* obviamente

evil /ˈiːvl/ *adjetivo, sustantivo*
▸ *adj* malvado, muy malo
▸ *n* (*formal*) mal

evocative /ɪˈvɒkətɪv/ *adj* ~ (**of sth**) evocador (de algo)

evoke /ɪˈvoʊk/ *vt* evocar

evolution /ˌevəˈluːʃn; *GB* ˌiːv-/ *n* evolución

evolve /ɪˈvɒlv/ *vi* evolucionar

ewe /juː/ *n* oveja hembra

ex /eks/ *n* (*pl* **exes**) (*coloq*) ex (*esposo, novia, etc.*)

exact /ɪɡˈzækt/ *adj* exacto

exacting /ɪɡˈzæktɪŋ/ *adj* exigente

exactly /ɪɡˈzæktli/ *adv* **1** exactamente **2** ¡exacto!

exaggerate /ɪɡˈzædʒəreɪt/ *vt* exagerar

exaggerated /ɪɡˈzædʒəreɪtɪd/ *adj* exagerado

exam /ɪɡˈzæm/ *n* (*Educ*) examen: *to take an exam* presentar un examen

examination /ɪɡˌzæmɪˈneɪʃn/ *n* (*formal*) **1** examen **2** reconocimiento, revisión

examine /ɪɡˈzæmɪn/ *vt* revisar, examinar

example /ɪɡˈzæmpl; *GB* -ˈzɑːmpl/ *n* ejemplo LOC **for example** (*abrev* **e.g.**) por ejemplo ♦ **set a good/bad example (to sb)** dar buen/mal ejemplo (a algn)

exasperate /ɪɡˈzæspəreɪt; *GB* -ˈzɑːs-/ *vt* desesperar, sacar de quicio ■ **exasperation** *n* exasperación

excavate /ˈekskəveɪt/ *vt, vi* excavar

exceed /ɪkˈsiːd/ *vt* **1** exceder de, sobrepasar **2** (*poder, responsabilidades*) excederse en ■ **exceedingly** *adv* (*formal*) sumamente

excel /ɪkˈsel/ *vi* (**-ll-**) ~ (**in/at sth**) sobresalir, destacar(se) (en algo)

excellent /ˈeksələnt/ *adj* excelente ■ **excellence** *n* excelencia

except /ɪkˈsept/ *prep* **1** ~ (**for**) **sb/sth** excepto algn/algo **2** ~ **that…** excepto que…

exception /ɪkˈsepʃn/ *n* excepción

exceptional /ɪkˈsepʃənl/ *adj* excepcional

excerpt /ˈeksɜːrpt/ *n* ~ (**from sth**) extracto (de algo)

excess /ɪkˈses/ *n* exceso ■ **excessive** *adj* excesivo

exchange /ɪksˈtʃeɪndʒ/ *sustantivo, verbo*
▸ *n* cambio, intercambio
▸ *vt* **1** ~ **A for B** cambiar A por B **2** ~ **sth** (**with sb**) cambiar algo (con algn)

the Exchequer /ɪksˈtʃekər/ *n* (*GB*) Ministerio de Hacienda y Crédito Público

excite /ɪkˈsaɪt/ *vt* excitar, alborotar ■ **excitable** *adj* excitable

excited /ɪkˈsaɪtɪd/ *adj* **1** emocionado **2** entusiasmado: *to get excited about sth* entusiasmarse con algo **3** alborotado: *to get excited* ■ **excitedly** *adv* con excitación

excitement /ɪkˈsaɪtmənt/ *n* emoción

---

i happy ɪ sit iː see æ cat ɑ hot ɒ long (*GB*) ɑː bath (*GB*) ʌ cup ʊ put uː too

exciting /ɪkˈsaɪtɪŋ/ *adj* emocionante
exclaim /ɪkˈskleɪm/ *vi* exclamar
exclamation /ˌekskləˈmeɪʃn/ *n* exclamación
exclaˈmation point (*GB* exclaˈmation mark) *n* signo de exclamación ➲ *Ver pág. 377*
exclude /ɪkˈskluːd/ *vt* ~ **sb/sth (from sth)** excluir a algn/algo (de algo) ■ **exclusion** *n* ~ **(of sb/sth) (from sth)** exclusión (de algn/algo) (de algo)
exclusive /ɪkˈskluːsɪv/ *adj* **1** exclusivo **2** ~ **of sb/sth** sin incluir a algn/algo
excursion /ɪkˈskɜːrʒn; *GB* -ʃn/ *n* excursión
excuse *sustantivo, verbo*
▶ *n* /ɪkˈskjuːs/ ~ **(for sth/doing sth)** excusa, pretexto (por/para algo/hacer algo)
▶ *vt* /ɪkˈskjuːz/ **1** ~ **sb/sth (for sth/doing sth)** disculpar a algn/algo (por algo/por hacer algo) **2** ~ **sb (from sth)** excusar a algn (de algo)

> Se dice **excuse me** cuando se quiere interrumpir o abordar a algn: *Excuse me, sir!* ¡Perdón, señor! o para pedir perdón por algo que hicimos: *Did I hit you? Excuse me!* ¿Te pegué? ¡Perdóname! En inglés británico se usa **sorry** en vez de **excuse me** para pedir perdón: *I'm sorry I'm late.* Siento llegar tarde.

execute /ˈeksɪkjuːt/ *vt* ejecutar ■ **execution** *n* ejecución **executioner** *n* verdugo
executive /ɪɡˈzekjətɪv/ *n* ejecutivo, -a
exempt /ɪɡˈzempt/ *adjetivo, verbo*
▶ *adj* ~ **(from sth)** exento (de algo)
▶ *vt* ~ **sb/sth (from sth)** eximir a algn/algo (de algo), exonerar a algn (de algo) ■ **exemption** *n* exención
exercise /ˈeksərsaɪz/ *sustantivo, verbo*
▶ *n* ejercicio: *exercise book* cuaderno (de ejercicios)
▶ **1** *vt* (*formal*) (*derecho, poder*) ejercer **2** *vi* hacer ejercicio **3** *vt* ejercitar
exert /ɪɡˈzɜːrt/ *vt* **1** ~ **sth (on sb/sth)** ejercer algo (sobre algn/algo) **2** ~ **yourself** esforzarse ■ **exertion** *n* esfuerzo
exhale /eksˈheɪl/ *vt, vi* exhalar
exhaust /ɪɡˈzɔːst/ *sustantivo, verbo*
▶ *n* **1** (*tb* exˈhaust fumes [*pl*]) gases del tubo de escape/exhosto **2** (*tb* exˈhaust pipe) tubo de escape, exhosto, mofle
▶ *vt* agotar ■ **exhausted** *adj* exhausto **exhausting** *adj* agotador **exhaustion** *n* agotamiento **exhaustive** *adj* exhaustivo
exhibit /ɪɡˈzɪbɪt/ *sustantivo, verbo*
▶ *n* objeto expuesto
▶ **1** *vt, vi* exponer **2** *vt* manifestar

exhibition /ˌeksɪˈbɪʃn/ *n* exposición
exhilarating /ɪɡˈzɪləreɪtɪŋ/ *adj* estimulante, emocionante ■ **exhilaration** *n* euforia
exile /ˈeɡzaɪl, ˈeksaɪl/ *sustantivo, verbo*
▶ *n* **1** exilio **2** (*persona*) exilado, -a
▶ *vt* exilar
exist /ɪɡˈzɪst/ *vi* **1** existir **2** ~ **(on sth)** subsistir (a base de algo)
existence /ɪɡˈzɪstəns/ *n* existencia
existing /ɪɡˈzɪstɪŋ/ *adj* existente
exit /ˈeɡzɪt, ˈeksɪt/ *n* salida
exodus /ˈeksədəs/ *n* [*sing*] éxodo
exotic /ɪɡˈzɑːtɪk/ *adj* exótico
expand /ɪkˈspænd/ *vt, vi* **1** (*metal, etc.*) dilatar(se) **2** (*negocio*) ampliar(se) **PHR V expand on/upon sth** ampliar algo, extenderse sobre algo
expanse /ɪkˈspæns/ *n* ~ **(of sth)** extensión (de algo)
expansion /ɪkˈspænʃn/ *n* **1** expansión **2** desarrollo
expansive /ɪkˈspænsɪv/ *adj* comunicativo
expatriate /ˌeksˈpeɪtriət; *GB* -ˈpæt-/ *n* expatriado, -a
expect /ɪkˈspekt/ *vt* **1** ~ **sth (from sb/sth)** esperar algo (de algn/algo) ➲ *Ver nota en* ESPERAR **2** (*esp GB, coloq*) suponer ■ **expectant** *adj* **1** expectante **2** *expectant mother* mujer embarazada **expectancy** *n* expectación: *life expectancy* esperanza de vida
expectation /ˌɪkspekˈteɪʃn/ *n* ~ **(of sth)** expectativa (de algo) **LOC against/contrary to (all) expectation(s)** contra todas las previsiones
expedition /ˌekspəˈdɪʃn/ *n* expedición
expel /ɪkˈspel/ *vt* (-ll-) ~ **sb/sth (from sth)** expulsar a algn/algo (de algo)
expend /ɪkˈspend/ *vt* ~ **sth (on/upon sth/doing sth)** (*formal*) emplear algo (en algo/hacer algo)
expendable /ɪkˈspendəbl/ *adj* (*formal*) **1** (*cosas*) desechable **2** (*personas*) prescindible
expenditure /ɪkˈspendɪtʃər/ *n* gasto(s)
expense /ɪkˈspens/ *n* gasto(s), costo **LOC** *Ver* OBJECT
expensive /ɪkˈspensɪv/ *adj* caro, costoso
experience /ɪkˈspɪəriəns/ *sustantivo, verbo*
▶ *n* experiencia
▶ *vt* experimentar
experienced /ɪkˈspɪəriənst/ *adj* experimentado
experiment /ɪkˈsperɪmənt/ *sustantivo, verbo*
▶ *n* experimento

expert

vi ~ (**on/with sth**) hacer experimentos, experimentar (con algo) ■ **experimental** /ɪkˌspɛrɪˈmɛntl/ *adj* experimental

expert /ˈɛkspɜːrt/ *adj, n* ~ (**at/in/on sth**) experto, -a, perito, -a (en algo) ■ **expertise** /ˌɛkspɜːrˈtiːz/ *n* [*incontable*] conocimientos (técnicos), pericia

expire /ɪkˈspaɪər/ *vi* vencer, caducar: *My passport expired.* Mi pasaporte está vencido. ■ **expiration** /ˌɛkspəˈreɪʃn/ (*GB* **expiry** /ɪkˈspaɪəri/) *n* vencimiento

explain /ɪkˈspleɪn/ *vt* ~ **sth (to sb)** explicar, aclarar algo (a algn): *Explain this to me.* Explícame esto.

explanation /ˌɛkspləˈneɪʃn/ *n* ~ (**of/for sth**) explicación, aclaración (de algo)

explanatory /ɪkˈsplænətɔːri; *GB* -tri/ *adj* explicativo, aclaratorio

explicit /ɪkˈsplɪsɪt/ *adj* explícito

explode /ɪkˈsploʊd/ *vt, vi* estallar, explotar

exploit *sustantivo, verbo*
▶ *n* /ˈɛksplɔɪt/ proeza, hazaña
▶ *vt* /ɪkˈsplɔɪt/ explotar (*personas, recursos*)

exploitation /ˌɛksplɔɪˈteɪʃn/ *n* explotación

exploration /ˌɛkspləˈreɪʃn/ *n* exploración, investigación

explore /ɪkˈsplɔːr/ *vt, vi* explorar

explorer /ɪkˈsplɔːrər/ *n* explorador, -ora

explosion /ɪkˈsploʊʒn/ *n* explosión
■ **explosive** /ɪkˈsploʊsɪv/ *adj, n* explosivo

export *sustantivo, verbo*
▶ *n* /ˈɛkspɔːrt/ (artículo de) exportación
▶ *vt, vi* /ɪkˈspɔːrt/ exportar ■ **exporter** /ɪkˈspɔːrtər/ *n* exportador, -ora

expose /ɪkˈspoʊz/ *vt* **1** ~ **sb/sth (to sth)** exponer a algn/algo (a algo) **2** ~ **yourself (to sth)** exponerse (a algo) **3** (*persona culpable*) desenmascarar ■ **exposed** *adj* descubierto

exposure /ɪkˈspoʊʒər/ *n* **1** ~ (**to sth**) exposición (a algo): *to die of exposure* morir de frío (a la intemperie) **2** (*de falta*) descubrimiento, revelación

express /ɪkˈsprɛs/ *adjetivo, adverbio, verbo, sustantivo*
▶ *adj* **1** (*tren, bus*) directo, rápido **2** (*entrega*) inmediato **3** (*deseo, etc.*) expreso
▶ *adv* por entrega inmediata
▶ *vt* ~ **sth (to sb)** expresar algo (a algn): *to express yourself* expresarse
▶ *n* **1** (*tb* **exˈpress train**) directo, rápido **2** servicio urgente/entrega inmediata

expression /ɪkˈsprɛʃn/ *n* **1** expresión **2** muestra, expresión: *as an expression of his gratitude* como muestra de su gratitud **3** expresividad

expressive /ɪkˈsprɛsɪv/ *adj* expresivo

expressly /ɪkˈsprɛsli/ *adv* expresamente

expressway /ɪkˈsprɛsweɪ/ *n* (*USA*) autopista

expulsion /ɪkˈspʌlʃn/ *n* expulsión

exquisite /ɪkˈskwɪzɪt, ˈɛkskwɪzɪt/ *adj* exquisito

extend /ɪkˈstɛnd/ **1** *vt* extender, ampliar **2** *vi* extenderse: *to extend as far as sth* llegar hasta algo **3** *vt* (*estancia, vida*) prolongar **4** *vt* (*plazo, crédito*) prorrogar **5** *vt* (*mano*) tender **6** *vt* (*bienvenida*) dar

extension /ɪkˈstɛnʃn/ *n* **1** extensión **2** ~ (**to sth**) ampliación, anexo (de algo): *to build an extension to sth* hacer una ampliación de algo **3** (*período*) prolongación **4** (*plazo*) prórroga **5** (*teléfono*) extensión

extensive /ɪkˈstɛnsɪv/ *adj* **1** extenso **2** (*daños*) cuantioso **3** (*conocimiento*) amplio **4** (*uso*) frecuente ■ **extensively** *adv* **1** extensamente **2** (*usar*) comúnmente

extent /ɪkˈstɛnt/ *n* alcance, grado: *the full extent of the losses* el valor real de las pérdidas **LOC** **to a large/great extent** en gran parte ♦ **to a lesser extent** en menor grado ♦ **to some/a certain extent** hasta cierto punto ♦ **to what extent** hasta qué punto

exterior /ɪkˈstɪriər/ *adjetivo, sustantivo*
▶ *adj* exterior
▶ *n* **1** exterior **2** (*persona*) aspecto

exterminate /ɪkˈstɜːrmɪneɪt/ *vt* exterminar

external /ɪkˈstɜːrnl/ *adj* externo, exterior

extinct /ɪkˈstɪŋkt/ *adj* **1** (*animal*) extinguido, desaparecido: *to become extinct* extinguirse **2** (*volcán*) inactivo ■ **extinction** *n* extinción

extinguish /ɪkˈstɪŋgwɪʃ/ *vt* extinguir, apagar ❶ La expresión más normal es **put sth out**.
■ **extinguisher** *n* extinguidor

extort /ɪkˈstɔːrt/ *vt* ~ **sth (from sb) 1** (*dinero*) obtener algo (de algn) mediante extorsión **2** (*confesión*) sacar algo (a algn) por la fuerza
■ **extortion** *n* extorsión

extortionate /ɪkˈstɔːrʃənət/ *adj* **1** (*precio*) exorbitante **2** (*exigencia*) excesivo

extra /ˈɛkstrə/ *adjetivo, adverbio, sustantivo*
▶ *adj* **1** adicional, de más, extra: *extra charge* recargo ◊ *Wine is extra.* El vino no está incluido. **2** de sobra
▶ *adv* súper, extra: *to pay extra* pagar un suplemento
▶ *n* **1** extra **2** (*precio*) suplemento **3** (*Cine*) extra

extract *verbo, sustantivo*
▶ *vt* /ɪkˈstrækt/ **1** ~ **sth (from sth)** extraer algo (de

algo) **2** ~ **sth (from sb/sth)** conseguir algo (de algn/algo)
▸ n /ˈekstrækt/ **1** extracto **2** pasaje
extra-curricular /ˌekstrə kəˈrɪkjələr/ adj (Educ) extracurricular
extradition /ˌekstrəˈdɪʃn/ n extradición
extraordinary /ɪkˈstrɔːrdəneri; GB -dnri/ adj extraordinario
extraterrestrial /ˌekstrətəˈrestriəl/ adj, n extraterrestre
extra time n (GB) (USA **overtime**) (Dep) tiempo suplementario
extravagant /ɪkˈstrævəɡənt/ adj
1 extravagante **2** exagerado ■ **extravagance** n extravagancia
extreme /ɪkˈstriːm/ adj, n extremo: *with extreme care* con sumo cuidado
extremely /ɪkˈstriːmli/ adv extremadamente
extremism /ɪkˈstriːmɪzəm/ n extremismo
■ **extremist** adj, n extremista
extremity /ɪkˈstreməti/ n (pl **extremities**) extremidad
extricate /ˈekstrɪkeɪt/ vt ~ **sb/sth (from sth)** (formal) sacar a algn/algo (de algo)
extrovert /ˈekstrəvɜːrt/ n extrovertido, -a
exuberant /ɪɡˈzuːbərənt; GB -ˈzjuː-/ adj desbordante de vida y entusiasmo, exuberante
exude /ɪɡˈzuːd; GB -ˈzjuːd/ **1** vt rebosar **2** vt, vi (líquido, olor) exudar

eye /aɪ/ sustantivo, verbo
▸ n ojo: *at eye level* a la altura de los ojos ◊ *to have sharp eyes* tener muy buena vista LOC **be up to your eyes in sth** estar hasta el cuello de algo ♦ **before/in front of sb's (very) eyes** bajo las (mismas) narices de algn ♦ **catch sb's eye** captar la atención de algn ♦ **have your eye on sth** tener el ojo echado a algo (*para comprarlo*) ♦ **in the eyes of sb; in sb's eyes** en opinión de algn ♦ **in the eyes of the law** a los ojos de la ley ♦ **keep an eye on sb/sth** echarle un ojo a algn/algo ♦ **keep an eye open/out (for sb/sth)** estar pendiente (de algn/algo) ♦ **not see eye to eye with sb (on sth)** no estar plenamente de acuerdo con algn (sobre algo) Ver tb BAT, BLIND, CAST, CLOSE[1], CRY, MEET, MIND, NAKED, TEAR[1]
▸ vt (part pres **eyeing**) mirar
eyeball /ˈaɪbɔːl/ n globo ocular
eyebrow /ˈaɪbraʊ/ n ceja LOC **be up to your eyebrows in sth** estar hasta el cuello de algo Ver tb RAISE
eye-catching adj vistoso
eyelash /ˈaɪlæʃ/ (tb **lash**) n pestaña
eyelid /ˈaɪlɪd/ (tb **lid**) n párpado LOC Ver BAT
eyeliner /ˈaɪlaɪnər/ n delineador de ojos
eyeshadow /ˈaɪʃædoʊ/ n sombra de ojos
eyesight /ˈaɪsaɪt/ n vista
eyesore /ˈaɪsɔːr/ n monstruosidad
eyewitness /ˈaɪwɪtnəs/ n testigo ocular

F f

F, f /ef/ n (pl **Fs, F's, f's** /efs/) **1** F, f ⊃ Ver nota en A, A **2** (Educ) to get an F in History reprobar/perder Historia **3** (Mús) fa

fable /'feɪbl/ n fábula

fabric /'fæbrɪk/ n **1** tejido, tela ⊃ Ver nota en TELA **2** the ~ **(of sth)** [sing] (formal) la estructura (de algo)

fabulous /'fæbjələs/ adj **1** fabuloso **2** de leyenda

facade (tb **façade**) /fə'sɑːd/ n (lit y fig) fachada

face /feɪs/ sustantivo, verbo
▸ n **1** cara, rostro: *to wash your face* lavarse la cara ◊ *face down/up* boca abajo/arriba **2** lado: *the south face of Everest* el lado sur del Everest ◊ *a rock face* una pared de roca **3** cara (de reloj) **4** superficie **LOC** **face to face** cara a cara: *to come face to face with sth* enfrentarse con algo ♦ **face up/down** boca arriba/abajo ♦ **in the face of sth 1** a pesar de algo **2** frente a algo ♦ **make/pull faces/a face (at sb)** hacer muecas (a algn) ♦ **on the face of it** (coloq) a primera vista ♦ **put a brave face on sth** poner al mal tiempo buena cara ♦ **to sb's face** a la cara Ver tb SAVE, SMILE, STRAIGHT
▸ vt **1** estar de cara a: *They sat down facing each other.* Se sentaron uno frente al otro. **2** dar a: *a house facing the park* una casa que da al parque **3** enfrentarse con **4** afrontar: *to face the facts* afrontar los hechos **5** (sentencia, multa) correr el riesgo de recibir **6** revestir **LOC** Ver LET **PHRV** **face up to sb/sth** enfrentarse a algn/algo

faceless /'feɪsləs/ adj anónimo

facelift /'feɪslɪft/ n **1** estiramiento (facial) **2** (fig) remodelación superficial

facet /'fæsɪt/ n faceta

facetious /fə'siːʃəs/ adj (pey) gracioso

face value n valor nominal **LOC** **take sth at face value** tomar algo literalmente

facial /'feɪʃl/ adjetivo, sustantivo
▸ adj facial
▸ n tratamiento facial

facile /'fæsl; GB 'fæsaɪl/ adj (pey) simplista

facilitate /fə'sɪlɪteɪt/ vt (formal) facilitar

facility /fə'sɪləti/ n **1** [sing] facilidad **2 facilities** [pl] *sports/banking facilities* instalaciones deportivas/servicios bancarios

fact /fækt/ n hecho: *in fact* de hecho ◊ *the fact that…* el hecho de que… **LOC** **(all) the facts and figures** (toda) la información ♦ **the facts of life** de dónde vienen los niños, la sexualidad Ver tb ACTUAL, MATTER

factor /'fæktər/ n factor

factory /'fæktəri/ n (pl **factories**) fábrica: *a shoe factory* una fábrica de zapatos ◊ *factory workers* obreros fabriles

factual /'fæktʃuəl/ adj basado en los hechos

faculty /'fæklti/ n (pl **faculties**) **1** facultad: *mental faculties* facultades mentales **2** (USA) profesorado **3** (GB) *Arts Faculty* Facultad de Filosofía y Letras

fad /fæd/ n **1** manía **2** moda

fade /feɪd/ vt, vi **1** descolorar(se) **2** (tela) desteñir(se) **PHRV** **fade away** ir desapareciendo poco a poco

fag /fæg/ n **1** (USA, pey) marica **2** (GB, coloq) cigarrillo

Fahrenheit /'færənhaɪt/ adj (abrev **F**) Fahrenheit ⊃ Ver nota en CENTÍGRADO

fail /feɪl/ verbo, sustantivo
▸ **1** vi ~ **(in sth)** fracasar (en algo): *to fail in your duty* faltar al deber **2** vi ~ **to do sth** *They failed to notice anything unusual.* No notaron nada extraño. **3** vt, vi (examen) no pasar, reprobar, perder **4** vt (candidato) reprobar, hacer perder **5** vi (fuerzas, motor, etc.) fallar **6** vi (salud) deteriorarse **7** vi (cosecha) perderse **8** vi (negocio) quebrar
▸ n (examen) reprobado ⊃ Ver nota en A, A **LOC** **without fail** sin falta

failing /'feɪlɪŋ/ sustantivo, preposición
▸ n **1** debilidad **2** defecto
▸ prep a falta de: *failing this* si esto no es posible

failure /'feɪljər/ n **1** fracaso **2** falla: *heart failure* paro cardíaco ◊ *engine failure* daño en el motor **3** ~ **to do sth** *His failure to answer puzzled her.* Le extrañó que no contestara.

faint /feɪnt/ adjetivo, verbo, sustantivo
▸ adj (**fainter, -est**) **1** (sonido) débil **2** (rastro) leve **3** (parecido) ligero **4** (esperanza) pequeño **5** mareado: *to feel faint* estar mareado
▸ vi desmayarse
▸ n [sing] desmayo

faintly /'feɪntli/ adv **1** débilmente **2** vagamente

fair /feər/ sustantivo, adjetivo
▸ n feria: *trade fair* feria comercial
▸ adj (**fairer, -est**) **1** ~ **(to/on sb)** justo, imparcial (con algn) **2** (tiempo) despejado **3** (pelo) rubio,

mono, güero ⮕ Ver nota en MONO **4** (idea) bastante bueno: *a fair size* bastante grande ◆ **LOC** **fair and square 1** merecidamente **2** claramente ◆ **fair enough** (*esp GB, coloq*) está bien ◆ **fair game** objeto legítimo de persecución o burla ◆ **fair play** juego limpio ◆ **have, etc. (more than) your fair share of sth**: *We had more than our fair share of rain.* Nos llovió más de lo que podía esperarse.

fair-'haired *adj* rubio, mono, güero

fairly /'feərli/ *adv* **1** justamente, equitativamente **2** [*antes de adjetivo o adverbio*] bastante: *It's fairly easy.* Es bastante fácil. ◊ *It's fairly good.* No está mal. ◊ *fairly quickly* bastante rápido

En Gran Bretaña, los adverbios **fairly, quite, rather** y **pretty** modifican la intensidad de los adjetivos o adverbios a los que acompañan, y pueden significar "bastante", "hasta cierto punto" o "no muy". **Fairly** es el de grado más bajo. En Estados Unidos, **quite** y **rather** no se usan de esta manera.

fair-'trade *adj* de comercio justo

fairy /'feəri/ *n* (*pl* **fairies**) hada: *fairy tale* cuento de hadas ◊ *fairy godmother* hada madrina

faith /feɪθ/ *n* ~ (**in sb/sth**) fe (en algn/algo) ◆ **LOC** **in bad/good faith** de mala/buena fe ◆ **put your faith in sb/sth** confiar en algn/algo *Ver tb* BREACH

faithful /'feɪθfl/ *adj* fiel, leal

faithfully /'feɪθfəli/ *adv* fielmente **LOC** *Ver* YOURS

fake /feɪk/ *sustantivo, adjetivo, verbo*
▶ *n* imitación
▶ *adj* falso
▶ **1** *vt* (*firma, documento*) falsificar **2** *vt, vi* fingir

falcon /'fælkən; *GB* 'fɔːl-/ *n* halcón

fall /fɔːl/ *verbo, sustantivo*
▶ *vi* (*pt* **fell** /fel/, *pp* **fallen** /'fɔːlən/) **1** caer(se) **2** (*precio, temperatura*) bajar

A veces el verbo **fall** tiene el sentido de "volverse", "quedarse", "ponerse", por ejemplo: *He fell asleep.* Se quedó dormido. ◊ *He fell ill.* Se enfermó.

LOC **fall short of sth** no alcanzar algo ◆ **fall victim to sth** sucumbir a algo, ser víctima de algo *Ver tb* FOOT, LOVE
PHR V **fall apart 1** desarmarse **2** fracasar
fall back retroceder ◆ **fall back on sb/sth** recurrir a algn/algo
fall behind (sb/sth) quedar(se) atrás, quedarse rezagado de algn/algo ◆ **fall behind with sth** retrasarse con algo/en hacer algo

fall down 1 (*persona, objeto*) caerse **2** (*plan*) fracasar
fall for sb (*coloq*) enamorarse de algn ◆ **fall for sth** (*coloq*) tragarse algo (*trampa*)
fall in 1 (*techo*) desplomarse **2** (*Mil*) formar
fall off 1 caerse **2** decaer
fall on/upon sb recaer en algn
fall out (with sb) pelearse (con algn)
fall over caerse ◆ **fall over sb/sth** tropezar(se) con algn/algo
fall through fracasar, irse a pique
▶ *n* **1** (*GB* **autumn**) otoño **2** caída **3** baja, descenso **4** *a fall of snow* una nevada **5** **falls** [*pl*] (*Geog*) catarata

fallen /'fɔːlən/ *adj* caído *Ver tb* FALL

false /fɔːls/ *adj* **1** falso **2** (*dentadura, etc.*) postizo **3** (*reclamación*) fraudulento **LOC** **a false alarm** una falsa alarma ◆ **a false move** un paso en falso ◆ **a false start 1** intento fallido **2** (*Dep*) salida en falso

falsify /'fɔːlsɪfaɪ/ *vt* (*pt, pp* **-fied**) falsificar

falter /'fɔːltər/ *vi* **1** (*persona*) vacilar **2** (*voz*) titubear

fame /feɪm/ *n* fama

familiar /fə'mɪljər/ *adj* **1** familiar (*conocido*) **2** ~ **with sth** familiarizado con algn/algo **LOC** **be on familiar terms (with sb)** tutearse (con algn) ■ **familiarity** /fə,mɪli'ærəti/ *n* **1** ~ **with sth** conocimientos de algo **2** familiaridad

family /'fæməli/ *n* [*v sing o pl*] (*pl* **families**) familia: *family name* apellido ◊ *family man* hombre consagrado a su familia ◊ *family tree* árbol genealógico ⮕ *Ver nota en* FAMILIA **LOC** **run in the family** ser de familia

famine /'fæmɪn/ *n* hambruna ⮕ *Ver nota en* HAMBRE

famous /'feɪməs/ *adj* famoso

fan /fæn/ *sustantivo, verbo*
▶ *n* **1** abanico **2** ventilador **3** hincha, aficionado, -a
▶ *vt* (**-nn-**) **1** ~ (**yourself**) abanicar(se) **2** (*disputa, fuego*) atizar **PHR V** **fan out** desplegarse en abanico

fanatic /fə'nætɪk/ *n* fanático, -a ■ **fanatical** *adj* fanático

fanciful /'fænsɪfl/ *adj* (*pey*) (*idea*) extravagante

fancy /'fænsi/ *adjetivo, sustantivo, verbo*
▶ *adj* fuera de lo común: *nothing fancy* nada extravagante
▶ *n* **1** fantasía **2** [*sing*] capricho
▶ *vt* (*pt, pp* **fancied**) **1** imaginarse **2** (*GB, coloq*) *Do you fancy going to see a film?* ¿Te provoca ir al cine? ◊ *Do you fancy an ice cream?* ¿Te provoca un helado? **3** (*GB, coloq*) gustar: *I don't*

fancy dress

fancy him. No me gusta. **LOC catch/take sb's fancy** cautivar a algn: *whatever takes your fancy* lo que más te plazca ◆ **fancy (that)!** ¡quién lo iba a creer! ◆ **fancy yourself as sth** (*GB, coloq*) presumir de algo ◆ **take a fancy to sb/sth** encapricharse con algn/algo

ˌfancy ˈdress *n* [*incontable*] (*GB*) disfraz

fanny pack /ˈfæni pæk/ (*GB* **bumbag**) *n* riñonera, canguro ⊃ *Ver dibujo en* BAG

fantastic /fænˈtæstɪk/ *adj* fantástico

fantasy /ˈfæntəsi/ *n* (*pl* **fantasies**) fantasía

FAQ /ˌef eɪ ˈkjuː/ *abrev de* **frequently asked questions** preguntas frecuentes

⸮ far /fɑːr/ *adverbio, adjetivo*
▸ *adv* (*comp* **farther** /ˈfɑːrðər/ *o* **further** /ˈfɜːrðər/, *superl* **farthest** /ˈfɑːrðɪst/ *o* **furthest** /ˈfɜːrðɪst/) *Ver tb* FURTHER, FURTHEST **1** lejos: *Is it far?* ¿Queda lejos? ◊ *How far is it?* ¿A qué distancia está?

En este sentido se usa en frases negativas o interrogativas. En frases afirmativas es mucho más frecuente decir **a long way**.

2 [*con preposiciones*] muy: *far above/far beyond sth* muy por encima/mucho más allá de algo **3** [*con comparativos*] mucho: *It's far easier for him.* Es mucho más fácil para él. ◆ **as far as** hasta ◆ **as/so far as** por lo que: *as far as I know* que yo sepa ◆ **as/so far as sb/sth is concerned** por lo que se refiere a algn/algo ◆ **be far from (doing) sth** distar mucho de algo: *The problem is far from easy.* El problema está lejos de ser fácil. ◆ **by far** con mucho ◆ **far and wide** por todas partes ◆ **far away** muy lejos ◆ **far from it** (*coloq*) ni mucho menos ◆ **go too far** pasarse ◆ **in as far as**; **in so far as** en la medida en que ◆ **so far 1** hasta ahora **2** hasta cierto punto *Ver tb* AFIELD, FEW
▸ *adj* (*comp* **farther** *o* **further**, *superl* **farthest** *o* **furthest**) *Ver tb* FURTHER, FURTHEST **1** extremo: *the far north* el extremo norte ◊ *the far end* el otro extremo **2** opuesto: *on the far bank* en la margen opuesta

faraway /ˈfɑːrəweɪ/ *adj* **1** remoto **2** (*expresión*) distraído

fare /feər/ *sustantivo, verbo*
▸ *n* tarifa, precio del boleto
▸ *vi* ~ **well, badly, etc.** irle bien, mal, etc. a algn

farewell /ˌfeərˈwel/ *sustantivo, interjección*
▸ *n* despedida: *farewell party* fiesta de despedida **LOC bid/say farewell to sb/sth** despedirse de algn/algo
▸ *interj* (*formal, antic*) adiós

⸮ farm /fɑːrm/ *sustantivo, verbo*
▸ *n* granja, finca, hacienda, chacra
▸ **1** *vt, vi* labrar, cultivar **2** *vt* criar

⸮ farmer /ˈfɑːrmər/ *n* agricultor, -ora, hacendado, -a

farmhouse /ˈfɑːrmhaʊs/ *n* casa (*de finca, granja, etc.*)

⸮ farming /ˈfɑːrmɪŋ/ *n* agricultura, ganadería

farmland /ˈfɑːrmlænd/ *n* [*incontable*] tierras de labranza

farmyard /ˈfɑːrmjɑːrd/ *n* corral

farsighted /ˌfɑːrˈsaɪtɪd/ *adj* **1** con visión de futuro **2** (*GB* **long-sighted**) hipermétrope

fart /fɑːrt/ *sustantivo, verbo*
▸ *n* (*coloq*) pedo
▸ *vi* (*coloq*) echarse/tirarse un pedo

farther /ˈfɑːrðər/ *adv, adj* (*comp de* **far**)
= FURTHER

farthest /ˈfɑːrðɪst/ *adv, adj* (*superl de* **far**)
= FURTHEST

fascinate /ˈfæsɪneɪt/ *vt* fascinar ■ **fascinating** *adj* fascinante

fascism /ˈfæʃɪzəm/ *n* fascismo ■ **fascist** *adj, n* fascista ⊃ *Ver nota en* CATÓLICO

⸮ fashion /ˈfæʃn/ *sustantivo, verbo*
▸ *n* moda: *to have no fashion sense* no saber vestirse **LOC be/go out of fashion** estar pasado/pasar de moda ◆ **be in/come into fashion** estar/ponerse de moda *Ver tb* HEIGHT
▸ *vt* formar, hacer

⸮ fashionable /ˈfæʃnəbl/ *adj* de moda

fashionista /ˌfæʃnˈiːstə/ *n* **1** diseñador, -ora de moda **2** persona que siempre va vestida a la moda

⸮ fast /fæst; *GB* fɑːst/ *adjetivo, adverbio, verbo, sustantivo*
▸ *adj* (**faster, -est**) **1** rápido

Tanto **fast** como **quick** significan rápido, pero **fast** suele utilizarse para describir a una persona o cosa que se mueve a mucha velocidad: *a fast horse/car/runner* un caballo/carro/corredor rápido, mientras que **quick** se refiere a algo que se realiza en un breve espacio de tiempo: *a quick decision/visit* una decisión/visita rápida.

2 (*reloj*) adelantado **3** fijo: *to make sth fast* sujetar bien algo **4** (*color*) que no destiñe **LOC** *Ver* BUCK
▸ *adv* (**faster, -est**) **1** rápido, rápidamente **2** *fast asleep* dormido profundamente **LOC** *Ver* STAND
▸ *vi* ayunar
▸ *n* ayuno

fasten /ˈfæsn; *GB* ˈfɑːsn/ **1** *vt* ~ **sth (down)** asegurar algo **2** *vt* ~ **sth (up)** abrochar algo **3** *vt* sujetar, fijar: *to fasten sth (together)* unir algo **4** *vi* cerrarse, abrocharse

fast food n comida rápida
fastidious /fæˈstɪdiəs/ adj meticuloso, exigente, quisquilloso
fat /fæt/ adjetivo, sustantivo
▸ adj (**fatter, -est**) gordo: *You're getting fat.* Estás engordando. ❶ Otras palabras menos directas que **fat** son **chubby, stout, plump** y **overweight**.
▸ n **1** grasa **2** manteca
fatal /ˈfeɪtl/ adj **1** ~ (**to sb/sth**) fatal (para algn/algo) **2** fatídico ■ **fatality** /fəˈtæləti/ n (pl **fatalities**) víctima mortal
fate /feɪt/ n destino, suerte LOC *Ver* QUIRK
■ **fated** adj predestinado **fateful** adj fatídico
father /ˈfɑðər/ sustantivo, verbo
▸ n padre: *Father Christmas* (GB) Papá Noel ➔ *Ver nota en* NAVIDAD LOC **like father, like son** de tal palo, tal astilla
▸ vt engendrar
fatherhood /ˈfɑðərhʊd/ n paternidad
father-in-law n (pl **fathers-in-law**) suegro
fatherly /ˈfɑðərli/ adj paternal
fatigue /fəˈtiːɡ/ n fatiga, cansancio
fatten /ˈfætn/ vt (*animal*) cebar, engordar
fattening /ˈfætnɪŋ/ adj que engorda: *Butter is very fattening.* La mantequilla engorda mucho.
fatty /ˈfæti/ adj **1** (Med) adiposo **2** (**fattier, -iest**) (*alimento*) grasoso
faucet /ˈfɔːsət/ (GB **tap**) n llave (*de agua*)
fault /fɔːlt/ verbo, sustantivo
▸ vt criticar: *He can't be faulted.* Es irreprochable.
▸ n **1** defecto, falla ➔ *Ver nota en* MISTAKE **2** culpa: *Whose fault is it?* ¿Quién tiene la culpa? ◇ *to be at fault (for sth)* tener la culpa (de algo) **3** (*Dep*) falta **4** (*Geol*) falla LOC *Ver* FIND
faultless /ˈfɔːltləs/ adj sin tacha, impecable
faulty /ˈfɔːlti/ adj defectuoso
fauna /ˈfɔːnə/ n fauna
faux pas /ˌfoʊ ˈpɑː/ n (pl **faux pas** /ˌfoʊ ˈpɑːz/) metedura de pata: *to make a faux pas* meter la pata
fava bean /ˈfɑvə biːn/ (GB **broad bean**) n haba
fave /feɪv/ adj, n (*coloq*) favorito, -a: *That song's one of my faves.* Esa canción es una de mis favoritas.
favor (GB **favour**) /ˈfeɪvər/ sustantivo, verbo
▸ n favor: *to ask a favor of sb* pedirle un favor a algn ◇ *Can you do me a favor?* ¿Te puedo pedir un favor? LOC **in favor of (doing) sth** a favor de (hacer) algo *Ver tb* CURRY
▸ vt **1** preferir, ser partidario, -a de **2** favorecer

favorable (GB **favourable**) /ˈfeɪvərəbl/ adj **1** ~ (**for sth**) favorable (para algo) **2** ~ (**to/toward sb/sth**) a favor (de algn/algo)
favorite (GB **favourite**) /ˈfeɪvərɪt/ adjetivo, sustantivo
▸ adj preferido
▸ n favorito, -a ■ **favoritism** (GB **favouritism**) n favoritismo
fawn /fɔːn/ sustantivo, adjetivo
▸ n **1** cervatillo ➔ *Ver nota en* CIERVO **2** beige
▸ adj beige
fax /fæks/ sustantivo, verbo
▸ n fax
▸ vt **1** mandarle un fax a **2** ~ **sth** (**to sb**) mandar algo por fax (a algn)
fear /fɪər/ verbo, sustantivo
▸ vt temerle a: *I fear so.* Me temo que sí.
▸ n miedo, temor: *to shake with fear* temblar de miedo LOC **for fear of (doing) sth** por temor a (hacer) algo ♦ **for fear (that)...** por temor a... ♦ **in fear of sb/sth** con miedo de algn/algo
fearful /ˈfɪərfl/ adj (*formal*) **1 be** ~ (**of sth**); **be** ~ (**for sb**) temer (algo), temer (por algn) **2** terrible, horrendo
fearless /ˈfɪərləs/ adj intrépido
fearsome /ˈfɪərsəm/ adj (*formal*) temible
feasible /ˈfiːzəbl/ adj factible ■ **feasibility** /ˌfiːzəˈbɪləti/ n factibilidad, viabilidad
feast /fiːst/ n **1** banquete **2** (*Relig*) fiesta
feat /fiːt/ n proeza, hazaña
feather /ˈfeðər/ n pluma
feature /ˈfiːtʃər/ sustantivo, verbo
▸ n **1** característica, rasgo **2 features** [pl] facciones
▸ vt: *featuring Brad Pitt* protagonizada por Brad Pitt ■ **featureless** adj sin rasgos característicos
February /ˈfebrueri; GB -uəri/ n (*abrev* **Feb.**) febrero ➔ *Ver nota y ejemplos en* JANUARY
fed pt, pp *de* FEED
federal /ˈfedərəl/ adj federal
federation /ˌfedəˈreɪʃn/ n federación
fed up adj ~ (**with sb/sth**) (*coloq*) harto, jarto (de algn/algo)
fee /fiː/ n **1** (*gen pl*) honorarios **2** cuota (*de club*) **3** *school fees* matrícula y pensión
feeble /ˈfiːbl/ adj (**feebler, -est**) débil
feed /fiːd/ verbo, sustantivo
▸ (pt, pp **fed** /fed/) **1** vi ~ (**on sth**) alimentarse, nutrirse (de algo) **2** vt dar de comer a, alimentar **3** vt (*datos, etc.*) suministrar
▸ n **1** comida **2** alimento para animales

feedback /ˈfiːdbæk/ n [incontable] retroalimentación, comentarios

feel /fiːl/ verbo, sustantivo
▶ (pt, pp **felt** /felt/) **1** vi sentirse: *I felt like a fool.* Me sentí como un idiota. ◊ *to feel sick/sad* sentirse enfermo/triste ◊ *to feel cold/hungry* tener frío/hambre **2** vt sentir, tocar: *She felt the water.* Probó la temperatura del agua. ◊ *He feels the cold a lot.* Es muy sensible al frío. **3** vi parecer: *It feels like leather.* Parece de cuero. ◊ *I feel like I'm going to throw up.* Creo que voy a vomitar. **4** vt, vi (pensar) opinar: *How do you feel about him?* ¿Qué opinas de él? LOC **feel free** (coloq) claro: *'Can I use your phone?' 'Feel free.'* —¿Puedo telefonear? —Claro. ◆ **feel good** sentirse bien ◆ **feel like (doing) sth**: *I felt like hitting him.* Me dieron ganas de agarrarlo a golpes. ◆ **feel your way** ir a tientas ◆ **not feel yourself** no sentirse bien Ver tb COLOR, EASE, SMALL PHR V **feel about/around (for sth)** buscar (algo) a tientas ◆ **feel for sb** sentir lástima de/por algn ◆ **feel up to (doing) sth** sentirse capaz de (hacer) algo
▶ n [sing]: *Let me have a feel.* Déjame tocar. LOC **get the feel of sth/of doing sth** (coloq) familiarizarse con algo

feeling /ˈfiːlɪŋ/ n **1** ~ **(of sth)** sensación (de algo): *I have a feeling that...* Se me hace que... **2** [sing] (opinión) sentir **3** feelings [pl] sentimientos **4** [incontable] sensibilidad: *to lose all feeling* perder toda la sensibilidad LOC **bad/ill feeling** resentimiento, rencor Ver tb MIXED

feet /fiːt/ pl de FOOT

fell /fel/ **1** vt (árbol) talar **2** vt tumbar Ver tb FALL

fella /ˈfelə/ (tb **feller**) n (coloq) **1** tipo **2** novio

fellow /ˈfeloʊ/ sustantivo, adjetivo
▶ n **1** (coloq) tipo: *He's a nice fellow.* Es un buen tipo. **2** compañero
▶ adj: *fellow passenger* compañero de viaje ◊ *fellow countryman* compatriota ◊ *fellow Peruvians* compatriotas peruanos

fellowship /ˈfeloʊʃɪp/ n **1** (formal) compañerismo **2** beca

felt /felt/ n fieltro Ver tb FEEL

felt-tip pen (tb **felt tip**) n rotulador, plumón

female /ˈfiːmeɪl/ adjetivo, sustantivo
▶ adj **1** femenino

> **Female** se aplica a las características físicas de las mujeres: *the female figure* la figura femenina, y **feminine** a las cualidades que consideramos típicas de una mujer: *That dress makes you look very feminine.* Ese vestido te hace lucir muy feminina.

> **Female** y **male** especifican el sexo de personas o animales: *a female friend, a male colleague; a female rabbit, a male eagle*, etc.

2 hembra **3** de la mujer: *female equality* la igualdad de la mujer
▶ n hembra

feminine /ˈfemənɪn/ adj, n femenino (propio de la mujer) ➔ Ver nota en FEMALE

feminism /ˈfemənɪzəm/ n feminismo
■ **feminist** n feminista

fence /fens/ sustantivo, verbo
▶ n **1** cerca, cercado **2** malla
▶ **1** vt cercar **2** vi practicar la esgrima

fencing /ˈfensɪŋ/ n esgrima

fend /fend/ v PHR V **fend for yourself** cuidar de sí mismo ◆ **fend sb/sth off** rechazar a algn/algo

fender /ˈfendər/ n **1** (GB **wing**) aleta (de vehículo) **2** (GB **mudguard**) guardabarros, salpicadera

ferment verbo, sustantivo
▶ vt, vi /fərˈment/ fermentar
▶ /ˈfɜːrment/ n (formal) conmoción (política, etc.)

fern /fɜːrn/ n helecho

ferocious /fəˈroʊʃəs/ adj feroz

ferocity /fəˈrɑːsəti/ n ferocidad

ferry /ˈferi/ sustantivo, verbo
▶ n (pl **ferries**) **1** ferry: *car ferry* transbordador de carros **2** balsa (para cruzar ríos)
▶ vt (pt, pp **ferried**) transportar

fertile /ˈfɜːrtl/; GB /ˈfɜːtaɪl/ adj fértil, fecundo

fertility /fərˈtɪləti/ n fertilidad

fertilization (GB tb **-isation**) /ˌfɜːrtələˈzeɪʃn; GB -laɪˈz-/ n fertilización

fertilize (GB tb **-ise**) /ˈfɜːrtəlaɪz/ vt **1** fertilizar **2** abonar ■ **fertilizer** (GB tb **-iser**) n **1** fertilizante **2** abono

fervent /ˈfɜːrvənt/ adj ferviente

fess /fes/ v PHR V **fess up** (USA, coloq) confesar

fester /ˈfestər/ vi enconarse

festival /ˈfestɪvl/ n **1** (de arte, cine) festival **2** (Relig) fiesta

festive /ˈfestɪv/ adj **1** festivo, animado **2** de fiestas: *the festive season* las festividades de fin de año

festivity /feˈstɪvəti/ n **1** festivities [pl] fiestas **2** [incontable] festividad

fetch /fetʃ/ vt **1** traer **2** buscar, ir a recoger ➔ Ver dibujo en TAKE **3** alcanzar (precio)

fête (tb **fete**) /feɪt/ n (GB) bazar, feria: *the village fête* el bazar del pueblo

fetus (GB **foetus**) /ˈfiːtəs/ n feto

feud /fjuːd/ *sustantivo, verbo*
▸ *n* rencilla
▸ *vi* ~ (**with sb/sth**) tener un pleito (con algn/algo)
feudal /ˈfjuːdl/ *adj* feudal ■ **feudalism** *n* feudalismo
ᵱ **fever** /ˈfiːvər/ *n* (*lit y fig*) fiebre ■ **feverish** *adj* febril
ᵱ **few** /fjuː/ *adj, pron* **1** (**fewer, -est**) pocos: *every few minutes* cada pocos minutos ◊ *fewer than six* menos de seis ⊃ *Ver nota en* LESS **2 a few** unos cuantos, algunos

¿**Few** o **a few**? **Few** tiene un sentido negativo y equivale a "poco". **A few** tiene un sentido mucho más positivo, equivale a "unos cuantos", "algunos". Compárense las siguientes oraciones: *Few people turned up.* Vino poca gente. ◊ *I have a few friends coming for dinner.* Vienen unos cuantos amigos a comer.

LOC **a good few**; **quite a few**; **not a few** un buen número (de), bastantes ♦ **few and far between** escasos, contadísimos

fiancé (*fem* **fiancée**) /ˌfiːɑnˈseɪ; *GB* fiˈɒnseɪ/ *n* prometido, -a
fiasco /fiˈæskoʊ/ *n* (*pl* **fiascos** *o* **fiascoes**) desastre
fib /fɪb/ *sustantivo, verbo*
▸ *n* (*coloq*) mentira, cuentico
▸ *vi* (**-bb-**) (*coloq*) contar cuentos/mentiras
fiber (*GB* **fibre**) /ˈfaɪbər/ *n* fibra ■ **fibrous** /ˈfaɪbrəs/ *adj* fibroso
fiberglass (*GB* **fibreglass**) /ˈfaɪbərɡlæs; *GB* -ɡlɑːs/ *n* [*incontable*] fibra de vidrio
fickle /ˈfɪkl/ *adj* veleidoso, voluble
fiction /ˈfɪkʃn/ *n* ficción
fictional /ˈfɪkʃənl/ *adj* de ficción
fictitious /fɪkˈtɪʃəs/ *adj* ficticio
fiddle /ˈfɪdl/ *sustantivo, verbo*
▸ *n* (*coloq*) **1** violín **2** (*GB*) estafa
▸ **1** *vi* ~ (**around/about**) **with sth** juguetear con algo **2** *vi* (*coloq*) tocar el violín **3** *vt* (*GB, coloq*) (*gastos, etc.*) falsificar **LOC** *Ver* FIT **PHR V** **fiddle about/around** perder el tiempo ■ **fiddler** *n* (*coloq*) violinista
fiddly /ˈfɪdli/ *adj* (*GB, coloq*) complicado
fidelity /fɪˈdeləti/ *n* ~ (**to sb/sth**) fidelidad (a algn/algo) ❶ La palabra más normal es **faithfulness**.
ᵱ **field** /fiːld/ *n* (*lit y fig*) campo *Ver tb* TRACK AND FIELD
¹**field hockey** (*GB* **hockey**) *n* hockey (sobre césped)

fieldwork /ˈfiːldwɜːrk/ *n* [*incontable*] trabajo de campo
fiend /fiːnd/ *n* **1** desalmado, -a **2** (*coloq*) entusiasta ■ **fiendish** *adj* (*coloq*) endemoniado
fierce /fɪərs/ *adj* (**fiercer, -est**) **1** (*animal*) feroz **2** (*oposición*) fuerte
ᵱ **fifteen** /ˌfɪfˈtiːn/ *adj, pron, n* quince ⊃ *Ver ejemplos en* FIVE ■ **fifteenth 1** *adj, adv, pron* decimoquinto **2** *n* quinceava parte, quinceavo ⊃ *Ver ejemplos en* FIFTH

fifth /fɪfθ/ (*abrev* **5th**) *adjetivo, adverbio, pronombre, sustantivo*
▸ *adj, adv, pron* quinto: *We live on the fifth floor.* Vivimos en el quinto piso. ◊ *It's his fifth birthday today.* Hoy cumple cinco años. ◊ *She came fifth in the world championships.* Quedó en quinto lugar en los campeonatos del mundo. ◊ *the fifth to arrive* el quinto en llegar ◊ *I was fifth on the list.* Yo era la quinta de la lista. ◊ *I've had four cups of coffee already, so this is my fifth.* Ya me he tomado cuatro tazas de café, así que esta es la quinta.
▸ *n* **1** quinto, quinta parte: *three fifths* tres quintos **2 the fifth** el (día) cinco: *They'll be arriving on the fifth of March.* Estarán llegando el (día) cinco de marzo. **3** (*tb* ˌfifth ˈgear*) quinta: *to change into fifth* meter la quinta

La abreviatura de los números ordinales se hace poniendo el número en cifra seguido por las dos últimas letras de la palabra: *1st, 2nd, 3rd, 20th, etc.* ⊃ *Ver tb págs. 784-5*

ᵱ **fifty** /ˈfɪfti/ *adj, pron, n* cincuenta: *the fifties* los años cincuenta ◊ *to be in your fifties* tener cincuenta y pico de años ⊃ *Ver ejemplos en* FIVE **LOC** **go fifty-fifty** pagar a medias ■ **fiftieth 1** *adj, adv, pron* quincuagésimo **2** *n* cincuentava parte, cincuentavo ⊃ *Ver ejemplos en* FIFTH
fig /fɪɡ/ *n* **1** higo **2** (*tb* ˈfig tree) higuera
ᵱ **fight** /faɪt/ *verbo, sustantivo*
▸ (*pt, pp* **fought** /fɔːt/) **1** *vi, vt* ~ (**against/with sb/sth**) (**about/over sth**) luchar (contra algn/algo) (por algo): *They fought (against/with) the Germans.* Lucharon contra los alemanes. **2** *vt, vi* ~ (**sb/with sb**) (**about/over sth**) pelear (con algn) (por algo): *They fought (with) each other about/over the money.* Pelearon por la plata. **3** *vt* (*corrupción, droga*) combatir **LOC** **fight a battle** (**against sth**) librar una batalla (contra algo) ♦ **fight it out**: *They must fight it out between them.* Deben arreglarlo entre ellos.
♦ **fight tooth and nail** luchar a brazo partido
♦ **fight your way across, into, through, etc. sth** abrirse paso hacia, en, por, etc. algo
PHR V **fight back** contraatacar ♦ **fight for sth**

---

aʊ now ɔɪ boy ɪə near eə hair ʊə tour eɪ say oʊ go aɪ five

fighter

luchar por algo ♦ **fight sb/sth off** repeler a algn/algo
▶ *n* **1** ~ **(for/against sb/sth)** lucha, pelea (por/contra algn/algo): *A fight broke out in the bar.* Se armó una pelea en el bar. **2** combate

Cuando se trata de un conflicto continuado (normalmente en situaciones de guerra), se suele usar **fighting**: *There has been heavy/fierce fighting in the capital.* Ha habido combates intensos/encarnizados en la capital.

3 ~ **(to do sth)** lucha (por hacer algo): *to give up without a fight* rendirse sin luchar **LOC** **put up a good/poor fight** ponerle mucho/poco empeño a algo *Ver tb* PICK

fighter /ˈfaɪtər/ *n* **1** luchador, -ora, combatiente **2** caza (avión)

figurative /ˈfɪɡjərətɪv/ *adj* **1** figurado **2** (*Arte*) figurativo

⸙ **figure** /ˈfɪɡjər; *GB* ˈfɪɡə(r)/ *sustantivo, verbo*
▶ *n* **1** cifra, número **2** cantidad, suma **3** figura: *a key figure* un personaje clave **4** tipo, cuerpo: *to have a good figure* tener buen cuerpo **5** silueta **LOC** **put a figure on sth** dar una cifra sobre algo, ponerle precio a algo *Ver tb* FACT
▶ **1** *vi* ~ **(in/among sth)** figurar (en/entre algo) **2** *vt* figurarse, calcular: *It's what I figured.* Es lo que me figuraba. **LOC** **it/that figures** se comprende **PHRV** **figure sb/sth out** entender a algn/algo

ˈfigure skating *n* patinaje artístico

⸙ **file** /faɪl/ *sustantivo, verbo*
▶ *n* **1** carpeta **2** (*Informát*) archivo, fichero **3** archivo: *to be on file* estar en el archivo **4** lima **5** fila: *in single file* en fila india **LOC** *Ver* RANK
▶ **1** *vt* ~ **sth (away)** archivar algo **2** *vt* (*demanda*) presentar **3** *vt* limar **4** *vi* ~ **(past sth)** desfilar (ante algo) **5** *vi* ~ **in, out, etc.** entrar, salir, etc. en fila

⸙ **fill** /fɪl/ **1** *vt, vi* ~ **(sth) (with sth)** llenar algo, llenarse (de algo) **2** *vt* (*grieta*) rellenar **3** *vt* (*diente*) tapar, empastar, calzar **4** *vt* (*cargo*) ocupar **LOC** *Ver* BILL **PHRV** **fill in (for sb)** sustituir (a algn) ♦ **fill sb in (on sth)** poner a algn al tanto (de algo) ♦ **fill sth out** (*GB tb* **fill sth in**) llenar algo (*formulario, etc.*)

fillet (*USA tb* **filet**) /ˈfɪleɪ; *GB* ˈfɪlɪt/ *n* filete

filling /ˈfɪlɪŋ/ *n* **1** (*para diente*) empaste, tapadura, calza **2** relleno

ˈfilling station *n* gasolinera, bomba (de gasolina)

⸙ **film** /fɪlm/ *sustantivo, verbo*
▶ *n* (*esp GB*) **1** película: *film star* estrella de cine **2** película (*capa fina*)
▶ *vt* filmar ▪ **filming** *n* rodaje

filmmaker /ˈfɪlmmeɪkər/ *n* cineasta
▪ **filmmaking** *n* cinematografía

filter /ˈfɪltər/ *sustantivo, verbo*
▶ *n* filtro
▶ *vt, vi* filtrar(se)

filth /fɪlθ/ *n* [*incontable*] **1** mugre **2** groserías **3** porquerías (*revistas, etc.*)

filthy /ˈfɪlθi/ *adj* (**filthier, -iest**) **1** (*costumbre, etc.*) asqueroso **2** (*manos, mente*) sucio, cochino **3** obsceno **4** (*coloq*) desagradable: *a filthy mouth* boca de camionero

fin /fɪn/ *n* aleta

⸙ **final** /ˈfaɪnl/ *sustantivo, adjetivo*
▶ *n* **1** final: *the men's final(s)* la final masculina **2** finals [*pl*] (*exámenes*) finales
▶ *adj* último, final **LOC** *Ver* ANALYSIS, STRAW

finalist *n* finalista

⸙ **finally** /ˈfaɪnəli/ *adv* **1** por último **2** finalmente **3** por fin, al final, al fin

⸙ **finance** /ˈfaɪnæns, fəˈnæns/ *sustantivo, verbo*
▶ *n* finanzas: *finance company* (compañía) financiera ◊ *the finance minister* el ministro de Hacienda
▶ *vt* financiar

⸙ **financial** /faɪˈnænʃl, fəˈn-/ *adj* financiero, económico: *financial year* (*GB*) año fiscal

⸙ **find** /faɪnd/ *vt* (*pt, pp* **found** /faʊnd/) **1** encontrar, hallar **2** buscar: *They came here to find work.* Vinieron a buscar trabajo. **3** (*formal*) (*Jur*) *to find sb guilty* declarar a algn culpable **LOC** **find fault (with sb/sth)** encontrar fallas (a algn/algo), criticar (a algn/algo) ♦ **find your feet** adaptarse ♦ **find your way** encontrar el camino *Ver tb* BEARING, MATCH, NOWHERE **PHRV** **find (sth) out** enterarse (de algo) ♦ **find sb out** descubrir a algn

finding /ˈfaɪndɪŋ/ *n* **1 findings** [*pl*] conclusiones (*de una investigación, etc.*) **2** (*Jur*) fallo

⸙ **fine** /faɪn/ *adjetivo, adverbio, sustantivo, verbo*
▶ *adj* (**finer, -est**) **1** excelente: *I'm fine.* Estoy bien. ◊ *You're a fine one to talk!* (*GB*) ¡Mira quién habla! **2** (*seda, polvo, etc.*) fino **3** (*rasgos*) delicado **4** (*tiempo*) bueno: *a fine day* un día estupendo **5** (*distinción*) sutil **LOC** **one fine day** un buen día
▶ *adv* (*coloq*) bien: *That suits me fine.* Eso me queda muy bien. **LOC** *Ver* CUT
▶ *n* multa
▶ *vt* ~ **sb (for doing sth)** multar a algn (por hacer algo)

fine ˈart (*tb* **fine ˈarts** [*pl*]) *n* bellas artes

⸙ **finger** /ˈfɪŋɡər/ *n* dedo (*de la mano*): *little finger* dedo meñique ◊ *forefinger/index finger* dedo índice ◊ *middle finger* dedo medio/del corazón ◊ *ring finger* dedo anular ⊃ *Comparar con* THUMB, TOE **LOC** **put your finger on sth** señalar/identificar algo (con precisión) *Ver tb* CROSS, WORK

fingermark /ˈfɪŋgərmɑrk/ *n* huella dactilar
fingernail /ˈfɪŋgərneɪl/ *n* uña (*de la mano*)
fingerprint /ˈfɪŋgərprɪnt/ *n* huella digital
fingertip /ˈfɪŋgərtɪp/ *n* yema del dedo **LOC** **have sth at your fingertips** tener algo a mano, saberse algo al dedillo

finish /ˈfɪnɪʃ/ *verbo, sustantivo*
▶ **1** *vt, vi* ~ (**sth/doing sth**) terminar (algo/de hacer algo) **2** *vt* ~ **sth** (**off/up**) (*comida*) acabar algo **PHR V** **finish up**: *He could finish up dead.* Podría acabar muerto.
▶ *n* **1** acabado **2** meta

finish line (*GB* ˈfinishing line) *n* línea de meta

fir /fɜːr/ (*tb* ˈfir tree) *n* abeto

fire /ˈfaɪər/ *sustantivo, verbo*
▶ *n* **1** fuego **2** calentador **3** incendio **4** [*incontable*] disparos **LOC** **be/come under fire 1** encontrarse bajo fuego enemigo **2** (*fig*) ser objeto de severas críticas ◆ **catch fire** incendiarse ◆ **on fire** en llamas: *to be on fire* estar ardiendo ◆ **set fire to sth**; **set sth on fire** prender fuego a algo
▶ **1** *vt, vi* disparar: *to fire at sb/sth* hacer fuego sobre algn/algo **2** *vt* echar (del trabajo) **3** *vt* (*insultos*) soltar **4** *vt* (*imaginación*) estimular

firearm /ˈfaɪərɑrm/ *n* [*gen pl*] arma de fuego
ˈfire department (*GB* ˈfire brigade) *n* cuerpo de bomberos
ˈfire engine (*tb* ˈfire truck) *n* carro de bomberos, bomba
ˈfire escape *n* escalera de incendios
ˈfire extinguisher (*tb* extinguisher) *n* extinguidor
firefighter /ˈfaɪərfaɪtər/ *n* bombero, -a
ˈfire hydrant (*tb* hydrant) *n* boca de incendios, grifo
fireman /ˈfaɪərmən/ *n* (*pl* firemen /-mən/) bombero
fireplace /ˈfaɪərpleɪs/ *n* chimenea, hogar (*en una casa*)
fireproof /ˈfaɪərpruːf/ *adj* a prueba de fuego
ˈfire station *n* estación de bomberos
firewall /ˈfaɪərwɔːl/ *n* (*Informát*) cortafuegos, firewall
firewood /ˈfaɪərwʊd/ *n* leña
firework /ˈfaɪərwɜːrk/ *n* **1** cohete **2** fireworks [*pl*] fuegos artificiales

firing /ˈfaɪərɪŋ/ *n* [*incontable*] tiroteo: *firing line* línea de fuego ◊ *firing squad* pelotón de fusilamiento

firm /fɜːrm/ *sustantivo, adjetivo, adverbio*
▶ *n* [*v sing o pl*] firma, empresa
▶ *adj* (firmer, -est) firme **LOC** **a firm hand** mano dura ◆ **be on firm ground** pisar terreno firme *Ver tb* BELIEVE
▶ *adv* **LOC** *Ver* STAND

first /fɜːrst/ (*abrev* **1st**) *adjetivo, adverbio, pronombre, sustantivo*
▶ *adj* primero **LOC** **at first hand** directamente, de primera mano ◆ **first thing** a primera hora ◆ **first things first** lo primero es lo primero
▶ *adv* **1** primero: *to come first in the race* ganar la carrera **2** por primera vez: *I first came to Oxford in 2005.* Vine a Oxford por primera vez en 2005. **3** en primer lugar **4** antes: *Finish your dinner first.* Primero acaba de comer. **LOC** **at first** al principio ◆ **first come, first served** por orden de llegada ◆ **first of all 1** al principio **2** en primer lugar ◆ **put sb/sth first** poner a algn/algo por encima de todo *Ver tb* HEAD
▶ *pron* el primero, la primera, los primeros, las primeras
▶ *n* **1 the first** el (día) primero **2** (*tb* ˌfirst ˈgear) primera ⊃ *Ver ejemplos en* FIFTH **LOC** **from first to last** de principio a fin ◆ **from the (very) first** desde el primer momento

ˌfirst ˈaid *n* primeros auxilios: *first-aid kit* botiquín

ˌfirst ˈclass *sustantivo, adverbio, adjetivo*
▶ *n* primera (clase)
▶ *adv* de/en primera (clase): *to travel first class* viajar en primera ◊ *to send sth first class* mandar algo por primera clase
▶ *adj* **first-class** de primera (clase): *first-class ticket* boleto/pasaje de primera clase ◊ *first-class stamp* estampilla de primera clase

ˌfirst-ˈhand *adj, adv* de primera mano, directo

the ˌFirst ˈLady *n* la primera dama (*mujer del presidente de Estados Unidos*)

firstly /ˈfɜːrstli/ *adv* en primer lugar
ˌfirst ˈname *n* nombre (de pila)
ˌfirst ˈnight *n* (*Cine, Teat*) estreno
ˌfirst-ˈrate *adj* excelente, de primera categoría

fish /fɪʃ/ *sustantivo, verbo*
▶ *n* **1** [*incontable*] pescado: *fish and chips* (*GB*) pescado con papas fritas **2** [*contable*] pez

> **Fish** como sustantivo contable tiene dos formas para el plural: **fish** y **fishes**. **Fish** es la forma más normal. **Fishes** es una forma anticuada, técnica o literaria.

LOC an odd/a queer fish (*GB, coloq*) un bicho raro ♦ like a fish out of water como pez fuera del agua *Ver tb* BIG
▸ *vi* pescar

fisherman /ˈfɪʃərmən/ *n* (*pl* fishermen /-mən/) pescador

fishing /ˈfɪʃɪŋ/ *n* pesca: *to go fishing* ir de pesca ◊ *fishing village* pueblo de pescadores

fishing rod *n* caña de pescar

fishmonger /ˈfɪʃmʌŋɡər/ *n* (*esp GB*)
1 pescadero, -a, vendedor, -ora de pescado
2 fishmonger's (*GB*) pescadería ➜ *Ver nota en* CARNICERÍA

fishy /ˈfɪʃi/ *adj* (fishier, -iest) **1** (*coloq*) sospechoso, raro: *There's something fishy going on.* Aquí hay gato encerrado. **2** (*olor, gusto*) a pescado

fist /fɪst/ *n* puño ■ fistful *n* puñado

fit /fɪt/ *verbo, adjetivo, sustantivo*
▸ (-tt-) (*pt, pp* fitted, *USA tb* fit) **1** *vi* ~ (in/into sth) caber (en algo): *It doesn't fit in/into the box.* No cabe en la caja. **2** *vt* entrar en: *These shoes don't fit (me).* Estos zapatos no me quedan bien. **3** *vt* ~ sth with sth equipar algo con algo **4** *vt* ~ sth on/onto sth poner algo en algo, ponerle algo a algo **5** *vt* cuadrar con: *to fit a description* cuadrar con una descripción
LOC fit (sb) like a glove quedarle (a algn) como anillo al dedo *Ver tb* BILL **PHR V** fit in (with sb/sth) encajar (con algn/algo)
▸ *adj* (fitter, -est) **1** ~ (for sb/sth/to do sth) apto, en condiciones, adecuado (para algn/algo/para hacer algo): *a meal fit for a king* una comida digna de un rey **2** ~ to do sth (*coloq*) listo (para hacer algo) **3** en forma **4** (*GB, coloq*) bueno, sexy **LOC** (as) fit as a fiddle en excelente estado (físico), rebosante de salud ♦ keep fit mantenerse en forma
▸ *n* ataque (*de risa, tos, etc.*): *She'll have/throw a fit!* ¡Le va a dar un ataque! **LOC** be a good, tight, etc. fit quedarle a algn bien, ajustado, etc.

fitness /ˈfɪtnəs/ *n* forma (física)

fitted /ˈfɪtɪd/ *adj* **1** (*tapete*) instalado **2** (*habitación*) amueblado

fitting /ˈfɪtɪŋ/ *adjetivo, sustantivo*
▸ *adj* apropiado
▸ *n* **1** repuesto, pieza **2** (*vestido*) prueba

fitting room *n* probador, vestidor, vestier

five /faɪv/ *adj, pron, n* cinco: *page/chapter five* la página/el capítulo (número) cinco ◊ *five past/after nine* las nueve y cinco ◊ *on May 5* el 5 de mayo ◊ *all five of them* los cinco ◊ *There were five of us.* Éramos cinco. ➜ *Ver págs. 784-8*

fiver /ˈfaɪvər/ *n* (*GB, coloq*) (billete de) cinco libras

fix /fɪks/ *verbo, sustantivo*
▸ *vt* **1** ~ sth (on sth) fijar algo (en algo) **2** arreglar **3** establecer **4** ~ sth (for sb); ~ sb sth (*comida*) preparar algo (a algn) **5** (*coloq*) falsificar **6** (*coloq*) ajustarle las cuentas a **PHR V** fix on sb/sth decidirse por algn/algo ♦ fix sth up **1** arreglar algo **2** reparar, retocar algo ♦ fix sb up with sb/sth (*coloq*) conseguirle algo a algn: *I fixed him up with a date with her.* Le conseguí una cita con ella.
▸ *n* [*sing*] (*coloq*) lío: *to be in/get yourself into a fix* estar/meterse en un lío

fixed /fɪkst/ *adj* fijo **LOC** (of) no fixed abode/address sin domicilio fijo

fixture /ˈfɪkstʃər/ *n* **1** accesorio fijo de una casa **2** (*GB*) cita deportiva **3** (*coloq*) *He's been here so long he's become a permanent fixture.* Lleva tanto tiempo aquí que se convirtió en parte del mobiliario.

fizz /fɪz/ *vi* **1** burbujear **2** silbar

fizzy /ˈfɪzi/ *adj* (fizzier, -iest) con gas, gaseoso

flabby /ˈflæbi/ *adj* (*coloq, pey*) (flabbier, -iest) fofo

flag /flæɡ/ *sustantivo, verbo*
▸ *n* **1** bandera **2** banderín
▸ *vi* (-gg-) flaquear

flagrant /ˈfleɪɡrənt/ *adj* flagrante

flair /fleər/ *n* **1** [*sing*] ~ for sth aptitud para algo **2** estilo, elegancia

flake /fleɪk/ *sustantivo, verbo*
▸ *n* copo, hojuela
▸ *vi* ~ (off/away) **1** (*pintura*) descascararse **2** (*piel*) desescamarse

flamboyant /flæmˈbɔɪənt/ *adj* **1** (*persona*) extravagante **2** (*vestido*) llamativo

flame /fleɪm/ *n* llama

flamingo /fləˈmɪŋɡoʊ/ *n* (*pl* flamingos *o* flamingoes) flamenco (*ave*)

flammable /ˈflæməbl/ (*tb* inflammable) *adj* inflamable

flan /flæn/ *n* **1** (*USA*) flan **2** (*GB*) torta ➜ *Ver nota en pág. 641*

flank /flæŋk/ *sustantivo, verbo*
▸ *n* **1** (*persona*) costado **2** (*animal*) ijar **3** (*Mil*) flanco
▸ *vt* flanquear

flannel /ˈflænl/ *n* **1** franela **2** (*GB*) (*USA* washcloth) toalla de mano

flap /flæp/ *sustantivo, verbo*
▸ *n* **1** (*sobre*) solapa **2** (*bolso*) tapa **3** (*mesa*) hoja

plegable 4 (*Aeronáut*) alerón LOC **be in/get into a flap** (*esp GB, coloq*) estar/ponerse nervioso
▸ **(-pp-) 1** *vt, vi* agitar(se) **2** *vt* (*alas*) batir

flare /fleər/ *sustantivo, verbo*
▸ *n* **1** luz de bengala **2** destello **3 flares** (*GB*) (*USA* **bell-bottoms**) [*pl*] pantalón acampanado
▸ *vi* **1** llamear **2** estallar: *Tempers flared.* Se enardecieron los ánimos. PHR V **flare up 1** (*fuego*) avivarse **2** (*conflicto*) estallar **3** (*problema*) reavivarse

flash /flæʃ/ *verbo, sustantivo*
▸ **1** *vi* centellear, brillar: *It flashed on and off.* Se encendía y apagaba. **2** *vt* ~ **sth (at sb)** dirigir algo (a algn) (*luz, sonrisa, etc.*): *to flash your headlights* poner las luces en alto **3** *vt* mostrar rápidamente **4** *vi* ~ **by, past, through, etc.** pasar, cruzar, etc. como un rayo
▸ *n* **1** destello: *a flash of lightning* un relámpago **2** ~ **of sth** (*fig*) golpe: *a flash of genius* un golpe de genio **3** (*Fot*) flash **4** (*noticias*) avance de última hora LOC **a flash in the pan**: *It was no flash in the pan.* No fue flor de un día. ◆ **in a/like a flash** en un abrir y cerrar de ojos

flash drive *n* (*Informát*) (memoria) USB, pendrive

flashlight /ˈflæʃlaɪt/ (*GB* **torch**) *n* linterna

flashmob /ˈflæʃmɒb/ *n* flashmob, multitud instantánea (*que acuerda reunirse a través del celular o internet*)

flashy /ˈflæʃi/ *adj* (**flashier, -iest**) ostentoso, llamativo

flask /flæsk; *GB* flɑːsk/ *n* **1** termo **2** (*licores*) frasco

flat /flæt/ *sustantivo, adjetivo, adverbio*
▸ *n* **1** (*esp GB*) (*USA* **apartment**) apartamento, departamento **2** (*Mús*) bemol **3** (*USA*) (*GB* **puncture**) (*coloq*) pinchazo, ponchadura **4 the ~ of sth** la parte plana de algo: *the flat of your hand* la palma de la mano **5** [*gen pl*] (*Geog*) playón: *mud flats* marismas
▸ *adj* (**flatter, -est**) **1** plano, liso, llano **2** (*llanta*) desinflado **3** (*GB*) (*batería*) descargado **4** (*bebida*) sin gas **5** (*Mús*) desafinado **6** (*precio, etc.*) único
▸ *adv* (**flatter, -est**): *to lie down flat* acostarse completamente LOC **flat out** al máximo (*trabajar, correr, etc.*) ◆ **in ten seconds, etc. flat** en diez segundos, etc. exactos

flatly /ˈflætli/ *adv* rotundamente, de plano (*decir, rechazar, negar*)

flatmate /ˈflætmeɪt/ *n* (*GB*) (*USA* **roommate**) compañero, -a de apartamento

flat rate *n* tarifa plana

flatten /ˈflætn/ **1** *vt* ~ **sth (out)** aplanar, alisar algo **2** *vt* aplastar, arrasar **3** *vi* ~ **(out)** (*paisaje*) volverse más plano

flatter /ˈflætər/ *vt* **1** adular, halagar: *I was flattered by your invitation.* Me halagó tu invitación. **2** (*ropa, etc.*) favorecer **3** ~ **yourself (that)** hacerse ilusiones (de que) ■ **flattering** *adj* favorecedor, halagador

flaunt /flɔːnt/ *vt* (*pey*) alardear de

flavor (*GB* **flavour**) /ˈfleɪvər/ *sustantivo, verbo*
▸ *n* sabor, gusto
▸ *vt* dar sabor a, condimentar

flaw /flɔː/ *n* **1** (*objetos*) imperfección **2** (*plan, carácter*) falla, defecto ■ **flawed** *adj* defectuoso
flawless *adj* impecable

flea /fliː/ *n* pulga: *flea market* mercado de las pulgas

fleck /flek/ *n* ~ **(of sth)** mota (de algo) (*polvo, color*)

flee /fliː/ (*pt, pp* **fled** /fled/) **1** *vi* huir, escapar **2** *vt* abandonar

fleece /fliːs/ *n* **1** vellón, lana **2** (*ropa*) polar, térmica

fleet /fliːt/ *n* [*v sing o pl*] flota (*de transporte terrestre, pesquera*)

flesh /fleʃ/ *n* **1** carne **2** (*de fruta*) pulpa LOC **flesh and blood** carne y hueso ◆ **in the flesh** en persona ◆ **your (own) flesh and blood** (*pariente*) sangre de tu sangre

flew *pt de* FLY

flex /fleks/ *sustantivo, verbo*
▸ *n* (*GB*) (*USA* **cord**) cable (eléctrico)
▸ *vt* flexionar

flexible /ˈfleksəbl/ *adj* flexible

flick /flɪk/ *sustantivo, verbo*
▸ *n* **1** movimiento rápido: *a flick of the wrist* un giro de la muñeca **2** capirotazo
▸ *vt* **1** pegar **2** ~ **sth (off, on, etc.)** mover algo rápidamente PHR V **flick through sth** hojear algo rápidamente

flicker /ˈflɪkər/ *verbo, sustantivo*
▸ *vi* parpadear: *a flickering light* una luz titilante
▸ *n* **1** (*luz*) parpadeo **2** (*fig*) atisbo

flier = FLYER

flies *pl de* FLY

flight /flaɪt/ *n* **1** vuelo **2** (*escalera*) tramo **3** huida **4** (*aves*) bandada LOC **take flight** darse a la fuga

flight attendant *n* auxiliar de vuelo

flimsy /ˈflɪmzi/ *adj* (**flimsier, -iest**) **1** (*tela*) muy delgado **2** (*objetos, excusa*) endeble, débil

flinch /flɪntʃ/ *vi* retroceder PHR V **flinch from sth/doing sth** echarse para atrás ante algo/a la hora de hacer algo

fling /flɪŋ/ *verbo, sustantivo*
▸ *vt* (*pt, pp* **flung** /flʌŋ/) **1** ~ **sth (at sth)** arrojar, lanzar algo (contra algo): *She flung her arms around him.* Le echó los brazos al cuello. **2** *He flung open the door.* Abrió la puerta de un golpe.
▸ *n* (*coloq*) **1** aventura (amorosa) **2** juerga

flint /flɪnt/ *n* **1** pedernal **2** piedra (*de encendedor*)

flip /flɪp/ (-**pp**-) **1** *vt* echar: *to flip a coin* echar una moneda a cara o sello/un cariseliazo **2** *vt, vi* ~ (**sth**) (**over**) darle la vuelta a algo/darse la vuelta **3** *vi* (*coloq*) enloquecer

flip-flop *n* chancleta, sayonara, chala hawaiana

flippant /ˈflɪpənt/ *adj* frívolo, poco serio

flipper /ˈflɪpər/ *n* aleta (*de buceador, foca*)

flirt /flɜːrt/ *verbo, sustantivo*
▸ *vi* coquetear
▸ *n* coqueto, -a: *He's a terrible flirt.* Siempre está coqueteando.

flit /flɪt/ *vi* (-**tt**-) revolotear

float /floʊt/ *verbo, sustantivo*
▸ **1** *vi* flotar **2** *vt* (*barco*) poner a flote **3** *vt* (*proyecto, idea*) proponer
▸ *n* **1** (*carnaval*) carroza **2** boya **3** flotador

flock /flɑk/ *sustantivo, verbo*
▸ *n* **1** rebaño (*de ovejas*) ⊃ *Comparar con* HERD **2** bandada **3** multitud
▸ *vi* **1** agruparse **2** ~ **into/to sth** acudir en tropel a algo

flog /flɑɡ/ *vt* (-**gg**-) **1** azotar **2** ~ **sth (off) (to sb)** (*GB, coloq*) vender algo (a algn) LOC **flog a dead horse** (*GB, coloq*) malgastar saliva

flood /flʌd/ *sustantivo, verbo*
▸ *n* **1** inundación **2** (*fig*) torrente, avalancha **3 the Flood** (*Relig*) el Diluvio
▸ *vt, vi* inundar(se) PHR V **flood in; flood into sth** llegar en avalancha (a algo), inundar algo

flooding /ˈflʌdɪŋ/ *n* [*incontable*] inundación, inundaciones

floodlight /ˈflʌdlaɪt/ *sustantivo, verbo*
▸ *n* reflector (*en estadio, etc.*)
▸ *vt* (*pt, pp* **floodlighted** *o* **floodlit** /-lɪt/) iluminar con reflectores

floor /flɔːr/ *sustantivo, verbo*
▸ *n* **1** suelo: *on the floor* en el suelo **2** planta, piso

En Estados Unidos se usa *first floor* o *ground floor* para el primer piso de un edificio (a nivel de la calle), y *second floor* para el segundo piso. En Gran Bretaña se utiliza *ground floor* para el primer piso y *first floor* para el segundo piso.

3 (*mar, valle*) fondo
▸ *vt* **1** dejar sin saber qué decir **2** (*contrincante*) tumbar

floorboard /ˈflɔːrbɔːrd/ *n* tabla (*del suelo*)

flop /flɑp/ *sustantivo, verbo*
▸ *n* (*coloq*) fracaso
▸ *vi* (-**pp**-) **1** desplomarse **2** (*coloq*) (*obra, negocio*) fracasar

floppy /ˈflɑpi/ *adj* (**floppier, -iest**) **1** flojo, flexible **2** (*orejas*) colgante

flora /ˈflɔːrə/ *n* flora

floral /ˈflɔːrəl/ *adj* de flores: *floral tribute* corona de flores

florist /ˈflɔːrɪst; *GB* ˈflɒr-/ *n* **1** vendedor, -ora de flores **2 florist's** floristería ⊃ *Ver nota en* CARNICERÍA

floss /flɔːs; *GB* ˈflɒs/ (*tb* **ˈdental floss**) *n* hilo/seda dental

flounder /ˈflaʊndər/ *vi* **1** tambalearse **2** balbucear **3** caminar con dificultad

flour /ˈflaʊər/ *n* harina

flourish /ˈflɜːrɪʃ; *GB* ˈflʌr-/ *verbo, sustantivo*
▸ **1** *vi* prosperar, florecer **2** *vt* (*arma*) blandir
▸ *n* floritura: *to do sth with a flourish* hacer algo con un gesto triunfal

flow /floʊ/ *sustantivo, verbo*
▸ *n* **1** flujo **2** caudal **3** circulación **4** suministro LOC **go with the flow** (*coloq*) dejarse llevar *Ver tb* EBB
▸ *vi* **1** fluir: *to flow into the sea* desembocar en el mar ◊ *Letters of complaint flowed in.* Las cartas de protesta llegaron por montones. **2** circular **3** (*marea*) subir: *Is the tide flowing in or out?* ¿La marea está subiendo o bajando?

flower /ˈflaʊər/ *sustantivo, verbo*
▸ *n* flor ⊃ *Comparar con* BLOSSOM
▸ *vi* florecer

ˈflower bed *n* bancal de flores

flowering /ˈflaʊərɪŋ/ *sustantivo, adjetivo*
▸ *n* [*incontable*] florecimiento
▸ *adj* (*planta*) que da flores

flowerpot /ˈflaʊərpɑt/ *n* maceta, matera

flown *pp* *de* FLY

flu /fluː/ *n* [*incontable*] gripe, gripa

fluctuate /ˈflʌktʃueɪt/ *vi* ~ (**between...**) fluctuar, variar (entre...)

fluency /ˈfluːənsi/ *n* fluidez, soltura

fluent /ˈfluːənt/ *adj* **1** (*Ling*) *She's fluent in Russian.* Habla ruso con fluidez. ◊ *She speaks fluent French.* Domina el francés. **2** (*orador*) elocuente **3** (*estilo*) fluido ■ **fluently** *adv* con soltura, con fluidez

fluff /flʌf/ n **1** pelusa: *a piece of fluff* una pelusa **2** (*en el cuerpo humano*) vello ■ **fluffy** *adj* (**fluffier, -iest**) **1** lanudo, velludo, cubierto de pelusa **2** mullido, esponjoso

fluid /'fluːɪd/ *adjetivo, sustantivo*
▸ *adj* **1** fluido, líquido **2** (*plan*) flexible **3** (*situación*) variable, inestable **4** (*estilo, movimiento*) fluido, suelto
▸ *n* **1** líquido **2** (*Quím, Biol*) fluido

fluke /fluːk/ *n* (*coloq*) chiripa

flung *pt, pp de* FLING

flunk /flʌŋk/ *vt* (*esp USA, coloq*) no pasar, reprobar (*examen, etc.*)

fluorescent /ˌflɔːˈresnt, ˌfluəˈr-/ *adj* fluorescente

fluoride /ˈflɔːraɪd, ˈfluər-/ *n* flúor

flurry /ˈflɜːri; *GB* ˈflʌri/ *n* (*pl* **flurries**) **1** ~ (**of sth**) (*de actividad, emoción*) frenesí (de algo) **2** ráfaga: *a flurry of snow* una ráfaga de nieve

flush /flʌʃ/ *sustantivo, verbo*
▸ *n* rubor: *hot flushes* calores
▸ **1** *vi* ponerse colorado **2** *vt* (*baño*) soltar la cisterna

fluster /ˈflʌstər/ *vt* aturdir: *to get flustered* ponerse nervioso

flute /fluːt/ *n* flauta

flutter /ˈflʌtər/ *verbo, sustantivo*
▸ **1** *vi* (*pájaro*) revolotear, aletear **2** *vt, vi* (*alas*) agitar(se), batir(se) **3** *vi* (*cortina, bandera, etc.*) ondear **4** *vt* (*objeto*) menear
▸ *n* **1** (*alas*) aleteo **2** (*pestañas*) pestañeo **3** *all of a/in a flutter* alterado/nervioso

fly /flaɪ/ *verbo, sustantivo*
▸ (*pt* **flew** /fluː/, *pp* **flown** /floʊn/) **1** *vi* volar: *to fly away/off* irse volando **2** *vi* (*persona*) ir/viajar en avión: *to fly in/out/back* llegar/partir/regresar (en avión) **3** *vt* (*avión*) pilotear **4** *vt* (*pasajeros o mercancías*) transportar (en avión) **5** *vi* andar apurado, ir de afán: *I must fly.* Me voy corriendo. **6** *vi* (*repentinamente*) *The wheel flew off.* La rueda salió disparada. ◊ *The door flew open.* La puerta se abrió de golpe. **7** *vi* (*flotar al aire*) ondear **8** *vt* (*bandera*) izar **9** *vt* (*cometa*) echar **LOC** **fly high** ser ambicioso *Ver tb* CROW, LET **PHR V** **fly at sb** lanzarse sobre algn
▸ *n* (*pl* **flies**) **1** mosca, mosco **2** (*GB tb* **flies** [*pl*]) bragueta, cremallera

flyer (*tb* **flier**) /ˈflaɪər/ *n* folleto de propaganda ◆ *Ver nota en* PROPAGANDA

⸭ flying /ˈflaɪɪŋ/ *sustantivo, adjetivo*
▸ *n* volar: *flying lessons* clases de pilotaje
▸ *adj* volador

flying ˈsaucer *n* platillo volador

flying ˈstart *n* **LOC** **get off to a flying start** empezar con el pie derecho

flyover /ˈflaɪoʊvər/ *n* (*GB*) (*USA* **overpass**) paso a desnivel

foal /foʊl/ *n* potro ◆ *Ver nota en* POTRO

foam /foʊm/ *sustantivo, verbo*
▸ *n* **1** espuma **2** (*tb* ˌfoam ˈrubber) caucho espuma
▸ *vi* echar espuma

⸭ focus /ˈfoʊkəs/ *sustantivo, verbo*
▸ *n* (*pl* **focuses** o **foci** /-saɪ/) foco **LOC** **be in focus/out of focus** estar enfocado/desenfocado
▸ *vt, vi* (**-s-** o **-ss-**) ~ (**sth**) **on sb/sth 1** concentrar algo, concentrarse en algn/algo **2** enfocar (algo) (en algn/algo) **LOC** **focus your attention/mind on sth** concentrar la atención en algo

fodder /ˈfɑdər/ *n* forraje

foetus (*GB*) = FETUS

fog /fɔːg; *GB* fɒg/ *sustantivo, verbo*
▸ *n* niebla ◆ *Comparar con* HAZE, MIST
▸ *vi* (**-gg-**) (*tb* **fog up**) empañarse

foggy /ˈfɔːgi; *GB* ˈfɒgi/ *adj* (**foggier, -iest**): *a foggy day* un día de niebla

foil /fɔɪl/ *sustantivo, verbo*
▸ *n* lámina: *aluminum foil* papel de aluminio
▸ *vt* frustrar

⸭ fold /foʊld/ *verbo, sustantivo*
▸ **1** *vt, vi* doblar(se), plegar(se) **2** *vi* (*coloq*) (*empresa, negocio*) venirse abajo **3** *vi* (*coloq*) (*obra de teatro*) *The show folded after only two performances.* Quitaron el espectáculo después de solo dos presentaciones. **LOC** **fold your arms** cruzar los brazos ◆ *Ver dibujo en* ARM **PHR V** **fold (sth) back/down/up** doblar algo, doblarse
▸ *n* **1** pliegue **2** redil

folder /ˈfoʊldər/ *n* carpeta, fólder

⸭ folding /ˈfoʊldɪŋ/ *adj* plegable ❶ Se usa solo antes de sustantivo: *a folding table/bed* una mesa/cama plegable.

foliage /ˈfoʊliɪdʒ/ *n* follaje

folk /foʊk/ *sustantivo, adjetivo*
▸ *n* **1** gente: *country folk* gente de pueblo **2** **folks** [*pl*] (*coloq*) gente **3** **folks** [*pl*] (*coloq*) parientes
▸ *adj* folklórico, popular

folklore /ˈfoʊklɔːr/ *n* folclore

⸭ follow /ˈfɑloʊ/ *vt, vi* **1** seguir **2** (*explicación*) entender **3** ~ (**from sth**) resultar, ser la consecuencia (de algo) **LOC** **as follows** como sigue ◆ **follow the crowd** hacer lo que hacen los demás **PHR V** **follow on** seguir: *to follow on from sth* ser una consecuencia de algo ◆ **follow sth on** seguir con algo hasta el final ◆ **follow sth up 1** completar algo: *Follow up your phone call with an email.* Envía un correo

follower

para reforzar lo que ya dijiste por teléfono. **2** investigar algo

follower /ˈfɑlouər/ n seguidor, -ora

🛇 **following** /ˈfɑlouɪŋ/ adjetivo, sustantivo, preposición
▸ adj siguiente
▸ n **1** [gen sing] seguidores **1 the following** [v sing o pl] lo siguiente/lo que sigue
▸ prep tras: *following the burglary* tras el robo

follow-up n continuación

fond /fɑnd/ adj (**fonder, -est**) **1 be ~ of sb** tenerle cariño a algn **2 be ~ of (doing) sth** ser aficionado a (hacer) algo **3** [solo antes de sustantivo] cariñoso: *fond memories* gratos recuerdos **4** [solo antes de sustantivo] (esperanza) vano

fondle /ˈfɑndl/ vt acariciar

font /fɑnt/ n **1** pila (*bautismal*) **2** fuente (*tipo de letra*)

🛇 **food** /fuːd/ n alimento, comida **LOC** (**give sb**) **food for thought** (darle a algn) algo en que pensar

food mile n kilómetro alimentario (*distancia que ha recorrido un alimento hasta llegar al consumidor*)

food processor n procesador (*de alimentos*)

foodstuffs /ˈfuːdstʌfs/ n [pl] alimentos

fool /fuːl/ sustantivo, verbo
▸ n (*pey*) tonto, bobo **LOC** **act/play the fool** hacer(se) el tonto ◆ **be no/nobody's fool** no dejarse engañar por/de nadie ◆ **make a fool of sb/yourself** poner a algn/ponerse en ridículo
▸ **1** vi bromear **2** vt engañar **PHR V** **fool around** (*GB tb* **fool about**) perder el tiempo: *Stop fooling around with that knife!* ¡Deja de jugar con ese cuchillo!

foolish /ˈfuːlɪʃ/ adj **1** tonto **2** ridículo

foolproof /ˈfuːlpruːf/ adj infalible

foosball® /ˈfuːzbɔːl/ (*GB* **table football**) n futbolín

🛇 **foot** /fʊt/ sustantivo, verbo
▸ n **1** (*pl* **feet** /fiːt/) pie: *at the foot of the stairs* al pie de las escaleras **2** (*pl* **feet** *o* **foot**) (*abrev* **ft.**) (*unidad de longitud*) pie (30,48 centímetros) ⊃ *Ver pág. 786* **LOC** **fall/land on your feet** caer parado (*salir las cosas bien*) ◆ **on foot** a pie ◆ **put your feet up** descansar ◆ **put your foot down** oponerse (*enérgicamente*) ◆ **put your foot in it** meter la pata ◆ **set foot in/on sth** pisar algo *Ver tb* COLD, FIND, RUSH, SWEEP
▸ vt **LOC** **foot the bill (for sth)** (*coloq*) pagar los gastos (de algo)

🛇 **football** /ˈfʊtbɔːl/ n **1** (*GB* **A̩merican ˈfootball**) fútbol americano **2** (*GB*) (*USA* **soccer**) fútbol **3** balón (de fútbol/fútbol americano)

footballer /ˈfʊtbɔːlər/ n (*GB*) (*USA* **ˈsoccer player**) futbolista

ˈfootball player n jugador de fútbol (americano) ⊃ *Ver nota en* FÚTBOL

footing /ˈfʊtɪŋ/ n [incontable] **1** equilibrio: *to lose your footing* perder el equilibrio **2** situación: *on an equal footing* en igualdad de condiciones

footnote /ˈfʊtnoʊt/ n nota (de pie de página)

footpath /ˈfʊtpæθ; *GB* -pɑːθ/ n sendero: *public footpath* camino público

footprint /ˈfʊtprɪnt/ n [gen pl] huella

footstep /ˈfʊtstep/ n pisada, paso

footwear /ˈfʊtwear/ n [incontable] calzado

🛇 **for** /fər, fɔːr/ preposición, conjunción
▸ prep ❶ Para los usos de **for** en PHRASAL VERBS ver las entradas de los verbos correspondientes, p.ej. **look for sb/sth** en LOOK. **1** para: *a letter for you* una carta para ti ◇ *What's it for?* ¿Para qué sirve? ◇ *the train for Glasgow* el tren que va para Glasgow ◇ *It's time for supper.* Es hora de comer. **2** por: *for her own good* por su propio bien ◇ *What can I do for you?* ¿Qué puedo hacer por ti? ◇ *to fight for your country* luchar por tu país **3** (*en expresiones de tiempo*) durante, desde hace: *They are going for a month.* Se van por un mes. ◇ *How long are you here for?* ¿Cuánto tiempo van a estar aquí? ◇ *I haven't seen him for two days.* No lo veo desde hace dos días.

¿**For** o **since**? Cuando **for** se traduce por "desde hace" se puede confundir con **since**, "desde". Las dos palabras se usan para expresar el tiempo que ha durado la acción del verbo, pero **for** especifica la duración de la acción y **since** el comienzo de dicha acción: *I've been living here for three months.* Vivo acá desde hace tres meses. ◇ *I've been living here since August.* Vivo acá desde agosto. Nótese que en ambos casos se usa el pretérito perfecto o el pluscuamperfecto, nunca el presente. ⊃ *Ver tb nota en* AGO

4 [con infinitivo] *There's no need for you to go.* No hace falta que vayas. ◇ *It's impossible for me to do it.* Me es imposible hacerlo. **5** a favor de: *Are you for or against?* ¿Estás a favor o en contra? **6** (*otros usos*) *I for Irene* I de Irene ◇ *for miles and miles* por millas y millas ◇ *What does he do for a job?* ¿Qué trabajo tiene? **LOC** **be in for it** (*GB tb* **be for it**) (*coloq*): *He's for it now!* ¡Ya se fregó!

---

i happy ɪ sit iː see æ cat ɑ hot ɒ long (*GB*) ɑː bath (*GB*) ʌ cup ʊ put uː too

▶ *conj* (*formal, antic*) ya que

forbade *pt de* FORBID

forbid /fərˈbɪd/ *vt* (*pt* **forbade** /fərˈbeɪd/, *pp* **forbidden** /fərˈbɪdn/) ~ **sb to do sth** prohibir a algn hacer algo: *It is forbidden to smoke.* Se prohibe fumar. ◊ *They forbade them from entering.* Les prohibieron entrar. ■ **forbidding** *adj* imponente, amenazante

force /fɔːrs/ *sustantivo, verbo*
▶ *n* fuerza: *the armed forces* las fuerzas armadas LOC **by force** a la fuerza ◆ **in force** en vigor: *to be in/come into force* estar/entrar en vigor
▶ *vt* ~ **sb/sth (to do sth)** forzar, obligar a algn/algo (a hacer algo) PHR V **force sth on/upon sb** imponerle algo a algn ■ **forceful** *adj* **1** fuerte, con carácter **2** (*argumento, medida*) contundente

forcible /ˈfɔːrsəbl/ *adj* **1** a/por la fuerza **2** convincente ■ **forcibly** *adv* **1** por la fuerza **2** enérgicamente

ford /fɔːrd/ *sustantivo, verbo*
▶ *n* vado
▶ *vt* vadear

fore /fɔːr/ *n* proa LOC **be/come to the fore** destacarse/hacerse importante

forearm /ˈfɔːrɑːrm/ *n* antebrazo

forecast /ˈfɔːrkæst; *GB* -kɑːst/ *verbo, sustantivo*
▶ *vt* (*pt, pp* **forecast** *o* **forecasted**) pronosticar
▶ *n* pronóstico

forefinger /ˈfɔːrfɪŋɡər/ *n* dedo índice

forefront /ˈfɔːrfrʌnt/ *n* LOC **at/in/to the forefront of sth** en la vanguardia de algo

foreground /ˈfɔːrɡraʊnd/ *n* primer plano

forehead /ˈfɔːrhed, ˈfɔːred; *GB* ˈfɒrɪd/ *n* (*Anat*) frente

foreign /ˈfɔːrən; *GB* ˈfɒrən/ *adj* **1** extranjero **2** exterior: *foreign exchange* divisas ◊ *Foreign Office/Secretary* (*GB*) Secretaría/Secretario de Relaciones Exteriores **3** ~ **to sb/sth** (*formal*) ajeno a algn/algo

foreigner /ˈfɔːrənər; *GB* ˈfɒr-/ *n* extranjero, -a

foremost /ˈfɔːrmoʊst/ *adjetivo, adverbio*
▶ *adj* más destacado
▶ *adv* principalmente

forerunner /ˈfɔːrʌnər/ *n* precursor, -ora

foresee /fɔːrˈsiː/ *vt* (*pt* **foresaw** /fɔːrˈsɔː/, *pp* **foreseen** /fɔːrˈsiːn/) prever ■ **foreseeable** *adj* previsible LOC **for/in the foreseeable future** en un futuro previsible

foresight /ˈfɔːrsaɪt/ *n* previsión, precaución

forest /ˈfɔːrɪst; *GB* ˈfɒr-/ *n* bosque, selva
❶ Tanto **forest** como **wood** significan "bosque", pero **wood** se refiere a un área de bosque más pequeño.

foretell /fɔːrˈtel/ *vt* (*pt, pp* **foretold** /fɔːrˈtoʊld/) (*formal*) predecir

forever /fəˈrevər/ *adv* **1** (*GB tb* **for ever**) para siempre **2** siempre

foreword /ˈfɔːrwɜːrd/ *n* prefacio

forgave *pt de* FORGIVE

forge /fɔːrdʒ/ *sustantivo, verbo*
▶ *n* fragua
▶ *vt* **1** (*lazos, metal*) forjar **2** (*dinero, etc.*) falsificar PHR V **forge ahead** progresar con rapidez

forgery /ˈfɔːrdʒəri/ *n* (*pl* **forgeries**) falsificación

forget /fərˈɡet/ *vt* (*pt* **forgot** /fərˈɡɑt/, *pp* **forgotten** /fərˈɡɑtn/) **1** *vt, vi* ~ **(sth/to do sth)** olvidarse (de algo/hacer algo): *He forgot to pay me.* Se le olvidó pagarme. **2** *vt* (*dejar de pensar en*) olvidar LOC **not forgetting...** sin olvidarse de... PHR V **forget about sb/sth 1** olvidársele a uno algn/algo **2** olvidar a algn/algo ■ **forgetful** *adj* olvidadizo

forgive /fərˈɡɪv/ *vt* (*pt* **forgave** /fərˈɡeɪv/, *pp* **forgiven** /fərˈɡɪvn/) perdonar: *Forgive me for interrupting.* Perdóname por interrumpir. ■ **forgiveness** *n* perdón: *to ask (for) forgiveness (for sth)* pedir perdón (por algo) **forgiving** *adj* indulgente

fork /fɔːrk/ *sustantivo, verbo*
▶ *n* **1** tenedor **2** (*Agric*) horqueta (*para cavar*) **3** bifurcación
▶ *vi* **1** (*camino*) bifurcarse **2** (*persona*) *to fork left* torcer a la izquierda PHR V **fork out (for sth)**; **fork sth out (for/on sth)** (*coloq*) desembolsar (*dinero*) (para algo)

form /fɔːrm/ *sustantivo, verbo*
▶ *n* **1** forma: *in the form of sth* en forma de algo **2** forma, hoja (*impresa*): *application form* hoja de solicitud **3** [*incontable*] formas: *as a matter of form* porque así se acostumbra **4** (*GB, antic*) año: *in the first form* en primero LOC **be in/off form** estar/no estar en forma *Ver tb* SHAPE
▶ **1** *vt* formar, constituir: *to form an idea of sth* formarse una idea de algo **2** *vi* formarse

formal /ˈfɔːrml/ *adj* **1** (*ademán, etc.*) ceremonioso, formal **2** (*comida*) formal: *formal dress* traje de etiqueta **3** (*declaración, etc.*) oficial **4** (*formación*) convencional

formality /fɔːrˈmæləti/ *n* (*pl* **formalities**) **1** formalidad, ceremonia **2** trámite: *legal formalities* requisitos legales

formally /ˈfɔːrməli/ *adv* **1** oficialmente **2** de etiqueta

format /ˈfɔːrmæt/ *sustantivo, verbo*
▶ *n* formato
▶ *vt* (*Informát*) formatear

formation /fɔːrˈmeɪʃn/ n formación

former /ˈfɔːrmər/ adjetivo, sustantivo
- adj **1** antiguo: *the former champion* el antiguo campeón **2** anterior: *in former times* en otros tiempos **3** primero: *the former option* la primera opción
- n **the former** aquello, aquél, aquella, -los, -las: *The former was much better than the latter.* Aquella fue mucho mejor que esta. ⮕ *Comparar con* LATTER

formerly /ˈfɔːrmərli/ adv **1** anteriormente **2** antiguamente

formidable /ˈfɔːrmɪdəbl, fərˈmɪdəbl/ adj **1** extraordinario, formidable **2** (*tarea*) tremendo

formula /ˈfɔːrmjələ/ n (pl **formulas** o en uso científico **formulae** /-liː/) fórmula

forsake /fərˈseɪk/ vt (pt **forsook** /fərˈsʊk/, pp **forsaken** /fərˈseɪkən/) (*formal*) **1** abandonar **2** renunciar

fort /fɔːrt/ n fortificación, fuerte

forth /fɔːrθ/ adv (*formal*) en adelante: *from that day forth* desde aquel día LOC **and (so on and) so forth** y demás, etcétera *Ver tb* BACK

forthcoming /ˌfɔːrθˈkʌmɪŋ/ adj **1** venidero, próximo: *the forthcoming election* las próximas elecciones **2** de próxima aparición **3** disponible: *No offer was forthcoming.* No hubo ninguna oferta. **4** (*persona*) comunicativo ❶ En los sentidos 3 y 4, no se usa antes de sustantivo.

forthright /ˈfɔːrθraɪt/ adj **1** (*persona*) directo **2** (*oposición*) enérgico

fortieth /ˈfɔːrtiəθ/ **1** adj, adv, pron cuadragésimo **2** n cuarentava parte, cuarentavo ⮕ *Ver ejemplos en* FIFTH

fortification /ˌfɔːrtɪfɪˈkeɪʃn/ n fortificación

fortify /ˈfɔːrtɪfaɪ/ vt (pt, pp **fortified**) **1** fortificar **2** fortalecer

fortnight /ˈfɔːrtnaɪt/ n (GB) quincena (*dos semanas*): *a fortnight today* de hoy en quince días

fortnightly /ˈfɔːrtnaɪtli/ adjetivo, adverbio
- adj (GB) quincenal
- adv (GB) cada quince días, quincenalmente

fortress /ˈfɔːrtrəs/ n fortaleza

fortunate /ˈfɔːrtʃənət/ adj afortunado: *to be fortunate* tener suerte ■ **fortunately** adv afortunadamente

fortune /ˈfɔːrtʃən/ n **1** fortuna: *to be worth a fortune* valer una fortuna **2** suerte LOC *Ver* SMALL

fortune-teller n adivino, -a

forty /ˈfɔːrti/ adj, pron, n cuarenta ⮕ *Ver ejemplos en* FIFTY, FIVE

forum /ˈfɔːrəm/ n foro

forward /ˈfɔːrwərd/ adjetivo, adverbio, verbo, sustantivo
- adj **1** *a forward movement* un movimiento hacia adelante **2** delantero: *a forward position* una posición avanzada **3** hacia/para el futuro: *forward planning* planificación para/hacia el futuro ◊ *forward thinking* previsión **4** atrevido, descarado
- adv **1** (*tb esp GB* **forwards**) adelante, hacia adelante **2** en adelante: *from that day forward* a partir de entonces LOC *Ver* BACKWARD
- vt ~ **sth (to sb)** remitir algo (a algn): *Please forward.* Se ruega enviar. ◊ *forwarding address* dirección (a la que han de remitirse las cartas)
- n (*Dep*) delantero, -a

fossil /ˈfɑsl/ n fósil: *fossil fuels* combustibles fósiles

foster /ˈfɑstər/ verbo, adjetivo
- vt **1** fomentar **2** acoger en una familia
- adj adoptivo: *foster parents/home* padres adoptivos/casa de acogida

fought pt, pp de FIGHT

foul /faʊl/ adjetivo, sustantivo, verbo
- adj **1** (*agua, lenguaje*) sucio **2** (*comida, olor, sabor*) asqueroso **3** (*carácter, humor, tiempo*) horrible
- n (*Dep*) falta
- vt (*Dep*) cometer una falta contra PHR V **foul sth up** (*coloq*) dañar algo

foul play n **1** (*Jur*) *The police suspect foul play.* La policía sospecha que se trata de un crimen. **2** (GB) (*Dep*) juego sucio

found /faʊnd/ vt **1** fundar **2** fundamentar: *founded on fact* basado en la realidad *Ver tb* FIND

foundation /faʊnˈdeɪʃn/ n **1** fundación **2** **the foundations** [*pl*] los cimientos **3** fundamento **4** (*tb* **founˈdation cream**) (*crema*) base

founder /ˈfaʊndər/ n fundador, -ora

fountain /ˈfaʊntn; GB -tən/ n fuente

four /fɔːr/ adj, pron, n cuatro ⮕ *Ver ejemplos en* FIVE

four-by-ˈfour n (*abrev* **4x4**) todoterreno

fourteen /ˌfɔːrˈtiːn/ adj, pron, n catorce ⮕ *Ver ejemplos en* FIVE ■ **fourteenth 1** adj, adv, pron decimocuarto **2** n catorceava parte, catorceavo ⮕ *Ver ejemplos en* FIFTH

fourth /fɔːrθ/ (*abrev* **4th**) adjetivo, adverbio, pronombre, sustantivo
- adj, adv, pron cuarto
- n **1 the fourth** el (día) cuatro **2** (*tb* **fourth ˈgear**) cuarta ⮕ *Ver ejemplos en* FIFTH

Para hablar de proporciones, "un cuarto" se dice **a quarter**: *We ate a quarter of the cake each.* Nos comimos un cuarto del pastel cada uno.

four-ˈwheeler (*GB* **quad bike**) *n* cuatrimoto

fowl /faʊl/ *n* (*pl* **fowl** o **fowls**) ave (*de corral*)

fox /fɑːks/ *n* zorro

foyer /ˈfɔɪər; *GB* ˈfɔɪeɪ/ *n* foyer, vestíbulo

fraction /ˈfrækʃn/ *n* fracción

fracture /ˈfræktʃər/ *sustantivo, verbo*
▸ *n* fractura
▸ *vt, vi* fracturar(se)

fragile /ˈfrædʒl; *GB* -dʒaɪl/ *adj* frágil, delicado

fragment *sustantivo, verbo*
▸ *n* /ˈfrægmənt/ fragmento, parte
▸ *vt, vi* /frægˈment/ fragmentar(se)

fragrance /ˈfreɪɡrəns/ *n* fragancia, aroma, perfume ⊃ *Ver nota en* SMELL

fragrant /ˈfreɪɡrənt/ *adj* aromático, fragante

frail /freɪl/ *adj* frágil, delicado ❶ Se aplica sobre todo a personas ancianas o enfermas.

₹ frame /freɪm/ *sustantivo, verbo*
▸ *n* **1** marco **2** armazón, estructura **3** (*gafas*) montura **LOC** **frame of mind** estado de ánimo
▸ *vt* **1** enmarcar **2** (*pregunta, etc.*) formular **3** ~ **sb** (**for sth**) (*coloq*) declarar en falso para incriminar a algn

framework /ˈfreɪmwɜːrk/ *n* **1** armazón, estructura **2** marco, coyuntura

franchise /ˈfræntʃaɪz/ *n* franquicia

frank /fræŋk/ *adj* franco, sincero

frantic /ˈfræntɪk/ *adj* frenético, desesperado

fraternal /frəˈtɜːrnl/ *adj* fraternal

fraternity /frəˈtɜːrnəti/ *n* (*pl* **fraternities**) **1** fraternidad **2** hermandad, cofradía, sociedad

fraud /frɔːd/ *n* **1** (*delito*) fraude **2** (*persona*) impostor, -ora

fraught /frɔːt/ *adj* **1** ~ **with sth** lleno, cargado de algo **2** preocupante, tenso

fray /freɪ/ *vt, vi* desgastar(se), raer(se), deshilachar(se)

freak /friːk/ *n* (*coloq, pey*) bicho raro

freckle /ˈfrekl/ *n* peca ■ **freckled** *adj* pecoso

₹ free /friː/ *adjetivo, verbo, adverbio*
▸ *adj* (**freer** /ˈfriːər/, **-est** /ˈfriːɪst/) **1** libre: *to be free of/from sb/sth* estar libre de algn/algo ◊ *free speech* libertad de expresión ◊ *free will* libre albedrío ◊ *to set sb free* poner a algn en libertad **2** (*sin amarrar*) suelto, libre **3** gratis, gratuito: *free admission* entrada libre ◊ *free of charge* gratis **4** (*pey*) desvergonzado: *to be too free* (*with sb*) tomarse demasiadas libertades (*con algn*) **LOC** **free and easy** relajado, informal ◆ **get, have, etc. a free hand** tener las manos libres ◆ **of your own free will** por voluntad propia *Ver tb* FEEL, HOME, WORK
▸ *vt* (*pt, pp* **freed**) **1** ~ **sb/sth** (**from sth**) liberar a algn/algo (de algo) **2** ~ **sb/sth of/from sth** librar, eximir a algn/algo de algo **3** soltar
▸ *adv* gratis

freebie /ˈfriːbi/ *n* (*coloq*) regalo promocional

₹ freedom /ˈfriːdəm/ *n* **1** ~ (**of sth**); ~ (**to do sth**) libertad (de algo), libertad (para hacer algo): *freedom of speech* libertad de expresión **2** ~ **from sth** inmunidad contra algo

₹ freely /ˈfriːli/ *adv* **1** libremente, copiosamente **2** generosamente

Freemason /ˈfriːmeɪsn/ (*tb* **Mason**) *n* masón

free-ˈrange *adj* de granja: *free-range eggs* huevos de granja ⊃ *Comparar con* BATTERY

freestyle /ˈfriːstaɪl/ *n* (*Dep*) estilo libre: *100 meters freestyle* 100 metros libres

freeway /ˈfriːweɪ/ (*GB* **motorway**) *n* autopista

₹ freeze /friːz/ *verbo, sustantivo*
▸ (*pt* **froze** /froʊz/, *pp* **frozen** /ˈfroʊzn/) **1** *vt, vi* helar(se), congelar(se): *freezing point* punto de congelación **2** *vt* (*comida, precios, salarios*) congelar **3** *vi* quedarse rígido: *Freeze!* ¡No te muevas!
▸ *n* **1** helada **2** (*de salarios, precios*) congelación ■ **freezing** *adj* **1** muy frío: *It's freezing.* Hace muchísimo frío. ◊ *I'm freezing!* ¡Estoy muerto de frío! **2** (*temperaturas*) bajo cero

freezer /ˈfriːzər/ (*GB tb* **deep freeze**) *n* congelador

freight /freɪt/ *n* carga

French ˈdoor (*GB* **French ˈwindow**) *n* puerta doble (*que da a un jardín, porche, etc.*)

French ˈfry (*GB* **chip**) *n* papa a la francesa ⊃ *Ver dibujo en* PAPA²

frenzied /ˈfrenzid/ *adj* frenético, enloquecido

frenzy /ˈfrenzi/ *n* [*gen sing*] frenesí

frequency /ˈfriːkwənsi/ *n* (*pl* **frequencies**) frecuencia

₹ frequent *adjetivo, verbo*
▸ *adj* /ˈfriːkwənt/ frecuente
▸ *vt* /friˈkwent/ (*formal*) frecuentar

₹ frequently /ˈfriːkwəntli/ *adv* con frecuencia, frecuentemente ⊃ *Ver nota en* ALWAYS

₹ fresh /freʃ/ *adj* (**fresher, -est**) **1** nuevo, otro **2** reciente **3** (*alimentos, aire, tiempo, cutis*) fresco **4** (*agua*) dulce **5** (*coloq*) descarado, insolente **LOC** *Ver* BREATH

freshen /ˈfreʃn/ **1** vt ~ sth (up) dar nueva vida a algo **2** vi (viento) refrescar PHR V **freshen (yourself) up** arreglarse

freshly /ˈfreʃli/ adv recién: *freshly baked* recién salido del horno

freshman /ˈfreʃmən/ n (pl **freshmen** /-mən/) estudiante de primer año

freshness /ˈfreʃnəs/ n **1** frescura **2** novedad

freshwater /ˈfreʃwɔːtər/ adj de agua dulce

fret /fret/ vi (-tt-) ~ (about/at/over sth) afanarse, preocuparse (por algo)

friction /ˈfrɪkʃn/ n **1** fricción, rozamiento **2** fricción, desavenencia

Friday /ˈfraɪdeɪ, -di/ n (abrev **Fri.**) viernes ➲ *Ver ejemplos en* MONDAY LOC **Good Friday** Viernes Santo

fridge /frɪdʒ/ n (coloq) nevera, refrigerador: *fridge-freezer* (GB) nevera/congelador

fried /fraɪd/ adj frito *Ver tb* FRY

friend /frend/ n **1** amigo, -a **2** ~ of/to sth partidario, -a de algo LOC **be friends (with sb)** ser amigo (de algn) ◆ **have friends in high places** tener palanca(s) ◆ **make friends** hacer amigos ◆ **make friends with sb** hacerse amigo de algn

friendly /ˈfrendli/ adj (**friendlier, -iest**) **1** (persona) simpático, amable ❶ Nótese que **sympathetic** se traduce por "compasivo". **2** (relación, consejo, partido) amistoso **3** (gesto, palabras) amable **4** (ambiente, lugar) acogedor ■ **friendliness** n simpatía, cordialidad

friendship /ˈfrendʃɪp/ n amistad

fright /fraɪt/ n susto: *to give sb/get a fright* pegar un susto a algn/pegarse un susto

frighten /ˈfraɪtn/ vt asustar, dar miedo a PHR V **frighten sb/sth away/off** ahuyentar a algn/algo

frightened /ˈfraɪtnd/ adj asustado: *to be frightened (of sb/sth)* tener miedo (a/de algn/algo) LOC *Ver* WIT

frightening /ˈfraɪtnɪŋ/ adj alarmante, aterrador

frightful /ˈfraɪtfl/ adj (antic) **1** (coloq) terrible: *a frightful mess* un desorden terrible **2** horrible, espantoso ■ **frightfully** adv (antic): *I'm frightfully sorry*. Lo siento muchísimo.

frigid /ˈfrɪdʒɪd/ adj frígido

frill /frɪl/ n **1** (Costura) volante **2** frills [pl] adornos: *a no-frills airline* una aerolínea de bajo costo

fringe /frɪndʒ/ sustantivo, verbo
▸ n **1** (GB) (USA **bangs** [pl]) capul, flequillo **2** flecos **3** (fig) margen
▸ vt LOC **be fringed by/with sth** estar bordeado por/con algo

frisk /frɪsk/ **1** vt (coloq) requisar **2** vi juguetear ■ **frisky** adj juguetón

fritter /ˈfrɪtər/ n buñuelo, churro

frivolity /frɪˈvɑləti/ n frivolidad

frivolous /ˈfrɪvələs/ adj frívolo

frizzy /ˈfrɪzi/ adj (pey) (pelo) muy crespo, ensortijado

fro /froʊ/ adv LOC **to and fro** de un lado a otro

frock /frɑk/ n (esp GB, antic) vestido

frog /frɔːɡ; GB frɒɡ/ n rana

frogman /ˈfrɔːɡmən; GB ˈfrɒɡ-/ n (pl **frogmen** /-mən/) hombre rana

from /frəm, frʌm/ prep ❶ Para los usos de **from** en PHRASAL VERBS *ver las entradas de los verbos correspondientes, p.ej.* **hear from sb** *en* HEAR. **1** de (procedencia): *from Bogotá to Orlando* de Bogotá a Orlando ◇ *I'm from New Zealand.* Soy de Nueva Zelanda. ◇ *from bad to worse* de mal en peor ◇ *the train from Cartago* el tren (procedente) de Cartago ◇ *a present from a friend* un regalo de un amigo ◇ *to take sth away from sb* quitarle algo a algn **2** (tiempo, situación) desde: *from above/below* desde arriba/abajo ◇ *from time to time* de vez en cuando ◇ *from yesterday* desde ayer ➲ *Ver nota en* SINCE **3** por: *from choice* por elección ◇ *from what I can gather* por lo que yo entiendo **4** entre: *to choose from…* elegir entre… **5** con: *Wine is made from grapes.* El vino se hace con uvas. **6** (Mat) *13 from 34 is/are 21.* 34 menos 13 son 21. LOC **from… on**: *from now on* de ahora en adelante ◇ *from then on* desde entonces

front /frʌnt/ sustantivo, adjetivo
▸ n **1** the ~ **(of sth)** el frente, la (parte) delantera (de algo): *The number is shown on the front of the bus.* El número está puesto en la parte delantera del bus. ◇ *If you can't see the screen, sit at the front.* Si no ves la pantalla, siéntate adelante. **2** the front (Mil) el frente **3** terreno: *on the financial front* en el terreno económico **4** ~ **(for sth)** (apariencia) fachada (para algo) LOC **in front** adelante: *the row in front* la fila de adelante ➲ *Ver dibujo en* DELANTE ◆ **in front of 1** delante de **2** ante ❶ Nótese que **enfrente de** se traduce por **across from** o **opposite**. ➲ *Ver dibujo en* ENFRENTE ◆ **up front** (coloq) por adelantado *Ver tb* BACK
▸ adj delantero, de adelante (rueda, habitación, etc.): *front door* puerta de entrada ◇ *the front row* la primera fila

front cover n portada

frontier /frʌnˈtɪər; *GB* ˈfrʌntɪə(r)/ *n* ~ (**with sth/between…**) frontera (con algo/entre…) ⊃ *Ver nota en* FRONTERA

front page *n* primera plana

frost /frɔːst; *GB* frɒst/ *sustantivo, verbo*
▸ *n* **1** helada **2** escarcha
▸ *vt, vi* ~ (**sth**) (**over/up**) cubrir algo, cubrirse de escarcha ■ **frosty** /ˈfrɔːsti; *GB* ˈfrɒsti/ *adj* (**frostier, -iest**) **1** helado **2** cubierto de escarcha

frostbite /ˈfrɔːstbaɪt; *GB* ˈfrɒst-/ *n* congelación (*que afecta a los dedos, etc.*)

frosting /ˈfrɔːstɪŋ; *GB* ˈfrɒstɪŋ/ (*GB* **icing**) *n* cobertura (*en tortas o postres*)

froth /frɔːθ; *GB* frɒθ/ *sustantivo, verbo*
▸ *n* espuma
▸ *vi* hacer espuma

frown /fraʊn/ *sustantivo, verbo*
▸ *n* ceño
▸ *vi* fruncir el ceño **PHR V** **frown on/upon sb/sth** desaprobar a algn/algo

froze *pt de* FREEZE

frozen /ˈfroʊzn/ *adj* congelado *Ver tb* FREEZE

fruit /fruːt/ *n* **1** [*gen incontable*] fruta: *fruit and vegetables* frutas y verduras ◊ *tropical fruits* frutas tropicales **2** fruto: *the fruit(s) of your labors* el fruto de tu trabajo

fruitful /ˈfruːtfl/ *adj* fructífero, provechoso

fruition /fruˈɪʃn/ *n* realización: *to come to fruition* verse realizado

fruitless /ˈfruːtləs/ *adj* infructuoso

frustrate /ˈfrʌstreɪt; *GB* frʌˈstreɪt/ *vt* frustrar ■ **frustrating** *adj* frustrante **frustration** *n* frustración

fry /fraɪ/ *vt, vi* (*pt, pp* **fried** /fraɪd/) freír(se)

frying pan (*USA tb* **skillet**) *n* sartén ⊃ *Ver dibujo en* POT **LOC** **out of the frying pan into the fire** de mal en peor

fudge /fʌdʒ/ *n* dulce de leche, tofe

fuel /ˈfjuːəl/ *n* **1** combustible **2** carburante

fugitive /ˈfjuːdʒətɪv/ *adj, n* ~ (**from sb/sth**) fugitivo, -a, prófugo, -a (de algn/algo)

fulfill (*GB* **fulfil**) /fʊlˈfɪl/ *vt* (**-ll-**) **1** (*promesa*) cumplir (con) **2** (*tarea*) llevar a cabo **3** (*deseo*) satisfacer **4** (*función*) realizar ■ **fulfillment** (*GB* **fulfilment**) *n* (*sueño, objetivo*) realización

full /fʊl/ *adjetivo, adverbio*
▸ *adj* (**fuller, -est**) **1** ~ (**of sth**) lleno (de algo) **2** ~ **of sth** obsesionado por algo **3** ~ (**up**) lleno (*de comida*): *I'm full (up).* Ya no puedo más. **4** (*instrucciones*) completo **5** (*discusiones*) extenso **6** (*sentido*) amplio **7** (*investigación*) detallado **8** (*ropa*) holgado **LOC** (**at**) **full blast/stretch** a tope ◆ (**at**) **full speed** a toda velocidad ◆ **be full of yourself** (*pey*) ser un creído ◆ **come, turn, etc. full circle** volver al principio ◆ **in full** detalladamente, íntegramente ◆ **in full swing** en plena marcha ◆ **to the fullest** (*GB tb* **to the full**) al máximo
▸ *adv* **1** *full in the face* en plena cara **2** muy: *You know full well that…* Sabes muy bien que…

fullback /ˈfʊlbæk/ *n* (*Dep*) lateral, defensa

full board *n* (*GB*) pensión completa

full-fat *adj* (*esp GB*): *full-fat milk* leche entera

full-length *adj* **1** (*espejo*) de cuerpo entero **2** (*ropa*) largo

full stop (*tb* **full point**) *n* (*GB*) (*USA* **period**) punto (y seguido) ⊃ *Ver pág. 377*

full-time *adj, adv* (a/de) tiempo completo

fully /ˈfʊli/ *adv* **1** completamente, del todo **2** por lo menos: *fully two hours* por lo menos dos horas

fumble /ˈfʌmbl/ *vi* **1** ~ **with sth** manosear algo (*torpemente*) **2** ~ (**around**) **for sth** buscar algo a tientas

fume /fjuːm/ *vi* echar humo (*de rabia*)

fumes /ˈfjuːmz/ *n* [*pl*] humo: *poisonous fumes* gases tóxicos

fun /fʌn/ *sustantivo, adjetivo*
▸ *n* diversión: *to have fun* pasar bueno ◊ *to take the fun out of sth* quitar toda la gracia a algo **LOC** **make fun of sb/sth** reírse de algn/algo *Ver tb* POKE
▸ *adj* (*coloq*) divertido, entretenido

¿Fun o funny?

Fun se utiliza con el verbo **be** para decir que alguien o algo es entretenido o divertido. Tiene el mismo significado que **enjoyable** aunque es más coloquial: *The party was good/great fun.* La fiesta fue muy divertida. ◊ *Aerobics is more fun than jogging.* Hacer aeróbicos es más divertido que correr.

Funny se utiliza para hablar de algo que te hace reír porque es gracioso: *She told me a funny joke.* Me contó un chiste muy gracioso. ◊ *The clowns were very funny.* Los payasos eran muy graciosos. De modo que si un libro fue agradable, se dice: *The book was great fun.* En cambio, si el libro fue muy entretenido y te hizo reír, se dice: *The book was very funny.* **Funny** puede significar también "extraño" o "raro": *The car was making a funny noise.* El carro estaba haciendo un ruido raro.

---

function /ˈfʌŋkʃn/ *sustantivo, verbo*
▸ *n* **1** función **2** ceremonia

fund

▸ *vi* funcionar **PHR V** **function as sth** servir, hacer de algo

fund /fʌnd/ *sustantivo, verbo*
▸ *n* **1** fondo (*de dinero*) **2 funds** [*pl*] fondos
▸ *vt* financiar, subsidiar

fundamental /ˌfʌndəˈmentl/ *adjetivo, sustantivo*
▸ *adj* **~ (to sth)** fundamental (para algo)
▸ *n* [*gen pl*] fundamento

fundamentalism /ˌfʌndəˈmentəlɪzəm/ *n* fundamentalismo ■ **fundamentalist** *adj, n* fundamentalista

funeral /ˈfjuːnərəl/ *n* **1** funeral, entierro: *funeral home/parlor* funeraria ◇ *funeral director* agente funerario **2** cortejo fúnebre

funfair /ˈfʌnfeər/ *n* parque de diversiones

fungus /ˈfʌŋgəs/ *n* (*pl* **fungi** /-dʒaɪ, -gaɪ, -giː/) hongo

funky /ˈfʌŋki/ *adj* (**funkier, -iest**) (*coloq*) **1** (*Mús*) con ritmo **2** (*ropa, etc.*) original

funnel /ˈfʌnl/ *sustantivo, verbo*
▸ *n* **1** embudo **2** (*de un barco*) chimenea
▸ *vt* (**-l-**, *GB* **-ll-**) canalizar

funny /ˈfʌni/ *adj* (**funnier, -iest**) **1** gracioso, divertido ⮕ *Ver nota en* FUN **2** extraño, raro

fur /fɜːr/ *n* **1** pelo (*de animal*) **2** piel: *fur coat* abrigo de piel

furious /ˈfjʊəriəs/ *adj* **1 ~ (at sb/sth)**; **~ (with sb)** furioso (con algn/algo) **2** (*esfuerzo, lucha, tormenta*) violento **3** (*debate*) acalorado
■ **furiously** *adv* violentamente, furiosamente

furnace /ˈfɜːrnɪs/ *n* caldera

furnish /ˈfɜːrnɪʃ/ *vt* **1 ~ sth (with sth)** amoblar algo (con algo): *a furnished apartment* un apartamento amoblado **2 ~ sb/sth with sth** proveer algo a algn/algo ■ **furnishings** *n* [*pl*] mobiliario

furniture /ˈfɜːrnɪtʃər/ *n* [*incontable*] mobiliario, muebles: *a piece of furniture* un mueble

furrow /ˈfʌroʊ/ *sustantivo, verbo*
▸ *n* surco
▸ *vt* hacer surcos en: *a furrowed brow* una frente arrugada

furry /ˈfɜːri/ *adj* (**furrier, -iest**) **1** peludo **2** de peluche

further /ˈfɜːrðər/ *adjetivo, adverbio*
▸ *adj* **1** (*tb* **farther**) más lejos: *Which is further?* ¿Cuál está más lejos? **2** más: *until further notice* hasta nuevo aviso ◇ *for further details/information...* para mayor información...
▸ *adv* **1** (*tb* **farther**) más lejos: *I can swim farther than you.* Puedo nadar más lejos que tú. ◇ *How much further is it to Oxford?* ¿Cuánto falta para llegar a Oxford? **2** más: *to hear nothing further* no tener más noticias **3** (*formal*) además: *Further to my letter...* En relación a mi carta...
LOC *Ver* AFIELD

¿**Farther** o **further**? Los dos son comparativos de **far**, pero sólo son sinónimos cuando nos referimos a distancias: *Which is further/farther?* ¿Cuál está más lejos?

ˌ**further eduˈcation** *n* (*abrev* **FE**) (*GB*) educación superior

furthermore /ˌfɜːrðərˈmɔːr/ *adv* (*formal*) además

furthest /ˈfɜːrðɪst/ (*tb* **farthest**) *adj, adv* (*superl* de **far**) más lejano/alejado: *the furthest corner of Europe* el punto más lejano de Europa

fury /ˈfjʊəri/ *n* furia, rabia

fuse /fjuːz/ *sustantivo, verbo*
▸ *n* **1** fusible **2** mecha **3** (*USA tb* **fuze**) detonador
▸ **1** *vi* fundirse **2** *vt* **~ sth (together)** soldar algo

fusion /ˈfjuːʒn/ *n* fusión

fuss /fʌs/ *sustantivo, verbo*
▸ *n* [*incontable*] alboroto, lío **LOC** **make a fuss of/over sb** mimar a algn ♦ **make, kick up, etc. a fuss (about/over sth)** armar un escándalo (por algo)
▸ *vi* **~ (about/around)** preocuparse (*por una minucia*) **PHR V** **fuss over sb** mimar a algn

fussy /ˈfʌsi/ *adj* (**fussier, -iest**) **1** quisquilloso, maniático **2 ~ (about sth)** exigente (con algo)

futile /ˈfjuːtl; *GB* -taɪl/ *adj* inútil

futon /ˈfuːtɒn/ *n* futón

future /ˈfjuːtʃər/ *sustantivo, adjetivo*
▸ *n* **1** futuro: *in the near future* en un futuro cercano **2** porvenir **LOC** **in the future** (*GB tb* **in future**) en el futuro, de ahora en adelante *Ver tb* FORESEE
▸ *adj* futuro

fuze = FUSE *n* (3)

fuzzy /ˈfʌzi/ *adj* (**fuzzier, -iest**) **1** velludo, peludo **2** borroso **3** (*mente*) confuso

FYI *abrev de* **for your information** para su información

G g

G, g /dʒiː/ n (pl **Gs**, **G's**, **g's** /dʒiːz/) **1** G, g ➔ Ver nota en A, A **2** (Mús) sol

gab /gæb/ n LOC Ver GIFT

gadget /'gædʒɪt/ n aparato

Gaelic /'gælɪk, 'geɪlɪk/ adj, n gaélico

gag /gæg/ sustantivo, verbo
▸ n **1** mordaza **2** (coloq) gag
▸ vt (**-gg-**) amordazar

gage = GAUGE

gaiety /'geɪəti/ n alegría

gain /geɪn/ verbo, sustantivo
▸ **1** vt adquirir, ganar: *to gain control* adquirir control **2** vt aumentar, subir, ganar: *to gain speed* ganar velocidad ◊ *to gain two kilograms* engordar dos kilos **3** vi ~ **by/from sth** beneficiarse de algo **4** vt, vi (reloj) adelantarse PHR V **gain on sb/sth** ir alcanzando a algn/algo
▸ n **1** ganancia **2** aumento, subida

gait /geɪt/ n [sing] paso, caminado

galaxy /'gæləksi/ n (pl **galaxies**) galaxia

gale /geɪl/ n temporal

gallant /'gælənt/ adj **1** (formal) valiente **2** galante ▪ **gallantry** n (formal) valentía

gallery /'gæləri/ n (pl **galleries**) **1** (tb '**art gallery**) museo (de arte) ➔ Ver nota en MUSEUM **2** (almacén, Teat) galería

galley /'gæli/ n (pl **galleys**) **1** (Náut) galera **2** cocina (en avión o barco)

gallon /'gælən/ n (abrev **gal.**) galón

gallop /'gæləp/ verbo, sustantivo
▸ vt, vi (hacer) galopar
▸ n galope

the gallows /'gæloʊz/ n [pl] la horca

gamble /'gæmbl/ verbo, sustantivo
▸ vt, vi (dinero) jugar, apostar PHR V **gamble on (doing) sth** confiar en (hacer) algo, arriesgarse a (hacer) algo
▸ n [sing] jugada LOC **be a gamble** ser arriesgado ♦ **take a gamble (on sth)** arriesgarse (a algo)

gambler /'gæmblər/ n jugador, -ora

gambling /'gæmblɪŋ/ n juego

game /geɪm/ sustantivo, adjetivo
▸ n **1** juego: *game pad* consola para videojuegos **2** partido **3** (Ajedrez, Naipes) partido **4** **games** [pl] (GB) educación física **5** [incontable] caza Ver tb BALL GAME; LOC Ver FAIR, MUG
▸ adj: *Are you game?* ¿Te animas?

gamer /'geɪmər/ n aficionado, -a a juegos de computador

gaming /'geɪmɪŋ/ n jugar juegos de computador

gammon /'gæmən/ n [incontable] (GB) jamón (fresco salado)

gang /gæŋ/ sustantivo, verbo
▸ n **1** barra, pandilla **2** brigada (de trabajadores)
▸ v PHR V **gang up on/against sb** (coloq) juntarse contra algn

gangster /'gæŋstər/ n gángster

gangway /'gæŋweɪ/ n **1** pasarela **2** (GB) pasillo (entre sillas, etc.)

gaol (GB) = JAIL

gap /gæp/ n **1** hueco, abertura **2** espacio **3** (tiempo) intervalo **4** separación **5** (deficiencia) laguna, vacío LOC Ver BRIDGE

gape /geɪp/ vi **1** ~ (**at sb/sth**) mirar boquiabierto (a algn/algo) **2** abrirse, quedar abierto ▪ **gaping** adj enorme: *a gaping hole* un agujero enorme

'**gap year** n (GB) año sabático (antes de empezar la universidad)

> Muchos jóvenes en Gran Bretaña se toman un año libre antes de ir a la universidad para viajar o ganar dinero.

garage /gə'rɑʒ, -'rɑdʒ; GB 'gærɑːʒ, 'gærɪdʒ/ n **1** garaje Ver tb PARKING GARAGE **2** taller **3** estación de servicio

garbage /'gɑrbɪdʒ/ (GB **rubbish**) n [incontable] basura: *garbage sack* bolsa de basura

> En inglés británico se usa **rubbish** para *basura*, **dustbin** para *caneca de la basura* y **garbage** solo se usa en sentido figurado.

'**garbage can** (GB **dustbin**) n caneca/tacho/bote de basura, basurero ➔ Ver dibujo en TRASH CAN

'**garbage man** n (pl **garbage men**) (GB **dustman**) basurero

garbanzo /gɑr'bænzoʊ/ n (pl **garbanzos**) (tb gar'**banzo bean**) (GB **chickpea**) garbanzo

garbled /'gɑrbld/ adj confuso

garden /'gɑrdn/ sustantivo, verbo
▸ n (esp GB) (USA **yard**) jardín
▸ vi trabajar en el jardín

'**garden center** (GB '**garden centre**) n centro de jardinería, vivero

---

ʃ she · tʃ chin · dʒ June · v van · θ thin · ð then · s so · z zoo · e ten

gardener /ˈgɑrdnər/ n jardinero, -a
gardening /ˈgɑrdnɪŋ/ n jardinería
gargle /ˈgɑrgl/ vi hacer gárgaras
garish /ˈgeərɪʃ/ adj chillón (color, ropa)
garland /ˈgɑrlənd/ n guirnalda
garlic /ˈgɑrlɪk/ n [incontable] ajo: *clove of garlic* diente de ajo
garment /ˈgɑrmənt/ n (formal) prenda (de vestir)
garnish /ˈgɑrnɪʃ/ verbo, sustantivo
▸ vt adornar, aderezar
▸ n adorno, guarnición
garrison /ˈgærɪsn/ n [v sing o pl] guarnición (militar)
garter /ˈgɑrtər/ n liga (para medias)
gas /gæs/ sustantivo, verbo
▸ n (pl **gases**) **1** gas: *gas mask* máscara antigás **2** (tb **gasoline** /ˈgæsəliːn, ˌgæsəˈliːn/) (GB **petrol**) gasolina **3** [incontable] (GB **wind**) gases (en los intestinos)
▸ vt (**-ss-**) asfixiar con gas
gash /gæʃ/ n herida profunda
gasp /gæsp; GB gɑːsp/ verbo, sustantivo
▸ **1** vi dar un grito ahogado **2** vi jadear: *to gasp for air* hacer esfuerzos para respirar **3** vt ~ **sth (out)** decir algo con voz entrecortada
▸ n jadeo, grito ahogado
ˈgas station (GB **petrol station**) n gasolinera, bomba (de gasolina)
gate /ɡeɪt/ n puerta, portón, reja
gatecrash /ˈɡeɪtkræʃ/ vt, vi colarse (en)
gateway /ˈɡeɪtweɪ/ n **1** entrada, puerta **2** ~ **to sth** (fig) pasaporte hacia algo
gather /ˈɡæðər/ **1** vi juntarse, reunirse **2** vi (muchedumbre) formarse **3** vt ~ **sb/sth (together)** reunir, juntar algo, reunir a algn **4** vt (flores, fruta) recoger **5** vt deducir, tener entendido **6** vt ~ **sth (in)** (Costura) fruncir algo **7** vt (velocidad) adquirir PHRV **gather around** acercarse ♦ **gather around sb/sth** agruparse en torno a algn/algo ♦ **gather sth up** recoger algo
■ **gathering** n reunión
gaudy /ˈɡɔːdi/ adj (**gaudier, -iest**) (pey) chillón, llamativo (colores, etc.)
gauge (USA tb **gage**) /ɡeɪdʒ/ sustantivo, verbo
▸ n **1** medida **2** indicador **3** (Ferrocarril) ancho de vía
▸ vt **1** calibrar, calcular **2** juzgar
gaunt /ɡɔːnt/ adj demacrado
gauze /ɡɔːz/ n gasa
gave pt de GIVE
gay /ɡeɪ/ adj, n gay, homosexual

gaze /ɡeɪz/ verbo, sustantivo
▸ vi ~ (**at sb/sth**) mirar fijamente (a algn/algo): *They gazed into each other's eyes.* Se miraron fijamente a los ojos. LOC Ver SPACE
▸ n [sing] mirada fija y larga
GCSE /ˌdʒiː siː es ˈiː/ n (abrev de **General Certificate of Secondary Education**) (GB)

> Los **GCSEs** son exámenes estatales que hacen los estudiantes de dieciséis años en Gran Bretaña tras finalizar la primera fase de la enseñanza secundaria.

gˈday /ɡəˈdeɪ/ interj (Aus, NZ) hola
gear /ɡɪər/ sustantivo, verbo
▸ n **1** equipo: *camping gear* equipo de acampar **2** (automóvil) cambio: *to shift gears* hacer un cambio/cambiar de velocidad ◊ *out of gear* en neutro **3** (Mec) engranaje
▸ v PHRV **gear sth to/toward sth** adaptar, enfocar algo a algo ♦ **gear (sb/sth) up (for/to sth)** preparar a algn/algo, prepararse (para algo/para hacer algo)
gearbox /ˈɡɪərbɑks/ n caja de cambios
gearshift /ˈɡɪərʃɪft/ (GB **ˈgear lever, gearstick** /ˈɡɪərstɪk/) n palanca de cambios
geek /ɡiːk/ n (coloq, pey) **1** pavo, -a (persona), ñoño, -a **2** nerd
geese /ɡiːs/ pl de GOOSE
gel /dʒel/ n gel: *hair gel* gel (para el pelo)
gem /dʒem/ n **1** piedra preciosa **2** (fig) joya
Gemini /ˈdʒemɪnaɪ/ n Géminis ᐅ Ver ejemplos en AQUARIUS
gender /ˈdʒendər/ n **1** (Gram) género **2** sexo
gene /dʒiːn/ n gen
general /ˈdʒenrəl/ adjetivo, sustantivo
▸ adj general: *as a general rule* por regla general ◊ *the general public* el público/la gente (en general) LOC **in general** en general
▸ n general
ˌgeneral eˈlection n elecciones generales
generalize (GB tb **-ise**) /ˈdʒenrəlaɪz/ vi ~ (**about sth**) generalizar (sobre algo)
■ **generalization** (GB tb **-isation**) /ˌdʒenrələˈzeɪʃn; GB -laɪˈz-/ n generalización
generally /ˈdʒenrəli/ adv generalmente, por lo general: *generally speaking...* en términos generales...
ˌgeneral ˈpractice n (GB) medicina general
ˌgeneral pracˈtitioner n (esp GB) Ver GP
ˈgeneral-ˌpurpose adj [solo antes de sustantivo] de uso general

ǧ generate /ˈdʒenəreɪt/ vt generar
ǧ generation /ˌdʒenəˈreɪʃn/ n generación: *the older/younger generation* los mayores/jóvenes ◊ *the generation gap* el conflicto generacional
generator /ˈdʒenəreɪtər/ n generador
generosity /ˌdʒenəˈrɑsəti/ n generosidad
ǧ generous /ˈdʒenərəs/ adj **1** (*persona, regalo*) generoso **2** (*ración*) abundante: *a generous helping* una buena porción
genetic /dʒəˈnetɪk/ adj genético
genetically modified adj (*abrev* **GM**) genéticamente modificado, transgénico
genetics /dʒəˈnetɪks/ n [*incontable*] genética
genial /ˈdʒiːniəl/ adj simpático
genie /ˈdʒiːni/ n (*pl* **genies** o **genii** /-niaɪ/) genio (de la lámpara)
genital /ˈdʒenɪtl/ adj genital
genitals /ˈdʒenɪtlz/ (*tb* **genitalia** /ˌdʒenɪˈteɪliə/) n [*pl*] genitales
genius /ˈdʒiːniəs/ n (*pl* **geniuses**) genio
genocide /ˈdʒenəsaɪd/ n genocidio
genome /ˈdʒiːnoʊm/ n (*Biol*) genoma
gent /dʒent/ n **1** (*antic, hum*) caballero **2 the Gents** [*sing*] (*GB, coloq*) baño de caballeros ➜ *Ver nota en* BATHROOM
genteel /dʒenˈtiːl/ adj (*gen pey*) fino, remilgado ■ **gentility** /dʒenˈtɪləti/ n (*formal*) finura
ǧ gentle /ˈdʒentl/ adj (**gentler, -est**) **1** (*persona, carácter*) amable, benévolo **2** (*brisa, toque, declive, ejercicio*) suave, ligero **3** (*animal*) manso
■ **gentleness** n **1** amabilidad **2** suavidad **3** mansedumbre
ǧ gentleman /ˈdʒentlmən/ n (*pl* **gentlemen** /-mən/) caballero
ǧ gently /ˈdʒentli/ adv **1** suavemente **2** (*cocinar*) a fuego lento **3** (*persuadir*) poco a poco
ǧ genuine /ˈdʒenjuɪn/ adj **1** (*cuadro, etc.*) auténtico **2** (*persona*) sincero
genus /ˈdʒiːnəs/ n (*pl* **genera** /ˈdʒenərə/) (*Biol, Bot*) género
ǧ geography /dʒiˈɑɡrəfi/ n geografía
■ **geographer** n geógrafo, -a **geographical** /ˌdʒiːəˈɡræfɪkl/ adj geográfico
geology /dʒiˈɑlədʒi/ n geología ■ **geological** /ˌdʒiːəˈlɑdʒɪkl/ adj geológico **geologist** /dʒiˈɑlədʒɪst/ n geólogo, -a
geometry /dʒiˈɑmətri/ n geometría
■ **geometric** /ˌdʒiːəˈmetrɪk/ adj geométrico
geriatric /ˌdʒeriˈætrɪk/ adj, n geriátrico, -a
germ /dʒɜːrm/ n germen, microbio

German measles /ˌdʒɜːrmən ˈmiːzlz/ n [*incontable*] rubeola
German shepherd /ˌdʒɜːrmən ˈʃepərd/ n pastor alemán
gesture /ˈdʒestʃər/ *sustantivo, verbo*
▶ n gesto: *What a nice gesture!* ¡Qué detalle!
▶ vi hacer gestos: *to gesture at/to/toward sth* señalar algo con la mano

ǧ get /ɡet/ (**-tt-**) (*pt* **got** /ɡɑt/, *pp* **gotten** /ˈɡɑtn/, *GB* **got**)
● **get + sustantivo o pronombre** vt recibir, conseguir: *to get a shock* llevarse un susto ◊ *to get a letter* recibir una carta ◊ *How much did you get for your car?* ¿Cuánto te dieron por el carro? ◊ *She gets bad headaches.* Sufre de fuertes dolores de cabeza. ◊ *I didn't get the joke.* No entendí el chiste.
● **get + objeto + infinitivo o -ing** vt ~ **sb/sth doing sth/to do sth** hacer, conseguir que algn/algo haga algo: *to get the car to start* hacer que el carro arranque ◊ *to get him talking* hacerlo hablar
● **get + objeto + participio** vt (*con actividades que queremos que sean realizadas por otra persona para nosotros*): *to get your hair cut* cortarse el pelo ◊ *You should get your watch repaired.* Deberías llevar a arreglar tu reloj. *Ver tb* HAVE vt (6)
● **get + objeto + adjetivo** vt (*conseguir que algo se vuelva/haga…*): *to get sth right* acertar algo ◊ *to get the children ready for school* arreglar a los niños para ir al colegio ◊ *to get (yourself) ready* arreglarse
● **get + adjetivo** vi volverse, hacerse: *to get wet* mojarse ◊ *It's getting late.* Se está haciendo tarde. ◊ *to get better* mejorar/recuperarse
● **get + participio** vt: *to get fed up with sth* cansarse de algo ◊ *to get used to sth* acostumbrarse a algo ◊ *to get lost* perderse

> Algunas combinaciones frecuentes de **get + participio** se traducen por verbos pronominales: *to get bored* aburrirse ◊ *to get divorced* divorciarse ◊ *to get dressed* vestirse ◊ *to get drunk* emborracharse ◊ *to get married* casarse. Para conjugarlos, añadimos la forma correspondiente de **get**: *She soon got used to it.* Se acostumbró rapidísimo. ◊ *I'm getting dressed.* Me estoy vistiendo. ◊ *We'll get married in the summer.* Nos vamos a casar este verano. **Get + participio** se utiliza también para expresar acciones que ocurren o se realizan de forma accidental, inesperada o repentina: *I got caught in a heavy rainstorm.* Me agarró una tormenta muy fuerte. ◊ *Simon got hit by a ball.* A Simon le dieron un pelotazo.

● **otros usos 1** vi ~ **to do sth** llegar a hacer algo:

getaway

to **get to know sb** (llegar a) conocer a algn **2** *vt, vi* **have got (to do)** sth tener (que hacer) algo
➔ *Ver tb* HAVE **3** *vi* ~ **to...** *(movimiento)* llegar a...: *How do you get to Springfield?* ¿Cómo se llega a Springfield? **LOC** **be getting on** *(coloq)* **1** *(persona)* hacerse viejo **2** *(hora)* hacerse tarde ◆ **get away from it all** *(coloq)* huir de todo y de todos ◆ **get (sb) nowhere**; **not get (sb) anywhere** no llevar (a algn) a ninguna parte ◆ **get there** lograrlo ❶ Para otras expresiones con **get**, véanse las entradas del sustantivo, adjetivo, etc., p. ej. **get the hang of sth** en HANG.
PHR V **get sth across (to sb)** comunicar algo (a algn)
get ahead (of sb) adelantarse (a algn)
get along arreglárselas ◆ **get along with sb**; **get along (together)** llevarse bien (con algn)
get around *(GB tb* **get about)** **1** *(persona, animal)* salir, moverse **2** *(rumor, noticia)* circular, correr ◆ **get around sb** convencer a algn ◆ **get around to (doing) sth** encontrar tiempo para (hacer) algo
get at sb meterse con algn ◆ **get at sth** *(coloq)* insinuar algo: *What are you getting at?* ¿Qué quieres decir?
get away (from...) salir, escaparse (de...) ◆ **get away with (doing) sth** salvarse de un castigo por (hacer) algo
get back regresar ◆ **get back at sb** *(coloq)* vengarse de algn ◆ **get sth back** recuperar, recobrar algo
get behind (with sth) retrasarse (con/en algo)
get by (lograr) pasar, arreglárselas
get down bajar ◆ **get down to (doing) sth** ponerse a hacer algo ◆ **get sb down** *(coloq)* deprimir a algn
get in; **get into sth 1** llegar (a algún sitio) **2** *(persona)* volver (a la casa) **3** *(vehículo)* subirse (a algo) **4** *(colegio, universidad)* ser admitido (en algo) ◆ **get sth in** recoger algo
get off 1 salir (del trabajo) **2** *(vehículo)* bajar (de algo) ◆ **get sth off (sth)** quitar algo (de algo) ◆ **get off with sb** *(GB, coloq)* ligar, encarretarse, agarrar con algn
get on *(GB)* **1** tener éxito **2** arreglárselas ◆ **get on**; **get onto sth** subirse (a algo) ◆ **get on to sth** ponerse a hablar de algo, pasar a considerar algo ◆ **get on with sb**; **get on (together)** *(GB)* llevarse bien (con algn) ◆ **get on with sth** seguir con algn: *Get on with your work!* ¡Sigan trabajando! ◆ **get sth on** poner(se) algo
get out (of sth) 1 salir (de algo): *Get out (of here)!* ¡Fuera de aquí! **2** *(vehículo)* bajar (de algo) ◆ **get out of (doing) sth** librarse de (hacer) algo ◆ **get sth out of sb/sth** sacar algo de algn/algo
get over sth 1 *(problema, timidez)* superar algo **2** olvidar algo **3** recuperarse de algo ◆ **get**

over (with) *(coloq)* quitarse algo de encima, acabar algo (de una vez)
get round *(GB) Ver* GET AROUND
get through sth 1 *(dinero, comida)* consumir algo **2** *(tarea)* terminar algo ◆ **get through (to sb)** *(por teléfono)* comunicarse (con algn) ◆ **get through to sb** entenderse con algn
get together (with sb) reunirse (con algn) ◆ **get sb/sth together** reunir, juntar a algn/algo
get up levantarse ◆ **get sb up** levantar a algn ◆ **get up to sth 1** llegar a algo **2** meterse en algo

getaway /ˈɡetəweɪ/ *n* fuga: *getaway car* carro para la fuga

ghastly /ˈɡæstli; *GB* ˈɡɑːstli/ *adj* (**ghastlier, -iest**) espantoso: *the whole ghastly business* todo el asqueroso asunto

gherkin /ˈɡɜːrkɪn/ *n* *(GB)* *(USA* **pickle**) pepinillo en vinagre

ghetto /ˈɡetoʊ/ *n* (*pl* **ghettos** *o* **ghettoes**) gueto

ghost /ɡoʊst/ *n* fantasma: *ghost story* historia de terror **LOC** **give up the ghost** *(GB, coloq)* estirar la pata ■ **ghostly** *adj* (**ghostlier, -iest**) fantasmal

giant /ˈdʒaɪənt/ *n* gigante

gibberish /ˈdʒɪbərɪʃ/ *n* [*incontable*] *(coloq)* tonterías

giddy /ˈɡɪdi/ *adj* (**giddier, -iest**) mareado: *The dancing made her giddy.* El baile la mareó.

gift /ɡɪft/ *n* **1** regalo **2** ~ **(for sth/doing sth)** don, aptitudes (para algo/hacer algo) **3** *(coloq)* ganga **LOC** **have the gift of the gab** tener mucha labia *Ver tb* LOOK ■ **gifted** *adj* dotado

gift certificate (*tb* **gift voucher**) *n* vale/cupón de regalo

gift wrap *sustantivo, verbo*
▸ *n* [*incontable*] papel de regalo
▸ *vt* **gift-wrap (-pp-)** envolver en papel de regalo

gig /ɡɪɡ/ *n* actuación *(musical)*

gigabyte /ˈɡɪɡəbaɪt/ *(coloq* **gig** /ɡɪɡ/) *n* (*abrev* **GB**) *(Informát)* gigabyte, giga

gigantic /dʒaɪˈɡæntɪk/ *adj* gigantesco

giggle /ˈɡɪɡl/ *verbo, sustantivo*
▸ *vi* ~ **(at sb/sth)** reírse tontamente (de algn/algo)
▸ *n* **1** risita **2** *(GB, coloq)* broma: *I only did it for a giggle.* Solo lo hice para reírnos un rato. **3 the giggles** [*pl*] *(coloq)* a *fit of the giggles* un ataque de risa

gilded /ˈɡɪldɪd/ *(tb* **gilt** /ɡɪlt/) *adj* dorado

gimmick /ˈɡɪmɪk/ *n* truco publicitario o de promoción

gin /dʒɪn/ n ginebra

ginger /ˈdʒɪndʒər/ sustantivo, adjetivo
▸ n jengibre
▸ adj (GB) pelirrojo: *a ginger cat* un gato de color rojizo

gingerly /ˈdʒɪndʒərli/ adv cautelosamente, sigilosamente

Gipsy = GYPSY

giraffe /dʒəˈræf; GB -ˈrɑːf/ n jirafa

girl /ɡɜːrl/ n niña, chica

girlfriend /ˈɡɜːrlfrend/ n **1** novia, polola **2** amiga

gist /dʒɪst/ n LOC **get the gist of sth** captar lo esencial de algo

give /ɡɪv/ verbo, sustantivo
▸ (pt **gave** /ɡeɪv/, pp **given** /ˈɡɪvn/) **1** vt ~ **sb sth**; ~ **sth (to sb)** dar algo (a algn): *I gave each of the boys an apple.* Le di una manzana a cada uno de los muchachos. ◊ *It gave us a big shock.* Nos dio un buen susto.

Algunos verbos como **give**, **buy**, **send**, **take**, etc. tienen dos objetos, uno directo y otro indirecto. El objeto indirecto suele ser una persona y va delante del objeto directo: *Give me the book.* ◊ *I bought her a present.* Cuando el objeto indirecto va después, usamos una preposición, normalmente **to** o **for**: *Give the book to me.* ◊ *I bought a present for her.*

2 vi ~ **(to sth)** dar dinero (para algo) **3** vi ceder **4** vt (tiempo, pensamiento) dedicar **5** vt contagiar: *You've given me your cold.* Me pegaste el resfriado. **6** vt conceder: *I'll give you that.* Te reconozco eso. **7** vt dar: *to give a lecture* dar una conferencia LOC **don't give me that!** (coloq) ¡no me salgas con eso! ◆ **give or take sth**: *an hour and a half, give or take a few minutes* una hora y media, más o menos ❶ Para otras expresiones con **give**, véanse las entradas del sustantivo, adjetivo, etc., p. ej. **give rise to sth** en RISE.
PHR V **give sb away** delatar a algn ◆ **give sth away 1** regalar algo **2** revelar algo
give (sb) back sth; give sth back (to sb) devolver algo (a algn)
give in (to sb/sth) ceder (a algn/algo) ◆ **give sth in (to sb)** entregar algo (a algn)
give sth out repartir algo
give up abandonar, rendirse ◆ **give sth up**; **give up doing sth** dejar algo, dejar de hacer algo: *to give up smoking* dejar de fumar ◊ *to give up hope* perder las esperanzas
▸ n LOC **give and take** toma y daca

given /ˈɡɪvn/ adj, prep dado Ver tb GIVE

given name (GB **Christian name**) n nombre (de pila)

glacier /ˈɡleɪʃər; GB ˈɡlæsiə(r)/ n glaciar

glad /ɡlæd/ adj **1 be ~ (about sth/to do sth/that…)** alegrarse (de algo/de hacer algo/de que…): *I'm glad (that) you could come.* Me alegro de que pudieran venir. **2 be ~ to do sth** tener mucho gusto en hacer algo: '*Can you help?*' '*I'd be glad to.*' —¿Puedes ayudar? —Con mucho gusto. **3 be ~ of sth** agradecer algo

Glad y **pleased** se utilizan para referirse a una circunstancia o un hecho concretos: *Are you glad/pleased about getting the job?* ¿Estás contento de haber conseguido el trabajo? **Happy** describe un estado mental y puede preceder al sustantivo al que acompaña: *Are you happy in your new job?* ¿Estás contento en tu nuevo trabajo? ◊ *a happy occasion* una ocasión feliz ◊ *happy memories* recuerdos felices.

gladly adv con gusto

glamor (GB **glamour**) /ˈɡlæmər/ n glamour
■ **glamorous** adj glamuroso

glance /ɡlæns; GB ɡlɑːns/ verbo, sustantivo
▸ vi ~ **at/down/over/through sth** echar un vistazo/una mirada a algo
▸ n mirada (rápida), vistazo: *to take a glance at sth* echar un vistazo a algo LOC **at a (single) glance** a simple vista

gland /ɡlænd/ n glándula

glare /ɡleər/ sustantivo, verbo
▸ n **1** luz deslumbrante **2** mirada desafiante
▸ vi ~ **at sb/sth** mirar de manera desafiante a algn/algo ■ **glaring** adj **1** (error) evidente **2** (expresión) airado, desafiante **3** (luz) deslumbrante **glaringly** adv: *glaringly obvious* muy evidente

glass /ɡlæs; GB ɡlɑːs/ n **1** [incontable] vidrio, cristal: *a pane of glass* un vidrio ◊ *broken glass* vidrios rotos **2** copa, vaso: *a glass of water* un vaso de agua **3 glasses** [pl] gafas, lentes: *I need a new pair of glasses.* Necesito unas gafas nuevas. ➲ Ver nota en PAIR LOC Ver RAISE

glaze /ɡleɪz/ sustantivo, verbo
▸ n **1** (cerámica) barniz **2** (Cocina) glaseado
▸ **1** vi ~ **(over)** (ojos) ponerse vidrioso **2** vt (cerámica) barnizar **3** vt (Cocina) glasear
■ **glazed** adj **1** (ojos) inexpresivo **2** (cerámica) barnizado

gleam /ɡliːm/ sustantivo, verbo
▸ n **1** destello **2** brillo
▸ vi **1** destellar **2** brillar, relucir

gleaming /ˈɡliːmɪŋ/ adj reluciente

glean /ɡliːn/ vt sacar (información)

glee /gli:/ n regocijo ■ **gleeful** adj eufórico
gleefully adv con euforia

glen /glen/ n valle estrecho

glide /glaɪd/ verbo, sustantivo
▶ vi **1** deslizarse **2** (en el aire) planear
▶ n deslizamiento

glider /ˈglaɪdər/ n planeador

glimmer /ˈglɪmər/ n **1** luz tenue **2** ~ (**of sth**) (fig) chispa (de algo): *a glimmer of hope* un rayo de esperanza

glimpse /glɪmps/ sustantivo, verbo
▶ n visión momentánea LOC **catch a glimpse of sb/sth** vislumbrar a algn/algo
▶ vt vislumbrar

glint /glɪnt/ verbo, sustantivo
▶ vi **1** destellar **2** (ojos) brillar
▶ n **1** destello **2** (ojos) chispa

glisten /ˈglɪsn/ vi brillar (esp superficie mojada)

glitter /ˈglɪtər/ verbo, sustantivo
▶ vi relucir
▶ n **1** brillo **2** (fig) esplendor

gloat /gloʊt/ vi ~ (**about/over sth**) jactarse, regocijarse (de algo)

¦ **global** /ˈgloʊbl/ adj **1** mundial: *global warming* el calentamiento global **2** (general) global
■ **globally** adv mundialmente, a escala mundial

globalization (GB tb **-isation**) /ˌgloʊbələˈzeɪʃn; GB -laɪˈz-/ n globalización

globalize (GB tb **-ise**) /ˈgloʊbəlaɪz/ vt, vi globalizar(se)

globe /gloʊb/ n **1** globo **2** globo terráqueo

gloom /glu:m/ n **1** penumbra **2** tristeza **3** pesimismo ■ **gloomy** adj (**gloomier, -iest**) **1** (lugar, día, aspecto, etc.) oscuro, triste **2** (pronóstico) poco prometedor **3** (carácter) melancólico

glorious /ˈglɔːriəs/ adj **1** glorioso **2** espléndido

glory /ˈglɔːri/ sustantivo, verbo
▶ n **1** gloria **2** esplendor
▶ v PHR V **glory in sth 1** enorgullecerse de algo **2** disfrutar algo

gloss /glɔːs; GB glɒs/ sustantivo, verbo
▶ n **1** brillo **2** (tb ˌgloss ˈpaint) pintura de esmalte ➔ Comparar con MATTE **3** (fig) lustre
▶ v PHR V **gloss over sth** pasar algo por alto

glossary /ˈglɑsəri/ n (pl **glossaries**) glosario

glossy /ˈglɔːsi; GB ˈglɒsi/ adj (**glossier, -iest**) reluciente, lustroso

¦ **glove** /glʌv/ n guante LOC Ver FIT

glow /gloʊ/ verbo, sustantivo
▶ vi **1** (metal) estar al rojo vivo **2** brillar (suavemente) **3** (cara) enrojecerse **4** ~ (**with sth**) (esp salud) rebosar (de algo)
▶ n [sing] **1** luz suave **2** arrebol **3** (sentimiento de) satisfacción

glucose /ˈgluːkoʊs/ n glucosa

¦ **glue** /gluː/ sustantivo, verbo
▶ n goma de pegar, pegante
▶ vt (part pres **gluing**) pegar

glutton /ˈglʌtn/ n **1** glotón, -ona, comelón, -ona **2** ~ **for sth** (coloq) amante de algo: *to be a glutton for punishment* ser un masoquista

GM /ˌdʒiː ˈem/ abrev Ver GENETICALLY MODIFIED

gnarled /nɑrld/ adj **1** (árbol, mano) retorcido **2** (tronco) nudoso

gnaw /nɔː/ vt, vi ~ (**at/on**) **sth** roer algo
PHR V **gnaw at sb** atormentar a algn

gnome /noʊm/ n gnomo

¦ **go** /goʊ/ verbo, sustantivo
▶ vi (3a pers sing **goes** /goʊz/, pt **went** /went/, pp **gone** /gɔːn; GB gɒn/) **1** ir(se): *to go home* irse a la casa ◊ *I went to bed at ten o'clock.* Me acosté a las diez.

Been se usa como participio pasado de **go** para expresar que alguien ha ido a un lugar y ha vuelto: *Have you ever been to London?* ¿Has estado alguna vez en Londres? **Gone** implica que esa persona no ha regresado todavía: *John's gone to Peru. He'll be back in May.* John se fue para Perú. Vuelve en mayo.

2 irse, marcharse **3** (tren, etc.) salir **4 go + -ing** ir: *to go fishing/swimming/camping* ir a pescar/a nadar/de camping **5 go for a + sustantivo** ir: *to go for a walk* ir a dar un paseo **6** (progreso) ir, salir: *How's it going?* ¿Cómo te va? ◊ *Everything went well.* Todo salió bien. **7** (máquina) funcionar **8** volverse, quedarse: *to go crazy/blind/pale* volverse loco/quedarse ciego/palidecer **9** hacer (emitir un sonido): *Cats go 'meow'.* Los gatos hacen "miau". **10** desaparecer, terminarse: *My headache's gone.* Se me quitó el dolor de cabeza. ◊ *Is it all gone?* ¿Se acabó? **11** gastarse, dañarse **12** (tiempo) pasar LOC **be going to do sth**: *We're going to buy a house.* Vamos a comprar una casa. ◊ *He's going to fall!* ¡Se va a caer! ❶ Para otras expresiones con **go**, véanse las entradas del sustantivo, adjetivo, etc., p. ej. **go astray** en ASTRAY.

PHR V **go about** (GB) Ver GO AROUND ♦ **go about (doing) sth**: *How should I go about telling him?* ¿Cómo debería decírselo?
go ahead (with sth) seguir adelante (con algo)
go along with sth/sb estar conforme con algo/con lo que dice algn
go around 1 (GB tb **go about**) [con adjetivo o -ing]

---

i happy ɪ sit iː see æ cat ɑ hot ɒ long (GB) ɑː bath (GB) ʌ cup ʊ put uː too

andar: *to go around naked/criticizing everybody* andar desnudo/criticando a todo el mundo **2** (*GB tb* **go about**) (*rumor*) circular **3** alcanzar, ser suficiente
go away 1 irse (de viaje) **2** (*mancha*) desaparecer
go back volver ♦ **go back on sth** faltar a algo (*promesa, etc.*)
go by pasar: *as time goes by* con el tiempo
go down 1 bajar **2** (*barco*) hundirse **3** (*sol*) ponerse ♦ **go down (with sb)** (*película, obra*) ser recibido/acogido (por algn)
go for sb atacar a algn ♦ **go for sb/sth 1** ir por algn/algo: *That goes for you too.* Eso va para ti también. **2** gustarle algn/algo a algn/algo: *She always goes for tall guys.* Se ve que le van los hombres altos.
go in entrar ♦ **go in (sth)** caber (en algo) ♦ **go in for sth** interesarse por (hacer) algo (*hobby, etc.*)
go into sth 1 decidir dedicarse a algo (*profesión*) **2** examinar algo: *to go into (the) details* entrar en detalles
go off 1 irse, marcharse **2** (*arma*) dispararse **3** (*bomba*) explotar **4** (*alarma*) sonar **5** (*luz, etc.*) apagarse **6** (*alimentos*) pasarse **7** (*acontecimiento*) salir: *It went off well.* Salió muy bien. ♦ **go off sb/sth** perder interés en algn/algo ♦ **go off with sth** llevarse algo
go on 1 seguir adelante **2** (*luz, etc.*) encenderse **3** suceder: *What's going on here?* ¿Qué pasa aquí? **4** (*situación*) continuar, durar ♦ **go on (about sb/sth)** no parar de hablar (de algn/algo) ♦ **go on (with sth/doing sth)** seguir (con algo/haciendo algo)
go out 1 salir **2** (*luz*) apagarse
go over sth 1 examinar algo **2** (*de nuevo*) repasar algo ♦ **go over to sth** pasarse a algo (*opinión, partido*)
go round (*GB*) *Ver* GO AROUND
go through ser aprobado (*ley, etc.*) ♦ **go through sth 1** revisar, registrar algo **2** (*de nuevo*) repasar algo **3** sufrir, pasar por algo ♦ **go through with sth** llevar algo a cabo, seguir adelante con algo
go together hacer juego, armonizar
go up 1 subir **2** (*edificio*) levantarse **3** estallar, explotar
go with sth ir bien, hacer juego con algo
go without pasar privaciones ♦ **go without sth** arreglárselas sin algo
▶ *n* (*pl* **goes** /goʊz/) **1** (*GB*) turno: *Whose go is it?* ¿A quién le toca? **2** (*coloq*) empuje, dinamismo LOC **be on the go** (*coloq*) no parar ♦ **have a go (at sth/doing sth)** (*coloq*) probar suerte (con algo), intentar (hacer algo) ♦ **have a go at sb** (*coloq*) cogerla con algn

goad /goʊd/ *vt* ~ **sb (into doing sth)** incitar a algn (a hacer algo)

'go-ahead *sustantivo, adjetivo*
▶ *n* **the go-ahead** [*sing*] luz verde
▶ *adj* emprendedor

goal /goʊl/ *n* **1** portería **2** gol **3** (*fig*) meta
goalkeeper /ˈgoʊlkiːpər/ (*coloq* **goalie** /ˈgoʊli/) *n* portero, -a, arquero, -a
goalpost /ˈgoʊlpoʊst/ *n* poste de la portería
goat /goʊt/ *n* cabra
goatee /goʊˈtiː/ *n* barbita de chivo, chivera
gobble /ˈgɑbl/ *vt* ~ **sth (up/down)** engullir, tragarse algo
'go-between *n* intermediario, -a
goblin /ˈgɑblɪn/ *n* duende travieso
'go-cart = GO-KART
god /gɑd/ *n* **1** dios **2** **God** [*sing*] Dios LOC *Ver* SAKE, KNOW
godchild /ˈgɑdtʃaɪld/ *n* ahijado, -a
'god-daughter *n* ahijada
goddess /ˈgɑdəs/ *n* diosa
godfather /ˈgɑdfɑðər/ *n* padrino
godmother /ˈgɑdmʌðər/ *n* madrina
godparent /ˈgɑdpeərənt/ *n* **1** padrino, madrina **2** **godparents** [*pl*] padrinos
godsend /ˈgɑdsend/ *n* regalo del cielo
godson /ˈgɑdsʌn/ *n* ahijado
goggles /ˈgɑglz/ *n* [*pl*] gafas (protectoras) (*de motociclista, deportista, etc.*)
going /ˈgoʊɪŋ/ *sustantivo, adjetivo*
▶ *n* **1** [*sing*] (*marcha*) ida **2** *Good going!* ¡Bien hecho! ◊ *That was good going.* Fue muy rápido. ◊ *The path was rough going.* El camino estaba en muy mal estado. LOC **get out, etc. while the going is good** irse, etc. mientras las condiciones son favorables
▶ *adj* LOC **a going concern** un negocio próspero ♦ **the going rate (for sth)** la tarifa existente (por algo)
'go-kart *n* kart ■ **'go-karting** *n* kart (*deporte*)
gold /goʊld/ *n* oro: *a gold bracelet* una pulsera de oro ◊ *gold dust* oro en polvo LOC **(as) good as gold** más bueno que el pan
golden /ˈgoʊldən/ *adj* **1** de oro **2** (*color, fig*) dorado LOC *Ver* ANNIVERSARY
goldfish /ˈgoʊldfɪʃ/ *n* pez de colores
golf /gɑlf/ *n* golf: *golf course* campo de golf
'golf club *n* **1** club de golf **2** palo de golf
golfer /ˈgɑlfər/ *n* golfista
gone /gɔːn; *GB* gɒn/ *prep* (*GB, coloq*): *It was gone midnight.* Eran pasadas las doce. *Ver tb* GO

gonna /ˈgənə, ˈgɔːnə; *GB tb* ˈgɒnə/ *abrev de* **going to** (*coloq*) *Ver* GO ❶ Esta forma no se considera gramaticalmente correcta.

good /gʊd/ *adjetivo, sustantivo*
▸ *adj* (*comp* **better** /ˈbetər/, *superl* **best** /best/)
1 bueno: *Vegetables are good for you.* Las verduras son buenas para la salud. ◊ *good nature* bondad **2** ~ **to sb** bueno, amable con algn LOC **as good as** prácticamente: *He as good as said I was a liar.* Prácticamente me llamó mentiroso. ◆ **be good at sth** tener aptitud para algo ◆ **good for you, her, etc.!** (*coloq*) ¡bien hecho! ❶ Para otras expresiones con **good**, véanse las entradas del sustantivo, adjetivo, etc., p.ej. **a good many** en MANY.
▸ *n* **1** bien **2 the good** [*pl*] los buenos LOC **be no good; not be any/much good** (*esp GB*) no servir de nada ◆ **do sb good** hacerle/caerle/sentarle bien a algn ◆ **for good** para siempre

goodbye /ˌgʊdˈbaɪ/ *interj, n* adiós, hasta luego: *to say goodbye* despedirse LOC *Ver* WAVE ❶ Otras palabras más informales son: **bye**, y también **cheerio** y **cheers** en Gran Bretaña.

good-humored (*GB* **good-humoured**) /ˌgʊd ˈhjuːmərd/ *adj* **1** atento, cordial **2** de buen humor

good-ˈlooking *adj* buen mozo

good-ˈnatured *adj* **1** amable **2** de buen corazón

goodness /ˈgʊdnəs/ *sustantivo, interjección*
▸ *n* **1** bondad **2** valor nutritivo
▸ *interj* ¡Dios mío! LOC *Ver* KNOW

goods /gʊdz/ *n* [*pl*] **1** bienes **2** artículos, mercancías, productos

goodwill /ˌgʊdˈwɪl/ *n* buena voluntad

goof /guːf/ *vi* (*esp USA, coloq*) embarrarla, malograrla PHR V **goof around** (*esp USA, coloq*) **1** hacerse el tonto **2** pasar el rato

google /ˈguːgl/ *vt, vi* (*Internet*) buscar a través de Google®

goose /guːs/ *n* (*pl* **geese** /giːs/) ganso

gooseberry /ˈguːsberi; *GB* ˈgʊzbəri/ *n* (*pl* **gooseberries**) grosella espinosa

goosebumps (*tb esp GB* ˈ**goose pimples**) *n* [*pl*] piel de gallina

gorge /gɔːrdʒ/ *n* (*Geog*) cañón

gorgeous /ˈgɔːrdʒəs/ *adj* **1** (*coloq*) precioso **2** magnífico

gorilla /gəˈrɪlə/ *n* gorila

gory /ˈgɔːri/ *adj* (**gorier, -iest**) **1** (*coloq*) morboso **2** sangriento

go-ˈslow *n* (*GB*) (*USA* **slowdown**) huelga de brazos caídos, plan tortuga

gospel /ˈgɑspl/ *n* evangelio

gossip /ˈgɑsɪp/ *sustantivo, verbo*
▸ *n* (*pey*) **1** [*incontable*] chismes **2** chismoso, -a
▸ *vi* ~ **(with sb) (about sth)** chismosear (con algn) (de algo)

got *pt, pp de* GET

Gothic /ˈgɑθɪk/ *adj* gótico

gotta /ˈgɑtə/ *abrev de* **got to** (*coloq*) *Ver* HAVE ❶ Esta forma no se considera gramaticalmente correcta.

gotten (*USA*) *pp de* GET

gouge /gaʊdʒ/ *vt* hacer (*agujero*) PHR V **gouge sth out (of sth)** sacar, extraer algo (de algo)

govern /ˈgʌvərn; *GB* ˈgʌvn/ **1** *vt, vi* gobernar **2** *vt* (*acto, negocio*) regir ■ **governing** *adj* **1** (*partido*) del gobierno **2** (*organismo*) rector

government /ˈgʌvərnmənt; *GB* ˈgʌvn-/ *n* gobierno ➲ *Ver nota en* JURADO LOC **in government** en el gobierno ■ **governmental** /ˌgʌvərnˈmentl; *GB* ˌgʌvn-/ *adj* gubernamental

governor /ˈgʌvərnər/ *n* **1** gobernador, -ora **2** director, -ora

gown /gaʊn/ *n* **1** vestido largo y elegante **2** (*Educ, Jur*) toga **3** (*Med*) bata *Ver tb* DRESSING GOWN

GP /ˌdʒiː ˈpiː/ *n* (*abrev de* **general practitioner**) (*esp GB*) médico general

GPA /ˌdʒiː piː ˈeɪ/ *abrev Ver* GRADE POINT AVERAGE

GPS /ˌdʒiː piː ˈes/ *abrev de* **global positioning system** GPS

grab /græb/ *verbo, sustantivo*
▸ (**-bb-**) **1** *vt* agarrar **2** *vi* ~ **at sb/sth** tratar de agarrar a algn/algo **3** *vt* ~ **sth (from sb)** quitar algo (a algn) **4** *vt* (*atención*) captar LOC *Ver* HOLD
▸ *n* LOC **make a grab at/for sth** intentar agarrar algo

grace /greɪs/ *sustantivo, verbo*
▸ *n* **1** gracia, elegancia **2** plazo: *five days' grace* cinco días de gracia **3** **to say grace** bendecir la mesa
▸ *vt* **1** adornar **2** ~ **sb/sth (with sth)** honrar a algn/algo (con algo)

graceful /ˈgreɪsfl/ *adj* **1** grácil, elegante **2** delicado (*cortés*)

gracious /ˈgreɪʃəs/ *adj* **1** afable **2** elegante, lujoso

grade /greɪd/ *sustantivo, verbo*
▸ *n* **1** clase, categoría **2** (*GB* **mark**) (*Educ*) calificación, nota **3** (*GB* **year**) (*Educ*) año **4** (*GB* **gradient**) (*Geog*) pendiente LOC **make the grade** (*coloq*) tener éxito
▸ *vt* **1** clasificar **2** (*GB* **mark**) (*Educ*) calificar (*examen*) ■ **grading** *n* clasificación

graveyard

grade point average n (abrev GPA) (USA) nota promedio (de un alumno)

gradient /ˈgreɪdiənt/ n (Geog) pendiente

gradual /ˈgrædʒuəl/ adj **1** gradual, paulatino **2** (pendiente) suave

gradually /ˈgrædʒuəli/ adv paulatinamente, poco a poco

graduate sustantivo, verbo
▸ n /ˈgrædʒuət/ **1** (USA) graduado, -a **2** (GB) ~ (in sth) egresado, -a (de algo)
▸ /ˈgrædʒueɪt/ **1** vi ~ (in sth) graduarse (en algo) **2** vt graduar ■ **graduation** n graduación

graffiti /grəˈfiːti/ n [incontable] grafitis

graft /græft; GB grɑːft/ sustantivo, verbo
▸ n (Bot, Med) injerto
▸ vt ~ **sth (onto sth)** injertar algo (en algo)

grain /greɪn/ n **1** [incontable] cereales **2** grano **3** veta (madera)

gram (GB tb **gramme**) /græm/ n (abrev **g**) gramo ➔ Ver pág. 786

grammar /ˈgræmər/ n gramática (libro, reglas)

grammar school n **1** (USA, antic) escuela primaria **2** (GB) colegio (para alumnos de 12 a 18 años)

grammatical /grəˈmætɪkl/ adj **1** gramatical **2** (gramaticalmente) correcto

grand /grænd/ adjetivo, sustantivo
▸ adj (**grander**, **-est**) **1** espléndido, magnífico, grandioso **2** (coloq) estupendo **3 Grand** (títulos) gran
▸ n **1** (pl **grand**) (coloq) mil dólares o libras **2** (tb ˌgrand piˈano) piano de cola

grandad /ˈgrændæd/ n (coloq) abuelo, abuelito

grandchild /ˈgræntʃaɪld/ n (pl **grandchildren** /-tʃɪldrən/) nieto, -a

granddaughter /ˈgrændɔːtər/ n nieta

grandeur /ˈgrændʒər/ n grandiosidad, grandeza

grandfather /ˈgrænfɑðər/ n abuelo

grandma /ˈgrænmɑ/ n (coloq) abuela, abuelita

grandmother /ˈgrænmʌðər/ n abuela

grandpa /ˈgrænpɑ/ n (coloq) abuelo, abuelito

grandparent /ˈgrænpeərənt/ n abuelo, -a

Grand Prix /ˌgrɒ ˈpriː/ n (pl **Grands Prix** /ˌgrɒ ˈpriːz/) Gran Premio

grandson /ˈgrænsʌn/ n nieto

grandstand /ˈgrænstænd/ n (Dep) tribuna

granite /ˈgrænɪt/ n granito

granny /ˈgræni/ n (pl **grannies**) (coloq) abuela, abuelita

grant /grænt; GB grɑːnt/ verbo, sustantivo
▸ vt ~ **sth (to sb)** conceder algo (a algn) **LOC take sb/sth for granted** dar algo por hecho/seguro, no valorar a algn/algo
▸ n **1** subsidio **2** (Educ) beca

grape /greɪp/ n uva

grapefruit /ˈgreɪpfruːt/ n (pl **grapefruit** o **grapefruits**) toronja, pomelo

grapevine /ˈgreɪpvaɪn/ n viña **LOC on/through the grapevine**: I heard it through the grapevine. Me lo dijo un pajarito.

graph /græf; GB grɑːf/ n gráfico Ver tb BAR GRAPH

graphic /ˈgræfɪk/ adj gráfico

graphics /ˈgræfɪks/ n [pl]: computer graphics gráficas (computarizadas)

grapple /ˈgræpl/ vi ~ **(with sb/sth)** (lit y fig) luchar (con algn/algo)

grasp /græsp; GB grɑːsp/ verbo, sustantivo
▸ vt **1** agarrar **2** (oportunidad) aprovechar **3** comprender
▸ n **1** (fig) alcance: within/beyond sb's grasp al alcance/fuera del alcance de algn **2** conocimiento, noción

grasping /ˈgræspɪŋ; GB ˈgrɑːspɪŋ/ adj codicioso

grass /græs; GB grɑːs/ n hierba, pasto

grasshopper /ˈgræshɑpər; GB ˈgrɑːs-/ n saltamontes, chapulín

grassland /ˈgræslænd; GB ˈgrɑːs-/ (tb **grasslands** [pl]) n pradera(s)

ˌgrass ˈroots n [pl] (Pol) base/clase popular

grassy /ˈgræsi; GB ˈgrɑːsi/ adj (**grassier**, **-iest**) cubierto de pasto

grate /greɪt/ verbo, sustantivo
▸ **1** vt rallar **2** vi chirriar **3** vi ~ **(on/with sb)** irritar (a algn)
▸ n parrilla (de chimenea)

grateful /ˈgreɪtfl/ adj ~ **(to sb) (for sth)**; ~ **(that...)** agradecido (a algn) (por algo), agradecido (de que...)

grater /ˈgreɪtər/ n rallador

gratitude /ˈgrætɪtuːd; GB -tjuːd/ n ~ **(to sb) (for sth)** gratitud (a algn) (por algo)

grave /greɪv/ adjetivo, sustantivo
▸ adj (**graver**, **-est**) (formal) grave, serio ❶ La palabra más normal es **serious**.
▸ n tumba

gravel /ˈgrævl/ n gravilla

graveyard /ˈgreɪvjɑrd/ (tb **cemetery**) n cementerio

gravity

gravity /'grævəti/ n 1 (Fís) gravedad 2 (formal) seriedad ❶ La palabra más normal es **seriousness**.

gravy /'greɪvi/ n salsa (hecha con el jugo de la carne)

gray (GB **grey**) /greɪ/ adjetivo, sustantivo
▸ adj 1 gris 2 (pelo) cano: *to go/turn gray* encanecer ◊ *gray-haired* canoso
▸ n (pl **grays**) gris

graze /greɪz/ verbo, sustantivo
▸ 1 vi pacer, pastar 2 vt ~ **sth (against/on sth)** (pierna, etc.) rasparse algo (con algo) 3 vt rozar
▸ n (Med) raspadura

grease /griːs/ sustantivo, verbo
▸ n 1 grasa 2 (Mec) lubricante 3 gomina, gel
▸ vt engrasar ◼ **greasy** adj (**greasier, -iest**) grasiento

great /greɪt/ adjetivo, sustantivo
▸ adj (**greater, -est**) 1 gran, grande: *in great detail* con gran detalle ◊ *the world's greatest tennis player* el/la mejor tenista del mundo ◊ *We're great friends.* Somos muy amigos. ◊ *I'm not a great reader.* No soy muy aficionado a la lectura. 2 (distancia) largo 3 (edad) avanzado 4 (cuidado) mucho 5 (coloq) estupendo: *We had a great time.* Pasamos delicioso. ◊ *It's great to see you!* ¡Qué alegría verte! 6 ~ **at sth** muy bueno en algo 7 (coloq) muy: *a great big dog* un perro enorme **LOC great minds think alike** las mentes brillantes piensan igual Ver tb BELIEVE, DEAL, EXTENT
▸ n [gen pl] (coloq): *one of the jazz greats* una de las grandes figuras del jazz

great-'grandfather n bisabuelo
great-'grandmother n bisabuela

greatly /'greɪtli/ adv muy, mucho: *greatly exaggerated* muy exagerado ◊ *It varies greatly.* Varía mucho.

greatness /'greɪtnəs/ n grandeza

greed /griːd/ n 1 ~ **(for sth)** codicia (de algo) 2 gula

greedy /'griːdi/ adj (**greedier, -iest**) 1 ~ **(for sth)** codicioso (de algo) 2 glotón ◼ **greedily** adv 1 codiciosamente 2 vorazmente

green /griːn/ adjetivo, sustantivo
▸ adj (**greener, -est**) verde
▸ n 1 verde 2 **greens** [pl] verduras 3 prado

'green belt n (esp GB) zona verde (alrededor de un área urbana)

greenery /'griːnəri/ n [incontable] verde, follaje

greengrocer /'griːnɡrəʊsər/ n 1 verdulero, -a 2 **greengrocer's** (GB) (USA **greengrocer shop**) verdulería, -a ➔ Ver nota en CARNICERÍA

greenhouse /'griːnhaʊs/ n invernadero: *greenhouse effect* efecto invernadero

green 'onion n Ver SCALLION

greenwash /'griːnwɒʃ/ n [incontable] (pey) lavado verde (usado por empresas que pretenden limpiar su imagen sin cambiar su impacto medioambiental)

greet /griːt/ vt 1 saludar a: *He greeted me with a smile.* Me recibió con una sonrisa.
➔ Comparar con SALUTE 2 ~ **sth with sth** recibir, acoger algo con algo ◼ **greeting** n 1 saludo 2 recibimiento

grenade /ɡrə'neɪd/ n granada (de mano)

grew pt de GROW

grey (esp GB) = GRAY

greyhound /'greɪhaʊnd/ n galgo

grid /ɡrɪd/ n 1 rejilla 2 (GB) (electricidad, gas) red 3 (mapa) cuadrícula

gridlock /'ɡrɪdlɒk/ n [incontable] embotellamiento (de tráfico)

grief /ɡriːf/ n ~ **(over/at sth)** dolor, pesar (por algo) **LOC come to grief** (coloq) 1 fracasar 2 sufrir un accidente

grievance /'ɡriːvns/ n ~ **(against sb)** 1 (motivo de) queja contra algn 2 (de trabajadores) protesta (contra algn)

grieve /ɡriːv/ 1 vi ~ **(for/over sb/sth)** llorar la pérdida (de algn/algo) 2 vt (formal) afligir, dar pena a

grill /ɡrɪl/ sustantivo, verbo
▸ n 1 parrilla 2 (plato) parrillada 3 (tb **grille**) rejilla, reja
▸ vt 1 (GB) (USA **broil**) asar a la parrilla 2 ~ **sb (about sth)** interrogar a algn (sobre algo)

grim /ɡrɪm/ adj (**grimmer, -est**) 1 (persona) severo, ceñudo 2 (lugar) triste, lúgubre 3 deprimente, triste 4 macabro, siniestro

grimace /'ɡrɪməs, ɡrɪ'meɪs/ sustantivo, verbo
▸ n mueca
▸ vi ~ **(at sb/sth)** hacer muecas (a algn/algo)

grime /ɡraɪm/ n mugre ◼ **grimy** adj (**grimier, -iest**) mugriento

grin /ɡrɪn/ verbo, sustantivo
▸ vi (**-nn-**) ~ **(at sb/sth)** sonreír de oreja a oreja (a algn/algo) **LOC grin and bear it** poner al mal tiempo buena cara
▸ n sonrisa

grind /ɡraɪnd/ verbo, sustantivo
▸ (pt, pp **ground** /ɡraʊnd/) 1 vt, vi moler(se) 2 vt afilar 3 vt (dientes) rechinar **LOC grind to a halt; come to a grinding halt** 1 (vehículo) detenerse con un chirrido de los frenos 2 (proceso) detenerse gradualmente Ver tb AX

---

i happy ɪ sit iː see æ cat ɑ hot ɒ long (GB) ɑː bath (GB) ʌ cup ʊ put uː too

▸ n (coloq) **1** [sing] the daily grind la rutina cotidiana **2** (GB swot) estudioso, -a

grip /grɪp/ verbo, sustantivo
▸ (-pp-) **1** vt, vi agarrar(se), asir(se) **2** vt (mano) coger **3** vt (atención) absorber
▸ n **1** ~ (**on sb/sth**) agarre, adherencia a algn/algo **2** ~ (**on sb/sth**) dominio, control, presión (sobre algn/algo) **3** agarradera, empuñadura
LOC come/get to grips with sth enfrentarse a algo

gripping /'grɪpɪŋ/ adj fascinante, absorbente

grit /grɪt/ sustantivo, verbo
▸ n **1** arena, arenilla **2** valor, determinación
▸ vt (-tt-) cubrir con arena **LOC** grit your teeth **1** apretar los dientes **2** (fig) armarse de valor

groan /groʊn/ verbo, sustantivo
▸ vi **1** ~ (**with sth**) gemir (de algo) **2** (muebles, etc.) crujir **3** ~ (**about sth**) quejarse (de algo): They groaned at his terrible jokes. Refunfuñaban al escuchar sus chistes terribles.
▸ n **1** gemido **2** quejido **3** crujido

grocer /'groʊsər/ n **1** tendero, -a **2** grocer's (GB) tienda de abarrotes ➔ Ver nota en CARNICERÍA

grocery /'groʊsəri/ n **1** (tb **grocery store**) tienda de abarrotes **2** groceries [pl] abarrotes

groggy /'grɑgi/ adj (**groggier, -iest**) (coloq) mareado

groin /grɔɪn/ n ingle: a groin injury una herida en la ingle

groom /gruːm/ sustantivo, verbo
▸ n **1** mozo, -a de cuadra Ver BRIDEGROOM
▸ vt **1** (caballo) cepillar **2** (pelo) arreglar **3** ~ sb (**for sth/to do sth**) preparar a algn (para algo/ para hacer algo)

groove /gruːv/ n ranura, estría, surco

grope /groʊp/ **1** vi ~ (**around**) **for sth** buscar algo a tientas, tantear, vacilar buscando algo **2** vi andar a tientas **3** vt (coloq) manosear (de forma inapropiada)

gross /groʊs/ adjetivo, verbo, sustantivo
▸ adj (**grosser, -est**) **1** (total) bruto **2** (formal) (injusticia, indecencia) grave **3** (exageración) flagrante **4** (error, negligencia) craso **5** grosero **6** repulsivamente gordo
▸ vt recaudar, ganar (en bruto)
▸ n (pl **gross** o **grosses**) gruesa (doce docenas)
■ **grossly** adv extremadamente

grotesque /groʊˈtesk/ adj grotesco

grotty /'grɑti/ adj (GB, coloq) **1** asqueroso **2** I'm feeling pretty grotty. Me siento terrible.

grouch /graʊtʃ/ n (coloq) cascarrabias

grouchy /'graʊtʃi/ adj (coloq) cascarrabias, enojón

ground /graʊnd/ sustantivo, verbo, adjetivo
▸ n **1** suelo, tierra, terreno **2** (fig) terreno **3** (GB) (USA field) zona, campo (de juego) **4** grounds [pl] jardines **5** [gen pl] motivo, razón **6** grounds [pl] sedimento, cuncho **7** (GB earth) (electricidad) tierra **LOC** get (sth) off the ground ponerse/ poner algo en marcha, resultar factible ♦ give/ lose ground (to sb/sth) ceder/perder terreno (frente a algn/algo) ♦ on the ground en el suelo, sobre el terreno ♦ to the ground (destruir) completamente Ver tb FIRM, MIDDLE, THIN
▸ vt **1** (avión) impedir que despegue **2** (niño) castigar sin salir **3** (GB earth) conectar a tierra
▸ adj molido Ver tb GRIND

ground beef (GB **mince**) n [incontable] carne molida

ground floor sustantivo, adjetivo
▸ n planta baja
▸ adj **ground-floor** de/en la planta baja

Groundhog Day /'graʊndhɔːg deɪ; GB -hɒg/ n Día de la Marmota

El 2 de febrero, en los Estados Unidos, se celebra el Día de la Marmota. La gente se reúne para ver a la marmota salir de su guarida. La leyenda dice que si hace sol y la marmota ve su propia sombra al salir, habrá seis semanas más de invierno.

grounding /'graʊndɪŋ/ n [sing] ~ (**in sth**) base, conceptos fundamentales (de algo)

groundless /'graʊndləs/ adj infundado

groundwater /'graʊndwɔːtər/ n [incontable] aguas subterráneas

group /gruːp/ sustantivo, verbo
▸ n [v sing o pl] grupo
▸ vt, vi ~ (**sb/sth**) (**together**) agrupar a algn/algo, agruparse ■ **grouping** n agrupación

grouse /graʊs/ n (pl **grouse**) urogallo

grove /groʊv/ n arboleda

grovel /'grɑvl/ vi (**-l-**, GB **-ll-**) ~ (**to sb**) (pey) humillarse (ante algn) ■ **groveling** (GB **grovelling**) adj servil

grow /groʊ/ (pt **grew** /gruː/, pp **grown** /groʊn/) **1** vi crecer **2** vt (pelo, barba) dejar crecer **3** vt cultivar **4** vt hacerse, volverse (algo): to grow old/rich envejecer/enriquecerse **5** vi He grew to rely on her. Llegó a depender de ella.
PHR V grow apart (from sb); grow away from sb distanciarse (de algn) ♦ grow into sth convertirse en algo ♦ grow on sb gustar cada vez más a algn ♦ grow out of sth **1** (ropa) She grows out of her clothes so fast! ¡La ropa le queda chica rápido! **2** dejar de hacer algo (porque uno se ha hecho mayor) ♦ grow up

1 desarrollarse **2** crecer: *when I grow up* cuando sea mayor ◊ *Oh, grow up!* ¡Madura!

grower /ˈɡroʊər/ *n* (*persona, empresa*) cultivador, -ora

growing /ˈɡroʊɪŋ/ *adj* creciente

growl /ɡraʊl/ *verbo, sustantivo*
▸ *vi* gruñir
▸ *n* gruñido

grown /ɡroʊn/ *adj* adulto: *a grown man* un adulto *Ver tb* GROW

ˈgrown-up *adjetivo, sustantivo*
▸ *adj* mayor
▸ *n* adulto

growth /ɡroʊθ/ *n* **1** crecimiento **2** ~ **(in/of sth)** aumento (de algo) **3** [*incontable*] brotes **4** tumor

grub /ɡrʌb/ *n* **1** larva **2** (*coloq*) comida

grubby /ˈɡrʌbi/ *adj* (**grubbier, -iest**) (*coloq*) sucio

grudge /ɡrʌdʒ/ *sustantivo, verbo*
▸ *n* rencor: *to bear sb a grudge/have a grudge against sb* guardar rencor a algn
▸ *vt* **1** resentirse de, escatimar **2** ~ **sb sth** envidiar algo a algn

grudgingly /ˈɡrʌdʒɪŋli/ *adv* de mala gana, a regañadientes

grueling (*GB* **gruelling**) /ˈɡruːəlɪŋ/ *adj* muy duro, penoso

gruesome /ˈɡruːsəm/ *adj* espantoso, horrible

gruff /ɡrʌf/ *adj* (*voz*) tosco, áspero

grumble /ˈɡrʌmbl/ *verbo, sustantivo*
▸ *vi* ~ **(about/at sb/sth)** quejarse (de algn/algo), refunfuñar (por algo)
▸ *n* queja

grumpy /ˈɡrʌmpi/ *adj* (**grumpier, -iest**) (*coloq*) gruñón

grunt /ɡrʌnt/ *verbo, sustantivo*
▸ *vi* gruñir
▸ *n* gruñido

guarantee /ˌɡærənˈtiː/ *sustantivo, verbo*
▸ *n* ~ **(of sth/that…)** garantía (de algo/de que…)
▸ *vt* **1** garantizar **2** (*préstamo*) avalar

guard /ɡɑrd/ *verbo, sustantivo*
▸ *vt* **1** proteger, guardar **2** vigilar PHR V **guard against sth** protegerse contra algo
▸ *n* **1** guardia, vigilancia: *to be on guard* estar de guardia ◊ *guard dog* perro guardián **2** guardia, centinela **3** [*v sing o pl*] guardia (*grupo de soldados*) **4** (*maquinaria*) dispositivo de seguridad **5** (*GB*) (*USA* **conductor**) (*Ferrocarril*) jefe de tren LOC **be off/on your guard** estar desprevenido/alerta

guarded /ˈɡɑrdɪd/ *adj* cauteloso, precavido

guardian /ˈɡɑrdiən/ *n* **1** guardián, -ana: *guardian angel* ángel de la guarda **2** tutor, -ora

guerrilla (*tb* **guerilla**) /ɡəˈrɪlə/ *n* guerrillero, -a: *guerrilla war(fare)* guerra de guerrillas

guess /ɡes/ *verbo, sustantivo*
▸ **1** *vi* ~ **(at sth)** imaginar algo **2** *vt, vi* adivinar **3** *vt, vi* (*esp USA, coloq*) creer, pensar: *I guess so/not.* Supongo que sí/no.
▸ *n* suposición, conjetura, cálculo: *to have/make a guess (at sth)* intentar adivinar algo LOC **it's anyone's guess** (*coloq*) nadie lo sabe *Ver tb* HAZARD

guesswork /ˈɡeswɜːrk/ *n* [*incontable*] conjeturas

guest /ɡest/ *n* **1** invitado, -a **2** huésped: *guest house* pensión

guidance /ˈɡaɪdns/ *n* orientación, supervisión

guide /ɡaɪd/ *sustantivo, verbo*
▸ *n* **1** (*persona*) guía **2** (*tb* **guidebook**) guía (*turística*) **3** (*GB*) (*tb* **Guide**, **Girl ˈGuide**) (*USA* **ˌGirl ˈScout**) guía (*de los scouts*)
▸ *vt* **1** guiar, orientar: *to guide sb to sth* llevar a algn hasta algo **2** influenciar

guided /ˈɡaɪdɪd/ *adj* con guía

guideline /ˈɡaɪdlaɪn/ *n* directriz, pauta

guilt /ɡɪlt/ *n* culpa, culpabilidad

guilty /ˈɡɪlti/ *adj* (**guiltier, -iest**) culpable LOC *Ver* PLEAD

guinea pig /ˈɡɪni pɪɡ/ *n* (*lit y fig*) conejillo de Indias

guise /ɡaɪz/ *n* apariencia

guitar /ɡɪˈtɑr/ *n* guitarra ■ **guitarist** *n* guitarrista

gulf /ɡʌlf/ *n* **1** (*Geog*) golfo **2** abismo

gull /ɡʌl/ (*tb* **seagull**) *n* gaviota

gullible /ˈɡʌləbl/ *adj* crédulo

gulp /ɡʌlp/ *verbo, sustantivo*
▸ **1** *vt* ~ **sth (down)** tragarse algo **2** *vi* tragar saliva
▸ *n* trago

gum /ɡʌm/ *n* **1** (*Anat*) encía **2** goma de pegar, pegante **3** *Ver* CHEWING GUM

gun /ɡʌn/ *sustantivo, verbo*
▸ *n* **1** arma (*de fuego*) **2** escopeta *Ver tb* MACHINE GUN
▸ *v* (**-nn-**) PHR V **gun sb down** (*coloq*) matar/herir gravemente a algn a tiros

gunfire /ˈɡʌnfaɪər/ *n* [*incontable*] fuego (*disparos*)

gunge /ɡʌndʒ/ *n* [*incontable*] (*GB, coloq*) sustancia viscosa

gunman /ˈɡʌnmən/ n (pl **gunmen** /-mən/) pistolero

gunpoint /ˈɡʌnpɔɪnt/ n LOC **at gunpoint** a punta de pistola

gunpowder /ˈɡʌnpaʊdər/ n pólvora

gunshot /ˈɡʌnʃɑt/ n disparo

gurgle /ˈɡɜːrɡl/ vi **1** (agua) gorgotear **2** (bebé) gorjear

gush /ɡʌʃ/ vi **1** ~ (**out**); ~ **out of/from sth** salir a borbotones, manar (de algo) **2** ~ (**over sb/sth**) (pey) hablar con demasiado entusiasmo (de algn/algo)

gust /ɡʌst/ n ráfaga

gusto /ˈɡʌstoʊ/ n entusiasmo

gut /ɡʌt/ sustantivo, verbo, adjetivo
▶ n **1** intestino **2 guts** [pl] tripas **3** (coloq) barriga **4 guts** [pl] (coloq) agallas
▶ vt (**-tt-**) **1** destripar **2** destruir por dentro
▶ adj: *a gut reaction/feeling* una reacción visceral/un instinto

gutter /ˈɡʌtər/ n **1** canal de desagüe (abajo de un tejado) **2** alcantarilla: *the gutter press* (GB) la prensa sensacionalista

guy /ɡaɪ/ n (coloq) **1** tipo **2 guys** [pl]

Se utiliza para dirigirse a un grupo de personas, ya sean hombres o mujeres *Are you guys coming or not?* ¿Vienen o no?

Guy Fawkes night /ˌɡaɪ fɔːks naɪt/ n (GB)
Ver BONFIRE NIGHT

guzzle /ˈɡʌzl/ vt (coloq) tragar

gym /dʒɪm/ n (coloq) **1** gimnasio ❶ En lenguaje formal se dice **gymnasium** /dʒɪmˈneɪziəm/ [pl **gymnasiums** o **gymnasia** /-ziə/]. **2** [incontable] (tb **gymnastics** /dʒɪmˈnæstɪks/) gimnasia

gymnast /ˈdʒɪmnæst/ n gimnasta

gynecology (GB **gynaecology**) /ˌɡaɪnəˈkɑlədʒi/ n ginecología ■ **gynecologist** (GB **gynaecologist**) n ginecólogo, -a

Gypsy (tb **Gipsy**) /ˈdʒɪpsi/ n (pl **gypsies**) gitano, -a

H h

H, h /eɪtʃ/ n (pl **Hs, H's, h's** /ˈeɪtʃɪz/) H, h ➲ Ver nota en A, A

habit /ˈhæbɪt/ n **1** costumbre, hábito **2** (Relig) hábito

habitat /ˈhæbɪtæt/ n hábitat

habitation /ˌhæbɪˈteɪʃn/ n [incontable] habitación: *not fit for human habitation* no apto para ser habitado

habitual /həˈbɪtʃuəl/ adj habitual

hack /hæk/ vt, vi **1** ~ (**at**) **sth** golpear algo (con algo cortante) **2** ~ (**into**) **sth** (Informát) entrar sin autorización en algo

hacker /ˈhækər/ n pirata (informático)

hacking /ˈhækɪŋ/ n piratería informática

had /həd, hæd/ pt, pp de HAVE

hadn't /ˈhædnt/ abrev de had not Ver HAVE

haemoglobin (GB) = HEMOGLOBIN

haemorrhage (GB) = HEMORRHAGE

haggard /ˈhægərd/ adj demacrado

haggle /ˈhægl/ vi ~ (**over sth**) regatear (por algo)

hail /heɪl/ verbo, sustantivo
▶ **1** vt ~ **sb/sth as sth** aclamar a algn/algo como algo: *It was hailed as a triumph.* Fue aclamado como un triunfo. **2** vt llamar a (para atraer la atención) **3** vi granizar
▶ n [incontable] granizo

hailstone /ˈheɪlstoʊn/ n granizo

hailstorm /ˈheɪlstɔːrm/ n granizada

hair /heər/ n **1** pelo, cabello **2** vello

hairband /ˈheərbænd/ n banda elástica (para el pelo), huincha

hairbrush /ˈheərbrʌʃ/ n cepillo (para el pelo) ➲ Ver dibujo en BRUSH

haircut /ˈheərkʌt/ n corte de pelo: *to have/get a haircut* cortarse el pelo

hairdo /ˈheərduː/ n (pl **hairdos**) (coloq, antic) peinado

hairdresser /ˈheərdresər/ n **1** peluquero, -a ➲ Ver nota en BARBER **2 hairdresser's** (GB) (USA **salon**) peluquería ➲ Ver nota en CARNICERÍA ■ **hairdressing** n peluquería (oficio)

hair dryer (tb **hair drier**) n secador (de pelo)

hairpin /ˈheərpɪn/ n gancho, pinza (para el pelo)

hairpin ˈturn (GB **ˌhairpin ˈbend**) n curva muy cerrada

ˈhair-raising adj espeluznante

hairslide /ˈheərslaɪd/ n (GB) (USA **barrette**) gancho, pinche (para el pelo)

hairspray /ˈheərspreɪ/ n laca

hairstyle /ˈheərstaɪl/ n peinado

hairstylist /ˈheərstaɪlɪst/ n peluquero, -a

hairy /ˈheəri/ adj (**hairier, -iest**) peludo

halal /həˈlæl, ˈhælæl/ adj halal (*sacrificado respetando las normas islámicas*)

half /hæf; GB hɑːf/ sustantivo, adjetivo, adverbio
▶ n (pl **halves** /hævz; GB hɑːvz/) mitad, medio: *The second half of the book is more interesting.* La segunda mitad del libro es más interesante. ◊ *two and a half hours* dos horas y media ◊ *Two halves make a whole.* Dos medios hacen un entero. ◊ *to cut sth by half* reducir algo a la mitad LOC **break, etc. sth in half** partir, etc. algo por/a la mitad ♦ **go half and half; go halves (with sb)** pagar algo en compañía/por mitades (con algn)
▶ adj mitad, medio: *half the team* la mitad del equipo ◊ *half an hour* media hora LOC **half past one, two, etc.** (USA tb **half after one, two, etc.**) la una, las dos, etc. y media

En Gran Bretaña se utiliza también la construcción **half one, half two**, etc. Es más coloquial que **half past one, half past two**, etc.: *I'll be finished by half five.* A las cinco y media habré terminado.

▶ adv a medio, a medias: *The job will have been only half done.* Habrán hecho el trabajo solo a medias. ◊ *half built* a medio construir

half ˈboard n (GB) media pensión

ˈhalf-brother n medio hermano

ˌhalf-ˈhearted adj poco entusiasta ■ **half-heartedly** adv sin entusiasmo

ˈhalf-sister n media hermana

ˌhalf-ˈterm n (GB) vacaciones escolares de una semana a mediados de cada trimestre

ˌhalf-ˈtime n (Dep) intermedio, medio tiempo

halfway /ˈhæfˌweɪ; GB ˌhɑːfˈ-/ adj, adv a medio camino, a mitad: *halfway between Boston and Providence* a medio camino entre Boston y Providence

hall /hɔːl/ n **1** (tb **hallway** /ˈhɔːlweɪ/) vestíbulo, entrada **2** (de conciertos o reuniones) sala **3** (GB) (USA **dormitory**) residencia universitaria

---

i happy ɪ sit iː see æ cat ɑ hot ɒ long (GB) ɑː bath (GB) ʌ cup ʊ put uː too

handlebars

hallmark /'hɔːlmɑrk/ n **1** (de metales preciosos) contraste **2** (fig) sello

Halloween /ˌhæləˈwiːn/ n

> Halloween (31 de octubre) significa la víspera de Todos los Santos y es la noche de los fantasmas y las brujas. Mucha gente vacía una calabaza, le da forma de cara y pone una vela dentro. Los niños se disfrazan y van por las casas pidiendo dulces o dinero. Cuando les abren la puerta dicen **trick or treat** ("quiero dulces para mí y si no me da, se le tuerce la nariz").

hallucination /həˌluːsɪˈneɪʃn/ n alucinación
halo /'heɪloʊ/ n (pl **haloes** o **halos**) halo, aureola
halt /hɔːlt/ sustantivo, verbo
▸ n parada, alto, interrupción **LOC** Ver GRIND
▸ vt, vi parar(se), detener(se): *Halt!* ¡Alto!
halting /'hɔːltɪŋ/ adj vacilante, titubeante
halve /hæv; GB hɑːv/ vt **1** partir por la mitad **2** reducir a la mitad
halves /hævz; GB hɑːvz/ pl de HALF
ham /hæm/ n jamón
hamburger /'hæmbɜːrgər/ n **1** (tb **burger**) hamburguesa **2** (tb **hamburger meat**) carne molida
hamlet /'hæmlət/ n aldea, caserío
hammer /'hæmər/ sustantivo, verbo
▸ n martillo
▸ **1** vt, vi martillar: *to hammer sth in* clavar algo (a martillazos) **2** vt, vi ~ **(at/on)** sth dar golpes en algo **3** vt (coloq) (fig) dar una paliza a
hammock /'hæmək/ n hamaca
hamper /'hæmpər/ verbo, sustantivo
▸ vt obstaculizar
▸ n canasta (de la ropa sucia, para alimentos)
hamster /'hæmstər/ n hámster
hand /hænd/ sustantivo, verbo
▸ n **1** mano **2** (reloj, etc.) manecilla ⮕ Ver dibujo en RELOJ **3** peón, jornalero **4** (Náut) tripulante **5** (Naipes) mano **6** (medida) palmo **LOC** **by hand** a mano: *made by hand* hecho a mano ◊ *delivered by hand* entregado personalmente ♦ **(close/near) at hand** a la mano: *I always keep my glasses close at hand.* Siempre tengo mis gafas a la mano. ♦ **give/lend sb a hand** darle una mano a algn, ayudar a algn ♦ **hand in hand 1** cogidos de la mano **2** (fig) muy unido, a la par ♦ **hands up!** ¡manos arriba! ♦ **hold hands (with sb)** ir de la mano (con algn) ♦ **in hand 1** disponible, en reserva **2** entre manos ♦ **on hand** disponible ♦ **on the one hand… on the other (hand)…** por un lado…por otro… ♦ **out of hand 1** descontrolado **2** sin pensarlo ♦ **to hand**

a mano Ver tb CHANGE, EAT, FIRM, FIRST, FREE, HEAVY, HELP, MATTER, PALM, SHAKE, UPPER
▸ vt ~ **sb sth**; ~ **sth to sb** pasar algo a algn ⮕ Ver nota en GIVE **PHR V** **hand sth back (to sb)** devolver algo (a algn) ♦ **hand sth in/over (to sb)** entregar algo (a algn) ♦ **hand sth out (to sb)** repartir algo (a algn) ♦ **hand over (to sb)** (poder, responsabilidad) delegar, transferir algo (a algn)

handbag /'hændbæg/ n (esp GB) (USA tb **purse**) bolso, cartera ⮕ Ver dibujo en BAG

handball n **1** /'hændbɔːl/ balonmano **2** /ˌhændˈbɔːl/ (Fútbol) mano

handbook /'hændbʊk/ n manual, guía

handbrake /'hændbreɪk/ n (esp GB) (USA **emergency brake**) freno de mano/emergencia

handcuff /'hændkʌf/ vt esposar

handcuffs /'hændkʌfs/ n [pl] esposas

handful /'hændfʊl/ n (lit y fig) puñado: *a handful of students* un puñado de estudiantes **LOC** **be a (real) handful** (coloq) ser una pesadilla

handgun /'hændɡʌn/ n pistola

handicap /'hændikæp/ sustantivo, verbo
▸ n **1** (Med) minusvalía **2** (Dep) desventaja
▸ vt (-pp-) perjudicar

handicapped /'hændikæpt/ adj minusválido

handicrafts /'hændikræfts; GB -krɑːfts/ n [pl] artesanía

handkerchief /'hæŋkərtʃɪf, -tʃiːf/ n (pl **handkerchiefs** o **handkerchieves** /-tʃiːvz/) pañuelo (de bolsillo)

handles

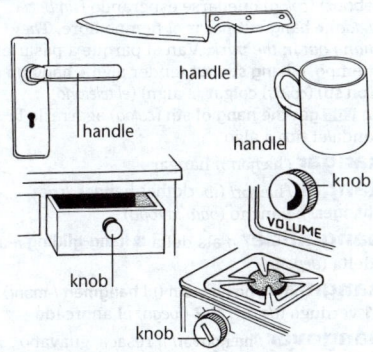

handle /'hændl/ sustantivo, verbo
▸ n **1** mango **2** manija, manilla **3** asa
▸ vt **1** manejar **2** (maquinaria) operar **3** (gente) tratar **4** soportar

handlebars /'hændlbɑrz/ n [pl] manubrio

handmade

handmade /ˌhændˈmeɪd/ adj hecho a mano, de artesanía

> En inglés se pueden formar adjetivos compuestos para todas las destrezas manuales: p. ej. **hand-built** (construido a mano), **hand-knit** (tejido a mano), **hand-painted** (pintado a mano), etc.

handout /ˈhændaʊt/ n **1** donación **2** folleto **3** (clase) fotocopia (con ejercicios)

handset /ˈhændset/ n **1** auricular (del teléfono) **2** (teléfono) celular

hands-free adj manos libres: *a hands-free phone* un teléfono con accesorios manos libres

handshake /ˈhændʃeɪk/ n apretón de manos

handsome /ˈhænsəm/ adj **1** guapo, buenmozo ❶ Se aplica sobre todo a los hombres. **2** (regalo) generoso

hands-on adj [solo antes de sustantivo] práctico: *hands-on experience* experiencia práctica

handstand /ˈhændstænd/ n parada de manos: *to do a handstand* pararse de manos

handwriting /ˈhændraɪtɪŋ/ n [incontable] **1** escritura **2** letra

handwritten /ˌhændˈrɪtn/ adj escrito a mano

handy /ˈhændi/ adj (**handier**, **-iest**) **1** práctico **2** a la mano

hang /hæŋ/ verbo, sustantivo
▸ (pt, pp **hung** /hʌŋ/) **1** vt colgar **2** vi estar colgado **3** vi (ropa, pelo) caer **4** (pt, pp **hanged**) vt, vi ahorcar(se) **5** vi ~ (**above/over sb/sth**) colgar (sobre algn/algo) **PHRV hang around** (GB tb **hang about**) (coloq) quedarse esperando (sin hacer nada) ◆ **hang out** pasar el tiempo libre: *They hang out in the park.* Van al parque a pasar el tiempo. ◆ **hang sth out** tender algo ◆ **hang up (on sb)** (coloq) colgar (a algn) (el teléfono)
▸ n **LOC get the hang of sth** (coloq) agarrarle la onda/el tiro a algo

hangar /ˈhæŋər/ n hangar

hanger /ˈhæŋər/ n (tb **clothes hanger**, **coat hanger**) n gancho (para la ropa)

hang-glider n ala delta ■ **hang-gliding** n ala delta (deporte)

hangman /ˈhæŋmən/ n (pl **hangmen** /-mən/) **1** verdugo (de horca) **2** (juego) el ahorcado

hangover /ˈhæŋoʊvər/ n resaca, guayabo

hang-up n (coloq) trauma, complejo

haphazard /hæpˈhæzərd/ adj al azar, de cualquier manera

happen /ˈhæpən/ vi ocurrir, suceder, pasar: *whatever happens* pase lo que pase ◊ *if you happen to go into town* si por casualidad vas al centro ■ **happening** n suceso, acontecimiento

happily /ˈhæpɪli/ adv **1** felizmente **2** afortunadamente

happiness /ˈhæpinəs/ n felicidad

happy /ˈhæpi/ adj (**happier**, **-iest**) **1** feliz: *a happy marriage/memory/child* un matrimonio/recuerdo/niño feliz **2** contento: *Are you happy in your work?* ¿Estás contento con tu trabajo? ➔ Ver nota en GLAD

harass /həˈræs, ˈhærəs/ vt hostigar, acosar ■ **harassment** n hostigamiento, acoso

harbor (GB **harbour**) /ˈhɑrbər/ sustantivo, verbo
▸ n puerto
▸ vt **1** proteger, dar cobijo a **2** (sospechas) albergar

hard /hɑrd/ adjetivo, adverbio
▸ adj (**harder**, **-est**) **1** duro **2** difícil: *It's hard to tell.* Es difícil saber con seguridad. ◊ *It's hard for me to say no.* Me cuesta decir 'no'. ◊ *hard to please* exigente **3** duro, agotador: *a hard worker* una persona trabajadora **4** (persona, trato) duro, severo, cruel **5** (bebida) fuerte **LOC be hard on sb 1** ser duro con algn **2** ser injusto con algn ◆ **hard luck** (coloq) mala suerte ◆ **give sb a hard time** hacerle pasar a algn un mal rato ◆ **have a hard time** pasar un mal rato ◆ **take a hard line (on/over sth)** adoptar una postura tajante (en algo) ◆ **the hard way** por la vía difícil Ver tb DRIVE
▸ adv (**harder**, **-est**) **1** (trabajar, llover) mucho, duro: *She hit her head hard.* Se dio un golpe fuerte en la cabeza. ◊ *to try hard* esforzarse **2** (tirar) fuerte **3** (pensar) detenidamente **4** (mirar) fijamente **LOC be hard put to do sth** tener dificultad en hacer algo ◆ **be hard up** (coloq) estar mal de plata

hard cash n (GB) (USA **cold cash**) dinero en efectivo

hard-core adj (persona) radical, intransigente

hardcover /ˈhɑrdkʌvər/ (tb esp GB **hardback** /ˈhɑrdbæk/) n libro de pasta/tapa dura: *hardcover edition* edición de pasta dura ➔ Comparar con PAPERBACK

hard disk (tb **hard drive**) n disco duro

harden /ˈhɑrdn/ **1** vt, vi endurecer(se) **2** vt endurecer, insensibilizar: *a hardened criminal* un criminal que no se arrepiente de sus crímenes ■ **hardening** n endurecimiento

hardly /ˈhɑrdli/ adv **1** casi no, apenas: *I hardly know her.* Casi no la conozco. **2** difícilmente: *It's hardly surprising.* No es ninguna sorpresa. ◊ *He's hardly the world's best cook.* No es el mejor cocinero del mundo. **3** *hardly anyone* casi nadie ◊ *hardly ever* casi nunca

hardship /'hɑrdʃɪp/ *n* apuro, privación

hard shoulder *n* arcén, berma, acotamiento

hardware /'hɑrdweər/ *n* **1** ferretería: *hardware store* ferretería **2** (*Mil*) armamentos **3** (*Informát*) hardware

hard-working *adj* muy trabajador

hardy /'hɑrdi/ *adj* (**hardier, -iest**) **1** fuerte **2** (*Bot*) resistente

hare /heər/ *n* liebre

harm /hɑrm/ *sustantivo, verbo*
▸ *n* daño, mal: *He meant no harm.* No tenía malas intenciones. ◊ *There's no harm in asking.* No se pierde nada con preguntar. ◊ *You'll come to no harm.* No te va a pasar nada. ◊ *(There's) no harm done.* No pasó nada. **LOC** *do more harm than good* ser peor el remedio que la enfermedad ♦ *out of harm's way* a salvo
▸ *vt* **1** (*persona*) hacer daño a **2** (*cosa*) dañar

harmful /'hɑrmfl/ *adj* dañino, nocivo, perjudicial

harmless /'hɑrmləs/ *adj* **1** inocuo **2** inocente, inofensivo

harmonica /hɑr'mɑnɪkə/ *n* armónica

harmony /'hɑrməni/ *n* (*pl* **harmonies**) armonía

harness /'hɑrnəs/ *sustantivo, verbo*
▸ *n* arreos, arneses
▸ *vt* **1** (*caballo*) enjaezar **2** (*recursos*) aprovechar

harp /hɑrp/ *sustantivo, verbo*
▸ *n* arpa
▸ *v* **PHR V** *harp on (about) sth* hablar repetidamente de algo

harpoon /hɑr'pu:n/ *n* arpón

harsh /hɑrʃ/ *adj* (**harsher, -est**) **1** (*textura, voz*) áspero **2** (*color, luz*) chillón **3** (*ruido, etc.*) estridente **4** (*clima, etc.*) riguroso **5** (*castigo, etc.*) severo **6** (*palabra, profesor*) duro ■ **harshly** *adv* duramente, severamente

harvest /'hɑrvɪst/ *sustantivo, verbo*
▸ *n* cosecha
▸ *vt* cosechar

has /hæz, həz/ *Ver* HAVE

hasn't /'hæznt/ *abrev de* has not *Ver* HAVE

hassle /'hæsl/ *sustantivo, verbo*
▸ *n* (*coloq*) **1** (*complicación*) lío, rollo: *It's a big hassle.* Es mucho lío. **2** molestias: *Don't give me any hassle!* ¡Déjame en paz!
▸ *vt* (*coloq*) molestar

haste /heɪst/ *n* (*formal*) prisa, afán **LOC** *in haste* de prisa/afán ■ **hasten** /'heɪsn/ **1** *vi* apurarse **2** *vt* acelerar

hasty /'heɪsti/ *adj* (**hastier, -iest**) precipitado ■ **hastily** *adv* precipitadamente

hat /hæt/ *n* sombrero **LOC** *Ver* DROP

hatch /hætʃ/ *verbo, sustantivo*
▸ **1** *vi* ~ (**out**) salir del huevo **2** *vi* (*huevo*) abrirse **3** *vt* incubar **4** *vt* ~ *sth* (**up**) tramar algo
▸ *n* **1** escotilla **2** ventanilla (*para pasar comida*)

hatchback /'hætʃbæk/ *n* carro con puerta trasera

hate /heɪt/ *verbo, sustantivo*
▸ *vt* **1** odiar **2** lamentar: *I hate to bother you, but…* Siento molestarte, pero…
▸ *n* **1** odio **2** (*coloq*): *my pet hate* la cosa que más detesto ■ **hateful** *adj* odioso

hatred /'heɪtrɪd/ *n* odio

hat-trick *n* tres goles o puntos: *to score a hat-trick* marcar tres goles en un partido

haul /hɔ:l/ *verbo, sustantivo*
▸ *vt* jalar, arrastrar
▸ *n* **1** (*distancia*) camino, trayecto: *long-haul/short-haul flights* vuelos de larga/corta distancia **2** redada (*de peces*) **3** botín, contrabando

haunt /hɔ:nt/ *verbo, sustantivo*
▸ *vt* **1** (*fantasma*) aparecerse en **2** (*lugar*) frecuentar **3** (*pensamiento*) atormentar
▸ *n* lugar predilecto ■ **haunted** *adj* embrujado (*casa*)

have /hæv, həv/ *verbo, verbo auxiliar*
▸ *vt* **1** (*tb* **have got**) tener: *She has a new car.* Tiene un carro nuevo. ◊ *to have a cold/headache* estar resfriado/tener un dolor de cabeza ⮕ *Ver nota en* TENER **2** ~ (**got**) *sth to do* tener algo que hacer: *I have a bus to catch.* Tengo que tomar el bus. **3** ~ (**got**) *to do sth* tener que hacer algo: *I've got to go to the bank.* Tengo que ir al banco. ◊ *Did you have to pay a fine?* ¿Tuviste que pagar una multa? ◊ *It has to be done.* Hay que hacerlo. **4** (*tb* **have got**) llevar: *Do you have any money on you?* ¿Tienes plata? **5** tomar: *to have a cup of coffee* tomar un café ◊ *to have a swim* bañarse ◊ *to have breakfast/lunch/dinner* desayunar/almorzar/cenar ❶ *Nótese que la estructura* **have + sustantivo** *a menudo se expresa en español con un verbo.* **6** ~ *sth done* hacer/mandar hacer algo: *to have your hair cut* cortarse el pelo ◊ *to have a dress made* mandar a hacer un vestido ◊ *She had her bag stolen.* Le robaron el bolso. **7** consentir: *I won't have it!* ¡No lo consentiré! **LOC** *have had it* (*coloq*): *The TV has had it.* La televisión ya no funciona. ♦ *have it*

haven

have			
present simple			**past simple**
afirmativa		*negativa*	
	formas contractas		*formas contractas*
I **have**	I**'ve**	I **haven't**	I**'d**
you **have**	you**'ve**	you **haven't**	you**'d**
he/she/it **has**	he**'s**/she**'s**/it**'s**	he/she/it **hasn't**	he**'d**/she**'d**/it**'d**
we **have**	we**'ve**	we **haven't**	we**'d**
you **have**	you**'ve**	you **haven't**	you**'d**
they **have**	they**'ve**	they **haven't**	they**'d**
forma -ing **having**		*past simple* **had**	*participio pasado* **had**

(that): *Rumor has it that…* Se dice que… ◊ *As luck would have it…* Por suerte… ◆ **have to do with sb/sth** tener que ver con algn/algo: *It has nothing to do with me.* No tiene nada que ver conmigo. ❶ Para otras expresiones con **have**, véanse las entradas del sustantivo, adjetivo, etc., p. ej. **have a sweet tooth** en SWEET.
PHR V **have sth back**: *Let me have it back soon.* Devuélvemelo pronto. ◆ **have sb on** (*GB, coloq*) tomarle el pelo a algn: *You're having me on!* ¡Me estás tomando el pelo! ◆ **have sth on 1** (*ropa*) tener algo puesto: *He has a tie on today.* Hoy tiene corbata. **2** (*GB*) estar ocupado con algo: *I have a lot on.* Estoy muy ocupado. ◊ *Do you have anything on tonight?* ¿Tienes algún plan para esta noche?
▶ *v aux* haber: *'I've finished my work.' 'So have I.'* Terminé mi trabajo. Yo también. ◊ *He's gone home, hasn't he?* Se fue para la casa, ¿no? ◊ *'Have you seen it?' 'Yes, I have./No, I haven't.'* ¿Lo has visto? Sí./No.

haven /'heɪvn/ *n* refugio

haven't /'hævnt/ *abrev de* **have not** *Ver* HAVE

havoc /'hævək/ *n* [*incontable*] estragos
LOC **play/cause/wreak havoc with/on sth** causar estragos en algo

hawk /hɔːk/ *n* halcón

hay /heɪ/ *n* heno: *hay fever* alergia al polen

hazard /'hæzərd/ *sustantivo, verbo*
▶ *n* peligro, riesgo: *a health hazard* un peligro para la salud
▶ *vt* **LOC** **hazard a guess** aventurar una opinión
■ **hazardous** *adj* peligroso, arriesgado

haze /heɪz/ *n* neblina, bruma ➔ *Comparar con* FOG, MIST

hazel /'heɪzl/ *n* **1** avellano **2** (*color*) avellana

hazelnut /'heɪzlnʌt/ *n* avellana

hazy /'heɪzi/ *adj* (**hazier, -iest**) **1** brumoso **2** (*idea, etc.*) vago **3** (*persona*) confuso

HD /ˌeɪtʃ 'diː/ *abrev de* **high-definition** (*TV, etc.*) de alta definición

he /hiː/ *pronombre, sustantivo*
▶ *pron* él: *He's in Paris.* Está en París. ❶ El pronombre personal no se puede omitir en inglés. ➔ *Comparar con* HIM
▶ *n* [*sing*]: *Is it a he or a she?* ¿Es macho o hembra?

head /hed/ *sustantivo, verbo*
▶ *n* **1** cabeza: *It never entered my head.* Jamás se me ocurrió. **2** cabecera: *the head of the table* la cabecera de la mesa **3** jefe: *the heads of government* los jefes de gobierno **4** (*GB*) (*tb* ˌhead 'teacher) (*USA* **principal**) director, -ora (*de un colegio*) **LOC** **a/per head** por cabeza: *ten dollars a head* diez dólares por cabeza ◆ **go over sb's head** ser muy difícil de entender ◆ **go to your head** subírsele a la cabeza a algn ◆ **have a head for sth** tener talento para algo: *to have a good head for business* tener talento para los negocios ◊ *to have a head for heights* no tener vértigo ◆ **head first** de cabeza ◆ **heads or tails?** ¿cara o sello? ◆ **not make head nor/or tail of sth** no lograr entender algo: *I can't make head nor tail of it.* No logro entenderlo. *Ver tb* HIT, SHAKE, TOP
▶ *vt* **1** encabezar **2** (*Dep*) cabecear **PHR V** **head for sth** dirigirse a algo, ir camino de algo

headache /'hedeɪk/ *n* (*lit y fig*) dolor de cabeza

headdress /'heddres/ *n* tocado de cabeza

heading /'hedɪŋ/ *n* encabezamiento, apartado

headlight /'hedlaɪt/ (*tb* **headlamp** /'hedlæmp/) *n* faro (*de carro*), farola, luz delantera

headline /'hedlaɪn/ *n* **1** titular **2 the headlines** [*pl*] el resumen de noticias

headmaster /ˌhed'mæstər; *GB* -'mɑːs-/ *n* director (*de un colegio*)

headmistress /ˌhed'mɪstrəs/ *n* directora (*de un colegio*)

ˌhead 'office *n* sede central

ˌhead-'on *adj, adv* de frente: *a head-on collision* un choque de frente

| i happy | ɪ sit | iː see | æ cat | ɑ hot | ɒ long (*GB*) | ɑː bath (*GB*) | ʌ cup | ʊ put | uː too |

headphones /'hedfoʊnz/ n [pl] audífonos

headquarters /ˌhed'kwɔːrtərz/ n (abrev HQ) [v sing o pl] **1** oficina central, casa matriz **2** (Mil) cuartel general

headscarf /'hedskɑrf/ n (pl **headscarves** /-skɑrvz/) pañuelo, pañoleta

headstand /'hedstænd/ n parada de cabeza: *to do a headstand* pararse de cabeza

head 'start n: *You had a head start over me.* Me llevabas ventaja.

headway /'hedweɪ/ n LOC **make headway** avanzar

heal /hiːl/ **1** vi cicatrizar, sanar **2** vt sanar, curar

health /helθ/ n salud: *health center* centro médico ◊ *health care* asistencia médica LOC Ver DRINK

'health food n alimento natural: *health-food store* tienda naturista

healthy /'helθi/ adj (**healthier**, **-iest**) **1** sano **2** saludable (*estilo de vida, etc.*)

heap /hiːp/ sustantivo, verbo
▶ n montón
▶ vt ~ **sth** (**up**) amontonar algo

hear /hɪər/ (pt, pp **heard** /hɜːrd/) **1** vt, vi oír: *I couldn't hear a thing.* No oía nada. ◊ *I heard someone laughing.* Oí a alguien que se reía. **2** vt escuchar **3** vt (Jur) conocer PHR V **hear about sth** enterarse de algo ◆ **hear (sth) from sb** tener noticias de algn ◆ **hear of sb/sth** oír hablar de algn/algo

hearing /'hɪərɪŋ/ n **1** (tb **sense of 'hearing**) oído **2** (Jur) vista, audiencia

heart /hɑrt/ n **1** corazón: *heart attack/failure* ataque/paro cardiaco **2** (*centro*) *the heart of the matter* el meollo del asunto **3** (*de lechuga, etc.*) corazón **4 hearts** [pl] (*Naipes*) corazones ⊃ Ver nota en BARAJA LOC **at heart** en el fondo ◆ **by heart** de memoria ◆ **lose heart** desanimarse ◆ **set your heart on sth**; **have your heart set on sth** desear algo con pasión ◆ **take heart (from sth)** animarse (por algo) ◆ **take sth to heart** tomar algo a pecho ◆ **your heart sinks**: *When I saw the line my heart sank.* Cuando vi la fila se me cayó el alma a los pies. Ver tb CHANGE, CRY

heartbeat /'hɑrtbiːt/ n latido (del corazón)

heartbreak /'hɑrtbreɪk/ n congoja, angustia
■ **heartbreaking** adj que parte el corazón, angustioso **heartbroken** adj acongojado, angustiado

hearten /'hɑrtn/ vt animar ■ **heartening** adj alentador

heartfelt /'hɑrtfelt/ adj sincero

hearth /hɑrθ/ n hogar, chimenea

heartless /'hɑrtləs/ adj inhumano, cruel

hearty /'hɑrti/ adj (**heartier**, **-iest**) **1** (*enhorabuena*) cordial **2** (*persona*) jovial (*a veces en exceso*) **3** (*comida*) abundante

heat /hiːt/ sustantivo, verbo
▶ n **1** calor **2** (*Dep*) prueba clasificatoria Ver tb DEAD HEAT LOC **be in heat** (*GB* **be on heat**) estar en celo
▶ vt, vi ~ (**sth**) (**up**) calentar algo, calentarse

heated /'hiːtɪd/ adj **1** *a heated pool* una piscina climatizada ◊ *centrally heated* con calefacción central **2** (*discusión, persona*) acalorado

heater /'hiːtər/ n calentador (*aparato*)

heath /hiːθ/ n brezal, monte

heathen /'hiːðn/ n (*antic, pey*) no creyente

heather /'heðər/ n brezo

heating /'hiːtɪŋ/ n calefacción

heatwave /'hiːtweɪv/ n ola de calor

heave /hiːv/ verbo, sustantivo
▶ **1** vt arrastrar (*con esfuerzo*) **2** vi ~ (**at/on sth**) tirar con esfuerzo (de algo) **3** vt arrojar (*algo pesado*)
▶ n tirón, empujón, jalón

heaven (tb **Heaven**) /'hevn/ n (*Relig*) cielo
❶ Normalmente la palabra **heaven** no lleva artículo: *She has gone to heaven.* Se ha ido al cielo. LOC Ver KNOW, SAKE

heavenly /'hevnli/ adj **1** (*Relig*) celestial **2** (*Astron*) celeste **3** (*coloq*) divino

heavily /'hevɪli/ adv **1** muy, mucho: *heavily loaded* muy cargado ◊ *to rain heavily* llover muchísimo **2** pesadamente

heavy /'hevi/ adj (**heavier**, **-iest**) **1** pesado: *How heavy is it?* ¿Cuánto pesa? **2** más de lo normal *heavy traffic* un tráfico denso ◊ *heavy rain* lluvias fuertes **3** (*facciones, movimiento*) torpe LOC **with a heavy hand** con mano dura

heavyweight /'heviweɪt/ n **1** (*Boxeo*) peso pesado **2** (*fig*) figura (*importante*)

heckle /'hekl/ vt, vi interrumpir (*con preguntas y comentarios*)

hectare /'hekteər/ n hectárea ⊃ Ver pág. 786

hectic /'hektɪk/ adj frenético

he'd /hiːd/ **1** abrev de **he had** Ver HAVE **2** abrev de **he would** Ver WOULD

hedge /hedʒ/ sustantivo, verbo
▶ n **1** seto, cerco **2** ~ **against sth** protección contra algo
▶ vi dar rodeos, irse por la tangente

hedgehog /'hedʒhɔːg; *GB* -hɒg/ n erizo

heed

heed /hi:d/ verbo, sustantivo
▸ vt (formal) prestar atención a
▸ n LOC **give/pay heed (to sb/sth); take heed (of sb/sth)** (formal) hacer caso (de algn/algo)

heel /hi:l/ n **1** talón **2** tacón LOC Ver DIG

hefty /'hefti/ adj (**heftier, -iest**) **1** fornido **2** (objeto) pesado **3** (golpe) fuerte

height /haɪt/ n **1** estatura **2** altura **3** (Geog) altitud **4** (fig) cumbre, colmo: *at/in the height of summer* en pleno verano LOC **the height of fashion** la última moda ⊃ Ver nota en ALTO

heighten /'haɪtn/ vt, vi intensificar(se), aumentar

heir /eər/ n ~ **(to sth)** heredero, -a (de algo)

heiress /'eərəs/ n ~ **(to sth)** heredera (de algo)
⊃ Ver nota en HEREDERO

held pt, pp de HOLD

helicopter /'helɪkɒptər/ n helicóptero

helium /'hi:liəm/ n helio

hell (tb **Hell**) /hel/ n infierno: *to go to hell* ir al infierno ❶ Nótese que **hell** no lleva artículo.
LOC **a/one hell of a...** (coloq): *I got a hell of a shock.* Me pegué un susto terrible. ■ **hellish** adj infernal

he'll /hi:l/ abrev de **he will** Ver WILL

hello (GB tb **hullo**) /hə'loʊ/ interj, n hola: *Say hello for me.* Salúdalos de mi parte. ⊃ Ver nota en ¡HOLA!

helm /helm/ n timón

helmet /'helmɪt/ n casco

help /help/ verbo, sustantivo
▸ **1** vt, vi ayudar: *Help!* ¡Socorro! ◊ *How can I help you?* ¿En qué puedo servirle? **2** vt ~ **yourself (to sth)** servirse (algo) LOC **can't/couldn't help (doing) sth**: *I couldn't help laughing.* No pude contener la risa. ◊ *He can't help it.* No lo puede evitar. ◊ *It can't be helped.* No hay remedio. ♦ **give/lend (sb) a helping hand** dar una mano (a algn) PHR V **help (sb) out** darle una mano (a algn)
▸ n [incontable] **1** ayuda: *It wasn't much help.* No sirvió de mucho. **2** asistencia

> **Asking for help**
> Pedir ayuda
> *Could you possibly help me?* ¿Podrías ayudarme?
> *I wonder if you could give/lend me a hand?* ¿Podrías darme una mano?
> *Would you mind opening the door for me?* ¿Te importaría abrirme la puerta?
> *Could I ask you to keep an eye on my baggage for a moment?* ¿Podrías echarle un vistazo a mi equipaje?

Yes, of course. Sí, por supuesto.
I'm sorry, I'm in a hurry. Lo siento, tengo prisa.

helper /'helpər/ n ayudante

helpful /'helpfl/ adj **1** servicial **2** amable **3** (consejo, etc.) útil

helping /'helpɪŋ/ n porción: *Would you like another helping?* ¿Quieres repetir?

helpless /'helpləs/ adj **1** indefenso **2** desamparado **3** imposibilitado

helpline /'helplaɪn/ n línea telefónica de ayuda

helter-skelter /ˌheltər 'skeltər/ n (GB) tobogán (en espiral)

hem /hem/ sustantivo, verbo
▸ n dobladillo, basta
▸ vt (-**mm**-) coser el dobladillo de PHR V **hem sb in** cohibir a algn ♦ **hem sb/sth in** cercar a algn/algo

hemisphere /'hemɪsfɪər/ n hemisferio

hemoglobin (GB **haemoglobin**) /ˌhi:mə-'gloʊbɪn/ n hemoglobina

hemorrhage (GB **haemorrhage**) /'hemərɪdʒ/ n hemorragia

hen /hen/ n gallina

hence /hens/ adv (formal) **1** (por esta razón) de ahí, por eso **2** (tiempo) desde ahora: *three years hence* de aquí a tres años

henceforth /ˌhens'fɔ:rθ/ adv (formal) de ahora en adelante

hen night (tb **hen party**) n (GB, coloq) (USA **bachelorette party**) despedida de soltera

hepatitis /ˌhepə'taɪtɪs/ n [incontable] hepatitis

heptagon /'heptəɡən/ n heptágono

her /hər, ər, hɜ:r/ pronombre, adjetivo
▸ pron **1** [como objeto directo] la: *I saw her.* La vi. **2** [como objeto indirecto] le, a ella: *I asked her to come.* Le pedí que viniera. ◊ *I said it to her.* Se lo dije a ella. **3** [después de preposición y del verbo be] ella: *I think of her often.* Pienso en ella a menudo. ◊ *She took it with her.* Se lo llevó consigo. ◊ *It wasn't her.* No fue ella. ⊃ Comparar con SHE
▸ adj su(s) (de ella): *her book(s)* su(s) libro(s) ❶ **Her** se usa también para referirse a carros, barcos o naciones. ⊃ Comparar con HERS y ver nota en MY

herald /'herəld/ sustantivo, verbo
▸ n heraldo
▸ vt (formal) anunciar (llegada, comienzo)

heraldry /'herəldri/ n heráldica

herb /ɜ:rb; GB hɜ:b/ n hierba (fina) ■ **herbal** adj (a base) de hierbas: *herbal tea* infusión

herbivore /ˈhɜːrbɪvɔːr, ˈɜːrb-; GB ˈhɜːb-/ n herbívoro

herd /hɜːrd/ sustantivo, verbo
▸ n manada (de vacas, cabras, cerdos, etc.)
➲ Comparar con FLOCK
▸ vt llevar en manada

here /hɪər/ adverbio, interjección
▸ adv aquí, acá: *I live a mile from here.* Vivo a una milla de aquí. ◊ *Please sign here.* Firme acá, por favor.

En las oraciones que empiezan con **here** el verbo se coloca detrás del sujeto si este es un pronombre: *Here they are, at last!* Ya llegaron ¡por fin! ◊ *Here it is, on the table!* Aquí está, encima de la mesa. Y antes si es un sustantivo: *Here comes the bus.* Ya viene el bus.

LOC be here llegar: *They'll be here any minute.* Están a punto de llegar. ♦ here and there aquí y allá ♦ here you are aquí tiene
▸ interj **1** ¡oye! **2** (ofreciendo algo) ¡toma! **3** (respuesta) ¡presente!

hereditary /həˈredɪteri; GB -tri/ adj hereditario

heresy /ˈherəsi/ n (pl **heresies**) herejía

heritage /ˈherɪtɪdʒ/ n [gen sing] patrimonio

hermit /ˈhɜːrmɪt/ n ermitaño, -a

hero /ˈhɪəroʊ/ n (pl **heroes**) **1** (persona) héroe, heroína: *sporting heroes* los héroes del deporte **2** protagonista (de novela, película, etc.) ■ **heroic** /həˈroʊɪk/ adj heroico **heroism** /ˈheroʊɪzəm/ n heroísmo

heroin /ˈheroʊɪn/ n heroína (droga)

heroine /ˈheroʊɪn/ n heroína (persona)

heron /ˈherən/ n garza

herring /ˈherɪŋ/ n (pl **herring** o **herrings**) arenque **LOC** Ver RED

hers /hɜːrz/ pron suyo, -a, -os, -as, de ella: *a friend of hers* un amigo de ella/suyo ◊ *Where are hers?* ¿Dónde están los de ella?

herself /hɜːrˈself/ pron **1** [uso reflexivo] se, a ella misma: *She bought herself a book.* Se compró un libro. **2** [después de preposición] sí (misma): *'I am free,' she said to herself.* —Soy libre —se dijo a sí misma. **3** [uso enfático] ella misma: *She told me the news herself.* Me contó la noticia ella misma. **LOC** (all) by herself (completamente) sola

he's /hiːz/ **1** abrev de **he is** Ver BE **2** abrev de **he has** Ver HAVE

hesitant /ˈhezɪtənt/ adj vacilante, indeciso

hesitate /ˈhezɪteɪt/ vi **1** dudar: *Don't hesitate to call.* No dudes en llamar. **2** vacilar ■ **hesitation** n vacilación, duda

heterogeneous /ˌhetərəˈdʒiːniəs/ adj (formal) heterogéneo

heterosexual /ˌhetərəˈsekʃuəl/ adj, n heterosexual

hexagon /ˈheksəɡɑn; GB -ɡən/ n hexágono

hey /heɪ/ interj (coloq) ¡oye!, ¡eh! ➲ Ver nota en ¡HOLA!

heyday /ˈheɪdeɪ/ n (días de) apogeo

hi /haɪ/ interj (coloq) ¡hola! ➲ Ver nota en ¡HOLA!

hibernate /ˈhaɪbərneɪt/ vi invernar ■ **hibernation** n hibernación

hiccup (tb **hiccough**) /ˈhɪkʌp/ n **1 the hiccups** [pl] hipo: *I got (the) hiccups.* Me dio hipo. **2** (coloq) problema

hidden /ˈhɪdn/ adj oculto, escondido Ver tb HIDE

hide /haɪd/ verbo, sustantivo
▸ vi (pt **hid** /hɪd/, pp **hidden** /ˈhɪdn/) **1** ~ **(from sb)** esconderse, ocultarse (de algn): *The child was hiding under the bed.* El niño estaba escondido debajo de la cama. **2** ~ **sth (from sb)** ocultar algo (a algn): *The trees hid the house from view.* Los árboles ocultaban la casa.
▸ n piel (de animal)

hide-and-seek n escondite: *to play hide-and-seek* jugar a las escondidas

hideous /ˈhɪdiəs/ adj espantoso

hiding /ˈhaɪdɪŋ/ n **1** be in/go into hiding estar escondido/ocultarse **2** (esp GB, coloq) paliza, tunda

hierarchy /ˈhaɪərɑrki/ n (pl **hierarchies**) jerarquía

hieroglyphics /ˌhaɪərəˈɡlɪfɪks/ n jeroglíficos

hi-fi /ˈhaɪ faɪ/ adj, n (equipo) de alta fidelidad

high /haɪ/ adjetivo, sustantivo, adverbio
▸ adj (**higher, -est**) **1** (precio, techo, velocidad) alto
➲ Ver nota en ALTO

High, como su contrario **low**, a veces se combina con un sustantivo para crear adjetivos como **high-speed** (de alta velocidad), **high-fiber** (de alto contenido en fibra), y **high-risk** (de alto riesgo).

2 to have a high opinion of sb tener buena opinión de algn ◊ *high hopes* grandes esperanzas **3** (ideales, ganancias) elevado: *to set high standards* tener estándares muy altos ◊ *I have it on the highest authority.* Lo sé de muy buena fuente. ◊ *She has friends in high places.* Tiene amigos muy influyentes. **4** (viento) fuerte **5** *the high life* la vida de lujo ◊ *the high point of the evening* el mejor momento de la noche **6** (sonido) agudo **7** *in high summer* en pleno verano ◊ *high season* temporada alta **8** ~ **(on sth)** (coloq) drogado, volado, trabado (con algo)

highbrow

(*drogas, alcohol*) **LOC** **be X meters, feet, etc. high** medir X metros, pies, etc. de altura: *The wall is six feet high.* La pared mide seis pies de altura. ◊ *How high is it?* ¿Cuánto mide de alto? ◆ **high and dry** plantado: *to leave sb high and dry* dejar plantado a algn *Ver tb* ESTEEM, FLY, PROFILE
▶ *n* punto alto
▶ *adv* (**higher, -est**) alto, a gran altura

highbrow /'haɪbraʊ/ *adj* (*gen pey*) culto, intelectual

high-class *adj* de categoría

the High Court *n* (*GB*) la Corte Suprema de Justicia

high-definition *adj* (*abrev* HD) de alta definición

higher education *n* educación superior

high five *n*: *That was great! Give me a high five!* ¡Fenomenal! ¡Choca esos cinco!

the high jump *n* (*Atletismo*) el salto alto

highland /'haɪlənd/ *sustantivo, adjetivo*
▶ *n* [*gen pl*] región montañosa
▶ *adj* de las tierras altas, de la montaña

high-level *adj* de alto nivel

highlight /'haɪlaɪt/ *sustantivo, verbo*
▶ *n* **1** punto culminante, aspecto notable **2** highlights [*pl*] (*en el pelo*) rayitos, mechones
▶ *vt* poner de relieve, (hacer) resaltar

highlighter /'haɪlaɪtər/ (*tb* **highlighter pen**) *n* resaltador, marcador, destacador

highly /'haɪli/ *adv* **1** muy, altamente, sumamente: *highly unlikely* altamente improbable **2** *to think/speak highly of sb* tener muy buena opinión/hablar muy bien de algn

highly strung *adj* nervioso

Highness /'haɪnəs/ *n* alteza: *Your/His/Her Royal Highness* Su Alteza Real

high-pitched *adj* (*sonido*) agudo

high-powered *adj* **1** (*automóvil*) de gran potencia **2** (*persona*) enérgico, dinámico

high pressure *sustantivo, adjetivo*
▶ *n* [*incontable*] (*Meteorología*) altas presiones
▶ *adj* **high-pressure** estresante: *high-pressure sales techniques* técnicas de venta agresivas

high-ranking *adj* de alto rango

high-rise *sustantivo, adjetivo*
▶ *n* torre (*de muchos pisos*)
▶ *adj* **1** (*edificio*) de muchos pisos **2** (*piso*) de un edificio alto

high school *n* (*esp USA*) escuela de enseñanza secundaria (*entre 14 y 18 años*)

high street *n* (*GB*) (*USA* **main street**) calle principal: *high-street shops* almacenes de la calle principal

high-tech (*tb* **hi-tech**) /ˌhaɪ 'tek/ *adj* (*coloq*) de alta tecnología

highway /'haɪweɪ/ *n* **1** (*esp USA*) carretera, autopista **2** (*GB, formal*) vía pública: *Highway Code* código de circulación

hijack /'haɪdʒæk/ *verbo, sustantivo*
▶ *vt* **1** secuestrar (*esp en el aire*) **2** (*pey*) acaparar
▶ *n* (*tb* **hijacking**) secuestro ■ **hijacker** *n* secuestrador, -ora

hike /haɪk/ *sustantivo, verbo*
▶ *n* caminata
▶ *vi* ir de excursión a pie

hiker /'haɪkər/ *n* caminante, excursionista

hiking /'haɪkɪŋ/ *n* excursionismo

hilarious /hɪ'leəriəs/ *adj* divertidísimo, muy cómico

hill /hɪl/ *n* **1** colina, cerro ◆ *Ver nota en* MONTE **2** cuesta, pendiente ■ **hilly** *adj* accidentado, con muchas colinas

hillside /'hɪlsaɪd/ *n* ladera

hilt /hɪlt/ *n* empuñadura **LOC** **(up) to the hilt** **1** hasta el cuello **2** (*apoyar*) incondicionalmente

him /hɪm/ *pron* **1** [*como objeto directo*] lo: *I saw him yesterday.* Lo vi ayer. **2** [*como objeto indirecto*] le, a él: *Give it to him.* Dáselo. **3** [*después de preposición y del verbo* **be**] él: *He always has it with him.* Siempre lo tiene consigo. ◊ *It must be him.* Debe de ser él. ◆ *Comparar con* HE

himself /hɪm'self/ *pron* **1** [*uso reflexivo*] se **2** [*después de preposición*] sí (mismo): *'I tried,' he said to himself.* —Lo intenté —se dijo a sí mismo. **3** [*uso enfático*] él mismo: *He said so himself.* Él mismo lo dijo. **LOC** **(all) by himself** (completamente) solo

hinder /'hɪndər/ *vt* entorpecer, dificultar: *It seriously hindered him in his work.* Lo entorpeció seriamente en su trabajo. ◊ *Our progress was hindered by bad weather.* El mal tiempo nos dificultó el trabajo.

hindrance /'hɪndrəns/ *n* ~ **(to sb/sth)** estorbo, obstáculo (para algn/algo)

hindsight /'haɪndsaɪt/ *n*: *with (the benefit of)/in hindsight* viéndolo a posteriori

Hindu /'hɪnduː; *GB tb* ˌhɪn'duː/ *adj, n* hindú ■ **Hinduism** *n* hinduismo

hinge /hɪndʒ/ *sustantivo, verbo*
▶ *n* bisagra, gozne
▶ *v* **PHR V** **hinge on/upon sth** depender de algo

hint /hɪnt/ *sustantivo, verbo*
- *n* **1** insinuación, indirecta **2** indicio **3** consejo **LOC** take a/the hint captar el mensaje
- **1** *vi* ~ at sth referirse indirectamente a algo **2** *vt, vi* ~ (to sb) that… insinuar (a algn) que…

hip /hɪp/ *sustantivo, adjetivo*
- *n* cadera
- *adj* (*coloq*) de moda, in

hip hop *n* (*Mús*) hip hop

hippie (*tb* hippy) /ˈhɪpi/ *n* (*pl* hippies) hippy

hippopotamus /ˌhɪpəˈpɑtəməs/ *n* (*pl* hippopotamuses /-məsɪz/ *o* hippopotami /-maɪ/) (*coloq* hippo /ˈhɪpoʊ/ [*pl* hippos]) hipopótamo

hire /ˈhaɪər/ *verbo, sustantivo*
- *vt* **1** (*persona*) contratar **2** (*GB*) (*USA* rent) alquilar ⊃ *Ver nota en* ALQUILAR
- *n* (*GB*) (*USA* rent) alquiler: *Bicycles for hire.* Se alquilan bicicletas. ◊ *hire purchase* compra a plazos/por cuotas

his /hɪz/ **1** *adj* su(s) (*de él*): *his bag(s)* su(s) bolsa(s) **2** *pron* suyo, -a, -os, -as, de él: *a friend of his* un amigo de él/suyo ◊ *He lent me his.* Me prestó el de él. ⊃ *Ver nota en* MY

Hispanic /hɪˈspænɪk/ *adjetivo, sustantivo*
- *adj* **1** (*comunidad en Estados Unidos*) hispano **2** (*cultura*) hispánico
- *n* hispano, -a ⊃ *Comparar con* LATINO

hiss /hɪs/ *verbo, sustantivo*
- **1** *vi* silbar **2** *vt, vi* (*desaprobación*) silbar, chiflar
- *n* silbido, rechifla

hissy fit /ˈhɪsi fɪt/ *n* (*coloq*) berrinche, rabieta

historian /hɪˈstɔriən/ *n* historiador, -ora

historic /hɪˈstɔrɪk; *GB* -ˈstɒr-/ *adj* histórico (*importante*)

historical /hɪˈstɔrɪkl; *GB* -ˈstɒr-/ *adj* histórico (*relativo a la historia*)

history /ˈhɪstri/ *n* (*pl* histories) historia: *medical history* historia médica

hit /hɪt/ *verbo, sustantivo*
- *vt* (**-tt-**) (*pt, pp* hit) **1** golpear: *to hit a nail* darle a un clavo **2** alcanzar: *He was hit in the leg by a bullet.* Le dieron con una bala en la pierna. **3** chocar contra **4** ~ sth (on/against sth) golpearse algo (con/contra algo): *I hit my knee against the table.* Me golpeé la rodilla contra la mesa. **5** (*pelota*) pegar a **6** afectar: *Rural areas have been worst hit by the strike.* Las zonas rurales son las más afectadas por la huelga. **LOC** hit it off (with sb) (*coloq*): *Pete and Sue hit it off immediately.* Pete y Sue se cayeron bien desde el principio. ♦ hit the nail on the head dar en el clavo *Ver tb* HOME, STRIDE **PHR V** hit back (at sb/sth) contestar, devolver el golpe (a algn/algo) ♦ hit on sb (*USA, argot*) intentar ligar con algn, encarretar, afanar a algn ♦ hit out (at sb/sth) lanzarse (contra algn/algo)
- *n* **1** golpe **2** exitazo

hit-and-ˈrun *adj*: *a hit-and-run driver* un conductor que atropella a alguien y se da a la fuga

hitch /hɪtʃ/ *verbo, sustantivo*
- *vt, vi*: *to hitch (a ride)* echar dedo ◊ *Can I hitch a ride with you as far as the station?* ¿Me puedes llevar hasta la estación? **PHR V** hitch sth up (*ropa*) subirse algo un poco
- *n* complicación, problema: *without a hitch* sin dificultades

hitchhike /ˈhɪtʃhaɪk/ *vi* echar dedo
- hitchhiker *n* persona que viaja echando dedo
hitchhiking *n* echar dedo, autostop

hi-ˈtech = HIGH-TECH

hive /haɪv/ (*tb* beehive) *n* colmena

HIV /ˌeɪtʃ aɪ ˈviː/ *n* (*abrev de* human immunodeficiency virus) VIH: *HIV-positive* VIH positivo

hiya /ˈhaɪjə/ *interj* (*coloq*) ¡hola!

hoard /hɔrd/ *sustantivo, verbo*
- *n* **1** tesoro **2** provisión
- *vt* acaparar (*provisiones*)

hoarding /ˈhɔrdɪŋ/ *n* (*GB*) (*USA* billboard) valla publicitaria

hoarse /hɔrs/ *adj* ronco

hoax /hoʊks/ *n* broma de mal gusto: *a bomb threat hoax* una amenaza de bomba falsa

hob /hɑb/ *n* (*GB*) (*USA* stovetop) hornilla, fogones

hobby /ˈhɑbi/ *n* (*pl* hobbies) hobby, afición

hockey /ˈhɑki/ *n* **1** (*USA*) (*GB* ice hockey) hockey sobre hielo **2** (*GB*) (*USA* field hockey) hockey (sobre césped)

hoe /hoʊ/ *n* azadón

hog /hɔːg; *GB* hɒg/ *sustantivo, verbo*
- *n* cerdo
- *vt* (*coloq*) acaparar

Hogmanay /ˈhɑɡməneɪ/ *n* Noche de Año Nuevo (*en Escocia*)

hoist /hɔɪst/ *vt* izar, levantar

hold /hoʊld/ *verbo, sustantivo*
- (*pt, pp* held /held/) **1** *vt* sostener, tener en la mano **2** *vt* agarrarse a **3** *vt, vi* (*peso*) aguantar **4** *vt* (*criminal, rehén, etc.*) retener, tener detenido **5** *vt* (*opinión*) sostener **6** *vt* tener espacio para: *It won't hold you all.* No van a caber todos. **7** *vt* (*puesto, cargo*) ocupar **8** *vt* (*conversación*) mantener **9** *vt* (*reunión, elecciones*) celebrar **10** *vt* (*poseer*) tener **11** *vt* (*formal*) considerar **12** *vi* (*oferta, acuerdo*) ser válido **13** *vt* (*título*) ostentar

holdall

14 *vi* (*al teléfono*) esperar LOC **hold hands (with sb)** ir de la mano (con algn) ◆ **hold it!** (*coloq*) ¡espere! ❶ Para otras expresiones con **hold**, véanse las entradas del sustantivo, adjetivo, etc., p. ej. **don't hold your breath** en BREATH.
PHR V **hold sth against sb** (*coloq*) tener algo en contra de algn
hold sb/sth back refrenar a algn/algo ◆ **hold sth back** ocultar algo
hold sb/sth down sujetar a algn/algo
hold forth echar un discurso
hold on 1 (*coloq*) esperar **2** aguantar ◆ **hold on (to sth/sb)** agarrarse (a algo/algn) ◆ **hold sth on** sujetar algo
hold out 1 (*provisiones*) durar **2** (*persona*) aguantar ◆ **hold sth out** tender algo
hold sb/sth up 1 sostener a algn/algo **2** retrasar a algn/algo ◆ **hold sth up** levantar algo ◆ **hold up sth** asaltar algo (*banco, etc.*)
hold with sth estar de acuerdo con algo
▸ *n* **1** *to keep a firm hold of sth* tener algo bien agarrado **2** ~ **(on/over sb/sth)** influencia, control (sobre algn/algo) **3** (*Judo, etc.*) llave **4** (*barco, avión*) bodega LOC **catch/get/grab/take (a) hold of sb/sth** tomar, agarrar a algn/algo ◆ **get hold of sb** ponerse en contacto con algn ◆ **get hold of sth** hacerse con algo

holdall /ˈhoʊldɔːl/ *n* (*GB*) (*USA* **carryall**) bolsa/maletín de viaje ➔ Ver dibujo en BAG

holder /ˈhoʊldər/ *n* **1** titular **2** poseedor, -ora **3** recipiente

holdup /ˈhoʊldʌp/ (*tb* **hold-up**) *n* **1** retraso **2** asalto **3** (*GB*) (*tráfico*) embotellamiento, trancón

hole /hoʊl/ *n* **1** agujero **2** perforación **3** (*carretera*) bache, hueco **4** boquete **5** madriguera **6** (*coloq*) aprieto **7** (*Golf*) hoyo LOC Ver PICK

holiday /ˈhɑlədeɪ/ *sustantivo, verbo*
▸ *n* **1** día de fiesta, día festivo **2** (*GB*) (*USA* **vacation**) vacaciones: *to be/go on holiday* estar en/irse de vacaciones
▸ *vi* (*GB*) (*USA* **vacation**) estar de vacaciones

holidaymaker /ˈhɑlədeɪmeɪkər/ *n* (*GB*) (*USA* **vacationer**) turista, vacacionista

holiness /ˈhoʊlinəs/ *n* santidad

hollow /ˈhɑloʊ/ *adjetivo, sustantivo, verbo*
▸ *adj* **1** hueco **2** (*cara, ojos*) hundido **3** (*sonido*) sordo **4** (*fig*) poco sincero, falso
▸ *n* **1** hoyo **2** hondonada **3** hueco
▸ *v* PHR V **hollow sth out** ahuecar algo

holly /ˈhɑli/ *n* acebo

holocaust /ˈhɑləkɔːst/ *n* holocausto

hologram /ˈhɑləɡræm/ *n* holograma

holster /ˈhoʊlstər/ *n* funda (de pistola)

holy /ˈhoʊli/ *adj* (**holier, -iest**) **1** santo **2** sagrado **3** bendito

homage /ˈhɑmɪdʒ/ *n* [*incontable*] (*formal*) homenaje: *to pay homage to sb/sth* rendir homenaje a algn/algo

home /hoʊm/ *sustantivo, adjetivo, adverbio*
▸ *n* **1** (*hogar*) casa, hogar **2** hogar de ancianos/menores **3** cuna **4** (*Zool*) hábitat **5** (*carrera*) meta LOC **at home 1** en la casa **2** a sus anchas **3** en mi, su, nuestro, etc. país
▸ *adj* [*solo antes de sustantivo*] **1** (*vida*) familiar: *home comforts* las comodidades del hogar **2** (*cocina, películas, etc.*) casero **3** (*GB*) (*no extranjero*) nacional: *the Home Office* Ministerio del Interior **4** (*Dep*) local **5** (*pueblo, país*) natal
▸ *adv* **1** a la casa: *to go home* ir a la casa **2** (*fijar, clavar, etc.*) a fondo LOC **bring sth home to sb** hacer que algn comprenda algo ◆ **hit/strike home** dar en el blanco ◆ **home free** (*GB* **home and dry**) a salvo

homeland /ˈhoʊmlænd/ *n* tierra natal, patria

homeless /ˈhoʊmləs/ *adjetivo, sustantivo*
▸ *adj* sin hogar
▸ *n* **the homeless** [*pl*] las personas sin techo
■ **homelessness** *n* carencia de hogar: *the rise in homelessness* el aumento en el número de personas sin techo

homely /ˈhoʊmli/ *adj* (**homelier, -iest**) **1** (*USA, pey*) feo, poco atractivo **2** (*GB*) (*USA* **homey**) (*ambiente, lugar*) familiar, acogedor **3** sencillo

homemade /ˌhoʊmˈmeɪd/ *adj* casero, hecho en casa

homemaker /ˈhoʊmmeɪkər/ *n* amo, -a de casa

homeopathy /ˌhoʊmiˈɑpəθi/ *n* homeopatía

ˈhome page *n* (*Internet*) página de inicio/principal

ˈhome run *n* jonrón

homeschooling /ˈhoʊmskuːlɪŋ/ *n* educación en el hogar (*práctica de educar a los niños en casa, en lugar de llevarlos al colegio*)

ˌHome ˈSecretary *n* (*GB*) Ministro, -a del Interior

homesick /ˈhoʊmsɪk/ *adj* nostálgico: *to be/feel homesick* sentir nostalgia

homework /ˈhoʊmwɜːrk/ *n* [*incontable*] (*colegio*) tarea(s)

homey (*tb* **homy**) /ˈhoʊmi/ (*GB* **homely**) *adj* (*esp USA, coloq*) (*ambiente, lugar*) familiar, acogedor

homicide /ˈhɑmɪsaɪd/ *n* homicidio
■ **homicidal** /ˌhɑmɪˈsaɪdl/ *adj* homicida

homogeneous /ˌhoʊməˈdʒiːniəs; *GB* ˌhɒmə-/ *adj* homogéneo

homosexual /ˌhoʊməˈsekʃuəl; GB tb ˌhɒmə-/ adj, n homosexual ■ **homosexuality** /ˌhoʊməsekʃuˈæləti; GB tb ˌhɒmə-/ n homosexualidad

⚡ **honest** /ˈɑnɪst/ adj **1** (persona) honesto, honrado **2** (afirmación) franco, sincero **3** (sueldo) justo

⚡ **honestly** /ˈɑnɪstli/ adv **1** honradamente, honestamente **2** [uso enfático] de verdad, francamente

honesty /ˈɑnəsti/ n **1** honradez, honestidad **2** franqueza

honey /ˈhʌni/ n **1** miel **2** (coloq) (tratamiento) cielo

honeymoon /ˈhʌnimuːn/ n luna de miel

honk /hɑŋk/ vt, vi tocar (la bocina)

⚡ **honor** (GB honour) /ˈɑnər/ sustantivo, verbo
▸ n **1** honor **2** (título) condecoración **3 honors** [pl] distinción: honors degree licenciatura/grado de honor **4** Your/His/Her Honor su Señoría **LOC** in honor of sb/sth; in sb's/sth's honor en honor de/a algn/algo
▸ vt **1** ~ sb/sth (with sth) honrar a algn/algo (con algo) **2** ~ sb (with sth) condecorar a algn (con algo) **3** (opinión, etc.) respetar **4** (compromiso, deuda) cumplir (con)

honorable (GB honourable) /ˈɑnərəbl/ adj **1** honorable **2** honroso

honorary /ˈɑnəreri; GB -rəri/ adj **1** honorífico **2** (doctor) honoris causa **3** (no remunerado) honorario

hood /hʊd/ n **1** capucha **2** (GB bonnet) (automóvil) capó ■ **hooded** adj **1** (ropa) con capucha **2** (persona) encapuchado, -a

hoody (tb hoodie) /ˈhʊdi/ n (pl hoodies) (coloq) buzo/polerón con capucha

hoof /huːf/ n (pl hoofs o hooves /huːvz/) casco, pezuña

⚡ **hook** /hʊk/ sustantivo, verbo
▸ n **1** gancho, garfio **2** (pesca) anzuelo **LOC** get/let sb off the hook sacar a algn del apuro/dejar que algn se salve ♦ off the hook descolgado (teléfono)
▸ vt, vi enganchar(se) **LOC** be hooked (on sth) (coloq) estar loco (por algo) ♦ be/get hooked (on sth) (coloq) estar metido/meterse (en algo) (droga)

hooligan /ˈhuːlɪɡən/ n (esp GB) vándalo, -a ■ **hooliganism** n vandalismo

hoop /huːp/ n aro

hooray (tb hurrah, hurray) /hʊˈreɪ/ interj ~ (for sb/sth) ¡viva (algn/algo)!

hoot /huːt/ sustantivo, verbo
▸ n **1** (búho) ululato **2** pitazo

▸ **1** vi (búho) ulular **2** vt, vi (GB) (USA **honk**) (vehículo) tocar (la bocina) **3** vt (pito) tocar

Hoover® /ˈhuːvər/ sustantivo, verbo
▸ n (GB) (USA **vacuum cleaner**) aspiradora
▸ vt, vi **hoover** (GB) pasar la aspiradora (a)

hooves /huːvz/ n pl de HOOF

hop /hɑp/ verbo, sustantivo
▸ vi (-pp-) **1** (persona) saltar en una pata ➲ Ver dibujo en SALTAR **2** (animal) dar saltitos, saltar
▸ n **1** salto **2** (Bot) lúpulo

⚡ **hope** /hoʊp/ sustantivo, verbo
▸ n **1** ~ (of/for sth) esperanza (de/para algo) **2** ~ (of doing sth/that…) esperanza (de hacer algo/de que…)
▸ **1** vi ~ (for sth) esperar (algo) **2** vt ~ to do sth/that… esperar hacer algo/que…: I hope not/so. Espero que no/sí. **LOC** I should hope not! ¡no faltaba más! ➲ Ver nota en ESPERAR

hopeful /ˈhoʊpfl/ adj **1** (persona) esperanzado, confiado: to be hopeful that… tener la esperanza de que… **2** (situación) prometedor, esperanzador ■ **hopefully** adv **1** con optimismo/esperanzas **2** con un poco de suerte, si Dios quiere

hopeless /ˈhoʊpləs/ adj **1** inútil, desastroso **2** (tarea) imposible ■ **hopelessly** adv (enfático) totalmente

horde /hɔːrd/ n (a veces pey) multitud: hordes of people miles de personas

horizon /həˈraɪzn/ n **1 the horizon** [sing] el horizonte **2** [gen pl] (fig) perspectiva

⚡ **horizontal** /ˌhɔːrəˈzɑntl; GB ˌhɒrɪ-/ adj, n horizontal

hormone /ˈhɔːrmoʊn/ n hormona

⚡ **horn** /hɔːrn/ n **1** cuerno, asta, cacho **2** (Mús) cuerno (instrumento de viento) **3** (automóvil) pito

horoscope /ˈhɔːrəskoʊp; GB ˈhɒr-/ n horóscopo

horrendous /hɔːˈrendəs; GB hɒˈr-/ adj **1** horrendo **2** (coloq) (excesivo) tremendo

horrible /ˈhɔːrəbl; GB ˈhɒr-/ adj horrible

horrid /ˈhɔːrɪd; GB ˈhɒrɪd/ adj horrible, horroroso

horrific /həˈrɪfɪk/ adj horripilante, espantoso

horrify /ˈhɔːrɪfaɪ; GB ˈhɒr-/ vt (pt, pp **-fied**) horrorizar ■ **horrifying** adj horroroso, horripilante

⚡ **horror** /ˈhɔːrər; GB ˈhɒrər/ n horror: horror movie película de terror

⚡ **horse** /hɔːrs/ n caballo **LOC** Ver DARK, FLOG, LOOK

⚡ **horseback** /ˈhɔːrsbæk/ n **LOC** on horseback a caballo

horseback riding

horseback riding (GB **horse riding**) n equitación

horseman /'hɔːrsmən/ n (pl **horsemen** /-mən/) jinete

horsepower /'hɔːrspaʊər/ n (pl **horsepower**) (abrev **hp**) caballo de fuerza, potencia

horseshoe /'hɔːrsʃuː/ n herradura

horsewoman /'hɔːrswʊmən/ n (pl **horsewomen** /-wɪmɪn/) amazona

horticulture /'hɔːrtɪkʌltʃər/ n horticultura ■ **horticultural** /ˌhɔːrtɪ'kʌltʃərəl/ adj hortícola

hose /hoʊz/ (tb **hosepipe** /'hoʊzpaɪp/) n manguera

hospice /'hɒspɪs/ n hospital (para enfermos incurables)

hospitable /hɑ'spɪtəbl, 'hɑspɪtəbl/ adj hospitalario

hospital /'hɑspɪtl/ n hospital

hospitality /ˌhɑspɪ'tæləti/ n hospitalidad

host /hoʊst/ sustantivo, verbo
▸ n 1 multitud, montón: *a host of admirers* una multitud de admiradores 2 anfitrión, -ona 3 (TV) presentador, -ora 4 **the Host** (Relig) la hostia
▸ vt: *London hosted the 2012 Olympic Games.* Londres fue la sede de los Juegos Olímpicos del 2012.

hostage /'hɑstɪdʒ/ n rehén

hostel /'hɑstl/ n albergue: *youth hostel* albergue juvenil

hostess /'hoʊstəs; GB tb -tes/ n 1 anfitriona 2 (TV) presentadora Ver tb AIR HOSTESS

hostile /'hɑstl, -taɪl/ adj 1 hostil 2 (territorio) enemigo

hostility /hɑ'stɪləti/ n hostilidad

hot /hɑt/ adj (**hotter, -est**) 1 (agua, comida, objeto) caliente ⊃ Ver nota en CALIENTE 2 (día) caluroso: *in hot weather* cuando hace calor 3 (sabor) picante 4 (coloq) (grupo de música, etc.) popular LOC **be hot 1** (persona) tener calor 2 (tiempo) hacer calor: *It's very hot.* Está haciendo mucho calor.

hot-blooded /ˌhɑt 'blʌdɪd/ adj apasionado

hot cross bun n pan dulce marcado con una cruz, que se come en Semana Santa

hot-desking n [incontable] uso compartido de un escritorio en una oficina

hot dog n perrito caliente

hotel /hoʊ'tel/ n hotel

hothead /'hɑthed/ n exaltado, -a, impulsivo, -a

hotline /'hɑtlaɪn/ n línea telefónica de información/ayuda

hotly /'hɑtli/ adv ardientemente, enérgicamente

hot spot n zona conflictiva

hound /haʊnd/ sustantivo, verbo
▸ n perro de caza
▸ vt acosar

hour /aʊər/ n 1 hora: *half an hour* media hora 2 **hours** [pl] horario: *office/opening hours* el horario de oficina/apertura 3 [gen sing] momento LOC **after hours** después del horario de trabajo/de apertura ♦ **on the hour** a la hora en punto Ver tb EARLY

hourly /'aʊərli/ adj, adv cada hora

house sustantivo, verbo
▸ n /haʊs/ (pl **houses** /'haʊzɪz/) 1 casa 2 (Teat) sala de espectáculos: *There was a full house.* Se llenó (el teatro). LOC **on the house** cortesía de la casa Ver tb MOVE
▸ vt /haʊz/ alojar, albergar

household /'haʊshoʊld/ n: *a large household* una casa de mucha gente ◊ *household chores* quehacer(es) doméstico(s) ■ **householder** n dueño, -a de la casa

househusband /'haʊshʌzbənd/ n amo de casa ◊ Comparar con HOUSEWIFE

housekeeper /'haʊskiːpər/ n ama de llaves, empleada del servicio ■ **housekeeping** n [incontable] 1 organización/reglas de una casa 2 gastos de la casa

housemate /'haʊsmeɪt/ n compañero, -a de casa

the House of Commons (tb **the Commons**) n [v sing o pl] (GB) la Cámara de los Comunes ⊃ Ver nota en PARLIAMENT

the House of Lords (tb **the Lords**) n [v sing o pl] (GB) la Cámara de los Lores ⊃ Ver nota en PARLIAMENT

the House of Representatives n (USA) la Cámara de Representantes

the Houses of Parliament n (GB) el Parlamento (británico)

housewarming /'haʊswɔːrmɪŋ/ n fiesta de inauguración de una casa

housewife /'haʊswaɪf/ n (pl **housewives** /-waɪvz/) ama de casa

housework /'haʊswɜːrk/ n [incontable] tareas domésticas

housing /'haʊzɪŋ/ n [incontable] vivienda, alojamiento

housing development (GB tb **housing estate**) n urbanización, unidad habitacional

| i happy | ɪ sit | iː see | æ cat | ɑ hot | ɒ long (GB) | ɑː bath (GB) | ʌ cup | ʊ put | uː too |

hover /ˈhʌvər; GB ˈhɒv-/ vi **1** (ave) planear **2** (objeto) quedarse suspendido (en el aire) **3** (persona) rondar

how /haʊ/ adv **1** cómo: *How can that be?* ¿Cómo puede ser? ◊ *Tell me how to spell it.* Dime cómo se escribe. ◊ *How's your job?* ¿Cómo va el trabajo? **2** [con adjetivo o adverbio] *How old are you?* ¿Cuántos años tienes? ◊ *How fast were you going?* ¿A qué velocidad ibas? **3** (expresando sorpresa) *How cold it is!* ¡Qué frío hace! ◊ *How you've grown!* ¡Cómo has crecido! **4** como: *I dress how I like.* Me visto como quiero. LOC **how about?** *Ver* ABOUT ◆ **how are you?** ¿cómo estás? ◆ **how come…?** ¿cómo es que…? ◆ **how do you do?** mucho gusto

How do you do? se usa en presentaciones formales, y se contesta con *how do you do?* En cambio **how are you?** se usa en situaciones informales, y se responde según se encuentre uno: *fine, very well, not too bad, etc.*

◆ **how ever** cómo: *How ever did she do it?* ¿Cómo pudo hacerlo? *Ver tb* HOWEVER ◆ **how many** cuántos: *How many letters did you write?* ¿Cuántas cartas escribiste? ◆ **how much** cuánto: *How much is it?* ¿Cuánto es?

however /haʊˈevər/ adv **1** por muy/mucho que: *however strong you are* por muy fuerte que seas ◊ *however hard he tries* por mucho que lo intente **2** como: *however you like* como quieras **3** sin embargo *Ver tb* HOW

howl /haʊl/ sustantivo, verbo
▸ n **1** aullido **2** grito
▸ vi **1** aullar **2** dar alaridos

HQ /ˌeɪtʃ ˈkjuː/ *Ver* HEADQUARTERS

hub /hʌb/ n **1** ~ (**of sth**) eje (de algo) **2** (rueda) buje, cubo

hubbub /ˈhʌbʌb/ n ajetreo, algarabía

huddle /ˈhʌdl/ verbo, sustantivo
▸ vi **1** acurrucarse **2** apiñarse
▸ n grupo

huff /hʌf/ n LOC **be in a huff** (coloq) estar indignado, tener una rabieta

hug /hʌɡ/ sustantivo, verbo
▸ n abrazo: *to give sb a hug* darle un abrazo a algn
▸ vt (**-gg-**) abrazar

huge /hjuːdʒ/ adj enorme

hull /hʌl/ n casco (de un barco)

hullo (GB) = HELLO

hum /hʌm/ sustantivo, verbo
▸ n **1** zumbido **2** (voces) murmullo
▸ (**-mm-**) **1** vi zumbar **2** vt, vi tararear (con la boca cerrada) **3** vi (coloq) bullir: *to hum with activity* bullir de actividad

human /ˈhjuːmən/ adj, n humano: *human beings* seres humanos ◊ *human rights* derechos humanos ◊ *human nature* la naturaleza humana ◊ *the human race* el género humano

humane /hjuːˈmeɪn/ adj humanitario, humano

humanitarian /hjuːˌmænɪˈteəriən/ adj humanitario

humanity /hjuːˈmænəti/ n **1** humanidad **2 humanities** [pl] (Educ) humanidades

humble /ˈhʌmbl/ adjetivo, verbo
▸ adj (**humbler, -est**) humilde
▸ vt **1** dar una lección de humildad a **2** ~ **yourself** adoptar una actitud humilde

humid /ˈhjuːmɪd/ adj húmedo ■ **humidity** /hjuːˈmɪdəti/ n humedad ❶ **Humid** y **humidity** solo se refieren a la humedad atmosférica. ➔ *Ver tb nota en* MOIST

humiliate /hjuːˈmɪlieɪt/ vt humillar
■ **humiliating** adj humillante, vergonzoso
humiliation n humillación

humility /hjuːˈmɪləti/ n humildad

hummingbird /ˈhʌmɪŋbɜːrd/ n colibrí, picaflor

humor (GB **humour**) /ˈhjuːmər/ sustantivo, verbo
▸ n **1** humor **2** (estado de ánimo) genio **3** (comicidad) gracia
▸ vt seguirle la corriente a, complacer

humorous /ˈhjuːmərəs/ adj humorístico, divertido

hump /hʌmp/ n joroba, giba

hunch /hʌntʃ/ verbo, sustantivo
▸ vt, vi encorvar(se)
▸ n corazonada, presentimiento

hundred /ˈhʌndrəd/ adjetivo, pronombre, sustantivo
▸ adj, pron cien, ciento ➔ *Ver ejemplos en* FIVE *y pág. 784*
▸ n ciento, centenar ■ **hundredth 1** adj centésimo **2** n centésima parte ➔ *Ver ejemplos en* FIFTH

hung pt, pp de HANG

hunger /ˈhʌŋɡər/ sustantivo, verbo
▸ n hambre ➔ *Ver nota en* HAMBRE
▸ v PHR V **hunger for/after sth** (formal) anhelar algo, tener hambre/sed de algo

hungry /ˈhʌŋɡri/ adj (**hungrier, -iest**) con hambre: *I'm hungry.* Tengo hambre.

hunk /hʌŋk/ n **1** (buen) trozo/pedazo **2** (coloq) hombre fornido y atractivo

hunt /hʌnt/ verbo, sustantivo
▸ **1** vt, vi cazar **2** vi ir de cacería **3** vt, vi ~ (**for sb/sth**) buscar (a algn/algo)

hunter

▸ *n* **1** caza, cacería **2** búsqueda, busca
hunter /'hʌntər/ *n* cazador, -ora
hunting /'hʌntɪŋ/ *n* [*incontable*] caza, cacería
hurdle /'hɜːrdl/ *n* **1** (*Atletismo*) obstáculo **2** (*fig*) barrera
hurl /hɜːrl/ *vt* **1** lanzar, arrojar **2** (*insultos, etc.*) soltar
hurrah, hurray = HOORAY
hurricane /'hɜːrəkən, -keɪn; *GB* 'hʌrɪkən/ *n* huracán
hurried /'hɜːrid; *GB* 'hʌrid/ *adj* apresurado, afanado, rápido
hurry /'hɜːri; *GB* 'hʌri/ *sustantivo, verbo*
▸ *n* [*sing*] prisa, afán **LOC** **be in a hurry** tener prisa/afán
▸ *vt, vi* (*pt, pp* **hurried**) apurar(se), apresurar(se) **PHR V** **hurry up** apurarse ♦ **hurry sb up** meterle prisa a algn ♦ **hurry sth up** acelerar algo
hurt /hɜːrt/ (*pt, pp* **hurt**) **1** *vt* lastimar, hacerle daño a: *to get hurt* lastimarse **2** *vi* doler: *My leg hurts.* Me duele la pierna. **3** *vt* (*afligir*) herir, ofender **4** *vt* (*intereses, reputación, etc.*) perjudicar, dañar ■ **hurtful** *adj* hiriente, cruel, perjudicial
hurtle /'hɜːrtl/ *vi* precipitarse
husband /'hʌzbənd/ *n* esposo
hush /hʌʃ/ *sustantivo, verbo*
▸ *n* [*sing*] silencio
▸ *v* **PHR V** **hush sth up** acallar algo
husky /'hʌski/ *adjetivo, sustantivo*
▸ *adj* (**huskier, -iest**) ronco
▸ *n* (*pl* **huskies**) perro esquimal
hustle /'hʌsl/ *verbo, sustantivo*
▸ *vt* **1** empujar **2** ~ **sb** (**into sth**) apurar a algn (para que haga algo)
▸ *n* **LOC** **hustle and bustle** ajetreo
hut /hʌt/ *n* choza, cabaña
hutch /hʌtʃ/ *n* conejera (*jaula*)
hybrid /'haɪbrɪd/ *adj, n* híbrido
hydrant /'haɪdrənt/ *n Ver* FIRE HYDRANT

hydraulic /haɪ'drɑːlɪk; *GB tb* -'drɒl-/ *adj* hidráulico
hydroelectric /ˌhaɪdroʊɪ'lektrɪk/ *adj* hidroeléctrico
hydrofoil /'haɪdrəfɔɪl/ *n* aerodeslizador
hydrogen /'haɪdrədʒən/ *n* hidrógeno
hyena (*GB tb* **hyaena**) /haɪ'iːnə/ *n* hiena
hygiene /'haɪdʒiːn/ *n* higiene ■ **hygienic** /haɪ'dʒiːnɪk/ *adj* higiénico
hymn /hɪm/ *n* himno
hype /haɪp/ *sustantivo, verbo*
▸ *n* (*coloq, pey*) despliegue publicitario
▸ *vt* ~ **sth** (**up**) (*coloq, pey*) anunciar algo con gran despliegue
hyperlink /'haɪpərlɪŋk/ *n* (*Informát*) hipervínculo, link
hyphen /'haɪfn/ *n* guión ⊃ *Ver pág. 377*
hypnosis /hɪp'noʊsɪs/ *n* hipnosis
hypnotic /hɪp'nɑtɪk/ *adj* hipnótico
hypnotism /'hɪpnətɪzəm/ *n* hipnotismo ■ **hypnotist** *n* hipnotizador, -ora
hypnotize (*GB tb* -**ise**) /'hɪpnətaɪz/ *vt* hipnotizar
hypochondriac /ˌhaɪpə'kɑndriæk/ *n* hipocondríaco, -a
hypocrisy /hɪ'pɑkrəsi/ *n* hipocresía
hypocrite /'hɪpəkrɪt/ *n* hipócrita ■ **hypocritical** /ˌhɪpə'krɪtɪkl/ *adj* hipócrita
hypothesis /haɪ'pɑθəsɪs/ *n* (*pl* **hypotheses** /-siːz/) hipótesis
hypothetical /ˌhaɪpə'θetɪkl/ *adj* hipotético
hysteria /hɪ'stɪəriə, hɪ'steriə/ *n* histeria
hysterical /hɪ'sterɪkl/ *adj* **1** (*risa, etc.*) histérico **2** (*coloq*) para morirse de la risa
hysterics /hɪ'sterɪks/ *n* [*pl*] **1** crisis de histeria **2** (*coloq*) ataque de risa

I i

I, i /aɪ/ n (pl **Is**, **I's**, **i's** /aɪz/) I, i ⊃ Ver nota en A, A

I /aɪ/ pron yo: *I am 15 (years old).* Tengo quince años. ❶ El pronombre personal no se puede omitir en inglés. ⊃ Comparar con ME (3)

ice /aɪs/ sustantivo, verbo
▸ n [incontable] hielo: *ice cube* cubo de hielo
LOC Ver BREAK
▸ vt glasear

iceberg /'aɪsbɜːrg/ n iceberg

ice cap n casquete glaciar, capa de hielo

ice 'cream (tb **'ice cream**) n helado

ice hockey n (esp GB) (USA **hockey**) hockey sobre hielo

ice 'lolly n (pl **ice lollies**) (GB) (USA **Popsicle**®) paleta (de agua), helado de hielo

'ice rink n pista de hielo

'ice skate sustantivo, verbo
▸ n patín de hielo
▸ vi **ice-skate** patinar sobre hielo ∎ **'ice skating** n patinaje sobre hielo

icicle /'aɪsɪkl/ n carámbano (aguja de hielo)

icing /'aɪsɪŋ/ n (esp GB) (USA **frosting**) cobertura (en tortas o postres): *icing sugar* (GB) azúcar en polvo/flor

icon /'aɪkɒn/ n (Relig, Informát) icono

iconic /aɪ'kɑnɪk/ adj icónico

ICT /ˌaɪ siː 'tiː/ n (abrev de **Information and Communication Technology**) (GB) (Educ) Tecnología de Información y Comunicación

icy /'aɪsi/ adj (**icier**, **-iest**) 1 helado 2 (voz, actitud, etc.) gélido

ID /ˌaɪ 'diː/ n identificación: *ID card* carné de identidad

I'd /aɪd/ 1 abrev de **I had** Ver HAVE 2 abrev de **I would** Ver WOULD

idea /aɪ'dɪə/ n 1 idea 2 ocurrencia: *What an idea!* ¡Qué ocurrencia! **LOC** **get the idea** captar la idea ◆ **get/have the idea that...** tener la impresión de que... ◆ **give sb ideas**; **put ideas into sb's head** meterle a algn ideas en la cabeza ◆ **have no idea** no tener ni idea

ideal /aɪ'diːəl/ adjetivo, sustantivo
▸ adj ~ (**for sb/sth**) ideal (para algn/algo)
▸ n ideal

idealism /aɪ'diːəlɪzəm/ n idealismo ∎ **idealist** n idealista **idealistic** /ˌaɪdɪə'lɪstɪk/ adj idealista

idealize (GB tb **-ise**) /aɪ'diːəlaɪz/ vt idealizar

ideally /aɪ'diːəli/ adv 1 en el mejor de los casos: *Ideally, they should all help.* Lo ideal sería que todos ayudaran. 2 idealmente: *They're ideally suited.* Se complementan perfectamente.

identical /aɪ'dentɪkl/ adj ~ (**to/with sb/sth**) idéntico a algn/algo

identification /aɪˌdentɪfɪ'keɪʃn/ n identificación: *identification papers* documento de identidad ◊ *identification parade* (GB) desfile de sospechosos (para identificación)

identify /aɪ'dentɪfaɪ/ vt (pt, pp **-fied**) identificar
PHR V **identify with sb** identificarse con algn

identity /aɪ'dentəti/ n (pl **identities**) identidad: *a case of mistaken identity* un caso de confusión de identidad

ideology /ˌaɪdi'ɒlədʒi/ n (pl **ideologies**) ideología

idiom /'ɪdiəm/ n modismo, locución

idiosyncrasy /ˌɪdiə'sɪŋkrəsi/ n (pl **idiosyncrasies**) idiosincrasia

idiot /'ɪdiət/ n (coloq, pey) idiota ∎ **idiotic** /ˌɪdi'ɑtɪk/ adj estúpido

idle /'aɪdl/ adj 1 holgazán 2 (maquinaria) parado 3 desocupado 4 vano, inútil ∎ **idleness** n ociosidad, holgazanería

idol /'aɪdl/ n ídolo ∎ **idolize** (GB tb **-ise**) vt idolatrar

idyllic /aɪ'dɪlɪk; GB ɪ'd-/ adj idílico

i.e. /ˌaɪ 'iː/ abrev es decir

if /ɪf/ conj 1 si: *If he were here...* Si estuviera él aquí... 2 cuando, siempre que: *if in doubt* en caso de duda 3 aunque, incluso si **LOC** **if I were you** si yo fuera tú, yo de ti ◆ **if only** ojalá: *If only I had known!* ¡De haberlo sabido! ◆ **if so** de ser así

iffy /'ɪfi/ adj (coloq) 1 sospechoso 2 incierto

igloo /'ɪɡluː/ n (pl **igloos**) iglú

ignite /ɪɡ'naɪt/ vt, vi prender (fuego a), encender(se) ∎ **ignition** /ɪɡ'nɪʃn/ n 1 ignición 2 (Mec) encendido

ignominious /ˌɪɡnə'mɪniəs/ adj vergonzoso

ignorance /'ɪɡnərəns/ n ignorancia

ignorant /'ɪɡnərənt/ adj ignorante: *to be ignorant of sth* desconocer algo

ignore /ɪɡ'nɔːr/ vt 1 no hacer caso de, no hacerle caso a 2 ignorar 3 pasar por alto

iguana

> "Ignorar algo" en el sentido de "desconocerlo" se traduce por **not know sth**: *I don't know if they've come.* Ignoro si vinieron.

iguana /ɪˈɡwɑnə/ *n* iguana

ill /ɪl/ *adjetivo, adverbio, sustantivo*
▸ *adj* **1** (*esp GB*) (*USA* **sick**) enfermo: *to fall/be taken ill* enfermarse ◊ *to feel ill* sentirse mal **2** malo ➜ *Ver nota en* ENFERMO **LOC** *Ver* FEELING
▸ *adv* mal: *to speak ill of sb* hablar mal de algn **LOC ill at ease** incómodo, molesto *Ver tb* BODE, DISPOSED

> Se emplea mucho en compuestos, p.ej. **ill-fated** = desafortunado, **ill-equipped** = mal equipado, **ill-advised** = imprudente, desaconsejable.

▸ *n* (*formal*) mal, daño

I'll /aɪl/ **1** *abrev de* **I will** *Ver* WILL **2** *abrev de* **I shall** *Ver* SHALL

illegal /ɪˈliːɡl/ *adj* ilegal ■ **illegally** *adv* ilegalmente

illegible /ɪˈledʒəbl/ *adj* ilegible

illegitimate /ˌɪləˈdʒɪtəmət/ *adj* ilegítimo

ill health *n* mala salud

illicit /ɪˈlɪsɪt/ *adj* ilícito

illiterate /ɪˈlɪtərət/ *adj* **1** analfabeto **2** ignorante

illness /ˈɪlnəs/ *n* enfermedad: *mental illness* enfermedad mental ◊ *absences due to illness* ausencia por enfermedad ➜ *Ver nota en* DISEASE

illogical /ɪˈlɑdʒɪkl/ *adj* ilógico

ill-ˈtreat *vt* maltratar

ill-ˈtreatment *n* [*incontable*] maltrato

illuminate /ɪˈluːmɪneɪt/ *vt* iluminar
■ **illuminating** *adj* revelador **illumination** *n* **1** iluminación **2 illuminations** [*pl*] (*GB*) luces, iluminación

illusion /ɪˈluːʒn/ *n* ilusión (*idea equivocada*) **LOC be under the illusion that…** hacerse ilusiones de que…

illusory /ɪˈluːsəri/ *adj* (*formal*) ilusorio

illustrate /ˈɪləstreɪt/ *vt* ilustrar ■ **illustration** *n* **1** ilustración **2** ejemplo

illustrious /ɪˈlʌstriəs/ *adj* (*formal*) ilustre

I'm /aɪm/ *abrev de* **I am** *Ver* BE

image /ˈɪmɪdʒ/ *n* imagen ■ **imagery** *n* [*incontable*] imágenes

imaginary /ɪˈmædʒɪneri; *GB* -nəri/ *adj* imaginario

imagination /ɪˌmædʒɪˈneɪʃn/ *n* imaginación ■ **imaginative** /ɪˈmædʒɪnətɪv/ *adj* imaginativo

imagine /ɪˈmædʒɪn/ *vt* imaginar(se)

imbalance /ɪmˈbæləns/ *n* desequilibrio

imbecile /ˈɪmbəsl; *GB* -siːl/ *n* imbécil

imitate /ˈɪmɪteɪt/ *vt* imitar

imitation /ˌɪmɪˈteɪʃn/ *n* **1** (*acción y efecto*) imitación **2** copia, reproducción

immaculate /ɪˈmækjələt/ *adj* **1** inmaculado **2** (*ropa*) impecable

immaterial /ˌɪməˈtɪəriəl/ *adj* irrelevante

immature /ˌɪməˈtʃʊər, -ˈtʊər; *GB* -ˈtjʊə(r)/ *adj* inmaduro

immeasurable /ɪˈmeʒərəbl/ *adj* inconmensurable

immediate /ɪˈmiːdiət/ *adj* **1** inmediato: *to take immediate action* actuar de inmediato **2** (*familia, parientes*) más cercano **3** (*necesidad, etc.*) urgente

immediately /ɪˈmiːdiətli/ *adverbio, conjunción*
▸ *adv* **1** inmediatamente **2** directamente
▸ *conj* (*esp GB*) en cuanto: *immediately I saw her* inmediatamente/apenas la vi

immense /ɪˈmens/ *adj* inmenso

immerse /ɪˈmɜːrs/ *vt* sumergir(se)
■ **immersion** /ɪˈmɜːrʒn; -ʃn/ *n* inmersión

immigrant /ˈɪmɪɡrənt/ *n* inmigrante

immigration /ˌɪmɪˈɡreɪʃn/ *n* inmigración

imminent /ˈɪmɪnənt/ *adj* inminente

immobile /ɪˈmoʊbl; *GB* -baɪl/ *adj* inmóvil

immobilize (*GB tb* **-ise**) /ɪˈmoʊbəlaɪz/ *vt* inmovilizar

immoral /ɪˈmɔːrəl; *GB* ɪˈmɒrəl/ *adj* inmoral

immortal /ɪˈmɔːrtl/ *adj* **1** (*alma, vida*) inmortal **2** (*fama*) imperecedero ■ **immortality** /ˌɪmɔːrˈtæləti/ *n* inmortalidad

immovable /ɪˈmuːvəbl/ *adj* **1** (*objeto*) inamovible **2** (*persona, actitud*) inflexible

immune /ɪˈmjuːn/ *adj* ~ (**to sth**) inmune (a algo) ■ **immunity** *n* inmunidad

immunize (*GB tb* **-ise**) /ˈɪmjunaɪz/ *vt* ~ **sb** (**against sth**) inmunizar a algn (contra algo)
■ **immunization** (*GB tb* **-isation**) /ˌɪmjunəˈzeɪʃn; *GB* -naɪˈz-/ *n* inmunización

impact *sustantivo, verbo*
▸ *n* /ˈɪmpækt/ **1** impacto **2** (*automóvil*) choque
▸ *vt, vi* /ɪmˈpækt/ ~ (**on/upon sth**) tener un impacto (en/sobre algo)

impair /ɪmˈpeər/ *vt* (*formal*) deteriorar, debilitar: *impaired vision* vista debilitada
■ **impairment** *n* deficiencia

impart /ɪmˈpɑrt/ *vt* (*formal*) **1** ~ **sth** (**to sb**) impartir algo (a algn) **2** conferir

---

i happy   ɪ sit   iː see   æ cat   ɑ hot   ɒ long (*GB*)   ɑː bath (*GB*)   ʌ cup   ʊ put   uː too

impartial /ɪmˈpɑrʃl/ *adj* imparcial

impasse /ˈɪmpæs; *GB* ˈæmpɑːs/ *n* impase, callejón sin salida

impassioned /ɪmˈpæʃnd/ *adj* apasionado

impassive /ɪmˈpæsɪv/ *adj* impasible

impatience /ɪmˈpeɪʃns/ *n* impaciencia

impatient /ɪmˈpeɪʃnt/ *adj* impaciente

impeccable /ɪmˈpekəbl/ *adj* impecable

impede /ɪmˈpiːd/ *vt* (*formal*) obstaculizar

impediment /ɪmˈpedɪmənt/ *n* **1** ~ **(to sb/sth)** impedimento (para algn/algo) **2** (*habla*) defecto

impel /ɪmˈpel/ *vt* (-ll-) impulsar

impending /ɪmˈpendɪŋ/ *adj* [*solo antes de sustantivo*] inminente

impenetrable /ɪmˈpenɪtrəbl/ *adj* impenetrable

imperative /ɪmˈperətɪv/ *adjetivo, sustantivo*
- *adj* **1** (*esencial*) urgente, imprescindible **2** (*tono de voz*) imperativo
- *n* imperativo

imperceptible /ˌɪmpərˈseptəbl/ *adj* imperceptible

imperfect /ɪmˈpɜːrfɪkt/ *adj*, *n* imperfecto

imperial /ɪmˈpɪəriəl/ *adj* imperial
- **imperialism** *n* imperialismo

impersonal /ɪmˈpɜːrsənl/ *adj* impersonal

impersonate /ɪmˈpɜːrsəneɪt/ *vt* **1** imitar **2** hacerse pasar por

impertinent /ɪmˈpɜːrtɪnənt/ *adj* impertinente

impetus /ˈɪmpɪtəs/ *n* impulso, ímpetu

implant *verbo, sustantivo*
- *vt* /ɪmˈplænt; *GB* -ˈplɑːnt/ ~ **sth (in/into sth) 1** (*formal*) inculcar algo (a algn) **2** (*Med*) implantar algo (en algo)
- *n* /ˈɪmplænt, ɪmˈplænt; *GB* ˈɪmplɑːnt/ implante

implausible /ɪmˈplɔːzəbl/ *adj* inverosímil

implement *sustantivo, verbo*
- *n* /ˈɪmplɪmənt/ (*formal*) utensilio
- *vt* /ˈɪmplɪment/ (*formal*) **1** llevar a cabo, implementar, realizar **2** (*decisión*) poner en práctica **3** (*ley*) aplicar ■ **implementation** /ˌɪmplɪmenˈteɪʃn/ *n* **1** realización, implementación, puesta en práctica **2** (*ley*) aplicación

implicate /ˈɪmplɪkeɪt/ *vt* ~ **sb (in sth)** implicar a algn (en algo)

implication /ˌɪmplɪˈkeɪʃn/ *n* **1** ~ **(for sb/sth)** implicación, consecuencia (para algn/algo) **2** implicación (*delito*)

implicit /ɪmˈplɪsɪt/ *adj* **1** ~ **(in sth)** implícito (en algo) **2** (*confianza*) absoluto

implore /ɪmˈplɔːr/ *vt* (*formal*) implorar, suplicar

imply /ɪmˈplaɪ/ *vt* (*pt*, *pp* **implied**) **1** insinuar, dar a entender **2** implicar, suponer

impolite /ˌɪmpəˈlaɪt/ *adj* maleducado

import *sustantivo, verbo*
- *n* /ˈɪmpɔːrt/ importación
- *vt* /ɪmˈpɔːrt/ importar ■ **importer** /ɪmˈpɔːrtər/ *n* importador, -ora

importance /ɪmˈpɔːrtns/ *n* importancia

important /ɪmˈpɔːrtnt/ *adj* importante: *vitally important* de suma importancia

impose /ɪmˈpoʊz/ **1** *vt* ~ **sth (on/upon sb/sth)** imponer algo (a/sobre algn/algo) **2** *vi* ~ **(on/upon sb/sth)** abusar (de la hospitalidad) (de algn/algo) ■ **imposing** *adj* imponente **imposition** /ˌɪmpəˈzɪʃn/ *n* **1** (*restricción, etc.*) imposición **2** molestia

impossibility /ɪmˌpɑsəˈbɪləti/ *n* (*pl* **impossibilities**) imposibilidad

impossible /ɪmˈpɑsəbl/ *adjetivo, sustantivo*
- *adj* **1** imposible **2** intolerable
- *n* **the impossible** [*sing*] lo imposible

impotence /ˈɪmpətəns/ *n* impotencia
- **impotent** *adj* impotente

impoverished /ɪmˈpɑvərɪʃt/ *adj* empobrecido

impractical /ɪmˈpræktɪkl/ *adj* poco práctico

impress /ɪmˈpres/ **1** *vt* impresionar **2** *vt* ~ **sth on/upon sb** recalcar algo a algn **3** *vi* causar buena impresión

impression /ɪmˈpreʃn/ *n* **1** impresión: *to be under the impression that…* tener la impresión de que… **2** imitación

impressive /ɪmˈpresɪv/ *adj* impresionante

imprison /ɪmˈprɪzn/ *vt* encarcelar
- **imprisonment** *n* encarcelamiento: *life imprisonment* cadena perpetua

improbable /ɪmˈprɑbəbl/ *adj* improbable, poco probable

impromptu /ɪmˈprɑmptuː; *GB* -tjuː/ *adj* improvisado

improper /ɪmˈprɑpər/ *adj* **1** incorrecto, indebido **2** impropio **3** (*transacción*) irregular

improve /ɪmˈpruːv/ *vt*, *vi* mejorar
- **PHR V improve on/upon sth** superar algo

improvement /ɪmˈpruːvmənt/ *n* **1** ~ **(on/in sth)** mejora (de algo): *to be an improvement on sth* suponer una mejora sobre algo **2** reforma

improvise /ˈɪmprəvaɪz/ *vt*, *vi* improvisar

impulse /ˈɪmpʌls/ *n* impulso **LOC on impulse** sin pensar

impulsive /ɪmˈpʌlsɪv/ adj impulsivo

in /ɪn/ preposición, adverbio, adjetivo, sustantivo
❶ Para los usos de **in** en PHRASAL VERBS ver las entradas de los verbos correspondientes, p. ej. **go in** en GO¹.
▸ prep **1** en: *in here/there* aquí/ahí dentro **2** [*después de superlativo*] de: *the best stores in town* los mejores almacenes de la ciudad **3** (*tiempo*) *in the morning* por la mañana ◊ *in the daytime* de día ◊ *ten in the morning* las diez de la mañana **4** dentro de: *I'll see you in two days.* Te veo dentro de dos días. ◊ *He did it in two days.* Lo hizo en dos días. **5** por: *one in ten people* una de cada diez personas ◊ *5p in the pound* (*GB*) cinco peniques por libra **6** (*descripción, método*) *the girl in glasses* la chica de gafas ◊ *covered in mud* cubierto de barro ◊ *Speak in English.* Hable en inglés. **7** + -ing *In saying that, you're contradicting yourself.* Al decir eso te estás contradiciendo. LOC **in that** (*formal*) en tanto que
▸ adv **1 be in** estar (*en la casa*): *Is anyone in?* ¿Hay alguien? **2 be/get in** haber llegado/llegar: *Applications must be in by…* Las solicitudes deberán llegar antes del… LOC **be in for sth** (*coloq*) esperarle a uno algo: *He's in for a surprise!* ¡Qué sorpresa que se va a llevar! ◆ **be/get in on sth** (*coloq*) participar en algo, enterarse de algo ◆ **have (got) it in for sb** (*coloq*): *He's got it in for me.* Me tiene tirria.
▸ adj (*coloq*) de moda: *Red is the in color this year.* El rojo es el color del año.
▸ n LOC **the ins and outs (of sth)** los pormenores (de algo)

inability /ˌɪnəˈbɪləti/ n ~ **(of sb) (to do sth)** incapacidad (de algn) (para hacer algo)

inaccessible /ˌɪnækˈsesəbl/ adj **1** ~ **(to sb)** inaccesible (para algn) **2** incomprensible (para algn)

inaccurate /ɪnˈækjərət/ adj inexacto, impreciso

inaction /ɪnˈækʃn/ n pasividad

inadequate /ɪnˈædɪkwət/ adj **1** insuficiente **2** incapaz

inadvertently /ˌɪnədˈvɜːrtəntli/ adv por descuido, sin darse cuenta

inappropriate /ˌɪnəˈproʊpriət/ adj ~ **(to/for sb/sth)** poco apropiado, impropio (para algn/algo)

inaugural /ɪˈnɔːɡjərəl/ adj **1** inaugural **2** (*discurso*) de apertura

inaugurate /ɪˈnɔːɡjəreɪt/ vt **1** ~ **sb (as sth)** investir a algn (como algo) **2** inaugurar

inbox /ˈɪnbɑks/ n (*Informát*) buzón de entrada

incapable /ɪnˈkeɪpəbl/ adj **1** ~ **of (doing) sth** incapaz de (hacer) algo **2** incompetente

incapacity /ˌɪnkəˈpæsəti/ n ~ **(for sth/to do sth)** incapacidad (para algo/hacer algo)

incense /ˈɪnsens/ n incienso

incensed /ɪnˈsenst/ adj ~ **(by/at sth)** furioso (por algo)

incentive /ɪnˈsentɪv/ n ~ **(to do sth)** incentivo, aliciente (para hacer algo)

incessant /ɪnˈsesnt/ adj (*gen pey*) incesante
■ **incessantly** adv sin parar

incest /ˈɪnsest/ n incesto

inch /ɪntʃ/ n (*abrev* **in.**) pulgada (*25,4 milímetros*)
⮕ *Ver pág. 786* LOC **not give/move an inch** no ceder ni un palmo

incidence /ˈɪnsɪdəns/ n ~ **of sth** (*formal*) frecuencia, tasa, caso de algo

incident /ˈɪnsɪdənt/ n incidente, suceso: *without incident* sin novedad

incidental /ˌɪnsɪˈdentl/ adj **1** ocasional, fortuito **2** sin importancia, secundario, marginal **3** ~ **to sth** propio de algo
■ **incidentally** adv **1** a propósito **2** de paso

incisive /ɪnˈsaɪsɪv/ adj **1** (*comentario*) incisivo **2** (*tono*) mordaz **3** (*cerebro*) penetrante

incite /ɪnˈsaɪt/ vt ~ **sb (to sth)** incitar a algn (a algo)

inclination /ˌɪnklɪˈneɪʃn/ n **1** inclinación, tendencia **2** ~ **to/for/toward sth** disposición para algo/a hacer algo **3** ~ **to do sth** deseo de hacer algo

incline verbo, sustantivo
▸ vt, vi /ɪnˈklaɪn/ (*formal*) inclinar(se)
▸ n /ˈɪnklaɪn/ (*formal*) pendiente

inclined /ɪnˈklaɪnd/ adj **be** ~ **to do sth 1** (*voluntad*) estar dispuesto, inclinarse a hacer algo **2** (*tendencia*) ser propenso a hacer algo

include /ɪnˈkluːd/ vt ~ **sb/sth (in/among sth)** incluir a algn/algo (en algo)

including /ɪnˈkluːdɪŋ/ prep incluido, inclusive

inclusion /ɪnˈkluːʒn/ n inclusión

inclusive /ɪnˈkluːsɪv/ adj **1** incluido: *to be inclusive of sth* incluir algo **2** inclusive

incoherent /ˌɪnkoʊˈhɪərənt/ adj incoherente

income /ˈɪnkʌm/ n ingresos: *income tax* impuesto sobre la renta

incoming /ˈɪnkʌmɪŋ/ adj entrante

incompetent /ɪnˈkɑmpɪtənt/ adj, n incompetente

incomplete /ˌɪnkəmˈpliːt/ adj incompleto

incomprehensible /ˌɪnˌkɑmprɪˈhensəbl/ adj incomprensible

inconceivable /ˌɪnkənˈsiːvəbl/ adj inconcebible

inconclusive /ˌɪnkənˈkluːsɪv/ adj no concluyente: *The meeting was inconclusive.* La reunión no llegó a ninguna conclusión.

incongruous /ɪnˈkɑŋgruəs/ adj incongruente

inconsiderate /ˌɪnkənˈsɪdərət/ adj desconsiderado

inconsistent /ˌɪnkənˈsɪstənt/ adj inconsecuente, incoherente

inconspicuous /ˌɪnkənˈspɪkjuəs/ adj que no llama la atención: *to make yourself inconspicuous* procurar pasar inadvertido

inconvenience /ˌɪnkənˈviːniəns/ sustantivo, verbo
▸ n **1** [incontable] inconveniente **2** molestia
▸ vt incomodar

inconvenient /ˌɪnkənˈviːniənt/ adj **1** molesto, incómodo **2** (momento) inoportuno

incorporate /ɪnˈkɔːrpəreɪt/ vt **1** ~ sth (in/into sth) incorporar algo (a algo) **2** ~ sth (in/into sth) incluir algo (en algo) **3** (Econ) constituir en sociedad anónima: *incorporated company* sociedad anónima

incorrect /ˌɪnkəˈrekt/ adj incorrecto

⚡ **increase** sustantivo, verbo
▸ n /ˈɪŋkriːs/ ~ (in sth) aumento, ampliación (de algo) **LOC on the increase** (coloq) en aumento
▸ /ɪnˈkriːs/ **1** vt, vi aumentar **2** vt, vi incrementar(se)

increasing /ɪnˈkriːsɪŋ/ adj creciente

⚡ **increasingly** /ɪnˈkriːsɪŋli/ adv cada vez más

incredible /ɪnˈkredəbl/ adj increíble
■ **incredibly** adv **1** increíblemente **2** por increíble que parezca

indecisive /ˌɪndɪˈsaɪsɪv/ adj **1** indeciso **2** no concluyente

⚡ **indeed** /ɪnˈdiːd/ adv **1** (esp GB) [uso enfático] de verdad: *Thank you very much indeed!* ¡Muchísimas gracias! **2** (comentario, respuesta o reconocimiento) de veras: *Did you indeed?* ¿De veras? **3** (formal) en efecto, de hecho

indefensible /ˌɪndɪˈfensəbl/ adj intolerable (comportamiento)

indefinite /ɪnˈdefɪnət/ adj **1** vago **2** indefinido: *indefinite article* artículo indefinido ■ **indefinitely** adv **1** indefinidamente **2** por tiempo indefinido

indelible /ɪnˈdeləbl/ adj imborrable

indemnity /ɪnˈdemnəti/ n **1** indemnización **2** indemnidad

⚡ **independence** /ˌɪndɪˈpendəns/ n independencia

Inde'pendence Day n día de la Independencia

> **Independence Day** es una fiesta que se celebra en Estados Unidos el 4 de julio, por lo que también se le llama **Fourth of July**. Las celebraciones incluyen fuegos artificiales y desfiles.

⚡ **independent** /ˌɪndɪˈpendənt/ adj **1** independiente **2** (colegio) privado

in-ˈdepth adj exhaustivo

indescribable /ˌɪndɪˈskraɪbəbl/ adj indescriptible

⚡ **index** /ˈɪndeks/ n **1** (pl indexes) índice: *index finger* dedo índice **2** (pl indexes) (tb ˈcard index) (GB) (USA ˈcard catalog) (archivo) ficha **3** (pl indexes o indices) índice: *the consumer price index* el índice de precios al consumidor ◇ *index-linked* actualizado según el costo de vida **4** (pl indices) (Mat) exponente

⚡ **indicate** /ˈɪndɪkeɪt/ **1** vt indicar **2** vi (GB) poner las direccionales

⚡ **indication** /ˌɪndɪˈkeɪʃn/ n **1** indicación **2** indicio, señal

indicative /ɪnˈdɪkətɪv/ adj indicativo

indicator /ˈɪndɪkeɪtər/ n **1** indicador **2** (GB) (USA **turn signal**) (automóvil) intermitente, direccional

indices /ˈɪndɪsiːz/ pl de INDEX (3, 4)

indictment /ɪnˈdaɪtmənt/ n **1** ~ (of/on sb/sth) crítica (de algn/algo) **2** acusación **3** procesamiento

indie /ˈɪndi/ adj (sello musical, cine, etc.) independiente

indifference /ɪnˈdɪfrəns/ n indiferencia

indifferent /ɪnˈdɪfrənt/ adj **1** indiferente **2** (pey) mediocre

indigenous /ɪnˈdɪdʒənəs/ adj (formal) indígena

indigestion /ˌɪndɪˈdʒestʃən/ n [incontable] indigestión

indignant /ɪnˈdɪgnənt/ adj indignado

indignation /ˌɪndɪgˈneɪʃn/ n indignación

indignity /ɪnˈdɪgnəti/ n humillación

⚡ **indirect** /ˌɪndəˈrekt, -daɪr-/ adj indirecto

⚡ **indirectly** /ˌɪndəˈrektli, -daɪr-/ adv indirectamente

indiscreet /ˌɪndɪˈskriːt/ adj indiscreto

indiscretion /ˌɪndɪˈskreʃn/ n indiscreción
indiscriminate /ˌɪndɪˈskrɪmɪnət/ adj indiscriminado
indispensable /ˌɪndɪˈspensəbl/ adj imprescindible
indisputable /ˌɪndɪˈspjuːtəbl/ adj irrefutable
indistinct /ˌɪndɪˈstɪŋkt/ adj confuso (*poco claro*)
⚑ **individual** /ˌɪndɪˈvɪdʒuəl/ sustantivo, adjetivo
▶ n individuo
▶ adj **1** suelto **2** individual **3** personal **4** particular, original ■ **individually** adv **1** por separado **2** individualmente
individualism /ˌɪndɪˈvɪdʒuəlɪzəm/ n individualismo
indoctrination /ɪnˌdɒktrɪˈneɪʃn/ n adoctrinamiento
⚑ **indoor** /ˈɪndɔːr/ adj interior: *indoor (swimming) pool* piscina cubierta ◊ *indoor activities* juegos de salón
⚑ **indoors** /ˌɪnˈdɔːrz/ adv en la casa
induce /ɪnˈduːs; GB -ˈdjuːs/ vt **1** ~ sb to do sth inducir a algn a que haga algo **2** causar **3** (*Med*) inducir el parto de
induction /ɪnˈdʌkʃn/ n iniciación: *induction course* curso de introducción
indulge /ɪnˈdʌldʒ/ **1** vt, vi ~ yourself (with sth); ~ (in sth) permitirse algo, darse el gusto (de algo) **2** vt (*deseo*) satisfacer **3** vt (*niño, capricho*) complacer
indulgence /ɪnˈdʌldʒəns/ n **1** tolerancia **2** lujo **3** vicio ■ **indulgent** adj indulgente
⚑ **industrial** /ɪnˈdʌstriəl/ adj **1** industrial: *industrial park* zona industrial **2** laboral
■ **industrialist** n empresario, -a
industrialization (*GB tb* -isation) /ɪnˌdʌstriəlaɪˈzeɪʃn; GB -laɪˈz-/ n industrialización
industrialize (*GB tb* -ise) /ɪnˈdʌstriəlaɪz/ vt industrializar
industrious /ɪnˈdʌstriəs/ adj trabajador
⚑ **industry** /ˈɪndəstri/ n (pl **industries**) **1** industria **2** (*formal*) aplicación
inedible /ɪnˈedəbl/ adj no comestible, incomible
ineffective /ˌɪnɪˈfektɪv/ adj **1** ineficaz **2** (*persona*) incapaz
inefficiency /ˌɪnɪˈfɪʃənsi/ n incompetencia ■ **inefficient** /ˌɪnɪˈfɪʃnt/ adj **1** ineficaz **2** incompetente
ineligible /ɪnˈelɪdʒəbl/ adj be ~ (for sth/to do sth) no tener derecho (a/para algo/hacer algo)
inept /ɪˈnept/ adj inepto

inequality /ˌɪnɪˈkwɒləti/ n (pl **inequalities**) desigualdad
inert /ɪˈnɜːrt/ adj inerte
inertia /ɪˈnɜːrʃə/ n inercia
inescapable /ˌɪnɪˈskeɪpəbl/ adj ineludible
⚑ **inevitable** /ɪnˈevɪtəbl/ adj inevitable
⚑ **inevitably** /ɪnˈevɪtəbli/ adv inevitablemente
inexcusable /ˌɪnɪkˈskjuːzəbl/ adj imperdonable
inexhaustible /ˌɪnɪɡˈzɔːstəbl/ adj inagotable
inexpensive /ˌɪnɪkˈspensɪv/ adj económico
inexperience /ˌɪnɪkˈspɪəriəns/ n inexperiencia ■ **inexperienced** adj sin experiencia: *inexperienced in business* inexperto en los negocios
inexplicable /ˌɪnɪkˈsplɪkəbl/ adj inexplicable
infallible /ɪnˈfæləbl/ adj infalible
■ **infallibility** /ɪnˌfælə'bɪləti/ n infalibilidad
infamous /ˈɪnfəməs/ adj infame
infancy /ˈɪnfənsi/ n **1** infancia: *in infancy* de niño **2** (*proyecto*) *It was still in its infancy*. Todavía estaba en desarrollo.
infant /ˈɪnfənt/ sustantivo, adjetivo
▶ n niño pequeño, niña pequeña: *infant school* (*GB*) escuela primaria (desde las 5 hasta los 7 años) ◊ *infant mortality rate* tasa de mortalidad infantil ❶ **Baby**, **toddler** y **child** son palabras más normales.
▶ adj naciente
infantile /ˈɪnfəntaɪl/ adj (*pey*) infantil
infantry /ˈɪnfəntri/ n [v sing o pl] infantería
infatuated /ɪnˈfætʃueɪtɪd/ adj ~ (with sb/sth) encaprichado (con algn/algo) ■ **infatuation** n ~ (with/for sb/sth) encaprichamiento (con algn/algo)
⚑ **infect** /ɪnˈfekt/ vt ~ sb/sth (with sth) infectar a algn/algo (de algo), contagiar (algo) a algn/algo
⚑ **infection** /ɪnˈfekʃn/ n infección
⚑ **infectious** /ɪnˈfekʃəs/ adj infeccioso
infer /ɪnˈfɜːr/ vt (-rr-) **1** deducir **2** insinuar
■ **inference** /ˈɪnfərəns/ n conclusión: *by inference* por deducción
inferior /ɪnˈfɪəriər/ adj, n inferior ■ **inferiority** /ɪnˌfɪəriˈɔːrəti; GB -ˈɒr-/ n inferioridad: *inferiority complex* complejo de inferioridad
infertile /ɪnˈfɜːrtl; GB -taɪl/ adj estéril
■ **infertility** /ˌɪnfɜːrˈtɪləti/ n esterilidad
infest /ɪnˈfest/ vt infestar ■ **infestation** n plaga
infidelity /ˌɪnfɪˈdeləti/ n (pl **infidelities**) infidelidad
infiltrate /ˈɪnfɪltreɪt/ vt, vi infiltrar(se)

| i happy | ɪ sit | iː see | æ cat | ɑ hot | ɒ long (*GB*) | ɑː bath (*GB*) | ʌ cup | ʊ put | uː too |

infinite /ˈɪnfɪnət/ *adj* infinito ■ **infinitely** *adv* muchísimo

infinitive /ɪnˈfɪnətɪv/ *n* infinitivo

infinity /ɪnˈfɪnəti/ *n* **1** infinidad **2** infinito

infirm /ɪnˈfɜːrm/ *adj* débil, achacoso ■ **infirmity** *n* (*pl* **infirmities**) **1** debilidad **2** achaque

infirmary /ɪnˈfɜːrməri/ *n* (*pl* **infirmaries**) hospital

inflamed /ɪnˈfleɪmd/ *adj* **1** (*Med*) inflamado **2** (*persona*) acalorado

inflammable /ɪnˈflæməbl/ *adj* inflamable

Nótese que **inflammable** y **flammable** son sinónimos.

inflammation /ˌɪnfləˈmeɪʃn/ *n* inflamación

inflatable /ɪnˈfleɪtəbl/ *adj* inflable

inflate /ɪnˈfleɪt/ *vt, vi* inflar(se), hinchar(se)

inflation /ɪnˈfleɪʃn/ *n* inflación

inflexible /ɪnˈfleksəbl/ *adj* inflexible

inflict /ɪnˈflɪkt/ *vt* ~ **sth (on sb) 1** (*sufrimiento, derrota*) infligir algo (a algn) **2** (*daño*) causar algo (a algn) **3** (*castigo, etc.*) imponer algo (a algn)

ɤ influence /ˈɪnfluəns/ *sustantivo, verbo*
▸ *n* **1** influencia **2** palanca
▸ *vt* **1** influir en/sobre **2** influenciar

influential /ˌɪnfluˈenʃl/ *adj* influyente

influenza /ˌɪnfluˈenzə/ *n* (*formal*) gripa

influx /ˈɪnflʌks/ *n* afluencia

ɤ inform /ɪnˈfɔːrm/ *vt* ~ **sb (of/about sth)** informar a algn (de algo) PHRV **inform on sb** delatar a algn ■ **informant** *n* informante

ɤ informal /ɪnˈfɔːrml/ *adj* **1** informal **1** (*charla, reunión, etc.*) informal, no oficial **2** (*persona, tono*) familiar, sencillo

ɤ information /ˌɪnfərˈmeɪʃn/ *n* [*incontable*] información: *I need some information on...* Necesito información sobre... ◊ *a piece of information* un dato ➲ Ver nota en CONSEJO

Finding things out
Obtener información
Could you tell me when the buses go to town, please? ¿Me podrías decir a qué hora salen los buses para el centro?
Do you have the time, please? ¿Tienes la hora, por favor?
Do you have a leaflet about the opening times for the museum, please? ¿Tienes un folleto con los horarios de apertura del museo, por favor?

---

inforˌmation techˈnology *n* (*abrev* **IT**) informática

informative /ɪnˈfɔːrmətɪv/ *adj* informativo

informer /ɪnˈfɔːrmər/ *n* soplón, -ona

infrastructure /ˈɪnfrəˌstrʌktʃər/ *n* infraestructura

infrequent /ɪnˈfriːkwənt/ *adj* poco frecuente

infringe /ɪnˈfrɪndʒ/ *vt* infringir, violar

infuriate /ɪnˈfjʊərieɪt/ *vt* enfurecer
■ **infuriating** *adj* desesperante

ingenious /ɪnˈdʒiːniəs/ *adj* ingenioso

ingenuity /ˌɪndʒəˈnuːəti; *GB* -ˈnjuː-/ *n* ingenio

ingrained /ɪnˈɡreɪnd/ *adj* arraigado

ɤ ingredient /ɪnˈɡriːdiənt/ *n* ingrediente

inhabit /ɪnˈhæbɪt/ *vt* habitar

inhabitant /ɪnˈhæbɪtənt/ *n* habitante

inhale /ɪnˈheɪl/ **1** *vi* respirar **2** *vi* (*fumador*) tragarse el humo **3** *vt* inhalar ■ **inhaler** *n* inhalador

inherent /ɪnˈhɪərənt, -ˈher-/ *adj* ~ **(in sb/sth)** inherente (a algn/algo) ■ **inherently** *adv* intrínsecamente

inherit /ɪnˈherɪt/ *vt* heredar ■ **inheritance** *n* herencia

inhibit /ɪnˈhɪbɪt/ *vt* **1** ~ **sb (from doing sth)** impedir a algn (hacer algo) **2** (*un proceso, etc.*) dificultar ■ **inhibited** *adj* cohibido **inhibition** *n* inhibición

inhospitable /ˌɪnhɑˈspɪtəbl/ *adj* **1** inhóspito **2** inhospitalario

inhuman /ɪnˈhjuːmən/ *adj* inhumano, despiadado

ɤ initial /ɪˈnɪʃl/ *sustantivo, adjetivo, verbo*
▸ *adj, n* inicial
▸ *vt* (**-l-**, *GB* **-ll-**) poner las iniciales en

ɤ initially /ɪˈnɪʃəli/ *adv* en un principio, inicialmente

initiate /ɪˈnɪʃieɪt/ *vt* **1** (*formal*) iniciar **2** (*proceso*) entablar ■ **initiation** *n* iniciación

ɤ initiative /ɪˈnɪʃətɪv/ *n* iniciativa

inject /ɪnˈdʒekt/ *vt* inyectar ■ **injection** *n* inyección

ɤ injure /ˈɪndʒər/ *vt* herir, lesionar: *Five people were injured in the crash.* Cinco personas resultaron heridas en el accidente. ➲ Ver nota en HERIDA

ɤ injured /ˈɪndʒərd/ *adj* **1** herido, lesionado **2** (*tono*) ofendido

ɤ injury /ˈɪndʒəri/ *n* (*pl* **injuries**) **1** herida, lesión: *injury time* (*GB*) tiempo de descuento ➲ Ver nota en HERIDA **2** (*fig*) perjuicio

injustice /ɪnˈdʒʌstɪs/ n injusticia

⚡ **ink** /ɪŋk/ n tinta

inkling /ˈɪŋklɪŋ/ n ~ **(of sth/that...)** indicio, idea (de algo/de que...)

inland adjetivo, adverbio
▸ adj /ˈɪnlənd/ (del) interior
▸ adv /ˌɪnˈlænd/ hacia el interior, tierra adentro

the ˌInland ˈRevenue n (GB) Dirección Nacional de Impuestos

ˈin-laws n [pl] (coloq) familia política, suegros

inlet /ˈɪnlet/ n **1** ensenada **2** entrada

ˌin-line ˈskate n patín (de ruedas) en línea
■ **ˌin-line ˈskating** n patinaje en línea

inmate /ˈɪnmeɪt/ n interno, -a (en un recinto vigilado)

inn /ɪn/ n **1** (USA) posada **2** (GB, antic) taberna

innate /ɪˈneɪt/ adj innato

⚡ **inner** /ˈɪnər/ adj **1** interno, interior **2** íntimo

ˌinner ˈcity n zonas céntricas urbanas pobres

innermost /ˈɪnərmoʊst/ adj **1** más secreto/ íntimo **2** más recóndito

⚡ **innocent** /ˈɪnəsnt/ adj inocente ■ **innocence** n inocencia

innocuous /ɪˈnɑkjuəs/ adj **1** (comentario) inofensivo **2** (sustancia) inocuo

innovate /ˈɪnəveɪt/ vi introducir novedades
■ **innovation** n innovación **innovative** /ˈɪnəveɪtɪv; GB tb -vət-/ adj innovador

innuendo /ˌɪnjuˈendoʊ/ n (pey) insinuación

innumerable /ɪˈnuːmərəbl; GB ɪˈnjuː-/ adj innumerable

inoculate /ɪˈnɑkjuleɪt/ vt vacunar
■ **inoculation** n vacuna

inpatient /ˈɪnpeɪʃnt/ n paciente hospitalizado, -a ➜ Comparar con OUTPATIENT

input /ˈɪnpʊt/ n **1** contribución **2** (Informát) entrada

inquest /ˈɪnkwest/ n ~ **(on/into sth)** investigación (judicial) (acerca de algo)

inquire (tb esp GB **enquire**) /ɪnˈkwaɪər/ (formal) **1** vt preguntar **2** vi ~ **(about sb/sth)** pedir información (sobre algn/algo) ■ **inquiring** (tb esp GB **enquiring**) adj **1** (mente) curioso **2** (mirada) inquisitiva

⚡ **inquiry** (tb esp GB **enquiry**) /ˈɪnkwəri; GB ɪnˈkwaɪəri/ n (pl **inquiries**) **1** investigación **2** pregunta **3** inquiries [pl] oficina de información

inquisition /ˌɪnkwɪˈzɪʃn/ n (formal) interrogatorio

inquisitive /ɪnˈkwɪzətɪv/ adj inquisitivo

insane /ɪnˈseɪn/ adj loco

insanity /ɪnˈsænəti/ n demencia, locura

insatiable /ɪnˈseɪʃəbl/ adj insaciable

inscribe /ɪnˈskraɪb/ vt ~ **sth (in/on sth)** grabar algo (en algo): *a plaque inscribed with a quotation from Dante* una placa con una cita de Dante grabada

inscription /ɪnˈskrɪpʃn/ n **1** inscripción (en piedra, etc.) **2** dedicatoria (de un libro)

⚡ **insect** /ˈɪnsekt/ n insecto

insecticide /ɪnˈsektɪsaɪd/ n insecticida

insecure /ˌɪnsɪˈkjʊər/ adj inseguro ■ **insecurity** n inseguridad

insensitive /ɪnˈsensətɪv/ adj **1** ~ **(to sth)** (persona) insensible (a algo) **2** (acto) falto de sensibilidad ■ **insensitivity** /ɪnˌsensəˈtɪvəti/ n insensibilidad

inseparable /ɪnˈseprəbl/ adj inseparable

⚡ **insert** /ɪnˈsɜːrt/ vt introducir, insertar

⚡ **inside** sustantivo, preposición, adverbio, adjetivo
▸ n /ˌɪnˈsaɪd/ **1** interior: *The door was locked from the inside.* La puerta estaba cerrada por dentro. **2** insides [pl] (coloq) tripas **LOC** **inside out 1** al revés: *You've got your T-shirt on inside out.* Llevas la camiseta al revés. ➜ Ver dibujo en REVÉS **2** de arriba abajo: *She knows these streets inside out.* Se conoce estas calles como la palma de la mano.
▸ prep /ˌɪnˈsaɪd/ (tb esp USA **inˈside of**) dentro de: *Is there anything inside the box?* ¿Hay algo dentro de la caja?
▸ adv /ˌɪnˈsaɪd/ adentro: *Let's go inside.* Vamos adentro. ◊ *Pete's inside.* Pete está adentro.
▸ adj /ˈɪnsaɪd/ [solo antes de sustantivo] **1** interior, interno: *the inside pocket* el bolsillo interior **2** interno: *inside information* información interna

insider /ɪnˈsaɪdər/ n alguien de adentro (empresa, grupo)

insight /ˈɪnsaɪt/ n **1** perspicacia, entendimiento **2** ~ **(into sth)** idea, percepción (de algo)

insignificant /ˌɪnsɪɡˈnɪfɪkənt/ adj insignificante ■ **insignificance** n insignificancia

insincere /ˌɪnsɪnˈsɪər/ adj falso, hipócrita
■ **insincerity** /ˌɪnsɪnˈserəti/ n insinceridad

insinuate /ɪnˈsɪnjueɪt/ vt insinuar
■ **insinuation** n insinuación

⚡ **insist** /ɪnˈsɪst/ vi ~ **(on sth)** insistir (en algo)
PHR V **insist on/upon sth** empeñarse en algo: *She always insists on a room to herself.* Siempre se empeña en tener una habitación para ella sola.

insistence /ɪnˈsɪstəns/ n insistencia
■ **insistent** adj insistente
insofar as /ˌɪnsəˈfɑr əz/ LOC Ver FAR
insolent /ˈɪnsələnt/ adj insolente ■ **insolence** n insolencia
insomnia /ɪnˈsɑmniə/ n insomnio
inspect /ɪnˈspekt/ vt **1** inspeccionar **2** (*equipaje*) revisar ■ **inspection** n inspección **inspector** n **1** inspector, -ora **2** (*GB*) (*de boletos*) revisor, -ora
inspiration /ˌɪnspəˈreɪʃn/ n inspiración
inspire /ɪnˈspaɪər/ vt **1** inspirar **2** ~ sb (with sth) (*entusiasmo, etc.*) infundir algo (en algn)
instability /ˌɪnstəˈbɪləti/ n inestabilidad
install /ɪnˈstɔːl/ vt instalar
installation /ˌɪnstəˈleɪʃn/ n instalación
installment (*GB* instalment) /ɪnˈstɔːlmənt/ n **1** ~ (**on sth**) (*pago*) plazo, cuota (de algo): *to pay in installments* pagar a plazos/en cuotas **2** (*televisión*) episodio **3** (*publicaciones*) entrega, fascículo
instance /ˈɪnstəns/ n caso LOC **for instance** por ejemplo
instant /ˈɪnstənt/ sustantivo, adjetivo
▸ n instante
▸ adj **1** inmediato **2** *instant coffee* café instantáneo ■ **instantly** adv inmediatamente, de inmediato
instantaneous /ˌɪnstənˈteɪniəs/ adj instantáneo
instead /ɪnˈsted/ adv en vez de eso
inˈstead of prep en vez de
instep /ˈɪnstep/ n empeine
instigate /ˈɪnstɪɡeɪt/ vt instigar ■ **instigation** n instigación
instill (*GB* instil) /ɪnˈstɪl/ vt (-ll-) ~ sth (in/into sb) infundir algo (a algn)
instinct /ˈɪnstɪŋkt/ n instinto ■ **instinctive** /ɪnˈstɪŋktɪv/ adj instintivo
institute /ˈɪnstɪtuːt; *GB* -tjuːt/ sustantivo, verbo
▸ n instituto, centro
▸ vt (*formal*) **1** (*investigación, etc.*) iniciar **2** (*sistema, cambios*) establecer
institution /ˌɪnstɪˈtuːʃn; *GB* -ˈtjuːʃn/ n institución ■ **institutional** adj institucional
instruct /ɪnˈstrʌkt/ vt (*formal*) **1** dar instrucciones a **2** ~ sb (in sth) enseñar (algo) a algn
instruction /ɪnˈstrʌkʃn/ n **1 instructions** [*pl*] instrucciones **2** ~ (**in sth**) (*formal*) formación (en algo)
instructive /ɪnˈstrʌktɪv/ adj instructivo

instructor /ɪnˈstrʌktər/ n profesor, -ora, instructor, -ora
instrument /ˈɪnstrəmənt/ n instrumento
instrumental /ˌɪnstrəˈmentl/ adj **1 be ~ in doing sth** contribuir materialmente a hacer algo **2** (*Mús*) instrumental
insufficient /ˌɪnsəˈfɪʃnt/ adj insuficiente
insular /ˈɪnsələr; *GB* -sjəl-/ adj estrecho de miras
insulate /ˈɪnsəleɪt; *GB* -sjul-/ vt aislar
■ **insulation** n material aislante
insult sustantivo, verbo
▸ n /ˈɪnsʌlt/ insulto
▸ vt /ɪnˈsʌlt/ insultar
insulting /ɪnˈsʌltɪŋ/ adj insultante
insurance /ɪnˈʃʊərəns; *GB tb* -ˈʃɔːr-/ n [*incontable*] seguro
insure /ɪnˈʃʊər; *GB tb* -ˈʃɔː(r)/ vt **1** ~ sb/sth (**against sth**) asegurar a algn/algo (contra algo): *to insure sth for $5,000* asegurar algo en 5.000 dólares **2** (*GB* ensure) asegurar, garantizar
intact /ɪnˈtækt/ adj intacto
intake /ˈɪnteɪk/ n **1** (*de comida, etc.*) consumo **2** (*esp GB*) (*personas*) número admitido: *We have an annual intake of 20.* Admitimos a 20 cada año.
integral /ˈɪntɪɡrəl/ adj esencial: *an integral part of sth* una parte fundamental de algo
integrate /ˈɪntɪɡreɪt/ vt, vi integrar(se)
■ **integration** n integración
integrity /ɪnˈteɡrəti/ n integridad
intellectual /ˌɪntəˈlektʃuəl/ adj, n intelectual
■ **intellectually** adv intelectualmente
intelligence /ɪnˈtelɪdʒəns/ n inteligencia
intelligent /ɪnˈtelɪdʒənt/ adj inteligente
intelligently /ɪnˈtelɪdʒəntli/ adv inteligentemente
intend /ɪnˈtend/ vt **1** ~ **to do sth** pensar hacer algo, tener la intención de hacer algo **2** ~ **sb to do sth**: *I intend you to take over.* Mi intención es que te hagas cargo.
intended /ɪnˈtendɪd/ adj: *It is intended for Sally.* Está destinado a Sally. ◊ *They're not intended for eating/to be eaten.* No son para comer. ◊ *You weren't intended to hear that remark.* Tú no tenías que haber oído ese comentario. ◊ *It was intended as a joke.* Se suponía que era una broma.
intense /ɪnˈtens/ adj **1** intenso **2** (*emociones*) ardiente, fuerte **3** (*persona*) nervioso, serio
■ **intensely** adv intensamente, sumamente

intensify *vt, vi* (*pt, pp* **-fied**) intensificar(se), aumentar(se) **intensity** *n* intensidad, fuerza

intensive /ɪnˈtensɪv/ *adj* intensivo: *intensive care* cuidados intensivos

intent /ɪnˈtent/ *adjetivo, sustantivo*
▸ *adj* **1** (*concentrado*) atento **2 be ~ on/upon doing sth** (*formal*) estar resuelto a hacer algo **3 be ~ on/upon (doing) sth** estar absorto en algo/haciendo algo
▸ *n* LOC **to all intents (and purposes)** para los efectos prácticos

intention /ɪnˈtenʃn/ *n* intención: *to have the intention of doing sth* tener la intención de hacer algo ◇ *I have no intention of doing it.* No tengo intención de hacerlo. ■ **intentional** *adj* intencionado **intentionally** *adv* intencionadamente

intently /ɪnˈtentli/ *adv* fijamente

interact /ˌɪntərˈækt/ *vi* **1** (*personas*) relacionarse entre sí **2** (*cosas*) influirse mutuamente ■ **interaction** *n* **1** relación (*entre personas*) **2** interacción

interactive /ˌɪntərˈæktɪv/ *adj* interactivo

intercept /ˌɪntərˈsept/ *vt* interceptar

interchange *sustantivo, verbo*
▸ *n* /ˈɪntərtʃeɪndʒ/ intercambio
▸ *vt* /ˌɪntərˈtʃeɪndʒ/ intercambiar
■ **interchangeable** /ˌɪntərˈtʃeɪndʒəbl/ *adj* intercambiable

intercom /ˈɪntərkɑm/ *n* **1** intercomunicador **2** citófono, interfón

interconnect /ˌɪntərkəˈnekt/ *vi* **1** interconectarse, conectarse entre sí **2** (*habitaciones*) comunicarse entre sí
■ **interconnected** *adj*: *to be interconnected* tener conexión entre sí **interconnection** *n* conexión

intercourse /ˈɪntərkɔːrs/ *n* [*incontable*] relaciones sexuales, coito

interest /ˈɪntrəst/ *sustantivo, verbo*
▸ *n* **1 ~ (in sth)** interés (por algo): *It is of no interest to me.* No me interesa. **2** afición: *her main interest in life* lo que más le interesa en la vida **3** (*Fin*) interés *Ver tb* VESTED INTEREST LOC **in sb's interest(s)** en interés de algn ◆ **in the interest(s) of sth** en aras de algo, con el fin de algo: *in the interest(s) of safety* por razones de seguridad
▸ *vt* **1** interesar **2 ~ sb in sth** hacer que algn se interese por algo

interested /ˈɪntrəstɪd/ *adj* interesado: *to be interested in sth* interesarse por algo

interesting /ˈɪntrəstɪŋ/ *adj* interesante

Una frase como "Me interesa mucho la informática" se traduce como: *I'm very interested in computers.* **Interesting** describe la cualidad y equivale a *interesante*: *an interesting book* un libro interesante.
➲ *Ver tb nota en* BORING

■ **interestingly** *adv* curiosamente

interface /ˈɪntərfeɪs/ *n* (*Informát*) interfaz

interfere /ˌɪntərˈfɪər/ *vi* **~ (in sth)** entrometerse (en algo) PHR V **interfere with sth 1** interponerse en algo, dificultar algo **2** manosear algo ■ **interference** *n* [*incontable*] **1 ~ (in sth)** intromisión (en algo) **2** (*Radio*) interferencias **3** (*Dep*) obstrucción **interfering** *adj* entrometido

interim /ˈɪntərɪm/ *adjetivo, sustantivo*
▸ *adj* [*solo antes de sustantivo*] provisional
▸ *n* LOC **in the interim** mientras tanto

interior /ɪnˈtɪəriər/ *adj, n* interior

interlude /ˈɪntərluːd/ *n* intermedio

intermediate /ˌɪntərˈmiːdiət/ *adj* intermedio

intermission /ˌɪntərˈmɪʃn/ *n* (*Teat*) intermedio

intern *sustantivo, verbo*
▸ *n* /ˈɪntɜːrn/ **1** (*Med*) interno, -a **2** (*estudiante*) practicante
▸ *vt* /ɪnˈtɜːrn/ internar

internal /ɪnˈtɜːrnl/ *adj* interno, interior: *internal affairs* asuntos internos ◇ *internal injuries* heridas internas ◇ *internal market* mercado interno ■ **internally** *adv* internamente, interiormente

the Internal Revenue Service *n* (*abrev* IRS) (*USA*) Dirección Nacional de Impuestos

international /ˌɪntərˈnæʃnəl/ *adjetivo, sustantivo*
▸ *adj* internacional
▸ *n* (*GB*) (*Dep*) **1** campeonato internacional **2** jugador, -ora internacional ■ **internationally** *adv* internacionalmente

Internet (*tb* **internet**) /ˈɪntərnet/ *n* internet: *to look for sth on the Internet* buscar algo en internet ◇ *Internet access* acceso a internet

internship /ˈɪntɜːrnʃɪp/ (*GB* ˈwork placement) *n* práctica(s) preprofesional(es)

interpret /ɪnˈtɜːrprɪt/ *vt* **1** interpretar, entender **2** traducir

Interpret se utiliza para referirse a la traducción oral, y **translate** a la traducción escrita.

interpretation /ɪnˌtɜːrprɪˈteɪʃn/ n interpretación

interpreter /ɪnˈtɜːrprɪtər/ n intérprete ⊃ Comparar con TRANSLATOR

interrelated /ˌɪntərɪˈleɪtɪd/ adj interrelacionado

interrogate /ɪnˈterəgeɪt/ vt interrogar
■ **interrogation** n interrogación **interrogator** n interrogador, -ora

interrogative /ˌɪntəˈrɑgətɪv/ adj interrogativo

interrupt /ˌɪntəˈrʌpt/ vt, vi interrumpir: *I'm sorry to interrupt but there's a phone call for you.* Perdone la interrupción, pero lo necesitan al teléfono.

interruption /ˌɪntəˈrʌpʃn/ n interrupción

intersect /ˌɪntərˈsekt/ vi cruzarse, cortar(se)

intersection /ˌɪntərˈsekʃn/ n intersección, cruce (*de carretera*)

intersperse /ˌɪntərˈspɜːrs/ vt **be interspersed with/in sth** ser intercalado con/en algo

interstate /ˈɪntərsteɪt/ n (*USA*) autopista interestatal

intertwine /ˌɪntərˈtwaɪn/ vt, vi entrelazar(se)

interval /ˈɪntərvl/ n **1** intervalo **2** (*GB*) (*USA* **intermission**) (*Teat*) intermedio **3** (*GB*) (*Dep*) descanso

intervene /ˌɪntərˈviːn/ vi **1 ~ (in sth)** intervenir (en algo) **2** interponerse **3** (*formal*) (*tiempo*) transcurrir ■ **intervening** adj intermedio

intervention /ˌɪntərˈvenʃn/ n intervención

interview /ˈɪntərvjuː/ *sustantivo, verbo*
▸ n entrevista
▸ vt entrevistar ■ **interviewee** /ˌɪntərvjuːˈiː/ n entrevistado, -a **interviewer** /ˈɪntərvjuːər/ n entrevistador, -ora

interweave /ˌɪntərˈwiːv/ vt, vi (*pt* **-wove** /-ˈwoʊv/, *pp* **-woven** /-ˈwoʊvn/) entretejer(se)

intestine /ɪnˈtestɪn/ n intestino: *small/large intestine* intestino delgado/grueso

intimacy /ˈɪntɪməsi/ n intimidad

intimate /ˈɪntɪmət/ adj **1** (*amigo, restaurante, etc.*) íntimo **2** (*amistad*) estrecho **3** (*conocimiento*) profundo

intimidate /ɪnˈtɪmɪdeɪt/ vt intimidar
■ **intimidation** n intimidación

into /ˈɪntə, ˈɪntuː/ prep ❶ Para los usos de **into** en PHRASAL VERBS ver las entradas de los verbos correspondientes, p.ej. **look into sth** en LOOK.
1 (*dirección*) en, dentro de: *to come into a room* entrar en un cuarto ◊ *He put it into the box.* Lo metió dentro de la caja. **2 a:** *to get into a taxi* subir al taxi ◊ *She went into town.* Fue al centro. ◊ *to translate into Spanish* traducir al español **3** (*tiempo, distancia*) *long into the night* bien entrada la noche ◊ *far into the distance* a lo lejos **4** (*Mat*) *12 goes into 144 12 times.* 144 dividido por 12 son 12. LOC **be into sth** (*coloq*) ser aficionado a algo: *She's into motorcycles.* Es muy aficionada a las motos.

intolerable /ɪnˈtɑlərəbl/ adj intolerable, insufrible

intolerance /ɪnˈtɑlərəns/ n intolerancia, intransigencia

intolerant /ɪnˈtɑlərənt/ adj intolerante

intonation /ˌɪntəˈneɪʃn/ n entonación

intoxicated /ɪnˈtɑksɪkeɪtɪd/ adj (*formal*) ebrio

intoxication /ɪnˌtɑksɪˈkeɪʃn/ n embriaguez

intranet /ˈɪntrənet/ n intranet

intrepid /ɪnˈtrepɪd/ adj intrépido

intricate /ˈɪntrɪkət/ adj intrincado, complejo

intrigue /ˈɪntriːg, ɪnˈtriːg/ *sustantivo, verbo*
▸ n intriga
▸ **1** vi intrigar **2** vt fascinar

intriguing /ɪnˈtriːgɪŋ/ adj intrigante, fascinante

intrinsic /ɪnˈtrɪnzɪk, -sɪk/ adj intrínseco

introduce /ˌɪntrəˈduːs; *GB* -ˈdjuːs/ vt **1 ~ sb/sth (to sb)** presentar algn/algo (a algn) ⊃ *Ver nota en* PRESENTAR **2 ~ sb to sth** iniciar a algn en algo **3** (*producto, reforma, etc.*) introducir

introduction /ˌɪntrəˈdʌkʃn/ n
1 presentación **2 ~ (to sth)** prólogo (de algo)
3 [*sing*] **~ to sth** iniciación a/en algo **4** [*incontable*] introducción (*producto, reforma, etc.*)

introductory /ˌɪntrəˈdʌktəri/ adj **1** (*capítulo, curso*) preliminar **2** (*oferta*) introductorio

introvert /ˈɪntrəvɜːrt/ n introvertido, -a
■ **introverted** adj introvertido

intrude /ɪnˈtruːd/ vi (*formal*) **1 ~ (into/on/upon sth)** entrometerse, inmiscuirse (en algo)
2 ~ (on/upon sb) importunar, molestar (a algn)
■ **intruder** n intruso, -a **intrusion** n invasión, intromisión **intrusive** adj intruso

intuition /ˌɪntuˈɪʃn; *GB* -tju-/ n intuición

intuitive /ɪnˈtuːɪtɪv; *GB* -ˈtjuː-/ adj intuitivo

Inuit /ˈɪnjuɪt; *GB* ˈɪnuɪt/ n **the Inuit** [*pl*] los inuit, los esquimales ⊃ Comparar con ESKIMO

inundate /ˈɪnʌndeɪt/ vt **~ sb/sth (with sth)** inundar a algn/algo (de algo): *We were inundated with applications.* Nos vimos inundados de solicitudes.

invade /ɪnˈveɪd/ vt, vi invadir ■ **invader** n invasor, -ora

invalid sustantivo, adjetivo
▸ n /ˈɪnvəlɪd/ inválido, -a
▸ adj /ɪnˈvælɪd/ no válido, nulo

invalidate /ɪnˈvælɪdeɪt/ vt invalidar, anular

invaluable /ɪnˈvæljuəbl/ adj inestimable

invariably /ɪnˈveəriəbli/ adv invariablemente

invasion /ɪnˈveɪʒn/ n invasión

invent /ɪnˈvent/ vt inventar

invention /ɪnˈvenʃn/ n **1** invención **2** invento

inventive /ɪnˈventɪv/ adj ingenioso, que tiene mucha inventiva

inventiveness /ɪnˈventɪvnəs/ n inventiva

inventor /ɪnˈventər/ n inventor, -ora

inventory /ˈɪnvəntɔːri; GB -tri/ n (pl **inventories**) inventario

invert /ɪnˈvɜːrt/ vt invertir

invertebrate /ɪnˈvɜːrtɪbrət/ adj, n invertebrado

in͵verted ˈcommas n [pl] (GB) comillas: in inverted commas entre comillas ➲ Ver pág. 377

invest /ɪnˈvest/ vt, vi ~ (**in sth**) invertir (en algo)

investigate /ɪnˈvestɪɡeɪt/ vt, vi investigar

investigation /ɪn͵vestɪˈɡeɪʃn/ n ~ (**into sth**) investigación (de algo)

investigative /ɪnˈvestɪɡeɪtɪv; GB -ɡətɪv/ adj: investigative journalism periodismo investigativo

investigator /ɪnˈvestɪɡeɪtər/ n investigador, -ora

investment /ɪnˈvestmənt/ n ~ (**in sth**) inversión (en algo)

investor /ɪnˈvestər/ n inversionista

invigorating /ɪnˈvɪɡəreɪtɪŋ/ adj vigorizante, estimulante

invincible /ɪnˈvɪnsəbl/ adj invencible

invisible /ɪnˈvɪzəbl/ adj invisible

invitation /͵ɪnvɪˈteɪʃn/ n invitación

invite verbo, sustantivo
▸ vt /ɪnˈvaɪt/ **1** ~ **sb** (**to/for sth**)/(**to do sth**) invitar a algn (a algo)/(a hacer algo): to invite trouble buscarse problemas **2** (sugerencias, aportes) pedir, solicitar **PHRV** invite sb back **1** invitar a algn a la casa (para corresponder a su invitación previa) **2** invitar a algn a volver con uno a la casa ♦ invite sb in/up invitar a algn a entrar ♦ invite sb out invitar a algn a salir ♦ invite sb over/round (GB) invitar a algn a la casa
▸ n /ˈɪnvaɪt/ (coloq) invitación

Inviting someone to something
Invitar a alguien a algo
Would you like to come for a meal on Sunday? ¿Quieres venir a comer el domingo?
Would you like to come and stay in the summer? ¿Te gustaría venir a pasar unos días en verano?
I'm going to a concert on the weekend – how about joining me? Voy a un concierto el fin de semana. ¿Te apuntas?
That would be very nice, thank you. Me encantaría, gracias.
I'd love to, thanks very much. Me encantaría, gracias.
I'm sorry, I already have something on Sunday. Lo siento, ya tengo planes para el domingo.

inviting /ɪnˈvaɪtɪŋ/ adj **1** atractivo, tentador **2** (comida) apetitoso

invoice /ˈɪnvɔɪs/ sustantivo, verbo
▸ n ~ (**for sth**) factura (de algo)
▸ vt ~ **sb** (**for sth**) pasar factura (de algo) a algn

involuntary /ɪnˈvɑlənteri; GB -tri/ adj involuntario

involve /ɪnˈvɑlv/ vt **1** suponer, implicar: The job involves me/my living in London. El trabajo requiere que viva en Londres. **2** ~ **sb in sth** hacer participar a algn en algo: to be involved in sth participar en algo **3** ~ **sb in sth** meter, enredar a algn en algo: Don't involve me in your problems. No me metas en tus problemas. **4** ~ **sb in sth** (esp crimen) involucrar a algn en algo: to be/get involved in sth estar involucrado/involucrarse en algo

involved /ɪnˈvɑlvd/ adj **1** ~ (**in sth**) involucrado (en algo): to be/get involved in politics estar involucrado/involucrarse en la política ◇ We need to examine all the costs involved. Tenemos que revisar los costos que conlleva. **2** ~ (**in/with sth**) comprometido, metido (en algo): I was so involved in my book I didn't hear you. Estaba tan metido en mi libro que no te oí. **3** complicado, enrevesado **LOC** be/become/get involved with sb tener/entablar una relación con algn

involvement /ɪnˈvɑlvmənt/ n **1** ~ (**in/with sth**) participación, compromiso (en algo) **2** ~ (**with sb**) compromiso, relación (con algn)

inward /ˈɪnwərd/ adjetivo, adverbio
▸ adj **1** (pensamientos, etc.) interior, íntimo: to give an inward sigh suspirar para sí **2** (dirección) hacia adentro
▸ adv (tb esp GB **inwards**) hacia adentro
■ **inwardly** adv **1** por dentro **2** (suspirar, sonreír, etc.) para sí

iPod® /ˈaɪpɑd/ n iPod®

IQ /ˌaɪ ˈkjuː/ n (abrev de **intelligence quotient**) coeficiente de inteligencia: *She has an IQ of 120.* Tiene un coeficiente de inteligencia de 120.

iris /ˈaɪrɪs/ n **1** (Anat) iris **2** (Bot) lirio

Irish /ˈaɪrɪʃ/ adj, n irlandés

iron /ˈaɪərn/ sustantivo, verbo
▶ n **1** (Quím) hierro **2** (para ropa) plancha
▶ vt planchar PHR V **iron sth out 1** (arrugas) planchar algo **2** (problemas, etc.) resolver algo

ironic /aɪˈrɑnɪk/ adj irónico: *It is ironic that we only won the last match.* Resulta irónico que solo hayamos ganado el último partido. ◇ *He gave an ironic smile.* Sonrió irónicamente.
■ **ironically** /-kli/ adv irónicamente, con ironía

ironing /ˈaɪərnɪŋ/ n **1** planchado: *to do the ironing* planchar ◇ *ironing board* mesa de planchar **2** ropa para planchar, ropa planchada

irony /ˈaɪrəni/ n (pl **ironies**) ironía

irrational /ɪˈræʃənl/ adj irracional
■ **irrationality** /ɪˌræʃəˈnæləti/ n irracionalidad
irrationally adv de forma irracional

irregular /ɪˈregjələr/ adj irregular

irrelevant /ɪˈreləvənt/ adj que no viene al caso: *irrelevant remarks* observaciones que no vienen al caso ■ **irrelevance** n algo que no viene al caso: *the irrelevance of the curriculum to their own lives* lo poco que el currículo tiene que ver con sus vidas

irreparable /ɪˈrepərəbl/ adj irremediable

irresistible /ˌɪrɪˈzɪstəbl/ adj irresistible
■ **irresistibly** adv irresistiblemente

irrespective of /ˌɪrɪˈspektɪv əv/ prep (formal) sin consideración a

irresponsible /ˌɪrɪˈspɑnsəbl/ adj irresponsable: *It was irresponsible of you.* Fue una irresponsabilidad de tu parte.
■ **irresponsibility** /ˌɪrɪspɑnsəˈbɪləti/ n irresponsabilidad **irresponsibly** adv de forma irresponsable

irreversible /ˌɪrɪˈvɜːsəbl/ adj irreversible

irrigation /ˌɪrɪˈgeɪʃn/ n riego, regado

irritable /ˈɪrɪtəbl/ adj irritable ■ **irritability** /ˌɪrɪtəˈbɪləti/ n irritabilidad **irritably** adv con irritación

irritate /ˈɪrɪteɪt/ vt irritar: *He's easily irritated.* Se irrita con facilidad.

irritating /ˈɪrɪteɪtɪŋ/ adj irritante: *How irritating!* ¡Qué jartera!

irritation /ˌɪrɪˈteɪʃn/ n irritación

IRS /ˌaɪ ɑr ˈes/ abrev de **Internal Revenue Service** (USA) Dirección Nacional de Impuestos

is /ɪz/ Ver BE

Islam /ˈɪzlɑm, ɪzˈlɑm; GB ˈɪzlɑːm, ɪzˈlɑːm/ n Islam
■ **Islamic** /ɪzˈlæmɪk/ adj islámico **Islamist** /ˈɪzləmɪst/ adj, n islamista

island /ˈaɪlənd/ n (abrev **I.**, **Is.**) isla: *desert island* isla desierta ■ **islander** n isleño, -a

isle /aɪl/ n (abrev **I.**, **Is.**) isla ❶ Se usa sobre todo en nombres de lugares, p. ej.: *the Isle of Man*. ⊃ Comparar con ISLAND

isn't /ˈɪznt/ abrev de **is not** Ver BE

isolate /ˈaɪsəleɪt/ vt ~ sb/sth (from sb/sth) aislar a algn/algo (de algn/algo) ■ **isolated** adj aislado **isolation** n aislamiento LOC **in isolation (from sb/sth)** aislado (de algn/algo): *Looked at in isolation…* Considerado fuera del contexto…

ISP /ˌaɪ es ˈpiː/ abrev de **Internet Service Provider** proveedor de servicios de internet

issue /ˈɪʃuː; GB tb ˈɪsjuː/ sustantivo, verbo
▶ n **1** asunto, cuestión **2** problema: *Let's not make an issue of it.* No lo convirtamos en un problema. **3** (de una revista, etc.) número **4** emisión
▶ **1** vt ~ sth (to sb) distribuir algo (a algn) **2** vt ~ sb with sth proveer a algn de algo **3** vt (visa, etc.) expedir **4** vt publicar **5** vt (estampilla, etc.) poner en circulación **6** vt (llamada) emitir

IT n (abrev de **information technology**) informática

it /ɪt/ pron
● **como sujeto y objeto** ❶ It sustituye a un animal o una cosa. También se puede utilizar para referirse a un bebé. **1** [como sujeto] él, ella, ello: *Where is it?* ¿Dónde está? ◇ *The baby is crying, I think it's hungry.* El bebé está llorando, creo que tiene hambre. ◇ *Who is it?* ¿Quién es? ◇ *It's me.* Soy yo. ❶ El pronombre personal no se puede omitir en inglés. **2** [como objeto directo] lo, la: *Did you buy it?* ¿Lo compraste? ◇ *Give it to me.* Dámelo. **3** [como objeto indirecto] le: *Give it some milk.* Dale un poco de leche. **4** [después de preposición] *That box is heavy. What's inside it?* Esa caja pesa mucho, ¿qué hay adentro?
● **frases impersonales**

En muchos casos **it** carece de significado, y se utiliza como sujeto gramatical para construir oraciones que en español suelen ser impersonales. Normalmente no se traduce.

1 (de tiempo, distancia y tiempo atmosférico) *It's ten past twelve.* Son las doce y diez. ◇ *It's May 12.* Es el 12 de mayo. ◇ *It's two miles to the beach.* La playa está a dos millas. ◇ *It's been a long*

italics

time since they left. Hace mucho tiempo que se fueron. ◊ *It's raining.* Está lloviendo. ◊ *It's hot.* Hace calor. **2** (*en otras construcciones*) *Does it matter what color the hat is?* ¿Importa de qué color sea el sombrero? ◊ *I'll come at seven if it's convenient.* Voy a venir a las siete, si te parece bien. ◊ *It's Jim who's the smart one, not his brother.* Es Jim el que es avispado, no su hermano. **LOC** *that's it* **1** ya está **2** eso es todo **3** ya está bien **4** eso es ◆ *that's just it* ahí está el problema ◆ *this is it* llegó la hora

italics /ɪˈtælɪks/ *n [pl]* cursiva

itch /ɪtʃ/ *sustantivo, verbo*
▸ *n* picor
▸ *vi* picar: *My leg itches.* Me pica la pierna. **PHR V** *itch for sth/to do sth* tener muchas ganas de (hacer) algo ■ **itchy** *adj* que pica: *My skin is itchy.* Me pica la piel.

it'd /ˈɪtəd/ **1** *abrev de* **it had** *Ver* HAVE **2** *abrev de* **it would** *Ver* WOULD

item /ˈaɪtəm/ *n* **1** artículo **2** (*tb* ˈnews item) noticia **LOC** *be an item* (*coloq*) ser pareja

itinerary /aɪˈtɪnəreri; *GB* -rəri/ *n* (*pl* **itineraries**) itinerario

it'll /ˈɪtl/ *abrev de* **it will** *Ver* WILL

its /ɪts/ *adj* su(s) (*que pertenece a una cosa, un animal o un bebé*): *The table isn't in its place.* La mesa no está en su lugar. ⊃ *Ver nota en* MY

it's /ɪts/ **1** *abrev de* **it is** *Ver* BE **2** *abrev de* **it has** *Ver* HAVE

itself /ɪtˈself/ *pron* **1** [*uso reflexivo*] se: *The cat was washing itself.* El gato se estaba bañando. **2** [*uso enfático*] él mismo, ella misma, ello mismo **3** *She is kindness itself.* Es la bondad personificada. **LOC** *by itself* **1** por sí mismo **2** (completamente) solo ◆ *in itself* de por sí

I've /aɪv/ *abrev de* **I have** *Ver* HAVE

ivory /ˈaɪvəri/ *n* marfil

ivy /ˈaɪvi/ *n* hiedra

J j

J, j /dʒeɪ/ n (pl **Js, J's, j's** /dʒeɪz/) J, j ➔ Ver nota en A, A

jab /dʒæb/ verbo, sustantivo
▸ vt, vi (**-bb-**) pinchar, dar: *He jabbed his finger with a needle.* Se pinchó el dedo con una aguja. ◊ *She jabbed at a potato with her fork.* Intentó ensartar una papa con el tenedor. **PHR V** **jab sth into sb/sth** clavar algo en/a algn/algo
▸ n **1** golpe **2** (GB, coloq) inyección

jack /dʒæk/ n **1** (Mec) gato **2** (tb **knave**) jota (baraja francesa)

jackdaw /'dʒækdɔː/ n grajilla

¶ jacket /'dʒækɪt/ n **1** chaqueta, saco ➔ Comparar con CARDIGAN; Ver tb DINNER JACKET, LIFE JACKET **2** chompa **3** (de un libro) sobrecubierta

jacket po'tato n (pl **jacket potatoes**) (GB) papa asada (con piel)

jackpot /'dʒækpɒt/ n premio mayor

jade /dʒeɪd/ n jade

jaded /'dʒeɪdɪd/ adj agotado, con falta de entusiasmo, hastiado

jagged /'dʒægɪd/ adj dentado

jaguar /'dʒægwɑr; GB -gjuə(r)/ n jaguar

jail (GB tb **gaol**) /dʒeɪl/ sustantivo, verbo
▸ n cárcel
▸ vt encarcelar

¶ jam /dʒæm/ sustantivo, verbo
▸ n **1** mermelada ➔ Comparar con JELLY (3), MARMALADE **2** embotellamiento Ver tb TRAFFIC JAM **3** (coloq) aprieto: *to be in/get into a jam* estar/meterse en un aprieto
▸ (**-mm-**) **1** vt ~ **sth into, under, etc. sth** meter algo a la fuerza en, debajo, etc. de algo: *He jammed the flowers into a vase.* Metió las flores en un jarrón, todas apretujadas. **2** vt, vi apretujar(se): *The six of them were jammed into a small car.* Los seis estaban apretujados en un carro pequeño. **3** vt, vi atascar(se), obstruir(se) **4** vt (Radio) interferir

jangle /'dʒæŋgl/ vt, vi (hacer) sonar de manera disonante

janitor /'dʒænətər/ (GB **porter**) n portero, -a, conserje, -a

¶ January /'dʒænjueri; GB -juəri/ n (abrev **Jan.**) enero: *They are getting married this January/in January.* Se van a casar en enero. ◊ *on January 1st* el primero de enero ◊ *every January* cada enero ◊ *next January* en enero del año entrante ➊ Los nombres de los meses en inglés se escriben en mayúscula.

jar /dʒɑr/ sustantivo, verbo
▸ n **1** tarro, frasco ➔ Ver dibujo en CONTAINER **2** jarra
▸ (**-rr-**) **1** vi ~ (**on sb/sth**) irritar (a algn/algo) **2** vi ~ (**with sth**) desentonar (con algo) **3** vt golpear

jargon /'dʒɑrgən/ n jerga

jasmine /'dʒæzmɪn/ n jazmín

jaundice /'dʒɔːndɪs/ n ictericia ■ **jaundiced** adj amargado

javelin /'dʒævlɪn/ n jabalina

jaw /dʒɔː/ n **1** (gen pl) (persona) mandíbula **2** (animal) quijada **3** **jaws** [pl] fauces

jazz /dʒæz/ sustantivo, verbo
▸ n jazz
▸ v **PHR V** **jazz sth up** animar algo ■ **jazzy** adj (coloq) vistoso

¶ jealous /'dʒeləs/ adj **1** envidioso: *I'm very jealous of your new car.* Tu carro nuevo me da mucha envidia. **2** celoso: *He's very jealous of her male friends.* Tiene muchos celos de sus amigos. ■ **jealousy** n [gen incontable] (pl **jealousies**) envidia, celos

¶ jeans /dʒiːnz/ n [pl] jeans, bluyín, pantalón de mezclilla ➔ Ver nota en PAIR

Jeep® /dʒiːp/ n jeep

jeer /dʒɪər/ verbo, sustantivo
▸ vt, vi ~ (**at**) (**sb/sth**) **1** mofarse, burlarse (de algn/algo) **2** abuchear (a algn/algo)
▸ n burla, abucheo

Jell-O® /'dʒeloʊ/ n [incontable] (GB **jelly**) gelatina (de sabores)

¶ jelly /'dʒeli/ n (pl **jellies**) **1** mermelada (sin pedazos de fruta) ➔ Comparar con JAM (1) **2** (GB) (USA **Jell-O®**) gelatina (de sabores) **3** jalea

'jelly bean n caramelo de gominola con una capa dura de azúcar (con forma de fríjol)

jellyfish /'dʒelifɪʃ/ n (pl **jellyfish**) medusa, aguamala, malagua

jeopardize (GB tb **-ise**) /'dʒepərdaɪz/ vt (formal) poner en peligro

jeopardy /'dʒepərdi/ n **LOC** **in jeopardy** en peligro

jerk /dʒɜːrk/ sustantivo, verbo
▸ n **1** sacudida, tirón **2** (coloq, pey) idiota
▸ vt, vi sacudir(se), mover(se) a sacudidas

Jesus /'dʒiːzəs/ (tb **Jesus 'Christ**) n Jesús, Cristo

jet /dʒet/ n 1 (tb **jet 'aircraft**) jet, reactor 2 (de agua, gas) chorro 3 azabache: *jet black* negro azabache

'jet lag n desfase horario: *He's suffering from jet lag.* Está sufriendo los efectos del desfase horario.

the 'jet set n [v sing o pl] el jet set

'Jet Ski® n (pl **Jet Skis**) moto de agua

jet-skiing /'dʒet skiːɪŋ/ n motociclismo acuático

jetty /'dʒeti/ n (pl **jetties**) embarcadero, malecón, muelle

Jew /dʒuː/ n judío, -a

jewel /'dʒuːəl/ n 1 joya 2 piedra preciosa ■ **jeweler** (GB **jeweller**) n 1 joyero, -a 2 **jeweler's** (GB **jeweller's**) joyería

jewelry (GB **jewellery**) /'dʒuːəlri/ n [incontable] joyas: *jewelry store* joyería ◊ *jewelry box/case* joyero

Jewish /'dʒuːɪʃ/ adj judío

jigsaw /'dʒɪɡsɔː/ (tb **'jigsaw puzzle**) n rompecabezas

jingle /'dʒɪŋɡl/ sustantivo, verbo
▸ n 1 [sing] tintineo, cascabeleo 2 anuncio cantado
▸ vt, vi (hacer) tintinear

jinx /dʒɪŋks/ sustantivo, verbo
▸ n (coloq) persona o cosa que trae mala suerte
▸ vt (coloq) traer mala suerte a

job /dʒɑb/ n 1 (puesto de) trabajo, empleo ⊃ Ver nota en WORK 2 tarea 3 deber, responsabilidad LOC **a good job** (GB, coloq): *It's a good job you've come.* Menos mal que viniste. ◆ **do the job** (coloq) servir ◆ **out of a job** sin trabajo

'job centre n (GB) oficina de empleo

jobless /'dʒɑbləs/ adj desempleado, cesante

jockey /'dʒɑki/ n (pl **jockeys**) jockey

jog /dʒɑɡ/ sustantivo, verbo
▸ n [sing] 1 empujoncito 2 *to go for a jog* ir a correr/trotar
▸ (-gg-) 1 vt empujar (ligeramente) 2 vi correr, trotar LOC **jog sb's memory** refrescar la memoria a algn

jogger /'dʒɑɡər/ n persona que corre (por ejercicio)

jogging /'dʒɑɡɪŋ/ n correr, trotar

john /dʒɑn/ n (GB **bog**) (coloq) baño

join /dʒɔɪn/ verbo, sustantivo
▸ 1 vt ~ **sth (to/onto sth)** unir, juntar algo (con algo) 2 vt reunirse con 3 vt, vi (club, etc.) hacerse socio (de), afiliarse (a) 4 vt (empresa) unirse a 5 vt (organización) ingresar en PHR V **join in (sth)** participar en (algo) ◆ **join up (with sb)** juntarse (con algn), unirse (a algn)
▸ n 1 unión 2 costura

joiner /'dʒɔɪnər/ n (esp GB) (USA tb **carpenter**) carpintero, -a, ebanista

joint /dʒɔɪnt/ adjetivo, sustantivo
▸ adj conjunto, mutuo, colectivo
▸ n 1 (Anat) articulación 2 junta, ensambladura 3 trozo de carne 4 (coloq) antro 5 (coloq) pito, varillo, churro ■ **jointed** adj articulado, plegable

joke /dʒoʊk/ sustantivo, verbo
▸ n 1 chiste: *to tell a joke* contar un chiste 2 broma: *to play a joke on sb* hacer una broma a algn 3 [sing] (coloq) farsa: *The new dog laws are a joke.* La nueva ley sobre perros es un chiste.
▸ vi ~ **(with sb)** bromear (con algn) LOC **joking aside** (GB tb **joking apart**) fuera de broma ◆ **you're joking!; you must be joking!** (coloq) 1 ¡ni hablar! 2 ¿en serio?

joker /'dʒoʊkər/ n 1 bromista 2 (coloq) hazmerreír 3 (cartas) comodín

jolly /'dʒɑli/ adjetivo, adverbio
▸ adj (**jollier, -iest**) alegre, jovial
▸ adv (GB, antic, coloq) muy

jolt /dʒoʊlt/ verbo, sustantivo
▸ 1 vi traquetear 2 vt sacudir
▸ n 1 sacudida 2 susto

jostle /'dʒɑsl/ vt, vi empujar(se), codear(se)

jot /dʒɑt/ v (-tt-) PHR V **jot sth down** apuntar algo

journal /'dʒɜːrnl/ n 1 revista (especializada) 2 diario

journalism /'dʒɜːrnəlɪzəm/ n periodismo

journalist /'dʒɜːrnəlɪst/ n periodista

journey /'dʒɜːrni/ n (pl **journeys**) viaje, recorrido ⊃ Ver nota en VIAJE

joy /dʒɔɪ/ n 1 alegría: *to jump for joy* saltar de alegría 2 encanto LOC Ver PRIDE ■ **joyful** adj alegre **joyfully** adv alegremente

joyrider /'dʒɔɪraɪdər/ n persona que se pasea en un carro robado

joyriding /'dʒɔɪraɪdɪŋ/ n pasearse en un carro robado

joystick /'dʒɔɪstɪk/ n (Aeronáut, Informát) mando, control

jubilant /'dʒuːbɪlənt/ adj jubiloso ■ **jubilation** n júbilo

jubilee /'dʒuːbɪliː/ n aniversario

Judaism /'dʒuːdeɪzəm; GB -dɪɪzəm/ n judaísmo

---

u actual　ɔː saw　ɜː bird　ə about　j yes　w woman　ʒ vision　h hat　ŋ sing

judge /dʒʌdʒ/ sustantivo, verbo
▸ n **1** juez **2** (de competencia) juez, árbitro, -a **3** ~ **(of sth)** conocedor, -ora (de algo)
▸ vt, vi juzgar, considerar, calcular: *judging by/from…* a juzgar por…

judgment (tb esp GB **judgement**) /ˈdʒʌdʒmənt/ n juicio: *to use your own judgment* actuar según tu propio criterio

judicious /dʒuˈdɪʃəs/ adj juicioso ◾ **judiciously** adv juiciosamente

judo /ˈdʒuːdoʊ/ n judo

jug /dʒʌɡ/ n **1** (USA) (GB **pitcher**) jarrón **2** (GB) (USA **pitcher**) jarra

juggle /ˈdʒʌɡl/ vt, vi **1** hacer juegos malabares (con) **2** ~ **sth/with sth** compaginar algo con algo: *She juggles home, career and children.* Se las arregla para llevar casa, trabajo e hijos al mismo tiempo. ◾ **juggler** n malabarista **juggling** n malabarismo

juice /dʒuːs/ n jugo ◾ **juicer** n exprimidor **juicy** adj (**juicier**, **-iest**) **1** jugoso **2** (coloq) (cuento, etc.) sabroso, jugoso

jukebox /ˈdʒuːkbɑks/ n rocola

July /dʒuˈlaɪ/ n (abrev **Jul.**) julio ➲ *Ver nota y ejemplos en* JANUARY

jumble /ˈdʒʌmbl/ verbo, sustantivo
▸ vt ~ **sth (up)** revolver algo
▸ n **1** revoltijo **2** (GB) objetos o ropa usados para una venta benéfica

jumble sale n (GB) (USA **rummage sale**) venta benéfica

jumbo /ˈdʒʌmboʊ/ adj (coloq) (de tamaño) súper, jumbo

jump /dʒʌmp/ verbo, sustantivo
▸ **1** vt, vi saltar: *to jump up and down* dar saltos ◊ *to jump up* levantarse de un salto ➲ *Ver dibujo en* SALTAR **2** vi sobresaltar: *It made me jump.* Me sobresaltó. **3** vi aumentar **LOC** **jump the queue** (GB) (USA **cut in line**) saltarse la fila, colarse ◆ **jump to conclusions** sacar conclusiones precipitadas ◆ **jump to it!** (coloq) ¡volando! *Ver tb* BANDWAGON **PHR V** **jump at sth** aprovechar algo con entusiasmo (*una oportunidad*)
▸ n **1** salto **2** aumento

jumper /ˈdʒʌmpər/ n **1** (USA) (vestido) jumper **2** (GB) (USA **sweater**) suéter, saco ➲ *Ver nota en* SWEATER **3** saltador, -ora

jumpy /ˈdʒʌmpi/ adj (coloq) nervioso

junction /ˈdʒʌŋkʃn/ n (esp GB) cruce (de carretera)

June /dʒuːn/ n (abrev **Jun.**) junio ➲ *Ver nota y ejemplos en* JANUARY

jungle /ˈdʒʌŋɡl/ n selva, jungla

junior /ˈdʒuːniər/ adjetivo, sustantivo
▸ adj **1** subalterno **2** (abrev **Jr.**) júnior **3** (Dep) juvenil **4** (GB) *junior school* escuela primaria
▸ n **1** subalterno, -a **2** [precedido de adjetivos posesivos] *He is three years her junior.* Es tres años más joven que ella. **3** (USA) estudiante de tercer año **4** (GB) alumno, -a de escuela primaria

junior college n (USA) instituto superior de educación

junior high school n (USA) colegio donde se imparten los primeros dos o tres años de enseñanza secundaria

junk /dʒʌŋk/ n [incontable] **1** basura **2** baratijas

junk food n (coloq, pey) [incontable] comida basura

junk mail n (pey) propaganda (por correo) ➲ *Ver nota en* PROPAGANDA

Jupiter /ˈdʒuːpɪtər/ n Júpiter

juror /ˈdʒʊərər/ n miembro del jurado

jury /ˈdʒʊəri/ n (pl **juries**) jurado ➲ *Ver nota en* JURADO

just /dʒʌst/ adverbio, adjetivo
▸ adv **1** justo, exactamente: *It's just what I need.* Es justo lo que necesito. ◊ *That's just it!* ¡Exacto! ◊ *just here* aquí mismo **2** ~ **as** justo cuando, justo como: *She arrived just as we were leaving.* Llegó justo cuando nos íbamos. ◊ *It's just as I thought.* Es justo como/lo que yo pensaba. **3** ~ **as… as…** igual de… que…: *She's just as smart as her mother.* Es igual de inteligente a su madre. **4 have ~ done sth** acabar de hacer algo: *She has just left.* Acaba de irse. ◊ *We had just arrived when…* Acabábamos de llegar cuando… ◊ *'Just married'* "Recién casados" **5** (GB) **(only)** ~ por muy poco: *I can (only) just reach the shelf.* Llego al estante a duras penas. **6** ~ **over/under** *It's just over a kilogram.* Pesa un poco más de un kilo. **7** ahora: *I'm just going.* Ahora mismo me voy. **8 be ~ about/going to do sth** estar a punto de hacer algo: *I was just about/going to call you.* Estaba a punto de llamarte. **9** sencillamente: *It's just one of those things.* Es una de esas cosas que pasan, nada más. **10** *Just let me say something!* ¡Déjame hablar un momento! **11** solo: *I waited an hour just to see you.* Esperé una hora solo para poder verte. ◊ *just for fun* para reírnos un poco **LOC** **it's just as well (that…)** menos mal (que)… ◆ **just about** (coloq) casi: *I know just about everyone.* Conozco más o menos a todo el mundo. ◆ **just like 1** igual que: *It was just like old times.* Fue como en los viejos tiempos. **2** típico de: *It's just*

justice

like her to be late. Es muy propio de ella llegar tarde. ◆ **just like that** sin más ◆ **just now 1** en estos momentos **2** hace un momento
▸ *adj* **1** justo **2** merecido

justice /ˈdʒʌstɪs/ *n* **1** justicia **2** juez: *Justice of the Peace* juez de paz LOC **bring sb to justice** llevar a algn ante la justicia ◆ **do justice to sb/sth**; **do sb/sth justice 1** hacerle justicia a algn/algo **2** *We couldn't do justice to her cooking.* No pudimos hacer los honores a su comida. ◆ **do yourself justice**: *He didn't do himself justice in the exam.* Podía haber hecho el examen mucho mejor. *Ver tb* MISCARRIAGE

justifiable /ˌdʒʌstɪˈfaɪəbl, ˈdʒʌstɪfaɪəbl/ *adj* justificable ■ **justifiably** *adv* justificadamente: *She was justifiably angry.* Estaba furiosa, y con razón.

justified /ˈdʒʌstɪfaɪd/ *adj* **be ~ (in doing sth)** tener razón (en hacer algo): *You were entirely justified in leaving the company.* Tenías toda la razón en dejar la compañía.

justify /ˈdʒʌstɪfaɪ/ *vt* (*pt, pp* **-fied**) justificar

justly /ˈdʒʌstli/ *adv* justamente, con razón

jut /dʒʌt/ *vi* (**-tt-**) **~ out (from/into/over sth)** sobresalir (de/por encima de algo)

juvenile /ˈdʒuːvənaɪl/ *sustantivo, adjetivo*
▸ *n* menor
▸ *adj* **1** juvenil **2** (*pey*) pueril

juxtapose /ˌdʒʌkstəˈpəʊz/ *vt* (*formal*) contraponer ■ **juxtaposition** /ˌdʒʌkstəpəˈzɪʃn/ *n* contraposición

K k

K, k /keɪ/ n (pl **Ks, K's, k's** /keɪz/) K, k ◆ Ver nota en A, A

kaleidoscope /kəˈlaɪdəskoʊp/ n calidoscopio

kangaroo /ˌkæŋɡəˈruː/ n (pl **kangaroos**) canguro

karat (tb esp GB **carat**) /ˈkærət/ n quilate (medidad de pureza del oro)

karate /kəˈrɑti/ n karate

kart /kɑrt/ n kart

kayak /ˈkaɪæk/ n kayak (barco) ■ **kayaking** n kayak (deporte)

kebab /kəˈbɑb/ n pincho, brocheta, anticucho

keel /kiːl/ sustantivo, verbo
▸ n quilla
▸ v **PHR V** **keel over** desplomarse

⚷ **keen** /kiːn/ adj (**keener, -est**) **1** be ~ (to do sth/that…) estar ansioso (de hacer algo/de que…), tener ganas (de hacer algo) **2** entusiasta **3** be ~ on sth/doing sth (GB, coloq) gustarle a uno algn/algo/hacer algo **4** (interés) grande **5** (olfato) fino **6** (oído, inteligencia) agudo ■ **keenly** adv **1** con entusiasmo **2** (sentir) profundamente

⚷ **keep** /kiːp/ verbo, sustantivo
▸ (pt, pp **kept** /kept/) **1** vi quedarse, permanecer: *Keep still!* ¡Estáte quieto! ◊ *Keep quiet!* ¡Cállate! ◊ *to keep warm* no enfriarse **2** vi ~ (**on**) **doing sth** seguir haciendo algo, no parar de hacer algo: *He keeps interrupting me.* No deja de interrumpirme. **3** vt [con adjetivo, adverbio o -ing] mantener, tener: *to keep sb waiting* hacer esperar a algn ◊ *to keep sb amused/happy* tener a algn entretenido/contento ◊ *Don't keep us in suspense.* No nos tengas en suspenso. **4** vt entretener, retener: *What kept you?* ¿Por qué tardaste tanto? **5** vt guardar, tener: *Will you keep my place in line?* ¿Me guardas el puesto en la fila? **6** vt (no devolver) quedarse con: *Keep the change.* Quédese con el vuelto. **7** vt (negocio) tener, ser propietario de **8** vt (animales) criar, tener **9** vt (secreto) guardar **10** vi (alimentos) conservarse (fresco), durar **11** vt (diario) escribir, llevar **12** vt (cuentas, registro) llevar **13** vt (familia, persona) mantener **14** vt (cita) acudir a **15** vt (promesa) cumplir ❶ Para expresiones con **keep**, véanse las entradas del sustantivo, adjetivo, etc., p.ej. **keep your word** en WORD.

PHR V **keep away (from sb/sth)** mantenerse alejado (de algn/algo) ◆ **keep sb/sth away (from sb/sth)** mantener alejado a algn/algo (de algn/algo)
keep sth (back) from sb ocultar algo a algn
keep sth down mantener algo (a)bajo
keep sb from (doing) sth impedir, no dejar a algn hacer algo ◆ **keep (yourself) from doing sth** evitar hacer algo
keep off (sth) no acercarse (a algo), no tocar (algo): *Keep off the grass.* Prohibido pisar el césped. ◆ **keep sb/sth off (sb/sth)** no dejar a algn/algo acercarse (a algn/algo): *Keep your hands off me!* ¡No me toques!
keep on (at sb) (about sb/sth) no dejar de dar lata (a algn) (sobre algn/algo)
keep out (of sth) no entrar (en algo): *Keep Out!* ¡Prohibida la entrada! ◆ **keep sb/sth out (of sth)** no dejar a algn/algo entrar (en algo)
keep (yourself) to yourself guardar distancia ◆ **keep sth to yourself** guardarse algo (para sí)
keep up (with sb/sth) seguir el ritmo, mantenerse a la altura (de algn/algo) ◆ **keep sth up** mantener algo, seguir haciendo algo: *Keep it up!* ¡Dale! ◆ **keep up with sth** mantenerse al tanto (de algo)
▸ n manutención

keeper /ˈkiːpər/ n **1** (zoo) guarda **2** (museo) conservador, -ora **3** (esp GB, coloq) (Fútbol) portero, -a

keeping /ˈkiːpɪŋ/ n **LOC** **in/out of keeping (with sth)** de acuerdo/en desacuerdo (con algo) ◆ **in sb's keeping** al cuidado de algn

kennel /ˈkenl/ n residencia canina

kerb (GB) = CURB n (2)

kerosene /ˈkerəsiːn/ (GB **paraffin**) n kerosene

ketchup /ˈketʃəp/ n catsup, salsa de tomate

kettle /ˈketl/ n tetera (para calentar agua) ◆ Ver dibujo en pág. 576

⚷ **key** /kiː/ sustantivo, adjetivo, verbo
▸ n (pl **keys**) **1** llave: *the car keys* las llaves del carro **2** (Mús) tono **3** tecla ◆ Ver dibujo en COMPUTADOR **4** ~ (**to sth**) clave (de algo): *Exercise is the key (to good health).* El ejercicio es la clave (de la buena salud).
▸ adj clave
▸ vt ~ **sth** (**in**) teclear algo

⚷ **keyboard** /ˈkiːbɔːrd/ n teclado ◆ Ver dibujo en COMPUTADOR

keyhole /ˈkiːhoʊl/ n ojo de la cerradura

keypad /ˈkiːpæd/ n teclado (numérico)

ˈkey ring n llavero

| aʊ now | ɔɪ boy | ɪə near | eə hair | ʊə tour | eɪ say | oʊ go | aɪ five |

key worker

kettle

electric kettle

kettle

key worker n (GB) trabajador, -ora de un servicio esencial (sanitario, educativo, etc.)

khaki /'kɑki/ adj, n caqui

kick /kɪk/ verbo, sustantivo
▶ 1 vt dar una patada a 2 vt (pelota) golpear (con el pie): *to kick the ball into the river* tirar la pelota al río de una patada 3 vi patear LOC **kick the bucket** (coloq) estirar la pata Ver tb ALIVE PHRV **kick off** hacer el saque inicial ◆ **kick sb out (of sth)** (coloq) echar a algn (de algo)
▶ n 1 puntapié, patada 2 (Fútbol) tiro: *free kick* tiro libre ◊ *goal kick* saque de puerta 3 (coloq): *for kicks* para divertirse

kickboxing /'kɪkbɑksɪŋ/ n kick boxing

kickoff /'kɪkɔːf; GB -ɒf/ (tb **kick-off**) n saque inicial

kid /kɪd/ sustantivo, verbo, adjetivo
▶ n 1 (coloq) niño, -a: *How are your wife and the kids?* ¿Cómo están tu esposa y los niños? 2 (Zool) cabrito 3 (piel) cabritilla
▶ (-dd-) 1 vt, vi (coloq) bromear: *Are you kidding?* ¿Estás bromeando? 2 vt ~ **yourself** engañarse a sí mismo
▶ adj (esp USA, coloq): *his kid sister* su hermana menor

kidnap /'kɪdnæp/ vt (-pp-) secuestrar
■ **kidnapper** n secuestrador, -ora **kidnapping** n secuestro

kidney /'kɪdni/ n (pl **kidneys**) riñón

kill /kɪl/ verbo, sustantivo
▶ vt, vi matar: *Smoking kills.* Fumar mata. ◊ *She was killed in a car crash.* Se mató en un accidente de carro. LOC **kill time** matar el tiempo ◆ **kill two birds with one stone** matar dos pájaros de un tiro PHRV **kill sb/sth off** exterminar algo, rematar a algn
▶ n (animal matado) pieza LOC **go/move in for the kill** entrar a matar

killer /'kɪlər/ n asesino, -a

killer whale n orca

killing /'kɪlɪŋ/ n matanza LOC **make a killing** hacer el agosto

kiln /kɪln/ n horno para cerámica

kilogram (GB tb **kilogramme**) /'kɪləɡræm/ (tb **kilo** /'kiːloʊ/) n (abrev **kg**) kilo(gramo) ⊃ Ver pág. 786

kilometer (tb esp GB **kilometre**) /kɪl'ɑmɪtər/ n (abrev **k, km**) kilómetro ⊃ Ver pág. 786

kilt /kɪlt/ n falda escocesa

kin /kɪn/ n Ver NEXT OF KIN

kind /kaɪnd/ sustantivo, adjetivo
▶ n tipo, clase: *the best of its kind* el mejor de su categoría LOC **in kind** 1 en especie 2 (formal) con la misma moneda ◆ **kind of** (coloq) en cierto modo: *kind of scared* como asustado Ver tb NOTHING
▶ adj (**kinder, -est**) amable: *It's very kind of you.* Es muy amable de tu parte.

kindly /'kaɪndli/ adverbio, adjetivo
▶ adv 1 amablemente 2 (antic, formal) *Kindly leave me alone!* ¡Haga el favor de dejarme en paz! LOC **not take kindly to sth/sb** no gustarle algo/algn a uno
▶ adj (antic) amable

kindness /'kaɪndnəs/ n 1 amabilidad, bondad 2 favor

king /kɪŋ/ n rey

kingdom /'kɪŋdəm/ n reino

kingfisher /'kɪŋfɪʃər/ n martín pescador

kiosk /'kiːɑsk/ n 1 quiosco 2 (GB, antic) cabina (telefónica)

kipper /'kɪpər/ n arenque ahumado

kiss /kɪs/ verbo, sustantivo
▶ vt, vi besar(se)
▶ n beso LOC **the kiss of life** (GB) respiración boca a boca

kit /kɪt/ n 1 equipo 2 conjunto para armar

kitchen /'kɪtʃɪn/ n cocina

kite /kaɪt/ n cometa

kitesurfing /'kaɪtsɜːrfɪŋ/ (tb **kiteboarding** /'kaɪtbɔːrdɪŋ/) n kitesurf (deporte)

kitten /'kɪtn/ n gatito ⊃ Ver nota en GATO

kitty /'kɪti/ n (pl **kitties**) (coloq) 1 fondo (de dinero) 2 gatito

kiwi /'kiːwiː/ n (pl **kiwis**) 1 (tb **kiwi fruit**) (fruta) kiwi 2 **Kiwi** (coloq) (persona) neozelandés, -esa 3 (ave) kiwi

knack /næk/ n [sing] (coloq) maña, habilidad: *to get the knack of sth* cogerle el tiro a algo

knead /niːd/ *vt* amasar
knee /niː/ *n* rodilla LOC **be/go (down) on your knees** estar/ponerse de rodillas
kneecap /ˈniːkæp/ *n* rótula
kneel /niːl/ *vi* (*pt, pp* **knelt** /nelt/, *USA tb* **kneeled**) ~ **(down)** arrodillarse, hincarse ➲ *Ver nota en* DREAM
kneepad /ˈniːpæd/ *n* rodillera
knew *pt de* KNOW
knickers /ˈnɪkərz/ *n* [*pl*] (*GB*) (*USA* **panties**) calzones (*de mujer*) ➲ *Ver nota en* PAIR
knife /naɪf/ *sustantivo, verbo*
▸ *n* (*pl* **knives** /naɪvz/) cuchillo, navaja
▸ *vt* acuchillar
knight /naɪt/ *sustantivo, verbo*
▸ *n* **1** caballero **2** (*Ajedrez*) caballo
▸ *vt* nombrar caballero a
knighthood /ˈnaɪthʊd/ *n* título de caballero
knit /nɪt/ (-**tt**-) *vt, vi* tejer *Ver tb* CLOSE-KNIT
knitting /ˈnɪtɪŋ/ *n* [*incontable*] tejido: *knitting needle* aguja (de tejer)
knitwear /ˈnɪtweər/ *n* [*incontable*] (prendas) tejidas
knob /nɑb/ *n* **1** (*de puerta, cajón*) perilla **2** (*de radio, televisor*) control (*que gira*) ➲ *Ver dibujo en* HANDLE
knock /nɑk/ *verbo, sustantivo*
▸ **1** *vi* ~ **(at/on sth)** (*puerta, etc.*) llamar (a algo), tocar algo **2** *vt, vi* golpear: *to knock your head on the ceiling* pegarse con la cabeza en el techo **3** *vt* (*coloq*) criticar LOC **knock on wood** (*GB* **touch wood**) toca madera
PHR V **knock sb down** atropellar, derribar a algn ◆ **knock sth down** derribar algo
knock off (sth) (*coloq*): *to knock off (work)* terminar de trabajar ◆ **knock sb/sth off (sth)** tirar a algn/algo (de algo) ◆ **knock sth off (sth)** (*coloq*) descontar algo (de algo)
knock sb out 1 (*Boxeo*) dejar K.O., noquear a algn **2** dejar inconsciente a algn **3** (*coloq*) dejar boquiabierto a algn ◆ **knock sb out (of sth)** eliminar a algn (de algo) (*competencia*)

knock sb over atropellar, derribar a algn ◆ **knock sth over** tirar algo
▸ *n* **1** *There was a knock at the door.* Llamaron a la puerta. **2** golpe
knockout /ˈnɑkaʊt/ *n* **1** (*abrev* **KO**) nocaut **2** *knockout (tournament)* torneo por eliminatorias
knot /nɑt/ *sustantivo, verbo*
▸ *n* **1** nudo **2** grupo (*de gente*)
▸ *vt* (-**tt**-) hacer un nudo a, anudar
know /noʊ/ *verbo, sustantivo*
▸ (*pt* **knew** /nuː; *GB* njuː/, *pp* **known** /noʊn/) **1** *vt, vi* ~ **(sth/how to do sth)** saber (algo/hacer algo): *to know how to swim* saber nadar ◊ *Let me know if…* Avísame si… **2** *vt* conocer: *to get to know sb* llegar a conocer a algn **3** *vt*: *I've never known anyone to…* Nunca se ha visto que… LOC **for all you, I, etc. know** por lo (poco) que sabes, sé, etc. ◆ **God/goodness/Heaven knows** (*coloq*) sabe Dios ◆ **know best** saber uno lo que hace ◆ **know better (than that/than to do sth)**: *You ought to know better!* ¡Parece mentira que tú hayas hecho eso! ◊ *I should have known better.* Debería haberlo supuesto. ◆ **you never know** nunca se sabe *Ver tb* ANSWER, ROPE
PHR V **know of sb/sth** saber de algn/algo: *Not that I know of.* Que yo sepa, no.
▸ *n* LOC **be in the know** (*coloq*) estar enterado
knowing /ˈnoʊɪŋ/ *adj* (*mirada, etc.*) de complicidad ■ **knowingly** *adv* intencionadamente
'know-it-all (*GB* **'know-all**) *n* (*coloq, pey*) sabelotodo
knowledge /ˈnɑlɪdʒ/ *n* [*incontable*] **1** conocimiento(s): *not to my knowledge* que yo sepa, no **2** saber LOC **in the knowledge that…** a sabiendas de que… ■ **knowledgeable** *adj* que posee muchos conocimientos sobre algo
knuckle /ˈnʌkl/ *sustantivo, verbo*
▸ *n* nudillo
▸ *v* PHR V **knuckle down (to sth)** (*coloq*) poner manos a la obra (con algo) ◆ **knuckle under** (*coloq*) doblegarse
koala /koʊˈɑlə/ (*tb* **koala ˈbear**) *n* koala
Koran /kəˈræn; *GB* -ˈrɑːn/ *n* Corán

L l

L, l /el/ n (pl **L's, l's** /elz/) L, l ⊃ Ver nota en A, A

label /'leɪbl/ sustantivo, verbo
▸ n etiqueta, marca ⊃ Ver dibujo en ETIQUETA
▸ vt (-l-, GB -ll-) **1** etiquetar, poner etiquetas a **2** ~ sb/sth (as) sth calificar a algn/algo de algo

labor (GB **labour**) /'leɪbər/ sustantivo, verbo
▸ n **1** [incontable] trabajo **2** [incontable] mano de obra: *parts and labor* los repuestos y la mano de obra ◊ *labor relations* relaciones laborales **3** [incontable] parto: *to go into labor* entrar en trabajo de parto **4 Labour** (tb the **'Labour Party**) [v sing o pl] (GB) el Partido Laborista
▸ vi esforzarse

laboratory /'læbrətɔːri; GB ləˈbɒrətri/ n (pl **laboratories**) (coloq **lab** /læb/) laboratorio

labored (GB **laboured**) /'laɪbərd/ adj **1** dificultoso **2** pesado

laborer (GB **labourer**) /'leɪbərər/ n trabajador, -ora

laborious /ləˈbɔːriəs/ adj **1** laborioso **2** penoso

'labor union (GB **trade union**) n sindicato

labyrinth /'læbərɪnθ/ n laberinto

lace /leɪs/ sustantivo, verbo
▸ n **1** encaje **2** (tb **shoelace**) cordón
▸ vt, vi amarrar(se) (con un lazo)

lack /læk/ verbo, sustantivo
▸ vt carecer de `LOC` **be lacking** faltar ♦ **be lacking in sth** carecer de algo
▸ n [incontable] falta, carencia

lacquer /'lækər/ n laca

lacy /'leɪsi/ adj de encaje

lad /læd/ n (coloq) muchacho, chico, joven

ladder /'lædər/ sustantivo, verbo
▸ n **1** escalera de mano **2** escala (social, profesional, etc.) **3** (GB) (USA **run**) (medias) agujero a lo largo de las medias (pantalón)
▸ vi (GB) (medias) romperse

laden /'leɪdn/ adj ~ **(with sth)** cargado (de algo)

ladette /læd'et/ n (GB, coloq) mujer joven que tiene un comportamiento típicamente masculino, marimacho

'ladies' room n (GB **ladies** [sing]) baño de mujeres ⊃ Ver nota en BATHROOM

ladle /'leɪdl/ n cucharón

lady /'leɪdi/ n (pl **ladies**) **1** señora: *Ladies and gentlemen…* Señoras y señores… **2** dama **3 Lady** Lady (como título nobiliario) Ver tb LADIES' ROOM

ladybug /'leɪdibʌɡ/ (GB **ladybird** /'leɪdibɜːrd/) n mariquita, catarina

lag /læɡ/ verbo, sustantivo
▸ vi (-gg-) `PHRV` **lag behind (sb/sth)** quedarse atrás (con respecto a algn/algo)
▸ n (tb **'time lag**) retraso Ver tb JET LAG

lager /'lɑːɡər/ n cerveza (rubia) ⊃ Ver nota en CERVEZA

lagoon /ləˈɡuːn/ n laguna

laid pt, pp de LAY

laid-'back adj (coloq) tranquilo

lain pp de LIE¹

lake /leɪk/ n lago

lamb /læm/ n cordero ⊃ Ver nota en CARNE

lame /leɪm/ adj **1** cojo **2** (excusa, etc.) poco convincente

lament /ləˈment/ vt, vi ~ **(for/over sb/sth)** lamentarse (de algn/algo)

lamp /læmp/ n lámpara

lamppost /'læmppoʊst/ n poste de la luz

lampshade /'læmpʃeɪd/ n pantalla (de lámpara)

land /lænd/ sustantivo, verbo
▸ n **1** tierra: *by land* por tierra ◊ *on dry land* en tierra firme **2** tierra(s): *arable land* tierra de cultivo ◊ *a plot of land* una parcela **3 the land** [sing] campo: *to work on the land* dedicarse a la agricultura **4** país: *the finest in the land* el mejor del país
▸ **1** vi aterrizar **2** vi (pájaro) posarse **3** vt (avión) poner en tierra **4** vt, vi desembarcar **5** vi caer: *The ball landed in the water.* La pelota cayó al agua. **6** vt (coloq) (lograr) conseguir, obtener `LOC` Ver FOOT `PHRV` **land sb/yourself with sb/sth** (coloq) cargar a algn/cargarse con algn/algo: *I got landed with the washing.* A mí me tocó lavar la ropa.

landfill /'lændfɪl/ n **1** (tb **'landfill site**) vertedero (de basura) **2** [incontable] entierro de basura

landing /'lændɪŋ/ n **1** aterrizaje Ver tb CRASH LANDING **2** desembarco **3** (escalera) rellano, descanso

landlady /'lændleɪdi/ n (pl **landladies**) dueña, casera

landline /'lændlaɪn/ n línea telefónica fija

---

i happy   ɪ sit   iː see   æ cat   ɑ hot   ɒ long (GB)   ɑː bath (GB)   ʌ cup   ʊ put   uː too

landlord /ˈlændlɔːrd/ *n* dueño, casero

landmark /ˈlændmɑrk/ *n* **1** punto destacado **2** ~ (in sth) hito (en algo)

landowner /ˈlændounər/ *n* terrateniente

landscape /ˈlændskeɪp/ *n* paisaje ⊃ *Ver nota en* SCENERY

landslide /ˈlændslaɪd/ *n* **1** deslizamiento (*de tierras*) **2** (*tb* landslide 'victory') victoria aplastante

lane /leɪn/ *n* **1** camino **2** callejón **3** carril: *slow/fast lane* carril de la derecha/de aceleración

language /ˈlæŋgwɪdʒ/ *n* **1** lenguaje: *to use bad language* decir groserías **2** idioma, lengua

lantern /ˈlæntərn/ *n* farol

lap /læp/ *sustantivo*, *verbo*
▸ *n* **1** regazo **2** (*Dep*) vuelta
▸ (-pp-) **1** *vi* (*agua*) chapotear **2** *vt* ~ sth (up) lamer algo **PHR V lap sth up** (*coloq*) tragarse algo

lapel /ləˈpel/ *n* solapa

lapse /læps/ *sustantivo*, *verbo*
▸ *n* **1** error, lapso **2** (*de tiempo*) lapso, período: *after a lapse of six years* al cabo de seis años **3** ~ (into sth) caída (en algo)
▸ *vi* **1** caducar **2** perderse: *His concentration lapsed after a few minutes.* Después de pocos minutos perdió la concentración. **PHR V lapse into sth** caer en algo (*estado, situación, etc.*): *to lapse into silence* quedarse callado

laptop /ˈlæptɑp/ *n* (computador) portátil

lard /lɑrd/ *n* manteca

larder /ˈlɑrdər/ *n* despensa

large /lɑrdʒ/ *adj* (**larger**, -**est**) **1** grande: *small, medium or large* pequeña, mediana o grande ◊ *to a large extent* en gran parte **2** extenso, amplio ⊃ *Ver nota en* BIG **LOC at large 1** en general: *the world at large* todo el mundo **2** en libertad ◆ **by and large** en términos generales *Ver tb* EXTENT

largely /ˈlɑrdʒli/ *adv* en gran parte

large-ˈscale *adj* **1** a gran escala, extenso **2** (*mapa*) a gran escala

lark /lɑrk/ *n* alondra

larva /ˈlɑrvə/ *n* (*pl* **larvae** /-viː/) larva

laser /ˈleɪzər/ *n* láser: *laser printer* impresora láser

lash /læʃ/ *sustantivo*, *verbo*
▸ *n* **1** azote, latigazo **2** *Ver* EYELASH
▸ *vt* **1** azotar **2** (*cola*) sacudir **PHR V lash out at sb/sth 1** agarrarla a golpes contra algn/algo **2** atacar, arremeter contra algn/algo (*física o verbalmente*)

lass /læs/ (*tb* **lassie** /ˈlæsi/) *n* (*GB*) muchacha (*esp en Escocia y norte de Inglaterra*)

lasso /ˈlæsoʊ; *GB* læˈsuː/ *sustantivo*, *verbo*
▸ *n* (*pl* **lassos** o **lassoes**) lazo (*de vaquero*)
▸ *vt* coger a lazo

last /læst; *GB* lɑːst/ *adjetivo*, *adverbio*, *sustantivo*, *verbo*
▸ *adj* **1** último: *last thing at night* lo último por la noche ⊃ *Ver nota en* ÚLTIMO **2** pasado: *last month* el mes pasado ◊ *last night* anoche ◊ *the night before last* antenoche **LOC as a/in the last resort** como último recurso ◆ **have the last laugh** reírse el último ◆ **have the last word** tener la última palabra ◆ **the last word (in sth)** la última palabra (en algo) *Ver tb* ANALYSIS, EVERY, FIRST, STRAW, THING
▸ *adv* **1** último: *He came last.* Llegó en último lugar/al final. **2** por última vez **LOC last but not least** por último, aunque no por ello de menor importancia
▸ *n* **1 the last (of sth)** el último/la última (de algo) **2 the last** el/la anterior **LOC at (long) last** por fin ◆ **next/second to last** (*GB tb* **last but one**) penúltimo
▸ **1** *vt*, *vi* ~ (for) **hours, days, etc.** durar horas, días, etc. **2** *vi* perdurar ■ **lasting** *adj* duradero, permanente **lastly** *adv* por último

ˌlast-ˈminute *adj* de última hora: *a last-minute change of plan* un cambio de plan de última hora

ˈlast name *n* apellido ⊃ *Ver nota en* SURNAME

latch /lætʃ/ *sustantivo*, *verbo*
▸ *n* **1** cerrojo **2** picaporte
▸ *v* **PHR V latch on (to sth)** (*coloq*) enterarse (de algo) (*explicación, etc.*)

late /leɪt/ *adjetivo*, *adverbio*
▸ *adj* (**later**, -**est**) **1** tarde, tardío: *to be late* llegar tarde ◊ *My flight was an hour late.* Mi vuelo se retrasó una hora. **2** *in the late 19th century* a finales del siglo XIX ◊ *She's in her late twenties.* Ronda los treinta. **3** [*solo antes de sustantivo*] difunto **LOC** *Ver* NIGHT
▸ *adv* (**later**, -**est**) tarde: *He arrived half an hour late.* Llegó con media hora de retraso. **LOC** *Ver* BETTER

lately /ˈleɪtli/ *adv* últimamente

later /ˈleɪtər/ *adj*, *adv* más tarde **LOC later on** (*coloq*) más tarde *Ver tb* SOON

latest /ˈleɪtɪst/ *adjetivo*, *sustantivo*
▸ *adj* [*solo antes de sustantivo*] último, más reciente: *her latest novel* su novela más reciente ⊃ *Ver nota en* ÚLTIMO
▸ *n* **the latest** [*incontable*] (*coloq*) lo último: *the very latest in computer games* lo último en videojuegos ◊ *Have you heard the latest?*

lather

¿Supiste lo último? **LOC at the latest** a más tardar

lather /ˈlæðər; *GB* ˈlɑː-/ *n* espuma

Latin /ˈlætn; *GB* ˈlætɪn/ *sustantivo, adjetivo*
▶ *n* **1** (*lengua*) latín **2** (*persona*) latino, -a
▶ *adj* latino

Latina /læˈtiːnə/ *n* hispana (*en Estados Unidos*)

Latino /læˈtiːnoʊ/ *adj, n* (*pl* **Latinos**) hispano, -a (*en Estados Unidos*) ➲ *Comparar con* HISPANIC

latitude /ˈlætɪtuːd; *GB* -tjuːd/ *n* latitud

ʔ **latter** /ˈlætər/ *adjetivo, sustantivo*
▶ *adj* segundo: *the latter option* la segunda opción
▶ *n* **the latter** este, esta, estos, estas: *The latter was not as good as the former.* Esta no fue tan buena como aquella. ➲ *Comparar con* FORMER

ʔ **laugh** /læf; *GB* lɑːf/ *verbo, sustantivo*
▶ *vi* reír(se) **LOC** *Ver* BURST **PHR V laugh at sb/sth 1** reírse de algn/algo **2** burlarse de algn/algo
▶ *n* **1** risa, carcajada **2 be a ~** (*coloq*) (*suceso, persona*) ser (muy) divertido: *What a laugh!* ¡Es para morirse de risa! **LOC have a (good) laugh (about sth)** reírse (mucho) (de algo) *Ver tb* LAST

laughable /ˈlæfəbl; *GB* ˈlɑːf-/ *adj* risible

laughter /ˈlæftər; *GB* ˈlɑːf-/ *n* [*incontable*] risa(s): *to roar with laughter* reírse a carcajadas

ʔ **launch** /lɔːntʃ/ *verbo, sustantivo*
▶ *vt* **1** (*proyectil, ataque, campaña*) lanzar **2** (*buque*) botar, lanzar **PHR V launch (yourself) into sth** (*discurso, etc.*) comenzar algo (*con entusiasmo*)
▶ *n* **1** lanzamiento **2** lancha

launder /ˈlɔːndər/ *vt* (*dinero*) lavar: *money laundering* lavado de dinero

Laundromat® /ˈlɔːndrəmæt/ (*GB* **launderette** /ˌlɔːnˈdret/) *n* lavandería (*establecimiento donde uno va a lavar la ropa*)

laundry /ˈlɔːndri/ *n* (*pl* **laundries**) **1** ropa sucia: *to do the laundry* lavar la ropa **2** lavandería industrial: *laundry service* servicio de lavandería

lava /ˈlɑːvə/ *n* lava

lavatory /ˈlævətɔːri; *GB* -tri/ *n* (*pl* **lavatories**) (*esp GB, formal*) **1** excusado, inodoro **2** (*público*) baños **3** (*en casa particular*) baño ➲ *Ver nota en* BATHROOM

lavender /ˈlævəndər/ *n* espliego, lavanda

lavish /ˈlævɪʃ/ *adj* **1** pródigo, generoso **2** abundante

ʔ **law** /lɔː/ *n* **1** (*tb* **the law**) ley: *against the law* en contra de la ley **2** (*carrera*) derecho **LOC law and order** orden público *Ver tb* EYE ■ **lawful** *adj* legal, legítimo ➲ *Comparar con* LEGAL

lawn /lɔːn/ *n* césped, pasto

lawnmower /ˈlɔːnmoʊər/ *n* cortacésped

lawsuit /ˈlɔːsuːt; *GB tb* -sjuːt/ *n* pleito, litigio

ʔ **lawyer** /ˈlɔːjər/ *n* abogado, -a ➲ *Ver nota en* ABOGADO

laxative /ˈlæksətɪv/ *n* laxante

ʔ **lay** /leɪ/ *verbo, adjetivo*
▶ *vt, vi* (*pt, pp* **laid** /leɪd/) **1** colocar, poner **2** (*cimientos*) echar **3** (*cable, etc.*) tender **4** extender **5** (*huevos*) poner ➲ *Ver nota en* LIE¹ **LOC lay claim to sth** reclamar algo ◆ **lay your cards on the table** poner las cartas sobre la mesa *Ver tb* BLAME, TABLE **PHR V lay sth aside** (*formal*) poner algo a un lado ◆ **lay sth down 1** (*armas*) deponer algo **2** (*regla, principio, etc.*) estipular, establecer algo ◆ **lay sb off** despedir a algn ◆ **lay sth on** (*GB, coloq*) preparar, proveer algo ◆ **lay sth out 1** (*sacar a la vista*) disponer algo **2** (*argumento*) exponer algo **3** (*jardín, ciudad*) diseñar, hacer el plano de algo: *well laid out* bien distribuido/planificado
▶ *adj* **1** laico **2** (*no experto*) lego

¹**lay-by** *n* (*pl* **lay-bys**) (*GB*) área de descanso (*en carretera*)

ʔ **layer** /ˈleɪər/ *n* **1** capa **2** (*Geol*) estrato ■ **layered** *adj* en capas

¹**lay-off** *n* despido (*por escasez de trabajo*)

layout /ˈleɪaʊt/ *n* **1** distribución, trazado **2** (*revista, etc.*) diseño

laze /leɪz/ *vi* ~ (**about/around**) holgazanear

ʔ **lazy** /ˈleɪzi/ *adj* (**lazier, -iest**) **1** vago, flojo **2** perezoso

ʔ **lead¹** /liːd/ *verbo, sustantivo*
▶ (*pt, pp* **led** /led/) **1** *vt* llevar, conducir **2** *vt* ~ **sb (to do sth)** llevar a algn (a hacer algo) **3** *vi* ~ **from/to sth** (*camino, puerta, etc.*) llevar (de/a algo): *This door leads into the yard.* Esta puerta da al jardín. ◊ *This road leads back to town.* Por este camino se vuelve a la ciudad. **4** *vi* ~ **to sth** dar lugar a algo **5** *vt* (*vida*) llevar **6** *vi* llevar la delantera **7** *vt* encabezar **8** *vt, vi* (*Naipes*) salir **LOC lead sb to believe (that)…** hacer creer a algn (que)… ◆ **lead the way (to sth)** mostrar el camino (a algo) **PHR V lead up to sth** preparar el terreno para algo
▶ *n* **1 the lead** [*sing*] (*competencia*) ventaja: *to be in the lead* llevar la delantera **2** [*sing*] ejemplo: *to follow sb's lead* seguir el ejemplo de algn **3** (*indicio*) pista **4** (*Teat*) papel principal **5** (*Mús*) solista: *lead guitarist* guitarrista principal **6** (*GB*) (*tb esp USA* **leash**) (*de perro, etc.*) correa **7** (*Electrón*) cable

lead² /led/ *n* plomo ■ **leaded** *adj* con plomo

ʔ **leader** /ˈliːdər/ *n* líder, dirigente

leadership /ˈliːdərʃɪp/ n **1** liderazgo **2** [v sing o pl] (cargo) jefatura

⚡ **leading** /ˈliːdɪŋ/ adj principal, más importante

⚡ **leaf** /liːf/ n (pl **leaves** /liːvz/) hoja **LOC** **take a leaf out of sb's book** seguir el ejemplo de algn Ver tb NEW ■ **leafy** adj (**leafier, -iest**) frondoso: *leafy vegetables* verduras de hoja

leaflet /ˈliːflət/ n folleto ⊃ Ver nota en PROPAGANDA

⚡ **league** /liːɡ/ n **1** liga **2** (coloq) (categoría) clase **LOC** **in league (with sb)** confabulado (con algn)

leak /liːk/ verbo, sustantivo
▸ **1** vi (recipiente) estar agujereado, tener una fuga **2** vi (gas, líquido) salirse, escaparse **3** vt dejar escapar
▸ n **1** agujero, gotera **2** fuga, escape **3** filtración

⚡ **lean** /liːn/ verbo, adjetivo
▸ (pt, pp **leaned**, GB tb **leant** /lent/) ⊃ Ver nota en DREAM **1** vi inclinar(se), ladear(se): *to lean out of the window* asomarse a la ventana ◊ *to lean back/forward* inclinarse hacia atrás/adelante **2** vt, vi ~ **against/on sth** recostar(se), apoyar(se) contra/en algo
▸ adj (**leaner, -est**) **1** (persona, animal) delgado, flaco **2** (carne) magro

leaning /ˈliːnɪŋ/ n inclinación

leap /liːp/ verbo, sustantivo
▸ vi (pt, pp **leaped** o **leapt** /lept/) ⊃ Ver nota en DREAM **1** saltar, brincar **2** (corazón) dar un salto
▸ n salto

ˈ**leap year** n año bisiesto

⚡ **learn** /lɜːrn/ vt, vi (pt, pp **learned**, GB tb **learnt** /lɜːrnt/) ⊃ Ver nota en DREAM **1** aprender **2** ~ (**of/about**) **sth** enterarse de algo **LOC** **learn your lesson** escarmentar Ver tb ROPE

learner /ˈlɜːrnər/ n aprendiz, principiante

learning /ˈlɜːrnɪŋ/ n **1** (acción) aprendizaje: *learning difficulties* dificultades de aprendizaje **2** (conocimientos) erudición

ˈ**learning curve** n curva de aprendizaje

lease /liːs/ sustantivo, verbo
▸ n contrato de arrendamiento **LOC** Ver NEW
▸ vt ~ **sth** (**to/from sb**) arrendar algo (a algn) (propietario o inquilino)

leash /liːʃ/ n correa (de perro)

⚡ **least** /liːst/ pronombre, adverbio, adjetivo
▸ pron, adv menos: *It's the least I can do*. Es lo menos que puedo hacer. ◊ *when I least expected it* cuando menos lo esperaba **LOC** **at least** al menos, por lo menos ♦ **not in the least** en absoluto ♦ **not least** especialmente Ver tb LAST
▸ adj menor

⚡ **leather** /ˈleðər/ n cuero

⚡ **leave** /liːv/ verbo, sustantivo
▸ (pt, pp **left** /left/) **1** vt, vi dejar: *Leave it to me*. Yo me encargo. **2** vt, vi irse, salir (de) **3** vt **be left** quedar: *You only have two days left*. Solo te quedan dos días. **LOC** Ver ALONE, DEVICE
PHR V **leave sb/sth behind** dejar a algn/algo (atrás), olvidar a algn/algo ♦ **leave sb/sth out (of sth)** dejar a algn/algo fuera, excluir a algn/algo (de algo): *I felt left out*. Me sentí ignorado. ♦ **be left over** sobrar: *Is there any food left over?* ¿Queda algo de comida?
▸ n permiso (vacaciones) **LOC** **on leave** en licencia

leaves /liːvz/ pl de LEAF

⚡ **lecture** /ˈlektʃər/ sustantivo, verbo
▸ n **1** conferencia: *to give a lecture* dar una conferencia ⊃ Comparar con CONFERENCE **2** (reprimenda) sermón
▸ **1** vi ~ (**in/on sth**) dar una conferencia/conferencias (sobre algo) **2** vt ~ **sb** (**about/on sth**) sermonear a algn (sobre algo) ■ **lecturer** n **1** conferencista **2** (esp GB) (USA **professor**) ~ (**in sth**) (de universidad) profesor, -ora (de algo)

ˈ**lecture hall** (GB ˈ**lecture theatre**) n aula magna

led pt, pp de LEAD¹

ledge /ledʒ/ n **1** repisa: *window ledge* alféizar **2** (Geog) plataforma

leek /liːk/ n puerro

⚡ **left** /left/ adjetivo, adverbio, sustantivo
▸ adj izquierdo
▸ adv a la izquierda: *Turn/Go left*. Voltee a la izquierda.
▸ n **1** izquierda: *on the left* a la izquierda **2** **the Left** [v sing o pl] (Pol) la izquierda Ver tb LEAVE

ˈ**left-hand** adj a/de (la) izquierda: *on the left-hand side* a mano izquierda ■ ˈ**left-ˈhanded** adj zurdo

ˌ**left ˈluggage office** n (GB) (USA **baggage room**) guardaequipaje

leftover /ˈleftoʊvər/ adj sobrante ■ **leftovers** n [pl] sobras

ˌ**left ˈwing** sustantivo, adjetivo
▸ n (Pol) izquierda
▸ adj **left-wing** de izquierda(s), izquierdista

⚡ **leg** /leɡ/ n **1** pierna **2** (de animal, mueble) pata **3** (carne) pierna, muslo **4** (pantalón) manga **LOC** **give sb a leg up** (coloq) ayudar a algn a subirse a algo ♦ **not have a leg to stand on** (coloq) no tener uno nada que lo respalde Ver tb PULL, STRETCH

legacy /ˈleɡəsi/ n (pl **legacies**) **1** legado **2** (fig) patrimonio

⚡ **legal** /ˈliːɡl/ adj jurídico, legal: *to take legal action against sb* entablar un proceso legal contra algn ■ **legality** /liːˈɡæləti/ n legalidad

legend

legalization (*GB tb* -isation) /ˌliːɡələˈzeɪʃn; *GB* -laɪˈz-/ *n* legalización **legalize** (*GB tb* -ise) *vt* legalizar

legend /ˈledʒənd/ *n* leyenda ■ **legendary** /ˈledʒənderi; *GB* -dri/ *adj* legendario

leggings /ˈleɡɪŋz/ *n* [*pl*] mallas, calzas, chicles (*pantalón*)

legible /ˈledʒəbl/ *adj* legible

legion /ˈliːdʒən/ *n* legión

legislate /ˈledʒɪsleɪt/ *vi* ~ (**for/against sth**) legislar (para/contra algo) ■ **legislation** *n* legislación **legislative** /ˈledʒɪsleɪtɪv; *GB* -lətɪv/ *adj* legislativo **legislature** /ˈledʒɪsleɪtʃər/ *n* (*formal*) asamblea legislativa

legitimacy /lɪˈdʒɪtɪməsi/ *n* legitimidad

legitimate /lɪˈdʒɪtɪmət/ *adj* **1** legítimo, lícito **2** justo, válido

leisure /ˈliːʒər; *GB* ˈleʒə(r)/ *n* ocio: *leisure time* tiempo libre **LOC** **at your leisure** (*formal*) cuando le venga bien

ˈleisure centre *n* (*GB*) centro recreativo

leisurely /ˈliːʒərli; *GB* ˈleʒəli/ *adjetivo, adverbio*
▸ *adj* pausado, relajado
▸ *adv* tranquilamente

lemon /ˈlemən/ *n* limón (amarillo)

lemonade /ˌleməˈneɪd/ *n* **1** limonada **2** (*GB*) gaseosa de limón

lend /lend/ *vt* (*pt, pp* **lent** /lent/) prestar **LOC** *Ver* HAND; ⊃ *Ver dibujo en* BORROW

length /leŋθ/ *n* **1** largo, longitud: *20 meters in length* 20 metros de largo **2** duración: *for some length of time* durante un buen rato/una temporada **LOC** **go to any, great, etc. lengths (to do sth)** hacer todo lo posible (por hacer algo) ■ **lengthen** *vt, vi* alargar(se), prolongar(se) **lengthy** *adj* (**lengthier, -iest**) largo

lenient /ˈliːniənt/ *adj* **1** indulgente **2** (*tratamiento*) clemente

lens /lenz/ *n* (*pl* **lenses**) **1** (*cámara*) objetivo **2** lente *Ver tb* CONTACT LENS

Lent /lent/ *n* cuaresma

lentil /ˈlentl/ *n* lenteja

Leo /ˈliːoʊ/ *n* (*pl* **Leos**) Leo ⊃ *Ver ejemplos en* AQUARIUS

leopard /ˈlepərd/ *n* leopardo

leotard /ˈliːətɑːrd/ *n* malla (*para gimnasia, ballet*), truza

lesbian /ˈlezbiən/ *n* lesbiana

less /les/ *adj, adv, pron* ~ (**than…**) menos (que/de…): *less often* con menos frecuencia ◊ *I have less than you.* Tengo menos que tú.

Less se usa como comparativo de **little** y normalmente va con sustantivos incontables: *'I have very little money.' 'I have even less money (than you).'* —Tengo poca plata. —Yo tengo aún menos (que tú). **Fewer** es el comparativo de **few** y normalmente va con sustantivos en plural: *fewer accidents, people, etc.* menos accidentes, gente, etc. Sin embargo, en el inglés hablado se utiliza más **less** que **fewer**, aunque sea con sustantivos en plural.

LOC **less and less** cada vez menos *Ver tb* MORE

lessen /ˈlesn/ **1** *vi* disminuir **2** *vt* reducir

lesser /ˈlesər/ *adj* menor **LOC** *Ver* EXTENT

lesson /ˈlesn/ *n* **1** clase: *four English lessons a week* cuatro clases de inglés a la semana **2** lección **LOC** *Ver* LEARN, TEACH

let /let/ *vt* (**-tt-**) (*pt, pp* **let**) **1** dejar, permitir: *to let sb do sth* dejar a algn hacer algo ◊ *My dad won't let me have a TV in my bedroom.* Mi papá no me deja tener televisor en mi cuarto. ⊃ *Ver nota en* ALLOW **2** **let's ❶ Let's** + infinitivo sin **to** se utiliza para hacer sugerencias: *Let's go!* ¡Vamos! En negativa, se usa **let's not**: *Let's not argue.* No discutamos. **3** (*GB*) (*USA* **rent**) ~ **sth (to sb)** alquilar, arrendar algo (a algn): *Flat to let.* Apartamento en arriendo. ⊃ *Ver nota en* ALQUILAR **LOC** **let alone** mucho menos: *I can't afford new clothes, let alone a vacation.* No me puedo permitir ropa nueva, y mucho menos unas vacaciones. ◆ **let fly at sb/sth** atacar a algn/algo ◆ **let fly with sth** disparar con algo ◆ **let off steam** (*coloq*) desahogarse ◆ **let sb know sth** informar a algn de algo ◆ **let sb/sth go**; **let go of sb/sth** soltar a algn/algo ◆ **let sb/sth loose** soltar a algn/algo ◆ **let's face it** reconozcámoslo ◆ **let slip sth** dejar escapar algo: *I let it slip that I was married.* Se me escapó que estaba casado. ◆ **let the cat out of the bag** irse de la lengua ◆ **let the matter drop/rest** dejar el asunto quieto ◆ **let's say** digamos ◆ **let yourself go** dejarse llevar por el instinto *Ver tb* HOOK, LIGHTLY **PHR V** **let sb down** defraudar, fallarle a algn ◆ **let sb in/out** dejar entrar/salir a algn ◆ **let sb off (sth)** perdonar (algo) a algn ◆ **let sth off 1** (*arma*) disparar algo **2** (*fuegos artificiales*) hacer estallar algo

lethal /ˈliːθl/ *adj* letal

lethargy /ˈleθərdʒi/ *n* aletargamiento ■ **lethargic** /ləˈθɑːrdʒɪk/ *adj* aletargado

letter /ˈletər/ *n* **1** letra **2** carta: *to mail a letter* poner una carta **LOC** **to the letter** al pie de la letra

ˈletter box *n* (*GB*) **1** (*USA* **mail slot**) ranura en la puerta de una casa por la que se echan las cartas **2** (*USA* **mailbox**) buzón (*en la calle*) ➲ *Ver dibujo en* MAILBOX

ˈletter carrier (*GB* **postman/postwoman**) *n* cartero, -a

lettuce /ˈletɪs/ *n* lechuga

leukemia (*GB* **leukaemia**) /luːˈkiːmiə/ *n* leucemia

level /ˈlevl/ *adjetivo, sustantivo, verbo*
▸ *adj* **1** raso **2** ~ (**with sb/sth**) al nivel (de algn/algo) LOC *Ver* BEST
▸ *n* nivel: *1,000 meters above sea level* a 1.000 metros sobre el nivel del mar ◊ *noise level* el nivel de ruido ◊ *high-/low-level negotiations* negociaciones de alto/bajo nivel
▸ *vt* (**-l-**, *GB* **-ll-**) nivelar PHR V **level sth against/at sb/sth** dirigir algo a algn/algo (*críticas, etc.*)
♦ **level off/out** estabilizarse

ˈlevel ˈcrossing *n* (*GB*) (*USA* **ˈrailroad crossing**) cruce de tren

ˌlevel-ˈheaded *adj* sensato

lever /ˈlevər; *GB* ˈliːv-/ *n* palanca ■ **leverage** /ˈlevərɪdʒ; *GB* ˈliːv-/ *n* (*formal*) influencia

levy /ˈlevi/ *verbo, sustantivo*
▸ *vt* (*pt, pp* **levied**) imponer (*impuestos, etc.*)
▸ *n* **1** gravamen **2** impuesto

liability /ˌlaɪəˈbɪləti/ *n* (*pl* **liabilities**) **1** ~ (**for sth**) responsabilidad (por algo) **2** (*coloq*) problema

liable /ˈlaɪəbl/ *adj* [*nunca antes de sustantivo*] **1** ~ (**for sth**) responsable (de algo) **2 be ~ to do sth** tener tendencia a hacer algo **3** ~ **to sth** propenso a algo **4** ~ **to sth** sujeto a algo

liaise /liˈeɪz/ *vi* **1** ~ (**with sb**) trabajar conjuntamente (con algn) **2** ~ (**between A and B**) hacer de vínculo (entre A y B)

liaison /liˈeɪzɑn, ˈliəzɑn; *GB* liˈeɪzn/ *n* **1** vinculación **2** relación sexual

liar /ˈlaɪər/ *n* mentiroso, -a

libel /ˈlaɪbl/ *n* libelo, difamación

liberal /ˈlɪbərəl/ *adjetivo, sustantivo*
▸ *adj* **1** liberal **2** libre **3 Liberal** (*Pol*) liberal: *the Liberal Democrats* (*GB*) el Partido Demócrata Liberal
▸ *n* liberal

liberate /ˈlɪbəreɪt/ *vt* ~ **sb/sth** (**from sth**) liberar a algn/algo (de algo) ■ **liberated** *adj* liberado **liberation** *n* liberación

liberty /ˈlɪbərti/ *n* (*pl* **liberties**) libertad ❶ La palabra más normal es **freedom**. LOC **take liberties with sth/sb** tomarse libertades con algo/algn

Libra /ˈliːbrə/ *n* Libra ➲ *Ver ejemplos en* AQUARIUS

library /ˈlaɪbreri; *GB* -brəri/ *n* (*pl* **libraries**) biblioteca ■ **librarian** /laɪˈbreəriən/ *n* bibliotecario, -a

lice /laɪs/ *pl de* LOUSE

license (*GB* **licence**) /ˈlaɪsns/ *n* **1** licencia **2** (*formal*) permiso

ˈlicense plate (*GB* **number plate**) *n* placa (*de vehículo*)

lick /lɪk/ *verbo, sustantivo*
▸ *vt* lamer
▸ *n* lengüetazo

licorice (*GB* **liquorice**) /ˈlɪkərɪʃ; *GB tb* -rɪs/ *n* regaliz

lid /lɪd/ *n* tapa ➲ *Ver dibujo en* POT

lie¹ /laɪ/ *vi* (*pt* **lay** /leɪ/, *pp* **lain** /leɪn/, *part pres* **lying**) **1** echarse, yacer **2** estar: *the life that lay ahead of him* la vida que le esperaba ◊ *The problem lies in...* El problema está en... **3** extenderse PHR V **lie around** (*GB tb* **lie about**) **1** pasar el tiempo sin hacer nada **2** estar esparcido: *Don't leave all your clothes lying around.* No dejes toda la ropa por ahí tirada.
♦ **lie back** recostarse ♦ **lie down** acostarse ♦ **lie in** (*GB*) quedarse en la cama

> Compárense los verbos **lie** y **lay**. El verbo **lie** (**lay, lain, lying**) es intransitivo y significa "estar acostado": *I was feeling sick, so I lay down on the bed for a while.* Me sentía mal, así que me acosté un rato. Es importante no confundirlo con **lie** (**lied, lied, lying**), que significa "mentir". Por otro lado, **lay** (**laid, laid, laying**) es transitivo y tiene el significado de "poner sobre": *She laid her dress on the bed to keep it neat.* Puso el vestido sobre la cama para que no se arrugara.

lie² /laɪ/ *verbo, sustantivo*
▸ *vi* (*pt, pp* **lied**, *part pres* **lying**) ~ (**to sb**) (**about sth**) mentir (a algn) (sobre algo)
▸ *n* mentira: *to tell lies* decir mentiras

lieutenant /luːˈtenənt; *GB* lefˈt-/ *n* teniente

life /laɪf/ *n* (*pl* **lives** /laɪvz/) **1** vida: *late in life* a una avanzada edad ◊ *a friend for life* un amigo de por vida ◊ *home life* la vida casera **2** (*tb* **ˈlife sentence**, **ˌlife imˈprisonment**) cadena perpetua LOC **bring sb/sth to life** animar a algn/algo
♦ **come to life** animarse ♦ **get a life!** (*coloq*) ¡haz algo con tu vida! ♦ **take your (own) life** suicidarse *Ver tb* BREATHE, FACT, KISS, MATTER, NEW, PRIME, RISK, SPRING, TIME, TRUE, WALK, WAY

lifebelt /ˈlaɪfbelt/ *n* **1** (*USA*) flotador **2** (*GB*) salvavidas

lifeboat /ˈlaɪfboʊt/ *n* bote salvavidas

lifeguard /ˈlaɪfgɑrd/ *n* socorrista

life jacket

life jacket (tb **life vest**) n chaleco salvavidas
lifelike /ˈlaɪflaɪk/ adj real, realista
lifelong /ˈlaɪflɔːŋ; GB -lɒŋ/ adj de toda la vida
life preserver n (chaleco) salvavidas
lifestyle /ˈlaɪfstaɪl/ n estilo de vida
lifetime /ˈlaɪftaɪm/ n toda una vida **LOC the chance, etc. of a lifetime** la oportunidad, etc. de tu vida

lift /lɪft/ verbo, sustantivo
▸ 1 vt ~ sb/sth (up) levantar a algn/algo 2 vt (embargo, toque de queda) levantar 3 vi (neblina, nubes) disiparse **PHRV lift off** despegar (cohete)
▸ n 1 impulso 2 (GB) (USA **elevator**) ascensor, elevador 3 (GB) (USA **ride**) to give sb a lift llevar a algn en carro **LOC** Ver THUMB

lift-off n despegue (de cohete)
ligament /ˈlɪgəmənt/ n ligamento

light /laɪt/ sustantivo, verbo, adjetivo, adverbio
▸ n 1 luz: to turn on/off the light prender/apagar la luz 2 (tb (**traffic**) **lights** [pl]) semáforo 3 a light [sing]: Do you have a light? ¿Tienes fuego? **LOC come to light** salir a la luz ◆ **in the light of sth** considerando algo ◆ **set light to sth** prender fuego a algo
▸ (pt, pp **lit** /lɪt/ o **lighted**) 1 vt, vi encender(se), prender(se) 2 vt iluminar, alumbrar

Generalmente se usa **lighted** como adjetivo antes del sustantivo: a lighted candle una vela encendida, y **lit** como verbo: He lit the candle. Encendió la vela.

PHRV light up 1 (coloq) encender un cigarrillo 2 iluminarse ◆ **light sth up 1** (coloq) encender algo (para fumar) 2 iluminar algo
▸ adj (**lighter, -est**) 1 (cuarto) luminoso, claro 2 (color, tono) claro 3 ligero: two kilograms lighter dos kilos menos 4 (golpe, viento) suave
▸ adv: to travel light viajar ligero (de equipaje)

light bulb n bombillo, foco, ampolleta
lighten /ˈlaɪtn/ vt, vi 1 iluminar(se) 2 aligerar(se) 3 alegrar(se)
lighter /ˈlaɪtər/ n encendedor
lightheaded /ˌlaɪtˈhedɪd/ adj mareado
lighthearted /ˌlaɪtˈhɑːrtɪd/ adj 1 despreocupado 2 (comentario) desenfadado
lighthouse /ˈlaɪthaʊs/ n faro
lighting /ˈlaɪtɪŋ/ n [incontable] 1 iluminación 2 street lighting alumbrado público
lightly /ˈlaɪtli/ adv 1 ligeramente, levemente, suavemente 2 ágilmente 3 a la ligera **LOC get off/be let off lightly** (coloq) salir bien parado
lightness /ˈlaɪtnəs/ n 1 claridad 2 ligereza 3 suavidad 4 agilidad

lightning /ˈlaɪtnɪŋ/ n [incontable] relámpago, rayo

lightweight /ˈlaɪtweɪt/ adjetivo, sustantivo
▸ adj 1 ligero 2 (pey) (superficial) de poco peso
▸ n (Boxeo) peso ligero

likable (tb **likeable**) /ˈlaɪkəbl/ adj agradable

like /laɪk/ preposición, verbo, conjunción
▸ prep 1 como: to look/be like sb parecerse a algn 2 (comparación) como, igual que: He cried like a child. Lloró como un niño. ◊ He acted like our leader. Se comportó como si fuera nuestro líder. ◊ It's like baking a cake. Es como hacer un pastel. 3 (ejemplo) como, tal como: European countries like Spain, France, etc. países europeos (tales) como España, Francia, etc. ➔ Comparar con AS **LOC** Ver JUST
▸ vt gustar: Do you like fish? ¿Te gusta el pescado? ◊ I like swimming. Me gusta nadar. ➔ Ver nota en GUSTAR **LOC if you like** si quieres

> **Offering someone something**
> Ofrecer algo a alguien
> Would you like something to drink? ¿Quieres algo de beber?
> Can I get you a drink? ¿Deseas algo de tomar?
> How about something to eat? Shall I make us a sandwich? ¿Quieres comer algo? ¿Preparo un sándwich?
> That would be nice. Me encantaría.
> Yes, please. I'd love a glass of orange juice. Sí, por favor. Quiero un jugo de naranja.
> Not for me, thanks. No, gracias.
> I'm fine thanks. Maybe later. Ahora mismo no, gracias. Quizás más tarde.

▸ conj (coloq) 1 como: It didn't end quite like I expected it to. No terminó como esperaba. 2 como si

likelihood /ˈlaɪklihʊd/ n [sing] probabilidad

likely /ˈlaɪkli/ adjetivo, adverbio
▸ adj (**likelier, -iest**) 1 probable: It isn't likely to rain. No es probable que llueva. ◊ She's very likely to call me/It's very likely that she'll call me. Es muy probable que me llame. 2 apropiado
▸ adv **LOC not likely!** (coloq) ¡ni hablar!

liken /ˈlaɪkən/ vt ~ sth/sb to sth/sb (formal) comparar algo/a algn con algo/algn

likeness /ˈlaɪknəs/ n parecido: a family likeness un aire de familia

likewise /ˈlaɪkwaɪz/ adv (formal) 1 de la misma forma: to do likewise hacer lo mismo 2 asimismo

liking /ˈlaɪkɪŋ/ n LOC **take a liking to sb** encariñarse con algn ♦ **to sb's liking** (formal) del agrado de algn

lilac /ˈlaɪlæk/ n lila (flor, color)

lily /ˈlɪli/ n (pl **lilies**) **1** lirio **2** azucena Ver tb WATER LILY

lima bean /ˌlaɪmə ˈbiːn; GB ˈliːmə/ n fríjol blanco

limb /lɪm/ n (Anat) brazo, pierna LOC Ver RISK

lime /laɪm/ n **1** cal **2** limón **3** (tb ˌlime ˈgreen) (color) verde limón

limelight /ˈlaɪmlaɪt/ n: **to be in the limelight** ser el foco de atención

limestone /ˈlaɪmstoʊn/ n piedra caliza

limit /ˈlɪmɪt/ sustantivo, verbo
▸ n límite: *speed limit* límite de velocidad LOC **within limits** dentro de ciertos límites
▸ vt ~ **sb/sth (to sth)** limitar a algn/algo (a algo)

limitation /ˌlɪmɪˈteɪʃn/ n limitación

limited /ˈlɪmɪtɪd/ adj limitado

limiting /ˈlɪmɪtɪŋ/ adj restrictivo

limitless /ˈlɪmɪtləs/ adj ilimitado

limousine /ˈlɪməziːn, ˌlɪməˈziːn/ n limusina

limp /lɪmp/ adjetivo, verbo, sustantivo
▸ adj **1** flácido **2** débil
▸ vi cojear
▸ n cojera: *to have a limp* ser/estar cojo

line /laɪn/ sustantivo, verbo
▸ n **1** línea, raya **2** (GB **queue**) fila, cola (de personas, etc.): *to stand/wait in line* hacer cola **3** cuerda: *fishing line* sedal (de pesca) ◊ *clothes line* tendedero **4** línea telefónica: *The line is busy.* Está ocupado. **5** vía **6** lines [pl] (Teat) *to learn your lines* aprender tu papel **7** [sing] the official line la postura oficial LOC **along/on the same, etc. lines** del mismo, etc. estilo ♦ **hold the line** no colgar el teléfono ♦ **in line with sth** conforme a algo ♦ **out of line** (USA, coloq) fuera de lugar: *His behavior was really out of line.* Su comportamiento estuvo completamente fuera de lugar. Ver tb DROP, HARD, OVERSTEP, TOE
▸ vt **1** ~ **sth (with sth)** forrar, revestir algo (de algo) **2** alinear(se) PHRV **line up** hacer fila

lined /laɪnd/ adj **1** (rostro) arrugado **2** (papel) rayado **3** (ropa) forrado, revestido

ˈline drawing n dibujo a lápiz o pluma

linen /ˈlɪnən/ n **1** lino **2** ropa blanca

liner /ˈlaɪnər/ n transatlántico Ver tb BIN LINER

linger /ˈlɪŋgər/ vi **1** (persona) quedarse mucho tiempo **2** (duda, olor, memoria) perdurar, persistir

lingerie /ˌlɑndʒəˈreɪ; GB ˈlænʒəri/ n lencería

linguist /ˈlɪŋgwɪst/ n **1** políglota **2** lingüista
■ **linguistic** /lɪŋˈgwɪstɪk/ adj lingüístico

linguistics /lɪŋˈgwɪstɪks/ n [incontable] lingüística

lining /ˈlaɪnɪŋ/ n **1** forro **2** revestimiento

link /lɪŋk/ sustantivo, verbo
▸ n **1** conexión: *satellite link* conexión vía satélite **2** lazo, vínculo **3** (Internet) enlace, link **4** eslabón
▸ vt **1** unir: *to link arms* cogerse del brazo **2** vincular, relacionar PHRV **link up (with sb/sth)** unirse (con algn/algo)

lion /ˈlaɪən/ n león: *lion cub* cachorro de león ◊ *lion tamer* domador de leones

lioness /ˈlaɪənes/ n leona

lip /lɪp/ n labio

ˈlip-read vi (pt, pp **lip-read** /red/) leer los labios

lipstick /ˈlɪpstɪk/ n lápiz labial

liqueur /lɪˈkɜːr; GB -ˈkjʊə(r)/ n licor

liquid /ˈlɪkwɪd/ adj, n líquido ■ **liquidize** (GB tb **-ise**) vt (GB) (USA **blend**) licuar

liquidizer (GB tb **-iser**) n (GB) (USA **blender**) licuadora

liquor /ˈlɪkər/ n **1** (esp USA) bebida fuerte **2** (GB, formal) alcohol

liquorice (GB) = LICORICE

ˈliquor store (GB **off-licence**) n licorería, botillería

lisp /lɪsp/ sustantivo, verbo
▸ n ceceo
▸ vt, vi cecear

list /lɪst/ sustantivo, verbo
▸ n lista: *to make a list* hacer una lista ◊ *waiting list* lista de espera Ver tb SHORT LIST
▸ vt **1** enumerar, hacer una lista de **2** catalogar

listen /ˈlɪsn/ vi ~ **(to sb/sth) 1** escuchar (a algn/algo) **2** hacer caso (a algn/algo) PHRV **listen (out) for sth** estar atento a algo ■ **listener** n **1** (Radio) oyente **2** *a good listener* uno que sabe escuchar

listings /ˈlɪstɪŋz/ n [pl] listado, cartelera: *listings magazine* guía de espectáculos

lit pt, pp de LIGHT

liter (GB **litre**) /ˈliːtər/ n (abrev **l**) litro ➔ Ver pág. 786

literacy /ˈlɪtərəsi/ n alfabetismo

literal /ˈlɪtərəl/ adj literal ■ **literally** adv literalmente

literary /ˈlɪtəreri; GB -rəri/ adj literario

literate /ˈlɪtərət/ adj que sabe leer y escribir

literature /ˈlɪtrətʃər, -tʃʊər/ n **1** literatura **2** ~ **(on sth)** información (sobre algo)

litre

litre (GB) = LITER
litter /'lɪtər/ *sustantivo, verbo*
▶ *n* **1** (*papel, etc. en la calle*) basura ⊃ *Ver dibujo en* TRASH CAN **2** (*Zool*) camada
▶ *vt* estar esparcido por: *Newspapers littered the floor.* Había periódicos tirados por el suelo.
litter bin *n* (*GB*) (*USA* **trash can**) caneca/tacho/bote (de basura) (*en la calle o en un edificio público*) ⊃ *Ver dibujo en* TRASH CAN
little /'lɪtl/ *adjetivo, sustantivo, pronombre, adverbio*
▶ *adj* ❶ El comparativo **littler** y el superlativo **littlest** son poco frecuentes y normalmente se usan **smaller** y **smallest**. **1** pequeño: *When I was little…* Cuando era pequeño… ◊ *my little brother* mi hermano pequeño ◊ *little finger* meñique ◊ *Poor little thing!* ¡Pobrecito! **2** poco: *to wait a little while* esperar un poco ⊃ *Ver nota en* LESS

¿**Little** o **a little**? **Little** tiene un sentido negativo y equivale a "poco". **A little** tiene un sentido mucho más positivo, equivale a "algo de". Compárense las siguientes oraciones: *I have little hope.* Tengo pocas esperanzas. ◊ *You should always carry a little money with you.* Siempre deberías llevar algo de dinero.

▶ *n, pron* poco: *There was little anyone could do.* No se pudo hacer nada. ◊ *I only want a little.* Solo quiero un poco.
▶ *adv* poco: *little more than an hour ago* hace poco más de una hora LOC **little by little** poco a poco ♦ **little or nothing** casi nada
live¹ /lɪv/ *vi* **1** vivir: *Where do you live?* ¿Dónde vives? **2** permanecer vivo LOC **live it up** (*coloq*) pegarse la gran vida PHR V **live for sb/sth** vivir para algn/algo ♦ **live on** seguir viviendo ♦ **live on sth** vivir de algo ♦ **live through sth** sobrevivir algo ♦ **live up to sth** estar a la altura de su fama ♦ **live with sth** aceptar algo
live² /laɪv/ *adjetivo, adverbio*
▶ *adj* **1** vivo **2** (*TV*) en vivo y en directo **3** (*grabación*) en vivo **4** (*Electrón*) conectado **5** (*bomba, etc.*) activado
▶ *adv* en vivo
livelihood /'laɪvlihʊd/ *n* medio de subsistencia
lively /'laɪvli/ *adj* (**livelier, -iest**) **1** (*persona, imaginación*) vivo **2** (*conversación, fiesta*) animado
liver /'lɪvər/ *n* hígado
lives /laɪvz/ *pl de* LIFE
livestock /'laɪvstɑk/ *n* ganado
living /'lɪvɪŋ/ *sustantivo, adjetivo*
▶ *n* vida: *to earn/make a living* ganarse la vida ◊ *What do you do for a living?* ¿Cómo te ganas la vida? ◊ *cost/standard of living* costo/nivel de vida

▶ *adj* [*solo antes de sustantivo*] vivo: *living creatures* seres vivos ⊃ *Comparar con* ALIVE LOC **in/within living memory** que se recuerda
living room *n* sala
lizard /'lɪzərd/ *n* lagarto, lagartija
llama /'lɑːmə/ *n* llama (*animal*)
load /loʊd/ *sustantivo, verbo*
▶ *n* **1** carga **2 loads (of sth)** [*pl*] (*coloq*) montones (de algo) LOC **a load of garbage, rubbish, etc.** (*coloq*): *What a load of trash!* ¡Qué cantidad de paja!
▶ **1** *vt* ~ **sth (into/onto sb/sth)** cargar algo (en algn/algo) **2** *vt, vi* ~ **(sth) (up) (with sth)** cargar algo (con/de algo) **3** *vt* ~ **sb/sth (down)** cargar (con mucho peso) a algn/algo
loaded /'loʊdɪd/ *adj* **1** cargado **2** (*coloq*) forrado (de dinero) LOC **a loaded question** una pregunta con segundas intenciones
loaf /loʊf/ *n* (*pl* **loaves** /loʊvz/) pan (*de molde, redondo, etc.*): *a loaf of bread* un pan ⊃ *Ver dibujo en* PAN
loan /loʊn/ *n* préstamo
loathe /loʊð/ *vt* abominar, aborrecer
■ **loathing** *n* (*formal*) aborrecimiento
lobby /'lɑbi/ *sustantivo, verbo*
▶ *n* (*pl* **lobbies**) **1** vestíbulo **2** lobby (*hotel*) **3** [*v sing o pl*] (*Pol*) grupo (de presión)
▶ *vt* (*pt, pp* **lobbied**) ~ **(sb) (for sth)** presionar (a algn) (para algo)
lobster /'lɑbstər/ *n* langosta
local /'loʊkl/ *adj* **1** local, de la zona: *local authority* (*GB*) gobierno local/regional **2** (*Med*) localizado: *local anesthetic* anestesia local
locally /'loʊkəli/ *adv* localmente
locate /'loʊkeɪt; *GB* loʊ'keɪt/ *vt* **1** localizar **2** situar
location /loʊ'keɪʃn/ *n* **1** lugar **2** localización **3** (*persona*) paradero LOC **be on location** (*Cine*) rodar en exteriores
loch /lɑk/ *n* (*Escocia*) lago
lock /lɑk/ *sustantivo, verbo*
▶ *n* **1** cerradura **2** (*canal*) esclusa
▶ *vt, vi* **1** cerrar con llave **2** (*timón, etc.*) bloquear(se) PHR V **lock sb away/up** encerrar a algn ♦ **lock sth away/up** guardar algo bajo llave
locker /'lɑkər/ *n* casillero (*armario*)
locker room *n* vestidor, vestier
lodge /lɑdʒ/ *sustantivo, verbo*
▶ *n* **1** (*de caza, pesca, etc.*) pabellón, cabaña **2** (*GB*) casa del guarda **3** (*GB*) portería
▶ *vi* **1** (*queja, etc.*) presentar **2** (*antic*) hospedarse **3** ~ **in sth** alojarse en algo
lodger /'lɑdʒər/ *n* (*esp GB*) inquilino, -a

lodging /'lɑdʒɪŋ/ n (esp GB) alojamiento: *board and lodging* alojamiento y comida

loft /lɔːft; GB lɒft/ n desván, buhardilla, zarzo

log /lɔːɡ; GB lɒɡ/ sustantivo, verbo
▸ n **1** tronco **2** leño **3** diario de vuelo/navegación
▸ vt (**-gg-**) anotar PHRV **log in/on**; **log into/onto sth** (*Informát*) entrar al sistema, entrar en algo
♦ **log off/out**; **log out of sth** (*Informát*) salir del sistema, salir de algo ➲ *Ver nota en* COMPUTADOR

logic /'lɑdʒɪk/ n lógica

logical /'lɑdʒɪkl/ adj lógico

login /'lɔːɡɪn; GB 'lɒɡɪn/ (tb **logon** /'lɔːɡɒn; GB 'lɒɡɒn/) n (*Informát*) **1** login **2** nombre de usuario

logo /'loʊɡoʊ/ n (pl **logos**) logotipo

lollipop /'lɑlipɑp/ (GB coloq **lolly**) n chupete, colombina®, paleta

lollipop lady n (pl **lollipop ladies**) (GB, coloq)

Una **lollipop lady** (o un **lollipop man** si es un hombre) es una persona que ayuda a los niños a cruzar la calle, especialmente al entrar y salir del colegio. Se llama así porque normalmente lleva una señal en forma de chupete (**lollipop**) para detener el tráfico.

Londoner /'lʌndənər/ n londinense

lonely /'loʊnli/ adj **1** solo: *to feel lonely* sentirse solo ➲ *Ver nota en* ALONE **2** solitario
■ **loneliness** n soledad **loner** n solitario, -a

long /lɔːŋ; GB lɒŋ/ adjetivo, adverbio, verbo
▸ adj (**longer** /'lɔːŋɡər; GB 'lɒŋ-/, **-est** /'lɔːŋɡɪst; GB 'lɒŋ-/) **1** (*longitud*) largo: *It's two meters long.* Mide dos metros de largo. **2** (*tiempo*) *a long time ago* hace mucho tiempo ◊ *How long is the vacation?* ¿Cuánto duran las vacaciones? LOC *a long way (away)* lejos: *It's a long way (away) from here.* Está muy lejos de aquí. ♦ **at the longest** como máximo ♦ **in the long run** a la larga
▸ adv (**longer**, **-est**) **1** mucho (tiempo): *long ago* hace mucho tiempo ◊ *long before/after* mucho antes/después ◊ *Stay as long as you like.* Quédate cuanto quieras. **2** todo: *the whole night long* toda la noche ◊ *all day long* todo el día LOC **as/so long as** con tal de que ♦ **for long** mucho tiempo ♦ **no longer/not any longer**: *I can't stay any longer.* No me puedo quedar más.
▸ vi **1** ~ **for sth/to do sth** ansiar algo/hacer algo **2** ~ **for sb to do sth** estar deseando que algn haga algo ■ **longing** /'lɔːŋɪŋ; GB 'lɒŋɪŋ/ n anhelo

long-distance adjetivo, adverbio
▸ adj de larga distancia
▸ adv **long distance**: *to phone long distance* hacer una llamada de larga distancia

longitude /'lɑndʒɪtuːd; GB -tjuːd/ n longitud (*Geog*)

the long jump n (*Atletismo*) el salto largo

long-life adj de larga duración

long-range adj **1** a largo plazo **2** de largo alcance

long-sighted adj (GB) (USA **farsighted**) hipermétrope

long-standing adj de hace mucho tiempo

long-suffering adj resignado

long-term adj a largo plazo

loo /luː/ n (pl **loos**) (GB, coloq) baño ➲ *Ver nota en* BATHROOM

look /lʊk/ verbo, sustantivo
▸ vi **1** mirar: *She looked out of the window.* Miró por la ventana. **2** parecer: *You look tired.* Te ves cansada. **3** ~ **(out) over/onto sth** dar a algo: *The house looks out over the river.* La casa da al río. LOC **don't look a gift horse in the mouth** (*refrán*) a caballo regalado no se le miran los dientes ♦ **look on the bright side** mirar el lado bueno de las cosas ♦ **look sb up and down** mirar a algn de arriba abajo ♦ **look your age** aparentar uno la edad que tiene ♦ **(not) look yourself** (no) parecer uno mismo: *You don't look yourself today.* No te ves bien hoy. *Ver tb* PICTURE, SMALL, SPACE
PHRV **look after sb/sth/yourself** cuidar a algn/algo/cuidarse
look ahead pensar en el futuro
look around 1 volver la cabeza para mirar **2** mirar por ahí ♦ **look around sth** visitar algo
♦ **look around for sth** buscar algo
look at sb/sth mirar a algn/algo ♦ **look at sth 1** examinar algo **2** considerar algo
look back (on sth) pensar en el pasado, recordar algo
look down on sb/sth despreciar a algn/algo
look for sb/sth buscar a algn/algo
look forward to sth/doing sth tener ganas de algo/hacer algo, esperar algo con ansias
look into sth investigar algo
look on mirar (sin tomar parte)
look out tener cuidado: *Look out!* ¡Cuidado!
♦ **look out for sb/sth** estar atento a algn/algo, fijarse por si se ve a algn/algo
look sth over examinar algo
look round (GB) *Ver* LOOK AROUND
look through sth dar un repaso a algo, echar un vistazo a algo
look up 1 alzar la vista **2** (*coloq*) mejorar ♦ **look sth up** buscar algo (*en un diccionario o en un libro*)
♦ **look up to sb** admirar a algn
▸ n **1** mirada, vistazo: *to have/take a look at sth* echar una mirada a algo **2** *to have a look for*

lookout

sth buscar algo **3** aspecto, aire **4** moda **5 looks** [pl] físico: *good looks* belleza

lookout /ˈlʊkaʊt/ *n* vigía **LOC be on the lookout for sb/sth; keep a lookout for sb/sth** fijarse (por si se ve a algn/algo) ◆ **be sb's lookout** (*GB, coloq*) ser asunto de algn: *That's your lookout.* Eso es asunto tuyo.

loom /luːm/ *sustantivo, verbo*
▸ *n* telar
▸ *vi* **1** ~ **(up)** surgir, asomar(se) **2** (*fig*) amenazar, vislumbrarse

loony /ˈluːni/ *n, adj* (*pl* **loonies**) (*coloq*) loco, -a

loop /luːp/ *sustantivo, verbo*
▸ *n* **1** curva, vuelta **2** (*con nudo*) lazo **LOC in the loop/out of the loop** (*coloq*) informado/desinformado
▸ **1** *vi* dar vueltas **2** *vt: to loop sth round/over sth* pasar algo alrededor de/por algo

loophole /ˈluːphoʊl/ *n* escapatoria

loose /luːs/ *adjetivo, sustantivo*
▸ *adj* (**looser, -est**) **1** suelto: *loose change* suelto/sencillo **2** (*que se puede quitar*) flojo **3** (*vestido*) holgado, ancho **4** (*moral*) relajado **LOC be at loose ends** (*GB* **be at a loose end**) no tener nada que hacer *Ver tb* LET, WORK
▸ *n* **LOC be on the loose** andar suelto

loosely /ˈluːsli/ *adv* **1** sin apretar **2** libremente, aproximadamente

loosen /ˈluːsn/ **1** *vt, vi* aflojar(se), soltar(se), desamarrar(se) **2** *vt* (*control*) relajar **PHR V loosen up 1** relajarse, soltarse **2** entrar en calor

loot /luːt/ *sustantivo, verbo*
▸ *n* botín
▸ *vt, vi* saquear ■ **looting** *n* [*incontable*] saqueo

lop /lɒp/ *vt* (**-pp-**) podar **PHR V lop sth off (sth)** cortar algo (de algo)

lopsided /ˌlɒpˈsaɪdɪd/ *adj* **1** torcido **2** (*fig*) desequilibrado

lord /lɔːrd/ *n* **1** señor **2 the Lord** el Señor: *the Lord's Prayer* el padrenuestro **3 Lord** (*GB*) (*título*) Lord ➔ *Comparar con* LADY **4 the Lords** (*GB*) *Ver* THE HOUSE OF LORDS ■ **lordship** *n* **LOC Your/His Lordship** su Señoría

lorry /ˈlɔːri; *GB* ˈlɒri/ *n* (*pl* **lorries**) (*GB*) (*USA* **truck**) camión

lose /luːz/ (*pt, pp* **lost** /lɒːst; *GB* lɒst/) **1** *vt, vi* perder: *He lost his title to the Russian.* El ruso le quitó el título. **2** *vt* ~ **sb sth** hacer perder algo a algn: *It lost us the game.* Nos costó el partido. **3** *vi* (*reloj*) atrasarse ❶ Para expresiones con **lose**, véanse las entradas del sustantivo, adjetivo, etc., p.ej. **lose your mind** en MIND. **PHR V lose out (on sth)** (*coloq*) salir perdiendo,

quedarse sin algo ◆ **lose out to sb/sth** (*coloq*) perder terreno con respecto a algn/algo

loser /ˈluːzər/ *n* perdedor, -ora, fracasado, -a

loss /lɔːs; *GB* lɒs/ *n* pérdida **LOC be at a loss** estar desorientado

lost /lɔːst; *GB* lɒst/ *adj* perdido: *to get lost* perderse **LOC get lost!** (*coloq*) ¡piérdete!, ¡esfúmate! *Ver tb* LOSE

lost and ˈfound (*GB* ˌlost ˈproperty) *n* [*incontable*] objetos perdidos

lot /lɒt/ *pronombre, adjetivo, adverbio, sustantivo*
▸ *pron, adj* **a lot of, lots of** (*coloq*) mucho(s): *He spends a lot on clothes.* Gasta mucho en ropa. ◇ *lots of people* un montón de gente ◇ *What a lot of presents!* ¡Qué cantidad de regalos! ➔ *Ver notas en* MANY *y* MUCHO **LOC see a lot of sb** ver bastante a algn *Ver tb* QUITE
▸ *adv* mucho: *It's a lot colder today.* Hoy está haciendo mucho más frío. ◇ *Thanks a lot.* Muchas gracias.
▸ *n* **1 the (whole) lot** (*coloq*) todo(s): *That's the lot!* ¡Eso es todo! **2** (*esp GB*) grupo: *What do you lot want?* ¿Qué quieren ustedes? ◇ *I don't go out with that lot.* No salgo con ésos. **3** terreno **4** suerte (*destino*)

lotion /ˈloʊʃn/ *n* loción

lottery /ˈlɒtəri/ *n* (*pl* **lotteries**) lotería

loud /laʊd/ *adjetivo, adverbio*
▸ *adj* (**louder, -est**) **1** (*volumen*) alto, fuerte, duro **2** (*ruido*) fuerte **3** (*color*) chillón
▸ *adv* (**louder, -est**) alto: *Speak louder.* Habla más fuerte. **LOC out loud** en voz alta

loudspeaker /ˈlaʊdspiːkər/ (*tb* **speaker**) *n* parlante

lounge /laʊndʒ/ *verbo, sustantivo*
▸ *vi* ~ **(about/around)** holgazanear
▸ *n* **1** sala: *departure lounge* sala de embarque **2** salón

louse /laʊs/ *n* (*pl* **lice** /laɪs/) piojo

lousy /ˈlaʊzi/ *adj* (**lousier, -iest**) terrible

lout /laʊt/ *n* (*esp GB*) patán

lovable /ˈlʌvəbl/ *adj* encantador

love /lʌv/ *sustantivo, verbo*
▸ *n* **1** amor: *love story/song* historia/canción de amor ◇ *her love life* su vida amorosa ❶ Nótese que con personas se dice **love for somebody** y con cosas **love of something**. **2** (*Tenis*) cero **LOC be/fall in love (with sb)** estar enamorado/enamorarse (de algn) ◆ **give/send sb your love** dar/mandar saludos a algn ◆ **(lots of) love (from…)** (*coloq*) (*en carta, etc.*) con cariño ◆ **make love (to sb)** hacer el amor (con algn)
▸ *vt* **1** amar, querer: *Do you love me?* ¿Me quieres? **2** *She loves horses.* Le encantan los caballos. ◇ *I'd love to come.* Me encantaría ir.

lovely /'lʌvli/ adj (**lovelier, -iest**) **1** precioso **2** encantador **3** muy agradable: *We had a lovely time.* La pasamos muy bien.

lovemaking /'lʌvmeɪkɪŋ/ n [incontable] relaciones sexuales

lover /'lʌvər/ n amante

loving /'lʌvɪŋ/ adj cariñoso ■ **lovingly** adv amorosamente

low /loʊ/ adjetivo, adverbio, sustantivo
▸ adj (**lower, -est**) **1** bajo: *low pressure* baja presión ◊ *high and low temperatures* temperaturas altas y bajas ◊ *lower lip* labio inferior ◊ *lower case* minúsculas ◊ *the lower middle classes* (GB) la clase media baja **2** (*voz, sonido*) grave **3** abatido LOC **be at a low ebb** estar de capa caída *Ver tb* ESTEEM, PROFILE
▸ adv (**lower, -est**) bajo: *to shoot low* disparar bajo LOC *Ver* STOOP
▸ n mínimo

low-ˈalcohol adj bajo en alcohol

low-cal (*tb* **lo-cal**) /ˌloʊ ˈkæl/ adj (*coloq*) bajo en calorías

Low-cal es el término general para referirnos a los productos bajos en calorías o "light". Para bebidas se usa **diet**: *diet drinks* bebidas bajas en calorías.

low-ˈcost adj barato

lower /'loʊər/ vt, vi bajar(se) PHR V **lower yourself (by doing sth)** rebajarse (a hacer algo)

low-ˈfat adj de bajo contenido graso: *low-fat yogurt* yogur descremado

low-ˈkey adj discreto

lowland /'loʊlənd/ sustantivo, adjetivo
▸ n [gen pl] tierras bajas
▸ adj de las tierras bajas

loyal /'lɔɪəl/ adj ~ (**to sb/sth**) fiel a algn/algo
■ **loyalist** n partidario, -a del régimen **loyalty** n (pl **loyalties**) lealtad

Ltd abrev de **Limited** (GB) Limitada (abrev Ltda.)

luck /lʌk/ n suerte: *a stroke of luck* un golpe de suerte LOC **be in/out of luck** estar de buenas/malas ♦ **no such luck** ¡ojalá! *Ver tb* CHANCE, HARD

Wishing someone luck
Desear suerte a alguien
Good luck! ¡Suerte!
The best of luck! ¡Mucha suerte!
I hope it goes well! ¡Espero que te vaya bien!
All the best! I'll keep my fingers crossed for you. ¡Mucha suerte! Estaré pensando en ti.

lucky /'lʌki/ adj (**luckier, -iest**) **1** (*persona*) afortunado: *You're so lucky!* ¡Qué suerte tienes! **2** *It's lucky she's still here.* ¡Qué suerte que todavía está aquí! ◊ *a lucky number* un número de la suerte ■ **luckily** adv por suerte

ludicrous /'lu:dɪkrəs/ adj ridículo

luggage /'lʌgɪdʒ/ (*tb* **baggage**) n [incontable] equipaje: *luggage rack* parrilla portaequipaje

lukewarm /ˌluːkˈwɔːrm/ adj tibio

lull /lʌl/ verbo, sustantivo
▸ vt **1** calmar **2** arrullar
▸ n [gen sing] período de calma

lullaby /'lʌləbaɪ/ n (pl **lullabies**) nana

lumber /'lʌmbər/ verbo, sustantivo
▸ **1** vt ~ **sb with sb/sth** (*coloq*) hacer a algn cargar con algn/algo **2** vi moverse pesadamente
▸ n [incontable] madera ■ **lumbering** adj torpe, pesado

lump /lʌmp/ sustantivo, verbo
▸ n **1** trozo: *sugar lump* terrón de azúcar **2** grumo **3** (*Med*) bulto
▸ vt ~ **sb/sth together** juntar a algn/algo

lump ˈsum n pago único

lumpy /'lʌmpi/ adj **1** (*salsa, etc.*) lleno de grumos **2** (*colchón, etc.*) lleno de bolas/bultos

lunacy /'luːnəsi/ n [incontable] locura

lunatic /'luːnətɪk/ n loco, -a

lunch /lʌntʃ/ sustantivo, verbo
▸ n almuerzo: *to have lunch* almorzar ◊ *lunch hour* hora del almuerzo *Ver tb* BOX LUNCH ➜ *Ver nota en* DINNER
▸ vi almorzar

lunchtime /'lʌntʃtaɪm/ n la hora de almorzar

lung /lʌŋ/ n pulmón

lurch /lɜːrtʃ/ sustantivo, verbo
▸ n sacudida
▸ vi **1** tambalearse **2** dar un bandazo

lure /lʊər; GB tb ljʊə(r)/ sustantivo, verbo
▸ n atractivo
▸ vt atraer

lurid /'lʊərɪd; GB tb 'ljʊərɪd/ adj **1** (*color*) chillón **2** (*descripción, historia*) horripilante

lurk /lɜːrk/ vi acechar

luscious /'lʌʃəs/ adj (*comida*) exquisito

lush /lʌʃ/ adj (*vegetación*) exuberante

lust /lʌst/ sustantivo, verbo
▸ n **1** lujuria **2** ~ **for sth** sed de algo
▸ vi ~ **after/for sb/sth** desear a algn, codiciar algo

luxurious /lʌgˈʒʊəriəs/ adj lujoso

luxury /'lʌkʃəri/ n (pl **luxuries**) lujo: *a luxury hotel* un hotel de lujo

lychee /'lɪtʃi, ˌlaɪˈtʃiː/ n lichi

Lycra® /'laɪkrə/ n [incontable] lycra®

lying *Ver* LIE[1], LIE[2]

lyrical /'lɪrɪkl/ adj lírico

lyrics /'lɪrɪks/ n [pl] letra (*de una canción*)

M m

M, m /em/ n (pl **Ms, M's, m's** /emz/) M, m ➪ Ver nota en A, A

mac (tb **mack**) /mæk/ n (GB) impermeable, gabardina

macabre /məˈkɑbrə/ adj macabro

macaroni /ˌmækəˈrouni/ n [incontable] macarrones

machine /məˈʃiːn/ n máquina

maˈchine gun n ametralladora

machinery /məˈʃiːnəri/ n maquinaria

mackerel /ˈmækrəl/ n (pl **mackerel**) caballa

mad /mæd/ adj (**madder, -est**) **1** ~ (at/with sb) (esp USA, coloq) furioso (con algn) **2** loco: to be/go mad estar/volverse loco LOC **like mad** (coloq) como loco ■ **madly** adv locamente: to be madly in love with sb estar perdidamente enamorado de algn **madness** n locura

madam /ˈmædəm/ n [sing] (formal) señora

maddening /ˈmædnɪŋ/ adj desesperante

made pt, pp de MAKE

magazine /ˈmægəziːn, ˌmægəˈziːn/ (GB coloq **mag**) n revista

maggot /ˈmægət/ n gusano ➪ Ver dibujo en GUSANO

magic /ˈmædʒɪk/ sustantivo, adjetivo
▶ n magia LOC **like magic** como por arte de magia
▶ adj mágico

magical /ˈmædʒɪkl/ adj mágico

magician /məˈdʒɪʃn/ n mago, -a

magistrate /ˈmædʒɪstreɪt/ n magistrado, -a, juez municipal: the magistrates' court el Juzgado de Paz

magnet /ˈmægnət/ n imán ■ **magnetic** /mægˈnetɪk/ adj magnético: magnetic field campo magnético **magnetism** /ˈmægnətɪzəm/ n magnetismo **magnetize** (GB tb **-ise**) vt imantar

magnificent /mægˈnɪfɪsnt/ adj magnífico ■ **magnificence** n magnificencia

magnify /ˈmægnɪfaɪ/ vt, vi (pt, pp **-fied**) aumentar ■ **magnification** n (capacidad de) aumento

ˈmagnifying glass n lupa

magnitude /ˈmægnɪtuːd; GB -tjuːd/ n magnitud

magpie /ˈmægpaɪ/ n urraca

mahogany /məˈhɑgəni/ n caoba

maid /meɪd/ n **1** criada, sirvienta **2** (Hist) doncella

maiden /ˈmeɪdn/ n (Hist) doncella

ˈmaiden name n apellido de soltera

En los países de habla inglesa, la mayoría de las mujeres toman el apellido del esposo cuando se casan.

mail /meɪl/ sustantivo, verbo
▶ n [incontable] correo

La palabra **post** sigue siendo más normal que **mail** en el inglés británico, aunque **mail** se ha ido introduciendo, especialmente en compuestos como **email**, **junk mail** y **airmail**.

▶ vt ~ sth (to sb) enviar por correo algo (a algn)

mailboxes

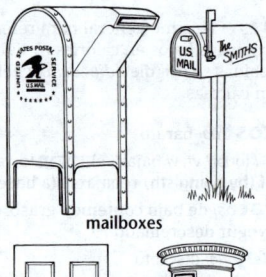

mailboxes

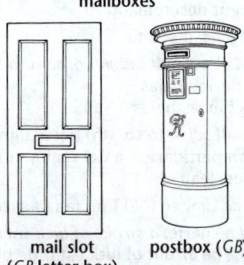

mail slot (GB letter box) postbox (GB)

mailbox /ˈmeɪlbɑks/ (GB **postbox, letter box**) n buzón (en la calle)

ˈmailing list n lista de correos electrónicos

mailman /ˈmeɪlmæn/ (GB **postman**) n (pl **mailmen** /-men/) cartero

ˈmail order n venta por correo

ˈmail slot (GB **letter box**) n ranura para cartas en la puerta de una casa

maim /meɪm/ vt mutilar, lisiar

---

i happy ɪ sit iː see æ cat ɑ hot ɒ long (GB) ɑː bath (GB) ʌ cup ʊ put uː too

make

main /meɪn/ *adjetivo, sustantivo*
▸ *adj* principal: *main course* plato principal/fuerte **LOC** **the main thing** lo principal
▸ *n* **1** cañería: *water main* tubería de agua **2 the mains** [*pl*] (*GB*) la red de suministros **LOC** **in the main** en general

mainland /ˈmeɪnlænd/ *n* tierra firme, continente

mainly /ˈmeɪnli/ *adv* principalmente

mainstream /ˈmeɪnstriːm/ *sustantivo, adjetivo*
▸ *n* **the mainstream** [*sing*] la corriente principal
▸ *adj* dominante, de masas: *mainstream culture* la cultura dominante/de masas ◊ *mainstream political parties* los partidos políticos mayoritarios

ˈmain street (*GB* **high street**) *n* calle principal

maintain /meɪnˈteɪn/ *vt* **1** mantener **2** conservar: *well-maintained* bien cuidado **3** sostener

maintenance /ˈmeɪntənəns/ *n* **1** mantenimiento **2** pensión de manutención

maisonette /ˌmeɪzəˈnet/ *n* (*GB*) (*USA* **duplex**) dúplex

maize /meɪz/ *n* (*GB*) (*USA* **corn**) maíz ❶ Para referirse al maíz cocinado se dice **sweetcorn**.

majestic /məˈdʒestɪk/ *adj* majestuoso

majesty /ˈmædʒəsti/ *n* (*pl* **majesties**) **1** majestuosidad **2 Majesty** majestad

major /ˈmeɪdʒər/ *adjetivo, sustantivo, verbo*
▸ *adj* **1** de (gran) importancia: *to make major changes* realizar cambios de importancia ◊ *a major road/problem* una carretera principal/un problema importante **2** (*Mús*) mayor
▸ *n* **1** (*Mil*) mayor **2** (*universidad*) materia principal
▸ *v* **PHR V** **major in sth** (*Educ*) especializarse en algo

majority /məˈdʒɔːrəti; *GB* -ˈdʒɒr-/ *n* (*pl* **majorities**) [*v sing o pl*] mayoría: *The majority was/were in favor.* La mayoría estaba a favor. ◊ *majority rule* gobierno mayoritario

La forma más común de decir "la mayoría de la gente/de mis amigos" en inglés es *most people/most of my friends*. Esta expresión lleva el verbo en plural: *Most of my friends go to the same school as me.* La mayoría de mis amigos va al mismo colegio que yo.

make /meɪk/ *verbo, sustantivo*
▸ *vt* (*pt, pp* **made** /meɪd/) **1** (*causar o crear*) *to make an impression* impresionar ◊ *to make a note of sth* anotar algo **2** (*llevar a cabo*) *to make an effort* hacer un esfuerzo ◊ *to make a phone call* hacer una llamada telefónica ◊ *to make a visit/trip* hacer una visita/un viaje ◊ *to make an improvement/a change* mejorar/cambiar algo **3** (*proponer*) *to make an offer/a promise* hacer una oferta/una promesa ◊ *to make plans* hacer planes **4** (*otros usos*) *to make a noise/hole/list* hacer un ruido/un agujero/una lista ◊ *to make a comment* hacer un comentario ◊ *to make a mistake* cometer un error ◊ *to make an excuse* dar una justificación **5 ~ sth (from/out of sth)** hacer algo (con/de algo): *He made a meringue from egg white.* Hizo un merengue con clara de huevo. ◊ *What's it made (out) of?* ¿De qué está hecho? ◊ *made in Japan* fabricado en Japón **6 ~ sth (for sb)** hacer algo (para/a algn): *She makes movies for children.* Hace películas para niños. ◊ *I'll make you a meal/cup of coffee.* Te voy a preparar una comida/taza de café. **7 ~ sth into sth** convertir algo en algo, hacer algo con algo: *We can make this room into a bedroom.* Podemos convertir esta habitación en dormitorio. **8 ~ sb/sth + adjetivo o sustantivo**: *He made me angry.* Hizo que me enojara. ◊ *That will only make things worse.* Eso solo empeorará las cosas. ◊ *He made my life hell.* Me hizo la vida imposible. **9 ~ sb/sth do sth** hacer que algn/algo haga algo

El verbo en infinitivo que viene después de **make** se pone sin **to**, salvo en la voz pasiva: *I can't make him do it.* No puedo obligarlo a hacerlo. ◊ *You've made her feel guilty.* Has hecho que se sienta culpable. ◊ *He was made to wait at the police station.* Lo hicieron esperar en la comisaría.

10 ~ sb sth hacer a algn algo: *to make sb king* hacer a algn rey **11** llegar a ser: *He'll make a good teacher.* Tiene madera de profesor. **12** (*dinero*) hacer: *She makes lots of money.* Gana una fortuna. **13** (*conseguir*) llegar a: *Can you make it (to the party)?* ¿Te queda fácil venir (a la fiesta)? **LOC** **make do (with sth)** arreglárselas (con algo) ◆ **make it 1** triunfar **2** llegar: *We made it just in time.* Llegamos justo a tiempo. ◊ *I can't make it tomorrow.* Mañana no puedo. ◆ **make the most of sth** sacar el mayor provecho de algo ❶ Para otras expresiones con **make**, véanse las entradas del sustantivo, adjetivo, etc., p.ej. **make love** en LOVE.

PHR V **be made for sb**; **be made for each other** estar hecho para algn, estar hechos el uno para el otro ◆ **make for sth 1** dirigirse hacia algo: *to make for home* dirigirse hacia la casa **2** contribuir a algo

make sth of sb/sth opinar algo de algn/algo: *What do you make of it all?* ¿Qué opinas de todo esto?

make off (with sth) largarse (con algo)

makeover

make sth out escribir algo (*cheque, factura*): *to make out a check for $100* hacer un cheque por valor de cien dólares ◆ **make sb/sth out** distinguir a algn/algo: *to make out sb's handwriting* descifrar la escritura de algn ◆ **make sb/sth out (to be sth)** dar a entender que algn/algo es...: *He's not as rich as people make out.* No es tan rico como dicen. ◆ **make out with sb** (*USA, coloq*) ligar, enrrollarse, agarrar con algn
make (it) up (with sb) hacer las paces (con algn) ◆ **make sb up** maquillar a algn ◆ **make sth up 1** formar algo: *the groups that make up our society* los grupos que constituyen nuestra sociedad **2** inventar algo: *to make up an excuse* inventarse una excusa ◆ **make (yourself) up** maquillarse ◆ **make up for sth** compensar algo
▸ *n* marca (*electrodomésticos, carros, etc.*)
➲ *Comparar con* BRAND

makeover /ˈmeɪkoʊvər/ *n* **1** sesión de maquillaje y peluquería **2** reforma (*de la casa, etc.*)

maker /ˈmeɪkər/ *n* fabricante

makeshift /ˈmeɪkʃɪft/ *adj* provisional, improvisado

make-up (*tb* **makeup**) *n* **1** [*incontable*] maquillaje **2** constitución **3** carácter

making /ˈmeɪkɪŋ/ *n* fabricación LOC **be the making of sb** ser la clave del éxito de algn ◆ **have the makings of sth 1** (*persona*) tener madera de algo **2** (*cosa*) tener los ingredientes para ser algo

male /meɪl/ *adjetivo, sustantivo*
▸ *adj* **1** masculino **2** macho

Male se aplica a las características físicas de los hombres: *The male voice is deeper than the female.* La voz de los hombres es más profunda que la de las mujeres. **Masculine** se aplica a las cualidades que consideramos típicas de un hombre. ➲ *Ver tb nota en* FEMALE

▸ *n* macho, varón

malice /ˈmælɪs/ *n* malevolencia, mala intención ■ **malicious** /məˈlɪʃəs/ *adj* mal intencionado

malignant /məˈlɪɡnənt/ *adj* maligno

mall /mɔːl/ (*tb* **shopping mall**) *n* centro comercial

malnutrition /ˌmælnuːˈtrɪʃn; *GB* -njuː-/ *n* desnutrición

malt /mɔːlt/ *n* malta

mammal /ˈmæml/ *n* mamífero

mammoth /ˈmæməθ/ *sustantivo, adjetivo*
▸ *n* mamut

▸ *adj* colosal

man /mæn/ *sustantivo, verbo*
▸ *n* (*pl* **men** /men/) hombre: *young man* (hombre) joven ◊ *a man's shirt* una camisa de caballero LOC **the man (and/or woman) on the street** el ciudadano promedio

Man y mankind se utilizan con el significado genérico de "todos los hombres y mujeres". Sin embargo, mucha gente considera este uso discriminatorio, y prefiere utilizar palabras como **humanity, the human race** [*singular*] o **humans, human beings, people** [*plural*].

▸ *vt* (**-nn-**) **1** (*oficina*) dotar de personal **2** (*nave*) tripular

manage /ˈmænɪdʒ/ **1** *vt, vi* ~ **sth/to do sth** conseguir algo/hacer algo: *Can you manage all of it?* ¿Puedes con todo eso? ◊ *Can you manage six o'clock?* ¿Puedes venir a las seis? ◊ *I couldn't manage another mouthful.* Ya no puedo comer ni un bocado más. **2** *vi* ~ **(without sb/sth)** arreglárselas (sin algn/algo): *I can't manage on $100 a week.* No me alcanza con 100 dólares a la semana. **3** *vt* (*empresa*) dirigir **4** *vt* (*propiedades*) administrar ■ **manageable** *adj* **1** manejable **2** (*persona o animal*) tratable, dócil

management /ˈmænɪdʒmənt/ *n* dirección, gestión: *management committee* comité directivo/consejo de administración ◊ *management consultant* consultor de dirección empresarial

manager /ˈmænɪdʒər/ *n* **1** director, -ora, gerente **2** (*de una propiedad*) administrador, -ora **3** (*Teat*) mánager, empresario, -a **4** (*Dep*) mánager ■ **managerial** /ˌmænəˈdʒɪəriəl/ *adj* directivo, administrativo, de gerencia

managing diˈrector *n* director, -ora general

mandate /ˈmændeɪt/ *n* ~ **(to do sth)** mandato (para hacer algo) ■ **mandatory** /ˈmændətɔːri; *GB* -təri/ *adj* (*formal*) obligatorio

mane /meɪn/ *n* **1** (*caballo*) crin **2** (*león, persona*) melena

maneuver (*GB* **manoeuvre**) /məˈnuːvər/ *sustantivo, verbo*
▸ *n* maniobra
▸ *vt, vi* maniobrar

manfully /ˈmænfəli/ *adv* valientemente

mangle /ˈmæŋɡl/ *vt* mutilar, destrozar

mango /ˈmæŋɡoʊ/ *n* (*pl* **mangoes** *o* **mangos**) mango

manhood /ˈmænhʊd/ *n* edad viril, virilidad

mania /ˈmeɪniə/ n manía ■ **maniac** /ˈmeɪniæk/ n maniaco, -a: *to drive like a maniac* conducir como un loco

manic /ˈmænɪk/ adj **1** (*coloq*) frenético **2** maniaco

manicure /ˈmænɪkjʊər/ n manicure: *to have a manicure* arreglarse las manos

manifest /ˈmænɪfest/ vt (*formal*) manifestar, mostrar: *to manifest itself* manifestarse/hacerse patente ■ **manifestation** n (*formal*) manifestación **manifestly** adv (*formal*) manifiestamente

manifesto /ˌmænɪˈfestoʊ/ n (*pl* **manifestos**) manifiesto

manifold /ˈmænɪfoʊld/ adj (*formal*) múltiple

manipulate /məˈnɪpjuleɪt/ vt manipular, manejar ■ **manipulation** n manipulación **manipulative** /məˈnɪpjuleɪtɪv; GB -lətɪv/ adj manipulador

mankind /mænˈkaɪnd/ n género humano ⊃ *Ver nota en* MAN

manly /ˈmænli/ adj (**manlier**, **-iest**) varonil, viril

man-made adj artificial

manned /mænd/ adj tripulado

mannequin /ˈmænɪkən/ n maniquí

manner /ˈmænər/ n **1** manera, forma **2** actitud, modo de comportarse **3 manners** [*pl*] modales: *good/bad manners* buena/mala educación ◊ *It's bad manners to stare.* Es de mala educación mirar fijamente. ◊ *He has no manners.* Es un maleducado.

mannerism /ˈmænərɪzəm/ n peculiaridad

manoeuvre (*GB*) = MANEUVER

manor /ˈmænər/ n **1** (*tb* **manor house**) casa señorial **2** (*territorio*) señorío

manpower /ˈmænpaʊər/ n mano de obra

mansion /ˈmænʃn/ n mansión, casa solariega

manslaughter /ˈmænslɔːtər/ n homicidio involuntario

mantel /ˈmæntl/ (*tb esp GB* **mantelpiece** /ˈmæntlpiːs/) n repisa de la chimenea

manual /ˈmænjuəl/ adjetivo, sustantivo
▸ adj manual
▸ n manual: *training manual* manual de instrucciones ■ **manually** adv manualmente

manufacture /ˌmænjuˈfæktʃər/ vt **1** fabricar **2** (*pruebas*) inventar

manufacturer /ˌmænjuˈfæktʃərər/ n fabricante

manufacturing /ˌmænjuˈfæktʃərɪŋ/ n [*incontable*] industria manufacturera

manure /məˈnʊər; GB məˈnjʊə(r)/ n estiércol

manuscript /ˈmænjuskrɪpt/ n manuscrito

many /ˈmeni/ adj, pron **1** mucho, -a, -os, -as: *Many people would disagree.* Mucha gente no estaría de acuerdo. ◊ *I don't have many left.* No me quedan muchos. ◊ *In many ways, I regret it.* En cierta manera, lo lamento.

> Mucho se traduce según el sustantivo al que acompaña o sustituye. En oraciones afirmativas usamos **a lot (of)**: *She's got a lot of money.* Tiene mucha plata. ◊ *Lots of people are poor.* Hay mucha gente pobre. En oraciones negativas e interrogativas usamos **many** o **a lot of** cuando el sustantivo es contable: *There aren't many women taxi drivers.* No hay muchas mujeres taxista. Y usamos **much** o **a lot of** cuando el sustantivo es incontable: *I haven't eaten much (food).* No he comido mucho. ⊃ *Ver tb* MUCHO

2 ~ a sth (*formal*) *Many a politician has been ruined by scandal.* Muchos políticos han sido arruinados por escándalos. ◊ *many a time* muchas veces LOC **a good/great many** muchísimos ◆ **as many 1** tantos: *We no longer have as many members.* Ya no tenemos tantos socios. ◊ *I didn't win as many as him.* No gané tantos como él. ◊ *You ate three times as many as I did.* Comiste tres veces más que yo. **2** otros tantos: *four jobs in as many months* cuatro trabajos en otros tantos meses ◆ **as many again/more** otros tantos ◆ **as many as…** hasta: *as many as ten people* hasta diez personas *Ver tb* SO

map /mæp/ sustantivo, verbo
▸ n **1** mapa **2** (*ciudad*) plano **3** carta LOC **put sb/sth on the map** dar a conocer a algn/algo
▸ vt (**-pp-**) levantar mapas de PHR V **map sth out 1** planear algo **2** (*idea*) exponer algo

maple /ˈmeɪpl/ n arce

maple syrup n miel de arce

marathon /ˈmærəθən; GB -θən/ n maratón: *to run a marathon* tomar parte en un maratón ◊ *The interview was a real marathon.* Fue una entrevista interminable.

marble /ˈmɑːrbl/ n **1** mármol: *a marble statue* una estatua de mármol **2** canica, bola

March /mɑːrtʃ/ n (*abrev* **Mar.**) marzo ⊃ *Ver nota y ejemplos en* JANUARY

march /mɑːrtʃ/ verbo, sustantivo
▸ vi **1** marchar **2** manifestarse: *The students marched on Parliament.* Los estudiantes se manifestaron ante el Parlamento. LOC **get your marching orders** (*coloq*) ser despedido PHR V **march sb away/off** llevarse a algn

marcher

♦ **march in** entrar resueltamente ♦ **march past (sb)** desfilar (ante algn) ♦ **march up/over to sb** abordar a algn con resolución
▶ n marcha LOC **on the march** en marcha

marcher /ˈmɑrtʃər/ n manifestante

mare /meər/ n yegua

margarine /ˈmɑrdʒərən; GB ˌmɑːdʒəˈriːn/ (GB coloq **marge** /mɑːdʒ/) n margarina

margin /ˈmɑrdʒɪn/ n margen ■ **marginal** adj **1** marginal **2** (notas) al margen **marginally** adv ligeramente

marijuana (tb **marihuana**) /ˌmærəˈwɑnə/ n marihuana

marina /məˈriːnə/ n puerto de recreo

marine /məˈriːn/ adjetivo, sustantivo
▶ adj **1** marino **2** marítimo
▶ n infante de marina: *the Marines* la Infantería de Marina

marital /ˈmærɪtl/ adj conyugal: *marital status* estado civil

maritime /ˈmærɪtaɪm/ adj marítimo

mark /mɑrk/ verbo, sustantivo
▶ vt **1** marcar **2** señalar **3** (esp GB) (tb esp USA **grade**) (trabajo escolar, exámenes) corregir, calificar LOC **mark my words** acuérdate de lo que te estoy diciendo ♦ **mark time** hacer tiempo PHR V **mark sth up/down** aumentar/rebajar el precio de algo
▶ n **1** marca **2** señal: *punctuation marks* signos de puntuación **3** (esp GB) (tb esp USA **grade**) (Educ) calificación, nota: *a good/poor mark* una calificación buena/mediocre LOC **be up to the mark** (GB) dar la talla ♦ **make your mark/a mark (on sth)** alcanzar el éxito, destacarse (en algo) ♦ **on your marks, (get) set, go!** en sus marcas, listos, ¡fuera! Ver tb OVERSTEP

marked /mɑrkt/ adj notable ■ **markedly** /ˈmɑrkɪdli/ adv de forma notable

marker /ˈmɑrkər/ n **1** marca: *marker buoy* boya de señalización **2** (GB tb ˈmarker pen) marcador

market /ˈmɑrkɪt/ sustantivo, verbo
▶ n mercado LOC **in the market for sth** interesado en comprar algo ♦ **on the market** en el mercado: *to put sth on the market* poner algo en venta
▶ vt **1** vender **2** ~ **sth (to sb)** ofrecer algo (a algn) ■ **marketable** adj vendible

marketing /ˈmɑrkɪtɪŋ/ n marketing, mercadotecnia

marketplace /ˈmɑrkɪtpleɪs/ n **1 the marketplace** [sing] (Econ) el mercado **2** (tb ˌmarket ˈsquare) plaza del mercado

ˌmarket reˈsearch n estudios de mercado

marmalade /ˈmɑrməleɪd/ n mermelada (de cítricos)

maroon /məˈruːn/ adjetivo, sustantivo, verbo
▶ adj, n rojo oscuro
▶ vt abandonar (en una isla desierta, etc.)

marquee /mɑrˈkiː/ n marquesina, lona

marriage /ˈmærɪdʒ/ n matrimonio ⊃ *Ver nota en* MATRIMONIO

married /ˈmærɪd/ adj ~ **(to sb)** casado (con algn): *to get married* casarse ◊ *a married couple* un matrimonio

marrow /ˈmæroʊ/ n Ver BONE MARROW

marry /ˈmæri/ vt, vi (pt, pp **married**) casar(se)

Mars /mɑrz/ n Marte

marsh /mɑrʃ/ n ciénaga, pantano

marshal /ˈmɑrʃl/ sustantivo, verbo
▶ n **1** maestro, -a de ceremonias **2** alguacil **3** (GB) mariscal
▶ vt (-l-, GB -ll-) **1** (tropas) formar **2** (ideas, datos) ordenar

marshy /ˈmɑrʃi/ adj pantanoso

martial arts /ˌmɑrʃl ˈɑrts/ n [pl] artes marciales

Martian /ˈmɑrʃn/ adj, n marciano, -a

martyr /ˈmɑrtər/ n mártir ■ **martyrdom** /ˈmɑrtərdəm/ n martirio

marvel /ˈmɑrvl/ sustantivo, verbo
▶ n maravilla, prodigio
▶ vi (-l-, GB -ll-) ~ **at sth** maravillarse ante algo

marvelous (GB **marvellous**) /ˈmɑrvələs/ adj maravilloso, excelente: *We had a marvelous time.* La pasamos de maravilla. ◊ *(That's) marvelous!* ¡Estupendo!

Marxism /ˈmɑrksɪzəm/ n marxismo ■ **Marxist** adj, n marxista

marzipan /ˈmɑrzɪpæn, ˈmɑːtsə-/ n mazapán

mascara /mæˈskærə; GB -ˈskɑːrə/ n rímel, pestañina

mascot /ˈmæskət; GB -kɒt/ n mascota

masculine /ˈmæskjələn/ adj, n masculino (propio del hombre) ⊃ *Ver nota en* MALE
■ **masculinity** /ˌmæskjuˈlɪnəti/ n masculinidad

mash /mæʃ/ sustantivo, verbo
▶ n (GB) puré (de papa)
▶ vt **1** ~ **sth (up)** machacar, triturar algo **2** hacer puré de: *mashed potatoes* puré de papa

mask /mæsk; GB mɑːsk/ sustantivo, verbo
▶ n **1** máscara, careta **2** antifaz **3** (cirujano) mascarilla
▶ vt encubrir, enmascarar ■ **masked** adj **1** enmascarado **2** (atracador) encapuchado

masochism /ˈmæsəkɪzəm/ n masoquismo
■ **masochist** n masoquista

mason /ˈmeɪsn/ n **1** cantero, albañil **2 Mason** masón ■ **Masonic** /məˈsɒnɪk/ adj masónico

masonry /ˈmeɪsənri/ n albañilería, mampostería

masquerade /ˌmæskəˈreɪd; GB tb ˌmɑːsk-/ sustantivo, verbo
▶ n mascarada, farsa
▶ vi ~ **as sth** hacerse pasar por algo, disfrazarse de algo

mass /mæs/ sustantivo, adjetivo, verbo
▶ n **1** ~ **(of sth)** masa (de algo) **2 masses (of sth)** (coloq) montón, gran cantidad (de algo): *masses of letters* un montón de cartas **3** (tb **Mass**) (Relig, Mús) misa **4 the masses** [pl] las masas **LOC be a mass of sth** estar cubierto/lleno de algo ♦ **the (great) mass of...** la (inmensa) mayoría de...
▶ adj [solo antes de sustantivo] masivo, de masas: *the mass media* los medios masivos de comunicación ◊ *a mass grave* una fosa común ◊ *mass hysteria* histeria colectiva
▶ vt, vi **1** juntar(se) (en masa), reunir(se) **2** (Mil) formar(se), concentrar(se)

massacre /ˈmæsəkər/ sustantivo, verbo
▶ n masacre
▶ vt masacrar

massage /məˈsɑːʒ; GB ˈmæsɑːʒ/ verbo, sustantivo
▶ vt dar masaje a
▶ n masaje

massive /ˈmæsɪv/ adj **1** enorme, monumental **2** macizo, sólido ■ **massively** adv enormemente

mass-proˈduce vt fabricar en serie

mass proˈduction n fabricación en serie

mast /mæst; GB mɑːst/ n **1** (barco) mástil **2** (televisión) torre

master /ˈmæstər; GB ˈmɑːs-/ sustantivo, verbo, adjetivo
▶ n **1** amo, dueño, señor **2** maestro **3** (cinta, etc.) original
▶ vt **1** dominar **2** controlar
▶ adj: *master bedroom* alcoba principal ◊ *a master plan* un plan infalible

masterful /ˈmæstərfl/ adj **1** con/de autoridad **2** (tb **masterly** /ˈmæstərli; GB ˈmɑːs-/) magistral

mastermind /ˈmæstərmaɪnd; GB ˈmɑːs-/ sustantivo, verbo
▶ n cerebro (persona)
▶ vt planear, dirigir

masterpiece /ˈmæstərpiːs; GB ˈmɑːs-/ n obra maestra

ˈmaster's degree (tb **master's**) n máster, maestría

mastery /ˈmæstəri; GB ˈmɑːs-/ n **1** ~ **(of sth)** dominio (de algo) **2** ~ **(over sb/sth)** supremacía (sobre algn/algo)

masturbate /ˈmæstərbeɪt/ vi masturbarse
■ **masturbation** n masturbación

mat /mæt/ n **1** tapete **2** colchoneta **3** individual *Ver tb* PLACE MAT **4** maraña

match /mætʃ/ sustantivo, verbo
▶ n **1** fósforo, cerillo **2** (esp GB) (Dep) partido, encuentro **3** ~ **(for sb/sth)** [sing] complemento (para algn/algo) **LOC a good match** (antic) un buen partido ♦ **be a match/no match for sb** (no) estar a la altura de algn: *I was no match for him at tennis.* No estaba a su altura jugando al tenis. ♦ **find/meet your match (in sb)** encontrar la horma de tu zapato (en algn)
▶ **1** vt, vi combinar con, hacer juego (con) **2** vt igualar **PHR V match up (to sb/sth)** cumplir las expectativas, estar a la altura (de algn/algo)
♦ **match up (with sth)** coincidir (con algo)
♦ **match sth up (with sth)** hacer coincidir algo (con algo)

matchbox /ˈmætʃbɑks/ n caja de fósforos

matching /ˈmætʃɪŋ/ adj [solo antes de sustantivo] a juego: *matching shoes and purse* zapatos que hacen juego con el bolso

mate /meɪt/ sustantivo, verbo
▶ n **1** (GB, coloq) amigo, compañero **2** (Zool) pareja **3** ayudante **4** (Náut) segundo a bordo **5** *Ver* CHECKMATE
▶ vt, vi aparear(se)

material /məˈtɪəriəl/ sustantivo, adjetivo
▶ n **1** material: *raw materials* materias primas **2** tela ➔ *Ver nota en* TELA
▶ adj material ■ **materially** adv **1** económicamente **2** de forma significativa

materialism /məˈtɪəriəlɪzəm/ n materialismo
■ **materialist** n materialista **materialistic** /məˌtɪəriəˈlɪstɪk/ adj materialista

materialize (GB tb -ise) /məˈtɪəriəlaɪz/ vi convertirse en realidad

maternal /məˈtɜːrnl/ adj **1** maternal **2** (familiares) materno

maternity /məˈtɜːrnəti/ n maternidad

math /mæθ/ (GB **maths**) n [incontable] (coloq) matemáticas

mathematical /ˌmæθəˈmætɪkl/ adj matemático ■ **mathematician** /ˌmæθəməˈtɪʃn/ n matemático, -a

mathematics /ˌmæθəˈmætɪks/ n [incontable] matemáticas

matinee (tb **matinée**) /ˌmætnˈeɪ/ n matiné (Cine, Teat)

mating /ˈmeɪtɪŋ/ n apareamiento: *mating season* época de celo

matrimony /ˈmætrɪmoʊni; *GB* -məni/ n (*formal*) matrimonio ■ **matrimonial** /ˌmætrɪˈmoʊniəl/ adj matrimonial

matrix /ˈmeɪtrɪks/ n (pl **matrices** /-siːz/) (*Mat*) matriz

matte (tb **mat**) (*GB* **matt**) /mæt/ adj mate (*color, foto*) ⊃ *Comparar con* GLOSS

matted /ˈmætɪd/ adj enmarañado

matter /ˈmætər/ sustantivo, verbo
▸ n **1** asunto: *I have nothing further to say on the matter.* No tengo nada más que decir al respecto. **2** (*Fís*) materia **3** material: *printed matter* impresos *Ver tb* SUBJECT MATTER LOC **a matter of hours, minutes, days, etc.** cosa de horas, minutos, días, etc. ◆ **a matter of life and death** cuestión de vida o muerte ◆ **a matter of opinion** cuestión de opinión ◆ **as a matter of course** por costumbre ◆ **as a matter of fact** en realidad ◆ **(be) a matter of…** (ser) cuestión de… ◆ **be the matter (with sb/sth)** (*coloq*) pasarle algo a algn/algo: *What's the matter with him?* ¿Qué le pasa? ◇ *Is anything the matter?* ¿Qué pasa? ◇ *What's the matter with my dress?* ¿Qué pasa con mi vestido? ◆ **for that matter** en realidad ◆ **no matter who, what, where, when, etc.**: *no matter what he says* diga lo que diga ◇ *no matter how rich he is* por muy rico que sea ◇ *no matter what* pase lo que pase ◆ **take matters into your own hands** decidir obrar por cuenta propia *Ver tb* LET, WORSE
▸ vi ~ **(to sb)** importar (a algn)

matter-of-ˈfact adj **1** (*estilo*) prosaico **2** (*persona*) impasible, realista

mattress /ˈmætrəs/ n colchón

mature /məˈtʃʊər, -ˈtʊər; *GB* -ˈtjʊə(r)/ adjetivo, verbo
▸ adj **1** maduro **2** (*Econ*) vencido
▸ **1** vi madurar **2** vi (*Econ*) vencer **3** vt hacer madurar ■ **maturity** n madurez

maul /mɔːl/ vt **1** maltratar **2** (*fiera*) herir seriamente

mausoleum /ˌmɔːsəˈliːəm/ n mausoleo

mauve /moʊv/ adj, n (color) malva

maverick /ˈmævərɪk/ adj, n inconformista

maxim /ˈmæksɪm/ n máxima

maximize (*GB tb* **-ise**) /ˈmæksɪmaɪz/ vt potenciar/llevar al máximo

maximum /ˈmæksɪməm/ adj, n (pl **maxima** /-ɪmə/) (*abrev* **max**) máximo

May /meɪ/ n mayo ⊃ *Ver nota y ejemplos en* JANUARY

may /meɪ/ v modal (*pt* **might** /maɪt/, *neg* **might not** *o* **mightn't** /ˈmaɪtnt/)

May es un verbo modal al que sigue un infinitivo sin **to**, y las oraciones interrogativas y negativas se construyen sin el auxiliar **do**. Solo tiene dos formas: presente, **may**, y pasado, **might**.

1 (*formal*) (*permiso*) poder: *You may come if you wish.* Puedes venir si quieres. ◇ *May I go to the bathroom?* ¿Puedo ir al baño? ◇ *You may as well go home.* Más vale que vuelvas a casa.

Para pedir permiso, **may** se considera más cortés que **can**, aunque **can** es mucho más normal: *Can I come in?* ¿Puedo pasar? ◇ *May I get down from the table?* ¿Puedo levantarme de la mesa? ◇ *I'll take a seat, if I may.* Tomaré asiento, si no le importa. Sin embargo, en el pasado se usa **could** mucho más que **might**: *She asked if she could come in.* Preguntó si podía pasar.

2 (*tb* **might**) (*posibilidad*) poder (que): *They may/might not come.* Puede que no vengan. ⊃ *Ver nota en* PODER¹ LOC **be that as it may** sea como sea

maybe /ˈmeɪbi/ adv quizá(s)

mayhem /ˈmeɪhem/ n [*incontable*] alboroto

mayonnaise /ˈmeɪəneɪz; *GB* ˌmeɪəˈneɪz/ (*coloq* **mayo** /ˈmeɪoʊ/) n mayonesa

mayor /ˈmeɪər; *GB* meə(r)/ n alcalde, -esa

maze /meɪz/ n laberinto

me /miː/ pron **1** [*como objeto*] me: *Don't hit me.* No me pegues. ◇ *Tell me all about it.* Cuéntame todo. **2** [*después de preposición*] mí: *as for me* por mi parte/en cuanto a mí ◇ *Come with me.* Ven conmigo. **3** [*cuando va solo o después del verbo* **be**] yo: *Hello, it's me.* Hola, soy yo. ⊃ *Comparar con* I

meadow /ˈmedoʊ/ n prado

meager (*GB* **meagre**) /ˈmiːɡər/ adj escaso, pobre

meal /miːl/ n comida LOC **make a meal of sth** (*coloq*) hacer algo con una atención o un esfuerzo exagerado *Ver tb* SQUARE

mealtime /ˈmiːltaɪm/ n hora de comer

mean /miːn/ verbo, adjetivo, sustantivo
▸ vt (*pt, pp* **meant** /ment/) **1** ~ **sth (to sb)** significar algo (para algn): *You know how much Patricia means to me.* Sabes lo mucho que Patricia significa para mí. ◇ *That name doesn't mean anything to me.* Ese nombre no me dice nada. **2** querer decir, significar: *Do you know what I mean?* ¿Sabes lo que quiero decir? ◇ *What does 'cuero' mean?* ¿Qué significa "cuero"? **3** pretender: *I didn't mean to.* Fue sin querer.

◊ *I meant to have washed the car today.* Pensé en lavar el carro hoy. **4** decir en serio: *She meant it as a joke.* No lo dijo en serio. ◊ *I'm never coming back—I mean it!* ¡No voy a volver nunca, lo digo en serio! **5** conllevar: *His new job means him traveling more.* Su nuevo trabajo implica que tiene que viajar más. **LOC** **be meant for each other** estar hechos el uno para el otro ♦ **be meant to be/do sth**: *This place is meant to be excellent.* Se supone que este sitio es excelente. ◊ *Is this meant to happen?* ¿Es esto lo que se supone que tiene que pasar? ♦ **I mean** (*coloq*) quiero decir: *It's very warm, isn't it? I mean, for this time of year.* Hace mucho calor ¿no? Quiero decir, para esta época del año. ◊ *We went there on Tuesday, I mean Thursday.* Fuimos el martes, quiero decir, el jueves. ♦ **mean business** (*coloq*) ir en serio ♦ **mean well** tener buenas intenciones
▸ *adj* (**meaner, -est**) **1** ~ (**to sb**) mezquino (con algn) **2** (*GB*) (*USA* **cheap**) ~ (**with sth**) tacaño (con algo) **3** (*esp USA, coloq*) (*músico, jugador, etc.*) muy bueno **4** medio
▸ *n* **1** término medio **2** (*Mat*) media

meander /miˈændər/ *vi* **1** (*río*) serpentear **2** (*persona*) deambular **3** (*conversación*) divagar

meaning /ˈmiːnɪŋ/ *n* significado ■ **meaningful** *adj* trascendente **meaningless** *adj* sin sentido

meanness /ˈmiːnnəs/ *n* [*incontable*] (*GB*) tacañería, mezquindad

means /miːnz/ *n* (*pl* **means**) **1** ~ (**of sth/doing sth**) forma, medio, manera (de algo/de hacer algo) **2** [*pl*] medios (*económicos*) **LOC** **a means to an end** un medio para conseguir un fin ♦ **by all means** desde luego *Ver tb* **WAY**

meant *pt, pp de* **MEAN**

meantime /ˈmiːntaɪm/ *n* **LOC** **in the meantime** mientras tanto

meanwhile /ˈmiːnwaɪl/ *adv* mientras tanto

measles /ˈmiːzlz/ *n* [*incontable*] sarampión *Ver tb* **GERMAN MEASLES**

measurable /ˈmeʒərəbl/ *adj* **1** medible **2** sensible

measure /ˈmeʒər/ *verbo, sustantivo*
▸ *vt, vi* medir **PHR V** **measure sb/sth up** medir a algn/algo: *The tailor measured me up for a dress.* El sastre me tomó medidas para un vestido. ♦ **measure up** (**to sb/sth**) estar a la altura (de algn/algo)
▸ *n* **1** medida: *weights and measures* pesos y medidas ◊ *to take measures to do sth* tomar medidas para hacer algo **2** [*sing*] *a/some measure of knowledge/success* cierto nivel de conocimiento/éxito **3** [*sing*] **a** ~ **of sth** un signo de algo **4** (*GB* **bar**) (*Mús*) compás **LOC** **for good**

measure para no quedarse cortos ♦ **half measures** medias tintas ♦ **made to measure** (*GB*) hecho a medida

measured /ˈmeʒərd/ *adj* **1** (*lenguaje*) comedido **2** (*pasos*) pausado

measurement /ˈmeʒərmənt/ *n* **1** medición **2** medida

measuring tape *n Ver* **TAPE MEASURE**

meat /miːt/ *n* carne

meatball /ˈmiːtbɔːl/ *n* albóndiga

meaty /ˈmiːti/ *adj* (**meatier, -iest**) **1** carnoso **2** (*artículo, etc.*) sustancioso

mechanic /məˈkænɪk/ *n* mecánico, -a
■ **mechanical** *adj* mecánico **mechanically** /-kli/ *adv* mecánicamente: *I'm not mechanically minded.* Soy terrible con las máquinas.

mechanics /məˈkænɪks/ *n* **1** [*incontable*] mecánica (*ciencia*) **2** **the mechanics** [*pl*] (*fig*) la mecánica, el funcionamiento

mechanism /ˈmekənɪzəm/ *n* mecanismo

medal /ˈmedl/ *n* medalla ■ **medalist** (*GB* **medallist**) *n* medallista

medallion /məˈdæliən/ *n* medallón

meddle /ˈmedl/ *vi* (*pey*) **1** ~ (**in sth**) entrometerse (en algo) **2** ~ **with sth** jugar con algo

media /ˈmiːdiə/ *n* **1** **the media** [*pl*] los medios de comunicación: *media studies* estudios de comunicación **2** *pl de* **MEDIUM**

mediaeval = **MEDIEVAL**

mediate /ˈmiːdieɪt/ *vi* mediar ■ **mediation** *n* mediación **mediator** *n* mediador, -ora

medic /ˈmedɪk/ *n* **1** (*USA*) médico, -a **2** (*GB, coloq*) estudiante de medicina

medical /ˈmedɪkl/ *adjetivo, sustantivo*
▸ *adj* **1** médico: *medical student* estudiante de medicina **2** clínico
▸ *n* reconocimiento médico

medication /ˌmedɪˈkeɪʃn/ *n* medicación

medicinal /məˈdɪsɪnl/ *adj* medicinal

medicine /ˈmedɪsn, ˈmedsn/ *n* medicina

medieval (*tb* **mediaeval**) /ˌmediˈiːvl, ˌmiːdi-/ *adj* medieval

mediocre /ˌmiːdiˈoʊkər/ *adj* mediocre
■ **mediocrity** /ˌmiːdiˈɑkrəti/ *n* (*pl* **mediocrities**) **1** mediocridad **2** persona mediocre

meditate /ˈmedɪteɪt/ *vi* ~ (**on sth**) meditar (sobre algo) ■ **meditation** *n* meditación

medium /ˈmiːdiəm/ *adjetivo, sustantivo*
▸ *adj* medio: *I'm medium.* Uso la talla mediana.

medley

▶ n 1 (*pl* **media** o **mediums**) medio *Ver tb* MEDIA **2** (*pl* **mediums**) médium

medley /ˈmedli/ *n* (*pl* **medleys**) popurrí

meek /miːk/ *adj* (**meeker, -est**) manso, dócil
■ **meekly** *adv* mansamente

meet /miːt/ *verbo, sustantivo*
▶ (*pt, pp* **met** /met/) **1** *vt, vi* encontrar(se): *What time shall we meet?* ¿A qué hora nos encontramos? ◊ *Our eyes met across the table.* Nuestras miradas se cruzaron por encima de la mesa. ◊ *Will you meet me at the station?* ¿Vas a ir a esperarme a la estación? **2** *vi* reunirse **3** *vt, vi* conocer(se): *I'd like you to meet...* Quiero presentarte a... **4** *vt, vi* enfrentar(se) **5** *vt* (*demanda, etc.*) satisfacer: *They failed to meet payments on their loan.* No pudieron pagar las letras del préstamo. LOC **meet sb's eye** mirar a algn a los ojos ◆ **nice/pleased to meet you** encantado de conocerlo/conocerla *Ver tb* END, MATCH PHR V **meet up (with sb)** coincidir (con algn) ◆ **meet with sb** reunirse con algn
▶ *n* **1** (*esp USA*) (*GB* **meeting**) (*Dep*) encuentro **2** (*GB*) partida de caza

meeting /ˈmiːtɪŋ/ *n* **1** reunión: *Annual General Meeting* junta general anual **2** encuentro: *meeting place* lugar de encuentro

mega /ˈmegə/ *adj, adv* (*coloq*) super-: *a mega hit* un superéxito ◊ *to be mega rich* ser superrico

megabyte /ˈmegəbaɪt/ (*coloq* **meg** /meg/) *n* (*abrev* **MB**) (*Informát*) megabyte

megaphone /ˈmegəfoʊn/ *n* megáfono

melancholy /ˈmelənkɑli/ *sustantivo, adjetivo*
▶ *n* melancolía
▶ *adj* **1** (*persona*) melancólico **2** (*cosa*) triste

melee /ˈmeɪleɪ; *GB* ˈmeleɪ/ *n* [*sing*] pelea, tumulto

mellow /ˈmeloʊ/ *adjetivo, verbo*
▶ *adj* (**mellower, -est**) **1** (*color, sabor*) suave **2** (*sonido*) dulce **3** (*actitud*) comprensivo **4** (*coloq*) alegre (*de tomar*)
▶ **1** *vt, vi* (*persona*) ablandarse **2** *vi* (*vino*) añejarse

melodious /məˈloʊdiəs/ *adj* melodioso

melodrama /ˈmelədrɑmə/ *n* melodrama
■ **melodramatic** /ˌmelədrəˈmætɪk/ *adj* melodramático

melody /ˈmelədi/ *n* (*pl* **melodies**) melodía
■ **melodic** /məˈlɑdɪk/ *adj* melódico

melon /ˈmelən/ *n* melón

melt /melt/ *vt, vi* **1** derretir(se): *melting point* punto de fusión **2** disolver(se) **3** (*persona, corazón*) ablandar(se) LOC **melt in your mouth** deshacerse en la boca PHR V **melt away**

derretirse, disolverse, fundirse ◆ **melt sth down** fundir algo

melting pot *n* amalgama (*de razas, culturas, etc.*) LOC **in the melting pot** en proceso de cambio

member /ˈmembər/ *n* **1** miembro: *Member of Parliament* diputado ◊ *a member of the audience* uno de los asistentes **2** (*club*) socio, -a **3** (*Anat*) miembro

membership /ˈmembərʃɪp/ *n* **1** afiliación: *to apply for membership* solicitar la entrada ◊ *membership card* tarjeta de socio **2** (*número de*) miembros/socios

membrane /ˈmembreɪn/ *n* membrana

memento /məˈmentoʊ/ *n* (*pl* **mementos** o **mementoes**) recuerdo (*objeto*)

memo /ˈmemoʊ/ *n* (*pl* **memos**) memorándum, circular: *an inter-office memo* una circular

memoir /ˈmemwɑr/ *n* memoria (*libro*)

memorabilia /ˌmemərəˈbiːliə/ *n* [*pl*] objetos de colección

memorable /ˈmemərəbl/ *adj* memorable

memorandum /ˌmeməˈrændəm/ *n* (*pl* **memoranda** /-rændə/) **1** (*formal*) *Ver* MEMO **2** (*Jur*) minuta **3** ~ **(to sb)** nota (a algn)

memorial /məˈmɔːriəl/ *n* ~ **(to sb/sth)** monumento conmemorativo (de algn/algo)

memorize (*GB tb* **-ise**) /ˈmeməraɪz/ *vt* memorizar

memory /ˈmeməri/ *n* (*pl* **memories**) **1** memoria: *from memory* de memoria **2** recuerdo LOC **in memory of sb/to the memory of sb** en memoria de algn *Ver tb* JOG, LIVING, REFRESH

memory card *n* tarjeta de memoria

memory stick *n* (memoria) USB, pendrive

men *pl de* MAN

menace /ˈmenəs/ *sustantivo, verbo*
▶ *n* **1** ~ **(to sb/sth)** amenaza (para algn/algo) **2** (*coloq*) (*persona o cosa molesta*) peligro (*público*)
▶ *vt* (*formal*) amenazar ■ **menacing** *adj* amenazador

mend /mend/ *verbo, sustantivo*
▶ **1** *vt* (*GB*) (*USA* **fix**) arreglar **2** *vi* curarse LOC **mend your ways** reformarse
▶ *n* LOC **on the mend** (*coloq*) mejorando

meningitis /ˌmenɪnˈdʒaɪtɪs/ *n* meningitis

menopause /ˈmenəpɔːz/ *n* menopausia

menstrual /ˈmenstruəl/ *adj* menstrual

menstruation /ˌmenstruˈeɪʃn/ *n* menstruación

menswear /ˈmenzweər/ n ropa de caballero

mental /ˈmentl/ adj **1** mental: *mental hospital* hospital para enfermos mentales **2** (*GB, coloq, pey*) mal de la cabeza

mentality /menˈtæləti/ n (pl **mentalities**) mentalidad

mentally /ˈmentəli/ adv mentalmente: *mentally ill/disturbed* enfermo/trastornado mental

mention /ˈmenʃn/ verbo, sustantivo
▸ vt mencionar, decir, hablar de: *worth mentioning* digno de mención LOC **don't mention it** no hay de qué ◆ **not to mention…** por no hablar de…, sin mencionar…
▸ n mención, alusión

mentor /ˈmentɔːr/ n mentor, -ora

menu /ˈmenjuː/ n **1** menú, carta **2** (*Informát*) menú

meow (*GB* **miaow**) /miˈaʊ/ sustantivo, verbo
▸ n maullido
▸ vi maullar

mercenary /ˈmɜːrsəneri; *GB* -nəri/ adj, n (pl **mercenaries**) mercenario, -a

merchandise /ˈmɜːrtʃəndaɪz, -daɪs/ n [*incontable*] mercancía(s), mercadería(s)
■ **merchandising** n comercialización

merchant /ˈmɜːrtʃənt/ sustantivo, adjetivo
▸ n **1** comerciante, mayorista (*que comercia con el extranjero*) **2** (*Hist*) mercader
▸ adj: *merchant bank* banco comercial ◊ *merchant navy* marina mercante

merciful /ˈmɜːrsɪfl/ adj **1** ~ (**to/toward sb**) compasivo, clemente (con algn) **2** (*suceso*) feliz
■ **mercifully** adv **1** compasivamente, con piedad **2** felizmente

merciless /ˈmɜːrsɪləs/ adj ~ (**to/toward sb**) despiadado (con algn)

Mercury /ˈmɜːrkjəri/ n Mercurio

mercury /ˈmɜːrkjəri/ n mercurio

mercy /ˈmɜːrsi/ n **1** compasión, clemencia: *to have mercy on sb* tener compasión de algn ◊ *mercy killing* eutanasia **2** (*coloq*) bendición: *It's a mercy that…* Es una suerte que… LOC **at the mercy of sb/sth** a merced de algn/algo

mere /mɪər/ adj mero, simple: *mere coincidence* pura casualidad ◊ *He's a mere child.* No es más que un niño. ◊ *the mere thought of him* de solo pensar en él LOC **the merest…** el menor…: *The merest glimpse was enough.* Un simple vistazo fue suficiente.

merely /ˈmɪərli/ adv solo, meramente

merge /mɜːrdʒ/ vt, vi ~ (**sth**) (**with/into sth**) **1** (*Econ*) fusionar algo, fusionarse (con/en algo): *Three small companies merged into one large one.* Tres empresas pequeñas se fusionaron para formar una grande. **2** entremezclar algo, entremezclarse, unir algo, unirse (con/en algo): *Past and present merge in Oxford.* En Oxford convergen el pasado y el presente. ■ **merger** n (*Econ*) fusión (*de empresas*)

meringue /məˈræŋ/ n merengue

merit /ˈmerɪt/ sustantivo, verbo
▸ n mérito: *to judge sth on its merits* juzgar algo según sus méritos
▸ vt (*formal*) merecer, ser digno de

mermaid /ˈmɜːrmeɪd/ n sirena (*mujer-pez*)

merry /ˈmeri/ adj (**merrier, -iest**) **1** alegre: *Merry Christmas!* ¡Feliz Navidad! **2** (*GB, coloq*) alegre (*de tomar*) LOC **make merry** (*antic*) divertirse ■ **merriment** n (*formal*) alegría, regocijo: *amid merriment* entre risas

merry-go-round n carrusel

mesh /meʃ/ n malla: *wire mesh* tela metálica

mesmerize (*GB tb* **-ise**) /ˈmezməraɪz/ vt hipnotizar

mess /mes/ sustantivo, verbo
▸ n **1** desastre: *This kitchen's a mess!* ¡Esta cocina está hecha una porquería! **2** (*coloq*) (*excremento*) inmundicia **3** enredo, lío **4** (*persona*) desarreglado, -a **5** (*tb esp USA* **ˈmess hall**) (*Mil*) comedor LOC **make a mess of sth 1** desordenar algo **2** ensuciar algo **3** (*planes, vida, etc.*) arruinar algo
▸ vt (*esp USA, coloq*) desordenar
PHR V **mess around** (*GB tb* **mess about**) **1** hacerse el tonto **2** pasar el rato ◆ **mess sb around/about; mess around/about with sb** (*GB*) tratar con desconsideración a algn ◆ **mess around/about; mess around/about with sth** (*esp GB*) enredar con algo ◆ **mess sb up** (*coloq*) traumatizar a algn ◆ **mess sth up 1** ensuciar, enredar algo: *Don't mess up my hair!* ¡No me despeines! **2** (*tb* **mess up**) estropear algo, estropear las cosas ◆ **mess with sb/sth** entrometerse en algo/en los asuntos de algn

message /ˈmesɪdʒ/ sustantivo, verbo
▸ n **1** recado **2** mensaje **3** encargo LOC **get the message** (*coloq*) enterarse
▸ vt, vi enviar un mensaje de texto (a)

ˈmessage board n tablero de mensajes

messaging /ˈmesɪdʒɪŋ/ n mensajería (*SMS, Internet*): *instant messaging* mensajería instantánea

messenger /ˈmesɪndʒər/ n mensajero, -a

Messiah (*tb* **messiah**) /məˈsaɪə/ n Mesías

messy /'mesi/ adj (**messier, -iest**) **1** sucio **2** revuelto, desordenado **3** (situación) enredado, problemático

met pt, pp de MEET

metabolism /mə'tæbəlɪzəm/ n metabolismo

⚡ **metal** /'metl/ n metal ■ **metallic** /mə'tælɪk/ adj metálico

metalwork /'metlwɜːrk/ n [incontable] trabajo en metal

metamorphose /ˌmetə'mɔːrfoʊz/ vt, vi (formal) convertir(se) ■ **metamorphosis** /ˌmetə'mɔːrfəsɪs/ n (pl **metamorphoses** /-siːz/) (formal) metamorfosis

metaphor /'metəfɔːr, -fə(r)/ n metáfora ■ **metaphorical** /ˌmetə'fɔːrɪkl; GB -'fɒr-/ adj metafórico

metaphysics /ˌmetə'fɪzɪks/ n [incontable] metafísica ■ **metaphysical** adj metafísico

meteor /'miːtiər, -tiɔːr/ n meteorito ■ **meteoric** /ˌmiːti'ɔːrɪk; GB -'ɒr-/ adj meteórico

meteorite /'miːtiəraɪt/ n meteorito

meteorological /ˌmiːtiərə'lɑdʒɪkl/ adj meteorológico

meteorology /ˌmiːtiə'rɑlədʒi/ n meteorología

⚡ **meter** /'miːtər/ sustantivo, verbo
▶ n **1** (GB **metre**) (abrev **m.**) metro ➜ Ver pág. 786 **2** contador (de la luz, etc.) Ver tb PARKING METER
▶ vt medir

methane /'meθeɪn; GB 'miː-/ n metano

⚡ **method** /'meθəd/ n método: a method of payment un sistema de pago ■ **methodical** /mə'θɑdɪkl/ adj metódico

Methodist /'meθədɪst/ adj, n metodista

methodology /ˌmeθə'dɑlədʒi/ n (pl **methodologies**) metodología

meticulous /mə'tɪkjələs/ adj meticuloso

metre (esp GB) = METER

metric /'metrɪk/ adj métrico: the metric system el sistema métrico decimal

metropolis /mə'trɑpəlɪs/ n metrópoli ■ **metropolitan** /ˌmetrə'pɑlɪtən/ adj metropolitano

metrosexual /ˌmetrə'sekʃuəl/ adj, n metrosexual

mezzanine /'mezəniːn/ n entresuelo

miaow (GB) = MEOW

mice /maɪs/ pl de MOUSE

mickey /'mɪki/ n LOC **take the mickey (out of sb)** (GB, coloq) burlarse (de algn)

microbe /'maɪkroʊb/ n microbio

microchip /'maɪkroʊtʃɪp/ (tb **chip**) n microchip

microcosm /'maɪkroʊkɑzəm/ n microcosmos

microlight /'maɪkroʊlaɪt/ n (GB) (USA **ultralight**) ultraliviano

micro-organism n microorganismo

microphone /'maɪkrəfoʊn/ n micrófono

microprocessor /ˌmaɪkroʊ'proʊsesər/ n microprocesador

microscope /'maɪkrəskoʊp/ n microscopio ■ **microscopic** /ˌmaɪkrə'skɑpɪk/ adj microscópico

microwave /'maɪkrəweɪv/ n **1** (formal **microwave oven**) microondas **2** microonda

⚡ **mid-** /mɪd/ adj: in mid-July a mediados de julio ◊ mid-morning media mañana ◊ in mid-sentence a mitad de la frase

mid-air n en el aire: in mid-air en el aire ◊ to leave sth in mid-air dejar algo sin resolver

midday /ˌmɪd'deɪ/ n mediodía

⚡ **middle** /'mɪdl/ sustantivo, adjetivo
▶ n **1 the middle** [sing] medio, centro: in the middle of the night a mitad de la noche **2** (coloq) cintura LOC **be in the middle of (doing) sth** estar haciendo algo ♦ **in the middle of nowhere** (coloq) en medio de la nada
▶ adj central, medio: middle finger dedo corazón ◊ middle management ejecutivos de nivel intermedio LOC **the middle ground** terreno neutral ♦ **(steer, take, etc.) a middle course**; **(find, etc.) a/the middle way** (tomar/seguir) una línea media

middle age n madurez ■ **middle-aged** adj de mediana edad, cuarentón

middle class sustantivo, adjetivo
▶ n (tb **middle classes** [pl]) clase media
▶ adj **middle-class** de clase media

middleman /'mɪdlmæn/ n (pl **middlemen** /-men/) intermediario, -a

middle name n segundo nombre

En los países de habla inglesa, la mayoría de la gente usa dos nombres y un apellido.

middle-of-the-road adj moderado

middle school n (USA) colegio de enseñanza media para alumnos de 11 a 14 años

middleweight /'mɪdlweɪt/ n peso medio

midfield /'mɪdfiːld, ˌmɪd'fiːld/ n (Dep) centro del campo ■ **midfielder** /mɪd'fiːldər/ (tb **midfield player**) n centrocampista

midge /mɪdʒ/ n mosquito

midget /'mɪdʒɪt/ n enano, -a

milligram

the Midlands /ˈmɪdləndz/ n [v sing o pl] la región central de Inglaterra

midlife /mɪdˈlaɪf/ n: *midlife crisis* crisis de los cuarenta

midnight /ˈmɪdnaɪt/ n medianoche

midriff /ˈmɪdrɪf/ n abdomen

midst /mɪdst/ n (formal) medio: *in the midst of (doing) sth* en medio de (hacer) algo LOC **in our, their, etc. midst** (formal) entre nosotros, ellos, etc.

midsummer /ˌmɪdˈsʌmər/ n período alrededor del solsticio de verano: *Midsummer('s) Day* día de San Juan (24 de junio)

midway /ˌmɪdˈweɪ/ adv ~ **(between ...)** a medio camino (entre ...)

midweek /ˌmɪdˈwiːk/ n entre semana: *in midweek* a mediados de semana

midwife /ˈmɪdwaɪf/ n (pl **midwives** /-waɪvz/) partero, -a, comadrón, -ona

midwinter /ˌmɪdˈwɪntər/ n período alrededor del solsticio de invierno

miffed /mɪft/ adj (coloq) ofendido

might /maɪt/ verbo, sustantivo
▸ v modal (neg **might not** o **mightn't** /ˈmaɪtnt/)

> **Might** es un verbo modal al que sigue un infinitivo sin **to**, y las oraciones interrogativas y negativas se construyen sin el auxiliar **do**.

1 pt de MAY **2** (tb **may**) (posibilidad) poder (que): *They may/might not come.* Puede que no vengan. ◊ *I might be able to.* Es posible que pueda. **3** (formal) *Might I make a suggestion?* ¿Podría hacer una sugerencia? ◊ *And who might she be?* Y ¿ésa quién será? ◊ *You might at least offer to help!* Por lo menos podrías darme una mano. ◊ *You might have told me!* ¡Me lo podías haber dicho! ➔ *Ver notas en* MAY *y* PODER[1]
▸ n [incontable] (formal) fuerza: *with all their might* con todas sus fuerzas ◊ *military might* poderío militar

mighty /ˈmaɪti/ adj (**mightier, -iest**) **1** poderoso, potente **2** enorme ■ **mightily** adv (antic) enormemente

migraine /ˈmaɪgreɪn; GB tb ˈmiːg-/ n migraña

migrant /ˈmaɪgrənt/ adjetivo, sustantivo
▸ adj **1** (persona) emigrante **2** (animal, ave) migratorio
▸ n emigrante

migrate /ˈmaɪgreɪt; GB maɪˈgreɪt/ vi migrar
■ **migration** adj migración, emigración
migratory /ˈmaɪgrətɔːri; GB -tri, maɪˈgreɪtəri/ adj migratorio

mike /maɪk/ n (coloq) micrófono

mild /maɪld/ adj (**milder, -est**) **1** (sabor, etc.) suave **2** (clima) templado: *a mild winter* un invierno suave **3** (enfermedad, castigo) leve **4** ligero **5** (carácter) apacible ■ **mildly** adv ligeramente, un tanto: *mildly surprised* un tanto sorprendido LOC **to put it mildly** por no decir otra cosa, cuando menos

mildew /ˈmɪlduː; GB -djuː/ n moho

mild-mannered adj apacible

mile /maɪl/ n **1** milla ➔ *Ver pág.* 786 **2** [gen pl] (coloq) *He's miles better.* El es mucho mejor. **3 the mile** [sing] carrera de una milla LOC **be miles away** (coloq) estar en la inopia ◆ **miles from anywhere** (coloq) en la quinta porra ◆ **see, tell, etc. sth a mile off** (coloq) ver/notar algo a leguas

mileage /ˈmaɪlɪdʒ/ n **1** recorrido en millas, kilometraje **2** (coloq) ventaja: *to get a lot of mileage out of sth* aprovechar algo al máximo

milestone /ˈmaɪlstoʊn/ n **1** hito **2** mojón (en carretera)

milieu /miːˈljɜː, -ljuː/ n (pl **milieus** o **milieux** /-ljɜːz, -ljuːz/) entorno social

militant /ˈmɪlɪtənt/ adj, n militante

military /ˈmɪləteri; GB -tri/ adjetivo, sustantivo
▸ adj militar
▸ n **the military** [v sing o pl] los militares, el ejército

militia /məˈlɪʃə/ n milicia ■ **militiaman** n (pl **militiamen** /-mən/) miliciano

milk /mɪlk/ sustantivo, verbo
▸ n leche: *milk products* productos lácteos LOC *Ver* CRY
▸ vt **1** ordeñar **2** (fig) (pey) (aprovecharse de) exprimir

milkman /ˈmɪlkmæn/ n (pl **milkmen** /-mən/) lechero

milkshake /ˈmɪlkʃeɪk/ n (tb **shake**) n malteada, batido

milky /ˈmɪlki/ adj **1** (té, café, etc.) con leche **2** lechoso

the Milky Way n la Vía Láctea

mill /mɪl/ sustantivo, verbo
▸ n **1** molino **2** molinillo **3** fábrica: *steel mill* fábrica de acero
▸ vt moler PHR V **mill around** (GB tb **mill about**) arremolinarse ■ **miller** n molinero, -a

millennium /mɪˈleniəm/ n (pl **millennia** /-niə/ o **millenniums**) milenio

millet /ˈmɪlɪt/ n mijo

milligram (GB tb **milligramme**) /ˈmɪlɪɡræm/ n (abrev **mg**) miligramo

milliliter

milliliter (GB **millilitre**) /ˈmɪliliːtər/ n (abrev **ml**) mililitro

millimeter (GB **millimetre**) /ˈmɪlimiːtər/ n (abrev **mm**) milímetro ᗒ Ver pág. 786

million /ˈmɪljən/ adj, pron, n millón

Para referirnos a dos, tres, etc. millones, decimos **two, three, etc. million** sin la "s": *four million euros*. La forma **millions** significa "mucho(s)": *The company is worth millions*. La empresa vale una millonada. ◊ *I have millions of things to do*. Tengo un montón de cosas que hacer. Lo mismo se aplica a las palabras **hundred, thousand** y **billion**. ᗒ Ver tb pág. 784

LOC **one, etc. in a million** excepcional
■ **millionth 1** adj millonésimo **2** n millonésima parte ᗒ Ver ejemplos en FIFTH

millionaire /ˌmɪljəˈneər/ n millonario, -a

milometer /maɪˈlɑmɪtər/ n (GB) (USA **odometer**) odómetro

mime /maɪm/ sustantivo, verbo
▸ n mimo: *a mime artist* un/una mimo
▸ vt, vi hacer mimo, imitar

mimic /ˈmɪmɪk/ verbo, sustantivo
▸ vt (pt, pp **mimicked**, part pres **mimicking**) imitar
▸ n imitador, -ora

mimicry /ˈmɪmɪkri/ n [incontable] imitación

mince /mɪns/ verbo, sustantivo
▸ vt moler (carne) **LOC** **not mince (your) words** no andarse con rodeos
▸ n (GB) (USA **ground beef**) [incontable] carne molida

mincemeat /ˈmɪnsmiːt/ n relleno de frutas secas **LOC** **make mincemeat of sb** (coloq) hacer picadillo a algn

mincemeat pie (GB **mince pie**) n pastelillo navideño relleno de frutas secas

mind /maɪnd/ sustantivo, verbo
▸ n **1** mente, cerebro **2** ánimo **3** pensamiento(s): *My mind was on other things*. Estaba pensando en otras cosas. **4** juicio: *to be sound in mind and body* estar sano en cuerpo y alma **LOC** **be in two minds about (doing) sth** (GB) estar indeciso sobre (si hacer) algo ♦ **be on your mind**: *What's on your mind?* ¿Qué te preocupa? ♦ **be out of your mind** (coloq) estar como loco ♦ **come/spring to mind** ocurrírsele a algn ♦ **go out of/lose your mind** volverse loco ♦ **have a mind of your own** ser una persona de mente independiente ♦ **have a good mind to do sth**; **have half a mind to do sth** tener ganas de hacer algo ♦ **have sb/sth in mind (for sth)** tener a algn/algo pensado (para algo) ♦ **in your mind's eye** en la imaginación ♦ **keep your mind on sth** concentrarse en algo ♦ **make up your mind**

decidir(se) ♦ **put/set/turn your mind to sth**; **set your mind on sth** centrarse en algo, proponerse algo ♦ **put/set your/sb's mind at ease/rest** tranquilizarse/tranquilizar a algn ♦ **take your/sb's mind off sth** distraerse/distraer a algn de algo ♦ **to my mind** a mi parecer Ver tb BACK, BEAR, CHANGE, CLOSE², CROSS, FOCUS, FRAME, GREAT, PREY, SIGHT, SLIP, SOUND, SPEAK, STATE, UPPERMOST
▸ **1** vt cuidar de **2** vt, vi importar: *I wouldn't mind a drink*. No vendría mal tomar algo. ◊ *Do you mind if I smoke?* ¿Te molesta si fumo? ◊ *I don't mind*. Me da igual. ◊ *Would you mind going tomorrow?* ¿Te importa ir mañana? **3** vt preocuparse de: *Don't mind him*. No le hagas caso. **4** vt, vi (GB) (USA **watch**) tener cuidado (con): *Mind your head!* ¡Cuidado con la cabeza! **LOC** **do you mind?** (irón, pey) ¿te/le importa? ♦ **mind you**; **mind** (GB, coloq) a decir verdad ♦ **mind your own business** no meterse en lo que no le importa ♦ **never mind** no importa ♦ **never you mind** (coloq) no preguntes **PHR V** **mind out (for sb/sth)** tener cuidado (con algn/algo)

mind-blowing n (coloq) alucinante

mind-boggling /ˈmaɪnd bɑɡlɪŋ/ adj (coloq) increíble

minder /ˈmaɪndər/ n (GB) cuidador, -ora

mindful /ˈmaɪndfl/ adj (formal) consciente

mindless /ˈmaɪndləs/ adj tonto

mind map n mapa mental

mine /maɪn/ pronombre, sustantivo, verbo
▸ pron mío, -a, -os, -as: *a friend of mine* un amigo mío ◊ *Where's mine?* ¿Dónde está la mía?
ᗒ Comparar con MY
▸ n mina: *mine worker* minero
▸ **1** vt extraer (minerales) **2** vt, vi minar **3** vt sembrar minas en

minefield /ˈmaɪnfiːld/ n **1** campo de minas **2** (fig) terreno peligroso/delicado

miner /ˈmaɪnər/ n minero, -a

mineral /ˈmɪnərəl/ n mineral: *mineral water* agua mineral

mingle /ˈmɪŋɡl/ **1** vi charlar con gente (en una fiesta, reunión, etc.): *The president mingled with his guests*. El presidente charló con los invitados. **2** vi ~ (**with sth**) mezclarse (con algo) **3** vt mezclar

miniature /ˈmɪnətʃʊər, -tʃər/ n miniatura

minibus /ˈmɪnibʌs/ n (pl **minibuses**) microbús

minicab /ˈmɪnikæb/ n (GB) radiotaxi

minimal /ˈmɪnɪməl/ adj mínimo

minimize (GB tb **-ise**) /ˈmɪnɪmaɪz/ vt minimizar

---

i happy   ɪ sit   iː see   æ cat   ɑ hot   ɒ long (GB)   ɑː bath (GB)   ʌ cup   ʊ put   uː too

misery

minimum /'mɪnɪməm/ *sustantivo, adjetivo*
▸ *n* (*pl* **minimums** o **minima** /-mə/) (*abrev* **min.**) mínimo: *with a minimum of effort* con un esfuerzo mínimo
▸ *adj* mínimo: *There is a minimum charge of…* Se cobra un mínimo de…

mining /'maɪnɪŋ/ *n* minería: *the mining industry* la industria minera

miniskirt /'mɪnɪskɜːrt/ *n* minifalda

minister /'mɪnɪstər/ *sustantivo, verbo*
▸ *n* **1** (*GB*) (*USA* **secretary**) ~ (**for/of sth**) (*Pol*) secretario, -a, ministro, -a (de algo) *Ver tb* PRIME MINISTER **2** ministro, -a (*protestante*) ➔ *Ver nota en* PRIEST
▸ *v* PHR V **minister to sb/sth** (*formal*) atender a algn/algo

ministerial /ˌmɪnɪˈstɪəriəl/ *adj* ministerial

ministry /'mɪnɪstri/ *n* (*pl* **ministries**) **1** (*GB*) (*USA* **department**) (*Pol*) ministerio, secretaría **2 the Ministry** el clero (*protestante*): *to enter/take up the Ministry* hacerse pastor/sacerdote

minivan /'mɪnivæn/ (*GB* **MPV**, **people carrier**) *n* minivan

mink /mɪŋk/ *n* visón

minor /'maɪnər/ *adjetivo, sustantivo*
▸ *adj* **1** secundario: *minor repairs* pequeñas reparaciones ◊ *minor injuries* heridas leves **2** (*Mús*) menor
▸ *n* menor de edad

minority /maɪˈnɔːrəti; *GB* -'nɒr-/ *n* [*v sing o pl*] (*pl* **minorities**) minoría: *a minority vote* un voto minoritario LOC **be in a/the minority** estar en (una/la) minoría

mint /mɪnt/ *sustantivo, verbo*
▸ *n* **1** menta **2** (*dulce de*) menta **3** la Casa de la Moneda **4** [*sing*] (*coloq*) dineral LOC **in mint condition** en perfectas condiciones
▸ *vt* acuñar

minus /'maɪnəs/ *preposición, adjetivo, sustantivo*
▸ *prep* **1** menos **2** (*coloq*) sin: *I'm minus my car today.* Estoy sin carro hoy. **3** (*temperatura*) bajo cero: *minus five* cinco grados bajo cero
▸ *adj* (*Educ*) bajo: *B minus* (*B-*) siete
▸ *n* **1** (*tb* **'minus sign**) (signo) menos **2** (*coloq*) desventaja: *the pluses and minuses of sth* las ventajas y las desventajas de algo

minute¹ /'mɪnɪt/ *n* **1** minuto **2** minuto, momento: *Wait a minute!/Just a minute!* ¡Un momento! **3** instante: *at that very minute* en ese preciso instante **4** nota (*oficial*) **5** minutes [*pl*] actas (*de una reunión*) LOC **(at) any minute (now)** en cualquier momento ◆ **not for a/one minute** ni por un segundo ◆ **the minute (that)…** en cuanto…

minute² /maɪˈnuːt; *GB* -'njuːt/ *adj* (**-est**) **1** diminuto **2** minucioso ■ **minutely** *adv* minuciosamente

miracle /'mɪrəkl/ *n* milagro: *miracle cure* cura milagrosa LOC *Ver* WORK ■ **miraculous** /mɪˈrækjələs/ *adj* milagroso: *He had a miraculous escape.* Salió ileso de milagro.

mirage /məˈrɑːʒ; *GB* 'mɪrɑːʒ, mɪˈrɑːʒ/ *n* espejismo

mirror /'mɪrər/ *sustantivo, verbo*
▸ *n* **1** espejo: *mirror image* réplica exacta/imagen invertida **2** (*en carro*) retrovisor **3** [*sing*] **a ~ of sth** un reflejo de algo
▸ *vt* reflejar

mirth /mɜːrθ/ *n* (*formal*) **1** risa **2** alegría

misadventure /ˌmɪsədˈventʃər/ *n* **1** (*formal*) desgracia **2** (*GB*) (*Jur*) *death by misadventure* muerte accidental

misbehave /ˌmɪsbɪˈheɪv/ *vi* portarse mal ■ **misbehavior** (*GB* **misbehaviour**) *n* mal comportamiento

miscalculation /ˌmɪskælkjuˈleɪʃn/ *n* error de cálculo

miscarriage /'mɪskærɪdʒ; *GB tb* ˌmɪs'k-/ *n* (*Med*) aborto (*espontáneo*) LOC **miscarriage of justice** error judicial

miscellaneous /ˌmɪsəˈleɪniəs/ *adj* variado: *miscellaneous expenditures* gastos varios

mischief /'mɪstʃɪf/ *n* **1** travesura, diablura: *to keep out of mischief* no hacer travesuras **2** daño ■ **mischievous** *adj* **1** (*niño*) travieso **2** (*sonrisa*) pícaro

misconceive /ˌmɪskənˈsiːv/ *vt* (*formal*) malinterpretar: *a misconceived project* un proyecto mal planteado ■ **misconception** /ˌmɪskənˈsepʃn/ *n* idea equivocada: *It is a popular misconception that…* Es un error común el creer que…

misconduct /ˌmɪsˈkɑːndʌkt/ *n* (*formal*) **1** (*Jur*) mala conducta **2** (*Econ*) mala administración

miser /'maɪzər/ *n* avaro, -a ■ **miserly** *adj* (*pey*) **1** avaro **2** mísero

miserable /'mɪzrəbl/ *adj* **1** triste, infeliz **2** despreciable **3** miserable: *miserable weather* mal tiempo ◊ *I had a miserable time.* La pasé muy mal. ■ **miserably** *adv* **1** tristemente **2** miserablemente: *Their efforts failed miserably.* Sus esfuerzos fueron un fracaso total.

misery /'mɪzəri/ *n* (*pl* **miseries**) **1** [*incontable*] tristeza, sufrimiento: *a life of misery* una vida desgraciada **2** miseria **3** (*GB*, *coloq*) aguafiestas LOC **put sb out of their misery** (*coloq*) sacar a algn de la incertidumbre ◆ **put sth out of its**

misery (*animal*) sacrificar a un animal para que no sufra más

misfortune /mɪsˈfɔːrtʃən/ n desgracia

misgiving /ˌmɪsˈɡɪvɪŋ/ n [gen pl] duda (aprensión)

misguided /ˌmɪsˈɡaɪdɪd/ adj equivocado: *misguided generosity* generosidad mal entendida

mishap /ˈmɪshæp/ n **1** contratiempo **2** percance

misinform /ˌmɪsɪnˈfɔːrm/ vt ~ sb (about sth) (*formal*) informar mal a algn (sobre algo)

misinterpret /ˌmɪsɪnˈtɜːrprɪt/ vt interpretar mal ■ **misinterpretation** n interpretación errónea

misjudge /ˌmɪsˈdʒʌdʒ/ vt **1** juzgar mal **2** calcular mal

mislay /ˌmɪsˈleɪ/ vt (*pt, pp* **mislaid**) extraviar

mislead /ˌmɪsˈliːd/ vt (*pt, pp* **misled** /-ˈled/) ~ sb (about/as to sth) llevar a conclusiones erróneas a algn (respecto a algo): *Don't be misled by...* No te dejes engañar por... ■ **misleading** adj engañoso

mismanagement /ˌmɪsˈmænɪdʒmənt/ n mala administración

misogynist /mɪˈsɑdʒɪnɪst/ n misógino, -a

misplaced /ˌmɪsˈpleɪst/ adj **1** mal colocado **2** (*afecto, confianza*) inmerecido **3** fuera de lugar

misprint /ˈmɪsprɪnt/ n errata

misread /ˌmɪsˈriːd/ vt (*pt, pp* **misread** /-ˈred/) **1** leer mal **2** interpretar mal

misrepresent /ˌmɪsˌreprɪˈzent/ vt tergiversar las palabras de

Miss /mɪs/ n señorita ⊃ *Ver nota en* SEÑORITA

miss /mɪs/ verbo, sustantivo
▶ **1** vt, vi no acertar, fallar: *to miss your footing* dar un traspié **2** vt no ver: *to miss the point* no ver la intención ◊ *You can't miss it.* Lo vas a ver enseguida. ◊ *I missed what you said.* Se me escapó lo que dijiste. **3** vt perder, no llegar a tiempo para **4** vt sentir/advertir la falta de **5** vt echar de menos **6** vt evitar: *to narrowly miss (hitting) sth* esquivar algo por un pelo **LOC** **not miss much**; **not miss a trick** (*coloq*) no perderse ni una **PHR V** **miss sb/sth out** (*GB*) olvidarse de a algn/algo ♦ **miss out (on sth)** perder la oportunidad (de algo)
▶ n tiro errado **LOC** **give sth a miss** (*GB, coloq*): *No thanks, I'll give it a miss.* No gracias. Yo paso.

missile /ˈmɪsl; *GB* ˈmɪsaɪl/ n **1** (*Mil*) misil **2** proyectil

missing /ˈmɪsɪŋ/ adj **1** extraviado **2** que falta: *He has a tooth missing.* Le falta un diente. **3** desaparecido: *missing persons* desaparecidos

mission /ˈmɪʃn/ n misión

missionary /ˈmɪʃəneri; *GB* -nri/ n (*pl* **missionaries**) misionero, -a

mist /mɪst/ sustantivo, verbo
▶ n **1** neblina ⊃ *Comparar con* FOG, HAZE **2** (*fig*) bruma: *lost in the mists of time* perdido en la noche de los tiempos
▶ v **PHR V** **mist over/up** empañarse

mistake /mɪˈsteɪk/ sustantivo, verbo
▶ n error, equivocación: *to make a mistake* equivocarse

> Las palabras **mistake**, **error**, **fault** y **defect** están relacionadas. **Mistake** y **error** significan lo mismo, pero **error** es más formal. Sin embargo, en algunas construcciones solo se puede utilizar **error**: *human error* error humano ◊ *an error of judgment* una equivocación.
> **Fault** indica la culpabilidad de una persona: *It's all your fault.* Todo es culpa tuya. También puede indicar una imperfección: *an electrical fault* una falla eléctrica ◊ *He has many faults.* Tiene muchos defectos. **Defect** es una imperfección más grave.

LOC **by mistake** por equivocación
▶ vt (*pt* **mistook** /mɪˈstʊk/, *pp* **mistaken** /mɪˈsteɪkən/) equivocarse de: *I mistook your meaning/what you meant.* Entendí mal lo que dijiste.
LOC **there's no mistaking sb/sth** es imposible confundir a algn/algo **PHR V** **mistake sb/sth for sb/sth** confundir a algn/algo con algn/algo

mistaken /mɪˈsteɪkən/ adj ~ (about sb/sth) equivocado (sobre algn/algo): *if I'm not mistaken* si no me equivoco

mistakenly /mɪˈsteɪkənli/ adv erróneamente, por equivocación

mister /ˈmɪstər/ n (*abrev* **Mr.**) señor

mistletoe /ˈmɪsltoʊ/ n muérdago

> En Estados Unidos y Gran Bretaña, existe una tradición navideña que consiste en besarse debajo de una ramita de muérdago.

mistook *pt de* MISTAKE

mistreat /ˌmɪsˈtriːt/ vt maltratar

mistress /ˈmɪstrəs/ n **1** querida, amante **2** señora **3** (*de situación, animal*) dueña

mistrust /ˌmɪsˈtrʌst/ verbo, sustantivo
▶ vt desconfiar de
▶ n ~ **(of sb/sth)** desconfianza (hacia algn/algo)

moist

misty /ˈmɪsti/ *adj* **1** (*tiempo*) con neblina **2** (*fig*) borroso

misunderstand /ˌmɪsʌndərˈstænd/ *vt, vi* (*pt, pp* **misunderstood** /-ˈstʊd/) entender mal ■ **misunderstanding** *n* **1** malentendido **2** desavenencia

misuse /ˌmɪsˈjuːs/ *n* **1** abuso **2** (*palabra*) mal empleo **3** (*fondos*) malversación

mitigate /ˈmɪtɪɡeɪt/ *vt* (*formal*) mitigar, atenuar

mitten /ˈmɪtn/ *n* mitón

mix /mɪks/ *verbo, sustantivo*
▸ **1** *vt, vi* mezclar(se) **2** *vi* ~ **(with sb/sth)** tratar con algn/algo: *She mixes well with other children.* Se relaciona bien con otros niños. LOC **be/get mixed up in sth** estar metido/ meterse en algo PHR V **mix sth in (with sth)**; **mix sth into sth** añadir algo (a algo) ♦ **mix sb/sth up (with sb/sth)** confundir a algn/algo (con algn/ algo)
▸ *n* **1** mezcla **2** (*Cocina*) preparado

mixed /mɪkst/ *adj* **1** mixto **2** surtido **3** (*tiempo*) variable LOC **have mixed feelings (about sb/sth)** tener sentimientos encontrados (sobre algn/ algo)

mixed-up *adj* (*coloq*) confundido, desorientado: *a mixed-up kid* un chico con problemas

mixer /ˈmɪksər/ *n* **1** (*tb* **food mixer**) licuadora **2** *to be a good/bad mixer* ser sociable/ insociable

mixture /ˈmɪkstʃər/ *n* **1** mezcla **2** combinación

mix-up *n* (*coloq*) confusión

moan /moʊn/ *verbo, sustantivo*
▸ **1** *vt, vi* gemir, decir gimiendo **2** *vi* ~ **(about sth)** (*coloq*) quejarse (de algo)
▸ *n* **1** gemido **2** (*coloq*) queja

moat /moʊt/ *n* foso (*de castillo*)

mob /mɑb/ *sustantivo, verbo*
▸ *n* [*v sing o pl*] **1** chusma **2** (*coloq*) grupo, pandilla (*de amigos, etc.*) **3 the Mob** [*sing*] (*coloq*) la mafia
▸ *vt* (**-bb-**) acosar

mobile /ˈmoʊbl; *GB* -baɪl/ *adj* **1** móvil: *mobile library* biblioteca ambulante ◊ *mobile home* casa prefabricada/móvil **2** (*cara*) cambiante

mobile phone (*tb* **mobile**) *n* (*GB*) (*USA* **cell phone**) (teléfono) celular

mobility /moʊˈbɪləti/ *n* movilidad

mobilize (*GB tb* **-ise**) /ˈmoʊbəlaɪz/ **1** *vt, vi* (*Mil*) movilizar(se) **2** *vt* organizar

mock /mɑk/ *verbo, adjetivo*
▸ *vt, vi* burlarse (de)
▸ *adj* **1** falso, de imitación **2** ficticio: *mock battle* simulacro de combate

mockery /ˈmɑkəri/ *n* [*incontable*] **1** burla **2** ~ **(of sth)** parodia (de algo) LOC **make a mockery of sth** poner algo en ridículo

mocking /ˈmɑkɪŋ/ *adj* (*expresión, sonrisa, etc.*) burlón

modal /ˈmoʊdl/ (*tb* **modal ˈverb**) *n* verbo modal
↪ Ver pág. 380

mode /moʊd/ *n* (*formal*) **1** (*de transporte*) medio **2** (*de producción*) modo **3** (*de pensar*) forma

model /ˈmɑdl/ *sustantivo, verbo*
▸ *n* **1** modelo **2** maqueta: *scale model* maqueta a escala ◊ *model car* carro en miniatura
▸ *vt, vi* (**-l-**, *GB* **-ll-**) modelar, ser modelo PHR V **model sth/yourself on sb/sth** basar algo/ basarse en algn/algo, inspirarse en algn/algo

modeling (*GB* **modelling**) /ˈmɑdəlɪŋ/ *n* [*incontable*] **1** trabajo de modelo **2** modelado

modem /ˈmoʊdem/ *n* módem

moderate *adjetivo, sustantivo, verbo*
▸ *adj* /ˈmɑdərət/ **1** moderado: *Cook over moderate heat.* Cocinar a fuego lento. **2** regular
▸ *n* /ˈmɑdərət/ moderado, -a
▸ *vt, vi* /ˈmɑdəreɪt/ moderar(se): *a moderating influence* una influencia moderadora

moderation /ˌmɑdəˈreɪʃn/ *n* moderación LOC **in moderation** con moderación

moderator /ˈmɑdəreɪtər/ *n* **1** mediador, -ora **2** moderador, -ora

modern /ˈmɑdərn/ *adj* moderno: *to study modern languages* estudiar lenguas modernas ■ **modernity** /məˈdɜːrnəti/ *n* modernidad **modernization** (*GB tb* **-isation**) /ˌmɑdərnəˈzeɪʃn/ *n* modernización **modernize** (*GB tb* **-ise**) *vt, vi* modernizar(se)

modest /ˈmɑdɪst/ *adj* **1** pequeño, moderado **2** modesto: *to be modest about your achievements* ser modesto respecto a los propios éxitos **3** (*suma, precio*) módico **4** recatado ■ **modesty** *n* modestia

modify /ˈmɑdɪfaɪ/ *vt* (*pt, pp* **-fied**) modificar ❶ La palabra más normal es **change**.

module /ˈmɑdʒuːl; *GB* -djuːl/ *n* módulo ■ **modular** /ˈmɑdʒələr; *GB* -djəl-/ *adj* modular

mogul /ˈmoʊɡl/ *n* magnate

moist /mɔɪst/ *adj* húmedo: *a rich, moist fruit cake* un pastel de frutas sabroso y esponjoso ◊ *in order to keep your skin soft and moist* para mantener la piel suave e hidratada

> Tanto **moist** como **damp** se traducen por "húmedo"; **damp** es el término más frecuente y puede tener un matiz negativo: *damp walls*

moisten

paredes con humedad ◊ *Use a damp cloth.* Use un trapo húmedo. ◊ *cold damp rainy weather* tiempo lluvioso, frío y húmedo.

moisten /'mɔɪsn/ *vt, vi* humedecer(se)

moisture /'mɔɪstʃər/ *n* humedad ■ **moisturize** (*GB tb* **-ise**) *vt* hidratar **moisturizer** (*GB tb* **-iser**) *n* crema hidratante

molar /'moʊlər/ *n* muela

mold (*GB* **mould**) /moʊld/ *sustantivo, verbo*
▶ *n* **1** molde **2** moho
▶ *vt* moldear

moldy (*GB* **mouldy**) /'moʊldi/ *adj* mohoso

mole /moʊl/ *n* **1** lunar **2** topo

molecular /məˈlekjələr/ *adj* molecular

molecule /'mɑlɪkjuːl/ *n* molécula

molest /məˈlest/ *vt* **1** agredir sexualmente **2** fastidiar

mollify /'mɑlɪfaɪ/ *vt* (*pt, pp* **-fied**) (*formal*) calmar, apaciguar

molten /'moʊltən/ *adj* fundido

⸫ **mom** /mɑm/ (*GB* **mum** /mʌm/) *n* (*coloq*) mamá

⸫ **moment** /'moʊmənt/ *n* momento, instante: *One moment/Just a moment/Wait a moment.* Un momento. ◊ *I'll only be/I won't be a moment.* Enseguida termino. **LOC** **at a moment's notice** inmediatamente, casi sin aviso ◆ **(at) any moment (now)** en cualquier momento ◆ **at/for the moment** de momento, por ahora ◆ **not for a/one moment** ni por un segundo ◆ **the moment of truth** la hora de la verdad ◆ **the moment (that)...** en cuanto... *Ver tb* MINUTE¹, SPUR

momentary /'moʊməntəri/; *GB* -tri/ *adj* momentáneo ■ **momentarily** /ˌmoʊmən-ˈterəli/; *GB* 'moʊməntrəli/ *adv* **1** momentáneamente **2** dentro de un momento

momentous /moʊˈmentəs, məˈm-/ *adj* trascendental

momentum /moʊˈmentəm, məˈm-/ *n* **1** impulso, ímpetu **2** (*Fís*) momento: *to gain/gather momentum* tomar impulso

mommy /'mɑmi/ *n* (*pl* **mommies**) (*GB* **mummy**) (*coloq*) mamá, mami

monarch /'mɑnərk, -ɑrk/ *n* monarca ■ **monarchy** *n* (*pl* **monarchies**) monarquía

monastery /'mɑnəsteri; *GB* -tri/ *n* (*pl* **monasteries**) monasterio

monastic /məˈnæstɪk/ *adj* monástico

⸫ **Monday** /'mʌndeɪ, -di/ *n* (*abrev* **Mon.**) lunes ❶ Los nombres de los días de la semana en inglés llevan mayúscula: *every Monday* todos los lunes ◊ *last/next Monday* el lunes pasado/que viene ◊ *the Monday before last/after next* hace dos lunes/dentro de dos lunes ◊ *Monday morning/evening* el lunes por la mañana/noche ◊ *a week from Monday* el lunes que viene no, el siguiente ◊ *I'll see you (on) Monday.* Nos vemos el lunes. ◊ *We usually play badminton on Mondays/on a Monday.* Normalmente jugamos bádminton los lunes. ◊ *The museum is open Monday through Friday.* El museo abre de lunes a viernes. ◊ *Did you read the article about Italy in Monday's paper?* ¿Leíste el artículo sobre Italia en el periódico del lunes?

monetary /'mɑnɪteri; *GB* -tri/ *adj* monetario

⸫ **money** /'mʌni/ *n* [*incontable*] dinero, plata: *to spend/save money* gastar/ahorrar dinero ◊ *to earn/make money* ganar/hacer dinero ◊ *money worries* preocupaciones económicas **LOC** **get your money's worth** recibir buena calidad (*en una compra o servicio*) *Ver tb* OBJECT, POT, ROLL

mongrel /'mʌŋgrəl/ *n* perro sin raza definida

⸫ **monitor** /'mɑnɪtər/ *sustantivo, verbo*
▶ *n* **1** (*TV, Informát*) monitor ➜ *Ver dibujo en* COMPUTADOR **2** (*elecciones*) observador, -ora
▶ *vt* **1** controlar, observar **2** (*Radio, llamadas, etc.*) escuchar ■ **monitoring** *n* control, supervisión

monk /mʌŋk/ *n* monje

monkey /'mʌŋki/ *n* (*pl* **monkeys**) **1** mico, mono **2** (*coloq*) (*niño*) diablillo

monogamy /məˈnɑgəmi/ *n* monogamia ■ **monogamous** *adj* monógamo

monologue (*USA tb* **monolog**) /'mɑnəlɔːg; *GB* -lɒg/ *n* monólogo

monopolize (*GB tb* **-ise**) /məˈnɑpəlaɪz/ *vt* monopolizar

monopoly /məˈnɑpəli/ *n* (*pl* **monopolies**) monopolio

monotonous /məˈnɑtənəs/ *adj* monótono

monoxide /məˈnɑksaɪd/ *n* monóxido

monsoon /ˌmɑnˈsuːn/ *n* **1** monzón **2** época de los monzones

monster /'mɑnstər/ *n* monstruo ■ **monstrous** /'mɑnstrəs/ *adj* monstruoso

monstrosity /mɑnˈstrɑsəti/ *n* (*pl* **monstrosities**) monstruosidad

⸫ **month** /mʌnθ/ *n* mes: *$14 a month* 14 dólares al mes ◊ *I haven't seen her for months.* Hace meses que no la veo.

monthly /'mʌnθli/ *adjetivo, adverbio, sustantivo*
▶ *adj* mensual
▶ *adv* mensualmente
▶ *n* (*pl* **monthlies**) publicación mensual

monument /'mɑnjumənt/ *n* ~ **(to sth)** monumento (a algo)

monumental /ˌmɑnjuˈmentl/ adj
1 excepcional 2 (error) garrafal ❶ En los sentidos 1 y 2, suele usarse delante del sustantivo. 3 monumental

moo /muː/ vi mugir

mood /muːd/ n 1 humor: *to be in a good/bad mood* estar de buen/mal humor 2 mal humor: *He's in a mood.* Está de mal humor. 3 ambiente 4 (Gram) modo **LOC** **be in the mood/in no mood to do sth/for (doing) sth** (no) estar de humor para (hacer) algo ■ **moody** adj (**moodier, -iest**) 1 de humor caprichoso 2 malhumorado

moodiness /ˈmuːdinəs/ n [incontable] 1 humor cambiante 2 mal humor

moon /muːn/ sustantivo, verbo
▶ n luna **LOC** **over the moon** (GB, coloq) loco de contento
▶ v **PHR V** **moon about/around** (GB, coloq) ir de aquí para allá distraídamente

moonless /ˈmuːnləs/ adj sin luna

moonlight /ˈmuːnlaɪt/ sustantivo, verbo
▶ n luz de la luna
▶ vi (pt, pp **-lighted**) (coloq) tener más de un trabajo ■ **moonlit** adj iluminado por la luna

moor /mʊər; GB tb mɔː(r)/ sustantivo, verbo
▶ n páramo
▶ vt, vi ~ **sth (to sth)** amarrar algo (a algo)
■ **mooring** n 1 **moorings** [pl] amarras 2 amarradero

moorland /ˈmʊərlənd; GB tb ˈmɔː-/ n páramo

moose /muːs/ n (pl **moose**) alce

mop /mɑp/ sustantivo, verbo
▶ n 1 trapeador, trapero 2 (pelo) greña, mata
▶ vt (**-pp-**) 1 trapear, limpiar 2 (cara) enjugarse **PHR V** **mop sth up** limpiar algo

mope /moʊp/ vi abatirse **PHR V** **mope around (sth)** (GB tb **mope about**) (pey) andar deprimido (por...)

moped /ˈmoʊped/ n motoneta

moral /ˈmɔːrəl; GB ˈmɒrəl/ sustantivo, adjetivo
▶ n 1 moraleja 2 **morals** [pl] moralidad
▶ adj 1 moral 2 *a moral tale* un cuento con moraleja

morale /məˈræl; GB -ˈrɑːl/ n moral (ánimo)

moralistic /ˌmɔːrəˈlɪstɪk; GB ˌmɒr-/ adj (gen pey) moralista

morality /məˈræləti/ n moral, moralidad: *standards of morality* valores morales

moralize (GB tb **-ise**) /ˈmɔːrəlaɪz; GB ˈmɒr-/ vi (gen pey) moralizar

morally /ˈmɔːrəli; GB ˈmɒrəli/ adv moralmente: *to behave morally* comportarse honradamente

morbid /ˈmɔːrbɪd/ adj 1 morboso 2 (Med) patológico

more /mɔːr/ adjetivo, pronombre, adverbio
▶ adj más: *more money than sense* más dinero que buen sentido ◊ *more food than could be eaten* más comida de la que se podía comer
▶ pron más: *You've had more to drink than me/than I have.* Has bebido más que yo. ◊ *more than $50* más de 50 dólares ◊ *I hope we'll see more of you.* Espero que te veamos más a menudo.
▶ adv 1 más

Se usa para formar comparativos de adjetivos y adverbios de dos o más sílabas: *more quickly* más de prisa ◊ *more expensive* más caro.

2 más: *once more* una vez más ◊ *It's more of a hindrance than a help.* Estorba más de lo que ayuda. ◊ *That's more like it!* ¡Eso es! ◊ *even more so* aún más **LOC** **be more than happy, glad, willing, etc. to do sth** hacer algo con mucho gusto ◆ **more and more** cada vez más, más y más ◆ **more or less** más o menos: *more or less finished* casi terminado ◆ **the more/less... the more/less...** cuanto más/menos... más/menos... ◆ **what is more** es más, además *Ver tb* ALL

moreover /mɔːrˈoʊvər/ adv (formal) además, por otra parte

morgue /mɔːrg/ n morgue

morning /ˈmɔːrnɪŋ/ n 1 mañana: *on Sunday morning* el domingo por la mañana ◊ *tomorrow morning* mañana por la mañana ◊ *on the morning of the wedding* la mañana del matrimonio ◊ *the morning newspapers* los periódicos matutinos 2 madrugada: *in the early hours of Sunday morning* en la madrugada del domingo ◊ *at three in the morning* a las tres de la madrugada **LOC** **good morning!** ¡buenos días! ❶ En el uso familiar, muchas veces se dice simplemente **morning!** en vez de **good morning!** ◆ **in the morning 1** por la mañana: *eleven o'clock in the morning* las once de la mañana 2 (del día siguiente) *I'll call her up in the morning.* La voy a llamar mañana por la mañana.

Utilizamos la preposición **in** con **morning**, **afternoon** y **evening** para referirnos a un período determinado del día: *at three o'clock in the afternoon* a las tres de la tarde, y **on** para hacer referencia a un punto en el calendario: *on a cool May morning* en una fría mañana de mayo ◊ *on Monday afternoon* el lunes por la tarde ◊ *on the morning of September 4* el cuatro de septiembre por la mañana. Sin embargo, en combinación con **tomorrow, this, that** y **yesterday** no se usa preposición: *They'll leave this evening.* Se marchan esta tarde. ◊ *I saw her yesterday morning.* La vi ayer por la mañana.

moron /'mɔːrɑn/ *n* (*coloq*) imbécil

morose /məˈrous/ *adj* taciturno ■ **morosely** *adv* malhumoradamente

morphine /'mɔːrfiːn/ *n* morfina

morsel /'mɔːrsl/ *n* bocado

mortal /'mɔːrtl/ *sustantivo, adjetivo*
▸ *n* mortal
▸ *adj* mortal ■ **mortality** /mɔːrˈtæləti/ *n* **1** mortalidad **2** mortandad

mortar /'mɔːrtər/ *n* **1** argamasa, mortero **2** (*cañón, Cocina*) mortero

mortgage /'mɔːrgɪdʒ/ *sustantivo, verbo*
▸ *n* hipoteca: *mortgage payment* pago hipotecario
▸ *vt* hipotecar

mortician /mɔːrˈtɪʃn/ (*GB* **undertaker**) *n* agente funerario, -a

mortify /'mɔːrtɪfaɪ/ *vt* (*pt, pp* **-fied**) humillar, mortificar

mortuary /'mɔːrtʃueri; *GB* -tʃəri/ *n* (*pl* **mortuaries**) morgue

mosaic /mouˈzeɪɪk/ *n* mosaico

Moslem /'mɑzləm/ *Ver* MUSLIM

mosque /mɑsk/ *n* mezquita

mosquito /məsˈkiːtou; *GB tb* mɒsˈk-/ *n* (*pl* **mosquitoes** *o* **mosquitos**) mosquito, zancudo: *mosquito net* mosquitero

moss /mɔːs; *GB* mɒs/ *n* musgo

❢ **most** /moust/ *adjetivo, pronombre, adverbio*
▸ *adj* **1** más, la mayor parte de: *Who got (the) most votes?* ¿Quién consiguió más votos? ◊ *Most racial discrimination is based on ignorance.* La mayor parte de la discriminación racial es resultado de la ignorancia. **2** la mayoría de, casi todo: *most days* casi todos los días
▸ *pron* **1** la mayoría de: *Most of you know.* La mayoría de ustedes sabe. ◊ *most of the day* casi todo el día **2** *I ate (the) most.* Yo fui el que más comió. ◊ *the most I could offer you* lo máximo que te podría ofrecer

Most es el superlativo de **much** y de **many** y se usa con sustantivos incontables o en plural: *Who has most time?* ¿Quién es el que tiene más tiempo? ◊ *most children* la mayoría de los niños. Sin embargo, delante de pronombres o cuando el sustantivo al que

precede lleva **the** o un adjetivo posesivo o demostrativo, se usa **most of**: *most of my friends* la mayoría de mis amigos ◊ *most of us* la mayoría de nosotros ◊ *most of these books* la mayoría de estos libros.

▸ *adv* **1** más

Se usa para formar el superlativo de locuciones adverbiales, adjetivos y adverbios de dos o más sílabas: *This is the most interesting book I've read for a long time.* Este es el libro más interesante que he leído en mucho tiempo. ◊ *What upset me (the) most was that…* Lo que más me dolió fue que… ◊ *most of all* sobre todo.

2 muy: *most likely* muy probablemente LOC **at (the) most** como mucho/máximo

❢ **mostly** /'moustli/ *adv* principalmente, por lo general

moth /mɔːθ; *GB* mɒθ/ *n* **1** mariposita de la luz, chapola **2** (*tb* **clothes moth**) polilla

❢ **mother** /'mʌðər/ *sustantivo, verbo*
▸ *n* madre, mamá
▸ *vt* **1** criar **2** mimar

motherhood /'mʌðərhud/ *n* maternidad

mother-in-law *n* (*pl* **mothers-in-law**) suegra

motherly /'mʌðərli/ *adj* maternal

mother-of-ˈpearl *n* nácar

mother-to-ˈbe *n* (*pl* **mothers-to-be**) futura madre

ˌmother ˈtongue *n* lengua materna

motif /mouˈtiːf/ *n* **1** motivo, adorno **2** tema

❢ **motion** /'mouʃn/ *sustantivo, verbo*
▸ *n* **1** movimiento **2** (*en reunión*) moción LOC **go through the motions (of doing sth)** fingir (hacer algo) ♦ **put/set sth in motion** poner algo en marcha *Ver tb* SLOW
▸ *vt, vi* ~ **to sb (to do sth)**; ~ **(for) sb to do sth** hacer señas a algn para que haga algo: *to motion sb in* indicar a algn que entre

motionless /'mouʃnləs/ *adj* inmóvil

ˌmotion ˈpicture *n* película (de cine)

motivate /'moutɪveɪt/ *vt* motivar

motivation /ˌmoutɪˈveɪʃn/ *n* motivación

motive /'moutɪv/ *n* ~ **(for sth)** motivo, móvil (de algo): *He had an ulterior motive.* Iba detrás de algo. ❶ La traducción más normal de "motivo" es **reason**.

motocross /'moutoukrɔːs; *GB* -krɒs/ *n* motocross

motor /ˈmoʊtər/ n **1** motor ⊃ Ver nota en ENGINE **2** (GB, antic, hum) carro ■ **motoring** n automovilismo **motorist** n conductor, -ora de carro **motorized** (GB tb **-ised**) adj motorizado

motorbike /ˈmoʊtərbaɪk/ n (coloq) moto

motorboat /ˈmoʊtərboʊt/ n lancha de motor

motor car n (formal, antic) carro

motorcycle /ˈmoʊtərsaɪkl/ n motocicleta

motorcycling /ˈmoʊtərsaɪklɪŋ/ n motociclismo

motorcyclist /ˈmoʊtərsaɪklɪst/ n motociclista

motorhome /ˈmoʊtərhoʊm/ (tb **motor home**) n autocaravana, carrocasa ⊃ Ver dibujo en CAMPER

motor racing n (GB) (USA **auto racing**) carreras de carros

motorway /ˈmoʊtərweɪ/ n (GB) (USA **freeway**) autopista

mottled /ˈmɑtld/ adj moteado

motto /ˈmɑtoʊ/ n (pl **mottoes** o **mottos**) lema

mould, mouldy (GB) = MOLD

mound /maʊnd/ n **1** montículo **2** montón

mount /maʊnt/ sustantivo, verbo
▸ n **1** monte **2** soporte, montura **3** (animal) montura, caballería **4** (de cuadro) marco
▸ **1** vt (caballo, etc.) subirse, montarse a **2** vt (cuadro) enmarcar **3** vt organizar, montar **4** vt instalar PHR V **mount up** acumularse

mountain /ˈmaʊntn; GB -tən/ n **1** montaña: mountain range cordillera ⊃ Ver nota en MONTE **2 the mountains** [pl] (por contraste con la costa) la montaña

mountain bike n bicicleta de montaña

mountain biking n ciclomontañismo

mountaineer /ˌmaʊntnˈɪər; GB -təˈnɪə(r)/ n andinista ■ **mountaineering** /ˌmaʊntnˈɪərɪŋ; GB -təˈnɪər-/ n andinismo

mountainous /ˈmaʊntnəs; GB -tənəs/ adj montañoso

mountainside /ˈmaʊntənsaɪd/ n ladera de montaña

mounting /ˈmaʊntɪŋ/ adj creciente

mourn /mɔːrn/ **1** vt, vi ~ (**sth/for sth**) lamentar algo, lamentarse **2** vt, vi ~ (**sb/for sb**) llorar la muerte de algn **3** vi estar de luto ■ **mourner** n doliente **mournful** adj triste, lúgubre **mourning** n luto, duelo: in mourning de luto

mouse /maʊs/ sustantivo, verbo
▸ n **1** (pl **mice** /maɪs/) ratón **2** (pl **mice** o **mouses**) mouse: mouse pad/mat mouse pad ⊃ Ver dibujo en COMPUTADOR
▸ v PHR V **mouse over sth** (Informát) mover/pasar el mouse sobre algo

mousetrap /ˈmaʊstræp/ n ratonera (trampa)

mousse /muːs/ n **1** mousse **2** espuma (para el pelo)

moustache (GB) = MUSTACHE

mouth /maʊθ/ n (pl **mouths** /maʊðz/) **1** boca **2** (de río) desembocadura LOC Ver LOOK, MELT

mouthful /ˈmaʊθfʊl/ n **1** bocado **2** (líquido) trago

mouth organ n (esp GB) armónica

mouthpiece /ˈmaʊθpiːs/ n **1** (Mús) boquilla **2** (de teléfono) micrófono **3** portavoz

mouthwash /ˈmaʊθwɑʃ/ n enjuague bucal

movable (tb **moveable**) /ˈmuːvəbl/ adj movible

move /muːv/ verbo, sustantivo
▸ **1** vi mover(se): Don't move! ¡No te muevas! ◊ It's your turn to move. Te toca mover. **2** vt, vi trasladar(se), cambiar(se) (de sitio): He has been moved to Denver. Lo trasladaron a Denver. ◊ I'm going to move the car before they give me a ticket. Voy a mover el carro antes de que me pongan una multa. ◊ They sold the house and moved to Scotland. Vendieron la casa y se trasladaron a Escocia. **3** vi ~ (**in/out**) mudarse: They had to move out. Tuvieron que dejar la casa. **4** vt conmover **5** vt ~ **sb** (**to do sth**) (formal) inducir a algn (a hacer algo) LOC **get** (**sth**) **moving** ponerse/poner algo en marcha ♦ **move house** (GB) cambiarse de casa, mudarse (de casa) Ver tb INCH, KILL PHR V **move ahead/forward** avanzar ♦ **move around** (GB tb **move about**) moverse (de acá para allá) ♦ **move** (**sth**) **away** alejar algo, alejarse ♦ **move in; move into sth** instalarse (en algo) ♦ **move on** seguir (viajando) ♦ **move on** (**to sth**) pasar a otra cosa, pasar a algo ♦ **move out** mudarse
▸ n **1** movimiento **2** (de casa) mudanza **3** (de trabajo) cambio **4** (Ajedrez, etc.) jugada, turno **5** paso LOC **get a move on** (coloq) darse prisa ♦ **make a move 1** actuar **2** ponerse en marcha Ver tb FALSE

movement /ˈmuːvmənt/ n **1** movimiento **2** [sing] ~ (**toward/away from sth**) tendencia (hacia/a distanciarse de algo)

movie /ˈmuːvi/ n película (de cine): to go to the movies ir al cine

movie theater (GB **cinema**) n teatro (de cine)

moving /ˈmuːvɪŋ/ adj **1** móvil **2** conmovedor

mow /moʊ/ vt (pt **mowed**, pp **mown** /moʊn/ o **mowed**) podar, cortar PHR V **mow sb down** aniquilar a algn ■ **mower** n podadora

MP /ˌem ˈpiː/ n (abrev de **Member of Parliament**) (esp GB) diputado, -a ➔ Ver nota en PARLIAMENT

MP3 player /ˌem piː ˈθriː pleɪər/ n reproductor MP3

MPV /ˌem piː ˈviː/ n (abrev de **multi-purpose vehicle**) (GB) (USA **minivan**) minivan

Mr. /ˈmɪstər/ abrev señor

Mrs. /ˈmɪsɪz/ abrev señora

Ms. /mɪz, məz/ abrev señora, señorita ➔ Ver nota en SEÑORITA

much /mʌtʃ/ adjetivo, pronombre, adverbio
▸ adj mucho: *so much traffic* tanto tráfico
▸ pron mucho: *How much is it?* ¿Cuánto es? ◊ *too much* demasiado ◊ *as much as you can* todo lo que puedas ◊ *for much of the day* la mayor parte del día ➔ Ver notas en MANY y MUCHO
▸ adv mucho: *Much to her surprise...* Para gran sorpresa suya... ◊ *much-needed* muy necesario ◊ *much too cold* demasiado frío **LOC much as** por más que ♦ **much the same** prácticamente igual ♦ **not much of a...**: *He's not much of an actor.* No es gran cosa como actor. Ver tb AS, SO

muck /mʌk/ sustantivo, verbo
▸ n **1** estiércol **2** (esp GB, coloq) porquería
▸ v **PHR V muck about/around** (GB, coloq) hacerse el tonto, perder el tiempo ♦ **muck sth up** (esp GB, coloq) echar algo a perder

mucky /ˈmʌki/ adj (esp GB, coloq) sucio

mucus /ˈmjuːkəs/ n [incontable] mucosidad

mud /mʌd/ n barro, lodo **LOC** Ver CLEAR

muddle /ˈmʌdl/ verbo, sustantivo
▸ vt **1** ~ sth (**up**) revolver algo **2** ~ sb (**up**) confundir a algn **3** ~ sth (**up**) armar un lío con algo **4** ~ A (**up**) with B; ~ A and B (**up**) confundir A con B
▸ n **1** ~ (**about/over sth**) confusión, lío (con algo): *to get (yourself) into a muddle* armarse un lío **2** desorden

muddled /ˈmʌdld/ adj enrevesado

muddy /ˈmʌdi/ adj (**muddier, -iest**)
1 embarrado **2** (fig) turbio, poco claro

mudguard /ˈmʌdɡɑːrd/ n (GB) (USA **fender**) guardabarros, salpicadera

muesli /ˈmjuːzli/ n [incontable] muesli

muffin /ˈmʌfɪn/ n **1** magdalena (esp con pedazos de fruta) **2** (GB) (USA ˌEnglish ˈmuffin) pan pequeño que se come tostado con mantequilla

muffled /ˈmʌfld/ adj **1** (grito) ahogado **2** (voz) apagado

muffler /ˈmʌflər/ n **1** (GB **silencer**) (automóvil) silenciador, mofle **2** (antic) bufanda

mug /mʌɡ/ sustantivo, verbo
▸ n **1** taza (alta) ➔ Ver dibujo en CUP **2** (argot) jeta **3** (coloq) bobo, -a **LOC a mug's game** (GB, pey) una pérdida de tiempo
▸ vt (**-gg-**) asaltar

mugger /ˈmʌɡər/ n asaltante

mugging /ˈmʌɡɪŋ/ n asalto

muggy /ˈmʌɡi/ adj bochornoso (tiempo)

mulberry /ˈmʌlberi; GB -bəri/ n **1** (tb ˈmulberry tree/bush) morera **2** mora

mule /mjuːl/ n **1** mulo, -a **2** chancla

mull /mʌl/ v **PHR V mull sth over** meditar algo

multicolored (GB **multicoloured**) /ˈmʌltikʌlərd/ adj multicolor

multicultural /ˌmʌltiˈkʌltʃərəl/ adj multicultural ■ **multiculturalism** n multiculturalismo

multilingual /ˌmʌltiˈlɪŋɡwəl/ adj polígloto

multimedia /ˌmʌltiˈmiːdiə/ adj multimedia

multinational /ˌmʌltiˈnæʃnəl/ adj, n multinacional

multiple /ˈmʌltɪpl/ adjetivo, sustantivo
▸ adj múltiple
▸ n múltiplo

ˌmultiple-ˈchoice adj (de) selección múltiple: *multiple-choice test* prueba de selección múltiple

multiple sclerosis /ˌmʌltɪpl skləˈroʊsɪs/ n esclerosis múltiple

multiplex /ˈmʌltɪpleks/ (GB tb ˌmultiplex ˈcinema) n cine multisalas

multiplication /ˌmʌltɪplɪˈkeɪʃn/ n multiplicación: *multiplication table/sign* tabla/signo de multiplicar

multiply /ˈmʌltɪplaɪ/ vt, vi (pt, pp **-plied**) multiplicar(se)

ˌmulti-ˈpurpose adj multiuso

multiracial /ˌmʌltiˈreɪʃl/ adj multirracial

ˌmulti-storey ˈcar park (tb ˌmulti-ˈstorey) n (GB) (USA **parking garage**) estacionamiento, parqueadero (de varios pisos)

multitasking /ˌmʌltiˈtæskɪŋ; GB -tɑːsk-/ n [incontable] **1** (Informát) (función) multitarea **2** el poder realizar varias tareas a la vez

multitude /ˈmʌltɪtuːd; GB -tjuːd/ n (formal) multitud

mum (GB) = MOM

mumble /ˈmʌmbl/ vt, vi hablar entre dientes: *Don't mumble.* Habla alto y claro.

mummy /ˈmʌmi/ n (pl **mummies**) **1** momia **2** (GB, coloq) = MOMMY

mumps /mʌmps/ n [sing] paperas

munch /mʌntʃ/ vt, vi ~ **(on)** sth masticar, mascar algo

mundane /mʌn'deɪn/ adj corriente, mundano

municipal /mju:'nɪsɪpl/ adj municipal

munitions /mju:'nɪʃnz/ n [pl] municiones

mural /'mjʊərəl/ n mural

murder /'mɜːrdər/ sustantivo, verbo
▸ n asesinato, homicidio LOC **be murder** (coloq) ser una pesadilla: *It's murder trying to drive around here.* Es una pesadilla conducir aquí. ♦ **get away with murder** (coloq) hacer lo que le dé la gana a uno
▸ vt asesinar, matar ➔ Ver nota en ASESINAR

murderer /'mɜːrdərər/ n asesino, -a

murderous /'mɜːrdərəs/ adj homicida: *a murderous look* una mirada asesina

murky /'mɜːrki/ adj (**murkier, -iest**) **1** (agua, asunto) turbio **2** (fig, etc.) sombrío

murmur /'mɜːrmər/ sustantivo, verbo
▸ n murmullo LOC **without a murmur** sin rechistar
▸ vt, vi susurrar

muscle /'mʌsl/ sustantivo, verbo
▸ n **1** músculo: *Don't move a muscle!* ¡No muevas ni las pestañas! **2** (fig) poder
▸ v PHR V **muscle in (on sb/sth)** (coloq, pey) participar sin derecho (en algo)

muscular /'mʌskjələr/ adj **1** muscular **2** musculoso

muse /mju:z/ sustantivo, verbo
▸ n musa
▸ **1** vi ~ **(about/over/on/upon sth)** meditar (algo), reflexionar (sobre algo) **2** vt *'How interesting,' he mused.* —Qué interesante, — dijo pensativo.

museum /mju'zi:əm/ n museo

En Gran Bretaña, **museum** se utiliza para referirse a los museos en los que se exponen esculturas, piezas históricas, científicas, etc. **Gallery** o **art gallery** se utilizan para referirse a museos en los que se exponen principalmente cuadros y esculturas. En Estados Unidos **museum** se emplea en ambos casos.

mushroom /'mʌʃru:m, -rʊm/ sustantivo, verbo
▸ n hongo, champiñón
▸ vi crecer como hongos

mushy /'mʌʃi/ adj **1** blando **2** (coloq, pey) muy sentimental

music /'mju:zɪk/ n **1** música: *a piece of music* una pieza musical **2** (texto) partitura

musical /'mju:zɪkl/ adjetivo, sustantivo
▸ adj musical, de música
▸ n comedia musical

musician /mju'zɪʃn/ n músico, -a
■ **musicianship** n maestría musical

musk /mʌsk/ n (perfume de) almizcle

Muslim /'mʌzləm, 'mʊz-, -lɪm/ (tb **Moslem** /'mɑzləm/) adj, n musulmán, -ana

mussel /'mʌsl/ n mejillón

must /məst, mʌst/ verbo, sustantivo
▸ v modal (neg **must not** o **mustn't** /'mʌsnt/)

Must es un verbo modal al que sigue un infinitivo sin **to**, y las oraciones interrogativas y negativas se construyen sin el auxiliar **do**: *Must you go?* ¿Tienes que irte? ◊ *We mustn't tell her.* No debemos decírselo. **Must** solo tiene la forma del presente: *I must leave early.* Tengo que salir temprano. Cuando necesitamos otras formas utilizamos **have to**: *He'll have to come tomorrow.* Tendrá que venir mañana. ◊ *We had to eat quickly.* Tuvimos que comer rápido.

● **obligación y prohibición** deber, tener que: *'Must you go so soon?' 'Yes, I must.'* —¿Tienes que irte tan pronto? —Sí.

Must se emplea para dar órdenes o para hacer que alguien o uno mismo siga un determinado comportamiento: *The children must be back by four.* Los niños tienen que volver antes de las cuatro. ◊ *I must stop smoking.* Tengo que dejar de fumar. Cuando las órdenes son impuestas por un agente externo, p. ej. por una ley, una regla, etc., usamos **have to**: *The doctor says I have to stop smoking.* El médico dice que tengo que dejar de fumar. ◊ *You have to send it before Tuesday.* Tienes que mandarlo antes del martes. En negativa, **must not** o **mustn't** expresan una prohibición: *You mustn't open other people's mail.* No debes abrir el correo de otras personas. Sin embargo, **haven't got to** o **don't have to** expresan que algo no es necesario, es decir, que hay una ausencia de obligación: *You don't have to go if you don't want to.* No tienes que ir si no quieres.

LOC **if I, you, etc. must** si no hay más remedio
● **sugerencia** tener que: *You must come to lunch one day.* Tienes que venir a almorzar un día de estos. ❶ En la mayoría de los casos, para hacer sugerencias y dar consejos se usa **ought to** o **should**.
● **probabilidad** deber de: *You must be hungry.* Debes de tener hambre. ◊ *You must be Mr. Smith.* Usted debe de ser el señor Smith.
▸ n (coloq): *It's a must.* Es imprescindible. ◊ *His*

new book is a must. Hay que leer su último libro.

mustache (GB **moustache**) /'mʌstæʃ, mə'stæʃ; GB mə'sta:ʃ/ n bigote(s)

mustard /'mʌstərd/ n **1** (*planta, semilla y salsa*) mostaza **2** (*color*) mostaza

muster /'mʌstər/ **1** *vt, vi* reunir(se) **2** *vt* reunir, juntar: *to muster (up) enthusiasm* cobrar entusiasmo ◊ *to muster a smile* conseguir sonreír

musty /'mʌsti/ *adj* (**mustier, -iest**) rancio: *to smell musty* oler a rancio/humedad

mutant /'mju:tənt/ *adj, n* mutante

mutate /'mju:teɪt; GB mju:'teɪt/ *vi* ~ (**into sth**) **1** (*Biol*) mutar (a algo) **2** transformarse (en algo) ■ **mutation** *n* mutación

mute /mju:t/ *adjetivo, sustantivo, verbo*
▶ *adj* mudo
▶ *n* **1** (*Mús*) sordina **2** (*antic*) (*persona*) mudo, -a
▶ *vt* **1** amortiguar **2** (*Mús*) poner sordina a

muted /'mju:tɪd/ *adj* **1** (*sonidos, colores*) apagado **2** (*crítica, etc.*) velado **3** (*Mús*) sordo

mutilate /'mju:tɪleɪt/ *vt* mutilar

mutiny /'mju:təni/ *n* (*pl* **mutinies**) motín ■ **mutinous** *adj* rebelde

mutter /'mʌtər/ **1** *vt, vi* ~ (**sth**) (**to sb**) (**about sth**) hablar entre dientes, murmurar (algo) (a algn) (sobre algo) **2** *vi* ~ **about/against/at sb/sth**) refunfuñar (de algn/algo)

mutton /'mʌtn/ *n* (carne de) carnero ᴐ *Ver nota en* CARNE

mutual /'mju:tʃuəl/ *adj* **1** mutuo **2** común: *a mutual friend* un amigo común ■ **mutually** *adv* mutuamente: *mutually beneficial* beneficioso para ambas partes

muzzle /'mʌzl/ *sustantivo, verbo*
▶ *n* **1** hocico **2** bozal **3** (*de arma de fuego*) boca
▶ *vt* **1** poner bozal a **2** (*fig*) amordazar

my /maɪ/ *adj* mi, mío, mía, míos, mías: *It was my fault.* Fue culpa mía/mi culpa. ◊ *My God!* ¡Dios mío! ◊ *My feet are cold.* Tengo los pies fríos.

En inglés se usa el posesivo delante de partes del cuerpo y prendas de vestir. ᴐ *Comparar con* MINE

myopia /maɪ'oʊpiə/ *n* miopía ■ **myopic** /maɪ'ɑpɪk/ *adj* miope

myself /maɪ'self/ *pron* **1** [*uso reflexivo*] me: *I cut myself.* Me corté. ◊ *I said to myself...* Dije para mí... **2** [*uso enfático*] yo mismo, -a: *I myself will do it.* Yo misma lo voy a hacer. **LOC** (**all**) **by myself** (completamente) solo

mysterious /mɪ'stɪəriəs/ *adj* misterioso

mystery /'mɪstri/ *n* (*pl* **mysteries**) **1** misterio: *It's a mystery to me.* No logro entenderlo. **2** *mystery tour* viaje sorpresa ◊ *the mystery assailant* el agresor misterioso **3** obra de teatro, novela, etc. de misterio

mystic /'mɪstɪk/ *sustantivo, adjetivo*
▶ *n* místico, -a
▶ *adj* (*tb* **mystical** /'mɪstɪkl/) místico

mysticism /'mɪstɪsɪzəm/ *n* misticismo, mística

mystification /ˌmɪstɪfɪ'keɪʃn/ *n* **1** misterio, perplejidad **2** (*pey*) confusión (*deliberada*)

mystify /'mɪstɪfaɪ/ *vt* (*pt, pp* **-fied**) dejar perplejo ■ **mystifying** *adj* desconcertante

mystique /mɪ'sti:k/ *n* misterio

myth /mɪθ/ *n* mito ■ **mythical** /'mɪθɪkl/ *adj* mítico

mythology /mɪ'θɑlədʒi/ *n* mitología ■ **mythological** /ˌmɪθə'lɑdʒɪkl/ *adj* mitológico

N n

N, n /en/ n (pl **Ns, N's, n's** /enz/) N, n ➔ Ver nota en A, A

naff /næf/ adj (GB, coloq) de mal gusto, lobo, chancho, rasca

nag /næg/ vt, vi (-gg-) ~ (at) sb 1 dar la lata a algn 2 regañar a algn 3 (dolor, sospecha) corroer a algn ■ **nagging** adj 1 (dolor, sospecha) persistente 2 (persona) criticón, pesado

nail /neɪl/ sustantivo, verbo
▸ n 1 uña: *nail file* lima de uñas ◊ *nail polish* esmalte de uñas 2 clavo LOC Ver FIGHT, HIT
▸ vt ~ sth to sth clavar algo a/en algo PHR V **nail sb down (to sth)** conseguir que algn se comprometa (a algo), conseguir que algn dé una respuesta concreta (sobre algo)

nail-biting /'neɪl baɪtɪŋ/ adj emocionante

naive (tb **naïve**) /naɪˈiːv/ adj ingenuo

naked /'neɪkɪd/ adj 1 desnudo: *stark naked* en cueros

> "Desnudo" se traduce de tres formas en inglés: **bare, naked** y **nude. Bare** se usa para referirse a partes del cuerpo: *bare arms*, **naked** generalmente se refiere a todo el cuerpo: *a naked body* y **nude** se usa para hablar de desnudos artísticos y eróticos: *a nude figure*.

2 (llama) descubierto LOC **with the naked eye** a simple vista

name /neɪm/ sustantivo, verbo
▸ n 1 nombre: *What's your name?* ¿Cómo te llamas? ◊ *first/Christian name* nombre (de pila) 2 apellido ➔ Ver nota en SURNAME 3 fama 4 personaje LOC **by name** de nombre ♦ **by/of the name of** (formal) llamado ♦ **in the name of sb/sth; in sb's/sth's name** en nombre de algn/algo Ver tb CALL
▸ vt 1 ~ sb/sth sth llamar a algn/algo algo 2 ~ sth (after sb) poner nombre a algn, poner a algn/algo el nombre de algn ❶ En Estados Unidos se dice también **name sb/sth (for sb)**. 3 (identificar) nombrar 4 (fecha, precio) fijar

nameless /'neɪmləs/ adj anónimo, sin nombre

namely /'neɪmli/ adv a saber

namesake /'neɪmseɪk/ n tocayo, -a

nanny /'næni/ n (pl **nannies**) niñera, nana

nap /næp/ n sueñecito, siesta: *to have/take a nap* echarse una siesta

nape /neɪp/ n ~ **of sb's neck** nuca

napkin /'næpkɪn/ n servilleta Ver tb SANITARY NAPKIN

nappy /'næpi/ n (pl **nappies**) (GB) (USA **diaper**) pañal

narcotic /nɑrˈkɑtɪk/ adj, n narcótico

narrate /'næreɪt; GB nəˈreɪt/ vt narrar, contar ■ **narrator** n narrador, -ora

narrative /'nærətɪv/ sustantivo, adjetivo
▸ n 1 relato 2 narrativa
▸ adj narrativo

narrow /'næroʊ/ adjetivo, verbo
▸ adj (**narrower, -est**) 1 estrecho 2 limitado 3 (ventaja, mayoría) escaso LOC **have a narrow escape** salvarse por un pelo
▸ vt, vi hacer(se) más estrecho, estrechar(se), disminuir PHR V **narrow sth down to sth** reducir algo a algo

narrowly /'næroʊli/ adv: *He narrowly escaped drowning.* Por poco se ahoga.

narrow-ˈminded adj de mentalidad cerrada

nasal /'neɪzl/ adj 1 nasal 2 (voz) gangoso

nasty /'næsti; GB 'nɑːs-/ adj (**nastier, -iest**) 1 desagradable 2 (olor) repugnante 3 (persona) antipático: *to be nasty to sb* tratar muy mal a algn 4 (situación, crimen) feo 5 grave, peligroso: *That's a nasty cut.* ¡Qué cortada tan fea!

nation /'neɪʃn/ n nación

national /'næʃnəl/ adjetivo, sustantivo
▸ adj nacional: *national service* servicio militar
▸ n ciudadano, -a, súbdito, -a

ˌNational ˈHealth Service n (GB) (abrev **NHS**) Servicio Nacional de Salud

ˌNational Inˈsurance n (GB) Seguro Social: *National Insurance contributions* contribuciones al Seguro Social

nationalism /'næʃnəlɪzəm/ n nacionalismo ■ **nationalist** adj, n nacionalista

nationality /ˌnæʃəˈnæləti/ n (pl **nationalities**) nacionalidad

nationalize (GB tb **-ise**) /'næʃnəlaɪz/ vt nacionalizar

nationally /'næʃnəli/ adv nacionalmente, a escala nacional

nationwide /ˌneɪʃnˈwaɪd/ adj, adv en todo el territorio nacional, a escala nacional

native /'neɪtɪv/ sustantivo, adjetivo
▸ n 1 nativo, -a, natural 2 (a veces pey) indígena

| ʃ she | tʃ chin | dʒ June | v van | θ thin | ð then | s so | z zoo | e ten |

Native American

3 ~ **to...** originario de...: *The koala is a native of Australia.* El koala es originario de Australia.
▸ *adj* **1** natal: *native land* patria ◊ *native language/tongue* lengua materna **2** indígena, nativo **3** innato **4** ~ **to...** originario de...

Native A'merican *adj, n* indígena americano, -a (*esp de Norteamérica*): *Native American culture/languages* la cultura/las lenguas de los indígenas americanos

native 'speaker *n* hablante nativo

natural /'nætʃərəl; *GB* 'nætʃrəl/ *adj* **1** natural **2** nato, innato

natural 'history *n* historia natural

naturalist /'nætʃərəlɪst/ *n* naturalista

naturally /'nætʃrəli/ *adv* **1** naturalmente, con naturalidad **2** por supuesto

nature /'neɪtʃər/ *n* **1** (*tb* Nature) naturaleza: *nature reserve* reserva natural **2** carácter: *good nature* buen carácter ◊ *It's not in my nature to...* No soy capaz de... **3** [*sing*] tipo, índole LOC **in the nature of sth** algo así como algo

naughty /'nɔːti/ *adj* (**naughtier, -iest**) **1** (*coloq*) travieso: *to be naughty* portarse mal **2** atrevido

nausea /'nɔːziə, -ʒə; *GB tb* -siə/ *n* náusea

nauseating /'nɔːzieɪtɪŋ/ *adj* asqueroso, nauseabundo

nautical /'nɔːtɪkl/ *adj* náutico

naval /'neɪvl/ *adj* naval, marítimo

nave /neɪv/ *n* nave

navel /'neɪvl/ *n* ombligo

navigate /'nævɪgeɪt/ **1** *vi* navegar **2** *vi* (*en carro*) guiar **3** *vt* (*barco*) gobernar **4** *vt* (*río, mar*) navegar por ■ **navigation** *n* **1** navegación **2** náutica **navigator** *n* navegante

navy /'neɪvi/ *n* **1** (*pl* navies) flota **2** the navy, the Navy [*sing*] la armada, la marina **3** (*tb* navy blue) azul marino

Nazi /'nɑːtsi/ *n* nazi

near /nɪər/ *adjetivo, preposición, adverbio, verbo*
▸ *adj* (**nearer, -est**) **1** cercano: *Which town is nearer?* ¿Qué ciudad está más cerca? ◊ *to get nearer* acercarse

Nótese que antes de sustantivo se usa el adjetivo **nearby** en vez de **near**: *a nearby town* un pueblo cercano ◊ *The town is very near.* El pueblo está muy cerca. Sin embargo, cuando queremos utilizar otras formas del adjetivo, como el superlativo, tenemos que utilizar **near**: *the nearest store* el almacén más cercano.

2 próximo: *in the near future* en un futuro próximo
▸ *prep* cerca de: *I live near the station.* Vivo cerca de la estación. ◊ *Is there a bank near here?* ¿Hay algún banco cerca de acá? ◊ *near the beginning* hacia el principio
▸ *adv* (**nearer, -est**) cerca: *I live quite near.* Vivo bastante cerca. ◊ *We are getting near to Christmas.* Ya falta poco para la Navidad.

Nótese que *I live nearby* es más común que *I live near*, pero **nearby** no suele ir modificado por **quite, very**, etc.: *I live quite near*.

LOC **not be anywhere near; be nowhere near** no estar ni siquiera cerca, no parecerse en nada: *It's nowhere near the color I'm looking for.* No es ni parecido al color que estoy buscando. Ver tb HAND
▸ *vt, vi* acercarse (a)

nearby /ˌnɪərˈbaɪ/ *adjetivo, adverbio*
▸ *adj* cercano
▸ *adv* cerca: *She lives nearby.* Vive cerca (de acá/ allá). ➜ *Ver nota en* NEAR

nearly /'nɪərli/ *adv* casi: *He nearly won.* Casi que gana. ➜ *Ver nota en* CASI LOC **not nearly** para nada

nearsighted /'nɪərsaɪtɪd/ (*GB* shortsighted) *adj* miope

neat /niːt/ *adj* (**neater, -est**) **1** ordenado, bien cuidado **2** (*persona*) pulcro y ordenado **3** (*letra*) claro **4** (*USA, coloq*) estupendo **5** (*GB*) (*USA* straight) (*trago*) puro

neatly /'niːtli/ *adv* **1** ordenadamente, pulcramente **2** hábilmente

necessarily /ˌnesəˈserəli; *GB tb* 'nesəsərəli/ *adv* forzosamente, necesariamente

necessary /'nesəseri; *GB* -səri/ *adj*
1 necesario: *Is it necessary for us to meet/ necessary that we meet?* ¿Es necesario que nos reunamos? ◊ *if necessary* si resulta necesario **2** inevitable

necessitate /nəˈsesɪteɪt/ *vt* (*formal*) requerir, exigir

necessity /nəˈsesəti/ *n* (*pl* necessities)
1 necesidad **2** artículo de primera necesidad

neck /nek/ *n* cuello: *to break your neck* desnucarse LOC (**be**) **up to your neck in sth** (estar) metido hasta el cuello en algo ♦ **neck and neck (with sb/sth)** a la par (con algn/algo) *Ver tb* BREATHE, PAIN, RISK, SCRUFF, WRING

necklace /'nekləs/ *n* collar

neckline /'neklaɪn/ *n* escote

necktie /'nektaɪ/ *n* corbata

nectarine /ˌnektəˈriːn/ *n* durazno

---

i happy   ɪ sit   iː see   æ cat   ɑ hot   ɒ long (*GB*)   ɑː bath (*GB*)   ʌ cup   ʊ put   uː too

need /niːd/ *verbo, sustantivo*
▸ *vt* **1** necesitar: *Do you need any help?* ¿Necesitas ayuda? ◊ *It needs painting.* Hace falta pintarlo. **2** ~ **to do sth** (*obligación*) tener que hacer algo: *Do we really need to leave so early?* ¿Es realmente necesario que salgamos tan temprano? ❶ En este sentido se puede usar el verbo modal, pero es más formal: *Need we really leave so early?*
▸ *v modal* (*neg* **need not** *o* **needn't** /'niːdnt/) (*obligación*) tener que: *You needn't have come.* No hacía falta que vinieras. ◊ *Need I explain it again?* ¿Es necesario que lo explique otra vez?

Cuando **need** es un verbo modal le sigue un infinitivo sin **to**, y las oraciones interrogativas y negativas se construyen sin el auxiliar **do**.

▸ *n* ~ (**for sth**) necesidad (de algo) **LOC** **be in need of sth** necesitar algo ◆ **if need be** si fuera necesario

needle /'niːdl/ *n* aguja **LOC** *Ver* PIN
needless /'niːdləs/ *adj* innecesario **LOC** **needless to say** sobra decir
needlework /'niːdlwɜːrk/ *n* [*incontable*] costura, bordado
needy /'niːdi/ *adj* **1** necesitado **2** que reclama mucha atención
negative /'neɡətɪv/ *adjetivo, sustantivo*
▸ *adj* negativo
▸ *n* negativo (de foto)
neglect /nɪ'ɡlekt/ *verbo, sustantivo*
▸ *vt* **1** descuidar **2** ~ **to do sth** olvidar hacer algo
▸ *n* abandono
negligent /'neɡlɪdʒənt/ *adj* negligente
■ **negligence** /'neɡlɪdʒəns/ *n* negligencia
negligible /'neɡlɪdʒəbl/ *adj* insignificante
negotiate /nɪ'ɡoʊʃieɪt/ **1** *vt, vi* ~ (**sth**) (**with sb**) negociar (algo) (con algn) **2** *vt* (*obstáculo*) salvar
■ **negotiation** *n* [*gen pl*] negociación
neigh /neɪ/ *verbo, sustantivo*
▸ *vi* relinchar
▸ *n* relincho
neighbor (*GB* **neighbour**) /'neɪbər/ *n* **1** vecino, -a **2** prójimo, -a
neighborhood (*GB* **neighbourhood**) /'neɪbərhʊd/ *n* **1** (*distrito*) barrio **2** (*personas*) vecindario
neighboring (*GB* **neighbouring**) /'neɪbərɪŋ/ *adj* [*solo antes de sustantivo*] vecino, contiguo
neither /'niːðər, 'naɪ-/ *adjetivo, pronombre, adverbio*
▸ *adj, pron* ninguno ➔ *Ver nota en* NINGUNO
▸ *adv* **1** tampoco

Cuando **neither** significa "tampoco" se puede sustituir por **nor**. Con ambos se utiliza la estructura: **neither/nor + v aux/v modal + sujeto**: *'I didn't go.' 'Neither/nor did I.'* —Yo no fui. —Yo tampoco. ◊ *I can't swim and neither/nor can my brother.* Yo no sé nadar y mi hermano tampoco. **Either** puede significar "tampoco", pero requiere un verbo precedido por una negación y su posición en la frase es distinta: *I don't like it, and I can't afford it either.* No me gusta, y tampoco puedo comprarlo. ◊ *My sister didn't go either.* Mi hermana tampoco fue. ◊ *'I haven't seen that movie.' 'I haven't either.'* —No vi esa película. —Yo tampoco.

2 neither… nor ni… ni
neon /'niːɑn/ *n* neón
nephew /'nefjuː; *GB tb* 'nevjuː/ *n* sobrino: *I have two nephews and one niece.* Tengo dos sobrinos y una sobrina.
Neptune /'neptuːn; *GB* -tjuːn/ *n* Neptuno
nerd /nɜːrd/ *n* (*coloq, pey*) **1** nerd **2** genio de los computadores
nerve /nɜːrv/ *n* **1** nervio **2** valor **3** (*coloq*) descaro: *You've got some nerve!* ¡Qué descaro! **LOC** **get on sb's nerves** (*coloq*) ponerle a algn los nervios de punta ◆ **lose your nerve** acobardarse
nerve-racking /'nɜːrv rækɪŋ/ *adj* estresante, angustioso
nervous /'nɜːrvəs/ *adj* **1** (*Anat*) nervioso: *nervous breakdown* depresión nerviosa **2** ~ (**about/of sth/doing sth**) nervioso (ante algo/la idea de hacer algo) ■ **nervousness** *n* nerviosismo
nest /nest/ *n* (*lit y fig*) nido: *ants' nest* hormiguero
nestle /'nesl/ **1** *vi* arrellanarse, acurrucarse **2** *vt, vi* ~ (**sth**) **against, on,** etc. **sb/sth** recostar algo, recostarse (sobre algn/algo)
net /net/ *sustantivo, adjetivo*
▸ *n* **1** red **2** [*incontable*] malla, tul: *net curtains* (*GB*) cortinas de velo **3 the Net** (*coloq*) (*Internet*) la red
▸ *adj* (*GB tb* **nett**) **1** (*peso, sueldo*) neto **2** (*resultado*) final ■ **netting** *n* [*incontable*] red: *wire netting* malla (metálica)
netball /'netbɔːl/ *n* juego parecido al baloncesto, jugado esp por niñas en Gran Bretaña
netbook /'netbʊk/ *n* (*Informát*) netbook, minilaptop
netiquette /'netɪket/ *n* [*incontable*] (*coloq*) (*Internet*) normas del correcto comportamiento en la red

netizen /'netɪzn/ n (Internet) ciudadano, -a de la red

nettle /'netl/ n ortiga

⚡ **network** /'netwɜːrk/ sustantivo, verbo
▸ n **1** red **2** (TV, Radio) cadena de televisión/radio
▸ **1** vt conectar a la red (de una empresa) **2** vt (TV, Radio) transmitir en cadena **3** vi crear (una red de) contactos ■ **networking** n [incontable]: *The dinners provide the opportunity for informal networking.* Las cenas proporcionan una oportunidad para establecer contactos de manera informal. ◇ *social networking sites on the Internet* las redes sociales en internet

neuron /'nʊərɑn/ GB /'njʊər-/ n (Biol) neurona

neurotic /nʊə'rɑtɪk/ GB /njʊə-/ adj, n neurótico, -a

neutral /'nuːtrəl/ GB /'njuː-/ adjetivo, sustantivo
▸ adj **1** neutral **2** (color) neutro
▸ n neutro

⚡ **never** /'nevər/ adv **1** nunca **2** *That will never do.* Eso es totalmente inaceptable. LOC **well, I never (did)!** ¡no me digas! ⊃ *Ver notas en* ALWAYS y NUNCA

⚡ **nevertheless** /ˌnevərðə'les/ adv sin embargo

⚡ **new** /nuː; GB njuː/ adj (**newer, -est**) **1** nuevo: *What's new?* ¿Qué hay de nuevo? **2** ~ (**to sth**) nuevo (en algo) **3** otro: *a new job* otro trabajo LOC **a new lease on life** (GB **a new lease of life**) una nueva vida ♦ **(as) good as new** como nuevo ♦ **turn over a new leaf** empezar una nueva vida

New Age adj Nueva Era

newcomer /'nuːkʌmər; GB 'njuː-/ n recién llegado, -a

⚡ **newly** /'nuːli; GB 'njuː-/ adv recién

newness /'nuːnəs; GB 'njuː-/ n novedad

⚡ **news** /nuːz; GB njuːz/ n [incontable] **1** noticia(s): *The news is not good.* Las noticias no son buenas. ◇ *a piece of news* una noticia ◇ *Do you have any news?* ¿Tienes noticias? ◇ *It's news to me.* Ahora me entero. ⊃ *Ver nota en* CONSEJO **2 the news** [sing] las noticias, el noticiero LOC *Ver* BREAK

newscaster /'nuːzkæstər; GB 'njuːzkɑːstər/ (GB **newsreader** /'nuːzriːdər; GB 'njuːz-/) n presentador, -ora (de noticias)

newsdealer /'nuːzdiːlər; GB 'njuːz-/ (GB **newsagent** /'nuːzeɪdʒənt; GB 'njuːz-/) n vendedor, -ora de periódicos

newsflash /'nuːzflæʃ; GB 'njuːz-/ n noticia de último minuto, flash informativo

newsletter /'nuːzletər; GB 'njuːz-/ n boletín, hoja informativa

⚡ **newspaper** /'nuːzpeɪpər; GB 'njuːz-/ n periódico

newsstand /'nuːzstænd; GB 'njuːz-/ n puesto de periódicos/revistas

ˌnew 'year n año nuevo: *New Year's Day* Día de Año Nuevo ◇ *New Year's Eve* el 31 de diciembre

⚡ **next** /nekst/ adjetivo, adverbio, sustantivo
▸ adj **1** próximo, siguiente: *the next time you see her* la próxima vez que la veas ◇ *the next day* al día siguiente ◇ *next month* el mes que viene **2** (contiguo) de al lado LOC **the next few days, months, etc.** los próximos/siguientes días, meses, etc. *Ver tb* DAY
▸ adv **1** después, ahora: *What did they do next?* ¿Qué hicieron después? ◇ *What shall we do next?* ¿Qué hacemos ahora? **2** *when we next meet* la próxima vez que nos veamos **3** (comparación) *the next oldest* el siguiente en antigüedad
▸ n **the next** [sing] el/la siguiente, el, próximo, la próxima: *Who's next?* ¿Quién sigue? LOC *Ver* LAST

ˌnext 'best adj segundo mejor: *the next best thing/solution/idea* la segunda mejor opción ◇ *It's not ideal, but it's the next best thing.* No es (lo) ideal, pero es lo mejor que hay.

ˌnext 'door adverbio, adjetivo
▸ adv al lado: *They live next door.* Viven en la casa de al lado.
▸ adj **next-door** de al lado: *next-door neighbor* vecino de al lado

ˌnext of 'kin n pariente(s) más cercano(s)

ˈnext to prep **1** al lado de, junto a **2** (orden) después de **3** casi: *next to nothing* casi nada ◇ *next to last* el penúltimo

NGO /ˌen dʒiː 'oʊ/ abrev de **nongovernmental organization** ONG

NHS /ˌen eɪtʃ 'es/ n abrev de **National Health Service** (GB) Servicio Nacional de Salud (de Gran Bretaña)

nibble /'nɪbl/ vt, vi ~ (**at sth**) mordisquear, picar (algo)

⚡ **nice** /naɪs/ adj (**nicer, -est**) **1** ~ (**to sb**) simpático, amable (con algn) ❶ Nótese que **sympathetic** se traduce por "compasivo". **2** bonito: *You look nice.* Estás muy lindo. **3** agradable: *to have a nice time* pasarla bien ◇ *It smells nice.* Huele bien. **4** (tiempo) bueno LOC **nice and...** (coloq) bastante: *nice and warm* calientito *Ver tb* MEET

⚡ **nicely** /'naɪsli/ adv **1** bien **2** amablemente

niche /nɪtʃ, niːʃ/ n **1** rincón, lugar **2** nicho

nick /nɪk/ sustantivo, verbo
▸ n **1** muesca, corte pequeño, mella **2 the nick**

(*GB*, *argot*) la cana, la chirona LOC **in the nick of time** (*coloq*) justo a tiempo
▶ *vt* **1** hacer(se) un corte en, mellar **2** ~ **sth (from sb/sth)** (*GB*, *coloq*) robar algo (a algn/de algo)

nickel /'nɪkl/ *n* **1** níquel **2** (*Can*, *USA*) moneda de cinco centavos

nickname /'nɪkneɪm/ *sustantivo*, *verbo*
▶ *n* apodo, mote
▶ *vt* apodar

nicotine /'nɪkəti:n/ *n* nicotina

niece /ni:s/ *n* sobrina

night /naɪt/ *n* **1** noche: *night shift* turno de noche ◊ *night school* escuela nocturna ◊ *the night before last* antenoche **2** (*Teat*) representación: *first/opening night* estreno LOC **at night** de noche, por la noche: *ten o'clock at night* a las diez de la noche ◆ **good night** buenas noches, hasta mañana (*como fórmula de despedida*) ◆ **have an early/a late night** acostarse temprano/tarde *Ver tb* DAY, DEAD; ➔ *Ver nota en* NOCHE

nightclub /'naɪtklʌb/ *n* discoteca, club (nocturno)

nightfall /'naɪtfɔːl/ *n* anochecer

nightgown /'naɪtgaʊn/ (*GB* **nightdress** /'naɪtdres/) (*coloq* **nightie** /'naɪti/) *n* camisón

nightingale /'naɪtɪŋgeɪl/ *n* ruiseñor

nightlife /'naɪtlaɪf/ *n* vida nocturna

nightly /'naɪtli/ *adverbio*, *adjetivo*
▶ *adv* todas las noches, cada noche
▶ *adj* **1** nocturno **2** (*regular*) de todas las noches

nightmare /'naɪtmeər/ *n* (*lit y fig*) pesadilla
■ **nightmarish** *adj* de pesadilla, espeluznante

night-time *n* noche ➔ *Ver nota en* NOCHE

nil /nɪl/ *n* **1** (*GB*) (*Dep*) cero **2** nulo

nimble /'nɪmbl/ *adj* (**nimbler**, **-est**) **1** ágil **2** (*mente*) despierto

nine /naɪn/ *adj*, *pron*, *n* nueve ➔ *Ver ejemplos en* FIVE ■ **ninth 1** *adj*, *adv*, *pron* noveno **2** *n* novena parte, noveno ➔ *Ver ejemplos en* FIFTH

nineteen /ˌnaɪnˈtiːn/ *adj*, *pron*, *n* diecinueve ➔ *Ver ejemplos en* FIVE ■ **nineteenth 1** *adj*, *adv*, *pron* decimonoveno **2** *n* diecinueveava parte, diecinueveavo ➔ *Ver ejemplos en* FIFTH

ninety /'naɪnti/ *adj*, *pron*, *n* noventa ➔ *Ver ejemplos en* FIFTY, FIVE ■ **ninetieth 1** *adj*, *adv*, *pron* nonagésimo **2** *n* noventava parte, noventavo ➔ *Ver ejemplos en* FIFTH

nip /nɪp/ *n* (**-pp-**) **1** *vt* pellizcar **2** *vi* (*GB*, *coloq*) correr: *to nip out* salir un momento

nipple /'nɪpl/ *n* pezón, tetilla

nitrogen /'naɪtrədʒən/ *n* nitrógeno

no /noʊ/ *interjección*, *adjetivo*, *adverbio*
▶ *interj* no
▶ *adj* **1** ninguno: *No two people think alike.* No hay dos personas que piensen igual. ➔ *Ver nota en* NINGUNO **2** (*prohibición*) *No smoking.* Prohibido fumar. **3** (*para enfatizar una negación*) *She's no fool.* No es ninguna tonta. ◊ *It's no joke.* No es ninguna broma.
▶ *adv* [*antes de adjetivo comparativo y adverbio*] no: *His car is no bigger/more expensive than mine.* Su carro no es más grande/caro que el mío.

nobility /noʊˈbɪləti/ *n* nobleza

noble /'noʊbl/ *adj*, *n* (**-er** /'noʊblər/, **-est** /'noʊblɪst/) noble

nobody /'noʊbədi/ *pronombre*, *sustantivo*
▶ *pron Ver* NO ONE
▶ *n* (*pl* **nobodies**) don nadie

no-brainer /ˌnoʊ ˈbreɪnər/ *n* (*coloq*) problema de solución obvia

nocturnal /nɑkˈtɜːrnl/ *adj* nocturno

nod /nɑd/ *verbo*, *sustantivo*
▶ (**-dd-**) **1** *vt*, *vi* asentir (con la cabeza): *He nodded (his head) in agreement.* Asintió (con la cabeza). **2** *vi* ~ **(to/at sb)** saludar con la cabeza (a algn) **3** *vt*, *vi* indicar/hacer una señal con la cabeza **4** *vi* dar cabezadas PHR V **nod off** (*coloq*) dormirse
▶ *n* inclinación de la cabeza LOC **give sb the nod (to do sth)** dar permiso a algn (para que haga algo)

noise /nɔɪz/ *n* ruido LOC **make a noise (about sth)** armar un escándalo (por algo) *Ver tb* BIG

noisily /'nɔɪzɪli/ *adv* ruidosamente, escandalosamente

noisy /'nɔɪzi/ *adj* (**noisier**, **-iest**) **1** ruidoso **2** bullicioso

nomad /'noʊmæd/ *n* nómada ■ **nomadic** /noʊˈmædɪk/ *adj* nómada

nominal /'nɑmɪnl/ *adj* nominal ■ **nominally** *adv* en apariencia, de nombre

nominate /'nɑmɪneɪt/ *vt* **1** ~ **sb (as sth) (for sth)** nombrar, proponer, nominar a algn (como algo) (para algo) **2** ~ **sth (as sth)** establecer, designar algo (como algo) ■ **nomination** *n* nombramiento

nominee /ˌnɑmɪˈniː/ *n* candidato, -a

nonalcoholic /ˌnɑnælkəˈhɔːlɪk; *GB* -ˈhɒl-/ *adj* sin alcohol

nonconformity /ˌnɑnkənˈfɔːrmɪti/ *n* [*incontable*] inconformismo

none /nʌn/ *pronombre*, *adverbio*
▶ *pron* **1** ninguno, -a, -os, -as: *None (of them) is/are alive now.* Ya no queda ninguno vivo.
2 [*con sustantivos o pronombres incontables*] nada:

'Is there any bread left?' 'No, none — ¿Queda algo de pan? —No, no queda nada. **3** (formal) nadie: *and none more so than...* y nadie más que... **LOC** **none but** solo ◆ **none other than** ni más ni menos que
▸ adv **1** *I'm none the wiser.* Sigo sin entender nada. ◇ *He's none the worse for it.* No le pasó nada. **2** *none too clean* nada limpio

nonetheless /ˌnʌnðəˈles/ adv sin embargo

nonexistent /ˌnɒnɪɡˈzɪstənt/ adj inexistente

nonfiction /ˌnɒnˈfɪkʃn/ n [incontable] obras que no pertenecen al género de ficción

nonprofit /ˌnɒnˈprɒfɪt/ (tb ˌnot-for-ˈprofit) (GB tb ˌnon-ˈprofit-making) adj sin fines de lucro

nonsense /ˈnɒnsəns; tb esp GB -sns/ n [incontable] **1** disparates **2** tonterías
■ **nonsensical** /nɒnˈsensɪkl/ adj absurdo

nonsmoker /ˌnɒnˈsmoʊkər/ n no fumador, -a
■ **nonsmoking** adj: *nonsmoking area* zona de no fumadores

nonstick /ˌnɒnˈstɪk/ adj antiadherente (sartén, etc.)

nonstop /ˌnɒnˈstɒp/ adjetivo, adverbio
▸ adj **1** (vuelo, etc.) directo **2** ininterrumpido
▸ adv **1** directamente, sin hacer escala **2** sin parar, ininterrumpidamente (hablar, trabajar, etc.)

noodle /ˈnuːdl/ n fideo

noon /nuːn/ n (formal) mediodía: *at noon* al mediodía ◇ *twelve noon* las doce en punto

ˈno one (tb **nobody**) pron nadie

> En inglés no se pueden usar dos negaciones en la misma frase. Como las palabras **no one**, **nothing** y **nowhere** son negaciones, el verbo siempre tiene que ser afirmativo: *No one saw him.* No lo vio nadie. ◇ *She said nothing.* No dijo nada. ◇ *Nothing happened.* No pasó nada. Cuando la oración es negativa se usa **anyone**, **anything** y **anywhere**: *I didn't see anyone.* No vi a nadie. ◇ *She didn't say anything.* No dijo nada.

noose /nuːs/ n nudo corredizo, lazo

nope /noʊp/ interj (coloq) no

nor /nɔːr/ conj, adv **1** ni **2** (ni...) tampoco: *Nor do I.* Yo tampoco. ➔ Ver nota en NEITHER

norm /nɔːrm/ n norma

normal /ˈnɔːrml/ adjetivo, sustantivo
▸ adj normal
▸ n lo normal: *Things are back to normal.* Las cosas han vuelto a la normalidad.

normally /ˈnɔːrməli/ adv normalmente ➔ Ver nota en ALWAYS

north /nɔːrθ/ sustantivo, adjetivo, adverbio
▸ n (tb **the north**, **the North**) (abrev **N**) (el) norte: *Leeds is in the north of England.* Leeds está en el norte de Inglaterra.
▸ adj (del) norte: *north winds* vientos del norte
▸ adv al norte: *We are going north on Tuesday.* Nos vamos al norte el martes.

northbound /ˈnɔːrθbaʊnd/ adj en/con dirección norte

northeast /ˌnɔːrθˈiːst/ sustantivo, adjetivo, adverbio
▸ n (abrev **NE**) nororiente, noreste
▸ adj nororiental, (del) noreste
▸ adv hacia el nororiente/noreste ■ **northeastern** adj (del) nororiente/noreste

northern (tb **Northern**) /ˈnɔːrðərn/ adj (del) norte: *She has a northern accent.* Tiene acento del norte. ◇ *the northern hemisphere* el hemisferio norte ■ **northerner** n norteño, -a

northward /ˈnɔːrθwərd/ (tb **northwards**) adv hacia el norte

northwest /ˌnɔːrθˈwest/ sustantivo, adjetivo, adverbio
▸ n (abrev **NW**) noroccidente, noroeste
▸ adj noroccidental, (del) noroeste
▸ adv hacia el noroccidente /noroeste
■ **northwestern** adj noroccidental, (del) noroeste

nose /noʊz/ sustantivo, verbo
▸ n **1** nariz **2** (avión) morro **3** [sing] *a ~ for something* olfato para algo **LOC** Ver BLOW
▸ v **PHR V** **nose around** (GB tb **nose about**) husmear

nosebleed /ˈnoʊzbliːd/ n hemorragia nasal

ˈnose ring n aro en la nariz

nostalgia /nɒˈstældʒə, nəˈs-/ n nostalgia
■ **nostalgic** adj nostálgico

nostril /ˈnɒstrəl/ n fosa nasal: *nostrils* nariz

nosy (tb **nosey**) /ˈnoʊzi/ adj (coloq, pey) curioso, fisgón

not /nɒt/ adv no: *I hope not.* Espero que no. ◇ *I'm afraid not.* Me temo que no. ◇ *Certainly not!* ¡Ni hablar! ◇ *Not any more.* Ya no. ◇ *Not even...* Ni siquiera...

> **Not** se usa para formar negaciones con verbos auxiliares y modales (**be**, **do**, **have**, **can**, **must**, etc.) y muchas veces se usa en su forma contracta **-n't**: *She is not/isn't going.* ◇ *We did not/didn't go.* ◇ *I must not/mustn't go.* La forma no contracta (**not**) tiene un uso más formal o enfático y se usa para formar la negación de los verbos subordinados: *He warned me not to be late.* Me advirtió que no llegara tarde. ◇ *I suppose not.* Supongo que no. ➔ Comparar con NO

i happy   ɪ sit   iː see   æ cat   ɑ hot   ɒ long (GB)   ɑː bath (GB)   ʌ cup   ʊ put   uː too

LOC not all that... no muy... ♦ **not as... as all that**: *They're not as rich as all that.* No son tan ricos. ♦ **not at all 1** nada, en lo más mínimo **2** (*respuesta*) de nada ♦ **not that...** no es que...: *It's not that I mind...* No es que me importe...

notable /ˈnoʊtəbl/ *adj* notable

notably /ˈnoʊtəbli/ *adv* notablemente

notary public /ˌnoʊtəri ˈpʌblɪk/ *n* (*pl* **notaries public** *o* **notary publics**) notario público, notaria pública

notch /nɑtʃ/ *sustantivo, verbo*
▸ *n* **1** corte **2** grado
▸ *vt* ~ **sth (up)** (*coloq*) conseguir, apuntarse algo

note /noʊt/ *sustantivo, verbo*
▸ *n* **1** nota: *to make a note (of sth)* tomar nota (de algo) ◊ *to take notes* tomar apuntes **2** (*GB*) (*USA* **bill**) billete **3** (*piano, etc.*) tecla
▸ *vt* advertir, fijarse en **PHR V** **note sth down** anotar algo

notebook /ˈnoʊtbʊk/ *n* **1** cuaderno, libreta de apuntes **2** (*tb* ˌnotebook comˈputer*) notebook, minilaptop

noted /ˈnoʊtɪd/ *adj* ~ (**for/as sth**) célebre (por/por ser algo)

notepad /ˈnoʊtpæd/ *n* libreta de apuntes

notepaper /ˈnoʊtpeɪpər/ *n* [*incontable*] papel de escribir

noteworthy /ˈnoʊtwɜːrði/ *adj* digno de mención

nothing /ˈnʌθɪŋ/ *pron* **1** nada ᕋ *Ver nota en* NO ONE **2** cero **LOC** **for nothing 1** gratis **2** en vano ♦ **be/have nothing to do with sb/sth** no tener nada que ver con algn/algo ♦ **nothing much** no mucho ♦ **nothing of the kind/sort** nada por el estilo

notice /ˈnoʊtɪs/ *sustantivo, verbo*
▸ *n* **1** anuncio, cartel **2** aviso: *until further notice* hasta nuevo aviso ◊ *to give one month's notice* avisar con un mes de antelación **3** dimisión, carta de despido **4** reseña **LOC** **take no notice/ not take any notice (of sb/sth)** hacer caso omiso (de algn/algo) *Ver tb* ESCAPE, MOMENT
▸ *vt* **1** darse cuenta de **2** prestar atención a, fijarse en

noticeable /ˈnoʊtɪsəbl/ *adj* perceptible

noticeboard /ˈnoʊtɪsbɔːrd/ *n* (*GB*) (*USA* **bulletin board**) cartelera (de anuncios)

notify /ˈnoʊtɪfaɪ/ *vt* (*pt, pp* **-fied**) ~ **sb (of sth)**; ~ **sth to sb** (*formal*) notificar (algo) a algn

notion /ˈnoʊʃn/ *n* **1** ~ (**that...**) noción, idea (de que...) **2** [*incontable*] ~ (**of sth**) idea (de algo): *without any notion of what he would do* sin tener idea de lo que haría

notorious /noʊˈtɔːriəs/ *adj* ~ (**for/as sth**) (*pey*) conocido, famoso (por/por ser algo)

notwithstanding /ˌnɑtwɪθˈstændɪŋ/ *prep, adv* (*formal*) a pesar de, no obstante

nought /nɔːt/ *n* (*GB*) (*USA* **zero**) cero

noughts and crosses *n* (*GB*) (*USA* **tic-tac-toe**) [*incontable*] tres en raya, triqui, gato

noun /naʊn/ *n* nombre, sustantivo

nourish /ˈnɜːrɪʃ; *GB* ˈnʌr-/ *vt* **1** nutrir **2** (*formal*) (*fig*) alimentar ■ **nourishing** *adj* nutritivo

novel /ˈnɑvl/ *sustantivo, adjetivo*
▸ *n* novela
▸ *adj* original

novelist /ˈnɑvəlɪst/ *n* novelista

novelty /ˈnɑvlti/ *n* (*pl* **novelties**) novedad

November /noʊˈvembər/ *n* (*abrev* **Nov.**) noviembre ᕋ *Ver nota y ejemplos en* JANUARY

novice /ˈnɑvɪs/ *n* novato, -a, principiante

now /naʊ/ *adverbio, conjunción*
▸ *adv* **1** ahora: *by now* ya ◊ *right now* ahora mismo **2** ahora bien **LOC** (**every**) **now and again/then** de vez en cuando
▸ *conj* ~ (**that...**) ahora que..., ya que...

nowadays /ˈnaʊədeɪz/ *adv* hoy (en) día

nowhere /ˈnoʊwear/ *adv* en/por ninguna parte: *There's nowhere to park.* No hay donde estacionarse. ᕋ *Ver nota en* NO ONE **LOC** **be nowhere to be found/seen** no aparecer por ninguna parte ♦ **get/go nowhere** no conseguir nada *Ver tb* MIDDLE, NEAR

nozzle /ˈnɑzl/ *n* boquilla

nuance /ˈnuːɑns; *GB* ˈnjuː-/ *n* matiz

nuclear /ˈnuːkliər; *GB* ˈnjuː-/ *adj* nuclear

nucleus /ˈnuːkliəs; *GB* ˈnjuː-/ *n* (*pl* **nuclei** /-kliaɪ/) núcleo

nude /nuːd; *GB* njuːd/ *adjetivo, sustantivo*
▸ *adj* desnudo (integral) (*artístico y erótico*) ᕋ *Ver nota en* NAKED
▸ *n* desnudo **LOC** **in the nude** desnudo

nudge /nʌdʒ/ *vt* **1** dar un codazo a **2** empujar suavemente

nudity /ˈnuːdəti; *GB* ˈnjuːd-/ *n* desnudez

nuisance /ˈnuːsns; *GB* ˈnjuː-/ *n* **1** molestia **2** (*persona*) pesado, -a

null /nʌl/ *adj* **LOC** **null and void** nulo

numb /nʌm/ *adjetivo, verbo*
▸ *adj* entumecido: *numb with shock* paralizado del susto
▸ *vt* **1** entumecer **2** (*fig*) paralizar

number /ˈnʌmbər/ *sustantivo, verbo*
▸ *n* (*abrev* **No.**) número **LOC** **a number of...** varios/ciertos...
▸ *vt* **1** numerar **2** ascender a

number plate

number plate n (GB) (USA **license plate**) placa (de vehículo)

numeracy /ˈnuːmərəsi; GB ˈnjuː-/ n [incontable] habilidad con los números

numerical /nuːˈmerɪkl; GB njuː-/ adj numérico

numerous /ˈnuːmərəs; GB ˈnjuː-/ adj (formal) numeroso

nun /nʌn/ n monja

nurse /nɜːrs/ sustantivo, verbo
▸ n **1** enfermero, -a **2** niñera
▸ **1** vt cuidar **2** vt, vi amamantar(se) **3** vt arrullar **4** vt (sentimientos) alimentar

nursery /ˈnɜːrsəri/ n (pl **nurseries**) **1** (tb ˈnursery school) jardín de infancia **2** (tb ˈday nursery) (GB) guardería **3** habitación de los niños **4** vivero

nursery rhyme n canción infantil

nursing /ˈnɜːrsɪŋ/ n **1** enfermería: nursing home residencia privada de la tercera edad **2** cuidado (de enfermos)

nurture /ˈnɜːrtʃər/ vt **1** (niño) criar **2** alimentar **3** fomentar

nut /nʌt/ n **1** nuez **2** tuerca **3** (GB tb **nutter**) (coloq) chiflado, -a **4** (coloq) fanático, -a

nutcase /ˈnʌtkeɪs/ n (coloq) chiflado, -a

nutcracker /ˈnʌtkrækər/ n cascanueces

nutmeg /ˈnʌtmeg/ n nuez moscada

nutrient /ˈnuːtriənt; GB ˈnjuː-/ n (formal) nutriente, sustancia nutritiva

nutrition /nuːˈtrɪʃn; GB njuː-/ n nutrición
■ **nutritional** adj nutritivo **nutritious** adj nutritivo

nuts /nʌts/ adj (coloq) **1** loco **2** ~ **about sb/sth** loco por algn/algo

nutshell /ˈnʌtʃel/ n cáscara (de nuez) LOC (**put sth**) **in a nutshell** (decir algo) en pocas palabras

nutty /ˈnʌti/ adj (**nuttier**, **-iest**) **1** a nutty flavor un sabor a nuez **2** (coloq) chiflado

NVQ /ˌen viː ˈkjuː/ n (abrev de **National Vocational Qualification**) (GB) título de formación vocacional

nylon /ˈnaɪlɑn/ n nailon, nylon

nymph /nɪmf/ n ninfa

O o

O, o /oʊ/ n (pl **Os, O's, o's** /oʊz/) **1** O, o ⊃ Ver nota en A, A **2** cero

Cuando se nombra el cero en una serie de números, p. ej. 01865, en Gran Bretaña se suele pronunciar como la letra O /ˌoʊ wʌn eɪt sɪks 'faɪv/.

oak /oʊk/ (tb **'oak tree**) n roble

oar /ɔːr/ n remo

oasis /oʊ'eɪsɪs/ n (pl **oases** /-siːz/) oasis

oath /oʊθ/ n **1** juramento **2** (antic) palabrota LOC **on/under oath** bajo juramento

oats /oʊts/ n [pl] (copos de) avena

obedient /oʊ'biːdiənt, ə'biːd-; GB ə'biːd-/ adj obediente ■ **obedience** n obediencia

obese /oʊ'biːs/ adj obeso ■ **obesity** n obesidad

⸙ **obey** /oʊ'beɪ, ə'beɪ; GB ə'beɪ/ vt, vi obedecer

obituary /oʊ'bɪtʃueri; GB -əri/ n (pl **obituaries**) obituario

⸙ **object** sustantivo, verbo
▸ n /'ɑbdʒɪkt/ **1** objeto **2** objetivo, propósito **3** (Gram) complemento LOC **expense/money is no object** el dinero no importa
▸ vi /əb'dʒekt/ ~ **(to sb/sth)** oponerse (a algn/algo), estar en contra (de algn/algo): *If he doesn't object…* Si no tiene inconveniente…

objection /əb'dʒekʃn/ n ~ **(to sth/doing sth)** oposición (a algo/a hacer algo), protesta contra algo, inconveniente en hacer algo

⸙ **objective** /əb'dʒektɪv/ adj, n objetivo: *to remain objective* mantener la objetividad

obligation /ˌɑblɪ'ɡeɪʃn/ n **1** obligación **2** (Econ) compromiso LOC **be under an/no obligation (to do sth)** (no) tener obligación (de hacer algo)

obligatory /ə'blɪɡətɔːri; GB -tri/ adj (formal) obligatorio, de rigor

oblige /ə'blaɪdʒ/ vt (formal) **1** obligar **2** ~ **sb (with sth/by doing sth)** complacer a algn, hacer el favor a algn (de hacer algo) ■ **obliged** adj ~ **(to sb) (for sth/doing sth)** (formal) agradecido (a algn) (por algo/hacer algo) LOC **much obliged** se agradece **obliging** adj atento

obliterate /ə'blɪtəreɪt/ vt eliminar

oblivion /ə'blɪviən/ n olvido

oblivious /ə'blɪviəs/ adj ~ **of/to sth** no consciente de algo

oblong /'ɑblɔːŋ; GB -lɒŋ/ sustantivo, adjetivo
▸ n rectángulo
▸ adj rectangular

oboe /'oʊboʊ/ n oboe

obscene /əb'siːn/ adj obsceno

obscure /əb'skjʊər/ adjetivo, verbo
▸ adj **1** oscuro, poco claro **2** desconocido
▸ vt oscurecer, esconder

observant /əb'zɜːrvənt/ adj observador

⸙ **observation** /ˌɑbzər'veɪʃn/ n observación

observatory /əb'zɜːrvətɔːri; GB -tri/ n (pl **observatories**) observatorio

⸙ **observe** /əb'zɜːrv/ vt **1** (formal) observar **2** (ley, etc.) respetar **3** (formal) (fiesta) guardar ■ **observer** n observador, -ora

obsess /əb'ses/ **1** vt obsesionar: *to be/become obsessed by/with sth* estar obsesionado/obsesionarse con algo **2** vi ~ **(about sth)** obsesionarse (con algo) ■ **obsession** n ~ **(with/about sb/sth)** obsesión (con algn/algo) **obsessive** adj (pey) obsesivo

obsolete /'ɑbsəliːt/ adj obsoleto

obstacle /'ɑbstəkl/ n obstáculo

obstetrician /ˌɑbstə'trɪʃn/ n gineco-obstetra

obstinate /'ɑbstɪnət/ adj obstinado

obstruct /əb'strʌkt/ vt obstruir

obstruction /əb'strʌkʃn/ n obstrucción

⸙ **obtain** /əb'teɪn/ vt obtener ■ **obtainable** adj que se puede conseguir

⸙ **obvious** /'ɑbviəs/ adj obvio

⸙ **obviously** /'ɑbviəsli/ adv obviamente

⸙ **occasion** /ə'keɪʒn/ n **1** ocasión

Cuando *ocasión* significa "oportunidad" se traduce como **chance** u **opportunity**: *I didn't get the chance to do it.* No tuve ocasión de hacerlo.

2 acontecimiento LOC **on the occasion of sth** (formal) con motivo de algo

occasional /ə'keɪʒənl/ adj esporádico: *She reads the occasional book.* Lee uno que otro libro.

⸙ **occasionally** /ə'keɪʒənəli/ adv de vez en cuando ⊃ Ver nota en ALWAYS

occupant /'ɑkjəpənt/ n ocupante

occupation /ˌɑkju'peɪʃn/ n **1** ocupación **2** profesión ⊃ Ver nota en WORK

occupational /ˌɑkjuˈpeɪʃnl/ adj **1** laboral: *occupational hazards* riesgos laborales **2** (*terapia*) ocupacional

occupier /ˈɑkjupaɪər/ n (*formal*) ocupante

occupy /ˈɑkjupaɪ/ vt (*pt, pp* **occupied**) **1** ocupar **2** ~ **sb/yourself (in doing sth/with sth)** entretener a algn, entretenerse (haciendo algo/con algo)

occur /əˈkɜːr/ vi (-rr-) **1** (*formal*) ocurrir, producirse **2** aparecer **PHR V** **occur to sb** ocurrirse a algn

occurrence /əˈkɜːrəns/ GB əˈkʌr-/ n **1** hecho, caso **2** existencia, aparición **3** frecuencia

ocean /ˈoʊʃn/ n océano, mar **LOC** *Ver* DROP; ➔ *Ver nota en* OCÉANO

o'clock /əˈklɑk/ adv: *six o'clock* las seis (en punto)

> La palabra **o'clock** puede omitirse cuando se habla de las horas en punto: *between five and six (o'clock)* entre las cinco y las seis. No se puede omitir cuando va con otro sustantivo: *the ten o'clock news* el noticiero de las diez.

octagon /ˈɑktəgɑn/ n (*Geom*) octágono

October /ɑkˈtoʊbər/ n (*abrev* **Oct.**) octubre ➔ *Ver nota y ejemplos en* JANUARY

octopus /ˈɑktəpəs/ n (*pl* **octopuses**) pulpo

odd /ɑd/ adj **1** (**odder, -est**) raro **2** (*número*) impar **3** (*fascículo*) suelto **4** (*zapato, etc.*) sin pareja **5** sobrante **6** *thirty odd* treinta y pico **7** *He has the odd beer.* Toma una cerveza de vez en cuando. **LOC** **be the odd man/one out** desentonar, no encajar *Ver tb* FISH

oddball /ˈɑdbɔːl/ n (*coloq*) bicho raro

oddity /ˈɑdəti/ n (*pl* **oddities**) **1** (*tb* **oddness**) rareza **2** cosa rara **3** (*persona*) bicho raro

odd jobs n [*pl*] trabajitos (*esporádicos*): *to do odd jobs around the house* hacer pequeños arreglos en la casa

oddly /ˈɑdli/ adv extrañamente: *Oddly enough…* Lo extraño es que…

odds /ɑdz/ n [*pl*] **1** probabilidades: *The odds are that…* Lo más probable es que… **2** apuestas **LOC** **be at odds (with sb) (over/on sth)** estar reñido (con algn) (por algo), discrepar (sobre algo) ◆ **it makes no odds** (*GB, coloq*) da lo mismo ◆ **odds and ends** (*coloq*) cosas sin valor

odometer /oʊˈdɑmɪtər/ (*GB* **milometer**) n odómetro

odor (*GB* **odour**) /ˈoʊdər/ n (*formal*) olor: *body odor* olor corporal ➔ *Ver nota en* SMELL

of /ʌv, əv/ prep **1** de: *a girl of six* una niña de seis años ◇ *It's made of wood.* Es de madera. ◇ *two kilograms of rice* dos kilos de arroz ◇ *It was very kind of him.* Fue muy amable de su parte. **2** (*con posesivos*) de: *a friend of John's* un amigo de John ◇ *a cousin of mine* un primo mío **3** (*con cantidades*) *There were five of us.* Éramos cinco. ◇ *most of all* más que nada ◇ *The six of us went.* Fuimos los seis. **4** (*fechas y tiempo*) de: *the first of March* el primero de marzo **5** (*causa*) de: *What did she die of?* ¿De qué murió?

off /ɔːf; *GB* ɒf/ adverbio, preposición, adjetivo

❶ Para los usos de **off** en PHRASAL VERBS ver las entradas de los verbos correspondientes, p. ej. **go off** en GO.

▸ adv **1** (*a distancia*) *five miles off* a cinco millas de distancia ◇ *some way off* a cierta distancia ◇ *not far off* no (muy) lejos **2** (*quitado*) *You left the lid off.* Lo dejaste destapado. ◇ *with her shoes off* descalza **3** *I must be off.* Tengo que irme. **4** *The meeting is off.* Se canceló la reunión. **5** (*gas, electricidad*) desconectado **6** (*máquinas, etc.*) apagado **7** (*llave*) cerrado **8** *a day off* un día libre **9** *five percent off* un cinco por ciento de descuento **LOC** **be off (for sth)** (*GB, coloq*): *How are you off for cash?* ¿Cómo estás de plata? ◆ **off and on; on and off** de cuando en cuando

▸ prep **1** de: *to fall off sth* caerse de algo **2** *a street off the main road* una calle que sale de la carretera principal **3** *off the coast* a cierta distancia de la costa **4** sin ganas de: *to be off your food* estar desganado

▸ adj (*GB*) **1** (*comida*) pasado **2** (*leche*) cortado

offal /ˈɔːfl; *GB* ˈɒfl/ n [*incontable*] vísceras

off day n (*coloq*) mal día (*en que nada sale bien*)

off-'duty adj fuera de servicio

offend /əˈfend/ vt ofender: *to be offended* ofenderse ■ **offender** n **1** infractor, -ora **2** delincuente

offense (*GB* **offence**) /əˈfens/ n **1** delito **2** ofensa **LOC** **take offense (at sth)** ofenderse (por algo)

offensive /əˈfensɪv/ adjetivo, sustantivo
▸ adj **1** ofensivo, insultante **2** (*olor, etc.*) repugnante
▸ n ofensiva

offer /ˈɔːfər; *GB* ˈɒf-/ verbo, sustantivo
▸ **1** vt, vi ~ **sb sth; ~ sth (to sb)** ofrecer algo (a algn) **2** vi ~ **to do sth** ofrecerse a/para hacer algo
▸ n oferta ■ **offering** n **1** ofrecimiento **2** ofrenda

| i happy | ɪ sit | iː see | æ cat | ɑ hot | ɒ long (GB) | ɑː bath (GB) | ʌ cup | ʊ put | uː too |

Offering to do something
Ofrecernos a hacer algo
Would you like me to help you with that?
¿Quieres que te ayude con eso?
Can I give you a hand? ¿Te doy una mano?
Shall I carry that for you? ¿Te lo llevo?
That's very kind of you. Thank you. Es muy amable por tu parte. Gracias.
It's all right, thank you. I can manage. No hace falta, gracias. Puedo sola.

offhand /ˌɔːfˈhænd; *GB* ˌɒf-/ *adverbio, adjetivo*
▶ *adv* improvisadamente, así, de pronto
▶ *adj* brusco

office /ˈɔːfɪs; *GB* ˈɒfɪs/ *n* **1** oficina: *office hours* horas de oficina ◊ *office building/block* edificio de oficinas *Ver tb* BOX OFFICE, HEAD OFFICE, POST OFFICE **2** despacho **3** (*GB* surgery) consultorio (*de un médico*) **4** cargo: *to take office* asumir un cargo LOC **in office** en el poder

officer /ˈɔːfɪsər; *GB* ˈɒf-/ *n* **1** (*ejército*) oficial **2** (*gobierno*) funcionario, -a **3** (*tb* poˈlice officer) policía, agente

ˌoffice supˈply store (*GB* stationer's) *n* papelería, tienda de artículos de oficina

official /əˈfɪʃl/ *adjetivo, sustantivo*
▶ *adj* oficial
▶ *n* funcionario, -a

officially /əˈfɪʃəli/ *adv* oficialmente

off-licence *n* (*GB*) (*USA* liquor store) licorería, botillería

offline /ˌɔːfˈlaɪn; *GB* ˌɒfˈl-/ *adj, adv* (*Internet*) sin conexión, desconectado: *For offline orders, call the number…* Si no desea realizar compras en línea, llamar al número… ◊ *I'll be offline tomorrow.* Mañana no me podré conectar.

ˌoff-ˈpeak *adj* **1** (*precio, tarifa*) de temporada baja **2** (*período*) de menor consumo

ˌoff-ˈputting *adj* (*coloq*) **1** desconcertante **2** (*persona*) desagradable

offset /ˈɔːfset; *GB* ˈɒf-/ *vt* (**-tt-**) (*pt, pp* **offset**) contrarrestar

offshore /ˌɔːfˈʃɔːr; *GB* ˌɒf-/ *adj* **1** cercano a la costa **2** (*brisa*) terral **3** (*inversión, empresa*) en el extranjero

offside /ˌɔːfˈsaɪd; *GB* ˌɒf-/ *adj, adv* fuera de juego/lugar

offspring /ˈɔːfsprɪŋ; *GB* ˈɒf-/ *n* (*pl* **offspring**) (*formal*) **1** hijo(s), descendencia **2** cría(s)

often /ˈɔːfn, ˈɔːftən; *GB* ˈɒfn, ˈɒftən/ *adv* **1** a menudo, muchas veces: *How often do you see her?* ¿Cada cuánto la ves? **2** con frecuencia ⊃ *Ver nota en* ALWAYS; LOC *Ver* EVERY

oh /oʊ/ *interj* **1** ¡oh!, ¡ah!, ¡ay! **2** *Oh yes I will.* ¡Claro que lo haré! ◊ *Oh no you won't!* ¡Por supuesto que no!

oil /ɔɪl/ *sustantivo, verbo*
▶ *n* **1** petróleo: *oil well* pozo petrolífero ◊ *oil tanker* petrolero **2** aceite **3** (*Arte*) óleo
▶ *vt* lubricar

oilfield /ˈɔɪlfiːld/ *n* yacimiento petrolífero

ˈoil rig *n* plataforma/torre de perforación

ˈoil slick *n* mancha de petróleo, marea negra

oily /ˈɔɪli/ *adj* (**oilier, -iest**) **1** oleoso **2** aceitoso

ointment /ˈɔɪntmənt/ *n* pomada

OK (*tb* **okay**) /oʊˈkeɪ/ *adjetivo, adverbio, interjección, verbo, sustantivo*
▶ *adj, adv* (*coloq*) bien
▶ *interj* listo, de acuerdo
▶ *vt* dar el visto bueno a
▶ *n* consentimiento, visto bueno

old /oʊld/ *adjetivo, sustantivo*
▶ *adj* (**older, -est**) ⊃ *Ver nota en* ELDER **1** viejo: *old age* vejez ◊ *old people* (los) ancianos ◊ *the Old Testament* el Antiguo Testamento **2** *How old are you?* ¿Cuántos años tienes? ◊ *She is two (years old).* Tiene dos años.

Para decir "tengo diez años", decimos *I am ten* o *I am ten years old.* Para decir "un chico de diez años", decimos *a boy of ten* o *a ten-year-old boy.* ⊃ *Ver nota en* YEAR

3 (*anterior*) antiguo LOC *Ver* CHIP
▶ *n* **the old** [*pl*] los ancianos

ˌold-age ˈpension *n* (*GB*) pensión de jubilación ■ **ˌold-age ˈpensioner** *n* (*GB*) jubilado, -a

ˌold-ˈfashioned *adj* **1** pasado de moda **2** tradicional

olive /ˈɑlɪv/ *sustantivo, adjetivo*
▶ *n* **1** aceituna: *olive oil* aceite de oliva **2** (*tb* ˈolive tree) olivo
▶ *adj* **1** (*tb* ˌolive ˈgreen) (*color*) verde oliva **2** (*piel*) aceitunado

the Olympic Games /əˌlɪmpɪk ˈgeɪmz/ (*tb* **the Oˈlympics**) *n* [*pl*] los Juegos Olímpicos, las Olimpiadas

omelet (*tb esp GB* omelette) /ˈɑmlət/ *n* omelet, tortilla

omen /ˈoʊmən/ *n* presagio

ominous /ˈɑmɪnəs/ *adj* ominoso

omission /əˈmɪʃn/ *n* omisión, olvido

omit /əˈmɪt, oʊˈmɪt; *GB* əˈmɪt/ *vt* (**-tt-**) (*formal*) **1** omitir **2** ~ **to do sth** dejar de hacer algo

omnipotent /ɑmˈnɪpətənt/ *adj* omnipotente

omnivore /ˈɑmnɪvɔːr/ *n* omnívoro

on /ɑn, ɔ:n/ preposición, adverbio ❶ Para los usos de **on** en PHRASAL VERBS ver las entradas de los verbos correspondientes, p.ej. **get on** en GET.
▸ prep **1** (tb **upon**) en, sobre: *on the table* en/sobre la mesa ◊ *on the wall* en la pared **2** (*transporte*) *to go on the train/bus* ir en tren/bus ◊ *to go on foot* ir a pie **3** (*fechas*) *on Sunday(s)* el/los domingo(s) ◊ *on May 3* el tres de mayo **4** (tb **upon**) + -ing: *on arriving home* al llegar a casa **5** (*acerca de*) sobre **6** (*consumo*) *to be on drugs* estar tomando drogas ◊ *to live on fruit/on $20 a week* vivir de fruta/mantenerse con 20 dólares a la semana **7** *to speak on the telephone* hablar por teléfono **8** (*actividad, estado, etc.*) de: *on vacation* de vacaciones ◊ *to be on duty* estar de servicio
▸ adv **1** (*con un sentido de continuidad*) *to play on* seguir tocando ◊ *further on* más lejos/más allá ◊ *from that day on* a partir de aquel día **2** (*ropa, etc.*) puesto **3** (*máquinas, etc.*) conectado, encendido **4** (*llave*) abierto **5** programado: *When is the movie on?* ¿A qué hora empieza la película? LOC **on and on** sin parar *Ver tb* OFF

once /wʌns/ conjunción, adverbio
▸ conj una vez que: *Once he'd gone...* Cuando se había ido...
▸ adv una vez: *once a week* una vez a la semana LOC **at once 1** enseguida **2** a la vez ♦ **once again/more** una vez más ♦ **once and for all** una vez por todas ♦ **(every) once in a while** de vez en cuando ♦ **once or twice** un par de veces ♦ **once upon a time** érase una vez

oncoming /'ɑnkʌmɪŋ, 'ɔ:n-/ adj [solo antes de sustantivo] en dirección contraria

one /wʌn/ sustantivo, adjetivo, pronombre
▸ n, adj **1** un(o), una

La palabra **one** nunca funciona como artículo indefinido (**a/an**), y cuando precede a un sustantivo lo hace como número, indicando cantidad: *I'm going with just one friend.* Voy con un amigo solamente. ◊ *I'm going with a friend, not with my family.* No voy con mi familia, sino con un amigo.

➔ *Ver ejemplos en* FIVE **2** único: *the one way to succeed* la única forma de triunfar **3** mismo: *of one mind* de la misma opinión
▸ adj **1** un(o), una: *one morning* una mañana
▸ pron **1** [después de adjetivo] *the little ones* los pequeños ◊ *I prefer this/that one.* Prefiero este/ ese. ◊ *Which one?* ¿Cuál? ◊ *another one* otro ◊ *It's better than the old one.* Es mejor que el viejo. **2 the one(s)** el, los, la, las que: *the one at the end* el que está al final **3** uno, una: *I need a pencil. Do you have one?* Necesito un lápiz. ¿Tienes uno? ◊ *one of her friends* uno de sus amigos ◊ *to tell one from the other* distinguir el uno del otro **4** (*formal*) [*como sujeto*] uno, una: *One must be sure.* Uno debe estar seguro. ➔ *Ver nota en* YOU LOC **(all) in one** a la vez ♦ **one by one** uno a uno ♦ **one or two** unos cuantos

one another pron los unos a los otros, el uno al otro ➔ *Ver nota en* EACH OTHER

oneself /wʌn'self/ pron **1** [*uso reflexivo*] *to cut oneself* cortarse **2** [*uso enfático*] uno mismo: *to do it oneself* hacerlo uno mismo

one-shot (GB **one-off**) adj, n (*algo*) excepcional/único

one-way adj **1** de sentido único, de una vía **2** (GB **single**) (*boleto*) de ida

ongoing /'ɑngoʊɪŋ, 'ɔ:n-/ adj **1** en curso **2** actual

onion /'ʌnjən/ n cebolla

online /ˌɑn'laɪn, 'ɔ:n-/ adj, adv en línea

onlooker /'ɑnlʊkər, 'ɔ:n-/ n espectador, -ora

only /'oʊnli/ adverbio, adjetivo, conjunción
▸ adv solamente, solo LOC **not only... but also...** no solo... sino (también)... ♦ **only just 1** *I've only just arrived.* Acabo de llegar. **2** *I can only just see.* Apenas si puedo ver. *Ver tb* IF
▸ adj [solo antes de sustantivo] único: *He's an only child.* Es hijo único.
▸ conj (*coloq*) solo que, pero

onset /'ɑnset, 'ɔ:n-/ n llegada, inicio

onslaught /'ɑnslɔ:t, 'ɔ:n-/ n ~ **(on sb/sth)** ataque (contra algn/algo)

onto /'ɑntə, 'ɑntu:, 'ɔ:n-/ (tb **on to**) prep en, sobre, a: *to climb (up) onto sth* subirse a algo ❶ Para los usos de **onto** en PHRASAL VERBS ver las entradas de los verbos correspondientes, p.ej. **be onto sth** en BE.

onward /'ɑnwərd, 'ɔ:n-/ adverbio, adjetivo
▸ adv (tb esp GB **onwards**) **1** hacia adelante **2** en adelante: *from then onward* a partir de entonces
▸ adj (*formal*) hacia delante: *your onward journey* la continuación de tu viaje

ooze /u:z/ **1** vi ~ **out**; ~ **from/out of sth** salirse de algo **2** vt, vi ~ **(with)** sth rezumar algo

opaque /oʊ'peɪk/ adj opaco

open /'oʊpən/ adjetivo, verbo, sustantivo
▸ adj **1** abierto: *Don't leave the door open.* No dejes la puerta abierta. **2** (*vista*) despejado **3** público **4** *to leave sth open* dejar algo pendiente LOC **in the open air** al aire libre *Ver tb* BURST, CLICK, EYE, WIDE
▸ **1** vt, vi abrir(se) **2** vt (*proceso*) empezar **3** vt, vi (*edificio, exposición, etc.*) inaugurar(se) PHR V **open into/onto sth** dar a algo ♦ **open sth out** desplegar algo ♦ **open up** abrirse ♦ **open (sth)**

up abrir algo, abrirse: *Open up!* ¡Abra(n)!
◆ **open up (to sb)** abrirse (a algn), relajarse
▶ *n* **the open** [*sing*] el aire libre LOC **bring sth (out) into the open** sacar algo a la luz ◆ **come (out) into the open** salir a la luz

open-'air *adj* al aire libre

opencast /'oʊpənkæst; *GB* -kɑːst/ *adj* (*GB*) (*USA* **open-pit**) (*mina*) a cielo abierto

opener /'oʊpnər/ *n* destapador: *can/tin opener* abrelatas

ʔ **opening** /'oʊpnɪŋ/ *sustantivo, adjetivo*
▶ *n* **1** (*hueco*) abertura **2** apertura: *opening times* horario de atención **3** comienzo **4** (*tb* **opening 'night**) (*Teat*) estreno **5** inauguración **6** (*trabajo*) vacante **7** oportunidad
▶ *adj* primero

ʔ **openly** /'oʊpənli/ *adv* abiertamente

open-'minded *adj* abierto, libre de prejuicios

openness /'oʊpənnəs/ *n* franqueza

open-'pit (*GB* **opencast**) *adj* (*mina*) a cielo abierto

opera /'ɑprə/ *n* ópera: *opera house* teatro de la ópera

ʔ **operate** /'ɑpəreɪt/ **1** *vt, vi* operar, funcionar **2** *vt* (*máquina*) manejar **3** *vt* (*servicio*) ofrecer **4** *vi* ~ **(on sb) (for sth)** (*Med*) operar (a algn) (de algo)

'operating room (*GB* **'operating theatre**) *n* quirófano

ʔ **operation** /ˌɑpəˈreɪʃn/ *n* **1** operación **2** funcionamiento LOC **be in/come into operation 1** estar/entrar en funcionamiento **2** (*Jur*) estar/entrar en vigor ■ **operational** *adj* **1** de funcionamiento **2** operativo, en funcionamiento

operative /'ɑpərətɪv, -reɪt-/ *adjetivo, sustantivo*
▶ *adj* **1** en funcionamiento **2** (*Jur*) en vigor **3** (*Med*) operatorio
▶ *n* operario, -a

operator /'ɑpəreɪtər/ *n* maquinista: *radio operator* radiotelegrafista ◇ *switchboard operator* telefonista/operador

ʔ **opinion** /əˈpɪniən/ *n* ~ **(of/about sb/sth)** opinión (de/sobre/acerca de algn/algo) LOC **in my opinion** en mi opinión *Ver tb* MATTER

o'pinion poll *n* encuesta, sondeo

ʔ **opponent** /əˈpoʊnənt/ *n* **1** adversario, -a, contrincante **2** *to be an opponent of sth* ser contrario a algo

ʔ **opportunity** /ˌɑpərˈtuːnəti; *GB* -ˈtjuːn-/ *n* (*pl* **opportunities**) ~ **(for/of doing sth)**; ~ **(to do sth)** oportunidad (de hacer algo) LOC **take the**

opportunity to do sth/of doing sth aprovechar la ocasión para hacer algo

ʔ **oppose** /əˈpoʊz/ *vt* **1** oponerse a **2** enfrentarse a

ʔ **opposed** /əˈpoʊzd/ *adj* contrario: *to be opposed to sth* ser contrario a algo LOC **as opposed to** (*formal*): *quality as opposed to quantity* calidad más que cantidad

ʔ **opposing** /əˈpoʊzɪŋ/ *adj* contrario

ʔ **opposite** /'ɑpəzət; *GB* -zɪt, -sɪt/ *adjetivo, adverbio, preposición, sustantivo*
▶ *adj* **1** de enfrente: *the house opposite* la casa de enfrente **2** opuesto: *the opposite sex* el sexo opuesto
▶ *adv* enfrente: *She was sitting opposite.* Estaba sentada enfrente.
▶ *prep* ~ **to sb/sth** enfrente de algn/algo, frente a algn/algo: *opposite each other* frente a frente
➔ *Ver dibujo en* ENFRENTE
▶ *n* ~ **(of sth)** lo contrario (de algo)

ʔ **opposition** /ˌɑpəˈzɪʃn/ *n* ~ **(to sb/sth)** oposición (a algn/algo)

oppress /əˈpres/ *vt* **1** oprimir **2** agobiar ■ **oppressed** *adj* oprimido **oppression** *n* opresión **oppressive** *adj* **1** opresivo **2** agobiante, sofocante

opt /ɑpt/ *vi* ~ **for sth/to do sth** optar por (hacer) algo PHR V **opt out (of sth)** optar por no hacer algo, no participar (en algo)

optical /'ɑptɪkl/ *adj* óptico

optician /ɑpˈtɪʃn/ *n* **1** óptico, -a **2** **optician's** (*GB*) (*tienda*) óptica ➔ *Ver nota en* CARNICERÍA

optimism /'ɑptɪmɪzəm/ *n* optimismo ■ **optimist** *n* optimista **optimistic** /ˌɑptɪˈmɪstɪk/ *adj* ~ **(about sth)** optimista (sobre/en cuanto a algo)

optimum /'ɑptɪməm/ (*tb* **optimal** /'ɑptɪməl/) *adj* óptimo

ʔ **option** /'ɑpʃn/ *n* opción ■ **optional** *adj* opcional, optativo

optometrist /ɑpˈtɑmətrɪst/ *n* óptometra, oculista

ʔ **or** /ɔːr/ *conj* **1** o, u **2** (*de otro modo*) o, si no **3** [*después de negativa*] ni LOC **or so**: *an hour or so* una hora más o menos

oral /'ɔːrəl/ *adjetivo, sustantivo*
▶ *adj* **1** (*hablado*) oral **2** (*Anat*) bucal, oral
▶ *n* (*examen*) oral

ʔ **orange** /'ɔːrɪndʒ; *GB* 'ɒr-/ *sustantivo, adjetivo*
▶ *n* **1** (*fruta*) naranja **2** (*tb* **'orange tree**) naranjo **3** (*color*) naranja
▶ *adj* (*color*) naranja, anaranjado

orbit

orbit /ˈɔːrbɪt/ sustantivo, verbo
▶ n (lit y fig) órbita
▶ vt, vi ~ (**around**) **sth** describir una órbita alrededor de algo

orchard /ˈɔːrtʃərd/ n huerto

orchestra /ˈɔːrkɪstrə/ n **1** orquesta **2** the orchestra [sing] (GB **stalls** [pl]) (en teatro) platea
■ **orchestral** /ɔːrˈkestrəl/ adj orquestal

orchid /ˈɔːrkɪd/ n orquídea

ordeal /ɔːrˈdiːl/; GB tb ˈɔːrdiːl/ n experiencia terrible, suplicio

ᵍ order /ˈɔːrdər/ sustantivo, verbo
▶ n **1** (disposición, calma) orden: *in alphabetical order* por/en orden alfabético **2** (mandato) orden Ver tb STANDING ORDER **3** (Econ) pedido Ver tb MAIL ORDER **4** (Mil, Relig) orden LOC **in order 1** en orden, en regla **2** (aceptable) permitido ◆ **in order that…** (formal) para que… ◆ **in order to do sth** para hacer algo ◆ **in running/working order** en perfecto estado de funcionamiento ◆ **out of order 1** estropeado: *It's out of order.* No funciona. **2** (GB, coloq) fuera de lugar Ver tb LAW, MARCH, PECK
▶ **1** vt ~ **sb to do sth** ordenar, mandar a algn hacer algo/que haga algo

Para decirle a alguien que haga algo se pueden utilizar los verbos **order**, **tell** y **command**. **Tell** es el verbo que se emplea con más frecuencia. No es muy fuerte y se utiliza en situaciones cotidianas: *She told him to put everything away.* Le dijo que pusiera todo en su sitio. **Order** es más fuerte, y lo utilizan personas con autoridad: *I'm not asking you, I'm ordering you.* No te lo pido, te lo ordeno. **Command** tiene un uso principalmente militar: *He commanded his troops to retreat.* Ordenó a sus tropas que se retiraran.

2 vt ~ **sth** (**for sb**) pedir, encargar algo (para algn) **3** vt, vi ~ (**sth**) (**for sb**) (comida, etc.) pedir (algo) (para algn) **4** vt (formal) poner en orden, ordenar, organizar PHR V **order sb around** (GB tb **order sb about**) mandar a algn de acá para allá, ser mandón con algn

orderly /ˈɔːrdərli/ adj **1** ordenado, metódico **2** disciplinado, pacífico

ordinance /ˈɔːrdɪnəns/ n (formal) ordenanza municipal

ᵍ ordinary /ˈɔːrdəneri; GB ˈɔːdnri/ adj corriente, normal, medio: *ordinary people* gente común
➲ Comparar con COMMON LOC **out of the ordinary** fuera de lo común, extraordinario

ore /ɔːr/ n mineral metalífero: *gold/iron ore* mineral de oro/hierro

oregano /əˈregənoʊ; GB ˌɒrɪˈɡɑːnəʊ/ n orégano

ᵍ organ /ˈɔːrɡən/ n (Mús, Anat) órgano Ver tb MOUTH ORGAN

organic /ɔːrˈɡænɪk/ adj orgánico

organism /ˈɔːrɡənɪzəm/ n organismo

ᵍ organization (GB tb -isation) /ˌɔːrɡənəˈzeɪʃn; GB -naɪˈz-/ n organización
■ **organizational** (GB tb -isational) adj organizativo

ᵍ organize (GB tb -ise) /ˈɔːrɡənaɪz/ **1** vt, vi organizar(se) **2** vt (pensamientos) poner en orden ■ **organizer** (GB tb -iser) n organizador, -ora

ᵍ organized (GB tb -ised) /ˈɔːrɡənaɪzd/ adj organizado

orgy /ˈɔːrdʒi/ n (pl **orgies**) (lit y fig) orgía

orient /ˈɔːriənt/ verbo, sustantivo
▶ vt (GB tb **orientate** /ˈɔːriənteɪt/) ~ **sb/sth** (**toward sb/sth**) orientar a algn/algo (hacia algn/algo): *to orient yourself* orientarse
▶ n **the Orient** Oriente

oriental /ˌɔːriˈentl/ adj oriental

orientation /ˌɔːriənˈteɪʃn/ n orientación

ᵍ origin /ˈɔːrɪdʒɪn/ n **1** origen **2** [gen pl] origen, ascendencia

ᵍ original /əˈrɪdʒənl/ adjetivo, sustantivo
▶ adj **1** original **2** primero, primitivo
▶ n original LOC **in the original** en versión original

originality /əˌrɪdʒəˈnæləti/ n originalidad

ᵍ originally /əˈrɪdʒənəli/ adv **1** con originalidad **2** en un/al principio, antiguamente

originate /əˈrɪdʒɪneɪt/ (formal) **1** vi ~ **in/from sth** originarse, tener su origen en algo, provenir de algo **2** vi (comenzar) nacer, empezar **3** vt originar, crear

ornament /ˈɔːrnəmənt/ n (objeto de) adorno, ornamento ■ **ornamental** /ˌɔːrnəˈmentl/ adj decorativo, de adorno

ornate /ɔːrˈneɪt/ adj **1** ornamentado, recargado **2** (lenguaje, estilo) florido

orphan /ˈɔːrfn/ sustantivo, verbo
▶ n huérfano, -a
▶ vt: *to be orphaned* quedarse huérfano

orphanage /ˈɔːrfənɪdʒ/ n orfanato

orthodox /ˈɔːrθədɑks/ adj ortodoxo

ostrich /ˈɑstrɪtʃ/ n avestruz

ᵍ other /ˈʌðər/ adjetivo, pronombre
▶ adj otro: *other books* otros libros ◊ *Do you have other plans?* ¿Tienes otros planes? ◊ *All their other children have left home.* Sus otros hijos ya se fueron de la casa. ◊ *That other car was*

| i happy | ɪ sit | iː see | æ cat | ɑ hot | ɒ long (GB) | ɑː bath (GB) | ʌ cup | ʊ put | uː too |

better. Aquel otro carro era mejor. ◊ *some other time* otro día LOC **the other day, morning, week, etc.** el otro día, la otra mañana, semana, etc. *Ver tb* EVERY, WORD
▶ *pron* **1 others** [*pl*] otros, -as: *Others have said this before.* Otros lo dijeron antes. ◊ *Do you have any others?* ¿Tienes más? **2 the other** el otro, la otra: *I'll keep one and she can have the other.* Me quedo con uno y dejo el otro para ella. **3 the others** [*pl*] los/las demás: *This shirt is too small and the others are too big.* Esta camisa es demasiado pequeña y las demás, demasiado grandes. LOC **other than 1** excepto, a parte de **2** (*formal*) de otra manera que ♦ **somebody/something/somewhere or other** (*coloq*) algn/algo/en alguna parte

otherwise /ˈʌðərwaɪz/ *adv* **1** de otra manera, si no **2** por lo demás

otter /ˈɑtər/ *n* nutria

ouch /aʊtʃ/ *interj* ¡ay!

ought to /ˈɔːt tə, tuː/ *v modal* (*neg* **ought not** *o* **oughtn't** /ˈɔːtnt/)

Ought to es un verbo modal, y las oraciones interrogativas y negativas se construyen sin el auxiliar **do**.

1 (*sugerencias y consejos*) *You ought to do it.* Deberías hacerlo. ◊ *I ought to have gone.* Debería haber ido. ➲ *Comparar con* MUST **2** (*probabilidad*) *Five ought to be enough.* Con cinco será suficiente.

ounce /aʊns/ *n* (*abrev* **oz.**) onza (*28,35 gramos*) ➲ *Ver pág. 786*

our /ɑr, ˈaʊər/ *adj* nuestro, -a, -os, -as: *Our house is in the center.* Nuestra casa queda en el centro. ➲ *Ver nota en* MY

ours /ɑrz, ˈaʊərz/ *pron* nuestro, -a, -os, -as: *a friend of ours* una amiga nuestra ◊ *Where's ours?* ¿Dónde está el nuestro?

ourselves /ɑrˈselvz, aʊərˈs-/ *pron* **1** [*uso reflexivo*] nos **2** [*uso enfático*] nosotros mismos LOC **(all) by ourselves** (completamente) solos

out /aʊt/ *adverbio, sustantivo*
▶ *adv* ❶ Para los usos de **out** en PHRASAL VERBS ver las entradas de los verbos correspondientes, p.ej. **pick sth out** en PICK. **1** fuera, afuera: *to be out* no estar (en la casa)/haber salido **2** *The sun is out.* Salió el sol. **3** pasado de moda **4** (*posibidad, etc.*) descartado **5** (*luz, etc.*) apagado **6** *to call out (loud)* llamar en voz alta **7** (*cálculo*) equivocado: *The bill is out by five dollars.* Se equivocaron en cinco dólares en la cuenta. **8** (*jugador*) eliminado **9** (*pelota*) fuera (*de la línea*) LOC **be out for sth/to do sth** buscar (hacer) algo, estar decidido a hacer algo
▶ *n* LOC *Ver* IN

outage /ˈaʊtɪdʒ/ (*tb* **power outage**) (*GB* ˈpower cut) *n* corte de luz

the outback /ˈaʊtbæk/ *n* [*sing*]: *the Australian outback* el interior de Australia

outbreak /ˈaʊtbreɪk/ *n* **1** brote, inicio **2** (*guerra*) estallido

outburst /ˈaʊtbɜːrst/ *n* **1** explosión **2** (*emoción*) estallido

outcast /ˈaʊtkæst; *GB* -kɑːst/ *n* marginado, -a, paria

outcome /ˈaʊtkʌm/ *n* resultado

outcry /ˈaʊtkraɪ/ *n* (*pl* **outcries**) protestas

outdated /ˌaʊtˈdeɪtɪd/ *adj* anticuado, pasado de moda

outdo /ˌaʊtˈduː/ *vt* (*3a pers sing* **-does** /-ˈdʌz/, *pt* **-did** /-ˈdɪd/, *pp* **-done** /-ˈdʌn/) superar

outdoor /ˈaʊtdɔːr/ *adj* al aire libre: *outdoor swimming pool* piscina descubierta

outdoors /ˌaʊtˈdɔːrz/ *adv* al aire libre, fuera, afuera

outer /ˈaʊtər/ *adj* externo, exterior

outfit /ˈaʊtfɪt/ *n* (*ropa*) conjunto

outgoing /ˈaʊtɡoʊɪŋ/ *adj* **1** extrovertido **2** que sale, de salida **3** (*Pol*) cesante, saliente

outgrow /ˌaʊtˈɡroʊ/ *vt* (*pt* **outgrew** /-ˈɡruː/, *pp* **outgrown** /-ˈɡroʊn/) **1** *He's outgrown his shoes.* Ya le quedan pequeños los zapatos. **2** (*hábito, etc.*) cansarse de, abandonar

outing /ˈaʊtɪŋ/ *n* excursión

outlandish /aʊtˈlændɪʃ/ *adj* (*gen pey*) estrafalario, extravagante

outlaw /ˈaʊtlɔː/ *verbo, sustantivo*
▶ *vt* declarar ilegal
▶ *n* malhechor, -ora

outlet /ˈaʊtlet/ *n* **1** ~ **(for sth)** desahogo (para algo) **2** (*Econ*) punto de venta **3** almacén de fábrica (*esp marcas de ropa*) **4** desagüe, salida **5** (*GB* **socket**) enchufe, toma (*de pared*) ➲ *Ver dibujo en* ENCHUFE

outline /ˈaʊtlaɪn/ *sustantivo, verbo*
▶ *n* **1** contorno, perfil **2** líneas generales, esbozo
▶ *vt* **1** perfilar, esbozar **2** exponer en líneas generales

outlive /ˌaʊtˈlɪv/ *vt* sobrevivir a

outlook /ˈaʊtlʊk/ *n* **1** ~ **(on sth)** punto de vista (sobre algo) **2** ~ **(for sth)** perspectiva, pronóstico (para algo)

outnumber /ˌaʊtˈnʌmbər/ *vt* superar en número a

out of *prep* **1** fuera de: *I want that dog out of the house.* Quiero ese perro fuera de la casa. ◊ *to jump out of bed* saltar de la cama **2** (*causa*) por: *out of interest* por interés **3** de: *eight out of every ten* ocho de cada diez ◊ *to copy sth out of a book* copiar algo de un libro **4** (*material*) de, con: *made out of plastic* (hecho) de plástico **5** sin: *to be out of work* estar sin trabajo

out of date *adj* **1** pasado de moda, anticuado: *out-of-date ideas* ideas anticuadas **2** caducado ⊃ Ver nota en WELL BEHAVED

outpatient /ˈaʊtpeɪʃnt/ *n* paciente ambulatorio ⊃ Comparar con INPATIENT

outpost /ˈaʊtpoʊst/ *n* (puesto de) avanzada

output /ˈaʊtpʊt/ *n* **1** producción **2** (*Fís*) potencia

outrage /ˈaʊtreɪdʒ/ *sustantivo, verbo*
▸ *n* **1** atrocidad **2** escándalo **3** ira
▸ *vt* ultrajar ■ **outrageous** /aʊtˈreɪdʒəs/ *adj* **1** escandaloso, monstruoso **2** extravagante

outright *adjetivo, adverbio*
▸ *adj* /ˈaʊtraɪt/ **1** abierto **2** (*ganador*) indiscutible **3** (*negativa*) rotundo
▸ *adv* /ˌaʊtˈraɪt, ˈaʊtraɪt; *GB* ˈaʊtraɪt/ **1** (*sin reservas*) abiertamente, de plano **2** instantáneamente, de golpe **3** en su totalidad **4** (*ganar*) rotundamente

outset /ˈaʊtset/ *n* LOC **at/from the outset (of sth)** al/desde el principio (de algo)

outside *sustantivo, preposición, adverbio, adjetivo*
▸ *n* /ˌaʊtˈsaɪd/ exterior: *on/from the outside* por/desde (a)fuera
▸ *prep* /ˌaʊtˈsaɪd/ (*tb esp USA* **outside of**) fuera de, afuera de: *Wait outside the door.* Espera en la puerta.
▸ *adv* /ˌaʊtˈsaɪd/ fuera, afuera
▸ *adj* /ˈaʊtsaɪd/ [*solo antes de sustantivo*] exterior, de (a)fuera

outsider /ˌaʊtˈsaɪdər/ *n* **1** forastero, -a **2** (*pey*) intruso, -a **3** (*competidor*) desconocido, -a

outskirts /ˈaʊtskɜːrts/ *n* [*pl*] afueras

outspoken /aʊtˈspoʊkən/ *adj* sincero, franco

outstanding /aʊtˈstændɪŋ/ *adj* **1** destacado, excepcional **2** (*visible*) sobresaliente **3** (*pago, trabajo*) pendiente

outstretched /ˌaʊtˈstretʃt/ *adj* extendido, abierto

outward /ˈaʊtwərd/ *adjetivo, adverbio*
▸ *adj* **1** externo, exterior **2** (*viaje*) de ida
▸ *adv* (*tb esp GB* **outwards**) hacia fuera
■ **outwardly** *adv* por fuera, aparentemente

outweigh /ˌaʊtˈweɪ/ *vt* pesar más que, importar más que

oval /ˈoʊvl/ *adj* oval, ovalado

ovary /ˈoʊvəri/ *n* (*pl* **ovaries**) ovario

oven /ˈʌvn/ *n* horno

over /ˈoʊvər/ *adverbio, preposición* ❶ Para los usos de **over** en PHRASAL VERBS ver las entradas de los verbos correspondientes, p.ej. **think sth over** en THINK.
▸ *adv* **1** *to knock sth over* tirar/volcar algo ◊ *to fall over* caer(se) **2** *to turn sth over* dar la vuelta a algo **3** (*lugar*) **over here/there** por acá/allá ◊ *They came over to see us.* Vinieron a vernos. **4** de sobra: *Is there any food left over?* ¿Queda algo de comida? **5** (*más*) *children of five and over* niños de cinco años en adelante **6** terminado LOC **(all) over again** otra vez, de nuevo ◆ **over and done with** terminado para siempre ◆ **over and over (again)** una y otra vez *Ver tb* ALL
▸ *prep* **1** sobre, por encima de: *clouds over the mountains* nubes por encima de las montañas **2** al otro lado de: *He lives over the hill.* Vive al otro lado del cerro. **3** más de: *(for) over a month* (durante) más de un mes **4** durante, mientras: *We'll discuss it over lunch.* Lo discutimos durante el almuerzo. **5** (*a causa de*) *an argument over money* una discusión por cuestiones de plata LOC **over and above** además de

over- /ˈoʊvər/ *pref* **1** excesivamente: *over-ambitious* excesivamente ambicioso **2** (*edad*) mayor de: *the over-60s* los mayores de sesenta años

overall *adjetivo, adverbio, sustantivo*
▸ *adj* /ˌoʊvərˈɔːl/ **1** total **2** (*general*) global **3** (*ganador*) absoluto
▸ *adv* /ˌoʊvərˈɔːl/ **1** en total **2** en general
▸ *n* /ˈoʊvərɔːl/ (*GB*) **1 overalls** [*pl*] (*USA* **coveralls**) overol **2** delantal, bata

overbearing /ˌoʊvərˈbeərɪŋ/ *adj* dominante

overboard /ˈoʊvərbɔːrd/ *adv* por la borda LOC **go overboard** (*coloq*) pasarse, excederse (*en entusiasmo*)

overcame *pt de* OVERCOME

overcast /ˌoʊvərˈkæst; *GB* -ˈkɑːst/ *adj* nublado, cubierto

overcharge /ˌoʊvərˈtʃɑːrdʒ/ *vt, vi* ~ **(sb) (for sth)** cobrar de más (a algn) (por algo)

overcoat /ˈoʊvərkoʊt/ *n* abrigo

overcome /ˌoʊvərˈkʌm/ *vt* (*pt* **overcame** /-ˈkeɪm/, *pp* **overcome**) **1** (*dificultad, etc.*) superar, dominar **2** abrumar, invadir: *overcome by fumes/smoke* vencido por los gases/el humo ◊ *overcome with/by emotion* embargado por la emoción

overcrowded /ˌouvərˈkraudɪd/ adj atestado (de gente) ■ **overcrowding** n congestión, hacinamiento

overdo /ˌouvərˈduː/ vt (pt **overdid** /-ˈdɪd/, pp **overdone** /-ˈdʌn/) **1** exagerar, pasarse con **2** cocer demasiado LOC **overdo it/things** pasarse (de la raya)

overdose /ˈouvərdous/ n sobredosis

overdraft /ˈouvərdræft; GB -drɑːft/ n sobregiro (en una cuenta bancaria)

overdrawn /ˌouvərˈdrɔːn/ adj (Fin) sobregirado: I'm overdrawn by 100 dollars. Tengo un sobregiro de 100 dólares.

overdue /ˌouvərˈduː; GB -ˈdjuː/ adj **1** retrasado **2** (Fin) vencido y no pagado

overestimate /ˌouvərˈestɪmeɪt/ vt sobreestimar

overflow verbo, sustantivo
▸ /ˌouvərˈflou/ **1** vt, vi desbordarse **2** vi rebosar
▸ n /ˈouvərflou/ **1** desbordamiento **2** derrame **3** (tb ˈoverflow pipe) cañería de desagüe

overgrown /ˌouvərˈgroun/ adj **1** crecido, grande **2** ~ (**with sth**) (jardín) cubierto (de algo)

overhang /ˌouvərˈhæŋ/ vt, vi (pt, pp **overhung** /-ˈhʌŋ/) sobresalir, colgar (por encima): overhanging branches ramas sobresalientes

overhaul verbo, sustantivo
▸ vt /ˌouvərˈhɔːl/ revisar, poner a punto
▸ n /ˈouvərhɔːl/ revisión, puesta a punto

overhead adjetivo, adverbio
▸ adj /ˈouvərhed/ **1** elevado **2** (cable) aéreo **3** (luz) de techo
▸ adv /ˌouvərˈhed/ por encima de la cabeza, en alto, por lo alto

overheads /ˈouvərhedz/ n [pl] gastos generales

overhear /ˌouvərˈhɪər/ vt (pt, pp **overheard** /-ˈhɜːrd/) oír (por casualidad)

overhung pt, pp de OVERHANG

overjoyed /ˌouvərˈdʒɔɪd/ adj **1** ~ (**at sth**) eufórico (por/con algo) **2** ~ (**to do sth**) contentísimo (de hacer algo)

overland /ˈouvərlænd/ adjetivo, adverbio
▸ adj terrestre
▸ adv por tierra

overlap verbo, sustantivo
▸ /ˌouvərˈlæp/ (-pp-) **1** vt, vi superponer(se) **2** vi ~ (**with sth**) coincidir en parte (con algo)
▸ n /ˈouvərlæp/ **1** superposición **2** (de materias, etc.) áreas de coincidencia

overleaf /ˌouvərˈliːf/ adv en la página siguiente

overload verbo, sustantivo
▸ vt /ˌouvərˈloud/ ~ **sb/sth** (**with sth**) sobrecargar a algn/algo (de algo)
▸ n /ˈouvərloud/ sobrecarga

overlook /ˌouvərˈluk/ vt **1** dar a, tener vista a **2** pasar por alto **3** no notar **4** (perdonar) dejar pasar

overnight adverbio, adjetivo
▸ adv /ˌouvərˈnaɪt/ **1** por la noche **2** (coloq) de la noche a la mañana
▸ adj /ˈouvərnaɪt/ **1** de la noche, para una noche **2** (coloq) (éxito) repentino

overpass /ˈouvərpæs; GB -pɑːs/ (GB **flyover**) n paso a desnivel

overpopulated /ˌouvərˈpɑpjuleɪtɪd/ adj superpoblado

overpopulation /ˌouvərˌpɑpjuˈleɪʃn/ n sobrepoblación

overpower /ˌouvərˈpauər/ vt dominar, vencer, reducir ■ **overpowering** adj agobiante, arrollador

overprotective /ˌouvərprəˈtektɪv/ adj sobreprotector

overran pt de OVERRUN

overrate /ˌouvəˈreɪt/ vt sobreestimar, sobrevalorar

override /ˌouvəˈraɪd/ vt (pt **overrode** /-ˈroud/, pp **overridden** /-ˈrɪdn/) **1** (decisión) invalidar **2** (objeción) rechazar ❶ En los sentidos 1 y 2, se usa también el verbo **overrule** /ˌouvəˈruːl/. **3** tener preferencia sobre **4** anular
■ **overriding** adj capital, primordial

overrun /ˌouvəˈrʌn/ (pt **overran** /-ˈræn/, pp **overrun**) **1** vt invadir **2** vt, vi rebasar (su tiempo)

oversaw pt de OVERSEE

overseas /ˌouvərˈsiːz/ adjetivo, adverbio
▸ adj exterior, extranjero
▸ adv en el/al extranjero

oversee /ˌouvərˈsiː/ vt (pt **oversaw** /-ˈsɔː/, pp **overseen** /-ˈsiːn/) supervisar, inspeccionar

overshadow /ˌouvərˈʃædou/ vt **1** (persona, logro) eclipsar **2** (entristecer) ensombrecer

oversight /ˈouvərsaɪt/ n omisión, olvido

oversleep /ˌouvərˈsliːp/ vi (pt, pp **overslept** /-ˈslept/) quedarse dormido (no despertarse a tiempo)

overspend /ˌouvərˈspend/ (pt, pp **overspent** /-ˈspent/) **1** vi gastar en exceso **2** vt (presupuesto) pasarse de

overstate /ˌouvərˈsteɪt/ vt exagerar

overstep /ˌouvərˈstep/ vt (-pp-) pasarse LOC **overstep the mark/line** pasarse de la raya

overt /oʊˈvɜːrt, ˈoʊvɜːrt/ adj (formal) abierto
overtake /ˌoʊvərˈteɪk/ (pt **overtook** /-ˈtʊk/, pp **overtaken** /-ˈteɪkən/) **1** vt, vi (esp GB) (USA **pass**) (vehículo) adelantar (a), pasar **2** vt (fig) sobrecoger, sobrepasar
overthrow verbo, sustantivo
▸ vt /ˌoʊvərˈθroʊ/ (pt **overthrew** /-ˈθruː/, pp **overthrown** /-ˈθroʊn/) derrocar
▸ n /ˈoʊvərθroʊ/ derrocamiento
overtime /ˈoʊvərtaɪm/ n [incontable] **1** horas extras **2** (GB **extra time**) (Dep) tiempo suplementario
overtone /ˈoʊvərtoʊn/ n [gen pl] connotación
overture /ˈoʊvərtʃər/ n (Mús) obertura
LOC make overtures (to sb) hacerle propuestas (a algn)
overturn /ˌoʊvərˈtɜːrn/ **1** vt, vi volcar(se), dar la vuelta (a) **2** vt (decisión) anular
overview /ˈoʊvərvjuː/ n perspectiva (general)
overweight /ˌoʊvərˈweɪt/ adj: to be overweight tener exceso de peso ⊃ Ver nota en FAT
overwhelm /ˌoʊvərˈwelm/ vt **1** (emoción) abrumar **2** (oponente) abatir, derribar **3** agobiar (con trabajo, preguntas, etc.) ■ **overwhelming** adj abrumador

overwork /ˌoʊvərˈwɜːrk/ vt, vi (hacer) trabajar en exceso
owe /oʊ/ vt, vi deber (dinero, disculpa, etc.)
owing to prep debido a, a causa de
owl /aʊl/ n búho, lechuza
own /oʊn/ pronombre, adjetivo, verbo
▸ adj, pron propio, mío, tuyo, suyo, nuestro: It was my own idea. Fue idea mía. **LOC (all) on your own 1** (completamente) solo **2** por sí solo, sin ayuda ♦ **get your own back (on sb)** (GB, coloq) vengarse (de algn), desquitarse ♦ **of your own** propio: a house of your own una casa propia
▸ vt poseer, tener, ser dueño de **PHR V own up (to sth)** confesarse culpable (de algo)
owner /ˈoʊnər/ n dueño, -a ■ **ownership** n [incontable] propiedad
own goal n (GB) autogol
ox /ɑks/ n (pl **oxen** /ˈɑksn/) buey
oxygen /ˈɑksɪdʒən/ n oxígeno
oyster /ˈɔɪstər/ n ostra
ozone /ˈoʊzoʊn/ n ozono: ozone layer capa de ozono

P p

P, p /piː/ n (pl **Ps**, **P's**, **p's** /piːz/) P, p ➔ Ver nota en A, A

PA /ˌpiː ˈeɪ/ abrev **1** abrev de **public address system** sistema de amplificación **2** abrev de **personal assistant** (GB) asistente personal

pace /peɪs/ sustantivo, verbo
▸ n **1** paso **2** ritmo **LOC** **keep pace (with sb/sth)** **1** ir al mismo paso (de algn/algo) **2** mantenerse al corriente (de algn/algo)
▸ vt, vi pasearse (por): *to pace up and down (the room)* pasearse con inquietud (por la habitación)

pacemaker /ˈpeɪsmeɪkər/ n (Med) marcapasos

pacifier /ˈpæsɪfaɪər/ (GB **dummy**) n (para bebé) chupete, chupo

pacify /ˈpæsɪfaɪ/ vt (pt, pp **-fied**) **1** (temores, ira) apaciguar **2** (región) pacificar

pack /pæk/ verbo, sustantivo
▸ **1** vt (maleta) hacer, empacar **2** vi hacer/empacar las maletas **3** vt embalar, empaquetar **4** vt ~ **sth (in/with sth)** envolver algo (con algo) **5** vt (caja) llenar **6** vt (comida) empacar, envasar **7** vt (habitación) atestar **8** vt (USA, coloq) (pistola) llevar **LOC** **pack your bags** (coloq) irse **PHR V** **pack sth in** (esp GB, coloq) dejar algo: *I've packed in my job.* Dejé mi trabajo. ◆ **pack (sb/sth) into sth** meter a algn/algo, meterse en algo (con dificultad), apiñarse en algo ◆ **pack up** (GB, coloq) descomponerse (averiarse)
▸ n **1** (esp GB) (tb esp USA **set**) juego: *The pack contains a pen, ten envelopes and twenty sheets of writing paper.* El juego contiene un lapicero, diez sobres y veinte esquelas. **2** (cigarrillos) cajetilla **3** mochila **4** (de animal) carga **5** (GB) (USA **deck**) juego de naipes **6** (perros) jauría **7** (lobos) manada ■ **packed** adj **1** al tope **2** ~ **with sth** abarrotado, lleno de algo

package /ˈpækɪdʒ/ sustantivo, verbo
▸ n **1** paquete, conjunto **2** (GB **parcel**) paquete **3** (GB **sachet**) sobrecito **4** (equipaje) bulto
▸ vt empacar

package tour (GB tb **package holiday**) n viaje todo incluído, paquete turístico

packaging /ˈpækɪdʒɪŋ/ n [incontable] empaque

packed lunch n (GB) Ver **BOX LUNCH**

packet /ˈpækɪt/ n (esp GB) paquete

Packet (USA **pack**) es el término que se utiliza en Gran Bretaña para referirnos a un paquete o una bolsa que contiene algún producto que se vende en una tienda: *a packet of cigarettes/crisps* un paquete de cigarrillos/papas. **Pack** se utiliza para hablar de un conjunto de cosas diferentes que se venden juntas: *The pack contains needles and thread.* El set incluye agujas e hilo. ➔ Ver tb nota en PARCEL y dibujo en CONTAINER

packing /ˈpækɪŋ/ n [incontable] **1** envase **2** relleno

pact /pækt/ n pacto

pad /pæd/ sustantivo, verbo
▸ n **1** almohadilla **2** (papel) bloc Ver tb CONTROL PAD
▸ vt (-dd-) **1** ~ acolchar **2** ~ **about, along, around, etc.** andar (con pasos suaves) **PHR V** **pad sth out** meter paja, echar carreta, chamullar (en un libro, discurso, etc.)

padding /ˈpædɪŋ/ n **1** acolchado **2** (redacción, discurso, etc.) paja, carreta, chamullo

paddle /ˈpædl/ sustantivo, verbo
▸ n **1** pala (remo) **2** (GB **bat**) raqueta **3** **a paddle** [sing] (GB) (en el mar, etc.): *to go for/have a paddle* mojarse los pies **LOC** Ver CREEK
▸ **1** vt (barca) dirigir (remando) **2** vi remar **3** vi (GB) (USA **wade**) mojarse los pies

paddock /ˈpædək/ n prado (donde pastan los caballos)

padlock /ˈpædlɒk/ n candado

paediatrician (GB) = PEDIATRICIAN

paedophile (GB) = PEDOPHILE

pagan /ˈpeɪɡən/ adj, n pagano, -a

page /peɪdʒ/ sustantivo, verbo
▸ n (abrev **p.**) página Ver tb FRONT PAGE
▸ vt llamar por el altavoz/buscapersonas

pager /ˈpeɪdʒər/ n localizador, buscapersonas

paid /peɪd/ adj **1** (empleado) a sueldo **2** (trabajo) remunerado **LOC** **put paid to sth** acabar con algo Ver tb PAY

pain /peɪn/ n dolor: *Is she in pain?* ¿Está adolorida? ◊ *I have a pain in my neck.* Me duele el cuello. **LOC** **a pain (in the neck)** (coloq) **1** un dolor de cabeza **2** (persona) un pesado ◆ **be at pains to do sth; go to/take great pains to do sth** esforzarse por hacer algo ◆ **take great pains with/over sth** esmerarse mucho en algo

pained /peɪnd/ adj **1** afligido **2** ofendido

painful

⁌ **painful** /ˈpeɪnfl/ *adj* **1** doloroso: *to be painful* doler **2** (*deber*) lastimoso, doloroso **3** (*decisión*) desagradable

painfully /ˈpeɪnfəli/ *adv* terriblemente

painkiller /ˈpeɪnkɪlər/ *n* calmante

painless /ˈpeɪnləs/ *adj* **1** que no duele **2** (*procedimiento*) sin dificultades

painstaking /ˈpeɪnsteɪkɪŋ/ *adj* **1** (*trabajo*) laborioso **2** (*persona*) concienzudo

⁌ **paint** /peɪnt/ *sustantivo, verbo*
▸ *n* pintura
▸ *vt, vi* pintar

paintbrush /ˈpeɪntbrʌʃ/ *n* pincel, brocha ➲ *Ver dibujo en* BRUSH

⁌ **painter** /ˈpeɪntər/ *n* pintor, -ora

⁌ **painting** /ˈpeɪntɪŋ/ *n* **1** pintura **2** cuadro

paintwork /ˈpeɪntwɜːrk/ *n* [*incontable*] pintura (*superficie*)

⁌ **pair** /peər/ *sustantivo, verbo*
▸ *n* **1** par: *a pair of pants* unos pantalones/un pantalón

Las palabras que designan objetos compuestos por dos elementos (como tenazas, tijeras, pantalones, etc.), llevan el verbo en plural: *My pants are very tight*. Los pantalones me quedan muy justos. Cuando nos referimos a más de uno, utilizamos la palabra **pair**: *I have two pairs of pants*. Tengo dos pantalones.

2 [*v sing o pl*] pareja (*animales, equipo*): *the winning pair* la pareja ganadora ➲ *Comparar con* COUPLE
▸ *v* **PHR V** **pair (sb) off (with sb)** emparejar a algn, emparejarse (con algn) ♦ **pair up (with sb)** formar pareja (con algn) (*para trabajar, jugar, etc.*)

pajamas (*GB* **pyjamas**) /pəˈdʒæməz; *GB* -ˈdʒɑːm-/ *n* [*pl*] piyama: *a pair of pajamas* una piyama ❶ **Pajama** se usa en singular cuando va delante de otro sustantivo: *pajama pants* el pantalón de la piyama. ➲ *Ver tb nota en* PAIR

pal /pæl/ *n* (*coloq*) **1** compañero, -a **2** colega

⁌ **palace** /ˈpæləs/ *n* palacio

palate /ˈpælət/ *n* paladar

⁌ **pale** /peɪl/ *adjetivo, sustantivo*
▸ *adj* (**paler, -est**) **1** pálido **2** (*color*) claro **3** (*luz*) tenue **LOC** **go/turn pale** palidecer
▸ *n* **LOC** **beyond the pale** (*conducta*) inaceptable

palette /ˈpælət/ *n* paleta (*de pintor*)

pallid /ˈpælɪd/ *adj* pálido

pallor /ˈpælər/ *n* palidez

palm /pɑːm/ *sustantivo, verbo*
▸ *n* **1** (*mano*) palma **2** (*tb* ˈ**palm tree**) palmera, palma **LOC** **have sb in the palm of your hand** tener a algn en la palma de la mano
▸ *v* **PHR V** **palm sb off with sth** (*coloq*) **1** (*tb* **palm sth off on/onto sb**) endosarle algn/algo (a algn) **2** engañar, engatusar a algn (con algo)

paltry /ˈpɔːltri/ *adj* insignificante

pamper /ˈpæmpər/ *vt* (*gen pey*) mimar

pamphlet /ˈpæmflət/ *n* **1** folleto **2** (*político*) hoja de propaganda, panfleto

⁌ **pan** /pæn/ *n* término genérico que abarca cazuelas, cacerolas, ollas y sartenes ➲ *Ver dibujo en* POT; **LOC** *Ver* FLASH

pancake /ˈpænkeɪk/ *n* **1** (*USA*) panqueque **2** (*esp GB*) (*USA* **crepe**) crepe ➲ *Ver nota en* MARTES

panda /ˈpændə/ *n* (*oso*) panda

pandemic /pænˈdemɪk/ *n* pandemia

pander /ˈpændər/ *v* **PHR V** **pander to sth/sb** (*pey*) complacer algo/a algn, condescender con algo/algn

pane /peɪn/ *n* lámina de vidrio: *pane of glass* lámina de vidrio ◊ *window pane* vidrio de ventana

⁌ **panel** /ˈpænl/ *n* **1** (*pared, puerta*) pánel **2** (*TV, Radio*) tablero **3** pánel, jurado **4** tablero (*de mandos*) ■ **paneled** (*GB* **panelled**) *adj* (revestido) con páneles **paneling** (*GB* **panelling**) *n* revestimiento (*p.ej. de las paredes*): *oak paneling* páneles de roble

pang /pæŋ/ *n* punzada, picada (*de hambre, dolor, etc.*)

panic /ˈpænɪk/ *sustantivo, verbo*
▸ *n* pánico
▸ *vt, vi* (**-ck-**) dejarse llevar por el pánico

ˈ**panic-stricken** *adj* preso del pánico

panini /pəˈniːni/ (*tb* **panino** /pəˈniːnoʊ/) *n* (*pl* **panini** *o* **paninis**) sándwich hecho con pan italiano tostado

pansy /ˈpænzi/ *n* (*pl* **pansies**) pensamiento (*flor*)

pant /pænt/ *vi* jadear

panther /ˈpænθər/ *n* **1** pantera **2** puma

panties /ˈpæntiz/ *n* [*pl*] calzones (*de mujer*): *a pair of panties* unos calzones ➲ *Ver nota en* PAIR

pantomime /ˈpæntəmaɪm/ *n* (*GB*) representación teatral con música para la Navidad, basada en cuentos de hadas

pantry /ˈpæntri/ *n* (*pl* **pantries**) despensa

⁌ **pants** /pænts/ *n* [*pl*] **1** (*USA*) (*GB* **trousers**) pantalones **2** (*GB*) (*USA* **underpants**) calzoncillos, calzones ⊃ *Ver nota en* PAIR; **LOC** *Ver* WET

pantyhose /ˈpæntihoʊz/ (GB **tights**) *n* [*pl*] pantimedias, medias (pantalón) ⊃ *Ver nota en* PAIR

paparazzo /ˌpæpəˈrætsoʊ/ *n* (*pl* **paparazzi** /-rætsi/) paparazzi

paper /ˈpeɪpər/ *sustantivo, verbo*
▸ *n* **1** [*incontable*] papel: *a piece of paper* una hoja/un pedazo de papel **2** periódico **3** (*tb* **wallpaper**) papel mural/tapiz **4 papers** [*pl*] documentación **5 papers** [*pl*] papeles, papeleo **6** examen **7** (*científico, académico*) artículo, ponencia *Ver tb* WHITE PAPER **LOC on paper 1** por escrito **2** en teoría
▸ *vt* empapelar

paperback /ˈpeɪpərbæk/ *n* libro de bolsillo

paper clip *n* clip (*para papeles*)

paperwork /ˈpeɪpərwɜːrk/ *n* [*incontable*] **1** papeleo **2** tareas administrativas

papier mâché /ˌpeɪpər məˈʃeɪ; GB ˌpæpieɪ ˈmæʃeɪ/ *n* cartón piedra, papel maché

papyrus /pəˈpaɪrəs/ *n* (*pl* **papyri** /-riː/) papiro

par /pɑr/ *n* **LOC be below/under par** (*coloq*) no estar en forma ♦ **on a par with sb/sth** al mismo nivel de algn/algo

parable /ˈpærəbl/ *n* parábola

parachute /ˈpærəʃuːt/ *n* paracaídas
■ **parachuting** paracaidismo: *to go parachuting* hacer paracaidismo **parachutist** *n* paracaidista

parade /pəˈreɪd/ *sustantivo, verbo*
▸ *n* desfile
▸ **1** *vi* desfilar **2** *vt* exhibir (*esp por las calles*) **3** *vt* (*pey*) (*conocimientos*) hacer alarde de **4** *vi* (*Mil*) pasar revista

paradise /ˈpærədaɪs/ *n* paraíso

paradox /ˈpærədɑks/ *n* paradoja

paraffin /ˈpærəfɪn/ *n* (GB) (USA **kerosene**) kerosene

paragliding /ˈpærəɡlaɪdɪŋ/ *n* parapente

paragraph /ˈpærəɡræf; GB -ɡrɑːf/ *n* párrafo

parakeet /ˈpærəkiːt/ *n* periquito

parallel /ˈpærəlel/ *adjetivo, sustantivo*
▸ *adj* (en) paralelo
▸ *n* **1** paralelo **2** paralela

the Paralympics /ˌpærəˈlɪmpɪks/ *n* [*pl*] los (Juegos) Paralímpicos

paralysis /pəˈræləsɪs/ *n* **1** parálisis **2** paralización

paralyze (GB **paralyse**) /ˈpærəlaɪz/ *vt* paralizar
■ **paralyzed** (GB **paralysed**) *adj* **1** paralítico **2** paralizado (*por miedo, huelga, etc.*)

paramedic /ˌpærəˈmedɪk/ *n* paramédico, -a

paramount /ˈpærəmaʊnt/ *adj* primordial: *of paramount importance* de suma importancia

paranoia /ˌpærəˈnɔɪə/ *n* paranoia

paranoid /ˈpærənɔɪd/ *adj* paranoico, -a

paranormal /ˌpærəˈnɔːrml/ *adj, n* paranormal

paraphrase /ˈpærəfreɪz/ *vt* parafrasear

parascending /ˈpærəsendɪŋ/ *n* parascending

parasite /ˈpærəsaɪt/ *n* parásito

parasol /ˈpærəsɔːl; GB -sɒl/ *n* parasol

parcel /ˈpɑrsl/ *n* (*esp GB*) (USA **package**) paquete

parched /pɑrtʃt/ *adj* **1** reseco **2** (*persona*) muerto de sed

parchment /ˈpɑrtʃmənt/ *n* pergamino

pardon /ˈpɑrdn/ *sustantivo, verbo*
▸ *n* **1** perdón **2** (*Jur*) indulto
▸ *vt* perdonar **LOC pardon me?** (*tb esp GB* **pardon?**) ¿disculpe?, ¿qué dijo? ♦ **pardon me!** ¡perdón! *Ver tb* BEG

parent /ˈpeərənt/ *n* **1** mamá, papá **2** *parent company* empresa matriz ■ **parentage** /ˈpeərəntɪdʒ/ *n* **1** ascendencia **2** padres **parental** /pəˈrentl/ *adj* de los padres **parenthood** /ˈpeərənthʊd/ *n* maternidad, paternidad

parenthesis /pəˈrenθəsɪs/ *n* (*pl* **parentheses** /-siːz/) (GB **bracket**) paréntesis: *in parentheses* entre paréntesis

parents-in-law *n* [*pl*] suegros

parish /ˈpærɪʃ/ *n* parroquia: *parish priest* párroco

park /pɑrk/ *sustantivo, verbo*
▸ *n* **1** parque **2** cancha
▸ *vt, vi* estacionar(se), parquear(se)

parking /ˈpɑrkɪŋ/ *n* estacionamiento: *parking ticket/fine* multa por estacionamiento indebido

parking garage (GB **multi-storey car park**) *n* estacionamiento, parqueadero (*de varios pisos*)

parking lot (GB **car park**) *n* estacionamiento, parqueadero

parking meter *n* parquímetro

parkland /ˈpɑrklænd/ *n* [*incontable*] zona verde, parque

parliament /ˈpɑrləmənt/ *n* parlamento: *Member of Parliament* diputado

parliamentary

El parlamento británico está dividido en dos cámaras: la Cámara de los Comunes (**the House of Commons**) y la Cámara de los Lores (**the House of Lords**). La Cámara de los Comunes está compuesta por 650 diputados (**Members of Parliament** o **MPs**) que son elegidos por los ciudadanos británicos. Cada uno de estos diputados representa a un distrito electoral (**constituency**).

parliamentary /ˌpɑːrləˈmentri/ *adj* parlamentario

parlor (*GB* **parlour**) /ˈpɑːrlər/ *n* **1** *beauty/ice-cream parlor* salón de belleza/heladería **2** (*antic*) sala de recibo

parody /ˈpærədi/ *n* (*pl* **parodies**) parodia

parole /pəˈroʊl/ *n* libertad condicional

parrot /ˈpærət/ *n* loro

parsley /ˈpɑːrsli/ *n* perejil

parsnip /ˈpɑːrsnɪp/ *n* chirivía

⸙ part /pɑːrt/ *sustantivo, verbo*
▸ *n* **1** parte: *in part exchange* (*GB*) como parte del pago **2** pieza **3** (*TV*) episodio **4** (*Cine, Teat*) papel **5 parts** [*pl*] (*antic, coloq*) región: *She's not from these parts.* No es de aquí. **6** (*GB* **parting**) (*pelo*) raya **LOC do your part** (*coloq*) hacer tu parte ♦ **for my part** por mi parte ♦ **for the most part** por lo general ♦ **on the part of sb/on sb's part**: *It was an error on my part.* Fue un error de mi parte. ♦ **take part (in sth)** participar (en algo) ♦ **take sb's part** ponerse de parte de algn ♦ **the best/better part of sth** la mayor parte de algo: *for the best part of a year* casi un año
▸ **1** *vt* (*formal*) partir **2** *vt, vi* (*formal*) separar(se) **3** *vt, vi* apartar(se) **4** *vt* **to part your hair** hacerse la raya **LOC part company (with/from sb)** separarse, despedirse (de algn) **PHR V part with sth 1** renunciar a algo **2** (*dinero*) gastar algo

partial /ˈpɑːrʃl/ *adj* **1** parcial **2** ~ **to sb/sth** (*antic*) aficionado a algn/algo **3** ~ **(toward sb/sth)** (*pey*) predispuesto (a favor de algn/algo) ■ **partially** *adv* **1** parcialmente **2** de manera parcial

participant /pɑːrˈtɪsɪpənt/ *n* participante

participate /pɑːrˈtɪsɪpeɪt/ *vi* ~ **(in sth)** participar (en algo) ■ **participation** *n* participación

participle /ˈpɑːrtɪsɪpl, pɑːrˈtɪsɪpl; *GB* pɑːˈtɪsɪpl/ *n* participio

particle /ˈpɑːrtɪkl/ *n* partícula

⸙ particular /pərˈtɪkjələr/ *adjetivo, sustantivo*
▸ *adj* **1** (*concreto*) en particular: *in this particular case* en este caso en particular **2** (*excepcional*) especial **3** ~ **(about sth)** exigente (con algo)

▸ *n* **particulars** [*pl*] datos

⸙ particularly /pərˈtɪkjələli/ *adv* **1** particularmente, especialmente **2** en particular

parties *pl de* PARTY

parting /ˈpɑːrtɪŋ/ *n* **1** despedida **2** (*GB*) (*USA* **part**) (*pelo*) raya

partisan /ˈpɑːrtəzn, -sn; *GB* ˌpɑːtɪˈzæn, ˈpɑːtɪzæn/ *adjetivo, sustantivo*
▸ *adj* parcial
▸ *n* **1** partidario, -a **2** (*Mil*) miembro, colaborador, -ora

partition /pɑːrˈtɪʃn/ *n* división

⸙ partly /ˈpɑːrtli/ *adv* en parte

⸙ partner /ˈpɑːrtnər/ *n* **1** (*relación, baile, deportes*) pareja, compañero, -a **2** (*Econ*) socio, -a

⸙ partnership /ˈpɑːrtnərʃɪp/ *n* **1** asociación **2** (*Econ*) sociedad (colectiva)

part of speech *n* categoría gramatical

partridge /ˈpɑːrtrɪdʒ/ *n* perdiz

part-time *adj, adv* (de) medio tiempo, a tiempo parcial

⸙ party /ˈpɑːrti/ *n* (*pl* **parties**) **1** (*reunión*) fiesta **2** (*Pol*) partido **3** grupo **4** (*Jur*) parte *Ver tb* THIRD PARTY **LOC be (a) party to sth** (*formal*) participar en algo

⸙ pass /pæs; *GB* pɑːs/ *verbo, sustantivo*
▸ **1** *vt, vi* pasar **2** *vt* (*barrera*) cruzar **3** *vt, vi* (*GB* **to overtake**) (*vehículo*) adelantar (a), pasar **4** *vt* (*límite*) superar **5** *vt* (*examen*) pasar **6** *vt* (*ley*) aprobar **7** *vi* suceder
PHR V pass sth around circular algo
pass as/for sb/sth pasar por algn/algo, ser tomado por algn/algo
pass away fallecer
pass by (sb/sth) pasar al lado (de algn/algo) ♦ **pass sb/sth by** dejar a algn/algo de lado
pass sb/sth off as sb/sth hacer pasar a algn/algo por algn/algo
pass out desmayarse
pass sth round (*GB*) *Ver* PASS STH AROUND
pass sth up (*coloq*) rechazar algo (*oportunidad*)
▸ *n* **1** (*permiso, Transportes, Dep*) pase **2** (*examen*) aprobado ⊃ *Ver nota en* A, A **3** (*montaña*) paso **LOC make a pass at sb** (*coloq*) insinuársele a algn

passable /ˈpæsəbl; *GB* ˈpɑːs-/ *adj* **1** aceptable **2** transitable

⸙ passage /ˈpæsɪdʒ/ *n* **1** (*tb* **passageway** /ˈpæsɪdʒweɪ/) pasadizo, pasillo **2** pasaje (*de libro, etc.*) **3** [*sing*] paso

⸙ passenger /ˈpæsɪndʒər/ *n* pasajero, -a

passer-by *n* (*pl* **passers-by**) transeúnte

| i happy | ɪ sit | iː see | æ cat | ɑ hot | ɒ long (*GB*) | ɑː bath (*GB*) | ʌ cup | ʊ put | uː too |

patronize

passing /ˈpæsɪŋ; GB ˈpɑːs-/ adjetivo, sustantivo
▸ adj **1** pasajero **2** (referencia) de pasada **3** (tráfico) que pasa
▸ n **1** paso **2** (formal) desaparición LOC **in passing** de pasada

passion /ˈpæʃn/ n pasión ■ **passionate** adj apasionado, ardiente

passive /ˈpæsɪv/ adjetivo, sustantivo
▸ adj pasivo
▸ n (tb ˌpassive ˈvoice) (Gram) (voz) pasiva

passport /ˈpæspɔːrt; GB ˈpɑːs-/ n pasaporte

password /ˈpæswɜːrd; GB ˈpɑːs-/ n contraseña

past /pæst; GB pɑːst/ adjetivo, sustantivo, preposición, adverbio
▸ adj **1** pasado **2** antiguo: *past students* exalumnos **3** último: *the past few days* los últimos días **4** (tiempo) acabado: *The time is past.* Se acabó el tiempo.
▸ n **1** pasado **2** (tb ˌpast ˈtense) pretérito, pasado
▸ prep **1** *half past two* las dos y media ◊ *past midnight* pasada la medianoche ◊ *It's past five o'clock.* Son pasadas las cinco. **2** (con verbos de movimiento) *to walk past sb/sth* pasar al lado de algn/por delante de algo **3** más allá de, después de: *It's past your bedtime.* Ya debías estar acostada. LOC **be past it** (GB, coloq) ser demasiado viejo
▸ adv al lado, por delante: *to walk past* pasar por delante

pasta /ˈpæstə/ n pasta (tallarines, etc.)

paste /peɪst/ sustantivo, verbo
▸ n **1** pasta, masa **2** engrudo **3** paté
▸ vt pegar

pasteurize (GB tb **-ise**) /ˈpæstʃəraɪz/ vt pasteurizar ■ **pasteurization** (GB tb **-isation**) n pasteurización

pastime /ˈpæstaɪm; GB ˈpɑːs-/ n pasatiempo

pastor /ˈpæstər; GB ˈpɑːs-/ n pastor (sacerdote)

pastoral /ˈpæstərəl; GB ˈpɑːs-/ adj **1** pastoril, bucólico **2** *pastoral care* atención personal

pastry /ˈpeɪstri/ n **1** masa (de un pastel, etc.) **2** (pl **pastries**) pastel

pasture /ˈpæstʃər; GB ˈpɑːs-/ n pasto

pat /pæt/ verbo, sustantivo
▸ vt (**-tt-**) **1** dar golpecitos a, dar una palmadita a **2** acariciar
▸ n **1** palmadita **2** caricia **3** (mantequilla) trozo LOC **give sb a pat on the back (for sth)** felicitar a algn (por algo)

patch /pætʃ/ sustantivo, verbo
▸ n **1** (color) mancha **2** (niebla, etc.) zona **3** (tela) parche **4** pedazo de tierra (donde se cultivan verduras, etc.) **5** (GB, coloq) (área de trabajo) zona LOC **be not a patch on sb/sth** (esp GB, coloq) no tener ni comparación con algn/algo ♦ **go through/hit a bad patch** (coloq) pasar/tener una mala racha
▸ vt parchar PHR V **patch sth up 1** ponerle parches a algo, parchar algo **2** (disputa) resolver algo

patchwork /ˈpætʃwɜːrk/ n [incontable] **1** trabajo manual a base de retazos y apliques que se cosen en tela **2** tapiz

patchy /ˈpætʃi/ adj **1** irregular: *patchy rain/fog* chubascos/bancos de niebla **2** desigual **3** (conocimientos) con lagunas

pâté /pɑˈteɪ, pæˈteɪ; GB ˈpæteɪ/ n paté

patent /ˈpætnt; GB tb ˈpeɪtnt/ sustantivo, adjetivo, verbo
▸ n patente
▸ adj **1** (claro) patente **2** (Econ) patentado
▸ vt patentar

patently /ˈpætntli; GB tb ˈpeɪt-/ adv (formal) claramente

paternal /pəˈtɜːrnl/ adj **1** paternal **2** paterno

paternity /pəˈtɜːrnəti/ n paternidad

path /pæθ; GB pɑːθ/ n **1** (tb **pathway** /ˈpæθweɪ; GB ˈpɑːθ-/) sendero **2** paso **3** trayectoria **4** (fig) camino

pathetic /pəˈθetɪk/ adj **1** patético **2** (coloq) (insuficiente) lamentable

pathology /pəˈθɑlədʒi/ n patología ■ **pathological** /ˌpæθəˈlɑdʒɪkl/ adj patológico

pathos /ˈpeɪθɑs/ n patetismo

patience /ˈpeɪʃns/ n **1** paciencia **2** (GB) (USA **solitaire**) (juego de cartas) solitario LOC **Ver** TRY

patient /ˈpeɪʃnt/ sustantivo, adjetivo
▸ n paciente
▸ adj paciente

patio /ˈpætiou/ n (pl **patios**) **1** terraza **2** patio

patriarch /ˈpeɪtriɑrk/ n patriarca

patriot /ˈpeɪtriət; GB tb ˈpæt-/ n patriota ■ **patriotic** /ˌpeɪtriˈɑtɪk; GB tb ˌpæt-/ adj patriótico

patrol /pəˈtroʊl/ verbo, sustantivo
▸ vt, vi (**-ll-**) **1** patrullar **2** (guardia) hacer la ronda (de)
▸ n patrulla

patron /ˈpeɪtrən/ n **1** patrocinador, -ora **2** mecenas **3** (formal) cliente ■ **patronage** /ˈpeɪtrənɪdʒ, ˈpæt-/ n **1** patrocinio **2** (cliente regular) apoyo **3** patronazgo

patronize (GB tb **-ise**) /ˈpeɪtrənaɪz, ˈpæt-/ vt **1** tratar condescendientemente a **2** apadrinar, patrocinar ■ **patronizing** (GB tb **-ising**) adj condescendiente

pattern

pattern /ˈpætərn/ n **1** dibujo (en tela, etc.) **2** (Costura, etc.) patrón **3** pauta, tendencia ■ **patterned** adj estampado

pause /pɔːz/ sustantivo, verbo
▸ n pausa
▸ vi hacer una pausa

pave /peɪv/ vt pavimentar LOC **pave the way (for sb/sth)** preparar el camino (para algn/algo)

pavement /ˈpeɪvmənt/ n **1** (USA) pavimento **2** (GB) (USA **sidewalk**) andén, acera, vereda, banqueta

pavilion /pəˈvɪliən/ n pabellón

paving /ˈpeɪvɪŋ/ n pavimento: paving stone losa

paw /pɔː/ sustantivo, verbo
▸ n **1** pata **2** (coloq) mano
▸ vt manosear

pawn /pɔːn/ sustantivo, verbo
▸ n (Ajedrez) peón
▸ vt empeñar

pawnbroker /ˈpɔːnbroʊkər/ n prestamista

pay /peɪ/ verbo, sustantivo
▸ (pt, pp **paid**) **1** vt ~ sth (to sb) (for sth) pagarle algo (a algn) (por algo) **2** vt, vi ~ (sb) (for sth) pagarle (algo) (a algn) **3** vi ser rentable **4** vi valer la pena **5** vt, vi compensar **6** vt: to pay attention to sb/sth prestar/poner atención a algn/algo ◊ to pay sb a compliment/a visit hacerle un cumplido/visitar a algn LOC Ver HEED PHR V **pay sb back (sth)**; **pay sth back (to sb)** pagar (algo) (a algn), devolver algo (a algn) ♦ **pay sb back (for sth)** hacer pagar a algn (por algo) ♦ **pay sth in**; **pay sth into sth** depositar algo (en algo) ♦ **pay off** (coloq) dar fruto, valer la pena ♦ **pay sb off** liquidar, pagar y despedir a algn ♦ **pay sth off** terminar de pagar algo ♦ **pay up** pagar del todo
▸ n [incontable] sueldo: pay raise/increase aumento de sueldo ◊ pay claim reclamación salarial

payable /ˈpeɪəbl/ adj pagadero

pay-as-you-ˈgo adj (Telefonía) de prepago

payday /ˈpeɪdeɪ/ n día de paga

payment /ˈpeɪmənt/ n **1** pago Ver tb DOWN PAYMENT **2** [incontable] in/as payment for sth como recompensa a/en pago a algo

ˈpay-off n (coloq) **1** pago, soborno **2** recompensa

ˌpay-per-ˈview n (abrev PPV) (TV) (sistema de) pago por visión

payphone /ˈpeɪfoʊn/ n teléfono público

payroll /ˈpeɪroʊl/ n nómina

PC /ˌpiːˈsiː/ abrev **1** (pl **PCs**) (abrev de **personal computer**) computador personal **2** (pl **PCs**) (GB) abrev de **police constable** (agente de) policía **3** abrev de **politically correct** políticamente correcto

PDA /ˌpiː diː ˈeɪ/ n (abrev de **personal digital assistant**) PDA (agenda electrónica)

P.E. (GB **PE**) /ˌpiː ˈiː/ n (abrev de **physical education**) educación física

pea /piː/ n arveja, chícharo

peace /piːs/ n **1** paz **2** tranquilidad: peace of mind tranquilidad de conciencia LOC **be at peace (with sb/sth)** estar en armonía (con algn/algo) ♦ **make (your) peace with sb** hacer las paces con algn ♦ **peace and quiet** paz y tranquilidad Ver tb DISTURB

peaceful /ˈpiːsfl/ adj **1** pacífico **2** tranquilo

peach /piːtʃ/ n **1** durazno **2** (tb ˈpeach tree) duraznero **3** (color) durazno

peacock /ˈpiːkɑk/ n pavo real

peak /piːk/ sustantivo, adjetivo, verbo
▸ n **1** (montaña) pico, cumbre **2** punta **3** (GB) (USA **bill**) visera **4** punto máximo
▸ adj máximo: peak hours horas pico ◊ in peak condition en condiciones óptimas
▸ vi alcanzar el punto máximo

peaked /piːkt/ adj **1** en punta **2** (GB) (gorra) con visera

peal /piːl/ n **1** (campanas) repique **2** peals of laughter carcajadas

peanut /ˈpiːnʌt/ n **1** maní, cacahuate **2** peanuts [pl] (coloq) una miseria: He gets paid peanuts. Le pagan una miseria.

pear /peər/ n **1** pera **2** (tb ˈpear tree) peral

pearl /pɜːrl/ n **1** perla **2** (fig) joya

pear-shaped /ˈpeər ʃeɪpt/ adj LOC **go pear-shaped** (GB, coloq) salir mal, irse al diablo

peasant /ˈpeznt/ n **1** campesino, -a ➔ Ver nota en CAMPESINO **2** (coloq, pey) ordinario, -a

peat /piːt/ n turba (carbón)

pebble /ˈpebl/ n piedrita

pecan /pɪˈkɑn; GB ˈpiːkən, pɪˈkæn/ n (nuez) pecan

peck /pek/ verbo, sustantivo
▸ **1** vt, vi picotear **2** vt (coloq) darle un besito/pico a LOC **a/the pecking order** (coloq) un/el orden jerárquico
▸ n **1** picotazo **2** (coloq) besito

peckish /ˈpekɪʃ/ adj (GB, coloq) con un poquito de hambre: to feel peckish tener ganas de picar algo

---

u actual   ɔː saw   ɜː bird   ə about   j yes   w woman   ʒ vision   h hat   ŋ sing

peculiar /pɪˈkjuːliər/ adj **1** extraño **2** especial **3** ~ **(to sb/sth)** peculiar (de algn/algo)
■ **peculiarity** /pɪˌkjuːliˈærəti/ n **1** (pl **peculiarities**) peculiaridad **2** [incontable] lo extraño **peculiarly** adv **1** especialmente **2** característicamente **3** de una manera extraña

pedal /ˈpedl/ sustantivo, verbo
▸ n pedal
▸ vi (pt **-l-**, GB **-ll-**) pedalear

pedantic /pɪˈdæntɪk/ adj (pey) **1** maniático **2** pedante

pedestrian /pəˈdestriən/ sustantivo, adjetivo
▸ n peatón
▸ adj **1** peatonal: *pedestrian crossing* (GB) paso peatonal **2** prosaico

pediatrician (GB **paediatrician**) /ˌpiːdiəˈtrɪʃn/ n pediatra

pedigree /ˈpedɪɡriː/ n **1** (animal) pedigrí **2** (persona) genealogía **3** casta

pedophile /ˈpiːdoʊfaɪl/ n pedófilo, -a

pee /piː/ verbo, sustantivo
▸ vi (coloq) hacer pis/pipí
▸ n (coloq) pis, pipí

peek /piːk/ vi ~ **at sb/sth** echar una mirada a algn/algo ❶ Implica una mirada rápida y muchas veces furtiva.

peel /piːl/ verbo, sustantivo
▸ **1** vt, vi pelar(se) **2** vt, vi ~ **(sth) (away/off/back)** despegar, quitar algo, despegarse **3** vi ~ **(away/off)** (pintura) desprenderse
▸ n [incontable] **1** piel **2** corteza **3** cáscara

Para cáscaras duras, como de nuez o de huevo, se usa **shell** en vez de **peel**. Para la corteza del limón o de la naranja se utiliza **rind** o **peel**. **Peel** se utiliza para la piel del banano, y para otras frutas con piel más fina, como el durazno, se usa **skin**.

peeler /ˈpiːlər/ n pelador: *potato peeler* pelador de papas

peep /piːp/ verbo, sustantivo
▸ vi **1** ~ **(at sb/sth)** echar una ojeada (a algn/algo) ❶ Implica una mirada rápida y muchas veces cautelosa. **2** ~ **over, through, etc. sth** atisbar por encima de, por, etc. algo, asomarse
▸ n **1** vistazo **2** pío LOC **have/take a peep at sb/sth** echar una ojeada a algn/algo

peer /pɪər/ verbo, sustantivo
▸ vi ~ **at sb/sth** mirar a algn/algo: *to peer out of the window* sacar la cabeza por la ventana ❶ Implica una mirada prolongada que a veces supone esfuerzo.
▸ n **1** igual **2** contemporáneo, -a **3** (GB) noble

peerage /ˈpɪərɪdʒ/ n [v sing o pl] (GB) los pares, la nobleza

peer group n compañeros de la misma edad, círculo social, etc.

peeved /piːvd/ adj (coloq) molesto (enojado)

peg /peɡ/ sustantivo, verbo
▸ n **1** (GB) (tb **clothes peg**) (USA **clothespin**) gancho, pinza (para tender la ropa) **2** (en la pared) percha LOC **bring/take sb down a peg (or two)** bajarle los humos a algn
▸ vt (**-gg-**) **1** (precios, sueldos) fijar (el nivel de) **2** ~ **sth to sth** ligar algo a algo

pejorative /pɪˈdʒɔːrətɪv; GB -ˈdʒɒr-/ adj (formal) peyorativo

pelican /ˈpelɪkən/ n pelícano

pellet /ˈpelɪt/ n **1** (papel, etc.) bolita, píldora **2** perdigón **3** (fertilizantes, etc.) gránulo

pelt /pelt/ verbo, sustantivo
▸ **1** vt ~ **sb with sth** (coloq) tirarle cosas a algn **2** vi ~ **(down)** llover a cántaros **3** vi ~ **along, down, up, etc. (sth)** ir a toda velocidad (por algún sitio): *They pelted down the hill.* Bajaron el cerro a toda velocidad.
▸ n **1** pellejo **2** piel

pelvis /ˈpelvɪs/ n pelvis ■ **pelvic** adj pélvico

pen /pen/ n **1** esfero, lapicero, lápiz pasta **2** pluma **3** corral **4** (para ovejas) redil

penalize (GB tb **-ise**) /ˈpiːnəlaɪz, ˈpen-/ vt **1** penalizar, sancionar **2** perjudicar

penalty /ˈpenəlti/ n (pl **penalties**) **1** (castigo) pena **2** multa **3** desventaja **4** (Dep) penalización **5** (Fútbol) penalti, penal

penalty shoot-out n tanda de penaltis/penales

pence /pens/ n (GB) (abrev **p**) peniques

pencil /ˈpensl/ n lápiz

pencil case n estuche (para lápices), cartuchera

pencil sharpener n sacapuntas, tajalápiz, tajador

pendant /ˈpendənt/ n colgante

pending /ˈpendɪŋ/ adjetivo, preposición
▸ adj (formal) pendiente
▸ prep (formal) en espera de

pendulum /ˈpendʒələm; GB -djəl-/ n péndulo

penetrate /ˈpenɪtreɪt/ **1** vt, vi ~ **(sth/into sth)** penetrar (algo), introducirse (en algo) **2** vt, vi ~ **(through) sth** atravesar algo **3** vt (organización) infiltrar ■ **penetrating** adj **1** (mirada, sonido) penetrante **2** perspicaz

penguin /ˈpeŋɡwɪn/ n pingüino

penicillin /ˌpenɪˈsɪlɪn/ n penicilina

peninsula /pəˈnɪnsələ; GB -sjələ/ n península
penis /ˈpiːnɪs/ n pene
penknife /ˈpennaɪf/ n (pl **penknives** /-naɪvz/) navaja
penniless /ˈpenɪləs/ adj sin dinero
penny /ˈpeni/ n **1** (pl **pennies**) (Can, USA) centavo: *It was worth every penny.* Valía lo que costaba. **2** (pl **pence** /pens/) (GB) penique ⮕ Ver pág. 787
ˈpen pal n amigo, -a por correspondencia
pension /ˈpenʃn/ sustantivo, verbo
▸ n pensión
▸ v PHR V **pension sb off** jubilar a algn ♦ **pension sth off** desechar algo
pensioner /ˈpenʃənər/ n jubilado, -a
pentagon /ˈpentəɡɑn/ n **1** (Geom) pentágono **2 the Pentagon** [sing] (Pol) el Pentágono
penthouse /ˈpenthaʊs/ n penthouse
pent-up /ˌpent ˈʌp/ adj **1** (ira, etc.) contenido **2** (deseo) reprimido
penultimate /penˈʌltɪmət/ adj (formal) penúltimo
people /ˈpiːpl/ sustantivo, verbo
▸ n **1** [pl] gente: *People are saying that...* Dice la gente que... **2** personas: *ten people* diez personas **3 the people** [pl] (público) el pueblo **4** (nación) pueblo
▸ vt poblar
ˈpeople carrier n (GB) (USA **minivan**) minivan
pepper /ˈpepər/ n **1** pimienta **2** (USA tb **bell pepper**) pimentón, pimiento
peppercorn /ˈpepərkɔːrn/ n grano de pimienta
peppermint /ˈpepərmɪnt/ n **1** menta **2** (tb **mint**) (dulce de) menta
pepperoni /ˌpepəˈroʊni/ n [incontable] pepperoni
per /pər/ prep por: *per person* por persona ◊ *$60 per day* 60 dólares al día ◊ *per annum* al año
perceive /pərˈsiːv/ vt (formal) **1** (observar) percibir, divisar **2** (considerar) interpretar
percent /pərˈsent/ (tb esp GB **per cent**) n, adj, adv por ciento ■ **percentage** /pərˈsentɪdʒ/ n porcentaje: *percentage increase* aumento porcentual
perceptible /pərˈseptəbl/ adj (formal) **1** perceptible **2** (cambio, etc.) sensible
perception /pərˈsepʃn/ n (formal) **1** percepción **2** sensibilidad, perspicacia **3** punto de vista

perceptive /pərˈseptɪv/ adj perspicaz
perch /pɜːrtʃ/ sustantivo, verbo
▸ n **1** (para pájaros) percha **2** posición (elevada) **3** (pl **perch**) (pez) perca
▸ vi **1** (pájaro) posarse **2** (persona, edificio) encaramarse ❶ Casi siempre se utiliza en pasiva o como participio pasado.
percussion /pərˈkʌʃn/ n percusión
perennial /pəˈreniəl/ adj perenne
perfect adjetivo, verbo
▸ adj /ˈpɜːrfɪkt/ **1** perfecto **2** ~ **for sb/sth** ideal para algn/algo **3** [solo antes de sustantivo] completo: *a perfect stranger* un completo desconocido
▸ vt /pərˈfekt/ perfeccionar
perfection /pərˈfekʃn/ n perfección LOC **to perfection** a la perfección ■ **perfectionist** n perfeccionista
perfectly /ˈpɜːrfɪktli/ adv **1** completamente **2** perfectamente
perforate /ˈpɜːrfəreɪt/ vt perforar
■ **perforated** adj perforado **perforation** n **1** perforación **2** perforado
perform /pərˈfɔːrm/ **1** vt (función) desempeñar **2** vt (operación, ritual, trabajo) realizar **3** vt (deberes) cumplir **4** vt (Teat, etc.) representar **5** vt (música) interpretar **6** vi (teatro) actuar, cantar, tocar, etc.
performance /pərˈfɔːrməns/ n **1** (estudiante, empleado) rendimiento **2** (empresa) resultados **3** (Cine) función **4** (Mús) actuación, interpretación **5** (Teat) representación: *the evening performance* la función de la noche
performer /pərˈfɔːrmər/ n **1** (Mús) intérprete **2** (Teat) actor, actriz **3** (variedades) artista
the perˈforming ˈarts n [pl] las artes escénicas
perfume /pərˈfjuːm; GB ˈpɜːfjuːm/ n perfume ⮕ Ver nota en SMELL
perhaps /pərˈhæps; GB tb præps/ adv quizá(s), tal vez, a lo mejor: *perhaps not* puede que no
peril /ˈperəl/ n peligro, riesgo
perimeter /pəˈrɪmɪtər/ n perímetro
period /ˈpɪəriəd/ n **1** período: *over a period of three years* a lo largo de tres años **2** época: *period dress/furniture* prendas/muebles de época **3** (Educ) hora (de clase) **4** (Med) período, regla **5** (GB **full stop**) punto (y seguido) ⮕ Ver pág. 377
periodic /ˌpɪəriˈɑdɪk/ (tb **periodical**) adj periódico
periodical /ˌpɪəriˈɑdɪkl/ n revista
peripheral /pəˈrɪfərəl/ adjetivo, sustantivo
▸ adj (formal) secundario

---

i **happy**   ɪ **sit**   iː **see**   æ **cat**   ɑ **hot**   ɒ **long** (GB)   ɑː **bath** (GB)   ʌ **cup**   ʊ **put**   uː **too**

▸n (*Informát*) periférico

perish /ˈperɪʃ/ vi (*formal*) perecer, fallecer
■ **perishable** adj perecedero

perjury /ˈpɜːrdʒəri/ n perjurio

perk /pɜːrk/ sustantivo, verbo
▸n [*gen pl*] beneficio (adicional) (*de un trabajo, etc.*)
▸v PHR V **perk up** (*coloq*) **1** animarse, sentirse mejor **2** (*negocios, tiempo*) mejorar

perm /pɜːrm/ sustantivo, verbo
▸n permanente
▸vt: *to have your hair permed* hacerse la permanente

permanent /ˈpɜːrmənənt/ adj **1** permanente, fijo **2** (*daño*) irreparable, para siempre

permanently /ˈpɜːrmənəntli/ adv permanentemente, para siempre

permissible /pərˈmɪsəbl/ adj permisible, admisible

permission /pərˈmɪʃn/ n ~ (**for sth/to do sth**) permiso, autorización (para algo/para hacer algo)

> **Asking for permission**
> Pedir permiso
> *Would you mind if I opened the window?* ¿Te importa si abro la ventana?
> *Could I possibly borrow your phone?* ¿Podrías prestarme tu teléfono?
> *Is it all right if I leave five minutes early today?* ¿Podría irme hoy cinco minutos antes?
> *Would it be OK to leave my bag here?* ¿Podría dejar aquí mi bolso?
> *Yes, of course.* Sí, por supuesto.
> *Go ahead.* Adelante.
> *That's fine.* No hay problema.

permissive /pərˈmɪsɪv/ adj permisivo

permit verbo, sustantivo
▸vt, vi /pərˈmɪt/ (-tt-) (*formal*) permitir: *If time permits…* Si da tiempo… ⊃ *Ver nota en* ALLOW
▸n /ˈpɜːrmɪt/ **1** permiso, autorización **2** (*de entrada*) pase

perpendicular /ˌpɜːrpənˈdɪkjələr/ adj **1** ~ (**to sth**) perpendicular (a algo) **2** (*pared de roca*) vertical

perpetrate /ˈpɜːrpətreɪt/ vt (*formal*) perpetrar

perpetual /pərˈpetʃuəl/ adj **1** perpetuo, continuo **2** constante, interminable

perpetuate /pərˈpetʃueɪt/ vt perpetuar

perplexed /pərˈplekst/ adj perplejo

persecute /ˈpɜːrsɪkjuːt/ vt ~ **sb** (**for sth**) perseguir a algn (por algo) (*p.ej. raza, religión, etc.*) ■ **persecution** n persecución

persevere /ˌpɜːrsɪˈvɪər/ vi **1** ~ (**in/with sth**) perseverar (en algo) **2** ~ (**with sb**) seguir insistiendo (con algn) ■ **perseverance** n perseverancia

persist /pərˈsɪst/ vi **1** ~ (**in sth/in doing sth**) insistir, empeñarse (en algo/en hacer algo) **2** ~ (**with sth**) continuar (con algo) **3** persistir
■ **persistence** n **1** perseverancia **2** persistencia
persistent adj **1** porfiado, pertinaz **2** continuo, persistente

ℙ **person** /ˈpɜːrsn/ n persona ❶ El plural **persons** solo se usa en lenguaje formal. ⊃ *Comparar con* PEOPLE LOC **in person** en persona

ℙ **personal** /ˈpɜːrsənl/ adj personal: *personal assistant* asistente personal ◊ *personal ads* avisos personales LOC **get personal** empezar a hacer críticas personales

ℙ **personality** /ˌpɜːrsəˈnæləti/ n (*pl* **personalities**) personalidad

personalize (GB tb -**ise**) adj **1** marcar con las iniciales de uno **2** personalizar **3** (*papel de cartas*) poner membrete a

ℙ **personally** /ˈpɜːrsənəli/ adv personalmente: *to know sb personally* conocer a algn personalmente LOC **take it personally** darse por aludido ◆ **take sth personally** ofenderse por algo

personal ˈorganizer (GB tb -**iser**) n agenda (electrónica)

personal ˈstereo n (*pl* **personal stereos**) reproductor de música portátil

personify /pərˈsɑnɪfaɪ/ vt (*pt, pp* -**fied**) personificar

personnel /ˌpɜːrsəˈnel/ n [*v sing o pl*] (departamento de) personal: *personnel manager* jefe de personal

ℙ **perspective** /pərˈspektɪv/ n perspectiva LOC **get/put sth in/into perspective** poner algo en perspectiva ◆ **keep sth in perspective** mantener algo en perspectiva

perspire /pərˈspaɪər/ vi (*formal*) transpirar
■ **perspiration** /ˌpɜːrspəˈreɪʃn/ n **1** sudor **2** transpiración ❶ La palabra más normal es sweat.

ℙ **persuade** /pərˈsweɪd/ vt **1** ~ **sb to do sth** persuadir a algn de que haga algo **2** ~ **sb** (**of sth**) convencer a algn (de algo) ■ **persuasion** n **1** persuasión **2** creencia, opinión **persuasive** adj **1** convincente **2** persuasivo

pertinent /ˈpɜːrtnənt; GB -tɪnənt/ adj (*formal*) pertinente

perturb /pərˈtɜːrb/ vt (*formal*) perturbar

pervade /pərˈveɪd/ vt (*formal*) **1** (*olor*) extenderse por **2** (*luz*) difundirse por **3** (*obra,*

perverse

libro) impregnar ■ **pervasive** (*tb* **pervading**) *adj* generalizado

perverse /pər'vɜːrs/ *adj* **1** (*persona*) terco, mal intencionado **2** (*decisión, comportamiento*) ilógico, contra el sentido común o la moral **3** (*placer, deseo*) perverso ■ **perversion** *n* **1** corrupción **2** perversión **3** tergiversación

pervert *verbo, sustantivo*
▶ *vt* /pər'vɜːrt/ **1** tergiversar **2** corromper
▶ *n* /'pɜːrvɜːrt/ pervertido, -a

pessimism /'pesɪmɪzəm/ *n* pesimismo
■ **pessimist** *n* pesimista **pessimistic** /ˌpesɪ'mɪstɪk/ *adj* ~ (**about sth**) pesimista (sobre/en cuanto a algo)

pest /pest/ *n* **1** insecto o animal dañino *pest control* control de plagas **2** (*coloq*) (*fig*) molestia, peste

pester /'pestər/ *vt* molestar

pesticide /'pestɪsaɪd/ *n* pesticida

pet /pet/ *sustantivo, adjetivo, verbo*
▶ *n* **1** animal doméstico, mascota **2** (*pey*) favorito, -a
▶ *adj* **1** predilecto **2** (*animal*) domesticado
▶ *vt* (*GB* **stroke**) acariciar: *to pet the cat* acariciar el gato

petal /'petl/ *n* pétalo

peter /'piːtər/ *v* PHR V **peter out 1** agotarse poco a poco **2** (*conversación*) apagarse

petite /pə'tiːt/ *adj* (*mujer*) menudo, pequeño

petition /pə'tɪʃn/ *n* petición

petrol /'petrəl/ *n* (*GB*) (*USA* **gas, gasoline**) gasolina

petroleum /pə'trouliəm/ *n* petróleo

petrol station *n* (*GB*) (*USA* **gas station**) gasolinera, bomba (de gasolina)

petticoat /'petɪkoʊt/ *n* enaguas, fondo

petty /'peti/ *adj* (*gen pey*) **1** insignificante **2** (*delito, gasto*) menor: *petty cash* plata para gastos menores **3** (*persona, conducta*) mezquino

pew /pjuː/ *n* banco (*de iglesia*)

phantom /'fæntəm/ *sustantivo, adjetivo*
▶ *n* fantasma
▶ *adj* ilusorio

pharmaceutical /ˌfɑːrmə'suːtɪkl; *GB* -'sjuː-/ *adj* farmacéutico

pharmacist /'fɑːrməsɪst/ *n* farmacéutico, -a

pharmacy /'fɑːrməsi/ *n* (*pl* **pharmacies**) farmacia

"Farmacia" se dice **pharmacy** o **drugstore** en inglés americano, y **pharmacy** o **chemist's (shop)** en inglés británico.

phase /feɪz/ *sustantivo, verbo*
▶ *n* fase, etapa
▶ *vt* realizar por etapas PHR V **phase sth in/out** introducir/retirar algo paulatinamente

Ph.D. (*GB tb* **PhD**) /ˌpiː eɪtʃ 'diː/ *n* (*abrev de* **Doctor of Philosophy**) doctorado

pheasant /'feznt/ *n* faisán

phenomenal /fə'nɑmɪnl/ *adj* fenomenal

phenomenon /fə'nɑmɪnən/ *n* (*pl* **phenomena** /-mɪnə/) fenómeno

phew /fjuː/ *interj* ¡uf!

philanthropist /fɪ'lænθrəpɪst/ *n* filántropo, -a

philosopher /fə'lɑsəfər/ *n* filósofo, -a

philosophical /ˌfɪlə'sɑfɪkl/ *adj* filosófico

philosophy /fə'lɑsəfi/ *n* (*pl* **philosophies**) filosofía

phishing /'fɪʃɪŋ/ *n* [*incontable*] pesca de información (*en internet*)

phlegm /flem/ *n* flema ■ **phlegmatic** /fleg'mætɪk/ *adj* flemático

phobia /'foʊbiə/ *n* fobia

phone /foʊn/ *n*, *v* Ver TELEPHONE

phone-in (*GB*) *n* Ver CALL-IN

phonetic /fə'netɪk/ *adj* fonético

phonetics /fə'netɪks/ *n* [*incontable*] fonética

phony (*tb* **phoney**) /'foʊni/ *adj* (**phonier, -iest, -iest**) (*coloq, pey*) falso

photo /'foʊtoʊ/ *n* (*pl* **photos**) fotografía, foto

photocopier /'foʊtoʊkɑpiər/ (*tb* **copier**) *n* fotocopiadora

photocopy /'foʊtoʊkɑpi/ *verbo, sustantivo*
▶ *vt* (*pt, pp* **-pied**) fotocopiar
▶ *n* (*pl* **photocopies**) fotocopia

photogenic /ˌfoʊtoʊ'dʒenɪk/ *adj* fotogénico

photograph /'foʊtəgræf; *GB* -grɑːf/ *sustantivo, verbo*
▶ *n* (*tb* **photo**) fotografía, foto
▶ **1** *vt* fotografiar **2** *vi* salir en una foto: *He photographs well.* Es muy fotogénico.

photographer /fə'tɑgrəfər/ *n* fotógrafo, -a

photographic /ˌfoʊtə'græfɪk/ *adj* fotográfico

photography /fə'tɑgrəfi/ *n* fotografía

phrasal verb /ˌfreɪzl 'vɜːrb/ *n* verbo frasal
➔ *Ver pág.* 381

phrase /freɪz/ *sustantivo, verbo*
▶ *n* **1** locución: *adverbial phrase* locución adverbial ❶ Un **phrase** es un conjunto de palabras que no contiene verbo conjugado: *a bar of chocolate* ◊ *running fast.* **2** expresión,

frase: *phrase book* libro de expresiones y frases (para turistas) LOC Ver TURN
▸ vt **1** expresar **2** (*Mús*) frasear

physical /ˈfɪzɪkl/ *adjetivo, sustantivo*
▸ *adj* físico: *physical fitness* buena forma física
▸ *n* reconocimiento médico

physically /ˈfɪzɪkli/ *adv* físicamente: *physically fit* en buena forma física ◊ *physically handicapped* discapacitado

physician /fɪˈzɪʃn/ *n* (*esp USA, formal*) médico, -a

physicist /ˈfɪzɪsɪst/ *n* físico, -a

physics /ˈfɪzɪks/ *n* [incontable] física

physiology /ˌfɪziˈɑlədʒi/ *n* fisiología

physiotherapy /ˌfɪziouˈθerəpi/ *n* fisioterapia ■ **physiotherapist** *n* fisioterapeuta

physique /fɪˈziːk/ *n* físico (*aspecto*)

pianist /ˈpiːænɪst, ˈpiːənɪst/ *n* pianista

piano /piˈænoʊ/ *n* (*pl* **pianos**) piano: *piano stool* banco de piano

pick /pɪk/ *verbo, sustantivo*
▸ **1** *vt* elegir, seleccionar ➲ *Ver nota en* CHOOSE **2** *vt* (*flor, fruta, etc.*) cortar **3** *vt*: *to pick your teeth* limpiarse los dientes con un palillo ◊ *to pick your nose* meterse el dedo a la nariz ◊ *to pick a hole in sth* hacer un agujero en algo **4** *vt* ~ **sth from/off sth** quitar, recoger algo de algo **5** *vt* (*cerradura*) forzar LOC **pick a fight/quarrel (with sb)** buscar pelea (con algn) ◆ **pick and choose** ser muy exigente ◆ **pick holes in sth** encontrar defectos en algo ◆ **pick sb's brains** (*coloq*) explotar los conocimientos de algn ◆ **pick sb's pocket** robarle la cartera a algn ◆ **pick up speed** cobrar velocidad *Ver tb* BONE
PHR V **pick at sth** comer algo con poca gana **pick on sb 1** meterse con algn, montársela a algn **2** elegir a algn (*para un trabajo desagradable*)
pick sth out 1 identificar algo **2** destacar algo ◆ **pick sb/sth out 1** escoger a algn/algo **2** (*en una multitud, etc.*) distinguir a algn/algo
pick up 1 mejorar **2** (*viento*) soplar más fuerte **3** seguir ◆ **pick sb up 1** (*esp en carro*) (ir a) recoger a algn **2** (*coloq*) ligar con algn **3** (*coloq*) detener a algn ◆ **pick sth up 1** aprender algo **2** (*enfermedad, acento, costumbre*) coger, agarrar algo ◆ **pick sb/sth up** (re)coger a algn/algo ◆ **pick yourself up** levantarse
▸ *n* **1** [*sing*] (derecho de) elección, selección: *Take your pick.* Escoge el/la que quieras. **2** [*sing*] **the ~ (of sth)** lo mejor (de algo) **3** (*tb* **pickax, pickaxe** /ˈpɪkæks/) pico (*herramienta*)

pickle /ˈpɪkl/ *n* **1** (*USA*) (*GB* **gherkin**) pepinillo en vinagre **2** [*gen pl*] (*GB*) encurtidos LOC **be in a pickle** (*coloq*) estar en un lío

pickpocket /ˈpɪkpɑkɪt/ *n* carterista

picky /ˈpɪki/ *adj* (*coloq*) quisquilloso, maniático, exigente

picnic /ˈpɪknɪk/ *n* picnic

pictorial /pɪkˈtɔːriəl/ *adj* **1** gráfico **2** (*Arte*) pictórico

picture /ˈpɪktʃər/ *sustantivo, verbo*
▸ *n* **1** cuadro **2** ilustración **3** foto **4** retrato **5** imagen, idea **6** (*TV*) imagen **7** (*GB*) película *Ver tb* MOTION PICTURE LOC **be/look a picture** ser una preciosidad ◆ **get the picture** (*coloq*) entender ◆ **put/keep sb in the picture** (*coloq*) poner/mantener a algn al corriente
▸ *vt* **1** ~ **yourself** imaginarse **2** retratar, fotografiar

picturesque /ˌpɪktʃəˈresk/ *adj* pintoresco

pie /paɪ/ *n* pay, pastel: *apple pie* pay de manzana

> **Pie** es una tarta o empanada de hojaldre o masa, cubierta por una capa delgada de masa y con relleno dulce o salado. **Tart** (*GB tb* **flan**) se usa para las tartas dulces que tienen una base de hojaldre o masa, pero que no están cubiertos por una capa de masa.

piece /piːs/ *sustantivo, verbo*
▸ *n* **1** pedazo **2** pieza: *to take sth to pieces* desarmar algo **3** trozo **4** (*papel*) hoja **5** *a piece of advice/news* un consejo/una noticia ❶ **A piece of...** o **pieces of...** se usa con sustantivos incontables. **6** (*Mús*) obra **7** (*Period*) artículo **8** moneda LOC **(all) in one piece** (*coloq*) sano y salvo ◆ **be a piece of cake** (*coloq*) ser pan comido ◆ **to pieces**: *to pull/tear sth to pieces* hacer algo pedazos ◊ *to fall to pieces* hacerse pedazos ◊ *to smash (sth) to pieces* hacer algo/hacerse añicos *Ver tb* BIT
▸ *v* PHR V **piece sth together 1** (*pruebas, datos, etc.*) juntar algo **2** (*pasado*) reconstruir algo, atar cabos

piecemeal /ˈpiːsmiːl/ *adverbio, adjetivo*
▸ *adv* poco a poco
▸ *adj* gradual

pier /pɪər/ *n* embarcadero, malecón

pierce /pɪərs/ *vt* **1** (*bala, cuchillo*) atravesar **2** perforar: *to have your ears pierced* hacerse los agujeros en las orejas **3** (*sonido, etc.*) penetrar en

piercing /ˈpɪərsɪŋ/ *adjetivo, sustantivo*
▸ *adj* **1** (*grito*) agudo **2** (*mirada, ojos*) penetrante
▸ *n* piercing

piety /ˈpaɪəti/ *n* piedad (*religiosa*)

pig /pɪɡ/ *n* **1** cerdo, chancho ➲ *Ver notas en* CARNE *y* CERDO **2** comelón, -ona

pigeon /ˈpɪdʒɪn/ n **1** paloma **2** pichón
pigeonhole /ˈpɪdʒɪnhoʊl/ n casillero
piglet /ˈpɪɡlət/ n cerdito ⊃ Ver nota en CERDO
pigment /ˈpɪɡmənt/ n pigmento
pigsty /ˈpɪɡstaɪ/ n (pl **pigsties**) chiquero
pigtail /ˈpɪɡteɪl/ n (GB) (USA **braid**) trenza (de campesina)
pile /paɪl/ sustantivo, verbo
▸ n **1** montón **2** [gen pl] ~ **(of sth)** (coloq) un montón de algo
▸ **1** vt, vi ~ **(sth) (up)** amontonar algo, amontonarse **2** vt apilar: *to be piled (high) with sth* estar colmado de algo **3** vi ~ **in, out, etc.** entrar, salir, etc. en tropel
pile-up n choque múltiple
pilgrim /ˈpɪlɡrɪm/ n peregrino, -a
■ **pilgrimage** /ˈpɪlɡrɪmɪdʒ/ n peregrinación
pill /pɪl/ n **1** píldora **2 the pill** [sing] (anticonceptivo) la píldora
pillar /ˈpɪlər/ n pilar
pillow /ˈpɪloʊ/ n almohada
pillowcase /ˈpɪloʊkeɪs/ n funda de almohada
pilot /ˈpaɪlət/ sustantivo, adjetivo
▸ n **1** piloto **2** (TV) programa piloto
▸ adj piloto (experimental)
pimple /ˈpɪmpl/ n grano (en la piel)
PIN /pɪn/ (tb **PIN number**) n (abrev de **personal identification number**) número de identificación personal (de la tarjeta de crédito)

pins

pins | thumbtacks | safety pin | pin
 | (GB **drawing pins**) | | (tb **brooch**)

pin /pɪn/ sustantivo, verbo
▸ n **1** alfiler **2** broche **3** (enchufe) borne LOC **pins and needles** hormigueo
▸ vt (-nn-) **1** (con alfileres) prender, sujetar **2** (persona, brazos) sujetar PHR V **pin sb down** (en el suelo) inmovilizar a algn ♦ **pin sb down (to sth/doing sth)** hacer que algn se comprometa (a algo/a hacer algo), hacer que algn concrete
pincer /ˈpɪnsər/ n **1 pincers** [pl] pinzas ⊃ Ver nota en PAIR **2** (cangrejo, etc.) pinza
pinch /pɪntʃ/ verbo, sustantivo
▸ **1** vt pellizcar **2** vt, vi (zapatos, etc.) apretar **3** vt ~ **sth (from sb/sth)** (GB, coloq) robar algo (a algn/ de algo)

▸ n **1** pellizco **2** (sal, etc.) pizca LOC **in a pinch** (GB **at a pinch**) en caso de necesidad ♦ **take sth with a pinch of salt** aceptar algo con reservas
pine /paɪn/ sustantivo, verbo
▸ n (tb **pine tree**) pino
▸ vi **1** ~ **(away)** languidecer, consumirse **2** ~ **for sb/sth** extrañar, añorar a algn/algo
pineapple /ˈpaɪnæpl/ n piña
ping /pɪŋ/ n **1** sonido (metálico) **2** (de bala) silbido
Ping-Pong® /ˈpɪŋ pɑŋ/ (tb **table tennis**) n (coloq) Ping-Pong®
pink /pɪŋk/ adjetivo, sustantivo
▸ adj **1** rosado **2** (de vergüenza, etc.) colorado
▸ n **1** rosado **2** (Bot) clavellina
pinnacle /ˈpɪnəkl/ n **1** cúspide **2** (Arquit) pináculo **3** (de montaña) pico
pinpoint /ˈpɪnpɔɪnt/ vt **1** localizar exactamente **2** poner el dedo en, precisar
pint /paɪnt/ n **1** (abrev **pt.**) pinta (0,473 litros) (GB 0,568 litros) ⊃ Ver pág. 786 **2** (GB) **to have a pint** tomar una cerveza ⊃ Ver nota en CERVEZA
pin-up n foto (de persona atractiva, clavada en la pared)
pioneer /ˌpaɪəˈnɪər/ sustantivo, verbo
▸ n pionero, -a
▸ vt ser pionero en ■ **pioneering** adj pionero
pious /ˈpaɪəs/ adj **1** piadoso, devoto **2** (pey) beato
pip /pɪp/ n (esp GB) (USA **seed**) pepa (de fruta) ⊃ Ver nota en PEPA
pipe /paɪp/ sustantivo, verbo
▸ n **1** tubería, conducto **2 pipes** [pl] cañería(s) **3** pipa **4** (Mús) flauta **5 pipes** [pl] Ver BAGPIPES
▸ vt transportar (por tubería, gaseoducto, oleoducto) PHR V **pipe down** (coloq) callarse
pipeline /ˈpaɪplaɪn/ n tubería, gaseoducto, oleoducto LOC **be in the pipeline 1** (pedido) estar tramitándose **2** (cambio, propuesta, etc.) estar preparándose
piping hot /ˌpaɪpɪŋ ˈhɑt/ adj hirviendo
piracy /ˈpaɪrəsi/ n piratería
piranha /pɪˈrɑnə/ n piraña
pirate /ˈpaɪrət/ sustantivo, verbo
▸ n pirata
▸ vt piratear
Pisces /ˈpaɪsiːz/ n Piscis ⊃ Ver ejemplos en AQUARIUS
pistachio /pɪˈstæʃioʊ/ n (pl **pistachios**) pistacho
pistol /ˈpɪstl/ n pistola
piston /ˈpɪstən/ n pistón

pit /pɪt/ sustantivo, verbo
▸ n **1** fosa **2** (de carbón) mina **3** hoyo (en una superficie) **4** (tb esp GB **stone**) pepa (de una fruta) **5 the pits** [pl] (carreras de carros) los pits **6** (tb **orchestra pit**) (Teat) foso de la orquesta **LOC be the pits** (coloq) ser pésimo
▸ v (**-tt-**) **PHR V** **pit sb/sth against sb/sth** oponer a algn/algo contra algn/algo

pitch /pɪtʃ/ sustantivo, verbo
▸ n **1** (Béisbol) lanzamiento **2** palabrería (de vendedor, etc.) **3** (intensidad, Mús) tono **4** (GB) (USA **field**) (Dep) cancha **5** (GB) puesto (en mercado, calle) **6** brea: pitch black negro como la boca del lobo **7** (tejado) inclinación
▸ **1** vt lanzar, arrojar **2** vi tirarse **3** vi (barco) cabecear **4** vt (carpa) montar **PHR V** **pitch in (with sth)** (coloq) poner manos a la obra, ayudar (con algo)

pitcher /ˈpɪtʃər/ n **1** (GB **jug**) jarrón **2** (Beisbol) pítcher

pitfall /ˈpɪtfɔːl/ n peligro

pith /pɪθ/ n médula, meollo

pitiful /ˈpɪtɪfl/ adj **1** lastimoso, conmovedor **2** penoso

pitiless /ˈpɪtɪləs/ adj **1** despiadado **2** implacable

pity /ˈpɪti/ sustantivo, verbo
▸ n **1** pesar, compasión **2** lástima, pesar **LOC take pity on sb** apiadarse de algn
▸ vt (pt, pp **pitied**) compadecerse de: I pity you. Me das lástima.

pivot /ˈpɪvət/ n **1** pivote **2** (fig) eje

pizza /ˈpiːtsə/ n pizza

placard /ˈplækɑːrd/ n pancarta

placate /ˈpleɪkeɪt; GB pləˈkeɪt/ vt apaciguar a

place /pleɪs/ sustantivo, verbo
▸ n **1** lugar, sitio **2** (en superficie) parte **3** (asiento, posición) puesto, sitio **4** It's not my place to… No me compete… **5** [sing] casa **LOC all over the place** (coloq) **1** en todas partes **2** en desorden ◆ **change/swap places (with sb) 1** cambiar de lugar (con algn) **2** (fig) cambiarse (por algn) ◆ **in place** en su sitio ◆ **in the first, second, etc. place** en primer, segundo, etc. lugar ◆ **out of place 1** desplazado, fuera de lugar **2** (mal ubicado) fuera de lugar ◆ **take place** ocurrir, tener lugar
▸ vt **1** poner, colocar **2** identificar a **3** ~ **sth (with sb/sth)** (pedido, apuesta) hacer algo (a algn/en algo): We placed an order with them for more text books. Les hicimos un pedido de más libros de texto. **4** situar

place mat n (mantel) individual

placement /ˈpleɪsmənt/ (tb **work placement**) n (GB) (USA **internship**) práctica(s) preprofesional(es): The course includes a month's work placement in a company. El curso incluye un mes de práctica profesional en una empresa.

plague /pleɪɡ/ sustantivo, verbo
▸ n **1** (tb **the plague**) peste **2** ~ **of sth** plaga de algo
▸ vt **1** importunar, atormentar **2** acosar

plaice /pleɪs/ n (pl **plaice**) platija (pez)

plaid /plæd/ n tela escocesa

plain /pleɪn/ adjetivo, adverbio, sustantivo
▸ adj (**plainer, -est**) **1** claro **2** franco, directo **3** plain yogurt yogurt al natural **4** en blanco, neutro, sin dibujo: plain paper papel en blanco **5** (físico) sin atractivo, simple **LOC make sth plain** dejar algo claro Ver tb **CLEAR**
▸ adv (coloq) simplemente: It's just plain stupid. Es simplemente estúpido.
▸ n llanura

plain ˈclothes sustantivo, adjetivo
▸ n [pl]: in plain clothes (vestido) de civil
▸ adj **plain-clothes** de civil (policía)

plainly /ˈpleɪnli/ adv **1** claramente, con claridad **2** evidentemente

plaintiff /ˈpleɪntɪf/ n (Jur) demandante

plait /plæt/ n (GB) (USA **braid**) trenza

plan /plæn/ sustantivo, verbo
▸ n **1** plan, programa **2** plano **3** esquema
▸ (**-nn-**) **1** vt planear, proyectar: What do you plan to do? ¿Qué piensas hacer? **2** vi hacer planes **PHR V** **plan sth out** planificar algo

plane /pleɪn/ n **1** avión: plane crash accidente de aviación **2** plano **3** cepillo (de carpintero)

planet /ˈplænɪt/ n planeta

plank /plæŋk/ n **1** tabla, tablón **2** elemento fundamental (de política, etc.)

planner /ˈplænər/ n planificador, -ora

planning /ˈplænɪŋ/ n planificación

plant /plænt; GB plɑːnt/ sustantivo, verbo
▸ n **1** planta: plant pot (GB) maceta/matera **2** central: power plant central eléctrica **3** fábrica **4** [incontable] (Mec) maquinaria, equipo
▸ vt **1** plantar **2** (jardín, campo) sembrar **3** (bomba, drogas, etc.) poner, colocar **4** (dudas, etc.) sembrar

plantation /plænˈteɪʃn; GB plɑːn-/ n **1** (banano, algodón, etc.) plantación **2** bosque de árboles plantados

plaque /plæk; GB plɑːk/ n **1** placa **2** sarro, placa (dental)

plasma screen /ˈplæzmə skriːn/ n pantalla de plasma

plaster

plaster /ˈplæstər; GB ˈplɑːs-/ sustantivo, verbo
▶ n **1** yeso **2** (tb **plaster of 'Paris**) yeso: *to put sth in plaster* enyesar algo **3** (GB) (USA **Band-Aid®**) curita
▶ vt **1** enyesar **2** embadurnar **3** (*fig*) llenar, cubrir

plastic /ˈplæstɪk/ sustantivo, adjetivo
▶ n plástico
▶ adj **1** de plástico **2** (*flexible*) plástico

plasticine® /ˈplæstəsiːn/ n (GB) pasta de modelar, plastilina®

plastic 'surgery n cirugía plástica

plastic wrap /ˈplæstɪk ræp/ (GB **cling film**) n [incontable] lámina plástica (*para envolver alimentos*)

plate /pleɪt/ n **1** plato **2** (*metal, etc.*) placa, plancha: *plate glass* vidrio prensado **3** baño, enchape (*de oro/plata*)

plateau /plæˈtoʊ; GB ˈplætoʊ/ n (pl **plateaus** o **plateaux** /-ˈtoʊz/) meseta

platform /ˈplætfɔːrm/ n **1** plataforma **2** (USA tb **track**) (*estación de tren*) plataforma, andén **3** (*Pol*) plataforma, programa

platinum /ˈplætɪnəm/ n platino

platoon /pləˈtuːn/ n (*Mil*) pelotón

plausible /ˈplɔːzəbl/ adj **1** creíble **2** (*persona*) convincente

play /pleɪ/ verbo, sustantivo
▶ **1** vt, vi jugar **2** vt (*Dep*) jugar con/contra **3** vt, vi (*instrumento*) tocar: *to play the guitar* tocar guitarra **4** vt (*CD, etc.*) poner **5** vi (*música*) sonar **6** vt (*pelota*) pasar **7** vt (*broma pesada*) hacer **8** vt (*papel dramático*) interpretar, hacer de **9** vt, vi (*escena, obra*) representar(se) **10** vt hacer(se): *to play dumb/the fool* hacerse el bobo ❶ Para expresiones con **play**, véanse las entradas del sustantivo, adjetivo, etc., p.ej. **play it by ear** en EAR. PHR V **play along (with sb)** seguirle la corriente (a algn) ◆ **play sth down** restarle importancia a algo ◆ **play A off against B** enfrentar a A y B ◆ **play (sb) up** (GB, *coloq*) darle guerra (a algn)
▶ n **1** (*Teat*) obra **2** (*movimiento*) margen, juego **3** (*de fuerzas, personalidades, etc.*) juego LOC **a play on words** un juego de palabras ◆ **at play** jugando ◆ **in play** en broma *Ver tb* CHILD, FAIR, FOOL

Play-Doh® (*tb* **'play dough**) /ˈpleɪ doʊ/ n pasta de modelar, plastilina®

§ **player** /ˈpleɪər/ n **1** jugador, -ora **2** actor, persona/empresa clave: *a key player in the market* un actor clave en el mercado **3** reproductor, -ora: *DVD player* reproductor de DVD **4** (*Mús*) músico, -a

playful /ˈpleɪfl/ adj **1** juguetón **2** (*humor*) alegre **3** (*comentario*) en broma

playground /ˈpleɪɡraʊnd/ n patio (de recreo), parque infantil

playgroup /ˈpleɪɡruːp/ n (GB) guardería

'playing card (*tb* **card**) n carta

'playing field n campo deportivo

'play-off n partido de desempate

playpen /ˈpleɪpen/ n (*bebé*) corral

playtime /ˈpleɪtaɪm/ n (GB) recreo

playwright /ˈpleɪraɪt/ n dramaturgo, -a

plea /pliː/ n **1** ~ (**for sth**) petición, súplica (de algo): *to make a plea for sth* pedir algo **2** (*Jur*) declaración: *plea of guilty/not guilty* declaración de culpabilidad/inocencia **3** (*Jur*) pretexto: *on a plea of ill health* con el pretexto de estar enfermo

plead /pliːd/ (*pt, pp* **pleaded**, USA *tb* **pled** /pled/) **1** vi ~ (**with sb**) (**for sth**) suplicar, pedir (algo) (a algn) **2** vi ~ **for sb** (*Jur*) hablar en favor de algn **3** vt (*defensa*) alegar LOC **plead guilty/not guilty** declararse culpable/inocente

§ **pleasant** /ˈpleznt/ adj agradable

§ **pleasantly** /ˈplezntli/ adv **1** agradablemente, gratamente **2** con amabilidad

§ **please** /pliːz/ interjección, verbo
▶ interj **1** por favor **2** *Please come in.* Por favor pase. ◇ *Please do not smoke.* Favor no fumar.

Se suele utilizar **please** en respuestas afirmativas y **thank you** o **thanks** (*más coloq*) en negativas: *'Would you like another cookie?' 'Yes, please/No, thank you.'* Estas palabras se utilizan con mucha mayor frecuencia en inglés que en español, y en general se considera poco educado omitirlas: *Could you pass the salt, please?*

LOC **please do!** ¡por supuesto!
▶ **1** vt, vi complacer **2** vt ser un placer para **3** vi *for as long as you please* todo el tiempo que quieras ◇ *I'll do whatever I please.* Voy a hacer lo que me dé la gana. LOC **as you please** como quieras ◆ **please yourself!** (*coloq*) ¡Haz lo que te dé la gana!

Asking for something
Pedir algo
Could I have..., please? ¿Podrías darme... por favor?
Do you have any...? ¿Tienes...?
I'd like... Me gustaría...
Certainly. Por supuesto.
I'm sorry, we haven't any left. Lo siento, no nos queda(n).

pleased /pliːzd/ *adj* **1** contento ⊃ *Ver nota en* GLAD **2** ~ **(with sb/sth)** satisfecho (con algn/de algo) LOC **be pleased to do sth** alegrarse de hacer algo, tener el placer de hacer algo: *I'd be pleased to come.* Me encantaría ir. *Ver tb* MEET

pleasing /ˈpliːzɪŋ/ *adj* grato, agradable

pleasure /ˈpleʒər/ *n* placer: *It gives me pleasure to…* Tengo el placer de… LOC **my pleasure** no hay de qué, de nada ♦ **take pleasure in sth** disfrutar con algo ♦ **with pleasure** con mucho gusto *Ver tb* BUSINESS
■ **pleasurable** *adj* placentero

pled (USA) *pt, pp de* PLEAD

pledge /pledʒ/ *sustantivo, verbo*
▸ *n* **1** promesa, compromiso **2** (*fianza*) prenda
▸ *vt* **1** ~ **sth (to sb/sth)** prometer algo (a algn/algo) **2** ~ **yourself to sth** comprometerse a algo

plentiful /ˈplentɪfl/ *adj* abundante LOC *Ver* SUPPLY

plenty /ˈplenti/ *pronombre, adverbio*
▸ *pron* **1** mucho, de sobra: *plenty to do* mucho que hacer **2** bastante: *That's plenty, thank you.* Es suficiente, gracias.
▸ *adv* (*coloq*) **1 plenty more** mucho más: *plenty more people* otros muchos **2 plenty big, long, etc. enough** (*coloq*) lo bastante grande, largo, etc.: *plenty high enough* lo bastante alto **3** (*USA, coloq*) mucho

pliable /ˈplaɪəbl/ *adj* **1** flexible **2** (*tb* **pliant** /ˈplaɪənt/) influenciable

plied *pt, pp de* PLY

pliers /ˈplaɪərz/ *n* [*pl*] alicates, pinzas: *a pair of pliers* unos alicates/unas pinzas ⊃ *Ver nota en* PAIR

plight /plaɪt/ *n* [*sing*] **1** (*mala*) situación **2** crisis

plod /plɑd/ *vi* (-dd-) caminar con dificultad PHR V **plod along/on** avanzar con dificultad

plonk /plɑŋk/ *vt* (*esp GB*) = PLUNK

plot /plɑt/ *sustantivo, verbo*
▸ *n* **1** (*libro, película*) argumento **2** complot, intriga **3** parcela **4** terreno
▸ **1** *vt* (-tt-) (*rumbo, etc.*) trazar **2** *vt* (*intriga*) urdir **3** *vi* conjurarse, intrigar

plow (*GB* **plough**) /plaʊ/ *sustantivo, verbo*
▸ *n* arado
▸ *vt, vi* arar PHR V **plow sth back (in/into sth)** (*ganancias*) reinvertir algo (en algo) ♦ **plow into sb/sth** estrellarse contra algn/algo ♦ **plow (your way) through sth** abrirse camino por/entre algo

ploy /plɔɪ/ *n* ardid, táctica

pluck /plʌk/ *verbo, sustantivo*
▸ *vt* **1** arrancar **2** desplumar **3** (*cejas*) depilarse **4** (*cuerda*) pulsar **5** (*guitarra*) puntear LOC **pluck up courage (to do sth)** armarse de valor (y hacer algo)
▸ *n* (*coloq*) valor, agallas

plug /plʌg/ *sustantivo, verbo*
▸ *n* **1** (*Electrón*) enchufe (*macho*) ⊃ *Ver dibujo en* ENCHUFE **2** (*tb* ˈ**spark plug**) bujía **3** (*GB* **stopper**) tapón **4** (*coloq*) publicidad (*de libro, película, etc.*)
▸ *vt* (-gg-) **1** (*agujero*) tapar **2** (*escape*) sellar **3** (*oídos*) taponar **4** (*hueco*) rellenar **5** (*coloq*) hacer propaganda de PHR V **plug sth in; plug sth into sth** enchufar algo (en algo)

ˈ**plug-in** *adj, n* (*Informát*) plugin (*aplicación que se añade a otros programas para ampliar sus capacidades*)

plum /plʌm/ *n* **1** ciruela **2** (*tb* ˈ**plum tree**) ciruelo

plumage /ˈpluːmɪdʒ/ *n* plumaje

plumber /ˈplʌmər/ *n* plomero, -a ■ **plumbing** *n* plomería

plummet /ˈplʌmɪt/ *vi* **1** caer en picada **2** (*fig*) bajar drásticamente

plump /plʌmp/ *adjetivo, verbo*
▸ *adj* **1** rollizo ⊃ *Ver nota en* FAT **2** mullido
▸ *v* PHR V **plump for sb/sth** (*coloq*) decidirse por algn/algo, elegir a algn/algo

plunder /ˈplʌndər/ *vt* saquear

plunge /plʌndʒ/ *verbo, sustantivo*
▸ **1** *vi* caer (en picada), precipitarse **2** *vt* sumir **3** *vi* zambullirse PHR V **plunge sth in; plunge sth into sth 1** meter, hundir algo (en algo) **2** (*en agua*) sumergir algo (en algo) ♦ **plunge sb/sth into sth** sumir a algn/algo en algo (*guerra, depresión, etc.*)
▸ *n* **1** caída **2** zambullida **3** (*precios*) caída LOC **take the plunge** (*coloq*) dar el gran paso

plunk /plʌŋk/ (*tb esp GB* **plonk**) *vt* PHR V **plunk sth/yourself down** dejar caer algo/dejarse caer pesadamente

plural /ˈplʊərəl/ *adj, n* plural

plus /plʌs/ *preposición, sustantivo, adjetivo, conjunción*
▸ *prep* **1** (*Mat*) más: *Five plus six equals eleven.* Cinco más seis son once. **2** además de: *plus the fact that…* además de que…
▸ *n* **1 a ~ (for sb)** (*coloq*) un punto a favor (de algn): *the pluses and minuses of sth* los más y los menos de algo **2** (*tb* ˈ**plus sign**) signo más
▸ *adj* **1** (*como*) mínimo: *$500 plus* 500 dólares (como) mínimo ◊ *He must be forty plus.* Debe de tener cuarenta y pico de años. **2** (*Electrón, Mat*) positivo
▸ *conj* además

plush /plʌʃ/ *adj* (*coloq*) lujoso, de lujo

plutonium

plutonium /pluːˈtuːniəm/ *n* plutonio

ply /plaɪ/ *vt* (*pt, pp* **plied** /plaɪd/) (*formal*) hacer la ruta: *This ship plied between the Indies and Spain.* Este barco hacía la ruta entre las Indias y España. **LOC** **ply your trade** desempeñar tu trabajo **PHR V** **ply sb with sth 1** ofrecer, dar algo a algn (*comida, bebida*) **2** acosar a algn a algo (*con preguntas*)

plywood /ˈplaɪwʊd/ *n* madera terciada/en varias capas, tríplex

p.m. /ˌpiː ˈem/ *abrev* de la tarde: *at 4:30 p.m.* a las cuatro y media de la tarde

Nótese que cuando decimos **a.m.** o **p.m.** con las horas, no se puede usar **o'clock**: *Shall we meet at three o'clock/3 p.m.?* ¿Nos vemos a las tres (de la tarde)?

PMS /ˌpiː em ˈes/ (*GB tb* **PMT** /ˌpiː em ˈtiː/) *n* (*abrev de* **premenstrual syndrome/tension**) síndrome/tensión premenstrual

pneumatic /nuːˈmætɪk; *GB* njuː-/ *adj* neumático: *pneumatic drill* taladro neumático

pneumonia /nuːˈmoʊniə; *GB* njuː-/ *n* [*incontable*] **1** pulmonía **2** (*Med*) neumonía

PO /ˌpiː ˈoʊ/ *abrev de* **Post Office**

poach /poʊtʃ/ **1** *vt* cocinar (a fuego lento) **2** *vt* (*huevo*) cocinar (*sin cáscara, en agua*) **3** *vt, vi* cazar/pescar furtivamente **4** *vt* (*idea*) robar
■ **poacher** *n* cazador/pescador furtivo

pocket /ˈpɑkɪt/ *sustantivo, verbo*
▶ *n* **1** bolsillo: *pocket money* plata de bolsillo (para niños) ◊ *pocket-sized* tamaño de bolsillo **2** foco (*de resistencia, etc.*) **LOC** **be out of pocket** salir perdiendo plata: *I don't want you to be out of pocket.* No quiero que pongas de tu propio bolsillo. *Ver tb* **PICK**
▶ *vt* **1** meterse en el bolsillo **2** embolsarse

pocketful /ˈpɑkɪtfʊl/ *n*: *a pocketful of coins* un bolsillo lleno de monedas

pocketknife /ˈpɑkɪtnaɪf/ *n* (*pl* **pocketknives** /-naɪvz/) **1** navaja **2** cortaplumas

pod /pɑd/ *n* vaina (*frijoles, etc.*)

podcast /ˈpɑdkæst; *GB* -kɑːst/ *n* (*Internet*) podcast

podium /ˈpoʊdiəm/ *n* podio

poem /ˈpoʊəm/ *n* poema

poet /ˈpoʊət/ *n* poeta

poetic /poʊˈetɪk/ *adj* poético: *poetic justice* justo castigo o premio

poetry /ˈpoʊətri/ *n* poesía

poignant /ˈpɔɪnjənt/ *adj* conmovedor

poinsettia /ˌpɔɪnˈsetiə/ *n* flor de Navidad

point /pɔɪnt/ *sustantivo, verbo*
▶ *n* **1** punto *Ver tb* **TURNING POINT** **2** punta **3** (*Mat*) coma **4** cuestión: *The point is…* La cuestión es… **5** sentido: *What's the point?* ¿Para qué? **6** (*GB*) (*tb* **power point**) (*USA* **outlet**) enchufe, toma (*de pared*) ➔ *Ver dibujo en* **ENCHUFE** **LOC** **be beside the point** no tener nada que ver ◆ **make a point of doing sth** asegurarse de hacer algo ◆ **make your point** dejar algo en claro ◆ **point of view** punto de vista ◆ **take sb's point** entender lo que algn dice ◆ **to the point** al caso, al grano *Ver tb* **PROVE, SORE, STRONG**
▶ **1** *vi* ~ (**at/to sb/sth**) señalar (con el dedo) (a algn/algo), apuntar (hacia algn/algo) **2** *vi* ~ **to sth** indicar, señalar algo **3** *vt* ~ **sth at sb** apuntarle a algn con algo: *to point your finger (at sb/sth)* indicar(le) (a algn/algo) con el dedo **PHR V** **point sb/sth out (to sb)** señalar a algn/algo (a algn)

point-blank *adjetivo, adverbio*
▶ *adj* **1** *at point-blank range* a quemarropa **2** (*negativa*) tajante
▶ *adv* **1** a quemarropa **2** (*fig*) de forma tajante

pointed /ˈpɔɪntɪd/ *adj* **1** afilado, puntiagudo **2** intencionado

pointer /ˈpɔɪntər/ *n* **1** (*coloq*) sugerencia **2** pista **3** indicador **4** puntero

pointless /ˈpɔɪntləs/ *adj* **1** sin sentido **2** inútil

poise /pɔɪz/ *n* **1** elegancia **2** aplomo ■ **poised** *adj* **1** suspendido **2** con aplomo

poison /ˈpɔɪzn/ *sustantivo, verbo*
▶ *n* veneno
▶ *vt* envenenar ■ **poisoning** *n* envenenamiento

poisonous /ˈpɔɪzənəs/ *adj* venenoso

poke /poʊk/ **1** *vt* dar (*con el dedo, etc.*): *to poke your finger into sth* meter el dedo en algo **2** *vi* ~ **out/through**; ~ **out of/through sth** asomar (por algo) **LOC** **poke fun at sb/sth** burlarse de algn/algo **PHR V** **poke around** (*GB tb* **poke about**) (*coloq*) **1** fisgonear **2** curiosear

poker /ˈpoʊkər/ *n* **1** póquer **2** chuzo (*para atizar*)

poker-faced *adj* (*coloq*) de rostro impasible

poky /ˈpoʊki/ *adj* (**pokier, -iest**) (*coloq*) **1** (*USA*) lento **2** (*GB*) diminuto

polar /ˈpoʊlər/ *adj* polar: *polar bear* oso polar

pole /poʊl/ *n* **1** palo **2** (*telégrafo*) poste **3** (*Geog, Fís*) polo **LOC** **be poles apart** estar en extremos opuestos

the pole vault *n* (*Atletismo*) el salto con garrocha

police /pəˈliːs/ sustantivo, verbo
▸ n [pl] policía: *police officer/constable* (GB) (agente de) policía ◇ *police force* la policía ◇ *police station* estación/comisaría (de policía) ◇ *police state* estado policivo
▸ vt vigilar

policeman /pəˈliːsmən/ n (pl **policemen** /-mən/) policía ➜ Ver nota en POLICÍA

policewoman /pəˈliːswʊmən/ n (pl **policewomen** /-wɪmɪn/) policía

policy /ˈpɒləsi/ n (pl **policies**) **1** política **2** (*seguros*) póliza

polio /ˈpoʊlioʊ/ n polio

polish /ˈpɒlɪʃ/ verbo, sustantivo
▸ vt **1** brillar, sacarle brillo a, encerar, pulir **2** (*zapatos*) brillar, embolar **3** (*fig*) pulir
PHR V **polish sb off** (*coloq*) acabar con algn (*matar*) ♦ **polish sth off** (*coloq*) **1** zamparse algo **2** (*trabajo*) despachar algo rápido
▸ n **1** lustre **2** brillo **3** (*muebles*) cera **4** (*zapatos*) betún **5** (*uñas*) esmalte **6** (*fig*) finura, refinamiento ■ **polished** adj **1** brillante, pulido **2** (*manera, estilo*) refinado, pulido **3** (*actuación*) impecable

polite /pəˈlaɪt/ adj **1** cortés **2** (*persona*) educado **3** (*comportamiento*) correcto ■ **politely** adv cortésmente, educadamente

political /pəˈlɪtɪkl/ adj político

po_liticallly cor_rect adj (*abrev* PC) políticamente correcto

politician /ˌpɒləˈtɪʃn/ n político, -a

politics /ˈpɒlətɪks/ n **1** [*incontable*] política **2** [*pl*] opiniones políticas **3** [*incontable*] (*asignatura*) ciencias políticas

polka dot /ˈpoʊkə dɒt/ n punto

poll /poʊl/ n **1** elección **2** votación: *to take a poll on sth* someter algo a votación **3** **the polls** [*pl*] las urnas **4** (*tb* **opinion poll**) encuesta, sondeo

pollen /ˈpɒlən/ n polen

pollinate /ˈpɒləneɪt/ vt polinizar ■ **pollination** n polinización

pollute /pəˈluːt/ vt ~ **sth (with sth) 1** contaminar algo (con algo) **2** (*fig*) corromper

pollution /pəˈluːʃn/ n **1** contaminación **2** (*fig*) corrupción

polo /ˈpoʊloʊ/ n polo (*deporte*)

ˈpolo neck n (GB) (USA **turtleneck**) (suéter de) cuello alto/de tortuga

polyester /ˌpɒliˈestər/ n poliéster

polyethylene /ˌpɒliˈeθəliːn/ (GB **polythene** /ˈpɒliθiːn/) n polietileno

polystyrene /ˌpɒliˈstaɪriːn/ (USA **Styrofoam®**) n (espuma de) poliestireno

pomegranate /ˈpɒmɪɡrænɪt/ n granada (*fruta*)

pomp /pɒmp/ n **1** pompa **2** (*pey*) ostentación

pompous /ˈpɒmpəs/ adj (*pey*) **1** pomposo **2** (*persona*) presumido

pond /pɒnd/ n estanque

ponder /ˈpɒndər/ vt, vi ~ **sth**; ~ (**about/on/over sth**) reflexionar (sobre algo)

pony /ˈpoʊni/ n (pl **ponies**) poni: *pony trekking* excursión en poni

ponytail /ˈpoʊniteɪl/ n cola de caballo

poodle /ˈpuːdl/ n poodle

pool /puːl/ sustantivo, verbo
▸ n **1** (*tb* **swimming pool**) piscina **2** charco **3** (*luz*) haz **4** (*río*) pozo **5** estanque **6** (*dinero*) fondo (común) **7** billar americano/pool ➜ Ver nota en BILLAR **8** (**football**) **pools** [*pl*] (GB) apuestas sobre resultados futbolísticos
▸ vt (*recursos, ideas*) aunar, juntar

poop /puːp/ (GB **poo** /puː/) sustantivo, verbo
▸ n (*coloq*) caca
▸ vi (*coloq*) hacer caca

poor /pʊər, pɔːr/ adjetivo, sustantivo
▸ adj (**poorer, -est**) **1** pobre **2** malo: *in poor taste* de mal gusto **3** (*nivel*) bajo
▸ n **the poor** [*pl*] los pobres

poorly /ˈpʊərli, ˈpɔːrli/ adverbio, adjetivo
▸ adv **1** mal **2** pobremente
▸ adj (GB) (USA **sick**) mal, enfermo

pop /pɒp/ sustantivo, verbo
▸ n **1** (*tb* **pop music**) (*música*) pop **2** pequeño estallido **3** ruido del corcho al saltar **4** (*coloq, antic*) (*bebida*) gaseosa **5** (*esp USA, coloq*) papá **LOC** **go pop** reventar(se)
▸ (**-pp-**) **1** vi hacer ¡pum! **2** vt, vi (*bomba de caucho*) reventar(se) **3** vi (*corcho*) reventar al saltar **4** vt (*corcho*) hacer saltar **PHR V** **pop across, back, down, out, etc.** (*esp GB, coloq*) cruzar, volver, bajar, salir, etc. (*rápida o repentinamente*) ♦ **pop sth back, in, etc.** (*coloq*) devolver, meter, etc. algo (*rápida o repentinamente*) ♦ **pop in** (*esp GB, coloq*) visitar (*brevemente*) ♦ **pop out (of sth)** salir (de algo) (*repentinamente*) ♦ **pop up** aparecer (*de repente*) ❶ Todos estos *phrasal verbs* son informales, y denotan una acción rápida, repentina o de poca duración.

popcorn /ˈpɒpkɔːrn/ n maíz pira, palomitas, cabritas

pope /poʊp/ n (*Relig*) papa

poplar /ˈpɒplər/ n álamo

poppy

poppy /ˈpɑpi/ n (pl **poppies**) amapola
Popsicle® /ˈpɑpsɪkl/ (GB **ice lolly**) n paleta (de agua), helado de hielo
⚡ **popular** /ˈpɑpjələr/ adj **1** popular: *to be popular with sb* caerle bien a algn **2** de moda: *Turtlenecks are very popular this season.* Los suéteres de cuello alto se están usando mucho esta temporada. **3** de (las) masas: *popular culture* cultura de masas **4** (*creencia*) generalizado ■ **popularize** (GB tb **-ise**) vt **1** popularizar **2** divulgar
popularity /ˌpɑpjuˈlærəti/ n popularidad
⚡ **population** /ˌpɑpjuˈleɪʃn/ n población: *population explosion* explosión demográfica
ˈpop-up adj **1** (*Informát*) emergente: *pop-up window* ventana emergente **2** (*tienda, etc.*) de instalación temporal
porcelain /ˈpɔːrsəlɪn/ n porcelana
porch /pɔːrtʃ/ n **1** porche **2** portal
pore /pɔːr/ sustantivo, verbo
▸ n poro
▸ v PHR V **pore over sth** estudiar algo detenidamente
pork /pɔːrk/ n (carne de) cerdo ⊃ *Ver nota en* CARNE
pornographic /ˌpɔːrnəˈɡræfɪk/ n pornográfico
pornography /pɔːrˈnɑɡrəfi/ (*coloq* **porn** /pɔːrn/) n pornografía
porous /ˈpɔːrəs/ adj poroso
porpoise /ˈpɔːrpəs/ n marsopa
porridge /ˈpɔːrɪdʒ; GB ˈpɒr-/ n [incontable] avena (preparada)
⚡ **port** /pɔːrt/ n **1** puerto **2** (*barco*) babor **3** (*vino*) oporto LOC **port of call** puerto de escala
portable /ˈpɔːrtəbl/ adj portátil
portal /ˈpɔːrtl/ n (*Internet*) portal
porter /ˈpɔːrtər/ n **1** (*estación, hotel*) maletero, -a, mozo, -a **2** portero, -a, conserje
porthole /ˈpɔːrthoʊl/ n (*barco, avión*) ventanilla
portion /ˈpɔːrʃn/ n **1** porción **2** (*comida*) ración
portrait /ˈpɔːrtrət; GB tb -treɪt/ n retrato
portray /pɔːrˈtreɪ/ vt **1** retratar **2** ~ **sb/sth (as sth)** representar a algn/algo (como algo)
■ **portrayal** n representación
⚡ **pose** /poʊz/ verbo, sustantivo
▸ **1** vt (*dificultad, pregunta*) presentar **2** vi (*para retratarse*) posar **3** vi ~ **as sb/sth** hacerse pasar por algn/algo **4** vi (*pey*) comportarse de forma afectada
▸ n **1** postura **2** (*pey*) pose

posh /pɑʃ/ adj (**posher, -est**) (*coloq*) **1** (*hotel, carro, etc.*) de lujo **2** (*zona*) elegante **3** (*esp GB, gen pey*) pituco, finolis **4** (*esp GB, gen pey*) (*acento*) afectado
⚡ **position** /pəˈzɪʃn/ sustantivo, verbo
▸ n **1** posición **2** situación **3** ~ **(on sth)** (*opinión*) posición (respecto a algo) **4** (*formal*) (*trabajo*) puesto LOC **be in a/no position to do sth** estar/no estar en condiciones de hacer algo
▸ vt colocar, situar
⚡ **positive** /ˈpɑzətɪv/ adj **1** positivo **2** definitivo, categórico **3** ~ **(about sth/that...)** seguro (de algo/de que...) **4** (*coloq*) total, auténtico: *a positive disgrace* una completa desgracia
■ **positively** adv **1** positivamente **2** con optimismo **3** categóricamente **4** verdaderamente
⚡ **possess** /pəˈzes/ vt **1** (*formal*) poseer, tener **2** (*formal*) dominar **3** *What possessed you to do that?* ¿Cómo se te ocurrió hacer eso?
⚡ **possession** /pəˈzeʃn/ n **1** posesión **2 possessions** [*pl*] pertenencias LOC **be in possession of sth** tener algo
possessive /pəˈzesɪv/ adj posesivo
⚡ **possibility** /ˌpɑsəˈbɪləti/ n (pl **possibilities**) **1** posibilidad: *within/beyond the bounds of possibility* dentro/más allá de lo posible **2 possibilities** [*pl*] posibilidades
⚡ **possible** /ˈpɑsəbl/ adj posible: *if possible* si es posible ◊ *as soon as possible* lo más pronto posible LOC **make sth possible** hacer posible algo
⚡ **possibly** /ˈpɑsəbli/ adv posiblemente: *You can't possibly go.* No puedes ir de ninguna manera.
⚡ **post** /poʊst/ sustantivo, verbo
▸ n **1** poste, estaca, palo **2** (*trabajo*) puesto **3** (GB) (USA **mail**) correo
▸ vt **1** (GB) (USA **mail**) poner (al correo), mandar **2** (*Mil*) destinar, mandar **3** (*soldado*) apostar **4** (*Internet*) publicar, escribir LOC **keep sb posted (about/on sth)** tener/mantener a algn al corriente (de algo) ◆ **post bail (for sb)** pagar la fianza (de algn)
postage /ˈpoʊstɪdʒ/ n valor del correo: *postage stamp* estampilla (de correo)
postal /ˈpoʊstl/ adj postal, de correos: *postal vote* (GB) voto por correo
postbox /ˈpoʊstbɑks/ n (GB) (USA **mailbox**) buzón (en la calle) ⊃ *Ver dibujo en* MAILBOX
postcard /ˈpoʊstkɑrd/ n (tarjeta) postal
postcode /ˈpoʊstkoʊd/ n (GB) (USA **zip code**) código postal

---

u actual   ɔː saw   ɜː bird   ə about   j yes   w woman   ʒ vision   h hat   ŋ sing

power

poster /ˈpoʊstər/ n 1 (anuncio) cartel 2 afiche, póster

posterity /pɑˈsterəti/ n posteridad

postgraduate /ˌpoʊstˈɡrædʒuət/ (coloq **postgrad** /ˈpoʊstɡræd/) n estudiante de posgrado

posthumous /ˈpɑstʃəməs; GB ˈpɒstjʊməs/ adj póstumo

postman /ˈpoʊstmən/ n (pl **postmen** /-mən/) (GB) (USA **mailman**, **letter carrier**) cartero

postmark /ˈpoʊstmɑrk/ n matasellos

post-mortem /ˌpoʊst ˈmɔːrtəm/ n autopsia

❔**post office** n oficina de correos ➲ Ver nota en ESTANCO

postpone /poʊsˈpoʊn, poʊstˈ-; GB pəsˈ-/ vt posponer, aplazar

postscript /ˈpoʊstskrɪpt/ n 1 (abrev **P.S.**) posdata 2 nota final

posture /ˈpɑstʃər/ n 1 postura 2 actitud

ˌpost-ˈwar adj de (la) posguerra

postwoman /ˈpoʊstwʊmən/ n (pl **postwomen** /-wɪmɪn/) (GB) (USA **letter carrier**) cartera

pots and pans

saucepan (GB tb pot)   frying pan (tb skillet)   casserole

pressure cooker   steamer   wok

❔**pot** /pɑt/ n 1 olla: *pots and pans* los trastos de cocina 2 frasco, tarro 3 (decorativo) recipiente 4 (mata) maceta, matera 5 (coloq) marihuana LOC **go to pot** (coloq) dañarse, acabarse ◆ **pots of money** (GB, coloq) un montón de plata

potassium /pəˈtæsiəm/ n potasio

❔**potato** /pəˈteɪtoʊ/ n (pl **potatoes**) papa

potent /ˈpoʊtnt/ adj potente, poderoso
■ **potency** n fuerza

❔**potential** /pəˈtenʃl/ adjetivo, sustantivo
▸ adj potencial
▸ n ~ (**for sth**) potencial (de/para algo)

❔**potentially** /pəˈtenʃəli/ adv potencialmente

pothole /ˈpɑthoʊl/ n 1 (carretera) hueco, bache 2 (Geol) cueva

potion /ˈpoʊʃn/ n poción

potter /ˈpɑtər/ sustantivo, verbo
▸ n ceramista, alfarero, -a
▸ vi (GB) = PUTTER

pottery /ˈpɑtəri/ n 1 (objetos) cerámica 2 (arte, lugar) alfarería

potty /ˈpɑti/ adjetivo, sustantivo
▸ adj (**pottier**, **-iest**) (GB, coloq) 1 (loco) ido 2 ~ **about sb/sth** loco por algn/algo
▸ n (pl **potties**) (coloq) orinal (para niños), mica

pouch /paʊtʃ/ n 1 bolsa pequeña 2 (tabaco) tabaquera 3 (Zool) bolsa

poultry /ˈpoʊltri/ n [incontable] aves (de corral)

pounce /paʊns/ vi ~ (**on/upon sb/sth**) saltar, abalanzarse (sobre algn/algo) PHRV **pounce on sb/sth** saltar para criticar a algn/algo

❔**pound** /paʊnd/ sustantivo, verbo
▸ n 1 (abrev **lb.**) libra (0,454 kilogramos) ➲ Ver pág. 786 2 (dinero) libra (abrev £) ➲ Ver pág. 787
▸ 1 vi ~ (**at/on sth**) golpear (en algo) 2 vi caminar/correr pesadamente 3 vi ~ (**with sth**) latir fuertemente (de algo) (miedo, emoción, etc.) 4 vt machacar 5 vt golpear

pounding /ˈpaʊndɪŋ/ n [gen sing] 1 golpes fuertes 2 (corazón) latidos fuertes 3 (olas) embate 4 paliza

❔**pour** /pɔːr/ 1 vi echar, verter 2 vi fluir, correr 3 vt (bebida) servir 4 vi ~ (**with rain**) llover a cántaros 5 vi ~ **in/out**; ~ **into/out of sth** entrar (en algo)/salir (de algo) en grandes cantidades/a raudales: *People poured out through the gates.* La gente salía en tropel por las puertas. PHRV **pour sth out 1** (bebida) servir algo 2 (expresar) sacar algo

pout /paʊt/ vi 1 hacer un puchero 2 (provocativamente) parar los labios

poverty /ˈpɑvərti/ n 1 pobreza 2 miseria 3 (de idea) falta

ˈpoverty-stricken adj necesitado

❔**powder** /ˈpaʊdər/ sustantivo, verbo
▸ n [gen incontable] polvo
▸ vt empolvar: *to powder your face* empolvarse la cara ■ **powdered** adj en polvo

ˈpowdered ˈsugar (GB **icing sugar**) n azúcar en polvo

❔**power** /ˈpaʊər/ sustantivo, verbo
▸ n 1 poder 2 **powers** [pl] capacidad, facultades 3 fuerza 4 potencia 5 energía 6 (electricidad) luz: *power plant* central eléctrica ◊ *power point* (GB) toma/enchufe LOC **the powers that be** los que mandan

powerful

▸ vt impulsar: *It is powered by electricity.* Funciona con electricidad.

powerful /ˈpaʊərfl/ *adj* **1** poderoso **2** (*máquina*) potente **3** (*brazos, golpe, bebida*) fuerte **4** (*imagen, obra*) intenso

powerless /ˈpaʊərləs/ *adj* **1** sin poder, impotente **2** ~ **to do sth** impotente para hacer algo

power outage (*GB* **power cut**) *n* corte de luz

power point *n* (*GB*) (*USA* **outlet**) enchufe, toma (*de pared*) ⊃ Ver dibujo en ENCHUFE

power-sharing *n* poder compartido

PR /ˌpiː ˈɑːr/ *n* (*abrev de* **public relations**) relaciones públicas

practicable /ˈpræktɪkəbl/ *adj* factible

practical /ˈpræktɪkl/ *adj* **1** práctico: *practical joke* broma **2** (*persona*) pragmático

practically /ˈpræktɪkli/ *adv* **1** prácticamente **2** de forma práctica

practice /ˈpræktɪs/ *sustantivo, verbo*
▸ *n* **1** práctica **2** (*Dep*) entrenamiento **3** (*Mús*) ejercicios **4** (*Med*) consultorio **5** (*profesión*) ejercicio LOC **be out of practice** haber perdido práctica
▸ (*GB* **practise**) **1** *vt, vi* practicar **2** *vi* (*Dep*) entrenar **3** *vt, vi* ~ (**as sth**) (*profesión*) ejercer (algo) **4** *vt* (*cualidad*) ejercitar ■ **practiced** (*GB* **practised**) *adj* ~ (**in sth**) experto (en algo)

practitioner /prækˈtɪʃənər/ *n* **1** experto, -a **2** médico, -a

pragmatic /prægˈmætɪk/ *adj* pragmático

prairie /ˈpreəri/ *n* pradera (*en América del Norte*)

praise /preɪz/ *verbo, sustantivo*
▸ *vt* **1** elogiar **2** (*a Dios*) alabar
▸ *n* [*incontable*] **1** elogio(s) **2** halago **3** (*Relig*) alabanza

praiseworthy /ˈpreɪzwɜːrði/ *adj* (*formal*) digno de elogio

pram /præm; *GB* præm/ *n* (*GB*) (*USA* **baby carriage**) coche de bebé

prank /præŋk/ *n* broma, travesura

prawn /prɔːn/ *n* (*GB*) (*USA* **shrimp**) camarón

pray /preɪ/ *vi* rezar, orar

prayer /preər/ *n* oración

preach /priːtʃ/ **1** *vt, vi* (*Relig*) predicar **2** *vi* ~ (**at/to sb**) (*pey*) sermonear (a algn) **3** *vt* aconsejar ■ **preacher** *n* predicador, -ora

precarious /prɪˈkeəriəs/ *adj* precario

precaution /prɪˈkɔːʃn/ *n* precaución ■ **precautionary** /prɪˈkɔːʃəneri; *GB* -nəri/ *adj* preventivo

precede /prɪˈsiːd/ *vt* (*formal*) **1** preceder a **2** (*discurso*) introducir

precedence /ˈpresɪdəns/ *n* precedencia

precedent /ˈpresɪdənt/ *n* precedente

preceding /prɪˈsiːdɪŋ/ *adj* (*formal*) **1** precedente **2** (*tiempo*) anterior

precinct /ˈpriːsɪŋkt/ *n* **1** (*USA*) distrito **2** (*tb* **precincts** [*pl*]) recinto **3** (*GB*) zona: *pedestrian precinct* zona peatonal

precious /ˈpreʃəs/ *adjetivo, adverbio*
▸ *adj* precioso (*valioso*)
▸ *adv* LOC **precious few/little** (*coloq*) muy pocos/poco

precipice /ˈpresəpɪs/ *n* precipicio

precise /prɪˈsaɪs/ *adj* **1** exacto, preciso **2** (*explicación*) claro **3** (*persona*) meticuloso

precisely /prɪˈsaɪsli/ *adv* **1** exactamente, precisamente **2** (*hora*) en punto **3** con precisión

precision /prɪˈsɪʒn/ *n* exactitud, precisión

preclude /prɪˈkluːd/ *vt* (*formal*) excluir

precocious /prɪˈkoʊʃəs/ *adj* precoz

preconceived /ˌpriːkənˈsiːvd/ *adj* preconcebido ■ **preconception** /ˌpriːkənˈsepʃn/ *n* idea preconcebida

precondition /ˌpriːkənˈdɪʃn/ *n* condición previa

predator /ˈpredətər/ *n* depredador ■ **predatory** /ˈpredətɔːri; *GB* -tri/ *adj* **1** (*animal*) depredador **2** (*persona*) rapaz

predecessor /ˈpredəsesər; *GB* ˈpriːdɪs-/ *n* predecesor, -ora

predicament /prɪˈdɪkəmənt/ *n* situación difícil, apuro

predict /prɪˈdɪkt/ *vt* **1** predecir, prever **2** pronosticar ■ **predictable** *adj* predecible, previsible **prediction** *n* predicción, pronóstico

predominant /prɪˈdɑmɪnənt/ *adj* predominante ■ **predominantly** *adv* predominantemente

pre-empt /pri ˈempt/ *vt* adelantarse a

preface /ˈprefəs/ *n* **1** prefacio, prólogo **2** (*discurso*) introducción

prefer /prɪˈfɜːr/ *vt* (**-rr-**) preferir: *Would you prefer cake or cookies?* ¿Qué prefieres, torta o galletas? ⊃ Ver nota en PREFERIR ■ **preferable** /ˈprefrəbl/ *adj* preferible **preferably** *adv* preferiblemente

---

i happy　ɪ sit　iː see　æ cat　ɑ hot　ɒ long (*GB*)　ɑː bath (*GB*)　ʌ cup　ʊ put　uː too

Expressing a preference
Expresar una preferencia
I like the red one better than the green one. Me gusta más la roja que la verde.
I prefer beef to lamb. Prefiero la carne de vaca a la de cordero.
I think I'd rather stay in than go to the movies tonight. Creo que esta noche prefiero quedarme que ir al cine.
I don't really mind whether we eat here or go out. Me da igual comer acá o salir fuera.

preference /ˈprefrəns/ *n* preferencia **LOC** in preference to sb/sth en lugar de algn/algo

preferential /ˌprefəˈrenʃl/ *adj* preferente

prefix /ˈpriːfɪks/ *n* prefijo

pregnant /ˈpregnənt/ *adj* 1 embarazada 2 (*animal*) preñada ■ **pregnancy** *n* (*pl* **pregnancies**) embarazo

prehistoric /ˌpriːhɪˈstɒrɪk; *GB* -ˈstɒr-/ *adj* prehistórico

prejudice /ˈpredʒudɪs/ *sustantivo, verbo*
▸ *n* 1 [*incontable*] prejuicio(s) 2 parcialidad **LOC** without prejudice (to sth) (*Jur*) sin perjuicio de algn/algo
▸ *vt* 1 (*persona*) predisponer 2 (*decisión, resultado*) influir en 3 (*formal*) perjudicar

prejudiced /ˈpredʒudɪst/ *adj* 1 parcializado, prejuiciado 2 intolerante **LOC** be prejudiced against sb/sth estar predispuesto contra algn/algo

preliminary /prɪˈlɪmɪneri; *GB* -nəri/ *adj, n* (*pl* **preliminaries**) 1 preliminar 2 (*Dep*) eliminatorio

prelude /ˈpreljuːd/ *n* 1 (*Mús*) preludio 2 ~ (to sth) prólogo (de algo)

premature /ˌpriːməˈtjʊər, -ˈtʊər; *GB* ˈpremətjʊə(r)/ *adj* prematuro

premier /prɪˈmɪər, -ˈmjɪər; *GB* ˈpremiə(r)/ *sustantivo, adjetivo*
▸ *n* primer ministro, primera ministra
▸ *adj* principal

premiere /prɪˈmɪər, -ˈmjɪər; *GB* ˈpremieə(r)/ *n* estreno

premises /ˈpremɪsɪz/ *n* [*pl*] 1 (*almacén, bar, etc.*) local 2 (*empresa*) oficinas 3 edificio

premium /ˈpriːmiəm/ *n* (*pago*) prima **LOC** be at a premium escasear

preoccupation /priˌɑkjuˈpeɪʃn/ *n* ~ (with sth) preocupación (por algo) ■ **preoccupied** *adj* 1 preocupado 2 abstraído

preparation /ˌprepəˈreɪʃn/ *n* 1 preparación 2 **preparations** [*pl*] (for sth) preparativos (para algo)

preparatory /prɪˈpærətɔːri, ˈprepərətɔːri; *GB* prɪˈpærətri/ *adj* preparatorio

preˈparatory school (*tb* **prep school** /ˈprep skuːl/) *n* 1 (*USA*) escuela de secundaria privada que prepara a los alumnos para la universidad 2 (*GB*) colegio privado (para alumnos de 7 a 13 años)

prepare /prɪˈpeər/ 1 *vt* preparar 2 *vi* ~ (for sth/to do sth) prepararse (para algo/para hacer algo), hacer preparativos para algo **LOC** be prepared to do sth estar dispuesto a hacer algo

preposition /ˌprepəˈzɪʃn/ *n* (*Gram*) preposición

preposterous /prɪˈpɑstərəs/ *adj* (*formal*) absurdo

prerequisite /ˌpriːˈrekwəzɪt/ *n* ~ (for/of/to sth) (*formal*) requisito, condición previa (para algo)

prerogative /prɪˈrɑgətɪv/ *n* prerrogativa

preschool /ˈpriːskuːl/ *n* jardín de infancia: *preschool children* niños en edad preescolar

prescribe /prɪˈskraɪb/ *vt* 1 (*medicina*) formular, recetar 2 recomendar

prescription /prɪˈskrɪpʃn/ *n* 1 fórmula, receta 2 (*acción*) prescripción

presence /ˈprezns/ *n* 1 presencia 2 asistencia 3 existencia

present *adjetivo, sustantivo, verbo*
▸ *adj* /ˈpreznt/ 1 (*tiempo*) actual 2 (*mes, año*) presente 3 ~ (at sth) (*lugar, sustancia*) presente (en algo) 4 (*Gram*) presente **LOC** to the present day hasta hoy
▸ *n* /ˈpreznt/ 1 the present (*tiempo*) el presente 2 regalo: *to give sb a present* regalarle algo a algn 3 (*tb* ˌpresent ˈtense) presente **LOC** at present actualmente ◆ for the present de momento, por ahora
▸ *vt* /prɪˈzent/ 1 presentar: *to present yourself* presentarse ❶ Al presentar una persona a otra se usa **introduce**: *Let me introduce you to Peter.* Te presento a Peter. 2 ~ sb with sth; ~ sth (to sb) hacer(le) entrega de algo (a algn): *to present sb with a problem* plantearle a algn un problema 3 (*argumento*) exponer 4 ~ itself (to sb) (*oportunidad*) presentársele a algn 5 (*Teat*) representar

presentable /prɪˈzentəbl/ *adj* presentable: *to make yourself presentable* arreglarse

presentation /ˌpriːznˈteɪʃn; *tb esp GB* ˌprezn-/ *n* 1 presentación 2 (*argumento*) exposición 3 (*Teat*) representación 4 (*premio*) entrega

ˌpresent-ˈday *adj* actual

presenter /prɪˈzentər/ *n* presentador, -ora

presently /ˈprezntli/ *adv* **1** (*esp USA*) actualmente ❶ En inglés británico lo normal es decir **currently**. **2** [*pasado: generalmente al principio de la frase*] al poco tiempo: *Presently he got up to go.* Al poco tiempo se levantó para irse. **3** [*futuro: generalmente al final de la frase*] (*esp GB*) en un momento, dentro de poco: *I shall follow on presently.* Voy dentro de un momento.

preservation /ˌprezərˈveɪʃn/ *n* conservación, preservación

preservative /prɪˈzɜːrvətɪv/ *adj, n* preservador, conservante

☞ **preserve** /prɪˈzɜːrv/ *verbo, sustantivo*
▸ *vt* **1** conservar (*comida, etc.*) **2** ~ **sth** (**for sth**) preservar algo (para algo) **3** ~ **sb** (**from sb/sth**) preservar, proteger a algn (de algn/algo)
▸ *n* **1** ~ (**of sb**) dominio (de algn): *the exclusive preserve of party members* el privilegio exclusivo de los miembros del partido **2** [*gen pl*] conserva, mermelada

preside /prɪˈzaɪd/ *vi* (*formal*) ~ (**at/over sth**) presidir (algo)

presidency /ˈprezɪdənsi/ *n* (*pl* **presidencies**) presidencia

☞ **president** /ˈprezɪdənt/ *n* presidente, -a
■ **presidential** /ˌprezɪˈdenʃl/ *adj* presidencial

☞ **press** /pres/ *sustantivo, verbo*
▸ *n* **1** (*tb* **the Press**) la prensa: *press conference* rueda de prensa ◊ *press clipping* recorte de prensa **2** planchado **3** (*tb* ˈ**printing press**) imprenta
▸ **1** *vt, vi* apretar **2** *vt* pulsar, presionar **3** *vi* ~ (**up**) **against sb** arrimarse a algn **4** *vt* (*uvas, flores, etc.*) prensar **5** *vt* planchar **6** *vt* ~ **sb** (**for sth/to do sth**) presionar a algn (para que haga algo) 🔒 **be pressed for time** andar muy escaso de tiempo *Ver tb* CHARGE 🔁 **press ahead/on** (**with sth**) seguir adelante (con algo) ♦ **press for sth** presionar para que se haga algo

pressing /ˈpresɪŋ/ *adj* apremiante, urgente

ˈ**press release** *n* nota/comunicado de prensa

ˈ**press stud** *n* (*GB*) (*USA* **snap**) broche a presión

ˈ**press-up** *n* (*GB*) (*tb esp USA* **push-up**) flexión de brazos, lagartija

☞ **pressure** /ˈpreʃər/ *sustantivo, verbo*
▸ *n* ~ (**of sth**); ~ (**to do sth**) presión (de algo), presión (para hacer algo): *pressure group* grupo de presión ◊ *pressure gauge* manómetro 🔒 **put pressure on sb** (**to do sth**) presionar a algn (para que haga algo)
▸ *vt* (*GB* **pressurize**) ~ **sb into** (**doing**) **sth** presionar a algn para que haga algo

ˈ**pressure cooker** *n* olla a presión ➲ *Ver dibujo en* POT

pressurize (*GB tb* **-ise**) /ˈpreʃəraɪz/ *vt* (*Fís*) presurizar

prestige /preˈstiːʒ/ *n* prestigio ■ **prestigious** /preˈstɪdʒəs/ *adj* prestigioso

☞ **presumably** /prɪˈzuːməbli/; *GB* -ˈzjuː-/ *adv* es de suponer que

presume /prɪˈzuːm/; *GB* -ˈzjuː-/ *vt* asumir, suponer: *I presume so.* Eso creo.

presumption /prɪˈzʌmpʃn/ *n* **1** presunción **2** atrevimiento

presumptuous /prɪˈzʌmptʃuəs/ *adj* impertinente

presuppose /ˌpriːsəˈpoʊz/ *vt* presuponer

pre-teen /ˌpriː ˈtiːn/ *adj, n* preadolescente

☞ **pretend** /prɪˈtend/ *verbo, adjetivo*
▸ *vt, vi* **1** fingir **2** ~ **to be sth** jugar a algo: *They're pretending to be explorers.* Están jugando a los exploradores. **3** ~ **to be sb/sth** hacerse pasar por algn/algo: *He pretended to be an electrician.* Se hizo pasar por electricista. **4** pretender
▸ *adj* (*coloq*) **1** de juguete **2** fingido

pretense (*GB* **pretence**) /prɪˈtens, ˈpriːtens/ *n* **1** [*incontable*] engaño(s): *They abandoned all pretense of objectivity.* Dejaron de fingir que eran objetivos. **2** (*formal*) ostentación

pretentious /prɪˈtenʃəs/ *adj* pretencioso

pretext /ˈpriːtekst/ *n* pretexto

☞ **pretty** /ˈprɪti/ *adjetivo, adverbio*
▸ *adj* (**prettier, -iest**) bonito, lindo 🔒 **not be a pretty sight** no ser nada agradable
▸ *adv* bastante ➲ *Ver nota en* FAIRLY 🔒 **pretty much/well** más o menos

prevail /prɪˈveɪl/ *vi* (*formal*) **1** (*ley, condiciones*) imperar **2** ~ (**against/over sth/sb**) prevalecer (sobre algo/algn) 🔁 **prevail on/upon sb to do sth** convencer a algn para que haga algo
■ **prevailing** *adj* **1** reinante **2** (*viento*) predominante

prevalent /ˈprevələnt/ *adj* (*formal*) **1** difundido **2** predominante ■ **prevalence** *n* (*formal*) **1** difusión **2** predominancia

☞ **prevent** /prɪˈvent/ *vt* **1** ~ **sb from doing sth** impedir que algn haga algo **2** evitar, prevenir

prevention /prɪˈvenʃn/ *n* prevención

preventive /prɪˈventɪv/ *adj* preventivo

preview /ˈpriːvjuː/ *n* preestreno, avance

☞ **previous** /ˈpriːviəs/ *adj* **1** anterior **2** ~ **to sth/doing sth** antes de algo/hacer algo

☞ **previously** /ˈpriːviəsli/ *adv* anteriormente

pre-war /ˌpriː ˈwɔːr/ *adj* de (la) preguerra

prey /preɪ/ *sustantivo, verbo*
▸ *n* [*incontable*] (*lit y fig*) presa
▸ *vi* LOC **prey on sb's mind** preocupar a algn
PHR V **prey on sb** aprovecharse de algn ◆ **prey on sth** alimentarse de algo, cazar algo

price /praɪs/ *sustantivo, verbo*
▸ *n* precio: *to go up/down in price* subir/bajar de precio LOC **at any price** a toda costa ◆ **not at any price** por nada del mundo *Ver tb* CHEAP
▸ *vt* **1** fijar el precio de **2** avaluar **3** ponerle el precio a

priceless /ˈpraɪsləs/ *adj* invalorable, inapreciable

price tag *n* etiqueta (*del precio*)

pricey /ˈpraɪsi/ *adj* (**pricier, -iest**) (*coloq*) caro

prick /prɪk/ *sustantivo, verbo*
▸ *n* **1** punzada **2** pinchazo
▸ *vt* **1** pinchar **2** (*conciencia*) remorder LOC **prick up your ears 1** parar las orejas **2** aguzar el oído

prickly /ˈprɪkli/ *adj* (**pricklier, -iest**) **1** espinoso **2** que pica **3** (*coloq*) cascarrabias

pride /praɪd/ *sustantivo, verbo*
▸ *n* **1** ~ (**in sth**) orgullo (por algo): *to take pride in sth* enorgullecerse de algo/tomarse algo muy en serio **2** (*pey*) orgullo, soberbia LOC **sb's pride and joy** la niña de los ojos de algn ◆ **take pride in sth** enorgullecerse de hacer algo
▸ *v* PHR V **pride yourself on sth** preciarse de algo

pried *pt, pp de* PRY

priest /priːst/ *n* sacerdote, cura

En inglés normalmente se usa la palabra **priest** para referirse a los sacerdotes católicos. Los párrocos de las religiones protestantes se llaman **ministers**, y en Gran Bretaña los parrocos anglicanos se llaman **vicars**.

priesthood *n* **1** sacerdocio **2** clero

prig /prɪɡ/ *n* (*pey*) mojigato, -a ■ **priggish** *adj* mojigato

prim /prɪm/ *adj* (**primmer, -est**) (*pey*) **1** remilgado **2** (*aspecto*) recatado

primarily /ˈpraɪmərəli; *GB tb* ˈpraɪmərəli/ *adv* principalmente, sobre todo

primary /ˈpraɪməri; *GB* -məri/ *adjetivo, sustantivo*
▸ *adj* **1** primario **2** primordial **3** principal
▸ *n* (*pl* **primaries**) (*tb* **primary eˈlection**) (*USA*) elección primaria

primary school *n* (*GB*) escuela primaria

prime /praɪm/ *adjetivo, sustantivo, verbo*
▸ *adj* **1** principal **2** de primera: *a prime example* un ejemplo excelente
▸ *n* LOC **in your prime; in the prime of life** en la flor de la vida
▸ *vt* ~ **sb** (**for/with sth**) preparar a algn (para/con algo)

prime ˈminister (*tb* **Prime ˈMinister**) *n* primer ministro, primera ministra

prime time *n* [*incontable*] (*TV*) horario estelar/de máxima audiencia

primeval (*GB tb* **primaeval**) /praɪˈmiːvl/ *adj* primigenio

primitive /ˈprɪmətɪv/ *adj* primitivo

primrose /ˈprɪmrəʊz/ *sustantivo, adjetivo*
▸ *n* **1** primavera (*flor*) **2** amarillo pálido
▸ *adj* amarillo pálido

prince /prɪns/ *n* príncipe

princess /ˌprɪnˈses, ˈprɪnses/ *n* princesa

principal /ˈprɪnsəpl/ *adjetivo, sustantivo*
▸ *adj* principal
▸ *n* director, -ora (*de colegio*)

principle /ˈprɪnsəpl/ *n* principio: *a woman of principle* una mujer de principios LOC **in principle** en principio ◆ **on principle** por principio

print /prɪnt/ *verbo, sustantivo*
▸ *vt* **1** imprimir **2** (*Period*) publicar **3** escribir en letra de imprenta **4** (*tela*) estampar PHR V **print (sth) off/out** imprimir (algo)
▸ *n* **1** (*tipografía*) letra **2** huella **3** (*Arte*) grabado **4** (*Fot*) copia **5** tela estampada *Ver tb* THE SMALL PRINT LOC **in print 1** (*libro*) en venta **2** publicado ◆ **out of print** agotado

printer /ˈprɪntər/ *n* **1** (*máquina*) impresora ⊃ *Ver dibujo en* COMPUTADOR **2** (*persona*) impresor, -ora **3 printers** [*pl*] (*taller*) imprenta

printing /ˈprɪntɪŋ/ *n* **1** imprenta (*técnica*): *a printing error* un error de imprenta/una errata **2** (*libros, etc.*) impresión

printout /ˈprɪntaʊt/ *n* copia impresa

prior /ˈpraɪər/ *adjetivo, adverbio*
▸ *adj* (*formal*) previo
▸ *adv* **prior to** (*formal*) **1** ~ **to doing sth** antes de hacer algo **2** ~ **to sth** anterior a algo

priority /praɪˈɔːrəti; *GB* -ˈɒr-/ *n* (*pl* **priorities**) ~ (**over sb/sth**) prioridad (sobre algn/algo) LOC **get your priorities right** saber cuáles son las prioridades de uno

prise /praɪz/ *vt* (*GB*) *Ver* PRY (2)

prison /ˈprɪzn/ *n* cárcel: *prison camp* campo de concentración

prisoner /ˈprɪznə(r)/ *n* **1** preso, -a **2** (*cautivo*) prisionero, -a **3** detenido, -a LOC **hold/take sb prisoner** tener preso/apresar a algn

privacy /ˈpraɪvəsi; *GB* ˈprɪv-/ *n* intimidad

private

private /ˈpraɪvət/ *adjetivo, sustantivo*
▸ *adj* **1** privado. *private enterprise* empresa privada **2** (*individual*) particular **3** (*persona*) reservado **4** (*lugar*) íntimo
▸ *n* **1** (*Mil*) soldado raso **2 privates** [*pl*] (*coloq*) partes pudendas **LOC in private** en privado

ˌprivate ˈeye *n* (*coloq*) detective privado

privately /ˈpraɪvətli/ *adv* en privado

privatization (*GB tb* **-isation**) /ˌpraɪvətəˈzeɪʃn/ *n* privatización

privatize (*GB tb* **-ise**) /ˈpraɪvətaɪz/ *vt* privatizar

privilege /ˈprɪvəlɪdʒ/ *n* **1** privilegio **2** (*Jur*) inmunidad ■ **privileged** *adj* **1** privilegiado **2** (*información*) confidencial

privy /ˈprɪvi/ *adj* **LOC be privy to sth** (*formal*) tener conocimiento de algo

prize /praɪz/ *sustantivo, adjetivo, verbo*
▸ *n* premio
▸ *adj* **1** premiado **2** de primera **3** (*idiota, etc.*) completo
▸ *vt* **1** estimar **2** *Ver* PRY (2)

prizewinning /ˈpraɪzwɪnɪŋ/ *adj* premiado, galardonado

pro /proʊ/ *sustantivo, adjetivo*
▸ *n* (*coloq*) profesional **LOC the pros and cons** los pros y los contras
▸ *adj* profesional

proactive /ˌproʊˈæktɪv/ *adj* con iniciativa, proactivo

probability /ˌprɑbəˈbɪləti/ *n* (*pl* **probabilities**) probabilidad **LOC in all probability** con toda probabilidad

probable /ˈprɑbəbl/ *adj* probable: *It seems probable that he'll arrive tomorrow.* Parece probable que llegue mañana.

probably /ˈprɑbəbli/ *adv* probablemente

> En inglés se suele usar el adverbio en los casos en que se usaría *es probable que* en español: *They will probably go.* Es probable que vayan.

probation /proʊˈbeɪʃn; *GB* prə-/ *n* **1** libertad condicional **2** (*empleado*) prueba: *a three-month probation period* un período de prueba de tres meses

probe /proʊb/ *sustantivo, verbo*
▸ *n* sonda
▸ **1** *vt, vi* ~ **(sth/into sth)** investigar (algo) **1** *vt* (*Med*) sondar ■ **probing** *adj* (*pregunta*) penetrante

problem /ˈprɑbləm/ *n* problema **LOC no problem** (*coloq*) **1** no hay problema **2** no importa **3** (*para mostrarse de acuerdo*) claro *Ver tb* TEETHE ■ **problematic** /ˌprɑbləˈmætɪk/ *adj* **1** problemático **2** (*discutible*) dudoso

procedure /prəˈsiːdʒər/ *n* **1** procedimiento **2** (*gestión*) trámite(s)

proceed /proʊˈsiːd; *GB* prə-/ *vi* ~ **(with sth)** continuar, seguir adelante (con algo) **2** ~ **to do sth** pasar a hacer algo **3** (*formal*) avanzar, ir ■ **proceedings** *n* [*pl*] **1** (*Jur*) proceso **2** acto **3** (*reunión*) actas

proceeds /ˈproʊsiːdz/ *n* [*pl*] ~ **(of/from sth)** ganancias (de algo)

process /ˈprɑses; *GB* ˈproʊ-/ *sustantivo, verbo*
▸ *n* **1** (*desarrollo, Jur*) proceso **2** (*método*) procedimiento **LOC be in the process of (doing) sth** estar haciendo algo ♦ **in the process** al hacerlo
▸ *vt* **1** (*alimento, materia prima*) tratar **2** (*solicitud*) tramitar **3** (*Informát*) procesar **4** (*Fot*) revelar

processing /ˈprɑsesɪŋ; *GB* ˈproʊ-/ *n* **1** tratamiento **2** (*Informát*) procesamiento: *word processing* procesamiento de textos **3** (*Fot*) revelado

procession /prəˈseʃn/ *n* desfile, procesión

processor /ˈprɑsesər, ˈproʊ-/ *n* procesador

proclaim /prəˈkleɪm/ *vt* proclamar ■ **proclamation** /ˌprɑkləˈmeɪʃn/ *n* **1** proclama **2** (*acto*) proclamación

prod /prɑd/ *verbo, sustantivo*
▸ *vt, vi* **(-dd-)** ~ **(at) sb/sth** empujar, picar a algn/algo
▸ *n* empujón

prodigious /prəˈdɪdʒəs/ *adj* (*formal*) prodigioso

prodigy /ˈprɑdədʒi/ *n* (*pl* **prodigies**) prodigio

produce *verbo, sustantivo*
▸ *vt* /prəˈduːs; *GB* -ˈdjuːs/ **1** producir **2** (*cultivo*) dar **3** (*cría*) tener **4** ~ **sth (from/out of sth)** sacar algo (de algo) **5** (*Teat*) poner en escena **6** (*Cine, TV*) producir
▸ *n* /ˈprɑduːs; *GB* -djuːs/ [*incontable*] productos: *produce of Chile* producto chileno ⊃ *Ver nota en* PRODUCT

producer /prəˈduːsər; *GB* -ˈdjuːs-/ *n* **1** (*Industria, etc., Cine, TV*) productor, -ora **2** (*Teat*) director, -ora de escena

product /ˈprɑdʌkt/ *n* producto: *Coal was once a major industrial product.* El carbón antes era uno de los productos industriales más importantes.

> **Product** se utiliza para referirse a productos industriales, mientras que **produce** se usa para los productos del campo.

production /prəˈdʌkʃn/ n producción: *production line* línea de ensamblaje

productive /prəˈdʌktɪv/ adj productivo
- **productivity** /ˌprɑdʌkˈtɪvəti, ˌproʊd-/ n productividad

profess /prəˈfes/ vt (formal) **1** ~ **to be sth** pretender ser algo, declararse algo **2** ~ **(yourself) sth** declarar(se) algo **3** (Relig) profesar ■ **professed** adj **1** supuesto **2** declarado

profession /prəˈfeʃn/ n profesión ⊃ Ver nota en WORK

professional /prəˈfeʃnl/ adj profesional
- **professionally** adv profesionalmente

professor /prəˈfesər/ n (abrev **Prof.**) **1** (USA) profesor, -ora de universidad **2** (GB) catedrático, -a de universidad

proficiency /prəˈfɪʃnsi/ n [incontable] ~ **(in sth/doing sth)** competencia, capacidad (en algo/para hacer algo) ■ **proficient** adj ~ **(in/at sth/doing sth)** competente (en algo): *She's very proficient in/at swimming.* Es una nadadora muy competente.

profile /ˈproʊfaɪl/ n perfil LOC **a low/high profile**: *to keep a low profile* procurar pasar desapercibido ◊ *The issue has had a high profile recently.* El tema ha ocupado una posición destacada últimamente.

profit /ˈprɑfɪt/ sustantivo, verbo
▸ n **1** ganancia(s), beneficio(s): *to make a profit of $20* sacar una ganancia de 20 dólares ◊ *to do sth for profit* hacer algo con fines de lucro ◊ *to sell at a profit* vender con ganancia **2** beneficio, provecho
▸ (formal) **1** vi ~ **(from/by sth)** beneficiarse (de/con algo) **2** vt beneficiar a

profitable /ˈprɑfɪtəbl/ adj **1** rentable **2** provechoso

profit-making adj lucrativo

profound /prəˈfaʊnd/ adj profundo
- **profoundly** adv profundamente, extremadamente

profusely /prəˈfjuːsli/ adv profusamente

profusion /prəˈfjuːʒn/ n profusión, abundancia LOC **in profusion** en abundancia

program (GB **programme**) /ˈproʊɡræm/ sustantivo, verbo
▸ n programa ❶ En lenguaje informático se escribe **program** también en Gran Bretaña.
▸ vt, vi (**-mm-**) programar ■ **programmer** (tb com,puter ˈprogrammer) n programador, -ora **programming** n programación

progress sustantivo, verbo
▸ n /ˈprɑɡres, -ɡrəs/ [incontable] **1** progreso(s) **2** (movimiento) avance: *to make progress* avanzar LOC **in progress** (formal) en marcha
▸ vi /prəˈɡres/ avanzar

progressive /prəˈɡresɪv/ adj **1** progresivo **2** (Pol) progresista

prohibit /proʊˈhɪbɪt, prə-/ vt ~ **sth**; ~ **sb from doing sth** (formal) **1** prohibir algo, prohibirle a algn hacer algo **2** impedir algo, impedirle a algn hacer algo ■ **prohibition** /ˌproʊəˈbɪʃn/ n prohibición

project sustantivo, verbo
▸ n /ˈprɑdʒekt/ proyecto
▸ /prəˈdʒekt/ **1** vt proyectar **2** vi sobresalir

projection /prəˈdʒekʃn/ n proyección

projector /prəˈdʒektər/ n proyector

prolific /prəˈlɪfɪk/ adj prolífico

prologue /ˈproʊlɔːɡ; GB -lɒɡ/ n ~ **(to sth)** prólogo (de algo)

prolong /prəˈlɔːŋ; GB -ˈlɒŋ/ vt prolongar, alargar

prom /prɑm/ n (esp USA) baile de fin de curso

promenade /ˌprɑməˈneɪd, -ˈnɑːd/ n (GB) (coloq **prom**) malecón, paseo marítimo/costero

prominent /ˈprɑmɪnənt/ adj **1** prominente **2** importante

promiscuous /prəˈmɪskjuəs/ adj promiscuo

promise /ˈprɑmɪs/ verbo, sustantivo
▸ vt, vi prometer
▸ n **1** promesa **2** *to show promise* ser prometedor ■ **promising** adj prometedor

promote /prəˈmoʊt/ vt **1** promover, fomentar **2** (en el trabajo) ascender **3** (Econ) promocionar
- **promoter** n promotor, -ora

promotion /prəˈmoʊʃn/ n **1** ascenso **2** promoción, fomento

prompt /prɑmpt/ adjetivo, adverbio, verbo
▸ adj **1** sin dilación **2** (servicio) rápido **3** (persona) puntual
▸ adv en punto
▸ **1** vt ~ **sb to do sth** inducir a algn a hacer algo **2** vt (reacción) provocar **3** vt, vi (Teat) apuntar (a)

promptly /ˈprɑmptli/ adv **1** con prontitud **2** puntualmente **3** al punto

prone /proʊn/ adj ~ **to sth** propenso a algo

pronoun /ˈproʊnaʊn/ n pronombre

pronounce /prəˈnaʊns/ vt **1** pronunciar **2** declarar ■ **pronounced** adj **1** (acento) marcado **2** (mejora) notable **3** (movimiento) pronunciado

pronunciation /prəˌnʌnsiˈeɪʃn/ n pronunciación

proof /pruːf/ n **1** [incontable] prueba(s) **2** comprobación

prop

prop /prɑp/ sustantivo, verbo
▶ n **1** apoyo **2** puntal, soporte
▶ vt (-pp-) ~ sth (up) against sth apoyar algo contra algo **PHR V** prop sth up **1** apuntalar algo **2** (pey) (fig) respaldar algo

propaganda /ˌprɑpəˈgændə/ n propaganda
❶ En inglés **propaganda** solo se usa en el sentido político.

propel /prəˈpel/ vt (-ll-) **1** impulsar **2** (Mec) propulsar ■ **propellant** adj, n propulsor

propeller /prəˈpelər/ n hélice

propensity /prəˈpensəti/ n ~ (for/to do sth) (formal) propensión (a algo/a hacer algo)

proper /ˈprɑpər/ adj **1** debido **2** adecuado **3** de verdad **4** correcto **5** decente **6** propiamente dicho: *the city proper* la ciudad propiamente dicha

properly /ˈprɑpərli/ adv **1** bien **2** (comportarse) con propiedad **3** (esp GB) adecuadamente

property /ˈprɑpərti/ n (pl **properties**) **1** propiedad **2** [incontable] bienes: *personal property* bienes muebles

prophecy /ˈprɑfəsi/ n (pl **prophecies**) profecía

prophesy /ˈprɑfəsaɪ/ (pt, pp **-sied**) **1** vt predecir **2** vi profetizar

prophet /ˈprɑfɪt/ n profeta

proportion /prəˈpɔːrʃn/ n proporción: *sense of proportion* sentido de la proporción **LOC** get/keep sth/things in proportion ver las cosas en su justa medida ◆ out of (all) proportion **1** desmesuradamente **2** desproporcionado ■ **proportional** adj ~ (to sth) proporcional a algo, en proporción con algo

proposal /prəˈpoʊzl/ n **1** propuesta **2** (tb proposal of 'marriage) propuesta de matrimonio

propose /prəˈpoʊz/ **1** vt (sugerencia) proponer **2** vt ~ to do sth/doing sth proponerse hacer algo **3** vi ~ (to sb) proponerle matrimonio (a algn)

proposition /ˌprɑpəˈzɪʃn/ n **1** proposición **2** propuesta

proprietor /prəˈpraɪətər/ n (formal) propietario, -a

prose /proʊz/ n prosa

prosecute /ˈprɑsɪkjuːt/ vt procesar: *prosecuting lawyer* abogado de la parte acusadora ■ **prosecution** n **1** enjuiciamiento, procesamiento **2** the prosecution [v sing o pl] (Jur) la acusación **prosecutor** n fiscal

prospect /ˈprɑspekt/ n **1** perspectiva **2** ~ (of sth/doing sth) expectativa(s), posibilidad(es) (de algo/hacer algo) ■ **prospective** /prəˈspektɪv/ adj **1** futuro **2** probable

prospectus /prəˈspektəs/ n prospecto (folleto promocional)

prosper /ˈprɑspər/ vi prosperar ■ **prosperity** /prɑˈsperəti/ n prosperidad **prosperous** /ˈprɑspərəs/ adj próspero

prostitute /ˈprɑstətuːt; GB -tjuːt/ n **1** prostituta **2** (tb ˌmale ˈprostitute) prostituto ■ **prostitution** n prostitución

prostrate /ˈprɑstreɪt/ adj (formal) **1** postrado **2** ~ (with sth) abatido (por algo)

protagonist /prəˈtægənɪst/ n **1** protagonista ❶ Cuando se habla de películas, libros, etc. se dice normalmente **main character**. **2** ~ (of sth) defensor, -ora (de algo)

protect /prəˈtekt/ vt ~ sb/sth (against/from sth) proteger a algn/algo (contra/de algo)

protection /prəˈtekʃn/ n ~ (for/against sth) protección (de/para/contra algo)

protective /prəˈtektɪv/ adj protector

protein /ˈproʊtiːn/ n proteína

protest sustantivo, verbo
▶ n /ˈproʊtest/ protesta
▶ /prəˈtest/ **1** vi ~ (about/at/against sth) protestar (por/de/contra algo) **2** vt declarar

Protestant /ˈprɑtɪstənt/ adj, n protestante
➔ Ver nota en CATÓLICO

protester /prəˈtestər, proʊ-/ n manifestante

prototype /ˈproʊtətaɪp/ n prototipo

protrude /proʊˈtruːd, prə-/ vi ~ (from sth) (formal) sobresalir (de algo): *protruding teeth* dientes salidos

proud /praʊd/ adj (**prouder**, **-est**) **1** ~ (of sb/sth) orgulloso (de algn/algo) **2** ~ (to do sth/that…) orgulloso (de hacer algo/de que…) **3** (pey) arrogante

proudly /ˈpraʊdli/ adv con orgullo

prove /pruːv/ (pp **proved**, tb esp USA **proven** /ˈpruːvn/) **1** vt ~ sth (to sb) probar(le), demostrar(le) algo (a algn) **2** vt, vi ~ (yourself) (to be) sth resultar (ser) algo: *The task proved (to be) very difficult.* La tarea resultó (ser) muy difícil. **LOC** prove your point demostrar que se está en lo cierto

proven /ˈpruːvn/ adj comprobado Ver tb PROVE

proverb /ˈprɑvɜːrb/ n proverbio ■ **proverbial** /prəˈvɜːrbiəl/ adj **1** proverbial **2** por todos conocido

provide /prəˈvaɪd/ vt ~ sb (with sth); ~ sth (for sb) proporcionar, suministrar algo a algn **PHR V** provide for sb mantener a algn ◆ provide

for sth (*formal*) **1** prever algo **2** (*ley, etc.*) estipular algo

provided /prəˈvaɪdɪd/ (*tb* **providing**) *conj* **~ (that…)** siempre y cuando, con la condición de que, con tal (de) que

province /ˈprɒvɪns/ *n* **1** provincia **2 the provinces** [*pl*] las provincias **3** [*sing*] (*formal*) competencia: *It's not my province.* Está fuera de mi competencia. ■ **provincial** /prəˈvɪnʃl/ *adj* **1** provincial, de la provincia **2** (*gen pey*) de provincia, provinciano

provision /prəˈvɪʒn/ *n* **1 ~ of sth** suministro, abastecimiento de algo **2** *to make provision for sb* hacer previsiones para el porvenir de algn ◊ *to make provision against/for sth* prever algo **3 provisions** [*pl*] víveres, provisiones **4** (*Jur*) disposición, estipulación

provisional /prəˈvɪʒənl/ *adj* provisional

proviso /prəˈvaɪzəʊ/ *n* (*pl* **provisos**) condición

provocation /ˌprɒvəˈkeɪʃn/ *n* provocación
■ **provocative** /prəˈvɒkətɪv/ *adj* provocador, provocativo

provoke /prəˈvəʊk/ *vt* **1** (*persona*) provocar **2 ~ sb into doing sth/to do sth** inducir, incitar a algn a hacer algo **3** provocar, causar

prow /praʊ/ *n* proa

prowess /ˈpraʊəs/ *n* (*formal*) **1** proeza **2** habilidad

prowl /praʊl/ *vt, vi* **~ (about/around)** rondar, merodear

proximity /prɒkˈsɪməti/ *n* (*formal*) proximidad

proxy /ˈprɒksi/ *n* (*pl* **proxies**) **1** apoderado, -a, representante **2** poder: *by proxy* por poder

prude /pruːd/ *n* (*pey*) mojigato, -a

prudent /ˈpruːdnt/ *adj* prudente

prune /pruːn/ *sustantivo, verbo*
▸ *n* ciruela pasa
▸ *vt* **1** podar **2** recortar ■ **pruning** *n* poda

pry /praɪ/ (*pt, pp* **pried** /praɪd/) **1** *vi* **~ (into sth)** entrometerse (en algo), fisgonear **2** (*tb* **prize**) *vt* **~ sth apart, off, open, etc. (with sth)** separar, quitar, abrir, etc. algo (haciendo palanca con algo)

P.S. /ˌpiːˈes/ *abrev de* **postscript** posdata (*abrev* P.D.)

psalm /sɑːm/ *n* salmo

pseudonym /ˈsuːdənɪm; *GB tb* ˈsjuː-/ *n* seudónimo

psyche /ˈsaɪki/ *n* psique, psiquis

psychiatry /saɪˈkaɪətri/ *n* psiquiatría
■ **psychiatric** /ˌsaɪkiˈætrɪk/ *adj* psiquiátrico
psychiatrist /saɪˈkaɪətrɪst/ *n* psiquiatra

psychic /ˈsaɪkɪk/ *adj* **1** psíquico **2** (*persona*) *to be psychic* tener poderes parapsicológicos

psychoanalysis /ˌsaɪkəʊəˈnæləsɪs/ (*tb* **analysis**) *n* psicoanálisis

psychology /saɪˈkɒlədʒi/ *n* psicología
■ **psychological** /ˌsaɪkəˈlɒdʒɪkl/ *adj* psicológico
psychologist /saɪˈkɒlədʒɪst/ *n* psicólogo, -a

psychopath /ˈsaɪkəpæθ/ *n* psicópata

pub /pʌb/ *n* (*esp GB*) bar

puberty /ˈpjuːbərti/ *n* pubertad

pubic /ˈpjuːbɪk/ *adj* púbico: *pubic hair* vello púbico

public /ˈpʌblɪk/ *adjetivo, sustantivo*
▸ *adj* público: *public convenience* (*GB*) baño público
▸ *n* público **LOC in public** en público

publication /ˌpʌblɪˈkeɪʃn/ *n* publicación

publicist /ˈpʌblɪsɪst/ *n* publicista

publicity /pʌbˈlɪsəti/ *n* publicidad: *publicity campaign* campaña publicitaria

publicize (*GB tb* **-ise**) /ˈpʌblɪsaɪz/ *vt* **1** hacer público **2** promover, promocionar

publicly /ˈpʌblɪkli/ *adv* públicamente

public reˈlations *n* (*abrev* **PR**) [*incontable*] relaciones públicas

public ˈschool *n* **1** (*USA*) escuela pública, colegio público **2** (*GB*) colegio privado ➔ *Ver nota en* ESCUELA

publish /ˈpʌblɪʃ/ *vt* **1** publicar **2** hacer público ■ **publisher** *n* **1** editor, -ora **2** (*casa*) editorial

publishing /ˈpʌblɪʃɪŋ/ *n* mundo editorial: *publishing house* casa editorial

pudding /ˈpʊdɪŋ/ *n* **1** (*GB*) (*USA* **dessert**) postre **2** pudín **3** *black pudding* morcilla

puddle /ˈpʌdl/ *n* charco

puff /pʌf/ *sustantivo, verbo*
▸ *n* **1** soplo, resoplido **2** (*humo, vapor*) bocanada **3** (*cigarrillo*) chupada, fumada **4** (*GB, coloq*) aliento
▸ **1** *vt, vi* **~ (at/on) sth** (*pipa, etc.*) fumar algo **2** *vt* (*humo*) echar a bocanadas **3** *vi* (*coloq*) jadear **4** *vt* (*cigarro, etc.*) fumar **PHRV be puffed out** (*GB, coloq*) estar sin aliento ♦ **puff sth out/up** inflar algo ♦ **puff up** hincharse ■ **puffy** *adj* (**puffier, -iest**) hinchado (*esp la cara*)

puke /pjuːk/ *verbo, sustantivo*
▸ *vt, vi* **~ (sth) (up)** (*coloq*) devolver (algo), vomitar
▸ *n* [*incontable*] vómito

pull /pʊl/ *verbo, sustantivo*
▶ *vt* **1** dar un tirón/jalón a, tirar/jalar de **2** *vi* ~ **(at/on sth)** tirar, jalar (de algo) **3** *vt* (*carreta, etc.*) jalar de **4** *vt* (*corcho, muela, pistola*) sacar **5** *vt* **to pull a muscle** darle a algn un tirón/jalón en un músculo **6** *vt* (*gatillo*) apretar **LOC pull sb's leg** (*coloq*) tomarle el pelo a algn ◆ **pull strings (for sb)** (*coloq*) mover palancas (para algn) ◆ **pull your socks up** (*GB, coloq*) esforzarse por mejorar ◆ **pull your weight** poner todo tu esfuerzo *Ver tb* FACE
PHR V pull sth apart hacer algo pedazos
pull sth down 1 bajar algo **2** (*edificio*) tumbar algo
pull in (to sth); pull into sth 1 (*carro, etc.*) parar (en algo) **2** (*tren*) llegar (a algo)
pull sth off 1 (*ropa*) quitar(se) algo **2** (*coloq*) conseguir algo
pull out (of sth) 1 retirarse (de algo) **2** salir(se) (de algo) ◆ **pull sb/sth out (of sth) 1** sacar a algn/algo (de algo) **2** retirar a algn/algo (de algo)
pull over hacerse a un lado (*carro, etc.*)
pull yourself together calmarse, controlarse
pull up parar ◆ **pull sth up 1** levantar algo **2** (*planta*) arrancar algo
▶ *n* **1** ~ **(at/on sth)** jalón, tirón (en algo) **2** [*sing*] **the** ~ **(of sth)** la atracción, la llamada (de algo) **3** *It was a hard pull.* Resultó un duro esfuerzo.

pull date (*GB* **sell-by date**) *n* fecha límite de venta

pulley /'pʊli/ *n* (*pl* **pulleys**) polea

pullover /'pʊloʊvər/ *n* suéter ⊃ *Ver nota en* SWEATER

pulp /pʌlp/ *n* **1** pulpa **2** (*de madera, papel*) pasta

pulpit /'pʊlpɪt/ *n* púlpito

pulsate /'pʌlseɪt; *GB* pʌl'seɪt/ (*tb* **pulse**) *vi* palpitar, latir

pulse /pʌls/ *n* **1** (*Med*) pulso **2** ritmo **3** pulsación **4 pulses** [*pl*] legumbres secas

pumice /'pʌmɪs/ (*tb* **pumice stone**) *n* piedra pómez

pummel /'pʌml/ *vt* (**-l-**, *GB* **-ll-**) golpear, dar una paliza

pump /pʌmp/ *sustantivo, verbo*
▶ *n* **1** bomba: *gasoline pump* surtidor de gasolina **2** (*GB*) zapatilla
▶ **1** *vt* bombear **2** *vi* dar bomba, bombear **3** *vi* (*corazón*) latir, bombear **4** *vi* ~ **sb (for sth)** (*coloq*) sonsacar a algn, sonsacarle algo a algn
PHR V pump sth up inflar algo

pumpkin /'pʌmpkɪn/ *n* zapallo, ahuyama, calabaza

pun /pʌn/ *n* ~ **(on sth)** juego de palabras (con algo)

punch /pʌntʃ/ *verbo, sustantivo*
▶ *vt* **1** darle a algn un puñetazo a **2** perforar, picar: *to punch a hole in sth* hacer un agujero en algo
PHR V punch in (*GB* **clock in/on**) marcar tarjeta (*al entrar al trabajo*) ◆ **punch out** (*GB* **clock off/out**) marcar tarjeta (*al salir del trabajo*)
▶ *n* **1** puñetazo **2** garra, fuerza **3** (*para boletos*) perforadora **4** punzón **5** (*bebida*) ponche

punchline /'pʌntʃlaɪn/ *n* final de un chiste

punch-up *n* (*GB, coloq*) pelea a puños

punctual /'pʌŋktʃuəl/ *adj* puntual ⊃ *Ver nota en* PUNTUAL ■ **punctuality** /ˌpʌŋktʃu'æləti/ *n* puntualidad

punctuate /'pʌŋktʃueɪt/ *vt* **1** (*Gram*) puntuar **2** ~ **sth (with sth)** interrumpir algo (con algo)

punctuation /ˌpʌŋktʃu'eɪʃn/ *n* puntuación: *punctuation mark* signo de puntuación ⊃ *Ver pág. 377*

puncture /'pʌŋktʃər/ *sustantivo, verbo*
▶ *n* **1** perforación **2** (*GB*) (*USA* **flat**) (*llanta*) pinchazo, ponchadura
▶ **1** *vt, vi* pinchar(se) **2** *vt* (*Med*) perforar

pundit /'pʌndɪt/ *n* entendido, -a, lumbrera

pungent /'pʌndʒənt/ *adj* **1** acre **2** punzante **3** mordaz

punish /'pʌnɪʃ/ *vt* castigar

punishment /'pʌnɪʃmənt/ *n* castigo

punitive /'pju:nətɪv/ *adj* (*formal*) **1** punitivo **2** desorbitado

punk /pʌŋk/ *sustantivo, adjetivo*
▶ *n* **1** punk **2** (*esp USA, coloq*) patán
▶ *adj* punki

punt /pʌnt/ *n* (*GB*) bote largo y plano que se impulsa con una pértiga

punter /'pʌntər/ *n* (*GB, coloq*) **1** apostador, -ora **2** cliente, miembro del público

pup /pʌp/ *n* **1** *Ver* PUPPY **2** cría

pupil /'pju:pl/ *n* **1** pupila (*del ojo*) **2** (*esp GB*) alumno, -a ⊃ *Ver nota en* ALUMNO **3** discípulo, -a

puppet /'pʌpɪt/ *n* **1** marioneta **2** (*fig*) títere

puppy /'pʌpi/ *n* (*pl* **puppies**) (*tb* **pup** /pʌp/) *n* cachorro, -a

purchase /'pɜːrtʃəs/ *sustantivo, verbo*
▶ *n* (*formal*) compra, adquisición *Ver tb* COMPULSORY PURCHASE
▶ *vt* (*formal*) comprar

purchaser /'pɜːrtʃəsər/ *n* (*formal*) comprador, -ora

pure /pjʊər/ *adj* (**purer, -est**) puro

purée /pjʊ'reɪ; *GB* 'pjʊəreɪ/ *n* puré

purely /'pjʊərli/ *adv* puramente, simplemente

purge /pɜːdʒ/ verbo, sustantivo
▸ vt **1** ~ **sb (from sth)** expulsar a algn (de algo) **2** ~ **sth (of sb/sth)** purgar algo (de algn/algo)
▸ n purga

purify /ˈpjʊərɪfaɪ/ vt (pt, pp **-fied**) purificar

puritan /ˈpjʊərɪtən/ adj, n puritano, -a
■ **puritanical** /ˌpjʊərɪˈtænɪkl/ adj (pey) puritano

purity /ˈpjʊərəti/ n pureza

purple /ˈpɜːrpl/ adj, n morado

purport /pərˈpɔːrt/ vt (formal): *It purports to be...* Pretende ser...

purpose /ˈpɜːrpəs/ n **1** propósito, motivo **2** determinación: *to have a/no sense of purpose* (no) tener una meta en la vida **LOC** **for the purpose of sth** para efectos de algo ♦ **for this purpose** para este propósito ♦ **on purpose** a propósito Ver tb INTENT ■ **purposeful** adj decidido **purposely** adv intencionadamente

purpose-ˈbuilt adj (GB) construido con un fin específico

purr /pɜːr/ vi ronronear

purse /pɜːrs/ sustantivo, verbo
▸ n **1** (USA) (GB **handbag**) bolso, cartera ⊃ Ver dibujo en BAG **2** (GB) (USA **change purse**) monedero ⊃ Comparar con WALLET
▸ vt: *to purse your lips* fruncir los labios

pursue /pərˈsuː; GB -ˈsjuː/ vt (formal) **1** perseguir ❶ La palabra más común es **chase**. **2** (actividad) dedicarse a **3** (conversación) continuar (con)

pursuit /pərˈsuːt; GB -ˈsjuːt/ n **1** ~ **of sth** búsqueda de algo **2** [gen pl] actividad **LOC** **in pursuit (of sb/sth)** persiguiendo (a algn/algo) ♦ **in pursuit of sth** en busca de algo

pus /pʌs/ n pus

push /pʊʃ/ verbo, sustantivo
▸ **1** vt, vi empujar: *to push past sb* pasar a algn empujando **2** vt (botón, etc.) apretar **3** vt (coloq) (idea) promover **LOC** **be pushed for sth** (GB, coloq) andar corto de algo **PHRV** **push ahead/forward/on (with sth)** seguir adelante (con algo) ♦ **push sb around** (GB tb **push sb about**) mangonear a algn ♦ **push (sb) for sth** presionar (a algn) para que se haga algo ♦ **push in** (GB) colarse ♦ **push off** (GB, coloq) largarse
▸ n empujón **LOC** **get the push/give sb the push** (GB, coloq) ser echado/darle la patada a algn

pushchair /ˈpʊʃtʃeər/ n (GB) (USA **stroller**) cochecito de niño, carriola

pusher /ˈpʊʃər/ (tb ˈ**drug pusher**) n (coloq) vendedor callejero de drogas, jíbaro

ˈpush-up n flexión de brazos, lagartija

pushy /ˈpʊʃi/ adj (**pushier**, **-iest**) (coloq, pey) avasallador

put /pʊt/ vt (**-tt-**) (pt, pp **put**) **1** poner, colocar, meter: *Did you put sugar in my tea?* ¿Me pusiste azúcar en el té? ◊ *to put sb out of work* dejar a algn sin trabajo ◊ *Put them together.* Júntalos. **2** decir, expresar **3** (pregunta, sugerencia) hacer **4** (tiempo, esfuerzo) dedicar **LOC** **not put it past sb (to do sth)** creer a algn capaz (de hacer algo): *I wouldn't put it past him to forget his wife's birthday.* No se me haría raro que se le olvidara el cumpleaños de su esposa. ❶ Para otras expresiones con **put**, véanse las entradas del sustantivo, adjetivo, etc., p. ej. **put sth right** en RIGHT.
PHRV **put sth across/over** comunicar algo ♦ **put yourself across/over** presentarse a uno mismo: *She puts herself across well in interviews.* Causa una buena impresión en las entrevistas.
put sth aside 1 dejar algo a un lado **2** (dinero) ahorrar, reservar algo
put sth away guardar algo
put sth back 1 devolver algo a su lugar, guardar algo **2** (reloj) atrasar algo **3** (posponer) aplazar algo
put sth by (GB) **1** (dinero) ahorrar algo **2** (reservar) guardar algo
put sb down (coloq) humillar, despreciar a algn ♦ **put sth down 1** poner algo (en el suelo, etc.) **2** dejar, soltar algo **3** (escribir) apuntar algo **4** (rebelión) sofocar, reprimir algo **5** (animal) sacrificar algo ♦ **put sth down to sth** atribuirle algo a algo
put sb/yourself forward proponer a algn, proponerse (para un puesto o cargo) ♦ **put sth forward 1** (propuesta) presentar algo **2** (sugerencia) proponer algo **3** (reloj) adelantar algo
put sth into (doing) sth 1 dedicar algo a (hacer) algo **2** (dinero) invertir algo en (hacer) algo
put sb off 1 decirle a algn que no venga **2** distraer a algn ♦ **put sb off (sth/doing sth)** (GB) quitarle a algn las ganas (de algo/de hacer algo) ♦ **put sth off 1** aplazar algo **2** (luz, etc.) apagar algo
put sth on 1 (ropa) ponerse algo **2** (luz, etc.) prender algo **3** engordar algo: *to put on weight* engordar ◊ *to put on two kilograms* engordar dos kilos **4** (obra de teatro) hacer, montar algo **5** fingir algo
put sb out 1 causar molestias a algn **2** **be put out** sentirse ofendido, disgustarse ♦ **put sth out 1** sacar algo **2** (luz, fuego) apagar algo **3** (mano) tender algo ♦ **put yourself out (for sb)** (coloq) molestarse (por algn) ♦ **put sth through** llevar a cabo algo (plan, reforma, etc.) ♦ **put sth through sth** someter a algn a algo ♦ **put sb through (to sb)** comunicar a algn (con algn) (por teléfono)

put sth to sb sugerirle, proponerle algo a algn
put sth together armar, montar algo: *to put together a meal/an essay* preparar una comida/escribir un ensayo
put sb up alojar a algn ♦ **put sth up 1** (*mano*) levantar algo **2** (*edificio*) construir, levantar algo **3** (*letrero, etc.*) poner algo **4** (*precio*) subir algo ♦ **put up with sb/sth** aguantar(se) a algn/algo

putrid /ˈpjuːtrɪd/ *adj* **1** podrido, putrefacto **2** (*color, etc.*) asqueroso

putter /ˈpʌtər/ (*GB* **potter**) *vi* ~ **about/around (sth)** vagar, hacer trabajitos (en algo)

putty /ˈpʌti/ *n* pasta (*para vidrios*)

puzzle /ˈpʌzl/ *sustantivo, verbo*
▸ *n* **1** acertijo **2** rompecabezas **3** misterio
▸ *vt* desconcertar PHR V **puzzle sth out** resolver algo ♦ **puzzle over sth** devanarse los sesos sobre algo ■ **puzzled** *adj* perplejo

pygmy /ˈpɪɡmi/ *sustantivo, adjetivo*
▸ *n* pigmeo, -a
▸ *adj* enano: *pygmy horse* caballo enano

pyjamas (*GB*) = PAJAMAS

pylon /ˈpaɪlɑn, -lən/ *n* (*esp GB*) (*USA* **tower**) torre de conducción eléctrica

pyramid /ˈpɪrəmɪd/ *n* pirámide

python /ˈpaɪθɑn; *GB* -θn/ *n* pitón

Q q

Q, q /kjuː/ *n* (*pl* **Qs, Q's, q's** /kjuːz/) Q, q ➜ *Ver ejemplos en* A, A

quack /kwæk/ *sustantivo, verbo*
▸ *n* **1** graznido **2** (*coloq, pey*) charlatán, -ana
▸ *vi* graznar

quad bike /ˈkwɒd baɪk/ *n* (*GB*) (*USA* **four-wheeler**) cuatrimoto

quadruple /kwɒˈdruːpl; *GB* ˈkwɒdrʊpl/ *adjetivo, verbo*
▸ *adj* cuádruple
▸ *vt, vi* cuadruplicar(se)

quagmire /ˈkwæɡmaɪər, ˈkwɒɡ-/ *n* (*lit y fig*) atolladero

quail /kweɪl/ *n* codorniz

quaint /kweɪnt/ *adj* **1** (*idea, costumbre, etc.*) curioso **2** (*lugar, edificio*) pintoresco

quake /kweɪk/ *verbo, sustantivo*
▸ *vi* temblar
▸ *n* (*coloq*) temblor, terremoto

❡ **qualification** /ˌkwɒlɪfɪˈkeɪʃn/ *n* **1** requisito **2 qualifications** [*pl*] preparación **3** reserva: *without qualification* sin reservas **4** (*GB*) (*diploma, etc.*) título **5** calificación **6** (*Dep*) clasificación

❡ **qualified** /ˈkwɒlɪfaɪd/ *adj* **1** titulado **2** capacitado **3** (*éxito, etc.*) limitado

❡ **qualify** /ˈkwɒlɪfaɪ/ (*pt, pp* **-fied**) **1** *vt* ~ **sb** (**for sth/to do sth**) capacitar a algn (para algo/para hacer algo), darle derecho a algn a algo/a hacer algo **2** *vi* ~ **for sth/to do sth** tener derecho a algo/a hacer algo **3** *vt* (*declaración*) matizar, modificar **4** *vi* ~ (**as sth**) obtener el título (de algo) **5** *vi* ~ (**as sth**) contar (como algo) **6** *vi* ~ (**for sth**) cumplir los requisitos (para algo) **7** *vi* ~ (**for sth**) (*Dep*) clasificarse (para algo) ■ **qualifying** *adj* eliminatorio

❡ **quality** /ˈkwɒləti/ *n* (*pl* **qualities**) **1** calidad **2** clase **3** cualidad **4** característica

qualm /kwɑːm/ *n* escrúpulo, duda

quandary /ˈkwɒndəri/ *n* LOC **be in a quandary** tener un dilema

quantify /ˈkwɒntɪfaɪ/ *vt* (*pt, pp* **-fied**) cuantificar

❡ **quantity** /ˈkwɒntəti/ *n* (*pl* **quantities**) cantidad

quarantine /ˈkwɒrəntiːn; *GB* ˈkwɒr-/ *n* cuarentena

quarrel /ˈkwɒrəl; *GB* ˈkwɒrəl/ *sustantivo, verbo*
▸ *n* **1** riña, pelea **2** queja LOC *Ver* PICK

▸ *vi* (**-l-**, *GB* **-ll-**) ~ (**with sb**) (**about/over sth**) pelear (con algn) (por algo)

quarrelsome /ˈkwɒrəlsəm; *GB* ˈkwɒr-/ *adj* peleador, pendenciero

quarry /ˈkwɒri; *GB* ˈkwɒri/ *n* (*pl* **quarries**) **1** cantera **2** [*sing*] presa

quart /kwɔːrt/ *n* (*abrev* **qt.**) cuarto de galón (0,95 litros) ➜ *Ver pág.* 786

❡ **quarter** /ˈkwɔːrtər/ *n* **1** cuarto: *It's a quarter to/after one.* Falta cuarto para la una./Es la una y cuarto. **2** una cuarta parte: *a quarter full* lleno en una cuarta parte **3** (*recibos, etc.*) trimestre **4** barrio **5** (*USA*) veinticinco centavos **6 quarters** [*pl*] (*esp Mil*) alojamiento LOC **in/from all quarters** en/de todas partes

quarter-final *n* cuartos de final

quarterly /ˈkwɔːrtərli/ *adjetivo, adverbio, sustantivo*
▸ *adj* trimestral
▸ *adv* trimestralmente
▸ *n* revista trimestral

quartet /kwɔːrˈtet/ *n* cuarteto

quartz /kwɔːrts/ *n* cuarzo

quash /kwɒʃ/ *vt* **1** (*sentencia*) anular **2** (*rebelión*) sofocar **3** (*rumor, sospecha, etc.*) poner(le) fin a

quay /kiː/ (*tb* **quayside** /ˈkiːsaɪd/) *n* muelle

queasy /ˈkwiːzi/ *adj* mareado

❡ **queen** /kwiːn/ *n* reina

queer /kwɪər/ *adjetivo, sustantivo*
▸ *adj* **1** (*argot, pey*) gay, homosexual **2** (*antic*) raro LOC *Ver* FISH
▸ *n* (*argot, pey*) gay, homosexual

quell /kwel/ *vt* **1** (*revuelta, etc.*) aplastar **2** (*miedo, dudas, etc.*) disipar

quench /kwentʃ/ *vt* apagar (*sed, fuego, pasión*)

query /ˈkwɪəri/ *sustantivo, verbo*
▸ *n* (*pl* **queries**) (*pregunta*) duda: *Do you have any queries?* ¿Tienes alguna duda?
▸ *vt* (*pt, pp* **queried**) cuestionar

quest /kwest/ *n* búsqueda

❡ **question** /ˈkwestʃən/ *sustantivo, verbo*
▸ *n* **1** pregunta: *to ask/answer a question* hacer/responder a una pregunta **2** ~ (**of sth**) cuestión (de algo) LOC **bring/call sth into question** poner algo en duda ♦ **out of the question** impensable *Ver tb* LOADED
▸ *vt* **1** hacerle preguntas a, interrogar **2** dudar de
■ **questionable** *adj* dudoso

ʃ she   tʃ chin   dʒ June   v van   θ thin   ð then   s so   z zoo   e ten

questioning

questioning /ˈkwestʃənɪŋ/ *sustantivo, adjetivo*
▸ *n* interrogatorio
▸ *adj* inquisitivo, expectante

question mark *n* signo de interrogación ⮕ *Ver pág.* 377

questionnaire /ˌkwestʃəˈneər/ *n* cuestionario

question tag *n* frase interrogativa corta al final de una oración

queue /kjuː/ *sustantivo, verbo*
▸ *n* (*GB*) (*USA* **line**) fila, cola (*de personas, etc.*) **LOC** *Ver* JUMP
▸ *vi* ~ (**up**) (*GB*) (*USA* **line up**) hacer fila/cola

quick /kwɪk/ *adjetivo, adverbio*
▸ *adj* (**quicker, -est**) **1** rápido: *Be quick!* ¡Apúrese! ⮕ *Ver nota en* FAST **2** (*persona, mente, etc.*) agudo **LOC** **be quick to do sth** no demorar(se) en hacer algo *Ver tb* BUCK, TEMPER
▸ *adv* (**quicker, -est**) rápido, rápidamente

quicken /ˈkwɪkən/ *vt, vi* **1** acelerar(se) **2** (*ritmo, interés*) avivar(se)

quickly /ˈkwɪkli/ *adv* rápido, rápidamente

quick-thinking *adj* perspicaz

quid /kwɪd/ *n* (*pl* **quid**) (*GB, coloq*) libra: *It's five quid each.* Son cinco libras cada uno.

quiet /ˈkwaɪət/ *adjetivo, sustantivo, verbo*
▸ *adj* (**quieter, -est**) **1** (*lugar, vida*) tranquilo **2** callado: *Be quiet!* ¡Cállese! **3** silencioso
▸ *n* **1** silencio **2** tranquilidad **LOC** **on the quiet** a escondidas *Ver tb* PEACE
▸ *vt* (*GB tb* **quieten**) ~ (**sb/sth**) (**down**) calmar (a algn/algo) **PHR V** **quiet down** tranquilizarse, calmarse

quietly /ˈkwaɪətli/ *adv* **1** en silencio **2** tranquilamente **3** en voz baja

quietness /ˈkwaɪətnəs/ *n* tranquilidad

quilt /kwɪlt/ *n* **1** (*tb* **patchwork quilt**) colcha (*de retazos*) **2** (*GB*) (*tb* **duvet**) (*USA* **comforter**) edredón (nórdico)

quintet /kwɪnˈtet/ *n* quinteto

quirk /kwɜːrk/ *n* rareza **LOC** **a quirk of fate** una casualidad del destino ■ **quirky** *adj* peculiar, extraño

quit /kwɪt/ (**-tt-**) (*pt, pp* **quit**, *GB tb* **quitted**) **1** *vt, vi* (*trabajo, etc.*) dejar **2** *vt* ~ (**doing**) **sth** dejar (de hacer) algo **3** *vi* irse

quite /kwaɪt/ *adv* **1** bastante: *He played quite well.* Jugó bastante bien. **2** (*GB*) totalmente, absolutamente: *quite empty/sure* totalmente vacío/seguro ◊ *She played quite brilliantly.* Tocó de maravilla. ⮕ *Ver nota en* FAIRLY **LOC** **not quite** no exactamente, no completamente ♦ **quite a**; **quite some** todo un: *It gave me quite a shock.* Me metió un buen susto. ♦ **quite a few**; **quite a lot (of sth)** bastante(s), un número considerable (de algo)

quiver /ˈkwɪvər/ *verbo, sustantivo*
▸ *vi* temblar, estremecerse
▸ *n* temblor, estremecimiento

quiz /kwɪz/ *sustantivo, verbo*
▸ *n* (*pl* **quizzes**) concurso, prueba (*de conocimientos*)
▸ *vt* (**-zz-**) ~ **sb** (**about sb/sth**) interrogar a algn (sobre algn/algo)

quizzical /ˈkwɪzɪkl/ *adj* inquisitivo, burlón

quorum /ˈkwɔːrəm/ *n* [*sing*] quórum

quota /ˈkwoʊtə/ *n* **1** cupo **2** cuota, parte

quotation /kwoʊˈteɪʃn/ *n* **1** (*de un libro, etc.*) cita **2** presupuesto **3** (*Fin*) cotización

quotation marks (*tb* **quotes**) *n* [*pl*] comillas ⮕ *Ver pág.* 377

quote /kwoʊt/ *verbo, sustantivo*
▸ **1** *vt, vi* citar **2** *vt* dar un presupuesto **3** *vt* cotizar
▸ *n* (*coloq*) **1** (*de un libro, etc.*) cita **2** presupuesto **3 quotes** [*pl*] comillas ⮕ *Ver pág.* 377

R r

R, r /ɑr/ n (pl **Rs, R's, r's** /ɑrz/) R, r ➜ Ver nota en A, A

rabbit /'ræbɪt/ n conejo ➜ Ver nota en CONEJO

rabid /'ræbɪd; GB tb 'reɪ-/ adj rabioso

rabies /'reɪbiːz/ n [incontable] rabia (enfermedad)

raccoon (tb **racoon**) /ræ'kuːn/ n mapache

race /reɪs/ sustantivo, verbo
▸ n **1** carrera **2** raza: *race relations* relaciones raciales LOC Ver THE RAT RACE
▸ **1** vt, vi echar una carrera con, competir (con) **2** vi (en carrera) correr **3** vi correr a toda velocidad **4** vt (caballo) hacer correr, presentar **5** vi (pulso, corazón) latir muy rápido

'race car (GB **'racing car**) n carro de carreras

racehorse /'reɪshɔːrs/ n caballo de carreras

racer /'reɪsər/ n **1** (competidor) corredor, -ora, piloto, -a **2** carro/bicicleta/barco de carreras

racetrack /'reɪstræk/ n **1** circuito (de automovilismo, etc.) **2** (GB **racecourse** /'reɪskɔːrs/) hipódromo

racial /'reɪʃl/ adj racial

racing /'reɪsɪŋ/ n [incontable] carreras: *horse racing* carreras de caballos

racism /'reɪsɪzəm/ n racismo ■ **racist** adj, n racista ➜ Ver nota en CATÓLICO

rack /ræk/ sustantivo, verbo
▸ n **1** soporte **2** (para equipaje) portaequipaje Ver tb ROOF RACK **3 the rack** el potro
▸ vt LOC **rack your brain(s)** devanarse los sesos

racket /'rækɪt/ n **1** (tb **racquet**) raqueta **2** alboroto **3** negocio turbio: *What a racket!* ¡Qué robo!

racy /'reɪsi/ adj (**racier, -iest**) **1** (estilo) vivo **2** (chiste) picante

radar /'reɪdɑr/ n [incontable] radar

radiant /'reɪdiənt/ adj ~ (**with sth**) radiante (de algo): *radiant with joy* radiante de alegría
■ **radiance** n resplandor

radiate /'reɪdieɪt/ **1** vt, vi (luz, alegría) irradiar **2** vi (de un punto central) salir

radiation /ˌreɪdi'eɪʃn/ n radiación: *radiation sickness* enfermedad por radiación

radiator /'reɪdieɪtər/ n radiador

radical /'rædɪkl/ adj, n radical

radio /'reɪdioʊ/ n (pl **radios**) radio: *radio station* emisora (de radio)

radioactive /ˌreɪdioʊ'æktɪv/ adj radiactivo
■ **radioactivity** /ˌreɪdioʊæk'tɪvəti/ n radiactividad

radish /'rædɪʃ/ n rábano

radius /'reɪdiəs/ n (pl **radii** /-diaɪ/) radio

raffle /'ræfl/ n rifa

raft /ræft; GB rɑːft/ n balsa: *life raft* balsa salvavidas

rafter /'ræftər; GB 'rɑːft-/ n viga (del techo)

rafting /'ræftɪŋ; GB 'rɑːft-/ n rafting: *to go white-water rafting* hacer rafting

rag /ræɡ/ n **1** trapo **2 rags** [pl] andrajos **3** (coloq, pey) periodicucho

rage /reɪdʒ/ sustantivo, verbo
▸ n (ira) cólera: *to fly into a rage* montar en cólera Ver tb ROAD RAGE LOC **be all the rage** (coloq) hacer furor
▸ vi **1** ponerse furioso **2** (tormenta) rugir **3** (batalla) continuar con furia

ragged /'ræɡɪd/ adj **1** (ropa) roto **2** (persona) andrajoso

raging /'reɪdʒɪŋ/ adj **1** (dolor, sed) atroz **2** (mar) enfurecido **3** (tormenta) violento

raid /reɪd/ sustantivo, verbo
▸ n **1** ~ (**on sth**) ataque (contra algo): *air raid* ataque aéreo **2** ~ (**on sth**) (robo) asalto (a algo) **3** (policial) redada
▸ vt **1** (policía) registrar **2** saquear ■ **raider** n asaltante

rail /reɪl/ n **1** barandal, baranda **2** (cortinas) riel **3** (Ferrocarril) vía, riel **4** (Ferrocarril) *rail strike* huelga de ferroviarios ◊ *by rail* por ferrocarril

railing /'reɪlɪŋ/ (tb **railings** [pl]) n reja (para cercar)

railroad /'reɪlroʊd/ (GB **railway** /'reɪlweɪ/) n ferrocarril: *railroad crossing* cruce de tren

rain /reɪn/ sustantivo, verbo
▸ n lluvia: *It's pouring with rain.* Está lloviendo a cántaros.
▸ vi (lit y fig) llover: *It's raining hard.* Está lloviendo mucho. PHR V **be rained out** (GB **be rained off**) ser suspendido por la lluvia

rainbow /'reɪnboʊ/ n arco iris

raincoat /'reɪnkoʊt/ n gabardina

rainfall /'reɪnfɔːl/ n [incontable] precipitaciones

rainforest /'reɪnfɔːrɪst; GB -fɒr-/ n selva tropical

rainwater /'reɪnwɔːtər/ n agua de lluvia

rainy /'reɪni/ adj (**rainier, -iest**) lluvioso

| aʊ now | ɔɪ boy | ɪə near | eə hair | ʊə tour | eɪ say | oʊ go | aɪ five |

raise /reɪz/ *verbo, sustantivo*
► *vt* **1** levantar **2** (*salarios, precios*) subir **3** (*esperanzas*) aumentar **4** (*nivel*) mejorar **5** (*alarma*) dar **6** (*tema*) plantear **7** (*préstamo, fondos*) conseguir: *to raise money* recaudar dinero **8** (*niños, animales*) criar ⊃ *Comparar con* EDUCATE, BRING **9** (*ejército*) reclutar LOC **raise your eyebrows (at sth)** arquear las cejas (por algo) (*para mostrar sorpresa o desaprobación*) ♦ **raise your glass (to sb)** alzar las copas (por algn)
► *n* (*GB* **rise**) aumento (*salarial*)

raisin /ˈreɪzn/ *n* pasa

rake /reɪk/ *sustantivo, verbo*
► *n* rastrillo, rastro
► *vt, vi* rastrillar PHR V **rake in sth** (*coloq*) ganar algo (*grandes cantidades de dinero*) ♦ **rake sth up** (*coloq, pey*) sacar a relucir algo (*pasado, etc.*)

rally /ˈræli/ *verbo, sustantivo*
► (*pt, pp* **rallied**) **1** *vi* ~ **(around)** cerrar filas **2** *vt* ~ **sb (around sb)** reunir a algn (en torno a algn) **3** *vi* recuperarse
► *n* (*pl* **rallies**) **1** mitin **2** (*Tenis, etc.*) peloteo **3** (*carros*) rally

ram /ræm/ *sustantivo, verbo*
► *n* carnero
► (**-mm-**) **1** *vi* ~ **into sth** chocar (con algo) **2** *vt* (*puerta, etc.*) empujar con fuerza **3** *vt* ~ **sth in, into, on, etc. sth** meter algo en algo a la fuerza

Ramadan /ˈræmədæn; *GB* ˌræməˈdæn/ *n* Ramadán

ramble /ˈræmbl/ *vi* ~ **(on) (about sb/sth)** divagar (acerca de algn/algo) ■ **rambler** *n* (*esp GB*) excursionista **rambling** *adj* **1** laberíntico **2** (*discurso*) que se va por las ramas

ramp /ræmp/ *n* **1** rampa **2** vía de acceso/salida (*autopista*)

rampage /ˈræmpeɪdʒ, ræmˈpeɪdʒ/ *verbo, sustantivo*
► *vi* desmandarse
► *n* desmán LOC **be/go on the rampage** desmandarse

rampant /ˈræmpənt/ *adj* **1** desenfrenado **2** (*plantas*) exuberante

ramshackle /ˈræmʃækl/ *adj* destartalado

ran *pt de* RUN

ranch /ræntʃ; *GB* rɑːntʃ/ *n* rancho, granja

ˈranch house *n* (*GB* **bungalow**) casa de un solo piso

rancid /ˈrænsɪd/ *adj* rancio

random /ˈrændəm/ *adjetivo, sustantivo*
► *adj* **1** (hecho) al azar **2** (*coloq*) absurdo
► *n* LOC **at random** al azar

rang *pt de* RING[1]

range /reɪndʒ/ *sustantivo, verbo*
► *n* **1** gama **2** escala **3** (*productos*) línea **4** (*visión, sonido*) campo (de alcance) **5** (*armas*) alcance **6** (*montañas*) cadena
► **1** *vi* ~ **from sth to sth** extenderse, ir desde algo hasta algo **2** *vi* ~ **from sth to sth;** ~ **between sth and sth** (*cifra*) oscilar entre algo y algo **3** *vt* alinear **4** *vi* ~ **(over/through sth)** recorrer (algo)

rank /ræŋk/ *sustantivo, verbo*
► *n* **1** categoría **2** (*Mil*) grado, rango LOC **the rank and file** la base
► **1** *vt* ~ **sb/sth (as sth)** clasificar a algn/algo (como algo), considerar a algn/algo (algo) **2** *vi* situarse

ranking /ˈræŋkɪŋ/ *n* clasificación, ranking

ransack /ˈrænsæk/ *vt* **1** ~ **sth (for sth)** volver algo patas arriba (en busca de algo) **2** desvalijar

ransom /ˈrænsəm/ *n* rescate LOC **hold sb to ransom** chantajear a algn

rant /rænt/ *verbo, sustantivo*
► *vi* ~ **(on) (about sth)** despotricar (contra algo) LOC **rant and rave** (*pey*) hacer un escándalo
► *n* crítica (severa)

rap /ræp/ *sustantivo, verbo*
► *n* **1** golpe seco **2** (*Mús*) rap
► *vt, vi* (**-pp-**) golpear

rape /reɪp/ *verbo, sustantivo*
► *vt* violar ⊃ *Ver nota en* VIOLATE
► *n* **1** violación **2** (*Bot*) colza, canola

rapid /ˈræpɪd/ *adj* rápido ■ **rapidity** /rəˈpɪdəti/ *n* (*formal*) rapidez

rapidly /ˈræpɪdli/ *adv* (muy) deprisa

rapids /ˈræpɪdz/ *n* [*pl*] rápidos

rapist /ˈreɪpɪst/ *n* violador, -ora

rappel /ræˈpel/ *verbo, sustantivo*
► *vi* (*GB* **abseil**) hacer rappel
► *n* (*GB* **abseiling**) rappel

rapper /ˈræpər/ *n* rapero, -a

rapport /ræˈpɔːr/ *n* compenetración

rapture /ˈræptʃər/ *n* (*formal*) éxtasis
■ **rapturous** *adj* delirante, extático

rare /reər/ *adj* (**rarer, -est**) **1** poco común: *a rare opportunity* una ocasión poco frecuente **2** poco cocido (*carne*) ⊃ *Ver nota en* CARNE

rarely /ˈreərli/ *adv* pocas veces ⊃ *Ver nota en* ALWAYS

rarity /ˈreərəti/ *n* (*pl* **rarities**) rareza

rash /ræʃ/ *sustantivo, adjetivo*
► *n* sarpullido
► *adj* imprudente, precipitado: *In a rash moment I promised her...* En un arrebato le prometí...

raspberry /ˈræzberi; GB ˈrɑːzbəri/ n (pl **raspberries**) frambuesa

rat /ræt/ n rata

rate /reɪt/ sustantivo, verbo
▶ n **1** razón (proporción): *at a rate of 50 a/per week* a razón de cincuenta a la semana ◊ *the exchange rate/the rate of exchange* el tipo de cambio **2** tarifa: *an hourly rate of pay* una tarifa por hora ◊ *interest rate* el tipo de interés **LOC at any rate** (coloq) de todos modos ◆ **at this/that rate** (coloq) a este/ese paso *Ver tb* GOING
▶ vt **1** estimar, valorar: *highly rated* tenido en alta estima **2** considerar como

rather /ˈræðər; GB ˈrɑːð-/ adv (esp GB) algo, bastante: *I rather suspect…* Me inclino a sospechar…

Rather con una palabra de sentido positivo implica sorpresa por parte del hablante: *It was a rather nice present.* Fue un regalo realmente bonito. También se utiliza cuando queremos criticar algo: *This room looks rather untidy.* Esta habitación está bastante desordenada. ➔ *Ver tb nota en* FAIRLY

LOC or rather o mejor dicho ◆ **rather than** en vez de, mejor que ◆ **would rather… (than)** preferir hacer algo (a…): *I'd rather walk than wait for the bus.* Prefiero irme a pie que esperar el bus. ➔ *Ver nota en* PREFERIR

rating /ˈreɪtɪŋ/ n **1** clasificación: *a high/low popularity rating* un nivel alto/bajo de popularidad **2 the ratings** [pl] (TV) los índices de sintonía/popularidad

ratio /ˈreɪʃioʊ/ n (pl **ratios**) proporción: *The ratio of boys to girls in this class is three to one.* La proporción de niños y niñas en este curso es de tres a una.

ration /ˈræʃn/ sustantivo, verbo
▶ n ración
▶ vt ~ **sb/sth (to sth)** racionar a algn/algo (a algo)
■ **rationing** /ˈræʃənɪŋ/ n racionamiento

rational /ˈræʃnəl/ adj racional, razonable
■ **rationality** /ˌræʃəˈnæləti/ n racionalidad **rationalization** (GB tb **-isation**) /ˌræʃnələˈzeɪʃn; GB -laɪˈz-/ n racionalización **rationalize** (GB tb **-ise**) /ˈræʃnəlaɪz/ vt racionalizar

rationale /ˌræʃəˈnæl; GB -ˈnɑːl/ n ~ **(behind/for/of sth)** (formal) base lógica (de algo), razonamiento (detrás de algo)

the ˈrat race n (pey) la carrera de la vida moderna

rattle /ˈrætl/ verbo, sustantivo
▶ **1** vt hacer sonar **2** vi hacer ruido, tintinear **3** vi ~ **along, past, etc.** traquetear **PHRV rattle sth off** decir algo de corrido
▶ n **1** traqueteo **2** sonajero

rattlesnake /ˈrætlsneɪk/ n culebra de cascabel

ravage /ˈrævɪdʒ/ vt devastar

rave /reɪv/ verbo, sustantivo
▶ vi **1** ~ **about sb/sth** poner por las nubes a algn/algo **2** ~ **(at sb)** despotricar (contra algn/algo)
▶ n fiesta con música electrónica

raven /ˈreɪvn/ n cuervo

ravenous /ˈrævənəs/ adj muy hambriento: *I'm ravenous!* ¡Tengo un hambre que me muero!

raw /rɔː/ adj **1** crudo **2** sin refinar: *raw silk* seda en bruto ◊ *raw material* materia prima **3** (herida) en carne viva

ray /reɪ/ n rayo *Ver tb* X-RAY

razor /ˈreɪzər/ n máquina de afeitar: *razor blade* cuchilla de afeitar

reach /riːtʃ/ verbo, sustantivo
▶ **1** vt llegar a: *to reach an agreement* llegar a un acuerdo **2** vt alcanzar **3** vi ~ **(out) for sth** extender la mano para coger algo **4** vt localizar
▶ n alcance: *beyond/out of/within sb's reach* fuera del alcance/al alcance (de algn) **LOC within (easy) reach (of sth)** a corta distancia (de algo)

react /riˈækt/ vi ~ **(to sth)** reaccionar (a/ante algo) **PHRV react against sb/sth** reaccionar contra algn/algo

reaction /riˈækʃn/ n ~ **(to sb/sth)** reacción (a/ante algn/algo)

reactionary /riˈækʃəneri; GB -nri/ adj, n (pl **reactionaries**) reaccionario, -a

reactor /riˈæktər/ n (tb ˌnuclear reˈactor) reactor nuclear

read /riːd/ (pt, pp **read** /red/) **1** vt, vi ~ **(about/of sb/sth)** leer (sobre algn/algo) **2** vt ~ **sth (as sth)** interpretar algo (como algo) **3** vi (anuncio, mensaje, etc.) decir **4** vi (contador, etc.) marcar **PHRV read on** seguir leyendo ◆ **read sth into sth** atribuirle algo a algo ◆ **read sth out** leer algo en voz alta ◆ **read sth over/through** leer algo (de principio a fin) ■ **readable** adj legible

reader /ˈriːdər/ n lector, -ora

readership /ˈriːdərʃɪp/ n [gen sing] número de lectores

reading /ˈriːdɪŋ/ n lectura: *reading glasses* gafas para leer

ready /ˈredi/ adj (**readier, -iest**) **1** ~ **(for sth/to do sth)** listo, preparado (para algo/para hacer algo) **2** ~ **(to do sth)** dispuesto (a hacer algo): *He's always ready to help his friends.* Siempre está dispuesto a ayudar a sus amigos. **3** ~ **to do sth** a punto de hacer algo **4** a (la) mano **LOC get**

ready 1 prepararse, alistarse **2** arreglarse (*antes de salir, etc.*) ■ **readily** *adv* **1** de buena gana **2** fácilmente **readiness** *n* disposición: *her readiness to help* su disposición para ayudar ◊ *(to do sth) in readiness for sth* (hacer algo) en preparación de algo

ready-made *adj* **1** ya hecho: *You can buy ready-made curtains.* Puedes comprar cortinas confeccionadas. **2** (*ropa, etc.*) de confección

real /ˈriːəl/ *adj* **1** real, verdadero: *real life* la vida real **2** verdadero, auténtico: *That's not his real name.* Ese no es su nombre verdadero. ◊ *The meal was a real disaster.* La comida fue un verdadero desastre. LOC **get real** (*coloq*) aterriza, sé realista

real estate *n* propiedad raíz: *real estate agent* agente inmobiliario

realism /ˈriːəlɪzəm/ *n* realismo ■ **realist** *n* realista

realistic /ˌriːəˈlɪstɪk/ *adj* realista

reality /riˈæləti/ *n* (*pl* **realities**) realidad LOC **in reality** en realidad

re'ality check *n* (*coloq*) hecho o momento que le devuelve a uno a la realidad

re'ality show *n* (*TV*) reality (show)

realize (*GB tb* **-ise**) /ˈriːəlaɪz/ *vt* **1** darse cuenta de: *Not realizing that…* Sin darse cuenta de que… **2** (*plan, ambición*) cumplir ■ **realization** (*GB tb* **-isation**) /ˌriːəlaˈzeɪʃn; *GB* -laɪˈz-/ *n* comprensión

real-life *adj* (*situaciones, hechos, etc.*) de la vida real

really /ˈriːəli, ˈriːli/ *adv* **1** [*con verbo*] de verdad: *I really mean that.* Te lo digo de verdad. **2** [*con adjetivo*] muy, realmente: *Is it really true?* ¿Es realmente cierto? **3** (*expresa sorpresa, interés, duda, etc.*) *Really?* ¿En serio?

realm /relm/ *n* reino: *the realms of possibility* el ámbito de lo posible

real time *sustantivo, adjetivo*
▸ *n* (*Informát*) tiempo real
▸ *adj* **real-time** en tiempo real

Realtor® /ˈriːəltər/ (*GB* **estate agent**) *n* agente inmobiliario, -a

reap /riːp/ *vt* segar, cosechar

reappear /ˌriːəˈpɪər/ *vi* reaparecer
■ **reappearance** *n* reaparición

rear /rɪər/ *sustantivo, adjetivo, verbo*
▸ *n* **the rear** [*sing*] la parte trasera LOC **bring up the rear** ir en la cola
▸ *adj* de atrás, trasero: *the rear window* la ventana trasera
▸ **1** *vt* criar **2** *vi* ~ (**up**) (*caballo, etc.*) encabritarse **3** *vi* erguirse

rearrange /ˌriːəˈreɪndʒ/ *vt* **1** arreglar, cambiar **2** (*planes*) volver a organizar

reason /ˈriːzn/ *sustantivo, verbo*
▸ *n* **1** ~ (**for sth/doing sth**) razón, motivo (de/para algo/para hacer algo) **2** ~ (**why…/that…**) razón, motivo (por la/el que…/de que…) **3** razón, sentido común LOC **by reason of sth** (*formal*) en virtud de algo ◆ **in/within reason** dentro de lo razonable ◆ **make sb see reason** hacer entrar en razón a algn *Ver tb* STAND
▸ *vi* razonar

reasonable /ˈriːznəbl/ *adj* **1** razonable, sensato **2** tolerable, moderado

reasonably /ˈriːznəbli/ *adv* **1** bastante **2** con sensatez

reasoning /ˈriːzənɪŋ/ *n* razonamiento

reassure /ˌriːəˈʃʊər/ *vt* tranquilizar
■ **reassurance** *n* **1** consuelo, tranquilidad **2** palabras tranquilizadoras **reassuring** *adj* tranquilizador

rebate /ˈriːbeɪt/ *n* reembolso

rebel *sustantivo, verbo*
▸ *n* /ˈrebl/ rebelde
▸ *vi* /rɪˈbel/ (-**ll**-) rebelarse

rebellion /rɪˈbeljən/ *n* rebelión ■ **rebellious** *adj* rebelde

rebirth /ˌriːˈbɜːrθ, ˈriːbɜːrθ; *GB* ˌriːˈbɜːθ/ *n* **1** renacimiento **2** resurgimiento

reboot /ˌriːˈbuːt/ *vt, vi* (*Informát*) reiniciar(se)

rebound *verbo, sustantivo*
▸ *vi* /rɪˈbaʊnd, ˈriːbaʊnd/ **1** ~ (**from/off sth**) rebotar (en algo) **2** ~ (**on sb**) repercutir (en algn)
▸ *n* /ˈriːbaʊnd/ rebote LOC **on the rebound** de rebote

rebuff /rɪˈbʌf/ *sustantivo, verbo*
▸ *n* (*formal*) **1** desaire **2** rechazo
▸ *vt* (*formal*) **1** desairar **2** rechazar

rebuild /ˌriːˈbɪld/ *vt* (*pt, pp* **rebuilt** /ˌriːˈbɪlt/) reconstruir

rebuke /rɪˈbjuːk/ *verbo, sustantivo*
▸ *vt* (*formal*) regañar, reprender
▸ *n* (*formal*) regaño, reprimenda

recall /rɪˈkɔːl/ *vt* **1** (*formal*) recordar **2** (*embajador, etc.*) retirar **3** (*producto*) retirar (*del mercado*) **4** (*parlamento*) convocar

recapture /ˌriːˈkæptʃər/ *vt* **1** recobrar, reconquistar **2** revivir, reproducir

recede /rɪˈsiːd/ *vi* retroceder: *receding chin* mentón hundido ◊ *receding hair(line)* entradas

receipt /rɪˈsiːt/ *n* **1** ~ (**for sth**) recibo (de algo): *a receipt for your expenses* un recibo de tus gastos ◊ *to acknowledge receipt of sth* acusar recibo de algo **2 receipts** [*pl*] ingresos

receive /rɪˈsiːv/ *vt* **1** recibir, acoger **2** (*herida*) sufrir **LOC** *Ver* WISDOM

receiver /rɪˈsiːvər/ *n* **1** (*TV, Radio*) receptor **2** (*teléfono*) auricular: *to lift/pick up the receiver* descolgar (el auricular) **3** destinatario, -a

recent /ˈriːsnt/ *adj* reciente: *in recent years* en los últimos años

recently /ˈriːsntli/ *adv* **1** recientemente: *until recently* hasta hace poco **2** recién: *a recently-appointed director* una directora recién nombrada

reception /rɪˈsepʃn/ *n* **1** recepción: *reception desk* (mostrador de) recepción **2** acogida **3** (*tb* ˈwedding reception) banquete (de bodas) ➪ *Ver nota en* MATRIMONIO ■ **receptionist** *n* recepcionista

receptive /rɪˈseptɪv/ *adj* receptivo

recess /ˈriːses, rɪˈses/ *n* **1** (*parlamento*) receso **2** descanso **3** (*GB* **break**) (*en escuela*) recreo **4** (*nicho*) hueco **5** [*gen pl*] escondrijo, lugar recóndito

recession /rɪˈseʃn/ *n* recesión

recharge /ˌriːˈtʃɑːrdʒ/ *vt* recargar ■ **rechargeable** *adj* recargable

recipe /ˈresəpi/ *n* **1** ~ (**for sth**) (*cocina*) receta (de algo) **2** ~ **for sth** (*fig*) fórmula para/de algo

recipient /rɪˈsɪpiənt/ *n* **1** destinatario, -a **2** (*dinero, etc.*) beneficiario, -a

reciprocal /rɪˈsɪprəkl/ *adj* recíproco

reciprocate /rɪˈsɪprəkeɪt/ *vt, vi* corresponder

recital /rɪˈsaɪtl/ *n* recital

recite /rɪˈsaɪt/ *vt* **1** recitar **2** enumerar

reckless /ˈrekləs/ *adj* **1** temerario **2** imprudente

reckon /ˈrekən/ *vt* **1** (*coloq*) creer **2 be reckoned to be sth** ser considerado algo **3** calcular **PHRV** **reckon on/with sth** contar con algo: *We reckoned on needing $30 a day*. Calculamos que necesitábamos $30 dólares al día. ♦ **reckon with sb/sth 1** contar con algn/algo, tener en cuenta a algn/algo **2** hacerle frente a algn/algo: *There is still your father to reckon with*. Todavía hay que vérselas con tu papá. ■ **reckoning** *n* **1** cálculos: *by my reckoning* según mis cálculos **2** cuentas

reclaim /rɪˈkleɪm/ *vt* **1** recuperar **2** (*materiales, etc.*) reciclar ■ **reclamation** /ˌrekləˈmeɪʃn/ *n* recuperación

recline /rɪˈklaɪn/ *vt, vi* reclinar(se), recostar(se) ■ **reclining** *adj* reclinable (*silla*)

recognition /ˌrekəɡˈnɪʃn/ *n* reconocimiento: *in recognition of sth* en reconocimiento a algo ◊ *to have changed beyond recognition* estar irreconocible

recognize (*GB tb* -ise) /ˈrekəɡnaɪz/ *vt* reconocer ■ **recognizable** (*GB tb* -isable) *adj* reconocible

recoil /rɪˈkɔɪl/ *vi* **1** ~ (**at/from sb/sth**) reaccionar con repugnancia (ante algn/algo) **2** retroceder

recollect /ˌrekəˈlekt/ *vt* (*formal*) recordar ■ **recollection** *n* (*formal*) recuerdo

recommend /ˌrekəˈmend/ *vt* recomendar

recommendation *n* recomendación

> **Making recommendations**
> Hacer una recomendación
> *What would you recommend?* ¿Qué recomiendas?
> *What do you think would be best?* ¿Qué crees que sería mejor?
> *I can recommend the shrimps today.* Hoy recomiendo los camarones.
> *I'd recommend waiting a few months.* Recomiendo esperar unos meses.
> *I suggest you have another look at the house before you make a decision.* Te sugiero que vuelvas a ver la casa antes de tomar una decisión.

recompense /ˈrekəmpens/ *verbo, sustantivo*
▸ *vt* ~ **sb** (**for sth**) (*formal*) recompensar a algn (por algo)
▸ *n* [*sing*] (*formal*) recompensa

reconcile /ˈrekənsaɪl/ *vt* (*formal*) **1** ~ **sth** (**with sth**) conciliar algo (con algo) **2** reconciliar **3** ~ **yourself** (**to sth**) resignarse (a algo)
■ **reconciliation** /ˌrekənsɪliˈeɪʃn/ *n* **1** conciliación **2** reconciliación

reconnaissance /rɪˈkɑnɪsns/ *n* reconocimiento (*Mil, etc.*)

reconsider /ˌriːkənˈsɪdər/ **1** *vt* reconsiderar **2** *vi* recapacitar

reconstruct /ˌriːkənˈstrʌkt/ *vt* ~ **sth** (**from sth**) reconstruir algo (a partir de algo)
■ **reconstruction** *n* reconstrucción

record *sustantivo, verbo*
▸ *n* /ˈrekərd; *GB* ˈrekɔːd/ **1** registro: *to make/keep a record of sth* hacer/llevar un registro de algo **2** disco: *a record company* una casa discográfica **3** récord: *to beat/break a record* batir/superar un récord **4** historial: *a criminal record* antecedentes penales *Ver tb* TRACK RECORD **LOC** **put/set the record straight** dejar/poner las cosas claras
▸ *vt* /rɪˈkɔːrd/ **1** registrar, anotar **2** ~ (**sth**) (**from**

sth) (on sth) grabar (algo) (de algo) (en algo) 3 (*termómetro, etc.*) marcar

record-breaker *n* plusmarquista

record-breaking *adj* sin precedentes

recorder /rɪˈkɔːrdər/ *n* flauta dulce

recording /rɪˈkɔːrdɪŋ/ *n* grabación

record player *n* tocadiscos

recount /rɪˈkaʊnt/ *vt* ~ **sth** (**to sb**) (*formal*) relatar algo (a algn)

recourse /rɪˈkɔːrs/ *n* (*formal*) recurso **LOC** **have recourse to sb/sth** recurrir a algn/algo

recover /rɪˈkʌvər/ **1** *vt* recuperar, recobrar: *to recover consciousness* recobrar el conocimiento **2** *vi* ~ (**from sth**) recuperarse, reponerse (de algo)

recovery /rɪˈkʌvəri/ *n* (*pl* **recoveries**) recuperación, rescate **2** [*gen sing*] ~ (**from sth**) restablecimiento (de algo)

recreation /ˌrekriˈeɪʃn/ *n* **1** esparcimiento, recreación **2** pasatiempo

recruit /rɪˈkruːt/ *sustantivo, verbo*
▸ *n* recluta
▸ *vt* reclutar ■ **recruitment** *n* reclutamiento

rectangle /ˈrektæŋɡl/ *n* rectángulo

rector /ˈrektər/ *n* párroco, -a (*anglicano*)

rectory /ˈrektəri/ *n* (*pl* **rectories**) casa del párroco

recuperate /rɪˈkuːpəreɪt/ (*formal*) **1** *vi* ~ (**from sth**) recuperarse, reponerse (de algo) **2** *vt* recuperar

recur /rɪˈkɜːr/ *vi* (**-rr-**) repetirse, volver a aparecer

recycle /ˌriːˈsaɪkl/ *vt* reciclar ■ **recyclable** *adj* reciclable **recycling** *n* reciclaje

red /red/ *adjetivo, sustantivo*
▸ *adj* (**redder, -est**) **1** rojo: *a red dress* un vestido rojo **2** (*rostro*) colorado **3** (*vino*) tinto **LOC** **a red herring** una pista falsa
▸ *n* rojo: *You can turn right on red here.* Acá se puede voltear estando en rojo. **LOC** **in the red** (*coloq*) en números rojos

the ˌred ˈcarpet *n* [*sing*] la alfombra roja

redcurrant /ˌredˈkɜːrənt, ˈredkɜːrənt; *GB* -ˈkʌr-, -kʌr-/ *n* grosella roja

reddish /ˈredɪʃ/ *adj* rojizo

redeem /rɪˈdiːm/ *vt* **1** redimir: *to redeem yourself* salvarse **2** compensar **3** sacar de la casa de empeño, desempeñar

redemption /rɪˈdempʃn/ *n* (*formal*) redención

redevelopment /ˌriːdɪˈveləpmənt/ *n* nueva edificación, reurbanización

ˌred-ˈhanded *adj* **LOC** **catch sb red-handed** coger a algn con las manos en la masa

redhead /ˈredhed/ *n* pelirrojo, -a

redo /ˌriːˈduː/ *vt* (*pt* **redid** /-ˈdɪd/, *pp* **redone** /-ˈdʌn/) rehacer

ˌred ˈtape *n* [*incontable*] (*pey*) papeleo (burocrático)

reduce /rɪˈduːs; *GB* -ˈdjuːs/ **1** *vt* ~ **sth** (**from sth to sth**) reducir, disminuir algo (de algo a algo) **2** ~ **sth** (**by sth**) disminuir, rebajar algo (en algo) **3** *vi* reducirse **4** *vt* ~ **sb/sth** (**from sth**) **to sth** *The house was reduced to ashes.* La casa quedó reducida a cenizas. ◊ *to reduce sb to tears* hacer llorar a algn ■ **reduced** *adj* rebajado

reduction /rɪˈdʌkʃn/ *n* **1** ~ (**in sth**) reducción (de algo) **2** ~ (**of sth**) rebaja, descuento (de algo): *a reduction of 5%* un descuento del 5%

redundancy /rɪˈdʌndənsi/ *n* (*pl* **redundancies**) (*GB*) despido (*por cierre de empresa o reducción de personal*): *redundancy pay* indemnización por despido

redundant /rɪˈdʌndənt/ *adj* **1** (*GB*) **to be made redundant** ser despedido por cierre de empresa o reducción de personal **2** superfluo

reed /riːd/ *n* carrizo

reef /riːf/ *n* arrecife

reek /riːk/ *vi* ~ (**of sth**) (*pey*) apestar (a algo)

reel /riːl/ *sustantivo, verbo*
▸ *n* **1** (*esp GB*) bobina, carrete **2** (*película*) rollo
▸ *vi* **1** tambalearse **2** (*cabeza*) dar vueltas
PHR V **reel sth off** recitar algo (de un jalón)

re-enter /ˌriː ˈentər/ *vt* volver a entrar en, reingresar en ■ **re-entry** *n* reentrada

ˈrefer /rɪˈfɜːr/ *vi* (**-rr-**) **1** ~ **to sb/sth** referirse a algn/algo **2** *vt, vi* remitir(se)

referee /ˌrefəˈriː/ *sustantivo, verbo*
▸ *n* **1** (*Dep, juez*) árbitro, -a ➲ *Ver nota en* ÁRBITRO **2** (*GB*) (*tb esp USA* **reference**) (*para empleo*) persona que da una referencia
▸ *vt, vi* arbitrar

reference /ˈrefrəns/ *n* referencia **LOC** **in/with reference to sb/sth** (*formal*) en/con referencia a algn/algo

referendum /ˌrefəˈrendəm/ *n* (*pl* **referendums** *o* **referenda** /-də/) plebiscito, referendo

refill *verbo, sustantivo*
▸ *vt* /ˌriːˈfɪl/ rellenar
▸ *n* /ˈriːfɪl/ repuesto

refine /rɪˈfaɪn/ *vt* **1** refinar **2** (*modelo, técnica, etc.*) pulir ■ **refinement** *n* **1** refinamiento

2 (Mec) refinación **3** sutileza **refinery** n (pl refineries) refinería

reflect /rɪˈflekt/ **1** vt reflejar **2** vi ~ (on/upon sth) reflexionar (sobre algo) LOC **reflect well, badly, etc. on sb/sth** decir mucho, poco, etc. en favor de algn/algo ■ **reflection** (GB tb **reflexion**) n **1** reflejo **2** (acto, pensamiento) reflexión LOC **be a reflection on sb/sth** dar mala impresión de algn/algo: *His rudeness is no reflection on you.* Su mala educación no es culpa tuya. ♦ **on reflection** pensándolo bien

reflective /rɪˈflektɪv/ adj reflectante, reflectivo

reflex /ˈriːfleks/ (tb ˈreflex action) n reflejo

reflexology /ˌriːfleksˈɒlədʒi/ n reflexología

reforestation /ˌriːfɔːrɪˈsteɪʃn; GB -fɒr-/ n reforestación

reform /rɪˈfɔːrm/ verbo, sustantivo
▸ vt, vi reformar(se)
▸ n reforma

reformation /ˌrefərˈmeɪʃn/ n **1** reforma **2 the Reformation** la Reforma

refrain /rɪˈfreɪn/ verbo, sustantivo
▸ vi ~ (from sth) (formal) abstenerse (de algo): *Please refrain from smoking in the hospital.* Por favor absténganse de fumar en el hospital.
▸ n estribillo

refresh /rɪˈfreʃ/ vt **1** refrescar **2** (Informát) actualizar LOC **refresh sb's memory (about sb/sth)** refrescarle la memoria a algn (sobre algn/algo) ■ **refreshing** adj **1** refrescante **2** (cambio, etc.) alentador

refreshments /rɪˈfreʃmənts/ n [pl] refrigerio, bocaditos y refrescos: *Refreshments will be served after the concert.* Habrá botana y refrescos después del concierto.

Refreshment se usa en singular cuando va delante de otro sustantivo: *There will be a refreshment stop.* Habrá una parada para tomar algo.

refrigerate /rɪˈfrɪdʒəreɪt/ vt refrigerar ■ **refrigeration** n refrigeración

refrigerator /rɪˈfrɪdʒəreɪtər/ (esp GB coloq **fridge** /frɪdʒ/) n nevera, refrigerador

refuel /ˌriːˈfjuːəl/ vi (-l-, GB -ll-) reabastecer (de combustible)

refuge /ˈrefjuːdʒ/ n **1** ~ **(from sb/sth)** refugio (de algn/algo): *to take refuge* refugiarse **2** (Pol) asilo

refugee /ˌrefjuˈdʒiː/ n refugiado, -a

refund sustantivo, verbo
▸ n /ˈriːfʌnd/ reembolso

▸ vt /rɪˈfʌnd/ reembolsar

refusal /rɪˈfjuːzl/ n **1** denegación, rechazo **2** ~ **(to do sth)** negativa (a hacer algo)

refuse¹ /rɪˈfjuːz/ **1** vt rechazar, rehusar: *to refuse an offer* rechazar una oferta ◊ *to refuse (sb) entry/entry (to sb)* negarle la entrada (a algn) **2** vi ~ **(to do sth)** negarse (a hacer algo)

refuse² /ˈrefjuːs/ n [incontable] desperdicios

regain /rɪˈɡeɪn/ vt recuperar: *to regain consciousness* recobrar el conocimiento

regal /ˈriːɡl/ adj regio

regard /rɪˈɡɑːrd/ verbo, sustantivo
▸ vt **1** ~ **sb/sth as sth** considerar a algn/algo (como) algo **2** ~ **sb/sth (with sth)** (formal) mirar a algn/algo (con algo) LOC **as regards sb/sth** (formal) en cuanto a algn/algo, en/por lo que se refiere a algn/algo
▸ n **1** ~ **to/for sb/sth** (formal) respeto a/por algn/algo: *with no regard for/to speed limits* sin ningún respeto hacia los límites de velocidad **2 regards** [pl] (en cartas) saludos LOC **in this/that regard** (formal) en este/ese aspecto ♦ **in/with regard to sb/sth** (formal) con respecto a algn/algo

regarding /rɪˈɡɑːrdɪŋ/ prep con referencia a

regardless /rɪˈɡɑːrdləs/ adv (coloq) pase lo que pase

reˈgardless of prep sea cual sea, sin tener en cuenta

reggae /ˈreɡeɪ/ n (Mús) reggae

regime /reɪˈʒiːm/ n régimen (gobierno, reglas, etc.)

regiment /ˈredʒɪmənt/ n regimiento ■ **regimented** adj reglamentado

region /ˈriːdʒən/ n región LOC **in the region of sth** alrededor de algo

regional /ˈriːdʒənl/ adj regional

register /ˈredʒɪstər/ sustantivo, verbo
▸ n **1** registro **2** (USA) (tb ˈcash register) caja (registradora): *Please pay at the (cash) register.* Pague en la caja, por favor. **3** (GB) (en el colegio) lista: *to call the register* pasar lista
▸ **1** vt ~ **sth (in sth)** registrar algo (en algo) **2** vi ~ **(at/for/with sth)** inscribirse (en/para algo) **3** vt (cifras, etc.) registrar **4** vt (sorpresa, etc.) acusar, mostrar **5** vt (correo) mandar por/como certificado/recomendado

ˌ**registered ˈmail** (GB tb ˌregistered ˈpost) n correo certificado/recomendado: *to send sth by registered mail* mandar algo por correo certificado/recomendado

registrar

registrar /'redʒɪstrɑr; GB tb ˌredʒɪ'strɑː(r)/ n
1 funcionario, -a (*del registro civil, etc.*) **2** (*Educ*) subdirector, -ora (*de admisiones, exámenes, etc.*)

registration /ˌredʒɪ'streɪʃn/ n **1** inscripción, matriculación **2** registro

regi'stration number n (*GB*) (*USA* **license plate number**) número de la placa

registry office /ɒfɪs/ (tb **'register office**) n (*GB*) (*matrimonio civil*) juzgado, registro civil

ℜ regret /rɪ'gret/ sustantivo, verbo
▸ n **1** ~ (**at/about sth**) pesar (por algo) **2** ~ (**for sth**) remordimiento (por algo)
▸ vt (-tt-) **1** lamentar **2** arrepentirse de

regretfully /rɪ'gretfəli/ adv con pesar, con pena

regrettable /rɪ'gretəbl/ adj (*formal*) lamentable ■ **regrettably** adv lamentablemente

ℜ regular /'regjələr/ adjetivo, sustantivo
▸ adj **1** regular: *to get regular exercise* hacer ejercicio con regularidad **2** habitual **LOC on a regular basis** con regularidad
▸ n cliente habitual

regularity /ˌregju'lærəti/ n regularidad

ℜ regularly /'regjələrli/ adv **1** regularmente **2** con regularidad

regulate /'regjuleɪt/ vt regular, reglamentar

ℜ regulation /ˌregju'leɪʃn/ n **1** [*gen pl*] norma: *safety regulations* normas de seguridad **2** regulación

rehabilitate /ˌriːə'bɪlɪteɪt/ vt rehabilitar ■ **rehabilitation** n rehabilitación

rehearse /rɪ'hɜːrs/ vt, vi ~ (**sth/for sth**) ensayar (algo) ■ **rehearsal** n ensayo: *dress rehearsal* ensayo general

reign /reɪn/ sustantivo, verbo
▸ n reinado
▸ vi ~ (**over sb/sth**) reinar (sobre algn/algo)

reimburse /ˌriːɪm'bɜːrs/ vt **1** ~ **sth** (**to sb**) reembolsar(le) algo (a algn) **2** ~ **sb** (**for sth**) reembolsarle a algn (los gastos de algo)

rein /reɪn/ n rienda

reincarnation /ˌriːɪnkɑr'neɪʃn/ n reencarnación

reindeer /'reɪndɪər/ n (*pl* **reindeer**) reno

reinforce /ˌriːɪn'fɔːrs/ vt reforzar ■ **reinforcement** n **1** consolidación, refuerzo **2** reinforcements [*pl*] (*Mil*) refuerzos

reinstate /ˌriːɪn'steɪt/ vt ~ **sb/sth** (**in/as sth**) restituir, reintegrar a algn/algo (en algo): *He was reinstated as chairman.* Lo restituyeron en su cargo de presidente.

ℜ reject sustantivo, verbo
▸ n /'riːdʒekt/ **1** marginado, -a **2** cosa defectuosa
▸ vt /rɪ'dʒekt/ rechazar

rejection /rɪ'dʒekʃn/ n rechazo

rejoice /rɪ'dʒɔɪs/ vi ~ (**at/in/over sth**) (*formal*) alegrarse, regocijarse (por/de algo)

rejoin /ˌriː'dʒɔɪn/ vt **1** reincorporarse a **2** volver a juntarse con

relapse verbo, sustantivo
▸ vi /rɪ'læps/ recaer
▸ n /rɪ'læps, 'riːlæps/ recaída

ℜ relate /rɪ'leɪt/ vt **1** ~ **sth to/with sth** relacionar algo con algo **2** vt ~ **sth** (**to sb**) (*formal*) relatar(le) algo (a algn) **PHR V** **relate to sb/sth 1** estar relacionado con algn/algo **2** (*entender*) identificarse con algn/algo

ℜ related /rɪ'leɪtɪd/ adj **1** relacionado **2** ~ (**to sb**) emparentado (con algn): *to be related by marriage* ser pariente(s) político(s)

ℜ relation /rɪ'leɪʃn/ n **1** ~ (**to sth/between…**) relación (con algo/entre…) **2** pariente **3** parentesco: *What relation are you?* ¿Qué parentesco tienen? ◊ *Is he any relation (to you)?* ¿Es familiar tuyo? **LOC in/with relation to sth** (*formal*) con relación a algo

ℜ relationship /rɪ'leɪʃnʃɪp/ n **1** ~ (**between A and B**); ~ (**of A to/with B**) relación (entre A y B) **2** (relación de) parentesco **3** relación (*sentimental o sexual*)

ℜ relative /'relətɪv/ sustantivo, adjetivo
▸ n pariente
▸ adj relativo

ℜ relatively /'relətɪvli/ adv relativamente

ℜ relax /rɪ'læks/ **1** vt, vi relajar(se) **2** vt aflojar ■ **relaxation** /ˌriːlæk'seɪʃn/ n **1** descanso **2** pasatiempo **3** relajación

ℜ relaxed /rɪ'lækst/ adj relajado

ℜ relaxing /rɪ'læksɪŋ/ adj relajante

relay /'riːleɪ/ sustantivo, verbo
▸ n **1** relevo, tanda **2** (tb **'relay race**) carrera de relevos
▸ vt (*pt, pp* **relayed**) **1** transmitir **2** (*TV, Radio*) retransmitir

ℜ release /rɪ'liːs/ verbo, sustantivo
▸ vt **1** liberar **2** poner en libertad **3** soltar: *to release your grip on sb/sth* soltar a algn/algo **4** (*noticia*) dar a conocer **5** (*DVD, libro, etc.*) poner a la venta **6** (*película*) estrenar
▸ n **1** liberación **2** puesta en libertad **3** (*acto*) aparición (*en el mercado*), publicación, estreno: *The movie is on general release.* Pasan la película en todos los teatros. *Ver tb* **PRESS RELEASE**

relegate /'relɪgeɪt/ vt **1** relegar **2** (GB) (Dep) bajar ■ **relegation** n **1** relegación **2** (GB) (Dep) descenso

relent /rɪ'lent/ vi ceder ■ **relentless** adj **1** implacable **2** (ambición) tenaz

relevant /'relǝvǝnt/ adj pertinente, relevante, que viene al caso ■ **relevance** n pertinencia, relevancia

reliable /rɪ'laɪǝbl/ adj **1** (persona) responsable, de confianza **2** (datos) confiable **3** (fuente) fidedigno **4** (método, aparato) confiable, seguro ■ **reliability** /rɪˌlaɪǝ'bɪlǝti/ n confiabilidad

reliance /rɪ'laɪǝns/ n ~ **on sb/sth** dependencia de algn/algo, confianza en algn/algo

relic /'relɪk/ n reliquia

relied pt, pp de RELY

relief /rɪ'li:f/ n **1** alivio: *much to my relief* por suerte para mí **2** ayuda, auxilio **3** (persona) relevo **4** (Arte, Geog) relieve

relieve /rɪ'li:v/ vt **1** aliviar **2** ~ **yourself** hacer uno sus necesidades **3** relevar PHR V **relieve sb of sth** quitarle algo a algn

religion /rɪ'lɪdʒǝn/ n religión

religious /rɪ'lɪdʒǝs/ adj religioso

relinquish /rɪ'lɪŋkwɪʃ/ vt (formal) **1** ~ **sth (to sb)** renunciar a algo (en favor de algn) **2** abandonar ❶ La expresión más normal es **give sth up**.

relish /'relɪʃ/ sustantivo, verbo
▸ n **1** ~ **(for sth)** gusto (por algo) **2** salsa (condimento)
▸ vt disfrutar

reluctant /rɪ'lʌktǝnt/ adj ~ **to do sth** renuente, reacio (a hacer algo) ■ **reluctance** n renuencia **reluctantly** adv de mala gana

rely /rɪ'laɪ/ v (pt, pp relied) PHR V **rely on/upon sb/sth 1** depender de algn/algo **2** confiar en algn/algo, contar con algn/algo

remain /rɪ'meɪn/ vi (formal) **1** quedar(se) ❶ La palabra más normal es **stay**. **2** (continuar) permanecer, seguir siendo

remainder /rɪ'meɪndǝr/ n [sing] resto

remaining /rɪ'meɪnɪŋ/ adj restante

remains /rɪ'meɪnz/ n [pl] **1** restos **2** ruinas

remake /'ri:meɪk/ n nueva versión (de una película)

remand /rɪ'mænd; GB -'mɑ:nd/ verbo, sustantivo
▸ vt: *to remand sb in custody/on bail* poner a algn en detención preventiva/en libertad bajo fianza
▸ n custodia LOC **on remand** detenido

remark /rɪ'mɑrk/ verbo, sustantivo
▸ vt, vi ~ **(on/upon sth/sb)** comentar (algo), mencionar algo/a algn
▸ n comentario

remarkable /rɪ'mɑrkǝbl/ adj **1** extraordinario **2** ~ **(for sth)** notable (por algo)

remedial /rɪ'mi:diǝl/ adj **1** (acción, medidas) de recuperación, de saneamiento **2** (clases) remedial

remedy /'remǝdi/ sustantivo, verbo
▸ n (pl **remedies**) remedio
▸ vt (pt, pp **-died**) remediar

remember /rɪ'membǝr/ vt, vi acordarse (de): *as far as I remember* que yo recuerde
◊ *Remember that we have visitors tonight.* Recuerda que tenemos visita esta noche.
◊ *Remember to call your mother.* Acuérdate de llamar a tu mamá.

> **Remember** varía de significado según se use con infinitivo o con una forma en **-ing**. Cuando va seguido de infinitivo, este hace referencia a una acción que todavía no se ha realizado: *Remember to mail that letter.* Acuérdate de mandar esa carta. Cuando se usa seguido por una forma en **-ing**, esta se refiere a una acción que ya ha tenido lugar: *I remember mailing that letter.* Recuerdo haber puesto esa carta en el correo.

PHR V **remember sb to sb** darle recuerdos de algn a algn: *Remember me to Anna.* Dale recuerdos de mi parte a Anna. ⊃ *Comparar con* REMIND

remembrance /rɪ'membrǝns/ n conmemoración, recuerdo

Re·membrance 'Sunday (tb **Re·membrance Day**) n

> **Remembrance Sunday** se celebra en Gran Bretaña el domingo más cercano al día 11 de noviembre. En ese día se rinde homenaje a los que murieron en la guerra, principalmente a los caídos en las dos guerras mundiales. Se llevan en la solapa amapolas de papel y se celebran actos religiosos y desfiles por todo el país.

remind /rɪ'maɪnd/ vt ~ **sb (to do sth)** acordarle, recordarle a algn (que haga algo): *Remind me to call my mother.* Acuérdame de llamar a mi mamá. ⊃ *Comparar con 'Remember to call your mother.' en* REMEMBER PHR V **remind sb of sb/sth**

> La construcción **remind sb of sb/sth** se utiliza cuando una cosa o una persona recuerdan a algo o a alguien: *Your brother reminds me of*

reminder

John. Tu hermano me recuerda a John. ◊ *That song reminds me of my first girlfriend.* Esa canción me recuerda a mi primera novia.

reminder *n* **1** recuerdo, recordatorio **2** aviso
reminisce /ˌremɪˈnɪs/ *vi* ~ **(about sth)** rememorar (algo)
reminiscent /ˌremɪˈnɪsnt/ *adj* ~ **of sb/sth** con reminiscencias de algn/algo ■ **reminiscence** *n* reminiscencia, evocación
remnant /ˈremnənt/ *n* **1** resto **2** vestigio **3** retazo (*de tela*)
remorse /rɪˈmɔːrs/ *n* [*incontable*] ~ **(for sth)** remordimiento (por algo) ■ **remorseless** *adj* **1** despiadado **2** implacable
remote /rɪˈmoʊt/ *adjetivo* (**remoter, -est**) **1** remoto, lejano, alejado **2** (*persona*) distante **3** (*posibilidad*) remoto
reˌmote conˈtrol (*coloq* **remote**) *n* (*TV, etc.*) control remoto
remotely /rɪˈmoʊtli/ *adv* remotamente
removable /rɪˈmuːvəbl/ *adj* que se puede quitar
removal /rɪˈmuːvl/ *n* **1** eliminación **2** (*GB*) mudanza, trasteo
remove /rɪˈmuːv/ *vt* **1** ~ **sth (from sth)** quitar(se) algo (de algo): *to remove your coat* quitarse el abrigo ❶ Es más normal decir **take sth off, take sth out**, *etc.* **2** eliminar **3** ~ **sb (from sth)** sacar, destituir a algn (de algo)
the Renaissance /ˈrenəsɑns; *GB* rɪˈneɪsns/ *n* el Renacimiento
render /ˈrendər/ *vt* (*formal*) **1** hacer: *She was rendered speechless.* Quedó muda. **2** (*servicio, etc.*) prestar **3** (*Mús, Arte*) interpretar
rendezvous /ˈrɑndeɪvuː, -dɪ-/ *n* (*pl* **rendezvous** /-vuːz/) **1** cita **2** lugar de reunión
renegade /ˈrenɪɡeɪd/ *n* (*formal, pey*) rebelde, renegado, -a
renew /rɪˈnuː; *GB* rɪˈnjuː/ *vt* **1** renovar **2** (*reestablecer*) reanudar **3** reafirmar ■ **renewable** *adj* renovable **renewal** *n* renovación
renounce /rɪˈnaʊns/ *vt* (*formal*) renunciar a: *He renounced his right to be king.* Renunció a su derecho al trono.
renovate /ˈrenəveɪt/ *vt* restaurar ■ **renovation** *n* renovación, restauración
renowned /rɪˈnaʊnd/ *adj* ~ **(as/for sth)** famoso (como/por algo)
rent /rent/ *sustantivo, verbo*
▶ *n* arriendo, renta **LOC for rent** se alquila/ arrienda ➔ *Ver nota en* ALQUILAR
▶ *vt* **1** ~ **sth (from sb)** alquilar, rentar algo (de algn): *I rent a garage from a neighbor.* Un vecino me alquila su garaje. **2** ~ **sth (out) (to sb)** alquilar, rentar algo (a algn): *We rented out the house to some students.* Les alquilamos nuestra casa a unos estudiantes. ■ **rental** *n* alquiler (*de carros, DVDs, etc.*)
reorganize (*GB tb* **-ise**) /ˌriˈɔːrɡənaɪz/ *vt, vi* reorganizar(se)
rep /rep/ *n* (*coloq*) representante (*de ventas*)
repair /rɪˈpeər/ *verbo, sustantivo*
▶ *vt* **1** reparar **2** remediar
▶ *n* reparación: *It's beyond repair.* No tiene arreglo. **LOC in good, bad, etc. repair; in a good, bad, etc. state of repair** (*formal*) en buen, mal, etc. estado
repay /rɪˈpeɪ/ *vt* (*pt, pp* **repaid**) **1** (*dinero, favor*) devolver **2** (*persona*) reembolsar, compensar **3** (*préstamo, deuda*) pagar **4** (*amabilidad*) corresponder a ■ **repayment** *n* **1** reembolso, devolución **2** (*cantidad*) pago
repeat /rɪˈpiːt/ *verbo, sustantivo*
▶ **1** *vt, vi* repetir(se) **2** *vt* (*confidencia*) contar
▶ *n* repetición
repeated /rɪˈpiːtɪd/ *adj* **1** repetido **2** reiterado
repeatedly /rɪˈpiːtɪdli/ *adv* repetidamente, en repetidas ocasiones
repel /rɪˈpel/ *vt* (**-ll-**) **1** repeler **2** (*oferta, etc.*) rechazar **3** repugnar
repellent /rɪˈpelənt/ *adjetivo, sustantivo*
▶ *adj* ~ **(to sb)** (*formal*) repelente (para algn)
▶ *n* (*tb* **ˈinsect repellent**) repelente (*para mosquitos, etc.*)
repent /rɪˈpent/ *vt, vi* ~ **(of) sth** arrepentirse de algo ■ **repentance** *n* arrepentimiento
repercussion /ˌriːpərˈkʌʃn/ *n* [*gen pl*] repercusión
repertoire /ˈrepərtwɑr/ *n* repertorio (*de un músico, actor, etc.*)
repetition /ˌrepəˈtɪʃn/ *n* repetición ■ **repetitive** /rɪˈpetətɪv/ *adj* repetitivo
replace /rɪˈpleɪs/ *vt* **1** colocar de nuevo en su sitio **2** reponer **3** reemplazar **4** (*algo roto o desgastado*) cambiar: *to replace a broken window* cambiar el vidrio quebrado de una ventana **5** destituir ■ **replacement** *n* **1** sustitución, reemplazo **2** (*persona*) suplente **3** (*pieza*) repuesto
replay /ˈriːpleɪ/ *n* **1** partido de desempate **2** (*TV*) repetición: *instant replay* repetición de la jugada
replenish /rɪˈplenɪʃ/ *vt* (*formal*) reponer (*provisiones*)

replica /ˈreplɪkə/ n réplica ■ **replicate** /ˈreplɪkeɪt/ **1** vt (formal) reproducir **2** vt, vi ~ **(itself)** (Biol) replicarse, multiplicarse

reply /rɪˈplaɪ/ verbo, sustantivo
▸ vi (pt, pp **replied**) responder, contestar
▸ n (pl **replies**) respuesta

report /rɪˈpɔːrt/ verbo, sustantivo
▸ **1** vt informar de/sobre, comunicar, dar parte de algo **2** vi ~ **(on sth)** informar (acerca de/sobre algo) **3** vt (crimen, culpable) denunciar **4** vi ~ **(to/for sth)** (trabajo, etc.) presentarse (en/a algo) **PHRV** **report to sb** rendir cuentas a algn
▸ n **1** informe **2** noticia **3** (Period) reportaje **4** (GB) (USA **reˈport card**) informe escolar

reportedly /rɪˈpɔːrtɪdli/ adv según nuestras fuentes

reporter /rɪˈpɔːrtər/ n reportero, -a

represent /ˌreprɪˈzent/ vt **1** representar **2** describir ■ **representation** n representación

representative /ˌreprɪˈzentətɪv/ adjetivo, sustantivo
▸ adj representativo
▸ n **1** representante **2** (USA) (Pol) diputado, -a ➔ Ver nota en CONGRESS

repress /rɪˈpres/ vt **1** reprimir **2** contener ■ **repression** n represión **repressive** adj represivo

reprieve /rɪˈpriːv/ verbo, sustantivo
▸ vt **1** indultar **2** salvar (del despido, cierre, etc.)
▸ n **1** indulto **2** (fig) respiro

reprimand /ˈreprɪmænd; GB -mɑːnd/ verbo, sustantivo
▸ vt (formal) reprender
▸ n reprimenda

reprisal /rɪˈpraɪzl/ n represalia

reproach /rɪˈproʊtʃ/ verbo, sustantivo
▸ vt ~ **sb (for/with sth)** reprochar (algo) a algn
▸ n reproche **LOC** **above/beyond reproach** por encima de toda crítica

reproduce /ˌriːprəˈduːs; GB -ˈdjuːs/ vt, vi reproducir(se) ■ **reproduction** /ˌriːprəˈdʌkʃn/ n reproducción **reproductive** adj reproductor

reptile /ˈreptl, -taɪl/ n reptil

republic /rɪˈpʌblɪk/ n república ■ **republican** (tb **Republican**) adj, n republicano, -a

repugnant /rɪˈpʌɡnənt/ adj (formal) repugnante

repulsive /rɪˈpʌlsɪv/ adj repulsivo

reputable /ˈrepjətəbl/ adj **1** (persona) de buena reputación, de confianza **2** (empresa) acreditado

reputation /ˌrepjuˈteɪʃn/ n reputación, fama

repute /rɪˈpjuːt/ n (formal) reputación, fama
■ **reputed** adj **1** supuesto **2** *He is reputed to be…* Tiene fama de ser…/Se dice que es…
reputedly adv según se dice

request /rɪˈkwest/ sustantivo, verbo
▸ n ~ **(for sth)** petición, solicitud (de algo): *to make a request for sth* pedir algo
▸ vt ~ **sth (from sb)** (formal) pedir algo (a algn) ❶ La expresión más normal es **ask for sth**.

require /rɪˈkwaɪər/ vt (formal) **1** requerir **2** necesitar ❶ La palabra más normal es **need**. **3** ~ **sb to do sth** exigir a algn que haga algo

requirement /rɪˈkwaɪərmənt/ n **1** necesidad **2** requisito

resat pt, pp de RESIT

rescue /ˈreskjuː/ verbo, sustantivo
▸ vt rescatar, salvar
▸ n rescate: *rescue operation/team* operación/equipo de rescate **LOC** **come/go to sb's rescue** acudir al rescate de algn ■ **rescuer** n salvador, -ora

research sustantivo, verbo
▸ n /ˈriːsɜːrtʃ, rɪˈsɜːrtʃ/ [incontable] ~ **(into/on sth)** investigación (sobre algo) (esp académica)
▸ vt, vi /rɪˈsɜːrtʃ/ ~ **(into/on) sth** investigar (algo)
■ **researcher** n investigador, -ora

resemble /rɪˈzembl/ vt parecerse a
■ **resemblance** n parecido **LOC** Ver BEAR

resent /rɪˈzent/ vt resentirse de/por ■ **resentful** adj **1** (mirada, etc.) de resentimiento **2** resentido **resentment** n resentimiento

reservation /ˌrezərˈveɪʃn/ n **1** (de hotel, etc.) reservación **2** (duda) reserva: *I have reservations on that subject.* Tengo ciertas reservas sobre ese tema.

Making a reservation
Hacer una reservación
Do you have a double room for the night of the 14th? ¿Tienen una habitación doble disponible para la noche del 14?
I'd like to make a reservation for a table for two for this evening, please. Quisiera reservar una mesa para dos personas para esta noche, por favor.
Yes, certainly, what time would you like the table? Por supuesto. ¿A qué hora quiere la mesa?
We have a twin room or two singles. Tenemos una habitación doble con dos camas individuales o dos habitaciones individuales.
I'm sorry. We're fully booked. Lo siento, no quedan habitaciones libres.

---

reserve /rɪˈzɜːrv/ verbo, sustantivo
▸ vt **1** reservar **2** (derecho) reservarse

reserved

▸ n **1** [gen pl] reserva(s) **2 reserves** [pl] (Mil) reservistas **3** (Dep) reserva LOC **in reserve** de reserva

reserved /rɪˈzɜːrvd/ adj reservado

reservoir /ˈrezərvwɑr/ n **1** depósito, embalse, represa **2** (formal) (fig) reserva

reshuffle /ˌriːˈʃʌfl/ n reorganización

reside /rɪˈzaɪd/ vi (formal) residir

residence /ˈrezɪdəns/ n (formal) **1** (formal) residencia, casa **2** *residence hall* residencia universitaria

¿ resident /ˈrezɪdənt/ sustantivo, adjetivo
▸ n **1** residente **2** (hotel) huésped
▸ adj residente: *to be resident abroad* residir en el extranjero

residential /ˌrezɪˈdenʃl/ adj **1** de viviendas **2** (curso) con alojamiento incluido

residue /ˈrezɪduː; GB -djuː/ n residuo

resign /rɪˈzaɪn/ vt, vi renunciar, dimitir
PHR V **resign yourself to sth** resignarse a algo
■ **resignation** /ˌrezɪɡˈneɪʃn/ n **1** renuncia, dimisión **2** resignación

resilient /rɪˈzɪliənt/ adj **1** (persona) resistente **2** (material) elástico ■ **resilience** n **1** capacidad de recuperación **2** elasticidad

¿ resist /rɪˈzɪst/ **1** vi resistir **2** vt resistirse (a): *I had to buy it, I couldn't resist it.* Tuve que comprarlo, no lo pude resistir. **3** vt (presión, reforma) oponerse, oponer resistencia a

¿ resistance /rɪˈzɪstəns/ n ~ (**to sb/sth**) resistencia (a algn/algo): *He didn't put up/offer much resistance.* No presentó gran oposición. ◊ *the body's resistance to diseases* la resistencia del organismo a las enfermedades

resistant /rɪˈzɪstənt/ adj ~ (**to sth**) resistente (a algo)

resit verbo, sustantivo
▸ vt /ˌriːˈsɪt/ (**-tt-**) (pt, pp **resat** /ˌriːˈsæt/) (GB) (USA **retake**) volver a presentarse a (un examen)
▸ n /ˈriːsɪt/ (GB) (USA **retake**) examen de recuperación

resolute /ˈrezəluːt/ adj resuelto, decidido
❶ La palabra más normal es **determined**.
■ **resolutely** adv **1** con firmeza **2** resueltamente

resolution /ˌrezəˈluːʃn/ n **1** resolución **2** propósito: *New Year's resolutions* propósitos para el año nuevo

¿ resolve /rɪˈzɑlv/ (formal) **1** vi ~ **to do sth** resolverse a hacer algo **2** vt acordar: *The senate resolved that…* El Senado acordó que… **3** vt (disputa, crisis) resolver

¿ resort /rɪˈzɔːrt/ sustantivo, verbo
▸ n: *coastal resort* centro turístico costero ◊ *ski resort* estación de esquí LOC *Ver* LAST
▸ v PHR V **resort to sth** recurrir a algo: *to resort to violence* recurrir a la violencia

resounding /rɪˈzaʊndɪŋ/ adj rotundo: *a resounding success* un éxito rotundo

¿ resource /ˈriːsɔːrs/ n recurso ■ **resourceful** adj de recursos: *She is very resourceful.* Tiene mucho ingenio para salir de apuros.

¿ respect /rɪˈspekt/ sustantivo, verbo
▸ n **1** ~ (**for sb/sth**) respeto, consideración (por algn/algo) **2** concepto: *in this respect* en este sentido LOC **with respect to sth** (formal) en cuanto a algo
▸ vt ~ **sb** (**as/for sth**) respetar a algn (como/por algo): *I respect them for their honesty.* Los respeto por su honradez. ◊ *He respected her as a detective.* La respetaba como detective.

respectable /rɪˈspektəbl/ adj **1** respetable, decente **2** considerable

respectful /rɪˈspektfl/ adj respetuoso

respective /rɪˈspektɪv/ adj respectivo: *They all got on with their respective jobs.* Todos volvieron a sus respectivos trabajos.

respiration /ˌrespəˈreɪʃn/ n (formal) respiración

respite /ˈrespɪt; GB ˈrespaɪt/ n **1** respiro **2** alivio

¿ respond /rɪˈspɑnd/ vi **1** ~ (**to sth**) responder (a algo): *The patient is responding to treatment.* El paciente está respondiendo al tratamiento. **2** contestar: *I wrote to them last week but they haven't responded.* Les escribí la semana pasada, pero no han contestado. ❶ Para decir "contestar", **answer** y **reply** son palabras más normales.

¿ response /rɪˈspɑns/ n ~ (**to sb/sth**) **1** respuesta (a algn/algo): *In response to your inquiry…* En respuesta a su pregunta… **2** reacción (a algn/algo)

¿ responsibility /rɪˌspɑnsəˈbɪləti/ n (pl **responsibilities**) ~ (**for sth**); ~ (**for/to sb**) responsabilidad (por algo), responsabilidad (sobre/ante algn): *to take full responsibility for sb/sth* asumir toda la responsabilidad por algn/algo

¿ responsible /rɪˈspɑnsəbl/ adj ~ (**for sth/doing sth**); ~ **to sb/sth** responsable (de algo/hacer algo), responsable ante algn/algo: *to act in a responsible way* comportarse de una forma responsable ◊ *She's responsible for five patients.* Tiene cinco pacientes a su cargo.

responsive /rɪˈspɑnsɪv/ adj **1** receptivo: *a responsive audience* un público receptivo

---

i happy   ɪ sit   iː see   æ cat   ɑ hot   ɒ long (GB)   ɑː bath (GB)   ʌ cup   ʊ put   uː too

2 sensible: *to be responsive (to sth)* ser sensible (a algo)

rest /rest/ *sustantivo, verbo*
▸ *n* **1 the rest** [*sing*] el resto **2 the rest** [*pl*] los/las demás, los otros, las otras: *The rest of the players are going.* Los demás jugadores van. **3** descanso: *to have a rest* tomarse un descanso ◇ *to get some rest* descansar **LOC at rest** en reposo, en paz ♦ **come to rest** detenerse, pararse *Ver tb* MIND
▸ **1** *vt, vi* descansar **2** *vt, vi* ~ **(sth) on/against sth** apoyar algo, apoyarse en/contra algo **3** *vi*: *to let the matter rest* dejar el asunto

restaurant /ˈrestrɑnt, -tər-/ *n* restaurante

restful /ˈrestfl/ *adj* descansado, sosegado

restless /ˈrestləs/ *adj* **1** agitado **2** inquieto: *to become/grow restless* impacientarse **3** *to have a restless night* pasar una mala noche

restoration /ˌrestəˈreɪʃn/ *n* **1** devolución **2** restauración **3** restablecimiento

restore /rɪˈstɔːr/ *vt* **1** ~ **sth (to sb/sth)** (*confianza, salud*) devolver algo (a algn/algo) **2** (*orden, paz*) restablecer **3** (*monarquía*) restaurar **4** (*formal*) (*bienes*) restituir

restrain /rɪˈstreɪn/ *vt* **1** contener a **2** ~ **yourself** contenerse **3** (*entusiasmo*) dominar, contener **4** (*lágrimas*) contener ■ **restrained** *adj* moderado, comedido

restraint /rɪˈstreɪnt/ *n* **1** compostura **2** limitación, restricción **3** moderación

restrict /rɪˈstrɪkt/ *vt* limitar

restricted /rɪˈstrɪktɪd/ *adj* limitado: *to be restricted to sth* estar restringido a algo

restriction /rɪˈstrɪkʃn/ *n* restricción

restrictive /rɪˈstrɪktɪv/ *adj* restrictivo

restroom /ˈrestruːm, -rʊm/ *n* baño público
➔ *Ver nota en* BATHROOM

result /rɪˈzʌlt/ *sustantivo, verbo*
▸ *n* resultado: *As a result of…* Como consecuencia de…
▸ *vi* ~ **(from sth)** ser el resultado (de algo), originarse (por algo) **PHR V** **result in sth** terminar en algo

resume /rɪˈzuːm/ (*formal*) **1** *vt, vi* reanudar(se) **2** *vt* recobrar, volver a asumir ■ **resumption** /rɪˈzʌmpʃn/ *n* (*formal*) reanudación

résumé /ˈrezəmeɪ/ (*GB* **CV**) *n* currículum vitae, currículo, hoja de vida

resurgence /rɪˈsɜːrdʒəns/ *n* resurgimiento

resurrect /ˌrezəˈrekt/ *vt* resucitar: *to resurrect old traditions* hacer revivir viejas tradiciones
■ **resurrection** *n* resurrección

resuscitate /rɪˈsʌsɪteɪt/ *vt* reanimar, resucitar
■ **resuscitation** *n* reanimación

retail /ˈriːteɪl/ *sustantivo, verbo*
▸ *n* venta al por menor: *retail price* precio de venta al público
▸ *vt, vi* vender(se) al público

retailer /ˈriːteɪlər/ *n* (comerciante) minorista

retail therapy *n* acción de ir de compras para sentirse mejor

retain /rɪˈteɪn/ *vt* (*formal*) **1** quedarse con **2** conservar **3** retener **4** quedarse con (*en la memoria*)

retake *verbo, sustantivo*
▸ *vt* /ˌriːˈteɪk/ (*pt* **retook** /-ˈtʊk/, *pp* **retaken** /-ˈteɪkən/) **1** reconquistar **2** volver a presentarse a (*un examen*)
▸ *n* /ˈriːteɪk/ examen de recuperación

retaliate /rɪˈtælieɪt/ *vi* ~ **(against sb/sth)** vengarse (de algn/algo), tomar represalias (contra algn/algo) ■ **retaliation** *n* ~ **(against sb/sth/for sth)** represalia (contra algn/algo/por algo)

retarded /rɪˈtɑrdɪd/ *adj* retrasado

retch /retʃ/ *vi* querer vomitar

retention /rɪˈtenʃn/ *n* (*formal*) retención, conservación

rethink /ˌriːˈθɪŋk/ *vt* (*pt, pp* **rethought** /-ˈθɔːt/) reconsiderar

reticent /ˈretɪsnt/ *adj* reservado ■ **reticence** *n* reserva

retire /rɪˈtaɪər/ **1** *vt, vi* jubilar(se) **2** *vi* (*formal, hum*) retirarse a sus aposentos

retired /rɪˈtaɪərd/ *adj* jubilado

retirement /rɪˈtaɪərmənt/ *n* jubilación, retiro

retiring /rɪˈtaɪərɪŋ/ *adj* **1** retraído **2** que se jubila

retook *pt de* RETAKE

retort /rɪˈtɔːrt/ *sustantivo, verbo*
▸ *n* réplica, contestación
▸ *vt* replicar

retrace /rɪˈtreɪs/ *vt* desandar (*camino*): *to retrace your steps* volver sobre tus pasos

retract /rɪˈtrækt/ **1** *vt* (*formal*) (*declaración*) retractarse (de) **2** *vt* (*formal*) (*oferta, etc.*) retirar **3** *vt, vi* (*garra, uña, etc.*) retraer(se) **4** *vt, vi* replegar(se)

retreat /rɪˈtriːt/ *verbo, sustantivo*
▸ *vi* batirse en retirada
▸ *n* **1** retirada **2** retiro **3** refugio

retrial /ˌriːˈtraɪəl/ *n* nuevo juicio

retribution /ˌretrɪˈbjuːʃn/ *n* (*formal*) **1** justo castigo **2** venganza

retrieval /rɪˈtriːvl/ n recuperación
retrieve /rɪˈtriːv/ vt 1 (formal) recobrar 2 (Informát) recuperar ■ **retriever** n perro de caza
retro /ˈretrəʊ/ adj retro
retrograde /ˈretrəɡreɪd/ adj (formal) retrógrado
retrospect /ˈretrəspekt/ n LOC **in retrospect** mirando hacia atrás
retrospective /ˌretrəˈspektɪv/ adjetivo, sustantivo
▶ adj 1 retrospectivo 2 retroactivo
▶ n exposición retrospectiva
⸹ **return** /rɪˈtɜːrn/ verbo, sustantivo
▶ 1 vi regresar, volver 2 vt devolver 3 vi (síntoma) reaparecer 4 vt (Jur) declarar 5 vt (GB) (diputado, etc.) elegir
▶ n 1 vuelta, regreso: *on my return* a mi vuelta ◊ *return journey* viaje de regreso 2 **~ (to sth)** retorno (a algo) 3 reaparición 4 devolución 5 declaración: *(income) tax return* declaración de renta 6 **~ (on sth)** rendimiento (de algo) 7 (GB) (tb reˌturn ˈticket) (USA ˌround-trip ˈticket) boleto/pasaje de ida y vuelta 8 (GB) de regreso LOC **in return (for sth)** en recompensa/a cambio (de algo)
returnable /rɪˈtɜːrnəbl/ adj 1 (dinero) reembolsable 2 (envase) retornable
reunion /riːˈjuːniən/ n reunión, reencuentro
reunite /ˌriːjuːˈnaɪt/ vt, vi 1 reunir(se), reencontrar(se) 2 reconciliar(se)
reusable /ˌriːˈjuːzəbl/ adj reutilizable
reuse /ˌriːˈjuːz/ vt reutilizar
rev /rev/ verbo, sustantivo
▶ vt (-vv-) **~ sth (up)** acelerar algo
▶ n [gen pl] (coloq) revolución (de motor)
revalue /ˌriːˈvæljuː/ vt 1 (propiedad, etc.) revaluar 2 (moneda) revalorar ■ **revaluation** n revalorización
revamp verbo, sustantivo
▶ vt /ˌriːˈvæmp/ modernizar
▶ n /ˈriːvæmp/ [sing] modernización
⸹ **reveal** /rɪˈviːl/ vt 1 (secretos, datos, etc.) revelar 2 mostrar, descubrir ■ **revealing** adj 1 revelador 2 (vestido) atrevido
revel /ˈrevl/ vi (-l-, GB -ll-) PHR V **revel in sth** deleitarse en algo
revelation /ˌrevəˈleɪʃn/ n revelación
revenge /rɪˈvendʒ/ n revancha, venganza: *to take (your) revenge (on sb)* vengarse (de algn) PHR V **revenge yourself on sb** (formal) vengarse de algn

revenue /ˈrevənuː; GB -njuː/ n ingresos: *a source of government revenue* una fuente de ingresos del gobierno Ver tb THE INLAND REVENUE
reverberate /rɪˈvɜːrbəreɪt/ vi 1 resonar 2 tener repercusiones ■ **reverberation** 1 resonancia 2 **reverberations** [pl] repercusiones
revere /rɪˈvɪər/ vt (formal) venerar
reverence /ˈrevərəns/ n (formal) reverencia (veneración)
reverend /ˈrevərənd/ (tb **the Reverend**) adj (abrev **Rev.**) reverendo
reverent /ˈrevərənt/ adj (formal) reverente
reversal /rɪˈvɜːrsl/ n 1 (opinión) cambio 2 (suerte, fortuna) revés 3 (Jur) revocación 4 (de papeles) inversión
⸹ **reverse** /rɪˈvɜːrs/ sustantivo, verbo
▶ n 1 [sing] **the ~ (of sth)** lo contrario (de algo): *quite the reverse* todo lo contrario 2 reverso 3 (papel) dorso 4 (tb reˌverse ˈgear) la reversa, marcha atrás
▶ 1 vt invertir 2 vt, vi poner/ir en reversa 3 vt (decisión) revocar LOC **reverse (the) charges** (GB) (USA **call collect**) llamar por cobrar
reversible /rɪˈvɜːrsəbl/ adj reversible
revert /rɪˈvɜːrt/ v PHR V **revert to sb/sth** (propiedad, etc.) revertir a algn/algo ♦ **revert to sth** (formal) volver a algo (estado, tema, etc. anterior)
⸹ **review** /rɪˈvjuː/ sustantivo, verbo
▶ n 1 examen, revisión 2 informe 3 (crítica) reseña 4 (formal) revista
▶ 1 vt reconsiderar 2 vt examinar 3 vt hacer una reseña de 4 vi (GB **revise**) repasar: *to review for a test* repasar para un examen 5 vt (Mil) pasar revista a ■ **reviewer** n crítico, -a
⸹ **revise** /rɪˈvaɪz/ 1 vt revisar 2 vt modificar 3 vt, vi (GB) (USA **review**) repasar (para un examen)
⸹ **revision** /rɪˈvɪʒn/ n 1 revisión 2 modificación 3 [incontable] (GB) repaso: *to do some revision* repasar
revival /rɪˈvaɪvl/ n 1 restablecimiento 2 (moda) resurgimiento 3 (Teat) reposición
revive /rɪˈvaɪv/ 1 vt, vi (enfermo) reanimar(se) 2 vt (recuerdos) refrescar 3 vt, vi (economía) reactivar(se) 4 vt (Teat) reponer
revoke /rɪˈvəʊk/ vt (formal) revocar
revolt /rɪˈvəʊlt/ verbo, sustantivo
▶ 1 vi **~ (against sb/sth)** sublevarse, rebelarse contra algn/algo 2 vt repugnar a, dar asco a: *The smell revolted him.* El olor le repugnaba.
▶ n **~ (over sth)** sublevación, rebelión (por algo)
revolting /rɪˈvəʊltɪŋ/ adj repugnante

| u actual | ɔː saw | ɜː bird | ə about | j yes | w woman | ʒ vision | h hat | ŋ sing |

revolution /ˌrevəˈluːʃn/ n revolución ■ **revolutionary** /ˌrevəˈluːʃəneri; GB -nəri/ adj, n (pl **revolutionaries**) revolucionario, -a **revolutionize** (GB tb **-ise**) vt revolucionar

revolve /rɪˈvɑlv/ vt, vi (hacer) girar PHR V **revolve around sb/sth** centrarse en/girar alrededor de algn/algo

revolver /rɪˈvɑlvər/ n revólver

revulsion /rɪˈvʌlʃn/ n (formal) repugnancia

reward /rɪˈwɔːrd/ sustantivo, verbo
▸ n recompensa, premio
▸ vt recompensar ■ **rewarding** adj gratificante

rewind /ˌriːˈwaɪnd/ vt (pt, pp **rewound** /-ˈwaʊnd/) rebobinar

rewrite /ˌriːˈraɪt/ vt (pt **rewrote** /-ˈroʊt/, pp **rewritten** /-ˈrɪtn/) volver a escribir

rhetoric /ˈretərɪk/ n retórica

rheumatism /ˈruːmətɪzəm/ n [incontable] reuma

rhinoceros /raɪˈnɑsərəs/ n (pl **rhinoceros** o **rhinoceroses**) (coloq **rhino** /ˈraɪnoʊ/ [pl **rhinos**]) rinoceronte

rhubarb /ˈruːbɑrb/ n ruibarbo

rhyme /raɪm/ sustantivo, verbo
▸ n 1 rima 2 (poema) verso Ver tb NURSERY RHYME
▸ vt, vi rimar

rhythm /ˈrɪðəm/ n ritmo

rib /rɪb/ n (Anat) costilla

ribbon /ˈrɪbən/ n cinta, lazo LOC **cut, tear, etc. sth to ribbons** hacer algo trizas

ribcage /ˈrɪbkeɪdʒ/ n (Anat) caja torácica

rice /raɪs/ n arroz: brown rice arroz integral ◊ rice pudding arroz con leche ◊ rice field arrozal

rich /rɪtʃ/ adjetivo, sustantivo
▸ adj (**richer**, **-est**) 1 rico: to become/get rich enriquecerse ◊ to be rich in sth ser rico/abundar en algo 2 (lujoso) suntuoso 3 (tierra) fértil 4 (comida) pesado, empalagoso
▸ n **the rich** [pl] los ricos

riches /ˈrɪtʃɪz/ n [pl] riqueza(s)

richly /ˈrɪtʃli/ adv LOC **richly deserve sth** tener algo bien merecido

rickety /ˈrɪkəti/ adj 1 (estructura) desvencijado 2 (mueble) cojo

ricochet /ˈrɪkəʃeɪ/ vi (pt, pp **ricocheted** /ˈrɪkəʃeɪd/) ~ (**off sth**) rebotar (en algo)

rid /rɪd/ vt (**-dd-**) (pt, pp **rid**) ~ **sb/sth of sb/sth** librar a algn/algo de algn/algo, eliminar algo de algn/algo LOC **get rid of sb/sth** deshacerse, librarse de algn/algo

ridden /ˈrɪdn/ adj ~ **with sth** lleno de algo, dominado por algo Ver tb RIDE

riddle /ˈrɪdl/ sustantivo, verbo
▸ n 1 acertijo, adivinanza 2 misterio, enigma
▸ vt (a balazos) acribillar LOC **be riddled with sth** estar plagado/lleno de algo

ride /raɪd/ verbo, sustantivo
▸ (pt **rode** /roʊd/, pp **ridden** /ˈrɪdn/) 1 vt (caballo) montar a 2 vt (bicicleta, etc.) montar en 3 vi montar a caballo 4 vi (en vehículo) viajar, ir
▸ n 1 (a caballo) paseo 2 (en vehículo) viaje: to go for a ride ir a dar una vuelta ◊ to give sb a ride llevar a algn en carro 3 atracción (de feria) LOC **take sb for a ride** (coloq) tomarle el pelo a algn

rider /ˈraɪdər/ n 1 jinete 2 ciclista 3 motociclista

ridge /rɪdʒ/ n 1 (montaña) cresta 2 (tejado) caballete

ridicule /ˈrɪdɪkjuːl/ sustantivo, verbo
▸ n ridículo
▸ vt ridiculizar

ridiculous /rɪˈdɪkjələs/ adj ridículo, absurdo

riding /ˈraɪdɪŋ/ (USA tb **horseback riding**) (GB tb **horse riding**) n equitación: I like riding. Me gusta montar a caballo.

rife /raɪf/ adj ~ (**with sth**) (pey) lleno, plagado (de algo): Disease was rife. Abundaban las enfermedades.

rifle /ˈraɪfl/ n fusil, rifle

rift /rɪft/ n 1 división 2 (Geog) grieta

rig /rɪɡ/ verbo, sustantivo
▸ vt (**-gg-**) falsificar PHR V **rig sth up** armar, improvisar algo
▸ n 1 Ver OIL RIG 2 (tb **rigging** /ˈrɪɡɪŋ/) (Náut) aparejo, jarcia

right /raɪt/ adjetivo, adverbio, sustantivo, verbo
▸ adj 1 correcto, cierto: You are absolutely right. Tienes toda la razón. ◊ Are these figures right? ¿Son correctas estas cifras? 2 adecuado, correcto: Is this the right color for the curtains? ¿Es este el color adecuado para las cortinas? ◊ to be on the right track ir por buen camino 3 (momento) oportuno: It wasn't the right time to say that. No era el momento oportuno para decir aquello. 4 (pie, mano) derecho 5 justo: It's not right to pay people so badly. No es justo pagarle tan mal a la gente. ◊ He was right to do that. Hizo bien en obrar así. 6 (GB, coloq) de remate: a right fool un tonto de remate Ver tb ALL RIGHT LOC **get sth right** 1 acertar algo, hacer algo bien 2 dejar algo claro ♦ **put/set sb/sth right** corregir a algn/algo, arreglar algo ♦ **that's right** eso es Ver tb CUE, SIDE
▸ adv 1 bien, correctamente: Have I spelled your

right angle

name right? ¿Escribí bien tu nombre?
2 exactamente: *right beside you* justo a tu lado
3 completamente: *right to the end* hasta el final
4 a la derecha: *to turn right* voltear a la derecha **5** inmediatamente: *I'll be right back.* Vuelvo ahora mismo. LOC **right away/off** enseguida ♦ **right now** ahora mismo *Ver tb* SERVE
▸ *n* **1** bien: *right and wrong* el bien y el mal **2** ~ **(to sth/to do sth)** derecho a algo/a hacer algo: *human rights* los derechos humanos **3** derecha: *on the right* a la derecha **4 the Right** [*v sing o pl*] (*Pol*) la derecha LOC **be in the right** tener razón ♦ **by rights 1** en buena ley **2** en teoría ♦ **in your own right** por derecho propio
▸ *vt* **1** enderezar **2** corregir

right angle *n* ángulo recto

right-click *vt, vi* ~ **(sth/on sth)** (*Informát*) hacer clic con el botón derecho del mouse (en algo)

righteous /'raɪtʃəs/ *adj* (*formal*) **1** (*persona*) recto, honrado **2** (*indignación*) justificado

rightful /'raɪtfl/ *adj* [*solo antes de sustantivo*] legítimo: *the rightful heir* el heredero legítimo

right-hand *adj* a/de (la) derecha: *on the right-hand side* a mano derecha LOC **right-hand man** brazo derecho ■ **right-handed** *adj* diestro

rightly /'raɪtli/ *adv* correctamente, justificadamente: *rightly or wrongly* mal que bien

right wing *sustantivo, adjetivo*
▸ *n* (*Pol*) derecha
▸ *adj* **right-wing** de derecha(s), derechista

rigid /'rɪdʒɪd/ *adj* **1** rígido **2** (*actitud*) inflexible

rigor (*GB* **rigour**) /'rɪɡər/ *n* rigor ■ **rigorous** *adj* riguroso

rim /rɪm/ *n* **1** borde ⊃ *Ver dibujo en* CUP **2** [*gen pl*] (*gafas*) montura **3** llanta

rind /raɪnd/ *n* **1** (*limón*) cáscara ⊃ *Ver nota en* PEEL **2** (*queso, tocino*) corteza

ring¹ /rɪŋ/ *sustantivo, verbo*
▸ *n* **1** anillo **2** aro **3** círculo **4** (*tb* **circus ring**) pista (*de circo*) **5** (*tb* **boxing ring**) ring **6** (*tb* **bullring**) plaza de toros
▸ *vt* (*pt, pp* **-ed**) **1** ~ **sb/sth (with sth)** rodear a algn/algo (de algo) **2** (*esp pájaro*) anillar

ring² /rɪŋ/ *verbo, sustantivo*
▸ (*pt* **rang** /ræŋ/, *pp* **rung** /rʌŋ/) **1** *vi* sonar **2** *vt* (*timbre*) tocar **3** *vi* ~ **(for sb/sth)** llamar (a algn/algo) **4** *vi* (*oídos*) zumbar **5** *vt, vi* (*GB*) (*USA* **call**) ~ **(sb/sth) (up)** llamar a algn/algo (por teléfono) LOC **ring a bell** (*coloq*) sonar: *His name rings a bell.* Su nombre me suena. PHR V **ring (sb) back** (*GB*) volver a llamar, devolver la llamada (a algn) ♦ **ring off** (*GB*) colgar
▸ *n* **1** (*timbre*) timbrazo **2** (*campanas*) toque **3** [*sing*] sonido LOC **give sb a ring** (*GB, coloq*) dar un telefonazo a algn

ringleader /'rɪŋliːdər/ *n* (*pey*) cabecilla

ringlet /'rɪŋlət/ *n* tirabuzón

ring pull *n* (*GB*) (*USA* **pull tab, tab**) (*de lata de bebida*) anilla

ring road *n* (*GB*) (*USA* **beltway**, **outer belt**) carretera circunvalar/de circunvalación

ringtone /'rɪŋtoʊn/ *n* tono/melodía de llamada

rink /rɪŋk/ *n* pista (*de hielo, patinaje*)

rinse /rɪns/ *verbo, sustantivo*
▸ *vt* ~ **sth (out)** enjuagar algo
▸ *n* **1** enjuagado **2** tinte

riot /'raɪət/ *sustantivo, verbo*
▸ *n* disturbio, motín: *riot police* policía antimotines LOC **run riot** desmandarse, desenfrenarse
▸ *vi* causar disturbios, amotinarse ■ **rioter** *n* alborotador, -ora **rioting** *n* [*incontable*] disturbios **riotous** *adj* **1** desenfrenado, bullicioso (*fiesta*) **2** (*formal*) (*Jur*) alborotador

rip /rɪp/ *verbo, sustantivo*
▸ *vt, vi* (**-pp-**) rasgar(se): *to rip sth open* abrir algo desgarrándolo PHR V **rip sb off** (*coloq*) estafar a algn ♦ **rip sth off/out**; **rip sth out of sth** arrancar algo (de algo) ♦ **rip sth up** desgarrar algo
▸ *n* desgarrón

ripe /raɪp/ *adj* **1** (*fruta, queso*) maduro **2** ~ **(for sth)** listo (para algo): *The time is ripe for his return.* Ha llegado la hora de que regrese. ■ **ripen** *vt, vi* madurar

rip-off *n* (*coloq*) estafa, robo

ripple /'rɪpl/ *sustantivo, verbo*
▸ *n* **1** onda, rizo **2** murmullo (*de risas, interés, etc.*)
▸ *vt, vi* ondular(se)

rise /raɪz/ *verbo, sustantivo*
▸ *vi* (*pt* **rose** /roʊz/, *pp* **risen** /'rɪzn/) **1** subir **2** (*voz*) alzarse **3** (*formal*) (*persona, viento*) levantarse ❶ En este contexto la expresión más común es **get up**. **4** ~ **(up) (against sb/sth)** (*formal*) sublevarse (contra algn/algo) **5** (*sol, luna*) salir **6** ascender (*en rango*) **7** (*río*) nacer **8** (*nivel de un río*) crecer
▸ *n* **1** subida, ascenso **2** (*cantidad*) subida, aumento **3** cuesta **4** (*GB*) (*USA* **raise**) aumento (*de sueldo*) LOC **give rise to sth** (*formal*) dar lugar a algo

rising /'raɪzɪŋ/ *sustantivo, adjetivo*
▸ *n* **1** (*Pol*) levantamiento **2** (*sol, luna*) salida
▸ *adj* **1** creciente **2** (*sol*) naciente

risk /rɪsk/ *sustantivo, verbo*
▸ *n* ~ **(of sth/that…)** riesgo (de algo/de que…)

| i happy | ɪ sit | iː see | æ cat | ɑ hot | ɒ long (GB) | ɑː bath (GB) | ʌ cup | ʊ put | uː too |

LOC at risk en peligro ◆ run the risk (of doing sth) correr el riesgo/peligro (de hacer algo) ◆ take a risk; take risks arriesgarse
▶ vt **1** arriesgar(se) **2** ~ doing sth exponerse, arriesgarse a hacer algo **LOC** risk life and limb; risk your neck arriesgar el pellejo

risky adj (**riskier, -iest**) arriesgado

rite /raɪt/ n rito

ritual /'rɪtʃuəl/ sustantivo, adjetivo
▶ n ritual, rito
▶ adj ritual

rival /'raɪvl/ sustantivo, adjetivo, verbo
▶ n ~ (**for/in sth**) rival (para/en algo)
▶ adj rival
▶ vt (**-l-**, tb esp GB **-ll-**) ~ **sb/sth (for/in sth)** rivalizar con algn/algo (en algo)

rivalry /'raɪvlri/ n (pl **rivalries**) rivalidad

river /'rɪvər/ n río: *river bank* orilla (del río)
➔ Ver nota en RÍO

riverside /'rɪvərsaɪd/ n orilla (del río)

rivet /'rɪvɪt/ vt **1 be riveted by sth** estar fascinado por algo **2** (clavo) remachar
■ **riveting** adj fascinante

roach /roʊtʃ/ n (USA, coloq) cucaracha

road /roʊd/ n **1** (entre ciudades) carretera: *across/over the road* al otro lado de la carretera **2** (abrev **Rd.**) (en la ciudad) calle

En inglés, **road**, **street**, **avenue**, etc. se escriben en mayúscula cuando van precedidos por el nombre de la calle: *Banbury Road* la calle Banbury. ➔ Ver tb nota en CALLE

LOC by road por carretera ◆ on the road **1** de viaje **2** (Mús, Teat) de gira ◆ on the road to sth en camino de algo

roadblock /'roʊdblɑk/ n retén policial

road rage n violencia al volante

roadside /'roʊdsaɪd/ n borde de la carretera: *roadside café* café de carretera

roadway /'roʊdweɪ/ n calzada

roadwork /'roʊdwɜːrk/ n [incontable] (GB **roadworks** [pl]) obras (en carretera)

roam /roʊm/ **1** vt vagar por, recorrer **2** vi vagar

roar /rɔːr/ verbo, sustantivo
▶ **1** vi (león, etc.) rugir **2** vi gritar: *to roar with laughter* reírse a carcajadas **3** vt decir a gritos
▶ n **1** (león, etc.) rugido **2** estruendo: *roars of laughter* carcajadas ■ **roaring** adj **LOC** do a roaring trade (in sth) (coloq) hacer un negocio tremendo (en algo)

roast /roʊst/ verbo, adjetivo, sustantivo
▶ **1** vt, vi (carne) asar(se) **2** vt, vi (café, etc.) tostar(se) **3** vi (coloq) (persona) asarse
▶ adj, n asado: *roast beef* carne de res asada en su jugo

rob /rɑb/ vt (**-bb-**) ~ **sb/sth (of sth)** robar (algo) a algn/algo

Los verbos **rob** y **steal** significan "robar". **Rob** se utiliza con complementos de persona o lugar: *He robbed me (of all my money).* Me robó (toda mi plata). **Steal** se usa cuando mencionamos el objeto robado (de un lugar o a una persona): *He stole all my money (from me).* Me robó toda mi plata. **Burglarize** (GB **burgle**) se refiere a robos en casas particulares o almacenes, normalmente cuando los dueños están fuera: *The house was burglarized.* Se metieron los ladrones a la casa.

robber /'rɑbər/ n **1** ladrón, -ona **2** (tb ˈbank robber) asaltante ➔ Ver nota en THIEF

robbery /'rɑbəri/ n (pl **robberies**) **1** robo **2** (violento) atraco ➔ Ver nota en THEFT

robe /roʊb/ n **1** (tb **bathrobe**) bata, levantadora **2** (ceremonial) manto

robin /'rɑbɪn/ n petirrojo

robot /'roʊbɑt/ n robot

robust /roʊ'bʌst/ adj robusto, enérgico

rock /rɑk/ sustantivo, verbo
▶ n **1** roca **2** (GB **stone**) piedra **3** (tb ˈrock music) n (música) rock **LOC** on the rocks **1** en crisis **2** (bebida) en las rocas (con hielo)
▶ **1** vt, vi mecer(se) **2** vt (niño) arrullar **3** vt, vi estremecer(se), sacudir(se)

ˌrock ˈbottom sustantivo, adjetivo
▶ n (coloq) el punto más bajo: *The marriage had reached rock bottom.* El matrimonio había tocado fondo.
▶ adj **rock-bottom**: *rock-bottom prices* precios muy bajos

ˈrock climbing n escalada en roca

rocket /'rɑkɪt/ sustantivo, verbo
▶ n cohete
▶ vi aumentar muy rápidamente

ˈrocking chair n mecedora

rocky /'rɑki/ adj (**rockier, -iest**) **1** rocoso **2** inestable

rod /rɑd/ n **1** barra **2** vara Ver tb FISHING ROD

rode pt de RIDE

rodent /'roʊdnt/ n roedor

rodeo /'roʊdioʊ, roʊ'deɪoʊ/ n (pl **rodeos**) rodeo (con caballos, etc.)

roe /roʊ/ n hueva (de pescado)

rogue /roʊɡ/ n 1 (antic) sinvergüenza 2 (hum) pícaro, -a

role /roʊl/ n papel: *role model* modelo a imitar

role-play n juego de roles

roll /roʊl/ sustantivo, verbo
▸ n 1 rollo 2 pan pequeño ⊃ Ver dibujo en PAN 3 (con relleno) sándwich, torta 4 balanceo 5 registro, lista 6 fajo
▸ 1 vt, vi (hacer) rodar 2 vt, vi dar vueltas (a) 3 vt, vi ~ (sth) (up) enrollar algo, enrollarse 4 vt, vi ~ (sb/sth/yourself) (up) envolver a algn/algo, envolverse 5 vt (cigarrillo) hacer 6 vt allanar con un rodillo 7 vt, vi balancear(se) LOC **be rolling in it/money** (coloq) estar forrado Ver tb BALL PHR V **roll in** (coloq) llegar en grandes cantidades ♦ **roll on** (tiempo) pasar ♦ **roll sth out** extender algo ♦ **roll over** darse la vuelta ♦ **roll up** (coloq) presentarse ■ **rolling** adj ondulante

roller /ˈroʊlər/ n 1 rodillo 2 rulo (pelo)

Rollerblade® /ˈroʊlərbleɪd/ sustantivo, verbo
▸ n patín (de ruedas) en línea
▸ vi **Rollerblade** patinar (con patines en línea)

roller coaster n montaña rusa

roller skate sustantivo, verbo
▸ n patín de ruedas
▸ vi patinar sobre ruedas ■ **roller skating** n patinaje sobre ruedas

rolling pin n rodillo (de cocina)

romance /ˈroʊmæns, roʊˈmæns/ n 1 amor, amorío: *a holiday romance* un amor de vacaciones 2 romanticismo: *the romance of foreign lands* el romanticismo de las tierras lejanas 3 novela de amor

romantic /roʊˈmæntɪk/ adj romántico

romp /rɑmp/ vi ~ (about/around) retozar, corretear

roof /ruːf, rʊf/ n 1 tejado 2 (automóvil) techo

roofing /ˈruːfɪŋ, ˈrʊfɪŋ/ n [incontable] techado

roof rack n parrilla (de automóvil)

rooftop /ˈruːftɑp, ˈrʊf-/ n 1 azotea 2 tejado

room /ruːm, rʊm/ n 1 habitación, cuarto, sala 2 sitio, lugar: *Is there room for me?* ¿Hay lugar para mí? ◊ *room to breathe* espacio para respirar 3 *There's no room for doubt.* No cabe duda. ◊ *There's room for improvement.* Podría mejorarse.

roommate /ˈruːmmeɪt, ˈrʊm-/ n 1 compañero, -a de habitación 2 (GB flatmate) compañero, -a de apartamento

room service n servicio de habitaciones

room temperature n temperatura ambiente

roomy /ˈruːmi/ adj (**roomier, -iest**) espacioso

roost /ruːst/ sustantivo, verbo
▸ n percha (para aves)
▸ vi posarse para dormir

rooster /ˈruːstər/ (GB **cock**) n gallo

root /ruːt/ sustantivo, verbo
▸ n 1 raíz 2 causa fundamental: *the root cause of the problem* la causa fundamental del problema Ver tb GRASS ROOTS, SQUARE ROOT LOC **put down roots** echar raíces
▸ v PHR V **root around (for sth)** (GB tb **root about**) revolver (en busca de algo) ♦ **root for sb/sth** (coloq) apoyar/animar a algn/algo ♦ **root sth out** 1 erradicar algo, arrancar algo de raíz 2 (coloq) encontrar algo

rope /roʊp/ sustantivo, verbo
▸ n cuerda: *rope ladder* escalera de cuerda ⊃ Ver dibujo en CUERDA LOC **show sb/know/learn the ropes** (coloq) enseñarle a algn/conocer/aprender el oficio Ver tb END
▸ v PHR V **rope sb in; rope sb into sth** (coloq) agarrar a algn (para hacer algo) ♦ **rope sth off** acordonar algo

rosary /ˈroʊzəri/ n (pl **rosaries**) rosario (oración y cuentas)

rose /roʊz/ n rosa Ver tb RISE

rosé /roʊˈzeɪ; GB ˈroʊzeɪ/ n (vino) rosado

rosemary /ˈroʊzmeri/ n romero

rosette /roʊˈzet/ n escarapela

rosy /ˈroʊzi/ adj (**rosier, -iest**) 1 sonrosado 2 prometedor

rot /rɑt/ vt, vi (pt, pp **rotted** /ˈrɑtɪd/) pudrir(se)

rota /ˈroʊtə/ n (GB) lista (de turnos)

rotate /ˈroʊteɪt; GB roʊˈteɪt/ vt, vi 1 (hacer) girar 2 alternar(se) ■ **rotation** n 1 rotación 2 alternancia LOC **in rotation** por turno

rotten /ˈrɑtn/ adj 1 podrido 2 (coloq) asqueroso

rough /rʌf/ adjetivo, adverbio, sustantivo, verbo
▸ adj (**rougher, -est**) 1 (superficie) áspero 2 (mar) picado 3 (comportamiento) violento 4 (tratamiento) desconsiderado 5 (cálculo) aproximado 6 malo: *I feel a little rough.* No me encuentro bien. LOC **be rough (on sb)** (coloq) ser duro (con algn)
▸ adv (**rougher, -est**) duro
▸ n LOC **in rough** (GB) en borrador
▸ vt LOC **rough it** (coloq) pasar apuros

roughly /ˈrʌfli/ adv 1 violentamente 2 aproximadamente

roulette /ruːˈlet/ n ruleta

round /raʊnd/ *adverbio, preposición, adjetivo, sustantivo, verbo* ❶ Para los usos de **round** en PHRASAL VERBS ver las entradas de los verbos correspondientes, p.ej. **come round** en COME.
- *adv* (*esp GB*) (*USA* **around**) **1** por: *all year round* durante todo el año ◊ *a shorter way round* un camino más corto ◊ *round the clock* las 24 horas ◊ *round at María's* en la casa de María LOC **round about** de alrededor: *the houses round about* las casas de alrededor
- *prep* (*esp GB*) (*USA* **around**) **1** por: *to show sb round the house* enseñarle a algn la casa **2** alrededor de: *She wrapped the towel round her waist.* Se enrolló la toalla alrededor de la cintura. **3** a la vuelta de: *just round the corner* a la vuelta de la esquina
- *adj* (**rounder**, **-est**) redondo
- *n* **1** ronda: *a round of talks* una ronda de conversaciones **2** (*Dep*) vuelta **3** (*Boxeo*) asalto **4** recorrido (*del cartero, etc.*) **5** visitas (*del médico*) **6** ronda (*de bebidas*): *It's my round.* Esta ronda la pago yo. **7** *a round of applause* una salva de aplausos **8** tiro, ráfaga
- *vt* (*esquina*) doblar PHR V **round sth off (with sth)** terminar algo (con algo) ♦ **round sb/sth up** reunir, juntar a algn ♦ **round sth up** (*ganado*) acorralar algo ♦ **round sth up/down** redondear algo por lo alto/bajo (*cifra, precio, etc.*)

roundabout /ˈraʊndəbaʊt/ *adjetivo, sustantivo*
- *adj* indirecto: *in a roundabout way* de forma indirecta/dando un rodeo
- *n* (*GB*) **1** (*USA* **traffic circle**) glorieta, rotonda **2** (*USA* **merry-go-round**) carrusel

round trip *sustantivo, adjetivo*
- *n* viaje de ida y vuelta, viaje redondo
- *adj* **round-trip** (*GB* **return**): *round-trip ticket* boleto/pasaje de ida y vuelta

rouse /raʊz/ *vt* **1** ~ **sb (from/out of sth)** (*formal*) despertar a algn (de algo) **2** provocar ■ **rousing** *adj* **1** (*discurso*) enardecedor **2** (*aplauso*) caluroso

rout /raʊt/ *sustantivo, verbo*
- *n* derrota
- *vt* derrotar

route /ruːt, raʊt/ *n* ruta

routine /ruːˈtiːn/ *sustantivo, adjetivo*
- *n* rutina
- *adj* de rutina, rutinario ■ **routinely** *adv* rutinariamente

row¹ /rəʊ/ *sustantivo, verbo*
- *n* **1** fila, hilera **2** [*gen sing*] *to go for a row* salir a remar LOC **in a row** uno tras otro: *the third week in a row* la tercera semana seguida ◊ *four days in a row* cuatro días seguidos
- *vt, vi* remar, navegar a remo: *She rowed the boat to the bank.* Remó hacia la orilla. ◊ *Will you row me across the river?* ¿Me llevas al otro lado del río (en bote)? ◊ *to row across the lake* cruzar el lago a remo

row² /raʊ/ *sustantivo, verbo*
- *n* (*esp GB, coloq*) **1** pelea: *to have a row* pelearse ➲ *Comparar con* ARGUMENT, DISCUSSION **2** alboroto **3** ruido
- *vi* (*GB, coloq*) pelear

rowboat /ˈrəʊbəʊt/ (*GB* **rowing boat**) *n* bote a remos

rowdy /ˈraʊdi/ *adj* (**rowdier**, **-iest**) (*pey*) **1** (*persona*) ruidoso, peleador **2** (*reunión*) alborotado

row house /ˈrəʊ haʊs/ (*GB* **terraced house**) *n* casa de una hilera con muros divisorios comunes

rowing /ˈrəʊɪŋ/ *n* remo (*deporte*)

royal /ˈrɔɪəl/ *adj* real

royalty /ˈrɔɪəlti/ *n* **1** [*incontable*] realeza **2** (*pl* **royalties**) derechos de autor

rub /rʌb/ *verbo, sustantivo*
- (**-bb-**) **1** *vt* restregar, frotar: *to rub your hands together* frotarse las manos **2** *vt* friccionar **3** *vi* ~ **(on/against sth)** rozar (contra algo) PHR V **rub off (on/onto sb)** pegarse (a algn) ♦ **rub sth out** borrar algo
- *n* [*gen sing*] frote: *to give sth a rub* frotar algo

rubber /ˈrʌbər/ *n* **1** caucho, goma: *rubber stamp* sello de goma **2** (*GB*) (*USA* **eraser**) goma, borrador **3** (*USA, coloq*) preservativo

rubber band *n* banda elástica, caucho, liga

rubbish /ˈrʌbɪʃ/ *n* [*incontable*] **1** (*GB*) (*USA* **garbage**, **trash**) basura: *rubbish dump* basurero **2** (*esp GB, coloq*) tonterías

rubble /ˈrʌbl/ *n* [*incontable*] escombros

ruby /ˈruːbi/ *n* (*pl* **rubies**) rubí

rucksack /ˈrʌksæk/ *n* (*GB*) (*tb esp USA* **backpack**) mochila, morral ➲ *Ver dibujo en* BAG

rudder /ˈrʌdər/ *n* timón

rude /ruːd/ *adj* (**ruder**, **-est**) **1** ~ **(to sb)** grosero, maleducado (con algn): *It's rude to interrupt.* Es de mala educación interrumpir. **2** (*esp GB*) (*USA* **crude**) indecente **3** (*esp GB*) (*USA* **crude**) (*chiste, etc.*) verde **4** tosco

rudimentary /ˌruːdɪˈmentəri; *GB* -tri/ *adj* (*formal*) rudimentario

ruffle /ˈrʌfl/ *vt* **1** (*pelo*) alborotar **2** (*plumas*) encrespar **3** perturbar, desconcertar

rug /rʌɡ/ *n* **1** tapete, alfombra **2** manta de viaje

rugby /ˈrʌɡbi/ *n* rugby

rugged

rugged /ˈrʌgɪd/ *adj* **1** (*terreno*) escabroso, accidentado **2** (*montaña*) escarpado **3** (*facciones*) duro

ruin /ˈruːɪn/ *sustantivo, verbo*
▸ *n* (*lit y fig*) ruina
▸ *vt* **1** arruinar, destrozar **2** estropear, malograr

rule /ruːl/ *sustantivo, verbo*
▸ *n* **1** regla, norma **2** costumbre **3** imperio, dominio, gobierno **4** (*gobierno*) mandato **5** (*de monarca*) reinado LOC **as a (general) rule** por lo general, generalmente
▸ **1** *vt, vi* ~ **sb/sth**; ~ **(over sb/sth)** (*Pol*) gobernar (a algn/algo) **2** *vt* dominar, regir **3** *vt, vi* (*Jur*) fallar, decidir **4** *vt* (*línea*) trazar PHR V **rule sb/sth out** descartar a algn/algo

ruler /ˈruːlər/ *n* **1** gobernante **2** (*instrumento*) regla

ruling /ˈruːlɪŋ/ *adjetivo, sustantivo*
▸ *adj* **1** imperante **2** (*Pol*) dirigente, en el poder
▸ *n* fallo

rum /rʌm/ *n* ron

rumble /ˈrʌmbl/ *verbo, sustantivo*
▸ *vi* **1** retumbar, hacer un ruido sordo **2** (*estómago*) sonar
▸ *n* estruendo, ruido sordo

rummage /ˈrʌmɪdʒ/ *vi* **1** ~ **about/around** revolver, rebuscar **2** ~ **among/in/through sth (for sth)** revolver, hurgar (en) algo (en busca de algo)

ˈrummage sale (*GB tb* **jumble sale**) *n* venta benéfica

rumor (*GB* **rumour**) /ˈruːmər/ *n* rumor: *Rumor has it that…* Se rumorea que…

rump /rʌmp/ *n* **1** grupa, ancas **2** (*tb* **ˌrump ˈsteak**) (filete de) cadera

run /rʌn/ *verbo, sustantivo*
▸ (-nn-) (*pt* **ran** /ræn/, *pp* **run**) **1** *vt, vi* correr: *I had to run to catch the bus.* Tuve que correr para alcanzar el bus. ◊ *I ran almost ten kilometers.* Corrí casi diez kilómetros. **2** *vt, vi* recorrer: *to run your fingers through sb's hair* pasar los dedos por el pelo de algn ◊ *to run your eyes over sth* echar un vistazo a algo ◊ *She ran her eye around the room.* Recorrió la habitación con la mirada. ◊ *A shiver ran down her spine.* Un escalofrío le recorrió la espalda. ◊ *The tears ran down her cheeks.* Las lágrimas le corrían por las mejillas. **3** *vt, vi* (*máquina, sistema, organización*) (hacer) funcionar: *Everything is running smoothly.* Todo marcha sobre ruedas. ◊ *Run the engine for a few minutes before you start off.* Ten el motor en marcha unos minutos antes de arrancar. **4** *vt* (*negocio, etc.*) administrar, dirigir **5** *vt* (*servicio, curso, etc.*) organizar, ofrecer **6** *vi* (*bus, tren, etc.*): *The buses run every hour.* Hay un bus cada hora. ◊ *The train is running an hour late.* El tren tiene una hora de retraso. **7** *vt* (*coloq*) llevar (en carro): *Can I run you to the station?* ¿La puedo llevar a la estación? **8** *vi* extenderse: *The cable runs the length of the wall.* El cable recorre todo el largo de la pared. ◊ *A fence runs around the field.* Una valla circunda el prado. **9** *vi* ~ **(for…)** (*Teat*) representarse (durante…) **10** *vt*: *to run a bath* preparar un baño **11** *vi*: *to leave the faucet running* dejar la llave abierta **12** *vi* (*nariz*) gotear **13** *vi* (*tinte*) desteñir **14** *vt* (*Informát*) ejecutar **15** *vi* ~ **(for sth)** (*Pol*) presentarse como candidato (a algo) **16** *vt* (*Period*) publicar **17** *vi* (*GB* **ladder**) (*medias*) romperse LOC **run for it** echar a correr ❶ Para otras expresiones con **run**, véanse las entradas del sustantivo, adjetivo, etc., p.ej. **run out of steam** en STEAM. PHR V **run across sb/sth** toparse con algn/algo
run after sb perseguir a algn
run around (*GB tb* **run about**) corretear
run at sth estar en algo: *Inflation is running at 25%.* La inflación alcanza el 25%.
run away (from sb/sth) huir (de algn/algo)
run sb/sth down atropellar a algn/algo
run into sb tropezar con algn ♦ **run into sth 1** encontrarse con algo (*por casualidad*) **2** chocarse con/contra algo ♦ **run sth into sth** chocarse con/contra algo: *He ran the car into a tree.* Se chocó contra un árbol.
run off (with sth) huir, escaparse (con algo)
run out 1 acabarse, agotarse **2** caducar ♦ **run out of sth** quedarse sin algo
run sb/sth over atropellar a algn/algo
▸ *n* **1** carrera: *to go for a run* salir a correr ◊ *to break into a run* echar a correr **2** paseo (*en carro, etc.*) **3** período: *a run of bad luck* una temporada de mala suerte **4** (*Teat*) temporada **5** (*GB* **ladder**) (*medias*) agujero a lo largo de las medias (pantalón) LOC **be on the run** haberse fugado/estar huido de la justicia ♦ **make a run for it** intentar escapar *Ver tb* LONG

runaway /ˈrʌnəweɪ/ *adjetivo, sustantivo*
▸ *adj* **1** fugitivo **2** fuera de control **3** fácil
▸ *n* fugitivo, -a

ˌrun-ˈdown *adj* **1** (*edificio*) en un estado de abandono **2** (*persona*) agotado

rung /rʌŋ/ *n* peldaño *Ver tb* RING²

runner /ˈrʌnər/ *n* corredor, -ora

ˌrunner-ˈup *n* (*pl* **runners-up**) subcampeón, -ona

running /ˈrʌnɪŋ/ *sustantivo, adjetivo*
▸ *n* **1** correr: *running shoes* tenis/zapatillas para correr **2** funcionamiento **3** organización LOC **be in/out of the running (for sth)** (*coloq*)

---

i happy ɪ sit iː see æ cat ɑ hot ɒ long (*GB*) ɑː bath (*GB*) ʌ cup ʊ put uː too

tener/no tener posibilidades (de conseguir algo) ▸ *adj* **1** continuo **2** consecutivo: *four days running* cuatro días seguidos **3** *(agua)* corriente **LOC** *Ver* ORDER

runny /ˈrʌni/ *adj* (**runnier, -iest**) **1** líquido **2** *to have a runny nose* tener la nariz goteando

ˈrun-up *n* ~ (**to sth**) período previo (a algo)

runway /ˈrʌnweɪ/ *n* **1** pista *(de aterrizaje)* **2** *(GB* **catwalk***)* pasarela

rupture /ˈrʌptʃər/ *sustantivo, verbo*
▸ *n* ruptura
▸ *vt, vi (Med)* desgarrar(se)

rural /ˈrʊərəl/ *adj* rural

rush /rʌʃ/ *verbo, sustantivo*
▸ **1** *vi* apurarse, ir de afán: *They rushed to help her.* Se apuraron a ayudarle. ◊ *They rushed out of school.* Salieron corriendo del colegio. **2** *vi* actuar precipitadamente **3** *vt* apresurar a: *Don't rush me!* ¡No me apures! **4** *vt* llevar de prisa/afán: *He was rushed to the hospital.* Lo llevaron al hospital con la mayor urgencia. **LOC** **be rushed off your feet** estar agobiado de trabajo
▸ *n* **1** [*sing*] precipitación: *There was a rush to the exit.* La gente se precipitó hacia la salida.

2 prisa, afán: *There's no rush.* No hay prisa. ◊ *I'm in a terrible rush.* Tengo mucha prisa. ◊ *the rush hour* la hora pico/punta

rust /rʌst/ *sustantivo, verbo*
▸ *n* óxido
▸ *vt, vi* oxidar(se)

rustic /ˈrʌstɪk/ *adj* rústico

rustle /ˈrʌsl/ *verbo, sustantivo*
▸ *vt, vi* (hacer) crujir, (hacer) susurrar **PHR V** **rustle sth up (for sb)** *(coloq)* preparar, conseguir algo (para algn): *I'll rustle up some coffee for you.* Enseguida te preparo un café.
▸ *n* crujido, susurro

rusty /ˈrʌsti/ *adj* (**rustier, -iest**) **1** oxidado **2** *(coloq)* falto de práctica

rut /rʌt/ *n* bache **LOC** **be (stuck) in a rut** estar estancado

ruthless /ˈruːθləs/ *adj* despiadado, implacable
■ **ruthlessly** *adv* despiadadamente **ruthlessness** *n* crueldad, implacabilidad

RV /ˌɑːr ˈviː/ *n* (*abrev de* **recreational vehicle**) (*GB* **camper (van)**) autocaravana, carrocasa ➔ *Ver dibujo en* CAMPER

rye /raɪ/ *n* centeno

S s

S, s /es/ n (pl **Ss, S's, s's** /'esɪz/) S, s ➲ Ver nota en A, A

the Sabbath /'sæbəθ/ n **1** (de los cristianos) domingo **2** (de los judíos) sábado

sabotage /'sæbətɑʒ/ sustantivo, verbo
▸ n sabotaje
▸ vt sabotear

saccharin /'sækərɪn/ n sacarina

sachet /sæˈʃeɪ; GB 'sæʃeɪ/ n (GB) (USA **package**) sobrecito

sack /sæk/ sustantivo, verbo
▸ n **1** costal, saco **2 the sack** [sing] (esp GB, coloq) despido: *to give sb the sack* despedir a algn ◊ *to get the sack* ser despedido **3 the sack** [sing] (esp USA, coloq) la cama
▸ vt (esp GB, coloq) (USA **fire**) despedir

sacred /'seɪkrɪd/ adj sagrado, sacro

sacrifice /'sækrɪfaɪs/ sustantivo, verbo
▸ n sacrificio: *to make sacrifices* hacer sacrificios/sacrificarse
▸ vt ~ sth (to/for sb/sth) sacrificar algo (por algn/algo)

sacrilege /'sækrəlɪdʒ/ n sacrilegio

sad /sæd/ adj (**sadder, -est**) **1** triste **2** (situación) lamentable **3** (coloq) '*He spends all weekend playing computer games.*' '*That's so sad!*' — Pasa todo el fin de semana con los videojuegos. —¡Qué pena! ◊ *You'd have to be sad to wear a shirt like that.* Hay que ser muy tonto para ponerse una camisa como esa.

sadden /'sædn/ vt entristecer

saddle /'sædl/ sustantivo, verbo
▸ n **1** (para caballo) montura, silla **2** (esp GB) (USA **seat**) (para bicicleta o moto) silla
▸ vt ensillar **PHR V** **saddle sb/yourself with sth** hacer cargar a algn/cargarse con algo

sadism /'seɪdɪzəm/ n sadismo ■ **sadist** n sádico, -a

sadly /'sædli/ adv **1** tristemente, con tristeza **2** lamentablemente, desafortunadamente

sadness /'sædnəs/ n tristeza, melancolía

safari /səˈfɑri/ n (pl **safaris**) safari

saˈfari park n parque safari

safe /seɪf/ adjetivo, sustantivo
▸ adj (**safer, -est**) **1** ~ (from sb/sth) a salvo (de algn/algo) **2** seguro: *Your secret is safe with me.* Tu secreto está seguro conmigo. **3** ileso **4** (conductor) prudente **LOC** **be on the safe side**; **play (it) safe** no correr riesgos ♦ **safe and sound** sano y salvo Ver tb **BETTER**
▸ n caja fuerte

safeguard /'seɪfɡɑrd/ sustantivo, verbo
▸ n ~ (**against sth**) garantía, protección (contra algo)
▸ vt ~ sb/sth (**against sb/sth**) proteger a algn/algo (de algn/algo)

safely /'seɪfli/ adv **1** sin novedad, sin ningún percance **2** tranquilamente, sin peligro: *safely locked away* guardado bajo llave en un lugar seguro

safety /'seɪfti/ n seguridad

safety belt n cinturón de seguridad

safety net n **1** red de seguridad **2** red de protección

safety pin n gancho (de nodriza), alfiler de gancho, seguro ➲ Ver dibujo en PIN

saffron /'sæfrən/ n azafrán

sag /sæɡ/ vi (**-gg-**) **1** (cama, sofá) hundirse **2** (madera) combarse, arquearse

Sagittarius /ˌsædʒɪˈteəriəs/ n Sagitario ➲ Ver ejemplos en AQUARIUS

said pt, pp de SAY

sail /seɪl/ verbo, sustantivo
▸ **1** vt, vi navegar: *to sail around the world* dar la vuelta al mundo en barco **2** vi ~ (**from...**) (**for/to...**) salir (desde...) (para...): *The ship sails at noon.* El barco zarpa a las doce del mediodía. **3** vi (objeto) volar **PHR V** **sail through (sth)** hacer (algo) sin dificultad: *She sailed through her exams.* Aprobó los exámenes sin ningún problema.
▸ n vela **LOC** **set sail (from/for...)** (formal) zarpar (desde/rumbo a...)

sailboard /'seɪlbɔrd/ n tabla de windsurf

sailboat /'seɪlboʊt/ (GB **sailing boat**) n velero

sailing /'seɪlɪŋ/ n **1** navegar: *to go sailing* hacer vela **2** *There are three sailings a day.* Hay tres salidas diarias.

sailor /'seɪlər/ n marinero, -a

saint /seɪnt; GB tb snt/ n (abrev **St**) san, santo, -a: *Saint Bernard/Teresa* San Bernardo/Santa Teresa

sake /seɪk/ n **LOC** **for God's, goodness', Heaven's, etc. sake** por (el amor de) Dios ♦ **for sb's/sth's sake**; **for the sake of sb/sth** por algn/algo, por (el) bien de algn/algo

salad /'sæləd/ n ensalada

sardine

salary /ˈsæləri/ n (pl **salaries**) salario, sueldo (gen mensual) ⮕ Comparar con WAGE

sale /seɪl/ n **1** venta: *sales department* servicio de ventas **2** liquidación, rebajas: *to hold/have a sale* tener una liquidación **3** subasta LOC **for sale** en venta: *For sale.* Se vende. ◆ **on sale 1** a la venta **2** rebajado

sales clerk (GB **shop assistant**) n vendedor, -ora

salesman /ˈseɪlzmən/ n (pl **salesmen** /-mən/) vendedor ⮕ Ver nota en POLICÍA

salesperson /ˈseɪlzpɜːrsn/ n (pl **salespeople**) vendedor, -ora

sales tax n impuesto sobre las ventas

saleswoman /ˈseɪlzwʊmən/ n (pl **saleswomen** /-wɪmɪn/) vendedora

saliva /səˈlaɪvə/ n saliva

salmon /ˈsæmən/ n (pl **salmon**) salmón

salon /səˈlɒn; GB ˈsælɒn/ n salón (de belleza)

saloon /səˈluːn/ n **1** (GB) (USA **sedan**) automóvil de cuatro puertas, sedán **2** salón (de barco, etc.) **3** (USA, antic) bar

salsa /ˈsælsə/ n **1** (Mús, baile) salsa **2** (Cocina) salsa mexicana

salt /sɔːlt/ n sal LOC Ver PINCH ∎ **salted** adj salado

salt shaker (GB **salt cellar**) n salero

saltwater /ˈsɔːltwɔːtər/ adj de agua salada

salty /ˈsɔːlti/ adj (**saltier**, **-iest**) salado

salutary /ˈsæljəteri; GB -tri/ adj saludable

salute /səˈluːt/ verbo, sustantivo
▸ vt, vi saludar (a un militar) ⮕ Comparar con GREET
▸ n **1** saludo **2** salva

salvage /ˈsælvɪdʒ/ sustantivo, verbo
▸ n salvamento
▸ vt recuperar

salvation /sælˈveɪʃn/ n salvación

same /seɪm/ adjetivo, pronombre, adverbio
▸ adj mismo, igual (idéntico): *the same thing* lo mismo ◊ *I left that same day.* Salí ese mismo día. ❶ A veces se usa para dar énfasis a la oración: *the very same man* el mismísimo hombre. LOC **at the same time 1** a la vez **2** no obstante, sin embargo ◆ **be all the same to sb** dar lo mismo a algn: *It's all the same to me.* Me da igual. ◆ **be in the same boat** estar en el mismo barco
▸ pron **the same (as sb/sth)** el mismo, la misma, etc. (que algn/algo): *I think the same as you.* Pienso igual que tú. LOC **all/just the same 1** de todos modos **2** *It's all the same to me.* Me da igual. ◆ **same here** (coloq) lo mismo digo ◆ **(the) same to you** (coloq) igualmente
▸ adv **the same** de la misma manera, igual: *to treat everyone the same* tratar a todos de la misma manera

sample /ˈsæmpl; GB ˈsɑːmpl/ sustantivo, verbo
▸ n muestra
▸ vt probar

sanatorium /ˌsænəˈtɔːriəm/ (tb **sanitarium**) n (pl **sanatoriums** o **sanatoria** /-riə/) sanatorio

sanction /ˈsæŋkʃn/ sustantivo, verbo
▸ n **1** sanción: *to lift sanctions* levantar sanciones **2** (formal) aprobación
▸ vt dar el permiso para, sancionar

sanctuary /ˈsæŋktʃueri; GB -uəri/ n (pl **sanctuaries**) **1** santuario **2** asilo: *The rebels took sanctuary in the church.* Los rebeldes se refugiaron en la iglesia.

sand /sænd/ n arena

sandal /ˈsændl/ n sandalia, huarache

sandcastle /ˈsændkæsl; GB -kɑːsl/ n castillo de arena

sandpaper /ˈsændpeɪpər/ n papel de lija

sandwich /ˈsænwɪtʃ; GB tb -wɪdʒ/ sustantivo, verbo
▸ n sándwich
▸ v PHR V **sandwich sb/sth between sb/sth** apretujar a algn/algo entre algn/algo

sandy /ˈsændi/ adj (**sandier**, **-iest**) arenoso

sane /seɪn/ adj (**saner**, **-est**) **1** cuerdo **2** sensato

sang pt de SING

sanitarium /ˌsænəˈteəriəm/ = SANATORIUM

sanitary /ˈsænəteri; GB -tri/ adj higiénico

sanitary napkin (tb ˌsanitary ˈpad) (GB ˈsanitary towel) n toalla higiénica/sanitaria

sanitation /ˌsænɪˈteɪʃn/ n saneamiento, sanidad

sanity /ˈsænəti/ n **1** cordura **2** sensatez

sank pt de SINK

Santa Claus /ˈsæntə klɔːz/ (tb **Santa**) n Papá Noel

sap /sæp/ sustantivo, verbo
▸ n savia
▸ vt (**-pp-**) socavar, minar

sapling /ˈsæplɪŋ/ n árbol joven

sapphire /ˈsæfaɪər/ adj, n (color) zafiro

sappy /ˈsæpi/ adj (**sappier**, **-iest**) (USA) (GB **soppy**) (coloq) cursi, sentimental

sarcasm /ˈsɑːrkæzəm/ n sarcasmo

sarcastic /sɑːrˈkæstɪk/ adj sarcástico

sardine /sɑːrˈdiːn/ n sardina

sarong

sarong /səˈrɔːŋ/; *GB* səˈrɒŋ/ *n* pareo
sash /sæʃ/ *n* faja
sassy /ˈsæsi/ *adj* (**sassier, -iest**) (*esp USA, coloq*) **1** (*pey*) descarado **2** moderno y seguro de sí mismo
SAT® /ˌes eɪ ˈtiː/ *n* (*abrev de* Scholastic Aptitude Test) prueba para acceder a una universidad en los Estados Unidos: *to take the SAT* presentarse al SAT
sat *pt, pp de* SIT
satellite /ˈsætəlaɪt/ *n* satélite
satellite dish *n* antena parabólica
satin /ˈsætn; *GB* ˈsætɪn/ *n* raso, satín
satire /ˈsætaɪər/ *n* sátira ■ **satirical** /səˈtɪrɪkl/ *adj* satírico
satisfaction /ˌsætɪsˈfækʃn/ *n* satisfacción
satisfactory /ˌsætɪsˈfæktəri/ *adj* satisfactorio
satisfied /ˈsætɪsfaɪd/ *adj* ~ (**with sth**) satisfecho (con algo)
satisfy /ˈsætɪsfaɪ/ *vt* (*pt, pp* **-fied**) **1** satisfacer **2** (*condiciones, etc.*) cumplir con **3** ~ **sb** (**as to sth**) convencer a algn (de algo)
satisfying /ˈsætɪsfaɪɪŋ/ *adj* satisfactorio: *a satisfying meal* una comida que deja satisfecho
satnav /ˈsætnæv/ (*tb* **sat nav**) *n* (*abrev de* satellite navigation) (*GB*) (*USA* **GPS**) GPS
saturate /ˈsætʃəreɪt/ *vt* **1** empapar **2** ~ **sth** (**with sth**) saturar algo (de algo): *The market is saturated.* El mercado está saturado.
■ **saturation** *n* saturación
Saturday /ˈsætərdeɪ, -di/ *n* (*abrev* **Sat.**) sábado ➲ *Ver ejemplos en* MONDAY
Saturn /ˈsætərn/ *n* Saturno
sauce /sɔːs/ *n* salsa
saucepan /ˈsɔːspæn; *GB* -pən/ *n* (*esp GB* pot) olla ➲ *Ver dibujo en* POT
saucer /ˈsɔːsər/ *n* plato para taza ➲ *Ver dibujo en* CUP; *Ver tb* FLYING SAUCER
sauna /ˈsɔːnə, ˈsaʊnə; *GB* ˈsaʊnə/ *n* sauna
saunter /ˈsɔːntər/ *vi* pasearse: *He sauntered over to the bar.* Fue hacia la barra con mucha tranquilidad.
sausage /ˈsɔːsɪdʒ; *GB* ˈsɒs-/ *n* salchicha, embutido
sausage roll *n* (*GB*) hojaldre relleno de salchicha
savage /ˈsævɪdʒ/ *adjetivo, sustantivo, verbo*
▸ *adj* **1** salvaje **2** (*ataque, régimen*) brutal: *savage cuts in the budget* recortes salvajes en el presupuesto
▸ *n* salvaje

▸ *vt* atacar con ferocidad
savagery /ˈsævɪdʒri/ *n* salvajismo
save /seɪv/ *verbo, sustantivo*
▸ **1** *vt* ~ **sb** (**from sth**) salvar a algn (de algo) **2** *vt, vi* ~ (**sth**) (**up**) (**for sth**) ahorrar (para algo) **3** *vt* (*Informát*) guardar **4** *vt* ~ (**sb**) **sth** evitar (a algn) algo: *That will save us a lot of trouble.* Eso nos evitará muchos problemas. **5** *vt* (*Dep*) parar **LOC** **save** (**sb's**) **face** guardar las apariencias
▸ *n* (*Fútbol*) parada, tapada
saver /ˈseɪvər/ *n* ahorrador, -ora *Ver tb* SCREEN SAVER
saving /ˈseɪvɪŋ/ *n* **1** ahorro: *a saving of $5* un ahorro de cinco dólares **2 savings** [*pl*] ahorros
savior (*GB* **saviour**) /ˈseɪvjər/ *n* salvador, -ora
savor (*GB* **savour**) /ˈseɪvər/ *vt* saborear
savory (*GB* **savoury**) /ˈseɪvəri/ *adj* **1** salado **2** sabroso
savvy /ˈsævi/ *adj* (**savvier, -iest**) (*esp USA, coloq*) vivo, avispado
saw /sɔː/ *verbo, sustantivo*
▸ *vt* (*pt* **sawed**, *pp* **sawed** *o* **sawn** /sɔːn/) serrar **PHR V** **saw sth down** talar algo con una sierra ◆ **saw sth off** (**sth**) cortar algo (de algo) (*con una sierra*): *a sawed-off shotgun* una escopeta de cañones recortados ◆ **saw sth up** (**into sth**) serrar algo (en algo) (*en trozos*) *Ver tb* SEE
▸ *n* sierra
sawdust /ˈsɔːdʌst/ *n* aserrín
sawmill /ˈsɔːmɪl/ *n* aserradero
saxophone /ˈsæksəfoʊn/ (*coloq* **sax**) *n* saxofón ■ **saxofonist** /ˈsæksəfoʊnɪst; *GB* sækˈsɒfənɪst/ *n* saxofonista
say /seɪ/ *verbo, sustantivo*
▸ *vt* (*3a pers sing* **says** /sez/, *pt, pp* **said** /sed/) **1** ~ **sth** (**to sb**) decir algo (a algn): *to say yes* decir que sí

> **Say** suele utilizarse cuando se mencionan las palabras textuales o para introducir una oración en estilo indirecto precedida por **that**: *'I'll leave at nine,' he said.* Me marcho a las nueve —dijo. ◇ *He said that he would leave at nine.* Dijo que se marcharía a las nueve.
>
> **Tell** se utiliza para introducir una oración en estilo indirecto y tiene que ir seguido de un sustantivo, un pronombre o un nombre propio: *He told me that he would leave at nine.* Me dijo que se marcharía a las nueve. Con órdenes o consejos se suele usar **tell**: *I told them to hurry up.* Les dije que se apuraran. ◇ *She's always telling me what I ought to do.* Siempre me está diciendo lo que tengo que hacer.

i happy   ɪ sit   iː see   æ cat   ɑ hot   ɒ long (*GB*)   ɑː bath (*GB*)   ʌ cup   ʊ put   uː too

2 digamos, pongamos (que): *Let's take any writer, say Dickens...* Tomemos cualquier escritor, digamos Dickens... ◊ *Say there are 30 in a class...* Digamos que hay 30 en una clase... **3** *What time does it say on that clock?* ¿Qué hora tiene ese reloj? ◊ *The map says the hotel is on the right.* El mapa dice que el hotel está a la derecha. **LOC** **it goes without saying that...** sobra decir que... ◆ **say (you are) sorry** disculparse ◆ **that is to say** es decir *Ver tb* DARE, FAREWELL, LET, NEEDLESS
▸ *n* ~ **(in sth)** voz y voto (en algo): *have a/some say (in sth)* tener voz y voto (en algo) ◊ *have the final say* tener la última palabra **LOC** **have your say** (*coloq*) expresar tu opinión

saying /ˈseɪɪŋ/ *n* dicho, refrán

scab /skæb/ *n* costra

scaffold /ˈskæfoʊld/ *n* **1** patíbulo, cadalso **2** andamio ■ **scaffolding** /ˈskæfəldɪŋ/ *n* [*incontable*] andamiaje, andamio

scald /skɔːld/ *verbo, sustantivo*
▸ *vt* escaldar
▸ *n* escaldadura

scalding /ˈskɔːldɪŋ/ *adj* hirviendo

scale /skeɪl/ *sustantivo, verbo*
▸ *n* **1** escala: *a large-scale map* un mapa a gran escala ◊ *scale model* maqueta **2** alcance, magnitud, envergadura: *the scale of the problem* la magnitud del problema **3** escama **4** (*GB* **scales** [*pl*]) balanza, báscula **LOC** **to scale** a escala
▸ *vt* escalar, trepar

scallion /ˈskæliən/ (*tb* **green onion**) (*GB* **spring onion**) *n* (*con tallo verde*) cebolleta, cebollín, cebolla china

scallop /ˈskæləp; *GB* ˈskɒləp/ *n* vieira

scalp /skælp/ *n* cuero cabelludo

scalpel /ˈskælpəl/ *n* bisturí

scam /skæm/ *n* (*coloq*) estafa, chanchullo

scamper /ˈskæmpər/ *vi* corretear

scan /skæn/ *verbo, sustantivo*
▸ *vt* (**-nn-**) **1** escudriñar, examinar **2** echar un vistazo a **3** (*Informát*) escanear **4** explorar con un escáner
▸ *n* exploración ultrasónica, ecografía

scandal /ˈskændl/ *n* **1** escándalo **2** chisme ■ **scandalize** (*GB tb* **-ise**) *vt* escandalizar **scandalous** *adj* escandaloso

scanner /ˈskænər/ *n* escáner (*aparato*)

scant /skænt/ *adj* [*solo antes de sustantivo*] escaso

scanty /ˈskænti/ *adj* (**scantier**, **-iest**) escaso ■ **scantily** *adv* escasamente: *scantily dressed* ligero de ropa

scapegoat /ˈskeɪpɡoʊt/ *n* chivo expiatorio: *She has been made a scapegoat for what happened.* Ha cargado con la culpa por lo que pasó.

scar /skɑːr/ *sustantivo, verbo*
▸ *n* cicatriz
▸ *vt* (**-rr-**) dejar una cicatriz en

scarce /skeərs/ *adj* (**scarcer**, **-est**) escaso: *Food was scarce.* Los alimentos escaseaban.

scarcely /ˈskeərsli/ *adv* **1** apenas: *There were scarcely a hundred people present.* Apenas había un centenar de personas. **2** *You can scarcely expect me to believe that.* ¿Y esperas que me crea eso?

scarcity /ˈskeərsəti/ *n* (*pl* **scarcities**) escasez

scare /sker; *GB* skeə(r)/ *verbo, sustantivo*
▸ *vt* asustar **PHR V** **scare sb away/off** ahuyentar a algn
▸ *n* susto: *bomb scare* amenaza de bomba

scarecrow /ˈskeərkroʊ/ *n* espantapájaros

scared /skerd/ *adj* asustado: *to be scared* tener miedo ◊ *She's scared of the dark.* Le da miedo la oscuridad. **LOC** **be scared stiff** (*coloq*) estar muerto de miedo *Ver tb* WIT

scaredy-cat /ˈskeərdi kæt/ *n* (*coloq*) miedoso, -a

scarf /skɑːrf/ *n* (*pl* **scarves** /skɑːrvz/ *o* **scarfs**) **1** bufanda **2** pañuelo

scarlet /ˈskɑːrlət/ *adj, n* escarlata

scary /ˈskeəri/ *adj* (**scarier**, **-iest**) (*coloq*) espeluznante: *How scary!* ¡Qué miedo!

scathing /ˈskeɪðɪŋ/ *adj* **1** mordaz **2** feroz: *a scathing attack on the government* un feroz ataque contra el gobierno

scatter /ˈskætər/ **1** *vt, vi* dispersar(se) **2** *vt* esparcir ■ **scattered** *adj* esparcido, disperso: *scattered showers* aguaceros aislados

scavenge /ˈskævɪndʒ/ *vi* **1** (*animal, ave*) buscar carroña **2** (*persona*) buscar (*en la basura*) ■ **scavenger** *n* **1** animal/ave de carroña **2** persona que busca en las basuras

scenario /səˈnæriou, -ˈneər-; *GB* -ˈnɑːr-/ *n* (*pl* **scenarios**) **1** marco hipotético **2** (*Teat*) argumento

scene /siːn/ *n* **1** escenario: *the scene of the crime* el lugar del crimen **2** escena: *a change of scene* un cambio de aires **3** escándalo: *to make a scene* armar un escándalo **4** **the scene** [*sing*] (*coloq*) el ambiente: *the political scene* el ámbito político **LOC** **behind the scenes** (*lit y fig*) entre bastidores ◆ **set the scene (for sth) 1** preparar el terreno (para algo) **2** describir el escenario (para algo)

scenery

scenery /ˈsiːnəri/ n [incontable] **1** paisaje

> La palabra **scenery** tiene un fuerte matiz positivo, tiende a usarse con adjetivos como *beautiful, spectacular, stunning*, etc., y se utiliza fundamentalmente para describir paisajes naturales. Por otro lado, **landscape** suele referirse a paisajes construidos por el hombre: *an urban/industrial landscape* un paisaje urbano/industrial ◊ *Trees and hedges are typical features of the British landscape.* Los árboles y los setos son rasgos típicos del paisaje británico.

2 (*Teat*) decorado

scenic /ˈsiːnɪk/ adj pintoresco, panorámico

scent /sent/ n **1** olor (*agradable*) ➲ *Ver nota en* SMELL **2** rastro, pista **3** (*esp GB*) perfume
■ **scented** adj perfumado

sceptic (*GB*) = SKEPTIC

schedule /ˈskedʒuːl, -dʒəl; *GB* ˈʃedjuːl/ sustantivo, verbo
▶ n **1** programa: *to be two months ahead of/behind schedule* llevar dos meses de adelanto/retraso con respecto al calendario previsto ◊ *to arrive on schedule* llegar a la hora prevista **2** (*tb esp GB* **timetable**) horario
▶ vt programar: *scheduled flight* vuelo regular

scheme /skiːm/ sustantivo, verbo
▶ n **1** conspiración **2** (*GB*) plan, proyecto: *training scheme* programa de formación ◊ *savings/pension scheme* plan de ahorro/de pensiones **3** *color scheme* combinación de colores
▶ vi (*pey*) conspirar

schizophrenia /ˌskɪtsəˈfriːniə/ n esquizofrenia ■ **schizophrenic** /ˌskɪtsəˈfrenɪk/ adj, n esquizofrénico, -a

scholar /ˈskɑlər/ n **1** becario, -a **2** erudito, -a

scholarship /ˈskɑlərʃɪp/ n **1** beca **2** erudición

school /skuːl/ n **1** colegio, escuela: *school age/uniform* edad/uniforme escolar

> Utilizamos las palabras **school** y **church** sin artículo cuando alguien va al colegio como alumno o profesor o a la iglesia para rezar: *I enjoyed being at school.* Me gustaba ir al colegio. ◊ *We go to church every Sunday.* Vamos a misa todos los domingos. Usamos el artículo cuando nos referimos a estos sitios por algún otro motivo: *I have to go to the school to talk to John's teacher.* Tengo que ir a la escuela a hablar con el profesor de John.

2 (*USA, coloq*) universidad **3** clases: *School begins at nine o'clock.* Las clases empiezan a las nueve. **4** facultad: *law school* Facultad de Derecho **5** (*Arte, Liter*) escuela LOC **school of thought** escuela de pensamiento

school bag n mochila (*del colegio*)

schoolboy /ˈskuːlbɔɪ/ n colegial

schoolchild /ˈskuːltʃaɪld/ n (pl **schoolchildren** /-tʃɪldrən/) colegial, -ala

schooldays /ˈskuːldeɪz/ n [pl] años de colegio: *They've been friends since their schooldays.* Son amigos desde que iban al colegio.

schoolgirl /ˈskuːlɡɜːrl/ n colegiala

schooling /ˈskuːlɪŋ/ n educación, estudios

school-leaver n (*GB*) chico, -a que acaba de terminar la escuela

schoolteacher /ˈskuːltiːtʃər/ n profesor, -ora

schoolwork /ˈskuːlwɜːrk/ n [incontable] trabajo escolar

science /ˈsaɪəns/ n ciencia(s)

science fiction n ciencia ficción

scientific /ˌsaɪənˈtɪfɪk/ adj científico
■ **scientifically** /-kli/ adv científicamente

scientist /ˈsaɪəntɪst/ n científico, -a

sci-fi /ˈsaɪ faɪ/ n (*coloq*) abrev de **science fiction** ciencia-ficción

scissors /ˈsɪzərz/ n [pl] tijeras: *a pair of scissors* unas tijeras ➲ *Ver notas en* PAIR *y* TIJERA

scoff /skɔːf; *GB* skɒf/ vi **~ (at sb/sth)** mofarse (de algn/algo)

scold /skoʊld/ vt **~ sb (for sth)** regañar a algn (por algo)

scoop /skuːp/ sustantivo, verbo
▶ n **1** pala: *ice-cream scoop* cuchara para servir el helado **2** cucharada: *a scoop of ice cream* una bola de helado **3** (*Period*) primicia
▶ vt **1 ~ sth (up/out)** cavar, sacar algo **2 ~ sb/sth (up)** recoger a algn/algo ❶ Este verbo describe una acción realizada con una pala, con una cuchara o con la mano.

scooter /ˈskuːtər/ n **1** Vespa®, motoneta **2** patineta, monopatín (*con manillar*)

scope /skoʊp/ n **1 ~ (for sth/to do sth)** potencial (para algo/para hacer algo) **2** ámbito, alcance: *within/beyond the scope of this dictionary* dentro/más allá del ámbito de este diccionario

scorch /skɔːrtʃ/ vt, vi chamuscar(se), quemar (se) ■ **scorching** adj abrasador

score /skɔːr/ sustantivo, verbo
▶ n **1** tanteo: *to keep score* llevar la cuenta de los tantos ◊ *The final score was 4-3.* El resultado final fue 4-3. **2** (*Educ*) puntuación **3 scores** [pl]

montones **4** (*Mús*) partitura **5** veintena LOC **on that/this score** en ese sentido
▸ **1** *vt, vi* (*Dep*) marcar **2** *vt* (*Educ*) sacar

scoreboard /'skɔ:rbɔ:rd/ *n* marcador

scorer /'skɔ:rər/ *n* jugador, -ora que marca un gol o anota un punto: *the team's top scorer* el goleador del equipo

scorn /skɔ:rn/ *sustantivo, verbo*
▸ *n* ~ (**for sb/sth**) desdén (hacia algn/algo)
▸ *vt* desdeñar

scornful /'skɔ:rnfl/ *adj* desdeñoso

Scorpio /'skɔ:rpioʊ/ *n* (*pl* **Scorpios**) Escorpión ⊃ *Ver ejemplos en* AQUARIUS

scorpion /'skɔ:rpiən/ *n* escorpión

Scotch /skɑtʃ/ *n* whisky escocés

Scotch 'tape® (*GB* **Sellotape®**) *n* cinta adhesiva

Scottish /'skɑtɪʃ/ *adj* escocés

scour /'skaʊər/ *vt* **1** restregar **2** ~ **sth (for sb/sth)** registrar, recorrer algo (en busca de algn/algo)

scourge /skɜ:rdʒ/ *n* (*formal*) azote

scout /skaʊt/ *n* **1** (*tb* (**Boy/Girl**) **'Scout**) scout **2** (*Mil*) explorador

scowl /skaʊl/ *sustantivo, verbo*
▸ *n* ceño fruncido
▸ *vi* mirar con el ceño fruncido

scrabble /'skræbl/ *vi* (*esp GB*) ~ (**around/about**) (**for sth**) escarbar (en busca de algo)

scramble /'skræmbl/ *verbo, sustantivo*
▸ *vi* **1** trepar **2** ~ (**for sth**) pelearse (por algo)
▸ *n* [*sing*] **1** subida difícil **2** ~ (**for sth**) barullo (por algo)

scrambled 'eggs *n* huevos revueltos

scrap /skræp/ *sustantivo, verbo*
▸ *n* **1** pedazo: *a scrap of paper* un pedazo de papel ◊ *scraps (of food)* sobras **2** [*incontable*] chatarra: *scrap paper* papel para apuntes **3** [*sing*] (*pequeña cantidad*) pizca **4** pelea
▸ (**-pp-**) **1** *vt* descartar, desechar **2** *vi* pelearse

scrapbook /'skræpbʊk/ *n* álbum de recortes

scrape /skreɪp/ *verbo, sustantivo*
▸ **1** *vt* raspar **2** *vi* ~ (**against sth**) rozar algo
PHR V **scrape sth away; scrape sth off (sth)** quitar algo (de algo), limpiar algo raspando
♦ **scrape in; scrape into sth** tener éxito/conseguir algo a duras penas: *She just scraped into college.* Entró en la universidad a duras penas.
♦ **scrape sth together/up** reunir algo a duras penas ♦ **scrape through (sth)** aprobar (algo) a duras penas
▸ *n* raspadura

ʃ **scratch** /skrætʃ/ *verbo, sustantivo*
▸ **1** *vt, vi* rascar(se) **2** *vt, vi* arañar(se) **3** *vt* rayar
PHR V **scratch sth away/off** quitar algo (raspándolo)
▸ *n* **1** rasguño, arañazo **2** [*sing*] *The dog gave itself a good scratch.* El perro se dio una buena rascada. LOC (**be/come**) **up to scratch** (estar/llegar) a la altura ♦ (**start sth**) **from scratch** (empezar algo) de cero

'**scratch card** *n* (tarjeta) raspa y gana

scrawl /skrɔ:l/ *verbo, sustantivo*
▸ **1** *vt* garabatear **2** *vi* hacer garabatos
▸ *n* [*sing*] garabato

ʃ **scream** /skri:m/ *verbo, sustantivo*
▸ **1** *vt* gritar **2** *vi* chillar: *to scream with excitement* gritar de emoción
▸ *n* **1** chillido, grito: *a scream of pain* un grito de dolor **2** [*sing*] (*coloq*) algn/algo divertidísimo

screech /skri:tʃ/ *verbo, sustantivo*
▸ *vi* chillar, chirriar
▸ *n* [*sing*] chillido, chirrido

ʃ **screen** /skri:n/ *n* **1** pantalla ⊃ *Ver dibujo en* COMPUTADOR **2** biombo

'**screen saver** *n* protector de pantalla

ʃ **screw** /skru:/ *sustantivo, verbo*
▸ *n* tornillo
▸ *vt* **1** atornillar, fijar con tornillos **2** enroscar **3** engañar, estafar PHR V **screw sth up 1** (*papel*) hacer una pelota con algo **2** (*cara*) torcer algo **3** (*argot*) (*planes, situación, etc.*) estropear algo

screwdriver /'skru:draɪvər/ *n* destornillador

scribble /'skrɪbl/ *verbo, sustantivo*
▸ **1** *vt* garabatear **2** *vi* hacer garabatos
▸ *n* garabatos

script /skrɪpt/ *sustantivo, verbo*
▸ *n* **1** guión **2** letra **3** escritura
▸ *vt* escribir el guión para

scripture /'skrɪptʃər/ (*tb* **the Scriptures** [*pl*]) *n* las Sagradas Escrituras

scriptwriter /'skrɪptraɪtər/ *n* guionista

scroll /skroʊl/ *sustantivo, verbo*
▸ *n* **1** pergamino **2** rollo de papel
▸ *vi* ~ **down/up** (*Informát*) desplazarse hacia abajo/arriba

'**scroll bar** *n* (*Informát*) barra de desplazamiento

Scrooge /skru:dʒ/ *n* (*coloq, pey*) tacaño, -a

scrounge /'skraʊndʒ/ *vt, vi* (*coloq, pey*) ~ (**sth**) (**off/from sb**) gorrear (algo) (a algn) ■ **scrounger** *n* gorrón, -ona

scrub /skrʌb/ *verbo, sustantivo*
▸ *vt* (-**bb**-) restregar

scruff

▶ *n* **1** [*sing*] *Give your nails a good scrub.* Cepíllate bien las uñas. **2** [*incontable*] matorrales

scruff /skrʌf/ *n* **LOC** **by the scruff of the neck** por el pescuezo

scruffy /ˈskrʌfi/ *adj* (**scruffier, -iest**) (*coloq*) desaliñado

scrum /skrʌm/ *n* (*Rugby*) melé

scruples /ˈskruːplz/ *n* escrúpulos

scrupulous /ˈskruːpjələs/ *adj* escrupuloso
■ **scrupulously** *adv* escrupulosamente: *scrupulously clean* impecable

scrutinize (*GB tb* -ise) /ˈskruːtənaɪz/ *vt* **1** examinar **2** inspeccionar

scrutiny /ˈskruːtəni/ *n* (*formal*) **1** examen **2** (*Pol*) escrutinio

scuba-diving /ˈskuːbə daɪvɪŋ/ *n* submarinismo

scuff /skʌf/ *vt* rayar, hacer rayones en

scuffle /ˈskʌfl/ *n* **1** enfrentamiento **2** forcejeo

sculptor /ˈskʌlptər/ *n* escultor, -ora

sculpture /ˈskʌlptʃər/ *n* escultura

scum /skʌm/ *n* **1** espuma **2** (*coloq*) escoria

scurry /ˈskʌri/ *vi* (*pt, pp* **scurried**) ir apresuradamente **PHR V** **scurry around** (*GB tb* **scurry about**) **1** trajinar **2** corretear

scuttle /ˈskʌtl/ *vi*: *She scuttled back to her car.* Volvió a su carro a toda prisa. ◊ *to scuttle away/off* escabullirse

scuzzy /ˈskʌzi/ *adj* (*esp USA, coloq*) mugriento, asqueroso

scythe /saɪð/ *n* guadaña

⚓ **sea** /siː/ *n* **1** mar: *sea creatures* animales marinos ◊ *sea air/breeze* brisa marina ◊ *sea port* puerto marítimo ➔ *Ver nota en* MAR **2 seas** [*pl*] mar: *heavy/rough seas* marejada **3** [*sing*] ~ **of sth** mar de algo: *a sea of people* un mar de gente **LOC** **at sea** en el mar ♦ **be all at sea** estar sumido en un mar de dudas

seabed /ˈsiːbed/ *n* [*sing*] lecho marino

seafood /ˈsiːfuːd/ *n* [*incontable*] mariscos

seafront /ˈsiːfrʌnt/ *n* **the seafront** [*sing*] malecón, paseo marítimo/costero: *a seafront café* un café frente al mar

seagull /ˈsiːɡʌl/ *n* gaviota

⚓ **seal** /siːl/ *sustantivo, verbo*
▶ *n* **1** foca **2** sello
▶ *vt* **1** sellar **2** (*sobre*) cerrar **PHR V** **seal sth off** separar, aislar algo

sea level *n* nivel del mar

seam /siːm/ *n* **1** costura **2** veta

⚓ **search** /sɜːrtʃ/ *sustantivo, verbo*
▶ *n* **1** ~ (**for sb/sth**) búsqueda (de algn/algo) **2** (*policial*) registro
▶ **1** *vi* ~ (**for sb/sth**) buscar (a algn/algo) **2** *vt* ~ **sth for sth** buscar algo: *to search the Internet for information* buscar información en internet **3** *vt* ~ **sb/sth** (**for sth**) registrar a algn/algo (en busca de algo): *They searched the house for drugs.* Registraron la casa en busca de drogas.
■ **searching** *adj* penetrante

search engine *n* (*Internet*) buscador

searchlight /ˈsɜːrtʃlaɪt/ *n* (*foco*) reflector, cañon

seashell /ˈsiːʃel/ *n* concha marina

seashore /ˈsiːʃɔːr/ *n* orilla del mar

seasick /ˈsiːsɪk/ *adj* mareado

seaside /ˈsiːsaɪd/ *n* [*sing*] playa, costa: *a seaside resort* un centro turístico en la costa

⚓ **season** /ˈsiːzn/ *sustantivo, verbo*
▶ *n* **1** estación **2** temporada: *season ticket* abono de temporada **LOC** **in season** que está en temporada
▶ *vt* condimentar, sazonar

seasonal /ˈsiːzənl/ *adj* **1** propio de la estación **2** (*trabajo*) de temporada

seasoned /ˈsiːznd/ *adj* **1** condimentado **2** (*persona*) con mucha experiencia

seasoning /ˈsiːzənɪŋ/ *n* condimento

⚓ **seat** /siːt/ *sustantivo, verbo*
▶ *n* **1** (*carro, avión, etc.*) asiento **2** (*moto*) silla **3** (*parque*) banco **4** (*Teat*) butaca **5** (*Pol*) curul **6** (*GB*) (*Pol*) circunscripción electoral **LOC** *Ver* DRIVER
▶ *vt* tener cabida para: *The stadium can seat 5,000 people.* El estadio tiene capacidad para 5.000 personas.

seat belt *n* cinturón de seguridad

seating /ˈsiːtɪŋ/ *n* [*incontable*] asientos

seaweed /ˈsiːwiːd/ *n* [*incontable*] alga

secluded /sɪˈkluːdɪd/ *adj* **1** (*lugar*) apartado **2** (*vida*) retirado ■ **seclusion** /sɪˈkluːʒn/ *n* **1** aislamiento **2** soledad

⚓ **second** /ˈsekənd/ (*abrev* **2nd**) *adjetivo, adverbio, pronombre, sustantivo, verbo*
▶ *adj, adv, pron* segundo **LOC** **second thoughts**: *We had second thoughts. Lo reconsideramos.* ◊ *On second thoughts…* Pensándolo bien…
▶ *n* **1 the second** el (día) dos **2** (*tb* **second ˈgear**) segunda **3** (*tiempo*) segundo: *the second hand* el segundero *Ver tb* SPLIT SECOND **LOC** *Ver* LAST; ➔ *Ver ejemplos en* FIFTH
▶ *vt* secundar

secondary /ˈsekənderi; *GB* -dri/ *adj* secundario

secondary school *n* escuela secundaria, colegio: *She's at secondary school.* Está en secundaria.

second best *adj* **1** segundo mejor **2** inferior ⊃ *Ver nota en* WELL BEHAVED

second class *sustantivo, adverbio, adjetivo*
▸ *n* segunda (clase)
▸ *adv* de/en segunda (clase): *to travel second class* viajar en segunda clase ◊ *to send sth second class* mandar algo por correo normal
▸ *adj* **second-class** de segunda (clase): *second-class ticket* boleto/pasaje de segunda (clase) ◊ *second-class stamp* estampilla de franqueo normal

second-hand *adj, adv* de segunda mano

secondly /ˈsekəndli/ *adv* en segundo lugar

second-rate *adj* de segunda categoría

secret /ˈsiːkrət/ *adj, n* secreto ■ **secrecy** *n* **1** secretismo **2** confidencialidad

secretarial /ˌsekrəˈteəriəl/ *adj* **1** (*personal*) administrativo **2** (*trabajo*) de secretario, -a

secretary /ˈsekrəteri; *GB* -tri/ *n* (*pl* **secretaries**) secretario, -a

Secretary of State *n* **1** (*USA*) secretario, -a de Relaciones Exteriores **2** (*GB*) secretario, -a

secrete /sɪˈkriːt/ *vt* **1** segregar **2** (*formal*) ocultar ■ **secretion** *n* secreción

secretive /ˈsiːkrətɪv/ *adj* reservado

secretly /ˈsiːkrətli/ *adv* en secreto

sect /sekt/ *n* secta

sectarian /sekˈteəriən/ *adj* sectario

section /ˈsekʃn/ *n* **1** sección, parte **2** (*carretera*) tramo **3** (*sociedad*) sector **4** (*ley, código*) artículo

sector /ˈsektər/ *n* sector

secular /ˈsekjələr/ *adj* laico

secure /səˈkjʊər/ *GB* sɪˈk-/ *adjetivo, verbo*
▸ *adj* **1** seguro **2** (*prisión*) de alta seguridad
▸ *vt* **1** fijar **2** (*acuerdo, contrato*) conseguir

securely /səˈkjʊərli/ *GB* sɪˈk-/ *adv* firmemente

security /səˈkjʊərəti/ *GB* sɪˈk-/ *n* (*pl* **securities**) **1** seguridad: *security guard* guardia de seguridad **2** (*préstamo*) fianza *Ver tb* SOCIAL SECURITY

sedan /sɪˈdæn/ (*GB* **saloon**) *n* automóvil de cuatro puertas, sedán

sedate /sɪˈdeɪt/ *adjetivo, verbo*
▸ *adj* serio
▸ *vt* sedar

sedation /sɪˈdeɪʃn/ *n* sedación: *to be under sedation* estar sedado/bajo los efectos de calmantes

sedative /ˈsedətɪv/ *adj, n* sedante

sedentary /ˈsednteri; *GB* -tri/ *adj* sedentario

sediment /ˈsedɪmənt/ *n* sedimento

seduce /sɪˈduːs; *GB* -ˈdjuːs/ *vt* seducir ■ **seduction** /sɪˈdʌkʃn/ *n* seducción **seductive** *adj* seductor

see /siː/ (*pt* **saw** /sɔː/, *pp* **seen** /siːn/) **1** *vt, vi* ver: *I saw a program on TV about that.* Vi un programa en la televisión sobre eso. ◊ *to go and see a movie* ir a ver una película ◊ *She'll never see again.* No volverá a ver nunca más. ◊ *See page 158.* Ver página 158. ◊ *Go and see if the mailman's been here.* Vaya a ver si llegó el correo. ◊ *Let's see.* Vamos a ver (qué pasa). ◊ *I'm seeing Sue tonight.* Quedé de ver a Sue esta noche. **2** *vt* acompañar: *He saw her to the door.* La acompañó hasta la puerta. **3** *vt* encargarse: *I'll see that it's done.* Ya me encargaré de que se lleve a cabo. **4** *vt, vi* comprender **LOC** **seeing that...** en vista de que... ♦ **see you (around/later); (I'll) be seeing you** (*coloq*) hasta luego: *See you tomorrow!* ¡Nos vemos mañana! ❶ Para otras expresiones con **see**, véanse las entradas del sustantivo, adjetivo, etc., p.ej. **make sb see reason** en REASON. **PHRV see about (doing) sth** encargarse de (hacer) algo ♦ **see sb off 1** ir a despedir a algn **2** correr a algn ♦ **see through sb/sth** calar a algn/algo ♦ **see to sth** ocuparse de algo

seed /siːd/ *n* **1** semilla **2** (*GB* **pip**) pepa (*de fruta*) ⊃ *Ver nota en* PEPA

seedy /ˈsiːdi/ *adj* (**seedier, -iest**) (*pey*) sórdido

seek /siːk/ (*pt, pp* **sought** /sɔːt/) (*formal*) **1** *vt, vi* buscar **2** *vt* ~ **to do sth** intentar hacer algo **PHRV seek sb/sth out** buscar y encontrar a algn/algo

seem /siːm/ *vi* parecer: *It seems that...* Parece que... ❶ No se usa en tiempos continuos.

seemingly /ˈsiːmɪŋli/ *adv* aparentemente

seen *pp de* SEE

seep /siːp/ *vi* filtrarse

see-saw *n* sube y baja, balancín

seething /ˈsiːðɪŋ/ *adj* ~ **with sth** abarrotado de algo

see-through *adj* transparente

segment /ˈsegmənt/ *n* **1** (*Geom*) segmento **2** (*de naranja, etc.*) gajo, casco

segregate /ˈsegrɪgeɪt/ *vt* ~ **sb/sth (from sb/sth)** segregar a algn/algo (de algn/algo)

seize /siːz/ vt **1** coger: *to seize hold of sth* agarrar algo ◊ *We were seized by panic.* El pánico se apoderó de nosotros. **2** (*armas, drogas, etc.*) incautarse de **3** (*personas, edificios*) capturar **4** (*bienes*) embargar **5** (*control*) hacerse con **6** (*oportunidad, etc.*) aprovechar: *to seize the initiative* tomar la iniciativa PHR V **seize on/upon sth** aprovecharse de algo ◆ **seize up** agarrotarse, atascarse

seizure /ˈsiːʒər/ n **1** (*de contrabando, etc.*) incautación **2** captura **3** (*Med*) ataque

seldom /ˈseldəm/ adv rara vez: *We seldom go out.* Rara vez salimos. ⊃ *Ver nota en* ALWAYS

select /sɪˈlekt/ verbo, adjetivo
▸ vt ~ **sb/sth (as sth)** elegir a algn/algo (como algo)
▸ adj selecto

selection /sɪˈlekʃn/ n selección

selective /sɪˈlektɪv/ adj ~ **(about sb/sth)** selectivo (en cuanto a algn/algo)

self /self/ n (pl **selves** /selvz/) ser: *She's her old self again.* Volvió a ser la misma de siempre.

self-as'sessment n (*Educ*) autoevaluación

self-'catering adj (*alojamiento*) con cocina

self-'centered (*GB* self-centred) adj egocéntrico

self-'confidence n confianza (en sí mismo)

self-'confident (*tb* self-assured /ˌself əˈʃʊərd; *GB tb* əˈʃɔːd/) adj seguro de sí mismo

self-'conscious adj inseguro

self-con'tained adj (*apartamento*) con su propia entrada, baño y cocina

self-con'trol n autocontrol

self-defense /ˌself dɪˈfens/ n defensa propia

self-de,termi'nation n autodeterminación

self-em'ployed adj (*trabajador*) independiente

self-e'steem n autoestima

self-'interest n interés propio

selfish /ˈselfɪʃ/ adj egoísta

self-'pity n autocompasión

self-'portrait n autorretrato

self-re'spect n dignidad

self-'righteous adj (*pey*) (*persona*) que se cree moralmente superior

self-'satisfied adj (*pey*) excesivamente satisfecho de sí mismo

self-'service adj autoservicio

self-'sufficient adj autosuficiente

self-'taught adj autodidacta

sell /sel/ (*pp, pt* **sold** /soʊld/) **1** vt ~ **sb sth**; ~ **sth (to sb)** vender algo (a algn) **2** vi ~ **(at/for sth)** venderse (a algo) PHR V **sell sth off** vender algo a bajo precio ◆ **sell out (of sth); be sold out (of sth)** agotar todas las existencias (de algo)

'sell-by date n (*GB*) (*USA* pull date) fecha límite de venta

seller /ˈselər/ n vendedor, -ora

selling /ˈselɪŋ/ n venta

Sellotape® /ˈseləteɪp/ sustantivo, verbo
▸ n (*GB*) (*USA* Scotch tape®) cinta adhesiva
▸ vt (*GB*) pegar con cinta adhesiva

'sell-out n (*Mús, Teat, etc.*) lleno, éxito de taquilla

selves /selvz/ pl de SELF

semester /səˈmestər/ n semestre (*esp en universidad*): *the spring/fall semester* el primer/segundo semestre

semi /ˈsemi/ n (pl **semis**) (*GB, coloq*) casa adosada/anexa (*cuyo costado está unido al de otra*)

semicircle /ˈsemisɜːrkl/ n **1** semicírculo **2** semicircunferencia ■ **semicircular** /ˌsemiˈsɜːkjələr/ adj semicircular

semicolon /ˈsemikoʊlən; *GB* ˌsemiˈkoʊlən/ n punto y coma ⊃ *Ver pág. 377*

semi-de'tached adj (*GB*): *a semi-detached house* una casa cuyo costado está unido al de otra

semi-'final (*tb* semi) n semifinal ■ **semi-finalist** n semifinalista

seminar /ˈsemɪnɑːr/ n seminario (*clase*)

senate (*tb* Senate) /ˈsenət/ n [*v sing o pl*] **1** (*Pol*) Senado ⊃ *Ver nota en* CONGRESS **2** (*universidad*) junta de gobierno

senator /ˈsenətər/ n (*abrev* Sen.) senador, -ora

send /send/ vt (*pt, pp* **sent** /sent/) **1** ~ **sb sth**; ~ **sth (to sb)** enviar, mandar algo (a algn): *She was sent to bed without any supper.* La mandaron a la cama sin comer. ⊃ *Ver nota en* GIVE **2** (*esp GB*) hacer (que): *to send sb to sleep* hacer dormir a algn ◊ *The story sent shivers down my spine.* La historia me dio escalofríos. ◊ *to send sb mad* volver loco a algn LOC *Ver* LOVE PHR V **send for sb** llamar, mandar buscar a algn ◆ **send sb in** enviar a algn (*esp tropas, policía, etc.*) ◆ **send sth in/off** mandar algo (por correo): *I sent my application in last week.* Envié mi solicitud la semana pasada. ◆ **send (off) for sth** pedir, encargar algo (*por correo*) ◆ **send sb off** (*Dep*) expulsar a algn ◆ **send sth out 1** (*invitaciones, etc.*) enviar algo **2** (*rayos, etc.*)

emitir algo ♦ **send sb/sth up** (*esp GB, coloq*) parodiar a algn/algo

sender /ˈsendər/ *n* remitente

senile /ˈsiːnaɪl/ *adj* senil ■ **senility** /səˈnɪləti/ *n* senilidad

senior /ˈsiːniər/ *adjetivo, sustantivo*
▸ *adj* **1** superior: *senior partner* socio mayoritario **2** (*abrev* **Sr.**) padre: *John Brown, Senior* John Brown, padre
▸ *n* **1** mayor: *She is two years my senior.* Me lleva dos años. **2** (*en colegio*) estudiante de último año

ˌsenior ˈcitizen (*tb* **senior**) *n* ciudadano, -a de la tercera edad

ˌsenior ˈhigh school *n* (*USA*) colegio donde se imparten los últimos dos o tres años de enseñanza secundaria

seniority /ˌsiːniˈɔːrəti; *GB* -ˈɒr-/ *n* antigüedad (*rango, años, etc.*)

sensation /senˈseɪʃn/ *n* sensación
■ **sensational** *adj* **1** sensacional **2** (*pey*) sensacionalista **sensationalist** *adj* sensacionalista

sense /sens/ *sustantivo, verbo*
▸ *n* **1** sentido: *a sense of humor* sentido del humor ◇ *It gives him a sense of security.* Le brinda seguridad. ◇ *sense of smell/touch/taste* olfato/tacto/gusto **2** juicio, sensatez: *to come to your senses* recobrar el juicio ◇ *to make sb see sense* hacer que algn entre en razón **LOC** **in a sense** en cierto sentido ♦ **make sense** tener sentido ♦ **make sense of sth** descifrar algo ♦ **see sense** entrar en razón
▸ *vt* **1** sentir, ser consciente de **2** (*máquina*) detectar

senseless /ˈsensləs/ *adj* **1** insensato **2** sin sentido (*inconsciente*)

sensibility /ˌsensəˈbɪləti/ *n* sensibilidad

sensible /ˈsensəbl/ *adj* **1** sensato ❶ La palabra española *sensible* se traduce como **sensitive**. **2** (*decisión*) acertado ■ **sensibly** *adv* **1** (*comportarse*) con prudencia **2** (*vestirse*) adecuadamente

sensitive /ˈsensətɪv/ *adj* **1** sensible: *She's very sensitive to criticism.* Es muy susceptible a la crítica. ❶ La palabra inglesa **sensible** se traduce como *sensato*. **2** (*asunto, piel*) delicado: *sensitive documents* documentos confidenciales ■ **sensitivity** /ˌsensəˈtɪvəti/ *n* **1** sensibilidad **2** susceptibilidad **3** (*asunto, piel*) delicadeza

sensual /ˈsenʃuəl/ *adj* sensual ■ **sensuality** /ˌsenʃuˈæləti/ *n* sensualidad

sensuous /ˈsenʃuəs/ *adj* sensual

sent *pt, pp* de **SEND**

sentence /ˈsentəns/ *sustantivo, verbo*
▸ *n* **1** (*Gram*) frase, oración **2** sentencia: *a life sentence* cadena perpetua
▸ *vt* sentenciar, condenar

sentiment /ˈsentɪmənt/ *n* **1** (*formal*) sentimiento **2** sentimentalismo ■ **sentimental** /ˌsentɪˈmentl/ *adj* **1** sentimental **2** sensiblero **sentimentality** /ˌsentɪmenˈtæləti/ *n* sentimentalismo, sensiblería

sentry /ˈsentri/ *n* (*pl* **sentries**) centinela

separate *adjetivo, verbo*
▸ *adj* /ˈseprət/ **1** separado **2** distinto: *It happened on three separate occasions.* Ocurrió en tres ocasiones distintas.
▸ /ˈsepəreɪt/ **1** *vt, vi* separar(se) **2** *vt* dividir: *We separated the children into three groups.* Dividimos a los niños en tres grupos.

separately /ˈseprətli/ *adv* por separado

separation /ˌsepəˈreɪʃn/ *n* separación

September /sepˈtembər/ *n* (*abrev* **Sept.**) septiembre ➔ *Ver nota y ejemplos en* JANUARY

sequel /ˈsiːkwəl/ *n* **1** secuela **2** (*película, libro, etc.*) continuación

sequence /ˈsiːkwəns/ *n* sucesión, serie

serene /səˈriːn/ *adj* sereno

sergeant /ˈsɑːrdʒənt/ *n* sargento

serial /ˈsɪəriəl/ *n* serie: *radio serial* serie radial ➔ *Ver nota en* SERIES

series /ˈsɪəriːz/ *n* (*pl* **series**) **1** serie **2** sucesión **3** (*Radio, TV*) serie: *a television series* una serie de televisión

> En inglés utilizamos la palabra **series** para referirnos a las series que tratan una historia diferente en cada episodio, y **serial** para referirnos a una sola historia dividida en capítulos.

serious /ˈsɪəriəs/ *adj* **1** serio: *Is he serious (about it)?* ¿Lo dice en serio? ◇ *to be serious about sb* andar en serio con algn **2** (*enfermedad, error, crimen*) grave

seriously /ˈsɪəriəsli/ *adv* **1** en serio **2** gravemente

seriousness /ˈsɪəriəsnəs/ *n* **1** seriedad **2** gravedad

sermon /ˈsɜːrmən/ *n* sermón

servant /ˈsɜːrvənt/ *n* criado, -a *Ver tb* CIVIL SERVANT

serve /sɜːrv/ *verbo, sustantivo*
▸ **1** *vt* ~ **sb sth**; ~ **sth (to sb)** servir algo (a algn): *serving spoon* cucharón ➔ *Ver nota en* GIVE **2** *vt* (*cliente*) atender **3** *vt, vi* servir: *This will serve as*

server

an example to us all. Esto nos servirá de ejemplo a todos. **4** *vi* ~ **(in/on/with sth)** servir (en algo): *He served with the eighth squadron.* Sirvió en el octavo escuadrón. **5** *vt (condena)* cumplir **6** *vt, vi (Tenis, etc.)* sacar LOC **it serves sb right**: *It serves them right!* Se lo merecen. *Ver tb* FIRST PHR V **serve sth out 1** servir algo **2** distribuir algo ◆ **serve sth up** servir algo
▶ *n (Tenis, etc.)* saque: *Whose serve is it?* ¿A quién le toca sacar?

server /'sɜːrvər/ *n* **1** *(Informát)* servidor **2** *(Tenis, etc.)* jugador, -ora que tiene el saque **3** *[gen pl]* *(Cocina)* cubierto para servir

service /'sɜːrvɪs/ *sustantivo, verbo*
▶ *n* **1** servicio: *on active service* en servicio activo ◊ *10% extra for service* un 10% de recargo por servicio ◊ *morning service* los oficios de la mañana **2** *(de carro)* revisión **3** *(Tenis, etc.)* saque
▶ *vt* hacer la revisión

'service charge *n* servicio: *There's a 15% service charge.* Se cobra un 15% de servicio.

serviceman /'sɜːrvɪsmən/ *n (pl* **servicemen** /-mən/) militar

'service station *n* **1** gasolinera **2** *(GB)* estación de servicio *(en autopista)*

servicewoman /'sɜːrvɪswʊmən/ *n (pl* **servicewomen** /-wɪmɪn/) militar

session /'seʃn/ *n* sesión

set /set/ *verbo, sustantivo, adjetivo*
▶ **(-tt-)** *(pt, pp* **set**) **1** *vt (formal)* poner, colocar: *He set a bowl of soup in front of me.* Me puso un plato de sopa delante. **2** *vt (cambio de estado)* *They set the prisoners free.* Pusieron en libertad a los prisioneros. ◊ *It set me thinking.* Me hizo pensar. **3** *vt (Cine, libro, etc.) The movie is set in Austria.* La película se desarrolla en Austria. **4** *vt (preparar)* poner: *I set the alarm clock for seven.* Puse el despertador a las siete. ◊ *Did you set the TV to record that movie?* ¿Programaste el televisor para grabar esa película? **5** *vt (fijar)* establecer: *She's set a new world record.* Estableció un nuevo récord mundial. ◊ *They haven't set a date for their wedding yet.* No han fijado la fecha del matrimonio todavía. ◊ *Can we set a limit to the cost of the trip?* ¿Podemos fijar un límite al costo del viaje? **6** *vt (mandar)* poner: *She set them a difficult task.* Les puso una tarea difícil. **7** *vi (el sol)* ponerse **8** *vi* cuajar, fraguar, endurecerse: *Put the Jell-O in the fridge to set.* Meta la gelatina en la nevera para que cuaje. **9** *vt (hueso quebrado)* enyesar **10** *vt (pelo)* rizar **11** *vt* engarzar ❶ Para expresiones con **set**, véanse las entradas del sustantivo, adjetivo, etc., p.ej. **set sth alight** en ALIGHT. PHR V **set about (doing) sth** ponerse a hacer algo ◆ **set**

aside **1** apartar, reservar algo **2** dejar algo a un lado ◆ **set sb/sth back** retrasar a algn/algo ◆ **set off/out** salir, partir: *to set off on a journey* salir de viaje ◊ *They set out for Australia.* Salieron para Australia. ◆ **set sth off 1** hacer explotar algo **2** ocasionar algo ◆ **set out to do sth** proponerse hacer algo ◆ **set sth up 1** levantar algo **2** montar algo **3** establecer, crear algo
▶ *n* **1** juego: *a set of saucepans* un juego de ollas **2** *(de personas)* círculo **3** *(Electrón)* aparato **4** *(Tenis)* set **5** *(Teat)* decorado **6** *(Cine)* escenario
▶ *adj* **1** situado **2** determinado LOC **be all set (for sth/to do sth)** estar preparado (para algo/para hacer algo) *Ver tb* MARK

setback /'setbæk/ *n* contrariedad: *to suffer a setback* sufrir un revés

,set 'text *(tb* **,set 'book)** *n (GB) (Educ)* lectura obligatoria

setting /'setɪŋ/ *n* **1** marco **2** ambientación **3** *(tb* **settings** *[pl])* *(Informát, etc.)* configuración **4** montadura **5** *[sing] (del sol)* puesta

settle /'setl/ **1** *vt (disputa)* resolver **2** *vt* acordar **3** *vi* establecerse, quedarse a vivir **4** *vi* ~ **(on sth)** posarse (en algo) **5** *vt (deuda)* pagar **6** *vi* ~ **(up) (with sb)** liquidar las cuentas (con algn) **7** *vt (estómago)* asentar **8** *vi (sedimento)* depositarse PHR V **settle down 1** acomodarse **2** sentar cabeza: *to marry and settle down* casarse y sentar cabeza ◆ **settle for sth** aceptar algo ◆ **settle in; settle into sth** adaptarse (a algo) ◆ **settle on sth** decidirse por algo

settled /'setld/ *adj* estable

settlement /'setlmənt/ *n* **1** acuerdo **2** poblado **3** colonización

settler /'setlər/ *n* poblador, -ora

'set-up *n* organización, sistema

seven /'sevn/ *adj, pron, n* siete ➔ *Ver ejemplos en* FIVE ■ **seventh 1** *adj, adv, pron* séptimo **2** *n* séptima parte, séptimo ➔ *Ver ejemplos en* FIFTH

seventeen /,sevn'tiːn/ *adj, pron, n* diecisiete ➔ *Ver ejemplos en* FIVE ■ **seventeenth 1** *adj, adv, pron* decimoséptimo **2** *n* diecisieteava parte, diecisieteavo ➔ *Ver ejemplos en* FIFTH

seventy /'sevnti/ *adj, pron, n* setenta ➔ *Ver ejemplos en* FIFTY, FIVE ■ **seventieth 1** *adj, adv, pron* septuagésimo **2** *n* setentava parte, setentavo ➔ *Ver ejemplos en* FIFTH

sever /'sevər/ *vt (formal)* **1** ~ **sth (from sth)** cortar algo (de algo) **2** *(relaciones)* romper

several /'sevrəl/ *adj, pron* varios, -as

severe /sɪ'vɪər/ *adj* (**severer**, **-est**) **1** *(semblante, castigo)* severo **2** *(tormenta, helada)* fuerte **3** *(dolor)* intenso

sew /soʊ/ vt, vi (pt **sewed**, pp **sewn** /soʊn/ o **sewed**) coser **PHR V** **sew sth up** coser algo: *to sew up a hole* remendar un agujero

sewage /ˈsuːɪdʒ; *GB tb* ˈsjuː-/ *n* [*incontable*] aguas negras/servidas

sewer /ˈsuːər; *GB tb* ˈsjuː-/ *n* alcantarilla, cloaca

sewing /ˈsoʊɪŋ/ *n* [*incontable*] costura

sex /seks/ *n* **1** sexo **2** relaciones sexuales: *sex life* vida sexual

sexism /ˈseksɪzəm/ *n* sexismo ■ **sexist** *adj*, *n* sexista

sexual /ˈsekʃuəl/ *adj* sexual: *sexual intercourse* relaciones sexuales/coito ■ **sexuality** /ˌsekʃuˈæləti/ *n* sexualidad

sexy /ˈseksi/ *adj* **1** (*persona*, *ropa*) sexy **2** (*película*, *etc.*) erótico **3** fascinante, interesante

shabby /ˈʃæbi/ *adj* (**shabbier**, **-iest**) **1** (*ropa*) raído **2** (*cosas*) en mal estado **3** (*persona*) desharrapado **4** (*comportamiento*) mezquino

shack /ʃæk/ *n* choza

shade /ʃeɪd/ *sustantivo*, *verbo*
▶ *n* **1** sombra ⊃ *Ver dibujo en* SOMBRA **2** pantalla (*de lámpara*) **3** (*GB* **blind**) persiana **4** (*color*) tono **5** (*significado*) matiz **6** **shades** [*pl*] (*coloq*) gafas de sol
▶ *vt* dar sombra a

shadow /ˈʃædoʊ/ *sustantivo*, *verbo*, *adjetivo*
▶ *n* **1** sombra ⊃ *Ver dibujo en* SOMBRA **2** (*tb* **shadows** [*pl*]) tinieblas
▶ *vt* seguir y vigilar secretamente
▶ *adj* (*GB*) (*Pol*) de la oposición

En Gran Bretaña, el partido de la oposición (**the Opposition**) forma un equipo que se llama el **shadow cabinet**, cuyos miembros se ocupan de seguir la labor de los ministros del gobierno.

shadowy /ˈʃædoʊi/ *adj* (*lugar*, *asunto*, *etc.*) oscuro

shady /ˈʃeɪdi/ *adj* (**shadier**, **-iest**) sombreado

shaft /ʃæft; *GB* ʃɑːft/ *n* **1** pozo: *elevator shaft* hueco del ascensor **2** mango largo **3** fuste **4** eje **5** ~ (**of sth**) rayo (de algo)

shaggy /ˈʃægi/ *adj* (**shaggier**, **-iest**) peludo: *shaggy eyebrows* cejas peludas ◊ *shaggy hair* pelo desgreñado

shake /ʃeɪk/ *verbo*, *sustantivo*
▶ (pt **shook** /ʃʊk/, pp **shaken** /ˈʃeɪkən/) **1** *vt* ~ **sb/sth** (**about/around**) sacudir, agitar a algn/algo **2** *vi* temblar **3** *vt* ~ **sb** (**up**) perturbar a algn
LOC **shake sb's hand**; **shake hands** (**with sb**) dar la mano a algn ◆ **shake your head** negar con la cabeza **PHR V** **shake sb off** quitarse a algn de encima ◆ **shake sb up** dar una sacudida a algn ◆ **shake sth up** agitar algo
▶ *n* **1** [*gen sing*] sacudida: *a shake of the head* una negación con la cabeza **2** *Ver* MILKSHAKE

shaky /ˈʃeɪki/ *adj* (**shakier**, **-iest**) **1** tembloroso **2** poco firme

shall /ʃəl, ʃæl/ *v modal* (*contracción* **'ll**, *neg* **shall not** *o* **shan't** /ʃænt; *GB* ʃɑːnt/)

Shall es un verbo modal al que sigue un infinitivo sin **to**, y las oraciones interrogativas y negativas se construyen sin el auxiliar **do**.

1 (*esp GB*) [*para formar el futuro*] *As we shall see…* Como veremos… ◊ *I shall tell her tomorrow*. Se lo diré mañana.

Shall y will se usan para formar el futuro en inglés. Shall se utiliza con la primera persona del singular y del plural, **I** y **we**, y **will** con las demás personas. Sin embargo, en inglés hablado **will** (o **'ll**) tiende a utilizarse con todos los pronombres.

2 (*GB*) (*oferta*, *petición*) *Shall we pick you up?* ¿Pasamos por ti? ❶ En Estados Unidos se usa **should** en lugar de **shall** con este significado. **3** (*formal*) (*voluntad*, *determinación*) *He shall be given a fair trial*. Tendrá un juicio justo. ◊ *I shan't go*. No iré. ❶ En este sentido, **shall** es más formal que **will**, especialmente cuando se usa con pronombres que no sean **I** y **we**.

shallow /ˈʃæloʊ/ *adj* (**shallower**, **-est**) **1** (*agua*) poco profundo **2** (*pey*) (*persona*) superficial

shambles /ˈʃæmblz/ *n* [*sing*] (*coloq*) desastre: *to be (in) a shambles* estar hecho un desastre

shame /ʃeɪm/ *sustantivo*, *verbo*
▶ *n* **1** vergüenza **2** deshonra **3** **a shame** [*sing*] lástima: *What a shame!* ¡Qué lástima! **LOC** **put sb/sth to shame** superar a algn/algo por mucho *Ver tb* CRYING
▶ *vt* (*formal*) **1** avergonzar **2** deshonrar

shameful /ˈʃeɪmfl/ *adj* vergonzoso

shameless /ˈʃeɪmləs/ *adj* descarado, sinvergüenza

shampoo /ʃæmˈpuː/ *sustantivo*, *verbo*
▶ *n* (*pl* **shampoos**) champú
▶ *vt* (*pt*, *pp* **shampooed**, *part pres* **shampooing**) lavar (con champú)

shamrock /ˈʃæmrɑk/ *n* trébol (*símbolo nacional de Irlanda*)

shan't /ʃænt; *GB* ʃɑːnt/ *abrev de* **shall not** *Ver* SHALL

shanty town /ˈʃænti taʊn/ *n* barrio de tugurios, barriada, población callampa

shape /ʃeɪp/ *sustantivo, verbo*
▶ *n* **1** forma **2** figura LOC **give shape to sth** (*formal*) plasmar algo ◆ **in any shape or form** (*coloq*) de cualquier tipo ◆ **in shape** en forma ◆ **out of shape 1** deformado **2** en mala condición ◆ **take shape** ir cobrando forma
▶ *vt* **1** ~ **sth (into sth)** dar forma (de algo) a algo **2** forjar

shapeless /ˈʃeɪpləs/ *adj* amorfo

share /ʃeər/ *sustantivo, verbo*
▶ *n* **1** ~ **(in/of sth)** parte (en/de algo) **2** (*Fin*) acción LOC *Ver* FAIR
▶ **1** *vt* ~ **sth (out) (among/between sb)** repartir algo (entre algn) **2** *vt, vi* ~ **(sth) (with sb)** compartir (algo) (con algn)

shareholder /ˈʃeərhoʊldər/ *n* accionista

shark /ʃɑrk/ *n* tiburón

sharp /ʃɑrp/ *adjetivo, sustantivo, adverbio*
▶ *adj* (**sharper, -est**) **1** (*cuchillo*) afilado **2** (*cambio*) pronunciado **3** nítido **4** (*sonido, dolor, mente*) agudo **5** (*curva*) cerrado **6** (*sabor*) ácido **7** (*olor*) acre **8** (*críticas, viento*) cortante **9** (*Mús*) sostenido
▶ *n* (*Mús*) sostenido
▶ *adv* (*hora*) en punto

sharpen /ˈʃɑrpən/ *vt* afilar

shatter /ˈʃætər/ *vt, vi* **1** hacer(se) añicos **2** destruir ■ **shattering** *adj* demoledor

shave /ʃeɪv/ *vt, vi* afeitar(se), rasurar(se) LOC *Ver* CLOSE¹

shaver /ˈʃeɪvər/ *n* máquina de afeitar, rasuradora

shawl /ʃɔːl/ *n* chal, toquilla

she /ʃiː/ *pronombre, sustantivo*
▶ *pron* ella (*se usa también para referirse a carros, barcos o naciones*): *She didn't come.* No vino. ❶ El pronombre personal no puede omitirse en inglés. ◆ *Comparar con* HER (3)
▶ *n* hembra: *Is it a he or a she?* ¿Es macho o hembra?

shear /ʃɪər/ *vt* (*pt* **sheared**, *pp* **shorn** /ʃɔːrn/ *o* **sheared**) **1** (*oveja*) trasquilar **2** cortar

shears /ʃɪərz/ *n* [*pl*] tijera (de podar) ◆ *Ver notas en* PAIR *y* TIJERA

sheath /ʃiːθ/ *n* (*pl* **sheaths** /ʃiːðz/) vaina, estuche

shed /ʃed/ *sustantivo, verbo*
▶ *n* cobertizo
▶ *vt* (**-dd-**) (*pt, pp* **shed**) **1** deshacerse de **2** (*hojas*) perder **3** (*piel*) mudar **4** ~ **sth (on sb/sth)** (*luz*) arrojar, difundir algo (sobre algn/algo) **5** (*formal*) (*sangre, lágrimas*) derramar

she'd /ʃiːd/ **1** *abrev de* **she had** *Ver* HAVE **2** *abrev de* **she would** *Ver* WOULD

sheep /ʃiːp/ *n* (*pl* **sheep**) oveja ◆ *Comparar con* EWE, RAM; ◆ *Ver nota en* CARNE

sheepish /ˈʃiːpɪʃ/ *adj* tímido, avergonzado

sheer /ʃɪər/ *adj* **1** (*absoluto*) puro **2** (*de la tela*) diáfano **3** (*casi vertical*) escarpado

sheet /ʃiːt/ *n* **1** (*para una cama*) sábana **2** (*de papel*) hoja **3** (*de vidrio, metal*) lámina

sheikh /ʃeɪk/ *n* jeque

shelf /ʃelf/ *n* (*pl* **shelves** /ʃelvz/) estante, anaquel, repisa

shell /ʃel/ *sustantivo, verbo*
▶ *n* **1** (*molusco*) concha **2** (*nuez*) cáscara **3** (*huevo*) cascarón ◆ *Ver nota en* PEEL **4** (*tortuga, crustáceo, insecto*) caparazón **5** (*barco*) casco **6** (*edificio*) armazón **7** obús
▶ *vt* bombardear

she'll /ʃiːl/ *abrev de* **she will** *Ver* WILL

shellfish /ˈʃelfɪʃ/ *n* (*pl* **shellfish**) **1** (*Zool*) crustáceo **2** (*como alimento*) marisco

shelter /ˈʃeltər/ *sustantivo, verbo*
▶ *n* **1** ~ **(from sth)** (*protección*) abrigo, resguardo (contra algo): *to take shelter* refugiarse **2** (*lugar*) refugio
▶ **1** *vt* ~ **sb/sth (from sb/sth)** resguardar, abrigar a algn/algo (de algn/algo) **2** *vi* ~ **(from sth)** refugiarse, ponerse al abrigo (de algo)
■ **sheltered** *adj* **1** (*lugar*) abrigado **2** (*vida*) protegido

shelve /ʃelv/ *vt* archivar

shelves /ʃelvz/ *pl de* SHELF

shelving /ˈʃelvɪŋ/ *n* [*incontable*] estantería

shepherd /ˈʃepərd/ *n* pastor

sheriff /ˈʃerəf/ *n* sheriff

sherry /ˈʃeri/ *n* (*pl* **sherries**) jerez

she's /ʃiːz/ **1** *abrev de* **she is** *Ver* BE **2** *abrev de* **she has** *Ver* HAVE

shied *pt, pp de* SHY

shield /ʃiːld/ *sustantivo, verbo*
▶ *n* escudo
▶ *vt* ~ **sb/sth (from sb/sth)** proteger a algn/algo (contra algn/algo)

shift /ʃɪft/ *verbo, sustantivo*
▶ *vt, vi* mover(se), cambiar de sitio: *I can't shift it.* No lo puedo mover. ◇ *She shifted uneasily in her seat.* Se movió inquietamente en su asiento.
▶ *n* **1** cambio: *a shift in public opinion* un cambio en la opinión pública **2** (*trabajo*) turno **3** (*tb* ˈ**shift key**) (*Informát*) tecla shift

shifty /ˈʃɪfti/ *adj* (**shiftier, -iest**) (*coloq*) sospechoso

shimmer /ˈʃɪmər/ vi **1** (agua, seda) brillar **2** (luz) resplandecer **3** (luz en agua) relucir

shin /ʃɪn/ n **1** espinilla **2** (tb ˈshin bone) tibia

shine /ʃaɪn/ verbo, sustantivo
▸ (pt, pp **shone** /ʃoʊn; GB ʃɒn/) **1** vi brillar: *His face shone with happiness.* Su cara irradiaba felicidad. **2** vt (linterna, etc.) dirigir **3** vi ~ **at/in sth** sobresalir en algo: *She's always shone at languages.* Siempre ha sido muy buena para los idiomas.
▸ n [sing] brillo

shingle /ˈʃɪŋɡl/ n [incontable] guijarros

shiny /ˈʃaɪni/ adj (**shinier, -iest**) brillante, reluciente

ship /ʃɪp/ sustantivo, verbo
▸ n barco, buque: *The captain went on board ship.* El capitán subió al barco. ◊ *to launch a ship* botar un barco ◊ *merchant ship* buque mercante ➔ *Ver nota en* BOAT
▸ vt (-**pp**-) enviar (por vía marítima)

shipbuilding /ˈʃɪpbɪldɪŋ/ n construcción naval

shipment /ˈʃɪpmənt/ n cargamento

shipping /ˈʃɪpɪŋ/ n [incontable] **1** embarcaciones, buques: *shipping lane/route* vía/ruta de navegación **2** envío

shipwreck /ˈʃɪprek/ sustantivo, verbo
▸ n naufragio
▸ vt **be shipwrecked** naufragar

shipyard /ˈʃɪpjɑrd/ n astillero

shirt /ʃɜːrt/ n camisa

shiver /ˈʃɪvər/ verbo, sustantivo
▸ vi **1** ~ (**with sth**) temblar (de algo) **2** estremecerse
▸ n escalofrío

shoal /ʃoʊl/ n banco (*de peces*)

shock /ʃɑk/ sustantivo, verbo
▸ n **1** conmoción **2** (tb eˌlectric ˈshock) descarga eléctrica **3** (*Med*) shock
▸ **1** vt conmover, trastornar **2** vt, vi escandalizarse

shocking /ˈʃɑkɪŋ/ adj **1** (*comportamiento*) escandaloso **2** (*noticia, crimen, etc.*) espantoso **3** (*coloq*) horrible, espeluznante

shoddy /ˈʃɑdi/ adj (**shoddier, -iest**) **1** (*producto*) de baja calidad **2** (*trabajo*) mal hecho

shoe /ʃuː/ sustantivo, verbo
▸ n **1** zapato: *What shoe size do you wear?* ¿Qué número de zapato usas? ◊ *shoe shop* zapatería ◊ *shoe polish* betún ➔ *Ver nota en* PAIR **2** *Ver* HORSESHOE
▸ vt (pt, pp **shod** /ʃɑd/) herrar

shoelace /ˈʃuːleɪs/ (tb **shoestring**) n cordón, pasador, agujeta

shoestring /ˈʃuːstrɪŋ/ n *Ver* SHOELACE **LOC on a shoestring** (*coloq*) con escasos medios

shone pt, pp de SHINE

shook pt de SHAKE

shoot /ʃuːt/ verbo, sustantivo
▸ (pt, pp **shot** /ʃɑt/) **1** vt pegar un tiro a: *She was shot in the leg.* Recibió un disparo en la pierna. ◊ *to shoot sb dead* matar (a tiros) a algn ◊ *to shoot rabbits* cazar conejos **2** vi ~ **at sb/sth** disparar a algo/contra algn **3** vt fusilar **4** vt (*mirada*) lanzar **5** vt (*película*) rodar **6** vi ~ **along, past, out, etc.** ir, pasar, salir, etc., volando **7** vi (*Dep*) chutar **PHR V shoot sb down** matar a algn (a tiros) ♦ **shoot sth down** derribar algo (a tiros) ♦ **shoot up 1** (*precios*) dispararse **2** (*planta*) crecer rápidamente **3** (*niño*) crecer mucho
▸ n brote

shooting /ˈʃuːtɪŋ/ n **1** tiroteo **2** asesinato **3** caza **4** tiro (al blanco) **5** (*Cine*) rodaje

shop /ʃɑp/ sustantivo, verbo
▸ n **1** (*esp GB*) (tb *esp USA* **store**) almacén: *clothes shop* almacén de ropa ◊ *I'm going to the shops.* Voy a hacer las compras. **2** *Ver* WORKSHOP **LOC** *Ver* TALK
▸ vi (-**pp**-) ir de compras, hacer compras: *to shop for sth* buscar algo (en los almacenes) **PHR V shop around** (**for sth**) mirar algo en varios sitios (*comparando precios, etc.*)

ˈshop assistant n (*GB*) (*USA* **sales clerk**) vendedor, -ora, empleado, -a (de almacén)

shopkeeper /ˈʃɑpkiːpər/ n (*esp GB*) (*USA* **storekeeper**) comerciante, bodeguero, -a

shoplifting /ˈʃɑplɪftɪŋ/ n hurto (*en un almacén*): *She was charged with shoplifting.* La acusaron de haberse llevado cosas sin pagar en un almacén. ■ **shoplifter** n ladrón, -ona ➔ *Ver nota en* THIEF

shopper /ˈʃɑpər/ n comprador, -ora

shopping /ˈʃɑpɪŋ/ n compra(s): *to do the shopping* hacer las compras ◊ *She's gone shopping.* Fue de compras. ◊ *shopping bag* bolsa de compras

ˈshopping cart (*GB* ˈshopping trolley) n carrito de compras

ˈshopping center (*GB* ˈshopping centre) (tb ˈshopping mall) n centro comercial

shore /ʃɔːr/ n **1** costa: *to go on shore* desembarcar **2** orilla (*de mar, lago*): *on the shore(s) of Loch Ness* a orillas del Lago Ness ➔ *Comparar con* BANK

shorn pp de SHEAR

short

short /ʃɔːrt/ *adjetivo, adverbio, sustantivo*
- *adj* (**shorter, -est**) **1** (*tiempo, distancia, pelo, vestido*) corto: *I was only there for a short while.* Solo estuve allá un rato. ◊ *a short time ago* hace poco **2** (*persona*) bajo **3** ~ (**of/on sth**) escaso (de algo): *Water is short.* Hay escasez de agua. ◊ *I'm a little short on time just now.* Ando un poco justo de tiempo en estos momentos. ◊ *I'm five dollars short.* Me faltan cinco dólares. **4** ~ **for sth** *Ben is short for Benjamin.* Ben es el diminutivo de Benjamin. **LOC** **for short** para abreviar: *He's called Ben for short.* Lo llamamos Ben para abreviar. ♦ **in short** resumiendo *Ver tb* BREATH, SUPPLY, TEMPER, TERM
- *adv* **LOC** *Ver* CUT, FALL, STOP
- *n* (*Cine*) corto

shortage /ˈʃɔːrtɪdʒ/ *n* escasez

shortbread /ˈʃɔːtbred/ *n* galleta hecha con mantequilla

short circuit *sustantivo, verbo*
- *n* (*coloq* **short**) cortocircuito
- **short-circuit 1** *vi* tener un cortocircuito **2** *vt* causar un cortocircuito en

shortcoming /ˈʃɔːrtkʌmɪŋ/ *n* deficiencia: *severe shortcomings in police tactics* graves deficiencias en las tácticas policiales

short cut *n* atajo: *He took a short cut through the park.* Tomó un atajo por el parque.

shorten /ˈʃɔːrtn/ *vt, vi* acortar(se)

shorthand /ˈʃɔːrthænd/ *n* taquigrafía

short list (*tb* **shortlist**) *n* lista final de candidatos

short-lived *adj* efímero

shortly /ˈʃɔːrtli/ *adv* **1** dentro de poco **2** poco: *shortly afterwards* poco después

shorts /ʃɔːrts/ *n* [*pl*] **1** shorts **2** calzoncillos ⊃ *Ver nota en* PAIR

shortsighted /ˌʃɔːrtˈsaɪtɪd/ *adj* **1** con poca visión de futuro **2** (*GB*) (*tb* **short-sighted**) (*USA* **nearsighted**) miope

short-staffed /ˌʃɔːrt ˈstæft; *GB* ˈstɑːft/ *adj* falto de personal

short-tempered /ˌʃɔːrt ˈtempərd/ *adj* de mal genio

short-term *adj* a corto plazo: *short-term plans* planes a corto plazo

shot /ʃɑt/ *n* **1** ~ (**at sb/sth**) disparo (a algn/algo) **2** (*coloq*) intento: *to have a shot at (doing) sth* intentar hacer algo **3** (*Tenis, Golf*) golpe **4** (*Fútbol, Baloncesto*) tiro **5** (*Fot*) foto **6** (*esp USA, coloq*) (*Med*) inyección, dosis **LOC** *Ver* BIG; *Ver tb* SHOOT

shotgun /ˈʃɑtgʌn/ *n* escopeta

the shot put *n* [*sing*] (*Dep*) lanzamiento de bala

should /ʃəd, ʃʊd/ *v modal* (*neg* **should not** *o* **shouldn't** /ˈʃʊdnt/)

> **Should** es un verbo modal al que sigue un infinitivo sin **to**, y las oraciones interrogativas y negativas se construyen sin el auxiliar **do**.

1 (*sugerencias y consejos*) deber: *You shouldn't drink and drive.* No deberías manejar si has bebido. ⊃ *Comparar con* MUST **2** (*probabilidad*) deber de: *They should be there by now.* Ya deben de haber llegado. **3** *How should I know?* ¿Y yo qué sé? **4** (*GB* **shall**) (*oferta, petición*) *Should we pick you up?* ¿Pasamos por ti?

shoulder /ˈʃoʊldər/ *sustantivo, verbo*
- *n* hombro *Ver tb* HARD SHOULDER **LOC** *Ver* CHIP
- *vt* cargar con

shoulder blade *n* omóplato

shout /ʃaʊt/ *verbo, sustantivo*
- *vt, vi* ~ (**sth**) (**out**) (**at/to sb**) gritar (algo) (a algn)

> Cuando utilizamos **shout** con **at sb** tiene el sentido de *regañar*, pero cuando lo utilizamos con **to sb** tiene el sentido de *decir a gritos*: *Don't shout at him, he's only little.* No le grites, que es muy pequeño. ◊ *She shouted the number out to me from the car.* Me gritó el número desde el carro.

PHR V **shout sb down** callar a algn con abucheos
- *n* grito **LOC** **give sb a shout** (*coloq*) avisar a algn

shove /ʃʌv/ *verbo, sustantivo*
- **1** *vt, vi* empujar **2** *vt* (*coloq*) meter
- *n* [*gen sing*] empujón

shovel /ˈʃʌvl/ *sustantivo, verbo*
- *n* pala
- *vt* (**-l-,** *GB* **-ll-**) (re)mover con una pala

show /ʃoʊ/ *verbo, sustantivo*
- (*pt* **showed**, *pp* **shown** /ʃoʊn/ *o* **showed**) **1** *vt* mostrar, enseñar **2** *vi* verse, notarse **3** *vt* demostrar **4** *vt* (*película*) proyectar **5** *vt* (*Arte*) exponer **LOC** *Ver* ROPE **PHR V** **show off** (**to sb**) (*coloq, pey*) presumir (delante de algn) ♦ **show sb/sth off** presumir de algn/algo, lucir a algn/algo ♦ **show sth off** hacer resaltar algo ♦ **show up** (*coloq*) presentarse ♦ **show sb up** (*GB, coloq*) avergonzar a algn ♦ **show sth up** (hacer) resaltar algo, poner algo de manifiesto
- *n* **1** espectáculo, función **2** exposición, feria **3** demostración, alarde: *a show of force* una demostración de fuerza ◊ *to make a show of sth* hacer alarde de algo **LOC** **for show** para impresionar ♦ **on show** expuesto

show business *n* mundo del espectáculo

showdown /ˈʃoʊdaʊn/ n enfrentamiento decisivo

shower /ˈʃaʊər/ sustantivo, verbo
▶ n **1** chubasco, chaparrón **2** ~ (of sth) lluvia (de algo) **3** ducha: *to take/have a shower* bañarse **4** shower *Ver tb* BABY SHOWER
▶ **1** vi ducharse **2** vi ~ (down) (on sb/sth) llover (sobre algn/algo) PHR V **shower sb with sth 1** rociar a algn de/con algo **2** (*regalos, etc.*) colmar a algn de algo

showery /ˈʃaʊəri/ adj lluvioso: *a showery day* un día de aguaceros

showing /ˈʃoʊɪŋ/ n **1** (*Cine*) función **2** actuación

showjumping /ˈʃoʊdʒʌmpɪŋ/ n equitación

shown pp de SHOW

ˈshow-off n (*coloq, pey*) ostentoso, -a

showroom /ˈʃoʊruːm, -rʊm/ n sala de exposición

shrank pt de SHRINK

shrapnel /ˈʃræpnəl/ n metralla

shred /ʃred/ sustantivo, verbo
▶ n **1** (*de papel, verduras, etc.*) tira **2** (*de tela*) jirón **3** ~ of sth (*fig*) pizca de algo
▶ vt (**-dd-**) hacer tiras, desmenuzar

shrewd /ʃruːd/ adj (**shrewder, -est**) **1** astuto, perspicaz **2** (*decisión*) inteligente, acertado

shriek /ʃriːk/ verbo, sustantivo
▶ **1** vi ~ (with sth) gritar, chillar (de algo): *to shriek with laughter* reírse a carcajadas **2** vt ~ sth (at sb) gritar algo (a algn)
▶ n chillido

shrill /ʃrɪl/ adj (**shriller, -est**) **1** agudo, chillón **2** (*protesta, etc.*) estridente

shrimp /ʃrɪmp/ n (*pl* shrimp *o* shrimps) camarón

shrine /ʃraɪn/ n **1** santuario **2** sepulcro

shrink /ʃrɪŋk/ vt, vi (*pt* shrank /ʃræŋk/ *o* shrunk /ʃrʌŋk/, *pp* shrunk) encoger(se), reducir(se) PHR V **shrink from sth/doing sth** vacilar ante algo/en hacer algo

shrivel /ˈʃrɪvl/ vt, vi (**-l-**, *GB* **-ll-**) ~ (sth) (up) **1** secar algo, secarse **2** arrugar algo, arrugarse

shroud /ʃraʊd/ sustantivo, verbo
▶ n **1** sudario **2** ~ (of sth) (*formal*) manto, velo (de algo)
▶ vt ~ sth in sth envolver algo de algo: *shrouded in secrecy* rodeado del mayor secreto

Shrove Tuesday /ˌʃroʊv ˈtuːzdeɪ, -di/ n martes de Carnaval ⊃ *Ver nota en* MARTES

shrub /ʃrʌb/ n arbusto pequeño ⊃ *Comparar con* BUSH

shrug /ʃrʌg/ verbo, sustantivo
▶ vt, vi (**-gg-**) ~ (your shoulders) encogerse de hombros PHR V **shrug sth off** no dar importancia a algo
▶ n encogimiento de hombros

shrunk pt, pp de SHRINK

shudder /ˈʃʌdər/ verbo, sustantivo
▶ vi **1** ~ (with sth) estremecerse (de algo) **2** dar sacudidas
▶ n **1** estremecimiento, escalofrío **2** sacudida

shuffle /ˈʃʌfl/ **1** vt, vi (*Naipes*) barajar **2** vt ~ your feet arrastrar los pies **3** vi ~ (along) caminar arrastrando los pies

shun /ʃʌn/ vt (**-nn-**) evitar, rehuir

shush /ʃʊʃ/ interj ¡silencio!, ¡chis!

shut /ʃʌt/ verbo, adjetivo
▶ vt, vi (**-tt-**) (*pt, pp* shut) cerrar(se) LOC *Ver* CLICK PHR V **shut sb/sth away** encerrar a algn/algo **shut (sth) down** cerrar (algo) **shut sth in sth** machucar(se) algo con algo **shut sth off** cortar algo (*suministro*) ◆ **shut sb/sth/yourself off from sth** aislar a algn/algo/aislarse de algo **shut sb/sth out (of sth)** excluir a algn/algo (de algo) **shut up** (*coloq*) callarse ◆ **shut sb up** (*coloq*) hacer callar a algn ◆ **shut sth up** cerrar algo ◆ **shut sb/sth up (in sth)** encerrar a algn/algo (en algo)
▶ adj [*siempre se usa después del verbo*] cerrado: *The door was shut.* La puerta estaba cerrada.

shutter /ˈʃʌtər/ n **1** contraventana **2** (*Fot*) obturador

shuttle /ˈʃʌtl/ n **1** lanzadera **2** puente (aéreo): *shuttle service* servicio de enlace **3** (*tb* ˈspace shuttle) transbordador espacial

shy /ʃaɪ/ adjetivo, verbo
▶ adj (**shyer, -est**) tímido: *to be shy of sb/sth* asustarle a uno algn/algo
▶ vi (*pt, pp* shied /ʃaɪd/) ~ (at sth) (*caballo*) espantarse (de algo) PHR V **shy away from (doing) sth** asustarse de (hacer) algo

shyness /ˈʃaɪnəs/ n timidez

sibling /ˈsɪblɪŋ/ n (*formal*) hermano, -a ❶ Las palabras más normales para *hermano* y *hermana* son **brother** y **sister**.

sick /sɪk/ adjetivo, sustantivo
▶ adj **1** (*GB tb* ill) enfermo: *to be out sick* estar incapacitado ⊃ *Ver nota en* ENFERMO **2** mareado **3** ~ of sb/sth/doing sth (*coloq*) harto de algn/algo/hacer algo **4** (*coloq*) morboso LOC **be sick** vomitar ◆ **be sick to death of/sick and tired of sb/sth** (*coloq*) estar hasta la coronilla de algn/algo ◆ **make sb sick** poner a algn enfermo, repugnar a algn

sicken

▸ n [incontable] (GB, coloq) vómito

sicken /ˈsɪkən/ vt dar asco a ■ **sickening** adj **1** repugnante **2** irritante

sickly /ˈsɪkli/ adj (**sicklier**, **-iest**) **1** enfermizo **2** (gusto, olor) empalagoso

sickness /ˈsɪknəs/ n **1** enfermedad **2** náuseas

⚡ **side** /saɪd/ sustantivo, verbo
▸ n **1** cara: *on the other side* al revés **2** lado: *to sit at/by sb's side* sentarse al lado de algn **3** (de casa) costado: *side door* puerta lateral **4** (de montaña) ladera **5** (de lago, río) orilla **6** (Anat, de persona) costado **7** (de animal) flanco **8** parte: *to change sides* pasarse al otro bando ◊ *to be on our side* ser de los nuestros ◊ *Whose side are you on?* ¿De qué lado estás? **9** aspecto: *the different sides of a question* los distintos aspectos de un tema **10** (GB) (USA **team**) (Dep) equipo LOC **get on the right/wrong side of sb** caer bien/mal a algn ◆ **on/from all sides**; **on/from every side** por/de todos lados, por/de todas partes ◆ **put sth on/to one side** dejar algo a un lado ◆ **side by side** uno al lado del otro ◆ **take sides** tomar partido *Ver tb* LOOK, SAFE
▸ v PHR V **side with sb (against sb)** ponerse del lado de algn (en contra de algn)

sideboard /ˈsaɪdbɔːrd/ n aparador

sideburn /ˈsaɪdbɜːrn/ n [gen pl] patilla

ˈ**side dish** (tb ˈ**side order**) n plato como acompañamiento

ˈ**side effect** n efecto secundario

ˈ**side street** n bocacalle

sidetrack /ˈsaɪdtræk/ vt desviar

sidewalk /ˈsaɪdwɔːk/ (GB **pavement**) n andén, acera, vereda, banqueta

⚡ **sideways** /ˈsaɪdweɪz/ adv, adj **1** de/hacia un lado **2** (mirada) de reojo

siege /siːdʒ/ n **1** sitio **2** cerco policial

sieve /sɪv/ sustantivo, verbo
▸ n cedazo
▸ vt cernir, colar

sift /sɪft/ **1** vt cernir, colar **2** vt, vi ~ (**through**) sth examinar algo cuidadosamente

sifter /ˈsɪftər/ (GB **sieve**) n cedazo

sigh /saɪ/ verbo, sustantivo
▸ vi suspirar
▸ n suspiro

⚡ **sight** /saɪt/ n **1** vista: *to have poor sight* tener mala vista **2** **the sights** [pl] los lugares de interés LOC **at/on sight** en el acto ◆ **catch sight of sb/sth** vislumbrar a algn/algo ◆ **in sight** a la vista ◆ **lose sight of sb/sth** perder a algn/algo de vista: *We must not lose sight of the fact that...* Debemos tener presente el hecho de que... ◆ **out of sight, out of mind** ojos que no ven, corazón que no siente *Ver tb* PRETTY

sighting /ˈsaɪtɪŋ/ n avistamiento: *the first sighting of Uranus* la primera vez que se vio Urano

sightseeing /ˈsaɪtsiːɪŋ/ n turismo

⚡ **sign** /saɪn/ sustantivo, verbo
▸ n **1** signo: *sign language* lenguaje por señas ◊ *the signs of the Zodiac* los signos del Zodiaco **2** (tráfico) señal, letrero **3** señal: *to make a sign at sb* hacerle una señal a algn **4** ~ (**of sth**) señal, indicio (de algo): *a good/bad sign* una buena/mala señal ◊ *There are signs that...* Hay indicios de que... **5** ~ (**of sth**) (Med) síntoma (de algo)
▸ vt, vi firmar PHR V **sign on/up (for sth) 1** inscribirse (en algo) **2** hacerse socio (de algo) ◆ **sign sb on/up 1** contratar a algn **2** (Dep) fichar a algn

⚡ **signal** /ˈsɪɡnəl/ sustantivo, verbo
▸ n señal
▸ vt, vi ~ (**-l-**, GB **-ll-**) **1** hacer señas: *to signal (to) sb to do sth* hacer señas a algn para que haga algo **2** mostrar: *to signal your discontent* dar muestras de descontento

⚡ **signature** /ˈsɪɡnətʃər/ n firma

⚡ **significant** /sɪɡˈnɪfɪkənt/ adj significativo
■ **significance** n **1** importancia **2** significado

signify /ˈsɪɡnɪfaɪ/ vt (pt, pp **-fied**) (formal) **1** significar **2** indicar

signing /ˈsaɪnɪŋ/ n (Dep) fichaje

signpost /ˈsaɪnpoʊst/ n poste indicador

⚡ **silence** /ˈsaɪləns/ sustantivo, verbo
▸ n silencio
▸ vt callar

silencer /ˈsaɪlənsər/ n (GB) (USA **muffler**) (automóvil) silenciador, mofle

⚡ **silent** /ˈsaɪlənt/ adj **1** silencioso **2** callado **3** (letra, película) mudo

silhouette /ˌsɪluˈet/ sustantivo, verbo
▸ n silueta
▸ vt **be silhouetted (against sth)** dibujarse (sobre algo)

⚡ **silk** /sɪlk/ n seda ■ **silky** adj (**silkier**, **-iest**) sedoso

sill /sɪl/ n alféizar

⚡ **silly** /ˈsɪli/ adj (**sillier**, **-iest**) **1** bobo: *That was a very silly thing to say.* Qué bobada la que dijiste. ➔ *Ver nota en* BOBO **2** ridículo: *to feel/look silly* sentirse/parecer ridículo

⚡ **silver** /ˈsɪlvər/ sustantivo, adjetivo
▸ n **1** plata: *silver-plated* con baño de plata **2** cambio **3** (cubiertos de) plata LOC *Ver* ANNIVERSARY

▸ *adj* **1** de plata **2** (*color*) plateado

silverware /ˈsɪlvəweər/ *n* [*incontable*] **1** vajilla de plata **2** (*GB* **cutlery**) cubiertos

silvery /ˈsɪlvəri/ *adj* plateado

SIM card /ˈsɪm kɑːrd/ *n* tarjeta SIM, chip

similar /ˈsɪmələr/ *adj* ~ (**to sb/sth**) parecido (a algn/algo) ■ **similarity** /ˌsɪməˈlærəti/ *n* (*pl* **similarities**) similitud, semejanza

similarly /ˈsɪmələrli/ *adv* **1** de forma parecida **2** (*también*) del mismo modo, igualmente

simile /ˈsɪməli/ *n* símil

simmer /ˈsɪmər/ *vt, vi* hervir a fuego lento

simple /ˈsɪmpl/ *adj* (**simpler, -est**) **1** sencillo, simple **2** fácil **3** (*persona*) bobo, tonto, lento

simplicity /sɪmˈplɪsəti/ *n* sencillez

simplify /ˈsɪmplɪfaɪ/ *vt* (*pt, pp* **-fied**) simplificar

simplistic /sɪmˈplɪstɪk/ *adj* simplista

simply /ˈsɪmpli/ *adv* **1** sencillamente, simplemente **2** de manera sencilla, modestamente **3** tan solo

simulate /ˈsɪmjuleɪt/ *vt* simular ■ **simulation** *n* **1** simulacro: *a computer simulation* un simulacro en computador **2** simulación

simultaneous /ˌsaɪmlˈteɪniəs; *GB* ˌsɪml-/ *adj* ~ (**with sth**) simultáneo (a algo) ■ **simultaneously** *adv* simultáneamente

sin /sɪn/ *sustantivo, verbo*
▸ *n* pecado
▸ *vi* (**-nn-**) ~ (**against sth**) pecar (contra algo)

since /sɪns/ *conjunción, preposición, adverbio*
▸ *conj* **1** desde (que): *How long has it been since we visited your mother?* ¿Cuánto hace desde que visitamos a tu mamá? **2** puesto que
▸ *prep* desde (que): *It was the first time they'd won since 1974.* Era la primera vez que ganaban desde 1974.

Tanto **since** como **from** se traducen por "desde" y se usan para especificar el punto de partida de la acción del verbo. **Since** se usa cuando la acción se extiende en el tiempo hasta el momento presente: *She has been here since three.* Está aquí desde las tres. **From** se usa cuando la acción ya ha terminado o no ha empezado todavía: *I was there from three until four.* Estuve allá desde las tres hasta las cuatro. ◊ *I'll be there from three.* Voy a estar allá a partir de las tres.
➲ *Ver nota en* FOR

▸ *adv* desde entonces: *We haven't heard from him since.* No sabemos nada desde entonces.

sincere /sɪnˈsɪər/ *adj* sincero

sincerely /sɪnˈsɪərli/ *adv* sinceramente [LOC] *Ver* YOURS

sincerity /sɪnˈserəti/ *n* sinceridad

sinful /ˈsɪnfl/ *adj* **1** pecador **2** pecaminoso

sing /sɪŋ/ *vt, vi* (*pt* **sang** /sæŋ/, *pp* **sung** /sʌŋ/) ~ (**sth**) (**for/to sb**) cantar (algo) (a algn)

singer /ˈsɪŋər/ *n* cantante

singing /ˈsɪŋɪŋ/ *n* canto, cantar

single /ˈsɪŋɡl/ *adjetivo, sustantivo, verbo*
▸ *adj* **1** solo, único: *every single day* cada día **2** (*cama*) individual **3** (*GB*) (*USA* **one-way**) (*boleto*) de ida **4** soltero: *single parent* madre soltera/padre soltero [LOC] **in single file** en fila india
▸ *n* **1** (*tb* ˌsingle ˈticket) (*GB*) boleto/tiquete de ida **2** (*CD, etc.*) sencillo **3** singles [*pl*] (*Dep*) individuales
▸ *v* [PHR V] **single sb/sth out** (**for/as sth**) elegir a algn/algo (para algo)

ˌsingle-ˈhanded (*tb* ˌsingle-ˈhandedly) *adv* sin ayuda

ˌsingle-ˈminded *adj* decidido, resuelto

ˌsingle ˈparent *n* madre soltera, padre soltero: *single-parent families* familias monoparentales

singular /ˈsɪŋɡjələr/ *adjetivo, sustantivo*
▸ *adj* **1** (*Gram*) singular **2** extraordinario, singular
▸ *n*: *in the singular* en singular

sinister /ˈsɪnɪstər/ *adj* siniestro

sink /sɪŋk/ *verbo, sustantivo*
▸ (*pt* **sank** /sæŋk/, *pp* **sunk** /sʌŋk/) **1** *vt, vi* hundir(se) **2** *vi* bajar **3** *vi* (*sol*) ocultarse **4** *vt* (*coloq*) (*planes*) echar a perder [LOC] **be sunk in sth** estar sumido en algo *Ver tb* HEART [PHR V] **sink in 1** (*líquido*) absorberse **2** *It hasn't sunk in yet that…* Todavía no me he hecho a la idea de que… ♦ **sink into sth 1** (*líquido*) penetrar en algo **2** sumirse en algo ♦ **sink sth into sth** clavar algo en algo (*dientes, puñal*)
▸ *n* **1** (*GB* **washbasin**) lavamanos, lavabo **2** (*tb* ˌkitchen ˈsink) lavaplatos, fregadero

sinus /ˈsaɪnəs/ *n* seno (*de hueso*)

sip /sɪp/ *verbo, sustantivo*
▸ *vt, vi* (**-pp-**) beber a sorbos
▸ *n* sorbo

sir /sɜːr, sər/ *n* **1** *Yes, sir.* Sí, señor. **2** **Sir** *Dear Sir* Estimado Señor **3** **Sir** /sɜːr, sər/: *Sir Paul McCartney*

siren /ˈsaɪrən/ *n* sirena (*de policía, ambulancia*)

sister /ˈsɪstər/ *n* **1** hermana **2** (*GB*) (*Med*) enfermera jefe **3** **Sister** (*Relig*) hermana **4** *sister*

| ʃ she | tʃ chin | dʒ June | v van | θ thin | ð then | s so | z zoo | e ten |

sister-in-law

ship barco gemelo ◊ *sister organization* organización hermana

sister-in-law *n* (*pl* **sisters-in-law**) cuñada

sit /sɪt/ (**-tt-**) (*pt, pp* **sat** /sæt/) **1** *vi* sentarse, tomar asiento, estar sentado **2** *vt* ~ **sb** (**down**) (hacer) sentar a algn **3** *vi* (*objeto*) estar **4** *vi* ~ (**in/on sth**) tomar parte (en algo): *She sits on a number of committees.* Toma parte en varios comités. **5** *vi* (*parlamento*) permanecer en sesión **6** *vi* (*comité, etc.*) reunirse **7** *vt* (*GB*) (*examen*) presentarse a **PHR V** **sit around** (*GB tb* **sit about**) esperar sentado (*sin hacer nada*): *to sit around doing nothing* pasarse el día sin hacer nada ♦ **sit back** ponerse cómodo ♦ **sit (yourself) down** sentarse, tomar asiento ♦ **sit for sb/sth** posar para algn/algo ♦ **sit through sth** aguantar algo (*hasta el final*) ♦ **sit up 1** incorporarse **2** quedarse levantado

sitcom /'sɪtkɑm/ (*formal* ˌsituation ˈcomedy) *n* (*TV*) serie humorística, comedia de situación

site /saɪt/ *n* **1** emplazamiento: *construction site* obra/sitio de construcción **2** (*de suceso*) lugar **3** (*sitio*) web

sitting /'sɪtɪŋ/ *n* **1** sesión **2** (*para comer*) turno, tanda

sitting room *n* (*GB*) sala

situated /'sɪtʃueɪtɪd/ *adj* situado, ubicado

situation /ˌsɪtʃuˈeɪʃn/ *n* **1** situación **2** (*GB, formal*) *situations vacant* ofertas de trabajo

six /sɪks/ *adj, pron, n* seis ➜ *Ver ejemplos en* FIVE ■ **sixth 1** *adj, adv, pron* sexto **2** *n* sexta parte, sexto ➜ *Ver ejemplos en* FIFTH

six-pack *n* **1** embalaje con seis unidades (*latas o botellas*) **2** (*coloq*) músculos del abdomen pronunciados

sixteen /ˌsɪksˈtiːn/ *adj, pron, n* dieciséis ➜ *Ver ejemplos en* FIVE ■ **sixteenth 1** *adj, adv, pron* decimosexto **2** *n* dieciseisava parte, dieciseisavo ➜ *Ver ejemplos en* FIFTH

sixth form *n* (*GB*) los dos últimos años de la enseñanza secundaria

sixty /'sɪksti/ *adj, pron, n* sesenta ➜ *Ver ejemplos en* FIFTY, FIVE ■ **sixtieth 1** *adj, adv, pron* sexagésimo **2** *n* sesentava parte, sesentavo ➜ *Ver ejemplos en* FIFTH

sizable (*tb* **sizeable**) /'saɪzəbl/ *adj* considerable

size /saɪz/ *sustantivo, verbo*
▶ *n* **1** tamaño **2** (*ropa, calzado*) talla: *I wear size seven.* Calzo la talla siete americana.
▶ *v* **PHR V** **size sb/sth up** (*coloq*) evaluar a algn/algo: *She sized him up immediately.* Adivinó sus intenciones enseguida.

skate /skeɪt/ *sustantivo, verbo*
▶ *n* patín

▶ *vi* patinar

skateboard /'skeɪtbɔːrd/ *n* patineta
■ **skateboarder** *n* skateboarder, patinador, -ora
skateboarding *n* montar en patineta, skate

skatepark /'skeɪtpɑrk/ *n* parque para hacer skate

skater /'skeɪtər/ *n* patinador, -ora

skating /'skeɪtɪŋ/ *n* patinaje: *skating rink* pista de patinaje *Ver tb* FIGURE SKATING

skeleton /'skelɪtn/ *n* **1** esqueleto **2** *skeleton staff/service* personal/servicio mínimo

skeptic (*GB* **sceptic**) /'skeptɪk/ *n* escéptico, -a
■ **skeptical** (*GB* **sceptical**) *adj* ~ (**about/of sth**) escéptico (acerca de algo) **skepticism** (*GB* **scepticism**) /'skeptɪsɪzəm/ *n* escepticismo

sketch /sketʃ/ *sustantivo, verbo*
▶ *n* **1** esbozo **2** (*Teat*) sketch
▶ *vt, vi* esbozar

sketchy /'sketʃi/ *adj* (**sketchier, -iest**) superficial, incompleto

ski /skiː/ *verbo, sustantivo*
▶ *vi* (*pt, pp* **skied**, *part pres* **skiing**) esquiar
▶ *n* esquí ■ **skier** /'skiːər/ *n* esquiador, -ora

skid /skɪd/ *verbo, sustantivo*
▶ *vi* (**-dd-**) **1** (*vehículo*) patinar **2** (*persona*) resbalar
▶ *n* patinada

skies *pl de* SKY

skiing /'skiːɪŋ/ *n* esquí: *to go skiing* ir a esquiar

skill /skɪl/ *n* **1** ~ (**at/in sth/doing sth**) habilidad (para algo/hacer algo) **2** destreza

skilled /skɪld/ *adj* ~ (**at/in sth/doing sth**) hábil (para algo/hacer algo), experto (en algo/hacer algo): *skilled work/worker* trabajo/trabajador especializado

skillet /'skɪlɪt/ *n* sartén ➜ *Ver dibujo en* POT

skillful (*GB* **skilful**) /'skɪlfl/ *adj* **1** ~ (**at/in sth/doing sth**) hábil (para algo/hacer algo) **2** (*pintor, jugador*) diestro

skim /skɪm/ (**-mm-**) **1** *vt* (*leche*) descremar **2** *vt* (*sopa*) quitar la grasa de **3** *vt* pasar (*casi rozando*) **4** *vt, vi* ~ (**through/over**) **sth** leer algo por encima

ˌskim ˈmilk (*GB* ˌskimmed ˈmilk) *n* leche descremada

skin /skɪn/ *sustantivo, verbo*
▶ *n* **1** (*de animal, persona*) piel **2** (*de fruta, embutidos*) piel, cáscara ➜ *Ver nota en* PEEL **3** (*de leche*) nata **LOC** **by the skin of your teeth** (*coloq*) por un pelo
▶ *vt* (**-nn-**) despellejar

skinhead /'skɪnhed/ *n* cabeza rapada

---

i happy   ɪ sit   iː see   æ cat   ɑ hot   ɒ long (*GB*)   ɑː bath (*GB*)   ʌ cup   ʊ put   uː too

sleeve

skinny /ˈskɪni/ *adj* (**skinnier**, **-iest**) (*coloq, pey*) flaco ➔ Ver nota en DELGADO

skint /skɪnt/ *adj* (*GB, coloq*) sin plata

skip /skɪp/ *verbo, sustantivo*
▸ (**-pp-**) **1** *vi* brincar **2** *vi* (*GB*) (*USA* **jump**) saltar al lazo: *skipping rope* lazo **3** *vt* saltarse
▸ *n* **1** brinco **2** (*GB*) (*USA* **Dumpster®**) contenedor (*para escombros*)

skipper /ˈskɪpər/ *n* (*coloq*) capitán, -ana

skirmish /ˈskɜːrmɪʃ/ *n* escaramuza

skirt /skɜːrt/ *sustantivo, verbo*
▸ *n* falda
▸ *vt, vi* ~ (**around**) **sth 1** bordear algo **2** (*tema*) esquivar algo

skive /skaɪv/ *vt, vi* ~ (**off**) (**sth**) (*GB, coloq*) escaquearse (de algo): *to skive off a class* saltarse una clase

skull /skʌl/ *n* calavera, cráneo

skunk /skʌŋk/ *n* zorrillo

sky /skaɪ/ *n* (*pl* **skies**) cielo

skydiving /ˈskaɪdaɪvɪŋ/ *n* paracaidismo deportivo

sky-high *adj, adv* por las nubes

skylight /ˈskaɪlaɪt/ *n* claraboya

skyline /ˈskaɪlaɪn/ *n* línea del horizonte (*esp en una ciudad*)

skyscraper /ˈskaɪskreɪpər/ *n* rascacielos

slab /slæb/ *n* **1** (*mármol*) losa **2** (*concreto*) bloque **3** (*chocolate*) tableta

slack /slæk/ *adj* (**slacker**, **-est**) **1** flojo **2** (*persona*) descuidado

slacken /ˈslækən/ *vt, vi* aflojar

slain *pp* de SLAY

slam /slæm/ (**-mm-**) **1** *vt, vi* ~ (**sth**) (**to/shut**) cerrar algo, cerrarse (de golpe) **2** *vt* arrojar, tirar (*de golpe*) **3** *vt: to slam on your brakes* frenar de golpe **4** *vt* (*criticar*) vapulear

slam dunk /ˈslæm dʌŋk/ *n* (*Baloncesto*) clavada

slander /ˈslændər; *GB* ˈslɑːn-/ *sustantivo, verbo*
▸ *n* calumnia
▸ *vt* calumniar

slang /slæŋ/ *n* argot

slant /slænt; *GB* slɑːnt/ *verbo, sustantivo*
▸ **1** *vt, vi* inclinar(se), ladear(se) **2** *vt* (*gen pey*) presentar de forma subjetiva
▸ *n* **1** inclinación **2** ~ (**on/to sth**) (*perspectiva*) sesgo (en algo)

slap /slæp/ *verbo, sustantivo, adverbio*
▸ *vt* (**-pp-**) **1** (*cara*) cachetear **2** (*espalda*) dar palmadas en **3** arrojar, tirar, dejar caer (con un golpe)
▸ *n* **1** (*cara*) bofetada, cachetada **2** (*espalda*) palmada **3** (*castigo*) palo
▸ *adv* (*GB, coloq*) de lleno: *slap in the middle* justo en medio

slapdash /ˈslæpdæʃ/ *adj* descuidado, chambón

slash /slæʃ/ *verbo, sustantivo*
▸ *vt* **1** cortar **2** destrozar a navajazos (*ruedas, pinturas, etc.*) **3** (*precios*) rebajar
▸ *n* **1** navajazo, cuchillada **2** tajo, corte **3** (*tb* **forward slash**) (*Informát*) barra oblicua ➔ Ver pág. 377

slate /sleɪt/ *n* **1** pizarra **2** teja (de pizarra)

slaughter /ˈslɔːtər/ *sustantivo, verbo*
▸ *n* **1** (*animales*) matanza **2** (*personas*) masacre
▸ *vt* **1** sacrificar (*en matadero*) **2** masacrar **3** (*coloq*) (*esp Dep*) dar una paliza a

slave /sleɪv/ *sustantivo, verbo*
▸ *n* ~ (**of/to sb/sth**) esclavo, -a (de algn/algo)
▸ *vi* ~ (**away**) (**at sth**) matarse trabajando (en algo)

slavery /ˈsleɪvəri/ *n* esclavitud

slay /sleɪ/ *vt* (*pt* **slew** /sluː/, *pp* **slain** /sleɪn/) matar (*violentamente*)

sleazy /ˈsliːzi/ *adj* (**sleazier**, **-iest**) (*coloq*) sórdido

sled /sled/ (*GB* **sledge** /sledʒ/) *n* trineo (*de nieve*)

sleek /sliːk/ *adj* (**sleeker**, **-est**) lustroso

sleep /sliːp/ *sustantivo, verbo*
▸ *n* sueño **LOC** **go to sleep** dormirse *Ver tb* WINK
▸ (*pt, pp* **slept** /slept/) **1** *vi* dormir: *sleeping pill* pastilla para dormir **2** *vt* albergar, tener camas para **PHR V** **sleep in** (*coloq*) quedarse en la cama ◆ **sleep sth off** dormir para recuperarse de algo: *to sleep it off* dormir la borrachera ◆ **sleep on sth** (*coloq*) consultar algo con la almohada ◆ **sleep through sth** no ser despertado por algo ◆ **sleep with sb** acostarse con algn

sleeper /ˈsliːpər/ *n* **1** durmiente: *to be a heavy/light sleeper* tener el sueño pesado/ligero **2** (*tb* **sleeper car**) (*en el tren*) tren con camas

sleeping bag *n* sleeping, saco/bolsa de dormir

sleepless /ˈsliːpləs/ *adj* en vela

sleepover /ˈsliːpoʊvər/ *n* pijamada

sleepwalker /ˈsliːpwɔːkər/ *n* sonámbulo

sleepy /ˈsliːpi/ *adj* (**sleepier**, **-iest**) **1** somnoliento: *to be sleepy* tener sueño **2** (*lugar*) tranquilo

sleet /sliːt/ *n* aguanieve

sleeve /sliːv/ *n* **1** manga **2** (*de disco*) carátula **LOC** **have/keep sth up your sleeve** tener algo guardado en la manga ■ **sleeveless** adj sin mangas

sleigh /sleɪ/ n trineo (de caballos)

slender /'slendər/ adj (**slenderer**, **-est**) **1** delgado **2** (persona) esbelto **3** escaso

slept pt, pp de SLEEP

slew pt de SLAY

slice /slaɪs/ sustantivo, verbo
▸ n **1** (pan, jamón, etc.) rebanada ⊃ Ver dibujo en PAN **2** (fruta) rodaja **3** (carne) pedazo **4** (coloq) porción
▸ **1** vt ~ **sth (up)** cortar algo (en rebanadas, etc.) **2** vi ~ **through/into sth** cortar algo limpiamente

slick /slɪk/ adjetivo, sustantivo
▸ adj (**slicker**, **-est**) **1** (representación) logrado **2** (gen pey) (vendedor, etc) astuto, con mucha labia
▸ n (tb **oil slick**) mancha de petróleo, marea negra

slide /slaɪd/ verbo, sustantivo
▸ (pt, pp **slid** /slɪd/) **1** vi resbalar, deslizarse **2** vt deslizar, correr
▸ n **1** resbaladilla **2** diapositiva: slide projector proyector de diapositivas **3** (microscopio) portaobjetos **4** deslizamiento Ver tb WATER SLIDE

sliding door n puerta corrediza

slight /slaɪt/ adj (**slighter**, **-est**) **1** ligero, leve, mínimo: without the slightest difficulty sin la menor dificultad **2** (persona) delgado, frágil **LOC** **not in the slightest** ni lo más mínimo

slightly /'slaɪtli/ adv ligeramente: He's slightly better. Está un poco mejor.

slim /slɪm/ adjetivo, verbo
▸ adj (**slimmer**, **-est**) **1** (persona) delgado ⊃ Ver nota en DELGADO **2** (oportunidad) escaso **3** (esperanza) ligero
▸ vt, vi (**-mm-**) adelgazar

slime /slaɪm/ n **1** cieno **2** baba ■ **slimy** adj baboso, viscoso

sling /slɪŋ/ verbo, sustantivo
▸ vt (pt, pp **slung** /slʌŋ/) **1** (coloq) lanzar (con fuerza) **2** colgar
▸ n cabestrillo

slingshot /'slɪŋʃɒt/ (GB **catapult**) n honda, cauchera

slink /slɪŋk/ vi (pt, pp **slunk** /slʌŋk/) deslizarse (sigilosamente): to slink away largarse furtivamente

slip /slɪp/ verbo, sustantivo
▸ (**-pp-**) **1** vt, vi resbalar, deslizar(se) **2** vi ~ **from/out of/through sth** escurrirse de/entre algo **3** vt ~ **sth (from/off sth)** soltar algo (de algo) **LOC** **slip your mind**: It slipped my mind. Se me olvidó. Ver tb LET **PHRV** **slip away** escabullirse ♦ **slip sth on/off** ponerse/quitarse algo ♦ **slip out 1** salir un momento **2** escabullirse **3** It just slipped out. Se me salió. ♦ **slip up** (coloq) equivocarse
▸ n **1** error, desliz **2** (de papel) papelito, comprobante **3** resbalón **4** (ropa) combinación, enagua **LOC** **a slip of the tongue** un lapsus ♦ **give sb the slip** (coloq) perder a algn, escaparse

slipper /'slɪpər/ n chancla, pantufla

slippery /'slɪpəri/ adj **1** (suelo) resbaladizo **2** (pez, persona) escurridizo

slit /slɪt/ sustantivo, verbo
▸ n **1** ranura **2** (en una falda) abertura **3** corte **4** rendija, abertura
▸ vt (**-tt-**) (pt, pp **slit**) cortar: to slit sb's throat degollar a algn **LOC** **slit sth open** abrir algo con un cuchillo

slither /'slɪðər/ vi **1** deslizarse **2** resbalar, patinar

sliver /'slɪvər/ n **1** astilla **2** rodaja fina

slob /slɒb/ n (coloq) **1** vago **2** dejado

slog /slɒɡ/ vi (**-gg-**) (coloq) **1** ~ **(away) (at sth)**; ~ **(through) sth** trabajar sin descanso (haciendo algo/con algo) **2** caminar trabajosamente

slogan /'sloʊɡən/ n eslogan

slop /slɒp/ v (**-pp-**) **1** vt echar (descuidadamente) **2** vt, vi derramar(se)

slope /sloʊp/ sustantivo, verbo
▸ n **1** pendiente **2** (de esquí) pista
▸ vi tener una pendiente

sloppy /'slɒpi/ adj (**sloppier**, **-iest**) **1** descuidado, mal hecho **2** desaliñado **3** (coloq) sentimentaloide

slot /slɒt/ sustantivo, verbo
▸ n **1** ranura **2** puesto: a ten-minute slot on TV un espacio de diez minutos en la televisión
▸ (**-tt-**) **1** vt ~ **sth in**; ~ **sth into sth** introducir, meter algo (en algo) **2** vi ~ **in/together** encajar **PHRV** **slot sb/sth in** hacer un hueco para algn/algo: I'll slot you in on Monday between two and three. Te haré un hueco el lunes entre las dos y las tres.

slot machine n (máquina) tragamonedas

slow /sloʊ/ adjetivo, adverbio, verbo
▸ adj (**slower**, **-est**) **1** lento: We're making slow progress. Estamos avanzando lentamente. **2** torpe: He's a little slow. Le cuesta entender las cosas. **3** (negocio) lento: Business is awfully slow today. El negocio anda bastante lento hoy. **4** (reloj) atrasado: That clock is five minutes slow. Ese reloj está atrasado cinco minutos. **LOC** **be slow to do sth/(in) doing sth** tardar en hacer algo ♦ **in slow motion** en cámara lenta
▸ adv (**slower**, **-est**) despacio
▸ **1** vt ~ **sth (up/down)** reducir la velocidad de

algo: *to slow up the development of research* frenar el desarrollo de la investigación **2** *vi* **~ (up/down)** reducir la velocidad, ir más despacio: *Production has slowed (up/down).* El ritmo de la producción disminuyó.

slowdown /'sloʊdaʊn/ (*GB* **go-slow**) *n* huelga de brazos caídos, plan tortuga

slowly /'sloʊli/ *adv* **1** despacio **2** poco a poco

sludge /slʌdʒ/ *n* **1** fango **2** sedimento

slug /slʌɡ/ *n* babosa

sluggish /'slʌɡɪʃ/ *adj* **1** lento **2** aletargado **3** (*Econ*) flojo

slum /slʌm/ *n* **1** barrio popular/pobre **2** (*fig*) pocilga

slump /slʌmp/ *verbo, sustantivo*
▸ *vi* **1** **~ (down)** desplomarse **2** (*Econ*) sufrir un bajón
▸ *n* depresión, bajón

slung *pt, pp de* SLING

slunk *pt, pp de* SLINK

slur /slɜːr/ *verbo, sustantivo*
▸ *vt* (**-rr-**) articular mal
▸ *n* calumnia

slush /slʌʃ/ *n* nieve derretida y sucia

sly /slaɪ/ *adj* **1** (*pey*) astuto **2** (*mirada*) furtivo

smack /smæk/ *sustantivo, verbo*
▸ *n* golpe, manotazo
▸ *vt* dar un manotazo a PHRV **smack of sth** (*comentario, etc.*) oler a algo

small /smɔːl/ *adj* (**smaller, -est**) **1** pequeño: *a small number of people* unas pocas personas ◊ *small change* suelto/sencillo ◊ *in the small hours* (*GB*) de madrugada

Small suele utilizarse como el opuesto de **big** o **large** y puede ser modificado por adverbios: *Our house is smaller than yours.* Nuestra casa es más pequeña que la de ustedes. ◊ *I have a fairly small income.* Tengo unos ingresos bastante modestos. **Little** no suele ir acompañado por adverbios y a menudo va detrás de otro adjetivo: *He's a horrible little man.* Es un hombre horrible. ◊ *What a lovely little house!* ¡Qué casita tan encantadora!

2 (*letra*) minúscula LOC **a small fortune** un dineral ♦ **it's a small world** (*refrán*) el mundo es un pañuelo ♦ **look/feel small** parecer/sentirse poca cosa

smallpox /'smɔːlpɑks/ *n* viruela

the ˌsmall ˈprint *n* la letra pequeña (*en un contrato*)

ˌsmall-ˈscale *adj* a pequeña escala

ˈsmall talk *n* [*incontable*] conversación trivial (*con la que se trata de ser agradable*): *to make small talk* hablar de cosas sin importancia

smart /smɑrt/ *adjetivo, verbo*
▸ *adj* (**smarter, -est**) **1** (*esp USA*) vivo, astuto **2** (*esp GB*) elegante
▸ *vi* arder

ˈsmart card *n* tarjeta inteligente

smarten /'smɑrtn/ *v* PHRV **smarten (sb/sth/yourself) up** arreglar a algn/algo, arreglarse

smartphone /'smɑrtfoʊn/ *n* smartphone, teléfono inteligente

smash /smæʃ/ *verbo, sustantivo*
▸ **1** *vt* quebrar, destrozar **2** *vi* hacerse trizas **3** *vt, vi* **~ (sth) against, into, through, etc. sth** estrellar (algo) contra algo PHRV **smash sth up** destrozar algo
▸ *n* **1** [*sing*] estrépito **2** accidente de tráfico **3** (*tb* ˌsmash ˈhit) exitazo

smashed /smæʃt/ *adj* (*argot*) borracho

smashing /'smæʃɪŋ/ *adj* (*GB, antic*) estupendo

smear /smɪər/ *vt* **1** **~ sth on/over sth; ~ sth with sth** untar algo en/de algo **2** **~ sth with sth** manchar algo de algo

smell /smel/ *verbo, sustantivo*
▸ (*pt, pp* **smelled**, *GB tb* **smelt** /smelt/) ➔ *Ver nota en* DREAM **1** *vi* **~ (like sth)** oler (a algo): *It smells like fish.* Huele a pescado. ◊ *What does it smell like?* ¿A qué huele? **2** *vt* oler: *Smell this rose!* ¡Huele esta rosa!

Es muy normal el uso del verbo **smell** con **can** o **could**: *I can smell something burning.* Huele a quemado. ◊ *I could smell gas.* Olía a gas.

3 *vt, vi* olfatear
▸ *n* **1** olor: *a smell of gas* un olor a gas

Smell es la palabra general. Para olores agradables, se pueden utilizar **aroma**, **fragrance**, **perfume** o **scent**. Todas estas palabras suelen usarse en contextos más formales, al igual que **odor**, que implica a menudo un olor desagradable. Si se trata de olores repulsivos, se dice **stink** o **stench**.

2 (*tb* ˌsense of ˈsmell) olfato: *My sense of smell isn't very good.* No tengo muy buen (sentido del) olfato.

smelly /'smeli/ *adj* (**smellier, -iest**) (*coloq*) hediondo: *It's smelly in here.* Huele maluco acá.

smile /smaɪl/ *verbo, sustantivo*
▸ *vi* sonreír
▸ *n* sonrisa: *to give sb a smile* sonreírle a algn LOC **bring a smile to sb's face** hacer sonreír a algn

smiley /ˈsmaɪli/ n emoticón, carita sonriente

smirk /smɜːrk/ verbo, sustantivo
▶ vi sonreír con burla
▶ n sonrisa socarrona o de satisfacción

smog /smɑɡ, smɔːɡ/ n neblina producida por la contaminación

smoke /smoʊk/ verbo, sustantivo
▶ **1** vt, vi fumar: *to smoke a pipe* fumar pipa **2** vi echar humo **3** vt (*pescado, etc.*) ahumar
▶ n **1** humo **2** (*coloq*) *to have a smoke* fumar

smoker /ˈsmoʊkər/ n fumador, -ora

smoking /ˈsmoʊkɪŋ/ n (el) fumar: '*No Smoking*' "Prohibido fumar"

smoky /ˈsmoʊki/ adj (**smokier, -iest**) **1** (*habitación*) lleno de humo **2** (*fuego*) humeante **3** (*sabor, color, etc.*) ahumado

smolder (GB **smoulder**) /ˈsmoʊldər/ vi consumirse, arder (*sin llama*)

smooth /smuːð/ adjetivo, verbo
▶ adj (**smoother, -est**) **1** liso **2** (*piel, whisky, etc.*) suave **3** (*carretera*) llano **4** (*salsa, etc.*) sin grumos **5** (*viaje, período*) sin problemas: *to ensure the smooth running of the business* asegurarse de que el negocio va sobre ruedas **6** (*gen pey*) (*persona*) adulador
▶ vt alisar PHR V **smooth sth over** allanar algo (*dificultades*)

smoothie /ˈsmuːði/ n **1** jugo de fruta con leche o helado **2** (*coloq*) individuo poco fiable con mucha labia, buenos modales y bien vestido

smoothly /ˈsmuːðli/ adv: *to go smoothly* ir sobre ruedas

smother /ˈsmʌðər/ vt **1** (*persona*) asfixiar **2** ~ **sth/sb with/in sth** cubrir algo/a algn de algo **3** (*llamas*) sofocar

smudge /smʌdʒ/ sustantivo, verbo
▶ n borrón, manchón
▶ vt, vi emborronar(se), hacer borrones

smug /smʌɡ/ adj (*pey*) engreído, petulante

smuggle /ˈsmʌɡl/ vt **1** ~ **sth/sb in/out** meter/sacar clandestinamente algo/a algn **2** ~ **sth/sb across, through, etc. (sth)** pasar de contrabando algo/a algn (por algo) ■ **smuggler** n contrabandista **smuggling** n contrabando

snack /snæk/ sustantivo, verbo
▶ n refrigerio, mecato: *snack bar* cafetería ◊ *to have a snack* comer algo ligero
▶ vi ~ **(on sth)** picar (algo)

snag /snæɡ/ n obstáculo

snail /sneɪl/ n caracol

snake /sneɪk/ sustantivo, verbo
▶ n serpiente, culebra
▶ vi serpentear (*carretera, etc.*)

snap /snæp/ verbo, sustantivo, adjetivo
▶ (**-pp-**) **1** vt, vi tronar **2** vt, vi romper(se) en dos **3** vi ~ **(at sb)** hablar, contestar bruscamente (a algn)
▶ n **1** (*ruido seco*) chasquido **2** (*USA*) (*GB* **press stud**) broche a presión **3** (*GB*) (*tb* **snapshot** /ˈsnæpʃæt/) foto
▶ adj [*solo antes de sustantivo*] repentino (*decisión*)

snare /sneər/ sustantivo, verbo
▶ n trampa
▶ vt atrapar

snarl /snɑrl/ sustantivo, verbo
▶ n gruñido
▶ vi gruñir

snatch /snætʃ/ verbo, sustantivo
▶ vt **1** arrebatar, arrancar **2** robar de un tirón **3** raptar **4** (*oportunidad*) aprovechar, agarrarse a PHR V **snatch at sth 1** (*objeto*) tirar de algo, agarrar algo bruscamente **2** (*oportunidad*) aprovechar algo
▶ n **1** (*conversación, canción*) fragmento **2** *to make a snatch at sth* intentar arrebatar algo

sneak /sniːk/ verbo, sustantivo
▶ vt **1** ~ **in, out, away, etc.** entrar, salir, marcharse, etc. a hurtadillas **2** ~ **into/out of/past sth** entrar en/salir de/pasar por delante de algo a hurtadillas **3** *to sneak a look at sb/sth* mirar a algn/algo a hurtadillas
▶ n (*antic, pey*) soplón, -ona

sneaker /ˈsniːkər/ (*GB* **trainer**) n tenis, zapatilla

sneer /snɪər/ sustantivo, verbo
▶ n **1** sonrisa sarcástica **2** comentario desdeñoso
▶ vi ~ **(at sb/sth)** reírse con desprecio (de algn/algo)

sneeze /sniːz/ sustantivo, verbo
▶ n estornudo
▶ vi estornudar

snicker /ˈsnɪkər/ (*GB* **snigger** /ˈsnɪɡər/) verbo, sustantivo
▶ vi ~ **(at sb/sth)** reírse (con sarcasmo) (de algn/algo)
▶ n risita sarcástica

sniff /snɪf/ verbo, sustantivo
▶ **1** vi husmear **2** vt oler **3** vt inhalar
▶ n inhalación

snip /snɪp/ vt (**-pp-**) cortar con tijeras PHR V **snip sth off** recortar algo

sniper /ˈsnaɪpər/ n francotirador, -ora

snob /snɑb/ n esnob ■ **snobbery** n esnobismo **snobbish** adj esnob

snog /snɑɡ/ vt, vi (**-gg-**) (*GB, coloq*) besuquear(se)

---

i happy   ɪ sit   iː see   æ cat   ɑ hot   ɒ long (*GB*)   ɑː bath (*GB*)   ʌ cup   ʊ put   uː too

snooker /ˈsnuːkər/ n billar inglés (con 22 bolas) ➔ Ver nota en BILLAR

snoop /snuːp/ verbo, sustantivo
▸ vi ~ **(around sth)** (coloq, pey) fisgonear (en algo)
▸ n fisgón LOC **have a snoop around** reconocer el terreno ◆ **have a snoop around sth** fisgonear en algo

snooty /ˈsnuːti/ adj (pey) altivo, presuntuoso

snooze /snuːz/ verbo, sustantivo
▸ vi (coloq) dormitar, echar una siesta
▸ n [sing] siesta

snore /snɔːr/ vi roncar

snorkel /ˈsnɔːrkl/ n snorkel, tubo de bucear
■ **snorkeling** (GB **snorkelling**) n snorkel, buceo con tubo

snort /snɔːrt/ verbo, sustantivo
▸ vi **1** (animal) bufar **2** (persona) bufar, gruñir
▸ n bufido

snout /snaʊt/ n hocico

⚡ **snow** /snoʊ/ sustantivo, verbo
▸ n nieve
▸ vi nevar LOC **be snowed in/up** estar aislado por la nieve ◆ **be snowed under (with sth)**: *I was snowed under with work.* Estaba inundado de trabajo.

snowball /ˈsnoʊbɔːl/ sustantivo, verbo
▸ n bola de nieve
▸ vi multiplicarse (rápidamente)

snowboard /ˈsnoʊbɔːrd/ n tabla de snowboard ■ **snowboarder** n snowboarder **snowboarding** n snowboard, snow: *to go snowboarding* hacer snowboard

snowdrift /ˈsnoʊdrɪft/ n montón de nieve (formado por una ventisca)

snowdrop /ˈsnoʊdrɑp/ n campanilla blanca (flor)

snowfall /ˈsnoʊfɔːl/ n nevada

snowflake /ˈsnoʊfleɪk/ n copo de nieve

snowman /ˈsnoʊmæn/ n (pl **snowmen** /-men/) muñeco/mono de nieve

snowplow (GB **snowplough**) /ˈsnoʊplaʊ/ n (máquina) quitanieves

snowy /ˈsnoʊi/ adj (**snowier, -iest**) **1** cubierto de nieve **2** (día, etc.) de nieve

snub /snʌb/ vt (**-bb-**) hacer un desaire a

snug /snʌɡ/ adj cómodo y agradable

snuggle /ˈsnʌɡl/ vi **1** ~ **down** acurrucarse **2** ~ **up to sb** acurrucarse junto a algn

⚡ **so** /soʊ/ adverbio, conjunción
▸ adv **1** tan: *Don't be so silly!* ¡No seas tan bobo! ◇ *It's so cold!* ¡Está haciendo mucho frío! ◇ *I'm so sorry!* ¡Cuánto lo siento! **2** así: *So it seems.* Así parece. ◇ *Hold out your hand, like so.* Extiende la mano, así. ◇ *The table is about so big.* La mesa es más o menos así de grande. ◇ *If so,…* Si es así,… **3** *I believe/think so.* Creo que sí. ◇ *I expect/hope so.* Espero que sí. **4** (para expresar acuerdo) *'I'm hungry.' 'So am I.'* —Tengo hambre. —Yo también. ❶ En este caso el pronombre o sustantivo va detrás del verbo. **5** (expresando sorpresa) *'Philip's gone home.' 'So he has.'* —Philip se fue para la casa. —Tienes razón. **6** [uso enfático] *He's as clever as his brother, maybe more so.* Es tan avispado como su hermano, puede que incluso más. ◇ *She has complained, and rightly so.* Se quejó, y con mucha razón. LOC **and so on (and so forth)** y esto y lo otro, etcétera, etcétera ◆ **is that so?** ¿en serio? ◆ **so as to do sth** para hacer algo ◆ **so many** tantos ◆ **so much** tanto
▸ conj **1** así que: *The stores were closed so I didn't get any milk.* Las tiendas estaban cerradas, así que no compré leche. **2** ~ **(that)** para que: *She whispered to me so no one else would hear.* Me lo susurró para que nadie más lo oyera. **3** entonces: *So why did you do it?* ¿Y entonces, por qué lo hiciste? LOC **so?; so what?** (coloq) ¿y qué?

soak /soʊk/ **1** vt remojar, empapar **2** vi estar en remojo LOC **be/get soaked (through)** estar empapado/empaparse PHR V **soak into/through sth; soak in** penetrar en algo, ser absorbido por algo ◆ **soak sth up 1** (líquido) absorber algo **2** empaparse de algo (del ambiente, etc.)
■ **soaked** adj empapado

so-and-so /ˈsoʊ ən soʊ/ n (pl **so-and-sos**) (coloq) **1** fulano: *Mr. So-and-so* don fulano de tal **2** hijo, -a de su madre

⚡ **soap** /soʊp/ n [incontable] jabón

'soap opera n telenovela

soapy /ˈsoʊpi/ adj jabonoso

soar /sɔːr/ vi **1** (avión) remontarse **2** (precios) dispararse **3** (ave) planear

sob /sɑb/ verbo, sustantivo
▸ vi (**-bb-**) sollozar
▸ n sollozo ■ **sobbing** n [incontable] sollozos

sober /ˈsoʊbər/ adjetivo, verbo
▸ adj **1** sobrio **2** serio
▸ v PHR V **sober up** despejarse, quitarse la borrachera

so-'called adj (mal) llamado

soccer /ˈsɑkər/ n fútbol ➔ Ver nota en FÚTBOL

sociable /ˈsoʊʃəbl/ adj sociable

⚡ **social** /ˈsoʊʃl/ adj social

socialism /ˈsoʊʃəlɪzəm/ n socialismo
■ **socialist** n socialista

socialize (GB tb **-ise**) /ˈsoʊʃəlaɪz/ vi ~ **(with sb)** relacionarse (con algn): *He doesn't socialize much.* No sale mucho.

ˌsocial seˈcurity n seguro social

ˌsocial ˈservices n [pl] servicios de asistencia social

ˈsocial work n trabajo social ■ **ˈsocial worker** n trabajador, -ora social

society /səˈsaɪəti/ n (pl **societies**) **1** sociedad **2** (*formal*) compañía: *polite society* la gente bien **3** asociación

sociology /ˌsoʊsiˈɑlədʒi/ n sociología
■ **sociological** /ˌsoʊsiəˈlɑdʒɪkl/ adj sociológico
sociologist /ˌsoʊsiˈɑlədʒɪst/ n sociólogo, -a

sock /sɑk/ n media (*corta*), calcetín **LOC** *Ver* PULL; ◆ *Ver nota en* PAIR

socket /ˈsɑkɪt/ n **1** (*esp GB*) (*USA* **outlet**) enchufe, toma (*de pared*) ◆ *Ver dibujo en* ENCHUFE **2** (*tb* **ˈlight socket**) rosca (*de bombillo*) **3** (*ojo*) órbita

soda /ˈsoʊdə/ n **1** soda **2** (*tb* **ˈsoda pop**) (*USA, coloq*) refresco

sodden /ˈsɑdn/ adj empapado

sodium /ˈsoʊdiəm/ n sodio

sofa /ˈsoʊfə/ n sofá

soft /sɔːft; *GB* sɒft/ adj (**softer, -est**) **1** blando: *the soft option* la opción fácil **2** (*piel, color, luz, sonido*) suave **3** (*brisa*) ligero **4** (*voz*) bajo
LOC **have a soft spot for sb/sth** (*coloq*) tener debilidad por algn/algo

softball /ˈsɔːftbɔːl; *GB* ˈsɒft-/ n sófbol (*juego parecido al béisbol*)

ˌsoft ˈdrink n bebida no alcohólica

soften /ˈsɔːfn; *GB* ˈsɒfn/ vi, vt **1** ablandar(se) **2** suavizar(se)

softly /ˈsɔːftli; *GB* ˈsɒftli/ adv suavemente

ˌsoft-ˈspoken adj de voz suave

software /ˈsɔːftweər; *GB* ˈsɒft-/ n [incontable] software

soggy /ˈsɑgi, ˈsɔːgi/ adj (**soggier, -iest**) **1** empapado **2** (*torta, pan, etc.*) rejudo

soil /sɔɪl/ sustantivo, verbo
▸ n tierra
▸ vt (*formal*) **1** ensuciar **2** (*reputación*) manchar

solace /ˈsɑləs/ n (*formal*) solaz, consuelo

solar /ˈsoʊlər/ adj solar: *solar energy* energía solar

sold pt, pp de SELL

soldier /ˈsoʊldʒər/ n soldado

sole /soʊl/ sustantivo, adjetivo
▸ n **1** (*pie*) planta **2** suela **3** (*pl* **sole**) lenguado

▸ adj **1** único: *her sole interest* su único interés **2** exclusivo

solemn /ˈsɑləm/ adj **1** (*aspecto, manera*) serio **2** (*acontecimiento, promesa*) solemne ■ **solemnity** /səˈlemnəti/ n solemnidad

solicitor /səˈlɪsɪtər/ n (*GB*) **1** abogado, -a **2** notario, -a ◆ *Ver nota en* ABOGADO

solid /ˈsɑlɪd/ adjetivo, sustantivo
▸ adj **1** sólido **2** compacto **3** seguido: *I slept for ten hours solid.* Dormí diez horas seguidas.
▸ n **1** (*Geom*) figura de tres dimensiones **2 solids** [pl] alimentos sólidos

solidarity /ˌsɑlɪˈdærəti/ n solidaridad

solidify /səˈlɪdɪfaɪ/ vi (pt, pp **-fied**) solidificarse

solidity /səˈlɪdəti/ (*tb* **solidness**) n solidez

solidly /ˈsɑlɪdli/ adv **1** sólidamente **2** sin interrupción

solitaire /ˈsɑləteər; *GB* ˌsɒlɪˈteə(r)/ (*GB* **patience**) n (*juego de cartas*) solitario

solitary /ˈsɑləteri; *GB* -tri/ adj **1** solitario: *to lead a solitary life* llevar una vida solitaria **2** (*lugar*) apartado **3** solo

solitary confinement /ˌsɑləteri kənˈfaɪnmənt; *GB* -tri/ (*coloq* **solitary**) n reclusión solitaria

solitude /ˈsɑlətuːd; *GB* -ltjuːd/ n soledad

solo /ˈsoʊloʊ/ sustantivo, adjetivo, adverbio
▸ n (pl **solos**) solo
▸ adj, adv sin acompañamiento

soloist /ˈsoʊloʊɪst/ n solista

solstice /ˈsɑlstɪs/ n solsticio

soluble /ˈsɑljəbl/ adj soluble

solution /səˈluːʃn/ n solución

solve /sɑlv/ vt resolver

solvent /ˈsɑlvənt/ n solvente

somber (*GB* **sombre**) /ˈsɑmbər/ adj **1** sombrío **2** (*color*) oscuro **3** (*manera, humor*) melancólico

some /səm/ adj, pron **1** algo de: *There's some ice in the freezer.* Hay hielo en el congelador. ◊ *Would you like some?* ¿Quieres un poquito? **2** unos (cuantos), algunos: *Do you want some potato chips?* ¿Quieres papas fritas?

¿**Some** o **any**? Ambos se utilizan con sustantivos incontables o en plural, y aunque muchas veces no se traducen en español, en inglés no se pueden omitir. Normalmente, **some** se usa en las oraciones afirmativas y **any** en las interrogativas y negativas: *I've got some money.* Tengo (algo de) plata. ◊ *Do you have any children?* ¿Tienes hijos? ◊ *I don't want any candy.* No quiero dulces. Sin embargo, **some** se puede usar en oraciones interrogativas cuando se espera una respuesta afirmativa, por ejemplo, para ofrecer o pedir algo: *Would you like some coffee?* ¿Quieres café? ◊ *Can I have some bread, please?* ¿Me pasas el pan, por favor? Cuando **any** se usa en oraciones afirmativas significa "cualquiera": *Any parent would have worried.* Cualquier papá se habría preocupado. ➔ *Ver tb ejemplos en* ANY

somebody /ˈsʌmbədi/ *pron Ver* SOMEONE

somehow /ˈsʌmhaʊ/ (*USA coloq* **someway**) *adv* **1** de algún modo: *Somehow we had gotten completely lost.* De algún modo quedamos completamente perdidos. **2** por alguna razón: *I somehow get the feeling that I've been here before.* No sé por qué, me da la impresión que he estado aquí antes.

someone /ˈsʌmwʌn/ (*tb* **somebody**) *pron* alguien: *someone else* otra persona ❶ La diferencia entre **someone** y **anyone**, o entre **somebody** y **anybody**, es la misma que hay entre **some** y **any**. ➔ *Ver tb notas en* EVERYONE *y* SOME **LOC** *Ver* OTHER

someplace /ˈsʌmpleɪs/ *Ver* SOMEWHERE

somersault /ˈsʌmərsɔːlt/ *n* **1** voltereta: *to do a forward/backward somersault* dar una voltereta hacia delante/hacia atrás **2** (*de acróbata*) salto mortal **3** (*de carro*) vuelta de campana

something /ˈsʌmθɪŋ/ *pron* algo: *something else* otra cosa ◊ *something to eat* algo de comer ❶ La diferencia entre **something** y **anything** es la misma que hay entre **some** y **any**. ➔ *Ver tb nota en* SOME **LOC** *Ver* OTHER

sometime /ˈsʌmtaɪm/ (*tb* **some time**) *adv* **1** algún/un día: *sometime or other* un día de estos **2** en algún momento: *Can I see you sometime today?* ¿Podemos hablar hoy en algún momento?

sometimes /ˈsʌmtaɪmz/ *adv* **1** a veces **2** de vez en cuando ➔ *Ver nota en* ALWAYS

someway /ˈsʌmweɪ/ *n* (*USA, coloq*) *Ver* SOMEHOW

somewhat /ˈsʌmwɑt/ *adv* [*con adjetivo o adverbio*] **1** algo, un poco, un tanto: *I have a somewhat different question.* Tengo una pregunta un poco diferente. **2** bastante: *We missed the bus, which was somewhat unfortunate.* Perdimos el bus, lo cual fue bastante mala suerte.

somewhere /ˈsʌmweər/ *adverbio, pronombre*
▸ *adv* (*USA tb* **someplace**) a/en/por alguna parte/ algún sitio: *I've seen your glasses somewhere downstairs.* Vi tus gafas en alguna parte abajo.

◊ *somewhere else* en algún otro lugar **LOC** *Ver* OTHER
▸ *pron*: *to have somewhere to go* tener algún lugar adonde ir ❶ La diferencia entre **somewhere** y **anywhere** es la misma que hay entre **some** y **any**. ➔ *Ver tb nota en* SOME

son /sʌn/ *n* hijo **LOC** *Ver* FATHER

song /sɔːŋ; *GB* sɒŋ/ *n* **1** canción **2** canto

songwriter /ˈsɔːŋraɪtər; *GB* ˈsɒŋ-/ *n* autor, -ora (de canciones)

son-in-law *n* (*pl* **sons-in-law**) yerno

soon /suːn/ *adv* (**sooner, -est**) pronto, dentro de poco **LOC** **as soon as** apenas, en cuanto, tan pronto como: *as soon as possible* apenas/en cuanto sea posible ♦ **(just) as soon do sth (as do sth)**: *I'd (just) as soon stay at home as go for a walk.* Me da lo mismo quedarme en la casa que ir a dar una vuelta. ♦ **no sooner... than...** nada más... que...: *No sooner had she said it than she burst into tears.* Nada más decirlo se echó a llorar. ♦ **sooner or later** tarde o temprano ♦ **the sooner the better** cuanto antes mejor

soot /sʊt/ *n* hollín

soothe /suːð/ *vt* **1** (*persona, etc.*) calmar **2** (*dolor, etc.*) aliviar

sophisticated /səˈfɪstɪkeɪtɪd/ *adj* sofisticado
■ **sophistication** *n* sofisticación

sophomore /ˈsɑfmɔːr/ *n* (*USA*) estudiante de segundo año

soppy /ˈsɑpi/ *adj* (**soppier, -iest**) (*GB*) (*USA* **sappy**) (*coloq*) cursi, sentimental

sorbet /sɔːrˈbeɪ, ˈsɔːrbət; *GB* ˈsɔːbeɪ/ *n* sorbete

sordid /ˈsɔːrdɪd/ *adj* **1** sórdido **2** (*comportamiento*) vil

sore /sɔːr/ *sustantivo, adjetivo*
▸ *n* llaga
▸ *adj* dolorido: *to have a sore throat* tener dolor de garganta ◊ *I've got sore eyes.* Me duelen los ojos. **LOC** **a sore point** un asunto delicado

sorely /ˈsɔːrli/ *adv*: *She will be sorely missed.* Se le echará de menos enormemente. ◊ *I was sorely tempted to do it.* Tuve una gran tentación de hacerlo.

sorrow /ˈsɑroʊ/ *n* pesar: *to my great sorrow* con gran pesar mío

sorry /ˈsɑri/ *adjetivo, interjección*
▸ *adj* **1** *I'm sorry I'm late.* Disculpe el atraso. ◊ *I'm so sorry!* ¡Lo lamento mucho! **2** ~ **(for/about sth)** *He's very sorry for what he's done.* Está muy arrepentido por lo que hizo. ◊ *You'll be sorry!* ¡Te vas a arrepentir!

sort

¿**Sorry for** o **sorry about**? Cuando **sorry** se usa para pedir perdón se puede decir **be sorry for sth/doing sth** o **be sorry about sth/doing sth**: *I'm sorry for waking you up last night.* Siento haberte despertado anoche. ◊ *We're sorry about the mess.* Disculpa el desorden. Cuando se quiere expresar empatía por lo que le ha pasado a otra persona, se dice **sorry about sth/sb**: *I'm sorry about your car/your sister.* Siento lo de tu carro/tu hermana.

3 (*estado*) lastimoso [LOC] **be/feel sorry for sb** compadecer a algn: *I felt sorry for the children.* Los niños me dieron lástima. ♦ **be/feel sorry for yourself** sentir lástima de uno mismo ♦ **say (you are) sorry** disculparse *Ver tb* BETTER, SAY
▸ *interj* **1** (*para disculparse*) ¡perdón! ⊃ *Ver nota en* EXCUSE **2 sorry?** ¿cómo dice?, ¿qué dijo?

Apologizing
Pedir disculpas
I'm sorry. Disculpa.
I do apologize. Te pido disculpas.
I'm terribly sorry. Lo siento de verdad.
That's all right. No pasa nada.
No problem. No hay problema.

sort /sɔːrt/ *sustantivo, verbo*
▸ *n* **1** tipo: *They sell all sorts of gifts.* Venden toda clase de regalos. **2** (*coloq*) persona: *He's not a bad sort really.* No es mala persona. [LOC] **a sort of sth** (*coloq*): *It's a sort of autobiography.* Es una especie de autobiografía. ♦ **sort of** (*coloq*): *I feel sort of uneasy.* Me siento como nervioso. *Ver tb* NOTHING
▸ *vt* clasificar [PHR V] **sort sth out** arreglar, solucionar algo ♦ **sort through sth** clasificar, ordenar algo

so-so *adj, adv* (*coloq*) más o menos, regular

sought *pt, pp de* SEEK

sought after /ˈsɔːt æftər; *GB* ɑːftə(r)/ *adj* codiciado

soul /soʊl/ *n* alma: *There wasn't a soul to be seen.* No se veía un alma. ◊ *Poor soul!* ¡Pobre! [LOC] *Ver* BODY

sound /saʊnd/ *sustantivo, verbo, adjetivo, adverbio*
▸ *n* **1** sonido: *sound waves* ondas sonoras **2** ruido: *I could hear the sound of voices.* Podía oír ruido de voces. ◊ *She opened the door without a sound.* Abrió la puerta sin hacer ruido. **3 the sound** [*sing*] el volumen: *Can you turn the sound up/down?* ¿Puedes subir/bajar el volumen?
▸ **1** *vi* parecer: *She sounded very surprised.* Parecía muy sorprendida. ◊ *He sounds like a very nice person from his letter.* A juzgar por su carta, parece una persona muy simpática. **2** *vi* sonar: *Your voice sounds a little strange.* Tu voz suena un poco rara. **3** *vt* (*trompeta, etc.*) tocar **4** *vt* (*alarma*) hacer sonar **5** *vt* pronunciar: *You don't sound the 'h'.* No se pronuncia la "h". **6** *vt* (*mar*) sondear [PHR V] **sound sb out (about/on sth)** sondear a algn (sobre algo)
▸ *adj* (**sounder, -est**) **1** (*consejo, decisión, etc.*) bueno **2** (*estructura*) sólido **3** (*creencia*) firme **4** sano [LOC] **of sound mind** en pleno uso de sus facultades mentales *Ver tb* SAFE
▸ *adv* [LOC] **sound asleep** profundamente dormido

sound bite *n* frase significativa (*tomada normalmente de un discurso político*)

soundproof /ˈsaʊndpruːf/ *adjetivo, verbo*
▸ *adj* con aislamiento acústico
▸ *vt* aislar acústicamente

soundtrack /ˈsaʊndtræk/ *n* banda sonora

soup /suːp/ *n* sopa, caldo: *chicken soup* sopa de pollo ◊ *soup spoon* cuchara sopera

sour /ˈsaʊər/ *adj* **1** (*sabor, cara*) agrio **2** (*leche*) cortado [LOC] **go/turn sour** agriarse/dañarse

source /sɔːrs/ *n* **1** fuente: *They didn't reveal their sources.* No revelaron sus fuentes. ◊ *a source of income* una fuente de ingresos **2** (*río*) nacimiento

south /saʊθ/ *sustantivo, adjetivo, adverbio*
▸ *n* (*tb* **the south, the South**) (*abrev* **S**) (el) sur: *Brighton is in the south of England.* Brighton está al sur de Inglaterra.
▸ *adj* (del) sur: *south winds* vientos del sur
▸ *adv* al sur: *The house faces south.* La casa mira hacia el sur.

southbound /ˈsaʊθbaʊnd/ *adj* en/con dirección sur

southeast /ˌsaʊθˈiːst/ *sustantivo, adjetivo, adverbio*
▸ *n* (*abrev* **SE**) suroriente, sureste
▸ *adj* suroriental, (del) sureste
▸ *adv* hacia el suroriente/sureste ■ **southeastern** *adj* suroriental, (del) sureste

southern (*tb* **Southern**) /ˈsʌðərn/ *adj* del sur, meridional: *southern Italy* el sur de Italia ◊ *the southern hemisphere* el hemisferio sur ■ **southerner** *n* sureño, -a

southward /ˈsaʊθwərd/ (*tb* **southwards**) *adv* hacia el sur

southwest /ˌsaʊθˈwest/ *sustantivo, adjetivo, adverbio*
▸ *n* (*abrev* **SW**) suroccidente, suroeste
▸ *adj* suroccidental, (del) suroeste
▸ *adv* hacia el suroccidente/suroeste ■ **southwestern** *adj* suroccidental, (del) suroeste

souvenir /ˌsuːvəˈnɪər, ˈsuːvənɪər/ n recuerdo (*objeto*)

sovereign /ˈsɒvərən, ˈsɑvrən/ adj, n soberano, -a ■ **sovereignty** n soberanía

sow¹ /saʊ/ n marrana ➔ *Ver nota en* CERDO

sow² /soʊ/ vt (pt **sowed**, pp **sown** /soʊn/ o **sowed**) sembrar

soy /sɔɪ/ (*GB* **soya** /ˈsɔɪə/) n soya

soybean /ˈsɔɪbiːn/ (*GB* **soya bean**) n soya (*grano*)

spa /spɑ/ n **1** balneario **2** (*tb* ˈhealth spa) spa

¿ **space** /speɪs/ *sustantivo, verbo*
▸ n **1** [*incontable*] (*cabida*) sitio, espacio, campo: *There's no space for my suitcase.* No queda espacio para mi maleta. ◊ *Leave some space for the dogs.* Déjales campo a los perros. **2** (*Aeronáut*) espacio: *a space flight* un vuelo espacial **3** (*período*) espacio: *in a short space of time* en un breve espacio de tiempo LOC **look/gaze/stare into space** mirar al vacío *Ver tb* WASTE
▸ vt ~ **sth (out)** espaciar algo

ˈ**space bar** n (*Informát*) barra espaciadora ➔ *Ver dibujo en* COMPUTADOR

spacecraft /ˈspeɪskræft; *GB* -krɑːft/ n (*pl* **spacecraft**) (*tb* **spaceship** /ˈspeɪsʃɪp/) nave espacial

spacesuit /ˈspeɪssuːt; *GB tb* -sjuːt/ n traje espacial

spacious /ˈspeɪʃəs/ adj espacioso, amplio

spade /speɪd/ n **1** pala, garlancha **2** **spades** [*pl*] (*Naipes*) espadas ➔ *Ver nota en* BARAJA

spaghetti /spəˈɡeti/ n [*incontable*] espagueti(s)

spam /spæm/ n (*Informát*) spam, correo basura (*por internet*)

span /spæn/ *sustantivo, verbo*
▸ n **1** (*de tiempo*) lapso, duración: *time span/span of time* lapso de tiempo **2** (*de un puente*) luz
▸ vt (**-nn-**) **1** abarcar **2** (*puente*) cruzar

Spanglish /ˈspæŋɡlɪʃ/ n forma de hablar que fusiona el español y el inglés

spank /spæŋk/ vt dar una palmada a (en las nalgas), pegarle a

spanner /ˈspænər/ n (*GB*) (*tb esp USA* **wrench**) llave (*herramienta*)

¿ **spare** /speər/ *adjetivo, sustantivo, verbo*
▸ adj **1** sobrante, de sobra: *There are no spare seats.* No quedan asientos. ◊ *the spare room* el cuarto de huéspedes **2** de repuesto, de reserva: *spare tire/part* llanta/pieza de repuesto **3** (*tiempo*) libre, de ocio
▸ n (pieza de) repuesto
▸ vt **1** ~ **sth (for sb/sth)** (*tiempo, dinero, etc.*) tener algo (para algn/algo) **2** (*la vida de algn*) perdonar **3** escatimar: *No expense was spared.* No repararon en gastos. **4** ahorrar: *Spare me the gory details.* Ahórrame los detalles desagradables. LOC **to spare** de sobra: *with two minutes to spare* faltando dos minutos

sparing /ˈspeərɪŋ/ adj ~ (**with sth**) parco (en algo), mesurado (con algo)

spark /spɑrk/ *sustantivo, verbo*
▸ n chispa
▸ vt ~ **sth (off)** provocar, ocasionar algo

sparkle /ˈspɑrkl/ *verbo, sustantivo*
▸ vi centellear, destellar
▸ n centelleo

sparkler /ˈspɑrklər/ n bengala

sparkling /ˈspɑrklɪŋ/ adj **1** (*tb* **sparkly**) centelleante **2** (*vino, etc.*) espumoso

sparrow /ˈspæroʊ/ n gorrión, copetón

sparse /spɑrs/ adj **1** escaso, esparcido **2** (*población*) disperso **3** (*pelo*) ralo

spartan /ˈspɑrtn/ adj espartano

spasm /ˈspæzəm/ n espasmo

spat pt, pp de SPIT

spate /speɪt/ n racha, ola

spatial /ˈspeɪʃl/ adj (*formal*) del espacio, espacial

spatter /ˈspætər/ vt ~ **sb/sth (with sth)**; ~ **sth (on/over sb)** rociar algo (sobre algn/algo), salpicar a algn/algo (de algo)

spatula /ˈspætʃələ/ n (*Cocina*) espátula

¿ **speak** /spiːk/ (pt **spoke** /spoʊk/, pp **spoken** /ˈspoʊkən/) **1** vi ~ (**to sb**) (**about sb/sth**) hablar (con algn) (acerca de algn/algo): *Can I speak to you a minute, please?* ¿Puedo hablar contigo un minuto, por favor? ➔ *Ver nota en* HABLAR **2** vt decir, hablar: *to speak the truth* decir la verdad ◊ *Do you speak French?* ¿Hablas francés? **3** vi ~ (**on/about sth**) pronunciar un discurso, dar una conferencia (sobre algo) LOC **be on speaking terms (with sb); be speaking (to sb)** tener buenas relaciones (con algn): *They're not speaking (to each other) after last night.* Después de lo de anoche no se hablan. ◆ **generally, broadly, etc. speaking** en términos generales ◆ **so to speak** por así decirlo ◆ **speak for itself/themselves**: *The statistics speak for themselves.* Las estadísticas hablan por sí solas. ◆ **speak your mind** hablar con franqueza *Ver tb* STRICTLY PHR V **speak for sb** hablar en nombre de/por algn ◆ **speak out (against sth)** hablar claro (contra algo), denunciar algo ◆ **speak up** hablar más alto

¿ **speaker** /ˈspiːkər/ n **1** el/la que habla: *Spanish speaker* hispanohablante **2** (*en público*) orador, -ora, conferencista **3** parlante

spear /spɪər/ n **1** lanza **2** (*para pesca*) arpón

special /'speʃl/ *adjetivo, sustantivo*
▸ *adj* **1** especial: *nothing special* nada en especial **2** (*reunión, edición, pago*) extraordinario
▸ *n* **1** (*tren, programa, etc.*) especial **2** (*esp USA, coloq*) oferta especial

specialist /'speʃəlɪst/ *n* especialista

specialize (*GB tb* -ise) /'speʃəlaɪz/ *vi* ~ (**in sth**) especializarse (en algo) ■ **specialization** (*GB tb* -isation) /ˌspeʃələ'zeɪʃn; *GB* -laɪ'z-/ *n* especialización **specialized** (*GB tb* -ised) *adj* especializado

specially /'speʃəli/ *adv* **1** especialmente, expresamente

> Aunque **specially** y **especially** tienen significados similares, se usan de forma distinta. **Specially** se usa fundamentalmente con participios: *specially designed for schools* diseñado especialmente para los colegios. **Especially** se usa cuando significa "sobre todo" o "en particular": *He likes all animals, especially dogs.* Le encantan los animales, sobre todo los perros.

2 (*tb* **especially**) particularmente, sobre todo

specialty /'speʃəlti/ (*GB* **speciality** /ˌspeʃi'æləti/) *n* (*pl* **specialties**) especialidad

species /'spiːʃiːz/ *n* (*pl* **species**) especie

specific /spə'sɪfɪk/ *adj* específico, preciso, concreto

specifically /spə'sɪfɪkli/ *adv* concretamente, específicamente, especialmente

specification /ˌspesɪfɪ'keɪʃn/ *n* **1** especificación **2** [*gen pl*] especificaciones, plan detallado

specify /'spesɪfaɪ/ *vt* (*pt, pp* -**fied**) especificar, precisar

specimen /'spesɪmən/ *n* espécimen, ejemplar, muestra

speck /spek/ *n* **1** (*de suciedad*) manchita **2** (*de polvo*) mota **3** *a speck on the horizon* un punto en el horizonte

spectacle /'spektəkl/ *n* espectáculo

spectacles /'spektəklz/ *n* [*pl*] (*formal o antic*) (*GB coloq* **specs**) gafas, anteojos ❶ La palabra más normal es **glasses**. ➪ *Ver tb nota en* PAIR

spectacular /spek'tækjələr/ *adj* espectacular

spectator /'spekteɪtər; *GB* spek'teɪtə(r)/ *n* espectador, -ora

specter (*GB* **spectre**) /'spektər/ *n* (*formal*) espectro, fantasma: *the specter of another war* el fantasma de una nueva guerra

spectrum /'spektrəm/ *n* (*pl* **spectra** /-trə/) espectro

speculate /'spekjuleɪt/ *vi* ~ (**about/on sth**) especular (sobre/acerca de algo) ■ **speculation** *n* ~ (**about/on sth**) especulación (sobre algo)

speculative /'spekjələtɪv, -leɪtɪv/ *adj* especulativo

speculator /'spekjuleɪtər/ *n* especulador, -ora

speech /spiːtʃ/ *n* **1** habla: *to lose the power of speech* perder el habla ◊ *freedom of speech* libertad de expresión ◊ *speech therapy* terapia del lenguaje **2** discurso: *to make/deliver/give a speech* pronunciar/dar/echar un discurso **3** lenguaje: *children's speech* el lenguaje de los niños **4** (*Teat*) parlamento

speechless /'spiːtʃləs/ *adj* sin habla, mudo: *The boy was almost speechless.* El niño apenas podía articular palabra.

speed /spiːd/ *sustantivo, verbo*
▸ *n* velocidad, rapidez **LOC** *Ver* FULL, PICK
▸ (*pt, pp* **speeded**) **1** *vi* ir a toda velocidad ❶ En este sentido, también se usa la forma **sped** /sped/ para el pasado simple y el participio pasado. **2** *vt* (*formal*) acelerar **PHR V** **speed up** apurarse ◆ **speed sth up** acelerar algo

speedboat /'spiːdboʊt/ *n* lancha de motor (rápida)

speed bump (*GB tb* '**speed hump**) *n* policía acostado (*en carretera*), badén

speed dating *n* [*incontable*] citas rápidas (*en busca de pareja*), speed dating

speedily /'spiːdɪli/ *adv* rápidamente

speeding /'spiːdɪŋ/ *n* [*incontable*] exceso de velocidad: *I was fined for speeding.* Me pusieron una multa por exceso de velocidad.

speedometer /spiː'dɑmɪtər/ *n* velocímetro

speedy /'spiːdi/ *adj* (**speedier**, -**iest**) pronto, rápido: *a speedy recovery* una pronta recuperación

spell /spel/ *verbo, sustantivo*
▸ *vt, vi* (*pt, pp* **spelled** *o* **spelt** /spelt/) ➪ *Ver nota en* DREAM **1** deletrear, escribir **2** suponer, significar **PHR V** **spell sth out** explicar algo claramente
▸ *n* **1** conjuro, hechizo **2** temporada, racha **3** ~ (**at/on sth**) tanda, turno (en algo) **LOC** *Ver* CAST

spell-checker (*tb* '**spell-check**) *n* corrector ortográfico

spelling /'spelɪŋ/ *n* ortografía

spend /spend/ *vt* (*pt, pp* **spent** /spent/) **1** ~ **sth** (**on/sth**) gastar algo (en algo) **2** (*tiempo libre, etc.*) pasar **3** ~ **sth on sth** dedicar algo a algo ■ **spending** *n* [*incontable*] gasto: *public spending* el gasto público

sperm /spɜːrm/ n (pl **sperm**) esperma
sphere /sfɪər/ n esfera
sphinx /sfɪŋks/ (tb the Sphinx) n esfinge
⚡ **spice** /spaɪs/ sustantivo, verbo
▸ n **1** especia(s) **2** (fig) interés: *to add spice to a situation* darle sabor a una situación
▸ vt sazonar
⚡ **spicy** /ˈspaɪsi/ adj (**spicier**, **-iest**) condimentado, picante
⚡ **spider** /ˈspaɪdər/ n araña
spied pt, pp de SPY
spies pl de SPY
spike /spaɪk/ n **1** púa, clavo **2** punta ■ **spiky** adj erizado de púas, puntiagudo
spill /spɪl/ verbo, sustantivo
▸ vt, vi (pt, pp **spilled** o **spilt** /spɪlt/) ⊃ *Ver nota en* DREAM derramar(se), verter(se) ⊃ *Ver nota y dibujo en* DROP **LOC** *Ver* CRY **PHR V** **spill over** rebosar, botarse, desbordarse
▸ n (formal **spillage** /ˈspɪlɪdʒ/) **1** derramamiento **2** derrame
⚡ **spin** /spɪn/ verbo, sustantivo
▸ (-nn-) (pt, pp **spun** /spʌn/) **1** vi ~ (**around**) dar vueltas, girar **2** vt ~ **sth** (**around**) (hacer) girar algo, dar vueltas a algo **3** vt, vi (lavadora) centrifugar **4** vt hilar **PHR V** **spin sth out** alargar, prolongar algo
▸ n **1** vuelta, giro **2** (coloq) paseo en carro/moto: *to go for a spin* dar una vuelta
spinach /ˈspɪnɪtʃ/ n [incontable] espinaca(s)
spinal /ˈspaɪnl/ adj espinal: *spinal column* columna vertebral
spine /spaɪn/ n **1** (Anat) columna vertebral **2** (Bot) espina **3** (Zool) púa **4** (de un libro) lomo
spinster /ˈspɪnstər/ n soltera, solterona
❶ Esta palabra es un poco anticuada y puede ser despectiva. Actualmente no se utilizaría para referirse a una mujer no casada.
spiral /ˈspaɪrəl/ sustantivo, adjetivo
▸ n espiral
▸ adj (en) espiral, helicoidal: *spiral staircase* escalera de caracol
spire /ˈspaɪər/ n aguja (*en una torre de iglesia*)
⚡ **spirit** /ˈspɪrɪt/ n **1** espíritu, alma **2 spirits** [pl] estado de ánimo, humor: *in high spirits* de muy buen humor **3** brío, ánimo **4** temple **5** fantasma **6 spirits** [pl] (bebida alcohólica) licores
spirited /ˈspɪrɪtɪd/ adj lleno de vida, brioso
⚡ **spiritual** /ˈspɪrɪtʃuəl/ adj espiritual
spit /spɪt/ verbo, sustantivo
▸ (-tt-) (pt, pp **spat** /spæt/ o **spit**) **1** vt, vi escupir **2** vt (insulto, etc.) soltar **3** vi (fuego, etc.) echar chispas, chisporrotear **PHR V** **spit sth out** escupir algo
▸ n **1** saliva **2** punta (de tierra) **3** (Cocina) espetón, asador
⚡ **spite** /spaɪt/ sustantivo, verbo
▸ n despecho, resentimiento: *out of/from spite* por despecho **LOC** **in spite of sth** a pesar de algo
▸ vt molestar, fastidiar
spiteful /ˈspaɪtfl/ adj malo, rencoroso
splash /splæʃ/ sustantivo, verbo
▸ n **1** chapoteo **2** (mancha) salpicadura **3** (de color) mancha **LOC** **make, cause, etc. a splash** (coloq) causar sensación
▸ **1** vi chapotear **2** vt ~ **sb/sth** (**with sth**) salpicar a algn/algo (de algo) **PHR V** **splash out** (**on sth**) (coloq) derrochar dinero (en algo), darse el lujo de comprar (algo)
splatter /ˈsplætər/ vt salpicar
splendid /ˈsplendɪd/ adj espléndido, magnífico
splendor (GB **splendour**) /ˈsplendər/ n esplendor
splint /splɪnt/ n tablilla (*para entablillar un hueso roto*)
splinter /ˈsplɪntər/ sustantivo, verbo
▸ n astilla
▸ vt, vi **1** astillar(se) **2** dividir(se)
⚡ **split** /splɪt/ verbo, sustantivo, adjetivo
▸ (-tt-) (pt, pp **split**) **1** vt, vi partir(se): *to split sth in two* partir algo en dos **2** vt, vi dividir(se) **3** vt, vi repartir(se) **4** vi abrirse, rajarse **PHR V** **split up** (**with sb**) separarse (de algn)
▸ n **1** división, ruptura **2** abertura, rajadura **3 the splits** [pl] (Gimnasia) *to do the splits* hacer un split
▸ adj partido, dividido
ˌsplit ˈsecond n instante, fracción de segundo
splutter /ˈsplʌtər/ verbo, sustantivo
▸ **1** vt, vi farfullar, balbucear **2** vi (del fuego, etc.) echar chispas, chisporrotear
▸ n chisporroteo
⚡ **spoil** /spɔɪl/ (pt, pp **spoiled**, GB tb **spoilt** /spɔɪlt/) ⊃ *Ver nota en* DREAM **1** vt, vi dañar(se), deteriorar(se), afear(se) **2** vt (niño) mimar, consentir
spoiled /spɔɪld/ (GB tb **spoilt**) adj mimado, consentido *Ver tb* SPOIL
spoils /spɔɪlz/ n [pl] botín (de robo, guerra, etc.)
spoilsport /ˈspɔɪlspɔːrt/ n (coloq) aguafiestas
spoke /spoʊk/ n rayo (de una rueda), radio *Ver tb* SPEAK

spoken *pp de* SPEAK
spokesman /ˈspəʊksmən/ *n* (*pl* **spokesmen** /-mən/) portavoz ⊃ *Ver nota en* PORTAVOZ
spokesperson /ˈspəʊkspɜːrsn/ *n* portavoz
spokeswoman /ˈspəʊkswʊmən/ *n* (*pl* **spokeswomen** /-wɪmɪn/) portavoz ⊃ *Ver nota en* PORTAVOZ
sponge /spʌndʒ/ *sustantivo, verbo*
▸ *n* **1** esponja **2** (*tb* ˈsponge cake) ponqué, queque
▸ **1** *vt* ~ **sb/sth (down)** limpiar a algn/algo con esponja **2** *vi* ~ **(off/on sb)** (*coloq, pey*) vivir a costillas de algn
ˈ**sponge bag** *n* (*GB*) (*USA* **toiletry bag**) bolsa para artículos de aseo, neceser
sponger /ˈspʌndʒər/ *n* (*coloq, pey*) persona que vive de gorra, vividor, -ora
sponsor /ˈspɒnsər/ *sustantivo, verbo*
▸ *n* patrocinador, -ora
▸ *vt* patrocinar ■ **sponsorship** *n* patrocinio
spontaneous /spɒnˈteɪniəs/ *adj* espontáneo
■ **spontaneity** /ˌspɒntəˈneɪəti/ *n* espontaneidad
spooky /ˈspuːki/ *adj* (**spookier, -iest**) (*coloq*) **1** miedoso, de aspecto embrujado **2** misterioso
spool /spuːl/ *n* bobina, carrete
⚡ **spoon** /spuːn/ *sustantivo, verbo*
▸ *n* **1** cuchara: *serving spoon* cuchara de servir **2** (*tb* **spoonful**) cucharada
▸ *vt* sacar con una cuchara: *She spooned the mixture out of the bowl.* Sacó la mezcla de la fuente con una cuchara.
sporadic /spəˈrædɪk/ *adj* esporádico
⚡ **sport** /spɔːrt/ *n* **1** deporte: *sports center/field* centro/campo deportivo ◊ *sports facilities* instalaciones deportivas ⊃ *Ver nota en* DEPORTE **2** (*coloq*) *Be a sport and lend me your bike.* Sé bueno y préstame la bicicleta. ◊ *a good/bad sport* un buen/mal perdedor ■ **sporting** *adj* deportivo
ˈ**sports car** (*USA tb* ˈsport car) *n* carro deportivo
sportsman /ˈspɔːrtsmən/ *n* (*pl* **sportsmen** /-mən/) deportista ⊃ *Ver nota en* POLICÍA
■ **sportsmanlike** *adj* (que muestra espíritu) deportivo **sportsmanship** *n* espíritu deportivo
sportsperson /ˈspɔːrtspɜːrsn/ *n* (*pl* **sportspersons** *o* **sportspeople**) deportista
sportswoman /ˈspɔːrtswʊmən/ *n* (*pl* **sportswomen** /-wɪmɪn/) deportista
sporty /ˈspɔːrti/ *adj* (**sportier, -iest**) (*coloq*) **1** deportista **2** (*ropa, carro*) deportivo
⚡ **spot** /spɒt/ *verbo, sustantivo*
▸ *vt* (**-tt-**) divisar: *He finally spotted a shirt he liked.* Por fin encontró una camisa que le gustara. ◊ *Nobody spotted the mistake.* Nadie notó el error.
▸ *n* **1** (*GB*) (*USA* **polka dot**) (*diseño*) punto: *a blue skirt with red spots on it* una falda azul con punticos rojos **2** (*en animales, etc.*) mancha **3** (*esp GB*) (*Med*) grano **4** lugar *Ver tb* HOT SPOT **5 a ~ of sth** (*GB, coloq*) *Would you like a spot of lunch?* ¿Quieres algo de almuerzo? ◊ *You seem to be having a spot of bother.* Parece que tienes un pequeño problema. **6** *Ver* SPOTLIGHT LOC *Ver* SOFT
spotless /ˈspɒtləs/ *adj* **1** (*casa*) inmaculado **2** (*reputación*) intachable
spotlight /ˈspɒtlaɪt/ *n* **1** (*tb* **spot**) reflector **2 the spotlight** [*sing*] *to be in the spotlight* ser el centro de atención
spotted /ˈspɒtɪd/ *adj* **1** (*animal*) con manchas **2** (*ropa*) con puntos
spotty /ˈspɒti/ *adj* (*GB*) con muchos granos
spouse /spaʊs/ *n* (*Jur*) cónyuge
spout /spaʊt/ *sustantivo, verbo*
▸ *n* **1** (*de tetera*) pico **2** (*de una canal*) bajante
▸ **1** *vi* ~ **(out/up) (from sth)** salir a chorros, brotar (*de algo*) **2** *vt* ~ **sth (out/up)** echar algo a chorros **3** *vi* ~ **(off/on) (about sth)** (*coloq, pey*) hablar sin parar (sobre algo), declamar **4** *vt* (*coloq, gen pey*) recitar
sprain /spreɪn/ *verbo, sustantivo*
▸ *vt* torcer: *to sprain your ankle* torcerse el tobillo
▸ *n* torcedura, esguince
sprang *pt de* SPRING
sprawl /sprɔːl/ *vi* **1** tumbarse, despaturrarse **2** (*ciudad, etc.*) extenderse (*desordenadamente*)
⚡ **spray** /spreɪ/ *sustantivo, verbo*
▸ *n* **1** rociada **2** (*del mar*) espuma **3** (*para el pelo, etc.*) aerosol **4** (*lata*) atomizador, aerosol
▸ **1** *vt* ~ **sth on/over sb/sth**; ~ **sb/sth with sth** rociar a algn/algo de algo **2** *vi* ~ **(out) (over, across, etc. sb/sth)** salpicar (a algn/algo)
⚡ **spread** /spred/ *verbo, sustantivo*
▸ (*pt, pp* **spread**) **1** *vt* ~ **sth (out) (on/over sth)** extender, desplegar algo (en/sobre/por algo) **2** *vt* ~ **sth with sth** cubrir algo de/con algo **3** *vt, vi* untar(se) **4** *vt, vi* extender(se), propagar(se) **5** *vt, vi* (*noticia*) divulgar(se) **6** *vt* distribuir
▸ *n* **1** (*de infección, fuego*) propagación **2** (*de información*) difusión **3** (*de crimen, armas*) proliferación **4** gama (*de opiniones, etc.*) **5** extensión **6** paté, queso, etc. para untar **7** (*alas*) envergadura
spreadsheet /ˈspredʃiːt/ *n* hoja de cálculo

squeeze

spree /spriː/ n tiempo breve de inmoderación: *to go on a shopping/spending spree* salir a comprar cosas/gastar plata sin moderación

spring /sprɪŋ/ *sustantivo, verbo*
- n **1** primavera **2** resorte **3** (*colchón, sillón*) muelle **4** manantial **5** salto
- (*pt* **sprang** /spræŋ/, *pp* **sprung** /sprʌŋ/) **1** *vi* saltar **2** *vi* (*líquido*) brotar **3** *vt* ~ **sth (on sb)** (*sorpresa*) soltar algo (a algn): *to spring a surprise on sb* coger a algn por sorpresa LOC **spring into action/life** ponerse en acción *Ver tb* MIND PHR V **spring from sth** provenir de algo

springboard /ˈsprɪŋbɔːrd/ n (*lit y fig*) trampolín

spring-clean *verbo, sustantivo*
- *vt, vi* limpiar a fondo, hacer limpieza general
- n **spring clean** limpieza general

spring onion n (*GB*) (*USA* **green onion**, **scallion**) (*con tallo verde*) cebolleta, cebollín, cebolla china

springtime /ˈsprɪŋtaɪm/ n primavera

sprinkle /ˈsprɪŋkl/ *vt* **1** ~ **sth (with sth)** rociar, salpicar algo (de algo) **2** ~ **sth (on/onto/over sth)** rociar algo (sobre algo) ■ **sprinkling** n ~ **(of sth/sb)** un poquito (de algo), unos, -as cuantos, -as

sprint /sprɪnt/ *verbo, sustantivo*
- *vi* **1** correr a toda velocidad **2** (*Dep*) hacer un sprint
- n carrera de velocidad, sprint

sprinter /ˈsprɪntər/ n velocista

sprout /spraʊt/ *verbo, sustantivo*
- **1** *vi* ~ **(out/up) (from sth)** brotar, aparecer (de algo) **2** *vt* (*Bot*) echar (*flores, brotes, etc.*)
- n **1** brote **2** *Ver* BRUSSELS SPROUT

sprung *pp de* SPRING

spun *pt, pp de* SPIN

spur /spɜːr/ *sustantivo, verbo*
- n **1** espuela **2** ~ **(to sth)** incentivo (para algo) LOC **on the spur of the moment** impulsivamente
- *vt* **(-rr-)** ~ **sb/sth (on)** incitar a algn

spurn /spɜːrn/ *vt* rechazar

spurt /spɜːrt/ *verbo, sustantivo*
- *vi* **1** ~ **(out) (from sth)** salir a chorros (de algo)
- n **1** chorro **2** (*esfuerzo, actividad*) arrancón

spy /spaɪ/ *sustantivo, verbo*
- n (*pl* **spies**) espía: *spy thrillers* novelas de espionaje
- *vi* (*pt, pp* **spied**) ~ **(on sb/sth)** espiar (a algn/algo)

squabble /ˈskwɑbl/ *verbo, sustantivo*
- *vi* ~ **(with sb) (about/over sth)** reñir, pelear(se) (con algn) (por algo)
- n riña, disputa

squad /skwɑd/ n **1** (*policía*) brigada: *the drug squad* la brigada antidrogas **2** (*Mil*) escuadrón **3** (*Dep*) plantilla

squadron /ˈskwɑdrən/ n escuadrón

squalid /ˈskwɑlɪd/ *adj* sórdido

squalor /ˈskwɑlər/ n miseria

squander /ˈskwɑndər/ *vt* ~ **sth (on sth)** **1** (*dinero*) despilfarrar algo (en algo) **2** (*tiempo*) malgastar algo (en algo) **3** (*energía, oportunidad*) desperdiciar algo (en algo)

square /skweər/ *adjetivo, sustantivo, verbo*
- *adj* cuadrado: *one square meter* un metro cuadrado LOC **a square meal** una buena comida ◆ **be (all) square (with sb)** quedar en paz (con algn) *Ver tb* FAIR
- n **1** cuadrado **2** cuadro **3** (*en un tablero*) casilla **4** (*abrev* **Sq.**) plaza LOC **go back to square one** volver a empezar (desde cero)
- *v* PHR V **square up (with sb)** pagar(le) una deuda (a algn)

squarely /ˈskweərli/ *adv* directamente

square root n raíz cuadrada

squash /skwɑʃ/ *verbo, sustantivo*
- *vt, vi* aplastar(se), espichar(se): *It was squashed flat.* Estaba totalmente aplastado.
- n **1** (*Dep*) squash **2** calabaza **3** [*sing*] (*coloq*) *What a squash!* ¡Qué apretón! **4** (*GB*) concentrado de frutas para hacer refrescos

squat /skwɑt/ *verbo, adjetivo*
- **(-tt-)** ~ **(down)** **1** *vi* (*persona*) ponerse en cuclillas **2** *vi* (*animal*) agazaparse **3** *vt, vi* ocupar (un lugar) (*sin permiso o derecho*)
- *adj* achatado, bajito y corpulento

squatter /ˈskwɑtər/ n ocupante ilegal

squawk /skwɔːk/ *verbo, sustantivo*
- *vi* graznar, chillar
- n graznido, chillido

squeak /skwiːk/ *sustantivo, verbo*
- n **1** (*animal, etc.*) chillido **2** (*gozne, etc.*) chirrido
- *vi* **1** (*animal, etc.*) chillar **2** (*gozne, etc.*) chirriar
- ■ **squeaky** *adj* **1** (*voz*) chillón **2** (*gozne, etc.*) que chirría

squeal /skwiːl/ *sustantivo, verbo*
- n alarido, chillido
- *vt, vi* chillar

squeamish /ˈskwiːmɪʃ/ *adj* impresionable, remilgado, asquiento

squeeze /skwiːz/ *verbo, sustantivo*
- **1** *vt* apretar **2** *vt* exprimir, estrujar **3** *vt, vi* ~ **(sb/sth) into, past, through, etc. (sth)** to squeeze through a gap in the hedge meterse por entre un hueco en el seto ◊ *Can you squeeze past/by?* ¿Puedes pasar? ◊ *Can you squeeze*

squid

anything else into that case? ¿Puedes meter algo más en esa maleta?
▸ n **1** apretón: *a squeeze of lemon* un chorrito de limón **2** [*sing*] apretura **3** [*gen sing*] recortes (*en salarios, empleo, etc.*)

squid /skwɪd/ n (pl **squid** o **squids**) calamar

squint /skwɪnt/ *verbo, sustantivo*
▸ vi **1** ~ (**at/through sth**) mirar (algo/a través de algo) con los ojos entrecerrados **2** bizquear
▸ n estrabismo

squirm /skwɜːrm/ vi **1** retorcerse **2** sentir mucha vergüenza

squirrel /ˈskwɜːrəl, ˈskwə-; *GB* ˈskwɪrəl/ n ardilla

squirt /skwɜːrt/ *verbo, sustantivo*
▸ **1** vt echar un chorro de: *to squirt soda water into a glass* echar un chorro de soda en un vaso **2** vt ~ **sb/sth** (**with sth**) lanzar un chorro (de algo) a algn/algo **3** vi ~ (**out of/from sth**) salir a chorros (de algo)
▸ n chorro

stab /stæb/ *verbo, sustantivo*
▸ vt (**-bb-**) **1** apuñalar **2** punzar
▸ n puñalada LOC **have a stab at (doing) sth** (*coloq*) intentar (hacer) algo

stabbing /ˈstæbɪŋ/ *sustantivo, adjetivo*
▸ n apuñalamiento
▸ adj (*dolor*) punzante

stability /stəˈbɪləti/ n estabilidad

stabilize (*GB tb* **-ise**) /ˈsteɪbəlaɪz/ vt, vi estabilizar(se)

⚑ **stable** /ˈsteɪbl/ *adjetivo, sustantivo*
▸ adj **1** estable **2** equilibrado
▸ n **1** establo **2** caballeriza

stack /stæk/ *sustantivo, verbo*
▸ n **1** montón (*de libros, leña, etc.*) **2** ~ **of sth** (*esp GB, coloq*) montón de algo
▸ vt ~ **sth** (**up**) amontonar algo

stadium /ˈsteɪdiəm/ n (pl **stadiums** o **stadia** /-diə/) estadio

⚑ **staff** /stæf; *GB* stɑːf/ *sustantivo, verbo*
▸ n (planta de) personal: *The whole staff is working long hours.* Todo el personal está trabajando hasta tarde. ◊ *teaching staff* cuerpo docente ➔ *Ver nota en* JURADO
▸ vt dotar de personal

stag /stæɡ/ n ciervo ➔ *Ver nota en* CIERVO

⚑ **stage** /steɪdʒ/ *sustantivo, verbo*
▸ n **1** etapa: *at this stage* en este momento/a estas alturas ◊ *to do sth in stages* hacer algo por etapas **2** escenario **3 the stage** [*sing*] el teatro (*profesión*): *to go on the stage* hacerse actor/actriz LOC **stage by stage** paso por/a paso

▸ vt **1** montar **2** poner en escena, escenificar **3** organizar

stagger /ˈstæɡər/ *verbo, sustantivo*
▸ **1** vi tambalearse: *He staggered back home/to his feet.* Volvió a su casa/Se puso de pie tambaleándose. **2** vt dejar atónito **3** vt (*viaje, vacaciones*) escalonar
▸ n tambaleo

staggering /ˈstæɡərɪŋ/ adj asombroso

stagnant /ˈstæɡnənt/ adj estancado

stagnate /ˈstæɡneɪt; *GB* stæɡˈneɪt/ vi estancarse ■ **stagnation** n estancamiento

ˈstag night (*tb* ˈ**stag party**) n (*esp GB*) (*USA* **bachelor party**) despedida de soltero

stain /steɪn/ *sustantivo, verbo*
▸ n **1** mancha **2** tintura (*para madera*)
▸ **1** vt, vi manchar(se) **2** vt teñir

ˌ**stained ˈglass** n [*incontable*] cristal de colores: *a stained glass window* un vitral

ˌ**stainless ˈsteel** /ˌsteɪnləs ˈstiːl/ n acero inoxidable

⚑ **stair** /steər/ n **1 stairs** [*pl*] escalera(s): *to go up/down the stairs* subir/bajar las escaleras ➔ *Ver nota en* ESCALERA **2** peldaño, escalón

staircase /ˈsteərkeɪs/ (*tb* **stairway** /ˈsteərweɪ/) n escalera(s) (*parte de un edificio*) ➔ *Ver nota en* ESCALERA

stake /steɪk/ *sustantivo, verbo*
▸ n **1** estaca **2 the stake** [*sing*] la hoguera **3** (*inversión*) participación **4** [*gen pl*] apuesta LOC **at stake** en juego: *His reputation is at stake.* Está en juego su reputación.
▸ vt **1** apuntalar **2** ~ **sth** (**on sth**) apostar algo (a algo) LOC **stake (out) a/your claim (to sth)** reclamar un derecho (sobre algo)

stale /steɪl/ adj **1** (*pan*) viejo **2** (*comida*) pasado **3** (*aire*) viciado **4** (*persona*) anquilosado, sin ideas

stalemate /ˈsteɪlmeɪt/ n **1** (*en negociaciones, etc.*) punto muerto **2** (*Ajedrez*) tablas

stalk /stɔːk/ *sustantivo, verbo*
▸ n **1** tallo **2** (*de fruta*) palito
▸ **1** vt (*a un animal*) acechar **2** vi ~ **away, off, out, etc.** irse muy ofendido/indignado

stalker /ˈstɔːkər/ n acosador, -ora (*obsesionado por otra persona*)

stall /stɔːl/ *sustantivo, verbo*
▸ n **1** (*en mercado*) puesto **2** (*en establo*) compartimiento **3 stalls** [*pl*] (*GB*) (*USA* **orchestra** [*sing*]) (*en teatro*) platea
▸ **1** vt, vi (*carro, motor*) apagar(se) **2** vi buscar evasivas

stallion /ˈstæliən/ n semental (*caballo*)

the Stars and Stripes

stalwart /ˈstɔːlwərt/ *adj, n* incondicional

stamina /ˈstæmɪnə/ *n* resistencia

stammer /ˈstæmər/ *verbo, sustantivo*
- *1 vi* tartamudear *2 vt* ~ **sth (out)** decir algo tartamudeando
- *n* tartamudeo

stamp /stæmp/ *sustantivo, verbo*
- *n* **1** (*de correos*) estampilla: *stamp collecting* filatelia

> En el Reino Unido existen dos tipos de estampillas: **first-class** y **second-class**. Las estampillas de primera clase valen un poco más, para asegurar la entrega inmediata de las cartas.

2 (*fiscal*) estampilla **3** (*de caucho*) sello **4** (*con el pie*) zapatazo, patada
- *1 vt, vi* dar zapatazos, dar patadas **2** *vi* (*baile*) zapatear **3** *vt* (*carta*) poner estampilla a, portear **4** *vt* imprimir, estampar, sellar **PHRV** **stamp sth out** erradicar, acabar con algo

stampede /stæmˈpiːd/ *sustantivo, verbo*
- *n* estampida, desbandada
- *vi* desbandarse

stance /stæns; *GB* stɑːns/ *n* **1** posición, postura **2** ~ **(on sth)** posición, actitud (hacia /con respecto a algo)

stand /stænd/ *verbo, sustantivo*
- (*pt, pp* **stood** /stʊd/) **1** *vi* estar de pie, mantenerse de pie: *Stand still.* Estáte quieto. **2** *vi* ~ **(up)** ponerse de pie, pararse **3** *vt* poner, colocar **4** *vi* medir: *He stands six feet in his socks.* Mide 1,83 sin zapatos. **5** *vi* encontrarse: *A house once stood here.* Antes había una casa acá. **6** *vi* (*oferta, etc.*) seguir en pie **7** *vi* permanecer, estar: *as things stand* tal como están las cosas **8** *vt* aguantar(se), soportar ❶ Se usa sobre todo en frases negativas e interrogativas: *I can't stand him.* No lo soporto. **9** *vi* ~ **(for sth)** (*GB*) (*USA* **run (for sth)**) (*Pol*) postularse (a algo) **LOC** **it/that stands to reason** es lógico ♦ **stand a chance (of sth)** tener posibilidades (de algo) ♦ **stand fast/firm** mantenerse firme *Ver tb* LEG, TRIAL **PHRV** **stand around** quedarse ahí (sin hacer nada) ♦ **stand by sb** apoyar a algn ♦ **stand for sth 1** significar, representar algo **2** apoyar algo **3** tolerar algo ❶ En este sentido se usa en frases negativas e interrogativas. ♦ **stand in (for sb)** reemplazar, sustituir (a algn) ♦ **stand out** (*ser mejor*) destacarse ♦ **stand sb up** (*coloq*) dejar plantado a algn ♦ **stand up for sb/sth/yourself** defender a algn/algo/defenderse ♦ **stand up to sb** hacerle frente a algn
- *n* **1** ~ **(on sth)** posición, actitud (hacia algo) **2** [*a menudo en compuestos*] pie, soporte: *music stand*

atril **3** puesto, caseta **4** (*Dep*) tribuna **5** (*Jur*) estrado **LOC** **make a stand (against sb/sth)** oponer resistencia (a algn/algo) ♦ **take a stand (on sth)** pronunciarse (sobre algo)

standard /ˈstændərd/ *sustantivo, adjetivo*
- *n* estándar **LOC** **be up to/below standard** ser/no ser del nivel requerido
- *adj* **1** estándar **2** oficial

standardize (*GB tb* **-ise**) /ˈstændərdaɪz/ *vt* estandarizar

standard of living *n* nivel de vida

standby /ˈstændbaɪ/ *n* (*pl* **standbys**) **1** (*cosa*) recurso (*de emergencia*), repuesto: *Carry a spare battery as a standby.* Llévate una pila de repuesto por si acaso. **2** (*persona*) reserva **3** lista de espera **LOC** **on standby 1** preparado para la salida, ayudar, etc. **2** en lista de espera

stand-in *n* sustituto, -a, reemplazo

standing /ˈstændɪŋ/ *sustantivo, adjetivo*
- *n* **1** prestigio **2** **of long standing** duradero
- *adj* permanente

standing order *n* (*GB*) (*banco*) orden permanente de pago

standpoint /ˈstændpɔɪnt/ *n* punto de vista

standstill /ˈstændstɪl/ *n* [*sing*]: *to be at/come to a standstill* paralizarse/detenerse ◊ *to bring sth to a standstill* parar algo

stank *pt de* STINK

staple /ˈsteɪpl/ *adjetivo, sustantivo, verbo*
- *adj* principal
- *n* gancho de cosedora, grapa, corchete
- *vt* (*papel*) coser, corchetear

stapler /ˈsteɪplər/ *n* grapadora, cosedora, corchetera

star /stɑr/ *sustantivo, verbo*
- *n* estrella
- *vi* (**-rr-**) ~ **(in sth)** protagonizar algo

starboard /ˈstɑrbərd/ *n* estribor

starch /stɑrtʃ/ *n* **1** almidón **2** fécula ■ **starched** *adj* almidonado

stardom /ˈstɑrdəm/ *n* estrellato

stare /steər/ *vi* ~ **(at sb/sth)** mirar fijamente (a algn/algo) **LOC** *Ver* SPACE

starfish /ˈstɑrfɪʃ/ *n* (*pl* **starfish**) estrella de mar

stark /stɑrk/ *adj* (**starker**, **-est**) **1** desolador **2** crudo **3** (*contraste*) manifiesto

stark naked *adj* en cueros, desnudo

starry /ˈstɑri/ *adj* estrellado

the Stars and Stripes *n* [*sing*] bandera de Estados Unidos

star sign

La bandera de Estados Unidos está formada por barras y estrellas. Las 13 barras representan los 13 estados originales de la Unión y las 50 estrellas los estados que ahora la componen.

ˈstar sign n signo (del zodiaco): *What star sign are you?* ¿De qué signo (del zodiaco) eres?

start /stɑrt/ *verbo, sustantivo*
▸ **1** *vt, vi* ~ **(doing/to do sth)** empezar (a hacer algo): *It started to rain.* Empezó a llover.

Aunque en principio **start** y **begin** pueden ir seguidos de un verbo en infinitivo o de una forma en **-ing**, cuando están en un tiempo continuo solo pueden ir seguidos de infinitivo: *It started raining/to rain.* Empezó a llover. ◊ *It's starting to rain.* Está empezando a llover.

2 *vt, vi* (carro, motor) arrancar **3** *vt* (rumor) iniciar LOC **to start (off) with** para empezar *Ver tb* BALL, FALSE, SCRATCH PHR V **start off** salir ♦ **start off (doing/by doing sth)** empezar (haciendo algo) ♦ **start out** empezar: *I started out to write a short story, but it developed into a novel.* Empecé con la idea de escribir un relato corto, pero acabó siendo una novela. ♦ **start (sth) up** **1** (motor) arrancar (algo), encender algo **2** (negocio) empezar (algo), montar algo
▸ *n* **1** principio **2** (*Dep*) **the start** [*sing*] la salida *Ver tb* HEAD START LOC **for a start** (*coloq*) para empezar ♦ **get off to a good, bad, etc. start** tener un buen, mal, etc. comienzo

starter /ˈstɑrtər/ *n* (*GB*) (*USA* **appetizer**) entrada (*en una comida*)

ˈstarting point *n* punto de partida

startle /ˈstɑrtl/ *vt* asustar ■ **startling** *adj* asombroso

starve /stɑrv/ **1** *vi* pasar hambre: *to starve (to death)* morirse de hambre/inanición **2** *vt* matar de hambre, hacer pasar hambre LOC **be starving** (*coloq*) morirse de hambre PHR V **starve sb/sth of sth** privar a algn/algo de algo
■ **starvation** *n* hambre ➜ *Ver nota en* HAMBRE

state /steɪt/ *sustantivo, adjetivo, verbo*
▸ *n* **1** estado: *to be in no state to drive* no estar en condiciones para manejar ◊ *the State* el Estado **2 the States** [*sing*] (*coloq*) los Estados Unidos LOC **state of affairs** situación, estado de cosas ♦ **state of mind** estado mental *Ver tb* REPAIR
▸ *adj* estatal: *a state visit* una visita oficial
▸ *vt* **1** manifestar, afirmar: *State your name.* Diga/escriba su nombre. **2** establecer: *within the stated limits* dentro de los límites establecidos

stately /ˈsteɪtli/ *adj* majestuoso

ˌstately ˈhome *n* (*GB*) casa señorial, mansión

statement /ˈsteɪtmənt/ *n* declaración: *to issue a statement* expedir una declaración

ˌstate of the ˈart *adj* de última generación, con tecnología de punta

statesman /ˈsteɪtsmən/ *n* (*pl* **statesmen** /-mən/) estadista

static /ˈstætɪk/ *adjetivo, sustantivo*
▸ *adj* estático
▸ *n* **1** (*interferencia*) estática **2** (*tb* ˌstatic elecˈtricity) electricidad estática

station /ˈsteɪʃn/ *sustantivo, verbo*
▸ *n* **1** estación: *(train) station* estación (de tren) **2** *police station* estación de policía ◊ *fire station* estación de bomberos ◊ *gas station* gasolinera/bomba (de gasolina) ◊ *nuclear power station* (*GB*) central de energía nuclear **3** (*Radio*) emisora
▸ *vt* **1** enviar en comisión **2** (*tropas*) acantonar

stationary /ˈsteɪʃəneri; *GB* -nri/ *adj* estacionario

stationer's /ˈsteɪʃənərz/ *n* (*GB*) (*USA* **office supply store**) papelería, tienda de artículos de oficina

stationery /ˈsteɪʃəneri; *GB* -nri/ *n* artículos de oficina

ˈstation wagon (*GB* **estate car**) *n* camioneta, station wagon

statistic /stəˈtɪstɪk/ *n* estadística

statistics /stəˈtɪstɪks/ *n* **1** [*pl*] (*datos*) estadísticas **2** [*incontable*] (*ciencia*) estadística

statue /ˈstætʃu:/ *n* estatua

stature /ˈstætʃər/ *n* (*formal*) **1** estatus **2** estatura

status /ˈstætəs, ˈsteɪ-/ *n* categoría: *social status* posición social ◊ *marital status* estado civil ◊ *status symbol* símbolo de posición social

statute /ˈstætʃu:t/ *n* estatuto: *statute book* código ■ **statutory** /ˈstætʃətɔ:ri; *GB* -tri/ *adj* estatutario, legal

staunch /stɔ:ntʃ/ *adj* (**stauncher, -est**) incondicional

stave /steɪv/ *v* PHR V **stave sth off 1** (*crisis*) evitar algo **2** (*ataque*) rechazar algo

stay /steɪ/ *verbo, sustantivo*
▸ *vi* quedarse: *to stay (at) home* quedarse en la casa ◊ *What hotel are you staying at?* ¿En qué hotel te estás quedando? ◊ *to stay sober* no emborracharse LOC *Ver* CLEAR, COOL PHR V **stay away (from sb/sth)** permanecer alejado (de algn/algo) ♦ **stay behind** quedarse ♦ **stay in** quedarse en la casa ♦ **stay on (at...)** quedarse

---

i happy   ɪ sit   i: see   æ cat   ɑ hot   ɒ long (*GB*)   ɑ: bath (*GB*)   ʌ cup   ʊ put   u: too

(en…) ♦ **stay out** no volver a casa (*por la noche*) ♦ **stay up** no acostarse: *to stay up late* acostarse tarde
▸ *n* estadía

steady /'stedi/ *adjetivo, verbo*
▸ *adj* (**steadier, -iest**) **1** firme: *to hold sth steady* sostener algo con firmeza **2** constante, regular: *a steady job/income* un trabajo/sueldo fijo ◊ *a steady boyfriend* un novio en serio
▸ (*pt, pp* **steadied**) **1** *vi* estabilizarse **2** *vt* ~ **yourself** recuperar el equilibrio

steak /steɪk/ *n* filete

steal /stiːl/ (*pt* **stole** /stoʊl/, *pp* **stolen** /'stoʊlən/) **1** *vt, vi* ~ (**sth**) (**from sb/sth**) robar (algo) (a algn/algo) ⊃ *Ver nota en* ROB **2** *vi* ~ **in, out, away,** etc. *He stole into the room.* Entró al cuarto sigilosamente. ◊ *They stole away.* Salieron a escondidas. ◊ *to steal up on sb* acercarse a algn sin hacer ruido

stealth /stelθ/ *n* sigilo: *by stealth* sigilosamente ■ **stealthy** *adj* sigiloso

steam /stiːm/ *sustantivo, verbo*
▸ *n* vapor: *steam engine* máquina/motor de vapor LOC **run out of steam** (*coloq*) perder el ímpetu *Ver tb* LET
▸ **1** *vi* echar vapor: *steaming hot coffee* café hirviendo **2** *vt* cocinar al vapor LOC **be/get (all) steamed up (about/over sth)** (*coloq*) exaltarse/ponerse furioso (por algo) PHR V **steam up** empañarse

steamer /'stiːmər/ *n* **1** buque de vapor **2** vaporera, olla a vapor ⊃ *Ver dibujo en* POT

steamroller /'stiːmroʊlər/ *n* aplanadora

steel /stiːl/ *sustantivo, verbo*
▸ *n* acero
▸ *vt* ~ **yourself** (**against sth**) armarse de valor (para algo)

steelworks /'stiːlwɜːrks/ *n* (*pl* **steelworks**) [*v sing o pl*] acería

steep /stiːp/ *adj* (**steeper, -est**) **1** empinado: *a steep hill* una montaña escarpada **2** (*coloq*) (*precio*) excesivo

steeple /'stiːpl/ *n* (*Arquit*) torre con aguja

steeply /'stiːpli/ *adv* con mucha pendiente: *The plane was climbing steeply.* El avión ascendía vertiginosamente. ◊ *Share prices fell steeply.* Las acciones cayeron en picada.

steer /stɪər/ *vt, vi* **1** conducir, gobernar: *to steer north* seguir rumbo al norte ◊ *to steer by the stars* guiarse por las estrellas ◊ *He steered the discussion away from the subject.* Llevó la conversación hacia otro tema. **2** navegar LOC *Ver* CLEAR

steering /'stɪərɪŋ/ *n* dirección (*de un vehículo*)

steering wheel *n* volante, timón

stem /stem/ *sustantivo, verbo*
▸ *n* **1** tallo **2** (*de una copa*) pie ⊃ *Ver dibujo en* CUP
▸ *vt* (**-mm-**) contener PHR V **stem from sth** tener su origen en algo

stem cell *n* (*Biol*) célula madre

stench /stentʃ/ *n* hedor ⊃ *Ver nota en* SMELL

step /step/ *verbo, sustantivo*
▸ *vi* (**-pp-**) dar un paso, pisar: *to step over sth* pasar por encima de algo ♦ **step aside/down** retirarse ♦ **step in** intervenir ♦ **step on/in sth** pisar algo ♦ **step sth up** incrementar algo
▸ *n* **1** paso **2** escalón, peldaño **3 steps** [*pl*] escaleras LOC **be in/out of step (with sb/sth) 1** llevar/no llevar(le) el paso (a algn/algo) **2** estar de acuerdo/en desacuerdo (con algn/algo) ♦ **step by step** paso a paso ♦ **take steps to do sth** tomar medidas para hacer algo *Ver tb* WATCH

stepbrother /'stepbrʌðər/ *n* hermanastro ⊃ *Ver nota en* HERMANASTRO

stepchild /'steptʃaɪld/ *n* (*pl* **stepchildren** /-tʃɪldrən/) hijastro, -a

stepdaughter /'stepdɔːtər/ *n* hijastra

stepfather /'stepfɑːðər/ *n* padrastro

stepladder /'steplædər/ *n* escalera de tijera

stepmother /'stepmʌðər/ *n* madrastra

step-parent *n* padrastro, madrastra

stepsister /'stepsɪstər/ *n* hermanastra ⊃ *Ver nota en* HERMANASTRO

stepson /'stepsʌn/ *n* hijastro

stereo /'steriou/ *n* (*pl* **stereos**) estéreo

stereotype /'steriətaɪp/ *n* estereotipo

stereotypical /ˌsteriə'tɪpɪkl/ *adj* estereotípico

sterile /'sterəl; *GB* -raɪl/ *adj* estéril ■ **sterility** /stə'rɪləti/ *n* esterilidad **sterilize** (*GB tb* **-ise**) /'sterəlaɪz/ *vt* esterilizar

sterling /'stɜːrlɪŋ/ *adjetivo, sustantivo*
▸ *adj* **1** (*plata*) de ley **2** (*formal*) excelente
▸ *n* (*tb* ˌ**pound** 'sterling) (*GB*) libra esterlina

stern /stɜːrn/ *adjetivo, sustantivo*
▸ *adj* (**sterner, -est**) severo, duro
▸ *n* popa

steroid /'sterɔɪd, 'stɪər-/ *n* esteroide

stew /stuː; *GB* stjuː/ *verbo, sustantivo*
▸ *vt, vi* cocinar, guisar
▸ *n* guisado, cocido

steward /'stuːərd; *GB* 'stjuːəd/ *n* **1** (*en un avión*) auxiliar de vuelo (*hombre*) **2** (*en un barco*) camarero, -a

stewardess /ˈstuːərdes; *GB* ˈstjuː-, ˌstjuːəˈdes/ *n* auxiliar de vuelo (*mujer*)

stick /stɪk/ *verbo, sustantivo*
▸ (*pt, pp* **stuck** /stʌk/) **1** *vt* hincar, clavar: *to stick a needle in your finger* clavarse una aguja en el dedo ◊ *to stick your fork into a potato* clavarle el tenedor a una papa **2** *vt, vi* pegar(se): *Jam sticks to your fingers.* La mermelada se pega a los dedos. **3** *vt* (*coloq*) poner: *He stuck the pencil behind his ear.* Se puso el lápiz detrás de la oreja. **4** *vt* atascarse **5** *vt* (*GB, coloq*) aguantar (se) ❶ Se usa sobre todo en frases negativas e interrogativas: *I can't stick it any longer.* No aguanto más.
PHR V **stick around** (*coloq*) quedarse cerca
stick at sth seguir trabajando, persistir en algo
stick by sb apoyar a algn
stick out salir: *His ears stick out.* Tiene las orejas muy salidas. ♦ **stick it/sth out** (*coloq*) aguantar(se) algo ♦ **stick sth out 1** (*lengua, mano*) sacar algo **2** (*cabeza*) asomar algo
stick to sth atenerse a algo
stick together mantenerse unidos
stick up sobresalir ♦ **stick up for sb/sth/yourself** defender a algn/algo/defenderse
▸ *n* **1** palo, vara **2** bastón **3** barra: *a stick of celery* un tallo de apio ◊ *a stick of dynamite* un cartucho de dinamita

sticker /ˈstɪkər/ *n* autoadhesivo

stick shift (*GB* ˈgear lever) *n* palanca de cambios

sticky /ˈstɪki/ *adj* (**stickier, -iest**) **1** pegajoso **2** (*coloq*) (*situación*) difícil

sties *pl de* STY

stiff /stɪf/ *adjetivo, adverbio*
▸ *adj* (**stiffer, -est**) **1** rígido, duro **2** (*articulación*) engarrotado **3** (*sólido*) espeso **4** difícil, duro **5** (*persona*) tieso **6** (*brisa, bebida alcohólica*) fuerte
▸ *adv* (*coloq*) extremadamente **LOC** **be bored, scared, etc. stiff** estar muerto de aburrimiento, miedo, etc.

stiffen /ˈstɪfn/ *vi* **1** ponerse rígido/tieso **2** (*articulación*) agarrotarse

stifle /ˈstaɪfl/ **1** *vt, vi* ahogar(se) **2** *vt* (*rebelión*) contener **3** *vt* (*bostezo*) reprimir **4** *vt* (*ideas*) ahogar, reprimir ■ **stifling** *adj* sofocante

stigma /ˈstɪɡmə/ *n* estigma

still /stɪl/ *adverbio, adjetivo*
▸ *adv* **1** todavía, aún

¿**Still** o **yet**? **Still** se usa en frases afirmativas e interrogativas y siempre va detrás de los verbos auxiliares o modales y delante de los demás verbos: *He still talks about her.* Todavía habla de ella. ◊ *Are you still here?* ¿Todavía estás aquí? **Yet** se usa en frases negativas y siempre va al final de la oración: *Aren't they here yet?* ¿No han llegado todavía? ◊ *He hasn't done it yet.* No lo ha hecho todavía. Sin embargo, **still** se puede usar con frases negativas cuando queremos darle énfasis a la oración. En este caso siempre se coloca delante del verbo, aunque sea auxiliar o modal: *He still hasn't done it.* Todavía no lo ha hecho. ◊ *He still can't do it.* Todavía no lo sabe hacer.

2 aún así, sin embargo, no obstante: *Still, it didn't turn out badly.* A pesar de todo, no salió del todo mal.
▸ *adj* **1** quieto: *Stand still!* ¡No se mueva! **2** (*agua, viento*) tranquilo **3** (*bebida*) sin gas

ˌstill ˈlife *n* (*pl* **still lifes**) (*Arte*) bodegón

stillness /ˈstɪlnəs/ *n* calma, quietud

stilt /stɪlt/ *n* **1** zanco **2** pilote

stilted /ˈstɪltɪd/ *adj* rebuscado, artificial

stimulant /ˈstɪmjələnt/ *n* estimulante

stimulate /ˈstɪmjuleɪt/ *vt* estimular
■ **stimulating** *adj* **1** estimulante **2** interesante

stimulus /ˈstɪmjələs/ *n* (*pl* **stimuli** /-laɪ/) estímulo, incentivo

sting /stɪŋ/ *verbo, sustantivo*
▸ (*pt, pp* **stung** /stʌŋ/) **1** *vt, vi* picar **2** *vi* escocer **3** *vt* (*fig*) herir
▸ *n* **1** aguijón **2** (*herida*) picadura **3** (*dolor*) picazón

stingy /ˈstɪndʒi/ *adj* (**stingier, -iest**) (*coloq*) tacaño

stink /stɪŋk/ *verbo, sustantivo*
▸ *vi* (*pt* **stank** /stæŋk/ o **stunk** /stʌŋk/, *pp* **stunk**) (*coloq*) **1** ~ (**of sth**) heder (a algo) **2** '*What do you think of the idea?*' '*I think it stinks.*' —¿Qué te parece la idea? —Me parece fatal.
PHR V **stink sth out** hacer oler mal algo
▸ *n* (*coloq*) tufo, hedor ➲ *Ver nota en* SMELL

stinking /ˈstɪŋkɪŋ/ *adj* **1** hediondo **2** (*GB, coloq*) maldito

stint /stɪnt/ *n* período: *a training stint in L.A.* un período de aprendizaje en Los Ángeles ◊ *She's doing a stint as a reporter.* Está trabajando como periodista por un tiempo.

stipulate /ˈstɪpjuleɪt/ *vt* (*formal*) estipular

stir /stɜːr/ *verbo, sustantivo*
▸ (**-rr-**) **1** *vt* rebullir, remover **2** *vt, vi* mover(se) **3** *vt* (*imaginación, etc.*) despertar **PHR V** **stir sth up** provocar algo
▸ *n* **1** *to give sth a stir* rebullir algo **2** [*sing*] alboroto ■ **stirring** *adj* emocionante

ˈstir-fry *verbo, sustantivo*
▸ *vt* (*pt, pp* **stir-fried**) sofreír

▸ n plato oriental de verduras, carne, etc. sofritas

stirrup /ˈstɪrəp/ n estribo

stitch /stɪtʃ/ sustantivo, verbo
▸ n **1** (Costura) puntada **2** (Med, tejido) punto **3** (dolor) puntada, bazo: *I got a stitch (in my side)*. Me dio una puntada (en el costado). **LOC in stitches** (coloq) muerto de risa
▸ vt, vi coser ■ **stitching** n costura

stock /stɑk/ sustantivo, verbo, adjetivo
▸ n **1** existencias **2** ~ (of sth) surtido, reserva (de algo) **3** (Fin) [gen pl] acción **4** (de empresa) capital social **5** (tb **livestock**) ganado **6** (Cocina) caldo **LOC out of/in stock** agotado/en existencia ◆ **take stock (of sth)** hacer un balance (de algo)
▸ vt tener (existencias de) **PHR V stock up (on/with sth)** abastecerse (de algo)
▸ adj gastado, manido (frase, etc.)

stockbroker /ˈstɑkbroʊkər/ (tb **broker**) n corredor, -ora de bolsa

stock exchange (tb **stock market**) n bolsa

stocking /ˈstɑkɪŋ/ n media (velada)

stocktaking /ˈstɑkteɪkɪŋ/ n (GB) (USA **inventory**) inventario (acción)

stocky /ˈstɑki/ adj (**stockier**, **-iest**) bajito y corpulento

stodgy /ˈstɑdʒi/ adj (esp GB, coloq) pesado (comida, literatura, etc.)

stoke /stoʊk/ vt ~ sth (up) (with sth) (fuego) alimentar algo (con algo)

stole pt de STEAL

stolen pp de STEAL

stolid /ˈstɑlɪd/ adj (gen pey) impasible

stomach /ˈstʌmək/ sustantivo, verbo
▸ n **1** estómago: *stomach ache* dolor de estómago **2** vientre **LOC have no stomach for sth** no tener ganas de algo
▸ vt aguantar(se), soportar(se) ❶ Se usa sobre todo en frases negativas e interrogativas: *I can't stomach violent movies*. No soporto las películas violentas.

stone /stoʊn/ sustantivo, verbo
▸ n **1** piedra: *the Stone Age* la Edad de Piedra **2** (esp GB) (tb esp USA **pit**) (de fruta) pepa **3** (GB) (pl **stone**) unidad de peso equivalente a 14 libras o 6,348 kg ➲ *Ver pág. 786* **LOC** *Ver* KILL
▸ vt apedrear

stoned /stoʊnd/ adj (coloq) **1** drogado, trabado, volado (con marihuana, etc.) **2** borracho

stony /ˈstoʊni/ adj (**stonier**, **-iest**) **1** pedregoso, cubierto de piedras **2** (mirada) frío **3** (silencio) sepulcral

stood pt, pp de STAND

stool /stuːl/ n butaca, banca

stoop /stuːp/ verbo, sustantivo
▸ vi ~ (**down**) agacharse, inclinarse **LOC stoop so low (as to do sth)** (formal) llegar tan bajo (como para hacer algo)
▸ n: *to walk with/have a stoop* andar encorvado

stop /stɑp/ verbo, sustantivo
▸ (**-pp-**) **1** vt, vi parar(se), detener(se) **2** vt (proceso) interrumpir **3** vt (injusticia, etc.) acabar con, poner fin a **4** vt ~ **doing sth** dejar de hacer algo: *Stop it!* ¡No más!

Stop doing sth significa "dejar de hacer algo", pero *stop to do sth* quiere decir "parar para hacer algo": *Stop doing that!* ¡Deja de hacer eso! ◊ *We stopped to take some pictures*. Paramos para sacar unas fotos.

5 vt ~ sb/sth (**from**) **doing sth** impedir que algn/algo haga algo: *to stop yourself doing sth* hacer un esfuerzo por no hacer algo **6** vt cancelar **7** vt (pago) suspender **8** vi (GB, coloq) quedarse **LOC stop dead/short** parar(se) en seco ◆ **stop short of (doing) sth** no llegar a (hacer) algo *Ver tb* BUCK **PHR V stop off (at/in...)** pasar (por...)
▸ n **1** parada, alto: *to come to a stop* detenerse/parar(se) **2** (bus, tren, etc.) parada, paradero *Ver tb* FULL STOP ■ **stoppage** /ˈstɑpɪdʒ/ n **1** paro (laboral) **2** (Dep) *stoppage time* tiempo de descuento

stopgap /ˈstɑpɡæp/ n **1** sustituto, -a **2** recurso provisional

stopover /ˈstɑpoʊvər/ n escala (en un viaje)

stopper /ˈstɑpər/ n tapón

stopwatch /ˈstɑpwɑtʃ/ n cronómetro

storage /ˈstɔːrɪdʒ/ n **1** almacenamiento, bodegaje: *storage space* sitio para guardar cosas **2** depósito, bodega

store /stɔːr/ sustantivo, verbo
▸ n **1** (GB **shop**) almacén *Ver tb* CHAIN STORE, DEPARTMENT STORE **2** provisión, reserva **3 stores** [pl] provisiones, víveres **LOC be in store for sb** aguardarle a algn (sorpresa, etc.) ◆ **have sth in store for sb** tener algo reservado a algn (sorpresa, etc.)
▸ vt ~ sth (**up/away**) almacenar, guardar, acumular algo

storekeeper /ˈstɔːrkiːpər/ (GB **shopkeeper**) n comerciante, bodeguero, -a

storeroom /ˈstɔːruːm, -rʊm/ n despensa, depósito

stork /stɔːrk/ n cigüeña

storm /stɔːrm/ sustantivo, verbo
▸ n tormenta, tempestad: *a storm of criticism* fuertes críticas

stormy

▶ **1** *vi* ~ **in/off/out** entrar/irse/salir furioso **2** *vt* (*edificio*) asaltar, tomar

stormy /ˈstɔːrmi/ *adj* (**stormier, -iest**) **1** tormentoso **2** (*debate*) acalorado **3** (*relación*) turbulento

story /ˈstɔːri/ *n* (*pl* **stories**) **1** historia **2** cuento **3** (*Period*) noticia **4** (*GB* **storey**(*pl* **-eys**)) piso

stout /staʊt/ *adj* **1** gordo ⮕ *Ver nota en* FAT **2** fuerte, resistente

stove /stoʊv/ *n* **1** estufa (*electrodoméstico*), cocina **2** calentador

stovetop /ˈstoʊvtɑp/ (*GB* **hob**) *n* hornilla, fogones

stow /stoʊ/ *vt* ~ **sth (away)** guardar algo

straddle /ˈstrædl/ *vt* poner una pierna a cada lado de

straggle /ˈstrægl/ *vi* **1** (*planta*) desparramarse **2** (*persona*) rezagarse ■ **straggler** *n* rezagado, -a **straggly** *adj* desordenado, desgreñado

straight /streɪt/ *adjetivo, adverbio*
▶ *adj* (**straighter, -est**) **1** recto: *straight hair* pelo liso **2** en orden **3** (*honesto*) franco **4** (*GB* **neat**) (*trago*) puro **5** (*coloq*) heterosexual LOC **get sth straight** dejar algo claro ◆ **keep a straight face** no reírse *Ver tb* RECORD
▶ *adv* (**straighter, -est**) **1** en línea recta: *Look straight ahead.* Mire adelante. **2** (*sentarse*) derecho **3** (*pensar*) claramente **4** (*venirse, irse*) directamente LOC **straight away** (*tb* **straightaway**) inmediatamente ◆ **straight off/out** (*coloq*) sin vacilar ◆ **straight on** todo derecho

straighten /ˈstreɪtn/ **1** *vi* ~ (**out**) volverse recto, enderezarse **2** *vt* ~ **sth (out)** enderezar algo **3** *vt, vi* ~ (**sth**) (**up**) poner algo derecho, enderezar(se): *Straighten your back.* Ponga la espalda derecha. **4** *vt* (*corbata, falda*) arreglarse PHRV **straighten sth out** ordenar, desenredar algo

straightforward /ˌstreɪtˈfɔːrwərd/ *adj* **1** (*persona*) honrado **2** franco **3** (*estilo*) sencillo

strain /streɪn/ *verbo, sustantivo*
▶ **1** *vi* hacer un esfuerzo **2** *vt* (*cuerda*) estirar **3** *vt* (*oído*) aguzar **4** *vt* (*músculo, espalda*) torcer(se) **5** *vt* (*vista, voz, corazón*) forzar **6** *vt* ~ **sth (off)** colar algo
▶ *n* **1** tensión: *Their relationship is showing signs of strain.* Su relación da muestras de tensión. **2** torcedura **3** *eye strain* fatiga visual

strained /streɪnd/ *adj* **1** (*risa, tono de voz*) forzado **2** preocupado

strainer /ˈstreɪnər/ *n* colador

strait /streɪt/ *n* **1** (*tb* **straits** [*pl*]) estrecho: *the Straits of Magellan* el Estrecho de Magallanes **2** **straits** [*pl*] *in dire straits* en una situación desesperada

straitjacket /ˈstreɪtdʒækɪt/ *n* camisa de fuerza

strand /strænd/ *n* **1** hebra, hilo **2** *a strand of hair* un mechón

stranded /ˈstrændɪd/ *adj* abandonado: *to be left stranded* quedarse botado

strange /streɪndʒ/ *adj* (**stranger, -est**) **1** desconocido **2** raro, extraño: *I find it strange that…* Me extraña que…

strangely /ˈstreɪndʒli/ *adv* extrañamente: *Strangely enough,…* Por extraño que parezca,…

stranger /ˈstreɪndʒər/ *n* **1** desconocido, -a **2** foráneo, -a

strangle /ˈstræŋgl/ *vt* estrangular, ahogar

strap /stræp/ *sustantivo, verbo*
▶ *n* **1** correa, pasador, tira **2** (*de reloj*) pulso ⮕ *Ver dibujo en* RELOJ **3** (*de vestido*) tiranta
▶ *vt* (**-pp-**) **1** amarrar, asegurar (*con correas*) **2** ~ **sth (up)** (*Med*) vendar algo PHRV **strap sb in** ponerle el cinturón de seguridad a algn

strategy /ˈstrætədʒi/ *n* (*pl* **strategies**) estrategia ■ **strategic** /strəˈtiːdʒɪk/ *adj* estratégico

straw /strɔː/ *n* **1** paja: *straw hat* sombrero de paja **2** (*para beber*) pitillo, paja, cañita LOC **the last/final straw** la gota que rebosa la copa

strawberry /ˈstrɔːberi; *GB* -bəri/ *n* (*pl* **strawberries**) fresa, frutilla: *strawberries and cream* fresas con crema

stray /streɪ/ *verbo, adjetivo*
▶ *vi* **1** perderse, extraviarse **2** apartarse
▶ *adj* **1** perdido, extraviado **2** (*sin dueño*) *stray dog* perro callejero **3** aislado: *a stray bullet* una bala perdida

streak /striːk/ *sustantivo, verbo*
▶ *n* **1** veta **2** rasgo, vena **3** (*de suerte*) racha: *to be on a winning/losing streak* tener una racha de suerte/mala suerte
▶ **1** *vt* ~ **sth (with sth)** rayar, vetear algo (de algo) **2** *vi* correr como un rayo

stream /striːm/ *sustantivo, verbo*
▶ *n* **1** arroyo, riachuelo **2** (*de líquido, palabras*) torrente **3** (*de gente*) oleada **4** (*de carros*) caravana
▶ *vi* **1** (*agua, sangre*) manar **2** (*lágrimas*) correr **3** (*luz*) entrar/salir a raudales **4** derramar

streamer /ˈstriːmər/ *n* serpentina

streamline /ˈstriːmlaɪn/ *vt* **1** hacer más aerodinámico **2** racionalizar

street /striːt/ n (abrev **St.**) calle: *the main street* la calle principal *Ver tb* SIDE STREET ❶ Nótese que cuando **street** va precedido por el nombre de la calle, se escribe en mayúscula. ➔ *Ver tb notas en* ROAD *y* CALLE LOC **be streets ahead (of sb/sth)** llevarle mucha ventaja (a algn/algo) ◆ **(right) up your street** (GB) (USA **(right) up your alley**): *This job seems right up your street.* Este trabajo parece ideal para ti. *Ver tb* MAN

streetcar /'striːtkɑr/ (GB **tram**) n tranvía

streetwise /'striːtwaɪz/ adj (coloq) vivo, avispado

strength /streŋθ/ n **1** fuerza **2** (material) resistencia **3** (luz, emoción) intensidad **4** punto fuerte LOC **on the strength of sth** fundándose en algo, confiando en algo ■ **strengthen** vt, vi fortalecer(se), reforzar(se)

strenuous /'strenjuəs/ adj **1** agotador **2** vigoroso

stress /stres/ sustantivo, verbo
▸ n **1** estrés **2** ~ **(on sth)** énfasis (en algo) **3** (Ling, Mús) acento **4** (Mec) tensión
▸ **1** vt subrayar, recalcar **2** vt, vi ~ **(sb) (out)** estresar a algn, estresarse

stressed /strest/ (coloq **stressed 'out**) adj [nunca antes de sustantivo] estresado

stressful /'stresfl/ adj estresante

stretch /stretʃ/ verbo, sustantivo
▸ **1** vt, vi estirar(se), alargar(se) **2** vi desperezarse **3** vi (terreno, etc.) extenderse **4** vt (persona) exigirle el máximo esfuerzo a LOC **stretch your legs** estirar las piernas PHR V **stretch (yourself) out** tenderse
▸ n **1** ~ **(of sth)** (terreno) trecho (de algo) **2** (tiempo) intervalo, período **3** *to have a stretch* estirarse **4** elasticidad LOC **at a stretch** sin interrupción, seguidos *Ver tb* FULL

stretcher /'stretʃər/ n camilla

stretchy /'stretʃi/ adj (**stretchier, -iest**) elástico

strewn /struːn/ adj **1** ~ **on, over, etc. sth** desparramado por algo **2** ~ **with sth** cubierto de algo

stricken /'strɪkən/ adj ~ **(with sth)** (formal) aquejado (por algo): *drought-stricken areas* zonas afectadas por la sequía

strict /strɪkt/ adj (**stricter, -est**) **1** severo **2** estricto, preciso LOC **in strictest confidence** con la más absoluta reserva

strictly /'strɪktli/ adv **1** severamente **2** estrictamente: *strictly prohibited* terminantemente prohibido LOC **strictly speaking** en sentido estricto

stride /straɪd/ verbo, sustantivo
▸ vi (pt **strode** /stroʊd/) **1** andar a pasos largos **2** ~ **up to sb/sth** acercársele resueltamente a algn/algo
▸ n **1** zancada **2** (modo de andar) paso LOC **hit (your) stride** (GB **get into your stride**) cogerle el tiro a algo ◆ **take sth in your stride** tomarlo con calma

strident /'straɪdnt/ adj estridente

strife /straɪf/ n [incontable] (formal) lucha, conflicto

strike /straɪk/ verbo, sustantivo
▸ (pt, pp **struck** /strʌk/) **1** vt golpear, pegar **2** vt (vehículo) atropellar **3** vt chocar contra **4** vi atacar **5** vt, vi (reloj) dar (la hora) **6** vt (oro, etc.) hallar **7** vt (fósforo) encender **8** vt: *It strikes me that…* Se me ocurre que… **9** vt impresionar, llamar la atención a: *I was struck by the similarity between them.* Me impresionó lo parecidos que eran. LOC *Ver* HOME PHR V **strike back (at/against sb/sth)** devolver el golpe (a algn/algo) ◆ **strike up (sth)** empezar a tocar (algo) ◆ **strike up sth (with sb)** **1** (conversación) entablar algo (con algn) **2** (amistad) trabar algo (con algn)
▸ n **1** huelga: *to go on strike* declararse en huelga **2** (Mil) ataque

striker /'straɪkər/ n **1** huelguista **2** (Dep) delantero, -a

striking /'straɪkɪŋ/ adj llamativo

string /strɪŋ/ sustantivo, verbo
▸ n **1** cuerda, pita: *I need some string to tie up this package.* Necesito cuerda para amarrar este paquete. ➔ *Ver dibujo en* CUERDA **2** (de perlas, etc.) sarta LOC **(with) no strings attached** sin condiciones *Ver tb* PULL
▸ vt (pt, pp **strung** /strʌŋ/) ~ **sth (up)** colgar algo (con cuerda, etc.) PHR V **string sth out** alargar algo ◆ **string sth together** hilar algo (para formar frases)

stringent /'strɪndʒənt/ adj (formal) riguroso

strip /strɪp/ verbo, sustantivo
▸ (-pp-) **1** vt, vi desnudar(se) **2** vt ~ **sth (off)** (ropa, papel, pintura, etc.) quitar algo **3** vt ~ **sb/sth of sth** despojar a algn/algo de algo, quitarle algo a algn **4** vt ~ **sth (down)** (máquina) desmantelar algo
▸ n **1** (de papel, metal, etc.) tira **2** (de tierra, agua, etc.) franja

stripe /straɪp/ n raya

striped /straɪpt/ adj de rayas, rayado

strive /straɪv/ vi (pt **strove** /stroʊv/, pp **striven** /'strɪvn/) ~ **(for/after sth)** (formal) esforzarse (por alcanzar algo)

strode pt de STRIDE

stroke

stroke /stroʊk/ *sustantivo, verbo*
▸ *n* **1** golpe: *a stroke of luck* un golpe de suerte/una chiripa **2** (*Dep*) brazada **3** pincelada **4** brochazo **5** trazo (*de pincel, etc.*) **6** campanada **7** (*Med*) derrame cerebral LOC **at a/one stroke** de un golpe ◆ **not do a stroke (of work)** no hacer absolutamente nada
▸ *vt* (*esp GB*) (*USA* **pet**) acariciar

stroll /stroʊl/ *sustantivo, verbo*
▸ *n* paseo: *to go for/take a stroll* dar un paseo
▸ *vi* caminar

stroller /ˈstroʊlər/ (*GB* **pushchair**) *n* cochecito de niño, carriola

strong /strɔːŋ; *GB* strɒŋ/ *adj* (**stronger, -est**) **1** fuerte **2** (*oponente, creencia*) firme **3** (*candidato, posibilidad*) bueno **4** (*pruebas, argumento*) de peso **5** (*relación*) sólido LOC **be going strong** (*coloq*) estar muy fuerte ◆ **be your/sb's strong point/suit** ser el fuerte de uno/algn

strong-minded *adj* decidido

stroppy /ˈstrɒpi/ *adj* (*GB, coloq*) encabronado, enojado

strove *pt de* STRIVE

struck *pt, pp de* STRIKE

structure /ˈstrʌktʃər/ *sustantivo, verbo*
▸ *n* **1** estructura **2** construcción
▸ *vt* estructurar

struggle /ˈstrʌɡl/ *verbo, sustantivo*
▸ *vi* **1** luchar **2** ~ (**against/with sb/sth**) forcejear (con algn/algo)
▸ *n* **1** lucha **2** esfuerzo

strung *pt, pp de* STRING

strut /strʌt/ *sustantivo, verbo*
▸ *n* puntal
▸ *vi* (-tt-) ~ (**about/along**) pavonearse

stub /stʌb/ *sustantivo, verbo*
▸ *n* **1** cabo **2** (*de cigarrillo*) colilla **3** (*de cheque*) talón
▸ *v* PHR V **stub sth out** (*cigarrillo*) apagar algo

stubble /ˈstʌbl/ *n* [*incontable*] **1** rastrojo **2** barba (incipiente)

stubborn /ˈstʌbərn/ *adj* **1** terco, tenaz **2** (*mancha, tos*) rebelde

stuck /stʌk/ *adj* **1** atascado: *The bus got stuck in the mud.* El bus se atascó en el barro. ◊ *The elevator got stuck between floors six and seven.* El ascensor se atascó entre el quinto y sexto piso. ◊ *I'm stuck on the first question.* Estoy estancado en la primera pregunta. ◊ *I hate being stuck at home all day.* Detesto quedarme encerrada en la casa todo el día. **2** (*coloq*) **to be/get stuck with sb/sth** tener que cargar con algo/tener que aguantarse a algn *Ver tb* STICK

stuck-up *adj* (*coloq*) estirado, creído

stud /stʌd/ *n* **1** piercing, arete (*de bolita*) **2** tachuela **3** (*de bota de fútbol*) taco **4** caballo semental: *stud farm* criadero de caballos *Ver tb* PRESS STUD

student /ˈstuːdnt; *GB* ˈstjuː-/ *n* **1** estudiante (*de universidad*) **2** alumno, -a ⊃ *Ver nota en* ALUMNO

studied /ˈstʌdid/ *adj* deliberado

studio /ˈstuːdioʊ; *GB* ˈstjuː-/ *n* (*pl* **studios**) **1** taller **2** (*Cine, TV*) estudio **3** (*tb* **studio apartment**) estudio

studious /ˈstuːdiəs; *GB* ˈstjuː-/ *adj* estudioso

study /ˈstʌdi/ *sustantivo, verbo*
▸ *n* (*pl* **studies**) (*actividad, cuarto*) estudio
▸ *vt, vi* (*pt, pp* **studied**) estudiar: *to study for a degree* estudiar una carrera

stuff /stʌf/ *sustantivo, verbo*
▸ *n* [*incontable*] (*coloq*) **1** material, sustancia **2** cosas
▸ *vt* **1** ~ **sth** (**with sth**) rellenar algo (con algo) **2** ~ **sth in**; ~ **sth into sth** meter algo a la fuerza (en algo) **3** ~ **yourself** (**with sth**) atiborrarse (de algo) **4** (*animal*) disecar LOC **get stuffed!** (*GB, coloq*) ¡váyase a la porra! ■ **stuffing** *n* relleno

stuffy /ˈstʌfi/ *adj* (**stuffier, -iest**) **1** (*ambiente*) cargado, encerrado **2** (*coloq*) (*persona*) estirado

stumble /ˈstʌmbl/ *vi* **1** ~ (**on/over sth**) tropezarse (con algo) **2** ~ (**over/through sth**) equivocarse (en algo) PHR V **stumble across/on/upon sb/sth** encontrarse con algn/algo (*por casualidad*)

stumbling block *n* obstáculo

stump /stʌmp/ *n* **1** (*de árbol, etc.*) cepa **2** (*de miembro*) muñón

stun /stʌn/ *vt* (-**nn**-) **1** dejar inconsciente **2** asombrar

stung *pt, pp de* STING

stunk *pt, pp de* STINK

stunning *adj* asombroso, impresionante

stunt /stʌnt/ *sustantivo, verbo*
▸ *n* **1** truco **2** acrobacia
▸ *vt* atrofiar

stupendous /stuːˈpendəs; *GB* stjuː-/ *adj* formidable, estupendo

stupid /ˈstuːpɪd; *GB* ˈstjuː-/ *adj* (**stupider, -est**) tonto, estúpido ❶ También se utilizan las formas **more stupid** y **the most stupid**. ⊃ *Ver tb nota en* TONTO ■ **stupidity** /stuːˈpɪdəti; *GB* stjuː-/ *n* estupidez

stupor /ˈstuːpər; *GB* ˈstjuː-/ *n* [*sing*] (*formal*) estupor: *in a drunken stupor* aturdido por la bebida

sturdy /ˈstɜːrdi/ adj (**sturdier, -iest**) **1** (zapatos, constitución) fuerte **2** (mesa) sólido **3** (persona, planta) robusto

stutter /ˈstʌtər/ verbo, sustantivo
▸ vi tartamudear
▸ n tartamudeo

sty /staɪ/ n (pl **sties**) **1** Ver PIGSTY **2** (tb **stye**) orzuelo

style /staɪl/ n **1** estilo **2** modo **3** distinción **4** modelo: *the latest style* la última moda

stylish /ˈstaɪlɪʃ/ adj elegante

stylist /ˈstaɪlɪst/ n estilista

Styrofoam® /ˈstaɪrəfoʊm/ (GB **polystyrene**) n (espuma de) poliestireno

suave /swɑːv/ adj sofisticado y con encanto (esp algn que manipula a otros)

sub /sʌb/ n (coloq) **1** Ver SUBMARINE **2** (Dep) suplente

subconscious /ˌsʌbˈkɑnʃəs/ adj, n subconsciente ■ **subconsciously** adv subconscientemente

subculture /ˈsʌbkʌltʃər/ n subcultura

subdivide /ˈsʌbdɪvaɪd, ˌsʌbdɪˈvaɪd/ vt, vi ~ (**sth**) (**into sth**) subdividir algo, subdividirse (en algo)

subdue /səbˈduː; GB -ˈdjuː/ vt someter ■ **subdued** adj **1** (voz) bajo **2** (luz, colores) suave **3** (persona) abatido

subheading /ˈsʌbhedɪŋ/ n subtítulo

subject sustantivo, adjetivo, verbo
▸ n /ˈsʌbdʒekt, -dʒɪkt/ **1** tema **2** asignatura **3** (Gram) sujeto **4** súbdito
▸ adj /ˈsʌbdʒekt, -dʒɪkt/ ~ **to sb/sth** (formal) sujeto a a algn/algo
▸ v /səbˈdʒekt/ PHR V **subject sb/sth to sth** someter, exponer a algn/algo a algo

subjective /səbˈdʒektɪv/ adj subjetivo

subject matter n tema

subjunctive /səbˈdʒʌŋktɪv/ n subjuntivo

sublime /səˈblaɪm/ adj sublime

submarine /ˈsʌbməriːn, ˌsʌbməˈriːn/ adj, n submarino

submerge /səbˈmɜːrdʒ/ **1** vi sumergirse **2** vt sumergir, inundar

submission /səbˈmɪʃn/ n **1** sumisión **2** (documento, decisión) presentación

submissive /səbˈmɪsɪv/ adj sumiso

submit /səbˈmɪt/ (-**tt**-) **1** vi ~ (**to sb/sth**) someterse, rendirse (a algn/algo) **2** vt ~ **sth** (**to sb/sth**) presentar algo (a algn/algo): *Applications must be submitted by March 31.* El plazo de entrega de solicitudes vence el 31 de marzo.

subordinate sustantivo, adjetivo, verbo
▸ adj, n /səˈbɔːrdɪnət/ subordinado, -a
▸ vt /səˈbɔːrdɪneɪt/ ~ **sth** (**to sth**) subordinar algo (a algo)

subscribe /səbˈskraɪb/ vi ~ (**to sth**) suscribirse (a algo) PHR V **subscribe to sth** (formal) suscribir algo (opinión) ■ **subscriber** n **1** suscriptor, -ora **2** abonado, -a **subscription** /səbˈskrɪpʃn/ n **1** suscripción **2** cuota

subsequent /ˈsʌbsɪkwənt/ adj (formal) posterior ■ **subsequently** adv (formal) posteriormente, más tarde

subsequent to prep (formal) posterior a, después de

subside /səbˈsaɪd/ vi **1** hundirse **2** (agua) bajar **3** (viento) amainar **4** (emoción) calmarse ■ **subsidence** /səbˈsaɪdns, ˈsʌbsɪdns/ n hundimiento

subsidiary /səbˈsɪdieri; GB -diəri/ adjetivo, sustantivo
▸ adj secundario, subsidiario
▸ n (pl **subsidiaries**) subsidiaria, sucursal

subsidize (GB tb **-ise**) /ˈsʌbsɪdaɪz/ vt subsidiar

subsidy /ˈsʌbsədi/ n (pl **subsidies**) subsidio

subsist /səbˈsɪst/ vi ~ (**on sth**) subsistir (a base de algo) ■ **subsistence** n subsistencia

substance /ˈsʌbstəns/ n **1** sustancia **2** esencia

substantial /səbˈstænʃl/ adj **1** considerable, importante **2** (construcción) sólido

substantially /səbˈstænʃəli/ adv **1** considerablemente **2** esencialmente

substitute /ˈsʌbstɪtuːt; GB -tjuːt/ sustantivo, verbo
▸ n **1** ~ (**for sb**) sustituto (de algn) **2** ~ (**for sth**) sustitutivo (de algo) **3** (Dep) suplente, reserva
▸ vt, vi ~ **A** (**for B**)/(**B with A**) sustituir B (por A): *Substitute honey for sugar/sugar with honey.* Sustituya el azúcar por miel.

substitute teacher (GB **supply teacher**) n profesor, -ora suplente

subtitle /ˈsʌbtaɪtl/ sustantivo, verbo
▸ n subtítulo: *a Polish movie with English subtitles* una película polaca en versión original subtitulada en inglés
▸ vt subtitular

subtle /ˈsʌtl/ adj (**subtler, -est**) **1** sutil **2** (sabor) delicado **3** (persona) agudo, perspicaz **4** (olor, color) suave ■ **subtlety** n (pl **subtleties**) sutileza

subtract /səbˈtrækt/ vt, vi ~ (**sth**) (**from sth**) restar (algo) (de algo) ■ **subtraction** n sustracción, resta

suburb

suburb /ˈsʌbɜːrb/ n barrio residencial de las afueras: *the suburbs* los barrios periféricos/de las afueras ■ **suburban** /səˈbɜːrbən/ adj suburbano

subversive /səbˈvɜːrsɪv/ adj subversivo

subway /ˈsʌbweɪ/ n **1** (GB **the underground**, **the tube**) metro **2** (GB) (USA **underpass**) paso subterráneo

succeed /səkˈsiːd/ **1** vi tener éxito, triunfar: *to succeed in doing sth* conseguir/lograr hacer algo **2** vt, vi suceder a **3** vi ~ **to sth** heredar algo: *to succeed to the throne* subir al trono

success /səkˈses/ n éxito: *to be a success* tener éxito ◊ *hard work is the key to success* el trabajo es la clave del éxito

successful /səkˈsesfl/ adj exitoso: *a successful writer* un escritor exitoso ◊ *the successful candidate* el candidato elegido ◊ *to be successful in doing sth* lograr hacer algo con éxito

succession /səkˈseʃn/ n **1** sucesión **2** serie LOC **in succession**: *three times in quick succession* tres veces seguidas

successor /səkˈsesər/ n ~ (**to sb/sth**) sucesor, -ora (de algn/a algo): *successor to the former world title holder* sucesor del último campeón del mundo

succumb /səˈkʌm/ vi ~ (**to sth**) sucumbir (a algo)

such /sʌtʃ/ adj, pron **1** semejante, tal: *Whatever gave you such an idea?* ¿Cómo se te ocurre semejante idea? ◊ *I did no such thing!* ¡Yo no hice eso! ◊ *There's no such thing as ghosts.* Los fantasmas no existen. **2** [uso enfático] tan, tanto: *I'm in such a hurry.* Tengo muchísima prisa. ◊ *We had such a wonderful time.* La pasamos de maravilla.

Such se usa con adjetivos que acompañan a un sustantivo y **so** con adjetivos solos. Compárense los siguientes ejemplos: *The food was so good.* ◊ *We had such good food.* ◊ *You are so intelligent.* ◊ *You are such an intelligent person.*

LOC **as such** como tal: *It's not a promotion as such.* No es un ascenso propiamente dicho. ◆ **in such a way that...** de tal manera que... ◆ **such as** por ejemplo, como

suck /sʌk/ **1** vt, vi chupar **2** vt (máquina) succionar **3** vt, vi (argot) apestar: *This music sucks!* ¡Esta música apesta!

sucker /ˈsʌkər/ n (coloq) **1** bobo, -a **2** **be a ~ for sb/sth** no poder resistirse a algn/algo

suckle /ˈsʌkl/ vt amamantar

sudden /ˈsʌdn/ adj súbito, repentino LOC **all of a sudden** de pronto

suddenly /ˈsʌdnli/ adv de pronto

suds /sʌdz/ n [pl] espuma

sue /suː/; GB tb /sjuː/ vt, vi ~ (**sb**) (**for sth**) demandar (a algn) (por algo)

suede /sweɪd/ n ante, gamuza

suffer /ˈsʌfər/ **1** vi ~ (**from/with sth**) padecer (de algo) **2** vt (dolor, derrota) sufrir **3** vi salir perjudicado

suffering /ˈsʌfərɪŋ/ n sufrimiento

sufficient /səˈfɪʃnt/ adj ~ (**for sb/sth**) suficiente (para algn/algo)

suffix /ˈsʌfɪks/ n sufijo

suffocate /ˈsʌfəkeɪt/ **1** vt, vi asfixiar(se) **2** vi ahogarse ■ **suffocating** adj sofocante **suffocation** n asfixia

suffragette /ˌsʌfrəˈdʒet/ n sufragista

sugar /ˈʃʊɡər/ n azúcar: *sugar cube/lump* terrón de azúcar ◊ *sugar bowl* azucarera

sugar cane n caña de azúcar

suggest /səɡˈdʒest, səˈdʒ-/ vt **1** sugerir: *I suggest you go to the doctor.* Te aconsejo que vayas al médico. **2** indicar **3** insinuar

suggestion /səɡˈdʒestʃən, səˈdʒ-/ n **1** sugerencia **2** indicio **3** insinuación

Making suggestions
Hacer una sugerencia
How about going out for a walk at the weekend? ¿Y si vamos a dar un paseo este fin de semana?
What do you think of the idea of eating out tonight? ¿Qué te parece que comamos fuera esta noche?
Should we ask Jo to come along? ¿Le decimos a Jo que se venga?

suggestive /səɡˈdʒestɪv, səˈdʒ-/ adj **1** ~ (**of sth**) indicativo (de algo) **2** insinuante

suicidal /ˌsuːɪˈsaɪdl/ adj **1** suicida **2** a punto de suicidarse

suicide /ˈsuːɪsaɪd/ n **1** suicidio: *to commit suicide* suicidarse **2** suicida

suit /suːt; GB tb sjuːt/ sustantivo, verbo
▶ n **1** terno, vestido: *a two/three-piece suit* un terno/vestido de dos/tres piezas **2** (cartas) palo ➔ *Ver nota en* BARAJA LOC *Ver* STRONG
▶ vt **1** convenir **2** quedar bien a, favorecer **3** sentar bien a LOC **suit yourself** (coloq) ¡tú mismo!, ¡haz lo que quieras!

suitability /ˌsuːtəˈbɪləti; GB tb ˌsjuː-/ n idoneidad, adecuación

suitable /ˈsuːtəbl; GB tb ˈsjuː-/ adj ~ (**for sb/sth**) **1** adecuado (para algn/algo) **2** conveniente (para algn/algo) ■ **suitably** adv debidamente

suitcase /ˈsuːtkeɪs; GB tb ˈsjuːt-/ n maleta ➲ Ver dibujo en BAG

suite /swiːt/ n **1** (hotel) suite **2** juego: *dining-room suite* juego de sala

suited /ˈsuːtɪd; GB tb ˈsjuː-/ adj ~ (**for/to sb/sth**) adecuado (para algn/algo): *He and his wife are well suited (to each other).* Él y su esposa están hechos el uno para el otro.

sulfur (GB **sulphur**) /ˈsʌlfər/ n azufre

sulk /sʌlk/ vi (pey) estar/ponerse de mal genio, enfurruñarse ■ **sulky** adj (pey) enfurruñado, de mal genio

sullen /ˈsʌlən/ adj (pey) huraño

sultan /ˈsʌltən/ n sultán

sultana /sʌlˈtænə; GB -ˈtɑːnə/ n (GB) (USA ˌgolden ˈraisin) uva pasa (sin semilla)

sultry /ˈsʌltri/ adj (**sultrier**, **-iest**) **1** sofocante **2** sensual

sum /sʌm/ sustantivo, verbo
▸ n **1** cantidad, importe **2** suma: *the sum of $200* la suma de 200 dólares ◊ *to be good at sums* ser bueno en matemáticas Ver tb LUMP SUM
▸ v (-mm-) PHR V **sum (sth) up** resumir (algo): *To sum up...* En resumen... ◆ **sum sb/sth up** hacerse una idea de algn/algo, definir a algn/algo

summarize (GB tb **-ise**) /ˈsʌməraɪz/ vt, vi resumir

summary /ˈsʌməri/ n (pl **summaries**) resumen

summer /ˈsʌmər/ n verano: *a summer's day* un día de verano ◊ *summer weather* clima de verano

summery /ˈsʌməri/ adj veraniego

summit /ˈsʌmɪt/ n cumbre: *summit conference/meeting* cumbre

summon /ˈsʌmən/ vt **1** convocar, llamar: *to summon help* pedir ayuda **2** ~ **sth (up)** (valor, etc.) hacer acopio de algo, armarse de algo: *I couldn't summon (up) the energy.* No encontré las fuerzas. PHR V **summon sth up** evocar algo

summons /ˈsʌmənz/ n (pl **summonses** /-zɪz/) (Jur) citación, citatorio

sun /sʌn/ sustantivo, verbo
▸ n sol: *The sun was shining.* Hacía sol.
▸ vt (-nn-) ~ **yourself** asolearse

sunbathe /ˈsʌnbeɪð/ vi tomar el sol, asolearse

sunbeam /ˈsʌnbiːm/ n rayo de sol

sunblock /ˈsʌnblɑk/ n bloqueador solar

sunburn /ˈsʌnbɜːrn/ n quemadura de sol: *to get sunburn* quemarse ■ **sunburned** (tb **sunburnt**) adj quemado por el sol

suncream /ˈsʌnkriːm/ n crema bronceadora

sundae /ˈsʌndeɪ, -di/ n copa de helado, sundae

Sunday /ˈsʌndeɪ, -di/ n (abrev **Sun.**) domingo ➲ Ver ejemplos en MONDAY

sundry /ˈsʌndri/ adj (formal) varios, diversos LOC **all and sundry** (coloq) todos y cada uno

sunflower /ˈsʌnflaʊər/ n girasol

sung pp de SING

sunglasses /ˈsʌnɡlæsɪz; GB -ɡlɑːsɪz/ n [pl] gafas de sol: *a pair of sunglasses* un par de gafas de sol ➲ Ver nota en PAIR

ˈsun hat n pamela

sunk pp de SINK

sunken /ˈsʌŋkən/ adj hundido

sunlight /ˈsʌnlaɪt/ n luz solar, luz del sol

sunlit /ˈsʌnlɪt/ adj iluminado por el sol

sunlounger /ˈsʌnlaʊndʒər/ n (GB) silla para tomar el sol

sunny /ˈsʌni/ adj (**sunnier**, **-iest**) **1** (día) de sol: *It's sunny today.* Hoy hace sol. ◊ *a sunny room* un cuarto al que le entra mucho sol **2** (personalidad) alegre

sunrise /ˈsʌnraɪz/ n salida del sol, amanecer

sunroof /ˈsʌnruːf, -rʊf/ n techo corredizo/solar

sunscreen /ˈsʌnskriːn/ n bronceador

sunset /ˈsʌnset/ n puesta del sol

sunshade /ˈsʌnʃeɪd/ n sombrilla

sunshine /ˈsʌnʃaɪn/ n sol: *Let's sit in the sunshine.* Sentémonos en el sol.

sunstroke /ˈsʌnstroʊk/ n insolación: *to get sunstroke* darle a uno (una) insolación

suntan /ˈsʌntæn/ n bronceado: *to get a suntan* broncearse ■ **suntanned** adj bronceado

super /ˈsuːpər/ adj estupendo

superb /suːˈpɜːrb/ adj magnífico ■ **superbly** adv de maravilla: *a superbly-situated house* una casa en un sitio magnífico

the ˈSuper Bowl n la final del campeonato anual de fútbol americano

superficial /ˌsuːpərˈfɪʃl/ adj superficial ■ **superficiality** /ˌsuːpərˌfɪʃiˈæləti/ n superficialidad **superficially** /ˌsuːpərˈfɪʃəli/ adv superficialmente, aparentemente

superfluous /suːˈpɜːrfluəs/ adj superfluo, innecesario: *to be superfluous* estar de sobra

superfood /ˈsuːpərfuːd/ n superalimento (utilizado en la prevención de enfermedades)

superhero /ˈsuːpəhɪərəʊ/ n (pl **superheroes**) superhéroe

superhuman /ˌsuːpərˈhjuːmən/ adj sobrehumano

superimpose /ˌsuːpərɪmˈpoʊz/ vt ~ **sth** (**on sth**) superponer algo (a algo)

superintendent /ˌsuːpərɪnˈtendənt/ n **1** inspector, -ora (*de policía*) **2** encargado, -a, superintendente **3** portero, -a

⚑ **superior** /suːˈpɪəriər/ adjetivo, sustantivo
▸ adj **1** ~ (**to sb/sth**) superior (a algn/algo) **2** (*tono, sonrisa*) de superioridad: *He's so superior.* Se da unos aires de superioridad.
▸ n superior: *Mother Superior* la Madre Superiora ■ **superiority** /suːˌpɪəriˈɔːrəti; *GB* -ˈɒr-/ n ~ (**in sth**); ~ (**over/to sb/sth**) superioridad (en algo), superioridad (sobre algn/algo)

superlative /suːˈpɜːrlətɪv/ adj, n superlativo

⚑ **supermarket** /ˈsuːpərmɑːrkɪt/ n supermercado

supermodel /ˈsuːpərmɒdl/ n supermodelo

supernatural /ˌsuːpərˈnætʃərəl/ adj, n sobrenatural

superpower /ˈsuːpərpaʊər/ n superpotencia

supersede /ˌsuːpərˈsiːd/ vt reemplazar, sustituir

superstar /ˈsuːpərstɑːr/ n estrella: *Hollywood superstars* las superestrellas de Hollywood

superstition /ˌsuːpərˈstɪʃn/ n superstición
■ **superstitious** adj supersticioso

superstore /ˈsuːpərstɔːr/ n hipermercado

supervise /ˈsuːpərvaɪz/ vt supervisar
■ **supervision** /ˌsuːpərˈvɪʒn/ n supervisión
supervisor /ˈsuːpərvaɪzər/ n supervisor, -ora

supper /ˈsʌpər/ n comida: *to have supper* comer ➔ Ver nota en DINNER

supple /ˈsʌpl/ adj flexible

supplement /ˈsʌplɪmənt/ sustantivo, verbo
▸ n **1** suplemento, complemento **2** (*de libro*) apéndice
▸ vt ~ **sth** (**with sth**) complementar, completar algo (con algo)

supplementary /ˌsʌplɪˈmentri, -teri/ adj adicional, complementario, suplementario

supplier /səˈplaɪər/ n proveedor, -ora, abastecedor, -ora

⚑ **supply** /səˈplaɪ/ verbo, sustantivo
▸ vt (pt, pp **supplied**) **1** ~ **sb** (**with sth**) proveer, abastecer a algn (de algo) **2** ~ **sth** (**to sb**) suministrar, proporcionar, facilitar algo (a algn)
▸ n (pl **supplies**) **1** suministro, provisión **2 supplies** [pl] víveres **3 supplies** [pl] (*Mil*) pertrechos LOC **be in short/plentiful supply** escasear/abundar ◆ **supply and demand** la oferta y la demanda

supply teacher n (*GB*) (*USA* **substitute teacher**) profesor, -ora suplente

⚑ **support** /səˈpɔːrt/ verbo, sustantivo
▸ vt **1** (*peso*) sostener, soportar **2** (*causa*) apoyar, respaldar: *a supporting role* un papel secundario **3** (*GB*) (*Dep*) seguir: *Which team do you support?* ¿Por qué equipo vas? **4** (*persona*) mantener
▸ n **1** apoyo **2** soporte

⚑ **supporter** /səˈpɔːrtər/ n **1** (*Pol*) partidario, -a **2** (*GB*) (*Dep*) hincha, seguidor, -ora **3** (*de teoría*) seguidor, -ora

supportive /səˈpɔːrtɪv/ adj que ayuda: *to be supportive of sb* apoyar a algn

⚑ **suppose** /səˈpoʊz/ vt **1** suponer, imaginarse **2** (*sugerencia*) *Suppose we change the subject?* ¿Qué te parece si cambiamos de tema? LOC **be supposed to be/do sth** tener que hacer algo: *You were supposed to be here an hour ago.* Tendrías que haber llegado hace una hora. ◇ *You're supposed to buy a ticket, but not many people do.* Se supone que deberías comprar una entrada, pero poca gente lo hace.
■ **supposed** adj supuesto **supposedly** /səˈpoʊzɪdli/ adv supuestamente **supposing** conj ~ (**that**) **1** suponiendo que **2** si, en el caso de que

suppress /səˈpres/ vt **1** (*rebelión*) reprimir **2** (*información*) ocultar **3** (*sentimiento*) contener, reprimir **4** (*bostezo*) ahogar

supremacy /suːˈpreməsi, səˈp-/ n ~ (**over sb/sth**) supremacía (sobre algn/algo)

supreme /suːˈpriːm/ adj supremo, sumo

the Supreme Court n (*USA*) la Corte Suprema (de Justicia)

surcharge /ˈsɜːrtʃɑːrdʒ/ n ~ (**on sth**) recargo (sobre algo)

⚑ **sure** /ʃʊər; *GB tb* ʃɔː(r)/ adjetivo, adverbio
▸ adj (**surer**, **-est**) **1** seguro, cierto: *He's sure to be elected.* Es seguro que lo van a elegir. **2** estable, firme LOC **be sure of sth** estar seguro de algo ◆ **be sure to do sth**; **be sure and do sth** no dejar de hacer algo ◆ **for sure** (*coloq*) con seguridad ◆ **make sure** (**of sth/that...**) asegurarse (de algo/de que...): *Make sure you're home by nine.* No se te olvide que tienes que estar en la casa a las nueve. ◆ **sure of yourself** seguro de ti mismo
▸ adv (*esp USA, coloq*) **1** claro **2** seguro: *I sure won't do that again.* ¡Seguro que no lo vuelvo a hacer! LOC **sure enough** efectivamente

surely /ˈʃʊərli; GB tb ˈʃɔːli/ adv ciertamente, seguramente, por supuesto

> ¿**Surely** o **certainly**?
>
> **Surely** se utiliza cuando estás casi seguro de lo que dices y esperas que los demás estén de acuerdo contigo: *Surely he won't mind?* Seguro que no le importa, ¿verdad? ◊ *Surely we should do something about it?* Deberíamos hacer algo, digo yo. En frases negativas **surely** expresa sorpresa: *Surely you can't agree?* ¿En serio no estás de acuerdo?
>
> **Certainly** significa normalmente "con toda certeza" y se utiliza para expresar que se cree firmemente en algo o para poner énfasis en que algo es cierto: *I'll certainly remember this trip!* ¡Sin duda recordaré este viaje!

surf /sɜːrf/ sustantivo, verbo
▸ n **1** oleaje, olas **2** espuma (*de las olas*)
▸ **1** vi hacer surf **2** vt ~ **the Net/Internet** navegar en/por la red/internet

surface /ˈsɜːrfɪs/ sustantivo, verbo
▸ n **1** superficie: *the earth's surface* la superficie de la tierra ◊ *a surface wound* una herida superficial **2** cara
▸ **1** vt ~ **sth (with sth)** recubrir algo (con algo) **2** vi salir a la superficie

surfboard /ˈsɜːrfbɔːrd/ n tabla de surf

surfer /ˈsɜːrfər/ n surfista

surfing /ˈsɜːrfɪŋ/ n surf

surge /sɜːrdʒ/ verbo, sustantivo
▸ vi moverse con ímpetu: *They surged into the stadium.* Entraron en tropel al estadio.
▸ n ~ **(of sth)** oleada (de algo)

surgeon /ˈsɜːrdʒən/ n cirujano, -a

surgery /ˈsɜːrdʒəri/ n (pl **surgeries**) **1** cirugía: *brain surgery* neurocirugía ◊ *to undergo surgery* someterse a una operación quirúrgica **2** (GB) (USA **office**) consultorio (*de un médico*): *surgery hours* horas de consulta

surgical /ˈsɜːrdʒɪkl/ adj quirúrgico

surly /ˈsɜːrli/ adj (**surlier, -iest**) arisco

surmount /sərˈmaʊnt/ vt (*formal*) superar

surname /ˈsɜːrneɪm/ n (*esp* GB) (USA **last name**) apellido

> En los países de habla inglesa solo se tiene un apellido, que normalmente es el del padre. Se le llama **surname, family name** o **last name**. Sobre todo en Gran Bretaña hay gente que tiene apellidos compuestos, unidos por un guión, tales como Bonham-Carter. Estos nombres se llaman **double-barreled names**.

surpass /sərˈpæs; GB -ˈpɑːs/ vt (*formal*) superar

surplus /ˈsɜːrpləs/ sustantivo, adjetivo
▸ n excedente: *food surplus* excedente de alimentos
▸ adj sobrante

surprise /sərˈpraɪz/ sustantivo, verbo
▸ n sorpresa LOC **take sb/sth by surprise** tomar a algn/algo por sorpresa
▸ vt **1** sorprender: *I wouldn't be surprised if it rained.* No me extrañaría que lloviera. **2** tomar por sorpresa

surprised /sərˈpraɪzd/ adj ~ **(at sb/sth)** sorprendido (con algn/por algo): *I'm not surprised!* ¡No me extraña!

surprising /sərˈpraɪzɪŋ/ adj sorprendente

surprisingly /sərˈpraɪzɪŋli/ adv sorprendentemente

surrender /səˈrendər/ verbo, sustantivo
▸ **1** vi ~ **(to sb)** rendirse (a algn) **2** vt ~ **sth (to sb)** (*formal*) entregar algo (a algn)
▸ n **1** rendición **2** entrega

surreptitious /ˌsʌrəpˈtɪʃəs/ adj subrepticio, furtivo

surrogate /ˈsʌrəɡət/ n sustituto, -a: *surrogate mother* madre sustituta

surround /səˈraʊnd/ vt rodear

surrounding /səˈraʊndɪŋ/ adj circundante: *the surrounding countryside* el campo de los alrededores

surroundings /səˈraʊndɪŋz/ n [pl] alrededores, entorno

surveillance /sɜːrˈveɪləns/ n vigilancia: *to keep sb under surveillance* mantener a algn bajo vigilancia

survey sustantivo, verbo
▸ n /ˈsɜːrveɪ/ **1** encuesta **2** (GB) inspección (*de una casa, etc.*) **3** panorama
▸ vt /sərˈveɪ/ **1** contemplar **2** (*terreno*) medir, levantar un plano de **3** (GB) hacer una inspección (*de un edificio*) **4** encuestar
  ■ **surveyor** /sərˈveɪər/ n **1** (GB) persona que lleva a cabo la inspección y avalúo de edificios **2** agrimensor, -ora

survive /sərˈvaɪv/ **1** vi sobrevivir **2** vi ~ **(on sth)** subsistir (a base de algo) **3** vt ~ **sth** (*naufragio, incendio, etc.*) sobrevivir a algo ■ **survival** /sərˈvaɪvl/ n supervivencia **survivor** n superviviente, sobreviviente

susceptible /səˈseptəbl/ adj **1** ~ **to sth** *He's very susceptible to flattery.* Es fácil de convencer con halagos. **2** ~ **to sth** (*Med*) propenso a algo **3** sensible, susceptible

suspect verbo, sustantivo, adjetivo
▸ vt /səˈspekt/ **1** sospechar **2** (*motivo, etc.*) desconfiar de **3** ~ **sb (of sth/of doing sth)**

suspend

sospechar de algn, sospechar que algn ha hecho algo
* *adj, n* /ˈsʌspekt/ sospechoso, -a

suspend /səˈspend/ *vt* **1** ~ **sth (from sth)** colgar algo (de algo): *to suspend sth from the ceiling* colgar algo del techo ❶ La palabra más normal es **hang**. **2** suspender: *suspended sentence* sentencia que no se cumple a menos que se cometa otro crimen

suspender /səˈspendər/ *n* **1 suspenders** (*USA*) (*GB* **braces**) [*pl*] tirantas, cargaderas, suspensores **2** (*GB*) (*USA* **garter**) liga (*para medias*)

suspense /səˈspens/ *n* suspenso, tensión

suspension /səˈspenʃn/ *n* suspensión: *suspension bridge* puente colgante

🔑 **suspicion** /səˈspɪʃn/ *n* sospecha, desconfianza: *He was arrested on suspicion of murder.* Fue arrestado bajo sospecha de homicidio.

🔑 **suspicious** /səˈspɪʃəs/ *adj* **1** ~ **(about/of sb/sth)** desconfiado (de algn/algo): *They're suspicious of foreigners.* Desconfían de los extranjeros. **2** sospechoso: *He died in suspicious circumstances.* Murió en circunstancias sospechosas.

sustain /səˈsteɪn/ *vt* **1** mantener: *People have a limited capacity to sustain interest in politics.* La gente tiene una capacidad limitada para mantener el interés en la política. **2** sostener: *It is difficult to sustain this argument.* Es difícil sostener este argumento. ◊ *sustained economic growth* crecimiento económico sostenido **3** (*formal*) (*lesión, pérdida, etc.*) sufrir

sustainable /səˈsteɪnəbl/ *adj* sostenible
■ **sustainability** /səˌsteɪnəˈbɪləti/ *n* sostenibilidad

SUV /ˌes juː ˈviː/ *abrev de* sport utility vehicle todoterreno

swagger /ˈswæɡər/ *vi* pavonearse, andar con actitud orgullosa

🔑 **swallow** /ˈswɑloʊ/ *verbo, sustantivo*
* ▸ **1** *vt, vi* tragar **2** *vt* (*tolerar, creer*) tragarse
  LOC **be/get swallowed up by sth** ser tragado por algo: *Most of my salary gets swallowed up by the rent.* La mayor parte de mi salario se me va en pagar el arriendo.
* ▸ *n* **1** golondrina **2** trago

swam *pt de* SWIM

swamp /swɑmp/ *sustantivo, verbo*
* ▸ *n* pantano
* ▸ *vt* **1** inundar **2** ~ **sb/sth (with sth)** inundar a algn/algo (de algo)

swan /swɑn/ *n* cisne

swap (*tb* **swop**) /swɑp/ *vt, vi* (**-pp-**) (*inter*) cambiar: *to swap sth round* cambiar algo de lugar **LOC** *Ver* PLACE

swarm /swɔːrm/ *sustantivo, verbo*
* ▸ *n* **1** (*abejas*) enjambre **2** (*moscas*) nube **3** (*gente*) multitud: *swarms of people* un mar de gente
* ▸ *vi* ~ **(in/out)**; ~ **(into/out of sth)** entrar (en algo), salir (de algo) en manadas **PHR V** **swarm with sb/sth** estar plagado de algn/algo

swat /swɑt/ *vt* (**-tt-**) aplastar (*un insecto*)

sway /sweɪ/ *verbo, sustantivo*
* ▸ **1** *vt, vi* balancear(se), mecer(se) **2** *vi* tambalearse **3** *vt* influir en
* ▸ *n* **1** balanceo **2** (*formal*) dominio

🔑 **swear** /swear/ (*pt* **swore** /swɔːr/, *pp* **sworn** /swɔːrn/) **1** *vi* decir groserías: *Your sister swears a lot.* Tu hermana dice muchas groserías. **2** *vt, vi* jurar: *to swear to tell the truth* jurar decir la verdad **PHR V** **swear by sb/sth** confiar plenamente en algn/algo ◆ **swear sb in** tomarle juramento a algn

🔑 **swearing** /ˈsweərɪŋ/ *n* [*incontable*] groserías, vocabulario grosero

ˈ**swear word** *n* grosería

🔑 **sweat** /swet/ *sustantivo, verbo*
* ▸ *n* sudor
* ▸ *vi* sudar **LOC** **sweat it out** (*coloq*) aguantarse

🔑 **sweater** /ˈswetər/ *n* suéter, saco

> En Estados Unidos, un **sweater** puede ser abierto o cerrado, mientras que un **pullover** es siempre cerrado. En Gran Bretaña, no hay diferencia entre **sweater**, **pullover** y **jersey**, que significan todos suéter cerrado. Un suéter abierto se llama **cardigan** en Gran Bretaña.

sweatpants /ˈswetpænts/ *n* [*pl*] pantalón de buzo/sudadera

sweatshirt /ˈswetʃɜːrt/ *n* suéter deportivo

sweatsuit /ˈswetsuːt; *GB tb* -sjuːt/ (*tb* **sweats** [*pl*]) (*GB* **tracksuit**) *n* buzo, sudadera

sweaty /ˈsweti/ *adj* (**sweatier, -iest**) sudado, que hace sudar

🔑 **sweep** /swiːp/ *verbo, sustantivo*
* ▸ (*pt, pp* **swept** /swept/) **1** *vt, vi* barrer **2** *vt* arrastrar **3** *vi*: *She swept out of the room.* Salió de la habitación con paso majestuoso. **4** *vt, vi* ~ **(through, over, across, etc.) sth** recorrer algo, extenderse por algo **5** *vt* (*chimenea*) deshollinar **LOC** **sweep sb off their feet** robarle el corazón a algn **PHR V** **sweep sth away** erradicar, acabar con algo ◆ **sweep sth up** barrer algo
* ▸ *n* **1** barrida **2** movimiento, gesto (amplio)

3 extensión, alcance **4** (*de policía*) rastrillada, pasada

sweeping /ˈswiːpɪŋ/ *adj* **1** (*cambio*) radical **2** (*pey*) (*afirmación*) tajante

sweet /swiːt/ *adjetivo, sustantivo*
▶ *adj* (**sweeter, -est**) **1** dulce **2** (*olor*) fragante **3** (*sonido*) melodioso **4** lindo, cuco, dulce **5** (*carácter*) encantador LOC **have a sweet tooth** (*coloq*) ser dulcero
▶ *n* **1** (*GB*) (*USA* **candy**) dulce **2** (*GB*) (*USA* **dessert**) postre **3** (*coloq*) (*tratamiento*) cariño ■ **sweetness** *n* dulzura

sweetcorn /ˈswiːtkɔːrn/ *n* (*GB*) (*USA* **corn**) maíz tierno ➔ *Comparar con* MAIZE

sweeten /ˈswiːtn/ *vt* **1** endulzar, ponerle azúcar a **2** ~ **sb** (**up**) (*coloq*) ablandar a algn ■ **sweetener** *n* edulcorante

sweetheart /ˈswiːthɑːrt/ *n* **1** (*tratamiento*) (mi) amor **2** (*antic*) novio, -a

sweet ˈpea *n* alverjilla (*planta trepadora olorosa*)

ˈsweet poˈtato *n* (*pl* **sweet potatoes**) camote, batata

swell /swel/ *vt, vi* (*pt* **swelled**, *pp* **swollen** /ˈswoʊlən/ *o* **swelled**) hinchar(se)

swelling /ˈswelɪŋ/ *n* hinchazón

swept *pt, pp de* SWEEP

swerve /swɜːrv/ *vt, vi* dar un viraje brusco, dar un timonazo: *The car swerved to avoid the child.* El carro viró bruscamente para esquivar al niño.

swift /swɪft/ *adj* (**swifter, -est**) rápido, pronto: *a swift reaction* una reacción rápida

swill /swɪl/ *vt* ~ **sth** (**out/down**) (*esp GB*) enjuagar algo

swim /swɪm/ *verbo, sustantivo*
▶ (**-mm-**) (*pt* **swam** /swæm/, *pp* **swum** /swʌm/) **1** *vt, vi* nadar: *to swim breaststroke* nadar pecho ◊ *to go swimming* ir a nadar ◊ *to swim the English Channel* atravesar el Canal de la Mancha a nado **2** *vi* (*cabeza*) dar vueltas (*cuando uno se marea*)
▶ *n* nadada: *to go for a swim* ir a nadar

swimmer /ˈswɪmər/ *n* nadador, -ora

swimming /ˈswɪmɪŋ/ *n* natación

ˈswimming pool *n* piscina

ˈswimming trunks *n* [*pl*] vestido de baño (*de caballero*): *a pair of swimming trunks* un vestido de baño ➔ *Ver nota en* PAIR

swimsuit /ˈswɪmsuːt; *GB tb* -sjuːt/ (*GB tb* **ˈswimming costume**) *n* vestido de baño (*esp de mujer*)

swindle /ˈswɪndl/ *verbo, sustantivo*
▶ *vt* estafar
▶ *n* **1** estafa **2** engaño

swindler /ˈswɪndlər/ *n* estafador, -ora

swing /swɪŋ/ *verbo, sustantivo*
▶ (*pt, pp* **swung** /swʌŋ/) **1** *vt, vi* balancear(se) **2** *vt, vi* columpiar(se) **3** *vi* [*con adverbio*] *The door swung open/shut.* La puerta se abrió/cerró. PHR V **swing around** dar media vuelta
▶ *n* **1** balanceo **2** columpio **3** cambio: *mood swings* cambios bruscos de genio LOC **get in/into the swing (of sth)** (*coloq*) coger el tiro (a algo) *Ver tb* FULL

swipe /swaɪp/ **1** *vt, vi* ~ (**at**) **sb/sth** (intentar) golpear a algn/algo **2** *vt* (*coloq*) birlar **3** *vt* pasar (*una tarjeta por un lector electrónico*): *swipe card* tarjeta de banda magnética

swirl /swɜːrl/ *vt, vi* arremolinar(se): *Flakes of snow swirled in the cold wind.* Los copos de nieve se arremolinaban en el viento frío.

switch /swɪtʃ/ *sustantivo, verbo*
▶ *n* **1** interruptor **2** (*tb* **switchover** /ˈswɪtʃoʊvər/) (*coloq*) cambio: *a switch to the Democrats* un cambio hacia los demócratas
▶ **1** *vi* ~ (**from sth**) **to sth** cambiar (de algo) a algo **2** *vt* ~ **sth** (**with sb/sth**) intercambiar algo (con algn/algo) PHR V **switch off** (*coloq*) desconectarse ◆ **switch (sth) off** desconectar algo/desconectarse, apagar algo/apagarse ◆ **switch (sth) on** encender algo/encenderse, prender algo/prenderse

switchboard /ˈswɪtʃbɔːrd/ *n* conmutador

ˌswitched ˈon *adj* ~ (**to sth**) en la onda, al corriente (de algo) *Ver tb* SWITCH

swivel /ˈswɪvl/ *vt, vi* (**-l-**, *GB* **-ll-**) ~ (**sth**) **around** girar algo, girarse

swollen *pp de* SWELL

swoop /swuːp/ *verbo, sustantivo*
▶ *vi* ~ (**down**) (**on sb/sth**) descender en picada (sobre algn/algo)
▶ *n* redada: *Police made a dawn swoop.* La policía hizo una redada al amanecer.

swop = SWAP

sword /sɔːrd/ *n* espada

swore *pt de* SWEAR

sworn *pp de* SWEAR

swot /swɑt/ *sustantivo, verbo*
▶ *n* (*GB*) (*USA* **grind**) (*coloq*) estudioso, -a
▶ *vt, vi* ~ (**up**) (**for/on sth**); ~ **sth up** (*GB, coloq*) (*USA* **cram**) estudiar como loco (para algo)

swum *pp de* SWIM

swung *pt, pp de* SWING

syllable /ˈsɪləbl/ *n* sílaba

syllabus /ˈsɪləbəs/ n (pl **syllabuses** o **syllabi** /-baɪ/) programa (de estudios): *Does the syllabus cover modern literature?* ¿Cubre el programa la literatura moderna?

symbol /ˈsɪmbl/ n ~ **(of/for sth)** símbolo (de algo) ■ **symbolic** /sɪmˈbɑlɪk/ adj ~ **(of sth)** simbólico (de algo) **symbolism** /ˈsɪmbəlɪzəm/ n simbolismo **symbolize** (GB tb **-ise**) /ˈsɪmbəlaɪz/ vt simbolizar

symmetry /ˈsɪmətri/ n simetría
■ **symmetrical** /sɪˈmetrɪkl/ (tb **symmetric**) adj simétrico

sympathetic /ˌsɪmpəˈθetɪk/ adj **1** ~ **(to/ toward sb)** comprensivo, compasivo (con algn): *They were very sympathetic when I told them I could not sit the exam.* Fueron muy comprensivos cuando les dije que no podía presentarme al examen. ❶ Nótese que "simpático" se dice **nice** o **friendly**. **2** ~ **(to sb/ sth)** con buena disposición (hacia algn/algo): *lawyers sympathetic to the peace movement* abogados que apoyan el movimiento pacifista

sympathize (GB tb **-ise**) /ˈsɪmpəθaɪz/ vi ~ **(with sb/sth) 1** compadecerse (de algn/algo) **2** estar de acuerdo (con algn/algo)

sympathy /ˈsɪmpəθi/ n (pl **sympathies**) **1** ~ **(for/toward sb)** compasión (por/hacia algn) **2** condolencia

> **Showing sympathy**
> Mostrar simpatía o compasión
> *I'm sorry you're not well. I hope you feel better soon.* Siento que no estés bien. Espero que te mejores pronto.
> *That's bad luck.* Qué mala suerte.
> *How awful for you.* Qué mala suerte.

symphony /ˈsɪmfəni/ n (pl **symphonies**) sinfonía

symptom /ˈsɪmptəm/ n síntoma: *The riots are a symptom of a deeper problem.* Los disturbios son un síntoma de problemas más profundos.

synagogue /ˈsɪnəgɑg/ n sinagoga

synchronize (GB tb **-ise**) /ˈsɪŋkrənaɪz/ vt, vi ~ **(sth) (with sth)** sincronizar (algo) (con algo)

syndicate /ˈsɪndɪkət/ n sindicato

syndrome /ˈsɪndroʊm/ n síndrome

synonym /ˈsɪnənɪm/ n sinónimo
■ **synonymous** /sɪˈnɑnɪməs/ adj ~ **(with sth)** sinónimo (de algo)

syntax /ˈsɪntæks/ n sintaxis

synthesizer (GB tb **-iser**) /ˈsɪnθəsaɪzər/ n sintetizador

synthetic /sɪnˈθetɪk/ adj **1** sintético **2** (pey) artificial

syringe /sɪˈrɪndʒ/ n jeringa

syrup /ˈsɪrəp/ n **1** almíbar **2** jarabe (para la tos)

system /ˈsɪstəm/ n **1** sistema: *the metric/solar system* el sistema métrico/solar **2** método: *different systems of government* diferentes sistemas de gobierno **LOC get sth out of your system** (coloq) desahogarse de algo
■ **systematic** /ˌsɪstəˈmætɪk/ adj **1** sistemático **2** metódico

T t

T, t /tiː/ n (pl **Ts**, **T's**, **t's** /tiːz/) T, t ⊃ Ver nota en A, A

ta /tɑ/ interj (GB, coloq) ¡gracias!

tab /tæb/ n **1** etiqueta **2** (GB **ring pull**) (de lata de bebida) anilla **3** cuenta **4** (Informát) pestaña

table /'teɪbl/ n **1** mesa: *bedside/coffee table* mesita de noche/mesa de centro **2** tabla: *table of contents* índice de materias LOC **lay/set the table** poner la mesa Ver tb LAY, CLEAR

tablecloth /'teɪblklɔːθ; GB -klɒθ/ n mantel

table football n (GB) (USA **foosball**®) futbolín

tablespoon /'teɪblspuːn/ n **1** cuchara (grande) **2** (tb **tablespoonful**) (abrev **tbsp.**) cucharada

tablet /'tæblət/ n **1** tableta, pastilla **2** tableta (*computador portátil con pantalla touch*)

table tennis n Ping-Pong®

tabloid /'tæblɔɪd/ n tabloide: *the tabloid press* la prensa sensacionalista ⊃ Ver nota en BROADSHEET

taboo /tə'buː/ adj, n (pl **taboos**) tabú: *a taboo subject* un tema tabú

tacit /'tæsɪt/ adj tácito

tack /tæk/ sustantivo, verbo
▸ n tachuela
▸ vt clavar (con tachuelas) PHR V **tack sth on**; **tack sth onto sth** (coloq) añadir algo (a algo)

tackle /'tækl/ verbo, sustantivo
▸ **1** vt hacer frente a: *to tackle a problem* enfrentar un problema **2** vt ~ **sb (about sth)** abordar a algn (sobre algo) **3** vt, vi (Fútbol) hacer una entrada (a), taclear **4** vt, vi (Rugby) placar (a), parar a (un contrario)
▸ n **1** [incontable] equipo, aparejos: *fishing tackle* equipo de pesca **2** (Fútbol) entrada **3** (Rugby) parada de un contrario

tacky /'tæki/ adj (**tackier**, **-iest**) **1** (coloq) lobo, chancho, rasca **2** pegajoso

tact /tækt/ n tacto ■ **tactful** /'tæktfl/ adj diplomático, discreto **tactless** /'tæktləs/ adj indiscreto, poco diplomático: *It was tactless of you to ask him his age.* Fue una indiscreción de tu parte preguntarle su edad.

tactic /'tæktɪk/ n táctica ■ **tactical** adj **1** táctico **2** estratégico: *a tactical decision* una decisión estratégica

tadpole /'tædpoʊl/ n renacuajo

tae kwon do /ˌtaɪ ˌkwɑn 'doʊ/ n taekwondo

tag /tæg/ sustantivo, verbo
▸ n etiqueta ⊃ Ver dibujo en ETIQUETA; Ver tb PRICE TAG, QUESTION TAG
▸ vt (**-gg-**) etiquetar PHR V **tag along (behind/with sb)** seguir, pegársele a algn

tail /teɪl/ sustantivo, verbo
▸ n **1** cola, rabo **2** tails [pl] frac LOC Ver HEAD
▸ vt perseguir PHR V **tail away/off 1** disminuir, desvanecerse **2** (ruido, etc.) apagarse

tailback /'teɪlbæk/ n caravana (de coches)

tailor /'teɪlər/ sustantivo, verbo
▸ n sastre
▸ vt ~ **sth for/to sb/sth** adaptar algo para/a algn/algo

tailor-made adj **1** (hecho) sobre medidas **2** a la medida de sus necesidades

tailpipe /'teɪlpaɪp/ n tubo de escape, exhosto, mofle

taint /teɪnt/ vt **1** contaminar **2** (reputación) manchar

take

bring the newspaper

fetch the newspaper

take the newspaper

take /teɪk/ vt (pt **took** /tʊk/, pp **taken** /'teɪkən/)
1 ~ **sb/sth (with you)** llevar(se) a algn/algo: *Take the dog with you.* Llévate el perro. **2** ~ **sb**

| ʃ she | tʃ chin | dʒ June | v van | θ thin | ð then | s so | z zoo | e ten |

sth; ~ sth (to sb) llevar algo (a algn) ⊃ *Ver nota en* GIVE **3** tomar: *to take sb's hand/take sb by the hand* tomar a algn de la mano ◊ *to take the bus* tomar el bus **4** ~ **sth from/out of sth** sacar algo de algo **5** (*sin permiso*) llevarse **6** ~ **sth (from sb)** quitar algo (a algn) **7** aceptar: *Do you take credit cards?* ¿Aceptan tarjetas de crédito? **8** (*tolerar*) soportar **9** (*comprar*) llevarse **10** (*tiempo*) demorar: *It takes an hour to get there.* Se demora una hora en llegar. ◊ *It won't take long.* No lleva mucho tiempo. **11** (*interpretar, entender*) tomar: *She took it the wrong way/as a compliment.* Lo tomó a mal/ como un cumplido. **12** (*cualidad*) necesitarse, hacer falta: *It takes courage to speak out.* Se necesita coraje para decir lo que uno piensa. **13** (*esp GB*) (*talla*) usar: *What size shoes do you take?* ¿Cuánto calzas? **14** (*foto*) tomar LOC **take it (that…)** suponer (que…) ♦ **take some doing**; **take a lot of doing** (*coloq*) no ser fácil ❶ Para otras expresiones con **take**, véanse las entradas del sustantivo, adjetivo, etc., p.ej. **take place** en PLACE.
PHR V **take after sb** salir, parecerse a algn
take sth apart desarmar algo
take sth away 1 (*dolor, sensación*) quitar algo **2** (*GB*) (*USA* **take sth out**) llevarse algo (*para comerlo fuera del restaurante*)
take sth back 1 (*almacén*) devolver algo **2** retractarse de algo
take sth down 1 bajar algo **2** desmontar algo **3** anotar algo
take sb in 1 acoger, alojar a algn **2** engañar a algn ♦ **take sth in** entender, asimilar algo
take off despegar ♦ **take sb off** imitar a algn ♦ **take sth off 1** (*prenda*) quitarse algo **2** *to take the day off* tomarse el día libre
take sb on contratar a algn ♦ **take sth on** aceptar algo (*trabajo*)
take it/sth out on sb desquitarse de algo con algn, tomarla con algn ♦ **take sb out (for/to sth)** invitar a algn (a algo): *to take sb out for dinner* invitar a algn a cenar ◊ *I'm taking him out tonight.* Voy a salir con él esta noche. ♦ **take sth out 1** sacar, extraer algo **2** (*GB* **take sth away**) llevarse algo (*para comerlo fuera del restaurante*)
take over from sb reemplazar a algn (en algo) ♦ **take sth over 1** adquirir algo (*empresa*) **2** hacerse cargo de algo
take to sb/sth tomarle cariño a algn: *I took to his parents immediately.* Sus papás me cayeron bien inmediatamente.
take up sth ocupar algo (*espacio, tiempo*) ♦ **take sb up on sth** (*coloq*) aceptar algo de algn (*oferta*) ♦ **take sth up** empezar algo (*como hobby*) ♦ **take sth up with sb** plantearle algo a algn

'take-off *n* despegue

takeout /'teɪkaʊt/ (*GB* **takeaway** /'teɪkəweɪ/) *n* **1** restaurante donde se vende comida para llevar **2** comida para llevar
takeover /'teɪkoʊvər/ *n* **1** (*empresa*) adquisición: *takeover bid* oferta pública de adquisición **2** (*Mil*) toma del poder
takings /'teɪkɪŋz/ *n* [*pl*] ingresos
talcum powder /'tælkəm paʊdər/ (*coloq* **talc** /tælk/) *n* talco
tale /teɪl/ *n* **1** cuento, historia **2** chisme
talent /'tælənt/ *n* ~ **(for sth)** talento (para algo)
■ **talented** *adj* talentoso, de talento
talk /tɔːk/ *verbo, sustantivo*
▶ **1** *vi* ~ **(to/with sb) (about sb/sth)** hablar (con algn) (sobre/de algn/algo) ⊃ *Ver nota en* HABLAR **2** *vt* hablar de: *to talk business* hablar de negocios ◊ *to talk sense* hablar con sentido **3** *vi* chismosear LOC **talk shop** (*pey*) hablar del trabajo ♦ **talk your way out of (doing) sth** librarse de (hacer) algo con labia PHR V **talk down to sb** hablarle a algn como si fuera bobo ♦ **talk sb into/out of (doing) sth** persuadir a algn para que haga/no haga algo ♦ **talk sth over/through** discutir algo, hablar de algo
▶ *n* **1** conversación, charla: *to have a talk with sb* tener una conversación con algn ◊ *talk show* programa de entrevistas *Ver tb* SMALL TALK **2 talks** [*pl*] negociaciones
talkative /'tɔːkətɪv/ *adj* hablador
'talking-to *n* [*sing*] (*coloq*) regaño
tall /tɔːl/ *adj* (**taller, -est**) alto: *How tall are you?* ¿Cuánto mides? ◊ *Tom is six feet tall.* Tom mide 1,80. ◊ *a tall tree* un árbol alto ◊ *a tall tower* una torre alta ⊃ *Ver nota en* ALTO
tambourine /ˌtæmbə'riːn/ *n* pandereta
tame /teɪm/ *adjetivo, verbo*
▶ *adj* (**tamer, -est**) **1** domesticado **2** manso **3** (*coloq*) (*fiesta, libro*) insulso
▶ *vt* domar
tamper /'tæmpər/ *v* PHR V **tamper with sth** alterar algo
tampon /'tæmpɑn/ *n* tampón
tan /tæn/ *verbo, sustantivo*
▶ *vt, vi* (**-nn-**) broncear(se)
▶ *n* **1** (*tb* **suntan**) bronceado (*del cutis*): *to get a tan* broncearse **2** (*color*) canela
tangent /'tændʒənt/ *n* tangente LOC **go off on a tangent** (*coloq*) salirse por la tangente
tangerine /ˌtændʒə'riːn, 'tændʒəriːn/ *n* **1** mandarina **2** (*color*) naranja oscuro
tangle /'tæŋgl/ *sustantivo, verbo*
▶ *n* **1** enredo **2** lío: *to get into a tangle* armarse un lío

▸ vt, vi ~ **(sth) (up)** enredar algo, enredarse
tangled /ˈtæŋgld/ adj enredado
tank /tæŋk/ n **1** tanque: *gas tank* tanque de gasolina **2** acuario
tanker /ˈtæŋkər/ n **1** petrolero **2** camión cisterna
tanned /tænd/ adj bronceado, moreno
tantalize (GB tb **-ise**) /ˈtæntəlaɪz/ vt atormentar ■ **tantalizing** (GB tb **-ising**) adj tentador
tantrum /ˈtæntrəm/ n berrinche: *Peter threw/had a tantrum.* Peter hizo un berrinche.
tap /tæp/ verbo, sustantivo
▸ **(-pp-) 1** vt ~ **sth (against/on sth)** dar golpecitos con algo (en algo): *to tap sb on the shoulder* darle una palmadita a algn en la espalda **2** vi ~ **(at/on sth)** dar golpecitos (en algo) **3** vt, vi ~ **(into) sth** explotar algo **4** vt (teléfono) intervenir
▸ n **1** (esp GB) (USA **faucet**) llave (de agua): *to turn the tap on/off* abrir/cerrar la llave **2** golpecito
tape /teɪp/ sustantivo, verbo
▸ n cinta: *adhesive tape* cinta pegante ◊ *to have sth on tape* tener algo grabado Ver tb RED TAPE
▸ vt **1** ~ **sth (up)** amarrar algo con cinta **2** grabar
tape measure (tb **tape**, **measuring tape**) n metro (*para medir*)
tape recorder n grabadora
tapestry /ˈtæpəstri/ n (pl **tapestries**) tapiz
tapir /ˈteɪpər/ n tapir
tar /tɑr/ n alquitrán
tarantula /təˈræntʃələ/ n tarántula
target /ˈtɑrgɪt/ sustantivo, verbo
▸ n **1** blanco, objetivo: *military targets* objetivos militares **2** objetivo: *I'm not going to meet my weekly target.* No voy a cumplir mi objetivo semanal.
▸ vt **1** dirigirse a: *We're targeting young drivers.* Nos estamos dirigiendo a los conductores jóvenes. **2** ~ **sth at/on sb/sth** dirigirle algo a algn/algo
tariff /ˈtærɪf/ n **1** arancel **2** tarifa
Tarmac® /ˈtɑrmæk/ n **1** tarmac pista (*de aeropuerto*) **2** (esp GB) (USA **blacktop**) asfalto
tarnish /ˈtɑrnɪʃ/ **1** vt, vi deslucir(se) **2** vt (reputación, etc.) dañar
tart /tɑrt/ adj torta dulce ➲ Ver nota en pág. 641
tartan /ˈtɑrtn/ n tela escocesa
task /tæsk; GB tɑːsk/ n tarea: *Your first task will be to put the books in order.* Tu primera tarea es poner en orden los libros.

taste /teɪst/ sustantivo, verbo
▸ n **1** sabor **2** ~ **(for sth)** gusto (por algo) **3** (tb **sense of 'taste**) gusto **4** ~ **(of sth)** (*comida, bebida*) poquito (de algo) **5** ~ **(of sth)** muestra (de algo): *her first taste of life in the city* su primera experiencia de la vida en la ciudad
▸ **1** vt, vi notar el sabor (de) ❶ Es muy normal el uso del verbo **taste** con **can** o **could**: *I can't taste anything.* No me sabe a nada. **2** vi ~ **(of sth)** saber (a algo) **3** vt probar **4** vt (*fig*) experimentar, conocer
tasteful /ˈteɪstfl/ adj de buen gusto
tasteless /ˈteɪstləs/ adj **1** insípido, soso **2** de mal gusto
tasty /ˈteɪsti/ adj (**tastier, -iest**) sabroso
tattered /ˈtætərd/ adj vuelto/hecho pedazos
tatters /ˈtætərz/ n [pl] harapos LOC **in tatters** vuelto/hecho pedazos
tattoo /tæˈtuː; GB təˈtuː/ sustantivo, verbo
▸ n (pl **tattoos**) tatuaje
▸ vt tatuar
tatty /ˈtæti/ adj (**tattier, -iest**) (GB, coloq) en mal estado
taught pt, pp de TEACH
taunt /tɔːnt/ verbo, sustantivo
▸ vt burlarse de
▸ n burla
Taurus /ˈtɔːrəs/ n Tauro ➲ Ver ejemplos en AQUARIUS
taut /tɔːt/ adj estirado, tenso
tavern /ˈtævərn/ n (antic) taberna
tax /tæks/ sustantivo, verbo
▸ n impuesto: *tax return* declaración de renta
▸ vt **1** (*artículos*) gravar con un impuesto **2** (*personas*) imponer contribuciones a **3** (*recursos*) exigirle demasiado a **4** (*paciencia, etc.*) poner a prueba, abusar de
taxable /ˈtæksəbl/ adj gravable
taxation /tækˈseɪʃn/ n (recaudación/pago de) impuestos
tax-'free adj libre de impuestos
taxi /ˈtæksi/ sustantivo, verbo
▸ n (tb **taxicab** /ˈtæksikæb/, **cab**) taxi: *taxi driver* taxista
▸ vi (pt, pp **taxied**, part pres **taxiing**) carretear (*avión*)
taxing /ˈtæksɪŋ/ adj agotador, extenuante
taxpayer /ˈtækspeɪər/ n contribuyente
tea /tiː/ n **1** té **2** onces **3** (esp GB) comida, cena ➲ Ver nota en DINNER LOC Ver CUP
teach /tiːtʃ/ (pt, pp **taught** /tɔːt/) **1** vt enseñar: *Jeremy is teaching us how to use the computer.*

teacher

Jeremy nos está enseñando a usar el computador. **2** *vt, vi* dar clases (de) LOC **teach sb a lesson** enseñarle a algn algo, darle a algn una lección (*como castigo*)

teacher /ˈtiːtʃər/ *n* profesor, -ora: *English teacher* profesor de inglés

teaching /ˈtiːtʃɪŋ/ *n* enseñanza: *teaching materials* materiales didácticos ◊ *a teaching career* una carrera docente

teakettle /ˈtiːketl/ *n* pava, tetera (*para calentar agua*) ➔ *Ver dibujo en pág.* 576

team /tiːm/ *sustantivo, verbo*
▸ *n* [*v sing o pl*] equipo ➔ *Ver nota en* JURADO
▸ *v* PHR V **team up (with sb)** formar equipo (con algn)

teammate /ˈtiːmmeɪt/ *n* compañero, -a (de equipo)

teamwork /ˈtiːmwɜːrk/ *n* [*incontable*] trabajo en equipo

teapot /ˈtiːpɑt/ *n* tetera

tear¹ /tɪər/ *n* lágrima: *He was in tears.* Estaba llorando. LOC **bring tears to sb's eyes** hacer llorar a algn ■ **tearful** *adj* lloroso

tear² /teər/ *verbo, sustantivo*
▸ (*pt* **tore** /tɔːr/, *pp* **torn** /tɔːrn/) **1** *vt, vi* rasgar(se) **2** *vi* ~ **along, past, etc.** ir, pasar, etc. a toda velocidad PHR V **tear sb/yourself away (from sth)** separar a algn, separarse (de algo) ◆ **be torn (between A and B)** no poder decidirse (entre A y B) ◆ **tear sth down** derribar algo ◆ **tear sth out** arrancar algo ◆ **tear sth up** hacer pedazos algo
▸ *n* desgarrón LOC *Ver* WEAR

ˈtea room /ˈtiː ruːm/ (*tb* **ˈtea shop**) *n* (*GB*) salón de té

tease /tiːz/ *vt* tomarle el pelo a, atormentar

teaspoon /ˈtiːspuːn/ *n* **1** cucharita **2** (*tb* **teaspoonful**) (*abrev* **tsp.**) cucharadita

teatime /ˈtiːtaɪm/ *n* (*GB*) hora de las onces

ˈtea towel *n* (*GB*) (*USA* **dishtowel**) paño/toalla de cocina

techie (*tb* **techy**) /ˈteki/ *n* (*pl* **techies**) (*coloq*) aficionado a la tecnología

technical /ˈteknɪkl/ *adj* **1** técnico **2** según la ley/las reglas: *a technical point* una cuestión de forma ■ **technicality** /ˌteknɪˈkæləti/ *n* (*pl* **technicalities**) **1** detalle técnico, tecnicismo **2** formalismo **technically** /-kli/ *adv* **1** técnicamente, en términos técnicos **2** estrictamente

ˈtechnical college *n* (*GB*) institución superior de formación profesional

technician /tekˈnɪʃn/ *n* técnico, -a

technique /tekˈniːk/ *n* técnica

technology /tekˈnɑlədʒi/ *n* (*pl* **technologies**) tecnología *Ver tb* INFORMATION TECHNOLOGY
■ **technological** /ˌteknəˈlɑdʒɪkl/ *adj* tecnológico

teddy bear /ˈtedi beər/ (*GB tb* **teddy**) *n* osito de felpa

tedious /ˈtiːdiəs/ *adj* tedioso

tedium /ˈtiːdiəm/ *n* tedio

teem /tiːm/ *v* PHR V **teem with sth** estar repleto de algo (*personas o animales*)

teenage /ˈtiːneɪdʒ/ *adj* de adolescentes
■ **teenager** *n* adolescente

teens /tiːnz/ *n* [*pl*] adolescencia, edad entre los 13 y los 19 años

ˈtee shirt = T-SHIRT

teeth /tiːθ/ *pl de* TOOTH

teethe /tiːð/ *vi* salirle (a un niño) los dientes
LOC **teething problems/troubles** problemas menores en los inicios de un negocio

telecommunications /ˌtelɪkəˌmjuːnɪˈkeɪʃnz/ *n* [*pl*] telecomunicaciones

teleconference /ˈtelɪkɑnfərəns/ *n* videoconferencia

telemarketing /ˈtelɪmɑrkɪtɪŋ/ (*GB tb* **telesales** /ˈteliseɪlz/) *n* telemarketing

telepathy /təˈlepəθi/ *n* telepatía

telephone /ˈtelɪfoʊn/ *sustantivo, verbo*
▸ *n* (*tb* **phone**) teléfono: *telephone call* llamada telefónica ◊ *telephone book/directory* directorio telefónico LOC **be on the telephone** estar hablando por teléfono
▸ *vt, vi* llamar por teléfono (a algn/algo)

ˈtelephone booth (*tb* **ˈphone booth**) (*GB* **ˈtelephone/ˈphone box**) *n* cabina telefónica

telescope /ˈtelɪskoʊp/ *n* telescopio

televise /ˈtelɪvaɪz/ *vt* televisar

television /ˈtelɪvɪʒn/ (*GB coloq* **telly**) *n* (*abrev* **TV**) **1** televisión: *to watch television* ver televisión **2** (*tb* **ˈtelevision set**) televisor

En Gran Bretaña los principales canales de televisión nacional son BBC1, BBC2, ITV, Channel 4 y Channel 5. Los canales de la BBC no tienen comerciales y se financian a través del pago de un impuesto anual que permite el uso de uno o más televisores (**TV licence**).

teleworking /ˈteliwɜːrkɪŋ/ *n* trabajo desde casa usando el teléfono o internet

tell /tel/ (*pt, pp* **told** /toʊld/) **1** *vt* decir: *to tell the truth* decir la verdad

En estilo indirecto **tell** va generalmente seguido por un objeto directo de persona:

Tell him to wait. Dile que espere. ◊ *She told him to hurry up.* Le dijo que se apurara. ➲ *Ver tb notas en* ORDER *y* SAY

2 *vt* contar: *Tell me all about it.* Cuéntamelo todo. ◊ *Promise you won't tell.* Prométeme que no lo vas a contar. **3** *vt, vi* saber: *You can tell she's French.* Se nota que es francesa. **4** *vt* ~ **A from B** distinguir A de B **LOC I told you (so)** *(coloq)* (ya) te lo dije ◆ **tell time** *(GB* **tell the time**) decir la hora ◆ **there's no telling** es imposible saberlo ◆ **you never can tell** nunca se sabe ◆ **you're telling me!** *(coloq)* ¡Me lo vas a decir a mí! **PHR V tell sb off (for sth/doing sth)** *(coloq)* regañar a algn (por algo/hacer algo) ◆ **tell on sb** *(coloq)* delatar, sapear a algn

teller /'telər/ *n* cajero, -a *(de banco)*

telling /'telɪŋ/ *adj* significativo, diciente

telling-off *n (pl* **tellings-off**) *(GB, coloq)* (*USA* **talking-to**) regaño

telly /'teli/ *n (pl* **tellies**) *(GB, coloq)* tele

temp /temp/ *n* empleado, -a temporal

temper /'tempər/ *sustantivo, verbo*
▸ *n* humor, genio: *to get into a temper* ponerse de mal genio **LOC have a quick/short temper** tener mal genio ◆ **in a (bad, foul, rotten, etc.) temper** de mal genio ◆ **keep your temper** dominarse la paciencia ◆ **lose your temper** perder la paciencia, ponerse bravo
▸ *vt* ~ **sth (with sth)** *(formal)* templar algo (con algo)

temperament /'temprəmənt/ *n* temperamento

temperamental /ˌtemprə'mentl/ *adj* temperamental

temperate /'tempərət/ *adj (clima, región)* templado

ʔ **temperature** /'temprətʃər/ *n* temperatura **LOC have/run a temperature** tener fiebre

tempestuous /tem'pestʃuəs/ *adj (formal)* tempestuoso

template /'templət; *GB* -pleɪt/ *n* plantilla

temple /'templ/ *n* **1** *(Relig)* templo **2** *(Anat)* sien

tempo /'tempoʊ/ *n (pl* **tempos**) **1** *(Mús)* tiempo ❶ En este sentido, también se usa la forma plural **tempi** /'tempi:/. **2** *(de vida, etc.)* ritmo

ʔ **temporarily** /ˌtempə'rerəli/ *adv* temporalmente

ʔ **temporary** /'tempəreri; *GB* -prəri/ *adj* temporal, provisional

tempt /tempt/ *vt* tentar ■ **temptation** *n* tentación **tempting** *adj* tentador

ʔ **ten** /ten/ *adj, pron, n* diez ➲ *Ver ejemplos en* FIVE

tenacious /tə'neɪʃəs/ *adj* tenaz

tenacity /tə'næsəti/ *n* tenacidad

tenant /'tenənt/ *n* inquilino, -a, arrendatario, -a ■ **tenancy** *n (pl* **tenancies**) arrendamiento, arriendo

ʔ **tend** /tend/ **1** *vi* ~ **to do sth** tender, tener tendencia a hacer algo **2** *vt, vi* ~ **(to) sb/sth** cuidar, atender a algn/algo

ʔ **tendency** /'tendənsi/ *n (pl* **tendencies**) tendencia, propensión

tender /'tendər/ *adj* **1** *(planta, carne)* tierno **2** *(herida)* adolorido **3** *(mirada)* cariñoso
■ **tenderly** *adv* tiernamente, con ternura **tenderness** *n* ternura

tendon /'tendən/ *n* tendón

tenement /'tenəmənt/ *n*: *a tenement block/tenement house* un inquilinato

tenner /'tenər/ *n (GB, coloq)* (billete de) diez libras

tennis /'tenɪs/ *n* tenis

tenor /'tenər/ *n* tenor

tenpin bowling /ˌtenpɪn 'boʊlɪŋ/ *n* [*incontable*] (juego de) bolos

tense /tens/ *adjetivo, sustantivo*
▸ *adj* tenso
▸ *n (Gram)* tiempo: *in the past tense* en tiempo pasado

ʔ **tension** /'tenʃn/ *n* tensión

ʔ **tent** /tent/ *n* carpa

tentacle /'tentəkl/ *n* tentáculo

tentative /'tentətɪv/ *adj* **1** tentativo **2** cauteloso

tenth /tenθ/ **1** *adj, adv, pron* décimo **2** *n* décima parte, décimo ➲ *Ver ejemplos en* FIFTH

tenuous /'tenjuəs/ *adj* tenue

tenure /'tenjər/ *n* **1** *(de un puesto)* ocupación: *security of tenure* derecho de permanencia ◊ *The tenure of the U.S. presidency is four years.* El período presidencial en EE. UU. es de cuatro años. **2** *(de tierra, propiedad)* tenencia

tepid /'tepɪd/ *adj* tibio

ʔ **term** /tɜːrm/ *sustantivo, verbo*
▸ *n* **1** período, plazo: *the long-term risks* los riesgos a largo plazo ◊ *term of office* mandato (de un gobierno) **2** trimestre: *the fall/spring/summer term* el primer/segundo/tercer trimestre **3** expresión, término *Ver tb* TERMS **LOC in the long/short term** a largo/corto plazo
▸ *vt (formal)* calificar de

terminal /'tɜːrmɪnl/ *adj, n* terminal

terminate /ˈtɜːrmɪneɪt/ (formal) **1** vt, vi terminar: *This train terminates at Grand Central.* Este tren va hasta Grand Central. **2** vt (contrato, etc.) rescindir

terminology /ˌtɜːrmɪˈnɑlədʒi/ n (pl **terminologies**) terminología

terminus /ˈtɜːrmɪnəs/ n (pl **termini** /-naɪ/) (estación) terminal

termite /ˈtɜːrmaɪt/ n termita

terms /tɜːrmz/ n [pl] **1** condiciones **2** términos LOC **be on good, bad, etc. terms (with sb)** tener buenas, malas, etc. relaciones con algn ♦ **come to terms with sb/sth** aceptar a algn/algo *Ver tb* EQUAL, FAMILIAR

terrace /ˈterəs/ n **1** (*de casa, Agric*) terraza **2 the terraces** [pl] (*GB*) (*Dep*) las tribunas **3** (*GB*) hilera de casas con muros divisorios comunes **4** (*GB*) (*tb* **terraced house**) (*USA* **row house**) casa de una hilera con muros divisorios comunes

terrain /təˈreɪn/ n terreno

terrestrial /təˈrestriəl/ adj terrestre

terrible /ˈterəbl/ adj **1** (*accidente, heridas*) terrible **2** (*coloq*) espantoso, terrible

terribly /ˈterəbli/ adv terriblemente: *I'm terribly sorry.* Lo siento muchísimo.

terrific /təˈrɪfɪk/ adj (*coloq*) **1** tremendo **2** fabuloso: *It was a terrific bargain.* Fue una ganga increíble.

terrify /ˈterɪfaɪ/ vt (pt, pp -**fied**) aterrorizar ■ **terrified** adj aterrorizado: *She's terrified of flying.* Le aterra volar. LOC *Ver* WIT **terrifying** adj aterrador, espantoso

territorial /ˌterəˈtɔːriəl/ adj territorial

territory /ˈterətɔːri; *GB* -tri/ n (pl **territories**) territorio ■ **territorial** /ˌterəˈtɔːriəl/ adj territorial

terror /ˈterər/ n terror: *to scream with terror* gritar de terror

terrorism /ˈterərɪzəm/ n terrorismo ■ **terrorist** n terrorista

terrorize (*GB tb* -**ise**) /ˈterəraɪz/ vt aterrorizar

terse /tɜːrs/ adj lacónico: *a terse reply* una respuesta seca

test /test/ sustantivo, verbo
▶ n **1** prueba: *blood test* análisis de sangre **2** (*Educ*) examen: *I'll give you a test on Thursday.* Les voy a hacer un examen el jueves.
▶ vt **1** probar, poner a prueba **2** ~ **sth for sth** someter algo a pruebas de algo **3** ~ **sb (on sth)** (*Educ*) examinar a algn (sobre algo)

testament /ˈtestəmənt/ n ~ (**to sth**) (*formal*) testimonio (de algo)

testicle /ˈtestɪkl/ n testículo

testify /ˈtestɪfaɪ/ vt, vi (pt, pp -**fied**) declarar

testimony /ˈtestɪmoʊni; *GB* -məni/ n (pl **testimonies**) testimonio

test tube n tubo de ensayo: *test-tube baby* bebé de probeta

tether /ˈteðər/ verbo, sustantivo
▶ vt (*animal*) amarrar
▶ n LOC *Ver* END

text /tekst/ sustantivo, verbo
▶ n texto *Ver tb* SET TEXT
▶ vt, vi enviar un mensaje de texto (a)

textbook /ˈtekstbʊk/ n libro de texto

textile /ˈtekstaɪl/ n [gen pl] textil

text message (*tb* **text**) n mensaje de texto, mensajito, SMS ■ **text-messaging** n SMS, mensajería de texto

texture /ˈtekstʃər/ n textura

than /ðən, ðæn/ conj, prep **1** [*después de comparativo*] que: *faster than ever* más rápido que nunca ◇ *better than he thought* mejor de lo que había pensado **2** (*con tiempo y distancia*) de: *more than an hour/a kilometer* más de una hora/un kilómetro

thank /θæŋk/ vt ~ **sb (for sth/doing sth)** darle las gracias a algn (por algo/hacer algo), agradecerle a algn LOC **thank you** gracias ᴑ *Ver nota en* PLEASE

> **Thanking someone for something**
> Agradecer algo a alguien
> *Thank you very much.* Muchas gracias.
> *I'm very grateful.* Te lo agradezco mucho.
> *I do appreciate your help.* Aprecio mucho tu ayuda.
> *That's all right.* No te preocupes.
> *Don't mention it.* No hay de qué.
> *No problem.* No hay problema.

thankful /ˈθæŋkfl/ adj agradecido ■ **thankfully** adv afortunadamente

thanks /θæŋks/ interjección, sustantivo
▶ interj ¡gracias!: *Thanks for coming!* ¡Gracias por venir! ᴑ *Ver nota en* PLEASE
▶ n gracias, agradecimiento: *to say thanks to sb* dar las gracias a algn LOC *Ver* VOTE

Thanksgiving /ˌθæŋksˈɡɪvɪŋ/ (*tb* **Thanksgiving Day**) n día de Acción de Gracias

> **Thanksgiving** se celebra en Estados Unidos el cuarto jueves de noviembre. La comida tradicional consiste en pavo asado (**turkey**) y tarta de calabaza (**pumpkin pie**).

---

i happy　　ɪ sit　　iː see　　æ cat　　ɑ hot　　ɒ long (*GB*)　　ɑː bath (*GB*)　　ʌ cup　　ʊ put　　uː too

thereafter

that *adjetivo, pronombre, conjunción, adverbio*
▸ *adj* /ðæt/ (*pl* **those**) ese, aquel ⊃ *Comparar con* THIS
▸ *pron* **1** /ðæt/ ese, aquel **2** /ðət, ðæt/ [*sujeto*] que: *The letter that came is from him.* La carta que llegó es de él. **3** /ðət, ðæt/ [*complemento*] que: *These are the books (that) I bought.* Estos son los libros que compré. ◊ *the job (that) I applied for* el trabajo que solicité ⊃ *Ver nota en* QUE¹ **4** /ðə, ðæt/ [*con expresiones temporales*] en que: *the year that he died* el año en que murió **LOC that is (to say)** es decir ♦ **that's right** eso es
▸ *conj* /ðət, ðæt/ que: *I told him that he should wait.* Le dije que se esperara.
▸ *adv* /ðæt/ tan: *It's that long.* Es así de largo. ◊ *that much worse* tanto peor

thatch /θætʃ/ *vt* poner un techo de paja
■ **thatched** *adj* con techo de paja

thaw /θɔː/ *verbo, sustantivo*
▸ *vt, vi* deshelar(se), descongelar(se)
▸ *n* deshielo

the /ðə/ *art* el/la/lo, los/las ❶ Antes de vocal se pronuncia /ði/ o, si se quiere dar énfasis, /ðiː/.

theater (*GB* **theatre**) /ˈθiːətər/; *GB* ˈθɪə-/ *n* **1** teatro **2** (*tb* **movie theater**) cine *Ver tb* LECTURE HALL

theatrical /θiˈætrɪkl/ *adj* teatral, de teatro

theft /θeft/ *n* robo

> **Theft** es el término que se utiliza para los robos que se realizan sin que nadie los vea y sin recurrir a la violencia: *car/cattle thefts* robos de carros/ganado, **robbery** se refiere a los robos llevados a cabo por medio de la violencia o con amenazas: *armed/bank robbery* robo a mano armada/de un banco y **burglary** se usa para los robos en casas o almacenes cuando los dueños están ausentes. ⊃ *Ver tb notas en* THIEF *y* ROB

their /ðeər/ *adj* su(s) (*de ellos*): *What color is their cat?* ¿De qué color es el gato de ellos? ⊃ *Ver nota en* MY

theirs /ðeərz/ *pron* de ellos/ellas, suyo, -a, -os, -as: *a friend of theirs* un amigo de ellos/ellas ◊ *Our house is not as big as theirs.* Nuestra casa no es tan grande como la de ellos.

them /ðəm, ðem/ *pron* **1** [*como objeto directo*] los, las: *I saw them yesterday.* Los vi ayer. **2** [*como objeto indirecto*] les: *Tell them to wait.* Diles que esperen. **3** [*después de preposición o del verbo* **be**] ellos/ellas: *Go with them.* Ve con ellos. ◊ *They took it with them.* Lo llevaron con ellos/ellas. ◊ *Was it them at the door?* ¿Eran ellos los que estaban en la puerta? ⊃ *Comparar con* THEY

theme /θiːm/ *n* tema

theme park *n* parque temático

themselves /ðəmˈselvz/ *pron* **1** [*uso reflexivo*] se: *They enjoyed themselves a lot.* Se divirtieron mucho. **2** [*después de preposición*] sí mismos, -as: *They were talking about themselves.* Hablaban de ellos/sí mismos. **3** [*uso enfático*] ellos, -as mismos, -as: *Did they paint the house themselves?* ¿Pintaron la casa ellos mismos? **LOC (all) by themselves** (completamente) solos

then /ðen/ *adv* **1** entonces: *until then* hasta entonces ◊ *from then on* desde entonces **2** en aquella época: *Life was harder then.* La vida era más dura en aquella época. **3** luego, después: *the soup and then the chicken* la sopa y luego el pollo **4** (*así que*) en ese caso, pues, entonces: *You're not coming, then?* ¿Entonces no vienes?

theology /θiˈɑlədʒi/ *n* teología ■ **theological** /ˌθiːəˈlɑdʒɪkl/ *adj* teológico

theoretical /ˌθɪəˈretɪkl/ *adj* teórico

theory /ˈθɪəri/ *n* (*pl* **theories**) teoría: *in theory* en teoría

therapeutic /ˌθerəˈpjuːtɪk/ *adj* terapéutico

therapist /ˈθerəpɪst/ *n* terapeuta

therapy /ˈθerəpi/ *n* terapia *Ver tb* RETAIL THERAPY

there /ðeər/ *adv* ahí, allí, allá: *My car is there, in front of the restaurant.* Mi carro está allí, delante del restaurante.
● **there + be**: *There's someone at the door.* Hay alguien en la puerta. ◊ *How many are there?* ¿Cuántos hay? ◊ *There'll be twelve guests at the party.* Va a haber doce invitados en la fiesta. ◊ *There was a terrible accident yesterday.* Hubo un accidente horrible ayer. ◊ *There has been very little rain recently.* Ha llovido muy poco últimamente.
● **there + v modal + be**: *There must be no mistakes.* No debe haber ningún error. ◊ *There might be rain later.* Podría haber chubascos más tarde. ◊ *There shouldn't be any problems.* No creo que haya ningún problema. ◊ *How can there be that many?* ¿Cómo es posible que haya tantos?

> **There** se usa también con **seem** y **appear**: *There seem/appear to be two ways of looking at this problem.* Parece que hay dos formas de ver este problema.

LOC there and then en el acto, ahí mismo *Ver tb* HERE

thereafter /ˌðeərˈæftər; *GB* -ˈɑːf-/ *adv* (*formal*) a partir de entonces

thereby /ˌðeərˈbaɪ/ adv (formal) **1** por eso/ello **2** de este modo

⸸ **therefore** /ˈðeərfɔːr/ adv por (lo) tanto, por consiguiente

thermal /ˈθɜːrml/ adj **1** térmico **2** (fuente) termal

thermometer /θərˈmɑmɪtər/ n termómetro

Thermos® /ˈθɜːrməs/ (tb **Thermos flask**) n termo

thermostat /ˈθɜːrməstæt/ n termostato

these /ðiːz/ adjetivo, pronombre
▸ adj [pl] estos, -as
▸ pron [pl] éstos, -as Ver tb THIS

thesis /ˈθiːsɪs/ n (pl **theses** /-siːz/) tesis

⸸ **they** /ðeɪ/ pron ellos, ellas: *They didn't like it.* No les gustó. ❶ El pronombre personal no se puede omitir en inglés. ⊃ Comparar con THEM

they'd /ðeɪd/ **1** abrev de **they had** Ver HAVE **2** abrev de **they would** Ver WOULD

they'll /ðeɪl/ abrev de **they will** Ver WILL

they're /ðeər/ abrev de **they are** Ver BE

they've /ðeɪv/ abrev de **they have** Ver HAVE

⸸ **thick** /θɪk/ adjetivo, adverbio, sustantivo
▸ adj (**thicker, -est**) **1** grueso: *The ice was six inches thick.* El hielo tenía quince centímetros de grueso. **2** espeso: *This sauce is too thick.* Esta salsa está demasiado espesa. **3** (*barba*) poblado **4** (*acento*) marcado **5** (*esp GB*, *coloq*) (*persona*) estúpido, bruto
▸ adv (**thicker, -est**) (*tb* **thickly**) grueso: *Don't spread the butter too thick.* No le pongas demasiada mantequilla.
▸ n **LOC** **in the thick of sth** en medio de algo ♦ **through thick and thin** contra viento y marea

thicken /ˈθɪkən/ vt, vi espesar(se)

⸸ **thickly** /ˈθɪkli/ adv **1** grueso, de modo grueso, espesamente **2** (*poblado*) densamente

⸸ **thickness** /ˈθɪknəs/ n espesor, grosor

thick-ˈskinned adj (*persona*) insensible

⸸ **thief** /θiːf/ n (pl **thieves** /θiːvz/) ladrón, -ona

Thief es el término general que se utiliza para designar a un ladrón que roba cosas, generalmente sin que nadie lo vea y sin recurrir a la violencia, **robber** se aplica a la persona que roba bancos, almacenes, etc., a menudo mediante la violencia o con amenazas, **burglar** se utiliza para los ladrones que roban en una casa o un almacén cuando no hay nadie y **shoplifter** es la persona que se lleva cosas de un almacén sin pagarlas. ⊃ Ver tb notas en ROB y THEFT

thigh /θaɪ/ n muslo

thimble /ˈθɪmbl/ n dedal

⸸ **thin** /θɪn/ adjetivo, adverbio, verbo
▸ adj (**thinner, -est**) **1** (*persona*) delgado, flaco ⊃ Ver nota en DELGADO **2** fino, delgado **3** (*sopa*) aguado **LOC** **(be) thin on the ground** (*GB*) (ser) escaso ♦ **vanish, etc. into thin air** desaparecer como por arte de magia Ver tb THICK
▸ adv (**thinner, -est**) (*tb* **thinly**) fino
▸ vt, vi (**-nn-**) ~ (**sth**) (**out**) hacer algo, hacerse menos denso

⸸ **thing** /θɪŋ/ n **1** cosa: *What's that thing on the table?* ¿Qué es eso que hay en la mesa? ◊ *I can't see a thing.* No veo nada. ◊ *the main thing* lo más importante ◊ *the first thing* lo primero ◊ *Forget the whole thing.* Olvídate del asunto. ◊ *to take things seriously* tomarlo todo en serio ◊ *The way things are going…* Tal como está la situación… **2 things** [*pl*] cosas: *You can put your things in that drawer.* Puedes poner tus cosas en ese cajón. **3** *Poor (little) thing!* ¡Pobrecito! **4 the thing** [*sing*] *Just the thing for tired business people.* Justo lo que necesitan los ejecutivos cansados. **LOC** **be a good thing (that)…** menos mal (que)…: *It was a good thing that…* Menos mal que… ♦ **do your own thing** (*coloq*) ir a tu aire ♦ **first/last thing** a primera/última hora: *last thing at night* lo último por la noche ♦ **for one thing** para empezar ♦ **the thing is…** (*coloq*) la cosa es que… Ver tb PROPORTION

thingummy /ˈθɪŋəmi/ (*tb* **thingy** /ˈθɪŋi/) n (*pl* **thingummies/thingies**) (*coloq*)

Se utilizan **thingummy** y **thingy** para referirse a objetos o personas cuyos nombres no recordamos: *one of those thingummies for keeping papers together* uno de esos cosos para sujetar los papeles ◊ *Is thingummy going? Do you know who I mean?* ¿Coso va a ir? ¿Sabes a quién me refiero?

⸸ **think** /θɪŋk/ verbo, sustantivo
▸ (*pt, pp* **thought** /θɔːt/) **1** vt, vi pensar: *What are you thinking (about)?* ¿En qué estás pensando? ◊ *Just think!* ¡Imagínate! ◊ *Who'd have thought (it)?* ¿Quién lo hubiera pensado? ◊ *The job took longer than we thought.* El trabajo nos llevó más de lo que habíamos pensado. **2** vi reflexionar **3** vt creer: *I (don't) think so.* Creo que sí/no. ◊ *What do you think (of her)?* ¿Qué opinas (de ella)? ◊ *It would be nice, don't you think?* Sería estupendo, ¿no te parece? ◊ *I think this is the house.* Me parece que esta es la casa. **LOC** **I should think so!** ¡no faltaba más! ♦ **think the world of sb** tener a algn en alta estima Ver tb GREAT **PHR V** **think about sb/sth 1** pensar en algn/algo: *I'll think about it.* Lo voy a pensar. **2** tener a algn/algo en cuenta **3** recordar a algn/algo ♦ **think of sth** ocurrírsele

algo a algn ♦ **think of sth/sb 1** pensar en algo/algn **2** recordar algo/a algn ♦ **think of sb/sth as sb/sth** considerar a algn/algo como algn/algo ♦ **think sth out**: *a well thought out plan* un plan bien pensado ♦ **think sth over/through** reflexionar sobre algo ♦ **think sth up** (*coloq*) inventar, pensar algo
▸ *n* [*sing*] **LOC** **have a think (about sth)** (*coloq*) pensárselo, pensarse algo

thinker /ˈθɪŋkər/ *n* pensador, -ora

thinking /ˈθɪŋkɪŋ/ *sustantivo, adjetivo*
▸ *n* [*incontable*] forma de pensar: *What's your thinking on this?* ¿Qué piensas de esto? ◊ *Quick thinking!* ¡Bien pensado! *Ver tb* WISHFUL THINKING
▸ *adj* [*solo antes de sustantivo*] racional, inteligente: *thinking people* gente inteligente

think tank *n* organización de expertos (*esp* para aconsejar a los gobiernos)

thinly /ˈθɪnli/ *adv* fino, finamente

third /θɜːrd/ (*abrev* **3rd**) *adjetivo, adverbio, pronombre, sustantivo*
▸ *adj, adv, pron* tercero
▸ *n* **1** tercio, tercera parte **2 the third** el (día) tres **3** (*tb* **third ˈgear**) tercera ⊃ *Ver ejemplos en* FIFTH

thirdly /ˈθɜːrdli/ *adv* en tercer lugar (*en una enumeración*)

ˌthird ˈparty *n* tercera persona

the ˌThird ˈWorld *n* el Tercer Mundo

thirst /θɜːrst/ *n* ~ **(for sth)** sed (de algo)

thirsty /ˈθɜːrsti/ *adj* (**thirstier, -iest**) sediento: *to be thirsty* tener sed

thirteen /ˌθɜːrˈtiːn/ *adj, pron, n* trece ⊃ *Ver ejemplos en* FIVE ■ **thirteenth 1** *adj, adv, pron* decimotercero **2** *n* treceava parte, treceavo ⊃ *Ver ejemplos en* FIFTH

thirty /ˈθɜːrti/ *adj, pron, n* treinta ⊃ *Ver ejemplos en* FIFTY, FIVE ■ **thirtieth 1** *adj, adv, pron* trigésimo **2** *n* treintava parte, treintavo ⊃ *Ver ejemplos en* FIFTH

this /ðɪs/ *adjetivo, pronombre, adverbio*
▸ *adj* (*pl* **these**) este, -a, estos, -as: *I don't like this color.* No me gusta este color. ◊ *This one suits me.* Este me favorece. ◊ *These shoes are more comfortable than those.* Estos zapatos son más cómodos que ésos. ⊃ *Comparar con* THAT
▸ *pron* (*pl* **these**) **1** éste, -a, éstos, -as: *This is John's father.* Este es el papá de John. ◊ *I prefer these.* Prefiero éstos. **2** esto: *Listen to this…* Escucha esto…
▸ *adv*: *this high* así de alto ◊ *this far* tan lejos

thistle /ˈθɪsl/ *n* cardo

thong /θɔːŋ; *GB* θɒŋ/ *n* **1** tanga **2** (*USA*) (*GB* **flip-flop**) chancla

thorn /θɔːrn/ *n* espina (*de rosal, etc.*) ■ **thorny** *adj* (**thornier, -iest**) (*lit y fig*) espinoso

thorough /ˈθɜːroʊ, ˈθɜːroʊ; *GB* ˈθʌrə/ *adj* **1** (*investigación, conocimiento*) a fondo **2** (*persona*) meticuloso

thoroughly /ˈθɜːroʊli, ˈθɜːr-; *GB* ˈθʌrə-/ *adv* **1** a conciencia **2** enormemente

those /ðoʊz/ *adjetivo, pronombre*
▸ *adj* [*pl*] aquellos, -as, esos, -as
▸ *pron* [*pl*] aquéllos, -as, ésos, -as *Ver tb* THAT

though /ðoʊ/ *conjunción, adverbio*
▸ *conj* aunque, pero
▸ *adv* de todas formas

thought /θɔːt/ *sustantivo*
▸ *n* **1** pensamiento: *deep/lost in thought* perdido en sus propios pensamientos **2** ~ **(of doing sth)** idea (de hacer algo) **LOC** *Ver* FOOD, SCHOOL, SECOND, TRAIN; *Ver tb* THINK

thoughtful /ˈθɔːtfl/ *adj* **1** pensativo **2** atento: *It was very thoughtful of you.* Fue todo un detalle de tu parte.

thoughtless /ˈθɔːtləs/ *adj* desconsiderado

thousand /ˈθaʊznd/ *adj, pron, n* mil ⊃ *Ver ejemplos en* FIVE ■ **thousandth 1** *adj* milésimo **2** *n* milésima parte ⊃ *Ver ejemplos en* FIFTH

thrash /θræʃ/ *vt* (*lit y fig*) darle una paliza a, arrollar ■ **thrashing** *n* paliza

thread /θred/ *sustantivo, verbo*
▸ *n* ~ **(of sth)** hilo (de algo): *a needle and thread* aguja e hilo
▸ *vt* ensartar

threat /θret/ *n* ~ **(to sb/sth) (of sth)** amenaza (para algn/algo) (de algo): *a threat to national security* una amenaza para la seguridad nacional

threaten /ˈθretn/ *vt* **1** ~ **sb/sth (with sth)** amenazar a algn/algo (con algo) **2** ~ **to do sth** amenazar con hacer algo

threatening /ˈθretnɪŋ/ *adj* amenazador

three /θriː/ *adj, pron, n* tres ⊃ *Ver ejemplos en* FIVE

three-dimensional /ˌθriː dɪˈmenʃənl, daɪ-/ (*tb* **3-D** /ˌθriː ˈdiː/) *adj* tridimensional

threshold /ˈθreʃhoʊld/ *n* umbral

threw *pt de* THROW

thrifty /ˈθrɪfti/ *adj* ahorrador

thrill /θrɪl/ *n* **1** emoción: *What a thrill!* ¡Qué emoción! **2** escalofrío ■ **thrilled** *adj* entusiasmado, emocionado **thriller** *n* obra de suspenso (*película, novela, etc.*) **thrilling** *adj* emocionante

thrive /θraɪv/ *vi* ~ **(on sth)** prosperar, crecer (con algo): *a thriving industry* una industria floreciente

throat /θroʊt/ *n* garganta: *a sore throat* dolor de garganta

throb /θrɑb/ *verbo, sustantivo*
▸ *vi* (**-bb-**) ~ **(with sth)** vibrar, palpitar (de algo)
▸ *n* vibración, palpitación

throne /θroʊn/ *n* trono

through /θru:/ *preposición, adverbio, adjetivo*
❶ Para los usos de **through** en PHRASAL VERBS ver las entradas de los verbos correspondientes, p.ej. **break through sth** en BREAK.
▸ *prep* **1** a través de, por: *She made her way through the traffic.* Se abrió paso a través del tráfico. ◊ *to breathe through your nose* respirar por la nariz **2** durante, a lo largo de: *I'm halfway through the book.* Ya voy por la mitad del libro. **3** por (culpa de): *through carelessness* por descuido **4** (*USA*) (*coloq* **thru**) hasta… inclusive: *Tuesday through Friday* de martes a viernes
▸ *adv* **1** de un lado a otro: *Can you get through?* ¿Puedes pasar al otro lado? **2** de principio a fin: *I've read the poem through once. He leído todo el poema una vez.* ◊ *all night through* toda la noche
▸ *adj* [solo antes de sustantivo] directo: *through train* tren directo ◊ *No through road.* Callejón sin salida.

throughout /θru:ˈaʊt/ *preposición, adverbio*
▸ *prep* por todo, durante todo: *throughout his life* toda su vida
▸ *adv* **1** por todas partes **2** todo el tiempo

throw /θroʊ/ *verbo, sustantivo*
▸ *vt* (*pt* **threw** /θru:/, *pp* **thrown** /θroʊn/) **1** ~ **sth (to sb/sth)** tirar, echar(le) algo (a algn/algo): *Throw the ball to Mary.* Tírale la pelota a Mary. **2** ~ **sth (at sb/sth)** tirar, lanzar(le) algo (a algn/algo)

> Throw sth at sb/sth indica que la intención es de hacerle daño a una persona o de darle a un objeto: *Don't throw stones at the cat.* No le tires piedras al gato.

3 [con locución adverbial] echar: *He threw back his head.* Echó la cabeza para atrás. ◊ *She threw up her hands in horror.* Levantó los brazos horrorizada. **4** (*caballo, etc.*) arrojar **5** (*coloq*) desconcertar **6** dejar (*de cierta forma*): *We were thrown into confusion by the news.* La noticia nos dejó confusos. ◊ *to be thrown out of work* quedarse sin trabajo **7** (*luz, sombra*) proyectar
LOC *Ver* BALANCE, CAUTION, DOUBT **PHR V throw sth around** (*GB tb* **throw sth about**) desparramar algo ◆ **throw sth away** tirar algo (*a la basura*)

◆ **throw sb out** expulsar a algn ◆ **throw sth out 1** (*propuesta, etc.*) rechazar algo **2** tirar algo (*a la basura*) ◆ **throw (sth) up** vomitar (algo)
▸ *n* **1** lanzamiento **2** (*Baloncesto, dados, etc.*) tiro: *It's your throw.* Te toca a ti (jugar).

throwaway /ˈθroʊəweɪ/ *adj* **1** *a throwaway remark* un comentario de pasada **2** desechable: *throwaway cups* vasos desechables

throw-in *n* (*Dep*) saque lateral

thru (*USA, coloq*) = THROUGH *prep* (4)

thrust /θrʌst/ *verbo, sustantivo*
▸ (*pt, pp* **thrust**) **1** *vt* meter, clavar **2** *vt, vi* ~ **sth at sb**; ~ **at sb (with sth)** lanzarle algo a algn (*con brusquedad*) **PHR V thrust sth/sb on/upon sb** obligar a algn a aceptar algo/a algn, imponerle algo a algn
▸ *n* **1** [*sing*] ~ **(of sth)** idea fundamental (sobre algo) **2** empujón **3** (*de espada*) estocada

thud /θʌd/ *sustantivo, verbo*
▸ *n* ruido (sordo), golpe (sordo)
▸ *vi* (**-dd-**) **1** hacer un ruido sordo, caer con un ruido sordo: *to thud against/into sth* golpear/chocar contra algo con un ruido sordo **2** (*corazón*) latir fuertemente

thug /θʌg/ *n* gángster, rufián, matón

thumb /θʌm/ *sustantivo, verbo*
▸ *n* pulgar (*de la mano*) **LOC be all (fingers and) thumbs** ser torpe ◆ **be under sb's thumb** estar dominado por algn ◆ **thumbs up/down**: *The proposal got the thumbs up/down.* La propuesta fue aprobada/rechazada. ◊ *to give the thumbs up/down to sth* aprobar/rechazar algo *Ver tb* TWIDDLE
▸ *v* **LOC thumb a lift** echar dedo **PHR V thumb through sth** hojear algo

thumbtack /ˈθʌmtæk/ (*GB* **drawing pin**) *n* chinche, tachuela ⊃ *Ver dibujo en* PIN

thump /θʌmp/ *verbo, sustantivo*
▸ **1** *vt* golpear, darle un golpe a **2** *vi* (*corazón*) latir fuertemente
▸ *n* **1** puñetazo, golpazo **2** ruido sordo

thunder /ˈθʌndər/ *sustantivo, verbo*
▸ *n* [*incontable*] trueno: *a clap of thunder* un trueno
▸ *vi* **1** tronar **2** retumbar

thunderstorm /ˈθʌndərstɔːrm/ *n* tormenta eléctrica

thundery /ˈθʌndəri/ *adj* tormentoso: *It's thundery.* Está tronando.

Thursday /ˈθɜːrzdeɪ, -di/ *n* (*abrev* **Thur., Thurs.**) jueves ⊃ *Ver ejemplos en* MONDAY

thus /ðʌs/ *adv* (*formal*) **1** así, de esta manera **2** (*por esta razón*) por (lo) tanto, así que

thwart /θwɔːrt/ vt frustrar, impedir

thyme /taɪm/ n tomillo

tick /tɪk/ verbo, sustantivo
- 1 vi (reloj, etc.) hacer tictac 2 vt (GB) (USA check) marcar con un visto bueno PHR V **tick away/by** pasar (tiempo) ◆ **tick sb/sth off** (GB) marcar algo con una señal ◆ **tick over** (GB) 1 (motor) estar andando 2 (negocio, etc.) mantenerse a flote
- n 1 (de reloj, etc.) tictac 2 (GB) (USA check (mark)) (marca) visto bueno, chulito, tick ⊃ Ver dibujo en CHECK MARK

ticket /'tɪkɪt/ n 1 (Transportes) boleto, pasaje 2 (Teat, Cine) entrada, boleta 3 (GB) (USA card) (biblioteca) carné 4 etiqueta Ver tb DREAM TICKET

tickle /'tɪkl/ verbo, sustantivo
- vt, vi hacer cosquillas (a)
- n cosquilleo, picor

ticklish /'tɪklɪʃ/ adj que tiene cosquillas: to be ticklish ser cosquilloso

tic-tac-toe /ˌtɪk tæk 'toʊ/ (GB noughts and crosses) n tres en raya, triqui, gato

tidal /'taɪdl/ adj de (la) marea

tidal wave n maremoto

tide /taɪd/ n 1 marea: high/low tide marea alta/baja ◆ The tide is coming in/going out. La marea está subiendo/bajando. 2 corriente

tidy /'taɪdi/ adjetivo, verbo
- adj (**tidier, -iest**) (esp GB) 1 ordenado 2 (apariencia) pulcro, aseado
- vt, vi (pt, pp tidied) ~ (sth) (up) (esp GB) arreglar algo, ordenar (algo) PHR V **tidy sth away** poner algo en su sitio

tie /taɪ/ sustantivo, verbo
- n 1 corbata 2 [gen pl] lazo: family ties lazos familiares 3 (Dep) empate
- vt, vi (pt, pp tied, part pres tying) 1 amarrar(se) 2 (corbata, etc.) anudar(se) 3 (Dep) empatar PHR V **tie sb/yourself down (to sth)** hacer que algn se comprometa, comprometerse (a algo): Having young children really ties you down. Tener niños pequeños ata muchísimo. ◆ **tie sb/sth up** amarrar a algn/algo

tier /tɪər/ n grada, fila, piso

tiger /'taɪɡər/ n tigre

tight /taɪt/ adjetivo, adverbio
- adj (**tighter, -est**) 1 apretado, ajustado: These shoes are too tight. Estos zapatos me quedan demasiado apretados. 2 tirante 3 (control) riguroso 4 (coloq, pey) tacaño
- adv (**tighter, -est**) bien, fuertemente: Hold tight! ¡Agárrense bien!

tighten /'taɪtn/ vt, vi ~ (sth) (up) apretar algo, apretarse: The government wants to tighten immigration controls. El gobierno quiere hacer más riguroso el control de la inmigración.

tightly /'taɪtli/ adv bien, fuertemente, rigurosamente

tightrope /'taɪtroʊp/ n cuerda floja

tights /taɪts/ n [pl] 1 (GB) (USA **pantyhose**) pantimedias, medias (pantalón) 2 (para ballet, etc.) mallas ⊃ Ver nota en PAIR

tile /taɪl/ sustantivo, verbo
- n 1 teja 2 azulejo 3 baldosa
- vt 1 entejar, tejar 2 enchapar con azulejos 3 embaldosar

till /tɪl/ conjunción, preposición, sustantivo
- conj, prep hasta (que)
- n (GB) (USA **cash register**) caja (registradora)

tilt /tɪlt/ verbo, sustantivo
- vt, vi inclinar(se), ladear(se)
- n inclinación, ladeo

timber /'tɪmbər/ n 1 [incontable] madera 2 [incontable] árboles (madereros) 3 viga

time /taɪm/ sustantivo, verbo
- n 1 tiempo: You've been gone a long time! ¡Te demoraste mucho! 2 hora: What time is it?/What's the time? ¿Qué hora es? ◊ It's time we were going/time for us to go. Es hora de que nos vayamos. ◊ by the time we reached home para cuando llegamos a la casa ◊ (by) this time next year para esta época el año entrante ◊ at the present time actualmente 3 vez, ocasión: last time la última vez ◊ every time cada vez ◊ for the first time por primera vez 4 tiempo, época Ver tb BIG TIME LOC **ahead of/behind time** adelantado/retrasado ◆ **all the time** todo el tiempo ◆ **any (and) about time (too)** (coloq) ya era hora ◆ **at all times** en todo momento ◆ **at a time** a la vez: one at a time de uno en uno ◆ **at one time** en cierta época ◆ **at the time** en aquel momento ◆ **at times** a veces ◆ **for a time** (por) un momento, durante algún tiempo ◆ **for the time being** por/en el momento ◆ **from time to time** de vez en cuando ◆ **have a good time** pasarla bien ◆ **have the time of your life** (coloq) pasarla de maravilla ◆ **in good time** temprano, con tiempo ◆ **in time** con el tiempo ◆ **in time (for sth/to do sth)** a tiempo (para algo/para hacer algo) ◆ **on time** a tiempo, puntual ⊃ Ver nota en PUNTUAL ◆ **take your time (over sth/to do sth/doing sth)** tomar el tiempo necesario (para algo/hacer algo) ◆ **time after time; time and (time) again** una y otra vez Ver tb BIDE, HARD, KILL, MARK, NICK, ONCE, PRESS, SAME, TELL
- vt 1 programar, prever 2 **to time sth well/badly** escoger un momento oportuno/inoportuno para (hacer) algo 3 medir el tiempo, cronometrar

time-consuming 744

time-consuming *adj* que requiere mucho tiempo

timely /'taɪmli/ *adj* oportuno

time off *n* tiempo libre

timer /'taɪmər/ *n* reloj automático

times /taɪmz/ *prep* multiplicado por: *Three times four is twelve.* Cuatro por tres son doce.

timetable /'taɪmteɪbl/ *n* (*esp GB*) (*tb esp USA* schedule) horario

timid /'tɪmɪd/ *adj* tímido, temeroso: *the first timid steps toward...* los primeros tímidos pasos hacia... ◊ *Don't be timid.* No tengan miedo.

timing /'taɪmɪŋ/ *n* **1** momento escogido, coordinación: *the timing of the election* la fecha escogida para las elecciones **2** cronometraje

tin /tɪn/ *n* **1** estaño **2** (*tb esp USA* can) lata ⊃ *Ver dibujo en* CONTAINER *y nota en* LATA

tinfoil /'tɪnfɔɪl/ *n* papel aluminio ❶ También se llama **aluminum foil**.

tinge /tɪndʒ/ *verbo, sustantivo*
▸ *vt* ~ **sth (with sth)** (*lit y fig*) teñir algo (de algo)
▸ *n* tinte, matiz

tingle /'tɪŋgl/ *vi* **1** hormiguear **2** ~ **with sth** estremecerse de algo

tinker /'tɪŋkər/ *vi* ~ **(with sth)** juguetear (con algo) (*tratando de arreglarlo*)

tinned /tɪnd/ *adj* (*GB*) (*USA* canned) en lata, enlatado

tin opener *n* (*GB*) (*USA* can opener) abrelatas

tinsel /'tɪnsl/ *n* guirnalda dorada o plateada para decoraciones navideñas

tint /tɪnt/ *n* **1** matiz **2** (*peluquería*) tinte ■ **tinted** *adj* **1** (*pelo*) teñido **2** (*lentes*) ahumado

tiny /'taɪni/ *adj* (**tinier, -iest**) diminuto, minúsculo

tip /tɪp/ *sustantivo, verbo*
▸ *n* **1** punta **2** consejo **3** propina **4** (*GB*) (*USA* dump) basurero
▸ (**-pp-**) **1** *vt, vi* inclinar(se) **2** *vt* tirar, botar **3** *vt, vi* dar (una) propina (a) **4** *vt* ~ **sb/sth (as/for sth)** pronosticar a algn/algo (como/para algo): *He is already being tipped as a future president.* Ya se habla de él como futuro presidente.
PHR V **tip sb off (about sth)** (*coloq*) avisar a algn (sobre algo) ◆ **tip (sth) over/up** volcar algo, volcarse

tipsy /'tɪpsi/ *adj* (*coloq*) achispado, alegre

tiptoe /'tɪptoʊ/ *sustantivo, verbo*
▸ *n* **LOC** **on tiptoe** de puntillas
▸ *vi*: *to tiptoe in/out* entrar/salir de puntillas

tire /'taɪər/ *verbo, sustantivo*
▸ *vt, vi* cansarse **PHR V** **tire of sb/sth** cansarse, hartarse de algn/algo ◆ **tire sb/yourself out** agotar a algn/agotarse
▸ *n* (*GB* tyre) llanta

tired /'taɪərd/ *adj* **1** cansado **2** ~ **of sb/sth/doing sth** harto de algn/algo/hacer algo **LOC** **tired out** agotado ■ **tiredness** *n* cansancio

tireless /'taɪərləs/ *adj* incansable

tiresome /'taɪərsəm/ *adj* **1** (*tarea*) fastidioso **2** (*persona*) pesado

tiring /'taɪrɪŋ/ *adj* agotador, cansón: *a long and tiring journey* un viaje largo y agotador

tissue /'tɪʃuː/ *n* **1** (*Biol, Bot*) tejido **2** pañuelo facial, Kleenex® **3** (*tb* 'tissue paper) papel de seda

tit /tɪt/ *n* **1** (*argot*) teta **2** (*pájaro*) herrerillo **LOC** **tit for tat** ojo por ojo, diente por diente

title /'taɪtl/ *n* **1** título: *title page* portada ◊ *title role* papel principal **2** título nobiliario **3** tratamiento **4** ~ **(to sth)** (*Jur*) derecho (a algo): *title deed* título de propiedad

titter /'tɪtər/ *sustantivo, verbo*
▸ *n* risita
▸ *vi* reírse disimuladamente

TLC /ˌtiː ˈel ˈsiː/ *n* (*abrev de* tender loving care) [*incontable*] (*coloq*) cariño, mimos

to /tə, tuː/ *prep* **1** (*dirección*) a, para: *to go to the beach* ir a la playa ◊ *the road to Edinburgh* la carretera de Edimburgo **2** [*con objeto indirecto*] a: *He gave it to Bob.* Se lo dio a Bob. **3** hacia: *Move to the left.* Muévete hacia la izquierda. **4** hasta: *faithful to the end/last* leal hasta el final **5** (*duración*) *It lasts two to three hours.* Dura entre dos y tres horas. **6** (*hora*) *ten to one* diez para la una **7** de: *the key to the door* la llave de la puerta **8** (*comparación*) a: *I prefer walking to climbing.* Prefiero caminar a escalar. **9** (*proporción*) por: *How many miles to the gallon?* ¿Cuántos kilómetros hace por litro? **10** (*propósito*) *to go to sb's aid* ir en ayuda de algn **11** para: *to my surprise* para mi sorpresa **12** (*opinión*) a, para: *It looks red to me.* A mí me parece rojo.

> La partícula **to** se utiliza para formar el infinitivo en inglés y tiene varios usos: *to go* ir ◊ *to eat* comer ◊ *I came to see you.* Vine para/a verte. ◊ *He didn't know what to do.* No sabía qué hacer. ◊ *It's for you to decide.* Tienes que decidirlo tú.

toad /toʊd/ *n* sapo

toadstool /'toʊdstuːl/ *n* hongo no comestible

toast /toʊst/ sustantivo, verbo
▸ n [incontable] **1** pan tostado: *a slice/piece of toast* una rebanada de pan tostado ◊ *toast and jam* tostada con mermelada ◊ *Would you like some toast?* ¿Quieres tostadas? **2** brindis
▸ vt **1** tostar **2** brindar por

toaster /ˈtoʊstər/ n tostador

tobacco /təˈbækoʊ/ n (pl **tobaccos**) tabaco

toboggan /təˈbɑgən/ n trineo (*para deslizarse por cuestas*)

today /təˈdeɪ/ adv, n **1** hoy **2** hoy (en) día: *Today's cell phones are very small.* Los celulares de hoy en día son muy pequeños.

toddler /ˈtɑdlər/ n niño, -a (*que acaba de aprender a caminar*)

toe /toʊ/ sustantivo, verbo
▸ n **1** dedo (*del pie*): *big toe* dedo gordo (del pie) ➲ *Comparar con* FINGER **2** punta (*de media*), puntera (*de zapato*) LOC **keep sb on their toes** mantener alerta a algn
▸ vt (pt, pp **toed**, part pres **toeing**) LOC **toe the line** conformarse

toenail /ˈtoʊneɪl/ n uña del pie

toffee /ˈtɔːfi; GB ˈtɒfi/ n caramelo, toffee

together /təˈɡeðər/ adv ❶ Para los usos de **together** en PHRASAL VERBS ver las entradas de los verbos correspondientes, p.ej. **pull yourself together** en PULL. **1** juntos: *Can we have lunch together?* ¿Podemos almorzar juntos? **2** a la vez: *Don't all talk together.* No hablen todos a la vez. LOC **together with** junto con, además de *Ver tb* ACT ■ **togetherness** n unidad, armonía

toil /tɔɪl/ verbo, sustantivo
▸ vi (formal) trabajar duramente
▸ n (formal) trabajo, esfuerzo

toilet /ˈtɔɪlət/ n **1** baño: *toilet paper* papel higiénico **2** (*público*) baños ➲ *Ver nota en* BATHROOM

toiletries /ˈtɔɪlətriz/ n [pl] productos de tocador

toiletry bag (GB **toilet bag**, **sponge bag**) n bolsa para artículos de aseo, neceser

token /ˈtoʊkən/ sustantivo, adjetivo
▸ n **1** señal, muestra: *as a token of our gratitude* como muestra de nuestro agradecimiento **2** ficha **3** vale
▸ adj [solo antes de sustantivo] simbólico (*pago, muestra, etc.*)

told pt, pp de TELL

tolerate /ˈtɑləreɪt/ vt tolerar ■ **tolerance** n tolerancia **tolerant** adj ~ (**of/toward sb/sth**) tolerante (con algn/algo)

toll /toʊl/ n **1** peaje **2** número de víctimas LOC **take a heavy toll/take its toll (on sb/sth)** causar grandes pérdidas (en algo), afectar gravemente a algn/algo

tollbooth /ˈtoʊlbuːθ/ n (caseta de) peaje

ˈtoll road n carretera en la que se paga peaje

tomato /təˈmeɪtoʊ; GB təˈmɑːtoʊ/ n (pl **tomatoes**) tomate

tomb /tuːm/ n tumba

tombstone /ˈtuːmstoʊn/ n lápida

tomcat /ˈtɑmkæt/ (tb **tom**) n gato (macho) ➲ *Ver nota en* GATO

tomorrow /təˈmɑroʊ/ n, adv mañana: *tomorrow morning* mañana por la mañana ◊ *a week from tomorrow* dentro de ocho días ◊ *See you tomorrow.* Hasta mañana/Nos vemos mañana. LOC *Ver* DAY

ton /tʌn/ n **1** 2.000 libras o 907 kg ➲ *Comparar con* TONNE *y ver pág.* 786 **2 tons** [pl] (**of sth**) (*coloq*) montones (de algo)

tone /toʊn/ sustantivo, verbo
▸ n **1** tono: *Don't speak to me in that tone of voice.* No me hables en ese tono. **2** tonalidad
▸ v PHR V **tone sth down** suavizar (el tono de) algo

tongs /tɑŋz/ n [pl] tenazas: *a pair of tongs* unas tenazas ➲ *Ver nota en* PAIR

tongue /tʌŋ/ n **1** lengua **2** (*formal*) idioma, lengua *Ver tb* MOTHER TONGUE LOC **put/stick your tongue out** sacar la lengua ♦ (**with**) **tongue in cheek** irónicamente *Ver tb* SLIP

ˈtongue-twister n trabalenguas

tonic /ˈtɑnɪk/ n **1** tónico **2** (tb **ˈtonic water**) tónica

tonight /təˈnaɪt/ n, adv esta noche: *What's on TV tonight?* ¿Qué presentan esta noche en la televisión?

tonne /tʌn/ n (*esp GB*) (USA ˌmetric ˈton) tonelada (métrica) ➲ *Comparar con* TON *y ver pág.* 786

tonsil /ˈtɑnsl/ n amígdala

tonsillitis /ˌtɑnsəˈlaɪtɪs/ n [incontable] amigdalitis

too /tuː/ adv **1** también: *I've been to Paris too.* Yo también he estado en París. ➲ *Ver nota en* TAMBIÉN **2** demasiado: *It's too cold outside.* Está haciendo demasiado frío en la calle. **3** para colmo, encima: *Her purse was stolen. And on her birthday too.* Le robaron la cartera, y más encima en su cumpleaños. **4** muy: *I'm not too sure.* No estoy muy segura. LOC **too many** demasiados ♦ **too much** demasiado

took pt de TAKE

ʃ she   tʃ chin   dʒ June   v van   θ thin   ð then   s so   z zoo   e ten

tool /tuːl/ *n* herramienta

toolbox /ˈtuːlbɑks/ *n* caja de herramientas

toolkit /ˈtuːlkɪt/ *n* juego de herramientas

tooth /tuːθ/ *n* (*pl* **teeth**) diente, muela: *to have a tooth pulled* hacerse sacar una muela ◊ *false teeth* dentadura postiza LOC *Ver* FIGHT, GRIT, SKIN, SWEET

toothache /ˈtuːθeɪk/ *n* dolor de muelas

toothbrush /ˈtuːθbrʌʃ/ *n* cepillo de dientes
➲ *Ver dibujo en* BRUSH

toothpaste /ˈtuːθpeɪst/ *n* pasta de dientes

toothpick /ˈtuːθpɪk/ *n* palillo

top /tɑp/ *sustantivo, adjetivo, verbo*
▸ *n* **1** lo más alto, la parte de arriba: *the top of the page* la cabecera de la página **2** (*de cerro, fig*) cumbre **3** (*de una lista*) cabeza **4** tapón **5** prenda de vestir que se lleva en la parte superior del cuerpo LOC **at the top of your voice** a gritos ◆ **be on top of sth** (*fig*) dominar algo ◆ **off the top of your head** (*coloq*) sin pensarlo ◆ **on top** encima ◆ **on top of sth** además de algo: *And on top of all that…* Y para colmo… ◆ **on top of sth/sb** sobre algo/algn ◆ **over the top** (*GB tb* **OTT** /ˌoʊ tiː ˈtiː/) (*coloq*) exagerado: *That joke was a bit over the top.* Ese chiste se pasó un poco de la raya.
▸ *adj* **1** superior, de arriba: *a top-floor apartment* un apartamento en el último piso **2** mejor, más importante: *the top jobs* los mejores empleos ◊ *a top Colombian scientist* un científico colombiano de primera categoría ◊ *top quality* de la mejor calidad **3** máximo
▸ *vt* (**-pp-**) **1** superar **2** ser primero en **3** rematar: *ice cream topped with chocolate sauce* helado con crema de chocolate por encima LOC **to top it all** (*coloq*) para acabar de rematar PHR V **top sth up** rellenar algo: *We topped up our glasses.* Llenamos los vasos otra vez.

ˌtop ˈhat (*GB tb* **topper** /ˈtɑpər/) *n* sombrero de copa

topic /ˈtɑpɪk/ *n* tema

topical /ˈtɑpɪkl/ *adj* actual

topless /ˈtɑpləs/ *adj, adv* topless

topping /ˈtɑpɪŋ/ *n* cobertura (*que va sobre la comida*), ingrediente: *What's your favorite pizza topping?* ¿Cuál es tu ingrediente favorito en las pizzas?

topple /ˈtɑpl/ **1** *vt* ~ **sth (over)** hacer caer algo **2** *vi* ~ **(over)** caerse

ˌtop ˈsecret *adj* reservado, secreto

torch /tɔːrtʃ/ *n* **1** antorcha **2** (*GB*) (*USA* **flashlight**) linterna

tore *pt de* TEAR²

torment *sustantivo, verbo*
▸ *n* /ˈtɔːrment/ (*formal*) tormento
▸ *vt* /tɔːrˈment/ **1** (*formal*) atormentar **2** fastidiar

torn *pp de* TEAR²

tornado /tɔːrˈneɪdoʊ/ *n* (**-oes** *o* **-os**) tornado

tortoise /ˈtɔːrtəs/ *n* tortuga (*de tierra*)
➲ *Comparar con* TURTLE

torture /ˈtɔːrtʃər/ *sustantivo, verbo*
▸ *n* **1** tortura **2** (*coloq*) suplicio
▸ *vt* **1** torturar **2** (*fig*) atormentar

torturer /ˈtɔːrtʃərər/ *n* torturador, -ora

Tory /ˈtɔːri/ *n, adj* (*pl* **Tories**) (*GB, coloq*) conservador, -ora: *the Tory Party* el Partido Conservador

toss /tɔːs; *GB* tɒs/ *verbo, sustantivo*
▸ **1** *vt* tirar, echar (*descuidadamente o sin fuerza*) **2** *vt* (*la cabeza*) sacudir **3** *vi* agitarse: *to toss and turn* dar vueltas (en la cama) **4** *vt* (*ensalada, pasta*) revolver **5** *vt, vi* (*moneda*) tirar a cara o sello: *to toss sb for sth* jugarle algo a algn a cara o sello ◊ *to toss (up) for sth* ganar/decidir algo con un carisellazo
▸ *n* **1** (*de la cabeza*) sacudida **2** (*de una moneda*) tirada LOC **win/lose the toss** (*Fútbol, etc.*) ganar/perder al tirar la moneda

total /ˈtoʊtl/ *adjetivo, sustantivo, verbo*
▸ *adj, n* total
▸ *vt* (**-l-**, *tb esp GB* **-ll-**) **1** sumar **2** ascender a

totally /ˈtoʊtəli/ *adv* totalmente

totter /ˈtɑtər/ *vi* **1** titubear **2** tambalearse

touch /tʌtʃ/ *verbo, sustantivo*
▸ **1** *vt, vi* tocar(se) **2** *vt* rozar **3** *vt* [*en frases negativas*] probar: *You've hardly touched your steak.* Casi ni probaste la carne. **4** *vt* conmover **5** *vt* igualar LOC **touch wood** (*USA* **knock on wood**) toca madera PHR V **touch down** aterrizar ◆ **touch on/upon sth** hablar de pasada de algo ◆ **touch sth up** retocar algo
▸ *n* **1** toque: *to put the finishing touches to sth* dar el toque final a algo **2** (*tb* ˌsense of ˈtouch) tacto: *soft to the touch* suave al tacto **3** a ~ **(of sth)** una pizca, un poco (de algo): *I've got a touch of the flu.* Tengo un poco de gripe. ◊ *a touch more garlic* una pizca más de ajo ◊ *It's a touch colder today.* Hoy está más fresco. **4** [*sing*] maña: *He hasn't lost his touch.* No ha perdido la maña. LOC **at a touch** al menor roce ◆ **be in/out of touch (with sb)** estar en/fuera de contacto (con algn) ◆ **be in/out of touch (with sth)** estar/no estar al corriente (de algo) ◆ **get/keep in touch (with sb)** ponerse/mantenerse en contacto (con algn) ◆ **lose your touch** perder facultades

touched /tʌtʃt/ *adj* conmovido ■ **touching** *adj* conmovedor

touch screen n pantalla táctil

touchy /ˈtʌtʃi/ adj (**touchier**, **-iest**) **1** (persona) susceptible **2** (situación, tema, etc.) delicado

tough /tʌf/ adj (**tougher**, **-est**) **1** duro **2** fuerte, sólido **3** tenaz **4** (medida) severo **5** (carne) duro **6** (decisión, etc.) difícil: *to have a tough time* pasarla muy mal **7** (coloq) *Tough luck!* ¡De malas! LOC (**as**) **tough as nails/old boots** (coloq) duro, resistente ◆ **be/get tough (with sb)** ser/ponerse duro (con algn) ■ **toughen** vt, vi ~ (**sth**) (**up**) endurecer algo, endurecerse **toughness** n **1** dureza, resistencia **2** firmeza

tour /tʊər; GB tb tɔː(r)/ sustantivo, verbo
▶ n **1** excursión **2** visita: *guided tour* visita guiada ◊ *tour guide* guía turístico **3** gira: *to be on tour/go on tour in Venezuela* estar de gira/hacer una gira por Venezuela ➔ Ver nota en VIAJE
▶ **1** vt recorrer **2** vi viajar **3** vt, vi (cantantes, etc.) efectuar una gira (en)

tourism /ˈtʊərɪzəm; GB tb ˈtɔːr-/ n turismo

tourist /ˈtʊərɪst; GB tb ˈtɔːr-/ n turista: *tourist attraction* lugar de interés turístico ■ **touristy** adj (coloq, pey) turístico

tournament /ˈtʊərnəmənt; GB tb ˈtɔːn-, ˈtɜːn-/ n torneo

tow /toʊ/ verbo, sustantivo
▶ vt remolcar PHR V **tow sth away** llevarse algo a remolque
▶ n [sing] remolque LOC **in tow** (coloq): *He had his family in tow.* Iba con la familia detrás/a la zaga.

toward /tɔːrd, twɔːrd/ (tb esp GB **towards** /tɔːrdz, təˈwɔːrdz/) prep **1** (dirección, tiempo) hacia: *toward the end of the movie* casi al terminar la película **2** con, respecto a: *to be friendly toward sb* ser amable con algn **3** (propósito) para: *to put money toward sth* poner plata para algo

towel /ˈtaʊəl/ n toalla Ver tb TEA TOWEL

tower /ˈtaʊər/ sustantivo, verbo
▶ n torre
▶ v PHR V **tower over/above sb/sth** alzarse por encima de algn/algo

tower block n (GB) bloque alto de apartamentos/oficinas

town /taʊn/ n **1** ciudad (de tamaño medio) ➔ Ver nota en CIUDAD **2** centro: *to go into town* ir al centro LOC **go to town (on sth)** (coloq) tirar la casa por la ventana (en algo) ◆ (**out**) **on the town** (coloq) de parranda

town hall n alcaldía, municipalidad (edificio)

town planner n urbanista

town planning n urbanismo, planeamiento urbano

toxic /ˈtɑksɪk/ adj tóxico: *toxic waste* residuos tóxicos

toxin /ˈtɑksɪn/ n toxina

toy /tɔɪ/ sustantivo, verbo
▶ n juguete
▶ v PHR V **toy with sth 1** juguetear con algo **2** contemplar algo: *to toy with the idea of doing sth* considerar la idea de hacer algo

trace /treɪs/ sustantivo, verbo
▶ n rastro, huella: *to disappear without a trace* desaparecer sin dejar rastro ◊ *She speaks without a trace of an Irish accent.* Habla sin ningún rastro de acento irlandés.
▶ vt **1** seguir la pista de **2** ~ **sb/sth (to sth)** dar con algn/algo (en algo) **3** remontar(se): *It can be traced back to the Middle Ages.* Se remonta hasta la Edad Media. **4** ~ **sth (out)** delinear, trazar algo **5** calcar

track /træk/ sustantivo, verbo
▶ n **1** camino, senda **2** [gen pl] huella (de animal, rueda, etc.) **3** (Ferrocarril) carrilera, rieles **4** (GB **platform**) (estación de tren) plataforma, andén **5** (Dep) pista, circuito **6** canción (de CD, etc.) LOC **be on sb's track** seguirle la pista a algn ◆ **keep/lose track of sb/sth** seguir/perder la pista de algn/algo: *to lose track of time* perder la noción del tiempo ◆ **make tracks (for...)** (coloq) irse, ponerse en camino (para...) ◆ **on the right/wrong track** por buen/mal camino Ver tb BEAT
▶ vt seguir la pista/las huellas de PHR V **track sb/sth down** localizar a algn/algo

track and field (GB **athletics**) n atletismo

track record n trayectoria (de un profesional o una empresa)

tracksuit /ˈtræksuːt; GB tb -sjuːt/ n buzo, sudadera

tractor /ˈtræktər/ n tractor

trade /treɪd/ sustantivo, verbo
▶ n **1** comercio **2** industria: *the tourist trade* la industria turística **3** oficio: *He's a carpenter by trade.* Es carpintero de oficio. ➔ Ver nota en WORK LOC Ver PLY, ROAR, TRICK
▶ **1** vi comerciar, negociar **2** vt ~ (**sb**) **sth for sth** cambiar (a algn) algo por algo PHR V **trade sth in (for sth)** dar algo en parte de pago (de algo)

trademark /ˈtreɪdmɑrk/ n marca registrada

trader /ˈtreɪdər/ n comerciante

tradesman /ˈtreɪdzmən/ n (pl **tradesmen** /-mən/) (esp GB) **1** proveedor: *tradesmen's entrance* entrada de servicio **2** comerciante

trade union n (GB) (USA **labor union**) sindicato

trading /ˈtreɪdɪŋ/ n comercio

tradition /trəˈdɪʃn/ n tradición

traditional /trəˈdɪʃənl/ adj tradicional

traditionally /trəˈdɪʃənəli/ adv tradicionalmente

traffic /ˈtræfɪk/ sustantivo, verbo
▸ n tráfico
▸ vi (pt, pp **trafficked**, part pres **trafficking**) ~ (**in sth**) traficar (con algo)

traffic circle (GB **roundabout**) n glorieta, rotonda

traffic jam n embotellamiento, trancón, taco

trafficker /ˈtræfɪkər/ n traficante

traffic light n semáforo

traffic warden n (GB) agente de tránsito

tragedy /ˈtrædʒədi/ n (pl **tragedies**) tragedia

tragic /ˈtrædʒɪk/ adj trágico

trail /treɪl/ sustantivo, verbo
▸ n **1** reguero (de sangre, etc.) **2** rastro (de un animal): to be on sb's trail seguirle la pista a algn **3** estela (de humo) **4** senda
▸ **1** vt, vi arrastrar(se) **2** vi ~ (**along**) caminar despacio **3** vi perder: trailing by five points perdiendo por cinco puntos

trailer /ˈtreɪlər/ n **1** remolque **2** (GB **caravan**) casa remolque/rodante **3** (Cine) avance, corto

train /treɪn/ sustantivo, verbo
▸ n **1** tren: by train en tren ◊ train station estación de ferrocarril ◊ train track(s) carrilera/rieles **2** sucesión, serie LOC **a train of thought** un hilo de ideas
▸ **1** vi estudiar, formarse: She trained to be a lawyer. Estudió para abogada. ◊ to train as a nurse estudiar enfermería **2** vt adiestrar **3** vt, vi (Dep) entrenar(se), preparar(se) PHR V **train sth at/on sb/sth 1** (pistola, etc.) apuntarle a algn/algo con algo **2** (cámara, etc.) enfocar(le) a algn/algo con algo

trainee /treɪˈniː/ n aprendiz

trainer /ˈtreɪnər/ n **1** entrenador, -ora (de atletas o animales) **2** (GB) (USA **sneaker**) tenis, zapatilla

training /ˈtreɪnɪŋ/ n [incontable] **1** (Dep) entrenamiento **2** formación, preparación

trait /treɪt/ n rasgo (de personalidad)

traitor /ˈtreɪtər/ n traidor, -ora

tram /træm/ n (esp GB) (USA **streetcar**) tranvía

tramp /træmp/ verbo, sustantivo
▸ **1** vi caminar pesadamente **2** vt patear

▸ n vagabundo, -a

trample /ˈtræmpl/ vt ~ **sb/sth** (**down**); ~ **on sb/sth** pisotear a algn/algo

trampoline /ˌtræmpəˈliːn; GB ˈtræmpəliːn/ n trampolín

tranquilize (GB **tranquillize, -ise**) /ˈtræŋkwəlaɪz/ vt tranquilizar (sobre todo por medio de sedantes) ■ **tranquilizer** (GB **tranquillizer, -iser**) n tranquilizante: She's on tranquilizers. Toma tranquilizantes.

transaction /trænˈzækʃn/ n transacción

transfer verbo, sustantivo
▸ /ˈtrænsfɜːr, trænsˈfɜːr; GB trænsˈfɜː(r)/ (-**rr**-) **1** vt, vi trasladar(se) **2** vt (dinero, propiedad, poder) transferir **3** vi ~ (**from**…) (**to**…) hacer transbordo (de…) (a…)
▸ n /ˈtrænsfɜːr/ **1** transferencia, traspaso, traslado **2** (Dep) jugador comprado por otro equipo **3** transbordo **4** (GB) (USA **decal**) calcomanía

transform /trænsˈfɔːrm/ vt transformar ■ **transformation** /ˌtrænsfərˈmeɪʃn/ n transformación **transformer** /trænsˈfɔːrmər/ n (Electrón) transformador

transfusion /trænsˈfjuːʒn/ n (tb **blood transfusion**) n transfusión

translate /trænsˈleɪt/ vt, vi traducir(se): to translate sth from French into/to Dutch traducir algo del francés al holandés ◊ It translates as 'fatherland'. Se traduce como "fatherland".

translation /trænsˈleɪʃn/ n traducción: translation into/from Spanish traducción al/del español ◊ to do a translation hacer una traducción LOC **in translation**: García Márquez in translation García Márquez traducido

translator /trænsˈleɪtər; GB trænsˈleɪtə(r)/ n traductor, -ora

transmit /trænsˈmɪt/ vt (-**tt**-) transmitir ■ **transmitter** n (Electrón) transmisor, emisora

transparent /trænsˈpærənt/ adj **1** transparente **2** (mentira, etc.) evidente

transplant verbo, sustantivo
▸ vt /trænsˈplænt; GB -ˈplɑːnt/ (Bot, Med) trasplantar
▸ n /ˈtrænsplænt; GB -plɑːnt/ trasplante: heart transplant trasplante de corazón

transport /trænˈspɔːrt/ vt transportar, llevar

transportation /ˌtrænspɔːrˈteɪʃn/ (GB **transport** /ˈtrænspɔːrt/) n transporte

transvestite /trænzˈvestaɪt/ n travesti

trap /træp/ sustantivo, verbo
▸ n trampa: to lay/set a trap poner una trampa
▸ vt (-**pp**-) **1** atrapar, aprisionar **2** engañar

trapdoor /ˈtræpdɔːr/ n trampilla

trapeze /træˈpiːz; GB trəˈ-/ n trapecio (en circo)

tremor

trash /træʃ/ n (USA) **1** basura: *It's trash.* No vale para nada.

> En inglés británico se usa **rubbish** para *basura*, **dustbin** para *caneca/tacho de basura* y **trash** solo se usa en sentido figurado.

2 (USA, coloq, pey) gentuza
trash cans

trash can
(GB dustbin)

wastebasket
(GB waste-paper basket)

trash can
(GB litter bin)

'trash can (GB **dustbin**) n caneca/tacho/bote de basura, basurero

trashy /'træʃi/ adj (coloq) malo, de mala calidad

trauma /'trɔːmə, 'traʊmə/ n trauma
■ **traumatic** /trə'mætɪk, trɔː'm-, traʊ'm-/ adj traumático

travel /'trævl/ sustantivo, verbo
▸ n **1** [incontable] los viajes, viajar: *travel bag* bolsa de viaje **2 travels** [pl] *to be on your travels* estar de viaje ◊ *Did you see John on your travels?* ¿Viste a John en sus viajes? ⊃ *Ver nota en* VIAJE
▸ (-l-, GB -ll-) **1** vi viajar: *to travel by car/bus* viajar/ir en carro/bus **2** vt recorrer

'travel agency n (pl **travel agencies**) agencia de viajes

'travel agent n agente de viajes

traveler (GB **traveller**) /'trævələr/ n viajero, -a

'traveler's check (GB **'traveller's cheque**) n cheque de viajero

tray /treɪ/ n bandeja

treacherous /'tretʃərəs/ adj traicionero, pérfido

treachery /'tretʃəri/ n (pl **treacheries**)
1 traición, perfidia ⊃ *Comparar con* TREASON
2 falsedad

tread /tred/ verbo, sustantivo
▸ (pt **trod** /trɒd/, pp **trodden** /'trɒdn/ o **trod**) **1** vi ~ **(on/in sth)** pisar (algo) **2** vt ~ **sth (in/down)** pisotear algo LOC **tread carefully** caminar con pies de plomo
▸ n [sing] paso

treason /'triːzn/ n alta traición ❶ **Treason** se usa específicamente para referirse a un acto de traición hacia el propio país. ⊃ *Comparar con* TREACHERY

treasure /'treʒər/ sustantivo, verbo
▸ n tesoro: *art treasures* joyas de arte
▸ vt apreciar muchísimo, guardar como un tesoro: *her most treasured possession* su posesión más preciada

treasurer /'treʒərər/ n tesorero, -a

the 'Treasury n Ministerio de Hacienda y Crédito Público

treat /triːt/ verbo, sustantivo
▸ vt **1** tratar: *to treat sth as a joke* tomar algo en broma **2** ~ **sb (to sth)** invitar a algn (a algo): *Let me treat you.* Déjame invitarte. **3** ~ **yourself (to sth)** darse el lujo/gusto (de algo) LOC **treat sb like dirt** (coloq) tratar a algn como basura
▸ n **1** placer, gusto: *as a special treat* como recompensa especial ◊ *to give yourself a treat* permitirse un lujo/gusto **2** *This is my treat.* Invito yo. LOC **a treat** (GB, coloq) a las mil maravillas *Ver tb* TRICK

treatment /'triːtmənt/ n **1** tratamiento **2** trato

treaty /'triːti/ n (pl **treaties**) tratado

treble /'trebl/ sustantivo, verbo, adjetivo
▸ n (esp GB) (USA **triple**) **1** [incontable] agudos **2** tiple, soprano **3** (GB) triple
▸ vt, vi triplicar(se)
▸ adj atiplado, de soprano: *treble clef* clave de sol

tree /triː/ n árbol

trek /trek/ sustantivo, verbo
▸ n caminata, excursión
▸ vi (-kk-) **1** (coloq) caminar (penosamente) **2** *to go trekking* hacer excursionismo

tremble /'trembl/ vi ~ **(with sth)** temblar (de/por algo)

trembling /'tremblɪŋ/ adjetivo, sustantivo
▸ adj tembloroso
▸ n temblor

tremendous /trə'mendəs/ adj **1** enorme: *a tremendous number* una gran cantidad **2** estupendo ■ **tremendously** adv enormemente

tremor /'tremər/ n temblor, estremecimiento

trench /trentʃ/ n 1 (Mil) trinchera 2 zanja

trend /trend/ n tendencia LOC **set a/the trend** imponer una moda

trendy /'trendi/ adj (**trendier, -iest**) (coloq) muy al día

trespass /'trespəs/ vi ~ (**on sth**) entrar sin derecho (en algo): *No trespassing* Prohibido el paso ■ **trespasser** n intruso, -a

trial /'traɪəl/ n 1 juicio, proceso 2 prueba: *trial period* período de prueba ◊ *to take sth on trial* llevarse algo a prueba 3 (Dep) preselección LOC **be/go on trial/stand trial (for sth)** ser procesado (por algo) ◆ **trial and error**: *She learned to play the guitar by trial and error.* Aprendió a tocar la guitarra a punta de error y acierto.

triangle /'traɪæŋgl/ n triángulo ■ **triangular** /traɪ'æŋgjələr/ adj triangular

triathlon /traɪ'æθlən/ n triatlón

tribe /traɪb/ n tribu

tribute /'trɪbjuːt/ n 1 homenaje 2 [sing] **a ~ (to sth)** *That is a tribute to his skill.* Eso acredita su habilidad.

trick /trɪk/ sustantivo, verbo
▸ n 1 engaño, broma, trampa: *to play a trick on sb* hacerle una broma a algn ◊ *His memory played tricks on him.* La memoria le jugaba malas pasadas. ◊ *a dirty trick* una mala pasada ◊ *trick question* pregunta capciosa 2 truco: *The trick is to wait.* El truco está en esperar. ◊ *conjuring tricks* trucos con las manos ◊ *card tricks* trucos con cartas ◊ *a trick of the light* un efecto de la luz LOC **do the trick** (coloq) ser lo que hace falta ◆ **every trick in the book** todos los trucos: *I tried every trick in the book.* Lo intenté todo. ◆ **the tricks of the trade** los trucos del oficio ◆ **trick or treat** truco o trato, triqui triqui ➜ Ver nota en HALLOWEEN Ver tb MISS
▸ vt engañar PHR V **trick sb into sth/doing sth** engañar, embaucar a algn para que haga algo ◆ **trick sb out of sth** quitarle algo a algn mediante engaño

trickery /'trɪkəri/ n [incontable] engaños

trickle /'trɪkl/ verbo, sustantivo
▸ vi salir en un chorro fino, gotear
▸ n 1 hilo: *a trickle of blood* un hilo de sangre 2 ~ (**of sth**) (fig) goteo (de algo)

tricky /'trɪki/ adj (**trickier, -iest**) complicado, difícil

tried pt, pp de TRY

tries pl de TRY

trifle /'traɪfl/ sustantivo, verbo
▸ n 1 **a trifle** [sing] (formal o hum) algo: *a trifle short* un poquito corto 2 nadería, bagatela 3 (GB) postre hecho a base de capas de bizcocho, fruta y crema
▸ v PHR V **trifle with sb/sth** (formal) jugar con algn/algo

trigger /'trɪɡər/ sustantivo, verbo
▸ n gatillo, disparador
▸ vt 1 ~ **sth (off)** provocar, desencadenar algo 2 (alarma, etc.) accionar

trillion /'trɪljən/ adj, n billón ➜ Ver nota en BILLION

trim /trɪm/ adjetivo, verbo, sustantivo
▸ adj (**trimmer, -est**) 1 bien cuidado, aseado 2 esbelto
▸ vt (-**mm-**) 1 recortar 2 ~ **sth off (sth)** quitar algo (a algo) 3 ~ **sth (with sth)** (vestido, etc.) adornar algo (con algo)
▸ n 1 corte: *to have a trim* hacerse cortar el pelo un poco 2 adorno

trimming /'trɪmɪŋ/ n 1 **trimmings** [pl] (comida) guarnición 2 adorno

trip /trɪp/ sustantivo, verbo
▸ n viaje, excursión: *to go on a trip* hacer un viaje ◊ *business trip* viaje de negocios ◊ *bus trip* excursión en bus ➜ Ver nota en VIAJE
▸ (-**pp-**) 1 vi ~ (**over/up**) tropezar: *She tripped (up) on a stone.* Tropezó con una piedra. 2 vt ~ **sb (up)** ponerle zancadilla a algn PHR V **trip (sb) up** (fig) confundir a algn, confundirse

triple /'trɪpl/ adjetivo, sustantivo, verbo
▸ adj, n triple: *at triple the speed* al triple de velocidad
▸ vt, vi triplicar(se)

triplet /'trɪplət/ n trillizo, -a

triumph /'traɪʌmf/ sustantivo, verbo
▸ n triunfo, éxito: *to return home in triumph* regresar a casa triunfalmente ◊ *a shout of triumph* un grito de júbilo
▸ vi ~ (**over sb/sth**) triunfar (sobre algn/algo)

triumphal /traɪ'ʌmfl/ adj triunfal (arco, procesión)

triumphant /traɪ'ʌmfənt/ adj 1 triunfante 2 jubiloso ■ **triumphantly** adv triunfalmente, jubilosamente

trivial /'trɪviəl/ adj trivial, insignificante ■ **triviality** /ˌtrɪvi'æləti/ n (pl **trivialities**) trivialidad

trod pt de TREAD

trodden pp de TREAD

troll /trɑl; GB tb trɒʊl/ n trol, troll

trolley /'trɑli/ n 1 (USA) tranvía 2 (GB) (USA **cart**) carrito, carro (de la compra, etc.)

trombone /trɑm'boʊn/ n trombón

troop /tru:p/ *sustantivo, verbo*
► *n* **1** tropel, manada **2 troops** [*pl*] tropas, soldados
► *vi* ~ **in, out, etc.** entrar, salir, etc. en tropel

trophy /'troufi/ *n* (*pl* **trophies**) trofeo

tropic /'trɑpɪk/ *n* **1** trópico **2 the tropics** [*pl*] el trópico

tropical /'trɑpɪkl/ *adj* tropical

trot /trɑt/ *verbo, sustantivo*
► *vi* (**-tt-**) trotar, ir al trote
► *n* trote **LOC on the trot** (*coloq*) sin parar

trouble /'trʌbl/ *sustantivo, verbo*
► *n* **1** [*incontable*] problemas: *The trouble is (that) … Lo malo es que…* ◊ *What's the trouble?* ¿Qué pasa? **2** problema: *money troubles* dificultades económicas **3** [*incontable*] molestia, esfuerzo: *It's no trouble.* No es molestia. ◊ *It's not worth the trouble.* No vale la pena. **4** [*incontable*] disturbios, conflicto **5** [*incontable*] (*Med*) dolencia: *back trouble* problemas de espalda **LOC be in trouble** tener problemas, estar en un aprieto: *If I don't get home by ten I'll be in trouble.* Si no llego a la casa a las diez me matan. ♦ **get into trouble** meterse en un lío: *He got into trouble with the police.* Tuvo problemas con la policía. ♦ **go to a lot of trouble (to do sth)**; **take trouble (to do sth/doing sth)** tomarse muchas molestias (por hacer algo) *Ver tb* ASK, TEETHE
► *vt* **1** molestar: *Don't trouble yourself.* No te molestes. **2** preocupar: *What's troubling you?* ¿Qué es lo que te preocupa?

troubled /'trʌbld/ *adj* **1** (*expresión, voz*) preocupado, afligido **2** (*período*) agitado **3** (*vida*) accidentado

trouble-free *adj* sin problemas/complicaciones

troublemaker /'trʌblmeɪkər/ *n* buscapleitos, alborotador, -ora

troubleshooter /'trʌblʃu:tər/ *n* persona encargada de resolver problemas (*en empresas*)

troublesome /'trʌblsəm/ *adj* molesto

trough /trɔ:f; *GB* trɒf/ *n* **1** abrevadero, comedero **2** (*Meteorología*) depresión **3** punto bajo (*en economía, negocio*)

trousers /'traʊzərz/ *n* [*pl*] (*GB*) (*USA* **pants**) pantalones: *a pair of trousers* un pantalón ➔ *Ver nota en* PANTALÓN ■ **trouser** *adj*: *trouser leg/pocket* pierna/bolsillo del pantalón

trout /traʊt/ *n* (*pl* **trout**) trucha

truancy /'tru:ənsi/ *n* [*incontable*] absentismo escolar

truant /'tru:ənt/ *n* (*Educ*) ausente **LOC play truant** capar/capear clase, tirarse la pera, irse de pinta

truce /tru:s/ *n* tregua

truck /trʌk/ *n* **1** (*esp USA*) (*GB tb* **lorry**) camión **2** (*GB*) (*USA* **car**) (*Ferrocarril*) vagón

true /tru:/ *adj* (**truer, -est**) **1** cierto, verdad: *It's too good to be true.* Es demasiado bueno para ser cierto. **2** (*historia*) verídico **3** verdadero, auténtico: *the true value of the house* el valor real de la casa **4** fiel: *to be true to your word/principles* cumplir lo prometido/ser fiel a sus principios **LOC come true** hacerse realidad ♦ **true to life** realista

truly /'tru:li/ *adv* sinceramente, verdaderamente, realmente **LOC** *Ver* WELL, YOURS

trump /trʌmp/ *n* triunfo: *Hearts are trumps.* Pintan corazones.

trump card *n* **1** *Ver* TRUMP **2** (*fig*) mejor carta

trumpet /'trʌmpɪt/ *n* trompeta

trundle /'trʌndl/ **1** *vi* rodar lentamente **2** *vt* arrastrar **3** *vt* empujar ❶ En los tres sentidos, **trundle** tiene connotaciones de lentitud y ruido.

trunk /trʌŋk/ *n* **1** (*Anat, Bot*) tronco **2** (*GB* **boot**) (*en automóvil*) maleta, baúl, cajuela **3** (*elefante*) trompa **4 trunks** [*pl*] traje/pantaloneta (de baño) ➔ *Ver nota en* PAIR **5** baúl

trust /trʌst/ *sustantivo, verbo*
► *n* **1** ~ (**in sb/sth**) confianza (en algn/algo) **2** responsabilidad: *As a teacher you are in a position of trust.* Los profesores están en una posición de responsabilidad. **3** fideicomiso **4** fundación **LOC** *Ver* BREACH
► *vt* confiar en **PHR V trust to sth** confiar en algo ♦ **trust sb with sth** confiar algo a algn

trusted /'trʌstɪd/ *adj* de confianza

trustee /trʌ'sti:/ *n* **1** fideicomisario, -a **2** administrador, -ora

trusting /'trʌstɪŋ/ *adj* confiado

trustworthy /'trʌstwɜ:rði/ *adj* digno de confianza

truth /tru:θ/ *n* (*pl* **truths** /tru:ðz/) verdad **LOC** *Ver* ECONOMICAL, MOMENT ■ **truthful** *adj* sincero: *to be truthful* decir la verdad

try /traɪ/ *verbo, sustantivo*
► (*pt, pp* **tried**) **1** *vi* intentar

Try to + infinitivo significa hacer un esfuerzo por hacer algo, es decir, intentar hacer algo: *You should try to eat more fruit.* Deberías hacer un esfuerzo por comer más fruta. En

trying

uso coloquial, **try to** se puede sustituir por **try and**: *I'll try and finish it.* Voy a tratar de terminarlo.
En cambio, **try doing sth** significa hacer algo para ver si te ayuda con algo (a adelgazar, a mejorar tu salud, etc.: *If you want to lose weight, you should try eating more fruit.* Si quieres perder peso, deberías intentar comer más fruta.

2 *vt* probar: *Can I try the soup?* ¿Puedo probar la sopa? **3** *vt* (*Jur, caso*) ver **4** *vt* ~ **sb (for sth)** (*Jur*) procesar a algn (por algo), juzgar a algn LOC **try sb's patience** hacerle perder la paciencia a algn *Ver tb* BEST PHRV **try sth on** probar(se) algo (*ropa, zapatos, etc.*)
▸ *n* (*pl* **tries**) **1** *I'll give it a try.* Lo voy a intentar. **2** (*Rugby*) ensayo

trying /ˈtraɪɪŋ/ *adj* difícil

T-shirt *n* camiseta

tsunami /tsuːˈnɑːmi/ *n* tsunami

tub /tʌb/ *n* **1** platón, balde **2** tarro

ℓ **tube** /tuːb; *GB* tjuːb/ *n* **1** ~ **(of sth)** tubo (de algo) ⊃ *Ver dibujo en* CONTAINER **2 the tube** (*GB, coloq*) (*GB* **the underground**) (*USA* **subway**) (el) metro: *by tube* en metro

tuberculosis /tuːˌbɜːrkjəˈloʊsɪs; *GB* tjuː-/ *n* (*abrev* **TB**) [*incontable*] tuberculosis

tuck /tʌk/ *vt* **1** ~ **sth into, under, etc. sth** meter algo en, debajo de, etc. algo **2** ~ **sth around sb/sth** arropar a algn/algo con algo: *to tuck sth around you* arroparse con algo PHRV **be tucked away** (*pueblo, edificio*) estar escondido ♦ **tuck in; tuck into sth** ponerse a comer, atacar (algo) ♦ **tuck sth in** meter algo (*camisa, etc.*) ♦ **tuck sb in/up** meter a algn (*en la cama*)

ℓ **Tuesday** /ˈtuːzdeɪ, -di; *GB* ˈtjuː-/ *n* (*abrev* **Tue., Tues.**) martes ⊃ *Ver ejemplos en* MONDAY

tuft /tʌft/ *n* **1** (*pelo*) mechón **2** (*plumas*) penacho **3** (*pasto*) manojo

tug /tʌɡ/ *verbo, sustantivo*
▸ (**-gg-**) **1** *vi* ~ **(at sth)** tirar (con fuerza) de algo: *He tugged at his mother's coat.* Le dio un fuerte tirón al abrigo de su madre. **2** *vt* arrastrar
▸ *n* **1** ~ **(at/on sth)** tirón (a/de algo) **2** (*tb* **tugboat** /ˈtʌɡboʊt/) remolcador

tuition /tuˈɪʃn; *GB* tjuː-/ *n* [*incontable*] **1** (*formal*) instrucción, clases: *private tuition* clases particulares **2** (*tb* **tuˈition fees**) (precio de la) matrícula

tulip /ˈtuːlɪp; *GB* ˈtjuː-/ *n* tulipán

tumble /ˈtʌmbl/ *verbo, sustantivo*
▸ *vi* **1** caer(se), desplomarse **2** ~ (**down**) venirse abajo
▸ *n* caída

tumble ˈdryer (*tb* ˌtumble ˈdrier) *n* (*GB*) (*USA* ˈclothes dryer) secadora

tumbler /ˈtʌmblər/ *n* vaso (*de lados rectos*)

tummy /ˈtʌmi/ *n* (*pl* **tummies**) (*coloq*) barriga: *tummy ache* dolor de barriga

tumor (*GB* **tumour**) /ˈtuːmər; *GB* ˈtjuː-/ *n* tumor

tuna /ˈtuːnə; *GB* ˈtjuːnə/ *n* atún

ℓ **tune** /tuːn; *GB* tjuːn/ *sustantivo, verbo*
▸ *n* **1** melodía **2** canción, tonada LOC **be in/out of tune (with sb/sth)** estar de acuerdo/en desacuerdo (con algn/algo) ♦ **in/out of tune** afinado/desafinado *Ver tb* CHANGE
▸ *vt* afinar PHRV **tune in (to sth)** sintonizar (algo): *Tune in to us again tomorrow.* Vuelva a sintonizarnos mañana. ♦ **tune (sth) up** afinar (algo) (*instrumentos*)

tuneful /ˈtuːnfl; *GB* ˈtjuːnfl/ *adj* melodioso

tunic /ˈtuːnɪk; *GB* ˈtjuː-/ *n* túnica

ℓ **tunnel** /ˈtʌnl/ *sustantivo, verbo*
▸ *n* **1** túnel **2** galería
▸ (**-l-,** *GB* **-ll-**) **1** *vi* ~ **(into/through/under sth)** abrir un túnel (en/a través de/debajo de algo) **2** *vt, vi* excavar

turban /ˈtɜːrbən/ *n* turbante

turbulence /ˈtɜːrbjələns/ *n* [*incontable*] turbulencia ■ **turbulent** *adj* **1** turbulento **2** alborotado

turf /tɜːrf/ *sustantivo, verbo*
▸ *n* [*incontable*] césped
▸ *vt* ponerle césped a PHRV **turf sb out (of sth)** (*GB, coloq*) echar a algn (de algo)

turkey /ˈtɜːrki/ *n* (*pl* **turkeys**) pavo, guajolote

turmoil /ˈtɜːrmɔɪl/ *n* alboroto

ℓ **turn** /tɜːrn/ *verbo, sustantivo*
▸ **1** *vi* girar, dar vueltas **2** *vt* hacer girar, dar (la) vuelta a, voltear **3** *vt, vi* voltear(se): *She turned her back on Simon and walked off.* Le dio la espalda a Simon y se fue. **4** *vi*: *to turn left* voltear/virar a la izquierda **5** *vt* (*esquina*) voltear en **6** *vt, vi* (*atención*) dirigir(se): *His thoughts turned to his wife.* Sus pensamientos se enfocaron en su esposa. **7** *vt* (*página*) pasar **8** *vi* ponerse, volverse: *to turn white/red* ponerse blanco/rojo ⊃ *Ver nota en* BECOME **9** *vt, vi* ~ (**sb/sth**) (**from A**) **into B** convertirse, convertir (a algn/algo) (de A) en B **10** *vt*: *to turn 40* cumplir los 40 ❶ Para expresiones con **turn**, véanse las entradas del sustantivo, adjetivo, etc., p.ej. **turn back the clock** en CLOCK.
PHRV **turn around 1** girar, dar vueltas **2** voltear(se), dar(se) la vuelta ♦ **turn sb/sth around** girar a algn/algo
turn away (from sb/sth) apartar la vista (de algn/algo) ♦ **turn sb away** negarse a ayudar a

---
u actual ɔː saw ɜː bird ə about j yes w woman ʒ vision h hat ŋ sing

twinge

algn ◆ **turn sb away (from sth)** no dejar entrar a algn (en algo)
turn back voltear hacia atrás, darse vuelta ◆ **turn sb back** hacer voltear a algn
turn sth down bajar algo (*volumen, temperatura, etc.*) ◆ **turn sb/sth down** rechazar a algn/algo
turn off (sth) desviarse (de algo) (*de un camino*) ◆ **turn sb off** (*coloq*) desanimar, quitarle las ganas a algn ◆ **turn sth off 1** apagar algo **2** (*llave*) cerrar algo
turn sb on (*coloq*) excitar a algn ◆ **turn sth on 1** prender algo **2** (*llave*) abrir algo
turn out 1 asistir, presentarse **2** resultar, salir ◆ **turn sb out (of/from sth)** echar a algn (de algo) ◆ **turn sth out** apagar algo (*luz*)
turn over: *She left the car turning over.* Dejó el carro prendido. ◆ **turn (sth) over** voltear (algo)
turn round (*GB*) Ver TURN AROUND
turn to sb acudir a algn ◆ **turn to sth** recurrir a algo
turn up presentarse, aparecer ◆ **turn sth up** subir algo (*volumen, temperatura, etc.*)
▸ *n* **1** vuelta **2** giro, vuelta: *to take a wrong turn* tomar un camino equivocado **3** curva **4** (*cabeza*) movimiento **5** (*circunstancias*) cambio: *to take a turn for the better/worse* empezar a mejorar/empeorar **6** turno: *It's your turn.* Te toca a ti. LOC **a turn of phrase** un giro (*del lenguaje*) ◆ **do sb a good turn** hacer un favor a algn ◆ **in turn** sucesivamente, uno tras otro ◆ **take turns (at/in sth/to do sth)** turnarse (para/en algo/para hacer algo)

turning /ˈtɜːrnɪŋ/ *n* bocacalle: *Take the second turning on the right.* Entre por la segunda a la derecha.

turning point *n* momento crítico, punto decisivo

turnip /ˈtɜːrnɪp/ *n* nabo

turn-off *n* **1** Ver TURNING **2** (*coloq*) cosa o persona que no es interesante ni atractiva Ver tb TURN

turnout /ˈtɜːrnaʊt/ *n* asistencia, concurrencia

turnover /ˈtɜːrnoʊvər/ *n* **1** (*negocio*) facturación **2** (*personal, mercancías*) movimiento **3** empanada

turnpike /ˈtɜːrnpaɪk/ (*GB* toll road) *n* carretera en la que se paga peaje

turn signal (*GB* indicator) *n* intermitente, direccional (*de automóvil*)

turntable /ˈtɜːrnteɪbl/ *n* (*tocadiscos*) tornamesa

turpentine /ˈtɜːrpəntaɪn/ (*GB coloq* turps /tɜːrps/) *n* aguarrás

turquoise /ˈtɜːrkwɔɪz/ *n* **1** turquesa **2** (*color*) turquesa

turret /ˈtɜːrət; *GB* ˈtʌrət/ *n* torreón, torre

turtle /ˈtɜːrtl/ *n* **1** (*USA tb* 'sea turtle) tortuga (*marina*) **2** (*USA, coloq*) tortuga (*de tierra*)
➪ Comparar con TORTOISE

turtleneck /ˈtɜːrtlnek/ (*GB* polo neck) *n* (suéter de) cuello de tortuga

tusk /tʌsk/ *n* colmillo

tutor /ˈtuːtər; *GB* ˈtjuː-/ *n* **1** profesor, -ora particular **2** (*universidad*) profesor, -ora

> En muchas universidades de Gran Bretaña, cada estudiante tiene un **tutor** (un profesor encargado de supervisar su trabajo), y asiste a **tutorials** (clases individuales o en un pequeño grupo con el **tutor**).

tutorial /tuːˈtɔːriəl; *GB* tjuː-/ *adjetivo, sustantivo*
▸ *adj* de tutor
▸ *n* seminario (*clase*)

tuxedo /tʌkˈsiːdoʊ/ *n* (*pl* tuxedos) (*coloq* tux /tʌks/) esmoquin

TV /ˌtiːˈviː/ *n* tele: *What's on TV?* ¿Qué hay en la tele? ➪ Ver nota en TELEVISION

twang /twæŋ/ *n* **1** (*voz*) gangueo **2** (*Mús*) punteado (vibrante)

tweet /twiːt/ *sustantivo, verbo*
▸ *n* **1** pío pío **2** (*tb* twitter) (*a través de Twitter®*) tweet, trino
▸ *vi* **1** piar, gorjear **2** (*tb* twitter) enviar un tweet/trino

tweezers /ˈtwiːzərz/ *n* [*pl*] pinzas (*de depilar*)
➪ Ver nota en PAIR

twelve /twelv/ *adj, pron, n* doce ➪ Ver ejemplos en FIVE ■ **twelfth 1** *adj, adv, pron* duodécimo **2** *n* doceava parte, doceavo ➪ Ver ejemplos en FIFTH

twenty /ˈtwenti/ *adj, pron, n* veinte ➪ Ver ejemplos en FIFTY, FIVE ■ **twentieth 1** *adj, adv, pron* vigésimo **2** *n* veinteava parte, veinteavo ➪ Ver ejemplos en FIFTH

twice /twaɪs/ *adv* dos veces: *twice as much/many* el doble LOC Ver ONCE

twiddle /ˈtwɪdl/ *vt, vi* ~ (**with**) **sth** jugar con algo, (hacer) girar algo (*cuando se está aburrido, distraído, etc.*) LOC **twiddle your thumbs 1** (*lit*) entrelazar los dedos de las manos y mover los pulgares en círculos (*por impaciencia, etc.*) **2** (*fig*) estar sin hacer nada

twig /twɪg/ *n* ramita

twilight /ˈtwaɪlaɪt/ *n* crepúsculo

twin /twɪn/ *n* **1** gemelo, -a, mellizo, -a **2** (*de un par*) gemelo, pareja, doble: *twin beds* camas gemelas

twinge /twɪndʒ/ *n* punzada

twinkle /'twɪŋkl/ vi **1** centellear, destellar **2** ~ **(with sth)** (ojos) brillar (de algo)

twirl /twɜːrl/ vt, vi **1** (hacer) girar, dar vueltas (a) **2** retorcer(se)

twist /twɪst/ verbo, sustantivo
▸ **1** vt, vi torcer(se), retorcer(se) **2** vt, vi enrollar(se), enroscar(se) **3** vi (camino, río) serpentear **4** vt (palabras, etc.) tergiversar
▸ n **1** torsión, torcedura **2** (camino, río) recodo, curva **3** (limón, papel) pedacito **4** (cambio) giro

twit /twɪt/ n (esp GB, coloq) tonto, -a

twitch /twɪtʃ/ sustantivo, verbo
▸ n **1** movimiento repentino **2** tic **3** tirón
▸ vt, vi **1** crispar(se), moverse (nerviosamente) **2** ~ **(at) sth** darle un tirón a algo

twitter /'twɪtər/ vi, n Ver TWEET

two /tuː/ adj, pron, n dos ⊃ Ver ejemplos en FIVE
LOC **put two and two together** atar cabos

two-'faced adj (coloq) falso, cínico

two-'way adj **1** (proceso) doble: two-way traffic tráfico de doble sentido **2** (comunicación) mutuo, recíproco

tycoon /taɪ'kuːn/ n magnate

tying Ver TIE

type /taɪp/ sustantivo, verbo
▸ n **1** tipo, clase: all types of jobs todo tipo de trabajos ◊ He's not my type (of person). No es mi tipo. **2** (modelo) tipo: She's not the artistic type. No tiene mucha afición por el arte.
▸ vt, vi digitar, escribir (en el computador/a máquina) ❶ Se usa a menudo con **out** o **up**: to type sth up pasar algo a computador.

typewriter /'taɪpraɪtər/ n máquina de escribir

typhoid /'taɪfɔɪd/ n [incontable] (fiebre) tifoidea

typical /'tɪpɪkl/ adj típico, característico

typically /'tɪpɪkli/ adv **1** típicamente **2** por regla general

typify /'tɪpɪfaɪ/ vt (pt, pp **-fied**) tipificar, ser ejemplo de

typing /'taɪpɪŋ/ n mecanografía

tyranny /'tɪrəni/ n tiranía

tyrant /'taɪrənt/ n tirano, -a

tyre (GB) = TIRE

| i happy | ɪ sit | iː see | æ cat | ɑ hot | ɒ long (GB) | ɑː bath (GB) | ʌ cup | ʊ put | uː too |

U u

U, u /juː/ n (pl **Us**, **U's**, **u's** /juːz/) U, u ➔ Ver nota en A, A

ubiquitous /juːˈbɪkwɪtəs/ adj (formal) ubicuo

UFO (tb **ufo**) /ˌjuː ef ˈoʊ/ n (pl **UFOs**) OVNI

ugh /əg, ɜː/ interj ¡guácala!, ¡gas!

ugly /ˈʌgli/ adj (**uglier**, **-iest**) **1** feo **2** siniestro, peligroso

U.K. (tb **UK**) /ˌjuː ˈkeɪ/ abrev de **United Kingdom** Reino Unido

ulcer /ˈʌlsər/ n úlcera

ultimate /ˈʌltɪmət/ adj **1** último, final **2** mayor **3** principal

ultimately /ˈʌltɪmətli/ adv **1** al final, en última instancia **2** fundamentalmente

ultimatum /ˌʌltɪˈmeɪtəm/ n (pl **ultimatums** o **ultimata** /-meɪtə/) ultimátum

ultra- /ˈʌltrə/ pref ultra-: ultra-modern ultramoderno ◊ ultra-fit en plena forma

ultralight /ˈʌltrəlaɪt/ (GB **microlight**) n ultraliviano

umbrella /ʌmˈbrelə/ n paraguas

umpire /ˈʌmpaɪər/ n árbitro, -a (Tenis, Beisbol) ➔ Ver nota en ÁRBITRO

umpteen /ˈʌmptiːn; GB ˌʌmpˈtiːn/ adj, pron (coloq) innumerables ■ **umpteenth** adj (coloq) enésimo

unable /ʌnˈeɪbl/ adj incapaz, imposibilitado

unacceptable /ˌʌnəkˈseptəbl/ adj inaceptable

unaccustomed /ˌʌnəˈkʌstəmd/ adj **1** to be unaccustomed to (doing) sth no estar acostumbrado a (hacer) algo **2** desacostumbrado, insólito

unaffected /ˌʌnəˈfektɪd/ adj **1** ~ (by sth) no afectado (por algo) **2** sin afectación

unambiguous /ˌʌnæmˈbɪgjuəs/ adj inequívoco

unanimous /juˈnænɪməs/ adj ~ (in sth) unánime (en algo)

unarmed /ˌʌnˈɑːrmd/ adj **1** desarmado, sin armas **2** (indefenso) inerme

unattractive /ˌʌnəˈtræktɪv/ adj poco atractivo

unavailable /ˌʌnəˈveɪləbl/ adj no disponible

unavoidable /ˌʌnəˈvɔɪdəbl/ adj inevitable

unaware /ˌʌnəˈweər/ adj no consciente: He was unaware that... Ignoraba que...

unbalanced /ˌʌnˈbælənst/ adj (persona) desequilibrado, trastornado

unbearable /ʌnˈbeərəbl/ adj insoportable

unbeatable /ʌnˈbiːtəbl/ adj invencible, inigualable

unbeaten /ʌnˈbiːtn/ adj (Dep) nunca superado, invicto

unbelievable /ˌʌnbɪˈliːvəbl/ adj increíble

unblock /ˌʌnˈblɑk/ vt desatascar

unbroken /ʌnˈbroʊkən/ adj **1** intacto **2** ininterrumpido **3** (récord) imbatido **4** (espíritu) indómito

uncanny /ʌnˈkæni/ adj **1** misterioso **2** asombroso

uncertain /ʌnˈsɜːrtn/ adj **1** inseguro, dudoso, indeciso **2** incierto: It is uncertain whether... No se sabe si... **3** variable ■ **uncertainty** n (pl **uncertainties**) incertidumbre, duda

unchanged /ʌnˈtʃeɪndʒd/ adj igual, sin alteración

uncle /ˈʌŋkl/ n tío

unclear /ˌʌnˈklɪər/ adj poco claro, nada claro

uncomfortable /ʌnˈkʌmftəbl, -fərt-/ adj incómodo ■ **uncomfortably** adv incómodamente: The exams are getting uncomfortably close. Los exámenes se están acercando de manera preocupante.

uncommon /ʌnˈkɑmən/ adj poco común, insólito

uncompromising /ʌnˈkɑmprəmaɪzɪŋ/ adj inflexible, firme

unconcerned /ˌʌnkənˈsɜːrnd/ adj **1** ~ (**about/by sth**) indiferente (a algo) **2** despreocupado

unconditional /ˌʌnkənˈdɪʃənl/ adj incondicional

unconscious /ʌnˈkɑnʃəs/ adjetivo, sustantivo
▶ adj **1** inconsciente **2** to be unconscious of sth no darse cuenta de algo
▶ n the unconscious [sing] el subconsciente

uncontrollable /ˌʌnkənˈtroʊləbl/ adj que no se puede controlar, incontrolable

unconventional /ˌʌnkənˈvenʃənl/ adj poco convencional

unconvincing /ˌʌnkənˈvɪnsɪŋ/ adj poco convincente

uncool /ˌʌnˈkuːl/ adj (coloq) **1** poco atractivo: Smoking is uncool. Fumar no está de moda.

2 anticuado: *He's so uncool.* No está en la onda.

uncountable /ʌnˈkaʊntəbl/ *adj* (*Gram*) incontable

uncouth /ʌnˈkuːθ/ *adj* grosero, inculto

uncover /ʌnˈkʌvər/ *vt* **1** destapar, descubrir **2** descubrir

undecided /ˌʌndɪˈsaɪdɪd/ *adj* **1** pendiente, sin resolver **2** ~ (**about sb/sth**) indeciso (sobre algn/algo)

undeniable /ˌʌndɪˈnaɪəbl/ *adj* innegable, indiscutible ■ **undeniably** *adv* indudablemente

ᵷ **under** /ˈʌndər/ *prep* **1** debajo de: *It was under the bed.* Estaba debajo de la cama. **2** (*edad*) menor de **3** (*cantidad*) menos de **4** (*gobierno, mando, etc.*) bajo **5** (*Jur*) según (*una ley, etc.*) **6** *under construction* en construcción

under- /ˈʌndər/ *pref* **1** insuficientemente: *Women are underrepresented in the group.* Las mujeres están subrepresentadas en el grupo. ◇ *under-used* infrautilizado **2** (*edad*) menor de: *the under-fives* los menores de cinco años ◇ *the under-21 team* el equipo de menores de 21 años

underage /ˈʌndəreɪdʒ/ *adj* [solo antes de sustantivo] menor de edad: *underage drinking* el consumo de bebidas alcohólicas por menores de edad

undercover /ˌʌndərˈkʌvər/ *adj* **1** (*policía*) secreto **2** (*operación*) secreto, clandestino

underdeveloped /ˌʌndərdɪˈveləpt/ *adj* subdesarrollado ■ **underdevelopment** *n* subdesarrollo

underdog /ˈʌndərdɔːɡ; *GB* -dɒɡ/ *n* (*Dep, Sociol*) el/la más débil: *the underdogs of society* los desamparados de la sociedad

underestimate /ˌʌndərˈestɪmeɪt/ *vt* subestimar

undergo /ˌʌndərˈɡoʊ/ *vt* (*pt* **underwent** /-ˈwent/, *pp* **undergone** /-ˈɡɔːn; *GB* -ˈɡɒn/) **1** experimentar, sufrir **2** (*prueba*) pasar **3** (*curso*) seguir **4** (*tratamiento, cirugía*) someterse a

undergraduate /ˌʌndərˈɡrædʒuət/ *n* estudiante no graduado

ᵷ **underground** *adjetivo, adverbio, sustantivo*
▶ *adj* /ˌʌndərˈɡraʊnd/ **1** subterráneo **2** (*fig*) clandestino
▶ *adv* /ˌʌndərˈɡraʊnd/ **1** bajo tierra **2** (*fig*) en la clandestinidad
▶ *n* /ˈʌndərɡraʊnd/ **1** (*GB coloq* **the tube**) (*USA* **subway**) metro **2** movimiento clandestino

undergrowth /ˈʌndərɡroʊθ/ *n* maleza

underlie /ˌʌndərˈlaɪ/ *vt* (*pt* **underlay** /ˌʌndərˈleɪ/, *pp* **underlain** /-ˈleɪn/) (*formal*) (*fig*) estar detrás de

underline /ˌʌndərˈlaɪn/ (*tb esp USA* **underscore** /ˌʌndərˈskɔːr/) *vt* subrayar

undermine /ˌʌndərˈmaɪn/ *vt* socavar, debilitar

ᵷ **underneath** /ˌʌndərˈniːθ/ *preposición, adverbio, sustantivo*
▶ *prep* debajo de
▶ *adv* (por) debajo
▶ *n* **the underneath** [*sing*] la parte inferior

underpants /ˈʌndərpænts/ (*coloq* **pants**) *n* [*pl*] calzoncillos: *a pair of underpants* unos calzoncillos ➾ *Ver nota en* PAIR

underpass /ˈʌndərpæs; *GB* -pɑːs/ *n* paso subterráneo

underprivileged /ˌʌndərˈprɪvəlɪdʒd/ *adj* desheredado, marginado

underscore *verbo, sustantivo*
▶ *vt* /ˌʌndəˈskɔːr/ (*GB* **underline**) subrayar
▶ *n* /ˈʌndərskɔːr/ (*Informát*) guión bajo, raya al piso

undersea /ˈʌndərsiː/ *adj* [solo antes de sustantivo] submarino

undershirt /ˈʌndərʃɜːrt/ (*GB* **vest**) *n* camiseta (interior)

underside /ˈʌndərsaɪd/ *n* parte de abajo, costado inferior

ᵷ **understand** /ˌʌndərˈstænd/ (*pt, pp* **understood** /-ˈstʊd/) **1** *vt, vi* entender **2** *vt* explicarse **3** *vt* (*saber manejar*) entender de **4** *vt* (*formal*) tener entendido ■ **understandable** *adj* comprensible **understandably** *adv* naturalmente

ᵷ **understanding** /ˌʌndərˈstændɪŋ/ *adjetivo, sustantivo*
▶ *adj* comprensivo
▶ *n* **1** entendimiento, comprensión **2** conocimiento **3** acuerdo (*informal*) **4** ~ (**of sth**) interpretación (de algo)

understate /ˌʌndərˈsteɪt/ *vt* decir que algo es más pequeño o menos importante de lo que es

understatement /ˈʌndərsteɪtmənt/ *n*: *To say they are disappointed would be an understatement.* Decir que están desilusionados sería poco.

undertake /ˌʌndərˈteɪk/ *vt* (*pt* **undertook** /-ˈtʊk/, *pp* **undertaken** /-ˈteɪkən/) (*formal*) **1** emprender **2** ~ **to do sth** comprometerse a hacer algo

undertaker /ˈʌndərteɪkər/ *n* (*esp GB*) (*USA* **mortician**) **1** agente funerario, -ora **2 undertaker's** funeraria

undertaking /ˈʌndərteɪkɪŋ; GB ˌʌndəˈteɪkɪŋ/ n **1** (Econ, tarea) empresa **2** (formal) compromiso, obligación

underwater /ˌʌndərˈwɔːtər/ adjetivo, adverbio
▸ adj submarino
▸ adv bajo el agua

underwear /ˈʌndərweər/ n ropa interior

underwent pt de UNDERGO

underworld /ˈʌndərwɜːrld/ n **1** el bajo mundo **2 the underworld** el infierno

undesirable /ˌʌndɪˈzaɪərəbl/ adj, n indeseable

undiscovered /ˌʌndɪsˈkʌvərd/ adj desconocido, sin/por descubrir

undisputed /ˌʌndɪˈspjuːtɪd/ adj incuestionable, indiscutible

undisturbed /ˌʌndɪˈstɜːrbd/ adj **1** (persona) tranquilo, sin ser molestado **2** (cosa) sin tocar

undo /ʌnˈduː/ vt (pt **undid** /ʌnˈdɪd/, pp **undone** /ʌnˈdʌn/) **1** deshacer **2** desabrochar **3** desamarrar **4** (envoltura) quitar **5** anular: *to undo the damage* reparar el daño

undone /ʌnˈdʌn/ adj **1** desabrochado, desamarrado: *to come undone* desabrocharse/desamarrarse **2** sin acabar

undoubtedly /ʌnˈdaʊtɪdli/ adv indudablemente

undress /ʌnˈdres/ vt, vi desvestir(se) ❶ Es más normal decir **get undressed**. ■ **undressed** adj desvestido

undue /ʌnˈduː; GB -ˈdjuː/ adj [solo antes de sustantivo] (formal) excesivo ■ **unduly** adv (formal) excesivamente, en demasía

unearth /ʌnˈɜːrθ/ vt desenterrar, sacar a la luz

unease /ʌnˈiːz/ n malestar

uneasy /ʌnˈiːzi/ adj **1** ~ (**about/at sth**) inquieto (por algo) **2** (silencio) incómodo

uneducated /ʌnˈedʒukeɪtɪd/ adj inculto, ignorante

unemotional /ˌʌnɪˈmoʊʃənl/ adj impasible, insensible

unemployed /ˌʌnɪmˈplɔɪd/ adjetivo, sustantivo
▸ adj desempleado, en paro
▸ n **the unemployed** [pl] los desempleados

unemployment /ˌʌnɪmˈplɔɪmənt/ n desempleo, paro

unequal /ʌnˈiːkwəl/ adj **1** desigual **2** (formal) *to feel unequal to sth* no sentirse a la altura de algo

unethical /ʌnˈeθɪkl/ adj poco ético

uneven /ʌnˈiːvn/ adj **1** desigual **2** (pulso) irregular **3** (suelo) desnivelado

uneventful /ˌʌnɪˈventfl/ adj sin incidentes, tranquilo

unexpected /ˌʌnɪkˈspektɪd/ adj inesperado, imprevisto

unexplained /ˌʌnɪkˈspleɪnd/ adjetivo, sustantivo
▸ adj inexplicado
▸ n **the unexplained** lo inexplicable

unfair /ˌʌnˈfeər/ adj **1** ~ (**to/on sb**) injusto (con algn) **2** (competencia) desleal **3** (despido) improcedente

unfaithful /ʌnˈfeɪθfl/ adj infiel

unfamiliar /ˌʌnfəˈmɪliər/ adj **1** poco familiar **2** (persona, cara) desconocido **3** ~ **with sth** poco familiarizado con algo

unfashionable /ʌnˈfæʃnəbl/ adj pasado de moda

unfasten /ʌnˈfæsn; GB -ˈfɑːsn/ vt **1** desabrochar, desamarrar **2** abrir **3** soltar

unfavorable (GB **unfavourable**) /ʌnˈfeɪvərəbl/ adj **1** adverso, desfavorable **2** poco propicio

unfinished /ʌnˈfɪnɪʃt/ adj sin terminar: *unfinished business* asuntos pendientes

unfit /ʌnˈfɪt/ adj **1** ~ (**for sth/to do sth**) inadecuado, no apto (para algo/para hacer algo), incapaz (de hacer algo) **2** fuera de forma

unfold /ʌnˈfoʊld/ **1** vt extender, desdoblar, desplegar **2** vt, vi (acontecimientos, etc.) revelar(se)

unforeseen /ˌʌnfərˈsiːn, -fɔːr-/ adj imprevisto

unforgettable /ˌʌnfərˈgetəbl/ adj inolvidable

unforgivable /ˌʌnfərˈgɪvəbl/ adj imperdonable

unfortunate /ʌnˈfɔːrtʃənət/ adj **1** desafortunado: *It is unfortunate (that)…* Es de lamentar que… **2** (accidente) lamentable **3** (comentario) inoportuno

unfortunately /ʌnˈfɔːrtʃənətli/ adv por desgracia, desgraciadamente

unfriendly /ʌnˈfrendli/ adj ~ (**to/toward sb**) antipático (con/hacia algn)

ungrateful /ʌnˈgreɪtfl/ adj **1** desagradecido **2** ~ (**to sb**) ingrato (con algn)

unhappiness /ʌnˈhæpinəs/ n desdicha

unhappy /ʌnˈhæpi/ adj (**unhappier, -iest**) **1** desdichado, triste **2** ~ (**about/at sth**) preocupado, disgustado (por algo)

unharmed /ʌnˈhɑːrmd/ adj ileso

unhealthy /ʌnˈhelθi/ adj **1** enfermizo **2** insalubre **3** (interés) morboso

unheard-of /ˌʌnˈhɜːrd ɑv/ *adj* insólito

unhelpful /ʌnˈhelpfl/ *adj* poco servicial

unhurt /ˌʌnˈhɜːrt/ *adj* ileso

uniform /ˈjuːnɪfɔːrm/ *adj, n* uniforme LOC **in uniform** de uniforme

unify /ˈjuːnɪfaɪ/ *vt* (*pt, pp* **-fied**) unificar

unimportant /ˌʌnɪmˈpɔːrtnt/ *adj* sin importancia, insignificante

uninhabited /ˌʌnɪnˈhæbɪtɪd/ *adj* deshabitado, despoblado

uninhibited /ˌʌnɪnˈhɪbɪtɪd/ *adj* desinhibido

uninstall /ˌʌnɪnˈstɔːl/ *vt* (*Informát*) desinstalar

unintentional /ˌʌnɪnˈtenʃənl/ *adj* involuntario, no intencional

unintentionally /ˌʌnɪnˈtenʃənəli/ *adv* sin querer

uninterested /ʌnˈɪntrəstɪd/ *adj* ~ (**in sb/sth**) indiferente (a algn/algo), no interesado (en algn/algo)

union /ˈjuːniən/ *n* **1** unión **2** (*tb* **labor union**) sindicato

Union Jack *n* bandera del Reino Unido

La bandera del Reino Unido está formada por elementos de las banderas de Inglaterra, Escocia e Irlanda del Norte (p.ej. la cruz roja procede de la bandera inglesa, y el fondo azul de la escocesa).

unique /juˈniːk/ *adj* **1** único **2** ~ **to sb/sth** exclusivo de algn/algo **3** (*poco común*) excepcional, extraordinario

unison /ˈjuːnɪsn/ *n* LOC **in unison (with sb/sth)** al unísono (con algn/algo)

unit /ˈjuːnɪt/ *n* **1** unidad **2** (*de mobiliario*) módulo: *kitchen unit* mueble de cocina

unite /juˈnaɪt/ **1** *vt, vi* unir(se) **2** *vi* ~ (**in sth/in doing sth/to do sth**) unirse, juntarse (en algo/para hacer algo)

unity /ˈjuːnəti/ *n* **1** unidad **2** (*concordia*) unidad, armonía

universal /ˌjuːnɪˈvɜːrsl/ *adj* universal, general
■ **universally** *adv* universalmente, mundialmente

universe /ˈjuːnɪvɜːrs/ *n* universo

university /ˌjuːnɪˈvɜːrsəti/ *n* (*pl* **universities**) universidad: *to go to university* (*GB*) ir a la universidad ➲ *Ver nota en* SCHOOL

unjust /ˌʌnˈdʒʌst/ *adj* injusto

unkempt /ˌʌnˈkempt/ *adj* **1** desaliñado, descuidado **2** (*pelo*) despeinado

unkind /ˌʌnˈkaɪnd/ *adj* **1** (*persona*) poco amable, cruel **2** (*comentario*) cruel

unknown /ˌʌnˈnoʊn/ *adj* ~ (**to sb**) desconocido (para algn)

unlawful /ʌnˈlɔːfl/ *adj* ilegal, ilícito

unleash /ʌnˈliːʃ/ *vt* ~ **sth (against/on sb/sth)** **1** (*animal*) soltar algo (contra algn/algo) **2** desatar, desencadenar algo (contra algn/algo)

unless /ənˈles/ *conj* a menos que, a no ser que, si no

unlike /ˌʌnˈlaɪk/ *preposición, adjetivo*
▸ *prep* **1** distinto de **2** a diferencia de **3** no típico de: *It's unlike him to be late.* Es muy raro que llegue tarde.
▸ *adj* [*nunca antes de sustantivo*] distinto

unlikely /ʌnˈlaɪkli/ *adj* (**unlikelier, -iest**) **1** poco probable, improbable **2** (*cuento, excusa, etc.*) inverosímil

unlimited /ʌnˈlɪmɪtɪd/ *adj* ilimitado, sin límite

unload /ˌʌnˈloʊd/ *vt, vi* descargar

unlock /ˌʌnˈlɑk/ *vt, vi* abrir(se) (*con llave*)

unlucky /ʌnˈlʌki/ *adj* **1** desgraciado, desafortunado: *to be unlucky* tener mala suerte **2** aciago

unmarried /ˌʌnˈmærɪd/ *adj* soltero

unmistakable /ˌʌnmɪˈsteɪkəbl/ *adj* inconfundible, inequívoco

unmoved /ˌʌnˈmuːvd/ *adj* impasible

unnatural /ʌnˈnætʃərəl/ *adj* **1** antinatural, anormal **2** contra natura **3** afectado, poco natural

unnecessary /ʌnˈnesəseri; *GB* -səri/ *adj* **1** innecesario, superfluo **2** (*comentario*) gratuito

unnoticed /ˌʌnˈnoʊtɪst/ *adj* desapercibido, inadvertido

unobtrusive /ˌʌnəbˈtruːsɪv/ *adj* discreto

unofficial /ˌʌnəˈfɪʃl/ *adj* no oficial, extraoficial

unorthodox /ʌnˈɔːrθədɑks/ *adj* **1** poco ortodoxo **2** (*Relig*) heterodoxo

unpack /ˌʌnˈpæk/ **1** *vi* desempacar las maletas **2** *vt* (*maleta*) desempacar **3** *vt* desembalar

unpaid /ˌʌnˈpeɪd/ *adj* **1** no pagado, por cobrar **2** (*persona, trabajo*) no retribuido

unpleasant /ʌnˈpleznt/ *adj* **1** desagradable **2** (*persona*) antipático

unplug /ˌʌnˈplʌg/ *vt* (**-gg-**) desenchufar, desconectar

unpopular /ʌnˈpɑpjələr/ *adj* impopular, poco popular

---

i happy ɪ sit iː see æ cat ɑ hot ɒ long (*GB*) ɑː bath (*GB*) ʌ cup ʊ put uː too

unwittingly

unprecedented /ˌʌnˈpresɪdentɪd/ *adj* sin precedentes

unpredictable /ˌʌnprɪˈdɪktəbl/ *adj* imprevisible, impredecible

unqualified /ˌʌnˈkwɒlɪfaɪd/ *adj* **1** sin título, no cualificado **2** ~ **to do sth** no competente, inhabilitado para hacer algo

unravel /ˌʌnˈrævl/ *vt, vi* (-l-, *GB* -ll-) (*lit y fig*) desenmarañar(se), desenredar(se)

unreal /ˌʌnˈriːəl/ *adj* irreal, ilusorio

unrealistic /ˌʌnriːəˈlɪstɪk/ *adj* poco realista

unreasonable /ʌnˈriːznəbl/ *adj* **1** irrazonable, poco razonable **2** excesivo

unreliable /ˌʌnrɪˈlaɪəbl/ *adj* **1** poco fiable **2** (*persona*) poco serio, incumplido

unrest /ʌnˈrest/ *n* [*incontable*] **1** malestar, intranquilidad **2** (*Pol*) disturbios

unroll /ˌʌnˈrəʊl/ *vt, vi* desenrollar(se)

unruly /ʌnˈruːli/ *adj* indisciplinado, revoltoso

unsafe /ʌnˈseɪf/ *adj* inseguro, peligroso

unsatisfactory /ˌʌnˌsætɪsˈfæktəri/ *adj* insatisfactorio, inaceptable

unsavory (*GB* **unsavoury**) /ʌnˈseɪvəri/ *adj* **1** desagradable **2** (*persona*) indeseable

unscathed /ʌnˈskeɪðd/ *adj* **1** ileso **2** (*fig*) indemne

unscrew /ˌʌnˈskruː/ *vt, vi* **1** (*tornillo, etc.*) desatornillar(se) **2** (*tapa, etc.*) desenroscar(se)

unscrupulous /ʌnˈskruːpjələs/ *adj* sin escrúpulos, inescrupuloso

unseen /ˌʌnˈsiːn/ *adj* invisible, inadvertido, no visto

unsettle /ˌʌnˈsetl/ *vt* perturbar, inquietar ■ **unsettled** *adj* **1** (*persona*) incómodo **2** (*situación*) inestable **3** (*cambiable*) variable, incierto **4** (*asunto*) pendiente **unsettling** *adj* perturbador, inquietante

unshaven /ˌʌnˈʃeɪvn/ *adj* sin afeitar

unsightly /ʌnˈsaɪtli/ *adj* antiestético, feo

unskilled /ˌʌnˈskɪld/ *adj* **1** (*trabajador*) no cualificado **2** (*trabajo*) no especializado

unspoiled /ˌʌnˈspɔɪld/ (*GB tb* **unspoilt** /ˌʌnˈspɔɪlt/) *adj* intacto, sin estropear

unspoken /ˌʌnˈspəʊkən/ *adj* tácito, no expresado

unstable /ʌnˈsteɪbl/ *adj* inestable

unsteady /ʌnˈstedi/ *adj* **1** inseguro, vacilante **2** (*mano, voz*) tembloroso

unstuck /ˌʌnˈstʌk/ *adj* despegado **LOC** **come unstuck 1** despegarse **2** (*GB, coloq*) fracasar

unsubscribe /ˌʌnsəbˈskraɪb/ *vi* darse de baja (*de una lista de internet, etc.*)

unsuccessful /ˌʌnsəkˈsesfl/ *adj* infructuoso, fracasado: *to be unsuccessful in doing sth* no lograr hacer algo ■ **unsuccessfully** *adv* sin éxito

unsuitable /ˌʌnˈsuːtəbl; *GB tb* -ˈsjuː-/ *adj* **1** no apto, inapropiado **2** (*momento*) inoportuno

unsure /ˌʌnˈʃʊər; *GB tb* -ˈʃɔː(r)/ *adj* **1** ~ (**of yourself**) inseguro (de sí mismo) **2 be** ~ (**about/ of sth**) no estar seguro (de algo)

unsuspecting /ˌʌnsəˈspektɪŋ/ *adj* confiado

unsympathetic /ˌʌnˌsɪmpəˈθetɪk/ *adj* **1** poco comprensivo **2** antipático

unthinkable /ʌnˈθɪŋkəbl/ *adj* impensable, inconcebible

untidy /ʌnˈtaɪdi/ *adj* (**untidier, -iest**) **1** desordenado **2** (*apariencia*) desaliñado, descuidado **3** (*pelo*) despeinado

untie /ˌʌnˈtaɪ/ *vt* (*pt, pp* **untied**, *part pres* **untying**) desamarrar

until /ənˈtɪl/ (*tb* **till**) *conjunción, preposición*
▸ *conj* hasta que
▸ *prep* hasta: *until recently* hasta hace poco ↪ Ver nota en HASTA

untouched /ʌnˈtʌtʃt/ *adj* ~ (**by sth**) **1** intacto, sin tocar **2** (*comida*) sin probar **3** insensible (a algo) **4** no afectado (por algo) **5** indemne

untrue /ʌnˈtruː/ *adj* **1** falso **2** ~ (**to sb/sth**) infiel (a algn/algo)

unused *adj* **1** /ˌʌnˈjuːzd/ sin usar **2** /ˌʌnˈjuːst/ ~ **to sb/sth** no acostumbrado a algn/algo

unusual /ʌnˈjuːʒuəl, -ʒəl/ *adj* **1** inusual, inusitado **2** (*extraño*) raro **3** distintivo

unusually /ʌnˈjuːʒuəli, -ʒəli/ *adv* inusitadamente, extraordinariamente: *unusually talented* de un talento poco común

unveil /ˌʌnˈveɪl/ *vt* **1** quitar el velo a **2** (*monumento, etc.*) descubrir **3** revelar

unwanted /ˌʌnˈwɒntɪd/ *adj* **1** no deseado: *to feel unwanted* sentirse rechazado ◊ *an unwanted pregnancy* un embarazo no deseado **2** superfluo, sobrante

unwarranted /ʌnˈwɔːrəntɪd; *GB* -ˈwɒr-/ *adj* (*formal*) injustificado

unwelcome /ʌnˈwelkəm/ *adj* inoportuno, molesto: *to make you feel unwelcome* hacer sentir incómodo a algn

unwell /ʌnˈwel/ *adj* indispuesto

unwilling /ʌnˈwɪlɪŋ/ *adj* no dispuesto ■ **unwillingness** *n* falta de voluntad

unwind /ˌʌnˈwaɪnd/ (*pt, pp* **unwound** /-ˈwaʊnd/) **1** *vt, vi* desenrollar(se) **2** *vi* (*coloq*) relajarse

unwise /ˌʌnˈwaɪz/ *adj* imprudente

unwittingly /ʌnˈwɪtɪŋli/ *adv* inconscientemente

unwrap /ˌʌnˈræp/ vt (**-pp-**) desenvolver

up /ʌp/ adverbio, preposición, sustantivo ❶ Para los usos de **up** en PHRASAL VERBS ver las entradas de los verbos correspondientes, p. ej. **go up** en GO¹.
▸ adv **1** más alto, más arriba: *Pull your socks up.* Súbete las medias. **2 up (to sb/sth)** *He came up (to me).* Se (me) acercó. **3** en trozos: *to tear sth up* romper algo en pedazos **4** (*terminado*) *Your time is up.* Se te acabó el tiempo. **5** levantado: *Is he up yet?* ¿Ya se levantó? **6** (*firmemente*) *to lock sth up* guardar/encerrar algo bajo llave **7** en su sitio, colocado: *Are the curtains up yet?* ¿Ya están colocadas las cortinas? LOC **be up (with sb)**: *What's up with you?* ¿Qué te pasa? ♦ **be up to sb** depender de algn, ser decisión de algn: *It's up to you.* Tú decides. ♦ **not be up to much** no valer mucho ♦ **up and down 1** de arriba a abajo **2** *to jump up and down* dar saltos ♦ **up to sth 1** (*tb* **up until sth**) hasta algo: *up to now* hasta ahora **2** capaz de algo, a la altura de algo: *I don't feel up to it.* No me siento capaz de hacerlo. **3** (*coloq*) *What are you up to?* ¿Qué estás haciendo? ◊ *He's up to no good.* Está tramando algo.
▸ prep arriba: *further up the road* calle arriba LOC **up and down sth** de un lado a otro de algo
▸ n LOC **ups and downs** altibajos

up-and-ˈcoming adj [*solo antes de sustantivo*] prometedor

upbringing /ˈʌpbrɪŋɪŋ/ n crianza, educación (*en la casa*)

upcoming /ˈʌpkʌmɪŋ/ adj [*solo antes de sustantivo*] próximo: *the upcoming election* las próximas elecciones

update verbo, sustantivo
▸ vt /ˈʌpdeɪt, ˌʌpˈdeɪt/ **1** actualizar **2 ~ sb (on sth)** poner al día a algn (de algo)
▸ n /ˈʌpdeɪt/ **1** (*tb* **updating**) actualización **2 ~ (on sb/sth)** información actualizada (sobre algn/algo)

upgrade verbo, sustantivo
▸ vt /ˈʌpɡreɪd, ˌʌpˈɡreɪd/ **1** actualizar, mejorar **2** (*persona*) ascender
▸ n /ˈʌpɡreɪd/ actualización

upheaval /ʌpˈhiːvl/ n **1** trastorno (*emocional*) **2** cambio importante (*en un sistema*) **3** (*Pol*) agitación

uphill /ˌʌpˈhɪl/ adj, adv cuesta arriba: *an uphill struggle* una lucha difícil

uphold /ʌpˈhoʊld/ vt (*pt, pp* **upheld** /-ˈheld/) **1** sostener (*decisión, etc.*) **2** mantener (*tradición, etc.*)

upholstered /ʌpˈhoʊlstərd/ adj tapizado

upholstery /ʌpˈhoʊlstəri/ n [*incontable*] tapicería

upkeep /ˈʌpkiːp/ n mantenimiento

uplifting /ʌpˈlɪftɪŋ/ adj edificante

upload /ˌʌpˈloʊd/ vt (*Informát*) subir a internet

upmarket /ˌʌpˈmɑːrkɪt/ adj (*esp GB*) Ver UPSCALE

upon /əˈpɑn/ prep (*formal*) Ver ON

upper /ˈʌpər/ adj **1** superior, de arriba: *upper case* mayúsculas ◊ *upper limit* tope **2** alto: *the upper class* la clase alta ➲ *Ver ejemplos en* LOW LOC **gain, get, etc. the upper hand** conseguir, etc. ventaja

uppermost /ˈʌpərmoʊst/ adj más alto (*posición*) LOC **be uppermost in sb's mind** ser lo que más le preocupa a algn

upright /ˈʌpraɪt/ adjetivo, adverbio
▸ adj **1** (*posición*) vertical **2** (*persona*) recto, honrado
▸ adv derecho, en posición vertical

uprising /ˈʌpraɪzɪŋ/ n sublevación, rebelión

uproar /ˈʌprɔːr/ n [*incontable*] tumulto, alboroto

uproot /ˌʌpˈruːt/ vt **1** arrancar (*con las raíces*) **2 ~ sb/yourself (from sth)** desarraigar a algn, desarraigarse (de algo)

upscale /ˌʌpˈskeɪl/ (*tb esp GB* **upmarket**) adj (*zona, hotel, etc.*) de (primera) calidad (*dirigido a personas adineradas*)

upset verbo, adjetivo, sustantivo
▸ vt /ˌʌpˈset/ (*pt, pp* **upset**) **1** disgustar, afectar **2** (*plan, etc.*) desbaratar **3** (*recipiente*) tumbar, voltear
▸ adj /ˌʌpˈset/ ❶ Se pronuncia /ˈʌpset/ antes de sustantivo. **1** molesto, disgustado **2** (*estómago*) descompuesto
▸ n /ˈʌpset/ **1** trastorno, disgusto **2** (*Med*) trastorno

the upshot /ˈʌpʃɑt/ n [*sing*] **the ~ (of sth)** el resultado final (de algo)

upside ˈdown adj, adv al revés, boca abajo ➲ *Ver dibujo en* REVÉS LOC **turn sth upside down 1** (*objeto*) poner algo boca abajo **2** (*casa, habitación*) poner algo patas arriba

upstairs /ˌʌpˈsteərz/ adverbio, adjetivo, sustantivo
▸ adv (en el piso de) arriba
▸ adj del piso de arriba
▸ n (*coloq*) piso de arriba

upstream /ˌʌpˈstriːm/ adv río arriba: *to sail upstream* navegar a contracorriente

upsurge /ˈʌpsɜːrdʒ/ n **~ (in/of sth)** (*formal*) **1** aumento (de algo) **2** oleada (de algo) (*enojo, interés, etc.*)

uptake /ˈʌpteɪk/ n LOC **be quick/slow on the uptake** (*coloq*) coger las cosas en el aire/ser lento para entender las cosas

up to ˈdate adj **1** a la última: *the most up-to-date equipment* el equipo más avanzado **2** al día, actualizado: *up-to-date methods* los métodos más actuales ⊃ *Ver nota en* WELL BEHAVED LOC **be/keep/bring sb up to date** estar/mantenerse/poner a algn al día ♦ **bring sth up to date** actualizar algo

up-to-the-ˈminute *adj* **1** de última hora **2** del momento

upturn /ˈʌptɜːrn/ *n* ~ **(in sth)** mejora, aumento (en algo)

upturned /ˌʌpˈtɜːrnd/ *adj* **1** (*cajón, etc.*) volteado (*hacia arriba*) **2** (*nariz*) respingado

upward /ˈʌpwərd/ *adjetivo, adverbio*
▸ *adj* ascendente: *an upward trend* una tendencia al alza
▸ *adv* (*tb esp GB* **upwards**) **1** hacia arriba **2** ~ **of sth** (*seguido de un número*) más de algo

uranium /juˈreɪniəm/ *n* uranio

Uranus /juˈreɪnəs, ˈjʊərənəs/ *n* Urano

urban /ˈɜːrbən/ *adj* urbano

urge /ɜːrdʒ/ *verbo, sustantivo*
▸ *vt* ~ **sb (to do sth)** animar, instar a algn (a hacer algo) PHR V **urge sb on** animar a algn
▸ *n* deseo, impulso

urgency /ˈɜːrdʒənsi/ *n* apremio, urgencia

urgent /ˈɜːrdʒənt/ *adj* **1** urgente: *to be in urgent need of sth* necesitar algo urgentemente **2** apremiante

urine /ˈjʊərɪn; *GB tb* -raɪn/ *n* orina

URL /ˌjuː ɑː(r) ˈel/ *abrev de* **uniform resource locator** dirección URL

urn /ɜːrn/ *n* urna (*para cenizas*)

U.S. (*tb* **US**) /ˌjuː ˈes/ (*tb* **U.S.A./USA** /ˌjuː es ˈeɪ/) *abrev de* **United States (of America)** EE. UU.

us /əs, ʌs/ *pron* **1** [*como objeto*] nos: *She gave us the job.* Nos dio el trabajo. ◊ *He ignored us.* No nos hizo caso. ⊃ *Ver nota en* LET **2** [*después de preposición y del verbo* **be**] nosotros, -as: *behind us* detrás de nosotros ◊ *both of us* nosotros dos ◊ *It's us.* Somos nosotros. ⊃ *Comparar con* WE

usage /ˈjuːsɪdʒ/ *n* uso

USB drive /ˌjuː es ˈbiː draɪv/ *n* (*abrev de* **universal serial bus**) *Ver* FLASH DRIVE

use *verbo, sustantivo*
▸ *vt* /juːz/ (*pt, pp* **used** /juːzd/) **1** utilizar, usar, hacer uso de **2** (*esp persona*) utilizar, aprovecharse de **3** consumir, gastar PHR V **use sth up** agotar, acabar algo
▸ *n* /juːs/ uso: *for your own use* para uso personal ◊ *a machine with many uses* una máquina con múltiples usos ◊ *to find a use for sth* encontrarle alguna utilidad a algo LOC **be no use 1** no servir de nada **2** ser (un) inútil ♦ **be of use** (*formal*) servir ♦ **have the use of sth** poder

usar algo ♦ **in use** en uso ♦ **make use of sth** aprovechar algo ♦ **what's the use (of doing sth)?** ¿de qué sirve (hacer algo)?: *What's the use of crying? ¿De qué sirve llorar?* ◊ *What's the use? ¿Para qué?*

used¹ /juːzd/ *adj* usado, de segunda mano

used² /juːst/ *adj* acostumbrado: *to get used to sth/doing sth* acostumbrarse a algo/hacer algo ◊ *I am used to being alone.* Estoy acostumbrado a estar solo.

used to /ˈjuːst tə, ˈjuːst tu/ *v modal*

> **Used to + infinitivo** se utiliza para describir hábitos y situaciones que ocurrían en el pasado y que no ocurren en la actualidad: *I used to live in London.* Antes vivía en Londres. ◊ *We used to visit him in the summer.* Solíamos visitarlo en el verano. Las oraciones interrogativas o negativas se forman generalmente con **did**: *He didn't use to be fat.* Antes no era gordo. ◊ *You used to smoke, didn't you?* Antes fumabas, ¿no?

useful /ˈjuːsfl/ *adj* útil, provechoso
 ■ **usefulness** *n* utilidad

useless /ˈjuːsləs/ *adj* **1** inútil, inservible **2** (*coloq*) inepto

user /ˈjuːzər/ *n* usuario, -a

user-ˈfriendly *adj* fácil de manejar

username /ˈjuːzərneɪm/ *n* (*Informát*) nombre de usuario

usual /ˈjuːʒuəl, -ʒəl/ *adj* acostumbrado, habitual, normal: *later/more than usual* más tarde de lo normal/más que de costumbre ◊ *the usual* lo de siempre LOC **as usual** como siempre

usually /ˈjuːʒuəli, -ʒəli/ *adv* normalmente: *I don't usually have breakfast.* No suelo desayunar. ⊃ *Ver nota en* ALWAYS

utensil /juːˈtensl/ *n* [*gen pl*] utensilio

utility /juːˈtɪləti/ *n* (*pl* **utilities**) **1** [*gen pl*] *public/privatized utilities* empresas de servicios públicas **2** (*formal*) utilidad

utmost /ˈʌtmoʊst/ *adjetivo, sustantivo*
▸ *adj* mayor: *with the utmost care* con sumo cuidado
▸ *n* LOC **do your utmost (to do sth)** hacer todo lo posible (por hacer algo)

utter /ˈʌtər/ *verbo, adjetivo*
▸ *vt* (*formal*) pronunciar, proferir
▸ *adj* [*solo antes de sustantivo*] total, absoluto

utterly /ˈʌtərli/ *adv* totalmente, absolutamente

U-turn *n* **1** (*tráfico*) giro en U **2** (*coloq*) (*Pol, etc.*) cambio radical: *to do a U-turn* dar un giro de 180 grados

V v

V, v /viː/ n (pl **Vs, V's, v's** /viːz/) **1** V, v ➔ Ver nota en A, A **2** *V-shaped* en forma de v

vacant /ˈveɪkənt/ adj **1** vacante **2** (*mirada*) perdido **3** (*expresión*) distraído ■ **vacancy** n (pl **vacancies**) **1** vacante **2** habitación disponible **vacantly** adv distraídamente

vacate /ˈveɪkeɪt; GB vəˈkeɪt, veɪkˈ-/ vt (*formal*) **1** (*casa*) desocupar **2** (*asiento, puesto*) dejar vacío

vacation /veɪˈkeɪʃn, vəˈk-/ *sustantivo, verbo*
▸ n (GB tb **holiday**) vacaciones

> En Gran Bretaña **vacation** se usa sobre todo para las vacaciones de las universidades y los tribunales de justicia. En el resto de los casos, **holiday** es la palabra más normal. En Estados Unidos **vacation** tiene un uso más generalizado.

▸ vi (GB **holiday**) estar de vacaciones

vacationer /veɪˈkeɪʃənər, vəˈk-/ (GB **holidaymaker**) n turista, vacacionista

vaccinate /ˈvæksɪneɪt/ vt vacunar

vaccination /ˌvæksɪˈneɪʃn/ n **1** vacunación **2** vacuna: *polio vaccinations* vacunas contra la polio

vaccine /vækˈsiːn; GB ˈvæksiːn/ n vacuna

vacuum /ˈvækjuəm/ *sustantivo, verbo*
▸ n vacío: *vacuum-packed* envasado al vacío **LOC in a vacuum** aislado (*de otras personas, acontecimientos*)
▸ vt, vi aspirar

ˈvacuum cleaner n aspiradora

vagina /vəˈdʒaɪnə/ n vagina

vague /veɪɡ/ adj (**vaguer, -est**) **1** vago **2** (*persona*) indeciso **3** (*gesto, expresión*) distraído ■ **vaguely** adv **1** vagamente **2** aproximadamente: *It looks vaguely familiar.* Me resulta vagamente familiar. **3** distraídamente

vain /veɪn/ adj (**vainer, -est**) **1** vanidoso **2** (*inútil*) vano **LOC in vain** en vano

valentine /ˈvæləntaɪn/ (tb **ˈvalentine card**) n tarjeta de San Valentín

ˈValentine's Day n día de San Valentín

valiant /ˈvæliənt/ adj valiente

valid /ˈvælɪd/ adj válido ■ **validity** /vəˈlɪdəti/ n validez

valley /ˈvæli/ n (pl **valleys**) valle

valuable /ˈvæljuəbl/ adj valioso ➔ Comparar con INVALUABLE ■ **valuables** n [pl] objetos de valor

valuation /ˌvæljuˈeɪʃn/ n avalúo

value /ˈvæljuː/ *sustantivo, verbo*
▸ n **1** valor Ver tb FACE VALUE **2 values** [pl] (*moral*) valores **LOC be good, etc. value** estar a un muy buen precio
▸ vt **1** ~ **sth (at sth)** avaluar algo (en algo) **2** ~ **sb/sth (as sth)** valorar, apreciar a algn/algo (como algo)

valve /vælv/ n válvula: *safety valve* válvula de seguridad

vampire /ˈvæmpaɪər/ n vampiro

van /væn/ n camioneta

vandal /ˈvændl/ n vándalo, -a ■ **vandalism** n vandalismo **vandalize** (GB tb **-ise**) vt destrozar (*intencionadamente*)

the vanguard /ˈvænɡɑːrd/ n la vanguardia

vanilla /vəˈnɪlə/ n vainilla

vanish /ˈvænɪʃ/ vi desaparecer

vanity /ˈvænəti/ n vanidad

vantage point /ˈvæntɪdʒ pɔɪnt; GB ˈvɑːn-/ n posición estratégica

vapor (GB **vapour**) /ˈveɪpər/ n vapor

variable /ˈveəriəbl, ˈvær-/ adj, n variable

variance /ˈveəriəns, ˈvær-/ n discrepancia **LOC be at variance (with sb/sth)** (*formal*) estar en desacuerdo (con algn/algo), discrepar de algo

variant /ˈveəriənt, ˈvær-/ n variante

variation /ˌveəriˈeɪʃn/ n ~ **(in/of sth)** variación, variante (en/de algo)

varied /ˈveərid, ˈværid/ adj variado

variety /vəˈraɪəti/ n (pl **varieties**) variedad: *a variety of subjects* varios temas ◊ *variety show* espectáculo de variedades

various /ˈveəriəs, ˈvær-/ adj varios, diversos

varnish /ˈvɑːrnɪʃ/ *sustantivo, verbo*
▸ n barniz
▸ vt barnizar

vary /ˈveəri, ˈværi/ vt, vi (pt, pp **varied**) variar ■ **varying** adj variable: *in varying amounts* en diversas cantidades

vase /veɪs, veɪz; GB vɑːz/ n jarrón, florero

vast /væst; GB vɑːst/ adj vasto, enorme: *the vast majority* la gran mayoría ■ **vastly** adv considerablemente, enormemente

VAT /ˌviː eɪ ˈtiː, væt/ n (abrev de **value added tax**) (GB) IVA

---

i happy   ɪ sit   iː see   æ cat   ɑ hot   ɒ long (GB)   ɑː bath (GB)   ʌ cup   ʊ put   uː too

vat /væt/ n tanque
vault /vɔːlt/ sustantivo, verbo
▸ n **1** bóveda **2** cripta **3** (tb **bank vault**) bóveda de seguridad **4** salto Ver tb THE POLE VAULT
▸ vt, vi ~ (**over**) sth saltar (algo) (apoyándose en las manos o con garrocha)
VCR /ˌviː siː ˈɑr/ n (abrev de **video cassette recorder**) (aparato de) video
VDT /ˌviː diː ˈtiː/ (GB **VDU** /ˌviː diː ˈjuː/) n (abrev de **visual display terminal/unit**) monitor, pantalla
veal /viːl/ n ternera ➔ Ver nota en CARNE
veer /vɪər/ vi **1** virar, desviarse: *to veer off course* salirse del rumbo **2** (viento) cambiar (de dirección)
veg /vedʒ/ sustantivo, verbo
▸ n (pl **veg**) (GB, coloq) verdura
▸ v (-**gg**-) PHRV **veg out** (coloq) no hacer nada, vegetar
vegan /ˈviːɡən/ adj, n vegano, -a (vegetariano que no come huevos ni productos lácteos)
⚑ **vegetable** /ˈvedʒtəbl/ n **1** verdura, hortaliza: *vegetable oil* aceite vegetal **2** (persona) vegetal
vegetarian /ˌvedʒəˈteəriən/ adj, n vegetariano, -a
vegetation /ˌvedʒəˈteɪʃn/ n vegetación
vehement /ˈviːəmənt/ adj (formal) vehemente, apasionado
⚑ **vehicle** /ˈviːɪkl/ n **1** vehículo **2** ~ (**for** sth) (fig) vehículo (de/para algo), medio (de algo)
veil /veɪl/ sustantivo, verbo
▸ n velo
▸ vt **1** cubrir con un velo **2** (fig) velar, disimular, encubrir
veiled /veɪld/ adj (amenaza, etc.) velado: *veiled in secrecy* rodeado de secreto
vein /veɪn/ n **1** vena **2** (Geol) veta **3** [sing] tono, estilo
Velcro® /ˈvelkroʊ/ n velcro®
velocity /vəˈlɑsəti/ n velocidad

> **Velocity** se emplea especialmente en contextos científicos o formales mientras que **speed** es de uso más general.

velvet /ˈvelvɪt/ n terciopelo
vending machine /ˈvendɪŋ məʃiːn/ n dispensador automático, máquina expendedora
vendor /ˈvendər/ n vendedor, -ora
veneer /vəˈnɪər/ n **1** (madera, plástico) enchapado **2** ~ (**of** sth) (formal) (fig) barniz, apariencia (de algo)

vengeance /ˈvendʒəns/ n venganza: *to take vengeance on sb* vengarse de algn LOC **with a vengeance** (coloq) de verdad, con ganas
venison /ˈvenɪsn/ n (carne de) venado
venom /ˈvenəm/ n **1** veneno **2** veneno, odio
■ **venomous** adj (lit y fig) venenoso
vent /vent/ sustantivo, verbo
▸ n **1** respiradero: *air vent* rejilla de ventilación **2** (chaqueta, etc.) abertura LOC **give (full) vent to sth** (formal) dar rienda suelta a algo
▸ vt ~ sth (**on** sb) (formal) descargar algo (en algn)
ventilate /ˈventɪleɪt/ vt ventilar ■ **ventilation** n ventilación
ventilator /ˈventɪleɪtər/ n ventilador
⚑ **venture** /ˈventʃər/ sustantivo, verbo
▸ n proyecto, empresa
▸ **1** vi aventurarse: *They rarely ventured into the city.* Rara vez se aventuraban a ir a la ciudad. **2** vt (formal) (opinión, etc.) aventurar, atreverse a expresar
venue /ˈvenjuː/ n **1** lugar (de reunión) **2** (esp GB) local (para música) **3** campo (para un partido)
Venus /ˈviːnəs/ n Venus
verb /vɜːrb/ n verbo
verbal /ˈvɜːrbl/ adj verbal
verdict /ˈvɜːrdɪkt/ n veredicto
verge /vɜːrdʒ/ sustantivo, verbo
▸ n (GB) borde de hierba (en camino, etc.) LOC **on the verge of (doing) sth** al borde de algo, a punto de hacer algo
▸ v PHRV **verge on sth** rayar en algo, acercarse a algo
verification /ˌverɪfɪˈkeɪʃn/ n **1** verificación, comprobación **2** (sospechas, etc.) ratificación
verify /ˈverɪfaɪ/ vt (pt, pp -**fied**) **1** verificar, comprobar **2** (sospechas, teorías) confirmar
veritable /ˈverɪtəbl/ adj (formal o hum) verdadero
versatile /ˈvɜːrsətl; GB -taɪl/ adj versátil
verse /vɜːrs/ n **1** poesía **2** estrofa **3** versículo
versed /vɜːrst/ adj ~ **in** sth versado en algo
⚑ **version** /ˈvɜːrʒn; GB tb -ʃn/ n versión
versus /ˈvɜːrsəs/ prep (abrev **v**, **vs**) (Dep) contra
vertebra /ˈvɜːrtɪbrə/ n (pl **vertebrae** /-breɪ, -briː/) vértebra
⚑ **vertical** /ˈvɜːrtɪkl/ adj, n vertical
verve /vɜːrv/ n brío, entusiasmo
⚑ **very** /ˈveri/ adverbio, adjetivo
▸ adv **1** muy: *I'm very sorry.* Lo siento mucho. ◇ *not very much* no mucho **2** *the very best* lo mejor posible ◇ *at the very latest* a más tardar

◇ *your very own pony* un pony solo para ti **3** mismo: *the very next day* justo al día siguiente
▸ *adj* **1** *at that very moment* en ese mismísimo momento ◇ *You're the very man I need.* Eres precisamente el hombre que necesito. **2** *at the very end/beginning* justo al final/principio **3** *the very idea/thought of…* la simple idea de…/de solo pensar en… **LOC** *Ver* EYE, FIRST

vessel /ˈvesl/ *n* **1** (*formal*) buque, barco **2** (*formal*) vasija **3** (*Anat*) conducto

vest /vest/ *n* **1** (*USA*) (*GB* **waistcoat**) chaleco **2** (*GB*) (*USA* **undershirt**) camiseta (interior)

vested interest *n* **LOC** **have a vested interest in sth** tener intereses creados en algo

vestige /ˈvestɪdʒ/ *n* (*formal*) vestigio

vet /vet/ *sustantivo, verbo*
▸ *n Ver* VETERINARIAN
▸ *vt* (**-tt-**) (*esp GB*) investigar

veteran /ˈvetərən/ *n* **1** veterano, -a **2** (*USA coloq* **vet**) excombatiente

veterinarian /ˌvetərɪˈneəriən/ (*tb* **vet**) (*GB formal* **veterinary surgeon** /ˈvetərəneri sɜːrdʒən*; GB* ˈvetnri/) *n* veterinario, -a

veto /ˈviːtoʊ/ *sustantivo, verbo*
▸ *n* (*pl* **vetoes**) veto
▸ *vt* (*pt, pp* **vetoed**, *part pres* **vetoing**) vetar

via /ˈviə, ˈvaɪə/ *prep* por, vía: *via Paris* vía París

viable /ˈvaɪəbl/ *adj* viable

vibes /vaɪbz/ *n* [*pl*] (*tb* **vibe** [*sing*]) (*coloq*) vibras: *good/bad vibes* buena/mala vibra

vibrate /ˈvaɪbreɪt; *GB* vaɪˈbreɪt/ *vt, vi* (hacer) vibrar ■ **vibration** *n* vibración

vicar /ˈvɪkər/ *n* (*GB*) párroco anglicano ➔ *Ver nota en* PRIEST ■ **vicarage** /ˈvɪkərɪdʒ/ *n* (*GB*) casa del párroco

vice /vaɪs/ *n* **1** vicio **2** (*GB*) = VISE

vice- /vaɪs/ *pref* vice-

vice versa /ˌvaɪs ˈvɜːrsə/ *adv* viceversa

the vicinity /vəˈsɪnəti/ *n* [*sing*] **LOC** **in the vicinity (of sth)** en el área alrededor (de algo)

vicious /ˈvɪʃəs/ *adj* **1** malicioso, cruel **2** (*ataque, golpe*) con rabia, crueldad **3** (*perro*) bravo **LOC** **a vicious circle** un círculo vicioso

victim /ˈvɪktɪm/ *n* víctima **LOC** *Ver* FALL ■ **victimize** (*GB tb* **-ise**) *vt* **1** discriminar, tratar injustamente **2** tiranizar

victor /ˈvɪktər/ *n* (*formal*) vencedor, -ora

victorious /vɪkˈtɔːriəs/ *adj* **1** ~ (**in sth**) victorioso (en algo) **2** (*equipo*) vencedor **3** **be ~ (over sb/sth)** triunfar (sobre algn/algo)

victory /ˈvɪktəri/ *n* (*pl* **victories**) victoria, triunfo

video /ˈvɪdioʊ/ *n* (*pl* **videos**) **1** video **2** (*GB*) (*USA* **video cassette recorder, VCR**) (aparato de) video

videoconference /ˈvɪdioʊkɑnfərəns/ *n* videoconferencia

view /vjuː/ *sustantivo, verbo*
▸ *n* **1** vista **2** [*gen pl*] ~ (**about/on sth**) opinión, parecer (sobre algo) **3** (*modo de entender*) criterio, concepto **4** (*imagen*) visión **5** (*tb* **viewing**) sesión: *We had a private view(ing) of the movie.* Vimos la película en una sesión privada. **LOC** **in my, etc. view** en mi, etc. opinión ◆ **in view of sth** en vista de algo ◆ **with a view to (doing) sth** (*formal*) con miras a (hacer) algo *Ver tb* POINT
▸ *vt* **1** mirar, ver **2** ~ **sth (as sth)** ver, considerar algo (como algo)

viewer /ˈvjuːər/ *n* **1** telespectador, -ora **2** espectador, -ora

viewpoint /ˈvjuːpɔɪnt/ *n* punto de vista

vigil /ˈvɪdʒɪl/ *n* vela, vigilia

vigilant /ˈvɪdʒɪlənt/ *adj* (*formal*) vigilante, alerta

vigorous /ˈvɪɡərəs/ *adj* vigoroso, enérgico

vile /vaɪl/ *adj* (**viler, -est**) repugnante, asqueroso

villa /ˈvɪlə/ *n* chalet, casa de campo

village /ˈvɪlɪdʒ/ *n* **1** pueblo **2** (*pequeño*) aldea

> En Estados Unidos se utiliza la palabra **village** en referencia a pueblos de carácter tradicional en otros países.

■ **villager** *n* habitante de un pueblo

villain /ˈvɪlən/ *n* **1** (*Cine, Teat, etc.*) malo, -a **2** (*GB, coloq*) delincuente

vindicate /ˈvɪndɪkeɪt/ *vt* (*formal*) **1** vindicar **2** justificar

vine /vaɪn/ *n* **1** vid, parra **2** enredadera

vinegar /ˈvɪnɪɡər/ *n* vinagre

vineyard /ˈvɪnjərd/ *n* viña, viñedo

vintage /ˈvɪntɪdʒ/ *sustantivo, adjetivo*
▸ *n* **1** cosecha **2** vendimia
▸ *adj* **1** (*vino*) añejo **2** clásico

vinyl /ˈvaɪnl/ *n* vinilo

violate /ˈvaɪəleɪt/ *vt* (*formal*) **1** violar (*ley, normas*) ❶ **Violate** casi nunca se usa en sentido sexual. En este sentido, utilizamos **rape**. **2** (*confianza*) quebrantar **3** (*intimidad*) invadir

violence /ˈvaɪələns/ *n* **1** violencia **2** (*emociones*) intensidad, violencia

violent /ˈvaɪələnt/ *adj* **1** violento **2** (*emociones*) intenso, violento

volunteer

violet /ˈvaɪələt/ adj, n violeta (flor, color)
violin /ˌvaɪəˈlɪn/ n violín ■ **violinist** n violinista
VIP /ˌviː aɪ ˈpiː/ n (abrev de **very important person**) VIP
viral /ˈvaɪrəl/ adj viral
virgin /ˈvɜːrdʒɪn/ adj, n virgen
virginity /vərˈdʒɪnəti/ n virginidad
Virgo /ˈvɜːrɡoʊ/ n (pl **Virgos**) Virgo ⊃ Ver ejemplos en AQUARIUS
virile /ˈvɪrəl; GB ˈvɪraɪl/ adj viril
virtual /ˈvɜːrtʃuəl/ adj virtual
virtually /ˈvɜːrtʃuəli/ adv virtualmente, prácticamente
virtue /ˈvɜːrtʃuː/ n **1** virtud **2** ventaja LOC **by virtue of sth** (formal) en virtud de algo ■ **virtuous** adj virtuoso
virus /ˈvaɪrəs/ n (pl **viruses**) virus
visa /ˈviːzə/ n visa
vise (GB **vice**) /vaɪs/ n tornillo de banco (de carpintero)
visibility /ˌvɪzəˈbɪləti/ n visibilidad
visible /ˈvɪzəbl/ adj **1** visible **2** patente ■ **visibly** adv visiblemente, notablemente
vision /ˈvɪʒn/ n **1** (facultad) vista **2** (previsión, sueño) visión
visit /ˈvɪzɪt/ verbo, sustantivo
▶ **1** vt, vi visitar **2** vt (país, etc.) ir a **3** vt (persona) ir a ver a
▶ n visita ■ **visiting** adj visitante (equipo, profesor): visiting hours horas de visita
visitor /ˈvɪzɪtər/ n **1** visitante, visita **2** turista
visor /ˈvaɪzər/ n visera
vista /ˈvɪstə/ n (formal) **1** vista, panorámica **2** (fig) perspectiva
visual /ˈvɪʒuəl/ adj visual ■ **visualize** (GB tb **-ise**) vt **1** ~ **(yourself)** ver(se) **2** prever
vis-à-vis /ˌviːz ə ˈviː; GB ˌviːz ɑː ˈviː/ prep (formal) **1** con relación a **2** en comparación con
vital /ˈvaɪtl/ adj **1** ~ **(for/to sb/sth)** vital, imprescindible (para algn/algo): vital statistics medidas vitales **2** (órgano, carácter) vital ■ **vitally** adv: vitally important de vital importancia
vitality /vaɪˈtæləti/ n vitalidad
vitamin /ˈvaɪtəmɪn; GB ˈvɪt-/ n vitamina
vivacious /vɪˈveɪʃəs/ adj animado
vivid /ˈvɪvɪd/ adj vivo (colores, imaginación, etc.) ■ **vividly** adv vivamente
vixen /ˈvɪksn/ n zorra (animal)

V-neck n (suéter con) cuello en V ■ **V-necked** adj con cuello en V
vocabulary /voʊˈkæbjəleri, və-; GB -ləri/ n (pl **vocabularies**) (coloq **vocab** /ˈvoʊkæb/) vocabulario
vocal /ˈvoʊkl/ adjetivo, sustantivo
▶ adj **1** vocal: vocal cords cuerdas vocales **2** (al protestar, etc.) que se hace oír: a group of very vocal supporters un grupo de seguidores muy ruidosos
▶ n [gen pl]: to do the/be on vocals ser el cantante/cantar
vocalist /ˈvoʊkəlɪst/ n vocalista
vocation /voʊˈkeɪʃn/ n ~ **(for sth)** vocación (de algo) ■ **vocational** adj técnico: vocational training formación profesional
vociferous /voʊˈsɪfərəs; GB və-/ adj (formal) vociferante
vodka /ˈvɒdkə/ n vodka
vogue /voʊɡ/ n ~ **(for sth)** moda (de algo) LOC **in vogue** en boga
voice /vɔɪs/ sustantivo, verbo
▶ n voz: to raise/lower your voice levantar/bajar la voz ⋄ to have no voice in the matter no tener voz en el asunto LOC **make your voice heard** expresar tu opinión Ver tb TOP
▶ vt expresar
voicemail /ˈvɔɪsmeɪl/ n buzón de voz
void /vɔɪd/ sustantivo, adjetivo
▶ n (formal) vacío
▶ adj (formal) anulado: to make sth void anular algo Ver NULL
volatile /ˈvɑlətl; GB -taɪl/ adj **1** (gen pey) (persona) voluble **2** (situación) inestable
volcanic /vɑlˈkænɪk/ adj volcánico
volcano /vɑlˈkeɪnoʊ/ n (pl **volcanoes**) volcán
volition /vəˈlɪʃn, voʊ-/ n LOC **of your, etc. own volition** (formal) por voluntad propia
volley /ˈvɑli/ n (pl **volleys**) **1** (Dep) volea **2** (piedras, balas, insultos) lluvia
volleyball /ˈvɑlibɔːl/ n voleibol
volt /voʊlt/ n voltio ■ **voltage** /ˈvoʊltɪdʒ/ n voltaje: high voltage tensión alta
volume /ˈvɑljuːm, -jəm/ n **1** volumen **2** (libro) volumen, tomo
voluminous /vəˈluːmɪnəs/ adj (formal) **1** amplio **2** (escrito) copioso
voluntary /ˈvɑlənteri; GB -tri/ adj voluntario
volunteer /ˌvɑlənˈtɪər/ sustantivo, verbo
▶ n voluntario, -a
▶ **1** vi ~ **(for sth/to do sth)** ofrecerse (voluntario)

vomit

(para algo), ofrecerse (a hacer algo) **2** *vt* ofrecer (*información, sugerencia*)

vomit /ˈvɑmɪt/ *verbo, sustantivo*
▸ *vt, vi* vomitar ❶ La expresión más normal es **be sick**.
▸ *n* vómito ■ **vomiting** *n* [*incontable*] vómitos

voracious /vəˈreɪʃəs/ *adj* (*formal*) voraz, insaciable

vote /voʊt/ *sustantivo, verbo*
▸ *n* **1** voto **2** votación: *to take a vote on sth/put sth to the vote* someter algo a votación **3 the vote** [*sing*] el derecho al voto **LOC** **vote of confidence/no confidence** voto de confianza/censura ◆ **vote of thanks** palabras de agradecimiento
▸ **1** *vt, vi* votar: *to vote for/against sb/sth* votar a favor/en contra de algn/algo **2** *vt* aprobar por votación **3** *vt* ~ (**that...**) proponer que...

voter /ˈvoʊtər/ *n* votante

voting /ˈvoʊtɪŋ/ *n* [*incontable*] votación

vouch /vaʊtʃ/ *vi* ~ **for sth/that...** (*formal*) dar fe de, confirmar algo/que... **PHR V** **vouch for sb/sth** (*formal*) responder por algn/algo

voucher /ˈvaʊtʃər/ *n* vale, cupón, comprobante

vow /vaʊ/ *sustantivo, verbo*
▸ *n* voto, promesa solemne
▸ *vt* jurar

vowel /ˈvaʊəl/ *n* vocal

voyage /ˈvɔɪdʒ/ *n* viaje ➲ *Ver nota en* VIAJE

vulgar /ˈvʌlɡər/ *adj* **1** vulgar **2** (*chiste, etc.*) grosero

vulnerable /ˈvʌlnərəbl/ *adj* vulnerable

vulture /ˈvʌltʃər/ *n* **1** buitre **2** gallinazo

W w

W, w /'dʌbljuː/ n (pl **Ws, W's, w's** /'dʌbljuːz/) W, w ➔ Ver nota en A, A

wade /weɪd/ **1** vi caminar con dificultad por agua, lodo, etc. **2** vt (riachuelo) vadear **3** vi (GB **paddle**) mojarse los pies PHR V **wade through sth** (fig) leerse algo (pesado o aburrido)

wafer /'weɪfər/ n **1** galleta wafer **2** oblea

waffle /'wɑfl/ sustantivo, verbo
▶ n **1** waffle **2** [incontable] (GB, coloq) palabrería
▶ vi (coloq) **1** ~ **(on/over sth)** (dudar) vacilar (sobre algo) **2** ~ **(on)** (GB, pey) hablar/meter paja, florear, chamullar

wag /wæg/ vt, vi (**-gg-**) **1** mover(se) (de un lado a otro) **2** (cola) menear(se)

wage /weɪdʒ/ sustantivo, verbo
▶ n [gen pl] sueldo (semanal) ➔ Comparar con SALARY
▶ vt LOC **wage (a) war/a battle (against/on sb/sth)** librar una batalla (contra algn/algo)

wagon (GB tb **waggon**) /'wægən/ n **1** carreta **2** (Ferrocarril) vagón

wail /weɪl/ verbo, sustantivo
▶ vi **1** gemir **2** (sirena) aullar
▶ n gemido, aullido

waist /weɪst/ n cintura

waistband /'weɪstbænd/ n pretina

waistcoat /'weskət, 'weɪskoʊt/ n (GB) (USA **vest**) chaleco

waistline /'weɪstlaɪn/ n cintura, talle

wait /weɪt/ verbo, sustantivo
▶ **1** vi ~ **(for sb/sth)** esperar (a algn/algo): Wait a minute... Un momento... ◊ I can't wait to... No veo la hora de... ➔ Ver nota en ESPERAR **2** vt (turno) esperar LOC **keep sb waiting** hacer esperar a algn PHR V **wait on sb** servir a algn
♦ **wait up (for sb)** esperar levantado (a algn)
▶ n espera: We had a three-hour wait for the bus. Nos tocó esperar el bus tres horas.

waiter /'weɪtər/ n mesero

waiting list n lista de espera

waiting room n sala de espera

waitress /'weɪtrəs/ n mesera

waive /weɪv/ vt **1** (pago) renunciar a **2** (norma) pasar por alto

wake /weɪk/ verbo, sustantivo
▶ vt, vi (pt **woke** /woʊk/, pp **woken** /'woʊkən/) ~ **(sb) (up) 1** despertar a algn, despertarse ➔ Ver nota en AWAKE y comparar con AWAKEN **2** despabilar a algn, despabilarse PHR V **wake up to sth** darse cuenta de algo
▶ n **1** velorio **2** (Náut) estela LOC **in the wake of sth** después de algo, tras algo

wake-up call n **1** servicio de despertador (en un hotel) **2** (fig) llamada de atención

walk /wɔːk/ verbo, sustantivo
▶ **1** vi caminar **2** vt pasear: I'll walk you home. Te acompaño a tu casa. **3** vt recorrer (a pie) PHR V **walk away/off** irse ♦ **walk away with sth** (coloq) llevarse algo, ganar algo fácilmente (premio, etc.) ♦ **walk into sth/sb** chocar(se) contra algo/con algn ♦ **walk out (of sth)** largarse (de algo) ♦ **walk out (on sb/sth)** (coloq) dejar, abandonar a algn/algo ♦ **walk (all) over sb** (coloq) tratar a patadas a algn
▶ n **1** paseo, vuelta, caminata: to go for a walk (ir a) dar una vuelta/darse una caminata ◊ It's a ten-minute walk. Está a diez minutos a pie.
2 [sing] andar, manera de caminar LOC **a walk of life**: people of/from all walks of life gente de todos los tipos o profesiones

walker /'wɔːkər/ n caminante

walking /'wɔːkɪŋ/ n marcha: walking shoes zapatos para caminar

walking stick n bastón

walkout /'wɔːkaʊt/ n huelga

walkover /'wɔːkoʊvər/ n victoria fácil

wall /wɔːl/ n **1** muro, pared **2** (ciudad) muralla LOC Ver BACK ■ **walled** adj **1** amurallado **2** cercado

wallet /'wɑlɪt/ n billetera ➔ Comparar con PURSE

wallpaper /'wɔːlpeɪpər/ n papel mural/tapiz

walnut /'wɔːlnʌt/ n **1** nuez de Castilla **2** (árbol, madera) nogal

waltz /wɔːlts; GB wɔːls/ sustantivo, verbo
▶ n vals
▶ vi bailar el vals

wand /wɑnd/ n vara: magic wand varita mágica

wander /'wɑndər/ **1** vi deambular

> A menudo **wander** va seguido de **around**, **about** u otras preposiciones o adverbios. En estos casos, hay que traducirlo por distintos verbos en español, y tiene el significado de distraídamente, sin propósito: to wander in entrar distraídamente ◊ She wandered across the road. Cruzó la calle distraídamente.

2 vt (calles, etc.) vagar por **3** vi (pensamientos)

wane

vagar **4** *vi*: *His gaze wandered around the room.* Paseó la mirada por la habitación.
PHR V **wander away/off 1** alejarse **2** (*animal*) extraviarse

wane /weɪn/ *verbo, sustantivo*
▸ *vi* menguar, disminuir (*poder, entusiasmo*)
▸ *n* **LOC** **be on the wane** menguar, disminuir

wanna /ˈwɒnə/ *abrev de* want to (*coloq*) *Ver* WANT ❶ Esta forma no se considera gramaticalmente correcta.

want /wɒnt/ *verbo, sustantivo*
▸ **1** *vt, vi* querer: *I want some cheese.* Quiero queso. ◊ *Do you want to go?* ¿Quieres ir?

Nótese que **like** también significa "querer", pero solo se utiliza para ofrecer algo o para invitar a alguien: *Would you like to come to dinner?* ¿Quieres venir a comer? ◊ *Would you like something to eat?* ¿Quieres comer algo?

2 *vt* (*coloq*) necesitar: *The car wants more oil.* El carro necesita más aceite. **3** *vt* buscar, necesitar: *You're wanted upstairs/on the phone.* Lo buscan arriba./Lo llaman por teléfono.
▸ *n* (*formal*) **1** [*gen pl*] necesidad, deseo **2** ~ **of sth** falta de algo: *for want of sth* por falta de algo ◊ *not for want of trying* no por no intentarlo

wanting /ˈwɒntɪŋ/ *adj* ~ (**in sth**) (*formal*) falto (de algo)

WAP /wæp/ *abrev de* **wireless application protocol** WAP, protocolo de aplicaciones inalámbricas

war /wɔːr/ *n* **1** guerra **2** conflicto **3** ~ (**against sb/sth**) lucha (contra algn/algo) **LOC** **at war** en guerra ♦ **make/wage war on sb/sth** hacerle la guerra a algn/algo *Ver tb* WAGE

ward /wɔːrd/ *sustantivo, verbo*
▸ *n* sala (*de hospital*)
▸ *v* **PHR V** **ward sb/sth off** protegerse de algn/algo

warden /ˈwɔːrdn/ *n* guardia, guarda *Ver tb* TRAFFIC WARDEN

wardrobe /ˈwɔːrdroʊb/ *n* **1** armario, clóset (*para colgar ropa*) **2** vestuario

warehouse /ˈweərhaʊs/ *n* bodega

wares /weərz/ *n* [*pl*] (*antic*) mercancías

warfare /ˈwɔːrfeər/ *n* guerra

warhead /ˈwɔːrhed/ *n* cabeza (*de misil*)

warlike /ˈwɔːrlaɪk/ *adj* belicoso

warm /wɔːrm/ *adjetivo, verbo*
▸ *adj* (**warmer, -est**) **1** (*clima*) templado: *It's warm today.* Hace calor hoy. ⊃ *Ver nota en* CALIENTE **2** (*cosa*) caliente **3** (*persona*) **to be/get warm** tener calor/calentarse **4** (*ropa*) abrigado **5** (*sonrisa, mirada*) cálido, cordial
▸ *vt, vi* ~ (**sth/yourself**) (**up**) calentar algo,

calentarse **PHR V** **warm up 1** (*Dep*) calentar **2** (*motor*) calentarse ♦ **warm sth up** recalentar algo (*comida*)

warming /ˈwɔːrmɪŋ/ *n* calentamiento: *global warming* el calentamiento global

warmly /ˈwɔːrmli/ *adv* **1** calurosamente **2** *warmly dressed* vestido con ropa abrigadora **3** (*dar las gracias*) efusivamente

warmth /wɔːrmθ/ *n* **1** calor **2** simpatía, amabilidad, entusiasmo

warm-up *n* calentamiento

warn /wɔːrn/ **1** *vt* ~ **sb** (**about/of sth**) advertir a algn (de algo), prevenir a algn (contra algo): *They warned us about/of the strike.* Nos advirtieron sobre la huelga. ◊ *They warned us about the neighbors.* Nos previnieron contra los vecinos. **2** *vt* ~ **sb that...** advertir a algn que...: *I warned them that it would be expensive.* Les advertí que sería caro. **3** *vt, vi* ~ (**sb**) **against doing sth**; ~ **sb** (**not**) **to do sth** advertir a algn que no haga algo, prevenir a algn contra algo: *They warned us against going into the forest.* Nos advirtieron que no fuéramos al bosque.

Warning people of danger
Alertar de un peligro
Look out! There's a car coming. ¡Cuidado, que viene un carro!
Be careful. It can be quite dangerous on that path. Ten cuidado. Ese camino puede ser peligroso.
Watch out. That's not a very safe place at night. Ve con cuidado. Ese sitio no es muy seguro de noche.
Make sure you keep hold of your bag. Asegúrate de llevar el bolso cerca.
I wouldn't do that if I were you. Yo de ti no haría eso.

warning /ˈwɔːrnɪŋ/ *n* aviso, advertencia

warp /wɔːrp/ *vt, vi* ondear(se), encorar(se)
■ **warped** *adj* (*pey*) (*mente*) retorcido

warrant /ˈwɔːrənt; *GB* ˈwɒr-/ *sustantivo, verbo*
▸ *n* (*Jur*) orden: *search warrant* orden de cateo
▸ *vt* (*formal*) justificar

warranty /ˈwɔːrənti; *GB* ˈwɒr-/ *n* (*pl* **warranties**) garantía

warren /ˈwɔːrən; *GB* ˈwɒrən/ *n* **1** madriguera **2** (*fig*) laberinto

warrior /ˈwɔːriər; *GB* ˈwɒr-/ *n* guerrero, -a

warship /ˈwɔːrʃɪp/ *n* buque de guerra

wart /wɔːrt/ *n* verruga

wartime /ˈwɔːrtaɪm/ *n* (tiempo de) guerra

wary /ˈweəri/ adj (**warier**) cauto: *to be wary of sb/sth* desconfiar de algn/algo

was /wɒz, wʌz, wəz/ pt de BE

wash /wɒʃ/ verbo, sustantivo
▸ **1** vt, vi lavar(se): *to wash yourself* lavarse **2** vt llevar, arrastrar: *to be washed overboard* ser arrastrado por la borda por las olas **3** vi *Water washed over the deck.* El agua bañaba la cubierta. PHR V **wash sb/sth away** arrastrar, llevarse a algn/algo ◆ **wash (sth) off/out** quitarse, quitar algo (lavando) ◆ **wash sth out** lavar algo ◆ **wash up 1** (*USA*) lavarse (*las manos y la cara*) **2** (*GB*) lavar los platos ◆ **wash sth up 1** (*GB*) (*platos*) lavar algo **2** (*mar*) llevar algo a la playa
▸ n **1** lavado: *to have a wash* lavarse **2** [*sing*] *All my shirts are in the wash.* Todas mis camisas se están lavando. **3 the wash** [*sing*] (*Náut*) la estela

washable /ˈwɒʃəbl/ adj lavable

washbasin /ˈwɒʃbeɪsn/ n (*esp GB*) (*USA* **sink**) lavamanos, lavabo

washcloth /ˈwɒʃklɒθ; *GB* -klɒθ/ (*GB* **flannel**) n toalla de mano

washing /ˈwɒʃɪŋ/ n **1** lavado: *washing powder* (*GB*) detergente (de lavadora) **2** ropa sucia **3** ropa lavada

washing machine n lavadora

washing-up n (*GB*) platos (para lavar): *to do the washing-up* lavar los platos ◊ *washing-up liquid* lavalozas/jabón líquido (para platos)

washroom /ˈwɒʃruːm, -rʊm/ n (*USA, antic*) baño ⊃ *Ver nota en* BATHROOM

wasn't /ˈwɒznt, ˈwɑːznt/ abrev de **was not** *Ver* BE

wasp /wɒsp/ n avispa

waste /weɪst/ verbo, sustantivo, adjetivo
▸ vt **1** malgastar **2** (*tiempo, ocasión*) perder **3** (*no usar*) desperdiciar LOC **waste your breath** perder el tiempo PHR V **waste away** consumirse
▸ n **1** pérdida, desperdicio **2** (*acción*) derroche, despilfarro **3** [*incontable*] desperdicios, desechos, basura: *waste disposal* recogida de basura/desechos LOC **a waste of space** (*coloq*) un inútil: *He's a complete waste of space.* No sirve absolutamente para nada. ◆ **go/run to waste** echarse a perder, desperdiciarse
▸ adj **1** *waste material/products* desechos **2** baldío (*terreno*)

wastebasket /ˈweɪstbæskɪt; *GB* -bɑːs-/ (*GB* **waste-paper basket**) n caneca/tacho (de basura) ⊃ *Ver dibujo en* TRASH CAN

wasted /ˈweɪstɪd/ adj inútil (*viaje, esfuerzo*)

wasteful /ˈweɪstfl/ adj **1** derrochador **2** (*método, proceso*) antieconómico

wasteland /ˈweɪstlænd/ n tierra baldía

watch /wɒtʃ/ verbo, sustantivo
▸ **1** vt, vi observar, mirar **2** vt, vi (*espiar*) vigilar, observar **3** vt (*TV, Dep*) ver **4** vt (*coloq*) tener cuidado con, fijarse en: *Watch your language.* No digas groserías. LOC **watch it** (*coloq*) ¡cuidado!, ¡ojo! ◆ **watch your step** tener cuidado PHR V **watch for sb/sth** estar atento a algo (*esperando a que llegue algn o pase algo*): *She stood by the window, watching for the mailman.* Esperó atenta al lado de la ventana a que viniese al cartero. ◆ **watch out** tener cuidado: *Watch out!* ¡Cuidado! ◆ **watch out for sb/sth** tener cuidado con algn/algo, estar atento a algn/algo: *Watch out for that hole.* Cuidado con ese hueco. ◆ **watch over sb/sth** (*formal*) cuidar, vigilar a algn/algo
▸ n **1** reloj (*de pulsera*) ⊃ *Ver dibujo en* RELOJ **2** (*turno de*) guardia **3** (*personas*) guardia, vigías LOC **keep watch (over sb/sth)** vigilar (a algn/algo) *Ver tb* CLOSE¹

watchdog /ˈwɒtʃdɔːg; *GB* -dɒg/ n organismo de control/vigilancia

watchful /ˈwɒtʃfl/ adj vigilante, alerta

water /ˈwɔːtər/ sustantivo, verbo
▸ n agua LOC **under water 1** bajo el agua, debajo del agua **2** inundado *Ver tb* FISH
▸ **1** vt (*planta*) regar **2** vi (*ojos*) llorar **3** vi (*boca*) hacerse agua PHR V **water sth down 1** diluir algo con agua **2** suavizar algo

watercolor (*GB* **watercolour**) /ˈwɔːtərkʌlər/ n acuarela

watercress /ˈwɔːtərkres/ n [*incontable*] berro

waterfall /ˈwɔːtərfɔːl/ n cascada, catarata

watering can n regadera

water lily n (*pl* **water lilies**) nenúfar

watermelon /ˈwɔːtərmelən/ n sandía

water polo n waterpolo

waterproof /ˈwɔːtərpruːf/ adj, n impermeable

water-resistant adj sumergible, resistente al agua

watershed /ˈwɔːtərʃed/ n momento decisivo/crítico

waterskiing /ˈwɔːtərskiːɪŋ/ n esquí acuático

water slide n tobogán (*en piscina*)

watertight /ˈwɔːtərtaɪt/ adj **1** hermético **2** (*argumento*) irrebatible

waterway /ˈwɔːtərweɪ/ n vía fluvial, canal

watery /ˈwɔːtəri/ adj **1** (pey) aguado **2** (color) pálido **3** (ojos) lloroso

watt /wɑt/ n vatio, watt

wave /weɪv/ sustantivo, verbo
▸ n **1** ola **2** (fig) oleada **3** seña (con la mano) **4** (Fís, pelo) onda
▸ **1** vi ~ **(at/to sb)** hacer señas con la mano (a algn) **2** vt, vi ~ **(sth) (about/around)** agitar algo, agitarse **3** vi (bandera) ondear **4** vt, vi (pelo, etc.) ondular(se) **LOC** **wave goodbye (to sb)** decir adiós (a algn) con la mano **PHR V** **wave sth aside** rechazar algo (protesta)

wavelength /ˈweɪvleŋθ/ n longitud de onda

waver /ˈweɪvər/ vi **1** flaquear **2** (voz) temblar **3** vacilar

wavy /ˈweɪvi/ adj (**wavier, -iest**) **1** ondulado **2** ondulante

wax /wæks/ n cera

way /weɪ/ sustantivo, adverbio
▸ n **1** forma, manera: *Do it your own way!* ¡Hazlo como quieras! **2** ~ **(from...to...)** camino (de... a...): *to ask/tell sb the way* preguntarle/indicarle a algn por dónde se va ◊ *across/over the way* al frente/al otro lado de la calle ◊ *the store across the way* el almacén del frente ◊ *a long way (away)* lejos **3** dirección: *'Which way?' 'That way.'* —Por ahí. —Por ahí. **4** paso: *Get out of my way!* ¡Quítate de en medio! **5** **Way** (en nombres) vía **6** [pl] costumbres **LOC** **be in the/sb's way** estorbar (a algn): *He was standing in my way.* Estaba en mi camino. ♦ **by the way** a propósito ♦ **divide, split, etc. sth two, three, etc. ways** dividir algo entre dos, tres, etc. ♦ **get/have your own way** salirse con la suya ♦ **give way (to sb/sth) 1** ceder (ante algn/algo) **2** (GB) ceder el paso/la vía (a algn/algo) ♦ **give way to sth** entregarse a algo, dejarse dominar por algo ♦ **go out of your way (to do sth)** tomarse la molestia (de hacer algo) ♦ **in a/one way; in some ways** en cierto modo ♦ **lose your way** perderse ♦ **make way (for sb/sth)** dar(le) paso (a algn/algo) ♦ **make your way (to/toward sth)** irse (a/hacia algo) ♦ **no way!** (coloq) ¡ni hablar!, ¡ni riesgos! ♦ **one way or another** como sea ♦ **on the way** en (el) camino: *I'm on my way.* Estoy en camino. ♦ **the other way around 1** al revés **2** por el otro lado ♦ **under way** en marcha ♦ **way of life** estilo de vida ♦ **ways and means** medios *Ver tb* BAR, FEEL, FIGHT, FIND, HARD, HARM, LEAD¹, MEND, PAVE, WAY
▸ adv muy: *way ahead* muy por delante **LOC** **way back** hace mucho tiempo: *way back in the 1950s* allá por los años cincuenta

way out n salida

WC /ˌdʌblju: ˈsiː/ n baños públicos ⊃ *Ver nota en* BATHROOM

we /wiː/ pron nosotros: *Why don't we go?* ¿Por qué no vamos? ❶ El pronombre personal no se puede omitir en inglés. ⊃ *Comparar con* US

weak /wiːk/ adj (**weaker, -est**) **1** débil **2** (Med) delicado **3** (bebida) aguado **4** ~ **(at/in/on sth)** débil (en algo) ■ **weaken 1** vt, vi debilitar(se) **2** vi ceder

weakness /ˈwiːknəs/ n **1** debilidad **2** flaqueza

wealth /welθ/ n **1** [incontable] riqueza **2** [sing] ~ **of sth** abundancia de algo ■ **wealthy** adj (**wealthier, -iest**) rico

weapon /ˈwepən/ n arma

wear /weər/ verbo, sustantivo
▸ (pt **wore** /wɔːr/, pp **worn** /wɔːrn/) **1** vt (ropa, lentes, etc.) tener puesto, llevar, usar

¿**Wear** o **carry**? **Wear** se utiliza para referirse a ropa, calzado y complementos, y también a perfumes y gafas: *Do you have to wear a tie at work?* ¿Tienes que ponerte corbata para ir a trabajar? ◊ *What perfume are you wearing?* ¿Qué perfume tienes/te echaste? ◊ *He doesn't wear glasses.* No usa gafas. Utilizamos **carry** cuando nos referimos a objetos que llevamos con nosotros, especialmente en las manos o en los brazos: *She wasn't wearing her raincoat, she was carrying it over her arm.* No llevaba puesta la gabardina, la tenía en el brazo.

2 vt (expresión) tener **3** vt, vi desgastar(se) **4** vt (agujero, etc.) hacer **5** vi durar: *a fabric that will wear (well)* una tela que dura **PHR V** **wear (sth) away/down/out** desgastar algo/desgastarse por completo ♦ **wear sb down** agotar a algn ♦ **wear sth down** minar algo ♦ **wear off** desaparecer (novedad, etc.) ♦ **wear sb/yourself out** agotar a algn/agotarse
▸ n [incontable] **1** desgaste **2** uso **3** ropa: *ladies' wear* ropa para dama **LOC** **wear and tear** desgaste por el uso

weary /ˈwɪəri/ adj (**wearier, -iest**) **1** agotado **2** ~ **of sth** (formal) hastiado de algo

weather /ˈweðər/ sustantivo, verbo
▸ n tiempo: *weather forecast* pronóstico del tiempo ◊ *What's the weather like?* ¿Cómo está el clima? **LOC** **under the weather** (coloq) decaído
▸ vt superar (crisis)

weave /wiːv/ (pt **wove** /woʊv/, pp **woven** /ˈwoʊvn/) **1** vt tejer algo (con algo) **2** vt ~ **sth into sth** (historia, etc.) incluir algo (en algo) **3** vi (pt, pp **weaved**) serpentear

web /web/ n **1** telaraña: *spider web* telaraña **2** red *(de contactos, intriga, etc.)* **3** maraña *(de engaños)* **4 the Web** [*sing*] la red: *web page* página web

webcam /'webkæm/ n cámara web

webcast /'webkæst; *GB* -kɑːst/ n transmisión en directo por internet

weblog /'weblɒg/ n *(Internet)* blog

webmaster /'webmæstər; *GB* -mɑːs-/ n *(Informát)* administrador, -ora web

website /'websaɪt/ n sitio web

we'd /wiːd/ **1** abrev de **we had** Ver HAVE **2** abrev de **we would** Ver WOULD

wedding /'wedɪŋ/ n matrimonio: *wedding ring/cake* anillo/torta de matrimonio ⊃ Ver nota en MATRIMONIO; **LOC** Ver ANNIVERSARY

wedge /wedʒ/ *sustantivo, verbo*
▸ n **1** cuña **2** *(queso, pastel)* pedazo (grande) **3** *(limón)* gajo
▸ vt **1** *to wedge itself/get wedged* atascarse **2** *(esp personas)* apretujar **3** *to wedge sth open/shut* mantener algo abierto/cerrado con cuña

Wednesday /'wenzdeɪ, -di/ n *(abrev* **Wed., Weds.)** miércoles ⊃ *Ver ejemplos en* MONDAY

wee /wiː/ adj *(coloq)* **1** *(Escocia)* pequeñito **2** poquito: *a wee bit* un poquitín

weed /wiːd/ *sustantivo, verbo*
▸ n **1** maleza **2** [*incontable*] *(en agua)* algas **3** *(GB, coloq, pey)* enclenque **4** *(GB, coloq, pey)* persona sin carácter: *He's a weed.* No tiene carácter.
▸ vt escardar **PHR V weed sb/sth out** eliminar a algn/algo

weedkiller /'wiːdkɪlər/ n herbicida

week /wiːk/ n semana: *35-hour week* semana laboral de 35 horas **LOC a week from Monday, etc.** *(GB* **Monday, etc. week)** del lunes en ocho días, el lunes que viene no, el siguiente ♦ **a week (from) today/tomorrow** de hoy/mañana en ocho días

weekday /'wiːkdeɪ/ n día laborable/de semana

weekend /'wiːkend; *GB* ˌwiːk'end/ n fin de semana

En Estados Unidos se dice **on the weekend**, pero en Gran Bretaña se dice **at the weekend**: *Let's meet up on/at the weekend.* A ver si quedamos este fin de semana.

weekly /'wiːkli/ *adjetivo, adverbio, sustantivo*
▸ adj semanal
▸ adv semanalmente
▸ n *(pl* **weeklies)** semanario

weep /wiːp/ vi *(pt, pp* **wept** /wept/) ~ **(for/over sb/sth)** *(formal)* llorar (por algn/algo): *weeping willow* sauce llorón ■ **weeping** n [*incontable*] llanto

weigh /weɪ/ **1** vt, vi pesar **2** vt ~ **sth (up)** sopesar algo **3** vi ~ **(against sb/sth)** influir (en contra de algn/algo) **PHR V weigh sb down** abrumar a algn ♦ **weigh sb/sth down**: *weighed down with luggage* muy cargado de equipaje

weight /weɪt/ *sustantivo, verbo*
▸ n **1** peso: *It's sold by weight.* Se vende por/al peso. **2** pesa, peso **LOC lose/put on weight** *(persona)* adelgazar/engordar Ver tb CARRY, PULL
▸ vt poner peso/pesas en **2** ~ **sth (down) (with sth)** sujetar algo (con algo)

weightless /'weɪtləs/ adj ingrávido

weightlifting /'weɪtlɪftɪŋ/ n levantamiento de pesas, halterofilia

weighty /'weɪti/ adj **(weightier, -iest)** *(formal)* **1** de peso, importante **2** pesado

weir /wɪər/ n presa *(colocada en la corriente de un río)*

weird /wɪərd/ adj **(weirder, -est)** raro

weirdo /'wɪərdoʊ/ n *(pl* **weirdos)** *(coloq, pey)* bicho raro

welcome /'welkəm/ *adjetivo, sustantivo, verbo*
▸ adj **1** bienvenido **2** agradable **LOC be welcome to sth/to do sth**: *You're welcome to use my car/to stay.* Mi carro está a tu disposición./Te puedes quedar con toda confianza. ♦ **you're welcome** de nada, a la orden
▸ n bienvenida, acogida
▸ vt **1** dar la bienvenida a, recibir **2** agradecer **3** acoger, recibir

welcoming /'welkəmɪŋ/ adj acogedor

weld /weld/ vt, vi soldar(se)

welfare /'welfeər/ n **1** bienestar **2** asistencia: *the Welfare State* el Estado del bienestar

El **welfare state** es un sistema del estado que se encarga de algunos servicios para el ciudadano como la atención médica, los ancianatos gratuitos, etc.

3 *(GB* **social security)** seguro social

well /wel/ *adverbio, adjetivo, interjección, sustantivo, verbo*
▸ adv *(comp* **better** /'betər/, *superl* **best** /best/) **1** bien **2** [*después de* **can, could, may, might**] *I can well believe it.* Lo creo totalmente. ◊ *I can't very well leave.* No puedo irme sin más. **LOC as well** también ⊃ *Ver nota en* TAMBIÉN ♦ **as well as** además de ♦ **do well 1** progresar **2** *(paciente)* recuperarse ♦ **may/might (just) as well do sth**: *We may/might as well go home.* Bien podríamos irnos para la casa. ♦ **well and truly** *(GB, coloq)*

we'll

completamente Ver tb DISPOSED, JUST, MEAN, PRETTY
▸ *adj* (*comp* **better**, *superl* **best**) bien: *to be well* estar bien ◊ *to get well* reponerse
▸ *interj* **1** (*asombro*) ¡vaya!: *Well, look who's here!* ¡Vaya, vaya! Miren quién está aquí. **2** (*resignación*) bueno: *Oh well, that's that then.* Bueno, qué le vamos a hacer. **3** (*interrogación*) ¿y entonces? **4** (*duda*) pues: *Well, I don't know…* Pues, no sé…
▸ *n* pozo
▸ *vi* ~ (**up**) brotar

we'll /wiːl/ **1** abrev de **we will** Ver WILL **2** abrev de **we shall** Ver SHALL

well be'haved *adj* bien educado: *to be well behaved* portarse bien

Los adjetivos formados por **well** más otra palabra suelen escribirse con las dos palabras separadas cuando se emplean después del sustantivo que modifican: *They're always well behaved.* Siempre se portan bien., y con guión cuando van seguidos de un sustantivo: *well-behaved children* niños bien educados. Lo mismo sucede con **out of date** y **up to date**, y otros adjetivos como **second best**.

well-being *n* bienestar
well 'built *adj* **1** (*persona*) robusto **2** (*edificio, máquina*) sólido ➔ Ver nota en WELL BEHAVED
well con'nected *adj* (*formal*) (*persona*) bien relacionado ➔ Ver nota en WELL BEHAVED
well 'earned *adj* merecido ➔ Ver nota en WELL BEHAVED
well 'educated *adj* culto, instruido ➔ Ver nota en WELL BEHAVED
wellington /'welɪŋtən/ (*tb* **wellington 'boot**) *n* (*GB*) (*USA* **rubber 'boot**) bota de caucho
well 'kept *adj* **1** cuidado, bien conservado **2** (*secreto*) bien guardado ➔ Ver nota en WELL BEHAVED
well 'known *adj* muy conocido, famoso: *It's a well-known fact that…* Es sabido que… ➔ Ver nota en WELL BEHAVED
well 'meaning *adj* bienintencionado ➔ Ver nota en WELL BEHAVED
well 'off (*tb* ,well-to-'do) *adj* acomodado, rico ➔ Ver nota en WELL BEHAVED
well 'paid *adj* **1** (*trabajo*) bien pagado **2** (*persona*) con un buen sueldo ➔ Ver nota en WELL BEHAVED
Welsh /welʃ/ *adj, n* galés
went *pt de* GO
wept *pt, pp de* WEEP

we're /wɪər/ *abrev de* **we are** Ver BE
were /wɜːr, wər/ *pt de* BE
weren't /wɜːrnt/ *abrev de* **were not** Ver BE
werewolf /'weərwʊlf/ *n* (*pl* **werewolves** /'weərwʊlvz/) hombre lobo
west /west/ *sustantivo, adjetivo, adverbio*
▸ *n* **1** (*tb* **the west**, **the West**) (*abrev* **W**) (el) occidente, (el) oeste: *I live in the west of Scotland.* Vivo en el occidente de Escocia. **2 the West** (el) Occidente, los países occidentales
▸ *adj* occidental, (del) oeste: *west winds* vientos del oeste
▸ *adv* al occidente/oeste: *to travel west* viajar hacia el oeste
westbound /'westbaʊnd/ *adj* en/con dirección oeste
western /'westərn/ *adjetivo, sustantivo*
▸ *adj* (*tb* **Western**) occidental, (del) oeste
▸ *n* novela o película del oeste ■ **westerner** *n* occidental
westward /'westwərd/ (*tb* **westwards**) *adv* hacia el occidente/oeste
wet /wet/ *adjetivo, verbo, sustantivo*
▸ *adj* (**wetter**, **-est**) **1** mojado: *to get wet* mojarse **2** húmedo: *in wet places* en lugares húmedos **3** (*tiempo*) lluvioso **4** (*pintura, etc.*) fresco
▸ *vt* (*pt, pp* **wet** *o* **wetted**) humedecer, mojar LOC **wet the/your bed** hacerse pipí en la cama ◆ **wet yourself/your pants** orinarse
▸ *n* **1 the wet** [*sing*] la lluvia: *Come in out of the wet.* Entra y refúgiate de la lluvia. **2** humedad
wet 'blanket *n* (*coloq, pey*) aguafiestas
wetsuit /'wetsuːt; *GB tb* -sjuːt/ *n* traje de buceo/surf
we've /wiːv/ *abrev de* **we have** Ver HAVE
whack /wæk/ *verbo, sustantivo*
▸ *vt* (*coloq*) dar un buen golpe a
▸ *n* (*coloq*) golpe (duro)
whale /weɪl/ *n* ballena
wharf /wɔːrf/ *n* (*pl* **wharves** /wɔːrvz/ *o* **wharfs**) muelle
what /wɒt/ *pronombre, adjetivo, interjección*
▸ *pron* **1** qué: *What did you say?* ¿Qué dijiste? ◊ *What's her phone number?* ¿Cuál es el número de teléfono de ella? ◊ *What's your name?* ¿Cómo te llamas?

¿**What** o **which**? **Which** se refiere a uno o más miembros de un grupo limitado: *Which is your car, this one or that one?* ¿Cuál es tu carro, este o aquel? **What** se usa cuando el grupo no es tan limitado: *What are your favorite books?* ¿Cuáles son tus libros preferidos?

| u actual | ɔː saw | ɜː bird | ə about | j yes | w woman | ʒ vision | h hat | ŋ sing |

2 el/la/lo que: *I know what you're thinking.* Sé lo que estás pensando. LOC **what about?** *Ver* ABOUT ◆ **what if...?** ¿y (qué pasa) si...?: *What if it rains?* ¿Y si llueve?
▸ *adj* **1** qué: *What time is it?* ¿Qué hora es? ◊ *What color is it?* ¿De qué color es? ◊ *What a pity!* ¡Qué pesar! **2** *what money I have* (toda) la plata que tenga
▸ *interj* (*coloq*) **1 what!** ¡cómo! **2 what?** ¿qué?, ¿cómo?

whatever /wɑtˈevər/ *adjetivo, pronombre, adverbio*
▸ *adj* cualquier: *I'll be in whatever time you come.* Voy a estar a cualquier hora que venga.
▸ *pron* **1** (todo) lo que: *Give whatever you can.* Dé lo que pueda. **2** *whatever happens* pase lo que pase **3** (*en preguntas*) qué (demonios): *Whatever can it be?* ¿Qué demonios puede ser? **4** (*coloq*) me da lo mismo: *'What would you like to do today?' 'Whatever.'* —¿Qué te gustaría hacer hoy? —Lo que sea. LOC **or whatever** (*coloq*) o el/la/lo que sea: *...basketball, swimming or whatever* ...basketball, natación o lo que sea
▸ *adv* (*tb* **whatsoever** /ˌwɑtsouˈevər/) en absoluto: *nothing whatever* nada en absoluto

wheat /wiːt/ *n* trigo

wheel /wiːl/ *sustantivo, verbo*
▸ *n* **1** rueda **2** volante, timón
▸ **1** *vt* (*bicicleta, etc.*) empujar **2** *vt* (*persona*) llevar (*en silla de ruedas, camilla, etc.*) **3** *vi* (*pájaro*) revolotear **4** *vi* ~ **around** voltearse

wheelbarrow /ˈwiːlbæroʊ/ (*tb* **barrow**) *n* carretilla, carreta (*de mano*)

wheelchair /ˈwiːltʃeər/ *n* silla de ruedas

wheelie bin *n* (*GB*) contenedor (*de basura con ruedas*)

wheeze /wiːz/ *vi* respirar con dificultad, resollar

when /wen/ *adverbio, pronombre, conjunción*
▸ *adv* **1** cuándo: *When did he die?* ¿Cuándo murió? ◊ *I don't know when she arrived.* No sé cuándo llegó. **2** en (el/la/lo/los/las) que: *There are times when...* Hay veces en que...
▸ *pron* cuándo: *Since when have you known this?* ¿Desde cuándo sabes esto?
▸ *conj* cuando: *It was raining when I arrived.* Estaba lloviendo cuando llegué. ◊ *I'll call you when I'm ready.* Te llamo cuando esté lista.

whenever /wenˈevər/ *conjunción, adverbio*
▸ *conj* **1** cuando: *Come whenever you like.* Ven cuando quieras. **2** (*todas las veces que*) cuando, siempre que: *You can borrow my car whenever you want.* Puedes usar mi carro cuando/siempre que quieras.
▸ *adv* (*en preguntas*) cuándo (demonios)

where /weər/ *adverbio, conjunción*
▸ *adv* **1** dónde: *I don't know where it is.* No sé dónde está. ◊ *Where are you going?* ¿Adónde vas? **2** donde: *the town where I was born* el pueblo en que nací
▸ *conj* donde: *Stay where you are.* Quédate donde estás.

whereabouts *sustantivo, adverbio*
▸ *n* /ˈweərəbaʊts/ [*v sing o pl*] paradero
▸ *adv* /ˈweərəbaʊts, ˌweərəˈbaʊts/ dónde

whereas /ˌweərˈæz/ *conj* mientras que

whereby /weərˈbaɪ/ *adj* (*formal*) según/por el/la/lo cual

whereupon /ˌweərəˈpɑn/ *conj* (*formal*) tras lo cual

wherever /ˌweərˈevər/ *conjunción, adverbio*
▸ *conj* dondequiera que: *wherever you like* donde quieras
▸ *adv* (*en preguntas*) dónde (demonios)

whet /wet/ *vt* (**-tt-**) LOC **whet sb's appetite** abrirle el apetito a algn

whether /ˈweðər/ *conj* si: *I'm not sure whether to resign or stay on.* No sé si renunciar o continuar. ◊ *It depends on whether the letter arrives on time.* Depende de si la carta llega a tiempo. LOC **whether or not**: *whether or not it rains/whether it rains or not* tanto si llueve como si no

which /wɪtʃ/ *pronombre, adjetivo*
▸ *pron* **1** cuál: *Which is your favorite?* ¿Cuál es tu preferido? ➲ *Ver nota en* WHAT **2** [*sujeto, complemento*] que: *the book which is on the table* el libro que está sobre la mesa ◊ *the article (which) I read yesterday* el artículo que leí ayer ➲ *Ver nota en* QUE¹ **3** [*después de preposición*] el/la/lo cual: *her work, about which I know nothing...* el trabajo de ella, del cual no sé nada... ◊ *in which case* en cuyo caso ◊ *the bag in which I put it* la bolsa en la que lo puse ❶ Este uso es muy formal. Lo más normal es poner la preposición al final, o bien omitir la palabra **which**: *the bag which I put it in* ◊ *the bag I put it in*.
▸ *adj* qué: *Which book did you take?* ¿Qué libro te llevaste? ◊ *Do you know which one is yours?* ¿Sabes cuál es el tuyo? ➲ *Ver nota en* WHAT

whichever /wɪtʃˈevər/ *adjetivo, pronombre*
▸ *adj* cualquiera: *It's the same, whichever route you take.* No importa la ruta que elijas.
▸ *pron* el/la que: *whichever you like* el que tú quieras

whiff /wɪf/ *n* olor pasajero: *to have a whiff of sth* oler algo

while /waɪl/ *conjunción, sustantivo, verbo*
▸ *conj* (*formal* **whilst** /waɪlst/) **1** (*tiempo*) mientras

whim

2 (*contraste*) mientras (que): *I drink coffee while she prefers tea.* Yo tomo café, mientras que ella prefiere el té. **3** aunque: *While I admit that...* Aunque admito que... LOC **while you're, I'm, etc. at it** ya que estás, vas, etc.
▶ *n* [*sing*] tiempo, rato: *for a while* durante un rato LOC *Ver* ONCE, WORTH
▶ *v* PHR V **while sth away** pasar algo: *to while the morning away* pasar la mañana

whim /wɪm/ *n* capricho, antojo

whimper /ˈwɪmpər/ *verbo, sustantivo*
▶ *vi* lloriquear
▶ *n* lloriqueo

whine /waɪn/ *verbo, sustantivo*
▶ *vi* **1** gemir **2** gimotear **3** (*GB coloq* **whinge** /wɪndʒ/) ~ **about sb/sth** quejarse de algn/algo
▶ *n* gemido, gimoteo

whip /wɪp/ *sustantivo, verbo*
▶ *n* **1** azote, látigo **2** (*Pol*) diputado, -a encargado, -a de la disciplina de su grupo parlamentario
▶ *vt* (**-pp-**) **1** azotar **2** ~ **sth (up)** (*Cocina*) batir algo: *whipped cream* crema batida **3** (*USA, coloq*) (*GB* **thrash**) darle una paliza a, arrollar PHR V **whip sth up 1** incitar, provocar algo **2** preparar algo rápidamente

whir (*tb esp GB* **whirr**) /wɜːr/ *sustantivo, verbo*
▶ *n* zumbido
▶ *vi* zumbar

whirl /wɜːrl/ *verbo, sustantivo*
▶ **1** *vt, vi* (hacer) girar **2** *vi* (*hojas*) arremolinarse **3** *vi* (*cabeza*) dar vueltas
▶ *n* [*sing*] **1** giro **2** remolino: *a whirl of dust* un remolino de polvo

whirlpool /ˈwɜːrlpuːl/ *n* remolino

whirlwind /ˈwɜːrlwɪnd/ *sustantivo, adjetivo*
▶ *n* torbellino
▶ *adj* [*solo antes de sustantivo*] relámpago: *whirlwind tour* viaje relámpago

whisk /wɪsk/ *verbo, sustantivo*
▶ *n* batidor, batidora (eléctrica)
▶ *vt* **1** (*Cocina*) batir **2** ~ **sb/sth away, off, etc.** llevarse a algn/algo volando

whiskers /ˈwɪskərz/ *n* [*pl*] **1** (*de animal*) bigotes **2** (*de hombre*) barbas y/o bigotes

whiskey (*tb esp GB* **whisky**) /ˈwɪski/ *n* (*pl* **whiskeys/whiskies**) whisky

whisper /ˈwɪspər/ *verbo, sustantivo*
▶ **1** *vi* susurrar **2** *vi* cuchichear **3** *vt* decir en voz baja
▶ *n* **1** cuchicheo **2** susurro

whistle /ˈwɪsl/ *sustantivo, verbo*
▶ *n* **1** silbido **2** silbato, pito
▶ *vt, vi* silbar, pitar

white /waɪt/ *adjetivo, sustantivo*
▶ *adj* (**whiter, -est**) **1** blanco: *white bread* pan blanco **2** ~ (**with sth**) pálido (de algo)
▶ *n* **1** blanco **2** clara (*de huevo*)

whiteboard /ˈwaɪtbɔːrd/ *n* pizarra acrílica

white-collar *adj* de oficina: *white-collar workers* oficinistas ⊃ *Comparar con* BLUE-COLLAR

white elephant *n* artículo costoso/inversión costosa que no presta utilidad

whiteness /ˈwaɪtnəs/ *n* blancura

White Paper *n* (*GB*) libro blanco (*documento oficial en el que se consigna la política gubernamental sobre asuntos a considerar por el parlamento*)

whitewash /ˈwaɪtwɒʃ/ *sustantivo, verbo*
▶ *n* cal
▶ *vt* **1** cubrir con cal **2** (*errores, reputación*) encubrir

Whitsun /ˈwɪtsn/ (*tb* **Whit Sunday**) *n* (domingo de) Pentecostés

whiz kid /ˈwɪz kɪd/ (*tb esp GB* **whizz-kid**) *n* (*coloq*) prodigio

whizzy /ˈwɪzi/ *adj* (*coloq*) (*tecnología, etc.*) innovador: *a whizzy piece of software* lo último en tecnología de software

who /huː/ *pron* **1** quién, quiénes: *Who are they?* ¿Quiénes son? ◊ *Who did you meet?* ¿Con quién te encontraste? ◊ *Who is it?* ¿Quién es? ◊ *They wanted to know who had called.* Preguntaron quién había llamado. **2** [*sujeto*] que: *people who eat garlic* gente que come ajo ◊ *the man who wanted to meet you* el hombre que quería conocerte ◊ *all those who want to go* todos los que quieran ir **3** [*complemento*] que: *I bumped into a woman (who) I knew.* Me topé con una mujer a la que conocía. ◊ *the man (who) I had spoken to* el hombre con el que había hablado ⊃ *Ver nota en* WHOM

whoever /huːˈevər/ *pron* **1** quien: *Whoever gets the job...* Quien consiga el trabajo... **2** quienquiera que **3** (*en preguntas*) quién (demonios)

whole /hoʊl/ *adjetivo, sustantivo*
▶ *adj* **1** entero: *a whole bottle* una botella entera **2** todo: *to forget the whole thing* olvidar todo el asunto
▶ *n* todo: *the whole of August* todo agosto LOC **as a whole 1** en general **2** completo: *The collection will be sold as a whole.* Van a vender la colección completa. ♦ **on the whole** en general

wholefood /ˈhoʊlfuːd/ *n* [*incontable*] alimentos integrales

---

i happy   ɪ sit   iː see   æ cat   ɑ hot   ɒ long (*GB*)   ɑː bath (*GB*)   ʌ cup   ʊ put   uː too

wholehearted /ˌhoʊlˈhɑrtɪd/ adj incondicional ■ **wholeheartedly** adv sin reservas

wholesale /ˈhoʊlseɪl/ adj, adv **1** al por mayor **2** total: *wholesale destruction* destrucción total

wholesome /ˈhoʊlsəm/ adj sano, saludable

whole-wheat (GB tb **wholemeal** /ˈhoʊlmiːl/) adj integral: *whole-wheat bread* pan integral

wholly /ˈhoʊlli/ adv (formal) totalmente

whom /huːm/ pron (formal) a quién: *Whom did you meet there?* ¿Con quién te encontraste allá? ◊ *To whom did you give the money?* ¿A quién diste la plata? ◊ *the investors, some of whom bought shares* los inversores, algunos de los cuales compraron acciones ◊ *the person to whom this letter was addressed* la persona a quien iba dirigida esta carta ❶ Este uso es muy formal. Lo más normal es decir: *Who did you meet there?* ◊ *Who did you give the money to?* ◊ *the person this letter was addressed to.*

whose /huːz/ adjetivo, pronombre
▸ adj **1** de quién: *Whose house is that?* ¿De quién es esa casa? **2** cuyo, -a, -os, -as: *the people whose house we stayed in* las personas en cuya casa estuvimos
▸ pron de quién: *I wonder whose it is.* Me pregunto de quién es.

why /waɪ/ adv por qué: *Why was she so late?* ¿Por qué llegó tan tarde? ◊ *the reason why he could not attend* la razón por la cual no pudo asistir LOC **why not** por qué no: *Why not go to the movies?* ¿Por qué no vamos al teatro?

wicked /ˈwɪkɪd/ adj (**wickeder**, **-est**) **1** malvado **2** malicioso ■ **wickedness** n maldad

wicker /ˈwɪkər/ n mimbre

wicket /ˈwɪkɪt/ n (Críquet) **1** palos **2** terreno entre los dos palos

wide /waɪd/ adjetivo, adverbio
▸ adj (**wider**, **-est**) **1** amplio: *a wide range of possibilities* una amplia gama de posibilidades **2** ancho: *How wide is it?* ¿Cuánto tiene de ancho? ◊ *It's two feet wide.* Tiene dos pies de ancho. ➲ Ver nota en BROAD **3** extenso
▸ adv muy: *wide awake* completamente despierto LOC **wide open** abierto de par en par Ver tb FAR

widely /ˈwaɪdli/ adv extensamente, mucho: *widely used* muy utilizado

widen /ˈwaɪdn/ vt, vi ensanchar(se), ampliar(se)

wide-ranging /ˌwaɪd ˈreɪndʒɪŋ/ adj de gran alcance, muy diverso (*investigación, debate, etc.*)

widescreen /ˈwaɪdskriːn/ n (TV) pantalla ancha

widespread /ˈwaɪdspred/ adj general, difundido

widow /ˈwɪdoʊ/ n viuda ■ **widowed** adj viudo
widower n viudo

width /wɪdθ, wɪtθ/ n anchura, ancho

wield /wiːld/ vt **1** (*arma, etc.*) empuñar, blandir **2** (*poder*) ejercer

wife /waɪf/ n (pl **wives** /waɪvz/) esposa, mujer

Wi-Fi® /ˈwaɪ faɪ/ n (abrev de **wireless fidelity**) Wi-Fi®

wig /wɪɡ/ n peluca

wiggle /ˈwɪɡl/ vt, vi (coloq) menear(se)

wild /waɪld/ adjetivo, sustantivo
▸ adj (**wilder**, **-est**) **1** salvaje **2** (*planta*) silvestre **3** (*paisaje*) agreste **4** desenfrenado: *The crowd went wild.* La multitud enloqueció. **5** (*enojado*) furioso **6** ~ (**about sb/sth**) (coloq) loco (por algn/algo): *We had a wild time.* La pasamos de maravilla. **7** (*tiempo*) tempestuoso
▸ n **1 the wild** [sing] *in the wild* en estado salvaje **2 the wilds** [pl] (las) tierras remotas

wilderness /ˈwɪldərnəs/ n **1** tierra no cultivada **2** (fig) selva

wildlife /ˈwaɪldlaɪf/ n flora y fauna

wildly /ˈwaɪldli/ adv **1** locamente, como loco **2** violentamente, furiosamente

will /wɪl/ verbo, sustantivo
▸ v modal (contracción **'ll**, neg **will not** o **won't** /woʊnt/)

Will es un verbo modal al que sigue un infinitivo sin **to**, y las oraciones interrogativas y negativas se construyen sin el auxiliar **do**.

1 [*para formar el futuro*] *He'll come, won't he?* Vendrá, ¿verdad? ◊ *I hope it won't rain.* Espero que no llueva. ◊ *That'll be the mailman.* Ese debe de ser el cartero. ◊ *You'll do as you're told.* Harás lo que te manden. ➲ Ver nota en SHALL **2** (*voluntad, determinación*) *She won't go.* No quiere ir. ◊ *Will the car start?* ¿El carro arranca o no arranca? ➲ Ver nota en SHALL **3** (*oferta, petición*) *Will you help me?* ¿Puedes ayudarme? ◊ *Will you stay for tea?* ¿Quieres quedarte a tomar té? ◊ *Won't you sit down?* ¿No quieres sentarte? **4** (*regla general*) *Oil will float on water.* El aceite flota en el agua.
▸ vt desear: *to will sth to happen* desear que ocurra algo
▸ n **1** voluntad **2** [sing] deseo **3** testamento LOC **at will** libremente Ver tb FREE

willful (tb esp GB **wilful**) /ˈwɪlfl/ adj (pey) **1** (*acto*) voluntario, intencionado **2** (*delito*)

willing

premeditado **3** (*persona*) testarudo ■ **willfully** (*tb esp GB* **wilfully**) *adv* deliberadamente

willing /'wɪlɪŋ/ *adj* **1** complaciente, bien dispuesto **2** ~ **(to do sth)** dispuesto (a hacer algo) **3** (*apoyo, etc.*) espontáneo

willingly /'wɪlɪŋli/ *adv* voluntariamente, de buena gana

willingness /'wɪlɪŋnəs/ *n* **1** buena voluntad **2** ~ **(to do sth)** voluntad (de hacer algo)

willow /'wɪloʊ/ (*tb* **willow tree**) *n* sauce

willpower /'wɪlpaʊər/ *n* fuerza de voluntad

wilt /wɪlt/ *vi* **1** marchitarse **2** decaer

wimp /wɪmp/ *n* (*coloq, pey*) **1** (*en personalidad*) pelele, cobarde **2** (*físicamente*) enclenque

win /wɪn/ *verbo, sustantivo*
▸ (**-nn-**) (*pt, pp* **won** /wʌn/) **1** *vi* ganar **2** *vt* ganar, llevarse **3** *vt* (*victoria*) conseguir, lograr **4** *vt* (*apoyo, amigos*) ganarse, granjearse **LOC** *Ver* DAY, TOSS **PHR V** **win sb around/over (to sth)** convencer a algn (de que haga algo) ♦ **win sb/sth back** recuperar a algn/algo
▸ *n* victoria

wince /wɪns/ *vi* **1** hacer una mueca de dolor **2** hacer un gesto de disgusto

wind¹ /wɪnd/ *n* **1** viento **2** aliento, resuello **3** [*incontable*] (*GB*) (*USA* **gas**) gases (*en los intestinos*) **LOC** **get wind of sth** (*coloq*) enterarse de algo *Ver tb* CAUTION

wind² /waɪnd/ (*pt, pp* **wound** /waʊnd/) **1** *vi* serpentear **2** *vt* ~ **sth around/onto sth** enrollar algo alrededor de algo **3** *vt* ~ **sth (up)** dar cuerda a algo **PHR V** **wind down 1** (*persona*) relajarse **2** (*actividad*) llegar a su fin ♦ **wind sb up** (*GB, coloq*) **1** provocar, poner nervioso a algn **2** darle cuerda a algn ♦ **wind (sth) up** terminar, concluir (algo) ♦ **wind sth up** liquidar algo (*negocio*)

windfall /'wɪndfɔːl/ *n* **1** sorpresa caída del cielo (*dinero*) **2** fruta caída (del árbol)

wind farm *n* parque eólico

winding /'waɪndɪŋ/ *adj* tortuoso, serpenteante

windmill /'wɪndmɪl/ *n* molino de viento

window /'wɪndoʊ/ *n* **1** ventana **2** vitrina **3** (*automóvil, taquilla*) ventanilla **4** (*tb* **windowpane** /'wɪndoʊpeɪn/) cristal

window box *n* jardinera (*de ventana*)

window-shopping *n*: **to go window shopping** ir a vitrinear/mirar tiendas

windowsill /'wɪndoʊsɪl/ (*tb* **window ledge**) *n* alféizar

windshield /'wɪndʃiːld/ (*GB* **windscreen** /'wɪndskriːn/) *n* parabrisas: *windshield wiper* limpiaparabrisas

windsurfer /'wɪndsɜːrfər/ *n* **1** tabla de windsurf **2** windsurfista

windsurfing /'wɪndsɜːrfɪŋ/ *n* windsurf

wind turbine /'wɪnd tɜːrbaɪn/ *n* turbina eólica

windy /'wɪndi/ *adj* (**windier, -iest**) **1** de mucho viento: *It's windy.* Hace viento. **2** (*lugar*) expuesto al viento

wine /waɪn/ *n* vino: *wine glass* copa (para vino)

wing /wɪŋ/ *n* **1** ala: *the right/left wing of the party* el ala derecha/izquierda del partido **2** (*GB*) (*USA* **fender**) (*vehículo*) guardabarros **3** (*Dep*) banda **4 the wings** [*pl*] (*Teat*) los bastidores

winger /'wɪŋər/ *n* (*Dep*) alero, ala

wink /wɪŋk/ *verbo, sustantivo*
▸ **1** *vi* ~ **(at sb)** guiñar el ojo (a algn) **2** *vi* (*luz*) parpadear **3** *vt* (*ojo*) guiñar
▸ *n* guiño **LOC** **not get/have a wink of sleep; not sleep a wink** no pegar el ojo

winner /'wɪnər/ *n* ganador, -ora

winning /'wɪnɪŋ/ *adj* **1** ganador **2** premiado **3** (*sonrisa, persona*) cautivador, encantador

winnings /'wɪnɪŋz/ *n* [*pl*] ganancias

winter /'wɪntər/ *sustantivo, verbo*
▸ *n* invierno
▸ *vi* invernar, pasar el invierno

wintry /'wɪntri/ *adj* invernal

wipe /waɪp/ *vt* **1** ~ **sth (from/off sth) (on/with sth)** limpiar(se), secar(se) algo (de algo) (con algo) **2** ~ **sth (from/off sth)** (*eliminar*) borrar algo (de algo) **3** ~ **sth across, onto, over, etc. sth** pasar algo por algo **PHR V** **wipe sth away/off/up** limpiar, secar algo ♦ **wipe sth out 1** destruir algo **2** (*enfermedad, crimen*) erradicar algo

wire /waɪər/ *sustantivo, verbo*
▸ *n* **1** alambre **2** (*Electrón*) cable **3** [*sing*] alambrado
▸ *vt* **1** ~ **sth (up)** hacer la instalación eléctrica de algo **2** ~ **sth (up) to sth** conectar algo (a algo)

wired /waɪərd/ *adj* **1** (*Informát*) conectado en red, alámbrico **2** (*coloq*) (*persona*) tenso

wireless /'waɪərləs/ *adj* inalámbrico

wiring /'waɪərɪŋ/ *n* [*incontable*] **1** instalación eléctrica **2** cables

wisdom /'wɪzdəm/ *n* **1** sabiduría: *wisdom tooth* muela cordal/del juicio **2** prudencia, cordura **LOC** **conventional/received wisdom** sabiduría popular

woodland

wise /waɪz/ *adj* (**wiser, -est**) **1** sabio **2** acertado, prudente LOC **be no wiser/none the wiser; not be any the wiser** seguir sin entender nada

wish /wɪʃ/ *verbo, sustantivo*
▶ **1** *vi* ~ **for sth** desear algo **2** *vt* ~ **sb sth** desear algo a algn **3** *vt* (*formal*) querer **4** *vt* (*algo poco probable*) *I wish he'd go away.* ¡Ojalá se fuera! ◊ *She wished she had gone.* Se arrepintió de no haber ido. ❶ El uso de **were**, y no **was**, con **I**, **he** o **she** después de **wish** se considera más correcto: *I wish I were rich!* ¡Ojalá fuera rico! **5** *vi* pedir un deseo
▶ *n* **1** ~ (**for sth/to do sth**) deseo (de algo/de hacer algo): *against my wishes* contra mi voluntad **2 wishes** [*pl*] (*with*) *best wishes, Mary* un abrazo de Mary LOC *Ver* BEST

wishful thinking *n* [*incontable*]: *It's wishful thinking on my part.* Me estoy haciendo ilusiones.

wistful /'wɪstfl/ *adj* triste, melancólico

wit /wɪt/ *n* **1** ingenio **2** (*persona*) persona ingeniosa **3 wits** [*pl*] inteligencia, juicio LOC **be at your wits' end** estar para volverse loco ♦ **be frightened/terrified/scared out of your wits** estar muerto de miedo

witch /wɪtʃ/ *n* bruja

witchcraft /'wɪtʃkræft; *GB* -krɑːft/ *n* [*incontable*] brujería

witch-hunt *n* (*lit y fig*) caza de brujas

with /wɪð, wɪθ/ *prep* ❶ Para los usos de **with** en PHRASAL VERBS ver las entradas de los verbos correspondientes, p.ej. **bear with sb** en BEAR. **1** con: *I'll be with you in a minute.* Un minuto y estoy contigo. ◊ *He's with BP.* Está trabajando en BP. **2** (*descripciones*) de, con: *the man with the scar* el hombre de la cicatriz ◊ *a house with a garden* una casa con jardín **3** de: *Fill the glass with water.* Llene el vaso de agua. **4** (*apoyo y conformidad*) *The public are with the miners.* La gente está con los mineros. ◊ *I'm with you all the way.* Estoy completamente de acuerdo contigo. **5** (*a causa de*) de: *to tremble with fear* temblar de miedo LOC **be with sb** (*coloq*) seguir lo que algn dice: *I'm not with you.* No te entiendo. ♦ **with it** (*coloq*) **1** al día **2** de moda

withdraw /wɪð'drɔː, wɪθ'd-/ (*pt* **withdrew** /-'druː/, *pp* **withdrawn** /-'drɔːn/) **1** *vt, vi* retirar(se) **2** *vt* (*dinero*) retirar **3** *vt* (*formal*) (*palabras*) retractarse de ■ **withdrawal** /wɪð'drɔːəl, wɪθ'd-/ *n* **1** retirada, retiro **2** (*Med*) *withdrawal symptoms* síndrome de abstinencia **withdrawn** *adj* introvertido

wither /'wɪðər/ *vt, vi* marchitar(se), secar(se)

withhold /wɪð'hoʊld, wɪθ'h-/ *vt* (*pt, pp* **withheld** /-'held/) (*formal*) **1** retener **2** (*información*) ocultar **3** (*consentimiento*) negar

within /wɪ'ðɪn, wɪ'θɪn/ *preposición, adverbio*
▶ *prep* **1** (*tiempo*) en el plazo de: *within a month of having left* al mes de haberse ido **2** (*distancia*) a menos de **3** al alcance de: *It's within walking distance.* Se puede ir a pie. **4** (*formal*) dentro de
▶ *adv* (*formal*) dentro

without /wɪ'ðaʊt, wɪ'θaʊt/ *prep* sin: *without saying goodbye* sin despedirse ◊ *without him/his knowing* sin que él supiera nada

withstand /wɪð'stænd, wɪθ's-/ *vt* (*pt, pp* **withstood** /-'stʊd/) (*formal*) resistir

witness /'wɪtnəs/ *sustantivo, verbo*
▶ *n* ~ (**to sth**) testigo, -a (de algo)
▶ *vt* **1** presenciar **2** ser testigo de

witness stand (*GB* **witness box**) *n* estrado

witty /'wɪti/ *adj* (**wittier, -iest**) chistoso, ingenioso

wives /waɪvz/ *pl de* WIFE

wizard /'wɪzərd/ *n* mago, hechicero

wobble /'wɑbl/ **1** *vi* (*persona*) tambalearse **2** *vi* (*silla*) cojear **3** *vi* (*gelatina*) temblar **4** *vt* mover ■ **wobbly** *adj* (*coloq*) **1** que se tambalea **2** cojo **3** *a wobbly tooth* un diente flojo

woe /woʊ/ *n* (*antic o hum*) desgracia LOC **woe betide sb** pobre de algn: *Woe betide me if I forget!* ¡Pobre de mí si se me olvida!

wok /wɑk/ *n* sartén chino para freír verduras, etc. ➔ *Ver dibujo en* POT

woke *pt de* WAKE

woken *pp de* WAKE

wolf /wʊlf/ *n* (*pl* **wolves** /wʊlvz/) lobo

woman /'wʊmən/ *n* (*pl* **women** /'wɪmɪn/) mujer

womb /wuːm/ *n* matriz (*Anat*)

won *pt, pp de* WIN

wonder /'wʌndər/ *verbo, sustantivo*
▶ **1** *vt, vi* preguntarse: *It makes you wonder.* Te hace pensar. ◊ *I wonder if/whether he's coming.* Me pregunto si va a venir. **2** *vi* ~ (**at sth**) admirarse (de algo)
▶ *n* **1** asombro **2** maravilla LOC **it's a wonder (that)...** es un milagro (que)... ♦ **no wonder (that...)** no es de extrañar (que)... *Ver tb* WORK

wonderful /'wʌndərfl/ *adj* maravilloso, estupendo

won't /woʊnt/ *abrev de* **will not** *Ver* WILL

wood /wʊd/ *n* **1** madera **2** leña **3** (*tb* **woods** [*pl*]) bosque: *We went into the woods.* Fuimos al bosque. LOC *Ver* KNOCK, TOUCH ■ **wooded** *adj* arbolado

wooden /'wʊdn/ *adj* **1** de madera **2** (*pierna*) de palo **3** (*cara*) inexpresivo

woodland /'wʊdlənd/ *n* bosque

woodpecker

woodpecker /ˈwʊdpekər/ *n* pájaro carpintero

woodwind /ˈwʊdwɪnd/ *n* instrumentos de viento (*de madera*)

woodwork /ˈwʊdwɜːrk/ *n* **1** molduras **2** carpintería, ebanistería

wool /wʊl/ *n* lana ■ **woolen** (*GB* **woollen**) (*tb* **wooly/woolly**) *adj* de lana

word /wɜːrd/ *sustantivo, verbo*
▸ *n* **1** palabra **2 words** [*pl*] letra (*de una canción*) **LOC** **give sb your word (that…)** dar tu palabra a algn (de que…) ◆ **have a word (with sb) (about sth)** hablar (con algn) (de algo) ◆ **in other words** en otras palabras, es decir ◆ **keep/break your word** cumplir/faltar a su palabra ◆ **put in a (good) word for sb** recomendar a algn, interceder por algn ◆ **take sb's word for it (that…)** creer a algn (cuando dice que…) ◆ **without a word** sin decir palabra ◆ **words to that effect**: *He told me to get out, or words to that effect.* Me dijo que me fuera, o algo parecido. *Ver tb* BREATHE, EAT, LAST, MARK, MINCE, PLAY
▸ *vt* expresar, redactar

wording /ˈwɜːrdɪŋ/ *n* [*incontable*] términos, texto

word processor *n* procesador de palabras ■ **word processing** *n* procesamiento de palabras

wore *pt de* WEAR

work /wɜːrk/ *verbo, sustantivo*
▸ (*pt, pp* **worked**) **1** *vi* ~ **(at/on sth)** trabajar (en algo): *to work as a lawyer* trabajar de abogado ◊ *to work on the assumption that…* basarse en la suposición de que… **2** *vi* ~ **(for sth)** esforzarse (por algo/por hacer algo) **3** *vi* (*Mec*) funcionar **4** *vi* surtir efecto: *It will never work.* No va a ser factible. **5** *vt* (*máquina, etc.*) manejar **6** *vt* (*persona*) hacer trabajar **7** *vt* (*mina, etc.*) explotar **8** *vt* (*tierra*) cultivar **LOC** **work free/loose** soltar(se), aflojar(se) ◆ **work like a charm** tener un efecto mágico ◆ **work miracles/wonders** hacer milagros ◆ **work your fingers to the bone** matarse trabajando **PHR V** **work out 1** resultar, salir **2** resolverse **3** hacer ejercicio ◆ **work sth out 1** calcular algo **2** solucionar algo **3** planear algo ◆ **work sb/yourself up 1** ponerse nervioso a/ponerse nervioso: *She had worked herself up into a rage.* Se había puesto hecha una furia. **2** exaltar a algn/exaltarse: *to get worked up about sth* exaltarse por algo ◆ **work sth up 1** desarrollar algo **2** *to work up an appetite* abrir el apetito
▸ *n* **1** [*incontable*] trabajo: *to leave work* salir del trabajo ◊ *work experience* experiencia laboral/profesional

Las palabras **work** y **job** se diferencian en que **work** es incontable y **job** es contable: *I've found work/a new job at the hospital.* Encontré un trabajo en el hospital. **Employment** es más formal que **work** y **job**, y se utiliza para referirse a la condición de los que tienen empleo: *Many women are in part-time employment.* Muchas mujeres tienen trabajos de medio tiempo. **Occupation** es el término que se utiliza en los impresos oficiales: *Occupation: student* Profesión: estudiante. **Profession** se utiliza para referirse a los trabajos que requieren una carrera universitaria: *the medical profession* la profesión médica. **Trade** se usa para designar los oficios que requieren una formación especial: *He's a carpenter by trade.* Es carpintero de profesión.

2 obra: *the complete works of Shakespeare* las obras completas de Shakespeare ◊ *a piece of work* una obra/un trabajo ◊ *Is this your own work?* ¿Lo hiciste tú sola? **3 works** [*pl*] (*esp GB*) obras: *Danger! Works ahead.* ¡Peligro! Obras en la vía. ❶ La palabra más normal es **roadwork**. **LOC** **at work** en el trabajo ◆ **get (down) to/set to work (on sth)** ponerse a trabajar (en algo) *Ver tb* STROKE

workable /ˈwɜːrkəbl/ *adj* práctico, factible

workaholic /ˌwɜːrkəˈhɔːlɪk; *GB* -ˈhɒl-/ *n* (*coloq*) adicto, -a al trabajo

Workaholic es un derivado humorístico que resulta de la combinación de la palabra **work** y el sufijo **-holic**, que es la desinencia de **alcoholic**. Hay otras palabras nuevas que se han inventado con ese sufijo como **chocoholic** (persona adicta al chocolate) y **shopaholic** (persona adicta a las compras).

workbook /ˈwɜːrkbʊk/ *n* libro de ejercicios

worker /ˈwɜːrkər/ *n* **1** trabajador, -ora **2** obrero, -a

workforce /ˈwɜːrkfɔːrs/ *n* mano de obra

working /ˈwɜːrkɪŋ/ *adjetivo, sustantivo*
▸ *adj* **1** activo **2** de trabajo **3** laboral, laborable **4** que funciona **5** (*conocimiento*) básico **LOC** *Ver* ORDER
▸ *n* **workings** [*pl*] ~ **(of sth)** funcionamiento (de algo)

working class *sustantivo, adjetivo*
▸ *n* (*tb* **working classes** [*pl*]) clase obrera
▸ *adj* **working-class** de clase obrera

workload /ˈwɜːrkloʊd/ *n* cantidad de trabajo

workman /ˈwɜːrkmən/ *n* (*pl* **workmen** /-mən/) obrero ■ **workmanship** *n* **1** (*de persona*) arte **2** (*de producto*) fabricación

---

i happy   ɪ sit   iː see   æ cat   ɑ hot   ɒ long (*GB*)   ɑː bath (*GB*)   ʌ cup   ʊ put   uː too

workmate /ˈwɜːrkmeɪt/ n (GB) (USA **coworker**) compañero, -a de trabajo

workout /ˈwɜːrkaʊt/ n sesión de ejercicio físico

workplace /ˈwɜːrkpleɪs/ n lugar de trabajo

worksheet /ˈwɜːrkʃiːt/ n hoja de ejercicios

workshop /ˈwɜːrkʃɑp/ n taller

workstation /ˈwɜːrksteɪʃn/ n estación de trabajo

worktop /ˈwɜːrktɑp/ n (GB) (USA **counter**) superficie de trabajo (en cocina, taller)

world /wɜːrld/ n mundo: *all over the world/the world over* por el mundo entero ◊ *world-famous* famoso en el mundo entero ◊ *the world population* la población mundial LOC *Ver* SMALL, THINK

world-class adj de primera (clase)

worldly /ˈwɜːrldli/ adj 1 mundano 2 (*bienes*) terrenal 3 (*persona*) de/con (mucho) mundo

worldwide /ˈwɜːrldwaɪd/ adjetivo, adverbio
▸ adj mundial, universal
▸ adv por todo el mundo

the World Wide Web n (abrev WWW) (tb **the Web**) la red mundial, la web

worm /wɜːrm/ n 1 gusano ⊃ *Ver dibujo en* GUSANO 2 (tb **earthworm**) lombriz LOC *Ver* EARLY

worn pp de WEAR

worn out adj 1 gastado 2 (*persona*) agotado

worried /ˈwɜːrid/; GB ˈwʌrid/ adj 1 ~ (**about sb/sth**) preocupado (por algn/algo) 2 **be ~ that…** preocuparle a algn que…: *I'm worried that he might get lost.* Me preocupa que se pueda perder.

worry /ˈwɜːri/; GB ˈwʌri/ verbo, sustantivo
▸ (pt, pp **worried**) 1 vt, vi ~ (**sb/yourself**) (**about/over sb/sth**) preocupar a algn, preocuparse (por algn/algo) 2 vt molestar
▸ n (pl **worries**) 1 [*incontable*] preocupación, intranquilidad 2 problema: *financial worries* problemas económicos LOC **no worries** (*coloq*) 1 no hay problema 2 no importa

worrying /ˈwɜːriŋ/; GB ˈwʌriŋ/ adj inquietante, preocupante

worse /wɜːrs/ adjetivo, adverbio, sustantivo
▸ adj (*comp de* **bad**) ~ (**than sth/than doing sth**) peor (que algo/que hacer algo): *to get worse* empeorar *Ver tb* BAD, WORST LOC **to make matters/things worse** para colmo (de desgracias)
▸ adv (*comp de* **badly**) peor: *She speaks German even worse than I do.* Habla alemán incluso peor que yo.
▸ n lo peor: *to take a turn for the worse* empeorar

worsen /ˈwɜːrsn/ vt, vi empeorar, agravar(se)

worship /ˈwɜːrʃɪp/ sustantivo, verbo
▸ n 1 ~ (**of sb/sth**) (*Relig*) culto (a algn/algo) 2 ~ (**of sb/sth**) veneración (de algn/algo)
▸ (-p-, GB -pp-) 1 vt, vi (*Relig*) rendir culto (a) 2 vt adorar

worshipper /ˈwɜːrʃɪpər/ n devoto, -a

worst /wɜːrst/ adjetivo, adverbio, sustantivo
▸ adj (*superl de* **bad**) peor: *My worst fears were confirmed.* Pasó lo que más me temía. *Ver tb* BAD, WORSE
▸ adv (*superl de* **badly**) peor: *the worst-hit areas* las áreas más afectadas
▸ n **the worst** lo peor LOC **at (the) worst; if worst comes to worst** en el peor de los casos

worth /wɜːrθ/ adjetivo, sustantivo
▸ adj 1 con un valor de, que vale: *It's worth $10.* Vale diez dólares. 2 *It's worth reading.* Vale la pena leerlo. LOC **be worth it** valer la pena ♦ **be worth sb's while** valer la pena
▸ n 1 valor 2 (*en dinero*) *$20 worth of gas* veinte dólares de gasolina 3 (*en tiempo*) *two weeks' worth of supplies* suministros para dos semanas LOC *Ver* MONEY

worthless /ˈwɜːrθləs/ adj 1 sin valor 2 (*persona*) despreciable

worthwhile /ˌwɜːrθˈwaɪl/ adj que vale la pena: *to be worthwhile doing/to do sth* valer la pena hacer algo

worthy /ˈwɜːrði/ adj (**worthier, -iest**) 1 meritorio: *to be worthy of sth* ser digno de algo 2 (*causa*) noble 3 (*persona*) respetable

would /wəd, wʊd/ v modal (contracción **'d**, neg **would not** o **wouldn't** /ˈwʊdnt/)

Would es un verbo modal al que sigue un infinitivo sin **to**, y las oraciones interrogativas y negativas se construyen sin el auxiliar **do**.

1 [*condicional*] *Would you do it if I paid you?* ¿Lo harías si te pagara? ◊ *He said he would come at five.* Dijo que vendría a las cinco. 2 (*oferta, petición*) *Would you like a drink?* ¿Quieres tomar algo? ◊ *Would you come this way?* ¿Quiere venir por acá? 3 (*propósito*) *I left a note so (that) they'd call us.* Dejé una nota para que nos llamaran. 4 (*voluntad*) *He wouldn't shake my hand.* No quería darme la mano.

wouldn't /ˈwʊdnt/ abrev de **would not** *Ver* WOULD

wound¹ /wuːnd/ sustantivo, verbo
▸ n herida ⊃ *Ver nota en* HERIDA
▸ vt herir: *He was wounded in the back during the war.* Recibió una herida en la espalda durante la guerra. ◊ *the wounded* los heridos

wound² pt, pp de WIND²

wove pt de WEAVE

woven pp de WEAVE
wow /waʊ/ interj (coloq) ¡guau!, ¡huy!
wow factor n [sing] (coloq) factor sorpresa
wrangle /'ræŋgl/ sustantivo, verbo
▶ n ~ (about/over sth) disputa (sobre algo)
▶ vi discutir
wrap /ræp/ verbo, sustantivo
▶ vt (-pp-) **1** ~ sb/sth (up) envolver a algn/algo **2** ~ sth around sb/sth atar algo alrededor de algn/algo **LOC** be wrapped up in sb/sth estar entregado/dedicado a algn/algo, estar absorto en algo **PHR V** wrap (sb/yourself) up (esp GB) abrigar a algn/abrigarse ◆ wrap sth up (coloq) concluir algo
▶ n **1** chal **2** tortilla mexicana rellena Ver tb GIFT WRAP, PLASTIC WRAP
wrapper /'ræpər/ n envoltura
wrapping /'ræpɪŋ/ n [incontable] envoltura: *wrapping paper* papel de envolver
wrath /ræθ; GB rɒθ/ n (formal) ira
wreak /riːk/ vt **LOC** Ver HAVOC
wreath /riːθ/ n (pl wreaths /riːðz/) corona (funeraria)
wreck /rek/ sustantivo, verbo
▶ n **1** restos de un naufragio, vehículo siniestrado, etc. **2** (coloq) (persona, casa, relación) ruina **3** (coloq) cacharro, carcacha
▶ vt destrozar, echar abajo
wreckage /'rekɪdʒ/ n [incontable] restos (de accidente, etc.)
wrench /rentʃ/ verbo, sustantivo
▶ vt **1** ~ sth off (sth); ~ sth from/out of sth arrancar, sacar algo (de algo) (de un tirón) **2** (tobillo, etc.) torcer
▶ n **1** llave (herramienta) **2** [sing] (fig) golpe (emocional) **3** tirón
wrestle /'resl/ vi (Dep, fig) luchar ■ **wrestler** n luchador, -ora **wrestling** n lucha libre
wretch /retʃ/ n desgraciado, -a
wretched /'retʃɪd/ adj **1** desgraciado, desconsolado **2** (coloq) maldito
wriggle /'rɪgl/ vt, vi **1** ~ (sth) (about/around) mover algo, moverse, menearse **2** retorcer(se): *to wriggle free* lograr soltarse
wring /rɪŋ/ vt (pt, pp wrung /rʌŋ/) **1** ~ sth (out) retorcer, exprimir algo **2** ~ sth (out) (trapo) escurrir algo **LOC** wring sb's neck (coloq) retorcerle el pescuezo a algn **PHR V** wring sth from/out of sb sacarle algo a algn (con dificultad)
wrinkle /'rɪŋkl/ sustantivo, verbo
▶ n arruga
▶ **1** vt, vi arrugar(se) **2** vt (ceño) fruncir **3** vt (nariz) arrugar

wrist /rɪst/ n muñeca
write /raɪt/ vt, vi (pt wrote /roʊt/, pp written /'rɪtn/) escribir

> En inglés americano informal, "escribirle a alguien" se dice 'write sb': *I'm writing you to ask for your help.* Te escribo para pedirte ayuda. ◊ *Write me when you get there.* Escríbeme cuando llegues. En inglés británico se dice 'write to sb'. "Escribir un email a alguien" se puede decir 'write an email to sb' o 'write sb an email'.

PHR V write back (to sb) contestar (a algn) (por escrito) ◆ write sth down anotar algo ◆ write off/away (to sb/sth) for sth escribir (a algn/algo) pidiendo algo ◆ write sth off **1** anular, borrar algo (*cuenta incobrable*) **2** dar algo de baja **3** destrozar algo ◆ write sb/sth off (as sth) desechar a algn/algo (por algo) ◆ write sth out **1** escribir algo (en limpio) **2** copiar algo ◆ write sth up redactar algo

write-off n **1** [sing] (coloq) desastre **2** (GB) (vehículo): *The car was a write-off.* El carro fue declarado como siniestro total.
writer /'raɪtər/ n escritor, -ora
writhe /raɪð/ vi retorcerse: *to writhe in agony* retorcerse de dolor
writing /'raɪtɪŋ/ n **1** escribir, escritura: *writing paper* papel de cartas **2** escrito **3** estilo de redacción **4** letra **5** writings [pl] obras **LOC** in writing por escrito
written /'rɪtn/ adj por escrito Ver tb WRITE
wrong /rɔːŋ; GB rɒŋ/ adjetivo, adverbio, sustantivo
▶ adj **1** malo, injusto: *It is wrong to…* No está bien… ◊ *He was wrong to say that.* Hizo mal en decir eso. **2** equivocado, incorrecto, falso: *to be wrong* estar equivocado/equivocarse **3** inoportuno, equivocado: *the wrong way up/round* boca abajo/al revés **4** *What's wrong? ¿Qué pasa?* **LOC** Ver SIDE
▶ adv mal, equivocadamente, incorrectamente
LOC get sb wrong (coloq) malinterpretar a algn ◆ get sth wrong (coloq) equivocarse en algo ◆ go wrong **1** equivocarse **2** (máquina) dañarse **3** salir/ir mal
▶ n **1** mal **2** (formal) injusticia **LOC** be in the wrong (formal) estar equivocado
wrongful /'rɔːŋfl; GB 'rɒŋfl/ adj (Jur) injusto, ilegal
wrongly /'rɔːŋli; GB 'rɒŋli/ adv equivocadamente, incorrectamente
wrote pt de WRITE
wrought iron /ˌrɔːt 'aɪərn/ n hierro forjado
wrung pt, pp de WRING

X x

X, x /eks/ n (pl **Xs, X's, x's** /'eksɪz/) X, x ➜ Ver nota en A, A

xenophobia /ˌzenəˈfoʊbiə/ n xenofobia
■ **xenophobic** adj xenófobo

Xmas /ˈkrɪsməs, ˈeksməs/ n (coloq) Navidad

ˈX-ray n radiografía: *X-rays* rayos X

xylophone /ˈzaɪləfoʊn/ n xilófono

Y y

Y, y /waɪ/ n (pl **Ys, Y's, y's** /waɪz/) Y, y ➜ Ver nota en A, A

yacht /jɑt/ n yate ■ **yachting** n navegación en yate

Yank /jæŋk/ (tb **Yankee** /ˈjæŋki/) n (coloq, gen pey) yanqui

yank /jæŋk/ (coloq) **1** vt, vi dar un tirón brusco (a) **2** vt ~ **sth off/out** quitar/sacar algo de un tirón

yard /jɑrd/ n **1** (USA) (GB **garden**) jardín **2** (GB) patio **3** (abrev **yd.**) yarda (0,9144 m) ➜ Ver pág. 786

yardstick /ˈjɑrdstɪk/ n criterio

yarn /jɑrn/ n **1** hilo **2** cuento

yawn /jɔːn/ verbo, sustantivo
▸ vi bostezar
▸ n bostezo

yawning /ˈjɔːnɪŋ/ adj (abismo, etc.) enorme, profundo

yeah /jeə/ interj (coloq) ¡sí!

year /jɪər; GB tb jɜː(r)/ n **1** año: *for years* durante/desde hace muchos años **2** (GB) (USA **grade**) (escuela) año **3** *a two-year-old (child)* un niño de dos años ◊ *I am ten (years old)*. Tengo diez años. ❶ Nótese que cuando expresamos la edad en años, podemos omitir **years old**.
➜ Ver tb nota en OLD

yearly /ˈjɪərli; GB tb ˈjɜːli/ adjetivo, adverbio
▸ adj anual
▸ adv anualmente, cada año

yearn /jɜːrn/ vi (formal) **1** ~ **(for sb/sth)** suspirar (por algn/algo) **2** ~ **(to do sth)** anhelar (hacer algo) ■ **yearning** n (formal) **1** ~ **(for sth/sb)** anhelo (de algo), añoranza (de algn) **2** ~ **(to do sth)** ansia (por/de hacer algo)

yeast /jiːst/ n levadura

yell /jel/ verbo, sustantivo
▸ vt, vi ~ **(out) (sth) (at sb)** gritar (algo) (a algn)
▸ n grito, alarido

yellow /ˈjeloʊ/ adj, n amarillo

yelp /jelp/ vi **1** (animal) gemir **2** (persona) gritar

yes /jes/ interjección, sustantivo
▸ interj ¡sí!
▸ n (pl **yeses** /ˈjesɪz/) sí

yesterday /ˈjestərdeɪ, -di/ adv, n ayer: *yesterday morning* ayer por la mañana

yet /jet/ adverbio, conjunción
▸ adv **1** [en frases negativas] todavía, aún: *not yet* todavía no ◊ *They haven't called yet.* Todavía no han llamado. ➜ Ver nota en STILL **2** [en frases interrogativas] ya

> ¿**Yet** o **already**? **Yet** solo se usa en frases interrogativas y siempre va al final de la oración: *Have you finished it yet?* ¿Ya lo terminaste? **Already** se usa en frases afirmativas e interrogativas y normalmente va después de los verbos auxiliares o modales y delante de los demás verbos: *Have you finished already?* ¿Ya terminaste? ◊ *He already knew her.* Ya la conocía. Cuando **already** indica sorpresa de que una acción se haya realizado antes de lo esperado se puede poner al final de la frase: *He's found a job already!* ¡Ya encontró trabajo! ◊ *Is it there already? That was quick!* ¿Ya está ahí? ¡Qué rapidez! ➜ Ver tb ejemplos en ALREADY

3 [después de superlativo] *her best novel yet* su mejor novela hasta la fecha **4** [antes de comparativo] incluso: *yet more work* aún más trabajo **LOC yet again** una vez más
▸ conj aun así: *It's incredible yet true.* Es increíble pero cierto.

yew /juː/ (tb **ˈyew tree**) n tejo (Bot)

yield /jiːld/ verbo, sustantivo
▸ **1** vt producir, dar **2** vt (Fin) rendir **3** vi ~ **(to sb/sth)** rendirse (a algn/algo), ceder (ante algn/algo) ❶ La palabra más normal es **give in**. **4** vi ~ **(to sb/sth)** (GB **give way**) ceder el paso/la vía (a algn/algo)

▸ *n* **1** producción **2** (*Agric*) cosecha **3** (*Fin*) rendimiento

yielding /ˈjiːldɪŋ/ *adj* (*formal*) **1** flexible **2** sumiso

yoga /ˈjoʊgə/ *n* yoga

yogurt (*tb* **yoghurt**) /ˈjoʊgərt; *GB* ˈjɒgət/ *n* yogur

yoke /joʊk/ *n* yugo

yolk /joʊk/ *n* yema

you /juː/ *pron* **1** [*como sujeto*] tú, usted, -es: *You said that…* Dijiste/Usted dijo/Ustedes dijeron que… **2** [*en frases impersonales*] *You can't smoke in here.* No se puede fumar aquí. ❶ En las frases impersonales se puede usar **one** con el mismo significado que **you**, pero es mucho más formal. **3** [*como objeto directo*] te, lo, la, los, las **4** [*como objeto indirecto*] te, le, les: *I told you to wait.* Te dije que esperaras. **5** [*después de preposición*] ti, usted, -es: *Can I go with you?* ¿Puedo ir contigo/con usted/con ustedes? ❶ El pronombre personal no se puede omitir en inglés.

you'd /juːd/ **1** *abrev de* **you had** *Ver* HAVE **2** *abrev de* **you would** *Ver* WOULD

you'll /juːl/ *abrev de* **you will** *Ver* WILL

young /jʌŋ/ *adjetivo, sustantivo*
▸ *adj* (**younger** /ˈjʌŋɡər/, **-est** /ˈjʌŋɡɪst/) joven: *young people* jóvenes ◊ *He's two years younger than I am.* Tiene dos años menos que yo.
▸ *n* [*pl*] **1** (*de animales*) crías **2 the young** los jóvenes

youngster /ˈjʌŋstər/ *n* joven

your /jʊər, jər, jɔːr/ *adj* tu(s), su(s): *to break your arm* quebrarse el brazo ◊ *Your room is ready.* Su habitación está lista. ➜ *Ver nota en* MY

you're /jʊər, jər, jɔːr/ *abrev de* **you are** *Ver* BE

yours /jɜrz, jʊərz, jɔːrz/ *pron* tuyo, -a, -os, -as, suyo, -a, -os, -as: *Is she a friend of yours?* ¿Es amiga suya/tuya? ◊ *Where is yours?* ¿Dónde está el suyo/tuyo? **LOC Sincerely yours/Yours truly** (*GB* **Yours sincerely**/**faithfully**) (*formal*) Le saluda atentamente ➜ *Ver nota en* ATENTAMENTE *y pág.* 386

yourself /jərˈself, jʊər-, jɔːr-/ *pron* (*pl* **yourselves** /-ˈselvz/) **1** [*uso reflexivo*] te, se: *Enjoy yourselves!* ¡Pásenla bien! **2** [*después de preposición*] ti (mismo): *proud of yourself* orgulloso de ti/usted mismo **3** [*uso enfático*] tú mismo, -a, ustedes mismos, -as **LOC (all) by yourself/yourselves** (completamente) solo(s)
◆ **be yourself/yourselves** ser natural: *Just be yourself.* Simplemente sé tú mismo.

youth /juːθ/ *n* **1** juventud: *In my youth…* Cuando yo era joven… ◊ *youth club/hostel* club para jóvenes/albergue juvenil **2** (*pl* **youths** /juːðz/) (*gen pey*) joven

youthful /ˈjuːθfl/ *adj* juvenil

you've /juːv/ *abrev de* **you have** *Ver* HAVE

yummy /ˈjʌmi/ *adj* (*coloq*) riquísimo (*comida*)

Z z

Z, z /ziː; *GB* zed/ *n* (*pl* **Zs, Z's, z's** /ziːz; *GB* zedz/) Z, z ➜ *Ver nota en* A, A

zap /zæp/ (**-pp-**) (*coloq*) **1** *vt* exterminar **2** *vi* cambiar canales rápidamente

zeal /ziːl/ *n* (*formal*) entusiasmo, fervor
■ **zealous** /ˈzeləs/ *adj* (*formal*) entusiasta

zebra /ˈziːbrə; *GB tb* ˈzebrə/ *n* cebra

zebra ˈcrossing *n* (*GB*) (*USA* **crosswalk**) cruce de peatones/peatonal

zenith /ˈzenɪθ/ *n* cenit

zero /ˈzɪəroʊ/ *n, adj, pron* (*pl* **zeros**) cero ➜ *Ver pág.* 784

zest /zest/ *n* ~ (**for sth**) entusiasmo, pasión (por algo)

zigzag /ˈzɪɡzæɡ/ *adjetivo, sustantivo*
▸ *adj* en zigzag
▸ *n* zigzag

zinc /zɪŋk/ *n* cinc, zinc

zip /zɪp/ (**-pp-**) **1** *vt* ~ **sth (up)** cerrar la cremallera de algo **2** *vi* ~ (**up**) cerrarse con cremallera

ˈzip code (*tb* ˈZIP code) (*GB* **postcode**) *n* código postal

zipper /ˈzɪpər/ (*GB* **zip**) *n* cremallera, cierre

zodiac /ˈzoʊdiæk/ *n* zodiaco

zombie /ˈzɑmbi/ *n* (*coloq*) zombi

zone /zoʊn/ *n* zona

zoo /zuː/ *n* (*pl* **zoos**) *n* (parque) zoológico

zoology /zoʊˈɑlədʒi; *GB* zuː-/ *n* zoología
■ **zoologist** *n* zoólogo, -a

zoom /zuːm/ *vi* ir muy rápido: *to zoom past* pasar a toda velocidad **PHR V zoom in (on sb/sth)** enfocar (a algn/algo) (*con un zoom*)

ˈzoom lens *n* zoom

zucchini /zuːˈkiːni/ *n* (*pl* **zucchini** *o* **zucchinis**) (*GB* **courgette**) calabacín, zapallo italiano

Expresiones numéricas

Números

Cardinales		Ordinales	
1	one	1st	first
2	two	2nd	second
3	three	3rd	third
4	four	4th	fourth
5	five	5th	fifth
6	six	6th	sixth
7	seven	7th	seventh
8	eight	8th	eighth
9	nine	9th	ninth
10	ten	10th	tenth
11	eleven	11th	eleventh
12	twelve	12th	twelfth
13	thirteen	13th	thirteenth
14	fourteen	14th	fourteenth
15	fifteen	15th	fifteenth
16	sixteen	16th	sixteenth
17	seventeen	17th	seventeenth
18	eighteen	18th	eighteenth
19	nineteen	19th	nineteenth
20	twenty	20th	twentieth
21	twenty-one	21st	twenty-first
22	twenty-two	22nd	twenty-second
30	thirty	30th	thirtieth
40	forty	40th	fortieth
50	fifty	50th	fiftieth
60	sixty	60th	sixtieth
70	seventy	70th	seventieth
80	eighty	80th	eightieth
90	ninety	90th	ninetieth
100	a/one hundred	100th	hundredth
101	a/one hundred and one	101st	hundred and first
200	two hundred	200th	two hundredth
1 000	a/one thousand	1 000th	thousandth
10 000	ten thousand	10 000th	ten thousandth
100 000	a/one hundred thousand	100 000th	hundred thousandth
1 000 000	a/one million	1 000 000th	millionth

Ejemplos

- 528 five hundred and twenty-eight
- 2 976 two thousand, nine hundred and seventy-six
- 50 439 fifty thousand, four hundred and thirty-nine
- 2 250 321 two million, two hundred and fifty thousand, three hundred and twenty-one

❶ En inglés se utiliza una coma o un espacio para marcar el millar, por ejemplo *25,000* o *25 000*. En cuanto a números como 100, 1,000, 1,000,000, etc., se pueden decir de dos maneras, **one hundred** o **a hundred, one thousand** o **a thousand,** etc.
0 (cero) se dice **zero, nought, nothing,** o **o** /oʊ/ dependiendo de las expresiones.

Expresiones matemáticas

+	plus	3^2	three squared
–	minus	5^3	five cubed
x	times o multiplied by	6^{10}	six to the tenth power
÷	divided by		(*GB* six to the power of ten)
=	equals		
%	percent		

Ejemplos

6 + 9 = 15   Six **plus** nine equals / is fifteen.
5 × 6 = 30   Five **times** six equals thirty. / Five **multiplied by** six is thirty.
10 – 5 = 5   Ten **minus** five equals five. / Ten **take away** five is five.
40 ÷ 5 = 8   Forty **divided by** five equals eight / is eight.

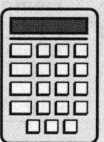

Decimales

0.1	(zero) point one	(nought) point one (*GB*)
0.25	(zero) point two five	(nought) point two five (*GB*)
1.75	one point seven five	

❶ En inglés se utiliza un punto (y NO una coma) para marcar los decimales.

Quebrados

½	a half		1/10	a/one tenth
⅓	a/one third		1/16	a/one sixteenth
¼	a quarter		1 ½	one and a half
⅖	two fifths		2 ⅜	two and three eighths
⅛	an/one eighth			

Ejemplos
one eighth of the cake
two thirds of the population

Cuando una fracción acompaña a un número entero, se unen con la conjunción **and**:
2¼ *two and a quarter*

Porcentajes

35% thirty-five percent   **60%** sixty percent   **73%** seventy-three percent

Cuando los porcentajes se utilizan con un sustantivo incontable o singular, el verbo va normalmente en singular:

*25% of the information on this website **comes** from government sources.*
*60% of the area **is** flooded.*
*75% of the class **has** passed.*

Si el sustantivo es contable y plural el verbo va en plural:

*80% of students **agree**.*

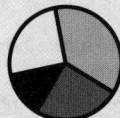

Peso

	Sistema en EE. UU.	Sistema métrico
	1 ounce (oz.)	= 28.35 grams (g)
16 ounces	= **1 pound** (lb.)	= 0.454 kilogram (kg)
2,000 pounds	= **1 ton**	= 0.907 metric ton

Ejemplos
The baby weighed 7 lb. 4oz. (seven pounds four ounces).
For this recipe you need 500g (five hundred grams) of flour.

Capacidad

	Sistema en EE. UU.	Sistema métrico
	1 cup	= 0.237 liter (l)
2 cups	= **1 pint**	= 0.4731 liter (l)
2 pints	= **1 quart**	= 0.9461 liter (l)
8 pints	= **1 gallon** (gal.)	= 3.7851 liters (l)

Ejemplos
Add two cups of water to the mixture. ◇ *I bought a quart of milk at the store.*
The gas tank holds 12 gallons.

Longitud

	Sistema en EE. UU.	Sistema métrico
	1 inch (in.)	= 25.4 millimeters (mm)
12 inches	= **1 foot** (ft.)	= 30.48 centimeters (cm)
3 feet	= **1 yard** (yd.)	= 0.914 meter (m)
1,760 yards	= **1 mile**	= 1.609 kilometers (km)

Ejemplos
Height: 5 ft. 9 in. (five foot nine / five feet nine).
The hotel is 30 yds. (thirty yards) from the beach.
The car was doing 50 mph (fifty miles per hour).
The room is 11' x 9'6" (eleven foot by nine foot six / eleven feet by nine feet six).

❶ Cuando no hace falta ser tan exacto, se pueden utilizar expresiones como **several inches** (un palmo), **an inch** (dos dedos), etc.

Superficie

	Sistema en EE. UU.	Sistema métrico decimal
	1 square inch (sq in.)	= 6.452 square centimeters
144 square inches	= **1 square foot** (sq ft.)	= 929.03 square centimeters
9 square feet	= **1 square yard** (sq yd.)	= 0.836 square meter
4,840 square yards	= **1 acre**	= 0.405 hectare
640 acres	= **1 square mile**	= 2.59 square kilometers / 259 hectares

Ejemplos
5,000 square meters of floor space ◇ *They have a 200-acre farm.*
The fire destroyed 40 square miles of woodland.

Las fechas

Cómo escribirlas	Cómo decirlas
4/15/12 (GB 15/4/12)	April the fifteenth, twenty twelve
15(th) April 2012	April fifteenth
April 15(th) 2012	(GB April the fifteenth)

Ejemplos

Her birthday is on April 9(th) (April (the) ninth / the ninth of April).
The new store opened in 2010 (twenty ten).
The baby was born on 18 April 1998 (April the eighteenth / the eighteenth of April) nineteen ninety-eight.
We're planning to go there in 2017 (twenty seventeen).
I'll be twenty in 2019 (twenty nineteen)!

Moneda

En Estados Unidos

	Valor de moneda/billete	Nombre de moneda/billete
1¢	a cent	a penny
5¢	five cents	a nickel
10¢	ten cents	a dime
25¢	twenty-five cents	a quarter
$1	a dollar	a dollar bill/coin
$5	five dollars (five bucks)	a five-dollar bill
$10	ten dollars (ten bucks)	a ten-dollar bill
$20	twenty dollars (twenty bucks)	a twenty-dollar bill
$50	fifty dollars (fifty bucks)	a fifty-dollar bill
$100	a hundred dollars (a hundred bucks)	a hundred-dollar bill

❶ **Buck** es una forma más coloquial de decir **dollar**: *It cost fifty bucks.*

Ejemplos

$5.75: five seventy-five $0.79: seventy-nine cents
The apples are $1.69 (a dollar sixty-nine / one sixty-nine) a pound.

En Gran Bretaña

	Valor de moneda/billete	Nombre de moneda/billete	
1p	a penny	(one p)	a penny
2p	two pence	(two p)	a two-pence piece
5p	five pence	(five p)	a five-pence piece
10p	ten pence	(ten p)	a ten-pence piece
20p	twenty pence	(twenty p)	a twenty-pence piece
50p	fifty pence	(fifty p)	a fifty-pence piece
£1	a pound		a pound (coin)
£2	two pounds		a two-pound coin
£5	five pounds		a five-pound note
£10	ten pounds		a ten-pound note
£20	twenty pounds		a twenty-pound note
£50	fifty pounds		a fifty-pound note

❶ Las expresiones que aparecen entre paréntesis son más coloquiales. Recuerda que *one p, two p,* etc. se pronuncian /ˈwʌn piː/, /ˈtuː piː/, etc.

Ejemplos

£5.75: (five pounds) seventy-five   *25p: twenty-five pence*

La hora

- La forma de expresar la hora varía según el nivel de formalidad, o si se trata de inglés norteamericano o británico:

It's: five fifteen
a quarter after/past five (USA)
(a) quarter past five (GB)

It's: six thirty
half past six

It's: three forty-five
(a) quarter to/of four (USA)
(a) quarter to four (GB)

It's: eleven ten
ten after/past eleven (USA)
ten past eleven (GB)

It's: eleven forty
twenty to/of twelve (USA)
twenty to twelve (GB)

- La palabra **minutes** se puede omitir después de 5, 10, 20 y 25. Casi siempre se utiliza después de los demás números:
  It's five past two.
  PERO It's eleven minutes past five.
- El "reloj de 24 horas" (**the 24-hour clock**) se utiliza sobre todo en horarios de trenes y buses o en avisos.
- Para distinguir entre las horas de la mañana y las de la tarde utilizamos *in the morning*, *in the afternoon* o *in the evening*:
  6:00 six o'clock in the morning
  15:30 half past three in the afternoon
  22:00 ten o'clock in the evening
- Se utiliza **a.m./p.m.** en un lenguaje más formal:
  Office hours are 9 a.m. to 4.30 p.m.
  ⊃ Ver tb nota en P.M.

Los números de teléfono

- Para decir los números de teléfono se lee cada número por separado:
  369240 three six nine two four zero
  258446 two five eight double four six
  01865 556767 zero o one eight six five double five six seven six seven
- Cuando se trata de una empresa con conmutador, las extensiones telefónicas aparecen escritas entre paréntesis:
  (x3545) extension three five four five

Abreviaturas y símbolos

abrev	abreviatura
adj	adjetivo
adv	adverbio
Aeronáut	Aeronáutica
Agric	Agricultura
algn	alguien
Anat	Anatomía
antic	anticuado
Arquit	Arquitectura
art def	artículo definido
art indef	artículo indefinido
Astrol	Astrología
Astron	Astronomía
Biol	Biología
Bot	Botánica
Can	inglés canadiense
Chi	Chile
Col	Colombia
coloq	registro coloquial
conj	conjunción
Dep	Deportes
Econ	Economía
Educ	Educación
Electrón	Electrónica
esp	especialmente
fem	femenino
fig	sentido figurado
Fil	Filosofía
Fin	Finanzas
Fís	Física
Fot	Fotografía
frec	frecuentemente
GB	inglés británico
gen	en general
Geog	Geografía
Geol	Geología
Geom	Geometría
Gram	Gramática
Hist	Historia
hum	término humorístico
Informát	Informática
+ing	seguido de verbo en forma -ing
interj	interjección
Irl	inglés de Irlanda
Jur	término jurídico
Ling	Lingüística
lit	sentido literal
Liter	Literatura
masc	masculino
Mat	Matemáticas
Mec	Mecánica
Med	Medicina
Méx	México
Mil	término militar
Mús	Música
n	sustantivo
nf	sustantivo femenino
nm	sustantivo masculino
nmf	sustantivo masculino y femenino
nm-nf	sustantivo que varía en masculino y femenino
nm o nf	género dudoso: sustantivo masculino o femenino
n pr	nombre propio
Náut	término náutico
neg	negativo
part	participio
Per	Perú
Period	Periodismo
pey	término peyorativo
pl	plural
Pol	Política
pp	participio pasado
pref	prefijo
prep	preposición
pron	pronombre
pt	pasado (pretérito)
Quím	Química
Relig	Religión
sb	somebody
sing	singular
Sociol	Sociología
sth	something
suf	sufijo
tb	también
Teat	Teatro
TV	Televisión
USA	inglés americano
v	verbo
v aux	verbo auxiliar
v imp	verbo impersonal
v modal	verbo modal
v sing	verbo en singular
v sing o pl	verbo en singular o en plural
vi	verbo intransitivo
vp	verbo pronominal
vt	verbo transitivo
Zool	Zoología
LOC	locuciones y expresiones
PHRV	sección de *phrasal verbs*
⚷	información sobre las palabras de uso más frecuente
®	marca registrada
■	palabra derivada
▶	cambio de partes de la oración
❶	introduce una nota breve
↪	remite a otra página donde hay información relacionada con la entrada

Verbos irregulares

Infinitivo	Pretérito	Participio	Infinitivo	Pretérito	Participio
arise	arose	arisen	**flee**	fled	fled
awake	awoke	awoken	**fling**	flung	flung
babysit	babysat	babysat	**fly**	flew	flown
be	was/were	been	**forbid**	forbade	forbidden
bear	bore	borne	**forecast**	forecast, forecasted	forecast, forecasted
beat	beat	beaten			
become	became	become	**forget**	forgot	forgotten
begin	began	begun	**forgive**	forgave	forgiven
bend	bent	bent	**forsake**	forsook	forsaken
bet	bet	bet	**freeze**	froze	frozen
bid	bid	bid	**get**	got	gotten, *GB* got
bind	bound	bound	**give**	gave	given
bite	bit	bitten	**go**	went	gone
bleed	bled	bled	**grind**	ground	ground
blow	blew	blown	**grow**	grew	grown
break	broke	broken	**hang**	hung, hanged	hung, hanged
breed	bred	bred			
bring	brought	brought	**have**	had	had
broadcast	broadcast	broadcast	**hear**	heard	heard
build	built	built	**hide**	hid	hidden
burn	burned, burnt	burned, burnt	**hit**	hit	hit
			hold	held	held
burst	burst	burst	**hurt**	hurt	hurt
bust	busted, bust	busted, bust	**keep**	kept	kept
buy	bought	bought	**kneel**	knelt, *USA tb* kneeled	knelt, *USA tb* kneeled
cast	cast	cast			
catch	caught	caught	**know**	knew	known
choose	chose	chosen	**lay**	laid	laid
cling	clung	clung	**lead**[1]	led	led
come	came	come	**lean**	leaned, *tb esp GB* leant	leaned, *tb esp GB* leant
cost	cost, costed	cost, costed			
creep	crept	crept	**leap**	leaped, leapt	leaped, leapt
cut	cut	cut	**learn**	learned, *tb esp GB* learnt	learned, *tb esp GB* learnt
deal	dealt	dealt			
dig	dug	dug	**leave**	left	left
dive	dived,	dived, *USA tb* dove	**lend**	lent	lent
			let	let	let
do	did	done	**lie**[1]	lay	lain
draw	drew	drawn	**light**	lit, lighted	lit, lighted
dream	dreamed, dreamt	dreamed, dreamt	**lose**	lost	lost
			make	made	made
drink	drank	drunk	**mean**	meant	meant
drive	drove	driven	**meet**	met	met
dwell	dwelled, dwelt	dwelled, dwelt	**mislay**	mislaid	mislaid
			mislead	misled	misled
eat	ate	eaten	**misread**	misread	misread
fall	fell	fallen	**mistake**	mistook	mistaken
feed	fed	fed	**misunderstand**	misunderstood	misunderstood
feel	felt	felt	**mow**	mowed	mown, mowed
fight	fought	fought	**offset**	offset	offset
find	found	found	**outdo**	outdid	outdone

Infinitivo	Pretérito	Participio	Infinitivo	Pretérito	Participio
outgrow	outgrew	outgrown	spell	spelled, tb esp GB spelt	spelled, tb esp GB spelt
overcome	overcame	overcome			
overdo	overdid	overdone	spend	spent	spent
overhear	overheard	overheard	spill	spilled, spilt	spilled, spilt
override	overrode	overridden	spin	spun	spun
oversleep	overslept	overslept	spit	spat, USA tb spit	spat, USA tb spit
overtake	overtook	overtaken	split	split	split
overthrow	overthrew	overthrown	spoil	spoiled, tb esp GB spoilt	spoiled, tb esp GB spoilt
pay	paid	paid			
plead	pleaded, USA tb pled	pleaded, USA tb pled	spread	spread	spread
			spring	sprang	sprung
prove	proved	proven, proved	stand	stood	stood
put	put	put	steal	stole	stolen
quit	quit, quitted	quit, quitted	stick	stuck	stuck
read	read	read	sting	stung	stung
redo	redid	redone	stink	stank, stunk	stunk
retake	retook	retaken	stride	strode	——
rewind	rewound	rewound	strike	struck	struck
rid	rid	rid	string	strung	strung
ride	rode	ridden	strive	strove	striven
ring²	rang	rung	swear	swore	sworn
rise	rose	risen	sweep	swept	swept
run	ran	run	swell	swelled	swollen, swelled
saw	sawed	sawed, sawn			
say	said	said	swim	swam	swum
see	saw	seen	swing	swung	swung
seek	sought	sought	take	took	taken
sell	sold	sold	teach	taught	taught
send	sent	sent	tear²	tore	torn
set	set	set	tell	told	told
sew	sewed	sewn, sewed	think	thought	thought
shake	shook	shaken	throw	threw	thrown
shear	sheared	sheared, shorn	tread	trod	trodden
shed	shed	shed	undergo	underwent	undergone
shine	shone	shone	understand	understood	understood
shoe	shod	shod	undertake	undertook	undertaken
shoot	shot	shot	undo	undid	undone
show	showed	shown, showed	unwind	unwound	unwound
shrink	shrank, shrunk	shrunk	uphold	upheld	upheld
shut	shut	shut	upset	upset	upset
sing	sang	sung	wake	woke	woken
sink	sank	sunk	wear	wore	worn
sit	sat	sat	weave	wove, weaved	woven, weaved
slay	slew	slain			
sleep	slept	slept	weep	wept	wept
slide	slid	slid	wet	wet, wetted	wet, wetted
sling	slung	slung	win	won	won
slit	slit	slit	wind²	wound	wound
smell	smelled, tb esp GB smelt	smelled, tb esp GB smelt	withdraw	withdrew	withdrawn
			withhold	withheld	withheld
sow²	sowed	sown, sowed	withstand	withstood	withstood
speak	spoke	spoken	wring	wrung	wrung
speed	speeded, sped	speeded, sped	write	wrote	written